THE ROYAL
HORTICULTURAL SOCIETY

Stauden

Die große Enzyklopädie

THE ROYAL
HORTICULTURAL SOCIETY

Stauden

Die große Enzyklopädie

GRAHAM RICE

HERAUSGEBER

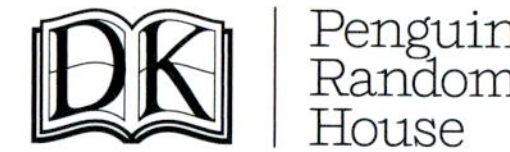
Penguin Random House

WICHTIGER HINWEIS
In dieser Enzyklopädie sind Pflanzen, die nach den Richtlinien
der Royal Horticultural Society als potenziell giftig eingestuft
werden, mit einem entsprechenden Warnsymbol ⚠ gekennzeichnet. Zu beachten ist jedoch, dass noch nicht alle
Inhaltsstoffe von Pflanzen hinreichend erforscht sind und
bestimmte Personengruppen bei fast allen Pflanzen allergische
Reaktionen zeigen können. Bei entsprechender Sorgfalt können
jedoch alle im Buch aufgeführten Stauden bedenkenlos als
Ziergewächse im Garten gepflanzt werden.

REDAKTION Louise Abbott, Helen Fewster,
Caroline Reed, Diana Vowles, Kim Dennis-Bryan
REDAKTIONSASSISTENZ Katie Dock
GESTALTUNG Alison Shackleton, Sue Storey, Elly King,
Rachael Smith, Murdo Culver, Rebecca Johns
PROJEKTKOORDINATION Pippa Rubinstein
BILDREDAKTION Joanne Doran, Sue Metcalfe-Megginson
KOORDINATION HERSTELLUNG Luca Frassinetti

CHEFLEKTORAT Anna Kruger
CHEFBILDLEKTORAT Alison Donovan
ENTWICKLUNG Pamela Brown, Ursula Dawson
DTP-DESIGN Louise Waller, Pete Quinlan
DTP-DESIGN / DK DELHI Ashwani Tyagi, Pankaj Sharma
BILDRECHERCHE Celia Dearing, Mel Watson,
Liz Boyd, Lucy Claxton, Richard Dabb
FOTOS Peter Anderson, Claire Austin, Martin Page, Roger Smith
UMSCHLAGGESTALTUNG Vanessa Hamilton

Für die deutsche Ausgabe:
PROGRAMMLEITUNG Monika Schlitzer
PROJEKTBETREUUNG Regina Franke, Manuela Stern
HERSTELLUNGSLEITUNG Dorothee Whittaker
HERSTELLUNG Gerd Wiechcinski, Verena Marquart

Titel der englischen Originalausgabe:
Encyclopedia of Perennials

© Dorling Kindersley Limited, London, 2006, 2011
Ein Unternehmen der Penguin Random House Group

© der deutschsprachigen Ausgabe by
Dorling Kindersley Verlag GmbH, München, 2007, 2015

Alle Rechte vorbehalten. Jegliche – auch auszugsweise –
Verwertung, Wiedergabe, Vervielfältigung oder Speicherung,
ob elektronisch, mechanisch, durch Fotokopie oder
Aufzeichnung, bedarf der vorherigen schriftlichen
Genehmigung durch den Verlag.

ÜBERSETZUNG Reinhard Ferstl (S. 230–496),
Wiebke Krabbe (S. 10–229)

REDAKTION Sabine Drobik (S. 32–195, 292–319,
402–449, 468–483), Rita Köhler (S. 10–29, 196–291,
320–401, 450–467, 484–493)

ISBN 978-3-8310-2752-1

Colour reproduction by Colourscan, Singapore
Printed and bound in China

Besuchen Sie uns im Internet
www.dorlingkindersley.de

Hinweis
Die Informationen und Ratschläge in diesem Buch sind von
den Autoren und vom Verlag sorgfältig erwogen und geprüft,
dennoch kann eine Garantie nicht übernommen werden.
Eine Haftung der Autoren bzw. des Verlags und seiner
Beauftragten für Personen-, Sach- und Vermögensschäden
ist ausgeschlossen.

SEITE 1 *Kniphofia* 'Wrexham Buttercup' und *Agapanthus*
'Midnight Blue'
SEITE 2 *Sanguisorba menziesii*, *Nepeta clarkei* und *Astrantia
major* 'Roma'
SEITE 3 *Eryngium variifolium*
SEITE 4–5 *Foeniculum vulgare*, Funkien und *Tellima
grandiflora*
SEITE 6–7 *Kniphofia rooperi* und *Cornus alba* 'Aurea'

INHALT

MITARBEITER

JAMES ARMITAGE

DAVID G. BARKER

PETER BARNES

DAVID BASSETT

KENNETH A. BECKETT

MASHA BENNETT

RICHARD BIRD

C. COLSTON BURRELL

FREDERICK W. CASE, JR

PHILIP CLAYTON

TREVOR COLE

DR. JAMES COMPTON

IAN COOKE

DR. JANET J. CUBEY

MIKE L. GRANT

DR. CHRISTOPHER GREY-WILSON

MIKE HARDMAN

SARAH HIGGENS

DANIEL J. HINKLEY

DR. TIM INGRAM

ROD LEEDS

TONY LORD

MARGARET E. MCKENDRICK

TOVAH MARTIN

HENRY NOBLETT

DR. CHARLES G. OLIVER

DR. MARTIN PAGE

JOHN P. PEAT

TED L. PETIT

PAUL PICTON

GRAHAM RICE

PROF. JOHN RICHARDS

MARTIN RICKARD

GEOFF STEBBINGS

JOHN SUTTON

SIMON THORNTON-WOOD

MARY THORP

ALAN TOOGOOD

DR. JAMES W. WADDICK

TIMOTHY WALKER

JUDY WHITE

DR. CHRISTOPHER WHITEHOUSE

MARK R. ZILIS

RECHTS *Die eindrucksvolle Sommerpflanzung wirkt ausgewogen, obwohl sie Arten und Sorten mit verschiedenen Wuchsformen in unterschiedlichen Farben enthält.*

VORWORT

Mit diesem Buch halten Sie ein umfassendes Nachschlagewerk in Händen, das sich mit der beliebtesten Gruppe von Gartenpflanzen beschäftigt – den Stauden.

Mehr als 5000 Pflanzen aus rund 100 Pflanzenfamilien, 450 Gattungen und 2000 Arten werden im Einzelporträt und mit über 1400 Farbfotos vorgestellt. Damit ist dies eines der umfangreichsten Staudenlexika, die bislang veröffentlicht wurden. Neben vielen alten Favoriten werden auch Neueinführungen von Pflanzensammlern und Züchtern aus aller Welt auf leicht verständliche Weise vorgestellt.

Dieses Buch ist aber noch mehr als ein illustriertes Lexikon von A bis Z. Es liefert außerdem Gartengestaltungsideen für viele beliebte Arten. Ferner werden einzelne besonders interessante Themen näher beleuchtet, wenn es etwa um Krankheiten oder Schädlinge geht. Zusätzlich finden sich historische Anmerkungen, Hinweise auf die korrekte Benennung von Arten, Vermehrungstipps und weitere Informationen.

Auf »botanische« Fachsprache wird – soweit möglich – verzichtet, damit die Texte auch für Neulinge und Gartenfreunde ohne spezielle Fachkenntnisse gut verständlich bleiben. Natürlich finden auch versiertere Gartenfans und Kenner viele wertvolle Informationen. Dieses Buch richtet sich in erster Linie an Hobbygärtner, wird durch die Fülle der vorgestellten Arten und Sorten aber auch Fachleute ansprechen.

WORUM GEHT ES?

Stauden – Die große Enzyklopädie befasst sich ausschließlich mit Stauden. Zwiebelpflanzen, Ein- und Zweijährige, Wasserpflanzen, Sträucher und Kletterpflanzen werden nicht behandelt und von den alpinen Gewächsen wurden nur diejenigen aufgenommen, die problemlos in einem »normalen« Staudenbeet gedeihen. Alle vorgestellten Pflanzen sind mehr oder weniger winterhart, was im deutschsprachigen Raum stark vom regionalen Klima abhängt. Durch diese klare Eingrenzung des Themas ist es möglich, in einem einzigen Buch eine so umfassende Auswahl verschiedener gartentauglicher Stauden im Detail vorzustellen.

Unter den Porträts finden Sie viele bekannte und beliebte Stauden, aber auch einige, denen man eine weitere Verbreitung wünschen würde. Manche neuen Arten haben nach Ansicht der Autoren gute Chancen, zu populären Gartenpflanzen aufzusteigen, während andere in Vergessenheit geraten könnten, wenn man sie nicht erwähnte.

Auf vier Gruppen richten wir ein besonderes Augenmerk: Immer mehr Gärtner interessieren sich für Aronstabgewächse mit ihrem ungewöhnlichen Blütenbau (siehe Seite 74). Auch Farne finden immer mehr Anhänger. Sie besitzen keine Blüten, sondern verbreiten sich über Sporen, somit unterscheiden sie sich in ihrer Vermehrung von allen anderen Pflanzen (siehe Seite 197). Ziergräser, die derzeit im Trend liegen, sind ebenfalls in die Auswahl aufgenommen worden, und auf Seite 345 geht es um die Haltung winterharter Orchideen im Garten.

GROSSE TRADITION

Mehr als 40 Fachleute aus Europa und Übersee haben zu diesem Buch beigetragen, darunter führende Experten, die spezielle Pflanzen gezüchtet, kultiviert und beobachtet haben und damit ihre wesentlichen Merkmale kennen wie niemand sonst. Auch die klugen Köpfe von der Royal Horticultural Society, der weltweit führenden Autorität im Gartenbau und in der Benennung von Pflanzen, haben an diesem Buch mitgearbeitet. Und ich persönlich steuere das Anliegen bei, Fachkompetenz und Verständlichkeit in Einklang zu bringen.

Stauden – Die große Enzyklopädie ist ein umfassendes Nachschlagewerk, das an eine lange Tradition von Büchern über Stauden anknüpft. Viele namhafte Experten und Autoren haben über dieses komplexe Thema geschrieben und den Gärtnern das neueste Wissen der jeweiligen Zeit an die Hand gegeben. Ich hoffe, dass sich dieses Buch hier einreiht und heutigen Gartenfreunden umfassendes Wissen und Anregungen bietet, sodass der Staudengarten prächtig gedeiht.

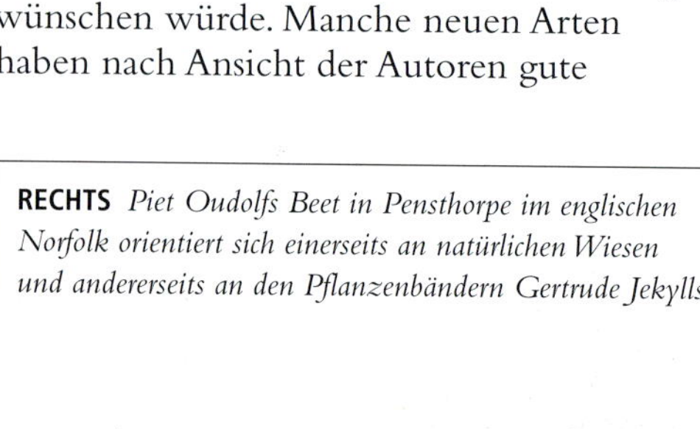

Graham Rice
HERAUSGEBER

RECHTS *Piet Oudolfs Beet in Pensthorpe im englischen Norfolk orientiert sich einerseits an natürlichen Wiesen und andererseits an den Pflanzenbändern Gertrude Jekylls.*

WAS SIND STAUDEN?

Der Botaniker versteht darunter ausdauernde, krautige Pflanzen, die wiederholt blühen und fruchten. Ihre oberirdischen Pflanzenteile verholzen nicht oder höchstens an der Basis. Dadurch unterscheiden sich die Stauden von den ebenfalls mehrjährig wachsenden Gehölzen. Die oberirdischen Teile der Stauden sterben im Winter ab, die Pflanzen treiben im Frühjahr aus unterirdischen Organen wieder aus. Häufig besitzen Stauden eine unterirdische Sprossachse, ein so genanntes Rhizom. Als Halbsträucher bezeichnet man Übergangsformen, bei denen die unteren Sprossteile verholzen, die oberen krautig bleiben und am Ende der Vegetationsperiode absterben.

UNTEN *Christopher Lloyd pflanzt in Great Dixter im englischen Sussex Staudenkombinationen mit einer so gut gestaffelten Blütenabfolge, dass über einen langen Zeitraum hinweg immer etwas blüht. Unkonventionell ist die Idee, die hohe* Verbena bonariensis *mit ihren leichten, luftigen Stängeln in den Vordergrund zu pflanzen.*

OBEN **1** *Stauden wie die Päonien sind krautige Pflanzen. Die oberirdischen Teile sterben im Winter ab und treiben im Frühling neu aus.* **2** *Christrosen sind immergrün. Sie sehen aber besser aus, wenn man die alten, welken Blätter im Frühjahr entfernt.* **3** *Einige Pflanzen wie dieser Aronstab und manche Gräser sterben im Hochsommer ab und behalten dafür das Laub den Winter über.*

WAS GEHÖRT DAZU?

Eine Staudenpflanze zieht sich bei Kälte oder Trockenheit in Überdauerungsorgane zurück. Sie treibt jedes Jahr im Frühjahr wieder aus unterirdischen Pflanzenteilen aus. Eine Gartenstaude wächst und gedeiht somit jahre- oder jahrzehntelang. Im Gegensatz dazu endet bei Ein- oder Zweijährigen der Lebenszyklus mit der Blüten- und Samenbildung. Das Sortiment der Staudengärtnereien umfasst außerdem viele Halbsträucher wie die Salbei-Arten. Schwieriger wird es bei den alpinen Arten: Obwohl etliche von ihnen zu den Winzlingen unter den Zierpflanzen gehören, handelt es sich doch häufig um Zwerggehölze wie die Besenheiden *(Calluna)* oder die Strauchveronika *(Hebe)*. Solche Halbsträucher oder Sträucher sind in dieser Stauden-Enzyklopädie nicht berücksichtigt.

Zwiebelblumen bilden spezielle unterirdische Überdauerungsorgane aus fleischig verdickten Blattbasen; sie zählen aber nicht zu den Stauden. Typische Knollenpflanzen wie Dahlien und *Canna* finden sich in diesem Buch, obwohl man sie nur während der Sommermonate im Garten ziehen kann.

Die Stängel und Blätter der Stauden sterben den Winter über nicht zwangsläufig ab. Bei einigen winter- oder sogar immergrünen Arten bleibt das Laub selbst in der kalten Jahreszeit grün und bringt etwas Farbe in den Garten. Bekannte Beispiele sind die Christ- und Lenzrosen.

Schließlich gibt es noch Arten wie den Scheinmohn *(Macleaya)*, die erst nach einigen Jahren blühen, fruchten und danach absterben. Man bezeichnet diese Wachstumsform als monokarpisch und rechnet diese Pflanzen ebenfalls zu den Stauden.

Stauden als Zierpflanzen?

Warum Stauden wählen? Vor allem natürlich wegen ihrer Schönheit und Vielfalt. Es gibt Stauden mit Blüten in allen Farben und Farbkombinationen, mit faszinierender Zeichnung und in einer enormen Bandbreite von Formen und Texturen. Aus der Ferne gesehen ergeben Stauden ein Farbenmeer und aus der Nähe bestechen sie durch die Details – und zwar zu jeder Jahreszeit!

Auch ihr Laub stellt mehr dar als nur eine Masse an Grün. Selbst innerhalb dieser einen, vorherrschenden Farbe präsentieren Stauden eine erstaunliche Vielfalt an Farbabstufungen, Formen, Größen, Strukturen und sogar Duft. Nimmt man noch die Blau-, Gelb-, Bronze-, Rot- und Rosatöne der Blätter und die vielfältigen Farbzeichnungen hinzu, wird deutlich, dass Stauden schon als Blattpflanzen enorm viel Auswahl bieten. Ein weiterer Aspekt ist die Oberflächenbeschaffenheit der Blätter, die man mit den Fingern spürt – ob es sich um pelzigen Ziest, stachelige Edeldisteln oder ledrig-glatte Bergenien handelt. Selbst Pflanzen wie Scheinmohn oder Königskerze, die man vorwiegend wegen ihrer Blüten kultiviert, haben schöne Blattrosetten.

Ein weiteres Plus sind die Früchte, die es buchstäblich in allen Regenbogenfarben gibt. Viele halten den ganzen Winter durch – manche dick, fleischig oder trocken, andere seidig und duftig. Manchmal begeistern nicht nur die Samenstände, sondern das Erscheinungsbild der ganzen Pflanze. Die Wuchsformen von Pflanzen finden heute

zunehmend Beachtung. Sie reichen von der hohen, aufrechten Steppenkerze bis zum niedrig kriechenden Pfennigkraut, unendlich variiert durch etwa die aufrechte Fackellilie, das duftige Schleierkraut, die rundlichen Storchschnäbel, dem stattlichen Rittersporn oder die kletternden Stauden-Wicken. Die vielfältigen Formen der Pflanzen sind architektonische Meisterwerke der Natur.

Und dann sind da noch die überraschenden, faszinierenden Details, etwa die rosalila Blattstiele einiger Funkien, die Regentropfen an den Akelei-Blättern, die rotbraunen Austriebe von Pfingstrosen, die kunstvoll eingerollten Knospen des Alant, das herbstliche Buttergelb der Amsonie oder die feinen Härchen auf den Blättern des Frauenmantels.

Nicht nur fürs Auge

Stauden bereichern den Garten auf vielerlei Weise, zum Beispiel durch ihren Duft. Düfte können unsere Stimmung beeinflussen und Erinnerungen an vergangene Momente wecken. Natürlich ist für Leute mit beeinträchtigtem Sehvermögen der Duft ein besonders wichtiges Merkmal. Sehr viele Stauden duften – nicht jeder vermag alle Nuancen wahrzunehmen. Und dann gibt es noch Stauden, deren Geruch man nur als Gestank bezeichnen kann und die man am besten in anderer Leute Gärten bewundert.

Manche Stauden werden zu wenig geschätzt, weil ihr Zierwert nicht auf den ersten Blick ins Auge fällt. Von vielen Küchen- und Heilkräutern beispielsweise kennt man Formen mit sehr dekorativem Laub. Zu ihnen gehören die panaschierten Minze-Arten, die zwar vorwiegend Teekräuter sind, aber auch ausgesprochen dekorativ aussehen.

Selbst Stauden wie die Taubnessel, die landläufig als Unkraut gelten, haben einen Platz verdient, an dem sie sich ausbreiten und Nützlinge anlocken können, ohne andere Pflanzen zu stören. Sicherlich muss man sich gelegentlich mit unwillkommenen Gästen wie Blattläusen, Schnecken oder Mehltau beschäftigen, doch die Zahl der erfreulichen Gäste, die Stauden in den Garten locken, ist wesentlich größer. Neben den Bienen bringen auch Schmetterlinge – vom Zitronenfalter bis zum schön gemusterten Kleinen Fuchs – Farbe und flatterhaften Charme in die Beete. Sie ernähren sich vom Nektar und den Pollen der Stauden und ihre Larven fressen die Blätter – was man in Maßen durchaus tolerieren kann. Andere begrüßenswerte Insekten sind Schwebfliegen und Marienkäfer, die hübsch aussehen und deren Larven Blattläuse vertilgen.

Auch Vögel sind uns willkommen. Finken und Zeisige fressen von den herbstlichen

OBEN *Viele Blüten locken Marienkäfer oder Schwebfliegen an, deren Larven Schädlinge vertilgen. Auch schöne Schmetterlinge besuchen blühende Stauden gern.*

Samenständen der Disteln und anderer Korbblütler und holen sich Heu zum Nestbau. Amseln knacken Schneckenhäuser auf Steinen und Rotkehlchen halten Ausschau nach Würmern; sobald wir Stauden teilen oder den Boden lockern, vertilgen sie die berüchtigten Larven des Gefurchten Dickmaulrüsslers.

UNTEN *Von vielen Pflanzen, die als Heil- oder Küchenkräuter kultiviert wurden, kennt man heute auch Zierformen. Auslesen der Teekrautes* Agastache foeniculum *wie hier 'Golden Jubilee' sind reine Zierpflanzen.*

ANPASSUNGSFÄHIG UND VIELSEITIG

Gärtner, die auf dauerhafte Pflanzungen Wert legen, finden Ein- und Zweijährige meist zu kurzlebig. Stauden schenken über viele Jahre Freude. Päonien und einige andere Arten verkraften relative Vernachlässigung über Jahre hinweg, doch die meisten Stauden haben ohne Pflege und Zuwendung eine kürzere Lebenserwartung.

Die meisten Stauden sind einfach zu kultivieren – das beweisen die vielen schönen Arten in all den Gärten überall im Land, die nur mäßige Zuwendung erhalten. Einige haben besondere Vorlieben, wollen beispielsweise im Schatten oder in sehr durchlässigem Boden wachsen, doch die wenigsten stellen spezielle oder hohe Ansprüche. Und diese wenigen belohnen Zuwendung und Sorgfalt mit gutem Gedeihen.

Die meisten Stauden sind leicht zu vermehren. Viele kann man einfach ausgraben, auseinander teilen und wieder einpflanzen – was schon einmal eine wesentliche Vergrößerung des Bestandes bewirkt. Manche versamen sich selbst – die Sämlinge keimen neben der Mutterpflanze oder in größerer Entfernung davon.

Stauden erweisen sich als sehr vielseitig. Sie machen solo eine gute Figur und sehen auch als große Gruppe mit vielen einheitlichen Artgenossen gut aus. Sie vertragen sich gut mit Sträuchern, Zwiebelgewächsen, Ein- und Zweijährigen und passen in Gärten nahezu jeden Stils. Ob als bodendeckender Teppich, kletternd in einem Strauch oder in formaler oder naturhafter Gesellschaft anderer Stauden – sie dürfen in keinem Garten fehlen. Wen wundert es da noch, dass sie so beliebt sind?

UNTEN UND RECHTS *1 Türken-Mohn bezaubert mal in strahlenden, mal in sanften Farben im hochsommerlichen Garten. 2 Im Frühling erheben sich im Schattengarten Hosta-Blätter zwischen zarten Veilchen und Elfenblumen. 3 Chinaschilf und andere Gräser setzen mit ihren Gelb- und Brauntönen im Frühherbst unerwartete Farbakzente. 4 Wer im Herbst den Garten nicht komplett abräumt, kann sich im Winter an den von Raureif überzogenen Samenständen des Brandkrauts freuen.*

DIE HERKUNFT DER GARTENSTAUDEN

In allen Lebensräumen der Erde gibt es Stauden, die sich in unseren Gärten wohl fühlen. Hahnenfuß, Goldraute und Orchideen blühen auf Wiesen und Steppen, während in kühlen, schattigen Wäldern Schlüsselblumen, Maiglöckchen, Farne, Salomonssiegel und so manche Orchideenart einen bunten Teppich weben. An Ufern von Gewässern fühlen sich Iris, Scheinkalla und Primeln wohl. Manche dieser Pflanzen stellen im Garten keine speziellen Standortansprüche. Auf sandigen Strandböden gedeihen Lichtnelken, Statizen und Meerkohl und auf Magerwiesen finden wir Küchenschelle, Klee, Primeln und – sogar weitere Orchideen. Auch aus anderen Lebensräumen können wir Stauden »ausleihen«: Süß- und Sauergräser findet man nahezu überall.

Selbst nach Jahrhunderten botanischer Forschung, in denen berühmte und weniger bekannte Pflanzensammler uns zahllose heute bestens bekannte Gartenpflanzen aus aller Welt und aus der heimatlichen Natur beschert haben, werden noch immer neue Arten entdeckt. Und selbst ehe diese Pflanzenenthusiasten so viel Mühsal auf sich nahmen, um die Botanik zu erforschen, wurden die einheimischen Pflanzen geschätzt.

AUS DER WILDNIS IN DEN GARTEN

Die ersten Gärtner befassten sich mit den Pflanzen ihrer direkten Umgebung. Sie nahmen ihre Schönheit wahr, entdeckten ihren Nutzen und registrierten ihre Standortansprüche. Als die Jäger und Sammler begannen, sesshaft zu werden, holte man sich die Pflanzen der Einfachheit halber näher an die Siedlungen heran – so entwickelte sich eine primitive Form der Landwirtschaft. Schon damals lernten die Menschen, den Pflanzen ähnliche Bedingungen zu bieten wie an dem Platz, an dem man sie ausgegraben hatte.

Auf die gleiche Weise sind Pflanzen aus aller Herren Länder in unsere Gärten gelangt. Berühmte Sammler wie Jim Archibald, Chris Brickell, James Compton, Chris Grey-Wilson, Engelbert Kämpfer und andere entdeckten Pflanzen, die sie nicht aus Gärten kannten, sowie Sonderformen bekannter Arten mit ungewöhnlichen Merkmalen. Damit setzten sie die Tradition der großen Sammler wie David Douglas und Francis Kingdon-Ward fort, die mit ihrer Kombination aus Hingabe, Wissen, Ausdauer und scharfem Blick unsere Gärten und vor allem unsere Staudenbeete beträchtlich bereichert haben. Diese Sammler haben uns Gärtnern nicht nur neue Pflanzen mitgebracht, sondern durch genaue Studien der natürlichen Lebensräume auch wertvolle Kulturhinweise geliefert.

Es gibt allerdings auch Risiken. Gertrude Jekyll beispielsweise kultivierte den Japanischen Flügelknöterich *(Fallopia japonica)* als imposante Beetstaude und war sich keineswegs bewusst, welche Geister sie damit rief. Denn die Pflanze breitete sich in vielen

OBEN *Dieser Ingwer* (Zingiber zerumbet) *braucht, wie andere Arten aus wärmeren Ländern, ein frostfreies Winterquartier, um zu überdauern.*

Ländern aggressiv aus, verdrängte heimische Arten und bildete wuchernde Monokulturen. Auch andere Pflanzen entwickelten sich teilweise zu wahren Plagen, beispielsweise die Herkulesstaude *(Heracleum mantegazzianum)* in Wales. Inzwischen sind sich Pflanzensammler und Gärtner dieser Problematik bewusst.

RECHTS 1 *Die Schafgarbe* (Achillea millefolium) *ist eine attraktive Wildblume – und die Urmutter vieler wertvoller Gartenformen in schönen Gelb- und Rottönen.* **2** *Gelegentlich treten bei blauen Glockenblumen durch Mutation andere Blütenfarben auf. Markiert man den Trieb mit einem Stock, kann man ihn später von der Mutterpflanze trennen und separat weiter kultivieren, um seine Entwicklung genauer zu beobachten.*

Auswahl der Besten

Gehen Sie einmal in freier Natur spazieren und studieren Sie die Wildblumen. Bei genauem Hinsehen erkennt man, dass sich die Exemplare einer Art nicht aufs Haar gleichen. Manche Primeln beispielsweise tragen viel mehr Blüten als ihre Nachbarn. Seit Jahrhunderten werden Pflanzen mit ungewöhnlichen Merkmalen wie Zwergwuchs, einer neuen Farbe oder gefüllten Blüten gesammelt, damit sie unsere Gartenflora bereichern. (Wer selbst Pflanzen sammeln möchte, sollte vorher immer den Grundstücksbesitzer fragen!)

In Gärten und Gartenbaubetrieben stehen verwandte Pflanzen oft in direkter Nähe und säen sich selbst aus. Hier ist es viel wahrscheinlicher, dass ein Sämling mit ungewöhnlichen Merkmalen wahrgenommen, gepflegt und vermehrt wird, später vielleicht einen Namen erhält und in den Handel gelangt.

Manche dieser Pflanzen sind Kreuzungen zwischen Arten und damit Hybriden. Gelegentlich entstehen neue Arten aber auch durch spontane Mutationen. Vor allem Flecken und Streifen des Laubes (Panaschierungen) entstehen sowohl in Gärten als auch in der Natur oft durch Mutationen. Abarten (»Sports«) treten zudem gelegentlich bei der immer üblicher werdenden Vermehrung im Labor auf.

Weil sich Stauden zunehmender Beliebtheit erfreuen und daher für den wirtschaftlichen Erfolg der Gärtnereien einen wichtigen Faktor darstellen, werden auch die Zuchtmethoden zunehmend verbessert. Ein besonders bekannter Züchter war Alan Bloom aus Bressingham im englischen Norfolk, während sich in letzter Zeit Dan Heims von den Terra Nova Nurseries in Oregon unter anderem mit Lungenkraut und Purpurglöckchen einen Namen gemacht hat. Überall in der Welt beschäftigen sich die Gärtner mit neuen Züchtungen, zurzeit beispielsweise mit Sonnenhut, Storchschnabel, Lenzrosen, Primeln, *Calla* und vielen anderen.

UNTEN *Auf Wiesen mit wildem Hahnenfuß findet man gelegentlich Pflanzen mit gefüllten Blüten, die auch im Garten eine gute Figur machen.*

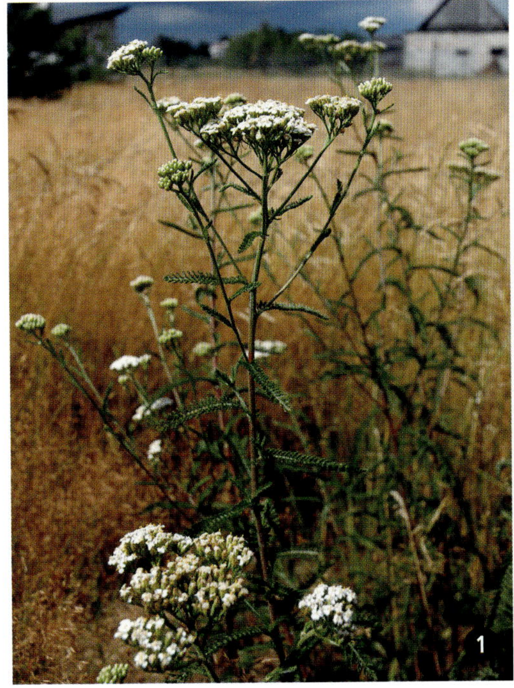

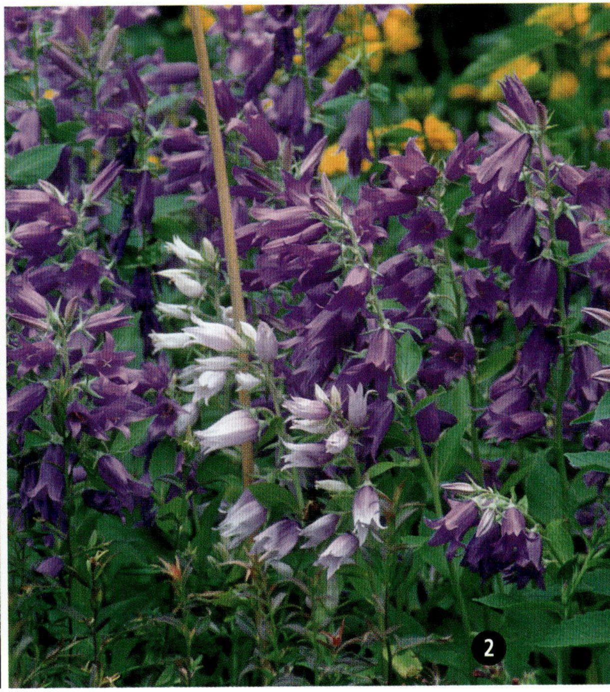

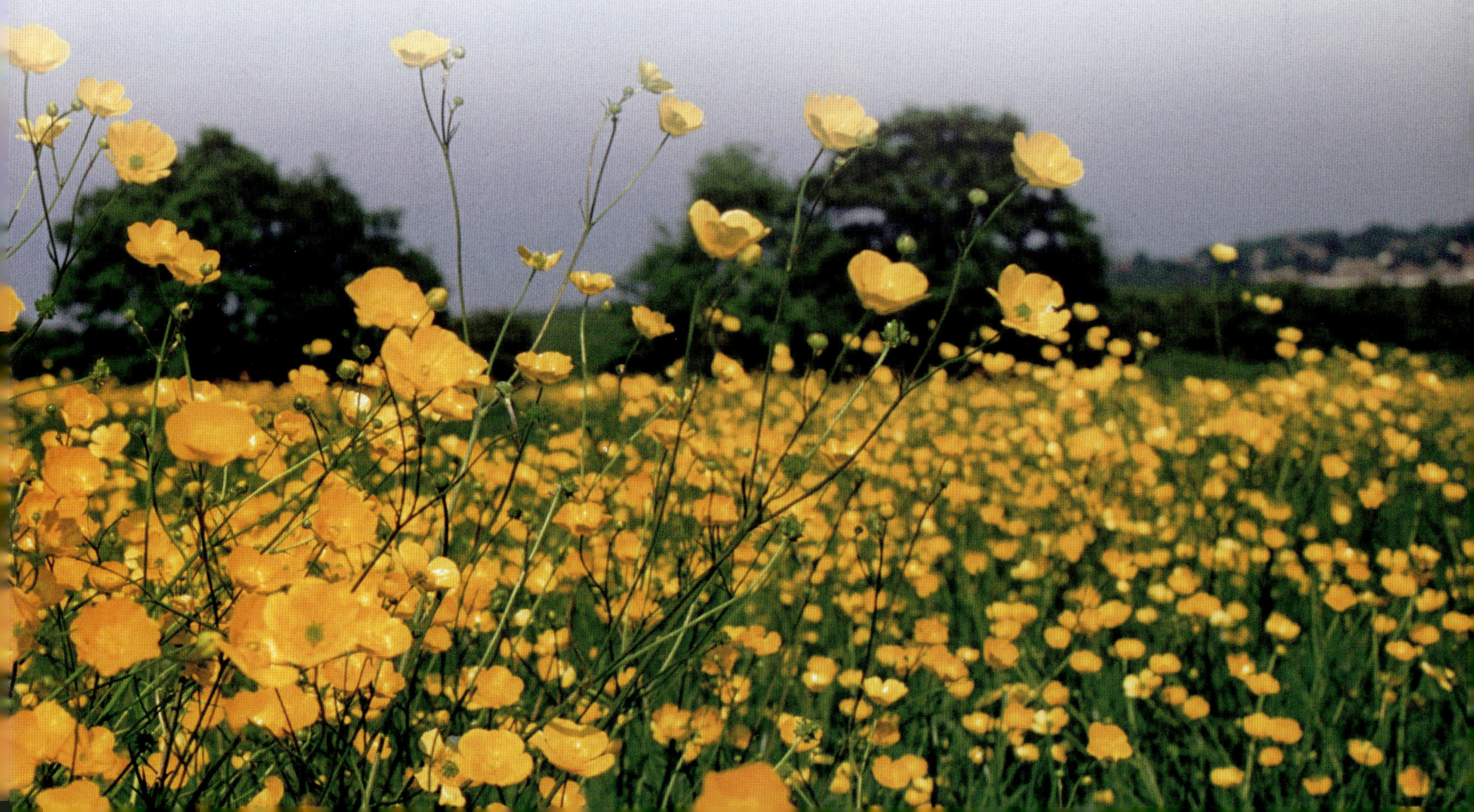

STAUDEN IM GARTEN

Mit ihrer enormen Vielfalt sprechen Stauden die kreative Ader vieler Gartenbesitzer an. Die große Bandbreite der Formen, Farben und Blütezeiten ist augenfällig; zusätzlich fasziniert das Laub in zahllosen Grüntönen und anderen Farben sowie mit verschiedenen Oberflächen von ledrig bis flaumig. Das Spektrum der Blattformen reicht von flach und breit bis zu grasartig dünn. Hinzu kommen die Variationen der Wuchsform – von straff aufrecht bis bodennah kriechend. Diese Merkmale verleihen den Stauden nicht nur viel Individualität, sondern bieten dem Gestalter spannende Kombinationsmöglichkeiten.

HINGUCKER

Jahrhunderte lang wurden Pflanzen als Individuen behandelt und nicht als Elemente eines größeren Gesamtbildes gesehen. Ob man sie wegen ihrer Heilwirkung kultivierte oder später wegen ihres Zierwertes oder ihres intensiven Duftes (der zu Zeiten mangelnder Hygiene von großer Bedeutung war) – immer pflanzte man sie in großen Abständen, aufgereiht wie Tassen im Buffet. In einigen historischen Gärten ist dieser streng formale Stil noch zu sehen, ansonsten werden Stauden nur noch auf Ausstellungen auf diese Weise gepflanzt – etwa akkurate Reihen von Chrysanthemen oder Nelken, die als Schnittblumen zur Beurteilung in einer Ausstellung geschnitten werden und nicht für den Garten gedacht sind. Die Gärtner, die Pflanzen auf diese Weise kultivieren, sind die modernen Nachkommen der ursprünglichen »Floristen«, die – im Gegensatz zum heutigen Berufsbild – Blumen nicht verkauften, sondern ausgewählte Arten züchteten und kultivierten, um sie zu präsentieren. Eine Blütezeit erlebte der Berufsstand im 19. Jahrhundert, als Aurikeln, Nelken, Chrysanthemen, Dahlien, Primeln, Ranunkeln, Veilchen und viele andere Arten wegen ihrer herrlichen Formen, ihrer einzigartigen Symmetrie, ihren hinreißenden Farben oder ihren attraktiven Zeichnungen gezüchtet wurden.

Ausstellungen sind vor allem in England weiterhin sehr beliebt. Heute stehen neben Chrysanthemen, Primeln und Aurikeln vor allem alpine Pflanzen hoch im Kurs. Lange Zeit hat man sich bei der Auslese von Sorten allein an der Schönheit der Einzelblüte orientiert, doch hier zeichnen sich beispielsweise im Bereich der Christ- und Lenzrosen erfreuliche Veränderungen ab. *Hosta* werden in Nordamerika und Japan in Form einzelner, geschnittener Blätter ausgestellt. Vor allem in Japan hat die Floristik inzwischen ein auffallendes Eigenleben entwickelt.

Es gibt aber auch eine Menge bodenständiger Gärtner, die dem Charme bestimmter Staudengruppen erliegen. Storchschnäbel, Funkien, Taglilien, Gräser, Iris, Lenzrosen und Orchideen haben spezielle Fangemeinden, ebenso die kleineren Pflanzen wie Japanische Herbst-Anemonen, Primeln und Glockenblumen sowie nicht zuletzt die Alpinen, die speziellen Schutz vor Winternässe benötigen. Ob eine solche Sammlung in den Garten integriert ist oder einen Platz ganz für sich hat – es kann viel Freude machen, die verschiedenen Vertreter einer bestimmten Pflanzengruppe zu studieren und zu vergleichen.

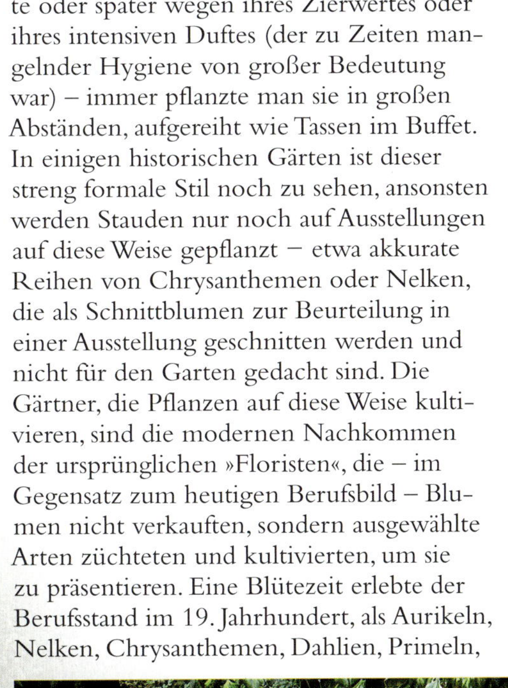

Beete und Rabatten

Das Prinzip, wie man in England heutzutage Staudengärten plant, geht zurück auf Gertrude Jekyll, die sich im 19. Jahrhundert von den Bauerngärten und den großen, repräsentativen Landhausgärten inspirieren ließ. In den Bauerngärten standen verschiedenste Pflanzen wie Rosen, Obststräucher und Kräuter in direkter Nachbarschaft. In den Landhausgärten legte man Wert auf geometrische Rabatten, die oft mit Stauden bepflanzt waren. Heute ist im Grunde alles erlaubt. Die »richtige« Gestaltung eines Staudenbeets gibt es nicht, die Gartenbesitzer entscheiden selbst, was ihnen gefällt. Dennoch halten viele am Konzept des traditionellen Staudenbeets fest.

Das Staudenbeet

In einem traditionellen Staudenbeet wachsen ausschließlich winterharte Stauden. Früher legte man diese eindrucksvollen Beete, die vor allem im Sommer eine Augenweide bieten, vor Mauern oder Hecken an. Die Pflanzen wurden meist der Größe nach angeordnet – die höchsten hinten und die niedrigsten vorn. Kleine Gruppen von drei oder fünf Pflanzen standen nebeneinander, oft diskret gestützt, aber ohne ineinander

UNTEN *Zwei klassische Staudenbeete im traditionellen Stil bei Arley Hall in Cheshire. Vor allem im Sommer sind die Stauden am Fuß der Backsteinmauer zwischen den stufenförmig beschnittenen Hecken und den Kletterpflanzen eine Augenweide.*

zu wachsen. Gertrude Jekyll legte größeren Wert auf die feine Abstimmung der Farben und pflanzte gleiche Pflanzen einer Sorte in Bändern. Dadurch entstand ein fließendes Bild. Weil solche Beete aber viel Platz brauchen und Arbeit machen, kam dieser Stil in den 1950er-Jahren aus der Mode.

Zehn Jahre später präsentierte Adrian Bloom das Konzept der »Inselbeete« in organischen Formen, die Rasenflächen unterbrachen und mit niedrigeren Arten bepflanzt waren. Damit erlebten die Stauden eine Renaissance.

Moderne Bauerngärten

Eine zweite Reaktion auf den Niedergang des formalen Staudenbeets war die Modernisierung des Bauerngartens. Die weniger betuchte Landbevölkerung hielt eine bunte

Mischung aus Pflanzen in weniger strenger Ordnung als die Adligen oder die wohlhabenden Bürger. Äpfel, Rosen, Rittersporn, Ringelblumen, Rosmarin: unterschiedlichste Pflanzen gaben sich ein Stelldichein.

Mit der Industrialisierung kam der Bauerngarten aus der Mode. Erst in den 1950er-Jahren wurde er durch Margery Fish neu belebt, die paradoxerweise den relativ stattlichen Garten in Lambrook Manor im englischen Somerset anlegte. Ihr »Cottage Garden« konzentrierte sich auf Zierpflanzen, vor allem auf Stauden. Sie setzte die Arten konsequent an Plätze, die ihrem Naturstandort entsprechen, pflanzte sehr dicht und schuf damit naturhafte Bilder.

In Deutschland arbeiteten Richard Hansen und Friedrich Stahl das Konzept der Lebensbereiche aus: Stauden und Gehölze werden danach nur standortgerecht eingesetzt und bilden im Garten Pflanzengemeinschaften.

GEMISCHTE RABATTEN

Führt man das Konzept des Bauerngartens einen Schritt weiter, kommt man zur gemischten Rabatte, die auch Sträucher und Halbsträucher enthält, in der aber Stauden wiederum eine Hauptrolle spielen. Berühmte Beispiele von Christopher Lloyd in Great Dixter (Sussex) oder von Nori und Sandra Pope in Hadspen Garden (Somerset) zeigen, welche eindrucksvollen Kompositionen sich mit kreativem Geschick gestalten lassen.

Wer eine gemischte Rabatte anlegt, braucht darüber hinaus ein Gefühl dafür, wann Pflanzen sich selbst aussäen, verbreiten und vermischen dürfen, wie es viele Stauden tun, und wann lenkende Eingriffe notwendig sind. Eine gelungene gemischte Rabatte verlangt mehr Planung und Pflege als ein weniger vorgeplanter Bauerngarten.

PFLANZEN KOMBINIEREN

Um ein Staudenbeet anzulegen, das als Ganzes mehr ist als die Summe seiner Teile, braucht man aber keine künstlerische oder sonstige Ausbildung. Wichtig ist, die eigenen Vorlieben zu kennen sowie aufmerksam und lernbereit zu sein. Stauden lassen sich auf vielfältige Weise miteinander und mit anderen Pflanzen kombinieren. Außerdem sind sie ungemein anpassungsfähig. Es gibt Stauden für alle Böden, Licht- und Grundstücksverhältnisse und obendrein geben sich viele auch mit Bedingungen zufrieden, die nicht ganz optimal sind.

In diesem Buch finden Sie zahlreiche Fotos, die Beispiele gelungener Pflanzenkombinationen zeigen. Sie sollen Ihnen als Basis für die kreative und wirkungsvolle Gestaltung des eigenen Gartens dienen. Übernehmen Sie Ideen, wandeln Sie sie ab, verbessern Sie sie – oder erfinden Sie neue.

NATURNAHE GÄRTEN

In den letzten Jahren erfreuen sich naturnahe Gärten wachsender Beliebtheit. Immer
mehr Gartenbesitzer wenden sich von streng
geordneten Anlagen ab und bevorzugen eine
naturhafte Gestaltung.

WIESE UND PRÄRIE

Auf Wildblumenwiesen im Garten, die
wie Heuwiesen ein- oder zweimal jährlich
gemäht und abgerecht werden, entwickelt
sich bald ein reicher Bestand heimischer
Pflanzen. Aufwerten lässt sich das Ganze
zusätzlich durch ausgewählte Stauden und
Zwiebelgewächse. Die jährliche Mahd und
das Entfernen des Heus dämmt die Wuchskraft der Wild- und Rasengräser ein, die
Ausbreitung der breitblättrigen Stauden,
Zwiebelpflanzen und sogar von Orchideen

UNTEN *Blumenwiesen werden ein- oder zweimal jährlich
gemäht. Auf ihnen siedeln sich bald heimische Wiesenblumen an, die man durch Gartenpflanzen ergänzen kann.*

wird gefördert. Es entsteht ein gemischter,
artenreicher Bewuchs. Selbst in kleinen
Gärten kann man eine Blumenwiese anlegen. Zu den typischen Wiesenpflanzen,
die besser auf großer Fläche zur Geltung
kommen, gehören aber jene Arten, die
aus den amerikanischen Prärien stammen,
aber auch europäische Arten mit ähnlichen
Ansprüchen. Oft werden sie in großen,
locker miteinander verzahnten Gruppen
gepflanzt. Sie brauchen mehr Pflege, damit
einzelne Arten nicht andere verdrängen.

WILDE UND EINHEIMISCHE PFLANZEN

Als Reaktion gegen die Überzüchtung
von Gartenpflanzen und den Trend, immer
neue exotische Arten in unsere Gärten
und teilweise auch in unsere Landschaft

zu importieren, konzentrieren sich manche Gartenfreunde nun ausschließlich auf
einheimische Pflanzen. Naturnahe Gärten
locken im Vergleich zu Anlagen mit über-
züchteten Pflanzen wesentlich mehr Nützlinge und Kleintiere an.

WALDGARTEN

Viele Gärtner betrachten Schatten als
Problem, dabei ist er eigentlich ein Gewinn,
denn viele besonders schöne Stauden gedeihen dort am besten. Pflanzt man diese Arten,
die Feuchtigkeit lieben und meist im Frühling blühen, auf feuchten, kühlen Boden,
bilden sie bald einen Teppich aus Laub und
Blüten, der bei durchdachter Artenkom-
bination, zumindest in milden Regionen,
ganzjährig etwas fürs Auge zu bieten hat.
Besonders bezaubernd sind die ersten Frühlingsblüher. Unter Laubbäumen oder im

LINKS *Früher als Art der Gattung* Cimicifuga *bezeichnet, zählt man* Actaea racemosa *neuerdings zur Gattung* Actaea.

können ganz neue Informationen über eine Pflanze sein. Und die international einheitlichen Regeln legen fest, dass der Pflanzenname zu ändern ist, damit die Bezeichnung künftig den Regeln der Nomenklatur korrekt folgt.

Normalerweise gilt der erste Name, der einer Pflanze gegeben wurde. Stellt man also fest, dass eine Pflanze identisch ist mit einer anderen, früher benannten, wird der zuerst vergebene Name verwendet. Namen können auch geändert werden, weil eine Pflanze falsch identifiziert wurde.

Außerdem geben die Namen Auskunft über die botanische Verwandtschaft der Pflanzen. Durch neue Erkenntnisse, etwa durch Genom-Untersuchungen oder einfach durch die erstmalige, intensive Bearbeitung einer bestimmten Pflanzengruppe, kann eine Namensänderung notwendig werden. Einige jüngere und noch nicht abgeschlossene Änderungen betreffen auch Stauden:
• Die früheren *Cimicifuga*-Arten werden nun der Gattung *Actaea* zugeordnet.
• Die früheren *Smilacina*-Arten rechnet man nun zur Gattung *Maianthemum*.

Immer wieder neue Namen

Viele der beliebtesten Stauden sind Zuchtformen der eigentlichen Art. Sie haben größere oder gefüllte Blüten, ungewöhnliches Laub oder andere besondere Merkmale. Bei diesen Pflanzen ist es international üblich, den Namen der Sorte in einfache Anführung zu setzen, beispielsweise *Hosta* 'France'.

Diese Schreibweise ist allgemein üblich. Weniger bekannt sind andere Namensprobleme, die sich in den letzten Jahren ergeben haben.

Serien Seit Pflanzenzüchter sich nicht nur der Einjährigen annehmen, sondern auch der Stauden, sind eine Reihe von Serien entstanden.

Eine Serie ist eine Gruppe von Pflanzen, die meist aus Samen gezogen wurden und mehr oder weniger identisch sind, sich aber in einem Merkmal – meist der Blütenfarbe – unterscheiden. Serien von Einjährigen gibt es schon seit Jahren, inzwischen wurden aber auch Staudenserien entwickelt. Bekannte Beispiele sind die *Aquilegia* State-Serie und die *Lobelia* Fan-Serie.

Handelsnamen Gelegentlich finden Händler den korrekten Namen einer Sorte nicht sehr attraktiv, zumal manche Züchter ihre Produkte vor der offiziellen Markteinführung oft mit einem Code benennen. Streng genommen sind diese Codes die eigentlichen Sortennamen. Kommt eine Pflanze dann in den Handel, erhält sie einen verkaufsträchtigeren Namen. Ein gutes Beispiel ist *Geranium* 'Gerwat', das als *Geranium* Rozanne verkauft wird. Der Handelsname wird in einer anderen Schriftart und ohne Anführung dargestellt.

Übersetzungen Wird der Name einer Sorte in eine andere Sprache übersetzt, wird die Übersetzung ebenso behandelt wie eine Handelsbezeichnung. Dadurch wird Unübersichtlichkeit in der Benennung vermieden, denn oft gibt es mehrere korrekte Übersetzungsmöglichkeiten.

Achillea 'Hoffnung' beispielsweise wird im englischsprachigen Raum sowohl unter dem deutschen Namen als auch mit den Bezeichnungen Hope und Great Expectations angeboten. So kann der Eindruck entstehen, es handele sich um drei verschiedene Pflanzen.

Auch beim Kauf kann man sich nicht immer auf die richtige Pflanzenbezeichnung verlassen. Renommierte Betriebe achten darauf, ihre Namen anhand des jeweils aktuellen »Zander – Handwörterbuch der Pflanzennamen« zu aktualisieren. Fragen Sie ruhig nach. Auch gründliche Erläuterungen zu den Namen in Katalogen und anderen Schriften der Gärtnerei sind ein gutes Zeichen.

RECHTS Lobelia *'Fan Zinnoberrosa' ist eine von verschiedenen* Lobelia-*Hybriden der Fan-Serie, die sich nur durch die Blütenfarbe unterscheiden. Samentütchen mit mehreren Farben nennt man Mischung oder Sortenmix.*

PFLANZEN AUS SAMEN

Die Anzucht aus Samen spielt eine wichtige Rolle. Manche Gartenfreunde finden die Vermehrung über Teilung oder Stecklinge zu langwierig, Gärtnereien benötigen manchmal eine große Anzahl von Jungpflanzen, um die Nachfrage zu decken. In diesem Fall zieht man Nachkommen aus Samen und die Jungpflanzen werden unter dem Namen der Pflanze verkauft, von der die Samen stammten.

Allerdings werden viele Typen aufgrund einer neuen Kombination von Merkmalen ausgewählt und benannt. Die Ausbildung dieser Merkmale ist aber normalerweise die Folge einer bestimmten Kombination von Genen. Werden solche Pflanzen durch Samen vermehrt, zeigen die Nachkommen oft andere Merkmale, sie unterscheiden sich also von der Elternpflanze. Ursache kann eine Fremdbestäubung durch eine andere, verwandte Art oder Kulturform sein. Auch bei der Selbstbestäubung kommt es zu einer Reorganisation des Erbguts, sodass sich andere Merkmale unter Umständen durchsetzen.

Nachkommen, die man über Teilung oder Stecklinge gewinnt, sind immer identisch mit der Mutterpflanze. Dagegen können Sämlingspflanzen mit der Mutterpflanze weitgehend übereinstimmen, oder aber sie zeigen geringfügige oder sogar deutliche Abweichungen. Werden nun solche Sämlinge unter dem gleichen Sortennamen in Umlauf gebracht, kann es zu erheblicher Verwirrung kommen, denn damit verliert die Benennung von Pflanzen und die Registrierung von Sorten an Eindeutigkeit und Verlässlichkeit.

Das Problem trifft auf so viele Pflanzen in diesem Buch zu, dass nur einige typische Beispiele im Einzelfall erwähnt werden.

Das heißt aber nicht, man dürfe Sorten nur vegetativ und nicht über Samen vermehren. Wichtig ist nur, sie unter einem angemessenen Namen in Umlauf zu bringen, indem man beispielsweise einen Gruppennamen verwendet wie *Helleborus foetidus* Wester-Flick-Gruppe oder *Geranium clarkei* Purple-Flowered-Gruppe. Nur so wird klar, dass sie sich von den vegetativ vermehrten Typen unterscheiden.

WIE WINTERHART SIND STAUDEN?

Die einzelnen Staudenarten unterscheiden sich beträchtlich in Bezug auf die Frostverträglichkeit, was unmittelbar mit ihrer natürlichen Herkunft zusammenhängt. Die Pflanzen passen sich an ihre natürlichen Umweltbedingungen an. Die Gesetze der Evolution bieten ihnen keinen Anreiz, sich mit einem Klima zu arrangieren, das sich von jenem an ihrem angestammten Wuchsort unterscheidet. Darum ist das Klima am Heimatstandort einer der wichtigsten Faktoren; es beeinflusst den Stoffwechsel und bestimmt ebenso die offenkundigeren Merkmale. Alle diese Einflussfaktoren wirken aufeinander ein, dazu kommen weitere Anpassungen wie etwa an die jahreszeitlichen Wachstumszyklen. Dadurch kann es schwierig sein, die Frosthärte einer Staude allein nach dem Augenschein zu beurteilen. Selbst verschiedene Exemplare der gleichen Art, die von unterschiedlichen Standorten stammen, können sich in ihrer Frosthärte unterscheiden. Verallgemeinernde Annahmen über die Winterhärte bestimmter Pflanzengruppen führen leicht in die Irre.

So werden Orchideen oft generell für tropische Pflanzen angesehen. Einige Frauenschuh-Arten überdauern jedoch unsere Winter ohne Probleme. Die Frosthärte einer Pflanze kann ein wertvoller Hinweis sein. In diesem Buch gehen wir davon aus, dass die Frosttoleranz von Sorten der ihrer Eltern entspricht. Auf Ausnahmen wird ausdrücklich hingewiesen.

WAS KÖNNEN SIE PFLANZEN?

Ein Großteil der Pflanzen, die in diesem Buch vorgestellt werden, ist in Deutschland ausreichend winterhart. Empfindlichere Arten kann man in milden Regionen ins Freie setzen oder man sorgt für einen guten Winterschutz. Als Anhaltspunkt geben wir zu jeder Pflanze die Winterhärtezone an. Dieses Zonensystem, das sich an den tiefsten Wintertemperaturen der jeweiligen Regionen orientiert, wurde vom Landwirtschaftsministerium der USA (USDA) entwickelt.

Früher wurde die Frosthärte mit verschiedenen, nicht miteinander vergleichbaren Systemen angegeben. In diesem Buch basieren die Angaben auf dem umfassenden und stark differenzierten System des USDA, wie es sich in vielen Ländern der Welt durchgesetzt hat. Weil Pflanzen und Informationen über Pflanzen immer stärker auf internationaler Ebene verbreitet werden, ist ein solches weltweit einheitliches System ausgesprochen nützlich.

WINTERHÄRTEZONEN DER WELT

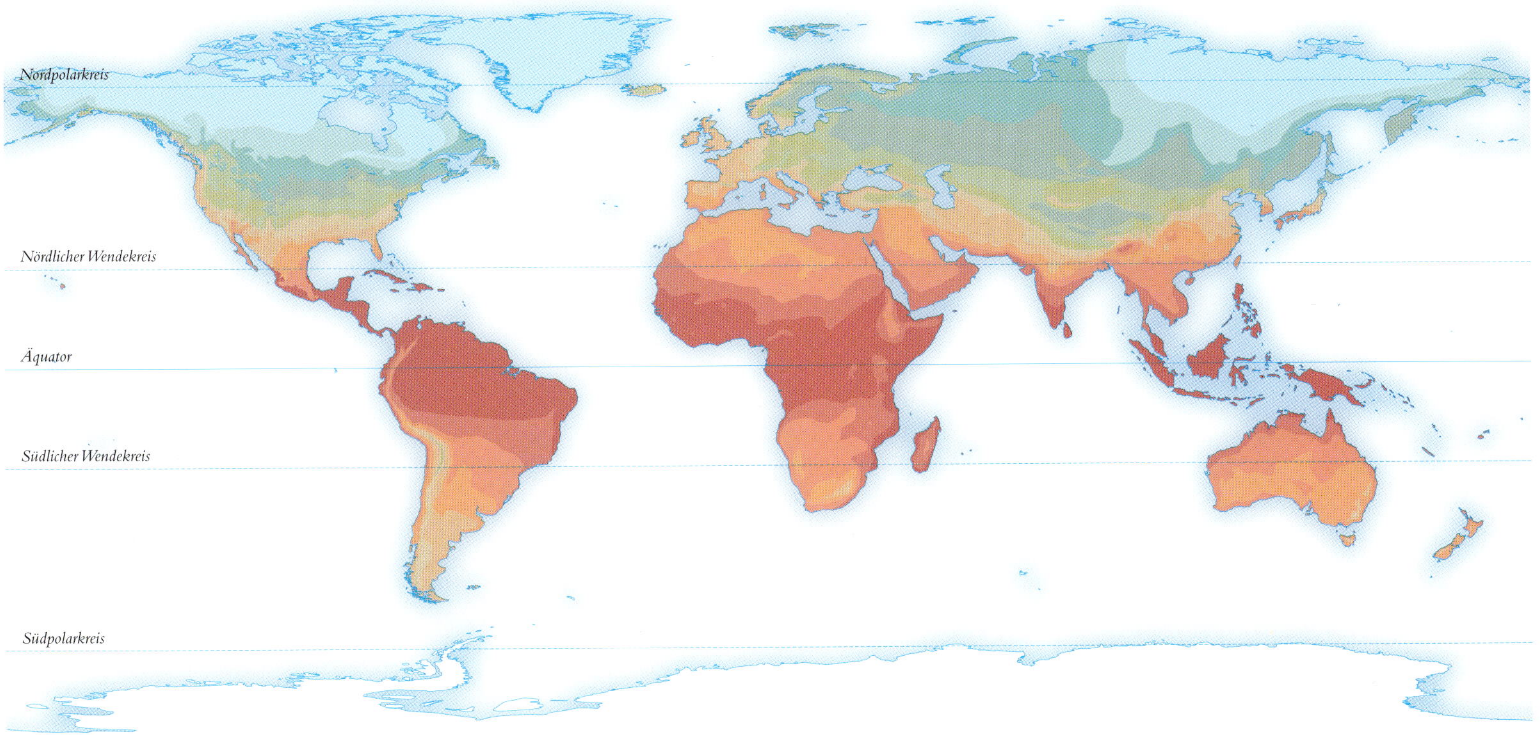

Das USDA-System basiert auf der niedrigsten Wintertemperatur, die eine Pflanze toleriert. Es teilt die Pflanzen anhand ihrer natürlichen Herkunftsgebiete in Frosthärte-Gruppen zwischen 1 und 12 ein. Je niedriger die Zahl, desto kältetoleranter ist die Pflanze. Die Weltkarte zeigt die Verteilung der Kältezonen auf der ganzen Welt. Das System ist nützlich, aber nicht narrensicher. Abgesehen von der tiefsten Wintertemperatur können viele andere Faktoren die Frosthärte einer Pflanze beeinflussen. In Gegenden, in denen sich ungewöhnlich hohe Sommertemperaturen belastend auswirken, wird darum zusätzlich ein System von Hitzezonen verwendet. In Deutschland ist dies noch nicht der Fall.

Für den größten Teil Deutschlands gelten die Winterhärtezonen 6 und 7, die Küstenregionen mit ihrem maritim beeinflussten Klima lassen sich der Zone 8 zurechnen. Auch Weinbauregionen und der Innenraum mancher Großstädte entsprechen Zone 8.

WOVON HÄNGT DIE FROSTHÄRTE AB?
Die Angabe einer Winterhärtezone gibt im Grunde nur einen Fingerzeig. Die Frosthärte einer bestimmten Pflanze im Garten hängt von weiteren Faktoren ab. Dazu gehören die Ausrichtung zur Sonne, der Bodentyp und dessen Wasserführung, auftretende Winde, Schneelast, winterliche Niederschläge (oder das Fehlen einer Schneedecke). Ferner spielt eine Rolle, ob die Wintertemperatur konstant niedrig ist oder ob kalte und mildere Phasen abwechseln.

Besonderen Einfluss haben das Mikroklima und der Winterschutz. Pflanzen in Gartenbereichen, die durch Mauern, Zäune, überhängende immergrüne Bäume oder Sträucher geschützt sind, sind oft kältetoleranter als Pflanzen derselben Art, die im gleichen Garten an ungeschützten Stellen stehen. Geschützte Bereiche für kälteempfindlichere Pflanzen kann man gezielt schaffen, indem man die Dränage verbessert und für Schutz vor kaltem Wind sorgt.

LEGENDE

Die dargestellten Zonen geben Auskunft über die durchschnittlichen Tiefsttemperaturen im Winter.

Zone	°C	°F
Z1	unter −46°	unter −50°
Z2	−46° bis −40°	−50° bis −40°
Z3	−40° bis −34°	−40° bis −30°
Z4	−34° bis −29°	−30° bis −20°
Z5	−29° bis −23°	−20° bis −10°
Z6	−23° bis −18°	−10° bis 0°
Z7	−18° bis −12°	0° bis 10°
Z8	−12° bis −7°	10° bis 20°
Z9	−7° bis −1°	20° bis 30°
Z10	−1° bis 4°	30° bis 40°
Z11	4° bis 10°	40° bis 50°
Z12	10° bis 16°	50° bis 60°

RECHTS *Schmucklilien wachsen wild in Südafrika, wo die Winter warm sind. Darum ist ihre Kältetoleranz nicht sonderlich hoch und sie gedeihen in Deutschland nur in geschützten Höfen oder im Kübel.*

STAUDEN VON A–Z

ACAENA
Stachelnüsschen
ROSACEAE

Durch die verschiedenen Laubfarben und interessanten, stacheligen Früchte im Spätsommer wirkt dieser immergrüne Bodendecker sehr attraktiv.

Die Gattung umfasst rund 100 Arten, von denen einige an der Basis verholzen. Die meisten Arten stammen aus den gemäßigten Zonen der südlichen Halbkugel. Etwa 17 Arten werden kultiviert, aber nur wenige sind weit verbreitet. Diese stammen meist aus den Steppen Neuseelands und der Kapregion Südamerikas. Die kriechenden Triebe bilden niedrige Matten aus weichen, zierlichen Blättern in leuchtendem Grün oder Blaugrau, manchmal rosa oder violett überhaucht. Die Blätter der niedrigen Arten sind wechselständig und meist unpaarig gefiedert, die einiger größerer Arten ähneln denen des eng verwandten Kleinen Wiesenknopfes (*Sanguisorba minor*).

Im Sommer erheben sich kleine runde Blütenstände (Köpfchen) aus zahlreichen, unscheinbaren Einzelblüten wie Pompons an aufrechten Stängeln (Blütenstands-Stielen) über dem Laub. Die Fruchtstände mit den schlanken, hakenförmigen Stacheln sehen aber wesentlich interessanter aus. Die Früchte haften wie Kletten im Fell von Wild- und Haustieren und werden durch diese verbreitet. In manchen Gegenden gelten sie als lästiges Unkraut (siehe *Verwildert*).

Die Arten sind variabel und darum schwer einzustufen. Erschwert

LINKS *Acaena saccaticupula* 'Blue Haze'

wird dies dadurch, dass sich einige der Gartenformen stark ähneln und manche unter falschen Namen weitergegeben werden. Außerdem kommen auch spontane Kreuzungen zwischen den Arten vor.

KULTUR Gedeiht in Sonne oder Halbschatten in gut durchlässigem Boden. Gut als Bodendecker und für Lücken in gepflasterten Flächen. Reizvoll ist ein »Laubmosaik« aus verschiedenen Pflanzen. Einige Arten bewurzeln an den Trieben leicht und neigen zum Wuchern. Sie verdrängen aber andere Pflanzen kaum und können durch Rückschnitt begrenzt werden.

VERMEHRUNG Durch Teilung, Stecklinge (Triebspitzen oder bewurzelte Triebe), Wildformen auch aus Samen.

PROBLEME Normalerweise keine.

A. anserinifolia siehe *A. novae-zelandiae*

A. buchananii (Blaugrünes Stachelnüsschen) Zwergwüchsige Sorte, die dichte Matten bildet. Die kurzstieligen Blütenstände liegen unter dem graugrünen Laub versteckt. Hellbraune oder grüne Triebe bis zu 30 cm Länge mit 1,5– 5,5 cm langen Blättern aus winzigen, länglichen bis ovalen Einzelblättchen. Im Sommer erscheinen grüne Blütenstände von maximal 1,1 cm Durchmesser, aus denen sich 3 cm große Fruchtstände mit gelbgrünen Kelchstacheln entwickeln. Aus Neuseeland (südliche Insel). ↕ 2–5 cm. Z6

A. caesiiglauca (Graublaues Stachelnüsschen) Diese attraktive, wüchsige Art mit blaugrauem Laub ist an Blättern und Stielen weich behaart. Die hellbraunen, weichen, 60 cm langen Triebe tragen 4–8 cm lange Blätter mit 7–9 länglichen bis eiförmigen Einzelblättchen. An 10–14 cm langen Stängeln stehen hellgrüne Blütenstände mit langen weißen Staubgefäßen. Aus ihnen entwickeln sich Fruchtstände mit grünbraunen Stacheln. Das Laub kann sich im Herbst violett färben. Aus Neuseeland.

A. inermis Wegen der normalerweise stachellosen Früchte eine ungewöhnliche Art (*inermis* = unbewaffnet). Nur vereinzelt bei manchen Formen kurze, dicke Stacheln mit weichen Spitzen.

Die schnell wurzelnden, bläulich braunen Triebe von bis zu 30 cm Länge tragen 2–4 cm lange, fächerförmige bis quadratische, gezähnte Blättchen. Das Laub ist mattbräunlich oder blaugrau und wird im Alter gelborange. Im Spätsommer stehen an 1–6 cm langen Stängeln Fruchtstände von bis zu 1,6 cm Durchmesser. Ähnelt im Wuchs *A. microphylla*, hat aber graueres Laub und kleinere, meist stachellose Fruchtstände. Aus Neuseeland (südliche Insel). ↕ 5–10 cm. Z6 **'Purpurea'** bildet dichte Matten aus mattviolettem Laub. Beliebter als die Art, die Gültigkeit des Namens ist aber zweifelhaft.

A. microphylla ♀ (Braunblättriges Stachelnüsschen) Die kleinste Art der Gattung mit den größten Fruchtständen. Bildet dichte Matten aus Laub, das von Gelbgrün mit bronzefarbenem Rand bis zu mattem Violettbraun variiert. Schnell wurzelnde, blassbraune oder grünbraune Triebe von bis zu 30 cm Länge. Die Blätter sind höchstens 3 cm groß und in winzige Fiederblättchen mit 3–7 Zähnen geteilt. An 1–4 cm langen Stängeln erscheinen im Sommer zahlreiche Blüten, aus denen sich dekorative, 3 cm große Fruchtstände entwickeln. Die Fruchtstände mit den auffällig roten, weichen Stacheln ohne Widerhaken verdecken fast das Laub. Wird gelegentlich mit *A. inermis* verwechselt, die einen ähnlichen Wuchs, aber grauere Blätter und kleinere, stachellose Fruchtstände hat. Aus Neuseeland (nördliche Insel). ↕ 2–5 cm. Z6 **'Kupferteppich'** (**Copper Carpet**) hat kupferfarbenes Laub.

A. myriophylla Unverwechselbar unter den Kultur-Stachelnüsschen wegen der länglichen oder ährenförmigen Blütenmalen Blättchen, die nicht gezähnt sind, aber durch tiefe Einschnitte wie Federn aussehen. Die gelbgrünen, bis 12 cm langen und 3 cm breiten Blätter zählen zu den größten innerhalb der Gattung. Sie stehen an 75 cm langen, niederliegenden Trieben. Im Mai und Juni erscheinen zylindrische Blütenstände aus winzigen grünlichen Blüten an 20–30 cm langen Stängeln über dem Laub. Die Fruchtstände sind dicht mit hellgelben Stacheln bedeckt. Aus Mittel- und Südargentinien. ↕ 20–30 cm. Z7

A. novae-zelandiae (Piripiri-Stachelnüsschen) Eine der größeren Arten. Breitet sich stark aus und hat leuchtend grün glänzende Blätter an rosa überhauchten Trieben von bis zu 1 m Länge. Die Blätter aus 9–13 schmalen, länglichen Einzel

blättchen mit leicht runzliger Oberfläche sind 3–10 cm lang. Im Sommer stehen die Blütenstände an 10–25 cm langen Stängeln über dem Laub. Die rot bestachelten Fruchtstände sind 3 cm groß. Diese Art ist vor allem in England verwildert. Wird gelegentlich als *A. anserinifolia* verkauft, was zu Verwechslungen mit dieser seltenen, ganz anders aussehenden Art führt. Aus Neuseeland, Tasmanien und Australien. ↕ 10–25 cm. Z7

A. saccaticupula **'Blue Haze'** Eine der schönsten blaugrauen Arten, deren stahlblaues Laub mit den kupferroten Stängeln und Blüten kontrastiert. An bis zu 50 cm langen Trieben stehen spitzenfeine, 2–7 cm lange Blätter, die in kleine fächerförmige oder längliche und oft bronzefarben gerandete Blättchen geteilt sind. Trägt im Spätsommer 1,5–1,8 cm große Fruchtstände mit borstigen rosaroten Stacheln. Bei der Ersteinführung wurde die Art nicht identifiziert und 'Blue Haze' benannt. Eventuell unterscheidet sie sich nicht von der Art. Andere blaublättrige Formen werden manchmal ebenfalls unter diesem Namen verkauft. Aus Neuseeland. ↕ 13–19 cm. Z6

ACANTHUS
Akanthus
ACANTHACEAE

Die stattliche wüchsige Staude trägt ein markant geformtes Laub und eindrucksvolle Blütenstände, die über mehrere Wochen erscheinen.

Viele der etwa 20 *Acanthus*-Arten, zu denen Stauden und strauchige Bäume gehören, stammen aus dem tropischen Afrika, 2 sogar aus den australischen Mangroven. 6 Arten sind in den trockenen Hügelregionen des europäischen Mittelmeerraums heimisch, mindestens 5 Arten werden kultiviert.

Die Pflanzen bilden große, sich stetig ausdehnende Horste aus attraktiven, lang gestielten Blättern. Die Arten unterscheiden sich vor allem in Form und Größe ihrer Blätter. Die dekorativsten Formen haben dunkelgrüne, tief eingeschnittene und riesige Blätter (Angabe der Blattlängen immer mit Stiel). Im Sommer erheben sich prächtige Blütenstände (Ähren) an kräftigen Stielen über den Blättern. Die kapuzenförmigen, meist gedämpft violetten Einzelblüten halten mehrere Wochen lang. Unterhalb der steifen »Kapuze« schiebt sich ein breites, lippenartiges Blütenblatt vor, und unter diesem liegt ein stacheliges Hochblatt, das ein Berühren der Pflanze unangenehm macht. Die »Kapuze« bleibt während der Bildung der erbsengroßen Frucht erhalten, verfärbt sich aber über Grün zu Dunkelbraun. Die getrockneten Blütenstiele werden für die Trockenfloristik verwendet. Die typischen Formen der größeren Arten (*A. hungaricus*, *A. mollis* und *A.*

spinosus) unterscheiden sich deutlich. In freier Natur ist die Varianz aber groß und vermutlich sind auch in Kultur Zufallshybriden entstanden.

KULTUR Gedeiht in allen durchlässigen Böden in sonniger Lage. Einige Arten tolerieren auch lichten Schatten. Nasse Winter vertragen sie nicht. Die größeren Arten brauchen viel Platz und Abstand zu kleinen Pflanzen, die sie leicht ersticken können. Gut als Bodendecker, als Akzent in einem großen Beet oder in einem naturnahen Garten an einer steinigen Böschung oder einem sonnigen Gehölzrand.

VERMEHRUNG Durch Teilung oder Wurzelstecklinge (Sorten) oder durch Samen (Art).

PROBLEME Schnecken und Echter Mehltau.

A. balcanicus Bei Pflanzen mit dieser Bezeichnung handelt es sich fast ausnahmslos um *A. hungaricus*.

A. dioscoridis Eine attraktive, kleinwüchsige Art und der einzige Akanthus mit kräftig pinkfarbenen Blüten. Diese erscheinen im Sommer an kurzen Stängeln über einer niedrigen Rosette aus graugrünem, meist nicht stacheligem Laub. Die ganzrandigen, nicht gelappten, bis 35 cm langen Blätter sind lanzettlich. Das Laub ist schlichter als bei anderen Akanthus-Arten, aber diese eignet sich auch für kleinere Gärten. Die hübschen, 5 cm langen, rosaroten Blütenröhren schieben sich unter grünlichen, violett überhauchten »Kapuzen« hervor. Die Horste werden langsam größer, wuchern aber kaum. Nur manchmal erscheinen Jungpflanzen in bis zu 30 cm Entfernung. Braucht gute Dränage und einen warmen, sonnigen Standort. Aus der östlichen Türkei und dem nördlichen Syrien, Armenien und dem nordwestlichen Iran. ↕ 30–50 cm. Z7 **var. perringii** Tief gezähnte, leicht stachelige Blätter. Aus der südlichen Türkei.

A. hirsutus Die kleine, ungewöhnliche Art bildet eine Rosette aus gelappten und zackig gezähnten, stacheligen Blättern. Laub, Blüten und Stängel sind seidig behaart. Die Blätter ähneln denen von *A. spinosus*, sind aber viel schmaler (8 cm Breite oder weniger), eher wie Löwenzahn geformt und bis 40 cm lang. Im Sommer erscheinen kurze Blütenstände aus cremeweißen, 4–6 cm langen Blütenröhren mit grüner »Kapuze«. Braucht gute Dränage und Sonne. Vom Balkan und aus der Türkei. ↕ 25–45 cm. Z7 **fo. roseus** Rosa Blüten. **subsp. syriacus** *A. syriacus* Stämmige Blütenstände über sehr stacheligen Blättern. Weiße oder grünliche Blütenröhren mit dunkelviolett überhauchten »Kapuzen« und Brakteen. Aus der südlichen Türkei und Israel, meist auf Sandsteinböden. ↕ 25–45 cm. Z7

A. hungaricus syn. *A. longifolius* (Ungarischer Akanthus) Haltbare, lang gestielte Säulen aus weißen oder hellrosafarbenen, 5 cm großen Blüten unter grünen oder violetten »Kapuzen« über dichten Horsten aus riesigen, mattgrünen Blättern von bis zu 1 m Länge und 20 cm Breite. Die Blätter sind meist nicht stachelig und bis fast zur Blattmitte eingeschnitten, sodass 2–6 cm breite Lappen mit gezähnten Rändern und weiten Abständen entstehen. Im Gegensatz zu den geteiltblättrigen Formen der *A. mollis*, mit der sie verwechselt werden kann, werden bei dieser Art die Blattlappen zur Basis hin schmaler, sodass flaschenförmige Zwischenräume entstehen. Toleriert Halbschatten. Aus den Wäldern und offenen Strauchlandschaften des Balkan. ↕ 1–1,5 m. Z7

A. longifolius siehe *A. hungaricus*

A. mollis (Pracht-Akanthus) Glänzend dunkelgrüne, dekorative, relativ aufrechte Blätter von bis zu 1 m Länge bilden einen stattlichen immergrünen Horst. Größe, Form und Lappung der Blätter sind variabel. Manche haben lange, schmale, tief eingeschnittene

BITTE NICHT STÖREN

WER EINE PFLANZE HAT, die am liebsten ungestört in einem sonnigen Beet wächst, kombiniert sie am besten mit einer anderen mit ähnlichen Vorlieben. *Acanthus mollis* toleriert zwar Schatten, blüht aber in der Sonne prächtiger. Das stattliche Laub und die sommerlichen Blütensäulen vertragen sich gut mit *Romneya coulteri*, deren im unteren Bereich kahle Stängel zwischen dem Akanthuslaub perfekt versteckt sind. Die weiße »Unterlippe« der Akanthusblüten korrespondiert mit den duftigen, gewellten Blüten des Mohn und schlägt so eine Brücke zwischen beiden Arten. Beide Pflanzen sollten im Winter über dem Boden abgeschnitten werden. Weil sie sich stark ausbreiten, begrenzt man sie am besten auf ein separates Beet und pflanzt sie nicht um, weil Wurzelreste immer wieder austreiben.

RECHTS **1** *Acanthus dioscoridis* var. *perringii* **2** *A. hirsutus* **3** *A. mollis* (Latifolius-Gruppe) 'Rue Ledan'

LINKS 1 *Achillea filipendulina* 'Parker's Variety' **2** *A. millefolium* 'Credo' **3** *A. millefolium* 'Summerwine'

Blätter und eine ausgeprägte Zahnung, das andere Extrem bilden breitblättrige Pflanzen mit nur schwach gelapptem Laub. Alle sind nur schwach stachelig. Im Sommer erscheinen prächtige Blütenstände auf bis zu 70 cm hohen Stängeln mit weißen oder rosa geaderten, 5 cm großen Blüten unter grün-violetten »Kapuzen«. Formen mit eingeschnittenen Blättern ähneln *A. hungaricus*, aber bei *A. mollis* stehen die Lappen enger. Braucht viel Platz. Bevorzugt tiefgründigen, durchlässigen Boden und gedeiht im lichten Schatten. Aus Gebirgswäldern und anderen schattigen Lebensräumen im Süden und Südwesten Mitteleuropas und Nordwest-Afrikas. ↕ 1,5–1,8 m. Z7 **'Hollard's Gold'** Die jungen, im Frühling und Herbst erscheinenden Blätter sind goldgelb und färben sich später mittelgrün. Entdeckt in Neuseeland. **'Jardin en Face'** siehe (Latifolius-Gruppe) 'Rue Ledan'. **Latifolius-Gruppe** Unter diesem Namen werden die Pflanzen mit den breitesten Blättern zusammengefasst. Sie sind rundlich bis oval, flach gelappt und bis 1,2 m lang. **(Latifolius-Gruppe) 'Rue Ledan'** syn. 'Jardin en Face' Reinweiße Blüten mit grünen »Kapuzen«. Entdeckt in einem Garten in der Bretagne.

A. spinosus ♀ (Stachliger Akanthus) Wüchsige Pflanze mit überhängenden, tief in höchstens 2,5 cm breite Lappen eingeschnittenen Blättern, die einen dichten Horst bilden. Vorstehende, steife, weiße Adern ziehen sich bis an die Blattränder, deren gezackte Zähne mit sehr spitzen, weißen Stacheln besetzt sind. Ihr Stich ist schmerzhaft. In der Gesamtform sind die Blätter annähernd oval, bis 60 cm lang und 8–30 cm breit. Die weißen Blüten haben violette »Kapuzen« und bekleiden nur die oberen 10–14 cm der Stängel. Die Art ist nicht so wüchsig wie *A. mollis* und wuchert weniger, hat aber erheblich mehr Stacheln. Bei Wildpflanzen sind Blattform und Zahl der Stacheln variabel. Aus dem Osten Italiens, der südwestlichen Türkei und vom Balkan. ↕ 90–120 cm. Z7 **'Lady Moore'** Die neuen Blätter sind fast weiß, zeigen später cremeweiße Flecken und färben sich im Sommer dunkelgrün. Nach einer berühmten irischen Gärtnerin benannt. **Spinosissimus-Gruppe** Bildet ein niedriges Polster aus schmal gelappten, sehr stacheligen Blättern. Blüht spärlich, nur in ungewöhnlich heißen Sommern stärker.

A. **'Summer Beauty'** Ähnelt *A. mollis*, verträgt aber sommerliche Hitze besser. Möglicherweise eine Hybride aus den beiden Arten *A. mollis* und *A. spinosus*.

A. syriacus siehe *A. hirsutus* subsp. *syriacus*

ACERIPHYLLUM siehe MUKDENIA

ACHILLEA
Garbe, Schafgarbe
ASTERACEAE

Schafgarben sind unkompliziert und beliebt für Sommerbeete. Die Blüten haben verschiedene Farben, einige verfärben sich während der Welke.

Die Gattung umfasst mehr als 100 Arten, die fast überall auf der nördlichen Halbkugel wachsen. Die an der Basis oft verholzenden Pflanzen bevorzugen volle Sonne und gut durchlässigen Boden. Manche bilden dichte Polster, andere breiten sich flächig aus, einige wuchern aggressiv. Die wechselständigen, duftenden Blätter in Grün oder Graugrün können ganzrandig sein, sind aber meist ein- oder mehrfach eingeschnitten und wirken zart fiedrig, manchmal farnartig. Früh im Jahr sehen die bodenständigen Blätter einiger Arten besonders effektvoll aus. Die Stängel sind gewöhnlich steif, manchmal gerippt, und tragen große, flache Blütenstände (Scheindolden), bestehend

FEUER UND FINESSE

MAN SIEHT AUF DEN ERSTEN BLICK, warum sich Montbretien und *Achillea* 'Feuerland' so gut vertragen. Beide blühen im Sommer und haben ähnlich intensiv scharlachorangerot leuchtende Blüten. Diese Ähnlichkeit wird durch den Formkontrast zwischen den flachen Schafgarben und den gebogenen Blütenrispen der Montbretien noch betont. Ähnlich reizvoll ist auch der Kontrast der Blätter – leuchtend grün und schwertförmig die der Montbretien, fein und fiedrig die der Schafgarbe. Das dunkle, noch feiner geschnittene Laub des Bronze-Fenchels (*Foeniculum vulgare* 'Purpureum') im Hintergrund und die zierlichen Blüten der *Stipa gigantea* sorgen für stilistische Abwechslung. Bei genauem Hinsehen entdeckt man noch ein Detail: Der Schlund jeder Montbretienblüte hat den gleichen Gelborangeton wie die verwelkenden Schafgarbenblüten.

aus zahlreichen Blütenköpfchen. Deren Strahlenblüten (Zungenblüten) sind meist recht klein und ausschließlich weiblich. Die einzelnen großen Blütenkronblätter der Strahlenblüten werden nachfolgend »Strahlen« genannt. Die winzigen Scheibenblüten (Röhrenblüten) in der Mitte sind normalerweise gelb und enthalten männliche und weibliche Blütenteile. Die Blüten wirken vor allem durch ihre Masse.

Die komplexe Gattung umfasst eine Reihe von natürlichen Hybriden, aber auch immer mehr Gartenhybriden, die selbst Spezialisten vor Identifikationsprobleme stellen. Aus der bekannten *A. millefolium* sind im Lauf der Zeit durch Kreuzung und Auswahl zahlreiche Gartenpflanzen in verschiedenen Farben entstanden. Besonders schöne Farben zeigen Kreuzungen mit *A. cyclopetala*, obwohl die Pflanzen recht kurzlebig sind. Diese Hybriden werden häufig separat gelistet. Weil ihre Abstammung aber nicht immer eindeutig ist und zur Klärung mehr Information nötig wäre, werden hier Formen mit zweifelhafter Abstammung unter *A. millefolium* geführt.

KULTUR Gedeiht in leichtem, sandigem Boden. Einige Arten brauchen besonders gute Dränage und volle Sonne, sind also für den Vordergrund eines sonnigen Beets mit durchlässigem Boden gut geeignet. Generell sind Arten und Hybriden mit silbrigen Blättern, darunter *A. cyclopetala*, eher kurzlebig. Grünlaubige sind besser an feuchte, nährstoffreiche Böden angepasst und vertragen unterschiedliche Bedingungen, neigen aber zum Wuchern.

VERMEHRUNG Alle drei bis fünf Jahre teilen. Die Pflanzen säen sich oft aus, aber die Sämlinge lohnen die Weiterkultur nicht. Darum sollte man welke Blüten vor der Samenreife entfernen. Es werden aus Samen gezogene Auslesen angeboten, die aber keine optimalen Ergebnisse bringen.

PROBLEME Echter Mehltau.

A. ageratum syn. *A. decolorans* (Süße Schafgarbe) Etwas breitwüchsig, mit kleinen, unbehaarten, grünen Blättern von bis zu 5 cm Länge, die mit Drüsen besetzt und flach gezähnt oder geteilt sind. Im Sommer erscheinen zahlreiche, kompakte Blütenstände mit 1 mm großen gelben Strahlen. Einige andere *Achillea*-Arten werden irrtümlich unter diesem Namen kultiviert. Aus Südwest-Europa. ↕ 80 cm. Z5

A. aurea siehe *A. chrysocoma*

A. cartilaginea siehe *A. salicifolia*

A. chrysocoma syn. *A. aurea* Recht klein, aber auffällig, mit attraktiven, fein geteilten, seidig behaarten Blättern. Die Segmente stehen schräg, sodass die Blätter gewölbt wirken. Trägt im Mai und Juni kompakte Blütenstände mit zahlreichen, leuchtend gelben, 3 mm großen Strahlen. Vom Balkan. ↕ 40 cm.

Die Blütenstände der Schafgarbe bestehen aus vielen eng oder locker stehenden kleinen Blütenkörbchen. Jedes enthält einige Scheibenblüten, die von einem einzelnen Kranz aus Strahlenblüten umgeben sind. Beide werden von einem Kranz von Brakteen zusammengehalten. Bei den gelb blühenden Arten sind die Strahlenblüten manchmal schwer zu erkennen. Bei den Sorten ist ihre Form und Farbe oft das auffälligste Merkmal.

Achillea millefolium 'Lansdorferglut'

Z3 **'Grandiflora'** Hat größere Blütenstände.

A. clavennae (Bittere Schafgarbe) Kleine, recht zierliche Pflanze mit 8 cm langen Basalblättern, die sich zur Basis verjüngen und tief eingebuchtet oder fiederspaltig sind. Lockere Blütenstände aus 5–20 Blüten mit weißen, 4 mm langen Strahlen. Benötigt einen trockenen, offenen, sandigen Standort. Aus den südlichen und südwestlichen Alpen. ↕ 25 cm. Z3

A. clypeolata (Goldquirl-Garbe) Bildet Matten aus flachen, ovalen oder länglichen, graugrünen und behaarten Basalblättern von 15 cm Länge, die tief in 20–25 Paare von Segmenten geteilt sind. Die kompakten, meist flachen Blütenstände von 3–7 cm Durchmesser bestehen aus 20 oder mehr Blütenkörbchen mit 1 mm langen, goldgelben Strahlen. Verschiedene Hybriden sind bekannt, einige werden irrtümlich als *A. cyclopetala* kultiviert. Vom Balkan. ↕ 50 cm. Z5

A. **'Coronation Gold'** ⚘ Grünlich graues Laub, über dem flache Blütenstände aus leuchtend gelben Blütenkörbchen stehen. Hybride aus *A. clypeolata* und *A. filipendulina*. ↕ 90 cm. Z4

A. decolorans siehe *A. ageratum*

A. filipendulina (Gold-Garbe) Hohe, aufrechte, auffallende Art. Die Basalblätter sind länglich oder lanzettlich und tief in 10–15 Segmentpaare geteilt. Die Stängelblätter sehen ähnlich aus, sind weniger geteilt und stehen zur Basis oft dichter. Von Juli bis September erscheinen füllige, gewölbte Blütenstände aus 50–300 oder mehr Blütenkörbchen, von denen jedes 1 mm lange, gelbe Strahlen hat. Sorten sind wüchsiger und haben größere Blütenstände. Alle eignen sich gut für Schnitt und Trockenfloristik. Aus dem Kaukasus und Zentralasien. ↕ bis 1 m. Z3 **'Cloth of Gold'** Höher

RECHTS 1 *Achillea millefolium* Summer-Pastels-Gruppe **2** *A. millefolium* 'Terracotta'

und unverzweigt. Gelegentlich falsch als 'Parker's Variety' gelistet. ↕ bis 1,7 m. **'Gold Plate'** Höher, unverzweigt und mit auffallend flachen Blütenständen. ↕ bis 1,5 m. **'Parker's Variety'** Höher, normalerweise unverzweigt, mit stärker gewölbten Blütenständen. ↕ bis 1,4 m.

A. grandifolia Hoch und robust. Die großen, attraktiven Blätter sind dunkelgrün und oval, bis 15 cm lang und tief in 4–6 Segmentpaare geteilt. Leicht gewölbte Blütenstände von bis zu 11 cm Durchmesser aus 80–100 Blütenkörbchen mit 3 mm langen, weißen Strahlen erscheinen den ganzen Sommer lang. *Tanacetum macrophyllum* wird gelegentlich unter dem gleichen Namen kultiviert. Vom Balkan und den angrenzenden Gebieten der Türkei. ↕ bis 1,2 m. Z5

A. × *huteri* Niedrige, Matten bildende Art mit gerundeten, tief geteilten, graugrünen Basalblättern. Trägt im Frühsommer Blütenstände aus 10–15 Blüten-

körbchen mit 5 mm langen weißen Strahlen. Braucht volle Sonne und trockenen Boden. Eine Hybride aus *A. ageratifolia* und *A. rupestris*. ↕ 15 cm. Z3

A. × *kolbiana* Kleinwüchsige Art mit auffallendem, silbergrauem Laub. Die Basalblätter sind rundlich und tief in 4–6 Paare schmaler Segmente geteilt. Bildet im Sommer lockere Blütenstände aus 6–15 Blütenkörbchen mit 5 mm langen weißen Strahlen. Braucht volle Sonne und einen trockenen Standort. Eine Hybride aus *A. clavennae* und *A. umbellata*. ↕ bis 15 cm. Z3

A. macrophylla (Großblättrige Schafgarbe) Hohe, kräftige Pflanze mit grob dreieckigen Basalblättern von bis zu 7 cm Länge, die in 4–7 Paare geteilt sind. Die lockeren Blütenstände bestehen aus 3–14 schlank gestielten Blütenkörbchen mit 5 mm langen weißen Strahlen. Wertvoll wegen des früh austreibenden attraktiven Laubs. Aus den Alpen. ↕ 30–100 cm. Z3

A. millefolium (Gewöhnliche Schafgarbe) Sehr variable Art, bekannt als wucherndes Unkraut im Rasen und an Wegrändern. Es gibt viele benannte Auslesen und Hybriden, darunter einige ausgezeichnete Neueinführungen. Die grünen, bis 20 cm langen Basalblätter sind lang und schmal und zwei- bis dreifach in schlanke Segmente geteilt. Die Sprossblätter (Stängelblätter) sehen ähnlich aus, sind aber kleiner. Relativ flache Blütenstände aus 50–150 oder mehr Blütenkörbchen mit weißen oder manchmal rosafarbenen, 2 mm langen Strahlen. Der Rückschnitt verwelkter Blüten regt die Bildung neuer an. Abwarten ist dabei sinnvoll, denn einige Sorten und Hybriden verfärben sich in der Welke attraktiv, andere werden unansehnlich (siehe *Würdevoll altern*, S. 36). Die graulaubigen Sorten sind meist kurzlebiger, weniger frosttolerant und brauchen einen trockeneren Standort. In vielen Gebieten der Welt, darunter allen 50 Staaten der USA,

WÜRDEVOLL ALTERN

Die Blüten vieler Auslesen und Hybriden von *Achillea millefolium* verändern mit dem Alter ihre Farbe. Manche, etwa die von 'Forncett Fletton', verblassen langsam von sattem Orangerot zu sanftem Gelb. Die Blütenkörbchen von 'Fanal' dagegen sind in der Hochblüte scharlachrot mit gelbem Auge, verfärben sich dann aber zu einem schmuddeligen Ton. Schneidet man welke Blüten ab, um die Selbstaussaat zu verhindern, ist diese hässliche Verfärbung kein Problem. Für Gärtner, die nicht alle zwei Tage ausputzen können, sind aber *Achillea*-Sorten günstiger, deren Farbveränderung attraktiver ist. Dazu gehören 'Belle Epoque', 'Christine's Pink', 'Credo', 'Forncett Fletton', 'Heidi', 'Martina' und 'Terrakotta'. Aber auch von diesen sollten verwelkte Blüten regelmäßig entfernt werden, sonst tauchen bald überall im Garten Sämlinge auf.

verwildert. Heimisch in Europa und Westasien. ↕ bis 1,2 m. Z2 **Anthea** ('Anblo') Hellgelbe, zu Cremegelb verblassende Blüten. Graugrünes Laub. Vermutlich eine Hybride mit *A. clypeolata*, aufgezogen von Alan Bloom. ↕70 cm. **'Alabaster'** Hellgelb, zu Weiß verblassend. ↕70 cm. **'Apfelblüte'** (**Appleblossom**) Rosarot mit kompaktem graugrünem Laub. ↕90 cm. **'Apricot Beauty'** Hellapricot und gelb. ↕90 cm. **'Bahama'** Biskuitgelb. ↕90 cm. **'Belle Epoque'** Im Aufblühen rot mit gelblichen Streifen, verblasst zu Zitronengelb und Rosa. ↕100 cm. **'Bloodstone'** Tief-dunkelrot. ↕70 cm. **'Cassis'** Dunkles Kirschrot. Aus Samen, manchmal variabel. ↕60 cm. **'Cérise Queen'** Wüchsig, kräftig dunkelrosa. Aus Samen, manchmal variabel. ↕60 cm. **'Christine's Pink'** Im Aufblühen hellrosa, zu fast Weiß verblassend. ↕90 cm. **Colorado-Gruppe** Verschiedene Rot-, Rosa-, Apricot- und Weißtöne. Aus Samen, Farbverteilung unberechenbar. ↕60 cm. **'Credo'** Im Aufblühen Gelb, zu Creme verblassend. Silbriges Laub. Gezüchtet von Ernst Pagels. ↕1,2 m. **'Fanal'** (**The Beacon**) Im Aufblühen leuchtend rot, zu schmutzigem Gelbbraun verblassend. ↕60 cm. **'Faust'** Langlebige, rote Blüten, silbriges Laub. ↕70 cm. **'Feuerland'** (**Fireland**) Im Aufblühen leuchtend rotorange. Ungleichmäßig, aber attraktiv zu Orange und Gelb verblassend. Gezüchtet von Ernst

Pagels. ↕60 cm. **'Forncett Beauty'** Fliederrosa, zu weißlichem Rosa verblassend. ↕60 cm. **'Forncett Candy'** Rosa bis rosalila. ↕80 cm. **'Forncett Citrus'** Zitronengelb mit graugrünem Laub. ↕80 cm. **'Forncett Fletton'** Leuchtend ziegelrot, zu Goldgelb verblassend. Graugrünes Laub. ↕60 cm. **'Forncett Ivory'** Elfenbeinweiß. ↕80 cm. **Forncett-Serie** Serie von 6 Sorten, gezüchtet von John Metcalf in der Four Seasons Nursery in Forncett St Mary, Norfolk, England. **Galaxy-Serie** Serie deutschen Ursprungs mit kräftigen Stielen und verschiedenen Blütenfarben von Weiß über Gelb bis Rosarot. Zu den Sorten zählen 'Apfelblüte', 'Lachsschönheit' und 'Paprika'. ↕60 cm. **Great Expectations** siehe 'Hoffnung'. **'Heidi'** Im Aufblühen rosa, verblassend zu rosa überhauchtem Weiß. ↕60 cm. **'Helios'** Gelb. Vermutlich eine Hybride mit *A. filipendulina*. ↕80–100 cm. **'Hella Glashoff'** Zitronengelb, nur leicht verblassend. ↕50 cm. **'Hoffnung'** (**Great Expectations, Hope**) Hellgelb. Vermutlich eine Hybride mit *A. clypeolata*. ↕90 cm. **'Inca Gold'** Blüten terrakottaorange, Laub silbrig. Eventuell eine Hybride mit *A. clypeolata*. ↕70 cm. **'Kelwayi'** Dunkelrot. ↕60 cm. **'Lachsschönheit'** (**Salmon Beauty**) Lachsrosa erblühend, zu hellrosa überhauchtem Weiß verblassend. ↕80–110 cm. **'Lansdorferglut'** Strahlenblüten im aufblühen kräftig rosarot, zu Graugelb verblassend. Scheibenblüten im Aufblühen gelb, zu Orange nachdunkelnd. ↕90–110 cm. **'Lilac Beauty'** Hell-fliederfarben. ↕70 cm. **'Lucky Break'** Zitronengelb, zu gelblichem Weiß verblassend. Graugrünes Laub. Eventuell ein aus Samen gezogener Abkömmling von 'Taygetea'. Entdeckt von Christopher Lloyd im Garten von Great Dixter. ↕80–100 cm. **'Marie Ann'** Hell-zitronengelbe Blüten, silbriges Laub. Niedrig. ↕40 cm. **'Marmelade'** Orange- und Gelbtöne. ↕70 cm. **'Martina'** Gelb, zu Hellgelb verblassend. Graugrünes Laub. Eventuell eine Hybride mit *A. clypeolata*. ↕80 cm. **'McVities'** Biskuitgelb, zu Elfenbein verblassend. ↕90 cm. **'Mondpagode'** Cremegelb mit silbrigem Laub. Angeblich eine Hybride mit *A. filipendulina*. ↕75–120 cm. **'Moonwalker'** Leuchtend gelb, graugrünes Laub. Hybride mit *A. ageratum*. ↕70 cm. Z4 **'Old Brocade'** Gelb, Goldgelb und Bronze. ↕80 cm. **'Paprika'** Dunkelrot, mit dem Alter verblassend. Graugrünes Laub. ↕70 cm. **'Prospero'** Cremegelb, silbriges Laub.

↕60 cm. **'Red Beauty'** Dunkelrot. ↕60 cm. **'Red Velvet'** Rosarot. ↕60 cm. **'Rose Madder'** Zartrot. Niedrig. ↕35 cm. **Salmon Beauty** siehe 'Lachsschönheit'. **'Sammetriese'** Rot bis Dunkelrot. ↕80 cm. **Summer-Pastels-Gruppe** Mischung von nicht immer zarten Farben, darunter Weiß, Rosa, Gelb, Orange und Rot. Aus Samen, darum in Höhe, Blütezeit und Farbverteilung unberechenbar. ↕30–60 cm. **'Summerwine'** Im Aufblühen dunkelrot, verblasst gleichmäßig zu bläulichem Pink und manchmal Gelbbraun. ↕70–90 cm. **'Taygetea'** Hell-cremegelb, graugrünes Laub. Sehr variable, aus Samen gezogene Hybride, vielleicht mit *A. clypeolata*. **'Terrakotta'** Im Aufblühen dunkel-rotorange, zu Creme verblassend. Graugrünes, gefiedertes Laub. Gezüchtet von Ernst Pagels. ↕90–120 cm. **The Beacon** siehe 'Fanal'. **'Walther Funcke'** Orangerote Blüten, zu Cremegelb verblassend. Silbriges Laub. Niedrig. Vermutlich eine Hybride mit *A. filipendulina*. Gezüchtet von Ernst Pagels. ↕30–60 cm. **'Wesersandstein'** Rosa-orange, zu Creme verblassend. ↕40–60 cm. **'White Queen'** Weiß, aber aus Samen, daher nicht ganz einheitlich. ↕50 cm.

A. 'Moonshine' ♀ Grünlich graues Laub bildet einen dichten Horst. Breite Blütenstände aus 30 oder mehr leuchtend zitronengelben Blütenkörbchen. Vermutlich eine Hybride zwischen *A. clypeolata* und *A. millefolium*. ↕60 cm. Z4

A. nobilis (Edle Schafgarbe) Tief eingeschnittene Blätter von ovaler Gesamtform mit regelmäßig geteilten Segmenten. Blütenstände aus 50–150 oder mehr Blütenkörbchen mit 1 mm langen weißen Strahlen. Ähnelt *A. millefolium*, ist aber insgesamt zierlicher. Aus Süd- und Mitteleuropa. 70 cm. Z4 **subsp. neilreichii** Cremegelbe Strahlen und graugrünes Laub. Neigt zum Wuchern, verträgt aber Halbschatten. Aus Österreich, dem Kaukasus und vom Balkan.

A. ptarmica (Sumpf-Schafgarbe) Große, wüchsige Pflanze, die sich ausbreitet. Auffallenderweise ohne Basalrosette. Die 9 mm langen Blätter sind ungestielt und schmal lanzettlich. Lockere Blütenstände aus 3–15 Blütenkörbchen mit 5 mm langen, weißen Strahlen. In Gärten häufig auch halb gefüllte oder gefüllte Formen. Gedeiht im Halbschatten mit feuchtem Boden. ↕ bis 1,5 m. Z5 **'Ballerina'** Niedrige, gefüllte Form. Weiße, grau verwelkende Blüten. ↕40 cm. **'Boule de Neige'** syn. 'Schneeball' Gefüllte Blüten, aber mit variablem Füllungsgrad, da aus Samen gezogen. ↕60–90 cm. **'Nana Compacta'** Niedrig, kompakt, einfach blühend, grauweiß. ↕20 cm. **'Perry's White'** Gefüllt, höher und schwächer belaubt als 'The Pearl'. ↕90 cm. **'Schneeball'** siehe 'Boule de Neige'. **The-Pearl-Gruppe** Oberbegriff für einige mehr oder weniger stark gefüllte Formen, meist aus Samen

ÜBERSETZUNGSPROBLEME

Als die ersten neuen *Achillea*-Sorten 1986 aus Deutschland nach England eingeführt wurden, trugen sie natürlich deutsche Namen. Da man in anderen Ländern die deutsche Sprache als schwierig betrachtet, wurden diese bald durch englische Namen ersetzt. Einige wurden direkt übersetzt, aus 'Apfelblüte' wurde beispielsweise 'Appleblossom'. Die Sorte 'Hoffnung' wurde zunächst frei als 'Great Expectations' übertragen und später wörtlich als 'Hope'. Die Pflanze wurde unter beiden Namen von Gärtnereien angeboten. Als auch noch Import-

pflanzen mit ihrem ursprünglichen deutschen Namen auf den Markt kamen, konnte man in England ein und dieselbe Pflanze unter drei Namen kaufen.

Das führt natürlich zu Verwirrungen. Darum schreiben die Regeln der Pflanzenbenennung nun vor, dass Namen von Sorten nicht in andere Sprachen übersetzt werden. Übersetzte Sortennamen werden in diesem Buch nur für Querverweise verwendet.

RECHTS 1 *Achillea* 'Moonshine'
2 *A. ptarmica* 'Boule de Neige'
3 *A. ptarmica* 'The Pearl'

gezogen. Oft auch unter den bekannten Sortennamen 'The Pearl' und 'Boule de Neige' im Handel. ↕ 50–90 cm.
'The Pearl' Die korrekte Pflanze ist verlässlich gefüllt, reinweiß und etwas niedriger als die aus Samen gezogenen Formen, die häufig angeboten werden, den Namen aber zu Unrecht tragen. Vermehrung durch Teilung. ↕ 40–60 cm.

A. salicifolia syn. *A. cartilaginea* (Weidenblättrige Schafgarbe) Wüchsig und aggressiv wuchernd. Unverzweigte Triebe mit normalerweise doppelt gezähnten, lanzettlichen Blättern von 9 cm Länge und 1,4 cm Breite. Lockere Blütenstände aus bis zu 15 Blütenkörbchen mit 5 mm langen weißen Strahlen. Ähnelt *A. ptarmica* und verträgt wie diese verschiedene Standortbedingungen. Aus Westeuropa bis Zentralasien. ↕ bis 1,5 m. Z4 **'Silver Spray'** Niedriger, stärker kriechend. ↕ 30–45 cm.

A. sibirica (Sibirische Schafgarbe) Attraktiveres Laub als viele höhere Arten. Die Blätter sind ungestielt, lang und schmal, regelmäßig gezähnt und stehen an unverzweigten Stängeln. Relativ dichte Blütenstände aus 10–15 oder mehr Blütenkörbchen mit weißen oder rosa überhauchten Strahlen. Die meisten heute kultivierten Pflanzen stammen aus einer japanischen Sammlung, die 1988 von der Alpine Garden Society zusammengetragen wurde. ↕ bis 75 cm. Z3 **'Love Parade'** Weißlich rosa. **'Stephanie Cohen'** Hellrosa. Nach der amerikanischen Gartenautorin benannt.

A. umbellata Die auffällige, kleine, hübsche Pflanze bildet dichte Polster aus silbrigem Laub. Die bis 3,5 cm langen gestielten Blätter sind geteilt und bestehen aus bis zu 6 Segmenten. Blütenstände aus 3–7 Blütenkörbchen mit 5 mm langen weißen Strahlen. Braucht einen offenen, trockenen, sonnigen Standort. Aus Süd- und Mittelgriechenland. ↕ 10 cm. Z3

A. 'W.B. Childs' Sich ausbreitende, aber nicht wuchernde Pflanze mit dunkelgrünen, regelmäßig geteilten Blättern mit auffallenden, sägeartigen Zähnen. Bildet den ganzen Sommer lang lockere Blütenstände aus 10 oder mehr Blütenkörbchen mit 5 mm langen weißen Strahlen und dunklerem Zentrum. Verträgt feuchte Böden und toleriert leichten Schatten. ↕ 50–70 cm. Z4

ACHLYS
Vanilleblatt
BERBERIDACEAE

Das auffällige Laub dieses winterharten Frühlings- und Sommerblühers für Schattenplätze bildet einen interessanten Kontrast zu den zarten Blüten, er ist besonders für Schattenplätze geeignet.

Alle 3 Arten der Gattung sind sommergrün und stammen aus den Bergwäldern Japans und des westlichen Nordamerikas. Sie gedeihen an kühlen, feuchten, schattigen Plätzen wie einem Gehölzbeet oder einem Waldgarten. Nur eine Art wird häufiger kultiviert. Die Pflanzen breiten

sich mit schuppigen, unterirdischen Trieben flächig aus und sind mit den überlappenden Blättern ein guter Bodendecker. Sie haben lang gestielte Blätter aus je 3 Segmenten und tragen im Frühling und Sommer Rispen winziger Blüten ohne Petalen, die sich im Frühling und Sommer wie Rauchwölkchen über dem Laub erheben. *Achlys* soll nach der Göttin der Dunkelheit benannt sein. Vielleicht ist sie in den meisten Pflanzenlexika nicht verzeichnet, weil sie so sehr im Finstern wächst. Es ist uns eine Freude, ihr hier eine halbe Spalte zu widmen.

KULTUR Wächst am besten in konstant feuchtem, humusreichem Boden mit Voll- oder Teilschatten und Schutz vor austrocknendem Wind. Vor dem Pflanzen den Boden mit Laubkompost oder gut verrottetem Gartenkompost verbessern.

VERMEHRUNG Durch Bewurzeln von Stücken der kriechenden Triebe im kalten Frühbeet oder durch Teilung der Horste im Vorfrühling. Kann auch direkt nach der Samenreife im offenen, kalten Frühbeet ausgesät werden.

PROBLEME Schnecken und Raupen.

A. triphylla (Vanilleblatt) Die bekannteste Art, eine attraktive, dichte Horste bildende Pflanze für den Gehölzgarten. Lang gestielte, fächerförmige Blätter in kräftigem Grün von 15 cm Breite, geteilt in je 3 breite Segmente mit welligem Rand. Das Laub bildet einen schönen Hintergrund für die 5 cm langen Ähren aus winzigen, weißen Blüten, die von Mai bis Juni an drahtigen Schäften erscheinen. Aus Nordamerika (British Columbia bis Kalifornien). ↕ 30–50 cm. Z5

ACONITUM
Eisenhut
RANUNCULACEAE

Unter diesen unkomplizierten, aber hoch giftigen Pflanzen, die in Sonne oder Teilschatten gepflanzt werden können, gibt es viele attraktive, hoch aufragende Vertreter.

Die Gattung umfasst etwa 300, meist aus Asien stammende Arten, von denen nur wenige kultiviert werden. Die meisten haben knollig verdickte Wurzeln und dunkelgrüne, mehr oder weniger runde Blätter, die in 3 oder 7 gezähnte Segmente geteilt sind. Einige Arten haben eingeschnittene Blattsegmente, sodass das Laub fiedrig wirkt. Zur Blütezeit welken die unteren Blätter oft, darum sind Begleitpflanzen günstig, die die kahlen unteren Stängelteile verdecken.

Die Blüten sind meist blau oder violett, seltener weiß, rosa oder zartgelb und stehen meist in Rispen. Manche Arten blühen bereits im Mai, andere bis in den November hinein. Die Blütenhülle besteht aus 5 Perigonblättern, d.h. sie ist nicht in Kelch und Krone gegliedert. Beim Eisenhut hat das obere Perigonblatt

eine auffallende Helmform. In der Blüte verborgen sind 2 in den Helm vorragende Nektarien. Alle Teile des Eisenhuts sind stark giftig (siehe *Tödlicher Eisenhut*). ⚠

KULTUR Alle Arten bevorzugen eher feuchten Boden mit gutem Wasserhaltevermögen und mäßigem Humusgehalt. Viele Arten wachsen aufrecht und brauchen keine Stütze. Nur für Arten mit verzweigten Trieben sind Stützreiser sinnvoll. Schlingende Arten kann man auch in Sträucher, kleine Bäume oder Wandbegrünung klettern lassen.

VERMEHRUNG Durch Teilung im Herbst. Dabei Handschuhe tragen, denn die Pflanzen sind hoch giftig. Arten mit knolligen Wurzeln bilden während der Wachstumszeit einige neue Knollen, von denen die größeren eingepflanzt werden können. Alte Knollen und zu kleine junge Knollen entfernen. Arten können auch aus Samen gezogen werden.

PROBLEME Krankheiten treten selten auf. Gelegentlich Sprossfäule, Verticillium-Welke, bakterielle Blattfleckenkrankheiten oder Mehltau.

A. anglicum siehe *A. napellus* subsp. *napellus* Anglicum-Gruppe

A. 'Blue Sceptre' Knollen bildende Pflanze mit tief gelappten, dunkelgrünen Blättern und im Juli und August endständigen sowie manchmal einzelnen seitlichen Rispen blauvioletter und weißer Blüten. Eine Hybride von *A.* 'Newry Blue' und *A.* × *cammarum* 'Bicolor', gezüchtet von Alan Bloom. ↕ 70 cm. Z4

A. 'Bressingham Spire' ♀ Knollen bildende, straff aufrechte Pflanze mit dunkelgrünen, fingrig geteilten Blättern. Auffallend spitz zulaufende, oft verzweigte Rispen blauvioletter Blüten im August und September. Eine Hybride von *A.* 'Newry Blue' und *A.* × *cammarum* 'Bicolor', gezüchtet von Alan Bloom. ↕ 1 m. Z4

A. × *cammarum* (Garten-Eisenhut) Knollen bildende Pflanzen von unterschiedlicher Gestalt, teils aufrecht, teils

buschig verzweigt. Dunkelgrüne, tief gelappte Blätter. Blüten von Juni bis August in verschiedenen Farben, teilweise auch zweifarbig. Hybride des aufrechten *A. napellus* und des verzweigten, manchmal zweifarbigen *A. variegatum.* ↕ 60–150 cm. Z4 **'Bicolor'** Verzweigte Pflanze mit weißen, kräftig violett geränderten Blüten im Juni und Juli. ↕ 1,2 m. **'Eleonora'** Im Juni und Juli an verzweigten Trieben weiße Blüten mit hellblau überhauchten Kelchblatt-Rändern. 'Bicolor'-Selektion von Elly Geerlings, Niederlande. ↕ 1 m. **'Grandiflorum Album'** Aufrechte Pflanze mit lockeren Blütenständen, an denen im Juli und August reinweiße Blüten aus grünen Knospen erscheinen. ↕ 1,1 m. **'Pink Sensation'** Im Juli und August aufrechte Rispen aus muschelrosa Blüten mit etwas dunkleren Blütenblatträndern und schwarzen Staubgefäßen. Wahrscheinlich der schönste rosa Eisenhut, gezüchtet von Piet Oudolf, Niederlande. ↕ 1 m.

TÖDLICHER EISENHUT

Eisenhut, auch die in Gärten verbreitete Art *A. napellus*, ist eine der giftigsten Gartenpflanzen. Möglicherweise wurde die Pflanze ursprünglich sogar wegen ihres Giftes, das für Pfeilspitzen verwendet wurde, kultiviert. John Gerard bemerkte in seinem berühmten, 1597 veröffentlichten *Herball* zurückhaltend, die Blüten seien »so schön, dass man denken möchte, sie seien von außerordentlich gutem Wert, doch«, fährt er fort, »*non est semper fides habenda fronti*« – das Äußere kann täuschen. Obwohl die Wurzeln schon mit Meerrettich verwechselt und gegessen

wurden, besteht für Gärtner die größte Gefahr darin, das Gift über die Haut aufzunehmen. Darum sollte man bei der Arbeit mit der Pflanze – vom Ausputzen welker Blüten bis zum Umpflanzen – immer Handschuhe tragen und jeden Hautkontakt vermeiden. Die Pflanze ist auch für Nutzvieh und Haustiere giftig. Ein spezifisches Gegengift gibt es nicht.

Dennoch ist Eisenhut, wie Gerard bemerkt, sehr schön. Und obwohl Vorsicht bei der Behandlung im Garten und auch beim Umgang mit Schnittblumen im Haus geboten ist, sollte er in keinem Garten fehlen.

RECHTS *Aconitum* 'Bressingham Spire'

A. carmichaelii (Chinesischer Eisenhut) Knollen bildende Art mit tief geteilten, ledrigen, dunkelgrünen Blättern und variabler Höhe zwischen 60 cm und 2 m, meist jedoch um 1,2 m. Die unverzweigten Blütenstände sind mit 10 cm kürzer als die von *A. napellus*. Große, normalerweise hell-blauviolette Blüten mit hohen Helmen öffnen sich im August und September, bei einigen hohen Selektionen bis in den Oktober. Dieser Art gehören die meisten der beliebten im Herbst blühenden Eisenhüte an. Aus fast ganz China und Nordvietnam. ‡ 60–200 cm. Z3 **'Arendsii'** Intensiv blauviolette Blüten im September und Oktober. Die variablen Sämlinge dieser Sorte sind weniger eindrucksvoll und werden als *A. carmichaelii* Arendsii-Gruppe bezeichnet. Eine Hybride aus einem typischen *A. carmichaelii* und *A. carmichaelii* Wilsonii-Gruppe. **'Royal Flush'** syn. *A. carmichaelii* 'Redleaf' Dunkelgrüne Blätter im Frühling, die später heller werden. Tiefblaue Blüten im September und Oktober. ‡ 60 cm. Wilsonii-Gruppe syn. *A. wilsonii* Hoch, Blüte im September und Oktober. (**Wilsonii-Gruppe**) **'Barker's Variety'** Mittel-blauviolette Blüten, die auch bei ausgesäten Pflanzen keine Varianz zeigen sollen. Gezüchtet von Edwin J. Barker aus Kelmscott bei Ipswich, Suffolk. ‡ 1,5 m. (**Wilsonii-Gruppe**) **'Kelmscott'** Dunkleres, satteres Blauviolett. Von Edwin J. Barker aus Kelmscott, Suffolk. ‡ 1,5 m. (**Wilsonii-Gruppe**) **'Spätlese'** Helleres Blauviolett. ‡ 1,5 m.

A. hemsleyanum Knollen bildender, Schatten vertragender Schlinger mit weinähnlichen Blättern, die bis etwa über die Mitte hinaus in 3 Lappen geteilt sind. Meist violette Triebe und endständige Gruppen aus 2–6 (seltener 12) Blüten von Juli bis Oktober. Die Blütenfarbe variiert, manche Formen haben graue oder grüne Blüten, die schöneren Formen blühen blauviolett, blauviolett oder rötlich violett. Wird als Gartenpflanze häufig unter der Bezeichnung *A. volubile* angeboten. Aus den Wäldern Chinas und Burmas. ‡ 2–5 m. Z6

A. henryi 'Spark's Variety' siehe *A.* 'Spark's Variety'

A. 'Ivorine' syn. *A. septentrionale* 'Ivorine' Eisenhut mit faserigen Wurzeln und im Juni und Juli Rispen aus cremeweißen, fast zylindrischen Einzelblüten. Üppiges dunkelgrünes Laub. Eventuell eine Variante von *A. lycoctonum* mit größeren, zahlreicheren Blüten. Ein besonders früh blühender Eisenhut. ‡ 75 cm. Z5

A. lamarckii siehe *A. lycoctonum* subsp. *neapolitanum*

A. lasianthum siehe *A. lycoctonum* subsp. *vulparia*

A. lycoctonum (Gelber Eisenhut) Variable Art mit faserigen Wurzeln und gezähnten, gelappten oder tief eingeschnittenen Blättern. Die Blüten mit hohem Helm erscheinen im Juni und August und können violett, blau, gelblich oder cremeweiß sein. Heimisch in weiten Teilen Europas, auch in Nordafrika und Asien. ‡ 60–200 cm. Z4 **'Darkeyes'** Dunkles Laub, fast schwarze Triebe und hellgelbe Blüten mit vorstehenden schwarzen Staubgefäßen. Selektion von Bob Brown von Cotswold Garden Flowers, Worcestershire. ‡ 75 cm.

subsp. *lycoctonum* syn. *A. septentrionale* Dunkel-violettblaue Blüten und dunkelgrüne, vier- bis sechslappige Blätter. Aus Norwegen, Russland, der Mongolei und Südwest-China. ‡ 60–150 cm. subsp. *neapolitanum* syn. *A. lamarckii, A. neapolitanum, A. pyrenaicum, A. ranunculifolium* Hellgrüne, fünf- bis achtlappige Blätter mit tiefen Einschnitten bis über die Mitte der Blatthälfte hinaus. Große Rispen mit zahlreichen hellgelben Blüten. Aus den Bergregionen Südeuropas (Frankreich, Spanien, Bulgarien, Nordgriechenland und Rumänien) und aus Marokko. ‡ 40–120 cm. subsp. *vulparia* syn. *A. lasianthum, A. thyriacum, A. vulparia* Rispen mit relativ wenigen hellgelben Blüten. Dunkelgrüne, bis zur Mitte eingeschnittene Blätter. Aus Frankreich und Holland, östlich bis nach Rumänien. ‡ 40–120 cm.

A. napellus (Blauer Eisenhut) Knollige Wurzeln und in schmal rhombische Abschnitte geteilte Blätter. Von Mai bis August blaue oder violette Blüten an unverzweigten oder verzweigten Trieben. Das Entfernen verwelkter Blüten regt eine zweite Blüte ab August an. Viele Varianten sind als eigenständige Arten klassifiziert worden. Aus Europa, Nordamerika und Asien. ‡ 10–300 cm. Z5 **'Bergfürst'** Matt-dunkelblaue Blüten im Juli und August. ‡ 1,2 m. **'Blue Valley'** Schlanke Rispen aus großen, dunkelblauen Blüten im Juli und August. ‡ 1 m. subsp. *napellus* Anglicum-Gruppe syn. *A. anglicum* Leuchtend blauviolette Blüten an einem verzweigten Trieb. Schmal gelappte, spitz zulaufende Blätter in dunklem Grün. Wertvoll wegen der besonders frühen Blüte im Mai und Juli. Aus Südwestengland und Südwales. ‡ 90 cm. **'Rubellum'** Ein zweifelhafter Name, den man besser nicht benutzen sollte. Er wird gelegentlich für rot und rosa blühende Formen von Arten wie *A. × cammarum* und *A. napellus* verwendet. subsp. *vulgare* Spätere Blüte von Juli bis September. Meist unverzweigte Triebe und schmal gelappte Blätter. ‡ 1–1,7 m. subsp. *vulgare* **'Albidium'** Dichte Rispen aus weißen Blüten im Juli und August, die schnell vergrauen, sofern der Sommer kühl und feucht ist. ‡ 1,5 m. subsp. *vulgare* **'Carneum'** Fleischfarbene, grau überhauchte Blüten im Juli und August. In kühlen Regionen bessere Farbausbildung. ‡ 1,5 m.

A. neapolitanum siehe *A. lycoctonum* subsp. *neapolitanum*

A. 'Newry Blue' Attraktiver, hoher, schlanker Eisenhut mit faserigen Wurzeln und dunkelblauen Blüten in Rispen, die manchmal an der Basis verzweigt sind. Wegen der ungewöhnlich langen Blütenstände (bis 60 cm) wertvoll für senkrechte Akzente. Besonders schön in Kombination mit den flachbreiten Blütenständen gelber Schafgarbe. Vor 1954 in der Daisy Hill Nursery in Nordirland gezüchtet. Eventuell eine Variante von *A. napellus*, aber die echte Pflanze ist selten zu sehen. ‡ 1,5 m. Z5

A. pyrenaicum siehe *A. lycoctonum* subsp. *neapolitanum*

A. ranunculifolium siehe *A. lycoctonum* subsp. *neapolitanum*

A. septentrionale siehe *A.* 'Ivorine', *A. lycoctonum* subsp. *lycoctonum*

A. 'Spark's Variety' ♀ syn. *A. henryi* 'Spark's Variety' Ein besonders wertvoller, reich blühender Eisenhut mit kurzen, dichten Rispen aus blauvioletten Blüten von Juli bis September. Fein geschnittene dunkle Blätter. Knollige Wurzeln. Die Abstammung dieser alten Hybride (etwa 1898) aus C.M. Prichards Riverslea Nursery ist unklar. Das schlingende *A. henryi* gehört aber nicht, wie ursprünglich angenommen, zu den Vorfahren.

A. 'Stainless Steel' Von Juni bis September dichte, aufrechte Rispen aus ungewöhnlichen, silbrig blauen Blüten über dunkelgrünem, tief eingeschnittenem Laub. Entdeckt von Aad und Elly Geerlings in Holland. ‡ 1 m. Z4

A. thyriacum siehe *A. lycoctonum* subsp. *vulparia*

A. vulparia siehe *A. lycoctonum* subsp. *vulparia*

A. wilsonii siehe *A. carmichaelii* Wilsonii Group

ACORUS
Kalmus
ACORACEAE

Der Kalmus ist eine grasartige Pflanze mit hohem Feuchtigkeitsbedarf, duftenden Blättern und unscheinbaren Blüten.

Die 2 Arten der Gattung stammen aus verschiedenen feuchten Lebensräumen – von Fluss- und Teichufern bis zu Feuchtwiesen – der subtropischen und gemäßigten Regionen Nordamerikas und Asiens und sind heute in Europa verwildert. Beide werden auch kultiviert und es gibt eine Reihe von Namensorten. Die Rhizome, die feuchten Boden brauchen, tragen fast immergrünes Laub stark variabler Form – von schwertförmig breit bis grasartig schmal. Der Duft zerdrückter Blätter nach Anis oder Lakritze variiert bei den Sorten. Die unscheinbaren Blüten erscheinen im Hochsommer. Die Pflanze wurde lange den Aronstabgewächsen (Araceae) zugeordnet. Weil sich die Blütenstruktur jedoch unterscheidet, ordnet man sie heute in eine eigene Familie ein. An einem günstigen Standort können sich die Pflanzen im Garten unangenehm stark ausbreiten.

KULTUR Beide Arten brauchen feuchten Boden, stellen aber wenig Lichtansprüche. Sie gedeihen auf verschiedenen Standorten.

VERMEHRUNG Durch Teilung.

PROBLEME Keine.

A. calamus (Kalmus) Große, einer Iris ähnliche Staude, die sich mit verholzenden

Rhizomen ausbreitet. Die dramatischen, leuchtend grünen Blätter sind bis 1,5 m lang und im Austrieb an einer Seite oft gewellt. Abhängig vom Winterwetter sterben sie ab oder bleiben weitgehend grün. Die Blüten erscheinen an 8–10 cm langen, hornartigen Kolben, die seitlich am Spross zwischen den Blättern entspringen. Rhizome und Blätter sind hart und duften. Die Blätter wurden früher als Matratzenfüllung und Bodenstreu verwendet. Gedeiht in allen Böden, in einem feuchten Beet in voller Sonne und auch in stehendem oder fließendem Wasser bis 20 cm Tiefe. Wild in fast allen nördlich-gemäßigten Feuchtgebieten zu finden. ↕ 1,5 m. Z4 **'Argenteostriatus'** ('Variegatus') Blätter mit cremefarbener Zeichnung.

A. gramineus (Lakritz-Kalmus) Kleine, grasartige Staude mit festen Rhizomen, aus denen Fächer schlanker, spitzer, immergrüner Blätter entspringen. Häufig sind die ganzen Fächer leicht nach vorn geneigt. An aufrechten Schäften erscheinen 4–8 cm lange, unscheinbare Blütenkolben. Wildformen blühen stärker, einige panaschierte Sorten nie. Die Pflanzen können jederzeit geteilt werden und vertragen Feuchtigkeit gut. Die kleineren Sorten können auch zeitweilig – wenn auch nicht dauerhaft – im Wasser stehen. Sorten mit farbigen Blättern bilden einen reizvollen Kontrast zu anderen Blatttypen. Kalmus wird von Gärtnern oft den Gräsern zugeordnet. Aus gemäßigten Gebieten Ostasiens. ↕ 30 cm. Z5 **'Hakuronishiki'** Mittelgrün und goldgelb gestreifte Blätter. ↕ 20 cm. **'Licorice'** Kürzere, einfarbig grüne Blätter, die beim Zerdrücken intensiv nach Lakritze riechen sollen. Wird in Asien als Kräuterheilmittel verwendet. ↕ 13 cm. **'Masamune'** Hellgrüne Blätter mit cremefarbenen bis goldgelben Streifen. Anspruchslos. ↕ 13 cm. **'Minimus Aureus'** Sehr klein, muss darum sorgfältig platziert werden. Im Frühling leuchtend goldgelbes Laub, das sich im Sommer mittelgrün färbt. ↕ 7,5 cm. **'Oborozuki'** Goldgelbes Laub mit schwachen grünen Streifen. Bildet schnell dekorative Horste. Gelegentlich wird 'Ogon' unter diesem Namen angeboten. Exzellent. **'Ogon'** Goldgelbes Laub, im Sommer etwas grüner. **var. pulsillus** Sehr klein, muss sorgfältig platziert werden. Aus Japan und China. ↕ 7 cm. **'Variegatus'** Schlanke, grasartige Halme mit cremeweißen Streifen.

ACTAEA
Christophskraut
RANUNCULACEAE

Die langlebige, Schatten vertragende Staude blüht im Sommer und Herbst, hat attraktives Laub sowie schöne Blüten und Beeren.
Zur Gattung gehören insgesamt 28 Arten relativ hoher, krautiger Stauden, darunter einige, die früher unter *Cimicifuga* geführt wurden. Die Arten sind in Nordamerika, Europa und Asien heimisch. Die meisten bilden aus einem kompak-

ACTAEA UND CIMICIFUGA

Viele Gärtner werden verwundert sein, weil die Gattung *Cimicifuga* aus Katalogen und Büchern (auch aus diesem) verschwindet. Der Grund dafür ist die neue Erkenntnis, dass die beiden Gattungen *Actaea* und *Cimicifuga* einander ähnlicher sind, als man bislang annahm.

Ursprünglich ordnete man 5 Arten mit fleischigen, roten, schwarzen oder weißen Beeren, die waldartige Bedingungen bevorzugten, der Gattung *Actaea* zu und bezeichnete die 23 Arten, die ihre Samen in trockenen Balgfrüchten tragen, als *Cimicifuga*.

Eine Art, die jetzt *A. racemosa* heißt, hat jedoch verdickte Früchte, die ein Zwischending zwischen trockener Balgfrucht und fleischiger Beere darstellen. In diesem Fall scheinen die Beeren nur eine entwicklungsbedingte Erweiterung einer einzelnen natürlichen Pflanzengruppe zu sein, die man früher in 2 Gattungen aufteilte. Ähnliche Gruppen findet man auch in anderen Gattungen, beispielsweise *Hypericum*. Ferner haben DNA-Analysen sowie sichtbare Ähnlichkeiten zwischen den beiden Gruppen den Eindruck bestätigt, dass sie sich nicht ausreichend unterscheiden. Darum werden sie nun alle der Gattung *Actaea* zugeordnet.

ten Wurzelballen große Basalblätter von bis zu 75 cm Länge, die bei manchen Arten fein, bei anderen gröber geteilt sind. Die Blütenstände können hoch, aufrecht und spitz zulaufend oder kürzer und stark verzweigt sein. Alle tragen kleine Blätter und kleine, aber zahlreiche, fünfteilige Blüten in Weiß, Creme, Gelb oder Rosa.

Die Blüten der Gattung *Actaea* haben 5 »Blütenblätter« in Weiß, Creme oder Rosa, bei denen es sich tatsächlich um dekorativ umgebildete Kelchblätter handelt. Die Kronblätter sind oft zu becherförmigen

Nektarien reduziert (oder umgekehrt), deren Nektar bestäubende Insekten anlockt. Bei manchen Arten haben sie auch Blütenblattform. In der Mitte der Blüte stehen Stempel und Staubgefäße, die deutlich herausragen. Bei den meisten Arten entwickeln sich aus den Blüten trockene Balgfrüchte, die nach der Samenreife aufplatzen.

Anhand der Zahl und Position der sehr kleinen, blattartigen Brakteen unter den Blüten, anhand der Form der Nektarien, des Fruchttyps, der Anzahl der Früchte pro Blüte und der Samenform kann man die Arten voneinander unterscheiden.

Dennoch herrscht einige Verwirrung und viele Arten werden unter falschem Namen geführt. Der Grund ist nicht die Eingliederung der *Cimicifuga* in diese Familie (siehe Kasten: *Actaea und Cimicifuga*), sondern die große Ähnlichkeit zwischen den Arten. Die meisten Arten sind bei Verzehr giftig und können Hautreizungen verursachen. ⚠

KULTUR Alle schätzen einen kühlen Standort mit Teilschatten und nahrhaftem, tiefgründigem, feuchtem – nicht nassem – Boden. Die meisten Arten bevorzugen sauren oder neutralen Boden, einige vertragen leicht basische Bedingungen. Der Boden darf nie austrocknen. Alle danken einen leichten Winterschutz aus nahrhaftem Laubkompost.

VERMEHRUNG Am besten durch Teilung älterer Pflanzen im Frühling oder Herbst. Man kann sie auch aus Samen ziehen, allerdings enthalten die Samen einiger Arten Hemmstoffe, durch die eine Keimung erst nach zwei oder drei Jahren erfolgt. Durch Aussaat direkt nach der Samenreife lässt sich dieses Problem reduzieren.

PROBLEME Blattläuse, bakterielle Welke, Schnecken.

A. alba siehe *A. pachypoda, A. rubra* f. *neglecta*

A. cordifolia syn. *Cimicifuga rubifolia* Basalblätter mit glänzend grüner Oberseite und häufig 9 handförmigen Einzelblättern mit 5–7 herzförmigen, zugespitzten Lappen von 15 cm Durchmesser. Aufrechte, relativ dunkle Triebe mit mehreren aufrechten Seitentrieben, an denen von Juli bis August 30–60 cm lange Blütenrispen erscheinen. Die kurz gestielten, cremeweißen Blüten enthalten keine Nektarien. Unter jedem Blütenstiel stehen 3 kurze, breite, zugespitzte Brakteen. Eine der unkompliziertesten Arten, gelegentlich als *A. racemosa* var. *cordifolia* im Handel, mit der sie aber nicht eng verwandt ist. Bevorzugt lichten Schatten oder einen eher schattigen Platz im Staudenbeet. Wächst wild auf bewaldeten Hängen der mittleren und südlichen Appalachen (USA). ↕ 1,2–2 m. Z6

A. dahurica (August-Silberkerze) Basalblätter mit mattgrüner Oberseite und häufig 9–27 oder mehr rautenförmigen oder ovalen Einzelblättchen. Das an der Spitze stehende Einzelblättchen ist dreifach, seltener fünffach geteilt. Eine der höchsten Arten mit 1–1,5 m hohen Stängeln, an denen von September bis Oktober hunderte kleiner Einzelblüten an zahlreichen, waagerechten Seitenverzweigungen stehen. Dies ist die einzige Art, bei der männliche und weibliche Blüten an getrennten Pflanzen stehen. Männliche Pflanzen tragen mehr Blüten. Die Blüten sind weiß, mit 2–4 kleinen, becherförmigen Nektarien und 3 sehr kurzen, spitzen Brakteen unter jedem Blütenstiel. Wird gelegentlich als *A. cimicifuga* angeboten. Bevorzugt waldartige Bedingungen, d.h. einen kühlen, feuchten Standort in nahrhaftem, humosem Boden mit reichlich organischer Substanz. Aus Sibirien, Korea und China (Mandschurei). ↕ 2–3 m. Z6

A. heracleifolia Eine der schönsten Arten mit robusten, dunkelgrünen, ledrig-glatten Blättern aus 9 oder mehr 10–15 cm breiten Einzelblättchen in Handform 10–15 cm mit 5–7 spitzen Lappen. Die aufrechten grünen Stängel

mit mehreren waagerechten Seitenverzweigungen tragen 30–90 cm lange Blütenrispen. Die süß duftenden, weißen Blüten mit 2 becherförmigen Nektarien erscheinen an kurzen Stielen von September bis Oktober. Unter jedem Blütenstiel befinden sich 3 kurze, spitze Brakteen. Am besten in halbschattigen Beeten oder Gehölzbeeten. Aus Korea, Ostsibirien und China (Mandschurei). ↕ 1,2–2 m. Z6

A. japonica (Spätherbst-Silberkerze) Eine relativ niedrige Art mit großen, dreilappigen oder dreiteiligen, handförmigen, glatten Blättern. Jedes Blatt hat am Rand der Oberseite einen fein behaarten Streifen. Die bräunlichen Stängel mit einigen kürzeren, aufrechten Seitenverzweigungen tragen im September und Oktober 30–60 cm lange Blütenstände mit weißen, manchmal rosa überhauchten Blüten. Unter jedem Blütenstiel befinden sich 3 recht lange, breite, zugespitzte Brakteen. Am besten in einem schattigen Beet oder Gehölzbeet. Braucht nahrhaften Boden. Aus Japan, Südkorea und Zentralchina. ↕ 1–1,2 m. Z6

A. matsumurae syn. *A. simplex* var. *matsumurae* Die Basalblätter sind in 27 rautenförmige Einzelblättchen geteilt, das endständige Einzelblättchen ist dreilappig. Die hellgrünen Stängel sind aufrecht und tragen 2 oder 3 sehr kurze, aufrechte Seitenverzweigungen. Die Blütenstände sind 15–30 cm lang und an der Spitze manchmal gekrümmt. Von Ende September bis in den Oktober und manchmal November erscheinen leicht duftende weiße Blüten an 1 cm langen Stielen. Unter jedem Blütenstiel befinden sich 3 sehr kurze, spitze Brakteen. Eine der unkompliziertesten Arten, eng verwandt mit *A. simplex*, jedoch niedriger und später blühend. Bevorzugt schattige Beete oder Gehölzbeete und ist bedingt kalktolerant. Aus Japan (Kyushu, Shikoku, Honshu). ↕ 60–120 cm. Z6 **'Elstead'** ♀ Bräunliche Stängel, Blätter und Blütenknospen. Weiße Blüten mit dunkler überhauchten Petalen. ↕ 90–120 cm. **'Frau**

Herms' Niedriger, mit kleineren Blättern und weißen Blüten mit grünen Petalen. Gelegentlich als *A. simplex* bezeichnet. ↕ 80–90 cm. **'White Pearl'** Hoch, mit hellgrünen Stängeln, Blättern und Blütenknospen. Gelegentlich als *A. simplex* bezeichnet. ↕ 1–1,2 m.

A. pachypoda ♀ (Weißfrüchtiges Christophskraut) Die Basalblätter sind in 27 rautenförmige Einzelblättchen geteilt, das endständige Einzelblatt ist dreilappig. Hellgrüne, aufrechte Stängel mit 1 oder seltener 2 sehr kurzen, aufrechten Seitenverzweigungen und 5–15 cm langen Blütenständen. Die weißen Blüten haben keine Nektarien, aber 4–6 nektarienähnliche Petalen (oder petaloide Nektarien). Sie erscheinen im Juni und Juli an 1–2,5 cm langen Blütenstielen, die sich verdicken, wenn die Früchte reifen. Unter jedem Blütenstiel befindet sich ein einzelnes, kurzes, spitzes Hochblatt. Von Juli bis August reifen die gestielten, ovalen, glänzenden Früchte in Weiß mit violetter Spitze heran. Eine der höchsten Beeren tragenden Arten, manchmal fälschlich als *A. alba* bezeichnet. Schön für halbschattige Beete im Gehölzgarten. Bedingt kalkverträglich. Aus dem Osten Kanadas und der USA (niedrige Lagen der Appalachen).

Actaea racemosa

↕ 60–90 cm. Z6 **fo. rubrocarpa** Glänzend rote, ovale Beeren. Gelegentlich ist diese Form unter den weißfrüchtigen Populationen der gesamten Art zu finden.

A. racemosa ♀ (Lanzen-Silberkerze) Blätter in 27 lanzettliche, manchmal etwas breitere Einzelblättchen geteilt, deren endständiges dreilappig ist. Aufrechte, hellgrüne Stängel tragen einen oder mehrere lange, aufrechte Seitenverzweigungen mit 30–90 cm langen Blütenrispen. Im Juli erscheinen weiße oder cremefarbene, stinkende Blüten an 1–2,5 cm langen Stielen. Sie haben keine Nektarien, aber 4 nektarienähnliche Petalen. Unter jedem Blütenstiel befindet sich ein kurzes, spitzes Hochblatt. Eine der anspruchslosesten Arten. Gedeiht im lichten Schatten oder Gehölzgarten und ist relativ kalkverträglich. Enthält Pflanzenwirkstoffe, die auf das menschliche Hormonsystem wirken und erfolgreich zur Behandlung von Beschwerden in der Menopause eingesetzt werden. Aufgrund dessen ist der Wildbestand heute stark dezimiert. Aus Kanada (Ontario) und den mittleren und östlichen USA. ↕ 1–2 m. Z6

A. ramosa siehe *A. simplex*

A. rubra ♀ (Rotfrüchtiges Christophskraut) Variable Art, deren Blätter in 27 rautenförmige Einzelblättchen mit dreilappigem Endblättchen geteilt sind. Die Stängel sind aufrecht und hellgrün und tragen 1 oder selten 2 sehr kurze, aufrechte Seitenverzweigungen mit 5–10 cm langen Blütenständen, an denen im Juni und Juli weiße, 1–2,5 cm große Blüten erscheinen. Sie haben keine Nektarien, aber 4–6 nektarienähnliche Petalen. Die Blütenstiele bleiben während der Fruchtreife schlank. Unter jedem Blütenstiel befindet sich ein kurzes, spitzes Hochblatt. Von Juli bis August reifen die runden, rot glänzenden, gestielten Früchte heran. Ähnelt der rotfrüchtigen europäischen Form der *A. spicata*. Bedingt kalkverträglich und gut geeignet für den Gehölzgarten. Aus Nordamerika. ↕ 60–90 cm. Z6 **fo. neglecta** Manchmal fälschlich als *A. alba* im Handel. Glänzende, weiße Beeren. Gelegentlich zwischen den rotfrüchtigen Populationen der ganzen Art zu finden.

A. simplex syn. *A. ramosa* (Oktober-Silberkerze) Zunehmend beliebte Pflanze, deren Basalblätter in 27 rautenförmige bis längliche oder lanzettliche Einzelblättchen mit dreilappigen Endblättchen geteilt sind. Die aufrechten, hellgrünen Stängel haben 2 oder 3 sehr kurze, aufrechte Seitenverzweigungen. Im September erscheinen 60–90 cm lange, an der Spitze manchmal gekrümmte Blütenrispen mit stark duftenden, weißen Blüten an bis zu 2 cm langen Blütenstielen. Jede Blüte hat 2 becherförmige Nektarien und unter jedem Blütenstiel befinden sich 3 sehr kurze, zugespitzte Brakteen. Eng verwandt mit *A. matsumurae*, aber höher und früher blühend. Gut für teilschattige Beete oder lichte Gehölzgärten. Aus Nordost-China, Nordjapan (Honshu, Hokkaido), Korea und Russland (Kamtschatka, Kuril-Inseln, Sibirien). ↕ 1,2–2,2 m. Z6 **Atropurpurea-Gruppe** Umfasst alle aus Samen gezogenen Pflanzen mit rötlich violett überhauchten Stängeln, Blättern und Blütenknospen. (Atropurpurea-Gruppe) **'Brunette'** ♀ Rötlich violette Stängel, dunkel-rotviolette Blätter und violett überhauchte, rosa Blütenknospen, die sich zu stark duftenden, weißen, rosa überhauchten Blüten mit rotvioletten Petalen öffnen. Die Blütenstiele hängen an den Spitzen stark über. ↕ 1,2 m. (Atropurpurea-Gruppe) **'Hillside Black Beauty'** Hohe Pflanze mit rötlich violetten Stängeln und Blättern und violett überhauchten, rosa Blütenknospen. Die Blütenstiele stehen aufrecht oder sind leicht gekrümmt. Die stark duftenden Blüten zeigen beim Öffnen rotviolette Kelchblätter. ↕ 1,5–2,2 m. (Atropurpurea-Gruppe) **'James Compton'** Hohe, rotviolette Stängel mit bläulichem Schimmer erscheinen zwischen breiten, etwas heller rotvioletten Basalblättern. Die violett überhauchten, rosa Blütenknospen öffnen sich zu weißen, stark duftenden Blüten mit rotvioletten Petalen. Züchtung des Niederländers Piet Oudolf. ↕ 1,5–2,2 m. **var. matsumurae** siehe *A. matsumurae*. **'Mountain Wave'** Etwas heller rötlich violette Stängel, Blätter und Blütenteile. Eine Selektion der Atropurpurea-Gruppe. **'Prichard's Giant'** Grüne Stängel und Blätter, intensiv duftend. Trägt an unverzweigten, aufrechten Stängeln 60–90 cm lange Rispen mit weißen Blüten. Eine der besten Sorten, gezüchtet von Maurice Prichard in der Riverslea Nursery in Hampshire (England). ↕ 3 m. **'Silver Axe'** syn. 'Scimitar' Grüne Stängel und Blätter, intensiv duftende, weiße Blüten. Die unverzweigten, aufrechten Stängel sind an den Enden stark nach unten gekrümmt. Ähnelt 'Prichard's Giant', ist aber niedriger. Gezüchtet von Michael Wickenden in Cally Gardens, Schottland. ↕ 1,8 m.

A. spicata (Schwarzfrüchtiges Christophskraut) Kräftige dunkelgrüne Basalblätter mit bis zu 27 ovalen, oft dreilappigen, gezähnten Einzelblättchen, über denen sich glatte, hellgrüne, aufrechte Stängel, gelegentlich mit Seitenverzweigungen, erheben. An diesen 5–15 cm langen Blütenständen erscheinen im Juni bis Juli weiße, 1–2,5 cm große, gestielte Blüten. Sie haben keine Nektarien, jedoch 4–6 nektarienähnliche Petalen. Unter jedem Blütenstiel befindet sich ein einzelnes, kurzes, spitzes Hochblatt. Die Blütenstiele schwellen während der Reifung der Einzelfrüchte im Juli und August nicht an. Unterscheidet sich von der amerikanischen Art *A. rubra* hauptsächlich durch die schwarzen Früchte. Ausgezeichnet für den Gehölzgarten und bedingt kalkverträglich. Aus Europa (in England nur selten wild), Skandinavien und Asien bis hin zum Altai-Gebirge. ↕ 60–90 cm. Z6 **var. rubra** siehe *A. rubra*

ADENOPHORA
Schellenblume
CAMPANULACEAE

Durch die eleganten Gruppen aus blauen Glockenblüten ist dieser attraktive, unkomplizierte Sommerblüher eine Bereicherung für ein sonniges Beet.

Die Gattung umfasst mindestens 40 Arten, welche auf Grasland und in offenen Waldgebieten im gemäßigten Europa und in großen Teilen Asiens bis nach China und Japan wachsen. Es sind Polster bildende, sommergrüne Pflanzen mit aufrechten, belaubten Trieben, die sich aus einem verzweigten, fleischigen Wurzelwerk erheben. Die Blätter im oberen Bereich der Triebe sind kleiner und schmaler als die runden unteren. Nickende, glockenförmige Blüten in Violett bis Hellblau erscheinen im Sommer in großen, lockeren Rispen oder Trauben. Die Gattung unterscheidet sich in einigen Details von den Glockenblumen (*Campanula*). Einige Arten sind weit verbreitet, andere werden zunehmend angeboten und lohnen einen Versuch. *A. liliifolia, A. divaricata* und einige andere halten als Schnittblumen sehr lange.

UNTEN *Adenophora polyantha*

KULTUR Feuchter, gut durchlässiger Boden in Sonne oder Halbschatten.

VERMEHRUNG Aus Samen oder durch Basalstecklinge. Störungen der Wurzeln nehmen die Pflanzen übel.

PROBLEME Schnecken, Gefurchter Dickmaulrüssler.

A. aurita Kompakte Pflanze mit graugrünen Blättern und schlanken Rispen mit zahlreichen, dicht stehenden, 3–4 cm langen Glockenblüten in hellem Fliederblau von Juli bis September. Wächst wild in den lichten Strauchwerk in den Bergen Westchinas. ↕ 60–80 cm. Z3

A. bulleyana (Bulleys Schellenblume) Aufrechte Pflanze mit rau behaarten, 8 cm langen Blättern. Hellblaue, trichterförmige Blüten von 12 mm Länge erscheinen, oft in Dreiergruppen, von August bis September in Rispen. Heimisch auf Bergwiesen und in Wäldern Westchinas. ↕ 60–100 cm. Z3

A. confusa (Verkannte Schellenblume) Aufrechte Pflanze mit glatten, ovalen, leicht gezähnten Blättern. Trägt im Juli dunkelblaue, 2 cm lange Glockenblüten in Rispen. Von den Bergwiesen Westchinas. ↕ 60–90 cm. Z3

A. divaricata (Sperrige Schellenblume) Schlanke, wenig bekannte Pflanze mit elliptischen bis schmal eiförmigen, 10 cm langen Blättern, die in Dreier- oder Vierergruppen am Stängel stehen. Trägt lockere Gruppen aus trichterförmigen, hellblauen oder weißen Blüten. Von Bergwiesen und aus lichten Wäldern Japans, Koreas und Nordost-Chinas. ↕ 50–80 cm. Z4

A. khasiana Hohe Pflanze mit lanzettlichen Blättern. Trägt im Juli und August dunkelviolette, ungewöhnlich weit geöffnete Glocken an langen, gut verzweigten Stängeln. Jede Blüte hat einen dunklen Ring um den Schlund. Gedeiht in nahrhaftem Boden. Aus Nordindien. ↕ 1 m. Z5

A. liliifolia (Lilienblättrige Schellenblume) Rundliche Basalblätter und schlanke Stängelblätter. Im Juni und Juli erscheinen breite Blütenstände mit zahlreichen, hellblauen oder weißen, offenen Glockenblüten. Aus Osteuropa und Sibirien. ↕ 50 cm. Z4

A. nikoensis Kompakte Pflanze mit aufrechten Stängeln und gezähnten, länglichen bis schmal lanzettlichen Blättern. Lockere Blütenstände mit wenigen hellblauen Blüten erscheinen im August und September. Aus den Gebirgen Nordjapans. ↕ 30–45 cm. Z4

A. pereskiifolia Variable Pflanze mit lang gestielten Basalblättern und Gruppen aus schmaleren Blättern an den Stängeln. Im Juli und August erscheinen einfache oder verzweigte Blütenstände mit zahlreichen, 2 cm großen, hellblauen Glockenblüten. Aus Sibirien und der Mongolei. ↕ 50–100 cm. Z3

A. polyantha Schmale Blätter stehen in Gruppen oder spiralförmig am Stängel.

Im Juli und August erscheinen lockere Blütenstände aus himmelblauen, 1,5–2 cm langen Glockenblüten. Aus Korea und Nordchina. ↕ 60–90 cm. Z3

A. potaninii (Potanins Schellenblume) Aufrechte oder niederliegende Pflanze mit lanzettlichen bis schmal ovalen Blättern, die an Adern und Rändern leicht behaart sind. Trägt im Juli und August lockere Trauben aus 2,5 cm langen, offenen Glockenblüten in Blauviolett. Aus Westchina. ↕ 60–90 cm. Z3

A. takedae var. *howozana* Schlanke, kleinwüchsige Pflanze mit glatten Stängeln, ovalen unteren und schmaleren oberen Blättern. Trägt im August und September lockere Rispen aus blauvioletten Blüten. Aus den hohen Bergen Nordjapans. ↕ 10–15 cm. Z3

A. tashiroi Unterscheidet sich von den meisten anderen Arten durch den kleinen Wuchs und die niederliegenden Triebe. Stark gezähnte, ovale Blätter, bis 8 cm lang, an den Stängeln kleiner und schmaler. Trägt im Juli oder August lockere Trauben mit wenigen violetten Blüten. Aus offenen Graslandschaften Südjapans und Südkoreas. ↕ 20–30 cm. Z5

ADIANTUM
Frauenhaarfarn
ADIANTACEAE

Diese zart aussehenden, aber robusten Farne sollten in keinem Schattengarten fehlen.

Etwa 200 Arten gehören zu dieser Gattung von ungewöhnlich hübschen, immer- oder sommergrünen Farnen, die weltweit an schattigfeuchten Standorten wie Waldrändern, Felsspalten oder Bachufern zu finden sind. Nur etwa 10 sind in gemäßigten Regionen winterhart. Die meisten Arten bilden dichte Horste, einige entwickeln durch unterirdisch kriechende Rhizome große Kolonien. Die Wedel mit Wasser abstoßender Oberseite sind ein-, zwei- oder dreifach gefiedert, manchmal auch fächerförmig. Die Wedel einiger Arten sind strahlenförmig von einem Mittelpunkt ausgehend geteilt und sehen aus wie die Finger einer Hand. Unter den umgebogenen Rändern der einzelnen Blattsegmente bilden sich die Sporen. In gemäßigten Zonen sind die meisten Arten sommergrün. Neue Wedel treiben im Frühling aus und sind manchmal rosa oder violett getönt. Obwohl sie sehr früh erscheinen, kommen gravierende Frostschäden selten vor.

KULTUR Gedeiht am besten in diffusem Schatten in nahrhaftem Boden mit guter Dränage und Windschutz.

VERMEHRUNG Durch Teilung im Frühling oder durch Aussaat der Sporen im Sommer.

RECHTS **1** *Adiantum aleuticum* **2** *A. pedatum* **3** *A. venustum*

PROBLEME Normalerweise keine.

A. aleuticum ♀ Sommergrüne, fächerförmige, 20–30 cm lange Wedel und kurze Rhizome. Jedes Fächerteil ist entlang der Mittelader in mehrere, hell bläulich grüne Segmente mit zart eingeschnittenem Rand geteilt. Zwischen den Einschnitten sind die Ränder zum Schutz der Sporangien umgebogen. Wird oft mit dem sehr ähnlichen *A. pedatum* verwechselt, dessen Blattsegmente größer sind und im gleichen Winkel wie die Wedelfläche stehen, während sie bei *A. aleuticum* oft leicht gedreht sind. Aus dem Nordwesten der USA, Kanada und Nordasien. ↕ 30–60 cm. Z3 **'Imbricatum'** Kleinwüchsig. Eng stehende Blattsegmente, die sich oft berühren. ↕ 20 cm. **'Japonicum'** Treibt im Frühling attraktiv rot aus. ↕ 30–40 cm. **'Miss Sharples'** siehe *A. pedatum* 'Miss Sharples'. **'Subpumilum'** ♀ syn. 'Minimum' Zwergwüchsige Form mit sehr kurzen Wedeln und überlappenden Blattsegmenten. ↕ 5 cm.

A. capillus-veneris (Gewöhnlicher Frauenhaarfarn, Venushaar) Kurze, sich langsam ausbreitende Rhizome tragen sommergrüne, annähernd dreieckige Wedel von 70 cm Länge, die zwei- oder dreifach geteilt sind und gegenständige Paare hellgrüner Blättchen tragen. Unterscheidet sich von den meisten anderen Arten dadurch, das das Sporen bildende Organ unter dem Außenrand der Blattsegmente eher länglich als rund ist. Frostempfindlicher als andere Arten. Bevorzugt kalkhaltigen Boden und gedeiht auf feuchten Kalksteinwänden. Weltweit in warm-gemäßigten Regionen und an Steilküsten kühlerer Zonen anzutreffen. ↕ 15–40 cm. Z9

A. pedatum ♀ (Pfauenradfarn) Sommergrüner Farn mit breit fächerförmigen, 20–35 cm langen Wedeln, der sich mit kurzen, stämmigen Rhizomen rasch ausbreitet. Die einzelnen Abschnitte (= Fiedern) der fächerförmigen Wedel sind entlang der Mittelader in hellgrüne Segmente mit fein eingeschnittenem Rand geteilt. Zwischen den Einschnitten sind die Blattränder eingerollt, um die sich entwickelnden Sporen zu schützen. Ähnelt *A. aleuticum*, das oft unter diesem Namen verkauft wird, jedoch etwas größere Blattsegmente, breitere Wedel und einen ausladenderen Wuchs hat. Aus dem Nordosten der USA und Kanada. ↕ 30–60 cm. Z3 **'Miss Sharples'** Unter diesem Namen angebotene Pflanzen unterscheiden sich nicht von der Art. Ursprünglich wurde eine Pflanze mit dieser Bezeichnung für eine Sorte gehalten und als solche verkauft, wobei der Name nur die Herkunft der Pflanze angeben sollte. Wird außerdem gelegentlich auch als *A. aleuticum* geführt.

A. venustum ♀ (Immergrüner Frauenhaarfarn) Aus kriechenden Rhizomen treiben im März und April eingerollte, rosa Wedel aus, die in entfalteter Form auffällig lanzettlich, leicht gelbgrün und 40 cm lang sind. Sie sind zwei- bis vierfach geteilt in gegenständige, fächerförmige Segmente mit abgerundeten Außenrändern und 1 oder 2 Sporen bildenden Zonen. Die Wedel liegen meist waagerecht. Etablierte Pflanzen vertragen auch einige Stunden Sonnenschein. Alte Wedel im Februar vor dem neuen Austrieb entfernen. Ein sehr attraktiver, robuster, fast immergrüner Farn, der sich gut ausbreitet und leicht teilen lässt. Aus dem Himalaja, bis etwa 4000 m Höhe. ↕ 15–20 cm. Z3

ADONIS
Adonisröschen, Teufelsauge
RANUNCULACEAE

Adonisröschen sind attraktive, früh blühende Pflanzen für halb- oder vollschattige Standorte mit schönem, farnartigem Laub, die trotz des zarten Aussehens als robust und langlebig gelten.

Die etwa 20 Arten der Gattung Polster bildender, sommergrüner Stauden oder Einjähriger wachsen in verschiedenen Lebensräumen von Europa bis Nordost-Asien in lichten Wäldern und offenem Glasland auf sauren und basischen Böden. 3 Staudenarten werden in Gärten kultiviert. Im Spätwinter oder Frühling öffnen sich die ungefüllten Blüten in leuchtendem Gelb, Weiß oder Rot gleichzeitig mit dem fein geschnittenen Blättern. Im Sommer stirbt das Laub der meisten Arten ab.

KULTUR Gut durchlässiger Boden mit gutem Wasserhaltevermögen. Einige Arten bevorzugen Schatten, andere einen offeneren Standort.

VERMEHRUNG Aus frischen Samen, die nicht gekühlt werden müssen, aber oft erst nach fünf Jahren blühen. Alternativ durch Teilung.

PROBLEME Schnecken, vor allem am jungen Austrieb.

A. amurensis (Amur-Adonisröschen) Langsam wachsende Art mit stämmiger Wurzel und dreieckigen oder ovalen, 15 cm langen, fein geschnittenen Blättern, die im Austrieb rötlich getönt sind. Leuchtend gelbe, schalenförmige Blüten mit 3–4 cm Durchmesser aus etwa 20 Petalen öffnen sich im März und April, manchmal auch früher, und sind erstaunlich frostverträglich. Gedeiht in gut durchlässigem, humusreichem, neutralem oder saurem Boden in Teil- oder Vollschatten. Kann auch in Töpfen im kalten Gewächshaus kultiviert werden. Im Frühsommer oder Frühherbst problemlos zu teilen, frische Samen können auch ausgesät werden. Diese Art stammt aus China, Korea, Ostsibirien und Japan, wo sie seit Langem kultiviert wird. Japanische Züchter haben viele attraktive Formen hervorgebracht, darunter gefüllte und eine leuchtend orangefarbene, die gelegentlich im Handel zu finden sind. Manchmal wird unter dem Namen *A. amurensis* die wenig bekannte *A. multiflora* aus Südkorea angeboten. Die halbgefüllte Sorte 'Fukujukai' wird oft als Wildart verkauft. Die Sorten bilden keine Samen. ↕ 15–30 cm. Z4 **'Fukujukai'** Größere, halbgefüllte Blüten. **'Pleniflora'** Gefüllte Blüten mit Grünstich und schmaleren, an den Spitzen gezähnten Petalen. Eventuell eine Form von *A. multiflora*, 'Sandanzaki'.

A. brevistyla Farnartig tief eingeschnittene, bis 10 cm lange Blätter. Flache, 3–4 cm große Schalenblüten in Weiß mit bläulicher Außenseite und gelben Staubgefäßen öffnen sich Ende April oder im Mai. Gedeiht am besten im Halbschatten in humusreichem Boden. Variabel. Zur Vermehrung aussäen, Wurzel nicht durch Teilung stören. Aus dem offenen Hügelland Tibets, Bhutans und Südwest-Chinas. ↕ 20–40 cm. Z4

A. vernalis (Frühlings-Adonisröschen) Kompakte, rundlich wachsende Pflanze mit leuchtend grünen, breit ovalen, fein in schmale Segmente geteilten Blättern. Einzelne, 4–8 cm große, leuchtend gelbe Schalenblüten aus 10–20 Petalen öffnen sich im April oder Mai. Bevorzugt volle Sonne und gut durchlässigen, neutralen oder alkalischen Boden. Reagiert negativ auf Teilung. Samen keimen angeblich besser in der Nähe der Mutterpflanze als separat im Topf, aber auch dann erscheinen die Sämlinge oft erst nach drei oder vier Jahren. Aus Mittel-, Ost- und Südeuropa, normalerweise in offenen Lagen auf steinigen, alkalischen Böden. ↕ 38 cm. Z4

AEGOPODIUM
Geißfuß, Giersch
APIACEAE

Diese extrem wüchsige, wuchernde Pflanze gedeiht im Schatten. Panaschierte Arten haben attraktives, Boden deckendes Laub, das sich in eingegrenzten Bereichen zum Unterdrücken von Unkraut eignet.

Die Gattung umfasst 5–7 Arten sommergrüner Pflanzen, die in lichten Wäldern großer Teile Europas (mit Ausnahme des hohen Nordens) bis nach Westasien auf feuchtem Boden wachsen. Die dunkelgrünen Blätter sind in 2 oder 3 grob gezähnte Segmente geteilt. Ihre Form erinnert entfernt an Holunderblätter. Zwischen Juni und August erscheinen auf verzweigten Stängeln flache Blütenstände (Dolden) über dem Laub. Es wird nur eine Art kultiviert: *Aegopodium podagraria*.

KULTUR Voll- oder Teilschatten in allen Böden, bevorzugt jedoch schwereren Boden.

VERMEHRUNG Sehr einfach durch Teilung der Rhizome im Frühling oder Herbst.

PROBLEME Verträgt keine anhaltende Trockenheit.

A. podagraria (Geißfuß, Gewöhnlicher Giersch). Ein hartnäckiges Unkraut, das in vielen Ländern verwildert ist und früher als Gemüse und Heilmittel gegen Gicht verwendet wurde. Der botanische Name leitet sich von dem lateinischen Wort *podagra* = Gicht ab. In Gerards *Herball* von 1597 heißt es:

»... so fruchtbar in seiner Vermehrung, dass es, wenn es sich einmal verwurzelt hat, kaum mehr auszureißen ist. Jedes Jahr nimmt es mehr Raum ein, zum Schaden der besseren Kräuter.« Giersch lässt sich ohne Einsatz von Herbiziden tatsächlich kaum beseitigen. Die panaschierten Formen kann man in großen, abgegrenzten Gartenbereichen verwenden, in denen wenig andere Pflanzen kultiviert werden. Sie gedeihen auch in Kübeln. Die Pflanzen wuchern stark, können aus den Beeten »ausbrechen« und sogar in Pflasterfugen ans Licht drängen. Von der Pflanzung ist abzuraten, sofern sie nicht sehr genau überlegt ist. ↕ 30–60 cm. Z3 **'Dangerous'** Ungewöhnliche, panaschierte Art mit hellgelben Blatträndern. **'Variegatum'** Hellgraugrüne Blätter mit cremefarbenen Rändern und Flecken. Braucht viel Feuchtigkeit, sonst verdorren die Blätter. Schlägt gelegentlich in die einfarbig grüne Form zurück. Auch die Sämlinge sind einfarbig. 'Variegatum' bezeichnet 3 leicht unterschiedliche Formen.

AGAPANTHUS
Liebesblume, Schmucklilie
ALLIACEAE

Für sonnige Beete und Kübel sind diese eleganten Pflanzen gut geeignet. Sie blühen in Weiß oder bei neueren Züchtungen auch in Blautönen.

Die 10 Arten immergrüner oder sommergrüner Pflanzen aus dem offenen Grasland und felsigen Regionen Südafrikas sind in unseren Gärten hauptsächlich in Form zahlloser Sorten vertreten. Sie bilden einen langsam größer werdenden Horst aus riemenförmigen Basalblättern und einzelne, aufrechte, unbelaubte Blütenstands-Stiele. Die glocken- oder trichterförmigen Blüten erscheinen in einem rundlichen, endständigen Blütenstand. Die sommergrünen Arten stammen aus kühleren Regionen und sind generell frosttoleranter als die Immergrünen aus Küstenlagen in geringer Höhe. Ihre Tauglichkeit für die Pflanzung ins Freiland hängt von der Züchtung und dem örtlichen Klima ab.

In den letzten Jahren wurden zahlreiche Sorten eingeführt, die sich oft nur geringfügig in der Blütenfarbe unterscheiden. Die meisten sind sommergrün und tragen ein bis zwei Monate lang ab Juni oder Juli trichterförmige Blüten. Die kleineren Arten gedeihen am besten im Kübel und blühen besonders reich, wenn die Wurzeln wenig Platz haben. Die meisten Sorten sind das Ergebnis aufwändiger Züchtung und werden hier nicht als separate Arten geführt. Viele tragen nicht immer die korrekten Namen.

KULTUR Gedeiht in voller Sonne in feuchtem, nahrhaftem, aber gut durchlässigem Boden. Im Winter möglichst trocken halten.

VERMEHRUNG Durch Teilung oder Samen. Sämlinge von Sorten können von der Mutterpflanze

Lewis Palmer hat viele schöne *Agapanthus*-Hybriden hervorgebracht, von denen die meisten heute aber schwer zu finden sind (siehe *Headbourne-Hybriden*, S. 44). Seitdem haben auch andere Hobby- und Berufsgärtner den Prozess wiederholt, da Schmucklilien reichlich Samen bilden und leicht zu züchten sind. In letzter Zeit sind auch Züchtungen aus den Niederlanden (zumeist als Schnittblumen) und Neuseeland auf den Markt gekommen.

So gibt es heute eine große Zahl attraktiver, aber oft sehr ähnlicher Sorten, die kaum zu unterscheiden sind, bei ihrer Einführung Aufsehen erregen und bald vom Markt verschwinden, wenn der Lieferant sie nicht mehr führt. Die hier vorgestellten Sorten wurden aufgrund ihrer Qualität und der Wahrscheinlichkeit einer längeren Verfügbarkeit ausgewählt.

Die Merkmale eines Schmucklilien-Sämlings können beeindruckend sein, es ist aber sehr wahrscheinlich, dass eine ähnliche oder bessere Auslese bereits bekannt ist. Wer also eine eigene Züchtung unter einem neuen Namen vorstellen möchte, sollte zuerst prüfen, ob sie nicht bereits existiert.

abweichen, zudem kommen Kreuzbestäubungen vor.

PROBLEME Schnecken am neuen Austrieb im Frühling.

Ardernei-Hybriden Weiße Blüten, im Knospenstadium an den Spitzen violett überhaucht, mit dunklen Staubgefäßen und rosa Blattansätzen. Juli bis August. ↕ 75 cm. Z7

A. 'Ben Hope' Dunkelblaue Blüten im Juli und August. ↕ 1–1,2 m. Z7

A. 'Blue Companion' Hell-blauviolett. Gezüchtet von Gary Dunlop in Nordirland. ↕ 1–1,2 m. Z7

A. 'Blue Giant' Relativ offene, kräftig blaue Glockenblüten. ↕ 1,2 m. Z7

A. 'Blue Globe' Dichte Kugeln aus dunkelblauen Blüten. ↕ 1 m. Z7

A. 'Blue Imp' Kompakte Pflanze mit schlanken Stielen und kleinen Kugeln dunkelblauer Blüten im Spätsommer. Gezüchtet von Lewis Palmer. ↕ 45 cm. Z7

A. 'Blue Moon' Eindrucksvoll große, dichte Gruppen hell-graublauer Blüten. Gezüchtet von Eric Smith. ↕ 90–100 cm. Z7

RECHTS 1 *Agapanthus* 'Blue Giant'
2 *A.* 'Bressingham White'
3 *A. campanulatus* subsp. *patens*
4 *A.* 'Gayle's Lilac'

LINKS 1 *A.* 'Jack's Blue' **2** *A.* 'Purple Cloud' **3** *A.* 'Snowcloud'

A. **'Blue Triumphator'** Mittelblaue, offene, glockenförmige Blüten. Meist aus Samen gezogen, daher variabel. ↕ 90 cm. Z7

A. **'Bressingham Blue'** Robuste Pflanzen mit dichten Ständen kräftig dunkelblauer Blüten im Juli und August. Von Alan Bloom aus 2000 Sämlingen selektiert. ↕ 90–110 cm. Z7

A. **'Bressingham White'** Trichterförmige, weiße Blüten im Juli und August. Von Alan Bloom aus der gleichen Partie Sämlinge selektiert, aus der auch 'Bressingham Blue' stammt. ↕ 90 cm. Z7

A. **'Buckingham Palace'** Hohe Pflanzen mit dunkelblauen Blüten auf wachsigen, relativ schwachen Stielen. Selektiert vom Crown Estate in Windsor. ↕ 1,5 m. Z7

A. **campanulatus** Sommergrüne Pflanze, die einen ordentlichen Horst aus schmal riemenförmigen, dunkelgraugrünen Blättern von bis zu 40 cm Länge bildet. Von Juni bis August, manchmal auch später, erscheinen trichter- oder glockenförmige, 2–3 cm lange, blaue Blüten. Aus dem östlichen Südafrika. ↕ 80–120 cm. Z7 **var. albidus** Weiße Blüten von Juli bis September. ↕ 60 cm. **'Albovittatus'** Etwas breitere Blätter, cremeweiß gerändert und gestreift. ↕ 60–80 cm. **'Isis'** Lockere Blütenstände aus dunkelblauen Blüten. ↕ 75 cm. **'Meibont'** Blätter an den Spitzen cremeweiß gescheckt. Kräftig blaue Blüten von Juli bis September. ↕ 90 cm. **'Oxford Blue'** Dunkel-indigoblaue Blüten über schmalen, graugrünen Blättern. ↕ 75 cm. **subsp. patens** ♀ Kleiner und schlanker, kürzere und offenere, hellblaue Blüten im August und September. ↕ 45 cm. **'Premier'** Dunkelgrüne Blätter und nickende, dunkelblaue Blüten. ↕ 60–80 cm. **'Profusion'** Zahlreiche, hellblaue Blüten mit dunkler Aderung. ↕ 90 cm. **variegated** Ungültiger Name für eine Pflanze mit cremeweiß gescheckten Blättern, die im Sommer vergrünen. Spärliche Blüten. ↕ 30–40 cm. **'Wedgwood Blue'** Lockere Gruppen aus nickenden, hellgraublauen Blüten über blaugrünem Laub. ↕ 90 cm.

A. **'Castle of Mey'** Lockere Blütenstände aus großen dunkelblauen Blüten im Juli und August. Selektiert vom Crown Estate in Windsor. ↕ 60–70 cm. Z7

A. **'Doktor Brouwer'** Blaue Blüten mit dunkler Aderung – dunkler im Knospenstadium – von Anfang Juni bis Juli. ↕ 75 cm. Z7

A. **'Donau'** Kompakte Pflanze mit hellblauen Blüten auf kräftigen Stielen. ↕ 90–120 cm. Z7

A. **'Double Diamond'** Kurze Stiele tragen reinweiße, gefüllte Blüten mit 10–12 Spitzen anstelle der üblichen 6. Gezüchtet in Südafrika. ↕ 30–40 cm. Z9

A. **'Golden Rule'** Kompakt, mit gelb geränderten Blättern und hellblauen Blüten im Juli. ↕ 60 cm. Z7

A. **Headbourne-Hybriden** Robuste Pflanzen mit trichterförmigen Blüten in verschiedenen Blautönen (siehe *Headbourne-Hybriden*). ↕ 60–90 cm. Z7

A. **inapertus** Schmale, sommergrüne Blätter, über denen sich von August bis September hohe Stängel mit lockeren Blütenständen aus oft nickenden, röhren- oder schmal trichterförmigen Blüten in Mittel- bis Dunkelblau und manchmal Weiß erheben. Variable Art mit 5 Unterarten, von denen 4 kultiviert werden. ↕ 1,2–1,8 m. Z9 **subsp. hollandii** Hohe Pflanze mit aufrechten, graugrünen Blättern. Schlanke Stängel, die viel höher als die Blätter sind, tragen große Gruppen aus nickenden, schlank röhrenförmigen, dunkelblauen Blüten von 3–4 cm Länge. ↕ 1,5–1,8 m. Z9 **subsp. inapertus** Hohe Pflanze mit 2,5 cm breiten Blättern und dunkelblauen Blüten. ↕ 1,2–1,5 m. Z9 **subsp. intermedius** Normalerweise sommergrün (junge Pflanzen sind manchmal immergrün), mit überhängenden Gruppen aus blauen, röhrenförmigen Blüten. ↕ 1,2–1,5 m. Z9 **subsp. pendulus** Bis 5 cm breite Blätter und dunkel-blauviolette Blüten. ↕ 1,5 m.

A. **'Jack's Blue'** Dunkel-blauviolette Knospen öffnen sich zu etwas helleren Blüten. Gezüchtet in Neuseeland. ↕ 1,2–1,5 m. Z7

A. **'Lilliput'** Kleinwüchsig, mit runden Blütenständen aus kräftig dunkelblauen Blüten. ↕ 45 cm. Z7

A. **'Loch Hope'** ♀ Eindrucksvolle, dunkelblaue, breit trompetenförmige Blüten im August und September. Selektiert vom Crown Estate in Windsor. ↕ 1,2 m. Z7

A. **'Midnight Blue'** Kleinwüchsige Pflanze mit zahlreichen kleinen, tief-dunkelblauen Blüten im Juli und August. ↕ 40 cm. Z7

A. **'Midnight Star'** syn. 'Navy Blue' Dunkel-blauviolette Blüten auf kräftigen Stielen im Juli und August. Aus Raveningham Hall in Suffolk. ↕ 60–80 cm. Z7

A. **'Mooreanus'** Ursprünglich eine zwergwüchsige Sorte mit dunkelblauen Blüten. Der Name wird heute fälschlich für eine ähnliche Pflanze mit hellblauen Blüten verwendet. ↕ 45 cm. Z7

A. **'Peter Pan'** Sehr kleinwüchsig, mit aufschwingenden, hellblauen Blüten in lockeren Blütenständen über glänzenden Blättern im Juli und August. Gezüchtet in Neuseeland. ↕ 30–45 cm. Z7

A. **'Pinocchio'** Kompakt. Trägt im Juli und August hellblaue Blüten mit hellerem Zentrum. ↕ 60–80 cm. Z7

A. **'Polar Ice'** Schmale Blätter und große Blütenstände aus reinweißen Blüten im Juni und Juli. Gezüchtet in Holland. ↕ 75 cm. Z7

A. **praecox** Frostempfindliche, relativ variable Pflanze mit breit riemenförmigen, immergrünen Blättern. Offen trichterförmige hellblaue Blüten von 5–6 cm Länge erscheinen im August und September. ↕ 40–100 cm. Z9 **'Flore Pleno'** Gefüllte, Mittelblaue Blüten. **subsp. orientalis** Kompakte Pflanze mit dichten Blütenständen aus etwas kleineren, kräftig blauen Blüten. ↕ 60–90 cm. Z9 **subsp. orientalis var. albiflorus** Weiße Blüten.

A. **'Purple Cloud'** Kompakt, mit breiten Blättern und sehr großen Blütenständen aus nickenden, blauvioletten Blüten im Juli und August. Gezüchtet in Neuseeland. ↕ 1–1,2 m. Z7

A. **'Rosewarne'** Große, frostempfindliche, immergrüne Sorte mit himmelblauen Blüten im Juli und August. Aus Samen, daher etwas variabel. ↕ 90 cm. Z8

A. **'Royal Blue'** Kompakte Pflanze mit offenen, kräftig blauen Glockenblüten. Gute Kübelpflanze. Selektion des Crown Estate in Windsor. ↕ 60 cm. Z7

A. **'Sandringham'** Kompakt, mit tief-dunkelblauen Blüten im Juli und August. Auslese des Crown Estate in Windsor. ↕ 60 cm. Z7

A. **'Sea Coral'** Relativ kompakt, mit schmalen Blättern und weißen, rosa überhauchten Blüten. Gezüchtet in Neuseeland. ↕ 60 cm. Z7

A. **'Sea Foam'** Robuste, frostharte Pflanze mit breiten Blättern und schneeweißen Blüten. Gezüchtet in Neuseeland. ↕ 90 cm. Z7

A. **Silver Moon** ('Notfred') Wüchsig, mit weiß geränderten Blättern und blauen Blüten von Juli bis September. Eingeführt von den Notcutts-Nurseries in Suffolk. ↕ 60 cm. Z7

HEADBOURNE-HYBRIDEN

Die bekanntesten Schmucklilien-Sorten sind die *Headbourne*-Hybriden, benannt nach Lewis Palmers Garten in Hampshire. Palmer brachte die Pflanzen in den 50er- und 60er-Jahren in Umlauf, nachdem er Samen aus dem *Agapanthus*-Beet des Kirstenbosch National Botanical Garden in Kapstadt mitgebracht hatte. In diesem Beet wuchsen alle Arten nebeneinander, und Palmer zog hunderte von Sämlingen auf, die sich natürlich als Hybriden in allen Blautönen von Indigo bis Hellblau und in Weiß erwiesen. Sie ähnelten *A. campanulatus*, hatten aber größere Blüten und vertrugen Frost besser. Palmer verschenkte viele Sämlinge und benannte nur die besten. Weil die Vermehrung jedoch langwierig war, wurden Samen von benannten und unbenannten Sorten unter dem Namen Headbourne-Hybriden bekannt. Trotz ihrer Variabilität sind es insgesamt gute Gartenpflanzen. Wer auf ein bestimmtes Merkmal Wert legt, sollte eine Namensorte wählen.

A. 'Snowball' Reinweiße Blüten im Juli und August über teilweise immergrünem Laub. Gezüchtet in Neuseeland. ↕ 40–60 cm. Z9

A. 'Snowcloud' Große Blütenstände mit zahlreichen, kleinen, schlanken Blüten von Juli bis September. Gezüchtet in Neuseeland. ↕ 1,2 m. Z7

A. 'Snowdrops' Zwergwüchsige Pflanze mit winzigen weißen Blüten von Juli bis September. ↕ 35 cm. Z7

A. 'Storm Cloud' Nickende, schmal trompetenförmige Blüten in intensivem Dunkelblau. ↕ 1,2 m. Z7

A. 'Streamline' Nickende graublaue Blüten mit dunklerem Mittelstreifen auf jedem Blütenblatt. Gezüchtet in Neuseeland. ↕ 45 cm. Z7

A. 'Sunfield' Wüchsig, mit breiten, glänzenden Blättern und dunkel geäderten, hellblauen Blüten von Juli bis September. ↕ 1,2 m. Z7

A. 'Timaru' Reich blühend mit fülligen Blütenständen aus kräftig blauen Blüten von Juli bis Oktober. Gezüchtet in Neuseeland. ↕ 75 cm. Z7

A. 'Tinkerbell' Schmale immergrüne Blätter mit cremeweißen Streifen. Wenige blaue Blüten im Juli und August. Gedeiht am besten im Kübel. Panaschierte Form von 'Peter Pan'. ↕ 40–60 cm. Z9

A. 'Torbay' Reich blühend, mit lockeren, himmelblauen Blütenständen von Juni bis August über graugrünen Blättern. Gezüchtet von Eric Smith. ↕ 60–80 cm. Z7

A. 'White Superior' Dunkle Stängel mit dichten Blütenständen aus großen weißen Blüten mit dunklen Staubgefäßen von Juni bis August. ↕ 70 cm. Z7

A. 'Windsor Grey' Große Blütenstände mit ungewöhnlichen, zart-graublauen Blüten im Juli und August. Selektion des Crown Estate in Windsor. ↕ 1 m. Z7

AGASTACHE
Duftnessel
LAMIACEAE

Von diesen duftenden Pflanzen existieren 2 unterschiedliche Typen: einige mit kurzen, blauvioletten Blüten in dichten Scheinähren, andere mit größeren Blüten in feurigen Farben (siehe *Zwei sehr verschiedene Gruppen*).

Die meisten der 22 Staudenarten stammen aus den offenen, trockenen, steinigen Landschaften der USA und Mexikos. Nur eine ist an den ostasiatischen Bachufern mit Grasbewuchs heimisch. Die Form der duftenden, gegenständigen Blätter reicht von eiförmig und tief gezähnt bis linealisch und ganzrandig. Die röhren- oder trichterförmigen Blüten stehen in dichten Quirlen, die wiederum ährenförmige Blütenstände bilden, oder in länglichen

Blütenständen. Wenn zahlreiche neue Sorten eingeführt werden, von denen viele aus Samen gezogen sind, kommt es oft zu Namensverwirrungen. Vor allem unter den höheren blau und weiß blühenden Sorten tragen einige falsche Artnamen.

Tatsächlich lassen sich aber *Agastache foeniculum*, *A. rugosa* und *A. urticifolia* an verschiedenen Merkmalen unterscheiden – siehe unten.

KULTUR Bevorzugt nahrhaften Boden mit sehr guter Dränage in voller Sonne. *A. rugosa* toleriert auch feuchtere, schwerere Böden. *A. mexicana* und die verwandten Arten sind kurzlebige Stauden, die im ersten Jahr nach der Aussaat blühen und einjährig kultiviert werden können. Arten aus dem südlichen Nordamerika blühen länger, wenn die abgeblühten Stängel entfernt werden, verlieren aber häufig im Spätsommer einen Großteil ihres Laubs. Diese Arten sind in durchlässigem Boden relativ frosttolerant, Spätfröste im April können aber junge Triebe und Pflanzen abtöten. Zum Schutz vor Windschäden die Triebe im Spätherbst auf die Hälfte einkürzen.

VERMEHRUNG Aussaat im Frühling bei 20 °C oder Teilung im Frühling. Halbreife Stecklinge können im Spätsommer bewurzelt und frostfrei überwintert werden.

PROBLEME Gelegentlich Mehltau.

A. 'Apricot Sunrise' Graugrüne, dreieckige Blätter mit gebuchteten Rändern. Orangefarbene, bis 3,5 cm lange, röhrenförmige Blüten öffnen sich aus dunkleren Knospen. Eine Hybride von *A. aurantiaca* und *A. coccinea*. ↕ 40–70 cm. Z7

A. aurantiaca Sommergrüne Staude mit verholzender Basis und schmalen, lanzettlichen bis ovalen, 4 cm langen Blättern mit behaarter Unterseite und gebuchtetem Rand. Bis 3 cm lange, gelblich orangefarbene Blüten in lockeren, lückenhaften, länglichen Blütenständen erscheinen von Mitte Juli bis September. Aus den felsigen Hügelregionen und lichten Wäldern Mexikos. ↕ 50–90 cm. Z7 **'Apricot Sprite'** Kürzer als die Art, längere Blühperiode. Selektion von Thompson & Morgan Seeds. ↕ 40 cm.

A. 'Blue Fortune' Dreieckige bis breit lanzettliche Blätter und kompakte Blütenstände mit blauvioletten Blüten in deutlichen Etagen von Juli bis September. Steril. Eine Hybride von *A. foeniculum* und *A. rugosa*. ↕ 1 m. Z8

A. cana (Moskitopflanze) Sommergrüne Staude mit verholzender Basis und eiförmigen, bis 4 cm langen, gebuchteten oder ganzrandigen Blättern mit grauer Unterseite. Bis 3 cm lange Blüten in verschiedenen Rosarot-Tönen erscheinen in durchgehenden, länglichen Blütenständen von Mitte Juli bis September. Aus der felsigen Strauchlandschaft der südwestlichen USA. ↕ 30–90 cm. Z8

A. 'Firebird' Minzeduft. Graugrüne Blätter und bis 2,5 cm lange, rosa-orangefarbene Blüten. Eine Hybride von *A. coccinea* und *A. rupestris*. ↕ 80 cm. Z6

A. foeniculum (Anis-Ysop, Duftnessel) Polster bildende sommergrüne Staude mit aufrechten, leicht verzweigten Trieben. Die bis 8 cm langen, eiförmigen, gezähnten Bätter duften nach Anis oder Lakritz und haben auf der Unterseite winzige, dichte, weiße Härchen. Von Mitte Juli bis August erscheinen dichte Scheinähren aus kleinen, blauen röhrenförmigen Blüten. Wird häufig in Katalogen angeboten, aber selten kultiviert. Oft werden an ihrer Stelle Sorten der stärker verbreiteten *A. rugosa* angeboten. *A. foeniculum* unterscheidet sich jedoch durch die weißen Blattunterseiten und den ausgeprägten Duft von *A. rugosa*. Durch die Blüten, die weniger als 7 mm lang sind und die Blütenstände, die im Durchmesser weniger als 2 cm haben, unterscheidet sie sich von *A. urticifolia*. Aus trockenen Acker-, Strauch- und Hügellandschaften in den nördlichen und zentralen Regionen Nordamerikas. ↕ 80–150 cm. Z8

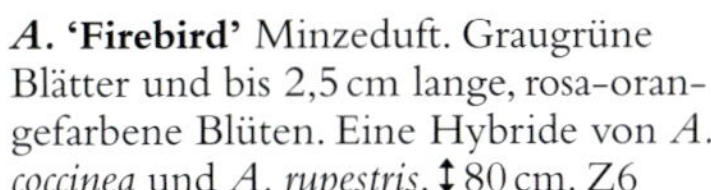

OBEN **1** *Agastache foeniculum* **2** *A. rupestris*

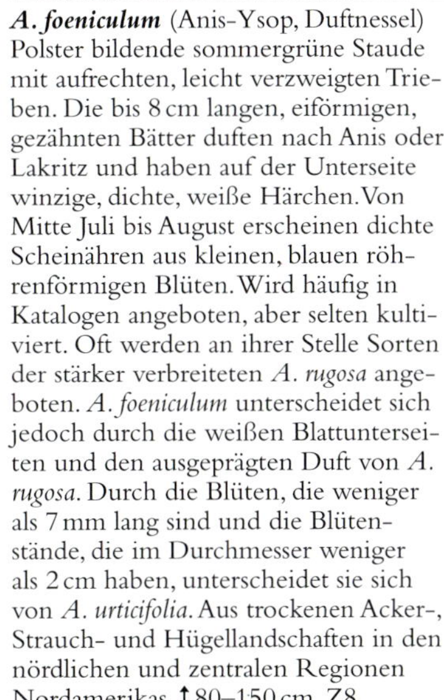

A. 'Fragrant Delight' Unter diesem Namen angebotene Samen bringen eine Mischung aus Arten mit Blüten in Blau, Gelb, Rot, Rosa und Weiß mit entsprechend unterschiedlichen Blattdüften hervor.

A. 'Glowing Embers' Breit elliptische Blätter und bis 4 cm lange, matt-orangefarbene Blüten. Eventuell eine Hybride von *A. coccinea* und *A. rupestris*. ↕ 30 cm. Z6

A. 'Heather Queen' Dreieckige Blätter und klare Etagen aus bis 2 cm langen, rosavioletten Blüten, die sich aus violetten Knospen mit gleichfarbigen Kelchblättern öffnen. Eine Hybride von *A. cana* und *A. mexicana* oder *A. pallida*. ↕ 80 cm. Z8

A. mexicana (Limonen-Ysop) Varible, sommergrüne Staude mit kriechenden, verholzenden Trieben und schmal dreieckigen, gezähnten, bis 9 cm langen

ZWEI SEHR VERSCHIEDENE GRUPPEN

In den letzten Jahren haben 2 sehr verschiedene Duftnessel-Gruppen erheblich an Beliebtheit gewonnen. Die höhere Gruppe umfasst stattliche, buschige Pflanzen, die Horste aus aufrechten Stängeln und breiten, stark duftenden Blättern bilden. Die Blüten sind meist weiß oder blau, nur bei einer Art gelblich. Sie stehen in dichten Scheinähren und ziehen Bienen an. Sie haben das Aussehen klassischer Gartenstauden, säen sich aber stark aus und können lästig werden, wenn man welke Blüten nicht regelmäßig entfernt. Die 4 Arten dieser Gruppe – *A. foeniculum*, *A. nepetoides*, *A. rugosa* und *A. urticifolia* – stammen aus dem relativ kühlen Klima Koreas, Chinas und des nördlichen Nordamerika. Die niedrigeren Arten

mit lockerem, verzweigtem Wuchs und manchmal verholzender Basis stammen aus heißeren Regionen von Kalifornien bis Mexiko und tragen größere Blüten in verschiedenen Orange-, Rosa- oder Rottönen. Die Blüten sind in Gruppen oder Quirlen angeordnet, wobei jeder aus mehreren Blüten besteht, die am gleichen Punkt am Stiel sitzen. Mehrere Quirle übereinander bilden den lockeren, ährenförmigen Blütenstand. Die Blüten erscheinen über einen längeren Zeitraum und locken Kolibris an. In diese Gruppe fallen einige beliebte Arten wie *A. aurantiaca*, *A. cana*, *A. mexicana* und *A. rupestris*, von denen eindrucksvolle Hybriden gezüchtet wurden und noch werden. Hybriden zwischen den beiden Gruppen sind noch nicht bekannt.

Blättern mit Zitronenduft. Etagen von 2,5–3 cm langen Blüten 9 cm in Orangerosa, Rosa, Magenta, Rot oder Weiß erscheinen in lockeren, länglichen Blütenständen von Mitte Juli bis September. Aus lichten Nadelwäldern und von Vulkanhängen Mexikos. ‡ 60–100 cm. Z9 **'Champagne'** Hell-orangefarbene Knospen öffnen sich zu weißen, helllachsfarben überhauchten Blüten. Aus Samen. ‡ 90 cm. **'Mauve Beauty'** Bläulich rosa Blüten. ‡ 70 cm. **'Red Fortune'** Kirschrot, sehr reich blühend. ‡ 70 cm. **'Toronjil Morado'** Eine Form mit rosa Blüten und intensiverem Zitronenduft. Der Name ist ungültig und muss ersetzt werden: Es handelt sich lediglich um einen spanischen Populärnamen für eine Art. ‡ 2 m.

A. nepetoides Sommergrüne, Horst bildende Staude mit kräftigen, aufrechten Stängeln und bis 15 cm langen Blättern mit gebuchtetem Rand. Bis 10 cm lange, dichte, zylindrische Blütenstände mit kleinen, gelblich grünen Blüten von je etwa 6 mm Länge erscheinen von Mitte Juli bis August. Aus Acker- und Strauchlandschaften Südkanadas und den östlichen USA. ‡ 1–2,5 m. Z9

A. 'Painted Lady' Graugrüne, breit lanzettliche Blätter mit Minzeduft und 2,5 cm lange, korallenrosa Blüten. Ein Sport von 'Firebird'. ‡ 80 cm. Z6

A. 'Pink Panther' Rötlich grüne Blätter mit dunkler Unterseite und tief-rosarote Blüten. Eine Hybride von *A. coccinea* und *A. mexicana* 'Toronjil Morado'. ‡ 70 cm. Z7

A. pringlei Sommergrüne Staude mit verholzender Basis, aufrechten, verzweigten, dicht zusammenstehenden Stängeln und dreieckigen, gezähnten Blättern bis 4 cm Länge. Von Mitte Juli bis September erscheinen meist ununterbrochen längliche Blütenstände aus bis 1,5 cm langen Blüten in Rosa oder Rosaviolett. Aus Felslandschaften und lichten Wäldern Mexikos. ‡ 20–80 cm. Z9

A. rugosa Horst bildende sommergrüne Staude mit aufrechten Stängeln und grob gezähnten, eiförmigen, bis 8 cm langen Blättern mit Minzeduft. Unterscheidet sich von der selten kultivierten *A. foeniculum* durch die grauen Blattunterseiten und den schwächeren Duft. Von Mitte Juli bis Mitte August erscheinen dichte, 10 cm lange Blütenstände mit 7–10 mm langen, blauvioletten Blüten. Von Bergwiesen und Flussufern Ostasiens. ‡ 80–150 cm. Z7 **fo. albiflora** syn. 'Alba' Umfasst alle weiß blühenden Sorten, von denen die meisten wegen ihrer Höhe selektiert wurden. **fo. albiflora 'Alabaster'** Aus Samen, einheitliche Höhe. ‡ 90 cm. **fo. albiflora 'Honey Bee White'** Aus Samen, einheitliche Höhe. ‡ 60 cm. **fo. albiflora 'Liquorice White'** Aus Samen, einheitliche Höhe. ‡ 1,2 m. **'Golden Jubilee'** syn. 'Golden Anniversary' Blauviolette Blüten und gelbe Blätter. Das junge Laub im Frühsommer ist besonders attraktiv. Kann etwas blass aussehen. Aus Samen. **'Honey Bee Blue'** Blauviolette Blüten. Aus Samen.

‡ 60 cm. **'Liquorice Blue'** Blauviolette Blüten. Aus Samen. ‡ 1,2 m.

A. rupestris Sommergrüne Staude mit verholzender Basis, schlanken, drahtigen, verzweigten Stängeln und linealischen bis lanzettlichen, bis 5 cm langen. grauen Blättern. 2,5 cm lange Blüten in Orangerosa erscheinen in Etagen in länglichen Blütenständen von Mitte Juli bis September. Aus lichten Wäldern und felsigen oder sandigen Hügellandschaften der südwestlichen USA. ‡ 60 cm. Z9

A. 'Tangerine Dreams' Dreieckige bis lanzettliche Blätter und große Etagen aus zahlreichen, 4 cm langen Blüten in Orange mit auffälligem, dunkel rötlich braunem Kelch. Vermutlich eine Hybride von *A. aurantiaca* und *A. coccinea*. ‡ 90 cm. Z7

A. 'Tutti-frutti' Dreieckige bis eiförmige Blätter mit stark gezähnten Rändern und Zitronen-Minze-Duft. 3 cm lange rosaviolette Blüten mit matt-rotbraunem Kelch. Eine Hybride von *A. mexicana* 'Toronjil Morado' und *A. pallida*. ‡ 1,1 m. Z5

A. urticifolia (Falsche Brennnessel) Sommergrüne, Horst bildende Staude mit kräftigen, aufrechten Stängeln und 8 cm langen, grob gezähnten Blättern in Eiform. Von Mitte Juli bis August erscheinen bis 15 cm lange, dichte, zylindrische Blütenstände mit 8 mm langen Blüten in Rosa, Violett oder Weiß. Unterscheidet sich von *A. rugosa* durch den intensiven Duft und von *A. foeniculum* durch die längeren Blüten und die dickeren (bis 2 cm im Durchmesser), starken Blütenstände. Aus Acker- und Strauchlandschaften des westlichen Nordamerika. ‡ 1–2 m. Z8

A. Western-Hybriden Eine Gruppe ausgezeichneter Hybriden unterschiedlicher Elternsorten, darunter 'Apricot Sunrise', 'Firebird', 'Pink Panther' und 'Tutti-frutti'.

AGERATINA siehe EUPATORIUM

AGRIMONIA
Odermennig
ROSACEAE

Diese interessanten Pflanzen eignen sich vor allem als Farbtupfer für naturnahe Gärten.

Die meisten der etwa 15 Arten zumeist sommergrüner Stauden stammen aus den gemäßigten Zonen der nördlichen Halbkugel. Sie bilden Horste aus gebogenen, geteilten Blättern, über denen sich aufrechte, drahtige Stängel mit kleineren Blättern und endständigen, schlanken Blütenständen, bestehend aus kleinen gelben Blüten mit 5 Petalen erheben. Wenn die Blüten verwelken, entwickeln sich kleine, konische, verholzende Fruchtkelche mit einem Kranz winziger Haken, die am Fell von Tieren (oder an Hosen und Strümpfen von Spaziergängern) hängen bleiben und so die Verbreitung unterstützen.

KULTUR Gedeiht gut in gewöhnlichem, gut durchlässigem Boden in mäßig bis voll sonniger Lage.

VERMEHRUNG Aussaat gleich nach der Samenreife oder vorsichtige Teilung im Frühling.

PROBLEME Keine.

A. eupatoria (Kleiner Odermennig) Die bekannteste Art. Im Frühling erscheinen die behaarten Basalblätter, von denen jedes aus mehreren Paaren großer und kleiner, elliptischer, grob gezähnter Einzelblätter in dunklem Grün mit hellerer Unterseite besteht. Im Sommer erheben sich aufrechte, selten verzweigte, belaubte Stängel mit endständigen schlanken Blütenständen aus 5–8 mm breiten, schwach duftenden Blüten in Goldgelb. Die Blüten spielen in der Kräuterheilkunde eine Rolle. Verbreitet an Wegrändern in Europa, im westlichen Asien und Nordafrika. ‡ 80–100 cm. Z6 **var. alba** Seltene, weiß blühende Form.

AGROPYRON siehe ELYMUS

AGROSTIS
Straußgras
POACEAE

In Rasenmischungen sind diese Tuff bildenden Gräser häufig enthalten, sie werden aber auch wegen der zarten Blüten kultiviert.

Die etwa 220 Arten der Gattung sind in offenen Landschaften und lichten Wäldern in allen gemäßigten Regionen der Welt zu finden. Die schmalen, spitzen Blätter bilden ein rundes Polster, aus dem sich schlanke Halme erheben. Diese tragen violette oder bräunliche Blütenstände, die manchmal locker und luftig, manchmal auch kompakt und fiedrig sind.

KULTUR Gedeiht an offenen, kühlen Standorten in jedem nahrhaften, gut durchlässigen Boden. Dankt einen leichten Rückschnitt im zeitigen Frühling.

VERMEHRUNG Durch Teilung im Frühling oder durch Aussaat.

PROBLEME Keine.

A. canina (Sumpf-Straußgras) Die Art breitet sich mit kurzen, bewurzelnden Ausläufern langsam aus und bildet mit der Zeit dichte, immergrüne Polster aus 1–2 mm breiten flachen Blättern. Im Juni und August erscheinen 3–5 mm lange, schlanke, fiedrige Blütenstände in bräunlichem Violett. Im Garten eine zarte Bereicherung für Wildblumenwiesen und -rasen, auch schön als Wegeinfassung. Am besten in Sonne oder Halbschatten. Heimisch in Grasland schaften und lichten Wäldern in ganz Europa, Asien und im Nordosten Nordamerikas. ‡ 6 cm. Z4 **'Silver Needles'** Eines der schönsten zwergwüchsigen Ziergräser mit attraktiven, weiß geranderten, nadelfeinen Blättern und mattvioletten Blüten. Gelegentlicher Schnitt fördert eine gute Ausfärbung.

AJANIA
ASTERACEAE

Ajana sind sonnenhungrige Herbstblüher mit knopfförmigen Blütenständen und attraktivem, auffälligem Laub.

Die etwa 30 Arten dieser Immergrünen stammen aus felsigen, oft küstennahen Regionen Zentral- und Ostasiens. Sie breiten sich mit unterirdisch kriechenden Trieben langsam aus. Nur eine Art ist häufiger in Gärten zu finden. Die buschigen Pflanzen sind dicht mit gleichmäßig gelappten Blättern, oft mit filzig-weißer Unterseite, besetzt. Im Herbst erscheinen leuchtend gelbe Blütenstände. Früher wurde die Gattung unter *Chrysanthemum* (siehe S. 123) geführt.

KULTUR Gedeiht am besten in durchlässigem Boden in voller Sonne.

VERMEHRUNG Durch Teilung oder Stecklinge.

PROBLEME Keine.

A. pacifica syn. *Chrysanthemum pacificum* Breitwüchsig und buschig, breiter als hoch, mit relativ dicken, flach gelappten, 3–6 cm langen, ovalen Blättern. Die filzige Unterseite zeigt sich als silbrige Kontur auf der Blattoberseite. Das Laub ist ganzjährig attraktiv. Kleine, intensiv gelbe Blütenkörbchen mit 2 cm Durchmesser erscheinen im Oktober und November in lockeren Gruppen. Schöne Pflanze für den Vordergrund eines sonnigen Beets. Gedeiht auch im Kübel. Wuchsform und Färbung fallen aber auf magerem Boden besser aus. **Silver**, **Gold** und **Silver Edge** sind lediglich Handelsnamen für die Art. Von den südjapanischen Pazifik-Steilküsten. ‡ 30 cm. Z7

AJUGA
Günsel
LAMIACEAE

Von diesen winterharten, zumeist wüchsigen Schattenpflanzen, die im Frühling oder Frühsommer blühen, werden zunehmend Arten mit panaschiertem Laub angeboten.

Zur Gattung gehören etwa 40 Arten von Einjährigen und kriechenden oder Polster bildenden, immergrünen oder halbimmergrünen Stauden, von denen nur 3 in Gärten kultiviert werden. Gut geeignet als Bodendecker in Gehölzgärten oder unter Sträuchern. Heimisch auf feuchten, schattigen Standorten, vor allem in lichten Wäldern, im gesamten gemäßigten Europa und Asien. Die Pflanzen breiten sich mit unterirdisch oder auf dem Boden kriechenden Trieben stark aus. Die ovalen oder löffelförmigen Blätter erscheinen paarweise und bilden bodennahe Rosetten. Belaubte Stängel tragen im Frühling oder Frühsommer zweilippige, zumeist blaue Röhrenblüten, die in Etagen angeordnet sind.

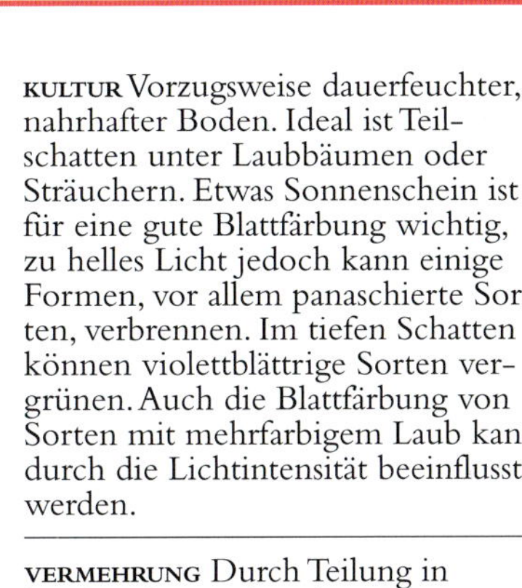

KULTUR Vorzugsweise dauerfeuchter, nahrhafter Boden. Ideal ist Teilschatten unter Laubbäumen oder Sträuchern. Etwas Sonnenschein ist für eine gute Blattfärbung wichtig, zu helles Licht jedoch kann einige Formen, vor allem panaschierte Sorten, verbrennen. Im tiefen Schatten können violettblättrige Sorten vergrünen. Auch die Blattfärbung von Sorten mit mehrfarbigem Laub kann durch die Lichtintensität beeinflusst werden.

VERMEHRUNG Durch Teilung in handgroße Stücke oder Umsetzen bewurzelter Ausläufer im Frühling oder Frühherbst.

PROBLEME Mehltau.

A. genevensis (Genfer Günsel, Heidegünsel) Polster bildende, immergrüne Staude ohne kriechende Triebe. Guter, nicht wuchernder Bodendecker. Die mittel- oder hellgrünen, langstieligen Basalblätter von 12 cm Länge sind oval, aber zur Spitze hin verbreitert, und haben flach gebuchtete und gezähnte Ränder. Im April erscheinen aufrechte, belaubte Stängel mit 2 cm langen Blüten in kräftigem Dunkelblau, seltener Rosa oder Weiß. Aus Südeuropa. ↕20–40 cm. Z6 **'Tottenham'** Grüne, leicht violett überhauchte Blätter und dichte Ähren aus bläulich rosa Blüten, manchmal bis in den August hinein. Breitet sich langsam aus.

A. metallica siehe *A. pyramidalis*

A. pyramidalis syn. *A. metallica* (Pyramiden-Günsel) Immergrüne oder halbimmergrüne, Polster bildende Staude ohne kriechende Triebe. Guter Bodendecker. Die behaarten, dunkelgrünen, ovalen Blätter von 11 cm Länge sind zur Spitze hin verbreitert und haben leicht gezähnte Ränder. Von April bis Juni erscheinen dichte, belaubte, pyramidenförmige Blütenstände mit bis zu 2 cm großen Blüten in Dunkelblau, hellem Blauviolett, manchmal auch Rosa oder Weiß. Aus Nord- und Mitteleuropa einschließlich der Alpen. ↕15–30 cm. Z6 **'Metallica Crispa'** Metallisch schimmernde, grünviolette Blätter mit gekräuseltem Rand. ↕15 cm.

A. reptans (Kriechender Günsel) Matten bildende, immergrünePflanze, sehr guter Bodendecker. Breitet sich durch kriechende Triebe aus, die bewurzeln und Jungpflanzen treiben. Dunkelgrüne, 9 lange Blätter in Löffel- oder Eiform. Im Mai und Juni erscheinen 12 cm lange Blütenstände mit 1,5 cm langen, dunkelblauen Blüten, bei einigen Sorten folgt eine spätere Nachblüte. In Gärten werden anstelle der Wildform hauptsächlich Sorten mit farbigen oder panaschierten Blättern gehalten. Sie vertragen mageren (aber nicht trockenen) Boden und sogar tiefen Schatten. Gut zur Bodenbefestigung an schattigen Böschungen.

Selbst ausgesäte Jungpflanzen dunkelblättriger Formen bilden oft grünes oder ungleichmäßiges Laub. In Gärten und aus Wildbeständen werden laufend neue Formen selektiert. Viele der hier genannten violettblättrigen Formen werden als Hybriden mit *A. pyramidalis* 'Metallica Crispa' betrachtet. Aus Europa, dem Kaukasus und dem Iran. ↕15 cm. Z5 **fo. albiflora 'Alba'** Weiße Blüten, dunkelgrünes Laub. Formen in verschiedenen Wuchshöhen, manche mit orangefarben getönten Stängeln oder leicht gescheckten Blüten. **'Arctic Fox'** Blätter hauptsächlich cremeweiß mit dunkelgrünen Rändern, z.T. zurückgeschlagen. Leuchtend blaue Blüten. Entdeckt im Gardenview Horticultural Park, Ohio, USA. **'Argentea'** siehe 'Variegata'. **'Atropurpurea'** syn. 'Purpurea' Glänzende, einfarbig dunkelviolette Blätter mit Bronzeschimmer. Ähnelt 'Braunherz' und wird oft mit diesem verwechselt. **'Braunherz'** Glänzende, sehr dunkel violette Blätter. Ähnelt 'Atropurpurea' stark, wird im Sommer aber dunkler. **'Burgundy Glow'** syn. 'Carol' Silbrig grüne, rot überhauchte Blätter, die im Herbst dunkler werden. **'Catlin's Giant'** ♀ syn. 'Macrophylla' Wüchsig. 15 cm lange Blätter in dunklem Bronzeviolett. ↕20 cm. **'Chocolate Chip'** siehe 'Valfredda'. **'Delight'** Bronzefarbene Blätter mit Panaschierung in Rosa und Gelb, z.T. zurückgeschlagen. **'Ebony'** Mehltauresistenter Sport von 'Braunherz'. **'Ermine'** Weiße Blätter mit dunkelgrünen gewellten Rändern. ↕12 cm. **'Grey Lady'** Kleine, glänzend graue Blätter mit violetter Marmorierung. Hellblaue Blüten. **'Jungle Beauty'** syn. 'Jumbo' Größere Blüten und Blätter als die Art, Bronzefärbung im Winter. Entstand auf den Holbrook Farms in North Carolina. 'Jungle Beauty Improved', eine von Beth Chatto eingeführte Sorte, hat wegen der besseren Färbung die ursprüngliche Form weitgehend verdrängt. **'Macrophylla'** siehe 'Catlin's Giant'.

NICHT GUT GENUG?

Günsel ist eine beliebte Pflanze, das gilt besonders für die Arten und Sorten mit farbigem oder panaschiertem Laub. Als die RHS 40 verschiedene Sorten aus den Jahren 1998 bis 2001 prüfte, wurde kein neuer Award of Garden Merit verliehen, obwohl der Expertenkommission viele Pflanzen durchaus gefielen.

Dass keine Auszeichnung verliehen wurde, hatte verschiedene Gründe. Die Pflanzen brauchen viel Zuwendung, damit sie wüchsig bleiben und gut blühen. Sie müssen häufig beschnitten werden, damit sie weniger robuste Nachbarn nicht verdrängen, sehen aber unattraktiv aus, wenn nach dem Abschneiden junger Triebe nur die älteren Pflanzenteile zurückbleiben. Einige der buntlaubigen Formen neigen zum Vergrünen. Außerdem herrschte Namensverwirrung. Trotz alledem ist der Günsel eine gute Gartenpflanze, die vor allem als Bodendecker unter Laub abwerfenden Sträuchern ihren Wert hat.

LINKS 1 *Ajania pacifica* 2 *Ajuga reptans* 'Atropurpurea' 3 *A. reptans* 'Braunherz' 4 *A. reptans* 'Burgundy Glow' 5 *A. reptans* 'Multicolor'

'Multicolor' syn. 'Rainbow', 'Tricolor' Panaschierte Blätter in Bronzegrün, Creme und Rosa. ↕ 12 cm. **'Palisander'** Bronzeviolette Blätter. ↕ 20 cm. **'Pink Elf'** Kompakter Wuchs, rosa Blüten, dunkelgrüne Blätter. ↕ 5 cm. **'Pink Surprise'** Dunkelviolette Blätter und kräftig pinkfarbene Blüten. **'Purple Brocade'** Dunkelviolette Blätter, wüchsig. Eingeführt von der Coastal Gardens Nursery aus South Carolina, USA. **'Purple Torch'** Rosa Blüten (nicht violett), dunkelgrüne Blätter mit einem violetten Schimmer. ↕ 20 cm. **'Purpurea'** siehe 'Atropurpurea'. **'Rainbow'** siehe 'Multicolor'. **'Tricolor'** siehe 'Multicolor'. **'Valfredda'** syn. 'Chocolate Chip' Kleine, dunkel-schokoladenbraune Blätter, kompakter Wuchs. Entdeckt in Italien. **'Vanilla Chip'** Kleine grüne Blätter mit cremeweißen Rändern. Zwergwüchsig. Eingeführt von den Terra Nova Nurseries in Oregon, USA. ↕ 5 cm. **'Variegata'** syn. 'Argentea' Graugrüne Blätter mit cremeweißer Zeichnung. ↕ 10 cm.

ALCHEMILLA
Frauenmantel
ROSACEAE

Durch das hübsche Laub und die gelbgrüne Blütenfarbe lässt sich diese attraktive Pflanze problemlos kombinieren. Ein Vorteil ist außerdem die lange Blütezeit.

Die Gattung umfasst über 300 Arten, die einander teilweise verwirrend ähnlich sind. Sie wachsen wild auf Hochlandwiesen und Waldlichtungen in Europa und Asien. Die Pflanzen haben feste, holzige Rhizome, aus denen runde oder nierenförmige Blätter mit seidiger Behaarung entspringen. An den Stängeln stehen kleinere, einfachere Blätter und meist füllige Blütenstände mit kleinen, gelblich grünen, nektarreichen Blüten. Viele Arten sind apomiktisch, d.h. sie bilden – wie manche Brombeeren *(Rubus)* und Löwenzahn *(Taraxacum)* – auch ohne Befruchtung Samen.

Die auffälligste Art ist der Weiche Frauenmantel, *Alchemilla mollis.* Er ist so bekannt, dass andere Arten oft durch ihre Unterschiede zu ihm beschrieben werden. Weil die Arten so ähnlich sind, kommt es oft vor, dass man falsch benannte Arten kauft. Die gelbgrünen Blüten des Frauenmantels passen zu fast allen anderen Stauden.

KULTUR Gedeiht problemlos in Sonne, Halbschatten und auch an schattigeren Standorten. Einige Arten nehmen starken Regen übel. Die meisten tolerieren schweren Lehmboden und andere schwierige Bedingungen. Die verwelkten Blüten abschneiden (sie lassen sich gut trocknen) und wenig später das alte Laub entfernen, dann treibt die Pflanze neu aus und blüht oft auch noch einmal.

VERMEHRUNG Durch Teilung oder Aussaat.

PROBLEME Keine.

ELEGANTER BODENDECKER

FRAUENMANTEL, *ALCHEMILLA MOLLIS,* ist in Gärten so oft zu finden, weil sie zwei wertvolle Merkmale hat. Die gelblich grüne Blütenfarbe von Laub und Blüten verträgt sich mit fast allen anderen Farbtönen, der Frauenmantel passt also in Staudenbeete jeder Farbkombination. Der praktische Vorteil liegt darin, dass die Pflanzen dicht genug wachsen, um Unkraut zu unterdrücken – aber dennoch so luftig, dass kräftige, höhere Stauden ihren Weg ans Licht finden.

Hier öffnen sich gerade die violetten Sternenkugeln des *Allium christophii* über Blättern und Blüten des Frauenmantels. Die flächigen Blätter der *Alchemilla* bilden nicht nur einen hübschen Hintergrund für die leuchtenden *Allium*-Blüten, sondern verstecken auch die Blätter des Zwiebelblühers, die nach dessen Aufblühen schnell welken und unansehnlich sind. So vertuscht der Frauenmantel die Mängel anderer Beetgesellschafter.

A. alpina Hübscher, aber langsam wachsender Bodendecker mit hell-erbsengrünen, glänzenden, 3,5 cm langen, in 5 oder 7 Finger geteilten Blättern. Die feine Behaarung der Blattunterseiten ist an den Blatträndern als silbriger Rand zu sehen. Im Juli und August erscheinen relativ wenige, hübsche, wenn auch nicht spektakuläre Blüten in Gelbgrün. Im Hochsommer zurückschneiden, um einen dichten Wuchs anzuregen. Bevorzugt sandigen Boden mit guter Dränage und viel Sonne, verträgt aber keine Hitze. Im Schatten kann die Bodendeckung lückenhaft ausfallen. Aus den europäischen Gebirgen. ↕ 10–15 cm. Z3

A. conjuncta Das Rhizom breitet sich stetig aus und trägt blaugrüne, sieben- bis neunlappige, gezähnte Blätter von 3,5–4,5 cm Länge mit silbrigen Härchen auf der Unterseite. Die gelblich grünen Blüten erscheinen von Juli bis September. Wird oft mit *A. alpina* verwechselt, ist aber höher, hat mehr Blattlappen und bläulichere Blätter. Aus den Alpen. ↕ 30 cm. Z3

A. ellenbeckii Eine kleinwüchsige, kriechende Ausgabe der bekannten *A. mollis.* Ebenso robust, aber mit gebuchteten, dunkelgrünen, fünflappigen Blättern von 2,5 cm Länge auf weinroten Stielen, die einen dichten Teppich bilden. Die spärlichen Blüten sind manchmal unter dem Laub verborgen, also kein hervorstechendes Merkmal dieser Art. Bevorzugt feuchten, aber gut durchlässigen Boden. Verträgt Trockenheit weniger gut als *A. mollis.* Aus Ostafrika. ↕ 5–10 cm. Z5

A. erythropoda ♀ Anpassungsfähige, hübsche, Polster bildende Pflanze mit 7–9 cm großen, rundlichen, leicht blaugrünen Blättern. Diese haben 7 oder 9 Lappen und einen gezähnten Rand. In voller Sonne zeigen die Blätter einen Rotstich. Von Mai bis August erscheinen gelbgrüne Blüten, die beim Welken schöne Rottöne annehmen. Sieht aus wie eine Miniaturausgabe von *A. mollis.* Vom Balkan, aus den westlichen Karpaten und dem Kaukasus. ↕ 15–23 cm. Z3

A. mollis ♀ (Weicher Frauenmantel) Wertvolle, vielleicht schon zu verbreitete, Polster bildende Staude mit dicht stehenden, rundlichen, kräftig grünen Blättern von 12 cm Größe, die in 9 oder 11 Lappen mit gesägten Rändern geteilt sind. In der feinen Blattbehaarung fangen sich Tautropfen, die hübsch glitzern. Von Juni bis September verschwindet das Laub fast unter großen Wolken winziger, gelbgrüner Blüten, die gerade durch ihre Masse eindrucksvoll wirken. Das Laub sieht während der ganzen Saison gut aus, vor allem, wenn es nach der Blüte gestutzt wird. Starker Regen kann Blüten und Blätter zu Boden drücken. Bevorzugt nahrhaften, feuchten, gut durchlässigen Boden, gedeiht aber auch in lehmigen Böden und verträgt Trockenheit. Am besten in der Sonne, wächst aber auch im Halbschatten unter hohen Bäumen gut. Sät sich reichlich selbst aus und sollte darum vor der Samenreife zurückgeschnitten werden. ↕ 30–60 cm. Z4 **'Auslese'** Etwas auffälligere Pflanze mit gefälteten graugrünen Blättern und noch dichteren Blütenwolken. Braucht kühlen, feuchten Boden und lichten Schatten. **'Robusta'** syn.

'Select' Höhere, aufrechtere Pflanze, die nach der Blüte nicht umfällt. Gute Schnittblume. Verträgt tieferen Schatten und längere Trockenheit. ↕ 60–75 cm. 'Senior' Graugrünes Laub. 'Thriller' Besonders reich blühend mit ausladenden Blütenständen. 'Variegata' Unregelmäßige, gelbe Blattzeichnung.

A. xanthochlora Wüchsige, Polster bildende Art mit 5 cm großen, runden oder nierenförmigen Blättern aus 9 oder 11 gezähnten Lappen. Die Blätter sind gelblich grün und auf der Unterseite dicht behaart. Von Juni bis August erscheinen füllige Wolken winziger, gelblich grüner Blüten auf kräftigen Stängeln. Wie eine kleine Version der *A. mollis*. Anpassungsfähig. Aus Nordwest- und Mitteleuropa. ↕ 45–60 cm. Z4

ALLIUM
Lauch
ALLIACEAE

Attraktive Blüten im Spätfrühling oder Sommer und ein scharfer Geruch zeichnen diese winterharten, sonnenhungrigen Pflanzen von unterschiedlicher Wuchsgestalt aus.

Die etwa 700 Arten sommergrüner Pflanzen gedeihen in trockenen Strauchlandschaften und Gebirgen der nördlichen Halbkugel. Die höheren Arten sind ideal für gemischte Beete und Kiesgärten, während sich die kleineren für den Beetvordergrund empfehlen. Viele sind typische Zwiebelgewächse. Hier werden nur die Arten vorgestellt, die sich wie Stauden von Jahr zu Jahr vergrößern und nicht abtrocknen müssen.

Die Blätter können grasartig schmal oder riemenförmig sein, aufrecht oder überhängend. Zerdrückt man sie, geben sie Zwiebelgeruch ab. Manchmal sterben sie ab, ehe die Blüten erscheinen. Die Blütezeit reicht vom Spätfrühling bis in den Frühherbst. Die runden Blütenstände aus stern-, glocken- oder becherförmigen Blüten stehen auf kräftigen, aufrechten Stängeln.

KULTUR Am besten in sonniger Lage mit durchlässigem und einigermaßen nahrhaftem Boden. Knapp unter der Bodenoberfläche pflanzen.

VERMEHRUNG Horste im zeitigen Frühling teilen. Samen sofort nach der Reife oder im Frühling im kalten Frühbeet aussäen.

PROBLEME Keine.

A. amabile siehe *A. mairei* var. *amabile*

A. beesianum In Gärten meist *A. cyaneum*.

A. cyaneum ♥ (Enzian-Lauch) Eine kleinere Art für den Beetvordergrund. Bildet dichte Horste aus grasartig schmalen, bis 15 cm langen, dunkelgrünen Blättern. Trägt im August und September dichte, nickende, 2 cm große Blütenstände aus 6–8 leuchtend blauen Glockenblüten. Wird gelegentlich als *A. beesianum* verkauft. Aus China. ↕ 10–25 cm. Z5

A. glaucum siehe *A. senescens* subsp. *montanum* var. *glaucum*

A. insubricum ♥ Eine empfehlenswerte, elegante, großblütige Art für den Beetvordergrund mit schmal riemenförmigen, mittelgrünen Blättern von bis zu 20 cm Länge. Die 2,5 cm großen Blütenstände aus 3–5 nickenden, glockenförmigen Blüten erscheinen ab Juni. Wird oft mit der wesentlich selteneren Art *A. narcissiflorum* (siehe unten) verwechselt, die zwischen 5 und 8 Blüten pro Blütenstand trägt und keine nickenden, sondern aufrechte Fruchtstände bildet. Aus Norditalien. ↕ 15–25 cm. Z8

A. kansuense siehe *A. sikkimense*

A. macranthum Eine ausgezeichnete Pflanze für den Beetvordergrund mit schmalen, bis 45 cm langen Blättern in Mittelgrün. Ab Juni erscheinen dreieckige Stängel mit lockeren, bis 10 cm großen Blütenständen aus zahlreichen, hängenden Glockenblüten in dunklem Violett. Üblich sind 5–12 Blüten pro Blütenstand, es wurden aber schon Pflanzen mit 50 Blüten gesehen. Breitet sich langsam aus, aber die Samen keimen leicht. Aus Sikkim im Himalaja und aus Westchina. ↕ 20–30 cm. Z4

A. mairei Eine hübsche, kleine Art für Beeteinfassungen. Trägt schlanke, mittelgrüne Blätter bis 25 cm Länge und ab August lockere, 2,5 cm große Blütenstände aus aufrechten Glockenblüten in hellem oder kräftigem Rosa mit rötlichen Tupfen. Aus Südwest-China. ↕ 15–25 cm. Z5 **var.** *amabile* syn. *A. amabile* Blüten in Pink bis Magenta mit dunkleren Flecken. ↕ 10–20 cm.

A. murrayanum siehe *A. unifolium*

A. narcissiflorum syn. *A. pedemontanum* (Narzissen-Lauch) Ideal für den Beetvordergrund. Die dunkelgrünen riemenförmigen Blätter werden bis 18 cm lang. Trägt ab Juni nickende, 2,5 cm große Blütenstände aus bis zu 8 großen, glockenförmigen Blüten in Rosaviolett. Die Fruchtstände stehen aufrecht. Von Reginald Farrer als »die Krone ihrer Art« bezeichnet, wird aber oft mit der stärker verbreiteten *A. insubricum* (siehe oben) verwechselt. Aus Portugal und Norditalien. ↕ 15–35 cm. Z8

A. obliquum Schöne Beetpflanze mit grasartigen, graugrünen Blättern bis 35 cm Länge, die den Stängel bis zur halben Höhe bekleiden. Trägt im Juni und Juli 4 cm große Blütenstände aus zahlreichen hellgelben, schalenförmigen Blüten. Ihr wird zu Unrecht ein unangenehmer Geruch nachgesagt. Aus Rumänien, Zentralasien und Sibirien. ↕ 60–100 cm. Z7

A. pedemontanum siehe *A. narcissiflorum*

A. schoenoprasum (Schnitt-Lauch) Normalerweise als Küchenkraut kultiviert, aber wegen der Blüten sind die Art und ihre Sorten auch als Zierpflanzen wertvoll. Dunkelgrüne, röhrenförmige Blätter bis 35 cm Länge bilden dichte Horste. Ab Juni erscheinen 2,5 cm große Blütenstände mit zahlreichen, glockenförmigen Blüten in hellem Violett oder Weiß, die nach Honig duften. Gedeiht am besten in feuchtem Boden. Welke Blüten entfernen, um die Nachblüte anzuregen und die Selbstaussaat zu unterbinden. Die essbaren Blüten sind eine dekorative Salatzutat. Es gibt etwa ein Dutzend benannte Sorten, die meisten sind

jedoch selten zu sehen. Aus Europa, Asien und Nordamerika. ↕ 30–60 cm. Z5 **'Corsican White'** Schöne, reinweiße Blüten, dichte Horste. Die Pflanze scheint sich nicht selbst auszusäen. ↕ 30 cm. **'Forescate'** Bläulich rosa Blüten. ↕ 60 cm. **'Polyphant'** Zahlreiche rosarote Blüten, kräftiger Wuchs. ↕ 30 cm. **'Schnittlauch'** Sehr niedrige Form. ↕ 20 cm. **'Shepherds Crook'** Interessant gedrehte Blätter. **var. sibiricum** Dunkelrosa Blüten, die sich violett verfärben. ↕ 40 cm. **'Silver Chimes'** Weiße Blüten ab Mai, schmalere Blätter als die Art. ↕ 15 cm. **'Wallington White'** Elfenbeinfarbene Blüten, kräftiger Wuchs. ↕ 30 cm.

A. senescens (Berg-Lauch) Wüchsige, variable Beetstaude mit mittelgrünen, riemenförmigen Blättern von 4–30 cm Länge und dichten, 2–5 cm breiten Blütenständen aus zahlreichen becherförmigen, fliederfarbenen Blüten im Juli und August. Aus Europa und Nordasien. ↕ 8–60 cm. Z5 **subsp. montanum** syn. *A.* 'Summer Beauty' Graugrüne, gedrehte Blätter, rosa Blüten. ↕ 45 cm. **subsp. montanum var. glaucum** syn. *A. glaucum* Graue, gedrehte Blätter, rosa Blüten. ↕ 15 cm.

A. sikkimense syn. *A. kansuense, A. tibeticum* Zierliche Pflanze für den Beetvordergrund mit grasartig schmalen, mittelgrünen Blättern bis 30 cm Länge und ab Juni 2,5 cm großen Blütenständen aus kleinen nickenden Glockenblüten in leuchtendem Blau, seltener Violett oder Weiß. Aus Westchina und dem Himalaja – Tibet, Nepal und Sikkim. ↕ 15–25 cm. Z8

A. 'Summer Beauty' siehe *A. senescens* subsp. *montanum*

A. tibeticum siehe *A. sikkimense*

A. tuberosum (Schnitt-Knoblauch) Wüchsige Beetstaude mit flachen Wurzeln und flachen, steifen, mittelgrünen, essbaren Blättern bis 35 cm Länge. Trägt im August und September 5 cm große, kuppelförmige Blütenstände aus süß duftenden, weißen Sternblüten. Die Blätter mit Zwiebel-Knoblauch-Geschmack können gehackt und zum Würzen von Salaten und Pfannengerichten verwendet werden. Bevorzugt feuchten Boden. Aus Südost-Asien. ↕ 25–50 cm. Z7

A. unifolium ♀ syn. *A. murrayanum* (Einblättriger Lauch) Hübsche Art für den Beetvordergrund. Die schmalen, bis 20 cm langen, graugrünen Blätter sterben ab, wenn ab Mai die Blüten erscheinen. Die 5 cm großen, kuppelförmigen Blütenstände bestehen aus 20 großen, glockenförmigen Einzelblüten in kräftigem Pink. Trotz ihres Namens hat jede Pflanze 2 oder 3 Blätter. Gedeiht am besten an trockenen, heißen Standorten, die ihrem natürlichen Lebensraum ähneln. Aus dem Westen Nordamerikas (Oregon und Kalifornien). ↕ 30 cm. Z8

A. wallichii Wertvolle, wüchsige Beetpflanze. Die mittelgrünen Blätter sind gekielt und werden bis 90 cm lang. Im August und September erscheinen sternförmige, violette Blüten mit papierartiger Struktur in lockeren, bis 7 cm großen Blütenständen. Aus den Monsungebieten von Nepal bis Westchina. ↕ 30–90 cm. Z8

ALOPECURUS
Fuchsschwanzgras
POACEAE

Das Fuchsschwanzgras ist ein robustes, aber attraktives Gras für viele Standorte, das in verschiedenen Blattfarben erhältlich ist.

Die 36 Arten ein- und mehrjähriger Gräser wachsen in allen nördlich-gemäßigten Gebieten der Welt und in Teilen Südamerikas in verschiedenen Lebensräumen von Feuchtwiesen bis zu steinigen Berghängen. Die im Querschnitt flach-dreieckigen, langen Blätter bilden lockere Tuffs, aus denen sich die Halme erheben, die an der Basis oft abgewinkelt sind, als befände sich dort ein Knie. Die dichten, samtigen Blütenstände sind zylindrisch bis oval.

KULTUR Ideal ist ein Platz ohne volle Sonne mit feuchtem, durchlässigem Boden.

VERMEHRUNG Durch Teilung im Frühling oder durch Aussaat.

PROBLEME Keine.

A. alpinus syn. *A. borealis* Das Gras breitet sich langsam aus und bildet lockere Polster aus graugrünen oder grauen, flachen, lanzettlichen Blättern von 2,5–6 mm Breite. Das Laub stirbt im Winter ab. Von Juni bis August erscheinen schlanke, glatte, oft gebogene Halme mit einigen kleineren Blättern und seidigen, graugrünen bis mattvioletten, ovalen Blütenständen von 3–4,5 mm Länge. Das seltene Berggras wächst wild auf feuchten Berghängen, feuchten Felsen und an Bachufern in Schottland, Nordengland und in der Arktis. Es bevorzugt offene Standorte. ↕ 10–45 cm. Z4 **subsp. glaucus** Blätter und Blüten intensiver bläulich violett.

A. borealis siehe *A. alpinus*

A. pratensis (Wiesen-Fuchsschwanzgras) Langsam kriechendes Gras, das im Winter abstirbt. Bildet dichte Polster aus spitzen, grünen Blättern von 3–10 mm Breite und 6–40 cm Länge. Von April bis Juni erscheinen glatte, schlanke, gebogene Halme mit kleineren Blättern und endständigen, fackelförmigen, 4–6 cm langen Blütenständen in Hellgrün bis Violett, die auffällige Staubgefäße in Violett oder Orange tragen. Das Gras ist in den gemäßigten Zonen der Welt auf Feuchtwiesen und Brachweiden verbreitet. Bevorzugt einen kühlen Standort in Sonne oder Halbschatten und nahrhaften, gut durchlässigen Boden. Formen mit farbigem Laub sollten im Frühsommer zurückgeschnitten werden, um die Blüte zu unterbrechen und eine Intensivierung der Blattfarbe zu bewirken. Das Gras eignet sich auch als Bodendecker oder Wegeinfassung. Alle drei Jahre teilen, damit die Wuchskraft der Blätter erhalten bleibt. Panaschierte Formen nur durch Teilung vermehren. ↕ 30–120 cm. Z4 **'Aureovariegatus'** syn. 'Variegatus' Blätter mit hellgelben und grünen Längsstreifen und dunkler goldgelbem Rand. Guter Bodendecker von 5–7,5 cm Höhe auf mageren Böden. Bildet auf nahrhafteren Böden Horste vom 30 cm Höhe. **'Aureus'** Goldfarbene Blätter mit hellgrüner Mittelader. **'No Overtaking'** Goldfarbene Blätter mit durchgehendem, silbernem Mittelstreifen. **'Variegatus'** siehe 'Aureovariegatus'.

UNTEN *Alopecurus pratensis* 'Aureovariegatus'

ALSTROEMERIA
Inkalilie
ALSTROEMERIACEAE

Seit langer Zeit ist diese Pflanze als haltbare Schnittblume geschätzt, und durch neue züchterische Erfolge ist sie auch als Gartenpflanze mit schönem Wuchs und langer Blütezeit erhältlich, die im Gegensatz zu den Wildformen auch nicht aggressiv wuchert.

Die 50 Arten der Gattung stammen aus Südamerika und haben fleischige Wurzeln, die nicht gestört werden sollten. An aufrechten Stängeln mit schmalen, gedrehten Blättern erscheinen endständige Blütenstände, normalerweise mit mehreren kurzen Verzweigungen. Die lilienähnlichen Blüten haben 6 Blütenhüllblätter (Tepalen), von denen die äußeren 3 breiter sind als die inneren und manchmal spitz zulaufen oder herzförmig sind. Die oberen beiden Tepalen stehen aufrecht, sind oft teilweise gelb und tragen fast immer eine Zeichnung aus kurzen dunklen Strichen. Manche der modernen Hybriden haben diese Zeichnung auch auf den Außentepalen und tragen zudem kontrastfarbene Streifen und Flecken. Es gibt verschiedene Arten in Rosalila und Violett, aber bislang nur wenige Sorten. Züchter befassen sich derzeit mit diesen Farben. Die Blütengröße variiert zwischen 4 cm bei einigen Arten, 7–8 cm bei den meisten Hybriden und 10 cm bei den größten Exemplaren.

Die meisten Arten, darunter die verbreitete *A. aurea* und die *A.-ligtu*-Hybriden, haben eine kurze Blühperiode. Moderne Hybriden hingegen haben nicht nur ein gemäßigteres Ausbreitungsverhalten, sondern blühen vom Hochsommer an über mehrere Monate. Als Schnittblumen halten sie sich mehrere Wochen. Man sollte sie aber nur mit Handschuhen anfassen, weil der Saft Hautreizungen verursachen kann. Die Höhe variiert zwischen 15 und 120 cm.

Derzeit werden von Züchtern in aller Welt ständig neue Sorten für den Schnittblumenmarkt entwickelt. Weil auch Gärtnereien immer neue Auslesen einführen, verändert sich das Marktangebot laufend (siehe *Schritt halten*, S.53). Hinzu kommt, dass viele Inkalilien neben ihren korrekten Bezeichnungen (oft Züchter-Codenamen ohne für Laien erkennbare Bedeutung) auch klangvolle Handelsnamen tragen. Obendrein sind nicht alle Sorten in allen Ländern erhältlich und die Namen, unter denen sie verkauft werden, unterscheiden sich teilweise von Land zu Land. ⚠

KULTUR Die meisten bevorzugen einen sonnigen Platz mit leichtem Boden und ausreichend Feuchtigkeit im Sommer. Winterliche Staunässe und feuchte, schwere Böden vertragen sie nicht. Weil die Wurzeln Störungen übel nehmen, sollte man keine wurzelnackten Pflanzen kaufen,

LITTLE-PRINCESS-SERIE

In den letzten Jahren hat die Inkalilien-Zucht erhebliche Fortschritte gemacht. Ein Meilenstein war die Einführung der niedrigen Sorten, die sich für Kübel und den Beetvordergrund eignen. Die Little-Princess-Serie wird weltweit wegen ihres geordneten Wuchses und der reichen Blüte in verschiedenen Farben geschätzt.

Alstroemeria Princess Angela

Alstroemeria Princess Marilene

Alstroemeria Princess Paola

Alstroemeria Princess Susana

sondern Containerpflanzen. In kalten Regionen im Frühling oder Sommer recht tief pflanzen und im Lauf des Jahres Erde nachfüllen, sodass die Krone mindestens 15 cm unter der Erde liegt, wo sie vor Frost geschützt ist. Wenn im Frühling Triebe erfrieren, treiben die Pflanzen normalerweise wieder aus und blühen normal. Zwergwüchsige Sorten, die immer beliebter werden, eignen sich gut für Kübel – einzeln oder mit anderen Arten kombiniert. Sie müssen im Winter vor Frost geschützt werden.

VERMEHRUNG Die *A.-ligtu*-Hybriden, Doctor-Salter's-Hybriden und die Arten lassen sich leicht aus Samen ziehen, die Ergebnisse sind jedoch unberechenbar. Die Samen einige Tage in warmem Wasser einweichen, das täglich gewechselt wird, und je 2 oder 3 in kleine Töpfe legen. Beim Umpflanzen die Wurzeln möglichst nicht stören. Falls nötig, können große Pflanzen im Frühling geteilt und mit der an den Wurzeln haftenden Erde wieder eingepflanzt werden.

PROBLEME Schnecken, Blattläuse und Viruskrankheiten.

A. **'Aimi'** Cremefarbene, rosa überhauchte Blüten mit goldfarbenen Flecken auf den oberen und braunen Streifen auf allen 3 inneren Blütenhüllblättern (Tepalen). ↕65 cm. Z7

A. **'Apollo'** ♀ Weiße Außentepalen mit gelber Basis. Alle 3 Innentepalen sind intensiv gelb mit weißer Spitze. ↕90 cm. Z7

A. **aurea** Aus knolligen Wurzeln erheben sich aufrechte Stängel mit bis zu

7 Seitentrieben, von denen jeder 1–3 gelbe oder orangefarbene Blüten trägt. Die beiden oberen Blütenblätter sind dunkler und rot gestreift. Später bilden sich große Kapseln, die aufplatzen und die Samen weit verstreuen. Die wüchsige bis wuchernde Pflanze bildet vor allem auf leichten Böden schnell große Horste. Sie blüht oft nur spärlich und macht meist mehr Mühe als Freude. Gedeiht in Sonne oder lichtem Schatten. Die Blüten eignen sich gut zum Schnitt. In der Blüte sieht die Pflanze attraktiv aus, die Pracht hält aber nur wenige Wochen. Aus Chile. ↕100 cm. Z6 **'Dover Orange'** Leuchtend orangefarbene Blüten mit hellerem Innentepalen. **'Lutea'** Gelb. **'Orange King'** Orange.

A. **'Blushing Bride'** Hellrosa Blüten, Außentepalen mit dunkel pinkfarbenem Mittelstreifen und grünlicher Spitze, Innentepalen mit goldenem Streifen. ↕45–60 cm. Z7

A. **brasiliensis** Dunkelrote, röhrenförmige Blüten in Gruppen von etwa 10 pro Stängel. Die Spitzen aller Tepalen sind grün gestreift und im Inneren der Blüte heller. Blüht im Spätsommer mehrere Monate lang, braucht aber feuchten Boden. Aus São Paulo (Brasilien), 1825 in Europa eingeführt. ↕65 cm. Z8

A. **'Coronet'** ♀ Rosa Blüten, Außentepalen dunkler pink mit hellen Rändern, obere Tepalen überwiegend goldgelb mit rosa Spitzen. ↕100 cm. Z7

RECHTS 1 *Alstroemeria* 'Apollo' **2** *A. aurea* **3** *A. aurea* 'Lutea' **4** *A.* 'Blushing Bride' **5** *A.* 'Coronet' **6** *A.* 'Evening Song'

GESUNDER WETTBEWERB

ALSTROEMERIA AUREA mag für manche Zwecke etwas zu wüchsig sein, hat aber eine prächtige Färbung und sieht zusammen mit scharlachroten Montbretien außerordentlich eindrucksvoll aus. Beide Pflanzen eignen sich gut zum Schnitt. Inkalilien und Montbretien neigen dazu, sich auszubreiten und wachsen mit der Zeit ineinander, brauchen aber nahrhaften Mulch, damit sie trotz der Konkurrenz gut gedeihen. In sicherer Entfernung im Hintergrund steht hier *Stipa gigantea*, deren blassgoldene Halme über den Blüten in Feuerfarben tanzen.

A. 'Dayspring Delight' Blätter mit cremefarbenen Rändern, die verblassen, wenn sich die orangefarbenen Blüten öffnen. ↕ 75 cm. Z7

A. Diana, Princess of Wales (Princess-Serie) Helle Blüten, Außentepalen weiß mit hellrosa Basis und grünen Spitzen. ↕ 100 cm. Z7

A. Doctor-Salter's-Hybriden Aus Samen gezogene Pflanzen mit Blüten in verschiedenen kräftigen und zarten Farben. Ähneln den *A.-ligtu*-Hybriden, sind aber niedriger und haben einen geordneteren Wuchs. ↕ 70 cm. Z7

A. 'Dusty Rose' Wüchsige amerikanische Selektion mit Blüten in dunklem bis hellem Rosa, Lachs, Korallenrot oder Rosarot. Die genaue Färbung hängt vom sommerlichen Klima ab. ↕ 80 cm. Z7

A. 'Evening Song' Ungewöhnlich kleine burgunderrote Blüten mit winzigem, gelbem Fleck auf den oberen Außentepalen. ↕ 60 cm. Z7

A. 'Flaming Star' Leuchtend orange, mit helleren oberen Tepalen. Bronzefarbene Knospen öffnen sich zu rundlichen Blüten ↕ 70 cm. Z7

A. 'Friendship' ♛ Zartgelb, Außentepalen rosa überhaucht und mit grünen Spitzen. Die Innentepalen sind kräftiger gelb mit dunklen Streifen. ↕ 90 cm. Z7

A. 'Golden Delight' Goldgelbe Blüten mit kräftiger gefärbten oberen Tepalen. ↕ 90 cm. Z7

A. Golden Jubilee Lily (Little-Princess-Serie) Leuchtend korallenrote Blüten, obere Tepalen gelb mit orangefarbenen Spitzen und gleichmäßigen dunklen Streifen. ↕ 30 cm. Z7

A. 'Inca Adore' (Inca-Serie) Gelbe Blüten mit dunkel-orangefarbenen »Daumenabdrücken« auf den Außentepalen. Innentepalen mit kurzen breiten Streifen. ↕ 45 cm. Z7

A. 'Inca Glow' (Inca-Serie) Bläulich rosa, mit deutlich zweilappigen Außentepalen. Innentepalen mit gelber Zone und einigen Streifen. ↕ 45 cm. Z7

A. 'Inca Ice' (Inca-Serie) Hellrosa oder weiße Blüten mit einigen dunklen Streifen und gelblicher oder rosa Mitte. ↕ 45 cm. Z7

A. 'Inca Moonlight' (Inca-Serie) Relativ schmale Tepalen in Creme- und Orangetönen mit dunklerer Mitte. ↕ 45 cm. Z7

A. 'Inca Obsession' (Inca-Serie) Außentepalen rosarot mit dunkel-pinkfarbenem »Daumenabdruck«. Schmale Innentepalen, die beiden oberen haben einen hellgelben Bereich in der Mitte. ↕ 45 cm. Z7

A. Inca-Serie Diese Inkalilien mittlerer Höhe wurden von Könst Alstroemeria of Holland gezüchtet. Viele haben exotische, fast bizarre Blüten mit ungewöhnlicher Zeichnung, was auf die Verwendung von vielen verschiedenen Arten zur Zucht hindeutet. Während die meisten Serien wegen ihrer breiten Tepalen und der geringen Höhe selektiert wurden, zeigt diese ein breites Spektrum an Formen und Mustern.

A. 'Inca Serin' (Inca-Serie) Hellapricot und gelb, mit einigen Streifen auf den oberen Tepalen. ↕ 45 cm. Z7

A. 'Inca Tropic' (Inca-Serie) Äußere Tepalen orange mit gelben und roten Flecken. Alle 3 Innentepalen leuchtend gelb mit dunkelbraunen Streifen und orangefarbenen Spitzen. ↕ 45 cm. Z7

A.-ligtu-Hybriden Aus Samen gezogene Pflanzen mit Blüten in zartem Rosa, Korallenrot und Orange im Frühsommer. Die Farbverteilung ist unausgewogen und unberechenbar. Die Blüten sind attraktiv und erscheinen in großer Zahl, halten aber nicht lange. Leicht aus Samen zu ziehen, blüht bereits im ersten Standjahr. Trotz ihrer Beliebtheit werden sie wegen ihrer kurzen Blütezeit und des brüchigen Laubs in der modernen Zucht, die ursprünglich der Schnittblumenproduktion diente, nicht verwendet. Gezüchtet aus *A. ligtu* und *A. haemantha*. ↕ 90–120 cm. Z7

A. 'Little Eleanor' Hellgelbe Außentepalen mit etwas Rosa, kräftig gelbe Innentepalen. ↕ 20 cm. Z7

A. 'Little Miss Christina' (Little-Miss-Serie) Rosa Knospen öffnen sich zu cremeweißen Blüten. Obere Tepalen cremeweiß überhaucht mit gelben Spitzen. ↕ 15 cm. Z7

A. 'Little Miss Gloria' (Little-Miss-Serie) Dunkelrot, obere Tepalen mit gelber Basis. ↕ 20 cm. Z7

A. 'Little Miss Isabel' (Little-Miss-Serie) Karminrot. Alle 3 Innentepalen mit gelber Basis. Breite Außentepalen mit Streifenzeichnung am Rand. ↕ 20 cm. Z7

A. 'Little Miss Matilda' (Little-Miss-Serie) Weiße Blüten. Große Innentepalen, meist gelblich mit weißen Spitzen. Einige Streifen auf den Außentepalen. ↕ 20 cm. Z7

A. 'Little Miss Natalie' (Little-Miss-Serie) Cremeweiß mit rosa Flecken. ↕ 20 cm. Z7

A. 'Little Miss Rosanna' (Little-Miss-Serie) Violettrosa mit dunkleren Streifen auf allen Innentepalen und einer gelben Zone auf den beiden oberen. ↕ 20 cm. Z7

A. 'Little Miss Roselind' (Little-Miss-Serie) Kräftig pink, mit gelben Flecken und dunklen Streifen auf allen 3 Innentepalen. ↕ 15 cm. Z7

A. Little-Miss-Serie Ungewöhnlich niedrige Pflanzen mit großen, runden Blüten ab Juli oder August. Wegen der geringen Höhe von 10–25 cm ideal für Töpfe und Kübel. Viele haben kontrastfarbige Flecken auf den Innentepalen und dunklere Streifen auf den Außentepalen. Diese Merkmale sind bei der Art und den früheren Hybriden kaum zu finden.

A. 'Little Miss Sophie' (Little-Miss-Serie) Rosa Knospen öffnen sich zu rosa-weißen Blüten, obere Tepalen mit gelber Basis. ↕ 15 cm. Z7

A. 'Little Miss Tara' (Little-Miss-Serie) Sehr große Blüten in rötlichem Pink. Obere Tepalen mit gelber Basis. ↕ 15 cm. Z7

A. 'Little Miss Veronica' (Little-Miss-Serie) Blüht früher als die meisten anderen Formen. Blüten cremeweiß oder weiß, vor allem in der Mitte rosa überhaucht. Etwas Gelb auf den Innentepalen. ↕ 25 cm. Z7

A. Little-Princess-Serie Kompakte Ergänzung der Princess-Serie mit geordnetem Wuchs und vielen verschiedenen Farben und Farbkombinationen. Neuere Sorten blühen zunehmend reicher. Gut für Beetvordergrund und Kübel, bei Pflanzung im Kübel ist jedoch Winterschutz notwendig (siehe *Little-Princess-Serie*, S. 51). ↕ 10–30 cm. Z7

A. 'Moulin Rouge' Leuchtend orangerot. Obere Tepalen mit kräftig gelbem

»Daumenabdruck« und mahagonibraunen Fransen. Einige wenige Fransen auch an den anderen Tepalen. ‡ 100–120 cm. Z7

A. 'Orange Gem' Rundliche, orangefarbene Blüten mit helleren oberen Tepalen öffnen sich aus bronzefarbenen Knospen. ‡ 70 cm. Z7

A. 'Orange Glory' ♀ Dunkel-orangefarbene Blüten mit leuchtend gelber Zeichnung auf den oberen Tepalen. ‡ 90 cm. Z7

A. 'Pacific Sunset' Ungewöhnlich wüchsig. Blüten in Rot, Rosa oder Gelb mit dunklen Streifen auf den oberen Tepalen. Namensgeber für eine Reihe unberechenbarer, aus Samen gezogener Pflanzen in verschiedenen Farben und Höhen. ‡ 70 cm.

A. 'Phoenix' Dunkelrote Blüten. Blätter panaschiert, weiß gerändert und oft rosa überhaucht. Vermutlich ein Sport von 'Evening Song'. ‡ 65 cm. Z7

A. Princess Aiko ('Zabriko') (Little-Princess-Serie) Leuchtend pink mit helleren Rändern. Außentepalen mit gelber Basis. Gezüchtet für den japanischen Markt, jetzt aber weltweit beliebt. ‡ 20 cm. Z7

A. Princess Angela ('Staprilan') (Little-Princess-Serie) Gelblich apricot mit helleren Außentepalen. Zugespitzte Streifen in Flieder und Weiß auf allen Blütenblättern. ‡ 30 cm. Z7

A. Princess Daniela ('Stapridani') (Little-Princess-Serie) Blüten in Creme und Hellgelb mit hübschen Streifen auf den Innentepalen. ‡ 20 cm. Z7

A. Princess Isabella (Little-Princess-Serie) Große, kräftig orangefarbene Blüten öffnen sich aus dunkleren Knospen. Obere Tepalen mit gelber Basis. ‡ 30 cm. Z7

A. Princess Ivana ('Stapriravane') (Little-Princess-Serie) Früh blühend. Dunkel-purpurviolette Blüten, obere Tepalen mit gelber Basis. ‡ 30 cm. Z7

A. Princess Leyla ('Stapriley') (Little-Princess-Serie) Dunkel-pflaumenfarbene Blüten, obere Tepalen mit gelber Basis. ‡ 25 cm. Z7

A. Princess Marie-Louise ('Zelanon') (Princess-Serie) Lilarosa Blüten mit dunklen Streifen auf Innen- und Außentepalen und leichter Gelbzeichnung. ‡ 60 cm. Z7

A. Princess Marilene ('Staprilene') (Little-Princess-Serie) Cremeweiße Blüten, in der Mitte etwas gelblicher. Obere Tepalen mit gelber Basis und einigen dunklen Streifen. ‡ 25 cm. Z7

A. Princess Monica ('Staprimon') (Little-Princess-Serie) Cremegelbe, golden überhauchte Blüten. Dunkle Streifen auf allen 3 Innentepalen. Außentepalen violett überhaucht. ‡ 20 cm. Z7

A. Princess Paola ('Stapripal') (Little-Princess-Serie) Leuchtende, zweifarbige

Blüten. Außentepalen weiß, mit dunkelpinkfarbenem Mittelstreifen, obere Tepalen gelb. ‡ 25 cm. Z7

A. Princess Phoebe ('Stayelor') (Princess-Serie) Zweifarbige Blüten. Gelbe Außentepalen mit bräunlich orangefarbener Spitze. Obere Tepalen mit gelber Basis. ‡ 90 cm. Z7

A. Princess Sara ('Staprisara') (Little-Princess-Serie) Leuchtend zweifarbige Blüten in Goldgelb mit rosa Streifen auf den Außentepalen. ‡ 20 cm. Z7

A. Princess Sarah ('Stalicamp') (Princess-Serie) Kräftig zitronengelbe Blüten mit dunklen Streifen auf den Innentepalen. ‡ 100 cm. Z7

A. Princess-Serie Als Schnittblumen von Van Staaveren in Holland gezüchtet, aber auch als Gartenpflanzen meist gut geeignet. Die Wuchskraft wurde verbessert, die Blühperiode ist lang: Ab Juni bis in den November und in milden Lagen noch länger erscheinen immer neue Blüten. ‡ 75–100 cm.

A. Princess Sissi ('Staprisis') (Little-Princess-Serie) Kräftig rosa Blüten. Außentepalen mit hellem Rand. Obere Tepalen mit gelbem, weiß gerändertem Streifen. ‡ 20 cm. Z7

A. Princess Stephanie ('Stapirag') (Little-Princess-Serie) Auffällige Blüten. Hellrosa Außentepalen mit dunkler rosa »Daumenabdruck«. Obere Tepalen mit gelber Basis. ‡ 30 cm. Z7

A. Princess Susana ('Staprisusa') (Little-Princess-Serie) Elfenbeinweiße Blüten. Außentepalen mit hellrosa »Daumenabdruck«. Alle 3 Innentepalen hellgelb überhaucht. ‡ 25 cm. Z7

A. Princess Victoria ('Regina') (Princess-Serie) Kräftig rosa mit dunklerem »Daumenabdruck« auf den Außentepalen. Obere Tepalen mit gelber Basis. ‡ 100 cm. Z7

A. Princess Zavina ('Staprivina') (Little-Princess-Serie) Leuchtende Kombination aus Rosa und Orange mit gelber Zeichnung auf den oberen Tepalen. ‡ 22 cm. Z7

A. psittacina syn. *A. pulchella* Violett geflecktte Stängel tragen verzweigte Gruppen aus 6–15 dunkelroten Blüten mit grün-weiß gestreiften Spitzen – optisch eine ungewöhnliche Mischung aus Rot und Grün. Blüht im Hoch- und Spätsommer und bevorzugt einen feuchten Standort. Verträgt etwas Schatten. Anfällig für Viruskrankheiten. Aus Brasilien. ‡ 90 cm. Z7 **'Mona Lisa'** Karminrote Blüten mit grünweißen Spitzen und dunklen Streifen auf kürzeren Stängeln. ‡ 65 cm. **'Royal Star'** syn. 'Variegata' Blätter mit unregelmäßigen, cremefarbenen Rändern. ‡ 80 cm.

A. pulchella siehe *A. psittacina*

A. 'Purple Rain' Sehr große Blüten in violettstichigem Rot. Obere Tepalen mit gelber Basis. ‡ 70 cm. Z7

A. Queen Elizabeth, The Queen Mother ('Stamoli') (Little-Princess-Serie) Weiße, rosa überhauchten Blüten. ‡ 35 cm. Z7

A. 'Red Beauty' Blüten in dunklen Rot- und Orangetönen mit gelber Zone auf dem unteren Teil der oberen Tepalen und auffallenden dunklen Streifen. ‡ 90 cm. Z7

A. 'Red Elf' Kompakte Pflanzen mit leuchtend roten Blüten. ‡ 65 cm. Z7

A. 'Selina' Hellrosa Blüten, Spitzen der Außentepalen dunkler getönt. Alle 3 Innentepalen mit hellgelber Zone und dunklen Streifen. ‡ 65 cm. Z7

A. 'Spitfire' Dunkel-orangefarbene Blüten. Panaschierter Sport von 'Red Beauty'. ‡ 90 cm. Z7

A. 'Spring Delight' Apricot-rosa Blüten im Frühsommer, cremeweiß geränderte Blätter. Gedeiht am besten im lichten Schatten. ‡ 60 cm. Z7

A. 'Sweet Laura' Leuchtend gelbe Blüten, Innentepalen mit dunklen Streifen. Ungewöhnlich frosttolerant, süßer Duft. Eine Hybride von *A. caryophyllacea*. ‡ 75 cm. Z5

A. 'Tessa' Rubinrote Blüten, obere Innentepalen mit gold-orangefarbener Zone. ‡ 90 cm. Z7

A. 'White Apollo' Große weiße Blüten mit gelber Zeichnung auf den oberen Tepalen. ‡ 80 cm. Z7

A. 'Yellow Friendship' ♀ Große hellgelbe Blüten mit weißen Spitzen. Innentepalen kräftiger gelb mit dunklen Streifen. ‡ 90 cm. Z7

SCHRITT HALTEN

Es ist nicht leicht, mit der schnellen Einführung von *Alstroemeria*-Sorten Schritt zu halten. Jedes Jahr kommen neue auf den Markt und ältere verschwinden. Ursache dafür ist vor allem der Wettbewerb zwischen den Züchtern, denen es vor allem um langstielige Schnittblumen und niedrige Kübelpflanzen geht, wenngleich sich beide Typen auch für Beete gut eignen.

Die meisten Neueinführungen sind geschützt. Die kommerzielle Vermehrung ist nur mit Genehmigung und gegen Zahlung einer Lizenzgebühr zulässig. Fast alle neuen Inkalilien sind gute Gartenpflanzen, doch immer wieder werden bekannte Sorten vom Markt genommen, wenn neue in anderen Farben oder Farbkombinationen, mit reicherer Blüte oder längerer Haltbarkeit in der Vase entwickelt werden. Darum findet man manche schon nach einem Jahr nicht mehr in den Katalogen. Andere erleben aber nach Ablauf der Schutzfrist eine Renaissance in Gärtnereien und Gärten. Zu ihnen gehört die ausgezeichnete 'Yellow Friendship'.

ALTHAEA
Eibisch, Stockmalve
MALVACEAE

Diese robuste, verlässliche, farbenfrohe und zumeist unkomplizierte Pflanze ist für das Staudenbeet
oder den Bauerngarten gut geeignet.

Zur Gattung gehören 12 Arten,
von denen 3 winterharte Stauden
sind. Der Eibisch ist eng mit der
dekorativen Stockrose (Alcea) verwandt, seine Blüten sind aber kleiner
und gestielt.

Alle Eibisch-Arten sind wüchsig
und haben steife, relativ holzige
Triebe. Die Blätter sind oval oder
eiförmig, gelappt und dunkelgrün.
In den Blattachseln in den oberen
Bereichen der Triebe erscheinen
fortlaufend während der Sommer-
und Herbstmonate lockere Gruppen
aus Blüten mit 5 Petalen. Die Pflanze
ist auf Ackerland, Brachland, Stränden und Feuchtmarschen von Westeuropa bis Zentralasien heimisch.

KULTUR Ideal ist ein sonniger Platz
und feuchter, gut durchlässiger
Boden. Im Herbst bis zum Boden
zurückschneiden.

VERMEHRUNG Die Arten durch Aussaat in einem Saatbeet im Früh- bis
Hochsommer. Sämlinge im Herbst
an ihren endgültigen Platz pflanzen.
Sorten nur durch Teilung.

PROBLEME Rost, Blattwanzen.

A. armeniaca Aufrechte Staude mit
kräftigen, leicht behaarten Trieben und
15 cm langen dreieckigen Blättern, die
in 3–5 lanzettliche oder verkehrt eiförmige Lappen mit grob gezähntem Rand
geteilt sind. Von Juli bis September
erscheinen fortlaufend Blüten in kräftigem Rosa. Aus Südostrussland, Zentral- und Südwest-Asien. ↕ 1,2 m. Z6

A. cannabina (Hanfblättriger Eibisch)
Wüchsige, aufrechte Staude mit
behaarten, rötlichen, gefleckten Trieben
und 35 cm großen, rundlichen, beidseitig behaarten Blättern. Die Blätter
haben eine hellere Unterseite und sind
meist in 3–5 grob gezähnte, lanzettliche
Lappen geteilt. Von Juli bis September
erscheinen fortlaufend becherförmige
Blüten in kräftigem Rosa oder Flieder.
Aus Nordwest-Afrika, Südost- und
Mitteleuropa. ↕ 1,8 m. Z4

A. officinalis (Echter Eibisch) Wüchsige,
aufrechte Staude mit unverzweigten oder
leicht verzweigten Trieben und dunkel-
oder bläulich grünen, dreieckigen oder
eiförmigen Blättern, die ungeteilt oder in
3–5 flache, gezähnte Lappen geteilt sind.
Stängel und Blätter sind oft mit weichen,
hellgrauen Haaren bedeckt. Von Juli bis
September erscheinen fortlaufend an
den Triebspitzen und in den Blattachseln
Gruppen aus rosa oder fliederfarbenen
Blüten von 2,5–5 cm Länge. Die Wurzeln
produzieren einen Schleim, der früher
zur Herstellung von Süßigkeiten verwendet wurde. Heimisch auf feuchten
Standorten wie Feuchtwiesen, Bachufern
und Gräben in Südeuropa und dem
östlichen Mittelmeerraum, auch in den
östlichen USA verwildert. ↕ 1,8 m. Z3
alba Reinweiße Blüten. ↕ 90–120 cm.
'Romney Marsh' Kleinwüchsig, weiße
Blüten mit rosa Zentrum von Mai bis
September. ↕ 40 cm.

AMORPHOPHALLUS
Titanenwurz
ARACEAE

Die Titanenwurz ist eine auffällige Pflanze mit knollenartigem
Rhizom und eindrucksvoller Blüte,
meist aber unangenehmem Geruch.

Die etwa 170 Arten der Gattung
stammen aus dem tropischen
Afrika, im gemäßigten Asien und
Nordaustralien. Einige werden
kommerziell zur Nahrungsmittelproduktion angebaut. Nur wenige
Arten sind frosthart genug, um
in hiesigen Gärten zu gedeihen.
Aus den knolligen Rhizomen, die
bis 4,5 kg schwer werden können,
erhebt sich meist nur ein einziges
großes Blatt und ein Blütenstand in
der typischen Aronstab-Form. Die
meisten Arten brauchen zur Samenbildung einen Bestäubungspartner.
Im Winter stirbt die gesamte Pflanze
oberirdisch ab. Manche Arten haben
Blüten mit eigentümlichen Farben
oder Mustern und einen Geruch
nach Aas, der Fliegen anlockt. Andere riechen weniger penetrant. Als
attraktive Gartenpflanzen kann man
sie eigentlich nicht bezeichnen, dennoch sind sie bei Liebhabern und
Sammlern kurioser Pflanzen sehr
begehrt.

Nur wenige Arten dieser großen
Gattung sind für offene Gärten in
milderen Regionen geeignet. Allerdings hat die Zahl der verfügbaren
Arten in letzter Zeit zugenommen.
Die seltene tropische Titanenwurz
A. titanum hat mit über 1,8 m Höhe
und Breite den größten Blütenstand der Welt (siehe auch *Aronstabgewächse*, S.74).

KULTUR Gedeiht in lichtem Schatten
bis Sonne in nahrhaftem, feuchtem
Waldboden. Während der Winterruhe mulchen. Manche Arten pflanzt
man am besten im Kübel und hält
sie während des Winters trocken.
Im Frühling werden sie in frisches
Substrat gepflanzt. Während des
aktiven Wachstums regelmäßig mit
organischem Dünger versorgen.

VERMEHRUNG Die meisten Arten bilden Sprösslinge an den Rhizomen,
die im Herbst abgetrennt werden
können. Einige bilden kleine Bulbillen an den Blättern, die man ebenfalls einpflanzen kann.

PROBLEME Normalerweise keine –
abgesehen vom üblen Geruch
einiger Arten.

A. bulbifer Knollenpflanze von mittlerer Größe, deren einzelnes Blatt etwa
90 cm hoch wird. Es ist tief in 20 cm
große, lanzettliche oder verkehrt eiförmige Segmente geteilt und steht auf
einem grünen Stiel mit braunem oder
rosa Muster. Die attraktive, 30 cm große
Blüte ist weiß, oft rosa überhaucht, und
erinnert an eine Meeresschnecke. Sie
riecht jedoch penetrant nach Aas. An
den Kreuzungen der Hauptblattadern
bilden sich kleine Bulbillen, die nach
der Reife abgenommen und zum
Heranziehen von Jungpflanzen verwendet werden können. Gedeiht am
besten an waldähnlichen Standorten in
halb offener Lage in nahrhaftem, durchlässigem Boden. Aus Nordindien bis
Nepal. ↕ 90 cm. Z7

A. kiusianus Kleine, relativ robuste
Art mit einem einzelnen Blatt, dessen
etwa 60 cm lange Spreite aus mehreren,
schirmförmig angeordneten Einzelblättchen besteht. Der Blattstiel ist
60–88 cm lang und fleischig. Vor dem
Blatt erscheint eine hellgrüne Blüte,
deren Spatha wie eine weiß gefleckte
Blumenvase aussieht, aus der sich der
schwarze Spadix wie ein bösartiger
Speer erhebt. Eine der wenigen selbstbestäubenden Arten. Nach der Blüte
kann sich ein Stiel mit beerenartigen
Früchten bilden, die sich von Grün
über Rot und Violett verfärben und
voll ausgereift dunkelblau sind. Aus
Südjapan. ↕ 60 cm. Z6

A. konjac syn. *A. rivieri* (Konjak) Die
meistkultivierte und frostverträglichste

Art. Ein einzelnes, vielfach geteiltes Blatt von bis zu 1,8 m Höhe und 1,5 m Breite in Schirmform steht auf einem attraktiv gefleckten Stiel. Aus der glänzend dunkel-rotvioletten, bis 60 cm langen Spatha schiebt sich ein großer violetter Spadix hervor. Wird wegen der essbaren Rhizome und der daraus gewonnenen Stärke in Südostasien und Japan kommerziell kultiviert. Aus Südchina (siehe *Aronstabgewächse*, S.74). ↕ 1,8 m. Z7

A. paeoniifolius (Elefantenkartoffel) Eine häufig kultivierte Art. Der rötlich violette, hell gefleckte Spadix hat die Form einer breiten, umgekehrten, geriffelten Glocke. Er steht in einer rotbraunen, 60 cm langen, gekräuselten und zurückgeschlagenen Spatha mit verschiedenfarbigen Flecken und dunklerem Zentrum. Das einzelne Blatt von bis zu 1,8 m Höhe und 3 m Durchmesser ist in viele längliche Segmente geteilt. Die Rhizome können einen Durchmesser von über 30 cm erreichen und sind in vielen tropischen Ländern ein wichtiges Lebensmittel. Blatt und Blüte sind spektakulär. Aus Indien bis China und Nordaustralien. ↕ 1,8 m. Z7

A. rivieri siehe *A. konjac*

AMSONIA
Amsonie
APOCYNACEAE

Amsonien sind unkompliziert, die leuchtende Herbstfärbung ist ebenso wertvoll wie die zierlichen Blüten im Sommer.

Die meisten der 20 sommergrünen Arten dieser Gattung stammen aus Nordamerika, einige sind auch in Japan und Europa zu finden. Manche sind Waldbewohner, andere stammen aus Graslandschaften oder von trockenen, felsigen Standorten. 2 Arten sind als Gartenpflanzen bekannt, weitere werden allmählich verfügbar.

Aus einer deutlichen Krone erheben sich aufrechte Triebe, deren Zahl mit den Jahren zunimmt, sodass ausgewachsene Pflanzen einen buschigen Horst bilden. Im Spätfrühling und Sommer öffnen sich an den Triebspitzen dunkelblaue Knospen zu Gruppen hübscher hellblauer Blüten von etwa 1,5 cm Durchmesser. Die 5 Kronblätter münden in eine kurze Röhre. Die Blüten einiger Arten duften zart. Später entwickeln sich schlanke Früchte von bis zu 12 cm Länge. Die Blätter aller Arten sind wechselständig, unterscheiden sich aber in Form und Größe von nadelschmal über lanzettlich bis fast oval.

KULTUR Die meisten Arten gedeihen in voller Sonne und Halbschatten. Die Pflanzen bilden einen Milchsaft. Für Schnittblumen die Stängel in kochendes Wasser tauchen oder über einer Flamme ansengen.

VERMEHRUNG Aussaat oder Stecklinge. Auch Teilung ist möglich, doch ist das Zerteilen der holzigen Wurzeln ausgewachsener Pflanzen nicht einfach. Lässt man die Samen-

stände über Winter an den Pflanzen, können sie sich selbst aussäen.

PROBLEME Keine.

A. ciliata Fein strukturierte Blätter, teils nadelschmal, teils breiter. Die Blätter variieren in der Größe und können bis 1 cm breit und 4–8 cm lang sein. Normalerweise sind die Blattränder fein behaart, gelegentlich auch die Stiele. Auffallend hübsche, zartblaue Sternblüten erscheinen in dichten Gruppen über dem Laub. Schöne Herbstfärbung. Verträgt volle Sonne oder Halbschatten und benötigt einen sehr durchlässigen, nicht zu nahrhaften Boden. Toleriert Hitze und Trockenheit. Aus lichten Wäldern mit Sandsteinboden in den südöstlichen USA. ↕ 60–90 cm. Z5

A. hubrichtii Außergewöhnlich schöne Blüten, aber auch als Blattpflanze wertvoll. Bildet rundliche Polster aus Trieben mit vielen, nadelfeinen Blättern von weniger als 2 mm Breite und bis zu 8 cm Länge, die der Pflanze ein weiches, fiedriges Aussehen verleihen. Nach dem Sommerflor aus Gruppen hübscher hellblauer bis fast weißer Blüten folgt die leuchtend goldgelbe Herbstfärbung. Passt sich verschiedenen Böden an und verträgt, wenn sie etabliert ist, auch Trockenheit. 1942 entdeckt, heimisch nur in Arkansas und Oklahoma (USA), wo sie auf trockenen Felshängen wächst. ↕ 60–90 cm. Z5

A. illustris Blätter schmal zulaufend, bis 2 cm breit und 7–12 cm lang, mit glänzender, beinahe ledriger Oberfläche. Auffallende Blütenstände in mehr oder weniger pyramidenförmiger Gestalt von bis zu 15 cm Höhe mit zahlreichen hell-blauvioletten Blüten. Wächst in voller Sonne oder Halbschatten in feuchtem, gut durchlässigem Boden. Von felsigen Böschungen, Bachufern und Steppen der mittleren und südlichen USA. ↕ 70–100 cm. Z5

A. orientalis syn. *Rhazya orientalis* Die einzige aus Europa stammende Art der Gattung ist eine niedrigere Version ihrer amerikanischen Verwandten *A. tabernaemontana*. Die dünnen, matten Blätter mit heller Mittelader sind meist schmal, manchmal auch oval, 3–7 cm lang und bis zu 2 cm breit. Trägt vom Spätfrühling bis zum Spätsommer breite Blütenstände aus zahlreichen, hellgraublauen Blüten. Gedeiht am besten in voller Sonne und sehr durchlässigem Boden. Aus feuchten Grasgebieten, meist in Küstennähe, in Griechenland und der Türkei, wo die Art geschützt ist. ↕ 45–60 cm. Z6

A. tabernaemontana Eine der eher breitblättrigen Arten mit matten, papierartig dünnen Blättern in einem auffallenden Hellgrün mit blasserer Mittelader. Die Blattform ist meist oval, die Größe variiert zwischen 2–5 cm Breite und 6–14 cm Länge. Stahlblaue Blüten stehen in lockeren, leicht hängenden Gruppen von etwa 8 cm Höhe. Im Herbst färbt sich das Laub hellgelb. Gedeiht in Sonne oder Halbschatten. Robust, bevorzugt jedoch mäßig fruchtbaren, feuchten, aber

durchlässigen Boden. Manche Experten unterscheiden aufgrund der Größe, Form und Behaarung der Blätter verschiedene Varianten. Weit verbreitet in den östlichen USA in lichten Wäldern, feuchten Straßengräben und an Bachufern. ↕ 70–100 cm. Z3 **var. *salicifolia*** Schmal zulaufende, bis 2,5 cm breite, an Weidenlaub erinnernde, unbehaarte Blätter.

ANACYCLUS
Bertram, Kreisblume, Ringblume
ASTERACEAE

Für diese sonnenhungrigen und nicht ganz unkomplizierten Pflanzen sind hübsche, margeritenartige Blüten über Polstern aus fiedrigen Blättern typisch.

Die etwa 9 Arten der Gattung sommergrüner oder halbimmergrüner Pflanzen – darunter auch Einjährige – wachsen auf trockenen, sandigen, steinigen Standorten im Mittelmeerraum. 1 Art ist recht weit verbreitet. An ausladenden Trieben stehen Rosetten aus fein geteilten Blättern, die den relativ großen Blütenkörbchen einen schönen, kontrastierenden Hintergrund bieten. Die kleineren Arten eignen sich auch für die Topfkultur im Alpinhaus oder im ungeheizten Gewächshaus.

KULTUR Verträgt keine winterliche Nässe. Gedeiht am besten in relativ magerem, sehr durchlässigem, kiesigem Boden in voller Sonne.

VERMEHRUNG Aussaat. Auch durch Stecklinge im Frühsommer.

PROBLEME Keine, verträgt aber keine nassen Winter.

UNTEN *Anacyclus pyrethrum* var. *depressus*

A. pyrethrum (Römischer Bertram) Bildet lockere Matten aus mehr oder weniger immergrünen Rosetten silbriger, vielfach eingeschnittener Blätter von bis zu 12 cm Länge und kleineren Blättern an den Stängeln. Hübsche, 4–5 cm große sternförmige Blütenkörbchen in Weiß mit gelbem Auge öffnen sich von Mai bis Juli. Die violetten Unterseiten der relativ breiten Strahlen werden sichtbar, wenn sich die Blütenkörbchen bei bedecktem Wetter schließen. Die Pflanzen sind winterhart, aber kurzlebig, und sollten vor winterlichem Regen geschützt werden. Von steinigen Standorten in Südost-Spanien und Nordafrika. ↕ 10 cm. Z6 **var. *depressus*** (Marokko-Bertram) Kompakter, mit karminroten Strahlen-Unterseiten. Aus dem marokkanischen Atlasgebirge. ↕ 5 cm. **var. *depressus* 'Garden Gnome'** Reich blühende, kompakte Sorte.

ANAPHALIS
Perlkörbchen, Silberimmortelle
ASTERACEAE

Diese unkomplizierten, attraktiven Pflanzen tragen silbriges Laub und Gruppen papierartiger Blütenkörbchen, die nicht welken.

Die etwa 100 krautigen Arten der Gattung, darunter manche hoch und aufrecht, andere klein und Polster bildend, wachsen auf der nördlichen Halbkugel in Graslandschaften, trockenen Wäldern, auf Gebirgswiesen und Geröll. Die Form der auffallend weiß wollig behaarten Blätter reicht von schmal lanzettlich bis elliptisch, manchmal auch oval oder zur Spitze verbreitert. Die zahlreichen kleinen Blütenkörbchen bestehen aus fruchtbaren Röhrenblüten im Zentrum und einem Kranz aus papierartigen Brakteen. Schön für Beete in Weiß und Silber, auch für Schnitt und Trockenfloristik sehr gut geeignet. Dies ist eine der wenigen Gruppen silberlaubiger Pflanzen, die in feuchtem Boden gedeihen.

KULTUR Bevorzugt einen sonnigen Standort mit gut durchlässigem Boden, der im Sommer nicht austrocknet. Gedeiht auch im Schatten einer Mauer in feuchtem Boden, verträgt aber keinen tiefen Schatten.

VERMEHRUNG Durch Teilung im zeitigen Frühling oder durch Stecklinge im Frühsommer.

PROBLEME Keine.

A. margaritacea (Perlkörbchen) Breitet sich durch Rhizome aus und bildet große Polster. In freier Natur werden die aufrechten behaarten Triebe etwa 20 cm hoch, in Gärten jedoch deutlich höher. Die 15 cm langen Blätter sind linealisch und schmal lanzettlich, haben normalerweise 3 Adern und abwärts gebogene Ränder, eine grüne Oberseite und eine weiß behaarte Unterseite. Von Juli bis September erscheinen die Blütenkörbchen mit den papierartigen weißen Brakteen. Blütenkörbchen mit überwiegend männlichen oder vorwiegend weiblichen Teilen stehen

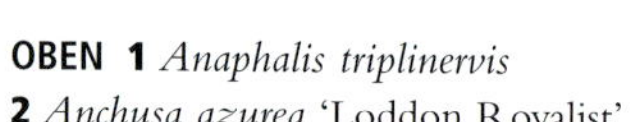

OBEN **1** *Anaphalis triplinervis*
2 *Anchusa azurea* 'Loddon Royalist'

an separaten Pflanzen. Benötigt einen sonnigen Standort mit durchlässigem Boden, der im Sommer nicht austrocknet. Gegen Ende der Saison sehen die Pflanzen oft unordentlich aus und müssen gestützt werden. Von Sanddünen, Seeufern, Trockenwiesen und Berghängen vom nördlichen Nordamerika über Mitteleuropa bis zum Himalaja. ‡ 60–90 cm. Z3 **var. cinnamomea** Blattunterseiten dicht mit wolligen, grauweißen oder zimtfarbenen Härchen besetzt. Aus Indien und Burma. ‡ 60 cm. **'Neuschnee'** (New Snow) Silbrig weiße Blüten. Niedrig. ‡ 40 cm. **var. yedoensis** ♀ syn. *A. yedoensis* Kürzere, bis 6 cm lange Blätter mit wolliger Behaarung und einer einzelnen Ader. Perlweiße Brakteen mit gelb-bräunlicher Basis. Aus Japan.

A. triplinervis Attraktive Pflanze mit behaarten Trieben, an deren Basis zahlreiche dunkelgrüne, bis 10 cm lange Blätter mit 3–5 Adern stehen. Die Blattunterseiten sind stark behaart, die Oberseiten schwächer. 1 cm große Blütenkörbchen mit papierartigen, weißen Hochblättern erscheinen in kuppelförmigen Gruppen. Verträgt keine Trockenheit und bevorzugt einen sonnigen oder teilschattigen Platz mit gut durchlässigem Boden, der im Sommer nicht austrocknet. Gute Schnittblume. Von Wiesen und Waldlichtungen von Afghanistan bis Südwest-China. ‡ 90 cm. Z5 **'Sommerschnee'** (Summersnow) ♀ Kleiner, mit silbrig weiß schimmernden Brakteen. ‡ 50 cm.

A. yedoensis siehe *A. margaritacea* var. *yedoensis*

ANCHUSA
Ochsenzunge, Wolfsauge
BORAGINACEAE

Blüten in strahlenden Blautönen zeichnen diese derben Sonnenpflanzen aus.

Zur Gattung gehören etwa 35 Arten sommergrüner ein- und zweijähriger Pflanzen sowie einiger meist kurzlebiger Stauden. Sie wachsen an trockenen, sonnigen Standorten wie Straßenrändern und Graslandschaften Europas, Westasiens und Afrikas. Es sind zumeist aufrechte, borstige Pflanzen mit Basalrosetten aus schmal lanzettlichen bis elliptischen, grob behaarten Blättern und borstigen Stängeln mit wechselständigen Blättern. Die endständigen Blütenstände bestehen aus röhrenoder trichterförmigen, fünflappigen Blüten, die sich ähnlich wie die Blütenstände von Vergissmeinnicht entrollen. Die zumeist blauen Blüten locken Bienen an und beleben Staudenbeete oder gemischte Pflanzungen. Die Pflanzen enthalten das giftige Alkaloid Cynoglossin. ⚠

KULTUR Am besten in voller Sonne und gut durchlässigem, mäßig fruchtbarem Boden. Schatten und Staunässe vertragen sie nicht. Die Wurzeln sollten ungestört bleiben, daher die Pflanzen nicht umpflanzen. Hohe Arten und Sorten wie *A. azurea* sollten gestützt und in Abständen von einigen Jahren durch Teilung verjüngt werden. Ein Rückschnitt nach der Blüte fördert die Bildung von Basalrosetten.

VERMEHRUNG Durch Aussaat im Frühling, durch Teilung (nur Pflanzen mit mehreren Basalrosetten) oder Wurzelstecklinge im Winter. Einige Arten können im Frühling durch Stecklinge von der Triebbasis vermehrt werden.

PROBLEME Mehltau, Gurkenmosaikvirus. Einige Arten säen sich aggressiv selbst aus.

A. angustissima siehe *A. leptophylla* subsp. *incana*

A. azurea syn. *A. italica* (Italienische Ochsenzunge) Robuste, Gruppen bildende, borstige Pflanze mit aufrechten, verzweigten Trieben und Rosetten aus lanzettlichen oder schmal elliptischen Blättern von 10–40 cm Länge mit steifer Behaarung. Im Sommer erscheinen Scheindolden mit enzianblauen Blüten von je 1,5 cm Größe. Eine beliebte Beetpflanze, die am besten in voller Sonne in relativ nahrhaftem, gut durchlässigem Boden gedeiht. Die Pflanzen sind recht kurzlebig und sollten in Abständen von wenigen Jahren durch Teilung verjüngt werden. Die selten kultivierte Wildart sowie 'Feltham Pride' können durch Samen vermehrt werden. Andere Sorten sind bei Aussaat unbeständig und sollten durch Wurzelstecklinge oder Teilung vermehrt werden. Wächst wild in Südeuropa, Westasien, dem Kaukasus und Nordafrika und ist seit 1914 in Cornwall verwildert. ‡ 90–150 cm. Z4 **'Dropmore'** Kräftig dunkelblaue Blüten. Die älteste bekannte Sorte, 1905 eingeführt. ‡ 1,5–1,8 m. **'Feltham Pride'** Leuchtend klarblaue Blüten. Kompakte Pflanze. ‡ 90 cm. **'Little John'** Dunkelblaue Blüten. Langlebige Zwergform. ‡ bis 45 cm. **'Loddon Royalist'** ♀ Leuchtend enzianblaue Blüten, kräftige Pflanzen. ‡ 90 cm. **'Opal'** Hellblaue Blüten. ‡ 90–120 cm.

A. italica siehe *A. azurea*.

A. leptophylla* subsp. *incana syn. *A. angustissima* Büschelige, weich behaarte Pflanze mit harten, verzweigten Trieben und Rosetten aus bis 11 cm langen, schmal lanzettlichen Blättern. Flache enzianblaue Blüten mit weißem Schlund erscheinen in dichten, einseitigen Gruppen vom Spätfrühling bis zum Hochsommer und gelegentlich nochmals im Herbst. Wird teilweise fälschlich als *A. caespitosa* verkauft. Braucht volle Sonne und nahrhaften, gut durchlässigen Boden. Gut für einen Steingarten oder den Beetvordergrund. Vermehrung durch Basaltrieb-Stecklinge im Frühling oder durch Aussaat in sandhaltiges Substrat. Endemisch in der Türkei. ‡ 30–40 cm, gelegentlich bis 70 cm. Z7

A. sempervirens siehe *Pentaglottis sempervirens*

ANDROPOGON
Gambagras
POACEAE

Das stattliche, robuste Gras zeigt eine attraktive Herbstfärbung und stirbt im Winter ab.

Die über 150 Arten sind in den tropischen Savannen, gemäßigten Hochländern und der Prärie Nordamerikas zu finden, jedoch nur wenige in Gärten. Im Spätsommer erheben sich hohe Halme mit ungewöhnlichen, fingerartigen Blütenständen aus normalerweise 2 »Fingern« mit vorstehender, seidig-weißer Behaarung. Verträgt Trockenheit und wird bei feuchteren Bedingungen hoch und unangenehm wüchsig.

KULTUR An einem heißen, trockenen Standort mit unfruchtbarem Boden ist die Pflanze leichter zu bändigen. Abgestorbenes Laub im zeitigen Frühling zurückschneiden.

VERMEHRUNG Durch Teilung im Spätfrühling.

PROBLEME Keine.

A. gerardii (Gambagras) Ein stattliches, langlebiges Gras von der amerikanischen Prärie, wo man es den »König der Gräser« nennt. Es hat ein farbenprächtiges Laub und ungewöhnliche Blütenstände. Wuchs hoch und aufrecht mit langsam kriechendem Wurzelsystem. 9 mm breite Blätter stehen senkrecht und kippen an den Spitzen fontänenartig. Darüber erheben sich im Spätsommer blaugraue, violett gezeichnete Halme, mit dreifingrigen Blütenständen, diese tragen vorstehende, seidig-weiße Haare. An heißen, feuchten Standorten kann es sehr hoch werden. In kühlerem Klima wird es etwa 1,2 m hoch. Wird hauptsächlich wegen des blaugrünen üppigen Laubs kultiviert, das sich im Herbst in Orange und Bronzefarben zeigt. Gut als Solitärpflanze oder in einem Gräserbeet. An einen unfruchtbaren, sonnigen, trockenen Standort pflanzen. Aus den USA mit Ausnahme der Staaten im äußersten Westen. ‡ 1–3 m. Z4

ANEMANTHELE
POACEAE

Das schön gefärbte Laub und die luftigen Blütenfontänen machen dieses stattliche Gras zu einem Blickfang.

Die Gattung umfasst nur eine Art. Früher wurde das Gras anderen Gattungen wie *Calamagrostis*, *Oryzopsis*, *Piptatherum* und *Stipa* zugeordnet, doch zeigte die Blüte genügend kleine Unterschiede, sodass es um 1985 als eigenständige Gattung *Anemanthele* benannt wurde. Es ist von Meeresniveau bis zu Gebirgshöhen in Wäldern, an Waldrändern, Strauchlandschaften und feuchten Felsspalten und felsigen Klippen Neuseelands zu finden.

KULTUR Gut durchlässiger, nahrhafter Boden mit gutem Wasserhaltevermögen in Sonne oder Halbschatten.

VERMEHRUNG Durch Teilung oder Aussaat im Spätfrühling.

PROBLEME Keine. Abgestorbene Blätter im Frühling und Sommer auskämmen.

A. lessoniana syn. *Stipa arundinacea* Halbimmergrüne, langsam größer werdende Horste aus überhängenden, flachen, grünen Blättern von 6 mm Breite, die sich vom Spätsommer durch den Herbst und Winter bis ins Frühjahr leuchtend orange, gelb und rot färben. Zur Schönheit des Laubs gesellen sich im Spätsommer luftige Blütenstände mit winzigen, bräunlich violett glänzenden Perlen, die an den Enden drahtigdünner Stiele wie weiche Wolken über dem Laub zu schweben scheinen. Sehr schön in größeren Gruppen als Einrahmung eines schattigen Bereichs, wo das Laub über Steine oder Stufen oder über den Rand eines großen Kübels »fließen« kann. Aus Neuseeland. ↕ 50 cm. Z6

A. lessingiana siehe *Stipa lessingiana*

ANEMONE
Anemone, Windröschen
RANUNCULACEAE

Anemonen sind bezaubernde Pflanzen, die im Spätwinter, Frühling, Sommer und Herbst blühen. Es sind teils niedrige Waldblumen und teils höhere, elegante Beetpflanzen, die sich für verschiedene Standorte eignen.

Die variable Gattung mit etwa 120 Arten ist in verschiedenen Lebensräumen der nördlichen Halbkugel anzutreffen, nur wenige sind weiter südlich heimisch. Die Wurzeln können faserig, knollig, verzweigt und spröde oder holzig-zäh sein. Viele Arten haben attraktives Laub, das oft gemustert oder heller überhaucht ist. Die grundständigen Blätter sind meist rundlich oder oval und oft in 3–7 Segmente geteilt, die gezähnt, gelappt oder geteilt sein können. Manche sind glatt, andere leicht behaart. Einige Arten tragen zusätzlich stängelständige Blätter, oft als Gruppe knapp unter der Blüte.

Die Länge der Stängel variiert von 7,5 cm–150 cm. Die Blüten von 1,5–7 cm Durchmesser erscheinen einzeln oder in Gruppen und sind meist schalen- oder becherförmig. Sie bestehen aus 5–20, gelegentlich auch mehr Blütenblättern in verschiedenen leuchtenden und zarten Farben.

Die Blütenblätter der Anemonen werden gelegentlich als »Tepalen« bezeichnet, weil unklar ist, ob es sich um echte Petalen (Kronblätter), um farbige Sepalen (Kelchblätter) oder um eine Mischung aus beiden handelt. In diesem Buch bezeichnen wir sie der Einfachheit halber als Petalen. Sie umgeben eine mittige Gruppe aus Staubgefäßen. Es gibt einige gefüllte Sorten sowie einige Typen mit ungewöhnlichen Anomalien. Nach der Blüte entwickeln sich zahlreiche, kleine Fruchtstände, teilweise mit dekorativen, fiedrigen Auswüchsen.

Die meisten Anemonen sind winterhart und einfach zu kultivieren. Sie lassen sich in 4 Gruppen einteilen. Frühjahrsblüher mit knolligen Wurzeln stammen von heißen, trockenen Standorten des Mittelmeerraums und brauchen während des Sommers eine trockene Ruheperiode. Auf sie wird hier nicht näher eingegangen, weil sie botanisch den Zwiebel- und Knollenpflanzen näherstehen. Anemonen mit faserigen Wurzeln stammen meist von niedrigen Almen und brauchen Sonne und gute Dränage. Wandanemonen haben spröde Rhizome und bevorzugen feuchte, waldartige Standorte. Die hohen Herbstblüher, die auch als Japananemonen bezeichnet werden, sind Klassiker im Staudenbeet.

In dieser Gruppe gibt es einige Unklarheiten. Verschiedene Arten sind einander ähnlich und werden in Gärten und Samenlisten nicht immer korrekt benannt. Auch unter den Sorten herrscht Verwirrung. Die chinesischen sowie einige der amerikanischen Arten sind noch nicht restlos erforscht. Die Wissenschaft befasst sich jedoch mit ihnen, ebenso wie mit den Herbstanemonen, deren Benennung uneinheitlich ist. Wer eine bestimmte Art oder Sorte sucht, sollte sich an eine verlässliche Gärtnerei wenden.

KULTUR Die meisten Anemonen sind anspruchslos, sofern man für die jeweiligen Standortbedingungen die richtige Art wählt. Anemonen mit faserigen Wurzeln haben unterschiedliche Bedürfnisse, die meisten bevorzugen jedoch etwas Sonne und gute Dränage. Wandanemonen gedeihen am besten in einem Gehölzgarten oder unter Sträuchern in gut durchlässigem, humusreichem Boden, der im Winter nicht staunass ist. Sie bevorzugen Halbschatten, nehmen aber keinen Schaden, wenn der Boden im Sommer austrocknet. Herbstanemonen fühlen sich in lichtem Schatten mit leicht alkalischem Boden am wohlsten. Nach der Pflanzung kann es einige Jahre dauern, bis Anemonen sich etabliert haben und kräftig wachsen.

VERMEHRUNG Möglichst durch Teilung. Pflanzen mit unterirdisch kriechenden Trieben, vor allem die Wandanemonen, bilden oft große Kolonien, die man mit einer Grabgabel anhebt, auseinanderzupft und sofort wieder in angereicherten Boden pflanzt. Herbstanemonen im Frühling teilen oder im Herbst Wurzelspitzen abnehmen und separat pflanzen. Die meisten Arten bilden Samen, doch bei Sorten fallen die Sämlinge unberechenbar aus.

PROBLEME Schnecken, gelegentlich Blattläuse und Mehltau. Bei Herbstanemonen treten gelegentlich Nematoden auf, die an kleinen, eckigen Flecken aus abgestorbenem Gewebe zwischen den Blattadern zu erkennen sind. Auf stark alkalischem Boden können die Blätter gelb werden.

A. apennina ♀ (Apenninen-Windröschen) Bildet Kolonien aus langstieligen Basalblättern mit 3 Segmenten, die vielfach geteilt, gezähnt und auf der Unterseite leicht behaart sind. Im März und April erscheinen blaue oder weiße, bis 3 cm große Blüten mit bis zu 14 länglichen Petalen. Höher als die eng verwandte *A. blanda*, die jedoch ausgeprägter knollige Wurzeln hat (die man während der Ruhezeit zum Verkauf ausgraben kann). Bildet mit der Zeit ein großes, längliches, fast schwarzes Rhizom. Am besten in Sonne oder Halbschatten in gut durchlässigem Boden. Aus Samen ziehen oder vorsichtig während der Ruhezeit teilen. Aus Korsika, ostwärts bis Griechenland. Verwildert in England, wo sie erstmals 1724 in freier Natur entdeckt wurde. ↕ 20 cm. Z6 **var. albiflora** Weiß.

RECHTS **1** *Anemone apennina* var. *albiflora* **2** *A. multifida* **3** *A. nemorosa* 'Robinsoniana'

A. baldensis (Monte-Baldo-Windröschen, Tiroler Windröschen) Gruppen bildende Pflanze mit faserigen Wurzeln. Die Pflanze entwickelt 3 Basalblätter, die an Petersilie erinnern, und eine Gruppe ähnlicher stängelständiger Blätter direkt unter den einzeln stehenden, im Sommer erscheinenden Blüten. Diese bestehen aus 8–10 Petalen, haben 4 cm Durchmesser und sind weiß, meist mit blau überhauchter Rückseite. Die Fruchtstände sind wollig. Braucht einen sonnigen Standort in feuchtem, gut durchlässigem Boden. Leider wird oft die größere und unkompliziertere *A. sylvestris* unter diesem Namen angeboten. Aussaat im Herbst. Winterliche Kälte sorgt dafür, dass die Samen im Frühling keimen. Aus Norditalien, Bosnien und Herzegowina, Kroatien, Mazedonien, Slowenien und Jugoslawien. ↕ 12 cm. Z6

A. barbulata Eine bezaubernde Art mit faserigen Wurzeln und lang gestielten, geteilten Blättern. Im Mai und Juni erscheinen deutlich über dem Laub an verzweigten Stängeln 3–4 cm große Blüten aus zahlreichen weißen Blütenblättern mit blauer Rückseite. Ähnelt der häufiger kultivierten *A. rivularis* und wurde lange für eine Variante dieser Art gehalten. Inzwischen nimmt ihre Beliebtheit zu. Aussaat unkompliziert in durchlässigem Boden mit gutem Wasserhaltevermögen in sonniger Lage. Aus China. ↕ 60 cm. Z8

A. canadensis (Kanadisches Windröschen) Robuste, unkomplizierte Waldanemone mit faserigen Wurzeln. Die lang gestielten Blätter haben 3 Lappen, die nochmals in kleinere Lappen geteilt sind. Die Blätter am Stängel sind ähnlich geformt, aber ungestielt. Alle haben behaarte Unterseiten. Die länglichen, 2,5 cm großen Blüten aus 5 weißen Petalen stehen an verzweigten Stängeln. Gut für Gehölzgärten oder Beete in Sonne oder Teilschatten, neigt aber zum Wuchern. Aus Nordamerika (Labrador bis Colorado). ↕ 60 cm. Z6

A. cylindrica Aus der faserigen Wurzel erheben sich seidig behaarte Blätter, deren 5 Lappen in schmalere Segmente geteilt sind. Die Stängelblätter sind ähnlich geformt und kurz gestielt. Im Sommer erscheinen Gruppen aus 2–6 weißlich grünen, bis 2 cm großen Blüten, aus denen sich 2–4 cm lange, stark wollige Samenstände entwickeln. Ähnelt der häufigeren *A. canadensis,* jedoch sind die kurz gestielten Blätter in schmalere Segmente geteilt und die Blüten haben einen Grünstich. Vermehrung durch Samen. Am besten in durchlässigem Boden in Sonne oder Halbschatten. Aus den westlichen USA. ↕ 60 cm. Z5

A. drummondii Sehr variable, Gruppen bildende Art mit faserigen Wurzeln und fein geteilten grünen Blättern, die silbrig schimmern. Die einzelnen Blüten auf grob behaarten Stängeln sind weiß, oft blau oder lila überhaucht. Der Fruchtstand ist rund, mit wolligen Samenhüllen. Ähnelt der europäischen *A. baldensis* und wurde oft für eine amerikanische Variante dieser Art gehalten. Manche Formen sind auch *A.*

multifida ähnlich. Vermehrung durch Samen. Braucht einen sonnigen Platz und feuchten, durchlässigen Boden. Aus dem Westen Nordamerikas. ↕ 10–20 cm. Z5

A. flaccida Aus einem schwarzen Rhizom erhebt sich ein Polster aus dichtem, gelapptem und gezähntem Laub, das bronzefarben austreibt, aber bald grün wird und eine helle Zeichnung an der Basis trägt. Im Mai erscheinen cremeweiße, 3 cm große Einzelblüten. Samen werden nur selten gebildet. Braucht Halbschatten in humusreichem Boden und verträgt keine Trockenheit im Frühling. Vermehrung durch Teilung der Rhizome während der Ruhezeit. Wächst wild in Bergwäldern Japans, Chinas und Ostrusslands. ↕ 20 cm. Z6

A. **'Guernica'** siehe *A. multifida* 'Guernica'

A. hupehensis (Herbst-Anemone) Aus einer kräftigen, verholzenden, Ausläufer bildenden Wurzel erheben sich rundliche, lang gestielte Blätter von 10–20 cm Länge, die in 3 unregelmäßig gezähnte Lappen geteilt sind. Die aufrechten Stängel tragen kleinere Blätter und zwischen August und Oktober bis zu 15 Blüten, die in Folge erscheinen. Die Blüten sind 5–6 cm groß und bestehen aus 5 fast runden Petalen, von denen 3 manchmal größer als die beiden anderen sind. Blütenfarbe ist Weiß oder verschiedene Rosatöne. Die Pflanze bevorzugt Halbschatten und gedeiht in fast allen Böden, sofern weder Staunässe noch andauernde Trockenheit drohen. Aus West- und Mittelchina. ↕ 50–100 cm. Z4 **fo. alba** Jede Blüte hat 5 weiße Petalen mit violett überhauchter Rückseite. Aus der Provinz Yunnan in Südwest-China. ↕ 50–120 cm. **'Bowles' Rose'** ♀ 6 cm große Blüten aus 5 Petalen mit gekräuselten Spitzen, die zur Blütenmitte hin etwas schmaler werden. 3 Petalen sind dunkel-rosaviolett, die beiden kleineren kräftig violett. Gezüchtet von E. A. Bowles. ↕ 60–90 cm. **'Crispa'** siehe *A. × hybrida* 'Lady Gilmour'. **'Eugenie'** Blüten mit 6 cm Durchmesser und 24 leicht eingerollten Petalen in Rotviolett. Ähnelt stark *A. × hybrida* 'Bodnant Burgundy'. ↕ 60–90 cm. **'Hadspen Abundance'** ♀ 5 cm große Blüten aus 5 mittelgroßen rosavioletten Petalen, von denen 3 deutlich kleiner und dunkler sind, so-dass die Blüten zweifarbig erscheinen. Ähnelt 'Bowles Rose', hat aber rundere Petalen. Gezüchtet von Eric Smith. ↕ 60–80 cm. **var.** *japonica* (Japanische Herbst-Anemone) Diese Form der *A. hupehensis* wurde 1843 von Robert Fortune eingeführt, nachdem er sie auf Gräbern in der Nähe von Shanghai entdeckt hatte. Sie ist die »Mutter« von zahlreichen beliebten Gartensorten. Die Blüten der Urform sind 6,5 cm groß und bestehen aus bis zu 25 rötlich violetten, relativ schmalen Petalen, die abgeflacht, gedreht oder eingerollt sein können und dadurch unregelmäßig wirken. Einige der Außenpetalen sind gelegentlich grün. Die Blätter sind kleiner als die der Art und haben lange spitze Endblättchen. Diese Varietät ist in großen

Teilen Japans verwildert. ↕ 50–100 cm. Z4 **var.** *japonica* **'Bodnant Burgundy'** Häufig gelistet, es ist aber zweifelhaft, ob die korrekte Form der Sorte noch existiert. Sie sollte etwa 10 schmale, abgeflachte Petalen in dunklem Rosa haben. Bei Pflanzen, die unter diesem Namen verkauft werden, handelt es sich meist um 'Prinz Heinrich' oder gelegentlich 'Rotkäppchen'. 'Eugenie' ist ähnlich, hat aber mehr Petalen. **var.** *japonica* **'Bressingham Glow'** Ihr Züchter, der renommierte Alan Bloom, beschreibt sie als wüchsiger und kräftiger gefärbt als 'Prinz Heinrich', doch selbst Pflanzen aus der ursprünglichen Zucht sind von 'Prinz Heinrich' nicht zu unterscheiden. **var.** *japonica* **'Pamina'** ♀ Besonders reich blühende Form mit regelmäßigen, rötlich violetten Blüten von 5 cm Durchmesser mit etwa 40 abgeflachten Petalen. Ähnelt 'Margarete', hat aber offenere Blüten. Häufig der *A. × hybrida* zugeordnet. ↕ 60–80 cm. **var.** *japonica* **'Prinz Heinrich'** (**Prince Henry**) ♀ Halbgefüllte Blüten mit bis zu 26 gerollten, unterschiedlich langen Petalen in dunklem Rosaviolett, die mit zunehmendem Alter verblassen. Oft enthalten die 6 cm großen Blüten außerdem 2 oder 3 rundliche Petalen in Grün und Violett. Wird gelegentlich als Zwergform bezeichnet und ist eventuell nur durch die Höhe von *A. hupehensis* var. *japonica* zu unterscheiden. Unter optimalen Bedingungen wird sie jedoch ebenso hoch. ↕ 50–100 cm. **var.** *japonica* **'Rotkäppchen'** 6,5 cm große Blüten mit etwa 25 rosavioletten Petalen. Auch diese Sorte ist von 'Prinz Heinrich' kaum zu unterscheiden. Die Blüten sind etwas größer, und bei gleichen Standortbedingungen wird diese Pflanze geringfügig größer. ↕ 80–120 cm. **'Praecox'** 6 cm große Blüten mit 5 (seltener bis zu 8) rundlichen, mittelgroßen Petalen in Rosa, die zur Basis hin schmaler werden. Besonders früh blühende Sorte. ↕ 60–80 cm. **'Splendens'** 6 cm große Blüten mit 5 leuchtend rosavioletten Petalen, von denen 2 etwas kleiner und dunkler als die anderen sind. Vermutlich die Form, aus der 'Bowles' Rose' und 'Hadspen Abundance' selektiert wurden, jedoch mit hellen und einheitlicher geformten Petalen. ↕ 60–80 cm. **'Superba'** 5 runde Petalen in rosaviolett, hellem Rosaviolett. Die *A.*-hupehensis-Sorte mit den größten Blüten (6,5 cm), blüht jedoch weniger reich als die meisten anderen Formen. ↕ 60–80 cm.

A. × hybrida Manchmal unangenehm wüchsige Pflanze mit großen, dreilappigen Blättern. Von August bis Oktober erscheinen auf hohen Stängeln etwa 20 sterile Blüten von bis zu 8 cm Durchmesser. Sie bestehen aus 6–15 Kronblättern in Weiß oder verschiedenen Rosatönen. Ähnelt insgesamt der *A. hupehensis,* verdankt jedoch die weiße Behaarung der *A. vitifolia.* Viele Sorten der *A. × hybrida* wurden zu verschiedenen Zeiten beiden Arten zugeordnet. Diese Pflanze ist vermutlich ein Sämling, der 1848 im Garten der RHS in Chiswick, London, aufgezogen wurde aus einer Kreuzung zwischen *A. hupehensis* var. *japonica* und *A. vitifolia* entstanden ist (siehe 'Elegans').

VERMEHRUNG VON HERBSTANEMONEN

Anemone hupehensis, A. tomentosa und *A. vitifolia* produzieren fruchtbare Samen, da aber durch Insekten Kreuzbestäubungen vorkommen, sind die Sämlinge unberechenbar. Das gilt auch für Samen, die in Katalogen angeboten werden. Sorten von *A. × hybrida* haben nur einen geringen Anteil fruchtbaren Pollens, bilden aber Samen, aus denen sich sehr variable Sämlinge entwickeln.

Herbstanemonen vermehrt man am besten im Herbst durch Stecklinge der waagerechten, unterirdischen Triebe vom Rand des Ballens. 5–8 cm lange Wurzelstücke mit Knospen oder kleinen Pflänzchen bewurzeln leicht in Töpfen mit sandigem Substrat, sollten aber frostfrei stehen, bis die Pflanzen kräftig wachsen. Die Hauptwurzel kann im Frühling geteilt werden, doch die holzigen großen Wurzelteile sind unhandlich und wachsen schlecht an. Besser ist es, man wirft sie weg und verwendet nur unverholztes Material. Die Pflanzen wurzeln tief, darum kommt es durchaus vor, dass beim Teilen und Umpflanzen Wurzelreste an der ursprünglichen Stelle im Boden bleiben und wieder austreiben.

Unkompliziert in jedem guten Boden ohne Staunässe in Sonne oder lichtem Schatten. ↕ 1,2–1,5 m. Z4 **'Alba'** Falsche Bezeichnung für 'Honorine Jobert'. **'Andrea Atkinson'** 6,5 cm große Blüten aus 10 weißen Kronblättern mit rosa-grüner Rückseite. Von 'Honorine Jobert' nicht zu unterscheiden und keine Verbesserung dieser Sorte. ↕ 50–120 cm. **'Elegans'** ♀ 7 cm große Blüten aus 10–15 hell-rosavioletten Kronblättern. Die äußeren sind breit und überlappend, die inneren schmaler, oft gedreht und verzerrt. Produziert nur wenig Pollen. Dies ist die akzeptierte Version der ursprünglichen Kreuzung, die allgemein als Herbstanemone oder Japananemone erkannt wird. ↕ 75–120 cm. **'Géante des Blanches'** syn. 'White Queen' Eine umstrittene Pflanze mit 7 cm großen Blüten aus bis zu 24 breiten, reinweißen Kronblättern mit leicht gekräuselten Rändern. Breite Blätter, deren 2 Basalblättchen einander überlappen. Ähnelt in Blatt- und Blütenform 'Königen Charlotte' und 'Loreley', hat aber reinweiße Blüten. Leider wird die Pflanze selten unter diesem Namen angeboten. Halbgefüllte, weiß blühende Formen ähneln entweder 'Honorine Jobert' oder haben eine größere Zahl schmaler, gedrehter Kronblätter wie 'Whirlwind'. Der korrekte Name könnte 'Géante Blanche' lauten. ↕ 100–130 cm. **'Honorine Jobert'** 7 cm große Blüten aus bis zu 11 schneeweißen Kronblättern. Die äußeren Kronblätter sind breit und überlappend, die inneren schmaler und oft gedreht oder verzerrt. Identisch mit 'Elegans', wird oft als 'Alba' verkauft. ↕ 50–120 cm. **'Königen Charlotte'** (**Queen Charlotte**) ♀ syn. 'Königen Charlotte of Wurtemburg' 8 cm große Blüten mit bis zu 20 breiten, überlappenden Petalen in kräftigem, klarem

Rosa. Die unteren Segmente der großen Blätter überlappen einander an der Basis. Eine der schöneren Formen, die aber wegen der schweren Blüten oft gestützt werden muss. ↕ 80–125 cm. **'Lady Gilmour'** syn. *A. hupehensis* 'Crispa' Eine ungewöhnliche Pflanze, deren junge Blätter sehr stark gewellte und gekräuselte Ränder haben. Die 6,5 cm großen, unregelmäßigen Blüten tragen 12 schmale, meist leicht gedrehte Petalen. ↕ 60–100 cm. **'Loreley'** 7,5 cm große Blüten mit 20 breiten, überlappenden Petalen in zartem Rosa und gefransten Rändern. Ähnelt 'Königen Charlotte', jedoch mit überlappenden Blattbasen. Einige Formen sind fälschlich unter diesem Namen im Umlauf, darunter weiße mit gedrehten Petalen und andere, die eine rosa Form von 'Whirlwind' sein könnten. ↕ 60–120 cm. **'Luise Uhink'** Eine verwirrende Sorte. Sollte über 20 reinweiße Petalen mit leicht gekräuselten Rändern haben. Bei Pflanzen, die unter diesem Namen verkauft werden, handelt es sich meist um 'Honorine Jobert' oder 'Whirlwind'. 1919 eingeführt und heute eventuell verloren. Möglicherweise ist dies auch der korrekte Namen einer Pflanze, die heute als 'Géante des Blanches' angeboten wird. ↕ 1–1,3 m. **'Margarete'** Gleichmäßige, annähernd gefüllte, 5,5 cm große Blüten mit bis zu 50 abgeflachten Kronblättern in kräftigem Rosa. Bis vor kurzem wurde unter diesem Namen die bessere Sorte 'Monterosa' mit größeren Blüten angeboten. ↕ 70–90 cm. **'Monterosa'** Eine der besten Formen mit 8 cm großen Blüten aus bis zu 40 gerollten und gedrehten Petalen in zartem Rosarot. Die beiden unteren Segmente der Basalblätter überlappen einander an der Basis. Muss wegen der schweren Blüten oft gestützt werden. ↕ 80–125 cm. **Queen Charlotte** siehe 'Königen Charlotte'. **'Richard Ahrens'** Trägt früh 7 cm große Blüten aus 5 Petalen in sehr hellem Cremerosa. Die beiden seitlichen Segmente der Hauptblätter überlappen einander an der Basis oft. ↕ 80–100 cm. **'Robustissima'** 5 cm große Blüten aus 5 dunkelrosa Petalen stehen auf rötlichen Stielen. Die Blätter sind stark gelappt. Ähnelt *A. tomentosa* stark und wird gelegentlich als deren Sorte angesehen. Es gibt viele Formen – vermutlich Sämlinge – mit schwächerer Färbung und kleineren Blüten. ↕ 80–120 cm. **'Rosenschale'** Unregelmäßig geformte Blüten mit bis zu 7 ungleichmäßig großen Petalen in Rosarot, die an den Spitzen verbreitert und gefranst und an der Basis schmaler sind. Gelegentlich findet man unter diesen Namen Pflanzen in hellerem Rosa mit dunkleren Tupfen. ↕ 60–100 cm. **'September Charm'** ♀ 6–8 cm große Blüten aus 5 rundlichen Petalen in dunkler überhauchtem Rosa. 2 Petalen sind etwas kleiner und dunkler. Stark behaarte Blattunterseiten. Einige Pflanzen mit diesem Namen haben rundere Petalen in einheitlicherem Hellrosa. Eingeführt, ebenso wie die koreanischen Chrysanthemen, von den Bristol Nurseries, Connecticut. ↕ 80–

100 cm. **'Serenade'** Halbgefüllte, 5,5 cm große Blüten mit 14 schmalen Petalen in zartem Rosarot, die sich zur Blütenmitte hin verjüngen. ↕ 1 m. **'Whirlwind'** (**Tourbillon**) Unregelmäßige, 6 cm große Blüten mit bis zu 25 weißen, schmalen, gerollten Petalen. Einige Petalen des äußeren Kranzes sind grün. Es scheint verschiedene Bestände der Sorte zu geben, von denen einer wüchsiger ist als die übrigen. Diesem gehören wahrscheinlich die meisten Sorten mit gefüllten weißen Blüten an, auch wenn sie unter anderen Namen vertrieben werden. ↕ 60–90 cm oder 1,3 m. **'White Queen'** siehe 'Géante des Blanches'.

A. × *lesseri* Unkomplizierte, attraktive und fruchtbare Hybride, die aber variabel ist. 3–5 glänzend grüne, behaarte Basalblätter mit langem Stiel, die tief in gezähnte Lappen geteilt sind. Die Blätter am Stängel sind ähnlich, aber an der Basis zusammengewachsen. Die Blütenstiele tragen eine, manchmal auch 2 oder 3 glänzende Blüten von 2,5 cm Durchmesser in Rosarot oder seltener Gelb, Weißlich oder Violett. Sie haben 5–8 Petalen. Gedeiht auf durchlässigem Boden in sonniger Lage. Vermehrung durch Teilung der Wurzel im Frühling. Hybride von *A. multifida* und *A. sylvestris*. ↕ 20 cm. Z3

A. leveillei Nierenförmige, behaarte, tief in 3 Lappen mit gezähntem Rand geteilte Blätter. 4 cm große, relativ behaarte Blüten in Weiß mit rosa Außenseite und hübsch kontrastierenden, violetten Staubgefäßen. Am besten an feuchten, sonnigen Standorten. Ähnelt *A. rivularis* und wird dieser manchmal zugeordnet, hat aber größere, rosa überhauchte Blüten aus normalerweise 8 Petalen. Aus Zentralchina. ↕ 60 cm. Z6

A. × *lipsiensis* syn. *A.* × *seemannii* Zauberhafte Hybride von *A. nemorosa* und *A. ranunculoides* mit sprödem braunem Rhizom, aus dem sich recht dunkle, tief gelappte, bis 8 cm lange Blätter erheben. Die bis zu 2 cm großen Blüten sind hell-cremegelb und bestehen aus 5–8 ovalen Petalen. Die charmante, leicht variable Pflanze besticht durch den Kontrast zwischen Blüte und Blatt. Eine natürliche Hybride, die man überall dort findet, wo die Elternarten in enger Nachbarschaft wachsen. Bevorzugt waldige Standorte, die im Sommer aber austrocknen können. Vermehrung durch Teilung der Rhizome während der Ruhezeit. Aus Europa. ↕ 10–12 cm. Z4 **'Pallida'** ♀ Hell-cremefarben.

AUFNEHMEN?

Anemonen stellen Autoren eines Buches über Stauden vor ein Problem. Wo soll man die Grenze ziehen? Die hohen Herbstanemonen sind zweifelsfrei Stauden, bei zwei anderen Gruppen ist die Zuordnung schwieriger.

Waldanemonen – *Anemone nemorosa* und ihre Verwandten – werden manchmal den Alpinen zugeordnet und von vielen Sammlern alpiner Pflanzen kultiviert. Sie haben außerdem kriechende Rhizome, die eigentlich untypisch für Stauden sind. Weil sie aber Waldpflanzen und keine ausgesprochenen Zwiebel- oder Knollengewächse sind, nehmen wir sie in dieses Buch auf. *Anemone blanda*, die ihnen oberflächlich ähnelt, zieht jedoch in der Ruhezeit das Laub ein – ähnlich wie Narzissen, Gladiolen oder die mediterranen Anemonen (*A. coronaria* und ihre Verwandten). All diese können in diesem Buch leider nicht behandelt werden.

LINKS 1 *Anemone obtusiloba* **2** *A. ranunculoides* **3** *A. trullifolia*

HERBSTANEMONEN

A. hupehensis wächst wild an Wasserläufen, im Unterholz und auf grasigen Hängen in Zentral- und Westchina. Es gibt Formen mit violetten, rotvioletten und weißen Blüten sowie in diesem zarten Rosa.

A. hupehensis 'Hadspen Abundance', unterscheidet sich von 'Bowles Rose' durch die runderen Petalen und wurde vom britischen Züchter Eric Smith im Garten von Hadspen House, Somerset, gezogen.

A. hupehensis var. *japonica* 'Bressingham Glow' ist die einzige Herbstanemone, die Alan Bloom in seiner Gärtnerei in Bressingham (Norfolk, England) züchtete. Heute ist sie von 'Prinz Heinrich' nicht mehr zu unterscheiden.

A. × *hybrida* 'Honorine Jobert', die klassische weiße Herbstanemone, wurde 1858 im Garten des französischen Bankiers M. Jobert entdeckt und vom französischen Züchter Victor Lemoine eingeführt.

A. magellanica siehe *A. multifida*

A. multifida syn. *A. magellanica* (Pazifisches Windröschen) Attraktive Art mit zahlreichen, recht stark behaarten Basalblättern, die dreifach gelappt und tief geteilt sind. Die Blätter am Stängel sind ähnlich geformt und kurz gestielt. Jeder Stängel trägt bis zu 3 Blüten von bis zu 2,5 cm Durchmesser. Die Blüten in Creme, seltener Weiß, Rosa, Hellgelb, Grünlich oder Violetttönen, bestehen aus 5–10 Kronblättern. Die Samenstände sind rund und wollig. Bei der häufig kultivierten cremeweißen Form, die auch als *A. magellanica* verkauft wird, handelt es sich normalerweise um eine südamerikanische Auslese dieser eigentlich aus Nordamerika stammenden Art. Die Indianer setzten sie als Heilpflanze ein, z.B. gegen Erkältung. Eine unkomplizierte Pflanze für einen sonnigen Platz, die recht kurzlebig ist, sich aber selbst aussät. Aus Nord- und Südamerika. ↕30 cm. Z2 **'Guernica'** syn. *A.* 'Guernica' Zahlreiche, cremefarbene Blüten an mehrfach verzweigten Stängeln. **'Major'** Robuste Form mit cremegelben Blüten. **'Rubra'** Dunkelviolette Blüten.

A. narcissiflora (Berghähnlein, Narzissenblütiges Windröschen) Große, sehr variable Pflanze mit faserigen Wurzeln und 40 cm großen, in gezähnte Lappen mit 5 Spitzen geteilten Blättern. Die Blätter am Stängel stehen ungestielt in Etagen. Trägt Gruppen aus 3–8 Blüten von je 2–4 cm Durchmesser aus 5 oder 6 weißen Petalen mit oft rosa überhauchter Außenseite. Gedeiht am besten in gut durchlässigem Boden in Sonne oder Halbschatten. Aus Samen heranziehen. Aus Mittel- und Südeuropa. ↕40 cm. Z3

A. nemorosa ♀ (Busch-Windröschen) Wüchsige Pflanze, die sich mit schlanken braunen Rhizomen ausbreitet. Trägt langstielige Blätter, die zweifach dreigeteilt sind. Die gezähnten, schmalen Blätter erscheinen oft erst nach den Blüten. Die 3 cm großen Blüten stehen über dem Laub. Sie bestehen aus 5–12 weißen Kronblättern mit rosa oder violettem Hauch. Es gibt viele ausgezeichnete Namensorten, darunter auch gefüllte und Formen mit violetten oder blauen Blüten. Die großblumigen

weißen Sorten werden derzeit untersucht, möglicherweise sind sie alle identisch. Trotz der kurzen Blütezeit sind es wertvolle Schattenblüher für das zeitige Frühjahr. Unkompliziert in durchlässigem Boden im Halbschatten. Vermehrung durch Teilung der Rhizome in der Ruhezeit. Aus Europa. ↕15 cm. Z5 **'Alba Plena'** Weiß, gefüllt, mit unregelmäßigem Zentrum. **'Allenii'** ♀ Dunkel-blauviolette Blüten mit rosa überhauchter Rückseite. Eine alte Selektion, doch eine der besten. ↕4 cm. **'Atrocaerulea'** Intensiv blau. **'Blue Beauty'** Hellblaue Blüten und dunkel getöntes Laub. **'Blue Bonnet'** Spät blühend, kräftig blau. **'Blue Eyes'** Weißliche, gefüllte Blüten mit blauem Zentrum. Aus Irland. **'Bowles' Violett'** Spät blühend, violett. Dunkel gerändertes Laub. **'Bracteata'** Locker gefüllt, weiß mit einigen grünen Petalen. **'Bracteata Pleniflora'** Halb gefüllt mit weißen und grünen Petalen, eingerahmt von einer zackigen Blattkrause. **'Buckland'** Frühe, rosalila Blüten. **'Cedric's Rose'** Rosa, mit dem Alter nachdunkelnd. **'Dee Day'** Schönes Blau. **'Flore Pleno'** Kleine, weiße, gefüllte Blüten. **'Green Fingers'** Reinweiße Blüte mit einigen grünen Petalen in der Mitte. **'Hannah Gubbay'** Einzelne Blüten in Rosa. Spät. **'Hilda'** Weiß, halb gefüllt, gleichmäßig. **'Knightshayes Vestal'** Reinweiße Blüten mit knopfartigem Zentrum. Ähnlich wie 'Vestal', aber mit einem deutlichen Ring aus gelben Staubgefäßen. **'Lady Doneraile'** Groß, weiß, ungefüllt. ↕5 cm. **'Leeds' Variety'** Ungefüllt, weiß, ähnelt 'Lady Doneraile' stark. ↕5 cm. **'Lychette'** Große ungefüllte Blüten in Weiß. Früh. **'Monstrosa'** Grün-weißes Zentrum, halbgefüllte Blüten mit gezackten Petalen. ↕4 cm. **'Parlez Vous'** Ungefüllt, hellblau. **'Pentre Rose'** Ungefüllt, rosa, mit dem Alter stark nachdunkelnd. **'Robinsoniana'** ♀ Dunkle Stiele, violette Blüten mit grauer Rückseite. ↕4 cm. **'Rosea'** Rosa Knospen, weiß aufblühend, färben sich dann – vor allem auf den Rückseiten – wieder rosa. **'Royal Blue'** Kräftig blaue Blüten. Muss regelmäßig geteilt werden, damit sie reich blüht. **'Vestal'** ♀ Sehr schöne Blüten mit reinweißen Außenpetalen und knopfartigem Zentrum. ↕2 cm. **'Virescens'** ♀ Anstelle von Blüten ein Polster aus tief eingeschnittenen, grünen Brakteen, das aussieht wie

eine Spitzendecke. Unfruchtbar, daher sehr lange haltbar. ↕5 cm. **'Viridiflora'** Vermutlich identisch mit 'Virescens'. **'Westwell Rose'** Sehr dunkles Rosa. **'Wyatt's Rose'** Nickende Blüten öffnen sich rosa und verblassen allmählich.

A. obtusiloba Zu Unrecht vernachlässigte, variable Art mit kompaktem Rhizom und weich behaarten, mittelgrünen Blättern aus 3 flach gebuchteten Lappen. Im Spätfrühling erscheinen jeweils 2 oder 3 Blüten in Blau, Weiß oder seltener Gelb. Die etwa 2,5 cm großen Blüten bestehen aus 4–6 rundlichen Kronblättern. Bevorzugt feuchten, humusreichen Boden im Halbschatten. Anzucht aus Samen. Aus Südwest-China. ↕10 cm. Z5

A. pulsatilla siehe *Pulsatilla vulgaris*

A. ranunculoides ♀ (Gelbes Windröschen) ♀ Ähnelt einer zierlichen, gelb blühenden Form der *A. nemorosa*. Diese Art hat aber dünne, hellbraune Rhizome und tief eingeschnittene, dreilappige Basalblätter, die einen schönen Kontrast zu den im Frühling einzeln auf 15 cm langen Stielen erscheinenden Blüten bilden. Die Blüten sind goldgelb, 2–3 cm groß und bestehen aus 5–7 Kronblättern. Auf humusreichem Boden in Halbschatten bildet die Pflanze bald Kolonien. Vermehrung durch Teilung der Rhizome während der Ruhezeit. Aus Europa. ↕15 cm. Z4 **fo. laciniata** Auffällig geteilte Blätter. **'Pleniflora'** Trägt etwas später halbgefüllte gelbe Blüten. **subsp. wockeana** Kleinere Form. Laub im Austrieb bronzefarben, später grün.

A. rivularis (Bach-Windröschen) Wüchsige Pflanze mit faserigen Wurzeln und dreilappigen, stark gezähnten

und leicht behaarten Blättern an langen Stielen. Trägt große Gruppen von bis zu 20 Blüten mit 3 cm Durchmesser in Weiß mit bläulich violetter Rückseite und violetten Staubgefäßen. Für feuchte, sonnige oder halbschattige Standorte. Sät sich reichlich selbst aus. Aus Nordindien und Südchina. ↕90 cm. Z7

WALDANEMONEN

A. apennina ist eine hübsche Art mit blauen Blüten, sie verträgt mehr Sonne als andere Waldanemonen. Neben der blauen Form gibt es sie auch mit Blüten in reinem Weiß und seltener zarten Rosatönen.

A. nemorosa 'Alba Plena' ist eine gefüllte, weiße Form mit etwas unordentlichem Zentrum. Gelegentlich werden andere gefüllte weiße Sorten wie 'Flore Pleno' und 'Vestal' unter diesem Namen angeboten.

A. nemorosa 'Cedric's Pink' ist eine von mehreren schönen rosa blühenden Formen der *A. nemorosa*. Sie hat schmalere Petalen mit hellerer Rückseite, die Blüten stehen auf rotbraunen Stielen.

A. ranunculoides mit ihren leuchtend gelben Blüten ist ein schöner Bodendecker unter Sträuchern. Die ausgezeichnete Hybride *A. × lipsiensis* ist aus einer Kreuzung dieser Art mit *A. nemorosa* hervorgegangen.

KANDIDATEN FÜR SAMMLUNGEN

Fast alle Gruppen kleiner, attraktiver Pflanzen finden Anklang bei Sammlern. Auch die *Anemone nemorosa* hat mit ihren über 50 Formen bei Begeisterten die Sammelleidenschaft geweckt.

Am besten pflanzt man sie zu anderen Schattengewächsen wie *Helleborus*, *Trillium*, *Pulmonaria* und Farnen, oder kombiniert sie mit Waldsträuchern wie Seidelbast. Manche sind wüchsig genug, um sich auch unter sommergrünen Sträuchern wie *Viburnum* zu behaupten, doch die empfindlicheren Arten eignen sich weniger für ein Gehölzbeet.

Weil man die vielen blau blühenden Anemonen leicht verwechseln kann, sollte man auf Abstand achten und andere Pflanzen dazwischen setzen, damit die Rhizome auch bei der Beetarbeit während der Ruhezeit nicht vermischt werden. Problematisch sind auch selbst ausgesäte Sämlinge, die zwischen anderen Arten keimen, sich von der Mutterpflanze unterscheiden und so für Verwirrung sorgen. Wo mehrere Formen in Nachbarschaft stehen, werden neue Hybriden entstehen. Entscheiden Sie selbst, ob Sie welke Blüten entfernen, um die Sammlung sortenrein zu halten – oder ob Sie neuen Hybriden eine Chance geben wollen.

WALDANEMONEN

Ruhende Rhizome von Arten wie *Anemone apennina*, *A. nemorosa* und *A. ranunculoides* sollte man sofort nach dem Kauf pflanzen, weil sie längere Trockenheit nicht vertragen. Schonender ist es, blühende Pflanzen in Töpfen zu kaufen. Beim Pflanzen von Anemonenrhizomen etwas Sand ins Pflanzloch geben, um Lufteinschlüsse zu vermeiden. Gut angießen, auch während der Ruhezeit. Beim Entfernen des welken Laubs im Herbst einen Dünger mit langsamer Nährstoffabgabe einarbeiten.

Arten mit dünnen, spröden Rhizomen wachsen oft recht kräftig und bilden in wenigen Jahren Kolonien aus zierlichen Pflanzen. Im Herbst kann man sie vorsichtig ausgraben, auseinander zupfen und neu einpflanzen.

Wegen der unberechenbaren Ergebnisse ist es generell nicht ratsam, Waldanemonen aus Samen zu ziehen. Einige Sorten lohnen jedoch einen Versuch. Die Samen müssen sofort gesammelt werden, ehe sie wegfliegen oder rollen. Samen der *A. apennina* ist reif, wenn er gerade weiß wird. Die ganzen Fruchtstände abnehmen, in Papiertüten trocknen und frisch – möglichst im Frühherbst und nicht im folgenden Frühling – in Töpfe säen. Die Sämlinge zwei Jahre lang in den Töpfen lassen, regelmäßig düngen und vor rauem Wetter schützen. Im folgenden Sommer sind die Rhizome leicht zu finden und groß genug zum Auspflanzen.

A. rupicola (Felsen-Windröschen) Aus einem langen, verholzenden Wurzelstock erscheinen gestielte, dreilappige Blätter mit stark gezähntem Rand und manchmal violetter Unterseite. Aus 7 cm großen, einzeln stehenden Blüten mit 5 recht großen, ovalen Kronblättern, oft mit rosa oder violetter Rückseite, entwickeln sich runde, wollige Fruchtstände. Bevorzugt einen sonnigen Platz mit feuchtem, gut durchlässigem Boden. Aus Samen heranziehen. Aus Afghanistan bis Südwest-China. ↕ 15 cm. Z6

A. × seemannii siehe *A. × lipsiensis*

A. sylvestris (Großes Windröschen) Dunkelgrüne, ahornartige, stark gelappte Blätter mit leicht behaarten Unterseiten erheben sich aus einem holzigen Wurzelwerk, das sich durch Wurzelausläufer ausbreitet. Die duftenden, leicht nickenden, weißen Schalenblüten von 7 cm Durchmesser erscheinen im Spätfrühling. Später bilden sich wollige Fruchtstände. Die Blüten sind sehr schön, erscheinen aber nur spärlich. Am besten in gut durchlässigem Boden in Sonne oder Halbschatten. Vermehrung durch Aussaat oder Teilung im zeitigen Frühling. Aus Mitteleuropa bis zum Kaukasus. ↕ 30–50 cm. Z4 **'Elise Fellmann'** Halbgefüllte Form. **'Macrantha'** Größere Blüten.

A. tomentosa Aus einer holzigen, kriechenden Wurzel erheben sich große, grobe Blätter mit bis zu 7 stark geaderten Lappen und dick weiß behaarten Unterseiten. Im August und September erscheinen luftige Gruppen aus bis zu 12 Blüten. Sie sind 6 cm groß, haben 5 rundliche, hellrosa Petalen und ein Zentrum aus gelben Staubgefäßen. Dies ist die wüchsigste der 3 Herbstanemonen-Arten, sie neigt zum Wuchern und kann bis zu 1,5 m hoch werden. Gedeiht auf fast allen Böden in Sonne und Halbschatten. Jungpflanzen im Herbst abtrennen oder die Wurzel im Frühling teilen. 1914 von Reginald Farrer eingeführt. Aus dem Hochgebirge Nordchinas. ↕ 80–120 cm. Z4 **'Robustissima'** siehe *A. × hybrida* 'Robustissima'.

A. trifolia (Dreiblättriges Windröschen) Ähnelt oberflächlich der *A. nemorosa*, hat aber dünnere Rhizome und keine Basalblätter. Dafür sind die Blätter am Stängel größer und ähneln 3 gezähnten Speerspitzen, die an der Basis zusammengewachsen sind. Die einzelnen, meist weißen Blüten stehen über dem Laub. Sie bestehen aus 5–8 Kronblättern und einem Zentrum aus weißen oder blauen Staubgefäßen. Sehr attraktiver Bodendecker für das zeitige Frühjahr. Unterscheidet sich von *A. nemorosa* durch die fehlenden Basalblätter. Am besten in durchlässigem Boden im Halbschatten. Rhizome während der Ruhezeit teilen. Aus Südeuropa. ↕ 15 cm. Z6 **'Semiplena'** Halbgefüllt, weiß.

A. trullifolia Kompakte Pflanze mit faserigen Wurzeln und dreilappigen, keilförmigen Blättern an langen Stielen. Die 2 cm großen Blüten in Blau oder Weiß, seltener Gelb, Rosa oder Violett, stehen über dem Laub auf hellbraunen Stielen und bestehen meist aus 5 Kronblättern.

Die Pflanze ist noch recht neu auf dem Markt, doch schon recht beliebt, zumal sie unkompliziert ist und auch in trockenem Klima gedeiht. Ideal ist durchlässiger Boden in der Sonne, in trockenen Regionen im Halbschatten. Aus dem östlichen Himalaja und Südwest-China. ↕ 15 cm. Z5

A. virginiana Kräftige, auffällige Staude mit faserigen Wurzeln, langen Stielen und rundlichen, dreilappigen, stark gezähnten Blättern. Auf verzweigten Stängeln erscheinen 2 oder 3 2,5 cm große Blüten. In der Natur sind schneeweiß, grün und rot blühende Formen zu finden. Am besten in durchlässigem Boden in voller Sonne. Anzucht aus Samen. Aus den mittleren und östlichen Regionen Nordamerikas. ↕ 45 cm. Z4 **var. alba** Weiß.

A. vitifolia Stattliche, ungeteilte, herzförmige Blätter, die ähnlich wie Weinlaub gebuchtet sind. Die Unterseite ist dicht weiß behaart. Im August und September erscheinen lockere Gruppen aus bis zu 7 6,5 cm großen Blüten mit 5 rundlichen, weißen Kronblättern mit rosa oder grüner Rückseite. Bevorzugt lichten Schatten und gedeiht in jedem Boden, der nicht staunass ist oder länger austrocknet. Kann im Garten auf manchen Böden bei winterlicher Nässe leiden. Aus den gemäßigten Bergregionen Nordindiens bis zur Provinz Yunnan in China. ↕ 50–100 cm. Z6

ANEMONELLA
Rautenanemone
RANUNCULACEAE

Die zierlichen, aber robusten Schattenpflanzen zeigen im Frühling und Frühsommer zarte, anemonenähnliche Blüten. Die Zahl der verfügbaren Formen nimmt zu.

Zur Gattung gehört nur eine Art: eine sommergrüne Staude für den Gehölzgarten oder einen schattigen Platz im Beet. Die Pflanze wächst wild in lichten Wäldern im östlichen Nordamerika. Sie bildet große Gruppen aus kleinen, knolligen Wurzeln und braucht manchmal etwas Zeit, um sich zu etablieren, bildet dann aber Kolonien. Über den Blättern, die an *Thalictrum* erinnern, erscheinen im Frühling und Frühsommer 2 cm große Blüten in Weiß oder Rosa aus 5 und manchmal mehr Kronblättern. Nach der Samenreife im Sommer legt die Pflanze eine Ruhephase ein. Einige Botaniker stufen sie als *Thalictrum thalictroides* ein, wörtlich: das *Thalictrum*, das wie ein *Thalictrum* aussieht. Das ist besonders merkwürdig, weil die meisten Pflanzensystematiker die Pflanze als so andersartig betrachten, dass sie ihr eine eigene Gattung zugewiesen haben.

KULTUR Braucht Halbschatten und feuchten Boden mit reichlich Humus, bei anhaltender Nässe können die Wurzeln jedoch faulen. Wenn der Boden im Sommer auszutrocknen droht, muss gegossen werden. Benötigt Schutz vor starkem Wind. Am besten mit Pflanzen von ähnlichem Wuchs kombinieren, z.B. kleinen Farnen, winterharten *Cyclamen* und *Trillium*.

VERMEHRUNG Größere Kolonien können im Frühherbst oder sehr zeitigen Frühling geteilt werden. Die Pflanzen nehmen Störungen jedoch übel, darum ist es besser, nur einige Wurzelstücke vom Rand der Kolonie abzunehmen. Das kann aber dazu führen, dass die Hauptpflanze mit der Zeit kümmerlich wächst. Gärtnereien graben ausgewählte Pflanzen aus und teilen sie mit einem Skalpell. Aussaat gleich nach der Samenreife im kalten Frühbeet ist möglich. Etablierte Kolonien säen sich selbst aus.

PROBLEME Schneckenfraß am jungen Laub, auch Mehltau kann auftreten. Größere Nachbarn oder dicke Schichten Herbstlaub können den Pflanzen langfristig schaden.

A. thalictroides syn. *Thalictrum thalictroides* (Rautenanemone) Hübsche, 10–15 cm lange, dunkel-blaugrüne Blätter, die denen einiger *Thalictrum*-Arten ähneln (daher der Name der Pflanze). Anemonenartige Blüten von 2 cm Durchmesser mit 5–10 Kronblättern, meist blau (bei Sorten auch in anderen Farben), erscheinen zwischen April und Juni als zwei- bis vierblütige Dolde. Bildet mit anderen niedrigen Waldpflanzen und Zwiebelgewächsen Kolonien. Wildbestände zeigen oft auffällige Variationen in Kronblattzahl und Blütengröße. Weit verbreitet im Osten Nordamerikas. ↕ 10–15 cm. Z4 **'Amelia'** Ungefüllte hellrosa Blüten. **'Cameo'** Gefüllte hellrosa Blüten, in heißen Klimaten fast weiß. **'Double Green'** Gefüllte grüne Blüten. Aus Japan. **'Full Double Weiß'** Sehr dicht gefüllte, cremeweiße Blüten. **fo. rosea** Hellrosa Blüten. **fo. rosea 'Oscar Schoaf'** Gefüllte, knopfartige Blüten in hellem Rosa. Auch als 'Schoaf's Double', 'Schoaf's Double Rose' und 'Schoaf's Rose' im Umlauf. **semi-double white** Mindestens 10 Petalen, meist deutlich mehr, aber nicht ganz gefüllt. **'Snowflakes'** Reinweiß, gefüllt.

ANEMONOPSIS
Scheinanemone
RANUNCULACEAE

Die Scheinanemone ist eine elegante Staude für kühle, feuchte, waldartige Schattenstandorte, die Gruppen aus frischgrün glänzendem Laub bildet. Die Blätter sind in 2 oder 3 gelappte oder gezähnte Fiederblättchen geteilt. Von Juli bis September erscheinen über dem Laub luftige Gruppen aus nickenden Blüten in Violett oder Flieder.

KULTUR Braucht ständig feuchten, aber gut durchlässigen Boden im

UNTEN 1 *Anemonella thalictroides*
2 *A. thalictroides* fo. *rosea*

Schatten und einen Standort mit sehr gutem Schutz vor austrocknendem Wind, der die Pflanze schädigt. Normalerweise treibt sie aber im folgenden Jahr wieder aus.

VERMEHRUNG Durch Teilung oder Aussaat frischer Samen im Spätsommer.

PROBLEME Schnecken am jungen Austrieb.

A. macrophylla (Scheinanemone) Begehrenswerte Pflanze für den geschützten Gehölzgarten mit zartem, farnartigem Laub, das aus einem dicken, kriechenden Wurzelstock austreibt. Die Blätter sind in 9 oder 29 Fiederblättchen von 4–8 cm Länge geteilt. Im Sommer erscheinen Gruppen von 10 oder mehr schlanken hohen Stielen, die 3 cm große Blüten in Rosalila oder Violett tragen. Die Blüten erinnern entfernt an Akelei (siehe S. 63), haben aber eine wachsartige Textur. Die äußeren Kronblätter sind heller als die inneren. Am besten in kühlem Schatten in saurem Boden. Die Pflanzen dürfen nicht austrocknen. In ihrer Heimat, den kühlen Bergregionen im japanischen Honshu, recht selten geworden. ‡ 50–80 cm. Z7

ANTHEMIS
Hundskamille, Färberkamille
ASTERACEAE

Margeritenähnliche Blüten über geteilten, aromatischen Blättern kennzeichnen diese sonnenhungrige Staude mit langer Blütezeit.

Die 100 oder mehr Arten der Gattung, darunter Einjährige und Sträucher, sind in trockenen, sonnigen Gebieten mit steinigem Boden in Europa, Westasien und Nordafrika zu finden. Nur 5 Staudenarten werden häufiger kultiviert. Die größeren eignen sich für ein sonniges Beet, die kleineren für den Steingarten. Aus der faserigen oder verholzenden Wurzel erheben sich Gruppen oder Matten aus meist geteilten Blättern mit intensivem Geruch. Vom Spätfrühling bis in den Sommer erscheinen an langen Stängeln deutlich über dem Laub fortlaufend Blütenkörbchen.

KULTUR Gedeiht am besten in relativ magerem, durchlässigem Boden in voller Sonne. Höhere Arten sollten direkt nach der Blüte zurückgeschnitten werden.

VERMEHRUNG Matten bildende Arten durch Teilung, andere durch Basalstecklinge oder Samen (Samen von Gartenpflanzen bringen allerdings unberechenbare Ergebnisse).

PROBLEME Schnecken, Blattläuse und Mehltau.

A. 'Beauty of Grallagh' Goldorangefarbene Blüten, in manchen Böden eher gelblich. Wird oft unter *A. tinctoria* eingeordnet, ist aber tatsächlich eine Hybride mit *A. sancti-johannis*. Nicht,

wie gelegentlich angenommen, identisch mit 'Grallagh Gold' (siehe *Anthemis aus Grallagh*). ‡ 90 cm. Z6

A. 'Blomit' siehe *A.* Susanna Mitchell

A. 'Grallagh Gold' Dunkel-goldgelbe Blüten, recht kurzlebig. Wird häufig unter *A. tinctoria* eingeordnet, ist aber tatsächlich eine Hybride mit *A. sancti-johannis*, die im Garten von Miss Blanche Poë aufwuchs (siehe *Anthemis aus Grallagh*). ‡ 75 cm. Z6

A. nobilis siehe *Chamaemelum nobile*

A. punctata subsp. ***cupaniana*** ♀ Matten bildende Pflanze mit holziger Wurzel und weichen, ausladenden Trieben, die fein geschnittene, gräuliche Blätter von bis zu 12 cm Länge tragen. Von April bis Juli, manchmal auch später, erscheinen an langen Stängeln über den Blättern weiße, bis 6 cm große, margaritenähnliche Blütenkörbchen. Sollte in feuchtem Klima vor winterlichem Regen geschützt werden. Sehr gut für Küstengärten. Aus offenen, steinigen Gebieten Siziliens. ‡ 30 cm. Z7 **'Nana'** Kompakter. ‡ 20 cm.

A. sancti-johannis (Bulgarische Hundskamille) Polster bildende Pflanze mit wenig verzweigten Stängeln, die längliche, tief eingeschnittene Blätter von bis zu 5 cm Länge tragen. Von Juni bis August erscheinen 3–5 cm große Blütenkörbchen mit kurzen, rüschenförmigen Strahlen in tiefem Orange und kräftig gelber Mitte. Bildet bereitwillig Hybriden mit *A. tinctoria*, was zur Folge hat, dass viele unter dem Namen verkaufte Pflanzen nicht exakt bezeichnet sind. Von Waldlichtungen im südlichen Bulgarien. ‡ 60–90 cm. Z6

A. Susanna Mitchell ('Blomit') Hellcremegelbe Blütenkörbchen mit gelbem Zentrum erscheinen von Mai bis September über attraktivem grauem Laub. Eine Hybride von *A. tinctoria* und *A. punctata* subsp. *cupaniana*. ‡ 45 cm. Z6

A. 'Tetworth' Von Mai bis September, manchmal auch früher oder später, erscheinen Blütenkörbchen mit weißen Strahlen- und gelben Scheibenblüten über eingeschnittenem, grauem Laub. Eine Hybride von *A. tinctoria* und *A. punctata* subsp. *cupaniana*, vermutlich frosttoleranter als die Elternarten. ‡ 45–60 cm. Z6

A. tinctoria (Färber-Hundskamille) Bildet Gruppen aus ausladenden, verzweigten Stängeln mit mittelgrünen Blättern, die in schmale, grob gezähnte Lappen geteilt sind. Von Juni bis August erscheinen fortlaufend 3 cm große, margaritenähnliche Blütenkörbchen mit leuchtend gelben bis cremefarbenen Strahlen um ein gelbes Zentrum. Kurzlebig. Sollte nach der Blüte stark zurückgeschnitten werden. Die Blüten halten nach dem Schnitt lange. Früher als Färberpflanze verwendet. Verschiedene der unter dieser Art gelisteten Sorten sind Hybriden, meist mit *A.*

KONTRAST UND HARMONIE

DIE HIER GEZEIGTE KOMBINATION ist ein schönes Beispiel für eine Pflanzengemeinschaft, die einerseits durch Kontrast und andererseits durch Harmonie besticht – in diesem Fall in Blütenfarbe und Wuchsform. Das kräftige, fast grelle Zitronengelb der *Anthemis* 'E. C. Buxton' harmoniert gut mit den zarter gelben Glockenblüten des *Digitalis grandiflora*. Gleichzeitig bilden die Formen von Blüten und Laub einen Kontrast, auch die heller grünen Blätter des Fingerhuts heben sich schön von den dunkleren *Anthemis*-Blättern ab. Der stärkste Kontrast besteht aber in den Wuchsformen: Die schlanken, aufrechten Blütenstände des Fingerhuts erheben sich elegant über der flacheren Gruppe der Anthemis mit ihren margeritenförmigen Blüten.

OBEN 1 *Anthemis punctata* subsp.
cupaniana **2** *A. tinctoria* 'Kelwayi'
3 *Anthericum liliago* var. *major*
4 *Anthoxanthum odoratum*

sancti-johannis; alle haben ein gelbes
Zentrum. Aus trockenen, sonnigen
Regionen weiter Teile Europas, Nordafrikas und des Kaukasus, gelegentlich
auch andernorts verwildert. ↕ 50–80 cm.
Z6 **Dwarf form** (gelegentlich als
'Compacta' bezeichnet) Wesentlich
kompakter. ↕ 30 cm. **'Alba'** Cremeweiß
aufblühend, zu Weiß verblassend. ↕ 45–
60 cm. **'E. C. Buxton'** Zitronengelbe
Strahlenblüten – ungewöhnliche Farbe,
gut für die Vase. ↕ 60 cm. **'Eva'** Kompakt, mit kräftig gelben Blüten. ↕ 40 cm.
'Kelwayi' Leuchtend gelbe Blüten über
sehr fein geschnittenem Laub. ↕ 40 cm.
'Sauce Hollandaise' Sehr hell gelb,
zu Cremeweiß verblassend. ↕ 60 cm.
'Wargrave Variety' Hellgelb, aber
dunkler als 'E. C. Buxton'. ↕ 90 cm.

ANTHERICUM
Graslilie
ANTHERICACEAE

Graslilien sind unkomplizierte,
elegante Pflanzen mit luftigen
Gruppen aus weißen Sternblüten
im Sommer.
   Die etwa 50 Arten der Gattung
sommergrüner Stauden sind in
offenen Graslandschaften Europas,
Afrikas und des tropischen Amerika
beheimatet. 2 werden kultiviert.
Sie bilden Gruppen aus schmalen,
grasartigen Blättern. Im Frühling
oder Sommer erheben sich schlanke
Stängel mit Rispen oder lockeren
Trauben aus kleinen, weißen Sternblüten knapp über dem Laub.

KULTUR Gedeiht am besten in voller
Sonne in jedem mäßig feuchten, gut
durchlässigen Boden.

VERMEHRUNG Aussaat oder Teilung.

PROBLEME Gelegentlich Schnecken
am Austrieb.

A. liliago (Astlose Graslilie) Robuste
Pflanze mit schmalen Blättern. Trägt
im Mai und Juni aufrechte Trauben aus
2–3 cm großen Blüten mit auffälligen
gelben Staubgefäßen. Von Bergwiesen
Mittel- und Südeuropas. ↕ 70–100 cm.
Z5 **var.** *major* Sternförmige, weit offene
Blüten mit bis zu 4 cm Durchmesser.

A. ramosum (Ästige Graslilie) Schlanke
Pflanze, die einen Horst aus grasartigen,
graugrünen Blättern bildet. Trägt im
Juni und Juli verzweigte offene Rispen
aus 1,5 cm großen weißen Blüten. Aus
Strauch- und Graslandschaften Mittel-
und Südeuropas und der Türkei. ↕ 40–
60 cm. Z5

ANTHOXANTHUM
Ruchgras
POACEAE

Der süße Duft ist ein besonderes
Merkmal dieses im Frühling
blühenden Grases.
   Die Gattung umfasst 18 Arten
ein- und mehrjähriger Gräser, die
auf Wiesen und in trockenen Graslandschaften im ganzen gemäßigten
Europa, Asien, den Berghängen
des tropischen Afrika und Teilen
Zentralamerikas beheimatet sind.
Alle enthalten den Stoff Kumarin,
der beim Trocknen oder Zerreiben
der Blätter einen süßlichen, an Heu
erinnernden Duft freigibt. Über den
tuffartigen Basalblättern erscheinen
von April an bis in den Sommer
Halme mit stacheligen, lanzenförmigen Blütenständen.

KULTUR Gedeiht an offenen Standorten mit einigermaßen nahrhaftem,
gut durchlässigem Boden. Im zeitigen Frühling zurückschneiden.

VERMEHRUNG Durch Teilung im
Frühling oder durch Aussaat.

PROBLEME Keine.

A. odoratum (Gewöhnliches Ruchgras)
Horst bildendes, immergrünes Gras mit
leuchtend grünen, flachen, zugespitzten,
weichen Blättern von 12–30 cm Länge
und 5–9 cm Breite – an feuchten
Standorten auch größer. Von April bis
Juni erscheinen aufrechte, manchmal
ausladende Halme mit lanzenförmigen,
1 cm langen Blütenständen in Grün
oder Grünviolett mit hervorstehenden
violetten oder gelben Staubgefäßen.
Mit der Reife können sich die Blütenstände gelb färben. In ganz Europa und
Asien zu finden, auch in Nordamerika
eingeführt. Wächst auf Bergwiesen,
Heideland und in lichten Wäldern
auf verschiedenen Böden. Wegen des
süßen Duftes, der beim Trocknen und
Zerreiben der Blätter freigesetzt wird,
eine schöne Bereicherung für Wildblumenwiesen. Auch geeignet für Wegeinfassungen, wo es gemäht oder betreten
wird. ↕ 30–100 cm. Z5

AQUILEGIA
Akelei
RANUNCULACEAE

Elegante, zarte, fröhliche Akeleien-
blüten verleihen dem Garten
im Frühsommer einen besonderen
Charme.
   Zur Gattung gehören etwa 70
Arten, die sämtlich auf der nördlichen Halbkugel heimisch sind. Die
steifen, standfesten Stängel können
glatt oder behaart sein. Sie erheben
sich über einer Basalrosette aus
attraktiven glatten Blättern. Die
langstieligen Blätter sind dreigeteilt,
jedes Segment ist weiter in 9 teilweise nochmals dreigeteilte Lappen
geteilt, sodass insgesamt 27 kleine
Blattsegmente entstehen.
   Die nickenden Blüten erscheinen vorwiegend im Juni und haben
meist 5 farbige Sepalen, die die
Knospen umhüllen. Wenn sich

AKELEI – BLÜTENAUFBAU

Eine typische Akeleiblüte besteht
aus 5 flachen, kronblattartigen
Sepalen (Kelchblättern), die 5
Petalen (Kronblätter) umgeben.
Die Petalen, die wie ein Röckchen
unter den Sepalen vorstehen,
bestehen aus einem flachen Blatt
und einem langen, mit Nektar
gefüllten, meist gekrümmten Sporn,
der am Blütenboden über die
Sepalen hinausragt. In der Mitte
der Blüte befindet sich ein Kranz
aus goldgelben Staubgefäßen, die
normalerweise 5 Fruchtblätter
umgeben. Die meisten Blüten sind
nickend, bei einigen Arten und
Hybriden können sie jedoch auch
aufwärts gerichtet sein.

Aquilegia fragrans

LINKS **1** *Aquilegia* 'Bluebird'
2 *A. canadensis* **3** *A.* 'Cardinal'
4 *A.* 'Dove' **5** *A. formosa*
6 *A.* McKana-Gruppe

die Blüten öffnen, breiten sich die Kelchblätter fast waagerecht aus und lassen die 5 Kronblätter sehen. Kelchblätter und Kronblätter können die gleiche Farbe haben, meist sind sie aber verschiedenfarbig. Jedes hat an der Basis einen Sporn, der Nektar enthält. Meist haben Sporne und Kelchblätter die gleiche Farbe. Die Gruppe goldgelber Staubgefäße ragt attraktiv aus der Blüte hervor.

Arten aus Asien und Europa haben meist blaue, violette, weiße oder rosa Blüten mit kurzen Spornen, die die Bestäubung durch Insekten ermöglichen. Arten aus Nordamerika haben längere Sporne und werden durch Kolibris bestäubt. Sie sind häufig gelb und rot.

Die meisten Akeleien haben nickende Blüten, Züchter haben aber auch Sorten mit aufwärts gerichteten Blüten hervorgebracht, die ein Merkmal der *A. caerulea* sind. Besondere Aufmerksamkeit haben sie den nordamerikanischen Arten gewidmet, die besonders große Blüten und ein breites Farbspektrum zeigen. Zu den ersten Züchtungen gehörten die McKana-Gruppe und die Mrs.-Scott-Elliot-Hybriden, doch sie wurden inzwischen von F1-Hybriden verdrängt, die durch größere Blüten und kompakteren Wuchs überzeugen. In den letzten Jahren wurden Formen von *A. vulgaris* mit panaschierten Blättern, neuen Blütenformen und leichtem Duft entwickelt.

KULTUR Zumeist kurzlebige Pflanzen, deren Qualität im zweiten Jahr am besten ist. Nachwuchs ist leicht aus Samen zu ziehen. Allerdings kommen spontane Kreuzungen bei Akelei-Arten und Sorten häufig vor (siehe *Promiskuität*, S.66). Mit Ausnahme einiger Formen aus dem Hochgebirge, aus Mexiko und aus Wüsten gedeihen Akeleien in durchschnittlichem, durchlässigem Boden. Sie bevorzugen einen Sonnenplatz. Welke Blüten sollten entfernt werden, sofern keine Samen benötigt werden. Die Pflanzen alle zwei bis drei Jahre ersetzen.

VERMEHRUNG Aussaat gleich nach der Samenreife im Sommer, alternativ im Frühling. Die meisten Arten benötigen zur Knospenbildung eine Kälteperiode, darum blühen Frühlingsaussaaten erst im zweiten Jahr. Teilung ist nicht lohnend.

PROBLEME Blattläuse, Sägewespen, Miniermotten.

***A.* 'Adonis Blue'** (Butterfly-Serie) Hellblaue Kelchblätter, weiße Kronblätter, hellblaue Sporne. ‡35–40 cm. Z4

***A.* 'Alaska'** (State-Serie) Kelchblätter, Kronblätter und Sporne weiß, gelegentlich blassrosa überhaucht. ‡60 cm. Z3

A. alpina (Alpen-Akelei) Diese kleine, sehr hübsche Akelei wächst auf alkalischen Böden auf Gebirgswiesen und manchmal in lichten Wäldern und Strauchbeständen. Die Stängel sind im unteren Bereich behaart, im oberen glatter, und die Basalblätter sind in 9 Segmente geteilt. Die nickenden blauen Blüten haben 3–4,5 cm lange Kronblätter und kräftige, gerade, bis 2,5 cm lange Sporne. Viele unter diesem Namen verkaufte Pflanzen sind Hybriden mit *A. vulgaris* – zu erkennen am gekrümmten Sporn. Aus der südwestlichen Schweiz, Österreich, Südost-Frankreich und Nordwest-Italien. ‡15–60 cm. Z3 **'Alba'** Weiße Blüten.

A. atrata (Schwarzviolette Akelei) Die Blätter sind zweifach dreigeteilt, die Stängel im unteren Bereich glatt und im oberen dicht behaart. Die nickenden, dunkelvioletten Blüten haben 1,5–2,5 cm lange zugespitzte Petalen und 1–1,5 cm lange Sporne. Ähnelt *A. vulgaris*, hat aber deutlich kleinere Blüten. In lichten Wäldern Süddeutschlands, Österreichs, Sloweniens, Italiens, Frankreichs und der Schweiz. ‡60 cm. Z4

***A.* Biedermeier-Gruppe** Kleinwüchsige Pflanzen mit uneleganten, aufwärts gerichteten Blüten in Weiß, Rosa, Violett und Blau. Auch zweifarbige Formen. ‡50 cm. Z4

***A.* 'Blue Jay'** (Songbird-Serie) Hellblaue Sepalen, weiße Petalen, hellblaue Sporne. ‡35–45 cm. Z3

***A.* 'Blue Star'** (Star-Serie) Blaue Sepalen, weiße Petalen, blaue Sporne. ‡60 cm. Z8

GEFÜLLTE AKELEIEN

Eines der interessantesten Merkmale der Akeleien, die aus *Aquilegia vulgaris* gezüchtet wurden, ist die Vielfalt der Blütenformen. Aus der Form der Wildblüte, die man auch in Gartenselektionen findet, wurden 3 unterschiedliche Typen gefüllter Blüten gezüchtet.

Die sogenannte Spornlose Akelei, var. *stellata* (häufig unkorrekt als var. *clematiflora* bezeichnet), ist eine Form ohne Petalen und Sporn, dafür mit einer großen Zahl kleiner, spitzer Sepalen, die angeordnet sind wie bei einer gefüllten Clematisblüte. John Parkinson bezeichnete sie in seinem 1629 erschienenen Werk *Paradisi in Sole Paradisus* Terrestris als »Rosenakelei«. Ein bekanntes Beispiel für diese Form ist 'Ruby Port'.

Die bekannte 'Nora Barlow' sieht ähnlich aus, unterscheidet sich aber durch die größere Zahl ihrer Sepalen und deren schmalere Form ausreichend, um ihr eine eigene Gruppe zu widmen.

Die dritte gefüllte Akelei ist wiederum eine alte Form, von der John Gerard 1597 in seinem berühmten *Herball* schreibt, die Blüte sei »in den Bauch einer anderen geschoben«. Diese Gruppe mit der Bezeichnung var. *flore-pleno* umfasst alle Formen, deren Blüten aus 2 oder mehr ineinander liegenden Schichten von Petalen bestehen, z. B. 'Double Pleat' und die Bonnet-Serie.

WACHSAMKEIT ZAHLT SICH AUS

WENN MAN VARIANTEN rigoros entfernt, ist es nicht schwierig, den Bestand einer schönen Akelei rein zu halten. Bei ausgefallenen Arten wie dieser reizenden *A. vulgaris* var. *stellata* 'Ruby Port' lohnt sich die Mühe. Andere Formen würden die durchdachte Farbkombination mit dem schön geschnittenen Laub des zweijährigen *Anthriscus sylvestris* 'Ravenswing' und seinen rosa überhauchten, weißen Blüten-

wolken nur stören. Gelegentlich treten grünblättrige Sämlinge mit reinweißen Blüten auf, die ebenfalls entfernt werden sollten. Die rötlich-graulaubigen Sämlinge der Garten-Melde *(Atriplex hortensis* var. *rubra)* entwickeln sich später in der Saison und beherrschen dann das Bild, dem sie jetzt nur einen Hintergrund geben. Auch farbschwache Sämlinge dieser Pflanze sollten ausgezupft werden.

A. 'Bluebird' ♀ (Songbird-Serie) Blaue Sepalen mit weißen Spitzen, weiße Petalenflächen, blaue Sporne. ↕ 35–45 cm. Z3

A. 'Brimstone Yellow' (Butterfly-Serie) Hellgelbe Sepalen, Petalflächen und Sporne. ↕ 35–40 cm. Z4

A. buergeriana Eine relativ variable, japanische Art mit leicht flaumigen, manchmal verzweigten Stängeln und auffällig dicken Blättern. Die Blüten haben gelbe oder bräunlich violette Sepalen und Petalen mit gelben Petalzipfeln und violetten Spornen. Obwohl die Blütenfarbe variiert, kommen Formen mit violetten Sepalen häufiger vor. Aus Honshu, Shikoku und Kyushu. ↕ 50–80 cm. Z4 **'Calimero'** Sehr hübsche violette Sepalen und Sporne, gelbe Petalflächen. ↕ 20 cm.

A. 'Bunting' ♀ (Songbird-Serie) Hellblaue Sepalen, weiße Petalflächen und hellblaue Sporne. ↕ 40 cm. Z3

A. 'Burnished Rose' Dunkel-rosarote gefüllte Blüten und gold-bronzefarbenes Laub. Wird fälschlich manchmal unter *A. buergeriana* geführt. ↕ 75 cm. Z4

A. Butterfly-Serie (Origami-Serie in Nordamerika) Spezielle Züchtung, die keine Kälteperiode zum Auslösen der Blüte benötigt. Die Pflanzen dieser

Serie von Goldsmith Seeds können im Frühling gesät werden und blühen im gleichen Jahr, sofern die Temperatur einige Wochen lang um 8 °C liegt. Die mittelgroßen bis großen Blüten sind meist 45° aufwärts gerichtet. Die Höhe liegt meist um 35–40 cm, in nahrhaften Böden um 45–60 cm. Origami ist der korrekte Namen, in England wird jedoch auch das spätere Synonym Butterfly verwendet. Die Serie umfasst die Sorten 'Adonis Blue' (blau und weiß), 'Brimstone Yellow' (gelb), 'Crenise Rose' (dunkelrosa und weiß), 'Painted Lady' (rosa und weiß), 'Red Admiral' (rot und weiß) und 'White Admiral' (weiß). Z4

A. caerulea ♀ (Rocky-Mountains-Akelei) Eine schöne, aber variable Art mit bis zu 7,5 cm großen Blüten aus himmelblauen Sepalen und weißen Petalen. In der Natur werden die Stängel 20–90 cm hoch, in rauen Lagen bleiben sie auch kleiner. In Gärten liegt die Höhe meist bei 50 cm. Im Gegensatz zu den meisten anderen Arten zeigen die Blüten nach oben. Neigt zu spontanen Kreuzungen und hat die aufwärts gerichtete Blüte an viele Hybriden vererbt, die oft unter dem gleichen Namen gelistet werden. Am Besten in gut durchlässigem Boden. Von den amerikanischen Indianern als Heilmittel gegen Bauchschmerzen verwendet. Aus Colorado (USA), wo sie

geschützt ist, und den Nachbarstaaten. ↕ 50 cm. Z3

A. canadensis ♀ (Rote Akelei) Leicht zu kultivierende, hübsche Pflanze mit nickenden Blüten. Sepalen rot, Petalen gelb, Sporne rot. Die Sporne sind besonders auffällig, weil die Sepalen weniger stark ausgebreitet sind als bei den meisten anderen Arten. Die einzige in den östlichen USA heimische Art, die oft an Straßenrändern und halbschattigen Plätzen zu finden ist. ↕ 70 cm. Z3 **'Canyon Vista'** Leuchtende Blüten auf roten Stielen. ↕ 30 cm. **'Corbett'** Einfarbig hellgelb. Entdeckt nahe der Stadt Corbett, Maryland. ↕ 30–60 cm. **'Little Lanterns'** ↕ 25 cm. **'Nana'** ↕ 25 cm.

A. 'Cardinal' (Songbird-Serie) Leuchtend scharlachrote Sepalen, weiße Petalen und scharlachrote Sporne. ↕ 40 cm. Z3

A. chrysantha (Gold-Akelei) Eine der schönsten Akeleien mit einfarbig gelben Blüten auf hohen Stängeln. Die Blüten stehen waagerecht oder schräg aufwärts und sind mit ihren bis 3,5 cm langen Sepalen auffällig groß. Das hervorstechende Merkmal sind aber die bis 7 cm langen Sporne. Die Blätter sind normalerweise in 27 Segmente geteilt. Die Pflanze ist leicht zu ziehen und bleibt mehrere Jahre schön. Wird manchmal

fälschlich als 'Yellow Queen' bezeichnet. Aus den südwestlichen USA. ↕ 80 cm. Z4 **'Yellow Queen'** Wüchsiger, bildet größere Gruppen mit mehr Blüten.

A. 'Clematiflora' siehe *A. vulgaris* var. *stellata*

A. 'Colorado' (State-Serie) Dunkelviolette Sepalen, manchmal mit weißer Spitze. Weiße Petalen und violette Sporne. ↕ 60 cm. Z3

A. 'Crenise Rose' ♀ (Butterfly-Serie) Rosa Sepalen, weiße Petalen und rosa Sporne. ↕ 35–40 cm. Z4

A. 'Crimson Star' (Star-Serie) Waagerecht oder aufwärts gerichtete Blüten mit dunkelroten Sepalen, weißen Petalen und roten Spornen. ↕ 50 cm. Z4

A. 'Danish Star' siehe *A.* 'Red Hobbit'

A. 'Dove' ♀ (Songbird-Serie) Einfarbig weiße Blüten. Sepalen und Sporne an den Spitzen manchmal rosa überhaucht. ↕ 40 cm. Z3

A. 'Dragonfly' Variable Farbmischung, ähnelt der McKana-Gruppe, jedoch niedriger. Braucht Tagestemperaturen von unter 15 °C zur Knospenbildung. ↕ 50 cm. Z3

A. ecalcarata siehe *Semiaquilegia ecalcarata*

A. flabellata ♀ (Kurilen-Akelei) Diese alpine Art hat nickende, kompakte Blüten mit gerundeten Sepalen und kurzen, gekrümmten Spornen. Normalerweise ist die ganze Blüte blau oder violett, nur die Spitzen der Petalen sind manchmal heller. Das hübsche Laub ist meist doppelt dreigeteilt. Gedeiht im Kübel oft besser als im Beet. Aus Nordjapan. ↕ 60 cm. Z3 **fo. alba** Weiße Blüten. **Cameo-Serie** Zwergwüchsige Serie in Blau-Weiß, Hellrot-Weiß, Rosa-Weiß, Reinweiß, Rosa oder gemischt. ↕ 10 cm. **Jewel-Serie** Mittelhohe Serie mit einfarbigen Blüten in Blau, Dunkelviolett, Rosa, Violett, Weiß und einer Mischung. ↕ 40 cm. **'Ministar'** Blaue Sepalen, weiße Petalflächen. ↕ 15 cm. **var. pumila** ♀ syn. *A. japonica* Zwergwüchsig. ↕ 30 cm. **var. pumila fo. alba** ♀ Weiße Blüten. ↕ 30 cm.

A. 'Florida' ♀ (State-Serie) Hellgelbe Sepalen, leuchtend gelbe Petalen, hellgelber Sporn. ↕ 60–75 cm. Z3

A. formosa (Schöne Akelei) Die verbreitete, variable Art ist eine schöne Pflanze mit nickenden Blüten auf hohen Stängeln, die an der Spitze leicht flaumig sind. Die Blätter sind in 9 Lappen geteilt. Die Blüten sind, gemessen an der Pflanzengröße, klein. Sie haben rote Sepalen, 2 cm lange rote Sporne und gelbe Petalflächen. Aus den westlichen Staaten Nordamerikas. ↕ 50–100 cm. Z4

A. fragrans Eine auffällige Art mit duftenden Blüten in Rosa oder Creme. Die 3 cm langen Sepalen sind meist dunkler gefärbt als die Petalflächen. Die Sporne sind 1,5 cm lang, die Blätter in 27 Segmente geteilt. Der süße Duft ist

OBEN **1** *Aquilegia* 'Robin'
2 *A. vulgaris* 'Nora Barlow'
3 *A. vulgaris* 'William Guiness'

ungewöhnlich für eine Akelei, und es erweist sich als schwierig, ihn züchterisch auf andere, farbenfrohere Hybriden zu übertragen. Am besten ist feuchtem Boden, verträgt auch Halbschatten. Aus Nordindien. ‡ 80 cm. Z5

A. **'Georgia'** (State-Serie) Scharlachrote Kelchblätter, weiße Kronblätter und scharlachrote Sporne. ‡ 60 cm. Z3

A. **'Goldfinch'** (Songbird-Serie) Hellgelbe Sepalen, Petalen und Sporne, manchmal rosa überhaucht. ‡ 40 cm. Z3

A. **'Hensol Harebell'** ♀ Klarblaue Sepalen, Petalen und Sporne. Eine echte Form ist selten zu sehen. Eine Hybride von *A. alpina* und *A. vulgaris*, im frühen 20. Jahrhundert in Schottland gezüchtet. ‡ 75 cm. Z3

A. japonica siehe *A. flabellata* var. *pumila*

A. **'Kansas'** (State-Serie) Leuchtend rote Sepalen, gelbe Petalen mit rötlicher Basis und rote Sporne. ‡ 60 cm. Z3

A. longissima ♀ Trägt ihren Namen wegen der ungewöhnlich langen Sporne, die sie an einige Hybriden vererbt hat. Ähnelt entfernt *A. chrysantha*, hat aber kleinere Blüten und kürzere Sporne. Die Blätter sind in 27 Segmente geteilt. Die einfarbig gelben Blüten haben helle, 3 cm lange Kelchblätter und dunklere, 3 cm lange Kronblätter. Die Sporne sind mindestens 9 cm lang, manchmal über 15 cm. Aus Nordmexiko. ‡ 50–100 cm. Z4

A. **'Louisiana'** (State-Serie) ♀ Dunkelrote Sepalen, weiße Petalen und dunkelrote Sporne. ‡ 60 cm.

A. **'Magpie'** siehe *A. vulgaris* 'William Guiness'

A. **McKana-Gruppe** syn. McKana-Hybriden, McKana's Giants Wüchsige, unberechenbare Mischung aus großen, ein- und zweifarbigen, waagerechten oder leicht aufwärts gerichteten Blüten mit bis zu 10 cm langen Spornen. Wird inzwischen zunehmend von den etwas niedrigeren Serien Songbird und State verdrängt. ‡ 1 m. Z3

A. **'Mellow Yellow'** Leuchtend goldgelbes Laub und weiße oder sehr hellblaue Blüten. Frühlingsaussaaten sind gut geeignet als sommerlicher Blattschmuck in Kübeln. ‡ 75 cm. Z4

A. **'Milk and Honey'** Große, weiße, duftende Blüten. Abkömmling von *A. fragrans* und *A. vulgaris*. ‡ 60–75 cm. Z4

A. **'Montana'** (State-Serie) Kräftig rosa Sepalen, weiße Petalen, rosarote Sporne. ‡ 60 cm. Z3

A. **Mrs Scott-Elliot-Hybriden** Wüchsige, unberechenbare Mischung aus verschiedenfarbigen, großen, ein- und zweifarbigen Blüten mit bis zu 10 cm langen Spornen. Niedriger und in zarteren Farben als die McKana-Gruppe. ‡ 60–90 cm. Z4

A. **Music Series** ♀ syn. Musik-Serie Mischung mittelgroßer Pflanzen mit großen, lang gesponten Blüten und ausladenden Sepalen. Auch in individuellen Farben erhältlich, z.B. Blau-Weiß, Gelb, Weiß, Rosa-Weiß, Rot-Gold und Rot-Weiß. ‡ 45 cm. Z4

A. **'Nuthatch'** (Songbird-Serie) Violette Sepalen, weiße Petalen und violette Sporne. ‡ 40 cm. Z3

A. **'Painted Lady'** (Butterfly-Serie) Hellrosa Sepalen, weiße Petalen und hellrosa Sporne. ‡ 35–40 cm. Z4

A. **'Red Admiral'** ♀ (Butterfly-Serie) Zinnoberrote Sepalen, weiße Petalen und zinnoberrote Sporne. ‡ 35–40 cm. Z4

A. **'Red Hobbit'** syn. *A.* 'Danish Star' Lang gespornte Blüten mit scharlachroten Sepalen und weißen Petalen. ‡ 40 cm. Z4

A. **'Red Star'** (Star-Serie) Rote Sepalen, weiße Petalen und rote Sporne. ‡ 60 cm. Z4

A. **'Redwing'** (Songbird-Serie) siehe 'Cardinal'

A. **'Robin'** (Songbird-Serie) Dunkelrosa Sepalen, weiße Petalen, rosa Sporne. ‡ 40 cm. Z3

A. **'Roman Bronze'** siehe *A. vulgaris* 'Roman Bronze'

A. skinneri Mexikanische Art mit langer Blütezeit. Nickende Blüten mit grünen, bis 2,5 cm langen Sepalen, kurzen grünen Petalflächen und geraden roten, bis 5 cm langen Spornen. Mehrfach geteilte Blätter mit 27 Segmenten. ‡ 1 m. Z7 **'Tequila Sunrise'** Orangefarbene Blüten. Frosttoleranter als die Art. Z8

A. **Songbird-Serie** Kräftige Pflanzen mit mittelgroßen bis großen, lang gesponten Blüten in verschiedenen Einzelfarben und einer Mischung. Gezüchtet von Charlie Weddle von Colorado Native Plants unter Verwendung der Mrs.-Scott-Elliot-Hybriden, der McKana-Gruppe und einiger nordamerikanischer Arten. Frühlingsaussaaten blühen im ersten Jahr nicht verlässlich. Die Pflanze braucht zur Knospenbildung eine Periode tiefer Nachttemperaturen und den Übergang von kurzen zu längeren Tagen. Blüht nicht, wenn die Nachttemperaturen 15 °C übersteigen. Höhe meist 35–45 cm, in fruchtbarem Boden 65–80 cm. Umfasst 'Bluebird' (blau und weiß), 'Blue Jay' (dunkelblau und weiß), 'Bunting' (hellblau und weiß), 'Cardinal' (rot und weiß), 'Dove' (einfarbig weiß), 'Goldfinch' (einfarbig gelb) und 'Robin' (rot und weiß). ‡ 35–80 cm. Z3

A. **Spring-Magic-Serie** Mittelhohe Serie in Blau-Weiß, Hellrot-Weiß, Rosa-Weiß, einfarbig Weiß und einer Mischung. ‡ 35 cm. Z3

A. **Star-Serie** Große, aufwärts gerichtete Blüten mit weißen Petalflächen. Mischungen werden oft als 'Blue Star', 'Red Star', 'White Star' und 'Yellow Star' angeboten. ‡ 50–60 cm. Z4

PROMISKUITÄT

Im Lauf ihrer Evolution haben sich wilde *Aquilegia*-Arten in geografisch isolierten Gebieten entwickelt. Genetische oder biochemische Hindernisse stehe ihrer Hybridisierung nicht im Wege. Beseitigt man die geografischen Barrieren, treten oft spontane Kreuzungen auf. Sogar bei Selbstbestäubern, die unter den Akeleien häufig sind, können zahlreiche Variationen in Blütenform, Blütenfarbe und Wuchshöhe auftreten. Violette Formen können rosa Töne zeigen, gefüllte einfache Blüten bilden, die Wuchshöhe kann variabel werden. Die lilablaue Blütenfarbe der *A. vulgaris* scheint besonders dominant zu sein.

Saatgutproduzenten haben ebenso wie Privatgärtner Mühe, ihre Bestände sortenrein zu halten. Viele Neueinführungen zeigen eine unerwünschte Variante der Blütenform oder -farbe, und selbst Sorten, die als hochwertige Auslesen eingeführt werden, können rasch nachlassen. Die verlässlichsten neueren Sorten – die Serien Butterfly, Songbird, State und Winky – sind Hybriden, deren Elternpflanzen von den Produzenten sorgfältig überwacht werden. Wie viele andere Beetpflanzen sind es F1-Hybriden, bei denen fast zwangsläufig bei Selbstaussaat oder Anzucht aus im Garten gesammelter Saat Variationen auftreten. Das Ergebnis kann frustrierend oder überraschend sein. Manchmal fallen gute Sorten kümmerlich aus, wenn sie sich selbst aussäen, manchmal kann man auch Erstaunliches entdecken.

***A.* State-Serie** (Swan-Serie in Nordamerika) Sehr große, meist 45° aufwärts gerichtete, lang gespornte Blüten in verschiedenen kräftigen Farben. Die Serie wurde von PanAmerican Seeds aus der Songbird-Serie gezüchtet und in Nordamerika mit dem Namen Swan versehen. Frühlingsaussaaten blühen im ersten Jahr nicht zuverlässig. Höhe meist 50–60 cm, in nahrhaftem Boden eher 75–80 cm. Umfasst 'Alaska' (reinweiß), 'Colorado' (violett und weiß), 'Florida' (gelb), 'Georgia' (rot und weiß), 'Kansas' (rot und gelb), 'Louisiana' (rotbraun und weiß) und 'Montana' (rosa und weiß). ↕ 60 cm. Z3

***A.* 'Sunburst Ruby'** Leuchtend goldgelbes Laub und tief-rubinrote Blüten. ↕ 75 cm. Z4

***A.* 'Sweet Lemon Drops'** Cremeweiße Sepalen, leuchtend gelbe Petalen und cremeweiße Sporne. Zitronenduft. ↕ 45 cm. Z4

A. triternata Anspruchslose, hübsche Art mit roten, bis 2 cm langen Sepalen, kurzen, gelblichen und manchmal rot oder hellrot überhauchten Petalen und 2,5 cm langen Spornen. Die Blätter sind zweifach dreigeteilt, sodass 27 Segmente entstehen. Aus Arizona, New Mexico, USA und Mexiko. ↕ 60 cm. Z8

A. viridiflora Eine ungewöhnliche, relativ langlebige Art, die an den runden »Röckchen« aus schokoladenbraunen Petalen zu erkennen ist. Die Sepalen sind grün und lang, die Sporne sind braun. In Gärten findet man normalerweise nur diese Form, doch in der Natur können die Petalen neben dem üblichen Braun auch eine gelblich grüne bis dunkelviolette Färbung haben. Die Basalblätter bestehen aus 9 Segmenten. Aus Wäldern, Wiesen und Feuchtgebieten in China, Japan, der Mongolei und Serbien. ↕ 30 cm. Z3 **'Chocolate Soldier'** Ungültiger Sortenname. Die Pflanzen unterscheiden sich nicht von der Art.

A. vulgaris (Gewöhnliche Akelei) Die bekannteste aller *Aquilegia*-Arten ist wegen ihrer weiten Verbreitung in ganz Europa sehr variabel. Durch die lange Kultur in Gärten in Europa und Nordamerika sind viele Variationen – darunter einige wertvolle – entstanden. Die Wildform, die man in Gärten selten findet, hat nach oben hin zunehmend behaarte Stängel und eine füllige Basalrosette aus Blättern mit 9 Segmenten. Die nickenden Blüten sind blauviolett, mit 2,5 cm langen Sepalen, 1 cm langen Petalen und bis zu 2,5 cm langen, immer gekrümmten und niemals geraden Spornen. Es wurde Saat von vielen Formen produziert, die sich in Höhe, Blattfärbung und Blütenform unterscheiden und deren Blütenfarben von Weiß über Rosatöne bis zu schwärzlichem Violett reichen und auch zahlreiche Zweifarbige umfassen. Die Gelb- und Rottöne der Formen aus der Neuen Welt sind jedoch selten. Gedeiht problemlos in allen Böden, auch lehmigen und alkalischen. Leicht aus Samen zu ziehen, sät sich selbst aus und neigt zu spontanen Kreuzungen (siehe *Promiskuität*). ↕ 30–90 cm, Sorten meist ↕ 60–75 cm. Z3 **'Adelaide Addison'** Dunkelblaue Blüten mit einem Kranz aus doppelt gespornten Petalen im gleichen Blau mit weißem Rand. **var. *alba*** Weiße Blüten. **var. *flore-pleno*** Gefüllte Blüten mit zahlreichen Reihen von Petalen. **var. *flore-pleno* Bonnet-Serie** Gefüllte Blüten mit zahlreichen Reihen gespornter Petalen mit weißen Petalflächen. **'Blue Bonnet'** (mittelblau) und **'Rose Bonnet'** (lilarosa) sind am häufigsten zu sehen. **var. *flore-pleno* 'Double Pleat'** Üppig gefüllte, gesporte Blüten in Violett und Weiß. **'Magpie'** siehe 'William Guiness'. **'Michael Stromminger'** Ungefüllte Blüten in dunklem Rosarot. **'Nivea'** **(Munstead White)** ♕ Reinweiße, ungefüllte Blüten auf hellgrünen Stängeln über graugrünen Blättern. Eine Lieblingssorte von Gertrude Jekyll. **'Roman Bronze'** syn. *A.* 'Roman Bronze' Gelbes Laub mit Bronzetönung. Dunkelviolette, clematisartige Blüten. Weder eine Form der alpinen *A. rockii* noch eine Hybride von *Aquilegia* und *Semiaquilegia*, wie gelegentlich angegeben wird. **var. *stellata*** (Spornlose Akelei) Ungesporte Blüten mit zahlreichen Sepalen (siehe *Gefüllte Akeleien*, S. 64). **var. *stellata* Barlow-Serie** Gezüchtet aus 'Nora Barlow', erweitert das Farbspektrum der auffälligen, pomponartigen Blüten. Als Mischung erhältlich, aber auch in Einzelfarben wie **'Black Barlow'** (dunkelviolett), **'Blue Barlow'** (blauviolett), **'Christa Barlow'** (dunkelblau mit weißem Rand), **'Nora Barlow'** ♕ Pomponförmige Blüten mit zahlreichen Reihen aus überlappenden, schmalen Sepalen, die zuerst grünlich rosa sind und sich dann rosa mit weißer Spitze färben (siehe 'Nora Barlow') und **'Rose Barlow'** (hellrosa). **var. *stellata*** syn. *A.* 'Clematiflora'. **var. *stellata* 'Firewheel'** Leuchtend rosarote Blüten. **var. *stellata* 'Greenapples'** Gefüllte Blüten mit zahlreichen Sepalen, die anfangs grün sind und sich dann cremeweiß färben. **var. *stellata* 'Royal Violett'** Dunkelviolett. **var. *stellata* 'Ruby Port'** Dunkel-rotbraun. **Vervaeneana-Gruppe** Vorwiegend gelbes Laub mit mehr oder weniger feiner grüner Marmorierung. Formen mit reingelbem Laub sind in der Vervaeneana-Gruppe nicht enthalten. Z4 **Vervaeneana-Gruppe 'Woodside Blue'** Gold-grün marmoriertes Laub und Blüten in sehr dunklem Violett. Z4 **Vervaeneana-Gruppe 'Woodside White'** Gold-grün marmoriertes Laub und weiße oder sehr hellblaue Blüten. Gezüchtet von Mervyn Feesey in Woodside (Devon, England). Z4 **'William Guiness'** syn. 'Magpie' Dunkel rötlich violette Sepalen und weiß geränderte Petalen.

***A.* 'White Admiral'** (Butterfly-Serie) Weiße, sehr zart rosa überhauchte Sepalen, hellgelbe Petalen und weiße, rosa überhauchte Sporne. ↕ 35–40 cm. Z4

***A.* 'White Star'** (Star-Serie) Weiße Sepalen, Petalen und Sporne. ↕ 50 cm. Z4

***A.* Winky-Serie** Kompakte Pflanzen mit zahlreichen Stängeln und aufwärts gerichteten Blüten, gut geeignet für Kübel und Beetränder. Je nach Geschmack hässlich oder bezaubernd. Verfügbar als Mischung und in separaten Farben, darunter 'Winky Red and White', 'Winky Blue and White', 'Winky Purple and White' und 'Winky Rose and White'. ↕ 45 cm.

***A.* 'Yellow Star'** (Star-Serie) Gelbe Sepalen, Petalen und Sporne. ↕ 50 cm. Z4

'NORA BARLOW'

Nora Barlow' ist eine der beliebtesten Akelei-Sorten. Sie ist benannt nach der Enkelin von Charles Darwin, die sie in den 80er-Jahren in ihrem Garten in Cambridge entdeckte. Nach der Einführung durch den Gärtner Alan Bloom fand die Sorte bald viele Anhänger.

Es kam aber zu Kreuzungen mit anderen Formen, was zur Folge hatte, dass unter diesem Namen angebotene Pflanzen und Samen oft enttäuschende Ergebnisse brachten. In letzter Zeit haben Saatgutfirmen große Mengen von 'Nora Barlow' produziert, die sich aber von der Urform zu unterscheiden scheinen.

Ältere Gärtner werden sich erinnern, dass die nickenden Blüten der Urform etwa gleiche Anteile Rosarot, Weiß und Grün zeigten. Die modernen Namensschwestern sind niedriger, die Blüten sind stärker auswärts gerichtet und haben kaum noch Grünanteile. Weil beide Formen unter dem gleichen Namen angeboten werden, ist es ratsam, vor dem Kauf die blühende Pflanze zu begutachten.

ARALIA

Angelikabaum, Aralie

ARALIACEAE

Diese stattlichen Pflanzen erreichen das Ausmaß von Sträuchern und schaffen in Gärten gemäßigter Regionen eine tropische Atmosphäre.

Die Gattung umfasst 40 Arten krautiger und holziger Pflanzen, die in den gemäßigten und subtropischen Gebieten Amerikas und Asiens heimisch sind und unter denen die spektakulären Sträucher vermutlich am besten bekannt sind. Die meisten Arten sind sommergrün und haben riesige, in gegenständige Paare von 21–27 herzförmigen Lappen geteilte Blätter auf kräftigen, behaarten oder stacheligen Stängeln. Sie tragen endständige Blütenstände aus mehreren kleinen Dolden, Rispen oder Cymen mit zahlreichen grünen Blüten. Im Spätsommer reifen fleischige Beeren in dunklem Violett heran, die bei Tieren, vor allem Vögeln, begehrt sind.

Aralien werden seit Langem für Heilzwecke verwendet. Aus gekauter oder gestampfter Rinde stelle man eine Salbe zur Behandlung von Wunden und Geschwüren her – das klingt schlimmer als Rhizinusöl, ist aber nicht giftig. Einen Likör aus den Beeren verabreichte man bei Gicht, und Wein aus Aralienbeeren war, wie Holunderbeerwein, ein Genussmittel. Die jungen Triebe der *Aralia cordata* isst man in Japan noch heute bei Frühjahrskuren. Allgemein werden Aralien aber weniger wegen ihrer Heilwirkung als wegen ihrer Schönheit geschätzt.

KULTUR Aralien sind Wald- und Wiesenpflanzen, die im lichten bis tiefen Schatten wachsen. In kühlen Gärten tolerieren sie auch volle Sonne. Alle gedeihen am besten in humusreichem, gleichmäßig feuchtem Boden. Trocknet er im Sommer aus, werfen die Pflanzen oft die unteren Blätter ab. Ausgewachsene Pflanzen sind schwierig umzupflanzen. Sie haben ein mächtiges Geflecht aus fleischigen Wurzeln, das leicht beschädigt wird und bis zu drei Jahre braucht, um sich von Störungen zu erholen. Nach dem ersten Frost, wenn die Beeren vertrocknet (oder gefressen)

UNTEN **1** *Aralia cachemirica* **2** *A. racemosa*

sind, die Pflanze bodennah abschneiden. Im Frühling ältere Pflanzen ausdünnen.

VERMEHRUNG Eine Vermehrung durch Wurzelstecklinge im Frühling oder Herbst ist zwar möglich, einfacher ist aber die Aussaat – im Herbst im Freiland oder nach einer vierwöchigen kalt-feuchten Stratifikation im Haus. Viele Aralien säen sich selbst aus.

PROBLEME Keine.

A. cachemirica Die Art hat riesige, waagerecht bis aufwärts gerichtete Blätter von bis zu 1,2 m Größe aus 27 schlanken, ovalen Segmenten mit schmalen Spitzen. Auf kräftigen, stacheligen Stängeln erscheinen längliche Blütenstände aus rundlichen Gruppen von Blüten. Ungewöhnlicher ist auch die Blütenfarbe – ein cremestichiges Grüngelb. Auch die im Herbst reifenden, violetten Beeren sind attraktiv. Braucht einen sonnigen bis halbschattigen Platz mit nahrhaftem, gut durchlässigem Boden. Aus lichten Wäldern und Wiesen in Kaschmir und Nepal. ‡ 1,2–3 m. Z4

A. californica (Kalifornischer Angelikabaum) Eine stämmige Pflanze mit aufrechten Stängeln, die einen Milchsaft absondern. Dichte Gruppen aus bis zu 70 weißen oder rosa Blüten auf dunkelrosa Stielen, werden von dunkelvioletten Blüten abgelöst, die an den Enden der bogigen Stängel hängen. Gedeiht in voller Sonne bis tiefem Schatten in gleichmäßig feuchtem, humusreichem Boden. Verträgt pralle Sonne etwas schlechter als andere Arten. Von Kiefernwäldern Kaliforniens und Oregons (USA). ‡ 1,2–1,8 m. Z4

A. continentalis Eine der zartesten und raffiniertesten Arten, mit 10–15 cm langen, länglich-herzförmigen Blättern an leicht behaarten Stielen. Cremeweiße bis grüngelbe Blüten erscheinen in länglichen Blütenständen mit kurzen Seitentrieben, die wie endständige Rispen aussehen. Aus den Blüten entwickeln sich violette Beeren an rosa getönten Stielen, die im Herbst nochmals für Aufsehen sorgen. Ähnelt in vieler Hinsicht der japanischen *A. cordata*, ist aber insgesamt zarter und zierlicher. Volle Sonne bis Halbschatten in feuchtem, humusreichem Boden. Aus Wäldern und Walrändern in Korea. ‡ 90–180 cm. Z4

A. cordata (Herzförmiger Angelikabaum) Diese riesige Art erreicht Höhen und Breiten bis 3 m und hat kräftige Stiele mit mächtigen, 1,2–1,8 m großen, geteilten Blättern. Die breit herzförmigen Blattsegmente stehen waagerecht und bilden ein komplexes Laub-Gefüge. Aufrechte bis überhängende Gruppen aus grünlich weißen oder rosa Blüten erscheinen an mehreren Stängeln hoch über den Blättern. Vor vielen japanischen Häusern wächst eine kräftige Pflanze dieser Art, deren junge Triebe – udo genannt – dort als Gemüse und Tonikum gegessen werden. Am besten in voller Sonne oder Halbschatten in humusreichem, gut durchlässigem Boden. Aus Wäldern und von Straßenrändern in Japan und China. ‡ 1,3–3 m. Z4

A. racemosa (Amerikanischer Angelikabaum) Eine Aufsehen erregende Art. Obwohl es eine Staude ist, werden ausgewachsene Pflanzen oft für Sträucher gehalten. Die riesigen, tropisch aussehenden Blätter sind in überlappenden Etagen angeordnet und können über 1 m lang werden. Im Früh- bis Hochsommer erscheinen in 30–90 cm langen endständigen Blütenständen zahlreiche, kleine, runde Gruppen aus bis zu 20 hellgrünen Blüten. Im Spätsommer verfärben sich die fleischigen Beeren schwärzlich violett. Die Beeren sehen attraktiv aus, werden aber rasch von Vögeln gefressen. Gedeiht in lichtem bis tiefem Schatten in humusreichem, saurem oder alkalischem Boden. Wächst wild in Nadel- und Koniferenwäldern von den nördlichen Rocky Mountains bis zur Atlantikküste im Osten. ‡ 1,2–1,8 m. Z3

ARISAEMA
Feuerkolben
ARACEAE

Ungewöhnliche, manchmal spektakuläre Blüten und eine große Variationsbreite sind kennzeichnend für diese Gattung.

Sie umfasst etwa 170 im Frühling und Sommer blühende Knollen- oder Rhizomgewächse aus verschiedenen Lebensräumen, etwa dem gemäßigten Nordamerika, dem tropischen Afrika sowie dem gemäßigten und tropischen Asien. In Europa, Südamerika und Australien sind keine Arten heimisch. Die kultivierten Arten stammen meist aus dem Himalaja, China und Japan. Es sind gute Gartenpflanzen, die bei Sammlern hoch im Kurs stehen.

Die Höhe variiert je nach Art von 20 cm bis fast 2 m. Die Pflanzen haben 1–3 Blätter, die ganzrandig und ungeteilt, gelappt oder in bis zu 20 oder mehr Segmente geteilt sein können. Die Spatha kann grün, weiß, rosa, violett, braun oder hellorange sein, außerdem einfarbig, gestreift oder gefleckt. Der Helm kann schlicht sein, aber auch auffallend in Form und Farbe. Bei manchen Arten hat er Auswüchse in Form von »Ohren« oder »Schwänzen«. Nach den Blüten folgen dichte Büschel roter Beeren.

Einige Feuerkolben tragen zweigeschlechtliche Blüten, während andere in manchen Jahren nur männliche und in anderen nur weibliche Blüten bilden. Das hat mit Art, Alter und Wuchskraft zu tun. Junge, gestresste oder schwache Pflanzen bilden oft männliche Blüten, während robustere Pflanzen weibliche tragen.

Die bekannteren Arten stammen aus gemäßigten Regionen und sind winterhart. Einige der tropischen Arten eignen sich nur für die Gewächshauskultur. Die große, artenreiche Gattung umfasst eine Reihe von Arten, die sich für die meisten Gärten eignen und die wegen ihrer einzigartigen Blüten und Blätter dort einen Platz verdient haben (siehe *Aronstabgewächse*, S. 74). ⚠

KULTUR Die hier vorgestellten Arten eignen sich vorwiegend für waldähnliche Standorte, einige vertragen auch hellere Plätze. Im Freien brauchen sie gute Dränage, dürfen aber nie austrocknen. Man kann sie auch in große Kübel pflanzen. Während der Wachstumsphase gießen und düngen. Einige Gärtner raten von Langzeitdüngern ab.

VERMEHRUNG Die meisten Arten bilden durch Ableger an Rhizomen Kolonien. Man kann die Pflanzen im Herbst ausgraben, die Rhizome teilen und neu einpflanzen. Im Herbst reifen die Samen. Sät man sie im Frühling, blühen die Jungpflanzen nach drei bis fünf Jahren.

PROBLEME Einige Arten sind anfällig für Rost und andere Pilze. In schlecht dränierten Böden können die Rhizome faulen. Gelegentlich treten Viruserkrankungen auf. Befallene Pflanzen vernichten.

A. amurense Die 2 Blätter sind in 5, manchmal 3, ganzrandige bis leicht gezähnte, verkehrt eiförmige Segmente von 13–16 cm Länge in Grün mit rot gefleckter Unterseite geteilt. Im Frühling erscheinen über dem Laub männliche oder weibliche Blüten mit grüner, manchmal violett gestreifter Spatha, die dem bekannteren *A. triphyllum* ähnelt. Eine der unkompliziertesten und frosttolerantesten Arten. Aus Nordost-China, dem Grenzgebiet Koreas und Russland. ‡ 25 cm. Z5

RECHTS 1 *Arisaema consanguineum*
2 *A. flavum* **3** *A. jacquemontii*

NATURSCHUTZ

Die Kultur der Feuerkolben beschränkte sich lange auf die attraktiven und relativ unkomplizierten Arten *Arisaema candidissimum* und *A. sikokianum*, doch in den letzten Jahren hat das Interesse an diesen faszinierenden und oft skurrilen Pflanzen stark zugenommen. Trotz (und teilweise wegen) der Tatsache, dass die weniger bekannten Arten schwierig zu bekommen und teuer sind und oft erst drei oder vier Jahre nach der Aussaat blühen, sind Feuerkolben derzeit in Mode.

Es sind Pflanzen für Gärtner und Pflanzenfreunde, denen es nicht um die schnelle Pracht geht, sondern die das wunderbar Seltsame lieben – und die auch gern ihre botanisch weniger versierten Gäste einmal beeindrucken. Allerdings wurden auch mehr Pflanzen aus der Natur entfernt, um sie an Gärtner zu verkaufen. Einerseits können Gärtner etwas für den Naturschutz tun, indem sie bedrohte Arten kultivieren, vermehren und in Umlauf bringen. Oft werden Pflanzen in Gärten auch genauer wahrgenommen als in ihren abgelegenen natürlichen Lebensräumen. Werden aber Pflanzen für die Gartenkultur aus der Natur entfernt, kann es verheerende Auswirkungen auf den Wildbestand haben. Selbst relativ verbreitete Arten können durch kommerzielle Sammler erheblich dezimiert werden. Erfahrene Gärtner sind sich dieses Problems bewusst. Wenn Sie aber einmal ungewöhnliche Pflanzen in großer Zahl und vielleicht noch zu überraschend günstigen Preisen finden, sollten Sie ruhig einige unbequeme Fragen nach ihrer Herkunft stellen.

A. candidissimum Das einzelne Blatt ist in 3 breit ovale, leicht blaugrünliche Segmente mit cremefarbenem Rand geteilt, von denen das mittlere das größte ist. Die Blüten (die männlich, weiblich oder selten zweigeschlechtlich sein können) erscheinen im mittleren bis späten Frühling. Die röhrenförmige, behelmte Spatha kann einfarbig oder gestreift, weiß oder hellrosa sein, auch rosarote und pinkfarbene Töne kommen vor. Ungewöhnlich ist der süße, aber flüchtige Duft. Eine der attraktivsten Arten, 1914 von dem berühmten Pflanzensammler George Forrest entdeckt und heute vielfach kultiviert. Aus Südwest-China (siehe *Aronstabgewächse*, S.73). ‡ 30 cm. Z5

A. ciliatum Das einzelne Blatt ist in bis zu 20 mehr oder weniger lanzettliche, 5–11 cm lange, grüne Segmente geteilt, die strahlenförmig fast in einem vollen Kreis angeordnet sind und manchmal fadenförmig spitz auslaufen. Die zumeist violetten Blüten, die männlich oder weiblich sein können, erscheinen, wenn sich das Blatt entfaltet. Die Spatha kann schwach oder kräftig gestreift sein und läuft in einer bis zu 20 cm langen Spitze aus. Der Fruchtstand neigt sich während der Reife. Ähnelt *A. consanguineum*, breitet sich jedoch durch die Wurzeln aus und hat eine feine Behaarung an der Öffnung der Spatha. Relativ neue Einführung, die an Popularität gewinnt. Aus Südwest-China. ‡ 90 cm. Z5

A. concinnum Eine eindrucksvolle Pflanze mit einem einzelnen, großen, langstieligen Blatt mit 8–13 ovalen, leicht gekräuselten, 15–30 cm langen Segmenten mit deutlich vertieften Adern und lang auslaufenden Spitzen. Die Blütenstände, die männlich oder weiblich sein können, erscheinen im Frühling zusammen mit dem Blatt. Die bis 15 cm lange Spatha bildet eine schlanke Röhre in hellem Grün, Rand oder Lippe sind manchmal violett gefärbt. Als Gartenpflanze relativ neu, frostempfindlicher als die meisten Arten. Aus dem Himalaja bis Westchina. ‡ 1,5 m. Z6

A. consanguineum (Chinesischer Feuerkolben) Eine bekannte Art, die 1,8 m Höhe und 60 cm Breite erreicht. Das einzelne Blatt trägt einen Kreis aus bis zu 22 lanzettlichen Segmenten, die verschiedene, hübsche Muster tragen können. Die Blütenstände sind männlich, weiblich und seltener zweigeschlechtlich. Die bis 35 cm lange Spatha ist grün bis braun und hat eine verlängerte Spitze. Eine leicht erhältliche Art, die unkompliziert und frosttolerant ist. Aus dem Himalaja bis Westchina. ‡ 1,8 m. Z5

A. costatum Das einzelne, oft violett überhauchte Blatt von bis zu 60 cm Länge ist in 3 grüne, rot gestreifte Segmente geteilt, die auf der Unterseite erhabene, parallele Adern zeigen. Das lange Mittelblatt ist eiförmig, die beiden äußeren Blätter sind etwas kürzer. Die Spatha der männlichen oder weiblichen Blütenstände besteht aus einer schmalen, behelmten Röhre in dunklem Rotbraun, die in einer 7 cm langen Spitze ausläuft. Aus dem Himalaja. ‡ 60 cm. Z7

A. dracontium (Drachen-Feuerkolben) Das einzelne, mittelgrüne Blatt ist in etwa ein Dutzend elliptische bis verkehrt lanzettliche Segmente geteilt, von denen das mittlere kürzer ist als seine Nachbarn, die übrigen nehmen paarweise in der Größe ab. Das Blatt verbirgt die fast röhrenförmige grüne Spatha, aus der sich der männliche oder zweigeschlechtliche Spadix von bis zu 30 cm Länge manchmal bis über das Laub erhebt. Eine Waldart, die feuchte Standorte im lichten bis mittleren Schatten braucht. Aus Nordamerika. ‡ 60–120 cm. Z4

A. fargesii Eine auffallende Art mit einem einzelnen, dreigeteilten Blatt. Das große, breit eiförmige Mittelblatt wird bis zu 30 cm lang und breit, die schmaler eiförmigen Seitenblätter sind kleiner. Das Blatt färbt sich im Herbst gelb. Im Hochsommer erscheinen rotbraune, röhrenförmige Spathen, die sich zu einer umgekehrten u-Form krümmen und in einer 3–4 cm langen Spitze auslaufen. Der männliche oder weibliche Spadix liegt fast völlig in der Spatha verborgen. Aus Westchina. ‡ 60 cm. Z5

A. flavum Eine relativ variable, weit verbreitete, kleinere Art mit 1 oder 2 Blättern, Diese sind sieben- bis neunteilig, mit mehr oder weniger lanzettlichen Segmenten, von denen das mittlere 5–16 cm groß ist und die übrigen nach außen hin kleiner werden. Die kleinen Spathen erscheinen im Hochsommer. Sie bilden einen kurzen Becher mit manchmal violetter Basis und Innenseite und leuchtend gelber, dreieckiger Klappe, die die Öffnung bedeckt. Der Spadix kann männlich, weiblich oder zweigeschlechtlich sein. Am besten im lichten Schatten. Aus Ostafrika, vereinzelt bis Tibet. ‡ 45–75 cm. Z5

A. franchetianum syn. *A. purpureogaleatum* Eine auffällige und unkomplizierte Art mit einem einzelnen, dreigeteilten, relativ bläulichen Blatt mit eiförmigen Segmenten, deren mittleres mit 20–50 cm etwa die doppelte Länge der seitlichen Blätter hat. Röhrenförmige Spathen mit weißen Streifen und 15–20 cm langer Spitze erscheinen im Hochsommer und krümmen sich zu einer umgekehrten U-Form. Der Spadix ist männlich oder weiblich. Ähnelt *A. fargesii* stark, doch das Blatt ist kleiner, die Gesamthöhe größer und die Spitze der Spatha länger. Aus Südwest-China. ‡ 90 cm. Z5

A. galeatum Das einzelne, dreigeteilte, dunkelgrüne Blatt ist weiter in mehr oder weniger eiförmige, 20–30 cm lange Segmente mit rauer Oberfläche, weißer Mittelader und feinem, rotem Rand geteilt. Die behelmte Spatha erscheint im Frühling an einem kurzen Stiel knapp über dem Boden und wird oft durch das gleichzeitig austreibende Blatt verdeckt. Aus Indien bis Westchina. ‡ 90 cm. Z5

A. griffithii (Gelber Feuerkolben) Eine Pflanze von skurrilem Aussehen. Sie hat 2 Blätter aus je 3 ungefähr gleich großen, ei- bis fast rhombenförmigen, 10–40 cm langen Segmenten in Grün mit violetten Flecken. Die behelmte Spatha ist die ungewöhnlichste und auffälligste der Gattung: Mit der eingerollten Spitze und der reptilhaften Streifenzeichnung in Violett und Grün sieht sie fast aus wie der Kopf einer Kobra. In ihr liegt der männliche oder weibliche Spadix verborgen. Ihr schmaler Schwanz kann bis 60 cm lang werden. Eine düstere, aber variable Schönheit. Beim Kauf auf eine gute Zeichnung achten. Aus Indien und dem Himalaja. ‡ 60 cm. Z5

A. helleborifolium siehe *A. tortuosum*

A. jacquemontii Eine Art mit 1 oder 2 Blättern, die aus je 5–7 eiförmigen, einfarbig grünen Blättern bestehen, deren mittleres 5–18 cm lang ist, während die anderen nach außen hin kleiner werden. Die grüne Spatha mit weißen Streifen ist röhrenförmig und hat eine breite Klappe, die ihre Öffnung teilweise verdeckt. Sie erscheint nach den Blättern und steht über ihnen. Der männliche oder weibliche Spadix hat einen 2–8 cm langen Fortsatz in Violett oder Grün. Aus sonnigen, offenen Lagen von Pakistan bis China. ‡ 60–90 cm. Z5

A. nepenthoides Die 2 oder 3 fünfgeteilten Blätter haben glänzend dunkelgrüne Oberseiten, violett geaderte oder einfarbig violette Unterseiten und verkehrt lanzettliche, 15–25 cm lange Segmente mit gewellten Rändern. Die Spatha erscheint im Spätfrühling. Sie hat einen schlangenartigen Helm und 2 flache, ohrenähnliche Auswüchse, die wie die abgeflachten Fangorgane der Insekten fressenden Pflanze Nepenthes aussehen. Kann männlich, weiblich oder selten zweigeschlechtlich sein. Aus dem Himalaja bis China. ‡ 60–90 cm. Z5

A. propinquum Die 2 oder 3 dreigeteilten Blätter sind etwa 15 cm lang und breit und bestehen aus glänzend grünen, breit eiförmigen, 8–20 cm langen Segmenten mit kurzer, schmaler Spitze. Die männlichen oder weiblichen Blütenstände stehen knapp über der Erde und unter den Blättern. Die grün-weiß gestreifte Spatha hat einen breiten, leicht gekrümmten Helm und eine 4–5 cm lang auslaufende Spitze. Aus dem Himalaja, Pakistan und Indien. ‡ 80 cm. Z5

A. purpureogaleatum siehe *A. franchetianum*

A. serratum Sehr variabel. Die beiden Blätter haben 7–17 mehr oder weniger

ARISAEMA – BLÜTENAUFBAU

Die »Blüte« der Feuerkolben und anderer Aronstabgewächse ist eigentlich ein einzigartiges, unverwechselbares, komplexes Gebilde, das viele kleine Einzelblüten enthält. Die äußere Hülle, Spatha genannt, ist oft der farbigste und auffälligste Teil des Blütenstandes. In ihr befindet sich der Spadix, der verborgen sein oder herausschauen kann und bis 30 cm lang wird, bei einigen Arten noch länger. Er trägt die männlichen und weiblichen Blüten, die von der Spatha umhüllt sind. Aus den Blüten entwickeln sich oft farbenprächtige Früchte.

Arisaema sikokianum

DREIBLÄTTRIGER FEUERKOLBEN

Die bekannte Art *Arisaema triphyllum* ist in einem großen Teil des östlichen Nordamerika von Kanada bis Florida zu finden. Bei so weit verbreiteten Pflanzen kommen regionale Variationen häufiger vor, in diesem Fall zeigen sich aber sogar innerhalb einzelner Bestände erstaunliche Abweichungen. Dadurch kam es zu einiger Verwirrung bei der Namensgebung. Unter Sammlern kursieren einige falsch benannte Pflanzen, doch zum Glück werden in Gärtnereien noch nicht viele Namensorten angeboten.

Innerhalb einer einzigen Population können die Spathen einfarbig grün oder fast schwarz sein. Das Innere kann eine andere Farbe als das äußere – oder seltener die gleiche – haben, außerdem können verschiedenartige weiße Streifenmuster auftreten. Der Spadix kann grün, schwarz oder grün mit schwarzen Flecken sein. Blatt- und Stielfarbe sind ebenfalls variabel, einige Formen haben weiß geaderte Blätter. Es gibt also reichlich Spielraum, die ungewöhnlicheren Formen zu selektieren und zu benennen. Doch alle sind eindrucksvolle Gewächse für feuchte Standorte und sehen, wenn sie ausgewachsen sind, auch im Fruchtschmuck gut aus.

ovale oder eiförmige, manchmal cremefarben geaderte oder gezeichnete Einzelblättchen mit leicht gezähnten oder gewellten Rändern, deren mittleres 10–20 cm lang ist, während die übrigen schnell kleiner werden. Die männlichen oder weiblichen Blüten erscheinen sehr früh. Die Spatha ist grün oder violett mit weißen Streifen und einer fein auslaufenden Spitze. Wird unter verschiedenen Namen verkauft, darunter *A. angustatum*, *A. mayebarae* und *A. takedae*. Aus dichten Wäldern in ganz Japan, Teilen Koreas und Ostchina. ↕ 1,5 m. Z5

A. sikokianum Gut bekannt wegen des farbigen Laubs und des auffälligen Spadix. Die beiden Blätter mit 3–5 breit lanzettlichen oder verkehrt eiförmigen, grünen Fiederblättchen sind manchmal unregelmäßig silbrig oder weiß gestreift oder gefleckt. Der Blütenstand ist sehr auffallend. Die Spatha erscheint mit dem Laub im zeitigen Frühling. Sie ist dunkel-schokoladenbraun bis dunkelviolett, mit offenem Helm und weißer Innenseite. Darin befindet sich der schneeweiße, knopfförmige Spadix, der männliche oder weibliche Blüten trägt. Braucht humusreichen Boden mit guter Dränage, bildet an günstigen Standorten reichlich Samen. Kann kurzlebig sein, darum sind regelmäßige Nachsaaten sinnvoll. Aus Shikoku, Japan. ↕ 30–50 cm. Z5

A. speciosum (Prächtiger Feuerkolben) Breitet sich mit knolligen Rhizomen aus. Blüte und Laub erscheinen im Frühling. Das einzelne grüne Blatt ist in 3 Teile mit je 4–5 cm langen Stielen geteilt. Das mittlere Blattsegment ist 30 cm lang und oval, die beiden äußeren sind 35 cm lang und sichelförmig. Die trichterförmige Spatha ist rotviolett mit weißen Streifen, lang auslaufender Spitze und weißer Innenseite. Der bis 80 cm hervorragende, männliche oder weibliche Spadix ist weiß und läuft in einer dunkel-rotbraunen, fadenförmigen Spitze aus. Aus dem Himalaja und Indien bis China. ↕ 60 cm. Z7

A. tortuosum syn. *A. helleborifolium* Seit längerer Zeit in Gärten vertreten und sehr variabel. Die beiden Blätter haben bis 20 oder mehr schmal lanzettliche Fiederblättchen, deren mittleres 5–30 cm lang sein kann. Die übrigen werden nach außen hin stetig kleiner. Die Spatha steht auf Blatthöhe, ist außen mattgrün, innen dunkler violett und hat eine stumpfe Spitze. Der männliche oder weibliche Spadix steht 30 cm oder mehr hervor. Die Winterhärte variiert erheblich, wählen Sie entsprechend Ihrer Standortbedingungen. Aus Indien bis China und weiter südlich. ↕ 60–180 cm. Z5

A. triphyllum (Dreiblättriger Feuerkolben) In Laub und Blüte sehr variabel. Die beiden dreiteiligen Blätter sind meist mittelgrün, die 15 cm langen Fiederblättchen gelegentlich silbern geadert oder rot getönt. Die Spatha ist meist grün, kann aber auch dunkelviolett, rot oder weiß gestreift sein. Der männliche, weibliche oder zweigeschlechtliche Spadix ist grün oder weiß. Gedeiht am besten im feuchten Schatten. Selbst ausgesäte Jungpflanzen zeigen oft verschiedene Merkmale. Aus Wäldern und Uferzonen im Osten Nordamerikas. ↕ 23–90 cm. Z4

ARISARUM
Mäuseschwanz
ARACEAE

Diese kleinen, ungewöhnlichen, Waldpflanzen werden wegen ihres Laubs und ihrer einzigartigen Blüten kultiviert.

Es sind Rhizompflanzen, die im Mittelmeerraum beheimatet sind und im Sommer eine Ruhezeit einlegen. Von den 3 Arten der Gattung ist nur eine öfter in Gärten zu sehen. Die mehr oder weniger pfeilspitzenförmigen Blätter stehen auf langen Stielen und bilden rundliche Polster. Das Laub treibt früh aus und stirbt im Hochsommer ab. Die Spatha ist an der Basis röhrenförmig und öffnet sich dann zu einem nach vorn gerichteten Helm, der den schlanken Spadix umgibt. Die Gewächse sind eher skurril als schön, aber durchaus pflanzenswert (siehe *Aronstabgewächse*, S.74).

KULTUR Bevorzugt lichten Schatten und feuchten, waldartigen Boden mit guter Dränage. Bildet bei guten Bedingungen Kolonien. Die Positionen von Kolonien sollten gekennzeichnet werden, um sie während der Ruhezeit nicht zu beschädigen.

VERMEHRUNG Rhizome während der Ruhezeit teilen und sofort wieder einpflanzen. Nicht austrocknen lassen.

PROBLEME Keine.

A. proboscideum Kleine Rhizomstaude, die im lichten Schatten niedrige Polster aus, pfeilspitzenförmigen Blättern bis 15 cm Länge bildet. Die Blüten erscheinen im Frühling und sind meist vom Laub verdeckt. Die rundliche Spatha ist an der Basis weiß, manchmal mit violetten Senkrechtstreifen, die in einfarbiges Violett übergehen, und trägt oben einen Helm mit einem langen, bräunlich violetten Fortsatz, der aus dem Laub ragt – wie der Schwanz einer Maus, die zwischen den Blättern verschwindet. Der schmale, schwammige Spadix liegt in der Spatha. Konsistenz und Geruch sind pilzartig, um Pilzmücken zur Bestäubung anzulocken. Sorgt während der Blüte für Gesprächsstoff, zieht im Hochsommer aber das Laub ganz ein. Gut für Regionen mit trockenen Sommern. Aus dem Mittelmeerraum. ↕ 15–25 cm. Z6

ARISTOLOCHIA
Pfeifenwinde, Osterluzei
ARISTOLOCHIACEAE

Diese Gruppe von Stauden, der viele kletternde Arten angehören, eignet sich gut für einen naturnahen Garten.

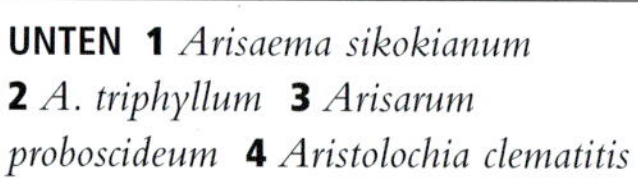

Pfeifenwinden sind auf beiden Erdhalbkugeln verbreitet, vorwiegend in den Tropen, aber auch in gemäßigten Regionen. Ihre Blüten bilden Fallen für bestäubende Insekten. Die Blüten bestehen aus einer gekrümmten Röhre, die an der Basis aufgebläht ist und am oberen Rand zu einer Lippe, einem Trichter oder einer Scheibe ausläuft. Innerhalb der Röhre befinden sich zahlreiche nach unten gerichtete Härchen, die den Fliegen den Einstieg erleichtern, das Herauskriechen aber unterbinden, bis der Pollen ausgeschüttet ist. Dann verfallen die Härchen, die Insekten können ausfliegen und den Pollen zu anderen Blüten tragen.

KULTUR Gedeiht in verschiedenen, auch mageren Böden, aber am besten in mäßig nahrhaftem Boden an einem sonnigen Platz.

VERMEHRUNG Durch Teilung oder Stecklinge der Basaltriebe.

PROBLEME Keine.

A. clematitis (Gewöhnliche Osterluzei) Sommergrüne Pflanze, die sich unterirdisch ausbreitet. Verzweigte, aufrechte Triebe tragen herzförmige, glatte Blätter von 10 cm Länge oder mehr. Die 2–3 cm langen hellgelben Blüten haben braun geaderte, ovale Lippen und erscheinen im Sommer und Herbst in kleinen Gruppen in den oberen Blattachseln. Wurde früher zur Empfängnisförderung und in der Geburtshilfe eingesetzt. Stammt vermutlich aus Ost- und Südost-Europa, ist aber heute in weiten Teilen Europas und Teilen Großbritanniens zu finden. ↕ 70–90 cm. Z6

ARNEBIA
Prophetenblume
BORAGINACEAE

Viel zu selten werden diese reizvollen Pflanzen kultiviert. Sie machen sich besonders gut im Beetvordergrund.
   Die Gattung beinhaltet etwa 25 Arten winterharter, sommergrüner Stauden und Einjähriger aus Wäldern, Felsregionen und grasigen Hängen aus Nordafrika bis Zentralasien. Nur eine Art wird kultiviert. Die Wurzeln einiger Arten enthalten einen violetten Farbstoff, andere werden zu Heilzwecken eingesetzt. Trichterförmige, fünflappige Blüten in Gelb und seltener Violett stehen in belaubten Gruppen. Durch ungewöhnliche dunkle Flecken, die nach der Bestäubung verblassen, locken die Blüten Bienen an.

KULTUR Gut für Steingärten, gemischte Beete, Mauernischen oder Gehölzbeete im Halbschatten. Braucht gut durchlässigen Boden, der mit Laubkompost oder anderer organischer Substanz angereichert ist. Die einzige kultivierte Art, *A. pulchra*, benötigt einen kühlen, halbschattigen Standort. Andere Arten wachsen in der Natur auch in voller Sonne.

VERMEHRUNG Aussaat im Frühling. Teilung im Frühling. Wurzelstecklinge nach der Blüte, Triebstecklinge im Winter.

PROBLEME Keine.

A. pulchra syn. *A. echioides, A. longiflorum* (Prophetenblume) Behaarte Pflanze, die Gruppen von Rosetten aus bis 15 cm langen Blättern und unverzweigten, ausladenden Trieben bildet. Trägt im Sommer 2,5 cm große, gelbe Blüten in weiter Trichterform mit einer ungewöhnlichen Zeichnung aus 5 dunkelbraunen Punkten auf den Blütenblättern. Diese »Fingerabdrücke des Propheten« verblassen mit der Zeit. Schön für den Beetvordergrund, braucht aber einen geschützten, kühlen Platz im lichten Schatten. Verträgt in kühlerem Klima auch volle Sonne. Ideal ist kiesiger Boden mit einem Anteil Laubkompost. Vermehrung durch Samen (unregelmäßige Keimung) oder durch vorsichtige Teilung von Pflanzen, die aus mehr als einer Rosette bestehen. Aus dem nördlichen Kaukasus, dem Nordiran und der nordöstlichen Türkei. ↕ 15–45 cm. Z6

ARNICA
Arnika, Wohlverleih
ASTERACEAE

Wegen ihrer Heilwirkung sind diese Sommerblüher bekannt und beliebt. Man kennt sie hauptsächlich von Bergwiesen.
   Die Gattung umfasst 32 Arten sommergrüner Pflanzen, die auf Wiesen und in lichten Wäldern der nördlich-gemäßigten und arktischen Regionen wachsen. Einige wurden als Heilpflanzen verwendet, alle sind aber bei Verzehr toxisch und ihr Milchsaft kann Hautreizungen verursachen. Die gegenständigen Blätter können gestielt, ungestielt oder grundständig sein. Die orange-farbenen Blütenkörbchen stehen auf aufrechten Stängeln mit mehreren Paaren stängelumfassender Blätter. ⚠

KULTUR Braucht volle Sonne und humusreichen Boden mit guter Dränage.

VERMEHRUNG Teilung nach der Blüte oder Aussaat im Frühling bei 10 °C.

PROBLEME Keine.

A. chamissonis Breitet sich langsam aus und ist ein schöner, saisonaler Bodendecker. Gelbe, bis 5 cm große Blütenkörbchen mit 10–16 Strahlen erscheinen in lockeren Gruppen von Juni bis September. Das Ausputzen welker Blütenkörbchen verlängert die Blühperiode. Braucht volle Sonne und gut durchlässigen Boden. Gedeiht auch in Wildwiesen mit magerem Boden oder an fruchtbareren Standorten, an denen die Ausbreitung kein Problem ist. Aus dem Westen Nordamerikas. ↕ 60 cm. Z2

A. montana (Echte Arnika, Berg-Wohlverleih) Gruppen bildende Art mit breit lanzettlichen, weich behaarten, ungestielten Basalblättern bis 20 cm Länge. Von Juni bis September erscheinen auf aufrechten Stängeln kleine Gruppen aus bis zu 8 cm großen Blütenkörbchen und 2 oder 3 Paaren stängelumfassender Blätter. Die Art ist als Heilpflanze berühmt, sollte aber nicht ohne fachmännischen Rat verzehrt werden. Bevorzugt humusreichen, sauren Boden in voller Sonne. Aus den Bergregionen Europas und Westasiens. ↕ 60 cm. Z6

ARRHENATHERUM
Glatthafer
POACEAE

Das grobe, Trockenheit vertragende Gras stammt von Wiesen und trockenen Graslandschaften. Nur eine Form ist kultivierenswert.

OBEN 1 *Arnica montana*
2 *Arrhenatherum elatius* subsp. *bulbosum* 'Variegatum'

Zur Gattung gehören 6 Arten ausdauernder Gräser aus Europa, dem Mittelmeerraum und dem Nahen Osten. Sie wurden auch in andere Teile der Welt eingeführt und dort verwildert. Der Glatthafer wächst an Feldrändern, in trockenen Gerölllandschaften und auf Brachland. Er bildet Gruppen aus langen, geraden Halmen mit angeschwollener Basis und mit lockeren, rispigen Blütenständen. *Arrhenatherum elatius* subsp. *bulbosum* (Knolliger Glatthafer) mit birnenförmigen, bis 1 cm starken Halmverdickungen ist ein lästiges Unkraut. Die panaschierte Form wuchert weniger stark und sieht attraktiver aus.

KULTUR Verträgt Trockenheit, wächst in fast allen Böden in Sonne und Halbschatten.

VERMEHRUNG Aus Samen oder Teilung im Frühling oder durch Abnehmen verdickter Halmbasen.

PROBLEME Keine.

A. elatius subsp. ***bulbosum*** 'Variegatum' Bildet langsam Teppiche aus weichen blaugrauen Blättern bis 30 cm Länge mit weißen Streifen und Rändern. Im Frühsommer erscheinen rispige Blütenstände aus zweiblütigen Ährchen, die man abschneiden sollte, um die Blattfärbung zu erhalten und die Selbstaussaat zu unterbinden. Im Hochsommer sterben die oberirdischen Teile ab und treiben im Herbst wieder aus. Gedeiht am besten im Halbschatten, verträgt Trockenheit und bevorzugt gut durchlässigen, neutralen bis sauren Boden. Muss oft geteilt werden. Sämlinge haben entweder einfarbig grünes oder einfarbig weißes Laub. ↕ 30–60 cm. Z5

ARTEMISIA

Absinth, Beifuß, Eberraute, Wermut

ASTERACEAE

Das Laub dieser Pflanzen trägt einen aromatischen Duft und ist teilweise attraktiv silbrig.

Die Gattung umfasst etwa 350 Arten immergrüner oder sommergrüner Sträucher und Stauden, teils Gruppen bildend, teils mit Rhizomen, sowie Einjähriger. Die Pflanzen sind vorwiegend in nördlich-gemäßigten Regionen heimisch. Einige werden traditionell als Küchen- und Heilkräuter verwendet. Einige Arten mit Rhizomen neigen zum aggressiven Wuchern. Die wechselständigen Blätter sind oft silbrig, gezackt oder tief eingeschnitten und oft zwei- oder dreifach in schmale Lappen geteilt. Weil sie im Gegensatz zu den meisten anderen Korbblütengewächsen keine Strahlenblüten haben, sind die Blütenkörbchen meist unscheinbar. Sie stehen meist in verzweigten Blütenständen. Angenehm duftende Arten sollte man an einen Weg oder eine Terrasse pflanzen.

KULTUR Die meisten Arten bevorzugen mageren, gut durchlässigen Boden in der Sonne, etwa im Kiesgärten. Manche wachsen buschiger, wenn man sie im Spätfrühling um ein Drittel einkürzt. Weniger standfeste Arten sollten gestützt werden.

VERMEHRUNG Durch Stecklinge oder Teilung.

PROBLEME Die kompakteren, graulaubigen Formen sind bei feuchter Hitze sehr anfällig für Mehltau, der das Laub zerstört, vor allem, wenn es üppig ist. Miniermotten können bei Arten, die keine sehr feinen Blattsegmente haben, auftreten.

A. absinthium (Echter Wermut, Absinth) Eine relativ unkomplizierte, aber variable Art, die zum Aromatisieren von Wermut und Absinth verwendet wird. Bildet aus einer holzigen Wurzel aufrechte Triebe. Die bis 10 cm langen und breiten Blätter sind entlang der Hauptachse dreifach eingeschnitten, silbrig seidenhaarig. Im Juli und August erscheinen luftige Rispen aus grau-gelben Blütenkörbchen. Im April auf 15 cm Höhe zurückschneiden. Blütenstand vor der Blüte stutzen, wenn eine rundliche Form gewünscht ist, alternativ nach der Blüte, um den Neuaustrieb anzuregen. Dadurch bleiben die Pflanzen insgesamt kompakter und können weiter vorn ins Beet gesetzt werden. Aus dem gemäßigten Eurasien und Nordafrika. ↕ 60–150 cm. Niedriger, wenn die Blüte unterbunden wird. Z4 **'Lambrook Mist'** ♀ Wüchsig, verträgt feuchte Winter und kräftigen Rückschnitt. Silbriges Laub, jedoch nicht so hell und weniger fein geschnitten als 'Lambrook Silver'. Selektiert von Andrew Norton in Margery Fishs Garten in East Lambrook Manor, Somerset. ↕ 1 m. **'Lambrook Silver'** ♀ Eine besonders silbrige Auslese, von Margery Fish als wahrscheinlich weißeste Sorte gepriesen. Etwas empfindlicher gegen Frost und winterliche Nässe. ↕ 1 m. Z5

A. alba (Kampfer-Wermut) Eine sehr variable, mehr oder weniger immergrüne Art mit verholzender Basis. Die Blätter können glatt und grün bis dicht behaart und weißlich sein. Sie sind entlang der Mitte tief gelappt und die Segmente schmal fadenförmig. Der Geruch ist variabel, aber meist kampferartig. Von Juli bis September erscheinen gelbliche Blütenkörbchen. Bevorzugt Sonne und gut durchlässigen Boden. Aus Nordafrika, Südeuropa und dem südlichen Mitteleuropa. ↕ bis 1 m. Z5 **'Canescens'** ♀ syn. *A. canescens* Über einer Basalrosette aus silbrigem Laub stehen die eher unscheinbaren Blütenkörbchen, die man wegen der hohen, dekorativen Blütenstands-Stiele stehen lassen sollte. Schneidet man sie nach dem Welken ab, wird der Neuaustrieb angeregt und es kann eine zweite Blüte im Herbst folgen. Schön für den Vordergrund eines sonnigen Beets. Wird manchmal fälschlich als *A. splendens* angeboten. ↕ 45 cm.

A. canescens siehe *A. alba* 'Canescens'

A. caucasica ♀ syn. *A. lanata, A. pedemontana* Immergrüne, ausladende Pflanze mit verholzender Basis und silbrig schimmerndem Laub, das entlang der Hauptachse eingeschnitten in schmale Lappen geteilt ist. Im Hochsommer erscheinen Blütenstände mit gelblichen Blütenkörbchen, die man abschneiden kann, um den Austrieb frischen Laubs anzuregen. Wegen der Hitzeverträglichkeit gut geeignet für Gruppenpflanzungen in heißen, trockenen Regionen, aber auch für den Steingarten oder als Flächendecker im Beetvordergrund. Wird oft mit der krautigen Rhizompflanze *A. schmidtiana*

'Nana' verwechselt und beide werden häufig fälschlich als »Silver Mound« bezeichnet. Braucht Sonne und gute Dränage. Verträgt Stickstoffüberschuss und nasse Winter schlecht. Vermehrung durch Stecklinge oder Absenker. Verbreitet in ganz Südeuropa von Zentralspanien bis in die Ukraine. ↕ 15–30 cm. Z5

A. lactiflora ♀ (Weißer China-Beifuß) Diese Gruppen bildende, krautige Staude unterscheidet sich von anderen kultivierten Formen durch ihr sehr dunkles, entlang der Mitte eingeschnittenes und nochmals gelapptes Laub. Bis vor wenigen Jahrzehnten sah man in Gärten nur Pflanzen, die im August lockere, wenig verzweigte Blütenstände aus cremefarbenen Blütenkörbchen trugen. Neuere Einführungen haben stärker verzweigte Blütenstände (Rispen). Sollte im Herbst gepflanzt werden. Bevorzugt nahrhaften, feuchten Boden und verträgt etwas Schatten. Bei Stress durch Trockenheit, Staunässe oder Nährstoffmangel droht Pilzbefall, der zum Absterben führen kann. Aus Indien, Südasien und China. ↕ 1,5 m. Z4 **Guizhou-Gruppe** Variabel, mahagonirote Stängel, Blätter rötlich überhaucht. Von Juli bis August lockere Rispen aus weißen Blütenkörbchen. Pflanzen mit blasser oder fehlender Dunkeltönung meiden. ↕ 1,5 m. **'Jim Russell'** Violett überhauchte Blätter und sehr ausladende Rispen von weißen Blütenkörbchen an überhängenden Stängeln. ↕ 1,5 m. **'Rosenschleier'** Luftige Rispen aus gräulich rosa Blütenkörbchen von Juli bis August. ↕ 1,5 m. Z5

A. lanata siehe *A. caucasica*

A. ludoviciana (Weißer Beifuß) Robuste, variable, wuchernde Staude. Eine der größten Beifuß-Arten. Die unteren bis 11 cm langen Blätter sind gezähnt oder geteilt, auf der Unterseite weiß behaart und auf der Oberseite grün bis silbrig. Die unscheinbaren Blütenkörbchen sind ähnlich gefärbt wie die Blätter und erscheinen im Sommer und Herbst in lockeren, schmalen oder breiten Rispen. Für gut durchlässigen, nicht zu

OBEN **1** *Artemisia absinthium* 'Lambrook Mist' **2** *A. alba* 'Canescens' **3** *A. lactiflora* Guizhou-Gruppe **4** *A. vulgaris* Oriental Limelight

ÄTHERISCHE ÖLE

Auch die moderne Technologie spielt für die eindeutige Identifizierung von Pflanzen eine Rolle. Der analytische Chemiker Dr. John Twibell hat sich mit Dampfprofilen beschäftigt, um die Verwandtschaftsbeziehungen innerhalb der Gattung *Artemisia* zu untersuchen.

Mithilfe der Gaschromatographie hat er die verschiedenen Bestandteile gemessen und analysiert, die den unverwechselbaren Geruch jeder Pflanze ausmachen. Diese Informationen wurden in einem Chromatogramm festgehalten, das man als einzigartigen »Fingerabdruck« jeder untersuchten Pflanze betrachtet. Hauptsächlich setzte er das Verfahren ein, um die Formen der strauchigen *A. arborescens* zu identifizieren und ihre Benennungen zu rationalisieren. Gleichzeitig wies er dabei nach, dass die krautige Staude *A. absinthium* nicht, wie bis dahin oft angenommen, eine Elternpflanze der beliebten Hybride 'Powis Castle' ist.

stickstoffreichen Boden in der Sonne. Die Blütenstands-Stiele auf die Hälfte zurückschneiden, um die kompakte, geschlossene Form zu erhalten. Alternativ mit Zweigen stützen. Aus Nordamerika. ↕ 60–100 cm. Z4 **subsp. albula** Wuchernd, mit kleinen, fast weißen Blättern. Die unteren sind 1–2 cm lang, die oberen wesentlich kleiner, sodass die Pflanze luftig wirkt. Blüht von Juli bis September. Oft fälschlich unter der Bezeichnung 'Silver King' im Handel. Aus dem Südwesten der USA. ↕ 90 cm. **subsp. candicans** syn. *A. ludoviciana* var. *latiloba* Untere Blätter 5–10 cm lang, silbrig und tief eingeschnitten. Aus dem westlichen Nordamerika. ↕ 75 cm. **subsp. ludoviciana** ♀ syn. 'Latiloba' Die typische Unterart mit silbrigen, 3–11 cm langen und mehr als 1 cm breiten Blättern. Blüht von Juli bis September. In weiten Teilen Nordamerikas verbreitet. ↕ 60–100 cm. **'Silver Queen'** ♀ Fast weiße Blätter. Die unteren sind 15 cm lang und 6 cm breit und tief in schmale Segmente geteilt. Blüht reich im Juli und August. Möglicherweise eine Auslese von subsp. *candicans*. ↕ 75 cm. **'Valerie Finnis'** ♀ Niedriger, sehr silbrig, mit breiten, leicht gelappten unteren und ungelappten oberen Blättern. In heißen, feuchten Regionen stirbt das Laub infolge Mehltaus im Sommer oft ab, treibt aber nach einem Rückschnitt im Herbst wieder aus. ↕ 60 cm.

A. pedemontana siehe *A. caucasica*

A. pontica (Pontischer Beifuß) Duftende krautige Staude mit kuppelförmigem Wuchs und filigranen, graugrünen Blättern von 3–4 cm Länge. Trägt im Juni 2–8 cm lange Blütenstände aus gräulich gelben Blütenkörbchen. Bevorzugt gute Dränage und ist auf mageren, eher trockenen Böden attraktiver, silbriger, kompakter und weniger aggressiv im Ausbreitungsverhalten. Auch als Bodendecker geeignet. Aus Mittel- und Osteuropa. ↕ 40–80 cm. Z5

A. stelleriana (Silber-Wermut) Dicht behaarte, fast weiße Rhizomstaude, die in milden Lagen fast immergrün ist. Die Blätter sind tief in fingerartige Segmente geteilt. Im August und September erscheinen Rispen aus unscheinbaren gelblichen Blütenkörbchen. Vermehrung durch Stecklinge. Aus Südost-Asien und den nordöstlichen USA. ↕ bis 60 cm. Z4 **'Boughton Silver'** syn. 'Mori', 'Prostrata', 'Silver Brocade' Eine sehr niedrige, sich ausbreitende Art mit wunderbar silbrigem Laub, die sich als Bodendecker und für den Beetvordergrund eignet. 'Boughton Silver' ist der korrekte Name, die Pflanze wird aber auch unter verschiedenen Synonymen angeboten. ↕ 40 cm, bei Unterbinden der Blüte niedriger. **'Nana'** Vermutlich, wenn auch nicht unzweifelhaft, identisch.

A. vallesiaca ♀ syn. *Seriphidium vallesiacum* (Walliser Wermut) Dicht grau bis weiß behaarte, manchmal wollige Staude mit verholztem Basis und starkem Kampfergeruch. Die fiedrigen Blätter sind bis zu vierfach geteilt und bestehen aus fadenartigen Segmenten von wenigen Millimetern Länge. Der untere Teil der Pflanze ist mit kurzen, nicht

blühenden Trieben besetzt. Die aufsteigenden, fast weißen, schlanken Blütenstände erscheinen im Juli und August. Sie sind im oberen Bereich elegant gebogen und tragen aufrechte Seitentriebe von einigen Zentimetern Länge. Ungewöhnlich für die Gattung ist, dass alle Scheibenblüten zweigeschlechtlich sind. Bei anderen Arten sind die äußeren Scheibenblüten weiblich und die inneren zweigeschlechtlich oder männlich. Wegen dieses Unterschiedes haben Pflanzensystematiker diese und etwa 130 ähnliche Arten in die neue Gattung *Seriphidium* eingeordnet. Bevorzugt Sonne und gute Dränage. Aus der südwestlichen Schweiz, Südwest-Frankreich und Nordost-Italien. ↕ 40 cm. Z7

A. vulgaris (Gewöhnlicher Beifuß) Variable, rundliche Staude, deren Blätter entlang der Hauptachse eingeschnitten und zusätzlich gelappt sind. Die Blattoberseiten sind grün, die Unterseiten weißlich. Trägt von Juli bis September Gruppen graugrüner Blütenkörbchen. Die Art gilt als Unkraut und wird nicht kultiviert, wohl aber die panaschierten Formen. Obwohl die Art sonnige, eher trockene Standorte mit guter Dränage bevorzugt, zeigen die Sorten kräftigere Färbungen bei ausreichender Feuchtigkeit und vertragen auch etwas Schatten. Um die Laubfärbung zu erhalten, sollte die Blüte unterbunden werden. Vermehrung durch Stecklinge. Aus Eurasien und Nordamerika. ↕ 30 cm bis 2,5 m. Z3 **'Cragg-Barber Eye'** Leuchtend gelbgrünes Laub, gelegentlich mit dunkelgrünen Flecken. ↕ 90 cm. **Oriental Limelight** ('Janlim') Laub mit kräftiger Flecken- und Streifenzeichnung in Cremegelb. ↕ 1,2 m. **'Variegata'** Laub hell-cremefarben gesprenkelt und gestreift. ↕ 1,2 m.

ARTHROPODIUM
Felsenlilie
ANTHERICACEAE

Diese hübschen, sonnenhungrigen Pflanzen tragen ein grasartiges Laub und luftige Blütenstände.

Zur Gattung gehören 12 Arten sommer- und immergrüner Pflanzen aus verschiedenen offenen, sonnigen Lebensräumen in Neuseeland und im südlichen Australien. Sie gedeihen am besten an einem sonnigen Standort mit guter Dränage am Fuß einer warmen, besonnten Mauer. Die Pflanzen mit rundlicher Gestalt breiten sich durch kriechende Triebe langsam aus. Sie haben grasartig schmales Laub und bilden im Sommer aufrechte oder weiche Blütenstände aus kleinen, sternförmigen oder runden Blüten mit 6 Tepalen.

KULTUR Ideal ist die seltene Kombination aus guter Dränage und Wasserhaltevermögen an einem geschützten Platz in voller Sonne.

VERMEHRUNG Durch Teilung im Frühling. Nur die Art kann durch Aussaat im Frühling bei 10 °C vermehrt werden.

PROBLEME Schnecken gefährden die jungen Triebe.

A. candidum (Gras-Felsenlilie) Sommergrüne Pflanze mit zapfenförmigen Rhizomen. Sie wird hauptsächlich wegen ihres Laubs kultiviert. Zwischen den grasartig schmalen Blättern von bis zu 30 cm Länge erheben sich im Juni und Juli offen verzweigte Blütenstände mit runden, weißen, 1 cm großen Blüten. Unter der Bezeichnung sind auch Pflanzen mit kupfer- oder bronzefarben getöntem oder gesprenkeltem Laub zu sehen. Wächst gut im Schatten, blüht aber nur spärlich. Aus Neuseeland. ↕ 30 cm. Z9 **var. purpureum** Attraktives, bronzefarbenes Laub.

A. cirrhatum (Funkien-Felsenlilie) Immergrüne Staude, die sich mit kriechenden Stielen ausbreitet und hauptsächlich wegen ihres attraktiven Laubs kultiviert wird. Die breiten, riemenförmigen Blätter von bis zu 60 cm Länge haben grüne Oberseiten, weißliche oder graue Unterseiten und bilden attraktive Gruppen. Rispen aus nickenden, weißen, sternförmigen Blüten von bis zu 2,5 cm Durchmesser (manchmal mehr) mit gelben und violetten Sprenkeln erheben sich ab Juni. Gedeiht gut in trockenem Boden im Schatten. Aus Neuseeland. ↕ 90 cm. Z9 **'Matapouri Bay'**. Breitere Blätter und größere Blütenstände.

ARUM
Aronstab
ARACEAE

Aronstab-Arten und -Sorten sind faszinierende Stauden mit attraktivem Laub, interessanten Blüten und schönen Früchten.

Die 25 Arten der Gattung wachsen in lichten Wäldern gemäßigter bis warmer Regionen und in offenen, steinigen Gebieten. Alle legen eine saisonale Ruhezeit ein. Die Verbreitung reicht vom gemäßigten Europa bis in den Nahen Osten und nach Westchina, ausgenommen die arabische Halbinsel und Indien. Die Blätter sind meist pfeil- oder herzförmig und oft attraktiv gezeichnet. Bei einigen Arten treibt das Laub im Herbst aus und wird im Sommer eingezogen, andere bilden im Frühling Laub. Die meisten tragen im Frühling bis Frühsommer Blüten, oft mit großer und auffälliger Spatha und bilden anschließend dekorative rote oder orangefarbene Beeren. Einige Blüten riechen unangenehm. Die Arten sind giftig und ihr Saft kann Haut und Augen reizen (siehe *Aronstabgewächse*, S. 74). ⚠

KULTUR Alle bevorzugen einen hellen, aber nicht vollsonnigen Standort. Der Wasserbedarf variiert je nach Art. Während des Wachstums schätzen die meisten reichlich Wasser, zu Beginn der Ruhezeit sinkt der Bedarf. Nur während des aktiven Wachstums düngen.

VERMEHRUNG Teilung während der Ruhezeit. Samen werden im Hochsommer gebildet und keimen im Herbst oder Frühling.

ARONSTABGEWÄCHSE

Amorphophallus Eindrucksvoll, die meistkultivierten Aronstabgewächse. *A. konjac* (siehe S. 54) ist zudem eines der winterhärtesten.

Arisaema Die attraktive und elegante, winterharte Art *A. candidissimum* (siehe S. 69) hat einen ungewöhnlich süßen Duft.

Dracunculus Der Geruch des dramatischen, aus dem Mittelmeerraum stammenden *D. vulgaris* (siehe S. 172) ist so intensiv wie seine Färbung.

Lysichiton Eine sehr frostverträgliche Sumpfpflanze aus Ostrussland. *L. camtschatcensis* (siehe S. 318) gedeiht auch in einem Feuchtbeet.

Sauromatum Bildet Kolonien im Garten. Rhizome von *S. venustum* (siehe S. 421) blühen auch in einer Schale auf der Fensterbank.

Zantedeschia 'Green Goddess' (siehe S. 486) Eine attraktive Form der *Z. aethiopica* und eine beeindruckende Kübelpflanze.

ARONSTABGEWÄCHSE

Die Mitglieder der Aronstab-Familie unterscheiden sich deutlich von allen anderen Blütenpflanzen. In diese Gruppe fallen Zimmerpflanzen wie das Fensterblatt *(Monstera deliciosa)* und Schnittblumen wie die Flamingoblume *(Anthurium andraeanum)*, aber auch einige winterharte Stauden, die in diesem Buch vorgestellt werden. Zwei davon sind in Wäldern gelegentlich zu finden – der Gefleckte Aronstab *(Arum maculatum)* in Europa und der Dreiblättrige Feuerkolben *(Arisaema triphyllum)* in Nordamerika. Aronstabgewächse gibt es weltweit in verschiedensten Lebensräumen, vorwiegend aber in tropischen Regionen. Die Familie umfasst Kletterpflanzen und schwimmende Wasserpflanzen, aber auch sommergrüne Stauden mit Knollen und Rhizomen. Das Laub ist erstaunlich vielgestaltig: von grasartig schmal bis ausladend, breit und geteilt.

Gemeinsam ist allen 3000 Arten der ungewöhnliche Blütenaufbau. Obwohl die gesamte Struktur von Gärtnern meist als Blüte bezeichnet wird, handelt es sich um ein Gebilde aus Blüten und zugehörigen Teilen, also einen Blütenstand. Die Größe variiert zwischen weniger als 1 cm und über 2 m.

Die beiden Hauptelemente des Blütenstandes sind normalerweise klar zu erkennen: Die Spatha, ein breites Hüllblatt, das meist röhrenförmig und oft behelmt ist, bildet den farbenprächtigeren Teil des Blütenstandes. Sie umgibt den länglichen Spadix oder steht neben diesem. Der Spadix, der manchmal aus der Spatha herausragt, trägt die eigentlichen Blüten. Die Spatha ist eigentlich ein umgebildetes Blatt. Bei manchen Arten färbt sie sich nach der Blüte grün und dient der Photosynthese. Sie schützt den Spadix und ist bei einigen Arten so ausgebildet, dass sie Insekten fängt und so die Bestäubung begünstigt. Der Spadix ist normalerweise stab- oder keulenförmig und im unteren Bereich mit winzigen Blüten besetzt, die ohne optische Hilfsmittel kaum zu erkennen sind.

Die einzelnen Blüten können männlich, weiblich oder zwiegeschlechtlich (zwittrig) sein. Sind die Blüten eingeschlechtlich, so sind männliche und weibliche Blüten in getrennten Zonen angeordnet, zwischen denen sich manchmal sterile Blüten befinden. Bei allen entsprechenden Arten öffnen sich die weiblichen Blüten vor den männlichen, um die Kreuzbestäubung zu begünstigen. Außerdem bilden beispielsweise in der Gattung *Arisaema* einige Pflanzen zwiegeschlechtliche Blüten, während andere in unterschiedlichen Jahren entweder männliche, weibliche oder zwiegeschlechtliche produzieren. Wenn die Blüten verwelken, entwickeln sich meist fleischige, auffällige Früchte, die von Vögeln oder kleinen Säugetieren verbreitet werden.

10 Arten der Aronstabgewächse werden in diesem Buch vorgestellt: *Alocasia, Amorphophallus, Arisaema, Arisarum, Arum, Colocasia, Dracunculus, Lysichiton, Sauromatum* und *Zantedeschia.*

PROBLEME Keine nennenswerten. Einige Arten säen sich überreichlich aus.

A. 'Chameleon' Große, pfeilspitzenförmig-abgerundete Blätter in verschiedenen Grüntönen mit weißer und silberner Zeichnung erscheinen im Herbst. Breite, hellgrüne Spatha. Sämlinge sind variabel, aber fast immer schön gezeichnet. Wird manchmal als Form von *A. italicum* bezeichnet, ist aber wahrscheinlich eine Hybride mit *A. maculatum.* ‡ 40 cm. Z5

A. concinnatum Eine der größten Arten. Breitet sich mit Rhizomen aus und trägt bis 50 cm lange und 30 cm breite, pfeilspitzenförmige Blätter in dunklem Grün mit silbrig grünen Flecken, die im Herbst austreiben. Blüht im Frühling mit hell grünlich weißer, bis 10 cm langer Spatha und einem matt-gelblichen Spadix ähnlicher Länge. Die Spatha hat einen violett überhauchten Rand. Wird manchmal mit *A. italicum* verwechselt, hat aber einen längeren Spadix und einen unangenehmen Geruch. Aus Südgriechenland und der Osttürkei. ‡ 1 m. Z6

A. dioscoridis Dramatische, aber variable Pflanze mit rundlich-dreieckigen, nicht gefleckten Blättern von 13–45 cm Länge und 9–27 cm Breite, die im Herbst austreiben. Die 10–40 cm lange Spatha kann hellgrün bis dunkel bräunlich violett sein und eine Zeichnung in beiden Farben tragen. Der kräftige, 12–28 cm lange Spadix ist dunkelviolett. Die Blüten erscheinen im Frühling und riechen unangenehm. Von der türkischen Küste bis nach Israel. ‡ 35 cm. Z5

A. dracunculus siehe *Dracunculus vulgaris*

A. italicum (Italienischer Aronstab) Die beliebteste Art der Gattung. Sie breitet sich mit Rhizomen aus. Die variablen, dreieckigen, 15–25 cm langen Blätter auf bis 40 cm langen Blattstielen können einfarbig grün, silbrig geadert oder mit einem feinen, silbrig weißen

Netzmuster überzogen sein. Das Laub erscheint im Herbst und bleibt selbst in rauem Klima im Winter grün, verwelkt aber im mittleren Frühling. Die große, hellgrüne Spatha ist etwa doppelt so lang wie der keulenförmige Spadix, den sie umgibt. Sie erscheint im Hochsommer an der unbelaubten Pflanze. Später entwickeln sich rote Beeren, die oft erhalten bleiben, bis im Herbst das Laub wieder austreibt. Es werden häufig neue Formen eingeführt, darunter eine mit schwarzen Blattstielen und eine mit gefleckten Spathen, die jedoch schwierig zu erhalten sind. Gedeiht in lichtem Schatten und voller Sonne. Aus weiten Teilen des gemäßigten Europa, dem Kaukasus und von den Kanarischen Inseln. ‡ 35 cm. Z4 **subsp.** *albispathum* Kleiner, einfarbig grüne Blätter ohne Zeichnung. Bis 40 cm große weiße Spatha. Von der Krim und aus dem Kaukasus. Z5 **'Cyclops'** Größer. Dunkelgrünes Laub mit cremefarbener bis gelber Zeichnung und Marmorierung. Angeblich frostverträglicher. **subsp.** *italicum* Blätter entlang der Hauptadern silbrig weiß bis cremefarben gezeichnet, manchmal auch einfarbig grün. Spatha hellgrün bis Creme. In weiten Teilen Europas, in Nordamerika und der Türkei. **subsp.** *italicum* 'Ghost' Blätter mit breitem, grünem Rand und grau-goldener Marmorierung zwischen silbrig weißen Adern. Von Ellen Hornig bei Seneca Hill Perennials, Oswego, New York. **subsp.** *italicum* **'Marmoratum'** Hauptadern silbrig oder cremeweiß. Variabel. **subsp.** *italicum* **'Pictum'** siehe subsp. *italicum* 'Marmoratum'. **subsp.** *italicum* **'Sparkler'** Dunkle Blätter mit unregelmäßiger, cremefarbener Panaschierung. **subsp** *italicum* **'Spotted Jack'** Blätter mit unregelmäßigen, kleinen, schwarzen Flecken. **subsp.** *italicum* **'Tiny'** Eine kleinere, eher selten blühende Form. ‡ 10 cm. **subsp.** *italicum* **'White Winter'** Eine kleinere Form mit markanter Zeichnung in Weiß. Soll reich blühen. ‡ 15–20 cm. **'Nancy Lindsay'** Blätter im Austrieb gelb, verblassen dann zu Grün mit cremefarbenen Adern und Rändern.

1

2

A. maculatum (Gefleckter Aronstab) Kompakte, sehr variable Pflanze mit rundlich-dreieckigen, 7–27 cm langen und 3,5–19 cm breiten Blättern, die im Frühling austreiben und einfarbig grün sein oder – wie der Name ahnen lässt – variable schwarze Flecken tragen können. Die anschließend erscheinende Spatha ist 6–27 cm lang und variabel hellgrün bis gefleckt. Im Hochsommer setzt die Ruhezeit ein. Wird als Gartenpflanze unterschätzt. Verbreitet an Feldrändern und in Wäldern in weiten Teilen des gemäßigten Europa bis zum Kaukasus. ‡ 60 cm. Z4

A. orientale Stattlich, aber recht variabel. Die dunkelgrünen, breit pfeilspitzenförmigen Blätter von 8–25 cm Länge und 5–17 cm Breite erscheinen im Herbst und haben normalerweise im Ansatzbereich der langen Blattstiele eine Violetttönung. Blüht im Frühling. Die dunkelbraune bis hellviolette Spatha ist 14–30 cm lang und hat einen kräftigen, aber variablen Geruch. Ähnelt *A. maculatum*, ist aber etwas kleiner, hat eine kräftiger gefärbte Spatha und treibt im Herbst aus. Verträgt kalt-feuchte Winter gut. Aus fruchtbaren Wäldern von Jugoslawien bis Österreich und im Kaukasus. Z5

A. pictum Attraktive, üppige, dunkelgrüne Blätter von 9–25 cm Länge und 6–18 cm Breite. Im Austrieb im Herbst violett überhaucht, später silbrig geadert und violett gerändert. Die samtig dunkelviolette Spatha von 11–21 cm Länge ist sehr auffällig, der schwärzlich violette Spadix ist etwas kürzer. Ungewöhnlicherweise erscheinen die Blüten im Herbst, manchmal noch vor dem Laubaustrieb. Von den Inseln des zentralen Mittelmeers und der Westküste Italiens. ‡ 25 cm. Z7

A. 'Streaked Spectre' Breit pfeilspitzenförmige Blätter mit unregelmäßiger Zeichnung in Grün und Weiß mit großen schwarzen Flecken. Auslese von Jerry Flintoff. Eine von mehreren Hybriden von *A. italicum* und *A. maculatum*, die im Lauf der Jahre an der Universität von Washington, Seattle, entstanden sind. ‡ 40 cm. Z5

ARUNCUS
Geißbart
ROSACEAE

Der Geißbart ist ein eleganter Sommerblüher mit fiedrigen Blütenständen für schattig-feuchte Standorte.

Die Gattung umfasst 4 sommergrüne Arten, die aus feuchten Wäldern und von Bachufern im östlichen Nordamerika, Europa und Asien stammen. *Aruncus* ist eng mit *Filipendula* und *Spiraea* verwandt. Er bildet langsam dichte Gruppen aus drahtigen Trieben mit großen, langstieligen, wechselständigen Blättern, die in Paare gezähnter Fiederblättchen mit deutlicher Aderung geteilt

LINKS *Arum italicum* subsp. *italicum* 'Marmoratum' **1** Blüte **2** Früchte

OBEN **1** *Aruncus aethusifolius*
2 *A. dioicus* 'Kneiffii' **3** *Asarum canadense* **4** *A. europaeum*

---

sind. Dekorative Blütenstände mit cremefarbenen Blüten erscheinen im Sommer. Männliche und weibliche Blüten stehen normalerweise an verschiedenen Pflanzen.

KULTUR Feuchter, nahrhafter Boden in Voll- oder Halbschatten.

VERMEHRUNG Aussaat im Herbst oder Frühling. Namensorten durch Teilung.

PROBLEME Keine.

A. aethusifolius ♀ (Kleiner Geißbart) Langsam wachsende Art, die sich mit unterirdischen Ausläufern verbreitet. Guter Bodendecker. Das fein geschnittene, leuchtend grüne Laub ist im Austrieb im Frühling bronzefarben überhaucht, bleibt den ganzen Sommer über attraktiv und färbt sich im Herbst gelb. Im Frühsommer erscheinen verzweigte Blütenstände mit gelblich weißen Blüten. Gedeiht gut auf lehmigen Böden, auch geeignet für schattige Steingärten. Aus Korea. ↕ 40 cm. Z4 **'Little Gem'** Kleiner, feiner geteiltes Laub. Gefunden 2001 von Bleddyn und Sue Wynn-Jones in Südkorea. ↕ 20 cm. Z4

A. dioicus ♀ syn. *A. sylvestris, Spiraea aruncus* (Wald-Geißbart) Stattliche aufrechte Pflanze, die im tiefen Schatten 2 m hoch wird und kräftig grüne, farnartige Blätter von bis zu 1 m Länge hat. Im Frühsommer erscheinen auf vielfach verzweigten Blütenstands-Stielen männliche und weibliche Blüten an separaten Pflanzen. Die männlichen Blüten sind cremeweiß und auffälliger. Die weiblichen Blüten sind meist grünlich weiß und leicht hängend, bilden aber im Herbst attraktive, braune Balgfrüchte, die man für winterliche Gestecke trocknen kann. Sie säen sich aber sehr reichlich aus. Eine verlässliche, unkomplizierte Pflanze, die nur selten gestützt werden muss. Gedeiht gut in voller Sonne in durchlässigem Boden mit gutem Wasserhaltevermögen. Aus dem östlichen Nordamerika sowie West- und Mitteleuropa. ↕ 1,5–2 m. Z3 **Child of Two Worlds** siehe 'Zweiweltenkind'. **'Glasnevin'** Kleiner, mit größeren Blütenständen. ↕ 1,5 m. **var. kamtschaticus** Sehr kleinwüchsig, weniger dekorativ. ↕ 60–90 cm. **'Kneiffii'** Sehr fein geschnittenes Laub. Eventuell eine Auslese von var. *kamtschaticus* mit gleicher Höhe, aber größeren Blütenständen. **'Zweiweltenkind'** (**Child of Two Worlds**) Aufrechter, mit bronzefarben überhauchten Blättern. Eventuell eine Hybride von *A. dioicus* und der selteneren *A. sinensis*. Häufig aus Samen gezogen, sodass die Pflanzen männlich oder weiblich sind. ↕ 1,5 m.

A. 'Horatio' Große Gruppen cremefarbener Blüten auf standfesten Stielen. Prächtig rote Herbstfärbung. Eine deutsche Hybride von *A. aethusifolius* und *A. dioicus*. ↕ 1 m. Z4

A. sylvestris siehe *A. dioicus*

ASARINA siehe LOPHOSPERMUM und MAURANDYA

ASARUM
Haselwurz
ARISTOLOCHIACEAE

Diese langlebigen, lohnenden Bodendecker haben eine schöne Herbstfärbung und ein z. T. eindrucksvolles Laub.

Zur Gattung gehören etwa 75 Arten niedriger, sich ausbreitender, sommer- oder immergrüner Stauden aus den Wäldern der Alten und Neuen Welt. Die Wurzeln aller Arten haben einen scharfen Geruch, der an Ingwer erinnert und auch die Identifizierung der Pflanzen erleichtert. Die Pflanzen werden wegen ihres Laubs und der eigentümlichen Blüten kultiviert. Die Blätter sind meist rund bis herzförmig, unterschiedliche Populationen der Art zeigen oft auffallend unterschiedliche Zeichnungen. Die schwärzlich violetten und manchmal weißen Blüten von exotischem Aussehen erscheinen im Frühling oder Herbst. Einige haben eine seltsame Schönheit, doch meist sind sie unter dem Laub (oder unter abgefallenem Laub am Boden) verborgen. Die Pflanzen sind absolut winterhart, schätzen aber warme Sommer. Erst in letzter Zeit werden Wert und Potenzial dieser hübschen, faszinierenden Pflanzen zunehmend gewürdigt und allmählich sind mehr Formen erhältlich. Einige werden gelegentlich der separaten Gattung *Hexastylis* zugeordnet.

KULTUR Gedeiht am besten an schattigen oder halbschattigen Standorten in kühlem, humusreichem Boden mit gleichmäßiger Feuchtigkeit. Viele Arten wachsen in Regionen mit warm-feuchten Sommern besser als in kühlem Sommerklima.

VERMEHRUNG Durch Teilung im zeitigen Frühjahr zu Beginn des Wachstums. Aussaat ist möglich, aber selbst frische Samen brauchen oft zwei Jahre zur Keimung. Erfolge mit Gewebekulturen haben in jüngerer Vergangenheit die Einführungen von ausgewählten Formen einiger Arten ermöglicht.

PROBLEME Im zeitigen Frühling stark durch Schnecken gefährdet.

A. arifolium syn. *Hexastylis arifolium* Robuste, Gruppen bildende Pflanze, die mit pfeilförmigen, nach Anis duftenden Blättern stattliche Polster bildet. Die Variation der Blattformen ist bei Wildpopulationen beträchtlich. Trägt im zeitigen Frühling schwarz-violett gefleckte Blüten. Bevorzugt warmes Sommerklima. Aus dem Südosten Nordamerikas. ↕ 15 cm. Z6 **'Beaver Creek'** Breitet sich mit Ausläufern zu einem dichten Teppich aus. Von der Beaver Creek Nursery, Tennessee, USA.

A. canadense (Kanadische Haselwurz) Wüchsige, sommergrüne Art, die große Kolonien herzförmiger, mattgrüner Blätter bildet, die im Austrieb im Frühling fein seidig behaart sind. Im zeitigen Frühling erscheinen kleine, braune, urnenförmige Blüten unter dem Laub. Ein nützlicher Bodendecker für schwierige Waldgrundstücke. Aus dem Osten Nordamerikas. ↕ 15 cm. Z4

A. caudatum (Geschwänzte Haselwurz) Attraktive und nützliche Art mit halb-immergrünem Laub, das im Austrieb seidig behaart ist und später glänzend grün wird. Einige Wildbestände zeigen eine schöne silberne Aderung. Trägt im Frühling spinnenartige Blüten in dunklem Rotviolett, seltener in Weiß. Eine der besten Arten für Gärten im Norden Mitteleuropas. Aus dem Westen Nordamerikas. ↕ 7,5 cm. Z6

AUS DER WILDNIS IN DEN GARTEN

Vor gar nicht allzu langer Zeit wurden nur 2 oder 3 *Asarum*-Arten kultiviert. Das europäische *Asarum europaeum* sowie die nordamerikanischen Arten *A. canadense* und *A. hartwegii* wurden wegen ihres glänzenden Laubs und ihrer ungewöhnlichen Blüten geschätzt, riefen aber eher Faszination als Begeisterung hervor.

Als amerikanische Enthusiasten aber begannen, Varianten aus ihren einheimischen Wildbeständen vorzustellen und Arten aus China in unsere Gärten gelangten, nahm das Interesse zu.

Vor allem die reizvolle Bandbreite der Blattformen hat viele Gärtner für die Haselwurz eingenommen. Die Anzahl der Blattformen ist dreistellig, wenngleich die meisten davon ausgesprochen schwer erhältlich sind.

Für Gärtner in Nordeuropa stellt sich ein Problem. Alle hier präsentierten Arten sind winterhart, doch die schöneren entwickeln sich in unseren generell eher kühlen, trockenen Sommern recht kümmerlich. Ohne ausreichend Hitze und Feuchtigkeit gedeihen sie einfach nicht optimal.

Mit der Zeit wird es vielleicht Hybriden geben, die die Laubqualität der schwierigeren chinesischen Sorten mit der Anspruchslosigkeit von *A. europaeum* und *A. canadense* in Einklang bringen. Bis dahin bleibt es bei einigen Arten eine Herausforderung, sie zu optimalem Wachstum anzuregen.

A. caulescens Eine sehr schöne sommergrüne Art, die im Frühling leuchtend grüne Blätter mit tief eingedrückten Adern bildet. Darunter verbergen sich violette Blüten. Breitet sich mit Ausläufern kräftig aus und ist ein ausgezeichneter Bodendecker mit schöner Struktur für Regionen mit kühlen und feuchten Sommern. Die jungen Blätter sind stark durch Schneckenfraß gefährdet. ‡ 10 cm. Z6

A. delavayi Große, immergrüne, herzförmige Blätter in glänzendem Schwarzgrün bilden eindrucksvolle Polster, unter denen im Spätfrühling nah am Boden große, becherförmige Blüten in samtigem Schwarz erscheinen. Gedeiht in Klimaten mit kühlen oder warmen Sommern. Eine der besten immergrünen Arten für nordeuropäische Gärten. ‡ 45 cm. Z6

A. europaeum (Gewöhnliche Haselwurz) Beliebte Art, die große Kolonien aus runden glänzenden Blättern bildet, unter denen im Frühling rotviolette Blüten stehen. Vermutlich eine der meistkultivierten *Asarum*-Arten. Sie verträgt verschiedene Klimate, ist aber in Regionen mit warmen Sommern wüchsiger. In England wurde sie mindestens seit dem 13. Jahrhundert als Heilpflanze kultiviert. ‡ 15 cm. Z4

A. hartwegii (Hartwegs Haselwurz) Eine immergrüne oder halbimmergrüne Art mit einer großen Bandbreite verschiedener Blattmuster. Das Laub erinnert oft an winterharte Alpenveilchen. In der Natur oft in voller Sonne in durchlässigem Boden zu finden. Gedeiht schlecht in feuchtem, beschattetem Boden und ist daher wohl am ehesten für trockene Gärten geeignet. Aus dem südlichen Oregon und nördlichen Kalifornien. ‡ 10 cm. Z6

A. magnificum Diese Art bildet wundervolle Polster aus immergrünen Blättern mit einem Muster, das an Lungenkraut erinnert: grün gerändert und auffällig silbern gesprenkelt. Im Frühling erscheinen röhrenförmige Blüten in Violett. Gedeiht am besten in Regionen mit warm-feuchten Sommern, wo sie rasch Polster bildet. Aus China. ‡ 20 cm. Z6

A. maximum Begehrte Art mit zart gemusterten, pfeilförmigen Blättern. Sie bildet niedrige Polster und ungewöhnliche, 5 cm große Blüten in schwärzlichem Violett, deren weiße Mittelzeichnung an das Gesicht eines Pandas erinnert. Eine großartige Pflanze, die am besten in Regionen mit warmen Sommern gedeiht. Aus China. ‡ 20 cm. Z6

A. shuttleworthii Stark gemusterte, rundliche Blätter bis 7,5 cm Durchmesser bilden langsam große Polster. Im Frühling erscheinen bodennah große, violette Blüten. Die schöne Art ist bei Gärtnern in Gebieten mit warmen Sommern recht beliebt, wächst aber bei kühlem Sommerklima nur langsam. ‡ 10 cm. Z6 **'Calloway'** Etwas niedrigere, silbern geaderte, sich ausbreitende Form aus den Calloway Gardens, Georgia, USA. ‡ 7,5 cm.

ASCLEPIAS
Seidenpflanze
ASCLEPIADACEAE

Ledrige Blätter und sternförmige, duftende Sommerblüten in leuchtenden Farben zeichnen diese sonnenhungrigen und Trockenheit vertragenden Pflanzen aus.

Die Gattung umfasst über 100 Arten, zumeist Stauden mit knolligen Wurzeln. Die meisten bilden Gruppen, einige breiten sich durch Ausläufer aus. Die aufrechten Stängel enthalten einen Milchsaft, der Hautreizungen verursachen kann und im Verdacht steht, für Nutzvieh giftig zu sein. Die ungeteilten Blätter sind schmal und elliptisch bis breit oval und können gegenständig, wechselständig oder spiralförmig an den Stängeln stehen. Einzelblüten von maximal 2,5 cm Größe, meist aber weniger, stehen in runden, abgeflachten oder gekrümmten Cymen. Die sternförmigen Blüten haben 5, an den Spitzen zurückgebogene Kronblätter und enthüllen einen Kranz aus aufwärts gerichteten Auswüchsen der Staubblätter. Die nektarreichen Blüten locken Bienen und Schmetterlinge an (siehe *Seidenpflanzen*). Aus den Blüten entwickeln sich paarige Balgfrüchte. Sie schwellen an, werden braun und geben bei Aufplatzen die Samen frei, deren seidige Behaarung die Verbreitung begünstigt und der Pflanze zu ihrem Populärnamen verholfen hat.

KULTUR Am besten in durchlässigem, nahrhaftem Boden in voller Sonne. Einige Arten vertragen feuchtere Standorte. Arten mit starker Ausbreitung sind für naturnahe Gärten zu empfehlen. Sie treiben im Herbst so spät aus, dass mancher Gärtner

SEIDENPFLANZEN

Seidenpflanzen, vor allem *Asclepias tuberosa*, sind in zweierlei Hinsicht wertvoll. Es sind haltbare Schnittblumen und im Freien locken sie verschiedene Schmetterlinge an. Für die Vase schneidet man die Stängel, wenn die Hälfte bis zwei Drittel der Blüten offen sind, weil sie sich nach dem Schnitt nicht mehr zuverlässig öffnen. Das gelegentlich empfohlene Abflämmen der Schnittflächen ist unnötig. Man stellt sie nach dem Schnitt einfach in Wasser, dann in warmes und anschließend in kälteres Wasser direkt aus dem Hahn. Dadurch wird die geringe Menge Milchsaft entfernt, die diese Art bildet.

Die Stängel vor dem Arrangieren noch einmal anschneiden. Bei Zimmertemperatur halten die Blüten etwa zehn Tage. Auch die Balgfrüchte sind dekorativ. Sie werden geschnitten, solange sie noch grün sind und ehe sie platzen.

Zu den Schmetterlingen, die auf die nektarreichen Seidenpflanzen fliegen, zählen Distelfalter, Admiral, Perlmutterfalter, Monarchfalter, Ritterfalter und Zipfelfalter. Einige ihrer Raupen ernähren sich auch von dem Laub.

die Hoffnung aufgibt. Dazu besteht kein Grund, denn normalerweise überleben sie selbst harte Winter mit Frost- und Tauperioden.

VERMEHRUNG Durch Aussaat oder kurze Stecklinge im Frühjahr.

PROBLEME Blattläuse, oft starker Befall.

A. incarnata (Rote Seidenpflanze) Kräftige, verzweigte Pflanze mit viel Milchsaft und an Weidenlaub erinnernden Blättern von 15 cm Länge, die in gegenständigen Paaren dicht an den Trieben stehen. Trägt von Juli bis September Blütenstände aus leuchtend pinkfarbenen, nach Vanille duftenden Blüten mit hellerer Nebenkrone. Bevorzugt volle Sonne und feuchte Böden, toleriert aber auch Trockenheit. Aus den östlichen USA. ‡ 1–1,2 m. Z3 **'Alba'** Weiße Blüten in schneeballartigen Blütenständen. **'Cinderella'** Ähnlich in Größe und Habitus, aber mit dichteren Blütenständen in Rosarot. Blüht im ersten Jahr nach der Aussaat. ‡ 1–1,2 m. **'Ice Ballet'** Langstielige, langlebige, weiße Blüten. Größere Blütenstände als andere weiße Formen. **'Soulmate'** Höher, mit kräftig dunkel-rosaroten Blüten. Lange Blühperiode. ‡ 1–1,2 m.

A. speciosa (Stachlige Seidenpflanze) Aufrechte, behaarte Triebe tragen ovale Blätter von 8 cm Länge mit grau filziger Ober- und Unterseite. Die Cymen aus rosa Blüten sind lockerer als bei anderen Arten und stehen in den Blattachseln und an den Triebspitzen. Aus ihnen entwickeln sich große, manchmal hängende oder stachelige Balgfrüchte. Gut für trockene Standorte. Eine sonnenhungrige Art, die auch Halbschatten verträgt. Mäßige Wurzelausbreitung. Aus trockenen Regionen des westlichen Nordamerika. ‡ 1–1,2 m. Z4

A. syriaca (Gewöhnliche Seidenpflanze) Verbreitet an Straßenrändern in Nordamerika. Aufrechte Triebe erheben sich aus fleischigen Wurzeln. Die relativ dicken, ovalen Blätter von bis zu 25 cm Länge haben bläuliche Unterseiten. Die lockeren, nickenden Gruppen aus duftenden Blüten in Cremeweiß und Rosa stehen in den oberen Blattachseln. Auch die dicken, gehörnten, 8–10 cm langen Balgfrüchte mit ihrem seidigen Inhalt sind dekorativ. Nicht aus Syrien, sondern aus dem östlichen Nordamerika. ‡ 1–1,5 m. Z3

A. tuberosa (Knollige Seidenpflanze) Eine knollige, komplett behaarte Pflanze mit vielen kräftigen, aufrechten, unverzweigten Trieben und langen, schmalen, hellgrünen Blättern, die spiralig angeordnet sind. Trägt von Juli bis September auffällige Blüten in knalligem Orange (manchmal auch Rot oder Gelb) in üppigen Gruppen in den oberen Blattachseln. Aus ihnen entwickeln sich bis 13 cm lange Balgfrüchte. Ausgezeichnete Gartenpflanze und Schnittblume. Der Milchsaft ist etwas lästig, doch der Schnitt lohnt sich, weil er die Bildung neuer Blüten anregt und die Pracht um etwa einen Monat verlängert. Bevorzugt sandigen, trockenen Boden, der aber recht nahrhaft

OBEN *Asclepias tuberosa*

sein kann. Gedeiht schlecht in Lehm. Aus dem Osten und Süden der USA. ‡ 60–90 cm. Z3 **Gay-Butterflies-Gruppe** Kompaktere Pflanzen mit Blüten in Gold, Scharlachrot, Rosa und zweifarbig Gelb-Orange. ‡ 60–90 cm. **'Hello Yellow'** Gelb bis goldgelb, frühere Blüte. Verträgt magere, trockene Böden.

ASPERULA
Meier, Meister
RUBIACEAE

Für mäßig trockene, alkalische Böden ist diese unkomplizierte, im Sommer blühende Staude gut geeignet. Freunde alpiner Pflanzen schätzen die Arten, die dichte Polster bilden.

Zur Gattung gehören etwa 90 Einjährige, Stauden und alpine Pflanzen, die eng mit dem *Galium* (Labkraut) verwandt sind und hauptsächlich aus dem Mittelmeerraum und Südwest-Asien stammen. Der lateinische Name *Asperula* bezieht sich auf die rauen Blätter, die wie Rüschen in Etagen von je 4–8 Blättchen um den kantigen Stängel angeordnet sind. Kleine, aber hübsche Blüten in Rosa, Weiß oder Gelb stehen normalerweise in verzweigten Blütenständen über dem Laub. Beim Trocknen duften Blätter und Stängel oft.

KULTUR Von den etwa 15 kultivierten Arten eignen sich viele kleinwüchsige für den Steingarten oder das Alpinpflanzenhaus. Nur eine wird üblicherweise als Staude kultiviert. Die meisten Arten brauchen Sonne oder lichten Schatten und gut durchlässigen Boden. Die Wurzelkrone verträgt keine winterliche Nässe.

VERMEHRUNG Durch Stecklinge, Teilung oder Aussaat.

PROBLEME Keine.

A. tinctoria (Färber-Meier) Breitet sich allmählich mit waagerechten Wurzeln, aus denen früher ein roter Farbstoff gewonnen wurde, zu einem buschigen Teppich aus. Aufrechte oder halb überhängende Triebe tragen Quirle von 4–6 sehr schmalen, etwa 4 cm langen Blättern. Verzweigte Blütenstände mit winzigen, 4 mm großen, dreizipfeligen Blüten in Weiß erscheinen im Juni und Juli. Blüht reicher und wächst dichter an einem sonnigen Platz in durchlässigem, vorzugsweise alkalischem Boden, gedeiht aber auch im lichten Schatten auf durchschnittlichem Boden. Von Waldrändern, Grasland und Felshängen in Mittel- und Südeuropa. ↕ 30–60 cm. Z6

ASPHODELINE
Junkerlilie
ASPHODELACEAE

Durch die frühsommerlichen Blütentrauben in Gelb oder Weiß über grasartigem Laub wirken diese aufrechten Pflanzen attraktiv.

Die etwa 15 Arten von Einjährigen und Stauden wachsen auf trockenen, sonnigen Wiesen- und Strauchlandschaften des Mittelmeerraums, der Türkei und des Kaukasus. Davon empfehlen sich 3 für den Garten. Aus fleischigen Wurzeln erheben sich dichte Tuffs graugrüner, grasartiger Blätter. Im Spätfrühling erscheinen belaubte Stängel, an deren Enden dichte Trauben sternförmiger, gelber Blüten stehen. Die stattlichen Pflanzen sind ideal für den Kiesgarten in voller Sonne.

VERMEHRUNG Aussaat oder Teilung.

KULTUR Jeder gut durchlässige Boden.

PROBLEME Keine.

> **UNTEN 1** *Asphodeline lutea*
> **2** *Asphodelus albus*

A. liburnica Gruppen bildende Pflanze mit schmalen, bis 20 cm langen, blaugrünen Blättern. Trägt im Juni und Juli hellgelbe, 5 cm große Blüten. Von sonnigen Wiesen Österreichs, Italiens und des östlichen Mittelmeerraums. ↕ 1 m. Z6

A. lutea (Junkerlilie) Bildet Horste aus linealischen, graugrünen Blättern bis 30 cm Länge. Im Mai und Juni erscheinen aufrechte Stängel mit dichten Trauben aus vielen, duftenden, 3 cm großen, sternförmigen Blüten in Gelb. Jede Petale hat auf der Rückseite einen braunen Streifen entlang der Mittelader. Dies ist die Asphodele aus der griechischen Mythologie. Stammt von der Balkan-Halbinsel und aus der Ägäis. ↕ 1–1,5 m. Z6 **'Gelbkerze'** syn. 'Yellow Candle' Aus Samen gezogene Auslese, die etwas längere Blütenstände haben soll.

A. taurica Kompakte Pflanze mit sehr schmalen, bis 20 cm langen Blättern und dichten Trauben aus weißen, bis 2,5 cm großen Blüten. Die Mitteladern der Petalen sind hellbraun gefärbt. Von trockenen, offenen Standorten in Griechenland, dem Kaukasus und Westasien. ↕ 30–60 cm. Z7

ASPHODELUS
Affodill
ASPHODELACEAE

Der Affodill ist eine hohe, sonnenhungrige Pflanzen aus dem Mittelmeerraum, der im Frühsommer auffällige Blütentrauben oder rispen trägt.

Die 12 Einjährigen oder Laub abwerfenden oder immergrünen Stauden sind an trockenen, felsigen Standorten im Mittelmeerraum zu finden, von Südwest- und Südeuropa bis Nordafrika und Westasien. 2 Arten werden in Gärten kultiviert, andere lohnen einen Versuch. Aus der kräftigen Wurzel erheben sich Polster aus grasartig-schmalen Blättern. Im Frühsommer erscheinen dichte Rispen oder luftige Trauben mit sternförmigen Blüten in Weiß oder hellem Rosa, deren Petalen oft braune Mitteladern haben.

VERMEHRUNG VON ASPLENIUM SCOLOPENDRIUM

Die Vermehrung von *Asplenium scolopendrium* gelingt nicht einfach durch Aussaat der Sporen oder Teilung. Viele Sorten des Hirschzungenfarns bilden keine Sporen, und bei denen, die es tun, sind die Jungpflanzen unberechenbar. Die Teilung überleben die Pflanzen oft nicht. Zum Glück gibt es eine Alternative: die Vermehrung durch Brutknospen.

Zuerst die gewählte Pflanze ausgraben und die Erde abwaschen. Dabei werden an dem kurzen, unterirdischen Spross der Pflanze dutzende oder hunderte schwärzlicher »schlafender« Blattknospen sichtbar. Diese werden von oben nach unten vom Spross abgelöst. Sie lösen sich leicht und sind an den Bruchstellen grün. Aus jeder dieser Knospen kann mindestens ein neuer Farn wachsen, der der Elternpflanze exakt gleicht.

Die Brutknospen so in Töpfe oder Schalen mit frischem Universalsubstrat setzen, dass das grüne Ende nach oben zeigt und gerade aus dem Substrat schaut. Der Abstand muss nicht größer als 1 cm sein. Das Substrat wässern, dann Topf oder Schalen in einen Klarsichtbeutel schieben und auf eine kühle Fensterbank stellen. Je nach Jahreszeit setzt das Wachstum nach 2–4 Monaten ein.

Mit der Zeit bilden sich kleine Buckel am Rand der Bruchstelle, und aus jedem Buckel kann eine neue Pflanze heranwachsen. Wenn die Jungpflanzen etwa 1 cm hoch sind, den Beutel entfernen. Die Pflanzen an einen schattigen Platz stellen und gelegentlich einsprühen. Von Zeit zu Zeit gießen. Wenn die Pflanzen größer werden, in Einzeltöpfen weiter kultivieren.

KULTUR Gedeiht in mäßig fruchtbarem, gut durchlässigem Boden in voller Sonne. Im Winter mit Mulch schützen.

VERMEHRUNG Aussaat oder vorsichtige Teilung.

PROBLEME Keine.

A. aestivus Beeindruckende, immergrüne Pflanze mit riemenförmigen, ledrigen Blättern bis 40 cm Länge. Von April bis Juni erscheinen hohe, verzweigte Stängel mit zahlreichen braun geaderten, weißen oder hellrosa Blüten von 5–7 cm Durchmesser. Von trockenen, steinigen Standorten in Südeuropa und der westlichen Türkei. ↕ 1–2 m. Z8

A. albus (Affodill) Sommergrüne Pflanze, die Horste grasartiger Blätter von bis zu 60 cm Länge bildet. Von April bis Juni erscheinen hohe, unverzweigte und unbelaubte Blütenstände (Rispen) mit weißen, sternförmigen Blüten von 3–4 cm Durchmesser. Durch die braune Ader auf jeder Petale wirkt die Blütenfarbe wie ein warmes Rohweiß. Aus Südeuropa und Nordafrika. ↕ 1 m. Z6

ASPLENIUM
Streifenfarn
ASPLENIACEAE

Erstaunlich vielgestaltige und verbreitete Farne beinhaltet diese Gattung, unter ihnen finden sich einige gute Gartenformen.

Die etwa 700 Arten wachsen weit verbreitet in gemäßigten und tropischen Regionen. Obwohl die meisten aus den wärmeren Gebieten der Welt stammen, sind einige auch in kühleren Klimazonen winterhart. Aus kompakten, manchmal kriechenden Rhizomen erheben sich zumeist immergrüne Wedel, deren Form sehr unterschiedlich sein kann – von ungeteilt bis mehrfach eingeschnitten. Alle haben jedoch eine leicht ledrige Konsistenz. Typisch für Streifenfarne ist die längliche Form ihrer Sporen bildenden Organe,

die bei den meisten Arten einzeln entlang der Wedelsegmente gebildet werden. Die Arten neigen zu spontanen Kreuzungen untereinander und manchmal mit anderen FarnGattungen. In den letzten Jahren wurden Arten aus warm-gemäßigten Gebieten der südlichen Halbkugel eingeführt, aber ihr Wert und ihre Winterhärte sind noch nicht vollständig ausgelotet.

KULTUR Alle Arten bevorzugen Schatten und gute Dränage. In vielen Fällen ist ein kiesiger Boden ideal, den meisten behagt auch ein gewisser Kalkgehalt.

VERMEHRUNG Durch Teilung oder durch Sporen. *A. scolopendrium* wird durch Stecklinge der Brutknospen vermehrt (siehe *Vermehrung von Asplenium scolopendrium*).

PROBLEME Schneckenfraß (siehe auch *Asplenium scolopendrium – Probleme*, S.78).

A. dareoides Kriechende Rhizome bedecken kleine Bodenflächen und tragen leuchtend grüne, lanzettliche, etwas ledrige Wedel in grob dreieckiger Form, die zweifach in gegenständige, rundliche Segmente geteilt sind. Eine entzückende, sehr frostverträgliche Pflanze, die gute Dränage braucht und im diffusen Schatten eines nach Norden gelegenen Beets gut wächst. Aus Südamerika, in Chile oft epiphytisch auf Bäumen. ↕ 15 cm. Z5

A. scolopendrium ♧ syn. *Phyllitis scolopendrium* (Hirschzungenfarn) Sehr auffällige Pflanze mit aufrechtem, nicht kriechendem Rhizom und aufrechten oder überhängenden, ungeteilten, riemenförmigen Wedeln in mittlerem Grün mit bis zu 60 cm Länge und 5 cm Breite. Die Sporen werden auf der Unterseite der Wedel in langen, schmalen, braunen Sporangien gebildet, die paarweise wie Fischgräten angeordnet sind. Eine Bereicherung für jedes Farnbeet, weil die ungeteilten, glänzenden Wedel einen schönen

Kontrast zu den Arten mit feiner geteilten Wedeln bilden. Am besten in diffusem Schatten mit neutralem bis kalkhaltigem Boden und guter Dränage. Ausgewachsene Pflanzen erholen sich auch nach extremer Trockenheit. Es gibt eine Reihe von Namensorten. 1890 waren allein aus England 445 Sorten gelistet, doch die meisten sind kaum zu unterscheiden und die Namen unterscheidbarer und verbreiteter Sorten wurden vermischt. Verbreitet in den nördlich-gemäßigten Regionen Asiens und Nordamerikas sowie in Nordwest-Europa. ↕ 15–60 cm. Z5 **Angustatum-Gruppe** syn. Fimbriatum-Gruppe Schmale Wedel mit gesägten Rändern. ↕ 30–40 cm. **Crispum-Gruppe** Sterile, stark gekräuselte Wedel. Die Blattspreite ist wesentlich länger als die Mittelader und muss sich, da die Mittelader gerade ist, wie eine Rüsche kräuseln. Die normalerweise sterilen Wedel sind weniger ledrig. Es gibt viele Sorten dieses Typs, die meist schwer zu unterscheiden sind. ↕ 30–60 cm. **'Crispum Bolton's Nobile'** Schön gekräuselte Wedel von bis zu 10 cm Breite. ↕ 30–50 cm. **Cristatum-Gruppe** Die Spitzen der Wedel sind höchstens bis zur Hälfte eingeschnitten. ↕ 30–40 cm. **Furcatum-Gruppe** Ein-

mal oder wenige Male eingeschnittene Wedel. Weniger eindrucksvoll als die Cristatum-Gruppe. ↕ 30 cm. **'Kaye's Lacerated'** ♥ Ledrige, breite, an den Rändern tief eingeschnittene Wedel. Ein Zufallsfund an Mauern in der Gärtnerei des Farn-Pioniers Reginald Kaye in Lancashire. ↕ 20–30 cm. **Marginatum-Gruppe** Schmale Wedel mit gesägtem Rand. Unterscheidet sich von der Angustatum-Gruppe durch einen schmalen Gewebewulst, der sich auf der Unterseite knapp innerhalb des Randes um die Wedel zieht. ↕ 30 cm. **Muricatum-Gruppe** Oberseiten der Wedel mit kleinen Buckeln besetzt. Eher interessant als schön. ↕ 30 cm. **Ramomarginatum-Gruppe** Schmale, unregelmäßig gegabelte Wedel mit gesägtem Rand und einem schmalen Gewebewulst entlang der Unterseite. ↕ 30 cm. **Ramosum-Gruppe** Wedel in der unteren Hälfte des Randes kammartig eingeschnitten. ↕ 30–40 cm. **Undulatum-Gruppe** syn. 'Crispum Fertile' Ähnlich wie die Crispum-Gruppe, aber fruchtbar. Durch die Sporangien auf den Unterseiten sind die Wedel steifer und die Wellen flacher und unregelmäßiger. ↕ 30–40 cm.

A. trichomanes ♥ (Silikat liebender Brauner Streifenfarn) Zauberhafter, kleiner, zumeist immergrüner, Polster bildender Farn mit kurzen, langsam kriechenden oder aufrechten Rhizomen. Die schmal lanzettlichen Wedel von 5–20 cm Länge bestehen aus gegenständigen Paaren dunkelgrüner Blättchen an einer schwarz glänzenden Mittelader. Am besten in lichtem Schatten in gut durchlässigem, saurem oder kalkhaltigem Boden. Verträgt auch volle Sonne. Es gibt viele Unterarten, die schwer zu unterscheiden sind. Wächst an Mauern oder Felsen und ist weltweit verbreitet, auch in Nordwest-Europa. ↕ 10–20 cm. Z3 **Incisum-Gruppe** Hübsche Form mit tief eingeschnittenen Wedeln.

ASTER
Aster
ASTERACEAE

Diese Pflanzen sind klassische Herbstblüher für große und kleine Gärten.

Von den mehr als 250 Arten der Gattung ist der größte Teil in Nordamerika heimisch, eine Reihe von Arten auch in Europa und Asien. Die amerikanischen Arten werden gelegentlich Gattungen wie *Doellingeria*, *Eurybia* und *Symphyotrichum* zugeordnet (siehe *Der Name Aster*, S. 79). Die meisten blühen im Spätsommer und Herbst bis weit in den Oktober hinein, einige Arten blühen im Frühling und Frühsommer. Seit dem Ende des 19. Jahrhunderts wurden viele Sorten eingeführt, die heute in allen Gärten in den gemäßigten Zonen einen wesentlichen Teil der Herbstpracht ausmachen. Historisch werden Astern seit jeher als Schnittblumen geschätzt und werden auch heute in großer Zahl für den Schnitt produziert.

Die meisten Astern bilden Gruppen aus verholzenden Wurzeln. Neue Triebe wachsen aus den Ansätzen der vorjährigen Blütenstängel. Einige haben ein zentrales Wurzelwerk und breiten sich in jedem Frühling zum Rand hin aus. Die Größe des Wurzelwerks, Grad und Tempo der Ausbreitung sind je nach Art oder Sorte sehr verschieden.

Die Blätter sind hell- bis dunkelgrün oder graugrün, zumeist lang und schmal, oft lanzettlich, manchmal auch oval oder herzförmig. Blätter, die direkt aus der Wurzel entspringen oder an der Basis der blühenden Triebe stehen, sind oft größer als die Blätter weiter oben. Die Länge der Blüten tragenden Stängel liegt zwischen 15 cm und 250 cm, wobei viele Arten um 120 cm hoch werden. Die Blütenstände können buschig verzweigt, pyramidenförmig oder elegant und schlank sein, manchmal tragen steife Stängel auch eine oberseits flache Gruppe aus kurzen, gestielten Blütenkörbchen. Die Größe der Blütenkörbchen variiert zwischen 1 cm und 5 cm Durchmesser. Die Zahl der Zungenblüten, variiert zwischen 5 bei einigen Wildformen und 250 bei einer modernen, gefüllt blühenden Sorte. Wildpflanzen haben meist Strahlen in Weiß oder hellem Violett, Lilarosa, Purpur oder Rosa, leuchtende Farben kommen selten vor. Bei Sorten ist das Farbspektrum größer, intensive und dunkle Farben sind vertreten, Strahlen in Gelb und Orange jedoch nicht. Das

STERNENVERSAMMLUNG

EINE KOMBINATION verschiedener Pflanzen mit Zungenblüten sieht fröhlich aus. Wählen Sie Sorten aus verschiedenen Gattungen, aber mit ähnlicher Form – in diesem Fall *Aster amellus* 'King George' und *Rudbeckia fulgida* var. *deamii* – und pflanzen Sie sie so, dass sie sich vermischen. Hier wurden Sorten mit kontrastfarbigen Blüten ausgewählt. Gleichzeitig ist für optischen Zusammenhalt gesorgt, weil die Strahlen der *Rudbeckia* mit den Augen der Aster korrespondieren.

ASPLENIUM SCOLOPENDRIUM – PROBLEME

Im Gegensatz zu den meisten anderen Farnen können bei *Asplenium scolopendrium* verschiedene Probleme auftreten. Sie sollten aber bei der Wahl dieses Farns nicht im Weg stehen, weil sie oft eher große Gruppen als Einzelexemplare betreffen.

Ein Problem hat mit dem Standort zu tun. In voller Sonne können die Wedel gelb werden und braune »Brandflecken« zeigen, die einer Rosterkrankung ähneln. Diese wird aber durch *Milesina scolopendrii* hervorgerufen, die im Herbst ähnliche Fleckenbildung bewirken kann. Der Pilz unterscheidet sich von den Sonnenflecken durch die weißen Sporen,

die für Rostpilze eher ungewöhnlich sind und sich in der Mitte der Flecken auf den Wedelunterseiten bilden. Befallene Wedel müssen entfernt werden. Breitet sich der Pilz dennoch weiter aus, sollte ein systemisches Fungizid eingesetzt werden. Andere Farne befällt der Pilz nicht.

In Kübeln und gelegentlich im Freiland können Gefurchte Dickmaulrüssler Schäden anrichten. Ferner gibt es eine Fliegenart, die im Herbst ihre Eier an der Basis einzelner Wedel ablegt. Die Larven höhlen den Stiel aus und töten den Wedel ab. Die Pflanze geht daran nicht zu Grunde, schöne Exemplare können aber optisch leiden.

DER NAME ASTER

In den letzten Jahren konnten in der Botanik einige bedeutende Fortschritte in der Erforschung von Genetik und Molekularstruktur von Pflanzen verzeichnet werden, die heute zunehmend zur Klassifizierung genutzt werden. So haben Forscher in Nordamerika mithilfe dieser Techniken entdeckt, dass die Pflanzen, die bisher unter dem Namen *Aster* geführt wurden, tatsächlich einer Reihe von unterschiedlichen Gruppen angehören.

Die Forschungsergebnisse legen sogar nahe, dass die in Nordamerika heimischen Astern keine echten Astern sind. Die *Aster*-Spezies aus Nordamerika unterscheiden sich in ihrer genetischen Struktur so deutlich von den europäischen und asiatischen Arten. Darum wurde angeregt, viele nordamerikanische Arten in *Symphyotrichum* umzubenennen, andere als *Eurybia* oder *Seriocarpus* einzustufen oder verschiedenen anderen kleinen Gattungen zuzuordnen.

Angesichts der unglückseligen Umklassifizierung der Gartenchrysanthemen in die Gattung *Dendranthema* und später zurück zu *Chrysanthemum*, die viele Gärtner weltweit verärgert und verwirrt hat, fassen wir hier alle Arten unter *Aster* zusammen, weisen aber darauf hin dass die neuen Bezeichnungen vor allem in Nordamerika zunehmend in Gebrauch genommen werden.

Zentrum der Blütenkörbchen ist meist gelb, manchmal auch violett, orange oder braun, und besteht aus bis zu 300 winzigen Röhrenblüten.

KULTUR Die meisten Astern brauchen einen sonnigen Standort. Einige, die an Waldrändern beheimatet sind, vertragen auch lichten Schatten. Sie gedeihen in verschiedenen Böden, manche brauchen aber ein dauerfeuchtes Substrat, während andere keine winterliche Nässe vertragen. Ideal für fast alle ist ein nahrhafter Boden mit guter Struktur und vor allem im Sommer gutem Wasserhaltevermögen. Einige Arten benötigen alkalischen Boden, die meisten bevorzugen ihn, viele tolerieren aber auch einen leichten Säuregehalt. In der Natur erobern Astern neues Gelände, indem sie sich aussäen oder kriechende Sprosse aussenden. Im Garten muss man ihr Bedürfnis nach frischem Boden befriedigen, indem man ältere Pflanzen im zeitigen Frühling teilt. Viele Astern produzieren reichlich fruchtbaren Samen. Die Sämlinge sind jedoch meist minderwertig und sollten entfernt werden, damit sie die Eltern- oder Nachbarpflanzen nicht bedrängen. In einem geometrischen Garten brauchen über 1 m hohe Astern Stützen, damit sie bei Wind und Regen nicht umkippen.

VERMEHRUNG Durch Teilung, krautige Stecklinge oder Aussaat. Am einfachsten ist die Teilung im Frühling. Man kann auch junge, bewurzelte Teile vom Rand einer Pflanze abnehmen und andernorts einpflanzen — jedoch nicht zu viele, sonst wird die Mutterpflanze geschwächt. Stecklinge schneidet man im Frühling von den jungen Triebspitzen. Die daraus gezogenen Jungpflanzen sollten im kalten Frühbeet oder ungeheizten Gewächshaus überwintert und im folgenden Frühjahr ausgepflanzt werden. Die Anzucht aus Samen ist wegen der unberechenbaren Ergebnisse nicht empfehlenswert.

PROBLEME Die vielen Sorten der *A. novi-belgii* sind besonders anfällig. Im Frühling und Sommer müssen sie regelmäßig mit einem Fungizid gespritzt werden, um Mehltau zu vermeiden. Milben können die Entwicklung von Blütenknospen behindern, sind aber schwer zu bekämpfen (siehe *Mehltau und Milben*, S.83). Die meisten anderen Astern sind gegen Mehltau und Milben widerstandsfähiger oder ganz resistent. Gelegentlich können Triebe innerhalb einer Gruppe von der Asternwelke befallen werden, manchmal tritt auch Rost auf.

A. amellus (Berg-Aster, Kalk-Aster) Verholzende, manchmal kurzlebige Staude mit geordnetem Wuchs und Gruppen von kräftigen Stängeln, die mehltauresistente, grüne bis graugrüne, lanzettliche bis breit ovale Blätter mit leichter Behaarung tragen. Von August bis in den Oktober hinein erscheinen verzweigte Blütenstände aus relativ großen blauvioletten Blütenkörbchen mit gelbem Auge im oberen Bereich der Triebe. Sorten tragen 5–6 cm große Blütenkörbchen in Lila, Blauviolett oder Rosaviolett. Diese Aster wurde schon im 16. Jahrhundert von dem Engländer John Gerard kultiviert. Gedeiht am besten in der Sonne in einem nahrhaften, kalkhaltigen, fruchtbaren Boden mit guter Dränage im Winter, toleriert aber auch lichten Schatten oder Halbschatten. Einige der kompakteren Sorten eignen sich als Kübelpflanzen. Alle sind gute Bienenweiden. Elternpflanze der langlebigeren *A. × frikartii*. Heute nur noch selten in Mittel- und Südost-Europa, Sibirien, Armenien, Anatolien und dem Kaukasus zu finden. ‡30–90 cm. Z5 **'Brilliant'** Leuchtend pinkviolette, 5–6 cm große Blütenkörbchen in aufrechten Blütenständen an recht kräftigen Trieben. ‡60 cm. **'Framfieldii'** ♀ 5 cm große, lila Blütenkörbchen spät in der Saison. Geordneter, buschiger Wuchs. ‡50 cm. **'Jacqueline Genebrier'** ♀ Im Oktober 5 cm große, kräftig rosaviolette Blütenkörbchen in hohen, aufrechten Blütenständen. ‡75 cm. **'King George'** ♀ Kräftige Triebe mit lockeren Blütenständen aus kräftig blauvioletten, bis 6 cm großen Blütenkörbchen im August. Die bekannteste Sorte, 1914 von Amos Perry eingeführt. ‡60 cm. **'Lac de Genève'** 5 cm große

RECHTS 1 *Aster amellus* 'Brilliant'
2 *A. amellus* 'Rosa Erfüllung'
3 *A.* 'Coombe Fishacre'
4 *A. cordifolius* 'Silver Spray'
5 *A. cordifolius* 'Sweet Lavender'

ASTER 'CLIMAX'

Unter diesem klassischen Namen werden 2 leicht unterschiedliche Pflanzen kultiviert. Die Originalsorte wurde um 1906 von Edwin Beckett gezüchtet, dem Chef-gärtner des Hon. Vicary Gibbs (siehe Aster 'Hon. Vicary Gibbs').

Beide Pflanzen haben breite, gesunde Blätter, die bei richtiger Kultur kaum anfällig für Mehltau sind, und kräftige Wurzeln, die Triebe bis 1,3 m Höhe hervorbringen.

Beide tragen Mitte bis Ende Oktober stattliche Blütenstände aus perfekt geformten Blütenkörbchen von 4 cm Durchmesser.

Eine jedoch hat klarviolette Strahlen von mittlerer Breite, die an der Spitze etwas abgerundet sind und deren Zahl normalerweise nicht über 50 liegt.

Die andere hat lila Strahlen, die durch einen violetten Hauch etwas weniger klar wirken, und bildet auf manchen Böden dunkle Triebe. Die Blüten dieser Pflanze haben außerdem etwa doppelt so viele Strahlen, also 100, die relativ schmal und an den Enden zugespitzt sind.

Es ist unwahrscheinlich, dass eine um 1906 gezüchtete Sorte 100 Strahlen besaß. Alle verfügbaren Beschreibungen erwähnen das klare Blau von 'Climax', nicht aber die dunklen Triebe. Damit scheint nachgewiesen, welches die echte Sorte ist. Bei der anderen könnte es sich um einen Sämling handeln, der noch nicht benannt wurde.

hell-lilarosa Blütenkörbchen in gut verzweigten Blütenständen. Kräftiger Wuchs. ↕ 60 cm. **'Rosa Erfüllung'** (**Pink Zenith**) Kräftiger Wuchs und buschige Blütenstände aus leuchtend rosavioletten, 5–6 cm großen Blütenkörbchen im September und Oktober. ↕ 50 cm. **'Rudolphe Goethe'** 5–6 cm große, lila Blütenkörbchen auf kräftigen Trieben. Eine der verlässlichsten Arten für weniger optimale Standorte. ↕ 75 cm. **'Sonia'** Kleine, oft lückige Blütenstände mit gleichmäßigen graugrünen Blättern und hell-rosavioletten Blütenkörbchen von höchstens 5 cm Durchmesser im Oktober. Die echte Sorte ist heute schwierig zu finden. ↕ 45 cm. **'Sonora'** Mindestens 6 cm große blauviolette Blütenkörbchen in auffällig lockeren Blütenständen. Gleichmäßige Gruppen mit kräftigem Wuchs. Eine der besten neueren Sorte, 1966 von Karl Förster eingeführt. ↕ 60 cm. **'Veilchenkönigin'** (**Violet Queen**) ♀ Kleine Gruppen tragen im Oktober buschige Blütenstände von 5 cm großen Blütenkörbchen in dunklem Violett. Sehr reich blühend. ↕ 40 cm.

A. 'Climax' Stattlich hohe, wüchsige Pflanze mit breiten, grünen, mehltauresistenten Blättern und eleganten, rispenförmigen Blütenständen. Ab Mitte bis Ende Oktober erscheinen schön geformte Blütenkörbchen von 4 cm Durchmesser oder mehr mit klarvioletten Strahlen. Sehr schön im Beethintergrund oder als Schnittblumen. Gezüchtet um 1906 von Edwin Beckett, vermutlich eine Hybride von *A. laevis*. Heute werden 2 Pflanzen dieses Namens kultiviert (siehe *Aster 'Climax'*). ↕ 1,4 m. Z2

A. × commixtus siehe *A. × herveyi*

A. 'Coombe Fishacre' Kompakte, aber wüchsige Gruppen mit grünen Blättern tragen im September und Oktober Blütenkörbchen in kräftigen, seitlich verzweigten Blütenständen. Die 2 cm großen Blütenkörbchen haben hell-rosaviolette Strahlen und ein hellgelbes Zentrum, das sich rotviolett verfärbt. Wahrscheinlich eine Hybride von *A. lateriflorus* und *A. novi-belgii*, gezüchtet um 1920 und nach einem Dorf im Süden Devonshires benannt. ↕ 90 cm. Z2

A. cordifolius (Blaue Wald-Aster) Kräftige, verholzende Gruppen aus typischen, mehltauresistenten, herzförmigen Blättern erscheinen im Frühling und bekleiden teilweise auch die Basis der blühenden Triebe. Im September und Oktober öffnen sich die Blütenkörbchen in aufrechten, vielfach verzweigten Rispen. Die Blütenkörbchen mit 1 cm Durchmesser haben 10–15 Strahlen in hellem Violett, hellem Rosalila oder Weiß. Wirkt im Beet wie ein zarter Schleier und eignet sich gut zum Schnitt. Eine der wenigen spät blühenden Arten, die im lichten Schatten gedeihen. Von Waldlichtungen und aus dem Unterholz im Süden Kanadas und im Norden der USA. ↕ 1,5 m. Z2 **'Chieftain'** ♀ Große, normalerweise behaarte Basalblätter. Stattliche Rispen mit lila Blütenkörbchen. Höchste Sorte der Gruppe. ↕ 1,5 m. **'Elegans'** Ende Oktober dichte Rispen aus weißen, violett überhauchten Blütenkörbchen. ↕ 1,2 m. **'Silver Spray'** Hell-rosalila Blütenkörbchen an drahtigen, leicht überhängenden Trieben ↕ 1,2 m. **'Sweet Lavender'** ♀ Aufrechte Triebe tragen im Oktober überhängende Rispen mit lila Blütenkörbchen. ↕ 1,2 m.

A. divaricatus (Weiße Wald-Aster) Dichte Gruppen aus drahtigen, gebogenen Trieben mit dunkelgrünen, ovalen bis dreieckigen Blättern bis 6 cm Breite. Im Spätsommer bis Frühherbst erscheinen kleine weiße, sternförmige Blütenkörbchen von 2,5 cm Durchmesser mit nur 6–9 Strahlen. Am besten in gutem Boden im Halbschatten, nützlich als Bodendecker unter Bäumen und Sträuchern. Aus lichten Wäldern des östlichen Nordamerika. ↕ 40 cm. Z4 **'Eastern Star'** syn. 'Raiche Form' Höher, mit größeren Blütenkörbchen. ↕ 60 cm.

A. dumosus siehe *A. novi-belgii*

LINKS 1 *Aster ericoides* 'Erlkönig' **2** *A. ericoides* 'Pink Cloud' **3** *A. × frikartii* 'Wunder von Stäfa' **4** *A. lateriflorus* 'Horizontalis' **5** *A. novae-angliae* 'Andenken an Alma Pötschke' **6** *A. novae-angliae* 'Harrington's Pink' **7** *A. novae-angliae* 'Herbstschnee' **8** *A. novae-angliae* 'Purple Dome'

A. ericoides (Erika-Aster, Myrten-Aster) Bildet buschige Gruppen aus gebogenen Trieben mit langen, schmalen oder lanzettlichen Blättern bis 6 cm Länge und zahlreiche Blütenkörbchen, die mit ihren zarten Farben trübe Spätherbsttage aufhellen. Die 1 cm großen Blütenkörbchen haben 15–25 Strahlen, die meist weiß, manchmal violett, rosalila oder rosaviolett sind. Eine der unkompliziertesten Astern, die nur selten geteilt werden muss und sommerliche Trockenheit relativ gut verträgt. Mehltau tritt nur auf, wenn die Pflanzen unter Stress stehen. Aus Nordamerika (Maine bis Ontario, Florida, Minnesota und Missouri) ↕ 30–120 cm. Z3 **'Blue Star'** ♀ Lilablau. ↕ 90 cm. **'Brimstone'** ♀ Gelbe Knospen entfalten sich zu schönen, weißen Blütenkörbchen. Aufrechter Wuchs. ↕ 120 cm. **'Erlkönig'** Helllila, kräftiger Wuchs. ↕ 120 cm. **'Esther'** Rispen mit schönen, rosavioletten Blütenkörbchen. Kompakt, aber weiche Triebe. ↕ 50 cm. **'Golden Spray'** ♀ Dichte Rispen aus Blütenkörbchen mit schmalen weißen Strahlen und goldgelbem Auge. ↕ 90 cm. **'Pink Cloud'** ♀ Gebogene Rispen aus hell-rosavioletten Blütenkörbchen, kräftige Triebe. ↕ 90 cm. **fo. prostratus 'Snow Flurry'** Feine, nadelartige Blätter bilden einen großen Teppich in hellem Grün, von dem sich im Oktober und manchmal bis in den November hinein winzige schneeweiße Blütenkörbchen abheben. Gut für Trockenmauern, Felsen oder Plätze, an denen sich die Triebe auf Kies ausbreiten können. Eine einzigartige, bezaubernde und nützliche Pflanze. ↕ 20 cm. **'White Heather'** Weiße Blütenkörbchen in rispenförmigen Blütenständen. ↕ 120 cm.

A. × frikartii (Frikarts Aster) Bekannt für ihre Wuchskraft, ihre lange Blühsaison und Resistenz gegen Mehltau. Die vielfach verzweigten Triebe tragen leicht raue, längliche Blätter. Von Juli bis Oktober erscheinen 4–8 cm große Blütenkörbchen mit bis zu 50 schmalen Strahlen in Lilablau oder Violett. Eine kleine, empfehlenswerte Gruppe von Pflanzen für leichtere, alkalische Humusböden mit guter Dränage im Winter. Jungpflanzen werden stets im Frühling gepflanzt, ältere zur gleichen Jahreszeit geteilt. Eine Hybride der europäischen *A. amellus* und der aus dem Himalaja stammenden *A. thomsonii* (siehe *Das Problem der Aster × frikartii*). ↕ 45–90 cm. Z4 **'Eiger'** Schlanke, überhängende Triebe tragen breite, grüne, lanzettliche Blätter und 5 cm große Blütenkörbchen mit violetten Strahlen. Liegt in der Höhe zwischen 'Jungfrau' und 'Mönch', die Blütenkörbchen ähneln der von 'Jungfrau'. Selten zu sehen. ↕ 80 cm. **'Flora's Delight'** Kompakt und buschig mit breit lanzettlichen, graugrünen Blättern und 4 cm großen Blütenkörbchen mit hellvioletten, leicht rosa überhauchten Strahlen. ↕ 45 cm. **'Jungfrau'** Buschig mit breiten, grünen, lanzettlichen Blättern. Die Blütenkörbchen sind 5 cm groß, die Strahlen violett. Spätere Blüte. ↕ 60 cm. **'Mönch'** ♀ Wüchsig mit länglichen Blättern und 8 cm großen Blütenkörbchen mit schmalen Strahlen, deren Farbe je nach Boden hell-blauviolett oder lavendelblau ausfällt. Wegen der Wuchskraft, der Krankheitsresistenz und der langen Blühsaison zu Recht eine der beliebtesten Asternsorten. ↕ 90 cm. **'Wunder von Stäfa'** ♀ Ähnelt in jeder Hinsicht 'Mönch', ist aber niedriger. ↕ 75 cm (siehe *Das Problem der Aster × frikartii*).

A. **'Herfstweelde'** Kompakte, üppige Pflanze, die im Oktober 3 cm große Blütenkörbchen mit lila Strahlen und hellem Auge trägt. Ähnelt den Sorten der *A. ericoides,* hat aber kräftigere Triebe und eignet sich für Beete oder naturnahe Pflanzungen mit guter Dränage im Winter. Gezüchtet von Piet Oudolf in Holland. ↕ 1,2 m. Z4

A. × herveyi syn. *Aster × commixtus* 'Twilight', *A. macrophyllus* 'Twilight' Wertvolle Pflanze, die im Spätsommer für Farbe sorgt. Wüchsige Gruppen mit steif-aufrechten Trieben, die mehltauresistente, dunkelgrüne, ovale Blätter bis 15 cm Länge tragen und sich im August an den Spitzen zu Blütenständen mit 3 cm großen Blütenkörbchen in Blau-violett verzweigen. Eine Hybride von *A. macrophyllus* und *A. spectabilis,* die man anfangs für eine Auslese der *A. macrophyllus* hielt. Aus dem Nordosten der USA. ↕ 90 cm. Z4

A. **'Hon. Vicary Gibbs'** Hoch und wüchsig, trägt im Oktober elegante Blütenstände mit 2 cm großen Blütenkörbchen in klarem Blauviolett. Sollte gestützt werden. Eine Hybride von *A. ericoides,* vermutlich mit *A. cordifolius,* gezüchtet von dem britischen Asternzüchter Edwin Beckett und benannt nach seinem Arbeitgeber, dem Bankier, Historiker und Parlamentsmitglied Vicary Gibbs. ↕ 1,5 m. Z3

A. **'Kylie'** ♀ Relativ weiche, überhängende Triebe mit Wolken 1 cm großer Blüten mit blassrosa Strahlen. Resistent gegen Mehltau. Eine Hybride von *A. novae-angliae* 'Andenken an Alma Pötschke' und *A. ericoides* 'White Heather', gezüchtet von dem britischen Asternkenner Ron Watts. ↕ 1,2 m. Z2

A. laevis (Glatte Aster, Kahle Aster) In freier Natur variabel. Bildet kräftige Gruppen mit mehltauresistenten, bis 13 cm langen, breit lanzettlichen, dicken, glatten, leuchtend grünen Blättern. Die Blütenbüschel sind kräftig, offen verzweigt und tragen auf oft deutlich violetten Stängeln 2,5 cm große Blütenkörbchen mit 15–30 lila oder violetten Strahlen. Ein wichtiger Vorfahr der großen Gruppe von Hybriden, die als *A. novi-belgii* (siehe *Aster novi-belgii,* S. 82) bekannt sind. Einige Sorten werden bis 2 m hoch. Aus Nordamerika. ↕ 1,2 m. Z4 **'Arcturus'** Fast schwarze blühende Triebe. Trägt im September offen verzweigte Blütenstände mit dunkel-fliederrosa Blütenkörbchen. ↕ 1,2 m. **'Bluebird'** Blauviolett. 2,5 cm große Blütenkörbchen über krankheitsresistentem Laub. **'Calliope'** Flieder-violette Blütenkörbchen, am schönsten im Oktober. Oft fälschlich als 'Arcturus' im Handel. ↕ 2 m.

A. lanceolatus Robuste Pflanze mit wüchsigen, ausladenden Trieben, hellgrünen, lanzettlichen Blättern und elegant aufrechten Blütenständen. Die 2 cm großen Blütenkörbchen in Weiß oder hellem Violett erscheinen im Oktober. Am besten in schwerem Boden mit gutem Wasserhaltevermögen. Aus dem Nordosten der USA. ↕ 1,8 m. Z4 **'Edwin Beckett'** Mit 2,5 cm Durchmesser etwas größere Blüten. Hellviolette Strahlen. Gut für naturnahe Gärten und als Schnittblume.

A. lateriflorus (Kattun-Aster, Verkümmerte Aster) Eine der besten »Allzweck-Astern« mit kompakten, aber wüchsigen Gruppen aus leicht überhängenden Trieben, die ein Dickicht bilden. Die Pflanzen können mehrere

URSPRUNG DER GLATTBLATT-ASTER

Wegen ihrer Neigung zu spontanen Kreuzungen mit anderen nordamerikanischen Astern-Arten – in der Natur wie auch in Gärten – handelt es sich bei der großen Zahl von Sorten, die im Lauf der Jahre unter dem Namen *A. novi-belgii* aufgetaucht sind, um eine sehr variantenreiche Gruppe, die vorwiegend aus Hybriden besteht. Die wichtigsten Arten, die Eingang in diese Gruppe gefunden haben und unter *A. novi-belgii* gelistet werden, sind *A. cordifolius, A. dumosus, A. ericoides, A. laevis, A. lanceolatus, A. lateriflorus, A. paniculatus, A. pilosus* und *A. puniceus.* Der Hauptgrund für die Zuordnung zu *A. novi-belgii* liegt in ihrer ungewissen Abstammung.

Diese Astern sind seit Ende des 19. Jahrhunderts in Europa besonders beliebt. In Höhe, Ausbreitung, Form der Blütenstände und Farbe der einzelnen Blütenkörbchen gibt es erhebliche Unterschiede. Die Blühsaison dauert, je nach Sorte, von August bis Ende Oktober, die Größe der Blütenkörbchen variiert zwischen 2,5 cm und 5 cm. Anhand der Anzahl der Strahlen werden die Blütenkörbchen als ungefüllt oder gefüllt eingestuft. Gefüllte Sorten haben mehrere Reihen von Strahlenblüten. Die Wuchsgestalt kann flach, kompakt oder elegant und hoch sein. Für die Schnittblumenproduktion wurden spezielle Züchtungen entwickelt, die hohen Absatz finden.

Leider haben die Herbstschönheiten auch ihre Probleme. Sie sind vor allem anfällig für Mehltau und Schäden durch Milben (siehe *Mehltau und Milben,* S. 83). Ließen sich diese Probleme lösen, würden zweifelsohne noch mehr neue Sorten eingeführt.

Jahre ungeteilt bleiben. Der junge Austrieb ist hell-bronzeviolett, die Blätter sind lanzettlich bis oval. Die blühenden Triebe sind drahtig und bilden buschige Blütenstände, oft mit waagerechten Verzweigungen. Sie tragen 1–2 cm große Blütenkörbchen mit 9–15 schmalen, weißen Strahlen. Ein Erkennungsmerkmal ist das hellgelbe Auge, das sich bald rosaviolett verfärbt. Die Blütezeit dauert von September bis Oktober, manchmal bis in den November hinein. Relativ – aber nicht vollkommen – mehltauresistent. Aus Südkanada und den nordöstlichen USA bis Texas. ↕ 1,3 m. Z3 **'Horizontalis'** ♀ Kompakter, buschiger Wuchs. Junge Blätter im Frühling rötlich getönt. Waagerecht ausladende Triebe werden verdeckt von zahllosen, 1 cm großen Blütenkörbchen mit weißen Strahlen und rosaviolettem Auge. ↕ 50 cm. **'Jan'** Buschige Pflanze mit ungewöhnlich großen Blütenkörbchen mit bis zu 3 cm Durchmesser. Vermutlich eine Hybride mit *A. novi-belgii.* ↕ 80 cm. **'Lady in Black'** Leuchtend bronze-violettes Laub im Frühling, das im Sommer nur leicht verblasst. Hohe, elegante Stängel tragen Blütenkörbchen aus weißen Strahlen- und gelben Scheibenblüten. ↕ 1,3 m. **'Prince'**

DAS PROBLEM DER ASTER × FRIKARTII

Aster × frikartii ist eine Hybride zwischen der europäischen *A. amellus* und der aus dem Himalaja stammenden *A. thomsonii.* Die Kreuzung wurde vorgenommen von dem Geistlichen Wolley-Dod, der seine Blumen 1892 ausstellte. Danach hörte man nichts mehr von der Sorte.

Dann stellte um 1918 Carl Frikart 3 Züchtungen seiner Gärtnerei im schweizerischen Stäfa vor, die er nach den Alpengipfeln 'Eiger', 'Jungfrau' und 'Mönch' benannt hatte. Ihnen folgte 1924 'Wunder von Stäfa', von dem man annehmen kann, dass sie eine Verbesserung war. 50 Jahre stand die Entwicklung still, bis Alan Bloom 1964 die nach seiner Frau benannte Sorte 'Flora's Delight' vorstellte. Für diese erstmals im Jahre 1954 durchgeführte Kreuzung setzte er spezielle Sorten ein: die zwergwüchsige *A. thomsonii* 'Nanus' und die rosa blühende *A. amellus* 'Sonia'.

Alle 5 Formen der *A. × frikartii* sind gute Gartenpflanzen, doch zwischen den beiden bekanntesten, 'Mönch' und 'Wunder von Stäfa', herrscht Verwirrung. Sie sind einander sehr ähnlich. Es scheint wahrscheinlich, dass die Bestände gründlich vermischt wurden.

Zwei Faktoren kommen erschwerend hinzu. Manche Saatgutlieferanten bieten Samen der *A. × frikartii* an. Die Pflanzen erweisen sich oft als Formen der *A. amellus* oder sind, wenn es sich um echte Hybriden handelt, variabel. Obendrein zeigen alle 4 ursprünglichen *A. × frikartii*-Sorten in Abhängigkeit von ihren Standortbedingungen erhebliche Schwankungen in Höhe, Wuchsstärke und Farbe der Strahlenblüten. Stücke einer einzelnen Pflanze, die an sechs verschiedenen Plätzen im gleichen Garten eingepflanzt wurden, unterschieden sich so stark, dass man sie für sechs unterschiedliche Sorten halten könnte.

Pflanzen, die 2002 als 'Wunder von Stäfa' für die National Collection in Colwall angeschafft wurden, standen drei Jahre in einem Testbeet neben 'Mönch' und blieben stets kleiner. Die Aufzeichnungen des Züchter verraten aber nicht, welche seiner beiden beliebten Sorten die höhere ist.

Alle sind ausgezeichnete, mehltauresistente Pflanzen. Kaufen Sie sie bei einem Spezialisten und gehen Sie sicher, keine Sämlinge zu erhalten.

ASTERNBLÜTEN

Asternblüten haben die gleiche Grundstruktur wie die Blüten vieler anderer Mitglieder der Familie der Korbblütengewächse (*Asteraceae*). In der Mitte jeder Blüte befindet sich das »Auge« mit winzigen, fruchtbaren Röhrenblüten (Scheibenblüten), die meist gelb oder orange sind, manchmal auch braun, violett oder weiß. Um sie sind kranzförmig ein oder mehrere Reihen Zungenblüten (Strahlenblüten) angeordnet, die nicht immer fruchtbar sind und einen farbigen Strahl tragen. Die Knospe wird durch ein Involucrum aus Brakteen geschützt.

Zungenblüten (Strahlenblüten)

Röhrenblüten (Scheibenblüten)

Involucrum

Aster amellus 'Veilchenkönigin'

Kräftig bronze-violettes Frühlingslaub, färbt sich im Sommer dunkelgrün. 1 cm große Blütenkörbchen mit weißen Strahlen und dunkelviolettem Auge. Ähnelt 'Horizontalis', hat jedoch dunkleres Laub.

A. **'Little Carlow'** ♀ Große, dichte, verholzende Gruppen mit breit lanzettlichen, dunkelgrünen Blättern und zahlreichen, aufrechten, verzweigten Blütentrieben, die im September und Oktober 2,5 cm große Blütenkörbchen mit lavendelblauen Strahlen tragen. Eine Hybride von *A. cordifolius* und *A. novi-belgii*, die in keinem Garten fehlen sollte. Teilweise resistent gegen Mehltau. ↕ 1,2 m. Z4

A. **'Little Dorrit'** Stark wüchsige Gruppen mit lanzettlichen, dunkelgrünen Blättern und kräftigen, kurz verzweigten Blütentrieben, die im Oktober 2,5 cm große, leuchtend rosaviolette Blütenkörbchen tragen. Eine Hybride von *A. cordifolius* und *A. novi-belgii*, gezüchtet von Miss Isabel Allen, die nahe der englischen Stadt Bristol zwischen 1940 und 1970 die größte Asternsammlung des 20. Jahrhunderts zusammentrug. Leider anfällig für Mehltau. ↕ 1,2 m. Z2

A. macrophyllus (Herzblättrige Aster) Holzige, sich ausbreitende Gruppen mit recht attraktiven, breit ovalen Blättern. Kräftige, verzweigte Blütentriebe tragen im August verzweigte Büschel 2,5 cm großer Blüten mit 10–16 Strahlenblüten in hellem Rosalila, aus denen sich attraktive Fruchtstände entwickeln. Teilweise resistent gegen Mehltau. Aus dem östlichen Nordamerika. ↕ 90 cm. Z3 **'Albus'** Weiße Strahlen. **'Twilight'** siehe *A.* × *herveyi*.

A. novae-angliae (Neuengland-Aster, Raublatt-Aster) Robuste, wüchsige, verholzende Gruppen mit zahlreichen Sprossen und Trieben. Die lanzettlichen, grünen bis graugrünen Blätter fühlen sich wegen ihrer groben Behaarung rau an. Zwischen Ende August und Ende Oktober verzweigen sich die Triebe im oberen Bereich zu breiten, flachen Blütenständen aus zahlreichen Blütenkörbchen. Sie haben 4 cm Durchmesser, bis zu 50 schmale Strahlen und sind normalerweise violett, manchmal auch rosa, rötlich oder weiß. Einige Sorten haben bis zu 90 Strahlen. Sie bilden reichlich Samen, aus denen hauptsächlich violett blühende Pflanzen heranwachsen. Wenn die Pflanzen nicht alle 2–4 Jahre geteilt werden, lassen Blüte und Laubbildung nach. Die meisten Sorten sollten gestützt werden. Gut geeignet für Blumenwiesen und naturnahe Gärten. Relativ mehltaufrei. Aus dem östlichen Nordamerika (Quebec bis Saskatchewan, South Carolina, Alabama, Kansas und Colorado). ↕ 1,2–2,4 m. Z2 **'Andenken an Alma Pötschke'** ♀ Kräftig kirschrosa Blütenkörbchen von 4,5 cm Größe. Kompakter Wuchs. ↕ 90 cm. **'Barr's Blue'** 4,5 cm große, blauviolette Blütenkörbchen. Kräftiger Wuchs. ↕ 1,2 m. **'Barr's Pink'** Über 5 cm große, rosarote Blütenkörbchen. Robust und wüchsig. ↕ 1,5 m. **'Barr's Violet'** 4,5 cm große Blütenkörbchen in Blauviolett, dunkler als 'Barr's Blue'. ↕ 1,2 m. **'Harrington's Pink'** ♀ 2,5–3,5 cm große Blütenkörbchen in hellem Rosarot. Von dem Bauern Millard Harrington in freier Natur in Kanada entdeckt und 1943 von Perry's Nurseries eingeführt. ↕ 1,5 m. **'Hella Lacey'** Über 5 cm große, hell-blauviolette Blütenkörbchen. Sehr wüchsig. Ähnelt 'Mrs. S. T. Wright'. Von dem amerikanischen Gartenautor Allan Lacy in einigen Gärten in New Jersey entdeckt. Ausgezeichnete Bienenweide. ↕ 1,2 m. **'Herbstschnee'** 4,5 cm große weiße Blütenkörbchen. Die einzige derzeit erhältliche weiße Sorte. ↕ 1,2 m. **'Lye End Beauty'** 5 cm große, intensiv rosaviolette Blütenkörbchen auf kräftigen Stängeln. ↕ 1,4 m. **'Mrs S.T. Wright'** Über 5 cm große, hell-blauviolette Blütenkörbchen. Die robuste Pflanze, die vor 1907 entstand, ähnelt 'Hella Lacey'. ↕ 1,5 m. **'Purple Cloud'** Über 5 cm große, blauviolette Blütenkörbchen. Wüchsig. ↕ 1,8 m. **'Purple Dome'** Blauviolette, 2,5–3,5 cm große Blütenkörbchen, spät in der Saison.

Rundlich-kompakter Wuchs. Entdeckt an einem Straßenrand in Pennsylvania. ↕ 60 cm. **'Rosa Sieger'** Über 5 cm große Blütenkörbchen in Rosarot. ↕ 1,2 m. **'Sayer's Croft'** Über 5 cm große, purpurviolette Blütenkörbchen. ↕ 1 m. **'Septemberrubin'** (**September Ruby**) Über 5 cm große Blütenkörbchen in Purpurviolett. ↕ 1,3 m.

A. novi-belgii syn. *A. dumosus* (Glattblatt-Aster, Neubelgien-Aster) Kräftig wüchsige, aufrechte, aber sehr variable Pflanzen mit glatten, ovalen oder lanzettlichen, 5–15 cm langen Blättern, manchmal mit leicht gezähntem Rand. Vom Spätsommer bis in den mittleren Herbst tragen gut verzweigte Triebe Blütenkörbchen von bis zu 5 cm Durchmesser. Sie sind meist violett, können aber auch andere Farben haben. Ihnen folgen große Mengen fruchtbarer Samen, mit denen sich die Pflanzen selbst ausbreiten. Ideal ist ein sonniger Platz mit nahrhaftem Boden, der im Sommer nicht austrocknet. Pflanzen, die jährlich geteilt oder aus jungen Wurzelstücken gezogen werden, blühen am reichsten. Höhere Sorten sollten gestützt werden. In den meisten Regionen müssen die Astern regelmäßig gespritzt werden, um Mehltaubefall zu verhindern. Milben können die Knospen ruinieren, lassen sich im privaten Garten aber kaum bekämpfen (siehe *Mehltau und Milben*). Viele Sorten sind aus Kreuzungen mit anderen Arten hervorgegangen, vor allem mit *A. laevis* (siehe *Der Ursprung der Glattblatt-Aster*, S. 81). Verbreitet im Osten Nordamerikas. In Gärten seit 1710 kultiviert. ↕ 1,2 m. Z2 **'Alice Haslam'** Hellrote, ungefüllte, 2,5 cm große Blütenkörbchen im Spätsommer. Geordneter, rundlicher Wuchs. ↕ 25 cm. **'Albanian'** Reinweiße, gefüllte Blütenkörbchen mit 5 cm Durchmesser in kräftigen, offenen Gruppen. Gute Schnittblume. ↕ 1 m. **'Alert'** Buschig und aufrecht mit kräftig rotvioletten, gefüllten, 2,5 cm großen Blütenkörbchen. Niedrig und gleichmäßig, gut für Kübel. ↕ 30 cm. **'Audrey'** 2,5 cm große, bläulich rosa Blütenkörbchen an kräftigen, kompakten Pflanzen. ↕ 30 cm. **'Blue Eyes'** Zahlreiche 4,5 cm große, ungefüllte Blütenkörbchen in intensivem Lavendelblau an kräftigen Trieben. Wüchsig, muss nicht sehr häufig geteilt werden. ↕ 1,4 m. **'Blue Gown'** Kräftige Pflanzen mit schlanken Gruppen 5 cm großer, ungefüllter Blütenkörbchen in Lavendelblau. Sehr spät, fast wie eine spät blühende, leicht zerzauste Version von 'Climax'. ↕ 1 m. **'Blue Lagoon'**

ASTER NOVI-BELGII

UNTEN 1 *Aster novi-belgii* 'Kristina'
2 *A. novi-belgii* 'Patricia Ballard'

Blau-violette, ungefüllte Blütenkörbchen von etwa 5 cm Durchmesser an kräftigen, rundlichen Pflanzen. ↕ 50 cm. **'Blue Radiance'** 5 cm große, ungefüllte Blütenkörbchen in schönem Lila. Mäßiger bis schwacher Wuchs. Braucht auf den meisten Böden sorgfältige Pflege, blüht dann aber wunderbar. ↕ 90 cm. **'Cantonese Queen'** Blauviolette Blütenkörbchen mit etwa 5 cm Durchmesser. Einzigartig ist das gelb gezeichnete Laub während der Wachstumsperiode. ↕ 60 cm. **'Chatterbox'** 5 cm große, hellrosa Blütenkörbchen. Rundlicher Wuchs, gut geeignet für Beete und Kübel. ↕ 35 cm. **'Chequers'** Dunkelviolette, 4,5 cm große Blütenkörbchen an buschigen Pflanzen, die mittelgroße Gruppen bilden. Eine der intensivsten Farben in dieser Höhe. ↕ 60 cm. **'Coombe Rosemary'** Doppelte, erikafarbene Blütenkörbchen von 4,5 cm Größe in kräftigen Blütenständen. Gute Schnittblume. ↕ 90 cm. **'Dietgard'** Leuchtend rosaviolette, ungefüllte Blütenkörbchen, spät in der Saison. Pflanzen von geordnetem Wuchs, die sich für Beeteinfassungen und Kübel eignen. ↕ 35 cm. **'Eventide'** Gefüllte, dunkel-lavendelblaue Blütenkörbchen von etwa 5 cm Größe, früh in der Saison. ↕ 1 m. **'Fair Lady'** Leuchtend blauviolette, 2,5 cm große Blütenkörbchen. Buschiger, kompakter Wuchs. Gute Schnittblume. ↕ 90 cm. **'Fellowship'** Gefüllte, hellrosa Blütenkörbchen von 5 cm Größe in kräftigen, lockeren Blütenständen, spät in der Saison. ↕ 1 m. **'Freda Ballard'** Gefüllte, leuchtend rotviolette, 5 cm große Blütenkörbchen, früh in der Saison. ↕ 90 cm. **'Freya'** Gefüllte, kräftig rosaviolette Blütenkörbchen von 5 cm Größe. Kräftiger Wuchs. ↕ 1 m. **'Gayborder Royal'** Gefüllte, hell-blauviolette, 2,5 cm große Blütenkörbchen, spät in der Saison. Kompakter Wuchs. ↕ 70 cm. **'Harrison's Blue'** Gefüllte, dunkel-blauviolette, 4,5 cm große Blütenkörbchen, spät in der Saison. ↕ 1 m. **'Heinz Richard'** Kräftig rosaviolette, gefüllte Blütenkörbchen von etwa 5 cm Größe. Geordnet rundlicher Wuchs. ↕ 30 cm. **'Jenny'** Leuchtend rotviolette, gefüllte Blütenkörbchen mit 5 cm Durchmesser. Kompakter Wuchs. Gut für Beete und Kübel. ↕ 40 cm. **'Kristina'** Etwa 4,5 cm große, weiße Blütenkörbchen, spät in der Saison. Vermutlich die beste kleinwüchsige Sorte in Weiß. ↕ 30 cm. **'Lady in Blue'** Lila. Kräftige, rundliche Gruppen, geeignet für Beete und Kübel. ↕ 30 cm. **'Lisa Dawn'** Mattrotviolette, ungefüllte Blütenkörbchen, früh in der Saison. Buschiger Wuchs. ↕ 45 cm. **'Little Pink Beauty'** Kräftig bläulich rosa Blütenkörbchen von etwa 5 cm Größe. Starker Wuchs. ↕ 35 cm. **'Marie Ballard'** Klarviolette, perfekt geformte Blütenkörbchen von 5 cm Größe. Wird vielfach als schönste Aster betrachtet. ↕ 1 m. **'Mary Deane'** Spät in der Saison gefüllte, 5 cm große Blütenkörbchen in leuchtendem Rosaviolett. ↕ 1,2 m. **'Melbourne Magnet'** Hell-blauviolette, perfekt geformte, gefüllte Blütenkörbchen von 5 cm Größe, spät in der Saison. ↕ 90 cm. **'Mount Everest'** Elegante Pyramiden aus ungefüllten, weißen Blütenkörbchen von 5 cm Größe. Wertvoll für den Beethintergrund

MEHLTAU UND MILBEN

Astern sind robust, farbenfroh und eigentlich unkompliziert. Dennoch werden sie aus zwei Gründen nicht so häufig kultiviert, wie sie es verdient hätten: Mehltau und Milben.

Echter Mehltau befällt *Aster novi-belgii* in freier Natur – und die Art und ihre vielen Sorten in Gärten sind fast immer ebenfalls betroffen. *A. divaricatus* wächst wild neben *A. novi-belgii* und wird nicht befallen. Also ist entweder der Pilz wählerisch in Bezug auf seinen Wirt oder *A. divaricatus* besitzt, wie einige andere Arten, eine natürliche Resistenz.

Besonders schwer ist der Befall meist in heißen, trockenen Jahren, doch obwohl die Pflanzen entstellt aussehen, leidet ihre Wuchskraft nur gering. Am schwersten sind oft die Schäden am unteren Laub. Kahle Triebe lassen sich aber verdecken, indem man davor niedrige Pflanzen setzt oder die vorderen Triebe im Frühsommer zurückschneidet. Sie treiben dann neu aus.

Wer spritzen will, muss es regelmäßig tun, vor Auftreten der ersten Anzeichen von Mehltau beginnen und bis in den Herbst fortfahren. Die spät am Rand der Gruppen austreibenden Triebe dürfen nicht vernachlässigt werden.

Pflanzenschädigende Milben (Gattung *Tarsonemus*) sind mit 0,25–0,5 mm Länge kaum zu erkennen, wohl aber die Schäden, die sie anrichten. Der Befall ist vor allem an den Blüten zu erkennen, die sich, nachdem die Milben im Inneren der ungeöffneten Knospen gefressen haben, zu unregelmäßig zerzausten Rosetten öffnen. Typisch für den Befall sind auch kümmerlicher Wuchs und braune Streifen auf den Stängeln.

Diese Milben greifen auch Erdbeeren, eine Reihe anderer Stauden, Einjährige und Gewächshauspflanzen an. Im privaten Garten gibt es kaum Abhilfe, doch treten die Schädlinge vor allem auf, wenn viele Pflanzen auf relativ engem Raum stehen. Für kommerzielle Gärtner gibt es Behandlungsmethoden. In den eigenen Garten gelangen die Schädlinge oft durch Pflanzen aus schlecht geführten Gärtnereien. Es gilt also, beim Kauf aufmerksam zu sein – und befallene Pflanzen zu verbrennen.

und als Schnittblume. ↕ 1,6 m. **'Patricia Ballard'** Kräftig bläulich rosa, gefüllte Blütenkörbchen von 5 cm Größe, früh in der Saison. Robust und wüchsig. ↕ 90 cm. **'Peter Chiswell'** Leuchtend rotviolette, gefüllte Blütenkörbchen, früh in der Saison. Kompakt und verlässlich. Gut für Beete und Kübel sowie als Schnittblume. ↕ 75 cm. **'Pride of Colwall'** Gefüllte, 2,5 cm große, erikafarbene Blütenkörbchen an aufrechten Trieben. Geordneter Wuchs. ↕ 90 cm. **'Professor Anton Kippenberg'** Lila, 4,5 cm große Blütenkörbchen. Niedrig, kräftiger Wuchs. Sehr verlässlich. ↕ 30 cm. **'Remembrance'** Spät in der Saison lila Blütenkörbchen von 5 cm Größe. Kräftiger, buschiger Wuchs. ↕ 50 cm. **'Rosenwichtel'** Kräftig rosa Blütenkörbchen von 4,5 cm Größe, spät in der Saison. Kräftiger Wuchs. ↕ 25 cm. **'Sandford's White Swan'** Sehr zahlreiche, gefüllte, weiße Blütenkörbchen von 4,5 cm Größe, früh in der Saison. ↕ 1 m. **'Schneekissen'** 2,5 cm große, ungefüllte, weiße Blütenkörbchen, spät in der Saison. Kompakter, niedriger Wuchs. ↕ 25 cm. **'Snowsprite'** 4,5 cm große, gefüllte, weiße Blütenkörbchen. Rundlicher, mäßiger Wuchs. ↕ 30 cm. **'Starlight'** 4,5 cm große, ungefüllte Blütenkörbchen in Rotviolett. ↕ 30 cm. **'Terry's Pride'** Gefüllte, 5 cm große Blütenkörbchen in dunklem Rotviolett, spät in der Saison. Geeignet für Beete, Kübel und zum Schnitt. ↕ 45 cm. **'Trudi Ann'** 5 cm große, dunkel-erikafarbene Blütenkörbchen. Attraktiv rundlicher Wuchs. ↕ 40 cm. **'Twinkle'** 2,5 cm große, kräftig rosaviolette Blütenkörbchen an kräftigen Trieben, spät in der Saison. Zum Schnitt geeignet. ↕ 90 cm. **'Winston S. Churchill'** Ungefüllte, 4,5 cm große, leuchtend rotviolette Blütenkörbchen an buschigen Blütenständen. ↕ 80 cm. **'Wood's Light Blue'** Ungefüllte, klarblaue Blütenkörbchen. Relativ mehltauresistent. Gut für Kübel. ↕ 38 cm. **'Wood's Pink'** Ungefüllte, klarrosa Blütenkörbchen über dunkelgrünem, relativ mehltauresistentem Laub. Gut für Kübel. ↕ 38 cm. **'Wood's Purple'** Ungefüllte Blütenkörbchen in klarem Violett. Gut für Kübel. ↕ 38 cm.

A. oblongifolius Variable Art, die mit holzigen, verzweigten Trieben kompakte Gruppen bildet. Die 2–5 cm langen, lanzettlichen bis ovalen Blätter duften aromatisch. An den Triebspitzen erscheinen im September und Oktober zahlreiche, 2 cm große Blütenkörbchen mit 15–40 violetten Strahlen. Ähnelt im Aussehen der *A. novae-angliae*, deren Laub jedoch nicht duftet. Bevorzugt durchlässigen, alkalischen Boden in voller Sonne, toleriert aber auch Trockenheit und mageren Boden ungewöhnlich gut. Braucht in vielen Regionen Schutz vor winterlicher Nässe, ist aber mehltauresistent. Aus weiten Teilen der USA. ↕ bis 1 m. **'Fanny's Aster'** Kompakt, sehr buschig, verzweigte Triebe. Sehr späte Blüte. ↕ 50 cm. **'October Skies'** Blauviolett. Niedrig, aber breitwüchsig. Entdeckt im Südwesten Pennsylvanias vom Heuchera-Züchter Charles Oliver. ↕ 45 cm. **'Raydon's Favorite'** Blauviolette, 3,5 cm große Blütenkörbchen erscheinen über einen langen Zeitraum. Häufig zur Straßenrandbepflanzung eingesetzt. Entdeckt auf dem Lookout Mountain in Tennessee, USA. ↕ 90 cm.

A. **'Ochtendgloren'** ♀ syn. *A.* 'Pink Star'. Kompakte, aber kräftige Gruppen aus kräftigen, aufrechten, locker verzweigten Trieben mit langen, schmalen, dunkelgrünen Blättern. Im Oktober erscheinen 2,5 cm große, zahlreiche Blütenkörbchen in mittlerem Rosaviolett auf der ganzen Trieblänge bis zum Boden. Eine ausgezeichnete Gartenpflanze, die ursprünglich als Schnittblume gezüchtet wurde. Wahrscheinlich eine Hybride von *A. novi-belgii* und *A. pilosus* var. *pringlei*. Selektiert von Piet Oudolf in Holland. ↕ 1,2 m. Z4

RECHTS 1 *Aster novi-belgii* 'Professor Anton Kippenberg' **2** *A.* 'Ochtendgloren' **3** *A. pilosus* var. *pringlei* 'Monte Cassino' **4** *A. sedifolius* 'Nanus'

A. 'Photograph' ♀ Kompakte Gruppen verholzender Triebe tragen große, herzförmige Blätter, über denen sich die elegant überhängenden, gut verzweigten Blütenstände mit 15 mm großen Blütenkörbchen wie Wolken in klarem Blauviolett abheben. Der vor 1920 entstandenen Kreuzung zwischen *A. cordifolius* und *A. ericoides* fehlt es leider an Wuchskraft. ↕ 1 m. Z4

A. pilosus (Weichhaarige Aster) Robuste Gruppen kräftiger, aufrechter Triebe mit langen, schmal-zugespitzten, hellgrünen Blättern. Im Oktober bilden sich breite Blütenrispen. Die Blütenkörbchen haben 15–20 weiße Strahlen und sind etwa 1,5 cm groß. Aus dem Nordosten der USA. ↕ 1 m. Z5 **var. demotus** ♀ Ausgezeichnete, reich blühende Form für große Gruppenpflanzungen. ↕ 1,5 m. **var. pringlei 'Monte Cassino'** ♀ Weiße, sternförmige Blütenkörbchen über schmalen Blättern. In der Floristik auch als »Septemberkraut« bekannt. Braucht im Garten sehr gute Dränage.

A. 'Pink Star' siehe *A. 'Ochtendgloren'*

A. pyrenaeus (Pyrenäen-Aster) Robuste und kompakte Gruppen aufrechter Triebe mit länglichen, zugespitzten Blättern und vielfach verzweigten Blütenständen. Die zahlreichen Blü-

tenkörbchen erscheinen von August bis Oktober, sind 4 cm groß und haben 20–30 fliederfarbene Strahlen. Absolut mehltauresistent. Aus den östlichen und westlichen Pyrenäen. ↕ 90 cm. Z6 **'Lutetia'** Sehr zahlreiche Blütenkörbchen in hellstem Fliederton an Trieben, die sich bis zu einem Durchmesser von fast 90 cm verzweigen. Eine ausgezeichnete, unkomplizierte Pflanze. Vermutlich eine Hybride mit *A. amellus*. ↕ 60 cm.

A. 'Ringdove' ♀ Kräftige, kompakte Gruppen aus aufrechten Trieben mit langen, schmalen Blättern. Im Oktober erscheinen überhängende Rispen mit 2 cm großen Blütenkörbchen in hellem Lila mit cremegelbem Auge. Schöne, sanfte Farben für den herbstlichen Garten, auch zum Schnitt geeignet. ↕ 1 m. Z4

A. schreberi (Schrebers Aster) Kräftige, ausladende Triebe sind reich bekleidet mit attraktiven, hellgrünen, breiten, leicht herzförmigen Blättern. Die überhängenden Blütentriebe haben kleinere, ovale, zugespitzte Blätter. Im August und September erscheinen an kurzen Verzweigungen in luftigen Abständen zahlreiche, 3 cm große Blütenkörbchen mit etwa 10 weißen Strahlen. Verträgt Schatten. Eventuell besser als die ähnliche *A. divaricatus*. Aus dem Osten der USA. ↕ 90 cm. Z3

A. sedifolius (Graue Aster) Pflanzen von geordnetem Wuchs mit schmalen, graugrünen, mehltauresistenten Blättern bis 8 cm Länge. Die kräftigen Blütentriebe verzweigen sich im oberen Bereich und tragen im August und Anfang September massenhaft 3,5 cm große Blütenkörbchen mit 8–12 locker angeordneten, lila Strahlen. Eine unkomplizierte, wertvolle Pflanze für sonnige Beete, die gut zu *Sedum* und niedrigeren Rudbeckien passt. Aus dem südlichen und östlichen Mitteleuropa bis Nordasien. ↕ 80 cm. Z6 **'Nanus'** Kompakter Wuchs. ↕ 45 cm.

A. thomsonii Kleine Gruppen drahtiger, aufrechter, behaarter Triebe mit 10 cm langen, ovalen, hellgrünen, rau behaarten Blättern. An schlanken Blütenständen erscheinen von Juli bis Oktober 5 cm große Blütenkörbchen mit etwa 20 schmalen, klarvioletten Strahlen. Schwieriger zu kultivieren als viele andere Sorten. Gedeiht am besten in gut durchlässigem, selbst kiesigem, alkalischem Boden mit ausreichend Feuchtigkeit im Frühling und Sommer an einem sonnigen oder sehr leicht schattigen Platz. Resistent gegen Mehltau. Für offene Standorte ohne viel Konkurrenz durch andere Pflanzen. Selten zu sehen, aber bedeutend als Elternsorte der wertvollen *A. × frikartii*. Aus dem Himalaja. ↕ 90 cm. Z7 **'Nanus'** Zauberhafte, kompakte, häufiger kultivierte Form. Sehr schön für Kübel. ↕ 30 cm.

A. tongolensis (Szetschuan-Aster) Relativ kleine, sich ausbreitende Pflanze mit 9 cm langen, leicht behaarten, länglich-zugespitzten Blättern an drahtigen Trieben, an denen im Juni und Juli einzelne, 4–5 cm große Blütenkörbchen mit lila Strahlen und orangefarbenem Auge erscheinen. Braucht gut durchlässigen

Boden mit ausreichend Feuchtigkeit im Frühling. Resistent gegen Mehltau. Einige Sorten sind dekorativ und blühen reich. Aus Westchina bis Indien. ↕ 50 cm. Z8 **'Berggarten'** Leuchtend blauviolett. ↕ 20 cm. **'Napsbury'** Dunkelviolett. ↕ 30 cm. **'Wartburgstern'** Blauviolett. ↕ 40 cm.

A. tradescantii (Tradescants Aster) Wüchsige, manchmal wuchernde Art mit schmalen, zugespitzten, kräftig grünen Blättern bis 15 cm Länge. Die langen, aufrechten Triebe verzweigen sich und tragen im Oktober elegante, luftige Blütenstände aus zahllosen, 1,5 cm großen Blütenkörbchen mit weißen Strahlen. Schön für naturnahe Gärten. Aus dem Osten Nordamerikas. ↕ 1,5 m. Z4

A. turbinellus ♀ Kräftige Gruppen drahtiger, braunvioletter Triebe tragen schmale, zugespitzte, dunkelgrüne Blätter. An eleganten Rispen öffnen sich im Oktober 3 cm große Blütenkörbchen mit 20–30 intensiv lila Strahlen. Trotz der Neigung zum Abwerfen der unteren Blätter eine attraktive Pflanze. Sollte gestützt werden und ist anfällig für Mehltau. Diese Pflanze ist wahrscheinlich eine wüchsigere Hybride, die die ursprüngliche, selten kultivierte Art verdrängt hat. ↕ 1,5 m. Z4

A. umbellatus (Schirm-Aster) Kräftige, sich ausbreitende Gruppen stämmiger Sprosse, aus denen sich steife, standfeste Stängel mit breit lanzettlichen, bis 16 cm langen Blättern entwickeln. Sie bilden im August oberseits abgeflachte Gruppen aus zahlreichen, 2 cm großen Blütenkörbchen mit 15 Strahlen in mattem Weiß. Eine stattliche Pflanze, die auch mit den silbrigen, duftigen Samenständen im September und Oktober gut aussieht. Aus dem Osten Nordamerikas. ↕ 1,5 m. Z3

ASTEROMOEA siehe KALIMERIS

ASTILBE
Prachtspiere, Astilbe
SAXIFRAGACEAE

Für stattliche Pflanzungen an feuchten Standorten sind diese farbenprächtigen, winterharten Stauden besonders gut geeignet.

Die etwa 14 Arten sommergrüner Pflanzen wachsen wild auf feuchten, grasigen Standorten und in lichten Wäldern Ostasiens und des östlichen Nordamerika, 4 oder 5 werden in Gärten kultiviert. Aus holzigen Rhizomen erheben sich Gruppen gezähnter Blätter, die einfach gelappt oder in viele ovale Segmente geteilt sein können. Im Sommer und Frühherbst erscheinen duftige Rispen aus kleinen Blüten in Weiß, Rosa, Rot oder Violett. Jede Blüte besteht aus 5 löffelförmigen oder schmaleren Petalen, 10 Staubgefäßen und 2 winzigen Fruchtblättern, die bei männlichen Pflanzen aber verkümmert und funktionslos sein können. In der Welke verfärben sich die Blüten attraktiv rostbraun. Sie halten oft bis in den Winter hinein. Prachtspieren

sind elegante Pflanzen für offene Standorte mit feuchtem Boden.

Obwohl Prachtspieren in Westeuropa erst seit der Mitte des 19. Jahrhunderts kultiviert werden, erkannten die Züchter bald ihr Potenzial als Zierpflanzen. Schon am Ende des Jahrhunderts gab es zahlreiche Hybriden und Sorten. Besonders aktiv waren europäische Gärtnereien. Namen wie Lemoine, Ruys und vor allem Georg Arends (siehe *Georg Arends*, S.87) stehen hinter vielen Sorten, die noch heute kultiviert werden. Zwischen 1960 und 1980 führte auch Alan Bloom einige gute Sorten ein.

Es wurden so viele Kreuzungen der verschiedenen Arten vorgenommen, dass man heute nicht mehr alle Sorten zweifelsfrei spezifischen Hybriden zuordnen kann. Darum scheint es sinnvoller, sie alphabetisch zu listen und ihre vermutliche Gruppenzugehörigkeit anzugeben (Gruppendefinitionen siehe *Systematik der Astilben*).

KULTUR Bevorzugen durchlässigen, aber feuchten Boden im lichten Schatten. Fruchtbarkeit und Feuchtigkeit des Bodens wirken sich erheblich auf Größe und Wuchskraft aus. Trockenheit im Frühling und Sommer vertragen die meisten schlecht. Späte Fröste können erhebliche Schäden anrichten.

VERMEHRUNG Durch Teilung, dabei alte und schwache Teile entfernen.

PROBLEME Gelegentlich Gefurchter Dickmaulrüssler. Die Larven greifen die Wurzeln an, die ausgewachsenen Tiere fressen halbkreisförmige Kerben in die Blattränder.

A. **'Amethyst'** (× *arendsii*) Kräftig violette Blüten in großen, leicht überhängenden Rispen bis 35 cm Länge erscheinen im Juli über dunklem mattgrünem Laub. Ausgezeichnet für den Beethintergrund oder den Gehölzgarten. Eingeführt 1920 von Georg Arends. ↕ 1 m. Z4

A. **'Aphrodite'** (Simplicifolia-Hybride) Rote Triebe mit breiten, dunkelgrünen Blättern von 15 cm Länge und leicht überhängenden, 20 cm langen ovalen Rispen aus hell rötlich violetten Blüten. Nicht sehr wüchsig, gedeiht nur unter guten Standortbedingungen. Auslese von Ernst Pagels in Deutschland. ↕ 50–60 cm. Z4

A. **'Betsy Cuperus'** (*Thunbergii*-Hybride) Bis 55 cm lange, leicht überhängende Rispen hell-rosavioletter Blüten über großen, hellgrünen Blättern. Gezüchtet 1917 von Ruys in den Niederlanden. ↕ 1,1 m. Z4

A. **'Brautschleier'** (Bridal Veil) ♀ (× *arendsii*) Elegante, konische Blütenstände bis 25 cm Länge aus weißen Blüten erscheinen Anfang Juli über kräftig grünem, glänzendem Laub. Eingeführt 1929 von Georg Arends. ↕ 70 cm. Z4

A. **'Bressingham Beauty'** (× *arendsii*) Dunkel-rosaviolette Blüten in konischen Blütenständen bis 20 cm Länge ab Anfang Juli. Dunkelgrün glänzende Blätter mit Bronzeschimmer. Attraktive Gartenpflanze, auch gut zum Schnitt geeignet. 1967 von Alan Bloom selektiert. ↕ 1 m. Z4

A. **Bridal Veil** siehe 'Brautschleier'

A. **'Bronce Elegans'** ♀ (Simplicifolia-Hybride) Kompakte Pflanze, die im August lockere, überhängende Blütenstände bis 25 cm Länge mit kräftig rosavioletten Blüten trägt. Die Blätter verfärben sich im Lauf der Saison von Grün zu Rotviolett. Um die Färbung zu fördern, sollten grüne Blätter entfernt werden. Nicht sehr wüchsig, braucht gute Standortbedingungen. Eingeführt 1956 von Arends. ↕ 50 cm. Z4

RECHTS 1 *Astilbe chinensis* var. *pumila*
2 *A.* 'Deutschland' **3** *A.* 'Irrlicht'
4 *A.* 'Professor van der Wielen'
5 *A.* 'Sprite' **6** *A.* 'Straussenfeder'

A. 'Bumalda' (× *arendsii*) Eindrucksvoll als große Gruppe. Lockere, konische Rispen bis 30 cm Länge mit strahlend weißen Blüten erscheinen Mitte Juli. Die scharf gezähnten Blätter sind bronzefarben mit rotem Schimmer und bilden einen guten Kontrast zu den Blüten. ↕ 75 cm. Z4

A. 'Cattleya' (× *arendsii*) Stattliche Pflanze für den Beethintergrund. Trägt im August bis 40 cm lange, lockere Rispen aus dunkel-rosavioletten Blüten. Gezüchtet 1953 von Georg Arends. ↕ 1,2 m. Z4

A. chinensis (China-Astilbe) Variable, Ausläufer bildende Art mit braun behaarten Trieben und mattgrünen, geteilten Blättern. Im August erscheinen schmale Blütenstände mit aufrechten Seitentrieben, die rosarote oder weiße Blüten mit schmalen Petalen tragen. Wertvoll, weil sie später blüht als die meisten Astilben. Häufig für Hybriden verwendet. Bei guten Bedingungen eine eindrucksvolle Pflanze. Aus feuchten Bergwäldern Chinas, der Mongolei, Koreas und Russlands. ↕ 60 cm. Z4
'Finale' Nicht zu verwechseln mit der rot blühenden Sorte 'Fanal'. Schmale, bis 25 cm lange Rispen aus rosavioletten Blüten über matt-dunkelgrünem, recht grobem Laub. Gut für Teichufer. Gezüchtet 1952 von Georg Arends.
↕ 70 cm. **var. pumila** ♀ Kompakt mit hell-rosavioletten, straff aufrechten Blütenständen bis 25 cm Länge im August und September über einem geordneten Polster aus Laub, das oft einen Rotschimmer hat. Verträgt mehr Trockenheit und Sonne als die meisten Astilben. Beliebt wegen des geordneten Wuchses. Aus Tibet. ↕ 30–45 cm. **var. taquetii** Sehr hohe, imposante Pflanze mit schmalen, bis 45 cm langen Rispen aus rötlich violetten Blüten im August. Glänzende, geteilte Blätter bis 40 cm Länge. Breitet sich durch Ausläufer aus und kann an optimalen Standorten lästig werden. Elternsorte vieler guter Hybriden. Aus Korea. ↕ 1,2–2 m. **var. taquetii 'Purpurlanze'** (**Purple Lance**) Höher, mit schlanken Blütenständen aus kräftig rötlich violetten Blüten.
↕ 1,7 m. **var. taquetii 'Superba'** ♀ Trägt im August dichte, bis 50 cm lange Rispen aus leuchtend magentafarbenen Blüten über dunkelgrünen, glänzenden Blättern. ↕ 1,3 m. **'Visions'** Niedrige, robuste Pflanze mit schwachem Duft. 18 cm lange Rispen aus kräftig violetten Blüten über dunkelgrün glänzenden Blättern. ↕ 55 cm. Die erste Sorte einer Serie, zu der auch die folgenden zwei gehören. **'Vision in Pink'** Rosa Blüten. **'Vision in Red'** Rote Blüten. Gezüchtet von Van Veen.

A. × crispa Kleinwüchsige Pflanzen mit golden glänzenden Blättern aus mehreren, scharf gezähnten Segmenten. Kurze, konische Rispen aus hellrosa bis kräftig rosa Blüten im Juli. ↕ 20–30 cm. Z4 **'Perkeo'** ♀ syn. *A.* 'Perkeo' Dunkelbronzegrünes Laub. Bis 20 cm lange Rispen aus sanft rosavioletten Blüten öffnen sich Anfang Juli.

A. 'Darwin's Snow Sprite' Trägt im Juli zahlreiche, weiße Blüten über

KONTRAST IN FARBE UND GESTALT

DIE GEWELLTEN und weiß panaschierten Blätter der *Hosta undulata* sind an diesem feuchten Standort schon allein eine Augenweide, gewinnen aber noch durch den Kontrast mit den dunklen, fein geschnittenen Blättern der *Astilbe* 'Fanal'. Die scharlachroten Blütenständen erheben sich über den Hosta-Blättern und leuchten vor dem frischen Grün-Weiß besonders intensiv. Eine Gefahr für diese Pracht sind Schnecken, die eine besondere Vorliebe für Funkienblätter haben. Beide Pflanzen sollten im Herbst oder Winter bodennah abgeschnitten werden. Dazwischen könnte man Waldanemonen pflanzen, die die Fläche im Frühling füllen. Mit einer weißen *Astilbe* würde das Ensemble kühler wirken, für ein Beet in Pastellfarben bietet sich eine rosa Sorte an.

dunkelgrün glänzenden Blättern mit zahlreichen, schmalen, gezähnten Segmenten. ↕ 55 cm. Z4

A. 'Deutschland' (Japonica-Hybride) Beliebte, früh blühende Astilbe mit leicht überhängenden, konischen, bis 18 cm langen Blütenständen in Weiß über mäßig glänzenden Blättern. Gut für den Garten und auch als Topfpflanze im Haus. Gezüchtet 1920 von Arends 1920. ↕ 65 cm. Z4

A. 'Diamant' (× *arendsii*) In Europa häufig als Schnittblume kultiviert, aber auch gut für den Garten. Trägt ab Mitte Juli dichte, ovale, weiße Blütenstände bis 28 cm Länge. Laub im Austrieb bronzegrün, später mittelgrün. ↕ 90 cm. Z4

A. Elizabeth Bloom (**'Eliblo'**) (× *arendsii*) Dunkelgrün glänzende, relativ dichte Blätter bis 30 cm Länge und im Juli ovale, bis 30 cm lange Rispen aus hellrosavioletten Blüten. Gezüchtet von Alan Bloom, eingeführt 1991. ↕ 80 cm. Z4

A. 'Ellie' (× *arendsii*) Attraktive Pflanze mit roten Trieben und dunkelgrünen Blättern, über denen sich die bis 25 cm langen weißen Blütenstände gut abheben. Gilt als eine der schönsten weißen Astilben, ist aber nicht wüchsig und etabliert sich manchmal schwer. ↕ 70 cm. Z4

A. 'Erika' (× *arendsii*) Hohe Pflanze mit dunkelgrün glänzendem Laub, das im Frühling einen Bronzerot-Schimmer hat. Trägt ab Mitte Juli lockere, bis 35 cm lange Rispen aus hell-rosavioletten Blüten. Häufig als Schnittblume kultiviert, aber auch schön für den Garten. Ein Sport von 'Rosa Perle', gezüchtet von Georg Arends. ↕ 1 m. Z4

A. 'Etna' (× *arendsii*) Früh blühende, verlässliche Pflanze mit dunkelroten Blüten in schlanken, aufrechten Rispen bis 30 cm Länge im Juli. Glänzend dunkelgrünes Laub. Die Blüten färben sich im Alter bläulich rot. ↕ 60 cm. Z4

A. 'Europa' (Japonica-Hybride) Trägt Mitte Juni dichte, bis 15 cm lange Rispen aus sehr hell-rosavioletten Blüten über glänzenden, mittelgrünen Blättern. Obwohl die Blüten klein sind, haben sie ungewöhnlich breite Petalen und sind dadurch sehr effektvoll. Sehr frühe Blüte. Oft als Topfpflanze verwendet. ↕ 50 cm. Z4

A. 'Fanal' ♀ (× *arendsii*) Die beliebteste rot blühende Astilbe. Sie trägt ab Anfang oder Mitte Juli schmale, bis 25 cm hohe, haltbare Blütenstände über dunkelgrünen, gezähnten Blättern mit rötlichem Schimmer. Eine Auslese von Arends. ↕ 60 cm. Z4

A. 'Federsee' (× *arendsii*) Gruppen bildende Pflanze mit matt-mittelgrünen Blättern und kräftig rosaroten Blüten in dichten, konischen Rispen bis 35 cm Länge Anfang Juli. Eine attraktive Gartenpflanze, die auch als Zimmerpflanze beliebt ist. ↕ 70 cm. Z4

A. 'Feuer' (**Fire**) (× *arendsii*) Eine beliebte Sorte, die Ende Juli kräftig rot-violette Blüten in konischen, bis 35 cm

GEORG ARENDS (1863–1952)

Georg Arends, Sohn eines deutschen Gärtners, beschloss mit 16 Jahren, den Beruf des Vaters zu ergreifen. Nach der Ausbildung an einer Fachschule bei Wiesbaden sammelte er zuerst im botanischen Garten von Breslau Berufserfahrung, dann in Thomas Wares Gärtnerei in Tottenham, London (einer der ersten, die sich auf Stauden spezialisierte), und schließlich im italienischen Trieste.

1888 eröffnete er gemeinsam mit einem Freund seine eigene Gärtnerei auf einem 1 ha großen Gelände in Wuppertal-Ronsdorf. Der Betrieb florierte. Nachdem der Partner das Unternehmen 1902 verließ, entwickelte Georg Arends es weiter und konzentrierte sich auf winterharte Stauden und alpine Pflanzen. 1914 war das Betriebsgelände bereits 13 ha groß.

In dieser Zeit wurden viele neue Pflanzen gezüchtet. Arends war vielseitig und lieferte zu verschiedenen Gattungen, darunter auch Rhododendren und Obstbäume, nennenswerte Beiträge. Besonders bekannt wurde er aber durch seine Astilbenzucht, an die der Name *A.* × *arendsii* anknüpft, sowie durch gute Sorten von *Aster, Bergenia, Eryngium, Phlox, Sedum* und anderen Stauden, die auch im 21. Jahrhundert in vielen Gärten anzutreffen sind.

Die Gärtnerei ist bis heute ein Familienbetrieb und wird jetzt von Georg Arends' Urenkelin geführt.

langen Blütenständen über glänzenden, kräftig grünen, bis 35 cm langen Blättern trägt. Gezüchtet 1940 von Georg Arends. ↕ 1 m. Z4

A. 'Flamingo' (× *arendsii*) Bildet ein kompaktes Polster aus gleichmäßigen Blättern mit vielen kleinen Segmenten. Im Juli öffnen sich hellviolette Blüten in lockeren, konischen, 25 cm langen Rispen mit leicht hängenden Verzweigungen. ↕ 50 cm. Z4

A. glaberrima var. saxatilis ♀ Kleinwüchsige Pflanze, die ein niedriges Polster aus dunkelgrün glänzenden, stark gezähnten Blättern bis 10 cm Länge bildet. Im August erscheinen bis 14 cm lange Rispen aus weißen, rosa überhauchten Blüten. Auch für Steingärten und Kübel geeignet. Heimisch ausschließlich auf Yakushima, einer kleinen Insel im Süden Japans mit vielen endemischen Pflanzen. ↕ 10–20 cm. Z4

A. 'Gloria' (× *arendsii*) Bildet gleichmäßige Polster aus leicht glänzenden, mittelgrünen, bis 15 cm langen Blättern. Im Juli erscheinen dichte, konische Rispen von 25 cm Länge aus hellvioletten Blüten. Eine frühe Arends-Hybride. ↕ 80 cm. Z4

A. 'Gloria Purpurea' (× *arendsii*) Gruppen bildende Pflanze mit relativ kurzen (bis 17 cm), dichten, ovalen Rispen aus rosavioletten Blüten ab Mitte Juli, die sich von den glänzenden, sehr dunkelgrünen, bis 20 cm langen Blättern sehr

gut abheben. Gezüchtet 1916 von B. Ruys. ↕ 80 cm. Z4

A. 'Glut' (**Glow**) (× *arendsii*) Hohe Sorte für den Beethintergrund, die lockere Gruppen aus gleichmäßigen, leicht glänzenden, kräftig grünen, bis 30 cm langen Blättern bildet. Ende Juli erscheinen perlenartige Blüten in tiefem Rot, die keine Petalen besitzen. Sie bilden breite, bis 30 cm lange Rispen. Ein Sport von 'Feuer', gezüchtet von Arends. ↕ 1,1 m. Z4

A. 'Granat' (× *arendsii*) Über dunkelgrün glänzenden, bis 25 cm langen Blättern erscheinen Mitte Juli konische, bis 45 cm lange Rispen aus kräftig rotvioletten Blüten. Eine alte, aber durchaus wertvolle Gartenpflanze. ↕ 60–100 cm. Z4

A. 'Hennie Graafland' (*Simplicifolia*-Hybride) Kompakte, wüchsige Pflanze mit aufrechter Gestalt und kleinen, scharf gezähnten, dunkelgrünen Blättern. Ende Juli erscheinen lockere, konische Rispen von 18 cm Länge mit hell-rosavioletten Blüten. ↕ 65 cm. Z4

A. 'Hyazinth' (**Hyacinth**) (× *arendsii*) Hohe Pflanze, die ein geschlossenes Polster aus leicht glänzenden, mittelgrünen Blättern bildet. Im Juli erheben sich dichte, bis 25 cm lange, konische Rispen hellvioletter Blüten. Eine frühe Arends-Hybride. ↕ 1 m. Z4

A. 'Inshriach Pink' (*Simplicifolia*-Hybride) Zwergwüchsige Sorte, die dichte, niedrige Polster aus kleinen, scharf gesägten, dunkelgrünen Blättern bildet. Im August erscheinen ovale, bis 17 cm lange Rispen aus hell-rosavioletten Blüten. Gut geeignet für feuchte Ecken im Steingarten. ↕ 35 cm. Z4

A. 'Irrlicht' (× *arendsii*) Gruppen bildende Pflanze mit olivgrünen Blättern aus vielen, schmalen, gezähnten Segmenten. Im Juni und Juli erscheinen rötliche Blütenstands-Stiele mit lockeren, bis 21 cm langen, konischen Rispen aus weißen Blüten. ↕ 50–70 cm. Z4

A. japonica (Japanische Astilbe) Gruppen bildende Pflanze mit dunkelgrünen Blättern aus 9 scharf gezähnten, rautenförmigen, bis 7 cm langen Segmenten. Im Juni erscheinen dichte bis lockere, bis 20 cm lange Rispen aus weißen Blüten mit schmalen, löffelförmigen Petalen. Blüht früher als die meisten Astilben und spielt in der Zucht eine wichtige Rolle. Früher häufig zur Dekoration von Wintergärten verwendet. Heimisch in feuchten, felsigen Gebirgsschluchten des südlichen Japan. ↕ 50–80 cm. Z4

A. 'Jo Ophorst' (*Davidii*-Hybride) Aufrechte Pflanzen mit kräftigen Rhizomen und relativ großen (bis 35 cm), mittelgrünen Blättern. Im August öffnen sich rosaviolette Blüten in schlanken, bis 50 cm langen Rispen. ↕ 1,4 m. Z4

A. 'Key West' Eine recht neue, attraktive, reich blühende Form mit fiedrigen, dun-

kel-magentafarbenen Blütenständen, die sich vor dem Laub in Dunkelgrün und Burgunderrot schön abheben. Gruppenzuordnung unklar. ↕ 38–45 cm. Z4

A. 'Key Largo' Ebenfalls eine neue, attraktive und reich blühende Zwergform. Trägt im Sommer über glänzend grünem Laub füllige, fiedrige Blütenstände in Rosarot, das mit der Zeit verblasst. Gruppenzuordnung unklar. ↕ 38–45 cm. Z4

A. 'Montgomery' (*Japonica*-Hybride) Kompakte Pflanze mit attraktiven, fein geschnittenen, glänzend dunkelgrünen oder rötlich grünen Blättern. Im Juni und Juli öffnen sich dunkelrote Blüten in spitz zulaufenden, bis 15 cm langen Rispen. ↕ 50–70 cm. Z4

A. 'Peaches und Cream' (× *arendsii*) Gruppen bildende, kompakte Pflanze mit mittelgrünen Blättern und schlanken Rispen weißer Blüten, die im Alter einen Pfirsichton annehmen. ↕ 60 cm. Z4

A. 'Perkeo' siehe *A.* × *crispa* 'Perkeo'

A. 'Professor van der Wielen' (*Thunbergii*-Hybride) Bildet ein großes Polster aus geteilten, 30 cm langen, mittelgrünen Blättern. Im Juli erscheinen elegant überhängende, bis 40 cm lange Rispen aus reinweißen Blüten. Eine 1917 in den Niederlanden gezüchtete Hybride, aber noch immer eine gute, kräftige Gartensorte. ↕ 1,3 m. Z4

A. 'Red Sentinel' (*Japonica*-Hybride) Dunkelgrün glänzende Blätter bilden ein dichtes Polster, über dem sich bis 30 cm lange Rispen dunkel-karminroter Blüten erheben. Ähnelt 'Montgomery', ist aber etwas größer. Gilt als eine der besten dunkelroten Sorten, obwohl die Blütenstände sich bei starkem Regen biegen. ↕ 70 cm. Z4

A. 'Rheinland' ♀ (*Japonica*-Hybride) Gruppen bildende Pflanze mit mittelgrünen, vielfach geteilten Blättern. Trägt im Juni und Juli kompakte, bis 20 cm lange, konische Rispen aus kräftig rosavioletten Blüten. Eine frühe Arends-Hybride. ↕ 50–70 cm. Z4

A. × rosea 'Peach Blossom' Gruppen bildende Pflanze mit attraktivem, mittelgrünem Laub und hell-fliederrosa Blüten in kompakten, bis 15 cm langen Rispen mit leicht gekrümmten Spitzen. Eine der ersten rosa blühenden Hybriden, gezüchtet um 1900 aus *A. chinensis* und *A. japonica* von Arends. ↕ 50 cm. Z4

A. 'Rotlicht' syn. *A.* 'Spartan' (× *arendsii*) Kompakte, aufrechte Pflanze mit mittelgrünen, im Frühling rötlich überhauchten Blättern. Trägt im Juli lockere, 25 cm lange, konische Blütenstände aus dunkelroten Blüten. ↕ 60–80 cm. Z4

A. simplicifolia ♀ (Kleine Astilbe) Zwergwüchsig und kompakt mit ovalen, 5–8 cm langen, scharf gezähnten und gelappten, aber nicht weiter geteilten Blättern. Trägt im August lockere, überhängende Rispen aus winzigen, weißen, sternförmigen Blüten. Eine zierliche, spät blühende Art mit ungewöhnlichem Laub, die sich im Gehölzbeet wohlfühlt. Elternpflanze vieler guter kleinwüchsiger Sorten. Aus den Bergwäldern Südjapans. ↕ 20–30 cm. Z4

A. 'Snowdrift' (× *arendsii*) Hohe Pflanze mit glänzend mittelgrünen Blättern

und im Juli langen, lockeren Rispen weißer Blüten. Eingeführt 1975 von Alan Bloom. ‡ 90 cm. Z4

A. 'Spartan' siehe *A.* 'Rotlicht'

A. 'Sprite' ♥ (*Simplicifolia*-Hybride) Bildet eine langsam größer werdende Gruppe aus glänzend dunkelgrünen Blättern aus scharf gezähnten Segmenten. Im Juli erscheinen lockere, überhängende Rispen aus hellrosa Blüten. Ein 1969 von Alan Bloom selektierter Sämling, der bis heute beliebt ist. ‡ 45 cm. Z4

A. 'Straussenfeder' ♥ (*Thunbergii*-Hybride) Hohe, Gruppen bildende Pflanze mit leicht glänzenden Blättern, die im Frühling einen Bronzeschimmer haben. Im Juli schlanke, überhängende Triebe mit sehr offenen Rispen aus hell-rosaroten Blüten. ‡ 1 m. Z4

A. thunbergii (Thunberg's Astilbe) Glatte Triebe und relativ große Blätter aus mehreren, ovalen, bis 12 cm langen, gezähnten Segmenten erheben sich aus Rhizomen, die sich stetig ausbreiten. Trägt im Juni überhängende Triebe mit lockeren Rispen aus weißen Blüten mit sehr schmalen Petalen. Bemerkenswert ist die frühe Blüte. Kann durch Spätfröste geschädigt werden. Von sonnigen, begrasten Hängen in den Bergen Süd- und Mitteljapans. ‡ 90 cm. Z4

A. 'Venus' (× *arendsii*) Hohe Pflanze, die mit mattgrünen Blättern eine große Gruppe bildet. Trägt im Juli bis 30 cm lange, lockere, konische Rispen aus hellrosa Blüten. Gut geeignet für feuchte Standorte mit viel Platz. Eine der ersten Hybriden von Georg Arends. Heute werden vor allem für kleine Gärten neuere, kompaktere Sorten bevorzugt. ‡ 1,1 m. Z4

A. 'Vesuvius' (*Japonica*-Hybride) Bildet ein Polster aus glänzenden, dunkel rötlich grünen, bis 15 cm langen Blättern. Im Juli erscheinen bis 22 cm lange, breit konische Rispen aus rotvioletten Blüten. ‡ 60 cm. Z4

A. 'W.E. Gladstone' (*Japonica*-Hybride) Gruppen bildende Pflanze, deren Blätter in viele, schmale, mittelgrüne Segmente geteilt sind. Trägt im Juli breit konische Rispen mit weißen Blüten. ‡ 45 cm. Z4

A. 'Weisse Gloria' (× *arendsii*) Hohe, wüchsige Sorte mit glänzend grünen Blättern. Trägt im Juli und August 22 cm lange, dichte Rispen aus cremeweißen Blüten. ‡ 70–100 cm. Z4

A. 'Willie Buchanan' (*Simplicifolia*-Hybride) Kompakte Pflanze, die ein geordnetes Polster aus glänzend dunkelgrünen, stark gezähnten Blättern bildet. Trägt im Juli und August lockere, konische Rispen aus hellrosa Blüten mit schmalen weißen Petalen. ‡ 20–30 cm. Z4

A. 'Zuster Therese' Bildet eine kompakte Gruppe aus stattlichen, dunkelgrün glänzenden Blättern. Im Juli erscheinen dichte oder unregelmäßige Rispen aus hell-fliederrosa Blüten. ‡ 50 cm. Z4

ASTILBOIDES
Tafelblatt
SAXIFRAGACEAE

Diese winterharte Pflanze ist ein schöner Akzent sowohl für geometrische als auch für naturnahe Gärten. Sie braucht einen schattigen, feuchten Standort.

Das Tafelblatt ist eine eindrucksvolle Pflanze mit großen, schirmartigen Blättern und duftigen Rispen aus weißen Blüten im Sommer. Es unterscheidet sich von seinen nahen Verwandten *Astilbe* und *Rodgersia* durch die runden Blätter, deren Stiel mittig ansetzt. Die Gattung umfasst nur eine Art, die sich für kühle, feuchte, schattige Standorte wie den Gehölzgarten eignet, aber auch in einem geometrischen Garten im Schatten von Gebäuden gedeiht. Die imposante Pflanze passt auch ans Teichufer, sofern sie über dem Wasserspiegel steht. Aus feuchten Waldgebieten und von See- und Flussufern in Ostasien.

KULTUR Bevorzugt kühlen, feuchten Boden mit reichlich Humus im Halbschatten. Verträgt keine Staunässe und darf nicht austrocknen.

VERMEHRUNG Durch Teilung vor dem Austrieb im zeitigen Frühling. Aussaat im Herbst ins kalte Frühbeet.

PROBLEME Schneckenfraß.

A. tabularis syn. *Rodgersia tabularis* (Tafelblatt) Sommergrüne, Gruppen bildende Pflanze mit rundlichen, unregelmäßig gelappten hellgrünen Blättern bis 90 cm Durchmesser, deren Stiel in der Mitte der Blattspreite ansetzt. Trägt im Juni und Juli lockere Rispen aus winzigen cremeweißen Blüten (ähnlich wie bei Astilbe) hoch über dem Laub. Aus Nordost-China und Korea. ‡ 1,5 m. Z7

ASTRANTIA
Sterndolde
APIACEAE

Die Sterndolde ist eine der beliebtesten Stauden, sie ist gut geeignet für naturnahe Gärten und schattige Ecken.

Die Gattung umfasst 10 Arten sommergrüner Pflanzen, die auf Alpenwiesen und in Wäldern in Europa und Asien heimisch sind, 4 oder 5 werden in Gärten kultiviert. Die Gruppen bildenden Pflanzen haben Basalrosetten aus gelappten Blättern, die sich wie Palmwedel zu einem gemeinsamen Zentrum erheben.

Dolden winziger Blüten in Weiß, Rosa oder Blutrot stehen auf drahtigen Stängeln in eleganten Büscheln über dem Laub. Die mittlere Blüte jeder Dolde ist normalerweise größer als die umgebenden. Jede Dolde ist von einem Kragen aus sehr langlebigen Brakteen umgeben. Diese Hochblätter sehen den Petalen ähnlich, sodass der Eindruck entsteht, die Einzelblüten seien wochenlang bis zur Samenreife haltbar. Alle Sterndolden haben eine lange Blütezeit, blühen in unterschiedlicher Intensität von Juni bis September und finden auch als Schnittblumen immer mehr Anhänger. In letzter Zeit wurden viele dunkelrote Sorten eingeführt. Manche könnten Hybriden sein. Sie sind leicht zu verwechseln und ihr aus Samen gezogener Nachwuchs ist recht variabel.

KULTUR Am besten in nahrhaftem Boden mit gutem Wasserhaltevermögen in Sonne oder Halbschatten. Ausputzen welker Blüten verlängert die Blütezeit erheblich und unterbindet die Selbstaussaat und das lästige Auszupfen der Sämlinge (siehe *Selbstaussaat*, S.90).

VERMEHRUNG Aussaat frischer Samen im Herbst (die Keimung erfolgt im folgenden Frühling). Teilung im Frühling oder nach der Blüte im Spätsommer bis Herbst. Namensorten sollten immer durch Teilung vermehrt werden, weil die Sämlinge variabel sind.

PROBLEME Keine. Nur gelegentlich Miniermotten oder Blattflecken durch Pilzbefall.

ROT UND BRONZETÖNE

DIESE GRUPPE IN ROTTÖNEN setzt sich aus 4 Pflanzen zusammen. Besonders auffällig sind die kleinen, roten Blütenköpfe der *Astrantia major* 'Claret' und die helleren, größeren, aber ähnlich gewölbten Blüten von *Centranthus ruber* – schon dies ist eine schöne Kombination. Dazu hat das Laub der Sterndolde einen leichten Bronzestich, der sich im dunklen Ton des Laubs der *Actaea simplex Atropurpurea*-Gruppe wiederholt. Das Blau der Salbeiblüten, das im Hintergrund zwischen bronzefarbenen Blättern durchschimmert, bildet die Überleitung zu einem anderen Farbthema.

LINKS 1 *Astrantia* 'Buckland'
2 *A. carniolica* **3** *A.* 'Hadspen Blood'
4 *A. major* **5** *A. major* 'Primadonna'
6 *A. major* 'Rosensinfonie'

A. bavarica (Bayerische Sterndolde)
Zierliche Art mit kleinen Blüten und
tief geteilten, fünflappigen Blättern.
Man sieht sie bestenfalls in Gärten von
Enthusiasten. Schmale Brakteen in Weiß
mit grünen Spitzen umgeben die Dolde
aus weißen Blüten wie ein Kragen, der
mit 2,5 cm Durchmesser etwas größer
als der Blütenstand ist. Unterscheidet
sich von der eng verwandten *A. carniolica* durch die schmaleren Blattsegmente
und die Brakteen, die über die Dolde
hinausstehen. Aus den östlichen Alpen.
↕ 40 cm. Z6

A. 'Bloody Mary' Dunkel-blutrote
Blüten mit silbriger Mitte auf dunklen,
rötlich getönten Stängeln über dunkel-
grünen Blättern. Variable Pflanze aus
Samen. Die besten Exemplare ähneln
A. 'Hadspen Blood' und *A. major* 'Ruby
Wedding'. ↕ 50 cm. Z6

A. 'Buckland' Auffällige zartrosa Blüten
und breite weiße Brakteen mit grünen
Spitzen. Anders als bei den meisten Sorten sind die Blüten steril, dadurch bleibt
die Sorte im Garten rein und breitet
sich nicht unkontrolliert aus. Sehr
schön in Kombination mit blauen Glockenblumen und Storchschnabel. Eine
schöne Hybride, vermutlich zwischen
A. major und *A. maxima*, gezüchtet
von Keith Wiley vom Garden House,
Buckland Monachorum in Devon.
↕ 75 cm. Z6

A. carniolica (Krainer Sterndolde)
Relativ schlanke Pflanze mit langstieli-
gen, fünffingrigen oder leicht gelappten
Basalblättern. Die zumeist drahtigen
Stängel verzweigen sich im oberen
Bereich und tragen im Spätsommer
weiße oder rosa Blütenstände mit
riemenförmigen Brakteen, die nicht
über den Rand der Dolde vorstehen.
Gedeiht leicht in gutem Boden in

WER IST WER?

Für Hobbygärtner sehen die 4 höheren
Arten sehr ähnlich aus und werden
oft verwechselt. Sie lassen sich aber
leicht unterscheiden und 2 Paaren von
Arten zuordnen. *Astrantia bavarica* und
A. carniolica haben kleinere Dolden
und werden 40–45 cm hoch. *A. major*
und *A. maxima* haben größere Dolden
und eine Höhe von 60–90 cm.

A. bavarica Doldendurchmesser bis
2,5 cm. Selten kultiviert.

A. carniolica Ähnelt *A. bavarica*, hat
aber breitere, weniger geteilte Blätter.

A. major Die meistverbreitete Art
mit vielen selektierten Formen. Doldendurchmesser meist mehr als 2,5 cm,
manchmal bis 9 cm. Riemenförmige
Brakteen.

A. maxima Die Blütendolden sind
mit 4 cm Durchmesser meist kleiner
als die von *A. major*. Die Pflanze hat
schwächer gezähnte Blätter und weniger Brakteen in breiterer Dreiecksform.

LINKS **1** *Astrantia major* 'Ruby Wedding' **2** *A. major* 'Sue Barnes' **3** *A. maxima*

Sonne oder Halbschatten. In Gärten häufiger zu finden als die relativ ähnliche *A. bavarica*, von der sie sich durch die nicht bis zur Basis geteilten Blattsegmente und die kürzeren Brakteen unterscheidet. Aus den südöstlichen Alpen. ↕ 30–45 cm. Z6 **'Rubra'** Dunkelrosa Blüten. Wird manchmal mit rosa Formen der *A. major* verwechselt, hat aber einen kompakteren Wuchs und rundlichere Blütenstände.

A. **'Hadspen Blood'** Blüten in tiefem Rotviolett, ebenso die Brakteen, vor allem an den Spitzen. Eine ausgezeichnete Sorte, gezüchtet von Nori und Sandra Pope von Hadspen Garden in Somerset. Sehr effektvoll in farbenfrohen Beeten. ↕ 90 cm. Z6

A. **major** (Große Sterndolde) Eine wertvolle, aber variable, robuste und widerstandsfähige Art, die langsam größer werdende Gruppen aus drei- bis fünf-, seltener siebenlappigen Basalblättern mit charakteristischer, grober Zahnung bildet. Der Durchmesser der weißen Blütenstände variiert von 2,5 cm bis 9 cm. Die riemenförmigen Brakteen haben oft rosa Spitzen. Bevorzugt feuchten, nahrhaften Boden. Ein Klassiker für den Bauerngarten, der sich großzügig selbst aussät und mit vielen anderen Pflanzen harmoniert. Heimisch in Europa von Nordwest-Spanien über die Pyrenäen und Alpen bis nach Deutschland, Bulgarien und ostwärts bis Westrussland. In England und Teilen Skandinaviens verwildert. ↕ 60–90 cm. Z6 **alba** Reinweiße Brakteen mit grünen Spitzen. Zentren der Blütenstände ohne Farbe. **'Berendian Stam'** Reich blühend in sehr hellem Rosarot. Ähnelt 'Buckland', ist aber größer und hat hellere Blüten mit größerem Weißanteil. Gezüchtet in Holland, möglicherweise eine Hybride aus *A. major* und *A. maxima*. **subsp.** *biebersteinii* Niedrig, mit kurzstieligen Blüten in Weiß mit einem Hauch Rosa. Stärker geteilte Blätter. ↕ 30–45 cm. **'Celtic Star'** Sehr große, schneeweiße Blütenstände bis 9 cm Durchmesser. Brakteen mit weißen Spitzen. **'Claret'** Dunkel-rotviolette Blüten. Ein Sämling von 'Ruby Wedding' mit unzuverlässiger Färbung. **subsp.** *involucrata* Sehr auffällige Form mit Brakteen, die doppelt so breit wie die Blütenstände sind. Besitzt viel Präsenz im Garten. Es gibt verschiedene Auslesen, die man am besten vegetativ vermehrt, um die Form zu erhalten. **subsp.** *involucrata* **'Barrister'** Kompakte Sorte mit großen weißen Blütenständen mit grüner Aderung und weiß geaderten Blättern. ↕ 30 cm. **subsp.** *involucrata* **'Canneman'** Ungewöhnlich lange Blühsaison. Brakteen mit grünen Spitzen. Blüten im Frühling rötlich, sich im Sommer grün färbend. Holländische Sorte aus Samen. Ähnelt 'Shaggy', hat aber breitere Brakteen. **subsp.** *involucrata* **'Margery Fish'** siehe subsp. *involucrata* 'Shaggy'. **subsp.** *involucrata* **'Moira Reid'** Auffällige Sorte. Silbrig schimmernde, grün geaderte

OBEN *Astrantia major* 'Sunningdale Variegated'

Blüten mit grünen Spitzen. **subsp.** *involucrata* **'Shaggy'** ♀ syn. 'Margery Fish' Berühmte Sorte, die ursprünglich von Margery Fish im East Lambrook Manor in Somerset selektiert wurde. Die echte Pflanze hat ungewöhnlich große Blütenstände mit langen Brakteen, die weiße Spitze haben. Unter dem gleichen Namen werden verschiedene minderwertige, aus Samen gezogene Pflanzen angeboten. **'Lars'** Große, pflaumenfarbene Blüten erscheinen von Juni bis September auf drahtigen Stängeln. Gute, mehrmals blühende Sorte aus Dänemark. **'Primadonna'** Verschiedene Fliederrosa-Töne. Sämlinge blei-

SELBSTAUSSAAT

Wenn *Astrantia major* sich wohlfühlt kann die Pflanze leicht lästig werden. Entfernt man die welken Blüten nicht, sät sich die Pflanze überreich selbst aus. Das geschah nach dem Tod von Margery Fish in ihrem einzigartigen Garten beim East Lambrook Manor in Somerset.

Vor allem bei selektierten Formen mag es verlockend sein, rings um die Elternpflanze einige Sämlinge wachsen zu lassen oder Samen abzunehmen. Die besten *Astrantia*-Sorten sollte man aber durch Teilung vermehren, weil die Sämlinge variabel sind.

Obwohl die Blütenstände vieler Sorten wegen der farbigen Brakteen lange gut aussehen, sollte man die Stiele der ersten Blütendolden bis zu den Knospen der Folgeblütendolden weiter unten abschneiden. Sind auch diese verwelkt, wird die ganze Pflanze bodennah abgeschnitten. Wenn das Laub kümmerlich aussieht, wird die Pflanze radikal zurückgeschnitten. Sie darf nun nicht austrocknen, sonst treibt kaum frisches Laub aus und die Pflanze wird geschwächt.

ben farbtreu, wenn die Pflanzen isoliert von anderen Formen stehen, ansonsten sind sie variabel. **'Roma'** Blüten und Brakteen in warmem Rosa, das langsam zu Grün verblasst. Eine ausgezeichnete, blühende, sterile Sorte, die von dem Niederländer Piet Oudolf gezüchtet wurde. ↕ 60 cm. **var. *rosea*** Rosarote Blüten. **'Rosensinfonie'** Variable Sorte aus Samen mit roten und rosa Blüten. **'Rubra'** Dunkelrote Blütenstände. Heute von 'Hadspen Blood' und **'Ruby Wedding'** verdrängt. **'Ruby Cloud'** Rotviolette Blüten. Eine verbesserte Version von 'Rosensinfonie'. **'Ruby Wedding'** In seiner reinen Form, durch Teilung vermehrt, wohl die beste und dunkelste aller Sorten. Blüten und Brakteen sind tief dunkelrot, auch Stiele und Blätter sind kräftig rötlich violett überhaucht. Lange Blüte. **'Sue Barnes'** Panaschiert, mit zarten weißen Flecken an den Blatträndern. Schöne rosa Blütenstände. **'Sunningdale Variegated'** ♀ Blätter mit kräftigem Rand in Cremeweiß und Gelb, der im Lauf des Sommers verblasst. Rückschnitt des Laubs regt den Austrieb neuer, schön panaschierter Blätter an. Trägt nur wenige Blüten in Hellrosa. Beste Blattfärbung an offenen, sonnigen Standorten in feuchtem Boden.

A. maxima ♀ Unbestritten die schönste Art. Eine wüchsige, sich ausbreitende Pflanze mit rundlichen, dreigeteilten Blättern. Die 4 cm großen Blütenstände mit den breiten, dreieckigen Brakteen haben ein schönes, sanftes Rosarot und kräftig smaragdgrüne Unterseiten. Deutlich empfindlicher gegen Hitze und Trockenheit als die häufiger kultivierte *A. major*. Braucht nahrhaften, feuchten Boden und blüht nur bei ausreichend Licht reich. Heimisch in Wäldern und auf feuchten Wiesen im Kaukasus, der Türkei und im Iran. ↕ 60–90 cm. Z6 **'Mark Fenwick'** Dunkelrosa Blüten. ***rosea*** Blüten in etwas kräftigerem Pink.

A. minor (Kleine Sterndolde) Die kleinste Art, wesentlich anspruchsvoller als ihre Verwandten. Die Blätter sind tief eingeschnitten, meist in 7 schmale Segmente, während die meisten Verwandten eher breitlappige Blätter haben. Die hellrosa Blütenstände sind nur 1,5 cm groß. Braucht gut durchlässigen, neutralen bis sauren Boden. Von trockenen Geröllhängen im Apennin, den Alpen und Pyrenäen. ↕ 15–40 cm. Z6

A. 'Snow Star' Große, sehr hell grünlich weiße Blüten mit leichtem Anisduft. Gezüchtet von Piet Oudolf. Ähnelt *A. major* 'Celtic Star'. ↕ 80 cm. Z3

ATHYRIUM
Frauenfarn
WOODSIACEAE

Bezaubernd, unkompliziert und von eleganter Gestalt sind die Farne dieser Gattung.

Die etwa 170–200 Arten wachsen wild in feuchten Wäldern der ganzen Welt, vor allem in Ostasien. Viele sind wahrscheinlich winter-

hart, doch nur relativ wenige werden kultiviert. Es gibt noch Spielraum, mit wenig erprobten Arten zu experimentieren, sofern sie denn erhältlich sind. Die meisten Arten sind sommergrün und haben zarte, überhängende Wedel. Die Sporen werden in kurzen, geraden oder j-förmigen Organen auf der Unterseite der Wedel gebildet. In kühl gemäßigten Klimazonen ist keine der Arten immergrün.

KULTUR Am besten in feuchtem, vorzugsweise neutralem oder saurem Boden in leichtem oder vollem Schatten.

VERMEHRUNG Durch Teilung oder Sporen (Sorten nur vegetativ vermehren).

PROBLEME Ursache für abgestorbene oder verkrüppelte Wedel ist eine kleine Fliegenart, deren Larven in den sich entwickelnden Wedeln fressen. Thripse können später in der Saison Blattflecken verursachen.

***A. angustatum* 'Lady in Red'** Ein attraktiver, mittelgroßer Farn mit fein geschnittenen, lanzettlichen Wedeln. Stiel und Mittelader sind dunkelrot. Zur Art *A. filix-femina* gehört die ähnliche Form 'Rotstiel'. *A. angustatum* ist eine selten zu findende Art aus Nordamerika, die oft als Unterart von *A. filix-femina* betrachtet wird. ↕ 60 cm. Z4

A. 'Branford Beauty' Gruppen aufrechter, silbrig grauer Wedel auf roten Stielen. Insgesamt weniger farbenprächtig, aber frosttoleranter als *A. niponicum* var. *pictum*, von dem dies eine Hybride ist. Einer der robusteren nordamerikanischen Frauenfarne (siehe *Athyrium-Hybriden*). ↕ 30 cm. Z5

A. 'Branford Rambler' Aus kriechenden Rhizomen erheben sich rotstielige, gelblich grüne Wedel. Weniger farbenfroh als *A. niponicum* var. *pictum* und 'Branford Beauty', aber frosttoleranter als der erstgenannte und mit stärkerer Neigung zur kriechenden Ausbreitung. ↕ 30 cm. Z5

A. filix-femina ♀ (Wald-Frauenfarn) Ein großer, eleganter Farn mit lan-

ATHYRIUM-HYBRIDEN

Bei Farnen – ausgenommen *Asplenium* – kommen Hybriden zwischen verschiedenen Arten relativ selten vor. Das mag daran liegen, dass keine Blüten vorhanden sind, die man innerhalb von Sekunden mit dem Pinsel bestäuben kann. Bei Farnen findet die Fortpflanzung auf mikroskopischer Ebene statt.

Einige der schönsten, neu eingeführten Gartenfarne gelten aber als Hybriden zwischen einem aus Nordamerika stammenden Frauenfarn und dem japanischen *A. niponicum* var. *pictum*.

A. 'Ghost' war die erste Sorte, die Aufsehen erregte. Sie vereint die relative Robustheit der heimischen Arten mit der kriechenden Ausbreitung und der zauberhaften Laubfärbung von *A. niponicum* var. *pictum*.

zettlichen, tief eingeschnittenen bis fiedrigen Wedeln und grünen, manchmal mattroten Stielen. Bei besonders schönen Exemplaren können die Blattsegmente noch bis zu zweimal geteilt sein. Der reizvolle Farn verträgt Wind und Sonne nicht und empfiehlt sich für feuchte Schattenplätze. Besonders hübsch sind die jungen Wedel im Frühling, sie erscheinen vor denen der meisten anderen Farnarten. Sorten sollten nur durch Teilung vermehrt werden. Heimisch in Europa und Westasien. ↕ bis 1,5 m. Z3 **Cristatum-Gruppe** Spitzen der Wedel und der Haupt-Fiederblätter in 2 Richtungen gekräuselt. ↕ 1,2 m. **Cruciatum-Gruppe** Alle Fiederblätter sind an ihrem Ansatzpunkt an der Mittelader gegabelt, sodass es aussieht, als zöge sich eine Reihe von Kreuzen über den Wedel. ↕ 50 cm. **'Frizelliae'** Bezaubernder kleinwüchsiger Farn, dessen Haupt-Blattsegmente zu kleinen, runden Gebilden entlang der Mittelader reduziert sind. Die Wedel der echten Art sind selten länger als 15 cm und nie verzweigt. Vermehrung durch Teilung. Aus Sporen gezogene Pflanzen haben oft gekräuselte Wedel. Verträgt offene Lagen besser als die meisten Sorten. **'Minutissimum'** Winzige Art, die dichte Horste bildet. Vermehrung durch Teilung. Aus Sporen gezogene Pflanzen sind oft größer. ↕ 30 cm. **Plumosum-Gruppe** Mehrfach fein eingeschnittene Wedel von sehr fiedrigem Aussehen. Sehr hübsch und begehrt. Bei Anzucht aus Sporen unberechenbare Ergebnisse. ↕ 1 m. **'Rotstiel'** Rote Stiele. Weniger auffällig als *A. angustatum* 'Lady in Red', jedoch größer. ↕ 1,2 m. **'Vernoniae'** ♀ Die kleinsten Segmente der Wedel sind fächerförmig geteilt. Eine der wenigen Sorten, die auch aus Sporen sortentreu heranwachsen. ↕ 40–50 cm.

A. 'Ghost' Auffälliger Farn mit breiten, vorwiegend grauen Wedeln (daher der Name). Zufallshybride des wesentlich kleineren *A. niponicum* var. *pictum* mit einem unbekannten Frauenfarn, entdeckt in einem Garten in West Virginia, USA. ↕ 90 cm. Z5

A. niponicum* var. *pictum ♀ syn. *A. niponicum* 'Pictum', *A. goeringianum* 'Pictum' Hübscher Farn mit langsam kriechendem Rhizom. Die überhängenden Wedel sind lanzettlich und hellgrün, in der Natur findet man jedoch auch Pflanzen mit silbrigen Wedeln und roten Adern. Diese bilden die var. *pictum*, die kein separater Klon ist. Gute Auslesen zählen zu den farbenprächtigsten Gartenfarnen, die derzeit erhältlich sind: Das Silbergrau der Wedel hebt sich vom kräftigen Violett der Mittel- und Seitenadern ab. Gedeiht problemlos in feuchtem Boden im Schatten. Vermehrung durch Sporen oder Teilung älterer Pflanzen. Aus Sporen gezogener Nachwuchs ist oft weniger farbstark als die Elternpflanzen. Aus den Wäldern Nordost-Asiens. ↕ 20–30 cm. Z6 **'Cristatoflabellatum'** Fächerförmige Kämme an den Spitzen der Wedel und Wedelsegmente. Gelegentlich ist der Hauptwedel verzweigt. ↕ 20 cm. **'Silver Falls'** Wüchsige Auslese, bei der die grauen Bereiche der Wedel stark silbrig schimmern. ↕ 30 cm. **'Ursula's Red'** Größere

OBEN 1 *Athyrium* 'Ghost'
2 *A. niponicum* var. *pictum*

dunkelrote Zone entlang der Mitte der Wedel, die im Lauf der Saison schmaler wird. ↕ 30 cm. **'Wildwood Twist'** Wedel aufrecht, leicht gedreht, überwiegend grau. Etwas Violett auf den Mitteladern. Eher kurios als schön. ↕ 30 cm.

A. otophorum ♀ Lanzettliche, zweifach geteilte Wedel in hellem Grün. Stiel, Mittelader und Seidenadern rötlich violett. Im Frühling fällt das Laub durch den ungewöhnlich hellen Cremeton auf. Verliert in milden Wintern das Laub später als andere Frauenfarne. Braucht wie alle Frauenfarne reichlich Feuchtigkeit und Schatten. Leicht aus Sporen zu ziehen. Diese Sorte und var. *okanum* werden unter beiden Namen verkauft. Aus Japan, China und Korea. ↕ 45 cm. Z5 **var. okanum** Hauptwedel deutlicher gestielt.

OBEN **1** *Ballota acetabulosa*
2 *B.* 'All Hallow's Green'

B

BALLOTA
Gottvergess
LAMIACEAE

Sorten dieser ansonsten unauffälligen Pflanzen vereinen eine unproblematische Pflege mit attraktivem Laub.

Die Gattung umfasst bis zu 35 Staudenarten, die aus Europa, der mediterranen Region und Asien stammen. Manche sind kompakt, andere breitwüchsig, viele mit verholzter Basis. Nur eine Handvoll von ihnen wird kultiviert, aber das Interesse an den Trockenheit vertragenden Pflanzen wächst. Die gegenständigen Blätter sind gekerbt oder muschelartig gebuchtet, einige riechen unangenehm. Die familientypischen, winzigen, unauffälligen lila Blüten sitzen in Quirlen am Stängel, dort wo die Blattansätze sind. Der Reiz dieser Pflanzen liegt in den wolligen oder panaschierten Blättern.

KULTUR In voller Sonne leicht zu kultivieren, braucht aber sehr gute Dränage. Gedeiht am besten auf alkalischem Boden.

VERMEHRUNG Aus Samen oder durch Teilung und Stecklinge.

PROBLEME Empfindlich gegen übermäßiges Gießen.

B. acetabulosa Alle Teile dieser attraktiven, kompakten Pflanze, einschließlich der Stängel und der kleinen, runden, 5 cm großen, graugrünen Blätter, sind mit einem charakteristischen wolligen Filz bedeckt. Die winzigen, zweilippigen Blüten in Altrosa sind nicht sonderlich auffällig, aber interessanter als die offenen Hochblätter, die an den Blattachseln stehen und die Blüte überdauern. Gedeiht in magerem, sandigem,
gut durchlässigem Boden. Staunässe zerstört die Wurzeln. Aus Griechenland. ↕30–60 cm. Z8.

B. 'All Hallow's Green' Niedrige, an der Basis verholzende, stark duftende, immergrüne Pflanzen mit dicht stehenden, grob texturierten, lindgrünen Blättern, die einen deutlichen goldenen Schimmer aufweisen. Trägt in den Blattachseln kleine Quirle winziger grüner Blüten, die aber kaum zum Erscheinungsbild dieser hübschen Blattpflanze beitragen. Toleriert magere Böden und Trockenheit, verträgt keine nassen Wurzeln. Braucht Sonnenlicht. Von der erfahrenen Züchterin Valerie Finnis eingeführt, gilt aber heute als Form der *Marrubium bourgaei*. ↕30–60 cm. Z7.

B. nigra (Schwarznessel, Stinkandorn) Absolut unauffällig ohne jeden Schmuck (wie z.B. eine Panaschierung). Die weichtriebige, niedrige Pflanze hat grob texturierte, gezähnte, ovale Blätter, die unangenehm riechen und eine Kultur nicht lohnen. Die Quirle kleiner, rosafarbener Blüten werten sie nicht auf, aber zumindest ist die Pflanze problemlos und pflegeleicht. Braucht viel Sonne. Aus Europa, Asien und Nordafrika. ↕30–45 cm. Z6 **'Archer's Variegated'** Unregelmäßige, schneeweiße Sprenkelung und Streifen auf den Blättern. Die Panaschierung hebt die lila Blüten hervor. **'Zanzibar'** Panaschiert und noch größer. ↕88 cm.

BALSAMITA siehe TANACETUM

BAPTISIA
Färberhülse
PAPILIONACEAE

Färberhülsen sind anpassungsfähige Pflanzen mit attraktiven,

RECHTS **1** *Baptisia australis* **2** *Begonia grandis* subsp. *evansiana* var. *alba*

graugrünen Blättern, die früher zum Färben verwendet wurden.

Von den etwa 20 Arten aufrechter oder breitwüchsiger, Laub abwerfender Stauden werden nur wenige in Gärten kultiviert. Kräftige, bis 2 m hohe Stängel tragen wechselständige Blätter aus je 3 Fiederblättchen, die sich zur Spitze hin verjüngen. Gelbe, weiße oder lila Schmetterlingsblüten erscheinen in attraktiven Trauben. Auf diese folgen die Früchte (Hülsen), die sich für Trockenblumengebinde eignen. Die eher unauffällige Art *B. tinctoria* wird heute noch als Farbstofflieferantin kultiviert. Der Name *Baptisia* leitet sich vom griechischen Wort *bapto* = färben ab. Alle Arten stammen aus den östlichen und südlichen USA.

KULTUR Ideal ist ein tiefgründiger, nährstoffreicher, feuchter und leicht saurer Boden.

VERMEHRUNG Durch Aussaat im Herbst oder durch Teilung in Frühjahr oder Herbst. Frische Samen treiben am besten aus, alternativ 40 Tage bei 5 °C stratifizieren.

PROBLEME Mehltau.

B. alba Treibt im zeitigen Frühjahr mit einer violetten Tönung des neuen Laubes aus. Die Stängel sind an den Blattansätzen leicht geschwollen, was die Identifizierung außerhalb der Blütezeit erleichtert. Im späten Frühjahr erheben sich etwa 30 cm lange Blütenstände (Trauben) mit rund 20 weißen, oft violett gesprenkelten, lupinenartigen Blüten an hohen Stängeln, auf die gelbbraune, zylindrische, etwa 5 cm lange Hülsen folgen. Die kräftige, aufrechte Pflanze muss kaum gestützt werden. Sie gedeiht am besten in voller Sonne.

Eine gute Kandidatin für den Wildblumengarten. Aus dem Bereich zwischen den Staaten Virginia und Florida, USA. ↕1,2–1,5 m. Z4 **var. *macrophylla*** Größere Blätter und höher. ↕2 m.

B. australis (Blaue Färberhülse, Indigolupine) Eine früh austreibende, aufrechte bis breitwüchsige Pflanze. Im Frühjahr öffnen sich 25–30 cm lange Trauben blassblauer bis rosalila Blüten, die sich je nach Temperatur zwei bis vier Wochen halten. Ihnen folgen 5 cm große, aufgeblähte, haltbare Hülsen, die sich allmählich schwarz färben. Die Pflanze breitet sich mit unterirdischen Ausläufern aus und kann sehr groß werden. Ausläufer können ausgegraben und entfernt oder umgepflanzt werden, aber die Hauptpflanze besitzt eine tief reichende Pfahlwurzel, die besser ungestört bleibt. Aus Samen gezogene Exemplare variieren in der Farbintensität. Muss in der Regel gestützt werden. Stammt aus dem Osten der USA. ↕1,5 m. Z3 **'Exaltata'** Tiefblaue Blüten in längeren, dichteren Trauben an einer niedrigeren Pflanze. ↕1,2 m.

BEGONIA
Begonie
BEGONIACEAE

Diese überwiegend mehrjährigen Pflanzen mit faserigen bis knolligen Wurzeln aus tropischen und subtropischen Regionen werden entweder wegen ihrer prächtigen Blüten oder wegen der kräftigen, auffällig gemusterten Blätter kultiviert.

Es gibt einige winterharte Knollenbegonien. *B. grandis* wird am häufigsten in kühleren, gemäßigten Regionen gezogen. Sie ist eine schöne Blattpflanze, die feuchten

und schattigen Gartenbereichen ein
exotisches Flair verleiht. Auch unter
den Neueinführungen anderer Arten
finden sich attraktive winterharte
Gartenpflanzen.

KULTUR Gedeiht am besten in einem
feuchten, aber gut durchlässigen
Boden im Halbschatten.

VERMEHRUNG Aus Brutknollen oder
durch Teilung.

PROBLEME Gefurchter Dickmaulrüssler.

B. grandis* subsp. *evansiana (Japan-
Begonie) ♀ Eine schöne Pflanze für
exotische Beete oder Gehölzgärten mit
großen, leicht glänzenden, bronzegrünen, ovalen, recht fleischigen Blättern,
die auf der Unterseite rötlich gefärbt
und stark geadert sind. Die Blätter stehen an schlanken, verzweigten Stängeln
und werden bis 15 cm lang und 10 cm
breit. Im Spätsommer erscheinen bis
10 cm lange Blütenstände aus kleinen
rosa Blüten, die leicht duften und sich
bis zum ersten Frost halten, dann stirbt
die Pflanze bis zum Boden ab. Die
Japan-Begonie breitet sich schnell durch
Brutknollen aus, die sich nach der Blüte
an den Blattachseln bilden. Sie fallen ab
und bilden im nächsten Frühjahr um
die Mutterpflanze herum kleine Horste,
die bereits im Spätsommer blühen.
Bevorzugt feuchten, aber gut durchlässigen und nährstoffreichen Boden
im lichten Schatten, verträgt jedoch in
feuchter Umgebung auch etwas Sonne.
Die Knollen müssen mit Mulch vor der
Winterkälte geschützt werden. Wächst
an schattigen Böschungen und in Waldgebieten in den Hochlagen Chinas,
Malaysias und Japans. ↕ 40–70 cm. Z8
var. *alba* Rosa-weiße Blüten, blasser
grüne Blätter mit schwächerer Rottönung. Die hellen Blüten wirken besonders gut im Schatten. **var. *alba* 'Claret
Jug'** Vor allem auf der Unterseite kräftig
rot getönte Blätter. **'Heron's Pirouette'**
Die Blütenzweige sind doppelt so lang
wie bei der Art und die Blüten sind
leuchtend rosa. Eine schöne Sorte der
amerikanischen Heronswood Nurseries
aus in Japan gesammelten Samen. **'Sap-
poro'** Rosa Blüten und dunkelgrüne
Blätter mit rötlicher Unterseite. Die
robusteste Sorte. ↕ 90 cm.

BELLIS
Maßliebchen
ASTERACEAE

Das bekannte Gänseblümchen
hat viele schöne, leicht zu
kultivierende Pflanzen für sonnige
Standorte hervorgebracht.

Die 7 Arten dieser niedrigen,
büscheligen Pflanzen finden sich in
den Graslandschaften aller Höhenlagen Europas und der Mittelmeerregion. Davon werden 2 in Gärten
kultiviert. Sie bilden kompakte
Rosetten immergrüner Blätter, die
sich bei einigen Arten durch Ausläufer verbreiten. Vom späten Frühjahr
an tragen kurze blattlose Stiele einzelne Blütenkörbchen mit weißen,
rosa oder blassblauen Zungenblüten
und gelben Röhrenblüten.

KULTUR Gedeiht in jedem Boden in
Sonne oder lichtem Schatten. Sollte
regelmäßig ausgeputzt werden.

VERMEHRUNG Aus Samen oder durch
Teilung.

PROBLEME Keine.

B. perennis (Gänseblümchen) Bildet
eine Rosette aus dunkelgrünen, löffelförmigen, 3–6 cm langen Blättern, über
denen sich von März bis April Blüten
auf einem blattlosen Stiel erheben. Bei
der wilden Form wird eine mattgelbe
Scheibe von vielen schmalen, weißen, auf der Unterseite oft rötlichen
Zungenblüten umkränzt. Die meisten
Sorten besitzen pomponartige, bis 6 cm
große, gefüllte Blütenkörbchen in Rot,
Rosa oder Weiß. Die großblumigen,
aus Samen gezogenen Gänseblüm-
chen-Sorten werden überwiegend
in Frühlingsbeete eingesetzt. Sie sind
zwar mehrjährig, aber die Blüten verlieren nach dem ersten Jahr an Pracht.
↕ 10–15 cm. Z4 **'Alba Plena'** Gefüllt.
Weiße Zungenblüten. Die Blütenköpfe
sind 3–3,5 cm groß. **'Dresden China'**
Gefüllte, 3 cm große, reinrosa Blütenköpfe mit gefiederten Zungenblüten.
Steril, muss also zur Vermehrung geteilt
werden. **Pomponette-Serie** ♀ Relativ
kleine, gefüllte Blütenköpfe in Rosa-,
Rot- oder Weißtönen, bis 4 cm Durchmesser.

B. rotundifolia Bildet eine kompakte
Rosette glänzender, rundlicher oder
nierenförmiger, bis zu 7 cm langer Blätter, über denen sich von April bis Juni
oder Juli weiße, tiefrot überhauchte
Blütenkörbchen mit gelber Mitte
und 3–4 cm Durchmesser öffnen. Von
feuchten, schattigen Standorten in Südspanien und Nordwest-Afrika. Benötigt
einen feuchten, geschützten Standort
mit guter Dränage. ↕ 20 cm. Z9 **'Caerulescens'** Blassblaue Zungenblüten.
Die am weitesten verbreitete Sorte.

BERGENIA
Bergenie
SAXIFRAGACEAE

Diese niedrig wachsenden,
Gruppen bildenden und meist
immergrünen Pflanzen sind ebenso
wegen ihrer Blätter beliebt wie
wegen ihrer attraktiven Blütenstände
im Frühjahr.

Zur Gattung gehören 7 oder 8
Arten aus den feuchten Waldgebieten, Felsregionen und von den
offenen Hanglagen Zentral- und
Ostasiens. Sie breiten sich mit ihren
fleischigen, meist verholzenden Rhizomen allmählich ober- und knapp
unterirdisch aus und bilden große,
langlebige Gruppen. Die breiten,
rundlichen, bis 35 cm langen und
manchmal stumpf gezähnten Blätter
stehen wechselständig auf kurzen
Stielen in lockeren Rosetten und
sind meist glänzend und sattgrün.
Einige Arten entwickeln im Winter
eine attraktive Färbung. Die fünfzähligen Blüten stehen in Trugdolden
oder Rispen auf kurzen Stielen,
sind gewöhnlich glockenförmig
und etwa 2 cm groß. Sie erscheinen
meist im Frühling und Frühsommer,
können aber durch Frost geschädigt
werden.

Die Frühlingsblüten sind nach
dem Winter zwar hochwillkommen,
der Reiz der Pflanze liegt aber vor
allem im frostresistenten winterlichen Laub mit seinen verschiedenen dunklen und hellen Rot-,
Bronze- und Violettschattierungen.
Bergenien galten lange als hervorragende Bodendecker, die selten
höher als 50 cm werden, aber sich
schön ausbreiten. Einige gedeihen
sogar im trockenen Schatten etablierter Bäume und Sträucher. Es gibt
viele Auslesen und Sorten mit verbesserten Blüten und Blättern. Sie
eignen sich sehr gut als Kontrast zu
anderen Pflanzen mit dünnen oder
feinen Blättern, aber auch als Einfassung oder für den Beetvordergrund.
Sie werden zunehmend in Kiesgärten eingesetzt, wo sich besonders die
Sorten mit einer kupfrig glänzenden
Wintertönung gut machen.

KULTUR Die meisten Bergenien sind
leicht zu kultivieren und gedeihen
sogar im trockenen Schatten. Die
wegen ihres Winterlaubs gezüchteten

FRÜHLINGS-ZWIEBELBLÜHER

BERGENIEN MIT EINEM LEICHT offenen Wuchs und einer schönen winterlichen Blattfarbe, etwa 'Bressingham Ruby' und 'Abendglut', eignen sich besonders für die Kombination mit früh blühenden Zwiebelgeophyten. So stehen beispielsweise die zart-eisblauen, dunkler gestreiften Blüten der hübschen *Scilla mischtschenkoana* über mehrere Wochen hinweg zwischen den dunklen Bergenienblättern. Eine weitere gute Wahl ist *Crocus tommasinianus* sowie kraftvolle Schneeglöckchen-Sorten wie *Galanthus* 'Atkinsii'. Hier wurden Bergenie und Zwiebelpflanze ins gleiche Loch gepflanzt, man kann aber die Zwiebeln auch mithilfe einer schmalen Pflanzkelle zwischen die Wurzeln einer heranwachsenden Bergenie setzen.

Sorten färben sich am schönsten, wenn sie unter harten Bedingungen, also in magerem Boden an einem offenen, ungeschützten Standort gezogen werden. Viele Bergenien bilden aber auch in fruchtbarem, feuchtem, gut durchlässigem Boden in Sonne oder Schatten schöne Blüten und üppiges, elegantes Blattwerk. Welke Blätter werden schwarz und sollten entfernt werden. Regelmäßiges Mulchen fördert einen gesunden Wuchs. Die Blüten können durch späten Frost geschädigt werden und färben sich dann braun, sodass früh blühende Pflanzen etwas Schutz benötigen. Gruppen können in der Mitte mit der Zeit auslichten, die unansehnlichen Rhizome freilegen und schwächer blühen. Dann müssen die Gruppen nach der Blüte geteilt, die Rhizome gekürzt und die Pflanzen in angereicherter Erde neu eingepflanzt und gut gewässert werden.

VERMEHRUNG Etablierte Gruppen teilen oder Rhizomstücke mit Blattrosette abschneiden. Auch Rhizom-»Stecklinge« sind möglich (siehe *Nachwuchs*). Neben den Arten können auch einige Sorten, wie z.B. B. 'Rotblum' und *B. cordifolia* 'Winterglut', aus Samen gezogen werden.

PROBLEME Schnecken, Gefurchter Dickmaulrüssler und Blattflecken.

B. 'Abendglocken' (Evening Bells) Relativ offene Stände kräftig rötlich violetter Blüten an stabilen Stielen und große, 20 cm lange, rot überhauchte Blätter. 1971 von Georg Arends (siehe S. 87) in Deutschland gezüchtet. ↕ 40 cm. Z4

B. 'Abendglut' Meist halb gefüllte, tief magentarote Blüten an kurzen Stielen. Die ovalen, leicht gekräuselten Blätter sind auf der Unterseite weinrot, bis 15 cm lang und stehen kompakter als bei den meisten Sorten. Von Georg Arends gezüchtet und 1950 eingeführt. ↕ 30 cm. Z4

B. 'Baby Doll' Große, leicht hängende, apfelgrüne Blätter von rund 10 cm Länge. Die großen, offenen Blüten stehen in rundlichen Blütenständen. Die einzelnen Blüten sind zartrosa getönt und entwickeln mit der Zeit eine intensivere Farbe. Auch die Kelchblätter sind rosa. Keine winterliche Blattfärbung, aber kompakter Wuchs. ↕ 30 cm. Z3

B. 'Ballawley' Eine große, blattreiche Hybride, die im Mai auffällige Blütenstände mit leuchtend rosaroten Blüten an roten Stielen trägt. Die großen, glänzenden Blätter sind dunkelgrün und bis zu 30 cm lang. Sie färben sich im Winter bronzerot, nehmen aber an ungeschützten Standorten schnell Schaden. In gutem Boden ein schöner Bodendecker, der aber nicht jedem gefällt. 1950 im Ballawley Park in Dublin gezüchtet. ↕ 60 cm. Z4

B. 'Ballawley Guardsman' Große, glänzend grüne Blätter, die sich im Winter bronzefarben tönen. Dunkelrote Blüten im April. ↕ 60 cm. Z4

B. Ballawley-Hybriden Recht vielgestaltige Sorten, die häufig aus Samen der 'Ballawley' gezogen wurden, mit bordeauxroten Blüten auf roten Stielen. Die glänzenden mittelgrünen Blätter färben sich im Winter rot. ↕ 60 cm. Z4

B. 'Beethoven' Hervorragende (vielleicht sogar die beste) weiß blühende Sorte mit einem kaum sichtbaren, rosa Hauch und einem grünlich rosa bis roten Kelch. Im März und April erscheinen besonders zahlreiche Blüten über den bis 25 cm langen Blättern mit schwacher Winterfärbung. 1971 von Eric Smith gezüchtet. ↕ 40 cm. Z4

B. 'Bressingham Ruby' Besonders kompakte Sorte mit Blättern, die sich im Winter satt-rubinrot färben, im Frühling folgen kräftige, rosarote Blüten. Mit die schönste Winterfärbung. Von Blooms of Bressingham. ↕ 30 cm. Z4

B. 'Bressingham Salmon' Unverwechselbare, leuchtend lachsrosa Blüten im Juni. Die Blätter tönen sich im Winter rosa. Von Blooms of Bressingham. ↕ 30 cm. Z4

B. 'Bressingham White' ♀ Die schöne, weiß blühende Sorte trägt im späten Frühjahr eine Fülle weißer Blüten, die sich mit der Zeit rosa tönen. Die Blätter sind sattgrün und bis zu 20 cm lang, zeigen aber kaum Winterfärbung. Von Blooms of Bressingham. ↕ 40 cm. Z4

B. ciliata Unverkennbar mit ihren üppigen, weich behaarten, beinahe pelzigen, bis 35 cm langen Blättern. Das Laub ist frostempfindlich und wird in kalten Regionen oft abgeworfen. Im März erscheinen blassrosa oder weiße Blüten, deren Färbung mit der Zeit zunimmt, die aber frostempfindlich sind. Eine geschützte Nische neben einer Hauswand schont Blätter und Blüten. Aus Indien und Nepal. ↕ 30 cm. Z7 **fo. ligulata** siehe *B. pacumbis*.

B. cordifolia Robust und verlässlich. Eine der größten und beliebtesten Arten für den Garten. Die grünen, runzeligen Blätter sind 30 cm lang und oval bis herzförmig. Sie entwickeln eine violette Wintertönung. Im zeitigen Frühjahr erscheinen intensiv rosa Blüten an langen, rötlichen Stielen. Aus Sibirien und der Mongolei. ↕ 40–60 cm. Z3 **'Flore Pleno'** Gefüllte Blüten. Selten kultiviert. Z4 **'Purpurea'** ♀ Kräftig rotviolette Blüten an hohen roten Stielen und große, recht fleischige, rötliche Blätter, die sich im Winter violett färben. Eingeführt von Gertrude Jekyll. Z4 **'Tubby Andrews'** Mittelgrüne, unregelmäßig goldgelb und blassgrün gesprenkelte und gestreifte Blätter. Eine beeindruckende Blattpflanze für den Winter, die guten, fruchtbaren Boden braucht und auch im Kübel wirkt. Im März und manchmal erneut im Herbst leuchtend rosa Blüten. ↕ 30 cm. Z4 **'Winterglut'** Eine aus Samen gezogene Sorte für den Winter, deren glänzende Blätter sich leuchtend rot färben. Die auf violetten Stielen stehenden Frühjahrsblüten sind ebenfalls rot. Gelegentlich folgt im Herbst eine zweite Blüte. ↕ 35 cm. Z3

B. crassifolia Die bis 18 cm breiten, länglichen, abgerundeten, schwach gezähnten, grünen Blätter färben sich vor allem an ungeschützten Standorten und in magerem Boden im Winter häufig rot. Im Spätwinter tragen grünlich rote Blütenstiele nickende rosaviolette Blüten, die meist alle zu einer Seite hin hängen. Aus Sibirien und der Mongolei. ↕ 45 cm. Z3

B. emeiensis Hübsche, weniger robuste, relativ neue Art, die vor allem durch ihre eleganten, lockeren Gruppen großer, reinweißer, glockenförmiger Blüten an rosa Stielen begeistert. Die Blüten erscheinen im Spätwinter und öffnen sich dann zu fünfzackigen Sternen. Die länglichen Blätter sind groß, glänzend und leicht bronzefarben getönt. Bevorzugt einen gut geschützten, sonnigen Standort mit guter Dränage. Die Blüten erleiden oft Frostschäden. Eine schöne, winterblühende Topfpflanze für das kühle Gewächshaus. Erstmalig 1988 im chinesischen Sichuan beschrieben. ↕ 30 cm im Freien, 60 cm unter Glas. Z8

B. 'Eric Smith' Beeindruckende Blattpflanze für den Winter. Die aufrechten Blätter können sich fast scharlachrot färben, aber auch bronzefarben auf

NACHWUCHS

Zur Vermehrung von Bergenien kann man große Gruppen teilen oder die holzigen Rhizome mit Blättern und Wurzeln in Stücke brechen, aber für größere Mengen empfiehlt sich eine andere Erfolg versprechende Methode: »Stecklinge« aus kleinen Rhizomstücken.

Schneiden Sie gegen Ende des Winters ein Stück des verholzten Rhizoms ab und entfernen Sie sorgfältig alle Blätter mit ihren Stielen. Nun das Rhizom in 2,5 cm lange Stücke schneiden, von denen jedes ein »ruhendes Auge« besitzt. Eine Schale zur Hälfte mit Universalsubstrat füllen, darauf eine Schicht Sand geben. Bestäuben Sie die Rhizomstücke mit einem Fungizid und drücken Sie sie dann auf der Seite liegend in den Sand. Decken Sie mit Kies ab, gießen Sie gut an und stellen Sie die Schale bei etwa 15 °C in den Anzuchtkasten. Schon bald sollten sich neue Triebe und Wurzeln zeigen. Nun können die bewurzelten Stücke zum Anwachsen einzeln in 9-cm-Töpfe umgesetzt werden, bis sie in den Garten gepflanzt werden können.

In Gärtnereien werden Bergenien – wie viele andere Pflanzen auch – im Labor durch Gewebekultur vermehrt.

der Oberseite und kräftig rot auf der Unterseite sein. Trägt kräftigrosa Blüten an aufrechten Stielen. Von Beth Chatto nach dem britischen Züchter der Sorte benannt. ↕ 30–40 cm. Z3

***B.* 'Eroica'** Vor allem in der Blüte hoch gewachsen, mit ungewöhnlich lang stehenden, rosa Blüten über leuchtend rötlich violetten Blättern an verzweigten, rot getönten Stielen. ↕ 40 cm. Z3

***B.* Evening Bells** siehe *B.* 'Abendglocken'

***B.* Evening Glow** siehe *B.* 'Abendglut'

UNTEN 1 *Bergenia ciliata*
2 *B.* × *schmidtii* **3** *Berkheya purpurea*

***B.* 'Morgenröte'** ♀ Blüht im Frühling und nochmals im Hochsommer. Trägt kräftig rosa Blüten an roten Stielen, solange das Wetter nicht zu heiß ist. Die kleinen, bis 15 cm langen Blätter sind tiefgrün und gekräuselt und zeigen nur geringe Winterfärbung. ↕ 40 cm. Z4

***B.* 'Overture'** Hübsche, kompakte Sorte mit violett-grünen Blättern, die sich im Winter stärker rotviolett färben. Die bordeauxroten, glockenförmigen, hängenden Blüten an ihren rot überhauchten Stielen sind besonders attraktiv. ↕ 30 cm. Z5

***B.* pacumbis** syn. *B. ciliata* fo. *ligulata* Relativ kompakte Art. Die glatten, grünen, 10–15 cm langen Blätter können fast rund, oval oder an der Basis leicht verbreitert sein und werden im Sommer von rosa oder weißen Blüten mit nahezu runden Blütenblättern überragt. Aus meist hoch gelegenen, schattigen Wäldern Chinas, Afghanistans, Bhutans, Nordostindiens, Kaschmirs, Nepals, Pakistans und Sikkims. Wächst oft in Felsspalten. ↕ 20 cm. Z5

***B.* 'Perfect'** Rotviolette Blüten über grünem Blattwerk, das sich im Winter violett tönt. ↕ 35 cm. Z4

***B.* 'Pugsley's Pink'** Grüne, auf der Unterseite rosa getönte, bis 15 cm lange Blätter und im Mai reinrosa Blüten. Geringe winterliche Laubfärbung. ↕ 40 cm. Z5

***B.* purpurascens** ♀ Attraktive, 10–15 cm lange, relativ schmale und aufrechte Blätter, die sich im Winter leuchtend rot und auf der Unterseite fast mahagonibraun färben. Im April tragen rötliche Blütenstiele nickende, rotviolette Blüten. Aus dem östlichen Himalaja. ↕ 30 cm. Z4 **var. delavayi** ♀ Wird manchmal als reine Blattpflanze verwendet. Die glänzenden, immergrünen Blätter färben sich im Winter tief-dunkelrot. Im Frühjahr erscheinen intensiv rosa Blüten. Beliebt und sehr empfehlenswert.

***B.* 'Redstart'** siehe *B.* 'Rotblum'

***B.* 'Rosi Klose'** Schöne, verlässliche Sorte, die sich durch ihre rosaroten Blüten in aufrechten Rispen auszeichnet. Die Pflanze hat große Blätter und gibt selbst im trockenen Schatten einen guten Bodendecker ab. ↕ 35 cm. Z5

***B.* 'Rotblum'** syn. *B.* 'Redstart' Bronzefarben getönte Blätter, vor allem im Winter, und rosarote Blüten. Aus Samen gezogene Sorte. ↕ 40–50 cm. Z4

***B.* × schmidtii** ♀ Robuste, kraftvolle Gartenpflanze mit bis zu 25 cm langen, großen, sattgrünen Blättern mit gezähnten Rändern und langen Blattstielen. Die Blüten sind leuchtend rosa und erscheinen im zeitigen Frühjahr in dichten, bis 30 cm hohen Rispen, können aber vom Blattwerk verdeckt sein. Eine 1878 eingeführte Hybride aus *B. pacumbis* und *B. crassifolia*. ↕ 30 cm. Z5

***B.* 'Schneekissen'** Ungewöhnlich hoch, mit rosa oder weißen, rosa überhauchten Blüten. Die Blätter sind leicht gerunzelt, zeigen aber keine Winterfärbung. Von Karl Foerster gezüchtet. ↕ 50 cm. Z5

***B.* 'Schneekönigin'** Ungewöhnlich große und zahlreiche, blassrosa Blüten im Frühjahr, die sich mit der Zeit dunkler tönen. Die grünen, bis 20 cm langen Blätter haben leicht gewellte Ränder. ↕ 40 cm. Z5

***B.* 'Silberlicht'** Vermutlich die beliebteste weiß blühende Sorte. Ihre Märzblüten tönen sich mit der Zeit rosa. Die Blätter sind mittelgrün, bis zu 20 cm lang, aber ohne Winterfarbe. Von Georg Arends gezüchtet. ↕ 30 cm. Z4

***B.* Silverlight** siehe *B.* 'Silberlicht'

***B.* Snow Cushion** siehe *B.* 'Schneekissen'

***B.* Snow Queen** siehe *B.* 'Schneekönigin'

***B.* stracheyi** Die ovalen grünen Blätter sind bis zu 20 cm lang und färben sich im Winter dunkelrot. Nickende Blüten in kräftigem Rosa stehen an kurzen Stielen und duften leicht. Aus Pakistan, Tibet und Russland. ↕ 20 cm. Z6 **Alba-Gruppe** Dichte, reinweiße Blütenstände über kompakten Blattrosetten.

***B.* 'Sunningdale'** Eine empfehlenswerte Sorte mit rundlichen, bis 18 cm langen Blättern, die sich im Winter bronzerot färben. Die Blüten sind rosalila und stehen an tiefroten Blütenstielen. Als hervorragender Bodendecker und schöne Gartenpflanze für offene Standorte geeignet. 1964 von Graham Stuart Thomas selektiert. ↕ 40 cm. Z4

***B.* 'Wintermärchen'** Tiefgrüne, recht dicke, 15 cm lange Blätter mit dunkelroter Unterseite. Das ganze Blatt färbt sich im Winter zuverlässig rötlich. Die Blüten sind tiefrosa und erscheinen im zeitigen Frühjahr an hohen Stielen. Stammt zum Teil von *B. cordifolia* ab, die langen Blätter sind aber etwas schmaler. ↕ 40 cm. Z4

BERKHEYA
ASTERACEAE

Diese attraktiven, distelähnlichen Pflanzen tragen leuchtend gelbe Blütenöpfe und sind recht sonnenhungrig.

Die Gattung umfasst etwa 80 Arten stachelblättriger, manchmal strauchiger Pflanzen aus trockenen Grasländern und Felsregionen des südlichen Afrikas, von denen nur eine verbreitet gepflanzt wird. Über hübsche Basalrosetten aus großen, stacheligen, gelappten oder geteilten Blättern erheben sich steif aufrechte, verzweigte und belaubte Blütentriebe. Aus stacheligen Knospen öffnen sich im Sommer margeritenartige Blüten, die bei einigen Arten leuchtend gelb sind. In der Blüte sehr attraktive Pflanzen, die aber einen geschützten Standort brauchen.

KULTUR Bevorzugt volle Sonne und durchlässigen Boden. Sollte vor Winterregen geschützt werden.

VERMEHRUNG Aus Samen.

PROBLEME Keine.

B. purpurea Von spinnwebartigen Fäden besetzte stachelige Triebe tragen stachelige, mittelgrüne, grundständige Blätter von bis zu 45 cm Länge, die auf der Oberseite unterschiedlich dicht behaart und auf der Unterseite weiß wollig sind. Die Triebe verzweigen sich zu dünn besetzten Blütenständen aus 8 cm großen Blütenköpfchen. Die blütenblattartigen Zungenblüten stehen um eine dunklere Mittelscheibe herum und variieren in der Farbe von Rosalila bis Violett oder gebrochenem Weiß. Die am häufigsten gepflanzte Art. Sie benötigt etwas Schutz. Aus offenen Grasgebieten in den Hochlagen Südafrikas. ↕ 75 cm. Z7

BERLANDIERA
ASTERACEAE

Die Pflanzen dieser Gattung sind leuchtend gelb blühende, trockenheitsresistente Pflanzen mit Strahlen- und Röhrenblüten. *Berlandiera lyrata* besitzt einen unverwechselbaren Schokoladenduft.

Die 4 Arten von krautigen oder verholzenden Stauden finden sich in den trockenen Ebenen und an Felshängen der südlichen USA und Mexikos. Sie bilden grundständige Büschel löffelförmiger, meist tief gelappter Blätter mit silbrig behaarter Unterseite. Darüber erheben sich drahtige, schwach verzweigte Stängel mit wenigen Blättern und einzelnen, gelben Blütenköpfchen, die kleinen Sonnenblumen mit gelber oder roter Mitte ähneln.

KULTUR Gedeiht in voller Sonne und gut durchlässigem Boden. Regelmäßiges Ausputzen verlängert die Blüte. Verträgt keine Winternässe.

VERMEHRUNG Aus Samen, der im Frühjahr bei 20 °C gesät wurde. Mehrkronige Pflanzen können im Frühjahr geteilt werden, wenn sie bewurzelte Stücke der Pfahlwurzel behalten.

PROBLEME Keine.

B. lyrata Bildet langsam Gruppen grundständiger, 15 cm langer, dunkelgrüner, gelappter, löffelförmiger Blätter mit silbriger Unterseite. Von Mai bis Oktober tragen schwach verzweigte, dünn belaubte Stängel einzelne, bis 4 cm große Blütenköpfe mit 7–9 breiten, gelben Strahlenblüten, die auf der Unterseite rotbraun, rot oder grün gestreift sind und ein rötlich braunes Auge einfassen. Die Blüten duften besonders nachts nach Schokolade und sollten daher nahe der Terrasse oder eines Weges gepflanzt werden. Aus dem Südwesten der USA und dem Westen Mexikos. ↕ 10–50 cm. Z9

BESCHORNERIA
AGAVACEAE

Hier trifft ein streng architektonischer Wuchs auf exotische Anmutung und eine spektakuläre Blüte.

Die etwa 10 Arten immergrüner Stauden, die auf den ersten Blick an Yucca erinnern, stammen aus Mexiko, wo sie meist in einiger Höhe an Steilwänden und sogar im Nebelwald gedeihen. Sie werden meist wegen ihrer auffälligen Optik gepflanzt und beeindrucken mit Trauben oder Rispen aus grünlichen, röhrigen Blüten an hohen, oft leuchtend gefärbten Blütenstands-Stielen. Sie sind nicht sonderlich robust und erfordern einen sonnigen, geschützten Standort mit guter Dränage in einem warmen Garten. Die robusteste Art ist *B. yuccoides*, die man auch am häufigsten antrifft. Neuere Funde amerikanischer Sammler aus höheren Gebirgslagen lassen auf robustere Auslesen hoffen.

KULTUR Am besten an einem ausgewählten Standort im Freien in mildem maritimem Klima oder in einem geschützten Stadtgarten. Ansonsten ist der Schutz durch eine warme, sonnige Wand nötig. In gut durchlässigem Boden, bei Bedarf unter Zugabe von Kies, pflanzen. Im Winter muss die Krone mit Kies gemulcht werden, um Fäule zu verhindern, und benötigt bei starker Kälte zusätzlichen Schutz. Die Pflanzen bilden langsam Gruppen aus individuellen Rosetten, die nach der Blüte absterben und durch neue grundständige Rosetten ersetzt werden. Verwelkte Blüten entfernen. In ungünstigem Klima können die Pflanzen auch in Kübeln kultiviert und frostfrei überwintert werden.

VERMEHRUNG Aus Samen oder durch Teilung im Frühjahr.

PROBLEME Keine.

B. 'Ding Dong' Große Pflanze mit etwa 1 m großen Rosetten aus grob texturierten, grünlichen Blättern. Die hohe, verzweigte, rosarotstielige Blütenrispe trägt rote und grüne glockenförmige Blüten. Eine amerikanische Hybride aus *B. decosteriana* und *B. septentrionalis*. ↕ 2–3 m. Z9

B. septentrionalis Bildet eine große glänzende Rosette von etwa 70–100 cm Durchmesser aus apfelgrünen, leicht nach unten gerollten Blättern. Einmal etabliert, trägt die Pflanze eine glänzende, rotstielige Blütenrispe aus hängenden roten und grünen Blüten. Wie bei den meisten Arten wächst die Rispe nicht senkrecht nach oben, sondern in einem interessanten Winkel. Eine neuere Art aus den schattigen Lagen

der mexikanischen Gebirge, die 1987 benannt wurde. ↕ 1,5 m. Z9

B. yuccoides ♥ Die bekannteste Art. Die 60 cm langen lanzettlichen Blätter bilden eine Basalrosette, sie sind meist graugrün und eher weich. Neue Blätter stehen aufrecht in der Mitte und fallen mit dem Alter nach außen. Einzelne Rosetten können einen Durchmesser von bis zu 80 cm und eine Höhe von etwa 60 cm erreichen. Der rosarote Blütenstands-Stiel ist gebogen und erscheint bei reifen Pflanzen im Sommer. Er trägt über mehrere Wochen hinweg große, attraktive, korallenrosa Brakteen mit grünen hängenden Blüten. Aus Mexiko. ↕ 1,2 m. Z8 **'Quicksilver'** Besitzt auffallend silbriges Blattwerk.

BETONICA siehe STACHYS

BISTORTA siehe PERSICARIA

BLECHNUM
Rippenfarn
BLECHNACEAE

Die Gattung *Blechnum* beinhaltet variable, meist immergrüne Farne, deren größte Arten prachtvolle Solitärexemplare abgeben.

Weltweit kommen etwa 200 vorwiegend immergrüne Arten vor. Sie stammen meist aus den Tropen, aber auch in den gemäßigten Zonen beider Hemisphären gibt es mehrere für den Garten interessante Arten. Die Wedel entspringen entweder kurzen und aufrechten oder längeren und kriechenden Rhizomen und sind meist lanzettlich mit einer einfachen Anordnung ungeteilter Fiedern entlang der Wedel. Bei den meisten Arten unterscheiden sich die Sporen produzierenden Wedel dadurch von den unfruchtbaren, dass sie wesentlich schmaler sind. Die Sporen enthaltenden Sori sind beiderseits entlang der Mittelrippen jeder Wedelfieder angeordnet. Einige Arten fallen im Frühjahr durch den rötlichen Austrieb auf.

KULTUR Bevorzugt neutralen oder sogar sauren Boden an einem feuchten und schattigen Standort. Verabscheut kalkige oder staunasse Böden.

VERMEHRUNG Aus Sporen. Arten mit kriechenden Rhizomen können leicht geteilt werden. Arten mit aufrechten Wurzelstöcken können geteilt werden, wenn sie mindestens 2 deutlich getrennte Kronen besitzen.

PROBLEME Keine.

B. chilense ♥ Ein prächtiger, großer, immergrüner Farn mit aufrechten, langstieligen, ledrigen, dunkelgrünen Wedeln aus leicht welligen Fiedern. Die Wurzelstöcke sind aufrecht mit einzelnen Kronen und bilden kurze »Stämme«. Die Pflanze verbreitert sich aber auch an der Wurzel zu Kolonien: Neue Kronen erscheinen manchmal in kurzer Distanz zur etablierten Pflanze. In feuchtem, saurem Boden mit reichlich Lauberde kann sie sich zum höchsten der immergrünen, voll winterharten Farne entwickeln. Für kühl-gemäßigte Gärten. Braucht Platz, um sich zu entwickeln, lässt sich aber leicht zurückschneiden. Vermehrung am besten durch Teilung einer etablierten Gruppe in große Stücke. Aus niedrigen Höhenlagen des gemäßigten Chile. ↕ 1,8 m. Z7

B. discolor Nicht winterharter Farn mit schmalen blassgrünen Wedeln an einem aufrechten Rhizom, das sich in sehr feuchter Umgebung schließlich zu einem kurzen dünnen »Stamm« entwickeln kann. Die Wedelunterseiten sind fast weiß. Fruchtbare Wedel erscheinen spät in der Saison in der Mitte der Krone aus vegetativen Wedeln. Benötigt in kalten Gärten einen vor extremer Kälte geschützten Standort, eignet sich aber gut für die meisten Stadtgärten und Küstenregionen. Im Winter empfiehlt sich ein Strohmantel auf der Krone oder um den »Stamm«. Aus Waldland an der Küste und in den Bergen Neuseelands. ↕ 40–50 cm. Z8/9

RECHTS **1** *Blechnum penna-marina*
2 *B. spicant*

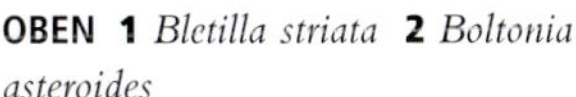

OBEN 1 *Bletilla striata* **2** *Boltonia asteroides*

B. nudum In der Regel immergrüne Pflanze mit einem kurzen, aufrechten Rhizom, das manchmal einen 30 cm hohen »Stamm« bildet, und schmale, einfach geteilte, dunkelgrüne Wedel trägt. Die Sporen tragenden Wedel erscheinen spät in der Saison und sind aufrechter, mit schmaleren Fiedern. Bevorzugt geschützte, wärmere Gärten, z.B. in der Stadt oder an der Küste. Nach sehr kalten Wintern kann die Hauptkrone absterben, aber meist bilden sich an der Basis neue Kronen. Wächst in feuchten Wäldern im Süden und Osten Australiens. ‡ 30–60 cm. Z9

B. penna-marina ♀ Kleiner, recht variabler, immergrüner Farn mit einem kriechenden Rhizom, der eine große Kolonie schmaler, glänzend dunkelgrüner Wedel bilden kann. Stammt aus Grasländern und Sumpfgebieten sowohl im Flachland als auch in den Bergregionen Australiens, Neuseelands und Chiles. ‡ 10–20 cm. Z5 **subsp. alpinum** Kleinere Wedel, die im Frühling rot werden und im Alter matt-dunkelgrün sind. ‡ 5–15 cm. **subsp. alpinum 'Cristatum'** Die Wedelspitzen sind elegant gekräuselt.

B. spicant ♀ (Gewöhnlicher Rippenfarn) Immergrüner Farn mit einem kurzen, aufrechten Rhizom, das eine Rosette breitwüchsiger, schmal lanzettlicher, dunkelgrüner Wedel trägt. Fruchtbare Wedel erheben sich steif aufrecht aus der Mitte der Krone und besitzen deutlich schmalere Fiedern als unfruchtbare. Benötigt feuchten, sauren Boden mit reichlich Lauberde. Stammt aus feuchten Waldgebieten mit saurem Boden in Europa (einschließlich der Britischen Inseln), Westasien und Nordamerika. ‡ 30–45 cm. Z5 **'Cristatum'** Die Spitzen aller Wedel sind gekräuselt. ‡ 20 cm.

BLETILLA
ORCHIDACEAE

Für einen leicht schattigen Standort sind diese Gartenorchideen besonders gut geeignet. Ihre Blüten erinnern an rosa oder gelbe Kolibris.

Die etwa 9 Arten sind an den Waldrändern der gemäßigten Regionen Ostasiens heimisch. Die kleinen, unterirdischen Wuchsknollen, die als Pseudobulben bezeichnet werden, bringen gebogene, 20–30 cm lange, papierdünne, schwertförmige Blätter mit parallelen Adern hervor. Eine schlanke Blütentraube mit einer Folge von 1–5 cm großen, nickenden Blüten erhebt sich aus der Mitte über dem gelegentlich panaschierten, sommergrünen Blattwerk. Die Blüte kann mehr als einen Monat andauern.

Die häufig halb geöffneten Blüten mit ihren Farbschattierungen von Magenta über Rosa und Gelb bis Weiß gewinnen durch immer neue Hybriden und wiederentdeckte Arten zunehmend an Beliebtheit. *Bletilla* ist eine alte Orchidee, die bereits 280 v.Chr. von einem chinesischen Kaiser erwähnt wird. Sie wird auch heute noch medizinisch zum Stillen von Blutungen und gegen Tuberkulose eingesetzt (siehe *Orchideen*, S. 345).

KULTUR Leicht zu kultivieren. 5 cm tief in humose Lehmerde im lichten Schatten pflanzen. In feuchtem bis staunassem Boden kommt es zum stärksten Wachstum. Am besten lässt man die Pflanzen sich ungestört zu großen Gruppen entwickeln. Bei Wintertemperaturen von unter –15 °C und zum Verzögern frostempfindlicher Frühtriebe gut mulchen. Benötigt zur Blüte eine Ruheperiode bei oder unter 0 °C.

VERMEHRUNG Durch Teilung der Pseudobulben und Entfernung von Ablegern. Leicht aus Samen zu ziehen.

PROBLEME Praktisch keine, bis auf Schnecken.

B. hyacintha siehe *B. striata*

B. ochracea Diese zunehmend beliebte Art blüht in Gelb. Sie trägt eine auffällige, tiefgelbe oder weiße Lippe mit kräftigen roten, orangefarbenen oder lavendelblauen Markierungen. Etwa drei Wochen nach der verbreiteteren *B. striata* erscheinen zwischen Juni und Juli 3–10 Blüten an einem gelegentlich verzweigten Blütenstands-Stiel. Einige der unter dem Namen *B. ochracea* angebotenen Pflanzen, insbesondere die stärker rosa getönten, sind eventuell natürliche Hybriden mit der selten kultivierten *B. szetchuanica*. Die Pflanze wächst langsam und bevorzugt feuchten Boden. In voller Sonne wird sie weniger hoch, verzweigt sich aber oft stärker und trägt rot getönte Blüten. Aus den chinesischen Provinzen Yunnan und Sichuan. ‡ 30–50 cm. Z6

B. Penway Präfix einer Gruppe leicht unterschiedlicher Hybriden des englischen Züchters Richard Evenden. ‡ 30–60 cm. Z7 Dazu zählen **Penway Dragon**, meist violett mit weißer Lippe, **Penway Rainbow**, in Kombinationen aus Primelgelb und Rosa, **Penway Starshine**, leicht rosaviolett mit einer auffällig gelb und rot gezeichneten Lippe und **Penway Sunset**, mit blassgelben Blüten.

B. striata syn. *B. hyacintha* (Gestreifte China-Orchidee) Diese weithin bekannte, problemlos erhältliche und sehr robuste Art aus Höhenlagen von bis zu 3600 m besitzt leuchtend magentarote bis blassrosa oder weiße Blüten mit gekräuselten oder gezähnten Lippen, die meist in dunkleren Tönen gezeichnet sind. Blüht von April bis Juni einen Monat oder länger mit einem Dutzend aufeinanderfolgender, 2,5–5 cm großer Blüten pro Traube. In der Regel sind 2–4 gleichzeitig geöffnet. Die 4–6 schön gefältelten Blätter erreichen bis zu 45 cm Länge. Alle Sorten besitzen einen leichten, süßlichen Duft. Verträgt gut gemulcht mehr Kälte. Aus China, Japan und Tibet. ‡ 40–60 cm. Z6 **var. alba** siehe *B. striata* var. *japonica* fo. *gebina*. **'Albostriata'** Panaschiertes Blatt mit schmalen weißen Rändern. Gelegentlich wird auch eine unbenannte, gelb gestreifte Form angeboten. **'Murasaki Shikibu'** Überraschend blau getönt. Z7 **var. japonica fo. gebina** syn. *B. striata* var. *alba* Weiße, manchmal rosa überhauchte Blüten mit rot gestreifter, gelber Lippe. **var. japonica fo. gebina 'Variegata'** Weiße Blüten und ein hoch geschätztes, weiß umrandetes Blatt. Z6

BOCCONIA siehe MACLEAYA

BOLTONIA
ASTERACEAE

Zwar erinnern diese Pflanzen an hohe Astern, sie tragen aber kleinere Blüten in ausladenden Rispen.

Die 5 Arten der Gattung stammen aus feuchten, offenen Regionen Nordamerikas. Alle sind hohe, unbehaarte Stauden mit aufrechten Stängeln und wechselständigen, linealischen oder lanzettlichen Blättern. Die Stängel verzweigen sich zur Spitze hin und tragen große, offene Rispen kleiner, margeritenartiger Blütenköpfchen. Sie eignen sich am besten für den Hintergrund einer Rabatte.

KULTUR Bevorzugt fruchtbaren Boden an einem sonnigen oder halbschattigen Standort. Alle außer 'Nana' müssen gestützt werden. Im Mai die Triebe auf ein Drittel einkürzen. Alle zwei bis drei Jahre müssen die Pflanzen geteilt werden, um wüchsig zu bleiben.

VERMEHRUNG Aussaat im Frühjahr bei 15 °C oder Teilung.

PROBLEME Echter Mehltau.

B. asteroides Laub abwerfende, Gruppen bildende oder langsam kriechende Staude mit aufrechten Stängeln. Die linealischen bis lanzettlichen, bis 12 cm langen Blätter sind gräulich grün, im Alter grün. Von Juli bis Oktober erscheinen bis 2 cm große Blütenköpfchen mit gelber Mitte und schlanken, weißen bis rosavioletten Zungenblüten. Aus Uferbereichen und Feuchtwiesen der Mitte und des Ostens Nordamerikas. ↕ 2–2,5 m. Z5 **var. latisquama** Über 2 cm große Blütenköpfe mit weißen bis lila Zungenblüten. ↕ 1,8 m. **var. latisquama** ‘Nana’ Kurz, weiße bis lila Zungenblüten. ↕ 75–90 cm. ‘Snowbank’ Weiße Zungenblüten. ↕ 1,5 m. ‘Pink Beauty’ Rosa Zungenblüten, an der Basis weiß. Größere Blüten, blauere Blätter und längere Blüte als ‘Snowbank’. Von der Montrose Nursery in North Carolina eingeführt. ↕ 1,5 m.

B. cantonensis siehe *Kalimeris pinnatifida*

B. incisa siehe *Kalimeris incisa*

B. indica siehe *Kalimeris pinnatifida*

BORAGO
Boretsch
BORAGINACEAE

Zu dieser Gruppe von recht rauen, aber attraktiven, blau blühenden Pflanzen gehört nur eine staudige Art, die verbreitet in Gärten zu finden ist.

Die 3 Arten dieser robusten, Laub abwerfenden Stauden oder Einjährigen stammen aus einer Reihe von Lebensräumen in West-, Mittel- und Osteuropa und des Mittelmeerraums. Alle besitzen wechselständige, behaarte Blätter und tragen locker verzweigte Cymen nickender, meist blauer, stern- oder glockenförmiger

Blüten mit 5 Petalen. *Borago officinalis*, eine Einjährige, die daher hier nicht aufgeführt wird, ist eines der beliebtesten Gartenkräuter.

KULTUR Leicht zu kultivieren. Gedeiht am besten in lichtem Schatten in feuchtem Boden. Toleriert auch magere, kiesige Böden. Blütenstands-Stiele müssen ausgeputzt werden, um die Selbstaussaat zu verhindern. Wächst gut in Kies und wirkt schön in einer gemischten oder naturnahen Staudenrabatte.

VERMEHRUNG Aus Samen oder durch Teilung im Frühjahr oder durch Stecklinge junger Triebe im späten Frühjahr oder Sommer. Sät sich reichlich selbst aus und kann invasiv werden.

PROBLEME Meist keine, kann sich aber übermäßig selbst aussäen.

B. laxiflora siehe *B. pygmaea*.

B. pygmaea syn. *B. laxiflora* Eine kurzlebige, leicht breitwüchsige, verzweigte Staude mit großen Rosetten, grob behaarter, länglicher, bis zu 20 cm langer Blätter. Im Sommer trägt sie nickende, glockenförmige, bis zu 1,5 cm große, klar-blassblaue Blüten in locker verzweigten Cymen. Sehr hübsch, erdrückt aber schnell weniger robuste Nachbarn. Kommt wild auf Korsika, Sardinien und Capri vor. ↕ 15–60 cm. Z5

BOTHRIOCHLOA
Bartgras
POACEAE

Interessante, häufig duftende Blätter und ungewöhnliche Blütenstände zeichnen diese Trockenheit vertragenden Gräser aus.

Die etwa 35 ausdauernden Arten sind auf felsigen und sandigen Hängen und trockenen Flächen in den tropischen und warm-gemäßigten Regionen weltweit heimisch. Sie bilden meist Gruppen, deren Blätter im Winter absterben, nachdem sie

eine schöne Herbstfärbung gezeigt haben. Die hohen Halme tragen Blütenstände mit begrannten kleinen Ährchen, die wie Finger oder Vogelklauen gekrümmt an einer zentralen Achse sitzen (»Finger« = Scheinähren). Diese Pflanzen für die warme Saison wachsen im späten Frühjahr schnell und blühen im Spätsommer und Frühherbst. Sie eignen sich gut als Gruppen für den Kiesgarten.

KULTUR In gut durchlässigem, sandigem Boden in voller Sonne. Im Winter vor Nässe und Kälte schützen. Im späten Frühjahr versetzen oder teilen.

VERMEHRUNG Aus Samen oder durch Teilung.

PROBLEME Kann in nasser oder dauerfeuchter Umgebung an der Basis faulen.

B. ischaemum syn. *Andropogon ischaemum* (Gewöhnliches Bartgras) Büschel bildend, mit auffälligen graugrünen Blättern, die sich im Herbst violett verfärben. Von Juli bis August tragen schlanke violette Halme elegante Fächer aus 3–15 rötlich violetten, fingerförmigen Blütenständen. Attraktive Herbstfärbung mit violettem Blattwerk, sich gelb verfärbenden Halmen und bronzefarbenen Blütenständen – wirkt am besten in Gruppenpflanzungen. Bevorzugt einen heißen, sonnigen Standort. Im späten Frühjahr teilen. Aus trockenen, steinigen Hanglagen und lichten Wäldern zwischen Kaukasus und Japan. ↕ 80 cm. Z5

BOUTELOUA
POACEAE

Diese Trockenheit vertragenden, Horste bildenden Gräser haben faszinierende Blütenstände aus einseitigen Blütenährchen oder Scheinähren.

Zur Gattung gehören etwa 24 einjährige oder Laub abwerfende, ausdauernde Arten, die sich zwischen Kanada und Argentinien, aber vor allem in Mexiko an felsigen Hängen und in offenen Wüsten und Grasländern finden. Sie bilden meist niedrige Horste und sind die häufigsten der so genannten »Büschelgräser« der nordamerikanischen Great Plains. Mehrere Arten sind bedeutsame Futterpflanzen. Die Halme tragen charakteristische Blütenstände aus bis zu 80 abgeflachten Ährchen an kurzen Stielen, die manchmal in einem Winkel zum Hauptstiel stehen. Die an Wärme gewöhnten Gräser blühen manchmal erst spät im Sommer und bis in den Herbst hinein und bevorzugen einen offenen Standort mit Schutz vor winterlichem Regen und Kälte und mit hoher Luftfeuchtigkeit. Sie wirken am besten, wenn man sie aus der Nähe betrachten kann.

KULTUR Bevorzugt fruchtbaren Boden in voller Sonne, aber mit etwas Schutz durch andere Pflanzen.

VERMEHRUNG Aus Samen oder durch Teilung im späten Frühjahr.

PROBLEMS Keine.

B. curtipendula syn. *B. racemosa* Blaugraue, 3–4 mm breite Blätter bilden lockere Horste, die sich im Herbst bronzerot verfärben. Im Juli erscheinen zahlreiche, leicht gebogene Halme, die wie ein Fahnenmast auf einer Seite mit 3–6 cm langen, flachen, violetten Blütenährchen behangen sind. Trockenheitsresistent, kann aber in kalten, nassen Wintern Schaden nehmen. Wächst in trockenen Prärien und Wüstenprärien von Ontario bis Argentinien. ↕ 1 m. Z4

B. gracilis syn. *B. oligostachys* (Moskitogras) Sehr langsam wachsende Rhizome mit aufrechten, 6 mm breiten, graugrünen Blättern, die dichte, niedrige Horste bilden. Im Juli und August tragen zahlreiche Halme interessante, 5 cm große, rötlich braune bis strohgelbe Blütenstände (Scheinähren), die an kleine, umgedrehte Zahnbürsten erinnern. Diese Gräser bevorzugen leicht saure, sandige Böden und Schutz vor nassen und kalten Wintern. Sie finden sich in den trockenen Prärien von den Great Plains südlich nach Mexiko, über Mittel- bis nach Südamerika. Eines der häufigsten Kurzgräser der Great Plains. ↕ 20–38 cm. Z4

B. racemosa siehe *B. curtipendula*

BOYKINIA
SAXIFRAGACEAE

Für Gehölzgärten sind diese zarten, hübschen, Schatten liebenden Pflanzen gut geeignet.

Die 10 Arten Laub abwerfender Pflanzen, die mit *Heuchera* verwandt sind, finden sich in den feuchten Waldgebieten und den Bergregionen Japans und Nordamerikas. Nur etwa die Hälfte von ihnen wird in Gärten kultiviert. Die Pflanzen bilden aus kurzen Rhizomen attraktive Bodendecker mit langstieligen, basalen, nierenförmigen oder rundlichen Blättern. Kuppelartige Blütenstände (Doldentrauben) aus weißen, selten roten Blüten stehen auf belaubten Stängeln.

KULTUR Ideal für einen kühlen, kalkfreien, humosen Boden an einem halbschattigen Standort.

VERMEHRUNG Durch Teilung im Frühjahr oder aus reifem Samen im Frühbeetkasten.

PROBLEME Keine.

B. aconitifolia Gruppen bildende Pflanzen mit bis zu 15 cm langen, behaarten, mittelgrünen, fünf- bis siebenzipfeligen Blättern, die gezähnte Ränder haben. Im Juni und Juli erscheinen relativ flach glockenförmige, 1 cm große, weiße Blüten mit gelber Mitte. Aus dem Osten der USA. ↕ 15–60 cm. Z6

B. elata siehe *B. occidentalis*

B. heucheriformis siehe *B. jamesii*

OBEN **1** *Boykinia aconitifolia* **2** *Briza media*

B. jamesii syn. *B. heucheriformis, Telesonix jamesii* Bildet ein Polster aus Rosetten leicht gelappter, gezähnter, nierenförmiger Blätter, die bis zu 3 cm lang, mittelgrün und ledrig sind. Im April und Mai stehen 2 cm große, offene, glockenförmige Blüten mit gekräuselten Rändern in lockeren Ständen. Die Blütenblätter sind löffelförmig und rosarot mit einem grünen Auge. Die Art bevorzugt zwar sauren, humosen und feuchten Boden, braucht aber eine gute Dränage. Setzt im Garten selten Samen an. Aus den Bergregionen im Nordwesten der USA. ‡ 15 cm. Z5

B. occidentalis syn. *B. elata* Eine robuste, Polster bildende Pflanze, die sich hervorragend als Bodendecker eignet. Die bis zu 10 cm breiten, glänzenden, gelappten, tief gezahnten Blätter sind nahezu kreisrund oder herzförmig, aber gelegentlich auch nierenförmig. Im Sommer öffnen sich kleine weiße Blüten mit 6–7 mm langen Blütenblättern. Von Vancouver Island bis nach Südkalifornien. ‡ 60–90 cm. Z8

B. rotundifolia Ein wirksamer, Polster bildender Bodendecker. Die glänzenden Blätter mit flachen Lappen und gezahnten Rändern sind nahezu kreisrund bis herzförmig, gelegentlich nierenförmig und können bis zu 16 cm lang oder breit werden. Im Sommer erscheinen verzweigte Blütenstände 9–12 mm großer, strahlend weißer Blüten. Aus Südkalifornien. ‡ 60 cm. Z8

BRIZA
Zittergras
POACEAE

Ihren Namen verdanken diese zarten Ziergräser den im Wind zitternden Blütenständen.

Die 20 ausdauernden und einjährigen, Horste bildenden Arten kommen sowohl auf trockenen als auch auf feuchten Böden im offenen Grasland in den gemäßigten Regionen Europas, Asiens und Teilen Südamerikas vor. Lockere oder eher kompakte, drahtige Halme tragen kleine, rundliche, nickende Blütenährchen. Einige Arten haben eine lange Gartentradition als Zierpflanzen.

KULTUR Leicht an einem offenen Standort in fruchtbarem, gut durchlässigem Boden zu kultivieren.

VERMEHRUNG Aus Samen oder durch Teilung im Frühjahr.

PROBLEME Keine.

B. media (Mittleres Zittergras) Bildet langsam eine Matte aus 15 cm langen und 3 mm breiten, weichen, violetten, spitzen, immergrünen Blättern. Von Juni bis August tragen schlanke Halme im rechten Winkel abstehende, 4–12 mm lange, zitternde, herzförmige, grün-violette Blütenährchen, die sich im Alter gelbbraun färben. Gedeiht am besten in magerem Boden, da die Pflanze sonst leicht struppig wird. Blütenstände sollten im Spätsommer zurückgeschnitten werden. Wirkt besonders schön auf Wildblumenwiesen, Rasenflächen, in Gruppen an Wegrändern und in trockenen Bereichen. Eignet sich auch hervorragend als Trockenblume. Aus trockenen Grasgebieten und alten, feuchten Weiden Großbritanniens, Europas und Nord- und Westasiens. ‡ 15–75 cm. Z4
'Limouzi' Tief violett-grüne Blätter. Große Blütenstände an violetten Halmen. ‡ 45–60 cm. Z4

B. subaristata syn. *Chasolytrum subaristatum* Immergrün, bildet ein hübsches Büschel. Im Juni und Juli tragen gebogene Halme nickende, silbergrüne, perlenartige Blütenährchen. Gedeiht am besten in lehmigem Boden in voller Sonne oder Halbschatten und wirkt besonders schön als Randbepflanzung von Wildblumenwiesen. Von den grasigen Hügelflanken Chiles. ‡ 40–60 cm. Z6

BROMUS
Trespe
POACEAE

Trespen sind attraktive Gräser für verschiedenste Standorte. Sie blühen ab dem zeitigen Frühjahr.

Die Gattung umfasst etwa 150 ausdauernde und einjährige Arten, die in den gemäßigten Regionen der ganzen Welt in Waldgebieten, Graslandschaften und auf Ödland wachsen. Die Blütenstände sind stattlich, locker verzweigt oder eher kompakt, mit keilförmigen, grünen Blütenährchen, die häufig steife, kurze oder zuweilen auch längere Grannen tragen.

KULTUR Gedeiht in jedem gut durchlässigen Boden in der Sonne oder im Halbschatten.

VERMEHRUNG Durch Teilung im Frühjahr oder aus Samen.

PROBLEME Keine.

B. inermis 'Skinner's Gold' (Unbegrannte Trespe) Ein anhaltend kriechender Wurzelstock trägt Büschel von Blättern mit grünen Rändern und breiten, asymmetrischen, hellgelben, vertikalen Bändern. Im Frühsommer und Herbst stehen auf gelben Halmen große goldgelbe, hängende Blütenährchen. Gedeiht am besten in gut durchlässigem, unfruchtbarem Boden an einem offenen Standort. Die grünblättrige Art wurde als Getreidepflanze nach Großbritannien eingeführt und ist in steinigem Ödland heimisch geworden. ‡ 1 m. Z6

BRUNNERA
Kaukasusvergissmeinnicht
BORAGINACEAE

Eine zunehmende Vielfalt an attraktiven Blattformen macht die robusten Pflanzen interessant für schattige Plätze im Garten.

Die 3 Arten dieser Laub abwerfenden Pflanzen gedeihen in den Wäldern und Lichtungen vom östlichen Mittelmeer bis in die Türkei und nach Russland hinein. Sie bilden dichte, langsam in die Breite wachsende Büsche aus schwarzen, riemenartigen Wurzeln mit basalen Blättern und Blüten auf separaten, grob behaarten, aufrechten Stängeln. Die leicht rauen Blätter sind breit herzförmig. Direkt darüber öffnen sich Rispen blauer Blüten nach Art des Vergissmeinnichts.

KULTUR Gedeiht in trockenem Schatten und auch an offeneren Standorten, solange der Boden feucht ist.

VERMEHRUNG Aus Samen (nur die Art) oder durch Teilung.

PROBLEME Keine.

RECHTS **1** *Brunnera macrophylla* 'Dawson's White' **2** *B. macrophylla* 'Gordano Gold' **3** *B. macrophylla* 'Jack Frost'

EINE FRÜHLINGSFRISCHE PARTNERSCHAFT

BLAU UND GELB IST EINE sehr beliebte Frühlingskombination, meist in Form von Vergissmeinnicht, die zusammen mit gelben Tulpen gepflanzt werden. Hier, in einem halbschattigen Winkel, übernehmen 2 robuste Stauden diese Aufgabe. Die kompakte Kuppel strahlend gelber Blüten gehört zu *Euphorbia polychroma*, die ab dem zeitigen Frühjahr, kurz nachdem die ersten Schösslinge erscheinen, mehrere Monate lang blüht. Die luftig blauen Rispen der *Brunnera macrophylla*, einer Verwandten des Vergissmeinnicht (*Myosotis*), werden von breit herzförmigen Blättern gefolgt, die schön mit den viel kleineren und schmaleren Wolfsmilchblättern kontrastieren. Das Kaukasusvergissmeinnicht wird sich langsam, aber stetig um die Wolfsmilch herum ausbreiten und eine hübsche, leuchtend blaue Wolke bilden, die jedes Frühjahr die sonnigen Gesichter der Wolfsmilchblüten betont.

B. macrophylla ♀ (Großblättriges Kaukasusvergissmeinnicht) Breitet sich langsam, aber stetig zu einem attraktiven Bodendecker mit bis zu 15 cm großen, rau behaarten, herzförmigen Blättern aus und wird mit fortschreitender Saison zu einer stattlichen Erscheinung. Im April und Mai erscheinen typische vergissmeinnichtartige Rispen aus etwa 6 mm großen, strahlend blauen Blüten. Gut für den trockenen Schatten, wobei die panaschierten Sorten fruchtbarere, feuchtere Bedingungen im Schatten bevorzugen. Gedeiht auch in der Sonne, wenn der Boden nicht zu trocken ist, da die Blätter sonst verbrennen. Panaschierte Sorten können auch wieder durchgehend grün werden, daher müssen solche Triebe entfernt werden. Vermehrung durch Teilung. Abgebrochene Wurzelstücke panaschierter Sorten bringen in der Regel reingrüne Triebe hervor. Aus der Türkei und dem Kaukasus, in England verwildert. ‡ 30–45 cm. Z3 **'Aluminium Spot'** siehe 'Langtrees'. **'Betty Bowring'** Weiße Blüten, einige Sämlinge erscheinen blau. **'Dawson's White'** syn. 'Variegata' Unregelmäßig weiß oder cremeweiß gezeichnete oder umrandete Blätter, einige Blätter sind nahezu vollständig weiß. **'Gordano Gold'** Die Blätter entwickeln im Alter gelbe Flecken. Von Simon Wills, einem früheren Funktionär der britischen Hardy Plant Society, eingeführt. **'Hadspen Cream'** ♀ Breit cremeweiß umrandete Blätter. Von Eric Smith gezüchtet. **'Jack Frost'** Eindrucksvoll silbriges Blattwerk mit grünen Adern und Rändern. Eine hervorragende Kübelpflanze. Ein Sport von 'Langtrees' aus Walter's Gardens in Michigan. **'Langtrees'** syn. 'Aluminium Spot' Vor allem zum Rand hin silbern gesprenkelte Blätter. Von Dr. Rogersen eingeführt und nach seinem Garten in Devon benannt. **'Looking Glass'** Silbernes Blattwerk mit zunächst grünen Adern, das sich schließlich komplett silbern färbt. Ein Sport von 'Jack Frost', ebenfalls von Walter's Gardens in Michigan. **'Variegata'** siehe 'Dawson's White'.

BUGLOSSOIDES
Steinsame
BORAGINACEAE

Als Bodendecker unter Bäumen und Sträuchern eignet sich diese häufig kultivierte, violett bis blau blühende Art hervorragend.

Die Gattung umfasst etwa 15 Arten winterharter Einjähriger, Stauden und halb-immergrüner Halbsträucher aus West- und Südeuropa und Asien. Sie finden sich in einer Vielzahl von Lebensräumen, von fruchtbaren Feldern bis zu Gebüschformationen und Waldgebieten, häufig in den Bergen. Die behaarten Pflanzen besitzen aufrechte oder bogig überhängende Triebe. Die Blätter sind variabel, behaart und mittel- bis dunkelgrün. Die Blüten sind röhren- bis stieltellerförmig, fünflappig, oft blau und stehen in endständigen Cymen, Ähren oder Trauben.

KULTUR Bevorzugt gut durchlässigen, neutralen bis basischen Boden.

VERMEHRUNG Durch Teilung im Frühjahr oder aus Samen im Frühjahr oder Herbst.

PROBLEME Keine.

B. purpurocaerulea syn. *Lithospermum purpurocaeruleum* (Blauroter Steinsame, Pupurblauer Steinsame) Laub abwerfender Bodendecker, der sich schnell ausbreitet. Bogig überhängende oder liegende, bis zu 60 cm lange Blatttriebe mit rund 8 cm langen, dunkelgrünen, lanzettlichen bis schmal elliptischen, spitzen Blättern erheben sich aus kriechenden Rhizomen. Die kürzeren, aufrechten, Blüten tragenden Triebe bilden Cymen samtiger, bis 1,9 cm großer Blüten, die in der Knospe rotviolett, später dann intensiv enzianblau sind. Hervorragend für naturnahe Gartenbereiche geeignet. Toleriert Sonne und Schatten, bevorzugt aber einen Standort im lichten Schatten. Gedeiht am besten in gut durchlässigem, neutralem bis basischem Boden. Leicht durch Teilung der bewurzelten Rhizome oder durch Stecklinge zu vermehren. Findet sich in ganz Europa. ‡ 15–30 cm. Z6

BULBINELLA
ASPHODELACEAE

Mit ihren leuchtenden Blütentrauben schmücken diese kompakten, gelb blühenden Pflanzen jede Beet- und Rabattenfront.

Die 20 Arten immergrüner und Laub abwerfender Pflanzen stammen aus Südafrika und Neuseeland. Nur die hier beschriebenen neuseeländischen Arten sind winterhart. Es sind Gruppen bildende, Laub

RECHTS *Buglossoides purpurocaerulea*

abwerfende Stauden mit fleischigen Wurzeln, grasartigem Blattwerk und dichten Trauben gelber, sechszähliger, sternförmiger Blüten. Sie werden häufig miteinander verwechselt.

KULTUR Gedeiht leicht in neutralem bis saurem Boden mit gutem Wasserhaltevermögen.

VERMEHRUNG Aus Samen oder durch Teilung.

PROBLEME Keine.

B. angustifolia Buschige, Gruppen bildende Staude mit aufrechten, kräftig grünen Blättern von 60 cm Länge und bis 1,5 cm Breite mit eingerollten Rändern. Die dichten Blütenrispen oder -trauben aus zahlreichen, 1 cm breiten, leuchtend gelben Blüten sind 13–20 cm lang und stehen im Frühsommer dicht über den Blättern. Ihnen folgen lange, stiellose Früchte. Gedeiht am besten an einem sonnigen, offenen Standort. Aus Neuseeland. ↕ 40–60 cm. Z8

B. hookeri Eigentlich eine robustere Form von *B. angustifolia*. Die aufrechten bis übergeneigten Blätter sind 75 cm lang, 1,5–3 cm breit und laufen stumpf aus. Auf die etwas dunkleren, 1–1,4 cm großen Blüten folgen kurzstielige, breit ovale Früchte. Aus Neuseeland. ↕ 40–60 cm. Z8

BUPHTHALMUM
Ochsenauge
ASTERACEAE

Bescheiden, aber verlässlich sind diese gelben Korbblütler.

Die 2 Arten dieser strahlenden, aber schlichten, Laub abwerfenden Pflanzen wachsen in den offenen Landschaften Europas und Westasiens. Sie bilden Gruppen oder breiten sich langsam aus, und ihre aufrechten Stängel tragen wech-

selständige, meist schmale Blätter und gelbe, margeritenartige Blütenköpfchen. Sie eignen sich für eine Rabatte, einen Naturgarten oder eine Grasböschung.

KULTUR Bevorzugt mageren, durchlässigen Boden und volle Sonne.

VERMEHRUNG Aus im Frühjahr bei 10 °C ausgesäten Samen oder durch Teilung im Frühjahr.

PROBLEME Keine.

B. salicifolium (Weidenblättriges Ochsenauge, Rindsauge) Büschel bildende, Laub abwerfende Staude mit lanzettlichen bis verkehrt eiförmigen, gezähnten oder ganzrandigen, bis zu 10 cm langen Blättern. Die Blütenköpfchen, die von Juni bis September meist einzeln an der Spitze belaubter Sprosse stehen, sind 6,5 cm groß und haben eine gelbe Mitte und gelbe, stumpf zulaufende Zungenblüten. Graham Stuart Thomas zufolge ist sie »wesentlich schöner, wenn sie frei fallen darf«. Aus Mittel- und Südeuropa. ↕ 60 cm. Z4
'Alpengold' Blütenköpfchen größer als bei der Art. Aus Samen gezogen. **'Sunwheel'** Kaum von der Art zu unterscheiden. Aus Samen gezogen. ↕ 50 cm.

B. speciosum siehe *Telekia speciosa*

BUPLEURUM
Hasenohr
APIACEAE

Diese Gruppe von markanten Pflanzen mit attraktiven Arten hat sich gut an trockene und magere Böden angepasst.

Von den etwa 100 Arten werden nur einige wenige kultiviert, deren vielleicht bekannteste, *Bupleurum fruticosum*, eine der wenigen strauchigen Angehörigen der Familie ist. Hasenohr-Arten finden sich weit-

räumig in ganz Eurasien, auf den Kanaren, im Norden der USA und in Südafrika und zeichnen sich durch ihre einfachen, ganzrandigen Blätter aus. Viele verfügen über eine attraktive, ledrige, blaugrüne Blattfärbung. Die Blütenstände sind variabel: Bei einigen Arten stehen die Blüten in zusammengesetzten Dolden mit grünen oder gelben Brakteen (Hüllblättern) um die Einzeldolden. Bei anderen bilden die Blüten offenere, typisch kerbelartige Dolden. Die Blüten sind gelb oder grünlich gelb, manchmal kupfrig, und häufig reich an Nektar, sodass sie eine Vielzahl von Insekten anlocken.

KULTUR Gedeiht in jedem einigermaßen fruchtbaren, gut durchlässigen Boden an einem sonnigen Standort. Muss ausgeputzt werden, um eine Selbstaussaat zu verhindern.

VERMEHRUNG Aus frisch im Herbst gesätem Samen. Die Keimlinge erscheinen im folgenden Winter oder zeitigen Frühjahr. Einige säen sich selbst aus. Gruppen bildende Arten können auch zu Beginn der Wachstumssaison im Frühjahr geteilt werden.

PROBLEME Keine.

B. angulosum Eine hervorragende und sehr langsam wachsende Art, die Gruppen schmaler, blaugrüner, grasartiger Blätter bildet, die im Winter bis auf eine dichte Rosette absterben. Die kleinen blassgrünen bis gelben Einzeldolden sind von 4–6 rundlichen, jadegrünen Brakteen umgeben, 2,5 cm groß und stehen an aufrechten, verzweigten und belaubten Stängeln. Benötigt einen warmen Standort mit guter Dränage in voller Sonne mit Schutz vor größeren und wüchsigeren Pflanzen. Aus den Pyrenäen und den Bergregionen Nordost-Spaniens. ↕ 20–40 cm. Z6

B. falcatum (Sichelblättriges Hasenohr) Luftige Zweiglein kleiner, grünlich gelber Blüten in 2–5 cm großen Dolden erheben sich an drahtigen Stängeln mit schmalen, sichelförmigen Blättern über breitblättrigere Basalrosetten. Eine nützliche und wirkungsvolle Pflanze für trockene und sonnige Standorte, wo sie sich bereitwillig selbst aussät und ab dem Hochsommer über viele Wochen hinweg blüht. In einer eng begrenzten Region im britischen Essex heimisch, aber über ganz Mittel- und Südeuropa bis nach Asien hinein verbreitet. ↕ 60–90 cm. Z3

B. longifolium (Langblättriges Hasenohr) Eine aufrechte Pflanze mit langen und schmalen Grundblättern und einem charakteristisch breiten, herzförmigen Stängelblatt, das den Spross an der Basis umhüllt. Die oberen Blätter sind oval bis herzförmig und umschließen den Spross. Die kleinen gelben, oft rot überhauchten Blüten stehen in dichten Dolden mit ovalen, spitz zulaufenden Brakteen, die von grün bis gelblich grün oder kupferfarben variieren können. Einzelne Pflanzen sind relativ kurzlebig und sollten regelmäßig durch Aussaat von frischem Samen erneuert werden. Aus Mitteleuropa bis Sibirien. ↕ 70–90 cm. Z3

B. rotundifolium (Durchwachsenes Hasenohr, Rundblättriges Hasenohr) Eine kurzlebige Art mit charakteristischen, silbergrauen, elliptischen oder rundlichen Blättern. Die im Durchmesser 2,5 cm großen Dolden gelbgrüner, gelegentlich reingelber Blüten werden von ovalen, spitz zulaufenden, gelbgrünen, kupfrig goldenen oder hellgrünen Brakteen umgeben. Steht oft als Unkraut auf Kulturflächen und wächst natürlich in offenen, trockenen Landschaften. Findet sich in ganz Europa bis nach Russland hinein. ↕ 45–60 cm. Z6

C

CALAMAGROSTIS
Reitgras
POACEAE

Aus feuchten Waldgebieten stammen diese ausdauernden, schilfartigen Gräser, die sich an viele Gartenbedingungen anpassen.

Die etwa 270 Arten sind von nördlich-gemäßigten Regionen bis zu tropischen Bergen anzutreffen, zumeist an feuchten Standorten wie Wäldern, Heidegebieten und Bergwiesen. Sie bilden Horste mit luftigen, rispigen Blütenständen, die im Reifezustand bronzefarbene Ährchen tragen. Diese halten bis weit in den Winter hinein. Reitgräser sind für den Ziergarten besonders beliebt, weil sie auch den winterlichen Garten schmücken. Weil die Gräser zu spontanen Kreuzungen neigen, herrscht Verwirrung bei der Benennung.

KULTUR Fruchtbarer, feuchter Boden in Sonne oder Halbschatten. Alte Halme im zeitigen Frühling auf etwa 13 cm zurückschneiden.

VERMEHRUNG Durch Teilung. Arten auch durch Samen.

PROBLEME In feuchten Sommern und bei enger Pflanzung können die Blätter von Rost befallen werden.

C. × *acutiflora* syn. *C. epigejos* 'Hortorum' (Moor-Reitgras) Bildet langsam größer werdende, dichte, sommergrüne Horste aus schmalen dunkelgrünen, bis 75 cm langen Blättern, die im Winter absterben. Im Frühsommer erheben sich straff aufrechte Halme mit elegant überhängenden blaugrünen Blütenständen aus kleinen Ährchen. Diese werden zunächst heller und violett überhaucht, um dann zu schlanken, rehbraunen Ähren heranzureifen, die den Winter über halten und die Pflanze zu einem wertvollen Blickfang im herbstlichen und winterlichen Garten machen. Gedeiht am besten in voller Sonne. An schattigen Plätzen sind die Halme weniger standfest. Schön in Kombination mit hohen Stauden, als Kübelpflanze oder in größeren Gruppen, in denen die sanfte Bewegung der Halme gut zur Geltung kommt. Eine gelegentlich auch in der Natur vorkommende Hybride aus *C. epigejos* und *C. arundinacea*, die beide in Europa heimisch sind. Wurde anfangs nicht als Hybride erkannt, was einige Umbenennungen nach sich zog. ↕ 60–150 cm. Z5 **'Karl Foerster'** Die typische Form, anfangs als *C. epigejos* 'Hortorum' bezeichnet, dann *C.* × *acutiflora* 'Stricta' genannt und nochmals umbenannt auf den nun anerkannten Namen *C.* × *acutiflora* 'Karl Foerster', nach dem renommierten Züchter, der zuerst erkannte, dass es sich bei diesem Gras um eine Hybride handelt. ↕ 2 m. Z5 **'Overdam'** Blätter mit cremeweißen Streifen, rosa Blütenstände. Für kühle Standorte mit wenig Feuchtigkeit. ↕ 90 cm. Z5 **'Stricta'** siehe 'Karl Foerster' – wenngleich gelegentlich angegeben wird, dass 'Stricta' niedriger ist, früher blüht und schmalere Blütenstände hat.

C. argentea siehe *Stipa argentea*

C. arundinacea (Wald-Reitgras) Ein relativ grobes Gras, dessen Horste sich langsam ausbreiten. Die bis 50 cm langen Blätter haben eine schöne Herbstfärbung. Im Juli und August erscheinen standfeste Halme mit schlanken braunvioletten, rispigen Blütenständen. Das Gras breitet sich durch die Wurzeln und die reiche Aussaat manchmal aggressiv aus, sieht aber in großen Gruppen im Gehölz- oder Sumpfgarten ansprechend aus. Elternpflanze des häufiger kultivierten *C.* × *acutiflora*. Wächst wild in Europa und Teilen Asiens in lichten, feuchten Wäldern. ↕ 1,5–1,7 m. Z5

C. brachytricha syn. *C. varia, Stipa brachytricha* (Diamant-Reitgras) Dichte, fontänenartig überhängende Horste aus glänzend graugrünen, bis 60 cm langen Blättern, die sich im Herbst gelb färben. Im August und September erscheinen schmale Rispen, die sich zu luftigen, silbrig grauen Blütenständen mit einem Hauch Rosaviolett öffnen und ihre fiedrige Form während des Winters behalten. Gedeiht an verschiedenen Standorten, sofern sie ausreichend feucht sind. Sehr effektvoll als Solitärpflanze im Kübel oder als große Gruppe. Gut zum Trocknen. Aus feuchten Wäldern und von Waldrändern in Ostasien. ↕ 90–150 cm. Z5

LINKS *Calamagrostis* × *acutiflora* 'Karl Foerster'

C. epigejos (Land-Reitgras) Dichte, langsam größer werdende Horste aus relativ weichen, bis 75 cm langen Blättern und attraktiven luftigen Blütenständen von etwa 15–30 cm Länge. Besonders schön ist die Pflanze, wenn sie sich am Teichufer oder im Sumpfgarten ausbreiten darf, was sie durch kriechende Wurzeln und Selbstaussaat leicht tut. Wilde Elternpflanze von *C.* × *acutiflora*, zu finden in ganz Europa und Teilen Asiens in lichten Wäldern auf schweren, feuchten Böden. ↕ 60 cm bis 2 m. Z5 **'Hortorum'** siehe *C.* × *acutiflora*.

C. varia siehe *C. brachytricha*

CALAMINTHA
Bergminze
LAMIACEAE

Die süß duftenden Stauden tragen blaue, weiße oder rosa Blüten über einen langen Zeitraum im Sommer und Herbst.

Zur Gattung gehören etwa 8 Arten krautiger Stauden, von denen einige an der Basis verholzen. Sie sind in Wäldern, offenen Graslandschaften und auf steinigen Standorten von Westeuropa bis Zentralasien und Nordamerika zu finden. Die Pflanzen, deren Name übersetzt »schöne Minze« bedeutet, sind nicht spektakulär, doch wegen ihrer verlässlichen, reichen Blüte durchaus lohnend. Manche bilden Matten, andere wachsen aufrecht oder breit und buschig. Die Blätter sind behaart und duften intensiv, wenn man sie zerreibt. In den Sommermonaten bis in den Herbst tragen sie zahllose zweilippige Blüten. Gelegentlich wird die *Calamintha* den Gattungen *Clinopodium* oder *Satureja* zugeordnet.

KULTUR Ausgezeichnete Pflanzen für kalkhaltige Böden. Manche brauchen Schatten, andere Sonne und durchlässigen Boden.

VERMEHRUNG Teilung älterer Pflanzen im zeitigen Frühling. Im Frühling im kalten Frühbeet gesäte Samen keimen leicht, auch Jungpflanzen aus Selbstaussaat können in Töpfen aufgezogen werden. Sorten werden oft durch Samen vermehrt, können aber variabel sein.

PROBLEME Normalerweise keine, gelegentlich Mehltau.

C. grandiflora (Großblütige Bergminze) Buschige Staude, deren Triebe sich aus einer dünnen, langsam kriechenden Wurzel erheben. Die eiförmigen, bis 8 cm langen Blätter sind unregelmäßig gezähnt, leicht behaart und duften beim Zerdrücken aromatisch. Die 3 cm langen, kräftig rosa Blüten, die Salbei ähneln, erscheinen in Trugdolden von Juni bis Oktober. Verträgt mehr Schatten als die meisten anderen Arten und bevorzugt humosen Boden. Aus feuchten Wald- und Strauchlandschaften mit zumeist kalkhaltigem Boden im Iran, der Türkei und Süd- und Mitteleuropa. ↕ 20–60 cm. Z5 **'Variegata'** Niedriger, kräftig cremeweiß gesprenkelte Blätter. ↕ 30 cm.

C. nepeta syn. *C. nepetoides* (Drüsige Bergminze) Wahrscheinlich die schönste Art der Gattung. Buschige, reich blühende Staude mit kurzer, kriechender Wurzel, die trockene Böden verträgt. Die etwa 2 cm langen Blätter mit meist gezähnten Rändern sind unterschiedlich stark behaart und riechen beim Zerreiben angenehm nach grüner Minze. Die 1 cm großen zweilippigen Blüten sind meist hellviolett und erscheinen in lockeren Blütenständen von Juli bis Oktober. Bei optimalen Bedingungen ist die Blüte so reich, dass kaum Laub zu sehen ist. Bevorzugt durchlässigen Boden und blüht an einem warmen, offenen Platz in voller Sonne am besten. Von exponierten Standorten auf kalkhaltigem Boden in Nordafrika, Westasien und weiten Teilen Süd- und Mitteleuropas bis nach Ostengland. ↕ 30–80 cm. Z6 subsp. *glandulosa* **'White Cloud'** Bildet ein kuppelförmiges Polster aus kleinen Blättern und weißen Blüten. Aus Samen gezogene Pflanzen blühen manchmal hellblau. ↕ 45 cm. **subsp. nepeta** Größere, stärker gezähnte Blätter und mehr Blüten pro Gruppe. **subsp. nepeta 'Blue Cloud'** Hell-blauviolette Blüten, manchmal dunkler oder rosastichig.

C. nepetoides siehe *C. nepeta*

CALANTHE-VIELFALT

Weil *Calanthe* eine so beliebte Gartenpflanze ist, kommen immer mehr neue Hybriden auf den Markt, manchmal mit leicht verwirrenden Namen. Es gibt eine Reihe von natürlichen Hybriden, doch die im Handel erhältlichen wurden unter Laborbedingungen aus Samen gezogen. Häufig werden sie unter Fantasienamen angeboten, die auf bestimmte Farben oder Farbkombinationen hindeuten.

Tatsächlich gibt es *Calanthe* in vielen natürlichen Variationen, selbst innerhalb einer Art. Was man also auf Abbildungen sieht oder in Beschreibungen liest, kann sich von der Pflanze im Garten erheblich unterscheiden. Selbst Pflanzenzüchter müssen immer mit Überraschungen rechnen. Gelegentlich kommen unerwartete und sehr attraktive Blattpanaschierungen vor. Ungeachtet der Variationsbreite ist die *Calanthe* einen Versuch wert. Halten Sie die Augen offen nach Hybriden der außergewöhnlich kältetoleranten *C. tricarinata* (Z6), die viel hübscher sind als die eher unscheinbare (und darum selten kultivierte) Elternpflanze (siehe *Orchideen*, S. 345).

CALANTHE
Schönorchis
ORCHIDACEAE

Duftende, Schmetterlingen ähnliche Blüten im Frühling oder Sommer stehen über schön gefältelten immergrünen Blättern.

Unter den 120–150 Arten gibt es viele, die den griechischen Namen – wörtlich übersetzt »schöne Blüte« – rechtfertigen. Diese mittelhohen bis hohen Pflanzen mit knolligen Trieben und kurzen, unterirdischen Rhizomen wachsen auf den Böden der tropischen und gemäßigten Wälder Asiens, Afrikas, Madagaskars, der amerikanischen Tropen und Australiens. Aufrechte oder überhängende Triebe tragen je nach Art Blüten in allen denkbaren Farben und Kombinationen. Mit der weit ausladenden, auffallend gefärbten Lippe sieht die Einzelblüte seltsam aus – wie ein Schmetterling, der eine bunte Geige trägt.

Rund 5–10 Arten aus Japan und den Bergen Asiens sowie deren Hybriden werden zunehmend im Freiland kultiviert. Sie haben sehr dekorative, längliche, gerippte Blätter, die sich verjüngen und in einen Stiel münden. Bis etwa -9 °C sind sie immergrün. Das erste in Japan veröffentlichte Gartenbuch aus dem Jahr 1681 erwähnt bereits die beiden Arten, die noch heute vorwiegend als Gartenpflanzen verwendet werden. Heute spielt die *Calanthe* auch in der Schnittblumenindustrie eine wichtige Rolle.

KULTUR Bevorzugt einen teilweise sonnigen bis leicht schattigen Platz in feuchtem, durchlässigem, grobem, aber nahrhaftem Boden. Die Pflanzen sind robuster als ihr Aussehen vermuten lässt. Sie wachsen aber besser, wenn sie vor starkem Regen und Wind und vor Hitze geschützt werden und fühlen sich darum unter Sträuchern wie Rhododendren oder unter Laub abwerfenden Bäumen wohl. Die Wurzeln etwa 2 cm tief pflanzen.

VERMEHRUNG Durch Teilung zu Beginn der Wachstumsperiode oder durch Abtrennen von Ablegern. Aussaat nur unter sterilen Laborbedingungen.

PROBLEME Blätter sind empfindlich für Wasserflecken, die Pilzbefall fördern können. Beim Gießen nur den Boden benetzen und vor starkem Regen oder Tropfwasser schützen. Bei starker Hitze können Knospen vertrocknen, statt sich zu öffnen. Wind kann die empfindlichen Blätter beschädigen. Empfindlich für Viruserkrankungen, darum Schneidewerkzeuge sterilisieren und befallene Pflanzen vernichten.

C. discolor Die am leichtesten erhältliche Art zeigt eine elegante, dezent zweifarbige Kombination aus Mahagoni oder dunklem Rosaviolett (allerdings variabel von fast Schwarz bis Apfelgrün) mit einer dreiflügligen weißen Lippe. Von April bis Juni (meist im Mai) erscheinen 15–30 duftende, 3 cm breite Blüten an leuchtend grünen Stängeln von 20–50 cm Länge. Aus der faserigen Wurzel, die wie eine Garnele geformt ist, erheben sich 2–3 stark gefältelte und interessant strukturierte, längliche Blätter von 20 cm Länge und 6 cm Breite. Langlebig, unkompliziert und leicht zu kultivieren. Bevorzugt feuchtes, grasiges Gelände und Laubmulch. Kann mit der Zeit dichte Horste bilden. Immergrün bis -9 °C. Schön in Kombination mit Farnen, Funkien und Tränendem Herz. ↕ 20–40 cm. Z6 **var. sieboldii** siehe *C. sieboldii*.

C. Kozu syn. Kozu Spice Eine natürliche Hybride aus Asien mit pro Stängel bis zu 30 haltbaren Blüten. Diese sind 3 cm breit und duften nach Gewürznelken. Wüchsiger als beide Elternpflanzen. Viele zweifarbige Kombinationen in Violett, Rot, Braun, Rosa und Weiß. Wer nur eine Calanthe pflanzen will, sollte diese wählen, sie blüht von April bis Mai. Mit einer ausreichenden Schneedecke kann sie noch in Z5 winterhart sein. Eine Hybride von *C. discolor* und *C. izu-insularis*, eingeführt aus Japan von Barry Yinger. ↕ 20–40 cm. Z6

C. reflexa Ungewöhnlich späte Blüte im Spätsommer bis Frühherbst. Blüten mit aufwärts gerichteten, zurückgebogenen Tepalen, die wie violette Flugsaurier aussehen. An jedem der 20–50 cm hohen Stängel trägt diese eigenartige Schönheit bis zu 30 Blüten in Lila und Creme mit dreigeteilter Lippe hoch über den 3–5 gefältelten, 20 cm langen Blättern. Braucht in heißen Sommern Schutz vor Hitze, sonst vertrocknen die Knospen. Aus Sümpfen und kühlen, feuchten Wäldern bis 2700 m Höhe im Himalaja, in Japan, Taiwan und Korea. ↕ 20–40 cm. Z7

C. sieboldii syn. *C. striata*, *C. discolor* var. *sieboldii*, *C. striata* 'Sieboldii' Die zweitbeliebteste Gartenart. Sie ist besonders dekorativ und trägt schon früh leuchtend gelbe Blüten mit dreilappiger Lippe an 38 cm langen aufrechten Stängeln hoch über einem Horst aus stattlichen Blättern. Diese sind reich gefältelt, dunkelgrün und haben einen Durchmesser bis 38 cm. Blüht normalerweise von April bis Juni, nach harten Wintern auch später. Aus Ostasien. ↕ 25–60 cm. Z7

C. striata siehe *C. sieboldii*

C. Takane Verbreitet. Aus Samen sehr variabel. Oft mit ungewöhnlich großen Blüten im April und Mai. Erhältlich in vielen verschiedenen Farben wie Rot, Braun, Orange und Gelb mit gelber Lippe sowie in mehreren Kombinationen. Einige Formen haben cremeweiß panaschierte Blätter. Gedeiht selbst in Zone 5–6 bei ausreichender Schneedecke, aber nicht in hart gefrorenem Boden. Auch bekannt als *C.* × *takane*. Eine natürliche Hybride von *C. discolor* und *C. sieboldii*, die sich auch als gute Elternpflanze erweist. Aus Asien. ↕ 20–55 cm. Z7

LINKS 1 *Calamintha nepeta*
2 *Calanthe discolor* **3** *C. sieboldii*

CALLIRHOE
Mohnmalve
MALVACEAE

Mohnmalven sind überreich blühende Stauden, deren Blüten an Teetassen erinnern.

Die Gattung umfasst 9 Arten Trockenheit vertragender Pflanzen, die auf den Ebenen und Prärien der südlichen USA und Nordmexikos beheimatet sind. 3 oder 4 Arten sind als Gartenpflanzen wegen ihrer langen Blühperiode, ihrer robusten Konstitution und ihrer Trockenheitstoleranz beliebt. Aus fleischigen, verzweigten Pfahlwurzeln erheben sich tief eingeschnittene Blätter mit 5–7 Segmenten. Über kriechenden Trieben stehen aufrecht die Blüten in Weiß, Rosa, Weinrot, Magenta oder Kirschrot.

Mohnmalven bilden mit ihren kriechenden Trieben vor allem in nahrhaftem Boden bald ein dichtes Geflecht, aus dem sich hier und dort die Blüten erheben und das sich gut für Beet- oder Wegeinfassungen eignet.

KULTUR Durchschnittlicher, durchlässiger, lehmiger oder sandiger Boden in voller Sonne oder Halbschatten. Jungpflanzen an den endgültigen Standort setzen, weil die Pfahlwurzeln das Umpflanzen schlecht vertragen. Bis zum Hochsommer bilden die Pflanzen oft dichte Matten. Wenn die Blüte nachlässt, die Triebe auf die Hälfte kürzen, um Verzweigung und Blütenbildung anzuregen.

VERMEHRUNG Aussaat im Winter, da die Keimung durch eine feuchte Kälteperiode ausgelöst wird. Abgedeckte Töpfe 4–6 Wochen in den Kühlschrank stellen. Im Herbst oder folgenden Frühling können die Sämlinge ausgepflanzt werden. Einige Arten können im Spätsommer durch Wurzelstecklinge vermehrt werden.

PROBLEME Kaninchenfraß an freiliegenden Wurzeln. Mehltau.

C. digitata Weiche Triebe, dünn besetzt mit tief eingeschnittenen fünf- bis siebenfingrigen Blättern. Die 2,5–5 cm großen Blüten stehen einzeln oder zu wenigen über dem Laub. Die Farbe variiert von Weiß über helles Rosa bis Weinrot. Die Pflanzen wachsen auch durch Sträucher und große Stauden, die ihnen Halt bieten. Von Wiesen und Straßenrändern in Indiana und Nebraska, südlich bis Louisiana und Oklahoma, USA. ↕ 30–140 cm. Z4

C. involucrata (Purpurne Mohnmalve) Matten bildende bis kriechende Pflanze mit tief eingeschnittenen, fünf- bis siebenfingrigen Blättern. Die 6 cm großen dunkel-weinroten Blüten stehen am neuen Austrieb einzeln über dem Laub. Die Blütezeit beginnt im mittleren bis späten Frühling und dauert mehrere Monate an. Dies ist die anpassungsfähigste Art der Gattung. Sie kann auch aus Wurzelstecklingen gezogen werden. Aus lichten Wäldern, von Wiesen und Prärien in Michigan, North Dakota und Colorado, südlich bis Texas und New Mexico, USA, auch in Mexiko. ↕ 15–30 cm. Z4 **var. lineariloba 'Logan Calhoun'** Gekräuselte, geteilte Blätter und reinweiße Blüten. Die Pflanzen legen manchmal im Sommer eine Ruhezeit ein. **var. tenuissima** Sehr schmale Blattsegmente, die den Pflanzen ein spitzenartiges Aussehen geben. Einzeln stehende Blüten in Lilarosa. Aus Nordmexiko. ↕ 10–15 cm. Z5

C. triangulata Die ungeteilten Blätter dieser farbenfrohen Art sind grob dreieckig bis herzförmig und manchmal flach gelappt. Die 5 cm großen roten Blüten stehen in lockeren Gruppen in den Blattachseln an den Enden der 30–60 cm langen Triebe. Von Wiesen und Straßenrändern in Wisconsin und Nebraska, südlich bis Georgia und Alabama, USA. In Iowa unter Naturschutz, in Indiana ausgerottet. ↕ 30–60 cm. Z4

CALTHA
Dotterblume
RANUNCULACEAE

Mit ihren sonnengelben Blüten und stattlichen Blättern sind dies beliebte Frühlingsblüher für feuchte Böden.

Die Gattung umfasst 10 Arten kriechender Stauden aus den gemäßigten Regionen beider Erdhalbkugeln, von denen nur eine häufiger kultiviert wird. Sie bilden Gruppen aus einfachen, länglichen oder runden, meist herzförmigen oder an der Basis gelappten Blättern. Im Frühling oder Frühsommer, wenn sich die neuen Blätter entfalten, erscheinen lockere Gruppen aus schalenförmigen dottergelben oder weißen Blüten. Manchmal folgt später eine schwächere Nachblüte. Die Blüten haben keine Petalen (Kronblätter), aber die Sepalen (Kelchblätter), die normalerweise grün sind und die Knospe umhüllen, sind kronblattartig vergrößert und werden meist als Petalen bezeichnet – von Gärtnern und oft auch von Botanikern. Viele in Gärtnereien angebotene und in öffentlichen Gärten ausgestellte Arten sind falsch benannt. ⚠

KULTUR Die meisten bevorzugen einen dauerfeuchten Standort in voller Sonne oder Halbschatten, C. palustris gedeiht sogar im flachen Wasser. Außerhalb ihres natürlichen, feuchten Lebensraums brauchen sie nahrhaften Boden mit gutem Wasserhaltevermögen und müssen reichlich gegossen werden.

VERMEHRUNG Durch Teilung im Spätsommer oder Aussaat auf feuchtem Boden im lichten Schatten.

PROBLEME Keine.

C. leptosepala Kompakte Pflanze, die eine Gruppe breit ovaler, bis 5 cm langer Blätter bildet und von April bis Juni blüht. Unbelaubte Stängel tragen einzelne sternförmige Blüten von 2–3 cm Durchmesser, deren 6–12 ovale, weiße Blütenblätter oft grünlich oder bläulich überhaucht sind. Gut für eine feuchte Ecke im Steingarten oder das Ufer eines kleinen Teichs. Aus dem westlichen Nordamerika. ↕ 30–40 cm. Z5

C. palustris ⚘ (Sumpf-Dotterblume) Wüchsige Pflanze, die große Gruppen runder oder nierenförmiger, stumpf gezähnter Blätter bildet. Von Mai bis Juni erscheinen leuchtend gelbe, schalenförmige Blüten mit 5, manchmal mehr ovalen Blütenblättern auf belaubten, aufrechten oder überhängenden Stängeln. Schöne Pflanze für Teichufer und ähnlich feuchte Standorte, vorzugsweise in dauerfeuchtem Boden in voller Sonne. Vermehrung durch Teilung sofort nach der Blüte oder im Spätsommer. Normalerweise

UNTEN **1** *Callirhoe involucrata* **2** *Caltha palustris* **3** *C. palustris* 'Flore Pleno' **4** *C. polypetala*

gesund, nur in heißen, trockenen Sommern können die Blätter von Mehltau befallen werden. Weit verbreitet in den nördlich-gemäßigten Regionen Europas (einschließlich der Britischen Inseln), Asiens und Nordamerikas. ↕15–45 cm. Z4 **var. alba** Kompakte Pflanze, milchweiße Blüten mit gelben Staubgefäßen. ↕20 cm. Z4 **'Flore Pleno'** ♥ Breitwüchsiger mit haltbaren, gefüllten, dottergelben Blüten. ↕25 cm. **'Multiplex'** Dunkelgrüne Blätter und gefüllte gelbe Blüten. ↕30 cm. **var. palustris** Wüchsige Pflanze mit kriechenden Rhizomen und Blättern von 10 cm oder mehr Durchmesser. Blüten 6 cm groß. Braucht einen feuchten Standort. Häufig fälschlich als *C. polypetala* im Handel. ↕60 cm. Z4 **var. palustris 'Plena'** Stark wüchsige Pflanze mit gefüllten dunkelgelben Blüten. **var. polypetala** (siehe *C. palustris* var. *palustris*) Erst kürzlich benannt und in Gärten vermutlich noch nicht zu finden. Normalerweise werden (fälschlich) unter diesem Namen Pflanzen der Unterart *C. palustris* subsp. *palustris* oder der Art *C. polypetala* gelistet. **var. radicans 'Flore Pleno'** Lange, kriechende Triebe, die an den Knoten bewurzeln. Gefüllte Blüten im April und Mai. ↕25 cm. Z3 **'Semiplena'** Halbgefüllte Blüten mit 2 Reihen hellgelber Petalen.

C. polypetala Goldgelbe Blüten ähnlich wie *C. palustris*, aber mit 7–10 schmaleren Blütenblättern. Gedeiht am besten im Schlamm an Bach- und Teichufern. Bei vielen unter diesem Namen kultivierten Pflanzen handelt es sich tatsächlich um *C. palustris* subsp. *palustris*. Aus Bulgarien, der Türkei und dem Iran. ↕45 cm. Z4

C. sagittata Bildet langsam größer werdende Gruppen aus breiten, stumpf pfeilförmigen Blättern bis 4 cm Länge, deren schmale, längliche Lappen an der Basis umgeschlagen sind. Im Mai und Juni erscheinen einzelne, 3–4 cm große Blüten mit je 5–8 schmal länglichen Blütenblättern in Cremeweiß oder hellem Gelb. Geeignet für Ufer kleiner Teiche und Sumpfbeete. Aus dem südlichen Südamerika. ↕30 cm. Z5

OBEN *Calystegia hederacea* 'Flore Pleno'

CALYSTEGIA
Zaunwinde
CONVOLVULACEAE

Diese stark wüchsigen Kletterpflanzen mit schlingenden Trieben und hübschen Blüten im Sommer und Herbst neigen leider zum Wuchern, können aber als Kübelpflanzen im Zaum gehalten werden.

Zur Gattung gehören 25 Arten kletternder Pflanzen aus aller Welt, die oft in Sträuchern und Hecken wachsen. Davon werden 2 gelegentlich in Gärten kultiviert. Schlanke unterirdische Sprosse breiten sich oft rasch aus. Aus ihnen erheben sich schlingende, drahtige Triebe mit dreieckigen oder herzförmigen Blättern. Die trichterförmigen Blüten stehen in den Blattachseln.

KULTUR Gedeiht in jedem Boden in voller Sonne an einem Zaun oder einer anderen Kletterhilfe. In Gegenden, in denen sie stark wächst, pflanzt man sie am besten in Kübel.

VERMEHRUNG Durch Teilung.

PROBLEME Blattläuse.

C. hederacea 'Flore Pleno' Wüchsige Kletterpflanze, deren Triebe langstielige, behaarte, schmal pfeilförmige Blätter bis 10 cm Länge tragen. Kräftig rosarote gefüllte Blüten von 4–5 cm Durchmesser öffnen sich von Juli bis September oder später. Kann unerwartet abwelken. Die ungefüllt blühende Wildform wächst auf offenen Wiesen und im Unterholz in Ostasien. ↕5 m. Z6

C. silvatica 'Incarnata' (Wald-Zaunwinde) Schnell wachsende Kletterpflanze mit pfeilförmigen Blättern. Trägt von Juli bis September trichterförmige hellrosa Blüten. Die Wildform hat weiße Blüten und wächst in Südeuropa und Nordafrika. ↕2–3 m. Z7

VERSCHIEDENE BLAU- UND VIOLETTTÖNE vertragen sich immer gut miteinander. In diesem üppigen, leuchtenden Beet steht *Campanula glomerata* 'Superba', eine der auffälligsten Glockenblumen mit kugeligen Blütenköpfen, vor einer altmodischen Iris mit zweifarbigen Blüten in einem helleren und einem dunkleren Blauton. In dieser Kombination wirkt die Färbung der *Iris* 'Braithwaite' viel besser als die einiger moderner Sorten, deren Blüten eher waagerecht stehen und aus der Ferne weniger Farbe sehen lassen. Die beiden Blautöne erheben sich elegant über der Glockenblume, die eventuell nach einiger Zeit ausgedünnt werden muss, wenn sie sich zu stark ausbreitet.

CAMPANULA
Glockenblume
CAMPANULACEAE

Eine große, variantenreiche Gruppe von attraktiven Frühlings- und Sommerblühern für sonnige und schattige Beete, deren Bandbreite stetig größer wird.

Die Gattung umfasst über 300 Arten zumeist Laub abwerfender Stauden, einiger Einjähriger und weniger Immergrüner, die aus verschiedenen Lebensräumen der nördlich-gemäßigten Regionen stammen, darunter Hochgebirge, Wälder, Moore und Wiesen. Wegen dieser vielfältigen Herkunftslebensräume sind Glockenblumen auch im Garten vielseitig. Die typischen glocken-, röhren- oder sternförmigen Blüten sind meist blau oder violett, seltener weiß, rötlich oder gelb. Die Blätter sind nie geteilt, können aber herzförmig oder gezähnt sein. Die Basalblätter sind meist größer und gröber geformt als die kleineren, wechselständigen Stängelblätter. Das Wuchsverhalten variiert von klein und kompakt bis wuchernd, manche bilden niedrige Polster, andere ragen hoch und elegant auf. Die hier genannten Arten sind – sofern nicht ausdrücklich erwähnt – sommergrün.

Experten für diese Pflanzenfamilie haben kürzlich entschieden, dass die früher als *Symphyandra* eingestuften Pflanzen nun der Gattung *Campanula* zugeordnet werden. Bislang waren sie wegen eines kleinen Unterschieds im Blütenaufbau als separate Gattung behandelt worden. Bei *Symphyandra* sind die Staubgefäße zu einer Röhre verwachsen, bei *Campanula* dagegen nicht. Seit 1830, als der Name *Symphyandra* erstmals verwendet wurde, galt dieses Merkmal als wichtig genug, um die Trennung zu rechtfertigen. Heute wird dem Merkmal weniger Bedeutung beigemessen und alle Arten werden unter *Campanula* zusammengefasst.

Viele Glockenblumen sind gute Gartenpflanzen. Die meisten sind pflegeleicht und viele wurden durch Zucht verbessert. Sie eignen sich für viele verschiedene Standorte. Manche bilden im klassischen Staudenbeet schöne, leicht zu kontrollierende Gruppen. Andere haben einen weniger geordneten Wuchs und eignen sich für gemischte Beete, wo sie sich mit ihren Nachbarn, z.B. Strauchrosen, mischen. Einige der wüchsigen Arten empfehlen sich vorwiegend für naturnahe Gärten, während die zierlichen Blüten mancher Arten so interessant sind, dass sie einen Standort verdienen, an dem man sie aus der Nähe betrachten kann.

Einige der kleineren *Campanula*-Arten und Sorten, darunter verschiedene Neuzüchtungen, gedeihen auch in Kübeln. Andere sind sehr haltbare Schnittblumen. Die kleineren Arten sehen im Steingarten oder in Töpfen hübsch aus, und manche zweijährigen sind besonders eindrucksvoll.

KULTUR Die meisten Glockenblumen sind unkompliziert und pflegeleicht und gedeihen in jedem nahrhaften, durchlässigen Boden in voller Sonne oder Halbschatten.

VERMEHRUNG Meist durch Teilung im Frühling oder Herbst. Von einigen Arten kann man im Frühling auch bewurzelte Blattrosetten abnehmen und sofort wieder einpflanzen. Andere lassen sich im Frühling durch Stecklinge junger Basaltriebe vermehren. Einige säen sich selbst aus, und viele kann man aus Samen ziehen, wenngleich die Ergebnisse bei Sorten unberechenbar sind.

PROBLEME Schnecken können lästig werden, auch Rost kann ein ernstes Problem sein (siehe *Glockenblumen und Pilzerkrankungen*, S. 107).

C. alliariifolia (Knoblauchrauken-Glockenblume, Lauchblättrige Glockenblume) Verlässliche, sehr kälteverträgliche, Gruppen bildende Pflanze mit nickenden, cremeweißen Blüten über behaarten graugrünen Basalblättern. Die langstieligen, herzförmigen unteren Blätter werden bis 8 cm lang. Von Juni bis September öffnen sich 2 cm große glockenförmige Blüten in aufrechten Trauben. Eine elegante Pflanze für aufrechte Akzente im Beet, aber auch für den naturnahen Garten, wo sie sich aussäen darf. Wächst wild in der Türkei und in Zentralasien im Unterholz und an Waldrändern, oft an Steilküsten und Ufern. ↕ 60 cm. Z4

C. armena syn. *Symphyandra armena* Langsam größer werdende Gruppen aus sommergrünen samtigen Blättern, über denen sich im Juni und Juli aufrechte, lockere Trauben weißer oder blau überhauchter Blüten mit 2 cm Durchmesser erheben. Die weich behaarten, herzförmigen Blätter werden bis 25 cm lang. Die Pflanze kann kurzlebig sein. Aus den Wäldern der Türkei, des Kaukasus und des Iran. ↕ 45 cm. Z7

C. 'Birch Hybrid' ♀ Wüchsige, aber kompakte Pflanze, die eine geordnete, ausladende Gruppe rundlicher, gezähnter Basalblätter bildet. Von Juni bis August erscheinen fortlaufend aufwärts gerichtete, glockenförmige, blauviolette Blüten von 2 cm Durchmesser mit ausgebreiteten Zipfeln. Ausgezeichnet für den Beetvordergrund. Eine Hybride von *C. portenschlagiana* und *C. poscharskyana*, gezüchtet von Walter Ingwersen und benannt nach seiner Gärtnerei, der Birch Farm Nursery. ↕ 10 cm. Z6

C. 'Burghaltii' ♀ Robuste, kompakte Pflanze, die ein Polster aus sommergrünen, herzförmigen unteren Blättern und schmaleren Stängelblättern bildet. Im Juni und Juli erscheinen an aufrechten Stängeln zahlreiche, hängende, bläulich violette Knospen. Sie öffnen sich zu schönen, mit 10 cm Länge ungewöhnlich großen, röhrig-glockigen Blüten, die beim Welken wieder den ursprünglichen Blauviolett-Ton annehmen. In halbschattigem, kühlem Boden winterhart und langlebig. Bildet keine Samen, muss daher durch Teilung vermehrt werden. Eine lange bewährte Hybride von *C. punctata* und *C. latifolia*. ↕ 60 cm. Z5

C. carpatica ♀ (Karpaten-Glockenblume) Eine relativ variable, aber immer kompakte, Gruppen bildende Pflanze

---

RECHTS 1 *Campanula* 'Birch Hybrid'
2 *C.* 'Burghaltii' **3** *C. garganica*
'Dickson's Gold' **4** *C.* 'Kent Belle'
5 *C. lactiflora* 'Loddon Anna'
6 *C. lactiflora* 'Prichard's Variety'

ALTE UND NEUE HYBRIDEN

Im Zusammenhang mit Stauden-Neueinführungen der jüngeren Vergangenheit ergab sich, dass viele Hybriden zwischen verschiedenen Arten erstmals entdeckt oder von Pflanzenzüchtern geschaffen wurden. Das gilt in besonderem Maße für die Gattung *Campanula*.

Einige dieser Hybriden sind seit vielen Jahren bekannt. 'Van-Houttei' (*C. latifolia* × *C. punctata*) wird mindestens seit 1878 kultiviert, 'Burghaltii' (*C. punctata* × *C. latifolia*) dürfte ähnlich alt sein, und 'Birch Hybrid' (*C. portenschlagiana* × *C. poscharskyana*) gibt es mindestens seit den 50er-Jahren.

'Kent Belle' (*C. takesimana* × *C. latifolia*) war vermutlich eine der ersten neueren Hybriden. Die Elternschaft des Zufallssämlings wurde ermittelt, nachdem er sich als gute Gartenpflanze erwiesen hatte. Auch 'Puff of Smoke' (*C. punctata* × *C. latifolia* var. *macrantha*) und

'Sarastro' (*C. punctata* × *C. trachelium*) sind recht neu. Möglicherweise sind Pflanzen, die – wie 'Elizabeth' – als Sorten von *C. punctata* oder *C. takesimana* geführt werden, auch Hybriden dieser beiden Arten.

Ferner gibt es Hybriden mit Pflanzen der ehemaligen Gattung *Symphyandra*. 'Swannables' ist eine hell-lilablau blühende Hybride zwischen *C. punctata* und der früheren *Symphyandra ossetica* (jetzt *C. ossetica*). Einige Jahre lang waren hübsche, unbenannte Sämlinge im Umlauf, die von diesen Eltern abstammten. Vermutlich werden sie – weiterhin namenlos – noch immer kultiviert, und zweifellos wird diese Kreuzung erneut vorgenommen werden. Angesichts der großen Bandbreite der Wuchs- und Blütenformen der Glockenblumen sind die Züchter auch weiterhin mit der Entwicklung neuer Hybriden beschäftigt.

mit leuchtend grünen, gezähnten, rundlichen Blättern bis 4 cm Länge. Im Juni und Juli erscheinen knapp über dem Laub einzeln auf schlanken Stängeln aufwärts gerichtete, 3–4 cm große Blüten in breiter Glocken- oder Schalenform. Eine dekorative, sonnenhungrige Pflanze für den Vordergrund eines Beets mit durchlässigem Boden. Ein Rückschnitt nach der Blüte regt einen zweiten Flor an. Im Lauf der Jahre wurden viele Sorten eingeführt, doch die meisten wurden durch neuere, meist kleinwüchsigere Formen verdrängt. Neue Versuche mit Sorten, die aus Samen gezogen werden können, zielen hauptsächlich auf den Handel mit Topfpflanzen ab. Die meisten säen sich im Garten selbst aus, die Ergebnisse sind aber unberechenbar. Aus den Gebirgen Mitteleuropas. ‡25–45 cm. Z3 fo. *alba* Weiße Blüten. fo. *alba* 'Weisse Clips' Weiße Blüten. Relativ zuverlässige Aussaatergebnisse. ‡25 cm. 'Blaue Clips' Hellblaue Blüten. Relativ zuverlässige Aussaatergebnisse. ‡25 cm. 'Blue Moonlight' Schalenförmige Blüten, sehr helles Blau. ‡20 cm. 'Chewton Joy' Helles Blauviolett, zur Mitte zu Weiß verlaufend. ‡20 cm. Clips-Serie Aus Samen gezogene Pflanzen mit becherförmigen Blüten in Weiß oder Blautönen. ‡25 cm. var. *turbinata* Zwergwüchsig, mit offenen, trichterförmigen, hellblauen Blüten. ‡10–15 cm. var. *turbinata* 'Karl Foerster' Dunkel-blauviolette Blüten von Mai bis Juli. Kompakt. ‡20 cm.

C. collina Langsam kriechende, Matten bildende Pflanze mit langstieligen, leicht flaumigen, ovalen Blättern. Im Juni erscheinen aufrechte Stängel mit wenigen, einseitig angeordneten Rispen aus nickenden Blüten. Sie sind dunkelviolett, 4 cm lang und stehen an schlanken Stielen. Benötigt durchlässigen, aber feuchten Boden. Von Gebirgswiesen mit saurem Boden im Kaukasus. ‡20–30 cm. Z5

C. cretica syn. *Symphyandra cretica* Aufrechte, Gruppen bildende Pflanze mit langstieligen Basalblättern bis 15 cm Länge. Im Juni und Juli erheben sich aufrechte Stängel mit einseitig angeordneten, bis 3 cm langen Blüten in Weiß oder selten Hellblau. Für sonnige Standorte mit durchlässigem Boden. Von offenen, felsigen Standorten auf Kreta und in anderen Regionen Griechenlands. ‡30–45 cm. Z8

C. 'E. K. Toogood' Lockere Rosetten aus herzförmigen Blättern, die sich bei kaltem Wetter rötlich färben. An langen, belaubten Stängeln öffnen sich im Juni und Juli sternförmige Blüten in Blauviolett mit weißem Auge. Schön als Ampelpflanze oder an einer Mauer herabhängend. Wahrscheinlich eine Hybride von *C. garganica* und *C. poscharskyana*. ‡20 cm. Z6

C. 'Faichem Lilac' Aufrechte Pflanze mit nesselartigen, unregelmäßig gezähnten, mittelgrünen Basalblättern von bis zu 12 cm Länge. Die locker verteilten, aufwärts gerichteten, schmal glockenförmigen Blüten von 5 cm Länge sind hell-lilarosa mit dunklerem Zentrum. Sie öffnen sich im Juni und Juli. Wahrscheinlich eine Hybride von *C. trachelium*. ‡90 cm. Z4

C. garganica ♀ Hübsche, Gruppen bildende Pflanze mit nierenförmigen, mehr oder weniger immergrünen Blättern von 2–3 cm Breite. Trägt im Juli und August kurze Blütenstände aus sternförmigen, hell- oder dunkel-blauvioletten Blüten mit 2 cm Durchmesser. Wird oft für sonnige Mauerritzen oder Kübel empfohlen, ist aber anpassungsfähig. Von schattigen, felsigen Standorten in Süditalien und Griechenland. ‡5–10 cm. Z5 'Blue Diamond' Leuchtend blaue Blüten mit einem helleren Ring im Zentrum. 'Dickson's Gold' Leuchtend gelbe Blätter, hell-lavendelblaue Blüten. 'Major' Widerstandsfähiger. ‡15 cm. 'W. H. Paine' ♀ Dunkel-blauviolette Blüten mit hellem Zentrum.

C. glomerata (Knäuel-Glockenblume) Wüchsige, ausladende Pflanze, die große Gruppen aus aufrechten Trieben mit gezähnten, länglichen, dunkelgrünen Blättern bildet. Die unteren Blätter sind lang gestielt. Im Juni und Juli trägt sie dichte, endständige, 20-blütige Schöpfe aus 2–3,5 cm großen, glockenförmigen Blüten in Blauviolett. Die Art ist in Farbe und Größe sehr variabel. Von grasigen und strauchigen Standorten in weiten Teilen Europas und Asiens, östlich bis China und Japan. ‡30–75 cm. Z3 var. *acaulis* Sehr kurze Stängel mit violetten Blüten. ‡10–15 cm. var. *alba* Weiße Blüten. In der Höhe recht variabel. var. *alba* 'Schneekrone' Weiße Blüten in dichten Schöpfen auf der gesamten Länge des Stängels. ‡50 cm. 'Caroline' Kompakt, mit bläulich pinkfarbenen Blüten. Schwach wüchsig. ‡20–30 cm. var. *dahurica* Wüchsige Pflanze mit breiteren, dunkelvioletten Blüten. Aus Nordost-Asien. ‡75 cm. 'Joan Elliott' Große, violette Blüten im Juni und Juli. ‡40 cm. 'Superba' ♀ Wüchsig bis wuchernd, Dunkelviolette Blüten. ‡60 cm.

C. grossekii Aus einer immergrünen Rosette langstieliger, herzförmiger Blätter erhebt sich ein borstiger, manchmal verzweigter Stängel. Von August bis September tragen die Stängel lockere Gruppen aus nickenden, glockenförmigen, blauvioletten Blüten von 3 cm Länge. Bevorzugt Sonne, toleriert aber auch lichten oder vollen Schatten. Aus Wald- und Strauchlandschaften in Ungarn. ‡80–100 cm. Z6

C. hofmannii syn. *Symphyandra hofmannii* Aufrechte Pflanze mit tief gezähnten, ovalen oder lanzettlichen Blättern. Zwischen Juni und September erscheinen an aufrechten Stängeln hellgelbe Knospen, die sich zu nickenden, cremeweißen, 2–3 cm großen Blüten öffnen. Die manchmal nur zweijährige Staude stirbt nach der Samenbildung oft ab. Bevorzugt im Garten einen kühlen, halbschattigen Platz. Aus Bosnien und Herzegowina. ‡60 cm. Z4

C. 'Kent Belle' syn. 'Kent Blue' ♀ Prächtige, eindrucksvolle, aufrechte Pflanze mit kriechendem Rhizom, die eine dichte Matte aus glänzenden, herzförmigen Blättern bildet. Von Juni bis August tragen belaubte Stängel lockere Gruppen aus nickenden, blauviolett glänzenden, glockenförmigen Blüten von 5–6 cm Länge. Eine Zufallskreu-

GLOCKENBLUMEN UND PILZERKRANKUNGEN

Glockenblumen sind durch 3 verschiedene Pilzerkrankungen gefährdet. *Coleosporium tussilaginis* befällt hauptsächlich *Campanula glomerata* und *C. persicifolia*, tritt aber – wie der Name verrät – auch am Huflattich (*Tussilago farfara*) auf. Deshalb besteht in der Nähe von Wildhecken und Straßenrändern stets Infektionsgefahr. Einen Teil seines Lebenszyklus verbringt der Pilz auf Waldkiefern. Stehen diese in näherer Umgebung, und womöglich obendrein Huflattich, wird man den Pilzbefall kaum vermeiden können.

Daneben gibt es einen spezifischen *Campanula*-Rost (*Puccinia campanulae*), der jedoch auch schon auf *Jasione montana* gesehen wurde. Andere Wirte befällt er nicht. Er tritt häufiger auf *C. persicifolia* auf, vor allem auf den weniger widerstandsfähigen, gefüllt blühen-

den Sorten sowie auf geschwächten Pflanzen. Auch der Rostpilz *Aecidium campanulastri* befällt Glockenblumen.

Die Symptome sind in allen Fällen gleich. Zuerst bilden sich orangefarbene Pusteln auf den Blattunterseiten und manchmal den Trieben. Man übersieht sie leicht. Dann zeigen sich Flecken auf den Blattoberseiten und die Blätter sterben ab. Dadurch wird die Pflanze allmählich geschwächt und kann absterben.

Neben Sorten mit generell geringer Widerstandskraft sind Pflanzen, die kümmerlich wachsen oder die zu hohe Dosen Stickstoffdünger erhalten haben, besonders gefährdet. Die beste Vorbeugung ist gute Pflege und Versorgung der Pflanzen und der Verzicht auf zu viel Stickstoff. In kalten Regionen kann Frost die Pilze abtöten. Sie lassen sich auch mit chemischen Mitteln bekämpfen.

zung zwischen *C. latifolia* und *C. takesimana*, entdeckt in der Washfield Nursery in Kent, England, aus der viele gute neue Pflanzen stammen. ‡75 cm. Z6

C. lactiflora (Riesen-Dolden-Glockenblume) Eine unserer besten und effektvollsten Stauden. Die robuste Pflanze bildet Gruppen aufrechter, leicht borstiger Stängel, die mit dünnen, gezähnten, ovalen Blättern besetzt sind und große, endständige Rispen aus aufwärts gerichteten Blüten in offener Glockenform tragen. Die milchig hellblauen Blüten mit weißem Zentrum und ausgebreiteten Zipfeln haben einen Durchmesser von etwa 2,5 cm und öffnen sich von Juli bis September. Verträgt volle Sonne, sofern der Boden feucht und nahrhaft ist, gedeiht aber auch im Halbschatten. Aus lichten Wäldern, Unterholz und Bergwiesen im Kaukasus und Westasien. ‡1–1,5 m. Z5 'Alba' ♀ Reinweiße Blüten. 'Blue Cross' Mittelblaue Blüten. 'Loddon Anna' ♀ Bläulich rosa Blüten. ‡90 cm. 'Pouffe' Kompakte Pflanzen, die dichte Tuffs aus hellblauen Blüten

bilden. Ein Sämling der viel höheren 'Prichard's Variety', eingeführt 1935 von dem überaus produktiven Züchter Alan Bloom. ‡25–45 cm. 'Prichard's Variety' ♀ Blauviolette Blüten. ‡75 cm. 'Superba' ♀ Etwas größere, blauviolette Blüten. 'White Pouffe' Kompakter Wuchs, weiße Blüten in geringerer Zahl als bei 'Pouffe'. ‡25–45 cm.

C. latifolia (Breitblättrige Glockenblume) Gruppen bildende Pflanze mit kompakten, fleischigen und bis 12 cm langen, ovalen, gleichmäßig gezähnten Blättern, die eine herzförmige Basis haben. Darüber erheben sich leicht behaarte, aufrechte Stängel mit kleineren, einfachen, ovalen Blättern. Von Juni bis August erscheinen endständige Trauben aus aufwärts gerichteten, glockenförmigen, 4–5 cm langen Blüten in Blau oder Weiß, deren spitze Blütenblätter

UNTEN **1** *Campanula latifolia* 'Brantwood' **2** *C. latiloba* 'Hidcote Amethyst'

zurückgebogen sind. Eine bezaubernde, unkomplizierte Pflanze für den Beethintergrund, vorzugsweise im Halbschatten. Auch geeignet für den naturnahen Garten, wo sie sich selbst aussäen darf. Verbreitet in weiten Teilen Europas, einschließlich der Britischen Inseln, in Wäldern und auf Wiesen, meist auf Kalkstein-Böden. ↕90–120 cm. Z3 **var. alba** Weiße Blüten. Sehr attraktiv zwischen blau blühenden Sorten. **'Amethyst'** Hellviolette Blüten. ↕90 cm. **'Brantwood'** Dunkel-blauviolette Blüten. ↕75 cm. **'Gloaming'** Blüten in einem schönen, hellen Blauviolett. ↕60 cm. **var. macrantha** Schütteres Laub und längere, relativ dicht stehende Blüten in kräftigem Violett. ↕1 m. **var. macrantha 'Alba'** Weiße Blüten in schlanker Glockenform. ↕1 m.

C. latifolia syn. *C. persicifolia* subsp. *sessiliflora* Aus einer Rosette aus schmal lanzettlichen, gezähnten, immergrünen Blättern bis 25 cm Länge erheben sich aufrechte Stängel mit schmalen, dunkelgrünen, leicht stängelumfassenden Blättern. Von Juni bis August öffnen sich schalenförmige, 3–5 cm breite Blüten in Blauviolett, Hellblau oder Weiß, die in dichten Trauben stehen. Eine dekorative, aber recht derbe Pflanze mit viel Präsenz, die sich gut für den naturnahen Garten oder den Beethintergrund eignet. Von offenen Wiesen in der Nordtürkei. ↕75–100 cm. Z3 **'Alba'** ♀ Weiße Blüten. **'Hidcote Amethyst'** ♀ Violettblaue Blüten, dunkler überhaucht. **'Highcliffe Variety'** ♀ Blauviolette Blüten. **'Percy Piper'** ♀ Blüten in kräftigem Lilaviolett, kaum Unterschied zu 'Highcliffe Variety' (Diese Meinung wird von Alan Bloom bestätigt, der sie erstmals einführte.). **'Splash'** Hell-blauviolette Blüten mit dunkler violetten Flecken. Zwergwüchsig. ↕50 cm.

C. makaschvilii Bildet kompakte Gruppen aufrechter oder ausladender Triebe mit gleichmäßigen, herzförmigen Blättern. Die oberen Teile der Stängel tragen im August und September mehrere nickende, 2–3 cm große, glockenförmige Blüten in Weiß oder Hellrosa. Die Zipfel sind leicht zurückgebogen und rosa überhaucht. Diese ist wegen der dezent zweifarbigen Blüten eine der reizvolleren Neueinführungen. Aus Strauchlandschaften und lichten Wäldern des Kaukasus. ↕45–60 cm. Z6

C. muralis siehe *C. portenschlagiana*

C. ochroleuca Bildet eine Rosette aus langstieligen, kräftig grünen, breit dreieckigen oder herzförmigen Blättern. Im Juni und Juli erscheinen an den Triebspitzen schlanke Rispen aus schmal glockenförmigen, 2 cm großen Blüten in Cremeweiß. Variabel in der Höhe. Gut für sonnige Beete, allerdings können niedrige Formen neben hohen Pflanzen nicht immer bestehen. Ähnelt *C. alliariifolia*, jedoch haben die Blüten einen auffallend langen Griffel. Aus lichten Wäldern und von steinigen Standorten des Kaukasus. ↕30–70 cm. Z6

C. ossetica syn. *Symphyandra ossetica* Verzweigte, aufrechte Pflanze mit rundlichen, stark gezähnten, bis 6 cm langen

Blättern. Trägt im August und September verzweigte Rispen aus nickenden, 5 cm großen, glockenförmigen Blüten in Hellblau. Gedeiht in Sonne und Halbschatten. Von steinigen Standorten und aus lichten Wäldern des nördlichen Kaukasus. ↕40 cm. Z8

C. 'Paul Furse' syn. *Symphyandra 'Paul Furse'* Bildet lockere Gruppen aus stark gezähnten, bis 15 cm langen, ovalen Blättern und trägt von Juni bis Oktober verzweigte Rispen aus glockenförmigen, 4–5 cm großen Blüten in mattem Hellblau. Eine kompakte Pflanze für sonnige und halbschattige Plätze. Ursprung unbekannt, vermutlich ähnlich wie *C. pendula*. ↕35 cm. Z7

C. pendula syn. *Symphyandra pendula* Bildet gleichmäßige Gruppen aus aufrechten oder überhängenden Trieben mit behaarten, schmal herzförmigen Blättern bis 15 cm Länge. Von Juli bis September oder länger erscheinen fortlaufend verzweigte Rispen aus schmal glockenförmigen, cremeweißen Blüten bis 5 cm Länge mit tief eingeschnittenen Zipfeln. Von felsigen, halbschattigen Standorten im Kaukasus. ↕50 cm. Z6

C. persicifolia (Pfirsichblättrige Glockenblume) Bezaubernde aufrechte Pflanze mit faserigen Wurzeln und immergrünen Rosetten aus schmal lanzettlichen, dunkelgrünen Blättern von 10 cm Länge. Die steifen Stängel sind normalerweise unverzweigt und mit wenigen kurzen, schmalen Blättern bekleidet. Im Juli und August tragen sie in traubigen Blütenständen kurz gestielte, offen glockenförmige Blüten von 4–5 cm Durchmesser in Weiß oder verschiedenen Blautönen. In der Wirkung *C. latiloba* ähnlich, aber eleganter. Nach windigem Wetter oder Regen kann die Pflanze umkippen, lässt sich aber kaum unauffällig stützen. Jungpflanzen aus Selbstaussaat blühen meist überwiegend blau. Schwache und schlecht gepflegte Pflanzen sind anfällig für Rost (siehe *Glockenblumen und Pilzerkrankungen*, S. 107). Von Wiesen und Waldrändern weiter Teile Europas, Westasiens und Nordafrikas. In Teilen Großbritanniens verwildert. ↕60–80 cm. Z3 **var. alba** Weiße Blüten. **'Alba Coronata'** Halbgefüllte, weiße Blüten. ↕45 cm. **'Beau**

Vor kurzem ist bei den Glockenblumen eine völlig neue Blütenform aufgetaucht. Gefüllte (*C. trachelium* 'Bernice'), zweilagige (*C. punctata* 'Pantaloons') und (*C. persicifolia* 'Hampstead White') sind schon seit einiger Zeit bekannt. Jetzt gibt es Sorten zweier Arten, bei denen die normalerweise glockenförmige Blüte in mehrere schmale »Bänder« aufgeteilt ist. Bei *C. takesimana* 'Beautiful Trust' bestehen die reinweißen Blüten aus 5 Segmenten von je etwa 5 cm Breite und ähneln denen der verwandten Zweijährigen *Michauxia*. Song Kihuan, Mitarbeiter des Chollipo Arboretum in Südkorea, entdeckte die erste Pflanze dieser Form und gab ihr den Namen seiner Tochter, der wörtlich übersetzt 'Schöne Wahrheit' bedeutet. Leider wurde er falsch über-

mittelt und die Pflanze ist nun unter dem Namen 'Beautiful Trust' registriert, der aus rechtlichen Gründen nicht geändert werden kann.

Eine ähnliche Mutation wurde in den Niederlanden bei der zweijährigen Art *C. medium* entdeckt, die in diesem Buch nicht vorgestellt wird. 'Mystery' hat 5 schlanke Kronblätter in Rosarot mit weißer Basis, die in einer offenen Sternform angeordnet sind. Die Blüten von 'Mystery Blue' sind an den Spitzen dunkelviolett und verblassen zu Weiß. 'Mystery White' ist reinweiß. Wenn diese Form von Mutation bei zwei Arten auftreten kann, ist sie wahrscheinlich auch bei anderen möglich. Zwei ähnliche Mutationen wurden auch beim zweijährigen Fingerhut *Digitalis purpurea* entdeckt.

Belle' Rosettenartig gefüllte hellblaue Blüten von gleichmäßiger Form. **'Bennett's Blue'** Stark gefüllte hellblaue Blüten. ↕75 cm. **'Blue Bloomers'** Große blauviolette, zweilagige Blüten von Juni bis August. ↕70 cm. **'Boule de Neige'** Stark gefüllte Blüten in Weiß mit cremefarbenem Zentrum. ↕60 cm. **'Chettle Charm'** ♀ Weiße Blüten mit hell-blauviolett überhauchtem Rand. ↕60 cm. **'Coronata'** Gleichmäßige, halbgefüllte Blüten in Blauviolett. **'Fleur de Neige'** ♀ Halbgefüllte, reinweiße Blüten mit kronblattartigen Staubgefäßen. ↕70 cm. **'Frances'** Weiße, gefüllte Blüten mit blauviolett getönten Blütenblatträndern. ↕80 cm. **'Hampstead White'** Sehr schöne weiße Blüten, geformt wie Untertasse mit Tasse. ↕70 cm. **'Kelly's Gold'** Goldgelbe Blätter färben sich im Sommer gelbgrün. Weiße Blüten mit blau getönten Rändern. ↕70 cm. **'La Belle'** Stark gefüllte, rosenähnliche Blüten in Mittelblau. ↕60 cm. **'Moerheimii'**

Schlanke Pflanze mit halbgefüllten weißen Blüten. ↕60 cm. **var. planiflora** Ungewöhnlich klein, gelegentlich als hässlich bezeichnet. Sehr dunkle Blätter und offen schalenförmige, 3–4 cm große Blüten. ↕15 cm. **var. planiflora fo. alba** Reinweiße, schalenförmige Blüten über dunklem Laub. ↕15 cm. **'Pride of Exmouth'** Hellblaue, zweilagig gefüllte Blüten im Hochsommer und nochmals später. ↕60 cm. **subsp. sessiliflora** siehe *C. latiloba*. **'Telham Beauty'** Sehr große, helllila Blüten bis 7 cm Durchmesser. ↕90 cm.

C. portenschlagiana ♀ syn. *C. muralis* (Dalmatiner Glockenblume) Wüchsige Pflanze, die sich mit fleischigen, unterirdischen Wurzeln kriechend, manchmal wuchernd, ausbreitet. Bildet eine große Matte aus kleinen, rundlichen oder herzförmigen Blättern bis 4 cm Länge. Von Juni bis August erscheinen niederliegende Stängel mit lockeren Gruppen aus tief eingeschnittenen, glockenförmigen Blüten in Blauviolett. Von felsigen Standorten in den Bergen Kroatiens. ↕15 cm. Z4 **'Lieselotte'** Schmal glockenförmige Blüten in hellem Lila. **'Resholdt's Variety'** Leuchtend dunkelblaue Blüten bis 2,5 cm Länge.

C. poscharskyana (Hängepolster-Glockenblume) Robuste, unkomplizierte Pflanze für Sonne oder Schatten. Bildet kompakte Polster aus gleichmäßig gezähnten, rundlichen, hellgrünen Blättern von 2–3 cm Länge. Von Juni bis September entwickeln sich 30 cm lange Triebe mit zahlreichen hellblauen, sternförmigen Blüten, meist mit hellerem Zentrum. Gedeiht an verschiedenen Standorten. Sät sich großzügig

UNTEN 1 *Campanula persicifolia* 'Chettle Charm' **2** *C. portenschlagiana*

selbst aus und kann lästig werden. Ein Rückschnitt sofort nach der Blüte regt einen zweiten Flor an. Von offenen, felsigen Standorten in Kroatien. ↕ 20 cm. Z4 **'Blauranke'** Blauviolette Blüten mit auffälligem weißem Zentrum. **'Blue Waterfall'** Sehr wüchsige Pflanze mit klarblauen Blüten bis in den Oktober hinein. Schön als »Blütenkaskade« über Mauern. **'E.H. Frost'** Blüten in hellstem Blau über hellgrünem Laub. **'Lisduggan Variety'** Altrosa Blüten an rötlichen Stängeln. **'Stella'** ✿ Wüchsige Pflanze mit kräftig blauvioletten Blüten an langen, hängenden Stängeln.

C. poscharskyana Bildet gleichmäßige Rosetten aus bis 15 cm langen Blättern, die in der Form denen von Schlüsselblumen ähnelt. Im Frühsommer erheben sich aufrechte, belaubte Stängel mit kleinen Gruppen breit glockenförmiger Blüten in den Achseln der oberen Blätter. Die 3–5 cm großen Blüten öffnen sich im Juni und Juli und sind bläulich violett mit hellerem Zentrum. Benötigt feuchten, aber durchlässigen, nahrhaften Boden im Halbschatten. Kurzlebig. Ein Rückschnitt sofort nach der Blüte erhöht die Lebensdauer. Von feuchten, schattigen Standorten im Süden Portugals. ↕ 70–90 cm. Z7 **'Blue Oasis'** Kompakte Pflanze, die von Juni bis August hellviolette Blüten mit dunklerem Auge trägt. ↕ 35–45 cm.

C. **'Puff of Smoke'** Aufrechte Pflanze mit ovalen, fein gezähnten Blättern bis 10 cm Länge. Von Juni bis August tragen belaubte Stängel Knospen in mattem, hellem Graublau, die sich zu weißen Blüten öffnen. Eine Hybride von *C. punctata* und *C. latifolia* var. *macrantha*. ↕ 60 cm. Z5

C. punctata (Punktierte Glockenblume) Manchmal unberechenbare, meist aber recht wüchsige Pflanze. Bildet eine Kolonie aus weichen, leicht behaarten, langstieligen Blättern in Herzform, zwischen denen sich grob behaarte, aufrechte Triebe mit ungestielten oder kurz gestielten ovalen Blättern in Hellgrün erheben. Von Juni bis Juli oder August erscheinen lockere Blütenstände mit eindrucksvollen, röhrenförmigen Blüten bis 5 cm Länge. Die Farbe ist variabel, jedoch meist Cremeweiß, mehr oder weniger stark rosa oder rot überhaucht, die Blüten sind innen hübsch bordeauxrot gesprenkelt. Kann wuchern, kümmert manchmal auch. Ein Rückschnitt direkt nach der Blüte bewirkt meist einen zweiten Flor. Die rötlichen ungefüllten Formen sind manchmal schwer zu unterscheiden. Ähnelt der koreanischen *C. takesimana,* ist aber an ihren behaarten Blättern zu unterscheiden. Viele der neueren Sorten wurden von Dan Heims in den Terra Nova Nurseries (Oregon, USA) gezüchtet und eingeführt. Von offenen Bergwiesen in Japan und Sibirien. ↕ 30–40 cm. Z6 **fo. albiflora** Cremeweiße Blüten mit rötlich violett gesprenkelten Innenseiten. Variabel in der Größe. **fo. albiflora 'Nana Alba'** Zwergwüchsige Form. Cremeweiße Blüten mit mattrot gesprenkelten Innenseiten. ↕ 20 cm. **'Alina's Double'** Große, matt-rosarote, doppelt zweilagig gefüllte Blüten von Juni bis August.

'Flashing Lights' Cremeweiß marmorierte und gesprenkelte Blätter, rosalila Glockenblüten. ↕ 40 cm. **var. *hondoensis*** Höhere Pflanze mit langen, intensiv rosaroten Blüten. Relativ drahtige, ungeordnete Wuchsform. ↕ 50 cm. **'Hot Lips'** Nützliche, kompakte Pflanze mit dunklen Blättern. Weiße Blüten mit weinroten Sprenkeln im Randbereich. ↕ 20–30 cm. **'Milly'** Rosaviolette Blüten, cremeweiß marmorierte Blätter. ↕ 30 cm. **'Pantaloons'** Von Mai bis Juli gedrungene, zweilagig gefüllte Blüten in hellem Rosaviolett. Die äußere Lage ist halb so lang wie die innere. ↕ 20–30 cm. **'Pink Chimes'** Kompakte Pflanze mit rosavioletten Blüten. ↕ 40 cm. **'Reifrock'** Blüten außen cremeweiß, innen lebhaft weinrot gesprenkelt. ↕ 40 cm. **'Rosea'** Mittelrosa Blüten. **fo. *rubriflora*** Blüten kräftig rotviolett überhaucht und gesprenkelt, sodass sie insgesamt rosaviolett wirken. **fo. *rubriflora* 'Beetroot'** Höher, mit auffallend violett gefärbtem Austrieb und Blüten in dunklem Weinrot. ↕ 40–50 cm. **fo. *rubriflora* 'Bowl of Cherries'** Schöner, kompakter Wuchs, Blüten in dunklem Rotviolett. ↕ 30 cm. **fo. *rubriflora* 'Cherry Bells'** Lange, intensiv rosarote Blüten mit cremeweißen Spitzen. Wüchsig und standfest. ↕ 45 cm. **fo. *rubriflora* 'Wine 'n' Rubies'** Dunkel rötlich violett gesprenkelte Blüten über dunkelgrünem Laub. ↕ 30 cm. **'Wedding Bells'** Cremeweiße, hellrosa überhauchte Blüten, doppelt zweilagig gefüllt. ↕ 45 cm. **White hose-in-hose** Gefüllte, cremeweiße, zweiglagig gefüllte Blüten.

C. raddeana Kompakte Pflanze. Bildet Gruppen von Rosetten aus gleichmäßigen, dunkelgrün glänzenden Blättern in Herzform. Schlanke, aufrechte Stängel, gelegentlich rot getönt, tragen mehrere nickende, 2 cm große, breit glockenförmige Blüten in dunklem Violett, die sich im Juli und August öffnen. Der leuchtend orangefarbene Pollen ist auffaldend. Die Pflanze breitet sich durch Ausläufer langsam aus und kann durch diese leicht vermehrt werden. Aus dem Kaukasus. ↕ 30 cm. Z6

C. rapunculoides (Acker-Glockenblume) Eine schöne Art, die sich aber durch Selbstaussaat und kriechende, fleischige Wurzeln manchmal zu stark ausbreitet. Die breit herzförmigen Blätter werden bis 15 cm lang und beginnen zu welken, wenn sich im Juni die nickenden, glockenförmigen, blauvioletten Blüten öffnen. Bis September erscheinen fortlaufend 2–3 cm große Blüten. Wuchert für Beete zu stark und eignet sich besser für Wildwiesen. Von Waldlichtungen, Wiesen und steinigen Standorten in weiten Teilen Europas und Zentralasiens. In vielen Ländern verwildert. ↕ 90 cm. Z3 **'Afterglow'** Kompakt mir gräulich lila Blüten. ↕ 40 cm. **'Alba'** Niedriger, weniger wuchernd, reinweiße Blüten. ↕ 60 cm.

C. rotundifolia (Rundblättrige Glockenblume) Gruppen bildende Pflanze von hübschem, schlankem Wuchs. Die rundlichen, lang gestielten, etwa 1–2 cm langen Basalblätter welken, wenn sich die Blüten entwickeln. Im Juli und August öffnen sich nickende,

blauviolette, glockenförmige Blüten an schlanken Stängeln mit schmalen, dunkelgrünen Blättern. Sehr variabel in Größe, Blütenfarbe und anderen botanischen Merkmalen. Viele regionale Bezeichnungen für die Varianten. Von trockenen, begrasten Ufern in weiten Teilen Europas, Nordamerikas, Nordafrikas und Westasiens. ↕ 10–40 cm. Z3 **'Olympica'** Stark gezähnte, dunkelgrüne Blätter und ungewöhnlich offene Blütenform. Gut für Kübel geeignet. Aus den Olympic Mountains im Nordwesten der USA. ↕ 20 cm.

C. **'Samantha'** Hübsche, duftende Pflanze mit kleinen runden Blättern. Schön für den Beetvordergrund. Im Juni und Juli sind die 20 cm langen Stängel mit aufwärts gerichteten, 2,5 cm großen, schalenförmigen Blüten besetzt. Die Blütenfarbe verblasst zur Mitte hin zu fast Weiß, an der Basis befindet sich ein schmaler, dunkler Ring. Ungewöhnlich für eine Glockenblumen ist der Duft. Zufallssämling, gefunden im Steingarten der beeindruckenden Collectors' Nursery im Staat Washington, USA. ↕ 45 cm. Z5

C. **'Sarastro'** Kompakte Pflanze, die Gruppen aus großen, flaumigen Blättern bildet. Trägt im Juli und August nickende, dunkel-blauviolette, schmal glockenförmige Blüten von 5 cm Länge. Wirkt wie eine niedrigere Form der bekannteren 'Kent Belle'. Eine Hybride von *C. punctata* und wahrscheinlich *C. trachelium*. ↕ 45–60 cm. Z5

C. sarmatica Aufrechte Pflanze, die eine lockere Rosette aus relativ groben, graugrünen, behaarten, ovalen oder dreieckigen Blättern bis 8 cm Länge bildet. Flaumige Stängel tragen kleine, ovale Blätter und Trauben aus leicht nickenden, glockenförmigen Blüten von 3–5 cm Länge, die sich von Mai bis Juli öffnen – früher als die meisten anderen Glockenblumen. Optisch nur mäßig ansprechend, blüht aber früh, ist farbenfroh und durch Schnecken weniger gefährdet als andere Glockenblumen. Lässt sich wegen der dichten Krone nicht teilen, bildet aber reichlich Samen. Von steinigen Standorten im Kaukasusgebirge. ↕ 40–50 cm. Z5

C. **'Swannables'** Breitet sich stetig aus und bildet eine Kolonie aus aufrechten, belaubten Stängeln, die von Juni bis September hell-lilablaue, glockenförmige Blüten tragen. Eine relativ unerprobte Sorte, die sich offenbar kräftig ausbreitet, aber durch Schneckenfraß gefährdet ist. Galt früher als Hybride von *C. punctata* und *Symphyandra ossetica*. ↕ 40 cm. Z7

C. takesimana (Korea-Glockenblume) Breitet sich aus und bildet große Gruppen aus verzweigten Trieben mit glänzenden herzförmigen Blättern bis 8 cm Länge. Von Juli bis September erscheinen gebogene Büschel aus schlanken, glockenförmigen Blüten in Cremeweiß mit dunkelrot gesprenkelten Innenseiten. Die hängenden Blüten sind 5–6 cm

RECHTS **1** *Campanula punctata* **2** *C. punctata* 'Wedding Bells' **3** *C. trachelium*

lang und haben leicht ausgestellte Zipfel. Wertvoll wegen der langen Blühsaison. Einige gute Sorten wurden bereits selektiert. Aus lichten Wäldern Südkoreas. ↕ 50–75 cm. Z6 **var. alba** Kompakter, cremeweiße Blüten. ↕ 35 cm. **'Beautiful Trust'** Ungewöhnliche Form, deren glockenförmige Blüten bis zur Basis in lange, nur 5 mm breite, weiße Segmente geteilt sind. Auffällig und attraktiv (siehe *Neue Blütenformen*, S. 108). Blüten von Juni bis August. ↕ 35 cm. **'Elizabeth'** Große, schlanke Blüten in hellem Rosa. ↕ 50 cm. **'Elizabeth II'** Ähnelt 'Elizabeth', hat jedoch gefüllte Blüten.

C. takesimana (Strauß-Glockenblume) Die aufrechte, kurzlebige Staude oder Zweijährige bildet eine Rosette aus welligen, lanzettlichen Blättern bis 12 cm Länge. Im Frühsommer entwickeln sich borstige Stängel mit einer dichten Ähre aus leicht duftenden, cremegelben, becherförmigen Blüten bis 2,5 cm Länge. Eine der wenigen Glockenblumen, die keine blauen Blüten hat. Bevorzugt gut durchlässigen Boden. Von Bergwiesen der europäischen Alpen. ↕ 30–50 cm. Z5

C. trachelium (Nesselblättrige Glockenblume) Die robuste Pflanze bildet Gruppen aus grob behaarten, aufrechten Trieben mit brennnesselähnlichen Blättern. Im Juli und August erscheinen 2–3 cm große hellviolette Blüten im oberen Stängelbereich. Eine Pflanze mit hohem Laubanteil, die aber robust genug ist, um in Gras oder an anderen naturnahen Standorten zu verwildern. Die gefüllt blühenden Sorten eignen sich auch für Beete gut. Aus lichten Wäldern in weiten Teilen Europas, Westasiens und Nordafrikas. ↕ 80–100 cm. Z3 **var. alba** Weiße Blüten. **'Alba Flore Pleno'** Gefüllte weiße Blüten. **'Bernice'** Gefüllte blauviolette Blüten. **'Snowball'** Gefüllt, weiß. Vermutlich identisch mit 'Alba Flore Pleno'.

C. 'Van-Houttei' Bildet einen Horst aus ovalen Blättern bis 10 cm Länge. Im Juni und Juli tragen aufrechte Stängel nickende, röhren- bis glockenförmige, violette Blüten. Die Sorte wurde 1878 oder früher in Belgien gezüchtet, vermutlich aus *C. latifolia* und *C. punctata* – das Gegenstück zur Kreuzung, aus der 'Burghaltii' entstand (bei der *C. latifolia* die Samen bildende Elternpflanze ist). ↕ 30–50 cm. Z4

C. wanneri syn. *Symphyandra wanneri* Gruppen bildende Pflanze mit verzweigten Trieben und 10 cm langen, ovalen, zur Basis schmal zulaufenden Blättern. Im August und September erscheinen breite Rispen aus nickenden, blauvioletten, 2–3 cm großen Blüten. Benötigt sandigen, durchlässigen Boden in voller Sonne. Von Gebirgen Südost-Europas und des Balkan bis Bulgarien. ↕ 30–40 cm. Z6

C. zangezura syn. *Symphyandra zangezura* Bildet Gruppen aus kleinen, rundlichen, stark gezähnten Blättern von 2–4 cm Durchmesser. Von Ende Juli bis Anfang September erscheinen gebogene Stängel mit hell-blauvioletten, breit glockenförmigen, nickenden Blüten von 3–5 cm Größe. Aus Armenien. ↕ 25 cm. Z6

CANNA
Blumenrohr
CANNACEAE

Leuchtende Blüten und riesige Blätter verleihen diesen exotische Pflanzen ihren besonderen Reiz. Sie sind in milden Regionen winterhart, werden aber oft als Sommer-Beetpflanzen verwendet.

Die Gattung, die entfernt mit der Banane (Musa) und der Strelitzie verwandt ist, umfasst vermutlich nicht mehr als 10 echte Wildarten. Die meisten sind in Südamerika heimisch, eine in Florida. Alle sind krautige Stauden, deren Rhizom dem einer Bart-Iris ähnelt.

Jeder der 60 cm bis 3 m hohen Triebe trägt 6–9 große, längliche bis breit elliptische Blätter, die spiralförmig angeordnet sind und deren Basis den Trieb umfasst. Die Blätter können grün, blaugrün, violett, bronzefarben oder mehrfarbig sein und tragen erheblich zum Zierwert dieser Pflanzen bei.

Canna-Blüten sind in der Regel groß und dekorativ, wenngleich die Arten und einige Sorten kleinblütig sind. Der Reiz der Blüten liegt eher in ihrer Größe und Farbe als in der Form, die unregelmäßig ist. Sie bestehen aus 3 Kelchblättern und 3 zusammengewachsenen Kronblättern, und die meisten Staubgefäße sind kronblattartig entwickelt. Die Blüten stehen in Trauben oder Rispen und sorgen durch ihre Blütenpracht für Aufsehen.

In tropischem Klima wächst Blumenrohr ganzjährig, verblühte Triebe werden durch neue ersetzt. In küh-

CANNA AUS SAMEN

In den letzten Jahren haben sich die Züchter damit beschäftigt, neue Sorten zu entwickeln, die man aus Samen ziehen kann. Zu den Resultaten zählt die bis 60 cm hohe Tropical-Serie mit dicht gedrängten Blüten in Gelb und 3 Rosatönen. Allerdings fehlt diesen niedrigen Sorten aus Samen die exotische Üppigkeit der höheren Sorten, die durch Teilung vermehrt werden. Bis jetzt besitzt keine der aus Samen gezogenen Sorten das prächtig gefärbte oder gestreifte Laub einer **Tropicanna** oder 'Striata'.

Gute Laubfärbungen werden sicherlich noch entwickelt werden. Und wenn die Blütenstände weniger gedrängt sind, lohnen diese Samensorten einen Versuch. Pflanzen aus Samen von hier vorgestellten Sorten entwickeln sich unberechenbar.

Blumenrohr-Samen werden im Januar bei etwa 21 °C gesät. Sie haben eine harte Schale, die vor der Aussaat eingeweicht werden sollte. Dazu kann man sie behutsam anritzen und 24 Stunden in Wasser legen oder alternativ vor der Aussaat zwei bis drei Tage zwischen einige Lagen feuchten Küchenpapiers legen, damit die Samenschale weicher wird.

leren Gegenden sterben die oberirdischen Teil im Winter ab. Das Laub ist nicht winterhart, doch die Rhizome überstehen unter einer dicken Mulchdecke einige Minusgrade.

Im 19. Jahrhundert wurden Canna häufig kultiviert und intensiv gezüchtet, doch dann kamen sie aus der Mode. Mit dem aktuellen Trend zum exotischen Gartenstil wächst ihre Beliebtheit wieder und es werden regelmäßig neue Sorten eingeführt.

KULTUR Die Pflanzen sind nicht anspruchsvoll, brauchen aber einen sonnigen Platz und reichlich Wasser und Nährstoffe. Ideal ist ein Boden, der vor der Pflanzung großzügig mit organischer Substanz aufbereitet und mit einem Universaldünger vermischt wird. Sie werden im Juni gepflanzt, wenn keine Frostgefahr mehr besteht und sie sich bereits im Wachstum befinden. Je nach Wüchsigkeit der Sorte beträgt der Pflanzabstand 45–90 cm. Während der Wachstumsperiode reichlich gießen und düngen. Das Ausputzen verwelkter Blüten verlängert zwar die Blüte und dient auch der Ästhetik, doch dürfen die Stängel nicht zu tief abgeschnitten werden, sonst entfernt man eventuell später blühende Seitentriebe. Bei einigen Sorten entfällt das Ausputzen, weil die verwelkten Blütenblätter von selbst abfallen.

Wenn sich das Laub im Herbst durch Frost schwarz färbt, werden die Pflanzen bodennah abgeschnitten und mit einer 10 cm dicken Mulchschicht geschützt. Ruhende Rhizome überstehen gelegentlichen Frost bis -1 °C. Pflanzt man sie tief und schützt sie im Winter mit einer dicken Mulchschicht, können sie auch in kühlen Gegenden im Freiland überwintert werden.

Alternativ gräbt man sie aus und lagert sie frostfrei und trocken im Keller oder in der Garage. In kühlem Klima pflanzt man sie normalerweise im Sommer aus und überwintert sie geschützt. Zur ganzjährigen Kultur im Freiland empfehlen sich Arten und Sorten mit der Kennzeichnung Z8.

VERMEHRUNG Durch Teilung der fleischigen Rhizome, normalerweise im Frühling, wenn sie aus dem Winterquartier geholt werden oder ehe das Wachstum einsetzt. Lose Erde abschütteln oder abwaschen, dann die Rhizome in Teilstücke mit je 3–5 Knospen schneiden. Das Messer nach jedem Schnitt in einer Flamme sterilisieren, um die Übertragung von Viruserkrankungen zu vermeiden. Die Teilstücke in Töpfe (15–21 cm Durchmesser) mit luftdurchlässigem Substrat pflanzen, zunächst sparsam gießen und im Idealfall bei 16 °C aufstellen. Sie vertragen auch niedrigere Temperaturen, aber keinen Frost. Wenn sich Grün zeigt, wird häufiger gegossen.

RECHTS 1 *Canna × ehemanii*
2 *C.* 'Picasso' **3** *C.* 'Rosemund Coles'

Man kann Blumenrohr auch aus Samen ziehen (siehe *Canna aus Samen*).

PROBLEME Problemlos abgesehen von Viruserkrankungen. Befallene Pflanzen zeigen Krüppelwuchs, Flecken und helle Streifen auf den Blättern und Streifen auf den Blüten. Sie sollten vernichtet werden, weil sich die Krankheit schnell ausbreitet und es keine Abhilfe gibt.

C. **'Annaeei'** ♀ Alte, sehr hohe Sorte, die hauptsächlich der üppigen, blaugrünen, spitzen Blätter wegen kultiviert wird. Kleine, unscheinbare, orangefarbene Blüten im Spätsommer. ↕ 3 m. Z9

C. **'Aphrodite'** ♀ Große, schön geformte Blüten in intensivem Pink. Grünes Laub mit Bronzeschimmer, vor allem im Bereich der Mittelader. ↕ 1,5 m. Z9

C. **'Apricot Dream'** Große, matt-lachsfarbene Blüten mit goldenen Sprenkeln und pinkfarbenem Schlund. Reich blühend. Verwelkte Blütenblätter fallen von selbst ab. ↕ 1,2 m. Z9

C. **'Assaut'** Große, klarrote Blüten über üppigem, bläulich bronzefarbenem Laub. Eine ältere Sorte, die verlässlich und leicht zu bekommen ist. Schön als Solitär- oder Hintergrundpflanze. ↕ 1,8 m. Z9

C. **'Bankok'** siehe *C.* 'Striped Beauty'

C. **'Bengal Tiger'** siehe *C.* 'Striata'

C. **'Bethany'** ♀ Große Blüten in leuchtendem Gelb und Orange, ähnlich wie die von 'Florence Vaughan', über golden gestreiftem Laub wie bei 'Striata'. Eine besonders schöne neuere Sorte. ↕ 1,6 m. Z9

C. **'Black Knight'** Große, weiche Blüten mit zurückgebogenen Kronblättern in Weinrot. Das Laub ist intensiv blauviolett und attraktiv weiß bereift. ↕ 2 m. Z9

C. **'City of Portland'** syn. *C.* 'Orchid' Auffällige, kräftig lachsrosa Blüten, gelb überhaucht und gezeichnet. Verlässlich und reich blühend. Welke Blüten fallen nicht von selbst ab und können unordentlich aussehen. Eine bekannte, leicht verfügbare ältere Sorte, die von modernen jedoch übertroffen wird. ↕ 1,5 m. Z8

C. **'Cleopatra'** syn. *C.* 'Yellow Humbert' Eine ungewöhnliche Sorte, die gelbe und orangefarbene Blüten in unterschiedlicher Verteilung über grünem, bronzefarbenem oder gestreiftem Laub trägt. Eher kurios als schön. ↕ 1,5 m. Z9

C. **'Durban'** Eine der farbstärksten Sorten. Große rote Blüten stehen über eindrucksvollen Blättern in einer leuchtenden Mischung aus Violett mit rosa Adern, die in Orange übergehen. Vermutlich ein Abkömmling von 'Wyoming'. Nicht ganz so auffällig wie Tropicanna und weniger wüchsig (siehe 'Durban', 'Phasion' und Tropicanna). ↕ 1,6 m. Z9

C. **× ehemanii** syn. *C. iridiflora* 'Ehemanii' ♀ Hoch, mit breiten, paddelförmigen

DURBAN, PHASION UND TROPICANNA

1989 brachte Gary Hammer von der Desert to Jungle Nursery in Los Angeles eine rot blühende *Canna* aus Südafrika mit. Herb Kelly von Kelly's Plant World, einer anderen Gärtnerei in Kalifornien, gab der Pflanze mit dem violett, rosa und orange gestreiften Laub den Namen 'Durban'.

Um die gleiche Zeit hörte Ian Cooke, ein britischer Gärtner mit dem Spezialgebiet frostempfindlicher Stauden, von dieser Pflanze und bat einen Freund, ihm von einer Reise nach Südafrika ein Exemplar mitzubringen. Der Freund grub eine Pflanze aus einer Hecke eines Gärtnereigeländes aus. Doch diese Pflanze hatte orangefarbene Blüten und noch eindrucksvollere Blätter.

Kurz bevor Ian Cookes Pflanze in England eintraf, brachte Brian Hiley ein weiteres Exemplar der orange blühenden Sorte mit. Auch er war ein britischer Gärtner mit einem besonderen Interesse an frostempfindlichen Stauden. Die Pflanze, die er 'Durban' nannte hatte ebenso ungewöhnliches Laub und orangefarbene Blüten.

So kamen binnen relativ kurzer Zeit 2 ähnliche Pflanzen unter dem gleichen Namen 'Durban' in Umlauf. Sie hatten Blüten in unterschiedlichen Farben, wobei die orange blühende Sorte das bessere Laub besaß.

1997 wurde die Lage noch schwieriger, als eine Pflanze namens 'Phasion' in England unter dem Handelsnamen Tropicanna angeboten wurde. Auch sie hatte spektakulär gezeichnetes Laub und orangefarbene Blüten. Sie war erst kurz vorher unter Züchterschutz (PBR) gestellt worden und war nun Gegenstand einer großen Marketingkampagne. Der Züchterschutz wurde jedoch aufgehoben, als sich herausstellte, dass es sich nicht um eine neue Pflanze handelte, sondern um eine ältere, die bereits seit Jahren im Umlauf war. Es wurde sogar nachgewiesen, dass sie bereits 1955 in einem Garten in Bulawayo, Zimbabwe, gesehen worden war.

All das hat zur Folge, dass in Nordamerika die rot blühende Form 'Durban' heißt, die jedoch in Europa schlecht gedeiht und selten zu sehen ist. Als Brian Hiley seine orange blühende Pflanze 'Durban' nannte, war der Name bereits für die rot blühende vergeben worden. Obwohl es für die orangefarbig blühende Pflanze möglicherweise frühere Namen gibt, haben diejenigen, die der PBR-Gesetzgebung folgen, Vorrang.

Fazit: Der korrekte, weltweit gültige Name für die rot blühende Pflanze ist 'Durban', während die amtliche Bezeichnung für die orange blühende Pflanze 'Phasion' lautet, wenngleich sie gelegentlich unter dem Handelsnamen Tropicanna angeboten wird.

Blättern und insgesamt kelchförmiger Wuchsform. Im Spätsommer erscheinen an gebogenen Stängeln elegante, nickende, trompetenförmige Blüten in intensivem Rosa. Gedeiht auch gut im Wintergarten. Eine Hybride von *C. iridiflora* und 'Warszewiczii', häufig fälschlich als *C. iridiflora* angeboten. ↕ 2 m. Z8

C. **'Erebus'** ♀ Hell-lachsrosa Blüten über blaugrünen Blättern mit hellem Rand. Gezüchtet in den Longwood Gardens, Pennsylvania. ↕ 1,6 m. Z9

C. glauca Hoch und schlank mit schmalen blaugrünen Blättern. Wächst wild an feuchten Standorten, an Fluss- oder Teichufern, braucht daher auch im Garten reichlich Feuchtigkeit. Die Blüten sind hell-zitronengelb und etwas zarter als bei den meisten anderen *Canna*-Sorten. Aus den Tropen Amerikas. ↕ 2,4 m. Z9

C. indica (Essbares Blumenrohr) Mittelgroße Pflanze mit grünen Blättern und von Frühsommer an zahlreichen kleinen Blüten in Kirschrot mit etwas Gelb auf der Lippe. Diese Art, die 1956 nach England eingeführt wurde, ist eine Elternpflanze vieler früher Kreuzungen. Heute fassen Pflanzensystematiker eine Reihe anderer Cannas unter diesem Namen zusammen, sodass die Pflanzen im Handel recht unterschiedlich ausfallen können. Aus den Tropen Amerikas. ↕ 1,2–1,8 m. **'Purpurea'** Kräftig violette, aufrecht stehende Blätter und kleine orangefarbene Blüten. Die verbreitete Sorte ist eine schöne Solitär- oder Hintergrundpflanze. ↕ 1,8 m. Z9 **'Russian Red'** ♀ Ähnelt 'Purpurea', hat aber größere, schräger stehende Blätter und kleine orangefarbene Blüten. ↕ 1,8 m. Z8

C. **'Ingeborg'** ♀ Aprikosenfarbene Blüten über welligen Blättern mit Bronzeglanz, der im Bereich der Hauptader besonders dunkel ist. ↕ 1,4 m. Z9

C. iridiflora 'Ehemanii' siehe *C.* × ehemanii

C. **King Humbert** siehe *C.* 'Roi Humbert'

C. **'King Midas'** siehe *C.* 'Richard Wallace'

C. **'Louis Cayeux'** Stämmige Sorte mit mehreren Rispen kräftig lachsfarbener Blüten über grünen Blättern. Alt, aber verlässlich. ↕ 1,5 m. Z9

C. **'Lucifer'** Alte, sehr niedrige Sorte mit massenhaft kleinen Blüten in Rot und Gelb. 'Rosemond Coles' wird gelegentlich unter diesem Namen verkauft. ↕ 90 cm. Z9

C. **'Minerva'** siehe *C.* 'Striped Beauty'

C. **'Musifolia'** ♀ Eine beeindruckende Pflanze mit riesigen, bananenähnlichen Blättern mit dunklem Rand und rötlicher Mittelader, die bis 90 cm lang werden können. Trägt spät in der Saison vereinzelte kleine Blüten in Orange. Eine sehr frühe Sorte unbekannter Abstammung. Gelegentlich fälschlich als 'Musifolia' bezeichnet. ↕ 3 m. Z9

C. **'Mystique'** ♀ Schmale, spitze Blätter in einer schillernden Mischung aus Violett, Blau und Zinngrau. Wird hauptsächlich als Blattgewächs kultiviert, wenngleich die kleinen kirschroten Blüten einen reizvollen Kontrast bilden. ↕ 2,3 m. Z9

C. **'Nirvana'** siehe *C.* 'Striped Beauty'

C. **'Orange Punch'** Große, leuchtend orangefarben Blüten mit gelbem Schlund über grünem Laub. Lange Blühsaison. Verwelkte Blütenblätter fallen von selbst ab. ↕ 1,2 m. Z9

C. **'Orchid'** siehe *C.* 'City of Portland'

C. **'Panache'** Unterscheidet sich von den meisten anderen Sorten. Große luftige Trauben aus kleinen zarten Blüten in hellem Apricot mit erdbeerrosa Hauch wirken zart und spinnenhaft. Große, aufrechte, bläuliche Blätter. ↕ 1,8 m. Z9

C. **'Phasion'** siehe *C.* Tropicanna; (siehe auch 'Durban', 'Phasion' und Tropicanna).

C. **'Picasso'** ♀ Große gelbe Blüten mit ausdrucksvollen Flecken und Sprenkeln in Rot über grünem Laub. Obwohl dies eine der meistverbreiteten gefleckten Sorten ist, variieren die Bestände erheblich. Meiden Sie minderwertige Formen. ↕ 1,5 m. Z8

C. **'Pink Sunburst'** syn. *C.* 'Pringle Bay' Dunkel-flaschengrüne Blätter mit gelben und rosa Streifen. Die Blüten in mittlerem Rosa liegen oft zwischen dem Laub versteckt. Weniger beeindruckend als Tropicanna, dennoch eine gute, wesentlich kürzere Blattpflanze. ↕ 90 cm. Z9

C. **'President'** Bekannte klassische Sorte. Riesige scharlachrote Blüten mit gelber Zeichnung in der Mitte. Breite grüne Blätter. Sehr verlässlich, nach heutigen Maßstäben jedoch etwas grob. ↕ 1,5 m. Z8

C. **'Pretoria'** siehe *C.* 'Striata'

C. **'Pringle Bay'** siehe *C.* 'Pink Sunburst'

C. **'Ra'** ♀ Wüchsige Pflanze mit offener Gestalt. Zitronengelbe Blüten stehen hoch über den schmalen bläulichen Blättern. Ähnelt stark der Elternart *C. glauca*, ist aber größer und hat dunklere Blüten. Gezüchtet in den Longwood Gardens, Pennsylvania, USA. ↕ 2 m. Z9

C. **'Red Futurity'** Mittelgroße, intensiv weinrote Blüten über üppigem »schokoladenbraunem« Laub. Vielleicht die dunkelste *Canna*-Sorte. Teilweise fallen die verwelkten Blütenblätter von selbst ab. Die beste Sorte aus einer amerikanischen Serie zwergwüchsiger Pflanzen. ↕ 90 cm. Z9

C. **'Richard Wallace'** syn. *C.* 'King Midas' Große, klar gelbe Blüten mit wenigen hellen Flecken im Schlund und leicht gekräuselten Petalen. Die Blätter sind leuchtend apfelgrün, die Wuchsform ist stämmig. Eine klassische Sorte, die unter verschiedenen Namen angeboten wird. ↕ 1,5 m. Z8

C. **'Roi Humbert'** (King Humbert) Ein alter Name, der häufig für verschiedene rot blühende Canna mit dunklem Laub verwendet wird. Die eigentliche Sorte lässt sich nur präzise beschreiben. ↕ 1,5–1,8 m. Z9

C. **'Roi Soleil'** ♀ Stattliche, große und gekräuselte Blüten in leuchtendem Rot mit auffallendem goldenem Fleck im

Schlund stehen über grünen Blättern an zartvioletten Trieben. ‡ 1,8 m. Z9

C. 'Rosemond Coles' Blüten in leuchtendem Rot und Gelb über grünem Laub. Welke Blüten fallen nicht ab, sondern vertrocknen oder faulen an der Pflanze. Nach modernen Maßstäben eine grobe Pflanze mit minderen Eigenschaften, dennoch häufig kultiviert und fälschlich auch als 'Lucifer' angeboten. ‡ 1,5 m. Z9

C. 'Strasbourg' Kompakte Pflanze mit kirschroten, irisförmigen Blüten über schmalen grünen Blättern mit gleichmäßigen rotbraunen Streifen. Verlässlich und leicht erhältlich. ‡ 90 cm. Z8

C. 'Striata' syn. *C.* 'Bengal Tiger', *C.* 'Pretoria' Die bekannteste buntblättrige *Canna* mit hellgrünen Blättern, die auffällige, goldgelbe Streifen haben. Stiele und Blattränder sind pflaumenfarben, die Blüten groß und strahlend orange. Leicht erhältlich und verlässlich. ‡ 1,5 m. Z9

C. 'Striped Beauty' syn. *C.* 'Bankok', *C.* 'Minerva', *C.* 'Nirvana' Über leuchtend grünem Laub mit weißen Streifen erscheinen rote Knospen, die sich zu dottergelben Blüten öffnen. ‡ 1,5 m. Z9

C. Tropicanna ('Phasion') ♀ Wahrscheinlich die farbenprächtigste Sorte der Gattung. Ihr Laub zeigt eine geradezu psychedelische Mischung aus Violett mit rosa-orange verlaufenden Adern. Die großen Blüten sind orange. Ähnelt der rot blühenden *C.* 'Durban', ist aber wüchsiger. Vermutlich ein Abkömmling von *C.* 'Wyoming' (siehe auch *Durban, Phasion* und *Tropicanna*, S. 111). ‡ 1,6 m. Z9

C. 'Verdi' ♀ Stattliche Pflanze mit dunkel-bronzefarbenem Laub und leuch-

tend mandarinenfarbenen, irisförmigen Blüten mit gelbem Schlund. ‡ 1,5 m. Z9

C. 'Wyoming' ♀ Wüchsige Pflanze mit großen bronzefarbenen Blättern und riesigen Blüten in sanftem Orange. Schöner Blickfang, auch für den Beethintergrund. Wahrscheinlich das bekannteste Blumenrohr, leicht verfügbar und absolut verlässlich. ‡ 2,3 m. Z8

C. 'Yellow Humbert' siehe *C.* 'Cleopatra'

CARDAMINE

Schaumkraut, Zahnwurz
RASSICACEAE

Leider werden diese bezaubernden, unkomplizierten Frühlingsblüher für feuchte Standorte im Halbschatten eher unterbewertet.

Die Gattung umfasst etwa 130 Arten sommergrüner oder seltener immergrüner Stauden und Einjähriger, darunter einige Unkräuter. Die meisten wachsen in feuchten Wiesen oder an Bachufern in allen gemäßigten Regionen der Welt, vorwiegend aber auf der nördlichen Halbkugel. 36 Arten sind in Europa heimisch. Die ausdauernden Arten haben meist faserige Wurzeln oder kriechende unterirdische Sprosse (Rhizome), einfache oder geteilte Blätter und aufrechte Stängel mit endständigen Gruppen kleiner Blüten mit 4 Sepalen und 4 Petalen in Weiß, Gelb, Rosa oder Violett. Sofern nicht anders angegeben, sind alle hier vorgestellten Arten und Sorten sommergrün. Einige sind recht wüchsig und eignen sich als Bodendecker, allerdings kann die Wüchsigkeit bei verschiedenen Sorten einer Art unterschiedlich sein. Wenngleich manchen Hobbygärtnern die Verwandtschaft zu lästigen Unkräutern (wie Wiesenschaumkraut) unheimlich sein mag, verdienen die Frühlingsblüher durchaus einen Platz im Garten.

KULTUR Bevorzugt Voll- oder Halbschatten in jedem feuchten Boden ohne Staunässe.

VERMEHRUNG Durch Teilung oder Aussaat. *C. pratensis* bildet an feuchten Standorten Jungpflanzen auf den Blättern.

PROBLEME Blattläuse.

C. californica syn. *C. integrifolia, Dentaria integrifolia* Aus einem kurzen, fleischigen Rhizom erhebt sich eine lockere Rosette aus Blättern, die meist in 3 ovale Fiederblättchen bis 5 cm Breite geteilt sind. Aufrechte Stängel tragen wenige, schmalere Blätter und endständige Gruppen aus zahlreichen, 1–2 cm großen Blüten in Hellrosa, manchmal auch Weiß, die sich im Mai und Juni öffnen. Die Blätter der Wildform sind recht variabel. Einige Sorten wurden benannt. Aus schattigen Wäldern und Canyons in Oregon und Kalifornien, USA. ‡ 40 cm. Z6

C. diphylla syn. *Dentaria diphylla* Aus dem kriechenden Rhizom erheben sich dunkelgrüne Basalblätter, die in 3

Fiederblättchen mit stumpf gezähnten Rändern geteilt sind. Im Mai öffnen sich zahlreiche weiße Blüten von 1,5 cm Durchmesser auf aufrechten Stängeln. Sie tragen 2 ähnliche, aber kleinere Blätter, vor denen sich die Blüten schön abheben. Hübsch zwischen Farnen in einem Schattenbeet. Von feuchten Plätzen in Wäldern und auf Wiesen im östlichen Nordamerika. ‡ 30 cm. Z6

C. enneaphyllos syn. *Dentaria enneaphylla, D. enneaphyllos* (Quirl-Zahnwurz) Bildet ein sich ausbreitendes Polster aus dunklen, manchmal violett überhauchten Blättern bis 12 cm Länge, die in 3 oder mehr gezähnte, lanzettliche Fiederblätter geteilt sind. Auch die aufrechten Stängel tragen Dreiergruppen solcher Blätter. Im Mai und Juni öffnen sich nickende, cremeweiße Blüten von 2 cm Durchmesser in lockeren, endständigen Trauben. Die Wüchsigkeit der Sorten ist sehr unterschiedlich. Aus feuchten Wäldern in den osteuropäischen Alpen, den Karpaten und dem nördlichen Balkan. ‡ 30 cm. Z7

C. glanduligera syn. *Dentaria glandulosa* Pflanze mit schlankem, schuppigem Rhizom, aus dem sich die Stängel mit je einer Gruppe von 3 Blättern unter den Blüten erheben. Jedes Blatt besteht aus 3 schmalen, lanzettlichen Fiederblättchen mit scharf gezähnten Rändern. Im Mai und Juni öffnen sich die 2 cm großen, leuchtend violetten Blüten. Ähnelt in der Wirkung der weiß blühenden *C. enneaphyllos.* Aus den Wäldern der Karpaten in Osteuropa. ‡ 30 cm. Z6

C. heptaphylla (Fieder-Zahnwurz) Rhizompflanze, die ein sich stetig ausbreitendes Polster bildet. Aufrechte Triebe tragen 3 oder mehr Paare von Blättern, die leiterartig in mehrere, lanzettliche

VIERMÄNNIGES SCHAUMKRAUT

Während einige Arten der Gattung zu den hübschesten Stauden für waldartige Standorte zählen und nicht durch Selbstaussaat lästig werden, trifft auf andere Arten das Gegenteil zu. Das Viermännige Schaumkraut *(Cardamine hirsuta)* ist eines der meistverbreiteten Unkräuter. An trockenen Standorten, etwa Kieswegen, kann es bei einer Höhe von nur 2,5 cm blühen und fruchten. In gutem Boden bildet eine einzelne Pflanze bis zu 50 000 Samen.

In den Garten gelangt das Viermännige Schaumkraut meist mit dem Substrat neu gekaufter Pflanzen. Es hat sich aus seiner Heimat in Nordeuropa in fast alle gemäßigten Regionen der Welt ausgebreitet. An feuchten Standorten sieht man das etwas gedrungene *C. flexuosa* mit welligen Stängeln. Ähnliche Arten sind in Nordamerika heimisch. Die vollständige Beseitigung aus dem Garten ist möglich, aber schwierig. Große Pflanzen werden entfernt und verbrannt (auf dem Kompost keimen die Samen). Nehmen Sie dann bei jedem Gang im Garten eine Plastiktüte mit. Reißen Sie jede Pflanze, die Sie sehen, aus und stecken Sie sie sofort in die Tüte, die anschließend mit ihrem Inhalt vernichtet wird.

Fiederblättchen geteilt sind. Im Mai und Juni öffnen sich bis zu 20 attraktive, 2 cm große Blüten in Weiß, Rosa oder Rosaviolett. Achten Sie vor dem Kauf auf die Blütenfarbe. Aus Bergwäldern in West- und Mitteleuropa. Sehr schön im Gehölzgarten. ‡ 60 cm. Z6

C. integrifolia siehe *C. californica*

C. kitaibelii syn. *C. polyphylla, Dentaria polyphylla* (Kitaibels Zahnwurz) Pflanze mit schlankem, schuppigem Rhizom, die lockere Gruppen bildet. Die Blätter sind leiterartig in 7 oder 9 gezähnte, lanzettliche Fiederblättchen geteilt und stehen in Quirlen an aufrechten Stängeln. Im Mai und Juni tragen die Stängel mehrere, 1,5–2 cm große Blüten in einem seltenen hellen Cremegelb. Aus feuchten Wäldern der Schweizer Alpen und des nordwestlichen Balkan. ‡ 30 cm. Z6

C. macrophylla Eine stattliche, sich ausbreitende Pflanze mit kriechendem Rhizom. Die Hauptblätter sind bis 25 cm lang, manchmal bronzefarben überhaucht, und haben große, abgerundete Endsegmente sowie kleinere seitliche Fiederblättchen. Aufrechte Stängel tragen mehrere ähnliche Blätter mit kleineren Fiederblättchen und im Juni zahlreiche, 1 cm große Blüten in hellem Rosa oder Violett. Ideal für einen feuchten, schattigen, naturnahen Bereich, wo sich die Pflanze ausbreiten kann. Aus feuchten Wäldern im Nordosten Russlands. ‡ 60–100 cm. Z6

C. pentaphyllos ♀ syn. *Dentaria pentaphylla, D. digitata* (Finger-Zahnwurz) Aus einem schlanken Rhizom erhebt sich ein kompaktes Polster aus dunkelgrünen

Blättern, die in schmale, gezähnte, fingerartige Segmente geteilt sind. Im Mai und Juni öffnen sich lockere Trauben 2 cm großer Blüten in Rosaviolett, Rosa oder Weiß. Schön zur Unterpflanzung von Sträuchern oder für offene, feuchte Waldgärten. Aus Bergwäldern West- und Mitteleuropas. ↕ 60 cm. Z6

C. polyphylla siehe *C. kitaibelii*

C. pratensis (Wiesen-Schaumkraut) Kompakte Pflanze mit kurzem Rhizom, die eine Rosette von Blättern aus mehreren rundlichen Segmenten bildet. Aufrechte Stängel tragen einige ähnliche Blätter mit schmaleren Fiederblättchen und lockere Rispen aus 1 cm großen Blüten in Hellrosa, Weiß oder Rosaviolett, die sich im Mai und Juni öffnen. Gelegentlich sieht man in der Natur gefüllte Formen. Eine bekannte Wiesenpflanze, die sich auch zum Verwildern auf feuchten Wiesen oder an Teichufern eignet. Verträgt volle Sonne, sofern der Boden immer feucht ist. Aus feuchten Graslandschaften Europas einschließlich der Britischen Inseln. ↕ 45 cm. Z4
'Edith' Kompakt mit rosa Knospen und gefüllten hellrosa oder weißen Blüten. ↕ 20 cm. **'Flore Pleno'** Locker gefüllte hellrosa Blüten. **'William'** Gefüllte Blüten in kräftigem Rosalila.

C. quinquefolia syn. *Dentaria quinquefolia* Gruppen bildende Pflanze mit schuppigem Rhizom und aufrechten Trieben mit je einer Gruppe von 3 Blättern, die in lanzettliche, gezähnte Fiederblättchen geteilt sind. Im Mai und Juni öffnen sich an den Triebspitzen Blütenstände mit dunkelvioletten, 2–2,5 cm großen Blüten. Aus Bergwäldern Osteuropas von Bulgarien bis Südrussland und in die Türkei. ↕ 40 cm. Z6

C. raphanifolia Die Rhizompflanze breitet sich langsam aus und bildet ausladende Gruppen aus bis zu 15 cm langen dunkelgrünen Blättern. Jedes Blatt besteht aus mehreren Paaren ovaler Fiederblättchen sowie einem einzelnen, großen, endständigen Fiederblättchen. Im Juni und Juli öffnen sich 1–1,5 cm große rötlich violette Blüten in lockeren Rispen. Von feuchten Bergwiesen und Bachufern in Südeuropa – von Frankreich und Spanien ostwärts bis Bulgarien und Griechenland. ↕ 50–70 cm. Z5

C. trifolia syn. *Dentaria trifolia* (Dreiblättrige Zahnwurz) Sehr hübsche, Matten bildende Pflanze mit stumpf gezähnten immergrünen Blättern aus 3 rundlichen Fiederblättchen, meist mit violetter Unterseite. Im Mai und Juni öffnen sich 1 cm große weiße Blüten mit auffälligen gelben Staubgefäßen in dichten Trauben an aufrechten, fast unbelaubten Stängeln. Bevorzugt einen dauerfeuchten Standort. Wächst wild in Bergwäldern, meist mit Kalksteinboden, in Mittel- und Südeuropa. ↕ 30 cm. Z7

C. waldsteinii (Illyrische Zahnwurz) Hübsche, kompakte, Gruppen bildende Pflanze mit gedrungenem Rhizom und aufrechten Trieben. Normalerweise trägt jeder Trieb 3 Blätter aus 3 lanzettlichen Segmenten. Das reine Weiß der 1–1,5 cm großen Blüten wird durch die violetten Staubgefäße betont. Gedeiht in voller Sonne, wenn der Boden nicht austrocknet. Aus Bergwäldern Österreichs und Sloweniens. ↕ 20–40 cm. Z6

CARDIANDRA
HYDRANGEACEAE

Im Spätsommer und Herbst tragen diese schattenverträglichen Pflanzen hortensienähnliche Blütenstände.

Die 4 oder 5 Arten Laub abwerfender Pflanzen wachsen in lichten Wäldern der niedrigeren Bergregionen Chinas, Japans und Taiwans. 2 werden gelegentlich kultiviert. Aufrechte Triebe, die an der Basis verholzen, tragen wechselständige, glänzende, ovale, gezähnte Blätter von bis zu 20 cm Länge. Im Spätsommer öffnen sich lockere Blütenstände in Rosa oder Weiß. Sie bestehen aus zahlreichen winzigen, fruchtbaren Blüten, zwischen denen sich wenige größere, sterile Blüten befinden. Ähnelt in der Gesamtwirkung einer dezenten Lacecap-Hortensie.

KULTUR Benötigt Halbschatten und nahrhaften, feuchten Boden.

VERMEHRUNG Durch Aussaat.

PROBLEME Schnecken.

C. alternifolia Aufrechte Pflanze mit mehreren Trieben, die gezähnte, elliptische Blätter bis 20 cm Länge tragen. Zwischen August und Oktober öffnen sich in kuppelförmigen Blütenständen zahlreiche kleine, fruchtbare Blüten in Rosa oder Weiß sowie eine geringere Zahl auffälliger, steriler Blüten mit je 3 runden oder ovalen Lappen in Weiß oder Rosa. Eine attraktive, ungewöhnliche Pflanze für den Gehölzgarten. Südwestjapan. ↕ 40–80 cm. Z8

C. formosana Mehrere aufrechte Triebe tragen im oberen Bereich bis zu 8 elliptische, gezähnte Blätter bis 15 cm Länge. Im August, September und manchmal Oktober öffnen sich an den Triebspitzen kuppelförmige Blütenstände. Die auffälligen sterilen Blüten haben 2 ungleiche Lappen in Weiß, Violett oder Rosatönen. In Gärten noch wenig kultiviert, aber sehr attraktiv, wenngleich die Winterhärte noch nicht ganz erprobt ist. Aus in Taiwan und der Provinz Zhejiang in Südost-China. ↕ 30–70 cm. Z8

CAREX
Segge
CYPERACEAE

Diese grasartigen Pflanzen wachsen an feuchten, oft schattigen Standorten und haben manchmal ein ungewöhnlich gefärbtes Laub.

Weltweit gibt es etwa 2000 Arten, die normalerweise in feuchtem Wald- und Wiesenboden, an steinigen Standorten und oft auch in Sümpfen wachsen. Manche bilden dichte Horste, andere breiten sich mit kriechenden Wurzeln aus. Die meist scharfkantigen Blätter bilden in der Regel eine Basalrosette. Die Stängel sind massiv und zumeist im Querschnitt dreieckig. Männliche und weibliche Blüten stehen separat, aber an gemeinsamen Stängeln. Die unscheinbaren männlichen Blüten sind sehr schlank und befinden sich normalerweise an der Triebspitze. Die weiblichen Blüten ähneln oft kleinen braunen Zapfen. Hauptsächlich werden Seggen aber wegen ihres Laubs gepflanzt. Es herrscht einige Verwirrung hinsichtlich der Namen.

Noch vor 100 Jahren hätten sich die großen Gärtner gewundert, dass Seggen als Gartenpflanzen geschätzt werden. Der heutige Gartenstil setzt auf einen feinfühligen, fast künstlerischen Umgang mit Farbe, sodass Seggen einen viel höheren Stellenwert erhalten. Mit neuen und bekannten panaschierten Sorten und Arten mit bläulichem oder bronzefarbenem Laub geben diese früher unterbewerteten Stauden heute Beeten einen neuen Charakter. In Kombination mit anderen Blatt- und Blühpflanzen passen ihre ungewöhnlichen Farben und Texturen vor allem in moderne Stadtgärten.

KULTUR Die meisten Arten bevorzugen durchlässigen Boden mit gutem Wasserhaltevermögen in Sonne oder Halbschatten, einige gedeihen auch am Teichufer. Bronzefarbene Seggen benötigen Sonne für eine schöne Laubfärbung sowie einen gewissen Winterschutz.

VERMEHRUNG Durch Aussaat oder Teilung im Frühling.

PROBLEME Gelegentlich Rost.

C. albida (Weiße Segge) Immergrüne Horste aus haarfeinen, weißlich grünen Blättern, die im Winter fast weiß werden. Die Stängel tragen kleine Blütenähren von 1,5 cm Länge. Der untere Teil einiger weiblicher Blütenähren ist weiß mit grüner Mittelader. Aus ihnen entwickeln sich weiße Früchte mit einem winzigen grünen »Schnabel«. Wird oft mit *C. comans* 'Frosted Curls' verwechselt. *C. albida* ist jedoch kleiner und bevorzugt einen feuchteren Standort. Heute existiert nur noch eine Wildpopulation in Kalifornien, USA. ↕ 15 cm. Z5

SCHÖNES LAUB

Der Wert der Seggen liegt hauptsächlich in ihrem immergrünen Laub. Man ordnet sie normalerweise in 2 Gruppen ein: Arten und Sorten mit brauner, bronzefarbener oder schokoladenfarbener Färbung sowie panaschierte Formen.

Carex flagellifera Die robusteste unter den bronzefarbenen Seggen entwickelt bei viel winterlicher Feuchtigkeit die schönste Färbung. Sehr attraktiv auch in Kübeln.

Carex comans Erhältlich mit unterschiedlichen Laubfarben, darunter Grün und das bekannte Rotbraun. Sämlinge weichen gelegentlich in der Farbe von der Mutterpflanze ab.

Carex buchananii Die Blätter mit den auffälligen, gedrehten Spitzen entwickeln in voller Sonne die beste Färbung. Sät sich reichlich selbst aus.

Carex morrowii 'Ice Dance' Wüchsig, manchmal fast lästig, was angesichts der attraktiven, dunkelgrünen Blätter mit cremeweißem Rand aber verzeihlich sein könnte.

Carex ornithopoda 'Variegata' Schön panaschiert. Ähnelt im Aussehen *C. oshimensis* 'Evergold', ist jedoch etwas silbriger und niedriger und nicht immergrün.

Carex oshimensis 'Evergold' Der cremeweiße oder gelbe Streifen entlang der Mittelader der schmalen, dunkelgrünen Blätter zeigt in den kühlen Gärten mit etwas Halbschatten die beste Färbung.

C. atrata (Schwarze Segge) Breitet sich langsam kriechend aus und bildet lockere Horste aus immergrünen, hell blaugrünen bis graublauen Blättern von 1 cm Breite, die entfernt Iris-Horsten ähneln. An kantig-dreieckigen Stängeln erscheinen im Juli und August Blütenstände mit dicken, 3 cm großen, vielblütigen Ähren, aus denen sich grüne oder bräunlich gelbe Fruchtstände entwickeln. Schön zum Ausfüllen feuchter Ecken im Steingarten oder zur Einfassung eines Sumpfbeetes, benötigt jedoch viel Sonne. Von feuchten, felsigen und grasigen Standorten an Berghängen von Nordeuropa bis Japan. ↕ 20–60 cm. Z5

C. baccans Immergrüne Horste aus gebogenen, etwas groben dunkelgrünen Blättern von 1,5 cm Breite mit bräunlich violetter Basis. Ab Juni erscheinen Stängel mit Blüten, die wie Gruppen kleiner Beeren aussehen. Sie sind anfangs grün, färben sich im Spätherbst rötlich violett und behalten diese Farbe den Winter über bei. Am besten in Kübeln, die man im Winter als Raumschmuck verwenden

kann. Aus Indien bis Südchina, wächst wild in halbschattigem, feuchtem Boden in Gewässernähe. ↕ 60–180 cm. Z8

C. berggrenii Sehr kleine, dichte, sich langsam ausbreitende Horste aus flachen, metallisch graubraunen, haarfeinen Blättern mit orange-grünem Schimmer und stumpfen Enden. Trägt im Sommer Stängel mit 3–4 Blütenähren. Die oberste Blütenähre steht nickend über einer Gruppe zapfenförmiger, gelblicher Blütenähren von 5–8 cm Länge. Braucht für eine gute Laubfärbung Sonne und durchlässigen Boden mit gutem Wasserhaltevermögen. Heimisch in offenen Sümpfen, Flussniederungen und an Seeufern am Fuß der neuseeländischen Hochgebirge. ↕ 10 cm. Z6

C. brunnea Dichte Horste aus langen, schmalen, bronzegrünen Blättern von 6 mm Breite. Von Mai bis Juli erscheinen Stängel mit lockeren Blütenständen aus bräunlichen Blütenähren von 3 cm Länge, die über dem Laub hängen. Aus trockenen, lichten Wäldern in Küsten-

nähe und von Grasland im Himalaja, in Japan und Australien. Die Wildform wird selten kultiviert. ↕ 60 cm. Z8

'Jenneke' Kompakte Horste aus schmaleren hellgrünen Blättern mit schmalen cremegelben Rändern. ↕ 45 cm.

'Variegata' Blätter mit breitem goldfarbenem Rand. Wird gelegentlich mit *C. morrowii* 'Variegata' verwechselt, hat aber einen höheren Anteil Cremeweiß. Gedeiht oft am besten unter Glas als Solitärpflanze im Kübel, die im Sommer an einen sonnigen oder halbschattigen Platz im Freien gestellt wird.

C. buchananii (Fuchsrote Segge) Aufrechte Horste aus haarfeinen, drahtigen, flachen Blättern mit typischen, dünn auslaufenden, spiralförmig gedrehten Enden. Rötlich braun, im Winter orangefarbene Tönung. Der aufrechte Wuchs bleibt auch bei älteren Pflanzen erhalten. Trägt von Juni bis August fadendünne Stängel in der Länge der Blätter mit 5–6 silbergrauen, 5 cm langen Blütenähren. Braucht Sonne und bevorzugt durchlässigen Boden mit gutem Wasserhaltevermögen, toleriert aber auch Trockenheit. Schön in größeren Gruppen neben Pflanzen mit silbergrauem, blauem, goldenem oder sogar schwarzem Laub. Sät sich leicht selbst aus. Von Flussufern, Küsten, niedrigen Bergen und Grasland in Neuseeland. ↕ 80 cm. Z7 **'Viridis'** Silbrig grüne Blattunterseiten, weniger aufrechter Wuchs. ↕ 50–60 cm.

C. caryophyllea 'The Beatles' Lockere Horste aus spitzen dunkelgrünen, sehr schmalen immergrünen Blättern. Diese Sorte trägt im April und Mai zottige, grüne Blüten. Die oberste, männliche Blütenähre ist mit hängenden gelben Staubgefäßen besetzt. Am besten in durchlässigem Boden mit gutem Wasserhaltevermögen als Bodendecker oder Unterpflanzung. Schön im Kontrast mit blauen oder gold-

farbenen Seggen und Gräsern. Die Wildart stammt von trockenen Kalkböden oder Berghängen mit kurzem Gras von England bis Sibirien. Sie wird in Gärten nicht kultiviert. ↕ 15 cm. Z5

C. chathamica Gedrungene Horste aus steifen, hellgrünen, spitzen Blättern von 6–8 mm Breite mit gesägten Rändern und violetter Basis. Stämmige Stängel tragen hellbraune, zapfenförmige Blütenähren, die aufrecht stehen. Braucht Winterschutz, sollte darum in Kübeln gehalten werden, die im Sommer ins Sumpfbeet eingesenkt werden können. Ähnelt *C. trifida*, ist aber kleiner. Von offenen, sumpfigen oder moorigen Standorten. In seiner Heimat Chatham Island (Neuseeland) eine bedrohte Art. ↕ 30 cm. Z8

C. comans Dichte immergrüne Horste aus sehr schmalen, rötlich braunen oder gelbgrünen Blättern mit matten Oberseiten und glänzenden, intensiver gefärbten Unterseiten. Die Stängel sind kürzer als die Blätter und liegen oft zwischen diesen verborgen. Sie sind fadendünn und tragen kleine hellbraune, längliche Blütenähren. Im Gegensatz zu *C. buchananii* hängen die Blätter stärker über und haben keine spiralförmig gedrehten Enden. Schön für einen geschützten, feuchten Winkel im Steingarten oder einen metallenen oder kontrastfarbigen Kübel, über dessen Rand die Blätter fallen können. Heimisch in feuchtem Grasland, Flussniederungen oder an Rändern von Waldwegen in Neuseeland. ↕ 45 cm. Z7 **Bronze Form** Bronzefarbenes Laub mit rötlichem Schimmer. Fast identisch mit *C. flagellifera*, jedoch haben die weiblichen Blüten nicht 2, sondern 3 Narben. **'Dancing Flame'** Bronzerot überhauchte Blätter. **'Frosted Curls'** Silbrig grüne, überhängende Blätter mit leicht gedrehten Enden. **'Taranki'** syn. 'Small Red' Kompakt. Bronzefarbene

BRONZESCHIMMER

DIE BRONZEFARBENE FORM der *Carex comans* bietet sich für viele ungewöhnliche Kombinationen an, beispielsweise im Winter mit Schneeglöckchen, im Herbst mit *Sedum* oder, wie hier, an einem sonnigen Sommerplatz mit *Persicaria affinis*. Die kriechende *Persicaria* breitet sich zwischen den dichten *Carex*-Horsten aus und wächst manchmal in sie hinein, ohne ihnen zu schaden. So wird der Boden gut abgedeckt. Im Sommer heben sich die rosaroten Blüten vor dem bronzefarbenen Laub zuerst ab und verblassen dann zu einem sehr ähnlichen Ton. Die Blätter der Segge dürfen nicht zu lang werden, sonst wirbeln sie bei kräftigem Wind herum und können selbst kräftige *Persicaria*-Triebe beschädigen.

BRONZESEGGEN AUS NEUSEELAND

Die Seggen aus Neuseeland haben eine einzigartige Bronzefärbung, die möglicherweise zum Schutz gegen die starken UV-Strahlen auf der südlichen Halbkugel dient. Alle wichtigen Arten werden gelegentlich unter falschen Namen angeboten. Da sie aber unterschiedliche Standortansprüche haben, sollte man sie unterscheiden können.

Carex buchananii, C. flagellifera und C. comans sowie deren Sorten scheinen die größten Probleme aufzuwerfen.

Carex buchananii
Laubfärbung sehr ähnlich wie bei C. flagellifera.
Bildet die aufrechtesten Horste.
Die Enden der sehr dünnen Blätter sind spiralförmig gedreht.
Standfeste Blütenstängel, die zwischen dem Laub verborgen liegen.
Blütenähren silbrig weiß, weibliche Blüten mit 2 Narben.

Carex comans
Hellgrünes bis bronzefarbenes Laub, manchmal mit rötlichem Schimmer.
Blätter noch schmaler als bei C. flagellifera, etwas weniger rau.
Blütenstängel etwas kürzer als die Blätter, an der Basis der Pflanze weniger überhängend als bei C. flagellifera.

Blütenähren rostbraun, weibliche Blüten mit 3 Narben.
Die bronzefarbene Sorte hat den Farbton von mattem Rost. (Leider wird unter diesem Namen allzu oft C. flagellifera angeboten.).
Verträgt kalte, nasse Winter schlecht.

Carex flagellifera
Laub in glänzendem Rehbraun mit dunklerem Braun und manchmal Andeutungen von Olivgrün und Rot. Steife, raue Blätter.
Weiche, bis zum Boden hängende Blütenstängel.
Blütenähren rostbraun, weibliche Blüten mit 2 Narben.
Aufrechte Horste.
Frostverträglicher als C. comans, in Gärten anpassungsfähiger.

Im Zweifelsfall ist C. buchananii an den silbrig weißen Blütenähren und den spiralförmigen Blattspitzen zu erkennen, während C. comans und C. flagellifera braune Blütenähren und glatte Blattspitzen haben. Merkmale von C. comans sind der überhängende Wuchs und die 3 Narben der weiblichen Blüten. C. flagellifera wächst aufrechter und hat weibliche Blüten mit 2 Narben.

Blätter mit Sprenkeln in Rosa und Rot.
↕ 30 cm.

C. conica 'Snowline' syn. 'Kiku-sakura',
'Marginata', 'Variegata' Panaschierte
Form einer japanischen Segge. Die Wild-
form, die nicht kultiviert wird, bildet
dichte immergrüne Horste aus dunkel-
grün glänzenden Blättern von nur 4 mm
Breite. 'Snowline' hat auffällige weiße
Blattränder. Von April bis Juni erscheinen
Stängel, die 3–5 aufrechte, zapfenförmige
Blütenähren von 2,5 cm Länge tragen.
Die oberen Blüten sind hellbraun, die
unteren violett bis hellgrün. Bevorzugt
lichten Schatten und Boden mit gutem
Wasserhaltevermögen. In milden Win-
tern immergrün. Schön als winterliche
Einfassung für Gehölzbeete oder Früh-
lingsrabatten. Abgestorbene Blätter im
Spätwinter abschneiden, um eine gute
Färbung des neuen Laubs zu fördern.
Von Hängen und lichten Bergwäldern in
Japan und Korea. ↕ 15 cm. Z5

C. dipsacea Dichte immergrüne Horste
aus harten, olivgrünen, haarfeinen Blättern, die im Winter eine ungewöhnliche Orange-, Gelb- und Bronzefärbung zeigen. Die Stängel sind kürzer
als die Blätter und tragen im Juli 4–8
tiefschwarze, 2,5 cm lange Blütenähren.
Braucht einen geschützten Standort mit
feuchtem Boden in Sonne oder Halbschatten, damit die Blattfärbung gut
ausfällt. Aus Neuseeland. ↕ 75 cm. Z7

C. dolichostachya 'Kaga-nishiki' Panaschierte Form einer japanischen Segge,
deren Wildform nicht kultiviert wird.
Langsam kriechend, bildet Horste aus
dünnen, überhängenden Blättern, die
in kalten Regionen sommergrün und
in warmen immergrün sind. Zwischen
ihnen erheben sich von Mai bis Juni Stängel mit 3–5 in weiten Abständen angeordneten, 6 cm langen Blütenähren. Das
Laub der Sorte 'Kaga-nishiki' hat breite
goldgelbe Ränder und wirkt bezaubernd
spitzenzart. Toleriert ein gewisses Maß an
Trockenheit. Aus Bergwäldern von Japan
bis Taiwan. ↕ 60 cm. Z5

C. elata (Steife Segge) Überhängende,
scharfkantige, schmale Blätter bilden
immergrüne Horste, über denen sich im
Mai bis Juni Stängel mit 3–5 dunkelbraunen, 2,5 cm langen Blütenähren erheben.
Von den männlichen Blüten hängen gelbe
Staubgefäße herab. Gedeiht in feuchtem
Boden oder in der Uferzone von Gewässern. Die farbigen Sorten sehen neben
blauer Sumpf-Iris oder anderen blauen
und panaschierten Wasserpflanzen schön
aus. Aus Sümpfen in Nordeuropa. ↕ 40 cm.
Z5 **'Aurea'** Leuchtend gelbe Blätter mit
schmalem hellgrünem Rand. **'Knightshayes'** Leuchtend gelbe Blätter.

C. firma 'Variegata' Panaschierte Form
einer winzigen, Horste bildenden Segge
(Polster-Segge) aus Europa. Die dunkelgrünen schmalen Blätter sind spitz und
steif. Ein kurzer Stängel trägt rötlich
braune Blütenähren. Die Wildart wird
nicht kultiviert. Das Laub der Sorte
'Variegata' hat cremegelbe Ränder. Am
besten pflanzt man die winzigen Horste
an gut sichtbare Plätze im Halbschatten
in durchlässigen Boden mit gutem
Wasserhaltevermögen. Von steinigen

Berghängen, Grassland und felsigen
Standorten mit kalkhaltigem Boden in
Mitteleuropa. ↕ 10 cm. Z5

C. flacca syn. *C. glauca* (Blaugrüne Segge)
Langsam kriechende Segge, die Teppiche
aus lockeren, immergrünen Horsten mit
steifen, haarfeinen Blättern bildet. Sie
haben eine grüne Oberseite und eine
bläuliche Unterseite. Schlanke, überhängende Stängel tragen im April und Mai
4 cm lange, bräunlich violette Blütenähren. Guter, Trockenheit vertragender
Bodendecker, der aber zum Wuchern
neigt und um den besten auf begrenztem
Raum oder in Kübeln in neutralem bis
basischem Substrat mit gutem Wasserhaltevermögen gepflanzt wird. Wächst wild
in kalkhaltigem Boden auf Grasland,
Dünen und Marschen in Europa und
Nordafrika. ↕ 45 cm. Z5 **'Bias'** Eine Seite
jedes Blattes ist weiß gerändert.

C. flagellifera Dichte, immergrüne Horste aus stark überhängenden, glänzend
grünen bis rötlich braunen, haarfeinen
Blättern mit scharfen Kanten. Die Rotfärbung ist in höheren Lagen stärker
ausgeprägt. Die Stängel verlängern sich
bei Ausbildung der Blüten und hängen unter dem Laub herab, wenn die
Früchte reifen. Am besten an einem
geschützten Platz im Kübel oder über
eine Mauer hängend. Fast identisch
mit der bronzefarbenen Form von *C.
comans*, doch *C. flagellifera* hat längere,
überhängende, im Querschnitt dreieckige Stängel. Wächst wild in Neuseeland.
↕ 35–75 cm. Z7 **'Auburn Cascade'** Rötlich hellbraune, etwas breitere Blätter.
↕ 50 cm. **'Coca Cola'** Etwas aufrechtere
dunkelbraune Blätter mit bronzegelbem
Schimmer. **'Milk Chocolate'** Etwas
aufrechtere Blätter, die an der Basis rehbraun sind und zu den Spitzen hin dunkelbraun werden. **'Rapunzel'** Schmale,
haarähnliche Blätter. ↕ 30 cm.

C. glauca siehe *C. flacca*

C. grayi syn. *C. greyi* (Morgenstern-
Segge) Immergrüne Horste aus leuchtend grünen, gefälteten, überhängenden Blättern von 1 cm Breite. Von Juli
bis September erscheinen kürzere Stängel mit auffälligen Blütenähren – hellgrünen, dicken, vielzackigen Sternen
von 2–4 cm Länge, die zu hellbraunen
Fruchtständen heranreifen. Gut für
Teichufer oder den Rand eines Sumpfbeetes. Aus feuchten Wäldern des östlichen Nordamerika. ↕ 75 cm. Z5

C. greyi siehe *C. grayi*

C. hachijoensis 'Evergold' siehe *C. oshimensis* 'Evergold'

C. 'Ice Dance' siehe *C. morrowii* 'Ice
Dance'

C. lurida Elegante immergrüne Horste
aus gefälteten Blättern von 7 mm Breite. Von Juni bis September erscheinen
Stängel mit stattlichen, nickenden Blüten-

RECHTS **1** *Carex conica* 'Snowline'
2 *C. dipsacea* **3** *C. dolichostachya*
'Kaga-nishiki' **4** *C. elata* 'Aurea'
5 *C. grayi*

ähren in Hellgrün. Für feuchte Standorte, etwa den Rand eines Sumpfbeetes. Reizvolle, lange haltbare Schnittblume. Wächst wild in feuchten Wäldern und Sümpfen im östlichen Nordamerika bis zum Osten Mexikos. ‡ 75 cm. Z5

C. morrowii (Japan-Segge) Langsam kriechende Pflanze, die allmählich einen Teppich aus glänzenden, ledrigen, dunkelgrünen Blättern mit schmal zulaufenden Spitzen bildet. Im April und Mai erscheinen Stängel mit 4–6 grünlich gelben, 4 cm langen Blütenähren. Guter Bodendecker für schattige Standorte im Gehölzgarten, auch als Unterpflanzung für andere Gräser geeignet. Gedeiht in den meisten Böden, kann aber wuchern. Verwirrenderweise werden die meisten panaschierten Seggen oft fälschlich dieser Art zugeordnet. Tatsächlich gehören die meisten aber anderen Arten an und brauchen verschiedene Standortbedingungen. Aus niedrigen Berglagen Japans. ‡ 40 cm. Z5 **'Ice Dance'** syn. **C. 'Ice Dance'** Cremeweiße Ränder. Neigt zum Wuchern. **'Fisher's Form'** Gelbe Ränder und Streifen, die mit der Zeit weißlich werden. **'Silver Sceptre'** Schmalere Blätter mit feinen hellgrünen und weißen Streifen. **'Variegata'** Sammelname für viele der anderen panaschierten Formen von *C. morrowii* und manchmal auch anderer Arten. Die meisten haben grünlich weiß gestreifte Blätter.

C. muskingumensis Langsam größer werdende, immergrüne Horste spitzer, hellgrüner Blätter von 7 mm Breite, die nach dem Frost gelb werden. Sie stehen wie Palmwedel an den Spitzen der Stängel. Spindelförmige Blütenähren hängen von Juni bis August zwischen den Blättern. Sehr schön als Kolonie am Teichufer, wo das gelbe Herbstlaub reizvoll in der Sonne leuchtet. Gedeiht in jedem einigermaßen feuchten Boden. Heimisch in feuchten Wäldern, Unterholz und Feuchtwiesen im östlichen und mittleren Nordamerika. ‡ 60 cm. Z5 **'Oehme'** Goldgelb gerändete Blätter. Die Farbe verstärkt sich im Lauf des Sommers. **'Little Midge'** Zwergwüchsig. ‡ 23 cm.

C. nigra (Braun-Segge, Wiesen-Segge) Eine bemerkenswert variable sommergrüne Segge, die sich manchmal langsam ausbreitet und manchmal Horste bildet. Die blaugrünen Blätter sind sehr schmal. Im Mai erscheinen Stängel mit schlanken, grünen bis dunkelbraunen männlichen Blütenähren und dickeren, stacheligen weiblichen Blütenähren von 5 cm Länge, die von Juni und August an zu schwärzlichen Fruchtständen heranreifen. Attraktiv in Gesellschaft gelber Sumpf-Iris *(Iris pseudacorus)*. Heimisch in Sümpfen und feuchtem Grasland mit saurem bis neutralem Boden in ganz Europa und im östlichen Nordamerika. ‡ 70 cm. Z5 **'On Line'** Graugrüne Blätter mit gelben Rändern. ‡ 30 cm.

C. ornithopoda 'Variegata' Panaschierte Form einer europäischen Segge (Vogelfuß-Segge), die Horste aus dünnen, dunkelgrünen Blättern bildet. Von Mai bis

Juni erscheinen die Stängel mit kleinen, hellgrünen bis dunkelbraunen, perlenartigen Blüten in Ähren, die wie ein Vogelfuß angeordnet sind. Die Wildart wird nicht kultiviert. Die Blätter der Sorte 'Variegata' tragen einen breiten, cremeweißen Mittelstreifen. Die winzige Segge eignet sich gut als Einfassung für Wege und gepflasterte Flächen auf kalkhaltigem Boden. Wird oft mit *C. oshimensis* 'Evergold' verwechselt, ist jedoch kleiner und sommergrün. Von Kalksteinufern und trockenem Grasland auf Kalkboden in ganz Europa. ‡ 5–15 cm. Z5

C. oshimensis 'Evergold' syn. *C. hachijoensis* 'Evergold', *C. oshimensis* 'Aureovariegata', 'Old Gold' oder 'Variegata' Panaschierte Form einer japanischen Segge mit steifen, glänzenden, dunkelgrünen Blättern, die dichte immergrüne Horste bildet. Im Frühsommer erscheinen aufrechte Stängel mit hell- bis dunkelbraunen, 2,5 cm langen Blütenähren, die im Vergleich zum Laub unscheinbar sind. Die Wildart wird selten kultiviert. Die Blätter der Sorte 'Evergold' tragen einen breiten, cremeweißen bis gelblichen Mittelstreifen. Eine der auffälligsten panaschierten Seggen. Ein kühler Platz im Halbschatten fördert eine gute Laubfärbung. Ursprünglich von trockenen, felsigen Berghängen in Japan. ‡ 50 cm. Z6

C. panicea (Hirse-Segge) Langsam kriechende, kurze Rhizome, die Horste aus halbimmergrünen, haarfeinen, blaugrünen Blättern tragen. Im Mai und Juni erheben sich die Stängel über das Laub. Eine schlanke männliche Blütenähre steht über den violett-braunen weiblichen Blütenähren, die später kugelige Fruchtschläuche tragen. Vor der Blüte ähnelt diese Segge einer Nelke. Gut geeignet für ein feuchtes Beet. Wird manchmal mit *C. flacca* verwechselt, ist aber kleiner und wuchert weniger. Heimisch auf Grasland und Marschen mit neutralem Boden in Europa. ‡ 24 cm. Z5

C. pendula (Hänge-Segge, Riesen-Segge) Auffällige, immergrüne Segge, die stattliche Horste aus mittelgrünen, bis 2 cm breiten Blättern mit rauen Rändern bildet. Die dekorativen Blütenähren schaukeln über dem Laub wie lange, dünne, graugrüne Quasten von bis zu 16 cm Länge, die im Alter braun werden. Ideal für große, naturnahe Gartenbereiche oder Ufer großer Teiche. Vorsicht: Die Pflanze sät sich reichlich selbst aus und kann kleine Gärten schnell vereinnahmen. Aus Laubwäldern und von Flussufern in ganz Europa, Asien und Nordafrika. ‡ 60–140 cm. Z5 **'Moonraker'** syn. 'Variegata' Blätter mit weißen Streifen, die im Lauf des Sommers verblassen.

C. petriei Dichte, immergrüne, aufrechte oder locker ausladende Horste aus rosa oder grünlich roten, haarfeinen Blättern mit auffälliger Scheide an der Basis und gedrehten, strohfarbigen Spitzen. Die Stängel sind meist kürzer und dünner als die Blätter. Sie tragen 3–6 dunkel-rotbraune Blütenähren von 1–3 cm Länge. Am schönsten in größeren Gruppen an einem geschützten Platz mit feuchtem, aber durchlässigem Boden. Auch für Kübel geeignet. Ähnelt *C. buchananii*, ist aber viel kleiner. Von Flussufern,

Brachwiesen und aus Flussniederungen Neuseelands. ‡ 30 cm. Z7

C. phyllocephala Eine ungewöhnliche chinesische Segge, die wie eine *Cyperus* aussieht. Bildet immergrüne Horste aus unbelaubten Stängeln mit dunkelvioletter Basis und endständigen Rosetten aus gebogenen, spitzen Blättern bis 20 cm Länge und 1,3 cm Breite. Die kurzen Stängel wachsen aus der Mitte der Blattrosetten. Sie tragen kompakte braune Blütenähren von 2 cm Länge. Am besten in einem Kübel mit feuchtem, nahrhaftem Substrat an einem schattigen Platz. Im Haus überwintern. Heimisch in China, als Heilpflanze nach Japan eingeführt. ‡ 50 cm. Z7 **'Sparkler'** Dunkelgrüne Blätter mit breiten weißen Rändern. Beeindruckende Kübelpflanze. ‡ 40 cm. Z8

C. pilulifera 'Tinney's Princess' Panaschierte, halbgrüne Form einer europäischen Segge (Pillen-Segge), die dichte Horste aus gebogenen, feinen dunkelgrünen Blättern mit rauen Kanten bildet. Die Blätter riechen beim Zerreiben nach Terpentin. Im Mai und Juni erheben sich fadenartige Stängel über das Laub. Sie tragen 1 längliche männliche und 2–4 winzige, braune, eiförmige weibliche Blütenähren. Die Blätter der Sorte 'Tinney's Princess' zeigen einen breiten, weißen Mittelstreifen. Zur Einfassung oder in Trögen und Kübeln mit Substrat mit gutem Wasserhaltevermögen. Verträgt Sonne und Schatten. Die Wildart wird nicht in Gärten kultiviert. Sie wächst auf trockenen Gras- und Heideflächen und Mooren mit saurem Boden in Europa und Teilen Russlands. ‡ 10 cm. Z5

C. plantaginea Immergrüne Horste aus ungewöhnlich breiten Blättern (2,5 cm) mit roter Basis, deren Faltenstruktur an Spitz–Wegerich erinnert. Im zeitigen Frühling erscheinen hohe Stängel mit zahlreichen braunen Blütenähren. Die männlichen Blüten sehen mit den gelben Staubgefäßen flaumig aus. Aus feuchten Wäldern im mittleren und östlichen Nordamerika. ‡ 60 cm. Z5

C. pseudocyperus (Scheinzypergras-Segge) Aufrechte Horste aus leuchtend gelbgrünen Blättern von 5–12 mm Breite. Die Stängel haben raue Ränder und sind kürzer als die Blätter. Von Juni bis Juli tragen sie kompakte, borstige, fingerförmige Blütenähren von 5–6 cm Länge, die an den langen, dünnen Stielen hängen und zu grün glänzenden Samen heranreifen. Schön für Teichufer und Sumpfbeete. Wird manchmal mit *C. lurida* verwechselt, ist aber größer und die Blätter sind länger als die Blütentriebe. Heimisch in Sümpfen und an Gewässern in allen nördlich-gemäßigten Regionen. ‡ 1,2 m. Z5

C. remota (Winkel-Segge) Sehr dünne, lange, überhängende Blätter bilden einen dichten, halbimmergrünen Horst. Im Juni tragen lange, gebogene Stängel kleine hellgrüne Blütenähren von 3–10 mm Länge in weiten Abständen. Guter Bodendecker. Heimisch in feuchten Wäldern und an anderen feuchten Standorten in ganz Europa ‡ 70 cm. Z5

C. riparia (Ufer-Segge) Ein wüchsiges, kriechendes Rhizom bringt große Büschel überhängender, scharfkantiger, blaugrüner Blätter von 6–15 mm Breite hervor. Von Mai bis Juni erscheinen Stängel mit bis 15 cm langen Blütenständen. Die oberen Blütenähren sind männlich, goldbraun und haben sichtbare Staubgefäße. Darunter hängen die weiblichen Blütenähren an dünnen Stielen. Wuchert stark, vor allem in feuchtem Boden. Nur empfehlenswert für Plätze, an denen es sich ausbreiten kann. Von Teichufern und Gräben bis 45 cm Wassertiefe in allen gemäßigten Regionen. ‡ 60–130 cm. Z5 **'Variegata'** Attraktives Laub mit weißen Streifen. Wuchert weniger stark und gedeiht auch gut in Kübeln. Schlägt manchmal in die grüne Form zurück. ‡ 40–60 cm. Z6

C. secta Immergrüne Horste aus überhängenden, leuchtend grünen, bis 7 mm breiten Blättern mit rauen Kanten. Bildet oft dicke Geflechte aus verfilzten Rhizomen, Wurzeln und alten Stielbasen, die bis 90 cm hoch und 50 cm breit werden können. Im Sommer erscheinen braune Blütenstände an gebogenen, scharfkantigen Stängeln. Reizvoll und dekorativ im Sumpfbeet, vor allem in Kombination mit Laub abwerfenden Sträuchern mit farbigen Trieben. Aus den Sümpfen Neuseelands. ‡ 90 cm. Z7 **var. tenuiculmis** Niedriger. Braune Blätter mit orangefarbenem Schimmer. ‡ 50 cm.

C. siderosticha Langsam kriechende Rhizome bilden eine dichte Masse aus halbimmergrünen, breiten, gefälteten, leuchtend grünen Blättern bis 2,5 cm Breite. Bevor sich im zeitigen Frühling die Blätter entfalten, erscheinen Stängel mit 4–8 kleinen Blütenähren. Ein schöner, langlebiger Bodendecker in feuchten Gehölzbeeten. Besonders reizvoll in Gesellschaft kleiner Frühlings-Zwiebelblüher. Aus den Bergwäldern Chinas, Koreas und Japans. ‡ 20 cm. Z5 **'Shima-nishiki'** syn. 'Island Brocade' Gelbe Blätter mit cremefarbenem Mittelstreifen. Z6 **'Variegata'** Auffallende Blätter mit breiten hellgrünen und weißen Streifen. Im Austrieb rosa überhaucht. Z6

C. solandri Dichte Horste aus harten, gelbgrünen, gebogenen Blättern bis 6 mm Breite. Die Stängel mit dunkler Basis tragen 5–10 braune bis nahezu schwarze Blütenähren, die an langen, dünnen Stielen nickend über dem Laub stehen. Guter Bodendecker für durchlässigen Boden in schattigen Gartenbereichen. Braucht in kalten Regionen Winterschutz. Aus feuchten Wäldern und Flussniederungen Neuseelands. ‡ 30–80 cm. Z8

C. sylvatica (Wald-Segge) Breitet sich langsam kriechend aus und bildet dichte immergrüne Horste aus glänzenden immergrünen Blättern von 3–6 mm Breite. Im Mai bis Juni erscheinen hohe Stängel, die im oberen Bereich männliche Blütenähren mit gelben Staubgefäßen tragen. Darunter hängen quastenförmige, hellgelbe bis braune weibliche Blütenähren bis 7 cm Länge an fadendünnen Stielen. Eine elegante Pflanze für feuchte, schattige Gartenbereiche. Heimisch auf schwerem Boden in feuchten Wäldern in ganz Europa bis nach Asien. ‡ 15–60 cm. Z5

C. testacea Haarfeine Blätter mit rauen Kanten bilden dichte immergrüne Horste. Jedes Blatt ist an der Basis olivgrün und weiter oben – sofern die Pflanze in voller Sonne steht – orangefarben getönt. Im Winter intensiviert sich die Färbung. Sehr lange, dünne Stängel erheben sich bis 60 cm über das Laub und neigen sich zum Boden, wenn die Früchte reifen. Die weiblichen Blütenähren sind hellbraun, 5 mm lang und hängen an dünnen Stielen. Beste Ausfärbung in feuchtem, aber durchlässigem Boden in voller Sonne. Wird manchmal mit *C. dipsacea* verwechselt, ist aber an den schwarzen Blüten zu erkennen. Heimisch in Neuseeland. ‡ 40 cm. Z6 **'Old Gold'** Blätter warm goldfarben, vor allem im Winter.

C. trifida Hellgrüne, 1,2 cm breite, immergrüne Blätter mit blaugrünen Unterseiten bilden kräftige Horste. Die Stängel sind kürzer als die Blätter und erscheinen im April und Mai. Sie tragen Gruppen aus 3 aufrechten, pelzigen, braunen, kegelförmigen Blütenähren bis 10 cm Länge. Eine stattliche Pflanze für ein geschütztes Beet mit feuchtem, durchlässigem Boden. Besonders schöne Färbung im Winter. Von Steilküsten und Felsvorsprüngen der Falklandinseln, Neuseelands und Südwest-Chiles. ‡ 15–90 cm. Z6 **'Chatham Blue'** Ober- und Unterseiten der Blätter blaugrun. ‡ 60 cm.

UNTEN **1** *Carlina acaulis*
2 *Catananche caerulea*

CARLINA
Eberwurz, Silberdistel, Wetterdistel
ASTERACEAE

Die distelartigen Pflanzen haben stachelige Blätter und im Sommer auffällige Blütenstände.

Zur Gattung gehören etwa 30 Arten. Sie wachsen an trockenen Standorten Europas, Makronesiens und des Mittelmeerraums. Von diesen werden nur 2 gelegentlich in Gärten kultiviert. Rosetten aus stacheligen Blättern bilden den Hintergrund für die distelähnlichen Blütenstände. Deren auffälligster Teil sind die stacheligen Brakteen unter den Blütenköpfen. Die Pflanzen sind gut geeignet für sonnige Stein- oder Kiesgärten. Magerer Boden trägt zur Erhaltung ihres Charakters bei.

KULTUR Bevorzugt durchlässigen, nährstoffarmen Boden in voller Sonne.

VERMEHRUNG Aus Samen. Sämlinge vertragen Störungen der Wurzeln schlecht.

PROBLEME Keine.

C. acaulis (Silberdistel) Flache Rosetten aus stacheligen graugrünen Blättern bis 30 cm Länge und von Juli bis September ein einzelner, meist stängelloser, zentraler Blütenstand von 5–10 cm Durchmesser. Die Mitte besteht aus silbrigen Zungenblüten, die von einem Kranz aus langlebigen, papierartigen weißen Brakteen umgeben sind. Von trockenen, sonnigen Standorten mit Kalkboden in Südeuropa. ‡ 10 cm. Z4 **Bronze-Form** Blätter violett überhaucht mit roter Mittelader. **subsp. simplex** Bis zu 6 Blütenstände an hohem Stängel. Sehr haltbare Trockenblume. ‡ 60 cm.

CATANANCHE
Rasselblume
ASTERACEAE

Rasselblumen sind pflegeleichte Pflanzen für sonnige Standorte, die im Sommer und Herbst kornblumenähnliche Blüten tragen.

Die Gattung umfasst 5 Arten ein- und mehrjähriger Pflanzen, die von trockenen Standorten des Mittelmeerraums stammen. Von ihnen wird nur eine häufig kultiviert. Nahezu grasartig schmale Basalblätter bilden Tuffs, aus denen sich Stängel mit endständigen, zarten Blütenständen erheben. Hinter de Zungenblüten stehen papierartige Brakteen.

KULTUR Bevorzugt volle Sonne und gut durchlässigen Boden.

VERMEHRUNG Durch Aussaat im Frühling oder Wurzelstecklinge.

PROBLEME Echter Mehltau.

C. caerulea (Amorpfeil, Blaue Rasselblume) Bildet Gruppen aus grasartig schmalen, graugrünen Blättern bis 30 cm Länge. Von Juni bis September erscheinen einzelne, blauviolette, 3–4 cm große Blütenköpfe die von silbrigen Brakteen umrahmt sind. Kurzlebig, wird vor allem in schweren Böden oft als Ein- oder Zweijährige kultiviert. Von trockenen Wiesen in Südwest-Europa. ‡ 60–90 cm. Z7 **'Alba'** Weiße Blüten mit cremefarbenem Zentrum. Auch bei Aussaat zuverlässige Färbung. **'Bicolor'** syn. 'Stargazer' Blüten mit auffällig dunkelviolettem Zentrum. Bei Aussaat nur bedingt zuverlässige Färbung. **'Major'** ♀ Dunkellila Blüten mit etwa 5 cm Durchmesser. Vermehrung durch Wurzelstecklinge. **'Stargazer'** siehe 'Bicolor'.

CATHCARTIA siehe MECONOPSIS

CAULOPHYLLUM
Indianerwiege
BERBERIDACEAE

Caulophyllum sind winterharte, Schatten liebende Pflanzen, deren herbstlicher Schmuck aus blauen Beeren auffälliger ist als die Blüten im Frühling.

Die Gattung umfasst 2 Arten sommergrüner Pflanzen aus Bergwäldern des östlichen Nordamerika und Ostasiens, die am besten an feuchten, schattigen Standorten wie einem Waldgarten oder einem Gehölzbeet gedeihen. Sie breiten sich mit kräftigen, unterirdischen Sprossen langsam aus. Die attraktiven, meergrünen, in bis zu 27 Segmente geteilten Blätter erscheinen gleichzeitig mit den Blüten oder etwas später. Winzige, unscheinbare, sternförmige Blüten aus 6 Kelch- und 6 Kronblättern in Gelb, Violett, Rot, Braun oder Grün erscheinen in lockeren Trauben oder Rispen im Frühling. Aus ihnen entwickeln sich attraktive Beeren. Die amerikanischen Indianer setzten die Rhizome zu Heilzwecken ein. Die Beeren sind bei Verzehr giftig. ⚠

KULTUR Bevorzugt konstant feuchten, humusreichen, sauren bis neutralen Boden in Halbschatten oder Schatten. Vor der Pflanzung den Boden mit Laub- oder Gartenkompost anreichern, danach jährlich im Herbst mulchen.

VERMEHRUNG Durch Teilung größerer Pflanzen im Frühherbst oder Frühling, ehe der Austrieb einsetzt. Alternativ im zeitigen Frühling Stecklinge schneiden und ins kalte Frühbeet stellen. Samen können mitsamt der Hülle gleich nach der Reife ausgesät werden, die Keimung erfolgt jedoch unregelmäßig.

PROBLEME Gefurchter Dickmaulrüssler, gelegentlich Blattflecken durch Pilzbefall.

C. thalictroides (Indianische Blaubeere, Indianerwiege) Bildet dichte Gruppen. Die meergrünen Blätter tragen im Frühling einen weißen Belag. Sie sind in 2,5–8 cm lange, leicht eiförmige, gelappte Segmente geteilt. Das Laub ähnelt dem der Wiesenraute *(Thalictrum)*, darauf bezieht sich das Artepitheton. Im April und Mai erscheinen kurze, dicke Blütenstände mit sternförmigen, 1 cm großen Blüten in einer Mischung aus Gelbgrün und mattem Bronzebraun. Aus ihnen entwickeln sich dunkelblaue, manchmal weiß bereifte Beeren. Aus dem östlichen Nordamerika. ↕ 75 cm. Z3 **subsp. robustum** Variable, etwas wüchsigere Form mit vielfach geteilten Blättern und gelblich grünen Blüten. Ansonsten der Art sehr ähnlich. Aus Ostasien. ↕ 80 cm.

CAUTLEYA
ZINGIBERACEAE

Die Pflanzen bilden Gruppen von exotischem Aussehen mit prächtigem Laub und dekorativen Blütentrauben im Spätsommer.

Es ist eine kleine, botanisch uneinheitliche Gruppe von etwa 5 Arten, die in den Ausläufern des Himalaja heimisch sind – vor allem in Teilen Indiens, in China und Sikkim. Sie wachsen in kühlen, schattigen Tälern und manchmal epiphytisch auf Bäumen. Im Spätfrühling bilden sich fleischige Triebe mit kräftig grünen, lanzettlichen Blättern bis 30 cm Länge. Die Pflanzen wachsen schnell und werden bis zum Erscheinen der endständigen Blütentrauben etwa 60 cm hoch. Die Blüten mit Lippe und »Haube« sind meist gelb und erheben sich im Spätsommer zwei Wochen lang über roten Brakteen. Gelegentlich entwickeln sich fleischige Früchte. Nach dem ersten Frost sterben die oberirdischen Teile ab, doch mit geeignetem Winterschutz sind sie selbst in kühleren Regionen in Beeten und Gehölzpflanzungen frosthart.

KULTUR Bevorzugt einen feuchten, durchlässigen Boden mit einem Anteil Laubkompost im lichten Schatten, verträgt aber auch Sonne, sofern der Boden nicht austrocknet. Die Rhizome vor allem in kühlen Regionen etwa 15 cm tief pflanzen und bei Frost mit einer dicken Mulchschicht aus Laubkompost oder verrottetem Stallmist schützen.

VERMEHRUNG Durch Teilung älterer Pflanzen zu Beginn des Austriebs im Spätfrühling oder Frühsommer. Alternativ im Frühling bei etwa 15 °C aussäen.

PROBLEME Normalerweise keine. Schnecken können die jungen Triebe gefährden.

C. gracilis Schlanke Pflanze mit schmalen, bis 20 cm langen Blättern, oft mit violett getönter Unterseite, die im Spätsommer recht weiträumig an den Trieben stehen. Darüber stehen Trauben aus relativ kleinen hellgelben oder manchmal orangefarbenen Blüten, die sich nacheinander öffnen. Aus feuchten Tälern von Kaschmir bis Südwest-China, bis 3000 m Höhe. ↕ 40 cm. Z8

C. spicata Fleischige, rötliche Triebe tragen breite, kräftig grüne Blätter, über denen sich leuchtend gelbe Blüten mit feuerroten Brakteen erheben. Aus Wäldern in den chinesischen Provinzen Guizhou, Sichuan und Yunnan. ↕ 1 m. Z7 **'Robusta'** syn. 'Autumn Beauty' Eine schöne und vermutlich die meistkultivierte Sorte der Gattung. Die Blütenstände sind länger als bei der Art und die gelben Blüten heben sich leuchtend von den dunkel-rotbraunen Brakteen ab.

CENTAUREA
Flockenblume, Kornblume
ASTERACEAE

Auf Wiesen und in Beeten mit mageren, durchlässigen Boden wachsen diese Pflanzen besonders gern. Sie sind beliebt bei Bienen und Schmetterlingen.

Die Gattung umfasst etwa 500 Arten. Die meisten sind krautige Stauden, einige verholzen an der Basis, einige sind ein- oder zweijährig. Die Mehrzahl stammt aus dem Mittelmeerraum und dem westlichen Asien. Einige Arten gelten in ihrer jeweiligen Heimat als Unkraut. Bei Gartenformen handelt es sich oft um Auslesen mit geordneterem Wuchs, reicherer Blüte oder schönerem Laub. Viele haben graue oder silbrige Blätter, die meist breit lanzettlich geformt und häufig entlang der Mittelader tief eingeschnitten sind. Einige sind nochmals geteilt und wirken zart fiedrig. Die silberlaubigen Arten haben meist auch weiß behaarte Stängel.

Die Blütenkörbchen ähneln denen von Disteln. Oft schiebt sich zunächst ein Polster aus kräftig gefärbten Zungenblüten aus der Knospe. Die einjährige Art mit längeren, trompetenförmigen äußeren Zungenblüten ist die Kornblume, *Centaurea cyanus*. Die Wurzeln sind bei *Centaurea* meist faserig. Nur einige Arten breiten sich – zuweilen aggressiv – durch Rhizome aus.

KULTUR Die meisten Arten und Sorten bevorzugen Sonne und durchlässigen, nährstoffarmen Boden, viele tolerieren auch Kalk. Das Entfernen welker Blüten regt die Bildung weiterer Knospen an.

VERMEHRUNG Durch Teilung oder Aussaat, Pflanzen mit verholzender Basis auch durch Basalstecklinge. Sorten sollen immer vegetativ ver-

mehrt werden. Silberlaubige Pflanzen am besten im Frühling teilen. Sorten mit besonders dekorativen, silbrigen, fein geschnittenen Blättern können auch im Februar unter Glas ausgesät und einjährig kultiviert werden.

PROBLEME Gelegentlich Blattläuse, Rost oder Echter Mehltau.

C. bella (Zierliche Silber-Flockenblume) Rhizompflanze mit Rosetten aus graugrünem Laub mit weißer Unterseite. Die Blätter sind in ovale oder lanzettliche Fiederblättchen geteilt, das endständige Segment ist etwas größer. Trägt von Mai bis Juli kornblumenartige Blütenkörbchen in Altrosa. Benötigt Sonne und toleriert fast alle Böden. Anzucht aus Samen oder Teilung im Herbst. Aus dem Kaukasus. ↕ 30 cm. Z6

C. benoistii Hohe Art mit graugrünen, an der Basis breiteren Blättern, die weiter oben am Stängel feiner geteilt sind. Die übliche Form, die aus dem Chelsea Physic Garden in London stammt, trägt von Juni bis September kräftig karminrote, knopfartige Blütenkörbchen und ist möglicherweise eine Hybride mit *C. atropurpurea*. Für gut durchlässigen Boden in sonniger Lage, toleriert aber auch etwas Schatten. Teilung im Herbst. Aus Marokko. ↕ 1,5 m. Z6

C. cheiranthifolia syn. *C. ochroleuca*, *C. montana* var. *citrina* Rhizompflanze mit lanzettlichen, ungeteilten Basalblättern oder 1 oder 2 (selten 3) Paaren von Lappen oder groben Zähnen. Die Stängelblätter können ebenfalls ungeteilt oder grob gezähnt sein. Die Brakteen, die die Knospen einrahmen, sind dunkel gerändert und tragen am Rand silbrige »Wimpern« – im Gegensatz zu den dunkelbraunen oder schwarzen der *C. montana*, von der sie sich auch durch die geringere Wüchsigkeit und die größeren, cremeweißen bis hellgelben Blütenkörbchen unterscheidet. Toleriert alle Böden, benötigt aber Sonne. Vermehrung durch Teilung. Aus der Türkei. ↕ 45 cm. Z4 **var. purpurascens** Ungewöhnliche Blütenfärbung: gelbliche Grundfarbe, violett oder altrosa überhaucht.

C. cineraria syn. *C. gymnocarpa* Variable Staude mit verholzender Basis, meist behaart und fast weiß, aufrecht und locker verzweigt. **subsp. cineraria** ♀ Die meistverbreitete Form, mit silbrig schimmernden, zweifach fein eingeschnittenen Blättern, die wie Palmwedel weich gebogen sind. Im Juli und August erscheinen kornblumenartige Blütenkörbchen in Altrosa. Wird traditionell aus Samen gezogen und als Einjährige kultiviert (diese Form erhielt die Auszeichnung). Hübsch in gemischten Pflanzungen im vorderen Beetbereich. Das Abschneiden der unansehnlichen Stängel regt den Austrieb neuer schöner Blätter an. Kann in durchlässigem Boden verblüffend frosttolerant sein, meist werden überwinterte Pflanzen aber staksig. Im Februar aussäen oder Basalstecklinge schneiden. Aus Italien. Blühend ↕ 80 cm, Basalblätter ↕ 45 cm. Z9 **'Colchester White'**

OBEN 1 *Centaurea dealbata*
2 *C. hypoleuca* 'John Coutts'
3 *C. macrocephala* **4** *C. montana*

Ungewöhnlich frosttolerante, jedoch seltene Sorte. Z7

C. dealbata Blätter mit hellgrünen Ober- und weißen Unterseiten, entlang der Mittelader gelappt oder selten ungelappt. Die aufrechten Blütentriebe tragen von Juni bis August kornblumenähnliche Blütenkörbchen in Altrosa mit weißem Zentrum. Vermehrung durch Teilung im Frühling. Aus der Türkei und dem Kaukasus. ↕ 90 cm. Z4
'Steenbergii' Kriechendes Rhizom und Blütenkörbchen in dunklem Pink bis Magenta legen nahe, dass dies eine Hybride sein könnte. ↕ 60 cm.

C. gymnocarpa siehe *C. cineraria*

C. hypoleuca Gruppen bildende Staude mit oberseits grünen und unterseits weißen Blättern in unterschiedlicher Form, meist jedoch im unteren Bereich geteilt mit größerem Segment an der Spitze. Altrosa Blütenkörbchen in typischer Kornblumenform erscheinen im Juni und Juli. Selten zu finden, jedoch zierlicher als die meisten bekannteren Sorten. Aus der Türkei und dem nördlichen Iran. ↕ 45 cm. Z4 **'John Coutts'** Größer, kräftiger gefärbt und mit gröber strukturierten Blütenkörbchen in intensivem Pink. Blüht bis in den September hinein. Eventuell eine Hybride mit *C. dealbata*. ↕ 60 cm.

C. jacea (Wiesen-Flockenblume) Eine variable Pflanze mit mehr oder weniger verzweigten Trieben und gezähnten Blättern, über denen sich von Juli bis August Blütenkörbchen in Mauve, manchmal Lila oder Violett, selten Weiß, erheben. Die Blütenkörbchen zeigen oft ein helleres Zentrum. Geeignet für Wildblumenwiesen, vor allem auf kalkhaltigem Boden. Gute Bienen- und Schmetterlingsweide. Kann aus Samen gezogen werden, selektierte Sorten sollten allerdings durch Teilung vermehrt werden. Aus Europa und angrenzenden Gebieten Asiens. In England ausgestorben. ↕ bis 1,5 m. Z6

C. macrocephala Über grünen ungelappten Blättern stehen von Juni bis August goldgelbe Blütenkörbchen auf unverzweigten Stängeln. Die Brakteen rings um die Knospen sind von hellbraunen, papierartigen Auswüchsen an ihren Rändern verdeckt. Aus der Türkei und dem Kaukasus. ↕ 90–120 cm. Z3

C. montana (Berg-Flockenblume) Breitet sich langsam, aber beständig aus, ohne zu wuchern, und bildet mittelgroße Gruppen aus behaarten, leicht grauen, lanzettlichen Blättern. Stängel mit breiten »Flügeln« tragen elegante Blütenkörbchen mit ausladenden, 5-zipfeligen, königsblauen Zungenblüten am Rand und rötlich violetten Röhrenblüten in der Mitte. Die Knospen sind von eng zusammenstehenden Schuppen umhüllt, deren Ränder mit auffälligen dunkelbraunen oder schwarzen Borsten besetzt sind. Durch sie unterscheidet sich die Pflanze von den eng verwandten Arten *C. cheiranthifolia* und *C. triumfettii*. Eine klassische Bauerngartenpflanze, die im Mai und Juni blüht. Auch gut zum Schnitt geeignet. Bevorzugt Sonne, gute Dränage und kalkhaltigen Boden, toleriert aber auch weniger durchlässigen oder sauren Boden und etwas Schatten. Vermehrung durch Teilung. Aus den Bergregionen Südeuropas. ↕ 45 cm. Z3
'Alba' Bezeichnung für verschiedene weiß blühende Formen, manchmal mit rosa getöntem Zentrum. **'Carnea'** Altrosa Blütenkörbchen. **var. citrina** siehe *C. cheiranthifolia*. **'Gold Bullion'** Gelbgrüne Blätter, an sonnigen Plätzen leuchtende Färbung. Im Halbschatten eher lindgrün. ↕ 40 cm. **'Lady Flora Hastings'** Weiße Blütenkörbchen mit längeren, tiefer eingeschnittenen Zungenblüten und schieferblauen Staubgefäßen über hellrosa Röhrenblüten **'Ochroleuca'** Wüchsige Rhizompflanze mit cremegelben Blütenkörbchen und grauen Blättern. Eventuell eine Form von *C. cheiranthifolia*. ↕ 25 cm. **'Parham'** Größer, mit relativ dunkellila Blütenkörbchen. ↕ 60 cm. **'Violetta'** Groß, dunkel-rotviolette Blütenkörbchen. Unter diesem Namen

werden mehrere recht unterschiedliche Pflanzen kultiviert. ↕ 60 cm.

C. ochroleuca siehe *C. cheiranthifolia*

C. orientalis Straff aufrechte, spärlich verzweigte Pflanze mit dunkelgrünen, ledrigen, ungeteilten Basalblättern und schmal gelappten Blättern im oberen Stängelbereich. Im Juli und August erscheinen strohgelbe Blütenkörbchen aus Knospen, die von papierartigen Brakteen umgeben sind. Für durchlässigen Boden in voller Sonne. Aus Südost-Europa und dem Fernen Osten. ↕ 80–120 cm. Z7

C. phrygia (Phrygische Flockenblume) Aufrechte, verzweigte oder unverzweigte Triebe tragen grüne bis graugrüne, ganzrandige oder gezähnte Blätter, über denen im Juni und Juli Blütenkörbchen in Altrosa bis Violett stehen. Die Stängel sind unter den Blüten verdickt und die Knospen sind von borstigen Auswüchsen an den Rändern der Schuppen bedeckt. Für gut durchlässigen Boden in sonniger Lage, toleriert aber auch leichten Schatten. Aus Nord-, Mittel- und Osteuropa bis zum nördlichen Teil der Baltischen Halbinsel. ↕ 30–120 cm. Z4

C. pulcherrima (Silber-Flockenblume) Staude mit verholzender Basis und mehreren Basalrosetten aus Blättern mit grau bis weiß behaarter Unterseite und manchmal leicht behaarter Oberseite. Variable Blattform, oft gelappt mit größerem Fiederblättchen an der Spitze. Aus den Rosetten erheben sich im Juli unverzweigte (selten verzweigte) Stängel mit altrosa Blütenkörbchen. Bevorzugt Sonne und gute Dränage. Vermehrung durch Samen oder Basalstecklinge. Aus dem Kaukasus und Kleinasien. ↕ 30–40 cm. Z6

C. **'Pulchra Major'** Gruppen bildende Pflanze mit bis 30 cm langen, gezähnten oder bis zur Mittelader eingeschnittenen Basalblättern mit grauer Ober- und fast weißer Unterseite. Von Juni bis

August entfalten sich die Blütenkörbchen aus knollenförmigen Gebilden mit einer Umhüllung aus papierartigen Auswüchsen, die auch nach dem Verwelken der Blütenkörbchen attraktiv aussehen. Sie stehen auf aufrechten, weiß behaarten Stängeln, die nur am unteren Teil kleinere Blätter tragen. Bevorzugt Sonne und gute Dränage. Sät sich in kalten Regionen nicht aus, kann aber geteilt werden. Ursprung unbekannt. Heute wird die Pflanze nur noch selten als *Centaurea* geführt, sondern den Gattungen *Rhaponticum* oder *Stemmacantha* zugeordnet. ↕ 75 cm. Z4

C. rupestris Leicht wollige bis nahezu glatte, schmal gelappte Blätter. Im Juli und August erheben sich unverzweigte Triebe mit Knospen, deren Ränder mit auswärts gerichteten Stacheln besetzt sind. Aus ihnen entfalten sich gelbe Blütenkörbchen. Bevorzugt Sonne, gute Dränage und kalkhaltigen Boden. Aus Italien und vom Balkan. ↕ 20–60 cm. Z6

C. ruthenica (Gelbe Flockenblume) Aus einem verholzenden Rhizom erheben sich normalerweise unverzweigte Triebe mit fein geteilten Blättern aus lanzettlichen Fiederblättchen mit dunkelgrüner Ober- und behaarter Unterseite. Trägt im Juli und August hellgelbe Blütenkörbchen. Gedeiht in der Sonne in den meisten durchlässigen Böden. Anzucht am besten aus Samen. Aus Rumänien und ostwärts bis Südrussland. ↕ 1 m. Z5

C. scabiosa (Skabiosen-Flockenblume) Eine sehr variable, aufrechte Staude mit tief gelappten (oder selten ganzrandigen) Blättern. Trägt von Juli bis September Blütenkörbchen in Altrosa bis Rotviolett. Gute Bienen- und Schmetterlingsweide, wenn auch etwas grob im Aussehen. Niedrigere, reicher blühende Sorten wären wünschenswert. Gut für

Grasflächen und Wiesen auf magerem, kalkhaltigem Boden in voller Sonne. Anzucht am besten aus Samen. Aus Europa. ‡ 15 cm bis 2 m. Z4 **fo. albiflora** Weiße Blüten. Ebenso variabel wie die Art.

C. simplicicaulis Eine hübsche, relativ niedrige, Gruppen bildende Staude den Beetvordergrund. Fein geteilte Blätter mit leichter, grau-silbrig schimmernder Behaarung auf der Oberseite und weiß behaarter Unterseite. Trägt von Mai bis Juni altrosa Blütenkörbchen auf schlanken, meist unverzweigten Stängeln. Für durchlässigen Boden in voller Sonne. Aus dem Kaukasus. ‡ 20–30 cm. Z5

CENTRANTHUS
Spornblume
VALERIANACEAE

Für Beete, Mauern und steinige Standorte ist die Spornblume gut geeignet. Sie ist bei Schmetterlingen sehr beliebt und hat eine lange Blütezeit.

Die etwa 12 Arten der Gattung mehrjähriger und einjähriger Pflanzen sowie niedriger Sträucher wachsen auf offenen, sonnigen Standorten in magerem, oft kalkhaltigem, sandigem bis steinigem Boden des Mittelmeerraums. Die meisten haben einen aufrechten Wuchs mit ungeteilten gegenständigen Blättern und kleinen Blüten, die in dichten Gruppen über dem Laub stehen. Nur eine Art wird in Gärten kultiviert.

KULTUR Bevorzugt nährstoffarmen, alkalischen, trockenen Boden.

VERMEHRUNG Aussaat oder Teilung im zeitigen Frühling.

PROBLEME Keine.

UNTEN **1** *Centranthus ruber* 'Albus'
2 *Cephalaria gigantea*

C. ruber (Rote Spornblume) Die reich blühende, duftende Pflanze bildet Gruppen aus aufrechten, verzweigten Trieben. Die relativ fleischigen, lanzettlichen, blaugrünen Blätter von 7,5 cm Länge sind kurz gestielt und stehen an leicht verholzten Trieben, über denen sich duftende, 1,5 cm große klar- bis scharlachrote Blüten in hohen, verzweigten Blütenständen erheben. Die Blüten erscheinen über einen langen Zeitraum im Spätfrühling, eignen sich gut zum Schnitt und locken Bienen und Schmetterlinge an. Schneidet man die Pflanzen nach der Blüte stark zurück, folgt oft im Sommer ein zweiter Flor. Sät sich reichlich selbst aus und kann im Steingarten lästig werden. Wird auf fruchtbarem Boden höher, neigt dann zum Umfallen und bildet weniger Blüten. In Gruppen sieht man meist verschiedene Blütenfarbtöne. ‡ 1 m. Z4 **'Albus'** Rohweiße, rosa überhauchte Blüten. Niedrigerer Wuchs. **'Atrococcineus'** Karminrot. Die dunkelste Sorte. **var. coccineus** Dunkelrote Blüten, aber heller als 'Atrococcineus'. **'Snowcloud'** Reinweiße Blüten ohne Rosastich, frischgrünes Laub.

CEPHALARIA
Schuppenkopf
DIPSACACEAE

Diese ausdauernd blühenden, aufrechten Pflanzen eignen sich besonders gut für den Hintergrund eines gemischten Beetes.

Die etwa 65 Arten von Stauden, Einjährigen und Sträuchern stammen aus Europa, Afrika und Zentralasien. Sie sind eng mit der Gattung *Scabiosa* verwandt und tragen wie diese kugelige Blütenstände auf schlanken Stängeln hoch über dem Laub. Die äußeren Blüten sind auffälliger und umgeben ein nadelkissenartiges Zentrum. Sie erscheinen vom Hochsommer bis in den Herbst. Die langen Blätter aus mehreren, gegenständigen, gezähnten

Fiederblättchen stehen hauptsächlich an den unteren Teilen der Triebe und in geringerer Größe dort, wo sich die Blütentriebe verzweigen.

KULTUR Gut durchlässiger Boden in Sonne oder Halbschatten.

VERMEHRUNG Aus Samen (sechs Wochen bei 5 °C stratifizieren) oder durch Teilung im Frühling.

PROBLEME Keine.

C. dipsacoides Aufrechte Pflanze mit dunkelgrünen, geteilten und gezähnten Blättern. Gruppen aus stattlichen, wenig verzweigten Trieben werden überragt von 5 cm langen, cremegelben Blütenköpfen mit einem Grünstich und dunklen Punkten. Die Fruchtstände eignen sich gut für die Trockenfloristik. Aus dem östlichen Mittelmeerraum. ‡ 1,8 m. Z4

C. gigantea syn. *C. tatarica, Scabiosa gigantea* (Großer Schuppenkopf) Das Laub aus gegenständigen, gezähnten, lanzettlichen Fiederblättchen ist hellgrün. Die kräftigen, locker verzweigten, luftigen Blütenstände tragen schlüsselblumengelbe Blütenköpfe, deren ungeöffnete Knospen grüne Zentren haben. Für die Farbe sorgen hauptsächlich die äußeren Blüten. Aus Sibirien bis in die nördliche Türkei. ‡ 2 m. Z3

C. leucantha Ausdauernd vom Spätfrühling bis in den Herbst blühende Art. Aus der verholzten Basis erheben sich drahtige Triebe mit Blättern aus linealischen oder lanzettlichen, gezähnten oder gelappten, gegenständigen Fiederblättern. Darüber erheben sich zahlreiche cremeweiße, manchmal reinweiße oder gelbe Blütenköpfe. Von trockenen, steinigen Standorten von Portugal bis zum Balkan. ‡ 2 m. Z4

C. tatarica siehe *C. gigantea*

CERATOSTIGMA
Hornnarbe
PLUMBAGINACEAE

Im Spätsommer und Herbst trägt diese halbverholzte Pflanze leuchtend blaue Blüten.

Die Gattung umfasst 8 Arten sommergrüner Pflanzen mit verholzender Basis. Sie stammen von trockenen, offenen Standorten in Asien, im Himalaja bis China und im tropischen Afrika. Von diesen werden 3 Arten häufiger in Gärten kultiviert. Die runden oder ausladenden, buschigen Pflanzen bilden manchmal unterirdische Ausläufer. Ihre ungeteilten Blätter zeigen oft eine schöne Herbstfärbung. An den Triebenden tragen sie Büschel leuchtend blauer Blüten, die der Bleiwurz ähneln. Die oberirdischen Teile sterben im Winter ab, die Pflanze treibt im Frühling neu aus.

KULTUR Gedeiht in jedem leichten Boden in voller Sonne.

VERMEHRUNG Durch Teilung, Absenker oder Stecklinge.

PROBLEME Keine.

C. griffithii Pflanze von runder Wuchsform mit vielen, rötlich braunen Trieben und graugrünen Blättern. Im August und September erscheinen an den Triebspitzen Büschel aus leuchtend blauen, 2–3 cm großen Blüten, die sich nacheinander öffnen. Braucht einen warmen, geschützten Platz. Von offenen, trockenen Standorten im Himalaja und in Westchina. ‡ 90 cm. Z9

C. plumbaginoides ♀ (Kriechende Hornnarbe) Ausladende Pflanze mit rötlichen Trieben und dunkelgrünen Blättern, die sich im Herbst und Frühwinter leuchtend rot färben. Die kurzen aufrechten Triebe tragen im September und Oktober endständige Büschel klarblauer Blüten von 2 cm Durchmesser. Aus Nord- und Mittelchina. ‡ 30–40 cm. Z5

C. willmottianum ♀ (Willmotts Hornnarbe) Die dunkelgrünen Blätter dieser rundlichen, strauchigen Pflanze haben oft einen violetten Rand und färben sich im Herbst rot. Von August bis Oktober öffnen sich die hell-himmelblauen, 2,5 cm großen Blüten. Aus China und Tibet. ‡ 90 cm. Z7 **Desert Skies ('Palmgold')** Gelbes Laub, das sich im Herbst rot färbt, kontrastiert im August und September mit den himmelblauen Blüten. Diese Sorte ist weniger widerstandsfähig. **Forest Blue ('Lice')** Zahlreiche, mittelblaue Blüten von August bis Oktober über grünem Laub, das sich im Herbst rot färbt.

CHAEROPHYLLUM
Kälberkropf
APIACEAE

Wörtlich übersetzt bedeutet der Gattungsname »ansprechendes Blatt«.

Die etwa 35 Arten der Gattung wachsen wild an Feldrändern, in offenen Wäldern und auf Wiesen in den nördlich-gemäßigten Regionen. Kultiviert werden nur wenige. Es sind entzückende Blatt- und Blütenpflanzen, deren Blätter mehrfach fein eingeschnitten sind. Ihre fiedrigen Segmente bilden einen schönen Hintergrund für die Dolden aus weißen, rosa oder gelblichen Blüten.

KULTUR In feuchtem, nahrhaftem Boden in Sonne oder Halbschatten.

VERMEHRUNG Aus Samen oder durch Teilung älterer Pflanzen im Frühling.

PROBLEME Keine.

C. hirsutum (Berg-Kerbelrübe, Rauhaariger Kälberkropf) Die hübsche Pflanze trägt im Spätfrühling bis Frühsommer Dolden aus weißen, manchmal rosa Blüten. Bildet Gruppen farnartiger Blätter mit frischem Apfelduft. Wächst in feuchtem Boden auf schattigen Standorten und Wiesen in den Bergen Mittel- und Südeuropas bis Südrussland und im Kaukasus. ‡ 60–90 cm. Z6 **'Roseum'** Eines der schönsten Mitglieder der Familie mit zartrosa Blüten.

LINKS 1 *Ceratostigma plumbaginoides* **2** *C. willmottianum* **3** *Chaerophyllum hirsutum* 'Roseum' **4** *Chamaemelum nobile* 'Flore Pleno'

CHAMAEMELUM
Römische Kamille
ASTERACEAE

Zu dieser Gattung gehören hübsche sonnenhungrige, Matten bildende Pflanzen mit fiedrigem, duftendem Laub und zahlreichen, gelb-weißen Blütenkörbchen.

Die 4 Arten duftender Stauden und Einjähriger sind auf Grasland und offenen Standorten in Europa und dem Mittelmeerraum heimisch, eine wird häufiger in Gärten kultiviert. Die ausladenden Triebe tragen leuchtend grüne, fein gefiederte Blätter. Im Sommer erscheinen viele, kleine Blütenkörbchen mit weißen Strahlenblüten und gelbem Auge. Die Blätter können bei Hautkontakt Allergien auslösen. ⚠

KULTUR Gedeiht in jedem gut durchlässigen Boden in voller Sonne.

VERMEHRUNG Teilung oder Aussaat im Frühling.

PROBLEME Keine.

C. nobile syn. *Anthemis nobilis* (Römische Kamille) Matten bildende Pflanze mit ausladenden Trieben, die sich an den Spitzen aufrichten, und fein gefiederten, bis 5 cm langen Blättern. Über einen langen Zeitraum von Juni bis August erscheinen 1,5–2,5 cm große Blütenkörbchen mit weißen Strahlen und gelbem Auge. Aus Westeuropa. Aus den getrockneten Blüten wird Kamillentee hergestellt, der das Einschlafen erleichtern soll. ‡ 25 cm. Z4 **'Flore Pleno'** Pomponartige, stark gefüllte weiße Blütenkörbchen mit grünlich überhauchtem Zentrum. **'Treneague'** Nicht blühende Sorte, die einen gleichmäßigen dichten Laubteppich bildet. Geeignet für Lücken in Pflasterflächen und für einen Kamillenrasen.

CHAMERION
ONAGRACEAE

Diese hübschen, jedoch leicht wuchernden Pflanzen sind schön für Beete und Wildblumengärten – oder zum Bewundern aus der Ferne.

Die Gattung umfasst etwa 15 Arten wüchsiger bis wuchernder Stauden, die aus den arktischen und gemäßigten Zonen der nördlichen Halbkugel stammen. Manche Experten raten wegen der Neigung zum Wuchern generell von der Kultur im Garten ab. Gruppen oder Kolonien aus aufrechten Trieben tragen zahlreiche, spiralig angeordnete Blätter und endständige Trauben aus Blüten mit 4 Sepalen und 4 Petalen. Die Pflanzen werden gelegentlich der Gattung *Epilobium* zugeordnet, die sich jedoch durch gegenständige Blätter und Blüten mit auffallend langen, abwärts gekrümmten Staubgefäßen auszeichnet.

KULTUR Gedeiht in nahezu jedem Gartenboden in Sonne oder Halbschatten.

VERMEHRUNG Durch Teilung während der Ruhezeit oder durch Basalstecklinge im Frühling.

PROBLEME Keine.

C. angustifolium syn. *Epilobium angustifolium* (Schmalblättriges Weidenröschen) Bildet schnell große Kolonien, die aus der Ferne besonders schön aussehen. Die kegelförmigen Trauben aus kräftig rosa Blüten mit 2–3 cm Durchmesser leuchten an Straßenrändern, Waldrändern und auf Brachland. Weidenähnliche schmale Blätter von 10–20 cm Länge stehen dicht an den Trieben. Im Garten die Ausbreitung der Wurzeln eindämmen und welke Blütenstände sofort entfernen, damit die Pflanze nicht überhand nimmt. Die Pflanze wird regional auch Brandkraut genannt, weil sie gern abgebranntes Gelände und Bombenkrater besiedelt. Heimisch in allen gemäßigten Zonen der nördlichen Halbkugel. ‡ 1,5–2 m. Z3 **'Album'**

DER AUFSTIEG DES WEIDENRÖSCHENS

Jahrhunderte lang war diese Pflanze in England kaum bekannt. Sie wuchs nur im Hochland und war in anderen Gebieten kaum zu sehen – bis der Autoverkehr zunahm und mehr Menschen Zigaretten rauchten. Autotouristen veranstalteten Picknicks, kochten auf offenem Feuer und warfen Zigarettenstummel weg, was zu einer dramatischen Zunahme von Heidebränden führte. Die abgebrannten Flächen wurden rasch vom Weidenröschen besiedelt. Auch in ehemaligen Waldbeständen, die im Ersten Weltkrieg abgeholzt wurden, in Bombenkratern, die im Zweiten Weltkrieg entstanden waren, und auf den vielen von den 60er-Jahren an stillgelegten Eisenbahnstrecken breitete es sich rasch aus.

Hinzu kommt, dass die Pflanzen reichlich Samen bilden, die vom Wind verbreitet werden. Eine durchschnittliche Pflanze dieser Art trägt bis zu 80 000 Samen. Nach der Keimung breiten sich die Sämlinge schnell – noch ehe sie erstmals blühen – mit kriechenden Trieben aus.

Dennoch meinen Experten, dass diese Gründe allein die extreme Verbreitung der Pflanze nicht erklären. Man nimmt an, dass eine andere Form aus Kanada ins Land gelangte und dass sich nicht die einheimische Form, sondern die kanadische ausbreitete.

Obwohl diese Pflanze Vorfahr einiger schöner Gartenformen ist, die sich größtenteils weniger aggressiv ausbreiten, ist es nicht ratsam, die Wildform in den Garten zu pflanzen. Wilde Sämlinge sollte man sofort entfernen und auch Gartensorten, die recht hübsch aussehen können, sind mit Vorsicht zu genießen.

Reinweiß. **'Isobel'** Hellrosa Blüten mit dunkleren Kelchblättern. **'Stahl Rose'** Magentafarbene Blüten.

C. dodonaei syn. *C. rosmarinifolium*, *Epilobium dodonaei* Gruppen bildende Pflanze mit kräftig rosavioletten Blüten von 2,5–4 cm Größe in Trauben an den Spitzen von Trieben. Diese tragen dicht stehende, schmal riemenförmige Blätter von 2–5 cm Breite. Kleiner und weniger aggressiv in der Ausbreitung als *C. angustifolium*, daher eher für den Garten geeignet. Hauptsächlich aus Bergregionen Mittel- und Südeuropas bis in die westliche Ukraine. ↕ 75–100 cm. Z5

C. rosmarinifolium siehe *C. dodonaei*

CHASMANTHIUM
POACEAE

In diese Gattung gehören Waldgräser, die eng mit Bambus verwandt sind und attraktive, an Hafer erinnernde Blütenstände tragen.

Die 6 Arten Laub abwerfender Pflanzen sind in Wäldern und trockenen Strauchlandschaften der östlichen USA und Mexikos heimisch. Die glatten, glänzenden, bambusartigen Blätter sind meist recht breit und spitz. Im Spätsommer erscheinen verzweigte Halme mit grünen, haferähnlichen Blütenährchen, die sich mit der Reife bronzebraun färben. Das Gras braucht Wärme und treibt erst im Spätfrühling aus. Schön in großen Gruppen in halbschattigen Gehölzgärten, an waldartigen Wegen oder im Vordergrund schattiger Staudenbeete.

KULTUR Am besten in feuchtem, nahrhaftem Boden mit reichlich verrottetem Garten- oder Laubkompost im lichten Schatten.

VERMEHRUNG Durch Samen oder Teilung im späten Frühling.

PROBLEME Keine.

C. latifolium syn. *Uniola latifolia* (Plattährengras) Gruppen leuchtend grüner, bambusartiger Blätter bis 20 cm Länge und 2 cm Breite stehen in der Sonne aufrecht und hängen im Schatten eher herab. Im Herbst färben sie sich goldgelb. Im Juli und August erscheinen gebogene Halme mit abgeflachten, haferähnlichen, 4 cm langen Blütenährchen in Olivgrün, die sich später bronzebraun färben und elegant über dem Laub hängen. Auch im Winter sehen sie attraktiv aus. Gedeiht im feuchten oder trockenen Schatten. Braucht Schutz vor kaltem Wind. Sehr gut zum Trocknen. Aus feuchten Wäldern der südöstlichen USA. ↕ 1,2 m. Z5

CHELIDONIUM
Schöllkraut
PAPAVERACEAE

Die goldgelben Blüten machen diese robuste, aber kurzlebige Pflanze zu einem Blickpunkt für Plätze im lichten Schatten.

Die Gattung umfasst nur eine Laub abwerfende Art, die in Wäldern und auf Brachland fast überall in Europa und Westasien zu finden ist und manchmal in Gärten kultiviert wird. Aus relativ fleischigen Wurzeln erheben sich aufrechte Triebe mit schön gelappten, blaugrünen Blättern, die, wenn sie verletzt werden, einen orangefarbenen Saft absondern. Im Sommer erscheinen wenigblütige Scheindolden aus goldgelben Blüten mit 2 runden Kelch- und 4 Kronblättern.

KULTUR Gedeiht in nahezu allen Böden in Sonne oder Schatten.

VERMEHRUNG Aussaat.

PROBLEME Keine.

C. japonicum siehe *Hylomecon japonicum*

C. majus (Schöllkraut) Aufrechte Pflanze mit tief gelappten, bis 25 cm langen, hell-blaugrünen Blättern mit gebuchtetem Rand. Die spröden Triebe tragen im Juni und Juli lockere Scheindolden aus kurzlebigen, leuchtend gelben Blüten von 2,5 cm Durchmesser. Eine schöne Pflanze für den Wildgarten oder eine separate Gartenecke, in der sie sich ausbreiten kann. Selbst die gefüllt blühenden Sorten säen sich großzügig selbst aus. Der Kräuterexperte John Gerard schrieb: »Der Saft hilft, die Augen zu schärfen.« Der Saft kann Hautreizungen verursachen. ↕ 45–60 cm. Z5 ⚠ **'Flore Pleno'** Gefüllte, länger haltbare Blüten. **var. *laciniatum*** Blätter und Petalen tief eingeschnitten. **'Laciniatum Flore Pleno'** Die schönste Sorte mit gefüllten Blüten über tief eingeschnittenen Blättern.

CHELONE
Schildblume, Schlangenkopf
SCROPHULARIACEAE

Der Name »Schlangenkopf« bezieht sich auf die Blütenform dieser Pflanze. Sie gedeiht gut in feuchtem Boden im Halbschatten.

Von den 6 Arten der Gattung, die aus feuchten Wäldern und Bergregionen Nordamerikas stammen, sind 3 relativ leicht erhältlich. Die haltbaren, wetterfesten Sommerblüten in Violett, Rosa oder Weiß erinnern an Löwenmäulchen und tragen einen »Bart« in der unteren Lippe. Sie stehen in dichten, endständigen Ähren, die sich später zu attraktiven Fruchtständen entwickeln. Die glänzend grünen Blätter sind gezähnt. Die Berührung der Samen kann Hautreizungen verursachen. ⚠

KULTUR Bevorzugt feuchten bis nassen Boden im Halbschatten. Je nasser der Boden, desto mehr Sonne vertragen die Pflanzen.

VERMEHRUNG Durch Aussaat oder Teilung im Frühling oder durch Weichholzstecklinge im Frühling und Frühsommer.

PROBLEME Gelegentlich Mehltau, Rost oder Blattflecken durch Pilzbefall.

C. barbata siehe *Penstemon barbatus*

C. glabra syn. *C. obliqua* var. *alba* (Schlangenkopf) Aufrechte, kantige Triebe tragen lanzettliche, bis 20 cm lange Blätter und im Spätsommer endständige Ähren aus 2,5 cm großen weißen Blüten. Die Knospen sind manchmal rosa überhaucht. Geeignet für Beete, in denen der Boden nie austrocknet, oder besser für Sumpfbeete. Heimisch in Nordamerika von Neufundland bis Georgia, westlich bis Minnesota. Im Staat New York geschützt. ↕ 60–90 cm. Z4

C. lyonii Das Hauptmerkmal dieser aufrechten Pflanze mit kantigen Trieben sind die lang gestielten, ovalen oder elliptischen gezähnten Blätter. Die rosa Blüten haben einen gelben Bart und halten etwa vier Wochen. Bevorzugt feuchten Boden, verträgt aber mehr Sonne als andere Arten. Aus den östlichen USA. ↕ 1,2 m. Z3

C. obliqua (Miesmäulchen) Die kurz gestielten, dunkelgrünen, manchmal scharf gezähnten Blätter haben vorspringende Adern. Im Spätsommer öffnen sich Blüten in Rosa bis Violett mit gelbem Bart. Schön in Kombination mit kleinwüchsigen Herbstastern. Aus den Feuchtgebieten der östlichen USA. In Michigan und Maryland geschützt. ↕ 60 cm. Z5 **var. *alba*** siehe *C. glabra*.

CHELONOPSIS
LAMIACEAE

Leider noch recht unbekannt sind diese wertvollen Pflanzen aus dem Fernen Osten für nahrhafte, feuchte Böden. Sie sind besonders schön im Herbst.

Die etwa 16 Arten von krautigen Stauden und Sträuchern wachsen wild vom Himalaja bis Japan, die meisten sind jedoch in China zu finden. Ihren Namen bekamen sie wegen der Ähnlichkeit zur Gattung *Chelone*. Die Triebe tragen gegenständige, gezähnte oder gebuchtete Blätter und in den Blattachseln Quirle aus 2–10 Blüten. Die Blütenkronen in langer Röhrenform haben 2 Lippen. Die obere ist eingekerbt, die untere dreilappig mit längerem Mittelsegment. Das Farbspektrum reicht von Weiß über Gelb bis Rotviolett. *Chelonopsis* verdient mehr Beachtung, weil sie im Herbst für Farbe im Garten sorgt.

KULTUR Bevorzugt nahrhaften, feuchten Boden.

VERMEHRUNG Aussaat oder Teilung im Frühling.

PROBLEME Keine.

C. moschata Aus kriechenden Rhizomen erheben sich schlanke Triebe mit schmalen, umgekehrt eiförmigen oder breit lanzettlichen Blättern. Von Juli bis September erscheinen in den Blattachseln 1–3 röhrenförmige, 3–4,5 cm lange Blüten in Rosarot. Die Pflanze wurde durch den Botaniker Martyn Rix eingeführt und gewinnt allmählich an Bekanntheit. Gut für einen Schattenplatz mit feuchtem, nahrhaftem Boden. Wächst wild an schattigen Flussufern in Japan. ↕ 1 m. Z6

C. yagiharana Gruppen bildende Pflanze mit aufrechten Trieben und leicht behaarten, länglichen oder eiförmigen, scharf gezähnten Blättern. Von Ende August bis November erscheinen in den oberen Blattachseln einzelne, dunkelrosaviolette Röhrenblüten von 3–3,5 cm Länge. Gedeiht in voller Sonne oder Halbschatten in magerem, gut durchlässigem Boden. *C. moschata* wird oft unter diesem Namen angeboten. Wächst wild zwischen Felsen in Japan. ↕ 20–30 cm. Z5

CHIASTOPHYLLUM
Walddickblatt
CRASSULACEAE

Typisch für diese robusten, Teppich bildenden Pflanzen sind die dicken Blätter, über denen Rispen winziger, gelber Blüten stehen.

Die einzige Art der Gattung ist eine Immergrüne, die in Felsspalten in den Bergwäldern des Kaukasus wächst. Verzweigte, kriechende Triebe bilden einen Teppich aus Blattrosetten, über dem sich gebogene Stängel mit kleinen, leuchtend gelben Glockenblüten erheben. Die fleischigen Blätter sind oval und rundlich gezähnt. Gut für den Beetvordergrund oder für eine halbschattige Nische in einer feuchten Mauer.

KULTUR Gedeiht in lockerem Boden mit gutem Wasserhaltevermögen in Sonne oder Halbschatten.

VERMEHRUNG Durch Teilung nach der Blüte oder durch Stecklinge.

PROBLEME Keine.

C. oppositifolium ♥ syn. *C. simplicifolium* (Goldtröpfchen, Walddickblatt) Kompakte, Matten bildende Rhizompflanze mit Rosetten aus glatten, fleischigen, ovalen Blättern bis 10 cm Länge, die sich manchmal im Spätsommer rötlich färben. Im Mai und Juni erheben sich gebogene Stängel mit dichten Rispen aus glockenförmigen, leuchtend gelben, 5 mm langen Blüten. Obwohl die Pflanze eine Sukkulente ist, bevorzugt sie einen kühlen, mäßig feuchten Boden, etwa unter einer Mulchschicht aus Splitt. ↕ 15 cm. Z7
'Jim's Pride' syn. 'Frosted Jade' Blätter mit breitem cremeweißem Rand, helle gelbe Blüten.

C. simplicifolium siehe *C. oppositifolium*

OBEN *Chiastophyllum oppositifolium* 'Jim's Pride'

CHIONOCHLOA
POACEAE

Diese stattlichen Gräser, die zumeist aus Neuseeland stammen, eignen sich für Kübel und Beete gleichermaßen.

Die Gattung umfasst etwa 20 Arten aus Neuseeland sowie eine aus Südost-Australien, die hauptsächlich an offenen Standorten mit feuchtem Boden auf Gebirgswiesen wachsen. Die immergrünen, spitzen, oft harten und scharfkantigen Blätter mit verholzender Basis bilden dichte Horste. Die Blütenstände sind sehr unterschiedlich. Manchmal sind sie als eindrucksvolle Rispen, zum Teil aber auch zart und unscheinbar ausgebildet. Einige Arten sind im Herbst besonders attraktiv, wenn sich ihr Laub fast weiß färbt oder verschiedene Bronze- und Rottöne annimmt. Weil einige Arten den Pampasgräsern *(Cortaderia)* stark ähneln, gibt es einige Verwirrung bei der Benennung.

KULTUR Fruchtbarer, gut durchlässiger Boden, jedoch kein schwerer Lehm, in offener, vor kaltem Wind geschützter Lage.

VERMEHRUNG Durch Aussaat oder durch Teilung im späten Frühling, wobei die Teilstücke recht groß sein sollten.

PROBLEME Keine.

C. conspicua Bildet dichte Horste aus flachen, bis 1,5 m langen und 1 cm breiten Blättern mit auffallend orangefarbenem Mittelstreifen. Von Mai bis August erscheinen auf kräftigen Halmen einseitige, fiedrige, hellgrüne bis weiße Blütenrispen von bis zu 45 cm Länge. Sie verfärben sich sanft braun, tragen tropfenförmige Samen und eignen sich gut zum Schnitt und zum Trocknen.

In der Natur wächst die Pflanze oft an offenen Standorten in Flussufernähe. Sehr eindrucksvoll als Solitärpflanze oder als Gruppe an einem geschützten Platz am Wasser. Aus Neuseeland. ↕ 2,1 m. Z8 **'Rubra'** siehe *C. rubra*.

C. flavicans Kräftig grüne, steife, riemenartige Blätter mit orangefarbener, verholzender Basis bilden dichte Horste. Von Mai bis August erscheinen kräftige, leicht gebogene Halme mit bis zu 75 cm langen, cremegelben, rispigen Blütenständen, die einige Monate lang halten. Braucht etwas Zeit, um sich zu etablieren und zu blühen. Ideal für einen Platz vor einer Mauer, an dem es im Winter geschützt ist und im Sommer viel Sonne bekommt. Aus dem Hochgebirge Neuseelands. ↕ 1,6 m. Z8

C. rubra syn. *C. conspicua* 'Rubra' Bildet dichte Horste aus fuchsroten, federkielartig eingerollten Blättern mit blaugrauer Rückseite. Im Mai und Juni erscheinen zarte Blütenstände, die auf dünnen Halmen zwischen dem Laub stehen. Sie sind nicht eindrucksvoll, tragen aber zum eleganten Aussehen des Grases bei. Braucht viel Wasser. Ideal für Kübel oder als Solitärgras. Wächst wild in torfigem Boden mit schlechter Dränage vom Flachland bis ins Gebirge. Aus Neuseeland. ↕ 75 cm. Z8

CHRYSANTHEMOPSIS siehe RHODANTHEMUM

CHRYSANTHEMUM
Chrysantheme, Winteraster
ASTERACEAE

Die winterharten Chrysanthemen werden wegen ihres dichten Wuchses und wegen der zahlreichen Blüten geschätzt, die spät in der Saison erscheinen.

Die Gattung umfasst etwa 20 Staudenarten, die in verschiedenen Lebensräumen Europas und Zentral- und Ostasiens heimisch sind. Von ihnen verholzen die meisten an der Basis und bilden Gruppen oder breiten sich durch Rhizome aus. Die aufrechten oder niederliegenden Triebe tragen wechselständige, gelappte Blätter und Blütenkörbchen, die ungefüllt, halbgefüllt, ganz gefüllt oder pomponförmig sein können und einzeln oder in Gruppen über dem Laub stehen. Die Röhrenblüten sind, sofern sichtbar, meist gelb und werden von Zungenblüten umgeben, die flach, wannenförmig oder eingerollt, bei einigen Sorten auch löffelförmig ausgebildet sein können.

Frühe Arten und Sorten blühen von August bis September, die spätesten von Oktober bis November oder bis in den Dezember hinein. Bei kaltem, feuchtem Herbstwetter kann die Blüte allerdings leiden. Alle Chrysanthemen eignen sich gut zum Schnitt.

RECHTS *Chionochloa conspicua*

CHRYSANTHEMUM ODER DENDRANTHEMA?

Als der vertraute botanische Name der Gartenchrysantheme von *Chrysanthemum* in *Dendranthema* geändert wurde, gab es einigen Aufruhr. Es hieß, die Botaniker hätten den Kontakt zu den Gärtnern verloren, und man witzelte über die »Englische Dendranthema-Gesellschaft« oder den Kauf »eines Straußes Dendranthemen« beim Floristen.

Die Namensänderung war die Folge der konsequenten Anwendung der Nomenklatur-Regeln, die im Internationaler Code der Botanischen Nomenklatur (ICBN) festgelegt sind und weltweit gelten. Vor allem wurde die Prioritätsregel angewandt. Sie besagt, dass der erste für eine Pflanze vergebene Name, der eine erkennbare Beschreibung enthält, zu verwenden ist, und das war *Dendranthema*. Später wurde jedoch eine andere Regel angewandt – dass nämlich ein vertrauter und vielfach verwendeter Name, der auch im Handel gebräuchlich ist, erhalten bleiben und nicht durch die Prioritätsregel »abgeschafft« werden soll. So wurde der Gattungsname zur Freude vieler Berufs- und Hobbygärtner wieder zu *Chrysanthemum* geändert.

In diesem Buch werden nur die Sorten vorgestellt, die im Garten gut gedeihen. Die vielen Sorten, die als Schnittblumen oder für Ausstellungen gezüchtet werden, sind nicht erfasst. Viele bekannte Pflanzen, die früher der Gattung *Chrysanthemum* zugeordnet wurden, werden wegen verschiedener Unterschiede heute in die Gattungen *Ajania, Leucanthemum, Leucanthemella, Nipponanthemum, Rhodanthemum* und *Tanacetum* eingeordnet (siehe auch *Chrysanthemum oder Dendranthema?*).

Es gibt so viele unterschiedliche Chrysanthemensorten, dass die Britische Chrysanthemengesellschaft ein Klassifizierungssystem entwickelt hat, das die Zuordnung erleichtern soll (siehe *Sorten über Sorten*).

Alle Teile von Chrysanthemen können bei Verzehr größerer Mengen leichte Übelkeit verursachen. Berührung des Laubs kann bei empfindlichen Personen Hautreizungen oder Kontaktallergien auslösen. ⚠

KULTUR Gartenchrysanthemen sind an den meisten Standorten voll winterhart. Am besten gedeihen sie in gut durchlässigem, alkalischem, mäßig nahrhaftem Boden. Alle drei Jahre im Frühling teilen. Nach der Blüte auf 10 cm zurückschneiden und in sehr kalten Gegenden mit einer trockenen Mulchschicht schützen oder ausgraben und im kalten Frühbeet überwintern.

VERMEHRUNG Durch Teilung oder Basal-Triebstecklinge im Frühling.

PROBLEME Anfällig für Weißen Rost.

C. **'Anastasia'** (28b) Von September bis November dunkel-rosaviolette, 3,5–4 cm große, pomponförmige Blütenköpfchen mit gelbem Auge an buschigen Pflanzen. Vor 1939 gezüchtete Sorte. Experten sind uneinig, ob es sich um eine etwas frühere und dunklere Sorte handelt als 'Mei-kyo', oder ob sie identisch ist. Die heute unter den Namen kultivierte Pflanze entspricht nicht immer dem Original. ↕ 70 cm. Z5

C. **'Apollo'** (29K) Ungefüllte bis halbgefüllte, 5 cm große Blütenkörbchen von Oktober bis November. Die gelben Zungenblüten haben orangefarbene Spitzen. ↕ 120 cm. Z5

C. **'Apricot'** (29Rub) Ungefüllte, 6 cm große Blütenkörbchen mit relativ breiten, orangefarbenen Strahlen- und gelben Scheibenblüten von Oktober bis November. Siehe auch 'Hillside Sheffield'. Rubellum-Sorte. ↕ 60 cm. Z7

C. **'Bronze Elegance'** (28b) Orangebraune, 3 cm große, japanische Halbpompon-Blütenkörbchen von September bis November. Ursprünglich eingeführt 1973 von Will Ingwersen. Ein Sport von 'Mei-kyo' aus dem Garten eines seiner Kunden. ↕ 70 cm. Z5

C. **'Carmine Blush'** (29Rub) Ungefüllte, 6 cm große Blütenkörbchen in Rosa mit gelbem Auge von Oktober bis November. Rubellum-Sorte. ↕ 70 cm. Z7

C. **'Clara Curtis'** (29Rub) Ungefüllte, rosa Blütenkörbchen von 6 cm Durchmesser von September bis Oktober. Auge zunächst grünlich gelb, später gelb. Gezüchtet von Perry's Hardy Plant Farm, Middlesex, 1937 eingeführt. Rubellum-Sorte. ↕ 60 cm. Z6

C. **'Color Echo'** (28) Rötlich violette, ungefüllte, 3,5 cm große Blütenkörbchen mit gelbem Auge von September bis November. Ein Sport von 'Mei-kyo', selektiert von Pamela Harper, Virginia, USA, Ende des 20. Jahrhunderts. ↕ 60 cm. Z5

C. **'Doctor Tom Parr'** (28b) Rötlich orangefarbene, japanische Halbpompon-Blütenkörbchen mit 3 cm Durchmesser von Oktober bis November. ↕ 60 cm. Z5

C. **'Duchess of Edinburgh'** (29Rub) Weichtriebige Rubellum-Sorte mit dunkelroten, halbgefüllten, 7 cm großen Blütenkörbchen von September bis November. Die Rückseite der Zungenblüten ist cremeweiß mit roten Streifen, einzelne Zungenblüten sind oft auch im gelben Zentrum zu finden. Gezüchtet von Perry's Hardy Plant Farm, Middlesex, 1948 eingeführt. ↕ 70 cm. Z7

RECHTS 1 *Chrysanthemum* 'Apricot' **2** *C.* 'Duchess of Edinburgh' **3** *C.* 'Mei-kyo' **4** *C.* 'Nantyderry Sunshine' **5** *C.* 'Pennine Polo' **6** *C.* 'Tapestry Rose'

C. **'Edelweiss'** (29K) Koreanische Sorte mit halbgefüllten, leicht zerzausten, 7 cm großen Blütenkörbchen von September bis November. Zungenblüten weiß, mit zunehmendem Alter hellrosa, Auge gelb. ↕ 60 cm. Z5

C. **'Emperor of China'** (29Rub) Eine alte Sorte mit relativ schlaffen Trieben, ähnlich den späteren Rubellum-Sorten. Gefüllte, 6 cm große Blütenkörbchen mit dunkel-pinkfarbenen, eingerollten Zungenblüten. Während der Blütezeit von November bis Dezember zeigt das Laub einen Rotschimmer. ↕ 120 cm. Z6

C. **'Hillside Sheffield'** (29Rub) Trägt im Oktober 7,5 cm große Blütenkörbchen mit einem einzelnen Kranz aus kräftig apricotfarbenen, spitzen Zungenblüten und einem gelben Auge. Die von Natur aus rundlich wachsenden Pflanzen sind völlig mit Blüten bedeckt. Robuste, verlässliche amerikanische Sorte, entdeckt in einem Garten in Sheffield, Connecticut, USA, und eingeführt durch Fred McGourty von Hillside Gardens. Bei *C.* 'Single Apricot', *C.* 'Sheffield Pink', *C.* 'Sheffield Apricot', 'Apricot' und 'Hillside Sheffield Pink' handelt es sich vermutlich um die gleiche Pflanze. ↕ 60–90 cm. Z5

C. **'Innocence'** (29Rub) Der Name wurde ursprünglich für eine ungefüllte weiße, koreanische Sorte verwendet. Gezüchtet von Cumming (siehe Sorten über Sorten). Heute werden unter diesem Namen Rubellum-Sorten kultiviert. Sie tragen von Oktober bis November 6 cm große Blütenkörbchen in Hellrosa. Die weißen Ansätze der Zungenblüten bilden einen Ring, der die grünlich gelben Röhrenblüten umgibt. ↕ 80 cm. Z7

C. **'Mary Stoker'** (29Rub) Ungefüllte, 5 cm große Blütenkörbchen mit gelben Zungenblüten, die sich im Alter orange und apricot färben, erscheinen von September bis November. Das Auge ist zunächst grünlich gelb, später gelb. Gezüchtet von Perry's Hardy Plant Farm, Middlesex, und 1942 eingeführt. Rubellum-Sorte. ↕ 70 cm. Z7

C. **'Mei-kyo'** (28b) Buschige Pflanze mit 3,5–4 cm großen, hell-lilarosa Blütenkörbchen in japanischer Halbpompon-Form von September bis November. Will Ingwersen erhielt die Pflanze aus Japan in den 1950er-Jahren. Wird manchmal für identisch mit 'Anastasia' erklärt, hat aber hellere Blütenstände in Halbpompon-Form. ↕ 60 cm. Z5

C. **'Mrs Jessie Cooper'** (29Rub) Kräftig pinkfarbene, ungefüllte, 7 cm große Blütenkörbchen mit gelbem Auge von Oktober bis Dezember. Gezüchtet von Perry's Hardy Plant Farm, Middlesex, 1940 eingeführt. Rubellum-Sorte. ↕ 80 cm. Z5

C. **'Nancy Perry'** (29Rub) Halbgefüllte, 8 cm große Blütenkörbchen in Rosa. Die Zungenblüten entrollen sich unregelmäßig von Oktober bis November. Gezüchtet von Perry's Hardy Plant Farm, Middlesex, 1945 eingeführt. ↕ 70 cm. Z5

C. **'Nantyderry Sunshine'** ♥ (28b) Gelbe, japanische Halbpompon-Form. 3 cm große Blütenkörbchen mit dunkler gelbem Auge öffnen sich von Oktober bis November. Eingeführt 1991 von Ingwersen's Nursery in 1991. Ein Sport von 'Bronze Elegance', entdeckt 1989 im Garten von Rose Clay in Wales, Großbritannien. ↕ 70 cm. Z5

C. **'Pennine-Serie'** (29) Eine Serie relativ frostharter Gartenchrysanthemen, die nahezu alle arttypischen Blütenfarben umfasst. Gezüchtet von Rileys bei Alfreton, Derbyshire. ↕ 90–120 cm. Z6

C. **'Pennine Polo'** ♥ (29d) Ungefüllte, 8 cm große Blütenkörbchen mit weißen Zungenblüten und gelbem Auge von Ende August bis Oktober. ↕ 90 cm. Z6

C. **'Peter Sare'** (29Rub) Halbgefüllte, 8 cm große Blütenkörbchen in Rosa. Eventuell identisch mit *C.* 'Nancy Perry'. Rubellum-Sorte ↕ 70 cm. Z5

C. **'Purleigh White'** (28b) Japanische Halbpompon-Form. 3 cm große Blütenkörbchen mit weißen, zartrosa überhauchten Zungenblüten von September bis November. Ein Sport von 'Mei-kyo', eingeführt 1990 von Ingwersen's Nursery. ↕ 70 cm. Z5

C. **'Royal Command'** (29Rub) Dunkelrote, ungefüllte, 8 cm große Blütenkörbchen mit anfangs eingerollten Zungenblüten im September bis November. Gezüchtet von Perry's Hardy Plant Farm, Middlesex, 1949 eingeführt. Rubellum-Sorte ↕ 80 cm. Z6

C. **'Ruby Mound'** (29K) Rotbraune, gefüllte, 7 cm große Blütenkörbchen von Oktober bis November. ↕ 75 cm. Z5

C. **'Sheffield Apricot'**, 'Sheffield Pink' siehe 'Hillside Sheffield'

C. **'Single Apricot'** siehe 'Hillside Sheffield'

C. **'Tapestry Rose'** (29K) Dunkelpinkfarbene, koreanische, ungefüllte Sorte. 7 cm große Blütenkörbchen mit grünem Zentrum von Oktober bis November. ↕ 80 cm. Z5

C. **'Venus'** (29K) Koreanische Sorte mit ungefüllten, 7 cm großen Blütenkörbchen in mittlerem Rosa. Die weißen Ansätze der Zungenblüten bilden einen Ring um das gelbe Auge. ↕ 90 cm. Z5

C. **'Wedding Day'** (29K) Weichtriebige, koreanische Sorte mit halb gefüllten, 7 cm großen Blütenkörbchen von Oktober bis Dezember. Cremeweiße, später apricotfarbene Zungenblüten umgeben ein grünlich gelbes Zentrum. Gezüchtet von Olive Murrell in den Orpington Nurseries, Kent. ↕ 110 cm. Z6

C. **'Winning's Red'** (29Rub) Ungefüllte, 7 cm große Blütenkörbchen mit schmalen, roten Zungenblüten und gelbem Auge von September bis Oktober. Rubellum-Sorte. ↕ 75 cm. Z6

BUNTE HERBSTKLASSIKER

ASTERN UND CHRYSANTHEMEN, die beiden klassischen Herbststauden, geben sich hier ein farbenfrohes Stelldichein. Den Hintergrund bildet eine *Aster novae-angliae* in kräftigem Blauviolett, deren Blütenkörbchen über mehrere Wochen erscheinen. Die Chrysanthemen davor sorgen für leuchtenden Kontrast. Früher gestaltete man in den Parks größerer Anwesen solche Rabatten, indem man die Pflanzen erst kurz vor der Blüte in ein gemeinsames Beet pflanzte und später wieder trennte, um sie durch andere, vielleicht Frühlingsblüher, zu ersetzen. Heute pflanzt man Narzissen oder andere wüchsige Zwiebel-Geophyten einfach zwischen die Astern und Chrysanthemen, wo sie sich vermehren dürfen.

SORTEN ÜBER SORTEN

Die Chrysanthemenzucht ist ein bedeutender Geschäftszweig, der sich hauptsächlich auf die Schnittblumen- und Topfpflanzenproduktion konzentriert. Für Ausstellungen werden völlig andere Sorten gezüchtet – doch alle gedeihen bei geeigneten Bedingungen auch im Garten. Allerdings sind viele Arten für Hobbygärtner nur schwer erhältlich. Typische Schnitt- und Topfchrysanthemen werden nur von den Gärtnereien meist nicht angeboten. Ständig kommen neue Sorten auf den Markt, deren Vermehrung genehmigungspflichtig ist, während andere verschwinden. Ausstellungssorten sind meist nur in einem kleinen Kreis von Liebhabern im Umlauf. Sie gedeihen zwar gut im Garten, doch es ist schwierig, die großen Blüten im Freiland in guter Form zu halten. Die hier vorgestellten Sorten sind speziell für die Kultur im Garten gedacht.

Es gibt so viele verschiedene Chrysanthemensorten, dass die Britische Chrysanthemengesellschaft ein Klassifizierungssystem entwickelt hat, um die Zuordnung zu erleichtern. Die Codes werden zwar von Staudenliebhabern seltener benutzt und viele beziehen sich auf Ausstellungssorten, dennoch kann es sich lohnen, sie zu kennen. Die meisten winterharten Gartensorten (28 und 29) sind Sorten von *C.* × *grandiflorum* (*C. indicum* × *C. japonicum*).

28 Früh blühende Pomponsorten für das Freiland.

28b Halbpompon, gelegentlich japanischer Pompon genannt, mit gelbem Auge. Die meisten Sorten stammen von 'Mei-kyo' ab, die 1960 aus Japan nach England eingeführt wurde.

29 Früh blühende, verzweigte Sorten für das Freiland.

29d Ungefüllt.

29K Korean. Koreanische Sorten. Angeblich entwickelt aus einer Kreuzung von *C. coreanum* und *C.* × *grandiflorum* 'Ruth Hatton', erstmals gezüchtet 1937 von Alexander Cumming in den Bristol Nurseries, Connecticut, USA. Die Bristol Nurseries liegen in Z6, insofern sind diese Sorten recht frostverträglich.

29Rub Rubellum. Vermutlich Hybriden von *C. zawadskii* und *C.* × *grandiflorum*. Die Kreuzung wurde erstmals 1929 in Wales dokumentiert. Sie haben einen leicht ausladenden Wuchs.

CHRYSOGONUM
Goldkörbchen
ASTERACEAE

Goldkörbchen sind hübsche, Matten bildende Pflanzen, die über einen langen Zeitraum blühen.

Die Gattung umfasst nur eine Art, eine kriechende Pflanze aus feuchten Wäldern der östlichen USA. Sie bildet Matten aus einfachen Blättern, über denen sich im Frühling und Sommer kleine dottergelbe, sternförmige Blütenkörbchen öffnen. Ein schöner Bodendecker für den Beetvordergrund.

KULTUR Gedeiht am besten in voller Sonne und Boden mit gutem Wasserhaltevermögen, toleriert aber auch Halbschatten.

VERMEHRUNG Durch Teilung oder Aussaat.

PROBLEME Keine.

C. virginianum (Goldkörbchen) Reich belaubte, niedrige, mehr oder weniger immergrüne Rhizompflanze, deren lang gestielte, ovale Blätter von 2,5–10 cm Länge flach gezähnte Ränder haben. Von April bis August oder September öffnen sich goldgelbe, 4 cm große Blütenkörbchen mit 5 ovalen, kronblattähnlichen Zungenblüten. ↕ 30 cm. Z6

CHRYSOSPLENIUM
Milzkraut
SAXIFRAGACEAE

Diese schattenverträglichen, Matten bildenden Pflanzen für feuchte Standorte tragen im Frühling kleine, aber leuchtende Blüten.

Zur Gattung gehören etwa 55 Arten Feuchtigkeit liebender, kriechender Pflanzen, die an feuchten, schattigen Standorten in Europa, Asien und Nord- und Südamerika wachsen. Nur eine Art wird häufiger in Gärten kultiviert, weitere wurden jedoch kürzlich eingeführt und werden derzeit beurteilt. Die kriechenden Triebe mit rundlichen, gezähnten Blättern bewurzeln bei Bodenkontakt. Die Blüten sind winzig, weiß oder gelb und werden bei vielen Arten durch einen Kranz farbiger, laubähnlicher Brakteen betont.

KULTUR Benötigt dauerfeuchten Boden ohne Staunässe im Halbschatten.

VERMEHRUNG Durch Teilung.

PROBLEME Keine.

C. davidianum Immergrüne oder Laub abwerfende Pflanze, die eine Matte aus fleischigen, bei Bodenkontakt bewurzelnden Trieben mit runden, stumpf gezähnten, mattgrünen, behaarten Blättern bildet. Von Anfang April bis Mai oder Juni erscheinen an den Spitzen der rötlichen Triebe Blütenstände mit kleinen gelben Blüten, die von gelben, laubartigen Brakteen umgeben sind. Ein guter Bodendecker, der im Frühling Farbe in schattige Gartenecken bringt. Bevorzugt leicht feuchten Boden. Aus feuchten Wäldern Westchinas. ↕ 5 cm. Z6

CICHORIUM
Wegwarte
ASTERACEAE

Die 8 Arten von Stauden und Einjährigen stammen aus offenen, trockenen Lebensräumen in Europa, vor allem dem Mittemeerraum, Südwest-Asien und Äthiopien. Alle enthalten einen Milchsaft.

Die Staudenarten bilden meist stattliche Rosetten aus tief gelappten Blättern. Die verzweigten Triebe mit kleinen, wechselständigen Blättern tragen in den Blattachseln blaue Blütenkörbchen, die nur aus Zungenblüten bestehen. Zu dieser Gattung gehören auch die essbaren Arten Chicoree und Endivie. Alle Teile der Pflanzen können bei Berührung Hautreizungen verursachen oder Kontaktallergien auslösen. ⚠

KULTUR Benötigt volle Sonne und mageren bis mäßig nahrhaften Boden mit guter Dränage.

VERMEHRUNG Aussaat im Herbst oder Frühling bei 10 °C. Sämlinge von rosa und weißen Formen sind in der Farbausbildung unberechenbar. Diese Formen können durch Ableger vermehrt werden.

PROBLEME Gelegentlich Schnecken, Mehltau, Rost und Salatringnekrose.

OBEN **1** *Chrysogonum virginianum*
2 *Chrysosplenium davidianum*
3 *Cichorium intybus* 'Roseum'

C. intybus (Wegwarte) Rosetten bildende Staude mit kräftiger Pfahlwurzel und tief gelappten bis gezähnten, grob lanzettlichen Blättern bis 30 cm Länge. Die steifen, aufrechten, verzweigten Triebe tragen nur wenige Blätter und kurz gestielte, blaue Blütenkörbchen. Die Blüten, die sich um die Mittagszeit schließen, öffnen sich unregelmäßig über einen Zeitraum von vier Monaten von Juli bis Oktober. Gedeiht auf den meisten Böden, bevorzugt aber einen leichten Kalkgehalt. Aus dem Mittelmeerraum und dem südlichen sowie eventuell westlichen Europa. In vielen Ländern verwildert. ↕ 1,2 m. Z3 **fo. album** Weiße Blüten. **'Roseum'** Rosa Blüten. Die Varietäten var. *foliosum* und var. *sativum* werden als Salat bzw. Kaffeezusatzstoff angebaut (siehe *Chicoree und Endivie*).

CIMICIFUGA siehe ACTAEA

CHICOREE UND ENDIVIE

Die in Südeuropa heimische Gattung *Cichorium* wird seit langer Zeit als Gemüse und Heilpflanze kultiviert. Chicoree (*C. intybus* var. *foliosum*), dessen rotblättrige Form als Radicchio bekannt ist, wird als Salat geschätzt. Regionale Sorten werden seit Jahrhunderten in Europa angepflanzt, daneben haben heutige Züchter auch moderne Sorten entwickelt. Kultiviert man die Pflanze wie Salat unter Lichteinwirkung, haben die Blätter einen bitteren Geschmack. Darum werden sie häufig gebleicht oder bei Dunkelheit getrieben, sodass die Blätter heller ausfallen und milder schmecken.

Diese Form der Kultur kann im Treibhaus vorgenommen werden, aber auch im Garten, indem man die Blätter zusammenbindet und einen Tonblumentopf über die Pflanzen stülpt.

Die fleischigen Wurzeln der Kaffee-Zichorie (*C. intybus* var. *sativum*) werden seit langer Zeit getrocknet, geröstet und gemahlen und als Zusatzstoff zu Kaffee oder als Kaffeeersatz verwendet. Zichorienkaffee kann man noch heute kaufen. Bis ins 19. Jahrhundert wurde das Laub auch als Viehfutter verwendet, weil es angeblich die Milchproduktion von Kühen anregte.

CIRSIUM
Kratzdistel
ASTERACEAE

Stachelige Blätter und typische »Distelblüten« im Sommer sind charakteristisch für diese hohen, verzweigten Beetstauden.

Etwa 200 Arten zwei- und mehrjähriger Pflanzen wachsen in verschiedenen Lebensräumen vom Flachland über Bergwiesen bis zu Flussufern. Die meisten sind aufrecht und haben einfache oder tief gelappte, stachelige Blätter und charakteristische Blütenkörbchen in Rot, Violett, Gelb oder Weiß. Sie öffnen sich im Sommer und bestehen aus kleinen, röhrenförmigen Einzelblüten. Viele gelten als wuchernde Unkräuter, die sich durch Rhizome ausbreiten. Einige Arten sind jedoch sehr stattliche Beetpflanzen. Die Samen werden durch den Wind verteilt.

KULTUR Gedeiht in jedem nahrhaften Boden in voller Sonne. Welke Blüten entfernen, um die Selbstaussaat zu verhindern.

VERMEHRUNG Aussaat oder Teilung.

PROBLEME Anfällig für Mehltau.

C. helenoides siehe *C. heterophyllum*

C. heterophyllum siehe *C. heterophyllum*

C. heterophyllum syn. *C. helenoides* (Verschiedenblättrige Kratzdistel) Robuste Pflanze, die sich unterirdisch ausbreitet und große Kolonien aus ungeteilten, gezähnten, lanzettlichen Blättern bis 40 cm Länge bildet. Die Blattunterseiten sind filzig weiß. Im

Juli und August trägt sie auf wolligen, weißen Stängeln meist einzelne violette Blütenkörbchen von 5 cm Durchmesser. Heimisch auf feuchten Wiesen in weiten Teilen Nordeuropas und auf den Britischen Inseln. ↕ 1–1,5 m. Z5

C. japonicum (Japanische Kratzdistel) Schlanke, aufrechte Pflanze mit meist grundständigen, tief gelappten, stacheligen, dunkelgrünen Blättern bis 30 cm Länge. Von Juli bis August oder September öffnen sich auf verzweigten, spärlich belaubten Stängeln 5 cm große Blütenkörbchen in Pink oder Lila. Eine schöne Beetpflanze, auch gut zum Schnitt geeignet, jedoch kurzlebig. Aus Samen gezogene Sorten sind oft variabel. Vom tief liegenden Grasland Japans. ↕ 1–1,5 m. Z6 'Pink Beauty' Blütenkörbchen in zartem Rosa. 'Rose Beauty' Kräftig pinkfarbene Blütenkörbchen.

C. rivulare (Bach-Kratzdistel) Gruppen bildende Pflanze mit einfachen oder geteilten, bis 45 cm langen Blättern, deren Ränder stachelig sind. Blattoberseiten dunkelgrün, Unterseiten grau behaart. Im Juni und Juli erheben sich rosaviolette Blütenkörbchen von 3–4 cm Durchmesser einzeln oder in Zweier- bis Dreiergruppen an verzweigten, spärlich belaubten Stängeln. Von feuchten Standorten mit saurem Boden in Mittel- und Südwest-Europa. ↕ 1–1,5 m. Z5 'Atropurpureum' Blüten in Pink bis Magenta. Die meistverbreitete Gartenform. Hellere, falsch benannte Sorten sollte man meiden.

CLEMATIS
Clematis, Waldrebe
RANUNCULACEAE

Diese Pflanzenfamilie ist vor allem wegen der schön blühenden Kletterpflanzen bekannt, umfasst aber auch ausgezeichnete Beetstauden.

Etwa 200 Arten verholzender immergrüner und Laub abwerfender Kletterpflanzen und Stauden sind in Europa, dem Himalaja, China, Australasien sowie Nord- und Südamerika heimisch. Die Staudenarten haben meist eine verholzende Basis, jedoch im Gegensatz zu den kletternden Formen meist keine rankenden Blattstiele.

Die schlanken, an der Basis meist verholzenden Triebe tragen Paare von Blättern, die ledrig oder zart sein können und in der Form stark variieren – einfach und lanzettlich oder herzförmig, aber auch in 3 oder 5 lanzettliche oder ovale Segmente geteilt. Viele haben nickende, einzeln oder in Gruppen stehende Blüten mit 4–10 Tepalen (Blütenhüllblätter, die gleichartig gestaltet sind). Bei vielen Arten entwickeln sich nach der Blüte duftige Fruchtstände. Die Zahl der Namensarten nimmt stetig zu, auch einige Kreuzungen zwischen kletternden Sorten und Staudenformen wurden vorgestellt (siehe auch *Verholzend oder krautig?* S. 128).

Botaniker haben sich in letzter Zeit eingehend mit verschiedenen Clematis-Sorten befasst und die Artzugehörigkeit einiger neuer Sorten überprüft. Sofern die Zuordnung noch nicht eindeutig geklärt ist, wird dies im Folgenden erwähnt.

KULTUR Gedeiht in durchlässigem, humusreichem Boden in voller Sonne. Im Spätherbst oder zeitigen Frühling bis knapp über dem Boden zurückschneiden. Einige Arten können mit buschigen Sträuchern kombiniert werden, deren Zweige als Stütze fungieren. Andere eignen sich zum Begrünen von Böschungen oder Freiflächen in Staudenbeeten.

VERMEHRUNG Arten durch Aussaat sofort nach der Samenreife (den pelzigen »Anhang« entfernen), durch Teilung oder Weichholzstecklinge im Frühling.

PROBLEME Blattflecken durch Pilzbefall, Weiße Fliege und Schildläuse. Staudenformen sind allgemein weniger anfällig für die Clematiswelke als die großblumigen, kletternden Formen.

C. addisonii Anfangs aufrecht wachsende, später (wenn sie nicht gestützt werden) niederliegende Triebe. Die zuerst austreibenden, blaugrünen Blätter sind ungeteilt und oval, die späteren in 4–6 ovale Blättchen verschiedener Größe geteilt. Im Frühsommer erscheinen 1,5–3 cm lange Blüten an den Triebspitzen und in den Blattachseln. Sie sind urnenförmig, außen violett mit cremeweißem Rand und innen cremeweiß. Bei schönen Formen wirken sie wie leuchtend violette, weißrandige Blüten mit 4 senkrechten, weißen Streifen. Heimisch nur in trockenen Wäldern mit alkalischem Boden in einem kleinen Gebiet in West Virginia, USA. ↕ 30–45 cm. Z6

ROSEN-GESELLSCHAFTER

ROSEN UND CLEMATIS SIND eine wunderschöne Kombination mit langer Tradition. Die moderne Englische Rose 'Graham Thomas' wurde nach dem verstorbenen Züchter alter Rosensorten und Stauden benannt. Hier ist sie mit der *Clematis* Petit Faucon kombiniert, die von dem berühmten Züchter Raymond Evison eingeführt wurde. Die Clematis verholzt zwar an der Basis, sollte aber wie eine Staude behandelt und zur Zeit des Rosenschnitts bis zum Boden zurückgeschnitten werden. Es kommen immer mehr Clematis dieses Typs auf den Markt, die ausgezeichnet mit Englischen Rosen und anderen kleinen Sträuchern harmonieren. Ihre Vorzüge sind der unkomplizierte Schnitt, die Wuchskraft und die lange Blütezeit. Kleinere Sorten wie *C. integrifolia* und ihre Sorten eignen sich zur Kombination mit niedrigeren, strauchigen Pflanzen wie den Sorten von *Potentilla fruticosa*.

VERHOLZEND ODER KRAUTIG?

Ob eine Clematis als krautig oder verholzend anzusehen ist, hängt nicht nur von der genetisch vorbestimmten Wuchsform ab. Auch das Winterwetter hat erheblichen Einfluss: Je kälter der Winter, desto wahrscheinlicher ist es, dass die oberirdischen Teile absterben, statt im unteren Bereich zu verholzen.

So bleibt in wärmeren Regionen beispielsweise das verholzte »Gerüst« der *C. viticella* erhalten, obwohl es im Frühling stark zurückgeschnitten werden sollte, um die reiche Blüte anzuregen. In kalten Klimazonen (Z4 oder Z5) friert die Pflanze bis zum Boden zurück und verhält sich wie eine Staude – treibt also im Frühling neu und kräftig aus.

Die Grenze zwischen verholzenden und krautigen Kletterpflanzen wird auch dadurch unscharf, dass beide Typen miteinander gekreuzt wurden. So ist beispielsweise *C.* × *durandii* eine Kreuzung aus *C. integrifolia* und *C.* *'Jackmanii'*. Die anhaltend und reich blühende *C.* × *jouiniana* ist eine Hybride aus *C. tubulosa* und *C. vitalba*. Jüngere Sorten sind die ausgezeichnete 'Arabella', eine Kreuzung von 'Mrs James Mason' mit *C. integrifolia*, oder Petit Faucon, eine Hybride aus 'Daniel Deronda' und *C. integrifolia*.

Alle Kreuzungen mit *C. integrifolia* haben wertvolle Merkmale: Sie haben einen geordneten Wuchs, werden selten höher als 2 m und blühen reich und anhaltend. Dadurch sind sie besonders empfehlenswert für kleine Gärten, wo man sie durch größere Sträucher klettern lassen und im Herbst leicht zurückschneiden kann.

Bedenkt man das große Spektrum der Blütenfarben großblumiger Sorten, die gefüllten Formen, die Farbtöne der *C. integrifolia* (blau, weiß, rosa und nahezu rot) sowie die zahlreichen amerikanischen und asiatischen Arten, von denen erst wenige Sorten eingeführt wurden, bieten sich unglaubliche Kombinationsmöglichkeiten.

C. 'Alionushka' ♀ Die hohe, aber nicht selbst kletternde Pflanze kann zwischen anderen Arten wachsen oder gestützt und in die Höhe gezogen werden. Die kräftig rosafarbenen, 7 cm großen, hängenden Glockenblüten mit leicht zurückgebogenen Tepalenzipfeln erscheinen von Juni bis Oktober. Gelegentlich sieht man falsche Schreibweisen wie 'Aljenushka', 'Aljonushka' oder 'Alyonushka'. Das russische Wort 'Alionushka' ist die Koseform eines Mädchennamens. Eine Hybride aus der violetten 'Nezhdannyi' und *C. integrifolia*, gezüchtet 1961 im Staatlichen Botanischen Garten Nikitski, Krim, Ukraine. ↕ 2 m. Z4

C. 'Arabella' ♀ Eine ausgezeichnete Hybride, die von Juni bis Oktober fortlaufend zahlreiche, 7,5 cm große Blüten bildet. Die einzelnen Blüten bestehen aus 4 oder 8 Tepalen in Blauviolett mit einem rötlichen Mittelstreifen, der sich mit zunehmendem Alter intensiviert, und einem Zentrum aus cremeweißen Staubgefäßen. Am schönsten in Kombination mit einem locker verzweigten Strauch oder an einem Spalier. Eine Kreuzung zwischen *C. integrifolia* und der großblumigen Sorte 'James Mason', gezüchtet vom englischen Clematiszüchter Barry Fretwell, eingeführt 1990. ↕ 1,8 m. Z4

C. × aromatica Eine Pflanze mit zartem, niemals aufdringlichem Duft, der an Weißdorn, Vanille oder Heliotrop erinnert. Die an der Basis verholzenden Triebe tragen dunkelgrüne Blätter aus 3 oder mehr Segmenten. Die dunkelvioletten, 4 cm großen Blüten haben Tepalen mit zurückgeschlagenen Rändern, die sie schmal aussehen lassen. Sie stehen in Gruppen an den Triebspitzen und öffnen sich im Spätsommer. Ihre geringe Größe und die weniger elegante Form werden durch die große Blütenfülle wettgemacht. eine Kreuzung zwischen *C. flammula* und der krautigen *C. integrifolia*, erstmals 1855 erwähnt. ↕ 1,2–2 m. Z6

C. × bonstedtii Eine relativ strauchige Art mit großen, leicht rauen, mehrfach geteilten Blättern. Die hellblauen, röhrenförmigen Blüten erscheinen von Juli an in Gruppen an den Triebenden. Sie sind nur 2–2,5 cm lang und bestehen aus 4 Tepalen mit zurückgebogenen Spitzen. Blüten und Blätter ähneln stärker *C. tubulosa* als der anderen Elternpflanze, *C. stans*. Beide Pflanzen werden in Katalogen gelegentlich auch als *C. heracleifolia* geführt. ↕ 1,5 m. Z4 **'Campanile'** Schmale, hellblaue, röhrenförmige Blüten mit stark zurückgebogenen Tepalen stehen in kleinen Gruppen in den Blattachseln. **'Crepuscule'** Helllila und süß duftend. Glattere Blätter. ↕ 1,2 m.

C. 'Cote d'Azur' siehe *C.* × *jouiniana*

C. crispa (Krause Waldrebe) Zierliche, relativ variable Art, deren oberirdische Teile im Winter absterben. Man kann sie gut durch Sträucher klettern lassen. Die Blätter sind in 3, 5 oder 7 Segmente geteilt. Nickende, glockenförmige Blüten von 1–1,5 cm Größe stehen einzeln an 7,5 cm langen violetten Stielen. Sie sind rotviolett, manchmal rosa, am Rand leicht ausgestellt und duften nach Orangen. Verschiedene andere, ähnliche Pflanzen werden fälschlich unter dem gleichen Namen verkauft. Heimisch in feuchten Wäldern und Sümpfen der südöstlichen USA. ↕ 2 m. Z6

C. × diversifolia syn. *C.* × *eriostemon* Pflanze mit verholzender Basis, die in milden Regionen eher einer verholzenden Kletterpflanze ähnelt. Die Stiele der gegenständigen, lanzettlichen Blätter schlingen sich manchmal, wie bei kletternden Formen, um Stützen. Die glocken- oder laternenförmigen Blüten von 4–6 cm Durchmesser öffnen sich langsam immer weiter. Sie haben 4 an den Spitzen zurückgebogene Tepalen

---

RECHTS 1 *Clematis* 'Alionoushka' **2** *C.* × *durandii* **3** *C. integrifolia* 'Hendersonii'

in verschiedenen Blau-, Altrosa- und Rosatönen. Sie ähnelt stärker der Elternpflanze *C. viticella* und weniger der anderen, *C. integrifolia.* Sorten werden oft auch unter *C. integrifolia* gelistet. ↕ 3 m. Z4 **'Blue Boy'** Mittelblaue Blüten mit helleren Rändern. Kreuzung aus Dropmore, Manitoba, Kanada (1947), häufig als *C.* 'Blue Boy' im Handel. Z3 **'Floris V'** Duftende burgunderrote Blüten. **'Heather Herschell'** Sehr auffällige pinkfarbene Blüten mit gedrehten und zurückgebogenen Kronblättern. Gezüchtet von Barry Fretwell in der Peveril Nursery, Devon, England. **'Hendersonii'** Mattviolette Blüten. Dies ist der korrekte Name für die ursprüngliche Kreuzung, die 1835 in den Pineapple Nurseries im Norden Londons entstand. **'Olgae'** Duftende, weit offene Blüten in Blauviolett.

C. × *durandii* ♀ Kletternde Sorte mit verholzender Basis. Die üblichen, dünnen Triebe tragen Paare zu nahezu stängelumfassenden, 10–15 cm langen, dunkelgrünen, ovalen, leicht gezähnten Blättern. Von Juli bis Oktober erscheinen 10–13 cm große Blüten aus 4–6 Tepalen in dunklem Blau, die normalerweise eine aus 3 Falten bestehende, vorstehende Mittelrippe haben. Die Pflanze kann durch Nachbarsträucher klettern oder an Stützen oder einem Obelisken gezogen werden. Eine Kreuzung zwischen der großblumigen *C.* 'Jackmanii' und *C. integrifolia*. Ähnelt *C.* 'Arabella', die jedoch mit dem Alter verblasst und eine rosa Aderung zeigt. Gezüchtet in Frankreich um 1870 und früher als Schnittblume beliebt. ↕ 2 m. Z4

C. **'Edward Pritchard'** Eine robuste, reich blühende Pflanze, die von wüchsigeren Nachbarn jedoch erdrückt werden kann. Die 15–20 cm langen Blätter sind in 5 gelappte Segmente mit glattem oder gezähntem Rand geteilt. Vom Hochsommer an erscheinen massenhaft 4 cm große, kreuzförmige Blüten mit sehr schmalen Tepalen und süßem Duft. Die hellblauen Blüten mit rosa überhauchten Spitzen halten sich in der Vase lange. Eine Hybride von *C. recta* und *C. tubulosa*. Aus Australien. ↕ 1,5 m. Z3

C. × *eriostemon* siehe *C.* × *diversifolia*

C. heracleifolia (Großblättrige Waldrebe) Wenn diese Art sich einmal etabliert hat, ist sie sehr wüchsig. Sie kann durch andere Stauden wachsen oder aufgebunden werden, sodass sie eine »blühende Säule« bildet. Die 20 cm großen Blätter sind recht rau, mattgrün und dreigeteilt, wobei das mittlere Segment größer als die beiden anderen ist. Trägt im Spätsommer in den Blattachseln dichte Gruppen aus 1 cm großen, röhrenförmigen, manchmal duftenden Blüten mit 4–6 sehr weit zurückgebogenen Tepalen. Mit den zahlreichen Blüten in Blautönen oder Weiß und den vorstehenden, weißen Staubgefäßen sieht die Pflanze in voller Blüte wie eine Wolke aus. Männliche und weibliche Blüten stehen in getrennten Gruppen an der gleichen Pflanze. Heimisch in Unterholz und an Waldrändern Ostchinas.

↕ 1–1,5 m. Z3 **'Cassandra'** Blauviolett. **'China Purple'** Etwas niedrigere Pflanze mit Blüten in dunklem Violett. ↕ 1,2 m. **var. *davidiana*** siehe *C. tubulosa*. **'Roundway Blue Bird'** Niedrige Pflanze mit dunkelblauen, duftenden Blüten. ↕ 90 cm.

C. integrifolia (Ganzblättrige Waldrebe) Schlanke Triebe erheben sich aus einer dichten Krone und tragen fast stiellose, ovale, mittelgrüne Blätter, deren Ränder sich auf zu trockenem Boden schwarz färben. Einzelne, manchmal auch zu 2 oder 3 stehende, blaue, nickende Blüten erscheinen ab Juli an den Triebspitzen. Sie sind glockenförmig und haben ausgebreitete, gedrehte Tepalen und im Zentrum zahlreiche, vorstehende, weiße Staubgefäße. Der Blauton variiert von Pflanze zu Pflanze und kann auch deutlich zu Rosa oder Altrosa tendieren. Eine schöne Beetpflanze, die aber nur zur Geltung kommt, wenn sie gestützt wird. Die Art wurde häufig zur Zucht eingesetzt und ist Elternpflanze vieler hier genannter Sorten. Pflanzen mit stärker verzweigten Blütenständen sind normalerweise Hybriden. Siehe auch *C.* × *diversifolia*. Einige Sorten werden gelegentlich auch separat als Hybriden gelistet. Heimisch in Südost-Europa und Westasien. ↕ 1 m. Z3 **'Alba'** Weiße Blüten. **'Hendersonii'** Ungewöhnlich große, tief-dunkelblaue Blüten. Benannt nach dem Züchter, der auch *C.* × *diversifolia* hervorbrachte. Dies ist jedoch eine andere Pflanze. **'Pangbourne Pink'** ♀ syn. *C.* 'Pangbourne Pink' Kräftig rosa Blüten. Eine Verbesserung der Sorte 'Rosea'. **'Pastel Blue'** syn. *C.* 'Pastel Blue' Zartes Hellblau. **'Pastel Pink'** syn. *C.* 'Pastel Pink' Sehr helles Rosa. **'Rosea'** ♀ syn. *C.* 'Rosea' Duftende bonbonrosa Blüten mit dunklerer Rückseite. **'Tapestry'** syn. *C.* 'Tapestry' Außergewöhnlich große Blüten in kräftigem Rotviolett.

C. × *jouiniana* (Stauden-Clematis) Die stattliche Pflanze entwickelt ein verholztes Gerüst mit langen Trieben, die große, recht grobe, drei- bis fünfteilige Blätter von 10 cm Länge tragen. Von Juli bis Oktober zeigt sie massenhaft kleine, weiße, offene Sternblüten mit violetter Rückseite und leichtem Duft. Der erste Frost setzt der Blüte ein Ende. Die Pflanze klettert nicht selbstständig, sondern wirkt wie eine Wolke aus Blüten. Man kann sie durch einen großen, kräftigen Strauch wachsen lassen, an einem Spalier anbinden oder als wüchsigen Bodendecker einsetzen. Die Hybride verdankt der *C. tubulosa* ihre großen Blätter, die offene Blütenform der *C. vitalba* und die Blütenfülle beiden Eltern. Als einzige Hybride bildet sie flaumige Samenstände wie *C. vitalba*. ↕ 2 m. Z4 **'Cote d'Azur'** syn. *C.* 'Cote d'Azur' Hellblau, mit stärker zurückgebogenen Tepalen. Gelegentlich als *C. heracleifolia* im Handel. **'Praecox'** ♀ syn. *C.* 'Praecox' Blüht schon im Juli, daher kaum anfällig für Frostschäden.

C. **'Mrs Robert Brydon'** Verholzende Basis und krautige, obere Triebe, die im Winter absterben. Die großen, mattgrünen Blätter sind rau und dreigeteilt, ähnlich wie die von *C. tubulosa*. Im

August und September öffnen sich massenhaft rohweiße Blüten mit leichtem Blauschimmer. Nicht sehr wüchsig, gedeiht am besten in nahrhaftem, feuchtem Boden. Eine Hybride aus *C. tubulosa* und *C. virginiana*; manchmal als *C. heracleifolia* oder *C.* × *jouiniana* im Handel. ↕ 2 m. Z4

C. **'New Love'** Hübsche, buschige Hybride von *C. tubulosa* mit großen, rauen, gesägten Blättern. Die krautigen Teile sterben im Winter ab. Trägt von Juli bis September zahlreiche, 4 cm große, blauviolette Blüten mit dunkleren Außenseiten und intensivem Duft. Gedeiht gut in Kübeln. Gezüchtet vom niederländischen Clematiszüchter John Fopma. ↕ 60–90 cm. Z4

C. **'Pangbourne Pink'** siehe *C. integrifolia*

C. **'Pastel Blue'** siehe *C. integrifolia*

C. **'Pastel Pink'** siehe *C. integrifolia*

C. **Petit Faucon ('Evisix')** ♀ dunkelgrünes, manchmal violett überhauchtes Laub bildet den Hintergrund für zahlreiche kleine violette Blüten mit dunkleren Schattierungen, die von Juli bis September erscheinen und hübsch gewellte und gerollte Ränder haben. Die duftigen cremegelben Staubgefäße im Zentrum sind ebenfalls sehr reizvoll. Sehr schön kletternd in kleinen Sträuchern, als Bodendecker oder über den Rand eines hohen Kübels hängend. Eine Hybride von 'Daniel Deronda' und *C. integrifolia* aus der Gärtnerei des berühmten Züchters Raymond Evison, Guernsey. ↕ 1,5 m. Z3

C. **'Praecox'** siehe *C.* × *jouiniana*

C. **'Rosea'** siehe *C. integrifolia*

C. recta (Aufrechte Waldrebe) Diese Clematis kann man als Bodendecker verwenden, durch einen kräftigen Strauch klettern lassen oder diskret mit Reisern stützen. Die gegenständigen Blätter sind in 3 oder 4 Paare dunkel-

grüner, manchmal bläulicher, ovaler oder lanzettlicher Segmente geteilt. Von Juni bis August erscheinen große Wolken aus kleinen, weißen, duftenden Blüten. Bei Anzucht aus Samen sind Blütenreichtum und Duft unberechenbar. Aus Südeuropa. ↕ 2 m. Z3 **'Peveril'** Kleinwüchsig, besonders viele und größere Blüten. ↕ 90 cm. **'Purpurea'** Junge Triebe und Blätter dunkelviolett, später bronzegrün. **'Velvet Night'** Violettes Laub, das seine Farbe gut hält.

C. **'Rooguchi'** Eine bezaubernde Sorte. Trägt von Juni bis Oktober zahlreiche nickende, blau oder seltener violett glänzende Glockenblüten von 5 cm Länge mit blauer Innenseite, vorspringenden Rippen und zierlich zurückgebogenen Spitzen. Die 4 Tepalen haben silbrig cremeweiße Ränder. Klettert nicht selbstständig, kann aber durch einen kräftigen Strauch geleitet, diskret gestützt oder als Bodendecker verwendet werden. Gedeiht auch im Halbschatten gut und hält sich in der Vase lange. Eine Hybride von *C. integrifolia* und *C. reticulata* gezüchtet in Japan. Gelegentlich wird der Name falsch geschrieben, z.B. 'Rouguchi' oder 'Roguchi'. ↕ 2 m. Z4

C. songarica (Songarische Waldrebe) Die gerippten und eingekerbten Triebe sterben im Winter bis zum verholzten Gerüst ab. Sie tragen leicht graugrüne lanzettliche Blätter von 10 cm Länge. Diese haben 3 auffällige Adern und sind ganzrandig oder gezähnt. Von Juli bis September erscheinen nach Weißdorn duftende Gruppen von etwa 30 weißen, sternförmigen Blüten mit 4 zurückgebogenen Tepalen. Aus den Fruchtblättern entwickeln sich Früchte mit seidigen Anhängseln. Die Staubgefäße im Zentrum sind grün oder rotbraun und tragen zum Reiz der Art bei. Eingeführt 1880, doch bis heute zu Unrecht unbekannt. Von felsigen Ufern Nordwest-Chinas, der Mongolei und Afghanistans sowie dessen Grenzgebieten. ↕ 1,5–2 m. Z4

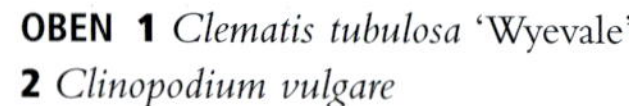

C. stans (Japanische Waldrebe) Die gerippten Triebe sterben im Winter bis zum verholzten Gerüst ab. Sie tragen große dreigeteilte Blätter, deren mittleres Segment wiederum drei- bis fünfteilig ist. Auch die äußeren Segmente sind manchmal gelappt. Von Juli bis September erscheinen im oberen Bereich der Triebe Gruppen aus 2 cm großen, duftenden Röhrenblüten in hellem Blau mit stark zurückgebogenen Tepalen. Ähnelt *C. heracleifolia*, hat jedoch weichere Triebe und hellere Blüten, die vorwiegend an den Triebenden stehen. Aus Japan. ↕ 1,5–2 m. Z3

C. 'Tapestry' siehe *C. integrifolia*

C. tubulosa Stirbt im Winter oberirdisch komplett oder bis auf eine kurze, verholzte Basis ab. Die Blätter sind dreigeteilt, wobei das mittlere Segment am größten ist. Die ovalen bis elliptischen Segmente werden bis 20 cm lang. Die stark duftenden aufrechten Blüten aus 4 Tepalen haben einen Durchmesser von 2,5 cm Durchmesser, eine röhrenförmige Basis und weit ausladende Zipfel. Sie erscheinen in kompakten Gruppen in den oberen Blattachseln. Männliche und weibliche Blüten stehen an getrennten Pflanzen. Diese Clematis riecht man, bevor man sie sieht. Sie unterscheidet sich durch verschiedene Merkmale von *C. heracleifolia* – vor allem durch die sehr dichten Gruppen männlicher und weiblicher Blüten an getrennten Pflanzen. Sie wird oft als *C. heracleifolia* var. *davidiana* geführt, ist aber eine eigenständige Art. Von Waldrändern und aus dem Unterholz Nordwest-Chinas. ↕ 1,2 m. Z4 **Alan Bloom** ('Albo') Dunkelblaue Blüten, die mit dem Alter zu Altrosa verblassen. 'Wyevale' ♀ Große dunkelblaue Blüten mit gewellten Rändern.

C. viorna (Braunblütige Waldrebe) Eine zauberhafte, leicht strauchig wachsende, kletternde Form mit gerippten Trieben, die manchmal bis fast zum Boden zurückfrieren. Die Blätter bestehen aus 2–4 Segmentpaaren, die nochmals geteilt sein können und deren Spitzen als Halteranken dienen. Trägt im Juli und August sehr hübsche 2,5 cm große, nickende Blüten in Urnenform, die sich am Rand erweitert. Sie sind meist rotbraun, manchmal auch helllila bis rötlich violett, und haben einen hellgelben Rand. Ungewöhnlich große duftige Früchte verlängern den Reiz bis in den Herbst. Am besten durch einen hohen Strauch oder eine andere großblumige Clematis klettern lassen. Heimisch in feuchten Wäldern der östlichen USA. ↕ 3 m. Z6

CLINOPODIUM
Wirbeldost
LAMIACEAE

Pflanzen dieser Gattung sind für trockenen, kalkhaltigen Boden geeignet. Es sind unverwüstliche, hübsche und verlässliche Sommerblüher.

Die Gattung umfasst 10 Arten krautiger Stauden und Einjähriger, manchmal mit verholzender Basis, die ganzrandige oder leicht gezähnte Blätter und in den oberen Blattachseln halbkugelige Scheinquirle aus zweilippigen Blüten tragen. Die Oberlippe jeder Blüte ist dreigeteilt, das mittlere Segment ist am größten. Aus Gärten kennt man hauptsächlich eine Art mit behaarten, leicht aromatisch duftenden Blättern und dichten Scheinquirlen aus rosavioletten Blüten auf aufrechten Trieben. Eng verwandt mit *Calamintha*, wird manchmal auch der Gattung *Satureja* zugeordnet. Hauptsächlich auf kalkhaltigen Böden in den gemäßigten Regionen Europas, Nordafrikas, der Azoren, Madeiras und Nordamerikas.

KULTUR Volle Sonne oder Halbschatten. Gedeiht am besten auf trockenen, kalkhaltigen Böden.

VERMEHRUNG Aussaat oder Teilung im Frühling.

PROBLEME Keine.

C. vulgare (Wirbeldost) Breitwüchsige, anpassungsfähige Pflanze, die auch als Bodendecker verwendet werden kann. Die 2,5–5 cm langen Blätter sind eiförmig, meist gezähnt und mit weichen weißen Härchen bedeckt. Der Duft ist aromatisch, wenn auch recht schwach. Von Juli bis September erscheinen halbkugelige Gruppen (Scheinquirle) aus bis zu 20 hübschen, zweilippigen Blüten in mehreren Etagen jeweils über einem Blattpaar. Die Blüten sind 2 cm lang, rosaviolett (seltener weiß) und locken zahlreiche Bienen und Schmetterlinge an. Anspruchslos, verträgt jedoch Staunässe und tiefen Schatten nicht. Heimisch auf großen Teilen der nördlichen Halbkugel. ↕ 60–80 cm. Z7

CLINTONIA
Clintonie
CONVALLARIACEAE

Clintonien sind bescheidene, aber hübsche Sommerblüher für einen Schattenplatz mit saurem bis neutralem Boden.

Die Gattung umfasst 4 Arten sommergrüner Pflanzen, die in den Wäldern Nordamerikas, des Himalaja und Nordost-Asiens heimisch sind, eine wird gelegentlich in Gärten kultiviert. Aus unterirdisch kriechenden Rhizomen erheben sich lockere Rosetten aus riemenförmigen oder ovalen Blättern. Einzelne Stängel tragen im Spätfrühling oder Frühsommer kleine, glocken- oder sternförmige Blüten in Weiß, Grünlich oder Violett, aus denen sich manchmal schwarze oder blaue Beeren entwickeln. Die Gattung wurde benannt nach De Witt Clinton, einem Naturkundler und ehemaligen Gouverneur des Staates New York.

KULTUR Gedeiht im Halbschatten oder Schatten in kalkfreiem Boden mit gutem Wasserhaltevermögen.

VERMEHRUNG Teilung oder Aussaat.

PROBLEME Schneckenfraß.

C. andrewsiana Bildet langsam größer werdende Gruppen aus glänzenden, ovalen dunkelgrünen Blättern bis 25 cm Länge. Im Juni und Juli erscheinen an unbelaubten Trieben Dolden aus glockenförmigen, 2 cm großen Blüten in dunklem Violett, aus denen sich stahlblaue Beeren entwickeln. Reizvolle Pflanze für den Schatten. Jährlich im Frühling mit Laubkompost mulchen. Aus den Wäldern Kaliforniens, USA. ↕ 30–50 cm. Z8

CODONOPSIS
Glockenwinde
CAMPANULACEAE

Glockenwinden sind ungewöhnliche, oft zart gemusterte Pflanzen, die in Gärten wenig kultiviert werden. Die neueste Klärung von Namensunstimmigkeiten könnte sie beliebter machen.

Die etwa 35 Arten von Stauden mit knolligen Wurzeln sind in Zentral- und Ostasien heimisch. Die Wuchsformen sind unterschiedlich: größtenteils sind es Schlinger, einige wachsen straff aufrecht, andere haben weiche, überhängende Triebe. Die Blätter sind wechsel- oder gegenständig und oft behaart. Anhand der Blütenform unterscheidet man 2 Gruppen. Eine hat glocken- oder röhrenförmige Blüten, oft in Grün oder Braun mit unterschiedlicher Zeichnung und strengem Geruch. Die zweite, kleinere Gruppe hat geruchlose, flach schalenförmige Blüten in Blau- oder Violetttönen, manchmal mit weißen Varianten, die man am besten an Wegränder oder in Kübel pflanzt, um sie aus der Nähe betrachten zu können.

Früher herrschte einige Verwirrung hinsichtlich der Namen, die jedoch inzwischen beseitigt wurde, sodass die Pflanzen nun die verdiente Aufmerksamkeit erhalten sollten.

KULTUR Nicht-kletternde Arten wie *C. clematidea* und *C. ovata* gedeihen in gewöhnlichem, durchlässigem Gartenboden. Die kletternden Formen bevorzugen feuchteren, humusreichen Boden im Halbschatten. Vor allem Schatten im Wurzelbereich, wenn sie etwa zwischen Sträuchern wachsen, bekommt ihnen gut. Auch für Kübel sind sie sehr gut geeignet. Die zarten, sehr schlanken jungen Triebe kann man leicht übersehen und beschädigen, darum sollten sie mit dünnen Reisern gestützt werden.

VERMEHRUNG Problemlos durch Samen, die oft in großer Zahl gebildet werden. Die Knollen einiger Arten kann man teilen, andere wachsen, ohne abtrennbare Segmente auszubilden.

PROBLEME Schnecken, Blattläuse und in Kübeln Larven des Wurzelbohrers.

C. cardiophylla Mehr oder weniger aufrechte, belaubte Triebe tragen herzförmige, ungezähnte Blätter mit leicht verdicktem weißlichem Rand. Im Juni oder Juli erscheinen an den Triebspitzen eine oder mehrere nickende 1,5–2 cm lange Glockenblüten in hellem Lilablau mit violetter Zeichnung am Ansatz. Heimisch in der Provinz Hubei, China. ↕ 50–80 cm. Z3

C. clematidea (Tigerglocke) Robuste Pflanze mit aufrechten, leicht behaarten, an der Basis verzweigten Trieben. Die belaubten Seitentriebe tragen selten Blüten. Die blaugrünen, ovalen bis lanzettlichen, ungezähnten Blätter von 1–2,5 cm Länge sind kurz gestielt und wechsel- oder gegenständig angeordnet. Die obere Hälfte des Haupttriebes verzweigt sich pyramidenförmig und trägt im Juli und Juli an den Spitzen einzelne glockenförmige, nickende Blüten von 1,5–3 cm Größe in bläulichem Weiß oder hellem Blau mit orangefarbener und violetter Zeichnung auf der Innenseite. Aus dem südlichen Zentralasien und Afghanistan bis in den westlichen Himalaja. ↕ 60–80 cm. Z3

C. convolvulacea siehe *C. forrestii*; 'Alba' siehe *C. grey-wilsonii* 'Himal Snow'

C. forrestii syn. *C. convolvulacea* var. *forrestii* Wüchsige, schlingende Pflanze mit leuchtend grünen Trieben und festen, ovalen, 3–10 cm langen dunkelgrünen Blättern. Die Unterseite ist grau bereift und der Rand grob gezähnt. Von August bis Oktober erscheinen am Haupttrieb und einigen Seitentrieben 0,5–1 cm große Blüten in flacher Schalenform mit mittel- bis lilablauen, schmal elliptischen Petalen, oft mit dunkleren Adern. Mit Reisern stützen oder durch Sträucher wie Rosen oder Rhododendren klettern lassen. Eine auffällige, aber schwer erhältliche Art, die oft fälschlich als *C. convolvulacea* angeboten wird. Heimisch in Südost-Tibet und Nordwest-Yunnan, China. ↕ 2–3,5 m. Z3

C. grey-wilsonii ♀ Eine relativ robuste, schlingende Staude mit schlanken Trieben und dünnen hellgrünen, ovalen bis lanzettlichen, 1,5–5,5 cm großen Blättern. Deren Basis ist rund oder herzförmig und sie haben vereinzelte Zähne. Die 5–7 cm großen, schalenförmigen Blüten in mittlerem bis dunklem Blau mit auffälligem karminrotem oder violettem Ring an der Kronblattbasis öffnen sich von Juli bis September. Sie stehen einzeln an den Haupt- und Seitentrieben. Die einzelnen Petalen sind breit oval und im inneren, oberen Drittel behaart. Gut zwischen Sträuchern für sauren Boden, auch für Kübel auf der Terrasse oder im kühlen Wintergarten geeignet. Häufig als *C. convolvulacea* im Handel. Aus West- und Zentralnepal. ↕ 1–2 m. Z3 **'Himal Snow'** syn. *C. convolulacea* 'Alba' Reinweiße Blüten ohne Zeichnung, auch bei Aussaat verlässliche Färbung.

C. ovata Zarte, aufrechte Pflanze mit lanzettlichen bis ovalen Blättern und sehr attraktiven, ausgestellt-glockenförmigen Blüten in kräftigem Blau mit dunkleren Adern. Relativ kurzlebig, aber leicht aus Samen zu ziehen. Wird häufig mit *C. clematidea* verwechselt, die

aber größer und weniger auffällig ist. Aus dem westlichen Himalaja in Lagen von 3000–4200 m. ↕ 5–35 cm. Z3

C. rotundifolia Wüchsige Schlingpflanze mit wechselständigen, ovalen bis lanzettlichen, leicht gezähnten, 2–7 cm langen Blättern, die vereinzelte schwarze Härchen tragen. Von Juni bis September erscheinen 1,5–2 cm große Glockenblüten einzeln an den Haupt- und Seitentrieben. Sie sind gelblich grün oder weißlich grün, dunkelviolett geadert und riechen stark nach Aas. Am besten durch einen hohen Strauch klettern lassen. Aus dem Himalaja von Pakistan bis Zentralnepal. ↕ 2–3 m. Z3

C. tangshen Wüchsige Schlingpflanze mit schlanken glatten Trieben und relativ fleischigen, ovalen bis lanzettlichen Blättern bis maximal 6 cm Länge. Von Juni bis September erscheinen glockenförmige, 3–3,5 cm lange Blüten einzeln an den Spitzen der Haupt- und Seitentriebe. Sie sind grünlich weiß mit violetten Flecken und Streifen, innen oft schachbrettartig gemustert, und haben ausgebreitete dreieckige Zipfel. Die Kelchblätter sitzen wie eine Mütze auf der Blüte. Heimisch in den chinesischen Provinzen Hubei und Sichuan. ↕ 3 m. Z3

C. vinciflora Eine zarte schlingende Pflanze mit sehr schlanken Trieben und wechselständigen, manchmal gegenständigen, ovalen bis lanzettlichen dünnen Blättern von 1–3,5 cm Größe. Die 3–4 cm großen, flach schalenförmigen Blüten erscheinen von Juni bis September einzeln an den Haupttrieben. Sie sind mittel- bis dunkelblau oder bläulich violett. Gut zwischen Sträuchern für sauren Boden oder als Kübelpflanze. Aus Zentral- und Osttibet und Westchina. ↕ 50–150 cm. Z3

COLOCASIA
Zehrwurz
ARACEAE

Hauptsächlich wegen ihres exotischen Laubs werden diese tropischen immergrünen Stauden kultiviert.

Die 6 Arten dieser Gattung sind in feuchten, sumpfigen Gebieten des tropischen Asien heimisch. Sie haben knollige Wurzeln und große, pfeilförmige Blätter mit hervortretenden Adern. Blüten werden in Gärten selten gebildet. Sie sind klein, weiß und unscheinbar und entwickeln sich zu glänzend grünen Beeren mit einem einzelnen Samen im Inneren. Wird in einigen Ländern als Nahrungsmittel kultiviert.

KULTUR Wird normalerweise unter Glas kultiviert und nur im Sommer ausgepflanzt. Erfolge in den USA führen jedoch dazu, dass Versuche mit der Freiland-Überwinterung

zunehmen. Da unsere Winter allmählich milder werden und das Wachstum im Frühling zeitiger einsetzt, könnte man den Versuch wagen, die Pflanzen im Garten zu lassen. Die Wurzeln mit einer dicken Mulchschicht schützen und diese mit Plastikfolie abdecken, damit nicht zu viel Feuchtigkeit eindringt. In Regionen der Zone 7 ist die Überwinterung im Freiland durchaus möglich. Einige Exemplare sollen sogar -18 °C überlebt haben. Zur Winterhärte dieser Stauden liegen jedoch noch wenige gesicherte Erkenntnisse vor.

Im Gewächshaus kultiviert man sie in leichtem Kultursubstrat bei mindestens 18 °C an einem halbschattigen Platz mit hoher Luftfeuchtigkeit. Reichlich gießen und düngen. Nach dem letzten Frost können im Haus vorgetriebene Pflanzen im Garten an einen halbschattigen, geschützten, warmen Platz mit feuchtem Boden gepflanzt werden. Im Herbst die Knollen ausgraben und trocken und frostfrei überwintern.

VERMEHRUNG Durch Teilung der Knollen im Frühling.

PROBLEME Unter Glas Rote Spinnmilben, Blattläuse, Thripse und Weiße Fliege.

C. antiquorum siehe *C. esculenta*

C. esculenta ♀ syn. *C. antiquorum* (Taro, Zehrwurzel) Robuste, schnell wachsende, eindrucksvolle Pflanze mit hohem Wasserbedarf. Aus aufrechten Knollen erheben sich große dunkelgrüne, herzförmige Blätter von 60 cm Länge an bis 1 m hohen Stielen. Im Freiland kultivierte Pflanzen bleiben meist kleiner. Dies ist die wichtigste essbare Art, die manchmal als »Kartoffel der Tropen« bezeichnet wird. Bei Rohverzehr sind die Knollen giftig und der Saft kann Hautreizungen verursachen. Aus dem tropischen Ostasien. ↕ 1,5 m. Z7 △ **'Black Magic'** Mächtige, sehr attraktive Form mit riesigen, tintenschwarzen Blättern, die vor einem Hintergrund aus gelbblättriger *Lysimachia nummularia* 'Aurea' großartig aussehen. Gut für Sumpfbeete und Uferzonen, aber schwierig zu überwintern. ↕ 1,2–1,8 m. **'Burgundy Stem'** Dunkelgrüne samtige Blätter mit gekräuselten Rändern auf hohen rotvioletten Stielen. **'Fontanesii'** Dunkelrote bis violette Stiele. Vermutlich die frostverträglichste Form. ↕ 1–2 m.

COMMELINA
Tagblume, Commeline
COMMELINACEAE

Für den Vordergrund eines geschützten Beets in konventionellen und naturnahen Gartenanlagen sind diese ungewöhnlichen Pflanzen gut geeignet.

Die meisten der 100 oder mehr Arten der Gattung stammen aus tropischen bis warm-gemäßigten Regionen. Einige sind frosttole-

ranter und werden wegen ihrer intensiv blauen Blüten geschätzt. Die meisten sind mehrjährig, teilweise mit dahlienähnlichen Knollen, und haben aufrechte bis weiche Triebe mit schmalen bis grasartigen Blättern. Die Blüten mit 3 Petalen erscheinen Tag für Tag einzeln aus boot- oder taschenförmig umgebildeten Hochblättern. Sie sind meist – wenn auch nicht immer – blau.

KULTUR Mäßig nahrhafter, durchlässiger Boden in Sonne oder Schatten. In kalten Regionen die Pflanzen im Spätherbst ausgraben und frostfrei einlagern.

VERMEHRUNG Durch Aussaat, vorsichtige Teilung im Frühling oder Stecklinge im Frühsommer.

PROBLEME Schnecken.

C. coelestis siehe *C. tuberosa* Coelestis-Gruppe

C. dianthifolia Aus einer knolligen Wurzel erheben sich aufrechte oder halbaufrechte Triebe mit sehr schmalen, 9–13 cm langen, spitz zulaufenden Blättern, die sich nach außen krümmen und oft eingerollte Ränder haben. Eng verwandt mit der bekannteren *C. tuberosa*, jedoch aufrechter im Wuchs. Aus Nordmexiko und dem Südwesten der USA. ↕ 40–60 cm. Z7

C. tuberosa (Knollige Tagblume) Die Staude mit knolliger Wurzel bildet Gruppen oder Polster aus mehr oder weniger niederliegenden, verzweigten Trieben mit schmal lanzettlichen, leicht fleischigen Blättern von 6–9 cm Länge. Am Ende der Blütentriebe bilden sich

---

2–3 cm lange, bootsförmige Hochblätter, meist violett überhaucht oder mit dunkelvioletter Innenseite, und eine lange Folge 3 cm großer, leuchtend blauer Blüten im Sommer und Herbst. Wächst wild in Mittel- und Südamerika. ↕ 10–15 cm. Z8 **'Alba'** Weiße Blüten. **Coelestis-Gruppe** syn. *C. coelestis* Aufrechte Triebe. ↕ 60 cm.

CONOCLINIUM siehe EUPATORIUM

CONVALLARIA
Maiglöckchen
CONVALLARIACEAE

Die Frühlingsblüher sind vor allem wegen ihres Dufts beliebt. Sie gedeihen gut im Schatten und sind ein wertvoller Bodendecker unter Sträuchern oder im Gehölzgarten.

Die 4 Arten sommergrüner Pflanzen wachsen in lichten Wäldern und auf Almen in den nördlich-gemäßigten Regionen. Nur eine wird häufig in Gärten kultiviert. Die Pflanzen breiten sich kriechend aus und tragen breit lanzettliche Blätter, die einen schönen Hintergrund für die stark duftenden, winzigen Glockenblüten bilden, die sich ausgezeichnet zum Schnitt eignen.

KULTUR Bevorzugt Halbschatten, toleriert aber auch vollen Schatten, mit feuchtem, vorzugsweise leicht alkalischem, humusreichem Boden. Vor der Pflanzung reichlich Laubkompost einarbeiten und im Herbst 2,5 cm dick Laubmulch auflegen.

VERMEHRUNG Teilung nach der Blüte im Frühling oder im Herbst. Die Arten können ausgesät werden, was wegen der langsamen Keimung aber nicht empfehlenswert ist.

PROBLEME Grauschimmel.

C. majalis ♀ (Gewöhnliches Maiglöckchen) Mit den mittelgrünen, elliptischen, 4–20 cm langen Basalblättern ein guter Bodendecker für den Frühsommer, der sich allerdings manchmal zu stark ausbreitet. Hängende, wachsartige, meist weiße Blüten von 5–10 mm Länge mit starkem Duft erscheinen im Mai in elegant gebogenen Rispen knapp über dem Laub. Aus ihnen entwickeln sich rote Beeren. Alle Teile, vor allem die Beeren, sind bei Verzehr giftig. Verträgt Sonne, wenn der Sommer kühl und der Boden nicht austrocknet. Aus Nordeuropa, aber in vielen Gebieten verwildert. ↕ 23 cm. Z3 △ **'Albostriata'** Blätter mit cremeweißen Längsstreifen. Blütentriebe weniger stark gestreift. ↕ 15 cm. **'Dorien'** Große Blüten in langen Rispen, breite Blätter. ↕ 30 cm. **'Flore Pleno'** Gefüllte Blüten. ↕ 15 cm. **'Fortin's Giant'** Große Blätter und Blüten. ↕ 30 cm. **'Hardwick Hall'** Breite Blätter

mit schmalen, hellgrünen Rändern.
Große Blüten. ↕ 25 cm. **'Prolificans'**
Dichte Rispen aus manchmal leicht ver-
formten Blüten. ↕ 18 cm. **var. *rosea*** Blüten in hellem Altrosa. ↕ 20 cm. **'Variegata'** Blätter mit goldgelben Längsstreifen
'Vic Pawlowski's Gold' Gedrungene
Pflanzen, dunkelgrüne Blätter mit goldgelben Längsstreifen. ↕ 15 cm.

CONVOLVULUS
Winde
CONVOLVULACEAE

Zahlreiche trompetenförmige
Blüten und schöne Blätter
zeichnen diesen attraktiven, robusten,
sonnenhungrigen Bodendecker aus.

Die Gattung umfasst etwa 250
Arten zumeist niedriger, kriechender Stauden und Einjähriger sowie
einiger Sträucher, vorwiegend aus
dem Mittelmeerraum. Sie werden
oft mit der Ackerwinde (*Calystegia*)
verwechselt. Auch Verwechslungen
mit der Prunkwinde (*Ipomoea*), deren
Blüten sich aber tagsüber stunden-
weise schließen, kommen vor. Die
manchmal schlingenden Triebe der
Winde tragen geteilte oder ungeteilte dunkelgrüne, gelegentlich silbrig
schimmernde Blätter. Im Spätfrühling
erscheinen trompetenförmige Blüten
in Blau- oder Rosatönen oder Weiß
an den Triebspitzen oder in den Blattachseln. Aus ihnen entwickeln sich
runde, trockene Samenkapseln.

Einige Arten sind in wärmeren
Regionen unangenehm wüchsig, eignen sich aber dennoch gut für Kübel.

KULTUR Alle Winden lieben Sonne
und vertragen selbst pralle, sengende
Sonne gut. Sie blühen den ganzen
Sommer lang und brauchen kaum
ausgeputzt zu werden. Sie bevorzugen einigermaßen nahrhaften,
feuchten, aber durchlässigen Boden,
tolerieren aber auch Trockenheit
und mageren Boden.

VERMEHRUNG Durch Stecklinge oder
Aussaat.

PROBLEME Teilweise Neigung zum
Wuchern.

C. althaeoides Stark wüchsige Pflanze, die mit schlanken, 90 cm langen,
schlingenden Trieben ein Gewirr aus
silbrig grauen, 3 cm großen Blättern
in verwirrend unterschiedlichen Formen bildet – von herzförmig über
pfeilförmig bis tief gelappt. In den
oberen Blattachseln erscheinen bis
zu 5 trompetenförmige, 4 cm lange
Blüten in hellem oder dunklem Rosa.
Weniger geordnet im Wuchs als andere
Arten. Eignet sich gut zur Kombination mit anderen, dichter und niedriger wachsenden Stauden oder zum
Begrünen einer sonnigen Böschung.
Der Rückschnitt regt den Neuaustrieb
an, der wegen der starken Wuchskraft
aber nicht immer erwünscht ist. Neigt
in milden Gegenden zum Wuchern.
Gedeiht am besten in feuchtem, gut
durchlässigem Boden. ↕ 45–60 cm. Z6
subsp. *tenuissimus* Blüten in kräftigerem Rosa, Blätter einheitlicher
eingeschnitten und silbrig. Z8

C. lineatus Kletterpflanze mit langen,
in der Form recht variablen, zumeist
aber schmalen, silbrig grauen Blättern
an dünnen, peitschenartigen Trieben.
Die Blüten stehen in Dreier- bis Vierergruppen, manchmal auch einzeln. Sie
sind rosa, trompetenförmig und haben
von der Basis bis zum Rand 5 Falten,
ähnlich wie die Blüten der Prunkwinde. Von felsigen Küsten Russlands und
Griechenlands. ↕ 3–25 cm. Z7

C. mauritanicus siehe *C. sabatius*

C. sabatius syn. *C. mauritanicus* (Kriechende Winde) Kletterpflanze mit
verholzender Basis und 3 cm langen,
dunkelgrünen, ovalen Blättern an
30–60 cm langen Trieben. Trägt im
Sommer und Herbst hübsche, blauviolette Blüten von 1,5–2,5 cm Durchmesser, die denen der Prunkwinde
ähneln. Angeblich existieren auch rosa
blühende Formen, die jedoch nicht
kultiviert werden. Hübsch in Kübeln
oder als Blütenkaskade über Mauern.

Rückschnitt regt den Austrieb von der
Basis an. Gut für trockene Standorte.
Aus Nordafrika und Italien. ↕ 10–50 cm.
Z8 **'Blue Moon'** Blüten dunkler blau.
'Full Moon' Hell-blauviolette Blüten
mit weißem Auge. **'Moroccan Beauty'**
Größere blaue Blüten. **'White Gladys'**
Reinweiß.

COREOPSIS
**Mädchenauge, Schöngesicht,
Wanzenblume**
ASTERACEAE

Pflanzen dieser Gattung sind
wüchsige, reich und anhaltend
blühende Stauden für den Vordergrund eines sonnigen Beets.

Die etwa 114 Arten Einjähriger
und kurzlebiger Stauden sind in
Nord- und Südamerika heimisch.
Die kultivierten Formen stammen
hauptsächlich aus den USA. Die
Gattung ist eng mit *Bidens* verwandt,
die als einjährige Sommerblume
bekannt ist. Neuere Forschungsergebnisse legen nahe, dass die Verwandtschaft so eng ist, dass *Coreopsis*
der Gattung *Bidens* zugeordnet werden sollte.

Die meisten Arten tragen die
Blütenkörbchen einzeln oder auf
verzweigten Trieben. Das kleine
Zentrum aus Röhrenblüten wird
von einem Kranz aus meist 8 Zungenblüten eingerahmt, die häufig
gelb, seltener rotbraun, rot, rosa oder
weiß sind. Die gegenständigen, oft
schmalen Blätter können ungeteilt
oder in 3 oder mehr Segmente
geteilt sein und manchmal ein fiedriges Aussehen haben. Die Wurzeln
sind meist faserig, einige Arten
besitzen Rhizome.

Es gibt eine Reihe von Gartensorten, und weitere werden laufend
eingeführt. Viele können aus Samen
gezogen werden, einige müssen
aber vegetativ vermehrt werden,
weil die Ergebnisse bei Aussaat allzu
unberechenbar sind. Die meisten
kommen als Sorten von *C. grandiflora*
oder *C. lanceolata* in den Handel,

einige könnten jedoch Hybriden
sein – eventuell mit der einjährigen
C. tinctoria, der manche Sorten den
roten oder rotbraunen Fleck an der
Basis der Zungenblüten verdanken
könnten. Die Arten und Hybriden
sind kurzlebig und sollten, damit die
Wuchskraft erhalten bleibt, alle zwei
bis drei Jahre geteilt werden.

KULTUR Die meisten Arten und
Sorten bevorzugen Sonne und
gute Dränage bei gleichmäßiger
Feuchtigkeit. Das Ausputzen welker
Blüten verlängert die Blütezeit und
die Lebensdauer der Pflanzen. Die
Blütentriebe bis zur Basalrosette
zurückschneiden, damit die Pflanzen nicht unordentlich aussehen.
Halbgefüllte und gefüllte Formen
sehen in der Welke unansehnlich aus
und sollten unbedingt ausgeputzt
werden. Man kann auch Ende Juli
die kompletten Pflanzen zurückschneiden, um eine zweite Blüte im
September anzuregen. Ein starker
Rückschnitt im September fördert
die Bildung neuer Basaltriebe und
begünstigt die Überwinterung.
Coreopsis mit niedrigen Basalblättern gedeihen schlecht im Schatten
größerer Nachbarpflanzen.

VERMEHRUNG Durch Teilung oder
Basalstecklinge im Frühling. Arten
und einige Sorten können ausgesät
werden, manche blühen bei früher
Aussaat bereits im ersten Standjahr.

PROBLEME Bei einigen Arten
Mehltau.

C. 'Astolat' syn. *C. grandiflora* 'Astolat' Goldgelbe ungefüllte Blütenkörbchen mit rotbraunem Fleck an der Basis jeder Zungenblüte. Vegetativ vermehrt und 1946 eingeführt von der Astolat Company, Guildford, Surrey, England. Astolat oder Shalott ist der Name der Stadt Guildford in der Artussage. Blütezeit Juni bis September. ↕75 cm. Z5

C. 'Baby Gold' siehe ***C.* Sonnenkind**.

C. auriculata 'Schnittgold' siehe *C.* 'Schnittgold'.

C. 'Calypso' syn. *C. grandiflora* 'Calypso' Goldgelbe ungefüllte Blütenkörbchen mit einem rotbraunen Fleck am Grund jeder Zungenblüte stehen auf Trieben, deren obere Hälfte unbelaubt ist, und öffnen sich im Juni und Juli. Die schmalen ungeteilten Blätter sind cremegelb panaschiert. Vegetativ vermehrt und eingeführt von Bernwode Plants, Buckinghamshire, England. ↕35 cm. Z5

C. 'Crème Brûlée' Eine attraktive Pflanze, die geordnete, ausladende Gruppen bildet und recht langlebig zu sein scheint. Die Blätter mit 3 Segmenten von 5–8 mm Breite sind gegenständig angeordnet, sodass es aussieht, als stünden in jeder Blattachsel 6 Blätter. Von Juni bis August tragen die Pflanzen zahlreiche schwefelgelbe Blütenkörbchen mit goldgelbem Zentrum. Jede Blüte besteht aus 8 überlappenden, zweifach längs gefältelten Zungenblüten mit leicht eingekerbten Enden. Für gut durchlässigen Boden in sonniger Lage. Blüht bei Rückschnitt nach der Blüte nochmals im Oktober. Eine Hybride von *C. verticillata* 'Moonbeam' aus der Plantage Nursery, Mattituck, New York, USA, eingeführt von June Croon. ↕40 cm. Z4

C. grandiflora (Großblumiges Mädchenauge) Aufrechte, kurzlebige Pflanze. Die unteren Blätter sind ungeteilt, die oberen in schmale oder lanzettliche Segmente geteilt. Die obere Triebhälfte ist unbelaubt. Trägt von Juni bis September gelbe Blütenkörbchen von 4–6 cm Durchmesser mit etwa 8 Zungenblüten, die an den Spitzen in 3–5 Segmente geteilt sind. Von feuchten Standorten in den östlichen USA. ↕30–100 cm. Z4 **'Astolat'** siehe *C.* 'Astolat'. **'Calypso'** siehe *C.* 'Calypso'. **'Double Sunburst'** siehe 'Sunburst'. **'Early Sunrise'** Gefüllte oder halbgefüllte Blütenkörbchen mit goldgelben, an den Spitzen gezackten Zungenblüten, die wie eine Rüsche aussehen. Blüht von Mai bis Juni und bildet bei regelmäßigem Ausputzen einige spätere Blüten. Januar-Aussaaten blühen ab Ende Juni. Die Blütentriebe neigen zum Umkippen, die Pflanzen sind außerdem für Mehltau anfällig. Aus Samen gezogen von dem renommierten englischen Pflanzenzüchter Ralph. 1989 ausgezeichnet mit der All-America Selections Gold Medal. ↕45 cm. **Flying Saucers**

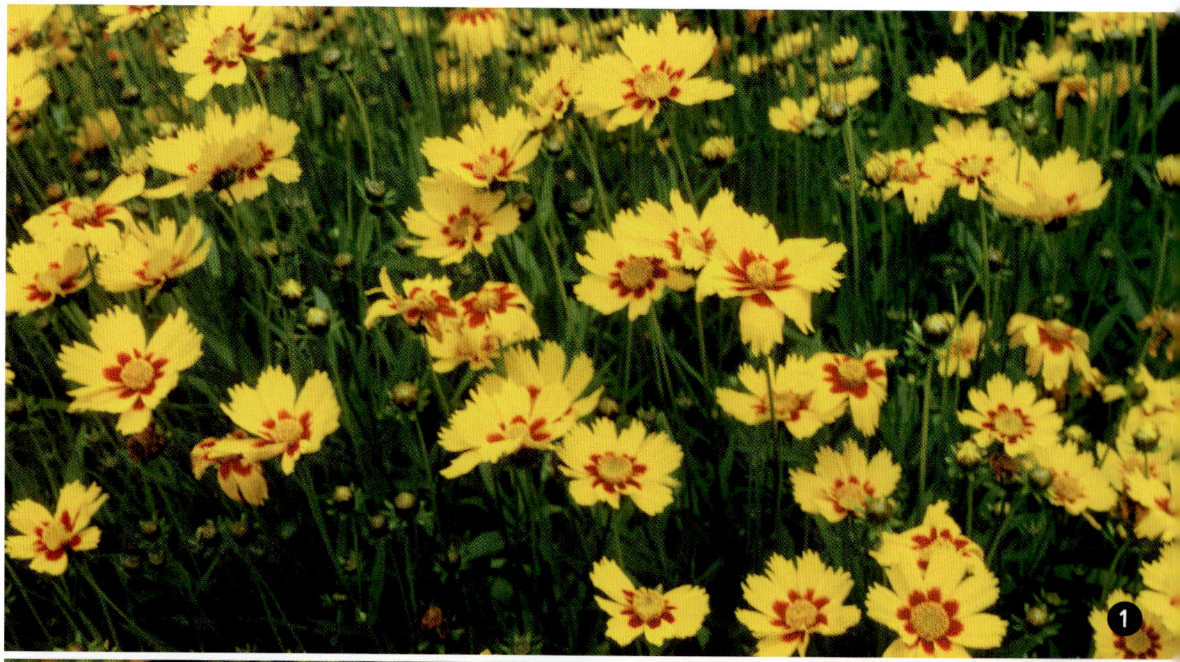

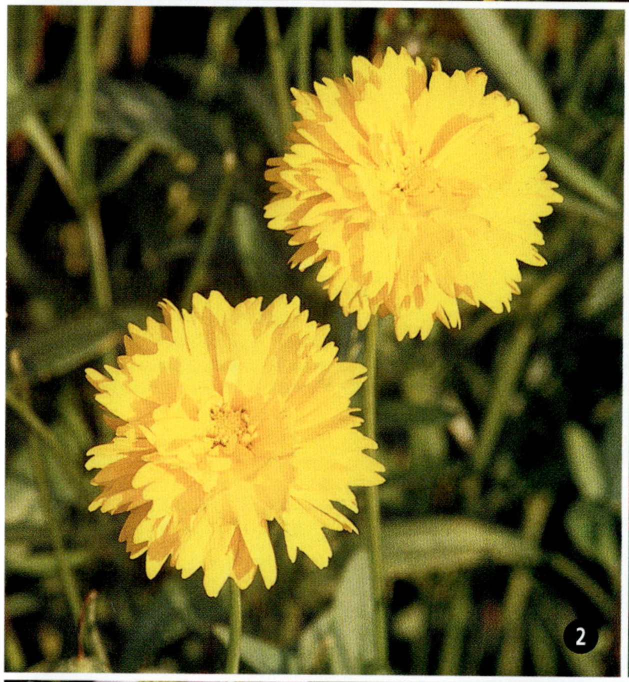

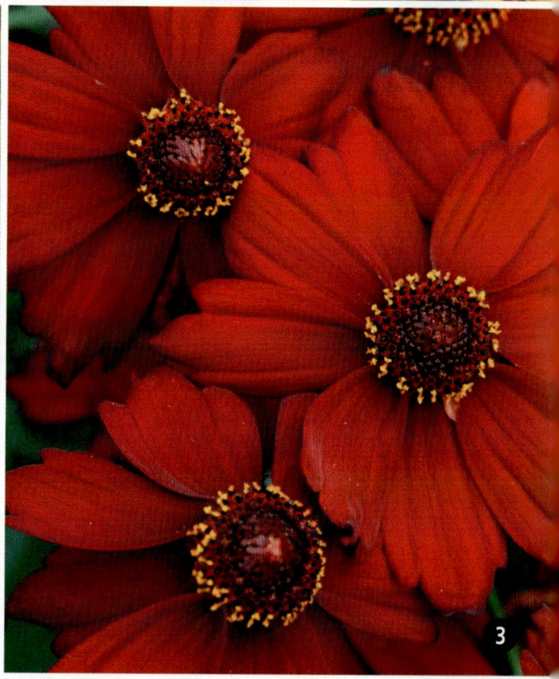

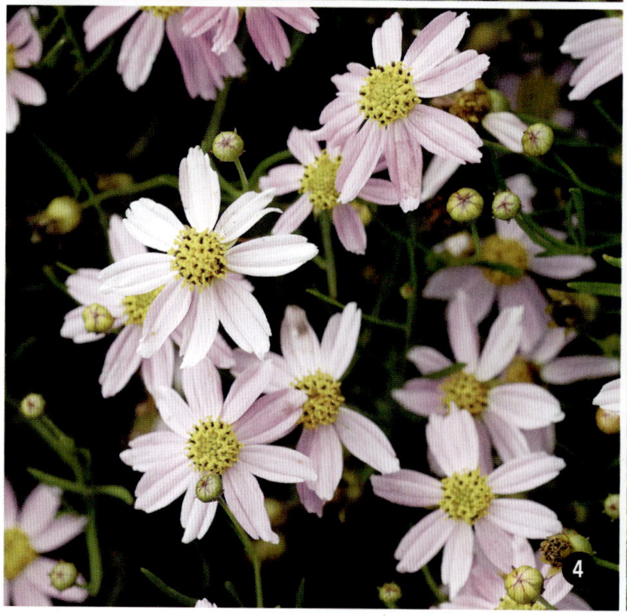

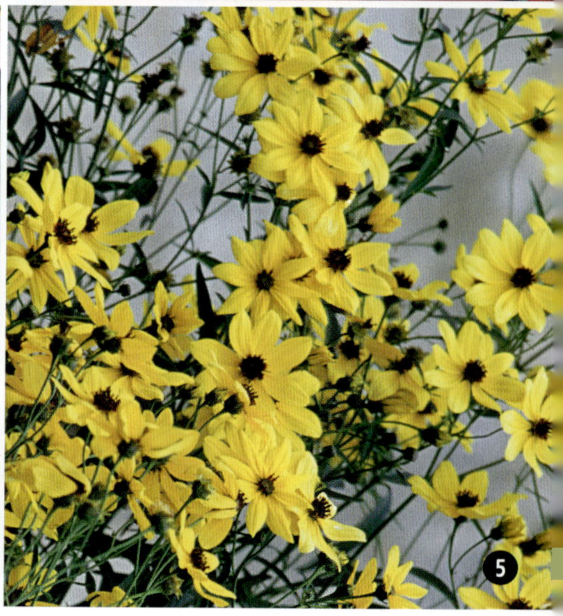

RECHTS 1 *Coreopsis grandiflora* 'Sonnenkind' **2** *C. g.* 'Sunray' **3** *C.* 'Limerock Ruby' **4** *C. rosea* **5** *C. tripteris*

('Walcoreop') Wüchsige, kompakte, vegetativ vermehrte Pflanze mit zahlreichen, leicht gewölbten goldgelben Blütenkörbchen von 7,5 cm Durchmesser auf unverzweigten Stängeln von Juni bis Oktober. Die Blätter aus bis zu 5 Fiederblättchen sind etwa 2 cm breit und 20 cm lang. Männlich-steril, bildet also nur Samen, wenn sie durch eine andere Art bestäubt wird. Folglich sind alle Nachkommen Hybriden und sehr unberechenbar. Zuverlässige Vermehrung der Sorte nur durch Teilung oder Stecklinge. Gezüchtet von David Tristram in der Walberton Nursery, West Sussex, England. ↕ 45 cm. **'Golden Gain'** siehe *C.* 'Schnittgold'. **'Mayfield Giant'** Hoch mit ungefüllten, goldgelben Blütenkörbchen auf ungewöhnlich langen, unbelaubten Stängeln. Wertvolle Schnittblume. ↕ 90 cm. **'Schnittgold'** siehe *C.* 'Schnittgold' **'Sterntaler'** siehe *C.* 'Sterntaler'. **'Sunburst'** syn. *C. grandiflora* 'Double Sunburst', *C. lanceolata* 'Sunburst'. Aus Samen gezogen. Gefüllte oder halbgefüllte goldgelbe Blütenkörbchen. ↕ 75 cm. **'Sonnenkind'** siehe *C.* 'Sonnenkind'. **'Sunray'** (Sonnenstrahl). Kurzlebige, aus Samen gezogene Sorte mit gefüllten, goldgelben Blüten von Juni bis September, bei Januar-Aussaat ab Ende Juni. 1980 ausgezeichnet mit der Fleuroselect-Bronzemedaille. ↕ 50 cm.

C. lanceolata (Lanzettblättriges Mädchenauge) Kurzlebige Pflanze mit löffelförmigen oder lanzettlichen Blättern, die meist ungeteilt sind und seltener 1–2 Paare seitlicher Segmente tragen. Die Blütentriebe sind in der oberen Hälfte (oder sogar bis weiter nach unten) unbelaubt. Trägt von Juni bis September 4–7 cm große gelbe Blütenkörbchen, deren Zungenblüten an den Spitzen etwa 5 Zacken haben. Rückschnitt nach der Hauptblüte und regelmäßige Teilung sind empfehlenswert. Gedeiht am besten in voller Sonne mit etwas Feuchtigkeit. Aus den mittleren und östlichen USA und Kalifornien. ↕ 20–70 cm. Z5 **'Goldfink'** (Goldfinch) Kompakte, vegetativ vermehrte Sorte mit ungefüllten dunkelgelben Blütenkörbchen von Juni bis in den September. ↕ 25 cm **'Schnittgold'** siehe *C.* 'Schnittgold'. **'Sterntaler'** siehe *C.* 'Sterntaler'. **'Sunburst'** siehe *C. grandiflora* 'Sunburst'.

C. **'Limerock Ruby'** Vermutlich die erste *Coreopsis* mit rubinroten Blütenkörbchen. Sie sind 3 cm groß und erscheinen von Juli bis September an kompakten Pflanzen mit dunkelgrünen Blättern, die jeweils aus 3 schmalen Segmenten bestehen. Bevorzugt feuchten Boden und kann kurzlebig sein. Rückschnitt nach der Hauptblüte ist empfehlenswert. Eine vegetativ vermehrte Hybride aus *C. rosea* und *C. verticillata*, gezüchtet von Mary Ann Faria auf der Limerock Plant Farm, Rhode Island, USA. ↕ 40 cm. Z4

C. rosea (Rosa Mädchenauge) Eine der Arten, die sich mit Rhizomen ausbreiten. Die 2,5 cm großen Blütenkörbchen in Rosa (seltener Weiß) mit gelbem Auge stehen über dunkelgrünen Blättern mit bis zu 3 schmalen Fiederblättchen. Braucht viel Sonne, verträgt aber

keine Trockenheit. Rückschnitt nach der Hauptblüte ist empfehlenswert. Aus den östlichen USA. ↕ 30–60 cm. Z4 **'American Dream'** Reich blühende, aus Samen gezogene Sorte mit verzweigten Trieben, die von Juli bis August 4 cm große Blütenkörbchen mit rosaroten, an den Spitzen gezackten Zungenblüten und gelbem Auge tragen. Ungewöhnlich trockenheitsverträglich. Eingeführt 1984 von dem kalifornischen Züchter Roger Raiche. ↕ 35 cm. **'Sweet Dreams'** Trägt von Juli bis September 4 cm große Blütenkörbchen. Weiße Zungenblüten mit himbeerroter Basis rahmen ein rotbraunes Auge und verfärben sich mit dem Alter über Altrosa bis Magenta. Ein vegetativ vermehrter Sport von 'American Dream', selektiert von Mark Leonard, Kalifornien, USA. ↕ 35 cm.

C. **'Schnittgold'** (Cutting Gold, Gold Cut) syn. *C. auriculata* 'Schnittgold', *C. grandiflora* 'Schnittgold', *C. lanceolata* 'Schnittgold', *C. grandiflora* 'Golden Gain' Aus Samen als Schnittblume gezüchtete, reich blühende, aber kurzlebige Sorte. Trägt von Juni bis September zahlreiche 5 cm große, ungefüllte, goldgelbe Blütenkörbchen mit normalerweise 8 Zungenblüten, die gezackte Spitzen haben. Die ungeteilten Basalblätter sind etwa halb so breit wie lang und werden mit zunehmender Höhe am Trieb kleiner. Dadurch unterscheiden sie sich von *C. lanceolata* oder *C. grandiflora*. Rückschnitt im Frühherbst erhöht die Wahrscheinlichkeit, dass die Pflanze den Winter überlebt. ↕ 90 cm. Z4

C. **'Sonnenkind'** (Baby Sun) syn. *C. grandiflora* 'Sonnenkind', *C.* 'Baby Gold'. Aus Samen gezogene Sorte. Trägt von Juni bis September ungefüllte goldgelbe Blütenkörbchen mit einem rötlich braunen Fleck an der Basis jeder Zungenblüte. Nicht zu verwechseln mit der selten gelisteten Sorte der *C. lanceolata*, der jedoch die Flecken fehlen. ↕ 40 cm. Z4

C. **'Sterntaler'** syn. *C. grandiflora* 'Sterntaler', *C. lanceolata* 'Sterntaler' Aus Samen gezogene Sorte. Trägt von Mai bis Juni Blütenkörbchen aus gerippten, goldgelben Zungenblüten mit einem kleinen rotbraunen Fleck an der Basis. Rückschnitt nach der Hauptblüte regt eine schwächere Nachblüte an. ↕ 40 cm. Z4

C. **'Tequila Sunrise'** Breit lanzettliche Blätter mit cremeweißen Rändern. Von Juni bis Oktober Blütenkörbchen mit 8 goldgelben Zungenblüten, die gelappte Spitzen und einen kleinen roten Fleck an der Basis haben. Zuverlässig mehrjährig. Entdeckt im Garten von Kenneth und Linda Smith in Columbus, Ohio, USA. ↕ 35 cm. Z5

C. tripteris (Hohes Mädchenauge) Hoch, aufrecht und elegant. Trägt von Juli bis September Blütenkörbchen mit zitronengelben Zungenblüten und schokoladenbraunem Auge auf Trieben, die im oberen Teil verzweigt sind. Gegenständige dreiteilige Blätter, 5–10 cm lang und bis 2,5 cm breit, stehen in gleichmäßigen Abständen am Trieb. Bevorzugt Halbschatten und waldrandähnliche Bedingungen. Schöne

Solitärpflanze. Aus den östlichen USA. ↕ 2 m. Z4 **'Pierre Bennerup'** Fülligere Blütenkörbchen mit breiteren Zungenblüten von Juli bis September. Sehr breite Blattsegmente. Benannt nach dem Besitzer der Sunny Border Nurseries, Connecticut, USA. ↕ 1,8 m.

C. verticillata (Netzblattstern, Quirlblättriges Mädchenauge) Langlebige Pflanze mit gegenständigen dunkelgrünen Blättern aus 3 schmalen Segmenten. Auf verzweigten Trieben erscheinen von Juli bis September 2,5–5 cm große gelbe Blütenkörbchen mit kleinem gelbem Auge. Bevorzugt volle Sonne, toleriert aber auch etwas Schatten. Aus den östlichen USA. ↕ 30–90 cm. Z4 **'Golden Gain'** Reich blühende, kompakte Selektion von Blooms aus Bressingham, mit breiten, leicht überlappenden, goldgelben Zungenblüten. Verwirrenderweise wurde dieser Name früher für andere *Coreopsis*-Sorten verwendet, darunter 'Schnittgold', darum sollte er gemäß den internationalen Regeln der Pflanzennomenklatur für diese Pflanze eigentlich nicht benutzt werden. ↕ 45 cm **'Grandiflora'** ♥ syn. *C. verticillata* 'Golden Shower' Aufrechte Pflanze mit zahlreichen, goldgelben, 6 cm großen Blütenkörbchen mit überlappenden Zungenblüten. ↕ 90 cm. **'Moonbeam'** ♥ Außergewöhnlich attraktiv und reich blühend. Schwefelgelbe Blütenkörbchen von 4 cm Durchmesser verdecken das Laub fast vollständig. Selektiert von dem englischen Züchter Bill Archer und 1992 in England zur Staude des Jahres erklärt. Aus Samen gezogene Pflanzen dieses Namens sind etwas variabel, blühen weniger reich und sterben im Winter oft ab, daher sollte die Sorte vegetativ vermehrt werden. ↕ 50 cm. **'Old Timer'** ♥ Hoch und aufrecht, sollte angebunden werden. 4,5 cm große goldgelbe Blütenkörbchen. ↕ 80 cm. **'Zagreb'** ♥ Kompakte Sorte mit zahlreichen, 3,5–4 cm großen, goldgelben Blütenkörbchen. ↕ 40 cm.

CORONILLA
Kronwicke
PAPILIONACEAE

Diese nützlichen, attraktiven Bodendecker, die auch auf mageren Böden gedeihen, helfen sogar, Bodenerosion zu vermeiden.

Zur Gattung gehören etwa 20 Arten von Einjährigen, Stauden und kleinen Sträuchern, die in Wäldern, Wiesen und trockenen Steilküsten Europas und Nordafrikas heimisch sind. Nur eine Art wird in Gärten kultiviert. Es ist ein wüchsiger, recht variabler Bodendecker mit kleeartigen Blüten, der sich rasch ausbreitet.

KULTUR Gedeiht in jedem einigermaßen nahrhaften Boden in voller Sonne oder Halbschatten. Neigt bei zu nahrhaftem Boden zum Wuchern.

VERMEHRUNG Durch Aussaat oder Weichholzstecklinge im Frühling, Teilung im Herbst.

PROBLEME Anthracnose (Blattbräune).

C. varia syn. *Securigera varia* (Bunte Kronwicke) Wüchsige Pflanze mit langen, schmalen Blättern aus bis zu 25 ovalen Einzelblättchen an einem zentralen Trieb. Die hübschen Schmetterlingsblüten in Rosa (seltener Weiß, Violett oder zweifarbig) erscheinen vom Spätfrühling bis zum Spätsommer in rundlichen Dolden aus bis zu 20 Einzelblüten. Aus ihnen entwickeln sich lange Hülsen, die explosionsartig aufplatzen und die Samen in beträchtliche Entfernung schleudern. Die Sämlinge können wuchern, wenn man sie groß werden lässt. Gut als Bodendecker auf

UNTEN *Coronilla varia*

mageren Böden oder zum Befestigen von Böschungen. Auch hübsch im Kübel, über dessen Rand die Pflanzen hängen. In weiten Teilen der USA verwildert, auch in Regionen, die viel kälter als die eigentliche Heimat der Pflanze sind. Gilt in einigen Staaten der USA als lästiges Unkraut, sodass von der Kultur in Gärten abgeraten wird. Heimisch in Europa. ↕ 30–60 cm. Z4
'Penngift' Weniger wüchsige Sorte mit zweifarbig rosa-weißen Blüten. Vielfach zur Verhinderung von Erosion an Böschungen verwendet, aber auch als Gartenpflanze geeignet. Gezüchtet an der University of Pennsylvania, USA.

CORTADERIA
Pampasgras
POACEAE

Die Pflanzen dieser Gattung sind große, Horst bildende Gräser mit hohen, eindrucksvollen Blütenständen spät in der Saison.

Von den 24 Arten stammen die meisten aus Südafrika. 4 sind in Neuseeland heimisch, wo sie »toetoe« (gesprochen »toitoi«) heißen, und eine in Neuguinea. Aus einer harten, verholzenden Wurzelkrone erheben sich immergrüne oder halbimmergrüne, schmale, oft blaugraue Blätter. Weil man sich an deren fein gezähnten Rändern leicht schneiden kann, sollten die Pflanzen nicht direkt neben einem Weg gepflanzt werden. Die rispigen Blütenstände, bestehend aus Ährchen in Rosa, Weiß oder Pergamentbeige, stehen auf kräftigen, hohen Halmen. Bei jungen Pflanzen stehen die Halme aufrecht, bei älteren fallen sie eher

fontänenförmig auseinander. Einige Pflanzen sind rein weiblich. Andere sind zweigeschlechtlich und bilden fruchtbare gelbe Pollen. Darin unterscheiden sie sich von der Gattung *Chionochloa*, die nur zweigeschlechtliche Pflanzen umfasst.

Pampasgräser sind wunderbare Solitärpflanzen, die vor dunklem Hintergrund oder im Gegenlicht besonders schön aussehen. Im vorderen Bereich eines Beets nimmt man ihren eleganten Wuchs am besten wahr. Sie eignen sich aber auch für größere Gruppenpflanzungen im naturnahen Stil, vor allem in Kombination mit anderen großen Gräsern wie *Miscanthus* und spät blühenden Blumen wie Arten und Sorten von *Aster* und *Eupatorium*. In Ländern mit heißem Klima wie Kalifornien oder Südafrika gelten einige Pampasgräser als hartnäckige Unkräuter.

KULTUR Die üblicherweise kultivierten Arten bevorzugen einen Platz am Wasser und vertragen nasse Winter. Bei anhaltender sommerlicher Trockenheit sterben einige Arten – vor allem diejenigen aus Neuseeland – teilweise ab. *C. selloana* ist trockenheitstoleranter.

VERMEHRUNG Teilung im April nach dem Rückschnitt und dem Abbrennen der Horste. Die Arten können auch im Frühling ausgesät werden. Sorten sind bei Aussaat variabel.

PROBLEME Keine.

RECHTS **1** *Cortaderia richardii*
2 *C. selloana* 'Rendatleri'

VERWIRRUNG UM CORTADERIA

Pampasgras *(Cortaderia selloana)* erkennt jeder. Es ist eine der auffälligsten Stauden, und wenngleich es bei vielen von uns etwas unbehagliche Assoziationen an die Neubausiedlungen der 50er- und 60er-Jahre weckt, erlebt es derzeit eine Renaissance in naturnahen Gärten. Allerdings schränkt die späte Blüte seine Einsatzmöglichkeiten ein.

Das Ungewöhnliche an *Cortaderia* ist, dass einzelne Arten sowohl weibliche als auch zweigeschlechtliche Pflanzen hervorbringen können, die recht unterschiedlich aussehen. Weibliche Pflanzen haben einen aufrechteren Wuchs, weniger gebogene und eher elliptische, massiv aussehende Blütenstände, die anfangs weiß sind und sich mit der Zeit beige verfärben. Ihre Form erinnert an einen länglichen Rugby-Ball. Auf kräftigen Halmen erheben sie sich bis 100 cm hoch wie eine Krone über dem Laub. Zweigeschlechtliche Pflanzen haben dagegen bis 2 m hohe, zottige, einseitige Blütenstände, die anfangs rötlich sind und mit dem Alter weiß, beige oder rosa werden. Diese Blütenstände sind manchmal gebogen, meist eleganter und haben oft einen seidigen Schimmer. Gelegentlich werden die zweigeschlechtlichen Pflanzen für männlich gehalten, weil die weiblichen Blütenteile sehr klein und kaum zu erkennen sind. Einige

Pflanzen scheinen weder männliche noch weibliche Blütenteile zu besitzen, haben aber dennoch fiedrige Blütenstände. Die Blütenstände weiblicher Pflanzen halten meist bis in den Frühling, verlieren dabei aber erheblich an Fülle. Blütenstände zweigeschlechtlicher Pflanzen halten meist nur bis zum Herbst, seltener bis zum Frühling.

Aus diesem Grund können Pflanzen der gleichen Art sehr unterschiedlich aussehen und sich, wenn sie aus Samen gezogen werden, von ihren Eltern unterscheiden. Nimmt man Samen von weiblichen Pflanzen ab, die durch Bestäubung einer anderen Pflanze entstanden sind, erhält man als Sämlinge ausschließlich Hybriden, die normalerweise variabel sind. Hinzu kommt, dass sowohl weibliche als auch zweigeschlechtliche Pflanzen heranwachsen, die sich wiederum unterscheiden. Weil die vegetative Vermehrung langwierig ist, bevorzugen viele Gärtnereien die Anzucht aus Samen. Dadurch sind viele verschiedene Sorten auf den Markt gekommen, die häufig falsch benannt sind. Nachdem sich aus Samen herangezogenen Arten und Sorten einmal etabliert haben, breiten sie sich auch selbst durch Samen aus – an der Küste Kaliforniens, in Neuseeland und Südafrika in aggressiver Weise.

C. argentea siehe *C. selloana*

C. fulvida Gebogene, einseitige, 30–60 cm lange Rispen mit leicht zottigem Aussehen, die anfangs goldgelb und später rosa oder cremeweiß sind. Sie stehen ab Juli 1,5 m über dem Horst aus Blättern und halten bis in den Februar. Die mittelgrünen, 2 cm breiten Blätter sind deutlich gerippt und haben eine weiße Unterseite. Auf zu trockenem Boden sterben Teile des Grases ab. Von feuchten, gelegentlich überfluteten Standorten in Neuseeland. ↕ 2,4 m. Z8

C. richardii Harte, gebogene, cremeweiße bis hellbeige Rispen, die weniger füllig sind als bei *C. selloana*, dafür aber eleganter. Besonders wertvoll wegen der frühen Blüte und der lebendigen Bewegung bei schwächstem Wind. Die Blüten halten von Juni bis Oktober, zweigeschlechtliche Pflanzen blühen früher als weibliche. Die schmalen dunkelgrünen Blätter bilden einen fontänenförmigen Horst von 1,2 m Höhe. Aus Neuseeland. ↕ 3 m. Z8

C. selloana syn. *C. argentea, Gynerium argenteum* (Pampasgras) Sehr variable, aber stets eindrucksvolle Pflanze mit stattlichen, rispigen Blütenständen von September bis November. Die Größe (und damit die Wirkung) der Blütenstände variiert zwischen 30 cm und 1 m. Einige Pflanzen tragen nur weißliche weibliche Blütenstände in aufrechterer Form. Zweigeschlechtliche Pflanzen haben elegantere, höhere Blütenstände, die männliche und weibliche Blüten in Beige oder mattem Rosa enthalten. Bei manchen Pflanzen halten die Blütenstände bis zum Frühling, bei anderen nur bis in den Herbst. Bei einigen der so genannten rosa Formen könnte es sich um die eng verwandte *C. jubata* handeln (siehe *Verwirrung um Cortaderia*). Braucht viel Feuchtigkeit, toleriert aber auch Trockenheit. Nicht alle Sorten blühen in kühleren Regionen zuverlässig. Hier gilt es, geeignete Sorten auszuspüren. Welke Blätter können den optischen Eindruck verderben, darum werden die Pflanzen jährlich im Frühling zurückgeschnitten oder abgebrannt. Bleibt abgestorbenes Laub zwei Jahre oder länger an der Pflanze, stirbt sie beim Abbrennen ab. Aus Argentinien, Brasilien und Chile. ↕ 1,2–3,6 m. Z5 **'Albolineata'** syn. 'Silver Stripe' Weiß gerändete Blätter bis 1 m Länge, darüber dekorative, aufrechte Blütenstände in Weiß. Eine Reihe anderer Pflanzen von ähnlichem Aussehen werden unter dem gleichen Namen kultiviert. ↕ 1,5 m. Z8 **'Aureolineata'** syn. 'Gold Band' Gelb gerändete Blätter bis 1,2 m Länge, deutlich über ihnen elegante, silbrige Blütenstände. Eine Reihe anderer Pflanzen von ähnlichem Aussehen werden unter dem gleichen Namen kultiviert. ↕ 2 m. Z8 **'Carminea Rendatleri'** siehe 'Rendatleri'. **'Pink Feather'** (Rosa Feder). Eindrucksvolle, hohe und wüchsige Sorte mit großen, anfangs kräftig rosa getönten Blütenständen. ↕ 3,6 m. Z8 **'Pumila'** ♀ Kompakte, aufrechte, verlässlich blühende, weibliche Sorte mit cremeweißen Blütenständen knapp über dem Laub von August bis Oktober. 1875 eingeführt. Pflanzen gleichen Namens, die 1,8 m oder höher werden, sind falsch benannt. ↕ 1,2 m. Z6 **'Rendatleri'** syn. 'Carminea Rendatleri', Gynerium rendatleri Hohe Sorte mit rosa Blütenständen auf relativ schwachen Halmen im September und Oktober. ↕ 3 m. Z7 **'Rosea'** Bezeichnung für variable, oft aus Samen gezogene Pflanzen mit rosa Blütenständen. ↕ 2,4–3 m. Z7 **'Silver Fountain'** Strahlend weiß panaschierte Blätter bis 1,5 m Höhe, darüber weiße Blütenstände auf grünen Halmen. ↕ 2,4 m. Z8 **'Silver Stripe'** siehe 'Albolineata'. **'Sunningdale Silver'** ♀ Sehr stattliche hohe Sorte mit großen, silbrigen Blütenständen auf kräftigen Halmen, die von Oktober bis Dezember deutlich über dem 1,7 m hohen Horst aus Blättern stehen. Blüht im nördlichen Bereich ihrer Winterhärte-Zone nur zögerlich. ↕ 3 m. Z7 **'White Feather'** Zweifelhafter Name für eine Reihe von weiß blühenden Pflanzen, die aus Samen gezogen und weiblich oder zweigeschlechtlich sind. ↕ 2–3,6 m. Z7

OBEN *Cortusa matthioli*

KULTUR Gedeiht in leicht saurem oder kalkhaltigem, humusreichem, feuchtem, aber durchlässigem Boden. Ideal ist ein kühler Platz im Halbschatten. In heißem, trockenem Klima gedeiht die Pflanze nicht. Im Herbst mit Laub- oder Gartenkompost mulchen.

VERMEHRUNG Durch Teilung im zeitigen Frühling. Aussaat gleich nach der Samenreife im offenen, kalten Frühbeet. Stecklinge von dicken, ausgewachsenen Wurzeln im Spätsommer schneiden und ins kalte Frühbeet pflanzen.

PROBLEME Schnecken.

C. matthioli (Alpen-Heilglöckchen) Die bekannteste Art der Gattung, leicht zu kultivieren. Die 12 cm breiten, kräftig grünen Blätter sind nierenförmig oder rundlich, haben unregelmäßig gezähnte Ränder und eine feine, rostbraune Behaarung. Trägt im Mai und Juni 1 cm lange, nickende Glockenblüten in Magenta, Rotviolett oder seltener Weiß an rostbraunen behaarten Stängeln. Aus Westeuropa. ↕ 20–30 cm. Z7 **'Alba'** Weiße Blüten. **subsp.** *pekinensis* Tief eingeschnittene, stark behaarte Blätter. Blüten manchmal dunkler gefärbt. Aus China.

CORYDALIS
Lerchensporn
PAPAVERACEAE

M it ihrem hübschen farnartigen Laub sind diese dekorativen Frühlingsblüher gut geeignet für Gehölzgärten und -beete.

EINDRUCKSVOLLE FEDERBÜSCHEL

PAMPASGRAS IST EINE GROSSE PFLANZE, die stattliche Gesellschafter braucht. Am schönsten sieht sie im Herbst neben den kräftigen Farben von Dahlien und *Sedum* aus. Hier bildet 'Sunningdale Silver' mit dem bräunlich violetten Laub und den leuchtenden Blüten der *Dahlia* 'Bishop of Llandaff' ein eindrucksvolles Gespann. Die geraden Halme des Pampasgrases wirken hinter den unregelmäßigen Formen der Dahlien fast streng grafisch. *Sedum* 'Herbstfreude' passt gut zu dem Ensemble, eine hellere Blütenfarbe wäre zu schwach. Früher im Jahr bilden die schmalen, grünen *Cortaderia*-Blätter, das fein gezähnte Dahlienlaub und die bläulich-fleischigen Blätter des *Sedum* eine interessante Gruppe in Grüntönen.

CORTUSA
Heilglöckchen
PRIMULACEAE

H eilglöckchen sind winterharte Waldpflanzen, die eng mit der Gattung *Primula* verwandt sind und im Spätfrühling und Frühsommer zarte Blüten tragen.

Die 8 Arten sommergrüner, Gruppen bildender Pflanzen für den kühlen Schatten eines Waldgartens oder Gehölzbeets wachsen wild in Wäldern und Bergregionen von West- und Mitteleuropa bis Nordasien. Die langstieligen gelappten Basalblätter sind rund, herz- oder nierenförmig. Im Spätfrühling und Frühsommer öffnen sich hoch über dem Laub glocken- oder röhrenförmige Blüten, die einseitig an schlanken Stängeln hängen. Der Blütenstand ist doldig.

Die Gattung umfasst etwa 300 Arten Laub abwerfender und immergrüner Pflanzen, die in Europa, Asien und dem tropischen Afrika heimisch sind. Sie wachsen zumeist in Wäldern und im Unterholz. Einige sind als Gartenpflanzen beliebt. Aus Rhizomen oder knolligen Wurzeln erheben sich leicht fleischige Triebe mit fein geschnittenen Blättern, die mehrfach geteilt sein können und aus bis zu 27 oft getönten oder leuchtender gefärbten Blättchen bestehen. Über den Blättern erscheinen zierliche traubige Blütenstände mit Blüten in verschiedenen Farben mit eigentümlicher Form: zweilippig, oft mit auffälligem Sporn. In den letzten Jahren wurden einige ausgezeichnete neue Sorten eingeführt, darunter viele aus China und Zentralasien (siehe *Blauer Lerchensporn aus China*). Viele von ihnen sind Waldgewächse, die gut unter Sträuchern oder zwischen Farnen gedeihen. Einige Sorten mit speziellen Ansprüchen werden hier nicht behandelt.

KULTUR Bevorzugen zumeist gut durchlässigen, humusreichen Boden im Halbschatten. Einige säen sich reichlich selbst aus.

VERMEHRUNG Durch Teilung oder Aussaat.

PROBLEME Schneckenfraß, vor allem an den jungen Trieben.

C. **'Blackberry Wine'** Wüchsige, Gruppen bildende Pflanze mit geteilten blaugrünen Blättern. Von Mai bis Juni oder August erscheinen dichte Trauben aus duftenden rosavioletten Blüten mit geradem Sporn, manchmal folgt eine zweite Blüte im September und Oktober. Die Herkunft ist ungewiss, vermutlich eine Hybride oder Auslese des variablen *C. flexuosa*. ↕ 30 cm. Z7

C. bulbosa siehe *C. cava*

C. buschii Rhizompflanze mit lang gestielten, geteilten, blaugrünen Blättern. Trägt im Mai und Juni Trauben aus bis zu 25 dunkelrosa Blüten von 2,5–3,5 cm Länge mit langen, geraden Spornen. Eine relativ neue, unkomplizierte Sorte, die langsam größer werdende Gruppen mit hübschen Blüten bildet. Aus feuchten Wäldern in Korea, Nordost-China und dem äußersten Osten Russlands. ↕ 10–25 cm. Z5

C. cashmeriana (Blauer Himalaya-Lerchensporn) Laub abwerfende Staude mit fleischigen Wurzeln, die Polster aus fein geschnittenen, blass-blaugrünen Blättern bis 8 cm Länge bildet. Trägt im Juni und Juli kleine Trauben aus leuchtend blauen, 1,5 cm langen Blüten mit abwärts gekrümmtem Sporn. Bevorzugt Halbschatten mit durchlässigem, humusreichem Boden. Eine der schönsten blau blühenden Sorten, die aber in warmem Klima nicht immer optimal wächst. Aus lichtem Unterholz im Himalaja von Kaschmir bis Tibet. ↕ 10–15 cm. Z5 **'Kailash'** Kompakte Sorte. ↕ 5–10 cm.

C. cava syn. *C. bulbosa* (Hohler Lerchensporn) Sommergrüne Pflanze mit relativ großen hohlen Rhizomen. Die aufrechten Triebe tragen 2 hellgrüne Blätter bis 10 cm Länge, die in viele schmale, keilförmige Fiederblättchen geteilt sind. Trägt von März bis April oder Mai Trauben aus bis zu 20 violetten oder cremeweißen, 2,5 cm langen Blüten mit gebogenem Sporn. Unter jeder Blüte befindet sich ein einfaches, ovales Hochblatt. Leicht zu kultivieren. Weit verbreitet in den Wäldern Mitteleuropas. ↕ 20 cm. Z6 **'Albiflora'** Weiße Blüten.

C. cheilanthifolia Immergrüne Pflanze mit faserigen Wurzeln und mehreren, zarten, farnartigen, ovalen Blättern von 30 cm Länge oder mehr. Von März oder April bis August oder länger erheben sich aufrechte Triebe über das Laub, die dichte Trauben aus 2 cm langen, leuchtend gelben Blüten mit geradem Sporn tragen. Laub und Blüten sind gleichermaßen attraktiv. Sät sich bei guten Bedingungen großzügig selbst aus. Von schattigen, steinigen Standorten in Mittel- und Westchina. ↕ 20–30 cm. Z6

C. elata Wüchsige, teilweise immergrüne Pflanze mit faserigen Wurzeln, die eine ausladende Gruppe aus geteilten, frischgrünen Blättern bildet. Von etwa Mai bis Juli trägt sie intensiv blaue, duftende Blüten in dichten Trauben an aufrechten Stängeln. Jede Blüte ist etwa 2,5 cm lang und hat einen geraden Sporn, der violett überhaucht sein kann. Leuchtend lindgrüne Blätter, die weder durch Frost noch durch Schnecken stark gefährdet sind, treiben im zeitigen Frühling aus, bleiben bei Trockenheit in guter Form und halten bis weit in den Winter. Sehr schön unter kleinen Sträuchern, zwischen deren Zweigen sich die Blüten emporschieben. Aus Wäldern in Westchina. ↕ 60 cm. Z6 **'Blue Summit'** Blüten in klarem Dunkelblau. Eventuell identisch mit der Art.

C. flexuosa Laub abwerfende Pflanze, die Gruppen oder Matten aus geteilten, bis 10 cm langen Blättern bildet, die im Austrieb bronzefarben oder violett überhaucht sein können. Im Mai und Juni erheben sich belaubte Stängel mit Trauben aus schlanken blauen Blüten. Gedeiht in humusreichem Boden an relativ offenen Standorten. Die Blätter sterben jedoch – vor allem bei Trockenheit – im Sommer oft ab, sodass Lücken im Beet entstehen. Neues Laub treibt im Herbst aus. In der Natur bildet die Art manchmal Matten und manchmal kompakte Polster. Aus kleinen Teilstücken leicht zu vermehren. Weil spontane Kreuzungen oft vorkommen und sich die Sorten selbst aussäen, werden oft Pflanzen fälschlich unter den folgenden (und anderen) Namen angeboten. Aus feuchten Laubwäldern in Westchina. ↕ 20–30 cm. Z7 **'Balang Mist'** Gruppen bildend, graugrüne Blätter. Abwärts gerichtete Blüten, in der Knospe weiß, später blass-hellblau mit weißen Spitzen. **'Blue Panda'** Gruppen bildend. Blüte von April bis September. **'China Blue'** Matten bildend. Himmelblaue Blüten, die sich bei kühlem Wetter violett färben. Hoch, aber nicht sehr wüchsig. ↕ 30 cm. **'Golden Panda'** Wie 'Blue Panda', jedoch gelbes Laub, das im Frühling besonders kräftig leuchtet. **'Nightshade'** Blätter entlang der Mittelader rot gesprenkelt. Hellblaue Blüten. **'Père David'** Matten bildend. Blätter entlang der Mittelader rot gesprenkelt. Hell grünlich blaue Blüten. ↕ 15 cm. **'Purple Leaf'** Bildet kompakte Matten aus rötlich violetten Blättern. Blauviolette Blüten. ↕ 15 cm.

C. linstowiana Meist laubwerfend mit faserigen Wurzeln und blaugrünen, in schmale, ovale Segmente geteilten Blättern. Trägt im Juni und Juli dichte, endständige Trauben aus 2,5 cm langen Blüten in Hellblau oder Altrosa. In Gärten noch recht neu, scheint jedoch verlässlich. Sät sich großzügig selbst aus. Aus feuchten Laubwäldern in Westchina. ↕ 30 cm. Z7

C. lutea syn. *Pseudofumaria lutea* (Gelber Lerchensporn) Wüchsige, unkomplizierte, immergrüne Pflanze, die ausladende Gruppen aus hübsch geteilten, hellgrünen, 10–15 cm langen Blättern bildet. Von April bis September öffnen sich Trauben mit kurz gespornten, leuchtend gelben, 1,5 cm langen Blüten. Sät sich reichlich selbst aus, lässt sich aber leicht eindämmen. Zum Aufhellen einer feuchten, schattigen Ecke genügen wenige Pflanzen. Auch sehr schön für schattige Steinanlagen. Von schattigen, felsigen Standorten in den Ausläufern der europäischen Alpen, in anderen Gebieten Europas verwildert. ↕ 30–40 cm. Z6

C. malkensis ♀ Kräftige, wüchsige Rhizompflanze mit hellgrünen, fein geschnittenen, bis 8 cm langen Blättern. Im Mai und Juni erscheinen in den Blattachseln lockere Trauben aus breitlippigen, weißen, 2,5 cm großen Blüten. Wüchsig genug, um in Gras zu

SCHÖNHEITEN AM WEGESRAND

IN DIESER GRUPPE hebt sich die hellblaue Sorte 'China Blue' der Art *Corydalis flexuosa* zwischen den Blättern des panaschierten Grases *Arrhenatherum elatius* subsp. *bulbosum* 'Variegatum' hervor. Beide schätzen Waldboden und Halbschatten und sollten am Wegrand stehen, wo man sie gut sieht. Im Frühling und Frühsommer ergeben sie ein schönes Bild, doch im Sommer, nach der Blüte des Lerchensporns, sterben beide ab und hinterlassen unschöne Lücken. Das Problem lässt sich mit einer ausladenden Waldstaude – hier *Gentiana asclepiadea* – lösen. Die jungen Triebe stehen aufrecht und lassen Gras und Lerchensporn genug Raum. Später neigen sich die blühenden Enziantriebe und verdecken die leere Stelle.

BLAUER LERCHENSPORN AUS CHINA

Früher war blauer Lerchensporn schwierig zu kultivieren und kurzlebig – und schon deswegen eine Herausforderung für ehrgeizige Pflanzenfreunde. Seit aber chinesische Gärtner die Art *C. flexuosa* eingeführt haben, gibt es einen blauen Lerchensporn, den jeder kultivieren kann.

Nachdem er schon 1865 von Père David, dem Entdecker des Taschentuchbaums, *Davidia involucrata*, im westchinesischen Moupine (heute Baoxing) gefunden wurde, dauerte es bis zur Einführung in westlichen Gärten noch über ein Jahrhundert. 1985 fand der amerikanische Pflanzensammler Reuben Hatch ein Exemplar im Wenhuan Wolong Nature Reserve, das auch als Panda-Reservat bekannt ist, und nannte es 'Blue Panda'. Trotz des hübschen Aussehens bot sich die Pflanze nicht zur schnellen Verbreitung an.

1989 fanden James Compton, John d'Arcy und Martyn Rix drei weitere Exemplare in der Gegend von Père Davids erster Entdeckung. Ihre chinesischen Gastgeber fuhren mit ihnen durch Wälder voll blauer Teppiche, wollten aber nicht anhalten, sodass die Europäer die Pflanzen nicht genauer betrachten konnten. Schließlich ließen sie sich aber überreden. Kleine Teile von drei unterschiedlichen Pflanzen wurden in Filmdöschen verpackt, die mit Moos ausgelegt waren. Nach der Rückkehr wurden die Pflänzchen verschiedenen Gärtnereien übergeben, die daraus in zwei Jahren insgesamt fast 2000 Pflanzen heranzogen. Der schnelle Vermehrungserfolg beruht hauptsächlich auf dem kriechenden Wuchs dieser drei Formen.

Die Pflanzen wurden zunächst unter den Referenznummern der Sammler kultiviert und dann benannt: 'Purple Leaf' (CD&R528a), 'Père David', (CD&R528b) und 'China Blue' (CD&R528c). Heute werden sie in vielen geeigneten Klimaten in aller Welt gepflanzt. Außerdem sind weitere gesammelte Wildformen sowie Sorten, die in Gärten entstanden sind, bekannt geworden.

verwildern, sät sich oft selbst aus. Relativ neu eingeführt. Aus feuchten, lichten Wäldern des Kaukasus. ↕ 10–15 cm. Z7

C. ochroleuca Die kräftige Pflanze bildet kompakte Gruppen bis 12 cm langer Blätter aus mehreren ovalen, hellgrünen Fiederblättchen. Von Mai bis Juli oder August öffnen sich dichte Trauben aus 1,5 cm großen weißen Blüten mit leuchtend gelben Spitzen. Unkomplizierte Pflanze für volle Sonne oder Halbschatten, die sich oft großzügig selbst aussät. Von Kalksteinfelsen in den Gebirgen Südeuropas von Italien bis zum Balkan. ↕ 30 cm. Z5

C. ophiocarpa Große Pflanze mit faserigen Wurzeln und lockeren Gruppen aus geteilten, 45 cm langen Blättern mit graugrünen Fiederblättchen. Trägt von Mai bis Juni endständige, dichte Trauben grünlich weißer bis hell grünlich gelber Blüten von 1–1,5 cm Länge. Aus Laubwäldern Japans, Chinas, Taiwans und Nordindiens. ↕ 75 cm. Z6

C. solida (Gefingerter Lerchensporn) Pflanze mit faserigen Wurzeln, die Gruppen von aufrechten Trieben mit graugrünen, geteilten, bis 8 cm langen Blättern bildet. Im April und Mai erscheinen dichte Rispen aus 1,5– 2,5 cm langen Blüten in Rosa, Altrosa, Weiß oder rötlichem Violett mit gebogenen Spornen. Die blattartigen Brakteen (Tragblätter) unter den Blüten sind mehr oder weniger stark geteilt. Sehr variabel in Blütenfarbe, Blattform und anderen Merkmalen, dennoch eine gute Gartenpflanze für den Halbschatten, weil alle Formen leicht zu kultivieren sind. Sät sich bei guten Bedingungen selbst aus. Aus lichten Wäldern in Nord- und Mitteleuropa und Teilen des Nahen Ostens. ↕ 10–25 cm. Z6 **subsp. incisa** ♀ Blüten normalerweise weiß oder hellviolett mit tiefer eingeschnittenen, blattartigen Brakteen. Vom Balkan. **subsp. solida** Obere Brakteen ungeteilt, Blüten mattviolett. **subsp. solida 'Beth Evans'** Hellrosa Blüten mit fast weißen Spornen. **subsp. solida 'Dieter Schacht'** ♀ Kompakt. Hellrosa Blüten mit dunkler überhauchten Lippen. Robuster als 'Beth Evans'. **subsp. solida 'George Baker'** ♀ Blüten in einem ungewöhnlichen Ziegelrot.

C. 'Tory MP' Wüchsige Pflanze, die stattliche Gruppen aus geteilten Blättern bildet. Von Mai bis Juli oder August und gelegentlich nochmals im Oktober erheben sich rötliche Stängel mit 2,5 cm langen, leuchtend blauen Blüten. Eine Kreuzung zwischen *C. elata* und *C. flexuosa*, die die besten Merkmale beider Eltern vereint und oft verlässlicher ist als *C. flexuosa*. ↕ 45–60 cm. Z7

CORYNEPHORUS
Silbergras
POACEAE

Selten in Gärten zu sehen sind diese zierlichen, Horst bildenden Gräser, die man meist an sandigen Standorten antrifft.

Die 5 Arten von Stauden und Einjährigen wachsen auf Sanddünen und an Meeresküsten von Nordeuropa über den Mittelmeerraum bis in den Iran. Sie bilden Horste aus schmalen, häufig eingerollten, blaugrünen Blättern und tragen fiedrige Blütenstände, die je nach Sorte locker oder kompakt sein können.

KULTUR Sehr durchlässiger, sandiger, saurer oder neutraler Boden in vollsonniger Lage.

VERMEHRUNG Durch Teilung im Frühling oder Aussaat.

PROBLEME Keine.

C. canescens (Gewöhnliches Silbergras) Bildet dichte Kissen aus rauen Blättern,

die fest eingerollt sind. Trägt im Juni und Juli fadendünne Halme mit endständigen rispigen Blütenständen aus kleinen Ährchen, die mit herabhängenden violetten Staubgefäßen besetzt sind. Gedeiht am besten auf sandigem, leicht saurem Boden in voller Sonne. Ein relativ seltenes Gras von Küsten-Sanddünen in England, Skandinavien und Russland. Verwildert im Nordwesten und Nordosten der USA.
‡ 10–35 cm. Z5

Cosmos

Kosmee, Schmuckkörbchen
ASTERACEAE

Diese Sommerblüher bereichern den Garten durch wunderschöne Farben und einen zarten Duft.
Etwa 26 Arten ein- und mehrjähriger Pflanzen wachsen wild in trockenen Strauchlandschaften der

AUSGESTORBEN UND AUFERSTANDEN

Cosmos atrosanguineus, die in Gärten in aller Welt kultiviert wird, stammt ursprünglich aus Kiefern- und Eichenwäldern Mexikos, wo sie jedoch als ausgestorben gilt. Erschwerend kommt hinzu, dass alle in Kultur befindlichen Pflanzen von einem einzigen Exemplar abstammen und keine Samen bilden, wenn sie mit dem eigenen Pollen bestäubt werden. Keine einzige der zahlreichen Gartenpflanzen hat im Lauf der Jahre Samen gebildet, insofern hat es wenig Sinn, die Pflanze in ihrem ursprünglichen Lebensraum wieder »auszuwildern«, denn sie könnte keine sich selbst erhaltende Population bilden.
1996 entdeckte jedoch der Genetiker Dr. Russell Poulter von der University of Otago in Neuseeland eine fruchtbare Form, sodass es nun doch denkbar scheint, neue Wildbestände zu etablieren. Natürlich eröffnet sich dadurch auch die Möglichkeit, dass neue Arten in Saatgutkatalogen auftauchen und in Zukunft eingeführt werden.

südlichen USA und Mittelamerikas. Nur eine Staudenart wird in Gärten kultiviert. Sie hat Rhizome ähnlich einer Dahlie und verzweigte Triebe mit paarweise angeordneten, geteilten Blättern. Im Sommer und Herbst erscheinen auf hohen Stängeln einzelne Blütenkörbchen mit breiten Zungenblüten.

KULTUR Gedeiht in voller Sonne und durchlässigem, nahrhaftem Boden. In kühleren Gegenden die Rhizome im Herbst ausgraben und in nahezu trockenem Sand kühl überwintern.

VERMEHRUNG Durch Basalstecklinge im zeitigen Frühling.

PROBLEME Schneckenfraß und Blattläuse kommen vor, gelegentlich auch Mehltau.

C. atrosanguineus syn. *Bidens atrosanguinea* (Schwarzes Schmuckkörbchen) Rhizompflanze, die ein Polster aus gezähnten, eckigen Blättern an ausladenden dunkelroten Trieben bildet. Von Juli bis Oktober öffnen sich dunkel-rotbraune Blütenkörbchen mit 4,5 cm Durchmesser, die intensiv nach Schokolade duften. Jedes besteht aus 8 breiten Zungenblüten mit samtiger Oberfläche, die die Röhrenblüten umgeben. Ursprünglich heimisch in Mexiko, heute jedoch in freier Natur ausgestorben (siehe *Ausgestorben und auferstanden*). ‡ 40–60 cm. Z8

Crambe

Meerkohl
BRASSICACEAE

Stattliche Blätter und eine große Fülle weißer Blüten im Sommer zeichnen diese großen Pflanzen aus. Sie gedeihen an nahezu jedem sonnigen Standort.
Die 20 Arten großer, ein- und mehrjähriger Pflanzen, die mit dem Speisekohl verwandt sind, wachsen in verschiedenen Lebensräumen Europas, Asiens, Makronesiens und des tropischen Afrika. 2 der voll winterharten europäischen Arten haben sich auch als besondere Gartenpflanzen durchgesetzt. Aus der tief reichenden Wurzel treibt eine Rosette aus großen, rundlichen oder gelappten Blättern, über der sich ein kräftiger, weit verzweigter Blütenstand mit duftenden, kleinen, weißen Blüten erhebt. Später entwickeln sich grüne, perlenähnliche Früchte.

KULTUR Für sonnige Standorte mit durchlässigem Boden.

VERMEHRUNG Durch Teilung, Wurzelstecklinge oder Aussaat.

PROBLEME Keine. Die Blätter können durch Raupen des Kohlweißlings geschädigt werden.

C. cordifolia (Meerkohl) Diese große Pflanze, die einem riesigen Schleierkraut ähnelt, braucht viel Platz für seine stattlichen graugrünen Blattrosetten mit 1,5 m Durchmesser und seine enorme Fülle von Blüten. Die großen dunkelgrünen Basalblätter sind herzförmig, bis 60 cm breit, runzlig und borstig behaart. Im Hochsommer schweben über dem Laub riesige, weit verzweigte Rispen aus zahllosen, 1 cm großen, süß duftenden Blüten. Gedeiht am besten in gut durchlässigem, tiefgründigem, nahrhaftem Boden an einem Sonnenplatz, verträgt aber auch leichten Schatten. Starker Wind kann die Blütenstände beschädigen. Verwelkte Blüten können stehen bleiben, weil sie interessant ausbleichen und weil die grünen Beeren den Garten im Winter beleben. Von Steppen und offenen, steinigen Standorten des Kaukasus. ↕ 2 m. Z5

C. maritima (Küsten-Meerkohl) Kräftig violette Triebe entrollen sich im Frühling zu einem eindrucksvollen Berg aus gewellten graugrünen Blättern mit rundlicher Form und etwa 30 cm Länge. Sie sind unbehaart, leicht fleischig und tragen einen silbrigen Flaum. Aus den Blättern erheben sich dicke, aufrechte Stängel, und im Juni verschwinden die Blätter fast unter der schaumartigen Fülle von zahllosen, duftenden, weißen, nur 1–1,5 cm großen Blüten, die dicht gedrängt in runden Rispen oder Trauben stehen. Eine Küstenpflanze, die man häufig an der Flutgrenze an Sand- oder Kiesstränden findet. Sie verträgt Spritzer von Salzwasser und gelegentliche Überspülungen. Weil sie auch Trockenheit toleriert, eignet sie sich gut für Küstengärten. Aus Westeuropa, dem Baltikum und dem Schwarzmeer-Gebiet. ↕ 40–60 cm. Z5

CREPIS
Pippau
ASTERACEAE

Diese Pflanzen mit löwenzahnähnlichen Blüten in Orange und Rosa sind für offene, sonnige Standorte geeignet.

Die rund 200 Arten hauptsächlich gelb blühender ein- und mehrjähriger Pflanzen sind auf der nördlichen Halbkugel heimisch. Die Mehrzahl sind »Unkräuter« oder sehen zumindest so aus, alle enthalten Milchsaft. Die Arten unterscheiden sich erheblich. Ihre Blätter können ganzrandig oder tief gelappt sein, grundständig oder stängelständig. Die einzelnen Blütenkörbchen stehen auf verzweigten Stängeln und bestehen ausschließlich aus Zungenblüten.

KULTUR Die beiden unten genannten Arten brauchen einen offenen, sonnigen Standort. Sie können kurzlebig sein.

VERMEHRUNG Aussaat im Frühling bei 15 °C.

PROBLEME Keine.

C. aurea (Gold-Pippau) Rosetten bildende Staude mit gezähnten, fast unbehaarten, löwenzahnähnlichen Blättern bis 10 cm Länge. Die Blütenkörbchen

mit 3 cm Durchmesser sind orange mit hellerem Auge und erscheinen von Juni bis September normalerweise einzeln an unverzweigten Stängeln. Aus den Alpen und den Gebirgen des mittleren Südeuropa. ↕ 10–30 cm. Z6

C. incana Die stark gezähnten, bis 13 cm langen, löwenzahnähnlichen Blätter dieser Rosetten bildenden Staude sind grau und behaart. Von Juni bis September erscheinen 3 cm große Blütenkörbchen in Rosa auf verzweigten, belaubten Stängeln. Aus Griechenland. ↕ 10–15 cm. Z8

CROCOSMIA
Montbretie
IRIDACEAE

Mit ihren feurigen Farben bringen diese, auffälligen Pflanzen im Hoch- und Spätsommer die Gartenbeete zum Leuchten.

Die 8 Arten, von denen 7 aus Südafrika stammen, wachsen meist in feuchtem Boden auf Grasland oder an halbschattigen Waldstandorten. Sie bilden Knollen mit papierartiger Umhüllung, die denen von Krokussen ähneln, wobei die neuen Knollen jeweils auf den vorjährigen sitzen. Manchmal entwickeln die Knollen auch schnurartige Auswüchse (Ausläufer), aus denen in etwas Abstand zur Mutterpflanze neue Pflanzen wachsen. Aus den Knollen erheben sich runde Stängel mit sommergrünen, schmalen, mehr oder weniger schwertförmigen Blättern. Sie können glatt oder gefältelt sein. Die Blattansätze umfassen den Stängel, der sich oberhalb des Laubs oft verzweigt und erst sichtbar wird, wenn er sich mit den Blüten über das oberste Blatt schiebt.

Vom Hochsommer an erscheinen an den aufrechten oder gebogenen Stängeln stern- oder trichterförmige Blüten mit 3 äußeren und 3 inneren Petalen. Sie sind meist rot oder orange, manchmal auch gelb. Bei Hybriden kommen häufig Flecken- oder Sprenkelzeichnungen in Violett oder Rotbraun vor. Alle sind wertvolle Gartenpflanzen mit schönem, aufrechtem Laub in kräftigem Grün und leuchtenden Blüten im Spätsommer.

Bei der Benennung der Sorten herrscht einige Verwirrung, weil verschiedene unter falschen Namen kultiviert werden (siehe Namensverwirrung bei Hybriden).

KULTUR Gedeiht am besten an einem sonnigen Platz mit feuchtem Boden. Bei Bodentrockenheit fällt die Blüte schwächer aus und die Anfälligkeit für Rote Spinnmilben steigt. Die meisten Arten können jahrelang am gleichen Platz bleiben. Wenn die Blühwilligkeit nachlässt, im zeitigen Frühling teilen. Stützen sind selten nötig. Trockene Knollen wachsen nur schwer an. Besser ist es, vorgezogene Pflanzen zu kaufen. Trockene Knollen frühzeitig pflanzen, damit sie genug Feuchtigkeit aufnehmen können, ehe durch steigende Temperaturen das Wachstum angeregt wird.

Crocosmia paniculata, *C. pottsii* und *C. masoniorum* sind besonders winterhart. *C. aurea* ist die frostempfindlichste Art und hat diese Eigenschaft auf die *C. × crocosmiiflora* vererbt, die in einem milden Herbst schießen können, beim Frost aber zurückgeschnitten werden müssen. In kalten Gegenden sollte man zuerst Sorten von *C. paniculata* und *C. masoniorum* wie 'Severn Sunrise' pflanzen. Erweisen sich diese als Erfolg, kann man Hybriden der *C. × crocosmiiflora* ausprobieren. Tiefe Pflanzung verbessert die Überwinterungschancen.

VERMEHRUNG Teilung im zeitigen Frühling. Sämlinge sind meist unberechenbar und lohnen die Weiterkultur nicht.

PROBLEME Rote Spinnmilben, vor allem in heißen, trockenen Sommern. *C. pottsii* breitet sich manchmal unangenehm stark aus (siehe *Verwildern und Wuchern*, S. 144).

C. 'Amberglow' Bronzefarbenes Laub, vor dem sich die 4 cm großen, sanft

orangefarbenen Blüten mit violetten Sprenkeln um das cremefarbene Zentrum abheben. Eine relativ neue Kreuzung von 'Jackanapes' und 'Solfatare', gezüchtet von Phillipa Browne. ↕ 70 cm. Z8

C. Bressingham Beacon ('Blos') Aufwärts gerichtete rote Blüten mit goldgelbem Schlund stehen an waagerechten Verzweigungen. Breitet sich nur langsam aus. Kreuzung zwischen *C. masoniorum* und *C. paniculata*, gezüchtet von Alan Bloom. ↕ 90 cm. Z8

C. 'Bressingham Blaze' Relativ schmale orangerote Blüten mit gelbem Schlund in unverzweigten Blütenständen. Kreuzung zwischen *C. masoniorum* und *C. paniculata*, gezüchtet von Alan Bloom. ↕ 60 cm. Z8

C. × crocosmiiflora (Garten-Montbretie) Eine der bekanntesten Montbretien. Sie trägt große, leuchtend orangefarbene Blüten mit hellerem Schlund, die in großer Zahl an verzweigten Stängeln über den hellen, nur 8–15 mm breiten Blättern stehen. Gesund und wüchsig, verträgt Sonne und lichten Schatten. Eine Kreuzung zwischen *C. aurea* und *C. pottsii*, erstmals gezüchtet 1879 in der Gärtnerei von Victor Lemoine in Frankreich. Ihre Wuchskraft verdankt sie *C.*

UNTEN *Crocosmia × crocosmiiflora* 'Emily McKenzie'

HARMONIE IN ORANGE

PFLANZENGESELLSCHAFTEN in leuchtenden Farben liegen im Trend und bilden ein Gegengewicht zu den Pastellfarben, die seit jeher bei Gartenfreunden hoch im Kurs stehen. Hier steuert die *Canna indica* 'Purpurea' ihr violettes Laub bei – dunkel, aber nicht düster, dabei aber nicht aufdringlich oder ablenkend. Darüber schweben ihre relativ spärlichen, orangefar-

benen Blüten. Im Vordergrund greift die *Crocosmia × crocosmioides* 'Castle Ward Late' das Orange der *Canna*-Blüten in größerer Fülle auf. Das frische Grün der Montbretientriebe hebt sich vor den violetten *Canna*-Blättern gut ab. Die Kombination sieht auch in einem kleineren Beet mit nur einer *Canna* und wenigen Montbretien gut aus.

pottsii. Die Art ist in vielen Gegenden verwildert (siehe *Verwildern und wuchern*, S.144) und für kleine Gärten zu wüchsig. Viele der von Lemoine gezüchteten Sorten sind noch heute beliebt und bilden die Grundlage der Arbeit späterer Züchter. ↕35–90 cm. Z8 **'Babylon'** Leuchtend rote Blüten von 7 cm Durchmesser mit dunkel-rotbraunem Ring um ein gelbes Zentrum. Kann sich unangenehm stark ausbreiten. ↕80 cm. **'Bicolore'** siehe 'Jackanapes'. **'Canary Bird'** Wüchsige Pflanze mit hellgelben, 2,5 cm großen Blüten über schmalen grünen Blättern. Ähnelt 'Norwich Canary', hat aber schmalere Blätter. Eingeführt von den Broadleigh Gardens. ↕60 cm. **'Carmin Brilliant'** ♀ Karminrote Blüten. Stammt vermutlich aus Deutschland. Wurde auch als 'James Coey' verkauft. ↕70 cm. **'Citronella'** Hübsche hellgelbe Blüten mit 2 rotbraunen Flecken nahe der Mitte. Pflanzen dieses Namens sind selten korrekt bezeichnet. Oft handelt es sich um 'Golden Fleece', 'Golden Sheaf' oder 'Honey Angels' oder andere. Hoch und wüchsig. Eine Earlham-Hybride. ↕90–120 cm. **'Columbus'** Elegant und auffällig. Hat 4 cm große goldgelbe Blüten mit kleinen dunklen Flecken nahe der Mitte über violetten Brakteen.

↕80 cm. **'Constance'** Eindrucksvolle zweifarbige Sorte aus den Niederlanden. Die äußeren Petalen sind außen orange und innen rot, die inneren Petalen sind orange mit gelbem Zentrum. ↕70 cm. **'Custard Cream'** Hellgelbe Blüten und grünes Laub. Benötigt gute Standortbedingungen, sonst bleiben die Pflanzen klein und die Blüten welken schnell. Die ähnliche 'Morning Light' ist weniger anspruchsvoll. Gezüchtet von Phillipa Browne. ↕90 cm. **'Debutante'** Kleine, aufwärts gerichtete Blüten, innen orange, zu Rosa verblassend, mit gelbem Auge, außen kräftig orange. Gezüchtet von Phillipa Browne. ↕80 cm. **'Dusky Maiden'** Kleinwüchsige Pflanzen mit bronzefarbenem Laub und bräunlich orangefarbenen Blüten. Gezüchtet von Phillipa Browne. ↕60 cm. **'Emily McKenzie'** 7 cm große Blüten in leuchtendem Orange mit rötlich violetten Flecken an der Basis der Petalen, vor allem der inneren. Die großen Blüten stehen meist waagerecht oder sind leicht abwärts gerichtet. Eine der beliebtesten Sorten, oft auch als Schnittblume im Handel. ↕75 cm. **'George Davison'** Hohe, wüchsige Pflanze mit gut verzweigten Stängeln, die 7 cm große hellgelbe Blüten mit einem Hauch Orange

tragen. Blüht besonders früh. Der Name wird oft auch für die Elternsorte 'Golden Sheaf' verwendet, ebenso für die Sorten 'Citronella', 'Golden Fleece' und 'Norwich Canary'. Die erste Einführung des gleichnamigen Züchters aus Norfolk, der mit 'Star of the East' Erfolge feierte. ↕90–120 cm. **'Gerbe d'Or'** Stämmige, wüchsige Pflanzen mit zahlreichen, kräftig goldgelben Blüten in Röhrenform. Eine der ältesten Hybriden, eingeführt 1885 von Lemoine. ↕60 cm. **'Golden Glory'** Sehr schöne apricotgelbe Blüten mit dunkelrotem Ring um den Schlund. ↕70 cm. **'His Majesty'** Bis 8 cm große Blüten mit gelbem Zentrum, orangefarbenen bis scharlachroten Spitzen und dunkler Zeichnung um das Auge. Eine der besten Earlham-Hybriden, gezüchtet von George Henley. (siehe *Namensverwirrung bei Hybriden*, S. 141). ↕70 cm. **'Jackanapes'** Niedrige Pflanze mit zahlreichen kleinen, röhrenförmigen Blüten. Äußere Petalen in dunklem Orange, innere Petalen gelb. Das Laub ist meist hellgrün. Unter diesem Namen eingeführt von Alan Bloom, höchstwahrscheinlich handelt es sich aber um 'Bicolore' aus dem Jahr 1895. ↕60 cm. **'James Coey'** Kräftig wachsende Pflanze mit dunkel-orangeroten, 10 cm großen

Blüten mit karminroten Flecken um ein heller orangefarbenes Auge. Benannt nach dem Besitzer der Slieve Donard Nursery in Nordirland. 'Carmin Brilliant' wurde unter dem gleichen Namen verkauft. In Gärtnereien und Gärten werden diese beiden Sorten und 'Mrs Geoffrey Howard' häufig verwechselt. Die ursprüngliche Sorte wird möglicherweise nicht mehr kultiviert. Z9 **'Jessie'** Zahlreiche orangefarbene, rosa überhauchte Blüten mit hellgelbem Auge und violetten Flecken. ↕70 cm. **'Lady Hamilton'** Hohe Pflanze mit zahlreichen, gelben Blüten, die eine gekrümmte Röhre haben. Im Schlund anfangs leicht orange, später pfirsichfarben. Eine Earlham-Hybride, gezüchtet von George Davison. ↕100 cm. **'Météore'** Aus dunkelroten Knospen öffnen sich 8 cm große, rundliche Blüten in dunklem Gelb. Eine alte Lemoine-Sorte aus dem Jahr 1887. ↕80 cm. **'Mrs Geoffrey Howard'** Große, dunkel-orangefarbene Blüten mit gelb überhauchtem Schlund. Ähnelt 'James Coey' und ist eventuell mit dieser identisch. ↕60 cm. **'Norwich Canary'** Kleine gelbe Blüten von nur 2,5 cm Durchmesser. Häufig als 'George Davison' im Handel. ↕60 cm. **'Queen Alexandra'** Hohe, aufrechte Pflanze. Große goldorangefarbene Blüten mit gelbem Zentrum und zurückgebogenen Petalen. Eine Earlham-Hybride. ↕90–120 cm. **'Queen of Spain'** Blüht früher als die meisten Sorten und trägt 9 cm große, dunkel-orangefarbene Blüten auf roten Stängeln. Ähnelt 'Star of the East', ist aber intensiver gefärbt. Eine der schönsten und beliebtesten Sorten. ↕70 cm. **'Saracen'** Leuchtend rote, 4 cm große Blüten mit klarem gelbem Zentrum über bronzefarbenen Blättern. Gezüchtet von Phillipa Browne. ↕70 cm. **'Solfatare'** ♀ Zahlreiche hellgelbe Blüten über bronzefarbenem Laub. Wegen der Farbkombination benannt nach einer vulkanischen Region südlich von Neapel, jedoch häufig falsch geschrieben (z.B. 'Solfaterre'). Attraktive, wertvolle Beetpflanze und Elternsorte der Hybriden von Phillipa Browne. ↕60 cm. **'Star of the East'** ♀ Eine der eindrucksvollsten Sorten mit orangeroten Knospen, die sich zu goldorangefarbenen, 10 cm großen Blüten mit gelbem Auge öffnen. Eine Earlham-Hybride, gezüchtet von George Davison. Er meinte, diese Sorte nicht mehr übertreffen zu können und wandte sich anschließend der Apfelzucht zu. ↕70 cm. **'Sulphurea'** Dunkelgelb, ansonsten ähnlich der Elternsorte *C. pottsii.* Ebenso wüchsig, jedoch mehr und größere Blüten. Von Victor Lemoine. ↕70–100 cm. **'Sultan'** Dunkelrote, 4 cm große Blüten mit violett gesprenkeltem, gelbem Zentrum über bronzefarbenem Laub. Eine Kreuzung von 'Jackanapes' und 'Solfatare', gezüchtet von Phillipa Browne. ↕70 cm. **'Venus'** Blüten mit rötlichen äußeren Petalen. Die Innenpetalen sind gelb mit roten Spitzen. ↕70 cm.

C. × crocosmoides syn. *C. latifolia*
Leicht gefältelte Blätter verkleiden locker verzweigte, gebogene Stängel mit zahlreichen, trompetenförmigen, orangefarbenen Blüten. Sie sind mit 5 mm Durchmesser relativ klein. Breitet sich langsamer aus als *C. × crocosmiiflora.* Diese Kreuzung zwischen *C. aurea* und *C. paniculata* wurde erstmals von

Max Leichtlin gezüchtet und 1890 in Umlauf gebracht. ↕ 50–100 cm. **'Castle Ward Late'** Wüchsige Pflanze mit gefälteten Blättern. Blüht spät. ↕ 100 cm. **'Vulcan'** Dunkel-orangerote Blüten mit gelbem Auge. ↕ 120 cm.

C. **'Emberglow'** Sehr dunkle mattrote Röhrenblüten über gefälteltem Laub. Ungewöhnlich für eine Hybride ist, dass sie leicht Samen bildet. eine Hybride von *C. pottsii* und *C. paniculata*, eingeführt von Bloom. ↕ 90 cm.

C. **'Firebird'** Aufwärts gerichtete dunkelrote Blüten an gebogenen Stängeln. Eine Kreuzung zwischen *C. masoniorum* und *C.* × *crocosmiiflora*. Ähnelt *C. masoniorum*, hat aber größere Blüten. Gezüchtet von Alan Bloom. ↕ 75 cm. Z9

C. **'Honey Angels'** Wüchsige Pflanze mit kleinen, trompetenförmigen Blüten. Wird manchmal mit 'Golden Fleece', 'Citronella' und anderen kleinblütigen gelben Sorten verwechselt. Es handelt sich aber um eine gelb blühende *C. pottsii*. ↕ 70 cm. Z8

C. **Jenny Bloom ('Blacro')** Aufrechte, später überhängende, sehr elegante und reich blühende Pflanze, die verzweigte Blütenstände mit aufwärts gerichteten, gelben Blüten trägt. Eine Hybride der *C. pottsii* von Alan Bloom, selektiert von seiner Tochter und nach ihr benannt. ↕ 90 cm. Z8

C. **'John Boots'** Gelbe Blüten, die sich zu flachen Sternen mit 4 cm Durchmesser und etwas hellerem Zentrum öffnen. Niederländische Sorte mit wachsender Beliebtheit. ↕ 70 cm. Z9

C. **'Jupiter'** Hell-orangefarbene Blüten mit dunkleren Streifen. Eine Kreuzung von *C. masoniorum* und *C. crocosmiiflora*. ↕ 70 cm. Z9

C. **latifolia** siehe *C.* × *crocosmoides*

C. **'Lucifer'** ♀ Eine der bekanntesten Montbretien. Sie trägt sehr zahlreiche, leuchtend dunkelrote Blüten an den Spitzen gebogener Stängel. Hybride aus *C. masoniorum* und *C. paniculata*, 1969 eingeführt von Alan Bloom. ↕ 120 cm. Z8

C. **'Marcotijn'** Orangerote Blüten mit einem dunklen Ring um das Auge. Gelegentlich als 'Sonate' im Handel. Hybride aus *C. masoniorum* und *C. pottsii*. ↕ 100 cm. Z8

C. **'Mars'** Kompakte Gruppen aus dunkelroten Blüten. Eine niederländische Hybride aus *C. masoniorum* und *C. paniculata*. ↕ 60 cm. Z8

C. **masoniorum** ♀ (Montbretie) Aus Strängen von Knollen erheben sich gefältelte, leuchtend grüne Blätter und etwas höhere, gebogene, meist leicht verzweigte Stängel mit zahlreichen,

RECHTS **1** *Crocosmia* × *crocosmiiflora* 'George Davison' **2** *C.* × *crocosmiiflora* 'Star of the East' **3** *C.* 'Lucifer' **4** *C. masionorum* **5** *C. masionorum* 'Rowallane Yellow' **6** *C.* 'Spitfire'

VERWILDERN UND WUCHERN

Manche Montbretien sind extrem wüchsig, vor allem die ursprüngliche Hybride C. × crocosmiiflora. Sie wurde 1879 in Frankreich gezüchtet und erstmals 1911 in freier Natur gesehen. In den letzten Jahren hat sie sich auch auf den Britischen Inseln stark ausgebreitet. Andere besonders wüchsige Arten sind C. pottsii und ihre Sorten 'Red King' und 'Red Star', C. × crocosmiiflora 'Meteore' und 'Marcotijn' sowie C. paniculata.

Montbretien sieht man häufig an feuchten Standorten, etwa an Flussufern, aber auch in Gegenden mit generell feuchtem Klima. Im Westen Irlands beispielsweise wachsen sie oft an Straßenrändern. Obwohl die Pflanzen Samen bilden, breiten sie sich hauptsächlich durch Knollen aus, die durch Hochwasser, Straßenarbeiten oder landwirtschaftliche Aktivität an andere Orte getragen werden. Wegen der Frostempfindlichkeit nimmt die Pflanze in Zonen unter etwa 8 jedoch nicht überhand.

In Australien sowie in einigen westlichen und südlichen Staaten der USA ist die Ausbreitung jedoch so stark, dass sich sogar die Gesetzgeber mit der Pflanze beschäftigt haben.

aufwärts gerichteten, orangefarbenen Blüten, deren Ansätze zur Triebspitze zeigen. Die wüchsige Pflanze bildet dichte Gruppen, breitet sich durch unterirdische Sprosse aus und blüht reich. Verträgt einen trockeneren Standort als die meisten anderen Montbretien. Heimisch nur in einigen Regionen der Transkei, Südafrika. ‡ 80 cm. Z8 **'Dixter Flame'** Rote Blüten. **'Rowallane Yellow'** Leuchtend gelbe Blüten.

C. 'Mistral' Sehr zahlreiche, rote Blüten, ähnlich wie C. masoniorum 'Dixter Flame', jedoch eine niederländische Hybride zwischen C. masoniorum und C. paniculata. ‡ 100 cm. Z8

C. paniculata syn. Antholyza paniculata Stattliche Pflanze mit kurzen Strängen von Knollen und deutlich gefälteltem Laub. Die verzweigten, aufrechten oder manchmal leicht gebogenen Stängel tragen 2 Reihen orangeroter Blüten mit gekrümmten Röhren, die die waagerechten Triebspitzen umgeben. Trotz der relativ kleinen Blüten eine recht attraktive Pflanze. Einfach zu kultivieren, verträgt gelegentliche Trockenheit im Sommer. Elternpflanze von 'Lucifer' und anderen schönen Sorten. Aus dem östlichen Südafrika. ‡ 120 cm. Z8

C. pottsii Kurze Stränge von Knollen bilden flach schwertförmige Blätter mit hervortretender Mittelader. Über ihnen erheben sich relativ weiche, gebogene, verzweigte Stängel mit bis zu 30 nickenden, orangefarbenen Blüten, die in 2 Reihen angeordnet sind. Wird selten kultiviert, ist aber unkompliziert und wüchsig und kann sich an vorteilhaften Standorten allzu stark ausbreiten. Bevor-

zugt feuchten Boden, eignet sich eventuell auch für nasse Standorte, etwa in der Uferzone eines Teichs. Durch Kreuzung mit der großblumigeren C. aurea sind viele Sorten der C. × crocosmiiflora entstanden. Wächst wild an schattigen Wasserläufen im östlichen Südafrika. ‡ 100 cm. Z8 **'Culzean Peach'** syn. 'Culzean Pink' (ausgesprochen »kill-ain«) Wüchsig, mit sehr zahlreichen kleinen, relativ röhrenförmigen Blüten in sanftem Orange mit einem Hauch Rosa. Eventuell ein Zufallssämling von C. pottsii. ‡ 110 cm.

C. 'Severn Sunrise' ♀ Wüchsige Pflanze mit geordnetem Wuchs und aufwärts gerichteten Blüten in Orange mit gelbem Auge. Nach dem Aufblühen verblassen die Blüten und entwickeln einen Rosastich. Eine Hybride von C. masoniorum und C. paniculata. ‡ 100 cm. Z8

C. 'Sonate' siehe C. 'Marcotijn'

C. 'Spitfire' Schöne, wüchsige Pflanze mit feurig orangefarbenen Blüten. Hybride aus C. masoniorum und C. × crocosmiiflora, 1966 von Alan Bloom gezüchtet. ‡ 70 cm. Z8

C. 'Tangerine Queen' Wüchsig mit kräftig orangefarbenen Blüten an aufrechten Trieben über kompakten, gefältelten Blättern. Eine niederländische Hybride aus C. masoniorum und C. pottsii, eingeführt von Gary Dunlop. ‡ 100 cm. Z8

C. 'Voyager' Hübsche, reich blühende Sorte, die dichte Gruppen bildet und 6 cm große, kräftig gelbe Blüten trägt. Robust, breitet sich aber nur langsam aus. ‡ 75 cm. Z9

C. Walberton Yellow ('Walcroy') Langsam wachsende Pflanze mit kleinen leuchtend gelben Blüten. Wahrscheinlich eine Hybride von C. masoniorum, der sie ähnelt. Gezüchtet von David Tristram in der Walberton Nursery. Die Schwestersorte 'Walberton Red' ist deutlich unterlegen, das räumt auch der Züchter ein, doch die Neueinführungen von Tristram sind teilweise ausgezeichnet. ‡ 70 cm. Z8

'Zeal Tan' Reich blühend. Orangerote Blüten mit gelbem Auge. ‡ 60 cm. Z9

CRUCIANELLA siehe PHUOPSIS

CRYPTOTAENIA
APIACEAE (UMBELLIFERAE)

Diese Pflanzen sind kriechende Bodendecker für feuchte Standorte, die im Sommer Gruppen winziger weißer Blüten tragen.

Die 4 Arten der Gattung sind in den nördlich-gemäßigten Regionen und den Gebirgen Nordafrikas weit verbreitet. Kräftige kriechende Triebe tragen große dreilappige Blätter, deren Blattstiele den unteren Teil der hohlen Stängel umfassen. Im oberen Bereich der Triebe sind die Blätter weniger tief geteilt, manchmal gezähnt oder ganzrandig. Die Pflanzen wachsen wild an feuchten Standorten, etwa auf nahrhaftem Waldboden oder an Bachufern. In

Asien, vor allem in Japan, werden die Blätter als Salat und Gewürzkraut verwendet, auch die Wurzel wird verzehrt. Das ist überraschend, denn die Blätter können Hautreizungen verursachen. ⚠

KULTUR Bevorzugt Boden mit gutem Wasserhaltevermögen in Sonne oder Teilschatten. Verträgt keine Trockenheit.

VERMEHRUNG Durch Umpflanzen selbst ausgesäter Sämlinge, durch Aussaat frischer Samen im Herbst oder durch Teilung der Wurzeln im Frühling.

PROBLEME Keine.

C. japonica Aufrechte, relativ fleischige, oft kurzlebige Pflanze mit stämmigen, verzweigten, hohlen Trieben. Die Blätter sind in 3 breite, mehr oder weniger gleich große, ovale, leicht gelappte Segmente von 5–10 cm Größe geteilt. Ungewöhnlich für die Familie ist, dass die Blütenstände (Dolden) asymmetrisch sind. Die winzigen Blüten stehen an Stielen verschiedener Länge. Selten kultiviert, bestenfalls im Nutzgarten. Aus Japan. ‡ 70–90 cm. Z7 **fo. atropurpurea** Die ganze Pflanze ist dunkelviolett, fast schwärzlich getönt. Sämlinge sind in der Farbe variabel.

CYNARA
Artischocke
ASTERACEAE

Zu dieser Gattung gehören sonnenhungrige robuste Pflanzen mit beeindruckendem Laub und interessanten Blüten.

Etwa 10 Arten distelähnlicher, sommergrüner Pflanzen sind auf trockenem Grasland und Brachland des Mittelmeerraums und der Kanarischen Inseln heimisch. Eine wird häufiger in Gärten kultiviert. Riesige weiß behaarte, überhängende Blätter mit stacheligem Rand bilden eine rosettenähnliche Gruppe, aus der sich ein kräftiger, belaubter, verzweigter Stängel erhebt. Die großen, distelähnlichen, kugeligen Blütenkörbchen in Blauviolett öffnen sich im Sommer und Frühherbst.

KULTUR Gedeiht in jedem durchlässigen Boden in voller Sonne. In kalten Gegenden im Winter mit einer dicken Mulchschicht schützen.

VERMEHRUNG Durch Basalstecklinge im Frühling, durch Wurzelstecklinge oder Aussaat.

PROBLEME Schneckenfraß an jungen Trieben im zeitigen Frühling, gelegentlich Blattläuse.

C. cardunculus ♀ (Kardy, Wilde Artischocke) Wüchsige Pflanze, die eine große Gruppe von überhängenden, tief

RECHTS **1** Cynara cardunculus
2 C. cardunculus 'Florist Cardy'
3 C. cardunculus Scolymus-Gruppe

eingeschnittenen, stacheligen Blättern
bis 50 cm Länge mit einer grauen oder
weißen wolligen Behaarung bildet. Trägt
von Juni bis September 6–8 cm große
Blütenköpfe in leuchtendem Blauviolett
mit stacheligen Brakteen auf verzweigten,
wollig behaarten Stängeln. Die Blütenköpfe eignen sich gut zum Schnitt und
zum Trocknen. Stiele und Mitteladern
der Blätter sind nach dem Blanchieren
oder Kochen essbar. Von steinigen Standorten und trockenem Grasland in Südwest-Europa und Nordafrika. ‡ 1,5–2 m.
Z6 **'Cardy'** Wird als Sortenname verwendet, aber in einigen Regionen Europas auch als alternativer Name für die Art.
'Florist Cardy' Extragroße Blütenstände,
als Schnittblume gezüchtet. **Scolymus-
Gruppe** syn. *C. scolymus* (Gemüse-Arti-
schocke) Die runden, fleischigen Hüllblätter unter den Blütenköpfen und die
Böden der Blütenköpfe werden gegart
und als Gemüse gegessen. ‡ 1–2 m.

C. scolymus siehe *C. cardunculus* Scolymus-Gruppe

Cynoglossum
Hundszunge
BORAGINACEAE

Hundszungen sind beliebte Pflanzen für Staudenbeete oder
gemischte Rabatten. Einige Arten
locken Bienen an.

Die Gattung umfasst etwa 50–60
Arten winterharter und bedingt
winterharter Stauden, Zweijähriger
und Einjähriger. Sie wachsen in
verschiedenen Lebensräumen in
allen gemäßigten Regionen und
den Gebirgen der Tropen. Sie sind
meist aufrecht, mit behaarten, lang
gestielten Basalblättern und wechselständigen Stängelblättern, die
meist lanzettlich bis länglich oder
oval sind. Die blauen oder violetten,
trichter- oder zylinderförmigen
Blüten mit einer kurzen Kronröhre
und 5 überlappenden, ausgebreiteten
Zipfeln erscheinen in einseitigen,
endständigen Trauben. Die Früchte sind mit gekrümmten Haken
bedeckt. Sie haften in Tierfell oder
Kleidung fest und werden dadurch
verbreitet.

KULTUR Gedeiht auf allen durchlässigen Böden, bevorzugt aber tiefgründigen, nahrhaften Boden. Die
meisten Arten brauchen volle Sonne.

VERMEHRUNG Zumeist durch Aussaat
im Herbst oder Frühling. Einige
Arten auch durch Teilung oder
Wurzelstecklinge.

PROBLEME Teilweise kurzlebig.

C. nervosum Weiß behaarte Pflanze
mit Basalrosetten aus schmalen, ovalen
oder länglichen Blättern und aufrechten
Trieben mit lanzettlichen Blättern. Im
Frühsommer erscheinen verzweigte
Cymen mit zahlreichen, kleinen, dunkelblauen Blüten, die an Vergissmeinnicht erinnern, aber im Schlund schuppig sind. Benötigt einen Sonnenplatz in
durchlässigem, eher magerem Boden.
Aus dem Himalaja. ‡ 60–80 cm. Z5

Cyperus
Zypergras
CYPERACEAE

Schirmartige Rosetten aus Blättern und Blüten, die auf den
Spitzen langer Stiele stehen, sind
charakteristisch für diese Pflanzen,
die größtenteils aus den wärmeren
Ländern der Welt stammen.

Die etwa 500 Arten von Stauden
und einigen Einjährigen sind in
Feuchtgebieten der warmen und
tropischen Regionen heimisch. Sie
bilden Gruppen oder Horste, einige
breiten sich mit nussförmigen Rhizomen langsam aus. Manche bilden
grundständige Horste aus flachen,
grasartigen Blättern, oft mit scharfen
Kanten. Die Stängel sind innen massiv
und im Querschnitt dreieckig. Sie tragen endständige Rosetten aus flachen,
spitzen Hochblättern. Die Blütenähren erheben sich an Stielen aus den
Blattachseln wie die Speichen eines
umgedrehten Regenschirms. Einige
Arten scheinen frosttoleranter zu sein,
als bisher angenommen wurde.

KULTUR Bevorzugt feuchten Boden
an einem warmen, geschützten Platz.
In kühleren Gegenden in einen
Kübel mit nahrhaftem, feuchtem
Substrat pflanzen und in der Sonne
ins Flachwasser am Teichrand oder
ein Gefäß mit Wasser stellen.

VERMEHRUNG Durch Teilung im Frühling oder durch Stecklinge der Triebspitzen. Alternativ Fruchtstände abschneiden und kopfüber in Wasser stellen, bis
sich Wurzeln und neue Triebe bilden.

PROBLEME Keine.

C. eragrostis (Frischgrünes Zypergras)
Breite, helle, immergrüne, bis 60 cm
lange Blätter von binsenähnlichem Aussehen bilden eine Basalrosette, aus der

sich die Stängel erheben. Diese tragen
im Juli und August einen »umgekehrten
Schirm« aus langen spitzen Hochblättern
und kurzstieligen stacheligen Gruppen
von gelblichen bis hellgrünen Blütenähren. Bevorzugt einen feuchten Standort,
sät sich aber selbst in trockenen Gebieten reichlich selbst aus. Benötigt in kühleren Regionen Winterschutz. Heimisch
im tropischen Amerika, aber in Europa
verwildert. ‡ 60 cm. Z7

C. esculentus (Erdmandel) Leuchtend
grüne, immergrüne Blätter bis 1 cm
Breite und 90 cm Länge werden von
langen Stängeln überragt, die zahlreiche
duftige, gelblich braune bis grüne Blütenstände tragen. Aus diesen reifen
rötlich graue Fruchtstände heran. Diese
Pflanze gilt wegen des wuchernden
Wurzelsystems in einigen gemäßigten
Regionen als lästiges Unkraut. Benötigt
feuchten, sandigen Boden. Um die Ausbreitung zu verhindern, in einen großen Kübel pflanzen. Aus Südeuropa bis
Ostasien und Nordamerika. In einigen
Gebieten wegen der essbaren, knolligen
Wurzeln kultiviert. ‡ 90 cm. Z8

C. glaber Kurzlebige Staude mit einer
Basalrosette aus 3–6 mm breiten, bis
45 cm langen Blättern. Die Stängel tragen
von Mai bis Dezember »Schirme« aus
langen spitzen Blättern und kurze »Spei-
chen«, an deren Enden bis zu 8 dichte
Blütenähren stehen. Auch für den Schnitt
geeignet. Winterhärter als viele andere
Arten. Gedeiht am besten in feuchtem
Boden oder am Teichrand in Sonne oder
Halbschatten. Aus Mittel- und Südost-
Europa und Westasien. ‡ 25–50 cm. Z7

C. longus (Kastanienbraunes Zypergras)
Kriechende, oft wuchernde, duftende
Wurzeln von 3–10 mm Dicke bringen
Horste aus immergrünen, glänzenden
Blättern hervor, die elegant gebogen
sind, runde Kanten haben und 1 cm
breit werden. Im August und Septem-
ber erscheinen auf langen Stängeln fein

geschwungene »Schirme« aus langen
dünnen Blättern und zarte Dolden aus
stacheligen olivgrünen bis braunen Blütenähren, aus denen sich schwarzbraune
Fruchtstände entwickeln. Eine elegante
Pflanze für das Ufer von Seen oder
großen Teichen. Um starke Ausbreitung
zu verhindern, in einen großen Kübel
pflanzen. Aus den nördlich-gemäßigten
Regionen. ‡ 1,5 m. Z5

C. rotundus (Knolliges Zypergras) Essbare Knollen und dünne Wurzeln bilden
Gruppen aus 6 mm breiten Blättern. Von
Juni bis September erscheinen auf leicht
gebogenen Stängeln »Schirme« aus stacheligen, rötlich braunen Blütenähren
mit grünen Rändern und spitzen grünen Blättern. Ähnelt *C. longus*, hat aber
essbare Knollen und dickere Wurzeln.
Gedeiht am besten in feuchtem, sandigem Boden. Aus dem südlichen und
westlichen Mitteleuropa. ‡ 10–60 cm. Z8

Cypripedium
Frauenschuh
ORCHIDACEAE

Der Frauenschuh ist eine der
schönsten Gartenorchideen.
Man sagt ihm nach, er sei schwierig
zu kultivieren, dabei sind viele Arten
recht unkompliziert. Es sind bezaubernde Orchideen mit ballonartigen
Blüten, die jedem, der sie im Garten
kultiviert, Bewunderung einbringen.

Die etwa 45–50 Arten sind weltweit zu finden, zumeist in China,
aber auch in ganz Europa sowie
Nord- und Südamerika bis zum
Polarkreis. Die Pflanzen brauchen
ein Klima mit klar unterscheidbaren
Jahreszeiten und eine dreimonatige
Ruhezeit um den Gefrierpunkt
oder tiefer. Sie sind sommergrün

und haben unterirdische Rhizome. Die meisten haben 2 oder mehr breit elliptische, weiche, gerippte, stark geaderte Blätter, die sich um einen aufrechten Stängel winden. Dieser trägt im Frühling bis zu 12 (meist aber 13) Blüten von sehr exotischem Aussehen, die eine oder zwei Wochen halten. Rechts und links vom breiten, oberen Sepalum stehen 2 längere, schmale, manchmal gedrehte oder lang herabhängende Petalen, darunter befindet sich ein großer »Beutel« (»Schuh«, Lippe). Die 3 oberen Blütenblätter haben oft völlig andere Farben als der vorspringende, schuhartige Beutel.

Diese »Beutel« (oder »Schuhe«) sind das eigentliche Erkennungsmerkmal des *Cypripedium*. Ihre Farbe reicht von dunklem Pflaumenblau über Rot, Gelb, Rosa und Grün bis Weiß mit verschiedensten Aderungen und Fleckenzeichnungen. Häufig strömt der »Schuh« einen Duft aus, der Insekten – zumeist Bienen – anlockt. Sie fallen durch die runde, rutschige Öffnung und müssen auf dem Weg ins Freie am Pollen vorbeikriechen, den sie so zur nächsten Blüte transportieren. Diese Orchideen, die mit den tropischen Arten *Paphiopedilum* und *Phragmipedium* verwandt sind, werden in vielen Sorten angeboten (siehe *Welches Cypripedium?*).

WELCHES CYPRIPEDIUM?

Manchmal sind selbst die angeblich unkomplizierten Frauenschuh-Arten heikel. Das Problem liegt in der Anpassungsfähigkeit. Viele Arten sind in der Natur weit verbreitet. So kann eine einzige Art beispielsweise in einem Land in trockenen Wäldern wachsen, in einem anderen aber an wesentlich feuchteren, kühleren Standorten. Wer anpassungsfähige Gartenpflanzen sucht, ist mit dem Nachwuchs aus Kreuzungen von Pflanzen der gleichen Art, aber aus verschiedenen Klimazonen gut beraten.

Für Gartenneulinge und versierte Hobbygärtner empfiehlt es sich, anstelle von Arten Hybriden zu pflanzen. Dadurch werden nicht nur die Pflanzen in freier Natur geschont. Hybriden sind meist toleranter und haben obendrein größere Blüten in vielen Farben, deren Bandbreite ständig zunimmt. Allerdings sind die *Cypripedium*-Hybriden, wie bei anderen Orchideen, oft sehr variabel. Erwarten Sie also nicht, dass die Pflanze in Ihrem Garten exakt so aussieht wie im Katalog.

Die Beliebtheit des *Cypripedium* im Garten birgt aber auch die Gefahr, dass Wildpflanzen aus ihrem natürlichen Lebensraum entfernt werden. Seien Sie skeptisch bei preiswerten großen Exemplaren. Abgesehen vom Umweltaspekt ist der Kauf solcher Pflanzen Geldverschwendung, denn sie sind meist schwächlich und oft mit Infektionen belastet. Achten Sie auch auf den Unterschied zwischen den Bezeichnungen »in der Gärtnerei gezogen« und »in der Gärtnerei/im Labor vermehrt«: Die erstere ist außerordentlich suspekt.

Einige Arten wie *C. acaule* sind für Hobbygärtner eine Herausforderung. Andere sind unkomplizierter und ausgesprochen lohnend. In Gärtnereien werden die Pflanzen immer öfter unter Laborbedingungen aus Samen gezogen und in stattlicher Größe verkauft. Immer neue, robustere und erschwingliche Sorten kommen auf den Markt. Weil große Pflanzen aber immer noch teuer sind, geben wir hier detailliertere Pflegehinweise. Fast alle Frauenschuhe sind zumindest in Teilen ihrer natürlichen Lebensräume bedroht, einige gelten als generell gefährdet. ⚠

KULTUR Die meisten Arten bevorzugen feuchten, krümeligen Waldboden und Schutz vor Mittagssonne. Der pH-Wert sollte zwischen 6,5 und 7,5 liegen. Wo Farne gedeihen, fühlen sich meist auch Frauenschuh-Arten wohl. Schwerer Lehmboden muss mit grobem Sand und reichlich Kompost vermischt werden, während Sandboden mit Mutterboden und Kompost verbessert wird. Torf ist ungeeignet. Manchmal ist es sinnvoll, ein großes Pflanzloch auszuheben und gutes Substrat einzufüllen.

Gepflanzt wird vorzugsweise im Herbst oder zeitigen Frühjahr. Die Wurzeln sich in 10 cm Erdtiefe ausbreiten. Wird Mulch verwendet, das Rhizom direkt unter die Erdoberfläche legen, andernfalls 2 cm tief. Die Wurzeln wachsen normalerweise waagerecht. Die Temperatur sollte im Sommer nicht dauerhaft über 30 °C steigen, im Winter aber zwei bis drei Monate lang unter 5 °C fallen. Wenn der Boden im Winter abwechselnd gefriert und taut, Kiefernnadeln als Mulch auflegen. Frauenschuhe blühen meist erst im Alter von fünf bis sechs Jahren, darum lohnt es sich, für eine ältere Pflanze etwas mehr zu bezahlen. Doch auch neu gekaufte ältere Exemplare wachsen langsam an und können im ersten Standjahr wie tot aussehen, bevor sie schließlich austreiben. Die meisten sind winterhart bis in Z3.

VERMEHRUNG Die meisten Arten reagieren negativ auf Teilung, die – falls unbedingt nötig – im Herbst vorgenommen wird. Jedes Teilstück sollte mindestens drei Jahre alt sein. Niemals Pflanzen in der Natur ausgraben! Die Anzucht aus Samen gelingt normalerweise nur unter Laborbedingungen.

PROBLEME Viele Probleme haben mit Standort und Pflege zu tun: Erfrorene Jungtriebe, Staunässe im Winter und Frühling, Beschädigung der Wurzelspitzen, Nährstoffmangel, Pestizide (die sie nicht vertragen). Auch Älchen und Weiße Fliegen können Schaden anrichten.

C. calceolus (Gelber Frauenschuh) Eine verbreitete Art, die heute von der

RECHTS 1 *Cypripedium calceolus*
2 *C. kentuckiense* **3** *C. macranthos*
4 *C. reginae*

ähnlichen amerikanischen Art unterschieden wird. Aus dem kurzen dicken Rhizom erheben sich 3–5 behaarte, maiglöckchenähnliche Blätter von 6–18 cm Länge. Von Mai bis Juli erscheinen 1–3 große Blüten, die intensiv nach überreifen Pfirsichen riechen. Der 3–6 cm lange, leuchtend gelbe »Schuh« hat häufig einen Grünschimmer. Die seitlichen Petalen sind meist schlank und gedreht, Sepalum und Petalen sind rostbraun oder fast schwarz. Bevorzugt durchlässigen Boden, im Idealfall mit einem pH-Wert von 6,9, im lichten Schatten. Von trockenen, kalkhaltigen Hängen oder lichten Wäldern in ganz Europa bis Sibirien sowie in Japan. (siehe *Der Frauenschuh*). ‡ 15–70 cm. Z3

C. formosanum Wunderschön und sehr pflegeleicht. Trägt ein ungewöhnliches Paar von 2 fächerförmig gefälteten, 20 cm langen Blättern im oberen Bereich des Stängels und außergewöhnlich schöne einzelne Blüten in hellem Rosa oder Weiß mit rosafarbener oder roter Marmorierung oder Sprenkelung. Der 5,5–6,5 cm große »Schuh« ist leicht eingedellt. Die Pflanze blüht sehr früh, zwischen Februar und März, und verträgt höhere Sommertemperaturen in wärmeren Klimazonen. In kalten Regionen können in milden Winterperioden junge Triebe erscheinen, die unbedingt vor Frost geschützt werden müssen. Die Pflanze hat einen hohen Nährstoffbedarf, verträgt keine winterliche Trockenheit und bevorzugt lockeren, sandigen, humosen Boden in lichtem Schatten. Breitet sich weit aus. Heimisch in lichten, feuchten Wäldern Taiwans. ‡ 10–30 cm. Z3

C. Gisela Ausgezeichnete, robuste und variable Sorte aus dem Jahr 1991. Einer der unkompliziertesten Frauenschuhe, der rasch Gruppen bildet. Die großen, relativ früh (Mitte Mai) erscheinenden Blüten tragen unterschiedliche Streifenmuster in Weiß und Kirschrot mit grünen oder roten Akzenten. Die oberen Petalen sind gedreht. Sollte regelmäßig gedüngt werden und bevorzugt kühlen, feuchten, durchlässigen Boden. Eine Hybride aus *C. macranthos* und *C. parviflorum*. Hübsche, gelb blühende Formen werden gelegentlich als **Gisela Yellow** angeboten. ‡ 35–60 cm. Z3

C. kentuckiense Hohe Pflanze, die stattliche Gruppen bildet und die größten Blüten der Art trägt. Die Spannweite der Blüte beträgt bis 20 cm. Die Blüten erscheinen normalerweise einzeln (seltener zu 2 oder 3), relativ spät, von Mai bis Juli, und halten bis zu drei Wochen. Beim Aufblühen duften sie nach Himbeeren. Der »Schuh« ist cremeweiß bis buttergelb, die seitlichen Petalen in kontrastierendem Rostrot hängen herab und das obere Sepalum steht wie eine Markise über dem »Schuh«. Gedeiht leicht in hellem bis tiefem Schatten in sandigem, mäßig feuchtem Boden mit einem pH-Wert von 6. Verträgt höhere Sommertemperaturen. Aus Virginia bis Ohio und südlich bis Texas, USA. ‡ 40–90 cm. Z3

C. macranthos (Großblütiger Frauenschuh) Eine ungewöhnlich attraktive Art mit meist dunkelroten, violetten,

DER FRAUENSCHUH

Von der Frauenschuh-Art *Cypripedium calceolus* gab es in England in freier Natur nur noch ein einziges Exemplar. Zu oft wurden Blüten als Zimmerschmuck und zum Verkauf gepflückt, vor allem aber wurden Pflanzen ausgegraben, um sie in Gärten zu pflanzen.

Selbst Begeisterte, die sich die seltene Pflanze nur anschauen wollten, traten ihr zu nahe, verdichteten den Boden und fügten ihr dadurch Schaden zu. 1915 wurde der Frauenschuh für ausgestorben erklärt, bis man 15 Jahre später ein einzelnes, überlebendes Exemplar entdeckte.

Der Standort dieser Pflanze wurde konsequent geschützt, von den 1970er-Jahren an wurden während der Blütezeit sogar Wachen aufgestellt. In den letzten Jahren ist es durch sorgfältig geplante Vermehrung gelungen, die Pflanze an Standorten, an denen sie früher einmal wuchs, wieder zu etablieren.

Über 1500 Pflanzen wurden »ausgewildert«. Obwohl manche der Exemplare Schnecken und anderen natürlichen Risiken zum Opfer fielen, haben viele bis heute überlebt, und die Zahl der Pflanzen mit variablen Blütenformen nimmt an verschiedenen, zumeist verborgenen Standorten zu. Für den Privatgarten werden inzwischen Pflanzen angeboten, die im Labor vermehrt wurden. Sie sind zwar nicht ganz preiswert, doch sie erlauben uns, die edlen Pflanzen zu kultivieren, ohne die Wildbestände zu schädigen. Obwohl das Aussterben dieser Art gerade noch verhindert werden konnte, wäre es doch viel einfacher gewesen, sie gar nicht erst bis auf ein einziges Exemplar zu dezimieren.

manchmal auch kräftig oder blass rosafarbenen oder weißen Blüten mit breitem »Schuh«. Die seitlichen Petalen der einzeln (selten zu 2) erscheinenden Blüten sind flach, gestreift und nach vorn gekrümmt. Das obere Sepalum fällt oft über den 3–7 cm langen, manchmal schachbrettartig gemusterten »Schuh«. Verträgt Kalk schlecht und bevorzugt einen pH-Wert von 6,5 sowie einen sehr lockeren Boden mit groben Partikeln und wenig organischer Substanz. Elternpflanze vieler spektakulärer Sorten. Aus Bergwäldern und feuchten Wiesen in Asien, China und Russland. ‡ 15–45 cm. Z2 **fo. albiflorum** Weiß. **fo. rebunense** Hellgelb oder cremefarben. **fo. speciosum** Rosa.

C. parviflorum Leuchtend gelb und mit kleiner Öffnung. Der »Schuh« ist in der Größe variabel, hat jedoch oft einen Rotschimmer und rote Tupfen auf der Innenseite. Die gedrehten seitlichen Petalen sind etwas anders gefärbt. Wird von den amerikanischen Indianern als Heilpflanze verwendet, kann aber giftig sein. ⚠ **var. parviflorum** (syn. *C. parviflorum*, *C. calceolus* var. *parviflorum*) (Kleinblütiger Frauenschuh) Selten und zierlich. Die einzeln oder zu zweit im Mai und Juni erscheinenden Blüten haben einen 1,5–3,4 cm langen »Schuh« und Petalen und Sepalen in Violett bis Rotbraun. Sie duften intensiv süß oder wie Rosen. Von eher trockenen Wäldern und kalten Mooren mit neutralen bis sauren Böden. Verträgt keine warmen Winter. Aus North Carolina bis Maine und Wisconsin, USA. ‡ 10–35 cm. Z2 **var. pubescens** (syn. *C. pubescens*, *C. calceolus* var. *pubescens*) (Behaarter Frauenschuh) Verbreitete, variable Varietät, die leicht Gruppen bildet. Einzelne große Blüten mit 2–6 cm langem »Schuh« und muffigem Geruch erscheinen von April bis August und halten zwei bis drei Wochen lang. Die gelben oder grünlichen Petalen haben meist rostrote oder mattbraune Streifen. Bevorzugt Boden mit einem neutralen pH-Wert, toleriert bis zu drei Stunden direkter Sonne täglich, benötigt jedoch weniger Feuchtigkeit als andere Arten. Aus lichten Wäldern von Minnesota nordwärts bis zur kanadischen Küste und südwärts bis Georgia. ‡ 10–80 cm. Z2

C. pubescens siehe *C. parviflorum* var. *pubescens*

C. reginae (Königin-Frauenschuh) Unkomplizierte, zweifarbige Schönheit mit 3–7 behaarten, stark gerippten, lindgrünen Blättern, die bei manchen Menschen Kontaktallergien auslösen. Die große Pflanze trägt von Mai bis August pro Stängel normalerweise nur eine Blüte, die vorwiegend gelb ist. Ältere Pflanzen bilden bei optimalem Klima große Kolonien mit mehreren Stängeln. Die 7,5 cm breiten Blüten haben einen 2,5–5 cm langen, vorstehenden, kirschrosa überhauchten »Schuh« und weiße Sepalen und Petalen. Die Petalen haben stumpfe Enden. In kalten Jahren ist der »Schuh« kräftiger gefärbt. Braucht mehr Feuchtigkeit als andere Arten. Ideal ist ein feuchter, aber durchlässiger, nährstoffreicher Boden. Mittagshitze vermeiden und die Wurzeln mit Mulch kühl halten. Nicht düngen und möglichst nicht umpflanzen. Aus Neufundland bis New England, südlich bis North Carolina, westlich bis North Dakota und Saskatchewan. ‡ 30–100 cm. Z3 **fo. albolabium** Weiß oder cremefarben.

C. Ulla Silkens Gilt als eine der besten neuen Gartensorten. Variabel mit kirschrosa und weißen Blüten im Juni und Juli. Ähnelt der Elternart *C. reginae*, hat aber farbintensivere und oft gefleckte Blüten und ist einfacher zu kultivieren. Wenn das Frühjahr kühl ausfällt, ist der »Schuh« oft kräftiger gefärbt. Braucht Dünger, genügend Feuchtigkeit für die Wurzeln und ein normales Kübelpflanzensubstrat. Verträgt mehr Sonne als die meisten Arten (3–6 Stunden täglich). Eine Kreuzung von *C. flavum* mit *C. reginae*. ‡ 45–65 cm. Z4

CYRTOMIUM
Schildfarn
DRYOPTERIDACEAE

Die Gattung umfasst etwa 20 recht ähnliche immergrüne Farne, die meist aus dem tiefen Schatten der feuchten Wälder Ostasiens stammen. Aus einem kurzen, aufrechten Rhizom erheben sich mehrere Wedel mit vielen, großen, ledrigen, sichelförmigen, lanzettlichen oder dreieckigen Fiederblättern. Sie sind meist gezähnt, beiderseits der Mittelrippe angeordnet und tragen Sporangien auf den Unterseiten. Die Pflanzen sind eng verwandt mit *Polystichum* und werden manchmal dieser Gattung zugeordnet.

KULTUR Gedeiht in feuchtem, aber durchlässigem Boden im Halbschatten.

VERMEHRUNG Durch Sporen.

PROBLEME Keine.

C. falcatum ♀ (Mondsichelfarn) Stattlicher Farn mit fast aufrechten Wedeln aus bis zu 20 Paaren von dunkelgrün glänzenden, spitzen Fiederblättern, die meist nicht gelappt sind. Diese schönste der verfügbaren Arten wird oft preiswert als Zimmerpflanze angeboten. Deshalb vermutet man nicht, dass sie winterhart ist. Dennoch kann sie im Garten viele Jahre alt werden. Von offenen, felsigen Standorten in niedrigen Lagen von Indien bis China und Japan. ‡ 40–70 cm. Z8

C. fortunei ♀ Die immergrüne Pflanze bildet aufrechte Horste aus mattgrünen Wedeln mit bis zu 20 Paaren schmal lanzettlicher Fiederblätter. Robust und wüchsig, gut für den Garten geeignet. Aus Bergwäldern Japans, Südkoreas und Chinas. ‡ 60 cm. Z6 **var. clivicola** Weniger und breitere, an der Basis gelappte Fiederblätter an eher ausladenden Wedeln. ‡ 40 cm.

UNTEN *Cyrtomium falcatum*

D

DACTYLIS
Knäuelgras
POACEAE

Diese Pflanzen sind auffällige, von Wiesen und Feldrändern bekannte immergrüne Gräser, darunter auch eine bezaubernde, panaschierte Gartenform.

Die Gattung umfasst nur eine Art, die in Europa bis Asien heimisch ist und als Weidegras auch in anderen Teilen der Welt eingeführt wurde. Sie bildet Horste aus dunkelgrünen, glatten, bläulichen Blättern von 10–45 cm Länge und 2–14 mm Breite, deren Basis abgeflacht ist. Von Mai bis September tragen hohe, kräftige Halme schlanke, verzweigte, einseitswendige Rispen aus grünlich violetten, duftigen Blütenährchen. Die Ährchen sind 5–9 mm lang, etwas zerzaust und haben gelbe oder violette Staubgefäße.

KULTUR Gedeiht in jedem nahrhaften, durchlässigen Boden in Sonne oder Halbschatten. Welke Halme im Frühling zurückschneiden.

VERMEHRUNG Aussaat oder Teilung im Frühling.

PROBLEME Keine.

D. glomerata ‘Variegata’ Blätter mit weißen Längsstreifen. Ein Gras für die kühle Jahreszeit, das von Herbst bis Frühling am besten aussieht. Im Sommer zurückschneiden, um den Neuaustrieb im Herbst anzuregen. Schöner Bodendecker für lichte Gehölzbeete und feuchte Standorte, vor allem in Kombination mit im Frühling blühenden Zwiebel-Geophyten. Reingrüne Sämlinge auszupfen, sonst verdrängen sie die panaschierte Form. ↕ 60 cm Z5

DACTYLORHIZA
Knabenkraut
ORCHIDACEAE

Prächtige, kerzengerade Blütenstände auf grasgrünen Stängeln sind charakteristisch für diese terrestrischen Orchideen. Sie kommen im gemäßigten Klima vor und sind recht anpassungsfähig.

Der lateinische Name verweist auf die Form der Wurzeln, die aus 2–5 mohrrübendicken »Fingern« bestehen (das griechische Wort *dactylos* bedeutet Finger). Die Gattung umfasst eine unübersichtliche Zahl von 35–75 Arten, die in Europa und dem Nahen Osten bis Sibirien und Asien sowie in Nordamerika heimisch sind. Spontane Kreuzungen zwischen Populationen verschiedener Arten kommen in der Natur häufig vor, sodass sich ständig neue »Artengruppen« anstelle von defi-

nierten Arten im engeren Sinne entwickeln. Auch in Gärten entstehen spontane Kreuzungen. Außerdem kommen viele Pflanzen unter falschem Namen in den Handel. Die Wuchskraft der Hybriden ist nichtsdestoweniger meist ausgezeichnet.

Diese schönen Orchideen sind erstaunlich unkompliziert. Sie haben fleischige, schlanke oder breitere, schwertförmige, manchmal violett gesprenkelte Blätter, die eine grundständige Rosette bilden. Kleinere Blätter bekleiden den dicken, zentralen Stängel, der zahlreiche, kleine bis mittelgroße Blüten in Rosa, Creme oder Violett trägt. Die Blüten sind oft andersfarbig gesprenkelt oder gezeichnet und bestehen aus einer dreilappigen Lippe und einem abwärts gerichteten Sporn. Aus Kreuzungen hervorgegangene Sorten sind oft besonders wüchsig und farbenfroh. Sie tauchen gelegentlich in Katalogen auf, sind jedoch nicht zuverlässig im Handel erhältlich.

Das Knabenkraut gehört zu den unkompliziertesten und preiswertesten Gartenorchideen. Es empfiehlt sich vor allem für Gärten mit feuchten Bereichen.

KULTUR Gedeiht an offenen Standorten mit durchlässigem, aber feuchtem Boden mit einem pH-Wert von 6–7 in Sonne oder sehr lichtem Schatten. Die Wurzeln vertragen weder Austrocknung noch Staunässe. Gut für Teichufer, wenn der Boden mit grobem Kies oder Splitt aufgelockert wird. In magerem Boden im Frühling und Sommer düngen. Die Blattzeichnung ist variabel, im Schatten zeigen die Blätter mehr Sprenkel als in voller Sonne.

VERMEHRUNG Teilen oder im Sommer junge Knollen von älteren Pflanzen ablösen. Die Pflanzen säen sich an günstigen Standorten auch selbst aus. Die Zahl der Knollen sollte sich jährlich verdoppeln.

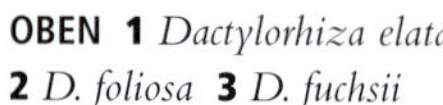

OBEN **1** *Dactylorhiza elata*
2 *D. foliosa* **3** *D. fuchsii*

PROBLEME Schnecken (mit parasitischen Nematoden behandeln). Rehe und kleinere Säugetiere graben frisch gesetzte Pflanzen gelegentlich aus oder fressen sie ab. Ein »Käfig« sichert ungestörtes Anwachsen.

D. elata ☿ syn. *Orchis elata* Eine der schönsten Gartenarten: schlank und hoch, mit 5–14 meist ungefleckten, aufrechten Blättern bis 25 cm Länge an der unteren Hälfte des hohlen Stängels. Bildet oft große Gruppen, aus denen sich von April bis Juni dichte Blütentrauben in die Höhe schieben. Die Blüten sehen aus wie neonviolette, fliegende Möwen mit einem kräftigen Pelikanschnabel, der eine dunkle Strichzeichnung trägt. Die Lippe der Blüte kann 3 angedeutete Segmente haben oder ungeteilt sein. Lockt Bienen und Vögel an und wird oft mit *D. foliosa* verwechselt. Braucht einen feuchten Standort, am besten in Humusboden in lichtem Schatten. Von Feuchtwiesen und aus Sümpfen in Spanien, Frankreich, Korsika, Sizilien und Nordafrika. ↕ 30–110 cm. Z6

D. foliosa ☿ syn. *Orchis maderensis* Ausgezeichnete Gartenart mit 4–10 glänzenden, einfarbigen Blättern. Die hoch aufragenden Stängeln tragen 2,5 cm große Blüten in dunklem Violett oder Rosa, die zwischen April und August, meist aber im Juli erscheinen. Wird häufig falsch identifiziert. *D. elata* wird oft unter diesem Namen angeboten, *D. foliosa* ist aber insgesamt stämmiger, hat breitere Blätter, einen etwas niedrigeren Wuchs, weniger und breitere Streifen auf den Blüten, deren Lippe deutlicher dreigeteilt ist und eine größere »Kapuze« trägt. Kann an günstigen Standorten ihre Größe jährlich verdreifachen. Bevorzugt volle Sonne. Heimisch nur auf Madeira. ↕ 40–70 cm. Z7

D. fuchsii syn. *D. maculata* subsp. *fuchsii fuchsii* (Fuchs' Knabenkraut) Sehr unkomplizierte Art, die auch in Wiesen verwildert – ideal für Einsteiger. Der Stängel trägt 7–12 schön gesprenkelte Blätter und von Mai bis Juli dichte Pyramiden aus zahlreichen Blüten, meist in Rosatönen, manchmal in Weiß. Die Lippe ist deutlich dreigeteilt, der Mittel-

lappen ist am größten. Die ganze Blüte ist mit rotvioletten Tupfen und Streifen gezeichnet und der Blütenstand erinnert an einen auffliegenden Schwarm von Engeln. Gedeiht am besten in kalkhaltigem Boden und verträgt weniger Feuchtigkeit als andere Arten der Gattung. Aus Europa einschließlich England, wo es die meistverbreitete Orchideenart ist, und Skandinavien. ↕ 20–60 cm. Z6
‘Bressingham Bonus’ Schlanke Blätter mit variabler Sprenkelung. Dunkelrosa Blüten, die dichter stehen als bei der Art. Vermehrt sich schnell. Vermutlich eine Form von *D. × grandis*. ↕ 40 cm.

D. × grandis Diese schöne, natürliche Hybride von *D. fuchsii* und *D. praetermissa* kommt in der Natur und in Gärten vor. Sie hat meist violett gefleckte, 20 cm lange Blätter und hohe Stängel mit dichten Blütenständen aus lavendelfarbenen Blüten mit auffälliger Sprenkelung. Sie sind so auffallend und breit gelappt, dass es aussieht, als wollten sie davonfliegen. Verträgt keine pralle Sonne. ↕ 30–70 cm. Z6

D. maculata (Geflecktes Knabenkraut) Trägt 5–12 attraktive, schmale, meist violett gefleckte Blätter von 20 cm Länge und 3 cm Breite. Von April bis August erscheinen die 2 cm großen Blüten in mattem Rosa mit pinkfarbener Zeichnung. Wird oft mit *D. fuchsii* verwechselt und neigt in der Natur zu spontanen Kreuzungen, ist aber daran zu erkennen, dass der Mittellappen der Lippe kürzer ist als die seitlichen Lappen. Die Blüten sind nektarlos. Charles Darwin zerlegte sie jedoch, um nachzuweisen, dass Bienen einen Saft finden können, der hinter einer inneren Membran verborgen ist. Dabei bleiben sie sehr lange in der Blüte, sodass der Pollen auf ihrem Körper leicht verhärtet und dadurch wirkungsvoller wird. Darwin schrieb: »... dies scheint mir eines der wunderbarsten Beispiele der Anpassung zu sein, die je dokumentiert wurden.« Kann große Gruppen bilden, die auch außerhalb der Blütezeit gut aussehen. Bevorzugt sauren Boden mit einem pH-Wert von 6,5 oder weniger. Aus Nord- und Mitteleuropa und dem westlichen Nordafrika. ↕ 20–70 cm. Z6. ‘Madam Butterfly’ Dunkelrosa, mit

schön geformten, breit gelappten Blüten.
subsp. *fuchsii* siehe *D. fuchsii.*

D. majalis subsp. praetermissa siehe
D. praetermissa; **subsp. purpurella**
siehe *D. purpurella*

D. praetermissa syn. *D. majalis* subsp.
praetermissa (Übersehenes Knabenkraut)
Ungewöhnlich attraktive Pflanze, die
große Kolonien bildet. Im Garten
wirkt die Orchidee mit ihren matt-
granatroten Blüten besonders schön am
Teichufer. Die Pflanzen mit den 5–7
ungesprenkelten Blättern können klein
bis riesig sein. Sie blühen im Sommer.
Die Blütenlippe kann ungeteilt oder
dreilappig sein. Bevorzugt feuchte, saure
Böden. Aus Südeuropa, von den Britischen Inseln und der Küste Norwe-
gens. ↕ 30–80 cm. Z6

D. purpurella syn. *D. majalis* subsp.
purpurella (Purpurnes Knabenkraut)
Diese manchmal etwas kleinere, gedrungene, fleischige Art hat breite, bläuliche,
ungefleckte Blätter. Sie gehört zu den
winterhärtesten der Gattung und blüht
von Mitte Mai bis September in verschiedenen Farben von Hellrot bis
Dunkelviolett. Verträgt weder Hitze noch
Trockenheit und wird auf nahrhaftem
Boden höher. Aus Nordengland und
Skandinavien. ↕ 20–40 cm. Z5

DAHLIA
Dahlie, Georgine
ASTERACEAE

Wilde Dahlien zeichnen sich
durch eine bezaubernde
Schlichtheit aus, die vielen der über-
züchteten Sorten fehlt.

Die 28 Arten Laub abwerfender
Stauden mit knolligen Wurzeln
stammen aus trockenen Lebensräumen in Mexiko und Mittelamerika,
4 von ihnen sind gelegentlich in
Gärten zu sehen. Zu diesen gehören
die Vorfahren vieler Gartensorten,

die meist auffällige, oft gefüllte
Blütenstände besitzen. Tief eingeschnittene oder geteilte Blätter
stehen paarweise an straff aufrechten
Stängeln. Die Blütenkörbchen
erscheinen im Spätsommer und
bestehen bei diesen Arten aus einem
Zentrum aus kleinen Röhrenblüten
und einem äußeren Kranz aus breiteren Zungenblüten. Alle Arten sind
frostempfindlich, Laub und Blüten
sterben bei Frost ab. Die Knollen
können aber in vielen Gegenden
im Freiland überwintern, vor allem,
wenn sie mit einer dicken, trocke-

nen Mulchschicht geschützt werden.
Alternativ gräbt man sie aus und
lagert sie frostfrei in trockenem
Sand. Die farbenprächtigen, meist
weniger winterharten Dahliensorten,
von denen Zehntausende eingeführt
wurden (siehe *Dahlienhybriden*), werden hier nicht behandelt.

KULTUR Benötigt einen geschützten,
sonnigen Standort in durchlässigem,
nahrhaftem Boden. Höhere Arten
müssen gestützt werden.

VERMEHRUNG Durch Basalstecklinge
im zeitigen Frühling, Abnehmen
von Knollen oder Aussaat.

PROBLEME Schnecken und Blattläuse.

D. coccinea Aufrechte, buschige Pflanze mit dunklen, verzweigten Stängeln
und ungeteilten oder variabel geteilten, kräftig grünen Blättern bis 40 cm
Länge. Trägt von August bis Oktober
oder länger kleine Gruppen aus 9 cm
großen Blütenkörbchen mit gelbem
Zentrum. Die breiten Zungenblüten
sind meist scharlachrot, seltener gelb
oder orange. Fast alle großblumigen
Dahliensorten gehen auf diese Art und
die selten kultivierte *D. pinnata* zurück.
Aus Mexiko und Guatemala. ↕ 1–1,5 m.
Z8. **'Forncett Furnace'** Orangerote
Blütenkörbchen mit gelben Sprenkeln
und gelbem Auge.

D. imperialis Sehr große Pflanze mit
kräftigen Stängeln und vielfach geteilten Blättern bis 60 cm Durchmesser.
Die 15 cm großen Blütenkörbchen mit
hellrosa Zungenblüten um ein gelbes
oder rötliches Zentrum erscheinen in
frostfreien Regionen sehr spät – von
Oktober bis März. ↕ bis 3 m oder mehr,
in ihrem natürlichen Lebensraum von
Mexiko bis Kolumbien eindrucksvolle
9 m. Z9

D. merckii Reich verzweigte, leicht
niederliegende, rötliche Stängel tragen
20–40 cm lange Blätter, die in gezähnte
Segmente geteilt sind. Trägt von August
bis Oktober lockere Gruppen von
6–7 cm großen Blütenkörbchen mit
breiten lilarosa Zungenblüten über
dem Laub. Hübsche, überhängende
Wuchsform, die sich aber nur schlecht
wirkungsvoll stützen lässt. Die winterhärteste und beliebteste Art, von der
verschiedene benannte Auslesen kurzzeitig im Handel erschienen sind. Aus
Mexiko. ↕ 2 m. Z8. **alba** Weiße Blüten.

D. sherffii Locker verzweigte Pflanze
mit typischen, geteilten Blättern. Von
August bis Oktober trägt sie Blütenstände mit breiten rosavioletten, gewellten
Zungenblüten und gelbem Auge. Im
gärtnerischen Wert und der Winterhärte
vergleichbar mit *D. merckii*, jedoch mit
etwas auffälligeren Blüten. Aus Eichen-
gesträuchen auf steinigem Boden im
nördlichen Mexiko. ↕ 70–150 cm. Z8

UNTEN 1 *Dahlia merckii*
2 *D. sherffii*

DAISWA siehe PARIS

DARMERA
Schildblatt
SAXIFRAGACEAE

Leuchtende Blütenstände im Frühling und beeindruckend große Blätter sind die Merkmale dieser stattlichen winterharten Staude, die für feuchte Standorte geeignet ist.

Die einzige Art der Gattung ist in Wäldern und an Flussufern der westlichen USA heimisch. Sie ist verwandt mit der *Tolmiea*, hat jedoch nicht 4, sondern 5 Petalen und nicht 3, sondern 10 Staubgefäße. Natürlich unterscheidet sie sich auch durch die ungewöhnlich großen, runden Blätter.

KULTUR Am besten in feuchtem bis nassem Boden in Sonne oder Halbschatten. Gedeiht auch in normalem, nahrhaftem Boden.

VERMEHRUNG Teilung im zeitigen Frühling oder Aussaat.

PROBLEME Spätfrost kann die Blüte schädigen.

D. peltata ♀ syn. *Peltiphyllum peltatum* (Schildblatt) Große, Gruppen bildende Pflanze, die sich mit kräftigen Rhizomen langsam ausbreitet. Gut geeignet zur Bodenbefestigung an Teich- oder Bachufern. Runde, gelappte, grob gezähnte Blätter mit langem, mittig ansetzendem Stiel entfalten sich im Frühsommer. Bei optimalen Bedingungen erreichen sie bis 60 cm Durchmesser. Im Herbst färben sie sich leuchtend rot. Blüten rosa, in Trugdolden aus hohem Schaft. Eine auffällige und robuste Blattpflanze für das Ufer eines großen Teichs, eines Bachlaufs oder für das Sumpfbeet. Gedeiht auch in feuchten Bereichen eines Gehölzgartens. Aus Kalifornien, Oregon und Utah, USA. ↕90–150 cm. Z5. **'Nana'** Kleinwüchsig, Blattdurchmesser bis 25 cm. ↕30 cm. Z5

DATISCA
Scheinhanf, Streichkraut
DATISCACEAE

Durch ihre Ähnlichkeit mit dem Hanf ruft diese große Pflanze meist Verblüffung und Erheiterung hervor.

Die 2 Arten dieser Blattstauden stammen aus Asien und Amerika, eine davon wird gelegentlich kultiviert. Es sind interessante Blattgewächse für den Sommer, die sich als grüner Hintergrund für farbenprächtigere Pflanzen eignen. Die wechselständigen Blätter sind dreiteilig oder unpaarig gefiedert mit lanzettlichen Fiederblättchen. Männliche und weibliche Blüten mit Kelch- aber ohne Kronblätter stehen an separaten Pflanzen. Beide Blütentypen sind eher unscheinbar.

KULTUR Boden mit gutem Wasserhaltevermögen und ein sonniger, geschützter Standort.

OBEN *Darmera peltata*

VERMEHRUNG Aussaat bei ausreichender Wärme oder Teilung im Frühling.

PROBLEME Keine.

D. cannabina (Scheinhanf, Streichkraut) Lange, gerade Stängel tragen Blätter, die in 6–14 cm lange, lanzettliche, stark gezähnte, spitz zulaufende Fiederblättchen geteilt sind. Im Spätsommer erscheinen an den Triebspitzen zahlreiche kurze, schlanke Blütenstände aus winzigen grünlichen Blüten. Wie der Artname verrät, sieht die Pflanze aus wie eine mehrjährige Form von *Cannabis*. Wächst wild vom östlichen Mittelmeerraum bis zum Himalaja. ↕2 m oder mehr. Z6

DEINANTHE
Scheinhortensie
HYDRANGEACEAE

Scheinhortensien sind attraktive Verwandte der Hortensie, sie gedeihen gut in kühlen Beeten und tragen schöne Blüten über stattlichen Blättern.
Die Gattung umfasst 2 Arten Gruppen bildender Stauden aus feucht-schattigen Wäldern Japans und Chinas. Aus kurzen Rhizomen erheben sich im mittleren bis späten Frühling aufrechte Stängel. Die paarweise angeordneten, zartgrünen üppigen Blätter sind groß und leicht behaart, leicht wellig und haben gezähnte Ränder. Die Blüten stehen in Scheindolden an den Triebspitzen. Wie bei Hortensien werden zweierlei Blüten gebildet. Die fruchtbaren, inneren Blüten mit 5 Petalen sind etwas größer, leicht fleischig, nickend und schalenförmig. Die äußeren, sterilen Blüten besitzen keine Kronblätter und sind unscheinbar. Die

beliebteste Art ist *Deinanthe caerulea*, doch es kommen zunehmend andere Arten und Sorten in den Handel, die durchaus einen Platz im Gehölzgarten verdient haben.

KULTUR Winterhart und umkompliziert. Gedeiht im Gehölzbeet in kühl-feuchtem, durchlässigem, möglichst kalkfreiem Boden mit gutem Humusgehalt im Halbschatten. Schutz vor Wind, der das zarte Laub beschädigen kann, ist sinnvoll. Jährlich im Frühling mit gut verrottetem Stallmist oder Laubkompost mulchen.

VERMEHRUNG Durch Teilung bei Austrieb im zeitigen Frühling. Boden vor dem Pflanzen der Teilstücke mit Dünger anreichern. Die Pflanzen brauchen ein Jahr, um sich zu etablieren. Alternativ Aussaat gleich nach der Samenreife. Die Keimung erfolgt aber ungleichmäßig und es dauert einige Jahre, bis die Sämlinge Blühreife erreichen.

PROBLEME Schnecken können die jungen Triebe im Frühling vernichten.

D. caerulea (Blaue Scheinhortensie) Bildet langsam Gruppen aus violetten Stängeln mit borstigen, 15 cm großen, ovalen Blättern und Dolden aus rundlichen, hübschen, nickenden Blüten in etwas düsterem Schieferblau oder seltener Weiß, die bis 4 cm Durchmesser erreichen. Aus China. ↕40 cm. Z7

DELPHINIUM
Rittersporn
RANUNCULACEAE

Der Klassiker für das Staudenbeet und den Bauerngarten wird vor allem wegen der majestätischen Blütenstände in vielen verschiedenen Blautönen geschätzt.

Zur Gattung gehören mehr als 350 Arten, die vorwiegend auf der nördlichen Halbkugel heimisch sind,

einige auch südlich des Äquators an den Gebirgszügen Ostafrikas. Besonders groß ist die Artenvielfalt in Kalifornien und Westchina. Die meisten Arten sind mehrjährig, einige wenige auch ein- oder zweijährig. Obwohl viele Arten attraktiv sind, werden nur wenige in Gärten kultiviert. Das Interesse nimmt allerdings zu. Nach vielen Jahren züchterischer Arbeit und Auslese unterscheiden sich die heutigen Garten-Rittersporne deutlich von ihren wilden Vorfahren.

Die Triebe erheben sich aus Knospen an einer holzig verdickten Basis. Darunter befindet sich ein weitläufiges System von Faserwurzeln. Arten, die im Frühling blühen (vor allem solche aus Nordamerika) haben oft knollige Wurzeln mit Triebknospen und bilden jährlich neue Faserwurzeln. Die Blätter sind normalerweise in 3–5 Segmente mit gezähnten Rändern geteilt und spiralförmig im unteren Stängelbereich angeordnet. Bei einigen Arten sind sie nochmals in schmale Fiederblättchen geteilt. Im oberen Teil der Stängel sind die Blätter sehr klein. Blüten erscheinen in den Blattachseln und bilden einen spiralförmig aufgebauten, traubigen oder rispigen Blütenstand.

Die Bandbreite der Blütenfarben umfasst alle Nuancen von Blau, Lavendel und Violett sowie Weiß, Gelb, Rosa und Rot. Wie bei anderen Hahnenfußgewächsen sind die Blütenbestandteile umgebildet und die Kronblätter sind nicht der farbigste Teil der Blüte (siehe *Die Ritterspornblüte*). Obwohl Garten-Rittersporn normalerweise als Frühsommerblüher betrachtet wird, blühen einige Formen schon zur Schneeschmelze im Frühling und andere erst vom Hochsommer an.

Viele wilde Rittersporn-Arten bilden viel Nektar, ihre Blüten duften jedoch selten. Nach der Bestäubung bilden sich aus jeder Blüte 3 oder mehr Balgfrüchte.

DIE RITTERSPORNBLÜTE

Das Aussehen einer Ritterspornblüte wird durch Form und Farbe der 5 großen Kelchblätter bestimmt, deren oberstes sich nach hinten zu einem langen Sporn verlängert. Verwirrend ist, dass diese großen farbigen Kelchblätter oft fälschlicherweise als Petalen (Kronblätter) bezeichnet werden. Die beiden Paare viel kleinerer, echter Petalen sind umgeformt und bilden das »Auge« im Zentrum der Blüte, das oft weiß oder braun ist. Das obere Petalenpaar ist nach hinten zu einem Spornpaar verlängert, das in den Kelchblattsporn hineinragt und in dem die Nektarien liegen.

Delphinium
(Belladonna-Gruppe)
'Völkerfrieden'

Alle Rittersporn-Arten werden als giftig eingestuft, wenngleich Pflanzenauszüge früher häufig in der Volksheilkunde eingesetzt wurden. Die Wildformen des westlichen Amerika werden mit akuten Vergiftungserscheinungen grasender Rinder im Frühling in Zusammenhang gebracht. ⚠

KULTUR Bevorzugt einen sonnigen Standort mit nahrhaftem, durchlässigem Boden. Viele Arten benötigen viel Sonne und gute Dränage. Auf magerem Boden wachsen sie eher kümmerlich. Die Bedürfnisse der einzelnen Gruppen unterscheiden sich erheblich. Die langen Triebe sollten immer gestützt werden. Bruchschäden am Wurzelansatz können die Pflanze zum Absterben bringen. Am besten steckt man rings um die Pflanze mehrere Stäbe in den Boden und verbindet sie mit Schnur. Für niedrige Arten genügen Reiser.

VERMEHRUNG Die Aussaat der Arten ist oft schwierig, weil die Samen lange gekühlt werden müssen oder nur bei niedrigen Temperaturen keimen. Hohe Gartenformen vermehrt man am besten durch Stecklinge (siehe *Stecklinge und Teilung*, S. 153), allerdings bilden sie nur wenige Stecklinge von ausreichender Qualität aus. Namensorten sind relativ selten und oft nur bei Spezialanbietern zu bekommen. Aus Samen gezogene Pflanzen sind leichter erhältlich, in der Qualität aber variabler.

Bei den nachfolgend vorgestellten Sorten wird angegeben, ob sie vegetativ durch Stecklinge oder Teilung vermehrt werden müssen. Frühjahrsaussaaten bleiben im ersten Jahr oft niedriger und blühen später.

PROBLEME Schnecken, Miniermotten, Spinnmilben und Rost im Frühling. Raupenfraß an Laub und Knospen, Echter Mehltau (vor allem an Sorten mit violetten Blüten und an Wildformen), Viren, Wurzel- und Kronenfäule. Die Liste klingt erschreckend, die meisten Gärtner haben aber nur mit Schnecken und Mehltau zu kämpfen.

D. 'Alice Artindale' (Elatum-Gruppe) Schlanke Blütenstände aus rosa überhauchten, wie Rosenknospen geformten, gefüllten Blüten in Blau, manchmal mit einem Hauch Grün. Teilung oder Stecklinge. ↕ 1,5 m. Z3

D. 'Astolat' (Pacific-Hybride) Von Mai bis Juni Blüten in Rosatönen mit hellbraunem oder schwarzem Auge. Aussaat. ↕ 1,2–2 m. Z3

D. Belladonna-Gruppe Ausgezeichnete, kompakte Pflanzen. Laub normalerweise mehrfach in schmale Segmente geteilt. Eignet sich mit den reich verzweigten Trieben gut für naturnahe

RECHTS **1** *Delphinium* 'Blue Nile'
2 *D.* 'Can-can' **3** *D.* 'Galileo'
4 *D.* 'Gillian Dallas' **5** *D.* 'Loch Leven'
6 *D.* 'Lord Butler'

GARTEN-RITTERSPORN AUS SAMEN

Ritterspornsamen muss kühl und trocken aufbewahrt werden, sonst verliert er seine Keimfähigkeit. Samen sofort nach der Reife säen oder in einem luftdicht schließenden Gefäß bei etwa 4°C im Kühlschrank lagern. Auch gekaufte Samen sollten so aufbewahrt werden, weil die Tüten keinen ausreichenden Keimschutz bieten. Beachten Sie immer die Aussaathinweise auf der Verpackung. Normalerweise wird in Schalen mit feuchtem Substrat gesät.

Die Samen nur dünn mit Substrat oder Vermikulit bedecken. Mit Folie abdecken, um das Substrat feucht zu halten, und bei 15–20°C aufstellen. Die Keimung erfolgt meist nach einer bis vier Wochen. Bei Aussaat im Februar oder Anfang März sind im August bis Oktober erste Blüten zu erwarten. In den folgenden Jahren blühen die Pflanzen früher und die Blütenstände fallen größer aus.

Beete, über denen die zahlreichen, kleinen Blüten wie Wolken von Schmetterlingen schweben. Trägt viele kurze Blütenstände mit luftig angeordneten, ungefüllten Blüten in Blau, Weiß oder Violett mit 5 Kelchblättern und kleinem Auge (Kronblättern), oft mit auffälligen weißen oder gelben Härchen. Etablierte Pflanzen blühen meist im Mai und Juni, die Blüten der Seitentriebe verlängern die Pracht. Im Herbst folgt ein zweiter Flor. In zu nahrhaftem Boden geht der buschige Wuchs verloren. In Abständen von 70 cm pflanzen und mit Reisern stützen. Nach der Blüte knapp über dem Boden abschneiden, um die Herbstblüte anzuregen. Anzucht aus Samen oder Stecklingen. Pflanzen aus Frühlingsaussaat blühen im ersten Jahr zwischen Juli und September bei einer Höhe von 60–90 cm und in den Folgejahren im Mai und Juni bei 1,3 m. Der Ursprung der Pflanzen ist ungewiss. Manche werden für Hybriden zwischen hohen Gartenformen und *D. grandiflorum* gehalten, andere können auch eine andere Herkunft haben. Alle haben gemeinsame, gruppentypische Merkmale und eignen sich gut zum Schnitt. ‡ Sehr variabel. Z3 **‘Atlantis’** ♥ Dunkelblaue, violett überhaucht Blüten. Wüchsig. Bildet schnell viele Triebe mit dunkelgrünen Blättern. Teilung oder Stecklinge. ‡ 1,4 m. **‘Bellamosum’** Große dunkelblaue Blüten. Auge mit gelben Härchen. Aussaat. ‡ 1,3 m. **‘Blue Shadow’** Enzianblaue Blüten. Petalen (Auge) mit gelben Härchen. Aussaat. ‡ 1,3 m. **‘Casa Blanca’** Reinweiße Blüten. Sehr beliebt für den Schnitt. Aussaat. ‡ 1,3 m. **‘Cliveden Beauty’** Große, pastellblaue Blüten mit weißem Auge. Eine der ersten fruchtbaren Belladonna-Sorten, eingeführt 1918. Aussaat. ‡ 1,3 m. **‘Connecticut Yankees’** syn. ‘Steichen Strain’ Blüten in verschiedenen Blau- und Altrosatönen und in Weiß. Niedrige Pflanzen mit standfesten Trieben. Aussaat. ‡ 1,3 m. **‘Delft Blue’** Hübsche Blüten mit blauen Streifen auf weißem Grund. Ein Sport von ‘Völkerfrieden’. Teilung oder Stecklinge. ‡ 1,5 m. **‘Moerheimii’** Reinweiße Blüten. Ein Sport einer hellblauen Sorte, eingeführt 1906. Teilung oder Stecklinge. ‡ 1,2 m. **‘Oriental Blue’** Enzianblaue Blüten, in manchen Jahren rosaviolett überhaucht. Aussaat. ‡ 1,3 m. **‘Oriental Sky’** Hellblaue Blüten. Aussaat. ‡ 1,2 m. **‘Piccolo’** Leuchtend blau, niedrig. Teilung oder Stecklinge. ‡ 1 m. **‘Steichen Strain’** *siehe* ‘Connecticut Yankees’. **‘Völkerfrieden’** ♥ Leuchtend enzianblaue Blüten, die im Beet Aufsehen erregen. Häufig als Schnittblume kultiviert. Teilung oder Stecklinge. ‡ 1,7 m. **‘West End Blue’** Dunkel-himmelblaue, rosa überhauchte Blüten von Mai bis Juli. Teilung oder Stecklinge. ‡ 1,3 m.

D. ‘Black Knight’ (Pacific-Hybride) Runde, dunkelviolette, samtige Blüten im Mai und Juni. Aussaat. ‡ 1,2–2 m. Z5

D. ‘Blue Bird’ (Pacific-Hybride) Nur 6 mm große mittelblaue Blüten mit weißem Auge im Mai und Juni. Aussaat. ‡ 1,2–2 m. Z5

D. ‘Blue Dawn’ ♥ (Elatum-Gruppe) Lange, konische Blütenstände aus hellblauen, rosa überhauchten Blüten mit braunem Auge im Juni und Juli. Teilung oder Stecklinge. ‡ 2,4 m. Z3

D. Blue-Fountains-Gruppe Eine der ersten aus Samen gezogenen Gruppen kompakter Pflanzen unter 1 m Höhe. Trägt im Juni kurze Blütenstände aus halbgefüllten Blüten in Blautönen. Aussaat. ‡ 80–100 cm. Z3

D. ‘Blue Jay’ (Pacific-Hybride) Dunkelblaue Blüten mit dunkelbraunem Auge im Mai und Juni. Aussaat. ‡ 1,2–2 m. Z5

D. ‘Blue Nile’ ♥ (Elatum-Gruppe) Auffällige mittelblaue Blüten mit weißem Auge im Juni und Juli. Teilung oder Stecklinge. ‡ 1,7 m. Z3

D. ‘Blushing Brides’ siehe *D.* New-Zealand-Hybriden

D. ‘Bruce’ (Elatum-Gruppe) ♥ 8,5 cm große rotviolette Blüten, zur Mitte hin heller und mit dunkelbraunem Auge. Juni und Juli. Lange, konische Blütenstände von Ausstellungsqualität. Teilung oder Stecklinge. ‡ 1,8 m. Z3

D. ‘Cameliard’ (Pacific-Hybride) Zweifarbig lavendelblau mit weißem Auge im Mai und Juni. Aussaat. ‡ 1,2–2 m. Z5

D. ‘Can-can’ ♥ (Elatum-Gruppe) Gefüllte Blüten in Violett und Blau ohne Auge im Juni und Juli. Teilung oder Stecklinge. ‡ 1,9 m. Z3

D. cardinale (Roter Rittersporn) Eindrucksvoller, aber kurzlebiger Rittersporn mit scharlachroten Blüten in lockeren, schlanken Blütenständen. Die nur 2,5 cm großen Blüten sind lang gespornt und der obere Teil des Auges ist gelb mit roter Lippe. Sorten mit gelben und pfirsichfarbenen Blüten sind ebenfalls erhältlich, selten auch eine gefüllte Form. Diese Art bildete den Ausgangspunkt für viele Versuche zur Zucht rot blühender Sorten (siehe *Roter Rittersporn*, S. 155). Während der Ruhezeit nach der Blüte brauchen die Pflanzen Trockenheit. Blüht bei Aussaat im zeitigen Frühling im August und September. Die schlanken Triebe sollten unauffällig gestützt werden. Aus dem südlichen Kalifornien und Mexiko (Baja California), USA. ‡ 90 cm im ersten Jahr, später 1,5–2 m, in freier Natur auch höher. Z8

RITTERSPORN IM GARTEN

RITTERSPORN WIRD VOR ALLEM wegen seiner hoch aufragenden »Blütensäulen« geschätzt. Allerdings ist die Blütezeit recht kurz und die Pflanzen müssen gestützt werden. Am besten pflanzt man sie an einen offenen Standort in genug Abstand zu Sträuchern, Bäumen oder Mauern, damit sie nicht wegen Lichtmangels zu hoch werden, und wechselt Gruppen aus 2–3 Rittersporn mit spät blühendem Phlox oder Dahlien ab.

Schöne Kombinationspartner zu Rittersporen sind Stauden wie gelbes *Thalictrum* oder violette *Salvia*, orangefarbene *Alstroemeria* oder – um auch für Strukturkontraste zu sorgen, Schafgarbe wie diese buttergelbe *Achillea millefolium* ‘Taygetea’. Niedriger Rittersporn sieht auch zwischen niedrigen Stauden wie kleinen Glockenblumen gut aus. Für Kübel besonders gut geeignet sind die rot blühende Art *D. nudicaule* oder die zierliche Sorte *D. grandiflorum* ‘Blue Butterfly’.

STECKLINGE UND TEILUNG

Um einen Rittersporn zu teilen, muss man eine größere Pflanze ausgraben und die Krone samt Wurzeln und Trieben in mehrere Stücke zerschneiden. Faule und kranke Stellen vor dem Einpflanzen entfernen.

Die Vermehrung durch Stecklinge ist der Teilung vorzuziehen. Dazu eine Pflanze im Frühling, wenn der Austrieb einsetzt, ausgraben und 4–10 cm lange Triebe dort ablösen, wo sie an der verholzten Krone ansetzen. In feuchtem Sand oder einem Gefäß mit Wasser bewurzeln sie innerhalb von vier bis fünf Wochen. Die bewurzelten Stecklinge in Töpfe pflanzen. Die Triebspitze auskneifen, um die Bildung von Triebknospen an der Basis zu fördern. Etwa vier Wochen später können die Stecklinge ausgepflanzt werden. Bei Pflanzung im Mai oder Juni bilden Stecklinge oder Jungpflanzen aus der Gärtnerei bald kräftige Triebe. Man kann sie wachsen lassen, damit sie im August bis Oktober Blüten tragen, oder auskneifen, damit sich die Krone entwickelt. Triebe junger Pflanzen sorgfältig stützen.

D. 'Cassius' ♀ (Elatum-Gruppe) Dunkelblaue Blüten mit saisonalem Violettstich und braunem Auge. Konische Blütenstände mit breiter Basis auf kurzem Stängel. Robuste Pflanze mit spätem Austrieb und später Blüte. ↕ 1,7 m. Z3

D. 'Celebration' (Elatum-Gruppe) ♀ Große, pergamentartige Blüten in Cremeweiß mit dunkelbraunem Auge im Juni und Juli. Teilung oder Stecklinge. ↕ 1,5 m. Z3

D. Centurion-Serie Gut geformte, halbgefüllte 6–8 cm große Blüten erscheinen im Juni und Juli. Qualitativ mit guten, vegetativ vermehrten Sorten zu vergleichen. 'Centurion White', 'Centurion Gentian Blue' und 'Centurion Sky Blue' in einzelnen Blütenfarben. 'Centurion Formula Mixture' ist eine Mischung dieser und anderer, nicht separat erhältlicher Farben. Gezüchtet von Sahin Zaden, Niederlande. Aussaat. ↕ 1,8 m. Z2

D. 'Cherub' ♀ (Elatum-Gruppe) Blassaltrosa Blüten mit weißem Auge im Juni und Juli. Teilung oder Stecklinge ↕ 1,5 m. Z3

D. Clear-Springs-Serie Kommerzielle Schnittblumen-Serie, die sich auch für den Garten eignet. Gleichmäßig angeordnete Blüten mit weißem Auge im Mai und Juni. Erhältlich in den Einzelfarben 'Clear Springs Lavender', 'Clear Springs Light Blue Shades', 'Clear Springs Mid-Blue Shades', 'Clear Springs Rose Pink Shades' und 'Clear Springs White' sowie einer Mischung. Im Wesentlichen eine kompaktere, hochwertigere Version der Pacific-Hybriden. Gezüchtet von Ball Seed, USA. Aussaat. ↕ 75–110 cm. Z4

D. 'Conspicuous' ♀ (Elatum-Gruppe) Trägt im Juni und Juli Blüten in hellem Altrosa und Blau mit auffälligem, dunkelbraunem Auge. Teilung oder Stecklinge. ↕ 1,5 m. Z3

D. 'Constance Rivett' ♀ (Elatum-Gruppe) Kompakte Pflanze mit konischen Blütenständen aus schönen weißen Blüten mit weißem Auge im Juni und Juli. Teilung oder Stecklinge. ↕ 1,3 m. Z3

D. 'Coral Sunset' (University-Hybride) Gekräuselte Blüten in blassem Rotorange, bei älteren Blüten rötliche Spitzen. Teilung oder Stecklinge. ↕ 1–1,2 m. Z5

D. 'Cupid' (Elatum-Gruppe) Hellhimmelblaue Blüten mit weißem Auge im Juni und Juli. Teilung oder Stecklinge. ↕ 1 m. Z3

D. 'Darwin's Blue Indulgence' (Elatum-Gruppe) Mittelblaue gefüllte Blüten ohne Auge im Juni und Juli. Als Schnittblume gezüchtet. Teilung oder Stecklinge. ↕ 1,3 m. Z3

D. 'Darwin's Pink Indulgence' (Elatum-Gruppe) Gefüllte Blüten in Rosa ohne Auge im Juni und Juli. Gute Schnittblume. Teilung oder Stecklinge. ↕ 1,3 m. Z3

D. 'Dreaming Spires' siehe New-Century-Hybriden

D. 'Dusky Maidens' siehe New-Zealand-Hybriden

D. elatum (Hoher Rittersporn) Relativ kleine blauviolette oder blaue Blüten in variabler Ausfärbung mit dunkelbraunem Auge stehen dicht in langen Blütenständen. Hohle, im unteren Bereich leicht behaarte Stängel erheben sich aus einer verholzten Basis mit Faserwurzeln. Die Größe der fünffingrigen Blätter mit gezähnten Rand nimmt von unten nach oben ab. Ursprünglich heimisch an Waldrändern, auf Lichtungen, Hängen und Wiesen mit hoher Vegetation. Die Art hat eine Hauptrolle bei der Zucht der hohen, mehrjährigen Gartensorten gespielt, wird selbst aber kaum noch kultiviert. Nach einigen Generationen können selbst ausgesäte Sämlinge unselektierter Gartensorten *D. elatum* sehr ähnlich sehen. Vermehrung durch Aussaat oder Stecklinge. Aus den Bergen Mittel- und Osteuropas und Zentralasiens. ↕ 1,5–3 m. Z2

D. Elatum-Gruppe Oberbegriff für alle traditionellen Garten-Rittersporne (siehe *Die Elatum-Gruppe*, S.154).

D. Elatum-Hybriden Anderer Sammelbegriff für alle traditionellen Garten-Rittersporne (siehe *Die Elatum-Gruppe*, S.154).

D. 'Elizabeth Cook' (Elatum-Gruppe) ♀ Weiße Blüten mit weißem Auge im Juni und Juli. Elegante, konische Blütenstände in Ausstellungsqualität. Teilung oder Stecklinge. ↕ 1,7 m. Z3

D. 'Emily Hawkins' (Elatum-Gruppe) ♀ Trägt im Juni flache altrosa Blüten mit hellbraunem Auge in konischen Blütenständen. Wahrscheinlich eine der besten Sorten des englischen Züchters David Bassett, von dem auch 'Gillian Dallas' und die Sommerfield-Sorten stammen. Teilung oder Stecklinge. ↕ 2 m. Z3

D. 'Faust' ♀ (Elatum-Gruppe) Eindrucksvolle, lange, konische Blütenstände aus intensiv ultramarinblauen Blüten mit schwarzem Auge im Juni und Juli. Ideal für den Beethintergrund. ↕ bis 2,4 m. Z3

D. 'Fenella' ♀ (Elatum-Gruppe) Kleine, leuchtend enzianblaue Blüten mit schwarzem Auge im Juni und Juli. Ungewöhnlich langlebig. Teilung oder Stecklinge. ↕ 1,7 m. Z3

D. 'Finsteraarhorn' (Elatum-Gruppe) Ungefüllte blauviolette Blüten mit braunem Auge im Juni und Juli. Eingeführt 1936 von dem deutschen Züchter Karl Foerster. Teilung oder Stecklinge. ↕ 1,6 m. Z3

D. 'Galahad' (Pacific-Hybride) Strahlend weiße dicke Blüten mit weißem Auge im Mai und Juni. Aussaat. ↕ 1,2–2 m. Z5

D. 'Galileo' ♀ (Elatum-Gruppe) Lange, konische Blütenstände aus großen, gekräuselten Blüten in Mittelblau, manchmal kräftig altrosa überhaucht, mit braunem Auge. Juni und Juli. Teilung oder Stecklinge. ↕ 1,8 m. Z3

D. 'Gillian Dallas' ♀ (Elatum-Gruppe) 9 cm große Blüten mit gekräuseltem Rand in hellem Violett mit weißem Auge. Juni und Juli. Ausgezeichnet geformte Blütenstände. Teilung oder Stecklinge. ↕ 1,8 m. Z3

D. 'Giotto' ♀ (Elatum-Gruppe) Kompakte Pflanze. Blüten in Blau und Violett mit hellbraunem Auge. Juni und Juli. Teilung oder Stecklinge. ↕ 1,7 m. Z3

D. 'Gordon Forsyth' (Elatum-Gruppe) Lange schmale Blütenstände aus klarvioletten Blüten mit dunkelgrauem Auge. Blüht relativ spät (Ende Juni bis Juli). Anfällig für Mehltau. Teilung oder Stecklinge. ↕ 1,8 m. Z3

D. grandiflorum Verzweigte Triebe mit endständigen kurzen Blütenständen aus hübschen, scheibenartigen, blauen Blüten mit geradem, schlankem Sporn. Wird seit mehreren Jahrhunderten kultiviert und ist Vorfahr verschiedener kleinwüchsiger, rundlicher und hoher Sorten mit blauen, violetten oder weißen Blüten. Viele bezaubernde Samenserien wurden entwickelt. Im Beet mit Reisern stützen. Überwinterung ist in durchlässigem Boden unproblematisch, junge Triebe sollten aber vor Schnecken geschützt werden. Blüht bei Aussaat im zeitigen Frühling im Spätsommer. Von steinigen Hängen und trockenen Wiesen in Asien von Sibirien bis China. ↕ 20–80 cm. Z3 **'Amour'** Niedrige Mischung in verschiedenen Blautönen sowie Weiß und einem schönen, zarten Rosa, jeweils mit violett überhauchtem Sporn. **'Blue Butterfly'** Elegante, auf-

RECHTS *Delphinium* 'Lucia Sahin'

rechte Triebe mit fiedrigem Laub und blauen Blüten. **'Blue Mirror'** Kleinwüchsige Pflanze mit ungewöhnlichen, aufwärts gerichteten, leuchtend enzianblauen Blüten ohne Sporn und Auge. ↕ 25 cm. **'Tom Pouce'** Ungewöhnlich kleinwüchsige Pflanzen mit großen Blüten in 3 Einzelfarben ('Tom Pouce Gentian Blue', 'Tom Pouce Sky Blue' und 'Tom Pouce Snow White') sowie einer Mischung. ↕ 10 cm. **'White Butterfly'** Elegante, aufrechte Triebe mit fiedrigem Laub und weißen Blüten.

D. Green-Expectations-Gruppe (Elatum-Gruppe) Halbgefüllte, weiße, grün überhauchte Blüten ohne Auge im Juni und Juli. Manche Sämlinge haben blaue oder weiße Blüten. Aussaat. ↕ 1,2 m. Z5

D. Guardian-Serie Entwickelt als Schnittblume, aber auch für den Garten geeignet. Ungewöhnlich gleichmäßig, mit dünnen, stabilen Trieben und früher Blüte (20 Wochen nach der Aussaat). Verfügbare Farben sind 'Guardian Blue', 'Guardian Early Blue' (niedriger und früher als 'Guardian Blue'), 'Guardian Lavender' und 'Guardian White'. Gezüchtet von Ball Seed, USA. Aussaat. ↕ 75 100 cm. Z4

D. 'Guinevere' (Pacific-Hybride) Rosalila Blüten mit weißem Auge im Mai und Juni. Aussaat. ↕ 1,2–2 m. Z5

D. 'Innocence' siehe New-Zealand-Hybriden

D. 'King Arthur' (Pacific-Hybride) Intensiv königsblau mit großem weißem Auge. Samtige Oberfläche. Die langen Blütenstände stehen auf dünnen, verholzten Trieben und erscheinen im Mai und Juni. Aussaat. ↕ 1,2–2 m. Z5

DIE ELATUM-GRUPPE

Die meisten Garten-Rittersporne fallen unter diesen Oberbegriff, der auch die Pacific-Hybriden (siehe Pacific-Hybriden) einschließt. Sie stammen von *Delphinium elatum* ab und sind wahrscheinlich aus Kreuzungen mit *D. exaltatum* und *D. formosum* hervorgegangen. Aufrechte, hohle Triebe mit zahlreichen großen Blättern erheben sich aus einer holzigen Basis mit faserigen Wurzeln. Die lang gestielten Blätter sind in 3 oder mehr breite Segmente mit gezähnten Rändern geteilt. Die einzelnen Sorten unterscheiden sich auch in Details des Laubs. Die 20–130 cm langen Blütenrispen oder -trauben bestehen aus 20–100 oder mehr Einzelblüten an 5–20 cm langen Stielen, die spiralförmig um den Trieb stehen. An der Basis jedes Stiels befindet sich ein kleines Blatt. Bis zu 5 kleinere Blütenstände können aus den Blattachseln unter dem Haupt-Blütenstand entspringen. Ausgewachsene Pflanzen blühen meist zwischen Mai und Juli, wobei es abhängig von Sorte und Ortsklima Abweichungen gibt.

Die Blütenstände können schmal und säulenförmig sein oder nach oben konisch zulaufen. Die schönsten Sorten haben lange haltbare Blüten in klaren Farben mit kompaktem Auge. Bei der Auslese ist auch die gleichmäßige Anordnung der Blüten im Blütenstand ein Kriterium. Die untersten Blüten eines Blütenstandes sollten noch in guter Form sein, wenn sich die obersten Knospen öffnen. Typische Farben sind Blau- und Violetttöne, aber auch Nuancen von Altrosa, Cremegelb sowie Weiß. Die Blüten können einfarbig, aber auch Ton in Ton oder in Kontrastfarben gemustert sein. Das Auge kann schwarz, braun in verschiedenen Nuancen oder weiß sein.

Die Pflanzen der Elatum-Gruppe sind tetraploid, das heißt, sie haben doppelt so viele Chromosomen wie die meisten anderen Arten, und bilden deshalb größere Blüten mit mehr Sepalen. Die meisten hochwertigen Rittersporn-Sorten haben »halbgefüllte« Blüten mit 13 Sepalen und zusätzlichem Sepalum im Auge, oder »gefüllte« Blüten, bei denen kein Unterschied zwischen Auge und Sepalen zu erkennen ist.

Die Pflanzen benötigen durchlässigen, nahrhaften, neutralen oder leicht sauren Boden, der im Idealfall vor der Pflanzung mit Kompost oder Mist angereichert wurde. Der Abstand zu Nachbarpflanzen sollte mindestens 75 cm betragen.

In den Folgejahren im Frühling mit einem Universaldünger versorgen und mit Laub- oder Pilzkompost mulchen, um die Bodenfeuchtigkeit zu erhalten. Die Pflanzen gedeihen auch gut in Kübeln, wenn das Substrat ausreichend Nährstoffe enthält (z.B. Langzeit-Düngergranulat).

Einige Namensorten dieser Gruppe lassen sich nur durch Teilung oder Stecklinge zuverlässig vermehren. Die Anzucht aus Samen ist unkompliziert und man erhält Pflanzen einer bestimmten Größe und Blütenfarbe (siehe *Garten-Rittersporn aus Samen*, S. 152), deren Sämlinge jedoch sind nicht unbedingt identisch mit den Elternpflanzen.

D. 'Langdon's Royal Flush' ♥ (Elatum-Gruppe) Breite Blütenstände aus magentafarbenen Blüten mit weißem Auge. Ende Juni bis Juli. Teilung oder Stecklinge. ↕ 1,5 m. Z3

D. 'Loch Leven' ♥ (Elatum-Gruppe) Hellblau mit weißem Auge im Mai und Juni. Teilung oder Stecklinge. ↕ 1,5 m. Z3

D. 'Lord Butler' ♥ (Elatum-Gruppe) Gleichmäßige, dichte Blütenstände aus hellblauen, leicht gewölbten Blüten mit weißem Auge im Juni und Juli. Teilung oder Stecklinge. ↕ 1,5 m. Z3

D. 'Lucia Sahin' ♥ (Elatum-Gruppe) Lange konische Blütenstände in Ausstellungsqualität. Intensiv altrosa Blüten mit dunkelbraunem Auge im Juni und Juli. Teilung oder Stecklinge. ↕ 2–2,2 m. Z3

D. Magic-Fountains-Serie Aus Samen gezogene Serie in verschiedenen Farbtönen. Eigentlich eine zwergwüchsige Version der Pacific-Hybriden, mit 5 cm großen Blüten in 30–50 cm langen Blütenständen ab Juni. Erhältlich als Farbmischung und in Einzelfarben mit klangvollen Namen wie 'Magic Fountains Cherry Blossom with White Bee', 'Magic Fountains Dark Blue with Dark Bee', 'Magic Fountains Dark Blue with White Bee', 'Magic Fountains Lavender with White Bee', 'Magic Fountains Lilac Pink with White Bee', 'Magic Fountains Sky Blue with White Bee', 'Magic Fountains White with Dark Bee' und 'Magic Fountains Pure White'. Die Spitze des ersten Triebs von Jungpflanzen auskneifen, um die Bildung von Wurzeln und kräftigeren Blütentrieben anzuregen. Die Pflanzen entwickeln bald von der Basis aus neue Blütentriebe, die mit Reisern gestützt werden sollten. Auch schön in Kübeln auf der Terrasse. Aussaat. ↕ 90–100 cm. Z5

D. 'Michael Ayres' ♥ (Elatum-Gruppe) Breite, konische Blütenstände aus violetten Blüten, deren Spitzen und äußere Blütenblätter blau sind und die ein braunes Auge haben. Mai und Juni. Teilung oder Stecklinge. ↕ 1,8 m. Z3

D. 'Mighty Atom' (Elatum-Gruppe) Relativ schlanke Blütenstände aus dunkellila Blüten mit Auge in Dunkelgrau und Lila. Blüht erst im Juli. Kompakter Wuchs. Teilung oder Stecklinge. ↕ 1,4 m. Z3

D. 'Min' ♥ (Elatum-Gruppe) Bis 1 m lange Blütenstände aus Blüten in Lilatönen mit dunklem Rand und braunem Auge im Juni und Juli. Teilung oder Stecklinge. ↕ 1,6 m. Z3

D. New-Century-Hybriden (Elatum-Gruppe) Hohe, aus Samen gezogene Nachkommen britischer Namensorten in verschiedenen Tönen. Meist als Mischung namens 'Dreaming Spires' angeboten, gelegentlich auch in Einzelfarben. Blüht im Juni und Juli. Gezüchtet von Sahin Zaden in den Niederlanden. Aussaat. ↕ 1,8 m. Z2

D. New Millennium (Elatum-Gruppe) Der Name umfasst alle Pflanzen, die von Terry Dowdeswell bei Dowdeswell's Delphiniums in Neuseeland gezüchtet wurden. Einige werden durch Stecklinge vermehrt, andere durch Samen. Der Name »New-Millennium-Hybriden« wird gelegentlich auch für eine Samenmischung dieser Herkunft benutzt.

D. New-Zealand-Hybriden (Elatum-Gruppe) Robuste, wüchsige Pflanzen mit kräftigen Trieben, die lange, elegante Blütenstände von guter Qualität in allen gängigen Ritterspornfarben tragen. Die von Hand bestäubten Samenserien von Dowdeswell's Delphiniums in Neuseeland ähneln den besten vegetativ vermehrten Sorten. Bei der Selektion wurde Wert darauf gelegt, dass sie feuchte Sommer vertragen. Sie blühen im Juni und Juli. Viele Farben sind durch eine Referenznummer bezeichnet, einige Sorten sind auch benannt, aber nur in geringer Menge verfügbar. Der Name »New-Zealand-Hybriden« wird gelegentlich auch für Saatgut in gemischten Farben verwendet. Aussaat. ↕ 1,2–1,8 m. Z3 **'Blushing Brides'** syn. *D.* **'Blushing Brides'** Verschiedene Rosatöne mit weiß-braunem Auge. **'Dusky Maidens'** syn. *D.* 'Dusky Maidens' Mattrosa mit braunem Auge 'Innocence' syn. *D.* **'Innocence'** Weiß mit weißem oder schwarzem Auge. 'Pagan Purples' syn. *D.* **'Pagan Purples'** Gefüllte Blüten ohne Auge in Dunkelblau, Violett und Altrosa. **'Royal Aspirations'** syn. *D.* 'Royal Aspirations' Verschiedene dunkle Blautöne mit Akzenten in Violett, meist weißes Auge.

D. nudicaule (Nacktstängliger Rittersporn) Kleinwüchsige, recht variable Pflanze mit überwiegend grundständigen Blättern, die in breite, rundliche Segmente geteilt sind. Verzweigte Triebe tragen kurze Trauben aus kleinen, fast röhrenförmigen, roten Blüten an langen Stielen, die sich in der Natur schon im Februar und März öffnen, im Garten aber später. Blüht bei Aussaat im zeitigen Frühling in durchlässigem Boden oder in Kübeln im August und September. Die Triebe mit Reisern stützen. Kübelpflanzen nach der Blüte trocken halten. Die Überwinterung in nassem Boden ist schwierig. Wächst wild an Steilküsten und feuchten Geröllhängen im Nordwesten Kaliforniens und im Südwesten Oregons, USA. ↕ 30 cm. Z7 **'Laurin'** Gleichmäßige und gut verzweigte Pflanzen mit kompaktem Wuchs.

D. 'Olive Poppleton' ♥ (Elatum-Gruppe) Breite Blütenstände aus cremeweißen Blüten mit honigfarbenem Auge im Juni. Teilung oder Stecklinge. ↕ 1,8 m. Z3

D. 'Oliver' ♥ (Elatum-Gruppe) Füllige Blütenstände aus locker angeordneten, durchscheinenden, rundlichen, hellblauen Blüten mit altrosa Streifen und schwarzem Auge im Mai und Juni. Teilung oder Stecklinge. ↕ 1,5 m. Z3

D. 'Our Deb' ♥ (Elatum-Gruppe) Füllige Blütenstände aus locker angeordneten helllila Blüten mit rosa gestreiftem, braunem Auge im Juni und Juli. Teilung oder Stecklinge. ↕ 1,8 m. Z3

D. Pacific Hybrids Series (Elatum-Gruppe) Dass der Name weiterhin für die einzelnen Farbschläge verwendet wird, lässt sich heute nicht mehr rechtfertigen (siehe Pacific-Hybriden). Pflanzen werden vielfach unter diesem Namen angeboten, doch meist sind die Blüten ungefüllt oder haben nicht die richtige Farbe, sodass sich gar keine Verbindung zur ursprünglichen Serie nachweisen lässt. Hier werden die Sorten entsprechend ihres Aussehens bei der Ersteinführung beschrieben. Siehe auch *D.* 'Black Knight', *D.* 'Blue Bird', *D.* 'Blue Jay', *D.* 'Cameliard', *D.* 'Galahad',

D. 'Guinevere', *D.* 'King Arthur', *D.* 'Percival', *D.* 'Summer Skies'. ↕ 1,2–2 m. Z3

D. 'Pagan Purples' siehe New-Zealand-Hybriden

D. 'Percival' (Pacific-Hybride) Strahlend weiße Blüten mit schwarzem Auge im Mai und Juni. Aussaat. ↕ 1,2–2 m. Z5

D. 'Princess Caroline' (University-Hybride) Dunkel-lachsrosa mit Akzenten in Rot. Teilung oder Stecklinge. ↕ 1–1,2 m. Z5

D. 'Red Caroline' (University-Hybride) Rosarote Blüten. Eingeführt 2002. Gute Schnittblume. Teilung oder Stecklinge. ↕ 1–1,2 m. Z5

D. 'Rosemary Brock' ♀ (Elatum-Gruppe) Konische Blütenstände aus flachen, magentafarbenen Blüten mit braunem Auge im Juni und Juli. Teilung oder Stecklinge. ↕ 1,7 m. Z3

D. 'Royal Aspirations' siehe New-Zealand-Hybriden

D. × ruysii 'Pink Sensation' Trägt im Juni locker verzweigte Blütenstände aus sterilen Blüten in Rosarot mit einem Hauch Violett. In Wuchs und Aussehen der Belladonna-Gruppe ähnlich, die Einzelblüten bleiben jedoch gewölbt und die Pflanzen sind weniger wüchsig. Eingeführt 1936, erwies sich als erste kommerziell erfolgreiche rosa Rittersporn-Sorte. Teilung oder Stecklinge. ↕ 60–90 cm. Z5

D. 'Sandpiper' ♀ (Elatum-Gruppe) Weiß mit dunkelbraunem Auge, das in der Sonne verblasst. Mai und Juni. Teilung oder Stecklinge. ↕ 1,5 m. Z3

D. 'Sarita' (Elatum-Gruppe) Lilablaue gefüllte Blüten mit einem Hauch Rosa

DIE PACIFIC-HYBRIDEN

Die Pacific-Hybrids-Serie wurde zwischen 1935 und 1970 von Vetterle und Reinelt bei Capitola (Kalifornien) an der Westküste der USA entwickelt. Die Pflanzen sollten die Sommerhitze und die hohe Luftfeuchtigkeit vieler Gebiete der USA vertragen – Bedingungen, unter denen die meisten Rittersporne schlecht gedeihen. Durch strenge Auslese und Handbestäubung entstanden wüchsige, einheitliche Pflanzen in vielen verschiedenen Farben, die bei Aussaat farbtreu sind und schon im ersten Jahr große Blüten von hoher Qualität tragen. Auf kräftigen, bis 1,5 m hohen Trieben stehen lange, regelmäßig aufgebaute Blütenstände aus großen (bis 7,5 cm Durchmesser), halbgefüllten Blüten. Ausgewachsene Pflanzen treiben und blühen zwei bis drei Wochen eher als Namensorten aus England. Seit ihrer Einführung haben die Pacific-Hybriden Angebot und Zucht von Garten-Ritterspornen in aller Welt beeinflusst. Weil Langlebigkeit jedoch bei dieser Samenserie – wie bei vielen anderen – kein Hauptkriterium war, hat die Qualität in den letzten Jahren erheblich nachgelassen.

OBEN *Delphinium* 'Sunkissed'

im Juni und Juli. Teilung oder Stecklinge. ↕ 1,3 m. Z3

D. semibarbatum syn. *D. zalil* (Gelber Rittersporn) Aus knolligen Wurzeln erheben sich schlanke, verzweigte Triebe, die lockere Trauben aus hell- oder kräftiger gelben Blüten von 1,5 cm Durchmesser tragen. Die vielfach geteilten Blätter welken, wenn die Pflanze blüht. Frühlingsaussaaten blühen erst im August oder September, ältere Pflanzen blühen meist im Juli. Braucht während des aktiven Wachstums Feuchtigkeit, nach der Blüte jedoch Trockenheit. Sehr anfällig für Mehltau. Aus dem Nordiran, Afghanistan und den angrenzenden Gebieten Zentralasiens. ↕ 75–100 cm. Z2

D. 'Skyline' (Elatum-Gruppe) Hoch und spät (im Juli) blühend. Gefüllte, himmelblaue Blüten. Teilung oder Stecklinge. ↕ 2,2 m. Z3

D. 'Spindrift' ♀ (Elatum-Gruppe) Trägt im Mai und Juni lange Blütenstände aus zauberhaften blauen Blüten, rosa überhaucht, grünlich gezeichnet und mit weißem Auge. Teilung oder Stecklinge. ↕ 1,5 m. Z3

D. 'Strawberry Fair' (Elatum-Gruppe) Blüten im kräftigem, warmem Dunkelrosa mit weißem Auge im Juni und Juli. Teilung oder Stecklinge. ↕ 1,5 m. Z3

D. 'Summerfield Miranda' ♀ (Elatum-Gruppe) Lange Blütenstände in Ausstellungsqualität. Flache runde Blüten in hellem Lila mit braunem Auge im Juni und Juli. Teilung oder Stecklinge. ↕ 1,8 m. Z3

D. 'Summerfield Oberon' ♀ (Elatum-Gruppe) Konische Blütenstände aus leuchtend dunkelvioletten Blüten mit weißem Auge im Mai und Juni. Teilung oder Stecklinge. ↕ bis 2,2 m. Z3

D. 'Summer Skies' (Pacific-Hybride) Hell-himmelblaue Blüten mit weißem Auge im Mai und Juni. Aussaat. ↕ 1,2–2 m. Z5

D. 'Sungleam' ♀ (Elatum-Gruppe) Relativ kurze Blütenstände aus creme-

farbenen Blüten mit weißem Auge im Juni und Juli. Teilung oder Stecklinge. ↕ 1,7 m. Z3

D. 'Sunkissed' ♀ (Elatum-Gruppe) Gleichmäßig konische Blütenstände aus schön geformten hellgelben Blüten mit gelbem Auge im Juni und Juli. Teilung oder Stecklinge. ↕ 1,7 m. Z3

D. 'Susan Edmunds' (Elatum-Gruppe) Konische Blütenstände aus großen, gefüllten Blüten mit helllila Sepalen und cremeweißen Petalen im Juni und Juli. Teilung oder Stecklinge. ↕ 1,7 m. Z3

D. tatsienense Verdickte Wurzeln, aus denen sich schlanke Triebe unterschiedlicher Höhe mit fein geschnittenen Blättern erheben. Elegante Blütenstände aus blauvioletten, lang gespornten Blüten. Zuverlässige Überwinterung nur in sehr durchlässigem Boden. Die Krone vor Schnecken schützen. Aus hohen Lagen in China. ↕ 30–80 cm. Z2
'Mediterranean Seas' Mischung in verschiedenen Tönen, darunter helles und dunkles Blau, Violett und Weiß.

D. University-Hybriden siehe *Roter Rittersporn*.

D. 'Walton Gemstone' ♀ (Elatum-Gruppe) Blüten in sehr hellem Lila, mit weißem Auge und dunkelviolett geäderten Blütenblatt-Rückseiten. Juni und Juli. Teilung oder Stecklinge. ↕ 1,9 m. Z3

D. 'White Swan' (Elatum-Gruppe) Zwergwüchsige Pflanze mit dichten Blütenständen aus schneeweißen Blüten im Juni. Aussaat. ↕ 75 cm. Z3

D. zalil siehe *D. semibarbatum*

DENNSTAEDTIA
Schüsselfarn
DENNSTAEDTIACEAE

Dieser Farn ist ein attraktiver Bodendecker, der gut in voller Sonne und auch an schattigeren Standorten wächst.
Zur Gattung gehören etwa 50 meist tropische Arten sowie eine Art aus kühleren Regionen. Die meisten bilden mit kriechenden Rhizomen Kolonien, die sich manchmal stark ausbreiten können. Die Wedel sind zwei-, drei-, vier oder fünffach in gegenständige Paare von Fiederblättern geteilt. Die Sporangien bestehen aus 2 schalenförmigen Gebilden an den Rändern der Wedelsegmente.

KULTUR Bevorzugt offene Standorte mit durchlässigem, humusreichem, vorzugsweise saurem Boden. Ausgewachsene Exemplare vertragen volle Sonne.

VERMEHRUNG Durch Teilung oder Sporen.

PROBLEME Keine.

D. punctilobula (Heuduftender Schüsselfarn) Laub abwerfender Farn mit lang gestielten, aufrechten Wedeln, die sich einzeln aus dem langen, kriechenden Rhizom erheben. Die Wedel sind lanzettlich, hellgrün und zwei- oder dreifach in länglich-schmale Fiederpaare geteilt. Sie sind mit weißlichen Haaren besetzt, deren Drüsen bei Berührung einen heuartigen Geruch verströmen. Wächst nicht immer leicht an, breitet sich aber in durchlässigem Boden bald aus. Als Artepitheton wird manchmal auch *punctiloba* angegeben. Eine der wenigen Pflanzen, die nicht von Rehen gefressen werden. Heimisch an eher offenen Standorten in Nordamerika. ↕ 30–60 cm. Z7

DENTARIA siehe CARDAMINE

DESCHAMPSIA
Schmiele
POACEAE

Besonders für schattige, aber auch für sonnige Standorte sind diese früh blühenden Gräser mit den zahlreichen, bezaubernden, luftigen Blütenständen gut geeignet. Die Gattung umfasst etwa 40 Arten meist mehrjähriger Pflanzen sowie einiger Einjähriger aus Nordamerika. Sie wachsen in gemäßigten und kühlen Regionen in aller Welt auf Wiesen, in Wäldern und Moorböden. Nur 2 Arten werden in Gärten kultiviert. Sie bilden dichte Horste aus schmalen Blättern, die wie ein umgekehrter Kegel angeordnet sind. Darüber erheben sich in großer Zahl die luftigen Rispen.

KULTUR Verträgt feuchten und trockenen Schatten und die meisten Böden, wächst auch in voller Sonne. Gedeiht weniger gut in heiß-trockenem

EIN WÄLDCHEN AUS GRÄSERN

EINE GRUPPE VERSCHIEDENER Gräser kann hinreißend aussehen, wenn die Gräser gekonnt gewählt sind – anderenfalls aber auch grauenhaft. Völlig falsch wäre es, eine wüchsige Form neben eine eher zurückhaltende zu stellen. Hier bilden drei horstig wachsende Gräser mit verschiedenen Blattfarben ein interessantes Ensemble. Die Abstände zwischen den Horsten sind groß genug, dass man die verschiedenen Wuchsformen sehen kann – aber nicht so groß, dass die Pflanzen isoliert wirken. Im Hintergrund sieht man die Rosttöne von *Deschampsia cespitosa*, im Vordergrund gelb geränderten *Alopecurus pratensis* 'Aureomarginata' und dazwischen als Kontrast das blaue *Helictotrichon sempervirens*.

Klima. Vertrocknete Halme im Frühling zurückschneiden.

VERMEHRUNG Teilung im Frühling in nicht zu kleine Stücke, alternativ Aussaat.

PROBLEME Keine

D. cespitosa (Rasen-Schmiele) Bildet dichte Horste bis 1,5 m Höhe. Die immergrünen Blätter sind dunkel-blaugrün, rau und scharfkantig, 10–60 cm lang und bis 5 mm breit. Beim Entfalten sind sie violett überhaucht, im Herbst färben sie sich bronzefarben. Bevorzugt einen feuchten Platz im Halbschatten und sieht in größeren Gruppen oder in Kombination mit Farnen und Funkien gut aus, vor allem, wenn das Licht durch die duftigen Blütenstände fällt. Heimisch auf Feuchtwiesen, verwilderten Weiden und in Mooren in den gemäßigten und arktischen Regionen. Gelegentlich falsche Schreibweise (*D. caespitosa*). ↕ 20–200 cm. Z4 **'Bronzeschleier'** (**Bronze Veil**) Silbrig grüne, später bronzefarbene Blütenährchen. Gut für wärmeres Klima, braucht aber Feuchtigkeit. **'Fairy's Joke'** siehe var. *vivipara*. **'Goldgehänge'** (**Gold Shower, Gold Pendant**) Gebogene Halme mit Blütenährchen, die sich goldgelb färben. **'Goldschleier'** (**Gold Veil**) Goldgelbe Blütenährchen mit silbrigem Schimmer. **'Goldtau'** (**Gold Dew**) Im August warm-goldgelbe Blätter und Blütenährchen. Bevorzugt neutralen bis sauren Boden. ↕ 75 cm. **'Northern Lights'** Blätter mit Längsstreifen in Cremeweiß. In kühlem Klima manchmal rosa oder rot überhaucht. Schön in Kübeln. ↕ 25 cm (nur das Laub). var. *vivipara* syn. 'Fairy's Joke' Winzige Jungpflanzen an den Triebspitzen neigen die Triebe zu Boden und bewurzeln dort.

D. flexuosa (Draht-Schmiele) Bildet langsam größer werdende, lockere bis dichte Horste aus fadendünnen, fest eingerollten, immergrünen Blättern von 3–8 mm Breite und bis 20 cm Länge. Im Juni und Juli erheben sich dünne Halme mit welligen, haarfeinen Verzweigungen und schimmernden, 4–15 cm langen Blütenständen, die wie duftige, rosa Wolken aussehen und sich im Herbst bronzebraun verfärben. Bezaubernd in größeren Gruppen auf offenem, trockenem Waldboden. Heimisch auf sandigen oder torfig-sauren, meist trockenen Böden in Mooren, Heidelandschaften und lichten Wäldern in Europa, Nordasien und dem Nordwesten der USA. ↕ 20–100 cm. Z4 **'Tatra Gold'** Leuchtend gelbgrüne, überhängende Blätter und hell-bronze-rötliche Blüten. Bevorzugt sauren, durchlässigen, aber feuchten Boden. ↕ 75 cm. Z4

DIANELLA
Flachslilie
PHORMIACEAE

Hauptsächlich wegen ihrer leuchtend blauen oder violetten Früchte werden diese exotisch anmutenden Pflanzen kultiviert, sie sind immergrün und haben grasartige Blätter.

Die etwa 30 Arten mehrjähriger Pflanzen wachsen wild im tropischen Asien, Ostafrika, Madagaskar, Polynesien und Australasien in Regenwäldern, gemäßigten Wäldern, Heidelandschaften und Sanddünen der Küstenregionen. Die auffälligen Pflanzen mit dem exotischen Aussehen haben verzweigte Rhizome. Die ledrigen, riemenartigen Blätter erheben sich fächerförmig. Die australischen Ureinwohner flochten aus ihnen Körbe. Im Frühsommer erscheinen lockere Rispen aus kleinen, sternförmigen, meist blauen Blüten, aus denen sich fleischige, blau oder violett glänzende Beeren entwickeln. Die verschiedenen Arten sind schwierig zu unterscheiden, darum werden häufig Pflanzen unter falschem Namen angeboten.

KULTUR Bevorzugt einen warmen, geschützten Standort. In Regionen mit starkem Frost nicht für die Freilandkultur geeignet. Gedeiht in kalkfreiem, humusreichem, durchlässigem Boden. Schäden durch Minusgrade werden durch Staunässe noch verschärft. Die meisten Arten brauchen gutes Licht, nur *D. tasmanica* gedeiht auch im Halbschatten und ist ein ungewöhnlicher Bodendecker für Gärten in warmen Gebieten.

VERMEHRUNG Teilung der Gruppen im Frühling. Manchmal bilden sich an den Blütentrieben kleine Pflanzen, die man abnehmen und in sandhaltigem Substrat bewurzeln lassen kann. Aussaat unter Glas im Frühling ist möglich, die Beeren enthalten aber oft keine Samen.

PROBLEME Keine

D. caerulea (Blaue Flachslilie) Ausladende Art mit dickem Rhizom, die Kolonien aus aufrechten, lanzettlichen, 10–60 cm langen Blättern mit rauen Kanten bildet. Im Mai und Juni erscheinen lockere Rispen aus 1,5 cm großen, blauen oder weißen Blüten, aus denen sich auffällige, 1–2 cm große Beeren in Hellblau, Dunkelblau oder Violett entwickeln. Gedeiht nur in durchlässigem Boden bei gutem Licht. Vermehrung durch Samen, Teilung oder Bewurzeln der Jungpflanzen, die sich oft zwischen den Blüten bilden. Heimisch in vielen Küstenregionen in Australien, vor allem Tasmanien, Queensland, New South Wales und Northern Territory. ↕ 50–60 cm. Z9

D. nigra Aufrechte lanzettliche Blätter und blaue oder weiße Blüten wie *D. intermedia*, jedoch insgesamt etwas kleiner, mit schlankeren Blütenstielen und

einzelten, dunkleren Tupfen und Streifen. Starker Duft nach Gewürznelken. ‡38 cm. Z3

DIASCIA
Doppelhörnchen, Elfensporn
SCROPHULARIACEAE

Durch ihre lange Blütezeit ist diese reich blühende Pflanze besonders wertvoll. Auf dem Markt erscheint eine Bandbreite von Wuchsformen und Blütenfarben.

Die Gattung umfasst 50 Arten ein- und mehrjähriger Pflanzen aus Südafrika, deren Beliebtheit in den letzten Jahren stark zugenommen hat. Viele breiten sich durch Ausläufer aus und haben aufrechte oder häufiger niederliegende Triebe mit paarweise angeordneten, kleinen, gezähnten, herzförmigen bis fadenartig schmalen Blättern. Die schlanken Triebe tragen endständige Trauben aus 1,5–2 cm großen, fünfzipfligen Blüten mit weiter Öffnung und 2 nach hinten gerichteten Spornen. An der Basis der beiden oberen Zipfel befinden sich 2 gelbe »Fenster«. *Diascia* wird oft mit *Nemesia* verwechselt, deren Blüten jedoch nur einen Sporn haben. Die meisten Arten tragen Blüten in kräftigen Rosatönen, Sorten sind auch mit Blüten in Lilarosa, sattem Rot, Lachsrosa und Weiß erhältlich.

Der Wert der Pflanze liegt vor allem in der langen Blühsaison. Außerhalb ihres natürlichen Lebensraums bildet sie selten Samen aus, weil die langbeinigen Bienen als natürliche Bestäuber fehlen. Dadurch wird die Blüte verlängert. Jährlich werden neue Sorten eingeführt, die häufig die Blüten dicht über dem Laub tragen an langen Stängeln. Viele der bekannten Sorten wurden von dem Liebhaber und Amateur Hector Harrison im englischen Humberside gezüchtet. Ihm ist auch die große Bandbreite der Blütenfarben zu verdanken.

KULTUR Relativ kurzlebig, wird darum oft als Sommer-Kübelpflanze kultiviert. Als Staude bevorzugt sie Sonne und einen nahrhaften, gut durchlässigen Boden. Gedeiht auch im Halbschatten. In durchlässigem Boden überlebt *Diascia* einige Minusgrade, allerdings sehen die Pflanzen bei Kälte oft kümmerlich aus. Junge, wüchsige Pflanzen sind am ansehnlichsten. Am Ende der Blütezeit lassen sich viele durch Rückschnitt und Extraversorgung mit Dünger und Wasser zu neuer Blütenbildung anregen. Die Winterhärte ist unterschiedlich (siehe *Diascia in Beeten und Ampeln*).

VERMEHRUNG Arten können aus Samen gezogen werden, sofern diese erhältlich sind. Sorten werden durch kurze, im Frühling oder Sommer

LINKS **1** *Diascia barbarae* 'Blackthorn Apricot' **2** *D.* Coral Belle
3 *D.* Ice Cracker **4** *D. rigescens*

DIASCIA IN BEETEN UND AMPELN

Als mit dem Erscheinen von 'Ruby Field' in den 1970er-Jahren Diascien bekannt wurden, betrachtete man sie zunächst als bedingt winterharte Stauden. Auch bei Tests im Versuchsgarten der RHS in Wisley im Jahre 1995 wurden sie als Beetstauden behandelt.

Heute dagegen sind sie vor allem als Kübelpflanzen beliebt, und Serien wie Sun Chimes wurden speziell für diesen Zweck entwickelt. Versierte Hobbygärtner setzen diese eigentlich für Kübel gezüchteten Pflanzen aber auch ins Beet. Die niedrigeren Formen eignen sich gut für den Beetvordergrund und fallen hübsch über Steinkanten. Über-

hängende Arten können auch über eine niedrige Mauer fallen.

In kühleren Gegenden sind viele Sorten aber recht kurzlebig. *D. barberae, D. fetcaniensis* und *D. integerrima* scheinen die frosttolerantesten Arten zu sein, 'Appleby Apricot', Ice Cracker und 'Ruby Field' die winterhärtesten Sorten. Kalte, nasse Winter vertragen sie jedoch ebenso wenig wie Störungen oder Teilung spät in der Saison. Auch das Mikroklima im Garten hat beträchtlichen Einfluss auf das Gedeihen. Experimentieren Sie mit allen, aber nehmen Sie von Ihren Lieblingssorten spät in der Saison Stecklinge und sorgen Sie für Winterschutz.

geschnittene Stecklinge der jungen Triebe vermehrt.

PROBLEME Schnecken. Blattläuse können junge Triebe befallen.

D. barbarae Niedrige, dichte Matten, meist mit dünnen, drahtigen, niederliegenden Trieben, deren Spitzen sich aufrichten. Auf nährstoffarmem, trockenem Boden oft aufrechterer Wuchs. Die Stängel tragen Paare ovaler Blätter und im Sommer endständige Blüten in dunklem Lachsrosa mit 2 dunklen Drüsen und kurzen Spornen. Oft folgt eine zweite Blüte später im Jahr. Aus Samen gezogene Sorten werden normalerweise als winterharte Einjährige kultiviert. Aus Südafrika. ‡20 cm. Z8 **'Belmore Beauty'** Blätter mit breitem, gelbem Rand. Ein Sport von 'Ruby Field'. ‡25 cm. **'Blackthorn Apricot'** ♀ Zierliche Blüten in hellem Orange. Winterhärter als die ähnliche 'Hopley's Apricot' (unten). Ein Sport von 'Ruby Field'. ‡25 cm. **'Fisher's Flora'** ♀ Dunkelrosa, dunkler als 'Ruby Field'. ‡30 cm. **'Hopley's Apricot'** Hell-aprikosenfarbene Blüten. Gezüchtet in Neuseeland von Hokonui Alpines und in England ursprünglich eingeführt als 'Apricot'. Wurde zur Zucht besserer Sorten wie *D.* 'Joyce's Choice' verwendet. ‡30 cm (12 cm). **'Katherine Sharman'** Korallenrote Blüten und gräuliche Blätter mit weißem Rand. Nicht sehr wüchsig, neigt zum Vergrünen. Ein Sport von 'Ruby Field'. **'Ruby Field'** ♀ syn. *D.* 'Ruby Field' Intensiv korallenrote Blüten auf drahtigen Stängeln über einer Matte aus Laub. Gezüchtet 1971 von John Kelly und eingeführt durch seine Stanton Alpine Nursery, England. Er gibt an, es handle sich um eine Hybride von *D. barberae* und *D. cordata*, doch es bestehen Zweifel an der wahren Identität der Elternpflanzen, darum scheint sie hier am besten eingeordnet.

D. **Blue Bonnet** ('Hecbon') Die erste *Diascia* mit der Andeutung einer Blautönung. Die rosa Blüten haben einen Graulila-Schimmer, der bei kaltem Wetter stärker ausgeprägt ist. Gezüchtet von Hector Harrison, England. ‡25 cm. Z8

D. **Coral Belle** ('Hecbel') ♀ Breitwüchsige Pflanze mit leuchtend korallen-orangefarbenen Blüten über apfelgrünem Laub. Gezüchtet von Hector Harrison, England. ‡25 cm. Z8

D. **'Dark Eyes'** ♀ Kurze Trauben aus intensiv rosa Blüten. Benannt nach den Schatten im Inneren der Sporne. ‡20 cm. Z8

D. **'Elizabeth'** ♀ Laubpolster mit 15 cm langen Blütentrauben. Blüten in intensivem Rosa mit Violettschimmer. ‡30 cm. Z8

D. **fetcaniensis** Ausläufer bildende Pflanze mit behaarten, ovalen, an der Basis herzförmigen Blättern an dünnen, relativ drahtigen Stängeln. Darüber erscheinen im Sommer lockere Trauben aus rosaroten Blüten mit flach ausgebreiteter Mündung und abwärts gerichteten Spornen. Aus Südafrika und Lesotho. ‡25 cm. Z8

D. **'Frilly'** ♀ Kräftige rosaviolette Blüten in 8 cm großen Trauben. Benannt wegen des gekräuselten Randes der schmalen Petalen. ‡35 cm. Z8

D. **'Hector's Hardy'** ♀ Buschige, Polster bildende Pflanzen mit intensiv rosa Blüten. Eine von Hector Harrisons ersten Hybriden. ‡25 cm. Z8

D. **Ice Cracker** ('Hecrack') Reinweiße Blüten mit einem Hauch von zartem Rosa auf dem unteren Kronblatt. ‡25 cm. Z8

D. **Ice Cream** ('Icepol') Wüchsige, Polster bildende Pflanze mit drahtigen Stängeln und zahlreichen Blüten in hellstem Rosa oder Weiß. ‡30 cm. Z8

D. **Iceberg** ('Hecice') Aufrechte Pflanze mit hohen Stängeln und reinweißen Blüten. Gezüchtet aus *D. integerrima* 'Blush'. ‡30 cm. Z8

D. **integerrima** ♀ Höher als die meisten Arten. Dicht stehende, spärlich gezähnte Blätter. Drahtige Stängel tragen endständige, konische Trauben aus Blüten in intensivem Rosa. Die Blüte setzt recht spät im Sommer ein. Eine der winterhärtesten Arten. Breitet sich mit unterirdischen Trieben aus und bildet oft mehrjährige Polster. Aus Südafrika. ‡45 cm. Z8 **'Blush'** Blüten in hellstem Rosa.

D. **'Jacqueline's Joy'** Die buschige Pflanze trägt den ganzen Sommer lang altrosa Blüten auf langen Stängeln. ‡25 cm. Z8

D. 'Joyce's Choice' ♀ Hell-apricot-farbene Blüten stehen von Mai an den ganzen Sommer lang auf drahtigen Stängeln über einem Laubpolster. Eine Hybride von *D.* 'Salmon Supreme' und *D. barberae* 'Hopley's Apricot'. ↕ 30 cm. Z8

D. 'Lady Valerie' ♀ Große, zart-apricotfarbene Blüten mit langen, dunkleren Spornen stehen auf drahtigen Stängeln über Matten aus hellgrünen Blättern. Die Blüte setzt im Juli ein, einen Monat nach 'Joyce's Choice', ist aber besser in der Farbe. Eine Kreuzung von 'Salmon Supreme' und *D. barberae* 'Hopley's Apricot'. ↕ 25 cm. Z8

D. 'Lilac Belle' ♀ Die erste Sorte in Rosaviolett. Auffällige Blüten mit großem unterem Petalum, winzigen oberen und flügelartigen seitlichen Petalen. Gezüchtet aus der kleinblütigen, selten kultivierten und recht staksigen *D. stachyoides* mit ihren einzigartigen Blüten in Altrosa sowie *D. barberae* 'Ruby Field'. ↕ 22 cm. Z8

D. 'Lilac Mist' ♀ Dichte Trauben aus kleinen rosavioletten Blüten, die im Spätsommer am schönsten sind. Sie vereinen die Farbe von 'Lilac Belle' mit der Höhe von *D. rigescens*. ↕ 40 cm. Z8

D. Little Dancer ('Pendan') Sehr zahlreiche, leuchtend rosa Blüten mit dunklerem Auge und helleren Zipfeln über dunkelgrünen Blättern. ↕ 25 cm. Z8

D. Pink Panther ('Penther') Zahlreiche Blüten in hellem, klarem Rosa mit dunklerem Auge über dunkelgrünen Blättern. ↕ 25 cm. Z8

D. Red Ace ('Hecrace') Zahlreiche leuchtend rote Blüten über dunkelgrünem Laub. Ungewöhnlich wüchsig, daher ein guter Bodendecker. Eine der schönsten Sorten von Hector Harrison, England. ↕ 25 cm. Z8

D. Redstart ('Hecstart') Große orangerote Blüten mit vorstehenden goldgelben Staubgefäßen erscheinen von Mai an bis in den Herbst über apfelgrünem Laub. ↕ 25 cm. Z8

D. rigescens ♀ Aus kriechenden Wurzeln erheben sich verzweigte, manchmal überhängende Stängel, die dicht mit ungestielten, gezähnten, herzförmigen Blättern besetzt sind. Sie tragen endständige aufrechte Trauben mit 2 cm großen rosa Blüten unterhalb von dicht gedrängten Knospen. Kann kurzlebig sein. Eine der auffälligsten Arten, die im Spätsommer am schönsten aussieht. Aus Südafrika. ↕ 45 cm. Z8

D. 'Ruby Field' siehe *D. barbarae* 'Ruby Field'

D. 'Rupert Lambert' ♀ Intensiv rosa Blüten in 15 cm großen Trauben öffnen sich ab Juni. Eine Hybride von *D. integerrima*, entdeckt als Sämling in den Royal Botanic Gardens, Kew, England. ↕ 40 cm. Z8

D. 'Salmon Supreme' Sehr niedrig. Apricotfarbene Blüten mit einigen dunklen Sprenkeln auf den oberen Zipfeln. Dies war die erste apricotfarbene

Sorte von Hector Harrison, England. Sie war jahrelang beliebt, wurde jedoch von der besseren 'Joyce's Choice' verdrängt. Eine Hybride von *D. barberae* 'Ruby Field' und *D. stachyoides*. ↕ 15 cm. Z8

D. Sun-Chimes-Serie Wüchsige, sich ausbreitende, reich blühende Pflanzen in einer wachsenden Zahl von Blütenfarben von Rot und Rosa über Lavendel und Apricot bis Weiß. Gezüchtet von Graham Brown in New South Wales, Australien. ↕ 45 cm. Z8

D. 'Twinkle' ♀ Dichte Trauben aus rosalila Blüten mit einem Hauch Violett öffnen sich ab Mai den ganzen Sommer lang. Gezüchtet aus 'Lilac Belle'. ↕ 30 cm. Z8

D. vigilis ♀ Große Matten bildende Stauden mit fleischigen, ovalen, tief gezähnten Blättern. Darüber erheben sich Trauben 2,5 cm großer Blüten in Rosa mit violett gesprenkelter Spitze des unteren Petalums, hellen Spornen und weißen »Fenstern«. Eine der winterhärtesten Arten. Blüht den ganzen Sommer lang bis in den Herbst. Aus Südafrika und Lesotho. ↕ 30 cm. Z8

'Jack Elliott' Größere Blüten. Gefunden in den Drakensburg Mountains in Südafrika.

D. Wink-Serie Kompakte Pflanzen, die dichte Polster bilden. Die aufrechten Stängel tragen dunkelgrüne Blätter und Blüten in Korallenrot, Lachsrosa, Erdbeerrot und anderen Tönen. ↕ 25 cm. Z8

D. Whisper-Serie Reich blühende, wüchsige Pflanzen, die denen der Wink-Serie ähneln, aber weichere Triebe haben. Blüten in Rot, Lilarosa, Weiß und anderen Farben. Gezüchtet für Ampeln, aber auch hübsch über Mauern hängend. ↕ 25 cm. Z8

DICENTRA
Tränendes Herz, Herzblume
PAPAVERACEAE

Mit ihren eleganten Blättern und den gebogenen Trieben voller herzförmiger Blüten schmücken diese Pflanzen den Frühlingsgarten besonders an schattigen Standorten.

Die Gattung umfasst rund 20 Arten winterharter Einjähriger und Laub abwerfender Stauden, die vorwiegend an feuchten Standorten in Wäldern und Gebirgen Nordamerikas und Asiens vorkommen. Viele werden in Beeten und Gehölzgärten geschätzt, und die wüchsigeren Sorten eignen sich gut als Bodendecker unter Sträuchern. Die Staudenformen haben Rhizome, Knollen oder dicke, fleischige, kordelartige Wurzeln. Das häufig fein geteilte Laub bildet einen hübschen Hintergrund für die hängenden Blüten in verschiedenen Rot-, Rosa- und Violetttönen und in Gelb und Weiß. Alle Pflanzenteile sind schwach giftig, das Laub kann bei empfindlichen Personen allergische Reaktionen auslösen. ⚠

KULTUR Die Pflanzen gedeihen in nahrhaftem, feuchtem, neutralem bis schwach alkalischem Boden mit hohem Humusanteil. Die meisten bevorzugen Halbschatten. Junge Triebe sind durch Frost gefährdet, darum ist ein geschützter Standort sinnvoll. Viele Herzblumen säen sich selbst aus, doch die Sämlinge sind variabel und sollten ausgezupft werden. Alternativ welke Blüten vor der Samenbildung ausputzen.

WALDSCHÖNHEITEN

DIE ELEGANT GEBOGENEN Blütenstände der schneeweißen *Dicentra spectabilis* 'Alba' leuchten über den frischgrünen Stängeln im lichten Schatten besonders schön. Bäume und Sträucher in der Nähe schützen vor späten Frösten, die die empfindlichen jungen Triebe schädigen könnten. Hier schweben die Blüten der *Dicentra* über *Disporum uniflorum*, das sich langsam unter der *Dicentra* ausbreitet und an den Triebspitzen gelbe Röhrenblüten trägt. Im Vordergrund sind einige blaue Blüten der *Brunnera macrophylla* zu sehen. Später bilden deren große, raue Blätter einen interessanten Kontrast zum fein geschnittenen Laub des Tränenden Herzen und zum glänzenden Feenglöckchen. Jährliches Mulchen mit unkrautfreiem Kompost hält alle drei gesund.

VERMEHRUNG Teilung im zeitigen Frühjahr, im Herbst oder nach dem Einziehen des Laubs im Sommer. Stecklinge von *D. spectabilis* im Winter schneiden und ins kalte Frühbeet pflanzen. Die Art kann gleich nach der Samenreife bei 10°C ausgesät werden.

PROBLEME Schneckenfraß am jungen Laub im Frühling.

D. 'Adrian Bloom' Aus kriechenden Rhizomen erheben sich Gruppen graugrüner, bis 50 cm langer Blätter. Über diesen erscheinen im Mai und oft nochmals im September 3 cm lange, intensiv karminrote Blüten. Entstanden als Sämling von 'Bountiful' in Alan Bloom's Garten in Bressingham im englischen Norfolk und nach seinem Sohn benannt. Schön für Beete und Gehölzgärten. ↕ 38 cm. Z5

D. 'Bacchanal' ♀ Rhizompflanze mit 2 cm langen, graugrünen, gelappten Blättern und bis 2,5 cm langen karminroten Blüten im April und Mai. Wahrscheinlich die Sorte mit den dunkelsten Blüten. ↕ 45 cm. Z5

D. 'Boothman's Variety' siehe *D.* 'Stuart Boothman'

D. 'Bountiful' Breitet sich mit fleischigen Rhizomen aus und trägt fein geteilte graugrüne Blätter bis 50 cm Länge. Dunkel-rosarote Blüten von etwa 2,5 cm Länge öffnen sich im Mai und Juni und nochmals im September. Gedeiht nur auf gutem Boden optimal. ↕ 30 cm. Z5

D. canadensis (Kanadische Herzblume) Aus fadenartigen Rhizomen mit zahlreichen kleinen gelben Knöllchen erheben sich fein geschnittene, annähernd dreieckige grüne Blätter mit leichtem Graustich, die bis 30 cm lang werden. Im April und Mai erscheinen duftende, 2,5 cm lange Blüten in Weiß mit einem Hauch Altrosa. Am besten in eine geschützte Ecke mit neutralem bis leicht saurem Boden pflanzen. Aus feuchten Wäldern Nordamerikas. ↕ 30 cm. Z5

D. cucullaria (Kapuzen-Herzblume) Kompakte, Gruppen bildende Pflanze mit knolligen Wurzeln und tief gelappten oder geschnittenen, blaugrünen Blättern bis 25 cm Länge. Darüber erheben sich im März und April Blütenstände aus bis 2 cm langen, weißen Blüten mit gelber Spitze. Benötigt kieshaltigen, durchlässigen, aber humusreichen Boden im Halbschatten. Zieht bald nach der Blüte das Laub ein und sollte während der Sommerruhe trocken gehalten werden. Kann in der Natur erstaunlich widerstandsfähig sein. Aus dem Osten Nordamerikas (Nova Scotia bis North Carolina und Kansas). ↕ 20 cm. Z5

D. eximia (Zwerg-Herzblume) Eine ausgezeichnete Pflanze mit fleischigen Rhizomen und dichten Gruppen aus graugrünen, petersilienähnlichen Blättern bis 50 cm Länge. Gedrungene Rispen aus magentafarbenen, 3 cm langen Blüten erscheinen im Mai und in geringerer Zahl nochmals im September. Blüht in kühlen Sommern am besten. Wird häufig mit *D. formosa* verwechselt (siehe *Welche ist es?*). Aus den Bergen der östlichen USA. ↕ 60 cm. Z5
'Snowdrift' Reinweiße Blüten, hellgraugrünes Laub. ↕ 30 cm.

D. formosa (Kleines Tränendes Herz) Ähnelt stark *D. eximia* (siehe *Welche ist es?*), trägt aber im Mai und Juni kürzere Blüten (bis 2,5 cm). Sät sich oft großzügig aus. Aus dem Westen Nordamerikas. ↕ 45 cm. Z5 *alba* Weiße Blüten. **'Aurora'** Große weiße Blüten. **subsp. *formosa*** Blätter auf der Unterseite, selten auf der Oberseite, grau. Blüten rosa-violett, selten weiß. Aus Washington, Oregon und Kalifornien, USA. **subsp. *oregana*** Blattober- und unterseiten grau. Cremefarbene, manchmal hellgelbe Blüten mit rosa Spitzen. Wächst wild nur in 2 kleinen Gebieten in Oregon und Kalifornien, USA.

D. 'King of Hearts' Ungewöhnlich blaugrüne Blätter bis 30 cm Länge bilden einen wunderbaren Hintergrund für die dunkel-rosaroten Blüten von 2,5 cm Länge, die von April oder Mai bis Oktober erscheinen. Eine robuste,

kompakte und begehrte Hybride aus der relativ empfindlichen *D. peregrina* aus Japan und einer Hybride der beiden amerikanischen Arten *D. formosa* subsp. *oregana* und *D. eximia*. ↕ 25 cm. Z5

D. 'Langtrees' ♀ Wüchsige, ausladende Rhizompflanze mit silbergrauen, gelappten Blättern bis 30 cm Länge. Trägt von April bis Juni oder Anfang Juli 2 cm lange, weiße, rosa überhauchte Blüten. Angeblich ein späterer Name für 'Pearl Drops', der sie tatsächlich sehr ähnlich ist. ↕ 30 cm. Z5

D. 'Luxuriant' ♀ Ausladende Pflanze mit frischgrünen, farnartigen, bis 30 cm langen Blättern und 2,5 cm langen, roten Blüten von April bis Juni oder Juli. ↕ 30 cm. Z5

D. macrantha Ausladende Pflanze mit farnartigen, hellgrünen bis blass-gelbgrünen Blättern. Schmale, 8 cm lange Blüten in gelblichem Cremeweiß hängen im Mai an den Stängeln. Sehr empfindlich gegen Frost und scharfen Wind im Frühling. Aus Ostchina. ↕ 60 cm. Z5

D. macrocapnos Ungewöhnliche Kletterpflanze für Mauern und Zäune, auch gut geeignet, um sie durch einen großen Strauch wachsen zu lassen. Trägt zartes, farnartiges Laub und von Juni bis September Gruppen 2,5 cm langer, leuchtend gelber Blüten, die mit dem Alter braun werden. Relativ neu eingeführte Art aus Nepal. Braucht Schutz. ↕ 3 m oder mehr. Z5

D. 'Pearl Drops' Rhizompflanze, die sich recht stark ausbreitet und stattliche, gelappte, bis 30 cm lange Blätter in Blaugrau trägt. Von April bis Juni oder Juli erscheinen 1 cm lange Blüten in Weiß mit einem Hauch Rosa. ↕ 30 cm. Z5

D. scandens syn. *D. thalictrifolia* Kletterpflanze für geschützte Mauern und Zäune mit tief gelappten, bis 35 cm langen Ranken und einigen Halteranken. Gelbe oder seltener weiße, 2,5 cm lange Blüten, manchmal mit rosa oder rosalila Spitzen, erscheinen von April bis Oktober. Aus dem Himalaja. ↕ 3–4 m. Z5 **'Athens Yellow'** Blüten kräftiger gelb. Extrem reich blühend und wüchsiger.

D. Snowflakes ('Fusd') Frischgrüne, sehr fein geschnittene Blätter bilden einen ausgezeichneten Hintergrund für die schneeweißen, 2,5 cm langen Blüten, die im Mai und Juni erscheinen. Schöne Pflanze in kühlen Farben, die aber unangenehm wüchsig sein kann. ↕ 25 cm. Z5

D. spectabilis ♀ (Tränendes Herz) Die elegante Pflanze bildet dichte Gruppen aus hellgrünen, bis 40 cm langen Blättern mit eingeschnittenen oder gelappten Fiederblättchen. Früh in der Saison erheben sich im Mai und Juni hohe, relativ fleischige, gebogene Stängel mit hängenden Blüten. Die äußeren Blütenblätter sind rosarot bis rosalila, die inneren weiß. Stark gefährdet durch Frühlingsfröste, verträgt aber in feuchtem, nahrhaftem,

WELCHE IST ES?

Die beiden nordamerikanischen Arten *Dicentra eximia* und *D. formosa* sind einander sehr ähnlich und werden oft verwechselt.

Das natürliche Vorkommen von *Dicentra eximia* beschränkt sich auf die östlichen Gebiete der USA, hauptsächlich die Appalachen von North Carolina und Tennessee bis Maryland sowie einige Regionen in Pennsylvania und New Jersey. Pflanzen dieser Art in anderen Gebieten sind höchstwahrscheinlich aus Gärten verwildert oder falsch identifiziert.

D. formosa und ihre beiden Unterarten kommen ausschließlich im Westen Nordamerikas vor.

D. formosa subsp. *formosa* wächst zwischen Vancouver Island und British Columbia im Norden über die Cascade Mountains und Coast Ranges bis zur Sierra Nevada und nach Kalifornien. Ferner gibt es eine Rasse mit doppelter Chromosomenzahl, die von den Cascade

Mountains in Oregon über die Coast Ranges bis nach Zentralkalifornien anzutreffen ist. Die Blüten beider Rassen unterscheiden sich in Größe, Form und Farbe.

D. formosa subsp. *oregana* kommt ausschließlich in vier Landkreisen an der Grenze zwischen Kalifornien und Oregon vor.

Auch die beiden Arten unterscheiden sich in der Blütenform, vor allem in der Größe der zurückgebogenen Zipfel der äußeren Petalen. Bei *D. eximia* sind sie 4–8 mm lang, bei *D. formosa* nur 2–5 mm.

Das mag alles sehr spitzfindig klingen, doch die Ähnlichkeit der beiden Arten hat viele Fehlbestimmungen und Verwechslungen nach sich gezogen, die deshalb problematisch sind, weil es hinsichtlich der Standortansprüche im Garten gravierende Unterschiede gibt. *D. formosa* verträgt heiß-feuchte Sommer schlechter, dafür aber Trockenheit besser, neigt aber zur aggressiven Ausbreitung.

durchlässigem Boden Sonne. Die fleischigen, gekrümmten Wurzeln lassen sich schlecht teilen. Aus Nordchina, Korea und Sibirien. ↕ 1,2 m. Z5 **'Alba'** ♀ Reinweiße Blüten bis Juli. **'Gold Heart'** Gelbes Laub und hellrosa Blüten.

D. 'Spring Morning' Breitet sich mit Rhizomen aus und bildet Gruppen aus mittel- bis dunkelgrünen, farnartigen Blättern bis 50 cm Länge. Trägt im August und September 3 cm lange Blüten in hellem Rosa. ↕ 30 cm. Z5

D. 'Stuart Boothman' ♀ syn. *D.* 'Boothman's Variety' Breitet sich mit Rhizomen kräftig aus. Eine ausgezeichnete Sorte mit farnartigen, blaugrünen Blättern bis 20 cm Länge, die einen schönen Kontrast zu den dunkelrosa Blüten von 2,5 cm Länge bilden, die von April bis Juni oder Juli erscheinen. Pflanzen mit dunkleren Blüten werden unter dem wahrscheinlich ungültigen Namen 'Dark Stuart Boothman' geführt. 'Boothman's Variety' ist angeblich heller, doch das weist nur darauf hin, dass sich die Pflanze reichlich aussät und variable Sämlinge hervorbringt. ↕ 30 cm. Z5

D. thalictrifolia siehe *D. scandens*

DICLIPTERA
ACANTHACEAE

Pflanzen dieser Gattung haben ungewöhnliche Blätter und Blüten, sie verleihen dem Garten eine besondere Note, sollten aber geschützt stehen.

Die etwa 150 Arten von Kletterpflanzen, Sträuchern, Stauden und Einjährigen sind in den Tropen und den warm-gemäßigten Zonen zu finden. Kultiviert werden sie meist nur als Topf- und Kübelpflanzen im Gewächshaus, Wintergarten oder in der Wohnung. Alle haben sechseckige Stängel mit gegenständigen Paaren ungezähnter, oft samtiger Blätter und endständigen Büscheln von langen, schlanken, zweilippigen Blüten.

KULTUR Benötigt nahrhaften, durchlässigen, aber nicht zu trockenen Boden an einem sonnigen oder halbschattigen Platz. In kalten Regionen am besten frostfrei überwintern.

VERMEHRUNG Durch Stecklinge jederzeit zwischen Frühling und Spätsommer vermehrbar.

PROBLEME Keine.

D. suberecta Halbaufrechte Staude mit verholzender Basis und schlanken, samtig grauen Stängeln, die Paare ebenso flaumiger, ovaler, grüner Blätter bis 7 cm Länge tragen. Im Sommer und Herbst erscheinen an den Triebenden und in den oberen Blattachseln längliche Büschel aus 3–3,5 cm großen, ziegelroten Blüten. Aus Uruguay. ↕ 30–50 cm. Z9

DICTAMNUS
Diptam, Brennender Busch
RUTACEAE

Diptam ist eine attraktive, beeindruckende Pflanze für ein sonniges Beet, der man verblüffende Eigenschaften nachsagt.

Die einzige Art der Gattung kommt in verschiedenen Lebensräumen von Südeuropa bis China und Korea vor und bildet große, langlebige Gruppen. Aus kräftigen Wurzeln erheben sich Stängel, die an der Basis verholzen und duftende Blätter tragen. Im Frühsommer erscheinen endständige, stattliche Trauben aus dorsiventralen Blüten. Der volkstümliche Name bezieht sich auf ein flüchtiges, ätherisches Öl, das in Blüten und Früchten enthalten ist und das man theoretisch an einem windstillen Abend entzünden könnte, ohne die Pflanze zu schädigen. In der Praxis funktioniert es allerdings selten. Das Öl kann bei empfindlichen Personen Kontaktallergien und Photodermatitis verursachen. Bei Verzehr wirken alle Teile der Pflanze schwach giftig. ⚠

KULTUR Gedeiht in durchlässigem, nahrhaftem Boden in der Sonne. Die Pflanzen brauchen einige Jahre, um sich zu etablieren.

VERMEHRUNG Aussaat nach der Samenreife im Herbst im Freiland.

Die Keimung erfolgt unregelmäßig und kann bis zu 18 Monate dauern. Teilung ist möglich, aber die Pflanzen wachsen nur sehr zögerlich an. Auch Wurzelstecklinge können verwendet werden, jedoch erholt sich die Mutterpflanze nur selten. Wäre die Vermehrung einfacher, würde diese Pflanze sicherlich häufiger kultiviert.

PROBLEME Keine.

D. albus (Diptam, Brennender Busch) Straff aufrechte Pflanze mit glänzenden, aus bis zu 11 Fiederblättchen bestehenden Blättern, die paarweise an einer leicht abgeflachten Mittelrippe angeordnet sind. Reibt man sie, sondern sie einen kräftigen Zitrusduft ab. Im Frühsommer öffnen sich endständige Rispen aus weißen Blüten mit 5 Petalen, deren unteres abwärts gebogen ist und die aufwärts gekrümmten Staubgefäße sehen lässt. Ihnen folgen sternförmige Kapselfrüchte, die bis in den Herbst halten und als Winter-Raumschmuck verwendet werden können. Die Pflanzen müssen selten gestützt werden. ↕ 1,2 m. Z3 **var. *purpureus*** syn. *D. fraxinella* Blüten in Rosa bis Altrosa mit dunklerer Aderung.

D. fraxinella siehe *D. albus* var. *purpureus*.

DIERAMA
Trichterschwertel
IRIDACEAE

Diese hübsche, zunehmend beliebte, sonnenhungrige Pflanze besticht durch ihre wunderschön »tanzenden« Blütenähren.

Etwa 44 immergrüne Arten wachsen in feuchtem Grasland vom Meeresspiegel bis in etwa 3000 m Höhe in der Kapregion und Kwazulu-Natal, im Gebiet nordöstlich von Pretoria sowie in Zaire, Uganda, Kenia und Malawi. Aus Knollen, die sich – ähnlich wie bei Montbretien – von Jahr zu Jahr kettenähnlich verlängern, erheben sich grasartige Horste aus langen, schmalen, harten Blättern. Sie sind graugrün, 1–2 m lang und hängen oft bogig über.

Im Sommer erscheinen elegante Blütenstände mit locker herabhängenden, zierlichen, glockenförmigen Blüten, die meist von papierartigen Brakteen geschützt sind. Die Blüten sind recht kurzlebig, erscheinen aber in beträchtlicher Zahl fortlaufend im Hoch- und Spätsommer. Sie sind meist violett, klar- oder altrosa, manchmal auch dunkelrot und weiß. Selbst gelbe Arten wurden beschrieben. Nach dem Welken entwickeln sich ebenfalls hängende Kapseln, die hübsch aussehen, bis die Samen ausgeschüttet werden.

In Gärtnereien und Gartencentern sieht man oft falsch benannte Pflanzen. Auch die Benennung der Wildformen ist nicht immer exakt,

weil viele einander ähneln und weil
verwirrende Varianten auftreten.
So bilden Arten mit normalerweise hängenden Blüten gelegentlich
Exemplare mit aufrechten Blüten.

KULTUR Trichterschwertel sind leicht
zu kultivieren, aber anspruchsvoll.
Das klingt widersprüchlich. Letztlich
brauchen sie aber kaum Zuwendung, wenn ihre Grundbedürfnisse
befriedigt sind. Die meisten sind,
nachdem sie sich etabliert haben,
recht frosttolerant. Staunässen, gefro-
renen Boden überleben sie aber
nicht. Im Sommer brauchen sie
reichlich Wasser, im Winter werden
sie trockener gehalten. Ideal ist ein
nahrhafter, gut durchlässiger Boden.
Bei der Pflanzung im Frühling sollte
Sand und gut verrotteter Stallmist
tief in den Boden eingearbeitet
werden. Die Pflanzen wachsen wild
an offenen, sonnigen Standorten
und brauchen im Garten ähnliche
Bedingungen. Alte Blätter sollten im
Frühling abgeschnitten (nicht abge-
rissen) werden.

Besonders schön sehen Trichterschwertel in Gruppen im Beetvordergrund aus, sie passen aber auch
zu Gräsern im Kiesgarten. Auch am
Wasser machen sie sich gut, sofern
der Boden im Winter nicht zu nass
ist. Weil sie tief wurzeln, gedeihen sie
in Töpfen und Kübeln nur schlecht.

VERMEHRUNG Vermehrung Aussaat
oder Teilung. Gelegentlich werden
trockene Knollen angeboten, die man
aber meiden sollte, weil sie selten
anwachsen. Sämlinge sind in der Farbe unberechenbar und es dauert etwa
drei Jahre, bis sie Blühreife erreichen.
Sorten und gute Sämlinge vermehrt
man am besten durch Teilung im
Frühling, was aber nicht ganz einfach
ist, weil die Gruppen tief wurzeln
und Störungen übel nehmen.

PROBLEME Keine.

D. 'Candy Stripe' Auffällige Blüten mit
Streifen in Rosa und Pink. Eine Hybride
von *D. pulcherrimum*. ↕ 1,5 m. Z7

D. cooperi Aus kleinen Gruppen von
70 cm langen Blättern erheben sich
wesentlich höhere, meist einzelne Blütenstängel, an deren Enden zierliche
Blüten in kräftigem Rosa oder seltener
Weiß herabhängen. Aus den südafrikanischen Provinzen Free State und Kwazulu-Natal. ↕ 1,5–2 m. Z8

D. dracomontanum Die bekannteste
Gartenart der Gattung. Sie ist leicht zu
kultivieren und breitet sich gut aus. Als
eine der niedrigeren Arten bildet sie
große, dichte Gruppen aus grasartigen
Blättern von 30–60 cm Länge. Die
nickenden, offenen Blüten variieren
in der Farbe von Altrosa über Rosarot
und Korallenrosa bis nahezu Rot. Aus
den Südafrikanischen Drakensbergen in
Höhen bis 2800 m. ↕ 1 m. Z7 **Wisley-
Princess-Gruppe** Kompakte Pflanzen
mit Blüten in matten Rosatönen.
Gehört der Bicentenary Plant Collection von 2004 der Royal Horticultural
Society an. ↕ 60 cm.

D. galpinii Über Gruppen aus bis 1 m
langen Blättern erheben sich Blütenstände mit dicht stehenden, leuchtend
magentafarbenen Blüten. Die Blüten
sind – ungewöhnlich für diese Gattung – aufwärts gerichtet. Aus dem
Gebiet östlich von Pretoria und Kwazulu-Natal, Südafrika. ↕ 1,5 m. Z8

D. 'Guinevere' Sehr schöne Hybride
mit reinweißen Blüten, die zwischen
Juni und August elegant über dem
Laub schweben. Gedeiht manch-
mal auch an feuchten Standorten.
Gezüchtet von Jim Cave. ↕ 1 m. Z7

D. igneum Bildet kleine Gruppen aus
Blättern von 30–80 cm Länge und
wesentlich höheren Blütenstängeln
mit weit geöffneten Glockenblüten in
kräftigem oder zartem Violett, manchmal Weiß (aber nie Feuerfarben, wie
der Name vermuten lässt). Ähnelt der
häufiger kultivierten *D. pendulum*,
trägt aber mehr Blüten in dichteren
Blütenständen. Heimisch an der südafrikanischen Küste von Kwazulu-Natal
bis zum östlichen Kap in Höhen bis
1500 m. ↕ 1,3 m. Z8

D. 'Knee-high Lavender' Zierliche
Glockenblüten in Lilablau. Hervorgebracht von dem südafrikanischen Züchter Jim Holmes. ↕ 50 cm. Z7

D. 'Lancelot' Große, hängende Glockenblüten in Muschelrosa erscheinen
in großer Zahl an gebogenen Stängeln.
Gezüchtet von Jim Cave. ↕ 1,2 m. Z7

D. latifolium Über relativ breiten
Blättern bis 1,5 m Länge erheben sich
gebogene Blütenstände. Sie tragen
offene Glockenblüten in verschiedenen,
variablen Rosatönen, gelegentlich auch
in dunklem Weinrot. In freier Wildbahn
bildet die Pflanze große Gruppen bis
3 m Durchmesser, im Garten bleibt sie
normalerweise kleiner. Aus Zentral-
Kwazulu-Natal, Südafrika, in Höhen
um 2000 m. ↕ 2,5 m. Z8

D. medium Eine sehr zierliche Art,
deren Blätter kaum größer als Grastuffs
werden. An zarten, gebogenen Stängeln
hängen altrosa Blüten in engen Abständen. Aus feuchten, nahezu sumpfigen
Regionen im Nordosten Südafrikas
und aus Swaziland. ↕ 60 cm. Z7

D. 'Merlin' Eindrucksvolle Sorte mit
gebogenen Stängeln und hängenden
Glockenblüten in wundervollem,
sinnlichem Brombeerviolett, das dem
Schwarz nahe kommt. Von Jim Cave,
England, vermutlich gezüchtet aus *D.
pulcherrimum*. ↕ 1 m. Z7

D. pauciflorum Bildet dichte Gruppen
aus nur 30–40 cm langen Blättern. Die
etwas höheren, gebogenen Blütenstängel sind verzweigt. Jede Verzweigung
trägt 1–3 hängende, rötlich violette
Blüten in offener Sternform. Eine
der kleineren Arten, die man öfter in
Gärten sieht und die wild im östlichen
Simbabwe, in der Region um Pretoria
und in der Provinz Free State (Südafrika) wächst. ↕ 60 cm. Z8

D. pendulum Bildet kleine Gruppen aus
80 cm langen Blättern. Die wesentlich
höheren, eleganten Blütenstängel tragen
rosaviolette Glockenblüten mit ausge-
stellten Kronblattzipfeln. Eine Reihe

anderer Arten werden ebenfalls unter
diesem Namen angeboten. Vom Kap
Südafrikas. ↕ 2 m. Z8

D. 'Puck' Kompakte, aber hübsche
Pflanze mit rosa Blüten. Ähnelt *D. dracomontanum*, ist aber etwas höher und
wüchsiger. Benannt nach einer Figur
aus Shakespeares »Sommernachtstraum«
(siehe *Entwicklung der Dierama*).
↕ 70 cm. Z7

D. pulcherrimum Bildet mit der Zeit
stattliche Gruppen aus fast 1 m langen Blättern, über denen sich hohe
Blütenstände erheben. Die Blüten
sind groß, auffällig röhrenförmig und
hängend und ihre Kronblattzipfel sind
ausgestellt. In der Blütenfarbe sind sie
recht variabel, von hellem Rosa über
Magenta bis zu kräftigem Violett. Die
meistkultivierte *Dierama*-Art. Ausgewachsene Pflanzen blühen im Sommer
einige Wochen lang und sind ein echter
Schmuck für den Garten. ↕ 1,8 m. Z7
var. album Reinweiß. **'Blackbird'**
Hinreißende Blüten in dunkelsten
Violett. Sämlinge in verschiedenen
dunklen (und nicht so dunklen) Farben
wurden unter diesem Namen verkauft,
und möglicherweise wird die Original-

pflanze heute nicht mehr kultiviert (siehe *Entwicklung der Dierama*, S.167). **Slieve-Donard-Hybriden** Korrekt bezieht sich der Name nur auf eine Serie von Sorten, die in den 20er- und 30er-Jahren in der Slieve Donard Nursery, Nordirland, gezüchtet wurden (siehe *Entwicklung der Dierama*). Er wird heute aber häufig fälschlich für verschiedene Sämlinge in gemischten Farben verwendet.

D. reynoldsii Eine schöne Art mit schlanken Blütenständen, die über die fast 1 m langen Blätter aufragen. Die hängenden Glockenblüten in einem dunklen, sinnlichen Weinrot stehen im Kontrast zu den silbrigen, papierartigen Brakteen. Aus Kwazulu-Natal und der östlichen Kapprovinz, Südafrika. ↕ 2 m. Z8

D. robustum Eine hohe, schlanke Art mit Gruppen aus bis 1 m langen Blättern und höheren, aufrechten Blütenständen. Die hängenden Glockenblüten in blassen Farben von nahezu Weiß bis hellem Altrosa sind groß und haben ausgestellte Petalenzipfel. Aus höheren Lagen der Provinzen Free State, Lesotho und der Kapprovinz, Südafrika. ↕ 2 m. Z8

D. trichorhizum Kleine Gruppen aus Blättern von höchstens 30 cm Höhe mit aufrechten, gegabelten Stängeln, die an jedem Ende bis zu 3 nickende Blüten in hellem Altrosa, Rosa oder hellem Violett tragen. Aus den Gebirgen des nordöstlichen Südafrika. ↕ 50 cm. Z7

DIGITALIS
Fingerhut
SCROPHULARIACEAE

Digitalis sind stattliche Pflanzen für konventionelle Beete und lichte Gehölzgärten. Die höheren Arten bieten sich auch als eindrucksvolle Solitärpflanzen an.

Die Gattung umfasst etwa 30 Arten immergrüner Stauden, einiger Zweijähriger und einer strauchigen Pflanze, die in Wäldern und Wiesen in Zentralasien, Nordwest-Afrika und Europa einschließlich der Britischen Inseln heimisch sind.

Alle bilden im ersten Jahr Blattrosetten und blühen im zweiten Jahr. Die Stauden entwickeln sich zu Gruppen grundständiger, länglich-ovaler oder lanzettlicher, manchmal gezähnter Blätter und ebenso geformter, aber kleinerer, wechselständiger Stängelblätter. Die eleganten, einseitigen Blütenstände (Trauben oder Ähren) bestehen aus nickenden, zweilippigen Röhrenblüten in verschiedenen Farben, oft mit gesprenkelter oder gemusterter Innenseite. Die Pflanzen sind meist kurzlebig. ⚠

KULTUR Alle gedeihen in gewöhnlichem Gartenboden. Sie vertragen Halbschatten, wachsen aber besser mit etwas Sonne.

VERMEHRUNG Aussaat. Die langlebigeren Stauden auch durch Basalstecklinge oder vorsichtige Teilung.

DER ZWEIJÄHRIGE FINGERHUT

Auf den bekanntesten Fingerhut, *Digitalis purpurea*, wird hier nicht näher eingegangen, weil er normalerweise nicht als Staude, sondern als Zweijährige angesehen wird. Selbstverständlich ist er eine ausgezeichnete Gartenpflanze und Elternteil vieler schöner Gartensorten wie *D. × mertonensis* und 'John Innes Tetra'.

D. purpurea stirbt normalerweise nach der Blüte ab, was sich aber durch Entfernen der verwelkten Blütenstängel verhindern lässt. Manchmal blüht er dann im folgenden Jahr nochmals. Allerdings ist die Krone im Winter nach der Blüte anfällig für Fäulnis und Infektionen, die vom Ansatz der alten Blütenstängel ausgehen. Darum ist es besser, wenn man die Pflanze sich selbst aussäen lässt oder wenn man jedes Jahr neue Samen kauft.

PROBLEME Keine.

D. ambigua siehe *D. grandiflora*

D. ciliata Eine schöne Art, die relativ langlebige, langsam größer werdende Gruppen aus bis 10 cm langen, lanzettlichen, behaarten Blättern bildet. Die grünen oder violett überhauchten Stängel tragen im Sommer Trauben aus 2 cm langen Blüten in sehr hellem Gelb oder Cremeweiß, die hübscher sind, als die Beschreibung vermuten lässt. Sie stehen waagerechter als bei den meisten anderen Arten. Heimisch nur im Kaukasus. ↕ 40–60 cm. Z7

D. davisiana Über schmalen, fein gezähnten Blättern von 8–12 cm Länge erheben sich im Frühsommer aufrechte, standfeste Stängel mit zahlreichen Blüten von etwa 4 cm Länge. Sie sind hellgelb, orangefarben geadert und haben eine ausgeprägt zungenförmige Unterlippe. Aus Nadelwäldern in der südlichen Türkei. ↕ 50–70 cm. Z8

D. dubia Kurzlebig. Sieht aus wie eine kleinere Version des zweijährigen Fingerhuts *D. purpurea*. Die 5–12 cm langen Blätter haben leicht runzlige Oberseiten und behaarte Unterseiten. 4 cm lange Blüten in Rosarot oder seltener Weiß erscheinen vom Früh- bis Hochsommer in kurzen, lockeren Trauben. Von felsigen Hängen der Balearen. ↕ 30–40 cm. Z8

D. ferruginea (Rostiger Fingerhut) Elegante und stattliche, aber kurzlebige, manchmal nur zweijährige Art. Die 10–20 cm langen Basalblätter sind schmal und länglich, die Stängelblätter noch schmaler. Im Sommer erscheinen dichte Trauben aus 2,5–3,5 cm langen, gelblich bis rötlich braunen Blüten mit dunklerer Aderung auf der Innenseite und einer zungenförmigen Unterlippe, die mit langen weißen Härchen bedeckt ist. Aus Südost-Europa, der Türkei und dem Kaukasus. ↕ 1–1,2 m. Z8 **'Gelber Herold'** Blütenfarbe wie Dijonsenf. **'Gigantea'** Größer, 4 cm lange Blüten. **subsp. *schischkinii*** Kleiner. Blüten 1,8 cm lang.

D. 'Glory of Roundway' Sehr ansprechende Pflanze mit leicht gräulichem Laub, die über eine lange Saison gut verzweigte Blütenstände aus zumeist leicht hängenden, röhrenförmigen Blüten trägt. Die Außenseiten sind kräftig apricot-rosa, die Innenseiten heller und rostbraun gesprenkelt. Steril, aber langlebig und leicht zu teilen. Die kommerzielle Vermehrung ist aber langwierig, darum ist die Sorte leider seltener zu sehen. Eine Hybride zwischen *D. × mertonensis* und *D. lutea* aus der Botanic Nursery, Wiltshire, England. ↕ 1,2 m. Z8

D. grandiflora syn. *D. ambigua* (Großblütiger Fingerhut) Glänzend grüne, schmal-ovale bis lanzettliche Blätter, die am Grund bis 20 cm lang sind, an den Stängeln kürzer. Im Sommer erscheinen lockere Trauben aus 4–5 cm langen, gelben Blüten mit einem Netzwerk brauner Adern auf der Innenseite. Der meistverbreitete und schönste der gelb blühenden Fingerhüte, allerdings recht kurzlebig. Aus Osteuropa bis Südwest-Asien. ↕ 60–80 cm. Z8 **'Carillon'** Sehr kompakt. ↕ 15 cm. **'Temple Bells'** Größere Blüten.

D. 'John Innes Tetra' Die ungewöhnliche Hybride zwischen dem hellen, weißlippigen *D. lanata* und dem gelbblütigen *D. grandiflora* bringt die Charakteristika beider Arten gut in Einklang. Sie hat attraktives, graugrünes Laub unter auffallenden Blütenständen aus gelben, weißlippigen Blüten mit honigbrauner Aderung. Gezüchtet 1926 in England im John Innes Institut. Bildet wegen einer spontanen Chromosomendopplung sortenreine Sämlinge. ↕ 60–90 cm. Z8

D. laevigata Über dunklen Basalblättern mit breiter Spitze erheben sich weiche, manchmal verzweigte Stängel, die locker verteilt gelbe Blüten mit rötlich brauner Aderung und vereinzelten Härchen auf der kontrastfarbig weißen Lippe tragen. Ähnelt *D. ferruginea*, trägt aber weniger Blüten mit schwächer behaarter Unterlippe. Normalerweise kurzlebig. Vom Balkan. ↕ 90 cm. Z8

D. lamarckii Ein sehr schöner Fingerhut mit bis 13 cm langen, riemenförmigen und oft sichelartig gekrümmten Blättern. Im Sommer tragen die klebrigen, flaumigen Stängel lockere Blütenstände aus relativ rundlichen, 2,5–3 cm langen Glockenblüten in Beige mit violetter Aderung auf der Innenseite. Aus der Türkei. ↕ 50–80 cm. Z8

D. lanata (Wolliger Fingerhut) Unverzweigte, oft rötlich violette Stängel tragen dichte Trauben aus weißen oder hellgelben Blüten von 2,5 cm Länge mit längerer, gebogener Unterlippe in Weiß über einer grundständigen Rosette aus länglichen und lanzettlichen Blättern. Eng verwandt mit *D. laevigata* und *D. ferruginea*, trägt jedoch sehr viel hellere Blüten. Aus Osteuropa und der Türkei. ↕ 90–100 cm. Z8

D. lutea (Gelber Fingerhut) Bildet Gruppen aus länglichen bis lanzettlichen, leicht glänzenden, grünen Basalblättern. Kräftige Stängel tragen vom Frühsommer bis zum Hochsommer dichte Trauben aus 2,5 cm langen, hellgelben bis fast weißen Blüten. Eine der langlebigeren Staudenarten aus West- und Mitteleuropa sowie Nordwest-Afrika. ‡ 60–90 cm. Z7 **'Flashing Spire'** Cremeweiß panaschierte Blätter.

D. × mertonensis Eine Hybride zwischen dem rosa blühenden *D. purpurea* und der gelb blühenden Staude *D. grandiflora*. Das Ergebnis ist eine Pflanze, die aussieht wie eine niedrigere Version von *D. purpurea* und große, dichte Blütenstände aus 5–6 cm langen Blüten trägt, deren einzigartiger Farbton vielleicht mit Erdbeersorbet vergleichbar ist. Wegen einer spontanen Chromosomendopplung ist diese ungewöhnliche Hybride fruchtbar (siehe auch *D.* 'John Innes Tetra'). ‡ 70–90 cm. Z8

D. parviflora Schlanke Staude mit lanzettlichen bis länglichen, dunkelgrünen Blättern. Die weiß bereiften Stängel tragen im Sommer schmale, dichte Trauben aus 1–2 cm langen Blüten mit ungewöhnlicher, bräunlich roter Äderung und weißen Härchen. Wächst wild nur in den Gebirgen Spaniens. ‡ 40–60 cm. Z7

D. stewartii Aus unerfindlichen Gründen wurde diese Pflanze von Botanikern nie formell benannt. Eventuell handelt es sich um eine Hybride oder Auslese. Über schmalen, dunkelgrünen, grundständigen Blättern erheben sich Blütenstände aus orangefarbenen Blüten, durch die sie sich von beiden Verwandten unterscheidet. ‡ 90–120 cm. Z8

D. viridiflora Die am wenigsten auffällige Art der Gattung. Sie ist dennoch bezaubernd, weil alle ihre Teile weich filzig sind. Sie bildet Rosetten aus lanzettlichen, 8–17 cm langen Blättern. Die 1,2–1,8 cm langen, grünlich gelben Blüten mit dunklerer Äderung erscheinen vom Früh- bis Hochsommer in dichten Blütenständen an schlanken Stängeln. Eine relativ langlebige Staude vom Balkan. ‡ 60–80 cm. Z7

DIPHYLLEIA
Schirmblatt
BERBERIDACEAE

Mit ihren auffälligen Blättern, den zauberhaft schlichten Blüten und den ungewöhnlichen Früchten ist diese stattliche Pflanze sehr wertvoll für Schattenplätze.

Die 3 Arten dieser Laub abwerfenden Pflanzen sind in Laubwäldern der Berge des östlichen Nordamerika und des nordöstlichen Asien heimisch. Eine ist gelegentlich in Gärten anzutreffen. Verzweigte Rhizome breiten sich langsam aus und tragen große gerundete Blätter. Im Spätfrühling erscheinen an unverzweigten Stängeln direkt über einem Paar kleinerer Blätter (trug)doldige Blütenstände mit reinweißen Blüten. Aus den Blüten entwickeln sich dunkelblaue bereifte Beeren.

KULTUR Bevorzugt einen Standort im Voll- oder Halbschatten mit feuchtem, humusreichem Boden.

VERMEHRUNG Durch Teilung oder Aussaat.

PROBLEME Schnecken können an jungen Trieben Schäden anrichten.

D. cymosa (Schirmblatt) Breitet sich langsam zu einer großen Gruppe aus. Die langstieligen, schildförmigen Blätter mit bis zu 60 cm Durchmesser sind bis fast zum Stielansatz in 2 grob gezähnte Segmente geteilt. Die Stängel tragen 2 kleinere Blätter, über denen im Mai und Juni vielblütige Dolden aus 2 cm großen Blüten in Weiß erscheinen. Aus den Blüten entwickeln sich blaue, bereifte Beeren. Aus Bergwäldern der östlichen USA von Virginia bis Georgia und Tennessee. ‡ 30–60 cm. Z7

DISPOROPSIS
CONVALLARIACEAE

Zur Gattung gehören schattenverträgliche Pflanzen, die einem kleinen Salomonssiegel (*Polygonatum*) oder dem Feenglöckchen (*Disporum*) ähnlich und mit diesen nahe verwandt sind.

Die etwa 5 Arten immergrüner, Kolonien bildender Rhizomstauden sind in Waldgebieten tropischer und subtropischer Regionen Ostasiens von den Philippinen bis nach Südost-China heimisch. Nur eine, *D. pernyi*, wird häufiger kultiviert. Aus kräftigen, verzweigten Rhizomen erheben sich gebogene Stängel mit ovalen oder lanzettlichen immergrünen Blättern.

Die nickenden, grünlichen oder weißen Glockenblüten stehen einzeln oder paarweise in den Achseln der oberen Blätter.

KULTUR Gedeiht in relativ feuchtem, humusreichem Boden im Halbschatten.

VERMEHRUNG Teilung oder Aussaat.

PROBLEME Keine.

D. fuscopicta Ein typisches, knotiges Rhizom trägt hohe, gebogene Stängel mit ovalen oder elliptischen, 10 cm langen Blättern. In den oberen Blattachseln stehen einzeln oder paarweise 1,5–2 cm große cremeweiße Blüten mit violett überhauchter Oberseite. Aus ihnen entwickeln sich violette Beeren. Aus den Bergwäldern des südlichen China. ‡ 40–80 cm. Z7

SYMPHONIE IN GELB

IM FRÜHLING ist Gelb die vorherrschende Farbe, schon deshalb, weil Narzissen in den Gärten meist in dieser Jahreszeit dominieren. Es lohnt sich aber, die Farbe auch später im Jahr einmal auszuprobieren. Im Hadspen Garden im englischen Somerset fällt die Ramblerrose 'Wickwar' über das leuchtend gelbe *Spartium junceum*. Sie sollte jährlich geschnitten werden, damit sie nicht zu groß und dominant wird und damit die Triebe nicht zu weich und schlaff werden. Neben ihr wächst eine zweite Rose, 'Graham Thomas'. Beide sieht man durch einen luftigen Vorhang aus verlässlich mehrjährigem Fingerhut, *Digitalis lutea*, der an aufrechten Stängeln kleine, cremefarbene Glockenblüten trägt. Im Vordergrund neigen sich Kamillen mit gelbem Auge dem Weg zu.

D. pernyi syn. *Polygonatum cyrtonema* Bildet lockere Gruppen aus steifen, gebogenen Stängeln mit dunkelgrün glänzenden, lanzettlichen oder elliptischen Blättern bis 12 cm Länge. Leicht duftende, 1,5 cm lange Glockenblüten öffnen sich im Juni und Juli einzeln oder paarweise in den Blattachseln. Sie sind cremeweiß mit grünen Kronblattspitzen. Aus ihnen entwickeln sich oft dunkel bräunlich violette Beeren. Wird manchmal fälschlich als *Polygonatum cyrtonema* bezeichnet. Von felsigen Standorten in Wäldern und an schattigen Flussufern in Südchina. ↕ 40 cm. Z6

DISPORUM
Feenglöckchen
CONVALLARIACEAE

Ein sehr schönes Laub und zierliche Blüten, aus denen sich meist leuchtend gefärbte, attraktive Beeren entwickeln, zeichnen diese elegante Schattenpflanze aus.

Die Gattung umfasst etwa 20, vielleicht bis 30 Arten von meist Laub abwerfenden Pflanzen, die wild in Wäldern und Dickichten Asiens, vom Himalaja bis China und Japan, aber auch in Nordamerika wachsen. Etwa 8 Arten werden häufiger kultiviert. Sie breiten sich durch Rhizome aus und bilden Gruppen aus gebogenen, meist verzweigten Stängeln mit lanzettlichen bis ovalen Blättern. Im Frühling erscheinen die länglich-glockenförmigen bis schalenförmigen Blüten einzeln oder zu mehreren in den Blattachseln. Sie können weiß, grünlich, gelb, rosa oder mattviolett sein. Aus ihnen entwickeln sich Beeren in Schwarz, Orange oder Rot. Die Pflanzen sind meist leicht zu kultivieren und eignen sich gut für den lichten Schatten unter Sträuchern und kleinen Bäumen oder Lücken zwischen anderen Stauden oder winterharten Farnen. Die amerikanischen Arten werden manchmal der separaten Gattung *Prosartes* zugeordnet, weil es geringfügige Unterschiede in der Genetik und Molekularstruktur gibt.

KULTUR Gedeiht am besten an waldähnlichen Standorten mit Halbschatten und durchlässigem, humusreichem Boden.

VERMEHRUNG Teilung oder Aussaat.

PROBLEME Schneckenfraß an jungen Trieben. Wurzelschäden durch den Gefurchten Dickmaulrüssler.

D. cantoniense syn. *D. pullum* Bildet kompakte Gruppen aus schwach verzweigten, gebogenen Stängeln mit lanzettlichen, bis 12 cm langen Blättern. Im Mai und Juni erscheinen an den Triebspitzen Gruppen aus zu 10 röhrenförmigen, 1,5–2,5 cm langen Blüten in Violett, manchmal auch Cremeweiß oder bräunlichem Rot. Aus ihnen entwickeln sich dunkelrote Beeren. Eine relativ variable Art, die in Wäldern großer Teile Südost-Asiens vom Himalaja bis Südost-China heimisch ist. ↕ 50–120 cm. Z8 **'Aureovariegata'** Blätter mit hell gelblich grünem Zentrum. Cremeweiße, violett überhauchte Blüten. Der Name ist ungültig. ↕ 35 cm.

D. flavens siehe *D. uniflorum*

D. hookeri syn. *Prosartes hookeri* Variable, Gruppen bildende Art mit hohen, gebogenen Stängeln und 14 cm langen, breit lanzettlichen, schmal-spitz zulaufenden Blättern mit herzförmiger Basis. Im Mai oder Juni öffnen sich an den Triebspitzen Gruppen von 2–3 hängenden, grünlich weißen, röhrenförmigen, 1–2 cm langen Blüten, deren Petalenzipfel leicht aufgebogen sind. Ihnen folgen im Herbst orangerote Beeren. Von Waldlichtungen des nordwestlichen Nordamerika. ↕ 30–80 cm. Z6 **var. oreganum** Behaarte Blattunterseiten. Staubgefäße ragen aus den Blüten hervor. Wahrscheinlich keine klare Unterscheidung zur Art.

D. maculatum syn. *Prosartes maculata* Niedrige, Gruppen bildende Pflanze mit gebogenen Stängeln, die ovale, bis 10 cm lange Blätter tragen. Im Mai und Juni öffnen sich schlank glockenförmige, 2 cm lange Blüten in Weiß mit violett gesprenkelten Petalen. Aus ihnen reifen im Frühherbst behaarte Beeren in Gelb bis Orange heran. Aus Wäldern im östlichen Nordamerika. ↕ 30–50 cm. Z4

D. pullum siehe *D. cantoniense*

D. sessile Wüchsige, ausladende Pflanze mit schlank-ovalen, spitz zulaufenden Blättern von 5–15 cm Länge an gebogenen, verzweigten Stängeln. Trägt im Mai und Juni an den Triebspitzen kleine Gruppen aus bis zu 3 jeweils 2,5–3 cm langen, röhrenförmigen

 Disporum uniflorum

Blüten in Cremeweiß mit grün überhauchten Zipfeln. Aus ihnen reifen im Herbst blauschwarze Beeren heran. Obwohl die Pflanze attraktiv ist und schöne Kolonien bildet, wird die grünlaubige Form selten kultiviert. Aus Bergwäldern in Japan und Sachalin. ↕ 30–60 cm. Z4 **'Aureovariegatum'** Cremegelb gestreifte Blätter. Der Name ist ungültig. **'Variegatum'** Blätter mit weißen, gleichmäßig zur Spitze hin verlaufenden Streifen. Es gibt einige andere, relativ ähnlich panaschierte Formen, von denen vermutlich einige unter diesem Namen verkauft werden. ↕ 30–45 cm. **'White Lightning'** Blätter mit hellgelb gestreifter, fast weißer Mitte und schmalem, grünem Rand. Relativ weichtriebig. Manchmal fälschlich unter *D. smithii* geführt. ↕ 30 cm.

D. smithii syn. *Prosartes smithii* Gruppen bildende Staude mit gebogenen, verzweigten, rötlichen Stängeln und ovalen, 5–12 cm langen Blättern mit gewellten Rändern. Im Mai und Juni öffnen sich kleine Gruppen von bis zu 6 schlank glockenförmigen, 3 cm langen Blüten in grünlich Weiß, aus denen sich leuchtend orangefarbene Beeren entwickeln. Aus feuchten Wäldern in Nordamerika. ↕ 30 cm. Z6

D. uniflorum syn. *D. flavens* Aus schlanken, kriechenden Rhizomen erheben sich gebogene, unverzweigte oder verzweigte Stängel mit kurz gestielten elliptischen Blättern. Im April und Mai öffnen sich an den Triebspitzen 1–3 nickende, schlank glockenförmige, hellgelbe Blüten von 2–3 cm Länge. Aus ihnen entwickeln sich längliche, blauschwarze Beeren. In Blüte und Fruchtschmuck eine sehr elegante Pflanze. Aus Wäldern in Nordost-China und Korea. ↕ 30–60 cm. Z4

DODECATHEON
Götterblume
PRIMULACEAE

Götterblumen sind winterharte, sehr elegante Frühlings- oder Frühsommerblüher für feuchte Standorte.

Die Gattung umfasst 14 Arten Laub abwerfender Pflanzen aus Nordamerika (eine auch aus Mexiko), die auf feuchten Wiesen – auch im Hochgebirge – und in Wäldern wachsen. Sie eignen sich gut für Gehölzgärten und Beete, aber auch für Ufer von Teichen und Bachläufen. Sie sind eng verwandt mit der Gattung *Primula* und bilden Rosetten oder Polster aus grundständigen, löffelförmigen oder lanzettlichen Blättern und nickenden Blüten in rundlichen Dolden auf langen, schlanken, unverzweigten Stängeln. Die auffälligen Blüten ähneln denen des Alpenveilchens: Sie haben ähnliche Farben und ebenso zurückgeschlagene Kronblätter. Ein weiteres Merkmal der Blüten sind die langen, kegelförmig zusammenmenstehenden Staubfäden.

KULTUR Bevorzugt feuchten, aber durchlässigen Boden. Braucht während der Wachstumsphase viel Feuchtigkeit, sonst kümmert sie. Der Boden sollte reichlich Humus, vorzugsweise Laubhumus, enthalten. Gedeiht in Sonne oder Halbschatten und legt im Sommer eine Ruhezeit ein, in der einige Arten trocken gehalten werden sollten.

VERMEHRUNG Teilung im zeitigen Frühling. Nur die Arten auch durch Aussaat frisch gereifter Samen im offenen, kalten Frühbeet.

PROBLEME Schneckenfraß an jungen Blättern.

D. amethystinum siehe *D. pulchellum*

D. 'Aphrodite' Große, robuste Sorte für Waldgärten und Gehölzbeete. Sie hat hellgrüne Blätter bis 30 cm Länge und dicke, standfeste Stängel, die im Mai und Juni Dolden aus mehreren, überdurchschnittlich großen, nickenden Blüten in Rosa bis Altrosa tragen. Eine Hybride oder Selektion von *D. meadia*. ↕ 50 cm. Z6

D. dentatum ☿ (Gezähnte Götterblume) Kleine, sehr frostverträgliche Art. Hell- bis mittelgrüne, lanzettliche, bis

8 cm lange Blätter mit gezackten Rändern an langen Stielen. Weiße, 1–2 cm lange Blüten mit auffallenden, dunklen Staubgefäßen erscheinen im Mai in Dolden auf schlanken Stängeln. Bevorzugt feuchten Schatten. Vom Nordwestpazifik bis Arizona, USA, häufig in Gewässernähe. ‡ 20 cm. Z5

D. hendersonii ♀ syn. *D. integrifolium* (Hendersons Götterblume) Relativ wüchsige Pflanze mit fleischigen, dunkelgrünen, länglich-ovalen Blättern bis 6 cm Länge. Im Juni erheben sich kräftige Stängel mit Dolden aus 2,5 cm großen Blüten in Rosalila mit dunklerem Zentrum und einem weißen Ring am Grund. Zur Vermehrung die kleinen Knöllchen am Ansatz der Wurzel abnehmen. Aus dem westlichen Nordamerika von Vancouver Island bis Kalifornien. ‡ 40 cm. Z6

D. integrifolium siehe *D. hendersonii*

D. jeffreyi syn. *D. tetrandrum* (Hohe Götterblume) Robuste Pflanze mit hell- oder mittelgrünen, bis 30 cm langen, ovalen Blättern, die leicht fleischig und klebrig sind. Im Mai und Juni erscheinen rote, magentafarbene oder dunkelviolette Blüten mit rotbraunen und gelben Staubgefäßen. Aus dem westlichen Nordamerika von Alaska bis Kalifornien. ‡ 50 cm. Z5 **'Rotlicht'** Leuchtend rot.

D. meadia ♀ syn. *D. pauciflorum* (Meads Götterblume) Die am häufigsten kultivierte Art der Gattung. Sie ist robust und bildet große Gruppen aus ovalen, bis 25 cm langen, hell- bis mittelgrünen Blättern mit gezähntem Rand. Im April und Mai trägt sie magentafarbene Blüten bis 2 cm Länge an kräftigen Stängeln. Gelegentlich wird *D. pulchellum* unter diesem Namen verkauft. Aus den östlichen USA von Pennsylvania bis Alabama. ‡ 40 cm. Z3 **fo. album** ♀ Cremeweiße Blüten mit dunklem Zentrum und gelben Staubgefäßen. **'Goliath'** Sehr große, lilarosa Blüten an kräftigen Stängeln. Gute Schnittblume. ‡ 70 cm. **'Queen Victoria'** Lilarosa, meist kleinwüchsig. ‡ 30 cm.

D. pauciflorum Der Name wird für verschiedene Pflanzen verwendet, die korrekt *D. meadia* oder *D. pulchellum* zugeordnet werden müssten.

D. pulchellum ♀ syn. *D. amethystinum*, *D. radicatum* (Schöne Götterblume) Sehr variable, winterharte, Gruppen bildende Pflanze mit löffelförmigen mittelgrünen Blättern bis 20 cm Länge. Im April und Mai trägt sie Dolden aus 2 cm großen Blüten in Kirschrosa, manchmal auch Magenta, Lila oder Weiß, jeweils mit dunklerer Mitte. Aus höheren Lagen im westlichen Nordamerika und Mexiko, verwildert in den östlichen USA. Bevorzugt einen feuchten, schattigen Standort. ‡ 35 cm. Z5 **subsp. *pulchellum* 'Red Wings'** Dunkel-magentafarbene Blüten im Mai und Juni. Hellgrüne Blätter. ‡ 20 cm.

D. radicatum siehe *D. pulchellum*

D. tetrandrum siehe *D. jeffreyi*

DOELLINGERIA siehe ASTER

DORONICUM
Gämswurz
ASTERACEAE

Der Reiz dieser unkomplizierten Frühsommerblüher liegt vor allem in ihren zahlreichen, fröhlich gelben Blütenköpfen.

Die etwa 35 Laub abwerfenden Arten von Rhizom- oder Knollenpflanzen wachsen in den Bergwäldern Europas und Asiens bis nach Tibet. 5 Arten werden häufiger in Gärten kultiviert. Sie bilden kompakte oder ausladende Gruppen aus weichen, ovalen bis herzförmigen Blättern, aus denen sich aufrechte Stängel mit kleineren Blättern und einzelnen oder in Gruppen angeordneten Blütenköpfen mit gelbem Zentrum und einem Kranz aus vielen, schmalen Zungenblüten erheben. Die Pflanzen gedeihen am besten im Halbschatten. Es sind traditionelle Bauerngartenpflanzen für den Frühling. Die Sorten tauchen in Katalogen unter verschiedenen Arten auf. Weil ihre Abstammung manchmal unklar ist, werden sie hier alphabetisch gelistet.

KULTUR Gedeiht in durchschnittlich nahrhaftem, durchlässigem Boden im Halbschatten, vorzugsweise mit Schutz vor praller Sonne.

VERMEHRUNG Durch Teilung, in einigen Fällen auch durch Samen.

PROBLEME Anfällig für Wurzelfäule, Echten Mehltau und Schneckenfraß.

D. columnae 'Miss Mason' (Herzblättrige Gämswurz) siehe *D.* 'Miss Mason'

D. × excelsum 'Harpur Crewe' syn. *D. plantagineum* 'Excelsum' Rhizompflanze, die recht große, oft lockere Gruppen aus weich behaarten, stark gezähnten, ovalen Blättern bildet. Aufrechte, verzweigte Stängel tragen im April und Mai je bis zu 4 goldgelbe Blütenköpfe mit einem Durchmesser bis 10 cm. Verträgt in vielen Regionen volle Sonne, gedeiht aber besser im Halbschatten. Vermutlich (aber nicht ganz zweifelsfrei) ist *D. × excelsum* eine komplexe Hybride von *D. × willdenowii* (*D. pardalianches × D. plantagineum*) und *D. columnae*. ‡ 60–80 cm. Z5

D. 'Finesse' Kompakte Gruppen aus herzförmigen Blättern und leuchtend gelben Blütenköpfen mit eleganten, schmalen Zungenblüten. Wird gelegentlich unter *D. orientale* gelistet. ‡ 50 cm. Z6

D. 'Little Leo' Sehr niedrige, kompakte, buschige Pflanze mit typischen herzförmigen, mittelgrünen Blättern. Im April und Mai erscheinen gelbe Blütenköpfe mit einem doppelten Kranz von Zungenblüten über dem Laub. Wird gelegentlich unter *D. orientale* gelistet. ‡ 25 cm. Z6

D. 'Miss Mason' ♀ Breitet sich mit Rhizomen aus und bildet eine gleichmäßige Gruppe. Die herzförmigen dunkelgrünen Blätter von 8 cm Länge haben rund gezähnte Ränder. Von April bis Ende Mai erscheinen leuchtend gelbe Blütenköpfe auf belaubten Stängeln. Wird gelegentlich unter *D. columnae* geführt. ‡ 40–60 cm. Z5

D. orientale (Kaukasus-Gämswurz) Kompakte Rhizompflanze mit relativ hellgrünen herzförmigen Blättern bis 10 cm Länge. Trägt im April und Mai einzelne, leuchtend gelbe Blütenköpfe von 3–5 cm Durchmesser mit schmalen Zungenblüten auf aufrechten, spärlich belaubten Stängeln. Verträgt trockene Sommer besser als andere Arten. Wächst wild in Felswäldern Südost-Europas und Zentralasiens. ‡ 30–60 cm. Z5 **'Frühlingspracht'** (**'Spring Beauty'**) Kompakte Pflanze mit gefüllten Blüten, die länger halten, aber weniger elegant sind als die ungefüllten Formen. ‡ 40 cm. **'Goldcrest'** Hohe Pflanze mit goldgelben Blütenköpfen mit je 2 oder 3 Kränzen relativ breiter, flacher Zungenblüten. Sämlinge sind farbtreu. ‡ 60 cm. **'Magnificum'** 4–5 cm große Blütenköpfe auf mehrfach verzweigten Stängeln. Sämlinge sind farbtreu. ‡ 50 cm. **'Spring Beauty'** siehe 'Frühlingspracht'.

D. pardalianches (Kriechende Gämswurz) Knollenpflanze, die sich durch unterirdische Ausläufer ausbreitet. Die weich behaarten, mittelgrünen Basalblätter sind 12 cm lang. Zwischen ihnen erheben sich von April oder Mai bis Juni Stängel mit kleineren Blättern und locker verzweigten Gruppen aus hellgelben, 5 cm großen Blütenköpfen. Neigt zum Wuchern, ist aber eine hübsche und elegante Pflanze zum Verwildern in großen Gehölzgärten. Aus Wäldern in West- und Mitteleuropa, auch andernorts verwildert. ‡ 90 cm. Z5

D. plantagineum 'Excelsum' siehe *D. × excelsum* 'Harpur Crewe'

DRACOCEPHALUM
Drachenkopf
LAMIACEAE

Die Gruppen bildenden Pflanzen mit duftendem Laub und blauen bis violetten Sommerblüten ähneln entfernt einer großblumigen *Nepeta* (Katzenminze).

Die Gattung umfasst etwa 45 Arten Einjähriger, Stauden und kleiner Sträucher, die in Europa, Asien, Nordamerika und Nordafrika heimisch sind, nur wenige davon werden in Gärten gehalten. Sie wachsen wild auf felsigen Hängen, in sonnig-trockenen Wiesen oder in trockenen Wäldern. Die meist lanzettlichen Blätter mit gezähnten oder gelappten Rändern sind paarweise angeordnet. Blütenstände sind vielblütige Quirle, die zu achsel- oder endständigen, bis 30 cm langen Ähren oder Trauben vereinigt sind.

KULTUR Optimal sind trockene Standorte mit Morgensonne und Schatten zur heißesten Tageszeit. Verträgt bei ausreichend Feuchtigkeit auch mehr Sonne.

VERMEHRUNG Aussaat im Herbst oder Frühling, alternativ Stecklinge junger Triebe im Frühling.

PROBLEME Gelegentlich Falscher Mehltau und Milben.

D. argunense syn. *D. ruyschianum* var. *speciosum*, *D. speciosum* Robuste, buschige Pflanze mit mehr oder weniger linealischen, 5 cm langen Blättern, die an den unteren Stängeln gestielt und zu den Triebspitzen hin kleiner und ungestielt sind. Zartblaue Blüten erscheinen im Hochsommer an den Triebspitzen. Wahrscheinlich die schönste Art der Gattung. Sie macht sich gut im Beetvordergrund und wird zu Unrecht vernachlässigt. Bevorzugt leicht sauren Boden. Aus Nordost-Asien. ‡ 75 cm. Z4 **'Fuji Blue'** Leuchtend blaue Blüten, unteres Kronblatt mit hellerer Spitze. ‡ 30 cm. **'Fuji White'** Schneeweiß. Untere Kronblätter blassblau überhaucht. ‡ 30 cm.

UNTEN **1** *Doronicum pardalianches* **2** *Dracocephalum argunense*

D. grandiflorum Die buschigen Pflanzen sind so breit wie hoch. Sie haben längliche gestielte Basalblätter und ovale ungestielte Stängelblätter. Im Juli und August erscheinen intensiv dunkelblaue Blüten in 8 cm langen Blütenständen, die aus Blütenquirlen zusammengesetzt sind. Das oberste Kronblatt wölbt sich wie eine Kapuze über die unteren. Aus Sibirien. Bei vielen unter diesem Namen kultivierten Pflanzen handelt es sich jedoch um *D. rupestre* aus China, das breitere, eher herzförmige Blätter und blauviolette Blüten hat. ↕ 30 cm. Z3

D. ruyschianum (Nordischer Drachenkopf) Die höchste und am spätesten blühende Art der Gattung. Leicht flaumige Stängel tragen schmale lange Blätter mit eingerollten Rändern und endständige, kurze Blütenstände aus zwei- bis sechsblütigen Quirlen. Blüten blauviolett oder violett, seltener weiß. Wird häufig aus Samen gezogen, sodass die Blütenfarbe unberechenbar sein kann. Heimisch von Mitteleuropa bis Sibirien. ↕ 60 cm. Z4
var. *speciosum* siehe *D. argunense*.

D. speciosum siehe *D. argunense*

DRACUNCULUS
Drachenwurz
ARACEAE

Hauptsächlich wegen der interessant gemusterten Blätter und der riesigen (aber leider stinkenden) Blüten wird dieses große Knollengewächs kultiviert. Der botanische Name bedeutet wörtlich »kleiner Drache«.

Die 2 Arten der Gattung wachsen auf offen-sonnigen bis halbschattig-trockenen Standorten des östlichen Mittelmeerraums, aber nur eine wird häufiger kultiviert.

Aus der knolligen Wurzel erheben sich im zeitigen Frühling kräftige Triebe, die sich zu sattgrünen, vielfach geteilten und oft silbrig gestreiften Blättern entfalten. Die einzeln stehenden, typisch aronstabartigen Blüten (siehe *Aronstabgewächse*, S.74) sind oft intensiv gefärbt und haben manchmal einen unangenehmen, sehr weit reichenden Geruch. Nach der Blüte legt die Pflanze ab Hochsommer eine Ruhephase ein. Eine schöne Pflanze für einen mediterranen Garten oder ein Kiesbeet. Wegen des Geruchs sollte sie aber in reichlich Abstand zum Haus (und zu den Nachbarn) gepflanzt werden. ⚠

KULTUR Braucht im Frühling reichlich Feuchtigkeit und in warmen, trockenen Sommern gute Dränage. Winterhärter in Regionen mit heißen Sommern als in Gegenden mit kühlem Sommerklima.

VERMEHRUNG Durch Teilung der Knollen.

PROBLEME Keine.

D. vulgaris syn. *Arum dracunculus* (Drachenwurz, Schlangenwurz) Großes, beeindruckendes Knollengewächs mit attraktiv silbrig-weiß gezeichneten, bis 75 × 25 cm großen Blättern aus 9–15 lanzettlichen Segmenten. Trägt pro Blütentrieb eine Blüte in Blutrot mit samtiger Oberfläche, die bis 60 cm lang sein kann. Sie bleibt vier bis fünf Tage lang geöffnet und verbreitet einen intensiven Aasgeruch, der Fliegen zur Bestäubung anlockt. Dann zieht sie ab Hochsommer eine Ruheperiode ein. An einem günstigen Standort bildet sie große Gruppen mit vielen Blättern und Blütentrieben. Die auffällige, farbenfrohe, attraktive Pflanze ist nichts für zart Besaitete. Sorten existieren nicht, in freier Natur kommen aber Formen mit hellen, cremefarbenen, weißen oder marmorierten Blüten vor. Aus dem Mittelmeerraum. ↕ 1,2–1,8 m. Z6

DRYOPTERIS
Wurmfarn, Dornfarn
DRYOPTERIDACEAE

Als zumeist robuste, unkomplizierte Pflanzen bilden diese Farne die Basis jeder Farnsammlung, außerdem passen sie auch gut zu Sträuchern.

Die etwa 250–350 Arten wachsen wild in Wäldern oder an sumpfigen Standorten in allen nördlich-gemäßigten Regionen der Erde. Kurze Rhizome tragen trichterförmige Kronen aus aufrechten oder überhängenden Wedeln, die ein- oder mehrfach in mäßig gezähnte Segmente geteilt sind. Auf der Unterseite der Wedel befinden sich die nierenförmigen Sori. Die meisten Arten sind sommergrün, einige aber immergrün. Viele sind ausgesprochen stattlich und widerstandsfähig und, wenn sie einmal etabliert sind, erstaunlich trockenheitsverträglich.

KULTUR Ideal ist ein feuchtes Gehölzbeet oder ein halbschattiges Beet mit humusreichem Boden. Viele Arten überstehen Trockenperioden unbeschadet.

VERMEHRUNG Durch Teilung der Kronen oder aus Sporen.

PROBLEME Keine. Nur bei extremer Trockenheit können Thripse auftreten.

D. affinis ♀ (Spreuschuppiger Wurmfarn) Robuster, immergrüner Farn, dessen aufrechtes Rhizom an einem feuchten Standort einen kurzen »Stamm« bilden kann. Es trägt fast aufrechte, längliche bis lanzettliche, dunkelgrüne Wedel, die zweifach in gegenständige, längliche Fiedern mit eher eckiger Spitze geteilt sind. Die Mittelader trägt auf der Vorderseite goldbraune Schuppen. Am Ansatz der seitlichen Fiedern an der Mittelader befindet sich jeweils ein dunkler Fleck, der von der Unterseite her gut zu erkennen ist. Dieses Merkmal unterscheidet *D. affinis* und seine Sorten von dem recht ähnlichen *D. filix-mas*. Eine komplexe Art mit mehreren Unterarten. Spontane Kreuzungen zwischen *D. affinis* und *D. filix-mas* kommen häufig vor. Deren Resultat *D. × complexa* wird derzeit genauer erforscht. Wächst in jedem Gartenboden, besser jedoch auf saurem Boden. Toleriert kalkhaltigen Boden eher, wenn reichlich Kompost zugegeben wird. Etablierte Pflanzen vertragen auch Trockenheit recht gut. Eine schöne Hintergrundpflanze für Standorte im trockenen Schatten. Heimisch in Wäldern und Böschungen mit Grasbewuchs in weiten Teilen Europas. ↕ 70–120 cm. Z4 **'Congesta Cristata'** Kleinwüchsige Form mit sehr dichten Wedeln, deren Hauptsegmente einander teilweise überlappen. Die Spitzen der Wedel und Fiedern sind gekräuselt. ↕ 20 cm. **Crispa-Gruppe** Ausgewählte gekräuselte Formen mit hellgrünen Wedeln und aufwärts gerollten Fiederrändern. ↕ 70 cm. **'Crispa Gracilis'** ♀ Dunkelgrüne, gekräuselte Wedel, die in der Mitte am breitesten sind. ↕ 20 cm. **'Cristata'** ♀ Dunkelgrüne Wedel mit hübsch gekräuselten Fiederspitzen. Eine sehr attraktive Pflanze. Der »König der Wurmfarne«. ↕ 1–1,2 m. **'Cristata Angustata'** ♀ Schmale, gekräuselte Wedel. ↕ 90 cm. **'Pinderi'** Aufrechte, dunkelgrüne, schmal lanzettliche Wedel. ↕ 50 cm. **'Polydactyla Dadds'** Lanzettliche Wedel mit leicht gekräuselten Fiedern, die größer und weniger gleichförmig sind als bei 'Cristata'. Stark gekräuselte Wedelspitzen. ↕ 70 cm. **'Polydactyla Mapplebeck'** ♀ Lanzettliche Wedel. Alle Hauptfiedern und die Wedelspitzen sind stark gekräuselt. Ähnelt 'Polydactyla Dadds', jedoch stärker gekräuselt. ↕ 1,2 m.

D. carthusiana (Dorniger Wurmfarn, Gewöhnlicher Wurmfarn) Sommergrüne Pflanze mit kurzem, aufrechtem Rhizom, aus dem sich die Wedel wie ein Trichter erheben. Die Wedel sind schmal lanzettlich, hell-graugrün und dreifach geteilt in gegenständige Fiedern. Die Fiedern erster Ordnung sind dreieckig. Unterscheidet sich von *D. dilatata* durch die gleichmäßigeren, schmaleren Wedel und die einheitlich strohfarbenen Schuppen an der Basis der Triebe. Braucht einen feuchten Standort. Heimisch in Marschen und Flachmooren weiter Teile Europas. ↕ 50 cm. Z3

D. clintoniana Sommergrüner Farn mit kurzem, aufrechtem Rhizom, aus dem sich hohe, lang gestielte, aufrechte Wedel erheben. Sie sind schmal lanzettlich und zweifach geteilt, die Segmente erster Ordnung sind dreieckig. Braucht einen geschützten, feuchten Schattenplatz. Aus Marschen und feuchten Wäldern im östlichen Nordamerika. ↕ 80 cm. Z4

D. × complexa 'Stablerae' Immergrüne, schmal lanzettliche, aufrechte Wedel sind in Trichterform angeordnet. Sie sind zweifach geteilt und haben gewellte oder gekräuselte Spreiten. Es existieren verschiedene Formen, darunter einige kompaktere. Eine britische Selektion aus der in ganz Europa stark verbreiteten Hybride von *D. affinis* und *D. filix-mas*. ↕ 90–120 cm. Z4

D. cristata (Kamm-Wurmfarn, Kammfarn) Ein kurzes, kriechendes Rhizom trägt leicht geneigte, sterile Wedel und aufrechtere, fruchtbare, sommergrüne Wedel, die schmal lanzettlich und zweifach geteilt sind. Die dreieckigen Fiedern erster Ordnung sind gegenständig angeordnet und erinnern an Schmetterlinge. Wächst in normalen, relativ trockenen Beeten, bevorzugt aber feuchten Boden und reichlich Licht, durchaus auch Sonne. Wächst wild auf bemoosten Erhebungen in Schilfsümpfen und Flachmooren in Europa (nur selten auf den Britischen Inseln) und im östlichen Nordamerika. ↕ 40–60 cm. Z3

D. cycadina ♀ Der auffällige, halb-immergrüne Farn bildet einen Horst

UNTEN **1** *Dracunculus vulgaris*

OBEN 1 *Dryopteris affinis* **2** *Dryopteris affinis* ‘Cristata Angustata’

aus aufrechten bis gebogenen, lanzettlichen, einfach gefiederten Wedeln mit zahlreichen dunkelbraunen oder schwarzen Schuppen auf Stiel und Blattspindel. Die Fiedern sind schmal und regelmäßig gezähnt. Wird manchmal als Form des frostempfindlicheren *D. atrata* betrachtet. Wächst in dichten Wäldern Asiens vom Himalaja bis China und Japan. ‡ 60 cm. Z5

D. dilatata ♀ (Breitblättriger Wurmfarn, Breitblättriger Dornfarn) Robuster, halbimmergrüner Farn mit aufrechtem Rhizom, aus dem sich bogig überhängende dunkelgrüne Wedel in breit lanzettlicher bis dreieckiger Form erheben. Die Wedel sind dreifach in gegenständige Paare stark gezähnter Segmente geteilt. Unterscheidet sich vom ähnlichen *D. carthusiana* durch auffällige Schuppen mit dunkler Mitte und hellerem Rand an den Ansätzen der Wedelstiele. Wahrscheinlich der unkomplizierteste Farn. Gedeiht im feuchten Schatten am besten. Aus Europa, auch in England verbreitet. ‡ 50–100 cm. Z4 **‘Crispa Whiteside’** ♀ Hübsch gekräuselte Fiedern. ‡ 40 cm. **‘Grandiceps’** Relativ aufrechte Wedel mit gekräuselten Spitzen und Fiederenden. ‡ 50 cm. **‘Lepidota Cristata’** ♀ Elegant. Alle Wedelsegmente laufen schmal zu. Wedel und Fiedern erster Ordnung haben gekräuselte Spitzen. ‡ 40 cm.

D. erythrosora ♀ (Rotschleier-Wurmfarn) Prächtiger immergrüner Farn mit leicht glänzenden, lang gestielten, dreieckigen Wedeln, die zwei- oder dreifach in gegenständige Fiedern geteilt sind. Die jungen Wedel sind leuchten rot und verfärben sich über Rosa zu Hellgrün. Aus gutem Grund einer der beliebtesten Gartenfarne. Aus Wäldern Nordost-Asiens. ‡ 60 cm. Z6 **var. prolifica** ♀ Schmalere, ledrigere Wedelsegmente. Bildet gelegentlich Bulbillen an den

Wedeln, aus denen Jungpflanzen gezogen werden können.

D. filix-mas ♀ (Gewöhnlicher Wurmfarn) Robuster, aufrechter, sommergrüner Farn mit aufrechtem Rhizom und Horsten aus mittelgrünen, lanzettlichen oder schmal ovalen Wedeln, die zweifach in gegenständige Segmente geteilt sind. »Sät« sich oft zufällig in Gärten aus und verträgt, wenn er sich etabliert hat, Trockenheit besser als viele andere Farne. Ideal als »Füllpflanze« unter Bäumen. Heimisch in Wäldern und an offeneren Standorten in Europa, Westasien und Nordamerika. ‡ 90–120 cm. Z4 **‘Barnesii’** Hoch, schmalere Wedel und größere Abstände zwischen den Fiedern erster Ordnung. ‡ 1,2 m. **‘Crispa Cristata’** Wedelenden und Enden der Segmente erster Ordnung leicht gekräuselt. ‡ 60 cm. **‘Cristata’** ♀ Wedelenden und Enden der Segmente erster Ordnung stärker gekräuselt. ‡ 70 cm. **‘Cristata Martindale’** Wedelenden und Enden der Segmente erster Ordnung gedreht und gekräuselt. Die oberen Fiedern biegen sich elegant zur Wedelspitze hin. ‡ 80 cm. **‘Grandiceps Wills’** ♀ Wedel mit breitem, oft verzweigtem Kamm und gekräuselten Segmenten. ‡ 70 cm. **‘Linearis’** Dunkelgrüne, ledrige Wedel mit schmalen Endsegmenten. ‡ 60 cm. **‘Linearis Polydactyla’** Lange, fingerartige Kämme an den Spitzen der Wedel und Fiedern. ‡ 30 cm.

D. goldieana (Riesen-Wurmfarn) Großer, Laub abwerfender Farn mit lang gestielten, breit dreieckigen, langen Wedeln in Hellgrün. Sie sind zwei- bis mehrfach geteilt, die Fiedern erster Ordnung sind relativ breit und länglich. Ein schöner Farn, der aber guten Windschutz braucht. Aus feuchten Wäldern des nordöstlichen Nordamerika. ‡ 1–1,2 m Z4

D. marginalis Trichter bildender, halbimmergrüner oder sommergrüner Farn mit kurzem, aufrechtem Rhizom und lanzettlichen, dunkel-blaugrünen, zweifach gefiederten Wedeln. Die Sori

befinden sich nah an den Rändern der fein gebuchteten Segmente (daher der Name *marginalis* = randständig). Verträgt, wenn er sich etabliert hat, Trockenheit besser. Heimisch in felsigen Wäldern des nordöstlichen Nordamerika. ‡ 50 cm. Z4

D. sieboldii Sehr auffälliger, immergrüner Farn mit hellgrünen Wedeln aus bis zu 4 Paaren sehr ledriger, schmal lanzettlicher Fiedern mit einem ähnlichen Endsegment. Unterscheidet sich deutlich von den meisten anderen *Dryopteris*-Arten. Der interessante Farn bevorzugt feuchten Schatten und sollte häufiger kultiviert werden. Heimisch in trockenen Wäldern Japans und Chinas. ‡ 40 cm. Z6

D. tokyoensis Hoher sommergrüner Farn mit kurzem Rhizom und einer schlank kelchförmigen Rosette aus hellgrünen, aufrechten Wedeln, die in viele schmale, weiträumige, spitz zulaufende Fiedern mit tief gebuchteten Rändern geteilt sind. Eine schöne Akzentpflanze, allerdings brauchen die hohen Wedel guten Windschutz. Heimisch in feuchten Wäldern und auf Lichtungen in Japan, auch in Korea und China zu finden. ‡ 1 m. Z7

D. wallichiana ♀ (Gebirgs-Wurmfarn) Großer, stattlicher, immergrüner Farn mit aufrechten Wedeln und einem stämmigen Rhizom, das manchmal einen kurzen »Stamm« bildet. Die Wedel sind länglich bis lanzettlich und zweifach in längliche, leicht glänzende, grüne Segmente geteilt. Ähnelt *D. affinis*, jedoch sind die zahlreichen Schuppen auf Stiel und Blattspindel dunkelbraun bis schwarz (goldbraun bei *D. affinis*) und fallen vor allem auf den noch eingerollten, jungen Wedeln ins Auge. Zu Recht einer der beliebtesten Gartenfarne, der vor allem als Gruppe einen guten Blickfang abgibt. Bevorzugt feuchten Schatten oder Halbschatten. Den Boden mit Kompost anreichern. Heimisch in Wäldern Asiens vom Himalaja bis China und Japan

(dort eventuell ausgestorben) sowie auf Jamaika und Hawaii und in Mexiko. ‡ 1,3–1,6 m. Z6

DUCHESNEA
Scheinerdbeere, Indische Erdbeere
ROSACEAE

Dieser erdbeerähnliche, bescheidene, im Sommer blühende Bodendecker besitzt Blätter, die über lange Zeit attraktiv bleiben.

Die 2 Arten kriechender Stauden stammen aus Indien und Südost-Asien, wo sie auf Wiesen, an Berghängen und Flussufern wachsen. Die weichen Triebe bewurzeln bei Bodenkontakt und bilden Jungpflanzen mit kurzstieligen Blättern aus 3 (bis 5) keilförmigen Segmenten. An den Blattansätzen entspringen einzelne Stängel, die je eine schalenförmige, fünfzählige Blüte tragen. Aus dieser entwickelt sich eine erdbeerähnliche, ungenießbare Sammelfrucht.

Der langlebige Bodendecker gedeiht unter Bäumen und Sträuchern, an Böschungen und kann auch für Ampeln verwendet werden. Er verträgt sommerliche Trockenheit, breitet sich aber schneller in mäßig nahrhaftem, feuchtem, durchlässigem Boden aus.

Benannt nach dem französischen Botaniker Antoine Nicolas Duchesne, der im 18. Jahrhundert eine Naturgeschichte der Erdbeeren verfasste. Einige Botaniker meinen, dass die *Duchesnea* der Gattung *Potentilla* zugeordnet werden sollte (ebenso wie *Fragaria*, siehe *Hybriden und ein Namenswechsel*, S. 201), der ihre nächsten Verwandten angehören.

KULTUR Gedeiht auf fast allen Böden in voller Sonne oder Halbschatten.

VERMEHRUNG Durch Teilung, Aussaat oder Abnehmen der Jungpflanzen an den Ausläufern.

PROBLEME Keine.

D. indica syn. *Fragaria indica* (Indische Erdbeere, Scheinerdbeere) Halbimmergrüne Blattrosetten treiben lange Ausläufer, die bei Bodenkontakt bewurzeln. So kann sich die Pflanze weit ausbreiten. Die Blätter bestehen aus 3 dunkelgrünen, bis 3,5 cm langen Segmenten mit gezähnten Rändern. Im Sommer entstehen einige Wochen lang 2,5 cm große goldgelbe Blüten mit grünen »Kragen«. Ihnen folgen im Frühherbst attraktive, leuchtend rot glänzende Sammelfrüchte. Ähnelt der Erdbeere (*Fragaria*), hat jedoch gelbe Blüten und geschmacklose Früchte. Panaschierte Sorten wuchern weniger stark. Verwildert in Afrika, Nordamerika und Südeuropa. Heimisch in Indien und Afghanistan, östlich bis China und Japan und südlich bis Indonesien. ‡ 5–10 cm. Z6 **‘Harlequin’** Cremeweiß marmorierte Blätter mit einem Hauch von Rosa. Kräftigere Färbung in voller Sonne. Sämlinge sind erstaunlicherweise farbtreu. **‘Snowflake’** Weiß geränderte Blätter. Vermehrung durch bewurzelte Ausläufer oder Teilung.

E

ECHINACEA
Igelkopf, Scheinsonnenhut
ASTERACEAE

Pflanzen der Gattung *Echinacea* tragen attraktive, bei Schmetterlingen beliebte, sommerliche Blütenkörbchen mit gewölbtem, stacheligem Zentrum an robusten Stängeln. Der botanische Name leitet sich vom griechischen Wort *echinos* = Igel ab, weil das Blütenkopfzentrum an einen Igel erinnert.

Die 9 Arten dieser Laub abwerfenden Stauden finden sich in verschiedensten trockenen Lebensräumen wie Prärien, steinigen Hügellandschaften, Geröllfeldern und offenen Waldgebieten des mittleren und östlichen Nordamerika. Die kräftigen schwarzen Wurzelstöcke tragen grundständige Gruppen dunkelgrüner, grob texturierter Blätter und steif aufrechte, borstige, meist unverzweigte Stängel mit wechselständigen Blättern und großen, einzelnen Blütenköpfen. Diese bestehen aus einem auffälligen, halbkugelförmigen bis breit konischen Zentrum aus grünen, braunen oder violetten Röhrenblüten, zwischen denen steife, gelbe bis braune, zugespitzte Schuppen stehen.

Der Winkel, in dem die Zungenblüten von der Scheibe abstehen, ist charakteristisch für die einzelnen Arten und Sorten: Einige treten steif horizontal hervor, während andere am konisch geformten Zentrum herabhängen.

Viele *Echinacea*-Arten duften nach Honig und locken Bienen und vor allem Schmetterlinge an. Alle Arten können miteinander gekreuzt werden.

Echinacea ist auch ein wichtiger Bestandteil eines Kräuterheilmittels, das die Immunabwehr stärkt. Hierfür verwendet man vor allem die Wurzeln von *E. angustifolia*, aber auch *E. purpurea* und *E. pallida* werden genutzt.

KULTUR *Echinacea* gedeiht in tiefem, humosem, gut durchlässigem Boden in voller Sonne. Eine schlechte Dränage führt im Winter zu Verlusten. In extrem kalten Regionen empfiehlt sich ein trockener Mulch. Verträgt heiße Sommer ungewöhnlich gut. Blütentriebe zurückschneiden, um die Blütezeit zu verlängern, aber die Pflanzen nicht in der Ausbildung größerer Gruppen stören.

VERMEHRUNG Samen von *E. purpurea* im Frühjahr bei 20 °C aussäen. Samen anderer Arten benötigen unter Umständen eine Kälteperiode, bevor sie keimen. Im Spätherbst oder frühen Winter kann man Wurzelstecklinge nehmen.

PROBLEME Keine.

E. angustifolia (Schmalblättriger Scheinsonnenhut) Laub abwerfende Staude mit dünnem Wurzelstock und behaarten, ganzrandigen, schmal lanzettlichen Blättern bis 15 cm Länge. Die von Juni bis August erscheinenden Blütenköpfe haben eine orangebraune Mitte und blassviolette bis rosafarbene, bis zu 2,5 cm große, hängende, schmale Zungenblüten. Aus Ebenen, Prärien und offenen Waldgebieten im zentralen Teil Nordamerikas. ↕ 30–80 cm. Z3

E. '**Art's Pride**' siehe *E.* **Orange Meadowbrite**

E. **Mango Meadowbrite** ('CBG Clone 3') Horizontale mangogelbe Zungenblüten um ein ungewöhnlich angenehm duftendes, orangefarbenes Zentrum. Ein Sport von **Orange Meadowbrite** aus dem Botanischen Garten von Chicago, USA. ↕ 60–90 cm. Z4

E. **Orange Meadowbrite** ('Art's Pride') Ein züchterischer Meilenstein: Die horizontalen Zungenblüten sind tieforange, die konische Mitte ist braun. Eine Hybride aus *E. paradoxa* und *E. purpurea* von Dr. Jim Ault vom Chicagoer Botanischen Garten, USA. ↕ 60–90 cm. Z4

E. pallida Laub abwerfende Staude mit Pfahlwurzel und bis 20 cm langen, behaarten, ganzrandigen, linealischen bis elliptischen Blättern. Die von Juli bis September erscheinenden Blütenköpfe bestehen aus einer orangebraunen konischen Mitte und schmalen, hängenden Zungenblüten, die mit 4–9 cm Länge fast wie die Nesselfäden einer Qualle wirken. Sie sind anfangs rosa, verblassen aber schnell zu Blassrosa oder sogar Weiß an der Spitze. Aus den Prärien und Hügellandschaften der östlichen USA. ↕ 1–1,25 m. Z5

E. paradoxa Kompakte, sich ausbreitende, Laub abwerfende, nahezu unbehaarte Staude mit linealischen oder lanzettlichen, bis 20 cm langen Blättern. Die von Juli bis September erscheinenden Blütenköpfe besitzen eine dunkelbraune Mitte und bis zu 7 cm lange, hängende, schmale, gelbe Zungenblüten. Aus den zentralen Prärien der südlichen USA. In Arkansas geschützt. ↕ 1 m. Z5

E. purpurea syn. *Rudbeckia purpurea* (Roter Scheinsonnenhut) Die am häufigsten kultivierte Art. Die sich langsam ausbreitenden Stauden tragen grob behaarte, gezähnte, bis 15 cm lange Blätter. Die grundständigen Blätter sind eiförmig, die Stängelblätter etwas schmaler. Die steifen Stängel tragen von Juli bis Oktober 12 cm große Blütenköpfe mit orangebrauner Mitte und 3–8 cm langen Zungenblüten. Diese sind

---

KRAFTVOLLE SCHÖNHEIT

ECHINACEA PURPUREA IST EINE VERLÄSSLICHE Zierde für den Garten: aufstrebend, angenehm robust und mit unverwechselbaren, großen Blütenscheiben. Auch die dunklen Stängel sind attraktiv, die Pflanze braucht aber eine luftige Begleitung, die die häufig unansehnlichen Basalblätter kaschiert und eine farbenfrohe Unterlage für die himmelstrebenden Sprosse bildet. Hier empfehlen sich winterharte Storchschnäbel *(Geranium),* zumal die lange Blütesaison vieler Sorten der der *Echinacea* entspricht. Zu diesem rosa Scheinsonnenhut passen Storchschnäbel in verschiedenen Rosaschattierungen, weiße *Echinacea*-Arten und Sorten passen zu vielen anderen Farben. Einen schönen Kontrast zu den neueren Orangetönen bildet ein strahlend blauer Storchschnabel wie *Geranium* 'Anne Thompson' mit seinem harmonisch dazu passenden gelben Blattwerk.

DIE ECHINACEA-BLÜTE

Echinacea gehören unverkennbar zur Familie der Asteraceae, der Korbblütengewächse. Das Zentrum (Scheibe) des Blütenkopfs besteht aus dicht stehenden, winzigen Blüten, die man Röhrenblüten nennt. Zwischen diesen stehen steife, zugespitzte Schuppen. Farbe und Anatomie dieser Schuppen unterscheidet *Echinacea* von *Rudbeckia*. Die Schuppen überragen die Blütchen und geben dem Zentrum seine Farbe. Um das Zentrum herum sind die Zungenblüten angeordnet, die die eigentliche Farbe der Blüte bestimmen.

Echinacea purpurea 'White Swan'

meist rötlich violett (oder weiß), aber es wurden bereits diverse Schattierungen gezüchtet, und die Sorten unterscheiden sich auch in Breite, Länge und Wuchs ihrer Zungenblüten. Weiße Sorten können eine gelblich grüne Mitte besitzen. Die Stängel der intensiver gefärbten Sorten sind oft kräftig dunkelbraun. Sorten sind oft unbeabsichtigt variabel, weil sie aus Samen gezogen und nicht nach Reinheitsgrundsätzen selektiert wurden (siehe *Mode und Variabilität*, S.176). Die Art stammt aus Prärien und offenen Waldgebieten der östlichen USA. ↕ 50–150 cm. Z3 **'Alba'** Weiße Zungenblüten. ↕ 80 cm. **'Augustkönigin'** Horizontale, schmale, aber zahlreiche rosarote Zungenblüten mit grauem Überzug. ↕ 1 m. **Bressingham-Hybriden** Sämlinge von 'Robert Bloom', deren Farbe von Blassrosa bis Karminrot variieren, obwohl sie die gleiche Tönung wie 'Robert Bloom' aufweisen sollten. ↕ 90 cm. **'Doubledecker'** syn. 'Indiaca' Intensiv rosarot mit einem zusätzlichen Büschel Zungenblüten auf der konischen Mitte. Sehr attraktiv. ↕ 1 m. **'Fragrant Angel'** Stark verzweigte Stängel tragen weiße Blütenköpfe mit zahlreichen, einander überlappenden, horizontalen Zungenblüten. Schöner Duft. ↕ 1 m. **'Indiaca'** siehe 'Doubledecker'. **'Kim's Knee High'** Kleine Köpfe mit zurückgeschlagenen, leuchtend rosa Zungenblüten. Selektiert von der Züchterin Kim Hawkes aus North Carolina, USA. ↕ 60 cm. **'Kim's Mop Head'** Weiße Zungenblüten, gelblich grüne Mitte. Ein Sport von 'Kim's Knee High'. ↕ 60 cm. **'Leuchtstern'** Horizontale, dunkel-violett-rote Zungenblüten. ↕ 75 cm. **'Little Giant'** 8–12 cm große Blütenköpfe mit horizontalen, rosa Zungenblüten. ↕ 40 cm. **'Magnus'** ♀ Zahlreiche, breite, überlappende, horizontale, tiefrosarote Zungenblüten. ↕ 1 m. **'Prairie Frost'** Panaschierte Blätter mit schmalem, weißem Rand. 7 cm große Blütenköpfe mit horizontalen, breiten, violettrosa Zungenblüten. ↕ 1 m. **'Razzmatazz'** Rosaviolette Zungenblüten, Zentrum zu einem großen Pompon aus kurzen, etwas dunkleren Blütchen umgebildet. Unverwechselbar und die erste ihres Typs. ↕ 90 cm. **'Robert Bloom'** Rötlich violette Zungenblüten. Selektiert von Alan Bloom. ↕ 90 cm. **'Rubinglow'** Zahlreiche, überlappende, horizontale, karminrote Zungenblüten. ↕ 70 cm. **'Rubinstern'** ♀ 12 cm große Blütenköpfe mit rubinroten, horizontalen Zungenblüten. ↕ 85 cm. **'Ruby Giant'** ♀ Verzweigte Stängel, 12 cm große Blütenköpfe, zweireihig stehende, rötlich rosa Zungenblüten, die zu einem gräulichen Rosa verblassen. ↕ 85 cm. **'Sparkler'** Rosa Blütenköpfe und cremeweiß gesprenkelte und getupfte Blätter. ↕ 60 cm. **'Vintage Wine'** Kurze, sehr intensiv rosa Zungenblüten, die leicht oberhalb der Horizontalen eine relativ flache Mitte umstehen. Vom Holländer Piet Oudolf gezüchtet. ↕ 90 cm. **'White**

Lustre' Cremeweiße Zungenblüten, gelblich grüne Mitte. ↕ 60 cm. **'White Swan'** Zurückgeschlagene, weiße Zungenblüten, orangebraune Mitte. ↕ 70 cm.

E. 'Sunrise' Helle, leuchtend gelbe Zungenblüten umgeben eine goldgelbe Mitte. Eine Hybride aus *E. paradoxa* und *E. purpurea* der ItSaul Nurseries in Atlanta, Georgia, USA. ↕ 1 m. Z4

E. 'Sunset' Strahlend orangefarbene Zungenblüten. Eine Hybride aus *E. paradoxa* und *E. purpurea* der ItSaul Nurseries in Atlanta, Georgia, USA. ↕ 1 m. Z4

E. tennesseensis Laub abwerfende, behaarte Staude mit kurzen Rhizomen und bis 18 cm langen, linealischen Blättern. Von Juli bis September erscheinen Blütenköpfe mit 2,5 cm langen, schmalen, horizontalen, rosavioletten Zungenblüten. Eine bedrohte Art, die auf offenen Nadelwaldlichtungen in kalksteinhaltigem Boden gedeiht. Auf nur 5 geschützte Populationen im amerikanischen Tennessee beschränkt. ↕ 30 cm. Z5 **'Rocky Top'** Aufwärts geschwungene Zungenblüten um eine kupfrig gelbe Mitte.

MODE UND VARIABILITÄT

Pflanzen der Gattung *Echinacea* sind schick. Als der Trend zu naturnahen Gärten aufkam, galten sie als ideal für »verwilderte« Pflanzungen. Sobald aber eine Pflanze populär wird, schaffen Züchter neue Variationen, die ihrerseits die Popularität weiter beflügeln. So wurden die Scheinsonnenhüte durch Zwergformen, die pomponförmige *E. purpurea* 'Razzmatazz' und Hybriden aus *E. purpurea* und *E. paradoxa* mit ihren neuen Farben vielen Gartenliebhabern näher gebracht.

Während nun aber die Zucht in mehreren Ländern weitergeht, ist die Vermehrung durch Teilung langsam. Einige Sorten werden durch Gewebekulturen vermehrt, aber viele kleine Gärtnereien ziehen lieber Pflanzen aus Samen. Das Problem ist nun, dass eine *Echinacea*-Pflanze keinen Samen produzieren kann, wenn sie nur mit ihrem eigenen Pollen bestäubt wird. Deshalb sind alle *Echinacea*-Samen das Produkt einer Hybridisierung. Hochwertige Sämlinge sind jedoch von einer sorgfältigen Auslese der Samen spendenden Pflanze und einer Aussortierung aller nicht sortenreinen Sämlinge abhängig.

Wie sich bei einer Untersuchung der *Echinacea* im RHS-Garten bei Wisley 2002/2003 gezeigt hat, verkaufen leider einige Gärtnereien aus Samen gezogene Pflanzen, ohne zu prüfen, ob ihre Eigenschaften auch dem Sortennamen entsprechen. Das Resultat sind in Farbe, Höhe, Blütenform und Wüchsigkeit variable Pflanzen. Das heißt aber nicht, dass man *Echinacea* meiden sollte, vielmehr sollte man die Pflanzen vor dem Kauf bezüglich der Blüte überprüfen und außerdem mit Variationen rechnen, wenn man Pflanzen aus Samen zieht – und die Ergebnisse der Züchterkunst genießen.

ECHINOPS
Kugeldistel
ASTERACEAE

Kugeldisteln sind sehr dekorative, anspruchslose Pflanzen, die sich als Zierpflanzen eignen und Wildtiere in den Garten locken.

Zur Gattung gehören etwa 120 Arten von Stauden, Zweijährigen und vereinzelten Einjährigen, die in Grasland oder heißen Felsenregionen vom Mittelmeer bis nach Zentralasien und den afrikanischen Gebirgen wachsen. Die Sprosse sind hoch, aufrecht, gerillt und meist behaart, und tragen sowohl an der Basis als auch weiter oben am Stängel wechselständige Blätter. Diese sind bis zu dreifach in gegenständige Lappen geteilt und attraktiv, aber scharf und spitz und an der Unterseite häufig weiß behaart. Die endständigen Blütenknospen sind ebenfalls attraktiv und bilden perfekte Kugeln, die sich im Sommer von der Basis aufwärts öffnen und eine farbige Kugel aus blauen oder weißen Blüten bilden. In der Reife besitzt jede der röhrenförmigen Blütchen eine Narbe und herausstehende, blaugrüne Staubbeutel. Die Blüten locken Bienen an, halten sich gut in der Vase und eignen sich auch zum Trocknen (wenn man sie schneidet, bevor die Blüten sich öffnen). *Echinops giganteus* aus Nordost-Afrika ist mit beachtlichen 2,8 m die höchste Art, kommt aber sehr selten vor.

KULTUR Bevorzugt einen heißen Standort in gut durchlässigem Boden in voller Sonne, gedeiht aber auch in fast jedem anderen Boden oder Standort, außer in tiefem Schatten. Hohe Sorten müssen in feuchtem, fruchtbarem Boden unter Umständen gestützt werden.

VERMEHRUNG Durch Teilung im Frühjahr oder Wurzelstecklinge in der Ruhezeit. Arten können auch aus Samen gezogen werden.

PROBLEME Blattläuse.

E. bannaticus (Banater Kugeldistel, Ruthenische Kugeldistel) Verzweigte oder unverzweigte Stängel tragen eiförmige oder elliptische Blätter. Die Blattoberseiten sind behaart, die Unterseiten weiß und die Ränder sind mit kurzen, borstigen Haaren besetzt. Die Blütenköpfe sind 2,5–5 cm groß und gräulich blau. Wird gelegentlich mit *E. ritro* verwechselt, ist aber höher und breiter im Wuchs und weniger stachelig, mit breiteren, flacheren Blattfiedern. In Südost- bis Osteuropa heimisch. ↕ 80–150 cm Z3 **'Albus'** Weiße Blütenköpfe. **'Blue Globe'** syn. 'Blue Ball' Große dunkelblaue Blütenköpfe, die verlässlich mehrfach blühen. ↕ 1,5 m.

RECHTS 1 *Echinops bannaticus*
2 *E. bannaticus* 'Taplow Blue'
3 *E. ritro* **4** *E. ritro* 'Veitch's Blue'
5 *E. sphaerocephalus*

'Taplow Blue' ♀ Leuchtend stahlblaue Blütenköpfe. ↕ 1,5–1,8 m. Z5

'Nivalis' syn. 'Niveus' Schlanker Wuchs mit weißen Blüten und tief gefiederten, silbrigen Blättern. ↕ 1,5–2 m. Z3

E. ritro ♀ Verzweigte Sprosse tragen ab Anfang Juli bis 4,5 cm große, metallisch blaue Blütenköpfe. Die elliptischen Blätter sind weiß und auf der Unterseite wollig behaart und besitzen bis zu 4,5 cm lange Stacheln. Heimisch von Mittel- und Osteuropa bis nach Zentralasien. ↕ 90–100 cm. Z3 **subsp. ruthenicus** ♀ syn. *E. ruthenicus* Höher, mit leuchtend blauen Blütenköpfe. Aus Nordeuropa und Nordasien. Z6 **subsp. ruthenicus** 'Platinum Blue' Leuchtend blaue Blütenköpfe an einer kleineren Pflanze. Bewahrt auch aus Samen gezogen die Sortenmerkmale. ↕ 80–90 cm. **'Veitch's Blue'** Verlässlich wiederholt blühend. ↕ 80–90 cm.

E. ruthenicus siehe *E. ritro* subsp. *ruthenicus*

E. sphaerocephalus (Drüsige Kugeldistel) Kräftige, graue, behaarte Stängel mit oberseits behaarten, unterseits weiß-daunigen, stacheligen Blättern. Die grauweißen Blütenköpfe sind bis zu 6 cm groß. Heimisch in Süd- und Mitteleuropa bis nach Russland, in Westeuropa heimisch geworden. ↕ 2 m. Z3 **'Arctic Glow'** Zwergform mit tiefdunkelroten Sprossen. Entwickelt sich aus Samen typgerecht. ↕ 1 m.

ELYMUS
Haargerste, Quecke
POACEAE

Ein auffällig blaues Blattwerk und hohe, gerstenartige Blütenähren sind typisch für diese attraktiven Gräser. Sie sind für heiße, trockene Regionen zu empfehlen.

Die etwa 50 Arten kommen in Wiesen, Wäldern, Prärien und Sanddünen der gemäßigten Zonen, aber vor allem in Asien, vor. Nur wenige von ihnen werden kultiviert. Sie wachsen horstig oder bilden Ausläufer aus und besitzen meist große, linealische, blaugraue Blätter. Die Blütenähren ähneln denen kultivierter Gerste und bestehen aus einer (manchmal auch 2–4) Reihen von mehrblütigen Ährchen. Die Blätter mit ihrer gelegentlich intensiv stahlblauen Farbe sind eine Zierde für trockene Bereiche, Kiesgärten und Mauern. *Elymus* wird gerne mit *Leymus* verwechselt, da es nur geringe botanische Unterschiede gibt, und gilt nicht überall als eigene Gattung. Kultivierte *Agropyron*-Arten werden heute *Elymus* zugerechnet.

KULTUR Bevorzugt sonnige, offene Standorte in gut durchlässigem, mäßig fruchtbarem Boden. Einige der wüchsigeren Arten brauchen viel Platz zum Ausbreiten oder müssen mit Barrieren gebremst werden.

VERMEHRUNG Durch Teilung im Frühjahr oder aus Samen.

PROBLEME Selten, ist aber an einem feuchten, schattigen Standort anfällig für Pilzerkrankungen.

E. canadensis (Kanada-Quecke) Bildet immergrüne Horste dunkelgrüner bis graugrüner, flacher, bis 45 cm langer und 2 cm breiter Blätter, aus denen sich im August und September hohe, nickende Halme mit braungrauen, bis zu 25 cm langen Blütenähren, bestehend aus kleinen Ährchen, erheben. Eine schöne Pflanze für Prärieflächen oder naturnahe Gärten, wo sie sich selbst aussäen kann. Von Uferböschungen und Prärien Nordamerikas. ↕ 75–180 cm. Z4 **'Glaucifolius'** syn. **var. glaucus** Intensiver gefärbte, blaugraue Blätter. Unter diesem Namen werden auch die oft wuchernden *Leymus racemosus* und *L. arenarius* verkauft.

E. glaucus siehe *E. hispidus*

E. hispidus syn. *E. glaucus* (Graugrüne Quecke) Bildet dichte, aufrechte, immergrüne Horste aus 25 cm langen, intensiv silbrig graugrünen Blättern mit eingerollten Rändern, aus denen sich gerade, samtig grüne Halme mit weichborstigen, 1 cm langen Blütenährchen erheben. Eignet sich gut für Kiesgärten und andere trockene Flächen. Stammt von trockenen, sandigen und felsigen Böden an sonnigen oder halbschattigen Standorten der nördlich-gemäßigten Regionen. ↕ 30–120 cm. Z5

E. hystrix siehe *Hystrix patula*

E. magellanicus syn. *Agropyron magellanicus, A. pubiflorum* Halbimmergrüne oder Laub abwerfende Staude. Bildet sich langsam ausbreitende, lockere Horste intensiv silbriger bis himmelblauer, 7 mm breiter Blätter. Steif aufrechte Halme tragen bis zu 20 cm lange, dichte, blauviolette Blütenähren, die sich strohgelb verfärben, während die Samen reifen. Gedeiht auf jedem gut durchlässigen Boden und eignet sich im Sommer für Küsten und andere ungeschützte Regionen. Verabscheut übermäßige sommerliche Luftfeuchtigkeit, kalte Nässe und schweren Lehm. Aus sandigen und steinigen Küsten und Salzwiesen Chiles, Argentiniens und der Falkland-Inseln. ↕ 30–60 cm. Z6

ENSETE
Zierbanane
MUSACEAE

Die dekorativen Verwandten der essbaren Banane sind beeindruckende, wenn auch recht empfindliche Blattpflanzen.

Zur Gattung gehören 6 Arten riesiger immergrüner Pflanzen, die aus Afrika, Madagaskar und Südasien stammen. Sie haben große, paddelförmige Blätter an einem Scheinstamm. Dieser besteht eigentlich aus Blattbasen, deren Ursprung überraschenderweise auf Bodenhöhe liegt. Das im Idealfall schnell wach-

sende Laub besitzt eine bei Stauden seltene optische Wirkung. Erwachsene Pflanzen können becherförmige Blüten tragen, auf die trockene und ungenießbare, bananenartige Früchte folgen. Die Pflanze stirbt nach der Blüte ab. Sie wird meist in subtropischen Beeten im Freien gepflanzt und zunehmend auch als winterharte Staude ausprobiert. Unterscheidet sich von der eng verwandten *Musa* (eine echte Staude) durch das Absterben nach der Blüte und die Größe der Früchte.

KULTUR Die Pflanze ist zwar nicht ideal für nordeuropäisches Klima, aber angesichts wärmer werdender Winter kann man Pflanzen auch in den Zonen 8 und 9 im Freien überwintern. In nährstoffreichem, gut durchlässigem Boden an einem sonnigen, geschützten Standort im Juni pflanzen und bis zum späten August gut gießen und düngen. Wenn die Blätter im Herbst unansehnlich werden, braucht die Pflanze Schutz. Dabei sollte sowohl der Blattansatz als auch der »Stamm« geschützt werden. Die Blätter abschneiden und den »Stamm« mit Luftpolsterfolie oder Stroh und einem Netz als Kälteisolierung umwickeln. Die Isolierung wasserdicht versiegeln und eine dicke Mulchschicht aufbringen. Die Pflanze im Frühjahr auspacken, damit sich neues Blattwerk entwickeln kann. Alternativ die Pflanze ausgraben und an einem frostfreien Ort überwintern.

VERMEHRUNG Samen 24 Stunden in warmem Wasser vorquellen und dann bei 18–21 °C einsäen. Keimung ist unzuverlässig.

PROBLEME Keine.

E. glaucum Diese erst 1999 aus Gebirgslagen der chinesischen Provinz Yunnan eingeführte Pflanze ist vermutlich eine der winterhärtesten Arten. Eine sehr große, beeindruckende Pflanze mit

einem blaugrünen, etwa 5 m hohen Stamm. Die ebenfalls blaugrünen Blätter können 2 m Länge und 50 cm Breite erreichen, auch wenn die Pflanze in gemäßigten Regionen eher kleiner ausfallen wird. Aus China, Indien und Vietnam. In China dank der geschwollenen Stammbasis auch »Elefantenhüfte« genannt. ↕ 5 m. Z7

E. ventricosum ♀ syn. *Musa ensete* (Zierbanane, Ensete) Eine prachtvolle Blattpflanze mit einer »Stamm«-Höhe von 5 m und mehr, ihre Blätter können 2 m lang und 1 m breit werden. Allerdings erreicht sie diese Dimensionen im Garten eher selten. Die Blätter sind anfangs rot getönt und werden dann dunkelgrün mit unterseits tiefroter Mittelrippe. Diese Färbung dehnt sich unterschiedlich stark auch auf den Rest des Blattes aus. Im Sommer stehen weiße Blüten in bronzefarbenen Kelchen in 1 m langen Blütenständen, die in gemäßigten Regionen allerdings nicht ganz so prachtvoll ausfallen. Die seit dem 19. Jahrhundert beliebte, schnellwüchsige und schöne, wenn auch etwas variable Pflanze bevorzugt volle Sonne oder lichten Schatten und nährstoffreichen Boden mit gutem Wasserhaltevermögen. Wird in einigen Ländern als Lieferant für Speisestärke kultiviert. Aus Ostafrika, von Äthiopien bis nach Simbabwe. ↕ 2–4 m. Z8 **'Maurelii'** Die spektakulärste aller Zierbananen, mit riesigen Blättern in kräftigen Schattierungen von Rot, Rubinrot und Schokoladenbraun bis hin zu Schwarz. Benötigt im Winter sorgfältigen Schutz.

EOMECON
Schneemohn
PAPAVERACEAE

Diese kraftvolle Waldpflanze hat vergängliche Blüten und ein schönes und kräftiges Blattwerk.

Zur Gattung gehört nur eine Art aus China, die mit *Sanguinaria* und *Chelidonium*, und überraschenderweise mit *Bocconia* verwandt ist.

RECHTS 1 *Elymus magellanicus*
2 *Ensete ventricosum*

Die Blüten sind zwar nur klein und kurzlebig, aber das Blattwerk gibt zwischen Sträuchern und anderen Waldbewohnern einen interessanten und wirksamen Bodendecker ab. Mit ihrem ausbreitungsfreudigen Wuchs besiedelt die Pflanze einen schattigen Standort recht schnell.

KULTUR Bevorzugt einen humosen, feuchten Boden. Hübsch zwischen Waldgehölzen und anderen wüchsigen Stauden.

VERMEHRUNG Durch Teilung der Rhizome im Frühjahr oder Sommer.

PROBLEME Keine.

E. chionantha (Schneemohn) Eine hübsche, aber wüchsige Staude, die sich schnell ausbreitet und beim Anschnitt roten Saft absondert. Alle Blätter erheben sich grundständig an langen Trieben und sind herz- bis nierenförmig mit gewelltem Rand, graugrün und recht fleischig und oft lila überhaucht. Die kleinen, locker verzweigten Blütenrispen stehen an Stängeln dicht über dem Blattwerk. Die Blüten sind klein, weiß und mohnähnlich, 3–4 cm groß, mit 4 ovalen Kronblättern und gelben Staubblättern. Die Blüten öffnen sich recht kurz im Mai und Juni. Bevorzugt feuchten Boden in lichtem Schatten. Für kleinere Gärten zu invasiv. Aus Waldgebieten in Ostchina. ↕ 40–50 cm. Z7

EPILOBIUM
Weidenröschen, Kolibritrompete
ONAGRACEAE

Diese mittelmäßig attraktiven Pflanzen sind für Beete und naturnahe Flächen geeignet.

Etwa 200 Einjährige und Stauden, manche mit holziger Basis, wachsen in den gemäßigten Regionen beider Hemisphären. Einige sind niederliegend und Matten bildend, andere aufrecht. Alle besitzen gegenständige Paare oder Gruppen einfacher Blätter und vierzählige Blüten, die einzeln oder in endständigen Rispen stehen. Jede Blüte erhebt sich an der Spitze eines langen, schlanken Fruchtknotens, der sich später zur Kapselfrucht mit vielen, winzigen, flugfähigen Samen entwickelt.

KULTUR In jedem Boden, der nicht zu trocken wird. Ideal in voller Sonne.

VERMEHRUNG Durch Teilung oder Stecklinge und aus Samen.

PROBLEME Keine.

E. angustifolium siehe *Chamerion angustifolium*

E. californicum siehe *Zauschneria californica*

E. canum siehe *Zauschneria californica*

E. dodonaei siehe *Chamerion dodonaei*

E. glabellum Bildet Matten schlanker, rötlicher Sprosse mit 1–2 cm langen,

OBEN *Epilobium glabellum*

glänzenden, gezähnten, elliptischen bis ovalen, manchmal bronzefarben überhauchten Blättern. Im Sommer erscheinen nach oben offene, becherförmige, 1,5–2 cm große Blüten in kurzen Rispen. In der Natur sind die Blüten meist weiß, aber im Garten kennt man vorwiegend rosa, rosaviolette und blassgelbe Sorten. Bevorzugt ein Hochbeet oder die Vorderseite einer Rabatte. Aus den Gebirgen Neuseelands. ↕ 20–30 cm. Z8

EPIMEDIUM
Elfenblume, Sockenblume
BERBERIDACEAE

Pflanzen dieser Gattung sind ansprechende, niedrig wachsende, im Frühling blühende Waldbewohner.

Die 54 immergrünen oder Laub abwerfenden Arten finden sich überwiegend in Waldgebieten und Strauchformationen Nordost-Asiens, vereinzelt auch Westasiens und Europas. Die meisten bevorzugen Schatten, aber einige sind auch anpassungsfähig und tolerieren offenere Standorte. Die Gruppen oder Matten bildenden Pflanzen besitzen ein zähes, vielfach verzweigtes Rhizom. Daraus erheben sich drahtige Sprosse mit eleganten, zwei- oder dreifach dreifingrigen oder geteilten, manchmal auch ungeteilten und eher ovalen, lanzettlichen oder pfeilförmigen Blättern mit fein gezähnten Rändern. Die Blätter sind oft attraktiv kupfrig überhaucht oder gesprenkelt.

Die charakteristischen gespornten Blüten stehen von Mitte April oder Anfang Mai bis zum Juni in offenen Blütenständen über oder dicht unter dem Blattwerk. Sie sind zwar relativ klein, aber attraktiv, mit einer von Weiß und Gelb über Rosatöne bis Violett reichenden Färbung. Manche sind sogar zweifarbig. Sie sind einzigartig. Jede Blüte besteht aus mehreren bunten Blütenblättern, oft mit nektarhaltigen Spornen. In Japan nennt man Sockenblumen *ikari-so*, was »Ankerpflanze« heißt, weil die Blüten einiger Arten wie die traditionellen, vierarmigen Anker der Fischerboote aussehen. Die kleinen schwarzen Samen liegen in schlanken Kapseln.

Die Pflanzen sind selbststeril – die Blüten benötigen Pollen einer anderen Pflanze, um Samen zu entwickeln. Die Arten sind größtenteils leicht miteinander zu kreuzen, wenn man sie in Nachbarschaft zueinander pflanzt. Es lohnt sich, in Exemplare vom Fachmann zu investieren, der sicherstellt, dass die Pflanze korrekt benannt ist.

Sockenblumen haben auch den Vorteil der anhaltenden Attraktivität – das Blattwerk ist in jedem Alter ansehnlich und bei den immergrünen Sorten dicht genug für einen wirksamen Bodendecker. Die Zucht von Sockenblumen ist aufregend. Vor einigen Jahren erschien eine hervorragende Monografie zu dem Thema (siehe *Professor William T. Stearn*). In jüngster Zeit wurden Pflanzen mit ungeteilten Blättern entdeckt, und neben neuen Hybriden und Sorten gibt es auch immer wieder Neu- und Wiederentdeckungen.

KULTUR Sockenblumen bevorzugen humosen, feuchten, aber gut durchlässigen Boden. Die meisten tolerieren alle Böden, außer extreme Säure oder Alkalität. Einige, wie *E. alpinum*, *E. pinnatum* subsp. *colchicum* und *E. pubigerum* sowie Arten aus dem Mittelmeerraum und dem Kaukasus, sind trockenheitsresistent, sobald sie etabliert sind, und vertragen Sonne, blühen jedoch schwächer. Die fernöstlichen Arten fühlen sich am wohlsten im Schatten oder Halbschatten und in humosem Boden. Eine gute Pflege im ersten Jahr sollte gewährleistet sein. Staunasse Böden können im Winter zu Wurzelfäule führen. Ein Frühjahrsmulch aus Lauberde oder Rindenkompost fördert die Wüchsigkeit.

Einige Gartenfreunde beschneiden immergrüne Pflanzen im zeitigen Frühjahr, bevor neue Blätter und Blüten erscheinen. Dadurch entsteht aber eine kahle Stelle und dem jungen Wuchs fehlt der Schutz vor Frost und kaltem Wind. Die Blätter der wirklich immergrünen Sorten, wie z.B. *E. × perralchicum* und *E. pinnatum* subsp. *colchicum*, bleiben bis weit ins neue Jahr hinein gut in Form und sollten in Ruhe gelassen werden. Viele chinesische Arten blühen über den alten Blättern, die zum Schutz junger Triebe stehen bleiben können. Laub abwerfende Arten treiben etwas später Blüten und neue Blätter.

VERMEHRUNG Sorten am besten im Frühherbst durch Teilung vermehren,

EPIMEDIUM-BLÜTEN

Den Blüten der Sockenblume sieht man die Verwandtschaft mit *Berberis* kaum an. In der Mitte der Blüte steht der Fruchtknoten, in dem sich die Samen bilden, umgeben von 4 Pollen produzierenden Staubblättern. Darauf folgen 4 Kronblätter (Petalen) mit einem Nektar absondernden, röhrenförmigen Sporn. Als nächstes kommen 4 innere Kelchblätter. Da beide Organgruppen farbig statt grün sind, werden sie auch als »innere« bzw. »äußere Petalen« bezeichnet. Ganz außen finden sich 4 viel kleinere, äußere Kelchblätter, die oft schon beim Aufblühen abfallen. Die Bestäubung erfolgt durch Bienen und Hummeln. Jede Blüte enthält zwar männliche und weibliche Teile, kann aber weder sich selbst, noch andere Blüten derselben Pflanze befruchten.

Epimedium perralderianum

PROFESSOR WILLIAM T. STEARN

Für den einzigartigen Botaniker und Autodidakten Professor William T. Stearn war das Studium der Sockenblume eine Lebensaufgabe. Seine einzige Monografie über die Gattung *Epimedium* umfasste 1938 21 Arten. Es gab so viele Neuzugänge, dass sein zweites Buch 54 Arten beinhaltete.

Mit nur 22 Jahren wurde Stearn Bibliothekar der RHS und später Professor für Botanik am Londoner Natural History Museum. Sein erster Artikel über Sockenblumen erschien 1932, seine erste wissenschaftliche Veröffentlichung über eine wenig bekannte chinesische Art 1933, und er studierte die Gattung über viele Jahre hinweg. Gegen Ende seines Lebens publizierte er Details zu einer Reihe neuer Arten, die oft auf Wildsammlungen des japanischen Botanikers und Sammlers Mikinori Ogisu beruhten. Schließlich erschien seine unschätzbare letzte Monografie, die sich für viele Enthusiasten weltweit als unverzichtbare Orientierungshilfe bei diesen manchmal verwirrenden Pflanzen erwies.

da sich sowohl Arten als auch Sorten leicht miteinander kreuzen. Die dichte Gruppen bildenden Pflanzen verlieren schließlich an Kraft und sollten alle vier Jahre geteilt werden. Pflanzen mit eher kriechendem Wuchs wachsen über Jahre hinweg. Die Rhizome von Erde säubern und mit einer Gartenschere in Stücke schneiden. Einige Blätter entfernen, um den Flüssigkeitsverlust zu senken, einpflanzen und in feuchtem Schatten anwachsen lassen. Man kann sie auch im zeitigen Frühjahr teilen, aber wegen des empfindlichen jungen Wuchses ist der Frühherbst besser.

Samen sollten noch grün in Töpfe oder Saatschalen gesät werden, wegen der Gefahr der Hybridisierung ist Teilung jedoch die bessere Methode.

PROBLEME Gefährdet durch Gefurchte Dickmaulrüssler, Schnecken, Blattläuse, Kaninchen, Blattschneiderbienen und Wild. Blattflecken können auf eine Viruserkrankung hindeuten.

E. acuminatum Immergrüne Staude mit geteilten Blättern. Blättchen 3–18 cm lang, spitz, lanzettlich, mit herzförmiger Basis und stacheligem Rand. Die jungen Blätter sind zartgrün mit auffälliger, rötlich brauner Zeichnung und werden dunkelgrün und ledrig. Jeder Stängel trägt 2 Blätter und ab Anfang Mai bis Juni, unter guten Bedingungen gelegentlich auch noch später, viele, große Blüten an verzweigten Blütenständen. Die 5 cm großen Blüten haben blassviolette, rosa oder weiße Kelchblätter und dunkle violette Kronblätter mit nach unten gebogenen Spornen. Gelegentlich findet man gelb blühende Sorten. Aus Bergwäldern Westchinas. ‡ 50 cm. Z5

E. 'Akebono' Eine kleine, Laub abwerfende Pflanze mit kupferroten jungen Blättern, die sich zunächst mittelgrün mit roten Rändern, dann mittelgrün färben. Die 3 oder 9 Blättchen sind 9 cm lang und haben stachelige Ränder und rote Stiele. Im Mai oder Juni, häufig erneut im Herbst, erscheinen Blütenstände aus bis zu 12 Blüten mit weißen Kelchblättern und blassrosa Kronblättern. Gilt als eine der schönsten japanischen Hybriden und könnte eine Auslese von *E. grandiflorum* oder *E. × youngianum* sein. ‡ 35 cm. Z5

E. alpinum (Alpen-Sockenblume) Eine Laub abwerfende Pflanze, die mittels schlanker Rhizome lockere Gruppen bildet. Die meist aus 9 ovalen Blättchen bestehenden, bis zu 12 cm langen Blätter sind dünn und stachelrandig. Im Frühjahr leuchtend grün, oft mit rotem Rand, werden sie im Sommer mittelgrün und im Herbst karminrot. Die Blüten erscheinen erst über den Blättern, werden aber bald von ihnen überdeckt. Sie sind zwar zahlreich, aber nur etwa 1 cm groß und unauffällig, sie haben gelbe Blütenblätter mit kleinem Sporn. Robust und einigermaßen sonnentolerant. Aus offenen Waldgebieten Südeuropas vom Balkan bis Norditalien. ‡ 40 cm. Z5

E. 'Beni-kujaku' Laub abwerfend, mit kleinen, rundlichen, blassgrünen, bis 5 cm langen Blättchen in Dreiergruppen. Die weit geöffneten, sternförmigen Blüten sind blassrosa mit Verlauf zum dunkleren, rosavioletten Rand, die schalenförmigen Kronblätter haben kurze, weiße Sporne. Eine neuere japanische Hybride, vermutlich eine Auslese von *E. × youngianum*. Braucht gute Bedingungen. ‡ 30 cm. Z5

E. brevicornu Laub abwerfend und eine kompakte Gruppe bildend, mit Blättern aus meist 9, bis zu 8 cm langen, ovalen Blättchen, die in der Jugend dünn und manchmal kupfrig gesprenkelt sind, später mittelgrün und fester. Zahlreiche, 1,5 cm große, sternförmige, weiße Blüten stehen in Rispen über den Blättern. Die Kronblätter sind gelb mit kurzem, weißem Sporn. Sehr winterhart. Aus Gehölz- und Strauchformationen Zentral- und Westchinas. ‡ 60 cm. Z4

E. × cantabrigiense Eine immergrüne Pflanze, die langsam eine sich ausbreitende, belaubte Gruppe bildet. Die Blätter bestehen aus 9 oder mehr ovalen, bis 10 cm langen Blättchen, die zunächst blassgrün sind und im Sommer leicht nachdunkeln. Die zahlreichen, matt-rosaroten Blüten mit gelben Kronblättern sind etwa 1 cm groß und stehen über den Blättern. Die wüchsige Pflanze ist ein guter Bodendecker für den Halbschatten, hat aber uninteressante Blüten. Pflanzen mit gelb gefleckten Blättern haben eine Viruserkrankung und sollten vernichtet werden. Eine Hybride von *E. alpinum* und *E. pubigerum*, die zufällig im Garten des St. John's College im englischen Cambridge entstand. ‡ 60 cm. Z5

E. davidii Gruppen bildende, immergrüne Staude mit Blättern aus 3 (manchmal auch 5) stumpf-ovalen, 6 cm langen Blättchen, die in der Jugend kupfrig, später mittelgrün und ledrig sind. Der Stängel trägt bis zu 24 leuchtend gelbe, 3 cm große Blüten über dem Blattwerk. Die Kelchblätter sind klein und mattrot, die Kronblätter sind gelb und schalenförmig mit schlanken, gebogenen Spornen. Unter günstigen Bedingungen blüht sie wiederholt bis zum Frühherbst. Auch Zwergformen

ZUSAMMENSPIEL IM SCHATTEN

BEI DIESER PFLANZUNG mit ihrer wirkungsvollen Mischung Schatten liebender Waldbewohner bietet das leuchtende Blattwerk der beliebten und verlässlichen *Hosta* 'Albomarginata' einen optische Haltepunkt. Die Zwischenräume im Vordergrund füllt eine Sorte der *Epimedium × youngianum*, deren rosa Knospen sich zu weißen Blüten öffnen und deren zarte junge Blätter im Wind flattern: ein schöner Kontrast zur eher robusten Funkie. Blaue und weiße Sorten der *Viola sorora* säen sich selbst frei aus und recken ihre Blüten dem Licht entgegen. Die Zusammenstellung könnte durch Busch-Windröschen, Primeln und Waldlilien ergänzt werden.

sind bekannt. Aus Bergwäldern Sichuans. ↕ 45 cm. Z5

E. diphyllum Eine kompakte und recht zarte, meist immergrüne Staude, die Gruppen aus zweiteiligen Blättern bildet. Die Blättchen sind spitz oval und 5 cm lang. In der Jugend sind sie kupfrig olivgrün, färben sich dann im Sommer mittelgrün und nehmen oft eine kräftige Herbstfärbung an. Der Stängel trägt zwischen April und Mai ein einzelnes Blatt und bis zu 9 weiße Blüten dicht über den Blättern. Die nickenden, kelchförmigen, 1 cm großen Blüten haben ausgestellte Kelchblätter und spornlose Kronblätter. Anmutig, aber nicht sehr wüchsig, bevorzugt einen geschützten Standort im lichten Schatten in saurem oder neutralem Boden. Die ersten japanischen Arten kamen etwa 1829 aus Wäldern in Westjapan nach Europa. ↕ 25 cm. Z5

E. 'Enchantress' Eine immergrüne Staude mit 3 bis zu 10 cm langen, pfeilförmigen Blättchen. Sie besitzen eine leicht gekräuselte Oberfläche mit kräftigen Rippen, einen gewellten Rand und einige Stacheln. In der Jugend sind sie kupferrot gesprenkelt und werden später mittelgrün, glänzend und ledrig. Ein Stängel mit bis zu 10 etwa 2 cm großen Blüten steht über einem einzelnen Blatt. Die Kelchblätter sind lilarosa, die Kronblätter blassrosa, die Sporne verblassen zur Spitze hin zu Weiß. Eine Hybride aus *E. dolichostemon* und *E. leptorrhizum* von Elizabeth Strangman von der britischen Washfield Nursery. ↕ 40 cm. Z5

E. epsteinii Immergrüne Staude, mit dreiteiligen Blättern. Blättchen 5 cm lang, in der Jugend blassgrün, im Sommer glänzend mittelgrün, schmal oval, spitz zulaufend und fein gezähnt. Ein Stängel mit 1 oder 2 Blättern trägt bis zu 15 Blüten. Sie sind 3 cm groß und haben ungewöhnlich breite Kelchblätter und dunkel rötlich violette Kronblätter. Der abwärts gebogene Sporn tritt zwischen den Kelchblätter heraus. Eine der schönsten Sockenblumen, die nach dem amerikanischen Enthusiasten Harold Epstein benannt wurde. Aus Hunan in Zentralchina. ↕ 25 cm. Z6

E. fargesii Immergrüne Pflanze, die eine kompakte Gruppe bildet. Blätter aus 3 schmal lanzettlichen, 10 cm langen Blättchen zusammengesetzt, das äußere Paar ist stark asymmetrisch. In der Jugend blassgrün mit kupfrigem Hauch, später dunkelgrün und ledrig. Die etwa 1,5 cm großen Blüten haben schmale, stark zurückgeschlagene, weiße Kelchblätter und kleinere, dunkelviolette Kronblätter. Ihre auffällige Federball-Form enthüllt die langen Staubblätter. Aus Sichuan in Westchina. ↕ 50 cm. Z5 **'Pink Constellation'** Längere, in der Jugend bräunlich rot gefleckte Blättchen. Größere Blüten mit lilarosa Kelchblättern und violetten Kronblättern. ↕ 45 cm.

VERMEHRUNG Im Frühjahr teilen.

PROBLEME Keine, außer starke Trockenheit.

E. americana siehe *E. gigantea*

E. gigantea syn. *E. americana* Vermutlich die problemloseste Garten-Orchidee und sehr anpassungsfähig. Alles andere als »gigantisch«, bildet sie schnell Kolonien aus 4–12 schlanken, 25 cm langen, glänzenden, gefälteten Blättern pro Trieb, die sich über Jahre halten. Abhängig vom Klima erscheinen von März bis Anfang Oktober 5–20 aufeinander folgende, durch den Wind bestäubte, 4 cm große, rosig braun überhauchte und geaderte, grün-gelbliche Blüten, die an einen Schwan erinnern, der vom hohen Spross herabtaucht. Die dreigeteilte, hängende, rote Lippe zittert wie ein sprechender Mund im Wind. Bevorzugt humosen Boden und einen halbschattigen, feuchten Standort. Toleriert trockenere Umgebung und volle Sonne, fällt aber bei Dürre in Ruhe. Kann ein oder zwei Jahre zum Etablieren benötigen, bevor sie blüht. Aus Feuchtgebieten, teils in großer Höhe, Nordost-Asiens und des westlichen Nordamerika bis nach Texas. ↕ 20–100 cm. Z6 **'Serpentine Night'** Schöne, dunkelblättrige Sorte mit einem kräftigen roten Hauch auf den Blättern. Aus Kalifornien, USA. ↕ 20–80 cm. Z4

E. palustris (Sumpf-Ständelwurz) Die 4–8 schmalen, steif aufrechten, scharfrandigen, 2,5–4 cm breiten Blätter stehen spiralig am Trieb. Von Juni bis September fangen die zarten, weißen, gekräuselten Blütenlippen den Blick, da jede Pflanze 100 lockere Blütenähren mit 5–20 hübschen, 2 cm großen, puderrosa, nickenden Blüten tragen kann. Die Lippe trägt auch eine auffällige gelbe, halbkreis- oder v-förmige Zeichnung und der innere Kelch ist rot gestreift. Die meist hellrosa Blüten können von grün bis dunkelrot variieren. Anpassungsfähig, bevorzugt aber offene, sonnige Feuchtflächen mit

lehmigem, alkalischem Boden. Kalk und Laubkompost zugeben und feucht halten. Aus Europa bis Nordafrika und dem Mittleren Osten sowie Japan. ↕ 10–70 cm. Z6

E. Sabine Große, volle, kräftig gefärbte, rosarote, dunkel-rotbraune und grüne Blüten mit gelben und weißen Lippen. Die erste, sehr attraktive Hybride von den beiden lohnendsten Gartenarten *E. gigantea* und *E. palustris*, 1984 in Deutschland von Werner Frosch gezüchtet und noch wüchsiger als die Elternteile. ↕ 50–90 cm. Z6

EQUISETUM
Schachtelhalm
EQUISETACEAE

Schachtelhalme sind zurückhaltend attraktive, aber interessante, meist wild wuchernde Sporenpflanzen für eine naturnahe, feuchte Fläche.

Die etwa 30 Arten Laub abwerfender und immergrüner Pflanzen stammen aus einer Reihe von Lebensräumen von Wiesen und Gehölzen bis zu Marschen und Flachwassern in aller Welt, mit Ausnahme Australasiens. Tief gehende Wurzelstöcke tragen aufrechte, ineinander geschobene (»verschachtelte«), hohle Sprosse, häufig mit schlanken, quirlig an den Knoten angeordneten Seitenästen. Die Blätter sind zu einer den Stängel umgebenden Scheide zusammengewachsen. Der endständige Sporangienstand ist meist konisch. Das primitive Erscheinungsbild macht einen ungewöhnlichen, reizvollen Eindruck, aber einmal etablierter Schachtelhalm ist unausrottbar. Die Pflanzen sollten daher mit großer Sorgfalt platziert oder im Kübel kultiviert werden.

KULTUR Jeder feuchte Boden in Sonne oder lichtem Schatten. Am Besten im Kübel, um eine Ausbreitung zu verhindern.

VERMEHRUNG Durch sorgfältige Teilung.

PROBLEME Keine.

E. camtschatcense siehe *E. hyemale*

E. hyemale (Winter-Schachtelhalm) Unverzweigte, raue, grüne Sprosse mit schwarzem Band an jedem Knoten tragen den endständigen, schwarzen, konischen Sporangienstand. Weniger stark wuchernd als andere Schachtelhalme, sollte aber trotzdem im Kübel kultiviert werden. Aus feuchten, halbschattigen Plätzen in Asien, Europa und Nordamerika. ↕ 60–130 cm. Z5 **var. affine** In der Jugend rosa überhauchte Sprosse. ↕ 1–1,2 m. *E. camtschatcense* ist der Name für eine Pflanze unsicheren Ursprungs, die an eine kompaktere Sorte von *E. hyemale* erinnert und eine dichtere Gruppe aufrechter, hohler, zylindrischer, schwarz beringter Halme bildet. ↕ 1 m. Z8

E. scirpoides (Zwerg-Schachtelhalm) Zwergpflanze, die mit Ausläufern dichte Matten bildet. Sprosse dünn, drahtig, grün, tragen gelegentlich winzige, schwarze, konische Sporangienstände. Im Garten weniger stark wuchernd, aber auch gut für einen Trog oder Kübel geeignet. Aus feuchten Gehölzufern in Nordeuropa, Nordamerika und Ostasien. ↕ 10–15 cm. Z2

ERAGROSTIS
Liebesgras, Teffgras
POACEAE

Pflanzen dieser Gattung sind zarte Gräser, die in offenen, trockenen Grasländern heimisch sind.

Die etwa 350 Einjährigen und Laub abwerfenden Stauden finden sich auf trockenen Flächen und Brachland in tropischen und subtropischen Regionen. Es sind Horst bildende, trockenheitsresistente Gräser mit lockeren und oft eleganten, von dicht bis spärlich variierenden Rispen. Viele Arten besitzen blaugrüne Blätter und

sind schöne Exemplare für Gruppen- oder Einzelpflanzungen in Steingärten. Sie können auch harte Strukturen optisch auflockern und eignen sich für hohe Kübel.

KULTUR Bevorzugt einen trockenen, offenen, sonnigen Standort in gut durchlässigem, mäßig fruchtbarem Boden.

VERMEHRUNG Aus Samen oder durch (nicht zu kleine) Teilung im späten Frühjahr.

PROBLEME Bei ausreichend offenem Raum keine.

E. airoides Bildet dichte, weiche Horste aus hellgrünen Blättern, aus denen sich dünne, drahtige, oft verzweigte Halme erheben, die von August bis Oktober luftig-zarte Wolken winziger, rosavioletter Blütenährchen tragen. In Gruppen an einem sonnigen, gut dränierten Standort pflanzen, wo die Sonne durch die rauchigen Blüten sickern kann. Aus Argentinien. ↕ 45 cm. Z6

E. chloromelas Eine dicht-büschelige Pflanze mit elegant geschwungenen Horsten sehr feiner, blaugrauer Blätter, die sich im Winter gelbbraun färben. Die leicht gebogenen, verzweigten, grauen Halme tragen winzige, zarte, violette bis olivgrüne Blütenährchen, die im Spätsommer in luftigen Rispen über dem Blattwerk schweben. Toleriert Trockenheit und bevorzugt einen sonnigen Standort in fruchtbarem Boden. Unterdrückt in Gruppen gepflanzt wirkungsvoll Unkraut in Steingärten und ist eine schöne Einzel- und Kübelpflanze. Sät sich frei aus. Wird in trockenen Ebenen Südamerikas als Weidegras kultiviert. ↕ 1 m. Z6

E. curvula (Schwachgekrümmtes Liebesgras) Dichte, gebogene Büschel aus dünnen, dunkelgrünen, eingerollten Blättern, die sich im Winter gelbbraun färben. Grüne, gebogene, verzweigte Halme tragen im Spätsommer einseitige, luftige Rispen winziger, hängender, dunkelgrauer bis violetter Blütenährchen über den Blättern. Toleriert Trockenheit und ist eine schöne Ergänzung für naturnahe Prärie- und Steingärten. Kann kurzlebig sein, sät sich aber frei aus. Aus dem südlichen und tropischen Afrika und in allen außer den kältesten Regionen Nordamerikas eingebürgert, wo es sandige Böden hält. ↕ 1,2 m. Z6 **'Totnes Burgundy'** Laub abwerfend. Die Blätter färben sich tief burgunderrot. Grünbeige Blütenährchen in Rispen. ↕ 90 cm.

E. trichodes syn. *Poa trichodes* Langsam kriechende Horste glänzender, mattgrüner, 5 mm breiter Blätter. Von Juli bis September tragen Halme luftige, gebogene Rispen hellgrüner, rot überhauchter Blütenährchen zwischen den Blättern. Sehr attraktive Pflanze als Gruppen in gut dränierten Bereichen des Gartens und in offenen, trockenen Gehölzen, wo die Sonne durch die zarten Blüten sickern kann. In den USA von Illinois bis Texas in trockenen Sandflächen, Prärien und Waldgebieten heimisch. ↕ 1,2 m. Z5

EREMURUS
Steppenkerze, Kleopatranadel, Lilienschweif
ASPHODELACEAE

Im Frühsommer stehen prachtvolle, aufrechte Blütentrauben hoch über niedrigen Blattrosetten.

Diese Gruppen bildenden Stauden stammen vorwiegend aus den trockenen, felsigen Steppen Zentral- und Westasiens. Nur 3 der etwa 45 Arten werden häufig kultiviert, aber diese zählen zu den beeindruckendsten Gartenpflanzen. Alle besitzen dicke, fleischige Wurzeln, die sich wie die Arme eines Seesterns horizontal von einer zentralen Knospe mit einem lockeren Büschel langer, riemenförmiger Blätter ausbreiten, die weich, spitz und meist unterseitig gerippt sind. Aus dem Büschel erheben sich steife, blattlose, unverzweigte Stängel bis zu 3 m hoch. Von Mai bis Juni tragen sie spektakuläre, zugespitzte Trauben aus Hunderten dicht stehender Knospen, die sich von unten her nach und nach öffnen und sternförmige, kurzstielige Blüten in Weiß, Rosa oder Gelb mit attraktiven Staubblättern (siehe *Steppenkerzenblüten*) freigeben. Nach der Blüte stirbt die Pflanze oberirdisch ab – in ihrer Heimat kann sie damit die glühende Sommerhitze überstehen – und ruht bis zum folgenden Jahr. Die kultivierten Arten und Gartenhybriden unterscheiden sich hauptsächlich in Blütenfarbe und Höhe. Viele halten sich lange als Schnittblumen.

KULTUR In nährstoffreichem, gut durchlässigem Boden an einem sonnigen, geschützten Standort. Sie tolerieren sehr alkalischen Boden. Für die Pflanzung ein breites, flaches Loch graben und den Wurzelstock im Loch auf einen 5 cm hohen Hügel aus grobem Sand setzen, sodass die Krone auf Bodenhöhe ist. Auf die Rückseite von Rabatten oder zwischen Laub abwerfende Sträucher pflanzen, wo die Büschel ohne zu stören absterben können, oder mit Arten aus vergleichbaren Lebensräumen in weiträumige, prärieartige Pflanzungen setzen. Junger Wuchs ist anfällig für Frostschäden und muss in kalten Nächten geschützt werden.

VERMEHRUNG Durch Teilung im Sommer oder Frühherbst, wenn die Blätter abgestorben sind. Etablierte Büschel mit vielen Stängeln haben zusätzliche, bewurzelte Kronen, die auseinander gezogen oder geschnitten werden können, dabei sollten die empfindlichen Wurzeln nicht beschädigt werden. Arten können auch aus Samen vermehrt werden, der frisch am besten keimt. Sämlinge erreichen binnen drei bis fünf Jahren Blühreife.

LINKS **1** *Eremurus himalaicus*
2 *E. × isabellinus* 'Cleopatra'
3 *E.* 'Oase'

PROBLEME Keine.

E. bungei siehe *E. stenophyllus* subsp. *stenophyllus*

E. **'Emmy Ro'** Blüten innen zitronengelb, auf der Rückseite der Blütenblätter mit rostbrauner Mittelrippe aprikosenorange getönt. Lange Staubblätter mit orangefarbenen Staubbeuteln. Gezüchtet von N.C. Ruiter. ↕ 1,8 m. Z5

E. himalaicus (Himalaya-Steppenkerze) Aus einem grundständigen Büschel 4 cm breiter und 50 cm langer, ganzrandiger, hellgrüner Blätter erheben sich hohe Stängel mit 90 cm langen Trauben aus vielen, etwa 3,5 cm großen weißen Blüten. Braucht unter Umständen Stützung. Aus Afghanistan und dem nordwestlichen Himalaja. ↕ 2–2,5 m. Z5

E. × isabellinus (Isabellen-Steppenkerze) Eine breite Auswahl relativ robuster Hybriden mit mattgrünen, lanzettlichen, 15–30 cm langen Blättern und eleganten Trauben weißer, gelber, orangefarbener oder rosa Blüten auf relativ kurzen Stielen. Eine Kreuzung aus *E. stenophyllus* und der selten kultivierten, blassrosa *E. olgae*. ↕ 1,5–1,8 m. Z5 **'Cleopatra'** Orangebraune Knospen öffnen sich zu pfirsichgelb-orangefarbenen Blüten mit dunkelroter Mittelrippe auf der Rückseite der Blütenblätter und orangefarbenen Staubbeuteln. Eine Auslese aus den Hybriden von N.C. Ruiter. **'Obelisk'** Weiße Blüten mit blassgrüner Mitte und grünen Mittelrippen. Ebenfalls von Ruiter. **'Pinokkio'** Dunkelgelb mit orangefarbenen Staubbeuteln. Dunkler als 'Emmy Ro'. **Ruiter-Hybriden** Eine Mischung prächtiger, pastellfarbener Trauben in Rosa-, Gelb- und Goldtönen von N.C. Ruiter. **Shelford-Hybriden** Kürzere Pflanzen mit langen Trauben in weichen Creme-, Rosa-, Gelb- und Orangetönen. Von Sir Michael Foster im englischen Great Shelford. ↕ 1–1,5 m.

E. **'Oase'** Hellrosa Blüten mit dunkelbrauner Mittelrippe. Ursprünglich eine Auslese von Ruiter, wobei auch dunkelrosa blühende Pflanzen unter diesem Namen gehandelt werden. ↕ 1,8 m. Z5

E. robustus (Turkestan-Steppenkerze) Eine Riesenstaude. Die blaugrünen, rau berandeten Blätter sind bis zu 4 cm breit und 1 m lang, die Blüten stehen in prächtigen, bis 1 m hohen Säulen auf hohen Stängeln. Jede Traube trägt mehrere Wochen lang bis zu 800 hellrosa, 4 cm große Blüten mit einem braunen Fleck an der Basis. Muss eventuell gestützt werden. Aus Afghanistan und Zentralasien. ↕ 2,5–3 m. Z5

E. **'Romance'** Lange, dichte Blütentrauben in Lachsrosa-orange. Gezüchtet von N.C. Ruiter. ↕ 1,5 m. Z5

E. stenophyllus (Afghanistan-Steppenkerze) Kleiner als einige andere Arten, mit linealischen, bis 1,5 cm breiten und 30 cm langen, rau berandeten und fein behaarten Blättern. Schlanke, 30 cm lange Trauben aus leuchtend gelben, 2 cm großen Blüten, die hervorstehende Staubblätter mit gelber Spitze haben. Wenn sich die oberen Knospen öffnen, färben sich die unteren Blüten rostbraun. Die am häufigsten für Kreuzungen genutzte Art. Aus Zentralasien, Afghanistan, Iran und Westpakistan. ↕ 1–1,5 m. Z5 **subsp.** *stenophyllus* syn. *E. bungei* Unbehaarte Blätter.

ERIGERON
Berufkraut, Feinstrahl
ASTERACEAE

Leider sind diese verlässlichen Korbblüter ein wenig aus der Mode gekommen.

Die etwa 200 Arten vorwiegend krautiger Stauden sowie einiger Ein- und Zweijähriger haben eine große Verbreitung. Sie wachsen vor allem in Nordamerika auf Wiesen, offenen Prärien, Wäldern und Felsformationen. Die Blätter stehen in Basalrosetten oder wechselständig an Sprossen und sind ganzrandig

STEPPENKERZEN-BLÜTEN

Ein aufrechter, unverzweigter, blattloser Stängel erhebt sich aus einer grundständigen Blattrosette und trägt an der Spitze zahlreiche, unterschiedlich dicht stehende Blüten an 1–4 cm langen Stielen mit einer pergamentartigen Braktee (Hüllblatt) an der Basis. Die sechsstrahligen Blüten bestehen aus 3 äußeren und 3 inneren Tepalen (Perigon- oder Blütenhüllblättern). Jedes Tepalum ist mit 1, 3 oder 5 dunklen zentralen Adern gezeichnet. In der Blütenmitte umringen 6 Staubblätter den Fruchtknoten mit einem einzelnen Griffel, die Staubblätter sind bei einigen Arten länger als die Tepalen.

Eremurus robustus

OBEN 1 *Erigeron karvinskianus*
2 *E.* 'White Quakeress'

oder schwach gezählt, meist ohne erkennbaren Stiel.

Die Korbblüten besitzen leuchtend gefärbte Zungenblüten in verschiedenen Tönen einschließlich Violett, Rosa, Orange, Weiß und Rosalila und eine gelbe Mitte. Ungefüllte Blütenkörbchen haben eine, halbgefüllte Blüten 2 Reihen von Zungenblüten. Darauf folgen Früchte mit einem »Fallschirm« aus Haaren. Einige Arten, wie *E. karvinskianus*, gelten in einigen Teilen der Welt als wucherndes Unkraut. Die größeren Formen eignen sich für eine Krautrabatte und blühen fast den ganzen Sommer über. Sie ähneln oberflächlich Astern, blühen aber einige Monate früher. Die kleineren eignen sich eher für Hochbeete oder Mauern.

Der Name *Erigeron* bedeutet »alter Mann«, was sich entweder auf die behaarten Blätter einiger Arten oder, wahrscheinlicher, auf die behaarten Früchte bezieht.

KULTUR Die Pflanzen bevorzugen einen sonnigen Standort und einen mäßig fruchtbaren, gut durchlässigen Boden, der den Sommer über feucht bleibt, und gedeihen gut in Meeresnähe. Viele wachsen am besten in einem Hochbeet, vor allem Sorten wie 'Dimity', die bei übermäßiger Winternässe eingeht. Einige müssen gestützt werden. Alle profitieren vom Auszupfen der verwelkten Blütenkörbchen und sollten im Herbst zurückgeschnitten werden. Sie werden mit dem Alter relativ holzig und sollten daher alle zwei bis drei Jahre ausgegraben, vermehrt und neu eingepflanzt werden. Übermäßige Düngung verringert die Anzahl der Blüten.

VERMEHRUNG Sorten werden meist im Frühjahr durch Teilung oder Grünstecklinge vermehrt. Arten können bei 15–20 °C aus Samen gezogen werden.

PROBLEME Echter Mehltau.

E. **'Adria'** Im Juni und Juli halbgefüllte, blassviolette Blütenkörbchen mit goldorangefarbener Mitte. Guter Bodendecker. ↕ 75 cm. Z4

E. aurantiacus (Orangefarbenes Berufkraut) Eine Matten oder Gruppen bildende Staude mit samtigen, ungezähnten, löffelförmigen Basalblättern und lanzettlichen Stängelblättern. Die Basalblätter haben einen kurzen Stiel, der denen am Spross fehlt. Die Blütenkörbchen mit leuchtend orangefarbener Mitte und dunkler orangefarbenen Zungenblüten stehen von Mai bis Juli einzeln an aufrechten Stängeln. Oft kurzlebig. Zusammen mit *E. glaucus* ein Elternteil von Hybridsorten wie *E.* 'Dimity'. Aus den Bergen Turkestans. ↕ 30 cm. Z4 **'Bressingham'** Goldgelbe Blütenkörbchen. Langlebiger.

E. **'Azurfee'** syn. *E.* 'Azure Fairy' Von Juni bis August blass-rosalila Blütenkörbchen mit schmalen Zungenblüten und gelber Mitte an kräftigen Stängeln. Gute Schnittblume, aber aus Samen gezogen variabel. ↕ 45 cm. Z4

E. **'Black Sea'** siehe *E.* 'Schwarzes Meer'

E. **'Dignity'** Von Mai bis Juli einzeln stehende, rosalila Blütenkörbchen mit orangegelber Mitte. Blüht früher als die meisten Hybriden. Gezüchtet von Alan Bloom. ↕ 50 cm. Z4

E. **'Dimity'** Im Juni und Juli halbgefüllte, hellrosa Blütenkörbchen, die sich aus orangefarben überhauchten Knospen öffnen. Empfindlich gegen Winternässe und meist kurzlebig. Von Alan Bloom. ↕ 25 cm. Z4

E. **'Dunkelste Aller'** ♥ syn. 'Darkest of All'. Von Juni bis August halbgefüllte, tief-violettblaue Blütenkörbchen mit gelber Mitte über graugrünen Blättern. Der Name ist nicht länger zutreffend, da 'Schwarzes Meer' tiefer violette Blüten hat. ↕ 60 cm. Z4

E. **'Foerster's Liebling'** ♥ syn. 'Foerster's Darling' Im Juni und Juli sehr tief rosarote, halbgefüllte Blütenkörbchen an aufrechten Stängeln über graugrünen Blättern. Niedrig und Gruppen bildend. Gezüchtet von Karl Foerster. ↕ 60 cm. Z4

E. **'Four Winds'** Im Juni und Juli lilarosa Blütenkörbchen mit gelber Mitte auf kurzen Stängeln an einer kompakten Pflanze. ↕ 25 cm. Z4

E. glaucus (Strand-Berufkraut) Sukkulent wirkend, mit kräftigen, oft ausladenden Sprossen aus einem dichten, grundständigen Büschel umgekehrt eiförmiger, graugrüner, 15 cm langer Blätter. Die Stängelblätter sind ähnlich, aber kleiner. Die einzeln oder in kleinen Gruppen stehenden, lila oder violetten Blütenkörbchen mit gelber Mitte öffnen sich von Mai bis Juli. Sehr salztolerant. Aus Küstengebieten entlang der Westküste der USA. ↕ 30 cm. Z6 **'Arthur Menzies'** Das hell-blaugrüne Blattwerk ist von Mai bis September von rosa Blütenkörbchen mit großen, grüngelben Zentren überzogen. Selektiert von Wayne Roderick. ↕ 20 cm. **'Elstead Pink'** Rosa Blütenkörbchen mit dünnen Zungenblüten. Gezüchtet in der Gärtnerei von Ernest Ladham im englischen Elstead, woher viele schöne Pflanzen stammen. **'Sea Breeze'** Von Mai bis September kräftig rotviolette Blütenkörbchen an kompakten Pflanzen. **'Wayne Roderick'** Verzweigte Stängel tragen große, lilablaue Blütenkörbchen mit gelber Mitte. Gefunden vom Namen stiftenden Herrn Roderick und manchmal als 'W. R.' zu finden. Vielleicht eine Hybride.

E. karvinskianus ♥ syn. *E. mucronatus* (Karwinskis Berufkraut, Spanisches Gänseblümchen) Bildet einen wüchsigen Teppich aus drahtigen, leicht holzigen, weichen Sprossen. Die zur Spitze hin leicht dauningen, hellgrünen Blätter sind ganzrandig oder schwach gezähnt, schmal elliptisch, lanzettlich oder umgekehrt eiförmig. Die Blütenkörbchen gleichen den Gänseblümchen und stehen einzeln oder zu 5 in Schirmrispen. Jedes hat eine hellgelbe Mitte und rosa überhauchte, weiße Zungenblüten, die sich mit der Zeit rötlich violett färben. Sie sind wesentlich zierlicher als die Hybriden. Die Art sät sich selbst frei aus und eignet sich gut zum Auflockern von Steinkanten und Mauern. Im Herbst zurückschneiden. Blüht oft schon zwei bis drei Monate nach einer Frühlingsaussaat. Gilt in Neuseeland als schädliches Unkraut und darf nicht verkauft werden. Aus Felsformationen von Mexiko bis Panama. ↕ 80 cm. Z7 **'Profusion'** Eine frei blühende Samensorte, die sich nicht von der Art unterscheiden kann.

E. mucronatus siehe *E. karvinskianus*

E. **'Nachthimmel'** Von Juni bis August tiefviolette, halbgefüllte Blütenkörbchen mit einem blauen Hauch und einer gelben Mitte. ↕ 60 cm. Z4

E. **'Pink Jewel'** siehe *E.* 'Rosa Juwel'

E. **'Prosperity'** Im Juni und Juli halbgefüllte, fast gefüllte, rosalila Blütenkörbchen mit gelber Mitte an aufrechten, kompakten Pflanzen. Von Alan Bloom. ↕ 60 cm. Z4

E. **'Quakeress'** Im Juni und Juli stehen Unmengen ungefüllter, blassrosa Blütenkörbchen mit schlanken Zungenblüten und kleiner gelber Mitte über graugrünem Blattwerk. Eine alte und kraftvolle Sorte, die eine Kultur lohnt, aber gestützt werden muss. ↕ 60 cm. Z4

E. **'Rosa Juwel'** syn. *E.* 'Pink Jewel' Große, halb gefüllte, blassrosa Blütenkörbchen mit hellgelber Mitte. Aus Samen gezogen und variabel – wird sogar als blassblau geführt. ↕ 60 cm. Z4

E. **'Schneewittchen'** syn. *E.* 'Snow White' Reinweiße, fadendünne Zungenblüten und eine gewölbte, hellgelbe Mitte. Sehr hübsch und in reinerem Weiß als 'White Quakeress'. ↕ 60 cm. Z4

E. **'Schwarzes Meer'** syn. *E.* 'Black Sea' Im Juni und Juli halbgefüllte, tiefviolette Blütenkörbchen mit gelber Mitte. Die dunkelste Sorte. ↕ 60 cm. Z4

E. **'Shimmering Sea'** siehe *E.* 'Strahlenmeer'

E. **'Snow White'** siehe *E.* 'Schneewittchen'

E. **'Strahlenmeer'** syn. *E.* 'Shimmering Sea' Unmengen blassvioletter, fadenartiger Zungenblüten umringen eine kleine, gelbe Mitte. Attraktiv und wüchsig mit aufrechtem Habitus. ↕ 70 cm. Z4

E. 'White Quakeress' Weiße Blütenkörbchen mit hellgelber Mitte über graugrünen Blättern. Nicht immer reinweiß, wohl weil sie oft aus Samen gezogen wird. Braucht eine Stütze. ‡ 60 cm. Z4

E. 'Wuppertal' Große, halbgefüllte, tiefrosalila Blütenkörbchen über dichtem Blattwerk. ‡ 60 cm. Z4

ERIOPHYLLUM
Wollblatt
ASTERACEAE

Diese Pflanzen mit den strahlend gelben Blütenkörbchen machen sich besonders schön in einer sonnigen Sommerrabatte.

Die Gattung umfasst 12 Arten Einjähriger und Stauden, einige davon basal verholzt, aus offenen, sandigen Strauchformationen der westlichen USA, Nordwest-Mexikos und Südwest-Kanadas. Nur eine davon wird weithin kultiviert. Sie bildet eine dichte, grundständige, rundliche Gruppe meist wechselständiger Blätter, die verschieden stark weiß behaart sind. Goldgelbe Blütenkörbchen stehen an langen Stielen über den Blättern. Jeder Blütenkopf besteht aus 6–8 äußeren, weiblichen Zungenblüten. Sie sind an der Basis breit und überlappend und schnell spitz zulaufend. Die zentrale Scheibe besteht aus dunkelgoldgelben, zweigeschlechtlichen Röhrenblüten. Sie können vor allem in warm-feuchten Sommern im Garten kurzlebig sein. Vögel sammeln die daunigen Blätter zum Nestbau.

KULTUR Bevorzugt volle Sonne in trockenem, leichtem, unfruchtbarem bis mäßig fruchtbarem Boden, toleriert aber die meisten Böden, solange sie nicht über längere Zeit im Winter nass oder kalt sind. Ein Rückschnitt nach der Blüte verhilft zu kompaktem Wuchs.

VERMEHRUNG Aus Samen, durch Teilung oder Stecklinge.

PROBLEME Schnecken.

E. lanatum (Großköpfiges Wollblatt) Gruppen bildende Staude, meist ebenso hoch wie breit, mit zahlreichen, vielfach verzweigten, kräftigen, leicht wolligen Sprossen aus einer holzigen Basis. Die löffelförmigen Basalblätter können ungeteilt, gelappt oder fiederspaltig sein. Die Stängelblätter werden mit zunehmender Höhe kleiner, sind aber genauso variabel und unterseitig weiß behaart. Die bis zu 4 cm großen Blütenköpfe sind strahlend gelb und erscheinen sukzessive ab dem späten Frühjahr den Sommer hindurch. Die Pflanzen tolerieren Trockenheit und bevorzugen sandigen oder kiesigen, gut durchlässigen Boden. Aus dem westlichen Nordamerika. ‡ 40–60 cm. Z5 **'Pointe'** Zwergform. ‡ 30–40 cm.

ERODIUM
Reiherschnabel
GERANIACEAE

Pflanzen dieser Gattung sind winterharte Sonnenliebhaber mit attraktivem Blattwerk und langer Blütezeit im Sommer.

Die etwa 60 Arten Einjähriger, Alpinpflanzen sowie immergrüner und halbimmergrüner Stauden, einige mit deutlich verholzter Basis, finden sich in Kalksteinformationen in Europa, Zentralasien, Nordafrika, Nord- und Südamerika und den kühleren Regionen Australiens. Die größte Konzentration liegt um das Mittelmeer. Einige eignen sich am besten für Steingärten oder Tröge, aber die größeren passen gut in gemischte Rabatten.

Äußerlich ähnlich den winterharten Storchschnäbeln tragen Reiherschnäbel im Sommer rundliche, fünfzählige, rosa, violette, rote, weiße oder gelbe Blüten. Sie unterscheiden sich durch ihre in gegenständige Blättchen geteilten oder schwach und unregelmäßig gelappten Blätter, während Storchschnabel-Blätter stärker geteilt sind. Außerdem besitzen Storchschnäbel 10 fruchtbare Staubblätter, Reiherschnäbel nur 5.

KULTUR Bevorzugen volle Sonne in humosem, neutralem bis kalkigem Boden mit guter Dränage. Schlecht durchlässiger Boden schadet den Pflanzen im Winter.

VERMEHRUNG Matten oder Polster bildende Pflanzen im Frühjahr teilen. Im Frühjahr Triebstecklinge nehmen. Samen von Arten einsäen, sobald sie reif sind.

PROBLEME Gefurchter Dickmaulrüssler.

E. carvifolium Eine Pflanze für die Front einer Rabatte. Die grünen, 5–16 cm langen Basalblätter bestehen

aus zahlreichen, gegenständigen Blättchen. Ab April und Mai stehen rote, schalenförmige, etwa 2 cm große Blüten in Dolden an aufrechten Stielen. Aus Zentralspanien. ‡ 35 cm. Z7

E. chrysanthum Eine büschelige, dichte Polster bildende Pflanze, die oft in Steingärten zu sehen ist, sich aber auch für erhöhte, gut durchlässige Rabatten eignet. Die silbergrünen, 3,5 cm langen, ovalen Blätter aus zahlreichen, gegenständigen Blättchen sind ab Juni der perfekte Hintergrund für die 2 cm großen, schalenförmigen, blassgelben, selten rosa Blüten. Aus Griechenland. ‡ 15 cm. Z7

E. hymenodes siehe *E. trifolium*

E. manescavii (Pyrenäen-Reiherschnabel) Diese Gruppen bildende, hohe Pflanze eignet sich perfekt für die Rabattenfront. Die lanzettlichen bis ovalen, mittelgrünen, behaarten, bis 30 cm langen Blätter bestehen aus zahlreichen, gegenständigen, gezähnten Blättchen. Von Juni bis September erscheinen Dolden aus 3 cm großen, schalenförmigen, magentavioletten Blüten auf langen Stielen. Die Blüten haben einen dunklen Fleck an den oberen Kronblättern. Sät sich vor allem auf Kiesmulch frei selbst aus. Aus den Pyrenäen. ‡ 45 cm. Z6

E. pelargoniiflorum Nützlich für die Rabattenfront. Die holzige Basis trägt langstielige, gelappte, apfelgrüne, herzförmige Blätter, deren Ränder gerundete Zähne tragen. Wie der Name andeutet, ähneln die Blüten denen des *Pelargonium*. Sie stehen ab Juni in Dolden, sind 2 cm groß und weiß. Die oberen 2 Kronblätter sind violett gefleckt. Aus der Türkei ‡ 30 cm. Z6

E. trifolium syn. *E. hymenodes* Eine kurzlebige immergrüne Staude, manchmal zweijährig, mit leicht strauchigem Wuchs für die Front einer Rabatte. Die graugrünen, etwa 5 cm langen, dreilappigen Blätter haben tief gezähnte Rän

der. Im Mai und Juni erscheinen Dolden etwa 2 cm großer, rosa Blüten mit an der Basis braun gesprenkelten oberen Kronblättern. Sät sich oft frei aus. Aus Marokko. ‡ 35 cm. Z8

ERYNGIUM
Edeldistel, Mannstreu
APIACEAE

Edeldisteln haben auffällige, unverwechselbare Blütenstände, deren Wirkung oft durch eine metallisch blaue Färbung verstärkt wird. Sie sind beliebt als Schnitt- und Rabattenblumen.

Weltweit mit Ausnahme des tropischen und südlichen Afrikas kommen etwa 240 Arten von Stauden, Zweijährigen und Einjährigen vor. Die Blätter sind meist grundständig und können ungeteilt, tief gelappt oder in Blättchen zerteilt sein. Die aufsteigenden und verzweigten Stängel tragen runde, eiförmige oder zylindrische Dolden aus einzelnen Blütchen, meist mit einem darunterliegenden Ring aus spitzen, manchmal gezähnten Hüllblättern. Die meisten besitzen wenige, dicke, fleischige, recht spröde Wurzeln und verabscheuen Störungen. Die südamerikanischen Arten unterscheiden sich stark von den allgemein kultivierten Arten der Alten Welt durch die parallel geaderten, riemenförmigen Blätter. Die Wurzeln einiger Arten (wie z.B. die 2 auf den Britischen Inseln heimischen) wurden früher kandiert und werden von Falstaff in Shakespeares Lustige Weiber von Windsor als »Eringoes« bezeichnet.

Viele Sorten, wie z.B. *E. alpinum*, *E. bourgatii* und *E. planum*, wurden aus Samen nachgezüchtet, sodass eine Welle minderwertiger Sämlinge unter der Originalbezeichnung kursiert: Die echten Sorten sind meist selten und in einigen Fällen vermutlich ausgestorben. Die Hybriden sind allerdings meist steril und werden vegetativ vermehrt, sollten also sortenrein sein.

KULTUR Die meisten brauchen gute Dränage, verabscheuen nährstoffreiche Böden, tolerieren Kalk und gedeihen in der Sonne, wobei südamerikanische Arten Trockenheit schlecht vertragen.

Einige Arten sollten gestützt werden. Für niedrigere Arten kann man z.B. einen Holunderzweig in die Basis einarbeiten. Höhere Arten oder Sorten können mit Reisig gestützt werden, wenn sie relativ dichte Gruppen bilden. Einzelne Sprosse lassen sich mit Bambusstecken stützen. Sie müssen nur auf einem Drittel bis einem Viertel ihrer Höhe angebunden sein, um nicht an der Basis abzuknicken.

VERMEHRUNG Durch Teilung im Frühjahr, durch Wurzelstecklinge oder bei Arten aus reifen Samen.

PROBLEME Schwarze Blattlaus, Echter Mehltau, Miniermotte.

E. agavifolium Immergrün, mit riemenförmigen, bis zu 50 cm langen, grob stacheligen Blättern. Die kräftigen, verzweigten Stängel werden von den Stängelblättern eng umschlossen. Von Juli bis September trägt jeder Stängel bis zu 20 daumengroße, 5 cm hohe, grünliche Dolden mit graublauen Staubbeuteln und einem Kragen aus schmalen, kurzen Hüllblättern. Wird fälschlich oft als *E. bromeliifolium* bezeichnet. Aus Argentinien ‡ 1,5 m. Z9

E. alpinum (Alpen-Mannstreu) ♥ Laub abwerfend, mit unregelmäßig gezähnten, ei- oder herzförmigen Basalblättern und gelappten Stängelblättern. Im Juli und August mehrere, blaue, eiförmige bis zylindrische, 4 cm große Dolden auf kräftigen Stängeln, die oberseits blau überhaucht sind und oft auffällig blau-weiß geaderte Stängelblätter tragen. Jede Dolde hat einen bis zu 13 cm großen Kragen aus mehr als 25 weich stacheligen, fiederspaltigen Hüllblättern. Aus dem Jura, den Alpen und dem Westen und der Mitte des ehemaligen Jugoslawien. ‡ 50–80 cm. Z5 **'Amethyst'** Relativ kleine, dunkelviolette Blütenköpfe und stärker zerteilte Blätter. Gezüchtet von Georg Arends. ‡ 60 cm. **'Blue Star'** Sattblaue Blütendolden, deren Farbe sich die Stiele hinab erstreckt. ‡ 70 cm. **'Slieve Donard'** siehe *E. × zabelii* 'Donard Variety' **'Superbum'** Große, dunkelblaue Blütendolden. ‡ 75 cm.

E. amethystinum (Amethyst-Mannstreu) Meist immergrün, mit ledrigen, distelartigen Basalblättern, die entlang der Mittelrippe gefiedert sind. Die oberen Stängelblätter sind gelappt. Im Juli und August tragen verzweigte Stängel viele, etwa 2 cm große, eiförmige bis runde Blütendolden mit je 5–9 ausgebreiteten blauen, seltener violettblauen Hüllblättern. Die schönsten Auslesen haben kräftig gefärbte obere Stängel und Blüten. Aus Italien, Sizilien und dem Balkan. ‡ 50–80 cm. Z3

E. **'Blue Jackpot'** Im Juli und August tragen kräftige Stängel eine Dolde, umgeben von großen und attraktiven, metallisch blauen, stacheligen Hüllblättern. Eine Hybride von *E. alpinum*. ‡ 60 cm. Z5

E. bourgatii (Pyrenäendistel, Spanischer Mannstreu) Vielfach geteilte Basalblätter umstehen Stängel mit geteilten Stängelblättern, die weiter oben oft deutlich hell geadert sind. Die Stängel tragen von Juni bis August bis zu 7 eiförmige oder flach kugelige Blütendolden, die einen Durchmesser von insgesamt 10 cm haben und 7–15 stachelige Hüllblätter tragen. Die Dolden können weiß grün, matt-graugrün (sollten gemieden werden) oder im besten Fall kräftig blau oder violett sein, wobei die Färbung sich auf den Stängel und manchmal die Adern der oberen Blätter ausdehnt. Eine Sonne liebende Art aus Spanien, den Pyrenäen und Nordwest-Afrika. ‡ 30–55 cm. Z5 **Graham Stuart Thomas's**

Selection Außergewöhnlich stark geteilte, schmal gelappte Blätter mit ausgeprägt weißen Adern, einem kompakten Wuchs und im Juli und August einer kräftig blauen Färbung der Dolden und oberen Stängel. Selektiert aus von Jim Archibald etwa 1980 gezogenen Sämlingen. ‡ 50 cm. **'Oxford Blue'** ♥ Kräftig gefärbte, kleinwüchsige Auslese mit stark geteilten, blass geaderten Blättern, die im Juli und August blüht. Braucht Sonne und gute Dränage. 1980 selektiert und benannt von Primrose Warburg. ‡ 40 cm. **'Picos Amethyst'** Im Juni und Juli Unmengen tief-violettblauer Blütendolden an kräftigen Stängeln, die mit der Zeit nachdunkeln. Vom Picos de Europa in den Bergen Kantabriens eingeführt durch Dr. Ronald Mackenzie. **'Picos Blue'** Robust, reich blühend und relativ leicht zu kultivieren, mit kräftig lavendelblauen Blütendolden an kräftigen Stängeln im Juni und Juli. Eingeführt durch Dr. Ronald Mackenzie. ‡ 50 cm.

E. bromeliifolium siehe *E. agavifolium* und *E. eburneum*

E. campestre (Feld-Mannstreu) Ledrige, blaugraue, manchmal immergrüne Basalblätter, eiförmig und dreifach geteilt, mit stacheligen, gezähnten Lappen. Die Stängelblätter sind mit zunehmender Höhe am Spross stärker geteilt, sodass die obersten oft aus kaum mehr als weißen Adern mit grünen Rändern bestehen. Im Juli und August tragen die obersten, verzweigten, weißlichen Sprosse eiförmige Dolden an verzweigten, geflügelten Stängeln. Jede ist 1–2 cm groß, mit 5–9 lanzettlichen, 2–5 cm langen, spitz stacheligen Hüllblättern, die je 2 Paare seitlicher Stacheln haben. Aus Mittel-

---

DIE ERYNGIUM-BLÜTE

Die Blütchen eines *Eryngium*-Blütenstands stehen eng beieinander in einer konischen oder eiförmigen Dolde, die meist von einem Kragen aus stacheligen Hüllblättern umgeben ist. Darin unterscheiden sie sich von den typischen Doldengewächsen (Apiaceae), die in der Regel scheiben- oder kuppelförmige Blütenstände tragen, die aus Döldchen bestehen. Einzelne *Eryngium*-Blüten haben einen Kelch aus 5 stacheligen Zähnen, die abwechselnd mit 5 kürzeren Petalen stehen.

Blütchen

Stachelige Hüllblätter

Eryngium × oliverianum

PRACHT UND FLAIR

DAS ALPEN-MANNSTREU *Eryngium alpinum* ist eine prachtvolle und unverwechselbare Pflanze. Als Partner wählt man oft das silberne Blattwerk des Beifuß – z.B. *Artemisia* 'Powis Castle' mit ihren fiederteiligen Blättern – um einen wolkigen Kontrast zu erzielen. Im Gegensatz dazu werden hier Blüten mit Blüten, statt mit Blättern kombiniert. Die stacheligen, aber weichen Kragen um die Dolden kontrastieren mit den runden gefüllten Blüten des Wiesen-Storchschnabels *Geranium pratense* 'Plenum Violaceum'. Die schlanken Storchschnabel-Sprosse lehnen sich am strenger aufrechten Mannstreu an, jede Storchschnabel-Blüte wie eine Tänzerin mit fliegendem Rock, während die frischgrünen oberen Stängelblätter die Form der Mannstreu-Kragen aufgreifen.

und Südeuropa bis nach England.
‡ 20–70 cm. Z5

E. decaisneanum siehe *E. pandanifolium*

E. **'Delaroux'** siehe *E. proteiflorum*

E. ebracteatum Riemenförmige,
20–100 cm lange und 0,5–1,5 cm breite
Blätter mit dünn bestachelten Rändern.
Im Juli und August tragen die weit verzweigten Stängel viele säulenförmige,
weinrote, jeweils 5–30 mm × 2–5 mm
messende Blütendolden. Die Hüllblätter
an der Blütenbasis sind ungewöhnlicherweise winzig oder fehlen. Prachtvoll
und unverwechselbar. Aus Südamerika.
‡ 2 m. Z8

E. eburneum Schwertförmige, 1 m lange und 2–5 cm breite Basalblätter mit
kräftigen Randstacheln in der oberen
Hälfte. Die Sprosse mit stängelumfassenden Blättern tragen im Juli und
August einen verzweigten Blütenstand
mit vielen 1–2 cm langen, runden,
grünweißen Dolden. Manchmal fälschlicherweise als *E. bromeliifolium* bezeichnet. Aus Südamerika. ‡ 2 m. Z8

E. horridum Unter diesem Namen werden mindestens 3 verschiedene Arten
kultiviert, aber wahrscheinlich handelt
es sich bei keiner um das extrem stachelige südamerikanische Unkraut, das
eigentlich diesen Namen trägt.

E. maritimum (See-Mannstreu, Stranddistel) Eine auffällig blaugraugrüne,
recht kurzlebige Staude. Ihre 10 cm
großen, rundlichen, ledrigen, silbrig
blaugrünen Blätter haben bis zu 5
spitz dreieckige Lappen, die durch ihre
unterschiedliche Schrägstellung ein
Spiel von Licht und Schatten ergeben.
Die verzweigten Stängel sind an der
Basis meist verholzt und tragen im
Juli und August zahlreiche, rundliche,
blassblaue Dolden mit je 4–7 Hüllblät-

tern, die den Blättern darunter ähneln.
Benötigt volle Sonne, sehr gute Dränage und nährstoffarmen Boden. Gut
geeignet ist die Front einer Rabatte
oder ein Steingarten. Wie eine andere
Küstenpflanze, *Crambe maritima*, hat
sie das Potenzial zu außerordentlicher
Schönheit, erreicht diese aber selten und bildet stattdessen eine recht
lückenhafte Gruppe. Von Sanddünen an
den Küsten Westeuropas (einschließlich
der Britischen Inseln), des Mittelmeers
und des Schwarzen Meers. ‡ 30 cm. Z5

E. × oliverianum ♀ Kraftvolle und
unkomplizierte, Laub abwerfende Staude
mit herz- bis eiförmigen, leicht 3-lap-
pigen, langstieligen, dunkelgrünen, stacheligen Basalblättern. Die Stängelblätter
haben 3–5 Lappen, die ihrerseits wieder
gelappt sind. Im Juli und August tragen
die verzweigten Stängel 4 cm hohe,
leuchtend blaue, eiförmige bis zylindrische Dolden mit je 10–15 violettblau-
en, stacheligen Hüllblättern. Am bemer-
kenswertesten ist vielleicht das intensive
Stahlblau der oberen Blütentriebe, es
macht das recht grobe Blattwerk mehr
als wett. Muss meist gestützt werden und
kann von Rübenkopfälchen befallen
werden. Toleriert schweren Lehmboden.
Ein Sämling von *E. alpinum*, angeblich
von *E. planum* oder dem zweijährigen *E.
giganteum*, vermutlich aber eher von *E.
amethystinum* bestäubt. ‡ 1 m. Z5

E. pandanifolium syn. *E. decaisneanum*
Linealische, parallel geaderte Blätter,
1,5–2,5 cm lang und 2–4 cm breit, mit
weich-stacheligen Rändern. Der stark
verzweigte Stängel trägt ähnliche, aber
kleinere Blätter und von August bis
Oktober viele, kleine, rotviolette, eiförmige, etwa 7–10 mm lange und 4–8 mm
dicke Dolden mit unauffälligen, 2 mm
langen Hüllblättern. Aus Südamerika.
‡ 1,5–4 m. Z8

E. planum (Flachblättriger Mannstreu)
Variable, Laub abwerfende Staude. Die
ledrigen, dunkelgrünen, länglichen bis
eiförmigen Basalblätter sind 5–10 cm
lang und stachelig. Die Stängelblätter
sind fingerförmig gelappt und werden
nach oben hin am Stängel kleiner,
stacheliger und blauer getönt. Die verzweigten Stängel tragen von Juli bis
September viele runde, meist bläuliche,
etwa 10–15 mm hohe Dolden mit je
6–8 Hüllblättern. Diese sind 1,5–2,5 cm
lang und haben 1–4 Stachelpaare. Ver-
wöhnte Gartenpflanzen müssen gestützt
werden. Aus Deutschland und Österreich bis nach Russland, dem Kaukasus
und Zentralasien. ‡ 25–100 cm. Z5
'Bethlehem' ♀ Eine reich blühende
Auslese mit einer Fülle relativ kleiner,
schieferblauer Dolden. ‡ 1 m. **'Blauer
Zwerg'** (Blue Dwarf) Intensiv blaue
Dolden an einer kompakten Pflanze.
Das Original ist heute selten und
wurde von minderwertigen Sämlingen
verdrängt. ‡ 50 cm. **'Blaukappe'** syn.
'Tetra Blue' Kräftig blaue Dolden an
einer kompakten Pflanze. ‡ 60 cm. **'Blue**

SCHNEIDEN UND TROCKNEN

Mannstreu werden als Schnitt- und
Trockenblumen immer beliebter. *Eryngium planum* und seine Sorten werden
am häufigsten kultiviert. Einige neuere
Sorten wurden bereits als zukünftige
Schnittblumen gezüchtet, aber selbst
hohe Arten wie *E. yuccifolium* werden
manchmal für die Vase geschnitten.

Alle sollten geschnitten werden,
wenn sie ihre maximale Färbung
erreicht haben. Eine Temperaturabsen-
kung auf etwa 4 °C verstärkt die Farbe
dann noch. Blüten sollten sich gute
zehn Tage halten. Leider überleben
die Blätter nicht immer so lange und
müssen entfernt werden, während die
Blüten noch in gutem Zustand sind.
Mannstreu können auch getrocknet
werden, indem man sie kopfüber an
einem warmen, trockenen und luftigen
Ort aufhängt, wobei kleine Zweige
auch gut in Kieselgel trocknen und so
am besten die Farbe bewahren. Der
einzige Nachteil ist ein eventuell etwas
unangenehmer Geruch und die Stache-
ligkeit der Trockenblume.

RECHTS 1 *Eryngium agavifolium*
2 *E. alpinum* **3** *E. bourgatii*
4 *E. bourgatii* 'Oxford Blue'
5 *E. × oliverianum*

Ribbon' Violettblaue, starkwüchsige, hauswurzartige Dolden, ein recht amüsanter Effekt, der die Form der einzelnen Dolden verdeckt, aber die Blüte verlängert. Ein Sport von 'Flüela'. ↕ 1 m. **'Flüela'** Hoch, mit satt-violettblauen Dolden. ↕ 1,2 m. **'Seven Seas'** Schlanker, aufrechter Wuchs und intensiv blaue, mit dem Alter verblassende Blüten. ↕ 95 cm. **'Silverstone'** Graugrüne Dolden an kräftigen Sprossen. ↕ 95 cm. **'Tetra Blue'** siehe 'Blaukappe'.

E. proteiflorum syn. *E.* 'Delaroux' Immergrün, mit 10–30 cm langen und 1–2,5 cm breiten, lanzettlichen, parallel geaderten, mittel- bis dunkelgrünen, stachelig berandeten Basalblättern. Die Stängelblätter sind ähnlich, aber kürzer und umfassen an der Basis den Spross. Blaue, 1–3 cm hohe, eiförmige bis zylindrische, einzeln am Spross stehende Dolden sind von 15–30 stacheligen, bis zu 12 cm langen, meist silbrigen, gelegentlich fast weißen oder seegrün oder blau überhauchten Hüllblättern umgeben. Dank der schönsten Hüllblätter unter den südamerikanischen Arten ist diese Pflanze im Juli und August und bis in den Oktober hinein von überragender Schönheit. Leider hat sie selten genug Blüten, um allein zu wirken. Das Synonym wird oft als Sortenname missverstanden. Außerdem ist Delaroux nicht der Entdecker, sondern es war der Botaniker François Delaroche, der der Pflanze ihren Artnamen verlieh. Ihre Üppigkeit im Garten täuscht über die Herkunft von mageren, trockenen, vulkanischen Böden hinweg. Sie toleriert sommerliche Trockenheit. Ihre Frostverträglichkeit rührt von ihrem hoch gelegenen Lebensraum an Vulkanflanken Mexikos her. ↕ 50–100 cm. Z8

E. serra Unbehaarte Staude mit lanzettlichen, parallel geaderten Basalblättern, die 30–60 cm lang und 2–5 cm breit sind, mit Randzähnen, die mit stacheligen Haaren durchsetzt sind. Im August und September stehen viele, 1 cm große, weiße Dolden mit je 6–9 lanzettlichen, 5 mm langen Hüllblättern an einem verzweigten Stängel. Unter diesem Namen wird eine Reihe verschiedener Arten kultiviert. Aus Brasilien und Argentinien. ↕ 2 m. Z8

E. × tripartitum ♥ Die Basalblätter sind dreilappig, dunkelgrün und gezähnt, die Stängelblätter sitzend, tiefer geteilt und stärker gezähnt. Im Juli und August tragen die stark verzweigten, schlanken, drahtigen Sprosse 1–2 cm große, rundliche Dolden über 6–9 schmalen, 3 cm langen Hüllblättern. Obere Stängel und Dolden sind zunächst silbrig grün und nehmen in voller Blüte eine satt-violettblaue Tönung an, die sich am stärksten in gut durchlässigem Boden in voller Sonne entwickelt. Sollte gestützt werden. Eine besonders elegante, sterile Hybride, vermutlich aus *E. amethystinum* und *E. planum*. ↕ 60–90 cm. Z5

E. variifolium Immergrüne Pflanze, mit länglichen bis kreisrunden, mittel- bis dunkelgrünen, gezähnten Basalblättern, die 5 cm lang und mit hellen Adern marmoriert sind. Die Stängelblätter mit ihren stacheligen Lappen entlang der Mittelrippe werden nach oben zunehmend schmaler, weißer und stacheliger. Im Juli und August stehen viele, blaugraue, runde bis eiförmige, bis 2 cm große Dolden an steif aufrechten, verzweigten Stängeln. Die Dolden haben 5–7 Hüllblätter, die 2–6 cm lang, stachelig und weißlich sind. Bei dieser Pflanze ist nicht die Blütendolde, sondern das junge Laub die Hauptattraktion. Aus Nordafrika. ↕ 30–45 cm. Z4

E. yuccifolium (Yuccablättriger Mannstreu) Variable immergrüne Staude mit parallel geaderten, riemenförmigen, bläulich grauen Basalblättern, die 20–100 cm lang und mit 5 mm langen Stacheln gezähnt sind. Die Stängelblätter sind ähnlich und umfassen den Spross an der Basis und werden nach oben zunehmend kleiner. Von Juli bis September tragen die verzweigten Stängel unterschiedlich viele runde bis eiförmige, 1–2,5 cm große, blaugraue, weißliche oder grüne Dolden über je 5–10 kurzen, gezähnten Hüllblättern, die von den Dolden fast verdeckt werden. Aus dem Osten der USA. ↕ 1,2–1,8 m. Z4

E. × zabelii Halbimmergrüne Pflanze mit 3-lappigen Basalblättern, die mehrfach gelappt und gezähnt sind. Die Stängelblätter werden nach oben schmaler gelappt, stacheliger, heller geadert und blauer getönt. Im Juli und August öffnen sich meist mehrere blaue oder violette, eiförmige bis zylindrische Dolden pro verzweigtem Stängel, jeweils mit einem Kragen aus langen, steifen, stacheligen Hüllblättern. Eine Hybride von *E. alpinum* und *E. bourgatii*. ↕ 60–100 cm. Z5 **'Donard Variety'** syn. *E. alpinum* 'Slieve Donard' Große, graublaue Blüten mit extra langen Dolden und langen, zurückgebogenen Hüllblättern mit wenigen Nebenlappen. Die gesamte Pflanze erscheint in der Reife silbrig. Eingeführt 1945 von der nordirischen Slieve Donard Nursery. ↕ 1 m. **'Jos Eijking'** Kraftvoll und problemlos, mit kräftig blau überhauchten Dolden und oberen Stängeln. Die meist 12–15 Hüllblätter sind gerade und relativ breit und wirken sternförmig. ↕ 70 cm. **'Violetta'** Aufrechte Pflanze mit sattvioletten Blüten. ↕ 60 cm.

EUPATORIUM
Wasserdost, Kunigundenkraut
ASTERACEAE

Meistens werden diese Sonne liebenden Pflanzen mit langer, später Blüte eher unterschätzt.

Die 40 Arten Einjähriger, immergrüner und Laub abwerfender Stauden, Halbsträucher und Sträucher aus Europa, Afrika, Asien und Nord- und Südamerika finden sich in verschiedensten Lebensräumen wie Wäldern, sonnigen Flächen und Sümpfen. Die Stauden sind Laub abwerfend und bilden kompakte Gruppen. Das Blattwerk ist sehr unterschiedlich, aber die meisten haben gegenständige oder wirtelige Blätter mit gezähnten Rändern. Die

RECHTS *Eupatorium cannabinum*

winzigen Blüten sind in Blütenkörbchen zusammengefasst, die in flachen Rispen oder Doldentrauben stehen, und es folgen wollige Früchte.

Pflanzenexperten haben den Wasserdost kürzlich neu untersucht und auf Basis kleiner, aber wichtiger botanischer Eigenschaften in eine Reihe neuer Gattungen wie *Ageratina* und *Conoclinium* geteilt. In manchen Katalogen werden sie bereits unter diesen Namen geführt.

Wasserdost ist bei Schmetterlingen sehr beliebt, vor allem bei Pfauenauge, Kleinem Fuchs und Distelfalter, wobei die gefüllten Sorten weniger Nektar produzieren und damit weniger attraktiv sind. *E. purpureum* ist eine der relativ neuen Schatten liebenden Stauden, die von ihnen gern angeflogen werden.

Die Höhe der meisten *Eupatorium*-Arten und -Sorten verweist sie auf die Rückseite einer Rabatte, aber einmal gepflanzt, sind sie schwer zu entfernen. Sie empfehlen sich durch ihre lange Blühsaison, die sich oft in den Spätsommer und Herbst hinein zieht, obwohl dann das Laub schon recht müde wirkt. Zum Glück wird es meist von den davorstehenden Pflanzen verdeckt. Die raueren Arten eignen sich gut für einen naturnahen Garten, können sich aber unangenehm selbst aussäen, verwelkte Blüten sollten daher ausgeputzt werden.

KULTUR Bevorzugen mäßig feuchten Boden in voller Sonne oder Halbschatten. Müssen in heißen Sommern gegossen werden, um nicht zu verwelken.

VERMEHRUNG Durch Teilung.

PROBLEME Keine, kann aber wuchern.

E. album Eine kompakte Pflanze mit gegenständigen, grob gezähnten, bis 5 cm langen, ovalen Blättern an rau

SATTE FARBEN IN DER HERBSTSONNE

HERBSTLICHE STAUDENKOMBINATIONEN haben viel Konkurrenz – vor allem durch leuchtendes Herbstlaub –, deshalb sind so kraftvolle und wirkungsstarke Zusammenstellungen wie diese besonders wertvoll, indem sie das kräftige, schräg einfallende Licht einfangen. *Eupatorium purpureum* subsp. *maculatum* bildet mit seinen dunkel gesprenkelten Stängeln und vielen rundlichen, violett-rosa Rispen eine beeindruckende Gruppe. Den Kontrast in Farbe und Form liefert die meist unterschätzte *Sanguisorba tenuifolia* 'Alba', deren hängende Ähren an schlanken Sprossen die Wirkung des *Eupatorium* unterstützen. Im Frühjahr kann man Zwiebel-Pflanzen zwischen die Gruppen setzen. Nach der Blüte wird deren welkendes Blattwerk von den jungen Blättern der beiden Stauden verdeckt.

behaarten Sprossen. Von Juli bis Oktober öffnen sich luftige, weiße Schirmrispen. Eine der niedrigeren Arten, die auch in trockener Umgebung gedeiht. Aus offenen oder halbschattigen, sandigen Plätzen im Osten der USA. Gilt in einigen Regionen als bedroht. ↕ 1 m. Z5 **'Braunlaub'** Dunkle Sprosse, braun überhauchte junge Blätter und elfenbeinfarbene Blüten. Toleriert Schatten. Manchmal als *E. rugosum* geführt.

E. cannabinum (Gewöhnlicher Wasserdost) Eine aufrechte Pflanze, die eine große, dichte Gruppe bildet. Die gegenständigen Blätter sind in 3–5 schmale, bis 12 cm lange »Finger« geteilt und erinnern an Cannabisblätter. Von Juli bis August oder September trägt die Pflanze 10 cm große Doldentrauben aus hellvioletten, rosa oder weißen Blütenkörbchen, die Schmetterlinge und andere Insekten anlocken. Dadurch ist sie für einen naturnahen Garten zu empfehlen, auch wenn sie zum Wuchern neigt. Aus sonnigen, feuchten Standorten in ganz Europa, einschließlich Großbritanniens. ↕ 1,5 m. Z4 **'Flore Pleno'** Haltbare, gefüllte, rosa Blütenkörbchen über rot überhauchten Blättern. Sät sich nicht aus.

E. capillifolium Eine hohe Pflanze mit fiederteiligen Blättern, ähnlich dem Fenchel. Im September erscheinen grünweiße Blütenkörbchen in lockeren Rispen. Krautige Erscheinung, aber von stiller Eleganz und für eine naturnahe Ecke geeignet, wo die späte Blüte willkommen ist. Aus Weiden und Feldern der südöstlichen USA, wo sie als Ackerunkraut gilt. ↕ 2,5 m. Z5 **'Elegant Feather'** Kompakter, mit hübschen, büscheligen, weißen Blütenkörbchen in Rispen, die in der Reife rosa überhaucht sind. ↕ 1,8 m. Z6

E. coelestinum syn. *Conoclinium coelestinum* Eine sich kraftvoll ausbreitende Pflanze mit aufrechten bräunlichen Sprossen, die gegenständige, bis 10 cm lange, breit ovale, hellgrüne, stumpf gezähnte Blätter tragen. Von August bis Oktober öffnen sich flache Rispen blauer, violetter oder weißer Blütenkörbchen an den Enden verzweigter Stängel. Trotz kompakter Form neigen die Sprosse zum Umfallen und profitieren vom Halt benachbarter Pflanzen. Gut für eine krautige Rabatte oder einen Wildgarten geeignet. Überraschend trockenheitsresistent und eine gute Schnittpflanze. Von feuchten Standorten im zentralen Teil und im Südosten der USA und auf den Westindischen Inseln. ↕ 90 cm. Z5

E. fistulosum **'Atropurpureum'** Hohe, aufrechte, rotbraune Sprosse tragen Büschel lanzettlicher, bis zu 25 cm langer, hellgrüner, nach Vanille duftender Blätter. Von Juli bis September sind die Sprosse mit großen Rispen altrosa oder weinroter Blütenkörbchen gekrönt. Zu hoch für die meisten Rabatten, aber eine schöne Pflanze für den Wildgarten und bei Schmetterlingen sehr beliebt.

Die Art selbst wird selten kultiviert. Gedeiht an sonnigen, feuchten Standorten im Osten der USA, südlich bis nach Texas. ↕ 3 m. Z4

E. perfoliatum (Durchwachsener Wasserdost) Eine aufrechte Pflanze mit behaarten Sprossen, die gegenständige, 20 cm lange, lanzettliche, auffällig geaderte Blätter tragen, die an der Basis um den Spross verbunden sind. Von Juli oder August bis September erscheinen flache, verzweigte Rispen weißer oder rosa überhauchter Blütenkörbchen an den Enden der Stängel. Eine schöne Pflanze für die Rückseite einer feuchten Rabatte oder einer naturnahen Fläche. Von nassen Standorten im Osten Nordamerikas. ↕ 1,5 m. Z3

E. purpureum (Purpur-Wasserdost) Eine hohe Pflanze, deren Sprosse Quirle langstieliger, bis 25 cm langer, ovaler oder lanzettlicher, fein gezähnter Blätter tragen, die in voller Sonne oft violett überhaucht sind. Im August und September öffnen sich an den Sprossspitzen rundliche Rispen kleiner, hellrosa oder violettrosa, gelegentlich weißer Blütenkörbchen. Das Blattwerk ist dann schon nicht mehr optimal, aber gut für die Rückseite einer Rabatte geeignet. Bevorzugt alkalischen Boden und toleriert mehr Schatten als andere Arten. Von feuchten Wiesen im Osten Nordamerikas. ↕ 3 m. Z4 **'Album'** Weiße Blütenkörbchen. **subsp.** *maculatum* Violett gesprenkelte Sprosse mit mehr Blütenkörbchen in flacheren Rispen. **subsp.** *maculatum* **'Album'** Weiße Blütenkörbchen. Vielleicht identisch mit 'Album', siehe oben. **subsp.** *maculatum* **'Atropurpureum'** Tief-violettrote Sprosse. Violette Blütenkörbchen. **subsp.** *maculatum* **'Gateway'** Niedrigere Sorte mit violetten Sprossen und hellvioletten Blütenkörbchen. Selektiert von Kurt Bluemel aus Maryland. ↕ 2 m. **subsp.** *maculatum* **'Glutball'** Rosa überhauchte Sprosse. Rosalila Blütenkörbchen in rundlichen Rispen. **'Purple Bush'** Kompakte Sorte mit kleineren, hellvioletten Blütenrispen. Gezüchtet vom Niederländer Piet Oudolf. ↕ 1,5 m.

E. rugosum syn. *Ageratina altissima* Eine Gruppen bildende Staude, deren braune Stängel gegenständige, 10 cm lange, ovale, nesselartige, dunkel geaderte und grob gezähnte Blätter tragen. Von Juli bis September öffnen sich endständige Doldentrauben reinweißer Blütenkörbchen. Braucht feuchten Boden oder Halbschatten, überlebt aber auch trockenen Schatten. Von feuchten, offenen Standorten im Osten Nordamerikas. ↕ 2 m. Z4 **'Braunlaub'** siehe *E. album* 'Braunlaub'. **'Chocolate'** ♀ Blätter und Sprosse tiefviolett. Eine schöne Blattpflanze, aber die Blüten sind cremeweiß. ↕ 1 m.

EUPHORBIA
Wolfsmilch
EUPHORBIACEAE

Zu dieser Gattung gehören schöne Blüten- und Blattpflanzen für Rabatten, als Bodendecker und für trockene Gärten.

Die fast 2000 Arten zeigen eine größere Vielfalt an Wuchsformen als jede andere Pflanzengattung und wachsen auf allen Kontinenten mit Ausnahme der Antarktis. Die meisten sind stachelige, blattlose Sukkulenten, die leicht mit Kakteen verwechselt werden. Die belaubten Stauden, die eine einzigartige Farbvielfalt in unsere Gärten bringen, haben 2 wichtige Merkmale mit diesen sukkulenten tropischen und subtropischen Pflanzen gemein. Zum einen besitzen sie eine eigene und sehr ungewöhnliche Blütenstruktur ohne die auffälligen Petalen vieler anderer Pflanzen in diesem Buch, aber mit eigener Terminologie (siehe *Einzigartige Blütenstruktur*). Zum zweiten sondern alle Euphorbien bei Verletzung einen weißen Saft ab, der bei manchen Menschen eine unangenehme Kontaktallergie auslösen kann. Bei Berührung mit der Haut muss er sofort abgewaschen werden. Er darf niemals mit den Augen in Kontakt kommen oder in Wasser mit Fischen gelangen.

Die in diesem Buch beschriebenen Pflanzen werden in 2 Gruppen unterteilt: winterharte Stauden im traditionellen Stil, wie z.B. *E. polychroma*, und immergrüne Stauden, die zweijährige Triebe produzieren, wie *E. characias*. Holzige Arten wie *E. acanthothamnos* sind eher Sträucher und werden hier nicht vorgestellt. *E. mellifera*, technisch gesehen ein Strauch, aber von Gartenfreunden als Staude betrachtet, wurde mit aufgenommen.

Im Allgemeinen haben die hier beschriebenen Euphorbien entweder dicke Wurzeln, die ebenfalls den Milchsaft enthalten, mit einigen Faserwurzeln, oder Pfahlwurzeln mit einer kompakten, oft holzigen Krone oder manchmal auch ein Netzwerk aus kriechenden Wurzeln, die in einigen Fällen wuchern können.

Die von steif aufrecht stehend bis flach auf dem Boden liegend variierenden Sprosse sind mit Blättern besetzt, die sich von Art zu Art nur wenig in der Form unterscheiden: Sie sind meist linealisch oder lanzettlich, gewöhnlich wechselständig oder spiralig angeordnet, stiellos (sitzend) und stehen direkt unter den Blüten dicht zusammen. Sie zeigen verschiedene Schattierungen von Grün, manchmal mit einem weißen oder rosa Mittelstreifen, oder Blaugrau.

Die Blüten stehen in einem verzweigten Blütenstand. Er beginnt meist mit 5 Verzweigungen, die sich dann selbst jeweils in 3, dann in 2 und manchmal erneut in 3 Stängel verzweigen. Die Blüten sind einzigartig (siehe rechts) und die vorherrschende Farbe ist Grüngelb, wobei viele Arten gelbe, rote, orangefarbene oder rostrote Töne zeigen.

Verschiedene Arten spielen unterschiedliche Rollen im Garten: Einige sind gute Bodendecker im Schatten, einige sind ideal für trockene, sonnige Gärten im mediterranen Stil, andere passen perfekt in Misch- oder Staudenrabatten. Es ist wichtig, die richtige Art für den jeweiligen Standort zu wählen.

Euphorbien sind manchmal spektakulär, oft faszinierend und immer wertvoll. Sie sind zwar selten die Stars, aber wichtige Mitglieder des Ensembles, die eine Vielfalt an Farben als perfekten Hintergrund und Kontrast für die anderen Blüten liefern. ⚠

KULTUR Arten variieren in ihren Ansprüchen an Boden und Licht. Es gibt keinen Hinweis, dass der Säure- oder Basengehalt eine Rolle spielt, sodass sich jeder einigermaßen fruchtbare Boden eignet. Die meisten Laub abwerfenden Stauden müssen gestützt werden, während die immergrünen sich ausbreiten oder von selbst stehen können sollten. Die Pflanzen müssen nur ausgeputzt werden, wenn sie unordentlich aussehen oder wenn man nicht so viele selbst ausgesäte Sämlinge will.

VERMEHRUNG Viele Pflanzen der Gattung lassen sich leicht aus Samen ziehen, der am besten in seinem ersten Winter gesät wird. Die Sämlinge verabscheuen Störung, weshalb man 2 Samen pro 7 cm-Topf säen und dann auf eine Pflanze vereinzeln sollte. Wegen der holzigen Wurzeln kann eine Teilung schwierig sein und sollte am besten gegen Ende des Winters erfolgen. Sorten müssen durch Frühjahrsstecklinge vermehrt werden, da Sämlinge nicht sortenrein sind.

PROBLEME Echter Mehltau, Rost, Blattläuse und Thripse. Auch Nacktschnecken können für Sämlinge gefährlich werden – bemerkenswert angesichts der Giftigkeit des Milchsafts.

RECHTS *Euphorbia amygdaloides* var. *robbiae*

E. amygdaloides (Mandelblättrige Wolfsmilch) Immergrüner, sich selbst stützender Bodendecker mit kräftigen Trieben, die in ihrem zweiten Jahr Blüten tragen und dann oberirdisch bis auf den Grund absterben. Im ersten Jahr sind die 10 cm großen, grünen Blätter weich behaart. Die grüngelben Gesamtblütenstände werden im April bis zu 30 cm groß. Das Blattpaar an der Basis des Cyathiums ist häufig verwachsen. Die Drüsen sind halbmondförmig. Gedeiht im Halbschatten in gut gedüngtem, fruchtbarem Boden. Kann sich aussäen und bildet oft große Gruppen. Von

---

EINZIGARTIGE BLÜTENSTRUKTUR

Die Blüten aller Euphorbien folgen demselben einzigartigen Bauplan. Oberflächlich mögen sie wie viele andere Blüten wirken, mit einem Fruchtknoten für die Samenproduktion in der Mitte und mit einem Ring aus Pollen tragenden Staubblättern darum herum. Tatsächlich besteht diese »Blüte« (Cyathium) aber aus mehreren, reduzierten Einzelblüten und ist damit ein Blütenstand. Es gibt weder Kelch- noch Kronblätter, aber Hochblätter oder Vorblätter können deren Aufgabe übernehmen. Um die Staubblätter liegt ein Ring aus glänzenden Nektardrüsen. Die Nektarien sind am Rand eines »Kelchs« aus Hüllblättern befestigt. Beim ersten Erscheinen der Blüten kann man im Inneren dieser »Kelche« (sog. Hüllbecher) Staubblätter erkennen, die aber verwelken und abfallen, sobald sie ihre Pollen abgegeben haben. Im Zentrum steht ein dreifächeriger Fruchtknoten. Botanisch gesehen ist jeder dieser Fruchtknoten eine weibliche und jedes Staubblatt eine männliche Blüte. An der Basis jedes Cyathiums findet sich eine Reihe Blätter, aus deren Basen Triebe wachsen, die in einem weiteren Hüllbecher mit Blättern enden.

Euphorbia palustris

Waldrändern und Lichtungen in Westeuropa, einschließlich Großbritanniens, bis Zentralasien und im Mittelmeergebiet. ↕ 100 cm. Z7 **'Cragieburn'** Violette Blätter und gelbe Gesamtblütenstände, die stark mit den Blättern kontrastieren. **'Golden Glory'** Grellgelbe Blüten und außergewöhnlich dunkelgrüne Blätter. Resistenter gegen Mehltau als die meisten anderen. **'Purpureum'** Unter diesem Namen wird eine Reihe aus Samen gezogener Pflanzen kultiviert. Sie sind variabel in der Größe und sehr anfällig für Mehltau. **var. *robbiae*** ♀ Sehr dunkelgrüne, unbehaarte Blätter sitzen engspiralig an der oberen Sprosshälfte. Die Wurzeln kriechen kräftig und machen die Pflanze zu einem schönen Bodendecker für den trockenen Schatten. Ein Elternteil von *E. × martinii* ↕ 70 cm. **'Variegata'** Cremefarben geränderte Blätter. Eine schwache Pflanze ohne gärtnerischen Nutzen, aber bei Sammlern beliebt. ↕ 40 cm.

E. barrelieri siehe *E. beselicus*

E. beselicus syn. *E. barrelieri*, *E. flavicoma* Sich ausbreitende immergrüne Staude mit silbrig grauen, bis zu 5 cm langen, manchmal spärlich stehenden Blättern an 60 cm langen Trieben. Im Mai erscheinen weit geöffnete, 10 cm große Gesamtblütenstände mattgelber Scheinblüten (Cyathien) an einjährigen Trieben. Die Cyathium-Vorblätter können sich vor allem bei Topfpflanzen im Spätsommer leuchtend rosa färben. Bevorzugt volle Sonne, toleriert aber auch Halbschatten. Braucht gut durchlässigen Boden und eignet sich ideal für den Steingarten. Die Triebe sollten ausgelichtet werden, wenn sie unansehnlich werden. Aus Frankreich bis in den Nordwesten der Türkei. ↕ 15 cm. Z7

E. characias Sehr verlässliche, immergrüne, strauchige Staude, die an den Trieben des Vorjahrs blüht. Eine erwachsene Pflanze kann sich im Idealfall zu einer riesigen, 4 m großen Halbkugel entwickeln, aber die Sprosse können vor allem in voller Blüte umfallen. Die bis 20 cm langen Blätter variieren von dunkelgrün bis dicht behaart und erscheinen silbrig blaugrau. Die Gesamtblütenstände variieren ebenfalls enorm in Größe und Form, haben aber meist einen doppelt verzweigten Stängel. Die Fruchtknoten variieren von Gelb bis Schwarz. Aufgrund dieser beiden Extreme wurden früher 2 verschiedene Arten beschrieben, aber selbst die Wildpopulationen sind so variabel, dass die Namen heute bedeutungslos sind. Die Nektarien haben gelegentlich schlanke Hörner. Die Blätter an der Basis des Cyathiums sind meist verwachsen. Gedeiht in voller Sonne bis Halbschatten in fruchtbarem, gut durchlässigem Boden. Blütentriebe sollten nach dem Abwurf der Samen ausgelichtet werden, damit die Krone nicht verfilzt. Vermehrung durch Stecklinge (bei Sorten unerlässlich) oder Samen. Die meisten Sorten der *Euphorbia characias* sind Klone, die in der Folge aus Samen vermehrt wurden und nicht immer sortenrein sind. Von trockenen, felsigen Standorten der Mittelmeerregion, aber im Rest Europas und in Großbritannien eingebürgert. ↕ 2 m. Z8 **'Black Pearl'** Kompakte Sorte mit schwarzen Nektarien. ↕ 75 cm. **subsp. *characias*** (Palisaden-Wolfsmilch) Der ursprünglich zur Beschreibung der Pflanzen mit schwarzen Nektarien aus dem Westen der Mittelmeerregion verwendete Name. **subsp. *characias* 'Blue Hills'** Kompakte Pflanze mit blaugrauen Blättern. Eingeführt von Jim Archibald und Eric Smith. ↕ 1,2 m. **subsp. *characias* 'Burrow Silver'** Kompakt, mit hell-cremefarbenem Blattrand. Im offenen Gelände eine schwache Pflanze, aber gut im Kübel, wenn man sie drinnen überwintern kann. ↕ 1,2 m. **subsp. *characias* 'Humpty Dumpty'** Sehr kompakte Pflanze mit grüngrauen Blättern. ↕ 1 m. **subsp. *characias* 'Portuguese Velvet'** ♀ Sehr kompakt, mit grau-samtigem Blattwerk und 12 cm großen, kompakten Gesamtblütenständen mit schwarzen Nektarien. Bevorzugt volle Sonne und gut durchlässigen Boden. Ideal im Steingarten. ↕ 60 cm. **'Goldbrook'** Längere Blätter als üblich und grüngelbe, bis 30 cm große Gesamtblütenstände. Niedrig. ↕ 1 m. **Silver Swan ('Wilcott')** Schöne, panaschierte Pflanze mit sauberem, cremefarbenem Blattrand. **'Tasmanian Tiger'** Kräftige, weiße Panaschierung, die sich bis in die Gesamtblütenstände erstreckt. In einem Garten in der Nähe des tasmanischen Hobart gefunden. ↕ 90 cm. **subsp. *wulfenii*** Ursprünglich zur Beschreibung der Pflanzen aus dem Osten des Mittelmeerraums mit gelben Nektarien verwendet. Sorten dieser Unterart sind meist höher als die der subsp. *characias*. **subsp. *wulfenii* 'Emmer Green'** Cremefarben geränderte Blätter. Auf gut durchlässigem Boden die winterhärteste panaschierte Sorte von *E. characias* und eine schöne Pflanze für den Steingarten. ↕ 90 cm. **subsp. *wulfenii* 'Jimmy Platt'** Die Cyathium-Blätter der 20 cm großen, kompakten Gesamtblütenstände sind gelb und die Nektarien rot. **subsp. *wulfenii* 'John Tomlinson'** Große, leuchtend gelbe Gesamtblütenstände von 35 cm Durchmesser. Häufig aus Samen gezogen, sodass Pflanzen dieses Namens variabel, aber dennoch meist gut sind. **subsp. *wulfenii* 'Lambrook Gold'** Hoch, mit dunkelgelben, bis 30 cm großen Gesamtblütenständen. ↕ 2 m. **subsp. *wulfenii* 'Lambrook Yellow'** Hoch, mit gelben, bis 30 cm großen Gesamtblütenständen. Heller als 'Lambrook Gold'. Selektiert von Margery Fish. ↕ 2 m. **subsp. *wulfenii* Margery-Fish-Gruppe** Sämlinge aus den beiden Lambrook-Sorten. Meist gute Gartenpflanzen, aber natürlich variabel. **subsp. *wulfenii* 'Purple and Gold'** syn. 'Purpurea' Violettes Winterlaub, das über das Frühjahr hinweg bis zum Sommer mattgrün verblasst und sich zum Herbst wieder färbt. Leuchtend gelbe Gesamtblütenstände.

E. cognata Zarte, selten genutzte, krautige Pflanze mit 5 cm großen, dunkelgrünen Blättern, die eine cremefarbene Mittelrippe haben. Die Cyathium-Blätter sind von Mai bis September hellgelb. Bevorzugt fruchtbaren Boden und den Schutz anderer Pflanzen in einer gemischten oder krautigen Rabatte. Vermehrung durch Frühjahrsstecklinge oder sorgfältige Teilung. Aus Afghanistan und dem westlichen Himalaja. ↕ 1,5 m. Z7

E. coralloides Dünne, recht lockere, kurzlebige, manchmal zweijährige Pflanze. Die Blätter der jungen Triebe sind rosa überhaucht und Namen gebend, aber die meisten Stängelblätter fallen ab, sobald die Pflanze zu blühen beginnt. Ein Großteil der Pflanze ist in der Jugend behaart, einschließlich der jungen Kapselfrüchte, und sie besitzt einen sehr lockeren, stark verzweigten, bis zu 60 cm großen Gesamtblütenstand, der die Hälfte der Höhe der Pflanze ausmacht. Die Cyathium-Blätter haben die gleiche Rosafärbung wie die Stängelblätter. Die Pflanzen können vom Frühjahr bis zum Herbst blühen. Bevorzugt einen gut dränierten Boden in voller Sonne. Sät sich frei aus. Aus Mittel- und Süditalien (einschließlich Sizilien). ↕ 1,5 m. Z7

E. cornigera ♀ Eine robuste, krautige Staude. Die 7,5 cm langen, dunkelgrünen Blätter haben eine helle Mittelrippe, und der reingelbe Gesamtblütenstand, der von Mai bis Ende August attraktiv ist, hat einen Durchmesser bis zu 12 cm. Bevorzugt volle Sonne, toleriert aber auch Halbschatten. Kann in fruchtbarem Boden höher werden, muss dann aber gestützt werden. Besonders wirkungsvoll als Hintergrund für andere, leuchtender gefärbte Pflanzen. Vermehrung durch Samen, Stecklinge oder vorsichtige Teilung. Sehr ähnlich *E. wallichii* und im Garten gerne mit dieser verwechselt. Aus Nordpakistan und Kaschmir. ↕ 60 cm Z7

E. cyparissias (Zypressen-Wolfsmilch) Eine aggressive Pflanze mit hübschen Blütenständen und attraktiven, schmalen, 4 cm langen, blassgrünen Blättern, die kaum 0,5 cm breit sind und sich im Herbst leuchtend gelb färben. Sie trägt im Frühjahr lockere, leuchtend gelbe, 20 cm große Gesamtblütenstände, und im Sommer färben sich die Cyathium-Blätter rot. Leider produziert sie unterirdische Ausläufer, oft heimlich im Winter, und im Frühjahr können Triebe bis zu 1 m von der Ursprungspflanze entfernt inmitten der Nachbarn erscheinen. Die ärgerlich labile, aber zum Stützen zu kurze Art bevorzugt volle Sonne und einen fruchtbaren Boden, sollte aber nie in der Nähe von zarten Pflanzen gesetzt werden. Die Sorten sind genauso gefährlich. Eine attraktive Pflanze mit erheblichen Nachteilen. In fast ganz Nordamerika eingebürgert und in Colorado als schädlich eingestuft. Aus Europa bis in die nordwestliche Türkei. ↕ 40 cm. Z7 **'Fens Ruby'** syn. 'Clarice Howard', 'Purpurea' Violette Blätter, am stärksten in voller Sonne, mit kontrastierenden gelben Blüten. **'Orange Man'** Die Cyathium-Blätter färben sich im Sommer rot. Die Stängelblätter werden im Herbst reingelb mit roten Spitzen. Höher. ↕ 45 cm. **'Purpurea'** siehe 'Fens Ruby'.

E. donii syn. *E. longifolia* Hohe, krautige Staude mit bis zu 20 cm langen, nur

EUPHORBIA-CHARACIAS-SORTEN

Schon innerhalb nur dieser einen Art gibt es eine sehr große Variationsbreite. Sie zeigt sich hier im intensivsten Blau und der auffälligsten Behaarung des Laubes von 'Portuguese Velvet' und in der schönen Panaschierung der 'Emmer Green'. Die breiten, klaren Gesamtblütenstände der 'Jimmy Pratt' kontrastieren unten mit den dunkeläugigen Scheinblüten der 'Blue Hills'.

E. characias subsp. *wulfenii* 'Portuguese Velvet'

E. characias subsp. *wulfenii* 'Emmer Green'

E. characias subsp. *wulfenii* 'Jimmy Platt'

E. characias subsp. *characias* 'Blue Hills'

LINKS 1 *Euphorbia griffithii* 'Dixter'
2 *E. mellifera*
3 *E. palustris*

2–3 cm breiten Blättern. Die Stängelblätter sind dunkelgrün, während die Cyathium-Blätter hell-grüngelb sind. Blüht im Juni und Juli und muss vor allem in voller Blüte gestützt werden. Benötigt in voller Sonne einen Wasser speichernden Boden. Nimmt im Winter in zu trockenem Boden Schaden. Vermehrung durch Samen, Stecklinge oder vorsichtige Teilung. Aus Nepal, Bhutan und Tibet. ↕ 1,8 m. Z7 **'Amjilassa'** Größer und robuster. Nach ihrem pakistanischen Fundort benannt. ↕ 2 m.

E. dulcis (Süße Wolfsmilch) Kompakte, Gruppen bildende, krautige Staude mit bis zu 5 cm langen und halb so breiten Stängelblättern. Stängel- und Cyathium-Blätter haben dasselbe Mattgrün. Die Gesamtblütenstände sind stark verzweigt, aber kompakt und verdecken vollständig geöffnet die Stängelblätter. Verträgt volle Sonne und Halbschatten. Aus Europa. ↕ 70 cm. Z7 **'Chameleon'** Violette Blätter und lockerer Wuchs. Sät sich selbst aus. Ende Juli nach der Blüte zurückschneiden, um ein zweites Blattwachstum zu fördern. In einem französischen Straßengraben entdeckt und sofort beliebt geworden, heute aber anfällig für Rost.

E. epithymoides siehe *E. polychroma*

E. Excalibur ('Froeup') ♀ Krautige, offene Gruppen bildende Staude, die gestützt werden muss. Die 8 cm langen Blätter haben violette Ränder, die Gesamtblütenstände besitzen gelbe Cyathium-Blätter und erscheinen von Mai bis Juli. Bevorzugt fruchtbaren Boden in voller Sonne. Vermehrung durch Teilung oder Stecklinge. Eine Hybride von *E. cornigera* und *E. schillingii*. ↕ 1,3 m. Z7

E. flavicoma siehe *E. seselicus*

E. griffithii Eine der schönsten Euphorbien. Die charakteristischen, 13 cm langen, dunkel-graugrünen Stängelblätter haben eine deutliche rosa Mittelrippe. Im Juni und Juli erscheinen die orangefarbenen bis roten Cyathium-Blätter. Die Nektarien am Hüllbecher-Rand sind gelb und rundlich. In trockenem Boden bildet sie weite, aber dünne Rhizome und wirkt unordentlich. In feuchtem Boden wächst sie dichter und wirkt wesentlich beeindruckender. Sie bevorzugt zudem nährstoffreichen Boden in voller Sonne oder Halbschatten. Muss manchmal gestützt werden. Vermehrung durch Teilung oder Stecklinge. Aus dem östlichen Himalaja und dem nördlichen Burma, Tibet und Südwest-China. ↕ 1–1,5 m. Z7 **'Dixter'** ♀ Leuchtend rote Cyathium-Blätter und rauchig graugrüne Blätter. ↕ 1 m. **'Dixter Flame'** Vermutlich die gleiche wie 'Dixter', nur etwas niedriger. ↕ 90 cm. **'Fern Cottage'** Orangefarbene Cyathium-Blätter. Entwickelt nach einem warmen Sommer eine schöne Herbstfarbe. **'Fireglow'** Orangefarbene Cyathium-Blätter und mattgrüne Stängelblätter. Oft aus Samen gezogen, was manchmal zu einer schwachen Farbe führt.

E. hyberna Recht verfilzte, meist sich selbst tragende Sprosse mit bis zu 5 cm langen und 2 cm breiten, dunkelgrünen Stängelblättern, überwiegend in der oberen Hälfte. Die Cyathium-Blätter sind ebenfalls dunkelgrün. Die Blüten erscheinen vom Frühjahr bis zum Spätsommer und ein Rückschnitt im Juni kann eine zweite Blüte auslösen. Bevorzugt Halbschatten und feuchten, fruchtbaren Boden. Vermehrung aus Samen, durch Stecklinge im Frühjahr oder durch vorsichtige Teilung im Herbst. Aus West- und Südwest-Europa, einschließlich Irlands und – selten – Großbritanniens. ↕ 90 cm. Z7

E. longifolia Unter diesem Namen kultivierte Pflanzen können *E. cornigera*, *E. donii* oder *E. mellifera* sein.

E. × martinii ♀ Variable immergrüne Hybride, die an den Trieben des Vorjahrs blüht. Die Blätter sind bis zu 10 cm lang und meist silbrig behaart. Die Cyathium-Blätter sind meist zu einem Kelch verwachsen, und die roten Nektarien besitzen 2 spitze Hörner. Eine Hybride aus der sonnenhungrigen *E. characias* und der Schatten liebenden *E. amygdaloides*, dadurch variabel und anpassungsfähig. Sie ist kleiner als die beiden, mit einer Wuchsform in der Mitte zwischen beiden Eltern. Eine sehr tolerante Pflanze, die volle Sonne und Schatten verträgt. Vermehrung durch Stecklinge. ↕ 90 cm. Z8 **'Blue Lagoon'** Hellgelbe Gesamtblütenstände, die orangebraun verblassen. Blaue Blätter mit rot überhauchtem neuem Wuchs. **'Orange Grove'** Grüngelbe Cyathien, die gelborange altern. Rot überhauchte Blätter. **'Red Dwarf'** Die Cyathium-Blätter behalten ihre rote Farbe den ganzen Sommer über.

ERWEITERUNG DER GATTUNG

Dies sind aufregende Zeiten für Euphorbienliebhaber. Angesichts eines, zumindest vorläufig, immer mediterraner werdenden Klimas eignen sich immer mehr Pflanzen, die zuvor als zu empfindlich galten, zunehmend auch für traditionell kühl-gemäßigte Gärten. Die Regionen, in denen man *Euphorbia characias* kultivieren kann, sind zunehmend größer geworden. Und auch *E. mellifera*, die zuvor den Schutz einer warmen Mauer in Südlage benötigte, zeigt sich immer anpassungsfähiger.

Bald werden noch weitere, auch strauchige Arten zur Verfügung stehen: So werden *E. acanthothamnos*, *E. stygiana* und ihre Hybriden mit *E. mellifera* in warmen, sonnigen Gärten mit guter Dränage getestet. Zudem werden weitere Sorten von *E. × martinii* eingeführt, die kompakter (und trotzdem elegant), besser gefärbt, verlässlicher und krankheitsresistent sind und auch strahlender blühen.

↕ 60 cm. **Redwing ('Charm')** ♀ Sehr kompakte Sorte, deren Gesamtblütenstände die Blätter komplett verdecken. Benötigt volle Sonne. ↕ 40 cm.

E. mellifera Eigentlich ein Strauch, wird aber meist als Staude betrachtet. Die Pflanze verzweigt sich an der Basis und treibt frei grundständige Triebe, wenn sie sich wohl fühlt. Die weichen blassgrünen Blätter können 20 cm oder länger sein, fallen aber von der unteren Sprosshälfte ab. Im März und April verströmen die Blüten einen kräftigen Honigduft, die Cyathium-Blätter sind aber unbedeutend und fallen oft vor der Blüte ab. Die von »Warzen« überzogenen Kapselfrüchte sind oft einseitig rot überhaucht. Die Samen keimen bereitwillig. Bevorzugt volle Sonne, wo sich der Duft voll entfaltet, und benötigt in strengen Wintern einen geschützten Standort. Ältere Sprosse sollten im Frühjahr bis zum Boden ausgelichtet werden, sodass nur junge, starke Triebe verbleiben. Von Madeira und den Kanaren. ↕ 2 m. Z8

E. myrsinites ♀ (Walzen-Wolfsmilch) Eine kleine, niederliegende, silberblättrige Immergrüne, deren Sprosse sich kreisförmig von der Krone ausbreiten, sich aber nur 2 Wachstumsphasen lang halten. Die Blätter sind bis zu 4 cm lang und 2 cm breit. An jungen Trieben stehen sie in kompakten Spiralen, neigen später aber zum Hängen. Die Triebe überwintern und blühen im Frühjahr, wie bei der sehr unterschiedlichen *E. characias*. Die Gesamtblütenstände sind bis zu 12 cm groß, mit hell-grüngelben Cyathium-Blättern. Bevorzugt volle Sonne in gut durchlässigem Boden, eignet sich aber auch für Ampeln und Kübel. Abgeblühte Triebe auslichten, um neuen Trieben Platz zu machen. Vermehrung durch Stecklinge im späten Frühjahr oder aus Samen. Aus Südeuropa bis Nordiran. ↕ 10 cm. Z8

E. nicaeensis (Nizza-Wolfsmilch) Immergrüne Staude, die noch kein richtiger Strauch ist. Die silbergrauen, 8 cm langen, manchmal rosa überhauchten Blätter stehen an aufrechten, rot überhauchten Sprossen, die stark verfilzen können. Die gelbgrünen Gesamtblütenstände erscheinen im Frühsommer und kontrastieren für manchen unerfreulich mit den Stängelblättern. Bevorzugt volle Sonne und fruchtbaren, gut durchlässigen Boden. Die Blütentriebe sollten ausgelichtet, wenn sie unansehnlich werden. Vermehrung aus Samen oder im Frühjahr durch Stecklinge. Aus dem Mittelmeerraum und der Türkei. ↕ 60 cm. Z8

E. oblongata Kompakte, Gruppen bildende, krautige Staude. Die Stängelblätter sind dunkelgrün und selten mehr als 5 cm lang und 2 cm breit. Die grüngelben Cyathium-Blätter stehen fast das ganze Jahr hindurch an 15 cm großen Gesamtblütenständen. Gedeiht an fast jedem Standort, bevorzugt aber Waldränder und den Schutz großer, hochbeiniger Sträucher. Kann außer im Winter zu

jeder Jahreszeit zurückgeschnitten werden und treibt erneut aus. Wird gerne zum Verbergen von Stützen verwendet. Sät sich selbst aus. Aus dem Balkan bis in die Nordwest-Türkei. ↕ 60 cm. Z7

E. palustris ♀ (Sumpf-Wolfsmilch) Robuste, aber recht variable, Gruppen bildende, krautige Staude. Die Stängelblätter sind mattgrün und bis zu 20 cm lang und entwickeln in voller Sonne eine kräftige Herbstfärbung. Der leuchtend gelbe Gesamtblütenstand kann bis zu 30 cm groß sein und bei niedrigen Exemplaren die Hälfte der Höhe ausmachen. Im Spätsommer kann es eine zweite Blüte an Verzweigungen der Sprosse geben. Bevorzugt feuchten Boden in vollem Sonnenschein, gedeiht aber auch im trockenen Halbschatten. Vermehrung durch Samen, Stecklinge oder vorsichtige Teilung im Winter. Ähnlich *E. villosa*, aber buschiger und mit nicht so daunigen Blättern. Aus Europa bis Nordwestchina. ↕ 2 m. Z7
'Walenburg's Glorie' Kleiner und kompakter, mit größeren, helleren Gesamtblütenständen. ↕ 90 cm.

E. polychroma ♀ syn. *E. epithymoides* (Bunte Wolfsmilch, Vielfarbige Wolfsmilch) Eine äußerst verlässliche, Gruppen bildende, krautige Staude, die im besten Fall eine Kuppel bildet. Die 5 cm langen Stängelblätter sind in der Jugend behaart und blassgrün. Im April und Mai haben die abgeflachten Gesamtblütenstände leuchtend gelbe Cyathium-

Blätter, die über den Sommer zu verschiedenen Schattierungen verblassen (daher der Name *polychroma*) und im August von Kapselfrüchten mit roten, walzenförmigen Auswüchsen gefolgt werden. Muss sorgfältig gestützt werden, damit die Stängel nicht auseinander fallen. Bevorzugt fruchtbaren Boden in voller Sonne, toleriert aber auch Schatten – allerdings leidet die Herbstfarbe darunter. Vermehrung durch Samen, Stecklinge oder vorsichtige Teilung im Frühjahr. Aus Zentral- und Südost-Europa, der Nordwest-Türkei und Libyen. ‡ 60 cm. Z7 **'Candy'** syn. 'Purpurea' Junge Blätter sind in der Jugend hübsch violett überhaucht, verblassen aber im Sommer. **'First Blush'** Grünes, rosa und weißes Frühjahrslaub. Z5 **'Lacy'** syn. 'Variegata' In voller Sonne cremefarbene Randpanaschierung. **'Major'** ♀ Blassere, spätere Cyathien. **'Midas'** Sehr hellgelb. **'Sonnengold'** Das hellste Gelb aller Euphorbien. **'Purpurea'** siehe 'Candy'. **'Variegata'** siehe 'Lacy'.

E. rigida (Zweidrüsen-Wolfsmilch) Ausladende immergrüne Staude, die in der Blütezeit bis zu 1,2 m Durchmesser erreicht. Die silbergrauen, spitz zulaufenden Blätter sind bis 8 cm lang und stehen im ersten Jahr in perfekten Spiralen an den Sprossen. Im Februar und März erscheinen an den Trieben des Vorjahres hellgelbe Gesamtblütenstände. Diese sollten ausgeputzt werden, sobald die Samen freigesetzt sind (oder früher, wenn Sämlinge unerwünscht sind). Benötigt viel Sonne und fruchtbaren Boden. Gedeiht auch in Kübeln, wenn sie im Sommer in der Wachstumsperiode gedüngt wird. Vermehrung durch Samen oder Stecklinge. *E. myrsinites* ähnlich, aber meist größer. Aus dem Mittelmeerraum, der Türkei und dem Iran. ‡ 30 cm. Z8

E. schillingii ♀ Kompakte, Gruppen bildende, krautige Staude. Die Stängelblätter sind bis zu 10 cm lang und blassgrün mit hellerer Mittelrippe. Im August erscheinen die 20 cm großen Gesamtblütenstände, deren hellgelbe Cyathium-Blätter einen nahezu perfekten Kreis bilden. Bevorzugt volle Sonne und fruchtbaren, Wasser speichernden Boden, muss unter diesen Bedingungen nicht gestützt werden. Vermehrung durch Samen, Stecklinge oder vorsichtige Teilung im Frühjahr. Entdeckt und eingeführt von Tony Schilling, früher verantwortlich für den Kew-Außengarten Wakehurst Place im englischen Sussex. Aus Zentralnepal. ‡ 80 cm. Z7

E. seguieriana (Steppen-Wolfsmilch) Zarte, Gruppen bildende, krautige Staude mit bis zu 6 cm langen, dicht am Spross stehenden, schmalen, blaugrauen Blättern. Im Juli und August erscheinen die Cyathien (Scheinblüten) an den Trieben des Vorjahres. Die Cyathium-Blätter sind blassgelb und können hart mit den gräulichen Blättern kontrastieren. Toleriert Trockenheit, kann also auch in magerem Boden in voller Sonne stehen, bevorzugt aber fruchtbarere Böden. Vermehrung aus Samen oder durch Stecklinge im späten Frühjahr. Aus Europa bis Nordwest-China. ‡ 60 cm. Z8 **subsp.** *niciciana* Grünere Blätter und etwas robuster. Z7

E. sikkimensis ♀ Sich ausbreitende, krautige Art mit hellrosa jungen Trieben im Frühjahr, die manchmal Frostschäden erleiden. Sie bilden eine sich unordentlich ausbreitende Pflanze, die am besten von robusteren Nachbarn gestützt wird. Die Rosa Färbung verblasst und beschränkt sich auf die Blattstiele, wenn im Juni die hellgelben, 20 cm großen Gesamtblütenstände erscheinen. Bevorzugt volle Sonne und Wasser speichernden, fruchtbaren Boden. Vermehrung durch Stecklinge im Frühjahr. Aus Nepal, Sikkim, Bhutan, Tibet, China und Nordvietnam. ‡ 1,8 m. Z7

E. villosa (Zottige Wolfsmilch) Variable, robuste, Gruppen bildende, krautige Staude, zwischen 1,2 und 2 m hoch, wobei die Gesamtblütenstände ein Drittel der Höhe ausmachen können. Die bis zu 20 cm langen Stängelblätter sind mattgrün und können in voller Sonne eine leuchtend orangefarbene Herbstfärbung entwickeln. Der hellgelbe Gesamtblütenstand kann bis zu 30 cm groß werden. Die junge Kapselfrucht ist stark behaart – daher der Name *villosa. E. palustris* ähnlich, aber aufrechter und mit leicht daunigen Blättern. Im Spätsommer kann es an den endständigen Zweigen an den Sprossen zu einer zweiten Blüte kommen. Bevorzugt fruchtbaren Boden in voller Sonne oder Halbschatten. Vermehrung durch Samen, Stecklinge oder vorsichtige Teilung im Winter. In Europa heimisch. ‡ 2 m. Z7

E. virgata (Ruten-Wolfsmilch) Krautige Staude mit kriechenden Wurzeln und dürren Sprossen, die nur 7 mm breite und bis 7 cm lange, blassgrüne Blätter tragen. Im Juni erscheinen 10 cm große Gesamtblütenstände mit blassgelben Cyathien. Muss gestützt werden. Am besten in einem Kübel halten, in einer offenen Rabatte breitet sie sich schnell aus und wird zum Schädling. Vermehrung durch Teilung der Ausläufer. Wird oft mit *E. esula, E. waldsteinii* und *E. × pseudovirgata* verwechselt. Aus Europa und dem gemäßigten Asien. ‡ 60 cm. Z7

E. wallichii Verwirrend variable, robuste, oft aufrechte, krautige Staude mit bis zu 7,5 cm langen, dunkelgrünen Blättern mit heller Mittelader. Von Mai bis Ende August erscheinen 12 cm große Gesamtblütenstände. Die reingelben Cyathium-Blätter stehen jeweils zu dreien in einer Dreiecksform. Bevorzugt fruchtbaren Boden in voller Sonne, toleriert aber einige Jahre lang Halbschatten. Vermehrung durch Samen, Stecklinge oder vorsichtige Teilung im Frühjahr. Unter diesem Namen wurden auch *E. donii* und *E. cornigera* vertrieben. Aus Afghanistan bis China. ‡ 60 cm. Z7

EURYBIA siehe ASTER

ROBUSTE FAVORITEN ALS GUTE BEGLEITER

ZWEI VERLÄSSLICHE, Schatten liebende Bodendecker, die auch unter nicht idealen Bedingungen gedeihen, stehen hier im Frühjahr zusammen. Im Hintergrund wenden sich die dunklen Blüten des *Geranium phaeum* dem Licht zu und überragen nur knapp die immergrüne *Euphorbia amygdaloides* var. *robbiae* mit ihren ähnlich rundlichen Blüten in kühlem Grüngelb. Früh in der Saison bilden die niedrigen Kuppeln der scharf umrissenen Storchschnabelblätter einen schönen Kontrast zu den schweren, leicht ledrigen Blättern der Wolfsmilch. Der Storchschnabel bildet sich langsam ausbreitende Gruppen, die im Winter oberirdisch absterben, während die Wolfsmilch eine dicht belaubte Immergrüne ist, die sich an der Wurzel beständig ausbreitet.

F

FALLOPIA
Flügelknöterich
POLYGONACEAE

Obwohl die Pflanzen groß und stattlich aussehen, sollte man *Fallopia* lieber außerhalb des eigenen Gartens bewundern.

Die 9 Arten aufrechter und kletternder Stauden sowie verholzender Kletterpflanzen stammen aus den nördlich-gemäßigten Zonen und haben wechselständige, ungeteilte, oft große, dreieckige oder ovale Blätter – und eine ausgesprochen starke Neigung zum Wuchern. Winzige, cremeweiße, kantige, anscheinend kronblattlose Blüten erscheinen in oft unscheinbaren Rispen, sowohl an den Triebspitzen wie in den Blattachseln. Manche Botaniker ordnen die Pflanzen anderen Gattungen zu. So wurde beispielsweise der Japanische Flügelknöterich (*F. japonica*) bereits zwischen mehreren

DER KLASSISCHE WUCHERER

Der Japanische Flügelknöterich (*Fallopia japonica*) ist als stark wuchernde Pflanze berüchtigt. Die Pflanze wurde 1825 nach England eingeführt und durch Gertrude Jekyll und William Robinson bekannt gemacht. Bald erkannte man aber ihr aggressives Potenzial, das Robinson in *The English Flower Garden* lakonisch kommentierte, sie sei »einfacher zu pflanzen als loszuwerden.«

Die erste verwilderte Pflanze wurde 1886 entdeckt. Zum Glück stammen alle in England in Gärten und in freier Natur wachsenden Pflanzen von nur einem Exemplar ab. Sie sind männlichsterile Klone, die keine Samen bilden.

Allerdings kommen spontane Kreuzungen mit der viel größeren, aber weniger stark verbreiteten *F. sachalinensis* vor – das Ergebnis ist *F. × bo-hemica*. Ebenfalls durch spontane Kreuzungen mit der extrem schnellwüchsigen *Fallopia baldshuanica* entsteht *Fallopia × conollyana*. Diese Hybride erwies sich als wesentlich weniger bedrohlich, als zu befürchten war.

Vor panaschierten Formen von *F. japonica* und *F. × bohemica*, die in Gärtnereien angeboten werden, sei ausdrücklich gewarnt. Einige Betriebe verkaufen sogar die grüne Form, die man ebenfalls meiden sollte. Die panaschierten Pflanzen wuchern zwar weniger stark als die grünblättrigen, doch auch sie kriechen in den Rasen, überstehen wöchentliches Mähen hartnäckig und können in die grüne Form zurückschlagen.

Zweifellos sind die Pflanzen attraktiv – aber nicht so hinreißend, dass man nicht auf sie verzichten könnte, um die heimische Pflanzenwelt zu schützen.

Gattungen verschoben, was die verfügbaren Information über diese Art ziemlich verwischt. Die Pflanze ist nicht nur als *Polygonum cuspidatum* bekannt, sondern auch als *Persicaria japonica, Pleuropterus cuspidatus, Pleuropterus zuccarinii, Polygonum reynoutria, Polygonum zuccarinii* und *Reynoutria japonica*.

KULTUR Gedeiht in jedem einigermaßen feuchten Gartenboden in der Sonne oder im Schatten.

VERMEHRUNG Durch Teilung während der Ruhezeit.

PROBLEME Stark wuchernd.

F. × bohemica (Bastard-Flügelknöterich) Diese natürliche Hybride zwischen *F. japonica* und *F. sachalinensis* liegt in Bezug auf Gesamthöhe, Blattlänge und -form zwischen den Elternarten, wuchert aber noch stärker als beide. **'Spectabilis'** hat hübsch rosa-weiß geschecktes Laub, das auf magerem Boden aber vergrünen kann.

F. japonica (Japanischer Flügelknöterich) Die wüchsige Pflanze bildet dichte Bestände aus aufrechten, oft rötlichen Trieben, die mit dem Alter verholzen. Die leuchtend grünen, ovalen Blätter mit abgeflachter Basis und schmaler Spitze werden bis zu 15 cm lang. Im Spätsommer und Herbst erscheinen in den oberen Blattachseln 6–15 cm lange, lockere Rispen aus weißen bis cremefarbenen Blüten, die sich später oft rosa färben. Die zweifellos hübsche und auffällige Art wuchert aber stark. Wurde 1825 erstmals in England kultiviert und ist seitdem stark verwildert. Von der Pflanzung der Art und ihrer Sorten kann nur abgeraten werden. (siehe *Der klassische Wucherer*). Aus Japan. ↕2–3 m. Z4. **var. *compacta*** Dunkler grüne, mehr

UNTEN 1 *Fallopia japonica* var. *compacta*
2 *Farfugium japonica* 'Argenteum'

runde Blätter und rötliche Blüten. ↕80 cm. **var. *compacta* 'Milkboy'** syn. 'Fuji Snow', 'Variegata' Auffällig weiß panaschiertes Laub, das vergrünen kann. **var. *compacta* fo. *rosea*** Rosa Blüten.

F. sachalinensis (Sachalin-Flügelknöterich) Aus einem lockeren Wurzelsystem, das sich sehr stark ausbreitet, erheben sich rotbraune Triebe, die lockere Bestände bilden. Trägt ovale oder längliche, spitze Blätter bis 30 cm Länge und kompakte, 6–10 cm lange Blütenrispen in grünlichem Weiß. Dies ist die größte Art, die aussieht wie eine vergrößerte Form der *F. japonica*. Wird am mächtigsten auf feuchtem Boden. Von der Pflanzung ist abzuraten. Verwildert inzwischen gebietsweise in England, Frankreich und in der Schweiz. Stammt aus Japan und von der Insel Sachalin vor der Küste Ostsibiriens. ↕2,5–4 m. Z4.

FARFUGIUM
ASTERACEAE

Ornamentale Pflanzen mit interessanter Form für halbschattige Standorte und für die Kultur im Kübel.

2 Arten krautiger Stauden kommen in Wäldern, auf Grasland, in Feuchtwiesen und an Flussufern in Nordost-Asien vor. Sie breiten sich langsam mit kurzen, aufrechten Rhizomen aus. Die immergrünen, lang gestielten Grundblätter sind rund bis herzförmig und tragen, solange sie jung sind, einen feinen Flaum. Die Blütenkörbchen, die über dem Laub stehen, haben leuchtend gelbe weibliche Zungenblüten und ein dunkleres Zentrum aus zweigeschlechtlichen Röhrenblüten. Nur eine Art wird häufiger kultiviert.

KULTUR Bevorzugt nährstoff- und humusreichen, aber gut durchlässigen Boden im Halbschatten. Verträgt keinen kalten, austrocknenden Wind. Die Blätter können

in voller Sonne braun werden, vor allem, wenn der Boden austrocknet. Verträgt keine Salzwasserspritzer. Vor starkem Frost mit einer dicken Mulchschicht schützen.

VERMEHRUNG Panaschierte Sorten und die Arten im Frühling teilen. Arten können auch ausgesät werden.

PROBLEME Schnecken.

F. japonicum syn. *F. tussilagineum, Ligularia tussilaginea* (Leopardenpflanze) Die Gruppen bildende Staude hat dicke Rhizomen. Sie trägt lang gestielte, glänzende, ledrige Blätter bis zu 15 cm Länge und 30 cm Breite mit glatten oder schwach gezähnten Rändern. Die Blütenstiele tragen von Spätsommer bis in den Herbst oder Frühwinter gelbe, 4–6 cm große Blütenstände. Art und Sorten werden gelegentlich unter dem japanischen Trivialnamen »tsuwabuki« angeboten. In Japan sind panaschierte Sorten besonders beliebt und es gibt ständig neue Auslesen, doch leider sind sie weniger winterhart. Bei den Sortennamen finden sich viele Dopplungen. Heimisch in Japan. ↕75 cm. Z8. **'Argenteum'** syn. 'Albovariegatum', 'Variegatum' Blätter unregelmäßig graugrün und cremeweiß panaschiert, vor allem an den Rändern. Gelegentlich ist die Hälfte eines Blatts oder mehr cremeweiß. **'Aureomaculatum'** ♀ syn. 'Leopard', 'Spotted Leopard' Dunkelgrüne Blätter mit unregelmäßigen gelben Flecken. **'Crispatum'** syn. 'Crested Leopard', 'Cristatum' Dunkelgrüne, gewellte und gekräuselte Blätter, vor allem an den Rändern. **var. *giganteum*** Größer, mit dickeren, runderen, stärker glänzenden Blättern. ↕1 m. **'Kagamijishi'** Dunkelgrüne Blätter mit unregelmäßigen gelben Flecken, jedoch weniger als bei 'Aureomaculatum'. Gekräuselte Blattränder. **'Leopard'** siehe 'Aureomaculatum'. **'Spotted Leopard'** siehe 'Aureomaculatum'. **'Variegatum'** siehe 'Argenteum'.

F. tussilagineum siehe *F. japonicum*

FARNE

Farne sind Niedere Pflanzen, die sich von den anderen in diesem Buch vorgestellten Stauden unterscheiden. Entwicklungsgeschichtlich sind sie älter als die Samenpflanzen. Sie bilden keine Blüten aus, sondern pflanzen sich auf völlig andere Weise fort. Um diese Lebensweise zu beschreiben, werden spezielle Begriffe verwendet.

In ihrem Lebenszyklus machen Farne einen Generationswechsel durch. In der Phase mit doppeltem Chromosomensatz, in der sie uns als attraktive Grünpflanzen vertraut sind, bilden sie in so genannten Sporangien auf der Unterseite spezieller Blätter (die man als Wedel bezeichnet) eine riesige Menge staubfeiner Sporen.

Die Sporen werden mit dem Wind verbreitet. Landen sie an einem feuchten Platz, keimen sie. Aus der Spore entwickelt sich ein winziges, meist herzförmiges, grünes Pflanzenorgan, das man Prothallium nennt. Es besitzt den halben Chromosomensatz. Ein einzelnes Prothallium nimmt man kaum wahr, es wächst dicht am Boden. Keimen aber mehrere Sporen gemeinsam, was häufiger geschieht, sehen die Prothallien aus wie ein grünlicher Belag auf der Erde.

Auf dem Prothallium entwickeln sich nun getrennt voneinander die männlichen und weiblichen Geschlechtsorgane. Bei ausreichend Feuchtigkeit schwimmen die männlichen Spermien auf einen Wasserfilm zu den weiblichen Eizellen und befruchten eine von ihnen. Der so entstehende Embryo entwickelt sich zur grünen Pflanze – zuerst erscheint ein einzelner Wedel, später bildet sich die vertraute Form aus.

Zu Arthybriden kann es kommen, wenn Sporen verschiedener Arten in direkter Nachbarschaft keimen und Spermien von einem Prothallium auf das der anderen Art schwimmen und dessen Eizelle befruchten. Wie bei blühenden Pflanzen sind solche spontanen Kreuzungen relativ selten, aber nicht ausgeschlossen, was die relativ neuen Hybriden zwischen *Athyrium*-Arten beweisen (siehe *Athyrium*-Hybriden, S. 91).

Feuchtigkeit ist für diese Form der geschlechtlichen Vermehrung unerlässlich: Die Spermien brauchen den Feuchtigkeitsfilm, um zur Eizelle zu gelangen, dazu hat das Prothallium nur wenige, haarfeine Wurzeln und verdorrt bei Trockenheit rasch. Folglich wachsen in der Natur viele Farne an schattigen Standorten, an denen der Boden nicht austrocknet, oder sogar in Gewässernähe in ständig feuchtem Boden. Einige wachsen in Lebensräumen mit hoher Luftfeuchtigkeit, andere sogar im Wasser. Wenngleich Farne für ihre geschlechtliche Fortpflanzung Feuchtigkeit brauchen, vertragen etablierte Exemplare Trockenheit erstaunlich gut. Wer Farne im Garten halten will, muss ihnen daher keinen schattig-feuchten Platz bieten.

In diesem Buch werden 16 Farn-Gattungen vorgestellt: *Adiantum*, *Asplenium*, *Athyrium*, *Blechnum*, *Cyrtomium*, *Dennstaedtia*, *Dryopteris*, *Gymnocarpium*, *Matteuccia*, *Onoclea*, *Osmunda*, *Phegopteris*, *Polypodium*, *Polystichum*, *Thelypteris* und *Woodwardia*.

DER AUFBAU VON FARNEN

Farne pflanzen sich durch Sporen fort. Die Wedel der meisten Farne sind regelmäßig gefiedert. Entlang der Spindel sitzen Fiederblättchen, die oft wiederum gefiedert oder geteilt sind. Bei den meisten Farnen entstehen die Sporen an der Unterseite der fruchtbaren Wedel in den so genannten Sporangien. Häufig stehen mehrere Sporangien zusammen in einem Sorus und liegen unter einer Schutzklappe, dem Indusium. Die Sori besitzen jeweils eine arttypische Form. Bei manchen Arten sind sie rund, bei anderen länglich, pfeil- oder häkchenförmig. Sind die Sporen reif, öffnen sich die Sporangien und die Sporen werden vom Wind verteilt.

Polystichum setiferum

FERULA
Riesenfenchel
APIACEAE

Diese riesigen, ausladenden, auffälligen Pflanzen machen selbst in einem trockenen Garten viel her.

Über 170 recht unterschiedliche Arten sind vom Mittelmeerraum bis Zentralasien in sommertrockenen Regionen verbreitet, aber nur wenige werden als Zierpflanzen kultiviert. Viele sind kräftige, wenn auch manchmal kurzlebige Stauden mit dicken, tief reichenden Wurzeln. Die meisten bilden dichte Horste aus fein geschlitzten Blättern. Einige haben auch breitere, tief eingeschnittene Blätter, die ihnen ein ganz anderes Aussehen verleihen. In wintermilden Regionen bleiben die Blätter in der kalten Jahreszeit grün. Die Blattscheide umfasst den Stängel. Nach oben hin werden die Blätter immer kleiner, bis sie schließlich aus kaum mehr als der stängelumfassenden Scheide bestehen. Im Frühsommer tragen ausgewachsene Pflanzen einen beeindruckenden, aufrechten, verzweigten Blütenstand, der über 4 m hoch werden kann. Die Blüten sind leuchtend bis dunkelgelb und stehen in großen, halbkugel- bis kugelförmigen Dolden. In Asien, vor allem im Iran, in Afghanistan, Pakistan und Turkestan nutzt man viele Fenchel-Arten als Heilpflanzen.

KULTUR Die Pflanzen benötigen tiefgründigen, guten Gartenboden in voller Sonne. Am besten setzt man Jungpflanzen, damit sich die Pfahlwurzel an Ort und Stelle entwickeln kann. Dann ist die Wahrscheinlichkeit größer, dass die Pflanze Jahr für Jahr blüht. Ansonsten kann es leicht passieren, dass sie nach der ersten Blüte abstirbt. Die Lebensdauer lässt sich auch verlängern, indem man die welken Blütenstände entfernt, ehe

RECHTS *Ferula communis*

sich Samen bilden. Das immergrüne Laub leidet in kalten Wintern.

VERMEHRUNG Frische Samen im Spätsommer oder Herbst säen. Die Keimung erfolgt im Frühwinter, doch bis zur Blühreife vergehen einige Jahre.

PROBLEME Keine.

F. chiliantha siehe *F. communis* subsp. *Glauca*

F. communis (Riesenfenchel, Steckenkraut) Eine bemerkenswerte, aber variable Pflanze. Die Blätter bestehen aus gegenständigen Paaren schmaler, leuchtend grüner, flacher, sehr schmaler Abschnitte bis 5 cm Länge. Die Blütendolden haben bis zu 20 cm Durchmesser und setzen sich aus 20–40 Blüten zusammen. Die endständige Dolde jedes Triebs setzt sich aus kleineren, gestielten Döldchen zusammen. Nach der Blüte welkt das Laub schnell und die Samen reifen bis zum Frühherbst heran. Die Pflanzen sehen im Winter eindrucksvoll aus, aber auch im Herbst, wenn die Blätter austreiben, ehe sich der gewaltige Blütentrieb erhebt. Die Art wächst in lichten, sonnigen Strauchheiden, auf felsigem Boden, auf Wiesen, an Straßenrändern und in Gräben des Mittelmeerraums. ↕ 2–3 m. Z7. **subsp. *glauca*** syn. *F. chiliantha* Blaugrüne Blätter mit hell silbrig-grüner Unterseite. Der riesengroße blühende Spross ist rotviolett und trägt dunkelorangegelbe Blüten. Stirbt manchmal nach der Blüte und Samenbildung ab. Unterscheidet sich deutlich von der typischen Art. ↕ 3–4 m. Z7

F. tingitana Die stattliche Pflanze trägt leuchtend grüne, mehrfach geteilte Blätter mit kurzen, gegenständigen Abschnitten von 6–10 mm Länge mit eingerollten Rändern. Die kräftigen, verzweigten Stängel tragen rundliche Dolden aus Döldchen mit gelben Blüten. Die Art ähnelt *F. communis*, ist aber weniger widerstandsfähig und hat kürzere, eingerollte Blattabschnitte. Selten in Gärten zu finden. Benötigt einen warmen, geschützten Standort. Heimisch in Portugal, Südspanien und Nordwest-Afrika. ↕ 2 m. Z8. **'Cedric Morris'** Auffälliges Laub mit lackglänzender Oberseite.

FESTUCA
Schwingel
POACEAE

Interessant gefärbte Gräser, die an offenen, trockenen Standorten filigrane Horste oder Polster bilden.

Etwa 450 mehrjährige Arten sind in den gemäßigten Zonen und in gebirgigen Lagen der Tropen heimisch, sie kommen zumeist in offenen Lagen vor. Nur wenige werden in Gärten kultiviert. Sie bilden Horste oder langsam größer werdende Polster aus dünnen, eingerollten Blättern und tragen mehr oder weniger kompakte Blütenstände in Form von Rispen auf schlanken Halmen über dem Laub. Einige Arten sind seit langer Zeit als schmalblättrige Rasengräser beliebt, in modernen Gärten werden sie aber zunehmend als zarte, farbenfrohe Gräser für trockene Standorte geschätzt. Sie eignen sich für Einfassungen, höhere Arten auch als Solitärpflanzen. Schwingel sind Pflanzen für die kühle Jahreszeit. Sie sehen im Frühling und Herbst am besten aus und ziehen bei wärmerer, feuchter Witterung das Laub ein.

KULTUR Schwingel gedeihen an offenen, auch trockenen Standorten mit gut durchlässigem, feuchtem Boden. Für eine gute Laubfärbung im Frühling und Sommer zurückschneiden. Horste verkahlen oft in der Mitte und sollten alle drei Jahre geteilt werden.

VERMEHRUNG Durch Aussaat oder Teilung.

PROBLEME Ameisen besiedeln oft ältere Horste.

F. amethystina (Amethyst-Schwingel) Dichte, immergrüne Horste aus dünnen, blaugrünen, eingerollten Blättern bis 15 cm Länge. An offenen Standorten tendiert die Farbe ins Blaugraue. Von Mai bis Juli erheben sich die Rispen über dem Laub. Sie tragen endständige, kleine, grüne Ährchen, die rosaviolett überhaucht sind und sich mit der Samenreife hellbraun färben. Gut für offene Bereiche wie Kiesbeete oder Einfassungen. Von trockenen Standorten in Mitteleuropa, den Alpen und auf dem Balkan. ↕ 60 cm. Z4

F. caesia siehe *F. glauca*

F. eskia Dunkelgrüne, langsam größer werdende Polster aus nadelartig steifen, bis 15 cm langen Blättern, die auch im Winter grün bleiben. Im Juni und Juli erscheinen kurze, schlanke Halme mit kleinen Rispen aus nickenden, rötlich braunen Ährchen. Guter Bodendecker für sonnige, durchlässige Beete. Wächst wild auf Geröll und felsigen Wiesen mit saurem Boden in den Pyrenäen. ↕ 15 cm. Z4

F. gautieri syn. *F. scoparia* (Bärenfellgras) Dichte, wellige Kissen aus leuchtend grünen, sehr spitzen, 1 mm breiten Halmen, die oft gekrümmt und manchmal weiß bereift sind. Im Hochsommer erscheinen silbrige Halme mit kompakten, gelbgrünen Rispen von 5–9 cm Länge. Guter Bodendecker für Wegränder. Wächst wild auf Felsen und in Strauchheiden in Südwest-Frankreich und Nordspanien. ↕ 35 cm. Z4

F. glauca syn. *F. caesia, F. ovina* 'Glauca' (Blau-Schwingel) Kleine Polster aus sehr schmalen, eingerollten, eisblauen Blättern färben sich im Winter mehr grün. Im Mai und Juni erheben sich aufrechte Halme mit schmalen, borstigen, bis 5 cm langen Rispen in Blaugrau, die sich später goldbraun färben. Die Pflanze hat einen schönen Winteraspekt, bei warmer, feuchter Witterung zieht das Laub ein. Die blaue Färbung schützt vor Hitze und starker Strahlung. Wichtig ist nicht übermäßig nährstoffreicher, gut durchlässiger Boden in der Sonne. Die Blätter sollte man im zeitigen Frühling oder Hochsommer zurückschneiden, um den Austrieb kräftig gefärbter Halme anzuregen. Kurzlebig, am besten alle 3–4 Jahre teilen. Besonders schön wirkt Blau-Schwingel in Kombination mit Gräsern in kontrastierenden Rot- oder Gelbtönen. Von offenen, felsigen Standorten in Südfrankreich. ↕ 40 cm. Z4. **'Auslese'** Silbrig blaugrau. **'Azurit'** Sehr dichte Horste stahlblauer Blätter. ↕ 30 cm **'Blaufuchs'** (Blue Fox) ♀ Silbrig-blau. ↕ 25 cm. **'Blauglut'** Helles, aber intensives Blau. ↕ 35 cm. **'Blue Fox'** siehe 'Blaufuchs' **'Elijah Blue'** Das schönste und intensivste Eisblau. Langlebiger als viele andere Sorten. ↕ 30 cm **'Golden Toupee'** Halbimmergrün. Sanft goldgelbe Blätter. ↕ 15 cm. **'Harz'** Blaugrüne Blätter mit violetten Spitzen. Violette Rispen. ↕ 30 cm. **'Seeigel'** Sehr schmale, blaugrüne Blätter. ↕ 15–30 cm. **'Silbersee'** siehe *F. valesiaca* 'Silbersee'.

F idahoensis Bilde dichte Horste aus eingerollten, blaugrünen Blättern. Die aufrechten Halme erheben sich im Juni und Juli und tragen hellgrüne Rispen aus zickzackförmig angeordneten, nickenden Ährchen. Einfacher zu kultivieren als *F. glauca*, verkahlt seltener in der Horstmitte und verträgt feuchte Witterung besser. Verdient eine stärkere Beachtung. Heimisch in Prärien, Strauchheiden und an felsigen Berghängen in den östlichen USA. ↕ 35 cm. Z5

F. mairei (Atlas-Schwingel) Stattliche, hohe Polster aus silbrig graugrünen, nadelfeinen Blättern, die im Juni zierliche Halme mit schlanken, grünen Rispen tragen. Verträgt Hitze besser als viele andere Arten. Schön als Strukturpflanze oder in größeren Gruppen im Kiesgarten. Aus dem marokkanischen Atlasgebirge. ↕ 100 cm. Z5

F. ovina (Echter Schaf-Schwingel) Sehr dichte, immergrüne Horste aus grünen bis graugrünen, bindfadendünnen Blättern von 3–13 cm Länge. Von Mai bis Juli stehen an aufrechten Halmen die schmalen, relativ lockeren

Rispen aus blaugrünen, manchmal violett überhauchten Ährchen über dem Laub. Verträgt Trockenheit und starken Rückschnitt. Dieses bekannte Rasengras eignet sich auch gut für Blumenwiesen. Verbreitet in nördlich-gemäßigten Regionen auf mageren Böden in offener Lage. ↕ 5–60 cm. Z4. **'Glauca'** siehe *F. glauca.* var. *vivipara* siehe *F. vivipara.*

F. scoparia siehe *F. gautieri*

F. valesiaca (Walliser Schaf-Schwingel) Dichte Horste aus sehr feinen, graublauen, oft silbrig bereiften Blättern. Im Mai bis Juni erscheinen steife Halme mit endständigen, schmalen Rispen aus silbrig blaugrünen, altrosa überhauchten Ährchen, die sich mit zunehmender Reife braun färben. Schön zur Einfassung von Wegen. Kommt auf Felssteppen und an Böschungen von Mitteleuropa bis Zentralasien vor. ↕ 25–40 cm. Z5. **var.** *glaucantha* Blaugrüne Blätter. ↕ 15–25 cm. **'Silbersee'** (Silver Sea) Blass silbrig-blau. ↕ 13–20 cm.

F. violacea Dicke Horste aus metallisch schimmernden, kräftig blaugrünen, sehr schmalen Blättern. Schmale Rispen aus grünlich violetten Ährchen, die sich mit der Samenreife goldgelb färben. Schön als Einfassung, in Kombination mit Zwiebelblumen oder im Kübel an einem sonnigen Standort. Aus den europäischen Gebirgen. ↕ 30 cm. Z5

F. vivipara syn. *F. ovina* var. *vivipara* (Brutknospen-Schwingel) Dichte Horste aus grünen oder leicht bläulichen, fadenschmalen Blättern von 10–30 cm Länge. Im Frühling erheben

sich Halme, die anstelle von Blüten winzige grüne Brutknospen tragen. Diese Halme neigen sich allmählich zum Boden, wo die Brutknospen abfallen und als Jungpflanzen bewurzeln. Unterhalb der Pflänzchen befinden sich manchmal wenige fruchtbare Blüten. Diese Art ähnelt stark *F. ovina*, trägt aber Brutknospen an Stelle von Blüten. Man kann sie als Blickfang in einen Trog pflanzen oder größere Gruppen als ungewöhnliche Einfassung verwenden. Wächst an Steilküsten und in Heide mit Torfboden von Wales und Nordschottland bis in die Arktis, in Asien und in Nordamerika. ↕ 5–60 cm. Z4.

FILIPENDULA
Mädesüß
ROSACEAE

Unkomplizierte Pflanzen für feuchten Boden, die im Sommer duftige Blütenstände über attraktiv gefiederten Blättern tragen.
   Etwa 16 Arten Laub abwerfender Pflanzen sind an feuchten Plätzen in Nordamerika, Nordeuropa und in Asien bis China und Japan zu finden. 7 davon werden häufiger kultiviert. Die meisten bilden kompakte Horste aus aufrechten Stängeln mit großen Blättern, die an der Spitze ein ahornähnlich gelapptes Fiederblatt und seitlich wesentlich kleinere, gegenständige Blätter tragen. Im Frühsommer tragen sie lockere oder kompakte Doldenrispen aus winzigen Blüten mit 5 Kronblättern.

KULTUR Am besten in voller Sonne in ständig feuchtem bis nassem Boden. Gedeiht auch in einem halbschattigen Beet, sofern der Boden nicht zu trocken ist.

VERMEHRUNG Durch Teilung. Die meisten Arten säen sich auch selbst aus, aber die Sämlinge sind unberechenbar und fallen recht unterschiedlich aus.

PROBLEME Gelegentlich Blattflecken durch Pilzbefall. In trockenem Boden kann Mehltau auftreten.

F. camtschatica (Kamtschatka-Mädesüß) Kräftige Pflanze, die einen stattlichen Horst aus großen, gelappten Blättern bis zu 25 cm Durchmesser bildet. Im Juni und Juli öffnen sich schaumartige, bis zu 30 cm hohe Doldenrispen aus weißen Blüten. Gedeiht am besten in sehr feuchtem Boden in Sonne oder Halbschatten. Aus Japan, Korea und von der Halbinsel Kamtschatka. ↕ 2–2,5 m. Z4

F. hexapetala siehe *F. vulgaris*

F. 'Kahome' Relativ kompakte Pflanze mit typischen, ahornartig gelappten Blättern und lockeren, 15 cm starken Doldenrispen aus winzigen, kräftig rosa Blüten im Juni und Juli. Die Hybride stammt von *F. multijuga* und vermutlich von *F. purpurea*. ab ↕ 60 cm. Z4

F. multijuga syn. *F. palmata* 'Digitata Nana' Kompakte Pflanze mit unbehaarten Grundblättern, die in gegenständige Paare gleichmäßig gezähnter Fiederblätter geteilt sind. Trägt im Juni und Juli Blüten in hellem oder mittlerem Rosa in Doldenrispen von bis zu 15 cm Durchmesser. Aus Japan. ↕ 30–60 cm. Z5

F. palmata Horst bildende Pflanze mit gelappten, unterseits dicht behaarten Blättern. Trägt im Frühsommer unregelmäßige, lockere Doldenrispen aus kleinen weißen Blüten. Aus Ostrussland, China und Nordkorea. ↕ 1,2 m. Z4. **'Digitata Nana'** siehe *F. multijuga*. **'Rosea'** Sorten von *F. purpurea*, *F. multijuga*, *F. rubra* sowie vermutlich verschiedener Hybriden werden unter diesem Namen kultiviert. **'Rubra'** siehe *F. rubra* 'Venusta'.

F. purpurea ♀ (Japanisches Mädesüß) Glatte, oft violett überhauchte Triebe erheben sich über kompakten Horsten aus gleichmäßig gelappten Blättern, denen meist die seitlichen Fiederblätter fehlen. Sie tragen im Juli und August dichte Doldenrispen aus kleinen, dunkelrosa Blüten, die mit der Zeit verblassen. Aus Japan. ↕ 1–1,2 m. Z4. **fo. albiflora** Weiße Blüten, hellgrüne Blätter. ↕ 60 cm. **'Elegans'** Kompakterer Wuchs, dunkel-rosarote Blüten. ↕ 60 cm.

F. rubra Hohe, eindrucksvolle, sehr wüchsige Pflanze, die schnell ausgedehnte Horste bildet. Tief gelappte Blätter zu bis 20 cm Breite sorgen im Sommer für Aufsehen. Über ihnen erscheinen im Juni und Juli die typischen schaumartigen Doldenrispen aus kleinen hellrosa Blüten. Am besten geeignet für einen großen, halbwilden Gartenbereich oder ein Seeufer. Aus den östlichen USA. ↕ 2–2,5 m. Z3. **'Venusta'** ♀ syn. *F. palmata* 'Rubra' Blüten in dunklem, intensivem Rosarot, die mit dem Alter leicht verblassen.

F. ulmaria (Echtes Mädesüß) Wüchsige Pflanze, die eine Gruppe von aufrechten Trieben mit wechselständigen, unterseits meist weißen Blättern bildet. Im Juni und Juli öffnen sich verzweigte Doldenrispen aus cremeweißen Blüten. Sät sich an sumpfigen Standorten leicht selbst aus. Heimisch an verschiedenen feuchten Standorten in ganz Europa und Westasien. ↕ 90 cm. Z3, **'Aurea'** Leuchtend gelbes Laub im Frühling, das im Lauf des Sommers allmählich hellgrün wird. **'Flore Pleno'** Gefüllte, länger haltbare Blüten. **'Variegata'** Blätter gelb gerändert und gesprenkelt.

F. vulgaris syn. *F. hexapetala* (Kleines Mädesüß) Typische, spitz zulaufende Blätter aus vielen gegenständigen, stark gezähnten Fiederblättern. Trägt schaumartige Doldenrispen aus hübschen cremeweißen Blüten bis 1,5 cm Durchmesser, deren Knospen oft rosa überhaucht sind. Gedeiht gut im Beetvordergrund in gutem Gartenboden. Stammt von kalkreichen Wiesen in Europa und Zentralasien. ↕ 60 cm. Z4 **'Multiplex'** Gefüllte, länger haltbare Blüten.

RECHTS **1** Filipendula purpurea
2 *F. rubra* 'Venusta' **3** *F. ulmaria* 'Aurea'
4 *F. ulmaria* 'Variegata'

FOENICULUM
Fenchel
APIACEAE

Attraktive, anpassungsfähige, angenehm riechende Pflanze mit lange ansehnlichem Laub und zarten gelben Blüten.

Eine einzige Art der Gattung wächst wild in weiten Teilen Europas. Von ihr stammen die Tee- und Heilpflanze, das Gemüse und die Zierstaude ab. Alle Teile der Pflanze haben einen intensiven Anisduft, den man an heißen Tagen schon aus einiger Entfernung wahrnimmt. Die Blätter dienen als Beilage zu Fischgerichten und zum Aromatisieren verschiedener Getränke wie Ouzo und Pernod. Wegen des starken Aromas werden Blätter und Samen seit Urzeiten zum Heilen und Würzen verwendet. Fenchel sollte in keinem Kräutergarten fehlen.

KULTUR Bevorzugt gut durchlässigen Boden in sonniger Lage.

VERMEHRUNG Durch Aussaat oder Umpflanzen kleiner, spontan aufgegangener Pflanzen.

PROBLEME Sät sich stark aus.

F. vulgare (Fenchel) Die hohe, aufrechte, graugrüne Staude hat eine tief reichende Pfahlwurzel. Die Blätter sind mehrfach in feine, gegenständige Fiederblättchen geteilt, die Blattscheibe umschließt den Stängel. Zuerst erscheinen die Blätter wie ein dichtes, aber spitzenzartes Gewirr in hellem Grün. Dann schieben sich die höheren, beblätterten Stängel in die Höhe und die Pflanzen wirken wie grüne Fontänen. Wenn sich die flachen Dolden aus gelblich grünen Blüten öffnen, sind die Stängel innen hohl. Sie wirken steif und trocken, wenn die Samen reifen. Die unreifen Fruchtstände sollte man entfernen, um Selbstaussaat zu verhindern. Die Art wächst wild auf Brachen, an Straßenränder und in steinigen Böden, oft in Meeresnähe, vor allem im Mittelmeerraum. Verwildert bis nach Indien und ins östliche Nordamerika. ↕ 1,5–2 m. Z5. **'Giant Bronze'** Robuste Form mit rötlichen Blättern. **'Purpureum'** Stängel und Blätter anfangs dunkel-rötlichbraun bis violett, später bronzegrün. **'Smokey'** Vermutlich identisch mit 'Purpureum'.

FRAGARIA
Erdbeere
ROSEACEAE

Die hübschen Verwandten der Garten-Erdbeere eignen sich besonders gut als Bodendecker in naturnahen Gärten.

12 Arten halbimmergrüner Pflanzen leben weit verbreitet, zumeist auf alkalischen Böden in europäischen Wäldern und an Feldrändern, aber auch in Asien, China und Chile. Die Blätter sind normalerweise in drei 3 Segmente mit gezähnten Rändern geteilt. Im Sommer erscheinen über einen langen Zeitraum weiße oder rosa Blüten. Sie stehen an kurzen Stielen nur knapp über den Blättern oder zwischen ihnen. Später entwickeln sich fleischige, meist rote Früchte.

Die Pflanzen bilden selbst auf ungünstigen Böden schnell große Kolonien und breiten sich mit Ausläufern aus, die an den Blattachseln bewurzeln und Jungpflanzen bilden. Erdbeeren sind ausgezeichnete, wenn auch etwas »einnehmende« Bodendecker. In kleinen Gärten pflanzt man sie besser in Kübel, um Blüten und Früchte zu genießen.

KULTUR Bevorzugt nährstoffreichen, feuchten, aber gut durchlässigen, kalkhaltigen Boden, toleriert aber auch sauren Boden und wächst sogar bei Trockenheit. Ideal ist lichter Schatten, etwa unter größeren Sträuchern, im Gehölzgarten unter Gehölzgruppen oder sogar in Pflasterfugen. Auch für den Beetvordergrund, für den Kräutergarten oder zur Kübelbepflanzung, für Pflanzgefäße geeignet. Bei guten Bedingungen neigen die Pflanzen zum Wuchern und müssen eingedämmt werden. Sie eignen sich aber für interessante Kombinationen mit traditionellen Bodendeckern.

VERMEHRUNG Bewurzelte Jungpflanzen von den Ausläufern abtrennen und einpflanzen.

PROBLEME Gefurchter Dickmaulrüssler, Echter Mehltau.

F. × ananassa (Garten-Erdbeere, Kultur-Erdbeere) Eine Kreuzung zwischen *F. chiloensis* und *F. virginiana*. Die ursprüngliche Hybride wird nicht kultiviert, ist aber in den Gärten durch die vielen Fruchtsorten und diese Zierform vertreten. **'Variegata'** Bis 8 cm lange, kräftig cremeweiß gescheckte Blätter. Weiße Blüten mit bis zu 3 cm Durchmesser. ↕ 15 cm. Z4

F. chiloensis (Chile-Erdbeere) Runzlige, bis 5 cm lange, immergrüne Blätter mit glänzender Ober- und weicher Unterseite an langen Stielen. Männliche und weibliche weiße Blüten stehen an separaten Pflanzen auf aufrechten Stielen. Aus den USA und Südamerika. ↕ 30 cm. Z4. **'Chaval'** Schöne, rein weibliche Auslese mit rosa Blattstielen und besonders glänzenden Blättern. Die Blüten sind etwas größer und die Pflanzen niedriger als andere Sorten, daher ein besonders guter Bodendecker. ↕ 20 cm.

F. indica siehe *Duchesnea indica*

F. 'Lipstick' Die schnell wachsende Pflanze trägt im Sommer und Herbst kräftig kirschrosa Blüten mit goldgelben Staubgefäßen. Gedeiht im Halbschatten und ist ein guter Bodendecker. In Pflanzgefäßen lässt sich die Ausbreitung eindämmen. Entstand in den Niederlanden durch Kreuzung zwischen einer unbenannten Erdbeere, *F. × ananassa* und *Potentilla palustris* (siehe *Hybriden und ein Namenswechsel*). ↕ 15 cm. Z3.

F. Pink Panda (**'Frel'**) Der extrem wüchsige Bodendecker trägt 3 cm große, leuchtend rosa Blüten mit bis

<hr>

SPIEL MIT TEXTUREN

DAS BILD ZEIGT EINE KLASSISCHE KOMBINATION von Formen und Blattoberflächen. Zwei prächtige, breitblättrige Funkien – eine bläulich, eine mit cremeweißem Rand – werden eingerahmt von einem Schleier aus feinfedrigen Fenchelpflanzen. Vermutlich handelt es sich um spontane Nachkommen der großen Pflanze im Hintergrund. Der Kontrast der konträren Blattformen und -farben wirkt bezaubernd. Die straff aufrechten Blütenstände des weißblütigen Fingerhuts steuern einen weiteren Kontrast zu *Hosta* und Fenchel bei und die weißen Blüten verschmelzen mit den sanften Farben des Laubs im Hintergrund.

HYBRIDEN UND EIN NAMENSWECHSEL

1962 beschrieb der Erdbeerzüchter Dr. Jack Ellis eine Pflanze, die er aus einer Kreuzung einer weiß blühenden Kultur-Erdbeere (*Fragaria × ananassa*) und der violett blühenden *Potentilla palustris* gewonnen hatte. Die Jungpflanzen hatten Blüten in einer Mischfarbe.

Dann kreuzte er seine Hybriden mit der ursprünglichen Erdbeere und erhielt Pflanzen, die man heute als *F.* Pink Panda kennt. Bei Blooms of Bressingham wiederholte man die Kreuzung und nannte das Ergebnis 'Red Ruby'. Der Einfachheit halber wurden alle diese Pflanzen unter dem Namen *Fragaria* geführt.

Schon 1760 befanden Botaniker, dass die Gattungen *Fragaria* und *Potentilla* einander so ähnlich waren, dass eine Trennung nicht gerechtfertig war. Sie fassten alle Arten unter *Potentilla* zusammen. Dennoch wurden beide Gattungen allgemein als unterschiedlich betrachtet, weil man die essbaren Früchte der Erdbeere als klares Unterscheidungsmerkmal zu den trockenen Nüsschen der *Potentilla* ansah. 250 Jahre nach dem ersten »Vereinigungsversuch« könnte ein zweiter gelingen. Einerseits weisen die oben genannten Kreuzungen auf eine sehr enge Verwandtschaft hin, andererseits gibt es auch auf der Ebene der molekularen Daten wichtige Gemeinsamkeiten zwischen den beiden Gattungen. Womöglich werden bald alle Arten wieder der Gattung *Potentilla* zugeordnet.

zu 7 Kronblättern. Sie erscheinen über einen langen Zeitraum vom Frühling bis zum Hochsommer, bilden aber nur selten Früchte aus. Die Pflanze neigt zum Wuchern und wächst sogar in Rasenflächen hinein. Daher eignet sie sich besser für Pflanzgefäße. Diese Hybride ging hervor aus *F. × ananassa* und *Potentilla palustris* (siehe *Hybriden und ein Namenswechsel*), eingeführt 1989 von Blooms of Bressingham. ↕ 15 cm. Z4

F. Red Ruby ('Samba') In Polstern aus glänzenden Blättern zeigen sich vom Frühsommer bis in den Herbst kräftig rosa, fast rote Blüten mit goldgelben Staubgefäßen. Später können sich rote Beeren entwickeln. ↕ 15 cm. Z5

F. vesca Wüchsige, manchmal wuchernde Staude, die den Boden mit Rosetten aus gleichmäßigen, attraktiven, mehr oder weniger immergrünen Blättern bedeckt. Die Blätter sind leuchtend grün und dreigeteilt. Im Frühling stehen zwischen den Blättern Gruppen

UNTEN **1** *Fragaria* Pink Panda
2 *F. vesca* 'Multiplex'
3 *F. vesca* 'Variegata'

kleiner weißer Blüten, aus denen sich später hübsche rote Beeren von 1 cm Größe mit süßem Geschmack entwickeln. Aus Europa. ↕ 25 cm. Z5 **'Golden Alexandria'** Gelbe Blätter, bildet Früchte über einen langen Zeitraum aus. **'Monophylla'** Diese eigenartige Sorte besitzt ein ungeteiltes Blatt und dazu weitere, in bis zu 3 Abschnitte unterteilte Blätter. **'Multiplex'** Kleine, aber hübsche, gefüllte Blüten, die wie Pompons aussehen. **'Muricata'** Die Blüten bestehen nur aus 3 grünen Hochblättern, aus denen sich bizarre, rote Früchte mit stacheligen Nüsschen entwickeln. Erstmals beschrieben 1620 von dem berühmten Pflanzensammler Tradescant. **'Variegata'** Graugrüne Blätter mit breiten, cremegelben Rändern. Wuchert weniger stark.

FRANCOA
Brautkranz
SAXIFRAGACEAE

Diese winterharten Felsenbewohner werden wegen des schönen immergrünen Laubs und wegen der attraktiven Blütenähren im Sommer geschätzt.

5 Horste oder Polster bildende Arten sind in halbschattigen Felsspalten Chiles heimisch. Alle eignen sich gut für offene Bereiche zwischen Gehölzen, zur Unterpflanzung von Sträuchern im Beet oder auch für Tröge. Die eiförmigen oder breit lanzettlichen, gelappten und fein behaarten Blätter von bis zu 13 cm Länge bilden Rosetten, aus denen sich dichte Ähren aus kleinen, vierzähligen Blüten in Weiß oder Rosa erheben. Die attraktive, moderne Pflanze eignet sich auch gut für den Schnitt.

KULTUR Braucht ein mildes Klima und feuchtes, gut durchlässigen, humusreichen Boden im Halbschatten oder in voller Sonne. Vor austrocknendem, kaltem Wind schützen. Pflanzgefäße müssen groß und mit durchlässigem Substrat gefüllt sein.

VERMEHRUNG Durch Teilung. Die Arten auch durch Aussaat im Frühling.

PROBLEME Keine.

F. appendiculata Gebogene Ähren aus zartrosa Blüten mit 2 cm Durchmesser, innen oft mit dunkelrosa Zeichnung, wiegen sich ab Juli über Rosetten aus breiten, lanzettlichen Blättern im Wind. ↕ 90 cm. Z8

F. 'Confetti' Lange, lanzettliche, apfelgrüne Blätter bilden Rosetten, aus denen sich von Juli bis September rosa Stängel erheben, die dicht mit weißen, 2 cm großen Blüten besetzt sind. Gedeiht gut im trockenen Schatten und in Trögen. ↕ 75 cm. Z8

F. glabrata siehe *F. ramosa*

F. 'Purple Spike' siehe *F. sonchifolia* **Rogerson's Form**

F. ramosa syn. *F. glabrata* Kerzenartige Blütenstände aus weißen, 2 cm großen Blüten mit dunkelrosa Zeichnung stehen ab Juli hoch über Rosetten aus breiten, lanzettlichen Blättern. ↕ 90 cm. Z8

OBEN *Francoa sonchifolia*

F. sonchifolia Rosetten aus breiten, länglichen, gelappten Blättern bilden den Hintergrund für elegante Ähren aus 2 cm großen, rosa Blüten mit dunkleren Tupfen oder Flecken, die ab Juli erscheinen. ↕ 90 cm. Z8. **'Alba'** Weiße Blüten. **Rogerson's Form** syn. *F.* 'Purple Spike' Violette Blüten.

G

GAILLARDIA
Kokardenblume
ASTERACEAE

Sehr farbenfroh, aber oft kurzlebig zeigen sich diese Sommerblumen an sonnigen Standorten.

30 Arten ein-, zwei- und mehrjähriger Pflanzen stammen von den Prärien und offenen Graslandschaften Nord- und Südamerikas. Jede Pflanze bildet eine Rosette aus grundständigen Blättern, die ganzrandig, gelappt oder gezähnt sein können, sowie aufrechte Triebe mit wechselständigen Blättern. Die Blütenkörbchen haben eine Mitte in Braun, Rot, Gelb oder Violett und leuchtend gefärbte Strahlenblüten. Die teilweise knallbunten Blumen erscheinen den ganzen Sommer über und eignen sich gut für den Vasenschnitt. Am besten pflanzt man Gruppen von vier bis fünf Pflanzen in die Mitte oder den Vordergrund des Staudenbeets.

KULTUR Gedeiht in voller Sonne in jedem durchschnittlich nährstoffreichen, gut durchlässigen Boden. Regelmäßig ausputzen.

VERMEHRUNG Teilung oder Wurzelstecklinge. Auch durch Aussaat (mit variablen Sämlingen).

PROBLEME Schnecken, Falscher Mehltau, Wurzelfäule in zu nassem Boden.

G. × grandiflora (Großblumige Kokardenblume) Die attraktive, aber kurzlebige Pflanze bildet eine Rosette aus ganzrandigen, gezähnten oder gelappten lanzettlichen Blättern. Von Juli bis November erscheinen die bis 10 cm großen Blüten auf aufrechten Stielen. Sie brauchen meist eine Stütze. Nach einem Rückschnitt im Herbst kommen die Pflanzen besser über den Winter. Die Hybride zwischen der staudigen

G. aristata und der einjährigen *G. pulchella* wird selten älter als vier Jahre. Die Sorten sind sehr wüchsig und haben meist Blumen in Gelb, Orange oder Rot. Regelmäßig ausputzen und im Herbst bis auf 15 cm über dem Boden zurückschneiden, um die Bildung neuer Knospen an der Basis anzuregen und die Lebensdauer zu verlängern. Wird häufig aus Samen gezogen, darum sind die Sorten oft variabel. ↕ 35–75 cm. Z4 **'Bijou'** Kleinwüchsig. Orangerote Strahlenblüten mit gelben Spitzen. ↕ 45 cm. **'Bremen'** Leuchtend hellrote Strahlenblüten mit gelben Spitzen. ↕ 75 cm. **'Burgunder'** Dunkel-weinrote Strahlenblüten mit gelben Spitzen. ↕ 35 cm. **'Dazzler'** ♀ Dunkel-mahagonifarbene Blütenkörbchen. Strahlenblüten mit gelben Spitzen. ↕ 75 cm. **'Fanfare'** Dunkel-rotbraune Mitte und leuchtend rote, röhrenförmige Randblüten mit kräftig gelben Spitzen. ↕ 60 cm. **'Goldkobold'** (Golden Goblin, Yellow Goblin) Blühfreudig mit relativ großen goldgelben Blumen mit etwas dunklerer Mitte. ↕ 35 cm. **'Kobold'** (**Goblin**) Rote Röhrenblüten und rote Zungenblüten mit gelben Spitzen. ↕ 38 cm. **'St Clements'** syn. 'Oranges und Lemons' Ungewöhnliche neue Färbung: Trägt im Mai und Juni pfirsich- und orangefarbene Blumen mit gelben Spitzen. Gezüchtet von Hardy's Cottage Garden Plants in Hampshire. ↕ 60 cm. **'Tokajer'** Bräunlich orangefarbene Blüten. Ansätze der Strahlenblüten violett überzogen. ↕ 60 cm.

GALAX
Bronzeblatt
DIAPENSIACEAE

Pflanze für schattige Standorte mit schlanken Trauben aus kleinen weißen Blüten, die dicht über einem Teppich aus zähen, immergrünen, glänzenden Blättern stehen.

Die einzige Art der Gattung wächst wild in feuchten, nährstoffreichen

Waldböden der östlichen USA. Sie breitet sich mit Ausläufern aus und bildet dichte Teppiche aus dunkelgrünen Blättern. Im Spätfrühling und Frühsommer erscheinen hübsche, winzige weiße Blüten.

KULTUR Wertvoll in feuchtem, humusreichem, kalkfreiem Boden unter Bäumen und Sträuchern. Verträgt keine anhaltende Trockenheit.

VERMEHRUNG Durch Abtrennen bewurzelter Ausläufer im zeitigen Frühling oder aus Samen.

PROBLEME In der Regel keine.

G. aphylla siehe *G. urceolata*

G. urceolata syn. *G. aphylla* (Bronzeblatt) Breitet sich langsam aus und bedeckt den Boden mit einem dichten Teppich aus ledrigen, dunkelgrünen, glänzenden Blättern. Sie sind rundlich, gezähnt, bis 8 cm groß und stehen an drahtigen Stielen. Im Herbst färben sich die Blätter rötlich. Im Frühling erheben sich die aufrechten, unbelaubten Ähren mit zahlreichen kleinen, 5-zähligen Blüten hoch über dem Laub. Aus den südöstlichen USA. ↕ 30 cm. Z5

GALEGA
Geißraute
PAPILIONACEAE

Als Klassiker des Landhausgartens könnte man diese robusten, verlässlichen Schmetterlingsblütler bezeichnen. Über dem kräftigen Laub

erscheinen fast den ganzen Sommer lang die vielen hellblauen Blüten.

6 sommergrüne Arten stammen aus den Bergen Ostafrikas oder von Wiesen, aus Gebüsch und lichten Wäldern in Europa und Südwest-Asien. Zwei relativ ähnliche Arten und ihre Hybriden werden auch in Gärten kultiviert. Einige davon gehen auf die Zeit des frühen 20. Jahrhunderts zurück. Die buschigen Pflanzen mit den tief reichenden Wurzeln tragen üppiges, leuchtend grünes Laub an aufrechten Trieben. Die Blätter setzen sich aus schmal-ovalen Fiederblättern zusammen. Von Juni bis August erscheinen an den Triebspitzen und in den Blattachseln lange Blütentrauben mit vielen kleinen Schmetterlingsblüten in Blautönen und Weiß. Die vielfach unterschätzte Beetstaude neigt manchmal zum Wuchern und eignet sich daher besonders für den naturnahen Garten.

KULTUR Gedeiht in fast jedem Gartenboden. Bevorzugt einen offenen, sonnigen Platz, toleriert aber lichten Schatten. Muss im Beet gestützt werden. Kann sich selbst aussäen.

VERMEHRUNG Teilung im Frühling oder Spätherbst. Samen vor der Aussaat in warmem Wasser einweichen.

PROBLEME Erbsenkäfer, Speisebohnenkäfer, Echter Mehltau und Blattläuse.

G. bicolor siehe *G. officinalis*

G. × hartlandii Ähnelt *G. officinalis*, unter der sie oft eingeordnet wird.

OBEN 1 *Galega officinalis* 'Alba'
2 *G. orientalis*

Blätter mit unregelmäßigem silbrigem Rand im Frühling, der bis zur Blüte im Sommer allmählich vergrünt. Die üppigen, bis 18 cm langen Blütentrauben sehen aus wie zwergige Wisterien und tragen ihre Blüten in Weiß und Lilarosa bis in den Herbst, ohne Samen zu bilden. Unterscheidet sich im Hinblick auf Wuchskraft, aufrechte Wuchsform und Üppigkeit des ovalen Laubs kaum von *G. officinalis* (ist aber steril). Als die Pflanze um 1901 von Hartland's Nursery im irischen Cork eingeführt wurde, erregten die vorübergehend zweifarbigen Blätter Aufsehen. Da es sich um einen Zufallssämling handelt, ist die Abstammung unklar: Eventuell handelt es sich um eine Kreuzung zwischen *G. officinalis* und *G. orientalis*, frühere Quellen bezeichnen es als Hybride von *G. officinalis* und *G. bicolor*. Da heute *G. officinalis* und *G. bicolor* als identisch gelten, dürfte es sich tatsächlich um eine Form von *G. officinalis* handeln. Ein Rückschnitt nach der Blüte regt einen zweiten Flor an. Vermehrung durch Teilung. ‡ 1,5 m. Z5 **'Alba'** ♀ Prächtige weiße Blüten. **'Candida'** Weiß. Heute vermutlich identisch mit 'Alba'. Ursprünglich eine Bezeichnung aus dem 18. Jahrhundert für eine weiße Form von *G. officinalis*. **'Lady Wilson'** ♀ Zweifarbige Blüten in Lilablau und Creme. **'Spring Light'** Weiße Blüten. Im Frühling panaschierte Blätter, die später vergrünen. Ein recht neuer Sport von 'Alba'.

G. 'His Majesty' Beliebte, alte Sorte mit weißen Knospen, die sich zu zweifarbigen Blüten in Rosalila und Weiß öffnen. Kokosduft. Sät sich nicht aus. Wird sowohl unter *G. officinalis* als auch *G. × hartlandii* eingeordnet. ‡ 1,5 m. Z5

G. officinalis syn. *G. bicolor* (Echte Geißraute) Wüchsige, Horst bildende Staude mit mehr oder weniger aufrechten, unbehaarten oder leicht flaumigen Trieben. Die weichen Blätter mit leicht flaumiger Unterseite sind in 9–17 längliche oder elliptische Fiederblättchen geteilt, die abrupt und sehr spitz zulaufen. Von Juni bis September erscheinen bis 18 cm lange Blütentrau-

ben mit bis zu 50 Blüten in verschiedenen Farben von Weiß über helles Lavendelblau bis Violett. Regelmäßig ausputzen, um die Selbstaussaat zu verhindern. Weil die Pflanze schnell wächst, tief wurzelt und die Fähigkeit besitzt, Stickstoff aus der Atmosphäre zu binden, verbessert sie den Boden. Gilt in den USA als lästiges Unkraut. Heimisch in Mittel- und Südeuropa, östlich bis in den Iran und Westpakistan. Gebietsweise in England verwildert. ‡ 1,5 m. Z5 **'Alba'** ♀ Duftende weiße Blüten. Sämlinge sind meist farbtreu. **'Bicolor'** Zweifarbig blau-weiße Blüten. **Coconut Ice ('Kelgal')** Weiß geränderte Blätter und duftende Blüten in Hellrosa. Gezüchtet von Kelway's Nursery im englischen Somerset. Die Vermehrung ist langwierig.

G. orientalis Eine mehr oder weniger aufrechte Rhizompflanze mit verzweigten Trieben und Blättern, die aus 13–25 eiförmigen oder lanzettlichen Fiederblättchen zusammengesetzt sind. Trägt im Spätfrühling und Frühsommer bis 15 cm lange Trauben duftender blauvioletter Blüten. Ähnelt *G. officinalis*, hat aber intensiver blauviolett gefärbte Blüten und etwas größere Blätter mit weniger abrupten Spitzen. Gedeiht am besten in voller Sonne, kann aber wuchern. Da die Art in Nordeuropa als Futterpflanze erprobt wird, werden neue landwirtschaftliche Sorten entwickelt. Aus dem Kaukasus. ‡ 1,2 m. Z5

GALEOBDOLON siehe LAMIUM

GENTIANA
Enzian
GENTIANACEAE

Wegen ihrer oft strahlend azurblauen Blüten werden diese eleganten Sommer- oder Herbstblüher besonders geschätzt.

Etwa 400 Arten sind weit über die gemäßigten Zonen der Erde verbreitet. Darunter befinden sich Einjährige, Zweijährige und sommer- bis immergrüne Stauden. Viele

RECHTS 1 *Gentiana asclepiadea*
2 *G. lutea*

stammen aus Gebirgen, andere – vor allem die nordamerikanischen und japanischen Arten – aus Wäldern. Die ungeteilten Blätter sind unauffällig. Sie bilden Rosetten oder stehen paarweise oder in Quirlen an den Trieben. Im Herbst blühende Arten haben zumeist überwinternde Rosetten, während die Blütentriebe nach der Samenbildung absterben.

Die relativ großen attraktiven Blüten sind meist trompetenförmig, manchmal auch glocken- oder urnenförmig. In der Regel sind sie intensiv blau, es gibt aber auch Pflanzen mit weißen, rosa, violetten, roten und gelben Blüten. Die hohen Arten bieten sich für den Gehölzgarten oder für Lücken zwischen Sträuchern in einem Beet an. Größere Gruppen der kleinen Arten eignen sich für ähnliche Standorte.

KULTUR Die meisten Arten brauchen Schutz vor praller Sonne, sofern die Sommer nicht kühl und feucht sind. Wichtig ist humusreicher, stets feuchter, saurer oder neutraler Boden. Die kleinen, im Herbst blühenden Arten benötigen gute Dränage.

VERMEHRUNG Die Arten gleich nach der Samenreife im kalten Frühbeet aussäen. Alle Arten und Sorten können im zeitigen Frühling geteilt werden. Polster bildende Arten durch Abtrennen bewurzelter Kindel vermehren.

PROBLEME Schnecken, Blattläuse, Stängelfäule und Enzianrost.

G. asclepiadea ♀ (Schwalbenwurz-Enzian) Unkompliziert. Eine der besten Arten für Waldgärten oder zum Verwildern in hohem Gras. Die sommergrüne, Gruppen bildende Pflanze hat weidenartig schmale Blätter von 8 cm Länge, die in Paaren oder Quirlen an den Trieben stehen. Trägt von Juli bis September trompetenförmige, 5 cm lange, hell- oder dunkelblaue Blüten. Geeignet für lichten Schatten, gedeiht aber besser in der Sonne. Aus Mittel- und Südeuropa und der Türkei. ‡ 60–90 cm. Z6 **var. alba** Weiße Blüten mit grünem Schlund, helles Laub. **'Knightshayes'** Dunkelblaue

Blüten mit hellem Schlund. Benannt nach dem Garten in Devon. ‡ 60 cm. **'Phyllis'** Hellblaue Blüten. **'Pink Swallow'** Rosa Blüten mit weißen Spitzen, jedoch variabel. **'Rosea'** Rosa Blüten.

G. lagodechiana siehe *G. septemfida* var. *lagodechiana*

G. lutea (Gelber Enzian) Die robuste, Horst bildende Pflanze mit fleischigen Wurzeln unterscheidet sich von den vertrauten blauen Arten. Die 30 cm langen, elliptischen oder ovalen, grundständigen Blätter sind blaugrün und deutlich gerippt und gefältelt. Die Stängelblätter sind gekreuzt gegenständig angeordnet. Im Juli öffnen sich in den Blattachseln Scheinquirle aus sternförmigen gelben Blüten mit 2,5 cm Durchmesser. Die Wurzel wird in der Naturheilkunde verwendet und dient zum Aromatisieren von Likören und Aperitifs. Bevorzugt einen offenen, sonnigen Standort. Sollte ungestört bleiben, darum aus Samen vermehren. Von Gebirgswiesen in den Pyrenäen, den Alpen, dem Apennin und den Karpaten. ‡ 1,5 m. Z5

G. septemfida ♀ (Sommer-Enzian) Der »Allerwelts-Enzian« für große Gruppenpflanzungen zwischen Sträuchern. Etwas ausladende, kriechende oder halbaufgerichtete Triebe tragen paarig angeordnete, 3,5 cm lange ovale Blätter. Im August öffnen sich die Schöpfe aus 3,5 cm langen, schmal glockenförmigen Blüten in leuchtendem Blau oder Violett mit dunkleren Streifen und weißem Schlund. Bevorzugt Sonne, gedeiht aber auch im Halbschatten in fast allen Böden. Aus dem Kaukasus, der Türkei, dem Iran und Zentralasien. ‡ 15–20 cm. Z3 **'Alba'** Weiße Blüten. **var. lagodechiana** ♀ syn. *G. lagodechiana* Niederliegende Triebe, die je 1–3 Blüten tragen.

G. tibetica (Tibet-Enzian) Pflanze mit Rosetten aus breiten, glänzenden Blättern für offene Beete oder den naturnahen Garten. Die lanzettlichen, grundständigen Blätter sind bis 30 cm lang, die Stängelblätter 15 cm. Von Juli bis August erscheinen 3 cm große, grünlich weiße Blüten in endständigen Köpfen. Bevorzugt einen sonnigen Standort. Aus dem Himalaja. ‡ 60–90 cm. Z6

GERANIUM
Storchschnabel
GERANIACEAE

Von unschätzbarem Wert sind die Storchschnäbel sowohl als Beetpflanzen als auch als Bodendecker für sonnige bis schattige Bereiche.

Etwa 300 Arten Einjähriger, Zweijähriger und Stauden (z. T. mit verholzenden Trieben) finden sich vorwiegend in den gemäßigten Zonen der nördlichen Halbkugel, einige auch in Australasien und Südafrika und manche in tropischen Gebirgen. Der Wurzelstock besteht aus einem verkürzten, oft verholzten Triebabschnitt, aus dem die Blütentriebe und die eigentlichen Wurzeln entspringen. Die Wurzeln sind meist dick und dringen tief in den Boden ein, feinere Wurzeln bleiben an der Oberfläche. Einige Arten bilden kräftige Rhizome, die langsam auf der Oberfläche kriechen. Andere breiten sich mit langen kriechenden Rhizomen weit aus und wieder andere entwickeln schlanke unterirdische Wurzelstöcke. Wenige Arten bilden Knollen, mit deren Hilfe sie trockene Sommer überdauern.

In Bezug auf den oberirdischen Spross lassen sich zwei Typen unterscheiden: Der eine bildet im Frühling zahlreiche grundständige Blätter, denen aufrechte Blütentriebe folgen. Der andere hat keine oder wenige Grundblätter, dafür aber niederliegende beblätterte Triebe.

Die grundständigen Blätter bilden häufig eine Rosette und bestehen aus etwa 5 oder 7 Abschnitten. Oft sind sie fiederschnittig bis fast zum Blattansatz geteilt und die einzelnen Abschnitte können wiederum gelappt, gezähnt oder tief einge-

schnitten sein. Insgesamt erscheint das Laub dadurch fiedrig oder spitzenartig.

Einige Arten zeigen vor dem Absterben des Laubs eine schöne Herbstfärbung. Die kleineren Blätter an den Trieben können gegenständig oder wechselständig angeordnet sein und sind meist geteilt und gelappt. Die Blattform steht oft in Zusammenhang mit dem natürlichen Lebensraum. Schattenbewohner haben weniger tief geteilte Blätter mit vielen kleinen Zähnchen, eine relativ runzlige und behaarte Oberfläche und eine gelbgrüne Färbung. Arten von trockenen, sonnigen Standorten besitzen häufiger dunkelgrüne Blätter mit schmalen Abschnitten. Einige Arten haben sich durch sehr silbriges oder stark behaartes Laub heiß-trockenem Klima angepasst.

Die Blütentriebe können sehr auslandend und locker verteilt sein. In diesen Fall dauert die Blütezeit recht lange an (das gilt oft auch für die überhängenden Arten). Bei aufrecht wachsenden Arten erscheinen die Blüten in dichteren Gruppen und die Blütezeit ist kürzer. Vielfach sind die Blüten an bestimmte Bestäuber angepasst. Oft sind es Bienen und Schwebfliegen, seltener Wespen, Käfer oder Schmetterlinge.

Kultivierte Pflanzen haben meist Blüten mit einem Durchmesser von 1,5–4 cm, die normalerweise paarweise erscheinen und aus 5 identischen Kronblättern (Petalen) und dazu versetzt angeordneten 5 Kelchblättern (Sepalen) bestehen (siehe *Blütenbau bei Geranium*). Sie sind also radiärsymmetrisch und unterscheiden sich dadurch von der eng verwandten Gattung *Pelargonium*, deren Blüte nur eine Symmetrie-

achse aufweist und aus 2 oberen und 3 unteren Petalen besteht.

Die Farbe der Kronblätter variiert von Blau über Rotviolett bis Weiß und umfasst viele Zwischentöne. Die Blütenblätter haben oft eingekerbte Spitzen und zeigen häufig ein Netzmuster aus helleren oder dunkleren Adern oder Linien, die strahlenförmig zur Petalenbasis führen, um bestäubenden Insekten den Weg in Richtung Pollen und Nektar zu weisen. Zum gleichen Zweck sind bisweilen Male vorhanden, die nur

im ultraviolettem Licht zu erkennen sind. Diese werden von Insekten, aber nicht vom menschlichen Auge wahrgenommen.

In der Mitte der Blüte umgeben 2 Ringe aus je 5 Staubblättern den Griffel, an dessen Basis 5 Fruchtblätter (Karpelle) die Samenanlagen einschließen. In jedem Fruchtblatt bildet sich ein einzelner Same. Nach

BLÜTENBAU BEI GERANIUM

Geranium sylvaticum ist ein typisches Beispiel für aufrechte Storchschnabel-Arten, deren Blüten in Büscheln zusammenstehen und so während der relativ kurzen Blütezeit von Insekten leichter gefunden werden. 5 Kelchblätter (Sepalen) umgeben die 5 Kronblätter (Petalen), in der Mitte befinden sich die 5 Fruchtblätter, umgeben von 10 Staubblättern – in diesem Fall mit einem dunklen Staubbeutel auf einem schlanken Staubfaden und mit einer Honigdrüse (Nektarium) an der Basis. Die Fruchtblätter enthalten die Samenanlagen. Sie sind zusammengewachsen und münden in den 5-teiligen Griffel.

Geranium sylvaticum

UNTEN **1** *Geranium albanum*
2 *G. asphodeloides*

G. 'Bob's Blunder' Relativ breitwüchsige Pflanze mit schwarz überhauchten, in 3 oder 5 Abschnitte geteilten Blättern. Trägt von Mai bis November breit trompetenförmige Blüten mit gekerbten Kronblättern, die sich intensiv lilarosa öffnen und zu fast Weiß verblassen. Toleriert zwar verschiedene Standorte, bringt die reichste Blüte und beste Laubfärbung aber in der Sonne. ↕ 30 cm. Z5

G. 'Brookside' ♀ Wüchsige, reich blühende Pflanze, deren Grundblätter bis fast zur Basis in 7 knapp überlappende, nochmals bis zur Hälfte eingeschnittene Abschnitte geteilt sind. Die unteren Stängelblätter sind ähnlich geformt, kleiner und gegenständig, zu den Triebspitzen hin werden sie zunehmend kleiner. Die flaumigen Blätter und Knospen haben in der Jugend einen hübschen Silberglanz. Von Juni bis August erscheinen große, schalenförmige, lavendelblaue Blüten mit kleinem weißem Auge, rotvioletter Aderung und überlappenden, fast runden, glattrandigen Kronblättern. Sehr breitwüchsig, guter Bodendecker für Sonne oder Halbschatten. Eine Hybride von *G. clarkei* und *G. pratense*, entdeckt als Sämling im Botanischen Garten der Universität Cambridge. ↕ 60 cm. Z5

G. caffrum Buschige, reich belaubte immergrüne Art mit verholzender Basis und langer, dicker Pfahlwurzel. Die unteren Blätter sind unbehaart und oft bis zur Basis in 5–7 gelappte und im unteren Bereich vereinzelt gezähnte Abschnitte geteilt. Die oberen Blätter sind kleiner und manchmal dreigeteilt. Die breitwüchsige Pflanze trägt lockere Büschel aus zahlreichen weißen oder hellrosa Blüten, die an schlanken Stielen deutlich über dem Laub stehen. Die üblicherweise kultivierte Form hat jedoch kräftiger rosa Blüten mit weißem Zentrum und schwachen dunkleren Adern. Für durchlässigen Boden in voller Sonne. Die Triebe bewurzeln bei Bodenkontakt. Anzucht aus Samen ist ebenfalls möglich. Aus Natal und den südafrikanischen KapProvinzen. ↕ 60 cm. Z8

G. × cantabrigiense Duftender Bodendecker, dessen kriechende Triebe ihr Laub bis in den Winter halten. Die hellgrünen Blätter tragen kaum sichtbare Härchen. Die größeren sind zu drei Vierteln oder tiefer in 7 Abschnitte mit 3 Lappen und bis zu 2 Zähnen geteilt. Die Blütentriebe tragen Blätter bis zum ersten oder zweiten Knoten und von Mai bis Juli Büschel aus 5–10 Blüten, die meist über dem Laub stehen und rundliche Kronblätter in Magenta bis Weiß aufweisen. Geeignet für den Beetvordergrund und als Bodendecker oder Unterpflanzung. Wertvoll für kleine Gärten, in denen sich die Elternsorte *G. macrorrhizum* zu stark ausbreiten würde. Toleriert Sonne oder Schatten und die meisten Böden. Vermehrung durch Teilung oder Absenker. Die Kreuzung von *G. dalmaticum* und *G. macrorrhizum* wurde zuerst im Botanischen Garten der Universität Cambridge vorgenommen, später fand man die Hybride wild in

Kroatien, wo beide Elternpflanzen heimisch sind. ↕ 25 cm. Z5 **'Biokovo'** Zartrosa mit Staubbeuteln in kontrastierendem Dunkelrosa bis Magenta. Entdeckt von Dr. Hans Simon in den Biokova-Bergen, Kroatien. **'Cambridge'** Blüten in Dunkelrosa bis Magenta. Ursprünglich in Cambridge gezüchtet. **'Karmina'** Blüten in Dunkelrosa bis Magenta. Ähnelt 'Cambridge', ist jedoch in allen Teilen etwas kleiner und blüht weniger reich. Eingeführt von dem deutschen Züchter Ernst Pagels. **'St Ola'** Die Blüten, die zu den größten der Art gehören, sind fast schneeweiß und tönen sich im Alter hell-rosarot. Überlappende Kronblätter, Blüten recht dauerhaft. Eine Hybride von *G. macrorrhizum* 'Album' und *G. dalmaticum* 'Album', gezüchtet von Alan Bremner. **'Westray'** Reich blühend. Kleine Blüten und Blätter. Jede tiefrosa Blüte erhebt sich aus einem braunen Kelch. Von Alan Bremner.

G. 'Chantilly' Aufrechte Pflanze mit salbeiartig gerunzelten, hellgrünen Blättern, die bis etwas über die Hälfte in etwa 5 Abschnitte mit flach gebuchtetem, teilweise gezähntem Rand geteilt sind. Im Mai und Juni stehen deutlich über dem Laub Blüten mit herzförmigen, an der Spitze tief eingekerbten Kronblättern in intensivem Lilarosa mit weißer Basis und etwa 5 strahlenförmigen, violetten Adern. Blüht am besten in voller Sonne, toleriert etwas Schatten. Eine Hybride von *G. gracile* und *G. renardii*, gezüchtet von Alan Bremner. ↕ 45 cm. Z6

G. clarkei Breitet sich mit Rhizomen aus. Die lang gestielten Grundblätter sind bis fast zur Basis in 7 tief gelappte, manchmal gezähnte Abschnitte unterteilt, sodass sie fiedrig bis spitzenartig aussehen. Die gegenständigen Stängelblätter sind ähnlich geformt, aber kleiner. Im Juni und Juli verzweigen sich die Triebe und tragen auf schlanken Stielen zahlreiche, locker verteilte, meist schalenförmige, aufgerichtete Blüten in hellem Violett, seltener Weiß oder Rosa. Ähnelt *G. pratense*, ist aber niedriger, bildet einen Teppich aus grundständigen Blättern und hat sehr lockere Blütenstände. Für Sonne und Halbschatten. Aus Kaschmir. ↕ 50 cm. Z4 **'Kashmir Blue'** siehe *G.* 'Kashmir Blue'. **'Kashmir Green'** siehe *G.* 'Kashmir Green'. **'Kashmir Pink'** Schalenförmige Blüten in Lilarosa mit 5 strahlenförmigen, violetten Adern auf jedem Kronblatt. Sämling von *G. clarkei* 'Kashmir Purple', gezüchtet in der Blackthorn Nursery, Hampshire, England. ↕ 40 cm. **'Kashmir Purple'** siehe Purple-flowered-Gruppe. **'Kashmir White'** ♀ syn. *G. rectum* 'Album' Weniger wüchsig. Schalenförmige Blüten mit leicht verzweigten, ausstrahlenden Adern in Violett, die den Blüten einen gedämpften Grauschimmer verleihen. Bei Anzucht aus Samen erhält man einen Anteil violett blühender Pflanzen. ↕ 40 cm. **Purple-flowered-Gruppe** Relativ variabel. Meist

blaulila, zur Mitte dunklere Blüten mit weißem Auge und etwa 7 strahlig verlaufende, violette Adern auf jedem Kronblatt. Die äußeren Seitenränder der Petalen sind oft aufwärts gebogen oder leicht eingerollt. Das Ergebnis der Aufzucht der jetzt seltenen Art 'Kashmir Purple' aus Samen über mehrere Generationen. Neigt zum Wuchern.

G. collinum Variable, buschige, aber lockere Pflanze mit kompaktem Wurzelstock und sehr dicken Wurzeln. Die Grundblätter zeigen im Austrieb manchmal einen Gelb- oder Rosaschimmer und färben sich dann graugrün. Sie sind bis zur Hälfte in 7 gleichmäßige Abschnitte mit einigen spitzen Zähnen geteilt. Die gegenständigen Stängelblätter werden nach oben hin kleiner, die obersten sind winzig und fast ungestielt. Von Juni bis August öffnen sich mittelgroße Blüten in hellem bis tiefem Lilarosa, manchmal mit unverzweigten oder gefiederten roten Adern. Keine der auffälligsten Arten, aber sie ist robust und blüht ausdauernd. Gut für naturnahe Gärten. Bevorzugt Sonne und toleriert Trockenheit. Ähnelt *G. pratense*, hat aber weniger Blätter mit gröberen Zähnen und Abschnitten. Weit verbreitet von Südost-Europa ostwärts bis Sibirien und in den Nordwest-Himalaja. ↕ 60 cm. Z5

G. 'Coombland White' Polster bildende Pflanze mit hübsch marmorierten, fein behaarten Blättern, die bis zur Hälfte in 5 Abschnitte mit je 3 spitz zulaufenden Lappen geteilt sind. Trägt von Juni bis August fortlaufend aufgerichtete Blüten mit violett geaderten, hellrosa Kronblättern mit kirschroter Basis, die sich an der breitesten Stelle überlappen. Aus der Nähe betrachtet sind die Blüten außergewöhnlich schön. Liebt gute Dränage und Sonne. Eine Hybride von *G. lambertii* 'Swansdown' und *G. traversii* var. *elegans*, gezüchtet in der Coombland Nursery, West Sussex. ↕ 40 cm. Z6

G. 'Dilys' ♀ Sehr breitwüchsiger kriechender Bodendecker mit bemerkenswert spät einsetzender, lang andau-

ernder Blüte. Die Triebe sind kräftig rot überlaufen und bewurzeln bei Bodenkontakt nicht. Sie tragen recht kleine, gegenständige, mittelgrüne, etwas glänzende Blätter von sauberem, gesundem Aussehen, die zu drei Vierteln in 5 Abschnitte mit 3 Lappen mit gelegentlich 1–2 Zähnen geteilt sind. Die breit trichterförmigen, purpur-karminrosa Blüten mit schmalen violetten Adern erscheinen etwas spärlich, aber fortlaufend von Ende Juli bis zum Frost, in milden Wintern bis in den Dezember hinein. Bevorzugt Halbschatten mit ausreichend Feuchtigkeit, verträgt aber auch feuchten Boden oder schlechte Dränage. Eine Hybride von *G. procurrens* und *G. sanguineum*, gezüchtet von Alan Bremner und benannt nach Dr. Dilys Davies, einer getreuen Mitstreiterin der britischen Hardy Plant Society. ↕ 40 cm. Z6

G. 'Diva' Breitwüchsiger Bodendecker für den Beetvordergrund oder als Unterpflanzung. Rötliche Triebe tragen gegenständige Blätter, die gelbgrün austreiben und sich später mittelgrün färben. Sie sind zu drei Vierteln oder tiefer in 5 3-fach gelappte Abschnitte geteilt. Relativ kleine Blüten in Hellviolett mit dunklerer Aderung erscheinen von Juni bis September. Die locker verteilten Blüten wirken nicht spektakulär, tragen aber zum interessanten Aussehen der Pflanze mit dem frischgrünen Laub bei. Für Sonne oder Halbschatten und alle nicht staunassen Böden. Eine Hybride von *G. sanguineum* und *G. swatense*, gezüchtet von Alan Bremner. ↕ 50 cm. Z6

G. 'Elizabeth Ross' Niedriger, halbimmergrüner Bodendecker mit mittelgrünen, gelblich überhauchten Blättern, die zu drei Vierteln oder tiefer in 5 3-fach gelappte, 3-fach gezähnte Abschnitte geteilt sind. Leuchtend purpur-karminrosa Blüten mit etwas Weiß an der Basis der Kronblätter erscheinen von Juni bis September an kurzen Stielen. Bevorzugt durchlässigen Boden in Sonne oder Halbschatten. Vermehrung durch Teilung oder grundständige Stecklinge. Eine Hybride von *G.* × *antipodeum* und

G. × *oxonianum*, gezüchtet von Alan Bremner. ↕ 20 cm. Z6

G. endressii ♀ (Rosa Storchschnabel) Relativ kleine behaarte Staude mit länglichen Rhizomen auf oder knapp unter der Erdoberfläche. Die teilweise immergrünen Grundblätter sind bis fast zur Basis in 5 spitze Abschnitte geteilt, die wiederum bis zur Mitte jeder Hälfte in Abschnitte zweiter Ordnung mit 2–3 spitzen Zähnen geteilt sind. Die Kerben zwischen den Abschnitten sind nicht, wie bei der verwandten Art *G. versicolor*, braun oder rot gefärbt. Von Juni bis September erscheinen relativ große, trompetenförmige Blüten in Rosarot oder Lachsrosa (selten Magenta) mit silbrigem Schimmer. Mit dem Alter dunkelt die Farbe meist nach. Die Aderung der Kronblätter ist im unteren Teil farblos, im oberen etwas dunkler und netzartig. Guter Bodendecker, kann aber für kleine Gärten zu wüchsig sein. Wird oft unter dem Namen *G.* × *oxonianum* angeboten, das ist die Hybride der Art mit *G. versicolor*. Abgesehen von besonders guten Selektionen sind die Pflanzen eher unauffällig. Für Sonne oder Halbschatten in jedem nicht zu trockenen Boden. Aus der westlichen Hälfte der Pyrenäen, hauptsächlich in Frankreich. ↕ 25–50 cm. Z4

'Beholder's Eye' siehe *G.* × *oxonianum* 'Beholder's Eye' **'Betty Catchpole'** syn. *G.* × *oxonianum* 'Betty Catchpole' Breitwüchsig mit dunkelgrünem Laub und zahlreichen dunkelrosa Blüten mit schwacher Aderung von Mai bis Oktober. Zwischen den mandelförmigen Kronblättern sind freie Lücken. Die Blüten verblassen in voller Sonne oft. Die Pflanzen fallen in der Mitte auseinander, wenn sie nicht mit Reisern gestützt werden. Lange im Tatton Park in Cheshire kultiviert und eingeführt von Judith Bradshaw. ↕ 40 cm. **'Castle Drogo'** ♀ Lachsrosa Blüten von Mai bis Oktober, die mit der Zeit silbrig werden und dunklere Adern sehen lassen. Ähnelt *G.* × *oxonianum* 'Wageningen', breitet sich aber wesentlich stärker aus. Die Pflanzen fallen in der Mitte auseinander, wenn sie nicht mit Reisern gestützt werden. Benannt nach

einem Herrensitz in Devon. ↕ 45 cm. **'Rosenlicht'** siehe *G.* × *oxonianum* 'Rosenlicht'. var. *thurstonianum* siehe *G.* × *oxonianum* fo. *thurstonianum*. **'Wageningen'** siehe *G. oxonianum* 'Wageningen'. **'Wargrave Variety'** siehe *G.* × *oxonianum* 'Wargrave Pink'.

G. erianthum Variable Pflanze, deren Blätter zu drei Vierteln in 7–9 überlappende Abschnitte geteilt sind, jedes mit mehreren spitzen Untersegmenten und gezähnten Rändern. Die gegenständigen Stängelblätter sind ähnlich geformt und stehen wie Rüschen unter den Blüten und an den Triebverzweigungen. Relativ große, nach außen gerichtete Blüten mit weißen bis violettblauen Kronblättern, weißer Mitte und dunklerer, manchmal verzweigter Aderung erscheinen in dichten Gruppen meist von Mai bis Juni, manchmal schon im April. Oft folgen später einzelne Blüten. Das Laub kann sich im Herbst attraktiv färben. Bevorzugt Halbschatten und gut durchlässigen Boden, toleriert auch volle Sonne. Aus Ostsibirien, Japan, Alaska, dem nördlichen British Columbia und von Inseln im Nordpazifik. ↕ 45–60 cm. Z3 **'Calm Sea'** Attraktive, helllila Blüten mit auffallenden, leicht gefiederten, dunkleren Adern und dunkelgrünen festen Blättern. ↕ 60 cm.

G. eriostemon siehe *G. platyanthum*

G. 'Espression' siehe *G.* 'Tanya Rendall'

LINKS 1 *Geranium clarkei* 'Kashmir White' **2** *G. himalayense* 'Plenum'

G. gracile Relativ behaarte Pflanze
mit einem Gewirr aus Rhizomen.
Hellgrüne Blätter mit runzliger, leicht
glänzender Oberfläche. Die Grundblätter sind zu drei Dritteln in 5 manchmal
gelappte, mehr oder weniger gleichmäßig gezähnte Abschnitte geteilt. Die
gegenständigen Stängelblätter sind
kleiner und oft nur 3-lappig. Über
den Grundblättern verzweigen sich
die Blütenstiele, die im oberen Teil
unbelaubt sind, mehrfach, sodass der
Blütenschmuck luftig und diffus wirkt.
Die aufgerichteten Einzelblüten öffnen
sich von Juni bis September. Sie haben
keilförmige, gekerbte Kronblätter, die
sich von einer senkrechten Basis stark
nach außen krümmen, sodass eine weite
Trompetenform entsteht. Sie haben
hellrosa oder pinkfarbene Spitzen, zur
Fläche weiß verlaufend, und tragen an
der Krümmung etwa 5 kurze, parallele
Adern in Violett. Eine schöne Art für
Gehölzbereiche oder als Bodendecker
im Schatten. Ähnelt *G. nodosum*, ist aber
größer und stattlicher. Aus der Nordost-
Türkei und dem Kaukasus. ↕ 40–70 cm.
Z6

G. grandiflorum var. alpinum siehe
G. himalayense 'Gravetye'

G. grevilleanum siehe *G. lambertii*

G. gymnocaulon Leicht behaarte
Staude mit dickem, obcrirdisch kriechendem Wurzelstock. Die glänzenden,
mittelgrünen, bis zu 10 cm großen
grundständigen Blätter sind zu mehr
als drei Vierteln in 7 Abschnitte mit
gelappten und sehr spitz gezähnten
Rändern geteilt. Die Stängelblätter
sind ähnlich geformt. Am Grund der
Triebe stehen 1–2 einzelne Blätter,
weiter oben sind sie paarweise angeordnet und werden kleiner. Die nach
außen gerichteten Blüten von 3,5 cm
Größe öffnen sich im Mai und Juni.
Sie sind lavendelblau mit dunkelvioletten Adern, haben gekerbte Kronblattspitzen und stehen relativ dicht.
Bei trockener Hitze verdorren sie
leicht. Eine bescheidene, aber attraktive
Pflanze für Sonne oder Halbschatten
und gut durchlässigen Boden, die aber
oft nicht beständig ist. Wächst bei
Teilung schlecht an und sollte daher
durch Samen vermehrt werden. Aus
der Nordost-Türkei und dem südwestlichen Kaukasus. ↕ 30–45 cm. Z4

G. himalayense (Himalaja-Storchschnabel) Relativ variable, Teppiche bildende
Pflanze mit unterirdischen Rhizomen.
Die bis zu 20 cm breiten grundständigen Blätter sind zu drei Vierteln oder
tiefer in 7 relativ ausgebreitete, 3-lap-
pige und gebuchtete Abschnitte geteilt.
Die paarweise gegenständigen Stängelblätter werden nach oben hin kleiner
und wirken stärker geteilt. Im Mai und
Juni öffnen sich nach außen gerichtete
Blüten in typischem Glockenblumenblau, seltener in Dunkelblau oder Weiß,
mit violettem Zentrum. Für jeden
durchschnittlich feuchten Boden in
Sonne oder Halbschatten. Wegen der
sehr großen Blüten gut geeignet für
den Beetvordergrund und als Bodendecker. Ähnelt *G. pratense*, das jedoch
einen kompakteren Wurzelstock, tiefer

FEUER AUF SEE

AN MANCHEN STANDORTEN sind Pflanzen
gefragt, die den Boden bedecken, monatelang
gut aussehen, wenig Pflege brauchen und locker
ineinander wachsen. In diesem naturnahen Beet
kommt es nicht auf eine strenge Ordnung an.
Triebe von *Geranium* 'Johnson's Blue' mit meer-
blauen Blüten schieben sich zwischen die auf-

rechten Stängel von *Euphorbia griffithii* 'Fireglow',
an denen orangefarbene Blütenstände lodern. Die
Wolfsmilch wächst kräftig und breitet sich ent-
schlossen aus. Der Storchschnabel wird jedes Jahr
im Frühling zurückgeschnitten und bildet dennoch bald wieder ein Meer aus blauen Blüten.

geteilte Blätter und lockerer verteilte
Blüten hat. Aus dem Himalaja vom
Nordosten Afghanistans bis Zentral-
nepal und in der Pamir-Region in
Tadschikistan. ↕ 25–45 cm. Z4 **'Baby
Blue'** Mit 6 cm Durchmesser unge-
wöhnlich große lavendelblaue Blüten,
die zur Mitte in Violett übergehen.
Kleines, weißlich grünes Auge und violette Aderung. Entdeckt in Ingwersens
Birch Farm Nursery. ↕ 30 cm. **'Birch
Double'** siehe 'Plenum'. **'Derrick
Cook'** Große stattliche Blüten in hellem Graulila mit dunkel-grauvioletter
Aderung im Mai und Juni. Rötliche
Triebe. Die sehr ausladende Pflanze
muss gestützt werden, damit sie nicht
umfällt. Gesammelt von Derrick Cook
und seiner Schwester Rowlatt in Nepal.
↕ 30 cm. **'Gravetye'** syn. *G. grandiflorum*
var. *alpinum* Der Name wird heute für
verschiedene breitwüchsige Pflanzen
verwendet, die 6 cm große, lavendelblaue Blüten mit ausgeprägt rotviolettem Zentrum und rotvioletter Aderung tragen. Sie blühen im Mai und
Juni und nochmals im September. Die
Blätter sind kleiner als bei der Art, schmaler und spitzer gelappt und gezähnt.
Entstanden vermutlich vor 1903. Nur
die Pflanze von Ingwersens Birch Farm
Nursery in Gravetye gilt als die echte
Sorte. ↕ 30 cm. **'Irish Blue'** Wüchsig.
4 cm große Blüten im Mai und Juni,
die eher klarblau als lavendelfarben und

für die Art ungewöhnlich hell sind. Zur
Mitte hin mehr violett und schwache
violette Aderung. Eingeführt von dem
Züchter und Autor Graham Stuart
Thomas. ↕ 40 cm. **'Plenum'** syn. 'Birch
Double' Trägt im Mai und Juni lockere,
leicht zerzauste, 3,5 cm große Blüten,
die sich lavendelblau öffnen und später
eher lila mit rötlicher Aderung sind.
Vereinzelte spätere Blüten. Neigt zum
Wuchern. Benannt von Walter Ingwer-
sen. ↕ 30 cm.

G. ibericum (Herzblättriger Storchschnabel) Behaarte Pflanze, deren
Blätter zu zwei Dritteln bis sieben
Achteln in 9–11 spitz zulaufende, überlappende, 3-lappige und spitz gezähnte
Abschnitte geteilt sind. Die Abschnitte
zweiter Ordnung sind ebenfalls gelappt
und geteilt. Die Stängelblätter sind
ähnlich geformt, werden aber zu den
Triebspitzen hin kleiner. Die obersten
sind ungestielt. Die Härchen tragen
keine Drüsen an den Spitzen (siehe
subsp. *jubatum*, unten). Aufgerichtete
Blüten, meist lavendelblau mit violetter Aderung, erscheinen im Mai
und Juni in lockeren Abständen. Für
jeden Boden in der Sonne, toleriert
auch Trockenheit. Oft wird unter dem
Namen *G. × magnificum* angeboten,
eine Hybride der Art mit *G. platypetalum*. Aus der nordöstlichen Türkei
und dem Kaukasus. ↕ 40–60 cm. Z5

subsp. *jubatum* Unterscheidet sich nur
dadurch, dass einige (aber nicht alle)
Härchen auf den Blütentrieben Drüsen
an den Spitzen tragen. Aus der Nordtürkei.

G. incanum Attraktive, etwas empfindliche, duftende Staude mit buschigem
Wuchs, die an der Basis verholzt.
Blühende und nicht blühende Triebe
unterscheiden sich nicht. Die oberseits
grünen und unterseits silbrig behaarten
Blätter sind bis zur Basis in 5 doppelt
gefiederte Abschnitte geteilt, die dem
Laub ein spitzenhaftes Aussehen geben.
Von Juni bis Oktober erscheinen
2–3,5 cm große Blüten in Purpurrosa
oder Weiß mit eingekerbten Kronblättern. Für durchlässigen Boden in
voller Sonne. Geeignet für Kiesgärten,
Hochbeete und Kübel. Vermehrung
durch Samen oder im Hochsommer
geschnittene Stecklinge. Aus Südafrika.
↕ 23 cm. Z9 **var. *incanum*** Insgesamt
kleiner, weiße Blüten. **var. *multifi-
dum*** Dunkel-pinkfarbene Blüten mit
dunklerer Aderung und einer weißen,
v-förmigen Zeichnung am Grund der
Kronblätter. Die meistverbreitete Sorte
dieser Art.

G. 'Ivan' ♀ Attraktiv mit mittelgrünen, etwa 18 cm großen Grundblättern, die zu drei Vierteln oder tiefer in
5 gelappte und gezähnte Abschnitte

geteilt sind. Die gegenständigen Stängelblätter werden zu den Triebspitzen hin kleiner. Trägt von Juni bis August an vielfach verzweigten Trieben zahlreiche 4,5 cm große magentarote Blüten mit schwarzer Aderung. Gedeiht in jedem nicht zu trockenen Boden in Sonne oder Halbschatten. Eine Hybride von *G. endressii* und *G. psilostemon*, ähnelt einer langsam wachsenden Version der letzteren. ↕ 90 cm. Z4

G. 'Jean Armour' syn. *G. × riversleaianum* 'Jean Armour' Sehr wüchsiger, halbimmergrüner Bodendecker. Die leicht flaumigen Blätter sind zu zwei Dritteln oder tiefer in 7 gelappte und stumpf gezähnte Abschnitte geteilt. Die Stängelblätter sind gegenständig angeordnet. Von Mai bis Oktober erscheinen Blüten mit rosaroten, zur Mitte helleren Kronblättern, von denen jedes meist 5 magentarote Adern zeigt. Ähnelt *G.* 'Mavis Simpson' und wird oft mit dieser verwechselt. Wird heute als Hybride von *G. × oxonianum* und *G. traversii* angesehen. Unterscheidet sich durch bessere Wuchskraft und weniger starken Silberglanz der Blüten, stirbt aber ebenso häufig im Winter ab (vermutlich als Folge von Pilzbefall). Bevorzugt Sonne und gut durchlässigen Boden. Vermehrung durch Teilung oder Basalstecklinge. ↕ 30 cm. Z6

G. 'Johnson's Blue' Kriechender Bodendecker mit unterirdischen Rhizomen. Die Blätter sind bis fast zur Basis in 7 gelappte, relativ spitz gezähnte Abschnitte geteilt. Schalenförmige, lavendelblaue, zu Lila verlaufende Blüten mit heller Mitte und fast weißer Aderung erscheinen von Mai bis Juli, vereinzelt auch später. Verschiedene ähnliche Pflanzen werden unter dem gleichen Namen kultiviert. Früher einer der beliebtesten Storchschnäbel, heute aber weitgehend durch neuere Sorten verdrängt, die intensiver und für längere Zeit blühen – wenngleich diese Pflanzen meist größer werden. Für jeden guten Boden in Sonne oder Halbschatten. Durch Abzupfen welker Blütentriebe leicht auszuputzen. Gezüchtet von Bonne Ruys aus Samen

von *G. pratense* von A.T. Johnson, eventuell eine Hybride mit *G. himalayense*. ↕ 45 cm. Z4

G. 'Jolly Bee' Ungewöhnlich wüchsiger Bodendecker für größere Flächen. Die paarweise angeordneten, mittelgrünen Blätter mit 10 cm Durchmesser – zu den Triebspitzen hin weniger – sind zu drei Vierteln in 5 beidseitig gelappte und am Rand mit spärlichen, stumpfen Zähnen versehenen Abschnitte geteilt. Das marmorierte Laub trägt helle Flecken am Rand unterhalb der Einschnitte sowie an den Schnittstellen größerer Adern. Trägt von Juni bis Oktober flach schalenförmige, 5 cm große Blüten in sattem Blauviolett mit weißem Zentrum und 5 strahlenförmigen, violetten Adern auf jedem Kronblatt. Geeignet für alle Böden in Sonne oder Halbschatten, bedrängt aber häufig seine Nachbarn. Wird oft mit dem sehr ähnlichen *G. Rozanne* verwechselt. Eine Hybride von *G. wallichianum* 'Buxton's Variety' und *G. shikokianum* var. *yoshiianum*, gezüchtet in den Niederlanden von Marco van Noort. ↕ 60 cm. Z4

G. 'Joy' Immergrüne, breitwüchsige Polster aus marmorierten Blättern, die zu zwei Dritteln in schmale, einseitig gelappte und stumpf gezähnte Abschnitte geteilt sind. Schalenförmige Blüten in hellem Malvenrosa erscheinen von Juni bis August in eher geringer Zahl, sind aber aus der Nähe sehr hübsch. Jedes Kronblatt trägt etwa 7 ausstrahlende Adern in Rotviolett. Für durchlässigen Boden in der Sonne. Vermehrung durch Teilung oder Basalstecklinge. Eine Hybride von *G. lambertii* und *G. traversii* var. *elegans*, gezüchtet von Alan Bremner und benannt nach der Geranium-Expertin und Autorin Joy Jones. ↕ 45 cm. Z6

G. 'Kashmir Blue' syn. *G. clarkei* 'Kashmir Blue' Die Blätter sind bis fast zur Basis in 7 tief gelappte und scharf gezähnte Abschnitte geteilt. Vom Mai bis Juli öffnen sich schalenförmige, zart-blauviolette Blüten mit weißem Zentrum und farblosen Adern, die vor

dem dunkleren Hintergrund grau wirken. Für jeden guten Gartenboden in Sonne oder Halbschatten. Ausreichend Feuchtigkeit und häufiges Umpflanzen beugen Mehltau vor. Eine Hybride der beiden weiß blühenden Pflanzen *G. pratense* subsp. *pratense* fo. *albiflorum* und *G. clarkei* 'Kashmir White'. Ähnelt insgesamt *G. pratense*. ↕ 60 cm. Z4

G. 'Kashmir Green' syn. *G. clarkei* 'Kashmir Green', *G.* 'Piet's White' Relativ breitwüchsige Pflanze mit hellen Trieben und fiedrigen, dunkelgrünen Blättern, die bis fast zur Basis in 7 schmale, fein gelappte und teilweise spitz gezähnte Abschnitte geteilt sind. In der Sonne rollen sich die Blattränder manchmal nach innen, sodass sich die apfelgrünen Unterseiten von den dunkleren Oberseiten abheben. Trägt im Mai und Juni weiße Blüten, die zur Mitte hin grünlich verlaufen. Jedes mandelförmige Kronblatt zeigt 7 leicht gefiederte, transparente Adern, die vor dunklem Hintergrund grau erscheinen. Die Blütenkonturen sind etwas unregelmäßig, doch ergibt sich zwischen dem kühlen Weiß und dem dunklen Laub ein effektvoller Kontrast. Für Sonne oder Halbschatten in ausreichend feuchtem Boden. Eine Stütze aus Reisig verhindert, dass die Pflanzen nach außen kippen. Eine Hybride von *G. clarkei* und *G. pratense*, eingeführt von Coen Jansen. ↕ 55 cm. Z4

G. 'Khan' syn. *G.* 'Wisley Hybrid' Sehr breitwüchsig. Die leuchtend grünen, im Alter nachdunkelnden Blätter sind zu drei Vierteln oder tiefer in 5 gelappte, ungezähnte oder mit 1–2 Zähnen besetzte Abschnitte geteilt. Trägt von Juni bis August samtig purpurfarbene, 4,5 cm große Blüten. Kronblätter an den Spitzen flach gekerbt und mit etwa 5 dunkel-rotvioletten Adern. Für jeden halbwegs gepflegten Gartenboden in der Sonne. Vermehrung durch Teilung oder Basalstecklinge. Ähnelt einem großen *G. sanguineum*. Aus dem Garten von Allan Robinson, einem ehemaligen Mitarbeiter des RHS-Gartens in Wisley. ↕ 45 cm. Z4

G. kishtvariense Buschige Pflanze mit langsam kriechenden Rhizomen. Die leuchtend grünen, runzligen Blätter sind zu zwei Dritteln oder tiefer in 3–5

rautenförmige, gezähnte Abschnitte geteilt. Die knotigen Triebe tragen kleinere Blätter, die zu den Spitzen hin paarweise angeordnet und 3-lappig mit längerem Mittellappen sind. Von Juni bis September erscheinen Blüten, deren Farbe von grellem Pink über intensives Lilarosa bis Lila variiert. Die Kronblätter glänzen wie lackiert und zeigen 5 oder 7 feine, leicht gefiederte, rotviolette Adern und eine weiße, v-förmige Zeichnung an der Basis. Nicht ganz leicht zu kultivieren, blüht außerdem eher sparsam, doch die Blüten sind aus der Nähe sehr attraktiv. Bevorzugt gut durchlässigen Boden mit gutem Wasserhaltevermögen im Halbschatten. Eingeführt von dem Züchter Roy Lancaster. Aus Kaschmir. ↕ 30 cm. Z6

G. lambertii syn. *G. grevilleanum* Mäßig behaarte kriechende Art mit relativ wenigen nickenden Blüten, deren Schönheit man erst aus der Nähe wahrnimmt. Die spärlichen runzligen Grundblätter sind bis zur Hälfte in 5 spitz gelappte und gezähnte Abschnitte geteilt. Die Blätter an den Trieben sind kleiner und paarweise angeordnet. Nickende, flach schalenförmige Blüten in Rosa oder Weiß mit schwarzen Staubbeuteln und manchmal einem dunkelrosa oder karminrotem Fleck in der Mitte öffnen sich von Juli bis September. Für feuchten Boden im Halbschatten. Die Pflanze scheint besser zu gedeihen und reicher zu blühen, wenn sie durch Sträucher wachsen kann. Aus dem Himalaja von Zentralnepal bis Bhutan und das Grenzgebiet Tibets. ↕ 30–45 cm. Z5 **'Swansdown'** Weiße, weiter geöffnete Blüten mit dunkelrosa oder karminrotem Auge. Weniger, aber noch schönere Blüten. Fällt treu aus Samen.

G. libani syn. *G. peloponnesiacum* var. *libanoticum* Zieht im Sommer das Laub ein und breitet sich mit Rhizomen aus. Blüht zusammen mit den späteren Frühlingsblühern im April und Mai. Dann sterben die oberirdischen Teile ab und das Laub treibt im Herbst erneut aus. Die Blätter haben glänzend mittelgrüne Oberseiten, im Gegensatz zum Verwandten *G. peloponnesiacum* mit behaarten Blättern. Sie sind zu drei Vierteln oder tiefer in 5–7 weiträumige, gelappte und gezähnte Abschnitte geteilt und sehen insgesamt recht lückenhaft aus. Die lavendelblauen Blüten haben herzförmige Kronblätter mit 5 verwischten Adern und manchmal

LINKS 1 *Geranium* 'Nimbus'
2 *G. nodosum*

---

sehr berühmte Figur Spotty Muldoon.
↕ 80 cm.

G. nepalense* var. *thunbergii siehe
G. thunbergii

***G.* 'Nicola'** Wüchsige, ausdauernd
blühende Pflanze, deren grundständige Blätter zu drei Vierteln in 5–7
Abschnitte geteilt sind. Von Mai bis
August erscheinen kräftig magentarote
Blüten mit flach gekerbten Kronblattspitzen, einer helleren Zone in der
Mitte, einer dunkel-rotvioletten, fast
schwarzen, v-förmigen Zeichnung am
Grund und etwa 5 verzweigten Adern
in der gleichen Farbe, die zu den Spitzen verlaufen. Die Kronblätter berühren einander nicht, sodass die Blüten
sternförmig aussehen. Braucht Sonne
und ausreichend Feuchtigkeit und sollte
gestützt werden. Eine Hybride von
G. psilostemon und *G.* × *oxonianum*.
↕ 60 cm. Z6

***G.* 'Nimbus'** ♀ Sehr wüchsiger und
reich blühender Bodendecker. Die
gelbgrün austreibenden, später mittelgrünen Grundblätter sind in etwa 7 tief
gelappte Abschnitte geteilt. Von Juni
bis August öffnen sich relativ große
lavendelblaue Blüten mit weißer Mitte
und violetter Aderung. Die Kronblätter
überlappen einander nicht und berühren sich nur am Grund. Eine Hybride
von *G. clarkei* und *G. collinum*, entdeckt
im Botanischen Garten der Universität
Cambridge. ↕ 1 m. Z5

G. nodosum (Knotiger Storchschnabel) Aufrechte Pflanze mit länglichen
Rhizomen auf oder knapp unter der
Erdoberfläche. Die leuchtend grünen,
glänzenden Grundblätter sind zu zwei
Dritteln in 3 oder 5 schwach gelappte,
aber – außer an der Basis – gleichmäßig gezähnte Abschnitte geteilt.
Die paarweise angeordneten, meist
3-lappigen Stängelblätter werden zu
den Triebspitzen hin kleiner. Von Juni
bis August erscheinen mittelgroße,
manchmal lückige Blüten in Lilarosa
bis Magenta, meist mit hellerer Zone in
der Mitte und 3 strahlenförmigen, rotvioletten, selten ausstrahlenden Adern.
Die Kronblätter sind tief gekerbt oder
seltener unregelmäßig gelappt. Guter,

nicht wuchernder Bodendecker für
Gehölzbeete und naturnahe Gärten.
Die anpassungsfähige Pflanze toleriert
Sonne und Schatten, trockenen und
feuchten Boden. Vermehrung durch
Teilung oder Aussaat. Sorten bringen,
wenn sie isoliert kultiviert werden,
mehr oder weniger farbtreue Sämlinge hervor. Aus Bergwäldern von
Zentralfrankreich bis zu den Pyrenäen,
Mittelitalien und bis ins Zentrum des
ehemaligen Jugoslawien. ↕ 20–50 cm.
Z5 **'Svelte Lilac'** Lilarosa Blüten mit
seidigem Glanz, hellerem Zentrum
und 3 dunkel-rotvioletten, wenig verzweigten Adern auf den Kronblättern,
die sich berühren oder leicht überlappen. Eine relativ verbreitete, allerdings
zunehmend variable Sorte. ↕ 45 cm.
'Swish Purple' Sternförmige Blüten
mit länglich herzförmigen Kronblättern,
magentarosa an den Spitzen und zur
Basis hin zu Helllila verlaufend, mit 3–5
wenig verzweigten, rotvioletten Adern.
↕ 45 cm. **'Whiteleaf'** Dunkles Laub und
magentarosa marmorierte Blüten mit 3
purpurroten Adern auf jedem Kronblatt.
Unregelmäßig gelappte, in hellstem
Lilarosa gerandete Kronblätter. ↕ 35 cm.

***G.* 'Nunwood Purple'** syn. *G. praten-
se* 'Nunwood Purple' Breitwüchsige
Pflanze mit großen Blüten. Die mittelgrünen, grundständigen Blätter sind
bis fast zur Basis in 7 gelappte und
gezähnte Abschnitte geteilt. Trägt im
Mai und Juni große schalenförmige
Blüten in Lavendelblau, zur Mitte nach
Lila verlaufend, mit weißem Auge. Jedes
Kronblatt trägt etwa 7 leicht gefiederte,
dunkelviolette Adern. Die Kronblätter
färben sich intensiver violett, ehe sie
abfallen. Eine Hybride von *G. pratense* subsp. *pratense* fo. *albiflorum* und
G. himalayense 'Gravetye'. ↕ 45 cm. Z4

G. oreganum Aufrechte Pflanze mit
kompakter Wurzel. Die grundständigen
Blätter sind bis fast zur Basis in 7 beidseitig tief gelappte Abschnitte mit einigen Zähnen geteilt. Die gegenständigen
Stängelblätter werden zu den Triebspitzen hin rasch kleiner. Im Juni und Juli
öffnen sich 5 cm große, nach oben bli-
ckende, flach schalenförmige Blüten in
lockeren Gruppen. Ihre Farbe variiert
von hellem Lilarosa über Pink mit hel-

lem Auge bis Blauviolett. Die meisten
Gartenformen haben satt-magentarote
Blüten. Gut für Beete und Blumenwie-
sen in der Sonne oder im Halbschatten.
Aus dem Westen der USA. ↕ 60 cm. Z5

***G.* 'Orion'** ♀ Ausgezeichnete, breit-
wüchsige, ausdauernd und reich blühende Sorte, die sich gut als Bodendecker eignet. Die grundständigen Blätter
sind bis fast zur Basis in 7 tief gelappte
Abschnitte geteilt. Die ebenso fein
geschnittenen Stängelblätter werden zu
den Triebspitzen hin kleiner. Von Juni
bis August öffnen sich zahlreiche sehr
große, schalenförmige Blüten in Lavendelblau mit violetter Aderung, weißem
Zentrum und fast runden, überlappenden Kronblättern. Ein Sämling von
G. 'Brookside. ↕ 80 cm. Z5

***G.* 'Orkney Pink'** Kompakte, Polster
bildende Pflanze für die Beetfront.
Die wenigen grundständigen Blätter
ähneln den gegenständigen Stangelblät-
tern: schwach flaumig, bläulich grün
mit leicht bronzefarbenem Schimmer,
bis zur Hälfte oder etwas weiter in 7
schwach gelappte, gleichmäßig gezähnte

Abschnitte geteilt. Trägt ab Mai bis zum
ersten Frost zahlreiche leuchtend magentarote Blüten mit weißem Auge. Braucht
durchlässigen Boden in der Sonne, verträgt aber keine Trockenheit. Vermehrung
durch Teilung oder Basalstecklinge. Eine
Hybride von *G.* × *antipodeum* und *G.* ×
oxonianum. ↕ 15 cm. Z6

G.* × *oxonianum Laubreiche, manchmal
flaumige oder behaarte Pflanze, die sich
als Bodendecker und für den naturnahen Garten anbietet. Die grundständigen Blätter sind mehr oder weniger
runzlig und bis fast zur Basis in 5
gelappte Abschnitte geteilt. Am Grund
der Einschnitte sind sie manchmal rotbraun getönt. Die 1,5–4 cm großen,
meist trichterförmigen Blüten in Weiß
bis sattem Pink sind oft mit einem Netz
dunklerer Adern überzogen. Gute Gartensorten wurden im Hinblick auf
besonders große Blüten, lange Blütezeit,
hübsche Blütenzeichnung, schönes
Laub oder gleichmäßigen Wuchs ausgelesen. Sie übertreffen die typische Art
häufig. Die Ausdehnung in die Breite
liegt zwischen 45 cm und fast 2 m. Die
breitwüchsigsten Sorten sind zu groß
für kleine Gärten, aber gute Bodendecker. Die meisten blühen von Juni bis
Juli, einige beginnen schon im Mai,
andere blühen bis Oktober. Bevorzugt

EINIGE SORTEN VON G. × OXONIANUM

Geranium × *oxonianum* 'Lace Time'

Geranium × *oxonianum* 'Rebecca Moss'

Geranium × *oxonianum* 'Rose Clair'

Geranium × *oxonianum* 'Rosenlicht'

Geranium × *oxonianum* fo. thurstonianum

Geranium × *oxonianum* 'Walter's Gift'

lichten Schatten mit ausreichend Feuchtigkeit, einige tolerieren auch volle Sonne, bei anderen bleichen die Blüten unansehnlich aus. Manche Sorten sind einander so ähnlich, dass sie schwierig zu unterscheiden sind. Zudem werden in Gärtnereien Pflanzen – zumeist Sämlinge – manchmal unter falschem Namen angeboten. Diese fertile Hybride von *G. endressii* und *G. versicolor* kommt in freier Natur im Verbreitungsgebiet beider Eltern vor. Sie verwildert zunehmend in Frankreich und auf den Britischen Inseln. ↕ 30–80 cm. Z5 **'A. T. Johnson'** ♥ Kompakt, blüht ausdauernd. Die Blüten öffnen sich silbrig rosa mit etwas dunkleren Adern und dunkeln etwas nach. Pflanzen mit lachsfarbenen Blüten werden manchmal fälschlich unter diesem Namen kultiviert. Ausgelesen von A. T. Johnson und eingeführt von Walter Ingwersen. ↕ 30 cm. **'Ankum's White'** Breitwüchsige Pflanze mit dunkler Tönung zwischen den Blattsegmenten und zahlreichen fast weißen Blüten mit blassgrauen Adern. Die Blütenkontur wirkt durch die zurückgerollten Kronblattspitzen unregelmäßig. Die blühfreudigste weiße Sorte. Eingeführt von Coen Jansen und benannt nach seinem Heimatdorf. ↕ 45 cm. **'Beholder's Eye'** ♥ syn. *G. endressii* 'Beholder's Eye' zahlreiche, recht kleine, leuchtend rosa bis magentarosa Blüten an gleichmäßig rundlichen, relativ breitwüchsigen Pflanzen. Ungewöhnlich hübsch. ↕ 45 cm. **'Betty Catchpole'** siehe *G. endressii* 'Betty Catchpole'. **'Breckland Sunset'** Kräftige, breitwüchsige Pflanze. Guter Bodendecker mit hellen Trieben und recht kleinen, geaderten Blüten in Lilarosa, das mit dem Alter nachdunkelt. In voller Sonne verblassen die Blüten. ↕ 40 cm. **'Bregover Pearl'** Breitwüchsig. Bildet ausdauernd relativ kleine, silbrig lilarosa Blüten mit schwacher Aderung, die mit dem Alter nachdunkeln. Zurückgebogene Kronblattspitzen. ↕ 40 cm. **'Bressingham's Delight'** Trägt zahlreiche, relativ kleine lachsrosa Blüten, deren Blütenblattspitzen sich zurückrollen. Welke Blüten fallen nicht ab, dadurch leidet das Aussehen. Eingeführt von Blooms of Bressingham. ↕ 40 cm. **'Claridge Druce'** Wüchsig und verbreitet, heute vertreten durch mehrere ähnliche, aber nicht identische Klone. Die filzige Pflanze hat leicht bläulich grüne Blätter und relativ große, lilarosa Blüten mit einem ausgeprägten Netzwerk aus Adern. Guter Bodendecker, aber keine der attraktivsten Sorten. Benannt nach dem Botaniker George Claridge Druce aus Oxford, der diese Hybride zuerst beschrieb. ↕ 30–80 cm. **'Cream Chocolate'** Breitwüchsige Pflanze mit hell-rosaroten Blüten und grünen, kräftig schokoladenbraun überhauchten Blättern. ↕ 45 cm. **'Frank Lawley'** Große Blüten in hellem Lilarosa mit feinen, dunkleren Adern und seidigem Glanz, die wegen der schmalen Kronblätter etwas lückig wirken. Entdeckt von Robin Moss und eingeführt von der Axletree Nursery. ↕ 45 cm. **'Hexham White'** Ausladende Pflanze mit dunkler Tönung an den Einschnitten der Blätter. Weiße Blüten mit einem schwachen Hauch Rosa an den Kronblattspitzen stehen an schlanken Trieben deutlich über dem Laub. Eine schöne und elegante Sorte von Robin Moss. ↕ 45 cm. **'Hollywood'** Robuste, flaumige Pflanze mit leuchtend grünem Laub und zahlreichen großen Blüten in hellem Rosa mit einem Netz violetter Adern, die über einen langen Zeitraum erscheinen. Eine Rückkreuzung zu *G. versicolor*, eingeführt von Langthorns Plantery in Essex. ↕ 60 cm. **'Julie Brennan'** Flaumig behaarte Pflanze mit dunkelgrünen Blättern und großen, relativ schmalblättrigen Blüten in Lilarosa mit einem Netz violetter Adern. Vermutlich ein Sämling von **'Claridge Druce'**. Von Judith Bradshaw. ↕ 70 cm. **'Katherine Adele'** Blätter aus 5 mehr oder weniger rautenförmigen Abschnitten, mit Ausnahme der Ränder kräftig schokoladenbraun überhaucht. Relativ kleine Blüten in hellem Lilarosa mit magentarosa Aderung und weißer, grau geaderter Mitte. Ein Sämling von

OBEN *Geranium* 'Patricia'

'Walter's Gift', gezüchtet von Dan Hinkley in der Heronswood Nursery im US-Staat Washington. ↕ 40 cm. **'Kurt's Variegated'** siehe 'Spring Fling'. **'Lace Time'** Ausladende Pflanze mit gelblichem Laubaustrieb. Relativ kleine, fast weiße, zu Rosa nachdunkelnde Blüten sind mit einem Netz dunkler Adern überzogen. Eingeführt von der Croftway Nursery in Sussex. ↕ 40 cm. **'Lady Moore'** Wüchsige, ausladende Pflanze mit relativ kleinen, lilarosa Blüten und einem Netz violetter Adern. Lady Moore brachte die Pflanze zu Margery Fish, sie wurde aber erst nach Mrs Fishs Tod benannt. ↕ 60 cm. **'Lambrook Gillian'** Relativ kleine, zart-lilarosa Blüten mit schwacher Aderung an einer breitwüchsigen Pflanze. Aus East Lambrook Manor, Dorset. ↕ 50 cm. **'Laura Skelton'** Ungewöhnlich Blüten in Trompetenform mit länglichen Kronblättern in Weiß und einem ausdrucksvollen Netzwerk aus rosavioletten Adern, die den Rand frei lassen. Sehr auffällig. ↕ 45 cm. **'Meryl Anne'** Breitwüchsige, ausdauernd blühende Pflanze mit relativ glänzenden, hellgrünen Blättern und großen, rosaroten, seidig glänzenden Blüten, die zu Pink nachdunkeln. Zurückgebogene Kronblattränder. ↕ 50 cm. **'Miriam Rundle'** Kompakt mit fast immergrünen, gelbgrün austreibenden und später nachdunkelnden Blättern. Trägt Blüten aus umgekehrt herzförmigen Kronblättern in leuchtendem Magenta mit dunklerer Aderung. Eingeführt von David Hibberd. ↕ 30 cm. **'Old Rose'** Trägt von Mai bis August mittelgroße hell-lilarosa Blüten mit magentaroter Aderung, die mit dem Alter fast zu Magenta nachdunkeln. Eine Hybride von 'A. T. Johnson' und *G. versicolor*, eingeführt von David Hibberd. ↕ 40 cm. **'Pearl Boland'** Blüten in blassem Lilarosa mit magentaroten Adern und hellerem Auge, die mit dem Alter nachdunkeln. Bleibt über einen langen Zeitraum attraktiv und in guter Form. ↕ 40 cm. **'Phoebe Noble'** Die breitwüchsige Pflanze trägt über einen langen Zeitraum kleine, aber intensiv gefärbte Blüten in Magentarosa mit dunkleren Adern. ↕ 50 cm. **'Prestbury Blush'** Dicht wachsende, ausdauernd blühende Sorte mit kleinen blassrosa Blüten. ↕ 40 cm. **'Rebecca Moss'** Breitwüchsige Pflanze mit durchschnittlich großen, schimmernden Blüten in sehr hellem Rosa mit schwacher, graugrüner Aderung und dunkler rosa Rändern. Die Blüten dunkeln zu Rosarot nach. Ausgelesen von Robin Moss. ↕ 45 cm. **'Rose Clair'** Kompakte Sorte, ausgelesen von A. T. Johnson und eingeführt von Walter Ingwersen, der die Blüten als »klar lachsrosa mit nur einer Spur von Aderung« beschreibt. Verschiedene Pflanzen, auf die diese Beschreibung nicht passt, wurden unter den Namen angeboten, darunter die zyklamfarbene *G.* × *oxonianum* 'Rødbylund'. Die echte Pflanze ist möglicherweise verloren gegangen. ↕ 45 cm. **'Rosenlicht'** syn. *G. endressii* 'Rosenlicht' Relativ ausladender, aber geordneter Wuchs. Trägt von Juni bis August leuchtend magentarosa Blüten durchschnittlicher Größe. ↕ 45 cm. **'Spring Fling'** syn. 'Kurt's Variegated' Kompakt. Blätter im Austrieb mit breit cremeweißem Rand und rosa überhaucht, später gelbgrün mit dunkler Zeichnung an den Segment-Einschnitten. Trägt relativ wenige kleine rosa Blüten. Eingeführt von Bob Brown. ↕ 35 cm. **'Summer Surprise'** Reich blühende, breitwüchsige, flaumige Pflanze mit sehr großen, kräftig lilarosa Blüten mit schwacher Aderung. Neigt zum Auseinanderfallen und muss gestützt werden. Gezüchtet von Piet Oudolf. ↕ 50 cm. **fo. thurstonianum** syn. *G. endressii* var. *thurstonianum* Nur 3–6 mm schmale, manchmal röhren- oder tütenförmig eingerollte Kronblätter in Rosa bis Magenta, meist mit einem Netz dunkler Adern. Die Staubblätter können wie Kronblätter umgeformt sein, sodass gefüllte Blüten entstehen. Abgesehen von der Blütenfarbe zeigt diese Sorte die volle Variations-Bandbreite der Art. Sie ist eher interessant als schön. Tritt gelegentlich spontan auf, wo beide Elternpflanzen wachsen, oder als Sämling von *G.* × *oxonianum*. ↕ 30–80 cm. **fo. thurstonianum 'Sherwood'** Riemenförmige, 12 × 5 mm große

LINKS *Geranium palmatum*

Kronblätter mit zurückgerollten Rändern. Lilarosa an den Spitzen, weiß an der Basis, dunkler rosa geadert. Gezüchtet von Alan Bremner. ↕ 70 cm. **fo. thurstonianum 'Southcombe Double'** Relativ langsam wachsende Pflanze mit kleinen sternförmigen Blüten in dunklem Rosa mit dunklerer Aderung. Meist gefüllt, manchmal entstehen zeitweise ausschließlich ungefüllte Blüten. ↕ 45 cm. **fo. thurstonianum 'Southcombe Star'** Wüchsig mit kleinen dunkelrosa Blüten, mit schmalen, violett geaderten Kronblättern. Zu Beginn der Saison gefüllte Blüten. Eingeführt von Trevor Wood von Southcombe Garden Plants. ↕ 55 cm. **'Trevor's White'** Breitwüchsige Pflanze mit hellgrünen Blättern. Weiße Blüten durchschnittlicher Größe mit hellrosa Kronblattspitzen erscheinen über einen langen Zeitraum. Von Trevor Bath. ↕ 45 cm. **'Walter's Gift'** Kleine hellrosa bis weiße Blüten mit magentaroter Aderung, die zu Rosa nachdunkeln. Blätter mit einem großen schokoladenbraunen Fleck in der Mitte. Bei Sämlingen kann der Blattfleck kleiner sein oder fehlen. ↕ 40 cm. **'Wageningen'** ♀ syn. *G. endressii* 'Wageningen' Die ausgezeichnete, recht flaumige, aufrechte Pflanze ähnelt *G. endressii*. Trägt über einen langen Zeitraum von Juni bis Oktober kräftig lachsrosa Blüten, die leider in praller Sonne verblassen. Entdeckt von Dr. Hans Simon. ↕ 40 cm. **'Wargrave Pink'** ♀ syn. *G. endressii* 'Wargrave Variety' Wüchsig mit durchschnittlich großen, lachsrosa schimmernden Blüten, die im Alter verblassen. ↕ 50 cm. **'Winscombe'** Kompakt. Durchschnittlich große Blüten öffnen sich silbrig rosarot und dunkeln zu kräftigem Rosa nach, sodass der Flor zweifarbig wirkt. Die Aderung wird mit dem Alter intensiver. Gut für kleine Beete. ↕ 30 cm.

G. palmatum ♀ syn. *G. anemonifolium* Die Pflanze ist im ersten Jahr relativ fleischig und stirbt im Winter leicht ab. Überlebt sie, verholzt die Wurzel und sie ist zuverlässig mehrjährig. Die bis 25 cm großen Blätter bestehen aus 5 Blättchen, das oberste ist gestielt, die übrigen haben kurze oder keine Stiele. Jedes Fiederblättchen ist bis fast zur Basis gelappt und nochmals geteilt und gezähnt. Die Blätter stehen an langen, kräftigen Stielen, die strahlenförmig angeordnet sind, und große Rosetten bilden. Nach dem Welken der Blätter bleiben die Stiele und stützen die Pflanze. Vielfach verzweigte Triebe tragen von Juni bis August eindrucksvolle Blütenstände über dem Laub. Die mandelförmigen Kronblätter in kräftigem Rosa bis Lilarosa mit magentaroter Basis überlappen einander nicht. Die erste Blüte ist beeindruckend. Später bildet die verholzte Wurzel mehrere kleine Blattrosetten. Für Sonne oder Halbschatten. Ältere Pflanzen, die nur noch spärlich blühen, sollten durch Sämlinge ersetzt werden. Von Madeira. ↕ 1,5 m. Z8 im ersten Winter, dann Z7

G. palustre (Sumpf-Storchschnabel) Anpassungsfähige breitwüchsige Staude mit kompakter Wurzel. Die sattgrünen Blätter sind zu drei Vierteln in 7 tief gelappte, glattrandige oder spärlich gezähnte Abschnitte geteilt. Die 3- oder 5-lappigen Stängelblätter sind paarweise angeordnet und werden zu den Triebspitzen hin kleiner. Die aufrechten, recht großen Blüten sind schalen- oder trompetenförmig und haben lückige oder überlappende Kronblätter in strahlendem Magenta oder Lila mit weißem Auge und dunkel-rotvioletten, leicht gefiederten Adern. Sie erscheinen über einen langen Zeitraum von Juni bis September. Für Sonne oder Halbschatten. Verträgt nassen Boden und toleriert einen relativ trockenen Standort. Aus Ost- und Mitteleuropa. ↕ 40 cm. Z5

G. 'Patricia' ♀ Leicht ausladende, wüchsige Pflanze mit großen, recht rauen Grundblättern, die zu zwei Dritteln in 5 oder 7 flach gelappte Abschnitte mit wenigen oder keinen Zähnen geteilt sind. Die Stängelblätter sind ähnlich geformt, paarweise angeordnet und werden zu den Triebspitzen kleiner. Die obersten sind 3- oder 5-lappig. Die breit trompetenförmigen, magentarosa, glänzenden Blüten haben lückige oder leicht überlappende Kronblätter mit je einem deutlichen, tief-rotvioletten V am Grund, von dem sich 5 leicht verzweigte Adern gleicher Farbe über drei Viertel der Fläche ziehen. Sie öffnen sich im Juni und Juli. Wird regelmäßig ausgeputzt, folgen spätere Blüten. Sollte gestützt werden. Eine Hybride von *G. endressii* und *G. psilostemon*. ↕ 75 cm. Z5

G. peloponnesiacum var. **libanoticum** siehe *G. libani*

G. phaeum (Brauner Storchschnabel) Mittelgroß und aufrecht, wächst flächig mit kurzem Rhizom und oft violett gesprenkelten und komplett schwarzvioletten Trieben. Die großen, gefleckten oder einfarbig grünen Grundblätter sind zu etwa zwei Dritteln in 7 oder 9 flach gelappte Abschnitte mit 2–5 Zähnen geteilt. Die 2–3 cm großen, nickenden oder nach außen gerichteten Blüten erscheinen im Mai und Juni. Die Kronblätter haben manchmal eine leicht zurückgebogene Spitze und immer eine weiße Basis. Sie sind lila, rosa, violett, rotbraun oder fast schwarz, wobei die helleren Farben oft einen Grauschleier zeigen. Dunkelblütige Varianten sind in England als »mourning widow« (trauernde Witwe) bekannt. Die wertvolle Art für tiefen Schatten gedeiht auch in der Sonne. Formen mit panaschierten oder gelbgrünen Blättern gedeihen am besten im Halbschatten, alle brauchen ausreichend Feuchtigkeit. Aus den Bergen Süd- und Mitteleuropas, in weiten Teilen Englands und in geringerem Ausmaß in Irland verwildert. ↕ 30–110 cm. Z4 **'Album'** Große, nach außen gerichtete, flache, reinweiße Blüten mit gewellten oder gekräuselten Kronblatträndern. Die Blüten wirken durch die überlappenden Kronblattränder kreisrund. Leuchtend grünes, ungeflecktes Laub. ↕ 75 cm. **'Aureum'** siehe 'Golden Spring'. **'Blauwvoet'** Hellgrüne Blätter und relativ große Blüten in klarem Helllila mit glatten, leicht zurückgebogenen Kronblatträndern, weiß verlaufender Mitte und einem Kranz aus schiefergrauen Adern. Ein Sport von *G. phaeum* 'Album', benannt nach dem Blausturmvogel, der als Symbol für den Kampf des flämischen Volks nach kultureller Unabhängigkeit steht. ↕ 70 cm.

GUT GESTÜTZT

Viele Storchschnäbel fallen ohne Stütze auseinander, lassen ihre kahle Krone sehen oder kippen über die Nachbarpflanzen. Als wirkungsvolle und unauffällige Stütze bietet sich stabiles Reisig an, das frühzeitig zwischen die Grundblätter gesteckt wird, bevor diese ihre endgültige Höhe erreicht haben. Die weiter wachsenden Blätter verbergen die Reiser und mit der Zeit bildet sich über dem Laub und den Stützen eine Kuppel aus Blüten.

Höhere Arten wie *G. pratense* und seine Sorten können mit stärkeren Ästen gestützt werden, etwa mit Haselruten, die durch ihre spitzwinkeligen Verzweigungen guten Halt geben. Bei großen, hohen Pflanzen ist es sinnvoll, zwischen den Reisern Schnüre zu spannen, um ein stützendes Gitterwerk zu erhalten.

Für Arten wie *G. × magnificum*, vor allem auf nährstoffreichem Boden, empfehlen sich Holunderzweige. Für einige Sorten, etwa die tendenziell breitwüchsige 'Anne Thomson', eignen sich eng gesteckte höhere Zweige als Stütze. Stahl- und Kunststoffstützen sind ebenfalls geeignet, fallen aber stärker ins Auge. Ungünstig ist jedoch eine »Palisade« aus kreisförmig um die Pflanze gesteckten Bambusstäben, um die man eine Schnur spannt. Diese Lösung fällt zu sehr auf, außerdem neigen sich die Pflanzen innerhalb der Stützkonstruktion unschön zur Seite.

UNTEN 1 *Geranium phaeum*
2 *G. phaeum* 'Album'

'Calligrapher' Blätter mit schokoladenbraunen Flecken in der Mitte jedes Abschnitts. Ziemlich kleine mattrosa Blüten, violett überlaufen und geadert, mit einem Kranz dunkel-grauvioletter Adern um ein weißes Auge. Eingeführt von David Hibberd. ‡ 70 cm. **'Chocolate Chip'** Ungewöhnlich dunkel-rotbraune, fast schwarze, seidig glänzende Blüten mit kleinem weißen Auge. Überlappende Kronblätter mit einigen unregelmäßigen Kerben am Rand, von April bis Juni. Benannt von Robin Parer. ‡ 1 m. **'Golden Spring'** syn. 'Aureum' Glänzende Blätter mit dunkleren Kerben treiben gelbgrün aus und färben sich dann mittelgrün. Zurückgebogene, nickende Blüten erscheinen im April und Mai. Sie sind satt-lilarosa mit graulila Zone und sternförmigem weißem Auge, das von grauen Adern durchzogen ist. Gezüchtet von Robin Moss, eingeführt von Judith Bradshaw. ‡ 45 cm. **'Lily Lovell'** Ungefleckte Blätter treiben gelblich aus und färben sich dann sattgrün. Von Mai bis Juli öffnen sich große nickende Blüten in Violett mit einem weißen Auge, das von einer dunkelvioletten Zickzacklinie umgeben ist. Die leicht zurückgebogenen Kronblätter berühren oder überlappen sich geringfügig und haben einen leicht gewellten Rand. Eingeführt von Trevor Bath und benannt nach seiner Mutter. ‡ 90 cm. **var. lividum** Normalerweise ungefleckte Blätter. Die Blüten sind oft leicht zurückgebogen, hell-blaulila, lila oder rosa mit kleinem weißem Auge. Der unterste Teil des farbigen Blütenbereichs ist von dunkel-grauvioletten oder lila Adern durchzogen, die unscharf auslaufen und einen bläulich schimmernden Ring um das weiße Auge bilden. Aus Kroatien westwärts entlang der Südseite der Alpen bis nach Frankreich. ‡ 60–90 cm. **var. lividum 'Joan Baker'** Wüchsige Pflanze mit großen nickenden Blüten in zartem Lilarosa mit hellerem, leicht gekräuseltem Rand. Leicht zurückgebogene Kronblätter mit einem Kranz aus grauvioletten Adern um das Auge. Gesammelt von Bill

DUNKELBLÄTTRIGE FORMEN VON GERANIUM PRATENSE

Alle heutigen dunkelblättrigen Varianten von *G. pratense* gehen vermutlich auf eine Zuchtlinie des französischen Züchters Victor Reiter Jr. (1903–86) zurück. Er gab den Strain weiter an Robin Parer von der Geraniaceae Nursery in Kalifornien, der ihn 'Victor Reiter' nannte. Bedingt durch die genetische Varianz handelt es sich aber nicht um eine einheitliche, klar identifizierbare Sorte.

Dunkellaubige Sorten sind generell weniger wüchsig und anfällig für Mehltau. Sie brauchen Sonne für eine gute Laubfärbung. Die 40 cm hohe Sorte 'Victor Reiter', die jetzt als » Victor Reiter-Strain« bezeichnet wird, ist aus Samen gezogen und bringt auch grünblättrige, kleinwüchsige Pflanzen hervor, die den Namen nicht tragen sollten. Das Gleiche dürfte für 'Purple-haze' gelten. Kleine, verlässlich dunkellaubige Pflanzen sind als »Midnight Reiter-Strain« bekannt (die sehr dunkle Sorte 'Purple Heron' ist eine Selektion) und werden durch Teilung vermehrt. Die höhere Black Beauty ('Nodbeauty') ist unkomplizierter und weniger anfällig für Mehltau. 'New Dimension', 30 cm, und 'Hocus Pocus', 40 cm, sollten geteilt werden. Generell sollte man nur bewährte Exemplare teilen und vermehren.

Geranium pratense Black Beauty

Geranium pratense 'Midnight Reiter'

Geranium pratense 'Purple-haze'

Geranium pratense 'Victor Reiter'

Baker und nach seiner Frau benannt. ‡ 75 cm. **var. lividum 'Majus'** Wüchsig mit einfarbig grünen Blättern und leicht nickenden, zurückgebogenen Blüten in sattem Lilarosa, oberhalb der graulila Adern, die das Auge umgeben, blasst die Färbung fast zu Weiß. ‡ 80 cm. **'Margaret Wilson'** Kompakt mit hellen Trieben und Blättern mit einem Netzmuster aus cremegelben Adern und cremegrünem Rand. Die flachen violetten Blüten haben ein weißes Auge. Bei isolierter Kultur fallen die Sämlinge angeblich farbtreu. Eingeführt von David Hibberd. ‡ 40 cm. **'Mrs Withey Price'** Das Laub treibt im Frühling leuchtend gelbgrün aus, färbt

sich dann dunkler und zeigt dunkle Flecken zwischen den Abschnitten. Die hellvioletten, flachen, leicht nickenden Blüten haben ein weißes Auge. Ein Sämling aus dem Garten des Pflanzenkenners Jerry Flintoff in Seattle. ‡ 50 cm. **'Rose Air'** Kompakter Wuchs. Leicht nickende, zurückgebogene Blüten in mattem, gräulichem Lilarosa mit einem Kranz graulila Adern um ein weißes Auge. Mai bis Juli. Eingeführt von John Sirkett von Mallorn Gardens, Cornwall. ‡ 45 cm. **'Rose Madder'** Stattliche, hellgrüne Blätter mit dunklen Flecken zwischen den Abschnitten und rotbraun gesprenkelten Blättern. Nickende Blüten in einem seltsam intensiven, aber

matten Rosaton (wie rohes Fleisch kurz vor dem Verderben) mit grauvioletter Zone um ein weißes Auge und rotviolette, verzweigte Adern, die vom Auge bis zum Blütenrand verlaufen. Gezüchtet von Trevor Bath. ‡ 50 cm. **'Samobor'** Stattliche, aufrechte, etwas düstere Sorte mit großer schokoladenbrauner Zone auf den Blättern. Nickende rotbraune Blüten mit stumpfen Kronblättern erscheinen von Juni bis Juli auf schlanken Stielen. Aus Samobor, Kroatien, eingeführt von Elizabeth Strangman. ‡ 90 cm. **'Séricourt'** Sehr kompakt mit leuchtend gelbgrünem, fast gelbem Laub. Nach außen gerichtete rotbraune Blüten mit weißem Auge von Mai bis Juli. Verblasst in der Sonne, sieht im Schatten aber sehr dekorativ aus. Sämlinge fallen bei isolierter Pflanzung anscheinend farbtreu. Entdeckt in dem französischen Dorf Séricourt. Eingeführt von Bob Brown. ‡ 30 cm. **'Springtime'** Blätter im Austrieb stark cremefarben marmoriert mit grünen Rändern und einer breiten, rot überzogenen Zone. Nickende, leicht zurückgebogene Blüten in dunklem Rotbraun mit weißem Auge. Zufallssämling, entdeckt von Piet Oudolf. ‡ 60 cm. **'Stillingfleet Ghost'** Einfarbig hellgrünes Laub und von April bis Juni hell-gräulich-lilarosa Blüten mit weißem Auge und transparenten, grau erscheinenden Adern. Ungewöhnlich ist das Fehlen eines dunkleren Rings um das Auge. Gezüchtet von Vanessa Cook in den Stillingfleet Lodge Nurseries, Yorkshire. ‡ 60 cm. **'Taff's Jester'** Braun gefleckte und unregelmäßig cremeweiß gesprenkelte Blätter. Manchmal

LINKS 1 *Geranium phaeum* var. *lividum* 'Joan Baker' **2** *G. phaeum* 'Samobor' **3** *G.* 'Philippe Vapelle'

fehlt den Blättern ganz oder zur Hälfte das Chlorophyll, manchmal zeigen sie keine Panaschierung. Nickende dunkelrotbraune Blüten mit leicht zurückgebogenen Kronblättern öffnen sich von Mai bis Juli. Entdeckt von Stephen Taffler, einem Sammler panaschierter Pflanzen. ↕70 cm. **'Variegatum'** Blätter mit unregelmäßigem, cremeweißem Rand, graugrünem Schimmer und dunkelroten Flecken zwischen den Abschnitten. Die panaschierten Bereiche können sich bei Trockenheit oder in praller Sonne einrollen. Nickende Blüten in dunklem Rotbraun. ↕60 cm.

G. 'Philippe Vapelle' Behaarte, relativ breitwüchsige Pflanze mit mittelgrünen Grundblättern, die durch die Behaarung blaugrau wirken, sind bis zur Hälfte in 7 flach gelappte und regelmäßig gezähnte Abschnitte geteilt und sehen recht flächig aus. Ihre Oberfläche ist mit einem ausgeprägten gleichmäßigen Netz aus Adern überzogen. Im Mai und Juni erscheinen lückige Blüten aus hell-blaulila, herzförmigen Kronblättern mit 5 deutlichen, verzweigten Adern in dunklem Lavendelblau. Bevorzugt Sonne und verträgt Trockenheit. Eine Hybride von *G. renardii* und *G. platypetalum*. ↕40 cm. Z5

G. 'Piet's White' siehe *G.* 'Kashmir Green'

G. 'Pink Delight' Polster bildende kompakte Pflanze mit winzigen bläulich graugrünen Blättern, die bis zur Hälfte in 5 spärlich und flach gelappte sowie gezähnte Abschnitte geteilt sind. Von Mai bis Oktober öffnen sich hellrosa, fast weiß gerandete Blüten, die zu Lilarosa nachdunkeln. Die roten Kelchblätter verbleiben nach dem Abfallen der welken Blüten an der Pflanze und tragen zu ihrem Erscheinungsbild bei. Vermutlich eine Hybride von *G. × antipodeum* und *G. × oxonianum*, eingeführt von Jenny Spiller von Elworthy Cottage Plants in Somerset. ↕20 cm. Z6

G. 'Pink Spice' siehe *G. × antipodeum* 'Pink Spice'

G. platyanthum syn. *G. eriostemon* Aufrechte behaarte Pflanze mit dickem Wurzelstock. Die hellgrünen, gelegentlich rot geränderten Blätter sind bis zur Hälfte oder tiefer in 5–7 flache, gezähnte oder unregelmäßig gezähnte Abschnitte geteilt. Die Triebe tragen wenige, im unteren Bereich einzelne, weiter oben paarweise angeordnete Blätter. Zwischen April und Juni öffnen sich etwa einen Monat lang hell-violettblaue, nickende oder waagrecht stehende Blüten in dichten Teilblütenständen. Die Kronblätter sind ausgebreitet oder manchmal leicht zurückgebogen. Sie sind am Grund weiß. Vereinzelte Blüten erscheinen später im Jahr. Keine der auffälligsten Arten, aber schönes Laub mit guter Herbstfärbung. Für Sonne oder Halbschatten. Von Ostsibirien bis Tibet, China, Korea und Japan. ↕60 cm. Z5

G. platypetalum Behaarte Pflanze mit dickem kompaktem Wurzelstock. Die runzligen rundlichen Grundblätter sind bis zur Hälfte in 7 oder 9 breit-

lappige, beidseitig gezähnte Abschnitte geteilt, die am Scheitel am breitesten sind. Die Stängelblätter sind paarweise angeordnet, die oberen besitzen nur 3–5 Abschnitte. Im Juni öffnen sich große flache oder schalenförmige, nach außen gerichtete Blüten mit lilablauen, manchmal helleren, zum Grund in Violett übergehenden Kronblättern mit je 5 verzweigten dunkelvioletten Adern. Die Kronblattränder sind gekerbt oder zeigen 3 flache Einbuchtungen. Ähnelt *G. ibericum*, der zweiten Elternsorte der Hybride *G. × magnificum*, hat aber weniger stark eingeschnittene Blätter. Blüht bei Rückschnitt nach der Blüte ein zweites Mal. Für durchlässigen Boden in Sonne oder Halbschatten. Aus der Türkei und dem Kaukasus. ↕30–50 cm. Z3

G. pratense (Wiesen-Storchschnabel) Hohe, aufrechte Pflanze mit kompakter Wurzel. Die Blätter sind bis fast zur Basis in 7 oder 9 tief gelappte, manchmal mit mehreren Zähnen gesäumte Abschnitte geteilt. Von Mai bis Juli öffnen sich zahlreiche mittelgroße bis große Blüten in Veilchenblau, Glockenblumenblau oder Weiß, gewöhnlich mit weißem Auge, glattrandigen Kronblättern und transparenten oder leicht rosa Adern. Eine attraktive und wertvolle Art zur eng verzahnten Bepflanzung in Beeten oder für Wildblumenwiesen. Pflanzen mit außergewöhnlich schönem Laub werden manchmal als *G. transbaicalicum* geführt. Für Sonne oder lichten Schatten. Verträgt kalkhaltigen Boden. Ausreichend Feuchtigkeit und regelmäßiges Umpflanzen beugen Mehltau vor. Sollte geteilt werden. Aus Europa, dem Altai-Gebirge in Zentralasien, Westchina und möglicherweise West- und Ostsibirien. ↕20–160 cm. Z4
'Bicolor' siehe 'Striatum'. **'Bittersweet'** Blasse, matt-lilarosa Blüten mit noch helleren Adern im Juni und Juli. Ausgelesen von dem Botaniker und ehemaligen RHS-Mitarbeiter Alan Leslie. ↕1 m Black Beauty (**'Nodbeauty'**) Kräftig violett überhauchte Blätter. Von Juni bis August stehen auf rötlichen Stielen mit hellroten Hochblättern schalenförmige lilablaue Blüten mit blasserer

LINKS *Geranium pratense* 'Mrs Kendall Clark'

Aderung. Die Kronblätter berühren einander gerade oder sie stehen in geringen Abständen. Pflegeleichter und weniger anfällig für Mehltau als die meisten anderen dunkelblättrigen Sorten. Gezüchtet von Nori Pope, Hadspen Garden, Dorset. ↕40 cm.
'Cluden Sapphire' Hübsche Pflanze mit klarblauen Blüten, zur Mitte hin mehr lila, mit weißen Adern. Im Juni und Juli. ↕75 cm. var. *flore-pleno* siehe 'Plenum Violaceum'. var. *flore-variegato* siehe 'Striatum'. **'Hocus Pocus'** Violettes Laub und lilablaue Blüten mit leicht überlappenden Kronblättern, weißem Auge und hellen Adern. Von Juni bis August. Ausgelesen aus 'Purple-haze' von dem niederländischen Züchter Marco van Noort. ↕40 cm.
Midnight-Reiter-Strain Zwergwüchsige Pflanzen mit schwarzviolettem Laub und lilablauen Blüten von Juni bis August. Tritt anteilig unter den Sämlingen des Victor-Reiter-Strains auf und kann auch durch Teilung vermehrt werden. Nicht ganz leicht zu kultivieren. ↕20 cm. **'Mrs Kendall Clark'** ♀ Verwirrende, aus Samen gezogene Art mit hell-blaulila Blüten mit einem Netz aus weißen Adern in Juni und Juli, nach dem Ausputzen nochmals im Herbst. Die heutige Pflanze ist nicht die ursprünglich 1946 von Walter Ingwersen eingeführte, deren Blütenfarbe er als rosa überhauchtes Perlgrau beschrieb. Eine Aderung wird nicht erwähnt. In Nordengland und Schottland findet man auch Pflanzen dieses Namens mit umgekehrter Färbung, also weißlichen Kronblättern und blasslila Adern. ↕1 m.
'New Dimension' Bronzefarbenes

Laub und von Juni bis August flach schalenförmige Blüten in Lilablau mit hellerem Zentrum und transparenten, grau erscheinenden Adern. ↕30 cm. **'Nunwood Purple'** siehe *G.* 'Nunwood Purple.' **'Plenum Caeruleum'** Relativ kleine, zart-blauviolette, gefüllte Blüten mit meist 15 Kronblättern mit rosa Mitte. Welke Blüten fallen nicht ab, was dem Aussehen der Pflanze abträglich ist. ↕1 m. **'Plenum Violaceum'** ♀ syn. 'Purpureum Plenum', var. *flore-pleno* Trägt im Juni und Juli attraktive, recht kleine pomponartige Blüten in kräftigem Lavendelblau, das zur Blütenmitte hin in Rotviolett übergeht. Ausputzen regt eine spätere Nachblüte an. Zuerst entdeckt von Lady Charlotte Murray (1754–1808) bei Athol House, Schottland. ↕90 cm. subsp. *pratense* fo. *albiflorum* syn. *G. pratense* var. *album* Bezeichnung für alle überwiegend weiß blühenden Varianten der Art. subsp. *pratense* fo. *albiflorum* **'Laura'** Wüchsige Pflanze. Trägt im Juni und Juli gefüllte reinweiße Blüten mit grünem Auge. Eine deutliche Verbesserung gegenüber 'Plenum Album', wirft jedoch nicht alle welken Blüten ab. ↕1 m. subsp. *pratense* fo. *albiflorum* **'Galactic'** Trägt im Juni und Juli reinweiße Blüten mit transparenten, schwach gefiederten, grau erscheinenden Adern. Die gesamte Pflanze besitzt keine dunklen Pigmente. Sämlinge sind nicht vollständig farbtreu. ↕1 m. subsp. *pratense* fo. *albiflorum* **'Silver Queen'** Sehr blasse, gräulich blaulila Blüten mit transparenten, grau aussehenden Adern und schwarzen Staubbeuteln. Der Name wurde wahrscheinlich früher für eine andere Pflanze mit großen, silbrig blauen Blüten verwendet. ↕90 cm. **'Purple-haze'** Blätter im Austrieb rötlich, später grün, bronzefarben oder rot überhaucht und

geändert. Trägt von Juni bis August Blüten in Lilatönen. Sehr variabel, gehört möglicherweise zum Victor-Reiter-Stamm. ↕ 40 cm. **'Purple Heron'** Tief-dunkelviolettes Laub und lilablaue, leicht lückige Blüten mit hellen Adern von Juni bis August. Selektion aus dem Midnight-Reiter-Stamm.
↕ 20 cm. **'Purpureum Plenum'** siehe 'Plenum Violaceum'. **'Rose Queen'** Pflanze mit relativ geordnetem Wuchs und nahezu weißen Blüten mit scharf gezeichneten, karminroten Adern und korallenrosa Staubbeuteln im Juni und Juli. Eingeführt von David Hibberd. ↕ 90 cm. **'Splish-splash'** siehe 'Striatum'. **subsp.** *stewartianum* **'Elizabeth Yeo'** Ausgelesen aus einer Unterart aus dem Himalaja, die sich durch frühere Blüte und breiter gelappte und gezähnte Blätter auszeichnet. Stattliche, mittelgrün glänzende Blätter und im Mai und Juni große schimmernde Blüten in kräftigem Rosa mit schwachen, transparenten Adern. Benannt von Peter Yeo nach seiner Frau. 80 cm. **'Striatum'** syn. 'Bicolor', 'Splish-splash', var. *flore-variegato* Trägt im Juni und Juli Blüten, deren weiße Kronblätter unregelmäßig lilablau gefleckt, gesprenkelt und gestreift sind. Transparent-gräuliche Aderung. Benannt 1897 von der Daisy Hill Nursery in Newry, die Sorte ist jedoch wesentlich älter. ↕ 1 m. **Victor-Reiter-Strain** Aus Samen gezogene Variante mit violett austreibenden, später grünen, bronzefarben überhauchten und geränderten Blättern. Blüten in Blauviolett, manchmal mit hellerem Auge. Blüht von Juni bis August. Unter den Sämlingen befindet sich ein Anteil grünlaubiger Pflanzen, die ausgesondert werden sollten, sowie ein ähnlich großer Anteil zwergwüchsiger, sehr dunkellaubiger Pflanzen, dem Midnight-Reiter-Strain.

↕ 40 cm. **'Wisley Blue'** Hell-lilablaue Blüten mit grünlich weißem Zentrum und schwacher violetter Aderung. Eine der höchsten Arten. Anfällig für Mehltau. ↕ 1,6 m.

G. 'Prelude' Aufrechte, Horst bildende Pflanze, deren Grundblätter zu vier Fünfteln in 5 oder 7 gelappte, vereinzelt gezähnte Abschnitte geteilt sind. Die Stängelblätter sind paarweise angeordnet, die obersten sind nur 3-lappig. Vielfach verzweigte Blütentriebe tragen eine Wolke aus relativ lückigen Blüten, die sich kräftig lila öffnen und bald verblassen. Jedes Kronblatt hat 3 violette Adern. Die rötlichen Triebe und Kelchblätter erhöhen den Reiz der Pflanze, allerdings fällt die Färbung im tiefen Schatten schwächer aus. Eine sehr hübsche Pflanze mit relativ kurzer Blüte im Mai und – sofern sie ausgeputzt wird – einer späteren Nachblüte. Am besten im Halbschatten mit ausreichend Feuchtigkeit. Eine Hybride von *G. albiflorum* und *G. sylvaticum*, gezüchtet von Alan Bremner. ↕ 60 cm. Z4

G. procurrens Ungewöhnlich wüchsige und sich ausbreitende bis wuchernde Pflanze mit roten Trieben, die an den Blattachseln bewurzeln. Besitzt wenige grundständige Blätter, jedoch gegenständige Paare von Stängelblättern, deren untere zu zwei Dritteln in 5 (selten 7) spitze Abschnitte mit 1–2 Zähnen geteilt sind. Von Juli bis Oktober erscheinen paarweise Blüten, die sich matt-magentarot öffnen. Die Kronblätter tragen an der Basis ein schwarzes V und etwa 7 schwärzliche Adern. Mit dem Alter vergrößern sich die Blüten und färben sich violett. Die Blüten sind zu spärlich, um dekorativ zu sein, erscheinen jedoch bis in den Herbst hinein. Wegen der starken Ausbreitung nur für große Grundstücke geeignet. Für Sonne oder Schatten in jedem Gartenboden. Vermehrung durch Abtren-

nen bewurzelter Triebe. Aus Ostnepal, Bhutan und Sikkim. ↕ 30 cm. Z5

G. psilostemon ♀ (Armenischer Storchschnabel) Stattliche Pflanze. Im Frühling erscheinen zuerst klarrote Hüllblätter, aus denen sich sehr große Grundblätter entfalten. Sie sind zu vier Fünfteln in 7 weiter gelappte Abschnitte mit mehreren Zähnen geteilt. Die Stängelblätter sind ähnlich geformt und werden nach oben hin kleiner. Aufrechte, locker verteilte, große Blüten erscheinen im Juni und Juli. Sie sind schalenförmig, magentarot mit dunkelrotem, fast schwarzem Auge und 11 schmalen Adern pro Kronblatt. Rosa und weiße Auslesen aus der Türkei sind noch unbenannt. Aufrecht genug für dicht bepflanzte Beete und ausreichend farbstark für prächtige

Kombinationen. Für Sonne oder lichten Schatten bei ausreichend Feuchtigkeit. Sollte gestützt werden. Auspfutzen regt die Nachblüte an. Aus der Nordost-Türkei und dem Südwest-Kaukasus. ↕ 80–120 cm. Z4 **'Bressingham Flair'** Etwas heller rosamagenta Blüten mit knittrigen Blütenblättern. Schön für Beete in kühleren Farbkombinationen. Eingeführt von Alan Bloom.

G. pulchrum Groß und buschig. Die unterseits filzigen, oberseits meist grauen Blätter bilden keine Rosette, sondern wachsen aus einer verholzenden Basis. Sie sind zu sieben Achteln in 5 (manchmal 7) gelappte und fein gezähnte Abschnitte geteilt. Aus nickenden Knospen auf vielfach verzweigten Trieben öffnen sich im Juli und August Blüten in Lilarosa, oft mit hellerem Zentrum. Die Kronblätter haben eine grüne Basis und etwas verzweigte, violette Adern. Eine schöne Pflanze für durchlässigen Boden in voller Sonne. Vermehrung durch Samen oder Stecklinge im Frühsommer. Aus den Drakensbergen, Südafrika. ↕ 25 cm. Z9

G. pylzowianum Kleinwüchsig. Breitet sich mit unterirdischen Rhizomen aus, die mit winzigen Knollen besetzt sind. Die grundständigen Blätter sind bis fast zur Basis in 5 oder 7 keilförmige, tief gelappte, vereinzelt gezähnte Abschnitte geteilt. Im Juni erscheinen Stängel mit wenigen, breit trichterförmigen Blüten in Lilarosa mit grünem Auge und schmalen violetten Adern. Nach der Blüte sterben die oberirdischen Pflanzenteile ab und treiben im folgenden Frühling wieder aus. Schön für die vorderen Beetrand, wo die Pflanze zwischen ihre Nachbarn kriecht, sodass während ihrer Ruhezeit keine störenden Lücken entstehen. Blüht auf durchlässigem, nährstoffreichem Boden reicher und wuchert weniger, zieht aber auch oft früher das Laub ein. Vermehrung durch

»IM ZWEIFELSFALL PASST GERANIUM IMMER«

– sagte jedenfalls Margery Fish aus dem East Lambrook Manor in Somerset, eine der führenden *Geranium*-Expertinnen in den 1950er- und 1960er-Jahren. Ihre unaufdringliche Form mit den relativ kleinen Blüten, ihr insgesamt rundlicher oder »igeliger« Wuchs, das meist ruhig gefärbte Laub – diese Merkmale machen sie zu idealen Kombipartnern zu fast allen anderen Pflanzen. Und obwohl sie in den meisten Fällen nicht die tragende, sondern nur eine unterstützende Rolle im Beet spielen, machen sie doch fast immer eine gute Figur.

Geranium sind nicht nur gute Begleiter für Pflanzen wie Rosen, denen wegen gewisser Formschwächen eine Unterpflanzung mit schönem Laub gut steht. Auch Iris, Hosta und Taglilien sehen in Begleitung mit niedrigen *Geranium* gleich schöner aus. Die meisten Storchschnäbel sind keine Hingucker, nur einige besitzen eine so eindrucksvolle Statur wie *G. maderense* oder eine so knallige Magentafärbung wie *G. psilostemon*. Trotzdem haben sie in Pflanzenkombinationen ihren besonderen Wert. Weil sie mit fast allen anderen Pflanzen harmonieren, eignen sie sich gut als »Füllpflanzen« zwischen auffälligeren

Arten, die sich sonst gegenseitig die Schau stehlen würden. Einige *Geranium*-Arten sind bewährte Bodendecker, die mit ihrem dichten Laubteppich Unkraut unterdrücken. Hier kann es aber zu Schwierigkeiten kommen. Sehr trockene Standorte, etwa unter Bäumen oder im Regenschatten einer Mauer oder Wand, behagen nur wenigen – und das sind wuchernde Arten, die andere Pflanzen verdrängen könnten. Ein Bodendecker soll möglichst viele Monate lang gut aussehen, was nur auf wenige *Geranium*-Arten zutrifft. Dennoch haben viele wegen ihres schönen Laubs und der langen Blüte ihren Wert. Einige treiben spät genug aus, dass man sie gut mit Schneeglöckchen oder Buschwindröschen kombinieren kann. Manche Storchschnäbel eignen sich zur Unterpflanzung von Sträuchern oder Strauchrosen, andere nutzen Gehölze als Stütze, um sich daran um ein Vielfaches ihrer normalen Größe in die Höhe zu ziehen. In einem robusten Strauch bieten sie einen interessanten Anblick, einen empfindlichen könnten sie aber schwächen.

Obwohl *Geranium* selten so prächtig sind, dass sie als Solitärstauden taugen, sind sie als Bodendecker und Gesellschafter anderer Pflanzen sehr wertvoll, zumal es heute so viele schöne Sorten gibt.

Samen oder Abtrennen der Knollen. Aus Westchina. ↕ 20 cm. Z5

G. pyrenaicum (Pyrenäen-Storchschnabel) Breitwüchsig, mit schlanken, behaarten Trieben. Die grundständigen Blätter sind insgesamt rundlich und bis zur Hälfte oder tiefer in 7 oder 9 am der Spitze 3-lappige Abschnitte mit je einem Zahnpaar geteilt. Aus der kompakten Wurzel erheben sich bis zu 80 cm lange Triebe, die von Mai bis Oktober locker mit Blüten besetzt sind. Die Stängelblätter sind wie die Grundblätter geformt, werden aber zu den Triebspitzen hin kleiner. Die Blüten werden bis 2 cm groß, sind meist aber kleiner. Die Blüten mit gekerbten Kronblättern sind dunkel-lilarosa mit weißer Basis und violetten Adern. Hübsch im naturnahen Garten, wenngleich die Blüten einiger Pflanzen zu klein sind, um als Blickfang zu dienen. Geeignet für Standorte, an denen die Selbstaussaat nicht stört. Für Sonne oder Halbschatten. Vermehrung durch Aussaat. Aus Südwest- und Westeuropa und ostwärts bis zum Kaukasus. In England verwildert, gilt dort als lästiges Unkraut. ↕ 30 cm. Z6 **fo. albiflorum** Weiße Blüten, bei kühlem Wetter blassrosa überhaucht. **'Bill Wallis'** Ungewöhnlich farbintensive Blüten in leuchtendem Violett mit rötlich geflammten Stängeln und Blattstielen und dunklerem Laub. Benannt nach dem Züchter aus Cambridgeshire, der die Sorte einführte. **'Isparta'** Größere Auslese mit helleren Blättern und größeren hellblauen Blüten mit großem weißem Auge. Eingeführt von Peter Yeo aus der türkischen Provinz dieses Namens. ↕ 60 cm.

G. Rambling-Robin-Gruppe syn. *G. 'Silver Cloak'* Wächst buschig, mit verholzender Basis. Bildet keine Blattrosette, blühende und nicht blühende

Triebe unterscheiden sich nicht. Die Pflanzen dieser Gruppe vereinen das silbrige, filigrane Laub von *G. incanum* mit der größeren Wuchskraft von *G. robustum*. Die silbrig behaarten Blätter sind bis zur Basis in 5 fadenartig schmal gelappte und gezähnte Abschnitte geteilt und sehen ausgesprochen filigran aus. Über einen langen Zeitraum von Mai bis November öffnen sich nickende Knospen zu aufrechten Blüten in kräftigem Lilarosa oder hellem Rotviolett mit weißem Auge. Für Sonne und gut durchlässigen Boden, gedeiht auch bei Hitze und in Ampeln. Vermehrung durch Stecklinge. Samen kommen manchmal unter dem Namen 'Silver Cloak' in den Handel. ↕ 45 cm. Z9

G. rectum 'Album' siehe *G. clarkei* 'Kashmir White'

G. reflexum (Zurückgebogener Storchschnabel) Anpassungsfähige, Horst bildende, aufrechte Pflanze mit dichtem Laub und stämmiger Wurzel. Die Grundblätter sind zu zwei Dritteln oder weiter in 7 flach gelappte Abschnitte mit einigen Zähnen geteilt und tragen am Grund der Einschnitte und manchmal an den Segmenträndern braune Flecken. Die einzeln stehenden Stängelblätter sind ähnlich geformt, aber nach oben hin kleiner. Die Blüten haben zurückgeschlagene Kronblätter in Rosarot bis Dunkelviolett mit weißer Basis und schieferblauem Augenring. Ähnelt *G. phaeum*, hat aber kleinere Blüten und gedeiht gut am Gehölzrand. Für Sonne bis tiefen Schatten bei ausreichender Feuchtigkeit. Aus Italien, Montenegro, dem Kosovo und Nordgriechenland bis Bulgarien. ↕ 60–90 cm. Z5

G. regelii Leicht kriechende, Polster bildende Pflanze mit dichten Trieben und deutlichen Ablegern. Die Grund-

blätter sind zu vier Fünfteln in 5−7 an der Spitze 3-lappige, oft nach außen gedrehte Abschnitte mit 1−2 Zähnen geteilt. Die paarweise angeordneten, 5-lappigen Stängelblätter sind tiefer eingeschnitten. Im Juni und Juli erscheinen locker verteilt mittelgroße bis große, nach außen gerichtete Blüten, meist in Blauviolett mit hellerem Auge und strahlenförmigen, leicht gefiederten Adern auf glattrandigen Kronblättern. Die attraktive Art ähnelt *G. pratense*. Für Sonne und lichten Schatten. Aus den Bergen des Tien Shan und Pamir Alai in Nordost-Afghanistan sowie aus dem Westhimalaja. ↕ 30 cm. Z4

G. renardii ♀ (Kaukasus-Storchschnabel) Niedrige Staude mit dickem, verholzendem, oberirdischen Wurzelstock. Die Grundblätter sind graugrün mit salbeiartiger Oberfläche, weicher Behaarung und einem Netz feiner Runzeln. Sie sind bis zur Hälfte in 5 oder 7 flach 3- oder 5-lappige, stumpf gezähnte Abschnitte geteilt. Die Stängelblätter sind ähnlich geformt, verkleinern sich aber zu den Triebspitzen hin stark. In Mai und Juni tragen die ein- oder zweifach gegabelten Stängel dichte Teilblütenstände aus aufrechten bis nach außen gerichteten Blüten mit keilförmigen, weiträumigen Kronblättern in Weiß (manchmal mit Blau- oder Grauanteil) oder Lilablau mit etwa 7 kräftigen, gefiederten violetten Adern pro Kronblatt. Eine hübsche Blattpflanze für den Beetvordergrund, deren Blüten aus der Nähe besonders attraktiv wirken. Bevorzugt Sonne. Magerer, eher trockener Boden fördert die Blüte und die Graufärbung des Laubs. Aus dem Kaukasus. ↕ 35 cm. Z4 **'Tcschelda'** Große lilarosa Blüten mit gekräuselten Kronblättern und violetten Adern. Gesammelt im Kaukasus. **'Whiteknights'** Blaulila Blüten mit violetten Adern und relativ lockerer

Wuchsform. ↕ 40 cm. **'Zetterlund'** Kompakte Pflanze mit großen Blüten in hellem Lila mit starker violetter Aderung. ↕ 30 cm.

G. × riversleaianum Aus einem kurzen, stämmigen Wurzelstock erheben sich Blätter, die zu drei Vierteln in 7 spitz zulaufende und auf einem Drittel ihrer Länge gelappte Abschnitte geteilt sind. Die ganze Pflanze ist mit kurzen Härchen bedeckt, die ihr einen Grauschimmer verleihen. Überhängende oder niederliegende Triebe tragen gegenständige Blätter und meist rosa Blüten. Für gut durchlässigen Boden in der Sonne. Eine Hybride von *G. endressii* und *G. traversii*, erstmals gezüchtet in Russell Prichards Riverslea Nursery, Hampshire. ↕ 15–40 cm. Z6 **'Jean Armour'** siehe *G.* 'Jean Armour'. **'Mavis Simpson'** siehe *G.* 'Mavis Simpson.' **'Russell Prichard'** ♀ Ausladende Pflanze mit graugrünem Laub. Im Juni und Juli und vereinzelt im Oktober erscheinen magentarote Blüten, die wesentlich farbintensiver sind als die Blüten beider Elternsorten. Der ursprüngliche Klon dieser Hybride. ↕ 30 cm.

G. rivulare syn. *G. sylvaticum* subsp. *rivulare* (Blassblütiger Storchschnabel) Aufrechte, Horst bildende Pflanze, deren Grundblätter bis fast zur Basis in 7 oder 9 Abschnitte geteilt sind. Trägt zahlreiche aufrechte, trichterförmige Blüten mit weißen Kronblättern und einer feinen Aderung in Violett, die bis fast an die Spitzen reicht. Eng verwandt mit *G. sylvaticum*, unterscheidet sich aber durch die Blätter mit langen schmalen, fast ungezähnten Abschnitten. Für Sonne oder Halbschatten, bevorzugt feuchten Boden. Aus den Alpen West- und Mitteleuropas. ↕ 20–45 cm. Z3

UNTEN *Geranium* 'Salome'

G. robustum Die große, buschige, reich belaubte, immergrüne Staude bildet keine Rosette, sondern verholzt am Grund und bildet bis 1,7 m lange, weiche, niederliegende Triebe. Die oberseits grünen und unterseits weißfilzigen Blätter stehen unten an den Trieben einzeln, weiter oben paarweise. Sie sind bis fast zur Basis in 5 tief gelappte, gezähnte Abschnitte geteilt und sehen sehr filigran aus. Die großen Blüten in Lilarosa bis Blauviolett mit weißem Auge öffnen sich aus nickenden Knospen über einen langen Zeitraum von Mai bis November. Für gut durchlässigen Boden in der Sonne. Aus Südafrika. ↕ 60 cm. Z9

G. Rozanne ('Gerwat') Sehr wüchsige, kriechende Pflanze, guter Bodendecker für große Flächen. Die gegenständigen Blätter sind mittelgrün mit einem Durchmesser von 10 cm, zu den Triebspitzen hin kleiner. Sie sind zu drei Vierteln in 5 beidseitig gelappte Abschnitte mit einigen stumpfen Zähnen geteilt und tragen eine weiße Marmorierung an den Rändern der Einschnitte und an den Schnittstellen der größeren Adern. Von Juni bis Oktober öffnen sich 5 cm große schalenförmige Blüten in kräftigem Blauviolett mit weißem Auge und 5 strahlenförmigen violetten Adern auf jedem Kronblatt. Gedeiht in jedem Boden in Sonne oder Halbschatten, kann aber wegen seiner Wuchskraft Nachbarpflanzen bedrängen. Wird oft mit dem sehr ähnlichen G. 'Jolly Bee' verwechselt. Vermehrung durch Teilung ist langwierig, Stecklinge sind meist günstiger. Eine Hybride von G. wallichianum 'Buxton's Variety' und G. himalayense von Gomer und Rozanne Waterer, eingeführt von Blooms of Bressingham. ↕ 60 cm. Z4

G. Sabani Blue ('Bremigo') Relativ behaarte, Horst bildende Pflanze, deren Grundblätter zu drei Vierteln in 7 gelappte und gezähnte Abschnitte geteilt sind. Die Stängelblätter sind ähnlich geformt und werden zu den Triebspitzen hin kleiner, die obersten sind ungestielt. Im April und Mai öffnen sich aufrechte Blüten in Lilablau mit violetter Aderung und weißlichem Auge. Ausputzen regt eine spätere Nachblüte an. Für Sonne oder Halbschatten. Eine ungewöhnlich früh blühende Hybride von G. ibericum und G. libani, gezüchtet von Alan Bremner. ↕ 40 cm. Z5

G. 'Salome' Die breitwüchsige Pflanze hat leicht marmoriertes Laub mit rauer Oberfläche, das vor allem im Austrieb goldgelb überhaucht ist. Es bilden sich nur wenige Grundblätter. Die gegenständigen Blätter an den Trieben sind zu drei Vierteln in 3, manchmal 7 flach 3-lappige Abschnitte mit einigen Zähnen geteilt. Von Juli bis Oktober erscheinen relativ wenige schalenförmige Blüten in Lilarosa, deren Kronblätter am Grund auf Abstand stehen. Kräftige Adern in dunklem Rotviolett laufen an der

Basis jedes Kronblatts zu einem breiten, dunklen V zusammen. Bevorzugt Schatten in gutem Boden, toleriert bei ausreichend Feuchtigkeit auch Sonne. Die Triebe bewurzeln bei Bodenkontakt nicht, können aber als Stecklinge verwendet werden. Ein Sämling von G. lambertii und G. procurrens, entdeckt von Elizabeth Strangman. ↕ 30 cm. Z4

G. sanguineum (Blutroter Storchschnabel) Die variable, niedrige, buschige Staude breitet sich mit kurzen unterirdischen Rhizomen aus. Sie bildet wenige Grundblätter, die weniger tief geteilt sind als die Stängelblätter und stumpfe Zähne tragen. Die gegenständigen Stängelblätter sind bis fast zur Basis in 7 meist 3-lappige Abschnitte mit 1−2 Zähnen geteilt. Einige Sorten zeigen eine schöne Herbstfärbung. Im Juni und Juli erscheinen schalenförmige, bis 4 cm große Blüten meist einzeln statt paarweise − ein für diese Gattung ungewöhnliches Merkmal, das die Art auf ihre meisten Sorten vererbt. Die Farbe variiert zwischen Karminrot, Purpurrot und Weiß und dunkelt meist mit dem Alter nach. Die Adern sind auffallend rotviolett oder unauffällig transparent. Die Stängel wachsen, bis die Blüte endet. Eine schöne Pflanze für den Vordergrund eines sonnigen Beets mit durchlässigem Boden. Wird oft auch in Mauern oder Pflasterfugen gepflanzt. Heimisch in großen Teilen Europas, in der Nordtürkei und auf dem Kaukasus. ↕ 15–50 cm. Z4 **Alan Bloom** ('Bloger') Große sattpinkfarbene Blüten und relativ breitlappige, dunkelgrüne Blätter. ↕ 20 cm. **'Album'** ♀ syn. var. *album* Große reinweiße Blüten ohne jegliches rotes Pigment mit transparenten, gräulich erscheinenden Adern stehen im Mai und Juni an hellgrünen Stängeln über dunkelgrünen Blättern. ↕ 25 cm. **'Ankum's Pride'** ♀ Hervorragende, kompakt-breitwüchsige Pflanze mit großen, leuchtend rosaroten Blüten mit etwas dunkleren Adern über hellem Laub von Mai bis Juli. Gezüchtet von Coen Jansen und benannt nach seinem Heimatdorf. ↕ 15 cm. **'Aviemore'** ♀ Breitwüchsige Pflanze mit großen, kräftig magentafarbenen Blüten über mittelgrünem, schmallappigem Laub im Juni und Juli. Gezüchtet von Jack Drake. ↕ 15 cm. **'Belle of Herterton'** Die kompakte Pflanze trägt von Mai bis Juli große Blüten, die sich kräftig lilarosa öffnen und ungewöhnlicherweise mit dem Alter heller werden. Entdeckt von Robin Moss. ↕ 15 cm. **'Cedric Morris'** Relativ breitwüchsige Pflanze mit großen rotvioletten Blüten über hellgrünen Blättern. Gefunden von dem Maler und Gärtner Sir Cedric Morris auf der Halbinsel Gower im Süden von Wales. ↕ 15 cm. **'Elsbeth'** Große purpurkarminfarbene Blüten erscheinen im Mai und Juni an einer sehr breitwüchsigen Pflanze. ↕ 25 cm. **'Feu d'Automne'** Laub mit schöner Herbstfärbung. Purpurfarbene Blüten von guter Größe, vereinzelt bis Oktober. ↕ 30 cm. **'Glenluce'** Polster bildende Pflanze mit lilarosa Blüten von Mai bis Juli. Die Kronblätter sind an der Spitze flach gekerbt. ↕ 30 cm. **'John Elsley'** Durchschnittlich große Blüten in kräftigem Lilarosa mit ausgeprägten rotvioletten Adern erscheinen von Mai bis Juli. Kompakte Pflanze. ↕ 15 cm. **'Jubilee Pink'** Relativ große, leuchtend magentarote Blüten. Gezüchtet von Jack Drake und benannt anlässlich des 25-jährigen Thronjubiläums von Königin Elizabeth II. ↕ 20 cm. **var. lancastrense** siehe var. *striatum*. **'Max Frei'** Kompakte Pflanze mit relativ kleinen, leuchtend karminroten Blüten im Mai und Juni. Schöne Herbstfärbung. ↕ 15 cm. **'New Hampshire Purple'** Relativ breitwüchsige Pflanze mit magentaroten Blüten von Mai bis Juli. ↕ 20 cm. **'Nyewood'** Hübsche, rundlich wachsende Pflanze mit relativ kleinen hellvioletten Blüten von Mai bis Juli. Eingeführt von der Monksilver Nursery in Cambridgeshire. ↕ 15 cm.

GERANIUM-EXPERTEN

Viele Gärtner, Züchter und Sammler haben sich eingehend mit den gartentauglichen Storchschnäbeln befasst:

Bill Baker sammelte in vielen Ländern Pflanzen und kultivierte sie in seinem Garten.

Trevor Bath ist Experte für die Blumen der Landhausgärten. Er ist Autor des Buches *The Gardener's Guide to Growing Geraniums*.

Judith Bradshaw betreut in ihrem Garten bei Preston in Lancashire die staatliche britische Geranium-Sammlung (NCCPG National Geranium Collection).

Alan Bremner, der führende Züchter neuer *Geranium*-Sorten, hat in seinem Garten auf den Orkney-Inseln eine große Zahl von Hybriden hervorgebracht.

Bob Brown. Der Staudengärtner aus Worcestershire hat eine Reihe von Storchschnäbeln bekannt gemacht.

Jack Drake war der Gründer der Inshriach Alpine Plant Nursery in Aviemore und hat eine Reihe kleinerer Storchschnäbel eingeführt.

David Hibberd führte die einstige Axletree Nursery in Sussex. Er betrieb Auslesezüchtung und führte viele schöne neue Sorten ein.

Die Ingwersens. Walter Ingwersen gründete auf der Birch Farm die Firma W.E.T. Ingwersen Ltd. und führte eine Reihe guter *Geranium*-Sorten ein. Seine Nachfolger im Unternehmen waren Will Ingwersen und nun Paul Ingwersen.

Coen Jansen ist Staudengärtner und Züchter in den Niederlanden.

A.T. (Arthur Tysilio) Johnson war Pflanzenexperte und Autor mit Garten in Nordwales. Er schrieb das Buch *A Woodland Garden*.

Robin Moss hat aus seinem Garten in Hexham, Northumberland, einige gute Storchschnäbel eingeführt und oft nach Familienmitgliedern benannt.

Piet Oudolf ist ein renommierter Gartengestalter, Pflanzenzüchter und Autor aus den östlichen Niederlanden, der viele gute Pflanzen eingeführt hat.

Robin Parer hat mit ihrer Geraniaceae Nursery bei San Francisco lange eine führende Rolle in der *Geranium*-Welt gespielt.

Dr. Hans Simon hat in Deutschland (Marktheidenfeld) eine bekannte Versuchsgärtnerei mit umfangreichem Staudensortiment aufgebaut.

Elizabeth Strangman ist eine führende Lenzrosen-Züchterin, die über die einstige Washfield Nursery in Kent viele Storchschnäbel und andere Pflanzen eingeführt hat.

Bleddyn und Sue Wynn-Jones haben an vielen weit entfernten Orten Pflanzen gesammelt und über ihren Betrieb Crûg Farm Plants in Wales eingeführt.

Peter Yeo ist ein führender Botaniker, auf dessen Buch *Hardy Geraniums* die moderne Klassifizierung der Gattung *Geranium* zurückgeht.

'Rod Leeds' Sehr große magentarote Blüten mit dunkler Aderung über dunkelgrünem Laub. Schwächere Nachblüte. ↕ 30 cm. **'Shepherd's Warning'** ♀ Sehr niedrige breitwüchsige Pflanze mit großen Blüten in leuchtendem purpurrot. Ähnelt im Farbton 'Jubilee Pink', ist aber etwas dunkler und rötlicher. Gezüchtet von Jack Drake. ↕ 20 cm.

var. *striatum* ♀ syn. var. *lancastrense* Relativ kleine, hell-rosarote Blüten mit zarter, karminroter Aderung von Mai bis Juni. Heimisch auf Walney Island und anderen Standorten an der Küste der Grafschaft Cumbria im Nordwesten Englands. ↕ 20–25 cm. **var. *striatum* 'Splendens'** ♀ Sehr breitwüchsige Sorte mit großen Blüten von Mai bis Juli. ↕ 20 cm. **'Vision Light Pink'** syn. 'Vision Pink' (Visions-Serie) Relativ kleine, aber zahlreiche Blüten in hellem Rosa mit roter Aderung. **Visions-Serie** Wüchsige, ausladende, aber eher kleine, aus Samen gezogene Pflanzen mit winzigen, spitzenzarten Blättern. Blüte von Mai bis Juli. Sehr auffällig. Gezüchtet und eingeführt von der Ernst Benary Samenzucht. ↕ 30 cm. **'Vision Violet'** syn. 'Vision' (Visions-Serie) Kleine, aber zahlreiche Blüten in Magentarot mit dunkel-rotvioletter Aderung. ↕ 30 cm.

G. sessilifolium subsp. *novae-zelandiae* Zwergwüchsige, halbimmergrüne Art mit kräftigem, kompaktem Wurzelstock und sehr kurzen oder fehlenden Blütenstängeln. Die 1–2 cm großen Blätter sind bis zur Hälfte oder etwas weiter in 5 oder 7 stumpf 3-lappige, ungezähnte Abschnitte geteilt. Sie sind so schwach behaart, dass sie nicht flaumig oder samtig wirken. Von Mai bis September erscheinen 1 cm große Blüten in Rosa oder Weiß. Eine winzige, unscheinbare Art für den Vordergrund eines Kiesbeets, für Tröge oder andere Standorte mit gut durchlässigem Boden in der Sonne. Vermehrung durch Aussaat oder Stecklinge von grundständigen Trieben. Von Wiesen und Küstendünen in Neuseeland. ↕ 3 cm. Z6 **'Nigricans'** Natürlich vorkommende Variante mit bräunlichen Blättern, die durch die Behaarung leicht seidig schimmern. Weiße Blüten. Der Name ist streng genommen inakzeptabel, hat sich aber für die Pflanze aus Neuseeland etabliert. Bedeutend als Elternpflanze für ausgesprochen dunkellaubige Sorten von *G.* × *antipodeum*. **'Porter's Pass'** Der Name umfasst alle Pflanzen vom Porter's Pass in Neuseeland, die rötliche Blätter haben, aber nicht die grün- oder braunlaubigen Pflanzen dieser Herkunft. *G.* 'Silver Cloak', 'Silver Shadow' siehe *G.* Rambling-Robin-Gruppe

---

G. 'Silver Cloak', 'Silver Shadow' siehe *G.* Rambling Robin Group

---

G. sinense Aus einem dicken, kompakten Wurzelstock erheben sich weit verzweigte Triebe. Die leicht glänzenden, schwach marmorierten Grundblätter sind zu drei Vierteln oder tiefer in 7 (manchmal 5) mehr oder weniger rautenförmige, gelappte oder unregelmäßig gezähnte Abschnitte geteilt. Die einzeln oder paarweise stehenden Stängelblätter sind ähnlich geformt, aber kleiner. Im Juli und August erscheinen relativ kleine nickende Blüten mit einer schnabelartigen Mittelsäule, an deren Grund sich ein kreisförmiges Nektarium befindet, das Wespen und Schwebfliegen anlockt. Die zurückgeschlagenen Kronblätter sind samtig schwarz-rotbraun mit einer schmalen dunkelrosa Zone am Grund. Wird gelegentlich als *G. delavayi* angeboten. Faszinierende Blüten, wenngleich sie unscheinbar und aus der Entfernung kaum zu erkennen sind. Für Halbschatten oder – bei ausreichend Feuchtigkeit – Sonne. Aus den Provinzen Yunnan und Sichuan im Südwesten Chinas. ↕ 60 cm. Z5

G. 'Sirak' ♀ Breitwüchsige Pflanze mit kompaktem Wurzelstock. Die grundständigen Blätter sind zu zwei Dritteln in 7 (manchmal 9) ungefähr rautenförmige, flach gelappte und unregelmäßig gezähnte Abschnitte geteilt. Die ähnlich geformten Stängelblätter werden zu den Triebspitzen hin kleiner, die obersten sind 3-lappig. Im Mai und Juni öffnen sich aus behaarten Knospen Blüten in kräftigem Lilarosa mit weißem Auge. Die Kronblätter sind normalerweise gekerbt und zeigen eine rotviolette, ungefiederte Aderung. Für Sonne oder Halbschatten. Wegen der niederliegenden Triebe stehen die Blüten meist am Rand des Polsters. Stützen schaffen Abhilfe. Eine Hybride von *G. gracile* und *G. ibericum*, gesammelt von Dr. Hans Simon. Die gleiche Kreuzung aus der Zucht von Alan Bremner ergab eine fast identische Pflanze, die unter dem gleichen Namen in Umlauf kam. Sie könnte sich aber als verschieden davon erweisen und einen eigenen Namen benötigen. ↕ 60 cm. Z5

G. soboliferum Hübsche Pflanze mit dickem, kompaktem Rhizom und filigranem Laub. Die grundständigen Blätter sind bis fast zur Basis in 7 schmal gelappte Abschnitte mit einigen langen spitzen Zähnen geteilt. Die gegenständigen Stängelblätter sind ähnlich geformt und werden zu den Triebspitzen hin kleiner. Vom Juli bis September öffnen sich zahlreiche schalenförmige Blüten mittlerer Größe mit magentarosa Kronblättern, die an den Rändern stark geadert sind, sodass die Mitte blasser erscheint. Für feuchten Boden in Sonne oder Halbschatten. Verträgt keine Trockenheit, günstig ist ein Standort in Wassernähe. Von der Pazifikküste Russlands, aus der Mandschurei und

---

den Bergen Zentral- und Südjapans. ↕ 30–40 cm. Z5

G. 'Spinners' Horst bildende Pflanze. Grundblätter sehr filigran, im Frühling goldgrün gefärbt, bis fast zur Basis in 7 vielfach tief gelappte Abschnitte mit einigen spitzen Zähnen geteilt. Im Mai und Juni öffnen sich schalenförmige Blüten in einem intensiven klaren Blau, das über Lila zum weißen Auge hin verläuft. Die Kronblätter sind bis fast an die Spitzen rotviolett geadert. Für Sonne oder Halbschatten. regelmäßige Teilung und ausreichend Feuchtigkeit beugen Mehltau vor. Ursprünglich unter den Namen *G. bergianum* und *G.* 'Kashmir Purple' in Umlauf. Eventuell eine Hybride von *G. pratense* und *G. clarkei* 'Kashmir Purple'. ↕ 90 cm. Z5

G. 'Stephanie' Behaarte, relativ breitwüchsige Pflanze. Die mittelgrünen behaarten Grundblätter sind bis zur Hälfte in 5 oder 7 flach gelappte und regelmäßig gezähnte Abschnitte geteilt. Ihre Oberfläche ist mit einem ausgeprägten, gleichmäßigen Netzwerk aus Adern bedeckt, das an Salbei oder *G. renardii* erinnert. Im Mai und Juni öffnen sich lückige Blüten in hellem Lilablau, deren herzförmige Kronblätter 5 deutliche, gefiederte Adern in dunklem Violett tragen. Bevorzugt Sonne und verträgt Trockenheit. Ein Zufallssämling aus dem Botanischen Garten von Edinburgh. Vermutlich eine Hybride von *G. peloponnesiacum* und *G. renardii*. ↕ 50 cm. Z5

G. striatum siehe *G. versicolor*

G. 'Sue Crûg' Breitwüchsige Pflanze mit ungewöhnlich schön gezeichneten Blüten und wenigen grundständigen Blättern. Die unteren Stängelblätter sind zu zwei Dritteln oder tiefer in 5 rautenförmige, gelappte und gezähnte Abschnitte geteilt. Zu den Triebspitzen hin werden die Blätter kleiner. Von Juni bis Oktober öffnen sich Blüten

---

UNTEN 1 *G. sessilifolium* subsp. *novae-zelandiae* 'Nigricans' **2** *G.* 'Spinners'

in Lilarosa. Die Kronblätter sind in der Mitte heller bis fast weiß und an den Rändern tiefer gefärbt. Sie sind gekerbt und zeigen ausgeprägte Adern in dunklem Rotviolett, die an beiden Seiten des Grundes zusammenlaufen. Für Halbschatten, bei ausreichend Feuchtigkeit auch Sonne. Kann in Sträucher oder Nachbarpflanzen wachsen, muss aber kontrolliert werden, damit sie die Stützpflanze nicht schwächt. Die Blüten mit der bezaubernden Zeichnung erscheinen in geringer Zahl, aber über einen langen Zeitraum. Eine Hybride von *G.* × *oxonianum* und *G.* 'Salome', gezüchtet von Bleddyn Wynn-Jones und nach seiner Frau benannt. ↕ 40 cm. Z5

G. Summer Skies ('Gernic') Die Horst bildende Pflanze ähnelt *G. pratense*. Die grundständigen Blätter sind bis fast zur Basis in 7 tief gelappte und gezähnte Abschnitte geteilt. Die Blüten, die in reicher Zahl im Juni und Juli erscheinen, variieren in der Farbe zwischen Lila und Lilablau mit grünem Auge. Mit ihren 20–30 schmalen, rötlich geaderten Kronblättern, die zur Basis weiß verlaufen, muten sie wie kleine Pompons an. Frisch erblüht sehen sie hinreißend aus, sie fallen aber bei Nässe dem Grauschimmel und bei Trockenheit dem Echten Mehltau zum Opfer. Nicht alle welken Blüten werden abgeworfen, was dem Anblick der Pflanze später im Jahr Abbruch tut. Eine Schönheit mit kleinen Fehlern also. Bevorzugt Sonne, braucht viel Feuchtigkeit. Eine Hybride von *G.* 'Spinners' und wahrscheinlich *G. himalayense* 'Plenum'. ↕ 60 cm. Z4

G. sylvaticum (Wald-Storchschnabel) Mittelgroße aufrechte Pflanze mit kompaktem Wurzelstock. Die Blätter sind bis fast zur Basis in 7 oder 9 tief gelappte und gezähnte Abschnitte geteilt. Die Stängelblätter sind ähnlich geformt, stehen an den unteren Trieben einzeln, weiter oben paarweise und werden zu den Triebspitzen hin kleiner. Schalenförmige Blüten von 2,5–4 cm Größe erscheinen im Mai

Die unauffällige, niedrige *Geranium traversii* var. *elegans* mit grauem Laub und Blüten in Rosa oder Weiß stammt von den Chatham Islands, die fast 650 km östlich von Neuseeland liegen. Die Pflanze wächst auf den Küstenklippen zusammen mit dem Chatham-Island-Vergissmeinnicht (*Myosotidium hortensia*) und – erstaunlicherweise – der Gewöhnlichen Kratzdistel (*Cirsium vulgare*). Auf die kultivierten Storchschnäbel hat diese Form unerwarteten Einfluss genommen.

Es handelt sich um eine hübsche, breitwüchsige Pflanze für sonnige Standorte mit durchlässigem Boden. Sie spielt aber auch als Elternpflanze einer Reihe schöner Gartensorten eine wichtige Rolle. Durch Kreuzungen mit dem eng verwandten *G. sessiliflorum* und vor allem mit den braun-, bronze- und kupferlaubigen Formen ist die treffend bezeichnete Arthybride *G.* × *antipodeum* entstanden, der alle dunkellaubigen, rosa blühenden Sorten zuzu-

ordnen sind wie 'Stanhoe', 'Sea Spray', 'Chocolate Candy' und andere. Aus der Kreuzung mit *G. lambertii* ging die ungewöhnlich ausdauernd blühende Sorte 'Joy' hervor, die Kreuzung mit *G. argenteum* ergab die seltene 'Silver Pink'.

Zusammen mit der noch entfernter verwandten Art *G. endressii* hat diese Pflanze einen der schönsten winterharten Storchschnäbel hervorgebracht, den ungewöhnlich ausdauernd blühenden *G.* × *riversleaianum* 'Russell Prichard' mit magentaroten Blüten. Die Kreuzung mit *G.* × *oxonianum* ergab die ähnliche, aber rosa blühende 'Mavis Simpson', ebenfalls eine exzellente Sorte. Der unermüdliche Geranium-Züchter Alan Bremner hat *G. traversii* erfolgreich mit einer Reihe anderer Arten gekreuzt, darunter *G. cinereum*, *G.* × *lindavicum* und *G. versicolor*. Wir können uns also auf weitere gute Pflanzen freuen, die von dieser attraktiven Art von dem einsamen Außenposten im Südwest-Pazifik abstammen.

und Juni in großer Zahl. Sie sind meist lilablau mit weißem Zentrum. Wegen des aufrechten Wuchses gut für Beete geeignet, blüht aber vor den meisten anderen Stauden und nach den Frühlings-Zwiebelblühern. Gedeiht auch im Halbschatten eines Gehölzgartens. Aus Europa. ↕ 40–130 cm. Z4 **fo. albiflorum** Weiße Blüten mit einigen dunklen Pigmenten in den Kelchblättern, Staubbeuteln und Narben. **'Album'** ♀ Hellblättrige Variante mit weißen Blüten ohne Farbpigmente. Sämlinge sind bei isolierter Kultur farbtreu. Gesammelt von Walter Ingwersen in Nordschweden. ↕ 70 cm. **'Amy Doncaster'** Stattliche Blätter und ungewöhnlich schöne, nahezu klarblaue Blüten mit leicht überlappenden Kronblättern und großem, weißem Auge. Benannt nach der Gärtnerin aus Hampshire, die die Sorte gezüchtet hat, eingeführt von Elizabeth Strangman. ↕ 70 cm. **'Angulatum'** syn. *G. angulatum* Große, nach außen gerichtete Blüten in zartestem Rosa mit

einem Netz dunkelpinkfarbener Adern. Elegant und bezaubernd. Benannt 1792 nach den geflügelten Stängeln. ↕ 70 cm. **'Birch Lilac'** Mittelgroße Blüten in Lavendelblau (nicht Lila) mit kleinem weißem Auge. Eingeführt von Rainforest Gardens (heute The Perennial Gardens), British Columbia, Kanada. ↕ 70 cm. **'Mayflower'** ♀ Größere lilablaue Blüten mit weißem Auge. Kaum von 'Birch Lilac' zu unterscheiden, lediglich etwas klareres Blau. ↕ 70 cm. **subsp. rivulare** siehe *G. rivulare* fo. *roseum*. **'Baker's Pink'** syn. 'Wengen' Mittelgroße Blüten mit schwach geaderten, überlappenden, rosaroten Kronblättern im Juni und Juli. Gesammelt von Bill Baker bei Wengen in der Schweiz. ↕ 1,3 m. **subsp. sylvaticum var. wanneri** Hell-rosarote Kronblätter mit gefiedertem Adernetz in leuchtendem Rosa. Ähnelt 'Angulatum', bleibt aber niedriger. Aus den Alpen nahe Genf. ↕ 40 cm. **'Wengen'** siehe fo. *roseum* 'Baker's Pink'.

G. 'Tanya Rendall' syn. *G.* 'Expression', *G.* 'Obsession' Breitwüchsige Pflanze mit kompaktem Rhizom, die sich gut als Bodendecker eignet. Die kleinen Grundblätter sind bis zur Hälfte in 5 oder 7 stumpf gelappte Abschnitte mit 1–2 stumpfen Zähnen geteilt. Die Blätter sind mit einem Netz aus tiefer liegenden Adern überzogen, ihre Oberfläche glänzt durch eine leichte Behaarung seidig und ist an Schattenstandorten bräunlich überhaucht. Die Stängelblätter sind ähnlich geformt, kleiner und meist gegenständig. Magentarote Blüten mit weißem Auge und auffälligen weißen Adern erscheinen über einen langen Zeitraum von Mai bis November. Für gut durchlässigen Boden in der Sonne. Vermehrung durch Teilung oder Stecklinge von grundständigen Trieben. Eine Hybride von *G.* × *antipodeum*. ↕ 15 cm. Z6

G. 'Terre Franche' Behaarte, Horst bildende Pflanze. Die mittelgrünen grundständigen Blätter sind etwas über die Hälfte in 5–7 flach gelappte, regelmäßig gezähnte Abschnitte geteilt. Ihre Oberfläche ist, wie bei *G. renardii*, mit einem regelmäßigen Netz von Adern bedeckt. Die gegenständigen Stängelblätter sind ähnlich geformt und werden zu den Triebspitzen hin kleiner. Im Mai und Juni erscheinen flache lilablaue, zu lila verlaufende Blüten mit weißem Auge. Jedes der herzförmigen Kronblätter trägt etwa 5 verzweigte violette Adern. Für Sonne oder lichten Schatten. Eine Hybride von *G. platypetalum* und *G.* 'Philippe Vapelle', von der sie sich durch die dunklere Farbe und die weniger lückigen Blüten unterscheidet. In Belgien ausgelesen. ↕ 40 cm. Z5

G. thunbergii syn. *G. nepalense* var. *thunbergii* Breitwüchsige, relativ behaarte, halbimmergrüne Pflanze

UNTEN 1 *Geranium sylvaticum* **2** *G. traversii* var. *elegans* **3** *G. tuberosum*

OBEN 1 *Geranium versicolor*
2 *G. walllichianum* 'Buxton's Variety'

mit einem kleinen Wurzelstock. Die Grundblätter sind zu zwei Dritteln oder etwas tiefer in 5 an der Spitze flach gelappte Abschnitte mit wenigen flachen Zähnen geteilt. Die gegenständigen Stängelblätter sind ähnlich geformt. Kleine trichterförmige Blüten in Weiß bis kräftigem Lilarosa mit strahlenförmiger Aderung in dunklem Rotviolett öffnen sich in lockeren Teilblütenständen. Von Juli bis Oktober. Die Art ist nicht sonderlich dekorativ, toleriert aber selbst schwierige Standortbedingungen im naturnahen Garten. Die Triebe bewurzeln bei Bodenkontakt. Leicht zu vermehren durch Abtrennen bewurzelter Stücke. Gelegentlich als *G. yoshinoi* im Handel. Aus Nordchina, Taiwan und Japan. ↕ 40 cm. Z7 **'Jester's Jacket'** Die Blätter sind im Austrieb unregelmäßig cremeweiß und rosa gesprenkelt, das Rosa verblasst später zu Creme. Lilarosa Blüten. Eine aus Samen gezogene Sorte aus Japan von Sue und Bleddyn Wynn-Jones, vermutlich identisch mit *G. yoshinoi* 'Confetti'.

G. traversii var. elegans Halbimmergrüne Pflanze mit kompaktem Rhizom und dunkelgrünem Laub, dem eine feine Behaarung einen silbrigen Schimmer gibt. Die grundständigen Blätter sind zu drei Fünfteln in 7 3-lappige Abschnitte mit je 1–2 Zähnen geteilt. Die gegenständigen Stängelblätter sind ähnlich geformt und werden zu den Triebspitzen hin kleiner. Von Mai bis Oktober erheben sich lichte Blütenstände über den Blattrosetten, ehe sie nach außen fallen. Die Blüten zeigen in der Natur verschiedene Rosatöne, bei Gartenformen sind sie meist lilarosa mit helleren, leicht zurückgerollten Kronblatträndern und einigen dunkleren Adern an der Basis. Eine bescheidene, aber hübsche Art für Tröge, Kübel oder gut durchlässigen Boden in der Sonne. Wichtig als Elternpflanze einiger der dekorativen, anhaltend blühenden Sor-

ten (siehe *Kreuzungspartner aus weiter Ferne*). Vermehrung durch Aussaat, Teilung oder Stecklinge von grundständigen Trieben. Von den Chatham Islands. ↕ 25 cm. Z8

G. tuberosum Pflanze mit 7–15 mm dicken Knollen. Das Laub treibt im Frühling aus und wird nach der Blüte eingezogen. Die grundständigen Blätter sind bis fast zur Basis in 5–7 ganzrandige oder fein gezähnte Abschnitte geteilt und haben ein fiedriges Aussehen. Die gegenständigen Stängelblätter sind ähnlich geformt. Schalenförmige Blüten erscheinen an aufrechten Stängeln im April und Mai. Sie haben helllila gekerbte Kronblätter mit dunklerer, an den Spitzen leicht gefiederter Aderung. Treibt und blüht zeitgleich mit den Frühlings-Zwiebelblumen und kann ebenso verwendet werden. Weil man die Knollen aber leicht verteilt, kann sich die Pflanze unerwünscht stark ausbreiten. Am besten in durchlässigem Boden in der Sonne. Ähnelt *G. macrostylum*, die Härchen tragen jedoch keine roten Spitzen. Aus dem Mittelmeerraum und ostwärts bis in den Iran. ↕ 25 cm. Z5 **'Leonidas'** siehe *G. macrostylum* 'Leonidas'.

G. versicolor syn. *G. striatum* Halbimmergrüne Pflanze mit kompaktem Rhizom. Die frischgrünen grundständigen Blätter sind zu zwei Dritteln oder tiefer in 5 Abschnitte geteilt, die beidseitig bis zu einem Drittel gelappt und zusätzlich gezähnt sind. Zwischen den Abschnitten befinden sich meist rotbraune Flecken. Die gegenständigen Stängelblätter sind ähnlich geformt und werden zu den Triebspitzen hin kleiner. Von Mai bis August erscheinen aufrechte, trompetenförmige Blüten in Weiß mit einem Netzwerk violetter Adern. Aus Mittel- und Süditalien, Sizilien und dem Süden des Balkan. ↕ 45 cm. Z4 **'Snow White'** syn. 'White Lady' Seidig

glänzende weiße Blüten und transparente, silbrig grau erscheinende Adern. Eingeführt von David Hibberd.

G. viscosissimum Aufrechte Staude mit tiefem, verholzendem Rhizom und an den Spitzen verdickten Härchen. Die grundständigen Blätter sind zu vier Fünfteln oder tiefer in 5–7 keilförmige, im oberen Teil 3-lappige Abschnitte mit je 2 Zähnen geteilt. Die gegenständigen Stängelblätter werden zu den Triebspitzen hin kleiner. Im Juni und Juli öffnen sich flache Blüten in Lilarosa bis Magentarot, selten Weiß, mit rotvioletten, leicht gefiederten Adern. Eine attraktive, relativ trockenheitstolerante Pflanze für sonnige Beete. Gedeiht auch im Halbschatten. Vermehrung durch Aussaat. Aus dem westlichen Nordamerika. ↕ 30–60 cm. Z6

G. wallichianum Sehr variable, breitwüchsige Art mit kräftigem Rhizom, die keine Rosette aus Grundblättern bildet. Die unteren Stängelblätter sind zu drei Vierteln oder tiefer in 5 (manchmal 7) mehr oder weniger rautenförmige, flach gelappte und spitz gezähnte Abschnitte geteilt. Die gegenständigen Stängelblätter sind mehr oder weniger runzlig und marmoriert. In den Blattachseln stehen je zwei Paar miteinander verwachsene Nebenblätter, die wie zwei Nebenblätter aussehen. Von August bis November erscheinen Blüten in Lilarosa, Magentarot, Blau, Weiß oder einem Zwischenton, oft mit weißem Auge und stets mit dunklerer Aderung, schwärzlichen Staubbeuteln und Narben. Die Kronblätter sind manchmal gekerbt. Einige Formen sind recht niedrig, andere wüchsiger und bilden rundliche Polster. Bevorzugt lichten Schatten und ausreichend

Feuchtigkeit. Vermehrung über Samen oder Triebstecklinge. Aus dem Himalaja vom Nordosten Afghanistans bis Kaschmir. ↕ 20–40 cm. Z4 **'Buxton's Variety'** ♀ syn. 'Buxton's Blue' Aus Samen gezogen. Niedrige Form mit langen, niederliegenden Trieben und blauen Blüten mit violetten Adern und weißem Auge. Bei trockenem, heißem Wetter tendiert die Farbe zu Violett, bei kühler Witterung im Herbst zu klarem Blau. ↕ 20 cm. **'Syabru'** Wüchsige, leicht flaumige, lindgrün marmorierte Blätter. Blüten in kräftigem Magentarosa mit dunkelroter Aderung und ohne weißem Auge. Die Kronblätter sind leicht gekerbt. Sämlinge sind variabel. Gesammelt in Nepal und benannt nach dem Dorf (ausgesprochen »Schubru«), in dessen Nähe es entdeckt wurde. Eingeführt von Elizabeth Strangman. ↕ 40 cm.

G. 'Wisley Hybrid' siehe *G. 'Khan'*

G. wlassovianum Buschige Pflanze mit behaarten Blättern und kompaktem Rhizom. Die grundständigen Blätter sind zu zwei Dritteln in 7 spitz gelappte Abschnitte mit je 1–2 spitzen Zähnen geteilt. Die gegenständigen Stängelblätter sind ähnlich geformt, haben 5 Abschnitte und werden zu den Triebspitzen hin kleiner. Das Laub treibt im Frühling kupferfarben aus und nimmt im Herbst einen rotbraunen Schimmer an, ehe es sich feuerrot färbt. Von Juni bis August erscheinen locker verteilt Blüten in Rotviolett mit violetten Adern und weißem Auge. Bevorzugt feuchten Boden in Sonne oder Halbschatten, toleriert auch trocken-sonnige Standorte. Aus dem äußersten Osten Russlands, der Mongolei und Nordchina. ↕ 30–45 cm. Z5 **'Blue Star'** Wüchsig, schöne Herbstfärbung, satt-lilablaue Blüten von Juli bis September. ↕ 45 cm.

G. yesoense Buschig, mit kompaktem Rhizom. Die grundständigen Blätter sind bis fast zur Basis in 7 tief gelappte, breite, schmale, manchmal überlappende und spitz gezähnte Abschnitte geteilt. Ähnelt im Laub *G. sanguineum*, unterscheidet sich aber durch die Blüten. Sie öffnen sich von Juni bis August, sind paarweise angeordnet, schalen- bis leicht trichterförmig und rosa oder weiß mit feinen, dunkleren Adern. Nicht sehr auffällig, aber gut geeignet für den Gehölz- oder Wassergarten. Für feuchten Boden in Sonne oder Schatten. Aus Mittel- und Nordjapan und von den Kurilen. 30–45 cm. Z6

G. yoshinoi Breitwüchsige zierliche Pflanze mit verzweigten Triebspitzen. Die grundständigen Blätter sind zu vier Fünfteln in 5 oder 7 ungefähr rautenförmige, flache gelappte Abschnitte mit je 1–2 Zähnen geteilt. Die unteren Stängelblätter stehen einzeln, die oberen paarweise. Sie sind ähnlich geformt, haben aber nur 3 oder 5 Abschnitte. Die Blütenstängel sind stark verzweigt und tragen relativ kleine, aufrechte, manchmal lückige Blüten in Lilarosa mit einem Netz aus dunkleren Adern. Wird manchmal mit *G. thunbergii* verwechselt. Von Honshu, Japan. ↕ 40–70 cm. Z6 **'Confetti'** siehe *G. thunbergii* 'Jester's Jacket'.

GEUM
Nelkenwurz
ROSACEAE

Diese vielseitige Gartenpflanzen mit Blüten in feurigen Farben beleben im Frühjahr die Staudenbeete.

Etwa 50 Arten Horst bildender Stauden mit Blüten in verschiedenen Rottönen stammen aus den gemäßigten Regionen Europa, Asiens, Nord- und Südamerikas, Neuseelands und Afrikas. In ihrer Heimat wachsen sie meist auf feuchten, nährstoffreichen Böden, etwa in Wiesen oder am Waldrand, einige aber auch an offeneren, steinigen Standorten. Die *Geum*-Arten sind normalerweise frostfest und anpassungsfähig. Die gefiederten Blätter sind am Rand gezähnt oder gebuchtet, das Endblättchen ist stets am größten. Die belaubten, verzweigten oder unverzweigten Blütenstängel tragen 5-zählige Blüten, die bei vielen Sorten gefüllt sind. Schneidet man welke Blüten nicht ab, entwickeln sich aus ihnen kleine trockene Früchte mit hakenförmigen Fortsätzen, die an Tierfellen und Kleidung hängen bleiben.

Spontane Kreuzungen zwischen verschiedenen Arten treten in Gärten häufiger auf und die meisten Sorten sind ebenfalls Hybriden. Es ist nicht immer möglich, die genauen Elternarten festzustellen. Pflanzen, die vom hellrot blühenden *G. chiloense* abstammen, haben oft behaarte Blätter und ein etwas größeres endständiges Fiederblatt. Das ziegelrot blühende *G. coccineum* hat an viele seiner Hybriden die gelben Staubblätter und das große nierenförmige, endständige Fiederblatt weitervererbt. Bei Nachkommen von *G. rivale* sieht man oft 3 große endständige Fiederblätter und nickende, glockenförmige Blüten in Orange-Rosa.

Die Pflanzen sind manchmal kurzlebig, besitzen aber trotzdem im Garten großen Wert, weil die Blüten über einen langen Zeitraum erscheinen und weil es Sorten für verschiedenste Standorte gibt. Die attraktiven Hybriden von *G. coccineum* und *G. chiloense* sind ein Blickfang für den Beetvordergrund, für Inselbeete und Kübel. Sorten von *G. urbanum* und *G. rivale* eignen sich besser für naturnahe Gärten. Sie harmonieren gut mit schmalblättrigen Gräsern.

Die meisten Sorten werden üblicherweise (oder zumindest gelegentlich) aus Samen gezogen. Wegen der natürlichen Neigung der Arten zu spontanen Kreuzungen ist vor allem bei Pflanzen aus selbst geernteten Samen mit einer gewissen Variabilität

LINKS 1 *Geum* 'Dolly North'
2 G. 'Fire Opal' **3** G. 'Flames of Passion'
4 G. 'Lady Stratheden'
5 G. 'Lemon Drops'
6 G. 'Marmalade'

AUSSAAT VON NELKENWURZ

Geum-Arten und Sorten lassen sich leicht aus Samen ziehen, schnell wachsen sie zu blühfähigen Exemplaren heran. Darum entscheiden sich viele Gärtnereien und Hobbygärtner für diese Form der Vermehrung. Sämlinge vieler beliebter Sorten wie 'Lady Stratheden' und 'Mrs J. Bradshaw' fallen treu aus Samen, andere zeigen eine nur geringe Variabilität – vorausgesetzt, spontane Kreuzungen werden unterbunden. Damit keine falsch benannten Pflanzen in den Handel oder anderweitig in Umlauf gelangen, sollten abweichende Sämlinge entfernt oder wenigstens nicht unter dem Namen der Elternsorten kultiviert werden.

Ist ausreichend Platz vorhanden, kann man *Geum* wie Einjährige zeitig im Frühling bei 21°C im Haus vorziehen, damit sie im ersten Sommer blühen. Um im Frühling Platz zu sparen, ist es oft sinnvoller, sie im Frühsommer zu säen. Dann haben sie Zeit, vor dem Winter einzuwurzeln und blühen im folgenden Jahr reich. Die Keimung kann bis zu vier Wochen dauern und verlangt daher etwas Geduld.

zu rechnen. Sämlinge unterscheiden sich manchmal überraschend stark von ihren Eltern.

KULTUR Die meisten Arten und Sorten bevorzugen feuchten, aber durchlässigen Boden mit einem hohen Anteil organischer Substanz. Die Mehrzahl toleriert Schatten, blüht aber bei gutem Licht besser und ist standfester. *G. montanum* benötigt gut durchlässigen Boden und einen offenen Standort. Alle paar Jahre sollte man teilen, um die Pflanzen zu verjüngen. Durch häufiges Ausputzen werden die Pflanzen zur Bildung immer neuer Blüten angeregt, teilweise bis in den Herbst hinein.

VERMEHRUNG Teilung im Herbst oder Frühling. Bei einigen Sorten ist Aussaat möglich. Wegen der Neigung zu spontanen Kreuzungen ist bei Aussaat der meisten Sorten aber mit variablen Sämlingen zu rechnen.

PROBLEME Larven von Sägewespen, Blattminierer und Mehltau.

G. 'Beech House Apricot' Bildet niedrige Blatthorste und trägt von April bis Juli gekräuselte, aufrechte Blüten in zartem Gelb mit apricotfarbenen Rändern. Vermutlich ein Sämling von *G. × intermedium*. ‡ 25 cm. Z4

G. 'Bell Bank' Bezaubernde, nickende, gefüllte Blüten in Rosa. Schöner Bodendecker, benötigt einen kühleren Standort. Eine Hybride von *G. rivale*. Die Sorte wurde lange Zeit nicht kultiviert, aber kürzlich von der Dove Cottage Nursery in West Yorkshire wieder eingeführt. ‡ 30 cm. Z4

G. 'Blazing Sunset' Sehr große, duftige, gefüllte Blüten in Hellrot erscheinen ab Mai und oft bis in den Herbst. Ähnelt 'Mrs J. Bradshaw', hat aber meist größere, stärker gefüllte Blüten. Eine Hybride von *G. chiloense*, eingeführt von Thompson & Morgan und oft als Saatgut angeboten. ‡ 60 cm. Z5

G. 'Borisii' Der Name wird für verschiedene, ganz unterschiedliche Pflanzen verwendet, darunter das nicht verwandte und seltene *G. × borisii* sowie Varianten von *G. coccineum*. Es ist unklar, für welche Pflanze dies der korrekte Name ist, darum wäre es wünschenswert, wenn Gärtnereien ihn mieden und stattdessen ihre Pflanzen eindeutig identifizieren würden.

G. bulgaricum Breitet sich mit dicken Rhizomen aus und trägt große, weich behaarte, graugrüne Blätter mit je 5–7 Fiederpaaren und einem großen, gezähnten, nierenförmigen Endblättchen. An aufrechten Blütenstängeln mit kleinen Blättern stehen 3–7 nickende, 2,5 cm große Blüten in verschiedenen Tönen von Weiß bis Orange. Wird selten in Gärten kultiviert. Bei der gelb blühenden Pflanze, die unter diesem Namen verkauft wird, handelt es sich wahrscheinlich um *G. × heldreichii*. Eine Hybride von *G. coccineum* und *G. montanum*. Aus den Bergen des Balkan ‡ 50 cm. Z4

G. coccineum (Rote Nelkenwurz) Horst bildende, weich behaarte Staude mit bis 20 cm langen, in 5–7 Abschnitte geteilten Blättern. Das endständige Segment ist nierenförmig, scharf gezähnt, gelappt und deutlich größer als die gegenständigen seitlichen Abschnitte. Von Mai bis Juli, manchmal auch länger, erscheinen auf aufrechten Stängeln 2–4 weit offene Blüten in typischem Ziegelrot. Bevorzugt feuchten Boden. Gedeiht auch an trockeneren Standorten, ist dort aber meist kurzlebig. Aus nahezu sumpfigen Gebieten in Südeuropa. ‡ 45 cm. Z5 **'Cooky'** Leuchtend orangefarbene Blüten. **'Werner Arends'** Kompakter Wuchs. Zahlreiche halbgefüllte Blüten in Orange mit Rotschimmer. ‡ 25 cm.

G. 'Coppertone' Nickende, gefüllte Blüten mit 5 cm Durchmesser in einem ungewöhnlichen Kupfer-Apricot-Ton von Mai bis Juli. Eine Hybride von *G. rivale*. ‡ 30 cm. Z4

G. 'Dingle Apricot' Niedrig. Trägt von Mai bis Juli sehr zahlreiche Blüten in hellem Apricot mit dunklerer Zeichnung. ‡ 20 cm. Z4

G. 'Dolly North' Große pfirsich-orangefarbene von Mai bis August. Eine Hybride von *G. chiloense*. ‡ 50 cm. Z5

G. 'Farmer John Cross' Niedrig. Von Mai bis August öffnen sich nickende goldgelbe Blüten aus dunklen Knospen auf roten Stängeln. Eine Hybride von *G. rivale*. ‡ 30 cm. Z4

G. 'Fire Opal' ♀ Dunkle Stängel tragen halbgefüllte, 3,5 cm große Blüten in Orangerot. Die Kronblätter haben hellere Rückseiten. Dieses Merkmal ist bei ähnlichen Sorten nicht vertreten, darum verdient diese einen Platz im Beetvordergrund, wo man es wahrnehmen kann. Eine Hybride von *G. chiloense*. ‡ 75 cm. Z5

G. 'Flames of Passion' Sehr attraktive, recht neue Sorte mit rundlichen Laubpolstern, über denen sich von April bis Juli dunkle Stängel mit halbgefüllten, sattroten Blüten erheben. Entwickelt von dem niederländischen Gartengestalter und Züchter Piet Oudolf, vermutlich eine Hybride aus *G. chiloense* und *G. rivale*. ‡ 50 cm. Z5

G. 'Georgenburg' Große ungefüllte Blüten in verwaschenem Orange. Eine kompakte Hybride von *G. chiloense*. ‡ 30 cm. Z5

G. × intermedium Relativ variable, manchmal leicht behaarte Pflanzen mit kurzem dickem Rhizom und etwa 25 cm langen Blättern mit einem 5–8 cm breiten Endblättchen sowie 2–5 Fiederpaaren. Die Stängel sind meist leicht behaart und tragen 2–4 normalerweise nickende Blüten in Gelb, Bernsteingelb oder Orange, manchmal mit einem Hauch Rosa. Eine variable Hybride von *G. rivale* und *G. urbanum*, die Merkmale beider Eltern vereint. ‡ 60 cm. Z4

G. 'Karlskaer' Bildet kompakte Laubpolster, über denen sich von Mai bis August dunkle Stängel mit aufrechten Blüten in warmem Apricot-Orange erheben. ‡ 30 cm. Z5

G. 'Lady Stratheden' ♀ Trägt den ganzen Sommer lang halbgefüllte, leuchtend gelbe Blüten. Eine ausgezeichnete Hybride von *G. chiloense*, die echt aus Samen fällt. ‡ 50 cm. Z5

G. 'Lemon Drops' Niedrige Pflanze mit nickenden, hellgelben Blüten mit auffällig orangefarbenen Staubblättern. Eine Hybride von *G. rivale*. ‡ 25 cm. Z4

G. 'Lionel Cox' Nickende, lichtgelbe Blüten mit gewelltem Rand öffnen sich über einen langen Zeitraum im Sommer aus dunklen Knospen. Bildet attraktive kompakte Laubpolster, ist aber meist recht schwachwüchsig. Eine Hybride von *G. rivale*. ‡ 30 cm. Z4

G. 'Marmalade' Eine hübsche Pflanze mit dunklen Knospen und ungefüllten orangefarbenen, gelb überhauchten Blüten von Mai bis August. ‡ 40 cm. Z4

G. 'Mrs J. Bradshaw' ♀ Eine berühmte und beliebte Hybride von *G. chiloense*. Trägt von Mai bis August Büschel aus bis zu 4,5 cm großen, halbgefüllten Blüten in leuchtendem Scharlachrot mit gekräuselten Rändern. Vor vielen Jahren aus Samen gezogen. Sämlinge sind normalerweise relativ farbtreu. Das »J.« im Namen beachten. ‡ 50–70 cm. Z5

G. 'Mrs W. Moore' Hübsche, nickende, halbgefüllte Blüten mit einem Hauch Rosa. Mai bis Juli. Eine Hybride von *G. rivale*. ‡ 30 cm. Z4

G. 'Paso Doble' Große gekräuselte, nickende, dicht gefüllte Blüten in Blutrot. Mai bis Juli. Eine Hybride von *G. chiloense*. ‡ 70 cm. Z5

G. 'Prinses Juliana' Halbgefüllte Blüten bis 4,5 cm Größe in leuchtendem Orange mit rot überlaufenen Rändern erscheinen vom Früh- bis Hochsommer. Eine Hybride von *G. chiloense* aus dem Jahr 1923. ‡ 60 cm. Z5

G. 'Red Wings' Zahlreiche kräftig scharlachrote, halbgefüllte Blüten bis 4,5 cm Durchmesser erscheinen von Mai bis Juli. Größere Blüten als bei 'Mrs J. Bradshaw', aber meist mit weniger Kronblättern und aufrechter im Wuchs. Eine Hybride von *G. coccineum*. ‡ 70 cm. Z5

G. 'Rijnstroom' Attraktive Sorte mit messinggelben bis orangefarbenen, halbgefüllten Blüten in Früh- und Hochsommer. ‡ 60 cm. Z5

RECHTS *Geum rivale* 'Leonard's Variety'

G. rivale (Bach-Nelkenwurz) Relativ variable behaarte Staude mit stämmigem dickem Rhizom und hohem Feuchtigkeitsbedarf. Die Blätter werden bis 35 cm lang, bleiben meist aber kleiner. Sie bestehen aus 3–6 ungleichen Fiederpaaren, deren oberstes Paar oft deutlich größer als die übrigen ist. Die Spitze des 3-paarig gefiederten Blattes bildet ein großes, fast kreisrundes Endblättchen. Den ganzen Sommer lang öffnen sich aus dunklen Knospen 2 cm große, nickende, glockenförmige Blüten in Orangerosa. Sie stehen zu 2–5 zusammen. Die anpassungsfähige Art bevorzugt einen feuchten Standort und toleriert relativ viel Schatten. Aus Island, Nordamerika, Europa (einschließlich der Britischen Inseln) und Teilen Kleinasiens. ↕20–80 cm. Z3 **'Album'** Weiße Blüten. **'Leonard's Variety'** Orangerosa Blüten mit bräunlichem Schimmer auf dunklen Stängeln. Vielleicht eine Hybride. ↕45 cm. **'Marika'** Sehr hohe, elegante Sorte mit hellen Blüten. Entdeckt in Devon. ↕80 cm.

G. 'Rubin' Hohe Pflanze. Trägt von Mai bis August große gefüllte Blüten in sattem Rot. Wahrscheinlich eine Hybride von *G. chiloense*. ↕90 cm. Z5

G. 'Sigiswang' Kompakte Pflanze mittlerer Größe mit zahlreichen orangefarbenen Blüten von Mai bis August. Wahrscheinlich eine Hybride von *G. coccineum*. ↕30 cm. Z5

G. triflorum (Prärie-Nelkenwurz) Ungewöhnlich frosttolerante Staude mit silbrig behaarten, 15 cm langen, ungleichmäßigen Blättern aus bis zu 15 Paaren schmal keilförmiger Fiederblätter, die behaart und grau sein können. Das endständige Fiederblatt ist nicht größer als die übrigen. Vom Frühsommer an erscheinen drahtige Stängel mit bis zu 3 rot oder violett überhauchten Knospen, aus denen sich 2,5 cm große Blüten in Creme bis Violett, manchmal mit rotem Rand, öffnen. Von kühlen, feuchten Standorten oder Geröllfeldern in den Bergen Nordamerikas. ↕45 cm. Z1 **var. campanulatum** Kleiner und frostempfindlicher. Kronblätter karminrot überhaucht und geadert. ↕25 cm. Z6

G. urbanum (Echte Nelkenwurz) Behaarte Staude mit kurzen Rhizomen. Blätter mit nur 2 oder 3 Paaren gegenständiger, ungleicher Fiederblätter und einem großen, bis 8 cm breiten Fiederblatt an der Spitze. Aufrechte Stängel tragen von Mai bis August bis zu 3 der 1,5 cm großen, gelben Blüten. Am besten im naturnahen Garten. Aus Strauchheiden, Wäldern und von anderen schattigen Standorten mit feuchtem, meist nährstoffreichem Boden in weiten Teilen Europas (einschließlich der Britischen Inseln) sowie in Westasien und Nordafrika. ↕20–60 cm. Z6 **'Checkmate'** Laub unregelmäßig weiß panaschiert.

GILLENIA
Dreiblattspiere
ROSACEAE

Ungemein robust zeigt sich diese Verwandte des Spierstrauchs.

Sie trägt zahllose, zart schimmernde Sternblüten.

Beide Arten der Gattung werden wegen ihres Zierwerts geschätzt. Die Indianer Nordamerikas verwenden sie seit alters als Heilmittel für innere und äußerliche Beschwerden, doch bei falscher Dosierung sind die Pflanzen giftig. Sie stammen von schattigen Standorten im Osten und Südosten der USA. Eine kompakte Krone bildet dicke, sich ausbreitende Wurzeln und drahtige Triebe mit wenigen Blättern aus 3 gezähnten Fiederblättern. Die zarten Blüten mit schmalen, gedrehten Kronblättern bezaubern vor allem durch ihre Masse. Die duftigen Blütenwolken erinnern an *Gypsophila* und sind eine gute Ergänzung zu fester konturierten Pflanzen in Beeten und Rabatten. Die goldgelbe Herbstfärbung bedeutet ein weiteres Plus. ⚠

KULTUR Bevorzugt nährstoffreichen, feuchten Boden in Sonne oder Halbschatten. Etablierte Pflanzen sind recht trockenheitsverträglich und vertragen auch volle Sonne. Sie breiten sich langsam aus und bilden dichte Horste.

VERMEHRUNG Durch Triebstecklinge im Frühling oder Aussaat im Freiland. Die Keimung erfolgt im folgenden Frühling. Nach drei bis vier Jahren sind die Pflanzen voll entwickelt.

PROBLEME Spinnmilben schwächen die Pflanzen gelegentlich.

G. stipulata (Südliche Dreiblattspiere) Ähnelt *G. trifoliata* (unten), wirkt aber insgesamt zarter und offener im Wuchs. Außer den 3-lappigen Blättern tragen die drahtigen Triebe Nebenblätter in den Blattachseln, die wie Flügel aussehen. Die Blüten erscheinen in offeneren Ständen und sind weniger dekorativ als bei der blühfreudigeren Verwandten. Aus lichten Wäldern und von Lichtungen und Straßenrändern in den US-Staaten New York und Illinois, südlich bis Georgia und Texas. ↕30–90 cm. Z4

G. trifoliata ♀ (Nördliche Dreiblattspiere) Aufrechte, strauchartige Staude mit dicken, tief reichenden Wurzeln, aus denen sich schlanke, aber kräftige Triebe erheben. Im Spätfrühling oder Frühsommer erscheinen breite, endständige Rispen aus sehr zahlreichen sternförmigen, duftenden Blüten in Weiß oder zartem Rosa. Wächst in voller Sonne und im lichten Schatten dicht. Aus lichten Wäldern, von Lichtungen, felsigen Hanglagen und Straßenrändern in den US-Staaten Ontario (Süden) und New England, südlich bis Georgia, Kentucky, und Alabama, USA. ↕1,2 m. Z4 **'Pixie'** Kleinwüchsige Form mit Blüten in normaler Größe. ↕15 cm.

GLAUCIDIUM
GLAUCIDIACEAE

Große mohnartige Blüten in Lilarosa oder seltener Weiß über schönem Laub sind die Merkmale dieses Schattengewächses.

Die einzige Art der Gattung ist eine sommergrüne Staude aus Japan mit auffällig gelappten und gezackten Blättern. Sie blüht im Spätfrühling und bildet paarweise angeordnete, grüne Samenkapseln. Wegen ihrer optischen Präsenz passt sie gut als Solitärstaude zwischen kleinere Arten.

KULTUR Bevorzugt feuchten, kalkfreien Boden im lichten Schatten.

VERMEHRUNG Aussaat oder vorsichtige Teilung im zeitigen Frühling.

PROBLEME Schnecken.

G. palmatum ♀ Aus einem kurzen, stämmigen Rhizom erheben sich 2 oder 3 lang gestielte, ahornähnliche Blätter bis 20 cm Breite. Knapp über ihnen öffnen

sich im Mai und Juni 6–8 cm große, einzelne Blüten in hellem Violett oder Zartlila mit gelben Staubblättern. Benötigt einen kühlen, geschützten Standort mit waldartigen Bedingungen. Handelsübliche Samen bringen oft eine Mischung aus weiß und lila blühenden Pflanzen hervor. Aus den Bergwäldern Mittel- und Nordjapans. ↕45–60 cm. Z6 **var. leucanthum** Große schneeweiße Blüten.

GLECHOMA
Gundelrebe, Gundermann
LAMIACEAE

Sogar in Ampeln gedeiht dieser robuste Bodendecker. In Gärten werden vor allem die panaschierten Formen geschätzt.

Etwa 12 Arten sind in ganz Europa und in Teilen des gemäßigten Asien heimisch und sind in Nordamerika verwildert. Sie wachsen wild in Wäldern und Wildhecken und breiten sich kräftig mit langen schlanken Trieben aus. Die grob gezähnten Blätter können behaart oder unbehaart sein. Im Frühling oder Sommer erscheinen an kurzen, aufrechten Stielen röhrenförmige Lippenblüten in Blau oder Violett. Nur eine Art wird in Gärten kultiviert.

KULTUR Gedeiht in Sonne oder Schatten, bevorzugt feuchten, durchlässigen Boden.

VERMEHRUNG Durch Teilung im Frühling oder Herbst, durch Triebstecklinge im Frühling oder durch Abnehmen bewurzelter Triebstücke.

PROBLEME Schnecken.

G. hederacea syn. *Nepeta hederacea* (Gewöhnlicher Gundermann) Breitet sich wüchsig mit langen, Matten bildenden Trieben bis 1 m Länge (manchmal mehr) aus. Kleine runde bis nierenförmige Blätter mit gezähntem Rand. Die 2-lippigen, an Taubnesseln erinnernden Blüten sind meist violett oder lilarosa, manchmal weiß oder hellrosa. Auf schweren Böden in Wäldern und auf Brachland in ganz Europa. ↕ 30–50 cm. Z6 **'Barry Yinger Variegated'** Blätter mit Flecken und breitem Rand in Cremeweiß. **'Variegata'** Blätter mit Rand und unregelmäßiger Marmorierung in reinem Weiß. Blüht nur spärlich.

GLYCERIA
Wasserschwaden
POACEAE

Saftig und elegant mutet das widerstandsfähige, aber recht wüchsige Gras an. Es eignet sich für unterschiedliche feuchte Standorte.

Etwa 40 Staudenarten sind in den gemäßigten Zonen an feuchten Standorten und im flachen Wasser zu finden, aber nur eine wird in Gärten kultiviert. Die meisten breiten sich mit kriechenden Rhizomen stark aus. Die Blütenstände sind entweder lockere, elegante Rispen oder kompakte Ähren aus kleinen nickenden Blüten.

KULTUR Gedeiht in sehr feuchtem Boden oder flachem Wasser in voller Sonne bis Halbschatten. Bei zu trockenem Boden verliert die Pflanze ihre unteren Blätter, bei zu feuchtem Boden breitet sie sich extrem aus.

VERMEHRUNG Aussaat im Frühling, var. *variegata* durch Teilung.

PROBLEME In der Regel keine.

G. maxima (Wasserschwaden, RiesenSüßgras) Hohes Sumpfgras, das sich mit kriechenden Rhizomen ausbreitet und große Bestände leuchtend grüner, scharfkantiger, 2 cm breiter Blätter bildet. Von Juni bis August erscheinen auf kräftigen Trieben vielfach verzweigte, fiedrige Rispen mit grünen, violett

überhauchten Blüten. Bevorzugt leicht alkalischen Boden, wächst aber auch in anderen Böden in der Sonne, in langsam fließendem Wasser, am Seeufer oder in Sümpfen bis zu einer Wassertiefe von 45 cm. Neigt zum Wuchern, eignet sich aber gut zur Verhinderung von Erosion an Fluss- und Teichufern. Heimisch in weiten Teilen Europas und Asiens, andernorts eingeführt. ↕ 1,2 m. Z5 **var. *variegata*** Blätter mit weißen oder cremegelben Längsstreifen, im Austrieb hellrosa, bei Trockenheit schwächere Farbausbildung. ↕ 75 cm

GLYCYRRHIZA
Süßholz, Lakritze
PAPILIONACEAE

Die hellen Blüten im Spätsommer bilden einen Kontrast zu kräftigeren Farben in großen Beeten oder in naturnahen Bereichen.

Etwa 20 Arten dieser etwas groben Stauden sind im Mittelmeerraum, in Nordafrika, Nord- und Südamerika in unterschiedlichsten Lebensräumen heimisch – von trockener Strauchheide bis zu Sümpfen. Die klebrigen Blätter sind 3-lappig oder tragen beiderseits der Blattspindel kleine Fiederblätter, die an Salomonssiegel (*Polygonatum*) erinnern. Kurze aufrechte Rispen aus Schmetterlingsblüten erscheinen in den Blattachseln.

KULTUR Bevorzugt tiefgründigen, fruchtbaren Boden in voller Sonne.

VERMEHRUNG Aussaat im Frühling oder Herbst, alternativ Teilung im Frühling.

PROBLEME Gelegentlich treten Echter Mehltau und Rost auf.

G. glabra syn. *G. glandulifera* (Spanisches Süßholz, Lakritze) Die tief wurzelnde Pflanze breitet sich stetig aus. Die Blätter aus bis zu 17 länglichen

bis ovalen Fiederblättern stehen wechselständig am Spross. Hellblaue bis lila Blüten öffnen sich im Spätsommer in kurzen, bis 8 cm langen Trauben. Daraus entwickeln sich kleine braune Samenkapseln. Die verholzenden Wurzeln werden zur Herstellung von Süßigkeiten und Heilmitteln verwendet. Aus dem Mittelmeerraum und Südwest-Asien. ↕ 1,2 m. Z8

G. glandulifera siehe *G. glabra*

GUNNERA
Mammutblatt
GUNNERACEAE

Sehr unterschiedliche Pflanzen birgt diese Gattung. Einige tragen riesige Blätter, die vor allem am Wasserrand Aufsehen erregen, andere bilden bescheidene Matten.

Etwa 40 Arten sommer- oder immergrüner Stauden (sowie eine einjährige Art) stammen aus den feuchten Gebieten Südamerikas, Südafrikas, Malaysias, Australiens, Neuseelands, Hawaiis und einiger Inseln der südlichen Hemisphäre.

Die riesigen Arten sind sommergrün und bilden stattliche Bestände aus mächtigen, lang gestielten, rundlichen Blättern mit gelappten und gezähnten Rändern. Die niedrigen Arten bilden dichte Matten aus kleinen Blättern und tragen oft attraktive Früchte. Alle entwickeln winzige Einzelblüten in bürstenähnlichen Blütenständen, die in jeweils passender Relation zur Pflanzengröße stehen. Bei einigen der kleinen Arten stehen männliche und weibliche Blüten an verschiedenen Pflanzen, sodass man Exemplare beiderlei Geschlechts pflanzen muss, damit sich die fleischigen, farbigen Früchte bilden.

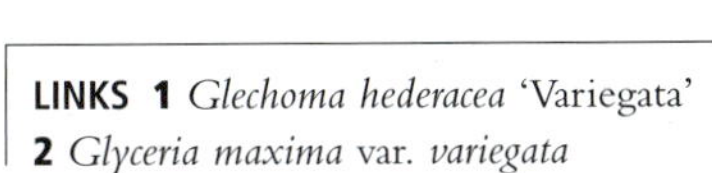

KULTUR Alle benötigen feuchten Boden. Die großen Arten bevorzugen Standorte am Ufer oder in sumpfigem Grund, die kleineren brauchen humusreichen Boden in offener Lage. In Mitteleuropa braucht die Krone der größeren Arten guten Winterschutz. Dazu können die eigenen Blätter verwendet und mit Schnur befestigt werden. Auch Reisig oder Stroh, fixiert mit Maschendraht, ist geeignet. Ein geschützter Standort und reichlich Dünger stellen sicher, dass die großen Arten wirklich riesig werden.

VERMEHRUNG Teilung im Frühling. Bei großen Arten durch Abtrennen von bewurzelten Rhizomköpfen, die allerdings schwer zu handhaben sind. Frischen Samen an einem kühlen, frostfreien Platz säen. Getrocknete Samen keimen oft nicht oder erst nach einem Jahr.

PROBLEME Normalerweise keine. Neigt in feuchtwarmem Klima zunehmend zu starker Ausbreitung.

G. flavida Immergrüne, Matten bildende Pflanze, deren niederliegende Triebe bei Bodenkontakt bewurzeln. Die 2,5 cm großen, breit elliptischen Blätter sind bräunlich grün, lang gestielt und gebuchtet. Im Juni und Juli erscheinen kopfige Ähren grünlicher Blüten, aus denen sich im August gelbe Früchte entwickeln, die bis in den Sommer halten. Braucht einen feuchten Standort ohne Konkurrenz. Aus Neuseeland. ‡ 15 cm. Z8

G. hamiltonii Immergrüne Staude, die überlappende Rosetten aus braungrünen, dreieckigen, unregelmäßig gezähnten Blättern von 5 cm Größe bildet. Die Blattstiele sind auffallend geflügelt. Trägt im Juni und Juli kopfige, grünliche Blütenstände. Weibliche Pflanzen bilden kleine orangefarbene Früchte, wenn männliche Pflanzen in der Nähe stehen. Für feuchte Standorte. In der Natur extrem selten, es gibt nur kleine Bestände in feuchten, sandigen Senken auf der Südinsel Neuseelands und auf Stewart Island. ‡ 10 cm. Z8

G. magellanica Sommergrüne, Matten bildende Pflanze, die sich mit kriechenden Trieben ausbreitet und große Bestände bildet. Die smaragdgrünen, 9 cm großen Blätter entfalten sich zuerst schalenförmig. Sie stehen an aufrechten Stielen und haben einen gebuchteten, welligen Rand. Rot überhauchte Blüten erscheinen im April und Mai in konischen, kompakten Ständen knapp über dem Laub. Männliche Pflanzen kommen häufiger vor, doch wenn die Blüten weiblicher Pflanzen bestäubt werden, bilden sie kleine, kugelrunde, fleischige Früchte in Orangerot. Bevorzugt einen feuchten, offenen Standort. Gedeiht auch an trockeneren Plätzen, bildet dann aber meist Horste. Aus dem südlichen Südamerika und von den Falkland-Inseln. ‡ 15 cm. Z7

G. manicata ♀ (Mammutblatt) Die größte der winterharten Arten und eine der größten Stauden überhaupt, die in Gärten der gemäßigten Regionen kultiviert werden. Dicke kompakte Rhizome bilden große Horste, aus denen sich riesige runde bis nierenförmige Blätter mit spitz gelappten, unregelmäßig gezähnten Blättern erheben. Ihr Durchmesser beträgt 1,5–2 m, manchmal auch mehr. Sie stehen an mächtigen, 1,5–2,5 m langen Stielen mit rötlichen Stacheln. Die großen, aufrechten, konischen bis schlank eiförmigen, 1,2 m hohen Rispen aus kleinen grünlichen Blüten erscheinen im Mai. Die Blütenstände sind etwa dreimal so hoch wie breit. Benötigt nährstoffreichen, dauerfeuchten Boden in Sonne oder Halbschatten. Heimisch in den kühleren Regionen Südbrasiliens, verwildert in zunehmendem Maße in der englischen Grafschaft Devon. ‡ 1,5–2,5 m. Z8

G. prorepens Sommergrüne, Matten bildende Form, die mit kriechenden Trieben große Bestände bildet. Die bräunlich grünen, eiförmigen, 3 cm großen Blätter mit gebuchteten Rändern stehen an gedrungenen Stielen. Trägt im Juni und Juli dichte Rispen mit Blüten, aus denen sich rötlich violette, himbeerartige Früchte entwickeln, die bis Dezember halten. Gedeiht in Sonne oder Halbschatten und in feuchtem, im Winter etwas trockenerem Boden. Aus Neuseeland. ‡ 10 cm. Z8

G. tinctoria Der nicht ganz so riesige »Riesenrhabarber« ähnelt *G. manicata*, ist aber in allen Teilen kleiner. Die unregelmäßig gelappten, gezähnten Blätter haben in der Regel einen Durchmesser von 1,5 m und 1,5 m lange Blattstiele mit grünen Stacheln. Die zylindrischen, 1 m hohen Blütenstände erscheinen im Mai. Sie sind mehr als viermal so hoch wie breit und bestehen aus kleinen, rötlich grünen Blüten, die sich im Alter braunrot färben. Allein die grünen

ÜBERRASCHENDES MAMMUTBLATT

Einige *Gunnera*-Arten, vor allem *G. manicata* und *G. tinctoria*, werden volkstümlich treffend als »Riesenrhabarber« bezeichnet. Sie sind jedoch nicht mit dem Rhabarber verwandt. Zier- und Speise-Rhabarber gehören der Gattung *Rheum* an, mit der *Gunnera* nicht einmal entfernt verwandt ist – was beweist, dass oberflächliche Ähnlichkeiten des Laubs keinen Hinweis auf die botanische Verwandtschaft geben. Erstaunen mag hingegen, dass *Gunnera* relativ eng mit der Gattung *Buxus* verwandt ist. Noch mehr verwundert, dass einige *Gunnera*-Arten keineswegs riesig sind. *G. hamiltonii* und viele andere sind niedrige, kriechende Pflanzen.

Gunnera wird manchmal auf ungewöhnliche Weise kultiviert. Gelegentlich sieht man *G. tinctoria* in einem großen Kübel, in dessen Untersetzer ständig Wasser steht. Im Sommer muss er täglich aufgefüllt werden, doch angesichts der Bewunderung von Besuchern lohnt sich diese Mühe.

OBEN *Gymnocarpium dryopteris*

Stacheln an den Stielen sind ein Unterscheidungsmerkmal zur rot bestachelten *G. manicata*. Benötigt nährstoffreichen, dauerfeuchten Boden in Sonne oder Halbschatten. Aus Südchile und Argentinien. Erstmals 1908 wild wachsend auf den Britischen Inseln entdeckt, breitet sich heute in Cornwall, auf der Isle of Man und in Westirland zunehmend aus. ↕ 1,5 m. Z7

GYMNOCARPIUM
Eichenfarn
WOODSIACEAE

Die zarten, Teppiche bildende Farne ergeben einen bezaubernden Bodendecker in kühlschattigen Waldzonen oder zu Füßen ausgewachsener Sträucher.
Etwa 10 Arten dieser kleinen, sommergrünen Farne sind in den nördlich-gemäßigten Zonen heimisch. Aus schlanken, kriechenden Rhizomen erheben sich dünne dreieckige Wedel, auf deren Unterseite kleine Sori ohne Schleierchen liegen.

KULTUR Gedeiht in gut durchlässigem, humosem, saurem bis neutralem Boden in feuchtem Schatten.

VERMEHRUNG Durch Teilung oder aus Sporen.

PROBLEME In der Regel keine.

G. dryopteris ♀ (Eichenfarn) Kriechender, sommergrüner Farn mit weitläufigem Rhizom. Die breit dreieckigen, bis 20 cm langen Wedel in frischem Grün sind 2–3-fach geteilt, stumpf gelappt und stehen an einem Stiel, der mindestens so lang ist wie die Wedel selbst und fast keine Schuppen trägt.

RECHTS *Gypsophila* Festival-Serie 'Happy Festival'

Breitet sich bei günstigen Bedingungen im ganzen Beet aus, unerwünschte Pflanzen lassen sich aber leicht entfernen. Etablierte Pflanzen vertragen relativ trockenen Boden, bilden dann jedoch kürzere Wedel. Wächst wild in kühlen Laub-, Nadel- und Mischwäldern in ganz Europa, Nordamerika und Asien östlich bis China und Japan. ↕ 10–30 cm. Z3 **'Plumosum'** ♀ Wedel mit breiteren Fiedern.

GYPSOPHILA
Schleierkraut, Gipskraut
CARYOPHYLLACEAE

Wegen ihrer zahllosen winzigen Blüten an dünnen Stielen sind diese Pflanzen im Beet und für die Floristik gleichermaßen beliebt.
Etwa 100 ein- und mehrjährige Arten, von aufrechten Beetpflanzen bis zu niedrigen, kriechenden Steingartengewächsen, sind in der Natur hauptsächlich auf steinigen oder sandigen Böden im östlichen Mittelmeerraum, Zentralasien und Nordwest-China zu finden. Aus einer ungewöhnlich festen Krone mit tief reichenden, fleischigen Wurzeln erheben sich schlanke, drahtige Triebe mit einem leichten Blauschimmer.
Sie tragen gegenständige, lanzettliche, ebenfalls bläuliche Blätter. Die winzigen, 5-zähligen Blüten in Rosa oder Weiß stehen einzeln oder in großen Rispen. Schöne Exemplare bilden wahre Blütenwolken aus mehreren hundert Blüten pro Stängel. Mit dem ausladenden Wuchs füllen sie Lücken, die früher blühende Stauden wie Orientalischer Mohn hinterlassen. Schleierkraut eignet sich ausgezeichnet zum Schnitt und lässt sich gut trocknen (siehe *Pflanzen für die Floristik*). Viele ursprünglich als Schnittblumen für den Erwerbsanbau gezüchtete Sorten sind heute auch als Gartenpflanzen erhältlich.

KULTUR Bevorzugt tiefgründigen, gut durchlässigen, leicht alkalischen Boden in voller Sonne. Gedeiht auch in magerem, durchlässigem Boden sehr gut. In schwerem Boden sind die Pflanzen meist kurzlebig. Rückschnitt nach der Blüte regt einen späteren, zweiten Flor an. Ausgewachsene Exemplare sollten nicht umgepflanzt werden, sie sterben dabei meist ab.

VERMEHRUNG Schwierig. Samen der Arten im Winter im Haus oder im Frühling im Freien säen. Wegen der sehr kompakten Krone und der tiefen Wurzeln wurden die Sorten traditionell auf Sämlinge aufgepfropft, heute vermehrt man im Erwerbsanbau über In-vitro-Kultur. Im Garten kann man versuchen, Risslinge junger Seitentriebe in sandigem

Das Schleierkraut ist eine der wichtigsten erwerbsmäßig angebauten Schnittblumen, für den Hobbygärtner hat sie ebenso ihren Wert. Die Blüten der gefüllten staudigen Sorten sind besonders haltbar, die einjährigen Formen (der Art *G. elegans*) sind ihnen deutlich unterlegen. Allerdings ist es schwierig, aus dem Gewirr der Stängel einzelne zu schneiden, ohne andere zu beschädigen. Begeisterte Hobbyfloristen sind besser beraten, separat eine Reihe zu pflanzen, um bei Bedarf dort Stängel zu entnehmen.
Zur sofortigen Verwendung kann man die Stängel schneiden, wenn 80 Prozent der Blüten geöffnet sind. Da sie ungewöhnlich empfindlich auf Bakterien im Vasenwasser reagieren, sollte man ein Frischhaltemittel zugeben. Zum Trocknen werden die Stängel im gleichen Stadium oder etwas später geschnitten. Am einfachsten ist es, sie in ein Gefäß mit sehr wenig Wasser zu stellen, das nicht nachgefüllt wird. Ideal ist eine Temperatur von 10°C.

Substrat zu bewurzeln. Auch Wurzelstecklinge lohnen einen Versuch. Die Erfolgsrate ist aber generell gering und es ist einfacher, Pflanzen in der Gärtnerei zu kaufen.

PROBLEME Wurzelkropf tritt immer wieder bei gepfropften Exemplaren auf. Zikaden können Viren verbreiten oder selbst die Pflanzen schwächen.

G. Festival-Serie Gefüllte oder halbgefüllte Blüten erscheinen im Juni und Juli an Pflanzen, die reicher blühen und kompakter wachsen als ältere Sorten. Der Rückschnitt der Triebe regt eine Nachblüte an. Geeignet für Beete, für den Schnitt, für Kübel und sogar große Ampeln. ↕ 75 cm. Z4 **'Festival'** Kräftig rosa. **'Festival Pink'** Hellrosa. **'Festival Star'** Weiß, kompakterer Wuchs. ↕ 35 cm. **'Happy Festival'** Weiß, zartrosa überhaucht. **'White Festival'** Reinweiß.

G. paniculata Staude mit tief reichender Wurzel, die, wenn sie einmal eingewachsen ist, keine Störungen verträgt. Sie bildet rundliche Polster und im Hochsommer dünne Stängel mit kleinen ungefüllten Blüten. Die Art wird selten kultiviert, weil die Blüten der gefüllten Sorten länger halten und im Garten besser zur Geltung kommen. Aus Mittel- und Osteuropa. ↕ 1,2 m. Z4 **'Bristol Fairy'** ♀ Weiße Blüten, die wie winzige Puderquasten aussehen. Eingeführt 1928 und viele Jahre lang die Lieblingssorte der Floristen. ↕ 90 cm. **'Compacta Plena'** Gefüllte weiße Blüten. Bleibt niedriger und blüht weniger reich als 'Bristol Fairy'. ↕ 45 cm. **'Flamingo'** Reich blühend, rosa, gefüllt. **'Pink Fairy'** Niedriger. Haltbare gefüllte Blüten in Rosa, die bis in den Herbst erscheinen. ↕ 45 cm. **'Schneeflocke'** (Snowflake) Früh blühend, ungewöhnlich hitzeverträglich. Weiß, gefüllt. Aus Samen gezogen. **'Viette's Dwarf'** Kompakt. Hellrosa, lange Blütezeit. ↕ 40 cm.

H

HACQUETIA
Schaftdolde
APIACEAE

Diese bezaubernde Waldpflanze zeigt sich früh im Jahr. Sie bevorzugt schattige Bereiche und bildet kleine Kolonien.

Die monotypische, sehr niedrige Staude ist mit *Astrantia* verwandt, hat mit den Vertretern dieser Gattung aber kaum Ähnlichkeit. Ihr Verbreitungsgebiet reicht von den östlichen Dolomiten über Kroatien und Slowenien bis zu den Karpaten. Sie gedeiht in feuchten, lichten Laubwäldern und auf feuchten Grashängen. Ihre leuchtend gelben Blüten heben sich reizvoll von dem frischgrünen Laub ab. Die Schaftdolde eignet sich zur Vergesellschaftung mit anderen Waldstauden wie *Anemone, Epimedium, Erythronium, Helleborus, Pulmonaria* und *Galanthus*.

KULTUR Bevorzugt feuchte, durchlässige Böden im Schatten, verträgt dank eines großen, kräftigen Wurzelsystems aber auch sommerliche Tro-

ckenheit. Man pflanzt Schaftdolden am besten entlang eines Wegs, wo man sie aus der Nähe betrachten kann. Vorsicht: Sie werden gern von wüchsigen Nachbarn verdrängt.

VERMEHRUNG Durch Aussaat frischer Samen im Frühsommer. Die Keimung erfolgt zeitig im darauf folgenden Frühjahr. Keimlinge sollten früh pikiert werden, da sie rasch eine extrem lange Wurzel bilden. Gut eingewachsene Exemplare im zeitigen Frühjahr oder nach der Blüte teilen.

PROBLEME In der Regel keine.

H. epipactis Die kleine, Horst bildende Staude blüht von März bis Mai wochenlang. Ihre hübschen Köpfe aus winzigen gelben Blüten auf bis zu 10 cm langen Stielen sind von 5–7 frischgrünen, blütenblattähnlichen Hochblättern (Brakteen) umgeben, die sich zu einem 4 cm breiten Teller formen. Die rundlichen, 3–5-lappigen Blätter erscheinen erst nach der Blüte. Sie bilden bis zum Einziehen im Herbst einen dichten, Unkraut unterdrückenden Teppich. ‡ 10–25 cm. Z6 **'Thor'** ('Variegata') trägt blass graugrüne, cremeweiß gerandete und gestreifte Blätter und Brakteen.

HAKONECHLOA
POACEAE

Das Horst bildende Gras mit glattem Laub erinnert an einen Bambus im Miniaturformat.

Die monotypische Gattung stammt aus einem sehr spezifischen Lebensraum in Japan, hat aber keine Probleme mit den Bedingungen in mitteleuropäischen Gärten.

KULTUR Gedeiht am besten in durchlässiger, aber Feuchtigkeit speichernder, guter Gartenerde in sonniger bis halbschattiger Lage.

VERMEHRUNG Im Frühjahr bei beginnendem Neuaustrieb teilen.

PROBLEME In der Regel keine.

H. macra Die Art bildet niedrige, sommergrüne Horste aus langstieligen, leuchtend grünen, bis 8 mm breiten Blättern, die im Herbst eine rote Tönung annehmen. Von August bis Oktober erscheinen an drahtigen Halmen zwischen dem Laub kleine Ährchen in lockeren Rispen. Die Pflanze gedeiht am besten an kühlen, feuchten Stellen. Panaschierte Formen kommen auch als Solitäre in großen, niedrigen Gefäßen vorzüglich zur Geltung. Die Art stammt von der japanischen Insel Honshu. Sie wächst in feuchten Spalten an nassen Felsklippen. ‡ 35 cm. Z5 **'Alboaurea'** ♀ syn. 'Aurea', 'Variegata' Lange weiße und tiefgelbe Bänder mit dünneren grünen Streifen. Nicht so wuchskräftig wie die Art. **'Albolineata'** syn. 'Albovariegata', 'Variegata' Grünes Laub, Ränder und Mittelrippe weiß. **'All Gold'** Leuchtend gelbes Laub ohne Grün. **'Aurea'** siehe 'Alboaurea'. **'Aureola'** ♀ Leuchtend gelbes Laub mit sehr schmalen grünen Streifen, das im Herbst eine auffallende Rosafärbung annimmt. **'Mediovariegata'** Grün mit breitem cremefarbenem Mittelstreifen. **'Variegata'** siehe 'Alboaurea', 'Albolineata'.

HEDYCHIUM
Kranzblume, Zieringwer
ZINGIBERACEAE

Dieser Gast aus den Subtropen erfreut sich zunehmender Beliebtheit. Man kultiviert ihn wegen seines exotischen Laubes und wegen der farbenfrohen Blüten.

Die Gattung umfasst rund 50 Arten. Sie stammen größtenteils aus subtropischen Regionen in Asien, dem Himalaja und Madagaskar.

JE EINFACHER, DESTO BESSER

HIER HAT MAN ZWEI ebenso verlässliche wie hübsche Gärtnerfavoriten nebeneinander gesetzt und damit eine gelungene Kombination geschaffen. Unter den dichten Polstern dieser Horst bildenden Gewächse hat Unkraut keine Chance. Die eleganten gelben Kaskaden der panaschierten

Hakonechloa macra harmonieren bestens mit dem breiten, dunkelgrünen, weiß gerandeten Laub von *Hosta* 'Francee'. Weil sich die Funkienblätter fast dachziegelartig überlappen, können sich die Schwerter des Grases wie schlanke Bänder dazwischenschieben.

Sie wachsen in Wäldern und an deren Rändern im lichten Schatten. Oft findet man sie am Ufer von Wasserläufen oder anderen feuchten Stellen. Die dicken Rhizome kriechen an oder knapp unterhalb der Bodenoberfläche und treiben fleischige, aufrechte, schilfartige Triebe. Sprosse und Wurzeln riechen nach Ingwer. An kräftigen, bis 3 m hohen Trieben wächst üppiges, meist schwertförmiges Laub, über dem im Spätsommer manchmal auffällige Ähren aus meist duftenden, von grünen Hochblättern umgebene Blüten erscheinen. Bei manchen Arten öffnen sich viele Blüten gleichzeitig, bei anderen nur ein oder zwei. Sie sind recht schmal und meist orange, gelb, weiß oder rötlich gefärbt. Auf sie folgen rundliche Fruchtkapseln.

Hedychium erweisen sich besonders bei der Anlage subtropischer Pflanzungen als nützlich. Nicht völlig winterharte Vertreter kann man im Sommer im Freiland kultivieren und im Herbst aus der Erde nehmen. Ihre Rhizome werden frostfrei überwintert. Einige Arten überdauern jedoch die kalte Jahreszeit mit etwas Winterschutz durchaus im Freien. Bei den ersten Frösten erfrieren die Triebe, doch treiben die Pflanzen im darauf folgenden Frühjahr wieder aus.

Weil *Hedychium* sich nur schwer bestimmen lassen, werden sie in Kultur oft verwechselt. Außerdem sind die Arten ziemlich variabel und kreuzen leicht untereinander.

Sie passen in Rabatten nicht nur zu anderen subtropischen Gewächsen wie Canna, Dahlien und Bananen, sondern auch zu *Crocosmia*, markanten Gräsern wie *Miscanthus* und sogar zu Astern, die in etwa zur selben Zeit blühen.

KULTUR Blüht nur reich an warmen, sonnigen, geschützten Stellen, vor allem vor Mauern oder Zäunen. Viele Arten gedeihen auch im lichten Schatten unter Bäumen. Sie brauchen einen nährstoffreichen, durchlässigen Boden und im Sommer reichlich Feuchtigkeit. Im Winter hingegen bewahrt man die fleischigen Wurzeln weitgehend trocken auf. Im Herbst zurückschneiden und Wurzeln mit einer dicken Mulchschicht schützen. (siehe *Exoten in unseren Breiten*).

VERMEHRUNG Durch Teilung im Frühjahr, Arten auch durch Aussaat reifer Samen bei 21 °C.

PROBLEME Schnecken.

H. aurantiacum Die große tropische Art hat kräftige, teils rot gestreifte Triebe und sattgrüne, unterseits blau überlaufene, schwertförmige, 45 cm lange und 2–3 cm breite Blätter. Die dichten Ähren aus roten Blüten erscheinen erst im Spätsommer. Aus Indien. ↕ 2 m. Z9

H. coccineum ♀ Eine ziemlich variable, aber auch wuchskräftige Art, deren kräftige Triebe scharf zugespitzte, lanzettliche, 45 cm lange und 3–4 cm breite Blätter mit deutlichem grauem Reif tragen. Blüten gelblich orange bis sattrot gefärbt. Diese Art verträgt mit Winterschutz sogar leichte Fröste. Gut für warme Gartenwinkel geeignet. Verbreitet vom Himalaja bis Indien und Bangladesch. ↕ 2 m. Z9
'Tara' ♀ Prächtige Sorte mit großen Köpfen aus rötlich orangefarbenen Blüten. Härter als die meisten anderen Sorten. Wird bisweilen als Form von *H. gardnerianum* geführt. Z8

H. coronarium (Weißer Schmetterlingsingwer) Vorzügliche Stauden, die man besser in einem warmen Gewächshaus zieht. Auffällige, schwertförmige, bis 60 cm lange Blätter mit flaumig behaarter Unterseite. Angenehm duftende weiße und gelbe Blüten in elliptischen, bis 20 cm langen Ähren, die allerdings oft nur in heißen Sommern erscheinen. Aus überwiegend tropischen Regionen und Höhenlagen um 1900 m. ↕ 2 m. Z9

H. densiflorum Eine der härtesten, aber auch niedrigsten *Hedychium*-Arten. Sie wächst in üppigen Horsten und trägt glatte, längliche oder schwertförmige, bis 30 cm lange Blätter. Bereits im August erscheinen kleine, duftende, meist blass orangerote, gelegentlich auch gelbliche oder rosa Blüten in kurzen, endständigen Ähren. Aus Nepal und dem östlichen Himalaja. ↕ 1 m. Z8
'Assam Orange' Große Ähren aus kräftig orangefarbenen Blüten. Blätter schmaler als die der Art. Z8 **'Stephen'** Blüten etwa doppelt so groß, goldgelb mit orangefarbener Mitte und köstlichem Nachtduft, in 20 cm langen Ähren.

H. ellipticum Eine nicht winterharte Art mit eleganten, kräftig grünen, breit ovalen, 30 cm langen und 13 cm breiten Blättern, vor denen die dichten Prachtähren aus weißen Blüten mit langen orangefarbenen Staubblättern schön zur Geltung kommen. Diese Art blüht mit am frühesten (die Blüten öffnen sich manchmal bereits im Juli), allerdings ist sie besonders frostempfindlich. Überlebt den Winter im Freiland nur in milden Gegenden unter einer dicken Mulchschicht und an geschützten Standorten. Ideal aber für große Sommerpflanzungen in Gefäßen. Stammt von felsigen Stellen und Klippen in Indien, Nepal und Thailand. ↕ 1,2 m. Z9

H. flavescens Schwertförmige, etwa 60 cm lange, schmal zugespitzte Blätter mit flaumig behaarter Unterseite. Würzig duftende, 20 cm lange Ähren aus cremegelben Blüten, die meist im September erscheinen. Die frostempfindliche Pflanze kann in Mitteleuropa nur in einem beheizbaren Gewächshaus überwintern. Sie stammt aus dem östlichen Himalaja. ↕ 2 m. Z9

H. gardnerianum (Kahili-Ingwer) ♀ Eine der größten, wüchsigsten und schönsten Arten. Sie ist relativ variabel und trägt markante, 40 cm lange bläuliche Blätter. Den Sommer und Herbst über erscheinen riesige Blütenstände, die süß duften und sich aus kräftig gelben oder orangefarbenen Blüten mit roten Staubgefäßen zusammensetzen. Die Art breitet sich in wärmeren Regionen unkontrolliert aus. Man kultiviert sie häufig in Wintergärten und Gewächshäusern. Aus Nepal und Assam. ↕ 1,5 m. Z9

H. greenii Eine der am häufigsten kultivierten *Hedychium*-Arten. Ihr auffallendstes Merkmal sind die rotbraunen, spitz zulaufenden, 25 cm langen und 5 cm breiten Blätter an rotbraunen Stielen. Brutknospen in den Blattachseln lassen sich für die Vermehrung abnehmen. Die hübschen orange-roten, nicht duftenden Blüten erscheinen – falls

OBEN 1 *Hedychium densiflorum*
2 *H. gardnerianum*

überhaupt – spät und bleiben bis weit in den Oktober hinein geöffnet, doch schon allein das Laub ist Schmuck genug. Unter einer Mulchschicht in einem geschützten Winkel übersteht die Art in milden Gegenden sogar den Winter im Freiland. Aus Bhutan und Nordindien. ↕ 2 m. Z9

H. spicatum (Ähriger Schmetterlingsingwer) Diese härteste Art bleibt relativ niedrig und zählt zu den besten Gartenpflanzen innerhalb der Gattung. Ihre 40 cm langen, 3–10 cm breiten, länglichen bis lanzettlichen Blätter enden in einer schlanken Spitze und sind unterseits stellenweise behaart. Anfang September öffnen sich kleine, schwach duftende, orange und weiß gefärbte Blüten. Auf sie folgen Kapseln, die innen orange sind und beim Aufbrechen rote Samen freigeben. In China, Nepal und dem Himalaja weit verbreitet. ↕ 1 m. Z7

H. yunnanense Eine variable Pflanze mit ovalen bis länglichen, 30 cm langen und meist 10 cm breiten Blättern. Prachtvolle, dichte weiße Blütenähren. Aus den Blüten ragen lange, orangefarbene Staubblätter. Am bekanntesten ist eine Form, die von Roy Lancaster aus Yunnan eingeführt wurde. Wird bisweilen mit *H. spicatum* verwechselt, ist jedoch kleiner und hat in der Regel breitere Blätter. ↕ 125 cm. Z8

HEDYSARUM
Süßklee
FABACEAE

Die süß duftenden Pflanzen sind wie geschaffen für den Hintergrund einer Rabatte. Sie locken Schmetterlinge an und geben überraschend gute Schnittblumen ab.

Mehr als 100 Arten kleiner sommergrüner Sträucher oder Stauden von Wiesen und Waldrändern in Europa und Asien gehören dieser

OBEN *Hedysarum coronarium*

Gattung an. Viele eignen sich für den Steingarten, manche allerdings wuchern. Lediglich eine Staude ist in Kultur verbreitet. Ihr Wurzelwerk dringt tief in den Boden ein. Sie entwickelt aufrechte Triebe, die in der Regel ohne Stütze auskommen, und trägt gefiederte Blätter mit ovalen bis lanzettlichen Fiederblättchen. Ihre Schmetterlingsblüten erscheinen in den Blattachseln und am Triebende. Die ansehnliche Staude eignet sich besonders für trockene Standorte auf kalkhaltigem Boden.

KULTUR In leichten, durchlässigen Böden. Störungen des Wurzelraums nach dem Einwachsen vermeiden.

VERMEHRUNG Durch Aussaat nach der Samenreife oder im Frühjahr. Teilung ist wegen des tief reichenden Wurzelsystems kaum möglich.

PROBLEME Schnecken.

H. coronarium (Kronen-Süßklee) Aufrechte, buschige Staude mit leicht bläulich grünen, unpaarig gefiederten Blättern aus 3–7 gegenständigen Blättchen. Die dichten, duftenden Trauben mit 10–40 leuchtend roten, selten weißen Schmetterlingsblüten öffnen sich von Mai bis Juli zwischen dem Laub. Kann auch als Zweijährige gezogen werden. In Südeuropa eine wichtige Bienenweide. Ausgewilderte Exemplare findet man oft neben Autobahnen. Aus dem westlichen Mittelmeerraum und Italien. ↕ 1,2 m. Z4

HELENIUM
Sonnenbraut
ASTERACEAE

Diese zähen Korbblütler erweisen sich als beständige Farbtupfer im Garten. Besonders hoch im Kurs stehen Formen in bronzeorangefarbenen und kupferroten Tönen.

Insgesamt 40 Arten, darunter auch einige Einjährige und Zweijährige,

umfasst die Gattung *Helenium*. Ihr Lebensraum sind feuchte Wiesen, Uferbereiche und Waldränder in Nord- und Mittelamerika. Die zumeist Horste bildenden Pflanzen haben aufrechte, belaubte, verzweigte Triebe mit wechselständigen, lanzettlichen bis eiförmigen Blättern. Ihre Blüten stehen an drahtigen Stängeln knapp über dem Laub. Ihre hochgewölbte Mitte mit braunen oder gelben Röhrenblüten ist umgeben von einem Kranz gelber, orangefarbener oder roter Zungenblüten mit breiter Spitze. Bei älteren Blüten färben sich die Zungenblüten nach und nach schwarz oder biegen sich zurück, wodurch die kugelige Mitte zusätzlich betont wird. Die vielen Sorten unterscheidet man anhand der Breite, dem Überlappungsgrad, der Zahl und der Farbe der Zungenblüten, der Farbe der Röhrenblüten sowie ferner an der Stärke der Laubzähnung.

Manche Formen blühen bereits Anfang Juni, während vor allem die hohen Sorten ihre Köpfchen erst im September zeigen. Viele blühen bis in den Oktober hinein. Sie geben gute Schnittblumen ab und werden gern von Bienen besucht. Die beliebtesten Sorten stammen überwiegend von drei Arten ab: von *H. autumnale*, die selbst häufig in Naturgärten und Präriebeeten zum Einsatz kommt, sowie die selten in Reinform anzutreffenden *H. bigelovii* und *H. flexuosum*. Obwohl die Gattung aus der Neuen Welt stammt, wurden viele Formen in den Niederlanden und in Deutschland gezüchtet.

Sämtliche Pflanzenteile sind bei Verzehr giftig. Das Laub und der Saft können Hautreizungen verursachen. ⚠

PFLEGESCHNITT

Zur Blütezeit verlieren *Helenium* bisweilen die unteren Blätter oder werden von Mehltau befallen; auch geraten sie manchmal zu groß für kleinere Gärten. Man kann sie in solchen Fällen Ende Mai zurückschneiden, um ihr Höhenwachstum zu begrenzen und die Blüte hinauszuschieben. Wenn man nur die Triebe im vorderen Bereich der Horste einkürzt, regt man sie dort zu einem kurzen, buschigen Wuchs an, der die nackten oder erkrankten Teile dahinter kaschiert. Man nennt diese Schnittmaßnahme in England »Chelsea Chop«, weil der Zeitpunkt mit der berühmten Chelsea Flower Show zusammenfällt – die in der Regel in der dritten oder vierten Maiwoche stattfindet. Die Pflanzen kann man allerdings auch erst Mitte Juli auf rund 30 cm Höhe zurückschneiden. Dadurch verzögert sich die Blüte ebenfalls um einige Wochen und die Pflanzen bleiben niedriger, was in manchen Gärten erwünscht ist. Auch durch das Einkürzen der Triebe auf 10–15 cm beim Erscheinen der ersten Blütenknospen erreicht man eine um einige Wochen spätere Blüte. Andere hohe sommer- und herbstblühende Stauden lassen sich gleichermaßen beeinflussen.

KULTUR *Helenium* eignen sich vorzüglich für reine Stauden- oder gemischte Rabatten bzw. naturnahe Pflanzungen. Sie sind ausgesprochen robust, brauchen jedoch vollsonnige Standorte und nährstoffreiche, frische Böden. Von Rost oder Echtem Mehltau befallene blühende Exemplare müssen mit anderen Gewächsen verdeckt werden. Man kann derlei Problemen jedoch vorbeugen, indem man im zeitigen Frühjahr düngt und beim Setzen reichlich organisches Material in das Erdreich einarbeitet, um die Wasserspeicherfähigkeit des Bodens zu verbessern. Damit die Pflanzen wüchsig bleiben, werden Horste alle zwei bis drei Jahre im Frühjahr geteilt. Höhere Formen müssen meist an Stäben aufgebunden werden, doch selbst niedrigeren *Helenium*-Vertretern tut eine unauffällige Stütze gut. Das Ausputzen welker Blüten verlängert den Flor, die Stängel zwickt man knapp über der nächsten Knospe ab.

VERMEHRUNG Die Arten werden durch Frühjahrsaussaat bei 15 °C vermehrt, die Sorten durch Teilung im Frühjahr oder über Grundstecklinge vom Neuaustrieb.

PROBLEME Der Neuaustrieb ist anfällig für Schneckenfraß. Gelegentlich Befall durch Echten Mehltau, Blattfleckenkrankheit oder Viren.

H. autumnale (Herbst-Sonnenbraut) Aufrechte, verzweigte, geflügelte Blütentriebe mit lanzettlichen bis elliptischen, gezähnten, bis 15 cm langen Blättern. Die abgeflachten Blütenbüschel erscheinen zwischen Ende August und Oktober. Einzelne Blütenköpfe bis 5 cm breit, mit gelber Mitte und gelben Zungenblüten. Die hohe, spät blühende Art gab viele ihrer Merkmale an eine Vielzahl von Sorten weiter. Bei einigen *H.-autumnale*-Kulturformen handelt es sich um Hybriden. In fast ganz Nordamerika beheimatet. ↕ 1,5 m. Z3 **'Helena Gold'** Hellgoldgelbe Blüten mit gelber Mitte. Kultur aus Samen. ↕ 1–1,25 m. **'Helena Rote Töne'** Samensorte in verschiedenen Schattierungen von Rotbraun. ↕ 1–1,25 m. **'Rotgold'** ('Helena Mix', 'Red and Gold', 'Sunshine Hybrid') Als Samenmischung in vielerlei Farben und Farbkombinationen erhältlich. ↕ 1–1,25 m.

H. **'Baudirektor Linne'** ♀ Kräftig orangerote, unterseits kupferrote Zungenblüten, die mit der Zeit dunkelkupferrot werden; braune Mitte. Blüht im August und September. Schwach gezähntes Laub. ↕ 75–90 cm. Z3

H. **'Biedermeier'** Rote Zungenblüten mit langer gelber Spitze und schmalem gelbem Mal; braune Mitte. Blüht ab Anfang August. Blätter deutlich gezähnt. ↕ 1–1,25 m. Z3

H. **'Blütentisch'** ♀ Tiefgelbe Zungenblüten mit rötlich braunen, vor allem

RECHTS **1** *Helenium* 'Butterpat'
2 *H.* 'Moerheim Beauty'
3 *H.* 'Wyndley'

kurz nach dem Öffnen deutlich sichtbaren Streifen; braune Mitte. Die höhere 'Gartensonne' wird gelegentlich unter dieser Bezeichnung verkauft. ↕ 1–1,25 m. Z3

H. 'Bruno' Etwas zerzaust wirkende braunrote Zungenblüten; honigbraune Mitte. ↕ 1–1,25 m. Z3

H. 'Butterpat' ♀ Zungenblüten tiefgelb, später zurückgebogen. Grüne, später gelbe Mitte. Blüht ab Mitte Juli. Eine Reihe höherer, gröberer Formen wird unter diesem Namen angeboten. ↕ 75–100 cm. Z3

H. 'Chipperfield Orange' Orangerote, unterseits dunklere Zungenblüten; die sich mit der Zeit immer stärker zurückbiegen; schmaler gelber Ring um die Mitte. Blüht ab Mitte August. Laub mit wenigen, schwach ausgeprägten Zähnen. Muss auf jeden Fall gestützt werden. ↕ 1,5 m. Z3

H. 'Coppelia' Tief orangefarbene Zungenblüten mit einigen gelben Flecken an der Spitze und brauner Unterseite. Braune Mitte. Blüte ab Juli. Blätter schwach und sporadisch gezähnt. ↕ 75–100 cm. Z3

H. 'Dunkelpracht' Braun getönte, orangerote, nicht zurückgebogene Zungenblüten mit gelber Spitze. Braune Mitte. Blüht ab Anfang August. Blätter regelmäßig gezähnt. ↕ 75–125 cm. Z3

H. 'Feuersiegel' ♀ Tiefgelbe Zungenblüten mit unterschiedlich breitem orangerotem Band umringen die blassbraune Mitte; unterseits kräftiger markiert. Sie sind etwas nach oben gebogen und am Rand leicht eingerollt. Blühbeginn Ende Juli oder Anfang August. ↕ 75–125 cm. Z3

H. 'Flammendes Käthchen' Zungenblüten in unterschiedlicher Kombination aus Tiefgelb und Orangerot. Rückseite kräftiger orange; braune Mitte. Blüht ab Anfang August. ↕ 1–1,25 m. Z3

H. 'Goldene Jugend' Beidseitig blassgelbe Zungenblüten; gelbe Mitte. Blüte ab Ende Juli oder Anfang August. ↕ 70–90 cm. Z3

H. hoopesii syn. *Hymenoxys hoopesii*, *Dugaldia hoopesii* (Hoopes Sonnenbraut) Dichte, Horste bildende, sommergrüne Staude mit gräulichen, überwiegend grundständigen, lanzettlichen, ungezähnten, bis 30 cm langen Blättern. Die Blütenstängel mit ähnlichen, stängelumfassenden Blättern tragen 3–10 Blütenköpfe mit bis zu 8 cm Durchmesser. Blütezeit Juli und August. Gelblich braune Röhrenblüten und schmale gelbe bis orangefarbene Zungenblüten, die während des Samensatzes haften bleiben, papierartig trocknen und sich zurückbiegen. Bildet im Gegensatz zu anderen *Helenium*-Arten hübsche Laubhorste und kommt an offenen Standorten am besten zur Geltung. Wird oft als eigene Gattung *Hymenoxys*, gelegentlich als *Dugaldia*, eingestuft. Aus dem westlichen Nordamerika. ↕ 1 m. Z3

H. 'Indianersommer' Das Braunrot der Zungenblüten dieser Sorte verblasst nach und nach zu Gelb und Orange; die grüne Mitte nimmt mit der Zeit einen Braunton an. Ränder der Zungenblüten anfangs aufgerollt. Schwach gezähntes Laub. Blüte ab Anfang August. ↕ 85–115 cm. Z3

H. 'Kanaria' Leuchtende, klargelbe Zungenblüten, Enden gekerbt und nur leicht zurückgebogen; mit gelegentlichen Lücken dazwischen. Ungewöhnlich große Blätter. Blüte ab Ende Juli oder Anfang August. ↕ 95–125 cm. Z3

H. 'Karneol' ♀ Flache Köpfe mit tiefroten, zu Orangerot verblassenden Zungenblüten, unterseits dunkler; zunächst grüne, später braune Mitte. Große, gezähnte Blätter. ↕ 95–125 cm. Z3

H. 'Königstiger' In sattem, kräftigem Orangerot leuchtende Zungenblüten mit gelbem Innenring und winzigen gelben Spitzen; braune Mitte. Kräftig gezähnte Blätter. ↕ 1–1,5 m. Z3

H. 'Kupferzwerg' Die breiten Zungenblüten um eine braune Mitte sind rötlich braun gefärbt und anfangs stark zurückgebogen. Ungezähnte Blätter. Blüht ab Mitte August. ↕ 70–90 cm. Z3

H. 'Moerheim Beauty' ♀ Stark zurückgebogene, kräftig orangerote, später dunkel ockerfarbene, unterseits dunkelrote Zungenblüten; braune Mitte. Leicht gezähntes Laub. Blüht ab Anfang August. ↕ 95–125 cm. Z3

H. Pipsqueak ('Blopip') Im Gegensatz zu den meisten anderen *Helenium*-Formen ist der große, gelbbraune Kegel bei dieser Sorte auffälliger als der Kranz aus kurzen, zurückgebogenen, gelben Zungenblüten. Blumen alle auf gleicher Höhe. Öffnen sich bereits Anfang Juli. ↕ 40–60 cm. Z3

H. puberulum Kurzlebig; bildet Horste aus lockeren, aufrechten, verzweigten Stängeln mit schmalen, ungezähnten, stiellosen, bis 15 cm langen Blättern. Ungewöhnlich runde Köpfe mit bis zu 2 cm Durchmesser, die von Juli bis September einzeln oder in wenigblütigen Büscheln stehen. Kugelige Mitte aus gelben bis braunen Röhrenblüten, auffälliger als der Kranz aus kurzen gelben bis braunen, horizontal stehenden oder nach unten zeigenden Zungenblüten. Aus dem südwestlichen Nordamerika. ↕ 50–150 cm. Z8

'Autumn Lollipop' Nach unten zeigende gelbe Zungenblüten. Samensorte. ↕ 1 m.

H. 'Pumilum Magnificum' Zurückgebogene blassgelbe Zungenblüten mit rotem Ring um die braune Scheibe; unterseits gelb mit roter Spitze. Auch Formen ohne den roten Ansatz der Zungenblüten werden oft unter dieser Bezeichnung angeboten. Blüte ab Anfang August. ↕ 75–100 cm. Z3

H. 'Rubinzwerg' ♀ Zurückgebogene, dunkelrote Zungenblüten mit leicht gelappter oder gekerbter Spitze, gelegentlich hellrosa überlaufen; braune Mitte. Regelmäßiger Wuchs. Blüht ab Ende Juli. ↕ 75–100 cm. Z3

H. 'Sahin's Early Flowerer' ♀ Lange, unregelmäßig gelb und bräunlich rot gestreifte Zungenblüten; braune Mitte. Trägt von Juli bis Oktober Blüten. 'Wyndley' blüht oft noch früher. ↕ 75–100 cm. Z3

H. 'The Bishop' Kräftig reingoldene Zungenblüten; braune Mitte. Blüht ab

STÜTZEN MIT STIL

NEUERDINGS SETZEN GÄRTNER leuchtende, auffällige Farben wesentlich unbekümmerter ein als früher. Den Vordergrund bestimmt hier eine aufrechte *Crocosmia* × *crocosmiiflora* 'Carmin Brillant' mit karminroten Blüten, die sich aus dunklen Knospen an dunklen Stängeln entwickeln. Ihr neigt sich von hinten eine Gruppe *Helenium* 'Moerheim Beauty' mit orangeroten Blüten entgegen. Sie werden unauffällig durch schräg gesteckte Haselruten gestützt. Deshalb lehnen die Sonnenbraut-Köpfe sich nach vorn, ohne auf die *Crocosmia* zu fallen. Mit diesem simplen Kniff lässt sich im Frühjahr, vor Beginn der Blüte, eine Lücke zwischen zwei Pflanzen schließen.

Mitte Juli. Ungewöhnlich breites Laub.
↕ 75–100 cm. Z3

H. 'Waltraut' ♀ Kupferorange Zungen-
blüten mit tiefgelbem äußerem Ring.
Farbe wird mit der Zeit kräftiger. Unter-
seite gleichmäßig braunorange, braune
Mitte. Die Blüten öffnen sich ab Mitte
Juli. Kurze Blätter. ↕ 75–100 cm. Z3

H. 'Wyndley' Tiefgelbe Zungenblüten
mit braunrotem Streifen, der unterseits
stärker ausgeprägt ist, stehen waagrech-
ter als bei den meisten anderen Formen;
braune Mitte. Glattrandiges Laub. Blüht
sehr früh, manchmal schon ab Ende
Juni. ↕ 50–75 cm. Z3

H. 'Zimbelstern' Waagrechte gelbe
Zungenblüten mit braunroten Flecken,
unterseits eher braun; braune Mitte.
Schwach gezähntes Laub. Blütezeit ab
Anfang August. ↕ 1,2–1,5 m. Z3

HELIANTHELLA
ASTERACEAE

Eleganter und graziler als andere
hohe Korbblütler wirken diese
farbenfrohen Gewächse.
  Die Gattung umfasst 8 Horst
bildende Arten. Ihre Heimat sind
die Wiesen und Waldlichtungen im
westlichen Nordamerika. Die größtenteils unverzweigten, beblätterten
Stängel tragen schmales, stielloses,
ungezähntes Laub und endständige Körbchenblüten mit gelben
Röhren- und Zungenblüten. Sie
stehen einzeln oder in wenigblütigen, abgeflachten Blütenständen.
Helianthella ähneln den grober wirkenden *Helianthus*, tragen jedoch
flachere Samen.

KULTUR Vollsonnige Standorte in
nährstoffreichem, durchlässigem,
möglichst neutralem bis alkalischem
Boden. Verträgt Trockenheit und
eignet sich für reine Stauden- oder
gemischte Rabatten; kann auch in
Naturgärten verwildern.

VERMEHRUNG Durch Aussaat im Frühjahr bei 15 °C oder über grundständige Stecklinge.

PROBLEME Neuaustrieb ist anfällig für
Schneckenfraß.

H. quinquenervis Sommergrüne, Horst
bildende Staude. Trägt meist gegenständige, bis 50 cm lange Blätter mit
2 augeprägten seitlichen Aderpaaren.
Blassgelbe, nickende, bis 10 cm breite
Körbchenblüten, die im August und
September erscheinen. *Helianthus*
'Lemon Queen' wird bisweilen unter
diesem Namen angeboten. Wächst in
den mittleren USA und in Mexiko entlang von Flüssen. ↕ 1,5 m. Z4

HELIANTHUS
Sonnenblume
ASTERACEAE

Leben und Frohsinn bringen diese
verlässlichen, zähen und gelegentlich wuchernden Korbblütler in

jeden Garten. Einige wachsen zu
eindrucksvollen Gestalten heran.
  Verschiedene Lebensräume in
Nord- und Südamerika sind die
Heimat der rund 70 Sonnenblumen-
Arten, unter denen sich auch einige
Einjährige finden. Sie wachsen aus
Knollen oder Rhizomen und bilden
Horste oder Ausläufer (vor allem
manche Hybriden). Einige breiten
sich aggressiv aus. Sie alle bilden aufrechte, spärlich verzweigte Stängel,
die meist große, wechselständige,
eiförmige Blätter und endständige
gelbe Blütenkörbchen tragen. Die
Körbchen setzen sich aus einer
gelben bzw. braunen Scheibe (der
Mitte) und gelben Zungenblüten
zusammen. Bei manchen Sorten sind
die Scheibenblüten (Röhrenblüten)
vergrößert, sodass die Mitte ein anemonenartiges Aussehen bekommt.
Zuweilen werden sie durch Zungenblüten ersetzt, wodurch sich eine
gefüllte Blume ergibt. Die Körbchen
stehen einzeln oder zu mehreren in
lockeren Ständen. Die meisten Sonnenblumen blühen im Spätsommer,
einige aber öffnen ihre Körbchen
sehr spät und blühen nur in einem
warmen Herbst.
  Die Sorten werden *H. atrorubens*,
H. decapetalus, *H. × laetiflorus* oder
H. × multiflorus zugeordnet, doch
entziehen sie sich meist einer ein-
deutigen und für Gärtner daher nur
bedingt brauchbaren Zuordnung.
Sie werden nachfolgend in alphabetischer Reihenfolge aufgeführt.
Kontakt mit dem Laub oder Pflan-
zensaft kann Hautreizungen verursachen. ⚠

KULTUR Stauden-Sonnenblumen
sind zwar zäh, brauchen jedoch vollsonnige, nährstoffreiche, durchlässige,
am besten neutrale bis alkalische
Böden. Die relativ trockenheitsverträglichen Pflanzen eignen sich
für reine Stauden- oder gemischte
Rabatten und können sich im Garten versamen. Die Pflanzen sollten
jährlich mit Kompost versorgt werden. Man teilt sie besser alle drei
bis vier Jahre im Frühjahr, um die
Wuchskraft zu erhalten bzw. die
Ausbreitung einzudämmen. Das
Abzwicken welker Blüten verhindert eine Selbstaussaat, die recht
uneinheitliche Sämlinge hervorbringt. Höhere Formen brauchen
eine Stütze.

VERMEHRUNG Arten durch Aussaat
im Frühjahr bei 15 °C, Sorten durch
Teilung oder über grundständige
Stecklinge im Frühjahr.

PROBLEME Der Neuaustrieb ist
anfällig für Schnecken. Gelegentlicher Befall durch Echten Mehltau.

H. angustifolius Horst bildende, oft
kurzlebige Art mit behaarten, oben
verzweigten Stängeln und 15 cm langen,
meist wechselständigen, rauen, schlan-

RECHTS 1 *Helianthus* 'Lemon Queen'
2 *H.* 'Loddon Gold' **3** *H.* 'Morgensonne'

ken Blättern. 5 cm breite Körbchen
mit gelben Zungenblüten um eine
rotviolette, gelegentlich gelbe Scheibe.
Stammt aus Feuchtgebieten in den östlichen USA und verträgt nasse Böden
besser als andere Arten. ↕ 2 m. Z6

H. atrorubens (Schwarzaugen-Sonnenblume) Eine sehr wüchsige Art, deren
raue Stängel nach oben zu glatter werden. Große, ovale, meist gegenständige
und behaarte, 30 cm lange, gezähnte
Blätter vorwiegend an der Basis. 5 cm
breite Körbchen mit gelben bis orangegelben Zungenblüten um eine violette
Scheibe. Vermutlich schattenverträglich,
wächst in den südöstlichen USA bevorzugt in trockenen Wäldern. ↕ 1,5 m. Z7

H. 'Capenoch Star' ♀ Sich langsam
ausbreitende, jedoch nicht wuchernde
Form mit ungefüllten, 15–20 cm breiten Blumen von August bis Oktober.
Zungenblüten hellgelb und an der Spitze gekerbt; Scheibenblüten dunkelgelb.
Mutiert gelegentlich und bildet dann
eine Blüte mit anemonenartiger Scheibe. Auch andere Formen werden unter
diesem Namen verkauft. Daher auf die
gekerbte Spitze der Zungenblüten achten. ↕ 1,5 m. Z4

H. 'Gullick's Variety' ♀ Relativ
kompakte, sich langsam ausbreitende
Sorte mit nach oben gerichteten, halbgefüllten, bis 10 cm breiten Körbchen.
Scheibenblüten dunkelrot, Zungenblüten gelb. Bei Formen mit schmalen,
anfangs eingerollten Zungenblüten, die
unter diesem Namen verkauft werden,
handelt es sich oft um *H.* 'Mist Mellish'.
↕ 1,5–2 m. Z7

H. × kellermanii Sich beständig ausbreitende, aber nicht wuchernde
Arthybride aus *H. grosseserratus* und
H. salicifolius. Hohe graugrüne Stängel
mit vielen schmal lanzettlichen, 20 cm
langen Blättern. Wird überwiegend als
Blattschmuckstaude gezogen, denn die
gelben, 6 cm breiten Blumen erscheinen
nur selten. Aus den mittleren und östlichen USA. ↕ 3 m. Z4

H. 'Lemon Queen' ♀ Wüchsige, aber
selten lästig werdende, buschig wachsende Sorte mit behaarten dunkelgrünen Blättern. Viele lang haltende,
blassgelbe, 5 cm breite Blumen. Muss
nur selten gestützt werden. Angeblich
eine natürliche Hybride zwischen den
nordamerikanischen Arten *H. pauciflorus*
und *H. tuberosus*. ↕ 1,75–2 m. Z4

H. **'Loddon Gold'** ♀ Bildet Horste oder breitet sich beständig aus. Sterile, tiefgelbe, dicht gefüllte, 8 cm breite Blütenkörbchen ohne Scheibe; erinnern an gefüllte Chrysanthemen. In der Regel nicht wuchernd. *H.* 'Triomphe de Gand' wird bisweilen unter dieser Bezeichnung verkauft. ↕ 1,75 m. Z5

H. maximiliani Variable, Horst bildende Staude mit fleischig verdickten Wurzeln. Behaarte Stängel mit lanzettlichen, manchmal bis 45 cm langen Blättern. Zungen- und Scheibenblüten der 8 cm breiten Körbchenblüten sind gelb. Von meist trockenen Prärien und Brachen in den mittleren USA und im südlichen Kanada. ↕ 3 m. Z4

H. **'Miss Mellish'** ♀ Kompakt wachsend oder sich langsam ausbreitend. Halbgefüllte, bis 11 cm breite Körbchenblüten. Scheibenblüten tiefgelb. Die vielen mittelgelben Zungenblüten sind beim Öffnen auffällig eingerollt, strecken sich jedoch mit der Zeit. ↕ 1,8 m. Z4

H. **'Monarch'** ♀ Imposante Sorte, die sich allerdings auf gutem Boden stark ausbreiten kann. Sie hat die größten Blütenkörbchen unter den Sonnenblumen: Ihre halbgefüllten Blumen können einen Durchmesser von über 15 cm, bei Abzwicken der Seitenknospen sogar bis 30 cm erreichen. Dunkelrote Scheibenblüten, goldgelbe Zungenblüten. Wird manchmal als 'The Monarch' geführt. ↕ 2,5–3 m. Z7

H. **'Morgensonne'** Regelmäßiger Wuchs, bildet Horste; breitet sich nur langsam aus. Gelbe Körbchen mit vergrößerten Scheibenblüten verleihen ihr ein anemonenartiges Aussehen. ↕ 1 m. Z4

H. salicifolius (Weidenblättrige Sonnenblume) Horst bildende Staude mit zahlreichen länglich weidenartigen, bis 20 cm langen Blättern. Große Büschel aus kleinen gelben, endständigen Blumen, die sich erst im Herbst öffnen. Die Art wird in erster Linie wegen des ornamentalen Wuchses gezogen. Alle drei Sorten wurden in Neuseeland von Dr. Keith Hammett gezüchtet, der die Art mit der kaum bekannten *H.* 'Golden Pyramid' kreuzte. Es handelt sich daher nicht, wie manchmal angegeben, um Formen von *H. angustifolia*. Herkunft: mittlere und östliche USA. ↕ 2,5–3 m. Z4 **'Fire Light'** Vermehrungsfreudig, kompakt. 5 cm breite Blumen mit brauner Scheibe; hellgelbe Zungenblüten – die hellste der drei Sorten, aber immer noch sehr leuchtend. Blüht von Ende September bis Ende Oktober. ↕ 1–1,2 m. **'Low Down'** Zwergform mit rundlichem Wuchs. Kürzeres Laub und 5 cm breite, gelbe Körbchen; braune Röhrenblüten. Blüht im Oktober. ↕ 30–50 cm. **'Table Mountain'** Kompakte, oben abgeflachte Form mit 5 cm breiten, leuchtend gelben Zungenblüten und braunen Scheibenblüten. Blüte von Ende September bis Ende Oktober. ↕ 1–1,2 m.

H. **'Triomphe de Gand'** Breitet sich nur langsam aus. Halbgefüllte, 15 cm

breite Körbchen mit dunkelgelben Scheibenblüten und helleren Zungenblüten. ↕ 1,5 m. Z5

HELICHRYSUM
Strohblume
ASTERACEAE

Hübsch behaarte Sonnenanbeterin für den vorderen Bereich einer Rabatte.

Rund 500 Arten von Einjährigen, Zweijährigen, Stauden, Halb- und Zwergsträuchern zählen zu dieser Gattung, deren Vertreter in Europa, Afrika, Westasien und Australien beheimatet sind. Sie wachsen in der Regel in trockenen, offenen Lagen, etwa auf Trockenrasen, Heiden oder Sanddünen.

Die behaarten Triebe tragen wechselständige, gelegentlich gegenständige Blätter, die bisweilen eine grundständige Rosette bilden und an den Rändern zurückgebogen sind. Das Laub ist unterseits und oft auch oberseits wollig behaart und verströmt bei manchen Arten einen intensiv aromatischen Duft. Die Blütenkörbchen stehen einzeln oder in Büscheln und sehen manchmal wie kleine Rasierpinsel aus. Zungenblüten fehlen. An ihrer Stelle bringen Hochblätter gelegentlich Farbe ins Spiel. Nur sehr wenige Arten sind in Kultur vorhanden.

KULTUR An sonnigen Standorten mit durchlässigen Böden am vorderen Beetrand. Die Pflanzen vertragen keine Staunässe und werden in überdüngten Böden unansehnlich.

VERMEHRUNG Im Frühjahr durch Teilung, im Spätsommer über Stecklinge.

PROBLEME Grauschimmel.

H. **'Schwefellicht'** Aufrechte oder leicht ausladende, weißwollig behaarte

Triebe mit schmal lanzettlichen, silbergrünen, stark nach Maggi duftenden Blättern und kompakten Doldentrauben aus 8–15 mm breiten, kugeligen Körbchen. Blütezeit Juli und August. Blüten nach dem Öffnen zunächst schwefelgelb, später orangegelb. ↕ 40 cm. Z6

H. thianschanicum (Turkestan-Strohblume) Hübsche, Polster bildende Art mit aufrechten, verzweigten, wollig behaarten Trieben und silbrig grauen, wechselständigen Blättern, die am Grund lanzettlich sind, weiter oben am Stängel aber linealisch und sehr schmal werden. Papierne, gelbe, eiförmige bis runde, etwa 1 cm breite Körbchenblüten in dichten endständigen Rispen. Blütezeit Juli und August. Braucht etwas Schatten. Aus Turkestan. ↕ 40 cm. Z6 **'Goldkind'** Niedriger, mit goldgelben Blüten. ↕ 30 cm. **'Icicles'** Niedrig, mit silbergrauem Laub. Erinnert an eine Miniaturkiefer. ↕ 30 cm.

HELICTOTRICHON
Staudenhafer
POACEAE

Ein elegantes blaulaubiges Gras für Trockenbereiche.

Die Gattung setzt sich aus etwa 100 mehrjährigen Arten zusammen, die weltweit in den gemäßigten Zonen heimisch sind, überwiegend aber in Europa und Asien vorkommen. Sie wachsen an trockenen Hängen, auf Wiesen und an Waldrändern. Ihre dichten Horste setzen sich aus Blättern zusammen, die oberseits oft bläulich und unterseits dunkelgrün sind. An hohen Halmen stehen haferartige Rispen mit kurzen, gedrehten Grannen.

KULTUR In fruchtbarem, durchlässigem Boden an trockenen, offenen Standorten. Verträgt etwas Schatten, nicht aber schwülfeuchte Bedingungen und nasse Winter. Fault bei unzureichender Dränage an der Basis. Im Frühjahr abgestorbenes Laub herauskämmen.

VERMEHRUNG Durch Aussaat oder Teilung im Frühjahr; Sorten nur durch Teilung.

PROBLEME Rost. Wenn die Mitte verkahlt, gelegentlich Ameisen.

H. sempervirens ♀ (Blaustrahlhafer) Bildet ansehnliche immergrüne Horste aus derben, aufrechten, zugespitzten, stahlblauen, 2 cm breiten und bis zu 30 cm langen Blättern. Die leicht übergeneigten Rispen ragen weit über das Laub hinaus und enden in zarten, einseitswendigen, blaugrauen Ährchen. Die Art passt gut in Felssteppen oder formale Steinanlagen. Sie harmoniert auch als Leitpflanze mit anderen farbschönen Gräsern oder kleinen blauen Blüten. Sät sich oft selbst aus. Stammt von Kalkböden auf Felsen und steinigen Weiden in den südwestlichen Alpen. ↕ 1 m. Z4 **var. *pendulum*** Überhängende, mehrblütige Rispen. **'Saphirsprudel'** Intensiv stahlblaues Laub; regional rostresistent.

HELIOPSIS
Sonnenauge
ASTERACEAE

Diese verlässlichen, robusten, langlebigen und vermehrungsfreudigen Korbblütler sind mit den Sonnenblumen (*Helianthus*) verwandt und blühen gelb.

Die etwa 13 Arten der Gattung stammen aus offenen Wäldern sowie von Trockenrasen und Prärien in den USA und Mexiko. Die aufrechten, Horst bildenden Pflanzen tragen längliche, gegenständige Blätter und gelbe Blütenkörbchen an locker verzweigten Stängeln. Die Blüte dauert vom Hochsommer bis zum Herbst. Von *Helianthus* unterscheiden sie die Hochblätter mit stumpfer Spitze, die die Blüten umgeben, und die fruchtbaren Zungenblüten, die auch nach der Samenbildung an den Körbchen haften.

KULTUR Die einzige Art in Kultur ist völlig winterhart und zieht vollsonnige, nährstoffreiche, durchlässige Böden vor. Nach dem Einwachsen verträgt die ideale Rabattenstaude sogar Trockenheit. Die meisten Formen brauchen keine Stütze. Horste sollte man alle drei Jahre im Frühjahr teilen, damit die Pflanzen wüchsig bleiben. Ein Rückschnitt im Sommer empfiehlt sich, um die Höhe zu beschränken (siehe *Pflegeschnitt*, S. 232). Pflanzen, die nach der Blüte unansehnlich wirken, kann man radikal zurückschneiden.

VERMEHRUNG Arten durch Aussaat im Frühjahr bei 15 °C, Sorten durch Teilung oder über Kopfstecklinge im Frühjahr.

PROBLEME Schnecken. Weißer Neuaustrieb deutet auf Virusbefall hin.

H. helianthoides Sommergrün, Horst bildend. Ei- bis lanzettförmige, bis

OBEN *Heliopsis helianthoides* var. *scabra* 'Light of Loddon'

15 cm lange Blätter. 8 cm breite Blütenkörbchen mit gelben Zungen- und Röhrenblüten; bei manchen Sorten halbgefüllte oder gefüllte Körbchen; einzeln an verzweigten Stängeln. Blüte Juni bis September. Heimat: Kanada, mittlere und östliche USA, Mexiko. ↕ 1–1,5 m. Z4 **var.** *helianthoides* Unterscheidet sich durch glatte Stängel und Blätter von der Art. **Loraine Sunshine ('Helhan')** Ungefüllt, gelb. Eigenartig panaschiertes Laub mit silbrig weißer Spreite und grüner Aderung. Weniger wüchsig und empfindlicher gegen winterliche Nässe als andere Sorten. Im Schatten weniger ausgeprägte Färbung. ↕ 1 m. **'Prairie Sunset'** Eine beeindruckende, pflegeleichte Form. 5 cm breite Körbchen mit braunen Röhrenblüten und orangegoldenen Zungenblüten, deren Ränder mit der Zeit weiß werden. Stängel schwarzviolett. Wächst in Wisconsin (USA) wild. Blüte Juni bis September. ↕ 1,75 m. Z4 **var.** *scabra* Unterscheidet sich durch borstig behaarte Stängel und Blätter von der häufig kultivierten Varietät var. *helianthoides*. **var.** *scabra* **'Goldgefieder'** Dicht gefüllt, dunkelgelb. ↕ 1,3 m. **var.** *scabra* **'Light of Loddon'** ♀ Ungefüllte, regelmäßige, schön geformte gelbe Blüten. ↕ 1,3 m. **var.** *scabra* **'Sommersonne' (Summer Sun)** Ungefüllte, orangegelbe Körbchen. Leider werden unter diesem Namen sowohl ungefüllte als auch gefüllte Formen verkauft. Gedeiht im warmen Klima besonders gut. ↕ 1,2 m. **var.** *scabra* **'Sonnenglut'** ♀ Halbgefüllt, goldgelb. ↕ 1,4 m. **var.** *scabra* **'Spitzentänzerin' (Ballerina)** ♀ Halbgefüllt; dunkelgelbe Zungenblüten mit zurückgebogenem Rand und leicht geteilter, gedrehter Spitze. ↕ 1,4 m. **var.** *scabra* **'Summer Nights'** Tiefgelb, gelegentlich mit orangefarbenem Ring um die tief mahagonibraune Scheibe. Stängel violett. Rot getöntes Laub. **var.** *scabra* **'Venus'** Ungefüllte orangegelbe Körbchen. ↕ 1,5 m. **var.** *scabra* **'Waterperry Gold'** ♀ Halbgefüllte, tiefgelbe, später blassgelbe Blüten. ↕ 1,2 m.

HELLEBORUS
Nieswurz, Lenzrose
RANUNCULACEAE

Diese wichtigen, weit verbreiteten Winter- und Frühlingsblüher bieten mittlerweile eine beachtliche Farben- und Formenpalette.

Die Gattung umfasst 16 dichte, Horste bildende, immergrüne oder sommergrüne Arten, die in Europa weit verbreitet sind und sogar in einigen Gegenden Chinas und Vorderasiens vorkommen. Manche ziehen Schatten vor, andere Sonne und einige weitere sind nicht wählerisch. Man unterscheidet zwei Gruppen.

Die meisten Arten gehören zur Gruppe der stammlosen, aber Grundblatt bildenden *Helleborus*, die sich durch Langlebigkeit auszeichnen. Blätter und Blütenstände entspringen bei ihnen getrennt aus dem holzigen Wurzelstock. Sie werden selten höher als 45 cm. Die übrigen Arten – *H. argutifolius, H. lividus, H. × sternii* und *H. foetidus* – rechnet man zu den Stamm bildenden *Helleborus*. Diese erreichen nur ein geringes Alter von zwei bis vier Jahren und entwickeln aufrechte, etwa zur Hälfte verholzte »Stämme«, die bis zu 1,2 m hoch werden und Hochblätter sowie eine große Anzahl von Blüten in lockeren Ständen tragen. Die Stämme sterben nach der Samenbildung ab und werden durch neue Triebe aus der Basis ersetzt.

Bei der Unterscheidung der Arten spielen die Blätter eine wichtige Rolle. Sie stehen an markanten Stielen und sind fuß- oder handförmig gefiedert und dabei oft ein weiteres Mal tief eingeschnitten. Die Zahl der Abschnitte pro Blatt liegt zwischen 3 und über 100. Die Blätter sind 7,5–50 cm breit, dick und in ausgereiftem Zustand recht ledrig, jung allerdings oft weich, außerdem fast immer kräftig grün und in der Regel gesägt oder gekerbt.

Die Blüten stehen locker oder dicht gedrängt entweder an direkt aus dem Wurzelhals entspringenden Stängeln oder – bei den Stammbildnern – an der Spitze der verholzten und beblätterten Stämme. Die Einzelblüten ähneln denen von Butterblumen (siehe *Blütenformen*).

Lenzrosen blühen im Spätwinter und Frühjahr. Die Blüten sind grün oder bräunlich, gelegentlich auch weiß, rosa oder violett gefärbt. Unter den Gartenformen allerdings findet man weiße und cremefarbene Vertreter ebenso wie gelbe, grüne, rosa, rote, violette, schieferblaue und sogar fast schwarze. Viele hellere und einige wenige dunkle Formen sind außerdem rot oder violett gefleckt. Bei den gefüllten Formen entwickeln sich die Nektarien in Umriss und Farbe zu Kronblättern zurück, während sie bei Formen mit anemonenartiger Mitte teilweise vergrößert und farbig sind und einen Kranz um die Blütenmitte bilden.

Eine Reihe von Hybriden ist schon seit geraumer Zeit erhältlich, in den letzten Jahren wurde jedoch eine unerwartet große Zahl neuer Kreuzungen gezüchtet. Dazu zählen 'Pink Ice' (*H. niger × H. thibetanus*), 'Briar Rose' (*H. niger × H. vesicarius*), *H. niger × H. viridis* und *H. niger × H. foetidus* 'Wester Flisk'. Sie lassen sich bislang nur enttäuschend langsam vermehren, doch wird derzeit mit der Entwicklung von Zuchtlinien und auch mit der Vermehrung durch Gewebekultur experimentiert, sodass sie vermutlich bald im Handel erhältlich sein werden.

Helleborus-Arten sind bei Verzehr giftig. Der Kontakt mit dem Laub kann Hautreizungen verursachen. ⚠

KULTUR Die meisten *Helleborus* gedeihen in halbwegs nährstoffreichen, weder zu trockenen noch staunassen Böden; je offener und sonniger ihr Standort allerdings ist, desto mehr Feuchtigkeit brauchen sie in der Regel. Viele wachsen selbst im Schatten gut und fühlen sich

---

BLÜTENFORMEN DER ORIENTALIS-HYBRIDEN

Bei den Blüten der Lenzrosen haben sich die eigentlichen Kronblätter zu einem Ring aus Nektarien entwickelt, um Bestäuber anzulocken. Die Kelchblätter, die normalerweise die Knospe umschließen, sind vergrößert und kronblattähnlich. Sie werden meist als Blütenblätter bezeichnet.

Helleborus × hybridus

Anemonenförmig Etwas vergrößerte, farbige Nektarien, die einen auffälligen Kranz um die Blütenmitte bilden. In verschiedenen Farben und Farbkombinationen. Oben: *H. × hybridus* mit anemonenförmiger Blüte.

Gefüllt Die Nektarien haben sich zu Kronblättern zurückentwickelt; die Blüten können rund 30 »Kronblätter« und überhaupt keine Nektarien mehr tragen. Immer häufiger in allerlei Farben erhältlich. Oben *H. × hybridus* Party-Dress-Gruppe.

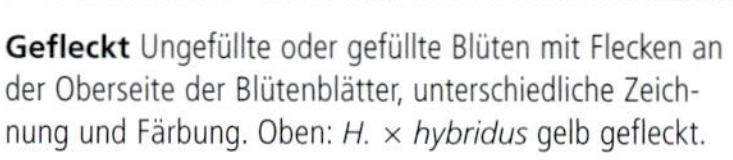

Picotee Helle Blüten, Saum der Blütenblätter rot oder violett, gelegentlich violette Aderung sowie violette Nektarien. Oben: *H. × hybridus* Party-Dress-Gruppe.

Gefleckt Ungefüllte oder gefüllte Blüten mit Flecken an der Oberseite der Blütenblätter, unterschiedliche Zeichnung und Färbung. Oben: *H. × hybridus* gelb gefleckt.

AUSWAHL UND KULTUR VON HELLEBORUS

Sorten von *H. × hybridus* lassen sich in zwei Gruppen einteilen: durch Teilung entstandene Klone und so genannte Zuchtlinien, also Formen, die aus Samen gezogen wurden. Die meisten Gärtnereien vermehren registrierte Sorten nicht mehr durch Teilung, sondern aus Samen.

Viele Spezialisten haben eigene Linien und Serien entwickelt und sich Namen für sie ausgedacht, etwa Ashwood, Ballard, Blackthorn, Brandywine, Crûg, Farmyard, Hadspen, Harvington, Heronswood, Homelea, Kaye, Lady, Pine Knot, Mardi Gras Parade, Royal Heritage, Queen, Southern Belles, Sunshine, Winter Joy, Winter Queen u.v.m. Dem Seriennamen wird in der Regel eine weitere Bezeichnung hinzugefügt, die Auskunft über die Farbe gibt, etwa 'Red Lady'. Vom Originalzüchter erstandene Exemplare sind zwar oft von herausragender Qualität, doch wenn die Produktion eingestellt wird, versiegt die Quelle zwangsläufig.

Sofern eine Versandgärtnerei keine exakten Angaben über die Farbe der angebotenen Formen macht, kauft man besser vor Ort und wählt blühende Exemplare aus. (Websites mit Fotografien erweisen sich in dieser Hinsicht zusehends als wertvolle Informationsquelle.) Achten Sie auf ausgewogene Blüten mit gleichmäßig großen Blütenblättern und bei mehrfarbigen Formen auf eine harmonische Zeichnung. Lassen Sie die Hände von unregelmäßig geformten Blüten. Wichtig ist ferner klare Farben – eine grüne Tönung kann schöne, reinweiße oder reinrosa Blüten verderben.

Aus Samen gezogene Exemplare, die nicht von handbestäubten Eltern stammen, können anders ausfallen als die Vorgängergeneration. Die meisten Lenzrosen bilden bereitwillig Hybriden. Pflanzen aus Saatgut, das im Garten gesammelt wurde, und Keimlinge, die sich selbst ausgesät haben, sind nur sehr selten identisch mit den Eltern.

Auch Saatgut von Pflanzengesellschaften oder Gärtnereien ist mit Vorsicht zu genießen, wenn es zwar unter dem Namen einer Art oder einer Sorte angeboten wird, aber eine Fremdbestäubung mit anderen Pflanzen nicht ausgeschlossen werden kann.

Nur bei Handbestäubung ist Samentreue gewährleistet. Unabhängig von der Benennung sind mittlerweile die meisten im Handel erhältlichen Lenzrosen von guter Qualität.

(blasslila), 'Queen of Night' (blaugrauviolett), 'Washfield Queen' (rosa, stark geadert). Alle von Elizabeth Strangman gezüchtet. **'Royal Heritage'** In einer Reihe von Farbtönungen zwischen Weiß und Kastanienbraun erhältlich; besonders schön mit rötlichen Tönungen. Aussaat. **'Snow Queen'** Große, wüchsige, gefüllte weiße Blüte mit wenigen winzigen roten Flecken. Elternpflanze vieler gefüllter Formen. Teilung. **'Ushba'** Reinweiße, rundliche Blüten mit wenigen kleinen roten Flecken. Teilung. **Washfield Doubles** Mischung aus dicht gefüllten Formen in Rot-, Rosa-, Violett-, Grün- und Gelbtönen sowie Weiß und Schwarz; teils gefleckt. Aussaat. **'Washfield Queen'** siehe Queen-Serie. **'White Lady'** siehe Lady-Serie. **'White Lady Spotted'** siehe Lady-Serie. **'Yellow Lady'** siehe Lady-Serie. **Zodiac-Gruppe** Rosa mit weißem Rand und innerer Zone aus kräftigen purpurroten Flecken. Aussaat.

***H.* 'Ivory Prince'** siehe *H.* × *ericsmithii* 'Ivory Prince'

H. lividus (Balearen-Nieswurz) Ansprechende, schön geformte, aber kurzlebige und langsam wachsende, Stamm bildende Art. Rosa getönte Stämme mit regelmäßigen, glattrandigen, 20–25 cm breiten Blättern, die sich aus 3 Blättchen zusammensetzen. Jedes Blatt graugrün mit silbriger Aderung; unterseits dunkelrosa. Apfelgrüne, innen mitunter rosa, außen rosa oder violettrosa gefärbte Blüten, die von Dezember bis März erscheinen und bis zu 4 cm breit sind. Wesentlich niedriger als *H. argutifolius*. Auffällige Rosatöne. Im Freiland in einem geschützten, sonnigen, durchlässigen Hochbeet oder einem Tontopf mit kiesiger Erde ziehen. Anfällig für die Schwarzfleckenkrankheit. Kann nur durch Aussaat vermehrt werden und kreuzt sich in Gärten gern mit *H. argutifolius* zur variablen *H.* × *sternii*. Von Mallorca, sehr selten. ↕ 40 cm. Z8

H. multifidus (Vielspaltige Nieswurz) Sehr variable Art mit dichten, sich langsam ausbreitenden Horsten und holzigem Wurzelstock. Sommergrüne, 20–30 cm breite, häufig in 30–40 gezähnte Blättchen geteilte Blätter. Verzweigte Blütenstämme mit meist 3–8 grünen, 4 cm breiten Blüten. Blüht zwischen November und Anfang Mai. Gedeiht am besten in lichtem Schatten und lehmiger, nährstoffreicher Erde. Vor eisigen Winden schützen. Aus Slowenien und Kroatien. ↕ 25–30 cm. Z6 **subsp. bocconei** Grüne oder grünlich weiße, nach Holunderblüten duftende Blüten mit bis zu 7 cm Durchmesser. Blätter mit etwa 20 schlanken, grob gezähnten Abschnitten. Herkunft: Italien. **subsp. hercegovinus** Wertvolle Blattschmuckstaude mit auffallenden, mehrfach geteilten Blättern; an älteren Exemplaren oft über 100 Abschnitte pro Blatt. Blüten normalerweise kaum 5 cm breit; fahl- oder leicht gelbgrün. In Bosnien und Herzegowina beheimatet.

H. niger (Christrose, Schneerose) Niedrige, immergrüne Art mit dunklen, ledrigen, 25–30 cm breiten Blättern aus 7–9, zur Spitze hin oft gezähnten Blättchen. Flache, reinweiße, gelegentlich rosa getönte Blüten mit 4–8 cm Durchmesser, bei einigen Sorten auch etwas mehr. Kräftige Stängel. Blüht von Dezember bis April. Die Blätter überragen oft die Blüten. Schwer zu kultivieren und nicht selten kurzlebig. Bevorzugt halbschattige Standorte in tiefgründiger, humusreicher, durchlässiger, aber weder zu trockener noch übermäßig kalhaltiger Erde. Anfällig für die Schwarzfleckenkrankheit. Im Herbst gut mulchen. Herkunft: Schweiz, Österreich, Deutschland, Slowenien, Kroatien und Norditalien. ↕ 30 cm. Z3 **Blackthorn-Gruppe** Hohe, wüchsige Formen mit schwarzroten Stämmen und rosa Knospen, die sich zu weißen, später hellrosa Blüten öffnen. Aussaat. **Harvington-Hybriden** Hohe, weiße, gelegentlich rosa gerandete, das Laub überragende Blüten. Aussaat. **subsp. macranthus** Große Blüten mit 7–10 cm Durchmesser, leicht blau getöntes Laub. Bis 45 cm hohe Stämme. **'Potters Wheel'** Reinweiße, 10–13 cm breite Blüten mit überlappenden Blütenblättern. Vorsicht vor minderwertiger, falsch etikettierter Ware. Aussaat. **'Praecox'** Blüht angeblich etwas verlässlicher zu Weihnachten. **Sunrise-Gruppe** Weiße oder rosa getönte, mitunter leicht cremefarbene oder schwach gestreifte Blüten. Teilung. **Sunset-Gruppe** Weiße Blüten, die mit der Zeit dunkelrosa werden. Aussaat. **'White Magic'** Weiße, rund 7,5 cm breite Blüten, die mit zunehmendem Alter einen Rosaton annehmen. Kleine Blätter. Sehr vermehrungsfreudig. Aussaat.

H.* × *nigercors Bildet rasch beeindruckende Horste. 25–35 cm breite Blätter, bestehend aus 3–5 derben, breiten, mattgrünen, gleichmäßig gezähnten Abschnitten. Blüte Januar–April. Blüten einzeln oder zu 2 an kurzen Stämmen; auch höhere verzweigte Büscheln von bis zu 30, meist aber 10–20 Blüten. Blüten meist flach, 7–10 cm breit, weiß oder weiß mit grüner bzw. cremefarbener Tönung, Mitte der Blütenblätter oft grün gestreift. Die Blüten nehmen mit der Zeit einen Grünton an und entwickeln auch oft einen pfirsichfarbenen Schimmer. Sie bewahren ihre Farbe viele Wochen lang. Gedeiht an den meisten sonnigen bis halbschattigen Standorten, kann in trockenem oder kargem Boden allerdings kurzlebig sein. Laub im Spätherbst entfernen, um einen Befall mit der Schwarzfleckenkrankheit zu vermeiden und zu verhindern, dass die Blüten verdeckt werden. Auf dem Markt erscheinen zahlreiche, kaum unterscheidbare Sorten, die genauso schnell wieder in Vergessenheit geraten; nur wenige davon sind von schlechter Qualität. Gelegentlich anzutreffende Bezeichnungen: 'Alabaster', 'Ashwood Strain', 'Blackthorn Strain', 'Honeyhill Joy', 'Le Maxx Crème', 'Moonshine', 'Valentine Green' oder 'White Beauty'. Dank Gewebekultur mittlerweile häufiger erhältlich. Eine sterile Hybride zwischen *H. niger* und *H. argutifolius*. Vermehrung durch Teilung. ↕ 38 cm. Z7 **Gefüllte Form** Mit einer zusätzlichen inneren Reihe kurzer Blütenblätter.

H.* × *nigriliv siehe *H.* × *ballardiae*

H.* × *nigristern siehe *H.* × *ericsmithii*

H. odorus (Wohlriechende Nieswurz) Hohe, oft imposante, meist immergrüne

Art. Junges Laub fein silbrig behaart, gelegentlich schwach kupferfarben getönt. 35–45 cm breite Blätter mit 5 Hauptabschnitten; äußere Abschnitte noch einmal in rund 10 Blättchen unterteilt. Blüten leuchtend grün oder schwach gelblich, bis 7 cm breit, von Dezember bis März geöffnet. Variabler, süßer oder leicht scharfer Duft. Gedeiht am besten in frischem Boden an vollsonnigen Standorten; auch für Halbschatten geeignet. Bildet rasch kräftige Horste. Aus Bulgarien, Rumänien, Slowenien. ↕ 45 cm. Z6

H. orientalis (Orientalische Nieswurz) Dichte Horste bildende Staude mit dunklen, immergrünen, 30–45 cm breiten Blättern aus 7–11 grob gezähnten Abschnitten; mittleres Blättchen ungeteilt. Blütezeit Januar–März. Grünlich weiße Blüten mit 7–8 cm Durchmesser. Geeignet für Schatten, gedeiht bei ausreichender Feuchtigkeit aber auch an vollsonnigen Standorten. Blätter im Herbst entfernen, um die Schwarzfleckenkrankheit zu unterbinden. Formen von *H. × hybridus* werden oft unter diesem Namen verkauft. Türkei. ↕ 45 cm. Z4 **subsp. abchasicus** syn. *H. abchasicus* Blüten sind ein Mix aus Grün und Rot. Aus dem Kaukasus. **subsp. abchasicus Early-Purple-Gruppe** Violettblütige Formen von subsp. *abchasicus*, die viele Jahre lang als 'Atrorubens' bekannt waren. Verlässliche Blüte ab dem Frühwinter. Teilung. **subsp. guttatus** Grünlich weiße, variabel rot oder violett gefleckte Blüten. Im Kaukasus beheimatet.

H. purpurascens (Purpur-Nieswurz) Niedrige, zu Unrecht kaum beachtete, sommergrüne Art. Das 25–30 cm breite Laub ist anfangs behaart und später rundlich, wobei – einzigartig unter den *Helleborus*-Arten – alle 5 Blättchen an der Spitze des Blattstiels stehen und zusätzlich in rund 15 elliptische, gezähnte Abschnitte unterteilt sind. Die 5–8 cm breiten Blüten öffnen sich von Januar bis März, zunächst direkt auf Bodenniveau, mit zunehmendem Stammwachstum auch höher. Sie sind außen zart oder kräftig purpurn, graublau, rosaviolett oder braun gefärbt und innen etwas heller oder grün. Ideal für vollsonnige Standorte in guten Böden oder im lichten Schatten. Für den vorderen Bereich geschützter Rabatten, wo die frühen Blüten gut zu sehen sind. Aus Osteuropa. ↕ 30 cm. Z7

H. × sternii Variable, Stamm bildende Hybride mit festem, sich langsam ausbreitendem Wurzelstock. Aufrechte, grüne, braune oder rosa getönte Stämme mit ledrigen, immergrünen 8–25 cm langen Blättern, die sich aus 3 spitz gezähnten Blättchen zusammensetzen. Laub grün mit schwacher silbriger Aderung bis fast vollständig silberfarben, zum Teil rosa überlaufen. Von Januar bis April Büschel aus bis zu 30 schalenförmigen, 2–5 cm breiten Blüten; grün mit rosa Einschlag bis Tiefrosa, gelegentlich ausgesprochen düster gefärbt. Höhere, robustere Formen gedeihen in voller Sonne in allen nicht zu extremen Böden, müssen evtl. aber gestützt werden. Kleinere, mehr silberfarbene Formen brauchen nährstoffreiches, durchlässiges Erdreich an vollsonnigen Standorten oder in Töpfen. Aussaat. Die Formen kreuzen leicht untereinander und mit den beiden Elternarten *H. argutifolius* und *H. lividus*. ↕ 30–120 cm. Z7 **Ashwood-Linie** Grüne, rosa getönte Blüten mit graugrünen, marmorierten Blättern. ↕ 30–40 cm. **Blackthorn-Gruppe** Rosa überlaufene, blassgrüne Blüten mit panaschiertem Laub an rötlichen Stielen. ↕ 45 cm. **'Boughton Beauty'** Robuste Sorte mit graugrünen, unterseits rosa Blättern, rosa Stämmen und rosa überlaufenen grünen Blüten. ↕ 90 cm.

H. thibetanus (Chinesische Nieswurz) Hat einen langsamen Zuwachs. 20–30 cm breite Blätter aus 7–9 gesägten Abschnitten; Laub zieht – früher als bei anderen Arten – bereits im Spätsommer ein. Glockenförmige, später flachere, 4–7 cm breite Blüten im Februar und März. Blütenfarbe Weiß, Weiß mit rosa Aderung und später völlig Rosa oder von Anfang an Rosa und mit der Zeit dunkler. Samenreife früher als bei anderen Arten. Für gepflegte Gehölzbereiche im lichten Schatten und in Böden mit Laubdecke. Kürzlich aus China eingeführt. ↕ 38 cm. Z7

H. torquatus (Serbische Nieswurz) Langsam wachsende hübsche Art mit sommergrünen, behaarten, mitunter anfangs rötlich überzogenen Blättern, die allmählich eine rundliche Form annehmen. Blätter 30–45 cm lang und aus bis zu 80 Blättchen zusammengesetzt. Bis 4 cm breite Blüten in vielerlei Farben und Farbkombinationen: außen violett, braun, schieferblau oder grün, innen heller oder violett, grün und gelegentlich dunkel geadert. Kultur am besten im halbschattigen Hochbeet mit Laubhumus, verträgt in frischer Erde aber auch mehr Sonne. Teilung, Aussaat. Heimat: Bosnien, Herzegowina, Kroatien, Serbien und Montenegro. ↕ 40 cm. Z5 **'Dido'** Gefüllte, außen braune und innen grüne Blüten. Von Elizabeth Strangman aus Montenegro eingeführt. Teilung. **Party-Dress-Gruppe** siehe *H. × hybridus* Party-Dress-Gruppe.

HELONIOPSIS
MELANTHIACEAE

Rosa oder weiße Blüten zeigt die hübsche Waldpflanze im Frühjahr. Die 4 Arten der Gattung sind immergrüne Stauden aus Wäldern und Wiesen in den Bergen Japans, Koreas und Taiwans. An kurzen Rhizomen stehen Rosetten aus ledrigen, lanzettlichen Blättern, die an der Spitze gelegentlich Pflänzchen tragen. Nickende, sternförmige Blüten hängen in einseitswendigen Doldentrauben an aufrechten, rötlichen, an der Basis beblätterten Stängeln.

KULTUR Feuchte Böden, Halbschatten.

VERMEHRUNG Teilung, Pflänzchen von den Blattspitzen abnehmen und Aussaat.

UNTEN *Heloniopsis orientalis*

WINTERWUNDER

Schneeglöckchen, Christ- und Lenzrosen öffnen ihre Blüten bereits im Winter und sind daher selbstverständliche Partner. In Naturgärten säen sie sich selbst aus und bilden bis in das Frühjahr hinein ein hübsches Paar. Farbe und Form von *H. × hybridus* fallen zwar variabel aus, doch kann man unerwünschte Exemplare einfach entfernen. Schneeglöckchen (hier *Galanthus nivalis*) sind in dieser Hinsicht zuverlässiger. Beide blühen gemeinsam, bis das dichte Laub der Lenzrosen seinen Platz behauptet. Bis dahin haben die Schneeglöckchen allerdings bereits neue Kraft aus den ersten Sonnenstrahlen getankt.

H. orientalis Im Mai und Juni wachsen aus einer Rosette band- oder schwertförmiger, blassgrüner, bis 15 cm langer Blätter aufrechte, stumpfrote, an der Basis belaubte Stängel mit einseitswendigen Doldentrauben aus nickenden, rosaroten, 1,5 cm breiten Blüten mit herausragenden Staubblättern. Die Blütenstiele strecken sich und die Blütenblätter verblassen mit dem Fruchtansatz zu einem hellbraunen oder hellen Grün. Aus Japan und Korea. ↕ 15–20 cm. Z7

HEMEROCALLIS
Taglilie
HEMEROCALLIDACEAE

Diese erstaunlich vielfältige, zähe und pflegeleichte Gattung von Beetstauden bringt Blüten in den unterschiedlichsten Farben, Zeichnungen und Formen hervor.

Sie umfasst rund 20 Arten, die auf Wiesen sowie an Waldrändern und Gewässerufern in China, Japan und Korea wachsen. Die erste schriftliche Erwähnung der Taglilie stammt von Konfuzius, der 479 v.Chr. starb. Bis heute hat die Pflanze nichts von ihrer Faszination verloren und wird in aller Welt kultiviert. Mittlerweile kursiert eine enorme Vielfalt an Sorten, während man reine Arten nur noch selten antrifft.

Die immer- oder sommergrünen Gewächse bevorzugen viel Sonne, kommen aber auch mit Schatten zurecht. Kurze und kompakte Formen sind ebenso zu finden wie ausgesprochen hochwüchsige Züchtungen. Die dicht stehenden, langen und schmalen, übergeneigten, dunkelgrünen Blätter werden 20–120 cm lang und bilden einen hübschen Fächer. Sie wachsen aus einem faserigen bis knolligen Wurzelstock. Die Pflanze breitet sich langsam in kompakten Horsten oder etwas rascher über ihre Rhizome aus.

Als immergrün beschriebene Sorten behalten ihr Laub den Winter über, doch kann ihr oberirdischer Wuchs in kalten Gegenden zusammenfallen und nach strengen Frösten faulen. Die Blätter sommergrüner Formen ziehen im Herbst ein und treiben im Frühjahr neu aus.

Die Blüten setzen sich aus 3 äußeren und 3 inneren Blütenblättern zusammen und ähneln den eigentlichen Lilien. Die Blüten von Wildarten sind zumeist gelb, orange oder rostrot gefärbt, moderne Hybriden indes decken fast das ganze Farbspektrum ab – selbst schieferblaue, fast schwarze und nahezu weiße Formen sind erhältlich. Die Größe der Blüten reicht von gut 2 cm bis fast 30 cm. Man unterscheidet einfache, gefüllte, polytepale und ungewöhnliche Formen sowie die »Spinnen« (siehe *Blütenformen bei Taglilien*). Die mit Abstand häufigste Gruppe stellen die einfachen Taglilien, dahinter kommen die gefüllten; den restlichen Formen wiederum begegnet man wesentlich weniger häufig. Die Blüten stehen an aufrechten oder übergeneigten, in der Regel verzweigten Stängeln. Sie blühen für gewöhnlich in einem zwei bis drei Wochen dauernden Schub oder in mehreren Schüben, verteilt über die Sommermonate.

Dabei sind die Einzelblüten nur einen Tag lang geöffnet. Die nachtblühenden Formen (siehe *Nachtblühende, duftende Taglilien*) öffnen sich am Nachmittag und bleiben bis zum darauf folgenden Morgen geöffnet. Einige Sorten treiben aus jedem Laubfächer nur einen einzigen Stängel aus, andere gleich mehrere. Bei manchen Sorten sind die Blüten »selbstreinigend«, d.h., sie werfen ihre Blüten ab, bei anderen zwickt man sie am besten ab, damit die Pflanze ansehnlich bleibt.

Im Gegensatz zu vielen Stauden gedeihen Taglilien sogar in der Nähe von Walnussbäumen. Sie wurden früher als Arzneikraut oder Gewürz genutzt, die Blüten sind essbar. Helle Farben schmecken angeblich süß, während dunklere Varianten einen pfeffrigen Geschmack haben.

Die Züchtung neuer Taglilien-Sorten hat sich vor allem in Nordamerika zu einem veritablen Wirtschaftszweig entwickelt. Jahr für Jahr werden bei der American Hemerocallis Society mehr als 1500 neue Sorten registriert. Bei insgesamt über 50 000 eingetragenen und etlichen vor allem in Europa gern kultivierten, jedoch nicht registrierten Sorten ist die Auswahl daher alles andere als einfach. Die hier erwähnten Formen sind verlässliche Blüher. Darüber hinaus werden in den Kästen zusätzlich einige preisgekrönte Züchtungen genannt.

KULTUR Taglilien stellen zwar keine hohen Ansprüche an den Boden, gedeihen jedoch in feuchter, durchlässiger Erde am besten. Auch beim pH-Wert sind sie nicht wählerisch: Zwar ist ein neutrales bis leicht saures Milieu ideal, doch mit durchschnittlichen Gartenböden haben sie kaum Probleme, selbst wenn ihnen der pH-Wert einmal nicht so behagt. Lockeres, gut durchlüftetes Erdreich behagt ihnen besser als verdichtetes, daher sollte man den Boden vor dem Pflanzen entsprechend aufbereiten und Dung, Laubhumus oder Kompost einarbeiten. Man setzt sie in 45–90 cm Abstand und stutzt das Laub beim Umsiedeln etwa auf die Hälfte der ursprünglichen Höhe zurück.

Taglilien ziehen vollsonnige Standorte vor, kommen aber auch mit Halbschatten problemlos zurecht. Günstig sind etwa vier bis sechs Stunden direkte Sonne möglichst in den Morgenstunden. Sogar im Schatten überleben sie, doch ist dort die Blüte beeinträchtigt oder bleibt ganz aus. Sie brauchen weder Stützen noch Windschutz und selbst das Entfernen welker Blüten dient rein kosmetischen Zwecken.

Arten und Sorten unterscheiden sich in ihrer Winterhärte beträchtlich. Zwar kommen Taglilien mit unterschiedlichsten Klimaverhältnissen zurecht, doch gedeihen manche Formen unter extremen Bedingungen besser als andere. Sehr kalte Zonen etwa sind vor allem etwas für sommergrüne Taglilien, während ihre immergrünen Verwandten dort nicht überleben, obwohl viele moderne immergrüne Züchtungen recht hart sind. Nach dem ersten starken Frost sollte man die Pflanzen mulchen, vor allem, wenn sie erst kurz vorher umgesiedelt wurden. Sehr warmes Klima behagt immergrünen Formen in der Regel besser als ihren sommergrünen Vettern.

BLÜTENFORMEN VON TAGLILIEN

Bei der Beschreibung der Wuchsformen, Blätter und Blüten von Taglilien verwenden die Gärtner spezielle Begriffe.

Einfach Bei Taglilien unterscheidet man 3 äußere Blütenblätter (Sepalen) und 3 innere (Petalen); botanisch korrekt würde man von äußeren und inneren Tepalen sprechen) Oben: *H.* 'Paper Butterfly'.

Gefüllte Blüten haben zusätzliche innere Petalen. Teils sind die Staubblätter intakt und fertil, teils zu Petalen umgewandelt. Oben: *H.* 'Double River Wye'.

Polytepale Taglilien haben statt der üblichen 3 mindestens 4 Sepalen und Petalen.

»Spinnen« haben außergewöhnlich schmale, lange Blütenblätter, wie hier *H.* 'Pink Charm'.

Ungewöhnliche Formen zeichnen sich durch schmale, gefältelte oder gedrehte Blütenblätter aus.

NACHTBLÜHENDE, DUFTENDE TAGLILIEN

Taglilien öffnen ihre Blüten nur einen Tag lang – daher der Name. Die meisten Sorten entfalten ihren Flor am Morgen und schließen ihn am frühen Abend wieder. Nachtblühende Formen hingegen zeigen ihre Blüten am späten Nachmittag, lassen sie die Nacht über geöffnet und schließen sie am nächsten Tag wieder. Züchter bemühen sich bei beiden Gruppen um die Verlängerung der Blühdauer. Sorten mit Blüten, die über 16 Stunden lang geöffnet bleiben, gelten als langblühend.

Nachtblühende Formen duften oftmals sehr stark, vor allem kurz nach der Blütenöffnung. Bei tagblühenden Sorten wird der Duft im Lauf des Tages mit steigenden Temperaturen intensiver. Er erinnert an den Wohlgeruch von Geißblatt. An kühleren Tagen und in kälteren Klimazonen duften wohl riechende Sorten mitunter nur schwach. In gemischten Pflanzungen leisten besonders nachtblühende, duftende Sorten wertvolle Dienste, denn so richtig Zeit, ihre Vorzüge zu genießen, hat man meist erst, wenn die Tageshektik mit Einbruch der Dunkelheit abklingt.

VERMEHRUNG Exemplare im Spätsommer oder Frühherbst teilen (am besten sechs Wochen bevor stärkere Fröste eintreten). Den Horst aufnehmen, so viel Erde wie möglich vom Wurzelballen entfernen und einfach auseinander ziehen oder mit einem Messer teilen. Viele ältere, zähere Sorten und Arten können während der Wachstumsperiode geteilt und neu gepflanzt werden, vor allem wenn man sie ausreichend wässert.

PROBLEME Blattläuse, Spinnmilben, Blattflecken durch den Pilz *Collecephalus hemerocalli*, Thripse, Blattwanzen (*Lygus lineolaris*), Ohrwürmer, Schnecken, Rost und die Hemerocallis-Gallmücke (siehe *Gallmücke*, S. 248). Wenn sich im Winter häufig Frost und Tauwetter abwechseln, können Blattkrankheiten und pilzbedingte Kronfäule auftreten, während Taglilien in warmen Regionen mit hoher Luftfeuchtigkeit bisweilen von der Bakterien-Weichfäule befallen werden. Die lange Liste der Probleme täuscht allerdings, denn Taglilien gehören zu den zähesten und verlässlichsten Stauden überhaupt.

H. 'Alaqua' (tetraploid) Duftende, gelbe bis cremefarbene, mitunter rosa getönte, 13 cm breite Blüten mit burgunderrotem Auge über grünem Schlund und gekräuseltem, burgunderrotem Picotee-Rand. Blühbeginn Mitte Juli; treibt nach und nach immer neue Stängel mit jeweils weit über 20 Einzelblüten aus. Immergrün. ‡ 60 cm. Z3

H. altissima (diploid) (Hohe Taglilie) Trompetenförmige Blüten, Durchmesser 8 cm; anfangs kräftig buttergelb, später im Schlund apricotfarben. Nachtblühend und duftend. Blüht ab Mitte Juli. Aufrechtes bis übergeneigtes sommergrünes Laub mit 60–120 cm langen Einzelblättern. Gelegentlich wird eine tagblühende Form mit auffällig gebänderter Blüte unter diesem Namen verkauft. Aus Kaing-shu in China. ‡ 1,5 m. Z5

H. 'Always Afternoon' (tetraploid) Blüten lilarosa, 14 cm breit, hellbraun gerandet, mit violetter Augenzone über honiggelb gerandetem grünem Schlund. Blüht ab Ende Juni. Treibt oft mehrere, verzweigte Blütenstängel über halbimmergrünem Laub. Eine der blühfreudigsten, wüchsigsten Taglilien überhaupt. ‡ 55 cm. Z3

H. 'American Revolution' (diploid) Blüht lang und reich. Samtig schwarzrote, 14 cm breite Blüten mit helleren roten Streifen und dunkelgrünem Schlund, die sich Mitte Juli aus schwarzroten Knospen zu einem sechsstrahligen Stern mit relativ schmalen Blütenblättern öffnen. Sommergrün. ‡ 70 cm. Z5

H. 'Anzac' (diploid) Große rote Blüten mit 18 cm Durchmesser und hellgrünem bis gelben Schlund. Blüht ab Mitte Juli oft über einen langen Zeitraum. Sommergrün. Robust, verlässlich und seit 40 Jahren beliebt. ‡ 70 cm. Z5

H. 'Arctic Snow' (tetraploid) Elfenbeinfarbene bis fast weiße, mitunter leicht überlaufene, 14 cm breite Blüten mit grünem Schlund und kontrastierenden Staubblättern. Blüht ab Mitte Juli. Sommergrün. Eine der großblütigsten weißen Taglilien. ‡ 60 cm. Z5

H. 'Barbara Mitchell' (diploid) Rosafarbene, 15 cm große Blüten mit grünem Schlund, die sich ab Mitte Juli öffnen und stark zurückgebogene Blütenblätter tragen. Sehr lange Blütezeit. Halbimmergrün. 1992 mit der Stout Silver Medal, dem höchsten Preis der amerikanischen Hemerocallis-Gesellschaft, ausgezeichnet. ‡ 50 cm. Z3

H. 'Beautiful Edgings' (diploid) Nachtblühend, duftend. 18 cm breite, cremefarbene Blüten mit rosa Rand und grünem Schlund. Blüht ab Mitte Juli über einen langen Zeitraum hinweg. Halbimmergrün. Öffnet ihren Flor für eine nachtblühende Form ungewöhnlich früh am Tag. ‡ 75 cm. Z3

H. 'Bela Lugosi' (tetraploid) Dunkelviolette Blüten mit 15 cm Durchmesser, kräftig grünem Schlund und dicken Blütenblättern mit gekräuseltem Rand. Blüht ab Mitte Juli. Halbimmergrün.

TRADITIONELLE TAGLILIEN

Vielen der in Nordamerika beliebten Sorten begegnet man in Europa nur selten. Umgekehrt sind europäische Standardsorten jenseits des großen Teichs meist von neueren Züchtungen verdrängt worden.

Die prächtigen Schönheiten, wie man sie in Nordamerika schätzt, haben in Europa und insbesondere Deutschland nicht in dem Maß Einzug gehalten, wie man erwarten könnte. Das liegt aber auch daran, dass viele in der Hitze Floridas oder in anderen Teilen der USA entwickelte Formen mangelnde Wetterfestigkeit und Winterhärte an den Tag legen. Selbst Sorten aus amerikanischen Regionen mit kalten Wintern haben in Mitteleuropa Probleme, weil hier nicht die heiß-schwülen Sommer vorherrschen, die sie in der Neuen Welt gewohnt sind.

So genießen in unseren Breiten noch viele ältere Züchtungen Popularität, die zwar nicht die Blütengröße und auffallende Färbung ihrer amerikanischen Verwandten haben, aber dafür robust und zuverlässig sind.

Durch den weltweiten Klimawandel, der auch bei uns für wärmere Sommer sorgt, treten amerikanische Züchtungen aber vielleicht bald ihren Siegeszug in Europa an. Taglilien-Liebhaber in unseren Breiten können also durchaus Formen ausprobieren, die aus Übersee stammen. Am besten kauft man sie aber von Anbietern, die sie bereits mit Erfolg in heimischer Erde kultiviert haben.

LINKS 1 *Hemerocallis* 'Always Afternoon'
2 *H.* 'American Revolution'
3 *H.* 'Buzz Bomb' **4** *H.* 'Cartwheels'

Recht farbstabil. Nach dem Hauptdarsteller des 1931 gedrehten Filmklassikers Dracula benannt.
↕ 85 cm. Z3

H. 'Berlin Red' (tetraploid) Dunkelkarminrote, trichterförmige, 12 cm breite Blüten mit gelbem Schlund und gelbem Mittelstrich auf den inneren Blütenblättern. Blüht ab Ende Juli. Blassgrünes, sommergrünes Laub.
↕ 90 cm. Z5

H. 'Betty Woods' (diploid) Gefüllte hellgelbe, 14 cm breite Blüten mit grünem Herz. Blüht ab Ende Juni über einen langen Zeitraum hinweg. Halbimmergrün. Stout Silver Medal 1991.
↕ 65 cm. Z3

H. 'Black Eyed Stella' (diploid) Reizende kleine nachtblühende Zwerg-Taglilien. Goldgelbe bis gelbe, 8 cm große Blüten und dunkelrotem Auge über gelbem bis goldgelbem Schlund. Blüht ab Ende Juni lang und ergiebig. Sommergrün. Eine Hybride von *H.* 'Stella d'Oro'. ↕ 33 cm. Z5

H. 'Black Magic' (diploid) Dunkelrote, gelegentlich eigenartig blasse, relativ sternförmige Blüten mit hell gesäumten Blütenblättern und grünem Schlund. Blühbeginn: Ende Juli. Sommergrün.
↕ 95 cm. Z5

H. 'Blue Sheen' (diploid) Lila Blüten mit fast weißem Mittelstrich auf jedem inneren Blütenblatt und großem grünem bis gelbem Schlund. Die 10 cm großen Blüten öffnen sich Mitte Juli. Sommergrün. ↕ 50 cm. Z55

H. 'Bonanza' (diploid) Duftend. Orangegelbe, 12 cm große Blüten mit dunkelvioletter, dreieckiger, von einem gelben Mittelstrich geteiltem Auge und grünem Schlund. Blüht ab Mitte Juli. Sommergrün. Seit 50 Jahren beliebt.
↕ 85 cm. Z5

H. 'Bumble Bee' (diploid) Schön geformte Sorte. Kleine hellgelbe, nur 5 cm große Blüten mit rosa Auge. Öffnet bereits ab Mitte Juni den ersten Flor und blüht sehr lange. Immergrün.
↕ 30 cm. Z3

H. 'Burning Daylight' ♀ (diploid) Duftende, leuchtend orangefarbene, 15 cm große Blüten mit breiteren, gewellten inneren Blütenblättern. Relativ lange Blütezeit ab Mitte Juli. Immergrün. ↕ 70 cm. Z5

H. 'Buzz Bomb' (diploid) Auffallende, leicht orangerote, 13 cm breite Blüten mit gelbem Schlund. Lange Blütezeit ab Anfang Juli. Sommergrün. ↕ 60 cm. Z5

H. 'Canadian Border Patrol' (tetraploid) Cremefarbene 15 cm große Blüten mit stark kontrastierendem violettem Rand und violettem Auge über grünem Schlund. Blüht ab Anfang Juli über einen langen Zeitraum hinweg. Halbimmergrün. Ausbreitungsfreudig und wüchsig. ↕ 70 cm. Z3

H. 'Cartwheels' ♀ (diploid) Tiefgelbe bis orangefarbene Blüten mit 15 cm

BLÜTENTEPPICH IN MAGENTA UND GOLD

WIE ZUFÄLLIG GEWEBT wirkt diese Pflanzung mit ihrer durchdachten Farbzusammenstellung. Kernstück des Ganzen ist die Sorte *Hemerocallis* 'Cherry Cheeks'. Ihre rosaroten Blüten recken dem Betrachter ihre goldgelbe Mitte entgegen. Durch das Laub der Taglilien drängen sich *Geranium* 'Ann Folkard'. Deren Blüten greifen die Farbe der *Hemerocallis* auf und das Laub harmoniert mit dem goldgelben Schlund ihrer Nachbarin. Selbst die Staubblätter der Taglilie und die Augen des Storchschnabels – beide in Schwarz – wirken aufeinander abgestimmt. Unter die Gruppe hat sich unauffällig ein *Allium carinatum* subsp. *pulchellum* mit zartrosa ausstrahlenden Blütendolden gemischt.

Durchmesser. Weit spreizende Blütenblätter mit kleinem grünem Schlund. Blüht ab Mitte Juli. Schmales, aufrechtes, sommergrünes Laub. ↕ 75 cm. Z5

H. 'Catherine Woodbery' (diploid) Duftende, 15 cm breite, lilarosa Blüten mit grünem Schlund. Blüht ab Ende Juli. Wurde früher häufig in der Züchtung verwendet. ↕ 75 cm. Z5

H. 'Cathy's Sunset' Kleine, zweifarbige Blüten mit 3 gelben äußeren Blütenblättern; innere Blütenblätter satt tonfarben mit gelbem Mittelstrich und einer geringfügig dunklerem Band über einer gelben Mitte. Blühbeginn Ende Juni bis Anfang Juli. Kompakter, sommergrüner Blattfächer. ↕ 60 cm. Z5

H. 'Charles Johnston' (tetraploid) Blüten mit 15 cm Durchmesser, in verschiedenen rosaroten Tönen über gelbem Schlund; fast schwarze Staubblätter. Blüht ab Ende Juli. Sommergrün.
↕ 70 cm. Z5

H. 'Cherry Cheeks' (tetraploid) Blüten mit 15 cm Durchmesser, in verschiedenen rosaroten Tönen über gelbem Schlund; fast schwarze Staubblätter. Blüht ab Ende Juli. Sommergrün.
↕ 70 cm. Z5

H. 'Chicago Apache' (tetraploid) Relativ rundliche, gerüschte, scharlachrote, 12 cm breite Blüten mit grünem Schlund und schwarzen Staubblättern. Blüht ab Mitte Juli. Üppiges, sommergrünes Laub. Die seit 25 Jahren beliebte, wüchsige Taglilie gedeiht in allen Klimazonen; sie verblasst selten in der Sonne. ↕ 70 cm. Z5

H. 'Chicago Blackout' (tetraploid) Schwarzrote Blüten mit 15 cm Durchmesser, grünem Schlund und schmalen Blütenblättern mit heller Mittelrippe. Blüht ab Mitte Juli. Halbimmergrün.
↕ 75 cm. Z3

RECHTS *Hemerocallis* 'Catherine Woodbery'

1

2

3

4

5

6

H. 'Chicago Knockout' (tetraploid) Samtig violette, 15 cm breite Blüten, die ab Mitte Juli über sommergrünem Laub erscheinen.
↕ 65 cm. Z5

H. 'Chicago Royal Robe' (tetraploid) Schwach duftende, dunkel blauviolette, 14 cm große Blüten. Blüht ab Mitte Juli. Sommergrün.
↕ 63 cm. Z3

H. Chicago-Serie (tetraploid) Eine große Serie tetraploider Taglilien, die von James Marsh aus Chicago entwickelt wurde, der besonders für seine lila und violetten Formen bekannt war. Er züchtete ferner die diploiden Sorten der Prairie-Serie.

H. 'Chicago Sunrise' (tetraploid) Orangefarbene, 15 cm breite Blüten mit roter Tönung um den grünen Schlund. Blüht ab Mitte Juli über einen langen Zeitraum hinweg. Halb-immergrün.
↕ 70 cm. Z3

H. 'Chief Sarcoxie' ♀ (diploid) Kräftig rote, bisweilen leicht bräunliche, 14 cm breite Blüten mit zurückgebogenen Blütenblättern und grünem Schlund. Blüht ab Mitte Juli. Schmales, sommergrünes Laub.
↕ 80 cm. Z5

H. 'Children's Festival' (diploid) Zart pfirsichrosa, altrosa überlaufene Blüten mit apricotfarbener Mitte und derben Blütenblättern; Durchmesser 12 cm. Beginnt in der zweiten Julihälfte zu blühen. Sommergrün.
↕ 58 cm. Z5

H. 'Christmas Is' (diploid) Wüchsig. Blüht lange, aber mitunter schwach. Kräftig rote, 11 cm breite Blüten mit sehr großem, leuchtend grünem Schlund. Blüht ab Anfang Juli. Sommergrün.
↕ 66 cm. Z5

H. citrina (diploid) (Zitronen-Taglilie) Recht schlanke, trompetenförmige, blass zitronengelbe Blüten mit grünem Schlund; äußere Blütenblätter außen grün und mit violetter Spitze. Durchmesser 14 cm, nachtblühend, duftend. 30–50 Blüten pro Stängel. Blühbeginn Ende Juli. Blaugrünes, teils übergeneigtes, sommergrünes Laub; Blätter 75–110 cm lang. Aus Shaanxi in China.
↕ 115 cm. Z5

H. 'Condilla' (diploid) Eine klassische Sorte. 11 cm breite, gefüllte, goldgelbe Blüten mit schwarzen Staubbeuteln. Blüht ab Anfang Juli über sommergrünem Laub. Mehrfach verzweigt. Ausbreitungsfreudig.
↕ 50 cm. Z5

H. 'Cool It' (diploid) Große, duftende, zartweiße, lilienförmige, 15 cm große Blüten mit breitem, gerüschten

Rändern und grünem Schlund. Blüht ab Mitte Juli, Nachblüte Ende August. Sommergrün.
↕ 50 cm. Z5

H. 'Corky' ♥ (diploid) Kleine, nur 8 cm breite, kräftig zitronengelbe bis reingelbe Blüten; Rückseite der Blütenblätter und die nach oben zu mehrfach verzweigten Stängel braun. Blütezeit ab Mitte Juli. Sommergrün. Eine beliebte europäische Sorte von Herbert Fischer, von dem auch die ähnliche, jedoch dunklere 'Golden Chimes' stammt.
↕ 85 cm. Z5

H. 'Cream Drop' (diploid) Kleine, duftende, leicht gerüschte, cremefarbene, 8 cm breite Blüten mit grünem Schlund. Blüht ab Mitte Juli. Sommergrün. ↕ 43 cm. Z5

H. 'Crimson Pirate' (diploid) Scharlachrote, 12 cm breite Blüten mit langen, schlanken Blütenblättern (»Spinne«), auf denen ein schmaler, orangefarbener Mittelstrich zu sehen ist. Blüht ab Mitte Juli über sommergrünem Laub.
↕ 75 cm. Z5

H. 'Custard Candy' (tetraploid) Kleine, nachtblühende, cremegelbe Blüten mit 11 cm Durchmesser. Breite Blütenblätter mit rotbraunem Auge und grünem Schlund. Blüht lange ab Anfang Juli. Sommergrün.
↕ 60 cm. Z5

H. 'Designer Jeans' (tetraploid) Blaulila Blüten mit dunklerem Auge und passendem Picotee-Rand um einen gelben bis grünen Schlund, 15 cm groß. Blüht ab Mitte Juli an verzweigten Stängeln über sommergrünem Laub.
↕ 85 cm. Z5

H. 'Diamond Dust' (diploid) Duftende hellgelbe Blüten, die sich ab Ende Juli über sommergrünem Laub öff-

nen. Auch die winzigen Sprenkel auf den Blüten einiger *H.*-Sorten werden als »Diamantstaub« ('Diamond Dust')bezeichnet.
↕ 1 m. Z5

H. 'Double River Wye' (diploid) Blassgelbe, gefüllte, 11 cm große Blüten mit grünem Schlund, die sich ab Mitte Juli über viele Wochen hinweg öffnen. Sommergrün. Eine pflegeleichte, verlässliche Sorte.
↕ 75 cm. Z5

H. 'Dragons Eye' (diploid) Sehr beliebte nachtblühende Sorte mit kleinen, pastellrosa Blüten. Rotes Auge über grünem Schlund. Blüht ab Ende Juli, oft in mehreren Schüben über einen langen Zeitraum hinweg. Halbimmergrün. Ausbreitungsfreudig; entwickelt viel Blattmasse. Von Elizabeth Salter, Florida, gezüchtet.
↕ 60 cm. Z3

H. dumortierii (Dumortiers Taglilie) (diploid) Pro Stängel 2–4 tief orangefarbene, trompetenförmige Blüten mit 10 cm Durchmesser. Blüht ab Ende Juni. Niedriges, kompaktes, straff aufrechtes, sommergrünes Laub, das 15–60 cm hoch wird. Aus der Mandschurei, Ostsibirien, Japan und Korea.
↕ 60 cm. Z5

H. 'Edge of Darkness' (tetraploid) Markante, auffallend blaulila Blüten mit violettem Auge und violettem Picotee-Rand über gelbem Schlund. Die 13 cm breiten Blüten öffnen sich ab Anfang Juli über immergrünem Laub.
↕ 65 cm. Z3

H. 'Eenie Allegro' (diploid) Apricotfarben gerandete, rosarote, 6 cm breite Blüten mit hellgrünem Schlund. Blüht ab Mitte Juli. Sommergrün.
↕ 33 cm. Z5

DIPLOID, TRIPLOID UND TETRAPLOID

Die Wildformen unter den Taglilien sind diploid, besitzen also einen doppelten Chromosomensatz. Behandelt man die Pflanzen während der Zellteilung mit Chemikalien, teilt sich zwar die DNS im Zellkern, gleichzeitig wird die Zellteilung verhindert. Das Ergebnis sind Zellen, bei denen beide Chromosomensätze verdoppelt sind. Dergestalt veränderte Taglilien und ihre Nachkommen werden als tetraploid bezeichnet.

Tetraploide Taglilien sind größer und wüchsiger. Außerdem entwickeln sie größere Blüten in lebhafteren Farben. Die Pflanzen sind uneingeschränkt fertil und setzen ganz normal Samen an. Außerdem gibt es einige wenige auf natürlichem Weg mutierte Formen, die drei statt zwei Chromosomensätze haben. Diese stets sterilen, seltenen Pflanzen werden als triploid bezeichnet.

H. 'Eenie Fanfare' (diploid) Schwach duftende, kräftig pflaumenrote, 7 cm breite Blüten mit weißem Rand über grünem Schlund. Blüht ab Mitte Juli. Sommergrün.
↕ 30 cm. Z5

H. Eenie-Serie Kleine Serie von Zwerg-Taglilien. Wurde in den 1970er-Jahren von Paul Aden eingeführt, der seinen Bekanntheitsgrad eigentlich eher seinen vielen Funkien-Züchtungen verdankt.

H. 'Eenie Weenie' (diploid) Winzige, 4–5 cm große Blüten in dichten Ständen. Blüht ab Anfang Juli, oft über einen langen Zeitraum hinweg. Sommergrün. Beliebteste Sorte der Eenie-Serie. ↕ 25 cm. Z5

H. 'El Desperado' (tetraploid) Auffällige, nachtblühende, senfgelbe Blüten mit 11 cm Durchmesser. Rotviolettes Auge über grünem Schlund. Blüht spät und lange ab Anfang August. Sommergrün. ↕ 70 cm. Z5

H. 'Elegant Candy' (tetraploid) Kleine, duftende, zuckerrosa – vgl. auch Name! – Blüten mit 11 cm Durchmesser. Rotes Auge über grünem Schlund. Blüht ab Anfang Juli oft sehr lange. Sommergrün.
↕ 65 cm. Z5

H. 'Elizabeth Salter' (tetraploid) Sehr beliebte nachtblühende, stark gerüschte, rosafarbene, 14 cm große Blüte mit grünem Schlund. Blühstart Mitte Juli; blüht oft sehr lange. Halbimmergrün. Von Jeff Salter, Florida, selektiert und nach seiner Frau (ebenfalls einer bekannten Taglilien-Züchterin) benannt. 1997 mit dem nach einer deutschen Züchterin benannten Roswitha Waterman Award ausgezeichnet (siehe Kasten S. 246).
↕ 55 cm. Z3

H. 'Ferengi Gold' (tetraploid) Eine sehr beliebte nachtblühende, extravagant gerüschte, gelbe Sorte mit 14 cm großen Blüten. Fleischrosa Tönung und gelbes Auge über grünem Schlund. Öffnet sich sehr früh am Tag. Blüht ab Anfang Juli anhaltend lange. Sommergrün. Färbung variiert je nach Witterung. ↕ 48 cm. Z5

H. 'Frans Hals' (diploid) Zweifarbig, kräftig rostrot und orangefarben mit

kräftig cremig-orangefarbener Mittelrippe; hintere Blütenblätter ebenso gefärbt wie die Mittelrippen. Ungewöhnliche, 11 cm große Blüte. Blüht ab Ende Juli. Sommergrün. Seit 50 Jahren beliebt.
↕ 60 cm. Z5

H. fulva (diploid) (»Bahnwärter-Taglilie«) Viele rostorange bis rote und rosarote, 13 cm große Blüten an jedem Stängel. Blüht ab Anfang Juli. Sommergrünes, bis 90 cm langes Laub mit ausgeprägter v-förmiger Silhouette; äußere Blätter übergeneigt, innere aufrecht. Aus China. ↕ 1 m. Z5 **'Flore Pleno'** (triploid) Gefüllte, braunorange, 15 cm große Blüten mit rotem Auge. Blüht ab Mitte Juli. In den USA oft verwildert. Die Taglilie, die am besten schmeckt, besonders in tiefgefrorener Form eine Delikatesse. ↕ 75 cm. **'Green Kwanso'** (triploid) Orange-rotbraune Blüten mit dunklerem Auge. Blüht ab Mitte Juli. ↕ 90 cm. **'Variegated Kwanso'** (diploid) Gefüllte, rostrote, heller geaderte Blüten mit dunklerem Auge. Blüht ab Mitte Juli. Sommergrüne, aufrechte, weiß gestreifte grüne Blätter, die bis zu 90 cm lang werden. Ursprünglich aus Japan.
↕ 90 cm.

H. 'Gentle Shepherd' (diploid) Ein echter Klassiker unter den Taglilien. 'Gentle Shepherd' gehört zu den Sorten mit dem reinsten Weiß. Gelber bis grüner Schlund. Die 13 cm großen Blüten öffnen sich ab Anfang Juli über halbimmergrünem Laub. Nicht sehr wüchsig.
↕ 75 cm. Z3

H. 'George Cunningham' (diploid) Leicht gerüschte, 10 cm breite, Blüten in Rosamelon mit gelbem Schlund. Blüht ab Mitte Juli. Sommergrün. Seit langem im Handel, aber nach wie vor von ungebrochener Beliebtheit.
↕ 95 cm. Z5

H. 'Golden Chimes' ♥ (diploid) 7 cm breite chromgelbe Blüten mit dunklen verzweigten Stängeln. Blüht ab Anfang Juli über einen langen Zeitraum hinweg. Sommergrün. Von *H. multiflora* abgeleitet. Ähnelt der zuvor beschriebenen 'Corky', ist aber dunkler.
↕ 115 cm. Z5

H. 'Golden Prize' (tetraploid) Goldgelbe, 18 cm große Blüten. Blüht ab Anfang August. Sommergrün. Eine beliebte alte Sorte, deren Blüten einen

LINKS *Hemerocallis fulva* 'Flore Pleno'

sternförmigen Umriss haben, der sie von vielen modernen Formen abhebt. ‡ 66 cm. Z5

H. Golden Zebra ('Malja') Kleine goldgelbe, 7–8 cm große Blüten. Auffallende, standfeste, panaschierte, bis zu 75 cm lange sommergrüne Blätter, die im Schatten grün und weiß und in voller Sonne grün und gelb gefärbt sind. ‡ 45 cm. Z5

H. 'Grand Masterpiece' (diploid) Duftende, 15 cm breite Blüten in klarem Dunkelviolett mit lindgrünem

1

2

Schlund. Blüht ab Anfang Juli. Sommergrün. ‡ 53 cm. Z5

H. 'Green Flutter' ♀ (diploid) Kanariengelbe, 7–8 cm breite Blüten mit grünem Schlund. Blüht sehr lange ab Anfang August. Halbimmergrün. Eine der grünsten Sorten, breitet sich rasch aus. ‡ 50 cm. Z3

H. 'Happy Returns' (diploid) Frühblühende, relativ kleine, hellgelbe, duftende Blüten mit 8 cm Durchmesser. Sommergrün. Ausgesprochen beliebt. Blüht bereits ab Mitte Juni und bei guter Pflege sehr lange. Ein Abkömmling der noch populäreren Sorte 'Stella d'Oro'. ‡ 45 cm. Z5

H. 'Hyperion' (diploid) Äußerst beliebte, himmlisch duftende, hell-kanariengelbe Blüten, die ab Mitte Juli für kurze Zeit in großer Zahl erscheinen. Sommergrün. Auch 80 Jahre nach der Einführung noch ein Verkaufsschlager. ‡ 1 m. Z5

H. 'Ice Carnival' (diploid) Duftende, weiße, 15 cm breite Blüten mit grünem Schlund. Auffallend dreieckige Blütenform. Blüht ab Mitte Juli. Sommergrün. Bringt häufig in einer Saison mehrere Blütenschübe. ‡ 70 cm. Z5

H. 'Inner View' (tetraploid) Duftende, cremefarbene, lila überlaufene, 15 cm breite Blüten mit gelbem Rand und gelbem Farbring über einem grünen Schlund. Blüht ab Mitte Juni anhaltend lang. Eingeführt durch den berühmten Züchter Mort Morss aus Florida. ‡ 66 cm. Z3

H. 'Invitation to Immortality' (tetraploid) Weinrote Blüten mit heller Zeichnung über einem leuchtend grünen Schlund. Durchmesser 15 cm. Blüht lange ab Ende Juni. Immergrün. ‡ 75 cm. Z3

H. 'James Marsh' (tetraploid) Eine einfache, sehr unverkünstelt wirkende Sorte mit edel dunkelroten, 15 cm breiten, duftenden Blüten. Blüht ab Anfang Juli. Sommergrün. ‡ 70 cm. Z5

H. 'Janice Brown' (diploid) Sehr beliebt. Hellrosa, 11 cm breite Blüten mit rosarotem Auge und grünem Schlund. Blüht ab Anfang Juli. Halbimmergrün. Sehr ausbreitungsfreudig, wächst aber nur langsam an. ‡ 53 cm. Z3

H. 'Jason Salter' (diploid) Gelbe Blüten mit verwaschenem lila Auge über grünem Schlund. Die 7 cm breiten Blüten öffnen sich ab Anfang Juli. Immergrün. ‡ 45 cm. Z3

H. 'Jedi Dot Pierce' (diploid) Duftende, rosarote, 15 cm breite, leicht gerüschte Blüten mit dunklerem Auge und

LINKS **1** *Hemerocallis* 'Green Flutter'
2 *H.* 'Jason Salter'

grünem Schlund. Blüht ab Anfang Juli über einen langen Zeitraum. Halbimmergrün. Wächst bereitwillig. ‡ 50 cm. Z3

H. 'Jenny Wren' (diploid) Unverkennbare kleine, bräunliche Blüten mit rotviolettem Kranz über orangefarbenem Schlund. Blüht ab Anfang Juli an verzweigten Stängeln über sommergrünem Laub. Sehr ausbreitungsfreudig. ‡ 90 cm. Z5

H. 'Jerry Nettles' (tetraploid) Extravagante, gefüllte, flache, dunkel lilarosa Blüten von 15 cm Durchmesser. Stark gerüschter goldgelber Rand, der im Garten schon von Weitem sichtbar ist. Blüht ab Anfang Juli über einen langen Zeitraum hinweg. Immergrün. ‡ 70 cm. Z3

H. 'Joan Senior' (diploid) Ein Klassiker. Fast vollständig weiße, 15 cm breite Blüten mit lindgrünem Schlund. Blüht ab Anfang Juli und oft in mehreren Schüben. Immergrün. Gute Allroundsorte. ‡ 65 cm. Z3

H. 'John Peat' (tetraploid) Auffallende, purpurfarbene Blüten mit ausgeprägtem Goldrand und hellerer Zeichnung über dem grünen Schlund, 15 cm groß. Starke Nachblüte. Blüht ab Mitte Juli. Immergrün. ‡ 55 cm. Z3

H. 'Jolyene Nichole' (diploid) Rosa, 15 cm breite Blüten mit grünem Schlund und dunklerer Aderung. Sie stehen knapp über dem immergrünen Laub. Blüht ab Mitte Juli. Bleicht bei starker Hitze aus. ‡ 35 cm. Z3

H. 'Kate Carpenter' (tetraploid) Blassrosa, duftende Blüten mit cremefarbenem Schlund. Blüht ab Anfang Juli über einen langen Zeitraum. Immergrün. Langsamer Zuwachs. ‡ 70 cm. Z3

H. 'Kindly Light' (diploid) Eine »Spinne« mit sehr schmalen, klargelben Blütenblättern und lindgrünem Schlund, Durchmesser 20 cm. Blüht ab Mitte Juli an schlanken, recht biegsamen Stängeln. Sommergrün. ‡ 70 cm. Z5

H. 'Lemon Bells' ♀ (diploid) Nur 7 cm große, orangegelbe Blüten mit heller Mittelrippe und grün getöntem Schlund. Blüht reich ab Anfang Juli. ‡ 85 cm. Z3

H. lilioasphodelus ♀ (Gelbe Taglilie) (diploid) Intensiv duftende, zitronengelbe Blüten mit 10 cm Durchmesser. Blüht bereits ab Mitte Juni und langanhaltend Flor. Große, breitwüchsige Pflanzen mit kräftigen Büscheln aus sommergrünen, 75 cm langen Blättern. Aus China. ‡ 75 cm. Z5

H. 'Little Grapette' (diploid) Winzige, 5 cm breite, traubenrote Blüten. Blüht ab Ende Juni. Immergrün. Schöne Gestalt; ausbreitungsfreudig und wüchsig. ‡ 30 cm. Z3

H. 'Little Maggie' (diploid) Rosarote Blüten mit weinrotem Auge über grünem Schlund, 7–8 cm groß. Blüht ab Ende Juni über einen langen Zeitraum. Immergrün. ‡ 30 cm. Z3

H. 'Little Red Hen' (diploid) Rote, 9 cm breite Blüten mit gelbem Schlund. Blühbeginn Mitte Juli. Relativ hohe Stängel. Sommergrün. ‡ 75 cm. Z5

H. 'Little Wine Cup' (diploid) Winzige weinrote Blüten mit nur 5 cm Durchmesser; helle Mittelrippe und grüner Schlund. Beginnt Ende Juni zu blühen. Sommergrün. ‡ 50 cm. Z5

H. 'Lullaby Baby' (diploid) Duftende, 9 cm breite, gerüschte, blassrosa Blüten mit grünem Schlund. Blüht ab Anfang Juli lang anhaltend. Halbimmergrün. ‡ 50 cm. Z3

H. 'Lusty Lealand' (tetraploid) Rote, 15 cm breite Blüten mit gelbem bis grünem Schlund; Rückseite der Blütenblätter orange. Blüht ab Mitte Juli. Immergrün. ‡ 70 cm. Z3

H. 'Luxury Lace' (diploid) Orangerote, duftende, 9 cm breite Blüten mit dunkelgrünem Schlund. Blüht ab Mitte Juli, oftmals in mehreren Schüben. Sommergrün. Ein wüchsiger Klassiker, der von der aus Louisiana stammenden Züchterin Edna Spelding eingeführt wurde. ‡ 80 cm. Z5

H. 'Mallard' (tetraploid) Rote Blüten von 15 cm Durchmesser an kräftigen Stängeln. Blüht ab Mitte Juli. Sommergrün. ‡ 65 cm. Z5

H. 'Marion Vaughn' ♀ (diploid) Stark duftende, blass zitronengelbe Blütenblätter mit weißer Mittelrippe. Blüht ab Mitte Juli an hohen Stängeln über schlanken, eleganten, immergrünen Blättern. ‡ 105 cm. Z3

H. 'Mary Todd' (tetraploid) Alte, aber sehr beliebte Sorte mit einheitlich sattgelben, 15 cm breiten Blüten, die sich ab Ende Juni öffnen. Halbimmergrün. ‡ 65 cm. Z3

H. **'Mauna Loa'** (tetraploid) Verschiedene bernsteingoldene Tönungen, hellgrüner Schlund mit schmalem tiefrotem Rand; Durchmesser 13 cm. Blüht ab Anfang Juli für kurze Zeit. Sommergrün. ↕ 55 cm. Z5

H. **'Michele Coe'** (diploid) Gelbe, 9 cm breite Blüten mit lila Mittelrippen und orangefarbenem Schlund. Blüht ab Ende Juni. Halbimmergrün. Eine der erfolgreichsten Züchtungen des Briten Robert Coe. ↕ 90 cm. Z3

H. *middendorffii* (diploid) (Middendorffs Taglilie) Hellorange leuchtende, 7–8 cm breite Blüten an 35 cm hohen Stängeln. Wesentlich höheres, glattes, flaches, sommergrünes Laub, Blätter an der Spitze gebogen. Blüht ab Mitte Juni. Aus Sibirien, Japan und Sachalin. ↕ 90 cm. Z5

H. **'Midnight Magic'** (tetraploid) Ein Klassiker mit dunkel-schwarzroten, 14 cm breiten Blüten, die sich früh am Tag öffnen und einen auffälligen grünen Schlund haben. Blüht ab Anfang Juli. Immergrün. Verzweigt, breitet sich gut aus, kann aber an sehr heißen Standorten ausbleichen. ↕ 70 cm. Z3

H. **'Mildred Mitchell'** (tetraploid) Duftende, 15 cm große lila Blüten mit violettem Auge, violettem Rand und grünem Schlund. Blüht ab Anfang Juli, oft über einen langen Zeitraum. Immergrün. Schwachwüchsig. ↕ 65 cm. Z3

H. **'Ming Porcelain'** (tetraploid) Klassische, elfenbeinrosa und pfirsichfarbenen überhauchte Blüten mit feinem goldenem Rand und breitem gelben Kranz über dem lindgrünen Schlund. Durchmesser 13 cm. Blüht ab Ende Juni, oft über einen langen Zeitraum. Breites, üppig grünes Laub. Immergrün. ↕ 70 cm. Z3

H. **'Mini Pearl'** (diploid) Zartrosa, mit zitronengelbem bis grünem Schlund. Durchmesser 7–8 cm. Blüht lange ab Anfang Juli. Die Blüten öffnen sich früh am Tag. Sommergrün. Ausbreitungsfreudig. ↕ 40 cm. Z5

H. **'Mini Stella'** (diploid) Nachtblühend. Winzige, ganze 3 cm große, gelbe Blüten mit orangefarbenem Auge über grünem Schlund. Blüht ab Ende Juni lang anhaltend. Sommergrün. Eine niedrigere, blassere Version von 'Stella d'Oro'. ↕ 25 cm. Z5

H. *minor* (diploid) (Kleine Taglilie) Öffnet ab Anfang Juli 9 cm große Blüten in kräftigem Gelb. Blütenblätter außen bräunlich rot. Niedrig und kompakt; mit 55 cm langen Blättern. Aus Ostsibirien, Nordchina, der Mongolei und Korea. ↕ 60 cm. Z5

H. **'Missenden'** ♀ (diploid) Tief samtrote, 13 cm große Blüten mit hervortretenden schwarzen Adern und gelb-orangefarbenem Schlund. Blüht ab

LINKS **1** *Hemerocallis* 'Joan Senior' **2** *H*. 'Little Grapette' **3** *H*. 'Moonlit Masquerade'

Mitte Juli. Kompakter Wuchs. Mehrfach ausgezeichnete Züchtung von Harry Randall, Buckinghamshire. ↕ 85 cm. Z3

H. **'Moonlit Masquerade'** (tetraploid) Eine beliebte, sehr auffällige und nachtblühende Sorte mit 14 cm großen Blüten, cremefarben mit dunkelviolettem Auge über grünem Schlund. Blüht lange ab Anfang Juli. Halbimmergrün. Wüchsig. ↕ 65 cm. Z3

H. *multiflora* (diploid) (Vielblütige Taglilie) Ab Anfang August ragen zwischen ihnen Stängel mit orangefarbenen bis cadmiumgelben, 7–8 cm großen Blüten auf. Blüht lange. Die breitwüchsigen, überhängenden, sommergrünen Blätter werden 75 cm lang, erreichen aber nur 45 cm Höhe. Aus der chinesischen Provinz Hunan. ↕ 100 cm. Z5

H. **'My Darling Clementine'** (tetraploid) Beliebte Sorte mit stark gerüschten, 11 cm großen, gelben Blüten, die einen grünen Schlund aufweisen und an verzweigten Stängeln weit über dem immergrünen Laub stehen. Blüht lange ab Ende Juli. ↕ 55 cm. Z3

H. **'Nefertiti'** (tetraploid) Gemischt gelb und zartrosa gefärbte Blüten mit dunkelrotem Auge über goldgelbem bis hellgrünem Schlund. Verzweigte Stängel. Blüht lange ab Ende Juni. Immergrün. ↕ 60 cm. Z3

H. **'Neyron Rose'** ♀ (diploid) Kräftig himbeerrote, 11 cm große Blüten mit auffallender weißer Mittelrippe auf den Blütenblättern und rotorangefarbenem Schlund. Blüht ab Mitte Juli. Halbimmergrün. ↕ 75 cm. Z3

H. **'Night Beacon'** (diploid) Schwarzrote, 10 cm breite Blüten mit weißer Mittelrippe, großer hellgrüner Mitte und grünem Schlund. Blüht ab Anfang Juli oft über einen langen Zeitraum hinweg. Immergrün. Wüchsig. ↕ 70 cm. Z3

H. **'Olive Bailey Langdon'** (tetraploid) 13 cm große, violette Blüten mit gelbem bis grünem Schlund. Blüht oft sehr lange ab Anfang Juli. Halbimmergrün. ↕ 70 cm. Z3

H. **'Pandora's Box'** (diploid) Duftende, cremefarbene, 10 cm breite Blüten mit violettem Auge über grünem Schlund. Blüht ab Anfang Juni oft über einen langen Zeitraum. Immergrün. Anpassungsfähig und verlässlich. ↕ 50 cm. Z3

H. **'Paper Butterfly'** (tetraploid) Cremig pfirsichfarbene, sternförmige, 15 cm breite Blüten mit gemustertem blauviolettem Auge und grünem Schlund. Blüht lange ab Ende Juni. Halbimmergrün. Elegant, aber nicht immer verlässlich. ↕ 60 cm. Z3

H. **'Pardon Me'** (diploid) Nachtblühend. 7 cm klein, aber duftende, hellrote Blüten mit gelbem bis grünem Schlund. Blüht ab Mitte Juli anhaltend. Sommergrün. Recht ausbreitungsfreudig. ↕ 45 cm. Z5

H. **'Penelope Vestey'** (diploid) Rosa Form mit dunkelrosa Auge über zitronengelbem Schlund, 11 cm groß. Blüht ab Anfang August über halbimmergrünem Laub. Ausbreitungsfreudig. ↕ 90 cm. Z3

H. **'Pink Charm'** (diploid) 15 cm große rosa Spinnenblüten mit grünem Schlund und hübsch gerüschtem Rand. Blüht ab Mitte Juli lang anhaltend. Halbimmergrün. ↕ 1 m. Z3

H. **'Pink Damask'** ♀ (diploid) 10 cm große Blüten in ungewöhnlichem Rosaton mit etwas hellerer Mittelrippe auf den schlanken Blütenblättern. Blüht ab Mitte Juli über einen langen Zeitraum. Sommergrün. Die seit langem beliebte Sorte hat eine nach modernen Maßstäben schwache Farbe, ist aber sehr wüchsig und ausbreitungsfreudig. ↕ 90 cm. Z5

H. **'Pink Dream'** (diploid) Hellrote bis dunkelrosa Blüten, die ab Mitte Juli oft mehrmals in Schüben blühen. Sommergrün. ↕ 1 m. Z5

H. **'Prairie Blue Eyes'** (diploid) Eine Sorte in eher traditionellem Stil mit 13 cm breiten, dreieckigen, lila Blüten mit blaulila Auge über grünem Schlund. Blüht ab Mitte Juli blühend. Immergrün. Wüchsig und ausbreitungsfreudig. ↕ 70 cm. Z3

H. **'Purple Waters'** (diploid) Leicht gerüschte, pflaumenviolette Blüten mit dunkelviolettem Auge über einem gelben bis grünen Schlund. Blüht ab Anfang Juli. Oft Nachblüte im Spätsommer. Halbimmergrün. ↕ 90 cm. Z3

H. **'Raspberry Candy'** (tetraploid) Auffällige nachtblühende Sorte mit duftenden, cremefarbenen, 12 cm breiten Blüten, die ein himbeerrotes Auge (vgl. auch Name 'Raspberry Candy') über grünem Schlund tragen. Blüht ab Ende Juni für lange Zeit. Sommergrün. ↕ 65 cm. Z5

H. **'Red Precious'** ♀ (diploid) Kleine, leuchtend rote, 9 cm breite Blüten. Blüht ab Ende Juli. Immergrün. ↕ 55 cm. Z3

H. **'Royal Braid'** (tetraploid) Nachtblühend. Duftende lila Blüten mit silbrigem Rand sowie einer violetten Borte und Augenzone über grünem Schlund. Durchmesser 13 cm. Ab Mitte Juli geöffnet und oft lange blühend. Halbimmergrün. Gedeiht an heißen Standorten am besten. ↕ 65 cm. Z3

H. **'Russian Rhapsody'** (tetraploid) Rotviolette, 15 cm breite Blüten mit gelbem Schlund. Blüht ab Mitte Juli. Halbimmergrün. ↕ 75 cm. Z3

H. **'Sammy Russell'** (diploid) Ziegelrote Blüten mit hellerer Mittelrippe über orangefarbenem bis gelbem Schlund. Relativ schmale Blütenblätter. Durchmesser der Blüte: 10 cm. Blüht erst ab Anfang August. Sommergrün. ↕ 75 cm. Z5

H. **'Seminole Wind'** (tetraploid) Sehr beliebte nachtblühende, duftende Sorte mit gerüschten, rosa Blütenblättern und

RECHTS **1** *Hemerocallis* 'Stoke Poges'
2 *H.* 'Tetrina's Daughter'
3 *H.* 'Whichford'

grünem Schlund. Durchmesser 15 cm. Lang anhaltende Blüte ist ab Anfang Juli möglich. Wird auch häufig für die Züchtung herangezogen.
↕ 60 cm. Z3

H. 'Siloam Baby Talk' (diploid) Winzige, nur 5 cm breite, blassrosa Blüten mit tiefrosa Kranz über grünem Schlund. Blüht ab Anfang Juli knapp über dem Laub. Sommergrün. Wüchsig.
↕ 40 cm. Z5

H. 'Siloam Bo Peep' (diploid) Duftende, mit 11 cm relativ kleine Blüten in verschiedenen pinkfarbenen Schattierungen; dunkelviolettes Auge über grünem Schlund. Blüht ab Anfang Juli. Sommergrün. ↕ 45 cm. Z5

H. 'Siloam David Kirchhoff' (diploid) Kleine, 9 cm breite Blüten in Pink, mit dünnem kirschrotem Band und grünem Schlund. Blüht ab Anfang Juli. Schöne Färbung, aber bisweilen schwache Blüte.
↕ 40 cm. Z5

H. 'Siloam Double Classic' (diploid) Duftende gefüllte hellrosa Blüten mit grünem Schlund; Durchmesser 13 cm. Blüht ab Anfang Juli. Sommergrün. Eine der beliebtesten gefüllten Sorten, allerdings können die ersten Blüten manchmal ungefüllt sein.
↕ 40 cm. Z5

H. 'Siloam Royal Prince' (diploid) Rotviolette, 10 cm breite Blüten mit grünem Schlund und weißer Mittelrippe auf den Blütenblättern. Blüht ab Mitte Juli. Sommergrün. Wüchsig.
↕ 50 cm. Z5

H. Siloam-Serie Die umfangreiche Serie von überwiegend kleinwüchsigen oder kleinblütigen Taglilien wurde von Pauline Henry aus Arkansas (USA) gezüchtet.

H. 'Siloam Show Girl' (diploid) Rote Blüten mit dunkelrotem Auge über grünem Schlund, 11 cm groß. Blüht ab Mitte Juli. Ornamentales, übergeneigtes, sommergrünes Laub. ↕ 45 cm. Z5

H. 'Siloam Ury Winniford' (diploid) Dunkel-cremefarbene, 8 cm breite Blüten mit großer violettem Auge und grünem Schlund. Blüht ab Anfang Juli. Sommergrün. Eine ebenso hübsche wie verlässliche Gartenpflanze.
↕ 60 cm. Z5

H. 'Siloam Virginia Henson' (diploid) Rosa Blüten mit rubinrotem Auge und grünem Schlund. Durchmesser 10 cm. Blüht ab Anfang Juli. Sommergrün. Die strahlende Schönheit ist ein beliebter Kreuzungspartner; sie hat nur geringen Zuwachs und die Blüten öffnen sich manchmal nicht ganz.
↕ 45 cm. Z5

H. 'Smoky Mountain Autumn' (diploid) Duftende, 15 cm breite Blüten in verschiedenen Rosa- und Orangetönen mit lilarosa Halo und olivgrünem Schlund. Blüht ab Ende Juli. Sommergrün. Gute, beliebte Allroundpflanze, die oft lange blüht.
↕ 45 cm. Z5

H. 'Stafford' (diploid) Leuchtend weinrote, sternförmige Blüten mit weißen Mittelrippen und grünlich gelbem Schlund. Blüht ab Mitte Juli. Sommergrün. ↕ 70 cm. Z5

H. 'Starling' (tetraploid) Schwarzrote, am Rand hellere, 15 cm breite Blüten, die sich ab Anfang Juli öffnen. Sommergrün. ↕ 70 cm. Z5

H. 'Stella d'Oro' (diploid) Kleine, duftende, goldgelbe Blüten von 7 cm Durchmesser; sehr kleiner grüner Schlund. Blüht ab Anfang Juli extrem lange. Sommergrün. Die vielleicht bekannteste Taglilie, bestens für Pflanzgefäße geeignet. ↕ 30 cm. Z5

H. 'Stoke Poges' ♀ (diploid) Duftend. Trichterförmige, lachsrosa, 13 cm breite Blüten mit zurückgeschlagenen Blütenblättern und dunklerem rosa Auge. Schlanke Stängel, schmales Laub. Blüht ab Mitte Juli. ↕ 70 cm. Z5

H. 'Strawberry Candy' (tetraploid) Nachtblühend. Korallenrosa, 11 cm breite Blüten mit rosarotem Auge über goldgelbem bis grünem Schlund. Blüht ab Anfang Juli über einen langen Zeitraum hinweg. Halbimmergrün.
↕ 65 cm. Z3

H. 'Strutter's Ball' (tetraploid) Klassische schwarzrote Blüten mit winziger, silbrig weißer Zeichnung und seidigem Halo über kleinem, limonengrünem Schlund. Durchmesser der Blüten 15 cm. Blühbeginn Mitte Juli. Sommergrün.
↕ 70 cm. Z5

H. 'Summer Wine' (diploid) Blass weinrote, 14 cm große Blüten mit grünlich gelbem Schlund. Blüht ab Mitte Juli. Sommergrün. ↕ 60 cm. Z5

H. 'Susan Pritchard Petit' (tetraploid) Satt rotviolette, gefüllte Blüten mit aufgewölbtem, goldgelbem Rand. Große Blüten mit 15 cm Durchmesser. Blüht ab Mitte Juli oft sehr lange. Halbimmergrün. ↕ 50 cm. Z3

H. 'Tetrina's Daughter' ♀ (tetraploid) Nachtblühend, duftend. Gelbe, 13 cm große Blüten. Blüht ab Mitte Juli. Halbimmergrün. Ungewöhnlich reich verzweigt und sehr ausbreitungsfreudig.
↕ 90 cm. Z3

H. thunbergii (diploid) (Thunbergs Taglilie) Nachtblühend. Duftende, hell zitronengelbe, 10 cm breite Blüten mit grünem Schlund. Blühbeginn Ende Juli. Kompakte, rundliche, 85 cm hohe, recht elegante Pflanze mit dunkelgrünen, an der Spitze gebogenen Blättern. Sommergrün. Aus China und Japan.
↕ 115 cm. Z5

H. 'Toyland' (diploid) Blüten in verschiedenen orangefarbenen und rosa Tönen, mit rotem Auge und grünem Schlund, 5 cm groß. Blüht ab Mitte Juli. Sommergrün. ↕ 60 cm. Z5

H. 'Whichford' ♀ (diploid) Intensiv duftende, rein zitronengelbe, trompetenförmige, 10 cm große Blüten mit grünlichem Schlund. ↕ 70 cm. Z5

H. 'White Temptation' (diploid) Nachtblühend. 13 cm breite, fast weiße Blüten mit grünem Schlund. Blüht ab Mitte Juli. Halbimmergrün. ↕ 80 cm. Z3

H. 'Wineberry Candy' (tetraploid) Duftend, nachtblühend. Pinkfarbene Blüten mit 12 cm Durchmesser. Violettes Auge über grünem Schlund. Blüht ab Anfang Juli oft anhaltend lang. Sommergrün. ↕ 55 cm. Z5

HEPATICA
Leberblümchen
RANUNCULACEAE

Als Frühlingsboten sind diese bezaubernden Schattenstauden in vielen Gärten willkommen.

10 hübsche, ausnahmslos sehr niedrige und Teppiche bildende Arten umfasst diese Gattung, die in freier Natur auf bewaldeten Hängen in den gemäßigten Zonen der Nordhalbkugel wachsen. Die dunkelgrünen, 3- bis 5-lappigen, ledrigen, behaarten, nierenförmigen Blätter sind unterseits oft violett gefärbt. Bisweilen ist ihre Oberseite weiß oder silbrig marmoriert. Bereits im März öffnen sich die becher- oder sternförmigen, blauen, violetten, rosa bis weißen Blüten über dem Laub des letzten Jahres; Die neuen Blätter treiben erst nach dem Flor aus.

Optimale Wirkung erzielt man, wenn Leberblümchen in großen Gruppen oder als anmutige Solitärstauden an einem Standort gepflanzt werden, wo man sie gut aus der Nähe betrachten kann. Am besten lässt man sie ungehindert wachsen, sodass sie größere Teppiche mit einem dichten Reigen zarter Frühlingssterne bilden. Man setzt sie gern an schattige Plätze, doch eignen sie sich noch besser als Unterpflanzung von Gehölzen, wo sie gut in Kombination mit anderen Waldgewächsen zur Geltung kommen.

KULTUR Ideal für halbschattige Standorte. Gedeiht auch in leicht saurem, neutralem oder geringfügig alkalischem Boden, der feucht, aber gut durchlässig sein muss und reichlich Humus enthält. In freier Natur findet man Leberblümchen gelegentlich auf Tonböden, in Gärten bevorzugen sie schweres Erdreich. Jährlich im Herbst mit Laubhumus, fein geschredderter Rinde oder gut verrottetem Gartenkompost abdecken. Altes Laub wird kurz vor der Blüte abgeschnitten, damit die Blüten ihre beste Wirkung erzielen. Leberblümchen reagieren empfindlich auf Störungen, man sollte sie daher nicht umpflanzen.

VERMEHRUNG Ausgewachsene Exemplare im Frühjahr direkt nach der Blüte teilen; die Teilpflanzen wachsen nur langsam ein und brauchen ein ausgedehntes Wurzelsystem. Aussaat der Arten sogleich nach der Samenreife im Frühbeet.

PROBLEME Schnecken und Blattläuse.

OBEN 1 *Hepatica nobilis*
2 *H. nobilis* var. *japonica*

H. acutiloba Breitet sich langsam durch Ausläufer aus. Rundliche bis nierenförmige grüne, 8 cm lange, tief gelappte, scharf zugespitzte Blätter. Schalenförmige blaue, lila, rosa, violette oder weiße Blüten mit 2–3 cm Durchmesser. Sie erscheinen März–April an aufrechten, behaarten Stängeln. Herkunft: Aus Wäldern mit kalkhaltigem Boden im östlichen Nordamerika. ↕ 15 cm. Z3

H. americana Rundliche, 3-lappige, 4–6 cm große, unterseits violett gefärbte und oberseits gelegentlich hübsch marmorierte Blätter. 2 cm breite Blüten in blassem Blau, Violett, hellem Rosa oder Weiß. Blütezeit März–April. Aus Wäldern mit sauren Böden im östlichen Nordamerika von Südost-Kanada bis Florida. ↕ 10–15 cm. Z3

H. angulosa siehe *H. transsylvanica*

H. × media Variable Naturhybride aus *H. transsylvanica* und *H. nobilis*. Blüht im März und April. Kommt wild in Mittelrumänien vor, wird aber auch in Kultur gekreuzt. ↕ 15 cm. Z5 **'Ballardii'** Wächst langsam, rundlicher Wuchs.

Rundliche, 3-lappige, grüne Blätter mit 10 cm Durchmesser. 3 cm breite, halbgefüllte, schalenförmige, himmelblaue Blüten. **'Harvington Beauty'** Dichte, tiefgrüne, nierenförmige, 3–6 cm lange Blätter. Hell- bis mittelblaue, 3 cm breite Blüten, die an Anemone blanda erinnern. Blüht sehr reich. Guter Bodendecker.

H. nobilis ♀ syn. *H. triloba* (Gewöhnliches Leberblümchen) Langsamer Zuwachs, rundliche Pflanzen. 3–6 cm lange, rundliche bis nierenförmige, gelappte, mittelgrüne, glänzende, unterseits violette Blätter mit seidiger Behaarung. Gelegentlich hübsch marmoriert. Schalenförmige, 2–3 cm breite Blüten in Blau, Blauviolett, Rosa oder Weiß. Blüht ab März. In Europa weit verbreitet. ↕ 10 cm. Z5 **'Cobalt'** Tiefblaue Blüten. **var. *japonica*** Kleinere Pflanzen. Dunkelgrüne Blätter mit zugespitzten Lappen und blauen, rosa oder weißen Sternblüten. Aus Japan. ↕ 8 cm **var. *pyrenaica*** Kompakter Wuchs. Silbrig marmorierte Blätter. Rosa, blassblaue oder weiße Blüten. Aus den Pyrenäen. ↕ 8–10 cm. **'Rubra Plena'** Gefüllte, tiefpurpurrote Blüten.

H. transsylvanica ♀ syn. *H. angulosa* (Siebenbürger Leberblümchen) Breitet sich langsam durch Ausläufer aus. Behaarte, hellgrüne, 6–10 cm lange, ovale, gelappte Blätter mit gebuchtetem Rand. Schalenförmige, 4 cm breite Blüten in hellem Blau, blassem Rosa oder Weiß; mit bis zu 12 Blütenblätter – mehr als andere Arten der Gattung. Blüht ab März. Aus Rumänien. ↕ 15 cm. Z5 **'Blue Jewel'** Dunkelblaue Blüten. **'De Buis'** Mittelblaue Blüten. **'Eisvogel'** Weiße Blüten, Unterseite der Blütenblätter bläulich. **'Elison Spence'** Halbgefüllte, kräftig blaue, später blassblaue Blüten mit anemonenartiger Mitte.

H. triloba siehe *H. nobilis*

HESPERIS
Nachtviole
BRASSICACEAE

Viel romantisches Flair umgibt diese hübsche, duftende Land- und Bauerngartenpflanze.

14 Arten von Zweijährigen und Stauden in Europa und Asien zählt man zu dieser Gattung, doch nur eine hat sich einen ständigen Platz in unseren Gärten erobert. Sie erinnern an Levkojen *(Matthiola)* und Silberlinge *(Lunaria)*. Ihre glatten oder leicht behaarten Stängel tragen gezähnte oder teils in gegenständige Blättchenpaare geteilte Blätter. Die 4-zähligen, kreuzförmigen Blüten können rötlich violett, lila, weiß oder blassgelb gefärbt sein. Bereits die einfachen Formen sehen sehr hübsch aus und säen sich in Blumenbeeten oder im Bauerngarten bereitwillig selbst aus. Ihre gefüllten Vettern werden schon seit 500 Jahren kultiviert. Sie wirken eindrucksvoller, halten länger und eignen sich besonders gut als Schnittblumen. Nachtviolen verströmen einen überaus einnehmenden Wohlgeruch.

KULTUR In den meisten Böden – vor allem leicht kalkhaltigen, für volle Sonne oder Schatten gleichermaßen geeignet. Bei gefüllten Formen Laubhumus in den Boden einarbeiten.

VERMEHRUNG Durch Aussaat. Einfache Formen säen sich oft selbst aus, wenn die welken Blüten nicht ausgeknipst werden (siehe Kasten »Gefüllte Formen – neu entdeckt«).

PROBLEME Gelegentlicher Befall durch Raupen des Kohlweißlings.

H. matronalis (Gewöhnliche Nachtviole) Kurzlebige Staude mit dicht stehenden, aufrechten, mehr oder weniger verzweigten Stängeln, die gestielte, ovale bis längliche, gezähnte,

zugespitzte, bis 25 cm lange Blätter tragen. Endständige Trauben aus 2 cm breiten lila, violetten oder weißen Blüten. Blütezeit Mai und Juni. Wird oft zweijährig gezogen, allerdings setzen gefüllte Sorten keine Samen an. Verwildert gelegentlich in Hecken, an Flüssen, in Wäldern oder auf Brachland. Stammt aus lichten Wäldern und anderen halbschattigen Standorten von Europa bis Zentralasien. ↕ 50–90 cm. Z6 **var. *albiflora*** Weiße Blüten. **'Alba Plena'** Gefüllte weiße Blüten. **'Lilacina Flore Pleno'** Gefüllte lila Blüten.

HEUCHERA
Purpurglöckchen
SAXIFRAGACEAE

Diese immergrünen Gartenpflanzen erfreuen die ganze Wachstumszeit über mit schönen Blüten und mit den unterschiedlichsten Blattfarben.

Nordamerika ist die Heimat dieser Gattung. Die rund 50 Arten kommen an Hängen und in Felsspalten von Neuengland bis in den Westen Kanadas vor, südwärts bis Mexiko. Die meisten Arten sind in den Appalachen und den Gebirgen im Westen zu finden. Nur wenige werden als Gartengewächse kultiviert, wobei Hybriden überwiegen. Man findet unter ihnen winzige Alpenpflanzen von gerade einmal 5–10 cm Höhe während der Blüte, aber auch 60–80 cm hohe Formen mit verholztem, sich stetig ausbreitendem Wurzelstock. Sie bilden Büsche aus rundlichen, herzförmigen oder gelappten, oft gezähnten und auffallend geaderten Blättern an langen, drahtigen Stielen. Die winzigen, 2–10 mm langen, manchmal 5-zähligen, gelegentlich auch völlig blütenblattlosen Röhrenblüten haben einen oft kräftig gefärbten Kelch. Sie stehen in aufrechten, fiedrigen Rispen und öffnen sich im Frühling und Sommer. Die manchmal gering beblätterten Stängel kommen meist ohne Stütze aus.

Einzelne Exemplare sind in der Regel selbststeril, setzen also nur Samen an, wenn sie von einer anderen Pflanze bestäubt werden. Deshalb verschwimmen sowohl in freier Natur als auch in Gärten die klaren Trennlinien zwischen den Arten, weil sich Hybriden bilden. Werden verschiedene *Heuchera*-Arten in ein und demselben Garten gezogen, kreuzen sie gern untereinander und liefern ungleichmäßige Nachkommen aus Samen. In den letzten Jahren sind so viele neue Sorten entstanden, dass man die eigentlichen Arten nur noch selten in Kultur antrifft (siehe *Aktuelle Heuchera-Züchtung*, S.252).

Die Blüten locken Bienen, Schmetterlinge und in ihrem natürlichen Lebensraum auch Kolibris an. Als Schnittblumen in Wasser gestellt, halten sie sich etwa zwei Wochen. Die Blätter eignen sich vortrefflich für Gestecke und bleiben vier bis sechs Wochen frisch.

Bei den Größenangaben (↕) wird zuerst die Breite, dann die Höhe (einschließlich Blütenstände) angegeben.

KULTUR Idealerweise in durchlässiger, neutraler bis leicht alkalischer Gartenerde. Purpurglöckchen vertragen keine Staunässe. Sie gedeihen an vollsonnigen bis absonnigen Standorten, allerdings sollte man sie in heißen Lagen vor praller

LINKS 1 *Hesperis matronalis*
2 *H. matronalis* var. *albiflora*

H. **'Huntsman'** Grüne, 8 cm breite Blätter mit grauer Marmorierung und auffälliger, dunkel-graubrauner Aderung. Sie bilden einen 30 × 15 cm großen Busch. Lachsrosa Blüten. Gezüchtet durch Dennis Davidson. ↕ 40 cm. Z4

H. **'Jade Gloss'** Silbrige, rundlich gelappte, etwa 7 cm breite Blätter mit ausgeprägter bronzeroter Aderung. Sie rollen sich oft ein, sodass die violette Unterseite sichtbar wird. Das Laub bildet einen 30 × 15 cm großen Busch. Kleine weiße, knospend rosafarbene Blüten in dichten Rispen. ↕ 45 cm. Z4

H. **'Leuchtkäfer'** (Firefly) Mittelgroße rote Blüten über hellgrünen, 8 cm breiten Blättern. Die Züchtung ist überwiegend von *H. sanguinea* abgeleitet und ähnelt rotblütigen Formen der Bressingham-Hybriden. ↕ 60 cm. Z4

H. **'Lime Rickey'** Tief gelappte, gelbgrüne, gerüschte Blätter mit etwa 7 cm Durchmesser. 40 × 20 cm große Horste. Winzige weiße Blüten. ↕ 45 cm. Z4

H. **'Magic Wand'** ♀ Grüne, rund 8 cm breite Blätter in 40 × 20 cm großen Büschen. Große dunkelrosa Blüten in dichten, schmalen Rispen. Eine verbesserte Version von 'Raspberry Regal'. ↕ 75 cm. Z4

H. **'Marmalade'** Gerüschte, 8 cm große Blätter; anfangs purpurn, später gelblich rotbraun mit violetter Unterseite. 40 × 20 cm großer Laubbusch. Kleine rotbraune Blüten. Größer und wohl auch wuchskräftiger als 'Amber Waves'. ↕ 40 cm. Z5

H. micrantha Tief gelappte, dreieckige, in der Regel behaarte, rund 7 cm breite Blätter, oft mit gerüschtem Rand. Sie formen einen 25 × 20 cm großen Busch. Winzige grünliche, bisweilen rosa überlaufene Blüten in lockeren Rispen. Gedeiht am besten zwischen Felsen an Standorten mit nördlicher Ausrichtung. Sorten sind anspruchsloser. Von feuchten, schattigen Felshängen und Felsspalten im westlichen Nordamerika. ↕ 40 cm. Z7 **Bressingham Bronze** **('Absi')** Bronzerotes, farbstabiles Laub in einem 30 × 20 cm großen Horst. Aus 'Palace Purple' selektiert. Nicht so wüchsig wie die Art, aber mit schönerer Farbe. ↕ 30 cm. Z4 **'Emperor's Cloak'** Bronzerotes, gerüschtes Laub. **'Molly Bush'** Dunkel-bronzerotes Laub, das seine Farbe während der gesamten Wachstumssaison bewahrt. Abkömmling von 'Palace Purple'. Z4 **'Palace Purple'** Bronzerote, behaarte, 12 cm große Blätter in einem 40 × 35 cm großen Busch. Diese erste bronzefarbene Sorte wurde in den Royal Botanical Gardens Kew in London entdeckt. Wird mittlerweile häufig aus Samen gezogen. Variiert in der Farbintensität; im Sommer meist schon schmutzig grün. Stammt möglicherweise von *H. villosa* fo. *purpurea* ab. ↕ 50 cm. Z4

H. **'Midnight Burgundy'** Rundlich gelappte, 7 cm breite Blätter, oberseits dunkel-grauviolett mit hellgrauer

Zeichnung zwischen den Blattadern, unterseits dunkelpurpurn. 30 × 15 cm großer Laubbusch. Winzige rosa- bis cremefarbene Blüten. ↕ 40 cm. Z4

H. **'Mint Frost'** Silbrige Blätter mit grüner Aderung, im Herbst rosa überlaufene, etwa 8 cm große Blätter an roten Blattstielen. Busch 35 × 15 cm groß. Winzige weiße Blüten. ↕ 70 cm. Z4

H. **'Montrose Ruby'** Ein offener, 40 × 25 cm großer Busch aus scharf gelappten, 12 cm großen Blättern mit dunkelpurpurner Färbung. Oberseits silbergraue Zeichnung, unterseits rötlich violett. Offene Rispen aus winzigen weißen Blüten. Sehr wüchsig und robust. Eine wichtige Elternpflanze, die in den 1980er-Jahren durch Nancy Goodwin in North Carolina selektiert wurde. ↕ 75 cm. Z4

H. **'Neptune'** Leicht gerüschte, dreieckige, 10 cm große Blätter mit bleigrauer, dunkel geaderter Oberseite und purpurner Unterseite. Blattbusch 40 × 20 cm groß. Kleine weiße Blüten. Aus den Niederlanden. ↕ 40 cm. Z4

H. **'Oakington Jewel'** Grüne, 8 cm große Blätter mit silbrig metallischer

und bläulicher Zeichnung. Busch 30 × 20 cm groß. Kleine rosa Blüten. Trägt die vermutlich hübschesten Blätter aller grünlaubigen Sorten. 1932 eingeführt. ↕ 60 cm. Z4

H. **'Obsidian'** Gleichmäßig gefärbte, rundlich gelappte, sehr dunkelgrüne, fast schwarze, etwa 10 cm große Blätter in einem 40 × 25 cm großen Busch.

Rispen mit winzigen cremefarbenen Blüten. Von Terra Nova. ↕ 60 cm. Z4

H. **'Persian Carpet'** Purpurne, oberseits grau gefleckte, unterseits gleichmäßig gefärbte Blätter mit 8 cm Durchmesser. Der 40 × 25 cm große Horst wird von winzigen cremegrünen Blüten überragt. Ähnelt 'Pewter Veil', hat jedoch

FRÜHLINGSBLÜTEN UND LAUBTEPPICHE

IN EINER KLEINEN halbschattigen und feuchten, von weißen *Viburnum* überragten Ecke verschmilzt das üppige Laub von *Heuchera micrantha* 'Palace Purple' mit den rundlichen Blättern ihrer eleganten, cremefarben blühenden Nachbarin *Tellina grandiflora*. Sobald deren Blüten und der rosa Flor der benachbarten *Geum* ihren Höhepunkt überschritten haben, kann man sie kräftig zurücknehmen, sodass bis zum Ende der Saison ein dicht verwobener Blätterteppich bleibt. Die enttäuschenden Blüten von 'Palace Purple' entfernt man am besten schon vor dem Öffnen, damit das Laub besser zur Geltung kommt und minderwertige Sämlinge gar nicht erst entstehen können.

eine stärker kontrastierende Zeichnung.
↕ 80 cm. Z4

H. 'Petite Lime Sherbet' (Petite-Serie)
Grüne, stark silbrig geaderte Blätter.
Kräftig rosafarbene Blüten.
↕ 30 cm. Z4

H. 'Petite Marbled Burgundy' (Petite-
Serie) Bronzerotes Laub mit silbriger
Zeichnung. Große blassrosa Blüten
↕ 40 cm. Z4

H. 'Petite Pearl Fairy' (Petite-Serie)
Dichtes bronzerotes, silbern gezeichnetes Laub. Mittelgroße hellrosa Blüten.
↕ 30 cm. Z4

H. 'Petite Pink Bouquet' (Petite-Serie)
Grünes, silbrig angehauchtes Laub. Rosa
Blüten in Rispen.
↕ 30 cm. Z4

H. 'Petite Ruby Frills' (Petite-Serie)
Bronzefarbene, silbrig gezeichnete Blätter und rosa Blüten.
↕ 30 cm. Z4

H. Petite-Serie Kompakte Zwergsorten
aus alpinen Zwergarten und Formen
mit bronzerotem Laub. Sie zeichnen
sich aus durch kleine, 1–3 cm breite,
oberseits silbrig gezeichnete Blätter in
20 × 12 cm großen Büschen. Z4

H. 'Pewter Moon' Rundliche, 8 cm
breite Blätter mit silbriger, dunkel-bro-
zerot geaderter Oberseite und purpurner Unterseite. Busch 30 × 15 cm groß.
Offene Rispen aus kleinen weißen
Blüten überragen das Laub. Ähnelt 'Silver Scrolls', doch ist die Blattzeichnung
nicht so klar, zudem fallen die Blüten
kleiner aus und stehen in offeneren
Rispen. Schwachwüchsig. Durch Piet
Oudolf in den Niederlanden selektiert.
↕ 50 cm. Z4

H. 'Pewter Veil' Rosa-bronzefarbene,
10 cm große Blätter mit hellgrauer
Zeichnung und stumpf metallischem
Glanz. Laubbusch 40 × 20 cm. Winzige
grünliche Blüten. Die älteste der bronzefarbenen Sorten von Terra Nova:
Später wurden farbenfrohere Formen
gezüchtet, doch ist diese nach wie vor
beliebt.
↕ 80 cm. Z4

H. 'Pluie de Feu' (Feuerregen) Rundliche grüne, silbrig gezeichnete Blätter
mit etwa 6 cm Durchmesser in einem
kompakten, 30 × 15 cm großen Busch.
Mittelgroße, leuchtend rote Blüten. Ein
Klassiker, der um 1930 in Frankreich aus
H. sanguinea gezüchtet wurde.
↕ 60 cm. Z4

H. 'Plum Pudding' Tief gelappte, 8 cm
große, glänzend tiefpurpurne Blätter mit
verschwommener silbriger Zeichnung
und vergleichsweise langen Stielen.
Busch 35 × 25 cm groß. Unscheinbare
Blüten. Von Terra Nova selbst als eine
ihrer besten Züchtungen betrachtet.
↕ 65 cm. Z4

INDIANER-MEDIZIN

Die Wurzeln des Purpurglöckchens und
insbesondere der Art *Heuchera americana* wurden früher von den amerikanischen Ureinwohnern zur Behandlung
von chronischem Durchfall, Ruhr und
anderen Magen- und Darmbeschwerden
sowie von Diabetes und Hämorrhoiden
verwendet. Indianer wie Siedler bereite-
ten Tees aus dem kräftigen Adstringens
der Alum Root. Sie tranken den Tee
bevorzugt bei der Jagd, denn während
sie unterwegs waren, mussten sie oft
mit stark alkalischem oder unreinem
Wasser vorlieb nehmen. *H. americana*,
aber auch *H. cylindrica* und *H. hispida*
sowie die verwandte Art *Mitella caulescens* sind weit verbreitet und waren
daher unschwer zu finden. Gelegentlich
mischte man sie mit dem Storchschnabel *Geranium maculatum*. Die zu Pulver
gemahlene Wurzel kam ferner als
Gurgelmittel bei Halsschmerzen und
Mundgeschwüren zum Einsatz.

Heuchera-Wurzeln sind ein sehr
starkes Adstringens und sollten deshalb
nur unter ärztlicher Aufsicht verwendet
werden.

H. 'Purple Petticoats' ♀ Sehr stark
gerüschte, gleichmäßig bronzeviolette,
8 cm große Blätter in einem dichten,
40 × 25 cm großen Busch. Bewahrt den
Sommer über die Blattfarbe besonders
gut. Winzige cremefarbene Blüten. Von
Terra Nova gezüchtet.
↕ 60 cm. Z4

H. 'Quilters' Joy' ♀ Tief gelappte,
8 cm breite Blätter mit markanter, dun-
kel-bronzegrüner Aderung. Oberseits
hellgrau gefleckt, unterseits dunkel-pur-
purrot. Busch 35 × 20 cm groß. Kleine
weiße Blüten. Eine frühe Hybride
von Primrose Path, die oft unter der
falschen Bezeichnung 'Checkers' angeboten wurde.
↕ 60 cm. Z4

H. 'Rachel' Bronzerote, etwa 8 cm
breite Blätter. Busch 40 × 20 cm groß.
Kleine rosa Blüten in offenen Rispen.
Eine Hybride aus 'Palace Purple' und

H. sanguinea, die von der Britin Mary
Ramsdale gezüchtet wurde.
↕ 50 cm. Z4

H. Rain of Fire siehe *H.* 'Pluie de Feu'

H. 'Raspberry Ice' Rundliche, scharf
gezähnte, 8 cm große Blätter mit metallisch silbriger Zeichnung auf bronzeviolettem Grund, unterseits purpurn.
Busch 50 × 25 cm. Mittelgroße Blüten
in offenen Rispen. Eine Hybride von
Primrose Path.
↕ 40 cm. Z4

H. 'Raspberry Regal' ♀ Behaarte
grüne, 8 cm breite Blätter in einem
40 × 20 cm großen Busch. Grünlich rote
Blüten in schmalen Rispen. Ähnelt
'Magic Wand', hat jedoch eine nicht so
klare Blütenfarbe.
↕ 80 cm. Z4

H. 'Red Spangles' Mittelgroße, intensiv
blutrote Blüten über einem 30 × 15 cm
großen Busch aus grünen, 6 cm großen
Blättern. Eine 1950 von Blooms of
Bressingham gezüchtete Hybride von
H. sanguinea.
↕ 50 cm. Z4

H. 'Regina' ♀ Rundlappige, dreieckige,
10 cm große purpurrote, silbrig gezeichnete Blätter mit purpurner Unterseite.
Bildet 40 × 25 cm große Büsche. Kleine
rosa Blüten. Von Primrose Path.
↕ 80 cm. Z4

H. 'Ruby Veil' Große, spitz gelappte,
12 cm breite Blätter mit schiefergrauer
Aderung und hellgrauer Zeichnung auf
rotem Untergrund. Unterseite purpurrot. Büsche 35 × 20 cm. Unscheinbare
Blüten. Ähnelt 'Cascade Dawn' sowie
'Cathedral Windows' und wird mit diesen oft verwechselt. Eine Hybride von
Terra Nova.
↕ 65 cm. Z4

H. sanguinea Rundliche, flach gelappte dunkelgrüne, behaarte, 7 cm breite
Blätter in 30 × 25 cm großen Büscheln.

UNTEN *Heuchera* 'Regina'

DER GEFURCHTE DICKMAULRÜSSLER

Purpurglöckchen (*Heuchera*) sind von Natur aus langlebige Gewächse. Sie werden zwar mit der Zeit oft etwas unansehnlich, ihre holzigen Wurzeln aber breiten sich über viele Jahre hinweg immer weiter aus. Zumindest war das früher der Fall, als der Gefurchte Dickmaulrüssler noch keine solche Plage war.

Otiorhynchus sulcatus, so der wissenschaftliche Name des Gefurchten Dickmaulrüsslers, trat seinen Siegeszug an, als man hochwirksame Insektizide wegen ihrer Umweltgefährdung vom Markt nahm. *Heuchera* sind für die Larven des Käfers ein besonderer Leckerbissen. Sie fressen in den holzigen Rhizomköpfen, daher kann ein Exemplar an einem Tag noch völlig gesund aussehen, wird

aber am nächsten vielleicht schon von einem kräftigen Windstoß buchstäblich weggeblasen. Normalerweise aber welkt das Laub einfach nur, weil die Verbindung zu den Wurzeln gekappt wird. Der Käfer befällt neben Purpurglöckchen bevorzugt Primeln, Bergenien, Fetthennen und Sträucher wie Rhododendren oder Lorbeer.

Nicht ganz so problematisch sind Dickmaulrüssler in kühlen Gegenden (Zone 6 und kälter), denn dort entwickelt sich nur eine Generation pro Jahr. Zudem machen längere Fröste den im Boden überwinternden Larven den Garaus. Zur Bekämpfung sind Streugranulate zugelassen. Oder man setzt natürliche Gegenspieler wie bestimmte Fadenwürmer (Nematoden) ein, die als Parasiten die Larven befallen.

Auffällige rosa bis rote Blüten in wirren Rispen mit 2–3 kleinen Stängelblättern. Gedeiht in durchlässigen, neutralen Böden. Manche Exemplare bilden längliche Stämmchen, die man alle paar Jahre umsetzen muss. Die echte Wildart wird nur selten kultiviert – meist handelt es sich um Selektionen und Hybriden. Wächst auf Felshängen und -vorsprüngen in den Bergen von Arizona und in Nordmexiko. ↕ 40 cm. Z7 **'Alba'** ♀ Weiße Blüten. **'Geisha's Fan'** Silbrige, dunkel geaderte Blätter mit eingerolltem Rand. Rosa Blüten. Möglicherweise eine Hybride. **'Monet'** Dunkelgrüne, stark weiß gefleckte Blätter. Rote Blüten an rosa Stängeln. **'Ruby Bells'** Dichte Rispen aus dunkelroten Blüten. Zuchtlinie (Strain). ↕ 40 cm. **'Sioux Falls'** Mittelgroße rosa Blüten über einem grünen Busch. Strain. ↕ 60 cm. Z4 **'Snow Storm'** Grüne, weiß gefleckte Blätter mit kirschroten Blüten. Schwachwüchsig, gedeiht am besten in der Sonne und in durchlässigen Böden. ↕ 30 cm. **'Taff's Joy'** Ganzjährig grünes sowie rosa- und cremefarbenes Laub. Rosa Blüten. Gedeiht am besten in durchlässigen Böden im Halbschatten. ↕ 25 cm. **'White Cloud'** Weiße Blüten. Strain. ↕ 60 cm.

H. **'Sashay'** ♀ Gerüschte, 8 cm breite Blätter mit grüner Oberseite und bronzefarbener Unterseite. Busch 40 × 25 cm. Winzige cremefarbene Blüten. Abgesehen von der Färbung der Blattoberseite identisch mit der Sorte 'Purple Petticoats', von der sie eine Mutation ist. ↕ 60 cm. Z4

H. **'Scintillation'** ♀ Bildet einen 30 × 15 cm großen Busch aus grünen Blättern. Mittelgroße tiefrosa Blüten mit korallenrotem Rand stehen in hübschen Rispen. Eine 1950 gezüchtete Hybride von *H. sanguinea*. ↕ 40 cm. Z4

H. **'Silver Light'** ♀ Dreieckige, tief gelappte, stark silbrige, 6 cm breite Blätter mit schwach dunkelbronzefarben geaderter Oberseite und purpurner Unterseite. 25 × 15 cm großer Busch. Mittelgroße, gerüschte, hellrosa Blüten. ↕ 45 cm. Z4

H. **'Silver Lode'** Rundliche, 8 cm breite Blätter. Oberseite matt silbrig mit dun-

kelbronzefarbener Aderung, Unterseite purpurrot. 35 × 25 cm großer Busch. Kleine weiße Blüten in schmalen Rispen. ↕ 80 cm. Z4

H. **'Silver Scrolls'** Rundliche, 8 cm breite Blätter. Oberseite metallisch silbrig mit kräftiger, kontrastierender bronzefarbener Aderung, Unterseite purpurn. Busch 35 × 15 cm. Frischer Blattaustrieb im Frühjahr mit rosaviolettem Schimmer. Mittelgroße weiße Blüten in schmalen Rispen. ↕ 65 cm. Z4

H. **'Stormy Seas'** Dreieckige, gerüschte, 10 cm breite Blätter mit bronzegrüner, ab dem Sommer grüner Färbung und etwas hellerer Zeichnung. Busch 40 × 25 cm. Winzige grünliche Blüten. ↕ 80 cm. Z4

H. **'Strawberry Candy'** Rundliche grüne, silbrig gezeichnete Blätter mit 4 cm Durchmesser. Busch 30 × 15 cm groß. Große rosa Blüten. ↕ 35 cm. Z4

H. **'Strawberry Swirl'** Stark gerüschte, spitz gelappte, 10 cm große grüne Blätter in einem niedrigen, 50 × 20 cm großen Blätterbusch, über dem eine Vielzahl kleiner rosa Blüten erscheint. Hybride aus *H. micrantha* und einer Form von *H. sanguinea*. ↕ 40 cm. Z6

H. **'Velvet Night'** Dreieckige, rundlich gelappte, 8 cm große Blätter; Oberseite dunkel-grauviolett mit hellgrauen Flächen, Unterseite purpurn. Das Laub bildet einen 40 × 20 cm großen offenen Busch, über dem die unscheinbare Blüten erscheinen. Ähnelt 'Cascade Dawn', 'Cathedral Windows' und 'Ruby Veil', hat jedoch eine dunklere Blattzeichnung. ↕ 65 cm. Z4

× HEUCHERELLA
SAXIFRAGACEAE

Die immergrünen Bodendecker begeistern Gärtner durch ihre attraktives Laub und die Blüten. Als Hybriden vereinen sie in sich die Vorzüge zweier beliebter Waldpflanzen.

× *Heucherella* entstanden aus einer Kreuzung zwischen *Heuchera* und *Tiarella*. Sie sind steril und nicht in freier Natur zu finden. Ihre Sorten

tragen Merkmale beider Arten in unterschiedlicher Gewichtung, doch meist sind sie eine Art Mittelding zwischen beiden. Die Blätter der × *Heucherella* werden rund 6–10 cm groß. Sie tragen meist rundliche Lappen, dagegen sind einige Sorten, die eher *Tiarella* ähneln, tief gelappt. Ihre Farbe rangiert von Grün bis Rotbraun und ähnelt dem von *Heuchera*. Die silbergraue Zeichnung von *Heuchera* und die kastanienbraunen Flecken von *Tiarella* verbinden sich nicht selten zu neuen Mustern. Die Blüten erscheinen in fedrigen, etwa 40–50 cm hohen Rispen. Die Einzelblüten sind rosa, weiß oder grünlich cremefarben und sehen ein wenig wie sternförmige Satellitenschüsseln aus. Da sie keine Samen ansetzen, blühen sie oft recht lang. Die Wuchskraft und Robustheit schwankt stark von Sorte zu Sorte.

KULTUR Am besten in durchlässigen, neutralen Böden an feuchten, absonnigen bis halbschattigen Standorten. Verträgt in kühleren Gegenden sogar fast volle Sonne. Ein hoher Nährstoffgehalt des Erdreichs gewährleistet besseren Wuchs und ein längeres Leben.

VERMEHRUNG Stecklinge, Teilung.

PROBLEME Gefurchter Dickmaulrüssler.

× *H. alba* Kompakte Pflanze mit rundlichen, schwach gelappten, 7 cm breiten Blättern, die einen rund 30 cm breiten Busch bilden. 15 cm hohe Rispen aus rosa oder weißen Blüten. Eine Hybride von *Heuchera* × *brizoides* und *Tiarella wherryi*. ↕ 30–40 cm. Z4 **'Bridget Bloom'** Schwach gelappte, leicht kastanienbraun gezeichnete Blätter. Kleine rosa Blüten in Rispen. ↕ 40 cm. **'Rosalie'** Rundliches, kastanienbraun gezeichnetes Laub. Rosa Blüten in schmalen Rispen. ↕ 30 cm.

× *H.* **'Burnished Bronze'** Glänzend bronzebraune, tief gelappte, 10 cm breite Blätter, die einen 35 cm breiten und 20 cm hohen Busch bilden. Kleine hellrosa Blüten. Eine besonders wuchskräftige, robuste Sorte. ↕ 45 cm. Z4

× *H.* **'Dayglow Pink'** Gelappte grüne, 7 cm große Blätter mit kastanienbraunem Mittelfleck bilden einen 30 cm breiten und 20 cm hohen Blattbusch. Aus dunkelrosa Knospen öffnen sich mittelgroße hellrosa Blüten in dichten Rispen, die denen von *Tiarella* ähneln. ↕ 40 cm. Z4

× *H.* **'Heart of Darkness'** Rundliche bis herzförmige Blätter mit 8 cm Durchmesser; kastanienbraun gezeichnet, Spreite silbrig grün bis grün. Busch 35 cm breit und 20 cm hoch. Weiße, tiarellaähnliche Blüten in fedrigen Rispen. Muss gut gedüngt werden für eine gute Entwicklung. ↕ 50 cm. Z4

RECHTS **1** × *Heucherella* 'Heart of Darkness' **2** × *H.* 'Quicksilver' **3** × *H. tiarelloides*

× _H._ 'Kimono' Sehr tief gelappte grüne, silbrige und kastanienbraune Blätter mit 10–12 cm Durchmesser. Busch 30 cm breit und 20 cm hoch. Kleine, grünlich cremefarbene Blüten in langen, lockeren Rispen. Die Blütenstände lenken vom dekorativen Laub ab und werden daher am besten abgeschnitten. Eine wüchsige, robuste Sorte. ↕ 40 cm. Z4

× _H._ 'Party Time' Tief gelappte grüne, 7 cm große Blätter mit kastanienbrauner Zeichnung und silbrigem Ton. Blattbusch 25 cm breit und 15 cm hoch. Aus dunkelrosa Knospen öffnen sich zahlreiche hellrosa Blüten in lockeren Rispen. ↕ 30 cm. Z4

× _H._ 'Quicksilver' Rundliche, 7 cm breite, bronzebraune, metallisch überlaufene Blätter mit silbriger Zeichnung. 30 cm breite und 15 cm hohe Horste. Aus rosa Knospen erscheinen mittelgroße weiße Blüten in Rispen, die denen von _Tiarella_ ähneln. Zuverlässige Sorte. ↕ 40 cm. Z4

× _H._ 'Silver Streak' Tief gelappte, bronzebraune und silbrige, 7 cm breite Blätter, die einen 30 cm breiten und 15 cm hohen Horst bilden. Kleine weiße Blüten in unregelmäßigen Rispen. Ist nicht sehr wuchskräftig und wurde mittlerweile größtenteils von neueren Sorten ersetzt. ↕ 30 cm. Z4

× _H._ 'Sunspot' Gelappte, gelbgrüne, manchmal leuchtend gelbe, 7 cm breite Blätter mit kastanienbraunem Mittelfleck. Busch 30 cm breit und 20 cm

DAS BESTE ZWEIER WELTEN

Obwohl eine Hybride von _Heuchera_ und _Tiarella_ schon 1912 entstand, haben solche Kreuzungen erst seit kurzem Konjunktur. Die beiden ältesten Sorten – sie wurden in der französischen Gärtnerei Lemoine und von Alan Bloom gezüchtet – sind Jahrzehnte älter als neuere Formen. Erst als es in den letzten beiden Jahrzehnten des 20. Jahrhundert gelang, die beiden Elternarten zu verbessern, lag es nahe, sich erneut mit den Hybriden zu befassen.

Bei der Züchtung neuer Formen von × _Heucherella_ müssen viele Arten und Sorten ins Spiel gebracht werden, damit tatsächlich die wünschenswertesten Eigenschaften der Elterngattungen, zu denen wiederum zahlreiche Arten gehören, weitervererbt werden. Dass man nicht jeder Hybride einen eigenen botanischen Namen zuweisen kann, wie bei der ersten Kreuzung geschehen, versteht sich von selbst. Die Palette der verfügbaren Arten ist mittlerweile ebenso groß wie vielfältig. Viele Formen beeindrucken sowohl durch dekorative Blätter als auch mit hübschen Blüten. Nicht wenige haben außerdem von einigen _Tiarella_-Wildarten die Neigung zum flächigen Ausbreiten geerbt.

hoch. Mittelgroße hellrosa Blüten aus dunkelrosa Knospen; die dichten Rispen ähneln denen von _Tiarella_. Eine Mutation von 'Dayglow Pink', die sich von der Elternsorte nur durch die Laubfarbe unterscheidet. ↕ 40 cm. Z4

× _H._ tiarelloides ♀ Beständig kriechende Pflanze mit rundlichen, flach gelappten und gezähnten, hellgrünen, anfangs bräunlichen, 7 cm großen Blättern, die einen 30 cm breiten und 15 cm hohen Busch bilden. Winzige rosa Blüten an bräunlich roten Stängeln. 1912 gezüchtete Hybride aus _Heuchera_ × _brizoides_ und _Tiarella cordifolia_. ↕ 40 cm. Z4

× _H._ 'Viking Ship' Tief gelappte, 7 cm große, grüne, silbrig gefleckte Blätter. Busch 30 cm breit und 15 cm hoch. Kleine rosa Blüten in dichten Rispen. Eine ungewöhnliche Sorte, weil die Lappen der Blätter bisweilen abgegrenzte Blättchen bilden. ↕ 40 cm. Z4

HEXASTYLIS siehe ASARUM

HIERACIUM
Habichtskraut
ASTERACEAE

Nur wenige Arten dieser gelben Korbblütler mit ansehnlichen Laubrosetten kommen in unseren Gärten zum Einsatz.

Grasbewachsene oder felsige Bereiche insbesondere in den Bergregionen der nördlichen Halbkugel sind die Heimat dieser umfangreichen Gattung. Botaniker unterscheiden rund 10 000 Kleinarten, bei denen die Samen auch ohne vorherige Bestäubung in Massen heranreifen. Man fasst sie zu rund 500 Sammelarten zusammen. (Sie sind höchstens für Botaniker oder Pflanzensammler von Bedeutung, im Garten spielen sie keine Rolle.) Habichtskraut bildet Blattrosetten, die manchmal horstig aus einem verzweigten Stock ohne kriechende Stängel und Wurzeln wachsen, und enthält Milchsaft. Die Form der gestielten Grundblätter reicht von linealisch bis breit eiförmig und von ungezähnt bis tief gelappt. Aufrechte belaubte oder unbelaubte Stängel tragen sparrige Blütenstände aus gelben, löwenzahnähnlichen Blütenköpfchen.

KULTUR Die Anforderungen der einzelnen Arten sind so unterschiedlich wie ihr ursprünglicher Lebensraum. Die hier beschriebenen Arten ziehen jedoch vollsonnige Standorte mit mageren, durchlässigen Böden vor. Manche Gärtner schneiden die Blütenstängel ab, um die Aufmerksamkeit auf die Blätter zu lenken.

VERMEHRUNG Durch Aussaat im Frühjahr oder Herbst bzw. durch Teilung im Frühjahr.

PROBLEME In der Regel keine.

H. aurantiacum siehe _Pilosella aurantiaca_

H. lanatum (Wollfilziges Habichtskraut)

OBEN _Hieracium lanatum_

Horst bildende, überwiegend immergrüne Art mit schwert- bis eiförmigen, weich weißfilzig behaarten, normalerweise ungezähnten, bis 10 cm langen Blättern. Belaubte, drahtige, verzweigte Stängel mit bis zu 12 2–3 cm großen Blütenköpfchen. Blütezeit Mai-Juli. Verträgt die meisten trockenen Böden und sogar etwas Schatten. Wächst in freier Natur auf Kalksteinhängen und Felsen in Südost-Frankreich, in der Westschweiz und in Nordwest-Italien. ↕ 50 cm. Z7

H. maculatum siehe _H. spilophaeum_

H. spilophaeum syn. _H. maculatum_ Horst bildende sommergrüne Art mit schwert- bis eiförmigen, grünen bis graugrünen, ungezähnten bis flach gezähnten, 9 cm langen, violett gefleckten oder gesprenkelten Blättern. Die belaubten verzweigten Stängel tragen bis zu 20 Korbblüten von 2 cm Größe. Blütezeit Juni-August. Verträgt die meisten trockenen Böden und gedeiht am besten an vollsonnigen Standorten. Sät sich bisweilen selbst aus, wird aber nur selten zur Plage. Von offenem, alkalischem Grasland in Mittel- und Westeuropa einschließlich Großbritannien. ↕ 80 cm. Z6 **'Blue Leaf'** Blätter merklich blaugrün mit dunkelbraunen, später kastanienbraunen Flecken. Variabel. ↕ 25 cm. **'Leopard'** Blätter graugrün mit rotbraunen Flecken. Variabel. ↕ 25 cm.

HIEROCHLOE
Mariengras
POACEAE

Süßlich duftende Grasteppiche bilden die kriechenden Arten dieser Gattung, die sich – für Gräser ungewöhnlich – in Wäldern wohl fühlt.

Die rund 30 Arten dieser Staudengattung sind auf der ganzen Welt verbreitet und nur in Afrika nicht heimisch. Sie kommen in gemäßigten und arktischen Regionen vor und besiedeln verschiedene Lebensräume wie Wälder, Sümpfe, offenes Grasland und Tundren. Aus den Laubteppichen mit ausbreitendem

Wurzelsystem wachsen spärliche, relativ unscheinbare Blüten. Alle Arten enthalten Cumarin, weshalb die Blätter beim Zerreiben oder Trocknen einen vanilleartigen Geruch verströmen.

KULTUR In dauerfrischen Humusböden im Schatten.

VERMEHRUNG Durch Aussaat oder Teilung.

PROBLEME In der Regel keine.

H. odorata Schmale weiße Rhizome bilden Teppiche aus lockeren, immergrünen Büscheln flacher, dunkelgrüner, 1 cm breiter und 30 cm langer Blätter. Die violettgrünen Blüten stehen von Anfang März bis Juni in nickenden, wenigblütigen Blütenständen an schlanken Stängeln über dem Laub. Die Art braucht viel Platz, da sie sich gern stark ausbreitet. Man verwendet sie als Bodendecker zusammen mit Zwiebelpflanzen im Frühjahr in Gehölzbereichen oder an Wegrändern, wo die Blätter beim Betreten ihren Duft abgeben. Die Blätter wurden einst gern auf Kirchenböden eingestreut (daher der englische Name Holy Grass) und dienen zum Aromatisieren von polnischem Wodka. In Kontinental-Europa, Asien und Nordamerika weit verbreitet. ↕ 60 cm. Z5

HOLCUS
Honiggras
POACEAE

Häufig findet man diese Gräser mit weicher Textur in Wiesen und Hecken. Sie zeichnen sich durch eine weiche Textur aus. Am bekanntesten sind die panaschierten Formen.

6 einjährige und mehrjährige Arten sind in offenen Wäldern und Brachland in Europa, Nordafrika und dem Nahen Osten beheimatet. Zudem wurden sie in Nordamerika eingeschleppt. Sie bilden Horste oder Matten aus weichen behaarten Blättern mit weichen, fiedrigen Blütenrispen an aufrechten Stängeln.

UNTEN _Holcus mollis_ 'Albovariegatus'

Einige sind wuchernde Unkräuter, doch dienen die panaschierten Formen im Garten als vorzügliche Bodendecker.

KULTUR Alle Böden an sonnigen bis halbschattigen Standorten. Arten, die in der kalten Jahreszeit wachsen, ziehen im Sommer ein, weshalb man das Laub im zeitigen Frühjahr und Hochsommer abschneiden sollte.

VERMEHRUNG Durch Aussaat oder Teilung im Frühjahr (nur panaschierte Formen teilen).

PROBLEME In der Regel keine, doch können bei warmem, feuchtem Wetter Pilzkrankheiten auftreten.

***H. mollis* 'Albovariegatus'** Dieses wuchernde Unkraut treibt lange, kriechende Rhizome. Es wächst in Wiesen, Gebüschen und offenen Wäldern in Europa. Nachfolgend werden nur die panaschierten, wesentlich weniger wuchernden Formen behandelt. 'Albovariegatus' bildet niedrige Matten aus weichgrünen, 12 mm breiten, weiß gestreiften Blättern mit breiterem grünem Mittelstreifen. Im Hochsommer öffnen sich die Blüten in fedrigen graugrünen Rispen an Stängeln. Das während der kühlen Jahreszeit attraktive Gras ist mit seiner auffallend weißen Zeichnung vom Spätwinter bis zum Frühsommer am schönsten. Blüten und Laub werden im Sommer zurückgeschnitten. Die Färbung ist schöner ausgeprägt, wenn absterbende Blätter in der Mitte der Teppiche alle drei Jahre entfernt werden und man die äußeren Horstteile neu setzt. Man verwendet das Gras bevorzugt als Randbepflanzung, als Bodendecker in Steingärten, als Unterpflanzung für Blumenzwiebel oder in mehrfarbigen Rasenflächen. ‡ 35 cm. Z5
'White Fog' ist eine weitere, ähnlich harte Ziersorte mit leuchtend weißer, im Sommer violett überlaufener Panaschierung und rosa getönten Blättern. ‡ 30 cm.

HOSTA
Funkie
HOSTACEAE

Unter den Zierpflanzen zählen die *Hosta* zu den bekanntesten »Schattenwesen«. Sie erweisen sich als ideale Bodendecker und Blattschmuckstauden. Funkien können die unterschiedlichsten Blattfarben, Blatt- oder Wuchsformen sowie Blüten aufweisen.

Die rund 40 Arten der Gattung stammen aus Japan, Korea und China. Sie umfassen weltweit über 6000 Sorten, deren Kultur in fast allen gemäßigten Zonen der Welt möglich ist. Besonders beliebt sind *Hosta* in den Vereinigten Staaten, in Kanada, Europa, Ostasien und Neuseeland.

Funkien werden fast ausschließlich wegen ihrer Blatthorste gezogen. Ihre Blätter stehen an fleischigen Stielen und entspringen einem holzigen Wurzelstock mit grobem, aber gut verzweigtem Wurzelsystem. Die Höhe der Horste reicht von 8 cm

bis 100 cm. Wir geben sie für jede Art und Sorte extra an. Ihre Breite beträgt in der Regel das Zweifache der Höhe, doch gibt es auch Funkien, die sich durch Rhizomausläufer ausbreiten und große Bereiche bedecken. Nicht minder unterschiedlich fallen die Abmessungen der Einzelblätter aus: Es gibt 5 cm langes und 2–3 cm breites Laub ebenso wie über 50 cm lange und 40 cm breite Blätter.

Bei der Blattfärbung wird zwischen einfarbigem und panaschiertem Laub unterschieden. Einfarbige Blätter können grün, blaugrün oder goldgelb sein; dazwischen kommen unzählige Farbabstufungen vor. Auch die Bandbreite der Panaschierungen ist außerordentlich groß: Es gibt Formen mit weißem, gelbem oder goldgelbem Rand und grüner, goldgelber oder blaugrüner Mitte. In der Mitte der Blattspreite gezeichnete Sorten haben ein weißes, gelbes oder goldgelbes Zentrum mit hellgrünem, grünem oder blaugrünem Rand. Auch die Zahl der gestreiften, überhauchten und gesprenkelten Formen ist groß.

Funkien verändern ihre Blattfarbe vom Frühjahr bis zum Sommer nur unwesentlich. Lediglich eine leichte Aufhellung oder Verdunkelung ist im Hochsommer festzustellen, die allerdings auf die höhere Lichtintensität zurückzuführen sein kann. Kürzlich wurden einige panaschierte Sorten mit einem Muster eingeführt, das sich während der Wachstumssaison umkehrt. Sie sind im Frühling golden gerandet und haben eine grüne Mitte, im Hochsommer bekommen sie einen grünen Rand und ein goldgelbes Zentrum.

Die lilienartigen, Röhrenblüten mit 6 Kronlappen halten nur einen Tag. Sie öffnen sich an Schäften, die je nach Art und Sorte 30 cm bis 170 m hoch werden, und sind meist trichterförmig, doch findet man auch trompeten-, glocken- oder sogar spinnenförmige Varianten. Manche duften. Bei *H. sieboldiana*, *H. tokudama* und verwandten Sorten öffnet sich der

Flor ab Juni. Die meisten Funkien blühen allerdings im Juli und August. Erst im September und Oktober öffnen die mit *H. longipes* und *H. longissima* verwandten Formen ihre Blüten. Manche Funkien entwickeln zahlreiche Samenstände, andere sind völlig steril. Züchter haben sehr stark auf Samenvermehrung gesetzt, doch für den Hobbygärtner ist sie nicht empfehlenswert.

Funkien sind unverzichtbare Elemente für Schattengärten. Sie eignen sich als Bodendecker und für die Rabatte, aber auch als Kübelpflanzen. Ihre Blätter werden gern in der Floristik verwendet.

Manche Sorten sind Mehrfachhybriden, andere stehen den Arten näher, darauf wird in Klammern nach der offiziellen Bezeichnung hingewiesen. Auch reine Arten befinden sich in Kultur. Die Benennung einiger Funkien ist in der Fachwelt äußerst umstritten. Das gilt vor allem für Formen, die wie *H. fortunei* und *H. undulata* bei ihrer Einführung als Arten behandelt wurden, während mittlerweile Rufe laut werden, sie als Sorten einzustufen.

KULTUR Funkien eignen sich vorzüglich für halbschattige Lagen in kühlen Klimazonen, die ein, zwei Stunden täglich direkte Sonne haben. Sie überstehen sogar tiefen Schatten, gedeihen dort aber nicht sonderlich gut. In der Regel mögen sie kühlen, feuchten Boden, der stark mit organischer Substanz wie Laubhumus, Komposterde oder gut verrottetem Dung angereichert wurde. Trockenoder Langzeitdünger verbessert die Wuchskraft, besonders bei frischen Pflanzungen. Der Boden sollte stets gut feucht bleiben, Staunässe ist allerdings zu vermeiden. Eine ständige Mulchschicht tut Funkien entgegen allgemeiner Auffassung nicht gut.

VERMEHRUNG Funkien werden meist durch Teilung vermehrt. Sie kann während der Wachstumsperiode geschehen, ideal ist jedoch das zeitige Frühjahr bei Beginn des Austriebs. Traditionell verwendet man zur Teilung zwei Grabegabeln, die Rücken an Rücken in das Erdreich gesteckt und dann auseinander gehebelt werden. Manchmal sind die Stöcke so holzig, dass man sie mit einem Spaten teilen muss. Man teilt die Exemplare so, dass einzelne Triebe mit Wurzeln zum Wiedereinpflanzen übrig bleiben. Einige wenige Anzuchtbetriebe setzen auf die Gewebekultur, um neuere Sorten möglichst rasch in großen Mengen zu vermehren. Sorten sind nicht samenecht und auch die meisten Arten liefern variable Nachkommen.

PROBLEME Die schlimmsten Schädlinge für Funkien sind Schnecken (siehe *Schneckenfeste Sorten*, S. 264). Sie fressen beim Austrieb und auch von Juni bis August kleine Löcher in die Blätter. Außerdem werden Funkien von Älchen, Gefurchtem Dickmaulrüssler, Erdraupen und einer ganzen Reihe weiterer Blatt- und Wurzelschädlinge befallen. In einigen Gegenden fressen Mäuse, Hasen und Rotwild an den Pflanzen, wobei Rotwild offenbar panaschierte Formen bevorzugt. Viruskrankheiten breiten sich zunehmend aus.

***H.* 'Abba Dabba Do'** Bildet einen riesigen, 120 cm hohen Horst aus goldgelben, gerandeten, leicht gewellten und runzligen, ovalen, 30 × 20 cm großen Blättern mit gebogener Spitze. Blasslila Blüten im Juli. Ein Sport von 'Sun Power'. ‡ 70 cm. Z3

***H.* 'Abiqua Drinking Gourd'** Stark runzlige, schalenförmig gewölbte, ovale bis rundliche, blaugrüne, bis 30 × 30 cm große Blätter in 60 cm hohen Horsten. Die dicht stehenden, fast weißen Blüten erscheinen im Frühsommer. Hybride von *H. tokudama* und *H. sieboldiana*. ‡ 75 cm. Z3

OBEN 1 *Hosta* 'Allan P. McConnell'
2 *H.* 'Antioch'

H. 'Abiqua Moonbeam' Leicht runzlige, 22 × 20 cm große ovale Blätter von guter Substanz. Grüne Mitte mit 3–5 cm breitem, goldgelbem Rand. Horste 50 cm hoch. Blasslila Blüten im Juli und August. Ein Sport von 'August Moon'. ↕ 75 cm. Z3

H. Abiqua-Serie Eine breit gefächerte Serie. Sie umfasst Pflanzen aus Sämlingen oder Sports von vielen Arten und Sorten. Das Präfix »Abiqua« deutet an, dass die Pflanzen von den berühmten Hosta-Züchtern Charles Purtyman und Jay Hyslop in Oregon (USA) entwickelt wurden. Die ersten Sorten der Abiqua-Funkien wurden 1987 eingetragen.

H. 'Albomarginata' *(H. fortunei)* Große, fast 60 cm hohe Horste aus ovalen grünen, 25 × 15 cm großen Blättern mit 2 cm breitem, weißem Rand und langer, gebogener Spitze; am Rand nicht gewellt. Blasslila Blüten im Juli. Früher als *H. fortunei* 'Albomarginata' bekannt, aber auch oft als 'Silver Crown' angeboten. ↕ 1 m. Z3

H. 'Allan P. McConnell' Markante, dichte, rundliche, 35 cm große Horste aus grünen Blättern mit sehr schmalem weißem Rand. Lila Blüten von Mitte Juli bis in den August hinein. Der Vorname wird bisweilen fälschlich »Alan« oder »Allen« geschrieben. ↕ 48 cm. Z3

H. 'American Dream' Weiß gerandete, in der Mitte goldgelbe, ovale, leicht runzlige, 25 × 15 cm große Blätter formen einen 60 cm hohen Horst. Lila Blüten im August. ↕ 75 cm. Z3

H. 'Antioch' *(H. fortunei)* syn. *H.* 'Moerheim', *H.* 'Spinners' Grüne, ovale, 27 × 18 cm große Blätter mit zunächst hellgrünem, dann gelbem und schließlich weißem, weniger als 3 cm breitem Rand. Horste 60 cm hoch. Lila Blüten. Um 1920 entstanden und unter verschiedenen Bezeichnungen in Umlauf. Wird oft mit 'Albomarginata' verwechselt, doch trägt diese Sorte einen schmaleren, weißen Blattrand. ↕ 75 cm. Z3

H. 'Aphrodite' *(H. plantaginea)* Hellgrüne, breit ovale, 30 × 20 cm große Blätter in einem 60 cm hohen Horst. Im August erscheinen stark duftende, gefüllte weiße Blüten. Gut gießen, während sich der Blütenschaft entwickelt. Diese gefüllte Version von *H. plantaginea* entstand vor 1940 in China. ↕ 85 cm. Z3

H. 'August Moon' Klassische Funkie mit breit ovalen, 23 × 30 cm großen, leicht gerunzelten goldgelben Blättern in einem 50 cm hohen Horst. Blasslila Blüten, die sich Ende Juni öffnen. Die erste wichtige Sorte mit goldgelbem Laub, Ausgangssorte für viele weitere Abkömmlinge und Sports. ↕ 70 cm. Z3

H. 'Aureomarginata' *(H. montana)* Große, vasenförmige, 70 cm hohe Horste aus 40 × 20 cm großen ovalen Blättern mit grüner Mitte und 2 cm breitem, goldgelbem Rand. Blasslila Blüten im Juni. Treibt sehr früh aus. ↕ 115 cm. Z3

H. 'Aureomarginata' ✿ *(H. ventricosa)* Derbe, glänzende, dunkelgrüne, 22 × 20 cm große, breit ovale Blätter mit herzförmiger, ebenfalls leicht gerippter Basis und 2–4 cm breitem, weißem, anfangs gelbem Rand. Auffallender bis 60 cm hoher Horst. Violette Blüten im Juli. ↕ 115 cm. Z3

H. 'Baby Bunting' Ungewöhnlich dichte, breite, 30 cm hohe Horste aus rundlichen, 8 cm langen grünen Blättern. Im Juli erscheinen kräftig violette Blüten. Größe variiert je nach Bodenbedingungen. ↕ 48 cm. Z3

H. 'Beauty Substance' Breit ovale, 40 × 35 cm große, leicht muschelförmige Blätter mit grüner Mitte und goldgelbem Rand. Sie bilden einen sehr großen, 75 cm hohen und doppelt so breiten Horst. Ein Sport von 'Sum and Substance'. ↕ 130 cm. Z3

H. 'Big Daddy' Stark runzlige, blaugrüne, breit ovale, 40 × 25 cm große, an der Basis tief gelappte Blätter. Große, 65 cm hohe und doppelt so breite Horste. Dichte Köpfe aus fast weißen Blüten im Juni. Schneckenfest. Hybride von *H. sieboldiana*. ↕ 75 cm. Z3

H. 'Big Mama' Derbe, stark runzlige, blaugrüne, 35 × 25 cm große Blätter in einem 70 cm hohen Horst. Fast weiße Blüten im Juni. Eine Hybride von *H. sieboldiana*. ↕ 75 cm. Z3

H. 'Birchwood Parky's Gold' Dichte, gleichmäßige, 45 cm hohe Horste aus goldgelben, auffallend herzförmigen, 15 × 13 cm großen Blättern, die sich im Herbst leuchtend gelb färben. Im Juli lila Blüten. Vermutlich eine Hybride von *H. nakaiana*. ↕ 75 cm. Z3

H. 'Black Hills' Tiefgrünes, rundliches, 20 × 18 cm großes, stark runzliges, unterseits silbriges Laub in 55 cm hohen Horsten. Blasslila Blüten, an der Spitze dunkler. Blütezeit Anfang Juli. ↕ 75 cm. Z3

H. 'Blonde Elf' Niedrige, sehr dichte Horste aus lanzettlichen goldgelben Blättern mit gewelltem Rand. Blassviolette Blüten im Juli. Hervorragender Bodendecker. ↕ 50 cm. Z3

H. 'Blue Angel' ✿ 40 × 30 cm große, breit ovale, blaugrüne, derbe, an der Basis tief gelappte Blätter bilden einen 80 cm hohen Horst. Zahlreiche fast weiße, glockenförmige Blüten mit lila Mittelrippe auf jedem Blütenblatt. Blütezeit Juli. Zeigt Merkmale von *H. sieboldiana* und *H. montana*. ↕ 1 m. Z3

LINKS **1** *Hosta* 'Birchwood Parky's Gold' **2** *H.* 'Blue Cadet'
3 *H.* 'Buckshaw Blue' **4** *H.* 'Carnival' **5** *H.* 'Cherry Berry'

Fast weiße Blüten im Juli. Schnecken-fest. Hybride von 'Frances Williams'. ↕ 75 cm. Z3

H. rohdeifolia Mittelgroße, 35 cm hohe Horste aus 18 × 8 cm großen, elliptischen, grünen Blättern mit 3–6 mm breitem Rand, der allmählich von Gelb zu Cremeweiß verblasst. Hellviolette, 5 cm lange leicht glockenförmige Blüten im August. Das Laub ähnelt dem von *Rohdea japonica*, daher der Artname; gelegentlich wird sie jedoch falsch *H. rhodeifolia* geschrieben. Aus Japan. ↕ 75 cm. Z3 **fo. albopicta** siehe *H. helonioides* 'Albopicta'.

H. 'Royal Standard' ♀ Hervorragende Sorte. Rasch wachsende, 60 cm hohe Horste aus apfelgrünen, 24 × 15 cm großen ovalen Blättern mit gelappter Basis und leicht gewelltem Rand. Das Laub bildet eine schöne Kulisse für die duftenden, 7–8 cm langen Blüten, die im August erscheinen. Aus *H. plantaginea* hervorgegangen, die eine ausgezeichnete Blattschmuckstaude darstellt und sehr schön blüht. ↕ 90 cm. Z3

H. 'Sagae' ♀ syn. *H. fluctuans* 'Variegated' Imposante, zunehmend beliebte Sorte. 75 cm hohe, vasenförmige Horste aus 32 × 24 cm großen, ovalen, fast dreieckigen Blättern mit tief gelappter Basis, grüner Mitte und goldgelbem Rand. Lila Blüten im Juli. Die Stängel fallen später unter dem Gewicht der Samen um. Wurde viele Jahre lang *H. fluctuans* 'Variegated' genannt. ↕ 125 cm. Z3

H. 'Saint Elmo's Fire' Wüchsige Sorte. 45 cm hohe Horste aus 22 × 15 cm großen ovalen Blättern mit gewelltem, 1 cm breitem Rand, der anfangs goldgelb ist und sich bis zum Frühsommer grün färbt. Lila Blüten im August. Wird mitunter fälschlich 'St Elmo's Fire' geschrieben. ↕ 70 cm. Z3

H. 'Samurai' (*H. sieboldiana*) Markante, 65 cm hohe Horste aus runzligen, 33 × 25 cm großen Blättern mit herzförmiger Basis, grüner Mitte und 3,5–5 cm breitem Rand, der zu Saisonbeginn blassgrün gefärbt ist, bis zum Hochsommer aber in Goldgelb übergeht. Dichte Köpfe aus weißen Blüten im Juni. Relativ schneckenfest. Mehr oder weniger identisch mit 'Frances Williams', der Blattrand versengt jedoch nicht so leicht. ↕ 75 cm. Z3

H. 'Sea Dream' Rasch wachsende, 50 cm hohe Horste aus gewellten, 22 × 15 cm großen ovalen, an der Basis rundlichen Blättern mit goldener Mitte und 4 mm breitem, weißem Rand. Die lila Blüten erscheinen im Juli hoch über dem Laub. ↕ 1 m. Z3

H. 'Sea Lotus Leaf' Blaugrüne, 25 × 22 cm große fast runde, stark gerunzelte, hübsch schalenförmige, dicke Blätter. 60 cm hohe Horste. Blüht im Juni fast weiß. ↕ 70 cm. Z3

H. Sea-Serie Beeindruckende Gruppe aus über 50 von Mildred Seaver in Massachusetts entwickelte Sorten. Bei den meisten handelt es sich um hand-bestäubte Sämlinge von 'Neat Splash', *H. sieboldiana* oder *H. tokudama*. Die Züchterin entwickelte sie durch sorgfältige Selektion, sodass farbenfrohe, reizende Pflanzen entstanden, die im Garten gut gedeihen. Zu den besten Sorten der Serie zählen 'Sea Dream', 'Sea Drift', 'Sea Fire', 'Sea Lotus Leaf', 'Sea Monster', 'Sea Sapphire', 'Sea Sunrise' und 'Sea Thunder'.

H. 'September Sun' 55 cm hohe Horste aus 22 × 18 cm großen, leicht gewellten und etwas runzligen, breit ovalen bis länglichen Blättern mit goldgelber Mitte und 1–2,5 cm breitem grünem Rand. Blasslila Blüten öffnen sich gegen Ende Juli. Sport von 'August Moon'. ↕ 75 cm. Z3

H. 'Serendipity' Herzförmige, 14 × 10 cm große, bläulich grüne, leicht gewelltrandige Blätter in 40 cm hohen rundlichen Horsten. Lila Blüten im Juli. Ausgezeichneter Bodendecker. ↕ 75 cm. Z3

H. 'Shade Fanfare' Wüchsige, zu Recht beliebte Sorte mit hellgrünen, 22 × 17 cm großen ovalen Blättern mit leicht gelappter Basis und 2–2,5 cm breitem cremeweißem Rand. Horste 50 cm hoch. Ausgezeichnet als Bodendecker oder Gefäßpflanze. Blasslila Blüten im Juli. Eine Hybride von Paul Aden. ↕ 75 cm. Z3

H. 'Sharmon' (*H. fortunei*) Ovale, goldgelbe, leicht blau bereifte, 20 × 15 cm große Blätter mit rundlicher Basis. Horste 50 cm hoch. Im Frühjahr mit grünem Rand, später wird die ganze Pflanze grün. Lila Blüten im Juli. Ähnelt *H. fortunei* fo. *albopicta* und ist genauso veraltet. 75 cm. Z3

H. sieboldiana (Blaublatt-Funkie) Eine variable Art. Riesige, 45 × 25 cm große, breit ovale, mittelgrüne bis tief blaugrüne Blätter mit leicht geripptem Rand. 60–160 cm hoher Horst. Fast weiße, 6 cm lange, offen trichterförmige Blüten, die im Juni knapp über dem Laub erscheinen und von vielen Samenkapseln abgelöst werden. Aus Nordjapan. ↕ 55–85 cm. Z3 **'Elegans'** ♀ Dicke, stark gerunzelte, blaugrüne Blätter in 70 cm hohen Horsten. Dichte Blütentrauben. Bereits im Jahr 1905 von Georg Arends entwickelt (siehe Kasten S. 87), aber unter den großen, blaugrünen Funkien nach wie vor Standard. ↕ 75 cm. Z3

H. sieboldii (Weißrand-Funkie) Grüne, elliptische oder schmal ovale, 15 × 7,5 cm große, leicht gewellte Blätter in einem rund 35 cm hohen Horst. Violette, 5 cm lange, offen trichterförmige Blüten im August. Gelegentlich wird die panaschierte Form **'Paxton's Original'** als *H. sieboldii* bezeichnet, während die grünlaubige Form auch unter dem Namen *H. sieboldii* fo. *spathulata* bekannt ist. Grund für diese Verwirrung war die Tatsache, dass die panaschierte Form die Erste war, die aus freier Natur eingeführt wurde, obwohl die meisten Wildarten eigentlich grün sind. Aus Japan. ↕ 55–75 cm. **'Paxton's Original'** ♀ Blätter mit 0,5–4 mm breitem, weißem Rand. **var. sieboldii fo. kabitan** Schmale, ziemliche dünne Blätter mit goldgelber Mitte und grünem Rand. Lila Blüten im August. ↕ 45 cm. Z3

H. 'Silver Crown' siehe *H.* 'Albomarginata'

H. 'Snow Cap' Bläulich grüne, 18 × 15 cm große herzförmige Blätter mit 1 cm breitem, weißem Rand. Horste 50 cm hoch. Fast weiße Blüten, die Anfang Juli erscheinen. Die Blattränder zerfransen mit zunehmendem Alter oft. ↕ 63 cm. Z3

H. 'Snow Flakes' (*H. sieboldii*) Kleine, 35 cm hohe Horste aus schmalen, relativ dünnen, grünen, 13 × 5 cm großen Blättern. Hübsche reinweiße Blüten im August. Eine Hybride von *H. sieboldii* und *H. plantaginea*. ↕ 45 cm. Z3

H. 'Snowden' 70 cm hohe Horste aus gewellten, blaugrünen, 35 × 25 cm großen, schmal herzförmigen Blättern. Fast weiße Blüten im Juni. Eine beeindruckende Hybride aus *H. fortunei* var. *albopicta* fo. *aurea* und *H. sieboldiana*. ↕ 105 cm. Z3

H. 'So Sweet' Wüchsige, 50 cm hohe Horste aus 18 × 13 cm großen elliptischen, allmählich breiter werdenden Blättern mit 6–10 mm breitem, weißem Rand. Duftende blasslila Blüten im August. Sämling von 'Fragrant Bouquet'. ↕ 70 cm. Z3

H. 'Spilt Milk' Breit ovale, 25 × 20 cm große Blätter mit tief gelappter Basis und 2,5–5 cm breitem, blaugrünem Rand; Mitte grün mit schwacher weißer Zeichnung. Horste 60 cm hoch.

RECHTS **1** *Hosta sieboldii* 'Paxton's Original' **2** *H.* 'Snowden' **3** *H.* 'Snow Flakes' **4** *H.* 'Stiletto'

Fast weiße Blüten im Juli. Am besten als Solitärpflanze. Selektiert von Mildred Seaver. ↕ 75 cm. Z3

H. 'Spinners' siehe *H.* 'Antioch'. Gelegentlich wird behauptet, diese Sorte unterscheide sich von 'Antioch' durch etwas schmalere Blätter, doch ist das nicht der Fall.

H. 'Spritzer' Aufrechte, 55 cm hohe Horste aus goldgelben, schmal ovalen, 23 × 13 cm großen Blättern mit rundlicher Basis und 2,5 cm breitem, grünem Rand, der zur Mitte hin verlaufen kann. Lila Blüten im Juli. Sämling von 'Green Fountain'. Selektiert von Paul Aden. ↕ 75 cm. Z3

H. 'Stiletto' Rasch wachsende, dichte, 30 cm hohe Horste aus sehr schmalen, stark gerippten, grünen, 13 × 4 cm großen elliptischen Blättern mit 3 mm breitem weißem Rand. Violette Blüten im Juli. Sehr gut am Beetrand. ↕ 60 cm. Z3

H. 'Striptease' (*H. fortunei*) 50 cm hohe Horste aus leicht gewellten, ovalen, 20 × 15 cm großen Blättern mit schmaler goldgelber Mitte und 5 cm breitem grünem Rand. Lila Blüten im Juli. Ein tetraploider Sport von 'Gold Standard' mit wesentlich breiterem grünerem Rand. ↕ 75 cm. Z3

H. 'Sugar and Cream' Große, wüchsige Pflanze mit 60 cm hohem Horst aus leicht gewellten, 30 × 13 cm großen, mit zunehmendem Alter breiteren Blättern und 5–10 mm breitem weißem Rand. Duftende blasslila Blüten im August. Sport von 'Honeybells', eingeführt von Mark Zilis. ↕ 115 cm. Z3

H. 'Sum and Substance' ♀ Imposante, sehr eindrucksvolle, 105 × 280 cm große Horste aus hellgrünen bis goldgelben, 40 × 35 cm großen, leicht schalenförmig gewölbten, tief gelappten, breit ovalen Blättern. Lila Blüten an überhängenden Stängeln ab Ende Juli. Selektiert von Paul Aden. ↕ 125 cm. Z3

H. 'Summer Fragrance' 65 cm hohe Horste aus grünen, 30 × 22 cm großen Blättern mit 5 mm breitem weißem Rand. Duftende blasslila Blüten, die sich im August öffnen. Hybride von *H. plantaginea*, die erste Funkie mit panaschiertem Laub und duftenden Blüten. ↕ 1 m. Z3

H. 'Summer Music' Wüchsige Sorte. 20 × 4 cm große, breit ovale, leicht gewellte Blätter mit 1 cm breitem grünem Rand und cremeweiß gezeichneter Mitte. 40 cm hohe Horste. Lila Blüten im Juli. Von Roy Klehm, Wisconsin. ↕ 60 cm. Z3

H. 'Sun Power' Eindrucksvolle Funkie mit einem 70 cm hohen, vasenförmigen Horst aus kräftig goldgelben, 30 × 18 cm

großen, breit ovalen Blättern mit schalenförmiger Basis. Lila Blüten im Juli. Ergibt durch die Färbung eine auffällige Solitärpflanze. ↕ 90 cm. Z3

H. 'Super Nova' 60 cm hohe Horste aus dicken, 33 × 23 cm großen, sehr breit ovalen Blättern mit goldener Mitte und 5 cm breitem grünem Rand. Die fast weißen Blüten erscheinen im Juni. Ein Sport der seltenen 'Aurora Borealis'; besser sonnenverträglich als viele andere Sorten dieses Typs. ↕ 75 cm. Z3

H. 'Tall Boy' Während der Blüte prächtige Sorte mit 70 cm hohen, vasenförmigen Horsten aus grünen, 33 × 20 cm großen ovalen, leicht gewellten Blättern. Im August öffnen sich die lila Blüten an Stängeln, die sehr hoch werden, vor allem wenn man gut wässert. ↕ 180 cm. Z3

H. Tardiana-Gruppe Die wichtigste je entwickelte Sorten-Gruppe. Sie entstand 1961 aus einer Kreuzung von *H. tardiflora* und *H. sieboldiana* 'Elegans'. Aus drei Generationen von Sämlingen gingen 32 Sorten hervor, insbesondere 'Halcyon', 'Hadspen Blue', 'Blue Wedgwood', 'Dorset Blue' und 'Blue Moon'. Die Tardiana-Formen zeichnen sich durch mittlere Größe, raschen Wuchs und blaugrünes, festes Laub aus. Ihre Blüten sind meist blass-blaulila gefärbt, doch findet man auch einige wenige weiße, fast weiße oder violette Varianten. Blüte je nach Sorte zwischen Mitte Juni und September.

H. tardiflora (Herbst-Funkie) Dicke, sehr stark glänzende dunkelgrüne, 18 × 7 cm große, leicht gewellte, elliptische Blätter in 30 cm hohen Horsten. Blüten lila, 5 cm lang, schmal trichterförmig, mit zurückgebogenen Spitzen. Blüht im September und später. Eine Elternart der Tardiana-Sorten. ↕ 50 cm. Z3

H. 'Tattoo' Zurückhaltend edle Sorte. Blätter mit goldener Mitte, grünem Rand und einer deutlich dunkleren, ahornblattartig geformter Zeichnung zwischen Rand und Blattmitte. Lila Blüten im Juli. 30 cm hohe Horste. Braucht gute Dränage zum Schutz vor Fäulnis. ↕ 45 cm. Z3

H. 'Thomas Hogg' siehe *H. undulata* var. *albomarginata*

H. tokudama (Löffelblatt-Funkie) Stark runzlige, dicke, blaugrüne, 22 × 18 cm große, leicht schalenförmige, breit ovale Blätter in 40 cm hohen Horsten. Fast weiße, 5,5 cm lange, schmal trichterförmige Blüten, die Ende Juni erscheinen. Schneckenfest. Wird bisweilen als Sorte behandelt. Aus Japan. ↕ 60 cm. Z3 **fo. aureonebulosa** syn. 'Tokudama Aureonebulosa' Blätter mit goldgelber Mitte. 35 cm hohe Horste. Wächst sehr langsam und ist oftmals erst nach zehn Jahren ausgewachsen. **fo. flavocircinalis** syn. 'Tokudama Flavocircinalis' Blätter mit 2,5–4,5 cm breitem Goldrand. Horste 45 cm hoch. Wächst nicht besonders rasch. Z3

LINKS **1** *Hosta* 'Striptease'
2 *H.* 'Sum and Substance'
3 *H. tokudama* fo. *aureonebulosa*
4 *H.* 'Torchlight' **5** *H. ventricosa*

OBEN **1** *Hosta venusta*
2 *H.* 'Whirlwind' **3** *H.* 'Wide Brim'

H. 'Torchlight' Halbaufrechte, 50 cm hohe Horste aus dunkelgrünen, 15 × 10 cm großen ovalen Blättern mit 1 cm weißem Rand. Blattstiele rot gepunktet. Lila Blüten im August. ↕90 cm. Z3

H. 'True Blue' Mittelgroße Sorte. 50 cm hohe Horste aus runzligen, tief blaugrünen, breit ovalen, 27 × 20 cm großen Blättern. Zartlila Blüten im Juli. ↕75 cm. Z3

H. 'Twilight' (*H. fortunei*) Mittelgroß. 45 cm hohe Horste aus grünen, 22 × 15 cm großen ovalen Blättern mit auffälliger Spitze und 1–2,5 cm breitem, goldgelbem Rand. Ein Sport der bei Gärtnern seit langem beliebten *H. fortunei* var. *aureomarginata*, der sich von der Elternform durch intensivere Blattfärbung und eine dickere Substanz unterscheidet. ↕60 cm. Z3

H. undulata (Weißblatt-Funkie) Klein. 30 cm hohe Horste aus gedrehten und gerollten, schmal elliptischen Blättern mit weißer Mitte und 4–10 mm breitem, grünem Rand. Das Laub färbt sich im Hochsommer oft grün. Die lila, 6 cm langen, schmal trichterförmigen Blüten öffnen sich im Juli, bilden aber nur selten Samenstände aus. Wird gelegentlich als Sorte eingestuft. ↕75 cm. Z3 var. *albomarginata* syn. *H.* 'Undulata Albomarginata', *H.* 'Thomas Hogg' Wüchsig, bildet einen 45 cm hohen Horst aus Blättern mit grüner Mitte und 5–10 mm breitem weißem Rand. ↕1 m. var. *erromena* ♀ syn. *H.* 'Undulata Erromena' Rasch wachsend. 50 cm hohe Horste aus mittelgrünem Laub. ↕115 cm. var. *undulata* siehe *H. undulata*. var. *univittata* ♀ syn. *H.* 'Undulata Univittata' 3,5 cm breiter grüner Blattrand. 40 cm hohe, wüchsige Horste. Hat breitere grüne Ränder und wächst schneller als *H. undulata*. ↕90 cm.

H. 'Valentine Lace' Bläulich grüne, herzförmige, 20 × 15 cm große Blätter, die schließlich einen 50 cm hohen Horst bilden. Im Juli erscheinen lila Blüten. ↕75 cm. Z3

H. ventricosa ♀ (Blaue Glocken-Funkie) Kräftige, glänzende, dunkelgrüne, 22 × 20 cm große, breit eiförmige, leicht gerippte Blätter mit herzförmiger Basis. Horst 55 cm hoch. Die glockenförmigen, 6 cm langen, violetten Blüten erscheinen im Juli. Sämlinge identisch mit der Elternpflanze. Eine der ersten Funkien, die aus China in den Westen gelangte. ↕115 cm. Z3 var. *aureomaculata* Blätter im Frühjahr mit goldener Mitte, ab Frühsommer aber vollständig grün.

H. venusta ♀ Zwergfunkie mit regelmäßigem, 15 cm hohem Horst aus grünen, 6 × 4 cm großen ovalen Blättern. Blattbasis rundlich. Im Juli öffnen sich violette, 4,5 cm lange, trichterförmige Blüten. Diese kleinste Funkien-Art eignet sich hervorragend als Elternpflanze für die Züchtung. Aus Korea. ↕45 cm. Z3 **'Variegated'** syn. 'Masquerade' Etwas längere, gewellte Blätter mit weißer Mitte. Aus Japan. ↕50 cm.

H. 'Vera Verde' syn. *H. gracillima* 'Variegated' 35 cm hohe, dichte Horste aus schmalen, gerippten, 10 × 4 cm großen, gewellten grünen Blättern mit nur 1 mm breitem weißem Rand. Violette Blüten im August. ↕50 cm. Z3

H. 'Whirlwind' (*H. fortunei*) Unverwechselbare Sorte. 20 × 15 cm große, breit ovale, auffällig gewellte Blättern mit goldener Mitte, grüner Aderung und 5 cm breitem Rand im Frühjahr; wird bis zum Hochsommer vollständig grün. 30 cm hohe Horste. Lila Blüten im Juli. ↕75 cm. Z3

H. 'Wide Brim' ♀ Kräftige, wüchsige Sorte mit 45 cm hohen Horsten aus

grünen, breit ovalen, leicht gewellten, 20 × 15 cm großen Blättern mit 2,5– 5 cm breitem cremegelbem Rand. Lila Blüten im August. ↕75 cm. Z3

H. 'Wogon' (*H. sieboldii*) 35 cm hohe Horste aus schmalen, goldgelben, 15 × 5 cm großen lanzettlichen Blättern, deren kräftige Farbe im Sommer etwas verblasst. Im Juli öffnen sich lila Blüten. Wurde früher 'Wogon Gold' genannt. ↕50 cm. Z3

H. 'Wolverine' Sehr wüchsige Form mit 40 cm hohen Horsten aus 18 × 8 cm großen, in der Mitte blaugrünen Blättern mit stark kontrastierendem, 5 mm breitem goldgelbem Rand. Lila Blüten im August. Hybride von 'Dorset Blue'. ↕60 cm. Z3

H. 'Yellow River' 75 cm hohe vasenförmige Horste aus dunkelgrünen, 30 × 20 cm großen, breit ovalen, leicht gewellten Blättern mit 8–14 mm

breitem, gelbem Rand. Die fast weißen Blüten erscheinen im Juli. Erst seit Kurzem populär. ↕1 m. Z3

H. 'Yellow Splash' Mittelgroße Sorte mit 18 × 8 cm großen, breit elliptischen, stark gelb, cremefarben und grün gestreiften Blättern. 45 cm hohe Horste. Violette Blüten im August. Wird häufig für die Züchtung herangezogen und ähnelt 'Neat Splash', ist jedoch etwas größer. ↕75 cm. Z3

H. yingeri Glatte, sehr stark glänzende, dunkelgrüne Blätter. Spreite zwischen 15 × 10 und 28 × 15 cm groß, elliptisch, leicht gewellt und manchmal runzlig. Horste 30 cm hoch. Blüten violett, 4 cm lang, spinnenartig, mit schmalen Blütenblättern. Blütezeit September. Die ungewöhnliche Art wurde erst 1985 von dem Pflanzenspezialisten Barry Yinger entdeckt und 1989 beschrieben. Sie wächst in schattigen, felsigen Lagen auf einigen koreanischen Inseln. ↕50–90 cm. Z3

RECHTS *Houttuynia cordata* 'Chameleon'

H. 'Zounds' Dichte, kräftige, 55 cm hohe Horste aus stark gerunzelten, kräftig goldgelben, 25 × 22 cm großen, breit ovalen, an der Basis tief gelappten Blättern, die im Frühjahr nicht verbrennen. Trägt im Juli zartlila Blüten. ↕ 75 cm. Z3

HOUTTUYNIA
SAURURACEAE

Ungewöhnliche dekorativ wirkt diese Staude an feuchten Stellen oder am Teichufer. Sie eignet sich sogar als Bodendecker.

Die Gattung besteht aus nur einer einzigen Art. Sie breitet sich durch unterirdische Triebe aus und bildet ausgedehnte Kolonien, kann also recht lästig werden. Ihre glatten, grob herzförmigen Blätter duften beim Zerreiben nach Orangen und sind roh wie gekocht essbar. Die dichten, zylindrischen Ähren setzen sich aus winzigen weißen, blütenblattlosen Blüten zusammen. Darunter stehen kronblattähnliche Hochblätter.

KULTUR Verträgt die unterschiedlichsten Böden, ob frisch oder nass, sonnig oder schattig.

VERMEHRUNG Durch Teilung während der Ruhephase oder Stecklinge von jungen grundständigen Trieben.

PROBLEME In der Regel keine, kann allerdings selbst durch ihren Drang zum Wuchern zur Last werden.

H. cordata Unverzweigte oder nur schwach verzweigte Triebe mit sattgrünen, herzförmigen, bis 9 cm langen Blättern mit langer, schmaler Spitze. Endständige, bis 3 cm lange Ähren mit 3–5 weißen blütenblattartigen, etwa 2 cm langen Blütenblättern. Blütezeit Sommer. Herkunft: Himalaja, Japan, Java und Taiwan. ↕ 60 cm. Z5 **'Boo-Boo'** Graugrün und rot marmorierte Spreite. **'Chameleon'** syn. 'Tricolor' Weniger wüchsig als die Art; Blätter cremefarben gezeichnet und gerandet, oft stark rot überlaufen. **'Flore Pleno'** syn. 'Plena' Pagodenförmige Blütenähren aus vielen blütenblattähnlichen Hochblättern. **'Joker's Gold'** Orange, goldgelb und grün panaschiertes Laub. **'Pied Piper'** Panaschiertes Laub in kontrastierenden Rot-, Orange- und Gelbtönen vor grünem Hintergrund. **'Plena'** siehe 'Flore Pleno'. **'Tricolor'** siehe 'Chameleon'. **Variegata-Gruppe** Blätter verschieden weiß, cremefarben und rot panaschiert.

HUMULUS
Hopfen
CANNABACEAE

Die Kletterpflanzen mit hübschem Laub liefern den Aromastoff für die Bierbrauerei; auch in der Floristik schätzt man sie.

2 oder 3 zähe und wüchsige, immergrüne Arten kommen in Wäldern, Hecken und Gebüsch in Europa und Asien vor. *Humulus lupulus* wird seit langem beim Bierbrauen eingesetzt und speziell dafür angebaut. Aus dem robusten, fleischigen, sich stark ausbreitenden Wurzelstock entspringen windende, etwa 6 m lange Triebe. Durch ihre raue Oberfläche findet die Pflanze beim Klettern Halt. Die derben, rundlichen, gelappten Blätter sind vor allem nach dem Austrieb ansprechend frischgrün. Im Juli–August erscheinen männliche und weibliche windbestäubte Blüten an getrennten Pflanzen. Die unscheinbaren Blüten sitzen in kleinen endständigen, unscheinbaren Rispen, die weiblichen in dichten, hübschen Scheinähren, den so genannten Zapfen. Getrocknete weibliche Triebe finden oft als Girlandenschmuck Verwendung. Die weichen jungen Triebe sind essbar.

KULTUR Gedeiht in fast allen nährstoffreichen Böden, sofern sie nicht staunass sind. Bevorzugt sonnige bis halbschattige Standorte, allerdings nehmen goldlaubige Sorten in der Sonne ihre schönste Farbe an. Hopfen kann an Klettergittern oder Drähten gezogen werden, ist jedoch sehr wüchsig und erstickt kleinere, langsamer wachsende oder zartere Nachbarn. Im Spätherbst schneidet man alte Triebe bis zum Boden zurück. Eine unkomplizierte, ausgesprochen winterharte Pflanze.

VERMEHRUNG Die fleischigen Wurzelstöcke reifer Exemplare im Frühjahr teilen. Arten lassen sich auch durch Aussaat vermehren.

PROBLEME Verticillium-Welke.

H. lupulus Wuchernde Kletterpflanze mit gegenständigen, grünen, handförmig gelappten Blättern an borstigen Trieben. Für Ziergärten vielleicht etwas grob, doch sehr nützlich für naturnahe Bereiche oder zum Kaschieren unansehnlicher Elemente. Findet in der Bierbrauerei, in der Küche, als Schnitt- und Trockenpflanze sowie als Zimmerschmuck Verwendung. In weiten Teilen Europas wild oder ausgewildert. ↕ 6 m. Z5 **'Aureus'** ♀ Schönes goldgelbes, im Frühjahr besonders ansehnliches Laub. Kultivert werden männliche und weibliche Pflanzen; männliche sind häufiger, weibliche mit ihren hübschen Blütenständen wirken im Spätsommer dagegen attraktiver. **'Diva'** Kleinere weibliche Sorte mit ansprechendem goldgelbem Laub. Leichter im Zaum zu halten als die meisten anderen Formen. ↕ 3 m. **'Prima Donna'** Kompakte weibliche Form mit kleineren grünen Blättern. Eignet sich hervorragend für Girlanden und zum Bierbrauen. ↕ 4 m. **'Taff's Variegated'** Goldgelb gezeichnete, manchmal fast vollständig gelbe Blätter; andere überwiegend grün. ↕ 4 m.

HYDRASTIS
Orangenwurzel
RANUNCULACEAE

Ausgesprochen frostfest erweisen sich diese Schattenpflanzen, deren kräftige, handförmige Blätter gut zu den Blüten und dem Laub vieler weiterer Waldgewächse passen.

Die beiden sommergrünen Arten breiten sich durch dicke Rhizome aus. Sie kommen in freier Natur in Gebirgsschluchten und anderen schattigen Standorten im östlichen Nordamerika sowie in Japan vor. Die gelappten Blätter sind wesentlich dekorativer als die kleinen, einzeln stehenden, kronblattfreien Blüten, die im Frühjahr und Sommer erscheinen.

Orangenblumen werden gern gemeinsam mit anderen Pflanzen in Waldgärten eingesetzt.

KULTUR In nährstoffreicher, gut wasserhaltender, aber durchlässiger, leicht saurer bis neutraler Humuserde. Lichter Schatten.

VERMEHRUNG Durch Teilung im sehr zeitigen Frühjahr, Aussaat direkt nach der Samenreife in offenen Frühbeeten oder über Rhizomstücke, die im Frühbeet angetrieben und anschließend ausgepflanzt werden.

PROBLEME Für gewöhnlich keine.

H. canadensis (Kanadische Orangenwurzel) Wüchsige Art, die sich durch dicke, gelbe Rhizome mit antibiotischen Eigenschaften auszeichnet und in der Kräutermedizin seit langem Verwendung findet. Dunkelgrüne, grundständige, bis 20 cm große Blätter mit 5–9 grob gezähnten Lappen. Grünweiße, etwa 1,5 cm lange, gelegentlich rosa überlaufene Blüten an steifen Stängeln. Blütezeit ab April oder Mai. Rote Beeren. Aus dem östlichen Nordamerika, wo die Art durch übermäßiges Aufsammeln gefährdet ist. ↕ 40 cm. Z3

GOLDENER KLETTERER AUF ABWEGEN

ZU DEN ANGENEHMEN UNARTEN des Gold-Hopfens (*Humulus lupulus* 'Aureus') gehört es, seine Kletterstütze zu verlassen und gelbe Triebe in nahe Pflanzungen zu schicken. Damit kann er seinen Nachbarn mitunter ziemlich bedrängen, in diesem Fall hier aber bilden die »Ausbrecher« eine ideale Partnerschaft mit einer Gruppe blauer *Nigella* 'Miss Jekyll': Deren fein gefiedertes Laub steht in reizvollem Kontrast zu den Hopfenblättern. Das Bild ergänzen vereinzelte blaublättrige *Dicentra*, Gräser und der panaschierte Spindelstrauch (*Euonymus*).

HYLOMECON
Waldmohn
PAPAVERACEAE

Als eine der ersten Mohn-Arten blüht diese Waldpflanze ab Mai. Nur die Art *H. japonicum* befindet sich in Kultur. Sie blüht im Frühjahr und bildet Kolonien. Sie ist mit *Chelidonium* und *Stylophorum* verwandt und wächst in China, Japan und Korea in schattigen, feuchten Wäldern. Obwohl sie nur kurze Zeit blüht, ergibt die 1870 eingeführte Art eine beliebte Unterpflanzung für Gehölzbereiche.

KULTUR Braucht feuchte, aber gut durchlässige, humusreiche Böden im lichten Schatten.

VERMEHRUNG Durch Teilung nach der Blüte oder im Herbst.

PROBLEME In der Regel keine.

H. japonicum syn. *Chelidonium japonicum* (Japanischer Waldmohn) Bildet im Frühjahr und Sommer langsam sich ausbreitende Teppiche aus üppigem, dunkelgrünem Laub. Meist 5 elliptische bis lanzettliche, scharf zugespitzte Blättchen, die wie Rosenblätter angeordnet sind. Die 4-lappigen, kräftig gelben, mohnartigen, tellerförmigen Blüten mit 3,5–5 cm Durchmesser öffnen sich im April und Mai aus aufrechten, birnenförmigen Knospen. Braucht gut wasserhaltende Böden im lichten Schatten und den ganzen Sommer über ausreichende Feuchtigkeit. Verträgt keine exponierten, trockenen Standorte. Aus Ostchina (einschließlich der Mandschurei), Japan und Korea ‡ 20–30 cm. Z3

HYLOTELEPHIUM siehe SEDUM

HYPERICUM
Johanniskraut
CLUSIACEAE

Die auch als Heilpflanzen bekannten vielseitigen Johanniskräuter tragen strahlend gelbe Blütensterne.

Zur Gattung gehören mehr als 400 in aller Welt verbreitete Einjährige, Stauden, Sträucher und Halbsträucher. Die hier beschriebenen Stauden bereichern Beete und Rabatten durch ihre gelben Blüten. Sie tragen alle einfache, gegenständige Blätter und endständige, 4–5-zählige Blüten mit einem zentralen Büschel aus feinen Staubblättern. Auf den Blättern zahlreicher Arten sind schwarze, mitunter auch rote Drüsen zu erkennen.

KULTUR In normaler Gartenerde; viele Arten gedeihen in kalkhaltigen Böden. Ideal sind sonnige Standorte, doch vertragen einige auch etwas Schatten.

VERMEHRUNG Durch Aussaat im Frühjahr, möglichst unter Glas, oder über grundständige Stecklinge.

PROBLEME In der Regel keine.

H. perforatum (Tüpfel-Hartheu) Horste aus aufrechten Trieben mit schmal ovalen bis länglichen, 1–3 cm langen Blättern, auf denen viele durchscheinende Drüsen als Punkte zu erkennen sind, wenn man sie gegen das Licht hält – daher der Name. Leuchtend gelbe, 2–3 cm breite sternförmige Blüten in rispigen Ständen. Blüht von Juni bis August. In Asien und Europa weit verbreitet. ‡ 1 m. Z3 ⚠

H. tetrapterum (Geflügeltes Johanniskraut) Aufrechte, im Querschnitt 4-flügelige Stängel mit 1–3 cm langen ovalen bis länglichen Blättern, die denen von *H. perforatum* ähneln, aber noch dichter mit Drüsen besetzt sind. Offene, pyramidenförmige Doldenrispen aus blassgelben Blüten, die sich im Hochsommer öffnen. Kommt an feuchten Standorten in Europa und Nordafrika vor. ‡ 80 cm. Z5

HYSTRIX
Flaschenbürstengras
POACEAE

Die hübschen, borstigen Waldgräser wirken getrocknet besonders dekorativ.

Diese Gattung setzt sich aus 9 mehrjährigen Arten zusammen. Sie sind in Nordamerika und in gemäßigten Regionen Asiens und Neuseelands beheimatet. Sie wachsen in Wäldern oder in Wiesen und bilden sommergrüne Horste aus flachen, relativ breiten Blättern, zwischen denen schlanke Halme mit zylindrischen, begrannten Ähren aufragen. Kann recht struppig aussehen, macht sich in Naturpflanzungen aber gut.

KULTUR In feuchten, mäßig nährstoffreichen Böden. Halbschatten.

VERMEHRUNG Durch Aussaat oder Teilung im Frühjahr.

PROBLEME In der Regel keine.

Hystrix patula syn. *Elymus hystrix* (Flaschenbürstengras) Lockere Büschel aus grünen, zugespitzten, bis 1 cm breiten, im Frühjahr rot getönten Blättern. Zwischen August und Oktober erscheinen blaugraue Halme mit ungewöhnlichen Blütenähren, ähnlich Flaschenbürsten. Diese werden bis zu 15 cm lang und tragen steife, anfangs rosa-grüne, später braune Grannen. Braucht einen kühlen Standort. Bei zu viel Wärme werden die Blüten braun und unansehnlich. Eignet sich gut zum Trocknen, muss allerdings geschnitten werden, solange die Blüten noch grün sind. Samen vor der Vollreife sammeln, da sie sehr schnell ausfallen. Von feuchten, felsigen Wäldern in Nordamerika. ‡ 1,2 m. Z4

RECHTS *Hystrix patula*

I

IMPATIENS
Springkraut, Balsamine
BALSAMINACEAE

Farbe und Leben bringen diese wertvollen Stauden in die Rabatten.

Rund 1200 Ein- und Mehrjährige werden zu dieser Gattung gezählt. Ihre Heimat sind die gemäßigten und tropischen Klimazonen – lediglich in Australasien und Südamerika findet man keine Vertreter des Springkrauts. Die mehrjährigen Arten wachsen büschelig oder breiten sich aus. Sie bilden gelegentlich an den Knoten Wurzeln und haben einen faserigen oder knolligen Wurzelstock. Ihre Triebe können verzweigt oder unverzweigt wachsen. Die fleischigen Blätter und Triebe welken bei Trockenheit rasch.

Die Blätter sind wirtelig angeordnet, lanzettlich bis elliptisch geformt und am Rand gezähnt. In der Regel sind am Stielgrund eine oder mehrere klebrige Drüsen sichtbar, die Ameisen anlocken.

Die Blüten können flach, becherförmig oder variabel beutelförmig sein. Sie stehen einzeln oder in Büscheln zwischen den obersten Blättern, gelegentlich auch in auffälligen Trauben ein gutes Stück über dem Laub. Die glänzenden, fleischigen Blüten erscheinen in den verschiedensten Farben, wobei Gelb, Rosa, Violett und Rot dominieren. Die Pflanzen blühen vom Hochsommer bis weit in den Herbst hinein – oft sogar bis zu den ersten Frösten.

Die Blüten variieren sehr stark in ihrer Form, haben aber zwei Merkmale gemein: Erstens tragen sie fast immer an der Unterlippe einen Sporn, der lang und schmal, gerade oder gekrümmt, kurz und zweigabelig sein kann. Und zweitens platzen die fleischigen, klöppel- oder spindelförmigen reifen Früchte auf und schleudern die Samen fort – zur großen Freude von Kindern und Erwachsenen.

KULTUR Am besten in tiefgründigen, feuchten Humusböden an absonnigen bis halbschattigen Standorten in Gehölzbereichen oder schattigen Rabatten. Alle Arten brauchen während der Wachstumsphase reichlich Wasser. Als sehr nützlich hat sich eine dicke Mulchschicht aus Laubhumus oder Komposterde erwiesen, denn sie hält die Feuchtigkeit im Boden und dient in den Wintermonaten als Kälteschutz.

VERMEHRUNG Zwischen spätem Frühjahr und Sommer ende Stecklinge von wüchsigen, grünen, nicht blühenden Trieben abnehmen. Höhere Arten wie *I. tinctoria* vor Wind schützen. Von kräftigen jun-

gen Basaltrieben kann man im Frühjahr Stecklinge schneiden und bewurzeln lassen.

PROBLEME Schnecken, Blattläuse und Gefurchter Dickmaulrüssler.

I. arguta Schwach verzweigte Staude mit aufrechten bis breitwüchsigen, tiefgrünen oder violett überlaufenen Trieben. Tiefgrüne, ovale bis lanzettliche, gesägte, bis 15 cm lange, 5 cm breite Blätter. Blüten 2,5–3,5 cm, einzeln oder zu zweit in den Achseln der oberen Blätter, die sie teilweise verdecken; rosa bis purpurrot mit einem weißlichen, in einen gebogenen Sporn übergehenden Helm. Oberes Blütenblatt mit hornartigem Kamm. Für Gehölzzonen; bevorzugt lichten Schatten. Vermehrung durch Stecklinge oder Aussaat. Gelegentlich Selbstaussaat. Herkunft: vom Zentral-Himalaja nach Westen bis Südwest-China. ↕ 50–70 cm. Z6

I. omeiana Gruppen bildende immergrüne Staude mit relativ dicken, fleischigen Trieben. Ovale bis lanzettliche, tiefgrüne, bis 16 cm lange und 5 cm breite Blätter mit grob gezähntem Rand, zur Triebspitze hin dichter; panaschiert, mit weißer Zeichnung entlang der Mittelrippe und der Adern. Knapp über dem Laub stehen Büschel aus bis zu 8 cremegelben, 2,5–4 cm breiten Blüten mit abgeknicktem Sporn. Eignet sich vorzüglich für feuchte, humusreiche Böden unter niedrigen Sträuchern. Gut auch als Topfpflanze. Vermehrung durch Teilung oder Stecklinge im Frühsommer. Aus Westchina. ↕ 50 cm. Z5

I. tinctoria Auffallende und stattliche Staude mit verdickten Wurzeln und kräftigen, aufrechten, meist violetten bis rötlichen Trieben mit kurzen Verzweigungen zur Spitze hin. Große, quirlförmig angeordnete, längliche bis lanzettliche oder elliptische, bis 25 cm lange und 10 cm breite Blätter mit gesägtem Rand. Büschel aus bis zu 9 weißen, in der Mitte teils violett gezeichneten Blüten mit großer flacher, bis zu 7,5 cm breiter Lippe und schmalem, gebogenem, 7–13 cm langem Sporn. Braucht geschützte Standorte im lichten Schatten. Knollen im Frühjahr teilen oder Stecklinge im Juni–Juli abnehmen. Die Knollen kann man im Herbst aufnehmen und an einem trockenen, frostfreien Platz in Sand überwintern. Aus Ost- und Nordost-Afrika. ↕ 2 m. Z6

IMPERATA
POACEAE

Diese tropischen, doch relativ harten Gräser werden wegen ihrer leuchtend rotvioletten Blätter geschätzt.

Offene Kulturflächen oder aufgebrochene Stellen in tropischen bis warm-gemäßigten Regionen sind das Verbreitungsgebiet der 8 Imperata-Arten. Lediglich eine kennt man als Zierpflanze. Das kräftige, unterirdische Wurzelwerk bildet lockere Horste und zieht im Winter ein. An den Halmen entspringen vielfach verzweigt die Rispen aus winzigen, von langen, weißen »Haaren« umge-

OBEN *Imperata cylindrica* 'Rubra'

benen Blüten, allerdings entwickeln sie sich in kühleren Regionen nur selten. In den Tropen breiten sich manche Arten stark aus und gelten dort als lästiges Unkraut.

KULTUR An sonnigen Standorten in durchlässiger, nährstoffreicher Erde. Für reichlich Feuchtigkeit sorgen. Im Winter mit einer Mulchschicht schützen.

VERMEHRUNG Durch Teilung im späten Frühjahr.

PROBLEME In der Regel keine.

I. cylindrica Das Gras breitet sich langsam mit kriechenden Rhizomen aus. Es bildet lockere Horste über kurzen, kräftigen Wurzeln und treibt aufrechte, in der Regel eingerollte Blätter von 60 cm Länge und 1,5 cm Breite aus. Das Laub färbt sich im Herbst vor dem Einziehen lachsrosa bis kräftig violett. In heißen Sommern blüht es gelegentlich

im August–September. Dichte weiße, 20 cm lange Rispen mit seidig weißer Behaarung und violetten Staubblättern. In Gruppen pflanzen, damit die Herbstfärbung am besten zur Geltung kommt, oder, wie in Japan üblich, in Gefäßen ziehen. Herkunft: offene, sandige Lagen in der Nähe von Flüssen und Küsten von Südeuropa bis Japan und Australasien. ↕ 50 cm. Z6 **'Rubra'** syn. 'Red Baron' (Japanisches Blutgras) Blätter an der Basis grün, nach oben zu mit immer dickeren Rotstreifen bis zur tiefroten Farbe an der Spitze. Die Färbung wird im Verlauf des Herbsts immer intensiver.

INCARVILLEA
Freilandgloxinie
BIGNONIACEAE

Trotz ihres exotischen Aussehens sind die schön geformten Pflanzen mit den auffallenden Trompetenblüten gar nicht schwer zu kultivieren.

Die 17 Arten dieser Gattung sind überwiegend im Hindukusch, dem Himalaja sowie in West- und Nordchina verbreitet, eine einzige findet man in Kasachstan. Es handelt sich um krautige, häufig um Knollen bildende Stauden mit oft reich verzweigter, verholzender Basis (mit Übergängen zum Halbstrauch). Die Blätter sind ungeteilt oder wechselständig gefiedert. Die prachtvollen trichter- oder trompetenförmigen Blüten stehen in Trauben oder Rispen an einzelnen, beblätterten oder unbeblätterten Stängeln. Sie sind 2-lippig, wobei die obere Lippe in 2 und die untere in 3 Lappen unterteilt ist. Die papierartige, ledrige oder holzige Fruchtkapsel reißt in zwei Richtungen auf und gibt die zahlreichen geflügelten oder behaarten Samen frei.

KULTUR Die winterharten Arten entwickeln knollige Wurzeln. Die größeren Exemplare dieser auffälligen Zierpflanzen gehören in die Staudenrabatte, während man die kleineren gut in Hochbeeten ziehen

UNTEN *Incarvillea delavayi*

kann. Sie gedeihen in durchlässiger, lehmiger Erde an offenen, sonnigen, geschützten Standorten.

Bei den Arten mit knolligem Wurzelstock handelt es sich vor allem um *I. delavayi* und *I. mairei*, die oft in getrockneter Form als »Zwiebeln« verkauft werden. Man kann sie im Freiland oder in Gefäßen ziehen. Die rübenförmigen Knollen sollten mit dem dicken Ende so nach oben eingegraben werden, dass sie gerade noch aus der Erde herausspitzen.

VERMEHRUNG Durch Aussaat im März–April oder im Sommer Stecklinge von nicht blühenden Trieben schneiden.

PROBLEME Schnecken.

I. delavayi Staude mit großer Rosette aus tiefgrünen Blättern, die sich aus 6–11 Fiederpaaren und einem kleinen Endblättchen zusammensetzen. Bis zu 10 rosaviolette, 3,5–5,5 cm breite Blüten mit gelblichem Schlund und violetten Streifen in aufrechten Trauben von Mai bis Juni, gelegentlich auch später. Aus Südwest-China. ↕ 50–70 cm. Z7 **'Alba'** siehe 'Snowtop'. 'Bee's Pink' Reinrosa Blüten, samenecht. **'Snowtop'** syn. 'Alba' Reinweiße Blüten, samenecht.

I. mairei Rosette aus großen grundständigen Blättern aus bis zu 5 kleinen Fiederpaaren und einem endständigen Blättchen. Jeder Stängel trägt bis zu 6 tiefrosa oder purpurrote, 4,5–6,5 cm große Blüten. Gedeiht in jedem gepflegten, durchlässigen Gartenboden. Unterscheidet sich von *I. delavayi* vorwiegend durch das Laub. Aus West- und Südwest-China. ↕ 30–50 cm. Z7

I. olgae Aufrechte, krautige Staude mit 3–4 Paaren gegenständiger, schmal elliptischer Fiederblättchen. Von Juni bis August stehen im oberen Bereich der Stängel bis zu 10 rosarote, selten weiße, schmal trichterförmige, 3–4,5 cm lange Blüten. Anzucht nur aus Samen möglich. Nur bedingt winterhart. Überwinterung im im Kalthaus in einer Kies-Lehm-Mischung. Von Turkmenistan bis Tadschikistan und Nordost-Afghanistan verbreitet. ↕ 70–100 cm. Z9

I. zhongdianensis Leicht glänzende bis mattgrüne, grundständige Blätter in einem großen Blattbusch. Jedes Blatt setzt sich aus 5–9 Paaren lanzettlicher bis elliptischer, schwach gezähnter Fiederblättchen und einem größeren Endblättchen zusammen. Im Juni und Juli stehen an einem oder mehreren Stängeln bis zu 3 tiefmagenta- oder karminrote, 6,5–8,5 cm breite Blüten mit gelblichem Schlund und weißen Flecken am Ansatz jedes Lappens. Gedeiht in allen durchlässigen Gartenböden an sonnigen, möglichst geschützten Standorten. Aus Südwest-China (Nordwest-Yunnan). ↕ 40–60 cm. Z7

INULA
Alant
ASTERACEAE

Die höheren Arten dieser robusten Korbblütler leisten im Garten wertvolle Dienste als Strukturbildner.

Die etwa 100 Arten der Gattung sind meist mehrjährig und kommen in freier Natur in den verschiedensten Lebensräumen vor – von trockenen Berghängen bis zu feuchten Niederungen in Europa, Afrika und Asien. Sie bilden entweder Horste oder breiten sich durch Rhizome aus. Die höheren Arten tragen derbe, breite, wechselständige, glattrandige Blätter und treiben kräftige, aufrechte Stängel aus, die einzeln oder zu mehreren stehen. Die Scheibe mit den Röhrenblüten ist etwas dunkler gefärbt als die zahlreichen schmalen Zungenblüten, die den Köpfchen ein spinnenartiges Aussehen verleihen. Niedrigere Arten haben schmalere Blätter und einzeln stehende Blütenkörbchen am Ende jedes Stängels. Die drei Riesen der Gattung sind *I. helenium*, *I. magnificum* und *I. racemosa*. Sie unterscheiden sich von den ähnlichen Gattungen *Telekia* und *Buphthalmum* durch die fehlenden Spreuschuppen zwischen den Röhrenblüten.

KULTUR In tiefgründiger, nährstoffreicher, wasserhaltender Erde an vollsonnigen bis halbschattigen Standorten.

VERMEHRUNG Durch Teilung im Frühherbst oder Frühjahr.

PROBLEME In der Regel keine.

I. ensifolia (Schwertblättriger Alant) Horst bildende, sommergrüne, fast völlig unbehaarte Staude, die sich mitunter langsam durch Rhizome ausbreitet. Unverzweigte Stängel mit linealischen bis schmal lanzettlichen, parallel geaderten, glattrandigen, bis 9 cm langen Blättern. Einzeln stehende, gelbe, bis 5 cm breite Blütenkörbchen am Ende der Stängel. Blütezeit Juni bis August. Die Zungenblüten sind in der Knospe sichtbar spiralförmig gedreht und entfalten sich dekorativ. Verträgt trockene Böden. Herkunft: trockene Hänge von Süd- und Mitteleuropa bis zum Kaukasus. ↕ 25–60 cm. Z5

I. helenium (Echter Alant) Robuste, tief wurzelnde sommergrüne Staude mit kurzen Rhizomen und großen, gezähnten, breit elliptischen, oberseits unbehaarten und runzligen, unterseits weißwollig behaarten, bis 80 cm langen Blättern. Kräftige, kantige, behaarte, beblätterte, nach oben zu verzweigte Stängel mit großen gelben, bis 9 cm breiten Körbchenblüten, die von Juni bis August blühen. Die Art unterscheidet sich von *I. magnifica* durch die längeren, breiteren Blätter mit weiß behaarter Unterseite und die kleineren Körbchenblüten. Bevorzugt wasserhaltende Böden und verträgt Halbschatten. Ihre aromatischen Rhizome kommen seit langem in der Naturmedizin zum Einsatz. In West- und Zentralasien beheimatet, aber in Europa sowie im westlichen und östlichen Nordamerika häufig verwildert. ↕ 1–2 m. Z5

I. hookeri (Himalaja-Alant) Horst bildende, sommergrüne, behaarte Staude, die sich gelegentlich durch Rhizome langsam ausbreitet. Lanzettliche bis schmal elliptische, bis 15 cm lange, fein gezähnte Blätter. Meist unverzweigte Stängel mit gelben, bis 6 cm breiten Blütenkörbchen, die sich aus zottig behaarten Knospen im Juli und August öffnen. Zungenblüten heller und ausgeprägter grünlich gelb als bei anderen Arten, Röhrenblüten orangegelb. Bevorzugt kühl-gemäßigtes Klima und wasserhaltende Böden. Stammt aus lichten Wäldern im Himalaja. ↕ 75 cm. Z6

I. magnifica (Großer Alant) Horst bildende sommergrüne Staude mit großen, elliptischen bis eiförmigen, grob behaarten, gezähnten, bis 25 cm langen Blättern. Aufrechte, behaarte, violett überlaufene, beblätterte Stängel, die sich nach oben zu reich verzweigen. Große, bis 15 cm breite Blütenkörbchen. Blütezeit Juli–August. Unterscheidet sich von *I. helenium* durch die kürzeren, schmaleren Blätter und die größeren Blumen. Für Uferbereiche oder sumpfige Stellen geeignet. Wächst in freier Natur auf Alpenwiesen und in Waldlichtungen des östlichen Kaukasus. ↕ 2 m. Z6 **'Sonnenstrahl'** Blühfreudiger. Eine Züchtung von Ernst Pagels.

I. orientalis (Orient-Alant) Sommergrün, breitet sich durch Rhizome aus. Ungestielte, elliptische bis eiförmige, gezähnte, bis 14 cm lange Blätter. Unverzweigte, aufrechte Stängel mit einzelnen orangegelben, bis 9 cm breiten Körbchen, die sich aus dicht behaarten Knospen für kurze Zeit im Juni und Juli öffnen. Gedeiht am besten in nährstoffreichen, wasserhaltenden Böden. Wächst an feuchten Stellen im Kaukasus und in der Türkei. ↕ 40–80 cm. Z6

I. racemosa Horst bildende sommergrüne Staude mit großen, elliptischen bis lanzettlichen, gezähnten, bis 30 cm langen Blättern. Untere Blätter mit langen Stielen, obere ungestielt. Kurz gestielte oder ungestielte gelbe Körbchenblüten mit bis zu 6 cm Durchmesser entspringen nahe der Hauptachse des kräftigen, aufrechten, beblätterten und rötlich überzogenen Stängels. Sie bilden im Juli und August imposante Blütenstände. Bevorzugt tiefgründige, nährstoffreiche Böden. Wächst auf gestörten Flächen im westlichen Himalaja. ↕ 2–2,5 m. Z7 **'Sonnenspeer'** Höher als die Art. ↕ 3 m

I. rhizocephala Bildet Rosetten aus breit lanzettlichen, glattrandigen, am Boden liegenden, bis 12 cm langen Blättern mit stumpfer Spitze und gelblich grüner Mittelrippe. Ungestielte, gelbe, 2–4 cm breite Blütenkörbchen in dichten Ständen in der Mitte der Rosette. Blütezeit Juni. Braucht einen sonnigen Standort mit durchlässigen Böden. Bisweilen kurzlebig. Von felsigen Gebirgshängen im östlichen Iran, in Afghanistan und in Zentralasien. ↕ 10 cm. Z6

I. royleana Horst bildende sommergrüne Staude mit eiförmigen, bis 25 cm langen, tief geaderten Blättern. Grundständige Blätter mit langen geflügelten Stielen. Aufrechte Stängel mit kleineren, ungestielten Blättern und großen, einzeln stehenden, orangegelben, bis 12 cm breiten Blumen aus langen, hängenden Zungenblüten, die sich von Juni bis September aus dunklen Knospen öffnen. Die edle Pflanze mit riesigen Blumen wächst leider langsam und braucht einen tiefgründigen, nährstoffreichen, feuchten Boden sowie ein kühl-gemäßigtes Klima. Aus Wäldern und Gebüsch im westlichen Himalaja. ↕ 60 cm. Z6

IRIS
Iris, Schwertlilie
IRIDACEAE

Die prachtvollen, weltweit beliebten Zierpflanzen lassen sich im Garten ausgesprochen vielseitig einsetzen.

In freier Natur findet man rund 300 Iris-Arten. Sie besiedeln die unterschiedlichsten Lebensräume auf der Nordhalbkugel. Die Stauden bilden kriechende Rhizome, die auf oder unter der Erdoberfläche wachsen und drahtig oder als dicke Speicherwurzel ausgebildet sind und verholzen können. Manche Arten bilden Zwiebeln als Überdauerungsorgane – diese werden hier nicht erwähnt. Einige wenige Schwertlilien sind immergrün oder halbimmergrün, doch die meisten ziehen ihr Laub im Winter ein. Ihre schlanken, manchmal sogar grasartigen bis breit schwertförmigen Blätter wachsen in der Regel aufrecht und stellen für sich allein schon ein Schmuckelement dar.

Die Blüten sind unverkennbar. Sie bleiben zwar nur wenige Tage geöffnet, doch tragen die meisten Arten verzweigte Stängel, an denen über mehrere Wochen hinweg immer wieder neue Blüten erscheinen. Das Gros der Arten und Sorten blüht in der ersten Sommerhälfte, die so genannten remontierenden Formen aber schieben ein zweites Mal gegen Ende der Saison ihre Blüten (siehe *Remontieren*, S. 283). Im Anschluss an den Flor entwickeln sich meist dicke, 3- bis 6-kantige Samenkapseln.

Bei den Schwertlilien wird in der Regel zwischen Rhizom oder Zwiebeln bildenden Arten unterschieden. Die Rhizom-Iris – sie bilden die Mehrheit – wiederum teilt man ein in die Bart-Iris und die

GRUPPEN DER BART-IRIS

Bart-Iris werden nach Höhe und Blütengröße klassifiziert, die Abkürzungen sind internationaler Standard. Die gängige Einteilung lautet (nach Blühbeginn geordnet):

Miniatur Dwarf Bearded
(MDB-Zwergiris) Blüten bis 7 cm breit, schmale Hängeblätter, Stängel bis 20 cm hoch. Blüht als Erste.

Standard Dwarf Bearded
(SDB-Zwergiris) Blüten bis 8 cm breit; an verzweigten, 20–40 cm hohen Stängeln. Verträgt Schatten besser als höhere Hybriden, blüht aber in voller Sonne am besten.

Intermediate Bearded
(IB, Intermedia-Gruppe) Blüten bis 12 cm breit, Stängel 40–70 cm hoch.

Miniature Tall Bearded
(MTB, Miniatur-Hohe Bart-Iris) Blüten bis 8 cm breit, Stängel 40–65 cm hoch.

Border Bearded
(BB, Border-Iris) Blüten bis 13 cm breit, an 40–70 cm hohen Stängeln.

Tall Bearded
(TB, Hohe Bart-Iris) Blüten bis 15 cm breit (und mehr), Stängel 70–85 cm hoch und höher. Spät blühend.

BART-IRIS UND BARTLOSE IRIS

Schwertlilien werden in zwei deutlich voneinander unterscheidbare Gruppen getrennt: Bart-Iris und Bartlose Iris, obwohl alle den gleichen, ganz speziellen Blütenbau besitzen. Bart-Iris werden nach Höhe und Blütengröße (siehe *Gruppen der Bart-Iris*, weiter unten), aber auch nach ihrer Blütenform (siehe *Farbmuster der Bart-Iris*, S. 276) unterteilt. Die Grenzen zwischen den einzelnen Gruppen sind nicht immer klar umrissen, denn auch Experten sind sich mitunter uneins. Bartlose Iris wiederum werden nach verschiedenen botanischen Gruppen geordnet (siehe rechte Seite).

Bart-Iris (*I.* 'Rajah')

Bartlose Iris (*I. douglasiana*)

Bartlosen Iris (siehe Tabelle rechte Seite). Zwiebel-Iris werden hier mit Ausnahme der Juno-Iris, die sowohl Zwiebeln als auch fleischige Wurzeln ausbilden, nicht behandelt.

In Gärten trifft man vorwiegend Bart-Iris an, die im Frühsommer blühen. Die Gattung umfasst Arten und Sorten für trockene wie nasse Böden. Manche Arten lassen sich problemlos kultivieren, andere sind nur etwas für erfahrene Liebhaber. ⚠

KULTUR Schwertlilien bevorzugen in der Regel sonnige Standorte, doch lässt sich aufgrund der unterschiedlichen Ansprüche keine generelle Aussage treffen (siehe Tabelle rechte Seite). Es gibt Formen für sonnige, durchlässige Beete ebenso wie für feuchte Uferbereiche.

VERMEHRUNG Arten durch Teilung und Aussaat, Sorten nur durch Teilung (siehe Tabelle rechte Seite).

PROBLEME Blattläuse, Schnecken und Viren (siehe Tabelle rechte Seite).

I. **'Acoma'** (TB, Plicata) Himmelblaue Domblätter; gerüschte weiße, violett gerandete Hängeblätter; kleiner gelber Bart. Breit, elegant, duftend, aber nicht besonders blühfreudig. 5–6 Knospen pro Stängel von Ende Mai bis Mitte Juni. ↕ 80 cm. Z5

I. **'Action Front'** (TB, Bicolour) Kupferrote Domblätter; mahagonikastanienbraune Hängeblätter mit cremefarbener Aderung und kräftigem, leuchtend orangefarbenem Bart. Fein duftend. Bis zu 8 Blüten pro Stängel im Juni. ↕ 80 cm. Z5

I. **'Afternoon Delight'** (TB, Blend) Rostbraune Knospen. Honigfarbene, lila überlaufene Domblätter; lila Hängeblätter mit hellbraunem Rand und gelbem Bart. Schön gerüscht. Blüte im Juni. Wüchsig. ↕ 80 cm. Z5

I. **'Alcazar'** (TB, Bitone) Blassviolette Domblätter; tiefviolette Hängeblätter mit gelbem Bart und kräftig gestreifter Mitte. ↕ 80 cm. Z5

I. **'Alizes'** ♀ (TB, Amoena) Reinweiße, gerüschte, an manchen Standorten auch schwach blau überlaufene Domblätter; weiße Hängeblätter. ↕ 85 cm. Z5

I. **'Amber Queen'** (MDB, Bitone) Hellgelbe Domblätter; schmale, gelblich bernsteinbraune Hängeblätter mit bernsteinbraunem Bart. Relativ kleine Blüten im Mai. ↕ 20 cm. Z5

I. **'Amethyst Flame'** (TB, Self) Gerüschte, lilablaue Domblätter, lila Bart und zu beiden Seiten davon leuchtend orangerote Zeichnung. Frühe, preisgekrönte Züchtung von Gus Shreiner. Juni. ↕ 80 cm. Z5

I. **'Apricot Drops'** ♀ (MTB, Self) Einwärts gebogene, runzlige Domblätter in hellem Apricot, am Rand eher gelb getönt; relativ stark hängende Hängeblätter in Grauorange; tieforangefarbener Bart mit gelber Spitze. Laub bläulich grün. Wüchsig. ↕ 65 cm. Z5

I. **'Arctic Fancy'** ♀ (IB, Plicata) Weiße, gewellte Domblätter mit breitem violettem Rand; weiße Hängeblätter mit schmalerem violettem Rand und dunklen Adern, die zu Weiß verblassen; weißer Bart mit gelber Spitze. Blüte von Mai–Juni. Hervorragende Sorte. ↕ 45 cm. Z5

I. **'Ask Alma'** (IB, Self) Dom- und Hängeblätter blass-korallenorange, hübsch geadert, am Ansatz kräftiger gefärbt; weiße und rotorangefarbene Bärte. Mai–Juni. Elegant und wuchskräftig. ↕ 60 cm. Z5

I. **'Austrian Sky'** (SDB, Self) Blassblaue Domblätter mit dunklerer Aderung; Hängeblätter in dunklerem Blau, mit weißem Schlund. April–Mai. Blühfreudig und verlässlich. ↕ 30 cm. Z5

UNTEN *Iris* 'Alcazar'

I. **'Blue Pools'** (SDB, Self) Weiß, mit dunkel-blauviolettem Fleck auf den Hängeblättern um einen blassgelben Bart. April–Mai. ↕ 30 cm. Z5

I. **'Blue Rhythm'** (TB, Self) Mittelblaue, recht schmale Blütenblätter; Domblätter etwas blasser, Hängeblätter mit orangefarbenem Bart. Trotz der »altmodischen« Form wegen ihrer Unkompliziertheit, der langen Blühdauer und dem zitronenartigen Duft beliebt. Juni. ↕ 100 cm. Z5

I. **'Blue Shimmer'** (TB, Plicata) Blassblauviolette Domblätter, zur Mitte hin hell getüpfelt; Hängeblätter schmal weiß, breit blass-blauviolett gerandet und getüpfelt, mit gelbem Bart. Blüht reich im Juni, sehr starker Duft. ↕ 90 cm. Z5

I. **'Blue Suede Shoes'** (TB, Self) Große, gerüschte, marineblaue Blüten mit gelbem, an der Spitze weißem Bart. Duftend, reich blühend. Juni. Markant, auffällig, sehr wüchsig. ↕ 100 cm. Z5

I. **'Bold Print'** (IB, Plicata) Regelmäßig geformte, zarte, leicht gewellte, weiße Blüten; Domblätter mit kräftigem violettem Rand; Hängeblätter mit schmalerem Farbsaum und weißem, an der Spitze blauem Bart. Reizend. Mai–Juni. ↕ 55 cm. Z5

I. **'Boogie Woogie'** (TB, Amoena) Gerüschte weiße Domblätter mit leicht violett getöntem Ansatz; aufgerichtete, blaue, violett gestreifte Hängeblätter mit gelbem Bart. Streifen zum Rand hin dichter. Ende Juni. Ungewöhnlich. ↕ 100 cm. Z5

I. **'Braithwaite'** (TB, Amoena) Blassblaue Domblätter und samtige, tiefkönigsblaue Hängeblätter mit gelbem Bart. Juni. Eine klassische, ungerüschte, traditionelle Iris mit fruchtigem Duft. ↕ 85 cm. Z5

I. **'Brassie'** (SDB, Self) Leicht nach Goldbraun spielende gelbe Domblätter und etwas blassere, grün getönte Hängeblätter mit wenigen dunklen, senfbraunen Adern an den Seiten; blass-primelgelber Bart. April–Mai. ↕ 30 cm. Z5

I. **'Brazilian Holiday'** (TB, Amoena) Große, gerüschte Blüten; weiße, lila überlaufene Domblätter und üppige, satt-pflaumenblaue Hängeblätter mit orangefarbenen Bärten und senfbraunen Griffelästen. Sehr wüchsig, reich verzweigte Stängel mit sehr vielen Knospen. Juni. ↕ 100 cm. Z5

I. **'Breakers'** ♀ (TB, Self) Große, stark gerüschte Blüten in sattem, einheitlichem Blau; weißer, an der Spitze gelber Bart. Reich verzweigte Stängel. Juni. Blüht gelegentlich erneut im Herbst. ↕ 100 cm. Z5

I. **'Bright White'** (MDB, Self) Reinweiße Dom- und Hängeblätter; Bart leicht cremefarben. April–Mai. ↕ 20 cm. Z5

I. **'Broadleigh-Serie'** (PCI/CH) Nützliche Serie der Pacific-Coast-Iris, die von Christine Skelmersdale in den Broadleigh Gardens in der englischen Grafschaft Somerset gezüchtet wurden.

'Broadleigh Rose' (CH) Horst bildend, mit schmalem Laub und rosa Blüten; Domblätter heller; Hängeblätter mit kräftig gelbem Signalfleck, kastanienbraun geadert. Mai. ↕ 40 cm. Z7

I. **'Bromyard'** ♀ (SDB, Bicolour) Dom- und Hängeblätter blaugrau; Hängeblätter mit großem ockergelbem Fleck und gelbem Bart. Mai. ↕ 30 cm. Z5

I. **'Bronzaire'** ♀ (IB, Bitone) Gerüschte, einwärts gebogene, honiggelbe Domblätter; leicht gerüschte, bronzegoldgelbe Hängeblätter mit wenigen violetten Flecken und braunem Bart. Mai–Juni. ↕ 70 cm. Z5

I. **'Brown Lasso'** ♀ (BB, Blend) Ungewöhnliche, auffällige Sorte. Leicht gerüschte, perfekt geformte Blüten mit gelben Domblättern und waagrechten lila, braun geranderten Hängeblättern; Bart gelb. Juni. ↕ 60 cm. Z5

I. bucharica ♀ (Juno) (Geweih-Iris) Glänzende, kräftig grüne, lauchartige, 20×3 cm große Blätter in zwei Reihen; verzweigte Stängel mit bis zu 6 der 4–6 cm großen Blüten, die sich im April von unten beginnend öffnen. Domblätter stehen horizontal ab, weiß oder gelb; Hängeblätter mit gelber Spreite und weißem Kamm. Die vollständig gelbe Form wird manchmal fälschlich als *I. orchioides* kultiviert. Die anspruchsloseste Juno-Iris für das Freiland. Sie braucht durchlässige Böden und vollsonnige Standort. Ideal für Hochbeete, vor allem, wenn sie vor winterlicher Nässe geschützt sind. Von steinigen Lagen in Nordost-Afghanistan und Zentralasien. ↕ 40 cm. Z6

I. bulleyana (Sibirica/40). Schön geformte Pflanzen mit sehr schlanken, 15–45 cm langen Blättern, die im Winter nicht einziehen und sich rötlich braun färben. Im Juni erscheinen nach dem Laubaustrieb 1–2 etwa 6,5–7,5 cm große Blüten an unverzweigten Schäften. Aufrechte, blassviolette, leicht nach außen gedrehte Domblätter; blauviolette, weiß und gelb gezeichnete Hängeblätter. Für feuchte Böden an sonnigen bis halbschattigen Standorten. Aus China. ↕ 45 cm. Z6

I. **'Bumblebee Deelite'** ♀ (MTB, Variegata) Ungewöhnlich gefärbte kleine Blüten mit gelben, einwärts gebogenen Domblättern und dunkelkastanienbraunen, kräftig gelb geranderten Hängeblättern mit gestreiftem Nagel um den gelben Bart. Unproblematisch zu kultivieren. ↕ 50 cm. Z5

I. **'Butterscotch Kiss'** (TB, Self) Sehr große, gerüschte Blüten; Domblätter blass-karamellbraun; Hängeblätter ähnlich aber lilarosa überlaufen, mit violettem Bart und würzigem Duft. ↕ 100 cm. Z5

I. **'Cannington Bluebird'** (TB, Plicata) Exquisite, große Blüten mit blauen, in

RECHTS **1** *Iris* 'Before the Storm'
2 *I.* 'Blue Denim' **3** *I.* 'Braithwaite'

IRIS UND GAUKLERBLUME

DIE PANASCHIERTE FORM der Sumpf-Schwert-lilie, *Iris pseudacorus* 'Variegata', bildet an feuch-ten Standorten bisweilen einen unübersehbaren Blickfang – vor allem, wenn man ihr eine nied-rige Nachbarin in einer Kontrastfarbe zur Seite stellt, wie diese übermütige Gauklerblume. Doch das Bild ist noch in weiterer Hinsicht aufschluss-reich: Rechts ist das Irislaub zu einfarbigem Grün zurückgeschlagen und verdrängt die attraktiveren panaschierten Blätter mit Nachdruck. Man hätte

die unerwünschten Schwerter schon beim ersten Auftauchen entfernen sollen, auch wenn die Iris in diesem Bereich bereitwilliger blüht.

Mehr Sorgfalt indes hat man auf die Gaukler-blume verwandt: Weil die hier gepflanzte Hybride sich selbst aussät und dann in der Farbe variiert, wurden ihre welken bzw. unerwünschten Blüten immer sofort entfernt. Dieses Ausputzen sorgt nicht nur für einen stimmigen Gesamteindruck, sondern verlängert die Blütezeit.

der Mitte weißen Domblättern und blauen, in der Mitte weißen, violett gerandeten Hängeblättern. Zu Unrecht wenig bekannt. ‡ 90 cm. Z5

I. **'Carolyn Rose'** ✿ (MTB, Plicata) Reizende, recht altmodische Sorte mit weißen, einwärts gebogenen, vor allem zum Rand hin stark purpur-rosa geaderten Domblättern und fast runden, gebogenen, weniger markant gezeichneten Hängeblättern mit orangefarbenem Bart. Juni. ‡ 60 cm. Z5

I. **'Cee Jay'** ✿ (IB, Plicata) Gerüschte weiße Domblätter mit breitem, tief-blauviolettem Rand; Hängeblätter weiß, gerüscht, mit schmalerem, blauviolettem Rand und violettem Bart. Schöne Form. Mai. ‡ 60 cm. Z5

I. **'Celebration Song'** (TB, Bicolour) Große gerüschte Blüten mit apricotrosa

Domblättern und lila, um den orange-farbenen Bart helleren Hängeblättern. Zahlreiche Knospen pro Stängel. Juni. Wüchsig, reich verzweigt und lange blühend. ‡ 95 cm. Z5

I. chamaeiris siehe *I. lutescens*

I. **'Champagne Elegance'** (TB, Amo-ena) Große, gerüschte, duftende Blüten mit weißen Domblättern und zart-braunrosa Hängeblättern mit gelbem Bart. Die Temperaturen wirken sich auf die Färbung aus: Bei kühlem Wetter nehmen die Blüten oft einen lila Ton an. Blüht zweimal. ‡ 95 cm. Z5

I. **'Change of Pace'** (TB, Plicata) Breite, gerüschte, Blüten mit weit gespreizten Blütenblättern; Domblät-ter rosarot; Hängeblätter breit, fast rund, weiß, violett gerandet. Grif-feläste karamellbraun. Duftend. Juni. ‡ 105 cm. Z5

I. **'Chanted'** (SDB, Self) Weiche, stumpf-rosa Domblätter; Hängeblätter ähnlich gefärbt, mit tief-lilablauem Bart, der durch einen helleren Rand betont wird. April–Mai. ‡ 30 cm. Z5

I. **'Chantilly'** (TB, Blend) Rosafarbene, am Ansatz in Bronzegold übergehende Domblätter; weiße, am Nagel gelb gestreifte Hängeblätter, die zu den rosa-rotbraunen, gefransten Rändern hin in einen rosa-bronzefarbenen Ton über-gehen; Bart orange. Duftend und schön geformt. Juni. ‡ 80 cm. Z5

I. **'Cherry Garden'** (SDB, Self) Unge-wöhnliche, kirschrot-violette Domblät-ter; Hängeblätter violett, mit kräftiger, dunkel geaderter, tief-kirschroter Zone um den violetten Bart. April–Mai. ‡ 30 cm. Z5

I. **'Chickee'** ✿ (MTB, Self) Kleine, schön geformte Blüten mit goldgelben

Domblättern; Hängeblätter ähnlich, aber mit blasserer Mitte; beide dunkler gea-dert. Graugrünes Laub. Juni. ‡ 50 cm. Z5

I. chrysographes ✿ (Sibirica/40) Schma-le, graugrüne, 25–70 cm lange Blätter in Horsten, die sich langsam ausbrei-ten. Unverzweigte Stängel mit jeweils zwei 7–12 cm hohen und 7 cm breiten Blüten. Farbe variiert von kräftigem Purpurrot bis fast schwarz, meist mit goldgelben Zeichnungen und Adern an den Hängeblättern. Als »schwarz« angebotene Sämlinge können in der Farbe variieren. Duftend. Juni–Juli. Wächst an Hängen und Waldrändern in China. ‡ 50 cm. Z6 **'Black Knight'** Dunkelviolette Blüten. **'Inshriach'** Sehr dunkel, noch dunkler als 'Black Knight'. **'Kew Black'** Reich blühend. **'Manda-rin Purple'** Tiefviolett, golden gezeich-net. Wird gelegentlich zur Sino-Sibi-rica-Gruppe gerechnet (siehe Tabelle S. 275). ‡ 45 cm. **'Rubella'** Sattes, tiefes Blauviolett-Kastanienbraun mit gelben Streifen auf den Hängeblättern.

I. **'City Lights'** (TB, Self) Leuchtende, große, gerüschte Blüten mit weißen, am Rand satt blauviolett überlaufenen Blü-tenblättern; Hängeblätter mit blassgel-ben Bärten. Juni. Wüchsig. ‡ 100 cm. Z5

I. **'Clara Garland'** ✿ (IB, Self) Stark gerüschte, einwärts gebogene, leuchtend gelbe Domblätter, die von leicht hängen-den gelben Hängeblättern eingefasst werden und dekorativ braun geadert sind; Bart cremegelb. ‡ 50 cm. Z5

I. **'Clarence'** (TB, Amoena) Weiße, blassblau gerandete Domblätter; dunkler blaue Hängeblätter mit weißer Zone um den weißen Bart. Große, weit gespreizte, nach Vanille duftende Blü-ten. Etwas spärliche Blüte, blüht aber verlässlich ein zweites Mal. Mai–Juni. ‡ 100 cm. Z5

I. **'Classic Look'** (TB, Plicata) Große, stark gerüschte Blüten. Dom- und Hängeblätter weiß, tiefblau gesäumt und gesprenkelt. Nach Vanille duftende Blüten im Juni. Reich verzweigt und wuchskräftig. ‡ 100 cm. Z5

I. **'Clear Morning Sky'** ✿ (TB, Self) Sehr elegante, große, leicht gerüschte Blüten mit sehr blassblauen Hängeblät-tern, blauen Bärten und etwas dunkle-ren Domblättern. Juni. ‡ 110 cm. Z5

I. **'Cliffs of Dover'** (TB, Self) Schön geformte, reinweiße, gerüschte Blüten; Hängeblätter ganz leicht gelb getönt; gelber Bart. Juni. ‡ 90 cm. Z5

I. confusa ✿ (Kamm-Iris) Ungewöhn-liche, fast bambusartige immergrüne Iris mit großen Horsten. Fächer aus rund 10 glänzend grünen, schwertför-migen, 20–40 cm langen Blättern. Im Frühjahr und Frühsommer tragen die hohen, verzweigten Stängel bis zu 30 flache, weiße, 5 cm große Blüten mit gelben und blauen Flecken, die sich über viele Wochen öffnen. Juni. Nach der Blüte sterben Blätter und Stängel ein, wachsen aber ständig neu aus. Aus China ‡ 120 cm. Z8 **'Martyn Rix'** Lila Blüten.

I. 'Conjuration' (TB, Amoena) Bezaubernde, nicht allzu große Blüten mit weißen, am Rand lila überlaufenen Domblättern; Hängeblätter weiß, tieflila gerandet, orangefarbener Bart mit behaarten weißen Hörnern. Eine »futuristische« Iris mit bis zu 12 duftenden Blüten pro Stängel. Juni. Wüchsig. ‡ 110 cm. Z5

I. 'Cranapple' ♀ (BB, Self) Leuchtende, samtige Blüten mit roten Domblättern und etwas dunkleren Hängeblättern; Bärte tief-rostrot. Juni. ‡ 60 cm. Z5

I. cristata ♀ (Kamm-Iris) Kleine Horste mit breiten Kolonien aus Fächern leuchtend grüner, 15 cm langer Blätter. Kleine, 4 cm große, lilablaue Blüten mit weißer Zeichnung und gelbem oder orangefarbenem Kamm. April. Ideal für schattige Standorte und feuchte, saure Böden. Herkunft: östliche USA. ‡ 15 cm. Z5 **'Alba'** Weiße, golden gezeichnete Blüten.

I. crocea ♀ (Spuria) Robuste Iris mit breitwüchsigen Horsten aus derben,

ABSPREIZWINKEL

Viele Züchter befassen sich besonders mit der Stellung der Hängeblätter. Normalerweise hängen sie in den Iris-Blüten senkrecht nach unten. Das ist vor allem bei höheren Gruppen wie Spuria-Iris oder großen I.-sibirica-Sorten von Vorteil, weil die Blüten in der gängigen Seitenansicht mit einem nach unten stehenden Hängeblatt nun einmal am besten zur Geltung kommen. Sorten mit breiten Hängeblättern wirken aus der Ferne betrachtet sogar noch eindrucksvoller.

Umgekehrt sehen Formen mit horizontal abstehenden Hängeblättern von oben besehen am attraktivsten aus. Die meisten SDB-Zwerg-Iris wurden züchterisch entsprechend verändert.

aufrechten, schwertförmigen, 75 cm langen Blättern und hohen Stängeln. Bis 20 große, 15 cm lange, kräftig gelbe Blüten an bis zu 3 Zweigen. Aus Kaschmir. ‡ 120 cm. Z6

I. 'Crowned Heads' (TB, Reverse Amoena) Hohe, stark gerüschte, duftende Blüten mit tief-blauvioletten Domblättern und blassblauen Hängeblättern; blassblaue Bärte. Juni. Wüchsig, mit kräftigen Stängeln. ‡ 100 cm. Z5

I. 'Cutie' (IB, Blend) Reinweiße Domblätter, einwärts gebogene, weiße, jeansblau gestreifte, bisweilen etwas gefleckte Hängeblätter; tief-lavendelblaue Bärte in einer blasseren Zone. ‡ 60 cm. Z5

I. 'Dancer's Veil' (TB, Plicata) Gerüschte Blüten; Domblätter weiß, stark violett überlaufen; Hängeblätter weiß, mit schmalen violetten Rändern, bräunlichen Streifen am Nagel und weißem Bart. Juni. ‡ 90 cm. Z5

I. 'Dark Passion' (TB, Self) Recht kleine gerüschte und gespreizte Blüten. Dom- und Hängeblätter tief tintenschwarz; Hängeblätter mit dunklen Bärten. Süßer Duft nach Trauben. Juni. Reich verzweigt und wüchsig. ‡ 100 cm. Z5

I. 'Dazzling Gold' (TB, Variegata) Kompakte Pflanze mit großen, leuchtend tiefgoldenen Domblättern und gelben, gerüschten, rot überlaufenen gestreiften Hängeblättern. ‡ 70 cm. Z5

I. 'Deep Black' (TB, Self) Relativ kleine Blüten mit schmalen, zurückgebogenen Hängeblättern, die nicht so schwarz sind, wie der Name vermuten lässt. Ungerüschte Blüten mit dunkelvioletten Domblättern und tiefindigovioletten Hängeblättern; Bart mit orangefarbener Spitze, in einer helleren Zone. Juni. ‡ 85 cm. Z5

I. delavayi ♀ (Sibirica/40) Sich ausbreitende Iris mit Horsten aus 50–100 cm langen, graugrünen, bandförmigen Blättern. Im Sommer erscheinen Stängel mit jeweils drei Zweigen, von denen jeder 8 cm lange, leicht duftende, blauviolette Blüten trägt; Hängeblätter mit weißer Zeichnung und weißem Fleck. Für feuchte, nährstoffreiche Böden an sonnigen bis halbschattigen Standorten. Von Bachläufen und Wiesen in China. ‡ 150 cm. Z6

I. 'Demon' (SDB, Self) Sehr dunkle, kastanienbraun-violette Dom- und Hängeblätter; Bärte blau. Reich blühend, duftend. April–Mai. ‡ 30 cm. Z5

I. 'Diabolique' (TB, Self) Schön und gleichmäßig gerüschte, dicke, wetterfeste Blüten mit purpurroten Domblättern und etwas dunkleren Hängeblättern mit blauvioletten Bärten. Wüchsig und leicht zu kultivieren. Kräftige Stängel. Juni. ‡ 100 cm. Z5

I. douglasiana ♀ (PCI) (Douglas-Iris) Variable Pflanze mit stark ausbreitenden Horsten aus glänzenden, immergrünen, bis 60 cm langen, an der Basis mitunter rötlichen Blättern. Die verzweigten Stängel tragen 8–10 cm breite, meist bläulich lila bis lila gefärbte Blüten. Verträgt trockenere und stärker alkalischere Böden als die meisten anderen Iris der Gruppe, gedeiht aber in feuchter Erde an sonnigen bis halbschattigen Standorten am besten. Die pflegeleichteste, robusteste, am dichtesten beblätterte und grobschlächtigste Iris ihrer Gruppe. Herkunft: Küstenbereiche in Kalifornien und Oregon (USA). Mai. ‡ 60 cm. Z7

I. 'Dusky Challenger' (TB, Self) Riesige, scidige, elegant gerüschte Blüten. Dom- und Hängeblätter sowie Bärte in dunkelstem Violett. Duft nach Schokolade. Juni. Wüchsig und reichblütig. ‡ 110 cm. Z5

I. 'Early Light' ♀ (TB, Plicata) Große, gerüschte weiße Blüten; Domblätter milchig weiß, mit breitem gelbem Rand; Hängeblätter mit schmalerem Rand und blassgelben Bärten. Juni. ‡ 100 cm. Z5

I. 'Edith Wolford' (TB, Bicolour) Prächtige, große, stark gerüschte Blüten mit blassgelben, stark einwärts gebogenen, an der Mittelrippe lila überlaufenen Domblättern und leicht gehobenen lila Hängeblättern mit gelben

Bärten. Duftend, vielblütig, wüchsig. Juni. ‡100 cm. Z5

I. 'Edward of Windsor' (TB, Self) Pfirsichfarbene Domblätter mit einem Hauch Beige und schmale, zurückgebogene, ähnlich gefärbte Hängeblätter mit honiggelben Adern und orangefarbenen Bärten. Im Blütenbau eher altmodisch, aber dafür mit 9 Blüten pro Stängel. Juni. ‡80 cm. Z5

I. 'Eileen Louise' ♀ (TB, Self) Zartrosa Dom- und Hängeblätter; Hängeblätter in der Mitte etwas blasser; Bart orangefarben. Juni. ‡90 cm. Z5

I. 'Eleanor's Pride' (TB, Self) Elegante, leicht gewellte, zartblaue Blüten mit sehr blassgelbem Bart. Hybride zwischen 'Jane Phillips' und 'Blue Rhythm'. Eine auf beiden Seiten des Atlantiks mit Preisen ausgezeichnete Sorte. Juni. ‡90 cm. Z5

I. 'Elizabeth Poldark' (TB, Self) Gerüscht, weiß, mit gelb überlaufener Blütenmitte und gelbem, an der Spitze weißem Bart. Juni. ‡90 cm. Z5

I. 'English Charm' (TB, Self) Cremefarbene, hell-kupferbraun überlaufene Domblätter mit hellerem Rand; apricot-kupferbraune Hängeblätter mit blasseren Rändern und dunklen Adern um den orangefarbenen Bart. Gerüschte Sorte mit eigenartiger, aber ansprechender Färbung. Remontiert gelegentlich. ‡85 cm. Z5

I. 'English Cottage' (TB, Plicata) Fast weiße Sorte. Domblätter weiß, am Rand schwach lilablau getönt; Hängeblätter deutlicher geadert; Bart gelb. Eine der am verlässlichsten remontierenden Formen. Juni. ‡90 cm. Z5

I. ensata ♀ syn. *I. kaempferi* (Laevigata) (Japanische Sumpf-Iris) Horste aus schmalen, 20–60 cm langen Blättern mit ausgeprägter Mittelrippe. Unverzweigte oder höchstens einmal verzweigte Blütenstängel mit 3–4 etwa 10–15 cm langen Blüten. Meist violett, mit gelber Zeichnung auf den Hängeblättern und kleinen aufrechten Domblättern. Blütezeit Juli. Die Art ist seit Jahrhunderten Gegenstand züchterischer Bemühungen, wobei jede Region ihre eigenen Blütenformen bevorzugte. Die Blüten der Sorten können einfach sein oder haben überhaupt keine Domblätter, dafür aber bis zu 6 oft sehr breite und gerüschte Hängeblätter. Es gibt ferner gefüllte Sorten mit 9 oder mehr Blütenblättern. In Japan unterscheidet man folgende Gruppen:
Edo-Iris tragen mittelgroße Blüten mit Blütenblättern, die sich nicht überlappen. Sie können einfach oder gefüllt sein, mit übergeneigten Hängeblättern. Die Blüten stehen über dem Laub an verzweigten Stängeln. Die älteste Form.
Higo-Iris wurden um 1860 aus den Edo-Iris entwickelt und öffnen einzeln stehende Blüten, die oft bis zu 30 cm breit sind. Sie sind einfach oder gefüllt, mit überlappenden Blütenblättern und waagrechten Hängeblättern. Die Stängel moderner Sorten sind verzweigt.
Ise-Iris wurden ab 1800 entwickelt,

aber erst 1910 offiziell klassifiziert. Sie sind einfach oder gefüllt. Ihre Blüten befinden sich auf derselben Höhe wie die Blattspitzen, die Hängeblätter schauen zu Boden. Man zieht sie in feuchten Böden an vollsonnigen Standorten. Sie vertragen es nicht, wenn ihre Krone im Winter unter Wasser steht, im Sommer allerdings beeinträchtigt es sie nicht. Weil auch Sorten aus Japan nach Europa importiert wurden, ist man sich über die Benennung einiger Formen uneins. Die Art vermehrt man durch Aussaat, die Sorten durch Teilung. Herkunft: China, Japan, Ostrussland. ‡90 cm. Z4 **'Activity'** Große, einfache lila Blüten mit tiefvioletten Adern und gelbem Fleck. **'Barr Purple East'** ♀ Lebhaft violette, 20 cm lange, einfache Blüten mit leuchtend goldgelbem Fleck. ‡120 cm. **'Caprician Butterfly'** ♀ Gefüllte, blasse, fast weiße Blüten mit violetten Adern, die strahlenförmig einem gelben Fleck entspringen. Griffelast violett. **'Cry of Rejoice'** Große, einfache lila, um den gelben Fleck herum lila gefärbte Blüten. ‡60 cm. **'Darling'** Einfache, blassrosa Blüten, dunkler rosa geadert; blassgelber Fleck. ‡80 cm. **'Eden's Blue Pearl'** Große, gefüllte, violette, weiß gestreifte Blüten; leuchtend gelber Fleck. ‡80 cm. **'Eden's Charm'** Große, gefüllte, reinweiße Blüten; gelber Fleck. ‡80 cm. **'Eden's Harmony'** Große, gefüllte, weiße, blau überlaufende Blüten; gelber Fleck. ‡80 cm. **'Eden's Paintbrush'** Große, gefüllte, weiße, violett gesprenkelte Blüten; gelber Fleck und blasser Griffelast. ‡80 cm. **'Eden's Picasso'** Große, gefüllte, weiß geaderte und gesprenkelte Blüten; sauber gezeichneter gelber Fleck. ‡80 cm. Z4 **'Eden's Purple Glory'** Große, gefüllte violette Blüten, leuchtend gelber Fleck. **'Emotion'** Große, gefüllte, lilarosa Blüten mit weißer Zone um den gelben Fleck. **'Gracieuse'** Große, einfache, weiße, lilablau gerandete Blüten, gelber Fleck. ‡80 cm. **'Hercule'** Große, gefüllte, blassblaue Blüten mit violetten Adern und auffallendem gelbem Signalfleck. **'Hue and Cry'** ♀ Große, gefüllte Blüten; jedes purpurne Blütenblatt trägt weiße Streifen, die von einem gelben Fleck ausgehen. **'Innocence'** Große, gefüllte, weiße Blüten, gelber Signalfleck. ‡80 cm. **'Iso-no-nami'** Große, einfache Blüten mit weißer Zone um den gelben Fleck. ‡80 cm. **'Laughing Lion'** Große, gefüllte, tief-purpurrote Blüten mit leuchtend gelbem Fleck; dunkler violette Ränder. ‡80 cm. **'Light at Dawn'** Große, gefüllte weiße, leicht violett gesprenkelte und gerandete Blüten, gelber Fleck. ‡80 cm. **'Moonlight Waves'** Große, gefüllte, reinweiße Blüten, gelber Fleck. ‡80 cm. **'Pink Frost'** Große, gefüllte, blassrosa bis weiße Blüten, gelber Fleck. ‡70 cm. **'Rose Queen'** ♀ Einfache, rosa geaderte Blüten mit kleinen Domblättern, gelber Fleck. Recht primitiv, aber beliebt. **'Sensation'** Große, gefüllte, tiefviolette Blüten, schmaler gelber Fleck. ‡80 cm. **'Summer Storm'** ♀ Fast

RECHTS **1** *Iris ensata*
2 *I. ensata* 'Rose Queen'
3 *I.* 'Florentina'

schwarze Knospen; samtig violette Blüten mit zusätzlichen rudimentären Blütenblättern in der Mitte, gelber Fleck. ↕ 100 cm. **'The Great Mogul'** ♀ Dunkel-purpurrote Blüten mit gelbem Fleck. ↕ 80 cm. **'Variegata'** ♀ Schmale, weiß gestreifte Blätter, violette Blüten. **'Waka-murasaki'** Große, gefüllte, blau-violette Blüten mit schmalem weißem Rand und gelbem Fleck. ↕ 80 cm.

I. **'Eyebright'** ♀ (SDB, Self) Leuchtend gefärbte Blüten aus sattgelben Domblättern und ähnlich gefärbten Hänge-blättern mit kräftigen, kastanienbraunen Streifen. April. Gelegentlich wird auch eine weißblütige Form mit blauem Fleck auf dem Hängeblatt unter diesem Namen angeboten. ↕ 30 cm. Z5

I. **'Fancy Woman'** (TB, Luminata) Fast schwarze Knospen; große gerüschte Blüten; Domblätter pflaumenviolett, mit weißen Streifen zum Rand hin und weißem Saum; Hängeblätter kräftiger gefärbt, mit weißem Rand und weißen Streifen um den orangefarbenen Bart. Duftend. ↕ 100 cm. Z5

I. **'First Interstate'** (TB, Bicolour) Prachtvolle, hübsch geformte und gerüschte, duftende Blüten mit gold-gelben Domblättern und weißen Hängeblättern mit gelbem Rand und gelben Bärten. ↕ 100 cm. Z5

I. **'Florentina'** syn. *I. florentina, I. germa-nica* 'Florentina' ♀ (IB/TB, Self) Zart-blaue Dom- und Hängeblätter, zu Weiß verblassend, mit blassgelbem Bart. Eine alte Form. Die getrockneten Wurzeln, Veilchenwurzeln genannt, verströmen einen intensiven Veilchenduft. ↕ 80 cm. Z5

I. foetidissima ♀ (Bartlose Iris) (Übel-riechende Iris) Robuste, immergrüne, Horst bildende Iris mit dunkelgrünen, bis 75 cm langen, beim Zerreiben unan-genehm riechenden Blättern. Die bis zu 5 Blüten pro Stängel sind klein und braun oder violett gefärbt. Sie sind eher unauffällig, doch platzen die großen Samenstände im Herbst auf und geben scharlachrote, selten orangefarbene, gelbe oder weiße Samen frei, die mona-telang hübsch anzusehen sind. Blütezeit Mai. Pflegeleicht. Gedeiht auch im Schatten, kann dort aber von einer Blattflecken-Pilzkrankheit befallen werden. Im Frühjahr teilen oder durch Aussaat vermehren. Stammt vom west-lichen Mittelmeer und aus Nordafrika. ↕ 45 cm. Z7 **var.** *citrina* Blassgelbe und braune Blüten. Setzt angeblich reich-licher Früchte an. **'Fructu Albo'** Weiße Früchte. **var.** *lutescens* Dotterblumen-gelbe Blüten. **'Variegata'** ♀ Weiß und grau gestreiftes Laub, blüht aber nur selten und setzt nicht oft Samen an.

I. forrestii ♀ (Sibirica/40) Sich bestän-dig ausbreitende Horste aus lineali-schen, gelblich grünen, 20–50 cm langen, kaum 0,7 cm breiten Blättern. Im Sommer tragen die schlanken, unverzweigten Stängel paarweise braun gesäumte, gelbe, 5–6 cm breite Blüten mit senkrechten Hängeblättern über dem Laub. Juni. Braucht feuchte Böden und sonnige oder halbschattige Stand-

orte. Im Frühjahr teilen oder durch Aussaat vermehren. Wächst an Wasser-läufen in Tibet, Yunnan und Sichuan (China) sowie Burma. ↕ 40 cm. Z6

I. **'Frost and Flame'** (TB, Self) Große, strahlend weiße Blüten; Hängeblätter mit rotem Bart. Fruchtiger Duft. Eine alte, aber wüchsige Sorte, die sich als sehr dauerhaft erweist. ↕ 90 cm. Z5

I. fulva (Louisiana) (Terrakotta-Schwert-lilie) Schlanke Rhizome bilden einen sich ausbreitenden Horst aus bandför-migen, blassgrünen, 30–70 cm langen Blättern mit hängender Spitze. Schlan-ke, leicht zickzackförmige Stängel mit bis zu 7 rostbraunen, 7 cm breiten Blüten mit senkrechten Hänge- und Domblättern. Blüht im Sommer. Die unkomplizierteste und härteste unter den Louisiana-Iris. Von Flussufern in Mississippi (USA). ↕ 70 cm. Z7

I. × *fulvala* ♀ (Louisiana) Robuste Hybride mit 7 cm breiten, im Sommer erscheinenden Blüten in Purpurtönen, die sich zwischen dem Violett des einen Elternteils, *I. brevicaulis*, und dem Rost-braun des anderen, *I. fulva*, bewegen. ↕ 70 cm. Z7

I. germanica ♀ (Bart-Iris) (Deutsche Schwertlilie) Aus dicken Rhizomen trei-ben immergrüne, graugrüne, 30–40 cm lange und 2,5–4 cm breite Blätter aus. Einfach oder doppelt verzweigte Stängel mit 10 cm großen, bläulich violetten Blüten; Hängeblätter mit gestreiftem Nagel und gelbem Bart. Blüht lange ab Mai. Die robuste Art gedeiht besonders an sonnigen Standorten mit trockenem Boden. Vermutlich eine uralte Hybride, die seit Jahrhunderten im Mittelmeer-raum kultiviert wird. ↕ 90 cm. Z5 **'Flo-rentina'** siehe *I.* 'Florentina'.

I. **'Gingerbread Man'** (SDB, Self) Blassbraune Domblätter; gelbbraune Hängeblätter und leuchtend blauviolet-ter Bart. Mai. ↕ 35 cm. Z5

I. **'Going My Way'** (TB, Plicata) Große, prächtige, gerüschte Blüten; Domblätter stumpf violett mit weißer Mitte; Hänge-blätter breit, weiß und violett gerandet, mit violetten, zur Mitte hin orangefar-benen Bärten. Duftend. ↕ 85 cm. Z5

I. graminea ♀ (Spuria) (Grasblättrige Schwertlilie, Pflaumenduft-Iris) Dichte Horste aus übergeneigten, schmalen, flachen, leuchtend grünen, 30 cm langen Blättern. Dazwischen tragen abgeflachte Stängel violette, 7 cm große Blüten mit schmalen Dom- und Hängeblättern. Mai und Juni. Gedeiht am besten in feuchten Böden an sonnigen bis halb-schattigen Standorten, verträgt jedoch die meisten Bodenarten. Vermehrung durch Teilung im Frühjahr oder Aussaat. Aus Südeuropa. ↕ 40 cm. Z5

I. **'Green Spot'** ♀ (SDB, Self) Elfen-beinweiße Dom- und Hängeblätter; olivgrüner Fleck unter dem weißen Bart. Sehr auffällig. Mai. ↕ 30 cm. Z5

RECHTS **1** *Iris foetidissima*
2 *I. forrestii* **3** *I. graminea*

FRÜHSOMMER IN EINER SONNIGEN RABATTE

DIESE LEUCHTENDE SOMMERRABATTE aus Iris, Lauch und roten Spornblumen ist durch sorgfältige Planung entstanden. Die violetten Kugeln von *Allium* 'Purple Sensation' haben sich aus Zwiebeln entwickelt, die man zwischen den Rhizomen der Iris 'Jane Phillips' platziert hat. Vermischen können sie sich, weil die Iris in einzelnen Horsten gepflanzt wurden. Die rote Spornblume *Centranthus ruber* 'Atrococcineus' schmuggelte sich zufällig genau an den richtigen Platz.

I. 'Gypsy Romance' ♥ (TB, Self) Große, gerüschte Dom- und Hängeblätter in sattem Purpur. Hängeblätter mit tiefrotem Nagel und violettem Bart. Juni. ↕ 100 cm. Z5

I. 'Happy Mood' ♥ (IB, Plicata) Leicht gewellte, blasslila Blüten; Domblätter weiß angehaucht, Hängeblätter weiß mit lila Rand und klar abgegrenztem, gelbem Bart. Mai–Juni. ↕ 60 cm. Z5

I. 'Harriette Halloway' (TB, Self) Sehr große, duftende Blüten mit klarblauen Domblättern und breiten, ebenfalls klarblauen Hängeblättern, die zur Mitte hin in Weiß übergehen und hellbraun geadert sind. Mai–Juni. ↕ 105 cm. Z5

I. 'Headcorn' ♥ (MTB, Bitone) Kleine elegante Blüten mit einwärts gebogenen, gelben, schwach kastanienbraun geaderten Domblättern; Hängeblätter cremefarben, gelb gerandet, kastanienbraun geadert, mit kräftig orangefarbenem Bart. Wüchsig und unübersehbar. Mai–Juni. ↕ 80 cm. Z5

I. 'Hello Darkness' ♥ (TB, Self) Riesige gerüschte Blüten in gleichmäßigem Tintenschwarz (einschließlich der Bärte); Blütenblätter steif, mit samtiger Oberfläche. Eine der besten »schwarzen« Sorten, hat aber nur 7 Knospen pro Stängel. Juni. ↕ 100 cm. Z5

I. 'Holden Clough' ♥ (Laevigata) Große Iris mit übergeneigtem, gelegentlich immergrünem, leicht grauem Laub und kleinen gelben Blüten, die netzartig in Violett geadert sind. Für feuchte Böden an vollsonnigen Standorten. Vermehrung durch Teilung. ↕ 100 cm. Z5

I. 'Honey Glazed' (IB, Amoena) Cremefarbene, an der Basis in Gelb übergehende Domblätter über bernsteinfarbenen, seitlich der Basis geaderten Hängeblättern; Bart goldgelb. Blüht im Mai–Juni. ↕ 70 cm. Z5

I. 'Honeyplic' ♥ (IB, Plicata) Cremefarbene, honigbraun gerandete und braun geaderte Dom- und Hängeblätter; Hängeblätter mit weißem, an der Spitze braunem Bart. ↕ 45 cm. Z5

I. 'Honky Tonk Blues' (TB, Self) Große gerüschte Blüten mit tiefblauen Domblättern; Hängeblätter etwas heller, weiß gesprenkelt und gestreift, mit blauen Bärten. Kräftige Stängel mit jeweils 10 Knospen. ↕ 95 cm. Z5

I. hoogiana ♥ (Aril/Regelia) Robuste Iris mit dicken Rhizomen und aufrechtem, mittelgrünem, 50 cm langem und 1–1,5 cm breitem Laub mit violettem Ansatz. Stängel violett. 2–3 hübsche, klarblaue, duftende, 10 cm große Blüten mit seidigen Blütenblättern und gelben Bärten. Blütezeit Juni. Braucht durchlässige Böden und volle Sonne. Vermehrung durch Teilung oder Aussaat. Aus Tadschikistan. Mai. ↕ 60 cm. Z5

I. 'Immortality' (TB, Self) Kompakte Pflanze mit leicht gerüschten, duftenden weißen Blüten; zitronengelbe Bärte. Eine beliebte, wüchsige, verlässlich mehrmals blühende Sorte. ↕ 80 cm. Z5

I. 'Impetuous' ♥ (BB, Self) Blassviolette, gewellte Domblätter und abgespreizte, blass-blauviolette, leicht gewellte Hängeblätter mit einigen dunkleren Zonen, Nagel weiß, mit einigen rotvioletten Adern; weißer, an der Spitze gelber Bart. ↕ 75 cm. Z5

I. 'Indian Chief' (TB, Amoena) Große Blüten mit blassen, pastellroten Domblättern und dunkelroten Hängeblättern; Bärte goldgelb. ↕ 110 cm. Z5

I. innominata (PCI) Immergrüne, Horst bildende Iris mit sehr schmalen, nur 2–4 cm breiten, 30 cm hohen, an der Basis violetten Blättern. Meist blassgelb oder cremefarben, gelegentlich aber auch goldgelb, violett oder lila, mit gefransten Hängeblättern. Unverzweigte Stängel mit ein oder zwei 8 cm breiten Blüten, die sich im Frühsommer öffnen. Gedeiht in feuchten, sauren bis neutralen Böden an sonnigen bis halbschattigen Plätzen. Bei Bedarf gegen Spätsommer teilen, besser jedoch durch Aussaat vermehren. Aus Südwest-Oregon und Nordwest-Kalifornien. ↕ 25 cm. Z7

I. 'Jane Phillips' ♥ (TB, Self) Elegante, leicht gerüschte, duftende Blüten mit klar himmelblauen Dom- und Hängeblättern sowie goldgelbem Bart. Juni. Eine beliebte alte, kräftige und wüchsige Sorte. ↕ 90 cm. Z5

I. japonica ♥ (Kamm-Iris) (Gefranste Iris) Breitet sich durch dünne, an der Oberfläche kriechende Rhizome kräftig aus und bildet manchmal breite Horste mit hübschen immergrünen Fächern breiter, glänzend grüner, 45 cm langer, an den Spitzen überhängender Blätter. Im Spätfrühling tragen die verzweigten Stängel einige weiße bis blasslila, 5 cm große Blüten mit blauer Zone um den orangefarbenen Kamm. Für sonnige oder halbschattige, geschützte Standorte mit feuchtem Boden. Nach der Blüte ziehen die Fächer ein und sollten entfernt werden. Vermehrung durch Teilung im Frühjahr. Aus Japan und China. ↕ 45 cm. Z7 'Aphrodite' siehe 'Variegata'. 'Ledger' syn. 'Ledger's Variety' Angeblich härter als die Art. 'Variegata' syn. 'Aphrodite' ♥ Blätter kräftig weiß gestreift, reich blühend.

I. 'Jazz Festival' (TB, Bicolour) Sehr große, gerüschte, duftende Blüten mit cremefarbenen bis hellbraunen Domblättern und großen, kräftig karminroten Hängeblättern mit gelben Bärten und schwach gestreiftem Nagel. Kräftige, gut verzweigte Stängel. Mai–Juni. ↕ 100 cm. Z5

I. 'Jazzed Up' (TB, Amoena) Große, gerüschte, kräftige Blüten mit reinweißen Domblättern und breiten, purpurrosa Hängeblättern, die einen weißen Fleck unter dem weißen Bart tragen. Reich verzweigt; ungewöhnlich hohe Stängel mit 9 Knospen. Mai–Juni. ↕ 120 cm. Z5

LINKS 1 *Iris sibirica* 'Dreaming Yellow'
2 *I.s.* 'Flight of Butterflies'
3 *I.s.* 'Harpswell Happiness'
4 *I.s.* 'Perry's Blue' **5** *I.s.* 'Shirley
Pope' **6** *I.s.* 'Silver Edge'

stark geaderten Hängeblättern. ‡ 90 cm.
'Fourfold White' Große Blüten mit
breiten, glatten Hängeblättern; klar
abgegrenzter gelber Fleck, keine Aderung. ‡ 80 cm. **'Gatineau'** Altmodische
Blüten mit aufrechten Domblättern;
spatelförmige Hängeblätter mit bräunlich gestreiftem Nagel. Mittelblau.
‡ 90 cm. **'Gelber Mantel'** (Sino-Sibirica)
Schmalblättrige Form mit blassgelben,
braun geaderten Blüten. ‡ 90 cm. Z5
'Harpswell Happiness' ♀ Breite, weit
geöffnete, reinweiße Blüten mit gelbem
Fleck. ‡ 90 cm. **'Helen Astor'** Rosarote
Blüten mit aufrechten Domblättern
und geaderten Hängeblättern, Nagel
gelb und geadert. ‡ 80 cm. **'Helicopter'**
Flache, tiefblaue Blüten ohne Domblätter, aber mit 6 schmalen Hängeblättern.
‡ 90 cm. **'Illini Charm'** Große, lilarosa
Blüten mit schräg gestellten Domblättern und gebogenen Hängeblättern;
großer, geaderter, gelber und weißer
Fleck. ‡ 70 cm. **'Jewelled Crown'** Dunkel-weinrote Blüten; Hängeblätter stark
weiß gestreift. ‡ 80 cm. **'Lady Vanessa'**
Rosaviolette Blüten; Domblätter etwas
heller als die breiten Hängeblätter mit
weißem, geadertem Fleck. ‡ 75 cm.
'Lavender Bounty' Blass-lilaviolette
Blüten mit rundlichen Hängeblättern
und helleren, schräg gestellten Domblättern; Nagel gestreift und heller. ‡ 85 cm.
'Limeheart' Breite Blüten mit schräg
gestellten Domblättern und waagrecht
abstehenden Hängeblättern; grünlich
weiß gefärbt, mit lindgrüner Mitte.
‡ 80 cm. **'Marilyn Holmes'** Dunkelblaue,
leicht gerüschte Hängeblätter und hellere Domblätter. ‡ 70 cm. **'Melton Red
Flare'** Tief-weinrote Blüten mit gelbem Fleck. ‡ 90 cm. **'Mrs Rowe'** Kleine
Blüten mit schmalen, graurosa Blütenblättern. Blüht reich. ‡ 90 cm. **'Oban'** ♀
Tief-samtblaue Blüten. ‡ 75 cm. **'Orville
Fay'** Große, breite, himmelblaue Blüten;
schräg gestellte Domblätter mit weißem
und gelbem, gestreiftem Fleck. ‡ 120 cm.
'Ottawa' Tiefblaue Blüten; Hängeblätter
weiß gestreift, Signalfleck gelb. ‡ 80 cm.
'Papillon' Reich blühende Sorte mit
kleinen, zartblauen Blüten; Hängeblätter
weiß geadert. ‡ 90 cm. **'Parasol'** Flache,
hell-lilarosa Blüten mit 6 Hängeblättern;
Domblätter fehlen. ‡ 100 cm. **'Perry's
Blue'** Blassblaue, altmodische Blüten mit
senkrecht stehenden, gestreiften Hängeblättern. ‡ 85 cm. **'Pink Haze'** Blasslilarosa Blüten mit helleren Domblättern
und gebogenen Hängeblättern. ‡ 90 cm.
'Plissee' Tiefblaue Domblätter und
gerüschte, tief-samtigblaue Hängeblätter mit haardünnem, weißem Rand.
‡ 100 cm. **'Ruffled Velvet'** ♀ Große,
breite, gerüschte Blüten in tiefem Blauviolett, mit weiß und gelb gestreiftem
Fleck. ‡ 60 cm. **'Shirley Pope'** ♀ Intensiv dunkel-tintenviolette, samtige Blüten
mit waagrechten Hängeblättern; weiße,
violett gerandete Zone um den gelben
Fleck. ‡ 85 cm. **'Showdown'** Satt-weinrote, samtige, schräg gestellte Domblätter; Hängeblätter mit kleinem weißem,

OBEN 1 *Iris* 'Superstition'
2 *I.* 'Titan's Glory'

geadertem Fleck. ‡85 cm. **'Silver Edge'** ♀ Große breite Blüten mit blauen Domblättern und dunkelblauen, weiß gerandeten Hängeblättern. ‡85 cm. **'Soft Blue'** ♀ Blasse, himmelblaue Blüten mit aufrechten Domblättern. Remontiert. ‡80 cm. **'Sparkling Rosé'** Lilarosa Blüten mit breiten, schräg stellten Domblättern und rundlichen Hängeblättern; Fleck weiß, geadert. ‡70 cm. **'Steve'** Große breite Blüten mit tiefblauen, gerüschten, runden Hängeblättern und schlappen Domblättern. ‡65 cm. **'Summer Sky'** Reich blühend, mit kleinen blassblauen, schmalen Blütenblättern. Hängeblätter mit lang gezogenem, gelblichem Nagel. ‡80 cm. **'Tropic Night'** Kleine Blüten mit schmal aufrechten, tiefblauen Domblättern und schmalen, gebogenen Hängeblättern; großer, gelber, gestreifter Fleck. ‡100 cm. **'Tycoon'** Große, kräftig blaue Blüten mit aufrechten Domblättern und rundlichen Hängeblättern. ‡75 cm. **'Vi Luihn'** Tiefviolettblaue Blüten mit schräg gestellten Domblättern und rundlichen Hängeblättern; gelber, geaderter Signalfleck. ‡90 cm. **'White Swirl'** ♀ Weit geöffnete weiße Blüten mit gelber Mitte. ‡85 cm.

I. **'Silverado'** (TB, Self) Große breite, stark gerüschte, duftende Blüten mit zartblauen Dom- und Hängeblättern; gelbe Bärte. Reich blühende, preisgekrönte Sorte. ‡100 cm. Z5

I. sintenisii ♀ (Spuria) Bildet Horste aus 2–5 cm breiten, 30–40 cm langen, aufrechten Blättern. Im Sommer tragen die 30 cm langen Stängel 1–2 Blüten mit 6 cm Durchmesser. Blauviolette Domblätter; schmale, weiße Hängeblätter mit sehr dichter violetter Aderung. Für sonnige oder halbschattige Standorte und feuchte, durchlässige Böden. Herkunft: Trockenbusch und Waldlichtungen in Südost-Europa. ‡40 cm. Z6

I. **'Skating Party'** (TB, Self) Große, stark gerüschte, duftende, reinweiße Blüten; Domblätter besonders schön gerüscht; Hängeblätter mit hellgelben Bärten. Wüchsig und reich blühend. ‡95 cm. Z5

I. **'Sky Hooks'** (TB, Bitone) »Futuristische« Iris mit großen, gerüschten Blüten in zartem Apricot; Hängeblätter mit hellerer Zone sowie blasslila Hörnern und Spateln, an der Basis des gelben Barts. Elternsorte vieler weiterer »futuristischer« Iris. ‡95 cm. Z5

I. **'Snowy Owl'** ♀ (TB, Self) Große, gerüschte, reinweiße Blüten ohne jegliche weitere Färbung mit Ausnahme des gelben, an der Spitze weißen Barts. ‡95 cm. Z5

I. **'Somerset Blue'** ♀ (TB, Bicolour) Gewellte, gebogene, blauviolette Domblätter; waagrecht stehende, grauweiße, hell-kastanienbraun geaderte Hängeblätter mit gelbem, an der Spitze weißem Bart. Reich blühend. ‡75 cm. Z5

I. **'Song of Norway'** (TB, Self) Große, duftende, gerüschte Blüten in kühlem Eisblau; große Domblätter; Bart tiefblau, mit weißer Spitze. ‡100 cm. Z5

I. **'Sonoran Señorita'** ♀ (Spuria) Wüchsige Sorte mit 1,2 m langen und 2,5 cm breiten, graugrünen Blättern und 3–5 großen, leicht gerüschten, leuchtend goldgelben Blüten über dem Laub. Juni–Juli. ‡1,2 m. Z5

I. **'Splashacata'** (TB, Plicata) Große, leicht gerüschte Blüten mit zartblauen Domblättern und hellblauen Hängeblättern, die vor allem am Rand mit blauvioletten Punkten übersät sind. Blassgelbe Bärte. ‡85 cm. Z5

I. spuria (Spuria) (Steppen-Iris) Robuste, variable Schwertlilie mit schmalen, straff aufrechten, 30 cm langen Blättern. Sie bildet im Sommer bis zu 4 Blüten an den verzweigten Stängel. Blüten 8 cm breit, in Blau, Violett, Lila oder Gelb. Kultur am besten in feuchtem, durchlässigem Boden an sonnigen bis halbschattigen Plätzen. Vermehrung durch Aussaat oder Teilung. Herkunft: Südeuropa bis Zentralasien. ‡90 cm. Z5

I. **'Stairway to Heaven'** (TB, Amoena) Große gerüschte Blüten mit gebogenen, fast weißen Domblättern und waagrecht abstehenden, mittelblauen Hängeblättern; Bärte blassblau. Wüchsig und blühfreudig. ‡100 cm. Z5

I. **'Staplehurst'** ♀ (MTB, Bicolour) Aufrechte, leicht einwärts gebogene, hellbraune Domblätter mit weißen, waagrecht abstehenden Hängeblättern, die zum Rand hin zart violett geadert sind und einen kleinen orangefarbenen Bart tragen. Mai. ‡60 cm. Z5

I. **'Starship Enterprise'** (TB, Amoena) Auffällig gefärbte Blüten mit aufrechten, gewellten weißen, an der Basis goldgelben Domblättern und reinweißen, waagrecht stehenden, magentarot gerandeten Hängeblättern mit goldgelbem Bart und goldgelbem Nagel. Juni. ‡90 cm. Z5

I. **'Staten Island'** (TB, Variegata) Leuchtend gelbe Domblätter und relativ stark hängende, gelb gerandete, kastanienbraune Hängeblätter mit gestreiftem Nagel und goldgelbem Bart. ‡95 cm. Z5

I. **'Stepping Out'** ♀ (TB, Plicata) Große, leicht gerüschte Blüten; Dom- und Hängeblätter reinweiß, mit breitem blauviolettem Rand. Reich verzweigt. Juni. ‡100 cm. Z5

I. stylosa siehe *I. unguicularis*

I. suaveolens syn. *I. mellita* (Bart-Iris) Zwergige Iris mit Fächern aus übergeneigten, 22 cm langen und 1 cm breiten Blättern. 1 oder 2 je 5 cm breite Blüten an kurzen Stängeln; Blütezeit Frühjahr. Die 4,5–5,5 cm großen Blüten können gelb oder violett gefärbt sein. Oft tragen sie eine braune Zeichnung. Kultur in durchlässigen Böden an sonnigen Standorten. Vermehrung durch Aussaat oder Teilung. Aus der Nordwest-Türkei und vom Balkan. ‡15 cm. Z6 **'Rubromarginata'** Rot gerandete Blätter. Wird oft fälschlicherweise als Art *I. rubromarginata* eingestuft.

I. **'Sun Doll'** ♀ (SDB, Self) Lebhafte, gerüschte, sattgelbe Blüten, die einen süßen Duft verströmen. April. ‡30 cm. Z5

I. **'Sunny Dawn'** ♀ (IB, Self) Gerüschte, gelbe, an der Basis der Domblätter hellere Blüten mit bronzebrauner Tönung auf den Hängeblättern und leuchtend rotorangefarbenen Bärten. Mai. ‡55 cm. Z5

I. **'Sunrise in Sonora'** ♀ (Spuria) Wüchsig, mit 120 cm langen, 2 cm breiten, aufrechten, leicht grau getönten Blättern und vier großen Blüten pro Stängel. Tief-kastanienbraune, aufrechte Domblätter und rundliche, tief-kastanienbraune Hängeblätter mit goldgelber Mitte. Juni–Juli. ‡120 cm. Z5

I. **'Superstition'** ♀ (TB, Self) Große, sanft gewellte, dunkel-indigoblaue Blüten, kastanienbraun getuscht, vor allem zur Basis der Domblätter hin und an den Seiten der Hängeblätter. Eine der dunkelsten Sorten, mit blauschwarzem Bart. Duftet sehr intensiv. ‡95 cm. Z5

I. **'Supreme Sultan'** (TB, Variegata) Riesige, 20 cm große, gerüschte, nach Lilien duftende Blüten; satt-goldgelbe, gebogene Domblätter und mahagonirote Hängeblätter mit goldgelben Bärten. ‡95 cm. Z5

I. **'Susan Bliss'** ♀ (TB, Self) Duftende Blüten mit altmodischem Look; Domblätter lilarosa; Hängeblätter ähnlich gefärbt, schmal, mit gestreiftem Nagel und gelbem Bart. Wüchsig. Mai–Juni. ‡85 cm. Z5

I. **'Swingtown'** (TB, Self) Große, gerüschte, süß duftende Blüten; übergeneigte Domblätter rotviolett; Hängeblätter mit violetten Bärten. Reich blühend und mit steifen Stängeln. ‡95 cm. Z5

I. tectorum (Kamm-Iris) (Dach-Schwertlilie) Hübsche Iris mit kriechenden Rhizomen. Fächer aus breit schwertförmigen, hellgrünen, 130 cm langen Blättern. Im Frühsommer schieben sich zwischen dem Laub spärlich verzweigte Stängel hervor, die mehrere 10 cm große, blasslila, orchideenartige Blüten tragen. Herabhängende Domblätter und senkrecht stehende Hängeblätter mit gezähntem Kamm und blassem Signalfleck. Kultur an vollsonnigen, geschützten, warmen Standorten in durchlässiger Erde. Aus China. ↕ 40 cm. Z6 **'Alba'** Schöne weiße Blüten mit gelben Kämmen und Bögen. **'Variegata'** Weiß gestreiftes Laub.

I. 'Templecloud' ♀ (IB, Bitone) Leicht gerüschte Blüten mit hellblauen Domblättern und tiefvioletten Hängeblättern; Bart tiefblau. Blüht ungewöhnlich lang und reich. ↕ 55 cm. Z5

I. tenax (PCI) (Oregon-Iris) Horst bildend, mit schmalen, tiefgrünen, 30 cm langen, an der Basis rot getönten Blättern. Im Frühsommer öffnen sich an schlanken, unverzweigten Stängeln 1 oder 2 der 8 cm großen, blauen, blaulila, gelben, cremefarbenen oder weißen Blüten mit gelbem Fleck auf den Hängeblättern. Man pflanzt sie in feuchte, durchlässige, saure bis neutrale Erde an sonnigen bis halbschattigen Standorten. Vermehrung durch Aussaat. Herkunft: US-Bundesstaaten Washington und Oregon. ↕ 25 cm. Z7

I. 'Thornbird' ♀ (TB, Blend) Ungewöhnliche Blüten in der Farbe ungebleichten Leinens; Domblätter gewellt und schmal; Hängeblätter schmal, waagrecht abstehend; Bärte orangerot, mit gekrümmten, violetten Spornen an der Basis. Blüht sehr reich. Eine »futuristische« Iris. Juni. ↕ 95 cm. Z5

I. 'Thriller' (TB, Self) Große, duftende, leicht gerüschte Blüten in sattem Hellviolett, mit dunkler violetten Bärten. Reich blühend und mit kräftigen Blütenblättern. ↕ 90 cm. Z5

I. 'Tiger Honey' (TB, Broken self) Große, sanft gerüschte Blüten; Domblätter leicht gekräuselt, golden gestreift; Hängeblätter senfgelb, stark weiß gestreift. Wüchsig. ↕ 90 cm. Z5

I. 'Tinkerbell' (SDB, Bitone) Mittelblaue Domblätter und geringfügig dunklere Hängeblätter mit dunklerer Zone; weißer Bart, am Rand strahlige Aderung. Sehr hübsch. Mai. ↕ 30 cm. Z5

I. 'Titan's Glory' ♀ (TB, Self) Sehr große, breite, gerüschte, seidige Blüten in sattem Dunkelviolett, mit geschwungenen Domblättern und dunkelblauen Bärten. Kräftige Stängel. Duftend. ↕ 95 cm. Z5

I. 'Top Flight' (TB, Self) Große, beeindruckende, gerüschte, apricotfarbene Blüten mit teilweise zurückgebogenen Hängeblättern und leuchtend orangefarbenem Bart. ↕ 95 cm. Z5

I. unguicularis syn. **I. stylosa** ♀ (Bartlose Iris) (Winter-Iris) Horst bildende Iris mit festen Rhizomen. Schmale, immergrüne, oft etwas ungepflegt aussehende Blätter, die eine Länge von 70 cm errei-

chen können. Die fast stängellosen, zwischen dem Laub sitzenden Blüten werden von 15 cm langen Röhren gestützt. Sie blühen im Winter und Frühjahr und sind blass-lilablau gefärbt. Der Nagel ist weiß, der Signalfleck gelb. Kultur an vollsonnigen Standorten in trockenen, am besten kalkhaltigen Böden. Nach dem Umpflanzen wächst sie nur schwer wieder ein. Vermehrung durch Aussaat oder Teilung. Herkunft: Algerien, Tunesien, östlicher Mittelmeerraum, Westsyrien. ↕ 40 cm. Z7 **'Alba'** Weiße Blüten mit feiner Textur und gelbem Fleck. **subsp. cretensis** Kräftig blauviolette Blüten, zwergiger Wuchs, grasartiges Laub. ↕ 12 cm. Aus Kreta. Z8 **'Mary Barnard'** ♀ Große, leuchtend violette Blüten mit gelbem Fleck. **'Walter Butt'** 10 cm große Blüten in hellem, silbrigem Lila, mit gelbem Fleck. Blüht früher als die meisten anderen Sorten der Art.

I. 'Vanity' ♀ (TB, Self) Große blassrosa Blüten mit schwach blauem Anflug; Hängeblätter in der Mitte heller, mit tief-korallenrosa Bart. Wüchsig und reich blühend. ↕ 85 cm. Z5

I. variegata ♀ (Bart-Iris) (Bunte Schwertlilie) Schwertförmige, graugrüne, 30 cm lange und 1–3 cm breite Blätter, die aus kräftigen Rhizomen austreiben. Die verzweigten Stängel tragen ihre bis zu 6 der 7 cm großen Blüten im Frühsommer. Domblätter blassgelb; Hängeblätter dicht kastanienbraun gestreift, vor allem zur Spitze hin; Bärte gelb. Kultur: an sonnigen Standorten in durchlässigen Böden. Stammt aus Mittel- und Osteuropa. ↕ 40 cm. Z5

I. versicolor ♀ (Laevigata) (Verschiedenfarbige Iris) Robuste, Horst bildende Art mit übergeneigten, tiefgrünen, 35–60 cm langen und 1–2 cm breiten,

am Ansatz violett getönten Blättern. Im Frühsommer öffnen sich an verzweigten Stängeln kleine Stände zu 8 cm breiten, violetten, purpurroten oder lila Blüten mit kurzen, aufrechten Domblättern und schmalen Hängeblättern mit weißem, dunkler gestreiftem Nagel. Man pflanzt die Art an sonnige bis halbschattige Plätze in feuchte Böden. Vermehrung durch Teilung oder Aussaat. ↕ 80 cm. Z3 **'Kermesina'** Leuchtend purpurrote Blüten.

I. 'Victoria Falls' (TB, Self) Große, duftende, leuchtend blaue, gerüschte Blüten mit weißem Fleck auf den Hängeblättern unterhalb des weißen Barts. Wuchskräftig, verzweigt, reich blühend. Remontiert. Juni. ↕ 100 cm. Z5

I. 'Wabash' (TB, Amoena) Eine alte, ungerüschte Sorte mit schmalen Blütenblättern; Domblätter reinweiß; Hängeblätter tiefviolett, mit dünnem, weißem Rand, gestreiftem Nagel und goldenem Bart. Juni. ↕ 85 cm. Z5

I. 'White City' (TB, Self) Alte, duftende Sorte mit leicht gerüschten Domblättern und ungerüschten, schmalen Hängeblättern; Bart goldgelb. Juni. ↕ 90 cm. Z5

I. 'White Knight' (TB, Self) Altmodische Sorte mit großen weißen Domblättern und hängenden, paddelförmigen, weißen, cremefarben und grün überlaufenen Hängeblättern; Bart gelb. Juni. ↕ 80 cm. Z5

I. wilsonii ♀ (Sibirica) Horst bildende Art mit schlankem, graugrünem, 25–55 cm langem und 5–8 cm breitem Laub. Hohle, unverzweigte Stängel mit

UNTEN *Iris variegata*

zwei 6–8 cm großen, blassgelben Blüten, die sich im Frühsommer öffnen. Hängeblätter bräunlich geadert. Sie bevorzugt sonnige bis halbschattige Standorte und feuchte, humose Böden. Vermehrung durch Aussaat oder Teilung. Westchina. ↕ 70 cm. Z5

I. 'Wyoming Cowboys' ♀ (Spuria) Wüchsig, mit leicht bläulichem, 130 cm langem und 2,5 cm breitem Laub, das knapp überragt wird von großen Blüten mit aufrechten gelben, kräftig graubraun gerandeten Domblättern und goldgelben Hängeblättern mit dünnem, braunem Saum. Mai–Juni. ↕ 120 cm. Z5

I. 'Yaquina Blue' (TB, Self) Große, breite, stark gerüschte, mittelblaue Blüten; Hängeblätter mit blasserer Zone unterhalb des blassgelben Barts. Wüchsig. ↕ 95 cm. Z5

ISOPYRUM
Muschelblümchen
RANUNCULACEAE

Hübsch geteiltes Laub und anemonenartige Blüten sind die hervorstechenden Eigenschaften dieser eleganten Waldpflanzen.

Die 30 sommergrünen Arten der Gattung sind in feuchten Bergwäldern und an schattigen Wasserläufen in Europa, Nordasien und Nordamerika beheimatet. Zwei davon findet man gelegentlich in Kultur. Sie entwickeln knollige Wurzeln oder Rhizome, aus denen schlanke Stängel mit geteilten Blättern aus mehreren gelappten Blättchen austreiben. Die kleinen, anemonenartigen, weißen oder rosa getönten Blüten tragen 5–6 Blütenblätter. Muschelblümchen brauchen einen schattigen Standort und Schutz vor trockenen Winden.

KULTUR In feuchter, humoser Erde im Halbschatten.

VERMEHRUNG Teilung oder Aussaat.

PROBLEME Schnecken.

I. biternatum Horst bildende Staude mit faserigen Wurzeln und kleinen Knollen, aus denen schlanke, verzweigte, beblätterte Stängel austreiben. Die unteren Blätter erinnern an die der Wiesenraute *(Thalictrum)*. Sie sind langstielig und mehrfach gefiedert, mit breiten, gelappten, 1–2,5 cm langen Blättchen. Im Mai öffnen sich weiße, 2 cm breite Blüten mit meist 5 ovalen Blütenblättchen. Stammt aus feuchten Wäldern im östlichen Nordamerika von Ontario bis Texas. ↕ 30 cm. Z4

I. thalictroides (Muschelblümchen) Matten bildende Staude, die sich durch Rhizome ausbreitet. Schlanke verzweigte Stängel mit mehrfach gefiederten, blaugrünen Blättern. Blättchen 3-lappig. Im Mai öffnen sich weiße, bis zu 2 cm breite Blüten in den oberen Blattachseln. Eignet sich gut als Unterpflanzung für Schatten liebende Sträucher. Herkunft: feuchte Wälder von Europa bis Sibirien. ↕ 30 cm. Z6

J

JABOROSA
SOLANACEAE

Der reizende Bodendecker mag Sonne und Trockenheit, braucht aber reichlich Platz zur Ausbreitung.

Die 20 sommergrünen Arten kommen in trockenen Regionen Südamerikas vor. In Kultur trifft man nur eine einzige Vertreterin der Gattung an. Sie bevorzugt einen warmen, trockenen Gartenwinkel. Ihre grundständigen Blätter sind meist oval oder elliptisch geformt. Sie bilden eine schöne Kulisse für die duftenden, glocken- oder röhrenförmigen, gelappten Sommerblumen.

KULTUR An geschützten Standorten mit reichlich Sonneneinfall und sandigen, durchlässigen Böden.

VERMEHRUNG Durch Teilung oder Aussaat bei 13–16 °C im Frühjahr.

PROBLEME Schnecken. Auch die Pflanze selbst kann zum Problem werden, weil sie sich stark ausbreitet.

J. integrifolia Eine wohlriechende, stängellose Art. Die dunkelgrünen fleischigen, ovalen bis elliptischen Blätter stehen in Büscheln, werden mindestens 20 cm lang und liegen auf dem Boden. Grüne bis weiße, röhrenförmige, etwa 6 cm breite, sternförmig gelappte Blüten erscheinen ab Juni und duften nachts. Geeignet für warme, sonnige Rabatten. Vorsicht: Die Art breitet sich stark aus. Aus Argentinien, Südbrasilien und Uruguay. ↕ 15 cm. Z8

JASIONE
Sandglöckchen
CAMPANULACEAE

Die lange blühenden Pflanzen bieten sich besonders für den Vordergrund einer Rabatte an.

Rund 10 Arten Ein- oder Zweijähriger und Stauden sind in europäischen und asiatischen Wiesen und Steppen verbreitet; eine Art ist in Kultur verbreitet. Sandglöckchen zeichnen sich durch einfache, wechselständige, lanzettliche Blätter aus, die an der Pflanzenbasis meist ein dichtes Büschel bilden. An den Enden drahtiger, selten verzweigter Stängel stehen kugelige, ausdauernde Blütenstände. Sie werden gern als Schnittblumen verwendet und locken Insekten an.

KULTUR In kalkfreien, sandigen Böden an vollsonnigen bis halbschattigen Standorten.

VERMEHRUNG Durch Aussaat im Herbst oder durch Teilung im Frühjahr.

PROBLEME Schnecken im Frühjahr.

J. laevis syn. *J. perennis* (Ausdauerndes Sandglöckchen) Im Frühjahr bilden sich dichte, etwa 15 cm hohe Laubbüschel, zwischen denen sich von Juni bis August unterschiedlich hohe Stängel nach oben schieben. Sie tragen die 5 cm breiten, kugeligen, nadelkissenartigen Köpfchen aus weich stacheligen, mattblauen Blüten mit jeweils einem herausragenden Staubblatt. ↕ 40 cm. Z5 **'Blaulicht'** Leuchtend blaue Blüten; regelmäßigere Höhe.

J. perennis siehe *J. laevis*

JEFFERSONIA
BERBERIDACEAE

Ihre Blütenshow ist nur kurz, doch beeindrucken sie auch durch ihr Laub, das sich sehr lange hält.

Man unterscheidet 2 Arten – eine nordamerikanische und eine asiatische. *Jeffersonia* gehören nicht gerade zu den eindrucksvollsten Stauden; Kenner schätzen sie eher wegen ihres kurzen, zarten Flors – ein schönes Beispiel für die Vergänglichkeit von Frühlingsblühern. An einem kräftigen Wurzelstock stehen nackte Blütenstängel mit einfachen weißen oder lila, 8-zähligen, becherförmigen Blüten. Sie erscheinen im zeitigen Frühjahr mit dem Entfalten des Laubs. Der amerikanische Botaniker Benjamin Smith Barton benannte *Jeffersonia* nach dem amerikanischen Präsidenten Thomas Jefferson, der die Pflanze sehr schätzte.

KULTUR In humoser, feuchter, lehmiger bis schwach saurer Erde. Braucht Halbschatten bis Schatten und wächst nur langsam, bildet aber mit der Zeit breite, auffällige Horste. Empfindlich gegen Störungen, braucht nach dem Umpflanzen ein bis zwei Jahre, bis sie eingewachsen ist.

VERMEHRUNG Im Herbst die harte Krone mit einem scharfen Messer teilen und dabei 2–3 Knospen pro Teilstück lassen. Frischen Samen im Freiland ausbringen. Blüte nach 2–3 Jahren.

PROBLEME In der Regel keine.

J. diphylla (Zwillingsblatt) Aus der kräftigen Krone mit Faserwurzeln wachsen paarweise 15 cm breite Blättchen an schlanken Stielen. Zum Frühjahrsanfang öffnen sich mehrere einfache, 2,5 cm breite, reinweiße, 8-zählige Blüten an dünnen Stängeln. Es folgen röhrenartige Samenkapseln, die an der Oberseite explodieren und die Samen herausschleudern. Das Zwillingsblatt bevorzugt kalkhaltige Böden. Eingewachsene Horste schmücken mit ihrem Laub im sommerlichen Beet. Wächst an geschützten Plätzen in sommergrünen Wäldern und an Flussufern

RECHTS 1 *Jasione laevis* 'Blaulicht'
2 *Jeffersonia diphylla* **3** *J. dubia*

über Kalkgestein in Nordamerika von Ontario, Minnesota und südwärts bis Virginia und Alabama. ‡ 45 cm. Z4

J. dubia Violett gefleckte, 10 cm breite, schildförmige bis schwach 2-lappige Blätter erscheinen nach den zahlreichen, 2,5 cm großen lila Blüten. Beginnt im zeitigen Frühjahr zu blühen und treibt aus dem faserigen Wurzelstock viele Stängel aus. Bevorzugt gleichmäßig feuchte, neutrale bis schwach saure Böden. Eingewachsene Exemplare vertragen auch Trockenheit. Empfindlicher als *J. diyphylla*. Aus Wäldern und von Felshängen Chinas bis Sibirien. ‡ 20 cm. Z4 **'Alba'** Weiße Blüten.

JUNCUS
Binse
JUNCACEAE

Diese Sauergräser mit ornamentalem Wuchs eignen sich für nasse Bereiche oder Töpfe. Sie fallen durch kräftige Triebe, auffällige Farben und ihren strengen Wuchs auf.

Man kennt über 800 Arten dieser Gattung. Sie kommen an nassen und feuchten Standorten in gemäßigten Regionen rund um den Erdball vor. Einige wenige vertragen auch trockenere Bedingungen. Binsen sind grasartige Pflanzen, die oft ein kriechendes Wurzelsystem entwickeln und große Horste aus zylindrischen bis flachen, unbehaarten, starren, glatten oder gefurchten Blättern bilden. Im Gegensatz zu den Süßgräsern *(Poaceae)* aber haben sie einen markigen, festen Kern. Die Blüten stehen in dichten endständigen, zusammengesetzten Ständen (Spirren) oder scheinen seitlich den Stängeln zu entspringen, doch werden sie von einem festen Tragblatt gestützt. Sie sind in der Regel grün oder braun und sehr einfach gebaut. Weibliche und männliche Teile sitzen an ein und derselben winzigen Blüte. Die einzelnen Arten lassen sich gut anhand der rundlichen Früchte unterscheiden. Binsen eigenen sich vorzüglich als Hintergrund für kleinere, farbenfrohe Sumpfpflanzen, kommen aber auch in naturnahen Feuchtwiesen oder offenen Waldbereichen gut zur Geltung. Formen mit gedrehtem Laub wirken hübsch in Pflanzgefäßen.

KULTUR In feuchter, nährstoffarmer Erde an sonnigen Standorten. Kann wuchern und sät sich sehr stark selbst aus. In kleineren Gärten kultiviert man Binsen daher am besten in Töpfen mit schwerer Tonerde und teilt sie alle drei Jahre im Frühjahr.

VERMEHRUNG Panaschierte und gedrehte Formen im Frühjahr teilen. Arten durch Aussaat frischer Samen vermehren, Erde gut feucht halten.

PROBLEME In der Regel keine.

***J. decipiens* 'Curly-wurly'** syn. 'Spiralis' Kräftig hellgrüne immergrüne Horste aus feinen, eng gedrehten, schlanken Blättern, die aussehen wie mit Kunststoff überzogene Drahtfedern. Wird am bes-

ten in feuchter, karger Erde gezogen. In milden Gegenden gut als Randbepflanzung kleiner Teiche. Die Art wächst in Japan, China, Korea und Nordamerika in feuchten, sauren Böden. ‡ 10 cm. Z6

J. effusus (Flatter-Binse) Langsam sich ausbreitende immergrüne Horste aus kräftig grünlich gelben, runden, bis 1,5 m hohen Stängeln, die einen eleganten Fächer bilden. Zwischen Ende Mai und August erscheinen seitlich am Stängel kleine, lockere, fedrige runde Spirren aus grünen bis braunen Blüten. Eine schöne Teich- und Sumpfpflanze. Sie kommt in den meisten gemäßigten Zonen in feuchten Wäldern und Sümpfen oder auf überweideten Feuchtwiesen vor. ‡ 1,5 m. Z4 **'Gold Strike'** Mit einzelnem goldgelbem Streifen auf einer Seite der fast geraden oder höchstens leicht gedrehten Stängel. ‡ 30 cm. **fo. *spiralis*** Dunkelgrüne korkenzieherartige Stängel. ‡ 45 cm. **'Yellow Line'** Gedrehte Stängel mit kräftigem goldgelbem Streifen. ‡ 50 cm.

J. ensifolius (Schwertblättrige Binse, Zwerg-Binse) Langsam sich ausbreitende Blatthorste mit schmalen, leicht abgeflachten, zweiflügeligen Stängeln. Im Spätsommer öffnen sich glänzende braune bis violette Blütenstände, die einen auffälligen Kontrast zu den breiten Stängeln bilden. Aus Niedermooren in Japan und dem westlichen Nordamerika. ‡ 50 cm. Z5

***J. filiformis* 'Spiralis'** (Faden-Binse) Kräftig grüne, sehr dünne, leicht gekerbte Stängel, die sich in Reihen ausbreiten. Sie tragen kleine dichte Stände aus grünbraunen Blüten mit langem Tragblatt. Blütezeit Juni–September. Runde Samenstände. Eine zartelegante Randbepflanzung für kleine Teiche. Die Art kommt an feuchten Standorten in nördlichen gemäßigten Regionen vor. ‡ 20 cm. Z4

J. inflexus (Blaugrüne Binse) Langsam sich ausbreitende immergrüne Horste aus graugrünen, aufrechten, gerippten Blättern und Stängeln. Blüten in lockeren, einseitswendigen, bräunlichen Ständen mit längerem Tragblatt. Blütezeit Mai–Juli. Eine beeindruckende Randbepflanzung für Moorbeete. Giftig für Weidetiere! Ähnelt *J. effusus*, hat jedoch keine gelblichen, sondern graugrüne Stängel. Herkunft: Hochmoore und Feuchtwiesen in ganz Europa und im Irak. ‡ 45 cm. Z4

J. patens 'Carman's Gray' Bildet immergrüne Horste aus strahlenförmigen blaugrauen Bündeln röhriger Blätter. Zahlreiche braune Blüten im oberen Stängelbereich. Blütezeit Sommer. Wird am besten als Kontrapunkt zu goldgelben oder panaschierten Sumpfpflanzen gepflanzt. Die Art stammt aus sumpfigen Gebieten in Kalifornien und Oregon (USA). ‡ 60 cm. Z5 **'Silver Spears'** Silbergrünes, nadelartiges Laub. **'Unicorn'** Riesenform mit gedrehten dunkelgrünen Blättern und Stängeln; verträgt trockenere Bedingungen als *J. effusus* fo. *spiralis*.

RECHTS **1** *Juncus decipiens* 'Curly-wurly'
2 *J. effusus* **3** *J. effusus* fo. *spiralis*
4 *J. patens* 'Carman's Gray'

K

KALIMERIS
Schönaster
ASTERACEAE

Wenn diese elegante, buschige Staude an einem sonnigen Standort gepflanzt wird, blüht sie besonders lang.

Rund 10 anpassungsfähige, seltsamerweise aber nicht besonders gefragte Arten umfasst die Gattung. Sie stammen aus Ostasien, wo sie in lichten Wäldern und in Grasland wachsen. *Kalimeris* wurde früher zu den Gattungen *Aster*, *Asteromoea* und *Boltonia* gezählt und ähnelt in der Tat kleinblütigen Astern. Sie zeichnet sich durch kriechende Rhizome und aufrechten Wuchs aus. Die Blätter sind gegenständig angeordnet, ansonsten aber von Art zu Art recht unterschiedlich: schmal oder rundlich, gezähnt, behaart oder unbehaart, gelappt oder aus Blättchenpaaren zusammengesetzt. Die oberen Stängelblätter sind kleiner als die unteren und ungeteilt. Die Rosette aus grundständigen Blättern bleibt oft den ganzen Winter über bestehen.

Schönastern tragen ihre Blütenkörbchen den Sommer und Herbst hindurch in lockeren, verzweigten Schirmrispen und wirken daher sehr feingliedrig und offen. Die Scheibenblüten leuchten stets in Gelbtönen, während die Farbpalette der Strahlenblüten von Weiß und Rosa über Blau- bis hin zu Purpurtönen reicht.

KULTUR Unproblematisch. Man zieht sie am besten an vollsonnigen bis halbschattigen Standorten in mäßig nährstoffreichen, durchlässigen Böden, doch kommen sie sogar mit feuchten Böden zurecht. Vor Wind schützen. Das Entspitzen der Triebe fördert einen buschigen, kompakten Wuchs und erhöht die Zahl der Blüten. Zwickt man die Spitzen nicht ab, muss die Pflanze an exponierten Standorten gestützt werden. Nach der Blüte leicht zurückschneiden. Die Pflanzen altern manchmal schnell, verholzen an der Basis und werden nach wenigen Jahren müde, doch kann man sie problemlos vermehren und daher regelmäßig ersetzen.

VERMEHRUNG Im Frühjahr durch Teilung oder Stecklinge.

PROBLEME Mehltau.

K. incisa syn. *Boltonia incisa* (Schönaster) Horste bildende, leicht behaarte Staude. Dunkle, aufrechte Stängel tragen längliche, gestielte oder ungestielte, 3–8 cm lange Blätter mit fein gezähntem Rand. Blüht ab Frühsommer bis in den Frühherbst hinein. Die Strahlenblüten der 3–4 cm breiten Blütenkörbchen sind meist hellviolett oder weiß gefärbt. Aus

Ostasien. ↕ 60 cm. Z4 **'Alba'** Weiße Blüten. **'Blue Star'** Blassblaue Blüten.

K. mongolica syn. *Asteromoea mongolica* (Mongolische Schönaster) Aufrechte, Horste bildende Staude mit länglichen, tief eingeschnittenen, gestielten, 10–15 cm langen, am Rand behaarten Blättern. Blütenkörbchen 2–3 cm breit, mit violett getönten, blassen Strahlenblüten. Blüht den Sommer über, aber nicht so lang wie *K. incisa*. Aus der Mongolei und aus China. ↕ 90 cm. Z6

K. pinnatifida syn. *Asteromoea pinnatifida*, *Boltonia cantoniensis*, *B. indica* Hohe, aufrechte, Horste bildende Staude mit länglichen bis rautenförmigen, auffallend geteilten, ungestielten, bis 8 cm langen Blättern. Blütenkörbchen 3 cm breit, mit blassrosa bis blassvioletten Strahlenblüten. Von der Insel Honshu in Japan. ↕ 60–90 cm, gelegentlich bis 1,5 m. Z6 **'Hortensis'** Weiße Blüten-

körbchen mit anemonenartiger, in der Mitte blassgelb getönter Scheibe.

K. yomena **'Shogun'** Die Blätter sind in zwei unterschiedlichen Grünschattierungen gefärbt, sie haben außerdem einen cremeweißen Rand und einen rosafarbenen Ton in der Mitte der Spreite. Die 3–4 cm breiten Blütenkörbchen tragen hell-blauviolette Strahlenblüten. Aus Japan. Wird häufiger kultiviert als die Art selbst. ↕ 45–70 cm. Z5

KIRENGESHOMA
Wachsglocke
HYDRANGEACEAE

Für Gehölzbereiche oder schattige Rabatten ist diese ungewöhnliche, attraktive Staude gut geeignet. Sie wird auch als Solitär oder für Gruppenpflanzungen verwendet.

Die einzige Art der Gattung, eine sommergrüne Staude, stammt aus den Bergwäldern Japans und Koreas. Sie besteht aus dichten Horsten mit aufrechten bis etwas übergeneigten, purpurroten Stängeln, die einen reizvollen Kontrast zu den breiten, mittel- bis hellgrünen Blättern bilden. Die lilienähnlichen, gelben Blüten sind eine Bereicherung frühherbstlicher Pflanzungen.

KULTUR Am besten im Halbschatten. Braucht feuchte, humose Böden.

VERMEHRUNG Durch Teilung oder Aussaat bei Reife.

PROBLEME Schnecken sind ein Ärgernis.

K. palmata (Wachsglocke) Bildet dichte Horste. Aufrechte bis leicht übergeneigte Triebe tragen gegenständige, rundliche bis ovale, 10–18 cm lange Blätter, deren Ränder mit zugespitzten, dreieckigen Lappen versehen sind. Vom Spätsommer bis in den Herbst hinein erscheinen fleischige, fünfzählige, 3,5–4 cm lange,

blassgelbe bis hell-apricotgelbe Blüten in lockeren, endständigen, rispigen Trugdolden. *K. koreana* wurde früher als eigene Art geführt, doch mittlerweile gilt sie als koreanische Rasse von *K. palmata*. Sie ist etwas größer und trägt Blüten, die sich weiter öffnen. ↕ 90–120 cm. Z5

KITAIBELA
Kitaibelie
MALVACEAE

Diese robuste, stark belaubte, imposante Pflanze eignet sich für große Rabatten oder zum Verwildern in Naturgärten.

Es ist eine biegsame, winterharte Staude, deren Zugehörigkeit zur Malvenfamilie nicht zu übersehen ist. Die 2 Arten der Gattung stammen vom Balkan und zeichnen sich durch zähe, holzige Wurzeln und hohe Stängel mit großen, hübschen, rebenartigen Blättern aus, die die weißen, malvenartigen Blüten gut zur Geltung bringen. Wegen ihrer Größe und der dichten Belaubung eignet sie sich nicht für Kleingärten, in ausgedehnteren, naturnäheren Anlagen aber setzt sie unübersehbare Akzente.

KULTUR Unkompliziert. Gedeiht in den meisten Böden und an sonnigen wie halbschattigen Standorten. In nährstoffreicher, feuchter Erde entwickelt sie ein ansehnliches Volumen, das allerdings auf Kosten der Blüte geht.

VERMEHRUNG Durch grundständige Stecklinge im Frühjahr oder Aussaat im Frühjahr bzw. Herbst. Wegen des zähen, holzigen Wurzelstocks ist eine Teilung schwierig, wenn nicht gar unmöglich.

PROBLEME In der Regel keine.

K. vitifolia (Kitaibelie) Bildet einen Horst kräftiger, aufrechter Stängel mit 18 cm langen, 5–7-lappigen, weich behaarten Blättern und 5-zähligen, weißen, gelegentlich rosa Blüten von 5 cm Durchmesser. Die Staubblätter sind gelb, die Blütenblätter klar voneinander abgegrenzt. Die Blüten öffnen sich ab dem Hochsommer über mehrere Monate hinweg in kleinen Büscheln in den Blattachseln. Die Teilfrüchte sind in mehreren Schichten angeordnet. Lässt sich leicht aus Samen ziehen und ist zwar winterhart, aber oft kurzlebig, weshalb man sie regelmäßig vermehren sollte. Aus Gestrüpp und Grasland von Slowenien bis Mazedonien. ↕ 2 m. Z4

KNAUTIA
Witwenblume, Knautie
DIPSACACEAE

Schmetterlinge fühlen sich von den lange blühenden Gewächsen für Waldränder oder sonnige Hänge magisch angezogen.

Die etwa 60 mit *Scabiosa* verwandten Ein- und Mehrjährigen tragen stachelige Blütenköpfchen. Ihre langen, schmalen Blätter sind einfach bis tief fiederspaltig. Witwenblumen wachsen aus einem holzigen Wurzelstock, der sich allmählich ausbreitet und einen großen Horst bildet. Das Laub überwintert in der Regel in Rosettenform, kann in sehr kalten Klimazonen aber auch völlig einziehen. Die Stauden eignen sich gut für Naturgärten oder Wildblumenwiesen, sind aber auch in Rabatten nicht fehl am Platz.

KULTUR Am besten in sandigen, leicht alkalischen Böden an vollsonnigen Standorten.

VERMEHRUNG Im Frühjahr aussäen, braucht jedoch vorher eine Kälteperiode von 5° C. Kann unzuverlässig und sehr langsam keimen. Alternativ durch grundständige Stecklinge im Frühjahr vermehren.

PROBLEME Selten, lediglich Blattläuse machen sich gelegentlich über die Pflanze her.

K. arvensis syn. *Scabiosa arvensis* (Wiesen-Witwenblume) Tief wurzelnde Staude mit weichen, vor allem zur Basis hin borstig behaarten Stängeln und behaarten, mattgrünen, ungeteilten bis tief geteilten Blättern. Die lila Blüten in kleinen, rundlichen Köpfchen erscheinen an spärlich belaubten Stängeln ab dem Hochsommer. Von Feldern und Brachland in Europa. In Nordamerika von Neufundland bis Pennsylvania eingebürgert. ↕ 1,5 m. Z4

K. macedonica syn. *Scabiosa rumelica* Tief wurzelnde Staude mit schmalen, lanzettlichen Grundblättern und fast farnartig gefiederten Stängelblättern. Die karminroten Blüten an verzweigten Stängeln

RECHTS **1** *Knautia arvensis*
2 *K. macedonica*
3 *K. macedonica* Melton Pastels

erscheinen im Frühsommer bis in den Herbst hinein. Die Staude ist sehr trockenheitsverträglich. Sie setzt reichlich Samen an und kann sich stark ausbreiten. Durch Varianten, die von Jim Archibald in freier Natur gesammelt wurden, sind zu den vertrauten karminroten Blüten neue Farbschattierungen hinzugekommen. Vom mittleren Balkan bis Rumänien beheimatet. ↕ 80 cm. Z4 **'Mars Midget'** Etwas hellere Blüten. ↕ 40 cm. **Melton Pastels** Rosa, lachsrosa oder rote Blüten. Nach dem ersten Blütenschub zurückschneiden, um die Pflanze zu weiterer Blüte anzuregen. ↕ 1,2 m.

KNIPHOFIA
Fackellilie
ASPHODELACEAE

Die Blüten-»Fackeln« bringen in kühlen bis warmen Farben einen Hauch von Exotik in unsere Gärten.

Man unterscheidet etwa 70 immer- und sommergrüne Arten. Die meisten stammen aus dem Hochland von Südafrika, doch findet man auch einige Arten in Äthiopien, im arabischen Raum und in Madagaskar. Fackellilien bilden Horste mit Rosetten aus grasartigen Blättern. Hoch über ihnen stehen dichte, ährige bis kopfige Trauben an kräftigen aufrechten Stängeln. Seltsamerweise findet man kaum panaschierte Sorten.

Kniphofia tragen hängende, lange, röhrenförmige Blüten, die sich zuerst am unteren Ende der Traube öffnen. Ihre gelben Staubblätter ragen nicht selten etwas aus den Einzelblüten heraus. Knospen und Blüten haben oft kontrastierende Farben. Nur wenige Formen tragen einfarbige Trauben. Viele Arten und Sorten blühen über einen kurzen Zeitraum von weniger als einem Monat hinweg, doch kommt es bei einigen auch zu einer zweiten Blüte.

Die Arten hybridisieren leicht untereinander – nicht nur in Gärten, sondern auch in freier Natur. Exemplare von Arten, die in Gärten wachsen, sind meist das Ergebnis einer Hybridbildung, d.h. dass derzeit nur sehr wenige echte Arten kultiviert oder angeboten werden – ganz gleich, was auf dem Etikett steht. Auch bilden sich in Gärten viele spontane Sämlinge, was eine Identifizierung von Sorten zusätzlich erschwert. Oft verkaufen sogar Saatgutanbieter Mischformen unbekannter Herkunft.

Es gibt keine bewährte Klassifizierung für die zahlreichen Sorten. Man kann höchstens zwischen kleinen halbimmergrünen Formen, die wahrscheinlich von *K. triangularis* abstammen, und höheren immergrünen Sorten unterscheiden. Ob sie immergrün oder halbimmergrün wachsen, hängt aber auch vom Klima ab.

Die Härte der einzelnen *Kniphofia*-Vertreter ist scheinbar recht variabel, was allerdings daran liegt, dass nicht allein die winterlichen Temperaturen eine Rolle spielen, sondern auch Nässe und Dränage. Manchmal ist ein ständiger Temperaturwechsel schlimmer als beständig trockenes Frostwetter.

KULTUR Obwohl die meisten Arten in freier Natur in feuchten Gegenden wachsen, brauchen sie vor allem im Winter gut durchlässige Böden. Staunässe während der kalten Jahreszeit verursacht Fäulnis. Im Sommer dagegen kann man sie reichlich gießen. Sie brauchen tiefgründige, nährstoffreiche Böden an vollsonnigen Standorten und sind für eine gute Mulchschicht dankbar, die im Sommer Wasser speichert und im Winter den Wurzelraum schützt. Man kann die Blätter während der kalten Jahreszeit nach oben binden, um sie vor Regen zu schützen. Nässe vernichtet sie im Winter eher als Kälte.

VERMEHRUNG Im Frühjahr teilen. Die Vermehrung von Arten durch Aussaat ist zwar unproblematisch, doch muss davon abgeraten werden, da die Wahrscheinlichkeit der Hybridbildung mit anderen Arten und Sorten in der Nähe sehr groß ist. Es sind auch aus Samen gezogene Sorten erhältlich, doch erweisen sie sich oft als sehr farbvariabel und haben außer der Größe wenig miteinander gemein.

PROBLEME Meist keine, falls die Winterdränage gut ist. Geflecktes Laub ist möglicherweise auf einen Befall durch Thripse zurückzuführen. Besonders verheerende Schäden kann die violette Wurzelfäule anrichten (siehe *Violette Wurzelfäule*, S.297).

K. 'Ada' An dunklen Stängeln stehen orangefarbene Knospen und kräftig orangegoldene Blüten mit dunkleren Staubblättern. Blütezeit: August bis September. ↕ 1 m. Z6

K. 'Alcazar' Dichte Trauben aus orangeroten Knospen. Spitzen der offenen Blüten gelborange, Staubfäden deutlich hervorstehend. Blütezeit: Juni bis September. ↕ 60–120 cm. Z5

K. 'Apricot Souffle' Schlanke Trauben mit pfirsichorangefarbenen, an der Spitze dunklen Knospen und bräunlich weißen Blüten. Blütezeit: Juni bis August. ↕ 90 cm. Z7

K. 'Atlanta' Dichte, zweifarbige Blütenstände in Rot und Gelb mit leicht bläulichem Laub als Kulisse. Eine der besten Fackellilien traditioneller Prägung, 1962 auf dem Grundstück des Atlantic Hotel in Tintagel, Cornwall, entdeckt. Blütezeit: April bis Juni. ↕ 1,2 m. Z6

K. 'Bees' Lemon' Rundliche Blütenstände aus leicht silbrigen, zitronengelben Blüten mit grünlichen Knospen. Schmales Laub. Um 1940 eingeführt. Blütezeit: Juli bis September. ↕ 85–90 cm. Z6

K. 'Bees' Sunset' ♀ Bronzefarbene Stängel. Trauben aus warm-orangefarbenen Knospen und weich-orangefarbenen Blüten. Laub schmal. Blütezeit: Juni bis September. ↕ 75–120 cm. Z6

K. 'Border Ballet' Sehr variable, qualitativ unterschiedliche Samenmischung bestimmter Farben und Größen. Gute Qualität produziert Ralph Gould von der Samenhandlung Hurst. Manche

Pflanzen sind ausgezeichnet, zudem wurden einige besonders schöne Formen selektiert. Eine davon ist matt-korallenrot und wird gelegentlich unter diesem Namen angeboten. ↕ 60–90 cm. Z6

K. 'Bressingham Comet' Rote Knospen und apricotgelbe Blüten mit roten Spitzen über grasartigem Laub. Hybride von *K. triangularis*. Blüht ebenfalls relativ früh. 1963 von Alan Bloom, England, gezüchtet. Einmal wurde der gesamte Bestand bis auf drei Exemplare von einer Krankheit vernichtet. Blütezeit: August bis Oktober. ↕ 45–75 cm. Z6

K. Bressingham Sunbeam ('Bresun') Feingliedrige Trauben aus blass-apricotfarbenen Blüten mit weißer Spitze. Etwas dunklere Knospen, kupferbraune Stängel. Blütezeit: Juli bis September. ↕ 60–75 cm. Z7

K. 'Brimstone' ♀ Schlanke gelbe Blüten, grüne Knospen. Schmales Laub. Blütezeit: Juli bis November. ↕ 75–100 cm. Z7

K. 'Buttercup' ♀ Runde Köpfe aus klargelben Blüten, die sich aus etwas dunkleren Knospen öffnen. Blütezeit: Juni und Juli. ↕ 75 cm. Z6

K. 'Candlelight' Gelbe Blüten, grünlich gelbe Knospen. Grasartiges Laub. 1975 von Alan Bloom, England, gezüchtet und eingeführt. Blütezeit: Juni bis August. ↕ 45–90 cm. Z7

K. caulescens ♀ Kurze, dicke, kriechende, stammartige Triebe mit relativ steifen, gekielten, blaugrauen, immergrünen, bis 70 cm langen und 5 cm breiten Blättern. Von Juni bis Oktober erscheinen korallenrote Knospen, aus denen sich blass-cremegelbe Blüten mit langen hervorstehenden Staubblättern öffnen. Sie sind jedoch nicht so grell gefärbt wie die üblichen Fackellilien und ergänzen damit gut das kühler

getönte Laub. Eine der wenigen Arten, die sich verlässlich aus Samen ziehen lassen. Aus Sümpfen und Felsspalten in hohen Gebirgslagen im östlichen Südafrika und Lesotho. Die Basuto pflanzen die Art gern als Schutz gegen Blitze neben ihre Hütten. ↕ 90–120 cm. Z6

K. citrina Horste aus schmalen, gekielten, spitz zulaufenden, bis 70 cm langen und 1 cm breiten Blättern. Rundliche Blütenstände aus gelben Blüten, die sich aus grünen Knospen öffnen. Wüchsig. Mit *K. uvaria* verwandt. Aus dem Küstengrasland in der östlichen Kapprovinz Südafrikas. ↕ 50–60 cm. Z7

K. 'Cobra' Hohe, markante, dichte Trauben aus orangebraunen, zu Orange aufhellenden Knospen und cremefarbenen Blüten. Die Trauben sind oben wesentlich breiter als unten, daher der Name. Gut als Solitär. Von Alan Bloom, England, gezüchtet. Blütezeit: Juli bis September. ↕ 90–105 cm. Z7

K. 'Dingaan' Sehr hohe, kräftige, bronzefarben getönte Trauben mit grünen Knospen und gelben Blüten. Blütezeit: Juli und August. ↕ 1,5–2 m. Z7

K. 'Dorset Sentry' Große rundliche Blütenstände aus gelben Blüten und grünlichen Knospen an leicht bronzebraunen Stängeln. Blütezeit: Juli bis Oktober. ↕ 90–100 cm. Z7

K. 'Drummore Apricot' Schlanke Trauben aus orangegelben Blüten und rot getönten Knospen. Gelegentlich fälschlich als 'Drunmore' bezeichnet. Blütezeit: Juni bis August. ↕ 75–90 cm. Z7

K. 'Earliest of All' Schlanke, weichkorallenrote Trauben, die trotz des Namens, wörtlich »die Früheste von allen«, erst relativ spät blühen. Gelegentlich werden orangeblütige Pflanzen fälschlicherweise unter dieser Bezeichnung verkauft. Blütezeit: Juni bis August. ↕ 30–120 cm. Z5

K. 'Early Buttercup' Dunkelgelbe Knospen und hellere Blüten in rundlichen Ständen. Ähnelt 'Buttercup', blüht aber früher. Blütezeit: Mai und Juni. ↕ 75–100 cm. Z6

K. ensifolia Horste aus aufrechten, stark gekielten, bläulich grünen, bis 1,2 m langen und 3,5 cm breiten Blättern. Hohe, dünne, zylindrische Trauben aus grünlich weißen Blüten, die von April bis Juli erscheinen und nach oben hin spitz zulaufen. Grüne bis rötliche Knospen im oberen Teil der Traube. Von Flussufern und aus sumpfigem Grasland im nördlichen Südafrika. ↕ bis 1,8 m. Z6

K. 'Erecta' Auffälligste Sorte, eigentlich eher eine Kuriosität. Leuchtend orangefarbene Blüten, die sich beim Öffnen nach oben drehen. Blütezeit: Juli bis September. ↕ 1–1,5 m. Z6

K. 'Fiery Fred' Schlanke, feurig rote Trauben und grünliche Knospen. Lange Blütezeit von Juni bis Oktober. ↕ 65–120 cm. Z6

K. 'Flamenco' Variable, qualitativ uneinheitliche Samenmischung ausgewählter Farben und Größen. Pflanzen können im ersten Jahr nach der Aussaat bereits blühen. Theoretisch höher als 'Border Ballet'. ↕ 75–100 cm. Z7

K. galpinii ♀ (Galpins Fackellilie) Schlanke, grasartige, relativ faserige, bis 60 cm lange Blätter. Zweifarbige, an der Spitze rote, weiter unten orangegelbe Blütenstände. Spitze der Einzelblüten nicht gespreizt wie bei den orangefarbenen Blüten der ähnlichen Art K. triangularis, die sehr oft als K. galpinii verkauft wird. Aus dichtem Grasland und Sümpfen im östlichen Südafrika und in Swaziland. ↕ 50–60 cm. Z7

K. 'Gladness' Gleichförmige Trauben in leuchtendem Orange. Leicht gebräunte orangefarbene Knospen. Bronzebraun angehauchte Stängel. Blütezeit: Juni und Juli. ↕ 1–1,5 m. Z7

K. 'Green Jade' Schlanke, blassgrüne, zu grünlichem Weiß verblassende Trauben. Für Liebhaber ungewöhnlicher Fackellilien, da die grünen Blüten nicht sonderlich elegant aussehen. Von Beth Chatto (England) gezüchtet und eingeführt. Blütezeit: Juli bis September. ↕ 1,2–1,5 m. Z6

K. hirsuta Rosetten ziemlich weicher, hängender, behaarter bis 60 cm langer und 2,5 cm breiter Blätter. Dichte Trauben aus orange- bis lachsrosa Knospen und grünlich gelben Blüten, die im Juni und Juli erscheinen. Oft aus Samen gezogen und kann, wenn rechtzeitig gesät, noch im ersten Jahr blühen. Von Flussufern und aus Grasland in den Bergen von Lesotho. ↕ 50–60 cm. Z7 **'Traffic Lights'** Samenmischung. Nicht sehr viel mehr als ein Werbename für die Art.

K. 'Ice Queen' Gelbliche Knospen mit einem Anflug von Grün. Elfenbeinfarbene Blüten. 1979 von Alan Bloom, England, gezüchtet und eingeführt. Blütezeit: Juni bis Oktober. ↕ 1–1,5 m. Z6

K. 'Jenny Bloom' Lachsrosa Knospen und pfirsichfarbene, an der Spitze lachsrosa Blüten. Nicht sehr kräftig. Von Alan Bloom gezüchtet und nach seiner Tochter benannt. Blütezeit: Juni bis September. ↕ 60–90 cm. Z6

K. 'John Benary' Hohe, fast einheitlich korallenrote, lediglich an der Spitze der geöffneten Blüten schwach gelborange getönte Blüten. Blütezeit: Juli bis September. ↕ 75–150 cm. Z7

K. linearifolia Typische rote Fackellilienform mit relativ robusten aber wirren, 1,4 m langen und 3 cm breiten Blättern. Blütezeit von Juli bis November. Große, längliche, dichte Trauben aus scharlachroten Knospen, aus denen sich leuchtend gelbe Blüten öffnen. Im südlichen Afrika vom Ostkap (Eastern Cape) bis Malawi weit verbreitet. ↕ 1,2–1,5 m. Z7

K. 'Little Maid' Kleine Sorte mit zahlreichen Blüten. Grünlich gelbe Knospen und cremeweiße Blüten über grasartigem Laub. Sehr beliebte Fackellilie von Beth Chatto (England). Blütezeit: Juni bis September. ↕ 45–60 cm. Z6

K. 'Lord Roberts' Hohe, einheitlich rote Trauben. Ähnelt sehr stark 'John Benary' und wird gelegentlich auch mit dieser Sorte gleichgesetzt. Blütezeit: August bis Oktober. ↕ 1,2–2 m. Z7

K. 'Mermaiden' Lange, breite, dichte Trauben mit grünen Knospen und gelben Blüten an gelegentlich verzweigten Stängeln. Eine Hybride der majestätischen Form 'Prince Igor'. Blütezeit: Juli bis September. ↕ 80–90 cm. Z7

K. 'Minister Verschuur' Trauben aus fast einheitlich goldorange-gelben Blüten, die nur zur Basis hin etwas heller werden. Blütezeit: Juni und Juli. ↕ 60 cm. Z7

K. 'Nancy's Red' Einheitlich gefärbte, schlanke Trauben in tiefem Rosarot, geöffnete Blüten mit leichtem Anflug von Gelb. Blütezeit: Juli bis Oktober. ↕ 50–100 cm. Z7

K. northiae Die Art mit dem auffälligsten Laub. Sehr breite, blaugraue, bis 1,5 m lange und 12 cm breite Blätter. Die dichten Blütentrauben erscheinen von Mai bis August. Blassrote Knospen und gelblich weiße Blüten mit langen, hervorstehenden Staubblättern. Aus dem östlichen Südafrika und Lesotho. ↕ 1,5–1,7 m. Z6

HERBSTLICHES FARBENSPIEL

KNIPHOFIA ROOPERI ist ein echter Hingucker. Ihre aufrechten Stängel mit den breiten zweifarbigen Blütenständen ziehen unweigerlich die Blicke auf sich. Sie werden flankiert von Sommergewächsen wie dem violettlaubigen Wunderbaum (*Ricinus communis*), der mit seinen glänzenden Blättern und den roten Fruchtständen eine würdige Kulisse für die leuchtenden »Fackeln« bildet. Seine Laubfarbe wird von den dunkelblättrigen Dahlien links und rechts aufgegriffen. Auf einer Seite schaffen ihre gelben Blüten einen Bezug zu den Fackellilien in der Mitte, während sie auf der anderen Seite mit dem Rot ihres gefüllten Flors die Farbe der Wunderbaum-Fruchtstände widerspiegeln.

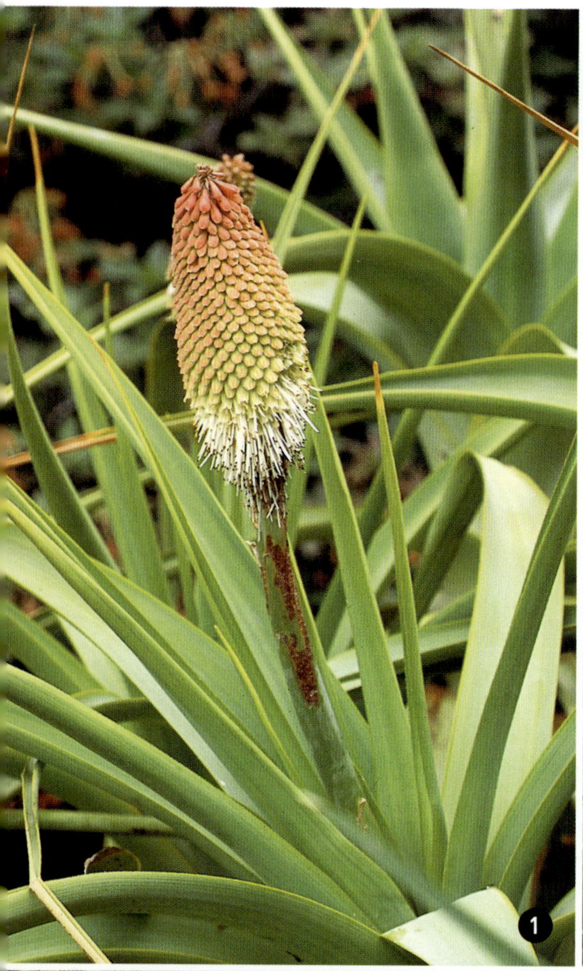

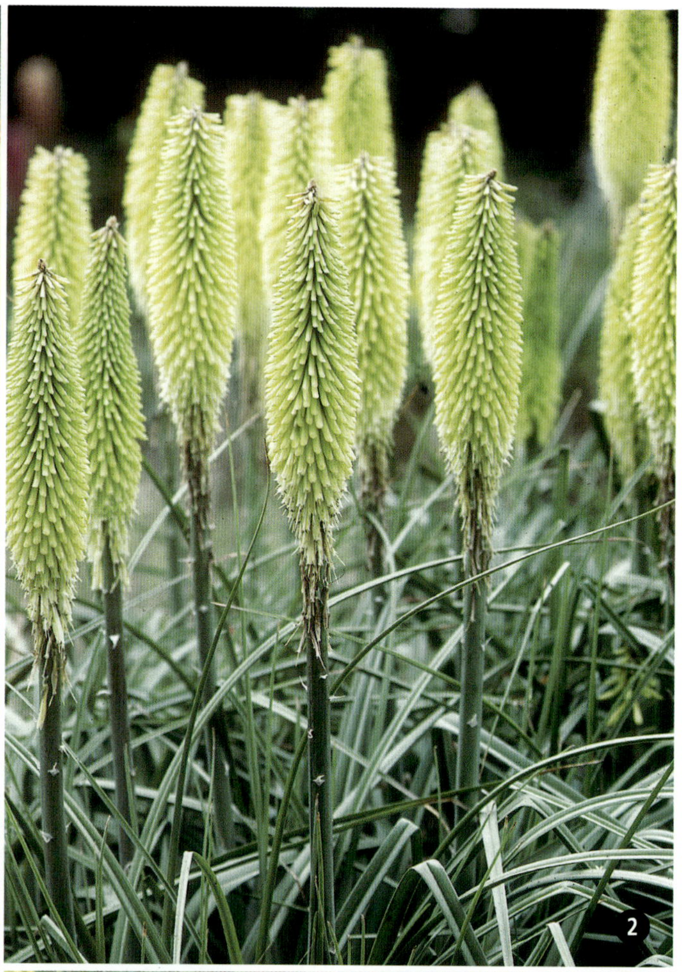

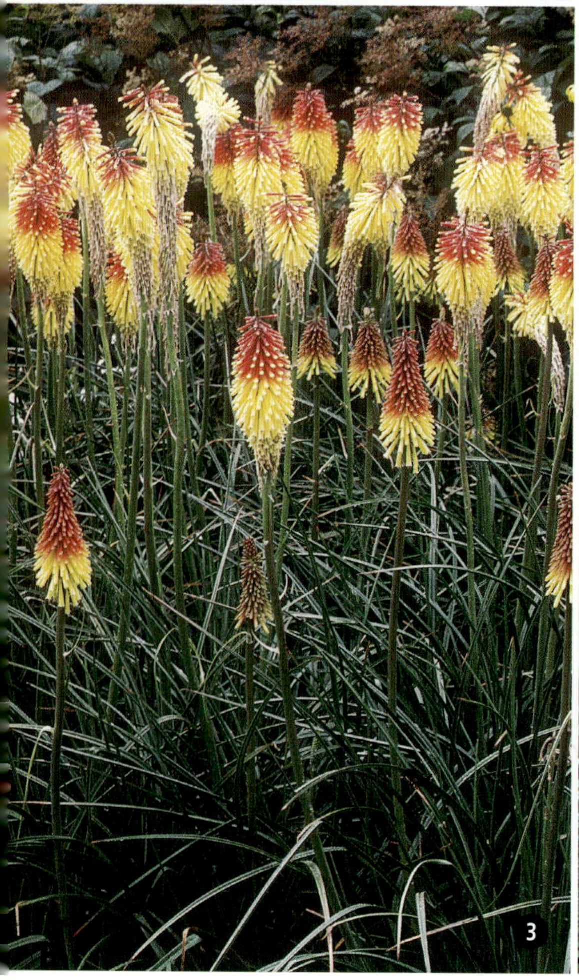

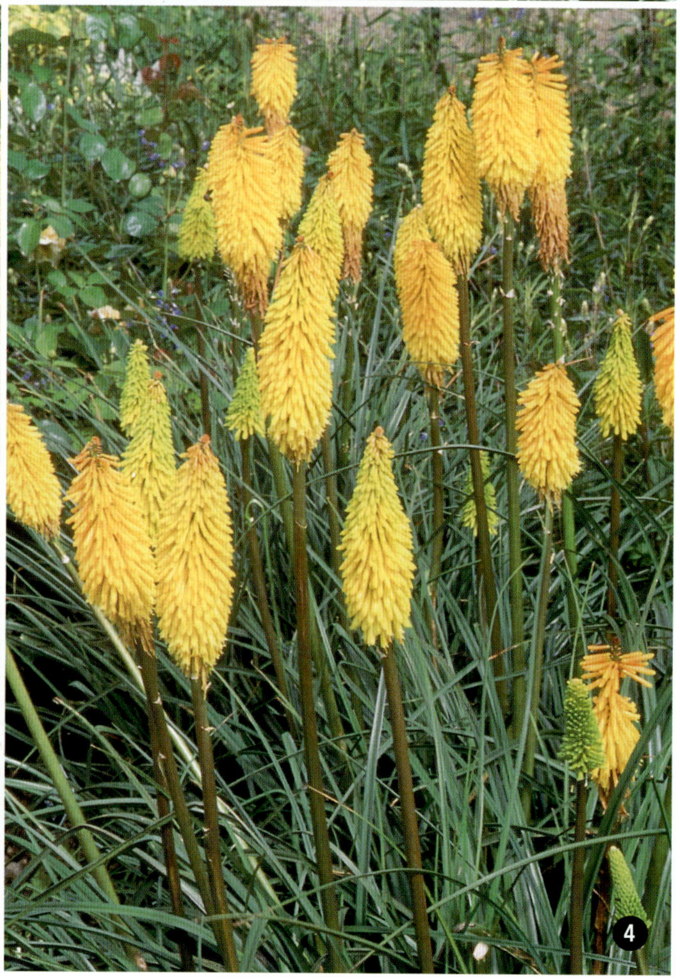

K. 'Painted Lady' Lange Trauben mit bernsteinfarbenen Knospen und goldgelben Blüten. Von der Gärtnerei The Plantsman in der englischen Grafschaft Dorset eingeführt. Blütezeit: Juli und August. ↕ 1,3–1,5 m. Z7

K. 'Percy's Pride' Lange Blühperiode. Hohe, dichte Trauben mit grünen Knospen und grünlich gelben Blüten. Von Alan Bloom, England, gezüchtet und nach seinem langjährigen Mitarbeiter Percy Piper benannt. Blütezeit: Juni bis Oktober. ↕ 60–120 cm. Z6

K. praecox siehe *K. uvaria*

K. 'Prince Igor' Spektakulär hohe, robuste, überwiegend orangerote Trauben. Blüten zur Spitze hin gelb. Möglicherweise werden mehrere Sorten unter diesem Namen kultiviert. Blütezeit: Juli bis September. ↕ 1,3–3 m. Z6

K. rooperi ♡ Eine der Fackellilien mit der schönsten Herbstfärbung für Rabatten. Große, fast runde Köpfe aus leuchtend roten und gelben Blüten an kräftigen Stängeln. Blüht von September bis November. Die biegsamen, bis 1 m langen und 4 cm breiten Blätter sind relativ unscheinbar grün, was man bei der Planung einer Rabatte in Betracht ziehen sollte, da sie ja einen Großteil des Sommers Platz beanspruchen, ohne zu blühen. Oft als 'C. M. Prichard' im Handel. Aus Sumpfgebieten an der Küste im östlichen Südafrika. ↕ 1,2–1,4 m. Z6

K. 'Royal Castle' Orangerote Knospen und gelbe Blüten. Nicht 'Royal Caste', wie man bisweilen lesen kann. Mischungen mit roten, orangefarbenen und gelben Blütenfarben werden manchmal als Royal-Castle-Hybriden oder auch Grandiflora-Mischung bezeichnet. Blütezeit: Juni bis August. ↕ 60–100 cm. Z7

K. 'Royal Standard' ♡ Hohe rote, breite Trauben aus scharlachroten Knospen und zitronengelben Blüten. Eine der zweifarbigen Sorten mit dem stärksten Farbkontrast. 1921 gezüchtet von der Prichard's Nursery in Christchurch in der englischen Grafschaft Hampshire. Blütezeit: Juni bis September. ↕ 85–120 cm. Z6

K. 'Samuel's Sensation' ♡ Sehr lange Trauben mit Knospen in weichem Korallenrot und gelben Blüten. Entwickelt von Watkin Samuel, der sich nach 1950 auch als *Delphinium*-Züchter einen Namen machte. Blütezeit: Juni bis September. ↕ 75–150 cm. Z6

K. sarmentosa Steife, gekielte, immergrüne, graugrüne Blätter, die denen von *K. caulescens* ähneln und bis zu 65 cm lang sowie 3 cm breit werden. Die Blütentrauben erscheinen sporadisch das ganze Jahr über, besonders im Winter, als dichte Kegel grüner bis rötlicher, nach oben gerichteter Knospen und cremefarbener bis hellbrauner Blüten. Von Ufern und aus Feuchtgebieten in

LINKS 1 *Kniphofia northiae* **2** *K.* 'Percy's Pride' **3** *K.* 'Royal Standard' **4** *K.* 'Wrexham Buttercup'

VIOLETTE WURZELFÄULE

Eine einzige Krankheit kann Fackellilien arg zusetzen: die violette Wurzelfäule. Sie war auch schuld daran, dass viele gute Sorten zeitweise nur noch schwer aufzutreiben waren. Die violette Wurzelfäule, hervorgerufen durch *Helicobasidium longisporum*, befällt einige Wurzelgemüsesorten, aber auch Spargel, ferner eine Reihe von Stauden, Einjährigen und sogar Unkräutern. Ungewöhnlich stark schädigen allerdings aus sie ausgerechnet *Kniphofia*. Die Pflanzen wirken verkrüppelt und werden gelb. Ihre Wurzeln zeigen bräunliche Fäulnisspuren und gelegentlich auch dunkelvioletten Schimmel. Eine Fackellilien-Versuchsanlage der RHS im englischen Wisley wurde durch die Wurzelfäule vollständig vernichtet, und auch einige Gärtnereien vermeldeten katastrophale Verluste.

Die Krankheit bleibt jahrelang im Boden versteckt und kann an Stiefeln und Werkzeugen in den ganzen Garten verschleppt werden, um schließlich in heißen Sommern und feuchten, sauren Böden auszubrechen. Stark gefährdet sind traditionelle Gärtnereien, die ihre Bestände noch im Freiland kultivieren. Als besonders anfällig gelten 'Ice Queen', 'Little Maid', 'Nancy Red', 'Percy's Pride', 'Royal Standard' und 'Shining Sceptre'.

Durch die Kultur von Verkaufsexemplaren in Gefäßen und den Einsatz moderner Fungizide konnte die violette Wurzelfäule in den letzten Jahren eingedämmt werden. Gerade in Zuchtbeständen von Sammlern aber kann sie nach wie vor Unheil anrichten.

---

den Bergen der südafrikanischen Westkap-Provinz. ↕ 50–60 cm. Z7

K. 'Shining Sceptre' Bläulich grünes Laub. Breite Trauben aus orangegelben Knospen und gelben Blüten. Wüchsig. 1975 von Alan Bloom, England, eingeführt. Blütezeit: Juni bis September. ↕ 90–120 cm. Z6

K. 'Strawberries and Cream' Kleine schlanke Trauben mit altrosa Knospen und cremefarbenen Blüten. Von Beth Chatto (England) gezüchtet und eingeführt. Blütezeit: Juli bis September. ↕ 50–70 cm. Z6

K. 'Sunningdale Yellow' ♀ Lang blühend. Gelbe Trauben mit grünen Knospen an leicht bläulichen Stängeln an breitem bläulichem Laub. Eine Hybride von *K. triangularis*. Blütezeit: Juni bis August. ↕ 90–100 cm. Z7

K. 'Tawny King' Bräunlich orangefarbene Knospen und cremeweiße Blüten an bronzefarbenen Stängeln. Reich und lang blühend. Blütezeit: Juli bis Oktober. ↕ 1,2 m. Z7

K. 'Tetbury Torch' Warm-orangefarbene Knospen und orange überlaufene, gelbe Blüten, die einmal im Juni und gelegentlich ein zweites Mal etwas später in der Saison blühen. ↕ 80–100 cm. Z7

K. thomsonii Nicht sonderlich harte Art, die sich langsam mit Rhizomen

ausbreitet. Rosetten aus langen, dünnen Blättern. Hohe Trauben aus sehr locker angeordneten, aber stark gebogenen, orangefarbenen Blüten, die von Juni bis November erscheinen. Wird oft fälschlicherweise als var. *snowdenii* angeboten, obwohl diese Unterart sich durch behaarte Blüten von der Art unterscheidet. Aus feuchtem Grasland und Sümpfen von den Bergen in Nord-Tansania bis Äthiopien. ↕ 1–1,2 m. Z9

K. 'Timothy' Einfarbige Trauben aus rosaorangefarbenen Blüten an bronzefarbenen Stängeln. Von Carlile's Nursery in der englischen Grafschaft Buckinghamshire gezüchtet. Blütezeit: Juni bis September. ↕ 70–100 cm. Z7

K. 'Toffee Nosed' ♀ Orangebraune Knospen und cremefarbene Blüten an dunklen Stängeln. Blütezeit: Juni bis Oktober. ↕ 1 m. Z7

K. triangularis (Orangefarbene Fackellilie) Feine, grasartige, bis zu 60 cm lange Blätter. Blütenstände mit hängenden Blüten in verschiedenen Orange- und Rottönen. Perianthzipfel abstehend. Knospen meist in einer ähnlichen oder etwas rötlicheren Farbe. Blütezeit Juli bis Oktober. Sehr variable Art, aus der vermutlich viele der heute üblichen Zwergsorten hervorgegangen sind. Im Hochland des östlichen Südafrika und Lesotho weit verbreitet. ↕ 50–60 cm. Z4 **'Light of the World'** Einfarbig. Schmale Trauben in durchscheinendem Orange. Blütezeit: August bis Oktober. Möglicherweise eine Hybride. ↕ 60 cm.

K. uvaria (Schopf-Fackellilie) Robuste, Horste bildende Art mit biegsamen, bandförmigen, bis 80 cm langen und 2 cm breiten Blättern. Eiförmige Blütenstände aus leuchtend scharlachroten Knospen und gelben Blüten, die sich von Juli bis Oktober öffnen. Sozusagen die Ur-Fackellilie und von Natur aus

variabel. Viele unter dem Artnahmen verkaufte Exemplare sind eigentlich Hybriden. Herkunft: Bergregionen am südafrikanischen Kap. Mitunter als *K. praecox* im Handel. ↕ 2–3 m.

K. 'Vanilla' Schlanke, elegante Trauben aus cremegelben Knospen und elfenbeinweißen Blüten. Ordentlich geformter Busch aus grasartigen Blättern. Blütezeit: Juni bis September. ↕ 45–100 cm. Z5

K. 'Wrexham Buttercup' Breit rundliche Trauben aus gelben Blüten und grünlichen Knospen. Ein unübersehbares Gartenelement. Vom Züchter der Sorte 'Samuel's Sensation', Watkin Samuel, entwickelt. Blütezeit: Juni bis September. ↕ 1–1,2 m. Z6

K. 'Yellow Hammer' Ausgezeichnete, nicht verblassende, leuchtend gelbe Blüten, leicht grünliche Knospen. In der Slieve Donard Nursery in Nordirland gezüchtet. Blütezeit: Juni bis September. ↕ 75–130 cm. Z7

KOELERIA
Schillergras
POACEAE

Blaue, z.T. stachelige Horste oder dichte Rasen, die von schimmernden Blütenständen überragt werden, sind charakteristisch für dieses unschätzbare Ziergras, das für trockene Standorte geeignet ist.

Die rund 35 Arten dieser Staudengattung sind in gemäßigten Regionen auf der ganzen Welt beheimatet. Sie kommen in trockenem Grasland und an felsigen Standorten auf Kalkgestein vor. Nur wenige Arten werden als Gartenpflanzen kultiviert. Ihre aufrechten Horste aus sehr schmalen Blättern sind meist blau gefärbt. Die Stängel weisen z.T. am Grund eine zwiebel-

artige Verdickung auf. Die aufrechten Halme tragen hoch über dem Laub früh blühende, weich-silbrige Blütenrispen mit kleinen, glänzenden Blütenährchen. Schillergras zieht bei warmer, feuchter Witterung ein.

KULTUR Idealerweise an trockenen, exponierten Standorten auf durchlässigen, neutralen bis alkalischen Böden, da die Pflanzen sonst an der Basis faulen. Unansehnliche und tote Blätter herauskämmen. Im späten Frühjahr zurückschneiden, um eine schöne Laubfärbung zu erhalten.

VERMEHRUNG Aussaat oder Teilung.

PROBLEME Bei feuchter Witterung oder in zu nährstoffreicher Erde gelegentlich Pilzbefall.

K. glauca (Blaugrünes Schillergras) Niedrige, steife, immergrüne Horste aus stahlblau-grauen, bisweilen eingerollten Blättern, über denen im Hochsommer dichte, silbrig grüne Blütenstände erscheinen. Gut in Gruppen neben trockenen Wegen oder als Randbepflanzung für sonnige, trockene Rabatten. Aus sandigen Standorten, besonders Sanddünen in ganz Europa und Sibirien. ↕ 40 cm. Z5

K. macrantha (Zierliches Schillergras) Grüne bis blaugrüne, flache oder eingerollte, 1–2,5 mm breite Blätter in lockeren, »stacheligen«, immergrünen Horsten. Die violettgrünen, silbrig gerandeten Blütenährchen erscheinen im Juni und Juli hoch über dem Laub in dichten, flaschenbürstenartigen, glänzenden Rispen. Kommt verbreitet in trockenem, sandigem Grasland auf Kalkverwitterungsböden in Europa, Asien und Nordamerika vor. ↕ 10–50 cm. Z5

UNTEN **1** *Koeleria glauca*
2 *K. macrantha*

L

LAMIASTRUM siehe LAMIUM

LAMIUM
Taubnessel
LAMIACEAE

Auffallend gezähnte Blätter und reizende Blüten sind die Merkmale dieser bewährten Bodendecker für schattige wie sonnige Lagen.

Zur Gattung der Taubnesseln werden 50 Arten sommer- und immergrüner, ein- und mehrjähriger Bodendecker gezählt. Sie kommen in freier Natur in feuchten Wäldern oder trockeneren, offeneren Lagen in Europa, Asien und Nordafrika vor. Nur wenige werden als Zierpflanzen kultiviert, eine ganze Reihe gilt sogar als Unkraut. Sie bilden meist Rhizome und sind manchmal recht wüchsig oder breiten sich sogar stark aus. Ihre kantigen Stängel tragen gegenständige, ovale oder pfeilförmige, bisweilen silbrig oder grau gefleckte Blätter. Die charakteristischen, zweilippigen, röhrigen Blüten können zwischen den Blättern einzeln oder in Scheinquirlen stehen (aus zwei sich gegenüberstehenden Doppelwickeln aufgebaute, nur scheinbar quirlige Blütenstände). Viele Arten geben gute Bodendecker für den Halbschatten ab. Sie werden überwiegend wegen ihres Laubs gepflanzt.

UNTEN **1** *Lamium album* 'Friday'
2 *L. maculatum* 'Album' **3** *Lathyrus grandiflorus*

KULTUR In feuchten Böden an vollsonnigen bis halbschattigen Standorten.

VERMEHRUNG Durch Teilung oder Abtrennen bewurzelter Stängel.

PROBLEME In der Regel keine, obwohl die Blattfleckenkrankheit *Peronospora lamii* Sorten von *L. maculatum*, vor allem jene mit fast vollständig silbrigem Laub, durch violette, meist an den unteren Blättern auftretende Flecken entstellen kann.

L. album (Weiße Taubnessel) Breitet sich durch Rhizome aus und wird oft als Unkraut bekämpft. Die Art bildet einen Horst aus aufrechten, vierkantigen Stängeln mit grob gesägten, ovalen, hellgrünen, bis 6 cm langen, an der Basis herzförmigen Blättern. Cremeweiße, 2 cm lange Blüten stehen in mehreren Scheinquirlen zwischen den Blättern im oberen Teil des Stängels. Blütezeit: in Schüben von Mai bis Dezember. Pflegeleicht, ideal für naturnahe Pflanzungen. Für feuchte Böden in voller Sonne oder im lichten Schatten. Aus Europa und Westasien. ‡ 60 cm. Z4 **'Friday'** Laub zweifarbig grün, mit goldgelbem Streifen in der Mitte. Kann zu reinem Grün zurückschlagen.

L. galeobdolon syn. *Galeobdolon luteum*, *Lamiastrum galeobdolon* (Gewöhnliche Goldnessel) Sehr wüchsige Staude, die sich rasch durch wurzelnde Triebe ausbreitet und größere Flächen besiedeln kann. Hellgrüne, bis 6 cm lange, gegenständige Blätter mit stumpfer Spitze und gelegentlich silbrigen Flecken stehen an aufrechten Stängeln mit schönen hellgelben, 2 cm langen Blüten. Blütezeit Mai und Juni. Unter Idealbedingungen wuchernd, dennoch ein idealer Bodendecker für schattige Stellen. Stammt aus feuchten Wäldern, meist mit schweren Böden, und ist in weiten Teilen Europas sowie in Westasien verbreitet. ‡ 50 cm. Z4 **'Hermann's Pride'** Schmale, zwischen den Adern silbrige Blätter, die die Blüten bisweilen verdecken. **subsp.** *montanum* **'Florentinum'** Höhere Pflanze mit großen, stark silbrig gezeichneten, im Winter violetten Blättern. ‡ 60 cm. **'Silberteppich'** Kompakt, Horst bildend. Laub silbrig, mit grüner Aderung.

L. maculatum (Gefleckte Taubnessel) Eine Art, die sich sowohl durch Rhizome als auch durch wurzelnde Triebe ausbreitet, aber nicht wuchert. Sie trägt gegenständige, ovale bis pfeilförmige, dunkelgrüne, 3–8 cm lange Blätter mit stumpf gezähntem Rand und meistens einem weißen bis silbrigen Mittelstreifen. Tief-violettrosa, zweilippige Blüten stehen zu 4–8 in dichten, blattachselständigen Scheinquirlen. Blütezeit: Mai bis September. Guter Bodendecker für halbschattige, feuchte Standorte. Eignet sich jedoch auch für den vorderen Bereich einer Rabatte, sofern es dort nicht zu trocken ist. Aus feuchten Wäldern in Europa, Nordafrika und Westasien. ‡ 25 cm. Z3 **'Album'** Weiße Blüten. Blätter mit weißlichem Mittelstreifen. **'Anne Greenaway'** Blätter unregelmäßig gelb panaschiert und mit silbrigem Mittelstreifen. **'Aureum'** syn. 'Golden Nuggets' Blassgelbe Blätter mit silbrigem Mittelstreifen. Blüten hellrosa. Am besten in den lichten Schatten pflanzen, um ein Versengen des Laubs durch die Sonne zu vermeiden. **'Beacon Silver'** Breite, silbrige Blätter mit feinem, dunkelgrünem Rand. Violette Blüten. **'Cannon's Gold'** Kompakt. Mit gelben Blättern und lilarosa Blüten. **'Chequers'** Breites Laub, mit kräftigem silbrigem Mittelstreifen. Blüten tiefviolett. Wüchsig. Ähnelt sehr stark **'Beacon Silver'** und wird auch unter dieser Bezeichnung angeboten. **Golden Anniversary** ('Dellam') Kleinere Blätter mit silbrigem Mittelstreifen und goldgelbem Rand. Violette Blüten. **'Golden Nuggets'** siehe 'Aureum'. **'James Boyd Parselle'** Kompakt, mit silbrigem, schmal dunkelgrün gerandetem Laub.

Blüten leuchtend rosa. **'Pink Nancy'** Silbrige Blätter mit schmalem grünem Rand. Blüten lachsrosa. **'Pink Pearls'** Blätter mit schmalem weißem Streifen. Blüten rosa. **'Pink Pewter'** Silbrige, grün gerandete Blätter. Blüten klarlachsrosa. Lange Blühsaison. Verträgt Sonne besser als die meisten anderen Formen. **'Roseum'** Blätter mit silbrigem Mittelstreifen. Rosa Blüten. **'White Nancy'** ♥ Blätter breit, silbrig, mit schmalem grünem Rand. Blüten weiß. **'Wootton Pink'** Kompakt. Mit etwas größeren, blassrosa Blüten. Blätter silbrig, mit grünem Rand.

L. orvala (Großblütige Taubnessel) Horst bildende Art mit breiten, pfeilförmigen, bis 15 cm langen, hervortretend geaderten und gesägten, am Rand gelegentlich wie die Stängel violett gefärbten Blättern. Die tiefrosa, 3–4 cm langen Blüten erscheinen im Mai und Juni in Scheinquirlen in den oberen Blattachseln. Wuchert nicht und ist ausgesprochen dekorativ. Eine Pflanze aus Gestrüpp und Strauchheiden im mittleren Südeuropa. ‡ 60 cm. Z6 **'Album'** Blüten fast weiß. **'Silva'** Altrosa Blüten. Blätter mit schmalem silbrigem Mittelstreifen.

LASIAGROSTIS siehe STIPA

LATHYRUS
Platterbse
PAPILIONACEAE

Die unverzichtbaren Staudenblüher aus der Familie der Schmetterlingsblütengewächse treten in vielerlei Erscheinungsformen von Horstbildnern bis Kletterern auf.

Über 100 ein- und mehrjährige Arten gehören dieser Gattung an. Sie sind auf Grashängen, Kiesbänken und Brachland in Europa, Nordafrika und den gemäßigten Regionen Nord- und Südamerikas zu finden. Viele klettern mithilfe von Wickelranken,

UNMODISCHE BEGLEITER

DIE FRÜHLINGS-PLATTERBSE (*Lathyrus vernus*) ist eine viel zu wenig beachtete Frühjahrsstaude. Man bekommt sie in ansprechenden Blau- und Rosatönen und sogar in Weiß. Hier hat man ihr ein Fußvolk aus Beetveilchen zur Seite gestellt, die im Herbst oder Frühjahr gesät werden. Staudenliebhaber wollen in ihren Pflanzungen oft keine Einjährigen und andere Beetgewächse haben – vielleicht, weil sie ihnen zu unmodern sind. Dabei lassen sich mit diesen dankbaren Begleitern ausnehmend schöne Farbzusammenstellungen komponieren. Veilchen etwa sind mittlerweile in erstaunlich vielen Tönungen erhältlich. Sicher ist auch eine Farbe dabei, die zu Ihrer Platterbse passt!

die sich an der Spitze der wechselständigen Blätter bilden. Jedes Blatt setzt sich aus einem oder mehreren Paaren ovaler Fiederblättchen zusammen und hat an der Spitze eine Ranke. Die vertrauten »Wickenblüten« der Platterbsen stehen einzeln oder zu mehreren in Trauben an Stängeln, die aus den Blattachseln wachsen. Sie werden abgelöst von flachen Hülsen, die bei trockener Witterung aufplatzen und die Samen wegschleudern. Einigen Arten hat man eine separate Gattung namens *Orobus* zugewiesen, andere wiederum lassen sich nur schwer von *Vicia* abgrenzen.

KULTUR In nährstoffreichen, durchlässigen Böden an vollsonnigen bis absonnigen Standorten. Kletternde Arten kann man an Sträuchern, Stäben und ähnlichen Stützen hochziehen. Regelmäßiges Ausputzen welker Blüten fördert die Blüte.

VERMEHRUNG Durch Aussaat im Frühjahr. Nichtkletternde Arten auch durch Teilung im zeitigen Frühjahr.

PROBLEME Gelegentlich Thripse, Blattläuse, Milben, Wurzelfäule, Mehltau.

L. aureus syn. *L. gmelinii* 'Aureus', *L. luteus* 'Aureus', *L. vernus* 'Aurantiacus', *Orobus aureus* Buschige, robuste, nichtkletternde Art mit aufrechtem Wuchs und abgeflachten, ungeflügelten Trieben. Die Blätter bestehen aus 3–6 oder auch mehr Paaren ovaler, bis 5 cm langer Fiederblättchen und enden in einer Spitze und nicht in einer Ranke. Sie tragen an der Unterseite braune Drüsen. Im Mai und Juni öffnen sich Blütentrauben aus bis zu 25 etwa 2 cm breiten, meist gelben Blüten. Aus Wäldern und Gestrüpp in Griechenland und benachbarten Gegenden. ‡ 80 cm. Z5

L. fremontii siehe *L. laxiflorus*

L. gmelinii 'Aureus' siehe *L. aureus*

L. grandiflorus (Großblumige Wicke) Schwacher, leicht dauunig behaarter Kletterer mit ungeflügelten, aber gefurchten Trieben. Blätter mit nur einem Paar ovaler, bis 2 cm langer Fiederblättchen und einer Ranke am Ende. Aus cremefarbenen Knospen öffnen sich bis zu 4 etwa 3 cm große Blüten mit violetter Fahne, violetten Flügeln und rosa Kiel. Gelegentlich wuchernd. Man lässt die Pflanzen am besten an robusten Gewächsen hochranken. Aus schattigen Stellen in den Bergen des Balkans und Süditaliens. ‡ 1,5 m. Z6

L. latifolius ♀ (Breitblättrige Platterbse, Staudenwicke) Biegsamer, wüchsiger Kletterer. Triebe mit Flügeln, die breiter als der Trieb selbst werden können. Blätter aus einem Paar linealischer bis breit ovaler, bis 15 cm langer und 5 cm breiter Fiederblättchen mit 4–6 deutlichen Adern. Eine kräftige, verzweigte Ranke befindet sich an der Blattspitze. Die 3 cm großen, violettrosa, nichtduftenden Blüten erscheinen in Trauben aus 6–11, gelegentlich bis 15 Blüten von Juni bis September. Braucht eine kräftige Stütze. Lässt man die Art kriechend wachsen, ist sie ein guter Bodendecker. Diese vermutlich häufigste Platterbse ist in vielen Gegenden ausgewildert (siehe *Ausgewilderte Platterbsen*, S. 299) und wächst in Großbritannien und Nordamerika oft an Straßenrändern. Aus Mittel- und Südeuropa sowie Nordafrika. ‡ 2 m. Z4 **'Albus'** ♀ Weiße Blüten. **'Blushing Bride'** Blassrosa und weiß. **'Red Pearl'** Magentarote Blüten. **'Rosa Perle'** ♀ Rosarot, mit magentaroter Tönung. **'White Pearl'** ♀ Weiß, mit größeren Blüten als 'Albus'.

L. laxiflorus syn. *L. fremontii* Buschige, nichtkletternde Art mit aufrechtem Wuchs und ungeflügelten Trieben. Jedes Blatt setzt sich aus nur einem Paar lanzettlicher, bis 4 cm langer Blättchen zusammen. Die 2–6 2 cm großen, bläulich violetten Blüten stehen an kurzen Stielen in den Blattachseln. Gedeiht bestens in der Sonne und blüht fast den ganzen Sommer über, wenn man welke Blüten gleich entfernt. Kann nach der ersten Blüte stark zurückgeschnitten werden und treibt danach rasch wieder aus, um ein zweites Mal zu blühen. Aus Wäldern und beschatteten Böschungen in Südost-Europa. ‡ 40 cm. Z7

L. luteus 'Aureus' siehe *L. aureus*

L. nervosus Kletternde, oft recht spärlich belaubte, kurzlebige, aber wüchsige Staude. Die ungeflügelten Triebe tragen fast ungestielte Blätter mit jeweils einem Paar 4 cm langer, ovaler Fiederblättchen und einer dreifach verzweigten Ranke. 3–7 Blüten in hübschen Blau- oder Lilarosatönungen, die am Ansatz der Blütenblätter gelegentlich etwas heller sind. Verträgt keine winterliche Nässe, eignet sich aber gut für Hochbeete oder Gefäße, aus denen sie herausquellen kann. Aus offenen Feldern und Gestrüpp in Südamerika. ‡ 1,3 m. Z9

L. niger (Schwarzwerdende Platterbse) Aufrechte Pflanze mit ungeflügelten, verzweigten Trieben und Blättern aus 3–6, mitunter mehr Paaren 4 cm langer, ovaler Fiederblättchen. Die rankende Spitze fehlt. 2,5 cm große, violette, mit der Zeit blau werdende Blüten stehen zu 4–10 in Trauben. Blütezeit: Frühsommer. Ihren Namen hat die Art wegen ihres Laubs bekommen, das sich beim Absterben fast schwarz färbt. Aus weiten Teilen Europas bis Nordafrika. ‡ 90 cm. Z6

L. rotundifolius ♀ Kletterer mit geflügelten Trieben und Blättern aus einem einzigen Paar ovaler bis fast runder, 6 cm langer Blättchen mit paralleler Aderung und einer dreigeteilten Rankenspitze. Im Sommer erscheinen die mattroten bis violettrosa, 2 cm langen Blüten zu 3–8 in traubigen Blütenständen. Aus Hecken und Wiesen, oft an einem Nordhang, im Kaukasus und auf der Krim. ‡ 1,5 m. Z5 **'Tillyperone'** Lange blühend. Blüten kräftig rosa. Unterscheidet sich von der Art auch durch die Adern der Blättchen.

Lathyrus odoratus zählt zu den unverwüstlichsten und ansprechendsten Gartenflüchtern. Die Art hat sich mittlerweile in fast allen Bundesstaaten der USA, in Kanada und im Süden Großbritanniens in freier Natur etabliert.

Platterbsen gehören neben Lupinen zu den attraktivsten ausgewilderten Stauden (häufig z.B. auch *L. latifolius*). Man begegnet ihnen zwar meist in ihrer natürlichen rosa Ausprägung, in einigen Populationen tauchen aber auch weißblütige Varianten auf. Die Pflanze lässt sich nur schwer ausmerzen, da sie ein tiefes Wurzelsystem bildet und über ausreichend Reserven verfügt, um sogar nach dem Abmähen unbekümmert wieder auszutreiben. Sie verbreitet sich überwiegend durch Samen. An heißen Sommertagen kann man hören, wie die Hülsen platzen und ihren Inhalt wegschleudern.

Ebenfalls den Weg in die freie Natur haben in manchen Klimazonen *L. grandiflorus* und *L. tuberosus* gefunden, allerdings sind sie wesentlich seltener anzutreffen als *L. latifolius*.

L. sylvestris (Wald-Platterbse) Kletterer mit geflügelten Trieben. Blatt mit einem Paar viermal so langer wie breiter Fiederblättchen und verzweigter Ranke. Die 2 cm langen Blüten mit rosa Fahne und Kiel und mit lilarosa Flügeln erscheinen im Sommer in Trauben aus bis zu 15 Blüten. Aus Wäldern und Hecken in weiten Teilen Europas und in Marokko. ↕ 2 m. Z6

L. tuberosus (Knollen-Platterbse) Diese kriechende Art treibt kleine, essbare Knollen aus, die sich rasch vermehren und sich leicht von den brüchigen Wurzeln lösen. Die schlanken, ungeflügelten Triebe wachsen niederliegend oder klettern gelegentlich auch an anderen Pflanzen hoch. Sie tragen Blätter, die aus einem Paar ovaler oder länglicher, 4,5 cm langer Fiederblättchen zusammengesetzt sind und eine dreifach verzweigte Ranke haben. Leicht duftende, violette Blüten stehen an langen Stängeln zu 2–7. Blütezeit: Sommer. Kann wuchern, deshalb Standort mit Bedacht auswählen. ↕ 1,2 m. Z4

L. vernus ♥ syn. *Orobus vernus* (Frühlings-Platterbse) Aufrechte, buschige Art mit schlanken, aber kräftigen, aufrechten, ungeflügelten Stängeln, die aus einer festen Basis wachsen. Die Blätter sind aus 2–4 Paaren 7 cm langer, ovaler oder lanzettlicher, zugespitzter Blättchen zusammengesetzt und besitzen keine Ranke. Im März öffnen sich 6–10 rötlich violette, 2 cm lange Blüten, die mit der Zeit einen bläulichen Ton annehmen und seitlich am Stängel stehen. Wertvolle, pflegeleichte Waldpflanze, deren Blüten sich noch vor dem Austrieb öffnen können, was allerdings auch vom Klima abhängt – in Zonen mit kalten Wintern erscheinen Blätter und Blüten gleichzeitig. Die Blüten können bei Spätfrösten auch erfrieren, der Pflanze schadet das aber nur selten. Aus Wäldern, Gestrüpp und Felsvorsprüngen in weiten Teilen Europas. ↕ 35 cm. Z4 **'Alboroseus'** ♥ Blüten zweifarbig bläulich rosa und weiß. **'Aurantiacus'** siehe *L. aureus*. **'Caeruleus'** Blaue, violett überlaufene Blüten. **'Cyaneus'** Blau, aber dunkler als 'Caeruleus'. **'Flaccidus'** Schmalere Blätter und hängender Wuchs. **'Rosenelfe'** Rosa und weiße Blüten. Rot getönte Hülsen. Niedriger. ↕ 18 cm. **fo. roseus** Lilarosa. **'Spring Melody'** Bonbonrosa und weiße Blüten.

LAVATERA
Buschmalve, Strauchpappel
MALVACEAE

Die dankbare Staude ist ideal für ungeduldige Gärtner und blüht den ganzen Sommer über ausgesprochen reich.

Ihre 25 Arten Ein-, Zwei- und relativ kurzlebiger Mehrjähriger sowie Sträucher sind auf der ganzen Welt verbreitet. Sie kommen meist in Küstengegenden und trockenen Böden vor. Die sternhaarigen, aufrechten Triebe verzweigen sich an der Basis vielfach und tragen lang gestielte, wechselständige, in der Regel drei- bis fünflappige und weich behaarte Blätter. Ihre für Mal-

vengewächse typischen, fast immer rosa oder weißen Blüten stehen einzeln oder in offenen, endständigen Trauben und erscheinen über einen langen Zeitraum im Sommer bis in den Herbst hinein. Sie setzen sich aus dem Kelch (mit zusätzlichem Außenkelch), der fünfzähligen Krone, einem zentralen Staubblattbündel und dem Stempel zusammen.

Bei der Nomenklatur der *Lavatera*-Arten herrschte eine Zeit lang Verwirrung, doch mittlerweile wurde eine Lösung gefunden (siehe *Sträucher und Stauden*). Auf die allgemein als Sträucher eingestuften und kultivierten Arten wird hier nicht eingegangen.

KULTUR In den meisten durchlässigen Böden problemlos zu ziehen.

OBEN 1 *Lavatera cachemiriana*
2 *Leonotis leonurus*

Braucht volle Sonne und muss vor allem in nährstoffreicher Erde oft gestützt werden. Vor kalten Winden schützen. Im Herbst um zwei Drittel einkürzen und im zeitigen Frühjahr stark zurückschneiden.

VERMEHRUNG Durch Stecklinge von grundständigen Trieben im Frühjahr.

PROBLEME Blattläuse, Rost.

L. cachemiriana Reich blühende, aber kurzlebige Staude mit verholzender Basis. Wüchsige, aufrechte Triebe mit sternhaarigen, tief geaderten, drei- bis fünffach gelappten Blättern. Die bis 8 cm breiten Blüten mit relativ schmalen, zweilappigen, blassrosa, am Ansatz weißen Blütenblätter öffnen sich klaffend weit und erscheinen vom Hoch- bis zum Spätsommer. Aus offenem Grasland im westlichen Himalaja. ↕ 2 m. Z6

STRÄUCHER UND STAUDEN

Die Klassifizierung vieler *Lavatera*-Arten war eine Zeit lang umstritten. Grundsätzlich ging es um die Frage, ob sie strauchig wachsen oder im Winter einziehen. Die strauchigen Formen werden nun unter *L. olbia* zusammengefasst, die krautigen unter *L. thuringiaca*, Hybriden werden unter *L. × clementii* eingeordnet.

Allerdings lässt sich die Grenze zwischen strauchigen und krautigen Lavatera nicht genau ziehen. Einige Formen von *L. olbia* ziehen in der kalten Jahreszeit ein, umgekehrt verholzen bestimmte Formen der Art *L. thuringiaca*

teilweise. Die Hybriden wiederum sind zwischen beiden Extremen angesiedelt.

Auch das Klima spielt eine Rolle. In kühleren Zonen können strauchige *Lavatera* bis zur Basis zurückgeschnitten werden, während in wärmeren Gegenden Formen, die normalerweise absterben, zum Teil verholzen. In Regionen, die kälter als Zone 7 sind, erfrieren die Pflanzen völlig. Gärtner haben also einen gewissen Spielraum, sollten jedoch nie vergessen, dass *Lavatera* zwar ausgesprochen wüchsig, aber auch kurzlebig sind.

L. thuringiaca (Thüringer Strauchpappel) Buschige Staude mit verholzendem Wurzelstock und einer Masse aufrechter Triebe, die 9 cm lange, herzförmige, gelappte, an der Basis meist fünflappige, an den Blütenstängeln dreilappige Blätter tragen. Die ganze Pflanze ist grau behaart. 5–8 cm breite, blassrosa Blüten erscheinen im Hoch- bis Spätsommer. Die vielen strauchigen Sorten, die früher dieser Art zugerechnet wurden, gelten nun korrekterweise als Formen von *L. × clementii*, einer von *L. thuringiaca* abgeleiteten Hybride (siehe *Sträucher und Stauden*). Aus Osteuropa und Westasien. ↕ 1–1,5 m. Z8 **'Ice Cool'** syn. 'Peppermint Ice' Weiße Blüten ↕ 1,5 m.

LEONOTIS
Löwenohr
LAMIACEAE

Die stattlichen, aromatisch duftenden Stauden bereichern den Hintergrund einer Rabatte mit ungewöhnlichen Formen.

Die Gattung *Leonotis* wird gebildet aus 9 Arten hoher Einjähriger und Stauden, die zumeist aus Afrika stammen. Die an der Basis oft verholzenden Pflanzen tragen vierkantige Stängel mit gegenständigen, ovalen bis lanzettlichen, gezähnten Blättern, während die Blüten quirlständig in den oberen Blattachseln stehen, wobei sich ein Quirl aus bis zu 60 Einzelblüten zusammensetzen kann. Sie sind dicht behaart und bilden eine 2,5–5 cm lange, gebogene Röhre mit sehr langer, hervorragender Oberlippe. Damit sind sie in ihrem angestammten Lebensraum bestens für die Bestäubung durch die kolibriartigen Nektarvögel geeignet. Die häufigste Blütenfarbe ist Orange, manche Formen tragen jedoch auch Blüten in helleren Farben. *Leonotis* blühen vom Spätsommer bis in den Herbst hinein.

In Südafrika werden Löwenohren auch als »wilder Cannabis« bezeichnet. Sie entfalten zwar keine berauschende Wirkung, werden aber als Heilkraut genutzt.

Die Art *Leonotis leonurus* wird häufig mit der Gattung *Leonurus* verwechselt. Die beiden tragen zwar ähnliche Quirle, die Blüten sind aber bei *Leonurus* klein und rosa, bei *Leonotis* fallen sie lang und leuchtend orangefarben aus.

KULTUR An vollsonnigen, geschützten Standorten in durchlässigen Böden.

VERMEHRUNG Durch Aussaat. Verholzende Arten und Formen auch durch Stecklinge im Frühsommer.

PROBLEME Zumeist keine.

L. leonurus (Großblättriges Löwenohr, Afrikanisches Löwenohr) Die hohe, buschige Pflanze mit verholzendem Wurzelstock trägt grob behaarte, lanzettliche, bis 2,5 cm breite Blätter (das Laub der anderen beiden Arten ist rauten- bis herzförmig). Auffällige, leuchtend orangefarbene Blüten setzen im Herbst einen unübersehbaren Akzent. Früher überwiegend als Gewächshauspflanze kultiviert, erweist sich aber in milden Gegenden als immer härter. Aus Südafrika. ‡ 2–3 m. Z9 **var. albiflora** Fast weiße Blüten.

L. nepetifolia Hohe, kurzlebige Staude, die in kühleren Klimazonen als Einjährige gezogen wird. Ihre Form und Größe sind naturgemäß sehr variabel. Sie trägt derbe, stets auffallend breite, 4–15 cm große Blätter. Die Blüten sind meist orange, gelegentlich aber auch gelb oder cremefarben. In den Tropen beheimatet. ‡ 3 m. Z8 **'Staircase'** Robuste Auslese mit orangefarbenen Blüten. ‡ 60 cm.

L. ocymifolia Hohe, spärlich verzweigte, aber von Natur aus sehr variable Pflanze mit verholzender Basis und großem, holzigem Wurzelstock. Die gekerbten, behaarten Stängel tragen samtige, mehr oder weniger herzförmige, gezähnte, 8 cm lange Blätter und orangefarbene Blüten in kugeligen, quirligen Ständen. Ähnelt *L. leonurus*, hat aber wesentlich breiteres Laub und bei genauerem Hinsehen auch nur einen einzigen Haarring im Inneren der Blütenröhre. ‡ 2–3 m. Z9

LEONTODON
Löwenzahn
ASTERACEAE

Die niedrigen Gewächse mit breiten Blattrosetten und kleinen gelben Blütenkörbchen ähneln unserem heimischen Löwenzahn.

Rund 50 Arten Einjähriger und Mehrjähriger aus verschiedenen offenen oder grasbewachsenen Lebensräumen in Europa, Nordafrika und Südwest-Asien bis in den Iran bilden diese Gattung. In Kultur findet man in der Regel nur eine einzige Art. Alle zeichnen sich durch einen milchigen Saft, eine oft grobe Behaarung und eine Rosette aus grundständigen, ungezähnten bis fiederspaltigen Blättern aus. Die aufrechten, fast blattlosen Stängel tragen einzeln oder zu mehreren stehende, gelbe Blütenkörbchen. Die meisten Arten der Gattung haben keinen sonderlichen Zierwert.

KULTUR Je nach Art unterschiedlich. *L. rigens* bevorzugt feuchtigkeitsspeichernde Böden an vollsonnigen Standorten und verträgt nur geringen Frost.

VERMEHRUNG Im Frühjahr durch Aussaat bei 15–20°C oder Teilung.

PROBLEME In der Regel keine.

L. rigens syn. *Microderis rigens* Auffällige, Rosetten bildende, immergrüne Staude mit kräftigem Wurzelstock. Sie trägt glänzende, ovale bis eiförmige, bis 30 cm lange Blätter mit spärlicher, borstiger Behaarung auf Ober- und Unterseite und auffallend unregelmäßig-zackig gezähntem Rand. Zieht im Winter bis auf eine Rosette kleinerer Blätter ein. Gelbe, 2,5–3 cm breite Blütenkörbchen stehen von August bis Oktober in dichten, aus bis zu 120 Körbchen bestehenden Büscheln am Stängel. Jede Rosette treibt mehrere Blütenstängel aus. Aus felsigen, offenen Lagen auf den Azoren. ‡ 40 cm. Z8 **'Girandole'** Nicht von der Art zu unterscheiden.

LEONURUS
Herzgespann
LAMIACEAE

Das Herzgespann ist eine attraktive Staude für den Kräuter- oder Wildblumengarten.

Die Gattung umfasst 9 Stauden und Zweijährige aus Europa, Asien, Mittel- und Südamerika, von denen nur eine einzige in Kultur gebräuchlich ist. Ihre aufrechten Stängel tragen gegenständige, tief gelappte oder gezähnte Blätter. Die Blüten stehen in achselständigen Quirlen. Jede Blüte setzt sich aus einer helmartigen Oberlippe und einer dreilappigen Unterlippe zusammen. *Leonurus cardiaca* findet in der europäischen Kräutermedizin Verwendung, während *L. sibiricus* einen festen Platz in der Traditionellen Chinesischen Medizin hat.

KULTUR Lässt sich in gängigen Bodenarten an sonnigen bis halbschattigen Standorten problemlos ziehen.

VERMEHRUNG Aussaat in Gefäßen. Sämlinge bleiben bis zum Sommer im Frühbeet und können dann ins Freiland umgesiedelt werden. Auch Teilung eingewachsener Exemplare im Frühjahr ist möglich.

PROBLEME In der Regel keine.

L. cardiaca (Echtes Herzgespann) Eine aufrechte Pflanze, die sich durch drahtige Rhizome ausbreitet. Gelegentlich unbehaarte, häufiger aber leicht daunig behaarte, verzweigte Stängel tragen grob gezähnte Blätter. Diese sind in Basisnähe handförmig geteilt, mit 5–7 Lappen, weiter oben geteilt mit 3 lanzettlichen Lappen. Von Juli bis September erscheinen in den Blattachseln rosa, gelegentlich weiße, oft violett gefleckte, 1 cm große, quirlständige Blüten mit Haaren auf der Oberseite der oberen Lippe. Wird schon seit dem Mittelalter als Heilkraut kultiviert. Anspruchslos und nur gelegentlich wuchernd. Aus Hecken, Mauern und Brachland in Westeuropa. ‡ 1,2 m. Z3

LEUCANTHEMELLA
Herbstmargerite
ASTERACEAE

Die hohe, erstaunlich spät blühende Staude bringt mit ihren farbenfrohen Blütenkörbchen Schwung in jeden Herbstgarten.

Lediglich 2 Rhizom bildende Arten gehören dieser Gattung an. Nur *Leucanthemella serotina* ist allerdings als Zierpflanze gebräuchlich. Beide stammen aus Südost-Europa und Ostasien und zeichnen sich durch ungeteilte, wechselständige, ungestielte, drüsige Blätter aus. Die Basalblätter sind leicht gelappt, während die Stängelblätter eine längliche bis lanzettliche Form und einen gesägten Rand haben. Die zur Sonne gewandten Blütenkörbchen setzen sich aus äußeren, sterilen Strahlenblüten und inneren grünlich gelben, fertilen Scheibenblüten mit ungestielten Drüsen zusammen. Eine winterliche Mulchschicht aus organischem Material tut ihnen gut.

KULTUR Am besten an vollsonnigen Standorten in feuchten Böden, die Pflanzen vertragen aber auch Halbschatten und andere Böden.

VERMEHRUNG Durch Aussaat, Teilung oder Stecklinge im Frühjahr.

PROBLEME Selten.

L. serotina ✿ syn. *Chrysanthemum serotinum, C. uliginosum, Pyrethrum uliginosum, Tanacetum serotinum* (Herbstmargerite) Horste bildende, buschige, aufrechte Pflanze mit behaarten Stängeln und bis zu 12 cm langen Blättern. Die 7 cm breiten Blütenkörbchen erscheinen im Spätsommer oder sogar erst im Herbst und liefern ausgezeichnete Schnittblumen. Die äußeren, 1–2,5 cm langen Strahlenblüten sind meist weiß, mit roter Tönung, während die inneren Scheibenblüten eine grünlich gelbe Farbe haben. Ausbreitung durch weiße Rhizome. Muss selten geteilt werden, braucht aber oft eine Stütze. Aus Gewässerufern und anderen feuchten Standorten in Osteuropa bis China und Japan. ‡ 1,5–2 m. Z8 **'Herbststern'** Weiße, in der Mitte gelb getönte Blüten.

LEUCANTHEMOPSIS siehe RHODANTHEMUM

LEUCANTHEMUM
Margerite
ASTERACEAE

Margeriten beeindrucken im Sommer durch unzählige, meist weiße Blütenkörbchen.

Die 25 Arten sommerblühender Einjähriger und kurzlebiger Mehrjähriger sind in Europa und Nordasien beheimatet. Ihre meist dunkelgrünen, wechselständigen

UNTEN *Leucanthemella serotina*

OBEN *Leucanthemum × superbum* 'Horace Read'

Blätter können ganzrandig, gesägt oder gelappt ausfallen. Die großen Blütenkörbchen stehen einzeln, seltener auch zu mehreren an langen Stängeln und drehen sich immer zur Sonne. Sie setzen sich aus äußeren, weiblichen, fruchtbaren, meist weißen Strahlenblüten und inneren, gelben Scheibenblüten mit geschwollener, schwammartiger Basis zusammen. Interessanterweise entwickeln die Pflanzen Wurzeln mit roter Spitze. Die meisten Margeriten eignen sich vorzüglich als Schnittblumen.

Ursprünglich mussten alle Sorten vegetativ durch Teilung oder Stecklinge vermehrt werden. In den letzten Jahren sind allerdings einige Zwergformen, insbesondere von *Leucanthemum × superbum*, auf den Markt gekommen, die sich auch aus Samen ziehen lassen. Bezieht man das Saatgut vom Züchter, bekommt man oft ausgezeichnete, im ersten Sommer reich blühende kleine Exemplare, die allerdings in den darauf folgenden Jahren zu stattlicher Größe heranwachsen. Zieht man *Leucanthemum* hingegen aus selbst gesammelten Samen, fallen sie recht variabel aus. Dasselbe gilt auch für Samen von Sorten, die nur für vegetative Vermehrung geeignet sind.

KULTUR Idealerweise an vollsonnigen Standorten mit durchlässiger, nährstoffreicher Erde, allerdings kommen Margeriten auch mit mäßig nährstoffreichen Böden und lichtem Schatten zurecht. Ungefüllte Formen lassen sich in hohen Wiesen auswildern, während gefüllte Varianten eher für sonnige Standorte in einer Rabatte geeignet sind. Viele müssen unauffällig gestützt werden, da sie sonst umfallen.

VERMEHRUNG Arten und einige Sorten lassen sich durch Aussaat vermehren, doch ist Teilung vorzuziehen. Diese sollte eher im Spätsommer oder zeitigen Frühjahr als im Herbst erfolgen.

PROBLEME Blattläuse. Jungpflanzen sind vor allem im Frühjahr für Schneckenfraß anfällig. Das Laub kann in feuchten Sommern unter Pilzbefall leiden.

L. hosmariense siehe *Rhodanthemum hosmariense*

L. maximum syn. *Chrysanthemum maximum* (Pyrenäen-Margerite) Basalblätter ungezähnt oder gezähnt, Stängelblätter oft ebenfalls gezähnt. 7–9 cm breite Blütenkörbchen mit weißen Strahlenblüten und gelben Scheibenblüten. Bei Exemplaren, die unter dieser Bezeichnung verkauft werden, handelt es sich in Wirklichkeit oft um *L. × superbum* mit größeren Blütenkörbchen. Gut zum Auswildern in Wiesen geeignet. ‡ 80–100 cm. Z6

L. nipponicum siehe *Nipponanthemum nipponicum*

L. × superbum syn. *Chrysanthemum superbum* (Garten-Margerite) Über dunkelgrünem Laub stehen große, leuchtend weiße Blütenkörbchen an langen Stängeln. Blütezeit: Juni und September. Die etwa 10 cm breiten Körbchen sind größer als die der verwandten Art *L. maximum*. Sie setzen sich aus weißen Strahlenblüten und gelben Scheibenblüten zusammen. Unkompliziert, kann aber in zu trockenen oder zu nassen Böden unter Stress geraten. Horste alle 2–3 Jahre teilen, um die Blühfreude zu erhalten. Gilt als Hybride von *L. lacustre* und *L. maximum* und ähnelt beiden Arten. ‡ 25–170 cm, meist etwa 1 m. Z5 **'Aglaia'** ♀ Schön geformte, gekräuselte, fast gefüllte, weiße Blütenkörbchen, später erscheinende Körbchen meist etwas weniger gefüllt, sodass die gelbe Mitte stärker hervortritt. Manchmal unerwartet empfindlich. ‡ 50 cm. **'Alaska'** Ungefüllte Blütenkörbchen. Vermehrung durch Aussaat, trotzdem angenehm einheitlich im Aussehen. ‡ 1 m. **'Anita Allen'** Regelmäßig geformte, halbgefüllte Körbchen mit 3 Reihen weißer Strahlenblüten. ‡ 55 cm. **'Barbara Bush'** Cremegelb gerandete, dunkelgrüne Blätter. Halbgefüllte Körbchen. Ein

LUTHER BURBANK UND HORACE READ

Leucanthemum × superbum-Margeriten wurden 1901 von dem rührigen amerikanischen Pflanzenzüchter Luther Burbank eingeführt. Er behauptete, als Erstes die verbreitete Magerwiesen-Margerite (*L. vulgare*) mit einer Art gekreuzt zu haben, die er damals *L. maximum* nannte, was allerdings angezweifelt wurde, denn es handelt sich dabei um eine relativ schwache, seltene Pflanze, die wild nur in den Pyrenäen vorkommt. Anschließend kreuzte er die besten Hybriden zwischen beiden mit *L. lacustre*, einer verwandten Art aus Portugal.

Weil er mit dem Weiß nicht zufrieden war, das seiner Ansicht nach zu stumpf wirkte, brachte er eine japanische Verwandte, *Nipponanthemum nipponicum*, ins Spiel. Nach einer weiteren Auslese war er 1901 endlich zufrieden. Die neue Hybride bekam den Namen *L. × superbum*.

Nach neuerer Auffassung waren nur *L. maximum* und *L. lacustre* bei der Hybridisierung beteiligt. Einige Botaniker glauben mittlerweile sogar, dass es sich bei sämtlichen Sorten von *L. × superbum* um Auslesen von *L. lacustre* handelt. Womöglich hatte Luther Burbank manche seiner Gewächse schlichtweg falsch bestimmt.

Ganz gleich, welche Arten letztendlich beteiligt waren, ein entscheidender Faktor dürfte die jahrelange rigorose Auswahl gewesen sein, die Burbank mit seinem Blick für gute Gartenpflanzen vornahm. Insgesamt führte er etwa 800 Züchtungen ein – angefangen von Pflaumen und den ersten stachellosen Brombeeren über Getreide- und Futterpflanzen bis hin zu Ziersorten.

In Großbritannien war Horace Read der »Vater« vieler neuer Formen. Dabei stand ein Zufallsfund am Anfang seiner Zucht. Eines Tages sah er während einer Zugfahrt eine gefülltblütige Mutation von *L. vulgare* neben den Gleisen. Er merkte sich die Stelle, zog bei der Rückfahrt die Notbremse, sprang aus dem Waggon, grub das seltene Exemplar im Handumdrehen aus, eilte in den Zug zurück und setzte die Fahrt fort. Sein Fundstück diente ihm als Elternpflanze für 'Esther Read', doch führte er auch noch 'Horace Read', 'Jennifer Read', 'Pauline Read' und 'Cobham Gold' ein.

BLÜTENGALERIE DER MARGERITEN

Wie von vielen anderen Mitgliedern der Korbblütler wurden auch von *Leucanthemum*-Margeriten etliche Blütenvarianten gezüchtet. Hier einige interessante Sorten von *L. × superbum*.

Ungefüllt Die Grundform (hier 'Snow Lady') setzt sich aus einem einfachen Ring weißer Strahlenblüten um eine Mitte aus schlanken Scheibenblüten zusammen.

Gefüllt Wenn die Scheibenblüten sich strahlenblütenähnlich entwickeln (hier 'Fiona Coghill'), entsteht eine auffallend gefüllte Form.

Gefüllt und gefranst Viele ungewöhnlich schmale Strahlenblüten (hier 'Aglaia') bilden einen gefransten Kopf. Selbst der Rand der Scheibe ist noch fiedrig.

Anemonenblütig Aus der Scheibe oder ihrem Rand wachsen strahlenblütenähnliche Scheibenblüten (hier 'Wirral Supreme').

nicht ganz so winterharter Sport (spontane Mutation) von 'T.E. Killin'. ↕ 45 cm. Z6 **'Beauté Nivelloise'** syn. 'Old Court', 'Shaggy' Hübsche, sehr schlanke, weiße Strahlenblüten. ↕ 50 cm. **'Becky'** Ungefüllte Körbchen. Blütezeit: Ende Juni und Juli statt wie üblich Mai. Gut bei hoher Luftfeuchtigkeit und Hitze. ↕ 1 m. **'Christine Hagemann'** Große, weiße Körbchen mit anemonenartiger Mitte. ↕ 80–110 cm. **'Cobham Gold'** Cremegelbe, gefüllte Körbchen. ↕ 45 cm. **'Crazy Daisy'** Variable, zerzauste Körbchen. Möglicherweise mit 'Snowdrift' identisch. ↕ 60 cm. **'Droitwich Beauty'** Große, gefüllte Körbchen. Ähnelt 'Aglaia' und ist möglicherweise sogar identisch mit ihr. ↕ 50 cm. **'Esther Read'** Niedrig und nicht so hart wie die Art. Früh blühend, mit gefüllten Körbchen. ↕ 40–60 cm. Z7 **'Fiona Coghill'** Sehr große, gefüllte, cremefarbene Körbchen. Braucht Windschutz, sonst werden die großen Körbchenblüten unansehnlich. ↕ 60 cm. **'Horace Read'** Altmodische, gefüllte Körbchen. Muss gestützt werden. ↕ 80–110 cm. **'John Murray'** syn. 'Summer Snowball' Sehr gleichmäßig gefüllte, cremefarbene Körbchen. ↕ 85 cm. **Little Silver Princess** siehe 'Silberprinzesschen'. **'Manhattan'** Ungefüllt. Sehr hoch. ↕ 1,7 m. **'Old Court'** siehe 'Beauté Nivelloise'. **'Phyllis Smith'** Schmale, zum Teil zur Mitte hin gebogene Strahlenblüten. Ähnelt 'Beauté Nivelloise'. ↕ 90 cm. **'Shaggy'** siehe 'Beauté Nivelloise'. **'Silberprinzesschen'** Kleine, ungefüllte Körbchen, passend zum niedrigen Wuchs. Vermehrung durch Aussaat, aber variabel. ↕ 30–45 cm. **'Silver Princess'** siehe 'Silberprinzesschen'. **'Snow Lady'** Zwergform mit ungefüllten Körbchen, oft kurzlebig. Kann durch Aussaat vermehrt werden, Sämlinge allerdings variabel. ↕ 25–60 cm. **'Snowcap'** Ungefüllte Körbchen. Reich blühend, aber zwergig. Durch Aussaat vermehrt und daher variabel. ↕ 40 cm. **'Snowdrift'** Zerzauste, cremefarbene Körbchen. Durch Aussaat vermehrbar, aber variabel. ↕ 90 cm. **'Sonnenschein'** Primelgelbe, ungefüllte Körbchen. Muss gestützt werden. Späte zweite Blüte. ↕ 1 m. **'Summer Snowball'** siehe 'John Murray'. **Sunshine** siehe 'Sonnenschein'. **'Sunny Side Up'** Körbchen mit anemonenblütiger Mitte. ↕ 38–50 cm. **'T.E. Killin'** Anemonenblütig, sehr breite Strahlenblüten. ↕ 1 m. **'Thomas Killin'** siehe 'T.E. Killin'. **'Wirral Pride'** Hoch. Anemonenblütige Mitte. ↕ 90–120 cm. **'Wirral Supreme'** ♀ Hohe Sorte. Anemonenartige Mitte und 2 äußere Strahlenblütenringe. ↕ 1–1,5 m.

L. vulgare syn. *Chrysanthemum leucanthemum* (Magerwiesen-Margerite) Langstielige, meist gebuchtete Grundblätter und längere, schmalere, ungestielte, ganzrandige oder gelappte Stängelblätter. Laubfarbe meist grün. Die typischen gelb-weißen Blütenkörbchen erscheinen im Sommer und sind 2,5–9 cm breit. Kommt gut in einer Wiese zur Geltung. Lässt sich leichter durch Teilung als durch Aussaat ziehen. Aus Europa und Asien, aber in weiten Teilen Nordamerikas eingebürgert. ↕ 60–100 cm. Z3 **'Filigran'** Vielblütig. Mit sehr schlankem Laub. **'Maikönigin'** (**May Queen**) Sehr früh blühend. ↕ 70 cm.

LEYMUS
Strandroggen
POACEAE

Das intensiv eisblaue Laub dieser oftmals ungebührlich stark wuchernden Pflanzen bildet einen dekorativen Bodendecker.

Bis zu 40 Stauden aus nördlichen gemäßigten Regionen gehören dieser Gattung an. Sie wachsen auf steinigen Hängen und Steppen und haben sich oft an salzige, alkalische und sandige Bedingungen angepasst. Viele Arten besitzen ein Wurzelsystem, das sich aggressiv ausbreitet. Das hat zwar den Vorteil, dass es Sanddünen festigt, im Garten aber kann es zum Problem werden. Die flachen, zugespitzten, breiten Blätter leuchten oft in auffälligen eisblauen Tönungen, während die hohen, kräftigen Halme roggenartige Blütenähren tragen, die wiederum aus kleinen Ährchen bestehen.

Die blauen Horste pflanzt man am besten in Kolonien als Bodendecker oder als Hintergrund für dunkler gefärbte Blüten in heißen, trockenen Bereichen. Auch als Randbegrünung für Wege und Zufahrten, auf denen Salz gestreut wird, leisten sie gute Dienste.

KULTUR. In leichten, durchlässigen Böden an heißen, sonnigen Standorten oder im Halbschatten.

VERMEHRUNG. Im Frühjahr durch Aussaat oder Wurzelteilung.

PROBLEME Bei Feuchtigkeit Pilzbefall.

UNTEN 1 *Leymus arenarius* **2** *Liatris spicata* 'Kobold'

L. arenarius (Gewöhnlicher Strandroggen) Robustes, wucherndes Gras mit langen, kräftigen Rhizomen. Die starren, aufrechten, intensiv stahlblauen Blätter werden 2 cm breit und 60 cm lang. Im Hochsommer erscheinen lange, kräftige, graublaue Halme mit borstigen, roggenähnlichen, blauen Blütenähren, die sich bald gelb färben. Braucht viel Raum zum Ausbreiten und hat eine unübersehbare Farbwirkung, kann bei regelmäßigem Umtopfen aber auch im Gefäß gezogen werden. Die Blütenstände eignen sich gut für Trockengestecke, doch muss man sie abschneiden, solange sie noch blau sind. Strandroggen wächst auf den meisten Bodentypen und ist trockenheits- sowie salztolerant. Die beste Färbung erreicht man, wenn man Blüten und Laub im Sommer zurückschneidet. Kann bei zu viel Feuchtigkeit vom Roggenstängelbrand befallen werden, der sich in schwarzen Pusteln am Halm manifestiert. Auf der ganzen Welt zur Stabilisierung von Sanddünen eingeführt, stammt aber ursprünglich aus Europa. ↕ 1,5 m. Z4

LIATRIS
Prachtscharte, Rosenscharte
ASTERACEAE

Die exquisiten Ähren (oder auch Trauben) aus fiedrigen Blütenkörbchen erblühen von oben nach unten.

Von *Liatris* sind etwa 40 Arten bekannt, die alle in Nordamerika vorkommen. Sie wachsen überwiegend in trockenen Prärien und offenen Wäldern mit kargem, kiesigem Boden. Prachtscharten haben einen knolligen Wurzelstock und werden im Frühjahr oft im Paket mit im Sommer blühenden Zwie-

beln verkauft. Die langen, schmalen, leuchtend grünen Blätter bilden einen grundständigen Schopf, die Stängel sind wechselständig beblättert. Prachtscharten können sowohl in Rabatten als auch in Wildblumenwiesen eingesetzt werden, wo sie Bienen und Schmetterlinge anlocken. Selbst als Schnittblumen haben sie einen hohen Zierwert (siehe *Schnittblumen*, S. 304).

KULTUR In leichten, durchlässigen, mäßig nährstoffreichen Böden an vollsonnigen Standorten. Bei großer Winternässe fault die Pflanze in schweren Böden.

VERMEHRUNG Durch Aussaat im Herbst oder Teilung im Frühjahr.

PROBLEME Gelegentlich Blattfleckenkrankheit und Rost.

L. aspera Trockenheitsverträgliche Art mit aufrechten, meist rauen Stängeln, die aus dem Schopf rauer, mit 40 cm ungewöhnlich langer Blätter austreiben. Stängelblätter ungestielt und kleiner. Dichte Ähren aus bis zu 40 büschelig stehenden, violetten Blütenkörbchen. Blütezeit: Spätsommer. Muss an konzentrierten Standorten eventuell gestützt werden. Anfällig für winterliche Nässe. Aus Ontario bis Florida und Texas. ↕ 2 m. Z4

L. callilepis siehe *L. spicata*

L. pycnostachya (Prärie-Prachtscharte) Hohe, recht biegsame Art mit behaarten Stängeln. Untere Blätter bis 35 cm lang, nach oben zu immer kleiner werdend. Die Ähren sind dicht mit leuchtend purpurnen, 45 cm langen Blütenkörbchen besetzt. Blütezeit: Hochsommer bis Herbst. In heißen

SCHNITTBLUMEN

Liatris und insbesondere die Formen von *L. spicata* werden als Schnittblumen immer beliebter. Besonders die deutsche Floristan-Serie wurde speziell als Schnittblume entwickelt. Sie ist niedriger, weshalb sie nicht gestützt werden muss, und trägt eine längere Blütenähre. Die lange haltenden, leicht zu kultivierenden Blütenstände stehen dank ihrer auffälligen Form bei Floristen hoch im Kurs. Außerdem schätzt man an ihnen, dass die Blüten sich entlang der Ähre oder Traube von oben nach unten öffnen.

Man schneidet sie am besten, wenn sich die Hälfte der Blüten bereits entfaltet hat. Zwar kann man sie auch schon ernten, wenn sich erst drei oder vier Blüten zeigen, doch muss man sie dann nach dem Kappen gleich in eine Lösung tauchen, die ihre Haltbarkeit verlängert. Zwicken Sie sie so früh am Tag wie möglich ab. Bei entsprechender Pflege halten sie bis zu zwölf Tage lang in der Vase. Allerdings welken die Blätter schneller als die Blüten.

Liatris geben auch vorzügliche Trockenblumen ab. Man wartet, bis alle Blüten des Gesamtblütenstandes geöffnet sind, schneidet sie dann ab und trocknet sie, indem man sie zu Bündeln geschnürt mit dem Kopf nach unten an einen trockenen, gut durchlüfteten Platz hängt.

Klimazonen kurzlebig und bestenfalls als Zweijährige zu ziehen. Nicht so trockenheitstolerant wie *L. aspera*, verträgt aber trotzdem keine Winternässe. Für gute Stütze dankbar. Aus Wisconsin bis Texas (USA). ‡ 1,5 m. Z4 **'Alba'** Weiße Blüten.

L. spicata syn. *L. callilepis* (Prachtscharte) Die Pflanze bildet einen Horst schlanker, 40 cm langer Blätter, aus dem aufrechte, glatte, nur gelegentlich leicht behaarte, mit kleineren, schmaleren Blättern besetzte Stängel wachsen. Die imposanten, bis 70 cm hohen Ähren bestehen aus purpurrosa Blütenkörbchen, die im Spätsommer erscheinen und sich bestens als Schnittblumen eignen. Verträgt feuchte Böden etwas besser, neigt bei zu viel winterlicher Nässe aber trotzdem zum Faulen. Muss gestützt werden, wenn der Horst zu groß wird. Aus den USA von New York bis Florida. ‡ 1,5 m. Z4 **'Alba'** Weiße Blüten. **'Floristan Violett'** Violett. ‡ 90 cm. **'Floristan Weiss'** Weiß. ‡ 90 cm. **'Kobold'** Rosarot. Blüht früher und kann bei sofortigem Entfernen von welkem Flor ein zweites Mal in der Saison blühen. ‡ 75 cm.

LIBERTIA
Andeniris, Schwertelglocke
IRIDACEAE

Die dichten Horste aus eleganten, schmalen Blättern harmonieren bestens mit den hübschen Blütenständen, die im späten Frühjahr und Sommer erscheinen.

Die südliche Hemisphäre mit Schwerpunkt Südamerika und Neuseeland ist der Lebensraum der 20 Arten immergrüner Gewächse, von denen einige als Gartenpflanzen recht beliebt sind. Der Zierwert der schmalen, schwertförmigen, aufrechten, fächerförmig angeordneten Blätter steht denen der Blüten in nichts nach. Im späten Frühjahr und Frühsommer treiben steife Stängel aus, die rispige Blütenstände bilden. Sie tragen becherförmige Blüten aus 3 kleinen äußeren und 3 auffälligen inneren Blütenblättern. Die kleinen, oft orange oder braun gefärbten, dekorativen Kapselfrüchte halten lange.

KULTUR Gedeiht am besten an vollsonnigen Standorten in feuchten, nährstoffreichen Böden. Mit drei bis vier Jahren am dekorativsten, später sehen die Pflanzen oft etwas mitgenommen aus.

VERMEHRUNG Durch Aussaat oder Teilung im Frühjahr.

PROBLEME In der Regel keine.

L. 'Amazing Grace' Bildet allmählich einen dichten Horst schmal schwertförmiger, bronzefarben getönter, bis 40 cm langer Blätter. Im Mai und Juni öffnen sich 2 cm große, weiße Blüten an Stängeln, die etwas länger als die Blätter sind. Hybride von *L. chilensis* und *L. ixioides*. ‡ 60 cm. Z9

L. caerulescens Entwickelt sich zu einem kompakten Horst aus derben, grasartigen Blättern. Dichte Stände aus 1 cm großen Blüten mit blassblauen Blütenblättern. Blütezeit: Mai und Juni. Blütenstände an aufrechten Stängeln über dem Laub. Aus Grasland in Chile. ‡ 60 cm. Z9

L. formosa (Andeniris) Robuste Pflanze, die einen Schopf aus vielen schmalen, dunkelgrünen Blättern bildet. Aufrechte Stängel mit mehreren dichten Ständen aus 3,5 cm großen, schalenförmigen, weißen Blüten, die von Mai bis Juli erscheinen. Verträgt lichten Schatten und entfaltet in Massenpflanzungen unter älteren sommergrünen Bäumen eine gute Wirkung. Aus feuchten, offenen Bereichen in Chile. ‡ 80–100 cm. Z8

L. grandiflora ♀ (Neuseelandiris) Wüchsige Art mit schmalen, ledrigen Blättern in einem kräftigen Horst. Sie treibt aufrechte, belaubte Stängel mit mehreren offenen Ständen aus schalenförmigen, 2–3 cm breiten, weißen Blüten. Blütezeit: Mai und Juni. Die kugeligen Kapselfrüchte färben sich mit zunehmender Reife schwarz. Verträgt absonnige Standorte. Wächst an Gewässern und in offenen Wäldern Neuseelands. ‡ 90 cm. Z8

L. ixioides Gelblich grüne, schmal schwertförmige Blätter bilden schön geformte, bis 50 cm breite Horste und sind im Winter oft ansprechend orange getönt. Reinweiße, 1–2 cm große Blüten stehen in dichten Ständen an aufrechten Stängeln. Runde, gelbe Kapselfrüchte. Von Flussufern in Neuseeland. ‡ 45 cm. Z8

L. peregrinans Die Pflanzen bilden auffallende Horste aus schmalen Blättern, die sich in praller Sonne oft ansprechend kupferorange färben und besonders vor tiefstehender Sonne hervorragend zur Geltung kommen. Schalenförmige weiße, etwa 2 cm breite, teilweise vom Laub verdeckte Blüten erscheinen im Mai und Juni. Treibt in einiger Entfernung von der Mutterpflanze Ableger. Aus Neuseeland, wo die Art in torfiger oder sandiger Erde wächst. ‡ 60 cm. Z8 **'Gold Leaf'** Blätter tieforange. Beste Laubfärbung an vollsonnigen Standorten.

L. sessiliflora Das grasartige, ledrige Laub bildet kompakte Horste. Kleine blassblaue Blüten erscheinen in dichten Büscheln an Stängeln, die so hoch wie die Blätter werden. Braucht durchlässige, nährstoffreiche Böden an vollsonnigen Standorten. Aus offenen Grasflächen in Chile. ‡ 60 cm. Z9

WARME TÖNE FÜR FEUCHTE BÖDEN

ALS IDEALE PARTNER für die rundlichen Blätter und gelben Blüten der *Ligularia* im Hintergrund bieten sich Taglilien an: Während deren schlankes Laub einen reizvollen Kontrapunkt setzt, harmonieren ihre Blüten in verschiedenen Gelb-, Orange- und Rottönen mit *Ligularia* ebenso wie mit den Blütenständen der Goldrute im Vordergrund. Die dunkellaubige *Cordyline* und die pflaumenviolette Unterseite der *Ligularia* wiederum verleihen dem Arrangement Tiefe und Festigkeit.

LIGULARIA
Goldkolben, Ligularie
ASTERACEAE

Die strukturbetonten Pflanzen eignen sich für Sumpfgärten oder Feuchtrabatten. Sie beeindrucken nicht nur mit schönem Laub, sondern haben auch noch unübersehbare, aus Blütenkörbchen bestehende Bütenähren oder -dolden zu bieten.

Man unterscheidet rund 180 Arten mittelgroßer bis großer, sommergrüner Stauden. Die meisten tragen dekorativ geformte Blätter. Etwa 10 Arten werden als Gartengewächse genutzt. Ihr natürliches Verbreitungsgebiet reicht von Europa bis nach China und Japan sowie zum Himalaja.

KULTUR In nährstoffreichen, feuchten Böden im Halbschatten. *Ligularia* vertragen auch offenere Standorte, wenn der Boden nicht zu stark austrocknet. Die meisten welken in praller Sonne, erholen sich jedoch am Abend wieder.

VERMEHRUNG Durch Teilung oder Aussaat. Sorten sind nicht samenecht.

PROBLEME Schnecken.

L. dentata (Japanischer Goldkolben) Robuste Art mit kurzem Rhizom, aus dem mehrere mittelgrüne, grob gezähnte, nierenförmige, bis 40 cm breite, unterseits etwas behaarte Grundblätter an bis 70 cm langen Stielen austreiben. Von Juli bis September trägt die Pflanze tiefgelbe Blütenkörbchen mit 8–10 cm Durchmesser in flachen Doldentrauben an aufrechten Stängeln, an denen jeweils 2 kleinere Blätter wachsen. Obwohl die Wildart recht beeindruckend ist, werden in Gärten meist die verschiedenen Sorten mit bronzeviolettem Laub gezogen. Aus feuchten Bergwiesen in Myanmar, Zentral- und Westchina sowie Japan. ‡ 1,5 m. Z4
'Britt-Marie Crawford' Stängel und Blätter sehr dunkel schwarzbraun, Laub unterseits violett. Blütenkörbchen tieforangegelb. ‡ 1 m. **'Desdemona'** ♀ Blätter oberseits bronzegrün, unterseits violett. Blütenkörbchen orange. ‡ 1,2 m.
'Othello' Blätter oberseits tief-violettgrün, unterseits violett, mit relativ langen Stielen. Blütenkörbchen orange. ‡ 1,2 m.

L. fischeri Große, recht variable Art. Sie bildet einen Horst aus lang gestielten, nierenförmigen, mittelgrünen, bis 40 cm breiten Blättern mit gezähntem Rand. Sternförmige, leuchtend gelbe, 5 cm große Blütenkörbchen stehen in schmal kegelförmigen, traubigen Ständen an aufrechten, etwas wollig behaarten Stängeln. Blütezeit: Juli bis Oktober. Aus feuchten Bergwiesen im Himalaja, in Sibirien, China und Korea. ‡ 2 m. Z4

L. 'Gregynog Gold' ♀ Bildet Horste aus bis zu 30 cm breiten, rundlichen, gezähnten, an der Basis herzförmigen Blättern. Die kräftig orangegelben, bis 10 cm breiten Blütenkörbchen mit brauner Mitte stehen in hohen, kegelförmigen Ständen und öffnen sich

von Juli bis September oder sogar noch länger. Die Art empfiehlt sich mit ihrem imposanten Wuchs und den leuchtenden, hoch über dem Laub stehenden Blütenständen als eine der auffälligsten Pflanzen für die feuchte Spätsommerrabatte. Eine Hybride von *L. dentata* und *L. veitchiana*. ‡ 2 m. Z4

L. × hessei (Riesen-Goldkolben) Eine Horst bildende Hybride mit rundlichen bis nierenförmigen, bis 30 cm breiten Stängelblättern und herzförmigen Grundblättern. Die 10 cm großen, orangefarbenen Blütenkörbchen stehen in beeindruckenden, großen, kolbenförmigen Ständen (zusammengesetzte Trauben). Eine Kreuzung aus *L. dentata* und *L. wilsoniana*. ‡ 2 m. Z4

L. hodgsonii Kompakte, Horst bildende Pflanze mit lang gestielten, nierenförmigen oder rundlichen, bis 25 cm breiten, mittelgrünen, unterseits mitunter violett getönten Blättern. Von Juli bis September öffnen sich in kompakten, doldentraubigen Ständen 5 cm große, gelbe oder orangegelbe Blütenkörbchen. Im Grunde eine Miniaturausgabe von *L. dentata*, von der sie sich durch die beiden kleinen Spreublätter unter jedem Blütenkörbchen unterscheidet. Sie eignet sich gut für Kleingärten. Aus Bergwiesen in Nordjapan, auf den Kurilen und auf Sachalin. ‡ 90 cm. Z4

L. japonica Aus einem kurzen Rhizom treiben mehrere lang gestielte Blätter und aufrechte, violett gefleckte Stängel aus. Die tief fiederspaltigen Blätter mit mehreren Paaren grob gezähnter oder gelappter Segmente werden bis 40 cm lang. Bis zu 8 leuchtend gelbe, etwa 10 cm breite Blütenkörbchen mit mehreren schmalen Strahlenblüten und dunklerer gelber Scheibe stehen in kleinen, doldentraubigen Ständen. Die Köpfchen stehen zu spärlich an der Pflanze, als dass sie Eindruck machen könnten. Dafür ist das tief fiederspaltige Laub sehr hübsch anzusehen und auffällig. Aus offenen, grasbewachsenen Arealen in den Bergen von China, Korea, Taiwan und Südjapan. ‡ 1 m. Z5

L. przewalskii ♀ Hohe Art mit fast schwarzen Stängeln, die aus imposanten Horsten mit dreieckigen, bis 30 cm breiten, jeweils tief siebenzählig handförmig geteilten, kräftig gezähnten Blättern austreiben. Im Juli und August tragen die aufrechten Stängel schlanke, bis 50 cm lange Trauben aus jeweils 2–3 cm breiten Blütenkörbchen mit nur 2–3 klargelben Strahlenblüten und 3 Röhrenblüten. Die Blütenkörbchen ergeben in Kombination mit den dunklen Stängeln einen ansprechenden Blickfang. Aus grasbewachsenen Hängen in Nordwest-China. ‡ 1,8 m. Z4

L. sibirica (Sibirischer Goldkolben) Imposante Horste aus fein gezähnten, dreieckigen oder nierenförmigen, bis 25 cm breiten Blättern, die aus einem kurzen, dicken Rhizom austreiben. Lange, schlanke, hoch über dem Laub

stehende, traubige Kerzen aus sternförmigen, gelben, 3 cm breiten Blütenkörbchen mit dunkler Mitte erscheinen im Juli und August. Eine variable Art, die auf Feuchtwiesen in hügeligem Gelände von Europa bis China und Japan vorkommt. ‡ 1,2 m. Z4

L. stenocephala Horste bildende Art mit kurzem Rhizom und lang gestielten, dreieckigen, bis 20 cm breiten, schrotsägerandigen Blättern. Die hohen, aufrechten, meist tief violettschwarzen Stängel bilden einen schönen Kontrast zu den langen, schmalen, traubigen Kerzen aus kleinen gelben Blütenkörbchen, die sich im Juli und August öffnen. Jedes

Blütenkörbchen trägt nur 1–4 Strahlenblüten, aber weil sie dicht an dicht am Stängel stehen, setzen sie einen reizvollen Akzent, der von dem ungewöhnlich geformten Laub noch verstärkt wird. Aus Feuchtwiesen in den Bergen Chinas, Taiwans und Japans. ‡ 1,5 m. Z4

L. 'The Rocket' ♀ Lang gestielte, dreieckige, bis 25 cm breite, tief schrotsägerandige Blätter, zwischen denen sich hohe, violettschwarze Stängel mit langen, traubigen Kerzen aus vielen gelben, 2–3 cm breiten Blütenkörbchen nach oben schieben. Blütezeit: Juli und August. Eine beliebte Hybride zwischen *L. przewalskii* und *L. stenocephala*, die mit schönem Laub sowie imposanten Blütenständen beeindruckt. ↕ 1,8 m. Z4

L. tussilaginea siehe *Farfugium japonicum*

L. veitchiana Robuste Art mit lang gestielten, rundlichen, bis 20 cm breiten, tief in breite, grob gezähnte Lappen geteilte Blätter. Tiefgelbe, 10 cm große Blütenkörbchen stehen in breit zylindrischen Trauben. Blütezeit: Juli bis September. Die hübschen Blätter kommen besonders gut zur Geltung. Eine 'Palmatiloba' genannte Hybride aus *L. dentata* und *L. japonica* kommt wild in Japan vor, wo beide Arten sich denselben Lebensraum teilen. ↕ 1,8 m. Z4

L. wilsoniana Eine weitere große, Horste bildende Art mit auffällig großen, rundlichen, bis 50 cm breiten, scharf gezähnten Blättern. Die 2,5 cm großen, leuchtend gelben Blütenkörbchen stehen an langen, verzweigten, traubigen Ständen. Kommt in China in feuchten Wäldern vor und sollte im Garten etwas Schatten bekommen. ↕ bis 2 m. Z4

L. × yoshizoeana 'Palmatiloba' Horste bildende Pflanze mit lang gestielten, rundlichen, bis 20 cm breiten, tief in breite, grob gezähnte Segmente unterteilte Blätter. Tiefgelbe, 10 cm große Blütenkörbchen stehen in flachen Ständen. Blütezeit: Juli bis September. Eine Hybride aus *L. dentata* und *L. japonica*, die vermutlich in westlichen Gärten entstand, zufällig aber auch in Japan in freier Natur vorkommt. ↕ 1 m. Z5

L. 'Zepter' Die Pflanze bildet große Horste aus lang gestielten, rundlichen, bis 30 cm breiten Blättern. Im Juli und August erscheinen hoch über dem Laub Kerzen aus tief-orangegelben, 2 cm breiten Blütenkörbchen. ↕ 1,8 m. Z4

LIMONIUM

Meerlavendel, Strandflieder, Widerstoß

PLUMBAGINACEAE

Diese trockenheitsverträglichen Pflanzen sind für sonnige Plätze sehr gut geeignet.

Zur Gattung gehören rund 150 Arten Einjähriger, immergrüner und sommergrüner Stauden und Sträucher, die überwiegend in den trockenen Ebenen und Küstenstrichen der gemäßigten Regionen vorkommen. Die drahtigen Stängel tragen ganzrandige oder gelappte, graugrüne Blätter und Doldenrispen, die aus Blütenähren bestehen, diese wiederum sind aus Ährchen zusammengesetzt. Die Blüten haben einen papierartigen, oft sehr auffälligen Kelch und eine kleinere und weiße, gelbe oder blaue Krone. Die getrockneten Blüten werden gern für Arrangements verwendet.

KULTUR In stark durchlässigen Böden an vollsonnigen Plätzen.

VERMEHRUNG Durch Aussaat oder Wurzelschnittlinge.

PROBLEME Echter Mehltau, bei schlechter Dränage Wurzelfäule.

L. bellidifolium Hübsche, kuppelförmige, immergrüne Pflanze mit rundlichen oder löffelförmigen, dunkelgrünen, bis 5 cm langen Blättern. Blauviolette, 5 mm breite Blüten, die in zahlreichen kleinen Ähren erscheinen. Blütezeit: Juni und Juli. Ideal für den Vordergrund einer trockenen, sonnigen Rabatte oder für Gefäße. Aus Küstengebieten in Europa von England bis Russland. ↕ 20 cm. Z8

L. latifolium siehe *L. platyphyllum*

L. platyphyllum syn. *L. latifolium* (Breitblättriger Steppenschleier) Immergrüne Rosetten aus ovalen oder breit spatelförmigen, ledrigen, dunkelgrünen, bis 45 cm langen Blättern. Hohe, verzweigte, drahtige Stängel tragen viele 6 mm große, kurzröhrige, blass-violettblaue Blüten, die im August und September in offenen, aus Ähren und Ährchen bestehenden Rispen erscheinen. Aus Steppen und trockenem Grasland in Südost-Europa. ↕ 100 cm. Z5 **'Violetta'** Dunkelviolette Blüten.

LINARIA

Leinkraut

SCROPHULARIACEAE

Farbenfrohe Blüten sind das große Plus dieser Pflanzengattung, in der sich kleine, niederliegende Arten ebenso finden wie große, aufrechte Gewächse.

Rund 100 Arten Einjähriger, Zweijähriger und krautiger Stauden gehören dieser Gattung an. Sie wachsen in den verschiedensten offenen, sonnigen Lagen wie z.B. Sanddünen, Grasland, Brachland und felsigen Standorten in Europa, Japan und Nordafrika sowie auf den Kanarischen Inseln. Die unteren Blätter stehen in Quirlen oder sind gegenständig angeordnet, während die Stängelblätter wechselständig, ganz-

OBEN **1** *Limonium platyphyllum*
2 *Linaria vulgaris*

randig, eiförmig oder lanzettlich und ungestielt wachsen. Die leuchtend gefärbten Blüten mit langem Sporn stehen einzeln in den Blattachseln oder in langen endständigen Trauben oder Ähren. Ihre untere Lippe ist in 3 Lappen unterteilt, wobei zum Schlund hin oft ein deutlicher, andersfarbiger Fleck sichtbar wird (Saftmal, Schlundfleck), während die obere Lippe nur zweilappig ausfällt. Die Frucht ist eine Kapsel.

Manche Arten können sich aggressiv ausbreiten, viele aber leisten als Rabattenpflanzen gute Dienste. Einzelexemplare sind mitunter recht kurzlebig, doch gefährdet das die Bestände nicht, weil sie sich sehr stark selbst aussäen.

KULTUR Die in der Regel relativ robusten Pflanzen bevorzugen sonnige, durchlässige Standorte. Sie eignen sich gut für sehr karge Böden.

VERMEHRUNG Durch Aussaat im zeitigen Frühjahr im Kalthaus oder Frühbeetkasten. Auch durch Teilung oder Abnehmen grundständiger Stecklinge im Frühjahr.

PROBLEME Blattläuse, Echter und Falscher Mehltau.

L. anticaria 'Antique Silver' Hübsche, wächsern bereifte Sorte mit verzweigten, aufsteigenden und ziemlich biegsamen Stängeln und linealischen bis schmal lanzettlichen, silbergrauen Blättern. Im Frühjahr erscheinen in offenen Trauben graublaue Blüten. Die Art mit blau gestreiften, weißen, mit violettem Saftmal gezeichneten Blüten wird nur selten kultiviert. Ideal für den vorderen Bereich einer Staudenrabatte. Braucht

Sonne und durchlässige Böden. Man schützt sie im Winter mit Farnkraut oder Nadelbaumzweigen. Die Art ist in Südspanien heimisch. ↕ 45 cm. Z8

L. Blue Lace ('Yalin') Wüchsige, kriechende oder hängende Form unklarer Herkunft. Sie treibt Unmengen kleiner, duftender blauer oder weißer Blüten aus. Man lässt sie an sonnigen, durchlässigen Standorten über niedrige Mauern wachsen. ↕ 25 cm. Z8

L. dalmatica (Dalmatiner Leinkraut) Wüchsige, kurzlebige Art mit langer Pfahlwurzel und aufrechten oder übergeneigten Stängeln sowie relativ aufrechten, blaugrauen, lanzettlichen bis eiförmigen, bis 4 cm breiten Blättern. Im Sommer öffnen sich an langen, offenen Trauben in großen Abständen lang gesporte, leuchtend gelbe Blüten, aus denen zahlreiche Samen reifen. Ideal für trockene, sandige Böden. Sehr trockenheitsverträglich. Wird manchmal als Unterart der selteneren *L. genistifolia* klassifiziert. Wurde im frühen 19. Jahrhundert in die USA eingeschleppt und gilt heute als gefährliches Graslandunkraut. Stammt vom Balkan, aus Italien und aus Rumänien. ↕ 1 m. Z5

L. × dominii Aufrechte bis übergeneigte Stängel mit leicht graugrünen, gegenständigen, linealischen oder schmal lanzettlichen, bis 5 cm langen Blättern. An Trauben öffnen sich über einen langen Zeitraum hinweg meist lila oder purpurne, zweilippige, 1,5 cm große Blüten. Eine in freier Natur vorkommende Hybride von *L. purpurea* und *L. repens*. Vermehrung durch Teilung oder grundständige Stecklinge zu Beginn der Wachstumsperiode. In Europa verbreitet. ↕ 1 m. Z7 **'Carnforth'** Blasslila Blüten. Auslaufender Wuchs. **'Yuppie Surprise'** Wächsernes blaues Laub und schlanke Trauben aus lilarosa Blüten.

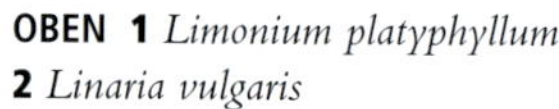

ZU VIEL DES GUTEN?

Leinkraut ist unbestritten ein nützliches Gewächs – lästig werden kann es trotzdem. Insbesondere die violetten und rosa Formen von *Linaria purpurea*, aber auch *L. × dominii*, verbreiten ihre zahlreichen Samen so gründlich, dass rasch ein Wald junger Pflanzen entsteht. Das führt mitunter zu überraschenden, gelungenen Kombinationen, in der Regel aber kann man auf die Überraschungsgäste verzichten. Daher sollte man welke Blüten regelmäßig entfernen, um einen Samenansatz zu verhindern. Das hat zudem den Vorteil, dass man die Ausbreitung von Formen in unerwünschten Farben verhindert.

Sowohl *L. dalmatica* als auch *L. vulgaris* gelten in vielen nordamerikanischen Staaten als Unkraut und werden entsprechend bekämpft. Ihre Beseitigung ist jedoch alles andere als einfach. Sie überstehen heißere Sommertemperaturen, als sie in Europa gewöhnt sind, und breiten sich mit kriechenden Wurzeln aus, die sich nur schwer ausmerzen lassen.

L. purpurea (Purpur-Leinkraut) Anspruchslose, unbehaarte, leicht graugrüne, krautige Staude mit aufrechten, verzweigten Stängeln. Untere Blätter stehen in Quirlen, weiter oben am Stängel wechselständig. Sie haben eine linealische Spreite. In langen, schlanken, spitz zulaufenden Trauben erscheinen 1,5 cm große, rotviolette Blüten mit kurzem, gebogenem Sporn. Blütezeit: Frühsommer bis Frühherbst. Sät sich bereitwillig selbst aus. Aus Italien. ↕90 cm. Z6 **'Canon Went'** Silbergraues Laub und Trauben aus zartrosa Blüten, die sich von Juni bis zum Frühherbst öffnen. **'Springside White'** Graugrünes Laub und hohe Trauben mit weißen Blüten in gleichmäßigen Abständen. Relativ niedrig. ↕50 cm.

L. repens (Gestreiftes Leinkraut) Wüchsige Art mit kriechenden Rhizomen und aufrechten oder übergeneigten, unbehaarten, verzweigten Stängeln. Laub in Büscheln, seltener wechselständig am Stängel, linealisch oder zum Ansatz hin etwas schmaler werdend, deutlich zugespitzt. Im Sommer erscheinen lange, spitz zulaufende Trauben aus weißen bis blass-lilarosa Blüten mit violetter Aderung und orangefarbenem Mal im Schlund. Die anpassungsfähige Pflanze kann in Staudenrabatten oder vor Mauern gezogen werden. Sie wächst vor Mauern und auf steinigen Lagen sowie Geröll in Norditalien und Nordspanien bis Schweden und Großbritannien. ↕80 cm. Z6

L. triornithophora Eine Art mit aufrechten, unverzweigten oder verzweigten Stängeln, die kräftiger als bei den meisten Arten der Gattung sind. Sie tragen Quirle aus 3–4 graugrünen, ovalen oder lanzettlichen Blättern. Die Blüten stehen zu 3 in den Blattachseln. Sie sind lavendelrosa bis blassviolett, gelegentlich weiß gefärbt und tragen einen sehr langen, leicht gebogenen, bräunlich violetten Sporn. Saftmal in kontrastierendem Gelb. Die Art wird am besten regelmäßig aus Samen gezogen. Aus Spanien und Portugal. ↕90 cm. Z7 **'Rosea'** Rosarot, mit cremefarbenem Sporn.

L. vulgaris (Gewöhnliches Leinkraut, Frauenflachs) Aufrechte Art, die sich bisweilen sehr stark durch Ausläufer ausbreitet. Steife, unverzweigte oder verzweigte, aufrechte Stängel tragen blassgrüne, wechselständige, linealische bis schmal ovale Blätter. Dichte Trauben aus leuchtend oder blassgelben Blüten mit orangefarbenem Saftmal erscheinen von Mai bis Oktober. Sät sich bereitwillig selbst aus und bildet Ausläufer. Ideal für naturnahe Pflanzungen. In Nordamerika eingebürgert und dort mittlerweile mit Ausnahme von Hawaii in allen Bundesstaaten verbreitet. Wird gelegentlich als lästiges Unkraut bekämpft. Aus Europa. ↕90 cm. Z4

LINDELOFIA

BORAGINACEAE

Die ungewöhnlichen, hübschen Pflanzen tragen ihre nickenden Blüten in eleganten Ständen.

Die Gattung umfasst etwa 12 sommergrüne, relativ behaarte Arten, die in gebirgigen Lebensräumen von Zentralasien und dem Himalaja, Pakistan, Afghanistan und China stammen. Nur eine Art ist als Zierpflanze in unseren Gärten gebräuchlich. *Lindelofia* entwickelt relativ kräftige Wurzelstöcke und Horste aus mehr oder weniger aufrechten, meist weich behaarten Stängeln und lang gestielten Basalblättern sowie wechselständigen, ovalen bis länglichen oder lanzettlichen, ungestielten Stängelblättern. Die glocken- oder trichterförmigen bzw. zylindrischen, fünfzähligen Blüten sind blau oder violett gefärbt und stehen endständig an Trieben und Seitentrieben in kleinen Ständen, die zusammen einen großen Kopf bilden. Zur Gattung zählen einige ausgesprochen ansehnliche Pflanzen für krautige oder gemischte Rabatten.

KULTUR Vollsonnige Standorte in durchlässigen, feuchtigkeitsspeichernden Böden an geschützten Stellen. Windschutz ratsam.

VERMEHRUNG Durch Aussaat im Frühjahr sogleich nach der Samenreife oder durch Teilung im Frühjahr bzw. Herbst. Auch durch Wurzelschnittlinge im Winter.

PROBLEME Echter Mehltau.

L. longiflora Dekorative Art mit lanzettlichen, behaarten, bis 30 cm langen Basalblättern und kürzeren, nur 8 cm langen Stängelblättern, wobei die obersten den borstigen Stängel umfassen. Etwa 15 cm lange Blütenstände mit mehreren Büscheln leuchtend enzian- oder violettblauer, jeweils etwa 1,5 cm breiter Blüten. Blütezeit: Sommer. Eine ausgezeichnete Staude für sonnige Rabatten. Aus dem westlichen Himalaja (Pakistan, Nordwest-Indien, Kaschmir, Westnepal). ↕60 cm. Z6

LINUM
Lein, Flachs
LINACEAE

Kaum zu übertreffen sind die blauen Blüten des Leins, die den Gärtner lange Zeit erfreuen.

Die etwa 200 Arten Ein- und Zweijähriger, aber auch immer- und sommergrüner Stauden sind in den gemäßigten Breiten der nördlichen Hemisphäre heimisch. Unter den vielen Vertretern finden sich Arten mit leuchtend gelben, blauen, roten und weißen Blüten – eine Farbpalette, mit der kaum eine andere Gattung mithalten kann. Die offenen, trichter- oder tellerförmigen, fünfzähligen Blüten stehen in Ständen an den Triebspitzen oder in den oberen Blattachseln und erscheinen über einen langen Zeitraum, obwohl die Einzelblüten selbst in der Regel nur kurzlebig sind. Auch die Gewächse selbst halten nicht lange aus, säen sich jedoch sehr stark selbst aus, ohne lästig zu werden. Das meist ungeteilte, schmale Laub ist wechselständig angeordnet. Aus der einjährigen Art *L. usitatissimum* wird Leinen und Leinsamenöl hergestellt.

KULTUR Durchlässige Böden an vollsonnigen Standorten.

VERMEHRUNG Durch Aussaat bei kühlen Temperaturen oder Triebstecklinge, im Frühjahr auch durch Teilung eingetragener Sorten.

PROBLEME Selten.

L. flavum (Gelber Lein) Robuste Art mit aufrechten, an der Basis leicht verholzenden Stängeln. Sie tragen 2–2,5 cm lange, zum Ansatz hin schmaler werdende Blätter, die an der Spitze der Stängel am schlanksten sind. Offene Stände (Cymen) aus 25–40 leuchtend gelben, 2,5 cm breiten Blüten erscheinen im Sommer. Wird bisweilen mit der Art *L. capitatum* verwechselt. Aus Mittel- und Südeuropa. ↕30 cm. Z4 **'Compactum'** Wesentlich kürzer. ↕15 cm.

L. narbonense (Südfranzösischer Lein) Blühfreudige, ungewöhnlich langlebige Art mit aufrechten Stängeln, an denen sich schlanke Blätter aufreihen. Die gesamte Pflanze ist leicht blaugrau getönt. Die trichterförmigen, 4,5 cm großen, azurblauen, im Schlund weißen Blüten erscheinen in wenigblütigen Ständen (Cymen). Dank der großen Blüten, des reichen Flors und der langen Lebensdauer die beste Zierpflanze. Ein Rückschnitt auf 20 cm nach der Blüte regt die Art oft zu einer zweiten Blüte an. Aus dem westlichen und mittleren Mittelmeergebiet. ↕60 cm. Z5 **'Heavenly Blue'** Dunklere Blüten an etwas kleineren Pflanzen. ↕50 cm.

L. perenne (Ausdauernder Lein) Aufrechte bis übergeneigte Pflanze mit schmalen, blaugrünen, bis 2,5 cm langen Blättern, die mit zunehmendem Wachstum abgeworfen werden, sodass der untere Bereich der Stängel verkahlt. Blassblaue, tellerförmige, 2,5 cm große Blüten erscheinen ab dem Frühsommer viele Wochen lang. Sie öffnen sich am Morgen und schließen sich am Nachmittag wieder. Gut für warme, trockene Standorte. Aus Europa und Nordamerika. ↕45 cm. Z4 **'Album'** Weiß, mit leicht bläulichem Ton. subsp. *alpinum* **'Alice Blue'** Klarblaue Blüten. Zwergig. ↕30 cm. **'Blausaphir'** (**Blue Sapphire**) Himmelblaue Blüten. Zwergig. ↕30 cm. **'Diamant'** Weiße Blüten mit kleiner gelber Mitte. subsp. *lewisii* Stämmiger, härter, mit längeren Blättern. Aus dem westlichen Nordamerika. Z2 **'White Diamond'** Reinweiße Blüten. Zwergig. ↕30 cm.

LIRIOPE
Liriope, Lilientraube
CONVALLARIACEAE

Die bescheidenen, ausladend bis horstig wachsenden Pflanzen geben ausgezeichnete Bodendecker ab und bereichern die Herbstrabatte durch ihre Blütenfarben.

RECHTS **1** *Linum narbonense*
2 *L. perenne* **3** *Liriope muscari*

Rund 8 Arten immergrüner Pflanzen aus China, Japan und Vietnam rechnet man zu dieser Gattung. In freier Natur siedeln sie sich an Waldrändern und in Gestrüpp an. Nur 3 Arten sind als Gartenpflanzen gebräuchlich. Sie alle zeichnen sich durch Faserwurzeln und verstreute Knollen sowie schmales, grasgrünes Laub aus und bilden je nach Art dichte Horste, Matten oder Rasen. Die kleinen, glockenförmigen Blüten sitzen aufrecht an kurzen, aufrechten, ährig wirkenden Trauben oder Rispen zwischen oder über den Blattspitzen und werden von violettschwarzen Steinfrüchten abgelöst. Man schätzt sie als Bodendecker, wegen ihrer herbstlichen Blütenpracht, immer öfter aber auch als Blattschmuckgewächse. Viele werden in Katalogen fälschlicherweise unter der eng verwandten Gattung *Ophiopogon* aufgeführt. Der Name 'Silvery Sunproof' wird für verschiedene panaschierte Sorten verwendet.

KULTUR Kommt mit Sonne problemlos zurecht, gedeiht aber am besten im Halbschatten. Nährstoffreiche, durchlässige Böden.

VERMEHRUNG Sorten durch Teilung, Arten durch Teilung oder Aussaat.

PROBLEME In der Regel keine.

L. exiliflora syn. *L. muscari* var. *exiliflora* Die Art bildet durch ihre kurzen Rhizome langsam dichte, rasenartige Kolonien. Die ledrigen, tiefgrünen, 9–12 mm breiten, übergebogenen Blätter erreichen eine Höhe von etwa 20 cm. Schlanke, violettbraune Stängel schieben sich im Herbst über die Blätter. Sie tragen lockere, traubige Rispen aus 5–7 mm langen, lilarosa, glockigen Blüten. Kann unter optimalen Bedingungen etwas zu sehr wuchern. Die Art wird mitunter mit *L. muscari* verwechselt. Aus China und Japan. ↕ 30–40 cm. Z7 'Majestic' siehe *L.* 'Majestic'. 'Silver Sunproof' syn. 'Ariake Janshige' Blätter weiß bis gelb gestreift.

L. graminifolia siehe *L. muscari*

L. 'Majestic' syn. *L. exiliflora* 'Majestic' Jede hohe Blütentraube hat eine verdickte oder kammartige Spitze. Lilaviolett. Eine der beliebtesten Sorten.

L. muscari syn. *L. graminifolia* var. *densiflora*, *L. platyphylla*, *Ophiopogon muscari* Die dekorativste, bekannteste Art der Gattung. Sie bildet dichte Horste aus tiefgrünen, ledrigen, 25–45 cm langen und 1,5–2 cm breiten Blättern. Violett überlaufene Stängel mit dichten, traubigen Blütenrispen aus 5–8 mm breiten, veilchenblauen, glockigen Blüten, die im Herbst und oft auch bis in den Winter hinein erscheinen. Wird bisweilen falsch als *L. graminifolia* geführt. Einige hier genannte Sorten können miteinander verwechselt werden. Kommt in China wild vor, wird aber in Japan seit Langem kultiviert. ↕ 45–60 cm. Z6 'Big Blue' Diesem Namen begegnet man häufig, doch die so bezeichneten Pflanzen unterscheiden sich nicht von der Wildart. var. *exiliflora* siehe *L. exiliflora*. 'Gold-banded' Jedes Blatt mit grünlich gelbem Mittelstreifen. Kompakt. ↕ 35 cm. 'Ingwersen' Dichte Trauben aus lilablauen Blüten. ↕ 30 cm. 'John Burch' Blätter mit goldgelbem Mittelstreifen. Blätter breiter und höher als bei 'Gold-banded'. 'Monroe White' Größere, reinweiße Blüten. 'Okina' Blätter 20–25 cm lang, anfangs weiß, später graugrün, mit reingrünen Spitzen. ↕ 35 cm. 'Royal Purple' Dunkelviolette Blüten. 'Samantha' Rosafarbene Blüten in auffallenden Ständen. 'Silver Ribbon' Intensiv silbriges Laub, trägt aber nur selten Blüten. Kompakt. ↕ 25 cm. 'Variegata' Blätter gelb gerandet. Wird oft als 'Gold-banded' und 'Silvery Sunproof' angeboten.

L. platyphylla siehe *L. muscari*

L. spicata syn. *Ophiopogon spicatus* Der beste Bodendecker der Gattung. Breitet sich durch dünne Rhizome großflächig aus. Blätter grasartig, 15–35 cm lang und nur 4–7 mm breit, tiefgrün und übergebogen. 4–7 mm große, blassviolette bis fast weiße Blüten stehen an kurzen Trauben zwischen den Blattspitzen. Blütezeit: Sommer. Aus China und Vietnam. ↕ 20–30 cm. Z6 'Alba' Weiße Blüten. 'Silver Dragon' syn. 'Gin-ryu' Kompakt, mit silbrig weiß gestreiftem Laub. ↕ 20 cm.

LITHOPHRAGMA
SAXIFRAGACEAE

Die winterharten, eleganten, Schatten liebenden Waldpflanzen bereichern den Garten mit ihren reizenden, leimkrautähnlichen Blüten.

Man unterscheidet 9 Arten sommergrüner Stauden. Sie sind in den Wäldern des westlichen Nordamerika heimisch und eignen sich für Gehölzbereiche, Strauchrabatten oder schattige Winkel im Steingarten. Nur eine Art wird als Zierpflanze genutzt. *Lithophragma* sind Rosetten bildende Gewächse mit lang gestielten, gelappten, gezähnten, rundlichen oder nierenförmigen, zum Teil handförmig geteilten Blättern. Sie haben eine nur kurze Wachstumsphase und ziehen im Sommer ein. Die kleinen Blüten mit Kelch und 5 Kronblättern öffnen sich im späten Frühjahr. Die Pflanzen treiben oft Brutknollen aus, die nach der Blüte an den Stängeln oder unterirdisch gebildet werden.

KULTUR Gedeiht in halbwegs nährstoffreicher, stark durchlässiger Erde mit hohem Humusanteil und im Halb- oder Vollschatten.

VERMEHRUNG Durch Teilung im Frühjahr oder Herbst, Brutknöllchen, die im Frühjahr oder Herbst abgenommen und gepflanzt werden, oder Freilandaussaat im Herbst.

PROBLEME Schnecken machen sich mit Vorliebe im Frühjahr über den Neuaustrieb her.

L. parviflorum Horst bildende Art mit dunkelgrünen, 1–3 cm langen, stark oder kaum behaarten Blättern, die entweder rundlich, mit 3 Lappen, oder dreizählig handförmig geteilt sind. Trauben aus bis zu 14 weißen oder hellrosa, bisweilen duftenden, 3 cm breiten Blüten mit tief gelappten Kronblättern erscheinen im Mai. Eignet sich gut für Gruppen mit anderen Waldpflanzen. ↕ 50 cm. Z8

LOBELIA
Lobelie
CAMPANULACEAE

Lobelien werden wegen ihrer farbenfrohen Blüten geschätzt. Die Bandbreite der Wuchsformen und Größen variiert enorm.

Die ungewöhnlich vielgestaltige Gattung umfasst etwa 370 Arten Einjähriger, Stauden (darunter einige Wasserpflanzen), Sträucher und sogar Bäume aus Sümpfen und Feuchtwiesen, aber auch Wäldern, Mittel- und Hochgebirgshängen und Wüsten in den tropischen und gemäßigten Zonen der Welt, vor allem in Nord-, Mittel- und Südamerika.

Die hier beschriebenen Stauden haben eine fleischige Krone oder eine verholzende Basis mit aufrechten, verzweigten oder unverzweigten Stängeln. Sie tragen einfache, wechselständige, oft ungestielte, 10–15 cm lange, oft gezähnte Blätter. Die Blüte setzt sich aus einem unauffälligen Kelch und einer zweilippigen bzw. fünfzipfligen Röhre mit einer 2,5–3,5 cm breiten Öffnung zusammen, wobei die 3 unteren Kronblattzipfel groß und fächerartig und die oberen beiden klein und meist zurückgebogen sind. Sie stehen meist in unverzweigten, dichten oder lockeren Trauben und öffnen sich von unten nach oben. Die gesamte Pflanze ist giftig und sondert einen Milchsaft ab, der Hautreizungen hervorrufen kann.

Die Taxonomie der Gattung war eine Zeitlang recht strittig, ist mittlerweile aber geklärt. Vor allem werden die früher als *L. fulgens* und *L. splendens* bekannten Arten nicht länger von *L. cardinalis* unterschie-

VIREN UND WUCHSKRAFT

Gärtner machen immer wieder die Feststellung, dass manche Lobelien bei ihnen problemlos gedeihen, während andere partout nicht werden wollen und wiederum andere ein, zwei Jahre lang florieren und dann plötzlich nachlassen. In solchen Fällen steckt oft eine Virusinfektion dahinter.

Gegen Viren ist kein Kraut gewachsen, doch kann man etwas tun, um einen Befall von vornherein zu vermeiden. Viele der neuesten Lobeliensorten wurden im Labor durch Gewebekultur vermehrt. Dabei wird der Virus ausgeschaltet, weshalb neu eingeführte Formen nur selten infiziert sind.

Viren werden durch Blattläuse, aber auch Gartenwerkzeuge übertragen. Daher sollte man zum einen die Schädlinge in Schach halten und zum anderen beim Rückschnitt die Schere nach jeder Pflanze sorgfältig reinigen.

Eine weitere Möglichkeit, Virusinfektionen zu vermeiden, ist die Aufzucht aus samenechter Sorten, denn Viren befallen kein Saatgut. Diese Formen sind oft erstaunlich wüchsig – ein Exemplar von 'Kompliment Scharlach' etwa treibt bei Frühjahrsaussaat im ersten Sommer schon 4 und im zweiten bereits 10 Trauben aus. Bei Angehörigen der Fan-Serie sind es sogar noch mehr. Die Palette der Laub- und Blütenfarben von aus Samen gezogenen Formen ist zwar derzeit noch nicht so breit wie bei vegetativ vermehrten Züchtungen, sie wird aber immer größer.

---

den. Hybriden von *L. cardinalis* und *L. siphilitica* werden *L. × speciosa* zugeordnet. Deshalb tauchen viele früher lediglich unter ihrem Sortennamen gelistete Formen nun unter *L. × speciosa* auf.

Mit Ausnahme der Beetlobelien sind alle Arten giftig und können Haut und Schleimhäute reizen. ⚠

KULTUR Die meisten hier beschriebenen Arten und Formen bevorzugen feuchte, gut kultivierte, nährstoffreiche Böden und vollsonnige bis halbschattige Standorte sowie im Sommer ausreichende Wasserzufuhr. Lässt man Rabattenpflanzen welken, erholen sich die Stängel wieder, wirken aber unansehnlich knotig. Zieht man sie in Gegenden, in denen sie nicht vollständig winterhart sind, müssen sie entweder durch eine gute, lockere Mulchschicht geschützt oder aufgenommen und in einem frostfreien Kalthaus überwintert werden.

VERMEHRUNG Einige Arten und Sorten lassen sich durch Aussaat ziehen. Die Samen keimen bei 15–18°C. Sie sollten nicht mit Erde bedeckt werden. Manche Lobelien lassen sich auch durch grundständige Stecklinge im Frühjahr oder Augenstecklinge aus Triebstücken gegen Ende der Saison vermehren. Teilung der Krone ist fast bei allen Arten und Formen möglich.

PROBLEME Schnecken und Kragenfäule bei Nässe, am verheerendsten aber wirkt sich ein Befall durch Viren aus, die von Blattläusen und durch Werkzeuge verbreitet werden. Hauptsymptome sind schwacher Wuchs und Blattverfärbungen. Infizierte Exemplare müssen umgehend vernichtet werden (siehe *Viren und Wuchskraft*).

L. bridgesii syn. *L. excelsa* Robuste Staude mit kräftigem, verholzendem Wurzelstock und hohen Stängeln mit derben, schmalen, mittelgrünen Blättern. Im Sommer erscheinen darüber Trauben aus rosa Blüten mit blauen Staubblättern. Die Art bevorzugt durchlässige, leicht saure Böden an sonnigen Plätzen. Sie ist nur in wintermilden Gegenden ausreichend hart und muss mit einer Mulchschicht vor Frösten geschützt werden. In

ihrer Heimat Chile ist sie mittlerweile recht selten geworden. ↕ 1,5 m. Z9

L. cardinalis ♀ syn. *L. fulgens*, *L. splendens* (Kardinals-Lobelie) Kurzlebige, Horst bildende Staude mit kurzem Rhizom, aus dem im Frühjahr eine grundständige Rosette austreibt. Rotviolette Stängel mit langen, schmalen, bisweilen bronze getönten, bis 10 cm langen Blättern. Von Juni bis Oktober erscheinen hohe Trauben aus leuchtend scharlach- bis blutroten Blüten mit purpurroten Hochblättern. Blüht reichlich an Seitentrieben, nachdem die Haupttraube verblüht ist. Eignet sich für feuchte Rabatten oder Teichufer. Aus Nordamerika von Kanada bis Mexiko. ↕ 90 cm. Z3–8 **'Bees' Flame'** Schmale, leicht behaarte, bis 15 cm lange Blätter. Laub und Stängel schwarzrot. Von Juli bis September erscheinen Trauben aus leuchtend karminroten, zweilippigen Blüten. ↕ 75 cm. Z7 **'Elmfeuer'** Dunkle Blätter und leuchtend rote Blüten. Angeblich eine verbesserte, härtere Version von 'Queen Victoria'. ↕ 45 cm. Z6 **'Eulalia Berridge'** Irische Auslese mit ansprechenden, leuchtend himbeerrosa Blüten. ↕ 90 cm. Z8 **'Queen Victoria'** ♀ Tiefviolette Stängel, schmale, schwarzrote Blätter und lebhaft scharlachrote Blüten, die den ganzen Sommer über leuchten. Kurzlebig. Aus Samen gezogen, daher variabel. ↕ 90 cm. Z7 **'Russian Princess'** Die ursprüngliche Sorte hat grüne, rot getönte Blätter und leuchtend violette Blüten. Bei der heute meist unter diesem Namen angebotenen Form handelt es sich um eine Form von *L. × speciosa* mit kräftig kirschrosa, ins Violette spielenden Blüten sowie satt-burgunderroten Stängeln und Blättern. ↕ 75 cm. Z6

L. Color Spires Cranberry Crush siehe *L. × speciosa* 'Cranberry Crush'

L. Color Spires Lilac siehe *L. siphilitica* 'Lilac Candles'

L. Color Spires White siehe *L. siphilitica* 'White Candles'

L. Compliment Series siehe *L. × speciosa* Kompliment Series

RECHTS *Lobelia cardinalis* 'Bees' Flame'

L. excelsa siehe *L. bridgesii*

L. fulgens siehe *L. cardinalis*

L. × gerardii siehe *L. × speciosa*

L. inflata (Indianer-Tabak) Kurzlebige Art mit schlanken grünen Stängeln und leicht behaarten, relativ breiten, grünen Blättern. Die weit auseinander stehenden, blassblauen Blüten öffnen sich von Juli bis Oktober. Die charakteristische Kapselfrucht »bläst« sich zu einem Balg auf, daher der botanische Name. Die Pflanze wird seit Langem in der indianischen Kräutermedizin verwendet. Sie gedeiht in herkömmlicher Gartenerde, wenn man ihr einen kühlen, schattigen Platz zuweist. Vermehrung am besten im Januar durch Aussaat. Aus Feldern, Straßenrändern und offenen Wäldern in den östlichen USA. ↕ 90 cm. Z4

L. Kompliment Series siehe *L. × speciosa* Kompliment Series

L. laxiflora (Fackel-Lobelie) Relativ variable, an der Basis oft verholzende Staude, die sich durch Rhizome ausbreitet. Sie bildet ausgedehnte Horste aus drahtigen, rötlichen, übergebogenen Stängeln mit sehr dünnen, fein gezähnten, hellgrünen Blättern und hängenden Röhrenblüten mit roter Röhre und 2 gelben Lippen. Blütezeit: spätes Frühjahr bis Herbst. Aus Mittelamerika und Mexiko. ↕ 90 cm. Z9 **var. angustifolia** Treibt eine Vielzahl dünner Stängel mit sehr schmalen, fein zugespitzten Blättern aus. Leuchtend orangefarbene, röhrige Blüten, die zarter als die der Art sind, und den ganzen Sommer über in großer Zahl erscheinen.

NEUHEITEN

Drei Züchter haben einen enormen Beitrag zur Vergrößerung des Angebots an Staudenlobelien geleistet. Wray Bowden aus Ontario (Kanada) entwickelte eine Reihe von Hybriden zwischen *L. cardinalis* und *L. siphilitica*, die mitunter Canadian-Tetraploid-Gruppe genannt wird, weil ihre Angehörigen verglichen mit älteren Lobelienzüchtungen die doppelte Zahl an Chromosomen aufweisen. Diese Formen zeichnen sich durch gute Winterhärte, große Blüten, leuchtende Farben und Wuchskraft aus. Beispiele sind 'Dark Crusader' und 'Will Scarlet'.

In jüngerer Zeit hat Thurman Maness aus Pittsboro in North Carolina (USA) einige Sorten eingeführt, deren Trauben besonders dicht mit weichen Blüten besetzt sind, etwa 'Monet Moment', 'Ruby Slippers' oder 'Sparkle Divine'.

Die Ernst Benary Samenzucht GmbH zeichnet für zahlreiche mehrjährige Lobelien verantwortlich, die aus Samen gezogen werden können. Mit Methoden, wie sie eher bei Beetgewächsen, etwa Petunien und *Impatiens*, üblich sind, hat dieses Unternehmen zwei Serien von F1-Hybriden entwickelt: die Fan- und die Kompliment-Serie. Sie verfügen zwar nicht über die Bandbreite an Laub- und Blütenfarben wie die Entwicklungen von Bowden und Maness, doch blühen sie schon im ersten Jahr, wenn man sie früh aussät. Die Aussaat minimiert zudem das Risiko einer Virusinfektion, an der so viele andere Sorten wie z.B. die durch Stecklinge oder Teilung vermehrten von Bowden und Maness leiden.

Vermehrung durch halbausgereifte Stecklinge im Herbst. Aus Arizona (USA). ↕ 60 cm.

L. polyphylla An der Basis verholzende, verzweigte Pflanze mit dichtem, variablem Laub. Blätter zwischen 4 mm breiter, linealischer Form und 5 cm breiter, ovaler Form angesiedelt. Früher wurden diese Varianten nach ihrer Blattform unterschieden und benannt, doch ist kein Bezug zu einem bestimmten Verbreitungsgebiet oder Lebensraum zu erkennen, weshalb man sie heute größtenteils nicht mehr verwendet. Endständige Trauben aus hübschen, aber ungewöhnlich gebogenen, weinroten Blüten, die von Bienen sehr gern angeflogen werden. Blütezeit: spätes Frühjahr. Aus trockenen Regionen in Chile. ↕ 60–90 cm. Z8

L. sessilifolia Horst bildende Staude, oft ohne überwinternde Rosetten. Schlanke, aufrechte, dunkle Stängel und schmale, ungestielte, lanzettliche, grüne Blätter, die nach oben zu kleiner werden. Im Juli und August erscheinen in den Blattachseln die mittelblauen Blüten, sie haben aber nicht die beiden oberen Kronblattzipfel wie die anderen Arten der Gattung. Für Sumpfgärten und feuchte Standorte geeignet, verträgt aber trockenere Bedingungen als L. cardinalis. Nasse Bereiche in Japan, Taiwan, Korea und der Mandschurei. ↕ 60 cm. Z5

L. siphilitica (Blaue Kardinals-Lobelie) Horst bildende Staude. Die aufrechten Stängel sind dicht mit leicht behaarten, wechselständigen, unregelmäßig gezähnten, 10 cm langen, ovalen bis lanzettlichen, grünen Blättern besetzt. Mittelblaue, zweilippige, 2,5 cm breite Blüten mit grünen Hochblättern erscheinen im Hochsommer bis Herbst in Ähren. Wächst an feuchten, vollsonnigen bis halbschattigen Standorten wie Teichrändern. Aus dem östlichen Nordamerika. ↕ 90 cm. Z5 **'Alba'** Reinweiß. **'Lilac Candles'** syn. L. Color Spires Lilac Kräftige Stängel mit hellgrünem Laub, über dem im Hochsommer riesige, breite Blütenstände aus lila Blüten aufragen. ↕ 45 cm. Z4 **'White Candles'** syn. L. Color Spires White Kräftig und kompakt. Helles Laub und große, dicht besetzte Blütenstände in Weiß mit einem Anflug von Blau. ↕ 45 cm. Z4

L. splendens siehe L. cardinalis

L. × speciosa syn. L. × gerardii Leicht behaarte Pflanze mit auffälliger Basalrosette und mehreren aufrechten Stängeln mit länglichen bis ovalen Blättern. Blütenstängel mit 3 cm großen, violetten, rosa bis purpurrot getönten Blüten und weißem Fleck auf der Unterlippe. Lange Blühdauer den Sommer über. Eine robuste Wildhybride zwischen L. cardinalis und L. siphilitica, die auch viele ausgezeichnete Gartensorten unterschiedlicher Winterhärte hervorgebracht hat. In vielen Katalogen und Büchern ist nur der Sortenname angegeben.

SATTE SOMMERPRACHT

Violettes oder bronzefarbenes Laub und tiefrote Blüten – auf diese Kombination kann man sich immer verlassen. Sie bereichert eine Sommerrabatte durch ihre Leuchtkraft und Schwere, ohne dunkel oder düster zu wirken. Hier unterstreicht die purpurne Sorte der Großen Hasel (Corylus maxima 'Purpurea') im Hintergrund die aufrechten Trauben der scharlachroten Lobelia × speciosa 'Cherry Ripe' und die gefüllte rote Dahlia 'Bloodstone'. Es lohnt sich, die Lobelie regelmäßig zu erneuern. Auch wenn in diesem Arrangement viele dazu tendieren, größere Dahlienblüten ins Spiel zu bringen: Nichts passt besser zum Format der anderen Gewächse als die hier gezeigte kleine Form.

Indem man sie wie hier unter der vollständigen botanischen Bezeichnung zusammenfasst, verdeutlicht man ihren Ursprung. Lässt sich in schweren oder leichten Böden gleichermaßen unkompliziert kultivieren. ↕ 1,5 m. Z4 **'Butterfly Blue'** Satt-blauviolette Blüten, die im Spätsommer erscheinen. Eine der härteren Hybriden. ↕ 90 cm. Z4 **'Cherry Ripe'** Mittelgrüne, oft kastanienbraun überlaufene Blätter und Trauben aus röhrigen, kirschroten Blüten, die vom Hoch- bis zum Spätsommer blühen. ↕ 90 cm. Z7 **'Cranberry Crush'** syn. L. Color Spires Cranberry Crush Dichte Trauben roter Blüten mit grünem Laub. ↕ 40 cm. Z4 **'Dark Crusader'** Kastanienbraune Stängel und Blätter. Samtig tiefrote Blüten im Juli und August. ↕ 70 cm. Z7 **Fan-Serie** Serie von F1-Hybriden, die durch Aussaat vermehrt werden und im ersten Sommer sehr reich blühen. Kompakte, aufrechte, verzweigte Pflanzen mit grünen, bisweilen rot getönten Blättern und dichten Blütentrauben. Gut für sonnige Standorte und feuchte Böden. Vermehrung durch Teilung oder Aussaat gekaufter Samen, da im heimischen Garten selbst gesammelte nicht samenecht sind. Von Ernst Benary in Deutschland gezüchtet. ↕ 60 cm. Z8 **'Fan Blau'** (Fan Blue) Tiefblaue Blüten und grüne Blätter ↕ 70 cm. **'Fan Burgundy'** Weinrote Blüten und grünes Laub. **'Fan Lachs'** (Fan Salmon) Hell-lachsrosa Blüten und bronzefarbene Blätter. **'Fan Orchidrosa'** (Fan Orchid Rose) ♀ Kräftig rosarote Blüten und leicht bronzefarben überlaufene Blätter. **'Fan Scharlach'** (Fan Scarlet) ♀ Leuchtend scharlachrote Blüten. Kupferfarbenes Laub. **'Fan Tiefrosa'** (Fan Deep Rose) ♀ Tief-rosarote Blüten und grüne Blätter. **'Fan Zinnoberrosa'** (Fan Cinnabar Rose) ♀ Tief-rosarote Blüten. Tiefgrünes Laub. **'Grape Knee-Hi'** Tiefviolette Blüten an einer kompakten Pflanze. Sterile Blüten ohne Samenansatz, daher längere Blüte. ↕ 40 cm. Z6 **'Hadspen Purple'** Große, kräftig violette Blüten, die den ganzen Sommer und Herbst erscheinen. ↕ 60 cm. Z7 **Kompliment-Serie** Serie von F1-Hybriden, die durch Aussaat vermehrt werden und im

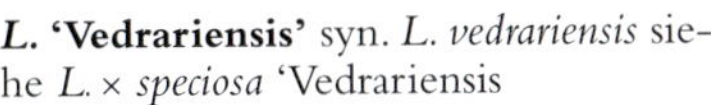
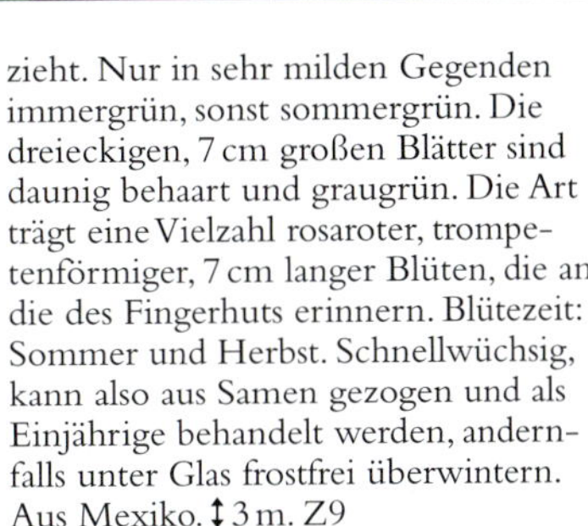

ersten Jahr reich blühen. Ab Juli sind die aufrechten, unverzweigten Stängel dicht mit dunkelgrünem Laub besetzt und tragen hohe Trauben mit zahlreichen Blüten in kräftigen und pastellfarbenen Tönen von blassem Rosa über Karminrot, Lila und Violett. Sie sind in Rabatten unübersehbar, geben aber auch ausgezeichnete Schnittblumen ab. Man pflanzt sie am besten an sonnige Standorte in nährstoffreiche, feuchte Böden. Vermehrung durch Teilung oder Aussaat gekaufter Samen, da selbstgesammelte nicht samenecht ausfallen. Deutsche Züchtungen von Ernst Benary. ↕ 60–90 cm. Z8 **'Kompliment Blau'** (Compliment Blue) Blaue Blüten. **'Kompliment Purpur'** (Compliment Purple) Sattviolette Blüten. **'Kompliment Scharlach'** ♀ (Compliment Scarlet) Große, sehr kräftig scharlachrote Blüten an unverzweigten, eleganten Trauben. Unübersehbar. **'Kompliment Tiefrot'** (Compliment Deep Red) Dunkel-braunrot. **'Monet Moment'** Ungewöhnlich große Blütenstände in kräftigem Rosaviolett. Sehr wüchsig. ↕ 90 cm. Z4 **'Pink Elephant'** ♀ Tiefrosa Blütentrauben, grünes Laub. Wesentlich verlässlicher als die meisten Sorten. ↕ 1,2 m. Z8 **'Pink Flamingo'** Trauben aus ansprechend rosafarbenen, im Hochsommer erscheinenden Blüten. Blassgrüne Blätter. ↕ 1,2 m. Z7 **'Rosenkavalier'** Lange Trauben aus röhrenförmigen, rosaroten Blüten mit weißem Auge. Blätter rot überlaufen. ↕ 90 cm. Z7 **'Ruby Slippers'** Kompakt, mit aufrechten Stängeln, an deren Spitze von April bis Juli zarte rubin- bis granatrote Blüten erscheinen. ↕ 45 cm. Z4 **'Russian Princess'** siehe *L. cardinalis* 'Russian Princess'. **'Sparkle DeVine'** Wüchsig, mit grünem Laub und violetten Blüten in der zweiten Sommerhälfte. ↕ 90 cm. Z5 **'Tania'** Feurig magentarote Blüten an burgunderroten Stängeln. Grüne, bronzebraun überlaufene Blätter. ↕ 90 cm. Z7 **'Vedrariensis'** syn. *L.* 'Vedrariensis' Lange, röhrenförmige, rotviolette Blüten in hohen Trauben. Blätter dunkelgrün und rot überlaufen. ↕ 90 cm. Z7 **'Will Scarlet'** Mittelgrüne Blätter mit kastanienbrauner Tönung. Blutrote Blüten von Juli bis September. ↕ 90 cm. Z7

L. splendens siehe *L. cardinalis*

L. tupa (Teufels-Tabak) Robuste, aufrechte, horstbildende Staude mit verholzendem Wurzelstock. Wenige purpurrote Stängel mit großen, schmalen, behaarten, graugrünen, bis 30 cm langen Blättern. Von Juli bis in den Oktober hinein erscheinen schmale, röhrenförmige, gebogene und fleischige, ziegelrote Blüten, die an kleine Papageienschnäbel erinnern. Braucht einen sonnigen Standort und wächst am besten in durchlässiger, nährstoffreicher, im Sommer ausreichend feuchter Erde. Wurzelraum im Winter gut mulchen und vor zu starker Nässe schützen. Vermehrung durch Aussaat oder (selten) grundständige Stecklinge. Aus sandigen Küstenhügeln in Chile. ↕ 2 m. Z8

L. **'Vedrariensis'** syn. *L. vedrariensis* siehe *L.* × *speciosa* 'Vedrariensis'

LOPHOSPERMUM
SCROPHULARIACEAE

Die anspruchslosen Kletterer tragen zarte Blüten in Rosa- und Rottönen.

Südamerika ist die Heimat der 8 Arten immergrüner, mehrjähriger Kletterer und Sträucher mit rundlichen bis dreieckigen Blättern. Die auffälligen, einzeln stehenden, meist hängenden, 5–8 cm langen Röhrenblüten in Violett, Rosa oder Weiß öffnen sich in den oberen Blattachseln und erinnern an die des Fingerhuts. Gut zur Geltung kommen sie, wenn man sie an lichten Sträuchern hochzieht. Allerdings eignen sie sich nur in ausgesprochen milden Gegenden als Freilandpflanzen. Die Zuordnung der Arten dieser Gattung war lange Zeit Gegenstand botanischer Debatten. Immer wieder werden einzelne Arten zwischen *Asarina*, *Maurandya* und *Lophospermum* hin und her geschoben.

KULTUR Gedeiht in durchlässigen, nährstoffreichen Böden an sonnigen Standorten. Im Winter eher trocken halten. In kühleren Gegenden in Gefäßen ziehen und im Winter unter Glas stellen.

VERMEHRUNG Durch Aussaat oder halbausgereifte Stecklinge.

PROBLEME In der Regel keine.

L. erubescens ♀ syn. *Asarina erubescens*, *Maurandya erubescens* (Klettergloxinie) Kletternde Staude, die sich durch windende Blattstiele festhält und im Winter bis auf das knollige Wurzelsystem einzieht. Nur in sehr milden Gegenden immergrün, sonst sommergrün. Die dreieckigen, 7 cm großen Blätter sind daunig behaart und graugrün. Die Art trägt eine Vielzahl rosaroter, trompetenförmiger, 7 cm langer Blüten, die an die des Fingerhuts erinnern. Blütezeit: Sommer und Herbst. Schnellwüchsig, kann also aus Samen gezogen und als Einjährige behandelt werden, andernfalls unter Glas frostfrei überwintern. Aus Mexiko. ↕ 3 m. Z9

L. **'Magic Dragon'** Blassgrünes Laub und große rote, weit geöffnete Blüten. Gelegentlich aus Samen gezogen, doch können die Blüten dann rosa ausfallen. Eine Hybride von 'Red Dragon' und *L. erubescens*, gezüchtet von Ray Brown im englischen Torquay. ↕ 2 m. Z9

L. **'Red Dragon'** Glänzende, karminrote, 6 cm lange, trompetenförmige Blüten, die kleiner ausfallen und einen nicht so weit geöffneten Kelch aufweisen wie 'Magic Dragon'. Weiches, pelzig behaartes, grünes Laub. ↕ 4 m. Z9

L. scandens syn. *Maurandya scandens* Wüchsiger, an der Basis verholzender Kletterer mit glatten oder leicht behaarten, herzförmigen, grünen, bis 10 cm langen, spitz zulaufenden Blättern. Violettrosa oder lavendelblaue, trompetenförmige, 7 cm lange Blüten mit weißem Schlund. Aus Mexiko. ↕ 2,4 m. Z9

LOTUS
Hornklee
PAPILIONACEAE

Die niedrigen Gewächse eignen sich für den vorderen Bereich einer Rabatte, als Solitäre in einem Kiesgarten oder als Bodendecker.

Die Gattung setzt sich aus etwa 150 Arten Ein- und Mehrjähriger sowie Sträucher zusammen. Ihr Lebensraum sind Weiden und trockene, felsige Lagen in Europa, Afrika und Australien. Nur wenige werden mehrjährig gezogen. Bei den meisten handelt es sich um breitwüchsige Arten. Ihre Blätter können ungeteilt oder unpaarig gefiedert sein, sie setzen sich dann aus bis zu 15 Fiederblättchen zusammen. Die kleinen Schmetterlingsblüten stehen einzeln oder in Doldenköpfchen in den Blattachseln und erscheinen oft nur im oberen Bereich der Stängel. Einige tropische Arten werden als Zimmerpflanzen gezogen. Der Hornklee hat nichts mit der Wasserpflanze *Nelumbo* zu tun, die gemeinhin als Lotosblume bezeichnet wird.

KULTUR Durchlässige Böden an vollsonnigen Standorten.

VERMEHRUNG Aussaat im Frühjahr oder Herbst, Teilung.

PROBLEME In der Regel keine.

L. corniculatus (Gewöhnlicher Hornklee) Buschige, oft breit ausladende, relativ variable Pflanze mit kräftigem, in der Regel kompaktem Wurzelstock. Blätter dreizählig, mit 3 verkehrt eiförmigen, 5–15 mm langen Blättchen. Im Sommer erscheinen zahlreiche Köpfchen aus 6–8 leuchtend gelben, später orangefarbenen, oft rot gestreiften Blüten. Die Art eignet sich vorzüglich für Naturgärten und ist eine gute Bienen- und Schmetterlingsweide, kann jedoch auch lästig werden und wuchern. Aus Europa und Asien, in den USA eingebürgert. ↕ 20–30 cm. Z4 **'Plenus'** Gefüllte gelbe Schmetterlingsblüten, aber nicht so wüchsig wie die Art und nicht wuchernd. Vermehrung durch Teilung im Frühjahr.

L. maritimus syn. *Tetragonolobus mariti-mus* Matten bildende Art für durch-lässige Böden. Sie treibt aufrechte Blütenstängel und dreizählige Blätter aus 1,5 cm langen, glänzenden oder leicht behaarten Fiederblättchen mit unterschiedlich langen Seiten. Die 3 cm großen, blassgelben, einzeln stehenden Blüten erscheinen im Sommer. Aus Europa und der Ukraine. ‡ 40 cm. Z6

LUNARIA
Silberblatt
BRASSICACEAE

Es gibt nur eine einzige mehr-jährige Art in dieser bekannten Gattung, sie ist für Naturgärten gut geeignet.

Zur Gattung werden 3 Arten Ein- und Mehrjähriger gezählt. Sie kommen an felsigen Stellen in Mittel- und Südeuropa vor. Zwei werden als Zierpflanzen genutzt. An aufrechten Stängeln wachsen große, gezähnte, herzförmige bis ovale Blätter und vierzählige, weiße, lila oder violette Blüten in kleinen endständigen Trau-ben oder Rispen. Auf sie folgen große, flache Schotenfrüchte, deren Seiten abfallen, sodass die silbrige Scheide-wand übrig bleibt. Die durchschei-nenden Fruchtstände der zweijährigen Art *L. annua* eignen sich besonders gut für Trockenblumengestecke. Das Silberblatt kommt problemlos mit den verschiedensten Wuchsbedingungen

zurecht und ist eine Bereicherung für Wildblumen- und Naturgärten, in denen es sich bereitwillig selbst aussät.

KULTUR In nährstoffreichen, feuchten Böden in der Sonne oder im lichten Schatten.

VERMEHRUNG Durch Teilung im Frühjahr oder durch Aussaat.

PROBLEME Kohlhernie und Viren.

L. rediviva (Ausdauerndes Silberblatt) Bildet aufrechte Stängel, die dunkel-grüne, ovale bis dreieckige, bis 20 cm langen Blätter mit fein gezähntem Rand tragen. Im Mai und Juni erschei-nen lockere Doldentrauben aus süß duftenden, blass-violettweißen, 2,5 cm breiten Blüten. Sie werden abgelöst von ovalen, 6–8 cm langen Schoten, die sich reif hellbraun färben. Wie beim bekannteren Einjährigen Silberblatt können die Schoten aus den ersten Blüten gleichzeitig mit dem späten Flor erscheinen, sodass die Pflanze über einen langen Zeitraum hinweg ausgesprochen dekorativ ist. Aus steinigen Arealen in weiten Teilen Europas. ‡ 90 cm. Z4

LUPINUS
Lupine
PAPILIONACEAE

Lupinen sind echte Klassiker für jeden Garten, ganz besonders aber

für Bauerngärten. Sie eignen sich besonders gut für durchlässige Böden.

Rund 200 Arten weit verbreiteter Ein-, Zwei- und Mehrjähriger sowie Sträucher gehören dieser Gattung an. Die meisten – darunter auch viele der Stauden – kommen in Nord-, Mittel- und Südamerika vor. In der Alten Welt hingegen findet man Lupinen überwiegend im Mit-telmeerraum und in Nordafrika. Sie bevorzugen in der Regel trockene, steinige und nährstoffarme Lebens-räume, sei es Grasland, Sandflächen und Klippen an der Küste oder Uferbereiche von Wasserläufen.

Lupinen bilden aus Pfahlwurzeln meist aufrechte Horste mit einem grundständigen Busch aus charakte-ristischen, frischgrünen, handförmig gefiederten Blättern. Im Mai und Juni erscheinen imposante Blüten-kerzen (Trauben oder Ähren, selten Knäuel) aus kurz gestielten Schmet-terlingsblüten, die von unten nach oben erblühen und an kräftigen, hohlen Stängeln weit über das Laub hinausragen. Die Blüten sind entwe-der ein- oder zweifarbig und meist blau, violett oder weiß. Sie verströ-men einen pfefferigen Duft und werden von Bienen bestäubt.

Die ursprünglich von George Russell (siehe *Ursprung der Hybrid-lupinen*, S. 313) aus Samenlinien aus-gelesenen Gartenhybriden werden wesentlich häufiger gepflanzt als die Arten. Man zieht sie entweder durch Stecklinge oder – weitaus häufiger – aus Samenmischungen mit ausgewo-genen Farbanteilen. Das Angebot an Tönungen und Schattierungen ist enorm: Die Palette reicht von Rot, Gelb und Blau über Rosa, Violett und Orange bis Weiß. Zweifarbige Formen, bei denen die Fahne eine andere Farbe als die Flügel hat, bieten subtile oder starke Kontraste. Züchter haben Zwerglupinen für Kleingärten und solche für exponierte Standorte entwickelt, die normalerweise nicht gestützt werden müssen. Garten-hybriden sind meist kurzlebig. Sie gedeihen etwa fünf Jahre lang und sollten dann ersetzt werden. Man findet sie in Katalogen bisweilen unter *L. × regalis* oder *L. polyphyllus*. Lupinen leisten gute Dienste als Solitäre oder als Farbgeber in großen Pflanzungen. Die Arten können in Präriegärten ausgewildert werden.

Manche Lupinen werden als Gründüngung eingesetzt, da sie mithilfe ihrer Wurzelknöllchen Stickstoff binden. Man nutzt sie zur Landgewinnung, als Tierfutter und zunehmend auch als Protein-quelle für den Menschen: Aus ihren Körnern wird ein Mehl hergestellt. Zwar sollten Lupinen aufgrund ihrer bitteren, giftigen Alkaloide als unge-nießbar behandelt werden, doch Süßlupinen enthalten nur wenig davon. Schon in der Antike wurden Lupinen als Leguminosenfrucht genutzt. Im Mittelmeerraum sind eingelegte Kerne von *L. albus* eine beliebte Nascherei. ⚠

KULTUR Lupinen sind anspruchslose Blüher. Sie bevorzugen offene, son-nige Plätze in durchlässigen, neutralen bis leicht sauren Böden, vertragen aber auch Halbschatten und relativ karges Erdreich. Während des Wachs-tums reagieren sie empfindlich auf Trockenheit, weshalb man sie im Frühjahr gut wässern sollte. Bei win-terlicher Nässe indes faulen sie leicht. Decken Sie die Krone nicht mit Mulch ab und verwenden Sie Kno-chenmehl statt Stickstoff als Dünger. Höhere Formen müssen eventuell gestützt werden. Entfernern Sie welke Blüten vor dem Samenansatz, um eine Selbstaussaat zu verhindern und die Pflanze zu einer zweiten (in der Regel allerdings zurückhaltenderen) Blüte gegen Sommerende anzure-gen. Durch Selbstaussaat entstandene Sämlinge sollten entfernt werden, da sie nach mehreren Generationen zu Pflanzen mit blauen, lückenhaften Blütenständen zurückschlagen. Nach der Blüte sehen Lupinen oft etwas mitgenommen aus, weshalb man sie am besten mit spät blühenden Stau-den wie Astern oder *Anemone hupeh-ensis* verdeckt.

VERMEHRUNG Ausgelesene Formen werden durch sorgfältige Teilung der

LINKS *Lunaria rediviva*

BLÜTENFORM DER LUPINE

Die gestielten Blüten entspringen an einem einzelnen, aufrechten Stängel. Sie können spiralförmig oder quirlig angeordnet sein. Zu den am leuchtendsten gefärbten Teilen der Blüte gehören das breite obere Kronblatt, Fahne genannt, und die aufgeblasene, aus zwei Flügeln bestehende »Glocke« darunter. In ihr versteckt sich das unauffällige, sichelförmige Schiffchen, das Staubblätter und Stempel enthält. Die flachen behaarten Hülsenfrüchte platzen nach dem Trocknen auf und verbreiten so ihren Samen.

Lupinus 'My Castle'

Krone im zeitigen Frühjahr oder durch Stecklinge vom grundständigen Teil der neuen Triebe in der zweiten Frühjahrshälfte vermehrt. Dazu nimmt man sie mit einem Stückchen des zähen, gelben Wurzelstocks ab. Das Einsetzen der Stecklinge in reines Perlit verhindert ein Faulen. Samen von Arten und samenechten Sortenlinien werden im Frühjahr, Sommer oder Herbst in Multitöpfen ausgesät, nachdem man sie 24 Stunden in kaltem Wasser eingeweicht oder die harten Samenschalen angeritzt hat, um eine gleichmäßige Keimung zu fördern. Die Samen bleiben lange Zeit keimfähig (ausgegrabene Samen von *L. arcticus* trieben noch nach 10 000 Jahren aus), keimen aber frisch schneller und einheitlicher. Einige moderne Zwerghybriden wurden so gezüchtet, dass sie schon im ersten Jahr blühen, wenn man sie früh aussät. Ihre volle Blühkraft erreichen sie aber erst ab dem zweiten Jahr.

PROBLEME Lupinenblattläuse, Anthraknose (siehe *Neue Schädlinge und Krankheiten*, S. 314), Schnecken, Echter Mehltau, Viruskrankheiten.

L. Band of Nobles Series ♥ Robuste, dichte Blüten. Sechs Farben in mehreren Tönen, einschließlich zweifarbiger Formen und einer Mischung. ↕ 90– 120 cm. Z4 **Band-of-Nobles-Mixed** ♥ Mischung aus allen Farben. **'Chandelier'** Blüten in Gelbtönen. **'My Castle'** Ziegelrote Blüten, meist mit dunklerer Fahne. **'Noble Maiden'** Cremeweiß. **'The Chatelaine'** Rosaschattierungen, Fahne weiß. **'The Governor'** Blautöne. Fahne weiß und gelegentlich violett gestreift. **'The Page'** Karminrote Schattierungen. Fahne oft heller. Auch als 'The Pages' bezeichnet.

L. 'Bishop's Tipple' Dichte Trauben aus lilarosa Blüten mit elfenbeinfarben gefleckten Fahnen. Eine neuere Sorte, die vegetativ vermehrt werden muss.

RECHTS *Lupinus* Band-of-Nobles-Serie:
1 'Chandelier' **2** 'Noble Maiden'
3 'The Chatelaine'

URSPRUNG DER HYBRIDLUPINEN

Zu Beginn des 20. Jahrhunderts war die Gartenlupine mit dem größten Zierwert die 1826 eingeführte blaue *Lupinus polyphyllus* mitsamt ihren wenigen Farbvarianten wie der rosa und weißen 'Moerheimii'. Einige der ersten Hybriden züchtete James Kelway. Ihm folgten G. R. Downer, dessen um 1917 entstandene rote 'Downer's Delight' sehr bewundert wurde, und John Harkness.

Die nachhaltigste Zuchtarbeit aber leistete George Russell (1857–1951). Er begann 1911 in seinem Garten bei York in England eine *L.-polyphyllus*-Mischung zusammen mit anderen Lupinen zu kultivieren, um die lückenhaften Blütenkerzen zu verbessern und ihre begrenzte farbliche Palette zu erweitern. Um welche Arten oder Sorten es sich bei den anderen Lupinen handelte, ist nicht überliefert, aber vermutlich waren die strauchige *L. arboreus* und Einjährige wie *L. hartwegii* sowie einige Hybriden und Samenmischungen darunter.

Russell ließ seine vielen tausend Pflanzen von Bienen bestäuben und sammelte nur Samen der besten Exemplare. Die übrigen entsorgte er, bevor sie ihre Pollen freigaben. Auf diese Weise entwickelte er im Lauf von 25 Jahren eine Linie, die seinem Ideal immer näher kam. Sie zeichnete sich durch herrliche neue Farben und lange, spitz zulaufende, kräftig wirkende Trauben aus. Sie waren dicht mit großen Blüten bepackt, die mit ihren breiten, aufrechten Fahnen sowie den rundlichen Flügeln die Stängel verdeckten.

Die Russell-Hybride wurde 1937 von der Gärtnerei Baker's Nursery bei Wolverhampton, England, vorgestellt und sorgte für viel Aufsehen. Bis 1967 entstanden aus Russells Linie über 150 weitere Sorten, die vegetativ vermehrt wurden. Mittlerweile sind fast alle wieder verschwunden, die Samenlinie selbst allerdings hat überlebt und bildet bis heute die Grundlage der Hybridlupinen.

NEUE SCHÄDLINGE UND KRANKHEITEN

1981 wurde in Großbritannien die Lupinenblattlaus (*Macrosiphum albifrons*) aus Nordamerika eingeschleppt. Sie entpuppte sich als verheerender Schädling. Die ungewöhnlich großen, graugrünen Blattläuse verbringen ihren gesamten Lebenszyklus auf Lupinen und können von Mai bis Juli in den Blütentrauben und auf der Unterseite der Blätter dichte Kolonien bilden, sodass ein Exemplar plötzlich kippen, ja manchmal sogar ganze Kolonien auf einmal umfallen können. Man bekämpft sie durch Aufsammeln, aber auch durch Insektizide oder Präparate, die Fettsäuren enthalten.

Die Anthraknose (*Colletotrichum acutatum*) wurde erstmals 1989 gesichtet.

Unverwechselbare Symptome sind das Absterben junger Triebe, dunkelbraune nekrotische Flecken am Rand der Blätter und braune Risse an Stängeln und älteren Blättern, die mit Fäulnis im Kronenbereich einhergehen. Besonders große Schäden richtet die Anthraknose bei hoher Feuchtigkeit an. Stark befallene Exemplare sterben in der Regel ab. Als einzige Gegenmaßnahme kommt das Verbrennen der infizierten Pflanzen in Frage. Übertragen wird die Krankheit unter anderem durch Samen. Einige Samenanbieter unterziehen ihr Saatgut deshalb einer Hitzebehandlung. Leicht ausbreiten kann sich die Anthraknose allerdings durch selbst gesammelte Samen.

Eine der ersten von Sarah Conibear entwickelten und von den Westcountry Nurseries eingeführten Formen. ↕ 90 cm. Z4

L. 'Chandelier' siehe *L.* Band-of-Nobles-Serie

L. **Dwarf Gallery Series** siehe *L.* Gallery-Serie

L. **Gallery-Serie** syn. *L.* Dwarf-Gallery-Serie Zwergige, aus Samen gezogene Pflanzen mit kräftigen, gut gefüllten Blütentrauben. Fünf kräftige Farben und eine Mischung. 1984 gezüchtet und eingeführt von der französischen Samengärtnerei Tézier und nach wie vor von verlässlicher Qualität. Robust und früh blühend, mit langer Blühdauer. Gut eingewachsene Exemplare treiben bis zu 12 etwa 25 cm hohe Blütentrauben aus. Blüht bei früher Aussaat schon im ersten Jahr, noch bevor die Pflanze ihre volle Größe erreicht. Für Gefäße geeignet.

↕ 50 cm. Z4 **'Gallery Blue'** Blauviolette Tönungen, einige zweifarbige Varianten mit Weiß als zweiter Farbe. **'Gallery Mixed'** Mischung aus allen fünf Farben. **'Gallery Pink'** Rosa Töne, einige zweifarbige Formen mit Weiß. **'Gallery Red'** Leuchtend rote Töne, einige zweifarbige Varianten. **'Gallery Yellow'** Cremefarben bis hell goldgelb. **'Gallery White'** Weiß, Knospen cremefarben.

L. **'Lulu'** Zwergige Sorte in der Art der von Russell gezüchteten Lupinen mit langer Blühdauer und gut gefüllten Trauben in einem breiten Spektrum kräftiger Töne mit einigen zweifarbigen Formen und sogar einer Variante mit warmen Orangetönen, durch die sie sich von der Minarette-Gruppe unterscheidet. Eingewachsene Pflanzen bringen 10–12 Stängel hervor. Kann bei Aussaat im Januar schon im ersten Jahr blühen. ↕ 60 cm.

L. **Minarette-Gruppe** Aus Samen gezogene Miniaturlupinen mit zahlreichen, kräftigen Trauben in allen Regenbogenfarben. Früh blühend und für Gefäße geeignet. ↕ 50 cm. Z4

L. **'Morello Cherry'** Intensiv rubinrote Blüten. Fahne dunkler als die Flügel, in kurzen Quirlen um einen dunklen Stängel. Trauben schlank, etwa 40 cm

lang. Eine hohe, aus Samen entwickelte, 2001 eingeführte Sorte von Thompson and Morgan, England. Blüht bei früher Aussaat im ersten Jahr. ↕ 90–120 cm. Z4

L. **'My Castle'** siehe *L.* Band-of-Nobles-Serie

L. **'New Millennium'** syn. *L.* 'Sky Rocket' Beeindruckende, schön geformte, bis 60 cm lange und 7–8 cm breite, dicht mit Blüten bepackte Kerzen an verlässlichen, wüchsigen Pflanzen. Blüten ein- und zweifarbig, unter anderem in Blauschwarz, Altrosarot, Ziegelrot und Elfenbein. Blüht bei früher Aussaat schon im ersten Jahr, erreicht seine volle Schönheit aber erst im zweiten. Hält als Schnittblume in Wasser gestellt lange und zeigt gute Wetterfestigkeit. ↕ 1,2 m. Z4

L. **'Noble Maiden'** siehe *L.* Band-of-Nobles-Serie

L. **nootkatensis** (Alaska-Lupine) Eine robuste, aufrechte Staude. Sie bildet niedrige Horste mit Blättern, die aus 7–8 samtigen, schmalen, jeweils 6 cm langen und 1,5 cm breiten, am Ende kurz zugespitzten Fiederblättchen bestehen. Im Juni und Juli öffnen sich in 10 cm hohen Trauben Quirle aus weit auseinander stehenden, ein- oder mehrfarbigen Blüten in Violett, Weiß und Rosa. Grizzlybären graben die Pflanzen aus, um sich ihre Wurzeln schmecken zu lassen. Die Art braucht Sonne und durchlässige Böden. Sie reagiert empfindlich auf heiße, trockene Sommer. Unter idealen Bedingungen Selbstaussaat und Kolonienbildung. Eng mit *L. perennis* aus dem östlichen Nordamerika verwandt, eine Art mit kleineren, oberseits glatten und unbehaarten Blättchen und bis 20 cm langen Trauben. In Schottland, Irland und Norwegen eingebürgert. Besiedelt in Irland von Schafen erodierte Böden neu, breitet sich aber auf der Insel stark aus. Aus offenen Hängen, Wiesen, Wattenmeeren und Kiesbänken an der Küste von Alaska und British Columbia, des westlichen Nordamerika und des nordöstlichen Asien. ↕ 50–70 cm. Z3

L. **'Polar Princess'** Breite Trauben von etwa 50 cm Länge, dicht bepackt mit schneeweißen Blüten, die sich alle vollständig öffnen, bevor im unteren Teil Samen angesetzt werden. Kompakter, kräftiger Wuchs und gute Windverträglichkeit. Aus einer Samenmischung ausgelesen und dann vegetativ vermehrt. ↕ 75 cm Z4

L. **polyphyllus** (Vielblättrige Lupine) Kräftige, aufrechte Staude, die einen üppigen Busch aus großen, lang gestielten Blättern bildet. Diese bestehen aus 9–17 schlanken, bis 12 cm langen und 2 cm breiten Fiederblättchen. An der Spitze der meist unverzweigten Stängel stehen im Sommer imposante, 18–40 cm lange Trauben aus mehr oder weniger lockeren Quirlen blauer, violetter oder rötlicher Blüten. Sie biegen sich unter dem Gewicht der behaarten, violetten Hülsen. Als diese Art zu Beginn des 20. Jahrhunderts die bedeutendste Gartenlupine war, wurden mehrere Sorten

---

VERHALTENE KONTRASTE IN PASTELLTÖNEN

LUPINEN SIND VON NATUR AUS Prachtblüher, die mit ihren aufrechten Trauben in einer Rabatte die Hauptaufmerksamkeit auf sich ziehen. Einige trumpfen mit kräftigen Farben auf, doch selbst 'The Chatelaine' mit zarten Rosa- und Weißtönen rückt sich noch durch die Art und Weise in den Mittelpunkt, wie sie ihre Blüten an den Stängeln aufreiht. Eine würdige Kulisse für die Kerzen bilden Wolken blauer Storchschnäbel, während ganz hinten die gelben Blütenstände von *Phlomis russeliana* eine weitere Pastellfarbe ins Spiel bringen. Durch geschickte Kombination von Farben und Formen wurde hier ein harmonisches Ganzes geschaffen.

nach ihrer Blütenfarbe ausgelesen. Sie geriet jedoch schnell in Vergessenheit, als nach 1930 die Russell-Hybriden mit ihren vielfarbigen, dichten Trauben auf der Bildfläche erschienen (siehe Kasten S.313). In Großbritannien wurde sie eingebürgert und wächst heute an Straßenrändern und Bahnböschungen, während man in Neuseeland derzeit überlegt, sie als Futterpflanze auf kargen Böden anzubauen. In Gärten leistet sie gute Dienste als Bestandteil naturnaher Pflanzungen oder in Wiesen und bevor-

zugt sonnige bis halbschattige Standorte in feuchten, mäßig nährstoffreichen, durchlässigen Böden. Sie ist eine der 23 Lupinen-Arten, die der Pflanzensammler David Douglas Anfang des 19. Jahrhundert aus Nordamerika nach Europa brachte. Sie kommt in Sümpfen oder auf feuchten Böden in Wiesen, Wäldern und an Flussufern von Kanada bis in die westlichen USA vor. ↕ 50–150 cm. Z4

L. × regalis Dieser Name wird gelegentlich für Gartenhybriden verwen-

det, er sollte jedoch auf Kreuzungen zwischen *L. polyphyllus* und *L. arboreus* beschränkt bleiben. Vermutlich sind bei den eigentlichen Gartenhybriden auch andere, vielleicht sogar einjährige Arten im Spiel. Deshalb sollte die Bezeichnung *L. × regalis* für sie vermieden und nur für nachweisliche Hybriden zwischen den beiden erwähnten Arten verwendet werden.

L. Russell-Hybriden Mischungen aus hohen Lupinen, die von den hoch gelobten Samenlinien George Russells abstammen (siehe *Ursprung der Hybridlupinen*, S.313). Sie tragen hohe Trauben in den verschiedensten Tönungen. Ihre Blüten können ein- oder zweifarbig sein. Mittlerweile bieten viele Unternehmen Samenmischungen an, doch ist deren Blütenfülle und die Subtilität der Farbkombinationen qualitativen Schwankungen unterworfen. Seit den 1950er-Jahren wurden aus den Russell-Hybriden neue, benannte Linien entwickelt. Durch Reselektion versucht man bestimmte Eigenschaften wie Höhe, Wetterfestigkeit oder Traubengröße zu verbessern oder zu verändern. Die heute erhältlichen Pflanzen sind Nachkommen der berühmten Samenlinien von George Russell, ähneln seiner Linie in ihrer vollkommensten Ausprägung aber kaum noch. ↕ 90–120 cm. Z4

L. 'Sky Rocket' siehe *L.* 'New Millennium'

L. 'The Chatelaine' siehe *L.* Band-of-Nobles-Serie

L. 'The Governor' siehe *L.* Band-of-Nobles-Serie

LINKS *Lupinus* Gallery-Serie:
1 'Gallery Blue' **2** 'Gallery Red'

L. 'The Page' siehe *L.* Band-of-Nobles-Serie

L. 'Tutti Frutti' Samenmischung in mehreren Farben mit Schwerpunkt auf dekorativen zweifarbigen Kombinationen. Ausgelesen nach Größe, Zahl der Blütentrauben und Kerzenform, eine Eigenschaft, die bei samenvermehrten Pflanzen schwieriger zu erreichen ist als bei vegetativ vermehrten. Bei früher Aussaat Blüte schon im ersten Jahr. ↕ 1 m. Z4

L. variicolor syn. *L. versicolor* Breitwüchsige, krautige, an der Basis bisweilen verholzende Art, die eine Matte aus zarten Blättern bildet. Diese sind aus 6–9 jeweils 2–3,5 cm langen Fiederblättchen zusammengesetzt. Im Sommer erscheinen über dem Laub 6–15 cm lange Blütentrauben, die mit kleinen, zweifarbigen, meist blau-weißen Blüten besetzt sind. Gelegentlich findet man Kombinationen aus Violett, Rosa und Gelb. Durchlässige Böden und sonnige Standorte sind unabdingbar. Aus Feldern und Chaparrals, Hängen, Ufern und Sanddünen an der kalifornischen Küste in den USA. ↕ 20–50 cm. Z7

L. versicolor siehe *L. variicolor*

LUZULA
Hainsimse, Marbel
JUNCACEAE

Mit seinen weiß behaarten Blättern und den zarten Blüten ist dieses grasähnliche Kraut (sog. Scheingras) eine nützliche Pflanze für Schattenstandorte.

Weltweit sind etwa 80 meist mehrjährige Arten dieser Gattung verbreitet, ein Großteil davon kommt in Europa und Asien vor. Sie wachsen in feuchten, nährstoffreichen Wäldern, in alpinem Grasland, auf Heiden und Mooren und an nassen Bach- und Flussufern. Ihre büscheligen, immergrünen, flachen Blätter sind mit weißen Haaren bedeckt. Die Blüten ähneln denen der eigentlichen Binsen (*Juncus*) und öffnen sich früh in der Saison. Sie stehen in lockeren, offen verzweigten Spirren und sind in der Regel grün oder braun, bisweilen auch fast weiß gefärbt. Die meist langsam wachsenden Pflanzen bevorzugen nährstoffreichen Boden und überleben auch Trockenheit. Sie geben einen dekorativen Bodendecker für Gehölzpflanzungen und schattige Sumpfgärten ab – besonders im Frühjahr, wenn die Blüten und glänzenden grünen Blätter früh blühende Zwiebelpflanzen durch ihre filigrane Erscheinung ergänzen.

KULTUR Am besten in mäßig nährstoffreicher, feuchter, mit Laubhumus oder anderen organischen Materialien angereicherter Erde im Halbschatten oder Schatten.

VERMEHRUNG Durch Aussaat oder Teilung im zeitigen Frühjahr, Sorten nur durch Teilung.

PROBLEME In der Regel keine.

LUPINEN VON BESONDEREM WERT

Als die britische Royal Horticultural Society (RHS) in den Jahren 1991–1993 einen Wettbewerb mit stecklingsvermehrten Lupinen durchführte, gingen acht von zehn »Awards of Garden Merit«, wie die Auszeichnungen der Gesellschaft für besonders wertvolle Gartenpflanzen heißen, an Sorten der Woodfield Brothers in der Grafschaft Warwickshire, England. Alle eingereichten Lupinen dieser Gärtnerei sorgten durch ihre Pracht für Aufsehen. Sechs der preisgekrönten Lupinen sind hier gezeigt. Bei den anderen handelte es sich um 'Deborah Woodfield' (weiß und blassgelb) und 'Pope John Paul' (weiß). Am stolzesten aber war Morris Woodfield auf eine andere Züchtung, die orangerote 'Chelsea Pensioner'. Alle Formen haben mittlerweile großen Seltenheitswert, da die Gärtnerei nicht mehr existiert. Wenn sich keine gewerblichen Betriebe oder private Züchter um den Erhalt von Hybridlupinen bemühen, laufen sie stets Gefahr, von der Bildfläche zu verschwinden, weil sie nur eine kurze Lebensdauer haben.

'Anne Gregg'

'Esmerelder'

'Helen Sharman'

'Judy Harper'

'Kayleigh Ann Savage'

'Olive Tolley'

L. × borreri 'Botany Bay' Leuchtend grüne, dichte Horste aus breiten, längs gestreiften, beim Austrieb im Frühjahr rosa getönten, später blassgrünen Blättern. Die Stängel tragen lockere Spirren aus dunkelbraunen Blüten. Eine 1985 entdeckte, winzige Hybride von *L. forsteri* und *L. pilosa* hat sich als hübscher Bodendecker für trockene, schattige Standorte mit Schneeglöckchen und anderen Frühblühern bewährt. ↕ 20 cm. Z6

L. luzuloides (Weißliche Hainsimse) Langsam kriechende, immergrüne Horste mit langen, dünnen Wurzeln. Schmale, hellgrüne, 6 mm breite Blätter mit langen weißen Haaren an den Blatträndern. Im Juni erscheinen hohe Stängel mit feingliedrigen Spirren aus fast weißen, rot oder braun getönten Blüten. Gut als dekorativer Bodendecker in Wäldern und Gärten. Aus Wäldern, Gestrüpp und Grasland in ganz Europa. ↕ 80 cm. Z5 **'Schneehäschen'** syn. *L. nivea* 'Schneehäschen' Fast weiße, später blassbraune Blüten. ↕ 45 cm.

L. nivea (Schneeweiße Hainsimse) Lockere, sich langsam ausbreitende, immergrüne Horste aus schmalen, behaarten, dunkelgrünen, nur 4 mm breiten Blättern. Im Juli öffnen sich an hohen Stängeln elegant übergebogene, aus reinweißen Blüten bestehende Spirren, die sich mit der Samenreife braun färben. Schöner Bodendecker in feuchten, nährstoffreichen Böden auch gut als Unterpflanzung für Sträucher geeignet. Verträgt trockene Bedingungen nicht so gut wie die ähnliche Art *L. luzuloides*. Sät sich sehr stark selbst aus. Aus Bergwäldern und Strauchheiden in ganz Mitteleuropa. ↕ 60 cm. Z5

L. nivea 'Schneehäschen' siehe *L. luzuloides* 'Schneehäschen'

L. sylvatica (Wald-Hainsimse) Sich langsam ausbreitende Art mit kräftigen Rhizomen, die allmählich dichte, an den Schopf einer Ananas erinnernde Horste aus 2 cm breiten, glänzenden, dunkelgrünen, bis 60 cm hohen Blättern bildet. Die hohen Stängel erscheinen im Frühjahr und Frühsommer und tragen lockere, gegabelte Stände aus kastanienbraunen Blüten. Bildet mit der Zeit an feucht- oder trockenschattigen Standorten einen fast unkrautfreien Teppich. In feuchten Wäldern und Mooren zwischen Felsen, meist in sauren Böden, in ganz Europa verbreitet. ↕ 80 cm. Z4 **'A. Rutherford'** siehe 'Taggart's Cream'. **'Aurea'** siehe 'Hohe Tatra'. **'Auslese'** syn. 'Select' Breite, hellgrüne, an der Spitze gedrehte Blätter. **'Hohe Tatra'** syn. 'Aurea' Aufrechte, grünlich gelbe Blätter, die im Winter und Frühjahr erscheinen und im Sommer grüner werden. ↕ 45 cm. Z5 **'Marginata'** syn. 'Variegata' Blätter mit schmalem weißem Rand. ↕ 50 cm. Z5 **'Select'** siehe 'Auslese'. **'Taggart's Cream'** syn. 'A. Rutherford' Neuaustrieb weiß, mit dünnem grünem Rand. Bis zum Sommer grün. ↕ 45 cm. Z5 **'Tauernpass'** Breitere,

glänzend grüne Blätter. Niedriger und kompakter. ↕ 30 cm. Z5 **'Variegata'** siehe 'Marginata'.

L. ulophylla Winzige, dichte, silbrig wirkende Horste aus langen, dünnen, tiefgrünen, unterseits und am Rand weiß behaarten Blättern. Im Juni tragen steife Stängel lockere Stände aus dunkelbraunen, auch weiß gerandeten Blüten. An einen schattigen Wegsaum oder in einen Topf pflanzen. Aus feuchten Wäldern in Neuseeland. ↕ 40 cm. Z6

LYCHNIS
Lichtnelke
CARYOPHYLLACEAE

Mit ihren intensiven Farben bereichern die anspruchslosen Blüher sonnige Gartenwinkel.

Die etwa 20 Arten Zwei- und Mehrjähriger sind eng mit *Silene* verwandt, unterscheiden sich von dieser Gattung aber in einigen botanischen Details. Sie kommen in den unterschiedlichsten Lebensräumen nördlicher gemäßigter und sogar arktischer Zonen vor. Die aufrechten, verzweigten Stängel tragen ungeteilte, oftmals behaarte, gegenständige Blätter und endständige, fünfzählige, flache, bisweilen sternförmige Blüten, die einzeln oder in flachen Trugdolden (auch Trauben oder Rispen) stehen. Ein Abzwicken welker Blüten verlängert die Blühdauer. Der Name *Lychnis* ist griechischen Ursprungs und bedeutet »Lampe« – ein Hinweis darauf, dass die filzigen Blätter früher zu Dochten verarbeitet wurden.

KULTUR An vollsonnigen bis halbschattigen Standorten in durchlässiger Erde. Die meisten Arten bevorzugen trockenere Bedingungen.

VERMEHRUNG Durch Aussaat gleich nach der Samenreife oder im Frühjahr. Manche Sorten lassen sich durch grundständige Stecklinge oder Teilung im Frühjahr vermehren, andere sind relativ samenecht.

PROBLEME In der Regel keine.

L. × arkwrightii Kurzlebige, Horste bildende, aber schon im Jahr der Aussaat blühende Hybride. Steife, aufrechte Stängel tragen behaarte, ovale oder lanzettliche Blätter. Im Frühsommer stehen am Ende der Stängel Stände aus 3–10 4 cm großen, leuchtend roten Blüten mit deutlicher Kerbe an der Spitze der Kronblätter. Auf sie folgen bronzebraun getönte Kapselfrüchte. Das Abzwicken der Triebspitzen früh in der Saison fördert einen kompakten, buschigen Wuchs. Ideal für feuchte, nährstoffreiche Böden. In heißen Gegenden zur Mittagszeit für etwas Beschattung sorgen. Eine Hybride zwischen *L. chalcedonica* und *L. × haageana* mit variabler Laub- und Blattfarbe und unterschiedlich

stark gekerbten Kronblättern. ↕ 45 cm.
Z4 **'Orange Zwerg'** Zwergform mit
orangeroten Blüten. ↕ 20 cm. **'Vesuvius'**
Scharlach-orangerote Blüten über sehr
dunklem Laub. Wird am besten durch
Stecklinge vermehrt, kann aber auch
ausgesät werden.

L. chalcedonica ♥ (Brennende Liebe)
Auffällig steife, aufrechte Pflanze, die am
besten in traditionellen Staudenrabatten
gezogen wird. Ihre meist unverzweigten
Stängel tragen raue, ovale, dunkelgrüne,
8 cm lange, im unteren Bereich herzförmige, stängelumfassende Blätter.
Darüber erscheinen im Juni und Juli
endständige, abgeflachte, leicht kuppelförmige Trugdolden (genauer: Thyrsen)
aus bis zu 50 scharlachroten, 1,5 cm
breiten Blüten. Man zieht die Art am
besten in feuchten Böden. Sie lässt sich
problemlos aussäen, Sorten allerdings
sollten durch grundständige Stecklinge
vermehrt werden. Aus Ostrussland.
↕ 90 cm. Z4 **var. albiflora** Weiße, bei
Kultur aus Samen allerdings variable
Blüten. Bisweilen recht kümmerlich.
'Carnea' Blasses Fleischrosa. **'Dusky
Salmon'** Verschiedene Lachstöne in
ein und demselben Blütenstand. **'Flore
Pleno'** Gefüllte Blüten in etwas stump-
ferem Rot. Gelegentlich findet man
auch gefüllte weiße und rosa Formen.
'Rosea' Blassrosa Blüten mit dunklerem Auge. **'Salmonea'** Helles Lachsrosa.
Summer-Sparkle-Serie Rote, altrosa
oder weiße Blüten. Vermehrung durch
Aussaat.

L. coronaria ♥ (Kronen-Lichtnelke, Vexiernelke) Kurzlebige Staude,
manchmal auch Zweijährige. Lebt in
Gegenden mit kühlen Sommern am
längsten. Aus einer relativ brüchigen
Krone treiben ovale oder lanzettliche
Grundblätter aus. Die steifen Stängel
tragen ähnliche, bis 10 cm lange Blätter.
Sowohl Stängel als auch Blätter sind mit
silbriger wolliger Behaarung bedeckt. Im
Juli und August öffnen sich in vielverzweigten Blütenständen 5 cm breite Blüten, deren Farbpalette von hellem Rot
(»Rosenrot«) bis zu Purpurrot reicht.
Vexiernelken blühen im zweiten Jahr am
besten; später lassen sie nach, vor allem
in Gegenden mit heißen Sommern,
in der Regel aber stehen genügend
selbstausgesäte Sämlinge als Nachfolger
zur Auswahl. Die Vexiernelke lässt sich
leicht aus Samen ziehen. Sie gedeiht am
besten in durchlässigen Böden an vollsonnigen Standorten und verträgt keine
Winternässe. Aus Südeuropa. ↕ 90 cm. Z4
'Abbotswood Rose' siehe **L. × walkeri**
'Abbotswood Rose'. **'Alba'** ♥ Weiß.
'Angel's Blush' Weiß, mit rosa Auge.
Größe und Intensität des Auges hängt
von den Sommertemperaturen und der
Witterung ab. **Atrosanguinea-Gruppe**
Karminrote oder magentarosa Blüten.
Farbe von Exemplar zu Exemplar unterschiedlich. **'Blushing Bride'** Weiß, mit
rosa Auge. Ähnelt 'Angel's Blush', hat
aber eine größere rosa Mitte, die bei
einigen Blüten fast die gesamte Blüte
einnimmt. **'Dancing Ladies'** Mischung
aus kirschroten, rosa, weißen, rosenroten
und zweifarbigen Blüten. Wird aus

VEXIERNELKE

Die Vexiernelke (Kronen-Lichtnelke)
gehört zu den besten graulaubigen Pflanzen für die Staudenrabatte. Sie hat aber
auch unübersehbare rosa- bis magentarote Blüten zu bieten, die sie in der Sonne
gern ins Blickfeld rückt. Zugleich verträgt
sie schattige Standorte, die Sorte 'Alba'
kommt mit ihren weißen Blüten in dunkleren Winkeln sogar besser zur Geltung
als an hellen Plätzen.

Wie viele beliebte Stauden aber ist
auch die Vexiernelke relativ kurzlebig und
lässt sich nur schwer vermehren, sieht
man einmal von der Aussaat ab. Es gibt
zwar sieben eingetragene Sorten, aber
nur drei Haupttypen, nämlich Violett/
Magenta, Weiß und Weiß mit rosa
Auge. Davon sind Samenmischungen in
den unterschiedlichsten Bezeichnungen
erhältlich. Die drei Farben harmonieren recht gut. Manche Gärtner ziehen
die Mischung sogar vor, weil sich der
Schwerpunkt mit dem Überhandnehmen
selbst ausgesäter Pflänzchen von Jahr zu
Jahr ändert. Andere beschränken sich
auf eine einzige Farbe. Pflanzen Sie in
etwa gleichfarbige Nachbarn zusammen
und nehmen Sie alle Sämlinge heraus,
die einen anderen Ton offenbaren.
Weiße Sorten oder solche mit andersfar-
bigem Auge bringen gern magentablü-
tige Nachkommen hervor.

Samen gezogen und blüht im zweiten
Jahr. **'Hutchinson's Cream'** Weiße Blü-
ten und cremefarben geflecktes Laub.
Oculata-Gruppe Weiße Blüten mit rosa
Auge, wobei der Rosaanteil unterschied-
lich ausfällt. 'Angel's Blush' und 'Blushing
Bride' sind Auslesen dieser Gruppe.

L. flos-cuculi (Kuckucks-Lichtnelke)
Feuchtigkeitsliebende Art mit schmalem
Stängel. Schlanke, mitunter leicht
bläuliche, bis 13 cm lange, am Ansatz
stängelumfassende Grundblätter. Im

Mai und Juni erscheinen offene, relativ
spärliche Blütenstände aus vierzähligen,
leuchtend rosafarbenen Blüten. Die
reizenden, aber eher zurückhaltenden
Blüher werden am besten in feuchten
Naturgärten gezogen. Sie stammen aus
Feuchtwiesen in Europa, dem Kaukasus
sowie Sibirien und sind im östlichen
Nordamerika eingebürgert. ↕ 75 cm. Z4
var. albiflora Weiß. **Jenny** (**'Lychjen'**)
Große Stände aus lockeren, gefüllten,
zartrosa Blüten mit blasser Mitte und
weißem Streifen auf den Kronblättern.
Wesentlich eindrucksvoller als die Art
und nur ein bisschen gröber. **'Nana'**
Sehr kleine Form. ↕ 15 cm.

L. flos-jovis (Jupiter-Lichtnelke) Matten bildende Staude mit 10 cm langen,
spatelförmigen Blättern. Den ganzen
Sommer über erscheinen an aufrechten,
unverzweigten, dicht weißwollig
behaarten Stängeln kleine, lockere,
leicht kuppelförmige Stände aus rosaroten Blüten mit jeweils 4 gekerbten
Kronblättern. Gedeiht in durchlässigen
Böden und an vollsonnigen Standorten
am besten. Aus den Alpen, aber vielerorts
eingebürgert. ↕ 60 cm. Z4 **'Hort's Variety'** Klarrosa Blüten. Sehr reich blühend.
Zwergig. ↕ 30 cm. **'Peggy'** Rote Blüten
an einer niedrigen Pflanze. ↕ 25 cm.

L. × haageana Schön geformte, meist
kurzlebige Pflanze. Sie bildet Horste
aus relativ behaarten, lanzettlichen, bis
7,5 cm langen Blättern, aus denen sich
Stängel mit nach unten stehenden Haaren schieben. Im Sommer erscheinen
Stände aus wenigen, leuchtend schar-
lachorangefarbenen Blüten mit vier
zweilappigen, am Rand klein gezähnten
Kronblättern. Gedeiht an vollsonnigen,
gleichbleibend feuchten Standorten,
ist in heißen Sommern aber für etwas
Schatten dankbar. Eine Hybride zwischen den seltenen Arten **L. fulgens** und
L. sieboldii. ↕ 30 cm. Z4

L. 'Molten Lava' Schöne Horste bildende, aber kurzlebige Pflanze mit
leuchtend orangeroten Blüten, die
das bronzefarbene Laub fast völlig
verdecken. Ein Blickfang für den Vordergrund einer Rabatte. Gut auch in
Gefäßen mit durchlässigem Substrat.
Wird oft als **L. × haageana** geführt, was
durchaus zutreffen könnte. ↕ 20 cm. Z4

L. viscaria syn. *Viscaria vulgaris*
(Gewöhnliche Pechnelke) Die Pflanze
bildet kriechende Horste aus schmal
lanzettlichen, dunkelgrünen, bis 7,5 cm
langen Blättern und dünne, aufrechte,
am Blattansatz und knapp unterhalb
der Blütenstände klebrige Stängel. Im
Sommer erscheinen offene Büschel aus
Blüten mit gekerbten Kronblättern in
lebhaftem Magentarot. Braucht feuchte,
leicht saure Böden an vollsonnigen bis
halbschattigen Standorten. Gedeiht
sehr gut im Verbund mit *Erica* und
Calluna vulgaris. Aus Europa und Westasien. ↕ 45 cm. Z4 **'Alba'** Weiß. **subsp.
atropurpurea** Tiefviolette, nicht ganz
so grell gefärbte Blüten. **'Feur'** (**Fire**)
Leuchtend rote, zum Teil gefüllte Blüten. **'Plena'** Dicht gefüllte, magentarote
Blüten. **'Splendens Plena'** ♥ Gefüllte
Blüten mit rosa Ton und bronzefarben
getöntem Laub.

L. × walkeri 'Abbotswood Rose' ♥
Silbrige, regelmäßige Horste bildende Pflanze mit 7,5 cm langen, ovalen
Grundblättern und kleineren, ähnlich
geformten Stängelblättern. Im Sommer erscheinen rundliche, rosarote,
am Rand zurückgebogene, flach
gekerbte Blüten in großer Zahl an steifen Stängeln. Sieht aus wie eine Zwergform von *L. coronaria* und wird auch
oft unter dieser Art geführt. Hybride
zwischen *L. coronaria* und *L. flos-jovis*.
↕ 40 cm. Z5

L. yunnanensis Niedrige, Horst bildende Art mit schlankem, grünem Laub
und leuchtend rosa, oft nach außen
gekehrten Blüten, die einzeln oder in
kleinen Büscheln an aufrechten Stängeln stehen. Blütezeit: Juni. Braucht
feuchte Böden und volle Sonne. Gute
Schmetterlingsweide. Kann auch
korrekter als *Silene linnaena* bezeichnet
werden. Aus Südwest-China. ↕ 20 cm. Z6

LYSICHITON
Scheinkalla
ARACEAE

Das markante Laub und die klas-
sischen weißen oder gelben
Blüten setzen im Frühjahr an nassen
Standorten unübersehbare Akzente.

Man unterscheidet nur 2 Arten
in dieser Gattung, es sind sommergrüne Stauden mit Rhizomen.
Beide sind in feuchten bis nassen
Lebensräumen heimisch. Eine Art
stammt aus dem westlichen Nordamerika, die andere aus dem nordöstlichen Asien. Ihr großes ovales,
dickes Laub zeichnet sich durch eine
glänzende Oberfläche aus. Die sehr
früh erscheinenden Blütenstände
setzen sich aus einer schiffchenför-
migen Blütenscheide (Spatha) in
leuchtendem Gelb, Cremeweiß oder

reinem Weiß und einem kürzeren grünlichen Blütenschaft (Kolben, Spadix) zusammen. Sowohl die Blüten als auch das Laub verströmen einen moschusähnlichen Duft.

KULTUR Wird am besten in langsam fließendem Wasser, einem Teich oder einem Sumpf gezogen. Braucht humose Böden in der Sonne oder im Halbschatten.

VERMEHRUNG Durch Teilung von Ablegern im Frühjahr oder Sommer.

PROBLEME In der Regel keine, verströmt aber unangenehmen Geruch.

L. americanus (Gelbe Scheinkalla) Markante, glänzende, merklich geaderte, ovale, bis 120 cm lange und 60 cm breite Blätter in grundständigen Rosetten. Sie entwickeln sich schnell und bekommen mit der Zeit ein ledriges Aussehen. Blütenscheide (Spatha) klargelb und bis 40 cm lang, umhüllt teilweise den gelben Kolben; Stängel der Spatha 20–25 cm lang. Die Blüten erfüllen einen Teich im zeitigen Frühjahr mit viel Leben. In nährstoffreichen Böden bringen die Pflanzen bei reichlicher Wasserzufuhr riesige Blätter hervor und nehmen ein exotisches Aussehen an. Aus sumpfigen Lebensräumen und seichten Gewässern an der Küste Nordamerikas von Alaska bis Nordkalifornien und landeinwärts bis Idaho. ↕90 cm. Z4

L. camtschatcensis (Weiße Scheinkalla) Große, kräftige, stark geaderte, ovale, 45–60 cm lange Blätter in grundständigen Rosetten. Austrieb im Frühjahr während der Blüte. Trichterförmige,

UNTEN *Lysichiton americanus*

Gelbe Scheinkalla bilden in den sumpfigen Wäldern der westlichen USA beeindruckende Kolonien. Die Blüten sehen aus wie die gelben Segel einer fröhlichen Armada, die ein Minimeer erobert, und sind in dem zum Teil sehr kalten Klima ein unerwartet exotischer Anblick.

In Gärten eignet sich der Frühblüher hervorragend für Bachufer und zum Verwildern in naturnahen Bereichen. Pflanzt man ihn an ein Teichufer, bildet er langsam Kolonien. An Bachrändern wiederum breitet sich die Scheinkalla immer weiter in Fließrichtung aus.

Naturgemäß hält sie dabei nicht an Grundstücksgrenzen inne. So ist sie in manchen Ländern bereits in die freie Natur entwischt und bereichert die einheimische Flora um eine vermeintlich exotische Komponente. In Schottland allerdings ist sie mittlerweile so häufig anzutreffen, dass Botaniker allmählich Bedenken anmelden.

reinweiße, 40 cm hohe Blütenscheiden an 30 cm langen Stängeln umfassen den grünen Kolben. Etwas kleiner als *L. americanus* und mit weißen statt gelben Blüten. Verträgt geringfügig trockenere Bedingungen. Das dunkle Laub und die leuchtenden Blütenscheiden sehen sehr eindrucksvoll aus (siehe *Aronstabgewächse*, S.74). Aus Japan nach Norden bis Ostrussland einschließlich Sachalin und Kamtschatka. ↕75 cm. Z5

L. 'Devonshire Cream' Ovale Blätter, die zur gleichen Zeit austreiben wie die cremeweiße Blütenscheide und zu beeindruckender Größe heranwachsen. Eine schöne, wüchsige Hybride zwischen *L. camtschatcensis* und *L. americanus*. ↕75–90 cm. Z5

LYSIMACHIA
Felberich, Gilbweiderich
PRIMULACEAE

Die vielgestaltige Gattung beinhaltet unerlässliche Rabattenstauden und hübsche Bodendecker.

Es werden etwa 180 Arten aus den unterschiedlichsten feuchten Lebensräumen in Asien – vor allem in China – und Nordamerika zur Gattung gezählt. Die mehrjährigen Vertreter fallen in der Regel sehr dekorativ aus und sind leicht zu ziehen. Man findet in der Gattung aufrechte bis niederliegende Arten. Sie treiben überwiegend schmale, gegen-, wechsel- oder quirlständige Blätter aus. Die fünfzähligen, aus Kelch und Krone bestehenden, meist gelben, gelegentlich aber auch weißen, violetten oder rosa Blüten öffnen sich in endständigen Rispen, Trugdolden, Trauben oder Ähren.

KULTUR Bevorzugt feuchte Böden und kommt mit herkömmlicher Gartenerde zurecht. Gedeiht am besten an sonnigen Standorten.

VERMEHRUNG Durch Teilung oder Aussaat.

PROBLEME Selten. Ist allerdings wegen seiner außerordentlichen Wuchskraft mitunter selbst ein Problem.

L. atropurpurea Aufrechte Stängel mit auffälligen, schmalen, graugrünen, bis 10 cm langen, stark gewelltrandigen Blättern. Im Sommer erscheinen darüber schlanke, offene, achselständige Trauben aus dunkelvioletten Blüten mit fünf winzigen Kronblättern. Aus feuchten, sandigen Standorten auf dem Balkan. ↕60 cm. Z6 **'Beaujolais'** Burgunderrote Blüten und silbrigeres, im Herbst buntes Laub.

L. barystachys Eine Art, die sich wüchsig ausbreitet. Aufrechte Stängel tragen meist wechselständige, lanzettliche, an der Spitze stumpfe und am Rand fein behaarte Blätter. Kleine weiße Blüten stehen in einer sich schlängelnden, endständigen Traube. Ideal für Naturgärten. Aus Nordchina, Korea, Japan. ↕65 cm. Z5

L. ciliata (Bewimperter Felberich) Eine elegante Art, die kompakte Kolonien bildet. Schlanke Stängel tragen lanzettliche bis ovale, am Rand mit winzigen Härchen besetzte, kreuzgegenständige Blätter. Fünfzählige, leuchtend gelbe, bis 2 cm breite Blüten erscheinen in den obersten Blattachseln und bilden im Spätsommer offene Büschel. Gedeiht in den meisten Böden, kommt in freier Natur aber in feuchten Wäldern und am Rand von Gewässern in Nordamerika vor. ↕1,2 m. Z4 **'Firecracker'** ♀ Imposant, mit tiefviolett überlaufenem Laub.

L. clethroides ♀ (Entenschnabel-Felberich) Eine elegante Art, die größere, aber kompakte Kolonien aus aufrechten Stängeln mit schlanken, zugespitzten, lanzettlichen, mittel- bis hellgrünen Blättern bildet. Im Sommer erscheinen endständige, spitz zulaufende Trauben aus Knospen, die sich elegant überneigen. Während sich die weißen, 1 cm breiten Blüten öffnen, richtet sich jede Traube auf und wird länger. Gedeiht an offenen Standorten oder im Halbschatten. Aus Ostasien. ↕90 cm. Z4 **'Geisha'** Blätter cremefarben gerandet.

L. ephemerum Strukturbetonter Horstbildner mit kräftigen, aufrechten Stängeln und paarigen, graugrünen, schmal länglichen bis lanzettlichen, unbehaarten und ungestielten Blättern. Im Sommer erscheinen lange, lockere, endständige Trauben aus 1 cm breiten, weißen, schwach violett getönten Blüten. Feuchte Böden sind unerlässlich für gutes Gedeihen. Aus grasbewachsenen Stellen an Quellen und Bächen in Westeuropa. ↕1,2 m. Z6

L. lichiangensis Aufrechte Art mit lanzettlichen, überwiegend wechselständigen, auffallend gefleckten Blättern an schmal geflügelten Stielen. Sie bedecken die Horste aufrechter Stängel. Im

RECHTS 1 *Lysimachia atropurpurea*
2 *L. clethroides*
3 *L. punctata* 'Alexander'

Sommer erscheinen 1 cm breite, rosa, mitunter weiße, endständige Trauben mit dunklerer Aderung. Kommt in Grashängen, an Waldrändern, in Dickichten und Flusstälern in den chinesischen Provinzen Sichuan und Yunnan vor. ‡ 50 cm. Z7

L. minoricensis Die aufrechten Stängel dieser Art bilden kleine Kolonien und tragen wechselständige, lanzettliche bis ovale Blätter. Im Sommer öffnen sich leicht glockenförmige Blüten einzeln in den oberen Blattachseln. Die Kronblätter sind am Ansatz hellrosa, an der Spitze grünlich gelb gefärbt. Ideal für feuchte, aber durchlässige Böden in der Sonne oder im Halbschatten. Im ursprünglichen Lebensraum Menorca mittlerweile ausgestorben (siehe *Das Verschwinden von Lysimachia minoricensis*). ‡ 60 cm. Z9

L. nummularia (Pfennig-Gilbweiderich) Die Matten bildenden, kriechenden Stängel werden mindestens 40 cm lang und sind mit kleinen, rundlichen kreuzgegenständig angeordneten Blättern besetzt. Im Sommer trägt die Pflanze becherförmige, leuchtend gelbe, bis 2,5 cm breite Blüten, die einzeln, selten auch paarig aus den Blattachseln wachsen. Ausgesprochen anpassungsfähig: Kann als Bodendecker und Topf- bzw. Hängepflanze für drinnen und draußen verwendet werden. Kommt meist in nassem Grasland, in Gräben und an Seeufern in europäischen und russischen Wildgebieten vor. ‡ 5 cm. Z4
'Aurea' ♀ Die gängigste Form. Laub leuchtend gelb überlaufen.

L. punctata (Punktierter Gilbweiderich) Breitet sich kräftig aus. Aufrechte Stängel tragen lanzettliche bis ovale, fein behaarte, in Quirlen zu 3–4 stehende Blätter. Sie unterstreichen reizvoll die endständigen, in blattachselständigen Quirlen zu 2–7 stehenden, leuchtend gelben, 2,5 cm breiten, becherförmigen Blüten, die im Sommer erscheinen. Verträgt die meisten Böden. Aus feuchten Standorten in Osteuropa. ‡ 90 cm. Z5
'Alexander' Vor allem zu Beginn der Wachstumsphase cremefarben panaschierte, rosa überlaufene Blätter. Schlägt gelegentlich in die Art zurück. **'Golden Alexander'** Blätter mit kräftigem, leuchtend gelbem Rand. Nicht so wüchsig und hoch wie 'Alexander'. Möglicherweise mit der gelegentlich anzutreffenden Sorte 'Golden Glory' identisch. ‡ 60 cm. **'Ivy Maclean'** Tiefgrüne, gelbgrün gerandete Blätter.

L. thyrsiflora (Straußblütiger Gilbweiderich) Aufrechte Triebe tragen kreuzgegenständige, schmal längliche bis lanzettliche, ungestielte, mit winzigen schwarzen Drüsen übersäte Blätter. Winzige, glockenförmige, gelbe Blüten erscheinen im Frühsommer in dichten, blattachselständigen, gestielten Trauben. Wird am besten in ständig feuchter oder nasser Erde bzw. in seichtem Wasser gepflanzt. Aus Sümpfen in den gemäßigten Breiten der nördlichen Halbkugel. ‡ 60 cm. Z6

L. vulgaris (Gewöhnlicher Gilbweiderich) Bildet rasch Kolonien. Die schlanken Stängel wachsen in Büscheln oder kleinen Horsten und müssen nicht gestützt werden. Sie sind mit Quirlen lanzettlicher Blätter besetzt. Im Spätsommer öffnen sich gelbe, mindestens 1 cm breite Blüten in endständigen, lockeren, breit kegelförmigen Rispen aus vielen Trauben. Breitet sich durch Ausläufer aus, die auf oder knapp unter der Bodenoberfläche kriechen und an der Spitze einwurzeln. In der nächsten Saison treiben aus diesen Spitzen ein oder mehrere Sprosse aus. In freier Natur wächst die Art auf gleichbleibend nassem Boden in fast ganz Europa, übersteht aber auch kurzzeitige Trockenheit. ‡ 1,6 m. Z5

L. yunnanensis Die Staude bildet Horste aus ovalen bis lanzettlichen, tiefgrünen, bisweilen heller geaderten Blättern. Der offene, traubige Blütenstand kontrastiert gut mit dem Laub. Er setzt sich aus großen, becherförmigen, cremefarbenen, mitunter rosa überlaufenen Blüten zusammen, die sich im Sommer öffnen und von rötlichen Kapselfrüchten abgelöst werden. Erst seit Kurzem als Gartenpflanze geläufig, wird aber oft mit *L. lichiangensis* verwechselt. Aus den Bergen der chinesischen Provinz Yunnan. ‡ 75 cm. Z7

LYTHRUM
Weiderich
LYTHRACEAE

Die farbenfrohen, lange blühenden Pflanzen ziehen feuchte Standorte vor und bringen Leben in den spätsommerlichen Garten.

Man unterscheidet 38 Arten Einjähriger, sommergrüner Stauden und kleiner Sträucher. Sie sind in fast allen gemäßigten Zonen beheimatet, wo sie sich feuchte, offene Stellen als Lebensraum erobert haben. Zwei mehrjährige Arten werden als Gartenpflanzen genutzt. Sie treiben aus zähen Wurzelstöcken große Horste aus verzweigten, vierkantigen Stängeln mit schmalen, weidenartigen, paarigen oder wechselständigen Blättern aus. Im Spätsommer öffnen sich kleine, purpurrote, rosa oder weiße Blüten. Sie stehen einzeln in den Blattachseln oder in endständigen, scheinährigen Blütenständen. Die sternförmigen Blüten setzen sich aus dem Kelch und den 4–8 ovalen Kronblättern zusammen.

Weideriche sind sehr harte Pflanzen mit langer Blühperiode und eignen sich zum Auswildern an Teich- oder Flussufern. Sie machen aber auch in mäßig feuchten, sonnigen Rabatten eine gute Figur. Einige Sorten werden unter beiden Arten geführt oder sind hybriden Ursprungs. In Nordamerika wurde der Blut-Weiderich eingeschleppt. Er gilt mittlerweile als aggressiver Neophyt (siehe *Eine hoch invasive Art*).

KULTUR An vollsonnigen Standorten in feuchtem oder nassem Boden.

VERMEHRUNG Durch Teilung oder Stecklinge. Sät sich sehr stark selbst aus, doch sind Sämlinge von Sorten nur selten samenecht.

PROBLEME In der Regel keine.

L. salicaria (Blut-Weiderich) Straff aufrechte Art, die große Horste aus meist behaarten Stängeln bildet. Sie tragen schmal lanzettliche, mittelgrüne, behaarte, bis 10 cm lange Blätter. Von Juni bis September erscheinen in den Achseln der Hochblätter zahlreiche sternförmige, purpurrote, 2 cm breite Blüten in dichten, bis 45 cm langen Scheinähren. In einer Rabatte schneidet man den Blütenstand am besten gleich nach der Blüte ab, um eine übermäßige Ausbreitung durch Samen zu vermeiden. In weitläufigen Sumpf- oder Naturgärten hingegen kann die Neigung zur Selbstaussaat durchaus von Vorteil sein. Aus sumpfigen Ufern von Seen und langsam fließenden Wasserläufen und Kanälen in Europa, Nordasien und Nordafrika. In Nordamerika eingebürgert (siehe *Eine hoch invasive Art*). ‡ 1,2 m. Z3 **'Blush'** ♀ Blüten klarhellrosa. Schöne Laubfarbe im Herbst. ‡ 80–100 cm. **'Feuerkerze'** (Firecandle) ♀ Blüten lebhaft rosarot. ‡ 90 cm. **'Lady Sackville'** Leuchtend rosenrote Blüten. ‡ 90 cm. **'Morden Pink'** Klarrosa, lockere Blütenstände. ‡ 80 cm. **'Robert'** Blüten leuchtend rosarot. Schöne Herbstfarbe der Blätter. ‡ 90 cm. **'The Beacon'** Karminrote Blüten. ‡ 80 cm. **'Zigeunerblut'** Tief-karminrote Blüten. ‡ 1,2 m.

L. virgatum (Ruten-Weiderich) Horst bildende Art mit aufrechten Stängeln, die sehr schmale, bis 10 cm lange Blätter tragen. Laub und Stängel unbehaart. Violettrosa, 15 mm breite Blüten erscheinen von Juli bis September in lockeren Scheinähren, sie stehen zu 1–3 in den Achseln der Hochblätter. Ähnelt *L. salicaria*, ist aber schlanker, hat schmalere Blätter und offenere Blütenstände, sät sich nicht so bereitwillig selbst aus und ist daher besser für geordnetere Pflanzungen geeignet. Aus Sümpfen und anderen nassen Standorten in Asien und Süd- sowie Osteuropa. ‡ 1,2 m. Z4
'Dropmore Purple' Blüten purpurrot, an relativ stark belaubten Stängeln. ‡ 90 cm. **'Rosy Gem'** Lange Ähren aus tief-rosaroten Blüten ‡ 90 cm. **'The Rocket'** Blüten kräftig rosarot. ‡ 80 cm.

OBEN *Lythrum salicaria* 'Feuerkerze'

EINE HOCH INVASIVE ART

In Nordamerika gilt der Blut-Weiderich (*Lythrum salicaria*) als eine der ausbreitungsfreudigsten Neophyten, die sich je auf dem Kontinent angesiedelt haben. Er wurde ursprünglich aus Europa als Zierpflanze und für die Honigproduktion eingeführt, hat jedoch auch Feuchtgebiete erobert und ist mittlerweile in den meisten Bundesstaaten der USA und in Kanada vertreten.

Der Blut-Weiderich breitet sich durch Selbstaussaat stark aus. Er sollte in Nordamerika weder verkauft noch gepflanzt werden. Im Sommer sehen großflächige Pflanzungen wegen der interessanten Blütenfarben zwar sehr dekorativ aus, gleichzeitig aber verdrängt der Blut-Weiderich zahlreiche einheimische Arten und dezimiert damit auch alle Tiere, die von ihnen abhängen. Das wiederum verringert beispielsweise das Nahrungsangebot und die Nistbereiche für Wasservögel.

Dennoch hat der Blutweiderich auch sein Gutes. Zum einen ist er ausgesprochen hübsch anzusehen, zum anderen scheinen einige Vögel und Insekten durchaus von seiner Anwesenheit zu profitieren. Auch in unseren Breiten kann er sich in feuchten Gärten stark ausbreiten und edlere Nachbarn verdrängen. Deshalb sollte man welke Blüten sogleich entfernen, damit er sich nicht selbst aussät.

DAS VERSCHWINDEN VON LYSIMACHIA MINORICENSIS

Dieser charmante Blüher ist in freier Natur ausgestorben. Er kam ursprünglich auf der Insel Menorca vor, wurde dort jedoch intensiv gesammelt. Das einzige bekannte Verbreitungsgebiet war ein kleiner Bereich in einem Tal unweit einer Mühle an der Südküste. Nachdem man die Mühle aufgegeben hatte, wurde das Areal von Brombeeren und anderem Gestrüpp überwuchert. Um 1916 verschwand die Art schließlich völlig von der Bildfläche. Kurz darauf entdeckte man allerdings einige Samen eines getrockneten Exemplars in einem Herbarium und brachte sie erfolgreich zum Keimen. Bald konnte man sie vermehren und an botanische Gärten in aller Welt schicken.

Lysimachia minoricensis ist die einzige bekannte Art, die auf Menorca als ausgestorben gilt. Die Insel wurde von der UNESCO mittlerweile zum Biosphärenreservat erklärt. Versuche zur Wiedereinführung der Pflanze in freier Natur sind bislang fehlgeschlagen. Mittlerweile sind *Lysimachia-minoricensis*-Samen unschwer erhältlich. Und je mehr Pflanzen in unseren Gärten kultiviert werden, desto größer ist die Chance einer erfolgreichen Wiedereinführung in der Zukunft.

M

MACLEAYA
Federmohn
PAPAVERACEAE

Die imposanten Pflanzen mit schönem Laub und großen fedrigen Rispen sehen so gar nicht aus wie typische Mohngewächse.

Die 2 Arten der Gattung stammen aus China und Japan. Es existiert auch eine Hybride zwischen beiden, die als Gartenpflanze kultiviert wird. Federmohn breitet sich durch Rhizome aus und kann sogar wuchern. Aus dem steifen, aufrechten Stängel tritt bei Verletzung ein orangefarbener Saft aus, der die Haut wie Jod färbt und schwer zu entfernende Flecken auf der Kleidung verursacht. An den Stängeln sitzen dekorative, gezähnte, oft silbrige oder graue, gelappte, bis 20 cm breite Blätter. Die kleinen, kronblattlosen Blüten stehen in verzweigten, bis 30 cm langen, endständigen Rispen. Federmohn wird wegen seiner duftigen Blütenstände ebenso geschätzt wie als Blattschmuckpflanze.

KULTUR Gedeiht in allen guten, feuchten Gartenböden, reagiert aber sehr empfindlich auf Wind und Trockenheit. Verträgt in lichten waldartigen Pflanzungen auch etwas Schatten. Einmal jährlich eine Mulchschicht aus Komposterde erhält die Wuchskraft.

VERMEHRUNG Durch Aussaat oder Teilung. Ausläufer lassen sich vorsichtig entfernen, ohne dass die Pflanze gestört wird. Triebstecklinge mit jeweils einem Knoten (und einem einzigen gesunden Blatt) kann man im Frühsommer bewurzeln lassen.

PROBLEME Schnecken, Botrytis.

AM RECHTEN ORT

DAS MARKANTE, GRAUGRÜNE, GELAPPTE LAUB von *Macleaya microcarpa* hebt sich schön vor den weiß panaschierten, übergeneigten Blättern von *Miscanthus sinensis* 'Variegatus' an. So entsteht eine geglückte Kombination aus kontrastierenden Laubformen, aber harmonischen Creme- und Grüntönen. Daneben öffnet ein weißer Fingerhut seine am Stängel aufgereihten Glocken. Manchmal bringt die Selbstaussaat rot blühende Sämlinge hervor, die das schlichte Ensemble stören würden. Allerdings verraten sich diese aus der Reihe schlagenden Nachkommen durch ihre rötlichen Blattstiele, sodass man sie früh ausgraben und an einen besser geeigneten Standort umsiedeln kann.

LINKS *Macleaya microcarpa* 'Kelway's Coral Plume'

M. cordata syn. *Bocconia cordata* (Weißer Federmohn) Kräftige, wüchsige, ziemlich dichte, kleine Gruppen bildende Staude. Dekorative, mehr oder weniger herzförmige Blätter, gebuchtet mit rundlichen und gezähnten Lappen; Oberseite graugrün, Unterseite in rosa angehauchtem Grau. Große, relativ schmale Rispen aus winzigen hellbraunen oder cremeweißen Blüten mit jeweils 25–30 Staubblättern erscheinen im Juni und Juli. Eine ausgezeichnete Leitstaude für Staudenrabatten. Aus Bergwäldern in Ostchina und Japan. ↕ 1,5–2,5 m. Z3

M. × kewensis Kräftige, Gruppen bildende Staude mit eleganten, aufrechten Stängeln. Ihre gegenständigen, runden bis herzförmigen Blätter stehen waagrecht ab und haben 9 stumpf gezähnte Lappen. Die großen, fiedrigen Rispen setzen sich aus winzigen, cremefarbenen oder hellbraunen Blüten zusammen. Sie erscheinen im Juni und Juli und bilden eine duftige Wolke über dem dekorativen Laub. Eine Hybride zwischen *M. cordata* und *M. microcarpa*. ↕ 2–2,5 m. Z4 **'Flamingo'** ♀

Graue Stängel, oftmals rosa überlaufene Blätter und braunrosa Blüten.

M. microcarpa syn. *Bocconia microcarpa* (Ockerfarbiger Federmohn) Robuste, gelegentlich wuchernde, dichte Gruppen bildende Art. Die grob herzförmigen, rundlichen Blätter sind gezähnt und flach gelappt. Ihre Oberseite ist graugrün, die Unterseite weißlich grau. Die kleinen Blüten besitzen nur 8–12 Staubblätter. Sie sind in der Regel bronzebraun überlaufen und werden von Kapseln mit nur einem Samen abgelöst. Blütezeit Juni und Juli. Herkunft: West- und Zentralchina. ↕ 1,5–2 m. Z5 **'Kelway's Coral Plume'** ♀ Rosa überlaufenes Laub und tiefrosa Rispen. **'Spetchley Ruby'** Dunkelrote Blüten und rubinrote Samenstände.

MAIANTHEMUM
Schattenblume
CONVALLARIACEAE

Unter diesen winterharten Schattenpflanzen finden sich markante, unübersehbare Arten ebenso wie unscheinbare Gewächse. Man verwendet sie als Bodendecker für kühle, feuchte Stellen.

Die 28 sommergrünen Arten breiten sich durch Rhizome aus. Sie kommen in feuchten Wäldern gemäßigter Zonen auf der Nordhalbkugel vor. Die wechselständigen, herzförmigen, ovalen bis lanzettlichen, frischgrünen Blätter stehen meist an übergeneigten, 10 cm bis 1,5 m hohen Stängeln. An ihrer Spitze öffnen sich im Sommer Rispen oder Trauben aus winzigen, weichen Blüten in Weiß, Cremegelb, Rosa oder dunklem Violett. Auf sie folgen oft gelbe, rote oder leuchtend orangefarbene Beeren. Die Früchte können auffälliger sein als die Blüten. *Maianthemum* ähneln etwas dem Salomonssiegel, doch stehen die Blüten an Ende der Triebe statt in den Blattachseln. Die attraktiven, aber relativ unbekannten Arten aus den Bergen Mittelamerikas sind ebenfalls ausgesprochen schön anzusehen. Schattenblumen eignen sich als Bodendecker und Blattschmuckstauden. Sie zieren durch ihre Blüten und Beeren. Dadurch eignen sie sich für Gehölzbereiche, als Begleitpflanzung für Sträucher in einer Rabatte oder als Unterpflanzung von Bäumen.

Neuere Untersuchungen wiesen die enge Verwandtschaft der einstigen Gattung *Smilacina* mit *Maianthemum* nach, diese Arten sind jetzt *Maianthemum* zugeschlagen.

KULTUR Ideal in kühlen, humosen, sauren bis neutralen Böden mit gleichmäßig viel Feuchtigkeit und guter Dränage. Verträgt nicht allzu viel Hitze und geht bei Trockenheit ein. Einige Arten erweisen sich als ausgesprochen wüchsig und sind daher für gepflegte Gärten nicht unbedingt geeignet.

VERMEHRUNG Im zeitigen Frühjahr vor dem Laubaustrieb teilen. Auch Vermehrung durch Aussaat ist möglich. Dazu das Fleisch von den Beeren entfernen und die Samen sobald wie möglich im Spätsommer oder Herbst aussäen. Die Keimung erfolgt in der Regel im Frühjahr, die erste Blüte nach zwei bis fünf Jahren.

PROBLEME Schnecken, Rost und Blattfleckenkrankheit. Rotwild und Hasen lieben den frischen Austrieb.

M. bifolium (Zweiblättrige Schattenblume) Diese Art breitet sich moderat aus. An schlanken Stängeln stehen in der Regel nur 2 dünne, glänzende, tiefgrüne, schmal herzförmige, bis 15 cm lange Blätter und endständige weiße, duftende Blüten, die sich im Mai oder Juni öffnen. Auf sie folgen durchscheinende, tiefrote Beeren. Die Art bildet viele nicht blühende Triebe. Bildet einen wirkungsvollen Bodendecker. Herkunft: westliches Europa bis Japan und westliches Nordamerika. ↕ 15 cm. Z3 **subsp. kamtschaticum** syn. *M. dilatatum* Insgesamt etwas größer. ↕ 30 cm.

M. dilatatum siehe *M. bifolium* subsp. *kamtschaticum*

M. oleraceum syn. *Smilacina oleracea* Eine robuste Art mit ungewöhnlich großen, ovalen, 20 cm langen Blättern an oft leicht zickzackförmig wachsenden Stängeln. Im Mai oder Juni erscheinen in großen, nickenden, endständigen Ständen kleine violette, rosa oder weiße Blüten, auf die rote Beeren folgen. Die Art braucht kühle, feuchte Bedingungen sowie humose Böden. Sie ähnelt *M. racemosum*, doch werden die einzelnen Blüten größer. Aus dem Himalaja. ‡ 1,2 m. Z5

M. racemosum syn. *Smilacina racemosa* Ein unübersehbares Gartenelement. Triebe dicht mit fein zugespitzten, schmal ovalen, 7,5 cm langen Blättern besetzt. Im Mai oder Juni erscheinen große Rispen aus kleinen cremeweißen Blüten, aus denen sich dekorative rote, selten gelbe Früchte entwickeln. Ein Muss für alle schattigen Rabatten. Stammt von der Ost- und Westküste in Nordamerika. Exemplare aus dem Westen sind höher, robuster und aufrechter aus als die aus dem Osten. ‡ 60–150 cm. Z4

M. stellatum syn. *Smilacina stellata* Niedrige, unscheinbare, aber weit kriechende Art mit aufrechten Trieben und ovalen bis lanzettlichen, 6 cm langen Blättern. An der Spitze der Stängel stehen kleine Trauben aus weißen Blüten, die sich im Mai öffnen. Ihnen folgen rote oder rosa gestreifte Beeren. Die Art sich rasch aus und verursacht dadurch in manchen Gärten Probleme, eignet sich aber gut als Bodendecker für naturnahe Bereiche. Aus Nordamerika. ‡ 30 cm. Z4

MALVA
Malve
MALVACEAE

Prachtvoll schmücken sich die großen Pflanzen im Sommer mit leuchtenden, auffälligen Blüten in Violett, Rosa, Weiß und Lila.

Die Gattung umfasst etwa 30 Arten Einjähriger und meist kurzlebiger, an der Basis verholzender Stauden, die auf trockenen Böden und Brachland in Nordafrika, Europa und Asien wachsen. Einige von ihnen sind mittlerweile weltweit in vielen Ländern eingebürgert. Ihre steifen, aufrechten oder ausladenden Triebe sind dicht mit wechselständigen, rundlichen bis herzförmigen, auffallend gelappten oder geteilten Blättern besetzt. Die 5-zähligen Blüten der Malven sind meist an der Spitze der Kronblätter gekerbt. Aus der Mitte ragt ein Bündel von Staubblättern heraus, die um die Narben herum angeordnet sind. Oft ziehen sich dunklere Adern vom Grund aus über die Kronblätter. Die Blüten stehen einzeln oder büschelig an der Triebspitze und in den oberen Blattachseln.

KULTUR Gedeiht in leichter, durchlässiger, recht nährstoffreicher Erde, die nicht austrocknen darf. In feuchten, nährstoffreichen Böden setzen Malven übermäßig viel Laub an und werden anfällig für Windschäden.

VERMEHRUNG Durch Aussaat. Sterile Formen über Stecklinge. Viele verwildern in naturnahen Gärten und Wiesen und säen sich an durchlässigen Standorten in der Sonne oft selbst aus.

PROBLEME Blattläuse und Malvenrost.

M. alcea (Rosen-Malve) Buschiger Wuchs. Die rundlichen, 5-lappigen Blätter in Bodennähe sind etwas größer und nur leicht gelappt, während sie an den Stängeln kleiner bleiben und stärker geteilt sind. Ihre 5 cm großen Blüten zeichnen sich durch gefranste Kronblattränder aus. Sie stehen über dem Laub an gedrungenen, beblätterten Stängeln und bilden den ganzen Sommer über eine regelrechte Wolke aus leuchtend rosa Blüten. Verlässlich und pflegeleicht. Gedeiht in der Sonne in durchlässigen Böden und sät sich unter günstigen Bedingungen selbst aus. Herkunft: Südeuropa, aber anderorts eingebürgert, u.a. in den östlichen USA. ‡ 80 cm. Z5 **var. *fastigiata*** Stärker aufrechter Wuchs. Blüten in dunklerem Rosa. Kann bis in den Herbst hinein blühen.

M. moschata (Moschus-Malve) Eine stets schön anzusehende Art. Untere Blätter herzförmig, am Stängel fiederteilig. Blüten rosa, 5 cm breit, 5 spatelige Kronblätter. Blüht sehr lange vom Frühsommer bis zum Frühherbst. Eine der dekorativsten Malven. Sie duftet schwach nach Moschus, daher der Name. Aus Europa und Nordwest-Afrika. ‡ 90 cm. Z5 **fo. alba** ♀ Hübsche weiße Blüten mit leichtem Rosaton. **fo. rosea** Blüten dunkler rosa.

M. 'Parkallee' Große Staude mit verholzender Basis und grob dreieckigen, 3-lappigen Blättern. Die cremefarbenen, rosettenförmigen Blüten bilden ein Bündel aus Kronblättern in der Mitte um die violetten Staubblätter. Möglicherweise gar keine *Malva*, sondern eine Hybride von *Althaea* oder *Alcea* bzw. sogar zwischen diesen beiden. ‡ 1,5 m. Z9

M. sylvestris (Wilde Malve) Kurzlebige, am Grund verholzende Staude, die mitunter sogar als Einjährige kultiviert wird. Variable Wuchsform von niedrig und breitwüchsig bis hoch und buschig. An einem kräftigen Stängel stehen bis zu 10 cm breite, rundliche, lang gestielte Blätter mit 5–7 Lappen. Bis zu 5 cm breite Blüten stehen in Gruppen zu 2–5, sie erscheinen vom Frühsommer bis zum Herbst in den oberen Blattachseln. Kronblätter an der Spitze gekerbt, Färbung in der Regel lila oder rosa. Jungpflanzen sind am dekorativsten und blühen am stärksten, weshalb man die Wilde Malve jedes Jahr neu vermehren sollte. Sehr anfällig für den Malvenrost. Herkunft: vom Mittelmeer bis zum Nahen Osten und nach Russland. ‡ 30 cm bis 2 m. Z5 **subsp. *mauritiana*** Hoch, mit großen violetten, tiefer geaderten Blüten und glänzend grünen Blättern. ‡ 1,5 m. **subsp. *mauritiana* 'Bibor Fehlo'** Robust, mit sattvioletten, dunkel geaderten Kronblättern. ‡ 2 m. **'Mystic Merlin'** Mischung mit allerlei Blütenfarben einschließlich verschiedener Violett-, Blau- und Purpurtöne. ‡ 1,5 m. **'Primley Blue'** Schwachwüchsige, sehr breitwüchsige Pflanze. Blassviolette Blüten mit 3 dunkleren Adern, die von der Mitte jedes Kronblatts ausstrahlen. ‡ 30 cm.

MALVASTRUM
Scheinmalve
MALVACEAE

Die kriechende und Sonne liebende Verwandte der Malve beeindruckt im Sommer durch eine sehr lange Blütezeit.

Die etwa 30 Arten meist kriechender, recht stark verholzender, überwiegend immergrüner Stauden stammen aus Nord-, Mittel- und Südamerika. Lediglich eine Art wird als Gartenpflanze genutzt. Die wechselständigen, 2,5–11 cm langen Blätter können ganzrandig, herzförmig oder gelappt sein. Im oberen Bereich der Triebe erscheinen endständig oder in den Blattachseln kurze Trauben aus 5-zähligen, malvenartigen, schalenförmigen, gestielten oder ungestielten Blüten in Rot oder Gelb. Sie öffnen sich den ganzen Sommer über. Die meisten Arten waren schon einmal anderen Gattungen zugeordnet.

KULTUR In durchlässigen Böden an vollsonnigen Standorten. In kalten Wintern brauchen die Pflanzen Schutz. Aus Stecklingen gezogene Jungpflanzen unter Glas überwintern.

VERMEHRUNG Durch Aussaat oder Stecklinge.

PROBLEME Schnecken.

M. lateritium Behaarte, kriechende, Matten bildende Art mit meist rundlichen, 3- bis 5-lappigen, tiefgrünen Blättern, Lappen keilförmig oder länglich. Trägt über einen langen Zeitraum hinweg schalenförmige, 5 cm breite, blass-apricotfarbene Blüten mit tiefrotem, bisweilen rosa Ring um die Mitte und an der Spitze geraden oder leicht abgerundeten Kronblättern. Gut für

UNTEN 1 *Maianthemum bifolium* **2** *M. stellatum* **3** *Malva moschata* **4** *M. 'Parkallee'*

Ufer und Sommergefäße. Aus Argentinien und Uruguay. ‡ 20 cm. Z8

MARRUBIUM
Andorn
LAMIACEAE

Wertvoll sind die wollig behaarten Sonnenanbeter wegen ihren hübschen Lippenblüten und weil sie sich zur Begrünung karger Böden eignen.

Zur Gattung gehören etwa 40 Arten krautiger, mitunter am Grund verholzender Stauden. Sie besiedeln trockene, meist steinige Lebensräume im Mittelmeerraum, sind aber auch in anderen Teilen Europas und in Asien heimisch. In Gärten findet man sie nicht besonders häufig, da sie zu den eher unscheinbaren Zierpflanzen gehören. Ihre kantigen Stängel tragen seidig oder wollig behaarte, überwiegend eiförmige, bisweilen gezähnte und runzlige, oft auch aromatisch duftende Blätter. Die Blüten stehen in 50 cm langen Ständen und tragen Quirle aus relativ kleinen, 2-lippigen Blüten in Weiß, Gelb oder Violett.

KULTUR An vollsonnigen Standorten in durchlässiger, nährstoffarmer Erde. Vor kalten Winden und winterlicher Nässe schützen, da die Wurzeln keine dauerfeuchten Böden vertragen.

VERMEHRUNG Durch bewurzelte Ableger von gut eingewachsenen Exemplaren oder Stecklinge im Frühjahr bzw. Herbst.

PROBLEME In der Regel keine.

M. vulgare (Gewöhnlicher Andorn) Breitet sich langsam mit kurzen, stämmigen Rhizomen aus. Aufrechte, weißwollig behaarte Stängel, meist mit vielen kurzen Seitenzweigen. Die unscharf gestielten, runzligen Blätter sind eiförmig bis fast rund, der Rand ist grob hakig gezähnt. Sie werden etwa 5 cm lang und sind meist weißwollig behaart. Die dichten Quirle aus 2-lippigen, weißen, 1,5 cm langen Blüten erscheinen fast den ganzen Sommer über. Die Blätter riechen beim Zerreiben angenehm nach Thymian. Die anpassungsfähigste, am meisten verbreitete Art. Herkunft: Kanarische Inseln, Nordafrika, Europa und Asien, in Nordamerika eingebürgert. ‡ 50 cm Z3 **'Green Pompon'** Große Blüten.

MATTEUCCIA
Straußenfarn, Trichterfarn
WOODSIACEAE

Nasse, schattige Standorte sind der angestammte Platz dieser eleganten, winterharten und wüchsigen Farne.

Die 3 sommergrünen Arten der Gattung sind in feuchten Wäldern und an Flussufern in weiten Teilen der nördlichen Hemisphäre heimisch. Mit ihren aufrechten Trichtern bilden sie entweder Horste oder Gruppen. Die ein- bis zweifach gefiederten sterilen und die kürzeren fertilen Wedel erscheinen im Sommer an langen Stielen. Die sterilen Wedel sind zunächst grün, später braun. Die fertilen Wedel, die den Winter überdauern, unterscheiden sich sehr stark von den sterilen. Die Sori stehen gedrängt am umgerollten Blattrand und werden bis zur Sporenreife schwarz. Straußenfarne eignen sich hervorragend für feuchte Winkel. Sie bilden oft beeindruckende, unübersehbare Kolonien.

KULTUR Schatten, in feuchtem oder nassem Boden. In der Sonne verfärben sich die Wedel bis zur Jahresmitte.

VERMEHRUNG Durch Teilung, indem man Ausläufer abtrennt, oder durch Sporen.

PROBLEME In der Regel keine.

M. orientalis Große, imposante Art mit kurz kriechendem Rhizom, aus dem mehrere übergeneigte, breit eiförmige Wedel wachsen. Ihre Hauptfiedern sind tief gelappt und stehen an einem bis 1,2 m langen Stiel. Die wesentlich kürzeren, fast schwarzen, fertilen Wedel wachsen im Sommer aus der Mitte des Trichters. Sehr dekorativ im Frühsommer, doch leiden die Wedel unter ungünstigen Witterungsbedingungen und werden dann schnell unansehnlich. Man zieht sie in feuchtem Schatten mit reichlich Laubkompost und schützt sie vor kalten Winden. Vermehrung durch Sporen. Herkunft: Himalaja und Ostasien. ‡ 80 cm. Z7

M. pensylvanica Bildet mit kurzen Rhizomen rasch größere Gruppen. Die lanzettlichen, ein- oder zweifach gefiederten Wedel stehen in einem relativ ausladenden Trichter. Im Austrieb sind sie bläulich grün. Die aufrechten, schwarzen, fertilen Wedel erscheinen im Sommer in der Mitte des Trichters, sie werden fast so lang wie die sterilen Wedel. Die Art breitet sich über Wurzelausläufer aus und bringt nicht wie andere kriechende Farne einzelne Wedel hervor, sondern neue Trichter. *M. pensylvanica* hat einen vergleichbaren Wuchs und stellt ähnliche Kulturansprüche wie *M. struthiopteris*. Herkunft: feuchte Wälder und Flussufer im östlichen Nordamerika. ‡ 1–1,2 m. Z3

M. struthiopteris ♀ Breitet sich rasch aus und bildet beeindruckende Bestände. Die lanzettlichen, fast aufrechten, ein- bis zweifach gefiederten Wedel bilden Trichter. Im Sommer erscheinen in deren Mitte aufrechte, schwarze, Sporen tragende Wedel. Im Frühjahr leuchtet der Ring aus austreibenden Blättern in frischem Grün. Die Art eignet sich hervorragend für Sumpfgärten und Uferpflanzungen. Nicht an vollsonnige Standorte pflanzen, da die Wedel sonst kümmern. Aus feuchten Bergwäldern in Europa und Ostasien. ‡ 1–1,5 m. Z3

MAURANDYA
SCROPHULARIACEAE

Vorzüglich eignet sich dieser schlanke Schlinger für Rankgerüste an geschützten Standorten.

Die Gattung umfasst 2 Arten windender, mehrjähriger Kletterpflanzen. Sie sind auf felsigem Gelände und in Wäldern in Mexiko und den mittleren USA heimisch und tragen frischgrüne, dreieckige, herzförmige oder breit ovale, gelegentlich 5-lappige Blätter. Die einzeln stehenden, trompetenförmigen Blüten erscheinen im Sommer über einen langen Zeitraum hinweg in Blattachseln an den Triebenden. *Maurandya* wird oft mit *Asarina* und *Lophospermum* verwechselt und in Katalogen bisweilen unter diesen beiden Gattungsbezeichnungen geführt. Für eine eindeutige Zuordnung zu den Gattungen sind genauere wissenschaftliche Untersuchungen erforderlich.

KULTUR In mäßig nährstoffreicher, sandiger Lehmerde an warmen, sonnigen Standorten. Im Freiland als Einjährige zu ziehen, unter Glas ist eine ganzjährige Kultur möglich.

VERMEHRUNG Aussaat oder Stecklinge.

PROBLEME In der Regel keine.

M. barclayana syn. *Asarina barclayana* Schlanke, aufrechte, reich blühende Schlingpflanze mit verholzender Basis und zugespitzten, eckigen, hellgrünen, bis 4,5 cm langen Blättern. Ab Juli erscheinen über einen langen Zeitraum hinweg weiße, rosa oder violette, etwa 7 cm lange, an der Röhre leicht grünlich getönte Trompetenblüten. Aus Mexiko. ‡ 2,4 m. Z10 **'alba'** Weiße Blüten.

UNTEN **1** *Malvastrum lateritium* **2** *Marrubium vulgare* **3** *Matteuccia struthiopteris* **4** *Meconopsis betonicifolia*

M. erubescens siehe *Lophospermum erubescens*

M. scandens siehe *Lophospermum scandens*

M. 'Victoria Falls' Gedrungene Schlingpflanze mit knolligem Wurzelstock und weichen, graugrünen, 2,5 cm langen Blättern. Große lilarosa Blüten, ähnlich Löwenmäulchen, erscheinen den ganzen Sommer und Herbst über. Wird oft als *Asarina* oder *Lophospermum* geführt und gehört möglicherweise tatsächlich zu einer der beiden Gattungen. ↕ 1 m. Z8

MECONOPSIS
Scheinmohn
PAPAVERACEAE

Zur Gattung gehören neben dem berühmten Tibet-Scheinmohn weitere exquisite, wenngleich recht anspruchsvolle Zierstauden.

Sie umfasst rund 50 Arten, die fast ausschließlich im Himalaja, in Westchina und in Tibet (Xizang) vorkommen. Sie wachsen überwiegend in Regionen mit Monsun-Einfluss, die hohe Niederschläge im Sommer erhalten. Manche Arten sind klein, wachsen büschelig und haben eine nur kurze Lebensdauer, andere entwickeln sich zu großen, vielblütigen Gewächsen und wiederum andere bewähren sich als robuste, Horst bildende Stauden.

Die Unterschiede zwischen den Arten sind in Bezug auf die Laubausprägung enorm: Manche tragen ungezähnte, andere gezähnte oder fiederteilige Blätter. Sie sind weich oder borstig und bisweilen dicht behaart und bedecken die gesamte Pflanze mit Ausnahme der Kronblätter. Sobald sich die typischen mohnartigen Blüten aus der Knospe zwängen, fallen die zwei schützenden Kelchblätter ab. Die Blüten setzen sich aus 4–10 dünnen, leuchtend gefärbten Kronblättern und zahlreichen Staubblättern zusammen. *Meconopsis* ist sehr eng mit *Papaver* verwandt, unterscheidet sich von dieser Gattung aber in seinen ökologischen Ansprüchen und einer Reihe botanischer Details.

Man zieht den Scheinmohn in erster Linie wegen seiner wunderschönen Blüten. Gerade der Tibet-Scheinmohn gehört zu den exquisitesten Blütenstauden in den Gärten gemäßigter Zonen. Manche Arten schätzt man allerdings auch wegen ihrer dekorativen immergrünen Blattrosetten, die vor allem im Winter ihre Wirkung entfalten. Wegen seiner Vorliebe für kühle, feuchte Bedingungen im Sommer ist der Scheinmohn dort am besten aufgehoben, wo während der warmen Jahreszeit entsprechende Bedingungen herrschen.

Die Klassifizierung der blau blühenden Arten und Formen ist seit Langem umstritten. Hier werden sie in einer logischen Folge beschrieben, die einen möglichen Lösungsvorschlag darstellt.

KULTUR Die westeuropäische Art *M. cambrica* lässt sich in den meis-

EINE KLASSISCHE WALDSITUATION

IM SCHATTEN VON GEHÖLZEN gedeihen *Meconopsis*, Etagen-Primeln und Farne. Derartige Pflanzkombinationen kannte man schon zu der Zeit, als diese Pflanzen erstmals den Weg aus Asien in unsere Gärten fanden. Hier wurde eine Primel-Mischung mit verschiedenen Blütenfarben vor Scheinmohn der Infertile-Blue-Gruppe platziert. Im Vordergrund leuchten die eleganten Wedel des Straußfarns *Matteuccia struthiopteris* auf. Das Blütenmeer in fast allen Regenbogenfarben braucht einen geschlossenen grünen Rahmen, der den Flor ins rechte Licht rückt und gleichzeitig farbliche Dissonanzen mit anderen Stauden oder Zwiebelpflanzen in der Nähe verhindert.

ten Gärten problemlos kultivieren, die asiatischen Arten aber sind anspruchsvoller. Sie brauchen im Sommer hohe Luftfeuchtigkeit und mäßige Temperaturen. Der Boden sollte nicht allzu nährstoffreich, dafür aber dauerfrisch sein und eine gute Dränage aufweisen (siehe *Scheinmohn kultivieren*, S.325).

VERMEHRUNG Die großen, blau blühenden Arten und ihre Formen lassen sich alle durch Teilung vermehren. Das geschieht am besten während des Abblühens oder beim Austrieb im zeitigen Frühjahr. Die Samen von Arten und einigen Hybriden sollten bei der Aussaat frisch sein. Sie keimen binnen zehn Tagen. Die Sämlinge werden pikiert, sobald sie groß genug dafür sind, und im Kalthaus oder Frühbeet überwintert. Im darauf folgenden Frühjahr können sie ins Freiland umgesiedelt werden. Bei der Vermehrung von Scheinmohn sollte man stets mit Mischformen rechnen.

PROBLEME Schnecken und Blattläuse. Verträgt keine heißen Sommer und schlechte Dränage im Winter.

M. baileyi siehe *M. betonicifolia*

M. betonicifolia syn. *M. baileyi* (Tibet-Scheinmohn) Büschelig wachsende

Staude, die unter weniger günstigen Bedingungen in Gärten oft zweijährig wächst. Die beblätterten Stängel ziehen während des Winters ein. Die grob rostrot behaarten Rosettenblätter und unteren Stängelblätter sind lang gestielt, spatelförmig und am Ansatz etwas herzförmig. Die mittleren und oberen Stängelblätter hingegen wachsen ungestielt, wobei die obersten 3 oder 4 unter den Blüten dicht beieinander stehen. Im Juni und Juli öffnen sich 10 oder mehr flach schalenförmige, himmelblaue bis rosalila, waagrecht stehende bis leicht nickende, 7,5–10 cm breite Blüten an langen, aufrechten, borstig behaarten Stängeln. Man pflanzt die Art am besten an kühle Standorte im lichten Schatten und sorgt für einen stark durchlässigen, aber gleichzeitig Wasser speichernden, mit Laubmull angereicherten Boden, der nie austrocknet. Der Tibet-Scheinmohn lässt sich problemlos durch Aussaat vermehren. Herkunft: Nord-Myanmar, Südwest-China (Yunnan) und Südost-Tibet (Xizang). ↕ 1–1,6 m. Z7 **'Alba'** Reinweiße Blüten. **'Hensol Violet'** Blüten kleiner als die Art und Blauviolett.

M. 'Blue Ice' siehe *M.* Fertile-Blue-Gruppe 'Lingholm'

M. cambrica (Wald-Scheinmohn) Büschelige, Horst bildende Staude mit

gelbgrünen, lang gestielten Blättern, die sich aus paarigen, gezähnten Blättchen zusammensetzen. Das Laub an den aufrechten drahtigen Stängeln ist nicht oder kurz gestielt. Von Mai bis September, mitunter auch noch länger, erscheinen immer neue gelbe, tief schalenförmige, 4-zählige, 5–6 cm breite Blüten an sehr langen, dünnen Stielen. Auf sie folgen glatte, keulenförmige Samenkapseln. Diese anspruchsloseste Art gedeiht in der Sonne oder im Halbschatten in den verschiedensten Gartenböden. Sät sich in den meisten Gärten selbst aus. Herkunft: Südwest-England, Wales, Westirland, Westfrankreich und Nordwest-Spanien. ↕ 30–50 cm. Z7 **var. aurantiaca** Orangefarbene Blüten. **'Flore Pleno'** Dieser Name wird für gelbe und orangefarbene sowie halbgefüllte Formen verwendet. **'Frances Perry'** syn. 'Rubra' Ungefüllte, tieforangerote Blüten. **'Muriel Brown'** Halbgefüllte, rote Blüten, nicht 100-prozentig sortenecht. **'Rubra'** siehe 'Frances Perry'.

M. chelidonifolia Eine relativ unscheinbare, Gruppen bildende Staude, die dem Schöllkraut (*Chelidonium majus*) nicht unähnlich ist. Sie trägt relativ helle, borstig behaarte, fiederteilige Blätter mit gegenständigen Lappen, die wiederum in breite, gelappte Segmente unterteilt sind. Obere Blätter kleiner und meist 3-lappig. Im Juni und Juli erscheinen lockere Stände aus kleinen, klargelben, tellerförmigen, leicht nickenden, 2,5–3,5 cm breiten Blüten. Auf sie folgen kleine, glatte oder leicht borstig behaarte, elliptische Kapseln. Ideal für Waldlichtungen oder Gebüsche mit lichtem Schatten und feuchten, durchlässigen Mullböden. Vermehrung am besten durch Aussaat. Aus Westchina (Sichuan). ↕90 cm. Z7

M. 'Corrennie' siehe *M.* Fertile-Blue-Gruppe 'Lingholm'

M. Fertile-Blue-Gruppe Die Formen dieser Gruppe tragen schmale, schmal lanzettliche bis ovale, beim Austrieb nicht violett überlaufene Blätter und reinblaue Blüten. Samenkapseln länglich und schwach bis mäßig borstig behaart, mit zahlreichen Samen. Sorten dieser Gruppe werden in der Regel von nicht spezialisierten Gärtnereien angeboten. Alle fertilen Exemplare hybriden Ursprungs, aber unbekannter Herkunft sind hier zusammengefasst. ↕90–120 cm. Z7 **'Lingholm'** syn. *M.* 'Blue Ice', 'Corrennie' Horst bildende, eindeutig mehrjährige Form mit ovalen, meist gestielten unteren und ungestielten oberen Blättern, die sich oft zu einer Seite wenden und gelegentlich eine Y-Form aufweisen. 10–15 cm große, intensiv himmelblaue Blüten. Die am häufigsten erhältliche Hybride, aber je nach Herkunft recht variabel.

M. George-Sherriff-Gruppe Eine charakteristische Gruppe mit breiten, ovalen, bisweilen leicht länglichen Blättern, die beim Austrieb im Frühjahr rötlich überzogen sind. Die Blüten sind blau, oft violett überlaufen, die eiförmigen Fruchtkapseln dicht borstig behaart. Vermehrung durch Teilung. ↕90–120 cm. Z7 **'Ascreavie'** Blätter mit schrotsägeförmigem Rand. Außerordentlich große, blaue, auffällig gerüschte Blüten mit leichtem Lilaton. Gelegentlich 6-zählig. **'Branklyn'** Die Identität dieser Sorte, die aus dem Branklyn Botanic Garden in Schottland stammt, ist unklar. Pflanzen, die als 'Branklyn'

verkauft werden, erweisen sich meist als 'Lingholm' oder 'Slieve Donard'. **'Jimmy Bayne'** Dichtlaubige Horste aus breiten, spatelförmigen Blättern und großen, nickenden, schalenförmigen Blüten mit ungerüschten, rundlichen, durchscheinenden blauen, leicht violett angehauchten Kronblättern. ↕1,2 m.

M. grandis Recht kräftige, Horst bildende Art, die bis auf überwinternde Knospen einzieht. Lang gestielte, schmal ovale Grundblätter mit rostbrauner, borstiger Behaarung: Die spärlichen ungestielten Stängelblätter stehen zumeist in Bündeln zu 3–5 und bleiben wesentlich kleiner. Von Ende Mai bis Juli öffnen sich mehrere große, kräftig blaue bis violette und burgunderrote, mitunter sogar weiße, becherförmige Blüten an jeweils einem schlanken, aufrechten Stiel. Die Blüten besitzen normalerweise 4 Kronblätter, gelegentlich auch 5 oder 6. Gedeiht in feuchter, lehmiger, möglichst humoser Erde in der Sonne oder im Halbschatten. Vermehrung durch Aussaat, sobald der Samen reift, oder durch Teilung beim Austrieb im Frühjahr. Verletzungen des ziemlich brüchigen Wurzelstocks sind unbedingt zu vermeiden. Von dieser Art werden verschiedene Formen angeboten, u.a. aus Ostnepal, die schönsten allerdings stammen aus Bhutan und Tibet und tragen sattblaue Blüten. Herkunft: Himalaja, von Westnepal nach Osten bis Bhutan und Südost-Tibet (Xizang). ↕60–80 cm. Z7 **GS600** siehe George-Sherriff-Gruppe (und Kasten *Blauer Scheinmohn*).

M. horridula Bei Pflanzen, die unter dieser Bezeichnung kultiviert werden, handelt es sich ausnahmslos um *M. prattii*. Die eigentliche Art *M. horridula* stammt aus dem Himalaja und ist sehr anspruchsvoll.

M. Infertile-Blue-Gruppe Formen mit relativ schmalen, mehr oder weniger schmal elliptischen Blättern und meist reinblauen Blüten. Fruchtkapseln schmal keulenförmig bis elliptisch, relativ

schwach borstig behaart oder zumindest deutlich schwächer als Formen der George-Sherriff-Gruppe. Steril, daher durch Teilung zu vermehren. ↕90 cm. **'Crewdson Hybrid'** Buschige, laubreiche Pflanze mit schmal elliptischen bis länglichen Blättern und kräftig blauen, tief schalenförmigen, seitwärts gerichteten oder leicht nickenden Blüten. **'Slieve Donard'** ♀ Horst bildende Form mit schmal lanzettlichen, zugespitzten Blättern und offenen, flach becherförmigen, kräftig klarblauen, seitwärts gewendeten oder leicht nickenden Blüten.

M. integrifolia Monokarpische Art, die mit schlafenden Augen auf Bodenniveau überwintert. Braucht bei Aussaat drei bis vier Jahre, um zur Reife zu gelangen. Grundblätter in einer einzelnen Rosette, oval, mit 3 Adern und wie ein Großteil der ganzen Pflanze mit goldgelben oder orangefarbenen Haaren bedeckt. Blütenstängel aufrecht und spärlich belaubt, oberste 3–5 Blätter in Quirlen unter den Blüten. Vom Mai bis Juli erscheinen an jeder Pflanze mehrere große, aufrechte bis waagerecht stehende, kelch- bis becherförmige, 13–22 cm große Blüten an langen, behaarten Stielen. Kultur am besten in feuchter, mit Laubhumus angereicherter, durchlässiger Erde im lichten Schatten. Aussaat muss jährlich erfolgen, um den Fortbestand der Pflanzungen zu gewährleisten. Aus Westchina (Gansu, Qinghai, Sichuan und Yunnan) sowie West- und Nordwest-Tibet (Xizang). ↕40–80 cm. Z7 Bei vielen derzeit im Umlauf befindlichen Pflanzen handelt es sich um **subsp.** *lijiangensis* mit bis auf die Blattquirle unter den Blüten unbelaubten Stängeln.

M. napaulensis Eindrucksvolle monokarpische Art mit großer immergrüner, etwa 60 cm breiter Rosette in den ersten zwei bis vier Jahren vor der Blüte. Rosettenblätter lang gestielt, in gegenständige Paare scharf gezähnter Segmente geteilt und reichlich mit steifen goldgelben oder hellbraunen Haaren besetzt. Von Juni bis August erscheinen an blühenden Exemplaren stattliche, kandelaberartige Stände aus vielen schalenförmigen, waagerecht stehenden bis leicht nickenden, in der Regel 4-zähligen, 6–8 cm breiten, rosa oder roten Blüten mit orangefarbenen oder gelben Staubblättern und einer grünen Narbe. Braucht einen geschützten Standort in nährstoffreicher, tiefgründiger, humoser Erde im lichten Schatten – an windexponierteren Stellen werden die Pflanzen während der Blüte leicht umgeknickt. Vermehrung nur durch Aussaat der zahlreich angesetzten Samen. Bei Kultur gemeinsam mit *M. paniculata* und *M. wallichii* ist die Wahrscheinlichkeit der Hybridbildung groß. Aus Zentralnepal. ↕1,5–2,4 m. Z7

M. paniculata Hohe, monokarpische Art mit Pfahlwurzel. Sie bildet große, graugrüne, immergrüne Rosetten aus länglichen, tief gelappten und gezähnten, bis 60 cm langen Blättern, die dicht mit borstigen Haaren bedeckt sind. Von Juni

BLAUER SCHEINMOHN

Fast alle staudigen, blauen Scheinmohn-Formen teilt man in England mittlerweile in drei Gruppen ein. Bei vielen handelt es sich um ausgesprochen wertvolle, Horst bildende, zuverlässig ausdauernde Pflanzen. Man hat in den letzten Jahren versucht, sie möglichst logisch zu klassifizieren (viele sind von recht zweifelhafter Herkunft), wobei man den Besten feste Bezeichnungen zugewiesen hat.
Fertile-Blue-Gruppe Hierher gehören alle fertilen blauen Scheinmohn-Hybriden, deren Herkunft nicht bekannt ist (ausgenommen *M.* × *sheldonii*, die nachweislich aus der Kreuzung zwischen *M. betonicifolia* und *M. grandis* entstand). Sie sind abgeleitet von *M. betonicifolia*, *M. grandis*, möglicherweise von *M. simplicifolia* sowie anderen Arten. Bei vielen handelt es sich um aus Samen gezogene Formen, die als *M.* × *sheldonii* und *M. grandis* geführt

wurden. Die bislang einzige Sorte der Gruppe ist 'Lingholm'.
George-Sherriff-Gruppe Sterile Formen, die früher fälschlicherweise alle als *M. grandis* GS600 bezeichnet wurden (nach der Nummer, die George Sherriff dem Saatgut gab, das er 1934 im östlichen Bhutan gesammelt hatte). Sie tragen inzwischen eigene Namen: 'Ascreavie', 'Branklyn' und 'Jimmy Bayne' sind häufiger im Handel als 'Huntfield' und 'Spring Hill'.
Infertile-Blue-Gruppe Hierzu zählen alle sterilen Formen (mit Ausnahme derjenigen, die der George-Sherriff-Gruppe zugeordnet werden). Sie sind meist seit Langem etabliert und wurden früher oft als *M.* × *sheldonii* bezeichnet. 'Crewdson Hybrid' und 'Slieve Donard' (siehe Stichwort Infertile-Blue-Gruppe) sind leichter verfügbar als 'Crarae', 'Cruikshank', 'Dawyck' und 'Mrs Jebb'.

bis August erscheinen an blühfähigen Exemplaren (ab dem zweiten oder dritten Jahr nach der Aussaat) kandelaberartige Stände aus vielen seitlich gerichteten, tief schalenförmigen, kanariengelben, meist 4-zähligen, 5–7,5 cm breiten Blüten mit gelben Staubblättern und blassvioletter Narbe. Ideal für nährstoffreiche, humus- oder torfreiche Böden an geschützten Standorten. Vermehrung durch Aussaat; die Art trägt reichlich Samen. Man sollte sie jedoch nicht in die Nähe von *M. napaulensis* und *M. wallichii* pflanzen, um eine Hybridbildung zu vermeiden. Herkunft: Himalaja von Zentralnepal östlich bis Sikkim, Bhutan, Nordwest-Indien (Assam) und Tibet (Xizang). ↕ 1,5–2 m. Z7

M. prattii Monokarpische Art, die als bodennahe Knospe überwintert und zwei bis vier Jahre nach der Aussaat blüht. Die 25 cm breiten Rosetten setzen sich aus leuchtend bis graugrünen, ovalen, meist schräg aufwärts gerichteten, stechend borstig behaarten Blättern zusammen. Von Juni bis September erscheint an einzelnen, aufrechten, borstig behaarten und belaubten Stängeln ein schmaler, traubiger Blütenstand mit bis zu 30 tellerförmigen, blauen bis blauvioletten oder purpurblauen, 5–7,5 cm breiten Blüten mit zahlreichen weißen oder cremefarbenen Staubblättern. Die schmalen, birnenförmigen Fruchtkapseln sind ebenfalls mit steifen, stechenden Borsten besetzt. Die Art braucht feuchte, kiesige, humushaltige Böden in der Sonne oder im Halbschatten. Die ausgezeichnete, relativ unkomplizierte Zierpflanze sät sich mitunter selbst aus; alternativ bringt man die Samen gleich nach der Reife aus. Oft als *M. horridula* im Handel. Verbreitungsgebiet: Südwest-China (Yunnan und Sichuan), Nord-Myanmar und Südost-Tibet (Xizang). ↕ 45–100 cm. Z7

M. punicea Büschelige Staude, die oft zweijährig oder monokarpisch wächst. Sie entwickelt eine einzelne Pfahlwurzel und ein recht dichtes grundständiges Büschel aus ovalen bis elliptischen, weich behaarten, grauen oder hellbraunen Blättern. Von Ende Mai bis Juli, gelegentlich darüber hinaus, erscheinen lebhaft karminrote, hängende Blüten an schlanken, aufrechten Stängeln über dem Laub. Jede 5–10 cm breite Blüte setzt sich aus 5–6 Kronblättern zusammen. Die länglichen, borstig behaarten Kapseln stehen aufrecht. Die Art wird in feuchter, humoser Erde gezogen. Vermehrung durch Aussaat im zeitigen Frühjahr. Stammt aus Westchina (Gansu, Qinghai und Sichuan). ↕ 50–60 cm. Z7

M. quintuplinervia Gruppen bildende Staude mit verzweigtem, faserigem Wurzelsystem. Die grundständigen Blätter an schlanken Stielen sind alle oval bis schmal lanzettlich geformt. Sie tragen 5 parallele Adern und sind mit stroh- oder rostfarbenen Haaren besetzt. Von Mai bis September erscheint eine Reihe hängender, blasslila bis tief-lilablauer, 4- bis 6-zähliger, 3–5 cm langer Blüten an dünnen, aufrechten Stielen. Sie werden von aufrechten, borstig behaarten, elliptischen Kapseln abgelöst. Die Art gedeiht in feuchtem, mit Laubhumus

SCHEINMOHN KULTIVIEREN

Die europäische Art *M. cambrica* gedeiht in den meisten Gärten und verträgt sogar trockene Standorte. Wesentlich anspruchsvoller indes sind ihre asiatischen Verwandten. Sie brauchen im Sommer reichlich Feuchtigkeit und reagieren empfindlich auf zu große Hitze. Der Boden sollte tiefgründig und humusreich sein, für das Einarbeiten von gut verrottetem Dung und Laubkompost sind die Pflanzen sehr dankbar. Im Sommer sorgen Mulchschichten aus Rindenhäcksel, unkrautfreier Komposterde oder Laubmull dafür, dass der Wurzelraum ausreichend feucht bleibt. Übermäßige Winternässe hingegen sollte man vermeiden. Die monokarpischen, immergrünen Arten sterben ab, wenn sie während der kalten Jahreszeit zu viel Feuchtigkeit erhalten. Ratsam ist daher das Abdecken der Gewächse mit einer Plexiglasscheibe oder mit Folie. Allerdings dürfen sie im Winter auch nicht austrocknen.

In trockenen Sommern setzen sie mitunter keine Samen an. Manche Züchter stellen daher Sprühnebelgeräte auf, um die Bedingungen in freier Natur nachzuahmen und die Pflanzen während der Sommermonate feucht zu halten. Die großen monokarpischen, zum Teil über 2 m hohen Arten brauchen einen geschützten Standort, da sie sonst während der Blüte leicht vom Wind geknickt werden.

Zieht man *M. betonicifolia* und *M. grandis* oder *M. napaulensis* und *M. paniculata* in unmittelbarer Nachbarschaft, kreuzen sie untereinander. Die daraus entstehenden Samen sind sehr variabel: Aus manchen reifen ausgesprochen dekorative Gewächse heran, während andere weniger ansehnlich sind. Auf jeden Fall spalten sich die Nachkommen genetisch auf.

angereichertem Boden an sonnigen bis halbschattigen Standorten. Man teilt sie beim Austrieb im Frühjahr oder unmittelbar nach der Blüte. Herkunft: Westchina (Gansu, Qinghai, Sichuan und Shaanxi) und Nordost-Tibet (Xizang). ↕ 30–50 cm. Z7

M. regia Eine eigenwillige monokarpische Art aus Nepal. Sie trägt schmal ovale, ganzrandige Blätter und gelbe Blüten. Im Handel findet man unter dieser Bezeichnung mehrere Pflanzen, die jedoch alle Hybriden sind (mit *M. napaulensis*, *M. paniculata* und *M. regia* als Elternarten). Es ist fraglich, ob die echte Art derzeit überhaupt in Kultur ist.

M. × *sheldonii* Die büschelige Staude bildet weiche Rosetten aus dunkelgrünen, schmal ovalen, leicht gezähnten und borstig behaarten Blättern. Aufrechte, belaubte Stängel. Die obersten Blätter stehen in Büscheln unterhalb der Blüten und ähneln den grundständigen, sind jedoch ungestielt. Leicht nickende, flach schalenförmige, blaue bis türkisblaue Blüten öffnen sich von Ende Mai bis Anfang Juli an langen schlanken Stielen. Die schmalen, spindelförmigen Fruchtkapseln werden zwar oft ausgebildet,

BLATTROSETTEN VON MECONOPSIS

Die Blüten des Scheinmohn zählen zu den attraktivsten innerhalb der Staudenwelt. Kaum weniger dekorativ aber sind die Blattrosetten.

Das Laub kann lang und schlank sein bis hin zu stark gelappt oder fiederschnittig. Manche sind vor allem beim Austrieb braun- oder goldgelb und sogar schwarz behaart. So lohnt die Pflanze gärtnerische Mühen schon lange vor dem Öffnen der berühmten Blüten mit ihrem eigenwilligen Blattwerk.

Meconopsis napaulensis

Meconopsis paniculata × *M. regia*

Meconopsis Infertile-Blue-Gruppe

enthalten aber keine keimfähigen Samen. Man findet diese Hybride nur selten in Kultur, obwohl sie in der Literatur und in Katalogen häufig auftaucht. Exemplare mit dieser Bezeichnung werden am besten der Infertile-Blue-Gruppe zugerechnet. Sie brauchen feuchte, lehmige, nach Möglichkeit humose Böden in der Sonne oder im Halbschatten. Große, mehrköpfige Exemplare werden im zeitigen Frühjahr oder direkt nach der Blüte geteilt. Diese sterile Gartenhybride zwischen *M. betonicifolia* und *M. grandis* weist in der Regel Eigenschaften beider Eltern auf. ↕ 70–90 cm. Z7

M. villosa syn. *Cathcartia villosa* Büschelige Pflanze mit lang gestielten, rundlichen, zum Teil 3- bis 5-lappigen, weich borstig behaarten Grundblättern. Stängelblätter ähnlich, aber kurz gestielt und wechselständig. Die leicht nickenden, 4-zähligen, gelben Blüten zeigen sich von Juni bis August an lockeren, spärlich verzweigten Ständen. Die unverwechselbaren, glatten, zylindrischen Fruchtkapseln platzen über die gesamte Länge auf. Für humusreiche Waldböden im lichten Schatten. Wird am besten in Gruppen zwischen Bäumen und Sträuchern gezogen. Man rechnet die Art heute oft zur Gattung *Cathcartia*. Herkunft: Himalaja von Ostnepal bis Bhutan. ↕ 50–60 cm. Z7

MEEHANIA
LAMIACEAE

Die wüchsige Kriechpflanze für schattige Stellen bezaubert im späten Frühjahr mit kleinen hübschen Blüten.

Die 6 sommergrünen Arten der Gattung kommen in den Wäldern Ostasiens und Nordamerikas vor. Nur

eine von ihnen dient als Zierpflanze. Sie entwickelt Horste aus hellgrünen, herzförmigen Blättern, nach der Blüte treiben lange, weit streifende Ausläufer aus. Die auffälligen, taubnesselartigen, blauvioletten Lippenblüten erscheinen im Juni und Juli.

KULTUR Halbschattige Plätze in feuchter, mit Laubmull angereicherter Erde.

VERMEHRUNG Durch Teilung oder Stecklinge im Frühjahr oder Frühsommer.

PROBLEME Anfällig für Schneckenfraß.

M. urticifolia Bildet ausgedehnte Matten aus langen, bewurzelnden Ausläufern mit paarigen, hellgrünen, herzförmigen, bis 6 cm breiten Blättern. Kürzere, aufrechte, belaubte Stängel tragen hell-lilarosa, 5 cm große Blüten, die an der Unterlippe dunkel gesprenkelt sind und im Mai und Juni erscheinen. Die Blütenstände duften angenehm nach Zitrone. ↕ 30–40 cm. Z5 **'Japanblau'** Violettblaue, größere Blüten im Mai. **'Wandering Minstrel'** syn. 'Silver Sprinter' Blätter sauber cremeweiß gerandet. Gut für Gefäße geeignet.

MELIANDRIUM siehe SILENE

MELIANTHUS
Honigstrauch
MELIANTHACEAE

Überaus ornamental wachsen diese reizvollen Blattschmuckgewächse. Zudem warten sie bisweilen mit Blüten in kräftigen Farben auf.

Die Gattung umfasst 6 Arten kälteempfindlicher immergrüner Sträucher, die im südlichen Afrika zuhause

sind. Nur 3 werden als Zierpflanzen kultiviert. In gemäßigten Klimazonen behandelt man sie als Stauden, da sie nach Frost in der Regel einziehen. Ihre auffällig blaugrünen, gefiederten Blätter an kräftigen Stängeln setzen sich aus mehreren scharf gezähnten Blättchen zusammen und riechen eigentümlich nussig. Die Trauben aus kleinen, nektarreichen Blüten sind für den Gärtner weniger interessant. Sie wachsen an den vorjährigen Trieben und erscheinen daher nur in wärmeren Regionen, wo die Pflanzen nicht jeden Winter zurückfrieren. Besonders gut zur Geltung kommen Honigsträucher in Küstengärten, Innenhöfen und anderen geschützten Standorten sowie in Gefäßen.

KULTUR Am besten in durchlässiger Erde in voller Sonne an gut geschützten Plätzen oder unter Glas. Im Herbst mit einer trockenen Mulchschicht schützen.

VERMEHRUNG Durch Teilung im zeitigen Frühjahr oder Aussaat.

PROBLEME Spinnmilben.

M. comosus Buschige Art mit großen, hübschen, blaugrünen, gefiederten Blättern. Teilblätter gezähnt, länglich und zur Spitze der Stängel hin gedrängt. An geschützten Standorten in milden Gegenden erscheinen Ende Juli und im August an älteren Trieben Trauben aus rotbraunen Blüten, aus denen große, 4-flügelige Samenkapseln reifen. Die gesamte Pflanze riecht unangenehm. Herkunft: Namibia und Südafrika ‡ 2 m. Z7

M. major ♀ Übergeneigte, weiche, grau- oder blaugrüne, bis 50 cm lange Blätter aus mehreren Paaren grob gezähnter, länglicher Blättchen sind das wesentliche Merkmal dieser vor-

züglichen Zierpflanze. Nach heißen Sommerwochen erscheinen im August und September mitunter tief-rotbraune Blüten in bis zu 80 cm langen Trauben. Bereichert Sommerblumenbeete um ein exotisches, ornamentales Element. ‡ 2,4 m. Z8 **'Purple Haze'** Violett getönte Blätter an dunkelvioletten Trieben.

M. minor Relativ locker gebaute, leicht vergeilende Art mit graugrünen, 15–25 cm langen Blättern. Orangerote Blüten in 35 cm langen Trauben erscheinen im August und September. Insgesamt zwar etwas kleiner als *M. major*, aber trotzdem nicht so kompakt. ‡ 1–2 m. Z8

M. villosus Kompakte Art mit markanten, geteilten, graugrünen Blättern. In wärmeren Klimazonen öffnen sich im August dunkel-rotbraune Blütentrauben, auf die gelegentlich leuchtend grüne Früchte folgen. Aus Gebirgsregionen in Südafrika. ‡ 1,2 m. Z8

MELICA
Perlgras
POACEAE

Die feingliedrigen Gräser eignen sich für alkalische Böden. Manche sind winzig, andere bilden auffallende Horste. Alle aber haben papierartige Blütenstände, die sich gut als Trockenschmuck eignen.

Die rund 80 mehrjährigen Arten der Gattung kommen mit Ausnahme von Australien in trockenen Wäldern und an steinigen Hängen in aller Welt vor. Die Horste bestehen aus relativ derben Blättern mit zum Teil sehr rauen Rändern. Sie ziehen in aller Regel während der Sommermonate zumindest teilweise ein. Die oft einseitswendigen Rispen setzen sich aus papierartigen kleinen Ährchen zusammen. Man kann sie als Trockenschmuck verwenden, sofern man die Stände gleich nach dem

Öffnen abschneidet. Das Perlgras blüht bereits im Spätfrühling. Während der Sommermonate sieht das Laub manchmal etwas mitgenommen aus, doch kann man es in einer Staudenrabatte gut verdecken. Kleinere Arten leisten gute Dienste in schattigen Bereichen, wo sie sich unter andere Gewächse mischen können.

KULTUR Am besten in durchlässigen, nährstoffreichen, neutralen bis alkalischen Böden in voller Sonne oder leichtem Schatten. Die meisten Arten vertragen Trockenheit, ziehen jedoch etwas Feuchtigkeit im Wurzelraum vor. Unansehnliches Laub nimmt man im Winter oder zeitigem Frühjahr heraus.

VERMEHRUNG Vor allem durch Aussaat. Teilung bei den Sorten und Unterarten.

PROBLEME In der Regel keine.

M. altissima 'Atropurpurea' syn. 'Purpurea', 'Rubra' (Hohes Perlgras) Lockere, langsam in die Breite wachsende Horste aus leuchtend grünen, unterseits behaarten Blättern mit rauem Rand. Im Frühsommer entwickeln sich an hohen Halmen die kräftigen, bis 20 cm langen Rispen aus überhängenden, einseitswendigen Ährchen. Durch ihre papierartigen, lilarosa-violetten Hüllspelzen erinnern die Blütenstände an Zahnbürsten. Sie dunkeln immer nach und werden mit der Samenreife braun. Wird schon mindestens seit 1888 in Gärten kultiviert und als Zierpflanze in Blütenrabatten ebenso genutzt wie für Trockengestecke. ‡ 60 cm bis 2,4 m. Z5

M. ciliata (Wimper-Perlgras) Bildet Horste aus dünnen, mitunter eingerollten, rauen, 4 mm breiten, oberseits grünen und unterseits blaugrauen Blättern. Im Mai und Juni strecken sich die relativ schwachen Blütenhalme weit

über den Laubbusch. Die papierweißen bis hellbraunen Blüten erinnern an Pfeifenputzer. Im Beet setzt man die Art zwischen andere Stauden, damit die Halme Stütze durch ihre Nachbarn erhalten und das struppige Laub verdeckt bleibt — oder man verwendet sie in Blumenwiesen. Herkunft: offene, trockene, steinige Lagen im Nahen Osten, in Osteuropa und Afrika. ‡ 1 m. Z5

M. nutans (Nickendes Perlgras) Langsam in die Breite wachsende, immergrüne Horste aus stumpf zugespitzten, dunkel- bis leuchtend grünen, abgeflachten, 6 mm breiten, im Herbst rot und gelb getönten Blättern. Die schlanken, übergeneigten Halme tragen im Mai und Juni über dem Laub eine einseitswendige Reihe glänzender, perlartiger, nickender Ährchen mit papierartigen, purpurroten Hüllspelzen. Eine filigrane Bereicherung für Waldgärten. Herkunft: Kalkverwitterungsböden an schattigen Ufern und Felsen in Europa und Asien. ‡ 60 cm. Z5

M. transsilvanica (Siebenbürger Perlgras) Immergrüne Horste aus flachen, grünen, 2–6 mm breiten Blättern mit deutlicher Mittelrippe treiben im Mai und Juni aus. An den Halmen stehen wollig weiße, flaschenbürstenartige Blütenstände mit bis zu 1 cm langen Blüten, die mit der Samenreife ein silbriges, papierartiges Aussehen annehmen. Hübsches Gras für trockene Naturgärten im Schatten oder in der Sonne. Herkunft: trockene Waldsäume und Steppen von Mittel- und Osteuropa bis Zentralasien. ‡ 30–90 cm. Z5 **'Atropurpurea'** Tiefrosa bis violette Blüten. **'Red Spire'** Tiefrote, papierartige Blüten und grüne, später rotbraune Blätter. ‡ 1,7 m.

M. uniflora (Einblütiges Perlgras) Bildet mit der Zeit lockere Rasen aus leuchtend grünen, zugespitzten, 20 cm langen und 5 mm breiten Blättern. Die zarten, stark verzweigten, violetten Halme erscheinen im Mai und Juli über dem Laub und sind mit kleinen perlartigen, schokoladenbraunen, nickenden Ährchen mit gelben Staubblättern besetzt. Das elegante Gras eignet sich gut als Saumbepflanzung für trockene, schattige Wege und Waldränder. Herkunft: Wälder mit trockenen, alkalischen Böden in ganz Europa bis in den Nordiran. 20–60 cm. Z5 **fo. albida** Weiße Blüten. **'Variegata'** Blätter mit feinen weißen Streifen. Wird am besten gruppenweise im feuchten Schatten gepflanzt. Wächst sehr langsam. ‡ 15–30 cm.

MELISSA
Melisse
LAMIACEAE

Einen vernehmlichen Zitrusduft verströmen diese zähen, reich beblätterten Stauden. Sie werden meist als Arznei- oder Küchenkräuter genutzt.

Zur Gattung *Melissa* zählen 3 sommergrüne Arten. Sie besiedeln gestörte Flächen und Straßenränder in Südeuropa, Nordafrika und Teilen

Asiens. Ihre angenehm duftenden, eiförmigen Blätter sind meist etwas behaart. Sie stehen an aufrechten, verzweigten Trieben und bilden dichte Horste. Die wenig auffälligen, 2-lippigen, meistens gelben oder weißen Blüten erscheinen im Sommer. Nur eine Art wird kultiviert. Man nutzt ihre Blätter für Salate, Saucen und Kräutertees, verabreicht sie aber auch gegen allerlei Beschwerden wie z.B. Verdauungsprobleme. Sorten mit goldgelbem Laub stehen als Zierpflanzen hoch im Kurs.

KULTUR Sonnige Plätze mit durchlässigen Böden. Goldgelb belaubte Formen entwickeln in leichtem Schatten die beste Färbung. Triebe nach der Blüte zurückschneiden, um die Zahl der spontan aufgehenden Sämlinge zu begrenzen und Farbe sowie Aroma des Neuaustriebs zu verbessern.

VERMEHRUNG Durch Teilung der Horste im Frühjahr oder Herbst, alternativ durch Aussaat. Auch selbst ausgesäte Sämlinge kann man eintopfen.

PROBLEME Selten.

M. officinalis (Zitronen-Melisse) Das buschige Kraut zieht im Winter ein. Kantige, verzweigte Stängel bilden aufrechte Horste. Blätter bis 9 cm lang, runzlig, eiförmig, behaart, gezähnt. Beim Zerreiben riechen sie angenehm nach Zitrone. Unscheinbare 2-lippige, gelbe, später rosa oder weiße, 1,5 cm lange Blüten, sie erscheinen in Schüben den ganzen Sommer über. Goldlaubige Formen können in praller Sonne ausbleichen oder versengen. Die Art stammt aus dem Mittelmeerraum, ist aber in Nordamerika und Nordeuropa häufig eingebürgert. ↕ 30–100 cm. Z4 **'All Gold'** Blätter völlig goldgelb. Blüten blasslila. Zuverlässig sortenecht. **'Aurea'** Breite, unregelmäßig goldgelb gezeichnete Blätter mit goldgelbem Rand. Selten sortenecht.

MELITTIS
Immenblatt
LAMIACEAE

Vom griechischen Wort für Biene leitet sich der botanische Name der hübschen Waldpflanze ab.

Die Gattung besteht aus nur einer einzigen Art, einer sommergrünen, horstigen Staude, die in europäischen Wäldern zu finden ist. Ihre kantigen Stängel tragen gegenständige Paare aromatischer, nesselartiger Blätter. Im oberen Teil der Stängel sitzen hübsche, einseitswendige, 2-lippige Blüten zu mehreren in den Blattachseln. Die gute Bienenweide eignet sich vorzüglich für schattige Gartenwinkel.

KULTUR Am besten in mäßig nährstoffreicher, feuchter, aber durchlässiger Erde im Halbschatten. Ideal in Waldgärten oder krautigen bzw. gemischten Rabatten, die nicht austrocknen.

VERMEHRUNG Im Frühjahr oder Herbst teilen oder aussäen und im Frühbeet ziehen.

PROBLEME In der Regel keine.

M. melissophyllum (Immenblatt) Aufrechte, verzweigte Stängel mit gegenständigen Paaren ovaler oder eiförmiger, tief geaderter, am Rand gekerbter Blätter. Sowohl Stängel als auch Blätter sind mit drüsigen Haaren besetzt und duften stark nach Honig. Sie bewahren ihren Duft nach dem Trocknen noch für lange Zeit. Im Mai und Juni erscheinen die weißen, rosa, violetten oder zweifarbigen, 4 cm langen Blüten zu 1–3 in den Blattachseln. Jede Blüte trägt eine 3-lappige Unterlippe und eine ganzrandige, helmartige Oberlippe. Die am häufigsten kultivierte Form hat weiße Blüten mit einem großen, tiefrosa oder violetten Fleck auf der Unterlippe und stammt aus Osteuropa. Herkunft: West-, Mittel- und Südeuropa ↕ 70 cm. Z6

MENTHA
Minze
LAMIACEAE

Man findet die intensiv aromatisch duftenden Pflanzen meist in Küchengärten, doch gehören zur Gattung auch mehrere Zierarten.

Die 25 ein- und mehrjährigen Kräuter haben ihre Heimat in Eurasien und Afrika. Die paarigen Blätter können rundlich, oval oder lanzettlich und behaart oder unbehaart sein. In den Blattachseln oder an den Triebspitzen erscheinen winzige röhrige, meist hellviolette Lippenblüten in Scheinähren. Alle Minze-Arten bevorzugen feuchte Böden, doch sollte man sich gut überlegen, wohin man sie setzt, denn sie haben einen schwer zu zügelnden Ausbreitungsdrang. Sie werden daher besser in Töpfe gepflanzt, die man im Freiland einsenkt (siehe Kasten S. 328).

KULTUR In feuchten, nährstoffreichen Böden, Sonne bis Halbschatten.

VERMEHRUNG Durch Teilung oder Stecklinge, die in Wasser bewurzeln.

PROBLEME Echter Mehltau, Rost.

M. × gracilis **'Variegata'** syn. *M. × gentilis* 'Variegata' (Edel-Minze) Die wüchsige Hybride bildet einen stark in die Breite drängenden Horst aus aufrechten, rötlichen Stängeln. Dunkelgrüne, ovale, bis 7 cm lange Blätter mit tiefgelber Zeichnung entlang der Hauptadern. Sie duften intensiv nach Ingwer. Die hell-lilarosa Blüten sitzen im Juli in dichten rundlichen Ständen zwischen den oberen Blättern. Gedeiht in Sonne und Halbschatten gleichermaßen und bewahrt die Blattfärbung. Eine Kreuzung aus *M. gentilis* und *M. spicata*. ↕ 30 cm. Z6

RECHTS **1** *Melissa officinalis* **2** *Melittis melissophyllum* **3** *Mentha longifolia* Buddleia-Mint-Gruppe **4** *M. × piperita* fo. *citrata*

WUCHERER?

Minze hat einen enormen Ausbreitungsdrang. Selbst wenn man sie in Gefäßen
zieht, die in die Erde eingesenkt werden, sind sie nicht dauerhaft zu zügeln:
Ihre Ausläufer überwinden das Hinder-
nis und breiten sich rasch aus.

Wesentlich zurückhaltender sind
die buntlaubigen Zierformen. Weil die
gefleckten Teile des Blattes kein Chlorophyll enthalten, haben diese Sorten
zwangsläufig eine schwächere Wuchskraft. So kann man sich *M.* × *gracilis*
'Variegata', *M. longifolia* 'Variegata' und
M. suaveolens 'Variegata' in den Garten
holen, ohne gleich fürchten zu müssen,
dass sie ihre Nachbarn bedrängen.

Allerdings schlagen panaschierte
Formen mitunter zurück. *M. suaveolens*
'Variegata' bildet immer wieder völlig
cremefarbene Triebe, die nach dem
Abtrennen bald eingehen, da sie kein
Chlorophyll enthalten. Andererseits
können sich auch grüne Sprosse bilden.
Sie sind wüchsiger und sollten sogleich
entfernt werden, weil sie in kürzester Zeit
den Horst dominieren – und sich anschließend anschicken, den Garten zu erobern.

M. × *gentilis* **'Variegata'** siehe *M.* ×
gracilis

M. longifolia (Ross-Minze) Hohe, sich
stark ausbreitende Art mit behaarten,
aufrechten Stängeln. Weich grauwollig
behaarte, bis 9 cm lange, schmal lanzettliche Blätter. Blasslila Blüten in langen,
dichten, endständigen Scheinähren.
Blütezeit Juli und August. Wird nur als
Zierpflanze kultiviert wegen des derben, wenig angenehmen Geruchs. Das
weidenartige graue Laub passt gut zu
den blassen Blüten. Aus Europa, Westasien, Ostafrika und Südafrika. ↕ 1 m. Z6
Buddleia-Mint-Gruppe Stärker silbrige
Blätter. Blüten in dunklerem Lilarosa.
'Variegata' Laub gelb gefleckt. Nicht
so wüchsig wie die Art.

M. × *piperita* (Pfeffer-Minze) Sehr
wüchsige Pflanze. Bildet ausgreifende
Bestände aus meist unbehaarten, bisweilen violett überlaufenen Stängeln mit
lanzettlichen, dunkelgrünen, bis 6 cm
langen Blättern. Im Juli und August
öffnen sich in dichten endständigen
Scheinähren lilarosa Blüten. Wird als
Zierpflanze und wegen des unverwechselbaren Dufts als Küchenkraut genutzt.
Eine natürlich entstandene Hybride
zwischen *M. aquatica* und *M. spicata*.
Aus Europa. ↕ 30–60 cm. Z3 **fo. citrata**
(Orangen-Minze) Ovale, violett überlaufene Blätter und Duft nach Kölnisch
Wasser. **fo. citrata 'Chocolate'** Blätter
und Stängel tief-rotbraun. Duft mit
Anklängen an Schokolade. **'Logee's'**
Blätter unregelmäßig cremefarben
panaschiert, mitunter rosa überlaufen.
Typischer Duft nach Pfeffer-Minze.

M. pulegium (Polei-Minze) Matten
bildende Art mit leuchtend grünen,
elliptischen bis rundlichen, 1–3 cm langen Blättern mit frischem, stechendem
Geruch. Im August und September
erscheinen lila Blüten in weit auseinander stehenden Scheinquirlen
an aufrechten Stängeln. Gedeiht an
vollsonnigen Standorten und unterscheidet sich von anderen Minze-Arten
durch den kompakten, kriechenden
Wuchs. Herkunft: feuchte Wiesen und
Schwemmböden in West- und Mitteleuropa sowie Westasien. ↕ 2,5–15 cm. Z7

M. spicata (Ährige Minze, Grüne Minze) Wüchsige, aufrechte Art, die an fast
allen Standorten rasch ausgedehnte
Bestände bildet. Leuchtend dunkelgrüne, lanzettliche, bis 9 cm lange, frisch
duftende Blätter. Zart-lilarosa Blüten in
dichten endständigen Scheinähren. Wird
am besten in Gefäßen gezogen, um eine
zu starke Ausbreitung zu verhindern.
Herkunft: feuchte Gräben, Ackerränder
und Ufer in Mittel- und Südeuropa.
↕ 30–90 cm. Z5 **var. crispa** Breitere
Blätter mit runzligem Rand. **var. crispa
'Moroccan'** Duftet angeblich intensiver.

M. suaveolens (Rundblättrige Minze)
Hohe Art mit weich behaarten, rundlichen, hellgrünen, bis 4 cm langen Blättern mit auffälligem Duft nach frischen
Äpfeln. Blasslila Blüten erscheinen

im August und September in dichten
Scheinähren. Bildet lange Ausläufer.
Lebensraum: Brachland in weiten Teilen
Europas. ↕ 90 cm. Z6 **'Variegata'** Blätter
unregelmäßig cremeweiß panaschiert.
↕ 20–35 cm.

M. × *villosa* **var. alopecuroides** (Hain-
Minze) Hohe Pflanze mit weichen,
rundlichen, graugrünen, bis 8 cm langen,
am Rand stark gezähnten Blättern. Laub
mit kräftigem Pfefferminzduft. Wuchert
an feuchten Standorten sehr stark. Eine
wüchsige Hybride von *M. spicata* × *M.
suaveolens*. ↕ 60–90 cm. Z5

MERTENSIA
Blauglöckchen
BORAGINACEAE

Bezaubernde blaue Blüten tragen
diese Raublattgewächse, die in
vielerlei Wuchsformen auftreten.

Die 40 bis 50 sommergrünen
Arten kommen in den unterschiedlichsten Lebensräumen vor, so unter
anderem in Bergen und Wäldern,
an Flussufern und Küsten. Sie sind
in Nordamerika, Asien und Europa
heimisch. Die behaarten oder unbehaarten Gewächse entwickeln einen
bis mehrere aufrechte, übergeneigte
oder niederliegende Stängel. Die
Farbe der ungezähnten, wechselständigen, elliptischen, ovalen, herzförmigen oder lanzettlichen Blätter
liegt zwischen hellem und dunklem
Grün, bisweilen sind sie leicht bläulich. Aus rosa Knospen öffnen sich
trichterförmige, röhrige oder glocki-
ge, 5-zählige, meist blaue Blüten in
lockeren oder dichten Wickeltrauben.
Sie locken Bienen und Hummeln an.
Nur wenige Arten sind in Kultur verbreitet, obwohl sich viele vorzüglich
für Rabatten oder Steingärten eignen.

KULTUR Je nach Art sehr verschieden.

VERMEHRUNG Durch Aussaat frischer
Samen oder sorgsame Teilung im
Frühjahr, gelegentlich auch über
Wurzelschnittlinge im Winter.

PROBLEME Schnecken.

M. ciliata (Berg-Blauglöckchen)
Elegante, sommergrüne Art mit zahlreichen Stängeln, die dem verzweigten,
holzigen Wurzelstock entspringen.
Grundblätter lang gestielt, oval bis
lanzettlich, bläulich grün, bis 15 cm
lang und 10 cm breit, manchmal feh-
lend. Stängelblätter etwas schmaler, die
obersten ungestielt. Trägt Stände aus
nickenden, röhrig glockenförmigen,
himmelblauen, 10–15 mm langen Blüten, die sich im späten Frühjahr und
Frühsommer aus rosa Knospen öffnen.
Gedeiht am besten im lichten Schatten,
verträgt an feuchten Standorten aber
auch volle Sonne. Ideal als Uferbe-
pflanzung für Teiche. Aus den USA und
Mexiko. ↕ 30–60 cm. Z4

M. maritima (Austernpflanze) Eine
schöne, ungewöhnliche, leider aber

unberechenbare sommergrüne Staude. Sie bildet Matten aus verzweigten,
kriechenden Trieben, die sich über eine
Fläche von 1 m Durchmesser ausbreiten
können und mit bläulich wächsernen,
löffelförmigen, 2–10 cm langen Blättern
besetzt sind. Aus zartrosa Knospen öffnen sich kleine, röhrig trichterförmige,
türkisblaue, etwa 8 mm breite Blüten in
endständigen Wickeltrauben. Es deutet
einiges darauf hin, dass sich die Pflanze
aufgrund der globalen Erderwärmung
immer weiter nach Norden ausbreitet.
Sie braucht kiesige oder sandige Böden
an vollsonnigen Standorten und ist
ein Leckerbissen für Schnecken. Vermehrung durch Aussaat. Von Küsten
in Nordeuropa, Grönland und einigen
nördlichen Regionen Nordamerikas.
↕ 10 cm. Z3

M. pterocarpa siehe *M. sibirica*

M. pulmonarioides siehe *M. virginica*

M. sibirica syn. *M. pterocarpa* Horst bildende, unbehaarte, aufrechte sommergrüne Staude mit unverzweigten Stängeln und relativ fleischigen, blaugrünen
Blättern. Untere Blätter oval, mit herzförmiger Basis, bis 20 cm lang; sie verwelken meist während der Blüte. Stängelblätter oval, zugespitzt, ungestielt und
bis 7 cm lang. Paarige, nickende Büschel
mehr oder weniger röhriger, lang
gestielter blauer, bis 1 cm langer Blüten.
Blütezeit Frühjahr und Frühsommer.
Braucht einen leicht beschatteten Platz
mit durchlässiger, aber feuchter, humoser Erde. Sehr winterharte, attraktive
Pflanze. Aus Sibirien und West-Sichuan
in China. ↕ 30–45 cm. Z3

M. simplicissima Schöne blaugrüne,
sommergrüne Staude mit kriechenden,
bis 1 m langen Trieben. Ovale, fleischige,
8 cm lange Blätter. Kleine Büschel röhriger, türkisblauer, bis 1 cm breiter Blüten entfalten sich aus rosa Knospen im
Sommer. Ähnelt sehr stark *M. maritima*,

BLAUGLÖCKCHEN

Trivialnamen können ziemliche Verwirrung stiften, daher ist es für Gärtner und Gartenfreunde ratsam, die botanischen Bezeichnungen zu verwenden. Kaum eine Pflanze veranschaulicht das besser als das Blauglöckchen, englisch »bluebell«. In den USA wird *Mertensia virginica* so bezeichnet. Die hübsche Waldpflanze schätzt man in anderen gemäßigten Zonen als Ziergewächs – in Deutschland nennt man sie Virginisches Blauglöckchen.

Doch *Hyacinthoides non-scripta* heißt ebenfalls »bluebell«. Die Verwandte der Hyazinthe ist Großbritanniens Nationalblume und bildet im Mai ausgedehnte blaue Teppiche in den Wäldern. Unter »bluebell« laufen ferner manche *Wahlenbergia*-Arten, insbesondere *W. gloriosa*. Beim »blue bell of Scotland« wiederum handelt es sich um *Campanula rotundifolia*, die Rundblättrige Glockenblume. Mindestens elf weitere Arten tragen die Bezeichnung »bluebell« bzw. Blauglöckchen.

Wahlenbergia und *Campanula* stehen sich pflanzensystematisch sehr nahe, dagegen ähneln sich bei *Mertensia* und *Hyacinthoides* in Bezug auf den bevorzugten Lebensraum. Genaues Hinschauen ist zu empfehlen.

---

ist allerdings wesentlich weniger hart und anspruchsloser. Herkunft: Küsten in Japan, Korea, Ostrussland und auf den Aleuten. ↕ 10 cm. Z6

M. virginica ♀ syn. *M. pulmonarioides* (Virginisches Blauglöckchen) Hübsche sommergrüne Art mit aufrechten Stängeln, die aus fleischigen, dicken Rhizomen austreiben. Grundständige Blätter graugrün, lang gestielt, lanzettlich bis oval, 4–20 cm lang. Stängelblätter kleiner, kurz gestielt oder sitzend. Nickende Büschel aus ziemlich großen, violettblauen, trichterförmigen, 2–3 cm langen Blüten, die sich im Frühjahr öffnen. Gelegentlich begegnet man rosa, weißen und graulila Formen. Ideal für feuchte Standorte im lichten Schatten. Aus Nordamerika. ↕ 30–60 cm. Z3

MILIUM

Flattergras
POACEAE

Das elegante Waldgras macht im späten Frühjahr mit duftigen Rispen und dekorativen Laubformen auf sich aufmerksam.

Feuchte Wälder in Europa, Asien und Nordamerika sind der angestammte Lebensraum der etwa 45 ein- oder mehrjährigen Arten. Sie breiten sich gelegentlich langsam durch breitwüchsige Horste aus und bilden einen Teppich aus flachen, seidigen Blättern. Ihre Blütenstängel tragen Rispen aus kleinen, hirseähnlichen, lockeren Ährchen, die meist relativ früh, ab Mai, erscheinen. Das Flattergras eignet sich gut als Bodendecker für feuchte, schattige Bereiche, vor allem wenn es in Gesellschaft mit typischen Frühjahrblühern steht. Die farbigen Formen

bilden einen unübersehbaren Kontrast zu blaublättrigen Funkien.

KULTUR Im lichten Schatten in feuchten, durchlässigen, nährstoffreichen Böden.

VERMEHRUNG Durch Aussaat oder Teilung im zeitigen Frühjahr. Unterarten und Sorten durch Teilung.

PROBLEME Schnecken.

M. effusum (Wald-Flattergras) Lockere Büschel mit flachen, leicht zugespitzten, 1,5 cm breiten Blättern. Breitet sich langsam aus und bildet einen weichen, blassgrünen Laubteppich. Von Mai bis Juli tragen hohe Halme die lockeren Rispen aus ausgebreiteten, dünnen Ästen mit blassgrünen Blütchen; sie wiegen sich über dem Laub im Wind. Zieht im Sommer ein, im feuchten Halbschatten hält das Laub länger aus. Herkunft: feuchte Eichen- und Buchenwälder auf schwerem, alkalischem Boden in allen nördlichen gemäßigten Zonen. ↕ 45 cm bis 1,8 m. Z5 **'Aureum'** Leuchtend gelbe Blätter und Blüten vom zeitigen Frühjahr bis zum Frühsommer, mit zunehmend wärmerer Witterung verblassen sie zu hellem Gelbgrün. ↕ 50 cm. **'Yaffle'** Grüne Blätter mit schmalem Mittelstreifen. ↕ 45–75 cm.

MIMULUS

Gauklerblume, Affenblume
SCROPHULARIACEAE

Fröhlich kommen diese Sommerblumen daher. Sie duften oft aromatisch und mögen es feucht. Sie sind in vielen Farben erhältlich.

Rund 150 Arten Einjähriger, kurzlebiger Stauden und Sträucher gehören dieser Gattung an. Ihr natürliches Verbreitungsgebiet sind in der Regel feuchte Lebensräume im südlichen Afrika, in Asien und Australien, nicht jedoch in Europa. Sie entwickeln ein faseriges Wurzelsystem, aus dem sich runde oder kantige, aufrechte Stängel mit gekreuzt gegenständigen Blättern entwickeln. Die Blätter sind glattrandig, gezähnt oder fiederspaltig. Die achselständigen oder in kleinen Gruppen endständigen Blüten mit offenem Schlund sind röhrig geformt. Sie besitzen eine 2-lappige Oberlippe und eine 3-lappige Unterlippe. Die häufigste Blütenfarbe ist zwar ein zum Teil rot geflecktes Gelb, doch umfasst die Farbpalette der Gauklerblumen ebenso leuchtend rote, orange, rosa, lila und weiße Blüten. Hinzu kommen die Hybriden, die viele weitere Tönungen und Formen beisteuern. In feuchter Erde bilden Gauklerblumen große Bestände. Die höheren Arten sind verlässlicher mehrjährig.

RECHTS 1 *Mimulus cardinalis*
2 *M. guttatus* **3** *M.* Highland-Serie
'Highland Orange' **4** *M. lewisii*
5 *M. ringens*

Die niedrigen Arten, die Feuchtigkeit bevorzugen und als Sommerblumen dienen, sind in Mitteleuropa nicht ausreichend winterhart. Zieht man sie in trockenen Böden, gehen sie häufig nach der Blüte und dem Kraft zehrenden Samenansatz ein.

KULTUR Die meisten Gauklerblumen brauchen nährstoffreiche, feuchte Böden. Einige können während der Wachstumszeit sogar im Wasser stehen. Sie kommen mit leichtem Schatten zurecht, blühen aber in voller Sonne am besten.

VERMEHRUNG Durch Aussaat, grundständige Stecklinge oder Teilung. Die meisten blühen schon im Jahr der Aussaat.

PROBLEME Schnecken und Mehltau, besonders in trockenen Böden.

M. cardinalis ♀ Hohe, aufrechte, verzweigte Art mit leuchtend grünen, weich behaarten, ovalen bis elliptischen, bis 11 cm langen Blättern mit 3–5 Adern. Prachtvolle, 5 cm breite, scharlachrote, im Schlund gelb getönte Blüten. Gedeiht in feuchtem Boden mit im Wasser stehenden Wurzeln, aber auch in Rabatten, sofern das Erdreich im Sommer nicht zu trocken ist. Herkunft: von Oregon (USA) südlich bis Niederkalifornien. ↕ 90 cm. Z7

M. cupreus 'Whitecroft Scarlet' ♀ Niedrige, kompakte, verzweigte Pflanze mit kleinen, grünen, grob gezähnten, bis 3 cm langen und 1,5 cm breiten Blättern. Leuchtend scharlachrote, 2 cm breite Blüten mit gelben Flecken auf der Unterlippe, in lockeren Trauben. Blüht an feuchten Standorten lange, ist aber generell kurzlebig. ↕ 10 cm. Z9

M. guttatus (Gewöhnliche Gauklerblume) Wüchsige, aufrechte, gelegentlich umfallende Art. Kann sich in feuchten Böden stark ausbreiten. Die relativ fleischigen Stängel tragen 1,5–15 cm lange, meist umgekehrt eiförmige, fein

LINKS **1** *Mirabilis jalapa*

gezähnte Blätter. 3–4,5 cm große, leuchtend gelbe, zum Teil rot gefleckte Blüten; auf der Unterlippe rötliche „Bärte", die fast den Schlund schließen. Aus den USA. ↕ 30 cm. Z9 **'Richard Bish'** Graugrüne Blätter mit weißem Rand. Gelbe Blüten mit schwachen roten Flecken.

M. × harrisonii Aufrechte Pflanze mit blassgrünem, zum Teil stängelumfassendem Laub und leuchtend magentarosa Blüten mit weißem, rosa gefleckten Schlund und gelben Bärten auf der Unterlippe. Blütezeit Sommer. Eine Gartenhybride zwischen *M. cardinalis* und *M. lewisii*, zwei Arten aus dem westlichen Nordamerika. ↕ 70 cm. Z8

M. Highland-Serie Kompakte, reich blühende Serie. Die Formen lassen sich aus Samen ziehen. Sie sind nicht ganz so kurzlebig wie andere moderne Hybriden, aber auch nicht sonderlich ausdauernd. Schön geformte, dichtbüschelige Pflanzen mit kleinen Blüten in Orange, dunklem Rosa, Rosarot, Karminrot und Gelb. Auch als Samenmischung erhältlich. ↕ 10 cm. Z8

M. lewisii ♀ (Klebrige Gauklerblume) Aufrechte Pflanze mit 3–7 cm langen, länglichen bis elliptischen, leicht grau getönten, zum Teil stängelumfassenden Blättern. Leuchtend magentarosa Blüten mit kastanienbraunen Flecken im Schlund, zwei gelben Streifen und deutlich behaartem unterem Kronblatt. Aus dem westlichen Nordamerika. ↕ 60 cm. Z8

M. luteus (Gelbe Gauklerblume) Breitwüchsige, fleischige Art mit kräftigen, hohlen Sprossen und leuchtend grünen, gezähnten, 2–3 cm langen, ovalen oder länglichen Blättern. 2–5 cm große, gelbe, rot oder violett gefleckte Blüten,

die überwiegend im Juni erscheinen. Gedeiht an Teichrändern und in seichtem Wasser. Starke Selbstaussaat. Aus Chile, andernorts eingebürgert. ↕ 30 cm. Z8

M. 'Orkney Gold' Gefüllte, gelbe Form, bei der eine Blüte in der anderen sitzt (Hose-in-Hose). ↕ 30 cm. Z8

M. ringens (Affenblume) Straff aufrechte, spärlich verzweigte Art mit glatten, kantigen, bisweilen geflügelten Stängeln und 5–10 cm langen, grob lanzettlichen, scharf zugespitzten Blättern, die nach oben zu immer kleiner werden. Im Sommer erscheinen 3 cm breite, blassrosa, weiße, häufiger aber violette Blüten. Gedeiht in feuchten Böden oder seichtem Wasser. Aus dem östlichen Nordamerika. ↕ 90 cm. Z8

M. 'Threave Variegated' Graugrüne Blätter mit cremefarbenem Rand und blassgelben, schwach rot gefleckten Blüten. ↕ 30 cm. Z8

MIRABILIS
Wunderblume
NYCTAGINACEAE

Wunderbar duften die Blüten, die sich am Nachmittag und Abend öffnen. Sie sind oft eigentümlich marmoriert oder gestreift.

Die Gattung setzt sich aus 50 einjährigen und mehrjährigen Arten mit knolligem Wurzelstock zusammen. Sie kommen im Südwesten und in den mittleren USA sowie in Südamerika vor. Nur eine Art ist als Zierpflanze verbreitet. Die knolligen, manchmal ungewöhnlich großen Wurzeln tragen verzweigte, glatte, bisweilen klebrige Stängel, die mit ovalen, gegenständigen Blättern besetzt sind. Den ganzen Sommer über öffnen sich in lockeren Rispen

OBEN **1** *Miscanthus sinensis* var. *condensatus* 'Cosmopolitan'
2 *M. sinensis* 'Gracillimus'

oder Schirmrispen große, leuchtend gefärbte, offen trompetenförmige, oft duftende Blüten. Die Wunderblume wird in kühleren Gegenden einjährig gezogen. Der Saft aus den Stängeln kann Hautreizungen verursachen. ⚠

KULTUR Am besten in durchlässigen, nährstoffreichen Böden an sonnigen Standorten. Die Knollen können frostfrei überwintert werden, alternativ sät man jedes Jahr neu aus.

VERMEHRUNG Durch Aussaat oder Teilung der Knollen.

PROBLEME Schnecken.

M. jalapa Die buschige Staude wird in der Regel als Einjährige kultiviert. Grüne, ovale, 5–10 cm lange, an der Basis herzförmige, spitz zulaufenden Blätter. Duftende, rundliche, bis 5 cm breite Blüten, die sich am späten Nachmittag öffnen und am folgenden Morgen verblühen. Blütenfarben: Rot, Rosaviolett, Gelb und Weiß, oft auch gestreift oder gefleckt. Aus tropischen Zonen in Nord-, Mittel- und Südamerika. ↕ 60 cm. Z8 **'Broken Colours'** Kirschrot gefleckte oder marmorierte Blüten in mehreren Farben. ↕ 50 cm. **'Red Glow'** Leuchtend rot.

MISCANTHUS
Chinaschilf
POACEAE

Sowohl in den Rabatten als auch in Gefäßen wird das elegante, imposante Ziergras mit dekorativen Blättern und Blüten gern gezogen.

↕1,6 m. **'Gearmella'** Relativ niedrig, mit überhängenden, anfangs rosa getönten, später silbrigen Blütenähren, die sich im September hoch über dem Laub öffnen. ↕1,1 m. **'Gewitterwolke'** ♀ Große, kräftige, schmal aufrechte Form mit breiten, im Herbst orangefarbenen Blättern und dichten, rotvioletten und silbrig gefärbten Blütenständen im August. Ausgesprochen markant, aber etwas arg gebündelt; zudem werden die etwas zu dicht stehenden Ähren manchmal vom Laub verdeckt. ↕1,8 m. **'Ghana'** ♀ Aufrechte Pflanze mit übergeneigten Blättern und fiedrigen, aufrechten Blütenständen im September. Schön durch die satt-braungelbe Herbstfärbung. ↕1,8 m. **'Giraffe'** Blätter mit gelben Querbändern. Silbrige Blütenstände im September. Das Laub ist nicht so steif wie bei 'Strictus', aber nicht so stark übergeneigt wie bei 'Zebrinus'; 'Giraffe' wird höher als die beiden. ↕2,4 m. **'Goldfeder'** Breites Laub mit goldgelben Längsstreifen, wie sie bei *Miscanthus* nur selten zu finden ist; blüht reich im September, hat aber recht schlaffe Blätter. Ein Sport von 'Silberfeder'. ↕1,8 m. **'Gold und Silber'** ♀ Eine kompakte, schön texturierte Form. Blätter schwach quergestreift und gefleckt, Herbstfärbung goldorange. Im August erscheinen braunrote Blütenstände mit unzähligen goldgelben Staubblättern, die wie Tautropfen aussehen. Eine der besten Sorten für kleine Gärten. Aus Österreich. ↕1,4 m. **'Goliath'** Schöne Form mit breiten Blättern, die einen auffälligen weißen Mittelstreifen tragen. Hoch über dem Laub satt-mahagonifarbene Blütenstände im September. ↕2,4 m. **'Gracillimus'** syn. var. *gracillimus*, *Eulalia gracillima* Variable Form, die jedoch immer relativ schmale Blätter mit weißem Mittelstreifen und (in Gegenden mit kühlen Sommern) bräunlich rosa Blütenstände im November trägt. Die Rispen stehen knapp über dem Laub oder werden sogar von ihm verdeckt. Blüht nach kühlen Sommern nur selten. Ist in der Wuchsform sehr variabel (siehe Kasten S. 332), dank des schmalen Laubs aber immer ein verhaltender Eleganz. ↕2,2 m. **'Graziella'** Große, silbrige Rispen erscheinen Anfang September hoch über dem Laub und färben sich mit der Zeit glänzend weiß und schließlich beige. Herbstfärbung orange. ↕1,5 m. **'Große Fontäne'** ♀ Sehr lange, übergeneigte Blätter mit roter, violetter, orangefarbener oder grüner Herbstfärbung. Die duftigen, eleganten Blütenstände erscheinen hoch über dem Laub, sie sind anfangs rosa gefärbt und werden später silbrig. ↕2,4 m. **'Kaskade'** Schmales Laub mit ausgeprägtem weißem Mittelstreifen und satt-kupferroter Herbstfärbung. Die übergebogenen Rispen sind beim Austrieb im August zunächst seidig und satt-rosarot, werden aber allmählich silbrig beige. ↕1,9 m. **'Kleine Fontäne'** ♀ Vielblütig und kompakt. Schmale Blätter mit weißer Mittelrippe und goldgelber Herbstfärbung. Unübersehbare, elegant hängende, rote Rispen, die im August erscheinen und sich rasch silbrig färben. ↕1,6 m. **'Kleine Silberspinne'** ♀ Eine schön geformte, elegante Sorte. Schmale, dunkelgrüne Blätter mit weißer Mittelrippe; Herbstfärbung eine Mischung aus Rot, Orange und Goldgelb. Im August erscheinen an leuchtend grünen Halmen altrosa Blütenstände, die mit der Zeit flaumig und braun werden. Gut für kleine Gärten, bleibt auch im Winter ansehnlich. ↕1,2 m. **'Little Kitten'** Sehr schmale Blätter und aufrechte, hellbraune Blütenstände im August. Eine der kleinsten, kompaktesten Formen; ähnlich groß wie die später blühende Sorte 'Yakushima Dward', allerdings glänzen die Blüten nicht. Gut für Gefäße und kleine Gärten. ↕80 cm. Z6 **Little Nicky ('Hinjo')** Lange, ziemlich breite, gelb gebänderte Blätter, die so stark überneigen, dass sie den Boden berühren und ein etwa 1 m hohes Polster bilden. Die gelben Querbänder verbrennen leicht in der Sonne, daher sollte man für etwas Schatten sorgen. Blüht im zeitigen Herbst, aber nur selten in Regionen mit kühlen Sommern. Ähnelt anderen quergestreiften Formen wie 'Strictus' und 'Zebrinus', bleibt jedoch kleiner. ↕1,8 m. **'Malepartus'** Öffnet im August sogar in kühlen Sommern verlässlich zahlreiche Rispen, die anfangs rötlich gefärbt sind, später aber flaumig weiß werden. Sie erscheinen über mittelgrünem, im Herbst orangefarbenem und goldgelbem Laub. Wirkt etwas struppig, außerdem können sich die Halme zur Seite neigen, als würden sie umkippen. Setzte lange Zeit den Maßstab unter den modernen Hybriden, wird mittlerweile von anderen Sorten übertroffen. ↕2 m. **'Morning Light'** ♀ Eine ausgesprochen elegante, wertvolle Form. Das sauber weiß gerandete Laub hängt an der Spitze über, weshalb besonders junge Pflanzen oben breiter als unten sind. Ein uralter Sport von 'Gracillimus' aus Japan. ↕1,8 m. **'Nippon'** Schmal aufrecht, mit aufrechten Blütenständen, die im August zunächst rosa gefärbt sind, im Lauf der Zeit aber silbrig werden. Grüne Blätter, im Herbst oft mit attraktiver orangeroter Färbung. ↕1,5 m. **'Pünktchen'** Quergestreifte Blätter, deren cremegelbe Bänder relativ spät beeindrucken. Beeindruckt dafür selbst in kühleren Gebieten mit zahlreichen rötlichen Blütenständen im Oktober. Das Laub liegt in Bezug auf die Steifheit zwischen 'Strictus' und 'Zebrinus', die Bänder stehen wesentlich weiter auseinander. ↕2,2 m. **'Roland'** Große breite Blätter. Zahlreiche gekräuselte Ähren, die im August anfangs rosa gefärbt sind, mit zunehmendem Alter aber einen Silberton annehmen und fest, aber etwas zerzaust wirken. ↕2,6 m. **'Rotfuchs'** Schmale, dunkelgrüne, rot getönte Blätter mit roter Herbstfärbung. Elegante, mahagonibraune Rispen, die ab August blühen und sich mit der Zeit silbrig färben. ↕2 m. **'Rotsilber'** Blätter mit ausgeprägter weißer Mittelrippe, Herbstfärbung rot. Die schmalen, aufrechten Rispen erscheinen im September. Sie sind zunächst purpurrosa gefärbt, werden aber allmählich graubraun und bleiben den Winter über an der Pflanze. Die Halme neigen zum Umfallen. ↕2 m. **'Sarabande'** Aufrechte Pflanze, die zum Herbstende zum Umfallen neigt. Sehr schmale Blätter mit ausgeprägter weißer Mittelrippe. Im September bilden sich in großer Zahl aufrechte, kupferbraune Rispen. ↕2 m. **'Septemberrot'** ♀ Kräftige, breite Blätter mit leuchtender weißer Mittelrippe; im Herbst zunächst orange, später kupferbraun. Elegante, aufrechte, mahagonirote Blütenstände ab September. Eine der Sorten mit der schönsten Herbstfärbung. Sie neigt allerdings zum Umfallen. ↕2,4 m. **'Silberfeder'** ♀ Seit Langem beliebt, weil sie zuverlässig blüht, selbst in Gegenden mit kühleren Sommern. Die silbrigen Blütenstände erscheinen im August über breiten grünen Blättern und bleiben monatelang ansehnlich, allerdings können die Halme durch Herbststürme umknicken. Von Dr. Hans Simon um 1950 im Münchner Botanischen Garten ausgelesen und nach wie vor wertvoll. ↕2,4 m. **'Silberspinne'** Schmale dunkelgrüne Blätter mit weißer Mittelrippe und feuriger Herbstfärbung. Trägt das Laub im Gegensatz zur ähnlichen, aber etwas niedrigeren 'Kleinen Silberspinne' in rechtem Winkel zum Halm. Die aufrechten Stände mit rötlichen Ährchen erscheinen im September und werden mit der Zeit flaumig und silbrig. ↕1,4 m. **'Sioux'** Rot getöntes, im Herbst sattorange oder rot gefärbtes Laub und schmale, nickende, rötliche Blütenähren, die im September relativ spärlich in unterschiedlicher Höhe erscheinen. ↕1,1 m. **'Sirene'** Eine hervorragende früh blühende Auslese mit verhältnismäßig großen Blütenständen aus spreizenden, elegant hängenden Ähren im September, zunächst mahagonifarben mit zunehmendem Alter flaumig silbrig. Zusätzlich wertvoll wegen der eleganten Bewegung beim leisesten Windhauch. ↕1,2 m. **'Strictus'** ♀ Herausragende, aufrechte Pflanze mit gelber Querbänderung auf dem Laub. Unterscheidet sich von 'Zebrinus' und anderen ähnlichen Auslesen durch gerade, nach oben gerichtete Blätter, die sich nicht übergeneigen und auch nicht knicken. Die gekräuselten Blütenstände erscheinen im Oktober. Kann wegen des schmalen Wuchses in dicht bepflanzten Rabatten stehen. ↕2 m. **'Undine'** ♀ Eine hohe, elegante Sorte mit grünen, grazil bis zum Boden überhängenden Blättern, die sich im Herbst orange und strohgelb färben und auch den Winter über ansehnlich bleiben. Die aufrechten Blütenstände erscheinen im August mit Rottönung und werden später rosabeige. ↕2 m. Z5 **'Variegatus'** ♀ syn. *Eulalia japonica* var. *variegata* Wegen der auffälligen, hellen weißen Längsstreifen eine der schönsten Blattschmuckpflanzen der Gattung. Im Lauf der Wachstumszeit wachsen die Horste zu einer eindrucksvollen, 1,6 m hohen Laubkaskade heran, die allerdings im Herbst umkippen kann. Im September öffnen sich gekräuselte rötliche Rispen. Ist in Gegenden mit kühlen Sommern allerdings etwas blühunwillig. In Japan seit Langem kultiviert, 1873 in Europa eingeführt. Unter dieser Bezeichnung sind mehrere

RECHTS **1** *Miscanthus sinensis* 'Variegatus'
2 *M. sinensis* 'Yakushima Dwarf'
3 *M. sinensis* 'Zebrinus'

ZUCHTERFOLGE

Bis nach 1960 gab es kaum Sorten von Miscanthus. Lediglich *M. sinensis* 'Silberfeder' blühte in Gegenden mit kühleren Sommern verlässlich. Ende der 1950er-Jahre erkannte Ernst Pagels aus Leer sowohl das Potenzial als auch die Schwächen der Art. Also begann er mit der Züchtung von Hybriden aus den wenigen damals verfügbaren Formen. Dabei entstanden früh blühende Sorten wie 'Gracillimus', die in Mitteleuropa selten zur Blüte kommt, und 'Silberfeder'.

Heute steht eine beeindruckende Sortenvielfalt zur Verfügung. Dutzende Auslesen stammen von Pagels. Einige seiner frühen Züchtungen hat er mittlerweile durch verbesserte Auslesen ersetzt. Weil die neuen Hybriden früher und reicher blühen, gelten sie heute paradoxerweise in einigen Gegenden Nordamerikas als invasives Unkraut – die Art selbst wäre dort ungefährlich. Kurt Bluemel aus Maryland (USA) zeichnet ebenfalls für eine Reihe von Neuzüchtungen sowie die Benennung von aus Japan importierten Formen verantwortlich. Viele von ihnen gedeihen zwar während des wärmeren amerikanischen Sommers, blühen aber in Europa nicht.

ähnliche Auslesen in Umlauf. ‡2,1 m. Z6 **'Vorläufer'** Wie der Name andeutet, gehört diese zu den am frühesten blühenden Formen. Leuchtend grüne, stark übergeneigte Blätter mit gelber Herbstfärbung. Blüht schon im August – zunächst rot, später silbrig. ‡1,4 m.
'Yakushima Dwarf' Sehr kompakt, mit schmalem Laub und aufrechten, hellbraunen Rispen im Oktober. Ideal für Gefäße. In etwa so hoch wie 'Little Kitten', aber auffälliger. ‡80 cm. Z6
'Zebrinus' ♀ syn. *Miscanthus zebrinus*, *Eulalia japonica* var. *zebrina* Quergestreifte Auslese mit blass-cremegelben Bändern. Im Oktober bilden sich die

silbrig bräunlichen, aufrechten Blütenstände. Wird oft mit 'Strictus' verwechselt, hat jedoch leicht übergebogene, weniger steife Blätter und bildet einen breiteren, weniger aufrechten Horst. In Japan seit Langem bekannt, 1877 in Europa eingeführt. ‡2,2 m. Z6

M. transmorrisonensis Weit überhängendes, dunkles Laub, das bis Dezember (oder in sehr milden Lagen den Winter über) grün bleibt. Blüht über mehrere Monate hinweg hoch über dem Laub und zeigt Ähren in verschiedenen Entwicklungsstadien: Hellbraune, neue, gefingerte Rispen stehen neben älteren, flaumigen, gelbbraunen Ständen. Die Art bildet einen breiten Horst und ziert gerade im Winter. Das nahezu immergrüne Laub ist recht unansehnlich, wenn man es stehen lässt. Schneidet man es im April zurück, verzögert sich die Blüte bis Ende August (was vermutlich das kleinere Übel ist). Stammt vom Berg Daxue in Taiwan aus einer Höhe von 2900 m und ist wohl deshalb so winterhart. ‡2,2 m. Z6

M. zebrinus siehe *M. sinensis* 'Zebrinus'

MITELLA
Bischofskappe
SAXIFRAGACEAE

Einen ansprechenden grünen Teppich bilden diese zurückhaltenden Schattenpflanzen. Sie bedecken den Boden zwischen Sträuchern und kompakteren Stauden.

Die etwa 12 Arten sittsamer, kleiner Waldstauden stammen aus Nordamerika und Ostasien. Nur wenige sind als Zierpflanzen bekannt. Ihre immergrünen, lang gestielten, mittel- bis dunkelgrünen, herzförmigen, behaarten, 5–6 cm breiten Blätter drängen sich an den kriechenden Trieben. Im Sommer schiebt sich eine schlanke, oft einseitswendige Traube aus sehr kleinen Blüten in

die Höhe. Diese erinnern durch die fein geteilten Kronblätter ein bisschen an Schneeflocken. Die Art ähnelt Tiarella, unterscheidet sich von dieser jedoch im Blütenbau. *Mitella* sind hübsche, grazile, aber eher unscheinbare Gewächse. Man setzt sie am besten in Bändern entlang von Waldwegen oder in schattigen Steingärten.

KULTUR Am besten in feuchtem Schatten und humushaltigen Böden.

VERMEHRUNG Durch Aussaat und Teilung.

PROBLEME In der Regel keine.

M. breweri Rundliche, 3 mal 8 cm große Blätter mit 7–11 leichten Lappen. Bildet einen lockeren, etwa 20 cm breiten und 10 cm hohen Laubbusch. Im Sommer zeigen sich kleine gelbgrüne Blüten an den blattlosen Stängeln. Sie stehen in schmalen Trauben und öffnen sich von unten nach oben. Herkunft: Berge im westlichen Nordamerika. ‡25 cm. Z5

M. caulescens Rundliche, 2 mal 7 cm große Blätter mit 3–7 Lappen. Die Art bildet ein 20 cm breites und 10 cm hohes Blattbüschel. Daraus strecken sich Stängel mit 2–3 Blättern und kleinen gelbgrünen Blüten, die sich von oben nach unten öffnen. ‡25 cm. Z5

MOLINIA
Pfeifengras, Besenried
POACEAE

Wertvoll sind die eleganten, wertvollen Gräser durch ihre hohen, bogenförmig überhängenden Halme mit Blütenrispen, die relativ spät im Jahr erscheinen.

Die 2–4 Arten der Gattung kommen in feuchten Mooren und Heiden in ganz Europa und West-

russland sowie ostwärts bis nach Japan vor. Nur eine von ihnen ist in Kultur verbreitet. Das horstig wachsende Gras entwickelt ein dichtes Wurzelsystem und bildet grüne, zugespitzte, sommergrüne Blätter. Die an der Basis verdickten Halme erscheinen zum Sommerende. Sie tragen verzweigte Rispen aus lockeren Ährchen, die sich aus grünvioletten Blüten mit violetten Staubblättern zusammensetzen. Das dekorative Gras kommt besonders hübsch zur Geltung, wenn es sich in Staudenrabatten neben Spätsommerblumen oder in einem Wildblumen- bzw. Präriegarten im Wind wiegen kann. Zum Ende der Wachstumszeit lodert das Laub für kurze Zeit in herbstlichen Farben auf.

M. caerulea wurde bis vor Kurzem in zwei Unterarten unterteilt: subsp. *arundinacea* und subsp. *caerulea*. Jüngsten Forschungsergebnissen aus Kew zufolge aber sind die beiden nicht so verschieden wie ursprünglich gedacht. Die größere Wüchsigkeit einiger, bislang subsp. *arundinacea* zugeordneter Pflanzen wird mittlerweile auf ungewöhnlich feuchte und nährstoffreiche Böden zurückgeführt, während subsp. *caerulea* an den trockeneren Rändern der Sumpfgebiete wächst. Ihr unterschiedliches Aussehen ist also nur eine Folge der unterschiedlichen Wachstumsbedingungen. Alle Sorten sind hier daher unter *M. caerulea* aufgeführt.

KULTUR An offenen Standorten in durchlässiger, nährstoffreicher, neutraler bis saurer Erde. Bei Hitze und Trockenheit für reichlich Wasserzufuhr sorgen.

VERMEHRUNG Durch Aussaat oder Teilung. Sorten und Unterarten teilen, was aber wegen des dichten Wurzelsystems schwierig ist. Die Teilstücke wachsen nur langsam ein.

PROBLEME In der Regel keine.

M. caerulea (Blaues Pfeifengras) Bildet durch das zähe, dichte Wurzelsystem kompakte Horste und wird allmählich immer höher. Die sommergrünen Blätter entwickeln sich aus leuchtend gelben Sprossen und färben sich später grün. Sie sind lang, flach, fein zugespitzt und 3–10 mm breit und im Herbst gelb bis orange oder rot gefärbt. Vom Spätsommer bis zum Frühherbst erscheinen hohe, etwas gebogene Halme mit schmalen, perlartig besetzten, violettgrünen Blütenrispen. Aus den Blüten ragen violette Staubblätter heraus. Die Art kommt in größeren Gruppen oder in Bändern ausgesprochen gut zur Geltung. Höhere Sorten lassen sich effektvoll in Szene setzen, wenn man sie nachts von hinten beleuchtet. Herkunft: saure Torfmoore, Sümpfe und überweidete Wiesen in ganz Europa

bis nach Sibirien, in den USA eingeschleppt. ↕ 1 m. Z4 **'Bergfreund'** Gelbe Herbstfärbung. Glänzende, rötlich grüne, duftige Rispen. ↕ 1,7 m. **'Carmarthen'** Blassgrüne, cremegelb gestreifte Blätter. Goldbraune, schmale Rispen. **'Claerwen'** Cremegelb gestreifte Blätter. Dunkle, rötlich grüne, schmale Blütenstände. **'Edith Dudszus'** Grünes Laub. Rötliche Halme und dunkelbraunviolette Rispen. ↕ 60 cm. **'Fontäne'** Gelbes Herbstlaub. Übergeneigte Halme mit violetten Rispen. ↕ 1,8–2 m. **'Heidebraut'** Aufrechte bis übergebogene Halme mit schmalen, blassvioletten Rispen. ↕ 1,2 m. **'Karl Foerster'** Überhängendes Laub. Lockere, grüne bis dunkelviolette Rispen an aufrechten Halmen. ↕ 2,2 m. **'Moorhexe'** Aufrechtes Laub. Dichte, schmale, grünviolette Rispen. ↕ 50 cm. **'Skyracer'** Breite, im Herbst goldgelbe Blätter. Hohe steife Halme mit filigranen, lockeren Blütenständen. ↕ 1,2–2,4 m. **'Strahlenquelle'** Breite Horste aus überhängenden Blättern. Halme mit blaugrünen bis violetten Blüten. ↕ 60–100 cm. **'Transparent'** Gelbes Herbstlaub. Duftige, lockere Rispen. ↕ 2 m. **'Variegata'** Aufrechte, gelbe und cremefarben gestreifte Blätter. Gelbgrüne, schmale Rispen. ↕ 45 cm. **'Windspiel'** Laub mit gelber Herbstfärbung. Goldbraune Blütenstände, die sich im Wind wiegen. ↕ 2 m.

MONARDA
Indianernessel

LAMIACEAE

Sowohl die leuchtenden, duftenden Blüten als auch das aromatische Laub bereichern den sommerlichen Garten. Leider sind Indianernesseln anfällig für Echten Mehltau.

Die 15 ein- oder mehrjährigen Arten stammen aus Nordamerika und dort insbesondere aus dem östlichen Teil des Kontinents, wo sie in Gebüschen, Prärien und Wäldern vorkommen. Ihre kantigen Stängel tragen gegenständige Paare meist gesägter, lanzettlicher bis ovaler, bisweilen violett getönter Blätter. Die Blütenstände erscheinen vom Hochsommer bis in den Herbst hinein und stehen zum Teil über kräftig gefärbten Hochblättern, die der Pflanze zusätzlichen Reiz verleihen. Die röhrenförmigen Blüten öffnen sich in endständigen Quirlen. Sie setzen sich aus einer helmartigen Oberlippe und einer 3-lappigen Unterlippe zusammen. Bienen, Schmetterlinge und Kolibris schätzen die Indianernesseln als Pollen- und Nektarquelle.

Die Pflanzen breiten sich durch unterirdische Triebe aus und können große Flächen bedecken, wenn sie nicht alle zwei bis drei Jahre geteilt werden. Wenn die Horste klein gehalten werden, sind sie durch die bessere Luftzirkulation nicht so anfällig für Mehltau. Das Laub riecht beim Zerreiben nach Bergamotte. Diese Zitrusfrucht verleiht auch dem Earl-Grey-Tee sein charakteristisches Aroma. In den USA bezeichnet man Monarden daher als »Bergamots«.

TON IN TON GESTALTET

HELLERE UND DUNKLERE Abstufungen einer Farbe zeigt diese interessante Kombination. *Monarda* 'Beauty of Cobham' ist eine alte Sorte mit breiten violetten, teils rosa durchwirkten Hochblättern. Darüber stehen kontrastreich die Quirle aus gekrümmten blassrosa Blüten. Dahinter zeigt sich die erste der modernen *Verbascum*-Formen, 'Helen Johnson'. Ihre fast ziegelroten Blüten verblassen mit der Zeit immer mehr. Dazwischen lugen einige rosa Blüten eines Zier-Tabaks (*Nicotiana*) hervor. Er wurde Ende Mai dazwischen gesetzt, um das Farbspiel aufrecht zu erhalten.

Viele Sorten galten früher als Formen von *M. didyma*. Sie werden heute aber als Hybriden eingestuft und sind hier einzeln aufgeführt.

KULTUR In mäßig nährstoffreicher, frischer Erde. In Gegenden mit kühlen Sommern in voller Sonne, in heißeren Zonen besser im leichten Schatten kultivieren. Darf im Sommer nicht austrocknen. Vor übermäßiger Winternässe schützen.

VERMEHRUNG Arten durch Aussaat im Frühjahr bzw. Teilung und Stecklinge im zeitigen Frühjahr. Sorten durch Teilung oder Stecklinge im zeitigen Frühjahr.

PROBLEME Sehr anfällig für Echten Mehltau. Einige Wildformen und Sorten sind widerstandsfähig oder resistent, doch kann ihre Resistenz gebrochen werden, sobald Mutationen des Mehltau-Erregers auftreten (siehe Kasten *Echter Mehltau*, S. 336). Monarden leiden gelegentlich unter Rost und Älchen.

M. 'Adam' Schöne kirschrote Farbe, Hochblätter violett. Nicht so kräftig gefärbt wie 'Cambridge Scarlet' oder 'Gardenview Scarlet'. Blüht ab Juli. ↕ 90 cm. Z4

M. 'Aquarius' Bronzefarbenes Laub. Blass-rosaviolette Blüten mit grünen, violett getönten Hochblättern. Widerstandsfähig gegen Mehltau. ↕ 1,2 m. Z4

M. 'Balance' (**Libra**) Leuchtend rosa Blüten über violetten Hochblättern. Etwas höher als viele andere Sorten. ↕ 1,1 m. Z4

M. 'Beauty of Cobham' ♥ Blassrosa, mit leicht violetten Hochblättern und oft violett getönten Blättern. ↕ 1,1 m. Z4

M. 'Blaustrumpf' (**Blue Stocking**) Tiefviolette Blüten über violetten Hochblättern. Widerstandsfähig gegen Mehltau. ↕ 90 cm. Z4

M. 'Cambridge Scarlet' ♥ Leuchtend rote, alte Sorte, die Anfang des 20. Jahrhunderts eingeführt wurde und viele Jahre lang die Form mit dem kräftigsten Rot war. Wird heute oft aus Samen gezogen und ist daher sehr variabel in der Färbung sowie anfällig für Mehltau. ↕ 80–90 cm. Z4

M. 'Capricorn' Klarrosa Blüten über dunklen Hochblättern und violett gctöntem Laub. Zumindest teilweise resistent gegen Mehltau. ↕ 1,2 m. Z4

M. citriodora Kurzlebige Staude (auch Ein- oder Zweijährige) mit schmalen, lanzettlichen, leicht gezähnten Blättern, die beim Zerreiben nach Zitrone riechen und in Quirlen am Stängel stehen. Die Art wurde von den amerikanischen Ureinwohnern früher zum Würzen von Fleisch und auch als Tee genutzt. Weiße bis rosa, 2 cm lange, violett gefleckte Blüten in zwei 2,5 cm großen, übereinander stehenden Quirlen. Herkunft: südliche USA und Nordmexiko. ↕ 60 cm. Z8 **subsp. austromontana** Lila, mit leicht blauem Ton. Aus New Mexico und Arizona (USA).

M. 'Comanche' Blass-lilarosa, mit rostbraunen Hochblättern über leicht bronzefarben getöntem Laub. Höher als die meisten rosa Sorten und teilweise resistent gegen Mehltau. Gehört zu einer Reihe relativ hoher Auslesen von Piet Oudolf und war ursprünglich als Schnittblume vorgesehen. ↕ 1,3 m. Z4

M. 'Croftway Pink' ♥ Rosarote Blüten, etwas dunkler als 'Beauty of Cobham'. Eine alte Züchtung aus dem Jahr 1932. Anfällig für Mehltau. ↕ 1,1–1,2 m. Z4

LINKS 1 *Monarda* 'Aquarius' **2** *M.* 'Beauty of Cobham' **3** *M.* 'Cambridge Scarlet' **4** *M.* 'Fishes' **5** *M. fistulosa*

M. didyma (Scharlach-Monarde, Goldmelisse) Die kantigen, aufrechten, verzweigten Stängel bilden Horste, die sich beharrlich ausbreiten. Scharf zugespitzte, gesägte, eiförmige, bis 10 cm lange, unterseits weich behaarte Blätter an kurzen Stielen. Sie riechen beim Zerreiben nach Bergamotte. Ab Juli öffnen sich zwei übereinander stehende Quirle aus 3–4,5 cm langen, leuchtend roten Blüten über rötlichen Hochblättern. Verträgt keine heißen trockenen Sommer und ist anfällig für Mehltau, vor allem, wenn der Boden austrocknet. Wurde erstmals von dem amerikanischen Botaniker John Bartram bei Oswego im US-Bundesstaat New York gesammelt. Wächst an Flussufern unter überhängenden Zweigen von New England südlich bis Georgia und Tennessee (USA). ↕ 90 cm. Z4

M. 'Elsie's Lavender' Hell–lilablaue Blüten, etwas bläulicher als bei 'Aquarius'. ↕ 1 m. Z4

M. 'Fishes' (**Pisces**) Unverwechselbare, blassrosa Blüten mit grünem Schlund und blassgrünen Hochblättern. Anfällig für Mehltau. ↕ 1,2 m. Z4

M. fistulosa Wüchsige, buschige, Horst bildende Art. An leicht abgerundeten Stängeln stehen mehr oder weniger eiförmige, leicht gesägte oder ganzrandige, weich behaarte, 4–10 cm lange Blätter. 1, bisweilen 2 oder 3 übereinander stehende Quirle aus 3 cm langen, lilablauen bis weißen Blüten mit Kelchblättern, die an der Spitze violett getönt sind. Verträgt mehr Trockenheit als *M. didyma*, ist nicht so anfällig für Mehltau und blüht etwas später. Herkunft: Nordamerika, von Quebec bis Texas und Arizona. ↕ 1,2 m. Z3

'Gardenview Scarlet' ♀ Leuchtend rot, etwas kräftiger gefärbt als 'Cambridge Scarlet'. Blassgrüne Hochblätter mit rosa Spitze, die sich nach der Blüte bronzebraun färben. Wüchsig und recht widerstandsfähig gegen Mehltau. ↕ 90 cm. Z4

M. 'Jacob Cline' Große Quirle aus dunkelroten Blüten und Hochblättern über dunkelgrünem Laub. Widerstandsfähig gegen Mehltau und Rost. ↕ 90 cm. Z4

M. 'Loddon Crown' Dunkel-purpurrote Blüten und violette Hochblätter. ↕ 90 cm. Z4

M. 'Mahogany' Tief-weinrote Blüten über fast braunen Hochblättern. ↕ 90 cm. Z4

M. 'Marshall's Delight' ♀ Leuchtend rosa Blüten und glänzende, hellgrüne Blätter. Eine kanadische Züchtung, ungewöhnlich widerstandsfähig gegen Mehltau. ↕ 90 cm. Z3

M. 'Mohawk' Hell-lilarosa Blüten, dunklere Hochblätter und bronzefarbenes Laub. ↕ 90 cm. Z4

M. 'Ou Charm' Niedrige Pflanze mit rosa Blüten über dunkel-kastanienbraunen Hochblättern. Anfällig für Mehltau und recht kurzlebig. ↕ 40 cm. Z4

M. Panorama-Hybriden Unvorhersehbar variable Samenmischung mit Rot-, Rosa- und Lachsrosatönen. ↕ 90 cm. Z4

M. Petite Delight Zwergige Sorte mit lilarosa Blüten und ausgezeichneter Widerstandskraft gegen Mehltau. ↕ 60 cm. Z4

M. 'Petite Wonder' Zwergig, mit leuchtend rosa Blüten an rundlichen Pflanzen. Resistent gegen Mehltau. ↕ 60 cm. Z4

M. 'Prärienacht' (**Prairie Night**) Dunkellila Blüten und rötliche Hochblätter. Widerstandsfähig gegen Mehltau. 1955 in Deutschland eingeführt. ↕ 90 cm. Z4

M. punctata Leicht daunig behaarte, kompakte Art mit lanzettlichen bis

ECHTER MEHLTAU

Wenn es um *Monarda* geht, ist immer auch der Echte Mehltau ein Thema. Der entstellende Blattbelag wird von dem Pilz *Erysiphe cichoracearum* verursacht. Man bekommt die Krankheit zwar durch wiederholtes Spritzen mit einem Fungizid teilweise in den Griff, doch ist die chemische Keule nicht gerade eine ideale Gegenmaßnahme. Wesentlich umweltfreundlicher wäre es, resistente Sorten zu züchten. Doch das ist leider nicht so einfach.

Es wurden bereits etliche, angeblich mehltauresistente Sorten eingeführt und es liefen Versuche in unterschiedlichen Anlagen, um herauszufinden, welche Sorten dem Pilz am verlässlichsten Paroli bieten. Die Schwere der Infektion hängt allerdings von zahlreichen Faktoren ab. Eine Sorte, die an einem Standort und in einem Sommer resistent scheint, kann unter anderen Umständen schon wieder anfällig sein.

Eine Rolle spielen unter anderem das Klima und der Witterungsverlauf, Licht- und Schattenverhältnisse, die Wasserversorgung, die Bodenqualität, die Größe und Dichte der Bepflanzung und der jeweilige Pilzstamm. Außerdem ist der Erreger anpassungsfähig und kann durch kleine Mutationen die Resistenz der Pflanzen durchbrechen.

Mitunter erweist sich daher eine bestimmte Form in einer Gegend für eine Zeitlang resistent, andernorts und zu einer anderen Zeit aber durchaus als anfällig. Manche Sorten, die bei Versuchen als »hoch resistent« eingestuft wurden, haben dennoch 40–50 Prozent ihres Blattwerks verloren.

Manchmal bewährt es sich, Monarden einfach als Einjährige zu ziehen. Sie werden dazu im Frühjahr aus Stecklingen vermehrt, an einen offenen Standort gepflanzt und gleichmäßig feucht gehalten. Vieles deutet darauf hin, dass so das Befallsrisiko ungeachtet der Sorte gesenkt werden kann.

länglichen, leicht gesägten oder ganzrandigen, bis 9 cm langen Blättern. Blassrosa, 2 cm breite, mit kleinen roten Flecken übersäte Blüten über 2 oder mehr auffallenden Quirlen aus langen rosa Hochblättern. Blüht ab Juli, Abzwicken welker Blüten verlängert die Blüte. Wuchert im Vergleich zu anderen Monarden nicht so sehr. Wächst in Wäldern mit durchlässigen, sandigen Böden von Minnesota bis Florida und New Mexico (USA). ‡ 90 cm. Z4

M. 'Raspberry Wine' Stumpfrote Blüten, die ungewöhnlich lange erscheinen. Widerstandsfähig gegen Krankheiten. ‡ 80 cm. Z4

M. 'Ruby Glow' Leuchtend rote Blüten über großen, rot getönten Hochblättern. ‡ 90 cm. Z4

M. 'Sagittarius' Zartrosa, am Ansatz dunklere Blüten. Anfällig für Mehltau. ‡ 90 cm. Z4

M. 'Schneewittchen' (**Snow White**) Eine der besten weißen Sorten, eine Züchtung des berühmten Staudengärtners Karl Foerster aus Potsdam. ‡ 90 cm. Z4

M. 'Scorpion' Violette, leicht rot getönte Blüten über dunkelvioletten Hochblättern. ‡ 1,2 m. Z4

M. 'Sioux' Blassrosa Blüten mit rosa Schimmer. Blätter rötlich angehaucht. Anfällig für Mehltau. ‡ 90 cm. Z4

M. 'Snow Queen' Weiß, mit schwachem Rosaton. ‡ 90 cm. Z4

M. 'Squaw' ♀ Scharlachrote Blüten über dunklen Hochblättern und gelbgrünem Laub an blassgrünen Stängeln. Gut widerstandsfähig gegen Mehltau. ‡ 1,2 m. Z4

M. 'Twins' (**Gemini**) Rosa Blüten. Gewisse Mehltau-Resistenz. ‡ 90 cm. Z4

M. 'Vintage Wine' Relativ kleine Sorte. Kastanienbraune Blüten über roten Hochblättern. Anfällig für Mehltau. ‡ 75 cm. Z4

M. 'Violet Queen' Leuchtend violette Blüten über stumpf purpurroten Hochblättern und rötlichem Laub. ‡ 90 cm. Z4

MONARDELLA

LAMIACEAE

Die kleinen, farbenfrohen, aromatisch duftenden und sehr trockenheitsverträglichen Lippenblütler eignen sich für mediterrane Pflanzungen und Trockengärten.

Die Gattung *Monardella* umfasst 19 Arten von Einjährigen, Stauden oder Halbsträuchern. Sie wachsen an trockenen, offenen Standorten im westlichen Nordamerika. Viele kommen in einem eng begrenzten Gebiet vor und haben ganz spezielle Bodenansprüche. Für die Kultur bedarf es in der Regel ein Alpinenhaus, nur *M. odoratissima* wird häufiger in Gärten gezogen. Sie trägt an aufrechten, in der Regel kantigen Trieben kleine gegenständige, lanzettliche bis rautenförmige, meist aromatisch duftende Blätter. Die rundlichen, von violetten, laubartigen Hochblättern umgebenen Quirle öffnen sich an den Triebspitzen. Jede Blüte besitzt zwei Lippen, wobei die untere 3-lappig und die obere 2-lappig ausgebildet ist. Sie ähneln sehr stark den Indianernesseln (*Monarda*), bleiben in der Regel jedoch kleiner und wirken zerzauster. Zudem ist die Oberlippe der *Monarda*-Blüten nicht gelappt.

KULTUR In mageren, durchlässigen Böden an vollsonnigen Standorten. Vor Winternässe schützen.

VERMEHRUNG Durch Aussaat, Teilung oder grundständige Stecklinge.

PROBLEME Rost, Weiße Fliege.

M. odoratissima Meist aufrechte, hohe, graue, wollig behaarte Triebe. Blätter lanzettlich, mit sehr kurzen Stielen und minzeartigem Duft. Die 3 cm großen Blütenquirle öffnen sich vom Hoch- bis zum Spätsommer. Ihre Farbpalette reicht von Rosarot bis fast Weiß. Die Pflanze wurde früher von den amerikanischen Ureinwohnern als Tee und Heilkraut gegen Erkältungen genutzt. Herkunft: höhere Lagen in den westlichen USA. ‡ 10–60 cm. Z8

MONTBRETIA siehe CROCOSMIA

MORINA
Kardendistel
MORINACEAE

Vor allem in Kiesgärten, aber auch in Rabatten werden die eigenwilligen, distelartigen Stauden zum Blickfang.

Mindestens 7 Arten werden zu dieser Gattung gezählt. Sie kommen in freier Natur an offenen Standorten, insbesondere auf steinigen Flächen und Grashängen in Osteuropa und der Türkei bis Zentralasien, zum Himalaja und Südwest-China vor. Die stacheligen, lanzettlichen Blätter bilden immergrüne Rosetten. Im Sommer schiebt sich der Stängel hoch mit rosa, roten, weißen oder gelben, röhrigen, 5-zähligen Blüten. Sie stehen in Quirlen und werden von stacheligen Hochblättern geschützt. Ihre kantige Gestalt setzt einen reizvollen Kontrapunkt zu weicheren Pflanzenkonturen in gemischten Rabatten oder Kiesgärten.

KULTUR In stark durchlässiger Erde an sonnigen Plätzen. Entwickelt in nährstoffreichen Böden unangenehm üppiges Laub. Empfindlich gegen Störungen des Wurzelraums.

VERMEHRUNG Durch Aussaat. Verträgt aber kein Umpflanzen.

PROBLEME Schnecken.

M. longifolia (Nepal-Kardendistel) Rosetten bildende Art mit glänzenden, gewelltrandigen oder tief fiederspaltigen, dunkelgrünen, bis 30 cm langen Blättern. Im Juli erscheinen 3 cm lange, weiße Blüten, die sich mit der Zeit blassrosa und schließlich leuchtend karminrot färben. Braucht feuchte, stark durchlässige Böden. ‡ 90 cm. Z6

M. persica (Persische Kardendistel) Rosetten bildende Pflanze mit dunkelgrünen, gezähnten oder tief fiederspaltigen, sehr stark glänzenden, 20 cm langen Blättern. Die anfangs weißen, später tiefrosa, 3 cm langen Blüten mit gelbem Schlund öffnen sich im Juli und August in großer Zahl. Stammt vom Balkan. ‡ 30–90 cm. Z6

MUHLENBERGIA

POACEAE

Mit Trockenheit kommen die Gräser aus den amerikanischen Prärien und mexikanischen Wüsten problemlos zurecht.

Die Gattung setzt sich aus 160 ein- und mehrjährige Arten zusammen. Sie kommen in Steppen, Halbwüsten und Strauchheiden in den USA und in Mexiko vor, einige wenige Arten finden sich außerdem in Südasien. Das Laub unterscheidet sich von Art zu Art beträchtlich, und Ähnlichkeiten zwischen ihnen lassen sich im Grunde nur erkennen, wenn man die Blüten unter starker Vergrößerung betrachtet. Die Blätter können lang und übergeneigt sein oder sie stehen strauchartig an verzweigten Halmen. Die Blüten befinden sich entweder in langen schmalen Ähren oder in wolkenartigen Rispen. Sie sind oft zunächst violett und rosa gefärbt, um schließlich zu Gelbbraun oder Weiß zu verblassen. Alle Arten vertragen Trockenheit und sind einigermaßen winterhart, obwohl sie zum Teil aus sehr warmen Zonen stammen. Ihren Reiz entfalten sie in heißen, trockenen Bereichen, vor allem, wenn man sie in Gruppen pflanzt.

OBEN **1** *Monardella odoratissima*
2 *Morina longifolia*

KULTUR In stark durchlässiger, mäßig nährstoffreicher Erde, die bei Bedarf mit Sand oder Kies vermischt wurde. Für vollsonnige, offene Standorte.

VERMEHRUNG Durch Aussaat oder Teilung, Sorten durch Teilung. Man sollte nicht vor dem späten Frühjahr teilen oder umpflanzen.

PROBLEME In der Regel keine.

M. capillaris Büschel aus flachen bis eingerollten, glänzend dunkelgrünen, bis 35 cm langen Blättern, die in einer dünnen Spitze auslaufen. Halme etwas höher, im Herbst mit endständigen, duftigen, rosavioletten, lockeren Rispen aus winzigen, borstig behaarten, bis 15 mm langen Blüten, aus denen sich rauchgraue Samen entwickeln. Gedeiht in voller Sonne, kommt aber auch mit etwas Schatten zurecht. Herkunft: offene, steinige Wälder, Prärien und Weiden in den mittleren und östlichen USA und in Mexiko. ‡ 40–100 cm. Z6

M. japonica 'Cream Delight' Bildet lockere Rasen und zieht im Winter ein. Der Neuaustrieb erreicht eine Höhe von 20 cm, bis er sich überneigt, um kriechend weiterzuwachsen und mitunter einzuwurzeln. Blätter schmal und zugespitzt, bis 4 mm breit, mit weißen Rändern und sehr dünnen, cremeweißen bis gelben Längsstreifen. Von August bis Oktober strecken sich die Blütenhalme weit über das Laub und bilden kleine, weiche, dichte, silbrig grüne, 7–15 cm lange, violett getönte Rispen aus. Ein schöner Bodendecker für trockene, offene Wälder oder als Unterpflanzung für Sträucher in nährstoffreicher Erde. Die Wildart kommt in Wäldern, auf Feldern und an Straßenrändern in Japan, China und Korea vor. ‡ 15–50 cm. Z6

M. mexicana Horste aus dünnem, graugrünem Laub, die sich langsam ausbreiten. Zieht im Winter ein. Blätter 15 cm lang und 6 mm breit. Von Juli bis September erscheinen an hohen, verzweigten, beblätterten Halmen glänzende, violettgrüne, behaarte, bis 15 cm lange Rispen. Wird am besten gruppenweise in Präriegärten oder in der Nähe von Wegrändern in Wasser speichernde Böden gepflanzt. Herkunft: feuchte bis nasse Böden an Flüssen und Seen, aber auch an trockeneren Stellen, von Kanada bis Mexiko. ↕ 40–100 cm. Z5

M. rigens Übergeneigte, eingerollte, dunkelgrüne, 8 mm breite Blätter bilden bis zu 35 cm hohe, immergrüne Horste, die sich im Winter gelbbraun färben. Zum Sommerende erscheinen hohe, senkrecht stehende Halme mit endständigen, peitschenartig schmalen Rispen aus silbrig grauen Blüten. Sie werden mit zunehmender Reife blassgolden und bleiben den Winter über aufrecht. Braucht gute Dränage und humose Böden, verträgt aber auch Trockenheit. Gut als Leitpflanze für eine streng formale Gestaltung, etwa vor Mauern und Gebäuden, wo der senkrechte Wuchs betont wird. Herkunft: trockene, offene Hänge, feuchte Schluchten und offene Wälder in Arizona (USA) und Mexiko. ↕ 70–180 cm. Z6

MUKDENIA
SAXIFRAGACEAE

Dekorative Blätter und kleine weiße Blüten kennzeichnen diese zurückhaltend eleganten Waldpflanzen.

Man unterscheidet 2 Arten sommergrüner Pflanzen, die in den Bergwäldern im nördlichen China, in Korea und in der Mandschurei beheimatet sind. Eine davon findet sich inzwischen häufiger als Gartenpflanze. Sie breitet sich durch langsam kriechende Rhizome aus und bildet einen Horst aus breiten, hübsch gelappten Blättern, die sich gut als Kulisse für die kompakten Rispen aus winzigen, weißen, 5-zähligen Blüten im Frühjahr eignen. Man pflanzt sie bevorzugt an feuchte, schattige Stellen in naturnahen Bereichen.

KULTUR Am besten an vollsonnigen bis halbschattigen Stellen in durchlässiger, aber feuchter, humushaltiger Erde.

VERMEHRUNG Durch Teilung im Frühjahr oder Aussaat.

PROBLEME Schnecken.

M. rossii syn. *Aceriphyllum rossii* (Ahornblatt) Aus dem kurzen Rhizom entwickeln sich lang gestielte, bronzefarbene, bis 15 cm breite, ahornartige Blätter mit 7–9 Lappen. Im Mai öffnen sich kleine, glockenförmige, weiße, 5 mm breite Blüten in dichten Rispen. Eine wertvolle Gartenpflanze für Gehölzbereiche. Herkunft: schattige Klippen und steinige Wälder in Schluchten von Nordchina und Korea. ↕ 40 cm. Z6
'Crimson Fans' Junge Blätter rötlich bronzefarben, im Sommer und Herbst karminrot überlaufen.

MUSA
Banane
MUSACEAE

Wegen ihrer unzureichenden Winterhärte sind die exotischen Blattschmuckpflanzen in Mitteleuropa nur in Gefäßen zu kultivieren.

Die Gattung umfasst etwa 55 Arten großer Stauden, die sich oft durch Rhizome ausbreiten. Sie wachsen am Rand lichter Wälder in Nordost-Indien und Bangladesch sowie von Südostasien bis Japan und Nordaustralien. Noch immer werden neue Arten entdeckt. Man zieht Bananen wegen ihrer riesigen, oft paddelförmigen Blätter. Sie entspringen einem aus Blattscheiden gebildeten Scheinstamm, sodass die Pflanzen fast wie Bäume aussehen. Sie tragen kleine, röhrige Blüten mit farbigen Hochblättern. Nach der Blüte zieht der Spross ein, während an der Basis ein frischer Schössling austreibt. Manche Arten und Sorten werden – meist von Kleinbauern – als Nutzpflanzen angebaut und liefern die beliebten Dessertbananen, aber auch Koch- und Faserbananen. Sie gehören zu den wichtigsten Feldfrüchten in den Tropen und liefern jährlich 88 Millionen Tonnen Früchte. Seit tropisch anmutende Pflanzungen auch in unseren Breiten immer beliebter werden, haben Gärtnereien und Samenhändler ihr Angebot an Bananenstauden beträchtlich erweitert.

KULTUR Gedeiht an vollsonnigen bis absonnigen Standorten in feuchter Erde. Braucht einen geschützten Standort, da der Wind die Blätter zerzaust. Muss während der kalten Jahreszeit frostfrei kultiviert werden, aber kann im Weinbauklima im Freien überwintern. Der oberirdische Wuchs friert zwar zurück, doch bewahrt die Pflanze ihre Gestalt, wenn man den Scheinstamm den Winter über vor härteren Frösten bewahrt. Vor den ersten Minusgraden im Herbst wird die Laubkrone dann entfernt und der Scheinstamm in Stroh eingepackt. Dieser Winterschutz wird im späten Frühjahr entfernt, sodass neue Blätter austreiben können.

VERMEHRUNG Die meisten Arten bilden Schösslinge, die man im Frühjahr abtrennen und einpflanzen kann. Auch eine Aussaat ist möglich. Dazu werden die Samen für 24 Stunden in warmes Wasser eingeweicht und anschließend bei 21–24 °C ausgesät.

PROBLEME Rote Spinne, Woll-, Schmier- und Blattläuse. Starke Winde.

M. basjoo ♀ Schösslinge bildende Staude mit schlankem Scheinstamm, der anfangs noch grün ist, sich mit der Zeit aber hellbraun färbt. Riesige, leuchtend grüne, 2–3 m lange und etwa 30 cm breite Blätter, die nach und nach eine imposante, baumartige Pflanze bilden. Hängende, cremefarbene Blüten, aus denen sich gelblich grüne, ungenießbare Früchte voller schwarzer Samen bilden. Eine der härtesten Bananen. Der oberirdische Wuchs friert zwar zurück, in Zone 7 und milder überlebt der Wurzelstock aber und treibt neu aus. Schützt man den Scheinstamm vor Frost, entwickeln sich mitunter sogar stattliche Exemplare. Lässt sich leicht durch Aussaat oder Schösslinge vermehren. Aus China. ↕ 5 m. Z8 **'Sakhalin'** Besonders winterhart. Laub vielleicht etwas dunkler und dicker als bei der Art. Z7

M. ensete siehe *Ensete ventricosum*

M. itinerans Eine schlanke Art, die sich durch Rhizome ausbreitet. Dekorative, blaugrüne, 250–300 cm lange und 70–90 cm breite Blätter an langen Stielen, die einen wächsernen, mit der Zeit violetten Scheinstamm bilden. Die Unterseite der Blätter kann nach dem Austrieb rot überlaufen sein. Die Pflanze bildet im Abstand von bis zu 2 m um das Elternexemplar Schösslinge aus (daher der botanische Name) und lässt sich nur schwer in Töpfen ziehen. Recht zäh, aber nicht so hart wie *M. basjoo*. Pflanze und Wurzelstock brauchen sogar in milden Gegenden im Winter guten Schutz. Erträgt Schatten besser als andere Bananen-Arten. ↕ 5–7 m. Z9

M. lasiocarpa Eine recht steif wirkende Pflanze mit kräftigem Scheinstamm und relativ derben, starren, 50 cm langen und

20 cm breiten Blättern, die buschig stehen. Blüht relativ jung und entwickelt einen spektakulären gelben Blütenstand, der ein bisschen an eine riesige Seerose erinnert und bis zu sechs Monate lang halten kann. Wurde erst vor Kurzem eingeführt, weshalb die Winterhärte noch nicht erprobt ist. Lässt sich aber wegen der geringen Größe gut in Töpfen ziehen und geschützt überwintern. Wird manchmal als eigene Gattung, Musella, eingestuft. Aus China und besonders Yunnan. ↕ 1,8 m. Z10

M. sikkimensis Erst seit Kurzem erhältlich. Imposante Pflanze mit glänzenden, bis 2 m langen und 60 cm breiten, unterseits deutlich violett überlaufenen Blättern. Recht variabel: Manche Sämlinge zeigen sogar eine ausgeprägte, schokoladenbraune Zeichnung auf den jungen Blättern. Unscheinbare Blüten im oberen Teil der Pflanze. Scheinstamm im Winter gut schützen. Von Nordost-Indien bis ins nördliche Indochina verbreitet. ↕ 4 m. Z9

MYOSOTIDIUM
BORAGINACEAE

Unübersehbar ist das »Riesenvergissmeinnicht« wegen seines glänzenden Laubs und der leuchtenden blauen Blüten.

Die Gattung besteht aus einer einzigen Art, einer immergrünen Staude, die nur auf den neuseeländischen Chatham-Inseln vorkommt. Sie entwickelt einen kräftigen, zylindrischen Wurzelstock und dickfleischige, breit ovale Blätter mit herzförmigem Ansatz. Die unteren Stängelblätter sind gestielt und wechselständig, die oberen ungestielt. Mit ihren blauen, kurzröhrigen und 5-lappigen Blüten sieht Myosotidium aus wie ein übergroßes Vergissmeinnicht. Die anspruchsvolle Pflanze lohnt den Aufwand in der Kultur.

KULTUR An Standorten mit lichtem Schatten oder sogar an waldartigen Plätzen. Braucht beständig feuchte, aber durchlässige, humose Böden. Vor kalten Winden schützen.

VERMEHRUNG Durch Aussaat frischer Samen, bei großen Exemplaren auch durch sehr vorsichtige Teilung im Frühjahr.

PROBLEME Schnecken, Gurkenmosaikvirus.

M. hortensia syn. *M. nobile* Die ausgesprochen dekorative, immergrüne Staude bildet einen Busch aus vielen großen, fleischigen, einschließlich der kräftigen Stiele 15–30 cm langen Blättern. Oberseite glänzend und unbehaart, tiefgrün und mit hervortretenden parallelen Adern. Die vergissmeinnichtartigen Blüten sind dunkel- bis hellblau, gelegentlich reinweiß und 1,2–1,5 cm breit. Sie stehen in endständigen, 10–15 cm großen Trugdolden. In ihrem natürlichen Lebensraum auf den Chatham-Inseln ist die seltene Art aufgrund von Überweidung gefährdet. ↕ 30–60 cm. Z8

M. nobile siehe *M. hortensia*

MYOSOTIS
Vergissmeinnicht
BORAGINACEAE

Unter diesen allbekannten Frühjahrsblumen findet sich auch eine mehrjährige Form, die Bienen und Schmetterlinge anlockt.

50 bis 100 behaarte Ein-, Zwei- und Mehrjährige gehören dieser Gattung an. Sie sind in den unterschiedlichsten Lebensräumen wie Wäldern, Bergen, Feuchtgebieten und Küsten heimisch und kommen in Europa, Asien, Höhenlagen in Afrika und Nordamerika sowie in Neuseeland vor. Alle zeichnen sich aus durch wechselständige, ganzrandige, weich behaarte Blätter und sternförmige Blüten mit kurzer Röhre, 5 flachen oder leicht vertieften Kronzipfeln und 5 weißen oder gelben Schlundschuppen. Die Blütenfarbe ist meist Blau oder Weiß, gelegentlich auch Gelb oder Rosa. Vergissmeinnicht locken allerlei Insekten an. Zur facettenreichen Gattung gehören zahlreiche kurzlebige Formen, einige aber wachsen verlässlich mehrjährig.

KULTUR Sonne oder leichter Schatten. Die Kulturansprüche variieren von Art zu Art sehr stark.

VERMEHRUNG Durch Aussaat, Teilung oder Stecklinge.

PROBLEME Echter Mehltau.

M. alpestris ‘Gold ’n’ Sapphires’ (Alpen-Vergissmeinnicht) Eine weich behaarte, Horst bildende Pflanze, die sich langsam durch Rhizome ausbreitet. Auffällige, leuchtend goldgelbe, mehr oder weniger spitz zulaufende, bis 8 cm lange, lanzettliche bis spatelförmige Blätter. Die typischen Vergissmeinnicht-Blüten sind dunkelblau und stehen in dichten kurzen Wickeln. Wird bisweilen fälschlich als Form von *M. sylvatica* geführt. Wächst an sonnigen bis absonnigen Standorten, die beste Laubfärbung erreicht man in voller Sonne. Gedeiht am besten in feuchten, aber durchlässigen, sauren bis neutralen Böden. Vermehrung nur durch Teilung oder Stecklinge. ↕ 20 cm. Z4

M. scorpioides (Sumpf-Vergissmeinnicht) Halbimmergrüne Sumpfpflanze mit kurzen kriechenden Rhizomen, aufrechten oder aufsteigenden Stängeln und länglichen, behaarten, 7–10 cm langen Blättern. Klarblaue Blüten mit gelber Mitte öffnen sich vom Frühjahr bis in den Sommer hinein aus rosa Knospen. Für sonnige bis leicht schattige Standorte in feuchten Böden oder seichtem, bis 5 cm tiefem Wasser. Darf nicht austrocknen. Aus Mittel- und Nordeuropa, Asien und Nordafrika. ↕ 15–50 cm. Z5 **Maytime** (‘Blaqua’) Laub breit cremefarben gerandet. ↕ 25 cm. **‘Mermaid’** Kompakter, mit kräftigen Stängeln. ↕ 15–23 cm. **‘Pinkie’** Rosa Blüten. ↕ 30 cm. **‘Snowflakes’** Weiße Blüten. ↕ 30 cm.

MYRRHIS
Süßdolde
APIACEAE

Unaufdringlich und subtil verleihen die aromatisch duftenden Pflanzen den sommerlichen Rabatten eine besondere Note.

Zur Gattung gehört nur eine Art. Sie ist in europäischen Mittelgebirgen und in den Alpen zu finden, wo sie überwiegend auf feuchten Böden, in Hochstaudenfluren, entlang von Bächen oder Gräben und in Wäldern wächst. In Nordeuropa und Großbritannien ist sie seit Langem eingebürgert. Die angenehm duftenden, flachen Dolden aus weißen Blüten kommen vor dem gefiederten, farnartigen Laub schön zur Geltung.

KULTUR Kommt in freier Natur zwar auf nährstoffreichen, feuchten Böden vor, verträgt dank der tief reichenden Wurzeln aber auch trockenere Bedingungen und ist daher im Garten vielseitig zu verwenden.

VERMEHRUNG Durch Aussaat.

PROBLEME In der Regel keine.

M. odorata (Süßdolde) Wüchsige, aromatisch anisartig duftende Staude (darauf beziehen sich sowohl der Gattungs- als auch der Artname). Mehrfach fiederschnittige, farnartige, weiß gefleckte Blätter, die im Spätwinter austreiben, bis zum folgenden Frühwinter aushalten und daher ungewöhnlich lange als Bodendecker dienen. Die Döldchen aus weißen Blüten stehen zu eindrucksvollen Dolden zusammen. Blüht im späten Frühjahr bis Frühsommer. Auffällige, glänzend dunkelbraune, 2,5 cm lange Samen, die als Gewürz oder Heilmittel Verwendung finden. Sät sich stark selbst aus – ist dies unerwünscht, sollte man welke Blüten entfernen. ↕ 1,2 m. Z5

N

NASSELLA
POACEAE

Filigrane, dekorative Blütenstände mit langen Grannen zeichnet dieses Gebirgsgras aus.

Seine 15 Arten findet man von Kalifornien bis Südamerika, überwiegend an den Abhängen der Anden. In Australasien und Teilen Afrikas wurden Nassella-Gräser eingebürgert und gelten zum Teil als lästige Unkräuter. Die dichten, flach wurzelnden, immergrünen Horste setzen sich aus sehr feinen, teilweise eingerollten, übergeneigten Blättern zusammen, die einen dichten Laubschopf bilden. Im Juni und Juli erscheinen dünne Halme mit lockeren, feingliedrigen Rispen aus kleinen, zugespitzten Blüten mit sehr langen Grannen. Mithilfe der haarfeinen Grannen verbreitet der Wind die feinen Samen. Am schönsten wirkt das Gras, wenn es sich über Steine und Felsvorsprünge neigen kann oder, in Gruppen gepflanzt, als duftige Randbepflanzung von Wegen und Trockenbeeten.

KULTUR In stark durchlässigen, wasserspeichernden, nährstoffreichen Böden mit Sand- oder Kiesanteil und an offenen, sonnigen Standorten. Fault bei anhaltender Nässe leicht am Wurzelhals. Welkes Laub im Sommer nach der Blüte herauskämmen.

VERMEHRUNG Durch Aussaat. Reagiert empfindlich auf Teilung. Wer unbedingt teilen muss, sollte sich auf große Teilstücke beschränken, die man gut gießen muss, bis sie eingewachsen sind.

PROBLEME In der Regel keine, kann sich aber stark selbst aussäen.

N. cernua Dichte, graugrüne Horste aus sehr feinen, eingerollten, 1–4 mm breiten Blättern. Im zeitigen Frühjahr erscheinen hohe Halme mit lockeren, nickenden Rispen aus winzigen Blüten mit violetten, bis 11 cm langen Grannen. Kurz bevor die begrannten Samen davonfliegen, wirken die Stände besonders silbrig und filigran. Entfaltet schöne Wirkung in naturnahen Pflanzungen mit anderen Präriegräsern und -blühern. Kommt überwiegend in sandigem, trockenem Grasland, im Chaparral und in Wacholderwäldern in Kalifornien vor. ↕ 1 m. Z8

N. tenuissima siehe *Stipa tenuissima*

N. trichotoma Horste aus steifen, eingerollten, 5 mm dünnen Blättern, die sich in einer dichten Kaskade überneigen. Im Juni und Juli erscheinen sehr dünne, drahtige Stängel mit vielen glänzenden, kleinen, violetten Blütenständen, die jeweils bis 2,5 cm lang sind. Wenn sich die Blütenstängel über das Laub neigen, scheint die komplette Pflanze wie von einer schimmernden Wolke eingehüllt. Während des Sommers erscheinen weitere Blüten, allerdings nicht mehr so dicht und zahlreich wie beim ersten Flor. Das Gras entfaltet seine optimale Wirkung, wenn es an Felsen überhängen darf oder − in größeren Gruppen gepflanzt − um die harten Kanten von gebauten Gartenelementen aufzuweichen. Es wurde in Neuseeland eingeschleppt, wo es mittlerweile als Unkraut gilt. Herkunft: Steppen und Busch in Argentinien und Uruguay. ↕ 20–50 cm. Z5

NEPETA
Katzenminze
LAMIACEAE

Die zähen, pflegeleichten Stauden mit dekorativem Laub beeindrucken durch schönes, markantes Laub und lange Blütezeit.

Die 250 Arten sommergrüner Stauden sind in Europa, Asien und Nordafrika verbreitet. Etwa 20 haben Einzug in die Gärten gefunden. Viele kommen in freier Natur an trockenen, felsigen Standorten vor, andere stammen aus Wäldern oder von feuchten Berghängen. Die hübschen, oft graugrünen Blätter stehen gegenständig an den Stängeln. Sie sind gezähnt oder glattrandig. In dichten, übereinander stehenden Scheinquirlen öffnen sich röhrige, 2-lippige, meist violette oder blaue, gelegentlich hellgelbe Blüten, die eine gute Bienenweide bieten. Auch die Kelche sind mitunter auffallend getönt, wodurch sich die Farbwirkung verstärkt. Die robuste Katzenminze fügt sich bereitwillig in Pflanzungen ein und stellt eine wertvolle Alternative zu Lavendel dar. Sie liebt sonnige Plätze mit durchlässigem Boden und blüht meist über einen langen Zeitraum vom Frühsommer bis in den Herbst.

KULTUR In der Regel in durchlässigen Böden in voller Sonne.

VERMEHRUNG Durch Teilung oder Stecklinge im Frühsommer.

PROBLEME Echter Mehltau, Schnecken und Katzen.

N. cataria (Gewöhnliche Katzenminze) Bildet lockere Horste aus verzweigten, grauen Stängeln mit gezähnten, lang gestielten, ovalen, graugrünen, bis 8 cm langen Blättern. Von Juli bis September erscheinen weiße, violett gefleckte, 1,2 cm lange Blüten in offenen, dichten Scheinquirlen an traubigen Ständen. Die Blätter duften intensiv aromatisch und locken oft Katzen an, die sich daran reiben, sie anknabbern oder sogar zerrupfen (daher der Name Katzenminze). Wächst auf Schuttplätzen und an Wegrändern, meist auf Kalk, in weiten Teilen Europas einschließlich der Britischen Inseln und in Westasien. ↕ 90 cm. Z3 **'Citriodora'** Laub duftet nach Zitrone.

N. Cat-Serie Von mehreren Arten abgeleitet und daher keine echte Serie. Die verschiedenen »Cat«-Formen wurden in den Niederlanden gezüchtet und haben wenig gemeinsam. Sie werden hier unter ihrer Elternart beschrieben. Beispiele: 'Candy Cat' und 'Cool Cat' siehe *N. subsessilis*; 'Kit Cat' siehe *N. × faassenii*; 'Wild Cat' siehe *N. grandiflora* und 'Snow Cat' siehe *N. nuda*.

N. clarkei Horst bildende Art mit gezähnten, ovalen, bis 6 cm langen Blättern. Schlanke, endständige Scheinähren mit 1,5 cm langen Blüten; durch die weiße Lippe ergibt sich ein hübscher zweifarbiger Effekt. Blüht von Juli bis September. ↕ 75 cm. Z5

N. × faassenii ♀ (Blauminze) Bildet einen Horst aus aufrechten bis ausladenden Stängeln mit graugrünen, bis 3 cm langen, runzligen Blättern. Von Juni bis September erscheinen lange haltende, blass-violettblaue, 1,2 cm lange Blüten in den Blattachseln entlang der dünnen Triebe. Liebt volle Sonne. Nach der ersten Blüte zurückschneiden. Wird gelegentlich von Katzen beschädigt. Eine Hybride zwischen *N. nepetella*

und *N. racemosa*. Die meisten als *N. mussinii* bezeichneten Pflanzen sind in Wirklichkeit *N. × faassenii*. ↕ 45–60 cm. Z4 **'Alba'** Weiße Blüten. **'Kit Cat'** Zwergig, aber breitwüchsig. Hell-violettblaue Blüten mit rötlichen Kelchen. ↕ 40 cm. **'Little Titch'**, **'Snowflake'** und **'Walker's Low'** Diese drei Sorten werden manchmal *N. × faassenii* zugeordnet; siehe *N. racemosa*.

N. govaniana Lockerer Horst aus hellgrünen, ovalen, bis 10 cm langen Blättern. Von Juli bis September erscheinen lichte Stände aus blassgelben, bis 3 cm langen Blüten. ↕ 90 cm. Z5

N. grandiflora (Großblütige Katzenminze) Lockere Horste aus schwach verzweigten, aufrechten Stängeln mit ovalen, grünen bis graugrünen, an der Basis herzförmigen, bis 10 cm langen Blättern. Dichte Quirle aus violettblauen, 1,7 cm langen Blüten in einer langen, unterbrochenen Traube. Blütezeit Juni bis August. Stammt aus dem Kaukasus. ↕ 75 cm. Z4 **'Bramdean'** Tief-indigoblau. **'Dawn to Dusk'** Blüten zart-lilarosa, mit dunkelroten Kelchen. ↕ 65 cm. **'Pool Bank'** Lilablaue Blüten mit dunkelrotem Kelch. ↕ 80 cm. **'Wild Cat'** Höher, mit lilavioletten Blüten und rötlichen Kelchen. ↕ 1 m.

N. hederacea siehe *Glechoma hederacea*

N. longipes Leicht behaarte, ovale bis längliche, dunkelgrüne, bis 7 cm lange Blätter. Von Juli bis September öffnen sich 1,2 cm lange Blüten mit dunklem Kelch in dichten Scheinähren. Vermutlich eine Hybride. ↕ 1 m. Z3

N. mussinii siehe *N. × faassenii* und *N. racemosa*

N. nepetella Variable Art mit grünen oder graugrünen, ovalen bis lanzettlichen, bis 4 cm langen, am Rand stumpf gezähnten Blättern. Blüten gebogen, bis 1,2 cm lang, rosa oder weiß, in einer langen Scheinähre. Blütezeit Juli und August. Bleibt im Garten relativ unscheinbar, ist aber als Elternart von *N. × faassenii* und vielen schönen Hybridsorten interessant. Aus Südwest-Europa und Süditalien. ↕ 80 cm. Z7

N. nervosa Bildet einen dichten Horst aus unverzweigten, aufrechten Stängeln mit schmal lanzettlichen, stumpfgrünen, bis 10 cm langen Blättern. Von Juli bis September erscheinen violettblaue, selten gelbe, 1 cm lange Blüten in kurzen, dichten, zylindrischen, bis 15 cm langen Ähren. Ein Rückschnitt nach der Blüte hält die Pflanzen kompakt. Von Bergwiesen und unbewachsenen Hängen in Kaschmir. ↕ 60 cm. Z5 **'Forncett Select'** Kompakt, mit tief-himmelblauen Blüten. ↕ 45 cm.

N. nuda (Kahle Katzenminze) Hohe, Horst bildende Art mit violetten Stängeln, an denen unbehaarte, längliche, mittelgrüne, bis 7 cm lange Blätter wachsen. Weiße bis blassviolette, 8 mm lange Blüten in lockeren Scheintrauben an verzweigten Stängeln. Blütezeit Juni bis Anfang August. Relativ biegsamer und feingliedriger Wuchs. Wirkt gut in dichten Pflanzungen mit anderen

LINKS *Nassella trichotoma*

Stauden. Auf offenen, grasbewachsenen Flächen in Osteuropa und Westasien zu finden. ‡ 90 cm. Z5 **'Snow Cat'** Blüten weiß, mit grünem Kelch.

N. parnassica Große Art mit klebrigen Stängeln, graugrüne, dreieckige bis ovale, bis 3,5 cm lange Blätter mit gekerbtem Rand. Weiße, 1,3 cm lange, violett gefleckte Blüten von Juli bis September. Herkunft: sonnige Wiesen in Griechenland und Südalbanien. ‡ 1,2 m. Z5 **'Porzellan'** Zwergige Form mit schmalen, graugrünen, bis 3 cm langen Blättern und traubenartigen Ständen aus hell-violettblauen Blüten im Juli und August. Züchtung aus den Niederlanden, womöglich eine Auslese von *N. × faassenii*. ‡ 25 cm. Z4

KATZENMINZE

Die Wirkung von Katzenminze auf Katzen ist hinreichend bekannt. Sie scheint erblich zu sein und variiert daher von Tier zu Tier; jedenfalls reagieren sehr junge und betagte Katzen weniger stark. Nicht nur Hauskatzen indes zeigen eine Vorliebe – sogar Tiger sind verrückt nach der Pflanze!

Die Wirkung hält ungefähr sechs Minuten an, wobei sie nach drei Minuten intensiver Reaktion allmählich nachlässt. Die Katze beschnüffelt und untersucht die Katzenminze zunächst, reibt und rollt sich in ihr, bis sie schließlich völlig die Kontrolle verliert. Danach zeigt sie stundenlang keine Reaktion mehr.

Als Auslöser gilt die Verbindung Nepetalacton. Den höchsten Anteil hat *Nepeta cataria*, doch findet sich der Stoff auch in anderen Arten. Von Katzenminze angelockte Samtpfoten können eine ganze Pflanzung ruinieren. Sie demonstrieren während ihres »Rausches« bestimmtes Jagdverhalten, doch welche Verbindung zwischen Jagd und Katzenminze besteht, ist noch unklar.

Nepeta wurde in Nordamerika in erster Linie für Katzenfreunde eingeführt. In einigen Gegenden ist sie verwildert und breitet sich stark aus.

N. prattii Hohe Pflanze mit lanzettlichen, grünen, gekerbten Blättern. Die blauen oder violetten, 3,5 cm langen Blüten öffnen sich im Juli und August in dichten Quirlen am Ende der Stängel. Wird selten kultiviert und entfaltet eine ganz andere Wirkung als andere Katzenminzen. Herkunft: feuchte, grasbewachsene Hänge in mittleren Höhenlagen Westchinas. ‡ 90 cm. Z6

N. racemosa ♀ syn. *N. mussinii* (Trauben-Katzenminze) Variable Art mit ausladenden oder aufrechten Stängeln und ovalen, graugrünen, bis 4 cm langen, am Rand stumpf gezähnten Blättern. Von Ende Juni bis Anfang September trägt die Pflanze 1–1,8 cm lange, blass- bis tief-violettblaue Blüten in dichten Quirlen zwischen den Blattachseln. Hat als Elternpflanze vieler Sorten Bedeutung. Herkunft: offene, steinige Lagen im Kaukasus und am Kaspischen Meer. ‡ 30–50 cm. Z4 **'Little Titch'** Zwergform. Blüten blass-lila-blau. ‡ 15 cm. **'Snowflake'** Niedrig und ausladend, mit grauem Laub und weißen Blüten. ‡ 30 cm. **'Walker's Low'** Kompakte, buschige, steife Pflanze mit violettblauen Blüten zwischen Mai und September. Gut für den Vordergrund einer Rabatte geeignet. ‡ 60 cm.

N. sibirica (Sibirische Katzenminze) Aufrechte Art, die unterirdische Ausläufer bildet. Aromatisch duftende, mittel- bis dunkelgrüne, bis 9 cm lange, schmal längliche bis lanzettliche und stumpf gezähnte Blätter. Violettblaue, 4,5 cm lange Blüten in lockeren Scheinähren. Blüht von Juli bis Anfang September. Sehr hart, verträgt Sonne und lichten Schatten gleichermaßen, neigt unter günstigen Bedingungen zum Wuchern. Stammt von sonnigen Berghängen in Sibirien und Nordchina. ‡ 90 cm. Z3 **'Souvenir d'André Chaudron'** Kompakter, bildet ebenfalls unterirdische Ausläufer. Blüten violettblau. ‡ 45 cm.

N. 'Six Hills Giant' Hohe, wüchsige Form mit gezähnten, lanzettlichen, graugrünen, bis 4 cm langen Blättern.

Die lilablauen, 2 cm langen Blüten stehen quirlartig in langen Scheinähren. ‡ 90 cm. Z4

N. stewartiana Aufrechte Art mit lanzettlichen, dunkelgrünen, bis 10 cm langen, am Rand fein gekerbten Blättern. Gebogene, violettblaue, 2,5 cm lange, an der Unterlippe weiß gefleckte Blüten in lockeren Quirlen, die an den Triebspitzen eine lange Scheinähre bilden. Herkunft: Grasbewachsene Berghänge in Yunnan (Südwest-China). ‡ 90 cm. Z6

N. subsessilis Hohe Art mit steif aufrechten Stängeln, an denen eiförmige, blassgrüne, bis 12 cm lange Blätter mit stumpf gezähntem Rand stehen. Von Juli bis September erscheinen blass-lilarosa, selten weiße, 1,5–2,5 cm lange Blüten in einer langen, lockeren Scheinähre. Regelmäßiges Entfernen welker Blüten verlängert die Blühdauer. Wächst an nassen, schattigen Stellen in den Bergen Südjapans. Z5 **'Candy Cat'** Hell-rosaviolette Blüten in kurzen Ständen. ‡ 50 cm. **'Cool Cat'** Blass-lilablaue Blüten im Juni. ‡ 75 cm. **'Sweet Dreams'** Rosa Blüten. ‡ 50 cm.

N. transcaucasica Buschige Art mit graugrünen, aromatisch duftenden, 3–4 cm langen, fein gekerbten Blättern. Blüten violettblau, in dichten Ständen. Blütezeit von Juli bis August. Wächst an trockenen, steinigen, offenen Stellen und Straßenrändern im Kaukasus. ‡ 20–40 cm. Z3 **'Blue Infinity'** Höher, mit lilablauen Blüten; Unterlippe weiß, violett gefleckt. Blütezeit Ende Juni bis September. ‡ 40–60 cm.

N. tuberosa Treibt aus einem knolligen Rhizom einfache, grau behaarte Stängel mit schmal ovalen, bis 8 cm langen, mitunter weißlichen und wollig behaarten Blättern. Violette, 1 cm lange Blüten in dichten, ährenartigen Ständen. Blütezeit Juli bis Anfang September. Braucht durchlässige Böden und verträgt keine Winternässe. Herkunft: trockene, sonnige Lebensräume in Spanien, Portugal und Sizilien. ‡ 80 cm. Z8

OBEN 1 *Nepeta nervosa* **2** *N. racemosa* 'Snowflake' **3** *N.* 'Six Hills Giant' **4** *N. tuberosa*

NIPPONANTHEMUM
ASTERACEAE

Große, leuchtend weiße Körbchenblüten heben sich reizvoll von dem aromatisch duftenden, dunkelgrünen Laub ab.

Die Art besteht aus nur einer einzigen Gattung, einem Halbstrauch von der japanischen Küste. Die aufstrebenden Triebe verholzen am Grund; die dicken, ungestielten, wechselständigen Blätter finden sich überwiegend an den Triebspitzen. Im Herbst erscheinen die Körbchenblüten. In milden Gegenden überdauert das holzige Gerüst, in kühleren Regionen schneidet man die Pflanze bis zum Boden zurück – sie treibt aus der Basis neu wieder aus.

KULTUR Am besten an vollsonnigen, geschützten Plätzen in mäßig nährstoffreicher, stark durchlässiger Erde. Vor einer warmen Mauer blüht die Art früher und verlässlicher. In kühleren Zonen erfrieren die Blüten mitunter während der ersten Herbstfröste. Triebspitzen abzwicken, um buschigen Wuchs zu fördern.

VERMEHRUNG Durch Aussaat oder Teilung.

N. nipponicum syn. *Chrysanthemum nipponicum, Leucanthemum nipponicum* Horst bildende Art mit dicken, ledrigen, fein behaarten, aromatisch duftenden, spatelförmigen, zur breiten Seite hin mitunter unregelmäßig gezähnten Blättern. Im Spätsommer oder Herbst erscheinen elegante, 6 cm breite Körbchenblüten einzeln an langen, unbeblätterten Stielen. Strahlenblüten weiß, Scheibe grünlich gelb. Aus Japan. ‡ 50–100 cm. Z8

O

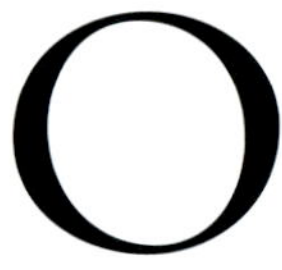

Oaksiella siehe Uvularia

OENANTHE
Wasserfenchel
APIACEAE

Gartenwürdig erscheint die unscheinbare Art nur wegen einer einzigen buntlaubigen Form.

Die rund 30 Arten dieser feuchtigkeitsliebenden Pflanzen kommen überwiegend auf der Nordhalbkugel vor, wo sie Sümpfe, Schwemmwiesen und andere feuchte Lebensräume besiedeln. Sie tragen ein- oder mehrfach gefiederte Blätter und kleine sternförmige Blüten mit jeweils 5 gekerbten Kronblättern in flachen, relativ offenen doppelten Dolden. Mehrere Arten, wie z.B. *O. crocata*, sind hochgiftig.

KULTUR Gedeiht am besten in halbwegs nährstoffreichen, feuchten Böden in der Sonne oder im Halbschatten.

VERMEHRUNG Durch Teilung oder Stecklinge im Frühling.

PROBLEME Schnecken und Blattläuse.

O. javanica Breitet sich bisweilen sehr stark durch die Rhizome aus. Die grünen, 7–15 cm großen Blätter setzen sich aus zugespitzten ovalen Blättchen mit unregelmäßig gezähnten oder gelappten Rändern zusammen. Die weißen Döldchen aus sternförmigen, 3 mm breiten Blüten erscheinen im Sommer. Wird in den Ursprungsländern als Gemüse gesammelt und angebaut − im Gegen-

satz zu den giftigen Arten der Gattung. Aus Indien, dem Fernen Osten und Nordaustralien. ↕ 30 cm. Z9 **'Flamingo'** Blätter rosa, cremefarben und weiß.

OENOTHERA
Nachtkerze
ONAGRACEAE

Intensiv duften die prachtvollen Blüten der Nachtkerze, sie geben sich jedoch nur eine einzige Nacht lang die Ehre.

Man unterscheidet etwa 80 Arten Ein-, Zwei- und Mehrjähriger. Nur wenige haben einen Zierwert. Sie kommen in Nordamerika in Wiesen, an Straßenränder und auf Prärien vor. Die besten zeichnen sich durch ansprechend tellerförmige Blüten mit 4 breiten, überlappenden Kronblättern und einen langen Griffel mit vier Narben aus. Die aufrechten bis breitwüchsigen, oft sukkulenten Triebe wachsen aus einer dicken Pfahlwurzel oder aus dem faserigen, mitunter unbändig wuchernden Wurzelwerk. Die Triebe sind dicht mit lanzettlichen Blättern besetzt und tragen am Ende zahlreiche Blüten. Die Blüten öffnen zwar sich nur einen Tag lang und sind oft schon am frühen Nachmittag verwelkt, doch blüht die Pflanze über einen langen Zeitraum. Die Blüten von manchen nachts blühenden Arten vergehen bereits bei Sonnenaufgang. Welkende Kronblätter färben sich dunkel, was reizvolle Kontraste ergibt. Hohe Arten lassen sich gut in Staudenpflanzungen integrieren, während kürzere, buschigere am besten einen Platz am vorderen Beetrand bekommen.

Die Gattung *Oenothera* erscheint ziemlich unübersichtlich und die Herkunft so mancher Hybride ist

unsicher. Weil die Pflanzen zunehmend Bedeutung als Ölfrucht bekommen, werden sie intensiv züchterisch bearbeitet, dadurch erhält man immer mehr Einblick in ihre Vermehrungsbiologie. Im Gegenzug sind in naher Zukunft weitere dekorative Hybriden zu erwarten.

KULTUR Gedeiht am besten in mittleren bis sehr nährstoffreichen, durchlässigen Böden an sonnigen, leicht beschatteten Plätzen. Die meisten Arten breiten sich durch einen langsam kriechenden Wurzelstock aus und bilden dichte Horste. Die zähen, trockenheitsverträglichen Gewächse sind leicht zu kultivieren. Alle säen sich sehr stark selbst aus.

VERMEHRUNG Rosetten im zeitigen Frühjahr oder nach der Blüte im Spätsommer teilen.

PROBLEME In der Regel keine.

O. acaulis Büschelig wachsende Zwei- oder Mehrjährige mit 20 cm langen lanzettlichen, unterschiedlich großen Blättern in gegenständiger Anordnung. Laub, Stängel und Knospen oft rot getönt. Den ganzen Sommer über öffnen sich aus zugespitzten Knospen bis 8 cm breite, anfangs weiße, später rosarote Blüten. Gut für Hochbeete oder Rabattensäume. Braucht mittlere bis stark nährstoffreiche, durchlässige Böden an vollsonnigen Standorten. Herkunft: Felshänge und Ebenen in Chile. ↕ 10–15 cm. Z5 **'Aurea'** Gelbe Blüten.

O. **'Apricot Delight'** Aufrechte Pflanze mit roten Trieben. Von Juli bis September öffnen sich immer neue 8 cm breite, süß duftende Blüten. Sie sind zunächst blassgelb, werden mit der Zeit aber immer kräftiger gelb bis apricotfarben und dann rosa. Vermutlich eine Hybride von *O. stricta*. ↕ 1,1 m. Z5

O. berlandieri siehe *O. speciosa* 'Siskiyou'

OBEN 1 *Oenothera fruticosa* 'Fyrverkeri'
2 *O. speciosa* 'Rosea'

O. **'Colin Porter'** Kriechende Triebe. Rote, schmal gelb gerandete Blüten mit gelbem Auge. Gedeiht am besten in durchlässiger Erde an heißen, sonnigen Stellen. ↕ 12,5 cm. Z7

O. **'Crown Imperial'** Wüchsig. Schmal aufrechte Triebe mit sattgrünen, lanzettlichen Blättern. Im späten Frühjahr und Sommer stehen an der Spitze der Stängel dichte Büschel 2,5 cm breiter, leuchtend gelber Blüten, die sich aus roten Knospen öffnen. ↕ 60 cm. Z7

O. fruticosa (Rotstängelige Nachtkerze) Bildet mit einem dicht-faserigen Wurzelstock dichte Horste immergrüner Winterrosetten, die sich langsam ausbreiten. Zahlreiche belaubte, aufrechte Blütenstängel mit breit lanzettlichen, weich behaarten, bis 8 cm langen Blättern. Leuchtend gelbe, 2,5 cm große, am Tag blühende Blüten öffnen sich aus rötlichen Knospen. Kann sich unangenehm stark ausbreiten und braucht daher Kontrolle. Im zeitigen Frühjahr oder nach der Blüte im Spätsommer teilen. Wächst in Wiesen, auf Lichtungen, an Straßenrändern und in umgebrochenen Feldern von Neuschottland und New York bis Florida und Alabama in Nordamerika. ↕ 30–60 cm. Z4 **'African Sun'** Vielblütige, den ganzen Sommer blühende Sorte mit gelbem Flor über schlankem Laub. ↕ 30 cm. **'Camel'** Laub beim Austrieb fast orange, später grün mit gelben Flecken. Gelbe Blüten und rote Knospen. ↕ 45 cm. **'Cold Crick'** Kleine, aber zahlreiche, leuchtend gelbe, am Tag blühende Blüten, die sich den ganzen Sommer über an schlanken Blättern in einem dichten Horst öffnen. Wuchert nicht. Auf einer Farm in Virginia entdeckt; möglicherweise eine Hybride. ↕ 25–30 cm. **'Fyrverkeri'** ⚘ Rote Knospen und 5 cm große gelbe Blüten an kompakten Pflanzen. ↕ 45 cm.

subsp. *glauca* ♀ syn. *O. tetragona* Breitere, glatte, beim Austrieb rote Blätter und zitronengelbe Blüten. **subsp.** *glauca* **'Erica Robin'** Rote Triebspitzen und rötlich grüne junge, später gelbe und grüne, schließlich grüne Blätter. ‡ 30 cm. **subsp.** *glauca* **'Longest Day'** Goldgelbe Blüten im Hochsommer. ‡ 40 cm. **subsp.** *glauca* **'Sonnenwende'** syn. **'Solstice'** Klargelbe kompakte Sorte mit rötlichem Herbstlaub. Wuchert überhaupt nicht. ‡ 30 cm. **'Youngii'** Hoch, aufrecht, vielblütig. ‡ 60 cm.

O. kunthiana Rosetten bildende, kurzlebige Staude oder Einjährige mit 10 cm langen, gelappten, linealischen Grundblättern und kleineren, nicht ganz so stark gelappten Stängelblättern an biegsamen Trieben. An Sommerabenden öffnen sich Büschel aus 2 cm breiten rosa oder weißen Blüten. Für mittlere bis stark nährstoffreiche, durchlässige Böden an sonnigen oder absonnigen Standorten. Herkunft: von Texas und Arizona (USA) südlich bis Guatemala. ‡ 30–60 cm. Z7

O. 'Lemon Sunset' Im Hoch- und Spätsommer öffnen sich aus rosa Knospen weiße, bisweilen leicht getönte, in der Mitte gelb gefleckte Blüten, die sich später dunkelorange färben. Vermutlich eine Wildart; weitere Untersuchungen erforderlich. ‡ 90–100 cm. Z5

O. macrocarpa ♀ syn. *O. missouriensis* (Missouri-Nachtkerze) Auffällige, niederliegende bis schwach aufrechte Pflanze. Sie bildet aus einer verzweigten Pfahlwurzel breite Horste mit 5–10 cm langen schmalen, lanzettlichen, hellgrünen Blättern. Zahlreiche dekorative, große, rundliche, 8–10 cm breite, zitronengelbe Blüten, die bis in den Nachmittag hinein geöffnet bleiben. Macht sowohl in formalen als auch in naturnahen Pflanzungen wie Präriegärten, Wiesen und Steingärten eine gute Figur. Die zähen, trockenheitstoleranten Gewächse gedeihen in mittleren, sandigen oder lehmigen, durchlässigen Böden an voll- bis absonnigen Standorten. Man teilt sie im zeitigen Frühjahr oder nach der Blüte. Aus offenen Wäldern, Lichtungen zwischen Zedern, Savannen und Prärien in kalkhaltiger Erde von Illinois und Colorado bis Missouri und südlich bis Texas (USA). ‡ 15–30 cm. Z4 **subsp.** *fremontii* Ausgesprochen dekorative, lanzettliche, silbrig grüne Blätter und gelbe Blüten an kompakten Pflanzen. **subsp.** *fremontii* **'Lemon Silver'** Große Blüten und silbrige Blätter. ‡ 15–20 cm. **'Greencourt Lemon'** Zart-schwefelgelbe, 5–6 cm große Blüten. **subsp.** *incana* Breite silbrige Blätter und blass-zitronengelbe Blüten. **'Silver Blade'** Silbergraue Blätter und gelbe, 8 cm große Blüten. ‡ 10–15 cm.

O. missouriensis siehe *O. macrocarpa*

O. odorata siehe *O. stricta*

O. pallida Kurzlebige Staude oder Zweijährige mit spärlich gezähnten, lanzettlichen, bis 5 cm langen Blättern entlang der Stängel, an deren Ende duftende, 5 cm breite, weiße, später rosa Blüten stehen. Die Blüten öffnen sich

am Abend und welken am Vormittag. Für mittlere bis stark nährstoffreiche, durchlässige Böden an sonnigen oder absonnigen Standorten. Vermehrung durch Aussaat. Aus offenen Wäldern und von Felshängen sowie Straßenrändern in Nordamerika von Manitoba und British Columbia bis nach Texas, Mexiko und Nevada im Süden. ‡ 30–45 cm. Z3 **'Innocence'** Fast völlig flache, tellerförmige Blüten mit reinweißen, später rosa Kronblättern. ‡ 45–60 cm.

O. perennis Dünne, locker mit 2,5–5 cm langen, linealischen Blättern besetzte Stängel, an deren Ende sich tagsüber 2 cm große, gelbe Blüten in lockeren endständigen Gruppen öffnen. Der Name wird fälschlicherweise auch auf viele andere hohe, aufrechte, gelb blühende Nachtkerzen angewandt. Man zieht *O. perennis* am besten in mittleren bis stark nährstoffreichen, durchlässigen Böden in voller Sonne bis lichtem Schatten. Herkunft: offene Wälder und Straßenränder sowie Brachland in Nordamerika von Neufundland und Ontario bis Georgia und Alabama im Süden. ‡ 30–60 cm. Z5

O. speciosa (Weiße Nachtkerze) Wüchsige kriechende Staude, die sich durch unterirdische Ausläufer sehr schnell ausbreitet und große dichte Matten aus kleinen, 2,5–7,5 cm langen lanzettlichen Blättern mit gewelltem oder gezähntem Rand bildet. Große, 5 cm breite rosa Blüten erscheinen tagsüber im späten Frühjahr und Frühsommer. Gedeiht in mittleren bis stark nährstoffreicher Erde an sonnigen bis absonnigen Standorten. Lässt sich nur noch schwer ausmerzen, wenn sie sich einmal etabliert hat, man sollte sie daher nur dort pflanzen, wo sie genügend Platz hat. Im Frühjahr teilen. Herkunft: offene Wälder und Felshänge an Bächen in Nordamerika von Missouri und Kansas bis Texas im Süden und in Mexiko. ‡ 30–60 cm. Z5 **'Alba'** Weiße Blüten. **'Pink Petticoats'** Weich rosenrot, mit weißem Ring um ein gelbes Auge. Vermehrung durch Aussaat. Variabel. **'Rosea'** Weiße, rosa geaderte und gerandete Blüten. **'Siskiyou'** Satt-rosarot. Wird oft fälschlich als Form von *O. berlandieri* geführt, und diese seltene Art mit gelben Blüten wird gelegentlich der Gattung *Calylophus* zugeordnet. **'Woodside White'** Anfangs weiße, später rosa Blüten.

O. stricta syn. *O. odorata* Prächtige, kurzlebige Staude oder Einjährige. Aus einem faserigen Wurzelstock entwickelt sich eine Rosette aus 15 cm langen lanzettlichen, leicht rosa überzogenen Blät-

tern. An den Stängeln werden die Blätter nach oben zu immer kleiner. Die 2,5 cm großen gelben, später apricotfarbenen duftenden Blüten öffnen sich am Abend. Für mittlere bis sehr nährstoffreiche Böden in der Sonne oder im lichten Schatten. Verträgt auch sehr karge Böden, kann in schweren Tonböden aber im Winter faulen. Stammt aus offenen Lagen und felsigen Hängen in Chile. ‡ 60–90 cm. Z5 **'Sulphurea'** 5 cm breite cremefarbene Blüten.

O. 'Summer Sun' Ausgesprochen reich blühende Form mit gelben Blüten über rot getöntem Laub, was eine sehr ansprechende Kombination ergibt. Blütezeit Mai bis August.. ‡ 45 cm. Z5

O. tetragona siehe *O. fruticosa* subsp. *glauca*

O. versicolor Zarte kurzlebige Staude oder Einjährige mit linealischen, gezähnten Blättern an straff aufrechten, verzweigten, weinroten Stängeln. Die Blüten stehen in dichten Büscheln am Ende der Stängel; sie sind 2,5 cm breit und leuchten kräftig gelborange, werden mit der Zeit aber dunkler. Für mittlere bis stark nährstoffreiche, durchlässige Böden in der Sonne oder im lichten Schatten. Blüht im Hochsommer. Vermehrung durch Aussaat. Aus Südamerika. ‡ 60 cm. Z5 **'Sunset Boulevard'** Blüten orangefarben, später rot.

OMPHALODES
Gedenkemein
BORAGINACEAE

Die bodendeckenden Waldbewohner tragen ansehnliches Laub und Blüten, die an Vergissmeinnicht erinnern.

Die Gattung umfasst bis zu 30 Arten sommer- und immergrüner Ein-, Zwei- und Mehrjähriger. Sie stammen aus Europa, Ostasien, Nordafrika und Mexiko und sind überwiegend in Wäldern sowie im Bergland heimisch. Einige finden sich auch an der Küste. Die unbehaarten oder sehr fein behaarten, meist Horste oder Büschel bildenden bzw. kriechenden Gedenkemein tragen ganzrandige, wechselständige oder, am Stängelgrund, auch gegenständige, oft lanzettliche oder ovale, öfter einmal deutlich geaderte Blätter. Die kleinen Blüten sind meist blau, manchmal weiß, haben eine kurze Röhre und 5 Kronblätter sowie gelbe Schlundschuppen. Sie stehen meist an den Triebspitzen in lockeren Trauben. Die Samen (»Nüsschen«) haben auf einer Seite eine nabelartige Vertiefung.

KULTUR Ideal an waldähnlichen Standorten. Braucht leichten Schatten und feuchte, durchlässige, humose Böden.

VERMEHRUNG Aussaat oder Teilung.

PROBLEME In der Regel keine.

O. cappadocica ♀ (Kaukasus-Gedenkemein) Mehr oder weniger immergrüne, Horst bildende Art, die sich langsam

FARBREIGEN IN DER SONNE

WARME SOMMER UND REICHLICH SONNENSCHEIN vorausgesetzt, schiebt der klassische Lavendel *Lavandula angustifolia* 'Hidcote' seine tiefvioletten Blütenstände weit über das graue Laub hinaus. Umringt wird er von den stark kontrastierenden, leuchtend zitronengelben Blüten der *Oenothera fruticosa* subsp. *glauca*. Die Nachtkerze breitet sich mit Nachdruck aus und rückt den Lavendelsträuchern ordentlich zu Leibe, sodass sie sich strecken und im unteren Bereich verkahlen. Aufmerksame Gärtner zügeln daher die Nachtkerze in ihrer Ausbreitungsfreude, damit sie ihre Nachbarn nicht zu sehr bedrängt. Gerät der Lavendel doch einmal zu lang, kann man selbst Ersatz heranziehen, indem man Stecklinge bewurzeln lässt.

durch Rhizome ausbreitet. An behaarten Stängeln stehen lang gestielte, ovale, auffällig geaderte, zugespitzte, 4,5–10 cm lange Blätter. Die klarblauen vergissmeinnichtartigen Blüten mit weißem Auge werden rund 1 cm breit und stehen im Frühjahr in Trauben. Guter Bodendecker für kühle, schattige Winkel. Viele unter diesem Artnamen angebotene Pflanzen gehören vermutlich zur Art *O. lojkae*. Vermehrung durch Stecklinge im Hoch- oder Spätsommer, die in einem Anzuchtbeet bewurzelt werden. Aus der Türkei und dem Kaukasus. ↕ 10–15 cm. **'Alba'** Weiße Blüten. ↕ 15 cm. **'Cherry Ingram'** Wüchsig, mit größeren, tiefblauen Blüten und schmaleren dunkelgrünen Blättern. ↕ 25 cm. **'Lilac Mist'** Lila Blüten. Ein Sport von 'Starry Eyes'. ↕ 15 cm. **'Starry Eyes'** Weiße, ganz schwach blau getönte Blüten mit tiefblauem »Stern« im Zentrum. ↕ 15 cm.

O. nitida Aufrechte, Horst bildende Art mit dunkelgrünen, lanzettlichen, 7–20 cm langen Blättern an langen, bräunlichen Stielen. Leuchtend blaue, bis 1 cm breite Blüten mit gelblicher Mitte, die im späten Frühjahr und Frühsommer in lockeren Trauben erscheinen. Aus Nordwest-Portugal und Nordwest-Spanien. ↕ 20–30 cm. Z7

O. verna (Frühlings-Nabelnüsschen) Eine kriechende Art, die sich rasch ausbreitet. Ovale, leuchtend grasgrüne, 4,5–10 cm lange Blätter. Reichblütige Wirtel aus leuchtend blauen, etwa 1,2 cm breiten Blüten mit weißen Schlundschuppen im Frühjahr. Ausgezeichneter Bodendecker für humose Böden an absonnigen Standorten. ↕ 5–30 cm. Z5 **'Alba'** Reinweiße Blüten mit gelblicher Mitte. **'Elfenauge'** Blassblaue Blüten, die sich aus blassrosa Knospen öffnen.

ONOCLEA
Perlfarn
WOODSIACEAE

Mit seinen ungewöhnlichen Wedeln ist dieser wüchsige, Gruppen bildende Farn ein Muss für

Sumpfgärten oder andere feuchte Bereiche im Halbschatten.

Die Gattung umfasst eine einzige, in Asien und Amerika beheimatete Art. Nach Auffassung mancher Botaniker unterscheiden sich die in Asien heimischen Pflanzen so sehr von den nordamerikanischen, dass eine Trennung in zwei verschiedene Arten gerechtfertigt wäre. Der Perlfarn trägt sommergrüne, sterile Wedel, die einzeln dem Rhizom entspringen, sowie auffällige fertile Wedel, die den ganzen Winter über an der Pflanze bleiben. Der Perlfarn eignet sich ausgezeichnet für den Uferrand.

KULTUR In feuchten oder sogar nassen Böden mit hohem Humusanteil. Braucht Halb- oder Vollschatten.

VERMEHRUNG Durch Teilung.

PROBLEME In der Regel keine.

O. sensibilis ♀ (Perlfarn) Sommergrüner Farn mit schmalem, verzweigtem Rhizom. Bildet rasch ausgedehnte Bestände. Die aufrechten, breit eiförmigen, sterilen Wedel sind zweifach fiederteilig und eichenblattähnlich gelappt. Sie stehen an langen kupferbraunen Stielen einzeln entlang der Rhizome. Sie sind mattgrün, im Frühjahr aber oft rosa getönt und vergehen mit dem ersten Frost. Bei den fertilen, Sporen tragenden Wedeln sind die kleinen Fiederchen perlschnurartig aufgereiht. Sie stehen straff aufrecht und haben fast den ganzen Winter hindurch Bestand. Der Perlfarn breitet sich rasch aus und kann lästig werden. Er stammt aus feuchten Lebensräumen im östlichen Nordamerika und Nordost-Asien. ↕ 30–60 cm. Z2 Der sogenannte Rotstiel-Perlfarn ist eine kleinere Form mit rotem Stil, die weniger stark wuchert.

OPHIOPOGON
Schlangenbart
CONVALLARIACEAE

Schlankes, oft schön gefärbtes Laub zeichnet die verlässlichen Bodendecker mit zarten Blüten aus.

Rund 65 immergrüne Stauden mit schmalen Blättern gehören zu dieser Gattung. Sie kommen von China und Japan bis Borneo und zu den Philippinen vor. Nur wenige sind in unseren Breiten ausreichend hart und im Handel erhältlich. Sie bilden Horste oder wachsen rasenartig. Zwischen den linealischen, grasartigen Laub erscheinen aufrechte Trauben aus weißen oder lila, 6-zähligen, glockenförmigen Blüten, aus denen blaue Beeren reifen. Früher hat man die *Ophiopogon*-Arten zu *Liriope* gerechnet, doch mittlerweile stuft man sie wegen ihrer nickenden Blüten mit spreizenden Kronblättern und der blauen bis violettblauen Früchte als eigene Gattung ein.

KULTUR In normaler Gartenerde. Gedeiht am besten im Halbschatten, kommt in feuchten Böden auch mit Sonne zurecht.

VERMEHRUNG Durch Teilung oder Aussaat. Panaschierte Formen fallen nicht echt aus Samen.

PROBLEME In der Regel keine.

O. bodinieri syn. *O. formosanum* Büschelige, bestandbildende Art mit Knollen und sehr schmalen, rund 20–30 cm langen, aber nur selten mehr als 4 mm breiten Blättern. Etwa auf Höhe der Blattspitzen erscheinen im Sommer Trauben aus 4–6 mm langen Blüten, die weiß oder gelb und gelegentlich violett getönt sind. Später reifen blauviolette Beeren heran. Gedeiht auch im Schatten. Herkunft: Wälder und Schluchten in weiten Teilen Chinas. ↕ 15–25 cm. Z7

O. clarkei Guter Bodendecker, der sich durch steife Ausläufer ausbreitet. Sie

tragen mehr oder weniger fächerartige Büschel aus sattgrünen, 20–30 cm langen und 6 mm breiten Blättern. Im Sommer erscheinen 1,5 cm breite weiße Blüten, die zu den größten unter den *Ophiopogon*-Arten gehören. Aus Wäldern und Gebüsch in Sikkim (Indien). ↕ 15–25 cm. Z7

O. formosanum siehe *O. bodinieri*

O. intermedius Sehr variable, büschelig bis horstig wachsende Art mit sehr schmalen, nur 3–5 mm breiten und 45–60 cm langen Blättern. Die 1 cm breiten, lila bis weißen Blüten öffnen sich im Sommer in lockeren Trauben zwischen den Blättern. Aus China, Indien, Sri Lanka und dem Himalaja. ↕ 40–60 cm. Z7 **'Argenteomarginatus'** Weiß gerandete Blätter. Die bei Weitem häufigste Form.

O. jaburan (Weißer Schlangenbart) Größere Horste aus übergeneigten, ledrigen, 40–60 cm langen und 5–6 mm breiten Blättern, vor denen sich die dichten Trauben aus weißen bis zartlila, nickenden, 8 mm breiten Blüten reizvoll abheben. Breit längliche, blauviolette Früchte. Seit Langem in Kultur gebräuchlich, oft auch als langlebige Topfpflanze. Aus Wäldern in Japan. ↕ 40–60 cm. Z7 **'Vittatus'** syn. 'Argenteovariegatus', 'Javanensis', 'Variegatus' Hellgrüne, weiß gestreifte und gerandete Blätter. Z8

O. japonicus (Japanischer Schlangenbart) Eine sich beständig ausbreitende Art mit knolligen Wurzeln. Die dunkelgrünen, übergeneigten, bis 40 cm langen und nur 3 mm breiten Blätter verhüllen die weißen bis lila Blüten an 5–10 cm langen Stängeln fast vollständig. 5 mm große tiefblaue Beeren. Herkunft: Japan, China und Korea. ↕ 20–30 cm.

NAHEZU SCHWARZE BLÄTTER

Korrekt heißt die Sorte mit annähernd schwarzem Laub *Ophiopogon planiscapus* 'Nigrescens', doch sie ist auch unter 'Arabicus', 'Black Dragon', 'Ebony Knight' und weiteren Namen im Umlauf. Obwohl der Schlangenbart aussieht wie ein Gras, handelt es sich um ein Maiglöckchengewächs. *Ophiopogon*-Arten eignen sich vorzüglich als niedrige Bodendecker, entweichen allerdings gern aus Rabatten. Selbst aus geteerten Wegen und anderen versiegelten Flächen spitzen sie hervor.

Man sollte sich gut überlegen, wohin man diese schwarzlaubige Form pflanzt. Denn zum einen breitet sie sich langsam, aber unbeirrbar aus und zum anderen kommen die Blätter vor nackten Böden und Rinden- oder Kompostmulch kaum zur Geltung. Umso besser sehen die Pflanzen in Kies aus. Ausgezeichnet wirkt 'Nigrescens' neben blaulaubigen kleinen Hosta oder über einer Mulchabdeckung aus recycelten Glasscherben in lebhaftem Blau und Grün. Dieser starke Kontrast gefällt wiederum nicht jedermann.

ORCHIDEENBLÜTEN

Eine Orchideenblüte besitzt immer 6 Blütenblätter in 2 Blütenblattkreisen: außen stehen 3 Kelchblätter, weiter innen in versetzter Dreiecksanordnung folgen die 2 normalen Kronblätter und die Lippe, die das typische Blütenorgan trägt: Staubblatt und Stempel sind nämlich zu einer Säule verwachsen. Die zahlreichen Pollenkörner sind zu Pollenpaketen zusammengeballt, die man als Pollinien bezeichnet. Um Bestäuber anzulocken, haben Orchideen die verschiedensten Strategien, Farben, Formen und Düfte entwickelt. Häufig bildet sich eine auffällige Lippe aus, etwa beim Frauenschuh (*Cypripedium*) oder in Gestalt der gerüschten »Landeplattform« bei *Bletilla*. Bei manchen Orchideen sind einzelne Bestandteile miteinander verwachsen.

Bletilla striata

ORCHIDEEN

Mit mehr als 1400 Gattungen, über 25 000 Arten und rund 125 000 Hybriden gehören Orchideen zu den vielfältigsten und am höchsten entwickelten Pflanzen der Erde. Ihr Facettenreichtum wird durch ihre Fähigkeit erhöht, in jeder Samenkapsel Millionen von Samen zu erzeugen, die vom Wind verbreitet werden und über eine enorme DNA-Bandbreite verfügen. Hinzu kommt, dass Orchideen im Gegensatz zu anderen Pflanzengruppen oft Kreuzungen zwischen Arten und sogar Gattungen bilden. Jede dabei entstehende Hybride fällt anders aus.

Die meisten Orchideen leben epiphytisch, wachsen also auf einem Baum oder Felsen. Alle in diesem Buch erwähnten Arten allerdings wurzeln im Erdreich. Epiphytische Orchideen bilden zumeist verdickte Wurzeln, die Regenwasser und Nährstoffe aufnehmen. Oft besitzen die Arten verdickte Sprosse (Pseudobulben), die als Speicherorgane dienen. Selbst die als Zierpflanzen in Gärten genutzten, terrestrisch wachsenden Typen bevorzugen lockere Erde mit gutem Wasserabzug und brauchen nur wenig Dünger.

Orchideenblüten zeichnen sich durch einen charakteristischen, meist unverkennbaren Bau aus, obwohl sie eine große Vielfalt an Formen und auffälligen Farbkombinationen entwickelt haben (siehe *Orchideenblüten*).

Orchideensamen enthalten keine Nährstoffe, sind daher allein nicht überlebensfähig. Sie brauchen die Symbiose mit speziellen Mycorrhiza-Pilzen, die Nährstoffe aus der Umgebung aufschließen. Nur wenn dieser Mikroorganismus im Boden vorhanden ist, kann ein Samenkorn keimen. Mit beginnendem Wachstum kann sich die Pflanze unabhängig vom Pilzpartner entwickeln.

Die Benennung von Orchideenhybriden unterscheidet sich von der Nomenklatur anderer Pflanzengruppen und verwirrt selbst erfahrene Staudengärtner. Kreuzt man zwei Orchideenarten oder -hybriden, bekommt die gesamte daraus entstehende Hybridengruppe (Grex genannt) eine neue Bezeichnung: Der Grex heißt dann etwa *Epipactis* Sabine. Die Pflanzen in diesem Grex sind nicht identisch. Wenn man ein Exemplar auf der Grundlage eines Bildes oder einer Beschreibung kauft, wird es vermutlich etwas anders aussehen als erwartet. Falls man wirklich eine exakte Kopie haben will, muss man durch Teilung gewonnene Nachkommen erwerben (oder es sind Klone aus der In-vitro-Kultur erhältlich). Diese Pflanzen erhalten wie bei anderen Stauden einen Sortennamen, also *Epipactis* Sabine 'Frankfurt', was auf eine ganz bestimmte Form im Grex Sabine hindeutet. Orchideennamen werden in Staudenkatalogen oft falsch angegeben, obwohl sie seit 1895 standardisiert sind und die Royal Horticultural Society die Registrierung durchführt.

In diesem Buch sind folgende Orchideen beschrieben: *Bletilla*, *Calanthe*, *Cypripedium*, *Dactylorhiza*, *Epipactis* und *Spiranthes*.

Z7 **'Compactus'** Sehr kleine Form. ↕ 8–9 cm. **'Gyoko-ryu'** Die angeblich kleinste Sorte mit sehr dunklem grünem Laub. ↕ 7,5 cm. **'Kigmafukiduma'** syn. 'Silver Mist' Blätter mit weißem Mittelstreifen. **'Minor'** Zwergige Form. Sehr dunkle grüne Blätter. ↕ 10–12 cm. **'Nanus'** Dichtes, 10–15 cm langes tiefgrünes Laub. Zwergig. ↕ 10–12 cm. **'Nippon'** Zwergig. Blüten in zartem Lilarosa. Blaue Beeren. ↕ 10 cm. **'Silver Mist'** siehe 'Kigmafukiduma'. **'Variegatus'** Deutlich weiß gestreiftes Laub und weiße Blüten.

O. muscari siehe *Liriope muscari*

O. planiscapus (Schwarzer Schlangenbart) Wächst büschelig. Dichte, übergeneigte, 20–30 cm lange, tiefgrüne, leicht glänzende, grasartige Blätter. Auf Höhe der Blattspitzen oder knapp darüber erscheinen im Sommer kurze Trauben aus glockenförmigen, 6 mm langen, blassvioletten bis weißen Blüten. Der beste Bodendecker der Gattung. ↕ 15–20 cm. Z6 **'Little Tabby'** Cremeweiß-grüne Blätter und kleine weiße Blüten. ↕ 15 cm. **'Nigrescens'** ♀ Schwarzviolette Blätter und Beeren (siehe *Nahezu schwarze Blätter*). Violette Blüten.

O. spicatus siehe *Liriope spicatus*

O. wallichianus Dichte Blattbüschel und kräftiger Wurzelstock. Schmale, 45–60 cm lange tiefgrüne Blätter und lockere Trauben aus 1,5–2 cm breiten, weißen bis lila Blüten. Blaue Beeren. Ähnelt sehr stark *O. intermedius*, hat aber größere Blüten. ↕ 40–60 cm. Z7

ORCHIS siehe **D**ACTYLORHIZA

ORIGANUM
Dost, Majoran
LAMIACEAE

Die anspruchslosen Doste sind ausgesprochen wertvolle Gartengewächse. Sie finden als rein dekorative Bodendecker oder als wohlschmeckende Küchenkräuter Verwendung.

Die etwa 20 sommer- und immergrünen, krautigen oder an der Basis verholzenden Stauden kommen in offenen Lebensräumen im Mittelmeerraum und in Südwest-Asien vor. Mehrere von ihnen sind in Kultur zu finden, sei es als Zierpflanzen oder als Küchenkräuter. Die kleinen, aromatisch duftenden Blätter stehen paarweise an schlanken Trieben, an deren Ende kopfartige Scheinähren aus kleinen, röhrenförmigen Lippenblüten über auffallenden farbigen Hochblättern stehen. In den letzten Jahren sind zahlreiche Sorten auf der Bildfläche erschienen, die man auf bestimmte Wuchsformen, Blütenfarben und Laubwirkung ausgelesen hatte. Die Bandbreite reicht vom niedrigen Bodendecker über Formen für den Steingarten bis hin zu buschigen, aufrechten Sorten für sonnige Rabatten.

Besonders beliebt sind jene Formen des Oregano oder Wilden Majorans (*Origanum vulgare*) mit leuchtendem goldgelbem oder aber mehrfarbigem, »panaschiertem« Laub; sie alle stellen keine großen Ansprüche und lassen sich leicht vermehren. Viele der gelblaubigen Formen versengen aber an vollsonnigen Standorten, sodass man sie am besten an absonnige bis halbschattige Stellen pflanzt.

KULTUR Durchlässige Böden in voller Sonne. Gelblaubige Formen besser im Halbschatten.

UNTEN 1 *Origanum laevigatum* 'Herrenhausen' **2** *O. vulgare* 'Aureum' **3** *O. vulgare* 'Polyphant'

VERMEHRUNG Durch Teilung oder Stecklinge.

PROBLEME In der Regel keine.

O. laevigatum ♀ Schlanke buschige Art mit drahtigen violetten Stängeln und ovalen, graugrünen, 1–2 cm langen, oft violett getönten Blättern. Von Mai bis September öffnen sich zwischen kleinen violetten Hochblättern an den Triebspitzen lockere Stände aus rosa, 1,5 cm großen Blüten. Eine trockenheitsverträgliche Pflanze für sonnige Hochbeete oder Rabatten auf durchlässiger Erde. Reine Zierpflanze, nicht als Würzkraut geeignet. Herkunft: offene, steinige Plätze in der südlichen Türkei, auf Zypern und im Libanon. ‡ 60 cm. Z7 **'Herrenhausen'** ♀ Laub im Frühjahr und ebenfalls im Winter violett überzogen. Blüten lilarosa, in dichten Ständen. Z5 **'Hopleys'** Hellgrüne Blätter und violette, 2 cm lange Blüten in auffälligen Ständen.

O. **'Norton Gold'** Niedrige, buschige Pflanze mit intensiv aromatischen, leuchtend goldgelben Blättern und lilarosa Blüten. Blütezeit Juli bis September. Elegante Topfpflanze. Eine Hybride von *O. laevigatum* und *O. vulgare* 'Aureum'. ‡ 40 cm. Z5

O. **'Nymphenburg'** Graugrüne Blätter; kirschrosa Blüten mit violetten Hochblättern. Ende Mai bis August. ‡ 60 cm. Z6

O. **'Rosenkuppel'** Kompakt, mit violett überlaufenen Blättern. Violette Blüten zwischen purpurroten Hochblättern. Blütezeit Juni bis August. Eine Hybride von *O. laevigatum*. ‡ 60 cm. Z5

O. **'Rotkugel'** Kompakte Hybride mit tiefvioletten Hochblättern und kleinen lilarosa Blüten von Juni bis September. ‡ 40 cm. Z5

O. vulgare ♀ (Oregano, Wilder Majoran, Gewöhnlicher Dost) Breitet sich durch Rhizome aus und bildet einen an der Basis verholzenden Busch aus schlanken Trieben mit dunkelgrünen, ovalen bis rundlichen, etwa 4 cm langen Blättern. Von Juli bis September erscheinen kleine, blass oder dunkelrosa, 4 mm große Blüten in lockeren Scheinähren zwischen blattartigen violetten oder grünen Hochblättern. Die Blätter duften stark aromatisch und werden häufig als Gewürz genutzt. Lässt sich an sonnigen Plätzen unschwer ziehen. Herkunft: Trockenrasen und lichtes Gebüsch, meist auf Kalk- bzw. Kreideböden in weiten Teilen Europas. ‡ 90 cm. Z5 **'Acorn Bank'** Schmale goldgelbe Blätter und rosa Blüten. Blütezeit Juni bis August. ‡ 30 cm. **var. album** Buschig, mit blassgrünen Blättern und weißen Blüten. ‡ 25 cm. **'Aureum'** Niedrige, breitwüchsige Pflanze mit goldgelbem Laub und lilarosa Blüten. Vor intensiver Sonne schützen. ‡ 30 cm. **'Aureum Crispum'** Breitwüchsig, mit gewellten, rundlichen goldgelben Blättern. ‡ 45 cm. **'Country Cream'** Schwachwüchsig. Blätter mit cremeweißem Rand. ‡ 35 cm. **'Gold Tip'** Gewellte grüne Blätter mit goldgelber Spitze. ‡ 45 cm. **'Golden Shine'** Rundliche goldgelbe Blätter und rosa Blüten. ‡ 30 cm. **'Gold Splash'** Niedrige breitwüchsige Pflanze mit grünen, goldgelb gezeichneten Blättern und kleinen Köpfen aus rosa Blüten, die sich von Juli bis September öffnen. ‡ 30 cm. **'Polyphant'** Graugrüne Blätter mit cremeweißem Rand. Cremeweiße, violettrosa Blüten. ‡ 45 cm. **'Thumble's Variety'** Größere blassgelbe, im Sommer grünlich gelbe Blätter, die nicht versengen. Weiße Blüten. ‡ 35 cm.

OROBUS siehe LATHYRUS

OSMUNDA
Rispenfarn
OSMUNDACEAE

Wie geschaffen für Teich- und Bachufer erscheinen diese hübschen, verlässlichen Farne.

Die etwa 15 Arten mittelgroßer bis großer Farne bilden dicke Wurzelstöcke, die sich stammförmig über den Erdboden erheben. Sie kommen rund um den Erdball vor, mit Schwerpunkt auf den nördlichen gemäßigten Zonen. Ihre Wedel sind ein- bis zweifach gefiedert. Die Sporen stehen an eigenen, auffällig geformten Wedeln oder Wedelabschnitten. In reifem Zustand sind die Sporen tragenden Teile grün, mit zunehmendem Alter aber färben sie sich auffallend orangebraun. Im Herbst nimmt das Laub kurzzeitig eine buttergelbe Farbe an.

KULTUR An nassen oder wenigstens gleichmäßig feuchten Standorten in humoser, möglichst saurer bis neutraler Erde. Verträgt bei ausreichender Feuchtigkeit auch Sonne.

VERMEHRUNG Aus Sporen, die man gleich nach der Reife aussät oder, falls nicht anders möglich, in einem Kühlschrank aufbewahrt.

PROBLEME In der Regel keine.

O. cinnamomea ♀ (Zimtfarn) Kompakte, aufrechte Triebköpfe mit einem Schopf leicht übergeneigter, schmal lanzettlicher, ein- bis zweifach gefiederter Wedel. Die Sporen tragenden Wedel sind aufrechter und bestehen aus zimtfarbenen, eng der Blattspindel angeschmiegten Fiedern. Sie sterben zwar bald ab, bilden jedoch einen unübersehbaren Kontrast zu den frischgrünen sterilen Wedeln. Herkunft: feuchte Lebensräume in Nord- und Mittelamerika, der Karibik und Ostasien. ‡ 1 m. Z2

O. claytoniana ♀ (Kronenfarn) Kräftige, kriechende Rhizome mit einer aufrechten Rosette lanzettlicher, ein- bis zweifach gefiederter Wedel. Die fertilen Fiedern stehen dunkler abgesetzt in der Mitte steriler, normalgrüner Spreiten. Die Fiederpaare sind dabei zu Sporen tragenden Rispen umgeformt. Im Gegensatz zu anderen Königsfarnen sind die Sporangien bei Reife schwarz. Die sterilen Wedel bilden

OBEN 1 *Osmunda cinnamomea*
2 *O. regalis*

einen gleichmäßigen weiten Trichter um die aufrechter stehenden fertilen Wedel. Vielleicht nicht ganz so dekorativ wie *O. cinnamomea*, aber trotzdem eine recht auffällige, ja, kuriose Erscheinung. Feuchte Wälder in Nordamerika und Ostasien. ↕ 1 m. Z2

O. regalis ♀ (Königsfarn) Prachtvoller sommergrüner Farn mit einem aufrechten Rhizom, das sich immer wieder verzweigt und schließlich einen festen Wurzelstock bildet, dessen Fasern früher als Pflanzsubstrat für Orchideen diente. Wedel eiförmig bis länglich, zweifach in schmale, schön geformte, an der Spitze abgerundete Fiedern geteilt. Die fertilen Wedel bringen im oberen Viertel die Sporen tragenden Fiedern hervor. Diese sind verschmälert und büschelig gedreht zusammengezogen. Ihre anfangs grüne Färbung schlägt bald um in leuchtendes Goldbraun. Braucht feuchten Boden. Entwickelt an offenen Standorten eine schöne rostorangefarbene Herbstfärbung. Kann sehr groß werden. In sauren bis leicht alkalischen Böden gleichermaßen zufrieden, reagiert aber empfindlich auf Kalk. Herkunft: Sümpfe und feuchte Wälder fast auf der ganzen Welt, die am häufigsten kultivierte Form aber stammt aus Europa und Westasien. ↕ 1–1,5 m. Z2 **'Cristata'** ♀ Wedel- und Fiederabschnitte mit breiten, gegabelten Fiederspitzen. **'Purpurascens'** Stiele und Ader im Frühjahr rötlich. **var.** *spectabilis* Nordamerikanische Form mit etwas weiter auseinander stehenden Fiedern als beim europäischen Königsfarn. Im Austrieb oft rot getönt. **'Undulata'** syn. 'Undulatifolia' Hübsche Sorte, Fiederchen mit gewelltem Rand.

RECHTS 1 *Ourisia* 'Loch Ewe'
2 *O. microphylla*

OURISIA

SCROPHULARIACEAE

Die buschigen oder Matten bildenden Pflanzen mit aparten Blüten brauchen kühle, schattige Plätze.

Bei den 25 Arten dieser Gattung handelt es sich meist um immergrüne Stauden aus dem Busch oder Grasland in den höheren Lagen Neuseelands, Tasmaniens und der südamerikanischen Anden. Drei kennt man als Zierpflanzen. Ihre schlanken Rhizome bilden eine breit liegende Matte aus dunkelgrünen, oft auffällig geaderten Blättern. Die Blüten mit schlanker Röhre und abstehenden Kronzipfeln stehen einzeln oder zu mehreren in den Blattachseln. Die Pflanzen vertragen keine heißen, trockenen Sommer und sollten alle paar Jahre geteilt und neu gepflanzt werden.

KULTUR Braucht feuchte, humose Böden im Halbschatten.

VERMEHRUNG Durch Teilung, Stecklinge oder Aussaat.

PROBLEME Schnecken.

O. caespitosa Niederliegende Art mit stark verzweigten, wurzelnden Trieben, an denen winzige, dicht stehende, dunkelgrüne, relativ ledrige, kaum 1 cm lange Blätter stehen. Im Mai und Juni erscheinen an aufrechten Stängeln 1–2 reinweiße, 1,5–2 cm breite Blüten. Herkunft: feuchte, felsige Standorte in den Bergen Neuseelands. ↕ 10 cm. Z7 **var.**

gracilis Noch kleinere, thymianartige Blätter und meist einzeln stehende, 12 mm breite Blüten. Von der neuseeländischen Südinsel. ↕ 5 cm.

O. coccinea Stark geaderte, ovale, hellgrüne, 4–6 cm lange Blätter in Rosetten, die einen lockeren, immergrünen Teppich bilden. Schmal röhrige, scharlachrote, 3–4 cm breite Blüten in lockeren Trauben an schlanken Stängeln. Blütezeit Juni bis September. Die hübsche Pflanze breitet sich an kühlen, feuchten Stellen gut aus. Herkunft: feuchte, torfige Bereiche im niedrigen Hügelland von Südchile. ↕ 20–30 cm. Z7

O. **'Loch Ewe'** Eine wüchsige Sorte, die eine Matte aus Rosetten mit breiten, stumpf gezähnten, dunkelgrünen, bis 6 cm langen Blättern bildet. Im Mai und Juni erscheinen 2,5 cm breite blassrosa Blüten mit schmaler Röhre in Trauben an aufrechten Stängeln. Eine Hybride von *O. coccinea* und *O. macrophylla*. ↕ 20 cm. Z7

O. macrophylla Die robuste Art entwickelt einen Horst aus behaarten, ovalen, dunkelgrünen, 5–20 cm langen Blättern mit wellenförmigem, gezähntem Rand. Weiße, 2 cm breite Blüten mit gelbem Schlund stehen in Trauben an aufrechten Stängeln. Blütezeit Juni und Juli. ↕ 30–60 cm. Z7

O. microphylla Heidekrautähnliche, am Grund verholzende Pflanze mit winzigen, vierzeilig angeordneten Blättern. Im Juni und Juli öffnen sich einzeln stehende blassrosa, 1 cm große Blüten. Von felsigen, offenen Stellen in Chile und Argentinien. ↕ 10 cm. Z7

O. **'Snowflake'** ♀ Bildet eine niedrige Matte aus dunkelgrünen, ovalen, 1 cm langen Blättern. Darüber erscheinen im Mai und Juni Trauben aus reinweißen, 1–2 cm großen Blüten. Eine Hybride aus *O. caespitosa* var. *gracilis* und *O. macrocarpa*. Blüht reichlicher als die Elternarten. ↕ 10 cm. Z7

P

PACHYPHRAGMA
Scheinschaumkraut
BRASSICACEAE

Diese winterharten Schattenpflanzen bedecken den Boden
mit dichtem Laub.

Eine einzige, halbimmergrüne
Art aus feuchten Buchenwäldern
in der Türkei und im Kaukasus lässt
sich als Bodendecker unter Bäumen
und Sträuchern oder für formalere
Gärten einsetzen. Die herzförmigen
Blätter bilden einen dichten Teppich
und formen so den Hintergrund für
die unzähligen weißen 4-zähligen
Blüten, die im Frühjahr mit dem
Laubaustrieb erscheinen.

KULTUR Am besten in angemessen
nährstoffhaltigem, durchlässigem
Boden mit hohem Humusanteil.
Braucht Halbschatten.

VERMEHRUNG Durch Teilung im
Frühjahr oder grundständige Stecklinge im späten Frühjahr. Aussaat
sogleich nach der Samenreife im
Herbst in einem Frühbeet.

PROBLEME Schnecken.

P. macrophyllum syn. *Thlaspi biebersteinii*
(Großblättriges Scheinschaumkraut)
Breitet sich langsam durch Rhizome

UNTEN **1** *Pachyphragma macrophyllum*
2 *Pachysandra procumbens*

aus und gibt einen guten Bodendecker
ab. 5–10 cm lange, glänzende, dunkelgrüne, herzförmige, grundständige
Blätter an langen Stielen. Junges Laub
wirkt am schönsten. Flache Köpfe
aus 4-zähligen, 2 cm breiten, übel riechenden weißen Blüten mit blassgrüner
Aderung. Blütezeit März oder April.
Auffällige flache Früchte. Wird oft
fälschlicherweise als *Cardamine asarifolia*
angeboten. Aus der Nordost-Türkei
und dem Kaukasus. ↕ 20–40 cm. Z7

PACHYSANDRA
Ysander
BUXACEAE

Die ansprechende Waldstaude ist
verwandt mit dem Dickmänn-
chen (*P. terminalis*), einem beliebten
bodendeckenden Zwergstrauch.

Man unterscheidet 4 Arten
kleiner, immergrüner Sträucher
und Stauden, die aus China, Japan
und den USA stammen. Nur
eine Staude ist als Gartenpflanze
gebräuchlich, sie wird allerdings zu
Unrecht vernachlässigt – vielleicht
weil ihre strauchige Verwandte im
Ruf steht, nicht allzu ansehnlich zu
sein. Die langen Rhizome breiten
sich unterirdisch aus und bilden
große Horste. Zwischen dem zur
Spitze der aufrechten Triebe hin
dichter werdenden Laub erscheinen Ähren aus weißen Blüten. Die
Blüte ist immer entweder männlich
oder weiblich.

KULTUR In feuchter, humoser, saurer Erde an halb- bis vollschattigen
Standorten. Breitet sich zunächst
langsam aus, bildet jedoch binnen
weniger Jahre breite Horste.

VERMEHRUNG Durch Teilung.

PROBLEME Meist keine.

P. procumbens Seidige, breit ovale oder
rundliche, 3–8 cm lange Blätter mit 5–
10 groben Zähnen. Hellgrüner Neuaustrieb mit bleichen Flecken. Im Herbst
verursacht Frost eine tiefviolette Färbung mit silbrigen Flecken. 8 cm lange
Ähren aus kleinen, spinnenartigen, leicht
überlaufenen weißen Blüten erscheinen
im Frühjahr. Die männlichen Blüten
stehen über den weiblichen. Aus artenreichen Laub- oder Mischwäldern auf
sauren Böden in den USA von North
Carolina und Kentucky bis Florida und
Louisiana im Süden. ↕ 15–30 cm. Z5

PAEONIA
Pfingstrose, Päonie
PAEONIACEAE

Die eleganten Frühlings- und
Sommerblüher für Rabatten
gereichen jedem Garten zur Zier,
sind aber auch als Schnittblumen
nur schwer zu übertreffen.

Die 25–45 krautigen oder strauchigen Arten wachsen in Europa
und Asien, wo sie sich überwiegend
in Gebüsch, auf Wiesen, in Steppen
und auch auf Waldlichtungen ansie-
deln. Hier werden nur die staudigen
Arten, nicht aber die Strauch-Päo-
nien besprochen. Über die Klassifizierung der variablen Arten sind sich
die Botaniker noch immer uneins.

Der sehr tief reichende, knollig verdickte Wurzelstock dient als
Reservespeicher und hilft der langlebigen Pflanze dabei, Trockenheit
zu überstehen. Pfingstrosen bilden
auffällige Horste mit vielen aufrechten Trieben, die jeweils 5–10
große grüne, nach oben zu immer
kleiner werdende Blätter tragen. Die
Blattform spielt eine große Rolle

bei der Unterscheidung der Arten.
Beim Austrieb ist das Laub oft rötlich gefärbt, es wird später grün. Die
Blätter setzen sich aus mindestens
9 Blättchen zusammen, doch sind
diese bei manchen Arten ein weiteres
Mal in 3 Blättchen unterteilt, die
wiederum gelappt sein können. Die
Arten tragen Blüten mit 8–10 Kronblättern und einem Durchmesser von
3–15 cm, während die Bandbreite
bei Kulturformen von einfachen bis
dicht gefüllten Blüten mit teilweise
über hundert Kronblättern reicht. Sie
schließen sich nachts und bei trübem
Wetter. Die Blüten der gärtnerischen
Auslesen können bis zu 20 cm breit
werden und rot, rosa, gelb oder weiß
ausfallen. Die vielen tausend Sorten
lassen sich nach Blütenformen einteilen (siehe *Blütenformen der Pfingstrosen*, S. 351). Die Arten blühen in der
Regel als Erste, meist schon im April.
Ihre Blütezeiten überlappen sich
mit denen der sehr früh blühenden
Hybriden, die sich im April und Mai
öffnen, also etwa einen Monat vor
den Sorten von *P. lactiflora*, die ab Juni
ihre Pracht entfalten. Bei den folgenden Beschreibungen wird unterschieden zwischen früher, mittlerer
und später Blütezeit. Die meisten
Arten tragen eine einzelne Blüte pro
Stängel, doch *P. lactiflora* hat Seitenknospen, die sich später öffnen und
damit die Blütezeit verlängern.

Reife fruchtbare Samen sind in
der Regel dunkelblau oder braun-
schwarz gefärbt. Oft findet man sie
zusammen mit roten unfruchtbaren
Samen in ein und derselben Frucht.
Die aufplatzenden Balgfrüchte mit
ihrem farbigen Inhalt sind ebenfalls
recht dekorativ.

KULTUR Pfingstrosen gedeihen am
besten an vollsonnigen Standorten

OBEN *Paeonia cambessedesii*

in durchlässiger Erde. Sie vertragen keine Staunässe und ziehen meist neutrale bis leicht alkalische Bedingungen vor. Manche bevorzugen allerdings leicht saure Böden.

Man pflanzt Pfingstrosen im Herbst während der Winterruhe. Man kann sie zur Not auch im zeitigen Frühjahr setzen. Formen von *P. lactiflora* und Hybriden werden am besten wurzelnackt gekauft und sollten jeweils mindestens vier bis fünf Knospen aufweisen. Pflanzen aus Container-Aufzucht tragen nur ein oder zwei Knospen pro Pflanze und brauchen mehrere Jahre, bis sie eingewachsen sind.

Man gräbt ein 30–60 cm tiefes Loch und arbeitet eine Hand voll organischen Dünger in die Sohle ein. Beim Wiederauffüllen mit Erde dürfen keine Hohlräume zwischen den Wurzeln entstehen. Anschließend wird gründlich gegossen. Sorten pflanzt man so, dass die Oberkante der Krone 5 cm unterhalb der Erdoberfläche liegt. Junge Exemplare der Arten sind nicht sehr wuchskräftig und sollten lediglich 2–3 cm tief eingegraben werden. Eine Abdeckung aus Rindenmulch unterdrückt das Aufkeimen von Unkraut.

Pfingstrosen erhalten jährlich im Anschluss an die Blüte und eventuell nochmals im Juli-August etwas Volldünger. Sie wachsen anfangs langsam, im zweiten Jahr schon etwas schneller, und im dritten starten sie so richtig durch. Nach vier, fünf Jahren sind sie eingewachsen. Im Gegensatz zur landläufigen Meinung kann man Pfingstrosen durchaus umpflanzen (siehe *Darf man Päonien umpflanzen?*). In Töpfen allerdings gedeihen sie nicht.

VERMEHRUNG Pfingstrosen werden in der Regel durch Teilung vermehrt, doch ist bei Arten auch die Aufzucht aus Samen möglich.

Nehmen Sie ein Einzelexemplar im Herbst auf, nachdem Sie welkes Laub entfernt haben. Schütteln Sie Erde von den Wurzeln und lassen

Sie die Pflanze rund zwei Stunden ruhen, damit die Wurzeln weicher werden. Anschließend entfernt man Wurzelabschnitte mit mindestens vier bis fünf schlafenden Augen vom Ballen. Durchtrennen Sie die Wurzeln mit einem sauberen, scharfen Messer und bestäuben Sie die Schnittstellen mit Medizinal-Holzkohle, um einer Erkrankung vorzubeugen. Die einzelnen Teile setzt man rund 5 cm (Arten: 2–3 cm) tief und beschriftet sie.

Sämlinge keimen im Allgemeinen erst nach zwei Jahren. Samen werden im Herbst ausgebracht. Man steckt sie 2–3 cm tief in 13-cm-Töpfe. Die Anzuchterde sollte Lehm oder Ton enthalten. Anschließend wird die Oberfläche mit Kies bedeckt. Dann beschriftet man die Töpfe und stellt sie nach draußen. Im folgenden Frühjahr entwickelt sich eine Wurzel, doch ein Trieb erscheint erst im zweiten Jahr. Pfingstrosen wachsen langsam und beginnen erst nach vier bis fünf Jahren zu blühen.

PROBLEME Grauschimmelfäule (siehe Kasten), Päonienrost, Blatt-

fleckenkrankheiten (Septoria, Cladosporium), Thripse, Kleiner Rosentriebbohrer, Nematoden.

P. albiflora siehe *P. lactiflora*

P. **'America'** Leicht duftende, lebhafte, einfache scharlachrote Blüten mit hübschem Glanz. Kräftige Stängel. Gilt für viele als beste einfach blühende rote Pfingstrose. Sämling von 'Burma Ruby'. Früh bis mittelfrüh. ↕ 90 cm.

P. anomala Tief fiederspaltige, dunkelgrüne Blätter, oberseits mit feinen Haaren entlang der Adern. Pro Stängel eine einzige einfache, rote, selten rosa, 7–9 cm große Blüte mit leicht gewellten Blütenblättern. Blütezeit Mai und Juni. Im Herbst färbt sich das Laub ansprechend orangebraun. Ähnelt sehr stark der chinesischen Art *P. veitchii*, doch hat diese rosa oder violette Blüten, die meist zu mehreren am Stängel stehen. Eine der am meisten verbreitetsten *Paeonia*-Arten. Aus Russland, Kasachstan und der Mongolei. ↕ 50 cm. Z5

P. arietina siehe *P. mascula* subsp. *arietina*

P. **'Belle Center'** siehe *P.* 'Buckeye Belle'

P. **'Buckeye Belle'** Halbgefüllte, rötlich braune, leicht runzlige Blüten, die hervorragend im Gegenlicht schräg einfallender Sonnenstrahlen zur Geltung kommen. 'Belle Center' scheint auf den ersten Blick identisch, ist aber etwas niedriger und blüht zwei Wochen früher. Früh. ↕ 90 cm. Z7

P. **'Burma Ruby'** Hübsche, mohnartige Knospen, aus denen sich duftende, einfache, leuchtend rote, violett überlaufene Blüten öffnen. Elternpflanze vieler guter Hybriden. Früh. ↕ 70 cm. Z7

P. cambessedesii ♀ (Balearen-Pfingstrose) Hübsche, sehr auffällige, graugrüne, unterseits rotviolette, gewelltrandige Blätter mit einer Länge von 30 cm. Die rot getönten Stängel treiben sehr früh aus und tragen 6–10 cm breite, rosaviolette Blüten mit dunklerer Aderung. Blütezeit April. Bei vielen im Handel angebotenen Pflanzen handelt es sich vermutlich um Hybriden, die nicht so attraktiv sind wie die Art. Braucht extrem durchlässigen Boden und wird am besten vor eine sonnige Mauer gepflanzt. Aus Mallorca und Menorca, in freier Natur gefährdet durch die intensive Küstenbebauung und die Überweidung durch Ziegen. ↕ 60 cm. Z8

P. **'Cherry Ruffles'** Kräftige Stängel mit hübschen, sehr dauerhaften, halbgefüllten, karminroten Blüten, die an der Außenseite der Kronblätter eine helle Zeichnung tragen. Frühe bis mittlere Blütezeit. ↕ 78 cm. Z7

P. corallina siehe *P. mascula* subsp. *mascula*

P. **'Cora Louise'** (Itoh-Hybride) Duftende, weiße, halbgefüllte, das Laub überragende Blüten mit auffallend dunkellila Flecken am Ansatz der Kronblätter. Mittlere Blütezeit. ↕ 60 cm. Z7

P. decora siehe *P. peregrina*

P. **'Early Scout'** Tief geschlitztes, dunkelgrünes Laub. Einfache tiefrote Blüten. Hybride von *P. tenuifolia*, von der sie das ansprechende Laub geerbt hat. Blüht sehr früh. ↕ 55 cm. Z7

P. **'Ellen Cowley'** Stark zerschlitztes Laub. Besonders schöne, halbgefüllte, leuchtend rosa Blüten mit orangefarbenem Hauch. Früh. ↕ 70 cm. Z7

P. emodi Ausgesprochen attraktive Art mit tief geschlitzten Blättern, die 8–18 cm lang werden und in 20–30 Abschnitte unterteilt sind. Stängel mit 2–4 etwa 5–10 cm breiten, reinweißen, leicht becherförmigen, schwach nickenden Blüten mit hübschen gelben Staubblättern. Blütezeit April. Oft werden die Hybriden 'Early Windflower' und 'Late Windflower' unter diesem Namen verkauft, doch ist *P. emodi* robuster und trägt größere Blüten. Sie gedeiht auch im lichten Schatten. Für durchlässige, nährstoffreiche Böden. Aus Nord-Indien, Nord-Pakistan und Afghanistan. ↕ 75 cm. Z8

P. **'Flame'** Einfache, leuchtend rote Blüten mit orangefarbenem Hauch. Gut für den Vasenschnitt. Früh. ↕ 80 cm. Z7

P. **'Garden Treasure'** (Itoh-Hybride) Wüchsig. Bildet einen niedrigen Busch aus mittelgrünem Laub. Gefüllte goldgelbe Blüten mit rotem Fleck am Kronblattansatz. Hybride zwischen der bekannten Baumpäonie 'Alice Harding' und einer weißen Form von *P. lactiflora*. Die einzige Itoh-Hybride (siehe *Itoh-Hybriden*, S. 351), die von der Amerikanischen Pfingstrosen-Gesellschaft je mit einer Goldmedaille ausgezeichnet wurde. Mittlere Blütezeit. ↕ 75 cm. Z7

P. **'Honor'** Blassgrünes Laub. Hübsche einfache, leuchtend rosafarbene, lange blühende Blüten mit schwach würzigem Duft. Mittlere Blütezeit. ↕ 90 cm. Z7

P. **'Illini Warrior'** Einfache bis halbgefüllte, glänzende, kardinalrote Blüten mit blassem Mittelstreifen auf jedem Kronblatt. Wüchsig. Früh. ↕ 1 m. Z7

P. lactiflora syn *P. albiflora* (Chinesische Pfingstrose) Von der variablen Art wurden bislang über 5000 Formen

gezüchtet. Die meist unbehaarten Pflanzen entwickeln rotbraune Stängel mit doppelt 3-fach geteilten Blättern, sodass ein Blatt aus insgesamt 9 elliptischen oder lanzettlichen, oberseits dunkelgrünen und unterseits etwas helleren Blättchen besteht. Die duftenden, 7–10 cm großen weißen Blüten stehen zu zweit oder dritt am Stängel und öffnen sich im Mai und Juni. *P. lactiflora* selbst wird nur selten kultiviert – bei den von Gärtnereien angebotenen Exemplaren handelt es sich meist nicht um die reine Wildart. Wesentlich verbreiteter sind Hybriden zwischen einigen chinesischen Formen, die Anfang des 19. Jahrhunderts eingeführt wurden. Im Lauf der Zeit ist dank züchterischer Bemühungen eine enorme Vielzahl von Sorten in den unterschiedlichsten Blütenformen entstanden (siehe *Blütenformen der Pfingstrosen*), doch sind nur noch einige hundert tatsächlich im Handel erhältlich. Ihre Farbpalette reicht von weißen über rosa bis hin zu magentaroten Tönungen. Neuere Züchtungen sind recht standfest und robust und geben vorzügliche Schnittblumen ab. Auch sind noch viele alte Sorten – oft sogar relativ preiswert – zu haben. Die Blüten verströmen nicht selten einen angenehmen Duft, wobei halb- oder ganzgefüllte Formen stärker duften als einfach blühende Varianten. Die Blütenform wird nachfolgend in Klammern angegeben. Alle genannten Formen bevorzugen volle Sonne. Staunässe ist um jeden Preis zu vermeiden. Regelmäßige Düngung und Schutz vor der Grauschimmelfäule Päonienwelke wird empfohlen. Die Vermehrung erfolgt durch Teilung. Herkunft: Sibirien, Mongolei, China und Tibet. **'Albert Crousse'** (ganzgefüllt) Stark gefüllte, kugelige, lachsrosa Blüten. Reich blühend, mit Duft. Spät. ‡ 95 cm. **'Barrington Belle'** (Anemonen-Typ) Tiefrote äußere Kronblätter fassen goldgelb gerandete, tiefrote Staminodien ein. Mittel. ‡ 85 cm. **'Bowl of Beauty'** ♀ (japanischer Typ) Klassisch schöne Form mit rosa äußeren Kronblättern und Unmengen heller Staminodien. Mittelfrüh. ‡ 80 cm. **'Bunker Hill'** (halbgefüllt bis gefüllt) Duftende Blüten mit tiefroten Kronblättern. Mittelfrüh. Wüchsig. ‡ 90 cm. **'Charlie's White'** (bombenförmig) Wüchsig. Große, schwach duftende, reinweiße Blüten. Eine der besten Schnittblumen. Früh. ‡ 1,2 m. **'Cheddar Gold'** ♀ (japanischer Typ) Große weiße äußere Kronblätter um ein ansehnliches Büschel gelber Staminodien. Duftet intensiv. Mittelfrüh. ‡ 75 cm. **'Comanche'** (japanischer Typ) Dunkelgrüne Blätter bilden den Hintergrund für Blüten mit sehr kräftig pinkfarbenen äußeren Petalen und orangegelben Staminodien. Wüchsig. Mittelfrüh. ‡ 90 cm. **'Dinner Plate'** (ganzgefüllt) Sehr große, schwach duftende, tiefrosa Blüten an kräftigen Stängeln. Spät. ‡ 90 cm. **'Doctor Alexander Fleming'** (ganzgefüllt) Süß duftende, stark gefüllte, tiefrosa Blüten; mittlere Blütenblätter bilden oft ein dichtes Knäuel. Manche Blüten nur halbgefüllt. Mittelfrüh. ‡ 1,1 m. **'Duchesse de Nemours'** (ganzgefüllt) Intensiv duftend, weiße Blüten mit ungewöhnlich großen äußeren Kronblättern und gelber Mitte. Gute Schnittblume. Mittelfrüh. ‡ 80 cm. **'Edulis Superba'** (kronblütig) Süß duftende Blüten mit pinkfarbenen, am Ansatz gelben Kronblättern. Vorzügliche Schnittblume. Früh bis Mittelfrüh. ‡ 95 cm. **'Felix Crousse'** ♀ (ganzgefüllt) Duftende, kugelige, pinkfarbene Blüten in Büscheln. Mittelfrüh bis spät. ‡ 75 cm. **'Festiva Maxima'** ♀ (ganzgefüllt) Zunächst blassrosa, später cremeweiß gefärbte Blüten mit karminroter Zeichnung auf den mittleren Kronblättern. Mittelfrüh. ‡ 1 m. **'Gay Paree'** (japanischer Typ) Sehr auffällige Blüten mit lebhaft pinkfarbenen äußeren Kronblättern und blassrosa oder hellbraunen Staminodien. Mittelfrüh. ‡ 1,1 m. **'Honey Gold'** (ganzgefüllt) Duftende Blüten mit großen weißen, an der Spitze gekerbten äußeren Kronblättern und gekräuselten Petaloiden um ein Büschel schmaler gelber Staminodien. Mittelfrüh. ‡ 90 cm. **'Inspecteur Lavergne'** (ganzgefüllt) Duftende, kugelige, karminrote Blüten mit sehr großen äußeren Kronblättern. Mittelfrüh. ‡ 80 cm. **'Jan Van Leeuwen'** (japanischer Typ) Dunkelgrünes Laub. Reinweiße äußere Kronblätter um eine goldgelbe Mitte aus Staminodien. Mittelfrüh. ‡ 90 cm. **'Kansas'** (ganzgefüllt) Rote, außen ungewöhnlich kräftig marmorierte Blüten. Wüchsig, mit kräftigen Stangeln. Mittelfrüh. ‡ 90 cm. **'Karl Rosenfield'** (ganzgefüllt) Kräftig karminrote, kugelige Blüten. Gut als Schnittblume geeignet, vielblütig. Mittelfrüh bis spät. ‡ 80 cm. **'Kelway's Glorious'** (ganzgefüllt) Intensiv nach Rosen duftende, cremeweiße Blüten mit gelber Mitte; einige Blütenblätter rot gestreift. Wird gern als Schnittblume gezogen. Mittelfrüh bis spät. ‡ 1 m. **'Krinkled White'** (einfach) Ausgesprochen elegante Blüten mit runzligen weißen Blütenblättern und einer Mitte aus goldgelben Staubblättern. Früh. ‡ 80 cm. **'Lady Alexandra**

HYBRID-ZÜCHTUNG

Bei der Kreuzung von Pfingstrosen werden die verschiedensten Arten gekreuzt, um deren beste Merkmale zusammenzubringen. Die meisten Hybriden gingen allerdings aus *Paeonia lactiflora*, *P. officinalis*, *P. peregrina* und *P. wittmanniana* hervor. Die Zahl der Kreuzungen mit hellroten Blüten ist groß, und auch ungewöhnliche korallenrosa Töne findet man bei mehreren Sorten. Andere haben rosa, weiße, apricotfarbene, gelbe oder sogar lila Schattierungen zu bieten. Viele der heute bekannten Hybriden wurden früher unter *P. lactiflora* aufgeführt. Allerdings blühen sie im Mai und Juni, also ein bis zwei Monate früher als die eigentlichen Sorten von *P. lactiflora*.

LINKS 1 *Paeonia lactiflora* 'Barrington Belle' **2** *P. lactiflora* 'Festiva Maxima' **3** *P. lactiflora* 'Karl Rosenfield' **4** *P. lactiflora* 'Sarah Bernhardt' **5** *P. lactiflora* 'Whitleyi Major'

LINKS **1** *Paeonia officinalis* 'Anemoniflora Rosea' **2** *P. officinalis* 'Rubra Plena' **3** *P. tenuifolia* **4** *P. veitchii*

setzen sich aus 9 oder mehr eiförmigen oder breit elliptischen, behaarten, bis zu 17 cm langen und 11 cm breiten Blättchen zusammen. Die creme- oder blassgelben, 10–13 cm breiten Blüten werden mitunter teilweise vom Laub verdeckt. Blütezeit April und Mai. Diente zur Züchtung von Hybriden wie 'Requiem'. Formen mit glatten Blättern und Blüten, die hoch über dem Laub stehen, werden manchmal als subsp. *nudicarpa* oder *P. steveniana* bezeichnet. Aus Aserbaidschan, Georgien, Nord-Iran, Türkei. ‡ 1 m. Z7

PANICUM
Rispenhirse
POACEAE

Mit ihren fedrigen Rispen im Spätsommer und der schönen Herbstfärbung beleben die hohen zarten Gräser den Garten.

Rund 470 ein- und mehrjährige Arten bilden diese umfangreiche Gattung, deren Vertreter in Wüsten, Savannen, Wäldern und Sümpfen der tropischen und gemäßigten Zonen Nordamerikas wachsen. Sie bilden zwar alle ähnliche Blütenstände, unterscheiden sich aber in ihrem Laub und ihrer Wuchsform beträchtlich. Manche wirken strauchartig, andere wachsen polsterförmig, die meisten gartenwürdigen Arten allerdings bilden Horste. Ihre meist perlschnurartig zusammengesetzten Blütenstände stehen an drahtigen Halmen in übergeneigten, oft hängenden, luftig leichten Rispen. Das Wachstum setzt relativ spät im Frühjahr ein. Man pflanzt die Rispenhirse am besten auf Freiflächen in Gruppen oder Bändern, zusammen mit anderen spät blühenden Gräsern und Stauden mit Blüten- oder Samenschmuck.

KULTUR In stark durchlässigen, aber Wasser speichernden, nährstoffreichen Böden an offenen Standorten. Große Horste im späten Frühjahr teilen.

VERMEHRUNG Durch Aussaat oder Teilung. Sorten nur durch Teilung.

PROBLEME In schlecht dränierter Erde können sich die Blätter im Frühjahr oder Sommer an der Spitze gelb färben und schließlich schwarz werden und absterben. Blaulaubige Sorten sind bei sehr feuchter Witterung anfällig für Rost.

P. claudestium (Bambushirse) Immergrüne Horste aus bambusartigem Laub. Glatte, zugespitzte, grüne bis blaugraue, 8 cm lange und 3 cm breite Blätter, die sich im Herbst rotbraun färben. Im Juli und August erscheinen beblätterte, bis 1,5 m hohe Halme mit lockeren Blütenständen aus glänzend braunen, perlschnurartig aufgereihten oder auch kompakteren Ährchen. Am besten gruppenweise in lichte Gehölzzonen

oder Naturgärten pflanzen. Aus Feuchtwäldern, Dickichten und von Brachland in Nordamerika. ‡ 1–1,5 m. Z6

P. virgatum (Rutenhirse) Langsam (und an feuchten Standorten schneller) breiten sich die Horste aus aufrechten, violett-blaugrünen bis hellgrünen, glatten, zugespitzten, 50 cm langen und 15 mm breiten Blättern aus. Hohe, schlanke, bläuliche, manchmal biegsame und übergeneigte, bei Sorten in der Regel aufrechtere, kräftigere Halme. Im August und September erscheinen an der Spitze drahtiger Halme die rotbraunen Blüten in nickenden, lockeren Rispen. Diese Art regte deutsche Gartengestalter zur Anlage von Präriegärten an. Braucht sehr gute Dränage und blüht in schweren Böden nur selten. Abgestorbenes Laub im Frühjahr zurückschneiden. Aus offenen Wäldern, von Prärien und Dünen von Kanada bis Mexiko und in der Karibik. ‡ 1,8–2,4 m. Z4 **'Cloud Nine'** Rundliche Horste aus blaugrauen Blättern mit dunkelgoldgelber Herbstfärbung. ‡ 1,5–2,4 m. **'Dallas Blues'** Blaue Halme und Blätter. Rosa Rispen. ‡ 1,2–1,5 m. **'Hänse Herms'** Grüne, später tief-weinrote Blätter und winzige violette Blüten in lockeren Rispen. ‡ 90–120 cm. **'Heavy Metal'** Blaugraue bis violette, im Herbst gelbe Blätter. Straff aufrechter Wuchs. Rosa Blüten. ‡ 1,2–1,5 m. **'Prairie Sky'** Blauer als 'Heavy Metal' und mit lockererem Wuchs. ‡ 90–120 cm. **'Rehbraun'** Grüne, an der Spitze rote, im Herbst teils gelbe, teils rotbraune Blätter. ‡ 1 m. **'Rotstrahlbusch'** Blätter im Herbst dunkelrot. Blütenstand hellbraun. ‡ 1–1,2 m. **'Rubrum'** Grüne, an der Spitze rote, im Herbst leuchtend rote Blätter. Wenige zartrosa bis kastanienbraune Blüten. ‡ 1 m. **'Shenandoah'** Laub im Herbst dunkel-weinrot. ‡ 1,2 m. **'Squaw'** Grüne, im Herbst rot getönte Blätter. Rosaviolette Blüten. ‡ 1–1,2 m. **'Strictum'** Aufrechte Horste aus graugrünen, im Herbst gelben und roten Blättern. Blüten rötlich. ‡ 90–120 cm. **'Warrior'** Grüne, im Herbst dunkel-rotbraun getönte Blätter. Große Rispen mit dunkelrosa Blüten. ‡ 1,2 m.

PAPAVER
Mohn
PAPAVERACEAE

Ebenso auffällige wie dekorative Blüten in den verschiedensten Farben bilden das hervorstechendste Merkmal des Mohns. An sonnigen Plätzen gedeiht er ohne Probleme.

Die rund 70 Arten von Ein- und Mehrjährigen dieser Gattung sind auf der nördlichen Erdhalbkugel und dort vor allem in Europa und Asien verbreitet. Südlich des Äquators, nämlich in Südafrika, trifft man nur eine einzige Art an. Bei den Arten aus dem Tiefland handelt es sich meist um Einjährige. Sie kommen in erster Linie auf landwirtschaftlichen Kulturflächen und in trockenen, steinigen Lagen vor. Die mehrjährigen Mohn-Arten wiederum sind eher in gebirgigen Regionen zu Hause. Die Stauden der Gattung formen meist Horste

oder Gruppen, eine Hand voll Arten bildet zunächst hübsche Blattrosetten, blühen aber nach zwei bis drei Jahren und sterben danach ab. Man nennt sie monokarp.

Die Blätter wachsen im Allgemeinen in grundständigen Büscheln und sind wie die Stängel rau und borstig behaart. Die becher- oder tellerförmigen Blüten stehen einzeln oder in lockeren Ständen an unbeblätterten oder beblätterten Stängeln. Sie setzen sich aus vier, manchmal auch mehr Blütenblättern um einen Kranz aus Staubblättern zusammen. Die Kronblätter entfalten sich beim Öffnen der Knospe wie die Flügel eines schlüpfenden Schmetterlings. Dabei werden die Kelchblätter, die die Knospe völlig umschließen, auseinander gedrückt. Die Mohnfrüchte sind von Art zu Art sehr variabel: Ihre Kapseln erinnern an Pfeffersteuer und haben oben einen Porenring, aus denen der Wind die Samen schüttelt.

KULTUR Mehrjähriger Mohn gedeiht in den verschiedensten Gartenböden. Die Erde sollte allerdings durchlässig und nicht allzu sauer sein – ideal ist ein pH-Wert von 6–8. Einige wenige Arten wie *P. rupifragum* wachsen zwar problemlos im lichten Schatten, die meisten aber brauchen volle Sonne. Sie bevorzugen tief gelockerte Böden, die man im Spätherbst oder zeitigen Frühjahr reichlich mit gut verrottetem Material mulcht. Größere Formen, insbesondere der Orientale-Gruppe, brauchen zumeist eine Stütze.

VERMEHRUNG Die meisten Arten lassen sich problemlos aus den zahlreich gebildeten Samen ziehen, doch kann man größere, Gruppen bildende Arten auch leicht teilen. Bei den Formen des Türken-Mohns ist auch eine Vermehrung über Wurzelschnittlinge möglich. Bei der Aussaat von Sorten muss man mit sehr uneinheitlichen Ergebnissen rechnen, das gilt vor allem für die Orientale-Gruppe. Staudenmohn mit mehreren Kronen kann im Spätsommer oder Frühherbst geteilt werden.

PROBLEME Echter Mehltau.

P. atlanticum Gruppen bildende, immergrüne Art mit einer lockeren, breitwüchsigen Rosette aus graugrünen, grob behaarten, elliptischen, bis 15 cm langen, etwas gelappten und grob gezähnten Blättern. Die recht spärlichen Blüten stehen an schlanken, aufrechten, weich behaarten, leicht beblätterten Stängeln. Sie sind tellerförmig oder flach, stumpf orangefarben, 5–6,5 cm breit und öffnen sich nacheinander von Mai bis Oktober. Schmal keulenförmige, glatte Kapselfrucht. Wird oft mit der eng verwandten Art *P. rupifragum* verwechselt, doch ist *P. atlanticum* wesentlich häufiger anzutreffen. Braucht gute, feuchte, durchlässige Böden an vollsonnigen bis halbschattigen Standorten. Bestens für Kiesgärten geeignet, dort neigt die Art allerdings zum Wuchern. Vermehrung durch Aussaat.

HARMONIE UND KONTRAST

DIE GROSSEN, VIERZÄHLIGEN BLÜTEN des Orientalischen Mohns 'Juliane' setzen sich hier trotz ihrer zartrosa Färbung wirkungsvoll in Szene. Sie präsentieren sich vor einem Hintergrund aus Katzenminze 'Six Hills Giant', deren Stängel sich mit ihren unzähligen dunkellila Blüten dem Mohn entgegenneigen. Mohn und Minze haben eine ganz andere Form, harmonieren aber farblich bestens. Das subtile Miteinander wird zusätzlich bereichert durch die zarte hellrote Zeichnung am Grund der Mohnblüten.

Aus Gebirgen in Marokko. ↕ 40–50 cm. Z7 **'Flore Pleno'** Stumpf orangefarbene, halbgefüllte Blüten. Aus Samen wachsen ungefüllte und halbgefüllte Varianten; die ungefüllten sollten gnadenlos ausgerissen werden, wenn man halbgefüllte bevorzugt.

P. bracteatum syn. *P. orientale* var. *bracteatum* Robuste, dicht belaubte, sommergrüne Art mit grundständigem Büscheln aus behaarten, elliptischen, gelappten, scharf gezähnten, bis 35 cm langen Blättern. Aufrechte Stängel mit mehreren ähnlichen, aber kleineren, mehr oder weniger ungestielten Blättern, von denen die obersten 3–4 wie Hochblätter anmuten und in einem Büschel direkt unter der Blüte wachsen. Die einzeln stehenden Blüten öffnen sich Ende Mai und Juni. Sie sind groß, tief schalenförmig und 12,5–17,5 cm breit. Die Palette der Blütenfarben reicht von Blutrot bis Karmin- oder Purpurrot. Die Kronblätter zeigen am Grund einen Fleck. Unterscheidet sich von *P. orientale* durch die 2–4 kleinen, blattartigen Hochblätter direkt unter den Blütenknospen, an die sie sich oft eng anschmiegen. Für sonnige Plätze in guter, durchlässiger Erde. Die Stängel werden im Frühsommer immer länger und müssen daher gestützt werden. Vermehrung durch Aussaat oder über Wurzelschnittlinge. Herkunft: Osttürkei, Nord- und Nordwest-Iran, Kaukasus. ↕ 80–120 cm. Z7

P. heldreichii siehe *P. spicatum*.

P. × hybridum **'Flore Pleno'**, **'Nanum Flore Pleno'**, **'Nana Plena'** siehe *P. lateritium* 'Fireball'

P. lateritium Gruppen bildende, sommergrüne Art, die sich mit Hilfe von Stolonen ausbreitet. Größtenteils grob behaarte, elliptische, grundständige, bis 20 cm lange Blätter mit gegenständigen, grob gezähnten Blattsegmenten.

Schalenförmige, 4–6 cm breite, einzeln stehende, ziegelrote, bisweilen apricotfarbene Blüten an drahtigen Stängeln, die sich im Mai und Juni, gelegentlich auch später öffnen. Orangegelbe Staubblätter. Mehr oder weniger keulenförmige, glatte Kapselfrüchte. Bevorzugt sonnige Standorte in durchlässigem Boden. Breitet sich gern aus. Im Spätsommer oder Winter teilen. Aus den Bergen Armeniens. ↕ 30–50 cm. Z7 **'Fireball'** syn. *P. × hybridum* 'Flore Pleno', 'Nanum Flore Pleno', 'Nana Plena'. Schlanke Stängel mit jeweils einer bezaubernden, einzelnen, gefüllten, pomponartigen, leuchtend orange- bis hellroten, 3–4 cm breiten Blüte. ↕ 20–30 cm.

P. miyabeanum Kleine, kurzlebige, zarte immergrüne Art mit regelmäßigen Büscheln aus grob behaarten, grauen, grundständigen Blättern, die sich aus gegenständigen Segmenten zusammensetzen. Einzeln stehende blassgelbe, tief schalenförmige, 3–4 cm breite Blüten an schlanken, unbeblätterten, borstigen Stängeln. Kleine, rundliche, borstig behaarte Kapselfrüchte. Gedeiht an sonnigen Standorten in durchlässigem, splittreichem Boden. Ideal ist ein Kiesgarten, weil die Pflanzen bei übermäßiger Winternässe faulen können. Sie säen sich bereitwillig selbst aus. Von der Inselgruppe der Kurilen in Nordjapan. ↕ 10–15 cm. Z7

P. orientale (Türken-Mohn, Orientalischer Mohn) Büschelige, vielstängelige, borstig behaarte Pflanze mit grundständigen, bis 30 cm langen, lang gestielten, fiederteiligen Blättern mit gegenständigen Paaren scharf gezähnter Segmente. Stängelblätter ähnlich, aber oft etwas kleiner und ungestielt. Im Juni und Juli öffnen sich am Ende der beblätterten Stängel große, einzeln stehende, tief oder flach schalenförmige, 10–15 cm breite Blüten mit jeweils 4 überlappenden, leicht gerüschten, orange- bis blutroten Kronblättern, die am Grund einen schwarzroten Fleck zeigen. Dichter Kranz aus Staubblättern, normalerweise schwarzviolett gefärbt. Glatte, kreiselförmige Kapselfrucht mit Öffnungen knapp innerhalb des Rands. An sonnigen Standorten in durchlässige Böden pflanzen. Die Stängel im Verlauf des Frühsommers, wenn sie immer länger werden, mit Stäben stützen, da die Blüten bei Nässe sehr schwer werden. Vermehrung am besten über Wurzelschnittlinge. Herkunft: Osttürkei, Nord- und Nordwest-Iran, Kaukasus. ↕ 50–90 cm. Z7 **var. bracteatum** siehe *P. bracteatum*.

P. Orientale-Gruppe Auffällige, vieltriebige, borstig behaarte Gruppe von Formen mit einem Büschel aus 30–40 cm langen, fiederteiligen, gesägten Blättern. Im Mai und Juni, manchmal auch später, erscheinen an den beblätterten Stängeln große, einzeln stehende, flach bis tief schalenförmige, ungefüllte bis halbgefüllte, gelegentlich gekräuselte Blüten in den unterschiedlichsten Farbtönungen von Rot über Rosa und Violett bis Weiß. Sie tragen oft einen stark kontrastierenden Fleck am Ansatz der Kronblätter. Auch der Staubblattring ist

sehr dekorativ und wird von einer großen Kapselfrucht abgelöst. Ideal sind sonnige Standorte in guter, durchlässiger Erde. Die Vermehrung erfolgt am besten über Wurzelschnittlinge. Die Gruppe umfasst die Hybriden von mindestens drei westasiatischen Arten (*P. bracteatum*, *P. orientale* und die selten anzutreffende *P. pseudo-orientale*). ↕ 50–90 cm. Z7 **'Aglaja'** ♀ syn. 'Aglaya' Leuchtend lachsrosa, ungefüllte Blüten mit gefältelten, überlappenden Kronblättern, die an der Basis jeweils einen kleinen dunklen Fleck tragen. ↕ 70–80 cm. **'Allegro'** Leuchtend orangerote, ungefüllte Blüten mit papierenen Kronblättern; kräftiger schwarzer Fleck. ↕ 60–70 cm. **'Beauty of Livermere'** ♀ Auffallend große, ungefüllte Blüten in tiefem, glänzendem Hochrot. Derbe Kronblätter mit großem schwarzem Fleck. ↕ 90–110 cm. **'Beauty Queen'** Relativ zarte, einzeln stehende Blüten mit orange- oder apricotfarbenen, bräunlich überlaufenen, dünnen, leicht gerüschten Kronblättern ohne Fleck. ↕ 75–100 cm. **'Black and White'** ♀ Große, reinweiße, ungefüllte Blüten mit überlappenden, leicht gerüschten Kronblättern, die einen auffallenden schwarzen Fleck knapp über dem Ansatz tragen. Die weißeste Sorte überhaupt. Wird gelegentlich mit 'Perry's White' verwechselt, die allerdings rosa getönte Kronblätter hat. ‡70–80 cm. **'Carneum'** Flach schalenförmige, ungefüllte Blüten in leuchtendem Lachsrosa. Kronblätter leicht gefältelt, mit großem schwarzem Fleck. Aus Samen gezogene Exemplare fallen unterschiedlich aus. ‡70–80 cm. **'Cedar Hill'** Relativ kleine Pflanze mit rosa, ungefüllten Blüten ohne Fleck. ‡70–90 cm. **'Cedric Morris'** syn. 'Cedric's Pink' ♀ Große, tief schalenförmige, ungefüllte Blüten; zartrosa, grau getönte, leicht gerüschte Kronblätter mit großem schwarzem Fleck. ‡70–90 cm. **'Charming'** Blassrosa, mittelgroße, ungefüllte, leicht gefältelte Blüten mit verschwommen abgegrenztem, ausgefranstem Fleck. ‡65–75 cm. **'Choir Boy'** Reinweiße, ungefüllte Blüten mit gerüschten Kronblättern; kräftiger, länglicher, schwarzer Fleck. Handelsübliches Saatgut ergibt, wie so oft, variable Pflanzen. ‡80–90 cm. **'Coral Reef'** Lebhaft korallenrosa, ungefüllte Blüten mit überlappenden, gerüschten Kronblättern; kleiner schwarzvioletter Fleck. Von Thompson and Morgan Seeds entwickelt. Wird im Handel meist in Form von Samen oder aus Samen gezogenen Exemplaren angeboten. ‡60–75 cm. **'Curlilocks'** Mittelgroße, leuchtend orangerote, ungefüllte Blüten; Kronblätter mit tief gefranstem Rand und auffälligem schwarzem Fleck. ‡70–80 cm. **'Doubloon'** Mittelgroße, leuchtend orangerote, halbgefüllte Blüten. ‡75–90 cm. **'Effendi'** ♀ Große, leuchtend lachsrosa, ungefüllte Blüten; überlappende, etwas gefranste und gefältelte, am Ansatz rötliche Kronblätter mit ungleichmäßigem dunklem Fleck oberhalb des Ansatzes. ‡70–85 cm. **'Elam Pink'** Rosa, ungefüllte Blüten mit leicht gerüschten Kronblättern; mittelgroßer, schwarzer Fleck. ‡70–80 cm. **'Enchantress'** siehe 'Wunderkind'. **'Fatima'** Weiße, ungefüllte, lachsrosa gerandete Blüten mit gefransten, überlappenden Kronblättern; violetter Fleck. ‡60–75 cm. **'Forncett Summer'** Ungefüllte, leuchtend lachsrosa Blüten mit überlappenden, tief gefransten Kronblättern; kleiner schwarzer Fleck. ‡70–80 cm. **'Garden Glory'** Große, ungefüllte, orangerote, blassrot überlaufene Blüten; stark überlappende, gefranste und gerandete Kronblätter ohne Fleck, aber zur Basis hin immer röter werdend. ‡75–90 cm. **Goliath-Gruppe** Eine Gruppe ähnlicher, hoher ungefüllter Formen mit sehr großen, orange-scharlachroten Blüten und leicht gerüschten Kronblättern mit großem, ausgeprägtem schwarzem Fleck. Wird oft mit 'Beauty of Livermere' verwechselt, die aber kompakter ist und hochrote Blüten trägt. ‡100–120 cm. **'Graue Witwe'** Ungefüllte, weiße, ganz schwach graurosa überlaufene, später reinweiße Blüten; gerüschte Kronblätter mit klar abgegrenztem bis verschwommenem, violettem bis kastanienbraunem Fleck. ‡70–85 cm. **'Harvest Moon'** Halbgefüllte, zunächst tieforange, später hellere Blüten mit stark gerüschten und überlappenden, ungefleckten Kronblättern. ‡90–110 cm. **'Helen Ellis'**, **'Helen Elizabeth'** siehe 'Turkish Delight'. **'Indian Chief'** Große, unge-

füllte, tief-mahagonirote Blüten; dicke, ungefleckte Kronblätter. ‡70–90 cm. **'John III'** ♀ Sauber geformte, flach schalenförmige, schimmernd rosarote, ungefüllte, orangefarben überlaufene Blüten mit ungefleckten, gefältelten und überlappenden Kronblättern. Eine Züchtung der Gärtnerei Gräfin von Stein-Zeppelin. ‡60–70 cm. **'John Metcalf'** Mittelgroße, ungefüllte, blass-orangefarbene Blüten mit weißlicher Mitte; Kronblätter ohne Fleck und etwas gefältelt. ‡60–75 cm. **'Juliane'** Blassrosa, ungefüllte Blüten mit dicken, überlappenden, gefältelten, ungefleckten, aber am Ansatz rot überlaufenen Kronblättern. ‡70–85 cm. **'Karine'** ♀ Flache, schalenförmige, muschelrosa, ungefüllte Blüten mit leicht gefältelten, überlappenden Kronblättern ohne Fleck, aber mit purpurrotem Grund. Gärtnerei Gräfin von Stein-Zeppelin. ‡60–70 cm. **'Khedive'** ♀ Große, lachsrosa, ungefüllte, orange überlaufene Blüten mit weißlicher Mitte; breite, überlappende, stark gefranste Kronblätter mit kleinem violettem Fleck. Gärtnerei Gräfin von Stein-Zeppelin. ‡60–75 cm. **'Kleine Tänzerin'** Ungefüllte, relativ kleine, schalenförmige, dunkelrosa Blüten mit überlappenden, gefransten Kronblättern mit dunkelviolettem Fleck über der Basis. Eine Art Miniaturausgabe von 'Mrs Perry'. ‡60–75 cm. **'Ladybird'** Eindrucksvolle, zinnoberrote, ungefüllte Blüten mit einem Anflug von Orange; gerüschte, überlappende Kronblätter mit großem, kräftigem, schwarzem Fleck. Vermutlich die Sorte mit den größten Blüten. ‡70–80 cm. **'Lady Moore'** syn. 'Lady Frederick Moore' Breite, tellerförmige klar lachsrosa, ungefüllte Blüten; Kronblätter leicht gerüscht, mit auffälligem schwarzem Fleck. ‡70–85 cm. **'Lauren's Lilac'** Robuste Sorte. Große, ungefüllte, lilarosa Blüten mit einem Kragen aus blattartigen Hochblättern. Kronblätter leicht gerüscht und mit schwarzem Fleck. ‡85–100 cm. **'Lavender Girl'** siehe 'Lilac Girl'. **'Leuchtfeuer'** ♀ Rosarote, ungefüllte, orange überlaufene Blüten mit weit überlappenden, leicht gerüschten Kronblättern; länglicher, schwarzvioletter Fleck. ‡70–80 cm. **'Lighthouse'** ♀ Relativ große, ungefüllte, schlappe, hell-lachsrosa, mit der Zeit verblassende Blüten; Kronblätter leicht gefältelt und mit kräftigem rotem Fleck. ‡80–95 cm. **'Lilac Girl'** syn. 'Lavender Girl' Große, blassviolette, ungefüllte Blüten, die bei starker Sonneneinstrahlung ausbleichen; Kronblätter gefältelt, ungefleckt und überlappend. ‡80–100 cm. **'Manhattan'** Große, tief schalenförmige, rosarote, ungefüllte Blüten mit leicht gerüschten Kronblättern und schwarzer Zeichnung an der Basis. Die gängigste Sorte der New-York-Serie, eine Züchtung von Elinor de Konig. ‡70–85 cm. **'Marcus Perry'** Seidige, orange-scharlachrote, ungefüllte

RECHTS **1** *Papaver lateritium* 'Fireball'
Papaver Orientale-Gruppe:
2 'Black and White' **3** 'Forncett Summer' **4** 'Karine' **5** 'Mrs Perry' **6** 'Patty's Plum' **7** 'Prinzessin Victoria Louise' **8** 'Raspberry Queen'

Blüten; überlappende, leicht gerüschte Kronblätter mit dunklem Fleck. ‡70–80 cm. **'May Queen'** Halbgefüllte, tellerförmige, orangerote Blüten mit leicht fedrigen, ungefleckten Kronblättern. ‡65–75 cm. **'Mrs Marrow's Plum'** siehe 'Patty's Plum'. **'Mrs Perry'** Große, satt-lachsrosa, ungefüllte Blüten mit breiten, überlappenden, etwas gefälteten Kronblättern mit auffallendem violettem, allmählich verblassendem Fleck. ‡80–100 cm. **'Orange Glow'** Robuste Form. Ungefüllte Blüten in sehr kräftigem Orange; ungefleckte, schwach gerüschte Kronblätter. ‡90–100 cm. **'Oriana'** Ungefüllte, schalenförmige, orangefarbene Blüten; überlappende, runzlige Kronblätter mit violettrosa Fleck. ‡75–85 cm. **'Patty's Plum'** syn. 'Mrs Marrow's Plum' Tief schalenförmige, violette, ungefüllte Blüten, die mit der Zeit bräunlich werden und verblassen; Kronblätter überlappend, gerüscht und leicht gefältelt; schwarzer Fleck. Anfangs recht ansehnlich, verblasst dann aber stark. ‡70–85 cm. **'Perry's White'** Große, weiße, ungefüllte, ganz schwach rosa überlaufene Blüten mit überlappenden, leicht gerüschten Kronblättern; undeutlicher violetter oder rötlicher Fleck bzw. Zone am Ansatz. Vielleicht nicht ganz identisch mit der ursprünglichen Pflanze, die ein Kunde vor fast 100 Jahren in der Gärtnerei von Amos Perry in Enfield in der englischen Grafschaft Middlesex zufällig entdeckte. ‡85–95 cm. **'Petticoat'** Ungefüllte, tellerförmige, lachsrosa Blüten mit breiten, überlappenden, stark gefransten und gefältelten Kronblättern. Kleiner, durchbrochener, schwarzvioletter Fleck. ‡70–80 cm. **'Picotée'** Mittelgroße, ungefüllte weiße Blüten mit ungleichmäßiger, lachsorangefarbener Randzone; ungefleckte, gefranste, gefältelte Kronblätter. Die Breite der Randzone variiert je nach Wetter. ‡65–80 cm. **'Pink Ruffles'**

Kompakte Pflanze mit mittelgroßen, ungefüllten, rosa Blüten; tief gefranste Kronblätter. ‡60 cm. **'Pinnacle'** Vermutlich identisch mit 'Picotée'. **Pizzicato-Gruppe** syn. 'Pizzicato' Eine relativ kleinwüchsige Selektion von aus Samen gezogenen Pflanzen. Große, ungefüllte Blüten in Scharlachrot bis Orange, Lachsrosa, Lilarosa, Rosa und Orange; Kronblätter meist mit dunklem Fleck. ‡50–60 cm. **'Prinz Eugen'** Ungefüllte, orangerosa Blüten mit überlappenden, gefransten und gerandeten, ungefleckten, zur Basis hin röter werdenden Kronblättern. Ähnelt sehr stark 'Garden Glory', ist aber nicht so hoch. ‡70–80 cm. **'Prinzessin Victoria Louise'** Sehr große, lachsrosa, ungefüllte Blüten; dicke, leicht gefältelte Kronblätter mit schwarzviolettem Fleck. ‡70–90 cm. **'Raspberry Queen'** Große, himbeerrosa, ungefüllte Blüten mit dunkleren Streifen, aber ohne Fleck. ‡75–90 cm. **'Rembrandt'** Tiefrote, ungefüllte Blüten; überlappende, leicht gerüschte Kronblätter mit unklar abgegrenztem Fleck. ‡75–85 cm. **'Rosenpokal'** Rosa, ungefüllte Blüten; leicht gerüschte Kronblätter mit kleinem schwarzviolettem Fleck. ‡75–90 cm. **'Royal Chocolate Distinction'** Große, tief schalenförmige, ungefüllte Blüten in dunklem Schokoladenbraun; leicht gerüschte Kronblätter. ‡70–85 cm. **'Royal Wedding'** Reinweiße, ungefüllte Blüten; überlappende, leicht gerüschte Kronblätter mit auffallendem schwarzem Fleck. ‡75–85 cm. **'Salmon Glow'** Große, halbgefüllte, orangelachsrosa Blüten mit silbrigem Glanz; sehr stark gefranste Kronblätter mit kleinem schwarzem Fleck. ‡85–95 cm. **'Scarlet King'** Große, scharlachrote, ungefüllte Blüten; leicht gerüschte Kronblätter ohne Fleck. ‡80–90 cm. **'Sindbad'** syn. 'Sinbad' Ungefüllte, orangerote Blüten; etwas gefranste Kronblätter ohne Fleck, zur rot überlaufenen Basis hin heller und fast weißlich. ‡85–105 cm. **'Snow Goose'** Reinweiße, halbgefüllte Blüten; gefranste Kronblätter mit schwarzem Fleck. ‡80–90 cm. **'Springtime'** Blass-lachsrosa, ungefüllte Blüten mit weißer Mitte; ungefleckte, etwas gefranste Kronblätter. ‡70–80 cm. **'Sultana'** Große, ungefüllte, kirschrote Blüten, die außen und zur Basis hin röter sind; gefranste, etwas gefältelte Kronblätter mit unklar abgegrenztem, schwarzviolettem Fleck. ‡65–75 cm. **Super-Poppy-Serie** Vor über 30 Jahren von James DeWelt in Kalifornien gezüchtete Serie, mit dem Ziel, Sorten zu bekommen, die die heiße, helle kalifornische Sonne vertragen. Er verwendete angeblich *P. atlanticum*, *P. bracteatum*, *P. californicum*, *P. orientale*, *P. rupifragrum* und *P. somniferum*, doch darf bezweifelt werden, dass die Züchtungen alle das Erbmaterial sämtlicher Arten in sich tragen. **'Türkenlouis'** Ungefüllte, tief-scharlachrot-orange Blüten mit tief gefransten, gerüschten Kronblätter; schwarzroter Fleck. Ähnelt sehr stark 'Curlilocks'. ‡70–80 cm. **'Turkish Delight'** ♀ syn. 'Helen Ellis', 'Helen Elizabeth' Schalenförmige, ungefüllte,

weich lachsrosa Blüten; leicht gerüschte, ungefleckte Kronblätter. ‡60–75 cm. **'Watermelon'** Ungefüllte, schalenförmige, blass-purpurrosa Blüten; Kronblätter gerüscht und mit großem schwarzem Fleck. ‡80–100 cm. **'Wunderkind'** syn. 'Enchantress' Ungefüllte, leuchtend himbeerrosa Blüten; gefranste Blüten mit auffälligem schwarzem Fleck. ‡65–80 cm.

P. pilosum ♀ Ansehnliche, vieltriebige Art mit weich behaarten, länglichen bis elliptischen, grob gezähnten, bis 20 cm langen Grundblättern. Im Juni und Juli treiben steife, aufrechte, spärlich beblätterte Stängel kandelaberartig aus dem grundständigen Laubbüschel aus. Die verzweigten Stände tragen orangerote bis tief-orangefarbene oder grell scharlachrote Blüten; Kronblätter oft mit weißlichem Fleck. Relativ flache, 3–4,5 cm breite Blüten mit leicht gefältelten Kronblättern und orangegelben Staubgefäßen. Die schmal länglichen, glatten Kapselfrüchte werden höchstens 1,5 cm lang und sind oben auffällig flach. Braucht durchlässige, leichte Böden in voller Sonne an einem geschützten Standort. Verträgt nach dem Einwachsen keine Störungen mehr, deshalb ist eine Anzucht aus Samen ratsam. Aus der Nordwest- und Zentral-Türkei. ‡50–60 cm. Z7

P. rupifragrum (Spanischer Mohn) Büschelige Staude mit Pfahlwurzeln und einer lockeren Rosette aus graugrünen, elliptischen, gelappten, scharf gezähnten, grob, aber spärlich behaarten, rund 15 cm langen Blättern. Von Mai bis September erscheinen nacheinander schlanke, aufragende Blütenstängel, die jeweils nur einige wenige Blätter, aber bis zu fünf ziegelrote, aufrechte, tellerförmige, 3,5–4,5 cm breite Blüten tragen. Schmal längliche Kapselfrüchte. Gedeiht in allen feuchten, durchlässigen Böden in der Sonne oder im Halbschatten und auch in Kiesgärten, wo sie zum Wuchern neigt. Leichte Anzucht aus Samen. Sehr eng mit *P. atlanticum* verwandt, die etwas stärker behaart ist. Aus Südspanien (Andalusien). ‡50 cm. Z7 **'Double Tangerine Gem'** Halbgefüllte, mandarinenfarbene Blüten. **'Flore Pleno'** Halbgefüllte, ziegelrote Blüten. Die häufigste Form.

P. spicatum syn. *P. heldreichii* Hübsche Pflanze mit großen Büscheln weich behaarter, länglicher bis elliptischer, grob gezähnter Basalblätter von bis zu 20 cm Länge. Im Juni und Juli erscheinen steife, aufrechte, schwach beblätterte Stängel mit einem schlanken, traubigen Blütenstand. Blass-ziegelrote, relativ flache, 3–4,5 cm breite Blüten mit leicht gefältelten Kronblättern. Orangegelbe Staubgefäße. Schmal längliche, kleine, weniger als 1,5 cm große, glatte Kapselfrüchte. Für durchlässige, kiesige Böden an vollsonnigen, geschützten Standorten. Verträgt keine starke Winternässe. Teilung nicht möglich, da die Pflanzen nur eine einzige, kräftige Pfahlwurzel entwickeln, daher ist Aufzucht aus Samen erforderlich. Aus dem Taurus-Gebirge in der südlichen Türkei. ‡50–70 cm. Z7

PARADISEA
Paradieslilie
ASPHODELACEAE

Die winterharten Stauden mit grasartigem Laub öffnen im Frühsommer ausgesprochen elegante, lilienähnliche Blüten.

Man unterscheidet 2 kompakte, sommergrüne Arten, die auf Feuchtwiesen in den Bergen Südeuropas wachsen und beide als Zierpflanzen kultiviert werden. Aus dem knolligen Wurzelstock mit fleischigen Wurzeln entwickeln sich Horste aus schmalen, graugrünen, grasartigen Blättern. Die hohen Stängel tragen elegante Blütenstände aus reinweißen Trompetenblüten.

KULTUR Gedeiht in der Sonne oder im Halbschatten in allen nährstoffreichen, durchlässigen, humosen Böden.

VERMEHRUNG Durch behutsame Teilung oder Aussaat

PROBLEME Schnecken.

P. liliastrum (Paradieslilie) ♀ Die kompakte Pflanze bildet einen Horst aus schmalen, graugrünen, bis 25 cm langen Blättern. Bis zu 10 trompetenförmige weiße, 4–5 cm breite Blüten in einseitswendigen Trauben; jedes Blütenblatt mit grüner Spitze. Blütezeit Juni und Juli. Von feuchten Bergwiesen in Südeuropa und aus den Alpen. ‡30–60 cm. Z7

P. lusitanica Robuste Pflanze mit schmalen, bis 40 cm langen Blättern in einem kompakten Horst. Im Juni und Juli öffnen sich an hohen Stängeln bis zu 25 offen trichterförmige, weiße, 2 cm lange Blüten in lockeren Trauben. Feuchte, offene Wälder und Wiesen in Südwest-Europa. ‡1–1,2 m. Z7

PARAHEBE
SCROPHULARIACEAE

Exotische Bodendecker ergeben diese kriechenden, immergrünen Stauden, etwa in Gärten mit mediterranem Charakter.

Zur Gattung zählen etwa 30 Arten von Sträuchern und Halbsträuchern. Sie sind eng mit der Strauchveronika *(Hebe)* verwandt und wachsen auf steinigen Böden in Neuseeland, Australien und Papua-Neuguinea. Die oft niedrigen Gewächse tragen gezähnte Blätter und hübsche, tellerförmige Blüten in Rosa, Weiß oder Blau. Sie stehen an niederliegenden Trieben, die bei Bodenberührung rasch Wurzeln bilden. *P. perfoliata* unterscheidet sich mit seinen großen, unbehaarten, blaugrünen Blättern stark von den anderen Arten der Gattung.

KULTUR An vollsonnigen bis halbschattigen Standorten in durchlässiger, saurer Erde.

VERMEHRUNG Durch Aussaat, Teilung oder halbreife Stecklinge.

PROBLEME Blattfleckenkrankheit. Der Austrieb ist durch Schneckenfraß bedroht.

P. perfoliata Immergrüne, mit der Zeit am Grund verholzende Art mit niederliegenden oder übergeneigten Trieben. Ledrige, gegenständige, breit eiförmige, am Rand oft gezähnte Blätter die quirlartig am Trieb stehen und sich überlappen. Die kräftig blaugrüne Farbe des Laubs harmoniert bestens mit den blauen, weit offenen, bis 12 mm breiten Blüten, die sich im August und September in nickenden Trauben öffnen. Ein wertvoller Bodendecker für durchlässige, nicht zu nährstoffreiche Böden. Alte Pflanzen werden im Frühjahr durch einen radikalen Rückschnitt bis zum Boden verjüngt oder durch neue Pflanzen ersetzt, die man im Sommer aus Stecklingen gewinnt. Aus Australien (New South Wales, Victoria). ↕ 60–70 cm. Z8 **'Pringle'** Blüten weiß mit violettem Ring.

PARIS
Einbeere
TRILLIACEAE

Eine ungewöhnliche, aber elegante und bezaubernde Waldpflanze, die wegen ihres Laubes und ihrer Früchte geschätzt wird, aber auch mit ihren ungewöhnlichen Blüten die Blicke auf sich zieht.

Rund 30 Arten sommergrüner Waldstauden aus Eurasien werden zu dieser eng mit *Trillium* verwandten Gattung gerechnet. Ihre botanische Zuordnung ist längst noch nicht geklärt. Die kriechenden Rhizome treiben aufrechte Stängel mit bis zu 12 ovalen oder lanzettlichen, bis 15 cm langen Blättern aus. Jeweils 4–12 Blätter stehen in einem Quirl bis direkt unterhalb der Blüten. Jede unauffällige, aber nichtsdestotrotz interessante Blüte besteht aus einem Ring breiter, zugespitzter grüner

Segmente unter einem zweiten Ring aus schmalen, fadenartigen Segmenten. Bei den außerordentlich variablen Früchten kann es sich um eine einzelne fleischige Beere, eine vielsamige Kapsel oder um Zwischenformen handeln. Viele in letzter Zeit aus China eingeführte Pflanzen sind falsch benannt, doch herrscht bei der Nomenklatur für die Gattung generell noch große Verwirrung.

KULTUR Am besten in tiefem Schatten und in kühlem, humosem Boden. Treibt bisweilen sehr früh aus und muss dann vor Frost geschützt werden.

VERMEHRUNG Die breitwüchsig kriechenden Arten werden im zeitigen Frühjahr vor oder während des einsetzenden Wachstums geteilt. Kompakter wachsende Arten kann man im Herbst mit einem Messer teilen. Die Vermehrung durch Aussaat ist zeitaufwändig, da die Samen manchmal erst nach drei Jahren keimen.

PROBLEME Schnecken.

P. incompleta Kräftig sich ausbreitende Art mit dichten Gruppen aus Trieben, die jeweils einen Wirtel aus 4–6 Blättern und relativ kleinen, aber einnehmenden grünen Blüten tragen. Wie der Name andeutet, sind die Blüten der Art nicht vollständig, denn es fehlt ihnen der Wirtel aus schmalen Blütenblättern, der die meisten anderen *Paris*-Arten kennzeichnet. Relativ große, fleischige, vielsamige, schwarzviolette Beeren im Hochsommer. Türkei und Kaukasus. ↕ 30 cm. Z5

P. polyphylla Weit verbreitete, bemerkenswert vielgestaltige Art. Die meisten Paris-Exemplare werden unter dieser Bezeichnung angeboten, was nicht immer korrekt ist. Ihre Triebe erscheinen sehr früh im Frühjahr. Sie tragen

5–9 ovale, bis 20 cm lange Blätter. Jede Blüte setzt sich aus einem Ring breiter grüner Segmente unterhalb eines zweiten Rings aus längeren, dünneren, goldgelben Segmenten zusammen. Bündel roter Früchte. Manche Exemplare aus dem westlichen Himalaja treiben später aus und werden wesentlich größer. Herkunft: Himalaja. ↕ 40 cm. Z6

P. quadrifolia (Vierblättrige Einbeere) Rhizom bildende Staude, die größere Bestände in kühler, feuchter, humoser Erde bildet. Die Quirle aus 4–5 ovalen, bis 15 cm langen Blättern werden von kleinen, aber reizenden Blüten überragt. Sie bestehen aus einem Ring grüner, lanzettlicher, bis 3,5 cm langer Segmente unter einem zweiten Ring schlanker, weißlich bis gelblich grüner Segmente. Vögel lieben die großen, dicken, blauschwarzen Beeren. Aus Wäldern in Europa. ↕ 30 cm. Z5

P. thibetica Auffällige, weil sehr schmale, 20 cm lange, lanzettliche Blätter in Quirlen zu 5–9. Grüne Blüten mit einem unteren Ring aus 4–5 schmalen, 5 cm langen Segmenten. Trägt normalerweise einen zweiten Ring aus Segmenten, der dem unteren ähnelt, aber sich aus längeren, schlankeren Segmenten zusammensetzt. Gelegentlich fehlt dieser zweite Ring. Grüne Früchte, die zerfallen und leuchtend orangefarbene, von Fleisch bedeckte Samen freisetzen. Aus Nordwest-China. ↕ 60 cm. Z6

P. verticillata Kompakte Pflanze, die oft größere Bestände bildet. Sie trägt Quirle aus 5–9 schmalen, lanzettlichen, bis 15 cm langen Blättern. Wesentlich kürzere, 5 cm lange, relativ breite, grüne Blütensegmente, die sich nach dem Öffnen stark nach unten biegen. Gelblich grüner oberer Ring aus schlankeren Segmenten. Glänzende schwarze Beeren im Hochsommer. Aus Korea, Nordjapan und China. Z5

PATRINIA
Goldbaldrian
VALERIANACEAE

Die unkomplizierten Schattenpflanzen tragen Rispen aus kleinen Blüten und geteilte Blätter.

15 sommergrüne Arten aus offenen Bergwäldern und Wiesen von Europa bis Ostasien umfasst diese Gattung. Die kompakten Horste aus gezähnten oder gelappten Blättern bilden eine passende Kulisse für die großen rispenartigen Trugdolden aus winzigen, schalenförmigen, leuchtend gelben oder weißen Blüten, die im Spätsommer erscheinen. Sie eignen sich eher für kühlen Schatten als für sonnige Rabatten.

KULTUR In humosem, nährstoffreichem Boden an halb- bis vollschattigen Standorten.

VERMEHRUNG Aussaat oder Teilung.

PROBLEME Schnecken.

P. gibbosa Horst bildende Art mit aufrechten Stängeln, an denen attraktive, unregelmäßig gelappte, ovale Blätter stehen. Im August und September erscheinen kleine, eigenartig duftende, gelbe, 5 mm breite Blüten in verzweigten Scheindolden, die an den Weichen Frauenmantel (*Alchemilla mollis*) erinnern. Aus Bergwäldern in Nordjapan. ↕ 45 cm. Z6

P. scabiosifolia Kräftige Rhizome bilden lockere Horste aus leiterartigen, geteilten, hellgrünen Blättern, zwischen denen schlanke, aufrechte, belaubte Stängel mit verzweigten Trugdolden aus kleinen, 5 mm breiten Blüten erscheinen. Blütezeit August und September. Dient wie *Verbena bonariensis* als Schleierpflanze. Von sonnigen Wiesen in China, Japan, Korea und Taiwan. ↕ 60–90 cm. Z5

P. triloba (Goldbaldrian) Horst bildende Pflanze mit breiten, tief gelappten, fast ahornartigen, hellgrünen, 6–10 cm großen Blättern. Im August und September wachsen aufrechte, beblätterte Stängel mit großen verzweigten Trugdolden aus duftenden gelben Blüten mit 5 mm Durchmesser. Gut als Blattschmuckstaude. Aus Gebirgswäldern in Mittel- und Westjapan. ↕ 45–60 cm. Z7

PELARGONIUM
Pelargonie
GERANIACEAE

Einige winterharte Sommerblüher werden hier vorgestellt, die als elegantere Verwandte der »Geranien« Aufmerksamkeit verdienen.

Die Gattung setzt sich aus etwa 250 überwiegend kälteempfindlichen, oft immergrünen Arten zusammen. Es sind Halbsträucher,

Stauden oder Einjährige. Sie wachsen in den unterschiedlichsten offenen, sonnigen Lebensräumen, angefangen von Bergen bis hin zu Wüsten. Die meisten Arten sind in Südafrika beheimatet, doch findet man auch in Australien und dem Nahen Osten einige Vertreter der Pelargonien. Die wenigen halbwegs winterharten Stauden werden in milden Klimazonen, auf geschützten Rabatten oder in Innenhöfen ganzjährig draußen kultiviert. Sie tragen gelappte, oft aromatisch duftende Blätter und die typischen 5-zähligen Pelargonienblüten, deren obere zwei Blütenblätter meist größer als die unteren drei sind.

KULTUR Geschützte Standorte in voller Sonne. Braucht stark dränierte, relativ nährstoffreiche Erde und verträgt keine winterliche Nässe.

VERMEHRUNG Durch Aussaat im Frühjahr bei 15°C oder Stecklinge im Frühjahr.

PROBLEME Blattläuse, Raupen, Thripse.

P. endlicherianum Breitet sich durch Rhizome aus. Rundliche, flach gelappte, graugrüne, lockere grundständige Blätter mit etwa 6 cm Durchmesser. Leuchtend violettrosa, duftende Blüten in Dolden. Blütezeit Juni bis August. Die beiden oberen Blütenblätter biegen sich zurück und haben eine Länge von etwa 2,5 cm, während die drei unteren nur sehr klein sind oder sogar ganz fehlen. Türkei. ↕ 45 cm. Z8

P. sidoides Seit kurzem recht beliebt. Lang gestielte, 5 cm breite, herzförmige, aromatische, samtig graugrüne Blätter mit gekerbtem Rand. Ziemlich große,

tief-purpurrote, 2–3,5 cm breite Blüten von Juni bis Oktober. Aus Südafrika. ↕ 30–40 cm. Z8

PELTIPHYLLUM siehe DARMERA

PELTOBOYKINIA
SAXIFRAGACEAE

Reizend, aber eher unscheinbar wirken die 2 Arten aus Japan. Die hübschen, Horst bildenden Waldgewächse sind eng mit *Tellima* verwandt und bildeten einmal zusammen mit *Boykinia* eine einzige Gattung, von denen sie sich allerdings dadurch unterscheiden, dass der Blattstiel in der Mitte der Blattspreite ansetzt und nicht am Rand. Beide Arten ergeben eine aparte Unterpflanzung in Gehölzgruppen. Man kultiviert sie wegen ihrer schönen Blätter und der Trugdolden aus kleinen gelblichen Blüten.

KULTUR Gedeiht am besten in feuchten, aber nicht staunassen, humosen Böden im Halbschatten.

VERMEHRUNG Durch Teilung im Frühjahr oder Aussaat im Herbst.

PROBLEME In der Regel keine.

P. tellimoides Kompakte, Horst bildende Art. Olivgrüne Blätter aus bis zu 13 breit dreieckigen Lappen, die nach der Blüte 30 cm lang werden. Im Juni erscheinen aufrechte Stängel mit 5-zähligen, cremegelben, 6–8 mm breiten Blüten. Aus Bergwäldern auf Honshu in Zentraljapan. ↕ 60–90 cm. Z6

P. watanabei Horst bildende Pflanze. Glänzende, rundliche, im Frühjahr sattbronzefarbene Blätter, tief eingeschnitten und aus mehreren grob gezähnten Lappen zusammengesetzt. Kleine, glockenförmige, cremegelbe Blüten an beblätterten Stängeln. Blütezeit Juni. Bewaldetes Hügelland auf Kyushu und Shikoku in Südjapan. ↕ 60 cm. Z7

PENNISETUM
Federborstengras
POACEAE

Halmbüschel mit borstigen Blättern und fedrigen Blütenständen bereichern die Spätsommergärten um ein farbiges, spannendes Element. Die etwa 80 ein- und mehrjährigen Arten sind über die gesamten Tropen und warm-gemäßigten Regionen der Erde verbreitet. Viele Arten vertragen Trockenheit. Sie bilden in der Regel dichte Horste, haben ein zähes Wurzelsystem, das sich bisweilen ausbreitet, und entwickeln glatte, flache, glänzende, immer- oder sommergrüne Blätter. Im Spätsommer oder Herbst erscheinen gebogene Halme mit zylindrischen Blütenähren, die etwas an Flaschenbürsten erinnern und seitlich abstehende

LINKS *Peltoboykinia watanabei*

ÜBERRASCHUNGSMOMENTE

KOMBINIERT MAN BLÜTENSTÄNDE mit ähnlicher Gestalt, aber ansonsten stark unterschiedlichem Erscheinungsbild, entstehen spannungsreiche, überraschende Nachbarschaften. Hier neigen sich die schlanken violetten Ähren der *Salvia leucantha* mit ihren weißen Stängeln über schmalen, grau getönten Blättern dem Licht entgegen. Davor recken sich die breiteren, bauschig weichen, braunen Blütenstände von *Pennisetum alopeuroides* 'Moudry' in die Höhe. Sie haben nicht nur eine ähnliche Form, sondern dazu eine leicht rötliche Tönung. Dadurch entsteht ein farblicher Bezug zum wesentlich kräftigerem Rotviolett des Salbeis.

Borsten sowie oft auch hervorstehende Staubblätter tragen. Sie sehen sehr imposant aus, wenn sie in Staudenbeeten oder am Rand von Trocken- bzw. Naturgärten in Gruppen gepflanzt sind. Gute Dienste leisten sie ebenso als Solitäre in Pflanzgefäßen. Manche Arten säen sich bereitwillig selbst aus und sollten daher in einiger Entfernung von Rasenflächen oder Wegen gepflanzt werden.

KULTUR In durchlässiger, aber Wasser speichernder, nährstoffreicher Erde an vollsonnigen bis halbschattigen Standorten.

VERMEHRUNG Durch Aussaat oder Teilung, Sorten nur durch Teilung. Da die Wachstumszeit in den Sommer fällt, sollte man erst ab Juni teilen.

PROBLEME In der Regel keine.

P. alopecuroides syn. *Pennisetum japonicum* (Lampenputzergras) Große Horste aus überhängenden, dunkelgrünen, raurandigen, 12 cm breiten Blättern, die im Herbst eine orange oder rote Tönung annehmen und sich im Winter hellbraun färben. Im August und September treiben aus der Basis hohe Halme mit dicken, raupenartigen Blütenständen aus

OBEN 1 *Pennisetum alopecuroides*
2 *P. setaceum* 'Rubrum'

die dicht mit grünen bis rötlich braunen, 3 cm langen Borsten besetzt sind. Man pflanzt sie in Gruppen entlang von Wegrändern und in Wildblumengärten an trockene Standorte. Die Blütenstände sind gut für Sträuße geeignet. Herkunft: sonniges, offenes Gras- oder Brachland im Tiefland von Japan und Ostasien von Korea bis zu den Philippinen ↕ 1 m. Z5 **'Cassian'** syn. 'Cassian's Choice' Satt-gelborange Herbstfärbung. Duftige, hellbraune Blütenstände. **'Hameln'** syn. 'Hamelin' Tiefgelbe Herbstfärbung. Cremeweiße Blüten mit herausragenden, orangefarbenen Staubblättern. ↕ 60–90 cm. **'Herbstzauber'** Bronzefarbene Blütenstände wie Flaschenbürsten. ↕ 75 cm. **'Little Bunny'** Schlanke Blätter. Bauschige grüne Blütenzylinder mit weißlichen Borsten. ↕ 45 cm. **'Little Honey'** Sehr schlanke, weiß gerandete Blätter. Blüten ähneln denen von 'Little Bunny'. ↕ 30 cm. **'Moudry'** Kompakte Horste aus glänzenden, dunkelgrünen Blättern mit gelber bis roter Herbstfärbung. Gebogene, dunkelviolette bis fast schwarze Blütenstände. ↕ 60 cm. **'National Arboretum'** Breite glänzende Blätter. Die Blütenstände wirken wegen der sehr dunklen Borsten fast schwarz. Starke Selbstaussaat. ↕ 60 cm. **fo. viridescens** Kräftig grüne Blätter und Blütenstände. ↕ 75 cm. Z6 **'Weserbergland'** Grüne Blütenstände mit weißen Borsten. ↕ 1 m. **'Woodside'** Früh erscheinende, hellgrüne Blüten mit dunkelvioletten Borsten und orangefarbenen Staubblättern, die von weitem rosa aussehen. ↕ 60–90 cm.

P. flaccidum syn. *Pennisetum incomptum* (Sibirisches Lampenputzergras) Bildet lockere Horste, breitet sich über ein wucherndes, weit reichendes Wurzelsystem aus. Blassgrüne, 40 × 1,3 cm große, übergeneigte Blätter mit gelber Herbstfärbung. Im Juli erscheinen aufrechte, beblätterte Halme mit weichen, blassrosa bis fast weißen, bleistiftdünnen, flaschenbürstenähnlichen Blütenständen, die knapp über dem Laub stehen. Das Gras wird am besten in naturnah gestalteten Bereichen kultiviert, wo es sich ausbreiten kann. Alternativ zieht man es in einem Beet, wo man seine Ausdehnung begrenzen kann. Von steinigen Hängen, Geröll und Felsspalten in den Bergen vom Nordost-Iran bis zum Himalaja und nach China. ↕ 1,2 m. Z5

P. incomptum siehe *P. flaccidum*

P. japonicum siehe *P. alopecuroides*

P. macrostachyum siehe *P. setaceum*

P. macrourum (Afrikanisches Federborstengras) Lockere Horste, die sich durch lange Ausläufer langsam ausbreiten, kann stark wuchern. Blassgrüne, 60 × 13 cm große Blätter mit gelber Herbstfärbung. Im August und September erscheinen kräftige, aufrechte Halme mit borstig behaarten, grünlichen, bleistiftförmigen Blütenständen, die über den Blättern im Wind wogen. Ideal für gut durchlässige, aber feuchte Böden an sonnigen Standorten. Gruppenweise zwischen andere Stauden pflanzen. Von feuchten Stellen in Bergregionen Südafrikas. ↕ 1,2–1,8 m. Z5

P. orientale ♀ Dichte, niedrige Horste mit kräftigen Wurzeln und feinen, übergeneigten, graugrünen, 4 mm breiten Blättern, die im Herbst eine sattgelbe bis tiefbraune Färbung annehmen. Von Juli bis September erscheinen zahlreiche leicht übergebogene Halme mit langen, weißen, flaschenbürstenartigen Blütenständen, die mit weichen, rosaviolett getönten Haaren besetzt sind. Auch für den Schnitt geeignet. Man pflanzt dieses Gras an einem geschützten, aber offenen Standort in durchlässiger Erde, am besten in Reihen oder großen Gruppen zur Auflockerung der harten Konturen von Wegen oder Mauern. Gut auch in Pflanzgefäßen oder als Solitär. Von trockenen, steinigen Hängen, Geröll, Felsen und Busch im Tiefland, aber auch in Bergregionen von Zentral- bis Nordwest-Asien und von Nordafrika bis in den Iran sowie zum Kaukasus. ↕ 75–90 cm. Z6 **'Karley Rose'** Höher, aufrechter, härter als die Art, mit dunklerem Laub und länger haltenden, dunkler altrosa Blüten. ↕ 1–1,3 m. Z5 **'Tall Tails'** Graues Laub und lange, bauschig, rosabraune, später weiße Blüten. ↕ 1,3 m.

P. reppelii siehe *P. setaceum*

P. ruppellianum siehe *P. setaceum*

P. setaceum syn. *P. macrostachyum*, *P. ruppellianum*, *P. reppelii* ♀ (Einjähriges Lampenputzergras) Dichte, gewöhnlich im Winter einziehende Horste aus übergeneigten, steifen, rauen, blassgrünen, 3 mm breiten Blättern. Im September und Oktober erscheinen hohe, übergeneigte Halme mit grünen, flaschenbürstenartigen Blütenständen, an denen zartrosa und violette, bis 4 cm lange Borsten stehen. Braucht einen geschützten Standort, etwa an einer Gartenmauer. In kalten Gegenden als Einjährige ziehen. Von trockenen Hängen im tropischen Afrika und Südwest-Asien. ↕ 1,3 m. Z9 **'Burgundy Blaze'** Dunkelrotes Laub. Lange, weiche, burgunderrote Blütenstände. Ähnelt sehr stark 'Rubrum', ist aber möglicherweise empfindlicher. ↕ 1 m. **'Rubrum'** syn. 'Atropurpureum', 'Atrosanguineum', 'Cupreum' Tief- bis weinrote Blätter und Halme. Überhängende purpurrote Blütenstände. Samen meist nicht fruchtbar. ↕ 1–1,5 m. Z9

P. villosum ♀ (Weißes Lampenputzergras) Die lockeren Horste breiten sich durch ihre zähen Wurzeln langsam aus. Graugrüne, 6 mm breite, im Winter einziehende Blätter. Im Spätsommer wird das Laub von zahlreichen Blütenständen verdeckt; an der Spitze der Halme stehen rundliche, bauschige weiße Blütenstände mit federartigen, 2,5 cm langen Borsten. Kommt besonders gut in großen Gruppen am Rand von Rabatten oder Wegen zur Geltung. Herkunft: Berge in Nordafrika. Kommt auch in Italien und auf den Azoren vor ↕ 45 cm. Z7

PENSTEMON
Bartfaden
SCHROPHULARIACEAE

Zunehmender Beliebtheit erfreuen sich die farbenfrohen, reich blühenden Bartfäden als typische Sommerblüher.

Die Gattung umfasst rund 250 mehrjährige, zum Teil an der Basis verholzende Arten aus den unterschiedlichsten Lebensräumen in Nord- und Mittelamerika. Die kommen von offenen Ebenen bis in die Gebirgsregionen vor. Die kleinsten Vertreter werden gerade einmal 10 cm hoch, während die höchsten bis 3 m aufragen können. Sie wachsen meist immergrün und tragen in der Regel schmale, lanzettliche, oft ungestielte, gekreuzt gegenständige Blätter. Die röhren- oder glockenförmigen, 5-zähligen Blüten entwickeln sich in einer Traube. Jede Einzelblüte besitzt 5 weit herausragende Staubblätter, denen die Gattung möglicherweise ihren Namen »Bartfaden« verdankt. Das fünfte Staubblatt allerdings ist unfruchtbar, es trägt keinen Staubbeutel und wird als Staminodium bezeichnet.

Schon seit dem 19. Jahrhundert kennt man in England und den USA die Bartfäden als Beetpflanzen. In Deutschland kletterten sie gegen Ende des 20. Jahrhunderts in der Gunst der Gärtner langsam nach oben. Die Züchtung konzentrierte sich auf Hybriden mit langer Blütezeit und verbesserter Winterhärte. Im Laufe der Zeit wurden die Namen vieler alter Züchtungen abgeändert. Gelegentlich vermehrte man sie durch Aussaat, was für zusätzliche Verwirrung sorgte. Heute lässt sich die Zahl der Hybriden in Europa und den USA praktisch nicht mehr überblicken. Nach wie vor kommen unzählige Neueinführungen auf den Markt.

KULTUR Die Typen für den Wechselflor im Sommer und insbesondere die Hybriden setzt man am besten in durchlässige, relativ nährstoffreiche Erde an einen offenen, sonnigen Standort. Der Boden sollte vorher gut vorbereitet werden, etwa indem man

reichlich organische Substanz und Langzeitdünger untermischt. Bartfäden vertragen vor allem in wärmeren Regionen auch Halbschatten. Das Ausputzen verlängert die Blühdauer beträchtlich – zum Teil sogar bis in den November hinein. Die Winterhärte ist von Art zu Art verschieden (siehe *Winterhärte*, S.361).

Für sonnige, durchlässige Böden eignen sich vor allem die kleinen alpinen Typen. Einige Arten wie *P. glaber* sind kurzlebig oder wachsen eher zweijährig und bilden keine grundständige Blattrosette. Manche Arten gedeihen als Topfpflanzen im Sommer auf Terrassen, andere passen gut in Präriegärten in Kombination zu Gräsern und Stauden.

VERMEHRUNG Bartfäden vermehrt man über Stecklinge, durch Teilung oder Aussaat. Stecklinge kann man fast zu jeder Jahreszeit abnehmen, ideal sind jedoch das Frühjahr und der Herbst. Man schneidet dazu 7,5–10 cm lange Triebstecklinge direkt unter einer Blattachsel und entfernt die unteren Blätter. Im Frühjahr eingewurzelte Exemplare werden rasch größer; man kann sie bereits im Frühsommer ins Freiland umsiedeln. Im Herbst gesetzte Stecklinge allerdings müssen bis zum Frühjahr frostfrei stehen. Ausgesät werden nur die Arten (eine Kältebehandlung beschleunigt die Keimung oft) und gewerbliche Zuchtlinien (Strains). Sorten fallen nicht treu aus Samen. Einige wenige Arten lassen sich teilen.

PROBLEME Schnecken, Blattläuse, Echter Mehltau und Nematoden (siehe *Nematoden*, S.362).

P. **'Abbotsmerry'** (3B) Große dunkelrote Blüten mit hellerem Schlund und feiner Strichelung; breite Lippen, obere überlappend; ein hervorstehendes weißes Staminodium. In einem Garten in Kent entdeckt. ‡75 cm. Z8

P. **'Agnes Laing'** (3B) Dicke Trauben aus hübschen himbeerroten Blüten mit silbrig weißem Schlund, die locker und leicht nickend am Stängel hängen. In Schottland vor 1870 gezüchtet. ‡80 cm. Z8

P. **'Alice Hindley'** ♇ syn. *P.* 'Lady Alice Hindley' (2B) Zart-lilarosa bis violette, locker etagenförmig angeordnete Blüten mit weißem Schlund, straff aufrechte Trauben. Bildet oft einen etwas dürftigen Horst, weshalb man mehrere Exemplare eng zusammenpflanzen und gut düngen sollte. Die bekannte, beliebte Sorte, wurde 1931 vom schottischen Gärtner John Forbes, dem einst bedeutendsten *Penstemon*-Züchter eingeführt. ‡1,2 m. Z8

P. **'Andenken an Friedrich Hahn'** ♇ syn. *P.* 'Garnet' (2A) Leuchtend karminrote Blüten mit weinroter Schlundzeich-

nung. Unmengen feiner grüner Blätter in einem lockeren Busch. Sehr winterhart, verlässlich und vielblütig. Um 1918 in der Schweiz entstanden. ‡90 cm. Z7

P. **'Apple Blossom'** ♇ (1) Blass-fleischrosa Blüten, zur Spitze der Lippen hin dunkler. Cremeweißer, leicht weinrot gezeichneter Schlund. Bildet einen dichten, aufrechten, vieltriebigen Horst mit zahlreichen dunkelgrünen Blättern, ist aber nicht ganz einfach zu kultivieren. Wirkt wie eine hellere Variante von 'Evelyn'. Manchmal wird eine niedrigere Sorte mit größeren Blüten (3B), ähnlich 'Thorn', unter diesem Namen verkauft. ‡75 cm. Z8

P. **'Barbara Barker'** siehe *P.* 'Beech Park'

P. barbatus syn. *Chelone barbata* Schlanke, aufrechte Stängel mit halbimmergrünem Laub an der Basis. Blätter schmal lanzettlich und bis 8 cm lang. Blütezeit Juli bis September. Kleine, leuchtend rote, 3–4 cm große Blüten. Untere Lippen rosa getönt, leicht gelb behaart, unterste Lippe stark zurückgebogen. Herkunft: niedrige Hügel, trockene Canyons und Gestrüpp von Colorado bis Nevada und nach Süden bis Mexiko. ‡90 cm. Z6 **'Cambridge Mixed'** Aus Samen gezogene Mischung in Rosa-, Blau und Violett-Tönen mit graugrünem Laub. Kompakter Wuchs. Blüht 16–20 Wochen nach der Aussaat im zeitigen Frühjahr. ‡30 cm. **subsp. coccineus** Leuchtend scharlachrote Blüten im Juli und August. ‡90–120 cm. **'Elfin Pink'** Bezaubernde, rosarote, fingerhütähnliche Blüten in lockeren Ständen. Blüht fast den ganzen Sommer, falls man welke Blüten gleich entfernt. ‡60 cm. **'Jingle Bells'** Leuchtend scharlachrot. Gute Schnittblume. ‡1,3 m. **'Navigator'** Sehr klein, kompakt, am Grund verzweigte Pflanzen mit vielen kurzen, dicht mit Blüten besetzten Trauben in zahlreichen klaren Farben. Saatsorte. ‡25–30 cm. **var. praecox** Früh blühende Form für die Aussaat. **var. praecox fo. nanus** Kompakte, früh blühende Form. Ebenfalls für die Aussaat.

P. **'Beech Park'** ♇ (3C) Große Blüten. Kräftig purpurrote, zu Cremegelb verblassende Lippen und weißer Schlund. Der Blütenstand erscheint bei oberflächlicher Betrachtung rosa und weiß. Im Beech Park in Dublin entstanden. Ähnelt sehr stark der selteneren Form 'Barbara Barker'. ‡60 cm. Z8

P. **'Bisham Seedling'** siehe *P.* 'White Bedder'

P. **'Blackbird'** (3A) Hohe, dünne Stängel mit langen Trauben, die sich leicht im Wind wiegen. Blüten tief-purpurrot. Blüht sehr reich. Von Ron Sidwell in der englischen Grafschaft Worcestershire gezüchtet. ‡1,2 m. Z8

P. **'Burford Purple'**, *P.* **'Burford Seedling'** siehe *P.* 'Burgundy'

P. **'Burford White'** siehe *P.* 'White Bedder'

P. **'Burgundy'** syn. *P.* 'Burford Purple', *P.* 'Burford Seedling' (2B) Weit auseinander stehende, tief-magentarote Blüten mit braunviolett gezeichnetem Schlund und lebhaft weißem Staminodium. Blüht sehr verlässlich und ist recht dauerhaft. Von Treasure's in Tenbury in der englischen Grafschaft Worcestershire gezüchtet. ‡1,5 m. Z8

P. campanulatus Halbimmergrün. Aufrechte, drahtige Stängel mit glatten, schmalen, grünen, bis 7 cm langen Blättern. Lange Trauben aus weit geöffneten, leicht glockigen, röhrenförmigen, hell-violettblaumen und weißen, bis 1 cm langen Blüten. Blüht reich und für lange Zeit. Eine Elternart vieler moderner, großblumiger Hybriden. Aus Mexiko und Guatemala. ‡60 cm. Z8

P. **'Candy Pink'** siehe *P.* 'Old Candy Pink'

P. **'Carolyn Orr'** Panaschiertes Laub mit klar abgegrenzter, breiter, creme-

---

KENNZEICHNUNG DER PENSTEMON-SORTEN

Um die Beschreibung der europäischen *Penstemon*-Hybriden zu vereinfachen und Wiederholungen zu vermeiden, wird nach Möglichkeit eine Klassifizierung der Royal Horticultural Society verwendet. Sie wurde zwischen 1991 und 1993 entwickelt und teilt die Sorten nach ihrer Blütengröße in drei Hauptgruppen ein, von denen zwei zusätzlich in Untergruppen aufspalten. Die Gruppe wird neben dem Namen in Klammern angegeben. Manche Formen weisen die Merkmale zweier Gruppen auf. Eine präzise Einordnung ist nicht immer möglich, da einige Neuzüchtungen noch nicht klassifiziert sind.

GRUPPE 1: KLEINBLÜTIG
Blüten kürzer als 3 cm, Form schmal bis bauchig. Kompakte Stände, schmale, zugespitzte Blätter. Rosa, Rosalila und Violett dominieren. Niedrig, meist unter 60 cm.

GRUPPE 2: MITTELGROSSE BLÜTEN
Blüten 3–4 cm lang; Röhren öffnen sich zu einem weiten Schlund. Lässt sich je nach Laubtyp weiter unterteilen in

2A Schmalblättrig Blätter bis 8,5 × 5 cm. Ausladende Pflanze, bis 1 m hoch.

2B Breitblättrig Blätter bis 8 ×1,2 cm. Meist ausladende, bis 75 cm hohe Pflanze.

GRUPPE 3: GROSSBLÜTIG
Blüten länger als 4 cm. Lässt sich je nach Laubtyp weiter unterteilen in

3A Schmal trompetenförmig Blüten lang und schmal, Öffnung weniger als 12 mm breit. Hoch und aufrecht, wächst in mehrjähriger Kultur oft ausgeprägt strauchartig.

3B Breit trompetenförmig Blütenöffnung breiter als 12 mm; Schlund oft stark gezeichnet. Kräftige Violett- und Rottöne dominieren. Höhe bis 90 cm.

3C Glockenförmig Kürzere Blütenröhre, die sich unvermittelt zu einer breiten Öffnung weitet; große, rundliche, im rechten Winkel zum Schlund gespreizte Lippen. Breite Farbpalette.

farbener Randzone. Große lila Blüten mit heller Mitte. ‡60 cm. Z8

P. 'Castle Forbes' (3C) Auffällige hellrote Blüten mit bläulichem Ton und weißem Schlund. Eine alte, 1925 von John Forbes eingeführte Sorte. ‡60 cm. Z8

P. 'Charles Rudd' (3C) Große Blüten mit tief-magentaroter Röhre, violetten Lippen und reinweißem Schlund. Wird oft mit 'Countess of Dalkeith' verwechselt, die aber im Schlund schwach gezeichnet ist. ‡60 cm. Z8

P. 'Cherry' ♀ (3A) Büschel schmaler, röhrenförmiger, roter Blüten mit weißem Schlund, in dem sich klare magentarote Linien abzeichnen. Wüchsig. Wird gelegentlich mit 'Cherry Ripe' verwechselt, die aber nicht so wuchskräftig ist. ‡75 cm. Z8

P. 'Chester Scarlet' ♀ syn. P. 'Mrs Morse', P. 'Joy' (3B) Große, elegante, rote Blüten mit relativ schmaler Röhre. Weißer Schlund mit tief-karminroten Linien. ‡75 cm. Z8

P. cobaea Kurzlebige Art. Aufrechte Stängel mit glänzenden, scharf gezähnten, grünen, bis 20 cm langen Blättern. Große, auffällige, 5 cm lange, hell bis tiefviolette Blüten mit blasserem Schlund und satt-kastanienbrauner Zeichnung. Sie erscheinen in dichten Büscheln im Frühjahr und Frühsommer. Eine Kälteperiode fördert die Keimung. Herkunft: Lichtungen mit kalkhaltigen Böden und trockene Prärien in den US-Bundesstaaten Texas, Oklahoma, Kansas und von Nebraska bis Missouri. ‡30–60 cm. Z6

P. 'Connie's Pink' ♀ (3A) Wächst aufrecht. Blasses Laub. Leuchtend rosarote, 3 cm lange Blüten mit tiefroten Streifen im weißen Schlund. Hybride von P. isophyllus. ‡1,2 m. Z8

P. 'Cottage Garden Red' siehe P. 'Windsor Red'

P. 'Countess of Dalkeith' syn. P. 'Purple and White', P. 'Purpureus Albus' (3C) Große, glockenförmige, violette und weiße Blüten über mittelgrünen Blättern. Blüht reich, sehr auffällig. ‡60 cm. Z8

P. 'Dazzler' (3A/2B) Leuchtend karminrote Blüten. Schlund weiß, mit unregelmäßigen Linien gezeichnet. Schwer zu klassifizieren: Blüten 3A, Laub aber 2B. Wüchsige alte Sorte. ‡1 m. Z8

P. 'Devonshire Cream' (2B) Hohe Sorte. Blüten in zartem Rosarot mit etwas blasserer Unterseite; weißer Schlund, gezeichnet mit pinkfarbenen Linien. ‡1,2 m Z8

P. digitalis Dichte Horste mit vielen, oft rötlich überlaufenen Stängeln. Mittelgrünes, lanzettliches, 10–15 cm langes, an der Basis immergrünes Laub. Röhrige, hell-lilablaue oder weiße, manchmal blassviolett überlaufene, mit violetten Linien gezeichnete, 2,5 cm lange Blüten, die im Juni und Juli in großer Zahl erscheinen. Durch Teilung, Aussaat oder Stecklinge vermehren. Maine bis South Dakota, nach Süden bis Texas, Alabama und Virginia. 75 90 cm. Z3 **'Husker Red'** syn. 'Purpureus' Reinweiße Blüten mit auffällig weinroten Blättern und Stängeln. Durch Stecklinge vermehren. Aussaat bringt oft Varianten mit Blüten in relativ stumpfen Farben. Wird bisweilen fälschlicherweise als 'Husker's Red' bezeichnet. ‡75 cm. Z4 **'Purpureus'** siehe 'Husker Red'. **'Ruby Tuesday'** Dunkleres Laub, reichere Blüte. Weiße Blüten mit bläulichem Stich. ‡45–60 cm. Z4

P. 'Drinkstone' syn. P. 'Drinkstone Red', P. 'Drinkwater Red' (2A) Wächst dicht buschig. Blüten tief-scharlachzinnoberrot; Schlund stark magentarot gestreift. Blüht reich. Variante von 'Andenken an Friedrich Hahn'. ‡80 cm. Z8

P. 'Edithae' Wüchsig und buschig. Reinviolette Blüten. Frühe Hybride zwischen P. rupicola und P. barrettiae. ‡30 cm. Z7

P. Etna siehe P. Volcano-Serie.

P. 'Evelyn' ♀ syn P. 'Phyllis', P. 'Sissinghurst Pink' (1) Kräftige, schön geformte, buschige Sorte mit kleinen rosa, tief-magentarot gezeichneten Blüten an drahtigen, hohen Stängeln. Überwintert verlässlich. Zu Recht beliebt. ‡70 cm. Z7

P. 'Firebird' siehe P. 'Schoenholzeri'

P. 'Flame' (3B) Ansprechend proportionierte, leuchtend karminrote, an Löwenmäulchen erinnernde Blüten mit weißem Schlund. Reich blühend, wüchsig, dauerhaft. ‡90 cm. Z8

P. 'Flamingo' (3C) Weiße, rosa getönte Blüten in eleganten Kerzen. Weißer Schlund mit tief-karminroten Linien. ‡90 cm. Z8

P. Fujiyama siehe P. Volcano-Serie

P. 'Garden Red' siehe P. 'Windsor Red'

P. 'Garnet' siehe P. 'Andenken an Friedrich Hahn'

P. 'George Home' ♀ (3B) Hellrote Blüten mit weißem, fein dunkelrot gezeichnetem Schlund. Alte Sorte, wüchsig, aber ausladend. Nicht 'Lord Home' oder 'George Holmes'. ‡90 cm. Z8

P. glaber Kleine Horst mit am Grund verholzten Trieben. Schmale, glänzende, dunkelgrüne, bis 11 cm lange Blätter. Kurze kompakte Trauben aus dunkel- bis indigoblauen, gelegentlich rosa, 3,5 cm langen Blüten, zum Teil mit kastanienbrauner Zeichnung und spärlicher Behaarung. Blütezeit Früh- und

WINTERHÄRTE

Die Winterhärte der Bartfäden hängt ab von der Regenmenge, der Intensität der Wintersonne, Wind, Bodenbedingungen und natürlich der Temperatur. In ihren angestammten Lebensräumen wachsen die Pflanzen in durchlässigem Erdreich und sind in der kalten Jahreszeit unter einer dicken Schneedecke vor eisigen Winden und tauenden Sonnenstrahlen geschützt. Dort vertragen viele Arten Temperaturen bis –25°C. In Gärten aber sind diese Bedingungen heute oft nicht mehr gegeben.

Hybriden stammen häufig von Arten aus Mexiko und anderen wärmeren Regionen ab. Sie sind daher nicht so winterhart wie Formen aus dem Gebirge. Sie überstehen Fröste unterhalb –10°C nicht. Die meisten sind der Winterhärtezone 8 zuzurechnen, einige auch den Zonen 7 und 9. Doch die Temperatur entscheidet nicht allein: Nässe, schlechte Dränage und Windscherung setzen den Pflanzen im Winter ebenfalls zu.

Hochsommer. Herkunft: trockenes, offenes Grasland von South Dakota bis Nebraska und Wyoming (USA). ‡30–60 cm. Z3

P. grandiflorus Paarige, große, glatte, wächserne, blaugrüne, bis 9 cm lange Blätter. Große rosa, lila oder blassblaue, bis 5 cm lange Blüten mit magentaroter Zeichnung an schön geformten, offenen Trauben. Blütezeit Juni und Juli. Wird am besten aus Samen gezogen. Gedeiht an trockenen Standorten. Ideal für Präriegärten. Herkunft: North Dakota bis Wyoming, Texas und Illinois (USA). ‡1 m. Z3

UNTEN **1** *Penstemon* 'Chester Scarlet'
2 P. 'Connie's Pink' **3** P. 'Evelyn'
4 P. glaber

NEMATODEN

Abgesehen von den allgegenwärtigen Blattläusen setzen nur noch Nematoden (auch Fadenwürmer oder Älchen genannt) den Bartfäden ernsthaft zu. Es handelt sich um dieselben Nematoden, die auch Chrysanthemen, Dahlien, Phlox und Verbenen befallen.

Die verursachten Schäden sind nicht zu verkennen: Ausgehend von der Basis entwickelt das Laub gelbliche Flecken, wird braun, vertrocknet, verkrüppelt und fällt ab oder bleibt an der Pflanze haften. Auf diese Weise wird die ganze Pflanze licht und unansehnlich, wenngleich sie nur selten abstirbt. Lediglich Jungpflanzen können eingehen oder blühen einfach nicht.

Der Schädling tritt in Gärtnereien häufiger auf als in Gärten, allerdings kommt es häufig zu einem Befall an bewurzelten Stecklingen und jungen Pflänzchen im Kleingewächshaus. Wenn Älchen sich erst einmal festgesetzt haben, kann man nur noch wenig dagegen unternehmen. Ein Befall lässt sich vermeiden, indem man nicht direkt auf die Pflanzen gießt (das begünstigt den Befall) und gesundes Material von Gärtnereien oder Gartencentern kauft, statt es per Post zu bestellen. Infizierte Exemplare werden ausgegraben und verbrannt. Da Älchen im Boden überdauern, darf man mindestens ein Jahr lang am alten Standort keine Bartfäden mehr kultivieren.

P. hartwegii ♀ Buschige, oft halbstrauchige Art mit schmalen, glänzend grünen, bis 10 cm großen Blättern. Dünne, strahlend hellrote, bis 5 cm lange Blüten, die sich über einen beträchtlichen Zeitraum hinweg öffnen. Eine Elternpflanze vieler Strains. Scheint resistent gegen Echten Mehltau zu sein. Aus Mexiko. ↕ 90 cm. Z9 **'Albus'** Weiße Blüten, die sich aus cremeweißen Knospen öffnen. Blüht verlässlich unter den meisten Witterungsbedingungen. Die vermutlich älteste Sorte überhaupt. ↕ 80 cm. **'Tubular Bells Rose'** Aus Samen gezogene Sorte mit sehr weichen, blassrosa Blüten und dunkel-kastanienbraunen Linien im Schlund, die zu den Lippen hin immer breiter werden und zu großen Flecken zusammenwachsen. Blüht lange. ↕ 60 cm.

P. heterophyllus Immergrüne, an der Basis stark verholzende Pflanze. Schmale, bläulich grüne, glänzende, bis 5 cm lange Blätter. Unzählige rosaviolette, trichterförmige, bis 3,5 cm lange Blüten in filigranen Trauben. Blütezeit Hochsommer. Wirkt ansprechend schon wegen der leicht rötlichen Stängel. Langlebig. Die Elternart einer ganzen Reihe guter Sorten. Aus Kalifornien. ↕ 40 cm. Z8 **'Blue Gem'** Kompakte, buschige Sorte mit blauen, röhrigen Blüten in Trauben. Blüht von Juni bis September. Eine ausgezeichnete Form. ↕ 45 cm. **'Blue Spring'** Glänzendes, bläulich grünes Laub und dichte Trauben aus auffälligen, himmelblauen Blüten mit einem Hauch Violett im Schlund. ↕ 45 cm. **'Catherine de la Mare'** ♀ Breitwüchsige, halbimmergrüne Form mit stumpf bläulich grünen Blättern und dichten Trauben aus violettblauen Blüten an rötlichen Stängeln. ↕ 50 cm. **'Heavenly Blue'** Blaue, magentarot getönte Blüten, die sich von Juli bis Oktober öffnen. ↕ 60 cm. **'Margery Fish'** siehe P. 'Margery Fish'. **'True Blue'** Identisch mit der Art; ein überflüssiger Name. **'Züriblau'** Eine hübsche, buschige Form mit rot getönten Stängeln und zahlreichen schlanken, leuchtend blauen, röhrigen Blüten. Blütezeit Juni bis August. Schmales, bläulich grünes Laub. ↕ 45 cm.

P. 'Hewell Pink Bedder' ♀ (2B) Aufrechter Wuchs. Rötliche Stängel, graugrünes Laub. Röhre und Lippen der Blüten kirschrot, Schlund weiß, mit tief-karminroter Strichelung. Eine alte Sorte, ursprünglich für den Wechselflor. Oft fälschlich als 'Hewell's Pink Bedder' bezeichnet. ↕ 80 cm. Z8

P. 'Hidcote Pink' ♀ (2B) Standfeste, aufrechte Sorte mit leuchtend rosa Blüten; cremeweißer Schlund mit kirschroter Zeichnung. ↕ 1 m. Z8

P. 'Hidcote Purple' (2B) Ausgewogene, vielstängelige, reich blühende Form mit dunklen, später helleren lilarosa Blüten mit bläulicher Tönung. Langlebig und verlässlich. ↕ 80 cm. Z8

P. 'Hidcote White' (2B) Aus grünlichen Knospen öffnen sich Blüten in reinem oder leicht getöntem Weiß. Schwache, nur kurz blühende Sorte, eine Art minderwertige Version von 'White Bedder'. Gelegentlich wird allerdings 'White Bedder' unter dieser Bezeichnung angeboten. ↕ 60 cm. Z9

P. hirsutus Kleine, breitwüchsige, immergrüne, am Grund verholzende Art mit gezähnten, lanzettlichen, dunkelgrünen, 10 cm langen Blättern an leicht behaarten, violett getönten Trieben. Lockere Trauben aus zart trichterförmigen, blassvioletten, gelegentlich weißen, 2,5 cm langen Blüten an dünnen Stängeln hoch über dem Laub. Blütezeit Hochsommer. Braucht gut durchlässige, sonnige Standorte. Aus dem nordwestlichen Nordamerika. ↕ 45 cm. Z3 **var. pygmaeus** Kompakt, Laub violett getönt. Dichte Trauben weißer, außen lila, lilarosa oder blassblau überlaufener Röhrenblüten. ↕ 12 cm.

P. 'Hopleys Variegated' (2B) Unregelmäßig gelb panaschierte Blätter. Tief-lilarosa, zu Weiß verblassende Blüten, weißer, breit lilarosa gestreifter Schlund. Wird am besten in praller Sonne kultiviert. Ein Sport von 'Burgundy'. ↕ 90 cm. Z8

P. isophyllus ♀ Hohe, stark verzweigte, immergrüne, an der Basis verholzende Art. Rötliche, weidenartige Triebe mit fleischigen, glänzenden, mittelgrünen 3–5 cm langen, lanzettlichen, violett getön-

ten Blättern. Weit entfernt stehende, 4 cm große Blüten mit cremefarbenem Schlund. Blüht ab dem Frühsommer und wirkt für eine Art ungewöhnlich prachtvoll. Kann im Winter vollständig zurückgeschnitten werden und treibt wieder aus. ↕ 1,2 m. Z9

P. 'John Nash' (2B) Hübsche lilarosa bis violette Blüten mit weißem Schlund in senkrechten Trauben. Fast identisch mit 'Alice Hindley', aber buschiger und niedriger. ↕ 75 cm. Z8

P. 'Joy' siehe P. 'Chester Scarlet'

P. 'June' siehe P. 'Pennington Gem'

P. 'King George V' syn. P. 'King George' (3C) Große karminrote Blüten mit weißem Schlund und rötlicher Zeichnung an der Öffnung. Eine beliebte alte Sorte, die John Forbes anlässlich der Thronbesteigung des englischen Königs 1910 einführte. ↕ 90 cm. Z8

P. Kilimanjaro siehe P. Volcano-Serie

P. kunthii Weiche, samtige, dunkelrosa, etwa 3 cm lange Blüten mit hellem, weiß gestreiftem Schlund. Lange, schlanke, leuchtend grüne Blätter. Wird oft mit P. campanulatus verwechselt, die aber bauchigere, violette Blüten trägt. Kreuzt sich bereitwillig mit anderen Arten, weshalb unter dieser Bezeichnung ungewöhnliche Variationen in Umlauf sind. Nur durch Stecklinge vermehren. Aus Mexiko. ↕ 45–60 cm. Z5

P. 'Lady Alice Hindley' siehe P. 'Alice Hindley'

P. 'Le Phare' syn. P. 'Phare' (3A) Kompakt. Zarte rosarote, Blüten, die an den Lippen in Kirschrot übergehen; kräftiger, silbrigweißer Schlund mit kurzen Streifen. Lange Blütezeit und gute Lebensdauer. ↕ 60 cm. Z8

P. 'Lilac and Burgundy' (3B/3C) Sorte mit ausgeprägten Farbkontrasten. Lilarosa Röhre mit weißem, kräftig burgunderrot markiertem Schlund. Nicht leicht zu klassifizieren: Wuchs 3B, Blüte 3C. Braucht einen geschützten Standort, um den Winter heil zu überstehen. ↕ 90 cm. Z8

P. 'Lord Home' siehe P. 'George Home'

P. 'Lynette' (1) Kleine, tief-magentarote Blüten mit weißem Schlund und tief-magentaroten Streifen, schmale, feingliedrige Trauben. Vom Astern-Experten Paul Picton gezüchtet. Eine Hybride zwischen 'Evelyn' und 'Andenken an Friedrich Hahn'. ↕ 45 cm. Z7

P. 'Madame Golding' (2B) Kräftig rosarote Blüten mit deutlich gezeichnetem Schlund. Möglicherweise so alt wie 'Old Candy Pink'. ↕ 60 cm. Z9

P. 'Margery Fish' ♀ Niedrige, fast breitwüchsige Form mit glänzenden

'SOUR GRAPES'

Diese vielleicht bekannteste *Penstemon*-Sorte sorgt für große Verwirrung. Ursprung und Identität von 'Sour Grapes' liegen im Dunkeln. Oft wird auch 'Stapleford Gem' oder eine ähnliche Pflanze unter diesem Namen verkauft.

Die Sorte, die im Allgemeinen als 'Sour Grapes' anerkannt wird, kam in den 1950er-Jahren nach East Lambrook, Somerset, zu Margery Fish. Diese Form wächst sehr in die Breite und ihre Blüten sind leuchtend purpurrot mit dunkel-lilarosa Ton und einem weißen, klar-kastanienbraun gestreiften Schlund. Ihren Namen, wörtlich »saure Trauben«, bekam sie, weil ihre Blüten sich wie Weintrauben an der Spitze des Stängels drängen und die Knospen grün gefärbt sind.

Eine weitere als 'Sour Grapes' angebotene Form bleibt recht niedrig, sie hat stumpf violettblaue Blüten mit weißem Schlund und klar-kastanienbrauner Strichelung. Sie wurde vermutlich in den 1930er-Jahren von der Washfield Nursery in Devon eingeführt und ähnelt sehr stark 'Stapleford Gem', was darauf hindeutet, dass es sich bei 'Sour Grapes' eventuell nur um eine verbesserte, niedrigere Version handelt.

Möglicherweise wurde der Name aber auch unabhängig an verschiedene Sorten vergeben, doch ohne eindeutige Aufzeichnungen darüber lässt sich das nur schwer beweisen. Wie dem auch sei, unter der berühmten Bezeichnung sind zwei unterschiedliche Formen in Umlauf. Um die Verwirrung zu beenden, könnte man ein beschreibendes Suffix an den Namen anhängen, etwa Lambrook-Form oder Washfield-Form. Das ist zwar umständlich, würde aber zur Entwirrung des Falls 'Sour Grapes' beitragen.

Wuchs und kräftigem, aufrechtem Wuchs. Leuchtend lila, blau überlaufene Blüten mit dunkelpurpurnen Lippen. Weißer, purpurn gestreifter Schlund. Wird oft als 'Sour Grapes' angeboten (siehe Kasten 'Sour Grapes'). ↕ 1 m. Z8

***P.* Stromboli** siehe *P.* Volcano-Serie

***P.* 'Sutton's Pink Bedder'** (2B) Buschige, relativ lange blühende, schön geformte Sorte. Offene Trauben aus karminrot-rosafarbenen Blüten mit helleren Lippen und ungezeichnetem weißem Schlund. 1933 als Strain von Sutton Seeds eingeführt, wird mittlerweile aber nur noch mit Stecklingen vermehrt. ↕ 80 cm. Z8

***P.* 'The Juggler'** (2B) Kräftige, aufrechte Stängel mit hell-graugrünem Laub und leuchtend lilarosa, zur Unterseite der Röhre hin in Weiß übergehenden Blüten. Weißer Schlund mit magentaroten Linien. Beeindruckende Blüte. ↕ 1,1 m. Z8

***P.* 'Thorn'** Eine rosa und weiße Sorte, deren ältere Blüten eine cremefarbene bis hellgelbe Tönung annehmen. Wird oft mit 'Appleblossom', 'Beech Park' und 'Peace' verwechselt, weshalb eine Zuordnung oft schwierig ist. ↕ 80 cm. Z8

***P.* 'Threave Pink'** (1) Schlanke Stängel mit kleinen magentaroten Blüten. Weißer, dunkel-magentarot gestreifter Schlund. Ähnelt 'Evelyn', ist jedoch dunkler und blüht nicht so ausdauernd. ↕ 45 cm. Z8

***P.* 'Torquay Gem'** (3A/2A) Lockere Trauben aus tief-rosaroten Blüten mit weißem, parallel karminrot gestreiftem Schlund. Nicht wüchsig. Erholt sich nach harten Wintern nur langsam. Schwer einzuordnen: Blüten 3A, Laub 2A. ↕ 60 cm. Z8

***P.* Vesuvius** siehe Volcano-Serie

***P.* Volcano Series** Eine Serie großblütiger Sorten, entwickelt von dem Gärtner Fred Yates in England. Sie sind dank ihres kompakten, aufrechten Wuchses ideale Topf- und Rabattenpflanzen. Gemäß der Klassifizierung handelt es sich um unterschiedliche Typen. ↕ 60–75 cm. Z8 **Etna** ('Yatna') (3B) Feurig rote Blüten mit weißem, violett gestreiftem Schlund. 60 cm. **Fujiyama** ('Yamaya') (2B/3C) Hell-kirschrot mit weißem Schlund, tief-rosarote Flecken. Knospen anfangs hellgelb, beim Entfalten cremeweiß. Wuchs 2B, Blüten 3C. ↕ 60 cm. **Kilimanjaro** ('Yajaro') Rot bis leuchtend rosa. Schlund weiß. ↕ 60 cm. **Stromboli** ('Yaboli') Perlweiß mit lilarosa Lippen. Hoch. ↕ 75 cm. **Vesuvius** ('Yasius') Dunkelviolette Blüten. Weißer Schlund mit violetten Linien. ↕ 60 cm.

***P.* whippleanus** Schlanke Stängel mit glänzenden, sanftgrünen, lanzettlichen Blättern. Auffällige, tief-weinrote, fast schwarzviolette, bis 3 cm lange Blüten mit cremefarbenem Schlund, durch feine Linien gestreift. Blütezeit Hoch- bis Spätsommer. Für durchlässige, vollsonnige Standorte, wo die Sorte oft recht langlebig ist. Aus Montana, Wyoming, östliches Idaho bis Utah, New Mexico und Arizona (USA). ↕ 60 cm. Z4 **'Chocolate Drop'** Werbewirksame Bezeichnung für die Art.

***P.* 'White Bedder'** ♀ syn. *P.* 'Bisham Seedling', *P.* 'Burford White', *P.* 'Hidcote White', *P.* 'Royal White', *P.* 'Snowflake', *P.* 'Snowstorm' (2B) Buschig, mit grünlich cremefarbenen Knospen und reinweißen Blüten. Vor allem ältere Blüten nehmen einen schwachen Rosaton an. Aus Samen gezüchtet, sodass die Farbe je nach Bezugsquelle variieren kann. Vermutlich die am meisten verbreitete weiße Sorte. Eingeführt 1912 von John Forbes. ↕ 70 cm. Z8

***P.* 'Whitethroat'** (2B) Straff aufrechter Wuchs. Dunkelrosa Blüten mit weißem Schlund. Gelegentlich wird unter diesem Namen auch eine violette Form mit weißem Schlund verkauft. ↕ 90 cm. Z8

***P.* 'Windsor Red'** syn. 'Cottage Garden Red', 'Garden Red' (3A) Wüchsige, buschige Form mit schmalen Blättern und zarten, nach oben gerichteten, tief-rosaroten Blüten. Schlund weiß, mit ausgeprägten magentaroten Linien. Blüht reich und lange. ↕ 70 cm. Z8

PENTAGLOTTIS
BORAGINACEAE

Der attraktive Bodendecker eignet sich bestens für naturnahe Gartenbereiche.

Die Gattung umfasst nur eine Art, eine rau behaarte Staude, die aus feuchten, schattigen Lebensräumen in Südwest-Europa den Weg in unsere Gärten gefunden hat. Sie zeichnet sich aus durch verzweigte, niederliegende bis aufrechte Stängel, lang gestielte grundständige Blätter und ungestielte Stängelblätter. Diese Pflanze von eher herber Schönheit passt gut in naturnahe Bereiche.

KULTUR Lässt sich in den meisten Böden problemlos kultivieren und verträgt Sonne wie Schatten.

VERMEHRUNG Durch Aussaat, Teilung oder Wurzelschnittlinge.

PROBLEME Verbreitet sich durch Selbstaussaat und treibt selbst aus kleinen Wurzelresten aus, kann daher stark wuchern.

***P.* sempervirens** syn. *Anchusa sempervirens* (Spanische Ochsenzunge) Kompakte, borstig behaarte, immergrüne Art mit dunkelgrünen, ovalen, bis 30 cm langen Blättern. Azurblaue, bis 1 cm breite Blüten, ähnlich Vergissmeinnicht, die paarig in lockeren Trugdolden stehen. Blütezeit: spätes Frühjahr und Sommer. Es ist auch eine seltene blassblaue Form bekannt. Stammt aus Südwest-Europa, ist aber in anderen Teilen Europas verwildert und kommt in Hecken oder an Waldrändern vor. ↕ 30–100 cm. Z7

PERSICARIA
Persicaria
POLYGONACEAE

Unverwüstlich sind diese dekorativen und lang blühenden Stauden. Sie bevorzugen feuchte Standorte. Einige empfehlen sich

besonders als hübsche, unkomplizierte Beetstauden, die mit spätsommerlicher Blüte erfreuen.

Rund 100 Arten Ein- und Mehrjähriger aus den unterschiedlichsten Lebensräumen in aller Welt werden zu dieser Gattung gerechnet. Unter ihnen finden sich Küchen- und Heilkräuter ebenso wie Ackerunkräuter und ansehnliche Zierpflanzen. Von den etwa 17 kultivierten Arten stammen viele aus dem Himalaja und aus China, wo sie oft in feuchten Wiesen und Wäldern wachsen. Die vielgestaltige Gruppe umfasst Arten mit kriechenden Trieben und winzigen Blättern für Steingärten ebenso wie wahre Riesen von bis zu stattlichen 2 m Höhe.

Bei vielen Knöterichen handelt es sich um mittelgroße Stauden, die ihre Nachbarn gern verdrängen. Manche bilden wuchskräftige Horste aus sommergrünen, ampferartigen, ovalen Blättern. Ihre aufrechten, bisweilen belaubten Blütenstängel tragen vom Hochsommer bis in den Herbst hinein viele Wochen lang endständige, ährige oder traubige Blütenstände aus dicht stehenden, roten, rosa oder weißen, glocken- bis schalenförmigen, nur etwa 5 mm langen Blütchen. Bei anderen Arten öffnen sich die Blüten in runden Köpfen oder an rispenartig verzweigten Stängeln und werden von rostbraunen Fruchtständen abgelöst.

Auch das Laub ist recht vielgestaltig: Manche Arten tragen gefleckte Blätter, die im Lauf des Sommers ihre Farbe wechseln. Knöteriche besitzen meist verdickte Knoten, oftmals papierartige Blattscheiden umgeben an dieser Stelle den Stängel. Die Berührung aller Pflanzenteile kann Hautreizungen verursachen; der Saft führt bei Verzehr zu Magenverstimmungen.

In den letzten Jahren herrschte große Uneinigkeit über die systematische Zuordnung von *Persicaria*. Die Arten wurden früher zur Gattung *Polygonum* gezählt, was manche Botaniker nach wie vor für richtig halten. Einige Arten hat man zwischenzeitlich *Aconogonon*, *Bistorta* oder *Tovara* zugeordnet, wo man sie zum Teil heute noch findet. Andere wiederum, die zu *Persicaria* gehörten, sind ausgegliedert worden und gehören nun zu verwandten Gattungen wie etwa *Fallopia*. Entsprechend groß ist mittlerweile die Zahl der Synonyme für *Persicaria*-Arten. ⚠

KULTUR Bevorzugt feuchte Böden in der Sonne oder im Halbschatten. Viele Arten breiten sich aus — manche langsam, weshalb sie leicht zu bändigen sind, andere dagegen neigen zum Wuchern, sodass man sich gut überlegen sollte, welchen Standort man ihnen zuweist. Ihr Eroberungsdrang hat allerdings auch Vorteile: Man kann sie sehr gut als Bodendecker einsetzen oder in Gehölzbereichen bzw. Wiesen

LINKS *Pentaglottis sempervirens*

verwildern lassen. Zur Gattung zählen außerdem wertvolle Beetstauden, darunter sogar nicht wuchernde Sorten.

VERMEHRUNG Durch Teilung, Aussaat oder Stecklinge von nichtblühenden Trieben.

PROBLEME In der Regel keine.

P. amplexicaulis syn. *Bistorta amplexicaulis*, *Polygonum amplexicaule* (Kerzen-Knöterich) Voluminöse Laubbüsche mit holzigem Wurzelstock und lang gestielte, mittelgrüne, ovale, 25 × 10 cm große, spitz zulaufende, an der Basis herzförmige Blätter mit leicht gewelltem Rand. Darüber erscheint eine Vielzahl kräftiger verzweigter Stängel mit kleineren, zugespitzten, 3–10 cm langen, oft paarweise angeordneten Blättern und relativ lockeren, winzigen, meist roten, gelegentlich auch violetten bis weißen Blüten. Blüht vom Hochsommer bis zum ersten Frost. Anpassungsfähig und nicht wuchernd, trotzdem verbreitern sich die Horste und brauchen letztendlich viel Platz. Kann sich selbst aussäen, allerdings sollte man die Sorten nur durch Teilung vermehren. Herkunft: schattige Wiesenstandorte oder Wälder vom Himalaja bis Westchina. ↕50–130 cm. Z5 **'Alba'** Elegante weiße Scheinähren. ↕75–90 cm. **'Arun Gem'** siehe var. *pendula*. **'Atrosanguinea'** Tief-purpurrote Blüten. Manche Pflanzen dieses Namens unterscheiden sich nicht von der Art. ↕90–120 cm. **'Cottesbrooke Gold'** Gelbes bis lindgrünes Laub; beste Färbung in der Sonne. Keine grünen Triebe für die Vermehrung verwenden. Rosarote Blüten. ↕60–90 cm. **'Firedance'** Lebhaft lachsrosa Blüten. Eine von mehreren Auslesen von Piet Oudolf. ↕60–90 cm. **'Firetail'** ♀ Leuchtend rote, spitz zulaufende Scheinähren. Aus Samen von 'Atrosanguinea' ausgelesen. ↕90–120 cm. **'Inverleith'** Niedrig, mit schmalen Blättern und stumpfen, purpurroten Köpfen. ↕30–60 cm. **var. pendula** syn. 'Arun Gem' Ungewöhnliche, nickende Blütenstände in Magentarot mit bronzefarbenen Spitzen. ↕50–75 cm. **'Rosea'** Zarte, hellrosa Blüten. ↕75–90 cm. **'Taurus'** ('Blotau') Formschöner Wuchs, große Blätter. Vollere Scheinähren aus sattroten Blüten. ↕75–90 cm.

P. bistorta syn. *Bistorta major*, *Polygonum bistorta* (Schlangen-Wiesenknöterich) Wüchsige, variable, stark belaubte Art mit dicken, gedrehten Rhizomen. Büschel aus gewelltrandigen, ovalen, 10–30 cm großen Blättern mit gefälteter Spreite, weißer Mittelrippe, blass-graugrüner Unterseite und langem geflügeltem Stiel. Von Mai bis Juli erscheinen schlanke, nicht verzweigte Stängel mit endständigen, weichen, dichten, 2–8 cm langen und 1 cm breiten Ständen (ähnlich Flaschenbürsten), die sich aus winzigen blassrosa Blüten zusammensetzen. Die Art breitet sich in feuchter Erde rasch aus, lässt sich jedoch problemlos im Zaum halten, indem man die Wurzeln ausgräbt. Vermehrung durch Teilung. Wurde früher als Heilkraut und Frühjahrsgemüse genutzt. Heimat Eurasien. 30–100 cm. Z4 **subsp. carnea** Kleinere Unterart mit rundlicheren, 2–3 cm großen Köpfen aus dunkler lachsrosa Blüten. Breitet sich nicht so stark aus und verträgt trockenere Bedingungen als die Art. Aus dem Kaukasus und der Nord- sowie Westtürkei. ↕45–60 cm. **'Hohe Tatra'** Zu Unrecht wenig bekannte, nicht wuchernde Form mit leuchtend rötlich rosa Blüten. ↕35–50 cm. **'Superba'** ♀ Hoch, mit großen, breiten Blättern und blassrosa, weichen Blüten in schweren, 5–8 cm langen und 2,5 cm breiten Scheinähren. Kann unter dem Gewicht der Blütenstände umfallen. Braucht für gutes Gedeihen reichlich Feuchtigkeit. ↕60–90 cm.

P. campanulata syn. *Aconogonon campanulatum*, *Polygonum campanulatum* Breitet sich beharrlich aus und bildet früh in im Jahr eine dichte Matte aus kurzstieligen, grundständigen Blättern. Dunkelgrüne, schmal ovale, 15 cm lange und 4 cm breite Blätter mit tiefer Aderung an der Oberseite und weichfilziger, hellbrauner oder rosabrauner Behaarung an der Unterseite. Auch die hohen verzweigten Stängel sind attraktiv belaubt. Sie wachsen im Sommer und tragen lockere Rispen aus Scheinähren mit winzigen, blassrosa, glockenförmigen Blüten, die sich aus dunkleren Knospen öffnen. Die Blüte setzt sich bis in den Herbst hinein fort. Schattenverträglich und für Gehölzbereiche geeignet. Der hübsche Bodendecker lässt sich leicht unter Kontrolle halten. Sät sich gelegentlich selbst aus. Sorten

durch Teilung vermehren. Herkunft: feuchte Wälder und Täler im Himalaja und in Westchina. ↕50–100 cm. Z6 **Alba Group** Weiße Blüten. **'Rosenrot'** Dunkler rosarote Blüten. ↕80–120 cm.

P. japonica siehe *Fallopia japonica*

P. macrophylla syn. *Persicaria sphaerostachya*, *Bistorta macrophylla* (Großblättriger Knöterich) Aus kräftigen Rhizomen entwickeln sich regelmäßige Büschel aus schmal ovalen, 18 mal 6 cm großen, dunkelgrünen, gewelltrandigen, lang gestielten Blättern mit hellerer Unterseite. Im Sommer erscheinen an fast völlig unbelaubten Stängeln einzelne kompakte, rosarote, gelegentlich weiße, leicht struppige, 2–6 cm lange und 1 cm breite Scheinähren, die dicht mit winzigen Blüten bepackt sind. Blüht ab Juni bis zum ersten Frost. Ähnelt der früher blühenden *P. bistorta*, hat jedoch nicht deren geflügelte Blattstiele. Unverkennbar auch die Ähnlichkeit mit der Art *P. milletii*, der jedoch die breite Basis der Blattspreite fehlt. Wuchert nicht und eignet sich für sonnige Sumpfgärten. Herkunft: Bergwiesen vom Himalaja bis Westchina. ↕20–50 cm. Z6

P. microcephala Ein sehr ansprechender Bodendecker mit hübsch gemustertem Laub, der sich bereitwillig durch kräftige Rhizome ausbreitet. Breit ovale, 10 × 4 cm große, fein zugespitzte Blätter an kurzen geflügelten Stielen; nach dem Austrieb rot, später mit grauer und brauner Zonalzeichnung. Ab Hochsommer stehen an verzweigten Stängeln paarweise kleine, rundliche, 6 mm breite Köpfe aus winzigen weißen oder rosa Blüten. Wuchert, ist also eher für naturnahe Pflanzungen geeignet. Natürlicher Lebensraum: Wälder und Grasland in China, Bhutan, Indien, Nepal und Sikkim. ↕40–60 cm. Z5 **'Red Dragon'** Laub nach dem Austrieb tief-weinrot, mit roten Stielen und silbrigem v-Zeichen, das im Laufe des Sommers am Rand immer grüner wird. Weiße Blüten. Vermehrung durch Triebstecklinge oder Teilung. Eine nicht wuchernde Sorte. ↕60–75 cm.

P. milletii syn. *Bistorta milletii* Kompakte Büsche mit dicken Rhizomen und schmalen, lanzettlichen, 20 × 3 cm langen, gewelltrandigen Blättern von etwas ledriger Substanz und mit langen Stielen. Über ihnen erscheinen vom Sommer bis in den späten Herbst hinein schlanke, fast blattlose Stängel mit immer neuen, kurzen, 4 mal 1 cm großen, satt-karminroten, etwas zerzaust wirkenden Scheinähren, die dicht von winzigen Blüten mit herausragenden Staubblättern besetzt sind. Kann mit *P. macrophylla* verwechselt werden, unterscheidet sich von dieser Art aber durch die schmaleren, am Ansatz keilförmigen Blätter, die in schmale Flügel entlang des Blattstiels übergehen. Zäh, nicht wuchernd und feuchtigkeitsliebend, kann sich allerdings selbst aussäen. Aus

RECHTS 1 *Persicaria amplexicaulis* 'Firetail' **2** *P. amplexicaulis* 'Rosea' **3** *P. bistorta* 'Superba'

Gestrüpp und Bergwiesen vom Himalaja bis Westchina. ↕ 30–60 cm. Z6

P. polymorpha Eine riesige Art mit buschigem Horst, der so breit wie hoch ist und sich aus kräftigen, verzweigten Stängeln mit großen, schmal ovalen, spitz zulaufenden, in Bodennähe bis 45 cm langen Blättern zusammensetzt. Im Sommer steht an den Triebspitzen eine bauschige Masse winziger cremefarbener Blüten an etwa 15 cm hohen, verzweigten Köpfen. Dient auch im Herbst noch als Leitstaude, wenn sich die Blüten bronzebraun färben und rotbraune Früchte reifen. Eine zähe, standfeste, nicht wuchernde Art, die sich für Staudenrabatten und naturnahe Pflanzungen eignet und vor allem zwischen Gräsern gut zur Geltung kommt. Verträgt nach dem Eingewöhnen etwas Trockenheit. Aus dem Himalaja. ↕ 2 m. Z5

P. polystachya siehe *P. wallichii*

P. runcinata Breitwüchsige Art mit kräftigen Rhizomen. Niedrige Büsche aus aufrechten Trieben mit gelappten, 8 × 4 cm großen Blättern an kurzen, geflügelten Stielen; Hauptblatt speerförmig, umgeben von 1–3 Paaren wesentlich kleinerer Blätter. Beim Austrieb kastanienbraun, später grün. Blattunterseite oft mit rosa Ton. Ab dem Hochsommer erscheinen viele winzige, rosa, gelegentlich weiße Blüten in 1 cm großen, endständigen Pompons. Wuchernd, braucht Platz, um sich auszubreiten; andernfalls im Topf eingraben. Herkunft: grasbewachsene Berghänge und Wälder von Nord-Indien und China ostwärts bis Indonesien. ↕ 30–60 cm. Z8

P. sphaerostachya siehe *P. macrophylla*

P. virginiana syn. *Tovara virginiana* Eine variable Art, die buschige Horste aus aufrechten, bis zur Basis dicht mit Laub besetzten Trieben formt. Kurzstielige, ovale, bis 25 cm lange und 9 cm breite Grundblätter mit dunkelbraunem Mittelfleck, der besonders im Frühjahr stark ausgeprägt ist. Im Hochsommer erscheinen über dem Laub büschelige Blütenstände mit winzigen, perlenartigen, grünlichen bis roten Blüten, die sich entlang der 10–30 cm langen, gelegentlich noch längeren, drahtigen Stängel verteilen. Eine relativ unscheinbare Art, deren farbenfrohere Sorten sich allerdings ausgezeichnet zur Belebung schattiger, feuchter Winkel eignen. Vor Wind schützen, der die Blätter verletzen kann. Beste Blattfarbe in direkter Sonne. Sät sich gelegentlich selbst aus, wuchert aber nicht. Sorten vegetativ durch Stecklinge oder Teilung vermehren. 1640 vom Pflanzensammler John Tradescant d.J. aus Virginia in Nordamerika eingeführt. Herkunft: feuchte Wälder und Gebüsch im östlichen Nordamerika, im Himalaja und in Japan. ↕ 40–120 cm. Z3 **Compton's form** Schmal ovales, beim Austrieb rotes Laub mit tiefroter v-Zeichnung, später olivgrün mit breiter brauner v-Zeichnung. Aus Sichuan. ↕ 75–90 cm. Z5 **'Lance Corporal'** Laub mit ausgeprägter, dunkel-scholadenbrauner v-Zeichnung. ↕ 90 cm. Z5 **Variegata-**

Gruppe Breites, unregelmäßig cremegelb geflecktes Laub. Unter dieser Bezeichnung werden mehrere Formen zusammengefasst. Sämlinge panaschiert, aber von uneinheitlicher Qualität. ↕ 45–60 cm. Z6 **(Variegata-Gruppe) 'Painter's Palette'** Cremefarben und grün panaschierte Blätter mit kastanienbrauner v-Zeichnung in der Mitte und rosa Tönung. Gelegentlich werden auch unauffälliger gezeichnete Pflanzen unter dieser Bezeichnung angeboten. Eine der beliebtesten *Persicaria*-Formen. ↕ 45–60 cm. Z6

P. wallichii syn. *Aconogonon polystachyum, Persicaria polystachya* (Himalaja-Bergknöterich) Eine unübersehbare, aber kaum zu zügelnde Pflanze, die sich vor allem in feuchten Böden durch ein Netz aus Rhizomen ausbreitet und mit kräftigen, verzweigten, an der Basis gelegentlich verholzenden Trieben ein dichtes Blattwerk bildet. Dicke, ausgeprägt geaderte, lanzettliche, 30 cm lange und 10 cm breite Blätter. Stängel, Blattstiel und Mittelrippe meist rötlich. Im Frühherbst ist die Pflanze übersät mit süß duftenden, winzigen, cremefarbenen bis rosa Blüten in breiten, verzweigten, etwa 30 cm hohen Ständen. Ähnelt der nicht wuchernden Art *P. weyrichii*, hat jedoch im Gegensatz zu dieser lockere, belaubte Blütenstände. Wenn die Pflanze seine volle Höhe erreicht, bildet *P. wallichii* eine spektakuläre Erscheinung, allerdings wird sie nicht allzu oft kultiviert, weil sie sehr stark wuchert und daher in Rabatten manchmal Probleme bereitet. Man setzt diesen Knöterich am besten in naturnahe Pflanzungen oder auf Grasflächen, wo man ihn mit dem Rasenmäher unter Kontrolle halten kann. Die Pflanzen treiben sogar aus Rhizomstückchen wieder aus. Herkunft: Wiesen und Wälder in Bergregionen vom Himalaja bis Westchina. ↕ 1–1,8 m. Z5

P. weyrichii syn. *Aconogonon weyrichii* Die zähe Art wächst hoch und dicht. Nicht wuchernde Rhizome entwickeln 30 × 20 cm große, ovale Grundblätter. Auch die robusten Stängel sind belaubt; an ihren Spitzen erscheinen ab Spätsommer riesige verzweigte, grünlich weiße Rispen. Wirkt eindrucksvoll, wenn im Spätherbst nur noch die papierartigen, rotbraunen Samen verbleiben. Die Art ähnelt der wuchernden *P. wallichii*, aber *P. weyrichii* hat dichtere, duftlose Blütenstände. Die Pionierpflanze stammt von kahlen Vulkanböden, Schotterhängen und Kiesstränden auf Sachalin und in Nordjapan. ↕ 1–1,8 m. Z5

Petasites
Pestwurz
ASTERACEAE

Die ornamentalen, früh blühenden Stauden geben mit ihren großen Blättern ausgezeichnete Bodendecker ab.

Etwa 15 wüchsige, sommergrüne Rhizomstauden umfasst diese Gattung, deren Vertreter alle im Winter oder zeitigen Frühjahr blühen. Ihre Heimat sind die gemäßigten Regionen der nördlichen Hemisphäre.

Sie blühen meist schon vor dem Austrieb der großen, lang gestielten, rundlichen bis herzförmigen Grundblätter, die den eigentlichen Zierwert ausmachen. Verglichen mit ihnen sind die Stängelblätter eher unscheinbar. Die in der Regel weißen, violetten oder rosa, gelegentlich auch gelben Blüten sind eingeschlechtlich. Äußere und innere Strahlenblüten stehen in fedrigen kleinen Körbchen. Diese wiederum entwickeln sich an weichen, traubigen oder kopfigen Ständen an langen Stängeln, die sich mit der Samenbildung weiter strecken. Männliche Blütenstände tragen sterile äußere und fruchtbare innere Strahlenblüten, weibliche viele fruchtbare äußere und einige wenige innere Strahlenblüten.

KULTUR Pestwurz braucht reichlich Platz, viele Arten neigen zum Wuchern. Ideal für Naturgärten, zum Auswildern oder für sehr karge Böden bzw. Brachland, obwohl die Pflanzen tiefgründige, nährstoffreiche Erde bevorzugen. Sonnige bis halbschattige Standorte.

VERMEHRUNG Durch Teilung oder Aussaat.

PROBLEME In der Regel keine.

P. albus (Weiße Pestwurz) 15–40 cm große, rundliche bis herzförmige, doppelt und spitz gezähnte, unterseits weißfilzig behaarte Blätter. Unreife Blätter gelegentlich beiderseits behaart, doch fallen die Haare an der Oberseite bald ab. Süß duftende, blass-cremegelbe bis weiße Blütenkörbchen in Doldentrauben. Blütenstand etwa 30 cm hoch, später noch höher. Blütezeit März–April, kurz vor dem Laubaustrieb. Herkunft: Bergregionen in Europa, Nordafrika und Südwest-Asien. ↕ 80 cm. Z5

P. fragrans (Vanillen-Pestwurz) Runde, herzförmige, unterseits weich behaarte Blätter, die von der Wintermitte bis zum zeitigen Frühjahr gleichzeitig mit den blassrosa, süß nach Vanille duftenden Blüten erscheinen. Liefert

überraschend guten Vasenschnitt und verträgt auch trockenere Böden als die meisten anderen Arten der Gattung, kann jedoch lästig werden. Die Vermehrung erfolgt am besten durch Teilung der Rhizome. Aus dem Mittelmeerraum, aber in Mitteleuropa eingebürgert. ↕ 20–30 cm. Z7

P. frigidus var. *palmatus* syn. *P. palmatus* Große, auffällige, rundliche oder nierenförmige, 30 cm breite Blätter mit grob gezähntem Rand. Austrieb nach der Blüte im Frühjahr. Dichte Köpfe weißer, gelegentlich rosafarbener Blüten. Feuchtwälder in den nördlichen USA. ↕ 30–40 cm. Z5 **'Golden Palms'** Gelbe Blätter und rosa Blüten.

P. giganteus siehe *P. japonicus* var. *giganteus*

P. hybridus (Rote Pestwurz, Gewöhnliche Pestwurz) Große, herz- bis nierenförmige, lang gestielte, bis 60 cm lange Blätter. Vor dem Laubaustrieb öffnen sich die Körbchenblüten in 10–40 cm langen Trauben mit nicht duftenden, purpurroten, männlichen und helleren, lilarosa bis braunen weiblichen Blüten. Wüchsig; breitet sich unter feuchten Bedingungen rasch aus und lässt sich leicht durch Teilung vermehren. Herkunft: Europa, Nordafrika und Südwest-Asien; in Nordost- und Nordwest-Nordamerika eingebürgert. ↕ 80 cm bis 1,2 m. Z4

P. japonicus var. *giganteus* syn. *P. giganteus* Trägt von allen Petasites-Arten das größte Laub: Ein einzelnes, fast rundes Blatt kann einen Durchmesser von 1–1,5 m erreichen, getragen von einem bis 2 m hohen Stiel. Zart-lilarosa bis weiße Blüten, die gegenüber dem Laub völlig in den Hintergrund treten. Braucht feuchte Bedingungen. Aus Japan. ↕ 2 m Z5 **'Nishiki-buki'** Panaschierte grüne, unregelmäßig eingeschnittene und weiß-gelb gestreifte Blätter. Nicht sonderlich wüchsig. Laub neigt zum Zurückschlagen zu reinem Grün. **'Variegatus'** siehe 'Nishiki-buki.'

P. japonicus fo. *purpureus* Kleinere, violette Blätter.

P. niveus siehe *P. paradoxus*

P. palmatus siehe *P. frigidus* var. *palmatus*

P. paradoxus syn. *P. niveus* (Alpen-Pestwurz) Dunkelgrüne, herzförmige, buchtig gezähnte Blätter mit dicht weißfilzig behaarter Unterseite. Blattspreite am Grund mit abgerundeten, ausgeprägten Lappen. Dichte, kurze Traube aus leuchtend rosafarbenen bis weißen Körbchenblüten. Herkunft: feuchte, steinige Standorte in den Alpen und Pyrenäen. ↕ 20–30 cm. Z5

PETRORHAGIA
Felsennelke
CARYOPHYLLACEAE

Reizend wirken diese kleinen Gewächse, sie eignen sich ideal für den sonnigen Beetrand.

Rund 15 Arten Ein- und Mehrjähriger werden zu dieser Gattung gezählt. Ihr Lebensraum sind felsige und sandige Standorte in Europa und Asien. Manche wachsen aufrecht oder büschelig, andere bilden lockere Matten. Sie tragen gegenständige ungeteilte, schmale Blätter und röhrige, 5-zählige Blüten. Felsennelken vereinen in sich die Eigenschaften von Nelken (*Dianthus*) und Schleierkraut (*Gypsophila*).

KULTUR In fast allen stark durchlässigen Böden an sonnigen Standorten.

VERMEHRUNG Durch Aussaat und Stecklinge.

PROBLEME In der Regel keine.

P. saxifraga syn. *Tunica saxifraga* (Steinbrech-Felsennelke) Wurde lange Zeit wegen der moosartigen Matten aus nadelartigen, bis 30 cm langen Blätter und der duftig lockeren rosa oder weißen Blütenstände im Sommer kultiviert. Jede Blüte ist etwa 1 cm breit und besitzt 5 dunkel geaderte Kronblätter

mit gekerbter Spitze. Aus Süd- und Mitteleuropa. ↕ 15–20 cm. Z6

PEUCEDANUM
Haarstrang
APIACEAE

Die auffälligen, aber selten kultivierten Pflanzen bevorzugen feuchte Standorte und dienen überwiegend als Blattschmuckstauden.

Man unterscheidet rund 170 Arten, die in feuchten Lebensräumen in Eurasien, dem tropischen Afrika und in Südafrika beheimatet sind. Nur wenige haben den Weg in unsere Gärten gefunden, obwohl eine ganze Reihe mit beachtlichem Zierwert aufwartet. Sie entwickeln eine kräftige Pfahlwurzel und tragen fiederteilige bis mehrfach gefiederte Blätter. Die Blütenstände setzen sich aus mehreren Dolden zusammen, an deren Spitzen die weißen, gelben oder rosa Blüten mit langen, zurückgeschlagenen Kronblättern sitzen. Aus ihnen entwickeln sich flache Früchte. Die meisten Arten eignen sich eher für naturnahe und extensiv gepflegte Bereiche und weniger für wohl geordnete Blumenrabatten.

KULTUR Feuchte Böden an vollsonnigen bis halbschattigen Standorten.

VERMEHRUNG Durch Aussaat. Wegen der rübenartigen Pfahlwurzeln oft schwierig zu teilen.

PROBLEME Blattläuse und Schnecken.

P. ostruthium (Meisterwurz) Hohle, runde und auffällige gerillte Stängel tragen große frischgrüne Blätter aus 3 breit eiförmigen, tief 3-teiligen, gezähnten Blättchen. Die Blattscheiden umschließen den Stängel und sind bauchig aufgewölbt. Blüten weiß oder blassrosa, in großen Dolden mit 30–60 Doldenstrahlen. Vermehrung durch frischen Samen. Aus Feuchtwiesen und von Flussufern in den Bergen Mittel- und Südeuropas. ↕ 1 m. Z5 **var. angustifolium** Breitet sich vor allem in feuchten Böden durch Rhizome aus. **'Daphnis'** Heller graugrüne, am Rand

dekorativ cremeweiß panaschierte Blätter. Lässt sich leicht teilen.

P. verticillare (Riesen-Haarstrang) Hohe, stattliche Art. Neuaustrieb anfangs rosa, später bläulich getönt. Ältere Blätter wächsern, zweifach geteilt, 50 cm lang, aus ovalen bis länglichen, unregelmäßig gezähnten Blättchen zusammengesetzt. Nach Jahren treibt ein kräftiger Stängel mit Dolden aus blass-grünlichgelben Blüten aus. Reifende Früchte goldgelb mit ausgeprägten Flügeln, die im Herbstgarten einen hohen Zierwert haben. Nach der Blüte zieht die Pflanze ein, sät sich aber selbst aus. Eine dekorative Bereicherung für Naturgärten und vor allem trockene Lagen. Wird als Alternative zu den relativ grobschlächtigen, manchmal auch wuchernden *Heracleum*-Arten geschätzt. Aus Gebirgen in Südost-Europa und Mittelitalien. ↕ 2,5 m. Z7

PHAENOSPERMA
POACEAE

Hohe Halme mit winzigen runden Samen über dekorativem Laub sind das hervorstechende Merkmal dieser Gattung.

Sie umfasst nur eine einzige asiatische Art, ein eng mit Bambus verwandtes Gras für schattige Standorte. Aus seinen breitwüchsigen Rhizomen wachsen aufrechte Triebe mit breiten Blättern, die sich an der Basis um 180 Grad drehen und die untere Seite nach oben kehren. Die Halme wirken verglichen mit dem Laub unproportioniert hoch. An ihrem Ende stehen lockere Rispen. Aus ihnen reifen auffällig glänzende Samen, denen die Gattung ihren Namen verdankt (*phaino* = glänzen; *sperma* = Samen).

KULTUR Am besten in gut Wasser haltender, nährstoffreicher Erde an vollsonnigen bis halbschattigen Standorten.

VERMEHRUNG Durch Aussaat; sät sich bereitwillig selbst aus. Verträgt keine Teilung.

PROBLEME In der Regel keine.

P. globosa Langsam sich ausbreitende immergrüne Horste aus dekorativem Laub. Breite, zugespitzte, raue, gefältelte, 60 cm lange und 3 cm breite Blätter mit dunkelgrüner Oberseite und hellblaugrüner Unterseite. Im August und Oktober erscheinen an hohen Stängeln winzige ährenartige Blütenstände, aus denen sich glänzende, runde, 3 mm lange Samen entwickeln. Sie sitzen an drahtigen Zweigen, die quirlförmig aus dem Hauptstängel wachsen. Wird am besten in Gruppen an offenen Standorten gepflanzt, wo die Sonne auf die Blüten- und Samenstände scheint und das Laub zur Geltung kommt. Aus Wäldern in Japan, Korea, Taiwan, China und Assam. ↕ 1,5 m. Z6

PHALARIS
Glanzgras
POACEAE

Einige ausgesprochen dekorative panaschierte Formen dieses anpassungsfähigen Grases geben einen guten Bodendecker ab.

15 ein- oder mehrjährige Arten gehören dieser Gattung an, deren Vertreter auf trockenen oder feuchten Böden im Mittelmeerraum bis nach Nordeuropa und in Kalifornien wachsen. Sie bilden lockere Horste oder breiten sich mit zähen, kräftigen Wurzelsystemen aus. Die weichen Blätter finden manchmal als Weidegras Verwendung. Manche Arten wurden speziell zu diesem Zweck nach Nordamerika eingeführt. Die Halme einiger Mehrjähriger sind an der Basis merklich geschwollen und tragen kompakte Blütenstände, die manchmal schmal und zylindrisch oder auch rundlicher ausfallen.

KULTUR Am besten in gut Wasser haltender Erde, obwohl die Arten auch trockenere Standorte in der Sonne oder im Halbschatten vertragen. Im Frühjahr zurückschneiden und teilen.

VERMEHRUNG Durch Aussaat oder Teilung. Sorten und Unterarten nur durch Teilung.

PROBLEME In der Regel keine.

P. arundinacea (Rohr-Glanzgras) Lockere immergrüne Büschel. Die Art wuchert dank der unterirdischen Ausläufer und bildet Bestände. Bambusartige, grüne, flache, zugespitzte, 6–18 mm breite, relativ raue Blätter. Im Juni und August erscheinen an geraden Halmen schmale, kompakte, relativ runde Rispen mit hell-violettgrünen bis weißlichen Blüten, die sich im Herbst hellbraun färben. Das Rohr-Glanzgras hat sich in einigen Regionen als ernsthafte Bedrohung für einheimische Pflanzenarten erwiesen. Wenn man es aber an trockene Standorte pflanzt, lässt es sich leichter unter Kontrolle halten. Panaschierte Sorten im Hochsommer zurückschneiden, um die Pflanze zu einem zweiten Austrieb hübscher, rosa getönter junger Triebe anzuregen. Herkunft: Gewässer- und Sumpfufer in Europa, Asien, Nordamerika und Südafrika. Bildet dort manchmal undurchdringliche Dickichte. ↕ 2 m. Z4 **var. picta** Dunkelgrünes, im Frühjahr an der Basis rosa getöntes Laub mit hellgrünen und weißen vertikalen Streifen. ↕ 60 cm. **var. picta 'Aureovariegata'** siehe **'Luteopicta'. var. picta 'Feesey'** siehe **'Woodside'. var. picta 'Luteopicta'** syn. 'Aureovariegata' 'Luteovariegata' Laub mit cremegelben und grünen vertikalen Streifen, färbt sich im Verlauf des Sommers immer grüner. Niedrig und kompakt. ↕ 60 cm. **var. picta 'Streamlined'** Grüne, vor allem im Frühjahr weiß gerandete Blätter. **var. picta 'Tricolor'** Graugrüne, weiß gerandete Blätter mit vertikalen weißen Streifen und oft auch rosavioletter Tönung im Frühjahr und

LINKS 1 *Petrorhagia saxifraga*
2 *Peucedanum ostruthium*

Frühsommer. ‡ 60 cm. **var. *picta* 'Woodside'** syn. 'Feesey', 'Mervyn Feesey' Fast weiße Blätter mit grünem Rand und dünnen grünen Längsstreifen. Neuaustrieb im Frühjahr gelegentlich rosa überlaufen. ‡ 80 cm.

PHEGOPTERIS
Buchenfarn
THELYPTERIDACEAE

Diese bezaubernden kleinen Farne sind bemerkenswert zäh. 3 oder 4 Arten kleiner, sommergrüner Farne aus den gemäßigten Regionen der nördlichen Hemisphäre bilden diese Gattung; früher waren sie *Thelypteris* zugeordnet. Ihre Rhizome wachsen entweder aufsteigend oder sie sind dünn und kriechen. Stängel und Wedel sind leicht behaart. Die ovalen bis lanzettlichen, mehrfach fiederschnittigen Wedel tragen an der Unterseite zwischen Rand und Mittelrippe Sori ohne Schleier. Die zu Unrecht vernachlässigten Farne eignen sich bestens als Bodendecker für kleinere Flächen oder als kompaktere Begleiter edlerer Schattengewächse.

KULTUR Im feuchten Schatten in neutraler bis saurer Erde mit reichlich Humusanteil.

VERMEHRUNG Durch Teilung oder Sporen.

PROBLEME In der Regel keine.

P. connectilis syn. *Thelypteris phegopteris* (Gewöhnlicher Buchenfarn) Schlanke, kriechende Rhizome an lang gestielten, ovalen, fast speerförmigen, blassgrünen Wedeln, in denen die untersten Blättchenpaare abwärts gerichtet sind. Hauptfiedern länglich und gelappt. Guter Bodendecker für halbschattige Bereiche, der mit seinen dicht mit Blättern bepackten Wedeln ausgesprochen dekorativ wirkt. Gut auch über Absätzen oder leichten Böschungen, an denen die Wedel in einer Art grünem Vorhang nach unten hängen können.

OBEN *Phegopteris decursivepinnata*

Stammt aus feuchten Wäldern und von beschatteten felsigen Standorten auf saurem bis neutralem Boden in Europa, Nordamerika und Westasien. ‡ 20–30 cm. Z2

P. decursivepinnata syn. *Thelypteris decursive-pinnata* (Tausendfüßer-Farn) Horst bildender Farn mit kurzen, aufrechten, verzweigten Rhizomen. Büschel schmal lanzettlicher, blassgrüner, zweifach fiederschnittiger Wedel. Fiederchen in viele rundliche Lappen unterteilt. Die rundlich auslaufenden Fiederchen sind mit der Flügelung der Mittelrippe verwachsen. Der hübsche kleine Farn bildet ansehnliche Büschel aus blassgrünem Laub. Wird in der Regel aus Sporen vermehrt, doch kann man von älteren Horsten auch Ableger nehmen. Die Art wird gelegentlich mit Bindestrich *P. decursive-pinnata* geschrieben. Wächst zwischen Felsen und an Felswänden in Ostasien von Kaschmir bis Thailand und Japan. ‡ 40 cm. Z4

PHLOMIS
Brandkraut
LAMIACEAE

Leider viel zu selten wird das Brandkraut gepflanzt. Es hat dekorative Blütenstände und bemerkenswerte Laubhorste zu bieten.
Mindestens 100 Arten von Halbsträuchern oder Stauden umfasst diese Gattung. Sie sind vom Mittelmeerraum bis nach Zentralasien und China verbreitet. Die ausgesprochen winterharten Gewächse mit ausgedehntem Wurzelsystem und großen Knollen bilden Horste, die sich langsam ausbreiten. Ihre einnehmenden, an Grund oft herzförmigen, langen, schlanken Blätter werden entlang der Blütenstängel nach oben zu immer spärlicher. Sie sind meist filzig behaart oder stark runzlig, sodass die Pflanze auch ohne Blüten einen guten Zierwert hat. Die rosa, weinroten oder gelben

Blüten mit einer helmartigen Oberlippe und einer weit geöffneten Unterlippe stehen in Quirlen mit jeweils einem Blattpaar. Nach dem Verblühen bleiben die Hochblätter am Stängel haften; sie erinnern an eine Juwelenfassung und sehen noch in trockenem Zustand recht dekorativ aus. Brandkraut eignet sich bestens als Blickfang für die Mitte einer Rabatte.

KULTUR An vollsonnigen Standorten problemlos zu ziehen, verträgt aber auch Halbschatten. Braucht durchlässige Böden. Sehr empfindlich gegen Staunässe.

VERMEHRUNG Durch Teilung, Stecklinge oder Aussaat.

PROBLEME In der Regel keine.

P. bovei subsp. maroccana syn. *P. maroccana*, *P. samia* var. *maroccana* Wächst aufrecht, trägt attraktive, leicht klebrige, herzförmige, 6–8 cm lange, am Rand gekerbte Blätter. Quirle bauchiger Hochblätter mit hübschen blasslila, innen teils violett gefleckten Blüten, deren Oberlippe etwas länger als die Unterlippe ist. Kann auch als Blattschmuckstaude gezogen werden. Gelegentlich als eigene Art eingestuft. Aus den Bergen Marokkos. ‡ 1,5 m. Z9

P. cashmeriana Eindrucksvolle Pflanze mit stark wollig behaarten, aufrechten Stängeln und langen, schlanken, oberseits dunkelgrünen und silbrig gerandeten, unterseits silbrigen Blättern. Blassrosa Blüten, oft mit dunklerer Unterlippe, in dichten Quirlen über sternförmigen Hochblättern. An sonnigen Standorten mit durchlässigem Boden leicht zu ziehen. Aus Kaschmir und dem westlichen Himalaja. ‡ 90 cm. Z8

P. maroccana siehe *P. bovei* subsp. *maroccana*

P. russeliana (Russels Brandkraut) Schöne Pflanze mit imposanten Horsten. Bis 25 cm breite, dickfilzig behaarte, apfelgrüne, an der Basis leicht silbrige Blätter, die nach oben zu immer länger und schmaler werden. Dicke kanariengelbe Blüten, die im Sommer wochenlang die Pflanze zieren und über sternförmigen, im Winter als Trockenschmuck begehrten Hochblättern stehen. Trotz ihrer warmen Heimat ungewöhnlich winterhart, braucht jedoch gute Dränage und treibt im Frühjahr quälend langsam aus. Im Herbst dagegen bleibt das Laub auch dann noch ansehnlich, wenn andere Stauden schon längst erfroren sind. Aus dem westlichen Syrien. ‡ 90 cm. Z4

P. samia Aufrechte, klebrige Pflanze. Dunkelgrüne, 10–20 cm große, stark runzlige, an der Basis markant herzförmige Blätter, die später ihre Herzform verlieren und im oberen Bereich der Blütenstängel eine breite, zugespitzte Form annehmen. Im Frühjahr und Sommer erscheinen Blüten mit weinroter Oberlippe und rosa Unterlippe. Ähnelt *P. bovei* subsp. *maroccana*, hat aber eine kleinere Unterlippe. Herkunft: Nordafrika, Balkan, Griechenland. ‡ 90 cm. Z7 **var. maroccana** siehe *P. bovei* subsp. *maroccana*.

P. tuberosa (Knollen-Brandkraut) Mit großen, angeblich essbaren Knollen. Aus ihnen treiben hohe, gelegentlich dunkelviolette Stängel mit langen, dunkelgrünen, pfeilförmigen, tief geaderten, scharf gesägten Blättern aus. Büschel violetter oder rosa Blüten mit gerader Oberlippe. Blütezeit Sommer. Herkunft: trockene Hänge, Brachland und Wiesen in Mittel- und Südost-Europa sowie Zentralasien. ‡ 1,2–1,5 m. Z5 **'Amazone'** Erreicht überall eine stattliche Höhe. ‡ 1,5 m.

UNTEN 1 *Phlomis russeliana*
2 *P. tuberosa* 'Amazone'

PHLOX
Phlox
POLEMONIACEAE

Phloxe erfüllen die sommerliche Luft mit ihrem Duft und begeistern durch Blüten in allen Regenbogenfarben – ein Fest für die Sinne.

Die Gattung setzt sich aus über 60 Einjährigen und immer- oder sommergrünen Stauden zusammen. Phloxe gehörten zu den ersten Pflanzen, die aus der Neuen Welt nach Europa gelangten. Sie haben dichte, faserige weiße Wurzeln und breiten sich durch Rhizome oder niederliegende Triebe aus, wachsen aber auch horstig. Viele Arten bilden einen Teppich aus gegenständigen, kurzstieligen Grundblättern mit kurzlebigen Blütenstielen, die nach der Samenreife welken. Andere treiben hohe, lange haltende, verholzende, beblätterte Stängel mit gegenständigem Laub und dichten Blütenständen. Die 5 Kronblätter sind unten zu einer Kronröhre verwachsen und spreizen sich oben zu einem flachen Teller. Der Flor öffnet sich aus elegant gedrehten Knospen und kann weiß, rosa, rosarot, violett, blau oder zweifarbig ausfallen. Während manche den Phlox-Duft als sehr intensiv empfinden, nehmen ihn andere kaum wahr.

Arten und Sorten sind für die unterschiedlichsten Standorte erhältlich. Arten aus dem Wald wie *P. adsurgens* oder *P. divaricata* bringen früh im Jahr Farbe in Gehölzbereiche oder schattige Staudensäume. *P. maculata* und *P. paniculata* wiederum postiert man am besten in die Mitte oder im hinteren Bereich von Staudenbeeten oder gemischten Rabatten. Man sollte ihnen reichlich Platz lassen und sie mit geeigneten Stauden, Ziergräsern und Sträuchern kombinieren. Nicht erwähnt werden hier die alpinen Arten wie *P. douglasii* und *P. subulata* sowie die zunehmend geschätzten einjährigen Sorten von *P. drummondii*.

KULTUR Garten-Phloxe lassen sich nach ihren Kulturansprüchen in drei Gruppen einteilen. Arten des Waldes wie *Phlox divaricata* und *P. stolonifera* brauchen gleichmäßig feuchte, humusreiche Erde im lichten bis vollen Schatten. Diese immergrünen Bodendecker müssen nur dann geteilt werden, wenn sie ihre Nachbarpflanzen zu sehr bedrängen. Niedrige, buschförmig wachsende Arten wie *P. adsurgens* ziehen in der Regel sandige oder lehmige, durchlässige Böden in voller Sonne vor. Zu den Hohen Stauden-Phloxen zählen *P. × arendsii*, *P. carolina*, *P. maculata* und *P. paniculata*. Sie verlangen normal bis sehr nährstoffreiche, gleichmäßig feuchte Böden in voller Sonne oder leichtem Schatten. Phlox gedeiht am besten in Gegenden, in denen die Sommernächte kühl sind und sie blühen oft wochenlang. Bei entsprechender Auswahl der Sorten erreicht man einen durchgehenden Flor von Juni bis September.

VERMEHRUNG Durch Triebstecklinge im Frühjahr und Frühsommer. Sorten von *P. paniculata* werden am besten über Wurzelschnittlinge im Herbst vermehrt, die man waagrecht in feuchten Sand legt, um eine Übertragung von Älchen zu vermeiden. Phlox sät sich stark selbst aus, doch fallen die Sorten nicht echt aus Samen. Sie müssen daher vegetativ vermehrt werden.

PROBLEME Echter Mehltau, Älchen (Nematoden). Hasen und Rotwild sind verrückt nach Phlox und müssen unter Umständen durch Repellents oder Zäune ferngehalten werden.

P. adsurgens (Immergrüner Phlox) Matten bildender Phlox mit Pfahlwurzel. Die aufrechten Stängel sind dicht mit 3 cm langen, unbehaarten, ovalen Blättern besetzt. Zwischen Mai und Juli erscheinen einige wenige lockere Blütenstände aus 2,5 cm großen, leuchtend rosa bis lila Blüten mit rundlichen Kronblättern. Bildet hübsche Horste und wird am besten in nährstoffreicher, durchlässiger Erde an sonnigen bis halbschattigen Standorten gepflanzt, reagiert aber manchmal empfindlich auf hohe Nachttemperaturen und zu viel Luftfeuchtigkeit. Von Bergwiesen und Lichtungen in Oregon und Kalifornien (USA). ‡ 10–15 cm. Z6 **'Wagon Wheel'** Schmal gelappt, mit blassem Zentrum.

P. × arendsii Straff aufrecht wachsende Hybride, die sich durch gedrungene Ausläufer langsam ausbreitet. Sie bildet gleichmäßige Horste aus nahezu immergrünen, schmal ovalen bis lanzettlichen, 12–15 mm langen Blättern. Die 2–2,5 cm breiten, duftenden Blüten erscheinen dicht an dicht in Doldentrauben ab dem Frühsommer; sie öffnen sich über mehrere Wochen hinweg. Geeignet für den Vordergrund einer Rabatte oder als Randbepflanzung. Die hübsche Hybride vereint den niedrigen Wuchs von *P. divaricata* mit den auffälligen, leuchtenden Blüten von *P. paniculata*. Wurde um 1920 von Georg Arends, Wuppertal-Ronsdorf, entwickelt. Die meisten alten Auslesen sind mittlerweile durch Neueinführungen mit besserer Blütenfarbe, angenehmerem Duft und größerer Widerstandsfähigkeit gegen Mehltau ersetzt worden. Kultur in nährstoffreichen, gleichmäßig feuchten Böden in der Sonne oder im lichten Schatten. Verblühte Stängel bis zum Boden zurückschneiden. Durch Stecklinge oder Teilung vermehren. Anfällig für Echten Mehltau, moderne Züchtungen sind resistenter. ‡ 30–60 cm. Z3 **'Luc's Lilac'** Lilarosa Blüten. ‡ 90 cm. **'Miss Jill'** (Spring-Pearl-Serie) Weiße Blüten mit kleinem rosa Auge. **'Miss Karen'** (Spring-Pearl-Serie) Dunkelrosa, mit dunklerem Auge. **'Miss Margie'** (Spring-Pearl-Serie) Lilablaue Blüten. **'Miss Mary'** (Spring-Pearl-Serie) Rosarote Blüten und dunkles Laub. **Spring-Pearl-Serie** Serie eingetragener Auslesen, die sich in einigen Gegenden durch gute Widerstandsfähigkeit gegen Mehltau auszeichnen. Sie beginnen alle mit »Miss«. **'Ping Pong'** Zartrosa, mit dunkler rosafarbenem Auge. Gute Widerstandsfähigkeit gegen Mehltau.

P. carolina (Dickblatt-Phlox) Gedrungene, ansehnliche Art mit glänzenden, breit lanzettlichen, 10–13 cm langen, dunkelgrünen, spitz zulaufenden Blättern an hohen, geraden Stängeln mit endständigen, länglichen Doldentrauben aus 2 cm großen, rosa bis violetten, gelegentlich weißen Blüten; Kronblätter flach gespreizt. In feuchte, nährstoffreiche Böden an vollsonnigen bis halbschattigen Standorten pflanzen und über Stecklinge vermehren. Aus feuchten, sommergrünen Wäldern und von Lichtungen und Straßenränder in North Carolina und Kentucky, südlich bis Florida und Mississippi (USA). ‡ 90–120 cm. Z4 **'Bill Baker'** ♀ Mittelrosa Blüten mit weißem Auge. 50–60 cm. **'Magnificence'** Wärmeverträglich und widerstandsfähig gegen Mehltau. Blüten karminrosa. ‡ 90 cm. **'Miss Lingard'** ♀ Duftende weiße Blüten mit blassgelbem Auge. Gewisse Mehltau-Resistenz. **'Reine du Jour'** siehe *P. maculata* 'Reine du Jour'.

P. 'Charles Ricardo' Breitet sich durch kriechende Rhizome aus und bildet eine Matte aus dunkellila Blüten. Hybride von *P. divaricata* und *P. pilosa*. Ähnelt 'Chattahoochee', hat aber ein

OBEN 1 *Phlox maculata* 'Alpha'
2 *P. maculata* 'Natascha'
3 *P. maculata* 'Omega'

'**Red Feelings**' (Feelings-Serie) Kleine rote Blüten mit schmalen Kron- und ungewöhnlichen Kelchblättern. Gut als Schnittblumen. '**Rijnstroom**' Lachsrosa Blüten. Ausgezeichnete Blühleistung. ↕ 90 cm. '**Robert Poore**' Riesige Blütenstände aus purpurroten Blüten im Juli. Widerstandsfähig gegen Mehltau. Benannt nach einem Landschaftsarchitekten aus dem US-Bundesstaat Mississippi. ↕ 1,5–1,8 m. '**Rosa Pastell**' Große weichrosa Blüten mit dunklerem Auge. '**Rubymine**' (Mine-Serie) Weiß gerandete, anfangs rot getönte Blätter und rosa Blüten mit rosarotem, sternförmigem Zentrum. Wenig anfällig für Mehltau. '**Sandringham**' Rosa Blüten mit dunklerem Auge. ↕ 90 cm. '**Silvermine**' Goldgelb gerandetes Laub und weiße Blüten mit rosaroter Rückseite und kleinem rotem Auge. Ein Sport von 'Popeye'. '**Speed Limit 45**' syn. 'Cotton Candy'. Leuchtend rosa. Wurde neben einem Verkehrsschild entdeckt, daher der Name. '**Starfire**' ♀ Lebendige, tiefrote Blüten und rot getöntes Laub. Früh blühend. '**Tenor**' Scharlachrosa Blüten. Blüht früh, remontiert gut. ↕ 60 cm. '**The King**' Tief-purpurrote Blüten. '**Uspekh**' Tiefviolette Blüten mit sternförmigem weißem Auge. ↕ 60 cm. '**White Admiral**' ♀ Große weiße Blüten. Spät blühend. '**Windsor**' ♀ Karminrosa Blüten mit dunklerem Auge. ↕ 60 cm.

P. stolonifera (Kriechender Phlox) Breite, dichte Horste aus 8 cm langen, ovalen, immergrünen Blättern an kriechenden Trieben, die an den Knoten bewurzeln und Matten bilden. Die kurzlebigen Blütentriebe tragen im Frühjahr offene Doldentrauben aus 2,5 cm breiten, magentaroten bis rosa Blüten. Die Art kommt am besten zur Geltung, wenn sie keinen Konkurrenzdruck durch benachbarte Pflanzen erfährt. Andererseits flicht sie sich elegant zwischen höhere horstige Stauden wie *Hosta* und *Polygonatum*. Für feuchte Humusböden in leichtem bis vollem Schatten. Nach dem Samenansatz schneidet man die Blütenstängel zurück, damit der Laubteppich zur Wirkung kommt. Herkunft: offene Wälder und bewaldete Felshänge von Pennsylvania und Ohio nach Süden bis Georgia (USA). ↕ 15–20 cm. Z2 '**Ariane**' Weiße Blüten mit gelbem Auge. '**Blue Ridge**' ♀ Dicht stehende, lilablaue Kronblätter. '**Bruce's White**' Weiß, mit gelbem Auge. '**Fran's Purple**' Purpurn, mit schmalen Kronblättern. '**Home Fires**' Irisierend rosa Blüten. '**Mary Belle Frey**' Rosarote Blüten mit dunklem Auge. '**Pink Ridge**' Lilarosa Blüten. '**Sherwood Purple**' Blauviolette duftende Blüten. '**Violet Vere**' Hellviolette Blüten.

PHORMIUM
Neuseeländer Flachs
PHORMIACEAE

Statuenhaft setzt Neuseeländer Flachs als ornamentale Solitärstaude ebenso Akzente wie als Strukturbildner in Kiesflächen oder im Hintergrund einer breiten Rabatte.

Die beiden immergrünen Arten der Gattung sind in Neuseeland und auf der Norfolk-Insel beheimatet. Sie kommen mit den verschiedensten Lebensräumen zurecht, angefangen von Sümpfen im Flachland und Küstenklippen bis hin zu Berghängen. Die Horst bildenden Pflanzen mit tief reichenden, fleischigen Wurzeln treiben elegante Fächer aus langen, bandförmigen, stark faserigen, sehr ledrigen Blättern aus, die an der Spitze oft gekielt sind und überhängen. An kräftigen, straff im rechten Winkel verzweigten Stängeln stehen hoch über dem Laub zahlreiche Blüten, der eigentliche Schmuckwert der Pflanzen aber beruht auf den Blättern. Bisweilen findet man Neuseeländer Flachs in den Sortimentslisten aus unerfindlichen Gründen unter Sträuchern.

Mittlerweile sind zahlreiche Formen mit ungewöhnlich gefärbten oder panaschierten Blättern erhältlich. Die ersten entstanden als spontane Mutationen (Sports) von Wildpflanzen und wurden von den Maori kultiviert. Seit einiger Zeit aber gibt es systematisch aufgebaute Zuchtlinien, aus denen zahlreiche Sorten in den unterschiedlichsten Formen und Laubfarben hervorgegangen sind. Sie werden nach ihrem Wuchs eingeteilt (siehe *Wuchsformen*).

KULTUR Lässt sich in gut wasserhaltenden Böden problemlos kultivieren. Eingewachsene Pflanzen vertragen sogar längere Trockenheit. In Mitteleuropa nicht zuverlässig winterhart.

VERMEHRUNG Durch Teilung oder Aussaat (Formen mit farbigem Laub fallen nicht echt aus Samen).

PROBLEME In der Regel keine.

***P.* '**Alison Blackman**'** (ausladend) Olivgrüne, goldgelb gestreifte Blätter mit schmalem orangerotem Rand. ↕ 1,2 m. Z8

***P.* '**Apricot Queen**'** (ausladend) Jugendblätter weich apricotfarben getönt, später in Grün- und Gelborange-Schattierungen mit braunem Rand. ↕ 70 cm. Z8

P. cookianum syn. *P. colensoi* Markante, aufrechte Pflanze mit übergeneigten, am Ansatz meist rosa, knapp 2 m langen und bis zu 6 cm breiten Blättern. Im Sommer erscheinen 2,5–4 cm lange, grünliche, in verschiedenen Gelb- oder Orangetönen überzogene Blüten, auf die schlanke, gedrehte, zum Teil über 10 cm lange, senkrecht hängende Samenstände folgen. Unterscheidet sich von *P. tenax* deutlich durch die übergeneigten anstelle der aufrechten Blätter und die hängenden Samenstände. Aus Neuseeland. ↕ 2 m. Z8 subsp. *hookeri* '**Cream Delight**' (übergeneigt) Blätter bis 100 cm lang und 7 cm breit, vor allem in der Mitte cremefarben gestreift. ↕ 90 cm. '**Tricolor**' syn. *P. tenax* 'Tricolor' (übergeneigt) Stark übergeneigte, rot gerandete und auffällig cremefarben gestreifte Blätter. ↕ 1,2 m.

***P.* '**Dazzler**'** (übergeneigt) Sehr auffallendes, bronzebraunes Laub mit deutlichen roten Streifen. ↕ 90 cm. Z8

***P.* '**Duet**'** (ausladend) Steife, zum Rand hin cremeweiß gestreifte, in der Mitte grüne Blätter. ↕ 1 m. Z8

***P.* '**Dusky Chief**'** (aufrecht) Satt-violettschwarze Blätter mit hellerer Mitte und tiefrotem Rand. ↕ 90–120 cm. Z8

***P.* '**Evening Glow**'** (übergeneigt) Leicht ausladender Wuchs mit leuchtend rosaroten, am Rand etwas grauen Blättern. ↕ 90 cm. Z8

***P.* '**Flamingo**'** (übergeneigt) Blass cremerosa bis dunkelrosa, graugrün gestreifte Blätter, die gelegentlich zu Braun zurückschlagen. ↕ 90 cm. Z8

***P.* '**Gold Sword**'** (ausladend) Straff aufrechte Blätter mit grünem Rand und gelber Mittelzone. Ähnelt 'Apricot Queen', ist aber blasser. ↕ 1 m. Z8

***P.* '**Jack Spratt**'** (gedreht) Leicht übergeneigte, 50–60 cm lange Blätter mit schwarzer Mittelrippe und braunviolettem Rand. ↕ 45 cm. Z8

***P.* '**Jester**'** (übergeneigt) Leuchtend rosafarbene Blätter mit grünen Streifen, zum Rand hin etwas grüner. Helle Mittelrippe und orangefarbener Rand. ↕ 1,2 m. Z8

***P.* '**Maori Chief**'** syn. *P.* 'Rainbow Chief' (ausladend) Große, 1,2–1,5 m lange, bronzegrüne Blätter, zu Rand hin rosa gestreift und mit orangefarbenem Saum. ↕ 1,8 m. Z8

***P.* '**Maori Maiden**'** syn. *P.* 'Rainbow Maiden', *P.* 'Rainbow Red' (übergeneigt) Niedriger, übergeneigter Wuchs. Lange Blätter mit lachsrosa, zu Gelbrosa verblassender Mittelzone. Ränder grünlich-bronzefarben. ↕ 60–90 cm. Z8

***P.* '**Maori Queen**'** syn. *P.* 'Rainbow Queen' (ausladend) Groß, mit aufrechten, bronzegrünen, zum Rand hin rosa gestreiften Blättern. ↕ 1,2–1,5 m. Z8

***P.* Maori-Serie** Um 1980 von Margaret Jones in Neuseeland aus Sämlingen der Rainbow-Hybriden selektiert.

***P.* '**Maori Sunrise**'** syn. 'Rainbow Sunrise' (übergeneigt) Niedrige, übergeneigte Büsche aus 80 cm langen, in der Mitte lachsrosa, zu Gelb verblassenden Blättern mit grünlich-bronzebraunem Rand. ↕ 90 cm. Z8

***P.* '**Merlot**'** (aufrecht) Blätter oberseits dunkel-weinrot, unterseits silbrig-bronzefarben. ↕ 1,5–1,8 m. Z8

***P.* '**Pink Panther**'** (übergeneigt) Kräftig rosafarbene, zum Rand hin graubraun gestreifte Blätter mit braunem Rand. ↕ 60–90 cm. Z8

***P.* '**Pink Stripe**'** (ausladend) Olivgrüne, vor allem im unteren Bereich auffällig rosa gesäumte Blätter. ↕ 1,2–1,8 m. Z8

***P.* '**Platt's Black**'** (übergeneigt) Ausladender Wuchs mit 1–1,2 m langen, sattbraunen, oberseits fast schwarzen, unterseits weiß überlaufenen Blättern. ↕ 1–1,2 m. Z8

***P.* '**Rainbow Chief**'** siehe *P.* 'Maori Chief'

P.* **Rainbow hybrids* siehe *P.* Maori-Serie

***P.* '**Rainbow Maiden**'** siehe *P.* 'Maori Maiden'

***P.* '**Rainbow Red**'** siehe *P.* 'Maori Maiden'

***P.* '**Sundowner**'** (aufrecht) Beliebte große Sorte mit aufrechten, 1,2–1,5 m langen, bronze-olivgrünen, vor allem zum Rand hin variabel rot und rosa gestreiften Blättern. ↕ 2,2–2,8 m. Z8

WUCHSFORMEN

Um Gärtnern die Auswahl aus dem immer größeren und vielfältigeren Angebot an *Phormium*-Sorten zu erleichtern, hat man sie nach ihrem Wuchs in fünf Gruppen unterteilt.

Aufrecht Steifes, aufrecht wachsendes Laub (hier 'Sundowner'). Ältere Blätter können sich neigen und reißen leicht ein.

Ausladend Sorten wie 'Maori Queen' (oben) haben nicht ganz so steifes Laub. Sie wachsen aufrecht, die Spitzen können überhängen.

Übergeneigt Das weniger steife Laub neigt sich stark über, die Spitzen berühren oft den Boden (*P. cookianum* 'Tricolor').

Gedreht Die relativ kleinen, steifen Blätter sind oft deutlich gekielt, gewelltrandig oder gedreht, wie hier bei 'Jack Spratt'.

Zwergig wächst z.B. *P. tenax* 'Nanum Purpureum'. Aus dem dichten Laubbusch ragt das eine oder andere höhere Blatt heraus.

P. **'Surfer'** (gedreht) Aufrechte, gedrehte, 60–70 cm lange, bronzebraun überlaufene Blätter mit gelbgrüner Mittelzone. ↕ 45 cm. Z8

P. **'Surfer Bronze'** (gedreht) Große, gewellte, bronzefarbene Blätter mit dunklerem Rand. ↕ 40–50 cm. Z8

P. tenax Imposante, an der Basis in der Regel blassere Pflanze mit aufrechten, unterseits grauen, 2–3 m langen, oft rot oder orange gerandeten Blättern und höheren Blütenstängeln mit einer Fülle stumpfroter, 3–5 cm langer Blüten an waagrechten Seitenzweigen. Blütezeit Sommer. Robuste, aufrechte, 6–10 cm lange, im Querschnitt annähernd dreieckige Samenstände. Trägt im Gegensatz zu *P. cookianum* keine übergeneigten Blätter. *P. tenax* ist in seiner Heimat Neuseeland zwar eine Pflanze der Feuchtzonen, gedeiht aber in den meisten Böden. ↕ 2,5–5 m. Z8 **'Alpinum Purpureum'** siehe 'Nanum Purpureum'. **'Atropurpureum'** siehe Purpureum-Gruppe. **'Co-ordination'** (aufrecht) Blätter höchstens 1,5 m lang, mit vielen dünnen Längslinien in Grün und Bronzerot sowie grünem Rand. Ein Sport von 'Purpureum'. ↕ 1 m. **'Nanum Purpureum'** syn. 'Alpinum Purpureum' (zwergig) Blätter bronzeviolett getönt. ↕ 45 cm. **Purpureum-Gruppe** syn 'Rubrum', 'Purpureum' und 'Atropurpureum' Kastanienbraunviolettes Laub. ↕ 2,5–2,8 m. **'Tricolor'** siehe *P. cookianum* 'Tricolor'. **'Variegatum'** (aufrecht) Blätter cremegelb und weiß gestreift. 1878 eingeführt. ↕ 2,5 m.

P. **'Thumbelina'** (gedreht) Bronzerot, mit schwachen helleren Streifen und sehr dunklem Rand. ↕ 30 cm. Z8

P. **'Tom Thumb'** (gedreht) Ausladender Wuchs. Blätter bronzegrün, mit schwarzem Rand, bis 70 cm lang. ↕ 60–90 cm. Z8

P. **'Yellow Wave'** (übergeneigt) Breite, übergeneigte, 1 m lange gelbe, mit der Zeit grün panaschierte Blätter. ↕ 90 cm. Z8

PHRAGMITES
Schilf
POACEAE

Die hohen Ufergewächse mit kräftigem Wurzelsystem zeichnen sich durch große, dekorative, fedrige Blütenstände aus.

3–4 mehrjährige Arten gehören dieser Gattung an. Sie sind in gemäßigten bis subtropischen Klimazonen heimisch, wo sie in Sümpfen und am Wasserrand wachsen. Ihre kräftigen Halme treiben aus einem wüchsigen, kriechenden Wurzelsystem aus und tragen bambusartige, immergrüne Blätter mit breiter, vorn zugespitzter Spreite und halmumfassenden Blattscheiden. Im Spätsommer öffnen sich an den beblätterten Halmen große Blütenrispen aus behaarten Ährchen. Sie ähneln den Ständen von Pampasgras, sind aber lockerer und fedriger.

Das Schilfrohr ist ein sehr zähes, robustes Gras. Mit seinen Halmen und Blättern werden nach wie vor Dächer eingedeckt und man stellt Schilfrohrmatten daraus her. In größeren Uferbereichen von Seen oder Sümpfen entstehen durch das ausgedehnte Wurzelwerk große Bestände. Schilf lässt sich aber auch, eingesetzt in größere Pflanzkörbe, im Gartenteich ziehen. Das Teilen ist sehr mühsam. Sorten sind zumeist kleiner und nicht so wüchsig.

KULTUR In feuchten, schweren Böden. In Gefäßen zusätzlich mit einer Abdeckung aus Kies. Überlebt auch trockenere Bedingungen, bleibt dann aber kleiner und schwächer.

VERMEHRUNG Durch Teilung im Frühjahr.

PROBLEME In der Regel keine.

P. australis syn. *P. communis* (Gewöhnliches Schilfrohr) Bildet dichte Bestände mit einem wuchskräftigen Wurzelsystem. Hohe, kräftige Halme mit bambusartigen, graugrünen, glatten, 20 cm langen und 1–3 cm breiten, fast horizontal vom Halm abstehenden Blättern. Gegen Sommerende erscheinen große lockere Rispen mit violetten bis dunkelbraunen Blüten an behaarten Achsen, sodass die Stände fast silbrig erscheinen. Schneidet man sie sogleich nach dem Öffnen ab, hat man einen ausgezeichneten Trockenschmuck. Man zieht dieses Schilfrohr am besten in großen Pflanzgefäßen, die man in einen Teich einsenkt. Oft wird es auch zur Uferbefestigung gepflanzt, aber die Art breitet sich stark aus, sie verdrängt einheimische Pflanzen und kann Wasserwege zuwuchern. Die Art kommt in gemäßigten bis subtropischen Klimazonen in Sümpfen und an Seeufern bis in eine Wassertiefe von 2 m vor. ↕ 1,4–3 m. Z3 **'Variegatus'** Kleiner, mit feinerem Laub. Blätter mit gelbem Rand und dünnen gelben sowie grünen Streifen, die im Sommer verblassen. Blüten kleiner, silberviolett. ↕ 1,4 m. Z4

P. communis siehe *P. australis*

PHUOPSIS
RUBIACEAE

Feingliedrig, aber wüchsig zeigt sich der niedrige Bodendecker mit aromatisch duftendem Laub und zahlreichen hübschen Blüten im Sommer.

Die einzige Art der Gattung kommt an Felshängen und auf Sanddünen im Kaukasus und Nordiran vor. Sie fand zwar schon im 19. Jahrhundert den Weg in unsere Gärten, wird aber nach wie vor nur selten kultiviert – vielleicht wegen ihres ungewöhnlichen, stechenden

Geruchs. Die Pflanze besiedelt kahlen Boden mit ihren gelblichen, drahtigen Wurzeln und bildet Teppiche aus zierlichem Laub an biegsamen Stängeln, an deren Ende Köpfe aus winzigen, sternförmigen, rosa Blüten stehen.

KULTUR Unkompliziert. Sonne oder leichter Schatten, durchlässige Erde.

VERMEHRUNG Durch Teilung, halbreife Stecklinge oder Aussaat.

PROBLEME In der Regel keine.

P. stylosa syn. *Crucianella stylosa* (Baldriangesicht) Bildet in kurzer Zeit einen dichten Teppich aus niederliegenden, borstig behaarten, im Querschnitt kantigen, dicht belaubten Stängeln. Schlanke, zugespitzte, frischgrüne, bis 1,5 cm lange Blätter in Quirlen. Über dem Laub erscheinen von Juni bis August rundliche, 2–3 cm große Köpfe aus würzig duftenden, hellrosa, 5-zähligen Blüten mit kurzer Röhre. Wegen der herausragenden, langen dünnen Staubblätter erinnern die Blütenköpfe etwas an Nadelkissen. Ein guter Bodendecker für Böschungen, den vorderen, offenen Beetrand und als Saum entlang von Wegen. Verwebt sich dekorativ mit Nachbarpflanzen. Lockt Schmetterlinge und Bienen an. ↕ 20–30 cm. Z5 **'Purpurea'** Dunklere, rosaviolette Blüten.

PHYLLITIS siehe ASPLENIUM

PHYSALIS
Lampionblume
SOLANACEAE

Während des Sommers bringen die orangeroten »Laternen« jeden Garten zum Leuchten.

Die rund 80 Arten sommergrüner Stauden und Einjähriger besiedeln offene und sonnige bis schattige Flächen in aller Welt, insbesondere aber

in Süd-, Mittel- und Nordamerika. Ihre ungeteilten bis gelappten Blätter und die winzigen glockenförmigen Blüten haben einen geringen Zierwert, dafür aber ist die Fruchthülle aus auffälligen, orangefarbenen bis roten, papierartigen Kelchblättern in der Form von Lampions umso dekorativer. Lampionblumen eignen sich für gemischte Rabatten oder eher naturnahe Pflanzungen. Die Kapstachelbeere (*P. peruviana*) wird wegen ihrer essbaren Früchte kultiviert.

KULTUR In durchlässigen Böden, Sonne oder Halbschatten.

VERMEHRUNG Im Frühjahr durch Teilung oder Aussaat (nur Arten).

PROBLEME In der Regel keine.

P. alkekengi ♀ (Wilde Blasenkirsche) Wüchsige Pflanze mit unterirdisch kriechendem Rhizom und annähernd dreieckigen, mittelgrünen, rund 12 cm langen Blättern. Auf die kleinen, cremefarbenen Blüten im Juli folgen 1,7 cm große rote oder hellrote Beeren, die von orangeroten Kelchblättern mit etwa 5 cm Durchmesser umhüllt sind. Mit Ausnahme der reifen Beeren sind alle Teile von *P. alkekengi* giftig. Die Berührung des Laubs kann Hautreizungen hervorrufen. Herkunft: Mittel- und Südeuropa sowie Westasien bis Japan. ‡ 60–75 cm. Z6 ⚠ **var.** *franchetii* Größer als die Art, mit stärker zugespitzten »Lampions«. ‡ 90 cm. **var.** *franchetii* **'Gigantea'** Wesentlich größere Beeren und Ballons. **var.** *franchetii* **'Variegata'** Gelb und cremefarben gefleckte Blätter.

PHYSOSTEGIA
Gelenkblume
LAMIACEAE

Die Gattung umfasst etwa 12 aufrechte Staudenarten aus feuchten Wäldern und Prärien in Nordamerika, doch nur eine Art wird als Zierpflanze kultiviert. Die aufrechten, unverzweigten, kantigen Stängel tragen wechselständige Paare gezähnter, lanzettlicher Blätter mit einer kleinen Borste an der Spitze jedes Zackens. Die 2-lippigen, rosa, violetten oder weißen, sehr kurz gestielten Blüten stehen in aufrechten, meist verzweigten Ähren. Floristen lieben sie, weil sich die Einzelblüten beliebig verdrehen und kippen lassen und dort verbleiben, sodass man sie optimal arrangieren kann – daher auch der deutsche Name Gelenkblume.

KULTUR In feuchten, nicht zu nährstoffreichen Böden an vollsonnigen bis halbschattigen Standorten.

VERMEHRUNG Durch Aussaat im Herbst oder Teilung bei einsetzendem Wachstum im zeitigen Frühjahr.

PROBLEME Kragenfäule, Rost.

P. virginiana (Virginische Gelenkblume) Die wüchsige Art breitet sich durch unterirdische Ausläufer aus und bildet rasch große Horste. Aufrechte Stängel tragen gekreuzt gegenständige, mehr oder weniger lanzettliche, scharf gezähnte, bis 12,5 cm lange Blätter. In nährstoffreicher Erde brauchen die Stängel meist eine Stütze. Die rotvioletten Blüten stehen in bis zu 25 cm langen Ähren, die sich ab Spätsommer an der Spitze der Triebe aus den oberen Blattachseln entwickeln. Panaschierte Sorten bilden häufig reingrüne Triebe aus, die man entfernen sollte. Die Art stammt aus dem östlichen und mittleren Nordamerika. ‡ 1,2 m. Z4 **'Alba'** Weiße Blüten, die vergleichsweise etwas früher erscheinen. Leuchtend grüne Samenstände. ‡ 90 cm **'Crown of Snow'** (**Schneekrone**) Weiße Blüten. Wuchert weniger stark, bleibt etwas kleiner als 'Alba'. Gelegentlich werden aus Samen gezogene Formen von 'Alba' unter dieser Bezeichnung verkauft. ‡ 80 cm. **'Miss Manners'** Reinweiß und nicht wuchernd. Die Stängel verzweigen sich, sodass die Pflanze noch dekorativer wirkt. Von Darrell Probst eingeführt. ‡ 60 cm. **'Olympic Gold'** Blätter mit goldgelbem Rand, sie verbleichen mit der Zeit in Richtung Hellgrün und Cremefarben. Blassrosa Blüten. ‡ 50 cm. **'Red Beauty'** Eigentlich nicht rot, sondern dunkelrosa. ‡ 75 cm. **'Rosea'** syn. 'Rose Crown', 'Rose Queen' Blüten leuchtend rosa und größer als üblich. ‡ 1 m. **Schneekrone** siehe 'Crown of Snow'. **'Summer Snow'** ♀ Reinweiße Blüten, dunkelgrünes Laub. Nicht so wuchernd und etwas kürzer als 'Alba'. ‡ 80 cm. **'Summer Spire'** Schlanke, spitz zulaufende, rosarote Ähren. ‡ 80 cm. **'Vivid'** ♀ Sehr dichte Pflanze mit leuchtend magentarosa Blüten. ‡ 60 cm). **var.** *speciosa* Größere, gröber gezähnte Blätter. Wird nicht von allen Botanikern als Unterart anerkannt. **var.** *speciosa* **'Bouquet Rose'** Lilarosa Blüten. ‡ 1,2 m. **var.** *speciosa* **'Pink Bouquet'** Leuchtend rosa. Neigt stark zum Umfallen. ‡ 1,2 m. **var.** *speciosa* **'Variegata'** Graugrünes, umregelmäßig cremefarben gerandetes Laub und blassrosa Blüten. ‡ 60–90 cm.

PILOSELLA
Mausohr-Habichtskraut
ASTERACEAE

Durch die dichten Blattrosetten und wegen der orangefarbenen oder gelben Körbchenblüten sind diese Bodendecker recht wertvoll.

Rund 18 mehrjährige Arten gehören dieser Gattung (oder Untergattung zu *Hieracium*) an. Sie kommen in offenen, trockenen Lebensräumen in ganz Europa, Asien und Nordafrika vor, auf Trockenrasen, Dünen und felsigen Standorten.

Ihre Blattrosetten bilden sich an ausläuferartigen Sprossen, den Stolonen, dadurch entstehen regelrechte Teppiche. Die behaarten Blätter sind schmal elliptisch bis umgekehrt eiförmig und meist ungezähnt. Ihre orangefarbenen oder gelben Körbchenblüten setzen sich ausschließlich aus Strahlenblüten zusammen. Sie stehen einzeln oder in dichten Büscheln an der Spitze überwiegend unbelaubter Stängel.

KULTUR In durchlässiger Erde an vollsonnigen Standorten.

VERMEHRUNG Durch Aussaat oder Teilung (das ganze Jahr möglich).

PROBLEME In der Regel keine.

P. aurantiaca syn. *Hieracium aurantiacum* (Orangerotes Habichtskraut) Immergrün, bestandsbildend durch die beblätterten Stolonen. Die graugrünen, behaarten, lanzettlichen bis elliptischen, bis 20 cm langen, mitunter fein gezähnten Blätter wachsen in grundständigen Rosetten. Von Juni bis September erscheinen aufrechte, drahtige, unbeblätterte Stängel mit dichten, endständigen Büscheln aus manchmal mehr als 12 orangefarbenen Blütenköpfchen. Sie bilden einen hübschen Gegensatz zu den auffallenden schwarzen Drüsenhaaren an den Stängeln und Hochblättern. Wüchsig, aber ideal für kurze, karge Wiesenflächen oder als Bodendecker für naturnahe Böschungen, Kiesstreifen und Mauerkronen. Stammt von Bergwiesen und Weiden aus den Alpen bzw. dem Vorland in Nord- und Mitteleuropa, gebietsweise eingebürgert, auch auf den Britischen Inseln und in Nordamerika. ‡ 20–40 cm. Z5

PIMPINELLA
Bibernelle
APIACEAE

Die feingliedrige Pflanze mit ihren rosa Blüten gehört zu den dekorativsten Doldenblütlern.

Man unterscheidet 150 Arten Ein-, Zwei- oder Mehrjähriger, die in ganz Eurasien bis Nordafrika verbreitet sind. Allerdings findet nur eine als Zierpflanze Beachtung. Die Grundblätter sind recht variabel, entweder ungeteilt oder einfach gefiedert, während die Stängelblätter meist doppelt fiederteilig sind. Die Blütenstände setzen sich aus vielstrahligen Dolden zusammen. Die Einzelblüten sind weiß, gelb, rosa oder violett; jede hat 5 an der Spitze zurückgebogene Blütenblätter.

KULTUR Am besten an vollsonnigen Standorten und je nach Art in feuchter oder etwas trockenerer Erde.

VERMEHRUNG Aussaat oder Teilung.

PROBLEME In der Regel keine.

P. major (Große Bibernelle) Sehr variable Art. Untere Blätter einfach gefiedert, mit 3–9 grob gezähnten Teilblättern, obere Blätter kleiner, an der Basis sitzend. 4–8 cm große, 10–25-strahlige Dolden an hohen, drahtigen Stängeln. Krone weiß bis rosa. Blütezeit Sommer. Die schöne Wiesenpflanze blüht später als die meisten anderen Doldenblütler. Die weiße Wildform ist in Gärten selten. Die Große Bibernelle wächst am besten in feuchten Böden, wo sie sich bereitwillig selbst aussät. Verbreitet in fast ganz Europa (nur nicht im äußersten Norden), im Nahen Osten und Kaukasus, auf Wiesen, an Waldrändern und Hecken. ↕ 1,2 m. Z5 **'Rosea'** Schöne tiefrosa Blüten, die mit der Zeit zu weicherem Rosa verblassen. Die bei Weitem am häufigsten gepflanzte Form.

PLANTAGO
Wegerich
PLANTAGINACEAE

Einige Arten dieser Gattung eignen sich als ungewöhnlicher Blickfang für den vorderen Bereich von Rabatten und Beeten.

Die mehr als 250 Arten der weltweit verbreiteten Gattung umfassen Ein- und Mehrjährige sowie einige wenige kleine Stauden, die am Grund verholzen. Sie bilden Rosetten aus meist ovalen bis lanzettlichen, glattrandigen, selten auch bandförmigen und geteilten Blättern. Die dichten, oft zylindrischen Ähren an der Spitze unbeblätterter Stängel setzen sich aus winzigen, unscheinbaren Blüten mit relativ großen, teilweise recht auffälligen Staubblättern zusammen. Wegeriche sind ein vertrauter Anblick auf Weiden und Feldern, doch gibt es auch einige Arten mit Zierwert.

KULTUR Gedeiht in allen Gartenböden. Am besten in der Sonne, wächst auch im Halbschatten.

VERMEHRUNG Teilung während Ruhezeit oder Aussaat (Sorten aus Samen fallen oft nicht echt aus).

PROBLEME Echter Mehltau.

P. asiatica Rosetten aus lang gestielten, sommergrünen, breit eiförmigen, 10–15 cm langen, ausladenden Blättern, auffällig parallel gefurcht. Vom Frühsommer bis in den Herbst hinein erscheinen aufrechte, unbeblätterte Stängel mit einer endständigen Ähre aus vielen kleinen grünen und weißen Blüten, aus denen lange weiße Staubblätter ragen. In Asien östlich bis Malaysia verbreitet. ↕ 30–35 cm. Z6 **'Variegata'** Cremeweiß geflecktes Laub.

P. lanceolata (Spitz-Wegerich) Die bekannte Pflanze wächst auf Brach-, Weide- und Ackerland sowie in Gärten. Zwei Formen werden als Zierpflanzen kultiviert. Ältere Pflanzen bilden dichte Horste aus mehr oder weniger aufrechten, stark gefurchten, lanzettlichen, bis 30 cm langen Blättern. Die drahtigen, unbelaubten, behaarten Stängel überragen die Blätter. Im Sommer erscheinen eiförmige bis zylindrische Ähren aus dicht stehenden, winzigen braunen Blüten mit gelben Staubblättern. Ursprünglich nur in Europa und Asien beheimatet, mittlerweile weltweit verbreitet. ↕ 40–60 cm. Z6 **'Golden Spears'** Laub gelb überlaufen. **'Streaker'** Blätter mit weißen Streifen.

P. major (Breit-Wegerich) Verbreitetes Unkraut auf Ackerland, in Gärten und auf vernachlässigten Rasenflächen. Ist zwar variabel, entwickelt aber meist ausladende Rosetten aus lang gestielten, breit ovalen, kräftig gerippten, bis 20 cm langen Blättern. Im Sommer erscheinen hoch über dem Laub schlanke, gänzlich grüne Blütenähren mit kleinen, stumpfgrünen Staubblättern. Sehr begrenzter Zierwert. ↕ 20–40 cm. Z5 **'Rosularis'**

Ungewöhnliche Mutation mit verkürzten Blütenähren, die dichte Rosetten aus kleinen Blättern tragen. 'Frills', 'Rosea' und 'Rosulata' sich ähnlich 'Rosularis', aber nicht identisch. **'Rubrifolia'** Braunviolettes Laub. Anfällig für Mehltau.

P. media (Mittlerer Wegerich) Weich flaumig behaarte, elliptische bis ovale, 4–6 cm lange, mitunter leicht gezähnte, leicht grau getönte Blätter, die eine einzelne Rosette oder kleine Büschel aus mehreren Rosetten bilden. Aufrechte Stängel mit auffälligen Blütenähren, aus denen große, weiße oder lilarosa getönte Staubblätter herausragen. Süß duftend. Gehört zu den Wegerich-Arten mit dem größten Zierwert. Von kalkhaltigen Böden in Europa und Asien. ↕ 20–30 cm. Z6

PLATYCODON
Ballonblume
CAMPANULACEAE

Die glockenförmigen Blüten öffnen sich aus aufgeblähten Knospen, denen die Pflanze ihren Namen verdankt.

Die einzige Art der Gattung wächst auf Wiesen in Asien. Sie wird als Beetstaude, Topfpflanze oder Schnittblume kultiviert. Ihre unbehaarten Stängel mit wechselständigen Blättern erheben sich über grundständige Rosetten aus mehr oder weniger ovalen, leicht bläulichen Blättern. Die blauen, rosa oder weißen, glockenförmigen Blüten sind 5-zählig; sie öffnen sich im Sommer aus auffälligen, ballonartigen Knospen. Die Ballonblume eignet sich für den vorderen Bereich einer Rabatte mit durchlässigem Erdreich. Kinder zerdrücken die dekorativen Knospen nur zu gern.

KULTUR In tiefgründigen, durchlässigen Böden an sonnigen Standorten oder im lichten Schatten. Ungestört

wachsen lassen, damit sich schöne Horste entwickeln.

VERMEHRUNG Durch Aussaat oder grundständige Stecklinge, an denen noch ein Stück der Krone haftet. Große Horste kann man teilen, doch die Erfolgsquote ist gering.

PROBLEME Schneckenfraß.

P. grandiflorus ♀ (Ballonblume) Der Neuaustrieb formt sich zu einem dichten, blassgrünen Kegel, der im Frühjahr nur langsam austreibt und leicht beschädigt wird. Daraus öffnen sich hellgrüne, bisweilen bläulich grüne Blätter mit gezähntem Rand. Sie werden im Zuge ihrer Entfaltung immer dunkler und sind schließlich glänzend mittelgrün. Bei den 5 cm breiten, 5-zähligen, dunkel geaderten Glockenblüten rollen sich die Ränder der Blütenblätter nach außen. Sie öffnen sich im Sommer in wenigblütigen Ständen und geben gute Schnittblumen ab, sofern die Schnittstelle (wie bei Mohn) in heißes Wasser getaucht oder angesengt wird. Der Zuwachs ist gering, die Pflanzen sollten einen Platz haben, wo sie mehrere Jahre lang ungestört bleiben. Die Sorten werden als Saatgut angeboten und können daher unterschiedlich ausfallen. ↕ 60 cm. Z4 **'Albus'** Weiß, mit gelber Aderung. **'Apoyama'** ♀ Zwergig. Blau. ↕ 25 cm. **'Fairy Snow'** Weiß, mit violetten Adern. ↕ 25 cm. **Astra-Serie** Ungefüllte bis halbgefüllte Blüten in Blau, Rosa und Weiß. Blüht schon im ersten Jahr. ↕ 15 cm. **Fuji-Serie** Blaue, rosa oder weiße Blüten. Eine japanische Serie für Schnittkultur, schön auch im Freiland. **Hakone-Serie** Blaue oder weiße, ungefüllte und gefüllte Blüten. Samenanzucht, blüht erst im zweiten Jahr. **'Mariesii'** ♀ Dunkelblaue Blüten. Gelegentlich tauchen rosa und weiße Varianten in den Angebotslisten auf, doch handelt es sich vermutlich um falsch benannte Formen. ↕ 45 cm. **'Perlmutterschale'** Hellrosa. **var. *pumilus*** Kleinwüchsig. Blau. Von dieser Unterart stammt vermutlich 'Apoyama' ab. ↕ 25 cm. **'Sentimental Blue'** Blüten blasser blau, meist nur 4-zählig. Blüht erst im Jahr nach der Aussaat. ↕ 30 cm. **'Shell Pink'** Etwas dunkler rosa als 'Perlmutterschale'.

POA
Rispengras
POACEAE

Rispengräser kennt man überwiegend als Unkraut. Gelegentlich finden sie in Rasenflächen Verwendung. Einige sehr attraktive Formen eignen sich ferner als Ziergräser.

Die rund 500 ein- und mehrjährigen Arten dieser Gattung sind in den kühl-gemäßigten Zonen von der Arktis bis zu den tropischen Gebirgslagen in Afrika heimisch. Sie kommen zumeist in Grasland auf Meeresniveau bis in hohe Lagen vor und zeichnen sich durch ein dichtes Wurzelsystem aus. Ihre gedrängten immergrünen Horste setzen sich aus flachen, manchmal sehr dünnen Blättern mit leicht abgerundeter, kielför-

miger Spitze zusammen. Die Halme überragen in der Regel das Laub. Sie tragen eine lockere, selten kompakte Rispe. Das dekorative bläuliche Laub des Rispengrases bleibt fast den ganzen Winter über ansehnlich, wenn man es an sonnigen Standorten in durchlässiger Erde kultiviert. Einige Arten überleben sogar in stark belastetem Boden und besiedeln als Pioniere gestörte Flächen.

KULTUR In nährstoffreicher, gut wasserhaltender, aber durchlässiger Erde. Horste im Frühjahr leicht zurückschneiden und abgestorbenes Laub herauskämmen.

VERMEHRUNG Durch Aussaat oder Teilung im Frühjahr. Unterarten und Sorten teilen.

PROBLEME Rost.

P. chaixii (Wald-Rispengras) Langsam sich ausbreitende Büschel aus leuchtend grünen, breiten, flachen, 45 cm langen und 5–10 mm breiten Blättern mit hervortretenden Adern und abgerundeter Spitze; am hellen Ansatz breit, bisweilen abgeflacht. Im Winter verblasst das Laub und wirkt mitunter recht unansehnlich. Von Mai bis Juli tragen die geraden, hohen Halme lockere, pyramidenförmige Rispen aus grünlich violetten Blütenährchen. Eine feingliedrige Ergänzung zu Zwiebelblumen im späten Frühjahr; gut auch in Blumenwiesen. Aus offenen Wäldern und Bergwäldern von Mittel- und Südeuropa bis zum Kaukasus. ↕ 60–120 cm. Z5

P. colensoi Dichte büschelige Horste aus sehr feinen, eingerollten, 30 cm langen und 0,5 mm breiten, intensiv blau- bis blassgrünen Blättern mit sonderbar gummiartiger Oberfläche. An biegsamen, grünlichen Halmen erscheinen von Juni bis August spärliche Rispen aus grünen bis blaubraunen, später braunen Blüten; sie stehen nickend zwischen dem Laub. Ähnelt einigen blauen Schwingel-Arten, bewahrt im Gegensatz zu diesen das ganze Jahr über seine intensive Farbe. Wurzelt sehr tief und verträgt Trockenheit. Wächst in Tussock-Grasland (und oft auf Felsen) vom Tiefland bis in höhere Lagen Neuseelands. ↕ 30 cm. Z6

P. labillardierei Dichte Horste aus blaugrauen bis leuchtend grünen, dünnen, bis 65 cm langen und 3 mm breiten Blättern, die elegant überhängen. Im Juni und Juli erscheinen aufrechte Halme mit spärlich besetzten, endständigen Rispen. Sie setzen sich aus blassgrünen bis violettgrauen Blüten zusammen und schweben wolkenartig knapp über dem Laubhorst. Braucht reichlich Sonne und gut wasserhaltende, durchlässige Böden. Typen aus Neuseeland sind oft härter als jene aus Australien. Wächst in subalpinem Tussock-Grasland (oft auf vulkanischen Böden) in Neuseeland oder in feuchten Schlammlöchern und lichten Wäldern in Australien. ↕ 60–120 cm. Z5

P. trichodes siehe *Eragrostis trichodes*

PODOPHYLLUM
Maiapfel
BERBERIDACEAE

Kaum eine Waldstaude kann mit farbenfroheren, stärker strukturierten Blättern aufwarten.

Die rund 14 überwiegend aus Asien stammenden Arten erfreuen sich seit der Einführung mehrerer neuer Verwandter großer Popularität. Das schuppige Rhizom mit runden Narben an der Oberseite ist bei asiatischen Arten dick und fest, bei ihren amerikanischen Verwandten dagegen etwas schlanker und länger. An den Stängeln stehen meist zwei, gelegentlich auch nur ein oder drei Blätter, deren Spreite breit, rund oder sternförmig und bis 60 cm groß kann. Sie sind glänzend grün gefärbt, mitunter auch auffallend weinrot oder schwarz überlaufen. Beim Austrieb ähneln sie zugeklappten Schirmen. Zur Frühjahrsmitte erscheinen die Blüten, die einen recht unangenehmen Geruch verbreiten können; sie stehen in den Achseln oder unterhalb des größeren der beiden Blätter. Meist müssen die Blüten fremdbestäubt werden, um in der zweiten Sommerhälfte zu fruchten. Die Früchte der asiatischen Arten kommen in der traditionellen Kräutermedizin zum Einsatz.

Viele Jahre lang traf man in Gärten lediglich den amerikanischen Entenfuß (*P. peltatum*) und seltener *P. hexandrum* aus dem Himalaja an. In letzter Zeit wurden neue, überaus interessante Arten aus Asien eingeführt. ⚠

KULTUR Lässt sich in den unterschiedlichsten Klimazonen ohne Probleme kultivieren, allerdings sind Arten aus tieferen Lagen wie *P. difforme* nur für milde Regionen mit warmen Sommern geeignet. Sie bevorzugen Halbschatten oder ein lichtes Blätterdach und kühle, humose, gleichmäßig feuchte Böden.

VERMEHRUNG Arten mit ausgedehnterem Wurzelsystem durch Teilung im zeitigen Frühjahr mit einset-

OBEN *Podophyllum pleianthum*

zendem Wachstum; kompaktere Arten durch Wurzelschnittlinge. Aussaat nur mit frischen Samen, sie keimen im darauf folgenden Frühjahr.

PROBLEME In der Regel keine. Zu dicht stehende Sämlinge fallen leicht der bakteriellen Blattfleckenkrankheit zum Opfer.

P. delavayi Unübersehbares Waldgewächs mit breiten, rundlichen, 30 cm großen, 5- bis 8-lappigen, burgunderroten, grünen und schwarzen Blättern mit seidiger Oberfläche. Die rosaroten, wenigstens 6-zähligen, 5 cm großen Blüten stehen zu mindestens 6 in Büscheln und gehören zu den auffälligsten der Gattung. Sie öffnen sich an hängenden Stielen in den Blattachseln unter dem Laub, haben einen leicht unangenehmen Geruch nach fauligem Fleisch und werden von Fliegen bestäubt. 3,5 cm große, dunkelrote Früchte. Die Art wird von vielen als die schönste Blattschmuckpflanze unter den Neueinführungen der letzten Zeit betrachtet. Aus dichten Wäldern in Westchina. ↕ 20 cm. Z6

P. difforme Unregelmäßig sechseckige, bis 18 cm breite Blätter mit Flecken bzw. Zeichnungen in den verschiedensten Farben. In freier Natur öffnen sich die zu dritt stehenden Blüten direkt unter dem obersten Blatt, während sie in Gärten sonderbarerweise in der Achsel der beiden Blattstiele stehen. Jedes der 6 Blütenblätter ist rund 2,5 cm lang und lachsrosa bis purpurrot gefärbt. Aus den Blüten entwickeln sich gelblich grüne Beeren mit 2 cm Durchmesser. Da das Wachstum der Art in der Regel zum Herbstende einsetzt, eignet sie sich eher für Regionen mit warmen Wintern. Aus dichten Wäldern in Südchina. ↕ 30 cm. Z8

P. emodi siehe *P. hexandrum*

P. hexandrum syn. *P. emodi* Die rosaroten Blüten mit bis zu 3 cm breiten Blütenblättern stehen schon beim Laubaustrieb hoch über den Blättern. In der Regel paarweise stehende, rundliche, grob gezähnte, teilweise mehr als 15 cm große Blätter mit bis zu 5 Lappen an hohen Stielen. Ihre anfangs violetten und bronzeroten Flecken verblassen später zu Grün. Die Blüten werden abgelöst von leuchtend roten, eiförmigen, bis zu 6 cm langen Früchten, die unter den Blättern heranreifen. Kompakter Wuchs. Herkunft: Berghänge und Wälder im westlichen Himalaja. ↕ 60 cm. Z5 **'Chinese'**, **'Majus'** Beide Formen sind wohl in jeder Hinsicht größer als die Art und haben eine kräftigere Blattzeichnung. Sie werden aus Samen gezogen und unterscheiden sich nicht ausreichend, um einen eigenen Namen zu verdienen.

P. 'Kaleiodoscope' Ins Auge fallendes, 6-eckiges, leuchtend grünes Laub mit mehr oder weniger symmetrischer Zeichnung in Bronze und Silber. Reife Exemplare tragen bis zu 20 burgunderrote Blüten mit 5 cm langen Kronblättern. Angeblich eine Hybride von *P. delavayi* und *P. difforme*. ↕ 30 cm. Z6

P. peltatum (Entenfuß) Bildet rasch ausgedehnte Bestände. Paarig stehende, an der Mitte oder seitlich mit aufrechten Stängeln verbundene, rundliche, 5- bis 8-lappige Blätter mit bis zu 30 cm Durchmesser. Das erste Blatt ist größer als das zweite und hat mehr Lappen. Nickende, einzeln stehende, weiße, gelegentlich cremefarbene oder rosa gefärbte Blüten mit bis zu 3 cm langen Kronblättern. Sie öffnen sich (verborgen) am Grund des oberen Stängelblatts und duften unerwartet angenehm. Blütezeit Frühjahr. Die 5 cm großen, gelben Früchte reifen im Hochsommer aus und sind erst dann essbar – unreife Früchte verursachen Magenverstimmungen. Es wird von Formen mit apricotfarbenen, blassrosa und kastanienbraunen Früchten berichtet. Die Art eignet sich gut für naturnahe Gehölzpartien, kann jedoch stark wuchern. Aus Wäldern in den östlichen USA. ↕ 40 cm. Z4

P. pleianthum (Chinesischer Maiapfel) Eine sich beständig ausbreitende, gute Gartenpflanze mit paarigen, großen, glänzend grünen, leicht gelappten, bis 45 cm breiten Blättern an besonders hohen Stängeln. Im Frühsommer erscheinen Büschel aus 2 cm breiten, blutroten, ballonförmigen Blüten direkt in oder leicht über dem Ansatzpunkt der beiden Blätter. Sie entwickeln kurzzeitig einen zweifelhaften Geruch. Die eiförmigen, 3 cm großen Früchte werden mit der Reife im Spätsommer grünlich gelb. Wüchsiger als viele Arten, wuchert aber nicht. Aus Taiwan und Südchina. ↕ 60 cm. Z6

P. versipelle Die höchste und robusteste Art der Gattung. Tief gelappte, schirmförmige, bis 60 cm breite, sehr markante Blätter. Büschel aus bis zu 19 ballonförmigen, burgunderroten Blüten mit

moderigem Geruch. Sie erscheinen am Stängel direkt unterhalb der Blattspreite und sind nach dem Austrieb der Stängel im Frühjahr oft über dem Laub sichtbar. 3 cm große, gelblich grüne Früchte. Aus Südchina und Vietnam. ↕ 1,2 m. Z6

POLEMONIUM
Jakobsleiter, Sperrkraut
POLEMONIACEAE

Die reizenden Frühlings- und Frühsommerblüher haben lange, regelmäßig gefiederte Blätter, die ein wenig an eine Leiter erinnern.

Die Gattung umfasst 25 ein- oder mehrjährige Arten, die in felsigen Gebirgsregionen oder auf Feuchtwiesen auf der Nordhalbkugel sowie in Südamerika vorkommen. Sie bilden manchmal immergrüne Rosetten aus unpaarig gefiederten Blättern mit leicht verschobenen Blättchenreihen. An den beblätterten Stängeln können die Blättchen schön gleichförmig nebeneinander aufgereiht sein oder sie sind dicht zusammen. Die 5–30 mm großen, glocken- bis kurz trichterförmigen Blüten setzen sich aus 5 gleich großen Kronblättern zusammen, die blau, weiß oder rosa, mitunter auch violett oder gelb gefärbt sind. In den letzten Jahren wurden viele Sorten eingeführt, die sich durch ungewöhnliche Blüten oder Blätter auszeichnen, darunter insbesondere vielblütige, sterile Hybriden zwischen *P. carneum* und *P. caeruleum*. Allerdings werden Jakobsleitern in Gärtnereien oft falsch ausgezeichnet.

KULTUR In nährstoffreicher, durchlässiger Erde, der Sonne oder im Halbschatten. In Gegenden mit heißen Sommern ist eine Beschattung wichtig, doch selbst dann bleiben die Pflanzen noch kurzlebig. Einige sehr heikle Arten werden hier nicht aufgeführt.

VERMEHRUNG Arten durch Aussaat, Sorten durch Teilung

PROBLEME Echter Mehltau.

P. archibaldiae ♀ Die buschige, mittelgroße Art sorgt für Verwirrung. Dichtes Laub, Blätter aus 21–31 lanzettlichen Teilblättern. Tief-lilablaue Blüten in kurzen Rispen. Blütezeit: Mai bis September, gelegentlich bis Oktober. Setzt nur wenig Samen an und wuchert nicht. Wird mitunter als Form von *P. foliosissimum* geführt, doch ist unter dieser Bezeichnung auch eine fruchtbare, nach Gardenien duftende, weiß blühende Pflanze im Handel. Aus den Rocky Mountains im Südwesten der USA. ↕ 80 cm. Z4

P. boreale Rosette aus Blättern mit 6–11 Paaren ovaler bis elliptischer, anfangs leicht flaumig behaarter Blättchen. Aufrechte Stängel tragen 6–8 große, blassblaue, unangenehm riechende Blüten mit deutlichem gelbem Auge. Blütezeit Hochsommer. Oft kurzlebig, aber leicht aus Samen zu ziehen. Wird leider oft unter falschen Bezeichnungen verkauft.

Herkunft: nördliche Regionen in Europa, Asien und Nordamerika. ↕ 30–45 cm. Z3 **'Heavenly Habit'** Violette bis blaue Blüten, die in Büscheln über dem Laub stehen. Werden welke Blüten gleich entfernt, blüht die Sorte meist ein zweites Mal.

P. brandegeei Relativ klebrige, bis 10 cm lange Grundblätter. Ovale bis längliche Blättchen, am Ansatz gegenständig, nach oben zu immer dichter gedrängt. Die Stände aus gelben bis goldgelben, selten weißen, trompetenförmigen Blüten erscheinen im Frühsommer hoch über dem Laub. In heißen, schwülfeuchten Sommern ist ein halbschattiger Standort mit durchlässiger Erde günstig. Sät sich unter guten Bedingungen selbst aus. ↕ 20 cm. Z4

P. Bressingham Purple ('Polbress') Ein echter Blickfang mit dunkelviolettem, in gegenständige Blättchen geteiltem

Laub. Blätter im Frühjahr am kräftigsten gefärbt, später werden sie immer mehr grün. Die leicht duftenden, blauen bis blasslila Blüten stehen hoch über dem Laub in Büscheln. ↕ 60–75 cm. Z4

P. caeruleum (Blaue Himmelsleiter) Sehr variable Art. Bis zu 40 cm lange Grundblätter mit 19–27 lanzettlichen oder elliptischen Blättchen, die zur Blattspitze hin immer kleiner werden. Rispen aus zartblauen, 10–25 mm großen Blüten mit leuchtend gelben Staubblättern. Blütezeit Juni und Juli. Sät sich sehr stark selbst aus und kann lästig werden. Aus Nordeuropa, Asien und dem westlichen Nordamerika. ↕ 90 cm. Z4 **'Album'** siehe subsp. *caeruleum* fo. *album*. **'Bambino Blue'** Blassere, später blühende, schalenförmige Blüten an niedrigeren Pflanzen. ↕ 45 cm. **Brise d'Anjou** ('Blanjou') Jedes Blättchen mit einem cremegelben, in tiefem Schatten fast weißem Saum. Nicht sehr robust

EIN HARMONISCHES BILD

DAS REGELMÄSSIG GEGLIEDERTE LAUB der Blauen Himmelsleiter (*P. caeruleum*) bildet zwar eine hervorragende Kulisse für die aufrechten Stängel mit ihren liebenswerten blauen Blüten, doch am Grund können sie recht kahl wirken. Deshalb lohnt es sich, zu Füßen der Himmelsleiter eine niedrige Nachbarin zu pflanzen, die die Lücken möglichst selbstständig füllt. *Anthemis punctuata* subsp. *cupaniana* mit hübschem silbrigem Laub trägt die weißen Körbchenblüten an Stängeln, die lang genug sind, um genug Licht zu bekommen, aber auch nicht so hoch, als dass sie durch das Gewicht der Blüten umfallen würden. Weiterer Vorteil der Hundskamille: Sie blüht fast das ganze Jahr über.

und oft kurzlebig. Das Entfernen der unspektakulären Blüten fördert den Austrieb des dekorativen Laubs (siehe Kasten). ‡ 60 cm. **subsp. caeruleum fo. album** syn. 'Album' Weiße Blüten. **'Idylle'** Große, blassblaue Blüten an aufrechten Stängeln. 1993 in Belgien eingeführt. ‡ 45–60 cm. **'Larch Cottage'** Goldgelb panaschiertes Laub, das im Frühjahr besonders kräftig leuchtet. Blassblaue Blüten. ‡ 60 cm. **var. nipponicum** Größere Blüten, die erst ab Juli erscheinen. **'Snow and Sapphires'** Weiß gerandete Blättchen und blaue Blüten. Blüht im Frühjahr (siehe Kasten). Z3

P. carneum Ausladende Horste aus Blattrosetten. Jede Spreite ist bis zu 20 cm lang und besteht aus 13–21 ovalen bis elliptischen, bei Stängelblättern kürzeren Blättchen. Im Sommer kleine Büschel aus flachen, blass- bis lachsrosa, mit der Zeit dunkleren Blüten. Lässt sich nicht so einfach ziehen wie die meisten anderen Arten. Kultur am besten in gleichbleibend feuchten, durchlässigen Böden im Halbschatten. Sät sich unter optimalen Bedingungen stark selbst aus. ‡ 40 cm. Z5 **'Apricot Delight'** Bronzebraunes Laub. Im Juni Blüten in dunklerem Rosa, mit apricotfarbener Mitte. ‡ 45 cm.

P. cashmerianum Unter diesem ungültigen Namen werden verschiedene Arten und Sorten angeboten. Am besten meiden!

P. 'Churchills' Aus lila Knospen öffnen sich von Mai bis September kleine, 1 cm große Blüten. Sterile Hybride zwischen *P. carneum* und *P. caeruleum*. ‡ 80 cm. Z5

P. 'Elworthy Amethyst' Rosa Blüten mit apricotfarbener Mitte. Am besten in voller Sonne in sommermilden Regionen. Sterile Hybride zwischen *P. carneum* und *P. caeruleum*, praktisch eine robuste, sich nicht aussäende Version von *P. carneum* 'Apricot Delight'. ‡ 40 cm. Z5

P. foliosissimum Variable, lang blühende Art. Die 3–15 cm langen Grundblätter setzen sich aus 9–31 länglichen oder elliptischen Blättchen und einem auffällig großen, einzelnen Blättchen an der Spitze zusammen. Die Stängelblätter sind bei dieser Art genauso groß wie die Grundblätter. Die aufrechten Stängel tragen an der Spitze dichte Köpfe aus meist leuchtend blauvioletten, gelegentlich cremefarbenen oder weißen Blüten, die fast den ganzen Sommer über erscheinen. Herkunft: südliche zentrale USA, Colorado, Utah, Wyoming, New Mexico und Arizona. ‡ 90 cm. Z4

P. 'Glebe Cottage Lilac' Lila Blüten an aufrechten Stängeln im Sommer. Gedeiht in der Sonne am besten. Eine sterile Hybride zwischen *P. carneum* und *P. caeruleum*. ‡ 90 cm. Z5

P. 'Hannah Billcliffe' Wüchsig und früh blühend. Die weißen Blüten werden mit der Zeit lila. Sterile Hybride zwischen *P. carneum* und *P. caeruleum*. ‡ 90 cm. Z5

P. 'Hopleys' Duftende, blasslila Blüten im Sommer und Frühherbst. Große Standorttoleranz, nur nicht im trockenen Schatten, anfällig für Mehltau. Eine sterile Hybride zwischen *P. carneum* und *P. caeruleum*. ‡ 75 cm. Z5

P. 'Lambrook Mauve' ♀ Aus fast immergrünen Laubbüscheln wachsen verzweigte Stängel mit zahlreichen glockenförmigen, blass-lilarosa, in der Mitte gelben Blüten, die im späten Frühjahr und Frühsommer erscheinen. Fühlt sich in der Sonne und im Schatten gleichermaßen wohl und ist steril, wuchert also nicht. Eine Kreuzung aus *P. reptans* und *P. carneum*. ‡ 45 cm. Z4

P. 'Northern Lights' Kompakte Pflanze mit großen, blassblauen, duftenden Blüten, die sich vom Frühsommer bis in den Herbst hinein öffnen. Steril, sät sich also nicht selbst aus. Vermutlich eine Hybride von *P. boreale*. ‡ 30–40 cm. Z4

P. pauciflorum Art mit nur wenigen grundständigen Blättern. Stängel mit elliptischen oder lanzettlichen, bis 15 cm langen, zur Spitze hin leicht klebrigen Blättern. Lange, trompetenförmige, 3–4 cm große, innen blassgelbe, außen apricotfarbene, bisweilen blau getönte, waagrecht abstehende oder leicht nickende Blüten in kleinen Köpfen. Blüht fast den ganzen Sommer über, braucht viel Feuchtigkeit und Schutz vor praller Sonne. Wächst an Gebirgsbächen in den südwestlichen USA. ‡ 30–50 cm. Z7 **subsp. hinckleyi** Gelbe Blüten mit roter Zeichnung von Juni bis September. Aus Arizona und Texas (USA). **subsp. pauciflorum** Silbrig behaartes Laub. Aus Mexiko. **'Sulphur Trumpets'** Silbriges Laub und gelbe Blüten.

P. 'Pink Beauty' Kompakte Laubbüschel mit blass-lilarosa, glockenförmigen Blüten an verzweigten Stängeln. Hybride zwischen *P. reptans* und *P. carneum*, eine zwergige Version von 'Lambrook Mauve'. ‡ 25–30 cm. Z4

P. reptans Bildet niedrige Büschel aus leuchtend grünem Laub, das den ganzen Sommer über ansehnlich bleibt. Blätter aus 7–19 gegenständigen, länglichen bis elliptischen Blättchen. Breitet sich langsam durch kriechende Rhizome aus. Trugdolden aus hellblauen bis weißen, 1,5–2 cm großen, hängenden Blüten im Frühjahr. Schöne Pflanze für Gehölzbereiche. Aus feuchten Wäldern im östlichen Nordamerika. ‡ 30–70 cm. Z3 **'Blue Pearl'** Büschel aus nickenden, hellblauen Blüten an ausladenden Stängeln. Womöglich eine Hybride aus *P. reptans* und der seltenen *P. pulcherrimum*. ‡ 10–20 cm. **'Pink Dawn'** Kompakt, mit bronzebraunem Laub und lilarosa Blüten. Wird gelegentlich als *P. reptans* 'Pink Beauty' angeboten und ist nicht identisch mit der weiter oben beschriebenen Sorte 'Pink Beauty'. ‡ 30 cm. **'Stairway to Heaven'** Unregelmäßig weiß gerandetes, rosa überzogenes Laub. Eine unübersehbare, verlässliche Sorte (siehe Kasten). **'Virginia White'** Weißer Flor.

P. 'Sapphire' Kleine hellblaue Blüten in ausladenden Rispen. Sie kommen im späten Frühjahr über dem dunkelgrünen Laub gut zur Geltung. Sterile Hybride von *P. reptans*. ‡ 45 cm. Z4

P. 'Sonia's Bluebell' Buschige, rötliche Stängel. Büschel aus duftenden, blassblauen Blüten mit hellerer Mitte und weißen Staubblättern im Frühsommer. Riecht nach frischem Heu. Sterile Hybride. ‡ 60 cm. Z4

P. yezoense Buschige Pflanze, breitet sich langsam durch Rhizome aus. 13–16 cm lange Grundblätter an 3,5 cm langen Stielen; Blättchen oval bis lanzettlich. Große, duftende, 2–3 cm große, schieferblaue, lang gestielte Blüten mit auffälligem, leuchtend violettem Ring in der Mitte. Blütezeit Juli bis

BUNTLAUBIGE JAKOBSLEITERN

Wahre Blickpunkte stellen panaschierte *Polemonium*-Auslesen dar, doch unterscheiden sie sich in ihrer Wuchskraft und ihren Kulturansprüchen erheblich. Jakobsleitern mit mehrfarbigen Blättern wurden schon vor Jahrhunderten gelegentlich gepflanzt. Die erste moderne panaschierte Form aber war die 1991 eingeführte, seltene *P. caeruleum* 'Larch Cottage', deren geflecktes Laub besonders im Frühjahr Akzente setzt.

Als erste panaschierte Sorte mit größerer Verbreitung wiederum gilt *P. caeruleum* 'Brise d'Anjou'. René und Maurice Prouteau entdeckten sie im französischen Anjou, und die Gärtnerei Blooms of Bressingham führte sie 1994 ein. Ihre Blätter sind sauber cremefarben gerandet, die Blüten allerdings bleiben nur klein; zudem hat sie sich als recht schwach und kurzlebig erwiesen. In Pflanzgefäßen, mit regelmäßigen Wasser- und Düngergaben, kann sie sich zu einer beeindruckenden Blattschmuckstaude entwickeln, sofern man die Blütenstände beim Erscheinen abzwickt.

2002 führten die Terra Nova Nurseries in Oregon (USA) *P. caeruleum* 'Snow and Sapphires' ein, die sich nicht nur durch weiß gerandete Blätter, sondern auch durch größere Blüten auszeichnet. Insgesamt ist 'Snow and Sapphires' nicht nur robuster und langlebiger, sie verträgt auch sommerliche Hitze besser.

Eine der jüngsten panaschierten Formen ist *P.* 'Stairway to Heaven', die William Cullina 1999 zwischen einer Reihe von *P.-reptans*-Sämlingen im Garten der New England Wildflower Society in Massachusetts entdeckte. Sobald sich die rosa und weiße Panaschierung als stabil erwies, wurde die Sorte auf den Markt gebracht. Sie gilt heute als die wohl beste Form mit mehrfarbigem Laub, gedeiht jedoch am besten im Schatten. Weitere panaschierte Züchtungen sind 'Pam' und 'Woodpeckers', die man aber nur selten antrifft.

September. Aus Japan. ↕ 40 cm. Z3 **'Purple Rain'** Dunkelviolettes Laub. Noch dunklere Blütenstängel. Durch Teilung vermehren; Sämlinge bringen variable Laubfärbungen. ↕ 60–80 cm.

POLYGONATUM
Salomonssiegel, Weißwurz
CONVALLARIACEAE

Als Solitäre oder Bodendecker am Gehölzrand kommen diese eleganten Stauden zum Einsatz.

Rund 60 Arten aus Asien, Europa und den USA gehören der Gattung an. Die meisten wachsen staudig und breiten sich durch Rhizome aus. In gepflegten Gärten können sich manche als übermäßig ausbreitungsfreudig erweisen. Die Wuchsformen reichen von hohen, dunkellaubigen Horsten aus elegant geneigten Trieben über kleine, aber wüchsige, bodendeckende Bestände bis hin zu einigen wenigen, seltenen Epiphyten. Die im Allgemeinen lanzettlichen Blätter sind wechselständig oder stehen in Quirlen entlang der Stängel. Aus den Blattachseln erscheinen entlang der Triebe kleine, hängende, glockenförmige, oft weiße, gelegentlich aber auch rosa, rote oder gelbe, an der Spitze mitunter grüne Blüten. Sie hängen an dünnen Stielen. Danach folgen schwarze, blaue oder rote Früchte.

Salomonssiegel haben ihren unbestrittenen Reiz als Kombinationspartner, doch ihr eigentlicher Wert beruht auf ihrer Gestalt, ihrer Strukturwirkung und Schattenverträglichkeit. Einige Arten gelten als klassische Stauden für Schattenbeete, andere, bislang sehr selten kultivierte, unübersehbare Gewächse finden zusehends Beachtung als Zierpflanzen. Die schwierige Taxonomie der rankenden Arten wird derzeit überarbeitet. ⚠

KULTUR Die pflegeleichten Pflanzen stellen keine besonderen Ansprüche. Die meisten kommen gut mit halbschattigen Standorten in kühlen, humosen Böden mit gleichmäßiger Feuchtigkeit zurecht und vertragen in kühleren Regionen im Sommer sogar volle Sonne. Die kleineren rankenden Typen zieht man am besten am Fuß von Sträuchern oder kleinen Bäumen und lässt sie durch das untere Geäst wachsen. Arten, die sich stark durch Rhizome ausbreiten, lassen sich durch Verkleinern der Gruppe im zeitigen Frühjahr eindämmen. Gut eignet sich das Salomonssiegel für die Kultur in Töpfen; dort kommen die Blüten besser zur Geltung.

VERMEHRUNG Lässt sich im zeitigen Frühjahr vor dem Neuaustrieb problemlos teilen; jedes Teilstück muss eine gesunde endständige Knospe besitzen. Aussaat frischer Samen ohne die fleischige Hülle im Spätsommer oder Herbst; die Saat keimt normalerweise im darauf folgenden Frühjahr, allerdings blühen die Pflanzen erst nach drei bis fünf Jahren.

PROBLEME Schnecken, Rotwild und Hasen, die Maiglöckchen-Blattwespe (siehe Kasten).

P. biflorum (Zweiblütige Weißwurz) Aufrechte oder stark übergeneigte Triebe mit gegenständigen, lanzettlichen bis elliptischen, 4–18 cm langen, unterseits unbehaarten Blättern. In den Blattachseln erscheinen zur Frühjahrsmitte Büschel aus bis zu 4 hübschen, weißen, an der Spitze grünen, etwa 2 cm langen Blüten. Ähnlich *P. pubescens*, die behaarten Adern aber an der Blattunterseite. Überraschend variable Höhe. Östliche USA. ↕ 90 cm bis 2,2 m. Z3

P. cirrhifolium Die Art hält sich mit Rankzipfeln am Blattende fest. Ihre schlanken, 10 cm langen, lanzettlichen Blätter stehen in Quirlen zu 3–6 an relativ schwachen Stängeln. Kleine, 2,5 cm breite, glockenförmige, weiße, grüne oder violette Blüten erscheinen im Frühsommer in den Blattachseln. Sie werden von leuchtend roten, mit der Reife schwarzen Beeren abgelöst. Die strukturstarke Kletterpflanze kann man in mäßig große Gehölze hineinwachsen lassen. Wird oft mit anderen rankenden Arten verwechselt. Aus dem Himalaja. ↕ 1,5 m. Z6

P. crytonema siehe *Disporopsis pernyi*

P. curvistylum Bezaubernde zwergige Art mit dunkelvioletten Stängeln. Quirle aus sehr schmalen, beim Austrieb oft rötlichen Blättern mit hakenartig gekrümmter Spitze. Hängende Büschel aus mindestens zwei 2,5 cm langen, weißen oder rosa Blüten mit violetten Punkten und geflecktem Schlund. Wächserne rote Beeren. Wird oft mit der höheren *P. cirrhifolium* verwechselt. Aus China. ↕ 40 cm. Z6

P. falcatum Hohe, sehr auffällige Art mit eleganten, schmalen, lanzettlichen oder sichelförmigen, bis zu 25 cm langen, wechselständigen Blättern. Büschel aus 2–5 weißen, 2 cm großen, glockenförmigen Blüten, die im Frühsommer entlang des Stängels erscheinen. Blauschwarze Beeren. Beim Austrieb sehr anfällig für Schneckenfraß. Oft wird *P. odoratum* fälschlicherweise unter diesem Namen angeboten. Aus Japan. ↕ 1,5 m. Z5 **'Variegatum'** siehe *P. odoratum* var. *pluriflorum* 'Variegatum'.

P. graminifolium Eine feingliedrig wirkende Art, die ganze Bestände bildet. Stängel mit Quirlen aus 3 sehr schmalen, leuchtend grünen, etwa 5 cm langen Blättern. Einzeln in den Blattachseln stehende, gelegentlich paarige, mit 2,5 cm Länge relativ große Glockenblüten im Hochsommer. Das dichte Laub kann die Blüten verdecken. Aus dem Himalaja. ↕ 45 cm. Z6

P. hirtum (Auen-Weißwurz) Hervorragende, aber variable Zierart, die viel zu wenig kultiviert wird. Stark übergeneigte Stängel mit wechselständigen, glänzenden, tiefgrünen, 7–15 cm langen, lanzettlichen oder ovalen Blättern. Büschel aus bis zu 5 weißen, an der Spitze grünen, 2 cm langen Blüten öffnen sich im April in den Blattachseln. Bläulich schwarze Beeren. Wuchert in nährstoffreicher Erde etwas, kommt jedoch in Gefäßen gut zur Geltung.

Aus Europa, Russland und der Türkei. ↕ 20–90 cm. Z5

P. humile Sehr wüchsige, dekorative, aufrechte kleine Art, die sich vorzüglich als schöner Bodendecker eignet und Unkraut unterdrückt. Breit lanzettliche, 7 cm lange, wechselständige Blätter und weiße, an der Spitze grüne, 1 cm große Glockenblüten, die einzeln oder paarig in den Blattachseln stehen. Blauschwarze Beeren. In Japan kennt man panaschierte Formen. Gedeiht an schattigen Standorten und verträgt gut eingewachsen sogar trockenen Schatten. Aus Japan, Korea, Nordchina und Sibirien. ↕ 5 cm. Z5

P. × hybridum Das am allermeisten kultivierte Salomonssiegel bildet Gruppen, die sich wüchsig ausbreiten. Aus dicken Rhizomen treiben aufrechte, kräftige, an der Spitze elegant nickende Stängel aus. Sie tragen wechselständige, breit lanzettliche, bis zu 20 cm lange Blätter und in Büscheln in den Blattachseln bis zu 5 weiße, an der Spitze grüne Glockenblüten. Blütezeit Juni. Blaue Beeren. Eine Hybride zwischen *P. multiflorum* und *P. odoratum*. ↕ 1,2 m. Z4 **'Betberg'** Beim Austrieb satt-violettbraunes Laub. Beste Wirkung in voller Sonne. Eine hervorragende deutsche Auslese. **'Striatum'** Wüchsige, liebenswerte Sorte mit großen, cremeweiß gestreiften Blättern.

P. multiflorum (Vielblütige Weißwurz) Übergebogene, rundliche Stängel bilden größere Horste. Sie tragen wechselständige, 5–15 cm lange, elliptische bis ovale, am Ansatz leicht stängelumfassende Blätter. 2–4 nicht duftende, weiße, 2 cm große, an der Spitze grüne, im Schlund gezeichnete Blüten in gestielten Büscheln in den Blattachseln. Verträgt mehr Sonne als die meisten

BLATTWESPEN AM SALOMONSSIEGEL

Ein Befall mit diesem Schädling ist nicht zu übersehen: Die Maiglöckchen-Blattwespe (*Phymatocera aterrima*) kann eine reife Pflanze binnen Tagen völlig kahl fressen, sodass nur noch der Stängel und die Mittelrippe der Blätter übrig bleiben.

Die grauweiße, 2 cm lange Larve der Wespe mit schwarzem Kopf verursacht den Schaden. Im späten Frühjahr und Frühsommer legen die Weibchen Eier in die Blattstiele. Eine Woche später schlüpfen die Larven und vertilgen die Blätter in kürzester Zeit. Nach rund vier Wochen bilden sie in der Erde unter der Pflanze einen Kokon, aus dem im darauf folgenden Frühjahr die Wespen schlüpfen.

Man kann die Maden absammeln – eine mühselige Angelegenheit. Zudem müssen die Pflanzen praktisch täglich kontrolliert werden; denn setzt für einige Tage die Bekämpfung aus, ist es um das befallene Exemplar vielleicht geschehen. Spritzungen mit einem geeigneten Insektizid können eine ganze Wespengeneration vernichten, danach hat man vielleicht auf Jahre hinaus Ruhe.

Arten, sofern man im Sommer für angemessene Feuchtigkeit sorgt. Ähnelt *P. odoratum*, hat aber rundliche statt kantiger Stängel. Aus Europa und Asien. ↕ 1 m. Z4

P. odoratum (Echtes Salomonssiegel). Auffällig kantige Stängel mit wechselständigen, lanzettlichen bis ovalen, bis zu 14 cm langen Blättchen. In den Blattachseln erscheinen im Mai 1–4 weiße, an der Spitze grüne, zylindrische bis glockenförmige, schwach duftende Blüten. Von Europa bis Ostasien weit verbreitet. ↕ 1 m. Z4 **'Flore Pleno'** Relativ unscheinbar, aber mit gefüllten Blüten. **var. pluriflorum** Unterscheidet sich in botanischen Details von der Art, hat aber oft auffallend rote Stängel. **var. pluriflorum 'Variegatum'** Cremeweiß gerandete Blätter. Hoch und wüchsig. Oft unter der Bezeichnung *P. falcatum* 'Variegatum' im Handel. **'Silver Wings'** Bläulich grünes Laub an kompakten Stängeln und relativ große Blüten. Nicht panaschiert. ↕ 40 cm.

P. sibiricum Kletternde Art. Biegsame Triebe mit eleganten Quirlen aus 4–6 schmalen, lanzettlichen, 15 cm langen Blättern mit einem Rankzipfel an der Spitze. Büschel aus bis zu 30 kleinen, 1 cm großen, weißen oder rosaweißen Blüten. Rote Beeren, die sich bis zum Spätsommer schwarz färben. Eine häufig verkaufte, bisweilen verwirrende Art, deren Name mitunter für alle Arten mit Ranken an den Blattspitzen verwendet wird. Herkunft: China, Mongolei, Sibirien. ↕ 1,2 m. Z5

P. verticillatum (Quirlblättrige Weißwurz) Ausgezeichnete Zierpflanze mit robusten, dichten Horsten aus schlanken, aufrechten Stängeln, an denen Quirle aus 3–7 sehr schmalen, fast linealischen, 7–15 cm langen, lang zugespitzten Blättern stehen. 1 cm große, größtenteils weiße, zuweilen violett oder rosa gefleckte Blüten, aus denen sich später leuchtende rote Beeren entwickeln. Die Stängel können zwar in einer Rabatte frei stehend wachsen, doch zieht man die Art besser an einer Stütze wie einem Strauch oder kleinen Baum. Eine häufig angebotene, auffällig variable Art. Aus Europa und Asien. ↕ 1 m. Z5 **'Himalayan Giant'** Höher, robuster. ↕ 2 m. **'Rubrum'** Laub und Stängel beim Austrieb rötlich getönt. Blüten purpurrot. Wird in der Regel aus Samen gezogen. In der Färbung sehr variabel. **'Serbian Dwarf'** Niedrig, mit dicken Stängeln und einem verlässlichem Ansatz zahlreicher roter Beeren. ↕ 60 cm.

POLYGONUM
Knöterich
POLYGONACEAE

Nicht die im Spätsommer erscheinenden Blüten, sondern die interessanten Triebe machen den unkomplizierten Sonnenanbeter zu einer Bereicherung für den Garten.

Die Angehörigen der Gattung kommen in den verschiedensten offenen Lebensräumen in den gemäßigten Zonen der Nordhalbkugel vor. Früher umfasste das Taxon Polygonum zahlreiche ein- und

mehrjährige Arten, die meisten werden heute allerdings den Gattungen Persicaria oder Fallopia zugeordnet (siehe Querverweise). Knöteriche tragen ungeteilte Blätter in den verschiedensten Formen und winzige, meist weiße oder rosa Blüten, die in der Regel gegen Sommerende erscheinen.

KULTUR Ideal ist ein sonniger Standort mit feuchtem, durchlässigem Boden.

VERMEHRUNG Teilung im Frühjahr.

PROBLEME In der Regel keine.

P. amplexicaule siehe *Persicaria amplexicaulis*

P. bistorta siehe *Persicaria bistorta*

P. campanulatum siehe *Persicaria campanulata*

P. equisetiforme siehe *P. scoparium*

P. scoparium syn. *P. equisetiforme* Die ungewöhnliche, aber ausgesprochen dekorative Art erinnert mit ihren dichten Horsten aus drahtigen, scheinbar blattlosen grünen Stängeln verblüffend an Schachtelhalm (*Equisetum*). Die schmalen, 1,5 cm langen Blätter fallen früh ab und hinterlassen nackte Stängel, an denen unzählige winzige, weiße, duftende Blüten stehen. Blütezeit Juli oder August. Dieser Knöterich fügt sich schwer in Staudenbeete ein, zeigt jedoch seine Wirkung als ungewöhnliche Solitärpflanze in Trockenbeeten oder Kiesgärten. Er kommt neben Pflasterflächen gut zur Geltung. Für trockene Böden und warme, geschützte Standorte. Herkunft: Korsika und Sardinien. ↕ 50–120 cm. Z7

POLYPODIUM
Tüpfelfarn
POLYPODIACEAE

Das Ansehen dieses ansehnlichen, unverwüstlichen Farns hat in der Vergangenheit leider durch falsche Benennungen etwas gelitten.

Die rund 150 immer- oder wintergrünen Tüpfelfarne sind auf der ganzen Welt verbreitet. Viele der Arten wurden mittlerweile anderen Gattungen zugeordnet. Die recht ähnlichen verbliebenen *Polypodium*-Arten mit kriechenden Rhizomen entwickeln innerhalb kurzer Zeit viele Wedel aus kräftigen, rund 5 mm dicken Rhizomen. Ihre einfach gefiederten Wedel setzen sich aus einer Reihe länglicher Fiedern beiderseits der Blattspindel zusammen. Die Sporenhäufchen (Sori) sind rund und reihen sich an der Unterseite entlang der Mittelrippe der Fiedern tüpfelartig auf. In der Nomenklatur der meist leicht zu verwechselnden Tüpfelfarne herrschte früher eine heillose Verwirrung, die dem Ruf der Gattung nicht förderlich war, doch mittlerweile schaffen Spezialisten Ordnung in der botanischen Systematik.

KULTUR An durchlässigen, voll- bis halbschattigen Standorten. Verträgt keine Staunässe. Gut für Mauerritzen geeignet. Kann von Unkräutern mit kriechendem Wuchs bedrängt werden.

VERMEHRUNG Arten durch Teilung oder Sporen, die meisten Sorten durch Teilung.

PROBLEME Flecken auf den Blättern, die an schlecht dränierten Standorten in schwerem Lehm am stärksten auftreten. Oft werden Älchen dafür verantwortlich gemacht, aber die Ursache ist nicht zweifelsfrei bewiesen.

P. australe siehe *P. cambricum*

P. cambricum syn. *P. australe* (Südlicher Tüpfelfarn) Bildet Polster aus aufrechten, hellgrünen, dreieckigen oder breit ovalen Wedeln mit bis zu 15 cm Durchmesser, wobei das zweite Fiederpaar von unten das längste ist; Fiedern leicht gezähnt. Die Wedel erscheinen im Spätsommer oder Herbst und bleiben bis März oder April frisch und grün, sodass sie tatsächlich wintergrün sind. Zwischen Mai und Anfang Juli sind keine Wedel sichtbar. Bevorzugt durchlässige, kalkhaltige Böden und gedeiht in der Sonne wie im Schatten. Nur für sehr milde Lagen oder fürs Gewächshaus. Aus Süd- und Westeuropa sowie Westasien. Wächst auf Kalkfelsen und -böden, sogar in alten Kalksteinwänden. ↕ 20–30 cm. Z6 **Cambricum-Gruppe** Sterile, dünne, papierartige Wedel, doppelt gefiedert, wobei sich die Fiedern gegenseitig überlappen. Erstmals 1668 bei Cardiff entdeckt und vermutlich die erste je beschriebene Farnsorte. **Cambricum-Gruppe 'Whilharris'** ♀ Lanzettliche, tief fiederteilige Wedel mit steifen Fiedern. **'Grandiceps Fox'** ♀ Schmale Wedel mit großen Troddeln an der Spitze der Fiedern und einem Kamm an der Spitze der Wedel, der mindestens so breit ist wie der Wedel. **'Omnilacerum'** Schmal dreieckige Wedel; Fiedern meist unregelmäßig gefranst. Der Name bedeutet »auf der gesamten Länge gefranst«, doch sind solche Wedel selten. Fertil, die Form vermehrt sich über

die Sporen. ↕ 50 cm. **'Whilharris'** siehe Cambricum-Gruppe 'Whilharris'.

P. glycyrrhiza Immergrüner Farn mit lanzettlichen, dunkelgrünen Wedeln, die sich im Frühjahr entfalten; die leicht gewellten, scharf zugespitzten Fiedern sind schmaler als bei anderen Arten. Das Rhizom schmeckt sehr stark nach Lakritze und wurde von den amerikanischen Ureinwohnern als Süßungsmittel verwendet. Sori kleiner und regelmäßiger als bei anderen Arten. Wächst auf Felsen und Bäumen in den nordwestlichen USA und in West-Kanada. ↕ 40 cm. Z6 **'Longicaudatum'** ♀ Wedel zur Basis hin stark gefiedert, nach oben hin in eine lange, schmale Spitze auslaufend. Die auffälligen Wedelspitzen entfalten eine schöne Wirkung, wenn man die Pflanzen in ansehnlichen Gruppen pflanzt.

P. interjectum (Gesägter Tüpfelfarn) Die bläulich grünen, schmal eiförmigen, ledrigen Wedel mit den längsten Fiedern in der Mitte entrollen sich im Frühsommer. Anspruchslos, mit leichter Vorliebe für schwach alkalische Böden. Wächst in Mauern, auf Felsen und Lesesteinwällen in weiten Teilen Europas. ↕ 30 cm. Z5 **'Cornubiense'** ♀ Wedel in zweierlei Ausprägungen: einmal doppelt gefiedert, einmal wie die Art; manche Wedel nehmen auch eine Zwischenstellung ein. Recht grobschlächtig, aber robust. Breitet sich in eher trockenen Rabatten oder Steingärten relativ rasch aus. Womöglich eine Form von *P. × mantoniae*, einer Hybride zwischen *P. interjectum* und *P. vulgare*. ↕ 30 cm. Z5

P. vulgare (Engelsüß, Gewöhnlicher Tüpfelfarn) Die länglichen Wedel erscheinen im Frühjahr. Die meisten Fiedern sind gleich lang und haben eine papierartige Substanz. Nur Farnspezialisten können diese Art von *P. interjectum* unterscheiden. Wird am besten im lichten Schatten kultiviert. Kommt in weiten Teilen Europas und in Westasien überwiegend auf kalkfreien Böden und Felsen vor. ↕ 30 cm. Z3 **'Bifidomultifidum'** syn. 'Bifido-grandiceps', 'Bifidocristatum' Wedel lang und schmal, selten mehr als 5 cm breit, an der Spitze flach kammförmig gefingert; Fiedern gegabelt oder mit kleinen Troddeln. ↕ 40 cm.

POLYSTICHUM
Schildfarn
DRYOPTERIDACEAE

Einer der schönsten wintergrünen Farne schmückt das ganze Jahr über.

Die schätzungsweise 200 bis 300 Arten des Schildfarns sind in allen gemäßigten und tropischen Regionen der Erde heimisch. Ihre kurzen Rhizome tragen Rosetten aus ein- oder auch mehrfach gefiederten Wedeln. Die kleinsten Fiedern haben in der Regel eine charakteristische Form: Sie sind am Grund durch den daumenartigen Lappen an einer Seite »geöhrt«,

LINKS *Polypodium vulgare*

während die Ränder meist scharf und stachelig gezähnt sind. Die Sori an der Unterseite der Wedel sind von runden Schleierchen bedeckt, daher der Name Schildfarn. Bei vielen Arten und Sorten fällt der Neuaustrieb durch seine silbrigen bis bräunlichen Spreuschuppen auf. Alle hier beschriebenen Arten sind immergrün, sofern nichts anderes angegeben ist. Schildfarne sind verlässlich und elegant zugleich. Unter ihnen finden sich einige der härtesten Farne überhaupt.

KULTUR In feuchten, durchlässigen Böden an gut durchlüfteten, halbschattigen Standorten. Bei älteren Exemplaren kann der stammartige Wurzelstock langsam über das Bodenniveau hinauswachsen. Dadurch besteht die Gefahr, dass die Wurzeln am Stielgrund vertrocknen. Abhilfe schafft man durch eine einfache Mulchschicht oder indem man das Exemplar aufnimmt und etwas tiefer wieder einpflanzt.

VERMEHRUNG Durch Teilen älterer Exemplare und aus Sporen oder Brutknospen. Mehrere Schildfarn-Arten neigen dazu, nur einen Wurzelstock zu bilden, und müssen dann über Sporen vermehrt werden (siehe *Schildfarne vermehren*, S. 383).

PROBLEME In der Regel keine, doch kommt es in zu dichten Pflanzungen zu einem Befall durch den Pilz *Taphrina wettsteiniana*. Bei übermäßiger Nässe bereitet Botrytis-Fäule Probleme (siehe *Krankheiten bei Schildfarnen*).

P. acrostichoides (Dolchfarn) Büscheliger Farn mit verzweigtem Rhizom. Er bildet einen Trichter aus ledrigen, dunkelgrünen, schmal länglichen Wedeln mit vielen Paaren schmaler Fiedern. Die Sporen stehen an wesentlich kürzeren Fiedern im oberen Teil einiger Wedel – erkennbar daran, dass die Wedel im oberen Drittel plötzlich verschmälert sind (dadurch unterscheiden sie sich von *P. munitum*). Aus feuchten Wäldern im östlichen Nordamerika. Früher nutzte man die Wedel als grünen Schmuck zu Weihnachten. Im Freien bleiben die Wedel selbst unter einer Schneedecke monatelang grün. ↕ 60 cm. Z3

P. aculeatum ♀ (Dorniger Schildfarn) Trichter bildender Farn mit kurz gestielten, ledrigen, lanzettlichen, zur Basis schmaler werdenden Wedeln. Sie setzen sich aus vielen Paaren dunkelgrüner Fiedern zusammen, die weiter in kleine, an der Basis keilförmige, selten gestielte Fiedern unterteilt sind. Die Art bildet selten mehr als eine Wurzelkrone und muss daher durch Sporen vermehrt werden. Die immergrünen, übergeneigten Wedel bilden einen eleganten Trichter; dadurch wird die Art zu einem der schönsten europäischen Farne. Er wächst in Wäldern, an felsigen Hängen und Bachufern in weiten Teilen Europas. ↕ 40–60 cm. Z4

P. braunii (Zarter Schildfarn) Kompakter, trichterförmig wachsender Farn mit lanzettlichen, leicht glänzenden, zweifach gefiederten Wedeln; Spreuschuppen an den Fiedern auffälliger als bei anderen Arten der Gattung. Ähnelt sehr stark dem Borstigen Schildfarn (*P. setiferum*), der aber nicht so stark schuppige Wedel und kleinere Endfiedern trägt und in erster Linie für Farnspezialisten interessant ist. Aus kühlen, feuchten Wäldern in Mitteleuropa, Nordamerika und Ostasien. ↕ 40 cm. Z4

P. munitum ♀ (Schwertfarn) Großer, ansehnlicher Farn mit aufrechten bis übergeneigten, schmal lanzettlichen, dunkelgrünen, bis 1,5 m langen Wedeln. Mehrfach gefiedert, mit vielen Paaren schmaler, ungeteilter, zugespitzter, borstig gezähnter Fiederchen. Eine der größten Schildfarn-Arten und eine sehr schöne Gartenpflanze. Gedeiht bei ausreichender Feuchtigkeit auch in voller Sonne und bestockt sich im Gegensatz zu anderen Schildfarn-Arten recht gut, sodass man

LINKS **1** *Polystichum polyblepharum*
2 *P. setiferum* 'Divisilobum-Gruppe'
3 *P. setiferum* 'Plumoso-divisilobum-Gruppe' **4** *P. tussimense*

KRANKHEITEN BEI SCHILDFARNEN

Kein Schildfarn ist vor dem Pilz *Taphrina wettsteiniana* gefeit, zum ernsthaften Problem aber wird er meist nur dort, wo viele Exemplare dicht an dicht stehen, etwa in einer Gärtnerei oder einer Farnsammlung. Ein Befall zeigt sich in kleinen, gelblich braunen Flecken auf den Blättern. Meist werden sie zur Basis hin dichter und treten vor allem bei feuchter Witterung auf. An der Unterseite der Wedel bildet sich außerdem ein durchsichtiger Sporenfilm. Weil die Sporen durch Spritzwasser verbreitet werden, besteht für weiter entfernt stehende Pflanzen keine Ansteckungsgefahr. Die Gattung *Taphrina* verursacht übrigens auch die gefürchtete Kräuselkrankheit bei Pfirsichen.

Befallene Wedel entfernt man am besten sofort und verbrennt sie. Dann besprüht man den Kopf des Farns mit einem systemischen Fungizid, besonders die Unterseite muss benetzt werden. Ist der Pilz danach noch nicht beseitigt, ist die Behandlung zu wiederholen. Wertvolle Exemplare bringt man am besten in ein Gewächshaus, wo die Wedel vor Spritzwasser geschützt sind, andere vernichtet man besser. Die Krankheit mit verheerenden Auswirkungen wird manchmal über zugekaufte Exemplare eingeschleppt.

Bei Arten mit dicht überlappenden Wedeln führt hohe Feuchtigkeit bisweilen zu einer *Botrytis*-Infektion. Zur Bekämpfung eignet sich wieder ein systemisches Fungizid, doch richtet dieser Erreger weitaus weniger Schaden an als der *Taphrina*-Pilz. In der Regel färben sich die befallenen Stellen schwarz. Bei weiten Pflanzabständen ist ein *Botrytis*-Befall unwahrscheinlich.

FARN UND FARBE

EINE SEHR DAUERHAFTE, RUHIGE, aber nichtsdestotrotz wirkungsvolle Pflanzengruppe entsteht durch die Kombination interessanter Laubformen. Noch mehr Schwung bekommen solche Partnerschaften aber, wenn man sie mit Blättern in ungewöhnlichen Farben aufpeppt. Hier stehen zwei Farne in enger Nachbarschaft: Zum Borstigen Schildfarn (*Polystichum setiferum*) gesellt sich ein japanischer Regenbogenfarn (*Athyrium niponicum* var. *pictum*), der sich durch ansprechend silbriges Laub und einen leicht kriechenden Wuchs auszeichnet. Zwischen die beiden drängen sich die herzförmigen Blätter der *Houttuynia cordata* 'Chameleon'. Sie stellt ihre rot und gelb gezeichneten Blätter zur Schau, ohne indes allzu sehr zu dominieren.

ihn teilen kann – wenn oft auch nur mit Hilfe einer Säge. Wächst in großer Zahl in feuchten Wäldern des westlichen Nordamerika. ↕ 1–1,5 m. Z6

P. polyblepharum ♀ (Japanischer Glanz-Schildfarn) Robuster Farn mit übergeneigten, sehr stark glänzenden, tiefgrünen, bis zu 70 cm langen Wedeln aus vielen schmalen Fiedern, die wiederum in längliche Fiedern unterteilt sind. Ein echter Hingucker ist der Glanz-Schildfarn vor allem im Frühjahr, wenn die sich entrollenden Wedel dicht mit hellbraunen Spreuschuppen bedeckt sind. Aus offenen Wäldern und von feuchten Wiesen in Japan, Südkorea und Ostchina. ↕ 50 cm. Z6

P. proliferum Nicht winterharter, halbimmergrüner Farn mit einem Rhizom, das sich zu einem kurzen Stamm entwickelt. Ausladende, lanzettliche, glänzende, dunkelgrüne, zweifach gefiederte Wedel mit Brutknospe am Ende der Wedel. Wurde erst vor kurzem in Europa eingeführt. Braucht feuchte, durchlässige, mildwarme Standorte. Ideal für geschützte Innenhöfe oder im maritimen Klima. Stammt aus kühlen Tieflandwäldern und von felsigen Standorten in den Bergen Südost-Australiens. ↕ 75 cm. Z8

P. rigens Büscheliger Farn mit kurzem, aufrechtem Rhizom, aus dem mehrere

übergeneigte, sehr ledrige, recht steife, zweifach gefiederte Wedel entspringen. Junge Wedel gelbgrün, ältere mittelgrün. Die kleinsten Fiedern sind oval und wirken bei Berührung fast borstig. Aus unberührten Gebirgswäldern in China und Japan. ↕ 40 cm. Z6

P. setiferum ♀ (Weicher Schildfarn) Aus einem aufrechten Rhizom wachsen mehrere Köpfe aus übergeneigten, mittelgrünen, bis zu 1 m langen Wedeln an relativ langen Stielen. Wedel länglich, weich, zur Basis hin kaum schmaler, zweifach gefiedert; Fiederchen mit weicher Borstenspitze und kurz gestielt. Vermehrung durch Sporen oder Teilung,

bei einigen Sorten auch durch Brutknospen. Ähnelt *P. aculeatum*, hat aber im Gegensatz zu dieser Art lang gestielte Wedel. Die unklare Nomenklatur mancher Sorten wird derzeit überarbeitet. Herkunft: feuchte Wälder und schattige Böschungen in weiten Teilen Europas. ↕ 40–60 cm. Z5 **Acutilobum-Gruppe** Wedel lanzettlich, leicht ledrig; stark verschmälerte, spitzdornige Fiederchen. Vertreter der Divisilobum-Gruppe werden gern mit dieser Gruppe verwechselt, obwohl sich beide beträchtlich voneinander unterscheiden. **'Bevis'** ♀ syn. 'Plumosum Bevis', 'Pulcherrimum Bevis' Wedel dunkelgrün, Fiederchen schmal, im oberen Teil sichelförmig

SCHILDFARNE VERMEHREN

Polystichum-Arten tragen vereinzelt Brutknospen an den Wedelenden, die man für die Vermehrung nutzen kann. Dazu belässt man den Wedel am besten an der Pflanze, drückt ihn aber so nach unten, dass die Brutknospe Bodenkontakt hat. Genauso verfährt man mit den *P.-setiferum*-Sorten, die entlang der Blattspindel mehrere Brutknospen bilden. Nach dem Absenken im Herbst bewurzeln die Brutknospen bis zum darauf folgenden Sommer.

Brutknospen kann man auch abnehmen und in einen Topf mit gut feuchtem,

nährstoffarmem Substrat setzen. Sie werden leicht in die Erde gedrückt, aber nicht ganz zugedeckt. Alternativ schneidet man von den *P.-setiferum*-Sorten ein Wedelstück mit mehreren Brutknospen ab und legt es auf eine mit feuchtem Anzuchtsubstrat gefüllte Schale. Man beschwert es mit Steinen oder Stäben, um guten Bodenkontakt zu gewährleisten. Das Substrat muss stets feucht gehalten werden. Unter einem Verdunstungsschutz aus durchsichtiger Folie bewurzeln einige der Brutknospen an einem schattigen Fenster innerhalb weniger Monate.

und zur Wedelspitze hin gebogen. Eine hervorragende Form, die praktisch nie Sporen entwickelt und daher nur durch Teilung in kleiner Stückzahl vermehrt wurde. Mittlerweile wird sie über In-vitro-Kultur vermehrt und ist daher häufiger zu finden. Wird unter verschiedenen Namen angeboten, da man sich noch nicht auf eine einheitliche Bezeichnung geeinigt hat. **Congestum-Gruppe** Wedel gestaucht und relativ starr aufrecht, Fiedern dachziegelartig angeordnet. Wedel mit zahlreichen Spreuschuppen. **Cristatum-Gruppe** Kämme an der Spitze der Wedel und Fiedern. **Decompositum-Gruppe 'Dahlem'** Wedel straff aufrecht, zur Basis hin besonders dicht stehende Fiedern und verbreiterte Fiederchen. **Divisilobum-Gruppe** Wedel vergleichsweise steif und mehr oder weniger flach ausgebreitet, zwei- bis dreifach gefiedert, mit schmalen Endfiederchen. Oft Brutknospen entlang der Blattspindel. **Divisilobum-Gruppe 'Dahlem'** siehe Decompositum-Gruppe 'Dahlem'. **Divisilobum-Gruppe 'Divisilobum Densum'** ♀ syn. 'Plumoso-Multilobum' Wedel oft waagrecht stehend, bis zu vierfach gefiedert, beblätterte Teile im unteren Bereich der Wedel stark überlappend; Endfiederchen winzig, aber nicht schmaler als die übrigen Fiedern. Leicht aus Brutknospen vermehrbar, aber sehr anfällig für Pilzinfektionen und daher am besten an geschützten, aber gut durchlüfteten Standorten zu ziehen. **Divisilobum-Gruppe 'Iveryanum'** ♀ Übergeneigte, dreieckige bis lanzettliche, ledrige, dunkelgrüne, dreifach gefiederte Wedel; Kamm am Ende der Wedel und der Fiedern. Bildet oft Brutknospen. **Divisilobum-Gruppe 'Divisilobum Wollaston'** Wedel am Grund verbreitert, fast schon dreieckig. Bildet Brutknospen. Fiederbesatz an der Wedelbasis oft lückig. **Multilobum-Gruppe** Wedel steifer und zwei- oder dreifach gefiedert, aber wie in der ähnlichen Divisilobum-Gruppe schmaler. Bildet häufig Brutknospen. **Plumoso-Divisilobum-Gruppe** Wedel bis vierfach gefiedert, wirkt sehr spitzenartig, mit schmalen Endfiederchen und gelegentlichen Brutknospen. Sehr schön, aber selten. **'Plumosum Bevis'** siehe 'Bevis'. **Plumosum-Gruppe** Wedel zwei- bis dreifach geteilt; Endfiederchen papierartig, mit gezähntem Rand. Produziert fast nie Sporen, daher selten. **'Pulcherrimum Bevis'** siehe 'Bevis'.

P. tsussimense ♀ Kleiner Farn mit lanzettlichen, hell- bis mittelgrünen, akurat zweifach gefiederten Wedeln mit relativ schmalen, fein zugespitzten Fiedern. Reizende Pflanze für den Vordergrund einer Rabatte oder eines Trogs. Wird oft als Zimmerpflanze angeboten, ist aber recht hart. Herkunft: felsige Wälder und Flussufer in Ostasien von Thailand bis Japan. ↕ 20–30 cm. Z7

POTENTILLA

Fingerkraut

ROSACEAE

Die verlässlichen Fingerkräuter liefern Farben in außerordentlicher Strahlkraft.

Die rund 500 ein- oder mehrjährigen, krautigen oder verholzenden Arten des Fingerkrauts sind auf der nördlichen Erdhalbkugel weit verbreitet. Sie kommen in Gebirgsregionen ebenso vor wie auf Wiesen im Flachland und bevorzugen in der Regel alkalische Böden. Viele der besonders dekorativen Arten stammen aus Asien und insbesondere dem Himalaja. Die Stauden bilden Horste und treiben aus einem faserigen Wurzelstock aus. Ihre unpaarig gefiederten oder fingerförmigen, mitunter behaarten Blätter mit 3–7 Lappen und silbriger Unterseite sind oft stark geadert und gezähnt. Sie sind im unteren Bereich der Stängel am größten und werden nach oben zu immer kleiner. Die ungefüllten, meist 5-zähligen, rad-, schalen- oder sternförmigen Blüten stehen einzeln oder in lockeren Ständen und erscheinen über einen langen Zeitraum vom Frühjahr bis zum Herbst. Bei vielen Formen dieser eng mit den Erdbeeren (*Fragaria*) verwandten Gattung (siehe S. 200) handelt es sich um Hybriden von *P. atrosanguineus* und *P. nepalensis*, die sich nur in der Blütenfarbe unterscheiden.

KULTUR Die Gartenhybriden sind im Allgemeinen anspruchslos und mit durchlässiger, mäßig nährstoffreicher, frischer Erde in offenen Rabatten an vollsonnigen Standorten zufrieden, obwohl einige sich in kühlen Winkeln von ihrer besten Seite zeigen. Sie müssen nur selten gestützt werden. Nach dem Verblühen schneidet man die Blütentriebe bodennah ab. Die niedrigen Arten aus höheren Lagen brauchen kiesige, sehr gut dränierte, karge Erde. Einige Angehörige der Gattung wuchern und sind in naturnahen, wiesenartigen Ecken am besten aufgehoben.

VERMEHRUNG Arten lassen sich problemlos durch Aussaat im Herbst oder zeitigen Frühjahr vermehren, Sorten und Hybriden fallen allerdings nicht echt aus Samen. Horst bildende Pflanzen teilt man im Frühjahr, Formen mit Ausläufern entwickeln gelegentlich bewurzelte Pflänzchen, die man abnehmen kann.

PROBLEME In der Regel keine.

P. alba (Weißes Fingerkraut) Niedrige, Horst bildende Art von feingliedrigem Wuchs. 5-zählig handförmig geteilte Blätter mit bis zu 6 cm Durchmesser, oberseits dunkelgrün, unterseits silbrig; 2–4 cm lange, umgekehrt eiförmige oder lanzettliche Lappen. Kleine, weiße, 2 cm große Blüten erscheinen im späten Frühjahr und Frühsommer in kleinen Rispen. Man pflanzt sie am besten in durchlässige Böden an offenen, sonnigen Standorten. Aus Mittel- und Südeuropa. ↕ 8 cm. Z5

P. anserina (Gänse-Fingerkraut) Niedrige Art mit weichen, gefiederten, unterseits silbrigen, bis zu 20 cm langen Blättern. Breitet sich schnell durch Ausläufer aus. Im Sommer erscheinen kleine gelbe Blüten. Die Pflanze wird oft eher als wucherndes Unkraut denn als Zierpflanze betrachtet, in Wiesen an vollsonnigen Standorten kann sie jedoch recht attraktiv wirken. Zudem gibt es panaschierte Formen, die manche Pflanzenfreunde sehr schätzen. In ganz Europa verbreitet. ↕ 8 cm. Z5 **'Golden Treasure'** Zarte, panaschierte Auslese mit goldgelb gezeichneten Blättern. Verlangt volle Sonne und durchlässige Böden.

P. 'Arc-en-ciel' Große, dekorative, gefüllte, gelborange, 4 cm breite Blüten an übergeneigten Stängeln. Blüht von April bis in den Spätsommer hinein. ↕ 30 cm. Z5

P. argentea (Silber-Fingerkraut) Kleine, dunkelgrüne, handförmig geteilte, gezähnte, unterseits silbrige Blätter mit 2,5 cm Durchmesser an leicht übergeneigten Stängeln. Kleine gelbe Blüten öffnen sich im Frühsommer. Eher als Wildkraut anzusehen, kann aber in naturnahen Bereichen eine schöne Wirkung entfalten. Herkunft: trockene Felder und Straßenränder in Europa und Asien. ↕ 50 cm. Z4

P. atrosanguinea Weiche, dunkelgrüne, gezähnte, lang gestielte Blätter aus 3 Blättchen, unterseits behaart und silbrig. Im Sommer öffnen sich an aufrechten, schmalen Stängeln kleine Büschel aus tiefroten, mitunter orangeroten, 3 cm großen Blüten. Wird am besten an kühlen, hellen Standorten kultiviert. Aus Gebüsch in Gebirgen zwischen Sikkim und Afghanistan. ↕ 45–90 cm. Z5 **var. argyrophylla** Orangegelbe Blüten. Aus dem östlichen Himalaja.

P. 'Blazeaway' Große, gelborange, orangerot getönte und gefleckte Blüten an schlanken Stängeln über leicht silbrigem Laub. Blütezeit Sommer. Ausgezeichnete Rabattenpflanze. 1971 von Alan Bloom eingeführt. Wird manchmal (falsch) 'Blaze Away' geschrieben. ↕ 30 cm. Z5

P. calabra Geteilte Blätter aus 2 oder 3 oberseits graugrünen oder silbrigen und unterseits silbrigen Blättchen an übergeneigten Stängeln. Im Frühsommer öffnen sich kleine gelbe Blüten. Braucht Sonne und durchlässige Böden. Ähnelt *P. argentea*, hat aber kleinere, schmalere, silbrige Blätter. Aus Sizilien. ↕ 30 cm. Z6

P. 'Emilie' Gefüllte, dunkel-kastanienrote, 3 cm breite, schalenförmige, gelb gerandete und gefleckte Blüten an verzweigten Stängeln über meist gelapptem, erdbeerähnlichem Laub. Lange Blütezeit im Sommer. ↕ 40 cm. Z5

P. erecta (Aufrechtes Fingerkraut) Niedrige Rosetten aus dunkelgrünen, unterseits silbrigen Blättern mit 3–4 etwa 2 cm langen Blättchen. Kleine, 4-zählige, gelbe, etwa 1 cm breite Blüten an schmalen Stängeln. Blütezeit Sommer. Keine sonderlich spektakuläre Art, aber in naturnahen Gärten zusammen mit

RECHTS 1 *Potentilla* 'Gibson's Scarlet'
2 *P. nepalensis* 'Miss Willmott' 3 *P. recta*
'Warrenii' 4 *P.* 'William Rollison'

anderen Wildblumen recht brauchbar. Aus Europa. ‡50 cm. Z5

P. 'Etna' Silbriges Laub und halbgefüllte, 3 cm breite, satt-karminrote, gelb gerandete Blüten im Sommer. Gedeiht in sonnigen Rabatten und feuchter Erde. Eine Hybride von *P. atrosanguinea* und *P. nepalensis*. ‡5 cm. Z5

P. 'Flambeau' Wolken aus gefüllten, dunkelroten Blüten an hohen, schlanken Stängeln. Ungewöhnlich lange Blütezeit vom Frühjahr bis zum Spätsommer. Schöne Rabattenstaude. Eine Hybride von *P. atrosanguinea*. ‡90 cm. Z5

P. 'Flamenco' Horst bildende Sorte mit gelapptem, grünem Laub und ungefüllten, kräftig roten, 3 cm breiten Blüten, die vom Frühjahr bis in den Sommer hinein erscheinen. Hybride von *P. atrosanguinea* und *P. nepalensis*. ‡45 cm. Z5

P. 'Gibson's Scarlet' ♀ Schön geformte, Horst bildende Form. 3 cm breite, schalenförmige, halbgefüllte Blüten in strahlendem Hochrot und mit dunklerem Auge. Lange Blütezeit ab Frühsommer. Weiche, gelappte Blätter. Eine der besten rot blühenden Stauden. Eine Hybride von *P. atrosanguinea* und *P. nepalensis*. ‡45 cm. Z5

P. 'Gloire de Nancy' Leicht nickende, halbgefüllte, 3 cm große, rote und orangefarbene Blüten während des Sommers. Ideal für sonnige Rabatten. Eine Hybride von *P. atrosanguinea* und *P. nepalensis*. ‡45 cm. Z5

P. 'Helen Jane' Himbeerrosa, 3 cm breite Blüten mit dunkler kirschroter Mitte an kräftigen Stängeln über großem, behaartem Laub. Hybride von *P. nepalensis*. Wird oft aus Samen gezogen und kann daher variabel ausfallen. ‡45 cm. Z5

P. × hopwoodiana Kräftig grüne, handförmig geteilte Blätter und rosa, zur Basis hin dunklere, fast rote Blüten mit weißem Rand. Hinreißend schöne Hybride aus *P. nepalensis* und *P. recta*. Angeblich schon 1829 eingeführt. ‡40 cm. Z5

P. 'Jean Jabber' Graue, dem Laub von Erdbeeren ähnelnde, fein silbrig behaarte Blätter und gelblich orangefarbene Blüten mit roter Mitte. Bisweilen als *P. × hybrida* 'Jean Jabber' im Handel. ‡45–60 cm. Z5

P. megalantha ♀ Grüne, 8 cm lange, grundständige, unterseits behaarte, handförmig geteilte Blätter mit umgekehrt eiförmigen, gezähnten Blättchen. Radförmige, 4 cm breite, leuchtend gelbe Blüten an kompakten Pflanzen. Blütezeit Sommer. ‡30 cm. Z5

P. 'Melton Fire' Kompakte Sorte. Rosarote Blüten mit cremegelber Zeichnung und dunklerem Auge. Blüht außergewöhnlich lange vom späten Frühjahr bis Herbst. ‡30 cm. Z5

P. 'Monsieur Rouillard' Gefüllte oder halbgefüllte, sattrote, 3 cm breite Blüten

mit gelber Zeichnung. Blütezeit Sommer. ‡40 cm. Z5

P. nepalensis Behaarte, 10 cm lange, grundständige Blätter aus 5 ovalen, gezähnten Blättchen. Im Sommer öffnen sich an drahtigen, verzweigten, rötlichen Stängeln radförmige, rote, rosa oder orangefarbene, etwa 2 cm breite Blüten. Die Sorten werden alle aus Samen gezogen und können daher etwas variieren. Von Bergwiesen im westlichen Himalaja. ‡90 cm. Z5 **'Miss Willmott'** ♀ syn. *P. willmottiae* Kompakt. Kirschrosa Blüten mit dunklem Auge. Um 1920 eingeführt. Unter diesem Namen sind mehrere Sorten im Umlauf. ‡40 cm. **'Ron McBeath'** Sehr kompakt. Karminrote Blüten mit dunkler Mitte. Von Himachel Pradesh 1998 eingeführt. ‡30 cm. **'Roxana'** Auffallend kupferrosa Blüten mit roter Mitte. **'Shogran'** Sehr kompakte Sorte. Rosa Blüten mit dunklem Auge. Blütezeit Sommer. Am Berg Shogran in Pakistan entdeckt und 2000 eingeführt.

P. recta (Hohes Fingerkraut) Bildet Horste aus behaarten, 10 cm langen, 5- bis 7-zählig fingerförmig geteilten Blättern; Teilblättchen gezähnt. Den Sommer über öffnen sich an aufrechten Stängeln viele blasgelbe, 2,5 cm breite Blüten. In Europa und Asien weit verbreitet. ‡50 cm. Z4 **'Alba'** Weiße Blüten. **var. sulphurea** Sehr blassgelbe, bisweilen cremefarbene Blüten. **'Warrenii'** Kräftig goldgelbe Blüten.

P. rupestris (Felsen-Fingerkraut) Lockere, doppelt gezähnte, flaumig behaarte, gefiederte Blätter mit 5–9 Blättchen. Hübsche, reinweiße Blüten mit gelber Mitte. Blütezeit spätes Frühjahr. Die anspruchslose Art braucht lediglich einen sonnigen, durchlässigen Standort. Von Großbritannien bis in die Türkei und nach Sibirien weit verbreitete Art, die in Gebirgsregionen an Felshängen wächst. ‡40 cm. Z5

P. thurberi Dichte Horste aus 5- bis 7-fach fingerförmig geteiltem Laub, Blättchen zur Spitze hin breiter. Lockere Stände aus schalenförmigen, dunkelroten, 2 cm großen Blüten mit dunklerem Auge. Ideal für Rabatten mit feuchten, durchlässigen Böden. Herkunft: sonnige bis halbschattige Plätze in Nadelwäldern, feuchtes Grasland und Flussufer in Mexiko und den südlichen USA. ‡50 cm. Z5 **'Monarch's Velvet'** Größere, fast samtige, himbeerrote Blüten mit dunkelrotem Auge. Blüht den Sommer über sehr lange. Verlässlich, vielblütig, eine der besten Sorten überhaupt. ‡60–75 cm.

P. × tonguei ♀ Hervorragende, Horst bildende Staude mit niedrigen, übergeneigten Stängeln. Das weiche, sattgrüne Laub setzt sich aus 3–5 verkehrt eiförmigen Blättchen zusammen. Schalenförmige, zweifarbige Blüten: apricotfarben mit dunkelroter Mitte. Blüht den ganzen Sommer über, manchmal übermäßig wüchsig. Hybride von *P. anglica* und *P. nepalensis*. ‡15 cm. Z5

P. 'Volcan' Tiefrote, schalenförmige, 3–4 cm breite, halbgefüllte Blüten mit

dunklerer Mitte über mittelgrünen, gelappten Blättern. Blütezeit Sommer und Frühherbst. Gedeiht am besten in nährstoffreicher, durchlässiger Erde. Eine Hybride von *P. atrosanguinea*. ‡30 cm. Z5

P. 'White Queen' Ungewöhnliche Sorte mit großen, reinweißen, 5–6 cm breiten, in der Mitte gelben Blüten über erdbeerartigem Laub. Blütezeit Frühjahr und Frühsommer. Für sonnige Rabatten auf durchlässigen Böden. Eine Hybride von *P. recta*. Wird oft aus Samen gezogen, kann also variabel ausfallen. ‡50 cm. Z5

P. 'William Rollison' ♀ Über dem üblichen erdbeerartigem Laub erscheinen Stände aus halbgefüllten, ziegelorangeroten, 3 cm breiten, gelb überlaufenen Blüten mit gelber Rückseite und bisweilen leicht gedrehten Kronblättern. Wird mitunter fälschlich als 'William Robinson' bezeichnet. ‡45 cm. Z5

P. willmottiae siehe *P. nepalensis* 'Miss Willmott'

P. 'Yellow Queen' Verzweigte Pflanzen mit gefüllten, leuchtend reingelben Blüten, die den ganzen Sommer über erscheinen. Die beste gelb blühende Sorte. ‡45 cm. Z5

PRIMULA
Primel
PRIMULACEAE

Seit über fünf Jahrhunderten schätzt man die vielseitigen Primeln mit ihren in unzähligen Farben leuchtenden Blüten als Ziergewächse.

Über 430 Arten gehören der Gattung *Primula* an. Sie sind in überwiegend feuchten, gemäßigten oder alpinen Regionen der Nordhalbkugel heimisch. Lediglich zwei Arten kommen südlich des Äquators vor. Von den 250 im Lauf der Zeit kultivierten Arten sind heute noch etwa 130 gebräuchlich, von denen allerdings nur rund 30 (mitsamt ihren Hybriden) eine nennenswerte Rolle als Zierpflanzen spielen. Hier werden jene beschrieben, die als winterharte Stauden gelten. Nicht berücksichtigt sind die alpinen Arten.

Primeln werden während der Blüte zwischen wenigen Zentimetern und mehr als einem halben Meter hoch. Sie bilden alle eine grundständige Rosette aus ganzrandigen bis gelappten, oft behaarten Blättern. Die meist relativ großen, radiär-symmetrischen Blüten tragen 5 Kronzipfel, die zu einer Röhre verwachsen sind, und stehen entweder einzeln an Stielen, die der Basis entspringen, in einer Dolde über einem Schaft oder in mehreren Quirlen an einem unbeblätterten Schaft. Bisweilen erscheinen kleine, laubartige Hochblätter. Um eine Fremdbestäubung zu gewährleisten, haben die meisten Arten Blüten mit unterschiedlich langen Griffeln und Staubblättern: Es gibt »langgriffelige« oder »kurzgriffelige Blüten« (siehe Kasten). Viele Arten sind an den Knospen, Blattunterseiten oder Blütenständen mit sogenanntem Mehlstaub bedeckt. Andere produzieren das Protein Primin, auf das manche Menschen allergisch reagieren oder nach langem Kontakt eine Überempfindlichkeit entwickeln.

UNTERSCHIEDLICHE GRIFFELLÄNGE

90 Prozent aller *Primula*-Arten bilden »kurzgriffelige« oder »langgriffelige« Blüten aus, wobei an einer Pflanze nie beide Typen gleichzeitig vorkommen. Bei der langgriffeligen Blüte befindet sich die Narbe, das weibliche Organ, an der Öffnung der Röhre, während die Staubbeutel mit dem Pollen weiter unten in der Röhre sitzen. Bei den kurzgriffeligen Blüten stehen die Staubbeutel an der Öffnung, während die Narbe im Schlund verborgen ist. Dies gewährleistet, dass die Pflanzen nur von Pollen eines anderen Exemplars befruchtet werden und sich möglichst nicht selbst bestäuben. Bei einigen Arten, etwa *P. japonica* und den meisten Exemplaren von *P. chungensis* sowie *P. prolifera*, befinden sich Staubbeutel und Narbe zusammen im Schlund der Blüte. Sie sind deshalb selbstfertil.

LINKS 1 *Primula alpicola*
2 *P. auricula* 'Matthew Yates'
3 *P. bulleyana* subsp. *beesiana*

Die große Gattung wurde in knapp 40 Sektionen unterteilt, die hier nicht alle behandelt werden. In den Sektionen sind Arten zusammengefasst, die gewisse botanische Ähnlichkeiten aufweisen und im Garten oft ähnliche Kulturansprüche haben (siehe *Sektionen der Garten-Primeln*, S. 386). Die Sektion ist nach dem Namen der jeweiligen Primeln in Klammern angegeben.

KULTUR Die meisten Arten bevorzugen durchlässige, aber gut wasserspeichernde Böden mit hohem Anteil organischer Substanz, etwa mit gut verrottetem Laubhumus oder Komposterde und dazu einem Anteil Kies oder grobfaserigem Rindensubstrat. Vor allem die größeren Arten sind außerordentlich nährstoffbedürftig und zeigen sich dankbar für etwas in die Erde eingearbeiteten, gut verrotteten Dung. Im Sommer brauchen Primeln kühle, feuchte Bedingungen und Erde, die nicht austrocknet. Manche Arten gedeihen in nassen, sumpfigen Böden. Die meisten Primeln kommen mit leicht alkalischen Verhältnissen zurecht, doch stark kalkhaltige Böden weisen nicht mehr die geeigneten physikalischen Eigenschaften auf. In Gegenden mit heißen Sommern behagt Primeln ein Platz im leichten Schatten.

VERMEHRUNG Primeln vermehrt man am besten durch Aussaat. Ältere Exemplare sind sehr anfällig für einen Virusbefall. Die Viren werden leicht durch Blattläuse oder Kontakt mit infiziertem Material übertragen; sie breiten sich auch bei der Teilung oder über Stecklinge aus, während das Saatgut virusfrei bleibt. Leider fallen manche Primeln aus Samen nicht echt aus und andere setzen erst gar keinen Samen an wie z. B. gefüllte Formen. Selbst Primeln wie die Barnhaven-Auslesen, die ursprünglich durch Aussaat vermehrt wurden, sind in Gärten selten sortenecht. Dazu zählen 'Inverewe', 'Johanna' und fast alle Kissen-Primeln und Elatior-Hybriden (siehe *Sektionen der Garten-Primeln*) wie 'Guinevere' und 'Wanda', die ohnehin auf Fremdbestäubung spezialisiert sind (siehe *Unterschiedliche Griffellänge*, S. 385). Sie müssen geteilt werden, was meist im Herbst oder nach der Blüte ratsam ist. Manche Formen, die zwar gesund aussehen, sind mit allergrößter Wahrscheinlichkeit aber virusinfiziert. Die Art der Vermehrung wird im Folgenden immer angegeben.

PROBLEME Virusinfektionen, vor allem durch das Gurkenmosaikvirus stellen die gefährlichsten Primel-Krankheiten dar. Viren werden von Blattläusen oder über Werkzeug übertragen. Bei der Teilung erkennt man befallene Pflanzen an ihrem schwachen, verkrüppelten oder kümmerlichen Wuchs, der blassen Farbe sowie am stärker gezähnten und gefleckten Laub. So manche alte Sorte ist wohl deshalb verschwunden, weil Viren das Wachstum geschwächt haben.

Probleme können auch Blattläuse, Schmetterlingslarven, Asseln, Ohrwürmer, Schnecken und der Gefürchte Dickmaulrüssler verursachen. Bei einem Befall durch den Dickmaulrüssler welken die Pflanzen plötzlich zusammen. Im Boden sind gekrümmte, cremefarbene Larven mit orangefarbenem Kopf zu entdecken. Das Wurzelsystem ist abgetrennt oder fehlt völlig. Man kann den Schädling nachts mit Hilfe einer Taschenlampe absammeln, Insektizide streuen oder parasitäre Fadenwürmer ausbringen.

P. **'Alan Robb'** (Primula, Ac) Wüchsige Kissen-Primel mit bronzebraun getöntem Laub und blass-lachsorangefarbenen, gefüllte Blüten. Ein Sämling der gefüllten Barnhaven-Primeln. (siehe *Die Barnhaven-Story*, S. 392). Teilung. ↕15 cm. Z4

P. alpicola (Sikkimenses) An schmalen, weißlichen Stielen erscheinen im Mai sommergrüne, ovale, bis 40 cm lange, oft aber kürzere Blätter mit rundlichem Blattgrund und dicht runzliger Oberfläche, oft mit olivgrüner Färbung. Im Juni öffnen sich 3–15 duftende, blassgelbe, trichterförmige Blüten in Dolden. Kelch und Blütenkrone sind stark behaart. Ideal für kühle, feuchte Böden an geschützten Standorten; schön zwischen Rhododendren. Wird am besten alle drei bis vier Jahre ersetzt. Teilung oder Aussaat. Herkunft: Fluss- auen und Alpenwiesen in Südost-Tibet. ↕20–30 cm. Z4 **var. *alba*** Blüten elfenbeinweiß. **var. *luna*** Falscher Name für *P. alpicola*. **var. *violacea*** Blüten dunkelviolett bis mitternachtsblau.

P. anisodora siehe *P. wilsonii* var. *anisodora*

P. auricula ♀ (Auricula) (Alpen-Aurikel) Ausladende Rosetten aus glatten, rundlichen, immergrünen, oft bemehlten, bis 12 cm langen, meist aber kleineren Blättern an einem verdickten Spross. Ledrige, manchmal bestäubte oder grüne, glatte Blätter mit knorpeligem, gezähntem Rand. Im April und Mai erscheinen 2–20 weit trichterförmige, gold- bis blassgelbe Blüten, meist mit klar abgegrenztem, mehlig weißem Auge an kräftigen, grünen bis weißen Schäften. Exemplare mit Blüten in anderen Farben und auch einige gelbe Varianten sind Hybriden mit *P. hirsuta* und sind streng genommen der Garten-Aurikel (*P. × pubescens*) zuzurechnen (siehe *Die Aurikeln*). Man kultiviert sie am besten auf schweren Böden. Sie vertragen weder Staunässe noch Trockenheit und stehen besser geschützt vor praller Mittagssonne. Vermehrung durch Teilung oder Aussaat; hochwertige Formen werden ausschließlich durch Teilung nach der Blüte vermehrt. Manche Sorten sind sehr langlebig und scheinen kaum anfällig für Virosen zu sein. Wächst in Spalten auf Kalkklippen und Felsen, meist oberhalb von 1500 m. Aus den Alpen, dem Jura, dem Apennin und den Karpaten. ↕10–20 cm. Z3

'Blue Velvet' Große Blüten in lebhaftem Blauviolett. **'Broadwell Gold'** Große, leuchtend gelbe, mehlig bestäubte Blüten mit weißem Auge. **'Crimson Velvet'** Rundliche Köpfe aus tief-karminroten Blüten mit cremefarbenem Auge. **'Dales Red'** Dunkelrote, violett überlaufene Blüten mit breiter, cremefarbener Mitte. Wüchsig. **'Dusty Miller'** Laub, Schäfte und Kelche stark mehlig bestäubt. Blüten stumpf violett, mit großem weißem Auge. Siehe auch 'Old Red Dusty Miller' und 'Old Yellow Dusty Miller'. **'Matthew Yates'** Gefüllte, sehr dunkelweinrote Blüten, die je nach Lichteinfall fast schwarz wirken. **'MacWatt's Blue'** Süß duftende, tief-königsblaue Blüten mit mehligem weißem Auge und weißmehligen Blättern. Ziemlich weich. **'Old Red Dusty Miller'** Tief-braunrote Blüten mit weißem mehligem Auge und stark mehlig bestäubten Blättern. Unter dieser Bezeichnung werden mehrere Formen kultiviert. **'Old Yellow Dusty Miller'** Bronzebraun-gelb, mit sehr stark bemehltem Laub. Mehrere Formen laufen unter diesem Namen. **'Osbourne Green'** Goldgelbe Sorte mit violetten, grün gerandeten Blüten mit großer weißer Mitte und recht stark bemehlten Blättern. **'Red Gauntlet'** Recht wüchsig, mit ungefüllten Blüten in schönem Kirsch- bis Scharlachrot. Eine der besten Formen. **'Trouble'** Leicht mehliges Laub. Gefüllte Blüten in hell-milchkaffeebrauner Farbe.

P. 'Barbara Midwinter' (Sredinskya × Primula) Kleine, rundliche, immergrüne Blätter an langen, schmalen, rosa Stielen. Dolden aus rosa, langgriffeligen Blüten an 10 cm hohen Schäften. Eine Hybride von 'John Fielding' und *P. juliae*. Braucht feuchte, geschützte, schattige Standorte. Teilung. ↕ 12 cm. Z8

P. Barnhaven-Blues-Gruppe (Primula, Ac) Wüchsige Kissen-Primel mit relativ stumpfer Blattfärbung. Blüten in verschiedenen Blautönen, Auge gelb. Für kühle, feuchte Standorte im Halbschatten. (siehe *Die Barnhaven-Story*, S.392). Teilung. ↕ 15 cm. Z4

P. beesiana siehe *P. bulleyana* subsp. *beesiana*

P. 'Blue Riband' (Primula, Ac) Relativ kleine Kissen-Primel mit kurzgriffeliger,

mittelblauer Blüte, Schlund mit rotem Ring; rote Schäfte. Gedeiht an allen kühlen, feuchten, halbschattigen Plätzen in guten Böden. Teilung. ↕ 10 cm. Z4

P. 'Blue Sapphire' (Primula, Ac) Kissen-Primel mit blassblauen, gefüllten Blüten für kühle, feuchte, halbschattige Standorte in guter Erde. Teilung. ↕ 15 cm. Z4

P. × bulleesiana (Proliferae) Hybriden aus der gelb blühenden Art *P. bulleyana* und deren Unterart subsp. *beesiana* mit violetten Blüten. Bringt Blüten in den verschiedensten Farben von Orange und Lachsfarben über Rosa und Karminrot bis zu Violett, unterscheidet sich ansonsten aber nicht von den Elternpflanzen. In freier Natur trifft man Gruppen aus sehr ähnlichen Pflanzen an. Exemplare dieser Farbpalette werden oft als 'Harlow Carr', 'Hidcote' oder 'Inshriach' verkauft; wenn sie fertil sind, stammen sie nur von den genannten Eltern ab. Einige der ähnlichen Hybriden, an denen auch *P.- pulverulenta*-Formen wie 'Rowallane Rose' beteiligt sind, haben ein dunkles (kein gelbes Auge) und sind meist steril; sie werden durch Teilung vermehrt. ↕ 20–40 cm. Z6

P. bulleyana ♀ (Proliferae) (Bulleys Etagen-Primel) Laubaustrieb im Mai. Ausladende, grasgrüne, fein gerunzelte, zur Basis hin immer schmaler werdende Blätter mit fein gezähntem Rand und rosaroter Mittelrippe. Die Blüten erscheinen relativ spät im Juni an einem relativ kräftigen, bemehlten Schaft. Sie stehen in 2–5 Quirlen aus 3–6 Blüten, die sich aus roten Knospen entfalten. Die vorherrschende Blütenfarbe ist Goldorange, doch reicht das Spektrum von Gelb bis Violett, das Auge ist gelb. Kultur an offenen, halbschattigen, geschützten Standorten in humoser Erde, die nicht austrocknen darf, am besten am Wasserrand. Vermehrung durch Teilung und Aussaat; die Art sät sich leicht selbst aus und verwildert auch. Große Horste können während des Wachstums zu jeder Zeit geteilt werden; ausgenommen bei starker Hitze. Wächst auf Feuchtwiesen in Nordwest-Yunnan bis Südwest-Sichuan (China). ↕ 20–40 cm. Z6 **subsp. *beesiana*** syn. *P. beesiana* Violette Blüten mit gelbem Auge. Wird mitunter als eigene Art *P. beesiana* betrachtet.

EIN UNERWARTETER AUFTRITT

PRIMELN BRINGT MAN gern mit Wald- und Heckensäumen in Verbindung. Hier aber handelt es sich um eine sonnige, feuchte Rabatte. Im Frühjahr flammt unmittelbar neben einer hellgelben Kissen-Primel die Sumpf-Schwertlilie (*Iris pseudacorus*) auf, deren gelbe Schwerter bestens zu den Primelblüten passen. In diesem frühen Stadium sind die reizenden gelben Blüten noch gut sichtbar. Bald wird das Irislaub einen dichteren Wall bilden und mit seinen ausgeprägten Streifen und prachtvollen Blüten die Aufmerksamkeit auf sich ziehen. Dennoch hat die Primel nicht das Nachsehen, denn nun verschafft ihr die elegante Nachbarin den willkommenen Schatten.

P. burmanica (Proliferae) Sommergrün. Laubaustrieb im Mai, Blüte im Juni. Ausladende, dunkelgrüne, fein gerunzelte und gezähnte Blätter mit rosaroter Mittelrippe; Spreite am Ende rundlich, zum Ansatz hin verschmälert. Blüten an relativ kräftigen Schäften ohne mehligen Überzug; 2–5 Quirle aus 3–6 Blüten mit grünlich orangefarbenem Auge. Für offene oder halbschattige, humose, geschützte Standorte, die nicht austrocknen, schön am Teich- oder Bachufer. Wird am besten durch Aussaat vermehrt, falls die Pflanzen von anderen Arten abgesondert sind – ansonsten entstehen Hybriden (die allerdings recht ansehnlich sind!). Durch Teilung vermehrte Exemplare können Virosen in sich tragen. Herkunft: Feuchtwiesen und Waldlichtungen in etwa 3000 m Höhe zu beiden Seiten der Grenze zwischen Myanmar und der Provinz Yunnan in China. ↕ 20–40 cm. Z6

P. Candelabra-Hybriden (Proliferae) Landläufige Bezeichnung für verschiedene Rassen der Sektion *Proliferae*, als Eltern kommen *P. bulleyana*, *P. cockburniana*, *P. japonica* und *P. pulverulenta*

in Frage; meist handelt es sich korrekt um *P. × bullesiana*. Sie zeigen eine breite Palette unvorhersehbarer Farben. ↕ 20–40 cm. Z6

P. capitata (Capitatae) Sehr variable, kurzlebige, mitunter nur zweijährige, immergrüne Art mit flach ausgebreiteten oder leicht aufsteigenden, länglichen, mittelgrünen Blättern mit stark gerunzelter Spreite und kleinen, unregelmäßigen, aber dichten, scharfen Zähnen. Unterseite gelegentlich stark mehlig. Die bisweilen ebenfalls mehligen Schäfte tragen einen kopfigen Stand aus relativ kleinen, ungestielten, violetten, gelegentlich bemehlten Blüten. Die mittleren Blüten sind steril und kleiner und öffnen sich nicht, sodass die kompakte Dolde eher flach als rundlich ist. Blüht im Zeitraum zwischen Mai und September. Lässt sich unter kühlen, hellen Bedingungen bei angemessener Dränage in dauerhaft frischen Böden problemlos kultivieren. Wird am besten als zweijährige behandelt und jedes Jahr im Winter frisch aus Samen gezogen. Herkunft: durchlässige, aber feuchte und offene Stellen, meist oberhalb der Baumgrenze, im Himalaja und in China von Ostnepal bis Südsichuan. ↕ 10–25 cm. Z6 **subsp. mooreana** Robust, etwas bemehlt, mit einem Ring großer Hochblätter unterhalb des Blütenstands. Blüht sehr spät– meist erst im September.

P. 'Captain Blood' (Primula, Ac) Wüchsige Kissen-Primel mit blutroten, gefüllten Blüten. Auslese aus den gefüllten Barnhaven-Primeln. Für kühlfeuchte Plätze im Halbschatten. Teilung. ↕ 15 cm. Z4

P. Chartreuse-Gruppe (Primula, El) Robuster Elatior-Typ mit mittelgrünen Blättern. Cremefarbene Blüten mit grünem Auge, blassgrün oder weiß bereift. Gedeiht in allen guten Böden, die nicht austrocknen. Barnhaven-Sämling (siehe Kasten S. 392). Teilung. ↕ 20 cm. Z6

P. chionantha ♀ (Crystallophlomis) Kräftige Stöcke mit aufrechten, sommergrünen, speerförmigen, glatten, relativ fleischigen, ungezähnten Blättern mit weißem oder gelbem, mehligem, vor allem an der Unterseite ausgeprägtem Überzug. Ende April und im Mai erscheinen aufrechte Schäfte mit 1–3 Quirlen aus 3–5 2 cm großen, flachen, weißen Blüten, die gelegentlich einen dunkleren Schlund haben; sie sitzen an bemehlten, kräftigen Stielen. Lässt sich als einzige der 30 Arten aus der Sektion *Crystallophlomis* recht unproblematisch kultivieren, gibt sich mit nährstoffreichen, kühlen, humosen, sehr feuchten, aber nicht staunassen Böden zufrieden. Teilung oder Aussaat. Die langlebige Art sät sich, in Gruppen gezogen, selbst aus. Herkunft: Feuchtwiesen und Flussufer, überwiegend oberhalb der Baumgrenze, in Westchina. ↕ 15–30 cm. Z5 **subsp. sinopurpurea** Violette Blüten. In Gärten werden die beiden oft zusammen gepflanzt; zudem erscheinen aus derselben Samenportion oft beide Farben.

P. chungensis (Proliferae) Relativ kurzlebig. Ausladende, sommergrüne, blasse, leicht gelblich grüne, am Ende abgerundete, zum Ansatz hin verschmälerte Blätter mit grünlich weißer, an der Basis rosa Mittelrippe und fein gezähntem Rand. Ende Mai erscheinen an aufrechten, schlanken, bemehlten Schäften 3–6 Quirle mit 2–5 hellroten Knospen; daraus entwickeln sich etwa 1,5–2 cm große flache Blüten in Goldorange. Wird oft mit der Art *P. bulleyana* verwechselt, blüht aber früher, ist feingliedriger und hat eine nicht vollständig rosa gefärbte Mittelrippe. Braucht mehr Schutz und Halbschatten als andere Etagen-Primeln, verwildert aber unter geeigneten Bedingungen in humoser, sehr feuchter, jedoch nicht staunasser Erde. Vermehrung durch Aussaat. Die Art ist in der Regel selbstfertil, wächst aber kräftiger, wenn sie in Gruppen gezogen wird, und sät sich bereitwillig selbst aus. Stammt aus nassen Nadelwäldern in Südost-Tibet (Xijang), Indien (Arunchal Pradesh) und Burma sowie den Provinzen Sichuan und Yunnan in China. ↕ 30–45 cm. Z6

P. cockburniana (Proliferae) Zarte, sommergrüne, kurzlebige Staude oder Zweijährige. Grundständige, längliche,

blassgrüne, fein gezähnte Blätter mit weißer Mittelrippe, weißem Stiel und fein gerunzelter Spreite. 1–3 Quirle aus 2–5 Blüten an einem schlanken, silbrigen, bemehlten Schaft. Flache, 1,5–2 cm breite, feurig orangerote Blüten; jede sitzt in einem kurzen, becherförmigen, silbrigen Kelch, so entsteht eine ansprechende Farbkombination aus Silber und Rot. Eine gelbblütige Form ist ebenfalls bekannt. Die Art gedeiht in allen kühlen, gleichbleibend feuchten Lagen mit ausreichend Licht, ist aber recht klein und wird daher leicht von größeren Nachbarn bedrängt. Vermehrung durch Aussaat. *P. cockburniana* ist zwar stets selbstfertil, wird aber am besten in Gruppen kultiviert, sodass es zu einer Fremdbestäubung kommt. Man sät sie am besten jedes Jahr neu aus. Herkunft: Feuchtwiesen in Südwest-Sichuan (Westchina). ↕ 20–40 cm. Z6

P. 'Corporal Baxter' (Primula, Ac) Kissen-Primel mit hochroten, gefüllten Blüten. Nicht sehr wüchsig, besticht aber durch ihre brillante Farbe. Für kühle, feuchte Standorte mit guten Böden im Halbschatten. Teilung. ↕ 15 cm. Z4

P. cortusoides (Cortusoides) Weiche, mittelgrüne, flach gelappte, schmal ovale, sommergrüne Blätter mit dünnem, behaartem Stiel. Im Mai erscheinen kurz nach dem Austrieb an den Schäften 1–3 Dolden aus 5–8 1,8 cm breiten, eher trichterförmigen, rosavioletten Blüten, die bisweilen ein orangefarbenes Auge zeigen. Ähnelt der Art *P. polyneura*, die jedoch eine dreieckige Blattspreite hat. Ist in Laubhumusböden im Halbschatten recht langlebig. Vermehrung durch Aussaat, da nicht einfach zu teilen. Wächst auf beschatteten Felshängen und auf Lichtungen in Nadelwäldern von der europäischen Seite des Urals ostwärts bis Nordchina, Mandschurei und Nordkorea. ↕ 20–30 cm. Z5

P. Cowichan-Serie (Primula, El) Hübsche Schlüsselblumen mit großen flachen Blüten ohne Auge. Einzelne Sorten mit kräftiger, einheitlicher Färbung. Meist bronzebraun getöntes Laub. Die Färbung variiert bis zu einem gewissen Grad innerhalb der vielen Gruppen. Gedeiht in allen guten Böden, die nicht austrocknen, am besten aber im Halbschatten. Teilung. ↕ 20 cm. Z6 **Amethyst-Gruppe** Überwiegend violettblaue Blüten und dunkles, bleigraugrünes Laub. **Garnet-Gruppe** Laub mit bräunlichem Ton. Vorwiegend Rubintöne. **Venetian-Gruppe** Hauptsächlich rosarot, oft mit dunkler Mitte.

P. Crescendo-Serie (Primula, El) Abkömmling von *P. elatior* mit großen Blumen in vielen kräftigen Farben (Pink, Blauviolett, Goldgelb, Hochrot, Primelgelb, Rosa, Weinrot, Weiß), stets mit großem, gelbem oder rötlichem Auge mit zackiger Kontur. Blüht sehr reich von April bis Juni. Aussaat.

RECHTS 1 *Primula* Cowichan-Serie **2** *P. denticulata* var. *alba* **3** *P. florindae* **4** *P.* 'Guinevere' **5** *P.* Gold-laced-Gruppe

Vollständig winterharte und treu vererbende Serie von Benary. Im Winter eingefrorene Pflanzen vor direkter Sonneneinstrahlung schützen. ↕ 18 cm. Z6

P. 'David Valentine' (Primula, El) Einseitswendige Dolden aus relativ stark hängenden, leicht trichterförmigen, sterilen, violetten, 2 cm großen, ungefüllten Blüten an aufrechten Schäften. Wirkt wie eine wüchsige Ausgabe von *P. elatior* subsp. *amoena.* Gedeiht an allen kühlen, feuchten Standorten im Halbschatten. Teilung. ↕ 15 cm. Z5

P. 'Dawn Ansell' (Primula, Ac) Kissen-Primel mit schön geformten, weißen, gefüllten Blüten über einem vergrößerten grünen Kelch. Ideal für kühlfeuchte Plätze im Halbschatten. Teilung. ↕ 15 cm. Z4

P. denticulata ♀ (Kugel-Primel) Sommergrüne, raue, ledrige, oberseits dunkelgrüne, unterseits hellere, breit bandförmige Blätter mit regelmäßigen kurzen Zähnen. Die ungestielten Blüten öffnen sich im März mit dem Austrieb und sind meist blaulila gefärbt. Sie stehen in rundlichen Köpfen, die anfangs in der sich entfaltenden Rosette eingebettet sind, sich aber später mit dem kräftigen, bemehlten Schaft nach oben schieben. Sehr anspruchslos und in kühleren, feuchteren Gegenden oft übermäßig wüchsig. Gedeiht in allen schweren, feuchten Böden. Vermehrung durch Teilung oder Aussaat. Vorsicht: Durch Selbstaussaat entstandene Sämlinge können minderwertig sein. Gute Formen teilen. Viele Sorten werden aus Samen gezogen und können daher variable Färbung aufweisen. Herkunft: Feuchtwiesen im gesamten Himalaja und in Westchina. ↕ 30–40 cm. Z4 **var.** *alba* syn. 'Snowball' Weiße Blüten. **'Blaue Auslese'** Dunkelblau. **'Glenroy Crimson'** Tiefrote Blüten. **'Karryann'** Blätter cremefarben gerandet. Violette Blüten. Vermehrung nur durch Teilung. **'Robinson's Red'** Zwergig. Leuchtend rot; die vielleicht beste rote Form, aber selten. ↕ 20 cm. **'Ronsdorfer Hybriden'** Dichte Blütenstände in Weiß, Dunkellilarosa und Blaulila. **'Rubinball'** Blüten rosa bis rot. **'Rubin'** Rote, bisweilen rubinrote Blüten. **'Rubin Auslese'** Karminrote Blüten, oft in dichten Ständen. **'Snowball'** siehe var. *alba.*

P. 'Duckyls Red' (Primula, El) Vegetativ vermehrter Elatior-Typ mit samtigen, tiefroten Blüten ohne Auge und bronzefarben getönten Blättern. Braucht kühle Standorte und gute Böden. Teilung. ↕ 20 cm. Z6

P. elatior ♀ (Primula) (Hohe Schlüsselblume) Immergrüne, mitunter im Sommer in eine Ruheperiode tretende Staude, die vollständig mit weichen kurzen Haaren bedeckt ist. Die runzligen, verkehrt eiförmigen, leicht graugrünen, fast ungezähnten Blätter ähneln denen von Kissen-Primeln, sie verengen sich am Grund jedoch plötzlich in den schmalen Stiel. Der Schaft trägt einseitswendige Dolden aus leicht hängenden, annähernd trichterförmigen, 2 cm großen Blüten in Hellgelb, selten auch Violett. Blütezeit Ende März und April. Auffallend lange Samenstände. Gedeiht in offenen

Lagen aller Art; sät sich mitunter selbst aus und verwildert. Gute Exemplare am besten teilen. Pflanzung in Gruppen fördert Selbstaussaat, kann aber auch zu unerwünschter Hybridbildung führen. Aus dichten, feuchten Wäldern in Süd-, West- und Mitteleuropa. ↕ 15–25 cm. Z5 **subsp.** *amoena* syn. subsp. *meyeri* Hübsche violette Blüten. Aus dem Kaukasus und der Nordost-Türkei.

P. 'Elizabeth Killelay' (Primula, El) Exquisiter, gefüllter Elatior-Typ. Dunkel-rotbraune Blütenblätter mit goldgelbem Rand und gelbem Auge. Für kühle, feuchte Standorte im Halbschatten. Braucht gute Böden. Teilung. ↕ 15–25 cm. Z5

P. 'Eugenie' (Primula, Ac) Kissen-Primel mit blauen, gefüllten Blüten und dunkelgrünem Laub. Für kühle, feuchte Plätze im Halbschatten mit guten Böden. Teilung. ↕ 15 cm. Z4

P. florindae ♀ (Sikkimenses) (Tibet-Primel) Die größte aller Arten. Sommergrüne, langlebige, bisweilen arg wüchsige Staude. Aufrechte, stumpfgrüne, ledrige, an der Basis herzförmige Blätter an langen, schmalen, rötlichen Stielen; rundliche, bis 20 cm lange Spreite mit kurz gezähntem Rand. Die einzelnen Schäfte tragen eine einzige Dolde aus bis zu 80 nickenden, blassgelben Blüten mit bemehlten Stielen. Blütezeit Juni bis August. Bei den orange-, rot- und violettblütigen Formen, die unter diesem Namen kultiviert werden, handelt es sich um Hybriden. In nährstoffreichen, nie austrocknenden Böden wüchsig und langlebig. Verträgt sogar reichlich Wasser, vor allem im Winter. Vermehrung durch Aussaat unproblematisch. Samen bleiben jahrelang keimfähig. Sät sich unter günstigen Bedingungen oft selbst stark aus. Welke Blüten müssen sogleich entfernt werden. Es sind einige Farbsorten erhältlich. In Schottland eingebürgert. Kommt nur in einigen wenigen hoch gelegenen Flussauen in relativ trockenen Gegenden von Südost-Tibet (Xijang) vor. ↕ 35 cm–100 cm. Z3 **Primula-Hybriden** Orangefarbene und scharlachrote Blüten. Ursprünglich durch Kreuzung von *P. alpicola* var. *violacea* und möglicherweise *P. waltonii* sowie *P. ioessa* entstanden, mittlerweile aber mit Ausnahme der Farbe nicht mehr von *P. florindae* zu unterscheiden. **'Ray's Ruby'** Tief-rubinrot, seltener tiefrosa bis violett.

P. 'Freckles' (Primula, Ac) Kissen-Primel mit dunkelroten, gefüllten, weiß gefleckten Blüten über dunkelgrünem Laub. Für kühle, feuchte, halbschattige Plätze mit gutem Boden. Teilung. ↕ 15 cm. Z4

P. 'Garryarde Guinevere' siehe *P.* 'Guinevere'

P. 'Gigha'. syn. *P.* 'Winter White' (Primula, Ac) Sehr früh blühende Kissen-Primel mit weißen, in der Mitte goldgelben Blüten und blassgrünen Blättern. Vermutlich von einer aus dem östlichen Mittelmeerraum stammenden Form von *P. vulgaris* subsp. *sibthorpii* abgeleitet, auf Gigha entdeckt, einer Insel der Inneren Hebriden vor Schottland. Für geschützte, halbschattige

Standorte mit humosem Boden. Leidet bei rauer Witterung. Teilung. ↕ 15 cm. Z4

P. Gold-laced-Gruppe (Primula, El) Relativ kleinblütige, langstielige Elatior-Typen mit dunkelroten bis tief-schokoladebraunen Blüten und goldgelb gerandeten Blütenblättern. Gelegentlich sind polsterartige Formen anzutreffen. Für alle kühlen, feuchten, halbschattigen Standorte mit guten Böden. Vermehrung durch Teilung; Sämlinge fallen selten echt aus Samen aus, sofern sie nicht von Hand bestäubt wurden. ↕ 25 cm. Z5 **Barnhaven** Die meisten moderneren, goldgelb gerandeten *Polyantha*-Formen stammen aus Barnhaven. **Beeches-Strain** Wüchsig, mit schönen Blütenformen und satten Farben. **Victoriana-Serie** Goldgelb gerandete Formen in drei Rottönen und eine karminrote Form mit silbrigem Rand.

P. 'Guinevere' ♀ syn. *P.* 'Garryarde Guinevere' (Primula, El) Klassischer Elatior-Typ, der oft als 'Garryarde Guinevere' bezeichnet wird. Dunkle, rötlich goldbraune Blätter und blass-lilarosa Blüten in ansprechenden, ungewöhnlichen Kombinationen. Eine von mehreren in Irland gezüchteten Hybriden, die möglicherweise auf *P. juliae* zurückgehen. Für kühle, feuchte, halbschattige Standorte. Wird seit über 100 Jahren durch Teilung vermehrt und ist trotzdem unerwartet gesund geblieben. ↕ 15 cm. Z4

P. Harlow Carr-Hybriden (Proliferae) Formen mit etagenartigen Blütenständen in den verschiedensten Farben, meist von *P. × bullesiana* abgeleitet. Teilung oder Aussaat. ↕ 20–40 cm. Z6

P. Harvest Yellows-Gruppe (Primula, El) Robuster, stark duftender Elatior-Typ in Farben von Elfenbeinweiß über Gelb bis Orange. Robustes, mittelgrünes Laub. Aus Gertrude Jekylls Munstead-Linie entwickelt. Gedeiht in allen guten, feuchten Böden. Aus Barnhaven. Teilung. ↕ 20 cm. Z6

P. Hose-in-Hose-Formen (Primula) Ursprünglich eine gelbe Kissenprimel, deren Kelch dieselbe Form und Farbe wie die Kronblätter angenommen hat. So sieht es aus, als säße eine Blüte in der anderen. Derartige Blütenformen treten bei *P. vulgaris* auf und ebenso bei *P. × polyanthus*, *P. × pruhoniciana* und anderen Hybriden (siehe *Ungewöhnliche Blütenformen*, S.390, und *P.* You-and-Me-Serie). Für gepflegte, feuchte Böden an halbschattigen Plätzen. Vermehrung durch Teilung nach der Blüte, da nicht samenecht. ↕ 15 cm. Z4

P. Inshriach-Hybriden (Proliferae) Etagen-Primeln in den verschiedensten Farben, vorwiegend basierend auf *P. × bullesiana*. Teilung oder Aussaat. ↕ 20–40 cm. Z6

P. 'Inverewe' ♀ syn. *P.* 'Ravenglass Vermilion' (Proliferae) Sommergrüne Etagen-Primel mit relativ großen, sterilen, bis 2,5 cm breiten Blüten in intensivem Rotorange. 3–6 Blütenquirle an silbrig

RECHTS *Primula* 'Inverewe'

bemehlten Schäften. Blütezeit Anfang Juni. Die Blüten haben die gleiche Färbung wie *P. cockburniana*, 'Inverewe' aber ist eine wesentlich größere und robustere Form. Sie entstand vermutlich durch Kreuzung von *P. × bullesiana* und *P. cockburniana*. In kühlen, nährstoffreichen, gleich bleibend feuchten Böden sehr wüchsig. Völlig steril, lässt sich aber gut durch Teilung, am besten nach der Blüte, vermehren. ↕ 30–40 cm. Z6

P. ioessa (Sikkimenses) Sommergrünes, relativ glattes, ausladendes, längliches Laub, das zum geflügelten Stiel hin immer schmaler wird. Leicht bläulich stumpfgrün, mit weißer Mittelrippe und regelmäßigen, abgerundeten Zähnen. Im Juni öffnen sich an den Schäften einzelne, einseitswendige Köpfe aus 4–12 hängenden, Kuhglocken ähnlichen, lilablauen, rosa oder cremeweißen Blüten mit bestäubter Oberseite. Braucht kühle, feuchte, aber durchlässige Böden und geschützte Standorte. Die Ruhephase dauert bis Ende Mai, daher ist der Standort mit Bedacht zu wählen. Herkunft: Bergwiesen in Südost-Tibet, Bhutan und Ostnepal. ↕ 20–30 cm. Z6

P. 'Iris Mainwaring' (Primula, Ac) Schöne Miniatur- Primel mit bläulich rosa ungefüllten Blüten. Für gute, feuchte Böden im Halbschatten. Wird leicht von wüchsigeren Nachbarn verdrängt. Teilung nach der Blüte. ↕ 10 cm. Z4

P. Jack-in-the-Green (Primula) Ursprünglich eine gelbe Kissen-Primel mit vergrößertem grünem Kelch (daher der Name). Diese Erscheinungsform tritt häufig bei Sorten von *P. vulgaris* auf, mittlerweile auch bei *P. × polyanthus*, *P. × pruhoniciana* und anderen Hybriden (siehe *Ungewöhnliche Blütenformen*,

OBEN *Primula japonica* 'Miller's Crimson'

S. 390, und *P.* 'Dawn Ansell'). In gute, feuchte Böden möglichst im Halbschatten pflanzen. Teilung. ↕ 15 cm. Z4

P. japonica (Proliferae) (Japanische Etagen-Primel) Sommergrüne, unbemehlte, unregelmäßig gesägte, runzlige, eiförmige, nahezu ausgestreckte Blätter mit rötlichem Stiel und relativ blasser Grüngelb-Färbung. Aufrechte Schäfte mit 3–6 Quirlen aus 4–6 flachen, etwa 2 cm breiten Blüten in Weiß, Rosa oder Rot, gelegentlich mit orangefarbenem Auge. Blütezeit Ende Mai. Die meisten anderen Etagen-Primeln mit runzligen Blättern haben einen mehligen Überzug. Gedeiht problemlos in feuchten, nährstoffreichen Böden und kann sogar wuchern und verwildern, ist in der Regel aber nicht sonderlich langlebig. Samen von in Gruppen stehenden Exemplaren bringen in der Regel kräftigere Nachkommen als solche von isolierten Pflanzen. Sät sich oft selbst aus. Sind reine Farben gewünscht, sollte man die unterschiedlichen Formen getrennt halten. Vermehrung durch Aussaat; blüht im ersten Jahr und wird nach zwei bis drei Jahren am besten ersetzt. Herkunft: sumpfige Zonen an Bergbächen auf den vier japanischen Hauptinseln. ↕ 15–40 cm. Z6 **'Alba'** Weiße Knospen und Blüten. **'Apple Blossom'** Blasses Laub. Aus rosa Knospen entfaltet sich eine knittrige weiße Blüte. **'Carminea'** Blasses Laub. Dunkelrote Blüten mit dunklerem Auge. **'Miller's Crimson'** ♀ Blätter olivgrün. Karminrosa Blüten mit dunklerem Auge. **'Postford White'** ♀ Dunkel-olivgrünes Laub. Runzlige weiße Blüten mit orangefarbenem Auge an dunklen Schäften. Oft sehr robust. Für die meisten Gärten die beste weiße Etagen-Primel.

P. 'Jay Jay' (Primula, El) Zwergiger Elatior-Typ mit relativ kleinen, dunkel-

roten, Jack-in-the-Green-Blüten. Für kühle, feuchte, halbschattige Standorte auf guten Böden. Teilung. ↕ 12 cm. Z3

P. 'Johanna' (Oreophlomis) Sommergrüne, fast ausgebreitete, glatte, blassgrüne, ovale, weder behaarte noch bemehlte Blätter mit kurzem rötlichem Stiel. Ende April öffnet sich an dunklen Schäften je ein Schopf aus 4–12 ausladenden, sterilen, rosa Blüten mit gelbem Auge und tief gekerbten Kronblättern. Eine Kreuzung zwischen *P. clarkei* und *P. warshenewskiana*. Gedeiht an feuchten, durchlässigen Standorten, geschützt vor praller Mittagssonne. Die kleine Pflanze wird leicht überwuchert. Regelmäßige Teilung alle zwei bis drei Jahre (beim Austrieb) tut ihr gut. ↕ 12–16 cm. Z6

P. 'John Fielding' (Sredinskya × Primula) Halbimmergrün. Ovale, ganzrandige, behaarte Blattspreiten an dünnen rosa Stielen. Ende März erscheinen an 10 cm langen Schäften lockere Stände aus großen flachen Blüten in sattem Rosa mit leicht gekerbten Kronblättern. Eine Hybride zwischen *P. juliae* und *P. megaseifolia*. Ideal sind geschützte, schattige, feuchte Standorte in Waldhumusböden. Gedeiht in milden Regionen am besten. Teilung. ↕ 12–15 cm. Z9

P. juliae (Primula) (Teppich-Primel) Kriechende, Teppich bildende, weder behaarte noch bemehlte Art. Sommergrüne, grundständige, relativ wächserne, glänzende, dunkelgrüne, gezähnte, dünne Blätter mit einer rundlich nierenförmigen Spreite an einem schmalen rosa Stiel. Ende März öffnen sich lebhaft violette, 3 cm große, grundständige Blüten mit gelbem Auge an drahtigen, roten Stielen. Bei anders gefärbten und auch weißen Typen handelt es sich meist um Hybriden; sie laufen unter der Bezeichnung Juliae-Hybriden oder *Primula* Pruhonicensis-Gruppe. Gedeiht am

besten an feuchten, schattigen Standorten mit hoher Feuchtigkeit, blüht allerdings in zu tiefem Schatten nicht mehr so reich. Diese kleinen Pflanzen werden gern von wüchsigeren Nachbarn bedrängt. Vermehrung durch Teilen beim Austrieb. Kommt recht häufig in der östlichen Hälfte des Kaukasus in Wäldern nahe Flüssen vor. ↕ 6–8 cm. Z3

P. 'Ken Dearman' (Primula, Ac) Kissen-Primel mit gefüllten, gelb, orange und kupferbraun gefleckten Blüten. Für gute, feuchte Böden im Halbschatten. Teilung nach der Blüte. ↕ 15 cm. Z4

P. 'Kinlough Beauty' (Primula, El) Zwergiger Elatior-Typ mit lachsrosa Blüten; jedes Kronblatt mit hellem Mittelstreifen. Diese Hybride von *P. juliae* wird gelegentlich auch als 'E.R. Janes' verkauft. Nicht gestreifte Exemplare erhalten bisweilen die falsche Bezeichnung 'Kinlough Beauty'. Für alle guten, feuchten Böden im Halbschatten, wird allerdings leicht von wüchsigeren Nachbarn erdrückt. Teilung nach der Blüte. ↕ 15 cm. Z4

P. kisoana (Cortusoides) Ausladende, sommergrüne, dicke Blätter mit einer eckigen, leicht gelappten, weich behaarten Spreite, die kaum länger als breit ist. Aufrechte Schäfte mit einem, mitunter auch 2 Quirlen aus 3–5 rosa oder weißen, flachen, 2,5 cm breiten Blüten mit gelbem Auge. Blütezeit Ende April. Braucht humose Böden im Halbschatten, die nie austrocknen, und kriecht unter günstigen Bedingungen. Teilung beim Austrieb. Aus Japan und dort sehr selten. ↕ 10–15 cm. Z4 **var. alba** Weiße Blüten.

P. 'Lady Greer' ♀ (Primula, El) Zwergige, relativ wüchsige, halb kriechende, kleine Schlüsselblume mit duftenden,

trichterförmigen, cremefarbenen Blüten; kurze Schäfte in einem hellen kühlen Grünton. Stammt angeblich aus Irland. Als Eltern kommen *P. juliae*, *P. elatior* und möglicherweise *P. × polyantha* in Frage. An geschützten Standorten im Halbschatten recht wüchsig. Teilung. ↕ 10–15 cm. Z4

P. 'Lilian Harvey' (Primula, Ac) Kissen-Primel mit mittelgrünem Laub. Kirschrosa gefüllte Blüten. Eine Auslese der gefüllten Barnhaven-Primeln. Klein, aber an geschützten, halbschattigen Stellen wüchsig. Teilung. ↕ 15 cm. Z4

P. 'Lois Lutz' (Primula, El) Dunkelgrüner Laubteppich. Elatior-Typ mit lebhaft violetten Blüten und kleinem gelbem Auge. Für kühle, feuchte, halbschattige Standorte mit guten Böden. Teilung. ↕ 20 cm. Z5

P. 'MacWatt's Cream' (Primula, El) Zwergige, halb kriechende, kleine Schlüsselblume mit trichterförmigen, cremefarbenen Blüten, die mit der Zeit einen rosa Ton annehmen. Ähnelt sehr stark *P.* 'Lady Greer', hat aber eine stärkere Färbung. Anfang des 20. Jahrhunderts gezüchtet. An geschützten, halbschattigen Standorten recht wüchsig. Teilung. ↕ 10–15 cm. Z4

P. 'Marianne Davey' (Primula, Ac) Kissen-Primel mit mittelgrünem Laub. Cremefarbene, gefüllte Blüten. Vermutlich eine Auslese der gefüllten Barnhaven-Primeln. Ideal im Halbschatten an geschützten Plätzen mit gutem Boden. Teilung während der Wachstumszeit. ↕ 15 cm. Z4

P. 'Marie Crousse' (Primula, Ac) Kissen-Primel mit gefüllten, lilarosa und weiß gezeichneten Blüten. Um 1880 in Frankreich eingeführt. Unter dieser Bezeichnung werden mehrere ähnliche

UNGEWÖHNLICHE BLÜTENFORMEN

Mutationen der *Primula*-Arten begeistern Gärtner und Pflanzenfreunde seit Jahrhunderten. Schon im *Hortus Floridis* von 1614 sind zwei davon dargestellt, und John Parkinsons *Paradisus Terrestris* von 1629 enthält über 20 besondere Typen, zum Teil mit ungewöhnlichen Blütenformen. Abweichende Blütenformen kommen bei den Stammarten der Kissen-Primeln vor, ebenso bei den Schlüsselblumen, aber auch bei Gartenhybriden. In England nennt man die alten Formen »Elizabethan primroses«. Dort zieht man sie als Kuriositäten und weil sie ausgesprochen dekorativ sind. Formen mit vergrößertem Kelch und ungefüllten oder gefüllten Blüten nennt man »Jack-in-the-Green«. Wenn der Kelch überdimensioniert oder zerknittert wirkt, spricht man von »Gallygaskins«. »Feathers« (Federn) haben feingliedrige Kelche und Kronblätter. Bei »Hose-in-Hose« ragt aus dem Schlund einer Blüte eine weitere. Bei den »Jackanapes« ist der vergrößerte Kelch ebenso gestreift wie die Kronblätter. »Pantaloon« ist eine Kombination aus Hose-in-Hose und Jackanapes.

Hose-in-hose

Jack-in-the-green

Jackanapes

Feathers

Formen kultiviert. Für geschützte Plätze mit guten Böden im Halbschatten. Teilung während der Vegetationszeit. ↕ 15 cm. Z4

P. 'Miss Indigo' (Primula, Ac) Kissen-Primel mit relativ dunkelgrünen Blättern. Dunkelviolette, gefüllte Blüten, silbrig gesäumte Kronblätter. Eine der beliebtesten und blühfreudigsten gefüllten Primeln. An geschützten Standorten im Halbschatten ziemlich wüchsig. Teilung. ↕ 15 cm. Z4

P. 'Old Port' (Primula, El) Sehr dunkel bronzefarbene Blätter und auffällige, schwarzviolette Blüten. Mit 'Tawny Port' eng verwandt und möglicherweise identisch mit 'Garryard Crimson' (der Name wird nicht mehr verwendet). Wird gelegentlich als Kissen-Primel eingestuft, womöglich sind mehrere Formen unter dieser Bezeichnung in Umlauf. An geschützten, halbschattigen Plätzen relativ wüchsig. Teilung. ↕ 20 cm. Z5

P. Paris '90-Gruppe (Primula, El) Robuster Elatior-Typ. Die großen weißen oder cremefarbenen Blüten haben einen blauen Picotee-Rand oder sind an der Rückseite blau. Für alle guten, gleichbleibend feuchten Böden. Aus Barnhaven (siehe Kasten S. 392). Teilung. ↕ 20 cm. Z6

P. 'Peter Klein' (Oreophlomis) Sommergrüne, gelegentlich kriechende Staude ohne mehlige Bereifung und Behaarung. Während der Blüte treiben kleine, rundliche, glatte, olivgrüne Blätter mit dünnem, rosa Stiel aus, im Sommer hingegen sind neue Blätter länglich und ungestielt, vergleichbar mit einer kleinen P. rosea. Rosa Blüten mit weißlicher Mitte, gelbem Auge und tief V-förmig geteilten Kronblättern stehen in einer Dolde zu 6–12 an einem kurzen Schaft. Ähnelt 'Johanna', hat aber hellere Schäfte. Eine um 1966 gezüchtete Hybride von P. rosea und P. clarkei. Sie braucht feuchte, durchlässige Böden mit Schutz vor praller Mittagssonne zum

Gedeihen, ist wenig konkurrenzstark. Völlig steril, muss daher geteilt werden, am besten alle zwei bis drei Jahre. ↕ 12–15 cm. Z5

P. poissonii (Proliferae) Mehr oder weniger immergrüne, unbehaarte und unbemehlte Art. Aufrechte, relativ glatte, dunkelgrüne, schmal längliche, fein gezähnte, zum Ansatz hin fast unmerklich schmaler werdende Blätter. (Die meisten anderen Etagen-Primeln tragen runzlige Blätter.) 1–3 Quirle rotvioletter, 1,5 cm breiter Blüten mit gelbem Auge an relativ kräftigen, grünen Schäften. Kelch im Gegensatz zu dem silbrig gestreiften Kelch von P. secundiflora einheitlich dunkel. Blütezeit Mitte Juni. Bis vor Kurzem erwiesen sich die Pflanzen oft als wenig wüchsig und weniger dekorativ wie andere Etagen-Primeln und säten sich nur selten selbst aus. Mit frischem Material aus freier Natur wurden wüchsige, Formen mit größeren Blüten in leuchtendem Rot gezüchtet. Diese ausgezeichneten Zierpflanzen behaupten sich gut in nährstoffreichen, humosen Beeten an kühlen Standorten. Teilung oder Aussaat. Wächst auf Feuchtwiesen in Yunnan und Sichuan (China) oft in großen Beständen. ↕ 35–45 cm. Z6

P. × polyantha (Primula, El) (Polyanthus-Primel) Immergrüne Hybride, die ihr Laub gelegentlich im Sommer verliert und im Winter oder Frühjahr blüht. Die ausladenden, umgekehrt eiförmigen, runzligen, vor allem an den Adern auf der Unterseite behaarten Blätter sind olivgrün gefärbt und werden zum rötlichen Stiel hin schmaler. 4–12 flache, etwa 4 cm breite Blüten in einer Dolde; sie öffnen sich bisweilen zunächst an der Basis, später aber an relativ kräftigen, behaarten Schäften. Es handelt sich um Kreuzungen zwischen der Kissen-Primel (P. vulgaris) und der Echten Schlüsselblume (P. veris). Die Arthybriden kommen in freier Natur vor und sind seit über 500 Jahren in Kultur. Alle nicht gelben Formen sind von rosa oder violetten östlichen For-

men der Kissen-Primel (subsp. sibthorpii und subsp. heterochroma) abgeleitet und waren schon im 16. Jahrhundert als Zierpflanzen bekannt. Eine Unterscheidung zwischen Auslesen der Kissen-Primel, Formen von P. × polyantha und Sorten, an denen mindestens eine weitere Art oder Hybride beteiligt ist, etwa P. × pruhoniciana, ist nicht leicht. Daher werden Sorten hier unter ihrem Sortennamen aufgelistet. Man kultiviert P. × polyantha in nährstoffreichen Böden bei mäßig hellem Licht. Sie eignen sich für die Kultur im Zimmer, Gewächshaus oder Wintergarten und bringen Farbe in kühle Winkel. Zudem sind sie ein unübersehbarer Akzent in Winter- oder Frühjahrsbeeten. Alle können geteilt werden, viele zieht man in aller Regel durch Aussaat im Frühjahr heran, im Herbst wird ins Freie gepflanzt, für eine Blüte im Winter und Frühjahr. Moderne Serien für den Wechselflor sind wesentlich weniger winterhart. ↕ 15–20 cm. Z6

P. polyneura (Cortusoides) Sommergrüne, weich behaarte Blätter mit flach

gelappter, rundlich dreieckiger Spreite (bei der ähnlichen Art P. cortusoides sind sie schmal oval), die genauso lang wie der schmale, behaarte Stiel ist. Die Blüte beginnt im Mai, kurz nachdem das Wachstum einsetzt. An den Schäften stehen in der Regel ein, mitunter auch 2–3 Quirle aus 5–8 flachen, rosavioletten, 2,2 cm langen Blüten mit oder ohne orangefarbenem Auge. Eine unkomplizierte Pflanze für Waldbeete in stark humosen, dauerfeuchten, aber durchlässigen Böden an mindestens halbschattigen Standorten. Braucht Schutz und viel Feuchtigkeit. Kann mehrere Jahre überdauern. Vermehrung durch Teilung nach der Blüte oder, besser noch, durch Aussaat. In Bergwäldern Westchinas weit verbreitet. ↕ 20–40 cm. Z5

P. prolifera ♀ (Proliferae) Frischgrüne, runzlige, schmal eiförmige, immergrüne, unbemehlte Blätter, die sich zu einem grünen, geflügelten Stiel hin

AUFZUCHT AUS SAMEN

Viele beliebte Sorten müssen vegetativ, in der Regel durch Teilung, vermehrt werden. Allerdings finden sich in den Sammlungen häufig auch Sämlingspflanzen.

Weil Sämlinge wegen der erzwungenen Fremdbestäubung (siehe Kasten S.385) kräftiger sind als vegetativ vermehrte Varianten, lohnt es sich immer, Saatgut von in Gruppen gepflanzten Exemplaren abzunehmen.

Samen sind im Allgemeinen reif, wenn die Kapseln braun werden und an der Spitze aufplatzen. Man lagert das Saatgut in Papiertütchen an einem trockenen Ort im Kühlschrank bei 4°C. Für die Aussaat im Dezember oder Januar mischt man unter die Aussaaterde etwas groben Sand, um die Wasserführung zu verbessern. Man sät die Samen sehr dünn in eine Saatschale und deckt sie mit feinkies

ab. Ungeachtet der Witterung werden die Schalen bis zur Keimung ins Freie (meist im April) gestellt. Die Sämlinge werden pikiert, solange sie noch sehr klein sind. Man hält sie feucht, stellt sie an einen geschützten Platz und gibt alle zwei Wochen etwas Flüssigdünger. Jungpflanzen können jederzeit ins Freiland umgesiedelt werden, sofern man dort regelmäßig gießt, ideale Pflanzzeit aber ist der Sommer im ersten Jahr oder der Frühling im Jahr nach der Aussaat.

Die Überwinterung von Jungpflanzen in Schalen oder Töpfen im Freien ist nicht ratsam – in einem Frühbeet sind sie besser aufgehoben, aber sie dürfen dort nicht austrocknen. Die meisten lassen sich leichter im Freiland pflegen, wo man sie auch problemlos ersetzen kann, wenn ihre Wuchskraft nachgelassen hat.

verschmälern. Die grünen, am oberen Ende mitunter bemehlten Schäfte tragen 2–5 Quirle aus 3–6 kräftig goldgelben, ausgerandeten Kronblattzipfeln, Durchmesser 2 cm. Blütezeit Ende Mai oder Anfang Juni. Andere gelbe Etagen-Primeln sind sommergrün und haben rötliche Knospen sowie rosa Blattstiele. Die eigentlich immergrüne Art gedeiht an sumpfigen Plätzen und am Wasserrand, doch leidet das Laub unter der Winterwitterung. Samen nimmt man am besten von Pflanzen aus Gruppen ab, da sie die kräftigsten Sämlinge hervorbringen. Unter guten Bedingungen langlebig; kann mit Beginn des Wachstums geteilt werden. Herkunft: feuchte Lebensräume in Bergwäldern von Indonesien bis Indien. ↕ 25–60 cm. Z6

P. Pruhonicensis-Gruppe syn. *P. × pruhoniciana* (Primula, Ac) Immergrüne, meist etwas kriechende, Teppich bildende, unbemehlte, bestenfalls sporadisch behaarte Hybride. Ovale, in der Regel bronzegrüne Blätter mit roter bis violetter Mittelrippe, die aus einem zugespitzten, rötlichen Herz entspringen und zum Ansatz hin schmaler werden. Wurzeln oft ebenfalls rötlich. Von Januar bis April und manchmal auch im Herbst erscheinen die Blüten einzeln oder in einer einzigen Dolde an einem kurzen, meist rötlichen Schaft. Blüten weiß bis violett, meist trichterförmig, mit gelbem oder orangefarbenem Auge. Die botanische Bezeichnung gilt streng genommen nur für Hybriden zwischen *P. juliae* und *P. vulgaris* 'Coerulea', sie wird aber oft auch für Hybriden von *P. juliae* mit allen Formen von *P. vulgaris* und sogar *P. veris* verwendet. Die meisten Sorten werden daher hier unter ihrem Sortennamen aufgelistet. Diese größere Gruppe bezeichnete man früher als P.-Juliae-Hybriden. Sie sind in kühlen, feuchten, nährstoffreichen Böden an halbschattigen Standorten recht wüchsig, müssen aber regelmäßig geteilt und nach der Blüte umgepflanzt werden, was sie manchmal schwächt. Bei manchen empfiehlt sich die Aufzucht aus Samen, andere sind überwiegend steril und können geteilt werden. ↕ 10–25 cm. Z4 **Bergfrühling-Serie** F1-Hybriden in Amarantrot, Blau, Gelb, Rosa, Rot, Weiß. Blüht von März bis April. Blätter beim Austrieb rötlich braun. Recht winterhart. Aus Pruhonice in Tschechien, von Jelitto Staudensamen eingeführt. Z6

P. × pubescens (Auricula) (Garten-Aurikel) Ausladende Rosetten aus fleischigen, glatten, rundlichen, immergrünen, oft bemehlten, höchstens 12 cm großen Blättern an etwas verholzten Sprossen. Im April und Mai erscheinen an kurzen, kräftigen, grünen bis weißen Schäften 2–20 mehr oder weniger trichterförmige Blüten in den verschiedensten Farben, meist mit klar abgegrenztem, bestäubtem, weißem Auge. Die seit langem kultivierte Hybride zwischen *P. auricula* und *P. hirsuta* ähnelt der gelb blühenden *P. auricula*. Fachleute sind sich etwas uneins darüber, welche Sorten zu *P. auricula* zu zählen sind und welche man dieser Hybride zuordnet. Man zieht sie am besten an sonnigen bis absonnigen, offenen Standorten mit guter Dränage, wo sie vor allem in kühleren Sommern bisweilen recht langlebig sind. Die meisten Formen sind steril und werden vegetativ vermehrt. Man teilt sie oder lässt Triebstücke an einem kühlen, feuchten Ort bewurzeln. ↕ 8–18 cm. Z4 **Exhibition-Serie** Farbkräftige Auslesen in Goldgelb, Sattrot, oder Rotviolett, jeweils mit großem hellem Auge. Fällt treu aus Samen. Z5 **'Boothman's Variety'** Dunkelviolette Blüten mit kleinem weißem Auge. Wüchsig. **'Harlow Carr'** Cremefarbene Blüten, die mit der Zeit rosa überhaucht wirken und durch ein kleines zusätzliches Kronblatt auffallen. **'Mrs J. H. Wilson'** Leuchtend violette Blüten mit leicht sternförmigem Auge. Sehr verlässliche alte Sorte. **'The General'** Unberechenbar, blüht in herrlichem Hochrot.

P. pulverulenta ♀ (Proliferae) (Szetschuan-Primel) Sommergrün. Leicht graugrüne, feinrunzlige, übergebogene, fein gezähnte Blätter, vorne abgerundet, zum Grund hin schmaler und mit weißlicher Mittelrippe. Im Mai und Juni erscheinen an relativ kräftigen, bemehlten Schäften 2–5 Quirle aus 3–8 2,5 cm breiten, meist karminroten Blüten mit dunklerem oder gelbem Auge. Die Blütenschäfte, Hochblätter und Kelche sind mehlig bestäubt. Die Art ist an nassen Standorten sehr wüchsig und bildet große Bestände, nachdem sie gut eingewachsen ist. Nach *P. bulleyana* ist diese Etagen-Primeln die einfachste in der Kultur – und meist die höchste. Sie sät sich selbst aus und verwildert, sodass sie an günstigen Standorten ein wahres Blütenmeer bildet. Die großen, langlebigen Gruppen kann man während des Wachstums jederzeit ausgraben und teilen, nur nicht bei heißem Wetter. Von Flussufern und anderen nassen Standorten in Wäldern oberhalb von 2000 m in Westchina. ↕ 30–100 cm. Z5 **Bartley-Gruppe** syn. 'Bartley Strain' ♀. Blüten sehr blassrosa mit dunklerem Auge. **'Bartley Pink'** Rosarot, am Rand heller, mit dunklem Auge.

P. 'Quaker's Bonnet' siehe *P. vulgaris* 'Lilacina Plena'

P. 'Ravenglass Vermilion' siehe *P.* 'Inverewe'

P. 'Red Velvet' (Primula, Ac) Gefüllte rote Kissen-Primel mit dunkelgrünen, rot gerandeten Blättern. Für geschützte, halbschattige Standorte in guten Böden. Teilung. ↕ 15 cm. Z4

P. rosea ♀ (Oreophlomis) (Rosen-Primel) Fein gezähnte, sommergrüne, glatte, leuchtend grüne, weder bemehlte noch behaarte, längliche Blätter ohne sichtbaren Stiel. Während der Blüte noch recht klein, später aber größer. Blätter und Blüten erscheinen früh gemeinsam. Blüten zunächst fast schaftlos; der grüne Schaft wird bis zur Fruchtentwicklung bis 20 cm lang. Blüten rosa bis karminrot, etwa 3 cm breit, mit gelbem Auge, an einzelnen Köpfen. Wird am besten in sehr nassem Boden kultiviert, etwa am Ufer von Bachläufen oder Teichen, will jedoch im Winter nicht ständig im Wasser stehen. Vermehrung durch Aussaat oder Teilung nach der Blüte. Verwildert unter günstigen Bedingungen mitunter.

DIE BARNHAVEN-STORY

Seit langem herrscht eine große Nachfrage nach Schlüsselblumen und Primeln in ungewöhnlichen Farben. Einige der neueren Züchtungen haben nicht nur schrille Blüten, sondern sind zudem nur bedingt winterhart. Nicht so die Barnhaven-Primeln.

Barnhaven hieß ein Bauernhof an einem Fluss in Oregon. 1937 zog Florence Bellis dorthin und pflanzte Primelsämlinge ein, von denen im Jahr darauf alle 1231 blühten. Sie begann mit dem Versenden handgemalter Flugblätter, um Käufer anzulocken. Diese kamen tatsächlich herbeigeströmt und erwarben Sorten wie 'Munstead Strain', 'Sutton's Brilliance' und 'Crimson King'.

Bald begann Florence Bellis, eigene Züchtungen heranzuziehen. Die erste hieß 'Kwan Yin' und war leuchtend chinarot. Ihre berühmten »Barnhaven Cowichans« entwickelte sie, nachdem sie 'Kwan Yin' mit der ursprünglichen Cowichan-Form gekreuzt hatte, die angeblich in einem Garten in British Columbia entdeckt worden war. Die erste Züchtung war »granatrot bis fast schwarz, dunkel rubinrot … an dunklen, drahtigen Schäften« und fast ohne Auge.

Das Geschäft florierte und Bellis avancierte zur anerkannten Primel-Expertin. Als sie sich 1965 aus dem aktiven Geschäftsleben zurückzog, übergab sie die Bestände an Jared und Sylvia Sinclair im englischen Lake District, die ihre Arbeit fortführten und viele weitere schöne Formen entwickelten. Nachdem sich auch diese beiden in den Ruhestand verabschiedeten, sorgte sich die Primel-Gemeinde darum, ob die Barnhaven-Sorten nun verschwinden würden. Sie wurden jedoch von Angela Bradford in Frankreich und kürzlich von David und Lynne Lawson übernommen, die heute von ihrer Gärtnerei in der Bretagne aus Saatgut in alle Welt verschicken.

Die Barnhaven-Strains stehen wegen ihrer außerordentlich schönen Farben und Zähigkeit weiterhin hoch im Kurs. Alle Samen sind das Ergebnis sorgfältiger Handbestäubung. Zwar konnte die Qualität im Lauf der langen Barnhaven-Geschichte nicht immer auf höchstem Niveau gehalten werden, doch dank der aufwändigen Zuchtlinien und der strengen Auslese für die Elternpflanzen blieb die Zähigkeit und Farbschönheit der Primeln trotzdem erhalten.

Die Barnhaven-Formen sind als Saatgut oder Jungpflanzen erhältlich, gute Auslesen werden oft durch Teilung vermehrt. Die Pflanzen im Garten sind selten sortenecht. In diesem Buch wurden nur die bekanntesten Sorten berücksichtigt.

Einzelne Exemplare können recht lange ausdauern. Aus nassen Bergwiesen und sumpfigen Lebensräumen bis 4300 m Höhe im nordwestlichen Himalaja. ‡ 20 cm. Z4 **'Grandiflora'** Große mittelrosa Blüten. Teilung. **'Gigas'** Karminrosa Blüten. **'Micia Visser de Geer'** Strahlendes Karminrot. Herausragend, solange virusfrei. Teilung.

P. 'Rose O'Day' (Primula, Ac) Blassrosarote, gefüllte Kissen-Primel mit relativ blassen, grünen Blättern. Für geschützte, halbschattige Standorte mit guten Böden. Teilung. ‡ 15 cm. Z4

P. 'Rowallane Rose' (Proliferae). Hohe, recht wüchsige, unbemehlte Form mit blassgrünen, gezähnten Blättern und blass-karminroten Blüten mit dunkler Mitte. Eine sterile Hybride zwischen *P. japonica* und *P. pulverulenta*. Teilung. ‡ 35 cm. Z7

P. 'Roy Cope' (Primula, Ac) Wüchsige Primel mit relativ dunkel bronzefarbenen Blättern. Rote, gefüllte Blüten. Auslese aus gefüllten Barnhaven-Primeln. Für geschützte, halbschattige Standorte mit guten Böden. Teilung. ‡ 15 cm. Z4

P. 'Schneekissen' (Snow Cushion) (Primula, Ac) Hübsche, wüchsige Miniatur-Primel mit reinweißen Blüten an rosa Schäften und kleinen, glänzenden, relativ dunkelgrünen, rundlichen, Matten bildenden Blättern. Für geschützte, halbschattige Standorte in guten Böden. Teilung. ‡ 10 cm. Z4

P. secundiflora (Proliferae) Halbimmergrüne, übergebogene, speerförmige, weder bemehlte noch behaarte, glatte, relativ blassgrüne Blätter mit kleinen rundlichen Zähnen und einem weißlichen, geflügelten Stiel. Die bemehlten Schäfte tragen eine, selten mehrere Dolden aus hängenden, purpurroten, glockenförmigen Blüten mit sehr auffälligem schwarzem, silbrig gestreiftem Kelch. Blütezeit Hochsommer. Nicht langlebig, fault bei kalter und heißer Witterung leicht an der Basis. Wird am besten regelmäßig aus Samen neu gezogen. Sät sich bisweilen selbst aus und verwildert gern in feuchten Pflasterfugen. Bevorzugt feuchte, ziemlich nasse Plätze und ist im Sommer für eine Kopfdüngung mit gut verrottetem Dung oder Komposterde dankbar. Die schöne Art sollte häufiger gepflanzt werden. Herkunft: nasse Hänge und Flussufer oberhalb von 3000 m in Westchina. ‡ 40–80 cm. Z6

P. sieboldii ♀ (Cortusoides) (Sieboldts Primel) Sommergrüne, kriechende Staude. Blüten und Blätter erscheinen im späten Frühjahr und ziehen oft schon im Spätsommer wieder ein. Blassgrüne, behaarte, runzlige Blätter ohne mehligen Überzug an langen dünnen Stielen. Weiße bis violette, flache, bis 3,5 cm breite Blüten mit einer schmalen Röhre und leicht gekerbten bis tief gerüschten Kronlappen. Sie stehen zu 5–8 in einer einzelnen, lockeren Dolde an einem grünen, behaarten Schaft. Die unkomplizierte, langlebige Zierblume bevorzugt geschützte Standorte und humose Böden, die zumindest bis zum Hochsommer nicht austrocknen. Vermehrung durch Teilung beim Austrieb oder durch Aussaat. Sorten für Ausstellungen wurden ursprünglich durch Teilung vermehrt, vor allem in Japan, wo mindestens 700 Formen entwickelt wurden. Heute werden Show-Pflanzen in der Regel durch Aussaat vermehrt, doch die besten Sorten sind leicht zu teilen. Wenn das Interesse an diesen Typen auch in Europa steigt, dürften weitere schöne Formen bei uns leichter erhältlich sein. Herkunft: feuchte Standorte in Flussnähe und auf Lichtungen in Gestrüpp und Wäldern von Ostsibirien bis Japan. ‡ 15–30 cm. Z4 **'Carefree'** Große, kräftig tiefrosa Blüten, Kronblätter wenig gelappt. **'Dancing Ladies'** Eine Mischung mit weißen, an der Rückseite der Kronblätter rosa Blüten oder aber Blüten in Rosatönen; Kronblätter gefranst oder ungefranst. **'Geisha Girl'** Große rosa Blüten mit schmalen Kronzipfellappen. **fo. lactiflora** Weiße Blüten in unterschiedlichen Formen. **'Lilac Sunbonnet'** Bläulich rosa Blüten mit breiten, ausgefransten Kronblättern. **'Snowflake'** Der Name passt: Die stark geteilten und gelappten weißen Blütenblätter ähneln tatsächlich einer Schneeflocke. Eine gute Gartenpflanze. **'Winter Dreams'** Weiß, mit leicht gefransten Blütenblättern.

P. sikkimensis (Sikkimenses) Sommergrüne, Horst bildende Art. Runzlige, ausladende, schmal längliche, zum geflügelten Stiel hin leicht schmaler werdende, an der Spitze abgerundete Blätter mit kleinen, abgerundeten Zähnen. An bemehlten Schäften steht eine Dolde aus 10–40 hängenden, duftenden, bemehlten, gelben Blüten mit etwa 3 cm Durchmesser. Blütezeit Juli. Unterscheidet sich von *P. florindae* und gelben Formen von *P. alpicola* vor allem durch die völlig andere Blattform. Lässt sich in nährstoffreicher, dauerfeuchter Erde problemlos ziehen und ist für reiche Düngung mit gut verrottetem Dung dankbar; unter optimalen Bedingungen langlebig. Vermehrung am besten durch Samen, die in Pflanzengruppen gesammelt werden. Sät sich aber selbst aus und verwildert, wenn ihr der Standort behagt, wuchert aber nicht so stark wie *P. florindae*. Auch Teilung beim Austrieb ist möglich. Auf Bergwiesen, an Flüssen und Seen im Himalaja oberhalb von 3000 m weit verbreitet. ‡ 60–90 cm. Z5

P. Silver Dollar (Primula, El) Robuste, großblütige Elatior-Typen, die in einer breiten Palette kräftiger Blütenfarben mit oft ausgeprägtem gelbem Auge erhältlich sind. Relativ hohe Schäfte. Der Name für die ursprünglich von Florence Bellis entwickelten Barnhaven-Polyanthus-Primeln wird heute sowohl für ihre ersten zehn Farbgruppen als auch für Neuzüchtungen verwendet. Dadurch wurde die Zahl der Farbgruppen auf über 20 erweitert. Aus Barnhaven (siehe Kasten). Teilung. ‡ 20 cm. Z6

P. Silver-Laced-Gruppe (Primula, El) Relativ kleinblütige Elatior-Typen mit langen Schäften und dunkelroten bis tief-schokoladebraunen, gelegentlich tiefblauen Blüten, Kronblätter mit weißem Rand. Gelegentlich findet man auch Acaulis-Typen. Geeignet für kühle, feuchte Standorte im Halbschatten, braucht gute Böden. Vermehrung am besten durch Teilung, da Sämlinge nur sortenecht sind, wenn die Bestäubung von Hand erfolgte. ‡ 20 cm. Z6

P. Snow Cushion siehe *P.* 'Schneekissen'

P. Spice-Shades-Gruppe (Primula, El) Großblütiger Elatior-Typ in vielerlei gedeckten Farben, u.a. Schokolade-, Kaffee- oder Gelbbraun; Auge gelb. Recht hohe Schäfte. Für gute Böden, die nie austrocknen. Aus Barnhaven (siehe Kasten S.392). Teilung. ‡ 20 cm. Z6

P. Striped-Victorians-Gruppe (Primula, El) Elatior-Typen mit seidigem Glanz. Die großen Blüten in Blau, Violett, Rosa oder Cremegelb weisen stets ein ausgeprägtes Adern- und Streifenmuster auf. Kultur in guten Böden, die nicht austrocknen. Aus Barnhaven (siehe Kasten S.392). Teilung. ‡ 20 cm. Z6

P. 'Sue Jervis' (Primula, Ac) Lachsrosa, gefüllter Acaulis-Typ in einer seltenen Farbe. Mittelgrünes Laub. Wurde angeblich in England entdeckt. Für geschützte, halbschattige Stellen in guten Böden. Teilung. ‡ 15 cm. Z4

P. 'Sunshine Susie' (Primula, Ac) Kräftig goldgelber, fast schon zu intensiv gefärbter, gefüllter Acaulis-Typ mit mittelgrünem Laub. Auslese aus den gefüllten Barnhaven-Primeln. Für geschützte, halbschattige Standorte in guten Böden. Teilung. ‡ 15 cm. Z4

P. 'Tawny Port' (Primula, El) Elatior-Typ mit bronzefarben getönten Blättern und rubinroten Blüten. Ein Schwesternsämling der dunkleren Form 'Old Port'. An geschützten Standorten im Halbschatten recht wüchsig. Teilung. ‡ 20 cm. Z6

OBEN **1** *Primula sieboldii* **2** *P. veris*

P. 'Tie Dye' (Primula, Ac) Sehr ungewöhnliche, aber ziemlich schwache Kissen-Primel aus Neuseeland mit himmelblauen, weiß gefleckten Blüten, die an verwaschene Jeans erinnern. Großes gelbes Auge. Für geschützte, halbschattige Standorte in guten Böden. Teilung. ‡ 15 cm. Z6

P. 'Val Horncastle' (Primula, Ac) Kissen-Primel mit gefüllten Blüten in Goldgelb. Leicht bronzefarben getöntes Laub. Auslese aus gefüllten Barnhaven-Primeln. Für geschützte, halbschattige Standorte in guten Böden. Teilung. ‡ 15 cm. Z4

P. veris ♀ (Primula) (Echte Schlüsselblume) Die heimische Art ruht den Sommer über. Leicht graugrüne, runzlige, aufsteigende, kurz behaarte, an der Spitze rundliche, zum schmalen, geflügelten Stiel hin mehr oder weniger abrupt schmaler werdende Blätter. An einem grünen, kurz behaarten Schaft erscheint zur Frühjahrsmitte eine Dolde aus 4–20 leicht hängenden, becherförmigen, goldgelben, 1–2 cm breiten Blüten mit lockerem, aufgeblähtem, blassgrünem Kelch. Jedes Kronblatt trägt im Schlund einen roten Fleck. In nährstoffreichen, durchlässigen Böden an hellen Standorten unproblematisch zu kultivieren. Kann sogar lästig werden. Wird sehr häufig in Wiesen oder Rasenflächen ausgewildert. Vermehrung durch Samen oder Teilung während der Wachstumsphase. Verbreitungsgebiet: Wiesen, Gebüsch, Waldränder auf neutralen bis alkalischen Böden von Großbritannien und Norwegen bis Spanien, in die Türkei und nach Ostsibirien. ‡ 15–25 cm. Z4 **'Katy McSparron'** Gefüllte, tiefgelbe Blüten und verlängerter, graugrüner Kelch. Nur Teilung. **'Sunset Shades'** Mischung aus roten und orangefarbenen Blüten. Rotblütige Schlüsselblumen stammen aus Kreuzungen mit *P. × polyantha*.

P. vialii ✿ (Muscarioides) (Orchideen-Primel) Sommergrüne, relativ kurz-lebige Art. Aufrechte, weich behaarte, speerförmige, relativ blassgrüne Blätter mit eingerollten Rändern. Grüne, unbehaarte, aber nach oben zu meh-lig bestäubte Schäfte mit kompakten Ähren aus 30–120 kleinen lila Blüten, die im Hochsommer erscheinen. Kelch leuchtend rot, sodass der Blütenstand durch die ungeöffneten Knospen eine rote Spitze bekommt. Wird am besten in nährstoffreiche, gut wasserhaltende Böden in geschützten Lagen gepflanzt. Treibt sehr spät aus. Den Standort sollte man markieren. Gruppen brin-gen meist einen sehr guten Samen-ansatz. Aussaat ist ohnehin die einzig machbare Vermehrungsart. Wird in warmen, trockenen Gegenden oft als Zweijährige gezogen, kann aber unter kühlen, feuchten Bedingungen relativ langlebig sein und über 10 Jahre lang blühen. Eine ganz außergewöhnliche Art. Kommt in Wiesen, Weiden und Gebüsch in Westchina vor, wird dort aber immer seltener. ↕ 30–45 cm. Z6

***P.* Victorians-Serie** (Primula) Blätter grün. Großblütige, meist gerüschte Polyanthus-Primel mit seidiger bzw. samtiger Textur; Augen gelb, unter-schiedlich groß. Verschiedene Farbgrup-pen sind erhältlich: **Carnation Victo-rians-Gruppe** Karminrot, kirschrot, violettrosa. **Fuchsia Victorians-Gruppe** Rot, Rosa und Violetttöne; Kronblät-ter gelegentlich mit silbrigem Rand. **Mauve Victorians-Gruppe** Farben von Violett bis Lilarosa. **Muted Victori-ans-Gruppe** Relativ hoch, rauchgraue oder eisgraue Sepia-Töne. **Old Rose Victorians-Gruppe** Rosarote Töne. **Striped Victorians-Gruppe** siehe *P.* Striped-Victorians-Gruppe. **Valentine Victorians-Gruppe** Miniatur-Form. Rosatöne, weiße Mitte. **Violet Victo-rians-Gruppe** Violett-, Pflaumen- und Heidelbeerblau. Für alle guten, gleich-mäßig feuchten Böden. Nicht mit der Victoriana-Serie der Gold-Laced-Polyanthus-Primeln zu verwechseln. Aus Barnhaven (siehe Kasten S. 392). Teilung. ↕ 20 cm. Z6

P. vulgaris ✿ (Primula) (Kissen-Primel) Blüht im zeitigen Frühjahr, beginnt oft schon im Herbst auszutreiben und ruht manchmal im Sommer.

Niedriges, übergebogenes, runzliges, mittelgrünes, längliches, an der Spit-ze abgerundetes, zum Stiel hin leicht schmaler werdendes Laub. Die nach oben gerichteten, flachen, 2,5–4 cm breiten Blüten mit gelbem Auge ste-hen in einer grundständigen Rosette an zottig behaarten Stielen, sie sind gelb, rosa oder weiß. Gedeiht am bes-ten in schweren Böden und verträgt keine exponierten, heißen, staunassen, sandigen oder sehr sauren Standorte. Sät sich unter günstigen Umständen selbst aus und kann sogar lästig wer-den; gut geeignet zum Auswildern in Gehölzzonen oder schattigen Wiesen. Zieht bei Hitze oder Trockenheit bis zu sechs Monate lang ein, ohne Scha-den zu erleiden. Wird am besten durch Aussaat vermehrt. Für die Entnahme von Samen muss man sich beeilen, da er rasch von Ameisen verbreitet wird. Lässt sich auch nach der Blüte teilen, ist jedoch anfällig für Virusinfektionen. Wächst in Laubwäldern, an Ufern und in schattigen Wiesen von Großbritan-nien, Südnorwegen und Nordspanien bis Nordafrika, ostwärts bis in den Libanon, den Iran und den Kaukasus. ↕ 15 cm. Z4 **var.** *alba* Weiße Blüten. Die meisten weiß blühenden Kissen-Primeln gehören zu subsp. *sibthorpii*. **'Alba Plena'** Gefüllte weiße Blüten. Ein traditioneller Name, die Pflanzen können jedoch durchaus neueren Ursprungs sein. Vermehrung nur durch Teilung. Hose-in-Hose-Gruppe siehe *P.* Hose-in-Hose. **Jack-in-the-Green-Gruppe** siehe *P.* Jack-in-the-Green. **'Lilacina Plena'** syn. 'Quaker's Bonnet' Hübsche alte Sorte mit dicht gefüllten, rosalila Blüten. Noch immer wüchsig. Nur Teilung. **subsp.** *sibthorpii* ✿ Blüten rosa, gelegentlich weiß. Vom östlichen Mittelmeer zum Kaukasus verbreitet. **'Viridis'** Blüten eher von schmutzig grün. Eine alte, sehr ungewöhnliche, aber ziemlich schwache Form. Vermehrung nur durch Teilung.

***P.* 'Wanda'** ✿ (Primula, Ac) Vielblütige Form der Kissen-Primel. Lebhaft vio-lette Blüten mit goldener Mitte und violett überlaufenen Blättern. Bekannt,

RECHTS **1** *Primula viallii* **2** *P. vulgaris* **3** *P. vulgaris* 'Alba Plena' **4** *P. vulgaris* subsp. *sibthorpii*

GEFÜLLTE PRIMELN

Schon immer traten auch in freier Natur gelegentlich gefüllte Primeln auf. Hinwei-se darauf liefern bereits sehr alte schrift-liche Zeugnisse. Unter Gärtnern sind sie seit je sehr begehrt. Die ersten Formen mit festem Sortennamen tauchten im Frankreich und Irland des 19. Jahrhun-derts auf – zu den bekanntesten Primeln aus dieser Zeit gehört 'Marie Crousse', die um 1880 eingeführt wurde. Größere Verbreitung fanden die gefüllten Primeln, als Florence Bellis Pollen von 'Marie Crousse' auf ausgewählte, einzelblütige Pflanzen übertrug. Sie züchtete insge-samt 340 gefüllte Primeln und Schlüssel-blumen.

Die alten gefüllten Formen ließen durch die ständige vegetative Verme-

rung immer mehr in der Wuchskraft nach. Dazu kamen Virusinfektionen, die die Pflanzen zusätzlich schwächten. Jared und Sylvia Sinclair brachten jedoch weitere aus Samen gezogene Sorten auf den Markt, und von diesen stammen heute die bekanntesten gefüllten For-men wie 'Captain Blood' oder 'Sunshine Susie' ab. Sie sind nicht nur ausnehmend schön, sondern lassen sich hervorragend in Gewebekulturen vermehren. Dabei werden Viren nicht mit übertragen. Die wenigen Sorten fanden dadurch eine weite Verbreitung und werden sogar in Gartencentern oder Märkten angeboten. Im Garten zeigen sie sich ausgesprochen wüchsig, doch kann es in Zukunft zu Virusinfektionen kommen.

beliebt und in der Regel auch robust, aber nicht mehr so wüchsig wie früher. Gedeiht am besten in vollem Licht und an den meisten Standorten mit guten, nicht austrocknenden Böden. Das gilt auch für die folgenden beiden Sorten. Teilung. ↕ 10–15 cm. Z4

P. **'Wanda Hose-in-Hose'** (Primula, Ac) Variante von 'Wanda' mit zu Blütenblättern umgewandelten Kronblättern, dadurch sind eine lebhaft violette Blüte in der anderen. Teilung. ↕ 10–15 cm. Z4

P. **'Wanda Jack-in-the-Green'** ♥ (Primula, Ac) Variante von 'Wanda'. Vergrößerter, violettgrüner Kelch um eine lebhaft violette Blüte. Teilung. ↕ 10–15 cm. Z4

P. **Wanda-Gruppe**, *P.* **Wanda-Hybriden**, *P.* **Wanda-Serie** (Primula, Ac) Bei Pflanzen, die unter diesen Bezeichnungen angeboten werden, handelt es sich meist um Formen der Wanda-Supreme-Serie oder von diesen abgeleitete Sorten, die wenig oder nichts mit *P.* 'Wanda' zu tun haben.

P. **Wanda Supreme-Serie** (Primula, Ac) Kompakte, großblütige Kissen-Primeln, einige mit schön geformten, rundlichen Blüten, andere mit gekerbten Blütenblättern. In 18 verschiedenen Farben und einer Mischung erhältlich. Laub meist dunkelgrün oder bronzefarben getönt. Vom britischen Züchter Floranova als überwinternde Beetpflanze auf Winterhärte ausgelesen. Teilung. ↕ 15 cm. Z6

P. **wilsonii** (Proliferae) Aromatisch duftende, immergrüne Staude mit glatten, glänzenden, dunkelgrünen, übergebogenen, länglichen, stumpf gezähnten Blättern. Grüne, weder behaarte noch bemehlte Schäfte mit 2–5 Quirlen aus relativ kleinen, becherförmigen, dunkelroten bis schwarzen Blüten mit goldenem Auge an kurzen Stielen. Blütezeit Hochsommer. Braucht nährstoffreiche, feuchte Böden an geschützten Standorten, verträgt im Winter aber keine Staunässe. Häufige Wechsel zwischen Auftauen und Frost verträgt die Art sehr schlecht. Weder leicht zu kultivieren noch wüchsig und daher in Gärten nur selten anzutreffen, aber bei guter Pflege eine sehr schöne Zierpflanze. Meist kurzlebig. Vermehrung überwiegend durch Aussaat. ↕ 50–90 cm. Z6 **var. anisodora** syn. *P. anisodora* Blüten fast schwarz, mit dünnem grünlichem Schlundring.

P. **'Winter White'** siehe *P.* 'Gigha'. Nicht zu verwechseln mit der Winter-White-Gruppe aus Barnhaven.

P. **You-and-Me-Serie** (Primula, El) Hose-in-Hose-Schlüsselblume in 5 Farbsorten (weiß, cremefarben, gelb, rosarot und rot mit weißem Rand). Wird als Saatgut oder als aus Samen gezogene Einzelpflanze angeboten, gute Formen lassen sich aber auch teilen. Für gute Böden, die nicht austrocknen. Teilung. ↕ 15 cm. Z4

PROSARTES siehe DISPORUM

PRUNELLA
Braunelle
LAMIACEAE

Die anpassungsfähigen, wüchsigen, niedrigen Bodendecker zeigen ihre Blüten den ganzen Sommer über – zur Freude der Bienen, die sie mit Vorliebe anfliegen.

Rund 7 halbimmergrüne Arten aus Afrika, Asien, Europa und Nordamerika rechnet man zur Gattung. Die beiden europäischen Arten kommen auf Trockenrasen, Waldlichtungen und Brachland vor. *P. vulgaris* nutzt man allerdings überwiegend als Heilkraut (oder bekämpft es als Rasenunkraut). Mit ihren kurzen Rhizomen, den niederliegenden, oft wurzelnden Trieben und kleinen, ovalen Blättern bilden Braunellen Matten, die sich rasch ausbreiten. Die beblätterten, kantigen Stängel ragen über das grundständige Laub hinaus und tragen den Blütenstand mit Scheinquirlen aus salbeiartigen, zweilippigen Blüten. Sie ragen aus einem dichten Büschel aus Kelchen und breiten, runden, bräunlichen Hochblättern heraus. Die Arten kreuzen sich untereinander.

KULTUR In feuchten Böden in der Sonne oder lichten Schatten. Verträgt keine sommerliche Trockenheit.

VERMEHRUNG Durch Teilung.

PROBLEME In der Regel keine.

P. **grandiflora** (Großblütige Braunelle) Die kriechende Art bildet dichte Matten aus dunkelgrünen, schmal ovalen, bis 9 cm langen und 4 cm breiten Blättern mit glattem oder gebuchtetem Rand. Während der Blüte von Juni bis September sind die aufrechten, länglichen Ähren dicht mit kräftig violetten, 2,5–3 cm langen Lippenblüten besetzt. Die Art unterscheidet sich von der ähnlichen Gewöhnlichen Braunelle durch größeres Laub und der Blütenstand ist

vom obersten Blattpaar deutlich abgesetzt. Welke Blüten sogleich entfernen, um Selbstaussaat zu verhindern. Sorten wachsen kräftiger und haben eine größere Auswahl an Blütenfarben zu bieten. Von trockenen, alkalischen Böden in Mitteleuropa bis Südschweden und Zentralrussland. ↕ 15–30 cm. Z5 **'Alba'** Cremeweiße Blüten. **'Blue Loveliness'** Blauviolette Blüten. **'Loveliness'** ♥ Blasslila Blüten. **'Pagoda'** Mischung aus violetten, rosa und weißen Blüten. Blüht schon im Jahr der Aussaat. **'Pink Loveliness'** Zartrosa. **'Rosea'** Rosa. 'White Loveliness' Weiß.

PSEUDOTRILLIUM siehe TRILLIUM RIVALE

PTEROCEPHALUS
Flügelkopf
DIPSACACEAE

Laub und Blüten bilden bei dieser Pflanze eine schöne farbliche Einheit.

Die Gattung umfasst etwa 25 Einjährige, Mehrjährige und Sträucher aus dem Mittelmeerraum bis nach Ostasien. Lediglich eine Art wird häufiger als Zierpflanze kultiviert. Die gegenständigen Blätter können ganzrandig oder verschiedentlich gekerbt und gezähnt sein. Hoch über dem Laub erscheinen die Blütenstände, die sehr stark denen der eng verwandten *Scabiosa* ähneln.

KULTUR In trockenen, tiefgründigen Böden in voller Sonne.

VERMEHRUNG Aussaat oder Teilung.

PROBLEME In der Regel keine.

P. **parnassii** siehe *P. perennis*

P. **perennis** syn. *P. parnassii* Bildet 30 cm breite Polster aus 3–5 cm großen, ovalen, dicht stehenden, grau behaarten Blättern mit wellig kerbtem Rand. Rosa bis rotviolette, bis 4 cm breite

Blütenköpfe erscheinen im Sommer in großer Zahl über dem Laub. Der Kelch besteht aus fedrigen Borsten. Aus Griechenland und Albanien. ↕ 10–15 cm. Z6

PULMONARIA
Lungenkraut
BORAGINACEAE

Der zu Recht beliebte Bodendecker beeindruckt durch buntlaubige Blätter und Frühjahrsblüten in vielen ansprechenden Farben.

Zur Gattung zählen 10–18 Arten halbimmergrüner oder sommergrüner Stauden. Sie sind an überwiegend schattigen Standorten in den Wäldern und Gebirgen Europas und Westasiens verbreitet. Die behaarten Pflanzen wachsen horstig und sondern bisweilen aus Drüsen eine klebrige Flüssigkeit ab. An den relativ langsam kriechenden Rhizomen stehen die Blätter rosettenartig angeordnet. Die Blattspreite ist in der Regel recht groß und schmal lanzettlich bis oval; die Grundblätter variieren von herzförmig bis leicht verschmälert. Sie können spitz zulaufen oder eine stumpfe Spitze tragen. Der Rand ist nie geteilt oder gezähnt, kann jedoch gewellt sein. Die kurzen Stiele sind nie länger als die Spreite. Die Stielblätter bleiben kleiner und sind verglichen mit dem grundständigen Laub oft relativ schmal und ungestielt. Die Blätter mit rauer Oberfläche sind meist borstig, gelegentlich weich behaart und häufig von auffälligen, silbrig weißen, mitunter blassgrünen Flecken bedeckt – dies macht das wesentliche Schmuckelement des Lungenkrauts aus. Bei einigen Sorten ist das gesamte Blatt silbrig überzogen. Die Grundblätter strecken sich im Laufe des Sommers oft noch wesentlich.

UNTEN **1** *Prunella grandiflora*
2 *Pterocephalus perennis*

Die Blütenstängel wachsen aufrecht oder leicht ausgebreitet. Sie sind unverzweigt, rau, borstig behaart und werden in der Regel nicht höher als 25–30 cm. Die Blüten stehen in kurzen, leicht belaubten, endständigen Wickeltrauben, die sich beim Fruchtansatz etwas verlängern. Blütezeit ist in der Regel das Frühjahr, manche Formen öffnen ihren Flor schon im Spätwinter, andere blühen bis in den Frühsommer hinein. Die trichterförmigen Blüten bestehen aus einer langen, zylindrischen, glockenförmigen Röhre mit 5 flachen Lappen; die Röhre wird zum Teil von einem behaarten Kelch verdeckt.

Man unterscheidet zwei Blütenformen (siehe *Lange und kurze Griffel*, S. 398): Blüten mit langen Griffeln und kürzeren Staubfäden fallen meist größer und prachtvoller aus als die kurzgriffelige Form. Die Palette der Blütenfarben reicht von Purpurrot, Violett oder Blau bis zu Rosa- und Rottönen und sogar Weiß. Die Knospen sind im Allgemeinen rosa gefärbt, während sich die Farbe der Blüten, die eine wertvolle Nektarquelle für früh fliegende Hummel sind, mit zunehmendem Alter ändert. Diese Farbänderung dient vermutlich als Signal für bestäubende Insekten: Es zeigt an, dass der Nektar versiegt ist. In Nordamerika fliegen auch Kolibris das Lungenkraut an.

Viele Neueinführungen sind aus spontanen Sämlingen entstanden, die von aufmerksamen Gärtnern entdeckt wurden.

Fast alle Lungenkraut-Arten sind ausgesprochen winterhart, vor allem unter dem Schutz einer Schneedecke. Halbimmergrüne Arten und Sorten verlieren bei rauer Witterung mitunter ihr Laub, treiben im Frühjahr aber meist wieder aus. Im maritimen Klima mit sehr milden Wintern leiden die meisten Pulmonarien. Auch mit trockenen Bedingungen kommen sie nicht gut zurecht.

KULTUR Fast alle Lungenkräuter vertragen Schattenwurf – manche wachsen sogar noch in tiefem Schatten, wenngleich sie dann weniger reich blühen. Einige gedeihen auch in voller Sonne, unter anderem *P.* ‘Blue Ensign’, *P.* ‘Glacier’, *P.* ‘Mary Mottram’, die *P. officinalis* Cambridge-Blue-Gruppe, *P. longifolia* und *P. mollis*.

An den Boden stellen sie keine großen Ansprüche, lediglich auf dauerhaft nasse Erde reagieren sie empfindlich. Sehr gute Dienste leisten sie auf schwerem Ton, doch am meisten behagt ihnen ein relativ nährstoffreicher, humoser, nicht allzu trockener Boden. Die meisten kommen mit einem hohen Kalkgehalt zurecht. Eine gute Aufbereitung des Bodens vor dem Pflanzen lohnt sich

ECHTER MEHLTAU

Der Echte Mehltau tritt häufig an Lungenkräutern auf. Ein mehlig weißer Belag bildet sich auf der Blattoberfläche zunächst in Form vereinzelter Flecken, die dann größer werden und schließlich zusammenfließen und sich auf Stängel, Stängelblätter und Blütenstände ausbreiten. Zwar sterben die Pflanzen selten ab, doch sie verlieren jeden Zierwert. Wuchskraft und Blühwilligkeit leiden.

Der Echte Mehltau bereitet besonders bei heißen, trockenen Bedingungen Probleme: Fallen hohe Temperaturen mit geringer Boden- und niedriger Luftfeuchtigkeit zusammen, hat der Pilz leichtes Spiel. Man pflanzt das Lungenkraut daher möglichst in den Schatten und hält den Boden feucht. Fungizide bewirken herzlich wenig, zum Teil weil die raue Blattoberfläche eine gleichmäßige Benetzung mit der Spritzflüssigkeit verhindert. Viele Gärtner entfernen befallene Blätter – oder entlauben das Exemplar gleich völlig. Diese Radikalkur muss durch gründliches Wässern und großzügige Gaben von Flüssigdünger unterstützt werden. Manche Sorten sollen resistent gegen die Krankheit sein, vor allem einige amerikanische Neuzüchtungen, etwa ‘Apple Frost’, ‘Cotton Cool’, ‘Excalibur’, *P. longifolia* subsp. *cevennensis*, ‘Margery Fish’, ‘Milky Way’, ‘Moonshine’ und ‘Victorian Brooch’.

ebenso wie das gründliche Wässern der Pflanzen im ersten Standjahr, um ein optimales Einwurzeln zu gewährleisten. Man mulcht einmal im Jahr mit Laubhumus, Rindenkompost oder anderen organischen Materialien. Alle Lungenkräuter eignen sich hervorragend als Bodendecker für halbschattige Standorte unter Bäumen und Sträuchern, wo sie nicht wuchernde Horste aus dekorativen Blättern bilden.

Wüchsige Pulmonarien wie *P.* ‘Barfield Regalia’ und *P. rubra* sollten alle vier bis fünf Jahre geteilt und neu aufgepflanzt werden, andere indes kann man länger ungestört wachsen lassen.

VERMEHRUNG Durch Aussaat, Teilung oder Wurzelschnittlinge. Keine Sorte fällt treu aus Samen, deshalb sollte man nur isoliert stehende Arten aussäen. Oft tauchen spontane Sämlinge auf, doch handelt es sich dabei um Hybriden.

Am einfachsten ist die Teilung. Horste werden nach der Blüte oder im Herbst verkleinert. Manche kann man in viele kleine Stücke teilen, andere brauchen eine Weile, bis sie größer werden, und sollten nicht so stark zerteilt werden. Kleine Teilstücke topft man am besten ein und stellt sie an schattige Plätze; gepflanzt wird im Herbst. Größere Stücke setzt man gleich ins Freiland.

Formen von *P. longifolia* und *P. saccharata* lassen sich über Wurzelschnittlinge vermehren. Man nimmt dazu im Herbst eine kräftige junge Wurzel auf und schneidet sie in 5 cm lange Teilstücke, die man in tiefe

Anzuchtschalen oder Töpfe mit stark durchlässigem Substrat steckt und an einem kühlen, frostfreien Ort überwintert.

PROBLEME Echter Mehltau, manchmal Viren, Blattläuse, Schmetterlingslarven, Sägewespen, Schnecken.

P. angustifolia ♀ (Schmalblättriges Lungenkraut) Die Herkunft dieser Art ist umstritten. Bei den Pflanze, die als *P. angustifolia* im Umlauf ist, handelt es sich mit aller Wahrscheinlichkeit nicht um die eigentliche Art. Sie ist mehr oder weniger immergrün, kaum behaart und bildet kleine Horste aus elliptischen bis lanzettlichen und schmal ovalen, grünen Blättern. Ihre 1,8 cm breiten, leuchtend blauen Blüten öffnen sich in der ersten Frühjahrshälfte. Sie bevorzugt leichten Schatten in feuchten, durchlässigen, sauren bis neutralen Böden und wirkt in alkalischer Erde oft chlorotisch. Die Teilung gelingt leicht. Die wahre Art hingegen ist stärker behaart, trägt schmal lanzettliche Blätter und schmalere Blüten, die von der Frühjahrsmitte bis in den Sommer erscheinen. In Gärten ist sie ein seltener Gast. Woher der Eindringling stammt, weiß man nicht. ↕ 25–30 cm. Z3 **subsp. *azurea*** Dunkelgrüne, nicht gefleckte Blätter. Leuchtend blaue Blüten, die sich aus rosa Knospen öffnen. ↕ 25–30 cm. **'Blaues Meer'** ♀ 30 cm lange, ungefleckte, dunkelgrüne Blätter und zahlreiche große, leuchtend blaue Blüten. Von Ernst Pagels gezüchtet. ↕ 30 cm. **'Munstead Blue'** Relativ kleine Blätter, heller als bei anderen Sorten. Klarblaue Blüten, frühere Blütezeit. Eine Züchtung von Gertrude Jekyll. ↕ 15 cm.

P. **'Apple Frost'** Halbimmergrüne, frischgrüne, stark silbrig gefleckte Blätter. Rosarote Blüten, die im Frühjahr erscheinen. Angeblich mehltauresistent. ↕ 25–30 cm. Z4

P. **'Barfield Regalia'** Wüchsige, halbimmergrüne Form mit schmalen, bis 45 cm langen Blättern an 20 cm langen Stielen. Spreite ungefleckt oder mit wenigen, blassgrünen Flecken in mehr oder weniger regelmäßigen Abständen. Langgriffelige Blüten recht groß, violett- oder dunkelblau, in verzweigten Ständen an aufrechten Stängeln. Blüht im zeitigen Frühjahr. Eine sehr elegante Pflanze, vermutlich eine der besten violettblauen Sorten. ↕ 30–45 cm. Z4

P. **'Beth's Blue'** syn. *P.* 'Cedric Morris' Auffällige, kompakte, halbimmergrüne Form mit dunkelgrünen, 32 × 12 cm großen, spärlich blassgrün gefleckten Blättern. Langgriffelige Blüten in sattem Blau ohne Rotstich; in relativ dichten Ständen an aufrechten Stängeln. Womöglich eine Hybride zwischen *P. longifolia* und *P. affinis*. ↕ 30 cm. Z4

P. **'Beth's Pink'** syn. *P.* 'Beth Chatto's Red' Halbimmergrün, mit ovalen, 25 × 10 cm großen Blättern, die zum Stiel hin unvermittelt schmaler werden und stark mit weißlichen oder sehr blassgrünen Flecken gezeichnet sind. Die langgriffeligen Blüten in Korallenrot

ÜBERRASCHUNG IM SCHATTEN

LUNGENKRAUT TRÄGT geflecktes Laub, und das Scharbockskraut ist ein lästiges Wildkraut – auf diese Merkmale werden die beiden Arten landläufig reduziert. Dabei ergeben beide vorzügliche Ziergewächse. Das saubere, frischgrüne Laub von *Pulmonaria angustifolia* ist ungefleckt und bildet einen heiteren Hintergrund für die leuchtend blauen Blüten im Frühling. Dazu gesellt sich *Ranunculus ficaria* 'Brazen Hussy' mit attraktivem Laub. Die dunkelvioletten Blätter setzen einen hervorragenden Kontrapunkt zu den sonnig-frohen gelben Blüten. 'Brazen Hussy' wuchert zwar viel weniger als die Wildart, aber die Sorte sät sich selbst aus. Das Laub der Nachkommen kann grüner und daher weniger spektakulär ausfallen.

nehmen mit der Zeit eine leichte violette Tönung an. Blütezeit April–Juni. Vielleicht eine *P. affinis*-Hybride. ↕ 25 cm. Z4

P. **'Blauer Hügel'** Kompakte, immergrüne Sorte mit langen schmalen Blättern, die wenige gleichmäßig verteilte Flecken tragen. Die klarblauen Blüten erscheinen im Frühjahr in großer Zahl. Ähnelt *P.* 'Little Star'. ↕ 30 cm. Z4

P. **'Blue Crown'** Wüchsige, halbimmergrüne Züchtung mit schmalen, dunkelgrünen Blättern. Wenige ausgeprägte, große Flecken. Blüten dunkel- oder violettblau, erscheinen im Frühjahr sehr zahlreich. Blüht im tiefen Schatten nur unzureichend. Anfällig für Mehltau. Eine zähe, langlebige Hybride von *P. longifolia*. ↕ 25–30 cm. Z4

P. **'Blue Ensign'** ♀ Auffallende, wüchsige, sommergrüne Pflanze mit relativ breiten, sehr dunkelgrünen, ungefleckten, bis zu 25 cm langen Blättern. Langgriffelige Blüten, groß, sattblau

oder blauviolett, in relativ kompakten Blütenständen an mehr oder weniger aufrechten Stängeln. Blütezeit Frühjahr. Eine der prächtigsten Sorten, die außerdem zu den Formen mit dem besten Dunkelblau zählt. Sie verträgt Sonne, ist aber anfällig für Mehltau. ↕ 25–30 cm. Z4

P. **'Blue Moon'** siehe *P. officinalis* 'Blue Mist'

P. **'Blue Pearl'** ♀ Sommergrün, mit runden, ungefleckten Blättern. Kurzgriffelige Blüten reinblau, etwas heller als die ähnliche Sorte 'Mawson Blue', mit der sie verwechselt werden kann. Eine der älteren Sorten, womöglich eine Hybride von *P. angustifolia*. ↕ 20–30 cm. Z4

P. **'Cedric Morris'** siehe *P.* 'Beth's Blue'

P. **'Chintz'** Ungewöhnliche Form mit mittelgrünen, spärlich blassgrün gefleckten Blättern. Kurzgriffelige Blüten in dichten Ständen an kurzen

Stängeln. Sie sind zweifarbig: jeweils ein breiter rosa Streifen vor weißem Hintergrund auf jedem Kronblattlappen, in der Mitte des Streifens meist mit weißer Ader. Die Blüten färben sich später violett und schließlich blau. Sämling von *P. officinalis*. ↕ 15–25 cm. Z4

P. **'Cotton Cool'** Hervorstechende, halbimmergrüne Form mit auffälligem Laub: Die langen, recht schmalen, zugespitzten Blätter stehen mehr oder weniger aufrecht und sind vollständig silbrig gefärbt, mitunter auch dunkelgrün gerandet. Die blauen oder rosa Blüten stehen in dichten Büscheln. Verträgt Trockenheit. Die gute, langlebige Hybride von *P. longifolia* zählt zu den Formen mit dem schönsten Laub. ↕ 20–30 cm. Z4

P. **'De Vroomen's Pride'** Blätter fast weiß, mit schmalem, grünem Rand. Blüten blau, später rosa. Ähnelt einer Reihe anderer Sorten und ist möglicherweise mit 'Reginald Kaye' identisch. ↕ 25–40 cm. Z4

P. **'Diana Clare'** Sehr dekorative, halbimmergrüne Form mit langen, zugespitzten, silbergrünen Blättern und großen violettblauen Blüten mit violettem Längsstreifen zwischen den Lappen. Eine Hybride von *P. longifolia.* ↕ 20–30 cm. Z4

P. **'Dora Bielefeld'** Kräftig grüne, leicht blass silbergrün gefleckte Blätter. Große, klarrosa, langgriffelige Blüten, die sich aus korallenrosa Knospen öffnen. Die vielleicht beste rosa blühende Sorte unter den älteren Züchtungen. Wird oft irrtümlich zu *P. saccharata* gestellt. ↕ 25–30 cm. Z4

P. **'Excalibur'** Recht wüchsige Form. Silbrige Blätter mit schmalem, dunkelgrünem Rand. Blüten als Knospe korallenrosa, später hellblau. Reichblühend. Blütezeit Frühjahr. Blätter verbrennen leicht in voller Sonne, braucht daher Schatten und gleichbleibend feuchte Erde. Ein Sämling von 'Margery Fish'. ↕ 20–30 cm. Z4

P. **'Glacier'** Hübsche, halbimmergrüne Sorte. 15 × 8 cm große, leicht gelblich grün gefleckte Blätter, die sich am Grund plötzlich verbreitern. Blattstiele etwa doppelt so lang wie die Spreite. Die großen, langgriffeligen Blüten öffnen sich im Frühjahr aus rosa Knospen an ausladenden Stängeln und färben sich mit der Zeit zartblau, an ein und derselben Pflanze gelegentlich auch zartrosa oder weiß. Verträgt in feuchten Böden auch Sonne. ↕ 20–30 cm. Z4

P. **'Highdown'** siehe *P.* 'Lewis Palmer'

P. **'Lewis Palmer'** ♥ syn. *P.* 'Highdown' Wüchsige Form mit langen, relativ schmalen, dunkelgrünen Blättern, die etwa doppelt so lang wie ihre Stiele sind. Spreite zur Hälfte dicht mit auffäl-

LANGE UND KURZE GRIFFEL

Das Lungenkraut entwickelt wie die Primeln zweigeschlechtliche Blüten in zwei Varianten: Bei den »langgriffeligen« Blüten steht der weibliche Teil, die Narbe, an einem sehr langen Griffel. Sie ragt dadurch aus der Blüte heraus. Bei den »kurzgriffeligen« Blüten ist der Griffel kürzer, sodass die Narbe im Schlund verborgen ist, und zwar hinter einem Ring aus Staubblättern, den männlichen Organen.

Für den Gärtner haben die beiden Blütenformen durchaus eine Bedeutung. Erstens tragen langgriffelige Exemplare in der Regel größere, schönere Blüten. Zweitens ist die Fremdbestäubung durch das Vorhandensein zweier Blütenformen gesichert – spontan aufgegangene Sämlinge im Garten sind also immer Hybriden zwischen zwei Formen, die variabel ausfallen. Und drittens lassen sich anhand der unterschiedlichen Blüten manchmal Sorten identifizieren, die sich ansonsten sehr ähnlich sehen. So ist 'Barfield Ruby' eine langgriffelige Sorte, während die fast identische 'Redstar' zu den kurzgriffeligen Formen zählt.

ligen, grünlich weißen Flecken übersät. Blüten groß, satt-blauviolett, nach oben oder außen gerichtet. Blütezeit Frühjahr. Vielleicht eine Hybride von *P. longifolia.* ↕ 30–35 cm. Z4

P. **'Little Star'** Kompakte Pflanze. Schmal lanzettliche, ziemlich kurze Blätter mit einigen wenigen kleinen silbrigen Flecken. Blüten in der Knospe zunächst altrosa, später kobaltblau. Blüht im Frühjahr über einen langen Zeitraum hinweg an kurzen Stängeln. Sämling von *P. longifolia* 'Bertram Anderson'. ↕ 15–20 cm. Z4

P. longifolia Hübsche, halbimmergrüne, Horst bildende, leicht behaarte Art mit schmal lanzettlichen, meist auffallend weiß gefleckten, bis zu 60 cm langen Blättern. Blüten trichterförmig, 8–12 mm lang, anfangs rosa, später violett oder leuchtend blau, in relativ dichten Büscheln. Blütezeit Frühjahr. Verträgt volle Sonne besser als die meisten anderen Arten und gedeiht in tiefem Schatten nur unzureichend. Für feuchte Böden, verträgt aber kurzzeitige Trockenheit. Aus Westeuropa. ↕ 20–40 cm. Z5 **'Ankum'** syn. 'Coen Jansen' Kompakter, schöner Busch aus schmalen, gewelltrandigen, stark silbrigen, bis 30 cm langen Blättern. Kleine, kräftig violettblaue Blüten. ↕ 30–34 cm. **'Bertram Anderson'** Lange, schmale, dunkelgrüne, silbrig gefleckte Blätter und sehr kleine, aber lebhaft blaue Blüten. ↕ 25–30 cm. **subsp.** *cevennensis* Stark silbrig gefleckte Blätter, die fast 60 cm lang werden. Aus den französischen Cevennen. ↕ 30 cm. **'Coen Jansen'** siehe 'Ankum'. **'Dordogne'** Größere, lanzettliche, markant silberweiß gefleckte Blätter und blaue Blüten an aufrechten Stängeln. Wurde wild in Frankreich entdeckt. ↕ 30–45 cm.

P. **'Majesté'** Glänzende, fast völlig silbrige Blätter mit dünnem grünem Rand. Blüten zunächst rosa, später blau. Gedeiht im Schatten am besten, verträgt bei reichlicher Feuchtigkeit etwas mehr Sonne. An trockenen Standorten bisweilen schwierig zu kultivieren. Eine der ältesten silberlaubigen Formen. ↕ 20–30 cm. Z4

P. **'Margery Fish'** ♥ Lange, schmale, stark gefleckte, fast vollständig silbrige Blätter. Blüten in der Knospe rosa, später blau. Blüht im zeitigen Frühjahr. Resistent gegen Mehltau. Elternpflanze vieler amerikanischer Züchtungen. Wird oft als Form von *P. vallarsae* geführt, ist aber wohl eher eine Hybride von *P. saccharata.* ↕ 30 cm. Z4

P. **'Mary Mottram'** syn. *P.* 'Wendy Perry' 30 × 10 cm große Grundblätter, mit Ausnahme eines schmalen grünen Rands fast vollständig silbrig, an über 20 cm langen Stielen. Stängelblätter dicht gefleckt. Die großen, langgriffeligen Blüten sind violettblau, mit braunem Kelch, und öffnen sich sehr früh. Die sehr ähnliche Form 'Wendy Perry' wird gelegentlich als eigenständig

betrachtet; diese ist angeblich wüchsiger und blüht reicher. Verträgt volle Sonne. ↕ 30 cm. Z4

P. 'Mawson's Blue' syn. *P.* 'Mawson's Variety' Sommergrüne Form mit dunkelgrünen, ungefleckten Blättern. Die kräftig dunkelblauen, kurzgriffeligen Blüten öffnen sich relativ spät. Bei der ursprünglichen, um 1930 aufgetauchten Sorte 'Mawson's Blue' scheint es sich um eine andere Form als um die heute kultivierte gehandelt zu haben. Vermutlich eine Hybride von *P. angustifolia*. ↕ 20–30 cm. Z4

P. 'Merlin' Schön geformte, kompakte, immergrüne Sorte mit lanzettlichen, unregelmäßig silbergrün gefleckten, bisweilen völlig von Flecken bedeckten Blättern. Langgriffelige, blassrosa bis blassblaue Blüten. Eine Hybride von *P. longifolia*. ↕ 20–30 cm. Z4

P. 'Milchstrasse' (**Milky Way**) Große, lanzettliche, stark silbrig gefleckte Blätter und blaue Blüten, die sich aus weinroten Knospen öffnen und später zu Rosa verblassen. Eine Hybride von 'Margery Fish'. ↕ 30 cm. Z4

P. mollis (Weiches Lungenkraut) Beeindruckende, sommergrüne, Horst bildende Art mit sehr langen, rein dunkelgrünen, weich behaarten, bis 60 cm langen, ovalen bis mehr oder weniger lanzettlichen, zunächst aufrechten Blättern. Die großen, trichterförmigen, sattblauen, oft zu Violettrosa verblassenden Blüten erscheinen im Frühjahr. Sie tragen Drüsenhaare und sind klebrig. Man kultiviert die Art am besten an absonnigen bis halbschattigen Standorten. Die Erde sollte feucht sein, doch verträgt diese Art Trockenheit besser als andere Pulmonarien. *P. mollis* ist die größte Lungenkraut-Art und gibt einen ausgezeichneten Bodendecker ab, braucht aber reichlich Platz. Aus Mittel- und Südost-Europa, Zentralasien, Sibirien, der Mongolei und China. ↕ 45–60 cm. Z4

P. 'Moonshine' Relativ runde, silbrig weiße Blätter mit dünnem dunkelgrünem Rand und kleinen blassblauen Blüten. ↕ 20 cm. Z4

P. 'Moonstone' Halbimmergrün, mit hübschen, stark gefleckten Blättern und weißen, später zart-blaugrauen Blüten. Eine Züchtung von Carol Klein. ↕ 30 cm. Z4

P. 'Mrs Kittle' Regelmäßiger, aufrechter Wuchs. Recht schmale, bis 15 cm lange, lang gestielte, silbrig weiß gefleckte und gesprenkelte Blätter. Langgriffelige, zartrosa Blüten, Knospen rosa, später immer mehr blasslila. ↕ 20–30 cm. Z4

P. officinalis (Echtes Lungenkraut) Horst bildende, halbimmergrüne Art mit borstig behaarten, unregelmäßig weiß gefleckten, ovalen bis herzförmigen Blättern. Kräftig rosarote, später violette und blaue Blüten in Büscheln. Blütezeit Frühjahr. ↕ 15–20 cm. Z4
'Blue Mist' ♀ syn. *P. officinalis* 'Bowles' Blue', *P.* 'Blue Moon' Weißlich grün

gefleckte Blätter mit großen, sehr blassen, klarblauen, langgriffeligen Blüten aus lila Knospen. Eine Züchtung von Amy Doncaster. Möglicherweise sind unter dieser Bezeichnung mehrere verschiedene Sorten in Umlauf. **Cambridge-Blue-Gruppe** Herzförmige Blätter und sehr zahlreiche, blassblaue, kurzgriffelige Blüten aus rosa Knospen. Verträgt Sonne, solange der Boden feucht bleibt. Eine Reihe ähnlicher Arten werden als 'Cambridge Blue' verkauft, weshalb man sie am besten als Cambridge-Blue-Gruppe zusammenfasst. Ebenfalls von Amy Doncaster. ↕ 25–35 cm. **'White Wings'** Silbrig gefleckte Blätter. Weiße, langgriffelige Blüten mit deutlichem Auge. Späte Blütezeit. Wird mitunter mit *P.* 'Sissinghurst White' verwechselt, unterscheidet sich jedoch durch das rosa Auge, die stärker rosa gefärbten Kelche, den kompakteren Wuchs und die geringere Anfälligkeit für Mehltau. ↕ 25–30 cm.

P. Opal (**'Ocupol'**) Ausgezeichnete halbimmergrüne Form mit relativ schmalen, reich gefleckten Blättern. Die Blüten öffnen sich aus zartrosa Knospen und färben sich später blassblau. Vermutlich eine Hybride von *P. saccharata*. ↕ 25 cm. Z4

P. 'Paul Aden' siehe *P.* 'Reginald Kaye'

P. 'Polar Splash' Relativ runde, dunkelgrüne, im Winter bisweilen violett getönte Blätter mit leuchtend silbrigen Flecken. Blaue, später rosa Blüten. ↕ 20–23 cm. Z4

P. 'Raspberry Splash' Aufrechte, zugespitzte, dunkelgrüne Blätter mit deutlichen silbrigen Flecken. Dunkelrosa, zahlreich erscheinende Blüten. Eine Hybride von *P. longifolia*. ↕ 30 cm. Z4

P. 'Reginald Kaye' Halbimmergrüne, im Sommer sehr dekorative Form mit großen rundlichen Blättern mit in der Mitte größeren, zum Rand hin aber kleineren Flecken. Blüten zunächst rosa, später hellblau, in dichten Ständen. Unter diesem Namen können mehrere Sorten in Umlauf sein. Sehr ähnlich sind z.B. 'De Vroomen's Pride', 'Paul Aden' und 'Silver Mist'. Wird oft unter *P. saccharata* geführt, steht aber *P. officinalis* näher. ↕ 20–30 cm. Z4

P. 'Roy Davidson' Ausgezeichnete, beliebte halbimmergrüne Sorte mit relativ schmalen, leicht silbrig gesprenkelten Blättern. Langgrifflige Blüten hell- bis mittelblau, später rosa, in dichten Ständen. Ein Sämling von *P. longifolia* 'Bertram Anderson'. ↕ 30 cm. Z4

P. rubra ♀ (Ziegelrotes Lungenkraut) Halbimmergrüne, büschelige Pflanze mit Rosetten aus auffallend hellgrünen, weich behaarten, mehr oder weniger ovalen, bis 15 cm langen Blättern. Im Spätwinter und Frühjahr öffnen sich korallenrote Blüten. Braucht feuchte,

schattige Standorte und verträgt keine Trockenheit. Herkunft: Balkan und Naher Osten. ↕ 20–50 cm. Z5 **var. albocorollata** Weiße Blüten und blass-apfelgrüne Blätter. Kulturformen alle kurzgriffelig, Sämlinge sind daher Hybriden und blühen ausnahmslos in Rot. **'Ann'** Hellgrün gefleckte Blätter und leuchtend rosarote, langgriffelige Blüten mit weißem Rand und weißer Aderung. Wüchsig und reich blühend. **'Barfield Pink'** Ungefleckte, lindgrüne Blätter und kurzgriffelige, leuchtend rote Blüten mit weißem Rand und weißen Adern. Ähnelt 'Ann', ist aber weniger wüchsig und blühfreudig. **'Bowles' Red'** Schwach blassgrün gefleckte Blätter und korallenrote Blü-ten. ↕ 30 cm. **'David Ward'** ♥ Lange blassgrüne Blätter mit weißem Rand. Kurzgriffelige, korallenrote Blüten. Verlangt einen schattigen, feuchten Standort. Nicht einfach zu kultivie-ren, da nicht sonderlich wüchsig. Die Blätter leiden unter Sonne oder Wind, Schnecken schädigen das Laub. 1986 als Sport von 'Redstart' entstanden. Die erste panaschierte *Pulmonaria*-Form. ↕ 30 cm. **'Rachel Vernie'** Grundblät-ter silbrig grün, mit dunkler grünen Streifen und Rändern, cremefarben panaschiert, Stängelblätter mit weißem Saum. Langgriffelige, korallenrote Blüten. Wüchsig wie die ähnliche Sorte 'David Ward', verbrennt nicht so leicht in der Sonne. ↕ 30 cm. **'Redstart'** Wüchsig und kompakt, mit ungefleck-ten, frischgrünen Blättern und großen, korallenroten Blüten. Unterscheidet sich möglicherweise gar nicht von der Art. ↕ 30–45 cm.

P. saccharata (Großgeflecktes Lun-genkraut) Hübsche halbimmergrüne Art. Dichte Horste aus elliptischen, bis 27 cm langen, auffällig silbrig weiß gefleckten oder gesprenkelten Blättern.

UNTEN **1** *Pulmonaria saccharata* 'Mrs. Moon' **2** *P.* 'Sissinghurst White'

Die 1,8 cm langen Blüten öffnen sich aus rosa oder purpurroten Knospen und färben sich um zu Hellblau. Blüht in der ersten Frühjahrshälfte. Lässt sich leicht über Wurzelschnittlinge ver-mehren. Viele Formen sind von dieser Art erhältlich, manche davon sollten jedoch besser *P. officinalis* zugeord-net werden oder sind Hybriden. Aus Südost-Frankreich und Norditalien. ↕ 30–45 cm. Z3 **Argentea-Gruppe** ♥ Das Laub dieser Gruppe färbt sich im Spätsommer ganz silbergrau. Blüten zunächst rosa, später blauviolett. Etwas variabel, aber immer gut. ↕ 25–30 cm. **'Dora Bielefield'** siehe *P.* 'Dora Biele-field'. **'Frühlingshimmel'** (**Spring Sky**) Silbrig gesprenkelte Blätter. Knospen blassrosa, weit geöffnete Blüten hell-blau, mit rötlich braunem Kelch. Neigt etwas zur Ausläuferbildung. Mögli-cherweise enger mit *P. officinalis* als mit *P. saccharata* verwandt. Ähnelt sehr stark 'Blauhimmel' und ist vielleicht sogar damit identisch, unterscheidet sich von ihr aber angeblich durch eine etwas dunklere Blütenfarbe. ↕ 20–25 cm. **'Glebe Cottage Blue'** syn. 'Glebe Blue' Hübsch gefleckte Blätter. Blaue Blüten in dichten Stän-den. **'Leopard'** ♥ Blätter regelmäßig silbrig weiß gefleckt. Blüten rötlich rosa, später lila. Ähnelt sehr stark 'Beth's Pink', 'Diana Chappell' und 'Nürnberg'. Um 1970 im Garten des Autors und Gärtners Graham Stuart Thomas entdeckt. ↕ 20–30 cm. **'Mrs. Moon'** Silbrig gefleckte, für Mehltau anfällige Blätter. Unter diesem Namen werden mittlerweile mehrere Pflanzen gehandelt, deren Blüten als »Rot mit lila Anflug«, »knospend magentarot, geöffnet später blau« und »rosa bis violett« beschrieben werden, wobei es sich vermutlich um Sämlinge handelt. Unklar ist, ob die schon mindestens seit den 1930er-Jahren bekannte Form noch kultiviert wird. **'Reginald Kaye'** siehe *P.* 'Reginald Kaye' **'Silverado'** Blätter oval, silbrig grau, mit schmalem dunkelgrünem Rand. Blaue, rosa und

weiße Blüten. Angeblich rostresistent, obwohl Rost an Lungenkraut selten vorkommt. ↕ 35 cm. **Spring Sky** siehe 'Frühlingshimmel'.

P. **'Silver Mist'** siehe *P.* 'Reginald Kaye'

P. **'Silver Shimmers'** Halbimmergrün, mit großen, langen, gewelltrandigen, silbrigen Blättern und großen stahl-blauen Blüten. ↕ 20 cm. Z4

P. **'Silver Streamers'** Lanzettliche, gewelltrandige, silbrige, fast weiße Blät-ter und blauviolette Blüten, die sich aus rosa Knospen öffnen. Dunkler Kelch. ↕ 20–25 cm. Z4

P. **'Sissinghurst White'** ♥ Immer-grüne Form mit silbrig gefleckten Blättern und früh erscheinenden, reinweißen Blüten. Anfällig für Mehl-tau. Wird gelegentlich mit *P. officinalis* 'White Wings' verwechselt, ist aber wüchsiger und hat kein rosa Auge. Ver-mutlich eine Hybride von *P. officinalis*. ↕ 30 cm. Z4

P. **'Smoky Blue'** Wüchsig und gesund. Dunkelgrüne, violett getönte Blätter mit schwachen silbrigen Flecken. Blü-ten weich altrosa, uninteressant. Wahr-scheinlich eine Hybride von *P. officinalis*. ↕ 25–30 cm. Z4

P. **'Spilled Milk'** Kompakt, mit über-wiegend silbrigen, mehltauresistenten Blättern mit grünem Rand und eini-gen wenigen grünen Flecken. Blüten zunächst blau, später rosa. ↕ 20–30 cm. Z4

P. **'Trevi Fountain'** Halbimmergrün, mit langen, silbrig gefleckten Blättern und großen, kobaltblauen Blüten. ↕ 30 cm. Z4

P. **'Victorian Brooch'** Ungewöhn-liche, fast runde Blätter mit großen silbrigen Flecken. Nach außen gerich-tete, pinkfarbene Blüten mit dunkel-

rotem Kelch an aufrechten Stängeln. ↕ 30 cm. Z4

P. **'Weetwood Blue'** ♥ Relativ lange, schmale, tiefgrüne, ungefleckte oder spärlich blassgrün bzw. weiß gefleck-te Blätter, deren Stiele kürzer als die Spreiten sind. Die eher kleinen, lang-griffeligen Blüten stehen an aufrechten oder ausladenden Stängeln. Sie öffnen sich aus dunkel-violettrosa Knospen, werden später aber himmelblau. Ver-mutlich eine Hybride von *P. longifolia*. ↕ 20 cm. Z4

P. **'Wendy Perry'** siehe *P.* 'Mary Mottram'

PULSATILLA
Küchenschelle, Kuhschelle
RANUNCULACEAE

Farnartiges Laub, unverwechsel-bare Blüten und die silbrigen Samenstände der Küchenschellen schmücken offene, sonnige Bereiche.

Die 30 sommergrünen Arten der Gattung wachsen in sandigen Böden und auf Magerrasen in europäischen, nordamerikanischen und asiatischen Gebirgen. Lediglich eine Art wird in Gärten häufiger kultiviert. Die kompakten Horste aus gefiederten, oft behaarten Blät-tern entspringen einem holzigen Wurzelstock. Im Frühjahr und Frühsommer erscheinen über dem Laub große, hübsche, glocken- oder sternförmige Blüten mit leuchtend gelber Mitte. Auf sie folgen nicht minder dekorative, fedrige Frucht-stände.

KULTUR Gedeiht am besten in sehr gut dräniertem, humosen Böden in voller Sonne. Reagiert empfindlich auf Umpflanzen und Winternässe.

VERMEHRUNG Durch Aussaat gleich nach der Samenreife. Sorten durch grundständige Stecklinge oder Wur-zelschnittlinge, was allerdings nicht einfach ist.

PROBLEME In der Regel keine.

P. vulgaris ♥ syn. *Anenome pulsatilla* (Gewöhnliche Küchenschelle) Aus einem kompakten Wurzelstock ent-wickeln sich grundständige, farnartige, 3–8 cm lange, anfangs seidige, doppelt gefiederte Blätter mit schmalen Blatt-zipfeln. Im April und Mai erscheint an einem aufrechten Stängel eine einzelne, nickende, glockenförmige, violette, 6–8 cm breite Blüte mit einem auf-fälligen Bündel gelber Staubblätter in der Mitte. Hochblattwirbel unterhalb der Blüte silbrig behaart. Nach dem Verblühen streckt sich der Stängel auf das Doppelte seiner Länge und trägt hübsche, seidige Samenstände. Die Art ist in Trockenrasen und auf Berg-wiesen in Europa von Ostengland bis zur Ukraine beheimatet. ↕ 15–20 cm. Z5 **'Alba'** ♥ Weiße Blüten. **'Barton's Pink'** Hellgrüne Blätter und reinrosa Blüten. **'Blauglocke'** Blaulila Blüten. **'Eva Constance'** Kompakt, mit tief-roten Blüten. Blütezeit Mai und Juni.

LINKS 1 *Pulsatilla vulgaris*
2 *P. vulgaris* 'Alba'

Gefäß eine gute Figur. Sie stammt aus Chile, sie wächst im trockenen Hochland und an der Küste. ↕ 1,5 m Z8

P. chilensis Treibt aus einer holzigen Basis große Rosetten aus derben, langen, geraden, zugespitzten, bis 1 m langen und 6 cm breiten grünen Blättern, deren Rand mit spitzen Stacheln besetzt ist. Hoch aufragende Blütenstände erscheinen im Sommer. Grünlich gelbe Einzelblüten, 5 cm lang, glockenförmig. Die Pflanzen sind selbststeril. Diese große Art gilt als relativ hart. Aus Zentralchile. ↕ 4 m. Z9

P. coerulea Recht variable Art, entwickelt meist Horste aus bis zu 2 m breiten Rosetten an einem gedrungenem Spross. Graugrüne, unterseits hellere, bis 60 cm lange, am Rand mit rötlichen, hakenartigen Stacheln besetzte Blätter. Die aufrechten, röhrenförmigen, glänzenden, dunkelblauen Blüten stehen in verzweigten Ständen. Aus Chile. ↕ 2 m. Z8

P. mirabilis Rosetten aus langen und schmalen, fast grasartigen, silbrig grünen, bis 60 cm langen und 2 cm breiten Blättern mit feinen Stacheln. Im Sommer erscheinen an relativ schlanken Stängeln große, nickende, röhrige Blüten in ansprechendem hellem Silbergrün mit herausragenden, an der Spitze gelben Staubblättern und kontrastierendem dunklem Kelch. Die Blüten sitzen nicht ganz so dicht an den einseitswendigen Trauben wie bei anderen Arten, sodass sie insgesamt etwas eleganter wirken. Diese kleinere Art gedeiht gut in großen Gefäßen und ist vergleichsweise leicht zu handhaben. Aus Hochregionen in Argentinien und Bolivien. ↕ 1 m–1,5 m. Z9

PYRETHROPSIS siehe RHODANTHEMUM
PYRETHRUM siehe TANACETUM

↕ 10–15 cm. **subsp.** *grandis* 'Papageno' Blätter feiner gefiedert und seidiger. Erscheinen nach den 9 cm großen, blauvioletten bis rötlichen oder weißen Blüten mit unterschiedlich vielen zusätzlichen Blütenblättern. ↕ 20 cm. 'Röde Klokke' Blüten tiefrot. **var.** *rubra* Blüten rost- bis purpurrot. **'Weißer Schwan'** Weiße Blüten. Auslese aus 'Alba'.

PUYA
BROMELIACEAE

Wegen ihrer exotischen, ornamentalen Wuchsform und ihrer imposanten Blütenstände werden diese immergrünen, ungewöhnlich zähen Bromeliengewächse geschätzt.

Die etwa 170 Arten der Gattung wachsen an Felshängen oder Schuttfluren in recht trockenen Bereichen der Anden zwischen Nordchile und Kolumbien. Manche wachsen zu 10 m hohen Giganten heran, andere erreichen kaum 30 cm Höhe. Sie bilden in Gruppen stehende Rosetten aus derben, langen, schmalen, oft tückisch stacheligen oder gezähnten Blättern mit meist blaugrüner Ober- und silbriger Unterseite. Die Rosetten ziehen nach der Blüte ein.

Traubige oder ährige, meist verzweigte Blütenstände erheben sich aus der Mitte der Rosette. Sie können riesengroß werden. Darin stehen die glockenförmigen weißen, grünen oder violetten Einzelblüten mit 3 Kronblättern, aus denen sich grüne Samenkapseln entwickeln. In freier Natur werden die Pflanzen oft von Kolibris bestäubt.

Puya-Arten kommen in höheren Lagen vor als andere Bromelien. Viele vertragen Kälte, manche

überstehen sogar leichte Fröste, sind aber in Mitteleuropa nicht zuverlässig winterhart. Derzeit werden nur wenige Arten als Zierpflanzen genutzt.

KULTUR Nur in wintermilden Regionen können die Pflanzen ganzjährig im Freien stehen. Die Voraussetzungen sind ein offener, geschützter Platz, eine ausgezeichnete Dränage und volle Sonne. *Puya* gedeiht an Hängen und eignet sich für Kiesgärten und Küstenstandorte. Wegen ihrer tückischen Stacheln pflanzt man sie besser nicht direkt neben Wege. Man kann sie in Gefäßen ziehen, doch muss man für ausreichenden Wasserabzug sorgen und den Topf im Winter an einen frostfreien Platz schaffen.

VERMEHRUNG Aussaat reifer Samen bei 20 °C. Bis zur Blüte können viele Jahre vergehen.

PROBLEME In der Regel keine.

P. alpestris Horst bildende Art. Bis 1 m breite Rosetten aus schmalen, leicht übergebogenen, graugrünen, unterseits silbrig weißen, bis zu 60 cm langen und rund 2 cm breiten Blättern. Ihre Ränder sind mit spitzen, hakenartigen Zähnen besetzt. Ältere Pflanzen bilden eine erstaunlich hohe Säule mit Blüten an kräftigen rötlichen Stängeln. Die Einzelblüten sind glockenförmig und schimmern in schon fast unwirklichem metallischem Saphirblau mit grünlichem Anflug. Die Art ist relativ winterhart und fügt sich in sonnige Rabatten ein, macht aber auch in einem

R

RANUNCULUS
Hahnenfuß, Ranunkel, Scharbockskraut
RANUNCULACEAE

Die unkomplizierten Frühjahrs- und Sommerblüher für feuchte Standorte haben Blüten in warmem, leuchtendem Sonnengelb, aber auch in Weiß und Zitronengelb zu bieten.

Die große, botanisch komplexe Gattung setzt sich aus rund 400 Arten Ein- und Mehrjähriger zusammen. Sie kommen fast auf der ganzen Welt vor, sind allerdings zumeist in den nördlichen gemäßigten Regionen heimisch. Der Name *Ranunculus*, wörtlich »kleiner Frosch«, ist eine Anspielung auf die feuchten Lebensräume, die viele Vertreter der Gattung bevorzugen. Als Gartenpflanze werden nur etwa 30 Arten genutzt. Die meisten von ihnen sind sommergrün. Die Palette reicht von anspruchslosen Rabatten- oder Steingartenpflanzen über Schätze für Alpinhäuser bis hin zu Wasserpflanzen und Wiesenblumen. *R. asiaticus* stand einst als Schnittblume bei Floristen hoch im Kurs.

Die Pflanzen wachsen in der Regel aus faserigen Wurzelstöcken, einige aber treiben auch aus zwiebelähnlichen Kronen oder Knollen aus. Sie bilden zumeist einen grundständigen Horst aus gestielten, oft gezähnten und gelappten oder handförmig geteilten Blättern. Manche Arten tragen ferner einfacheres herz- oder bandförmiges Laub. An den Stängeln wachsen in der Regel kleinere Blätter und endständige, entweder einzeln oder in lockeren Gruppen stehende, offene, symmetrische, becherförmige Blüten. Diese haben normalerweise 5 glänzende Kronblätter (eigentlich Honigblätter) und Kelchblätter (eigentlich Perigonblätter, Tepalen) sowie ein Bündel aus vielen kurzen Staubgefäßen und im Zentrum viele Fruchtblätter.

Die Blüten sind in der Regel gelb oder weiß, selten begegnet man auch orangefarbenen, grünen, roten oder violetten Vertretern. Von mehreren Arten existieren gefüllte oder blassblütige Formen. Alle Angehörigen der Gattung *Ranunculus* sind mehr oder weniger giftig. ⚠

KULTUR Die Kulturansprüche der einzelnen Arten unterscheiden sich sehr stark, die Pflanzen für offene Gärten allerdings verlangen meist feuchte Böden an sonnigen bis halbschattigen Standorten. Manche ziehen nach der Blüte ein.

VERMEHRUNG Durch Teilung.

PROBLEME In der Regel keine.

R. aconitifolius (Eisenhutblättriger Hahnenfuß) Bildet aus einem faserigen Wurzelstock einen Busch aus dunkelgrünen, grob gesägten, drei- bis fünffach handförmig geteilten Blättern mit ovalen Abschnitten, die etwas an die von Eisenhut erinnern, wie der Name schon sagt. Im Frühjahr oder Frühsommer ist das Laub unter einem Meer aus 1–2 cm breiten, weißen Blüten mit gelber Mitte verborgen. Sie stehen in lockeren Ständen an aufrechten, vezweigten Stängeln mit schmalen, ungestielten Blättern. Die Art gedeiht in nährstoffreicher, feuchtigkeitsspeichernder bis feuchter Erde an sonnigen bis schattigen Standorten und zieht nach der Blüte ein. Der Eisenhutblättrige Hahnenfuß wird schon seit dem ausgehenden 16. Jahrhundert kultiviert, doch findet man in Gärten meist nur die exquisite gefüllte Form 'Flore Pleno'. Aus Alpenwiesen, Wäldern und Flussufern in Mitteleuropa. ↕15–90 cm. Z5 **'Flore Pleno'** ♀ Öffnet Unmengen lang haltender, dicht gefüllter Blüten an breit verzweigten Stängeln. Ein schattenverträgliches Juwel, das als Bestandteil von Waldpflanzungen sehr geschätzt wird. ↕60–90 cm.

R. acris (Scharfer Hahnenfuß) Aus einem kurzen Rhizom und einem faserigen Wurzelstock treibt ein Horst lang gestielter, oft behaarter Grundblätter aus 3–7 ungestielten, fein gelappten und gezähnten Abschnitten aus. In lockeren Ständen öffnen sich im späten Frühjahr und Frühsommer an aufrechten, verzweigten Stängeln mit kleineren Blättern 1,5–2,5 cm breite, leuchtend gelbe Becherblüten. Ist leicht zu verwechseln mit *R. bulbosus*, doch fehlt die Knolle am Grund. Ähnelt außerdem *R. repens*, bildet aber keine Ausläufer. Die »Butterblume« hat ihren festen Platz in Wildblumenwiesen, als Zierpflanze wird jedoch meist ihre gefülltblütige Variante vorgezogen. Sie ist anspruchslos, mag feuchten Boden in der Sonne und gedeiht in Moorbeetgärten oder an Ufern. Leuchtend gelbe, selbstausgesäte Nachkommen hellblütiger Sorten entfernt man. Eine variable Art, die in Europa und Asien weit verbreitet ist. Sie besiedelt bevorzugt Feuchtwiesen und Waldlichtungen. ↕15–100 cm. Z5 **'Citrinus'** Zitronengelbe, in der Mitte goldgelbe Blüten. ↕60–75 cm. **'Flore Pleno'** ♀ Bildet schön strukturierte Matten aus geteiltem Laub, das dicht mit lang haltenden, gefüllten, strahlend gelben Pomponblüten an drahtigen, fast unbehaarten Stängeln übersät ist. ↕60–90 cm. **'Stevenii'** Groß, meist mit kriechenden Rhizomen. Unter dieser Bezeichnung angebotene Pflanzen fallen allerdings variabel aus und tragen mitunter halbgefüllte Blüten. ↕1,2 m. **'Sulphureus'** Blassgelbe Blüten mit dunkler gelben Staubgefäßen. ↕60–75 cm.

R. amplexicaulis (Weißer Hahnenfuß) Bildet einen niedrigen Horst aus schmal ovalen, graugrünen, glatten, ungeteilten Blättern aus einem faserigen Wurzelstock. An den Stängeln sitzen schmalere, am Ansatz stängelumfassende Blätter. Flach becherförmige, 2–2,5 cm breite, weiße,

RECHTS 1 *Ranunculus aconitifolius* 'Flore Pleno' **2** *R. acris* 'Citrinus' **3** *R. acris* 'Flore Pleno'

einzeln oder in Gruppen stehende Blüten mit gelber Mitte erscheinen im Frühsommer über dem Laub. Die 5, gelegentlich auch mehr Kronblätter sind an der Außenseite oft rosa getönt. Für offene, sonnige bis halbschattige Standorte in humosen Böden. Braucht im Sommer Feuchtigkeit, verträgt aber keine Winternässe. Sät sich mitunter selbst aus. Im Frühjahr mit Beginn der Wachstumszeit teilen. Aus Bergwiesen in den Pyrenäen und in Nordspanien. ↕ 5–30 cm. Z6

R. bulbosus (Knolliger Hahnenfuß) Aus einem kompakten, faserigen Wurzelstock treiben lang gestielte, behaarte Grundblätter aus 3 gelappten und gezähnten Abschnitten aus, wobei der mittlere Abschnitt in der Regel deutlich gestielt ist. Leuchtend gelbe, 1,5–3 cm breite Blüten erscheinen im Frühjahr und Frühsommer einzeln oder in spärlichen Gruppen über dem Laub. Zieht im Hochsommer ein und bleibt bis zum Herbst in der Vegetationsruhe. Kommt mit den meisten Böden problemlos zurecht, gedeiht aber in durchlässigen Böden an sonnigen Standorten am besten. Gut zwischen Gräsern. Gilt nicht generell als Gartenpflanze, wird jedoch in Naturgärten und Hahnenfußwiesen eingesetzt und ist dort der wuchernden Art *R. repens* vorzuziehen. Ähnelt *R. acris*, hat aber eine knollige Schwellung am Ansatz. Aus Wiesen, Hecken, Dünen und Ufern in Europa, Nordafrika und dem Kaukasus. ↕ 15–50 cm. Z5 **'F.M. Burton'** Ein wenig bekanntes Gartenjuwel mit zitronengelben Blüten. ↕ 30 cm.

R. constantinopolitanus Horst bildende Art mit weich behaarten,

rundlichen, 3–10 cm breiten, tief in 3 gezähnte Abschnitte geteilten Blättern; Abschnitte breit und überlappend bis schmal keilförmig. Über dem Laub erscheinen im Frühsommer gelbe, bis 3 cm breite Blüten einzeln oder in lockeren Gruppen an aufrechten Stängeln. Die Art zieht feuchte, humose Böden in der Sonne vor. Sie ist extrem variabel und in Kultur nur selten anzutreffen, sieht man einmal von der gefüllten Sorte ab. In großen Höhenlagen findet man auch zwergige Formen. Aus Sumpfwiesen und ähnlichen Lebensräumen im Mittelmeerraum und

im Kaukasus. ↕ 20–75 cm. Z6 **'Plenus'** Dichte, gefüllte, leuchtend gelbe Blüten mit grünem Auge. Wächst nach der Teilung im Frühjahr manchmal nur schwer wieder ein. Seit dem 18. Jahrhundert als Zierpflanze gebräuchlich. ↕ 30–45 cm.

R. ficaria (Gewöhnliches Scharbockskraut) Aus den faserigen oder typisch keulenförmigen Wurzeln treibt ein niedriger Busch aus relativ fleischigen, unbehaarten, dunkelgrünen, rundlichen bis schmal herzförmigen, etwa 4 cm breiten, oft glänzenden, oberseits silbrig oder violett gefleckten Blättern

mit meist gekerbtem oder handförmig eckigem Rand aus. Einzelne oder in spärlichen Gruppen stehende Blüten erscheinen von März bis Mai. Danach zieht die Pflanze bis zum Januar des nächsten Jahres ein. Die Blüten sind sternförmig oder flach becherförmig, bis 4 cm breit, mit meist 7–13 Kronblättern, die mit der Zeit weiß werden und sich bei verhangenem Himmel oft schließen. Pflegeleicht. Zieht feuchte, relativ nährstoffreiche Böden in der Sonne oder im Schatten vor. Gut unter sommergrünen Sträuchern mit früh blühenden Stauden. Bei Selbstaussaat fertiler Sorten kann die Originalpflanze zwischen einer Masse unerwünschter Sämlinge verloren gehen, daher zwickt man welke Blüten sogleich ab. Sorten werden durch Teilung im Herbst vermehrt. Aus feuchtem Grasland, Gräben und Wäldern in Europa, Nordwest-Afrika und Südwest-Asien, in Nordamerika eingebürgert (siehe Kasten S. 404). ↕ 5–15 cm. Z4 **var. albus** Eine Bezeichnung für Pflanzen mit blass-cremeweißen bis weißen Blüten. Einige auffälligere weißblütige Klone haben Sortennamen bekommen. **'Anemone Centred'** siehe 'Collarette'. **var. aurantiacus** syn. 'Cupreus' Lebhaft kupferorangefarbene Kronblätter mit kastanienbrauner Rückseite. Die Blüten werden mit der Zeit heller, sodass sich in der Mitte ein orangefarbenes Auge bildet. Blätter silbrig marmoriert, mit dunkler Aderung. **'Beamish's Double'** siehe 'Collarette'. **'Brambling'** Auffällig dreieckige, dunkel-bronzefarbene, stark

SORTEN DES SCHARBOCKSKRAUTS

R. ficaria var. aurantiacus

R. ficaria 'Brazen Hussy'

R. ficaria 'Double Bronze'

R. ficaria 'Double Mud'

R. ficaria 'Flore Pleno'

R. ficaria 'Green Petal'

R. ficaria 'Salmon's White'

R. ficaria 'Yaffle'

moosgrün gerandete Blätter. 1993 entdeckt. **'Brazen Hussy'** Stark glänzende, tief-braunviolette Blätter. **'Chrysanthemum'** siehe 'Double Bronze'. **subsp. chrysocephalus** syn. 'Major' Riesige, robuste Pflanzen, die mehr als doppelt so groß wie die Art werden und lang gestielte, bis 7 cm breite Blätter sowie 5 cm breite Blüten austreiben. Ohne Brutknöllchen. Aus dem östlichen Mittelmeerraum. ↕ 40 cm. **'Collarette'** syn. 'Anemone Centred', 'E.A. Bowles', 'Beamish's Double' Gefüllte gelbe Blüten mit einem äußeren Ring aus spreizenden, an der Spitze runden Kronblättern um einen mittleren, dichten Kragen aus wesentlich kleineren, dunkler gelben Kronblättern. Blätter dunkel geadert. Steril. **'Coppernob'** Sehr ansprechende Kombination aus dunkelvioletten Blättern und orangefarbenen Blüten. Die erste erfolgreich gezüchtete

Hybride, eine Kreuzung aus 'Brazen Hussy' und var. *aurantiacus*. **'Cupreus'** siehe var. *aurantiacus*. **'Double Bronze'** syn. 'Chrysanthemum', 'Wisley Double Yellow' Offene, blütenkörbchenähnlich gefüllte Blüten mit mehreren überlappenden Ringen aus großen, stumpf zugespitzten Kronblättern und einem zentralen Bündel gelber Staubgefäße. Blattspreite in der Mitte mit schwacher federiger Zeichnung. Fertil, setzt aber kaum Samen an. **'Double Mud'** Gefüllte, cremeweiße Blüten mit blassgelber Mitte. Außenseite der Kronblätter braungrau, später tiefer grau. Fertil. **'Dusky Maiden'** Blätter mit einer dunkelgrünen, rotbraun gerandeten Mittelzone. **'E.A. Bowles'** siehe 'Collarette'. **Flore-Pleno-Gruppe** Gruppe von Sorten mit dicht gefüllten, pomponartigen Blüten in Goldgelb oder Gelb, gelegentlich mit grünem, augenartigen Bündel kleiner, kronblattähnlicher Strukturen. Steril. **'Green Petal'** Eigentümliche, gefüllte Blüten aus unregelmäßig gebündelten grünen Kronblättern mit dünnem gelbem Streifen. Keine Staubgefäße. Blüht spät. **'Ingwersen'** siehe 'Primrose'. **'Ken Aslet Double'** syn. 'Starry White' Schön geformte, kleine Blüten. Kronblätter außen weiß, in der Mitte grün und dazwischen gelb. Eine der besten gefüllten weißen Sorten. **'Leo'** Früh blühende, gefüllte Form. Kronblätter mit eingerollten Rändern und zurückgebogener Spitze. **'Major'** siehe subsp. *chrysocephalus*. **'Picton's Double'** Gefüllte, gelbe Pomponblüten mit grünem Bündel aus Staubblättern in der Mitte; Kronblätter mit stumpfer Spitze und bronzefarben getönter Außenseite. Schwach panaschierte Blätter. Steril. **'Primrose'** syn. 'Ingwersen' Blass-zitronengelbe Blüten; Außenseite der Kronblätter anfangs blassgrün, später grau. Blätter leicht silbrig panaschiert. Diese Variante kommt in freier Natur vor. **'Randall's White'** Blass-cremefar-

bene Blüten. Kronblätter an der Spitze abgerundet, mit schieferblauer Außenseite. Großes, silbrig geflecktes Laub mit dunklem Mittelstreifen. **'Salmon's White'** Blüten nach dem Öffnen weiß, mit grüner Außenseite, später indigoblau. Blätter am Rand etwas silbrig gefleckt. **'Starry White'** siehe 'Ken Aslet Double'. **'Tortoiseshell'** Hervorragende Sorte mit großen, bronzefarbenen, grün und rot gefleckten Blättern. Zeichnung von Pflanze zu Pflanze unterschiedlich. **'Wisley Double Yellow'** siehe 'Double Bronze'. **'Yaffle'** Nach einem ersten Schub gelber Blüten öffnen sich Blüten mit goldgelb gestreiften, grünen, kleinen, abgerundeten, mitunter zurückgebogenen Kronblättern.

R. gramineus ♀ (Grasblättriger Hahnenfuß) Wegen der schlanken, grasartigen, blaugrünen Blätter mit paralleler Aderung eine ungewöhnliche Art. Sie treibt aus einem faserigen Wurzelsystem niedrige Büschel mit schön strukturiertem Wuchs aus. Von April bis Juni erscheint

über dem Laub eine Wolke leuchtend gelber, 2–3 cm breiter Becherblüten, die einzeln oder zu mehreren an schlanken aufrechten Stängeln stehen. Nach der Blüte welken die Blätter. Eine zähe, verlässliche Rabattenpflanze, die man bevorzugt an vollsonnige Standorte pflanzt. Verträgt auch Halbschatten. Sät sich selbst aus, doch ist die Nachkommenschaft etwas variabel. Im Frühjahr mit Beginn des Wachstums teilen. Aus trockenem Grasland und offenen Wäldern in Südeuropa und Nordafrika. ↕ 15–35 cm. Z6

R. montanus (Berg-Hahnenfuß) Horst bildende Staude mit kompaktem Wurzelstock. Geranienartige, handförmige Grundblätter aus 3–5 geteilten, eiförmigen, ganzrandigen oder gezähnten Abschnitten. Über dem Laub erscheinen von Mai bis Juli Stängel mit schmal gelappten Blättern. Sie tragen wenige gelbe, flach becherförmige, 2–4 cm breite Blüten. Die variable Pflanze gehört zu mehreren im europäischen Bergland

DAS SCHARBOCKSKRAUT

Das Scharbockskraut (*Ranunculus ficaria*) hat zu beiden Seiten des Atlantiks einen Ruf als lästiges Gartenunkraut erlangt. Hat es sich einmal festgesetzt, wird man es nur schwer wieder los, obwohl es zum Glück eine kurze Wachstumsperiode hat und schon im Mai wieder einzieht. Gute Dienste allerdings leistet es an Stellen, wo es sich ungehindert ausbreiten und dichte Kolonien bilden kann.

Über 100 Sorten dieser früh blühenden Wildblumen sind mittlerweile bekannt – fast alle hat man in wild wachsenden Populationen entdeckt. Viele wurden von aufmerksamen, botanisch interessierten Hobbygärtnern aufgespürt. Die Formen unterscheiden sich in der Form und Farbe ihrer Blüten oder auch in der Blattzeichnung (allerdings mitunter nur geringfügig). Die Palette der Tönungen reicht von Cremeschattierungen über Blassgelb und Orange bis zu Grün. Zudem sind eine Reihe gefüllter Formen erhältlich.

Eine korrekte Zuordnung der Sorten gestaltet sich mitunter schwierig, besonders bei den gefüllten Formen, denn für identische oder sehr ähnliche Pflanzen existieren mehrere Namen. Zudem fehlen veröffentlichte Beschreibungen, die eine genaue Zuordnung ermöglichen.

In Nordamerika wurde das Scharbockskraut ursprünglich als Arzneikraut eingeführt. Wie in Europa breitete es sich jedoch rasch aus und gilt daher im Nordosten und Nordwesten vor allem entlang von Bächen und Flüssen mittlerweile als Plage. Interessanterweise neigt es auch in der Neuen Welt dazu, Varianten hervorzubringen. Allerdings legt man dort nicht allzu viel Wert darauf, die Populationen nach gartenwerten Formen zu durchsuchen. Vielmehr versucht man zu verhindern, dass das Scharbockskraut die einheimische Flora verdrängt.

NATURNAH

IN NATURNAHEN PFLANZUNGEN scheinen fast alle Wildblumenkombinationen zu funktionieren – egal, welche Farben man wählt. Hier schaffen zwei leuchtende Tönungen ein angenehm ungezwungenes Ambiente. Die Gewöhnliche Akelei (*Aquilegia vulgaris*) mit ihren blauvioletten Glocken sät sich vor der Kulisse frischer Farne unbekümmert selbst aus. Sie würde jedoch, wenn man sie gewähren ließe, mit anderen Gartenakeleien hybridisieren und Nachkommen hervorbringen, die nicht so gut zu den gelben Bechern des Scharfen Hahnenfußes (*Ranunculus acris*) passen. Dieser ist hier mit seiner gefüllten Form, 'Flore Pleno', vertreten, die länger als die bekanntere ungefüllte Variante blüht.

heimischen *Ranunculus*-Arten. Aus Wiesen, lichten Wäldern, Geröll und Schneeresten in den Alpen, im Jura und im Schwarzwald. ⬍ 5–25 cm. Z6 **'Molten Gold'** ♀ Eine zwergige Auslese, die Matten aus zarten, glänzenden Blättern und leuchtend gelben Blüten an kurzen Stängeln bildet. Anfällig für Schneckenfraß. ⬍ 10 cm.

R. repens **var. pleniflorus** syn. *R. repens* 'Flore Pleno' Ein als ungefüllte Wildart beunruhigend stark wucherndes Unkraut, das sich in seiner gefüllten Form aber als attraktive und nützliche Gartenpflanze bewährt hat. Es entsendet lange, oberirdische Ausläufer, die an den Knoten Wurzeln bilden und neue grundständige Blattrosetten austreiben. Die bis zu 9 cm breiten Blätter setzen sich aus 3 breit ovalen Blättchen zusammen, die wiederum in gezähnte Abschnitte unterteilt sind. Im Sommer öffnen sich gelbe, 2–3 cm breite Pomponblüten aus zahlreichen Kronblättern. Sie stehen einzeln oder in lockeren Gruppen an aufrechten, spärlich beblätterten Stängeln. Man wildert die Pflanze auf feuchten Böden aus oder setzt sie in ein Gefäß. Für sonnige oder halbschattige Standorte. Unter der Varietät werden mehrere sehr ähnliche gefüllte Formen zusammengefasst. Die Wildart kommt in Grasland und anderen feuchten Lebensräumen in Europa und Asien vor und ist in vielen weiteren Regionen eingebürgert. ⬍ 15–30 cm. Z3

REHMANNIA
Chinafingerhut, Rehmannie
SCROPHULARIACEAE

Die exotischen Pflanzen brauchen warme, geschützte Rabatten oder einen Platz im Gewächshaus.
  Man unterscheidet in der Gattung 9 Arten, die alle Stauden sind. Sie stammen aus China und werden gelegentlich als Zweijährige gezogen. *Rehmannia* bildet grundständige Rosetten aus großen, behaarten, deutlich geaderten, gelappten oder gezähnten Blättern. Aus ihnen treiben behaarte, drahtige Stängel mit wechselständigen Blättern aus. Die endständigen Trauben setzen sich aus auffälligen zweilippigen Blüten mit geflecktem Schlund zusammen.

KULTUR Im lichten Schatten in stark durchlässigen, gut mit Humus angereicherten Böden. Wo Frostgefahr droht, ist eine Überwinterung unter Glas unabdingbar.

VERMEHRUNG Durch Aussaat oder Stecklinge im Frühjahr.

PROBLEME Schnecken.

R. angulata siehe *R. elata*

R. elata ♀ syn. *R. angulata* (Hoher Chinafingerhut) Die Pflanze bildet Rosetten aus 20–25 cm langen, verkehrt eiförmigen, gelappten oder gezähnten, mittelgrünen Blättern an verzweigten, drahtigen Stängeln. Stängelblätter kleiner. Nickende, röhrenförmige, leuchtend rosaviolette, 7–10 cm lange Blüten

mit hellerem Schlund und rötlichen Flecken erscheinen im Sommer und Herbst. Aus China. ⬍ 1,5 m. Z9 **'Popstar'** Kompakt. Mit rosa Blüten. Aus Samen zu ziehen. ⬍ 60 cm.

R. glutinosa ♀ (Klebriger Chinafingerhut) Die Stauden bilden kleine, kompakte Rosetten aus behaarten, 10 cm langen, gekerbten Blättern mit violetter Unterseite. Sie breiten sich durch schlanke Ausläufer aus. Reich verzweigte Stängel tragen wenige nickende, röhrige, 5 cm lange, rötlich braune, zum Ende der Kronlappen in Gelbbraun übergehende Blüten mit einer tiefvioletten Aderung, die im Schlund zusammenfließt. Aus Nordchina. ⬍ 15–30 cm. Z9

REINECKEA
Metzgerpalme, Reineckie
CONVALLARIACEAE

Die zähen Mattenbildner mit dekorativem, ledrigem Laub bieten sich als Bodendecker für schattige Standorte an.
  Die Gattung setzt sich aus einer einzigen Art zusammen, einer immergrünen Staude aus den offenen Wäldern Chinas und Japans. Ihre kriechenden Sprosse treiben Horste aus schmalen Blättern aus. Die kurzen Ähren aus rosa Blüten erscheinen im Frühsommer und werden von kleinen, glänzend roten Beeren abgelöst. Die unkomplizierte Pflanze eignet sich als Unterpflanzung für Sträucher.

KULTUR In lichtem Schatten von Wäldern oder unter Sträuchern. Verträgt keine Kalkböden.

VERMEHRUNG Durch Teilung im Frühjahr oder Aussaat.

PROBLEME Schnecken.

R. carnea (Metzgerpalme, Reineckie) Eine kriechende Art, die an geschützten Standorten allmählich dichte Bestände aus immergrünem Laub bildet. Die übergebogenen, schwertförmigen Blätter stehen in 2 Reihen an den Rhizomenden. Im Mai und Juni erscheinen kurze Ähren aus kleinen, sternförmigen, blassrosa Blüten, aus denen in warmen Zonen glänzende rote Beeren reifen. Ein guter immergrüner Bodendecker für vollschattige, nicht zu trockene

Standorte. Braucht warme Sommer, um reich zu blühen und zu fruchten und sich gut auszubreiten. Vor Kurzem wurden größerblütige Formen aus China eingeführt. Aus Wäldern in Südjapan und China. ⬍ 20 cm. Z6

RHAZYA siehe AMSONIA

RHEUM
Rhabarber
POLYGONACEAE

Diese Gattung liefert markante Solitäre für Inselbeete oder den Hintergrund von Rabatten.
  Die rund 50 Arten Horst bildender Stauden mit fleischigen Wurzeln kommen überwiegend in den gemäßigten und subtropischen Zonen Asiens vor. In freier Natur besiedeln sie bevorzugt Berghänge an offenen Standorten oder zwischen Sträuchern, manchmal auch in sehr nassen Lagen. Das meist große, herzförmige bis rundliche, oft gelappte und gewellte, mitunter stark geaderte Laub ist direkt nach dem Austrieb aus unübersehbaren roten Knospen zunächst dunkelrot getönt. Die einzelnen, sternförmigen Blüten mit unscheinbarem Perigon (Tepalen) sind für sich allein zwar unauffällig, doch tragen die kräftigen, hohlen Stängel imposante, verzweigte Rispen, zum Teil mit auffallenden Tragblättern. Aus ihnen entwickeln sich Nussfrüchte mit 3 Flügeln. Der essbare Gewöhnliche Rhabarber

(*R.* × *hybridum*) ist eine Hybride aus den beiden selten kultivierten Arten *R. rhabarbarum* und *R. rhaponticum*.

KULTUR In den meisten nährstoffreichen, bevorzugt feuchtigkeitsspeichernden Böden. Gedeiht in der Sonne und im Halbschatten.

VERMEHRUNG Durch Teilung oder Aussaat im Frühjahr.

PROBLEME Selten.

R. 'Ace of Hearts' syn. *R.* 'Ace of Spades' Eine vergleichsweise junge Gartenhybride mit 25–35 cm langen, stark geaderten, herzförmigen, unterseits rotviolett geaderten Blättern. In großen duftigen Rispen erscheinen vom Hoch- bis zum Spätsommer zahlreiche weiße bis sehr blassrosa Blüten. ↕ 1–1,5 m. Z6

R. alexandrae (Königs-Rhabarber) Kompakte Horste aus tiefgrünen, ovalen bis herzförmigen, 20 cm langen Blättern, die den markanten Blütenständen als Bühne für ihren Auftritt dienen. Die Rispen setzen sich aus winzigen, gelbgrünen, zum Teil von einer auffälligen Säule aus 7–12 cm langen, ovalen, grünlich gelben Tragblättern dekorativ verhüllten Blüten zusammen. Die seltene Staude ist etwas anspruchsvoll und verlangt ein kühles, feuchtes Klima. Aus offenen Berghängen in Westchina und Tibet. ↕ 1–1,2 m. Z5

R. australe syn. *R. emodi* (Himalaya-Rhabarber) Ähnelt dem als Nutzpflanze gezogenen Gewöhnlichen Rhabarber (*R. officinalis*). Die kräftigen Wurzeln treiben ovale, bis 60 cm lange, unterseits behaarte Blätter an rötlichen Stielen aus, die fast so lang wie die Blätter selbst sind. In großen, vertikal verzweigten Rispen öffnen sich im Sommer tiefrotviolette, dicht stehende Blüten. Bevorzugt viel Sonne. Aus Berghängen im Himalaja. ↕ 1,5–2,5 m. Z6

R. emodi siehe *R. australe*.

R. kialense Diese Art treibt in grundständigen Büscheln hübsche bronzegrüne, ovale, relativ papierartige Blätter aus. Blattstiele doppelt so lang wie die Blattspreite. Das Laub bildet eine ansprechende Kulisse für die Blütenstände aus rosaroten, bisweilen grünlich weißen Blüten, die im Frühsommer an schlanken, unverzweigten Stängeln mit 1 oder 2 kleineren Blättern stehen. Der kleinste Rhabarber. Gehört zu den neuesten Zierarten. Aus den Bergen Chinas. ↕ 40–50 cm. Z6

R. palmatum (Handlappiger Rhabarber) Der höchste und imposanteste Zierrhabarber, vor allem, was die Formen mit getöntem Laub angeht. Aus kräftigen Wurzeln treiben markante, 50–90 cm lange, rundliche, tief gelappte und scharf gezähnte Blätter an robusten Stielen aus, die in etwa so lang wie die Spreite sind. Die aufrechten Stängel erscheinen im Sommer und tragen lange, lockere, verzweigte Rispen aus grünlich weißen bis cremefarbenen Blüten. Unübersehbar. Aus China. ↕ 2,5 m oder höher. Z6 **'Atrosanguineum'** syn. 'Atropurpureum' Jungblätter gänzlich satt-rotviolett, später oberseits dunkelgrün. Blüten tief-rosarot. **'Bowles' Crimson'** Blüten dunkelrot, dunkler als bei 'Atrosanguineum'. Die reifen Blätter bleiben unterseits rot. **var. rubrum** Blüten rot getönt. **var. tanguticum** (Kron-Rhabarber, Tangutischer Rhabarber) Niedriger, mit tiefer gelappten, rot überlaufenen Blättern und kompakten Ständen aus weißen, rosa oder karminroten Blüten. Wird gelegentlich als eigene Art eingestuft. ↕ 1,5–2 m.

RHODANTHEMUM
ASTERACEAE

Kompakte, sonnenhungrige Korbblütler mit eleganten, fein gelappten, silbrigen Blättern.

Die etwa 15 Arten zum Teil an der Basis verholzender Stauden stammen aus dem Mittelmeerraum und aus Nordafrika. Nur eine Art ist in Kultur gebräuchlich, sie hat jedoch eine erstaunlich lange Liste von Synonymen vorzuweisen. Die Blätter sind meist sehr schmal gelappt, silbrig grau und an der Unterseite dicht behaart. Sie geben eine vorzügliche Kulisse für die Körbchen mit ihren weißen Strahlenblüten und gelben Scheibenblüten ab.

KULTUR Braucht durchlässige Böden und sonnige, geschützte Standorte.

VERMEHRUNG Stecklinge oder Aussaat.

PROBLEME Selten.

R. hosmariense ♀ syn. *Chrysanthemopsis hosmariense, Chrysanthemum mariesii* var. *hosmariense, C. hosmariense, Leucanthemopsis hosmariense, Leucanthemum hosmariense, Pyrethropsis hosmariense* Eine buschige, am Grund verholzende Art, die sich durch Rhizome ausbreitet. Sie trägt gelappte, silbergraue Blätter und 3,5 cm breite Körbchen an 20–25 cm hohen Stängeln. Die lange haltenden Blüten erscheinen von Mai bis Anfang Juli, in warmen Zonen auch fast das ganze Jahr über. Die Art zieht sonnige, warme, trockene Standorte vor und reagiert sehr empfindlich und heftig auf Winternässe. Aus Marokko. ↕ 30–40 cm. Z8

RHODIOLA
Rosenwurz
CRASSULACEAE

Die beeindruckend winterharten, relativ sukkulenten Pflanzen eignen sich für den Vordergrund einer sonnigen Rabatte.

Die Gattung umfasst rund 50 sehr unterschiedliche Stauden aus Asien, Nordamerika und Europa. Nur eine hat den Weg in unsere Gärten gefunden. Ihre dicken, fleischigen Rhizome treiben braune, schuppenartige Grundblätter und aufrechte, unverzweigte, gelegentlich verzweigte Stängel mit fleischigen, wechselständigen, eiförmigen, dreieckigen oder lanzettlichen, graugrünen, ganzrandigen oder gezähnten Blättern aus. Im Sommer erscheinen dichte halbkugelige Blütenstände aus sternförmigen Blüten mit weißen, rosa, roten, orangefarbenen oder grünen Kronblättern. Die eng mit *Sedum* verwandte Gattung zeichnet sich durch Blätter an den Rhizomen und durch Blütenstängel in den Blattachseln aus.

KULTUR Braucht pralle Sonne und durchlässige, mäßig nährstoffreiche Böden.

VERMEHRUNG Durch Aussaat, Teilung oder Stecklinge.

PROBLEME Schnecken, Blattläuse.

R. rosea syn. *Sedum rosea* Horst bildende Art mit dicken, verzweigten, getrocknet nach Rosen duftenden Rhizomen und kräftigen, aufrechten Blütenstängeln. Grundblätter dreieckig und schuppig, Stängelblätter wechselständig, fleischig, blaugrün, breit oder schmal eiförmig, zur Stängelspitze hin größer werdend. Mit ganzrandigem oder gezähntem Rand. Im Frühsommer erscheinen dichte, halbkugelige Trugdolden aus 30–70 Knospen, aus denen sich leuchtend gelbgrüne Blüten entfalten. Eine der winterhärtesten Stauden überhaupt. Aus felsigen Gebirgslagen in der nördlichen Hemisphäre. ↕ 30 cm. Z1

UNTEN **1** *Rhodanthemum hosmariense*
2 *Rhodiola rosea*

RODGERSIA
Bronzeblatt, Rodgersie
SAXIFRAGACEAE

Die strukturbetonten Sommerblüher werden ihres attraktiven Laubs wegen geschätzt.

Die Gattung umfasst 7 Arten großer, sommergrüner, aus feuchten Wäldern und von Flussufern in Ostasien vom Himalaja bis China, Korea und Japan stammender Stauden. Bei ausreichendem Wasserangebot fühlen sie sich in offeneren Lagen ausgesprochen wohl. Sie treiben aus einem kräftigen, verzweigten, kriechenden Rhizom große, lang gestielte Blätter aus, die sich aus mehreren Blättchen zusammensetzen und vor allem im Frühsommer und dann wieder im Herbst oft ansprechend bronzebraun oder violett getönt sind. An beblätterten Stängeln erscheinen im Sommer Rispen aus winzigen, fünfzähligen, cremefarbenen oder rosa Blüten. Sie bleiben auch dann noch dekorativ, wenn sie im Herbst Samen ansetzen, und halten bis in den Winter hinein. Mittlerweile sind einige Hybriden und Auslesen erhältlich.

KULTUR In nährstoffreicher, feuchter, humoser Erde an sonnigen bis halbschattigen Standorten. Bei zu großer Trockenheit versengt das Laub. Durch regelmäßiges Mulchen mit kompostierter Rinde, Laubhumus oder gutem Gartenkompost lässt sich die Feuchtigkeit bewahren. Die frischen jungen Blätter können von Spätfrösten geschädigt werden.

VERMEHRUNG Durch Teilung im zeitigen Frühjahr oder Aussaat.

PROBLEME In der Regel keine.

R. aesculifolia ♀ Wüchsige Pflanze mit lang gestielten, runzeligen, 30 cm breiten Blättern aus 7 länglichen, gezähnten, meist deutlich geaderten, in der Regel bronzefarben getönten Fiederblättchen, die etwas an Kastanienlaub erinnern (daher auch das Art-Epitheton »aesculifolia«, das von *Aesculus*, dem Gattungsnamen für Rosskastanien, abgeleitet ist). Im Juli öffnen sich an hohen beblätterten Stängeln kleine, blassrosa oder weiße Blüten in großen Rispen. Aus feuchten Wäldern in Nordchina. ↕ 1,5–2 m. Z5 **var. henrici** siehe *R. henrici*.

R. henrici syn. *R. aesculifolia* var. *henrici* Die große Horste bildende Art ähnelt *R. aesculifolia*, unterscheidet sich von dieser jedoch durch die rosa, mit der Zeit dunkler werdenden Blüten und einige kleinere botanische Details. Aus Westchina. ↕ 1,5 m. Z5

R. 'Herkules' Kompakte, Horst bildende Sorte mit bronzebraun getönten Blättern und kleinen, hellrosa Blüten in Rispen, die im Juni und Juli erscheinen. Die hervorragende Solitärstaude kommt vor allem in der Nähe von Gewässern gut zur Geltung. Eine Hybride von *R. pinnata*. ↕ 1 m. Z6

R. 'Irish Bronze' ♀ Eine Hybride oder Auslese von *R. aesculifolia* mit bronzefarbenen Stängeln und Blättern. Blassrosa, mit der Zeit fast zu Weiß verblassende Blüten. ↕ 2 m. Z5

R. 'Parasol' Horste bildende Sorte mit lang gestielten Blättern, die sich aus schmalen, hellgrünen Fiederblättchen zusammensetzen. Sternförmige, cremeweiße Blüten stehen in Rispen an grünen Stängeln. Eine Hybride von *R. aesculifolia* und *R. podophylla*. ↕ 1,5 m. Z5

R. pinnata Eine robuste Art mit Horsten aus rot gestielten, sieben- bis neunzählig fiederförmig geteilten Blättern, die sich aus glänzenden, bronzefarben getönten Fiederblättchen zusammensetzen, von denen die oberen drei, länger gestielten, einen deutlichen Abstand zu den folgenden haben. Kleine, sternförmige, weiße oder blass- bis tieflachsrosa Blüten öffnen sich an großen Rispen im Juni oder Juli. Die Sortennamen bezogen sich zwar früher auf konkrete Formen, werden mittlerweile aber relativ wahllos auf eine Reihe von Pflanzen mit ähnlichen Merkmalen angewendet. Aus Westchina. ↕ 1–1,2 m. Z5 **'Elegans'** Blassrosa Blüten öffnen sich aus cremeweißen Blüten in schlankeren Rispen. **'Superba'** ♀ Große, im Frühjahr tief-bronzebraun, im Sommer grünlich bronzefarben gefärbte Blätter. Tief rosarote Blüten, die im Herbst und Winter eine auffällig rote Färbung annehmen und an dunkelroten Stängeln stehen.

R. podophylla ♀ Die robuste Art bildet einen breitwüchsigen Horst aus dekorativen, lang gestielten, bis 90 cm breiten, schrotsägerandigen, zur Spitze hin gelappten Blättern. Sie sind nach dem Austrieb tief-bronzeviolett, werden bis zum Hochsommer grün und nehmen im Herbst einen rötlichen Ton an. Kleine, cremeweiße Blüten erscheinen im Juli oder August in großen Rispen. Aus feuchten Wäldern und beschatteten Flussufern in Japan. ↕ 1–1,5 m. Z5 **'Rotlaub'** Im Austrieb schönes, tief-bronzerotes Laub, das die Farbe oft den ganzen Sommer über bewahrt. **'Smaragd'** Grünes Laub. Reich blühend.

R. purdomii Dieser Name wird meist fälschlicherweise für eine rosablütige Variante von *R. aesculifolia* mit im Austrieb bronzefarbenen Blättern verwendet. Er ist jedoch nicht gültig und sollte daher nicht verwendet werden.

R. sambucifolia Große Horste aus mittelgrünen Blättern, die sich aus 2–4 Paaren länglicher Fiederblättchen sowie einem einzigen endständigen Blättchen zusammensetzen. Grüne oder bräunliche Stängel mit übergebogenen, kegeligen Rispen aus sternförmigen, weißen oder blassrosa Blüten erscheinen im Juni oder Juli. Aus feuchten Wäldern in Westchina. ↕ 80 cm–120 cm. Z5

R. tabularis siehe *Astilboides tabularis*

RECHTS **1** *Rodgersia aesculifolia* **2** *R.* 'Irish Bronze' **3** *R. pinnata* 'Superba' **4** *R. podophylla*

HARMONIE AUF FEUCHTEM GRUND

HIER PRÄSENTIERT SICH EINE dichte, aber harmonische Stauden-pflanzung an einem feuchten Standort. Die Pflanzen brauchen stets ausreichend Wasser, denn ihre Wurzeln befinden sich die ganze Wachstumsperiode über unter Konkurrenzdruck und sind ohne das kostbare Nass verloren. Das schön aufeinander abgestimmte Arrangement verschiedenster Laubformen mit *Rodgersia*, Astilbe, *Cimicifuga* und *Hosta* neigt sich über einen Kiesweg – und wird dabei dekorativ akzentuiert von den verschiedensten Blütenständen.

ROMNEYA
Kalifornischer Baummohn
PAPAVERACEAE

Die imposanten Pflanzen mit grauem Laub und üppigen, duftenden Blüten gehören zu den größten Vertretern aus der Familie der Mohngewächse.

Die einzige Art der Gattung ist im südwestlichen Nordamerika beheimatet, wo sie sonnige Felsen und Rinnen besiedelt. Sie trägt aufrechte Stängel, die graublau bereift sind. Die graublauen Blätter der Ausläufer treibenden, an der Basis holzigen Pflanze sind unregelmäßig fiederteilig und tragen meist am Ansatz 2–3 Paare seitlicher Lappen. Die spektakulären, duftenden, weißen, mohnähnlichen Blüten mit gefältelten Kronblättern und früh abfallenden Kelchblättern stehen im Sommer und Herbst einzeln oder zu 3 an der Spitze der Stängel.

Die Pflanze wird gelegentlich den Sträuchern zugeordnet, aber in Gärten meist als krautige Staude gezogen. Eingewachsene Exemplare frieren in strengen Wintern zwar manchmal bis zur Basis zurück, treiben aber im Frühjahr wieder aus. Junge Pflanzen hingegen sind empfindlicher.

KULTUR Am besten an sonnigen, warmen, geschützten Standorten vor Wänden und Zäunen oder in durchlässigen Böden in offener Lage. Sehr dankbar für eine Mulchschicht aus Kompost oder gut verrottetem Mist. Eingewachsene Exemplare reagieren sehr empfindlich auf Störungen des Wurzelraums.

VERMEHRUNG Durch Wurzelschnittlinge.

PROBLEME Grauschimmel-Befall (*Botrytis*).

R. coulteri (Kalifornischer Baummohn) Gelegentlich Ausläufer treibende, an der Basis verholzende Pflanze mit aufrechten, mitunter verzweigten Sprossen. Blätter ledrig, graugrün, oval bis lanzettlich, scharf gezähnt, gelappt oder fiederteilig, 7–12 cm lang. Große, einzeln stehende, tellerförmige, weiße, 10–13 cm breite, süß duftende Blüten mit meist 6 überlappenden Kronblättern und einem kontrastierenden Bündel goldgelber Staubgefäße in der Mitte erscheinen von Juli bis September. Kommt nur in einer bestimmten Gegend im südlichen Kalifornien vor, vor allem in den Bergen südöstlich von Los Angeles. ↕ 3 m. Z7 **subsp. *trichocalyx*** Schlankerer Wuchs, feiner fiederteiliges Laub und Blüten nicht einzeln stehend, sondern in Gruppen. Wuchert stärker als die Art. Aus Südwest-Kalifornien von San Diego südlich bis Baja California. ↕ 1–2 m. **'White Cloud'** ♀ syn. *R.* × *hybrida*. Schöne, großblumige Hybridsorte.

R. × *hybrida* siehe *R. coulteri* 'White Cloud'

ROSCOEA
Ingwerorchidee, Scheinorchis
ZINGIBERACEAE

Die orchideenartigen Pflanzen bereichern anspruchsvolle Pflanzungen durch ihre Eleganz.

Die rund 17 Arten sommergrüner Stauden mit fleischigen Wurzeln wachsen in Wäldern, Gebüschen und auf offenen Hängen im Himalaja und China. Ihr Laub ist lanzettlich bis bandförmig und während der Blüte in der Regel noch nicht ganz ausgetrieben. In ungestielten Büscheln oder kurzen Ähren erscheinen Blüten mit langer, gebogener Röhre, einem Helm und einer zweispaltige Lippe sowie kleineren, blütenblattähnlichen Staubgefäßen.

KULTUR Zieht feuchte, durchlässige, neutrale bis saure Böden vor. Gedeiht in der Regel im Halbschatten am besten, kommt aber auch mit offeneren Standorten zurecht, solange der Boden feucht bleibt. Treibt oft spät aus, manchmal erst im Lauf des Frühjahrs.

VERMEHRUNG Durch Teilung oder Aussaat.

PROBLEME Selten.

R. alpina Schmal ovale bis lanzettliche, 10–15 cm lange Blätter und rosa bis violette, gelegentlich weiße, 3–4 cm lange Blüten. Während der Blüte im Frühsommer sind die Pflanzen nur 10–15 cm hoch, werden später aber höher. Die einzige Alpinart der Gattung. Aus Wäldern und offenen Lagen von Südwest-China bis Pakistan. ↕ 15–30 cm. Z6

RECHTS **1** *Romneya coulteri* 'White Cloud' **2** *Roscoea cautleyoides* **3** *R. humeana*

R. auriculata Kleine, Horste bildende Art mit bis zu 25 cm langen, schmal bandförmigen bis breit lanzettlichen Blättern. Vom Sommer bis zum Frühherbst öffnen sich nacheinander 5–6 cm lange, leuchtend violette, gelegentlich weiße Blüten mit weißen, kronblattähnlichen Staubgefäßen. Aus Sikkim und Nepal. ‡ 25–50 cm. Z6

R. australis Büschel bildende Art aus glänzenden, 10–15 cm langen, leicht sichelförmigen Blättern. Im Frühsommer trägt sie 3–6 cm große violette Blüten mit weißer Röhre und auffälliger Lippe. Auch in einer reinweißen Form in Kultur. Erinnert an *R. tibetica*, hat aber immer eine weiße Blütenröhre. Nicht, wie der Name vermuten lässt, in Australien, sondern in Birma beheimatet. ‡ 15–30 cm. Z7

R. 'Beesiana' Horst bildende Pflanze mit relativ schmalen, am Ansatz stängelumfassenden Blättern und gelben, oft violett gestreiften Blüten. Auch blassgelbe oder weißblütige Formen sind bekannt. Verbindet die Vorzüge von *R. auriculata* und *R. cautleyoides*. ‡ 35–45 cm. Z6

R. cautleyoides Schlanke Stängel tragen schmal bandförmige bis lanzettliche Blätter. Das hellgrüne Laub erscheint nur spärlich und ist zur Blüte oft noch nicht ganz ausgetrieben. Elegante, blassgelbe, 5 cm lange Blüten erscheinen im späten Frühjahr und Frühsommer. ‡ 30–50 cm. Z6 **'Kew Beauty'** Dunkelgrüne Blätter und etwas dunklere, feinere Blüten. **'Jeffrey Thomas'** Auffällig strohgelbe Blüten.

R. humeana Die robusteste Art der Gattung. Sie trägt kräftige, sattgrüne, längliche bis ovale, 20–25 cm lange Blätter und beginnt bereits zu blühen, wenn das Laub erst zum Teil ausgetrieben ist. Die kräftig violetten, 4–6 cm langen Blüten erscheinen im späten Frühjahr bis in den Sommer hinein. In freier Natur kommen rosa, weiße und gelbe Varianten vor. Aus Bergland in Südwest-China. ‡ 30–35 cm. Z7

R. procera siehe *R. purpurea*

R. purpurea syn. *R. procera* Art mit lanzettlichen bis ovalen, 15–25 cm langen Blättern. Blassviolette, weiße oder violette und weiß gestreifte Blüten erscheinen im Sommer, zum Teil bis in den Herbst hinein. Die violett- und weißblütige Form war früher als *R. procera* eingestuft. Erinnert an *R. humeana*. Aus dem Himalaja. ‡ 20–30 cm. Z7

R. scillifolia Eine schlanke, langsam wachsende Art mit schmal bandförmigen, bis 12 cm langen Blättern und rosa oder dunkelvioletten, 2–2,5 cm langen Blüten, die eine nach der anderen erscheinen. Aus feuchten, offenen Hochlandweiden in Südwest-China. ‡ 15–25 cm. Z8

R. tibetica Die Pflanze erreicht während der Blüte selten mehr als 15 cm, wird später aber noch größer. Sie trägt grundständige Büschel aus lanzettlichen, schmal ovalen bis länglichen, 15–20 cm langen Blättern. Die Blütenfarben sind Weiß oder Rosarot, auch verschiedene Lilarosa-, Violett und Purpurtöne bis hin zu fast reinblauen Formen kommen vor. Blüht vom Früh- bis zum Spätsommer. Allerdings sind nicht alle Farben als Gartenpflanzen erhältlich. Aus Westchina, Tibet bis Bhutan und Birma. ‡ 15–30 cm. Z6

RUDBECKIA
Sonnenhut
ASTERACEAE

Diese Prachtstauden belohnen Gärtner gegen Ende der Vegetationszeit großzügig mit zahlreichen Blütenkörbchen.

Die Gattung umfasst 16 Arten aus den unterschiedlichsten Lebensräumen in Nordamerika, angefangen von feuchten Wäldern bis hin zu trockenen Prärien. Sie wachsen meist mehrjährig und bilden Horste oder größere Bestände, teils breiten sie sich durch Ausläufer treibende Rhizome aus. Ihre aufrechten Stängel tragen wechselständige, ungeteilte bis tief gelappte Blätter und mehrere, lang gestielte, nach oben gerichtete Blütenkörbchen aus einer kegelig aufgewölbten oder säulenförmigen Scheibe, die von waagerechten bis hängenden Strahlenblüten in verschiedenen Gelbtönen eingefasst wird. Manche Formen von *Rudbeckia laciniata* tragen »gefüllte« Körbchen, an denen alle Scheibenblüten in Strahlenblüten umgewandelt sind. Bei zwei Arten fehlen die Strahlenblüten völlig. Alle Vertreter der Gattung eignen sich als Schnittblumen.

Der Raue Sonnenhut (*Rudbeckia hirta*) wird meist einjährig kultiviert. Im Handel sind viele aus Samen gezogene, zum Teil großblütige, gefüllte Sorten in den unterschiedlichsten Tönungen von Gelb über Rötlichbraun erhältlich. Er unterscheidet sich von den anderen Arten durch die herausragenden Griffel der Strahlenblüten.

KULTUR Alle *Rudbeckia* brauchen vollsonnige Standorte und ziehen nährstoffreiche, feuchtigkeitsspeichernde, aber durchlässige Böden vor. Bei Trockenheit fallen sie sofort um. Man teilt sie alle 4–5 Jahre im Frühjahr, um die Wuchskraft zu erhalten. Höhere Arten, insbesondere *R. laciniata*, müssen meist gestützt werden.

VERMEHRUNG Im Frühjahr durch Aussaat, Teilung oder grundständige Stecklinge, möglichst mit Wurzeln.

PROBLEME Jungwuchs anfällig für Schneckenfraß. Blattläuse. Echter Mehltau.

R. californica Horst bildende, sommergrüne Staude mit breit lanzettlichen, ungezähnten bis tief gezähnten, bis

OBEN **1** *Rudbeckia laciniata* 'Herbstsonne' **2** *R. occidentalis* 'Black Beauty'

25 cm langen Blättern. Einzeln an unverzweigten Stängeln stehende Blütenkörbchen, bis 13 cm breit, mit grünlich gelber, kegel- bis säulenförmiger Scheibe und spreizenden gelben Strahlenblüten. Aus Feuchtwiesen in den Bergen Kaliforniens. ‡ 1,5–2 m. Z6

R. fulgida (Leuchtender Sonnenhut) Sommergrüne Art, die sich langsam durch Rhizome ausbreitet. Untere Blätter lanzettlich bis eiförmig, wobei Farbe, Form, Behaarung und Zähnung je nach Unterart variieren. Die dicht stehenden, beblätterten Stängel verzweigen sich an der Spitze und tragen von August bis Oktober mehrere lang gestielte, gelbe, bis 10 cm breite Körbchen mit kegeliger oder halbkugeliger, braunvioletter bis schwarzer Scheibe. Der Blütenreichtum und die Blütezeit sind von Unterart zu Unterart verschieden, alle aber öffnen verlässlich zahlreiche Körbchen. Kommt in den unterschiedlichsten offenen oder schattigen und trockenen oder feuchten Lebensräumen im Süden und Osten der USA vor. ‡ 40–100 cm. Z4 **var. deamii** ♀ Grundblätter eiförmig und grob gezähnt. Aus Ohio, Indiana und Illinois (USA). ‡ 60 cm. **var. fulgida** (Gewöhnlicher Sonnenhut) Grundblätter lanzettlich bis schmal oval, graugrün, dicht behaart und spärlich gezähnt. ‡ 40–100 m. **var.** *speciosa* ♀ Grundblätter eiförmig, mit flach gezähntem oder gekerbtem Rand. 60–100 cm. **var.** *speciosa* **Viette's Little Suzy** ('Blovi') Zwergig. ‡ 30–35 cm. **var.** *sullivantii* Eiförmige, grob gezähnte, unbehaarte Blätter mit dunkelgrüner Oberseite. ‡ 60–100 cm. **var.** *sullivantii* **'Goldsturm'** ♀ Tiefgelb. Blütezeit: Juli bis Oktober. Aus Samen vermehrt, daher variabel. ‡ 70–90 cm.

R. laciniata (Schlitzblättriger Sonnenhut) Eine praktisch unbehaarte, sommergrüne Art, die sich durch Rhizome ausbreitet. Die Grundblätter sind bis 30 cm lang, tief gelappt oder gefiedert. Aufrechte Stängel tragen kleinere, nach oben zu immer weniger geteilte Blätter. Lang gestielte, 15 cm breite Blütenkörbchen erscheinen von Juli bis September. Scheiben länglich, erhaben, grünlich braun bis grünlich gelb, Strahlenblüten hängend, gelb. Aus Flussufern und feuchten Lebensräumen im mittleren und östlichen Nordamerika. ‡ 1,5–2,5 m. Z3 **'Goldkugel'** ♀ Körbchen gefüllt, 6 cm breit, schöner geformt als 'Goldquelle' und 'Hortensia'. ‡ 2 m. **'Goldquelle'** ♀ Körbchen 9 cm breit, gefüllt, zerzauster als bei 'Goldkugel'. 1948 von Benary (Deutschland) gezüchtet. ‡ 1–1,2 m. **'Herbstsonne'** ♀ Sehr hoch, von August bis September blühend. 1906 gezüchtet. ‡ 2–2,5 m. **'Hortensia'** Körbchen gefüllt, 9 cm breit, wirrer als bei 'Goldkugel'. 1894 gezüchtet. ‡ 1,5 m. **'Juligold'** Ähnelt 'Herbstsonne', blüht aber im Juli und August. ‡ 2,5 m.

R. maxima Horst bildende, sommergrüne Staude mit breit ovalen, unbehaarten, wächsern blaugrünen, bis 60 cm langen Blättern. Grundblätter spatelförmig, lang gestielt, in einer lockeren, kohlähnlichen Rosette; Stängelblätter ungestielt und stängelumfassend. Körbchen an hohen Stängeln, mit einem verlängerten, 7 cm hohen, dunkelbraunen Kegel, der von hängenden gelben, 7 cm langen Strahlenblüten gesäumt wird. Blütezeit: Juli bis September. Einer der ungewöhnlichsten und auffälligsten Sonnenhüte. Verträgt feuchtere Böden als andere Arten. Aus offenen Lebensräumen in den mittleren südlichen USA. ‡ 2,5 m. Z9

R. occidentalis Sommergrüne Staude mit kurzen Rhizomen und ovalen bis breit eiförmigen, bis 30 cm langen Blättern. An den schwach verzweigten, belaubten Stängeln erscheinen im Juli eigentümliche Körbchen mit einer säulenförmigen, bis 5 cm hohen, schwarzen Scheibe, die nur von grünen Hüllblättern umgeben ist, da die Strahlenblüten fehlen. Aus Berghängen und feuchten Wäldern im westlichen Nordamerika. ‡ 50–200 cm. Z7 **'Black Beauty'** Nicht von 'Green Wizard' unterscheidbar, wird allerdings vegetativ und nicht durch Aussaat vermehrt. ‡ 1–1,5 m. **'Green Wizard'** In der Größe nicht so variabel wie die Art. ‡ 1–1,5 m.

R. purpurea siehe *Echinacea purpurea*

R. subtomentosa Sommergrüne Staude mit kurzen Rhizomen und weich behaarten, graugrünen, lanzettlichen bis eiförmigen, bis 15 cm langen Blättern. Untere Blätter meist dreilappig. Der Stängel ist an der Spitze verzweigt und trägt 8 cm breite, aus einer violettbraunen Scheibe und Strahlenblüten zusammengesetzte Blütenkörbchen. Blütezeit:

BLÜTENAUFBAU DES SONNENHUTS

Wie alle Korbblütler trägt auch *Rudbeckia* einen als Körbchen oder Köpfchen bezeichneten Blütenstand. Er setzt sich zusammen aus den äußeren, blütenblattähnlichen Strahlen- oder Zungenblüten und den inneren Scheiben- oder Röhrenblüten, die meist in einer kegelförmigen Mitte sitzen.

Rudbeckia fulgida var. sullivantii 'Goldsturm'

GOLDENE PRÄRIE

Wo genügend Platz vorhanden ist, kann man großflächige Staudenpflanzungen im Präriestil anlegen. Hier darf sich die beliebte, preisgekrönte Rabattenstaude *Rudbeckia fulgida* var. *deamii* in einer ausgedehnten, sonnenbeschienenen Sommerpflanzung gebührend in Szene setzen. Gelegentlich machen sich in dem dichten Gewirr aber auch andere Stauden wie *Achillea*, *Verbascum* und *Kniphofia* bemerkbar, die ein ähnliches Gelb, jedoch andere Blütenformen zu bieten haben. Im Hintergrund kommen mit *Calamagrostis* und anderen Gräsern weiche Strukturen und harmonische Tönungen sowie Bewegung ins Spiel. Die Sonnenhüte und Gräser werden in diesem Arrangement ihre Dominanz auszuweiten versuchen, weshalb man wohl bisweilen eingreifen muss, um auch den anderen Stauden eine Chance zu geben.

August und September. Die Körbchen verströmen angeblich einen lakritzartigen Duft. Aus Prärien und Tiefland im mittleren und östlichen Nordamerika. ↕ 1,2 m. Z5

R. triloba Horst bildende, sommergrüne, kurzlebige Staude mit eiförmigem Laub. Untere Blätter oft tief dreilappig. An verzweigten Stängeln stehen zahlreiche, kurz gestielte, 7 cm breite Blütenkörbchen mit einer halbkugeligen, violettschwarzen Scheibe und gelben, 2,5 cm langen Strahlenblüten. Blütezeit: Juli bis Oktober. Sehr blühfreudig, hält aber nicht mehr als drei Jahre durch und wird daher am besten regelmäßig durch Aussaat vermehrt. Aus feuchten Prärien und offenen Wäldern in den mittleren und östlichen USA. ↕ 50–150 cm. Z5 **'Takao'** Robust, mit kräftigen Stängeln. ↕ 70 cm. Z4

RUMEX
Ampfer, Sauerampfer
POLYGONACEAE

Die meisten Angehörigen dieser Gattung werden als Unkräuter angesehen und sind manchmal recht unspektakulär. Einige aber haben einen hohen Zierwert als Blattschmuckpflanzen und eignen sich bestens für naturnahe Gartenwinkel.

Die etwa 200 Arten Ein- und Zweijähriger sowie sommergrüner Stauden kommen in kühleren Regionen, insbesondere auf der nördlichen Halbkugel, in grasbewachsenen Arealen sowie in Feuchtwiesen und Bergen vor. Sie bilden eine Pfahlwurzel oder schlanke Rhizome, die Stängel mit unterschiedlich geformten, breiten, gelegentlich gewelltrandigen Blättern austreiben. Im Sommer erscheinen winzige grünliche oder rötliche Blüten in Scheinwirteln, die entfernt oder dicht an den verzweigten Stängeln stehen. Die kleinen, oft geflügelten Nussfrüchte haben bei manchen Arten einen hohen Zierwert.

KULTUR In allen Böden an sonnigen bis halbschattigen Standorten.

VERMEHRUNG Aussaat oder Teilung.

PROBLEME In der Regel keine.

R. flexuosus Horst bildende Art mit schlanken, verzweigten, gewellten Stängeln. Blätter schmal, rötlich braun, bis 10 cm lang, mit krausem Rand und hellen Adern. Offene Scheinwirtel aus winzigen, grünlichen bis rötlichen Blüten erscheinen im Juli und August. Eher als ungewöhnlich denn als schön zu bezeichnen, kann allerdings dank der auffälligen Laubfarbe gute Dienste leisten. Aus feuchtem Grasland in Neuseeland. ↕ 20–40 cm. Z7

R. hydrolapathum (Fluss-Ampfer) Eine dekorative Pflanze mit Bündeln aufrechter, lanzettlicher, grüner, bis 1 m langer Blätter. Von Juli bis September tragen die hohen Stängel dichte Blütenstände aus winzigen, grünlichen Blüten, die man entfernen sollte, um die starke Selbstaussaat zu verhindern. Braucht ganzjährig feuchte Böden und gibt eine ausgezeichnete Uferpflanze für große Teiche ab. Aus Fluss- und Kanalufern in ganz Europa. ↕ 1–2 m. Z5

R. sanguineus var. *sanguineus* (Blut-Ampfer, Hain-Ampfer) Aufrechte, oft violette Stängel mit ovalen grünen, bis 15 cm langen, auffällig rotviolett geaderten Blättern. Von Juni bis August erscheinen winzige grüne, später rötliche Blüten in lockeren Scheinwirteln, die sich mit der Fruchtreife braun färben. Wird wegen der auffällig gefärbten Blätter gezogen. Vermutlich aus gärtnerischer Auslese entstanden, kommt aber auf den Britischen Inseln auch wild vor. ↕ 30 cm. Z6 var. *viridis* Die gängige Wildform ohne die hervorstechende violette Aderung und mit nur geringem Zierwert. Aus grasbewachsenen Bereichen und Wäldern in weiten Teilen Europas, Nordafrikas und Westasiens.

R. scutatus (Römischer Ampfer, Schild-Sauerampfer) Niederliegende Art mit zähem Wurzelstock und graugrünen, pfeilförmigen oder länglichen, leicht fleischigen Blättern. Unscheinbare, grünlich rote Blütenstände, die sich mit dem Heranreifen der 5 mm großen Samen violett färben. Das Laub kann als Salatgewürz verwendet werden. Wächst auf Geröll in Südeuropa, Nordafrika und Westasien. ↕ 15–30 cm. Z6 **'Silver Shield'** Junges Laub silbrig grün. Im Sommer am besten kräftig zurückschneiden, um die schöne Laubfärbung zu erhalten.

RECHTS 1 *Rumex flexuosus*
2 *R. sanguineus* var. *sanguineus*
3 *R. scutatus* 'Silver Shield'

SALVIA
Salbei
LAMIACEAE

Unter den langlebigen, im Sommer und Herbst blühenden Sonnenanbetern finden sich Arten für kühle und für milde Klimazonen.

Über 900 Arten zählen zur Gattung *Salvia*. Ihre Vertreter sind in Nord- und Südamerika, Afrika, Europa und Asien verbreitet. Die meisten bevorzugen Grasland oder steinige, exponierte Hanglagen als Lebensraum. Einige wenige aber finden sich auch in Laub- oder Mischwäldern. Sie wachsen strauchig, staudig (zum Teil mit verholzender Basis) oder einjährig. Manche werden bis zu 3 m hoch. Viele bilden breitwüchsige Horste aus aufrechten, kantigen Stängeln mit gestielten oder ungestielten, oft kleinen, dicken, grauen oder grünen, gelegentlich gelappten oder geteilten Blättern. Die manchmal verzweigten Blütenstände setzen sich aus zum Teil sehr kurz gestielten Blüten zusammen. Sie stehen in Quirlen aus 2–30 Blüten, wobei die Quirle dicht übereinander oder in lockerer Reihe angeordnet und gelegentlich von Hochblättern durchsetzt sein können. Die Quirle sind ährig, traubig, rispig oder selten alle achselständig. Die röhrigen Prachtblüten bestehen aus einer geraden oder helmförmigen Ober- und einer gelappten oder ausgebreiteten Unterlippe, die aus einem zweilippigen Kelch ragen (siehe Kasten *Blütenstruktur*). Am Ansatz der Röhre befinden sich zur Reifezeit 4 harte, längliche oder rundliche, quadratisch angeordnete Teilfrüchte (1-samige Nüsschen, bei *Lamiaceae* Klausen genannt). Der Übergang zwischen krautigen und strauchigen Wuchsformen ist fließend – manche Stauden wachsen in milderen Klimazonen strauchig –, hier aber werden nur die krautigen Arten behandelt.

Die einzelnen Arten lassen sich anhand der Unterschiede in Blattform und Blütenaufbau wie den Falten in der Blütenröhre, der Anordnung der Staubblätter innerhalb oder außerhalb der Röhre, der Behaarung des Griffels und anderer Charakteristiken abgrenzen. Manchmal allerdings tun sich sogar Pflanzenexperten mit einer genauen Zuordnung schwer.

Die riesige, vielgestaltige Gruppe umfasst ausgesprochen winterharte, aber auch recht empfindliche Stauden, Küchenkräuter und auffällige Sommerbeetpflanzen – und es kommen ständig neue hinzu. Ihre Klassifizierung und Nomenklatur wird derzeit überarbeitet.

KULTUR Die meisten Salbei-Arten mögen es sonnig. Sie gedeihen in den verschiedensten Bodentypen, ziehen in der Regel aber durchlässige Erde vor, die mit einer dünnen Dungschicht oder anderer organischer Materie im Winter gemulcht wurde. Vor kalten, austrocknenden Winden sollten sie geschützt werden.

VERMEHRUNG Kaum eine Pflanze lässt sich leichter durch Stecklinge vermehren als Salbei. Man kann sie zu jeder Jahreszeit abnehmen, solange passende Triebe vorhanden sind. Sie wurzeln spätestens nach zwei Wochen ein. Auch Aussaat oder Teilung eingewachsener Horste ist möglich.

PROBLEME Weiße Fliege, Rote Spinnmilbe, Blattläuse und einige Pilzkrankheiten.

S. ambigens siehe *S. guaranitica* 'Blue Enigma'

S. amplexicaulis Horst bildende Art mit vielen aufrechten, steif behaarten Stängeln. Diese tragen ungestielte, grüne, längliche, deutlich spitz zulaufende, ganzrandige Blätter. Die blauen oder blauvioletten kleinen Blüten erscheinen in großer Zahl im Juni und Juli und sitzen in Quirlen zu 6–8 an aufrechten Trauben zwischen grünen Hochblättern. Sehr eng mit *S. nemorosa* verwandt, aber höher, stärker behaart, mit ungestielten Blättern und reichblütigeren Quirlen. In gut vorbereitete Böden an vollsonnigen Standorten pflanzen. Vermehrung durch Teilung oder Aussaat. Aus dem östlichen Mittelmeerraum. ↕ 80–90 cm. Z6

S. angustifolia siehe *S. reptans*

S. arizonica Niedriger, nicht wuchernder Bodendecker mit verzweigten, unterirdischen Ausläufern. Die Art treibt aufrechte Stängel mit glatten, mehr oder weniger dreieckigen, gesägten, oberseits glänzenden Blättern aus. Von Juli bis September erscheinen tiefblaue, lockere Quirle aus bis zu 6 Blüten. Ein reifer Horst kann unter günstigen Wuchsbedingungen über 1 m breit werden. Ideal für sonnige durchlässige Standorte im vorderen Bereich einer Rabatte oder in Pflasterritzen. Vermehrung durch Teilung oder Aussaat. Aus Wiesen und steinigen Hängen in den USA und im nördlichen Mexiko. ↕ 30 cm. Z6

S. atrocyanea Eine der höchsten Salbei-Stauden. Aus großen, weißen, geschwollenen Knollen treiben dicke Stängel mit großen, grünen, herzförmigen, zum Teil über 15 cm langen, unterseits weich behaarten Blättern aus. Die tiefblauen Blüten können 2 cm lang werden. Sie stehen im Spätsommer und Herbst zwischen noch größeren, weichgrünen Hochblättern an über 30 cm langen Trauben, die horizontal am Hauptstängel stehen, was der Pflanze ein elegantes, ausladendes Aussehen verleiht. Neue Triebe leiden unter den ersten Herbstfrösten, wenn man ihnen keinen Winterschutz bietet, treiben aber nach dem Zurückfrieren rasch

OBEN **1** *Salvia cacaliifolia*
2 *S. confertiflora*

wieder aus. Für offene, sonnige Stellen. Vor Spätfrösten schützen. Vermehrung durch Teilung, Stecklinge oder Aussaat. Aus Südamerika. ↕ 2,5–3 m. Z6

S. azurea (Blauer Salbei, Spätherbst-Salbei) Kurze Ausläufer bildendes Wurzelsystem mit biegsamen, übergebogenen, zur Spitze hin oft verzweigten Stängeln und schmalen, 10 × 1 cm großen, leicht gezähnten Blättern. Jeder verzweigte Stängel trägt zahlreiche hübsche, auffällige, azurblaue, lockere Quirle aus 4–6 Einzelblüten mit jeweils einer breiten, nach unten gerichteten Unterlippe. Blütezeit: August bis Oktober. Für offene sonnige Standorte in durchlässigen Böden. Vermehrung durch Teilung oder Aussaat. Aus den USA südlich bis nach Mexiko. ↕ 80–90 cm. Z6 **var. grandiflora** syn. *S. pitcheri*, *S. azurea* subsp. *pitcheri* Blüten mit längerer Röhre und breiterer Unterlippe. Aus Mexiko.

S. blepharophylla Ausläufer treibendes Wurzelsystem mit einem buschigen Horst aus kurzen Stängeln, an denen eiförmige oder dreieckige, 5 cm lange, an den Rändern lang behaarte, kurz gestielte Blätter sitzen. Jeder Stängel endet in einer offenen Traube mit lockeren Quirlen aus 2–6 leuchtend scharlachroten Blüten, deren Unterlippe etwas länger als die Oberlippe ist. Sie öffnen sich von Juli bis September, gelegentlich auch bis Oktober aus einem violetten Kelch. Für offene sonnige Standorte in durchlässiger Erde im vorderen Bereich einer Rabatte. Vermehrung durch Teilung, Stecklinge oder Aussaat. Aus Mittelmexiko. ↕ 45–60 cm. Z6

S. buchananii ♥ Stark verzweigte Staude mit verholzender Basis, aber neuen Trieben, die sich unterirdisch aus den Wurzeln bilden. An den Stängeln stehen 1–7 cm lange, glänzend dunkelgrüne, leicht fleischige, schmal ei- oder speerförmige Blätter. Mitunter bilden

BLÜTENSTRUKTUR

Salvia patens 'Chilcombe' trägt große, zweilippige Blüten, die bei dieser Art paarig am langen Stängel sitzen. Die Staubblätter und die Stempel werden von der helmartigen Oberlippe umschlossen. Nach dem Abfallen der welken Kronblätter kommen die quadratisch angeordneten Nüsschen (Teilfrüchte, Klausenfrüchte) im Kelch zum Vorschein. Aus diesen ungewöhnlich großen Blüten ist die Struktur gut ersichtlich, bei vielen anderen Arten aber fällt der Flor wesentlich kleiner aus und steht dicht gedrängt in Quirlen.

Salvia patens 'Chilcombe'

sich neue Blätter in den Blattachseln. Von Juni bis September öffnen sich am Stängel große magentarosa, violett behaarte Blüten. Braucht selbst in der relativ warmen Zone 8 noch Winterschutz. Zur Sicherheit überwintert man Stecklinge. Für offene sonnige Standorte in durchlässigen Böden im vorderen Bereich einer Rabatte oder vor einer schützenden, sonnenbeschienenen Mauer. Vermehrung durch Stecklinge. Wurde in einem Garten in Mexiko-Stadt entdeckt. ‡ 62 cm. Z8

S. bulleyana siehe *S. flava* var. *megalantha*

S. cacaliifolia ✿ Die zahlreichen aufrechten Stängel tragen zugespitzte, dreieckige, 5–10 cm lange, am Ansatz herzförmige Blätter, deren Stiele fast so lang wie die Spreiten sind. In 25 cm langen, verzweigten Trauben stehen (relativ weit auseinander) paarig angeordnete, enzianblaue, 1 cm lange Blüten, die zwar recht klein sind, aber von Juni bis Oktober sehr zahlreich erscheinen. Für offene, sonnige, geschützte Standorte in durchlässiger Erde. Braucht in der Regel Winterschutz. Vermehrung durch Stecklinge oder Teilung großer Exemplare. Aus den Bergen im Süden Mexikos und in Mittelamerika. ‡ 90–100 cm. Z8

S. caerulea siehe *S. guaranitica* ‘Blue Enigma’

S. chamaedryoides Größere bodendeckende Horste aus mehreren kriechenden, verholzenden Trieben mit kleinen, eiförmigen, grauen, in milden Klimazonen immergrünen Blättern. Von Juni bis September tragen die kurzen Stängel viele tiefblaue Blüten mit breiter, in der Mitte gespaltener Unterlippe. Der Flor hebt sich reizvoll von dem blassgrauen Laub ab. An durchlässigen sonnigen Standorten überraschend winterhart. Ein gesundes älteres Exemplar kann über 2 m Durchmesser erreichen. Vermehrung durch Teilung oder Stecklinge. Aus felsigen Hängen in den südlichen USA und in Nord-Mexiko. ‡ 60 cm. Z6

S. concolor Eine der höchsten mehrjährigen, allerdings an der Basis verholzenden Salbei-Arten: kann erstaunliche 6 m hoch werden, bleibt aber meist wesentlich kleiner. Die wüchsigen Triebe erscheinen im Frühjahr aus großen, dicken Knollen und sind anfangs oft kräftig blau gefärbt. Sie tragen große, grüne, mehr oder weniger eiförmige, grob gezähnte, bis 12 cm lange, ober- und unterseits dicht behaarte Blätter. Die tiefblauen, bis 3 cm langen Blüten stehen zu 6–10 in Quirlen an 30 cm langen Trauben. Sie entfalten sich im Spätsommer und Herbst aus einem blau getönten Kelch. Für offene sonnige Standorte. Neuaustrieb muss vor Spätfrösten geschützt werden. Vermehrung durch Teilung oder Aussaat. Gelegentlich wird *S. guaranitica* unter diesem Namen verkauft. Aus Mexiko. ‡ 2,2–3 m. Z6

S. confertiflora Eine der höheren, auffälligeren Arten. Sie treibt dicke, mit dunkel-rotbraunen Haaren besetzte Stängel aus, die große, herzförmige, beiderseits dicht filzig behaarte, oberseits grüne und unterseits gelblich braune Blätter tragen. Im Herbst erscheinen an den Stängeln endständige, lange, dünne, orangerote Blütentrauben, die das Laub weit überragen. Die behaarten, röhrigen Blüten selbst sind für sich gesehen relativ unscheinbar und kaum 5 mm lang, stehen aber sehr dicht und zahlreich (mit bis zu 15 Einzelblüten pro Quirl), sodass sie mit ihrer ungewöhnlichen, orangefarbenen Röhre sowie dem blassen Schlund einen äußerst auffälligen Blütenstand bilden. Für offene sonnige Standorte in der Mitte oder im Hintergrund einer Rabatte. Vor Spätfrösten schützen. Vermehrung durch Teilung oder Aussaat. Aus Südamerika (Brasilien). ‡ 2–3 m. Z8

S. darcyi (Guaven-Salbei) Eine robuste Art mit brüchigen, halb verholzenden Stängeln, die im Frühjahr aus dünnen, weißen, geschwollenen Knollen austreiben. Die Stängel tragen eckige, herzförmige, grüne, bis 6 cm lange, sehr klebrige, beiderseits behaarte Blätter mit klebrigen Drüsen an der Spitze. Tiefscharlachrote, 2 cm lange Blüten stehen in 15–30 cm langen Trauben. Blütezeit: Sommer bis Herbst. Verträgt im Winter keine Staunässe. Außerdem brechen die Stängel bei kräftigem Wind, weshalb man für diese Art einen geschützten, durchlässigen, sonnigen Standort wählen sollte. Der Neuaustrieb ist anfällig für Spätfröste. Vermehrung durch Stecklinge oder Aussaat. Aus den Bergen von Nuevo Leon in Mexiko. ‡ 1–1,5 m. Z6

S. dolichantha Art mit knolligem Wurzelstock. Die Stängel sind mit feinen dunkelbraunen Haaren bedeckt und tragen breit ei- oder speerförmige, unregelmäßig gesägte, nur entlang der Adern behaarte Blätter. Bei manchen Exemplaren läuft jeder Sägezahn am Rand in einer borstigen Spitze aus. Von Juli bis September tragen die Stängel relativ glatte, dunkelviolette, 5 cm lange Blüten. Von anderen Arten leicht unterscheidbar durch das auffällige Laub und die langen, geraden, dunkelvioletten Blüten, deren Unterlippe länger ist als die Oberlippe. Eignet sich für offene sonnige Standorte in durchlässiger Erde im Vordergrund einer Rabatte. Verträgt keine Staunässe. Vermehrung durch Aussaat. Von Bergwiesen aus der chinesischen Provinz Sichuan. 50–75 cm. Z6

S. farinacea (Mehliger Salbei) Schlanke, verzweigte, aufrechte Stängel mit einem dichten Überzug aus sehr feinen blauen oder weißen Haaren treiben aus schlanken Knollen aus und tragen lange, dunkelgrüne, glatte, leicht glänzende, 10 × 2,5 cm lange, ungezähnte Blätter. Am Ende der Stängel steht eine dichte Traube aus hübschen, auffälligen, intensiv dunkelblauen Blüten, die sich von Juli bis Oktober öffnen. Jede Blüte hat eine breite, nach unten gerichtete Unterlippe. Blaublütige Exemplare haben meist blaue, weiße Sorten eher weiße Behaarung. Eine der ansprechendsten Arten für Sommerbeete, eignet sich aber genauso gut für gemischte und krautige Rabatten und ist unerwartet hart. Von dieser Art ist eine ganze Reihe hübscher, durch Aussaat vermehrbarer Sorten für Sommerbeete erhältlich. An offene, sonnige Stellen in durchlässige Erde pflanzen. Wird

LICHT INS DUNKEL

NIMMT MAN DIE TIEFBLAUEN BLÜTEN von *Salvia × sylvestris* ‘Mainacht’ als Mittelpunkt eines Arrangements, hat man zwei Möglichkeiten: Man kann dessen üppige Schwere durch das dunkle Laub von *Heuchera* und durch weitere dunkle Blüten ergänzen. Man kann aber auch hellere Akzente ins Spiel bringen, wie hier geschehen. Das silbrige Laub von *Artemisia* ‘Powis Castle’ und die silberfarbenen *Helichrysum* im vorderen Bereich geben dauerhafte Begleiter ab, während mit den rosa Kerzen von *Diascia* die Form des Salbeis in hellerem Ton aufgegriffen wird. Das fast bis zum Ansatz geteilte Laub von *Geranium sanguineum* vor der Basis des Salbeis setzt mit rosa Becherblüten einen Kontrapunkt in Farbe und Form.

meist durch Aussaat vermehrt, doch ist auch Teilung möglich. Aus den südlichen USA und aus Mexiko. ‡ 80 cm. Z6

S. flava var. **megalantha** Eine Unterart mit knolligem Wurzelstock. Die aufrechten oder übergebogenen Stängel sind vorwiegend an der Basis mit breit eiförmigen oder dreieckigen, nur an der Unterseite der Adern behaarten Blättern besetzt. Im Juli und August erscheinen mehrere glatte, nach oben gebogene, gelbe, 2,5 cm lange Blüten mit brauner oder violetter Zeichnung auf der Mitte der Unterlippe. Ist eng mit der violettblütigen Art *S. bulleyana* verwandt und wird auch oft unter dieser Bezeichnung verkauft. Für offene sonnige Plätze in durchlässigen Böden im Vordergrund von Rabatten. Reagiert empfindlich gegen Staunässe. Vermehrung durch Aussaat. Aus Bergen in Yunnan (Westchina). ‡ 24–65 cm. Z6

S. forsskaolii Die Pflanze bildet mehrere verzweigte Stängel mit großen, hellgrünen, leier- oder eiförmigen, bis 15 cm langen, unregelmäßig gelappten Blättern. Von Ende Juni bis in den Juli hinein öffnen sich an den geraden Stängeln Quirle aus prächtigen, blauvioletten Blüten, deren Oberlippe die weiß oder gelb gestreifte bzw. gefleckte Unterlippe sichelförmig überragt. Gedeiht in den meisten Böden an halbschattigen Standorten. Vermehrung durch Teilung oder Aussaat. Aus dem Balkan und der Nordtürkei. ‡ 45–100 cm. Z6

S. glutinosa (Klebriger Salbei) Art mit einem Wurzelstock, der sich langsam ausbreitet. Aufrechte, sehr klebrige, verzweigte Triebe tragen hellgrüne, speer- oder eiförmige, teils über 13 cm lange, gezähnte Blätter. Die 3–4 cm langen, klebrigen, gelben Blüten mit spreizender, braun gestreifter oder gefleckter Unterlippe erscheinen von Juni bis August. Kommt an halbschattigen Plätzen mit den meisten Böden zurecht. Verträgt trockene, schattige Standorte überraschend gut. Vermehrung durch Teilung oder Aussaat. Aus Wäldern von Frankreich bis Russland. ‡ 45–90 cm. Z6

S. guaranitica Aus einem Ausläufer bildenden Wurzelstock entwickeln sich im Frühjahr frostempfindliche Sprosse mit herz- oder eiförmigen, 4–12 cm langen, blass- bis dunkelgrünen, glatten oder weich behaarten Blättern. Die Behaarung variiert von Sorte zu Sorte. Gestielte, blaue, 2,5–5 cm lange Blüten mit je nach Sorte grünem oder schwarzem Kelch stehen in 30 cm langen Trauben. Blütezeit: Spätsommer und Herbst. Für offene, sonnige Standorte im Hintergrund einer Rabatte. Vor Spätfrösten schützen. Die höheren Sorten mit den größten Blüten und behaartesten Blättern sind am wenigsten hart. Vermehrung am besten durch Stecklinge oder Teilung. Von Waldrändern in subtropischen Regionen Südamerikas von Paraguay bis Brasilien. ‡ 1,2–2,7 m. Z7 **'Argentine Skies'** Blass-schieferblaue Blüten. Eine Züchtung von Charles O. Cresson. **'Black and Blue'** Hoch, wüchsig und frostempfindlich. Sehr stark behaarte Blätter. Eine dunkelblaue Krone, die sich schön von dem schwarzen Kelch abhebt. ‡ 2,7–4 m. **'Blue Enigma'** ♀ syn. *S. ambigens*, *S. caerulea* Hellgrüne, fast unbehaarte, relativ stark glänzende Blätter. Dunkelblaue Krone in grünem Kelch.

S. hians Aus knolligen Wurzeln treiben überwiegend grundständige, mehr oder weniger ei- oder herzförmige, behaarte, gezähnte, 25 cm lange, unterseits weiß behaarte Blätter aus, deren Stiele so lang wie die Spreite sind. Klebrige, stark duftende Stängel tragen mehrere behaarte, weit geöffnete, blaue oder blauviolette, jeweils 2,5–4 cm lange Blüten, die sich im Juni und Juli öffnen. Der Schlund ihrer Röhre ist oft weiß, mit blauen Flecken oder Streifen. Braucht offene, sonnige Standorte in durchlässigen Böden. Ideal für den vorderen Bereich einer Rabatte. Reagiert empfindlich auf Verpflanzen. Vermehrung durch Aussaat. *S. forsskaolii* wird bisweilen fälschlicherweise unter diesem Namen angeboten. Aus Hochgebirgswiesen im indischen Himalaja. ‡ 24–65 cm. Z6

S. 'Indigo Spires' Sorte mit straff aufrechten Stängeln und grünen, eiförmigen, bis zu 10 cm langen, in einer eleganten Spitze endenden Blättern. Sie bildet lange Trauben aus vielen kurzen, dunkelblauen Blüten, die sich zwischen Juni und November in Schüben öffnen. Für offene, sonnige Standorte in durchlässigen Böden, z.B. in der Mitte oder im Hintergrund einer Rabatte. Vermehrung durch Teilung oder Stecklinge. Eine wüchsige Hybride zwischen *S. longispicata* und *S. farinacea*. ‡ 1,2 m. Z8

S. involucrata ♀ Niederliegende Art mit zahlreichen übergebogenen Stängeln und ei- oder herzförmigen, aromatisch duftenden, bis zu 10 cm langen, grünen Blättern. Mittelrippe und Stängel bisweilen mit rosa Tönung. Von Juli bis November erscheinen an Trauben über Hochblättern auffällige, leuchtend rosarote, 5 cm lange, glatte Blüten mit aufgeblähter Röhre und relativ kurzen Lippen. Die Hochblätter sind länglich oder rund, meist rosa getönt und an der Spitze zurückgebogen. Sie tragen wesentlich zum Gesamteindruck der Pflanze bei. Die Art wird am besten an einem warmen, sonnigen Standort gezogen und vor Spätfrösten geschützt. Vermehrung durch Stecklinge oder Teilung großer Pflanzen. Aus Mittelmexiko. ‡ 1,2–1,5 m. Z7 **'Bethellii'** ♀ Aufrecht, mit glatten, herzförmigen Blättern und kompakten, rundlichen Blütenquirlen, die allmählich immer länger werden, sodass zwischen rundlichen, rosaroten Hochblättern rosarote Blüten zum Vorschein kommen. ‡ 1,2 m. **'Boutin'** ♀ Kleiner, aufrecht, mit schmaleren, dunkelrosa Hochblättern und Blüten sowie glatten, eiförmigen Blättern. ‡ 90 cm. **'Hadspen'** Wüchsig und biegsam. Die grob behaarten, aromatischen, herzförmigen, schmal spitz zulaufenden Blätter tragen eine rosa Mittelrippe. Lange, übergebogene Stängel mit rosaroten Blüten und langen weißen, rosa getönten, an der Spitze gekräuselten Hochblättern. ‡ 1,2 m.

S. jurisicii (Serbischer Salbei) Niederliegende bis ansteigende, reich verzweigte, dicht mit langen Haaren bedeckte Stängel tragen dunkel-graugrüne, bis 8 cm lange, farnartige Blätter mit 4–6 Paaren schmal linealischer Fiederblättchen. Von Ende Juni bis in den Juli hinein tragen die Stängel Quirle aus 4–6 kleinen, meist blassblauen, gelegentlich auch violetten, rosa oder weißen Blüten. Sie sind kaum 1 cm breit und dicht mit langen Haaren besetzt. Ihre Oberlippe ist etwas länger als die glatte, breitere Unterlippe. Die Blüten drehen sich mit der Zeit langsam um, sodass der untere Teil des Stängels dicht mit Blüten bedeckt ist, deren behaarte Oberlippen nach unten zeigen, während die glatten Unterlippen über ihnen stehen. Gedeiht an heißen, trockenen Standorten in durchlässigen Böden. Vermehrung durch Teilung, Stecklinge oder Aussaat. Aus Mazedonien. ‡ 30–60 cm. Z6

S. leptophylla siehe *S. reptans*

S. leucantha ♀ (Strauchiger Salbei) Aufrechte, weiße, dicht mit feinen weißen Haaren bedeckte Stängel mit zahlreichen Seitenstängeln und schmal lanzettlichen, aromatisch duftenden, 5–10 cm langen Blättern. Von August bis November erscheinen an Stängeln und Seitenstängeln fein behaarte Trauben aus schmal röhrigen, ebenfalls dicht behaarten, 3,5 cm langen Blüten mit behaartem, weißem oder farbigem Kelch. Ihre geraden Röhren biegen sich nach oben in Richtung der kurzen Lippe und sind außen dicht behaart. Die Farbpalette der Krone reicht von Weiß oder Blassrosa bis zu tiefem Purpurrot. Sie kontrastiert oft mit dem weißen oder violetten Kelch. Die Art braucht geschützte sonnige Plätze, wo sie sehr schnell wächst, wenn man sie vor Spätfrösten schützt. Vermehrung am besten durch Stecklinge oder Teilung großer Exemplare. Derzeit werden immer mehr Sorten angeboten, die überwiegend aus den USA und Südafrika stammen. Aus subtropischen Wäldern in Mexiko und Mittelamerika. ‡ 1,2 m. Z8 **'All Purple'** siehe 'Midnight'. **'Danielle's Dream'** Aufrecht, mit blassrosa, dicht behaarter Blütenkrone in einem weißen Kelch. Aus Südafrika. **'Midnight'** syn. 'All Purple' Krone und Kelch violett. **'Purple Velvet'** Aufrecht, mit tiefvioletter, behaarter Blütenkrone und violettem Kelch. **'Santa Barbara'** Violette Blütenkrone mit heller violetter Lippe und violettem Kelch. Sehr klein, aber etwas breiter. ‡ 60 cm. **'White Mischief'** Kompakt, mit schmaleren, lanzettlichen Blättern und weißer, mit der Zeit leicht ins Rosa spielender Blütenkrone in einem weißen Kelch. Blüten reifer Exemplare färben sich beim Verwelken schwach rosa. ‡ 90 cm.

S. lyrata Kurzlebige Art mit Pfahlwurzel und einer Rosette aus niederliegenden, dunkelgrünen, bis 8 cm langen, leierförmigen, gelegentlich geteilten Blättern, die manchmal eine rötliche Mittelrippe tragen. An geraden Stängeln stehen Quirle aus 3–10 blass- bis dunkel-lavendellila, selten rosa bis violetten, 2,5 cm langen Blüten. Ihre Unterlippe ist breit spreizend. Blütezeit: von Juni bis in den August hinein oder noch länger. In leichtere, durchlässige, sandige Böden pflanzen. Gedeiht problemlos im Halbschatten. Vermehrung durch Aussaat, doch müssen Sämlinge sorgfältig ausgewählt werden, damit sie ihren Elternsorten gleichen. Aus den östlichen USA. ‡ 30–60 cm. Z6 **'Burgundy Bliss'** syn. 'Purple Volcano' Tief-burgunderrotes Laub und blasslila Blüten. **'Purple Knockout'** Purpurne Blätter und Stängel, Blüten heller purpurrosa. **'Purple Volcano'** siehe 'Burgundy Bliss'.

S. madrensis Eine der höchsten und auffälligsten Salbei-Arten. Dicke, kräftige, aufrechte, eigenartig kantige Stängel tragen große, weich texturierte, herzförmige, bis 15 cm lange, beidseitig behaarte Blätter. Von September bis Oktober werden die Stängel immer länger und entwickeln Seitenstängel, an deren Spitze 30 cm lange Trauben aus tief-goldgelben, bis 3 cm langen Blüten erscheinen. Ihre blassgelbe Kronröhre ist gerade, aber leicht aufgebläht, die Oberlippe dicht mit tief-goldgelben Haaren besetzt. Gedeiht am besten an offenen sonnigen Standorten vor Mauern. Vor Spätfrösten schützen. Vermehrung durch Teilung, Stecklinge oder Aussaat. Aus subtropischen Waldrändern im Tiefland von Westmexiko. ‡ 2,2–2,7 m. Z8 **'Red Neck Girl'** Früh blühend. Rote Stängel.

S. merjamie Kurzlebige Art mit aufrechten, drüsigen, klebrigen und relativ stark aromatisch duftenden, in der oberen Hälfte oft verzweigten Stängeln. Sie tragen nach Minze duftende, 15 cm lange, längliche, relativ grobe, am Rand gewellte und gezähnte Blätter. Im Juni und Juli erscheinen zahlreiche attraktive, auffallende lila oder himmelblaue Blüten in aufrechten, dicht besetzten Ständen. Die Blütenkrone hat eine stark sichelförmige Oberlippe. Für offene sonnige Standorte in durchlässiger Erde. Vermehrung durch Aussaat. Aus dem mittel- und ostafrikanischen Hochland sowie dem Jemen. ‡ 30–60 cm. Z6

'Mint-sauce' Mittelblaue Blüten und charakteristisch duftendes Laub.

S. mexicana Hohe, aufrechte, vielstängelige Art mit rauten- oder eiförmigen, grünen, bis 15 cm langen, meist oberseits glatten, unterseits ebenfalls glatten oder weich behaarten Blättern. Blaue Blüten mit grünem oder dunkel-blauschwarzem Kelch stehen in 15 cm langen Trauben. Blütezeit: September bis November. Typisch für diese Art ist die glatte Oberlippe des Kelchs mit nur 3 Adern. Die Blütenröhre ist 1–2,5 cm lang, meist dunkelblau, gelegentlich hel-

NORD UND SÜD

Die Wärme- und Feuchtigkeitsansprüche von Salbei sind von Art zu Art verschieden. *Salvia pratensis*, *S. nemorosa* und Konsorten etwa sind winterhart bis Zone 4 und sehr zäh. Weil die Gattung aber ein so großes Verbreitungsgebiet hat und nicht nur in Nordeuropa, sondern auch in Südamerika vorkommt, gehören zur Verwandtschaft naturgemäß Arten, die weit weniger hart im Nehmen sind. In Zone 8 werden *S. guaranitica*, *S. involucrata* und *S. leucantha* oft in derselben Rabatte wie die wesentlich unempfindlichere Hybride *S. × sylvestris* kultiviert.

Noch mehr Wärme brauchen die leicht knollig wachsenden Arten *S. farinacea* und *S. patens*. Sie werden meist als Sommerblumen und Gefäßpflanzen aus Samen herangezogen. In den wärmsten Gegenden von Zone 8 kann man sie an geschützten, durchlässigen Winkeln sogar im Freiland durch den Winter bringen. Überhaupt schaffen es an einer warmen Mauer mit durchlässigen Böden, Schutz vor kalten Winden und Frühjahrsfrösten sowie einer wärmenden Mulchschicht aus Rindenschnipseln oder Farnkraut selbst empfindlichere Blüher über die kalte Jahreszeit. Vorsicht ist jedoch auch zum Ausklang der Wachstumszeit geboten: Viele der heiklen Salbei-Arten blühen so spät, dass ihnen die ersten Fröste im Herbst den Garaus machen können.

ler und selten sogar weiß. Gegenwärtig werden Sorten mit verschiedener Höhe, Blatt- und Blütengröße, Form und Farbe entwickelt. Ideal für offene sonnige Standorte im Hintergrund einer Rabatte. Vor Frühlingsfrösten schützen. Vermehrung durch Teilung, Stecklinge oder Aussaat. Wächst in Mittel- und Südmexiko oft sehr zahlreich an Straßenrändern. ↕ 0,9–2,7 m. Z9

S. napifolia Entwickelt einen sich langsam ausbreitenden Wurzelstock, aus dem mehrere aufrechte bis übergebogene Triebe wachsen. Die behaarten, recht klebrigen, hellgrünen, leierförmigen Blätter tragen oft 1 oder 2 Paare kleiner, dreieckiger oder eiförmiger Segmente an der Basis und werden 13 cm lang. Kleine, 1,5 cm lange, blauviolette Blüten stehen von Juni bis August zu 6–12 in Quirlen. Sehr eng mit *S. verticillata* verwandt, unterscheidet sich von dieser Art aber durch die geringere Zahl von Blüten pro Quirl und andere botanische Blütendetails. Kommt mit einer überraschend großen Bandbreite von Bodentypen und vollsonnigen bis halbschattigen Standorten zurecht. Vermehrung durch Teilung oder Aussaat. Aus der Türkei. ↕ 90 cm. Z6

S. nemorosa (Steppen-Salbei) Eine Art, die für Verwirrung sorgt. Sie bildet eine niederliegende Rosette aus groben, grünen, herzförmigen bis länglichen, gekerbten, bis 18 cm langen Blättern. Die Blüten stehen dicht an dicht entlang der Trauben. Die einzelnen Quirle setzen sich aus 2–6 Blüten zusammen, die anfangs hinter überlappenden, grünen, häufiger aber violetten Hochblättern verborgen sind. Die kleinen, 0,8– 1,4 cm langen, blauen, blauvioletten, rosa oder weißen Einzelblüten öffnen sich von Juni bis August. Sorten, die der Art früher zugerechnet wurden, gelten heute als Hybriden und sind unter *S. × sylvestris* (siehe Kasten S. 417) zu finden. Gedeiht in den meisten Böden in voller Sonne. Durch Teilung oder Aussaat vermehren. Aus Europa bis Russland.

↕ 30–60 cm. Z6 **subsp. *tesquicola*** Kelch mit langen Haaren bedeckt. Blütenröhre länger. Osteuropa bis Russland.

S. nipponica Aus einem sich langsam ausbreitenden Wurzelstock treiben mehrere kräftige, aufrechte Triebe mit einer buschigen Laubmasse aus. Die Blätter sind hellgrün, speerförmig, zugespitzt und 5–10 cm lang. 2,5 cm lange, blasscremefarbene oder gelbe Blüten mit spreizender Unterlippe erscheinen von August bis Oktober. Verträgt Schatten, pralle Sonne und feuchte Böden gleichermaßen. Vermehrung durch Teilung oder Aussaat. Aus Wäldern in Japan. ↕ 40 cm. Z6 **'Fuji Snow'** Unübersehbare weiß gerandete Blätter.

S. patens ♀ (Mexikanischer Salbei) Eine der Salbei-Arten mit den größten Blüten. Aus einer weißfleischigen Knolle treiben mehrere verzweigte Stängel aus. Sie tragen mittelgrüne, fünfeckige oder speerförmige, 5–8 cm lange, ausgeprägt gelappte, gelegentlich mit dunkleren Flecken gezeichnete Blätter. Jeder Zweig endet in einer offenen Traube aus auffälligen, paarigen, enzianblauen, 5– 8 cm langen Blüten. Gedeiht an offenen sonnigen Standorten in durchlässiger Erde am besten. Knollen im Winter mit einer Mulchschicht schützen oder aufnehmen und wie Dahlien lagern. Wird oft als Sommerblume oder Gefäßpflanze kultiviert. Vermehrung durch Stecklinge oder Aussaat. Aus den Bergwäldern von Mittelmexiko. ↕ 60–150 cm. Z8 **'Blue Angel'** Tiefblaue Blüten und leicht behaarte Blätter. Wurde jahrelang als *S. patens* gezogen. ↕ 45–60 cm. **'Cambridge Blue'** ♀ Blassblaue Blüten und leicht weichhaarige Blätter. ↕ 45–60 cm. **'Chilcombe'** Lila Blüten. Geringfügig weichhaariges Laub. ↕ 45–60 cm. **'Guanajuato'** Robuste Sorte mit relativ unbehaarten, eckigen Blättern und 8 cm langen, tiefblauen, 8 cm langen Blüten, die wesentlich größer als die der Art sind. In den Guanajuato-Bergen in Mittelmexiko entdeckt. ↕ 1,5 m. **'Oxford Blue'** Identisch mit der Art. **'Royal**

Blue'** Unterscheidet sich nicht von der Art. **'White Trophy'** Weiße, später leicht grau angehauchte Blüten. ↕ 45–60 cm.

S. pitcheri siehe *S. azurea* var. *grandiflora*

S. pratensis (Wiesen-Salbei) In Höhe und Farbe sehr variable Art. Die niederliegende Rosette setzt sich aus groben, ei- oder herzförmigen, grünen, bis 18 cm langen, unbehaarten oder schwach behaarten Blättern zusammen. Von Juni bis August erscheinen Quirle aus 4–6 Blüten, die locker entlang der aufrechten Stängel angeordnet sind. Die grünen Hochblätter sind wesentlich kürzer als die relativ großen, 1,5 cm langen, blauen, blauvioletten, rosa oder weißen Blüten. Verträgt die unterschiedlichsten Böden, zieht aber vollsonnige Standorte vor. Vermehrung durch Aussaat oder Teilung. Letzteres ist vor allem bei Sorten ratsam. Eng mit *S. nemorosa* verwandt, unterscheidet sich von dieser Art durch den höheren Wuchs, die größeren, stärker sichelförmigen Blüten und die wesentlich kürzeren Hochblätter. Elternpflanze der *S. × sylvestris* bezeichneten Gartenhybriden. Aus Europa bis Russland. ↕ 90 cm. Z6 **'Albiflora'** Weiße Blüten. ↕ 75 cm. **Haematodes-Gruppe** ♀ Aus Samen vermehrte Sorten mit hellen, aber intensiven blauen Blüten. ↕ 1,2 m. **'Rosea'** Rosarote Blüten. ↕ 75 cm.

S. przewalskii Art mit knolligen Wurzeln. Sie treibt dreieckige, speerförmige bis mehr oder weniger lanzettliche, 5–11 cm lange, unterseits dicht weiß behaarte Blätter aus. An vielverzweigten, dicht mit feinen weißen Haaren besetzten Stängeln erscheinen von Juni bis September mehrere fein behaarte, allmählich immer weiter geöffnete, violette, rötlich braune, selten auch weiße, 2–4 cm große Blüten, deren Ober- und Unterlippe gleich

lang sind. Für offene sonnige Standorte in durchlässigen Böden. Verträgt keine Staunässe. Ideal für den vorderen Bereich einer Rabatte. Vermehrung durch Aussaat. Aus Waldrändern und Wiesen in Westchina. ↕ 60 cm. Z6

S. 'Purple Majesty' Straff aufrechte Stängel mit grünen, eiförmigen, bis 8 cm langen Blättern und endständigen, bis 30 cm langen Trauben, die von August bis Oktober erscheinen. Sie setzen sich zusammen aus mehreren rotvioletten, jeweils 2,5 cm langen, gänzlich glatten Blüten. Für offene, sonnige Standorte in durchlässigen Böden in der Mitte oder im hinteren Teil einer Rabatte. Vermehrung durch

SALBEI-HYBRIDEN

Dass die sehr ähnlichen Arten *Salvia pratensis* und *S. nemorosa* miteinander Hybriden bilden, verwundert kaum. Es gibt jedoch auch eine Reihe von Kreuzungen, die von anderen Arten abstammen. Zu den ungewöhnlicheren Vertretern dieser Gruppe zählt die 1995 vorgestellte *Salvia* 'Mulberry Jam'. Sie scheint eine Hybride zwischen der hohen Staude *S. involucrata* und des dünnzweigigen Strauchs *S. microphylla* zu sein und stammt aus dem Garten der *Salvia*-Autorin Betty Clebsch. Ganz so überraschend aber ist die Kreuzung nicht entstanden, denn die beiden Arten sind als die vermehrungsfreudigsten der Gattung bekannt. Eine weiteres Ergebnis der Kreuzung zwischen einem Strauch und einer Staude ist 'Cherry Queen', hervorgegangen aus *S. blepharophylla* und *S. greggii* und derzeit noch recht selten.

'Mulberry Jam' gelangt erst allmählich in den Handel, 'Indigo Spires' dagegen ist bereits häufiger erhältlich. Diese wüchsige Hybride zwischen der selten

kultivierten, hohen, blau blühenden Art *S. longispicata* und der niedrigen *S. farinacea* entstand per Zufall in einem botanischen Garten in Kalifornien und wurde 1979 eingeführt.

'Purple Majesty' ist eine Kulturhybride zwischen der hohen, orangeroten Sorte *S. gesneriiflora* 'Tequila' aus Mexiko, die durch schwarze Kelche ins Auge fällt, und der tiefblauen *S. guaranitica*.

Für Salbeizüchter sind aufregende Zeiten angebrochen, denn das Angebot kultivierter Arten steigt ebenso wie die Zahl der Hybriden ständig. Das bringt jedoch auch Probleme mit sich. Das Langbeet, in dem die Royal Horticultural Society von 1995 bis 1997 verschiedene Salbei-Arten züchtete, offenbarte, wie bereitwillig sich manche Arten selbst aussäen. Da viele zur Hybridbildung neigen und nicht samenecht sind, schafft die Anzucht von Stauden aus Samen nur Komplikationen – was nicht sein muss, denn Salbei lässt sich problemlos aus Stecklingen vermehren.

Teilung oder Stecklinge. Eine Hybride zwischen *S. gesneriiflora* 'Tequila' und *S. guaranitica*. ↕ 90 cm. Z8

S. recognita Leicht strauchige, dicht mit klebrigen, drüsigen, aromatisch duftenden Haaren besetzte Art. Die oberseits hell-graugrünen, unterseits grau behaarten Blätter setzen sich aus 1–2 Paaren eiförmiger Fiederblättchen und einem größeren eiförmigen oder länglichen Fiederblättchen an der Spitze zusammen. Im Juni und Juli erscheinen an den Sprossen endständige, vielverzweigte Stängel mit mehreren auffälligen, lilarosa, 3,5–4 cm langen Blüten mit einer sich ausweitenden Röhre, einer geraden Oberlippe und einer nach unten zeigenden Unterlippe. Eine kurzlebige, aber vielblütige und prachtvolle Pflanze, die am besten an offenen, sonnigen Stellen mit durchlässigen Böden gedeiht und empfindlich auf schlechte Dränage reagiert. Vermehrung durch Aussaat oder Stecklinge. Aus den Bergen der mittleren Türkei. ↕ 1 m. Z6

S. repens (Räucher-Salbei) Kurzstängelige, wüchsige, kriechende Art mit duftenden, schmal länglichen, relativ groben, bis 8 cm langen, gesägten Blättern. Die aufrechten, aromatisch duftenden Stängel sind ab der Mitte häufig paarig verzweigt. Sie tragen im Juni und Juli eine Vielzahl auffälliger violetter, lila, blauer oder weißer, meist weniger als 10 mm langer Blüten. Bei vielen Formen hat die Oberlippe eine andere Farbe als die relativ lange Unterlippe. Braucht offene sonnige Plätze und durchlässige Erde. Kann sich etwas zu stark ausbreiten. Vermehrung durch Teilung oder Aussaat. ↕ 30–60 cm. Z6

S. reptans syn. *S. angustifolia*, *S. leptophylla* Eine Art mit relativ biegsamen, verzweigten Trieben. Sie tragen äußerst schmale, fast bandartige, oft weniger als 5 mm breite Blätter mit leicht gezähntem Rand. Jeder verzweigte Stängel bildet ein lockeres Meer aus

hübschen, azur- bis mittelblauen Blüten mit breiter, nach unten zeigender Unterlippe. Blütezeit: August bis Oktober. Braucht offene sonnige Standorte in durchlässigen Böden. Vermehrung durch Teilung oder Aussaat. Sehr eng mit *S. azurea* verwandt, aber kürzer und mit wesentlich schlankeren Blättern. Aus den USA bis Mexiko. ↕ 30 cm. Z6

S. roemeriana ♥ Niedrige Art mit stark verzweigten, dicht mit weißen Haaren besetzten Trieben. Blätter oberseits blassgrün, unterseits grau behaart. Unterste Blätter bisweilen mit kleinen, seitlichen, nierenförmigen Fiederblättchen und einem größeren endständigen, ebenfalls nierenförmigen Segment. Länge bis 2,5 cm. Die Blattränder sind gewellt, gezähnt oder gekerbt. Von Juni bis August sind die aufrechten, verzweigten Stängel dicht mit hübschen Quirlen aus 2–4 großen, 2,5–3,5 cm langen, leuchtend scharlachroten Blüten besetzt, deren Röhre sich allmählich nach unten neigt. Die Oberlippe ist etwas länger als die breitere, gekerbte Unterlippe, die über der Verbindungsstelle mit der Röhre schmal »tailliert« ist. Ideal für heiße, trockene Hochbeete, aber kurzlebig. Überlebt nur aufgrund des reichen Ansatzes bereitwillig keimender Samen. Aus den südlichen USA und Nordmexiko. ↕ 30–45 cm. Z6

S. scabra Aufrechte Art mit relativ stark verholzenden Trieben. Die leierförmigen, 2,5 cm langen, gekerbt- und gewelltrandigen Blätter mit rauer Textur tragen am Ansatz ein Paar seitlicher Segmente. An den violetten Stängeln erscheinen lila bis rosa, 1,3 cm lange Blüten mit violettem Kelch, einer geraden Röhre und einer geteilten Unterlippe. Wächst problemlos an sonnigen offenen Standorten in leichten Böden an einem Hang oder in einem Hochbeet. Vermehrung durch Aussaat. Setzt reichlich Samen an. Aus Sandebenen und steinigen Hängen in Südafrika. ↕ 70 cm. Z8

S. sinaloensis Eine Art, die sich langsam ausbreitet und einen dichten, buschigen Horst bildet, der breiter als hoch ist. An aufrechten Stängeln stehen längliche oder lanzettliche, bis 2,5 cm lange, spitz zulaufende, gesägte, ober- und unterseits leicht behaarte Blätter. Bei kühler Witterung färben sich Stängel und Blätter tiefpurpurrot. Kleine, tiefblaue, bis 1,3 cm lange Blüten stehen zu 4–6 in Quirlen. Unterlippe mit ausgeprägtem weißem Streifen. Verträgt keinen Kalk und wird am besten in stark durchlässiger, sandiger Erde an einem sonnigen Standort im vorderen Bereich einer Rabatte oder in Pflasterritzen gezogen. Vermehrung durch Teilung oder Aussaat. Von steinigen Hängen in Westmexiko. ↕ 30 cm. Z7

S. spathacea ♥ Robuste Art. Breitet sich langsam durch Rhizome aus und bildet große, dicht beblätterte, bis 1,8 m breite Horste oder Matten. Die niederliegenden Triebe sind von klebrigen aromatischen Ölen überzogen und tragen speerförmige, pfeilförmige oder längliche, bis 20 cm lange, grüne, oberseits grüne und leicht behaarte, unterseits weichgrüne und weiß behaarte, am Rand gekerbte oder gebuchtete Blätter.

Dunkel-weinrote Blüten stehen an dunkelvioletten Stängeln in dichten, bis 20-blütigen Quirlen zwischen grünen bis violetten, 4 cm langen Hochblättern. Jede Blüte ist über 2,5 cm lang und öffnet sich aus einem fast ebenso langen, mit Öldrüsen besetzten Kelch. Gedeiht in nährstoffreicher, durchlässiger Erde in sonnigen Rabatten. Vermehrung durch Teilung, Stecklinge oder Aussaat. Aus Wäldern und Strauchland in Kalifornien. ↕ 75 cm. Z7

S. × superba Vielblütige, aufrechte, an der Basis verholzende, reich verzweigte Stängel tragen längliche bis lanzettliche, gebuchtete Blätter. In langen, dicht besetzten, purpurroten Trauben stehen tiefblaue, sterile Blüten zu 6 in Quirlen zwischen violetten Hochblättern. Eine Hybride zwischen *S. pratensis* und *S. amplexicaulis*, die ein bisschen wie eine größere Version von *S. nemorosa* aussieht. Die früher dieser Hybride zugeordneten Sorten werden heute als *S. × sylvestris* eingestuft. Für sonnige Standorte im mittleren Bereich einer Rabatte. Gedeiht in den meisten Gartenböden. Vermehrung durch Stecklinge oder Teilung. ↕ 75 cm. Z6

S. × sylvestris (Hybrid-Salbei) Aufrechte Stängel mit mehr oder weniger lanzettlichen, relativ rauen, 7 cm langen, an der Basis mitunter herzförmigen Blättern mit gebuchteten Rändern. Blüten von Weiß über Rosa bis zu Dunkelblau und Violett gefärbt. Eine Hybride zwischen *S. nemorosa* und *S. pratensis*. Solche Kreuzungen kommen vor, wenn sich die Lebensräume in freier Natur überlappen, sie treten aber auch in Kultur auf. Man teilt sie in Sortengruppen ein, die sich in ihren Blütentrauben unterscheiden. Die meisten Formen ähneln eher *S. nemorosa* und tragen dicht gedrängte Quirle am Stängel, einige aber haben mehr Ähnlichkeit mit *S. pratensis* und öffnen Blüten, die größer ausfallen und in weiter auseinander stehenden Quirlen gruppiert sind. Für sonnige Standorte im vorderen oder mittleren Teil einer Rabatte. Kommt mit allen gängigen Gartenböden zurecht. Durch Stecklinge oder Teilung vermehren. ↕ 30–75 cm. Z6 **'Amethyst'** ♥ Aufrecht, mit dicht stehenden violetten Blüten, einem purpurnen Kelch und purpurnen Hochblättern. ↕ 60 cm. **'Blauhügel'** ♥ Kurze, aufrechte, violette Stängel, die dicht mit mittelblauen Blüten und kleinen violetten Hochblättern besetzt sind. ↕ 45 cm. **'Blaukönigin'** (Blue Queen) Kurze, aufrechte, blaue, violett getönte Stängel. Tiefblaue Blüten und kleine blauviolette Hochblätter in dichten Quirlen. ↕ 45 cm. **'Caradonna'** Sehr zwergig. Dunkle, fast violettschwarze Stängel, die dicht mit dunkelvioletten Hochblättern und Kelchen sowie lebhaft violettblauen Blüten bepackt sind. Von 'Wesuwe' abgeleitet. ↕ 30 cm. **'Dear Anja'** Grüne Stängel. Dicht stehende blaue Blüten mit weiß gerandeter Unterlippe. ↕ 90 cm. **'Forncett Dawn'** Hohe Form mit graugrünen Blättern, aufrechten, violettrosa Stängeln und rosa Blüten. ↕ 65 cm. **'Indigo'** ♥ Verzweigte violettblaue Stängel mit relativ weit auseinander stehenden Quirlen aus lilablauen Blüten

LINKS *Salvia × sylvestris:* **1** 'Blauhügel' **2** 'Mainacht' **3** 'Ostfriesland' **4** 'Rose Queen' **5** 'Tänzerin'

mit übergebogener Oberlippe. ↕ 60 cm. **'Lapis Lazuli'** Biegsame, rosarote Stängel mit relativ weit auseinander stehenden Quirlen. Blüten mit rosarotem Kelch, rosa Krone und übergebogener Oberlippe. ↕ 70 cm. **'Lubecca'** ♀ Aufrechte Stängel mit rosavioletten Hochblättern und Kelchen sowie tiefblauen Blüten in dichten Quirlen. ↕ 60 cm. **'Mainacht'** ♀ Kurze, dichte Horste bildende Sorte. Die aufrechten, tief rosavioletten Stängel sind dicht mit ebenso gefärbten Hochblättern und tiefblauen Blüten besetzt. ↕ 45 cm. **Marcus** ('Haeumanarc') Eine sehr niedrige Auslese mit dicht stehenden, tiefblauen Blüten und fast grünen Hochblättern. Zwergige Auslese von 'Mainacht' und kein Sport von 'Ostfriesland', wie es manchmal heißt. ↕ 30 cm. **'Ostfriesland'** (East Friesland) ♀ Robust, mit violetten Stängeln. Dicht stehende, rosaviolette Hochblätter und violette Blüten. Gelegentlich durch Aussaat vermehrt, kann also variabel ausfallen. ↕ 45 cm. **'Plumosa'** siehe 'Pusztaflamme'. **'Porzellan'** ♀ Robust, mit grünen Stängeln, an denen dicht an dicht grüne Hochblätter und weiße, mit einem Hauch von Blau welkende Blüten stehen. ↕ 45 cm. **'Pusztaflamme'** syn. 'Plumosa' Grüne Stängel mit dicht stehenden Quirlen aus stark gefüllten Blüten, die sich aus vielen kronblattähnlichen, purpurvioletten Segmenten zusammensetzen. **'Rosenwein'** Relativ biegsame Stängel. Dicht stehende, rötliche Kelche und Hochblätter, zartrosa Blüten. ↕ 45 cm. **'Rose Queen'** Sich überneigende, rosaviolette Stängel mit weit auseinander stehenden Quirlen aus rosa Blüten, deren Oberlippe nach unten geneigt ist. ↕ 60 cm. **'Rubin'** ♀ Kurz und aufrecht. Rotviolette Stängel mit rotvioletten Hochblättern und Blüten. ↕ 45 cm. **'Rügen'** Sehr niedrige Sorte mit grünen Stängeln. Weit auseinander stehende mittelblaue Blüten mit übergebogener Oberlippe. ↕ 30 cm. **'Schneehügel'** Kurz und aufrecht. Stängel dicht mit Quirlen aus weißen Blüten und kleinen grünen Hochblättern bepackt. ↕ 45 cm. **'Tänzerin'** ♀ Aufrecht. Dicht bepackte Trauben aus blauvioletten Blüten mit rotvioletten Hochblättern und Kelchen. ↕ 60 cm. **'Viola Klose'** syn. 'Violet Queen' Niedrig. Verzweigte, dunkel-blauviolette Stängel mit weit auseinander stehenden Quirlen aus dunkel-blauvioletten Blüten mit übergebogener Oberlippe. ↕ 45 cm. **'Wesuwe'** Aufrecht. Mit dunkelvioletten Kelchen und tief-blauvioletten Blüten. ↕ 60 cm.

S. taraxacifolia Attraktive, aber kurzlebige, niedrige Art. Ihre vielverzweigten, fein behaarten Stängel entspringen aus einer grundständigen Rosette. Die leierförmigen Blätter sind oberseits grau, unterseits grau bis weiß und behaart. Die untersten Blätter tragen kleine, eiförmige Seitenblättchen und ein wesentlich größeres, endständiges Segment mit 2,5 cm Länge. Gewellte und gezähnte oder gekerbte Blattränder. An aufrechten Stängeln stehen hübsche weiße oder blassrosa, 2,5–3 cm lange Blüten in weit auseinander stehenden Quirlen aus 5–10 Blüten. Blütezeit: Juni und Juli. Aus einem stachelig gezähnten Kelch entwickelt sich eine gerade Röhre mit einer Oberlippe, die ebenso lang ist wie die breitere, oft gelb, braun oder violett gefleckte Unterlippe. Ideal für heiße, trockene Stellen im vorderen Bereich einer Rabatte oder in Hochbeeten auf durchlässigen Böden. Sät sich meist reichlich selbst aus. Aus dem Atlasgebirge in Marokko. ↕ 30–45 cm. Z6

S. transsylvanica Art mit flachen Rosetten aus 18–24 cm langen, ei- oder herzförmigen, oberseits grünen, unterseits dicht weiß behaarten Blättern und hohen verzweigten Stängeln. Dunkelblaue oder blauviolette Quirle aus 4–6 großen, 2 cm langen Blüten erscheinen von Juni bis August. Verträgt die unterschiedlichsten Böden und zieht vollsonnige Standorte vor. Vermehrung durch Teilung oder Aussaat. Höher als *S. pratensis* und mit buschigerem Wuchs und größeren Blättern. Aus Rumänien. ↕ 90 cm. Z6 **'Blue Cloud'** Blaue Blüten. ↕ 75 cm.

S. uliginosa Dicke, weiße unterirdische Triebe bilden ansehnliche Horste aus hohen, aufrechten Trieben mit schmal lanzettlichen, grünen, bis 10 cm langen,

ORDNUNG INS CHAOS

Wenn man vor einer Rabatte steht und sich Exemplare von *Salvia amplexicaulis*, *S. × superba*, *S. × sylvestris* ansieht, könnte man sie alle für Angehörige ein und derselben Art halten. Und in der Tat sind die Wildarten die Eltern der Hybriden. Derzeit werden DNA-Analysen durchgeführt, und es könnte sich durchaus herausstellen, dass *S. amplexicaulis* nichts weiter ist als eine östliche Form von *S. nemorosa* mit stärker behaarten Stängeln und Blättern.

Das Ganze wird allerdings noch komplizierter, denn manche Arten hybridisieren sehr leicht. *S. × superba* ist eine sterile Kreuzung zwischen *S. pratensis* und *S. amplexicaulis*. Sie entstand im Königlichen Botanischen Garten von Kew in London und wurde auch schon für eine Hybride zwischen *S. × sylvestris* und *S. amplexicaulis* gehalten. *Salvia × sylvestris* wiederum hielt man früher für eine eigene Wildart, bis man sie als Hybride zwischen *S. nemorosa* und *S. pratensis* identifizierte.

Die Ähnlichkeit zwischen diesen beiden Arten ist so groß, dass Botaniker sich nach wie vor um eine korrekte Zuordnung von Sorten bemühen. Früher führte man sie wahlweise unter *S. nemorosa*, *S. pratensis*, *S. × superba* oder *S. × sylvestris*. Abgesehen von den wenigen Formen, die eindeutig von *S. pratensis* abgeleitet sind, gelten sie allerdings mittlerweile als Hybriden und werden unter *S. × sylvestris* zusammengefasst. Man unterscheidet zwei Gruppen: eine, deren Trauben dicht mit Blüten bepackt sind und eine, deren Blütenstände etwas lockerer angeordnet sind.

OBEN 1 *Salvia uliginosa*
2 *S. verticillata* '**Purple Rain**'
3 *Sanguinaria canadensis* fo. *multiplex*

oberseits glatten, unterseits glatten bis schwach behaarten Blättern. Blattränder fast ungezähnt bis leicht gesägt. Von August bis November erscheinen die hellen, aber intensiv blauen Blüten aus einem grünen Kelch an langen geraden Stängeln, die mit der Zeit noch länger werden. Die Blüten haben eine meist weiße, 8 mm lange Blütenröhre und eine blassblaue Unterlippe mit weißem Fleck. Für offene sonnige Standorte im Hintergrund einer Rabatte. Vor Frühjahrsfrösten schützen. In kalten Gegenden ist eine winterliche Mulchschicht ratsam. Vermehrung durch Teilung oder Stecklinge. Aus feuchten Ufern von Wasserläufen in Argentinien, Brasilien und Uruguay. ↕ 90 cm bis 2,2 m. Z7 '**African Skies**' Keine echte Sorte, da identisch mit der Art.

S. verbenaca (Eisenkraut-Salbei) Rosetten bildende Art mit äußerst variablem Laub. Blätter oft tief und breit gelappt, gelegentlich mit gewelltem oder gebuchtetem Rand. Die geraden, zum Teil verzweigten Blütenstängel tragen kurze grüne Hochblätter und kleine, blaue, lila oder violette, 0,6–1,5 cm lange Blüten. Unterscheidet sich von *S. nemorosa* durch die kurzen, grünen Hochblätter und von *S. pratensis* durch die wesentlich kleineren Blüten. Braucht vollsonnige Standorte in feuchten Böden. Vermehrung durch Teilung oder Aussaat. Von Europa bis Russland verbreitet. ↕ 30–70 cm. Z6

S. verticillata (Quirlblütiger Salbei) Breitwüchsige, vielstängelige Pflanze mit breit herzförmigen, häufig auch leierförmigen Blättern, die 1–2 Paare kleiner seitlicher Segmente und eine weiche Behaarung auf der Ober- und Unterseite aufweisen. Die geraden Stängel tragen Quirle aus 10–30 lilablauen oder weißen Blüten. Ähnelt *S. napifolia*, trägt jedoch zwei- bis dreimal so viele Blüten pro Quirl. Lässt sich in voller Sonne problemlos kultivieren, kann sich in leichteren Böden aber etwas zu stark aussäen. Vermehrung durch Teilung oder Aussaat. Aus Europa bis Russland. ↕ 30–80 cm. Z6 '**Alba**' syn. '**White Rain**' Blassgrüne Blätter und weiße Blüten. '**Purple Rain**' Dunkelgrünes Laub. Stängel, Blütenkelch und -krone purpurrot. Von Piet Oudolf gezüchtet. '**Smouldering Torches**' Blätter purpurn überlaufen. Eine Auslese von 'Purple Rain'. '**White Rain**' siehe 'Alba'.

SANGUINARIA
Blutwurzel
PAPAVERACEAE

Die exquisiten Waldpflanzen begeistern im Frühjahr mit ihren dekorativen Blüten und Blättern.

Die Gattung besteht aus einer einzigen Art, einer Gruppen bildenden Staude, die in den Wäldern im Nordosten der USA und in Kanada vorkommt und zu den ungewöhnlichsten Mohngewächsen zählt. Sie entwickelt kräftige Rhizome, aus denen mit oder nach der Blüte derbe, rundliche, graugrüne Blätter austreiben. Der reinweiße Flor hat zwar nur kurz Bestand, doch das hübsche Laub bereichert Pflanzungen viele Monate lang. Man zieht die Blutwurzel in humosen, schattigen Gärten und vor allem in Gehölzbereichen. Sie bildet Horste, die sich langsam ausbreiten und sehr empfindlich auf Störungen reagieren, wenn sie einmal eingewachsen sind. Ihren Namen hat die Gattung bekommen, weil die meisten Pflanzenteile, besonders das Rhizom, nach Verletzungen einen orangeroten Saft absondern.

KULTUR Gedeiht am besten in feuchten Humusböden. Verträgt keine sommerliche Trockenheit oder pralle Sonne.

VERMEHRUNG Durch Teilung.

PROBLEME Schnecken, Dickmaulrüssler.

S. canadensis (Blutwurzel) Stämmige Pflanze mit dicken, verzweigten, oberflächennah und horizontal wachsenden Rhizomen. Das in der Mitte zunächst gefaltete Laub treibt während oder kurz nach der Blüte aus. Die Blätter sind mehr oder weniger herzförmig, bis 20 cm breit, flach gelappt oder gebuchtet, mit bläulich grüner Oberseite und hellerer Unterseite. Einzeln stehende, anemonenartige, jeweils 3,5–4 cm breite Blüten mit 8 oder 12 länglichen, reinweißen Kronblättern erscheinen im April und Mai an einem schlanken, fleischigen Stiel zwischen den sich entfaltenden Blättern. Gelegentlich findet man rosablütige Formen mit im Austrieb rosa angehauchten Blättern, etwa 'Amy', 'Peter Harrison' oder 'Rosea'. Aus Wäldern und von steinigen Stellen im Nordosten der USA und in Ostkanada. ↕ 20–30 cm. Z3 fo. *multiplex* Dicht gefüllte, wesentlich länger geöffnete Blüten. Fast mit Sicherheit mit der Sorte 'Plena' identisch, die anscheinend kleinere Blüten hat, doch gut etablierte Horste von fo. *multiplex* tragen in der Regel ebenfalls kleine Blüten. '**Plena**' siehe fo. *multiplex*.

SANGUISORBA
Wiesenknopf
ROSACEAE

Die eleganten, wüchsigen Stauden bereichern den spätsommerlichen Garten mit subtilen Farben.

Man unterscheidet etwa 10 Arten dieser überwiegend sommergrü-nen Gattung, deren Vertreter in den gemäßigten Zonen der nördlichen Hemisphäre verbreitet sind. Sie wachsen oft in Bergland und feuchten Lebensräumen, etwa in Wiesen, an Bachufern und in Sümpfen. Einige Arten wurden früher der Gattung *Poterium* zugeordnet. Die meisten Wiesenknöpfe werden als Gartenpflanzen kultiviert. Sie sind relativ groß und entwickeln einen robusten Wurzelstock, der einen ansehnlichen Horst aus dekorativem Laub und hohen, drahtigen, verzweigten, oft rot überlaufenen Stängeln mit weißen, rosa oder roten Blütenköpfen oder Ähren bildet. Die meisten Arten tragen gefiederte, frischgrüne, blaugrüne oder gräuliche, im Frühjahr manchmal rosa überlaufene Blätter mit gegenständigen, an der Spitze abgerundeten, ovalen bis länglichen, bis 8 cm langen, zur Blattspitze immer größer werdenden Fiederblättchen mit gesägtem Rand. Sie entwickeln lebhafte Herbstfarben.

Von Juli bis September erscheinen zahlreiche winzige Blüten in üppigen, aufrechten, kugeligen Köpfen oder länglichen, hängenden Ähren. Die Blüten setzen sich aus farbenfrohen Kelchblättern und langen, auffälligen Staubblättern zusammen, durch die die Stände ein weiches, flaschenbürstenähnliches Aussehen bekommen. Kronblätter fehlen. Die Blüten öffnen sich entweder in Folge von oben nach unten oder von der Basis aus nach oben.

Anbieter, die ihr Material der freien Natur entnehmen, haben etwas variable Bestände. Zudem können Formen, die durch unbeabsichtigte Hybridisierung aus Samen gezogener Exemplare entstanden sind, für etwas Verwirrung sorgen. Die Zahl der Sorten erhöht sich, seit Züchter das Hybridisierungspotenzial der Gattung nutzen, aber auch, seit die Nachfrage nach Wiesenknöpfen als Element naturnaher Pflanzungen steigt. Sie eignen sich ferner als Wiesen- und Schnittblumen.

KULTUR In allen guten Gartenböden. Gedeiht aber am besten in feuchter Erde in der Sonne oder im Halbschatten. Einige Arten sind auch an trockenere Bedingungen angepasst. Welke Blüten müssen evtl. entfernt werden, weil sich die Pflanze sehr bereitwillig selbst aussät.

VERMEHRUNG Durch Teilung oder Aussaat (keimt allerdings manchmal unzuverlässig). Aus Samen, die in Gärten mit mehreren Wiesenknopf-Arten wachsen, entwickeln sich wahrscheinlich Hybriden, daher wird Teilung empfohlen.

PROBLEME Selten.

S. albiflora Aller Wahrscheinlichkeit nach eine zwergige, weiß blühende Form von *S. obtusa*.

S. armena Größere Horste aus auffällig silberblauen Blättern mit jeweils 15–19 schmal ovalen, an der Basis herzförmigen Fiederblättchen. Rosa bis kastanienbraune

Blüten stehen in nickenden oder aufrechten, länglichen, bis 5,5 cm langen Köpfen. Die Blüten von Gartenpflanzen fallen aber oft grauweiß aus. Schwer von Exemplaren zu unterscheiden, die unter der ungültigen Bezeichnung *S. caucasica* angeboten werden. Ist nicht so stark auf feuchte Böden angewiesen wie die meisten ihrer Verwandten. Die Art ist eher selten anzutreffen, wird aber von denen, die sie kultivieren, sehr geschätzt. Aus den Bergen in der nordöstlichen Türkei. ↕ 90–150 cm. Z5

S. canadensis (Kanadischer Wiesenknopf) Stattliche Art und einer der größten Vertreter der Wiesenknöpfe. Schlanke weiße, bis 14 cm lange Blütenähren, die wie Kerzen an der Spitze der Stängel stehen. Die Blüten öffnen sich von unten nach oben. Blätter aus etwa 13 am Ansatz herzförmigen, an der Spitze abgerundeten Fiederblättchen bestehend. Aus dem östlichen Nordamerika. ↕ 1,2–2 m. Z3

S. caucasica siehe *S. armena*

S. hakusanensis Große, graugrüne, bis 50 cm lange Blätter, die sich aus etwa 13 an der Spitze breit abgerundeten und am Ansatz herzförmigen Fiederblättchen zusammensetzen. Lebhaft rosaviolette, nickende Blütenähren, die wegen der zahlreichen Staubblätter ansprechend pelzig weich wirken. Wird oft mit *S. obtusa* verwechselt, doch wirken die Blütenköpfe wesentlich bauschiger. Einer der schönsten Wiesenknöpfe. Aus Japan und Korea. ↕ 40–90 cm. Z4

S. magnifica siehe *S. obtusa*

S. menziesii Hübsche Art mit aufrechten, eiförmigen Blütenköpfen in tiefem Purpurrot bis Schwarzrot. Sie öffnen sich bereits im Mai und damit früher als die Blüten vieler anderer Wiesenknopf-Arten. Die 1,5–7 cm langen Köpfe sind auch noch dann sehr schön gefärbt, wenn sie bereits Früchte tragen. Blaugrüne, ovale bis längliche Blätter mit 9–15 Fiederblättchen. Ähnelt *S. officinalis*, hat jedoch etwas längere Blütenköpfe und einen weicheren Umriss, der den langen, rötlichen Staubblättern zu verdanken ist. Womöglich eine Hybride zwischen *S. officinalis* und *S. stipulata*. Aus Alaska nach Süden bis zum US-Bundesstaat Washington. ↕ 30–80 cm. Z3

S. obtusa syn. *S. magnifica* Wird wegen der subtilen Kombination aus graugrünem Laub und weichrosa, flaschenbürstenartigen Blütenähren geschätzt. Die großen, bis 50 cm langen Blätter bestehen aus etwa 13, an der Mittelrippe dicht gedrängt stehenden, am Ansatz herzförmigen und an der Spitze sehr breit abgerundeten Fiederblättchen. Die Blüten der weichen, nickenden, 5–9 cm lange Ähren öffnen sich von oben nach unten. Weißblütige Formen werden gelegentlich als *S. albiflora* geführt. Die niedrigeren, stärker graulaubigen, rosa Formen, die vor Kurzem aus Ostrussland als *S. magnifica* eingeführt wurden, gehören vermutlich zu dieser Art. Eine der auffälligsten, am meisten kultivierten Arten. Aus Japan und Russland.

↕ 60–120 cm. Z3 **'Lemon Splash'** siehe *S. officinalis* 'Lemon Splash'.

S. officinalis (Großer Wiesenknopf) Blätter aus 7–15 ovalen bis schmal länglichen Fiederblättchen, die zur Blattspitze hin größer werden und eine Länge von 4–7 cm erreichen können. Im Hochsommer erscheinen über dem Laub zahlreiche dichte, dunkelrote, eiförmige, 1,5–5 cm lange Köpfe. Wurde früher in der Kräutermedizin als blutstillendes Mittel eingesetzt, daher der Name *Sanguisorba*, wörtlich »blutaufsaugend«. Auf der nördlichen Halbkugel weit verbreitet. ↕ 60–120 cm. Z4 **'Arnhem'** Kastanienbraune Blüten. Sehr hoch; muss ggf. gestützt werden. ↕ 2 m. **'Lemon Splash'** Gelb geflecktes Laub und burgunderrote Blüten. In Japan entdeckt. Manchmal unter *S. obtusa* geführt. ↕ 60 cm. **'Pink Tanna'** Dunkelrosa Köpfe mit einer Wolke aus blassrosa Staubfäden. ↕ 50–90 cm. **'Tanna'** siehe *S.* 'Tanna'.

S. sitchensis siehe *S. stipulata*

S. stipulata syn. *S. sitchensis* Schmale, spitz zulaufende, 3–8 cm lange, aufrecht über dem Laub stehende Köpfe oder Trauben aus grünlich weißen bis cremefarbenen Blüten. Blätter am Ansatz herzförmig und an der Spitze abgerundet, aus 9–15 Fiederblättchen zusammengesetzt. Blüht früher als die meisten Arten. Auch in leicht getönten Varianten erhältlich. Eine wenig bekannte, aber hübsche Art, die der höheren *S. canadensis* ähnelt, aber breitere Blätter hat. Aus dem westlichen Nordamerika von Alaska bis Oregon und aus China, Japan, Korea und Russland. 30–90 cm. Z3

S. 'Tanna' Schön geformte, zwergige Büsche, die im Sommer mit vielen weinroten Bällchen übersät sind. Stammt aus Japan und wird oft als Sorte von *S. officinalis* geführt. Verträgt trockenere Bedingungen als die meisten anderen Wiesenknöpfe. ↕ 30–50 cm. Z5

S. tenuifolia Hohe, elegante Art mit auffällig schlanken Fiederblättchen und dünnen, kätzchenartigen Blütenähren aus weißen bis roten Blüten, die an der Spitze weidenartiger Stängel im Wind zittern. Blätter aus 15–19 spitz gezähnten, 5–7 cm langen und 1,5–1,7 cm breiten Fiederblättchen zusammengesetzt. Blütenähren 2–7 cm lang, spitz zulaufend und meist nickend. Die Blüten öffnen sich von oben nach unten. Aus China, Japan, Korea, der Mongolei und Russland. ↕ 90–150 cm. Z4 **'Alba'** Schöne weiße Ähren mit langen Staubfäden, an deren Spitze kontrastierende schwarze Staubbeutel sitzen. ↕ 1,5–2 m. **var. parviflora** Weiße Blüten. Wuchs und Blütenstand kleiner als bei 'Alba'. **'Pink Elephant'** Eine neue Züchtung mit langen, rosaroten Ähren an hohen Stängeln. ↕ 1,8 m. **'Purpurea'** Tief rotviolette Blüten. Die unter dieser Bezeichnung angebotenen Pflanzen variieren.

SAPONARIA
Seifenkraut
CARYOPHYLLACEAE

Die winterharten, robusten Sonnenanbeter bereichern Gärten im Sommer über lange Zeit mit ihren farbenfrohen Blüten.

Etwa 20 Arten Einjähriger und manchmal verholzender, sommer- oder immergrüner Stauden werden zu dieser Gattung gezählt. Ihr Lebensraum sind steinige Stellen und Gebirgswiesen in europäischen und vor allem südeuropäischen Gebirgen sowie in Südwest-Asien. Sowohl die Matten als auch die Horst bildenden Arten breiten sich manchmal wüchsig aus. Sie tragen kleine, schmale, eiförmige bis lanzettliche Blätter. Die fünfzähligen, aus Kelch und Krone mit Nebenkrone bestehenden, flachen, rundlichen Blüten sind meist rosa gefärbt. Sie bedecken die Pflanze im Sommer fast völlig oder ragen in leicht zerzaust wirkenden Ständen hervor. Kleinere Arten eignen sich ausgezeichnet für Stein- und Kiesgärten oder zur Begrünung von Pflasterlücken, höhere setzt man in gemischte oder Staudenrabatten.

KULTUR In durchlässigen Böden an sonnigen Standorten.

VERMEHRUNG Durch Teilung oder Triebstecklinge bzw. Aussaat im Frühjahr.

PROBLEME Schnecken.

S. × *lempergii* **'Max Frei'** Nicht sehr wüchsige, immergrüne, Matten bildende Pflanze. Vor einem Hintergrund aus mittelgrünen, lanzettlichen Blättern erfreuen blassrosa, 1 cm breite Blüten das Auge ab Juni über einen sehr langen Zeitraum hinweg. Für den Vordergrund einer gemischten Rabatte. Dieses Seifenkraut kommt auch gut zur Geltung, wenn man es über eine Mauerkrone

 Saponaria officinalis 'Alba Plena'

wachsen lässt. Eine ungewöhnlich robuste Hybride von *S. cypria* und *S. sicula.* ↕ 30–40 cm. Z7

S. officinalis (Echtes Seifenkraut) Sommergrüne, aufrechte Staude, die sich rasch durch Rhizome ausbreitet. Sie trägt schmale, eiförmige, mittelgrüne, grob texturierte, bis 7 cm lange Blätter. Im August und September erscheinen an den Stängeln endständige, doldige Blütenstände aus rosa, roten oder weißen, 2 cm breiten Blüten. Wurde früher zu Seife verarbeitet und zu diesem Zweck auch angebaut, weshalb es heute in vielen Gegenden, wo es eigentlich nicht in freier Natur vorkommt, eingebürgert ist. Für gemischte oder krautige Rabatten geeignet, aber auch wüchsig genug für naturnahe Pflanzungen. Aus Europa. ↕ 60 cm. Z4 **'Alba Plena'** Gefüllte weiße Blüten, leicht rosa getönte Knospen. **'Dazzler'** syn. 'Variegata' Stark cremefarben panaschiertes Laub. Rosa Blüten. Etwas zurückhaltenderer Wuchs. **'Rosea Plena'** Gefüllte, zartrosa Blüten. **'Rubra Plena'** Gefüllte rote, später rosa Blüten. Breitet sich rasch aus. **'Variegata'** siehe 'Dazzler'.

SARRACENIA
Krugpflanze, Sarrazenie, Schlauchpflanze
SARRACENIACEAE

Eine Aura aus Schönheit und Schrecken zugleich umgibt diese farbenprächtige Bewohnerin geheimnisvoller Sümpfe.

Die Gattung setzt sich aus 8 Arten und zahlreichen Hybriden zusammen. Sie wachsen in den stickstoffarmen, sauren Sümpfen und Savannen Nordamerikas. Die meisten werden als Zierpflanzen gezogen, sind jedoch nur selten in Gärten zu finden.

Schlauchpflanzen wachsen aus dicken, kriechenden Rhizomen mit drahtigen Wurzeln, die auf der Suche nach Wasser tief ins Erdreich vorstoßen und den hohen, schweren Pflanzen Halt geben. *Sarracenia* tragen zwei Arten von Blättern. Am auffälligsten sind die zu langen, zylindrischen Röhren mit einem Deckel geformten Schlauchblätter, sie dienen als Gleitfallen. In diese Röhre fallen Insekten und werden anschließend verdaut, sodass die Pflanze in ihrem stickstoffarmen Lebensraum gedeihen kann. Die Röhren der meisten Arten sind sommergrün, doch gibt

es auch einige immergrüne Vertreter. Neben den schlauchförmigen Blättern setzen die Pflanzen aber auch noch modifizierte Blätter an, die nur aus einem abgeflachten, verbreiterten Blattstiel bestehen (Phyllodien). Sie werden gelegentlich gegen Ende der Saison gebildet und bleiben den Winter über an der Pflanze.

Die nach außen gewendeten bis nickenden, einzeln stehenden Blüten setzen sich aus 5 dicken, farbigen Kelchblättern über einer knopfartigen Mitte, dem Griffelschirm, zusammen. Die 5 hängenden, spatelförmigen Kronblätter befinden sich zwischen den Lappen dieses aufgeblähten Knopfs, der von der Seite wie ein Schirm aussieht. Der Fruchtknoten und die Staubblätter werden darunter verborgen. Nach dem Abfallen der Kronblätter entwickelt sich der Fruchtknoten zu einer Kapselfrucht. Manche Blüten duften süß, andere unangenehm muffig.

Wo in freier Natur unterschiedliche Arten in ein und demselben Lebensraum vorkommen, entwickeln sich zahlreiche Hybriden, weitere wurden in Kultur gezüchtet. Viele erweisen sich als unerwartet dekorativ. Immer häufiger sind auch benannte Sorten erhältlich. Bei den züchterischen Bemühungen konzentriert man sich auf Formen mit weniger hohen Kulturansprüchen.

KULTUR Schlauchpflanzen brauchen beständig feuchte Böden. Zieht man sie im Freiland, legt man am besten einen künstlichen Sumpf in einer Vertiefung an, die mit Teichfolie ausgeschlagen und mit Torfmoos oder einer Mischung aus gewaschenem Sand und Torfmoos (30:70) gefüllt wird. Nur mit saurem Regen- oder Quellwasser, destilliertem oder ionisiertem Wasser mit einem pH-Wert von weniger als 6 gießen. Nicht düngen. Wer die hoch spezialisierte Pflanze für Moorbeete kultivieren möchte, sollte sich genau über die Kulturansprüche informieren.

VERMEHRUNG Verdichtete Kronen im Frühjahr oder Sommer teilen.

PROBLEME In der Regel keine.

S. alata (Blasse Schlauchpflanze) Robuste Art mit leicht gebogenen,

 1 *Sarracenia flava* **2** *S. purpurea* **3** *S. rubra*

SARRACENIA PURPUREA IN EUROPA

Die 1637 von John Tradescant aus Virginia (USA) nach Europa gebrachte Braunrote Schlauchpflanze (*Sarracenia purpurea*) wurde im englischen Cumbria und in Teilen Irlands ausgewildert. In Irland siedelte man sie im späten 19. Jahrhundert in einem Sumpf in der Grafschaft Laois an, doch starb sie dort 1910 aus. 1906 wilderte man sie in der Grafschaft Roscommon wieder aus, und dieses Mal überlebte sie nicht nur, sondern breitete sich sogar rasch aus. Als man das Areal

um 1960 für den Torfabbau freigab, wurden die Pflanzen in die Grafschaften Kildare, Offaly und Laois umgesiedelt, wo sie gut einwuchsen. In mindestens einem Naturschutzgebiet bedrohen sie mittlerweile sogar die einheimische Flora. Eingebürgert hat man *Sarracenia purpurea* ferner in der Grafschaft Armagh in Nordirland, wo sie ebenfalls zur Plage wurde. Und auch in der Schweiz sowie in Schottland wurde sie angesiedelt.

aufsteigenden, schmalen, oliv- bis hellgrünen, meist rot geaderten Schlauchfallen, deren Öffnung sich knapp unter
einem breiten Deckel befindet. Manche
Exemplare sind im oberen Drittel der
Falle rot gefärbt. Nach der Blüte treiben
neue Schlauchfallen aus. Blüten mit
großen, leuchtend gelben Kelchblättern
und hellen, fast weißen Kronblättern an
kompakten Stängeln, die halb so hoch
wie die Fallen werden. Blütezeit: März
und April. Wird am besten an vollsonnigen Standorten gezogen. Aus Savannen und Sümpfen in Alabama, Louisiana und Texas (USA). ↕ 30–90 cm. Z5

S. 'Doodle Bug' siehe S. Little-Bug-
Serie

S. flava ♀ (Gelbe Schlauchpflanze)
Die auffälligste Art, allerdings auch
ziemlich variabel. Aufrechte, am oberen
Ende weit geöffnete Schlauchfallen mit
flachem Deckel. Die Rotfärbung der
grünen Falle ist von Pflanze zu Pflanze
unterschiedlich stark ausgeprägt. Die
riesigen, prächtigen, gelben, bis 10 cm
breiten Blüten erscheinen im März.
Aus reifen Horsten können Dutzende
von Stängeln austreiben. 30–60 cm
lange Phyllodien, die den Winter über
an der Pflanze bleiben. Nach der Blüte
erscheinen die Fallen. Braucht vollsonnige Standorte. Selten. Aus Virginia bis
Georgia und Florida. ↕ 60–120 cm. Z5

S. leucophylla ♀ (Weiße Schlauchpflanze) Eine exquisite, unübersehbare Art.
Die gerüschten Deckel stehen aufrecht
über dem klaffenden Schlund der
Schlauchfallen, die im August und September erscheinen. Die oberen 15 cm
der Falle und der Deckel sind leuchtend
weiß gefärbt und grün oder rot geadert.
Bei Varianten mit intensiv roten Adern
wirkt das Weiß noch ausgeprägter, während ungeaderte Formen etwas gräulich
weiß wirken. Die Phyllodien überwintern und bleiben oft bis in den Sommer
hinein an der Pflanze. Nach der Blüte
treiben nur noch wenige Fallen aus. Die
sattroten, nach außen gewendeten Blüten stehen an hohen Stängeln. Braucht
mehr Wasser als andere Arten und verträgt keine sommerliche Trockenheit.
Wird als Schnittblume immer beliebter.
Stammt aus Savannen und Sümpfen
von Süd-Georgia und Florida westlich
bis zum Bundesstaat Mississippi (USA).
↕ 90–120 cm. Z5

S. 'Lady Bug' siehe S. Little-Bug-Serie

S. Little-Bug-Serie Gruppe vermeh-
rungsfreudiger, zwergiger, relativ leicht
zu kultivierender Hybriden. Sie bilden
etwa 20–25 cm breite Horste. ↕ 20 cm.
Z5 **'Doodle Bug'** Grüne, gegabelte
Fallen mit schöner Rot- und Weiß-
zeichnung im oberen Teil. Eine Hybri-
de von S. alabamensis und S. psittacina.
'Lady Bug' Stämmige rote, am Ansatz
grüne Fallen mit weißen Flecken. Eine
Hybride mit Anteilen von S. minor,
S. psittacina und S. purpurea. **'Love Bug'**
Schmale, tiefrote Fallen. Eine Hybride
aus S. jonesii, S. leucophylla, S. minor,
S. psittacina und S. purpurea. **'Red Bug'**
Schmale, aufrechte, am Ansatz grüne
Fallen. Eine Hybride von S. rubra und
S. wherryi.

S. 'Love Bug' siehe S. Little-Bug-Serie

S. purpurea (Braunrote Schlauchpflanze)
Aus der Spitze dicker Rhizome treiben
aufgeblähte Schlauchfallen mit hauben-
förmigem Deckel. Sie sitzen an kurzen,
mehr oder weniger horizontalen
Stängeln und sind grün mit violetten
Adern, oder auch vollständig violett.
Die aufrechte grüne Haube ist violett
geadert und deckt die Falle nicht ab. Im
April erscheinen blutrote Blüten. Eine
hübsche, variable, sehr harte Art. Aus
ihr sind zahlreiche Hybriden hervorgegangen. Sie ist in England und Irland
seit Langem eingebürgert (siehe Kasten
S.420), stammt aber aus Nordamerika,
wo sie in Sümpfen und Küstenebenen
von Neufundland und weiter südlich bis
Georgia vorkommt. ↕ 30–60 cm. Z2

S. 'Red Bug' siehe S. Little-Bug-Serie

S. rubra (Rote Schlauchpflanze) Eine
in Färbung und Wuchs variable Art mit
dünnen, aufsteigenden, grünen bis oliv-
braunen, rot geaderten Schlauchfallen,
auf denen kleine, überhängende Deckel
sitzen. Umfang und Färbung der Fallen sind stark unterschiedlich. Einige
Formen sind extrem selten. Die neuen
Fallen erscheinen im Frühsommer, die
roten, bisweilen grünen, 2,5 cm breiten
Blüten im April und Mai. Sie verströmen oft einen süßen, rosenartigen
Duft. Gedeiht in leichten Böden an
vollsonnigen Standorten, verträgt aber
Schatten. Aus Küstensavannen, Sümpfen
und feuchten Standorten in den Bergen
von North Carolina bis Alabama (USA).
↕ 30–60 cm. Z5

SATUREJA siehe CALAMINTHA

SAUROMATUM
Eidechsenwurz
ARACEAE

Die ungewöhnlichen Sommerblüher tragen bizarre Blüten
und auffälliges Laub.

Die Gattung umfasst 2 Arten knolliger Stauden aus dem Himalaja, aus
Südindien sowie Ost- und Westafri-
ka. Lediglich eine wird wegen ihrer
ungewöhnlichen, hübsch gelappten
Blätter gezogen, die sich an auffällig
violett gefleckten Blattstielen öffnen.
Die charakteristischen Blütenstände
mit Spatha (Hochblatt, Blütenscheide)
und Spadix (Blütenkolben) verbreiten
einen üblen Geruch nach fauligem
Fleisch. Er lockt Unmengen von Fliegen an, die die Blüten bestäuben.

KULTUR Gedeiht in durchlässiger,
nährstoffreicher Erde an sonnigen
bis halbschattigen Stellen.

VERMEHRUNG Durch Ableger oder
Abnehmen von Brutknollen.

PROBLEME In der Regel keine.

S. guttatum siehe S. venosum

S. venosum syn. S. guttatum (Eidechsenwurz) Schnell wachsende Pflanze, die
meist in Knollenform verkauft wird.

Aus jeder Knolle treibt im Juni oder
Juli ein einziger, bis 25 cm hoher Blütenstand aus. Die mattgrüne Spatha ist
innen dunkelviolett, außen violettgrün
gefleckt und rollt sich bald zurück, um
den langen, schlanken, violettschwarzen Spadix (siehe Kasten S.73 und 74)
freizugeben. Sobald der Blütenstand
einzieht, erscheint ein einzelnes Blatt
mit mehreren schmalen, spreizenden
Lappen, das etwa 40 cm breit werden
kann und an einem violett gefleckten
Blattstiel wächst. Überraschend hart. Aus
dem Himalaja und Südindien. ↕ 75 cm.
Z7 **'Indian Giant'** Blätter bis 75 cm
breit. Blattstiele nicht ganz so stark
gefleckt. ↕ 90 cm. Z8

SAXIFRAGA
Steinbrech
SAXIFRAGACEAE

Steinbreche bevorzugen schattige,
feuchte Standorte. Sie sind in
einer breiten Palette unterschied-
lichster Laubformen erhältlich.

Die rund 400 Arten immergrüner,
halbimmergrüner oder sommergrüner Pflanzen sind überwiegend
in den Gebirgsregionen der nördlichen Hemisphäre verbreitet. Bei
vielen handelt es sich um teils recht
anspruchsvolle Alpinpflanzen. Besser geeignet für Gärten sind die
Schatten liebenden Arten aus relativ
feuchten Lebensräumen einschließlich Wäldern und die moosartigen
Kissen- oder Matten bildenden
Vertreter der Gattung. Die Bandbreite der Laubformen reicht von
groß und nierenförmig bis klein und
moosartig. Die Blüten sind meist
fünfzählig und stern- oder becherförmig.

KULTUR Moosartige Steinbreche und
mehrere andere Arten gedeihen an
absonnigen bis halbschattigen Standorten mit feuchter, durchlässiger,
neutraler bis alkalischer Erde. Andere
sind am besten im Halbschatten mit
reichlich Humusanteil im feuchten,
durchlässigen Boden aufgehoben.

VERMEHRUNG Durch Teilung im
Frühjahr. Bei Matten oder Polster
bildenden Arten bewurzelte Roset-
ten abnehmen oder unbewurzelte
Rosetten als Stecklinge verwenden.
Aussaat ist nur bei Arten möglich.

PROBLEME Blattläuse, Schnecken,
Larven des Gefurchten Dickmaulrüsslers.

S. 'Apple Blossom' Bildet eine Matte
aus immergrünem, graugrünem Laub,
die im Mai und Juni mit becherförmigen rosa Blüten übersät ist. Ideal für
durchlässige Beete. ↕ 12 cm. Z5

S. × arendsii Recht dicke, blassgrüne,
tief fiederschnittige, bis 5 cm lange
Blätter in dichten Büscheln. Die kleinen, becherförmigen, violetten bis
rosenroten Blüten erscheinen im Mai
und Juni. Zieht durchlässige Böden vor.
Unter S. × arendsii wurden die moosartigen Hybriden einer ganzen Reihe
von Arten einschließlich S. cespitosa,
S. granulata, S. hypnoides, S. moschata
und S. rosacea zusammengefasst. Die
meisten werden mittlerweile getrennt
klassifiziert und sind in diesem Buch
einfach unter ihrem Sortennamen
aufgeführt. ↕ 20 cm. Z6 **'Triumph'** Karminrote Blüten.

S. 'Black Beauty' Auffällige, immergrüne, moosartige Form für durchlässige Beete. Trägt Rosetten aus dunkelgrünen Blättern. ↕ 20 cm. Z5

S. 'Bob Hawkins' Moosartig wachsender, immergrüner Mattenbildner,
ideal für schattige, durchlässige Standorte. Große, weiche Rosetten aus tief
fiederschnittigen, weiß und grün panaschierten, bis 2 cm langen Blättern und
grün-weißen, becherförmigen, 2 cm

großen Blüten, die im Mai und Juni erscheinen. ↕15 cm. Z5

S. cortusifolia **var. *fortunei*** siehe *S. fortunei*

S. cuneifolia syn. *S. dahurica* (Keilblättriger Steinbrech) Unkomplizierte Waldpflanze mit Rosetten aus keilförmigen oder rundlichen, ledrigen, grünen, unterseits violetten, bis 2,5 cm langen Blättern. Im Mai und Juni erscheinen winzige, sternförmige, weiße, gelb oder rot gefleckte Blüten. Gedeiht in feuchten aber durchlässigen, humosen Böden im Halbschatten. Aus den Karpaten bis zu den Pyrenäen. ↕20 cm. Z6 **'Variegata'** Blätter cremeweiß und grün panaschiert.

S. dahurica siehe *S. cuneifolia*

S. 'Dartington Double' Hübscher moosartiger Steinbrech. Bildet ein Polster aus weichem, immergrünem Laub, das mit gefüllten weißen Blüten übersät ist. Blütezeit Mai und Juni. ↕15 cm. Z5

S. 'Dubarry' Eine alte moosartige Steinbrech-Form, die zu kultivieren sich aber immer noch lohnt. Sie bildet ein großes immergrünes Polster aus grünen Blättern, über denen sattkarminrote, becherförmige Blüten im Mai und Juni erscheinen. ↕10–12 cm. Z5

S. 'Elf' Immergrüner, sehr kleiner, moosartiger Steinbrech, ideal für schattige, durchlässige Standorte. Grünes Laub und becherförmige, karminrote Blüten. Blütezeit: Mai und Juni. ↕10 cm. Z5

S. exarata (Gefurchter Steinbrech) Bildet kompakte, immergrüne, moosartige Kissen. Grüne, gelappte, bis 2 cm lange Blätter und weiße oder grüngelbe, mitunter rot getönte Blüten, die von Mai bis September erscheinen. Wird am besten in humoser, feuchter, durchlässiger, neutraler bis alkalischer Erde im lichten Schatten kultiviert. Aus Bergen in Mittel- und Südeuropa, dem Kaukasus und Nordwest-Iran. ↕10 cm. Z6

subsp. *moschata* Gelbe, oft rot getönte Blüten und behaartes Laub. Eine der wichtigsten Elternarten der zahlreichen moosartigen Hybriden. **subsp. *moschata* 'Cloth of Gold'** Goldgelbes Laub.

S. 'Findling' Eine moosartige Form. Sie bildet ein Polster aus weichem immergrünem Laub. Weiße, becherförmige Blüten erscheinen im Mai und Juni. ↕15 cm. Z5

S. 'Flowers of Sulphur' siehe *S. 'Schwefelblüte'*

S. fortunei ♀ syn. *S. cortusifolia* var. *fortunei* Sommergrüne, gelegentlich halbimmergrüne, Horst bildende Art. Ideal für Gehölzpartien oder Strauchrabatten. Blätter fleischig, gelappt, gezähnt, rundlich bis nierenförmig, bis 10 cm breit, grün, aber unterseits rötlich violett und mit der Zeit oft rötlich überlaufen. Ein Meer 1 cm breiter, sternförmiger, weißer Blüten mit 2 längeren Kronblättern. Blütezeit: August bis Oktober, gelegentlich auch noch länger. Nicht in Frostsenken pflanzen, da Herbstfröste den Blüten den Garaus machen können. Sehr anfällig für Schneckenfraß. Derzeit kommen beständig neue Formen auf den Markt. ↕30 cm. Z7 **'Black Ruby'** Glänzende, fast schwarze Blätter und rosarote Blüten. ↕20 cm. **'Blackberry and Apple Pie'** Grüne, rot gefleckte Blätter mit gebuchtetem Rand. Blüten gelbbraun. **'Cheap Confections'** Grünes, gebuchtetes Laub. Leuchtend rosa Blüten. ↕20 cm. **'Cherry Pie'** Grünes, glänzendes Laub. Tiefrosa Blüten. **'Cotton Crochet'** Glänzend grüne Blätter. Gefüllte Blüten. **'Crystal Pink'** Blätter cremefarben, grün und rosa panaschiert. ↕18 cm. **'Five Color'** Blätter grün, weiß, rosa, gelb und rot panaschiert. **'Mount Nachi'** Blätter rot gezeichnet und mit roten Borsten besetzt. ↕25 cm. **var. *obtusocuneata*** Tief fiederschnittige, behaarte Blätter.

Saxifraga fortunei

'Black Ruby'

'Blackberry and Apple Pie'

'Cherry Pie'

'Mount Nachi'

'Rokujō'

SAXIFRAGA FORTUNEI UND SORTEN

Saxifraga fortunei ist eine bezaubernde Waldstaude. Ihre auffälligen Blüten setzen sich aus 1 oder 2 unteren und 3–4 oberen, kürzeren Kronblättern zusammen. Sie sind von unschätzbarem Wert, da sie lange nach den allermeisten Waldpflanzen blühen und bis Oktober Farbe, Leben und einen Hauch von Fernost in Schattenpflanzungen bringen.

Die Art wäre schon allein ihres Flors wegen als Schattenstaude wertvoll, doch hat man in Japan obendrein eine große Bandbreite ungewöhnlicher Laubformen gezüchtet. Viele Jahre lang kannte man im Westen nur die dunkellaubige 'Wada', die früher 'Wada's Variety' genannt wurde. Mittlerweile haben Japans Gärtner aber nicht nur Sorten mit dunklen Blättern entwickelt, sondern auch panaschierte Varianten, die in den letzten Jahren vermehrt bei uns auf den Markt gekommen sind. Puristen neigen zwar dazu, einige der mehrfarbigen Blattschmuckformen wie 'Crystal Park' zu meiden, doch Japanbesucher bringen immer weitere Sorten mit nach Europa.

Mittlerweile werden auch im Westen, vornehmlich in Nordamerika, neue Formen gezüchtet. Für unsere Schattengärten sind sie eine Bereicherung.

UNTEN 1 *Saxifraga cuneifolia* **2** *S. 'Dartington Double'* **3** *S. × geum* **4** *S. hirsuta*

↕ 25 cm. **'Purpurea'** siehe 'Rubrifolia'.
'Rokujô' Laub borstig rot behaart
und rot gezeichnet. ↕ 25 cm. **'Rubri-folia'** syn. 'Purpurea' Blätter kräftig
rot überlaufen; Stängel rot. ↕ 20 cm.
'Sugar Plum Fairy' Große, blassgrüne,
gebuchtete Blätter und blassrosa Blüten.
'Wada' Große, glänzend grüne, unter-seits rotviolette Blätter. ↕ 50 cm.

S. × geum Eine immergrüne, Matten
bildende Hybride, die sich mit ihren
Rosetten aus 8 cm langen, spatelför-migen, grünen, gebuchteten Blättern
gut als Bodendecker eignet. Übersät mit
winzigen weißen, rot gefleckten Stern-blüten, die sich im Juni und Juli öffnen.
Ähnelt *Saxifraga × urbium* (siehe Kasten
S. 424). Für Rabatten oder Gehölz-bereiche. Eine natürliche Hybride
zwischen *S. hirsuta* und *S. umbrosa* aus
den Pyrenäen. ↕ 20 cm. Z3 **Dixter form**
Entstand in Great Dixter, Christopher
Lloyds Garten in East Sussex, unter-scheidet sich aber nicht von der nor-malen Hybride. Siehe auch *Adiantum
pedatum* 'Miss Sharples' (S. 42).

S. 'Golden Falls' Sehr farbkräftige,
immergrüne, moosartige Form, dessen
grünes Laub, gelb getönt ist. Im Mai
und Juni öffnen sich rosarote, becher-förmige Blüten. ↕ 8 cm. Z5

S. granulata (Knöllchen-Steinbrech)
Immergrüne Horstbildner mit Bul-ben an Stängeln und Wurzeln. Grüne,
nierenförmige, gezähnte oder lappig
gekerbte, 3 cm lange Blätter in locke-ren Rosetten. Rispen aus rundlichen,
weißen, etwa 1,5 cm breiten Blüten
an aufrechten Stängeln. Blütezeit: Mai.
Die Art zieht im Sommer ein. Gedeiht
in feuchten, durchlässigen, humosen,
neutralen bis alkalischen Böden an
halbschattigen Standorten, verträgt aber
auch volle Sonne, sofern der Boden
feucht bleibt. Kommt am besten in
einer Wiese zur Geltung. Bulben im
zeitigen Frühjahr bei 10°C antreiben.
Aus Europa und Nordafrika. ↕ 20–35 cm. Z5 **'Flore Pleno'** syn. 'Plena'
Gefüllte Blüten.

S. 'Hi-Ace' Bildet Polster aus weichen,
immergrünen, grün und weiß pana-schierten Blättern. Weiße oder rosarote,
becherförmige Blüten erscheinen im
Mai und Juni. ↕ 15 cm. Z5

S. hirsuta (Nieren-Steinbrech, Schatten-Steinbrech) Kriechende Art mit nieder-liegendem Wuchs für Strauchrabatten
oder Gehölzpflanzungen. Behaarte,
nierenförmige oder rundliche, bis 4 cm
lange, gekerbte, leuchtend grüne Blät-ter mit purpurner Unterseite. Winzige
weiße, hellrosa gepunktete Blüten mit
Kronblättern, die am Ansatz meist einen
gelben Fleck tragen. Blütezeit: Mai bis
Juli. Ideal für feuchte Böden im lichten
Schatten. Aus Südwest-Europa und
Irland. ↕ 30 cm. Z6

S. 'Knapton Pink' Moosartiger Stein-brech mit relativ offenem Wuchs und
behaarten, stumpfgrünen Blattrosetten,
die eine Bereicherung für winterliche
Gärten sind. Große, becherförmige,
zartrosa Blüten im Mai und Juni.
↕ 10 cm. Z5.

S. 'Pearly King' Reizende kleine,
immergrüne, moosartige Sorte. Sie bil-det ein Polster aus grünem Laub. Weiße,
becherförmige Blüten. Blütezeit: Mai
und Juni. ↕ 10 cm. Z5

S. 'Peter Pan' Eine kompakte Form,
die sich bestens für Steingärten oder als
Einfassung für Rabatten eignet. Dun-kelgrüne Kissen mit zahlreichen roten,
becherförmigen Blüten im Mai und
Juni. ↕ 10 cm. Z5

S. 'Pixie' Moosartiger, Polster bilden-der Steinbrech. Weiches, immergrünes
Laub und cremefarbene bis rosa,
becherförmige Blüten, die im Mai und
Juni erscheinen. ↕ 15 cm. Z5

S. 'Pixie Alba' siehe *S.* 'White Pixie'

S. sarmentosa siehe *S. stolonifera*

S. 'Schwefelblüte' syn. *S.* 'Flowers of
Sulphur' Moosartige, dichte Polster
bildende Sorte mit leuchtend grünen,
immergrünen Blättern. Blassgelbe,
becherförmige Blüten öffnen sich im
Mai und Juni. ↕ 10 cm. Z5

S. 'Silver Cushion' syn. *S.* 'Silver
Mound' Eine auffällige, moosartige
Sorte. Sie bildet ein kompaktes, immer-grünes Polster aus silbrig grau und grün
panaschierten Blättern, die reizvoll mit
den blassrosa Blüten im Mai und Juni
kontrastieren. ↕ 12 cm. Z5

S. 'Silver Mound' siehe *S.* 'Silver
Cushion'

S. spathularis Charakteristische immer-grüne, spatelförmige, grüne, tief fie-derschnittige Blätter in einer Rosette.
Rispen aus 1 cm breiten, karminrot
gefleckten, weißen Blüten; Kronblätter
am Ansatz mit gelbem Fleck. Blüten-stängel unbeblättert und rötlich. Blüte-zeit: Juni bis August. Ein guter Boden-decker, der am besten an halbschattigen
Stellen mit feuchten, durchlässigen,
stark humushaltigen Böden gedeiht. Aus
Irland und Südeuropa. ↕ 20 cm. Z5

S. stolonifera ♀ syn. *S. sarmentosa*
(Judenbart) Rosetten oder Büschel
bildende, immer- oder sommergrüne
Waldpflanze mit rundlichen, gelapp-ten, borstig behaarten, mittelgrünen,
bis 9 cm breiten Blättern mit silbrigen
Adern und rot überlaufener Unterseite.
Lockere, duftige Rispen aus winzigen
weißen, rot oder gelb gefleckten Blü-ten an dünnen Stängeln. Blütezeit:
August und September. Treibt am Ende
langer, dünner roter Stolone (auf dem
Boden kriechender Triebe) Tochter-pflänzchen aus, die man in Töpfen
einwurzeln kann, solange sie noch
mit der Elternpflanze verbunden sind.
Ideal als Bodendecker in schattigen
Rabatten oder Waldgärten. Aus China
und Japan. ↕ 30 cm. Z6 **'Cuscutiformis'**
Weiße Blüten ohne Flecken. **'Har-vest Moon'** Weiße Blüten und gelbes
Laub. **'Maroon Beauty'** Weiße Blüten

RECHTS **1** *Saxifraga* 'Peter Pan'
2 *S.* 'Silver Cushion' **3** *S. stolonifera*
4 *S. umbrosa* 'Primuloides'

OBEN 1 *Saxifraga × urbium*
2 *S.* 'White Pixie'

und kastanienbraunes Laub mit silbrig grauen Adern und roter Behaarung.

S. umbrosa (Porzellanblümchen, Schattenliebender Steinbrech) Ein immergrüner Bodendecker, der lockere Polster aus Rosetten bildet. Blätter meist spatelförmig, mittelgrün, 3 cm lang, unterseits rötlich, mit gekerbtem Rand. Das Laub bildet eine gute Kulisse für die zarten Rispen aus winzigen, sternförmigen, weißen, karminrot gefleckten, ab Juni erscheinenden Blüten an dünnen rötlichen Stängeln. ↕ 30 cm. Z6 **'Clarence Elliott'** ♀ Kompakter. Mit winzigen rosaroten Blüten. ↕ 15 cm. **'Primuloides'** ♀ Primelartige Blätter. Rosarote Blüten. ↕ 15 cm.

S. × urbium ♀ Wüchsiger, sich stark ausbreitender, immergrüner Bodendecker. Bildet große Rosetten aus spatelförmigen, gezähnten, ledrigen, mittelgrünen, bis 4 cm breiten Blättern. Lockere Rispen aus winzigen weißen, rosarot getönten oder gefleckten

Sternblüten an dünnen Stängeln. Blütezeit: ab Juni. Gedeiht am besten im Halbschatten, kommt aber auch mit Vollschatten gut zurecht und verträgt sogar karge Böden. Eine Gartenhybride von *S. spathularis* und *S. umbrosa* (siehe Kasten *S. × urbium*). ↕ 30 cm. Z6 **'Aureopunctata'** Grüne, gelb gefleckte Blätter. **'Miss Chambers'** syn. 'Chambers' Pink Pride' Rosa Blüten. **'Variegata'** Blätter gelb und grün panaschiert.

S. **'White Pixie'** syn. *S.* 'Pixie Alba' Eine moosartige Steinbrech-Sorte, die sich vorzüglich für Steingärten eignet. Sie bildet ein Polster aus weichen, immergrünen Blättern. Eigentlich eine weißblütige Version von *S.* 'Pixie'. Die becherförmigen Blüten erscheinen im Mai und Juni. ↕ 15 cm. Z5

SCABIOSA
Skabiose, Grindkraut
DIPSACACEAE

Die freundlichen, lange blühenden Stauden eignen sich als Gartenpflanzen und Schnittblumen gleichermaßen.

SAXIFRAGA × URBIUM

Die botanische Einordnung dieser Pflanze, die manchmal wie *S. hirsuta* als Schatten-Steinbrech angeboten wird, ist ausgesprochen umstritten. Die Gartenhybride zwischen *Saxifraga spathularis* und *S. umbrosa* wird schon seit dem 17. Jahrhundert kultiviert. Sie ist zwar in Großbritannien und Irland sowie einigen anderen Gegenden in Europa eingebürgert, doch eigentlich überschneiden sich die Verbreitungsgebiete der beiden Arten nicht einmal annähernd, weshalb es unwahrscheinlich ist, dass sie in freier Natur entstand. Sie setzt nur selten Samen an – ein weiterer

ungewöhnlicher Wesenszug. Lange Zeit firmierte sie als *S. umbrosa*, doch unterscheidet sich *S. × urbium* von dieser Art recht deutlich durch die längeren, schwächer behaarten Blattstiele und die ausgeprägter gezähnten Blätter.

Die etwa 80 Arten Ein-, Zwei- oder Mehrjähriger stammen überwiegend aus dem Mittelmeerraum sowie aus Asien und Afrika, wo sie trockene, sonnige Stellen besiedeln. Ihre leicht behaarten, meist grundständigen Blätter sind je nach Art ganzrandig bis stark gefiedert. Die köpfchenartigen Blütenstände erinnern an Blütenkörbchen. Sie können blau, rosa, cremefarben, weiß oder violett gefärbt sein und sitzen am Ende langer, schlanker Stängel. Jedes Köpfchen setzt sich aus kleinen Einzelblüten zusammen. In der Mitte bleiben sie klein, am äußeren Rand allerdings sind sie größer und auffälliger. An den ungeöffneten Blütenständen sind die Knospen ungewöhnlich spiralig angeordnet. Die Blüten sind eine gute Bienen- und Schmetterlingsweide und eignen sich bestens für Naturgärten. Man zieht sie am besten in Gegenden mit kühlen Sommern, da sie in schwül-feuchten Klimazonen nur unzureichend gedeihen.

KULTUR In durchlässigen, alkalischen Böden an vollsonnigen Standorten. Alle drei oder vier Jahre teilen, um die Wuchskraft zu erhalten.

VERMEHRUNG Arten durch Aussaat im Frühjahr, Hybriden und die meisten Sorten durch grundständige Stecklinge im Frühjahr oder Teilung im Frühjahr bzw. Herbst.

PROBLEME Fast keine, lediglich Zwergzikaden und eine Goldkäfer-Art bereiten gelegentlich Probleme.

S. arvensis siehe *Knautia arvensis*

S. atropurpurea (Samt-Skabiose) Kurzlebige Staude, die gelegentlich ein- oder zweijährig wächst. Die grundständigen Blätter sind schmal spatelförmig und ganzrandig oder gezähnt, die Stängelblätter tief gezähnt oder gelappt. Duftende, violette bis karminrote, 5 cm breite Blütenköpfe an drahtigen Stängeln. Eine hervorragende Schnittblume, die fast den ganzen Sommer über blüht, wenn man welke Blüten regelmäßig entfernt. Regelmäßig vermehren. Die unten aufgeführten Sorten werden aus Samen gezogen und können daher variabel ausfallen. Aus Südeuropa. ↕ 90 cm. Z4 **'Ace of Spades'** Gefüllte, fast schwarze Blüten. Samenecht. ↕ 60 cm. **'Chile Black'** Tiefviolette Blüten. ↕ 45 cm. **'Chili Pepper'** Rot. ↕ 60 cm. **'Chili Sauce'** Dunkelrosa. ↕ 60 cm. **'Peter Ray'** Blüten dunkel-kastanienbraun, größer als von 'Chile Black', aber ebenso dunkel. ↕ 60 cm.

S. **'Butterfly Blue'** Niedrig, mit graugrünen Blättern und erstaunlich langer Blüte. Die kleinen lilablauen Blüten erscheinen von Juni bis weit in den September hinein. Gut für den Vordergrund einer Rabatte; kommt besonders in Gruppenpflanzungen zur Geltung. Wird mitunter fälschlich als 'Irish Perpetual Flowering' oder eine Form von *S. columbaria* angeboten. ↕ 30–45 cm. Z3

S. caucasica Die lanzettlichen Grundblätter dieser Art sind weiß bereift und wirken daher graugrün, während die Stängelblätter sich aus schmalen Segmenten zusammensetzen und nicht ganz so grau erscheinen. Große, blassblaue Blüten mit auffälligen Kronblättern um eine Scheibe aus kleineren, weißen bis cremefarbenen Blüten mit nur ansatzweise entwickelten Kronblättern. Blüht im Juli und August und eignet sich besonders als blaues und rosafarbenes Gegengewicht zu den zu dieser Jahreszeit überwiegend gelb gefärbten Blühern. Gut auch als Schnittblume, sollte jedoch geerntet werden, bevor die Knospen in der Mitte sich öffnen, da sie dann länger halten. Aus dem Kaukasus, der Nordost-Türkei und dem Nordiran. ↕ 60 cm. Z4 **var. alba** Weiße Blüten, samenecht. **'Blausiegel'** (Blue Seal) Himmelblau, mit sehr großen äußeren Blüten. Wüchsiger als 'Clive Greaves'. **'Clive Greaves'** ♀ Zart-lilablau und sehr reich blühend. **'Fama'** Große, lilablaue Blütenköpfe. ↕ 45 cm. **'Goldingensis'** Dunkellila. ↕ 45 cm. **House's Hybriden** Eine Mischung, deren Farbpalette von Lila über Himmelblau bis Weiß reicht. Entwickelt von einem Marktgärtner namens Isaac House in Bristol, der damit die Nachfrage nach diesen Schnittblumen decken wollte. **'Kompliment'** Dunkel-blaulila. **'Miss Willmott'** ♀ Reinweiß, mit cremeweißer Scheibe. **Perfecta-Serie** Blüten lila bis weiß; samenecht. **'Stäfa'** Kräftig blaue Außen- und blassblaue Innenblüten.

S. columbaria (Tauben-Skabiose) Reich verzweigte Art mit vielen kleinen Blüten. Stängel und Blätter fein behaart. Dichte der Behaarung von Pflanze zu Pflanze unterschiedlich. Grundblätter speerförmig, ungezähnt, Stängelblätter nach oben hin immer stärker geteilt. 4 cm breite, blaue Köpfe erscheinen im Sommer und bis in den Herbst hinein, wenn man die abgeblühten regelmäßig entfernt. Wächst oft breiter als hoch. Im östlichen Nordamerika eingebürgert, stammt jedoch aus Europa, Westasien und Nordafrika. ↕ 70 cm. Z3 **'Butterfly Blue'** siehe *S.* 'Butterfly Blue'. **'Misty Butterflies'** Weichrosa bis blaulila Schattierungen. ↕ 25 cm. **'Nana'** Blau. ↕ 15–40 cm. **'Pink Mist'** siehe *S.* 'Pink Mist'. subsp. *ochroleuca* syn. *S. ochroleuca* (Gelbe Skabiose) Cremefarbene bis gelbe Blüten. ↕ 60 cm.

S. drakensbergensis Kräftige Stängel mit nur wenigen Stängelblättern treiben aus einer relativ fleischigen Rosette aus. An ihrer Spitze stehen weiße Köpfe, die von Juni bis Oktober blühen, wenn die welken Stände regelmäßig entfernt werden. Eine aus großen Höhenlagen stammende Art, die keine schwül-heißen Sommer verträgt. Aus den Drakensbergen in Südafrika. ↕ 1–1,2 m. Z4

S. farinosa Art mit relativ holziger Krone. Zieht im Winter nicht bis zur Basis ein. Spatelförmige Blätter mit gekerbtem Rand. Drahtige Stängel mit lilarosa Blütenköpfen, die im Frühsommer erscheinen. Aus Nordafrika. ↕ 30–45 cm. Z7

S. gigantea siehe *Cephalaria gigantea*

S. graminifolia (Grasblättrige Skabiose) Diese immergrüne Art bildet Horste aus grünen, grasartigen, silbrig behaarten Blättern. Ihre blassrosa, 5 cm breiten Blütenköpfe erscheinen im Hochsommer über mehrere Wochen hinweg an drahtigen Stängeln. Sie eignet sich als Randbepflanzung für den Vordergrund einer Rabatte und verträgt Hitze besser als andere gängige Skabiosen. Aus Südeuropa. ↕ 30 cm. Z4

S. 'Helen Dillon' Schön geformte, immergrüne Horste aus relativ glänzenden, grünen Blättern. Lila Blüten, die von Mai bis September erscheinen. ↕ 20 cm. Z4

S. lucida (Glänzende Skabiose) Horste lanzettlicher, silbergrüner, gezähnter Blätter. Unverzweigte Stängel mit wenigen, auffälliger silbrigen, geteilten Stängelblättern und einzelnen lilarosa Blüten, die fast den ganzen Sommer über erscheinen. ↕ 60 cm. Z4

S. 'Miss Havisham' Aus lindgrünen und gelbbraunen Knospen öffnen sich den ganzen Sommer über hellrosa Blüten. Eine sehr ungewöhnliche Sorte, die gelegentlich falsch »Miss Haversham« geschrieben wird. ↕ 60 cm. Z4

S. ochroleuca siehe *S. columbaria* subsp. *ochroleuca*

S. 'Pink Buttons' Horste aus tief fiederschnittigen, graugrünen Blättern und rosa Blüten an verzweigten, drahtigen Stängeln. Eine lang blühende Sorte. Höher und dunkler rosa als die häufigere Form 'Pink Mist'. ↕ 75 cm. Z4

S. 'Pink Mist' Graugrüne, tief fiederschnittige Blätter und rosa, in der Mitte hellere Blütenköpfe. Durchgehende Blüte von Juni bis September. Eine Art rosa Variante von 'Butterfly Blue'. Wird oft unter *S. columbaria* gelistet und ist heller und kürzer als 'Pink Buttons'. ↕ 45 cm. Z4

S. rumelica siehe *Knautia macedonica*

S. succisa siehe *Succisa pratensis*

SCHIZACHYRIUM
Präriegras
POACEAE

Das elegante Gras verträgt trockene Bedingungen und nimmt im Herbst zart pastellfarbene Tönungen an.

Die etwa 60 ein- und mehrjährigen Arten dieser Gattung sind in den Tropen beheimatet und kommen in Savannen, auf Prärien und Sandstränden vor. Sie breiten sich langsam mit Horsten grundständiger Blätter aus. Die oft schlanken, belaubten und verzweigten Halme färben sich im Herbst Pastellblau und Blassorange. Im Spätsommer und Herbst erscheint eine scharf zugespitzte Traube auf einem Stiel, der an einem Knoten des Halmes ansetzt. Typisch für die Gattung ist ein winziger, nur in Vergrößerung sichtbarer Haarring anstelle des Blatthäutchens.

KULTUR In durchlässigen, leichten, mäßig nährstoffreichen Böden an vollsonnigen Standorten.

VERMEHRUNG Durch Aussaat oder Teilung.

PROBLEME In der Regel keine.

S. scoparium (Kleines Präriegras) Übergebogene, sich langsam ausbreitende Horste aus schlanken, verzweigten Halmen. Die fein texturierten, zugespitzten, 50 cm langen und 7 mm breiten Blätter sind im Frühjahr graublau und färben sich im Laufe des Sommers immer intensiver, bis sie schließlich Pastelltöne in Rosa, Blau, Rot und Lachsrosa an lilarosa Halmen annehmen. Ende August bis Oktober tragen die belaubten Halme duftige Blütentrauben aus Ährchen mit kleinen, spiralig gebogenen, bis 5 cm langen Grannen. Die Ährchen sind zunächst glänzend blaugrün und werden mit der Zeit bauschig, während die Grannen sich rosa oder rostrot färben. Verträgt Trockenheit und die verschiedensten Bodenbedingungen. Aus Prärien und offenen Wäldern in Nordamerika. Ein typischer Bestandteil amerikanischer Hochgraspräriens. ↕ 1,2 m. Z4

SCHIZOSTYLIS
Spaltgriffel, Kaffernlilie
IRIDACEAE

Die spät blühende Staude erfüllt Garten und Wohnung mit kühler Eleganz und Farbe.

Die einzige Art der Gattung kommt in Afrika vor, wo sie in Bergregionen feuchte Stellen, oft am Ufer von Flüssen, besiedelt. Sie breitet sich langsam durch mehr oder weniger immergrüne Horste aus schmalen, aufrechten Blättern aus. Die Stängel tragen flache, leuchtend rote, im Herbst oder Frühwinter erscheinende Blüten aus 6 Blütenblättern mit zugespitztem oder abgerundetem Ende.

KULTUR An sonnigen Standorten in feuchten Böden, die im Sommer und Herbst nicht austrocknen dürfen.

VERMEHRUNG Durch Teilung.

PROBLEME In einem feuchten Herbst anfällig für die Blattfleckenkrankheit.

S. coccinea (Spaltgriffel, Kaffernlilie) Riemenförmige Rhizome, die langsam dichte Horste bilden. Die Triebe erscheinen unter optimalen Wuchsbedingungen in größeren Abständen. Schmale, aufrechte, gekielte, leuchtend grüne, schmal schwertförmige, bis 60 cm hohe und 5 cm breite Blätter in gegenständigen Reihen. Zum Sommerende erscheint der Blütenstängel, der die Ähren aus 6–14 leuchtend roten, 2–4 cm breiten Blüten mit seidigem Glanz trägt. Sie öffnen sich in gegenüberliegenden Reihen über mehrere Wochen hinweg von unten nach oben in Folge und halten auch als Schnittblumen recht lange. In kühleren Zonen schneidet man die gegen Ende der Wachstumszeit erscheinenden Blüten am besten ab und bringt sie nach drinnen, um sie vor Frösten

und starken Regenfällen zu schützen. Eine ideale Pflanze für ständig feuchte Böden, die jedoch äußerst empfindlich auf Trockenheit reagiert. Nach der Blüte mulchen und alle zwei Jahre teilen und in verbesserten Böden neu pflanzen. Aus feuchten, offenen Stellen in Zentralafrika und der östlichen Kapprovinz. ‡ 60 cm. Z8 **fo. alba** Weiße Blüten mit schmalen, zugespitzten Kronblättern. **'Ballyrogan Giant'** Große rosa Blüten an hohen Pflanzen. ‡ 80 cm. **'Fenland Daybreak'** Große Blüten mit schmalen Blütenblättern in sattem Rosa mit roten Adern am Ansatz. **'Hilary Gould'** Große blass-rosarote, kelchförmige Blüten. **'Jennifer'** Eine wüchsige Sorte. Große Blüten mit breiten, am äußeren Ende abgerundeten Kronblättern und hellerer Mitte. **'Maiden's Blush'** Abgerundete rosa Kronblätter in einer mehr oder weniger becherförmigen Blüte. **'Major'** Große, leuchtend rote Blüten mit breiten Kronblättern. **'Mollie Gould'** Blüht früh und außerordentlich lange. Blüten blassrosa, mit roten Flecken. ‡ 80 cm. **'Mrs Hegarty'** Alte irische Sorte. Relativ kleine, rosa Blüten mit schmalen Kronblättern. **'November Cheer'** Rosa, rot geaderte Blüten. Ein Sport von 'Major'. **'Pallida'** Sehr blasses Rosa. **'Pink Princess'** Wüchsige Form mit großen, blassrosa, in der Mitte gelben Blüten. **'Professor Barnard'** Tiefrosa, mäßig große Blüten mit dunklen Staubgefäßen. **'Red Dragon'** Wüchsig. Mit großen, leuchtend roten Blüten. **'Snow Maiden'** Große, weiße Blüten mit breiten, abgerundeten Kronblättern. Die beste weiße Sorte. Gelegentlich werden auch kleinere Formen mit grauweißen Blüten unter diesem Namen verkauft. **'Sunrise'** syn. 'Sunset' Große rosa Blüten mit breiten, abgerundeten Kronblättern. Relativ schlaffer Wuchs. Eine der besten rosa Sorten. **'Sunset'** siehe 'Sunrise'. **'Tambara'** Große, rosarote Blüten. Blüht manchmal schon im August und ist damit eine der am frühesten blühenden

Sorten. Eine Wildform. **'Viscountess Byng'** Kleine rosa Blüten mit schmalen Blütenblättern. Spät blühend. Reagiert besonders empfindlich auf trockene Böden. **'Zeal Salmon'** Große, auffällige lachsrosa Blüten. ‡ 80 cm.

SCHOENOPLECTUS
Teichsimse, Seebinse
CYPERACEAE

Die feuchtigkeitsliebenden Horste aus oft hohen, aufrechten Stängeln entspringen einem wüchsigen Wurzelsystem.

Die etwa 80 einjährigen und mehrjährigen Arten der Gattung sind über die ganze Welt verbreitet. Sie kommen in gemäßigten Zonen an Gewässerrändern und in Sümpfen oder sumpfigen, nährstoffarmen Bereichen vor. Die Horste setzen sich aus großen dichten Büscheln zylindrischer oder kantiger, kräftiger grüner Stängel zusammen, die sich im Herbst meist orangebraun färben und einziehen. Die Blüten erscheinen während des Sommers. Sie stehen in doldigen Rispen aus kleinen, kegelförmigen, braunen bis grünen Ährchen. Viele Arten geben ansehnliche Leitpflanzen für große Wassergärten ab, wenn man sie in Gruppen am Ufer oder im seichten Wasser pflanzt, können jedoch wuchern. In kleineren Teichen oder Moorbeetgärten setzt man sie daher in kräftige Gefäße mit schwerem Lehm, sodass sie sich nicht ausbreiten können. Panaschierte Formen fallen in der Regel kleiner aus und wuchern nicht so stark wie die Art. Laub und Stängel vieler Arten sind sehr zäh und finden bei der Herstellung von Papier und Bodenmatten Verwendung.

KULTUR In Trögen aus schwerer Lehmerde mit einer Kiesschicht obenauf in 12 cm tiefes Wasser stellen. Alternativ in trockenerer, nährstoffarmer, neutraler bis saurer Erde kultivieren, um kleinere Pflanzen zu erhalten, die aber dann trotzdem noch an einer zu starken Ausbreitung gehindert werden müssen.

VERMEHRUNG Durch Aussaat. Sorten durch Teilung.

PROBLEME In der Regel keine.

RECHTS *Schoenoplectus lacustris* subsp. *tabernaemontani* 'Zebrinus'

S. lacustris subsp. **tabernaemontani 'Albescens'** (Gewöhnliche Teichsimse) Aus einem kräftigen, wuchernden Wurzelsystem bilden sich elegante Horste aus aufrechten, rundlichen, leicht kantigen Stängeln. Die schlanken, blassgrünen Stängel sind vor allem anfangs quer weiß gestreift. Die endständigen Rispen aus weißen, bis blassbraunen, kegelförmigen Blütenährchen erscheinen von Juni bis September. Man kultiviert die Teichsimse am besten in Töpfen oder Trögen in seichtem Wasser. In seichtem, brackigem Wasser in Japan entdeckt. ‡ 1,2–1,5 m. Z4 **'Zebrinus'** Dunkelgrün und gelblich weiß längs gestreifte Stängel. Braune Blütenstände.

SCHOENUS
Kopfried
CYPERACEAE

Viele dieser Horst bildenden Sumpfpflanzen tragen Stängel in ungewöhnlichen Farbkombinationen.

Die Gattung setzt sich aus rund 60 mehrjährigen Arten zusammen. Die meisten sind in Neuseeland und Australien beheimatet, einige wenige findet man ferner in den gemäßigten Regionen Malaysias und der nördlichen Hemisphäre. Sie wachsen in den verschiedensten Höhenlagen in offenen, feuchten, sumpfigen Lebensräumen. Das Wurzelsystem bildet zumeist Horste aus kräftigen, aufrechten, binsenartigen Stängeln oder lockeren Büscheln mit sehr schmalem Laub. Die Blütenstände erscheinen am Ende der Stängel und sind meist klein und ziemlich unscheinbar. Sie wachsen kompakt und rundlich (daher der Name Kopfried) oder bilden lockere Schirme aus braunen oder grünlichen Blütenährchen.

Viele Arten aus Neuseeland sind ungewöhnlich gefärbt. Ihr leuch-

tendes Rot und Orange wird vor allem im Herbst und Winter zum Blickfang.

KULTUR Beste Färbung in feuchten, durchlässigen Böden an vollsonnigen Standorten.

VERMEHRUNG Durch Aussaat oder Teilung.

PROBLEME In der Regel keine.

S. pauciflorus Langsame Ausbreitung mit kurzen, kräftigen Wurzeln, aus denen dichte Horste sehr dünner, tief gekerbter, dunkelbrauner, grüner bis purpurroter, an der Basis fast schwarzer Stängel wachsen. Im Winter ist das Laub orange gefleckt und gebändert. Von Mai bis Juli erscheinen kleine, unscheinbare, rundliche, lockere Blütenstände am Ende der Stängel. Die blassgrünen bis dunkel purpurroten Blüten reifen zu glänzenden, blass rötlich braunen Nussfrüchten heran. Verträgt die meisten Böden. Aus Seeufern und sumpfigen Stellen in den Bergen Neuseelands. ‡ 80 cm. Z6

SCROPHULARIA
Braunwurz
SCROPHULARIACEAE

Die früher als Heilkraut genutzte Staude wird heute meist in panaschierter Form kultiviert.

Zur Gattung gehören etwa 200 Arten Zwei- und Mehrjähriger, die zum Teil eine verholzende Basis bilden. Sie kommen in feuchten Lebensräumen der nördlichen gemäßigten Zonen vor. In Kultur gebräuchlich ist lediglich eine Art. Alle zeichnen sich durch kantige Stängel mit wechsel- oder gegenständigen, ganzrandigen oder gezähnten, ungeteilten oder gelappten Blättern und achselständige

Zymen oder endständige Thyrsen aus zweilippigen roten, violetten oder grünlich gelben Blüten aus. Viele verbreiten einen unangenehmen Geruch.

KULTUR In durchlässigen, feuchten, humosen Böden im Halbschatten.

VERMEHRUNG Durch Aussaat oder Teilung.

PROBLEME Schnecken und der Braunwurzbohrer, der die Blütenknospen anbohrt und das Laub frisst.

S. auriculata (Wasser-Braunwurz) Aufrechte, unbehaarte oder manchmal leicht daunig behaarte, krautige Staude mit kantigen, vierflügeligen Stängeln und dunkelgrünen, ziemlich runzeligen, eiförmigen, gezähnten, 5–25 cm langen Blättern. Die grünen Blüten mit violettbrauner Oberlippe erscheinen vom Frühsommer bis zum Frühherbst in endständigen Thyrsen hoch über dem Laub. Gedeiht am besten in ständig feuchten, aber durchlässigen Böden an halbschattigen Standorten. Aus Gewässerufern und feuchten Wäldern in Europa und Nordafrika. ‡ 1 m. Z5 **'Variegata'** Blätter breit und unregelmäßig cremefarben gerandet. Schöneres Laub durch Abzwicken der Blüten.

SCUTELLARIA
Helmkraut
LAMIACEAE

Die im Sommer blühenden Verwandten des Salbeis trumpfen mit hübschen Blüten auf.

Mindestens 300 Arten manchmal strauchiger Stauden und einer Hand voll Einjähriger umfasst diese Gattung Rhizom bildender Gewächse. Nur wenige sind in Kultur gebräuchlich. Sie kommen

mit Ausnahme der kältesten Zonen in fast allen Regionen der Welt vor, vertragen aber in der Regel weder Schatten noch staunasse Böden. Sie treiben kantige Stängel aus und entwickeln einen offenen und niederliegenden oder dichten, aufrechten Wuchs. Die Blätter sind gegenständig und meist gezähnt bzw. behaart. Die hübschen, röhrigen, zweilippigen, salbeiartigen Sommerblüten können blau, rosa, gelb oder weiß gefärbt sein. Sie stehen einzeln, paarig oder in einseitswendigen, traubigen oder ährigen Gesamtblütenständen (Thyrsen).

KULTUR Am besten an einem hellen Platz in ziemlich nährstoffreicher, durchlässiger Erde.

VERMEHRUNG Durch Teilung der Horste im Herbst oder Frühjahr. Alternativ durch grundständige Stecklinge im späten Frühjahr. Aussaat im kalten Kasten im Herbst.

PROBLEME Blattläuse.

S. altissima (Hohes Helmkraut) Buschige, aufrechte, sommergrüne Staude mit verzweigten und unverzweigten Stängeln. Große, eiförmige, gesägte oder gekerbte, fast unbehaarte, lang gestielte Blätter. Hübsche, 2 cm lange Blüten in verschiedenen Farben, aber meist bläulich violett, mit wesentlich hellerer Unterlippe, in einseitswendigen, trauben- oder ährenförmigen Blütenständen. Blütezeit: Juni bis September. Die Art verträgt als Waldpflanze etwas Schatten und ist für nährstoffreiche Erde dankbar. Sie ist in ganz Westeuropa eingebürgert, stammt aber aus Italien und vom Balkan. ‡ 60–100 cm. Z5

OBEN *Scutellaria incana*

S. baicalensis (Chinesisches Helmkraut) Eine variable, sommergrüne Art, die im Lauf der Wachstumszeit immer aufrechter wächst. Stängel oft violett getönt, an der Basis zuweilen verzweigt. Blätter fast ungestielt, 4 cm lang, schmal eiförmig und bis auf den Rand fast unbehaart. Im Juli und August stehen in dichten, gelegentlich verzweigten, traubenförmigen Blütenständen behaarte, blauviolette, 2,5 cm lange Blüten. Ist für gute Dränage dankbar. Aus Sibirien und Teilen der Mongolei bis nach China und Japan an felsigen Stellen im Schatten. ↕ 30–40 cm. Z5

S. galericulata (Sumpf-Helmkraut) Eine dicht belaubte, sommergrüne Art. Sie breitet sich rasch mit violett getönten Trieben aus, die aus einem breitwüchsigen Wurzelstock entspringen. Blätter kurz gestielt, 7 cm lang, eiförmig oder schmal und länglich, meist gekerbt, unbehaart oder kurz behaart. Die 2 cm langen, gebogenen Blüten sind blau bis rosa gefärbt und an der Innenseite sowie der Basis oft weiß, Unterlippe etwas heller. Sie erscheinen von Juni bis September in Paaren und stehen locker einseitswendig an einem traubenförmigen Blütenstand. Braucht feuchte Böden. In den gemäßigten Zonen Asiens, Europas und Nordamerikas an feuchten Standorten weit verbreitet. ↕ 30–70 cm. Z5

S. hastifolia (Spießblättriges Helmkraut) Eine dicht belaubte Art, die sich rasch ausbreitet. Aufrechte, verzweigte oder unverzweigte, violett getönte Stängel tragen kurze, längliche bis eiförmige, 2,5 cm lange Blätter mit jeweils 2 zugespitzten Lappen am Ansatz. Stark gebogene, blauviolette Blüten erscheinen von Juni bis September. Ähnelt *S. galericulata*, ist aber niedriger und hat

kleinere Blätter. Braucht feuchte Böden und Streuschatten. Aus feuchtem Grasland von Nordwest-Spanien über Kleinasien und den Kaukasus bis Schweden und Finnland. ↕ 15–40 cm. Z5

S. incana (Blaues Herbst-Helmkraut) Behaarte, aufrechte, sommergrüne Staude mit hübschen, auffälligen Blüten. 10 cm lange, ei- oder rautenförmige Blätter mit gekerbtem Rand und sehr stark behaarter weißer Unterseite. An verzweigten Ständen öffnen sich von Juni bis September viele röhrige, blaue, 2,5 cm lange, außen behaarte Blüten. Für durchlässige, sonnige Standorte. Aus trockenen Lagen in den östlichen USA von New York bis Virginia. ↕ 40–120 cm. Z5

S. indica Kriechende Staude, die sich mit schlanken Rhizomen ausbreitet, aber selten wuchert. Behaarte, weiße, eiförmige oder dreieckige, 2,5 cm lange, am Ansatz herzförmige Blätter mit gekerbtem Rand. Die dicht behaarten Blütenstände tragen von Juni bis August blaue oder blassviolette, 2 cm lange Blüten mit auffällig breiter Unterlippe. Gedeiht in durchlässigen Böden an vollsonnigen Standorten. Aus Bergen in der Mongolei, in China und Japan. ↕ 20–40 cm. Z6 **var. parvifolia** Kleinere, dickere, 2 cm lange Blätter und lilablaue Blüten. ↕ 20 cm. **var. parvifolia** 'Alba' Weiße Blüten.

S. lateriflora Aufrechte, sommergrüne Staude mit dünnen, gestielten, meist unbehaarten, grob gezähnten, eiförmigen, 7 cm langen, manchmal recht schmalen Blättern. Von Juni bis September erscheinen aufrechte oder ausladende, traubenförmige Blütenstände mit winzigen, meist rosaweißen, gelegentlich blauen Blüten, die manchmal zwischen dem Laub versteckt stehen. Für feuchte Standorte geeignet. Aus sumpfigen Lebensräumen in den USA und Teilen Kanadas. ↕ bis 80 cm. Z5

S. scordiifolia Niedrige, sommergrüne Art, die sich durch Rhizome ausbreitet. Stängel an der Basis verzweigt. Kurz gestielte, runzelige, längliche oder lanzettliche, 3,5 cm lange, kaum gezähnte und wenig behaarte Blätter. 2 cm lange, violettblaue, behaarte Blüten in lockeren, einseitswendigen, traubenförmigen Blütenständen. Blütezeit: Juni bis August. Wird am besten in der Sonne und in durchlässigen Böden kultiviert. Aus exponierten Lagen in Sibirien, Japan, der Mongolei und China. ↕ 10–30 cm. Z5 'Seoul Sapphire' Blaue Blüten.

SECURIGERA siehe CORONILLA

SEDUM
Fetthenne, Mauerpfeffer
CRASSULACEAE

Fetthennen werden vor allem als anspruchslose, im Spätsommer blühende Rabattenstauden mit dickfleischigen Blättern geschätzt.

OBEN 1 *Selinum wallichianum*
2 *Semiaquilegia ecalcarata*

SELINUM
Silge
APIACEAE

Diese Gattung ist einer der schönsten Vertreter aus der Familie der Doldenblütler.

Sie umfasst 6 staudige Arten mit Pfahlwurzeln, deren Lebensraum Wiesen und Gebüsche in den Bergregionen Europas und Zentralasiens sind. Nur eine Art wird als Zierpflanze genutzt. Die aufrechten, bisweilen rot getönten Stängel tragen mehrfach gefiederte, gegenständige Blätter aus leuchtend grünen Fiederblättchen. Jedes Blättchen ist schmal, fast haarartig, oval oder lanzettlich. Die großen Dolden aus weißen, mitunter rosa getönten Blüten erscheinen im Sommer über den Pflanzen, die in Misch- und Staudenrabatten Verwendung finden. Sie sollten nicht zu dicht stehen, damit ihr Wuchs optimal zur Geltung kommt.

KULTUR Die Pflanzen sind zwar anpassungsfähig, gedeihen aber in durchlässigen, feuchten, nährstoffreichen Böden an sonnigen bis absonnigen Standorten am besten.

VERMEHRUNG Durch Aussaat frischer Samen oder Teilung im Frühjahr.

PROBLEME Schnecken, Mehltau.

S. tenuifolium siehe *S. wallichianum*

S. wallichianum syn. *S. tenuifolium* Eine bezaubernde Art mit sehr fein gefiederten, frischgrünen, farnartigen Blättern aus winzigen ovalen Fiederblättchen. Abgeflachte, bis 20 cm breite Dolden aus reinweißen, spitzenartig feinen Blüten, die im Juli und August erscheinen. Die Blütenstände sind von relativ auffälligen, grünlich weißen Hochblättern (Hüllen) umgeben. In Kultur sind mehrere, noch nicht benannte Formen gebräuchlich.

Aus offenem Gebüsch und feuchten Bergwiesen in den Ausläufern des Himalaja von Kaschmir bis Bhutan. ‡ 1,5 m. Z8

SEMIAQUILEGIA
Scheinakelei
RANUNCULACEAE

Die zarten, schüchternen Verwandten der bekannteren Akelei (*Aquilegia*) werden in geschützten Winkeln gezogen.

Die 7 Arten dieser kleinen, mitunter kurzlebigen Stauden sind in den Bergregionen Asiens beheimatet. Sie bilden eine grundständige Rosette, die sich aus zwei- bis dreifach gefiederten Blättern mit jeweils 3 Fiederblättchen zusammensetzt. An schlanken Stängeln erscheinen Köpfe aus nickenden, glockenförmigen, ungespornten Blüten. Die heute unter *Semiaquilegia* zusammengefassten Arten haben eine »Odyssee« hinter sich: Sie wurden mehrmals zwischen *Aquilegia* und *Isopyrum* hin- und hergeschoben, weshalb man sie gelegentlich noch heute unter diesen Gattungsnamen findet.

KULTUR Am besten an einem geschützten Standort. Vor kalten und kräftigen Winden, aber auch vor austrocknender Sonne schützen. Braucht feuchte, humose, neutrale bis saure Böden.

VERMEHRUNG Aussaat frischer Samen.

PROBLEME Schnecken.

S. ecalcarata syn. *Aquilegia ecalcarata* (Spornlose Scheinakelei) Fein zwei- bis dreifach gefiederte, leuchtend grüne, 30 cm lange, violett getönte Blätter aus 3 Fiedern, die wiederum in 3 Fiedern 2. Ordnung unterteilt sind. Die nickenden, tiefvioletten, gelegentlich tiefrosa oder weißen, 1,5 cm langen, ungespornten Blüten erscheinen in lockeren Rispen an drahtigen, violetten Stängeln. Aus Westchina. ‡ 30–45 cm. Z6 **'Flore Pleno'** Gefüllte Blüten.

RECHTS 1 *Senecio pulcher* **2** *S. smithii*

SENECIO
Greiskraut, Kreuzkraut
ASTERACEAE

Viele Gärtner sind erstaunt über die unerwartet attraktiven, nichtwuchernden Verwandten bekannter Gartenunkräuter.

Die mit über 1000 Arten äußerst umfangreiche, vielgestaltige, weltweit verbreitete Gattung umfasst Ein- und Zweijährige, Stauden, Sukkulenten, Kletterer, Sträucher und sogar einige wenige kleine Bäume. Sie besiedeln die unterschiedlichsten Lebensräume. Die Blätter können ungeteilt oder gelappt sein. Die Blütenkörbchen sind meist in Doldentrauben vereinigt. Sie setzen sich meist aus Strahlen- und Scheibenblüten zusammen. Bei einigen Arten fehlen die Strahlenblüten. Unter den Greiskräutern finden sich Gartenunkräuter wie das Gewöhnliche Greiskraut (*S. vulgaris*), Ackerunkräuter wie das Jakobs-Greiskraut (*S. jacobaea*), das für grasendes Vieh hochgiftig ist, aber auch einige dekorative Zierpflanzen.

KULTUR Sehr unterschiedliche Kulturansprüche.

VERMEHRUNG Durch Teilung im Frühjahr oder Stecklinge.

PROBLEME In der Regel keine.

S. polyodon Eine wüchsige, Matten bildende, sommergrüne Art mit einer Rosette aus grundständigen Blättern und aufrechten, schlanken, verzweigten, dicht mit klebrigen Haaren besetzten Stängeln. Stängelblätter schmal, gezähnt und stängelumfassend. Vom späten Frühjahr bis zum Frühherbst trägt die Pflanze auffällige, magentarote oder violette Blütenkörbchen mit gelber Scheibe. Wird am besten an sonnigen Standorten in durchlässiger Erde gezogen, wo sie sich selbst aussäen kann. Aus Grasland in Südafrika. ‡ 30 cm. Z4

S. pulcher Aufrechte, sommer- oder immergrüne Staude mit ledrigen grünen Blättern. Stängel unverzweigt oder zur Spitze hin verzweigt und anfangs wollig behaart, später unbehaart. Grundständige Blätter oval, zum Ansatz hin schmaler werdend, mit gekerbtem Rand; Stängelblätter lanzettlich und gezähnt. Im Sommer und Herbst erscheinen Blütenkörbchen mit langen violetten Strahlenblüten und einer gelben Scheibe. Sie stehen gelegentlich einzeln, meist aber in kleinen Gruppen. Die Art wird am besten an einem geschützten Standort gezogen. Aus Argentinien, Brasilien und Uruguay. ‡ 60 cm. Z8

S. smithii Eine wüchsige, Horst bildende Art mit robusten, aufrechten Stängeln und relativ ledrigen, glänzenden, gezähnten, dunkelgrünen Blättern. Untere Blätter gestielt, länglich bis eiförmig, mit breitem Ansatz, unterseits wollig behaart. Stängelblätter dreieckig bis eiförmig und ungestielt. Im Früh- und Hochsommer erscheinen große Stände aus 5 cm großen Blütenkörbchen mit weißen Strahlenblüten und gelber Scheibe. Ideal für nasse Böden an vollsonnigen bis halbschattigen Standorten. Aus Sümpfen und Flussufern in Argentinien, Chile und auf den Falkland-Inseln. ‡ 1,2 m. Z7

SERIPHIDIUM siehe ARTEMISIA

SESELI
Sesel, Bergfenchel
APIACEAE

Die auffälligen Pflanzen wirken durch ihr dekoratives, oft fein gefiedertes Laub und die schönen Blütenstände sehr attraktiv.

Bei den etwa 65 Arten der Gattung handelt es sich um Zwei- und Mehrjährige, die auf trockenem, rauem Grasland, in Strauchheiden, auf steinigen Lagen in ganz Europa bis hinein nach Zentralasien vorkommen. Sie bevorzugen meist Kalkböden. Als Zierpflanzen sind nur wenige gebräuchlich, obwohl

OBEN 1 *Seseli gummiferum* **2** *Sesleria caerulea*

sie für viele Gärten eine interessante, dekorative Bereicherung wären. Bergfenchel entwickelt Pfahl- oder Faserwurzeln und trägt zum Teil mehrfach gefiederte Blätter mit schlanken haarähnlichen oder breiteren, scharf gezähnten Fiederblättchen. Die Blütenstände setzen sich aus mehreren Dolden zusammen, deren Einzelblüten weiß, gelegentlich auch gelb oder rosa gefärbt sind. Zur Gattung gehören ferner einige Alpinarten, die wegen ihres hübschen Laubs mehr Beachtung verdienen.

KULTUR Am besten in durchlässigen, kalkigen Böden an vollsonnigen Standorten.

VERMEHRUNG Aussaat frischer Samen.

PROBLEME Selten.

S. gummiferum Eine kräftige, steife, aufrechte, fast sukkulente, kurzlebige Staude oder Zweijährige mit zahlreichen gefiederten, intensiv blaugrauen, ledrigen Blättern. Nach zwei bis drei Jahren erscheinen an verzweigten Stängeln über der Pflanze rosa, später weiße Blüten. Sie stehen in ungewöhnlich dichten, kompakten Dolden mit 20–60 Blütenstielen pro Dolde. Nach der Blüte zieht die Pflanze ein. Man zieht sie am besten in stark durchlässigen Böden in der Sonne, wo sie einen ganz außergewöhnlichen Blickfang als Solitär bildet. Von der Krim und aus der südlichen Ägäis. ↕ 1 m. Z6

SESLERIA
Blaugras, Kopfgras
POACEAE

Die langlebigen Pflanzen mit ungewöhnlich gefärbten, zweifarbigen Blättern sind oft die ersten Gräser, die im Frühjahr ihre Blüten präsentieren.

Die 27 Arten der Gattung kommen in freier Natur an Felshängen auf dem Balkan bis nach Asien vor. Die dichtbüscheligen, immergrünen Gräser entwickeln ein langsam kriechendes Wurzelsystem, aus dem lockere Matten breiter, gekielter Blätter mit stumpfer Spitze austreiben. Viele haben sehr dekorative Blütenstände, die zum Teil schon im März erscheinen. Die schmalen Halme wachsen ungewöhnlich gerade und tragen rundliche, kompakte oder auch zylindrische Rispen aus silbrig grünen bis violettschwarzen Blütenährchen mit auffälligen, dicht stehenden gelben Staubblättern. Die ausgesprochen zähen kleinen Gräser bieten sich als farbenfrohe Bodendecker für Wegränder an.

KULTUR In durchlässigen, nährstoffreichen, neutralen bis alkalischen Böden an vollsonnigen Standorten. Früh blühende Arten sollten nach der Blüte in der Frühjahrsmitte geteilt werden, andere teilt man zu Beginn der Wachstumsperiode.

VERMEHRUNG Durch Teilung. Hybridisiert leicht und sollte daher nicht aus Samen gezogen werden.

PROBLEME Selten.

S. albicans siehe *S. caerulea*

S. autumnalis (Herbst-Blaugras) Untypische Art mit dichten Horsten schlanker, leicht übergebogener, blaugrüner, 7 mm breiter Blätter, die sich im Herbst fast lindgrün färben. Von Juni bis Oktober erscheinen an hohen, kräftigen Halmen bis 12 cm lange Rispen mit weißen Staubblättern. Sie sind zunächst violettschwarz gefärbt, werden später aber silbrig bis violett. Das Gras wächst überwiegend während der kühlen Monate und zieht im Sommer ein. Aus Norditalien über Albanien bis in den Nahen Osten auf alkalischen Böden. ↕ 1,2 m. Z4

S. caerulea syn. *S. albicans* (Moor-Blaugras) Bildet dichte, niedrige Büschel aus zweifarbigen, 2–6 mm breiten Blättern mit stumpfer Spitze, glatter, glänzend grüner Oberseite und matter, blaugrauer Unterseite. Sie stehen so im Horst, dass die grünen und blauen Seiten gleichzeitig zu sehen sind. Die Halme erscheinen früh und tragen von Anfang März bis in den Juni hinein kompakte, eiförmige Rispen, die zunächst dunkelviolett, dann silbrig grün und schließlich hellbraun gefärbt sind. Die Art breitet sich langsam aus und gibt einen dekorativen Bodendecker für feuchte Standorte ab. Sie kommt auf feuchten Weiden und in Grasland auf Kalkböden im Gebirge vor. Aus Mitteleuropa, einschließlich der Britischen Inseln, bis Island. ↕ 45 cm. Z4

S. glauca siehe *S. nitida*

S. heufleriana (Grünes Kopfgras) Eine Art, die sich langsam ausbreitet. Sie bildet aufrechte Horste aus zweifarbigen, 3 mm breiten, oberseits blaugrünen, unterseits silbrig bereiften Blättern. Die Oberseite wird im Lauf des Sommers immer grüner. An der Pflanze sind beide Seiten sichtbar. Die Halme erscheinen von März bis April hoch über dem Laub und tragen kompakte, 3 cm lange Rispen aus dunkelgrünen Blütenährchen, die direkt nach dem Öffnen fast schwarz wirken und dicht mit blassgelben Staubblättern besetzt sind. Aus Kalkböden in Wäldern, auf Felsen und steinigen Hängen in Mittel- und Osteuropa sowie im Kaukasus. ↕ 75 cm. Z4

S. nitida syn. *S. glauca* Große, dichte, sich langsam ausbreitende Horste aus mehr oder weniger aufrechten Blättern, die einen bis zu 30 cm hohen Busch bilden. Die 6 mm breiten Blätter sind zweifarbig, doch erscheint der Horst rein blaugrau, da nur die Oberseite zu sehen ist. Im April und Mai öffnen sich an schlanken Halmen fast schwarze, ovale Blütenstände (Rispenähren), die sich allmählich silbrig grün färben und mit gelben Staubblättern besetzt sind. Die Pflanze bildet im Frühjahrsgarten eine auffällige blaue Laubkaskade, zieht aber im Sommer bei heißer Witterung ein. Man kultiviert sie am besten mit Zwiebelpflanzen wie Zwergiris und anderen Gewächsen, die stark durchlässige Böden bevorzugen. Aus den Bergen Mittel- und Süditaliens und Siziliens auf alkalischen Böden. ↕ 75 cm. Z4

SIDALCEA
Präriemalve, Doppelmalve, Schmuckmalve
MALVACEAE

Die buschigen Pflanzen mit zartem, gefingertem Laub begeistern mit ihren Trauben aus kleinen malvenartigen Blüten im Hochsommer viele Wochen lang.

Die etwa 20 Arten Einjähriger oder kurzlebiger Stauden sind in den westlichen Bundesstaaten der USA beheimatet, wo sie in der Regel auf durchlässigen, kalkfreien Böden wachsen. Sie fallen zwar in freier Natur sehr variabel aus und stiften damit Verwirrung unter Botanikern, doch zeichnen sie sich alle durch einen aufrechten, buschigen Wuchs aus. Sie bilden oft dichte Horste und tragen meist glänzende, grüne, rundliche, an den Blütenstängeln geteilte Blätter. An verzweigten Stängeln stehen in dichten Trauben rund 5–6 cm breite Blüten mit Außenkelch, Kelch, 5 Kronblättern und einem zentralen Bündel aus Staubblättern sowie dem Stempel. Sie erscheinen ab Hochsommer und halten in der Regel bis August aus. Unter der endständigen Haupttraube öffnen sich später weitere Nebentrauben. Die Blüten sind karminrot, rosa und weiß gefärbt. Ihre Kronblätter zeichnen sich durch ansprechenden seidigen Glanz aus.

Die meist aus *S. candida* und *S. malviflora* entwickelten Hybriden ähneln sich in der Regel mit Ausnahme der Blütenfarbe und Höhe recht stark.

KULTUR Gedeiht am besten an vollsonnigen Standorten in feuchter, durchlässiger, im Winter nicht nasser Erde. Höhere Sorten müssen an exponierten Stellen gelegentlich gestützt werden. Rückschnitt nach der Blüte fördert den Austrieb neuer Blätter und verlängert die Blütezeit.

VERMEHRUNG Durch Aussaat (Arten und einige Samenlinien) oder Teilung im Frühjahr.

PROBLEME Selten. Allerdings können die Pflanzen bei warmer, feuchter Witterung vom Stockrosenrost befallen werden. Jungpflanzen werden biweilen von Schnecken angefressen.

S. 'Brilliant' Dichte Trauben aus karminrosa Blüten an aufrechten Stängeln. Blütezeit: Juli und August. Lockt Schmetterlinge an. ↕ 75 cm. Z5

S. candida (Weiße Schmuckmalve) Leicht variable Art mit tiefgrünen, mehr oder weniger herzförmigen, gelappten oder gekerbten, bis 20 cm langen, in voller Sonne ins Rötliche tendierenden Grundblättern und kleineren, fein handförmig geteilten Stängelblättern. Kleine, 7–10 cm breite reinweiße Blüten mit blauen Staubgefäßen. Blütezeit: Juni und Juli. Die Kronblätter haben eine variable Form: Manche sind schmal, sodass die Krone Lücken aufweist, andere sind runder und voller. Mitunter treten dunkle Stängel und rosa Staubgefäße auf. Eine Elternpflanze vieler Sorten. Aus den südwestlichen USA. ↕ 60–90 cm. Z5 **'Bianca'** Höher, mit reinweißen Blüten. ↕ 1 m.

S. 'Croftway Red' Zahlreiche tiefrote Blüten, die im Juli und August erscheinen. ↕ 80 cm. Z5

S. 'Elsie Heugh' ♀ An der Spitze ungewöhnlich gefranste, blassrosa, seidige, große Kronblätter. Schon 1936 eingeführt, aber nach wie vor die beliebteste Sorte. ↕ 90 cm. Z5

S. 'Little Princess' Buschig und reich blühend. Blassrosa, mit der Zeit etwas verblassende Kronblätter und rosa Staubgefäße. Die niedrigste, kompakteste Sorte, noch kleiner als 'Puck'. ↕ 40 cm. Z5

S. 'Loveliness' Muschelrosa Blüten an buschigen Pflanzen, die keine Stütze brauchen. ↕ 75 cm. Z5

S. malviflora (Kalifornische Schmuckmalve) Eine an der Basis verholzende Art, die sich langsam durch Rhizome ausbreitet. Behaarte Stängel und rundliche bis nierenförmige, gezähnte oder gelappte, an der Basis größere Blätter, die entlang des Stängels nach oben zu immer kleiner werden und eine stärker handförmig geteilte Form annehmen. Trauben aus weiß geaderten, rosa oder violetten, 5 cm breiten Blüten. Zusammen mit S. candida die Elternpflanze der meisten Sorten. Aus trockenen Lagen in Wäldern und Gebüschen in den westlichen USA. ↕ 1 m. Z5

S. 'Mr Lindbergh' Blaugrüne Blätter und tief-rosarote Blüten. Blüht im Juni und Juli und damit früher als die meisten anderen Formen. Angeblich samenecht, was aber unwahrscheinlich ist. ↕ 70–120 cm. Z5

S. 'Mrs Borrodaile' Dunkler als die meisten Sorten. Altrosa-magentarosa Blüten. ↕ 1 m. Z5

S. 'Oberon' Schön geformte, kompakte Sorte mit zart-rosaroten Blüten. Muss nicht gestützt werden. ↕ 70 cm. Z5

S. oregana Art mit holziger Pfahlwurzel. Überwiegend grundständige, glänzend grüne, 15 cm lange, gelappte Blätter. Stängel grob behaart, mit kleineren geteilten Blättern. An Ende der Stängel rosarote Blüten mit an der Spitze gekerbten Kronblättern. Aus offenen, nassen Bereichen im westlichen Nordamerika. ↕ 70–100 cm. Z5

S. 'Party Girl' Leuchtend rosa Blüten mit weißer Mitte und weißen Staubgefäßen. Aus Samen gezogen, daher variabel. ↕ 75 cm. Z5

S. 'Puck' Klarrosa Blüten über einem kompakten Busch. War bis zur Einführung von 'Little Princess' vor Kurzem die niedrigste, kompakteste, am wenigsten zum Umfallen neigende Sorte. ↕ 60 cm. Z5

S. 'Purpetta' Rosaviolette Blüten mit weißer Mitte. Samenvermehrbar und angeblich samenecht. ↕ 1,1 m. Z5

S. 'Reverend Page Roberts' Dunkle Knospen und Blütenstängel, blass silbrig rosa Blüten. Eine der höchsten und ältesten Sorten. ↕ 1,3 m. Z5

S. 'Rosaly' Blassrosa Blüten und schlanke Blätter. Samenvermehrbar, kann daher variabel ausfallen. ↕ 1,3 m. Z5

S. 'Rosanna' Tief-rosarote Blüten. Wird ausgesät und fällt daher variabel aus. ↕ 1 m. Z5

S. 'Rose Queen' Robuste, verzweigte, stabile Stängel mit dunkel-rosaroten Blüten im Juni und Juli. ↕ 1 m. Z5

S. 'Sussex Beauty' Leuchtend satinrosa Blüten an robusten Pflanzen. ↕ 90 cm. Z5

S. 'William Smith' ♀ Satt-lachsrosa Blüten in dichten Trauben. ↕ 1 m. Z5

FEURIGE FARBEN

WER PASTELLTÖNE BEVORZUGT, wird dieses Bild schnell übergehen, denn hier wurden zwei Blüher zusammengebracht, die sich gegenseitig an Leuchtkraft überbieten. *Sidalcea malviflora* entwickelt in diesem trockenen, kargen Boden nicht allzu viele Trauben und öffnet nur wenige Blüten auf einmal – doch die sind so leuchtstark, dass sie unweigerlich die Aufmerksamkeit auf sich ziehen. Kombiniert hat man sie mit der leuchtend orangefarbenen, einjährigen *Eschscholzia californica*. Dasselbe Arrangement lässt sich allerdings auch mit weicheren Schattierungen schaffen, denn sowohl *S. malviflora* als auch *E. californica* haben viele Sorten in zarten Pastelltönen hervorgebracht. Aber wäre die Wirkung mit verhaltenen Farben dieselbe?

RECHTS **1** *Sidalcea candida*
2 *S. 'Elsie Heugh'*
3 *S. 'Reverend Page Roberts'*

SILENE
**Leimkraut, Lichtnelke, Pechnelke,
Strahlensame**
CARYOPHYLLACEAE

Diese winterharten Frühjahrs-
und Sommerblüher bereichern
Gärten mit einem erfrischend naturnahen Ambiente.

Die etwa 500 Arten Einjähriger,
Zweijähriger und sommer- oder
immergrüner, zum Teil am Grund
verholzender Stauden stammen aus
den unterschiedlichsten Lebensräumen in der nördlichen Hemisphäre.
Sie wachsen auf Wiesen, in lichten
Wäldern und Bergregionen, auf Küstenklippen und an Kiesstränden. Ihre
Wuchsform reicht von Matten bildend
bis aufrecht; die Blätter sind variabel,
oft aber lanzettlich bis eiförmig. Ihre
Blüten haben 5 Kronblätter, die an der
Spitze oft gekerbt oder geteilt sind.
Der Kelch ist ballonförmig aufgebläht. Die meisten Leimkräuter stellen
keine hohen Kulturansprüche und
können in den unterschiedlichsten
Pflanzungen eingesetzt werden, etwa
in Misch- oder Staudenrabatten, in
Wiesen oder in Präriegärten.

KULTUR Die meisten Arten gedeihen
in durchlässigen, vollsonnigen bis
halbschattigen, halbwegs nährstoffreichen, neutralen bis leicht alkalischen
Böden, einige allerdings ziehen auch
stark dräniertes Erdreich vor.

VERMEHRUNG Durch Teilung nach
der Blüte oder Stecklinge im Frühjahr, Arten auch durch Aussaat. Mitunter starke Selbstaussaat.

PROBLEME Schnecken und Echter
Mehltau.

S. asterias Eine Horst bildende Art, die
einen Garten über einen langen Zeitraum mit ihren intensiv gefärbten Blüten
bereichert. Der Busch aus dunkelgrünem
Laub bildet eine passende Kulisse für die
flachen, dichten Stände aus winzigen,
intensiv roten, süß duftenden Blüten, die
ab Mai an kräftigen Stängeln erscheinen.
Ideal für Misch- oder Staudenrabatten an
vollsonnigen, durchlässigen Standorten.
Aus Südosteuropa. ‡ 60 cm. Z5

S. dioica syn. *Melandrium rubrum*,
S. rubra (Rote Lichtnelke) Teils immergrüne, Horst bildende Pflanze. Blätter
zugespitzt, oval, tiefgrün, bis 9 cm lang.
Blüten rot, mit gekerbten Kronblättern.
Kontinuierliche Blüte von Mai bis Juli.
Die Art ist ideal für Natur- und Wald-
gärten. Die Sorten eignen sich hingegen
eher für gemischte und Staudenrabatten.
Gedeiht in feuchten, durchlässigen
Böden im Streuschatten. Aus Europa.
‡ 80 cm. Z6 **'Clifford Moor'** Dunkel-
grünes, cremegelb gerandetes Laub. Rosa
Blüten. ‡ 30 cm. **'Compacta'** siehe 'Mini-
kin'. **'Flore Pleno'** syn. 'Rubra Plena'
Gefüllte rote Blüten. ‡ 60 cm. **'Graham's
Delight'** syn. 'Variegata' Cremefarben
und grün panaschierte Blätter. Rote
Blüten. ‡ 90 cm. **'Inane'** Dunkelviolette
Blätter und rosa Blüten. **'Minikin'** syn.
'Compacta' Kräftig altrosa Blüten. ‡ 30–
40 cm. **'Richmond'** Gefüllte, tief-rosarote Blüten. **'Rosea Plena'** Blüten gefüllt,
altrosa. ‡ 60 cm. **'Rubra Plena'** siehe
'Flore Pleno'. **'Thelma Kay'** Cremefarben und grün panaschiertes Laub.
Gefüllte rosa Blüten. ‡ 30 cm. **'Variegata'**
siehe 'Graham's Delight'.

S. fimbriata syn. *S. multifida* Behaarte,
Horst bildende, sommergrüne Art mit
aufrechten, beblätterten Stängeln. Blätter 10 cm lang, dunkelgrün, mehr oder
weniger eiförmig. Weiße, 4 cm breite
Blüten mit stark gefransten Kronblättern und ballonartigen Kelchen. Blütezeit: Mai bis Juli. Rückschnitt nach dem
Flor fördert den Austrieb neuer Blüten.
Für trockene Böden im Halbschatten
von Rabatten oder Naturgärten. Aus
dem Kaukasus. ‡ 60 cm. Z6

S. maritima siehe *S. uniflora*

S. multifida siehe *S. fimbriata*

S. nutans (Nickendes Leimkraut)
Behaarte, sommergrüne Art. Untere
Blätter spatelförmig und lang gestielt.
Lockere Stände aus duftenden, weißen,
2 cm breiten Blüten mit tief geteilten
Kronblättern. Sie öffnen sich ab Juni
abends und sind oft grünlich gelb und
rosa getönt. Für Rabatten und Naturgärten an vollsonnigen Standorten mit
durchlässigem Boden. Auch für Küstengärten gut geeignet. In weiten Teilen
Europas, Nordasien, Nordafrika und
dem Kaukasus verbreitet. ‡ 50 cm. Z6

S. rubra siehe *S. dioica*

S. schafta ♀ Horst bildende, teils
immergrüne, behaarte Art mit leuchtend grünen, 2 cm langen, lanzettlichen
Blättern. Langröhrige, 2 cm breite, tief-
magentarote, aus gekerbten Kronblättern zusammengesetzte Blüten, die im
August und September in großer Zahl
erscheinen. Aus dem Kaukasus. ‡ 25 cm.
Z6 **'Shell Pink'** Blassrosa Blüten.

S. uniflora syn. *S. maritima, S. vulgaris*
subsp. *maritima* (Klippen-Leimkraut) An
der Basis verholzende, halbimmergrüne,
Matten bildende Art mit 2 cm langen,
graugrünen, lanzettlichen, fleischigen
Blättern. Blüten weiß, 2,5 cm breit, mit
gekerbten Kronblättern und ballonförmigen Kelchen. Blütezeit: ab Juni.
Gut für den Vordergrund sonniger, gut
entwässerter Rabatten, für Kiesgärten
und Gefäße. Gedeiht auch an der Küste.
In freier Natur an den europäischen
Atlantikküsten zu finden. ‡ 20 cm. Z3
'Alba Plena' siehe 'Robin Whitebreast'.
'Compacta' Niedrig, mit weißen oder
rosa Blüten. ‡ 10 cm. **'Druett's Variegated'** syn. 'Variegata' Cremefarben und
grün panaschierte Blätter. Weiße Blüten.
‡ 10 cm. **'Robin Whitebreast'** (Weiss-
kehlchen) syn. 'Alba Plena', 'Flore Pleno'
Gefüllte weiße Blüten. ‡ 15 cm. **'Rosea'**
Blassrosa Blüten. **'Variegata'** siehe
'Druett's Variegated'. **'White Bells'** Nied-
rig, mit großen weißen Blüten. ‡ 10 cm.

S. vulgaris subsp. *maritima* siehe
S. uniflora

SILPHIUM
Becherpflanze, Kompasspflanze
ASTERACEAE

Die imposanten Pflanzen erinnern
an mehrjährige Sonnenblumen.
Zur Gattung zählen mindestens
20 sommergrüne Arten, die auf den
Prärien und Waldlichtungen im
östlichen Nordamerika beheimatet
sind. Sie bilden dichte Horste und
kräftige, hohe Stängel mit meist
gegenständigen Grundblättern und
meist wechselständigen Stängelblättern, die lanzettlich bis oval, gezähnt
oder gelappt sein können. An der
Spitze der Stängel öffnen sich lockere Gruppen gelber, selten auch weißer Blütenkörbchen.

Die eher großen und volumi-
nösen als stilvollen und eleganten
Pflanzen eignen sich vorzüglich als
beeindruckende Solitäre für den
Hintergrund einer großen Rabatte
oder für Naturgärten.

KULTUR An sonnigen Plätzen in herkömmlicher Gartenerde. Verträgt
auch Halbschatten, muss dann allerdings womöglich gestützt werden.

VERMEHRUNG Durch Teilung oder
Aussaat.

PROBLEME In der Regel keine.

S. laciniatum (Kompasspflanze) Die
20–40 cm langen, tief gelappten, rauen
Grundblätter stehen in einer vertikalen Ebene so, dass die Spreiten nach
Norden und Süden ausgerichtet sind,
daher der Vulgärname. Stängelblätter
kleiner, bis 10 cm lang, wechselständig,

an borstig behaarten Stängeln. Sonnen-
blumenähnliche Blütenkörbchen mit
goldgelben, an der Spitze gekerbten
Strahlenblüten erscheinen im Spätsommer und Herbst. ↕ 1,8–3 m. Z4

S. perfoliatum (Becherpflanze) Stämmige, vierkantige, glatte Stängel mit 20–
30 cm langen, gezähnten, ovalen Blättern, die gegenständig und am Grund
um den Stängel verwachsen sind und so
einen flachen Becher bilden, daher der
Vulgärname. Im Spätsommer verzweigen
sich die Stängel an der Spitze und bilden
lockere Stände aus leuchtend gelben,
6–9 cm breiten gelben, sonnenblumen-
ähnlichen Körbchen. ↕ 1,8–2,5 m. Z4

Sisyrinchium
Grasschwertel, Binsenlilie
IRIDACEAE

Die grasähnlichen Gewächse mit
sternförmigen Blüten kommen
als Saumbepflanzung sowie in Kiesgärten und Rabatten an sonnigen bis
halbschattigen Plätzen zum Einsatz.

Es ist eine relativ verwirrende
Gattung, die sich aus etwa 100
Arten zusammensetzt. Die meisten
wachsen mehrjährig, doch sind auch
einige Einjährige mit von der Partie. Sie kommen in der Regel auf
durchlässigen Böden und Feuchtwiesen in der Sonne vor. Die meisten kommen aus Südamerika, einige
sind außerdem in Nordamerika
beheimatet – und eine einzige findet
sich seltsamerweise in Irland. Man
kultiviert sie wegen ihrer hübschen
sternförmigen Blüten. Die blaublü-
tigen Arten werden oft als Blaue
Binsenlilien bezeichnet.

Die Pflanzen bilden Horste und
breiten sich häufig durch kurze
Rhizome aus. Sie treiben Fächer
langer, schmaler, mehr oder weniger
schwertförmiger Blätter aus. Ihre
Wuchsform reicht von niedrigen
Matten aus aufrechten Blättern bis
zu auseinander fallenden Horsten.
Die meisten sind halbimmergrün
und überwintern als kleine Laubfächer. Die sternförmigen, 1–2 cm
breiten Blüten sind in der Regel
kurzlebig und öffnen sich im Sommer über mehere Wochen hinweg in
Folge. Sie erscheinen für gewöhnlich
in verschiedenen Blau- und Gelbtönen und stehen in Gruppen aus bis
zu 8 Einzelblüten an abgeflachten,
oft verzweigten Stängeln. An jedem
Blütenstand befindet sich ein kleines
Hochblatt. Die in der Sonne weit
geöffneten Blüten setzen sich aus 3
äußeren und 3 inneren, zugespitzten,
an der Basis gelb gefärbten Blütenblättern zusammen. Auf sie folgen
runde Kapselfrüchte. Einige Sorten
sind allerdings steril. Die Laubfächer
ziehen nach der Blüte eventuell ein.

Binsenlilien sind noch nicht allzu gründlich erforscht. Viele Arten
ähneln einander sehr stark und
lassen sich nur schwer unterscheiden. Zudem ist ihre Klassifizierung
verwirrend. Einige Vertreter waren
früher den Gattungen *Phaiophleps*
und *Bermudiana* zugeordnet, außerdem gibt es zahlreiche Synonyme.

KULTUR In durchlässiger, feuchter
Erde an sonnigen Standorten. Binsenlilien reagieren empfindlich auf
nasse Winter, schlechte Dränage und
strenge Fröste. Viele allerdings sind
von Haus aus kurzlebig und sollten
regelmäßig vermehrt werden. Das
alte, welke, schwarze Laub größerer
Arten sollte entfernt werden.

VERMEHRUNG Binsenlilien lassen sich
leicht durch Aussaat vermehren.
Einige Arten säen sich allerdings
selbst aus und können unter günstigen Bedingungen lästig werden.
Sorten teilt man im Frühjahr.

PROBLEME In der Regel keine.

S. angustifolium syn. *S. bermudianum*
(Grasschwertel) Zwischen den schlanken, 1–3 mm breiten Blättern bilden die
Stängel 2–3 Seitenzweige aus, an denen
sich im Frühsommer 2–3 Blüten öffnen. Blüten blassblau, mit einem dunklen Rand um das gelbe Auge, von dem
aus 3 Linien über die 8–12 mm langen,

zugespitzten Blütenblätter laufen. Auf
die Blüten folgen kugelige Kapselfrüchte. Aus Feuchtwiesen, Ufern und
feuchten, offenen Bereichen in den östlichen USA und in Irland. ↕ 20 cm. Z5
'Lucerne' Größere, 2 cm breite Blüten.
In einem Schweizer Garten entdeckt.

S. 'Ball's Mauve' siehe *S.* 'E.K. Balls'

S. bellum siehe *S. idahoense* var. *bellum*

S. bermudianum siehe *S. angustifolium*

S. 'Biscutella' Kleine braune und
cremefarbene Blüten an schlanken
Stängeln über schmalem Laub. Jedes
Blütenblatt cremefarben, mit kupfer-
brauner Aderung und Tönung sowie
gelbem Auge. Die Einzelblüten sind
zwar nicht allzu dekorativ, doch öffnen
sie sich in großer Zahl und ergeben so

Einfach, aber wirkungsvoll

ZU DEN GRUNDLEGENDEN PRINZIPIEN der Gartengestaltung
gehört das Kombinieren von Arten, die zwar ähnlich sind, sich
aber gleichzeitig in bestimmten Merkmalen unterscheiden. Die
aufrechten Stängel und schlanken Blätter von *Sisyrinchium
striatum* im Hintergrund ähneln denen der *Iris sibirica* im Vordergrund. Das
ist nicht weiter verwunderlich, gehören doch beide zur Familie der
Schwertliliengewächse. Während die Binsenlilie mit einer langen
Reihe relativ kleiner Blüten auftrumpft, stehen die wesentlich größeren *Iris* in wenigblütigen Gruppen am Ende der Stängel. Eine
farbliche Verbindung zwischen beiden knüpfen die gelben Knospen
der Binsenlilien und der honigfarbene Schlund der *Iris* 'Gatineau'.

gemeinsam einen interessanten Blick-fang im Sommergarten. ‡ 30 cm. Z6

S. 'Blue Ice' Große, 2 cm breite, dunkel geaderte, blassblaue Blüten mit breiten Blütenblättern und gelbem Auge. Schön geformt und reich blühend. ‡ 15 cm. Z7

S. 'Californian Skies' Leuchtend tief-blaue Blüten mit gelbem Auge und tin-tenblauem Rand. Die Blütenblätter sind mit 3 dunklen Adern gezeichnet. Schö-ne Form und reiche Blüte. ‡ 15 cm. Z7

S. californicum (Kalifornisches Grass-schwertel) Über schlanken, graugrünen, 5 mm breiten Blättern erscheinen die abgeflachten, geflügelten Stängel mit gelben, 1,5–2 cm breiten, braun gea-derten, sternförmigen Blüten mit stumpf zugespitzten Blütenblättern. Lange Blütezeit von Frühjahr bis Frühsommer. Wächst wild in feuchten Böden an der Küste von Kalifornien, Oregon und Washington (USA). ‡ 45 cm. Z8 **Brachy-pus-Gruppe** Niedriger. ‡ 12 cm–15 cm.

S. 'Devon Skies' Eine hervorragende zwergige Sorte. Große, blassblaue Blüten mit breiten Blütenblättern und gelbem, dunkel gerandetem Auge. Äußere Blü-tenblätter besonders breit und mit 5 statt 3 dunklen Adern. ‡ 15 cm. Z8

S. 'Dragon's Eye' Kompakte, reich blü-hende Sorte. Blassblaue Sternblüten mit gelbem Auge über Fächern aus kurzen Blättern. Blütezeit Sommer. ‡ 15 cm. Z7

S. 'E.K. Balls' syn. S. 'Ball's Mauve' Braucht durchlässige Böden und voll-sonnige Standorte. Zwergige Sorte mit langer Blüte. Große, 2 cm breite, violette Blüten mit gelbem Auge und dunkleren Adern. Sät sich nicht selbst aus. ‡ 20 cm. Z6

S. graminoides An spärlich verzweigten Stängeln stehen 2–3 Blüten, die hinter

---

UNTEN **1** *Sisyrinchium* 'Quaint and Queer' **2** *S. striatum* 'Aunt May'

den Hüllblättern auftauchen. Sie sind blau, tragen ein gelbes Auge und zuge-spitzte Blütenblätter. Eng verwandt mit *S. angustifolium* und möglicherweise sogar mit ihr identisch. Aus den südöst-lichen Bundesstaaten der USA. ‡ 20 cm. Z5 **'Album'** Weiße Blüten.

S. 'Iceberg' Kleine weiße Blüten öff-nen sich ab dem Frühsommer über einen außergewöhnlich langen Zeit-raum bis in den Herbst hinein. Gras-artiges Laub. ‡ 20 cm. Z7

S. idahoense (Idaho-Grasschwertel) Blasslaubige Art mit schlanken, 1–3 mm breiten Blättern. An geflügelten, unver-zweigten Stängeln öffnen sich im Som-mer 2 cm breite, violette Blüten mit gelbem Auge. Jede Blüte trägt ovale, von 3 dunklen Adern überzogene Blüten-blätter und ein gelbes, dunkel gesäumtes Auge. Kugelige Früchte. Zieht feuchte Böden vor und sät sich gelegentlich stark selbst aus. Aus Washington, Ore-gon, Nordkalifornien, Idaho, Utah und Colorado (USA). ‡ 30–40 cm. Z7 **'Album'** ♀ Weiße Blüten. **var. bel-lum** syn. *S. bellum* Violette Blüten mit keilförmigen Blütenblättern. Stängel meist kürzer. **var. bellum 'Rocky Point'** Große violette Blüten mit gelbem Auge. Sehr niedrig. Aus Kalifornien und Ore-gon (USA). ‡ 15 cm. **var. macounii** syn. *S. macounii* Größere, 2–2,5 cm breite Blüten. Von den San-Juan-Inseln in British Columbia (Kanada). ‡ 40 cm.

S. macrocarpon ♀ Bläulich grünes Laub und im Sommer große, 2,5 cm breite, leuchtend gelbe oder leicht ockergel-be Blüten mit sechseckigem braunem Ring um das Auge. Die Blüten stehen in kleinen Gruppen an abgeflachten Stängeln mit 1–2 Hüllblättern. Sehr lange Blütezeit. ‡ 30 cm. Z7

S. macounii siehe *S. idahoense* var. *macounii*

S. 'Marion' Horste aus schmalem, gras-artigem Laub und 2 cm breite violette Blüten mit dunkleren Adern. Blüht den ganzen Sommer. ‡ 10 cm. Z8

S. 'Mrs Spivey' syn. *S.* 'Mrs Spinvey' Unmengen kleiner weißer, sternför-miger Blüten mit schmalen Blütenblät-tern und gelbem Auge. Dekorativ struk-turiertes, grasartiges Laub. ‡ 20 cm. Z7

S. palmifolium Aufrechte Art mit schmalen blaugrünen Blättern. An ver-zweigten Stängeln stehen große Büschel leuchtend gelber Blüten, die sich am späten Nachmittag öffnen. Wurde erst vor Kurzem eingeführt und gehört zu den prachtvollsten, vielblütigsten Arten. Wegen der nächtlichen Blüte gele-gentlich als eigene Gattung *Eleutherine* eingestuft. Aus Brasilien, Peru, Uruguay und Argentinien. ‡ 45 cm. Z7

S. patagonicum Eine schlanke, grasartige Pflanze. Über das dünne, 1 mm breite Laub schieben sich unverzweigte, unbe-blätterte, flache, 1 mm breite Stängel mit Büscheln aus 2–3 sternförmigen, goldgelben, braun geaderten Blüten. Aus Patagonien. ‡ 30 cm. Z5

S. 'Pole Star' Reich und auffällig blü-hend. Vergleichsweise große, 2 cm brei-te, weiße Sternblüten öffnen sich im Hochsommer an kompakten Pflanzen. ‡ 15 cm. Z6

S. 'Quaint and Queer' Diese Sorte trägt das übliche schlanke Binsenli-lienlaub. Ungewöhnlich allerdings sind die 3 breiten, cremefarbenen äußeren und die versetzt stehenden brauneren, schmaleren inneren Blütenblätter. Alle sind mit 3 braunen Adern gezeichnet. Das Auge ist gelb. Die Sorte ähnelt in der Färbung 'Biscutella', unterscheidet sich aber durch die verschieden gefärb-ten äußeren und inneren Blütenblätter. ‡ 30 cm. Z7

S. striatum syn. *Phaiophleps nigricans* (Gestreiftes Grasschwertel) Eine robus-te, Horst bildende Art mit Fächern aus graugrünen, 2 cm breiten Blättern. Treibt straff aufrechte Stängel aus, die dicht mit leicht becherförmigen, cremefarbenen oder blassgelben Blüten besetzt sind. Blütezeit: Hochsommer.

Blütenblätter braun gestreift. Wird am besten an vollsonnigen Standorten in durchlässigen Böden gezogen. Je nach Bodenbedingungen und Wasserangebot sehr unterschiedliche Wuchshöhen. Eine ausgezeichnete Pflanze für den Vordergrund von Rabatten oder für Kiesflächen. Aus Chile und Argentinien. ‡ 80 cm. Z5 **Aunt May** Blätter creme-farben gestreift. Nicht so wüchsig, aber reich blühend. ‡ 50 cm.

SMILACINA siehe MAIANTHEMUM

SOLIDAGO
Goldrute

ASTERACEAE

Die großen, dichten Blütenrispen der Goldrute erfüllen den spät-sommerlichen Garten noch einmal mit leuchtendem Gelb. Man pflanzt sie zumeist in den Hintergrund einer Rabatte.

Die rund 150 sommergrünen, mehrjährigen Arten der Gattung kommen in Prärien, an Wegrändern, Flussufern und Berghängen vor. Die meisten sind in Nordamerika heimisch, einige wenige findet man ferner in Südamerika und Eurasi-en. Einige der nordamerikanischen Arten wurden in Europa einge-bürgert und besiedeln bevorzugt Brachland. Sie bilden Horste oder breiten sich durch Rhizome aus. Die gezähnten Blätter wachsen gegenständig entlang der aufrechten Stängel und sind überwiegend lan-zettlich oder oval geformt. In dich-ten Rispen (selten auch Trauben), die wiederum lockere oder dichte, zylindrische, kegelige oder pyrami-denförmige Blütenstände bilden, stehen gelbe oder gelegentlich weiße Blütenkörbchen, die selten breiter als 5 mm werden. Die meis-ten Arten sind groß und robust und bilden ausladende Horste, die nur kurz blühen, weshalb ihr Standort mit Bedacht gewählt werden sollte. Einige wenige bleiben ausgespro-chen niedrig und eignen sich für den Vordergrund einer Rabatte. Die Hybridsorten sind eher mittelgroß und blühen etwas länger. Alle Gold-ruten locken zahlreiche Insekten an und liefern gute Schnittblumen.

In Nordamerika glaubt man oft, Goldruten würden allergische Reaktionen auslösen. Dafür ist jedoch das unauffällige Traubenkraut (*Ambrosia*) verantwortlich, das oft in der Nähe von *Solidago* wächst.

KULTUR Goldruten vertragen die unterschiedlichsten nährstoffarmen Böden, ziehen jedoch feuchtigkeits-speichernde, mäßig nährstoffreiche Erde und vollsonnige Standorte vor. Die höheren, wüchsigen Arten brau-chen viel Platz und eignen sich zum Verwildern in Naturgärten oder für den Hintergrund einer Rabatte, wo ihr oft von Mehltau befallenes Laub kaschiert wird. Eine regelmäßige Teilung ist nicht unbedingt nötig, doch wenn sie alle drei bis vier Jahre durchgeführt wird, erhält man die

SCHNITTBLUMEN

Goldruten waren zwar vor rund einem Jahrhundert als Schnittblumen sehr beliebt, kamen aber dann völlig aus der Mode. Noch bis vor etwa zehn Jahren suchte man sie in Geschäften vergeblich. Erst in den letzten Jahren wurde man allmählich wieder auf die ungewöhnlichen Blütenstandsformen und die leuchtenden Farben aufmerksam und begann außerdem die lange Haltbarkeit und ihre geringen Kulturansprüche zu schätzen. So sind sie heute aufs Neue ein beliebter Bestandteil von Sträußen, werden aber auch als Einzelpflanzen verkauft.

Am besten als Schnittblumen eignen sich moderne Hybriden wie 'Crown of Rays', 'Goldkind' oder 'Gardone'. Man schneidet sie, sobald drei Viertel der Blütenkörbchen geöffnet sind, und stellt sie sofort in Wasser mit einem Frischhaltemittel. Bis zur Verwendung in Arrangements werden die Rispen so kühl wie möglich aufbewahrt.

Goldruten lassen sich auch gut trocknen. Man stellt sie in einer leeren Vase an einen warmen, trockenen Platz und streift die vertrockneten Blätter ab, bevor man die Stängel zu Gestecken bindet.

Wuchskraft und Blühfreude der Pflanze und verringert obendrein das Risiko eines Mehltaubefalls.

VERMEHRUNG Durch Teilung oder grundständige Stecklinge im Frühjahr, alternativ durch Aussaat.

PROBLEME Echter Mehltau.

S. caesia (Goldbandrute, Blaugraue Goldrute) Horst bildende Art mit unbehaarten, violetten, weiß bereiften Stängeln. Entlang des gesamten Stängels stehen lanzettliche, graugrüne, gezähnte, bis 12 cm lange Blätter, während der Blüte allerdings ist die Basis völlig kahl. Die dunkelgelben Blütenkörbchen stehen meist stängelnah in kleinen Büscheln in den Blattachseln. Blütezeit: September bis Oktober. Verträgt mehr Schatten als die meisten Arten der Gattung. Aus Wäldern und Lichtungen in den mittleren und östlichen USA. ↕ 1 m. Z4

S. canadensis (Kanadische Goldrute) Aus kriechenden Rhizomen treiben aufrechte, zur Spitze hin behaarte Stängel mit lanzettlichen, gezähnten, bis 15 cm langen Blättern aus, die während der Blüte an der Basis völlig fehlen. Jedes Blatt wird von 3 Adern durchzogen. Die große, breit kegelförmige Rispe setzt sich aus zahlreichen, an den horizontalen Rispenzweigen dicht an dicht stehenden Blütenkörbchen zusammen. Blütezeit: September und Oktober. Die Art ist in weiten Teilen Europas eingebürgert und besiedelt bevorzugt Brachland, was ihre Robustheit unterstreicht, ihren Ruf als Zierpflanze allerdings etwas beeinträchtigt hat. Aus Prärien, offenen Wäldern, Wiesen und Straßenrändern in ganz Nordamerika. ↕ 1,5–2,5 m. Z3

S. **'Cloth of Gold'** Kompakt, mit tiefgelben Blütenkörbchen in horizontalen, kegelförmigen Rispen. Blütezeit: August und September. ↕ 30–45 cm. Z5

S. **'Crown of Rays'** (Strahlenkrone) Aufrecht, mit leuchtend gelben Blütenkörbchen in abgeflachten, dichten, kegeligen Rispen von August bis September. Möglicherweise aus *S. juncea* gezüchtet. ↕ 40–60 cm. Z5

S. cutleri Horst bildende Art mit grünen, spatelförmigen bis ovalen, bis 4 cm langen Blättern. Die gelben Blütenkörbchen stehen in dichten, zylindrischen Ständen, von August bis September ist die Pflanze förmlich mit Blüten übersät. ↕ 30–50 cm. Z4

S. flexicaulis (Breitblättrige Goldrute) Breitet sich durch Rhizome aus. Die zickzackförmigen, drahtigen, gerippten Stängel tragen eiförmige, scharf gezähnte, bis 15 cm lange Blätter. Die blassgelben Blütenkörbchen stehen im Juli und August in Trauben aus kleinen Büscheln am Ende der Stängel. Widerstandsfähig gegen Mehltau. Aus Wäldern und Dickichten im östlichen Nordamerika. ↕ 1,2 m. **'Variegata'** Blätter gelb gefleckt und gestreift. Die Panaschierung ist im Frühjahr am deutlichsten zu sehen, während der Blüte im August und September aber kaum noch erkennbar. ↕ 60 cm. Z4

S. **'Gardone'** ♀ Horst bildend. Leuchtend gelbe, durch gelbe Knospen und Stiele betonte Blütenkörbchen in einem großen kegeligen Blütenstand. Blüht von Juli bis September und ist relativ widerstandsfähig gegen Mehltau. ↕ 1 m. Z5

S. **Golden Baby** siehe *S.* 'Goldkind'

S. **'Goldenmosa'** ♀ Aufrechte, rot getönte Stängel tragen große, kegelige Blütenstände aus blassgelben Körbchen an gelben Stielen. Blütezeit: August und September. Eine ältere Sorte von 1949, womöglich aus *S. caesia* gezüchtet. ↕ 75 cm. Z4

S. **'Golden Thumb'** siehe *S.* 'Queenie'

S. **'Golden Wings'** Wüchsige, Horst bildende Sorte mit einem breiten Blütenstand aus etagenförmig angeordneten, horizontalen Zweigen, an denen von September bis Oktober tiefgelbe Blütenkörbchen erscheinen. ↕ 1,8–2 m. Z5

S. **'Goldkind'** (**Golden Baby**) Horst bildende Form mit aufrechten Stängeln, an denen kompakte, dichte, breit kegelige Rispen aus tiefgelben Blütenkörbchen stehen. Blütezeit: Juli bis August. Bei isolierter Kultur ziemlich samenecht. ↕ 60 cm. Z5

S. **'Laurin'** Kompakt, mit großen Blütenständen aus tiefgelben Körbchen, die im August und September erscheinen. ↕ 30–40 cm. Z5

S. **'Queenie'** syn. *S.* 'Golden Thumb' Sehr kurz, mit goldgelbem Laub und einem kegeligen Blütenstand aus gelben Blütenkörbchen, die im August und September erscheinen. ↕ 30 cm. Z6

S. rigida syn. *Oligoneuron rigidum* (Steife Goldrute) Horst bildende Art. Die steifen Stängel tragen ovale, grau behaarte, meist ungezähnte, bis 25 cm lange Blätter, die im unteren Bereich lang gestielt und spatelförmig und im oberen Stängelbereich ungestielt sind. Relativ große, tiefgelbe, bis 1 cm breite Körbchen in dichten, abgeflachten Blütenständen. Blütezeit: August bis Oktober. Beliebt wegen der Standfestigkeit und des dekorativen Laubs. Aus trockenen Prärien und offenen Wäldern im mittleren und östlichen Nordamerika. ↕ 75–150 cm. Z4

S. rugosa (Raue Goldrute) Breitet sich durch Rhizome aus. Aufrechte, rau behaarte Stängel tragen ovale bis lanzettliche, bis 13 cm lange Blätter mit tiefen, gegenständig von der Mittelrippe ausgehenden Adern. Breite, lockere, kegelige Rispen aus langen, übergebogenen Trauben mit blassgelben Blütenkörbchen erscheinen von August bis Oktober. Aus feuchten Wäldern und Wiesen im östlichen Nordamerika. ↕ 1–2,5 m. Z3 **'Fireworks'** Breitet sich angeblich nicht so stark aus. Dunklere

Stängel und längere, schmalere Rispenzweige. ↕ 1 m. Z5

S. sphacelata Breitet sich durch Rhizome aus und bildet eine Matte aus halbimmergrünen, herzförmigen, gezähnten, bis 12 cm langen Blättern. Von September bis Oktober tragen die beblätterten Stängel dichte, übergebogene, schlanke Trauben, die aus Ähren von gelben Blütenkörbchen bestehen. In offenen Wäldern und auf felsigen Bereichen in den östlichen USA heimisch. ↕ 45–120 cm. Z4 **'Golden Fleece'** Blühfreudiger und angeblich nicht so stark wuchernd wie die Art. ↕ 45 cm.

S. **Strahlenkrone** siehe *S.* 'Crown of Rays'

S. **'Tom Thumb'** Sehr niedrig und kompakt, mit dichten, kegeligen Rispen aus gelben Blütenkörbchen im August und September. Die Sorte bleibt so niedrig, dass sie sich sogar für den vorderen Bereich einer Rabatte eignet. ↕ 30 cm. Z6

S. virgaurea (Gewöhnliche Goldrute) Horst bildend, mit aufrechten Stängeln. Blätter gezähnt, bis 12 cm lang, an der Basis meist spatelförmig, weiter oben am Stängel lanzettlich. Relativ große, bis 1 cm breite Blütenkörbchen in zylindrischen oder schmal kegelförmigen Blütenständen, die von Juli bis September erscheinen. Relativ unempfindlich gegen Mehltau. Kommt in den unterschiedlichsten Lebensräumen vor, angefangen von offenen Wäldern bis zu Grasland, felsigen Stellen und Klippen in Europa, Nordafrika und Asien. ‡ 30–100 cm. Z5 **'Variegata'** Laub gelb gefleckt und gesprenkelt. Panaschierung beim jungen Laub ausgeprägter. Blüht im August und September. ‡ 70 cm.

× SOLIDASTER
Goldrutenaster
ASTERACEAE

Subtil-dekorative Hybriden, die Insekten anlocken und sich als Vasenschmuck eignen.

Die Horst bildenden, sommergrünen, mehrjährigen Gartenhybriden werden meist als eine Kreuzung aus *Aster* und *Solidago* angesehen (manche Autoren zweifeln dies allerdings an). Die Pflanzen tragen aufrechte Stängel, lanzettliche Blätter und dichte Rispen aus unerwartet fruchtbaren, gelben Blütenkörbchen. Diese sind meist etwas größer als bei den eigentlichen Goldruten, tragen jedoch blassere Strahlenblüten. Sie werden von den unterschiedlichsten Insekten besucht und gern als Schnittblumen genutzt.

Die erste dieser Hybriden war × *Solidaster luteus*. Sie entstand kurz vor 1910 in der Gärtnerei von Leonard Lille im französischen Lyon. In

UNTEN × *Solidaster luteus* 'Lemore'

Nordamerika wurden in freier Natur auch andere Formen mit unterschiedlichen *Solidago*-Arten als Eltern entdeckt. Als *Aster*-Bestandteil der Kreuzung kommt allerdings bisher nur *Aster ptarmicoides* vor.

KULTUR In allen nährstoffreichen, durchlässigen Böden an sonnigen bis absonnigen Stellen. Braucht einen festen Standort in der vorderen Hälfte einer Rabatte.

VERMEHRUNG Durch Teilung oder grundständige Stecklinge. Sämlinge fallen ausgesprochen variabel aus.

PROBLEME Echter Mehltau, Rost.

× **S. hybridus** siehe × **S. luteus**

× **S. luteus** syn. × *S. hybridus* Horst bildende, sommergrüne Staude mit lanzettlichen, grob behaarten, bis 12 cm langen Blättern. Die dicht verzweigten, breit kegeligen Blütenstände erscheinen von Juli bis August und nehmen fast die Hälfte der gesamten Pflanzenhöhe ein. Sie setzen sich aus 5–8 mm breiten Blütenkörbchen mit einem Quirl aus 3–5 mm langen Hüllblättern, tiefgelben Scheibenblüten und 12–25 blassgelben Strahlenblüten zusammen. Jungpflanzen neigen zum Umfallen und brauchen eine Stütze. Eine Hybride, deren Ursprung aus *Aster ptarmicoides* und *Solidago canadensis* inzwischen angezweifelt wird. ‡ 60–80 cm. Z6 **'Lemore'** ♀ Kleinere, 5–7 mm breite Körbchen mit etwa 25 Strahlenblüten und einem Quirl aus 3 mm langen Hüllblättern. **'Super'** Kleinere, 4–5 mm breite Körbchen und höherer Wuchs. ‡ 1–1,3 m.

SPARTINA
Schlickgras
POACEAE

Die hohen, wüchsigen, dekorativen Gräser kommen an Küsten und in Salz- und Süßwasser vor.

Die 15 staudigen Arten der Gattung besiedeln Wattenmeere, Salzwiesen, Küstendünen und Süßwassersümpfe an beiden nordamerikanischen Küsten sowie an der europäischen und afrikanischen Atlantikküste. Man findet sie in Nordamerika allerdings auch landeinwärts als Bestandteil von trockenen Prärien. Die großen Horste oder Matten mit robusten Wurzelsystemen treiben linealische, glänzende, zugespitzte Blätter aus. Sie haben die Fähigkeit, Salz aus dem Wasser zu entnehmen, das sie in Form von Salzkristallen auf der Blattoberfläche wieder ausscheiden. Die hohen, übergebogenen, beblätterten Halme tragen elegante, einseitswendige, ährige oder rispige Blütenstände aus seilähnlichen Ährchen mit kurzen Borsten.

Das sehr zähe Gras wird seit Langem für Strohdächer, als Verpackungsmaterial und Viehfutter verwendet. Es kann zur ernsthaften Plage werden und Wasserwege zuwuchern oder andere Pflanzen verdrängen. Sogar mit trockeneren Bedingungen kommt es zurecht, bleibt dann aber kleiner. Einen hohen Zierwert hat es im

Herbst, wenn sich Laub und Blüten goldgelb färben.

KULTUR Am besten in feuchtigkeitsspeichernden, nicht zu nährstoffreichen Böden in der Sonne oder im Halbschatten. Kann an Teichrändern kultiviert werden, sollte dann aber in Gefäßen, die man im Wasser versenkt, wachsen, um eine Ausbreitung zu verhindern.

VERMEHRUNG Teilung im Frühjahr.

PROBLEME In der Regel keine.

S. pectinata (Kamm-Schlickgras) Breitet sich mit wüchsigen Rhizomen aus, sodass große Flächen besiedelt werden. Aus rosa Nägeln an den Rhizomen wachsen die glänzend grünen, bandartigen, übergebogenen, 1,5 cm breiten Blätter mit rauer Kante. Im August und September erscheinen hohe, peitschenartige Halme mit überhängenden Rispen, an denen einseitswendige Blütenährchen mit violetten Staubblättern aufgereiht sind. Gedeiht auch an trockenen Standorten und breitet sich dort nicht so rasch aus wie im Wasser. Ein hübscher Bodendecker mit satt-goldgelber Herbstfärbung. Kommt in den USA in Salzwiesen und Süßwassersümpfen nasser Täler sowie an Teichen von New England bis zu den Great Plains vor. ‡ 2,1 m. Z4 **'Aureomarginata'** Blätter dünn gelb gerandet, mit schmalen, blassgelben Streifen.

SPEIRANTHA
CONVALLARIACEAE

Der unaufdringliche, aber elegante Frühlingsblüher mag Schatten und bietet sich als ansprechender Bodendecker an.

Die Gattung besteht aus nur einer Art. Sie wächst immergrün und

OBEN **1** *Spartina pectinata* 'Aureomarginata' **2** *Speirantha convallarioides*

besiedelt feuchte, schattige Lebensräume einschließlich Wäldern in China. Sie breitet sich stetig durch dicke Rhizome aus. Ihre Rosetten aus ungestielten Blättern geben eine passende Kulisse für die unzähligen, winzigen, sternförmigen, weiße Tepalen tragenden Blüten ab, die im Frühjahr erscheinen. Ein ausgezeichneter Bodendecker für Waldgärten und Strauchrabatten.

KULTUR Am besten an geschützten Standorten im Halb- oder Vollschatten. Braucht feuchte, durchlässige Laubhumusböden.

VERMEHRUNG Durch Teilung.

PROBLEME In der Regel keine.

S. convallarioides syn. *S. gardenii* Bildet grundständige Rosetten aus mehr oder weniger eiförmigen, 15 cm langen, dunkelgrünen, zugespitzten Blättern, die die aufrechten Stängel umfassen. Lockere Köpfe aus weißen, duftenden, sternförmigen Blüten erscheinen im April und Mai. Bildet einen wirkungsvollen Bodendecker. Aus China. ‡ 15–20 cm. Z8

S. gardenii siehe *S. convallarioides*

SPHAERALCEA
Kugelmalve
GLOBE MALLOWS

Die hübschen, kleinblütigen Malvengewächse sind wie geschaffen für sonnenbeschienene Böschungen und Hochbeete.

Zur Gattung gehören etwa 60 Arten – kleine Sträucher, oft leicht verholzende Stauden und Einjährige –, die überwiegend in Nordamerika vorkommen, wo sie oft trockene Bereiche in Bergen besiedeln. Die häufig kurzlebigen Gewächse tragen grau getönte, nicht selten runzelige, wirtelig angeordnete Blätter an aufrechten, aufsteigenden oder niederliegenden Trieben. Die Laubform ist von Art zu Art sehr unterschiedlich: Sie kann oval oder lanzettlich, ungeteilt, gezähnt, gelappt oder hand- bzw. fußförmig geteilt sein. Die tellerförmigen Blüten erinnern an Malven und erscheinen über einen langen Zeitraum hinweg. Sie tragen 5 verkehrt eiförmige Kronblätter in Rot, Orange, Gelb, Weiß, Rosa oder Lila, die am Ansatz oft eine kontrastierende Zone aufweisen.

KULTUR Am besten in durchlässigen Böden an vollsonnigen Plätzen. Eignet sich gut für Kiesgärten und in kühleren Breiten als Bestandteil großer Gefäßpflanzungen. Die Winterhärte hängt auch von der Dränage ab: In nassen Böden sind sie weit empfindlicher gegen Frost. Im Frühjahr wird verbliebener oberirdischer Wuchs stark zurückgeschnitten.

VERMEHRUNG Möglichst durch Stecklinge im Frühjahr oder Frühsommer.

PROBLEME Stockmalvenrost.

S. fendleri (Fendlers Kugelmalve) Aufrechte Staude mit verholzender Basis. Verzweigte Triebe mit 2,5–6 cm langen, oberseits grünen und unterseits helleren oder silbrigen, dreizählig handförmig gelappten Blättern. Blüten 1 cm breit,

UNTEN **1** *Sphaeralcea fendleri*
2 *Spiranthes cernua* var. *odorata*

in verschiedenen Rosa-, Orange- oder sogar Violetttönen im oberen Bereich der Stängel. Blütezeit: Spätsommer. Aus trockenen Zonen in den südlichen USA. ↕ 1,2 m. Z4

S. 'Hopleys Lavender' Aufrecht, mit grauem Laub und lila Blüten, die vom Hochsommer bis in den Herbst hinein erscheinen. ↕ 90 cm. Z4

S. munroana (Monroes Kugelmalve) Eine biegsame Art, die einen breiten Busch grauer Triebe bildet. Blätter geteilt, 2–6 cm lang, eiförmig, grau, mit 3–5 runden, gekerbten Lappen. Die 3–4 cm breiten, blassorange bis apricotrosa Blüten erscheinen im Sommer entlang der Stängel. Aus Wyoming, Utah und Nevada (USA). ↕ 60 cm. Z4 **'Manor Nursery'** Niedrig, mit kirschrosa, cremefarben gerandeten Blättern. ↕ 25 cm. **Blassrosa** Heller gefärbte Form ohne Sortennamen.

S. 'Newleaze Coral' Korallenorangefarbene Blüten mit roten Flecken in der Mitte und tief gelapptem grauem Laub. ↕ 60 cm. Z4

SPIRANTHES
Drehwurz, Wendelähre
ORCHIDACEAE

Mit diesen spiralig angeordneten, behelmten, cremeweißen, kleinen Blüten an dekorativ kontrastierenden, dunkelgrünen Stängeln klingt das Gartenjahr im Herbst aus.

Etwa zwei Drittel dieser rund 30 Arten knolliger, terrestrischer Orchideen kommen in Nordamerika vor, die restlichen sind in den tropischen und gemäßigten Zonen Europas und Asiens heimisch. Ihren Namen »Drehwurz« haben sie erhalten, weil die kleinen, glockenförmigen, kristallinen Blüten spiralig an den hohen Stängeln aufgereiht sind.

KULTUR Im Herbst oder zeitigen Frühjahr an schattige bis vollsonnige Plätze in gute Gartenerde pflanzen. Verträgt die verschiedensten pH-Werte. Halbaquatische Arten bevorzugen einen nassen Wurzelraum. In den kältesten Zonen schützt man den Wurzelraum im Winter mit einer Mulchschicht vor Frost. Blüht manchmal ohne Blätter, vor allem bei Trockenheit. In stehendem Wasser sind die Stängel bis weiter nach oben belaubt. Bildet leicht Horste aus den Wurzelspitzen. Gut an Teichrändern, in Schwemmwiesen und in feuchten Wäldern.

VERMEHRUNG Sät sich oft selbst aus. Blüht bei Aussaat im zweiten Jahr. Knollen im Frühjahr teilen.

PROBLEME Schnecken und Viren, ansonsten sind Probleme selten.

S. cernua var. odorata syn. fo. *odorata*, *S. odorata* Eine weiter südlich vorkommende, höhere Varietät von *S. cernua*, die manchmal auch als eigene Art eingestuft wird. Sie blüht in nördlichen Breiten ab Ende August bis zu den ersten Frösten, in warmen Klimazonen sogar durchgehend bis März. Die 3–6 dünnen, glänzenden, immergrünen, grasartigen, bis 20 cm langen Blätter bilden eine niederliegende Rosette. Einige Blätter stehen ferner am Stängel, an dem die süß duftenden, wächsern weißen, 1,4 cm langen Blüten eine dichte Spirale aus mehreren Reihen bilden. Die Lippe der nickenden Blüten, die durch Bienen bestäubt werden, ist so lang wie die anderen Blütenbestandteile. Auffällig ist die glänzende Oberfläche der Blüten, die unter dem Vergrößerungsglas besonders auffällig erscheinen. Aus Gräben und nassen Stellen an der Küste der südöstlichen USA von New Jersey bis Texas. ↕ 30–50 cm. Z5 **'Chadds Ford'** Die beste Sorte. Wüchsiger und höher, mit größeren, stärker nach Vanille und Jasmin duftenden Blüten. Elegante, gegen Regen und Wind unempfindliche Stängel mit bis zu 50 Blüten. ↕ 45–60 cm. Z5

S. odorata siehe *S. cernua*

SPODIOPOGON
Graubartgras
POACEAE

Die grau behaarten Blütenrispen stehen hoch über grasartigem Laub, das sich im Herbst kupfergolden färbt.

Die Gattung setzt sich aus 9 Staudenarten zusammen, deren Lebensraum grasbewachsene Hänge im subtropischen Asien von der Türkei und Indien bis Japan und Thailand sind. Nur eine ist in Kultur gebräuchlich. Ihre dicken, üppigen, aufrechten Horste aus recht breiten Blättern breiten sich mit langsam kriechenden Wurzeln aus. Das Laub färbt sich im Herbst orange, dunkelrot und kupferbraun. An den Halmen stehen lockere oder kompakte Rispen aus Blütenährchen, die weich weiß behaart sind. Für Staudenrabatten geeignet.

KULTUR In feuchtigkeitsspeichernden, durchlässigen Böden an sonnigen bis absonnigen Standorten.

VERMEHRUNG Durch Aussaat oder Teilung.

PROBLEME Selten.

S. sibiricus Üppige, aufrechte, sich langsam ausbreitende Horste aus geraden Halmen, an denen recht breite, glänzend grüne, 2 cm lange Blätter mit auffälligem weißem Mittelstreifen stehen. Die Blätter nehmen im Herbst satte Rot- und Orangetöne an. Im August und September erscheinen an den beblätterten Halmen knapp über dem Laub pyramidenförmige, aufrechte Rispen aus rötlichen Blütenährchen mit einer weißen Behaarung, die in der spätsommerlichen Sonne hübsch glänzt. Wächst auf feuchten Böden an grasbewachsenen Böschungen, auf offenen Waldlichtungen und in Dickichten in Japan, Korea, der Mandschurei und in Ostsibirien. ↕ 1,2 m. Z4

SPOROBOLUS
Fallsamengras, Vilfagras
POACEAE

Das Süßgras mit glänzenden Blüten und runden Samen ist überwiegend in den Tropen beheimatet.

Die Gattung umfasst etwa 160 Ein- und Mehrjährige. Sie besiedeln die unterschiedlichsten Lebensräume in tropischen und subtropischen Regionen, kommen aber am häufigsten in offenen Savannen auf trockenem Boden vor. Einige Arten wachsen sogar auf schwerem Ton und in Mangrovensümpfen. Die meisten bilden kaskadenförmige Horste aus schmalen, übergebogenen

UNTEN *Sporobolus heterolepis*

Blättern, die zum Teil vor dem Einziehen im Winter in strahlenden Herbstfarben leuchten. Die hohen, unbeblätterten Halme tragen lockere oder auch kompakte bis fast zylindrische Rispen aus glänzenden Blütenährchen. Aus ihnen reifen glatte, runde bis ovale Früchte, deren Fruchthülle bei nasser Witterung anschwillt, und die schließlich zu Boden fallen. Als Zierpflanze wird nur eine Art genutzt. Von ihrer schönsten Seite zeigt sie sich, wenn man sie in naturnahen Pflanzungen, Kiesgärten und Staudenrabatten, wo ihre Herbstfärbung gut zu sehen ist, zu Gruppen zusammenfasst.

KULTUR In durchlässigen, nährstoffreichen Böden an vollsonnigen Standorten.

VERMEHRUNG Durch Aussaat. Teilung ist möglich, aber ein hartes Stück Arbeit. Erst im späten Frühjahr teilen.

PROBLEME In der Regel keine.

S. heterolepis Eines der elegantesten Süßgräser der nordamerikanischen Prärien. Es bildet dichte Horste, die im Winter einziehen. Sie setzen sich aus haarartigen, 2–3 mm breiten, im Sommer glänzend grünen, im Herbst orangegelben und schließlich kupferbraunen Blättern zusammen. Im August und September erscheinen schlanke Halme mit lockeren, duftigen Rispen aus winzigen, dunkelgrünen bis violetten Blütenährchen an haarfeinen Stielen. Sie verströmen einen ungewöhnlichen, scharfen Duft, der etwas an zerriebenen Koriander erinnert. Die Pflanze wächst langsam. Sie gedeiht am besten an offenen Standorten in leicht nährstoffhaltigen, sehr feuchten Böden, verträgt aber die meisten Bodentypen. Aus trockenen, offenen Bereichen von Quebec bis Texas und Colorado in Nordamerika. ↕ 60–120 cm. Z5

STACHYS
Ziest
LAMIACEAE

Die meist breitwüchsigen Stauden leisten als farbenfrohe Bodendecker für die verschiedensten Gartenbereiche wertvolle Dienste.

Zur Gattung werden etwa 300 Arten gerechnet. Bei den meisten handelt es sich um immer- oder sommergrüne, bisweilen an der Basis verholzende Stauden, doch sind auch einige wenige Ein- und Zweijährige sowie Sträucher mit von der Partie. Sie kommen in den unterschiedlichsten Lebensräumen vor. Man findet sie in den gemäßigten und subtropischen Zonen der nördlichen und südlichen Halbkugel. Manche Staudenarten bilden Horste, meist aber breiten sie sich durch Rhizome aus. Viele verströmen beim Zerreiben einen unangenehmen Geruch. Alle Blätter sind gegenständig. An den vierkantigen Stängeln wachsen sie gestielt oder ungestielt, während die Grundblätter ausschließlich gestielt sind. Die Blattränder sind in der Regel gekerbt. Die Blüten stehen in Scheinquirlen (gegenständigen Zymen), die zu endständigen, ähren- oder traubenförmigen Thyrsen zusammengefasst sind. Die röhrigen, zweilippigen, normalerweise purpurroten oder rosa Einzelblüten sind im Schlund sowie an der unteren Lippe auffällig gezeichnet.

KULTUR Zieste mit silbrig behaarten Blättern vertragen karge Böden und brauchen eine gute Dränage sowie vollsonnige Standorte. Andere kommen mit Schatten zurecht oder gedeihen sogar in staunassen Böden.

VERMEHRUNG Im Frühjahr teilen. Manche Arten lassen sich auch durch Stecklinge oder Aussaat vermehren.

PROBLEME Neuaustrieb ist anfällig für Schneckenfraß.

S. affinis syn. *S. sieboldii* (Knollen-Ziest) Sommergrüne Art mit kleinen, gelblich weißen, länglichen Knollen, die an segmentierte Raupen erinnern und an jedem Ende spitz zulaufen. Die grob behaarten, 3–12 cm langen, schmal eiförmigen Blätter sind gekerbt und gestielt. An aufrechten oder übergeneigten Stängeln öffnen sich im Juli und August weit auseinander stehende Scheinquirle aus etwa 6 Blüten, die jeweils 1,3 cm lang werden, purpurrot gefärbt sind und eine dunkler gefleckte Unterlippe tragen. Die Knollen sind essbar und können nach dem Einziehen des Laubs geerntet werden. Man isst sie roh oder kocht sie 5–10 Minuten. Der Knollen-Ziest braucht nährstoffreiche, dauerhaft feuchte Böden an vollsonnigen bis halbschattigen Standorten. Die meisten Kulturformen blühen in Gärten kühl-gemäßigter Zonen nur widerwillig und werden daher eher als exotisches Gemüse gezogen. Aus feuchten Hängen und nassen Bereichen in China. ↕ 30–120 cm. Z5

S. albotomentosa Aufrechte, gelegentlich niederliegende, immergrüne Art mit fruchtigem Duft und dichter weißer Behaarung. Blätter eiförmig, 4–9 cm lang, oberseits grau behaart, unterseits dicht weiß behaart, am Ansatz meist herzförmig, mit tiefen Adern und gekerbtem Rand. Die Blütenstängel erscheinen von Juni bis Oktober und tragen weit auseinander stehende Scheinquirle aus orangerosa, 2,5 cm langen Blüten. Wurde erstmals 1983 benannt. Unterscheidet sich von *S. coccinea* durch die dichte weiße Behaarung. Kommt an felsigen Stellen in Mexiko vor. ↕ 40–100 cm. Z5

S. betonica siehe *S. officinalis*

S. byzantina syn. *S. lanata*, *S. olympica* (Woll-Ziest) Matten bildende, immergrüne Staude mit kräftigen Rhizomen. Sie bildet Rosetten aus dicken,

RECHTS **1** *Stachys byzantina* 'Big Ears'
2 *S. byzantina* 'Primrose Heron'
3 *S. byzantina* 'Silver Carpet'
4 *S. macrantha* 'Superba'
5 *S. officinalis*

silberfilzigen, schmal spatelförmigen, bis 10 cm langen Blättern mit fein gekerbtem Rand. Von Juni bis September erscheinen aufrechte Stängel mit Ständen aus bis zu 20 Blüten, die an der Spitze dicht ährenförmig, nach unten zu aber weiter auseinander stehen. Die rosa oder violetten Blüten werden bis 2,5 cm lang, bleiben aber oft kürzer. Der Woll-Ziest braucht durchlässige Böden an vollsonnigen Standorten und kommt auch mit nährstoffarmer Erde zurecht. Die etwas mehltauanfällige Art zeichnet sich nicht nur durch weiches Laub aus, das sich beim Berühren angenehm samtig anfühlt, sie gehört auch zu den besten silberlaubigen Bodendeckern und bildet dichte Matten. Sie kriecht sogar über Pflasterflächen, solange sich auch nur die geringsten Lücken bieten, in die sie ihre Wurzeln schicken kann. Aus trockenen, felsigen Hängen, Gebüsch und Brachland in Südwest-Asien. ↕ 30–100 cm. Z5 **'Big Ears'** syn. 'Countess Helen von Stein' Große, ovale, graufilzig behaarte, bis 25 cm lange Blätter und violette Blüten. ↕ 80–100 cm. **'Cotton Boll'** syn. 'Sheila McQueen' Mit Blütenständen, die an eine knotige Keule erinnern und aus so dicht gedrängten, unregelmäßigen Büscheln bestehen, dass die Einzelblüten fast nicht zu sehen sind. Lässt sich gut trocknen. ↕ 40–60 cm. **'Countess Helen von Stein'** siehe 'Big Ears'. **'Primrose Heron'** Laub beim Austrieb blassgelb, später gelblich graugrün. ↕ 40 cm. **'Sheila McQueen'** siehe 'Cotton Boll'. **'Silver Carpet'** Bildet dichte Teppiche, aber nur selten Blüten. ↕ 15 cm. **'Striped Phantom'** syn. 'Variegata' Panaschierte Blätter mit cremefarbenen Streifen und Flecken. Wird durch Samen vermehrt, dadurch variabel. ↕ 25 cm. **'Variegata'** siehe 'Striped Phantom'.

S. citrina Staude mit verholzender Basis und einer grundständigen Rosette aus dicht weiß behaarten, eiförmigen bis länglichen, 5 cm langen Blättern mit flach gekerbten Rändern. Aufrechte, unverzweigte Stängel mit kürzer gestielten, 2 cm langen, ganzrandigen Blättern. Die endständigen Blütenstände aus blassgelben, 2,5 cm langen Blüten erscheinen im Mai und Juni. Kommt auf trockenen felsigen Lagen in der Türkei vor und braucht vollsonnige Standorte. ↕ 25–35 cm. Z5

S. coccinea Halbstrauchige, immergrüne Staude mit aufsteigenden Stängeln. Blätter weich behaart, schmal eiförmig, 8 cm lang, gekerbt. Weit auseinander stehende Scheinquirle aus scharlachroten, 2 cm langen Blüten. Blütezeit: März bis Oktober. Gedeiht am besten an durchlässigen Standorten. Aus den südlichen USA und Mexiko. ↕ 20–60 cm. Z7

S. discolor syn. S. nivea An der Basis verholzende, dicht behaarte Staude mit grundständigen Rosetten aus 12 cm langen, lanzettlichen, tief gekerbten Blättern und aufrechten, unverzweigten Stängeln, an denen kürzere und schmalere Blätter wachsen. Etagenförmig angeordnete Scheinquirle aus gelben, 2,5 cm langen Blüten in endständigen ährenförmigen Thyrsen. Blütezeit: Juni und Juli. Gedeiht an vollsonnigen

Standorten in mäßig nährstoffreicher Erde. Aus grasbewachsenen und felsigen Arealen im Kaukasus. ↕ 20–30 cm. Z5

S. grandiflora siehe S. macrantha

S. lanata siehe S. byzantina

S. macrantha syn. S. grandiflora Bildet langsam breitwüchsige Horste oder Rosetten aus breit eiförmigen, dunkelgrünen, runzeligen, behaarten, gekerbten, 10 cm langen Blättern. Von Mai bis August erscheinen aufrechte, unverzweigte Stängel mit Scheinquirlen in dichten ährenförmigen Blütenständen. Die ungewöhnlich stark herausragenden, trompetenförmigen, 3,5 cm langen, rosavioletten Blüten sind verglichen mit denen von anderen Arten sehr lang. Die Art wächst gut auf nährstoffreichen Böden an vollsonnigen Standorten, verträgt aber auch Schatten. Bei den als S. macrantha 'Alba' oder 'Nivea' angebotenen Pflanzen handelt es sich meist um weiße Formen von S. officinalis. Aus Felshängen, grasbewachsenen Stellen und in Strauchland von der Türkei über den Nordwest-Iran bis zum Kaukasus. ↕ 35–60 cm. Z6 **'Robusta'** ♀ Blüten rosaviolett. ↕ 55–60 cm. **'Rosea'** Blüten rosarot. 'Superba' Blüten tief-rosaviolett. Wird durch Samen vermehrt, daher variabel. **'Violacea'** Blüten purpurviolett.

S. mexicana siehe S. thunbergii

S. monieri siehe S. officinalis

S. nivea siehe S. discolor

S. officinalis syn. S. betonica, Betonica officinalis (Heil-Ziest, Echter Ziest) Bildet dichte, mitunter immergrüne Matten aus Rosetten gestielter, länglicher bis eiförmiger, etwas behaarter, 12 cm langer, gekerbter Blätter. Aufrechte, unverzweigte Stängel mit 2–4 Paaren kleinerer, kürzer gestielter Blätter. Von Juni bis September trägt die Art etagenförmig angeordnete Scheinquirle in dichten endständigen, ährenförmigen Ständen aus 1,8 cm langen, normalerweise violetten Blüten. Braucht leichte Böden in der Sonne oder im Halbschatten. Viele Sorten wurden früher der seltenen Art S. monieri zugeordnet, doch unterscheidet sich der Heil-Ziest von ihr durch seinen höheren Wuchs und die kürzeren Blüten. Aus Heckenböschungen, Heiden und Wiesen sowie lichten Laub- und Mischwäldern in Europa, Nordafrika und Südwest-Asien. ↕ 20–100 cm. Z5 **'Alba'** Blüten weiß. Unter dieser Bezeichnung angebotene Pflanzen unterscheiden sich in der Wuchshöhe und tragen blass- bis dunkelgrüne Blätter. Im Handel werden sie bisweilen als S. discolor, S. macrantha 'Alba' und S. macrantha 'Nivea' angeboten. ↕ 30–70 cm. **'Hummelo'** Blüten tief-rosaviolett. ↕ 50 cm. **'Rosea'** Blätter dunkelgrün. Blüten rosa, in dichten ährenförmigen Ständen. ↕ 20–40 cm. **'Rosea Superba'** Blätter mittelgrün. Blüten rosa, Blütenstände lockerer als bei 'Rosea'. ↕ 40–100 cm. **'Saharan Pink'** Kompakt, mit rosa Blüten. ↕ 15–20 cm. **'Wisley White'** Blüten weiß. Kompakter Wuchs. ↕ 30 cm.

S. olympica siehe S. byzantina

S. sieboldii siehe S. affinis

S. sylvatica (Wald-Ziest) Stechend riechende, rauhaarige Staude. Breitet sich durch Rhizome aus und treibt aufrechte Stängel mit gestielten, eiförmigen, 14 cm langen, gekerbten, an der Basis herzförmigen Blättern aus. Etagenförmig angeordnete Scheinquirle aus dunkel-rotvioletten Blüten in lockeren endständigen ährenförmigen Ständen. Blütezeit: Juni bis September. Gedeiht in den meisten Böden und kommt gut mit trockenem Schatten zurecht. Aus Wäldern, Hecken und rauen Arealen im gemäßigten Europa und Asien. Im östlichen Nordamerika eingebürgert. ↕ 30–80 cm. Z5 **'Huskers'** Blätter unregelmäßig cremefarben und weiß panaschiert.

S. thunbergii syn. S. mexicana Horst bildende Art mit niederliegenden, nichtwurzelnden Stängeln. Blätter eiförmig, fein gezähnt, glänzend dunkelgrün, bis 10 cm lang. Etagenförmig angeordnete Scheinquirle aus tief-rotvioletten Blüten in lockeren endständigen, ährenförmigen Ständen. Blüht von Juli bis September. Braucht vollsonnige Standorte

und durchlässige Böden, dann erweist sich die Art als guter Bodendecker. Aus Waldrändern und Gebüsch im südlichen Afrika. ↕ 20–40 cm. Z6 **'Danielle'** Gelblich grüne Blätter.

STEMMACANTHA siehe CENTAUREA

STIPA
Federgras, Pfriemengras, Raugras, Espartogras
POACEAE

Die Horst bildenden Gräser aus Trockenzonen tragen elegante, duftige Rispen.

Die über 300 vorwiegend mehrjährigen Arten der Gattung kommen in den Steppen, Prärien und Tundren gemäßigter und warmer Zonen auf felsigen, exponierten Hängen vor. Sie bilden Horste aus dünnen, oft eingerollten, zähen, grob texturierten, unterseits behaarten Blättern, aus denen Papier und Matten hergestellt werden. Die duftigen Rispen setzen sich aus winzigen,

HERBSTLICHT

Wenn die Sonne immer tiefer über den Himmel wandert, zeigt ihr weiches Licht jedes Detail der bräunlichen Rispen von *Stipa gigantea* über den Horsten aus schlanken Blättern. Gleichzeitig bringen ihre Strahlen die orangeroten Keulen der *Kniphofia uvaria* 'Nobilis' zum Leuchten. Sobald sich die welkenden Blüten gelb färben, greifen sie die Farbe des großen Federgrases auf. Selbst die kleineren Gräser im Vordergrund umfängt nunmehr im Herbstlicht eine besondere Aura. Mit dem breiten grünen Laub der *Bergenia cordifolia* am Rand der Rasenfläche bekommt das feingliedrige, feurige Ensemble ein wohltuendes Gegengewicht.

einblütigen Ährchen zusammen. Diese sind meist spindelförmig oder zylindrisch und tragen lange oder kurze, fiedrige oder nadelförmige Grannen an den Spelzen.

Federgräser eignen sich für sehr trockene, offene Standorte. Man pflanzt sie am besten in Gruppen, wo sie von hinten effektvoll vom Sonnenlicht beschienen werden oder sich grazil im Wind wiegen können. Einige Arten geben auch dekorative Topfpflanzen ab. Man stellt sie an Plätze, wo man sie gut sehen und ihre Rispen berühren kann. Gute Dienste leisten sie ferner, wenn es gilt, harte Garten- oder Landschaftsformen aufzulockern oder ein Gegengewicht zu vertikaleren Pflanzungen zu bilden.

Manche Arten scheinen sich zwar stark voneinander zu unterscheiden, weshalb immer wieder angeregt wurde, Federgräser auf mehrere Gattungen aufzuteilen. Bei näherer Betrachtung aber sind deutliche Gemeinsamkeiten zu erkennen, weshalb es meist abgelehnt wird, die Gruppe neu zu ordnen. Lediglich *Stipa arundinacea* wurde umgesiedelt und der Gattung *Anemanthele* zugewiesen.

KULTUR In durchlässigen, leichten Böden an offenen, sonnigen Standorten. Wurzelt relativ flach und verträgt Teilung schlecht. Wenn alte Exemplare in der Mitte verkahlen, zieht man sich neue Pflanzen durch Aussaat heran. Die meisten Arten ziehen im Sommer ein und sehen nach dem Samenflug zerzaust aus.

VERMEHRUNG Durch frische Samen. Manche Arten säen sich zwar selbst aus, andere aber entwickeln in kühlen Klimazonen keine keimfähigen Samen. Sorten werden geteilt, doch sollten die Teilstücke nicht zu klein ausfallen. Kurze Stecklinge mit einer einzigen Blattachsel wurzeln mitunter im Frühherbst ein.

PROBLEME Basis neigt bei Staunässe zum Faulen.

S. arundinacea siehe *Anemanthele lessoniana*

S. barbata (Reiher-Federgras) Schön strukturierte Horste aus sehr dünnen, eingerollten, blaugrünen, 2 mm breiten Blättern. Im Juli und August erscheinen an langen schlanken Halmen herrliche Rispen aus winzigen, glänzenden Blütenährchen mit weichen, weißen, bis 25 cm langen Grannen. Sie sehen anfangs wie schlanke, übergeneigte Federn aus, verschwinden aber mit der Samenreife. Von seiner besten Seite präsentiert sich das Gras in Gruppenpflanzungen, wo die Rispen im Licht schimmern. Nach der Blüte wirken die Horste allerdings etwas zerzaust, weshalb man sie zurückschneidet oder mit anderen Pflanzen kaschiert. Kann kurzlebig sein und verträgt keine kalten,

nassen Winter, daher werden frische Samen für die Aussaat im folgenden Frühjahr abgenommen. Aus trockenen, offenen Hügeln und Grasland in Spanien, Sizilien, Italien, dem Kaukasus, Nordafrika und der Türkei. ↕ 40 cm. Z7 **'Silver Feather'** ('Ecume d'Argent') Graugrüne Blätter und hell silbrig goldene Grannen. ↕ 80 cm.

S. brachytricha siehe *Calamagrostis brachytricha*

S. calamagrostis syn. *S. lasiagrostis, Achnatherum calamagrostis, Lasiagrostis calamagrostis, Calamagrostis argentea* (Alpen-Raugras, Silber-Ährengras) Dichte, übergebogene Horste aus flachen, fein zugespitzten, 5 mm breiten, grünen Blättern, die im Winter einziehen. Von Juni bis Oktober tragen die übergebogenen Halme schimmernde, duftige, relativ einseitswendige, bis 30 cm lange Rispen aus grünlich weißen, fedrigen Blütenährchen mit kurzen Grannen, die sich mit der Zeit blassgelb färben und ihr graziles Aussehen den Winter über beibehalten. Wird am besten an geschützten, aber offenen Standorten in großen Gruppen gepflanzt. Man ist sich über die Zuordnung dieser Art recht uneins, daher die vielen Synonyme. Aus Süd- und Mitteleuropa, auf kalkigem, felsigem und steinigem Boden, überwiegend an exponierten Berghängen. ↕ 1,2 m. Z6

S. capillata (Haar-Federgras, Haar-Pfriemengras) Dichte, relativ unscheinbare Horste aus sehr feinen, eingerollten, hellgrünen, 1 mm breiten Blättern, die im Winter einziehen. Von Juli bis August, mitunter sogar noch im Spätherbst, erscheinen Unmengen schlanker, hoher Halme mit silbrigen Rispen. Jedes Ährchen trägt bis 20 cm lange Grannen, die wie winzige Glasscherben glänzen, wenn sie von hinten beschienen werden. Wird am besten in Kolonien an offene Standorte in stark durchlässige Böden gepflanzt, wo sich das Sonnenlicht in den Rispen und Blättern fangen kann. In sehr nassen und kalten Sommern bestäuben sich die Blüten gelegentlich selbst und öffnen sich nicht vollständig. Aus trockenen, exponierten Lagen in Südeuropa bis in die Mongolei und den westlichen Himalaja. ↕ 1 m. Z6 **'Brautschleier'** (Bridal Veil) Feine weiße Grannen. ↕ 1,2 m.

S. extremiorientalis syn. *S. pekinensis Achnatherum pekinense,* Steife, offene Horste aufrechter, blass gelblich grüner, 1,5 cm breiter Blätter, die sich im Herbst vor dem Einziehen weichgelb färben. Im August und September tragen die hohen Halme glänzende grüne Rispen aus haferähnlichen Blütenährchen mit geknieten, bis 25 cm langen Grannen. Nach der Aussaat färben sich die Blütenstände schwarz und bilden einen interessanten Kontrast zu anderen beigefarbenen Blattschmuckgewächsen für den winterlichen Garten. Verträgt etwas mehr Schatten als andere Arten und setzt einen eleganten Kontrapunkt zu Spätsommerblühern in Rabatten und Kiesgärten. Aus Grashängen und Waldrändern in den Bergen Japans und Chinas sowie an der russischen Pazifikküste. ↕ 1,3 m. Z6

LINKS **1** *Stipa barbata* **2** *S. calamagrostis* **3** *S. capillata* **4** *S. gigantea*

Stipa tenacissima

Stipa tenuifolia

Stipa tenuissima

S. gigantea ♀ Große, dichte, immergrüne Horste aus feinen, graugrünen, eingerollten, 6 mm breiten Blättern. Von Mai bis Juli öffnen sich an schlanken Halmen über dem Laub lockere, im Wind flatternde Rispen aus goldgelben, haferähnlichen Blütenährchen mit steifen, 7–12 cm langen Grannen und gelben Staubfäden, die vom Wind bewegt werden und im Licht schimmern. Die Ährchen nehmen mit der Zeit eine blass-strohgelbe Färbung an und bleiben den Winter über an der Pflanze. Eines der elegantesten Ziergräser überhaupt. Wird oft als Solitär kultiviert, sieht aber ebenso gut aus, wenn es in Kiesgärten oder im Schutz von Mauern und Gebäuden zu großen Gruppen zusammengefasst wachsen kann. ↕ 2 m. Z6 **'Goldfontäne'** Wesentlich größere, auffälligere Rispen. Von Ernst Pagels eingeführt. ↕ 2,5 m.

S. grandis Die im Winter einziehenden Horste setzen sich aus sehr schmalen, eingerollten, graugrünen, 1 mm breiten Blättern mit behaarten Rändern an der Unterseite zusammen. Im Hochsommer erscheinen an schlanken Halmen violette Blütenährchen mit steifen, bis 4,5 cm langen Grannen, die zum Sommerende hellbraun werden. Gruppenweise an offenen, trockenen Standorten kultivieren. Aus Steppen und Berghängen in Sibirien, China und der Mongolei. ↕ 1 m. Z6

S. lasiagrostis siehe *S. calamagrostis*

S. lessingiana syn. *Anemanthele lessingiana* Die kompakten, aufrechten, im Winter einziehenden Horste setzen sich aus haarfeinen, eingerollten, 0,5 mm breiten und bis zu 40 cm langen Blättern zusammen. Im Frühsommer erscheinen an Halmen, die doppelt so lang wie die Blätter werden, feingliedrige, 10–20 cm lange Rispen aus Blütenährchen mit steifen, geknieten, 12–20 cm langen, an der Spitze fedrigen, weichen Grannen. Wird am besten in Gruppen in naturnahen Pflanzungen an exponierten Stellen platziert. Nicht mit *Anemanthele lessoniana* zu verwechseln. Kommt an offenen, trockenen Hängen im Ost-Iran, in Westsibirien und Zentralasien vor. ↕ 75 cm. Z6

S. pekinensis siehe *S. extremiorientalis*

S. pennata (Echtes Federgras, Mädchenhaargras) Kleine, dichte Horste aus leicht übergebogenen, steifen, 1–6 mm breiten, scharf zugespitzten, grünen, im Winter einziehenden Blättern, die an der Unterseite bläulich bereift sind. Von Juni bis August treiben zahlreiche schlanke Halme aus, an deren Spitze über dem Laub außergewöhnliche Rispen stehen. Jedes Blütenährchen trägt einen gebogenen, haarigen, bis 30 cm langen Grannenschweif, der sich wie weiße bauschige Federn im Wind wiegt. Braucht einen warmen, sonnigen Standort. Aus Mittel- und Südeuropa bis nach Asien und in den Himalaja. ↕ 90 cm. Z6

S. pulcherrima (Gelbschneidiges Federgras, Großes Federgras) Schön geformte, dichte Horste aus sehr dünnen, 1,5 mm breiten Blättern, die im Winter absterben. Im Juli und August erscheinen lange, schlanke Halme mit zarten Rispen, die denen von *S. pennata* ähneln, doch tragen die Ährchen längere fedrig weiche, gedrehte Grannen. Entfaltet seine schönste Wirkung in großen Gruppen, überlebt jedoch kalte, nasse Winter nicht immer und braucht trockene, stark durchlässige Böden, am besten vor einer Mauer oder in einem Hochbeet. Aus Steppen und steinigen Arealen in Mittel- und Südeuropa bis zum Iran und nach Sibirien. ↕ 1 m. Z7 **'Windfeder'** Höher, mit noch längeren, gedrehten Grannen im Juni und Juli. ↕ 1,2 m.

S. splendens syn. *Achnatherum splendens, Lasiagrostis splendens* (Glänzendes Raugras) Die Art bildet große, robuste, immergrüne Horste aus schlanken, dunkelgrünen, flachen bis eingerollten, 1 cm breiten Blättern, die sich sehr rau und steif anfühlen. Von Mai bis Juli tragen die hohen, aufrechten, relativ drahtigen Halme große, lockere, rosarote Rispen aus winzigen einblütigen Ährchen mit einer 10 cm langen Granne. Sieht sehr gut in Gruppen aus und ist besonders nützlich am Rand von Wegen oder Straßen, auf denen Salz gestreut wird. Die Samen sind nicht immer keimfähig, weshalb man die Art am besten durch Teilung vermehrt. Aus halbwüstenartigen, kiesigen, steinigen Hängen und Salzwiesen vom Kaukasus und Kasachstan bis nach China und in die Mongolei. ↕ 1,5–2,5 m. Z6

S. tenacissima (Espartogras, Zähes Federgras) Grobes, relativ raues Gras, das nicht mit der filigraneren Art *S. tenuissima* verwechselt werden darf (siehe Kasten). Es bildet dichte Horste aus zähen, eingerollten, 3 mm breiten, im Winter einziehenden Blättern. Im Juli und August öffnen sich an hohen Halmen dichte, schmale Rispen aus Ährchen mit kurzen Grannen. Wurde früher zur Herstellung von Matten, Seilen und Papier verwendet. Gehört zu den Gräsern mit eher bescheidenem Zierwert. Aus offenen, trockenen Stellen in Südspanien und Nordafrika. ↕ 60–100 cm. Z6

S. tenuifolia Übergebogene, leuchtend grüne, bis 2 mm breite, im Winter absterbende Blätter in Horsten. Im Juli und August öffnen sich an schlanken Halmen bauschige, bis 30 cm lange Rispen aus kleinen Blütenährchen mit weichen, geknieten, 7 cm langen Grannen. Wird am besten in Kolonien neben Wegen gepflanzt, wo man die Blüten berühren kann. Ähnelt *S. tenuissima* und wird oft mit dieser Art verwechselt (siehe Kasten). Aus trockenem, offenem Grasland in Australien. ↕ 60–90 cm. Z6

S. tenuissima syn. *Nassella tenuissima* Bildet dichte, aufrechte, immergrüne Horste aus eingerollten, leuchtend grünen, bis 1 mm breiten Blättern. An drahtigen Halmen erscheinen von Mai bis August duftige, glänzend blassgrüne Rispen, die sich mit der Zeit beige färben. Die winzigen Blütenährchen tragen gekniete, weiche, 3–10 cm lange Grannen. Die Blütenstände sehen wie überdimensionierte Rasierpinsel aus und bleiben auch nach der Blüte und dem Samenansatz noch dekorativ, wenn die Enden weiß und wuschelig werden. Die Art wird am besten auf mageren Sandböden an vollsonnigen Standorten gepflanzt. Die Horste kommen optimal in langen Gruppen zur Geltung, wo das Laub und die Rispen sich im Wind wiegen und das Licht sich in ihnen fängt. Gibt auch eine ausgesprochen attraktive Gefäßpflanze ab. Die relativ kurzlebigen Pflanzen säen sich sehr stark selbst aus und reagieren empfindlich auf eine Teilung. Aus trockenen, felsigen Hängen und exponiertem Grasland in New Mexico und Texas (USA). ↕ 60 cm. Z6 **'Pony Tails'** Der englische Vulgärname der Art, der bisweilen fälschlich als Sortenbezeichnung verwendet wird.

S. turkestanica Kleine, immergrüne Horste aus grünen, eingerollten, nur 0,5 mm breiten Blättern und schlanken, drahtigen Halmen, an denen sich im Juli und August elegante, schmale, blassgrüne Rispen mit winzigen, haferartigen Blütenährchen entwickeln. Sie tragen lange, doppelt gekniete, 8–20 cm lange Grannen. Wird als Alternative zu *S. gigantea* gern in kleineren Gärten kultiviert. Aus steinigen Hängen, auf Geröll, Felsen und Bergen vom Iran bis Pakistan und Tadschikistan. ↕ 40 cm. Z6

STOKESIA
Stokesie, Kornblumenaster
ASTERACEAE

Die farbenfrohen Asterngewächse bereichern sonnige, durchlässige Gartenbereiche im Sommer lange Zeit mit ihren riesigen, kornblumenähnlichen Blüten.

Zur Gattung gehört nur eine Art, eine nordamerikanische Staude, die eine grundständige Rosette aus bandförmigen Blättern bildet. Sie bleiben den Winter über an der Pflanze und schützen den fleischigen Wurzelstock. Im Sommer öffnen sich die relativ großen, hübschen Blütenkörbchen. Die Pflanzen eignen sich für den Vordergrund einer Rabatte, machen aber auch als Schnittblumen eine gute Figur.

SORTEN VON STOKESIA LAEVIS

Stokesia laevis 'Alba'

Stokesia laevis 'Blue Star'

Stokesia laevis 'Klaus Jelitto'

Stokesia laevis 'Purple Parasols'

KULTUR Braucht sonnige, geschützte Standorte und durchlässige Böden, damit ihr Überleben während der Wintermonate gesichert ist. In kälteren Klimazonen ist der Wurzelstock für eine schützende Mulchschicht während der kalten Jahreszeit dankbar.

VERMEHRUNG Durch Teilung im Frühjahr oder Wurzelschnittlinge im Spätwinter. Auch Aussaat ist möglich, doch sind die Nachkömmlinge selten samenecht.

PROBLEME Fäule in nassen Wintern.

S. cyanea siehe *S. laevis*

S. laevis syn. *S. cyanea* (Stokesie, Kornblumenaster) Ovale bis lanzettliche, bis 20 cm lange Blätter bilden eine grundständige Rosette, aus der aufrechte Stängel mit kürzeren, stängelumfassenden Blättern austreiben. Die 10 cm breiten Blütenkörbchen haben fein gefranste, meist blaue, gelegentlich auch weiße, rosa oder violette Strahlenblüten. Die Blütenkörbchen öffnen sich von Juni bis September. Aus North Carolina südwestlich bis Louisiana (USA). ↕ 30–45 cm. Z5 **'Alba'** Weiße Blütenkörbchen. **'Blue Star'** Blaulila Blütenkörbchen. Diese Bezeichnung wird manchmal auch für die Art verwendet. Samenvermehrbar und daher variabel. **'Colorwheel'** Weiße, später lila und dunkelblaue Blütenkörbchen. **'Honeysong Purple'** Große, strahlende, dunkelviolette Blütenkörbchen mit rosaroter Mitte. **'Klaus Jelitto'** Große blaue Blütenkörbchen. Früh blühend. **'Mary**

Gregory'** Weich cremegelbe Blütenkörbchen. **'Omega Skyrocket'** syn. 'Skyrocket' Hohe Sorte. Sie trägt angeblich lila Blütenkörbchen, die in der Praxis aber meist zwischen Weiß und Blau angesiedelt sind. ↕ 90–120 cm. **'Peachie's Pick'** Dicht und kompakt, mit großen blauen Blütenkörbchen. **'Purple Parasols'** Puderblaue Blütenkörbchen, die sich mit der Zeit dunkel- oder indigoblau, violett und schließlich magentarot färben. **'Silver Moon'** Cremeweiße Blütenkörbchen. **'Skyrocket'** siehe 'Omega Skyrocket'. **'Träumerei'** Blütenkörbchen weiß, mit schwach-rosafarbener Mitte. Aus Samen gezogen, daher variabel.

STROBILANTHES
Zapfenblume
ACANTHACEAE

Die bisweilen unerwartet harten, vermehrungsfreudigen Pflanzen für schattige Standorte werden immer beliebter.

Man unterscheidet mehr als 250 Arten in dieser Gattung. Es sind Stauden mit manchmal verholzender Basis, die in Asien und auf Madagaskar vorkommen. Nur wenige werden als Zierpflanzen kultiviert. Ihre aufrecht bis niederliegend wachsenden Triebe tragen gegenständige, eiförmige, lanzettliche oder ovale, paarige Blätter, wobei ein Blatt meist etwas größer als das andere ist. Die röhren- bis trichterförmigen, oft zweilippigen, behelmten Blüten haben 5 Lappen und können blau, violett, weiß oder gelb gefärbt sein. Sie stehen in kegelförmigen, lockeren oder kompakten Köpfen oder Ähren an der Spitze der Triebe oder in den oberen Blattachseln. Die meisten Arten sind tropischer Herkunft und nicht winterhart genug für Gärten gemäßigter Zonen.

KULTUR In gut vorbereiteten, stark durchlässigen Böden im lichten Schatten. Manche gedeihen auch in der Sonne, sofern der Boden verlässlich feucht bleibt. Das Entfernen welker Blüten verlängert den Flor. Kann nur in milden Gegenden bei gutem Winterschutz im Freien überwintern.

VERMEHRUNG Durch Aussaat im Frühjahr oder grundständige Stecklinge im Frühjahr bzw. Frühsommer.

PROBLEME Rote Spinne.

S. atropurpurea siehe *S. attenuata*

S. attenuata syn. *S. atropurpurea* An der Basis verholzende Staude mit ungleichen Paaren lanzettlicher, weich behaarter, dunkelgrüner, bis 10 cm langer, auffällig geaderter Blätter. Im Spätsommer erscheinen viele aufrechte, verzweigte, violett getönte Stängel mit dichten Ähren aus 4 cm langen, gebogenen, röhrigen, indigoblauen oder violetten Blüten mit weißem Schlund. Aus Nordindien. ↕ 1,2 m. Z5 **subsp. *nepalensis*** Blüten violett, kriechender Wuchs. ↕ 30 cm.

S. nutans Hält durch seinen dichten, kriechenden, Horst bildenden Wuchs Unkraut fern. Im August erscheinen Büschel reinweißer Blüten. Wächst in freier Natur epiphytisch auf Baumstämmen. Gut für schattige Standorte unter großen Sträuchern. Aus Nepal. ↕ 20 cm. Z8

S. wallichii Aufrechte, verzweigte Staude mit ovalen, gezähnten, blassgrünen Blättern, die im unteren Bereich der Pflanze gestielt und nach oben zu ungestielt wachsen. Vielblütige, lockere, bisweilen zickzackförmige, einseitswendige Ähren aus blauvioletten bis violetten, 3 cm langen Blüten. Blütezeit: Spätsommer und Herbst. Meist wird eine niedrige, 30 cm hohe, blassblütige Form kultiviert. Braucht Halbschatten und durchlässige Böden. Aus Sri Lanka. ↕ 40–60 cm. Z8

STYLOPHORUM
Schöllkrautmohn
PAPAVERACEAE

Die zurückhaltenden, Gruppen bildenden Waldpflanzen für schattige Winkel und Gehölzbereiche säen sich mitunter selbst aus.

Als Ziergewächse werden 2 der 3 Arten immergrüner Stauden oder Zweijähriger aus Wäldern im östlichen Nordamerika und in China gezogen. Die relativ raschwüchsigen, pflegeleichten, winterharten und

verlässlichen Pflanzen zeichnen sich durch überwiegend weiches, fiederschnittiges Laub aus, das in grundständigen Rosetten wächst. An steifen, aufsteigenden Stängeln stehen gelbe oder orangefarbene, leicht runzelige Blüten. Die Einzelblüten mit meist 2 Kelch- und 4 Kronblättern sind zwar kurzlebig, doch erscheinen sie über einen langen Zeitraum hinweg immer wieder neu.

KULTUR Gedeiht am besten im lichten Schatten in humosen Böden.

VERMEHRUNG Durch Teilung oder Aussaat.

PROBLEME Schnecken.

S. diphyllum (Schöllkrautmohn) Büschelige Staude mit daunig behaarten Trieben. Blätter gestielt, 20–30 cm lang, blaugrün, fiederschnittig mit 5–7 länglichen, stumpf gezähnten Segmenten. Grundständige Blätter lang gestielt, lockere Rosetten bildend. Stängelblätter kleiner, mit kürzeren Stielen. Leuchtend gelbe, schalenförmige, 3–5 cm breite, mohnartige Blüten in kleinen Dolden an den Stängelspitzen. Blütezeit: Mai bis Juli. Aus den östlichen Wäldern Nordamerikas. ↕ 30–40 cm. Z6

S. lasiocarpum Eine kurzlebige Staude oder Zweijährige. Sie bildet flache, blassgrüne, relativ brüchige, dichte Blattrosetten. Blätter aus 4–7 groben, gegenständigen, schrotsägerandigen Segmenten, bis 45 cm lang, Endsegment größer, Unterseite meist weißlich bereift. Die zitronengelben Blüten sind flach becherförmig und 3–4 cm breit. Sie öffnen sich von Mai bis September nacheinander über dem Laub. Aus Zentral- und Ostchina. ↕ 45 cm. Z5

SUCCISA
Teufelsabbiss
DIPSACACEAE

Der Teufelsabbiss ist ein hübscher Blüher für Feuchtwiesen und Wildgärten, er lockt Bienen und Schmetterlinge an.

Die Gattung umfasst nur eine einzige Art. Ihre langen, ovalen Blätter bilden meist eine grundständige Rosette. Die aufrechten, leicht behaarten, nach oben zu verzweigten Stängel tragen halbkugelige Köpfe aus violetten bis lilarosa Blüten, die ab dem Hochsommer erscheinen.

KULTUR Am besten an einem feuchten, im Sommer nicht austrocknenden Standort in der Sonne.

VERMEHRUNG Durch Aussaat oder Stecklinge.

PROBLEME In der Regel keine.

S. pratensis syn. *Scabiosa succisa* (Gewöhnlicher Teufelsabbiss) Aus einem kurzen, scheinbar abgebissenen Rhizom treibt eine Rosette aus 5–30 cm langen, meist ungeteilten, mehr oder weniger lanzettlichen bis ovalen, dünn behaarten, kurz gestielten Blättern aus.

Die schlanken, aufrechten Stängel tragen kürzere, schmalere Blätter. Blütenköpfe 2–2,5 cm breit, an dünnen Stängeln an den Triebspitzen und in den oberen Blattachseln, meist lilarosa bis dunkel-blauviolett gefärbt. Über einen langen Zeitraum und reich blühend. Eine gute Bienen- und Schmetterlingsweide. Aus Europa und Nordafrika. ↕ 15–60 cm. Z4

SYMPHYANDRA siehe CAMPANULA
SYMPHYOTRICHUM siehe ASTER

SYMPHYTUM
Beinwell
BORAGINACEAE

Die oft recht dekorativen Pflanzen werden als Bodendecker für schwierige Gartenwinkel geschätzt.

Die etwa 35 Arten borstig behaarter Stauden breiten sich sehr stark mithilfe von Rhizomen aus. Sie kommen in den verschiedensten feuchten Lebensräumen vor, so unter anderem in Wäldern und Gebüschen sowie am Ufer von Wasserläufen in Europa und Westasien. Die Triebe wachsen zunächst aufrecht, später aber oft niederliegend. Ihre behaarten, ovalen, am Ansatz herz- oder keilförmigen Blätter fühlen sich oft rau an. Die Grundblätter sind lang gestielt, die Stängelblätter kurz gestielt oder ungestielt. Beinwell-Blüten wachsen nickend in dichten Wickeln und setzen sich aus einem Trichter mit 5 kurzen Lappen zusammen. Ihre Farbpalette reicht von Blau und Violett bis Rosa, Blassgelb und Weiß.

Beinwell-Arten und vor allem deren panaschierte Formen sind wertvolle Bodendecker für schattige Bereiche, doch muss ihr Standort mit Bedacht gewählt werden, da die Pflanzen sehr stark wuchern. Der Gewöhnliche Beinwell (*Symphytum officinale*) wird oft als stickstoffreiche Düngerpflanze angebaut (siehe *Beinwell als Dünger*, S.448) und zählt zu den ältesten Heilpflanzen der Menschheit, man nutzt ihn schon seit etwa 400 v.Chr. als Arzneikraut. Alle Arten enthalten allerdings giftige Alkaloide. Der Kontakt mit dem Laub kann ferner Hautreizungen verursachen. ⚠

KULTUR Die meisten Beinwell-Arten bevorzugen lichten Schatten, sind aber recht anpassungsfähig und wachsen auch an vollsonnigen

EIN KONKURRENZFÄHIGES TEAM

HIER HABEN SICH drei zähe, zum Teil recht stark wuchernde Gewächse in einer halbschattigen Rabatte zu einem harmonischen Ensemble zusammengefunden. Die zarten Blüten der *Helleborus × hybridus* neigen sich über den blauen Trauben von *Ajuga reptans* zum Licht. Die kräftige Färbung dieser kriechenden, Schatten liebenden Frühlingsblüher wird von der zarten Tönung des Beinwells darunter aufgegriffen, dessen korallenrote Knospen wiederum einen Bezug zum Rosa der *Helleborus*-Blüten schaffen. Beinwell (*Symphytum*) und Nieswurz (*Helleborus*) sind wüchsig und werden in diesem Arrangement ihren Platz behaupten, lediglich der Günsel (*Ajuga*) braucht nach ein paar Jahren möglicherweise Unterstützung, um sich der übermächtigen Nachbarschaft erwehren zu können.

oder tiefschattigen Standorten. Der Boden sollte feucht, nährstoffreich und tiefgründig sein, doch überleben die Pflanzen auch in anderen Böden und sogar auf schwerem Ton.

VERMEHRUNG Durch Teilung, idealerweise im Frühjahr oder Herbst. Auch durch Wurzelschnittlinge im Früh- oder Spätwinter, allerdings eignet sich diese Methode nicht für panaschierte Formen.

PROBLEME Keine, außer gelegentlichem Rost. Bereitet höchstens selbst Probleme durch den invasiven Wuchs.

S. asperum (Rauer Beinwell, Komfrey) Rau behaarte Art mit verzweigten Trieben. Sie hat kurze, kräftige Borsten mit Haken. Die ovalen, bis 19 cm langen Blätter mit herzförmigem oder rundlichem Ansatz fühlen sich bei Berührung sehr rau an. Trägt verzweigte Stände aus 10–20 nickenden, röhrigen, reinblauen, bis 1,7 cm langen Blüten, die sich im Frühjahr und Sommer aus rosaroten Knospen öffnen. Aus dem Kaukasus, der nordöstlichen Türkei und dem nördlichen Iran, in Europa und den USA eingebürgert. ↕ 90–150 cm. Z5

S. caucasicum (Kaukasus-Beinwell, Kaukasus-Wallwurz) Hübsche, aber sehr stark wuchernde, Horst bildende Art. Grundblätter behaart, länglich bis oval, bis 20 cm lang, zu den geflügelten Stielen hin schmaler werdend; Stängelblätter oval bis lanzettlich, zum Ansatz hin spitz zulaufend. Hängende Blütenstände aus blauen, röhrigen, bis 1,7 cm langen Blüten. Hervorragender Bodendecker für naturnahe Bereiche. Aus dem Kaukasus und dem Iran. ↕ 40–60 cm. Z4 **'Norwich Sky'** Hübsch azurblaue Blüten. Wuchert allerdings sehr stark. ↕ 45 cm.

S. 'Goldsmith' Niedrige, immergrüne Art. Herzförmige, dunkelgrüne, behaarte, bis 25 cm lange Blätter mit breitem, cremegelbem Rand. Blüten 1,5 cm lang, röhrig, rosa, blau oder weiß. Blütezeit: Frühjahr bis Frühsom-

mer. Flach wurzelnd und daher leichter im Zaum zu halten als viele andere Beinwell-Arten. Eine Hybride von *S. ibericum*. ↕ 15–30 cm. Z5

S. grandiflorum siehe *S. ibericum*

S. 'Hidcote Blue' Breitet sich kräftig mit mehr oder weniger aufrechten Trieben aus, an denen raue, ovale, bis 25 cm lange Blätter stehen. Die 1,5 cm langen Blüten sind anfangs blassblau gefärbt und werden mit der Zeit immer heller. Sie öffnen sich ab April aus rosaroten Knospen. ↕ 50 cm. Z5

S. 'Hidcote Pink' syn. *S.* 'Roseum' Eine kräftige, breitwüchsige Form. Aufrechte Stängel mit rauen, ovalen, 25 cm langen Blättern und 1,5 cm langen, rosa und weißen Blüten. ↕ 45 cm. Z5

S. ibericum Behaarte, kriechende Art, die im ersten Jahr niederliegende, sterile Triebe bildet, auf die im zweiten Jahr aufrechte, fertile Triebe aus breitwüchsigen, verzweigten Rhizomen folgen. Blätter breit oval, scharf zugespitzt, bis 25 cm lang, mit herzförmiger Basis und langen, geflügelten Stielen. Blüten in der Knospe rötlich getönt, nach dem Aufblühen blassgelb, 1,4–2 cm lang, zu etwa 20 in dichten Blütenständen. Wird oft als *S. grandiflorum* angeboten, doch handelt es sich dabei um eine wesentlich seltenere Art mit größeren Blüten. Breitet sich rasch aus und bildet unter Bäumen und Sträuchern einen ausgezeichneten Bodendecker. Aus dem Kaukasus und dem Nordosten der Türkei. ↕ 30–40 cm. Z5 **'All Gold'** Blätter im Frühjahr satt-goldgelb, im Sommer allmählich immer grüner. Blüten lilarosa. Wird zwar meist als Form von *S. ibericum* angeboten, scheint aber nicht mit dieser Art verwandt. ↕ 75 cm. **'Blaue Glocken'** Blüten hellblau. Knospen korallenrot. ↕ 40 cm. **'Gold in Spring'** Langsamer wachsend. Blätter

BEINWELL ALS DÜNGER

Lawrence D. Hills war ein Gartenjournalist, der sich besonders für Alpinpflanzen interessierte. Als er sich aber einmal mit Beinwell befasste, erkannte er, welche Möglichkeiten der Anbau von Futter-Beinwell (*S. × uplandicum*) bot. Er begeisterte sich so sehr für die Pflanze, dass er ein Stück Land in Bocking in der englischen Grafschaft Essex pachtete, auf dem er mit ihr experimentieren konnte. So trug er dazu bei, sie populär zu machen, und gründete die heute größte europäische Biogärtnerorganisation. Sie hieß früher – nach dem Mann, der den Futter-Beinwell in Großbritannien einführte – Henry Doubleday Research Association und ist heute als Garden Organic bekannt.

Hills interessierte sich in erster Linie für die Verwendung der Blätter als natürlichen Dünger. Das welke, abgeschnittene Laub enthält nämlich hohe Anteile der wichtigsten Pflanzennährstoffe Stickstoff, Phosphor und Kalium. Außerdem dient Futter-Beinwell als Faserlieferant. Hills züchtete eine Form, die noch mehr Nährstoffe als die Art enthielt, und nannte sie 'Bocking 14'. Ein weiterer Vorteil der Sorte war, dass man sie dreimal im Jahr mähen konnte, ohne ihr zu schaden. Zudem war sie steril und säte sich nicht im ganzen Garten aus.

'Bocking 14' enthält in getrockneter Form wesentlich mehr Nährstoffe als etwa Dung. Man kann die Blätter in Kartoffelfurchen einarbeiten, als Mulch in Gemüsebeeten verwenden oder in Wasser legen und so einen Flüssigdünger herstellen. Mittlerweile hat die Sorte sogar eine panaschierte Zierform namens 'Jenny Swales' hervorgebracht, deren Blätter gelb gestreift und gefleckt sind.

OBEN **1** *Symphytum ibericum* 'Wisley Blue' **2** *S.* × *uplandicum* 'Variegatum'

im Austrieb goldgelb. Blüten rosa und cremefarben. ↕ 20–30 cm. **'Wisley Blue'** Blaue Blüten.

S. 'Langthorns Pink' Wüchsig. Mit rosa Blüten im Frühsommer. Blüht manchmal ein zweites Mal, wenn die Blütenstängel abgeschnitten werden. Vermutlich eine Hybride zwischen *S.* 'Rubrum' und *S.* × *uplandicum*. ↕ 1–1,2 m. Z5

S. orientale (Weißer Beinwell) Kurzlebige, weich behaarte Staude mit verzweigten Stängeln. Blätter oval bis länglich, meist am Ansatz herzförmig oder abgerundet, bis zu 14 cm lang, Stiele an der Oberseite schmal geflügelt. Die höher am Stängel stehenden Blätter sind kleiner, kurz gestielt oder ungestielt. Blüten röhrig und trichterförmig, reinweiß, 1,4–2 cm lang. Blütezeit: Juni und Juli. Wuchert nicht so stark wie andere Beinwell-Arten. Aus der Türkei und der Ukraine. In Großbritannien, Frankreich und Italien eingebürgert. ↕ 60 cm. Z5

S. peregrinum siehe *S.* × *uplandicum*

S. 'Roseum' siehe *S.* 'Hidcote Pink'

S. 'Rubrum' Tief-karminrote, röhrige Blüten vor behaartem, dunkelgrünem Laub. Nicht so wüchsig wie die meisten anderen Beinwell-Arten und -Sorten. Möglicherweise eine Hybride zwischen einer Form von *S. officinale* und *S. grandiflorum*. ↕ 45 cm. Z5

S. × uplandicum syn. *S. peregrinum* (Futter-Beinwell) Robuste, borstig behaarte Pflanze mit verzweigten Stängeln. Grundblätter oval bis lanzettlich, gestielt und 35 cm lang. Stängelblätter kürzer und ungestielt. Blüten röhrig, 1,2–1,8 cm lang, als Knospen rosa, nach dem Öffnen blau, purpurrot oder violett, in hängenden Blütenständen. Blütezeit: Frühjahr und Sommer. Eine dekorative, aber invasive Hybride von

S. sperum und *S. officinale*. ↕ 40–150 cm. Z4 **'Axminster Gold'** Blätter breit gelb gerandet. Aus rosa Knospen erscheinen im Sommer blaue Blüten. ↕ 1,2 m. **'Mereworth'** Große, bis 50 cm lange, unregelmäßig panaschierte Blätter, entweder gelb gefleckt und gesprenkelt oder mit blassgrünem Mittelmal. Blüten violett. Blütezeit: Sommer. ↕ 1,2 m. **'Variegatum'** ♀ Immergrüne, graugrüne Blätter mit breitem, unregelmäßigem cremefarbenem Rand. Blüten blass-lilarosa oder blau, Knospen lila. Blütezeit: Juni bis Juli. ↕ 60–90 cm.

SYNEILESIS
ASTERACEAE

Die ungewöhnlichen Stauden kommen mit Schatten zurecht

UNTEN **1** *Syneilesis aconitifolia*
2 *Synthyris missurica* var. *stellata*

und werden überwiegend wegen ihrer bizarren, im Austrieb eleganten Blätter kultiviert.

Die Gattung umfasst 5 sommergrüne Arten, die in den Wäldern Chinas, Japans und Taiwans heimisch sind. 2 von ihnen sind als Zierpflanzen verbreitet. Sie treiben aus kurzen Rhizomen im Frühjahr Blätter aus, die bis zum Sommer allmählich immer größer werden. Die handförmig geteilten Blätter wachsen schirmförmig, mit hängenden, locker seidig behaarten Lappen. Sie verlieren im Lauf der Zeit ihre Behaarung und spreizen ihre Lappen immer weiter ab. Hinzu kommen hohe, verzweigte Stände aus ziemlich unscheinbaren Blütenkörbchen.

KULTUR Gedeiht am besten in feuchtem Schatten. Etablierte Exemplare vertragen trockenere Bedingungen.

VERMEHRUNG Teilung oder Aussaat.

PROBLEME Schnecken.

S. aconitifolia Bildet nach und nach einen sich ausbreitenden Horst. Die rundlichen, bis 30 cm breiten Blätter sind fast bis zum Spreitengrund in schmale, gegabelte, gezähnte Lappen geteilt und anfangs mit langen, seidigen Haaren bedeckt. Im August und September öffnen sich in flachen Rispen winzige rötliche, 5 mm breite Blütenkörbchen. Sie stehen hoch über dem dekorativen Laub und sind recht unspektakulär, können aber abgeschnitten werden, damit das Laub besser zur Geltung kommt. Aus Wäldern der Mittelgebirge in Nordchina, Korea und Westjapan. ↕ 70–120 cm. Z5

S. palmata Bildet langsam Kolonien. Blätter lang gestielt, rundlich, 15–30 cm breit, bis zum Spreitengrund (Ende des Blattstiels) in scharf gezähnte, gelappte Segmente eingeschnitten. Blätter im Austrieb hübsch weiß behaart. Blütenkörbchen 6 mm breit, rosaviolett, in lockeren, kegelförmigen Rispen. Blütezeit: Juli bis September oder noch länger. Trägt ähnliche Blätter wie *S. aconitifolia*, öffnet aber

dekorativere Blüten. Aus feuchten Wäldern in Korea und Südjapan. ↕ 1 m. Z5

SYNTHYRIS
Frühlingsschelle
SCROPHULARIACEAE

Die winterharten Frühlingsblüher bevorzugen Schatten. Mit ihrem markanten Laub und den Blütentrauben empfehlen sie sich als reizende Waldgewächse.

Zur Gattung gehören etwa 14 sommer- und immergrüne Arten, die in Waldgärten oder Strauchrabatten eingesetzt werden. Sie stammen aus Wäldern im westlichen und mittleren Nordamerika. Die niedrigen, büschelig wachsenden Pflanzen breiten sich durch Rhizome aus. Sie tragen meist herz- oder nierenförmige Blätter und Trauben aus röhren- oder glockenförmigen Blüten. Sie öffnen sich im Frühjahr und sind blau oder violett gefärbt.

KULTUR Gedeiht in feuchten, durchlässigen, halbwegs nährstoffreichen Böden mit hohem Humusanteil. Verträgt im Winter keine Nässe. Braucht Halb- oder Vollschatten.

VERMEHRUNG Durch Teilung im zeitigen Frühjahr oder Aussaat im Herbst.

PROBLEME Schnecken.

S. missurica Horst bildende, sommergrüne Art mit rundlichen, herz- bis nierenförmigen, lang gestielten, stumpf gezähnten, 5 cm breiten, tiefgrünen, ledrigen Blättern. Von März bis Mai erscheinen in großer Zahl dichte Trauben aus röhrigen, glockenförmigen, dunkellilablauen, etwa 2 cm langen Blüten, die sich durch das Laub schieben. Von den arktischen Regionen Kanadas bis in die westlichen und mittleren USA verbreitet. ↕ 25 cm. Z2 **var. stellata** Schrotsägerandige Blätter und glockenförmige, blauviolette Blüten. Kommt von Washington bis Oregon (USA) vor. ↕ 15 cm. Z7

T

TANACETUM
Wucherblume
ASTERACEAE

Diese hübschen Pflanzen erfreuen mit aromatisch duftenden, meist fein gefiederten Blättern und zahlreichen Körbchenblüten in Weiß, Gelb oder Rosa.

Die Gattung umfasst rund 150 meist mehrjährige Arten, von denen manche am Grund verholzen, aber auch ein paar Einjährige. Sie besiedeln die verschiedensten offenen Lagen, von Klippen und Gebirgshängen bis hin zu Wiesen und Flussufern. Das Gros ist in Europa und Asien beheimatet, manche hat es aber auch nach Nordafrika und Nordamerika versprengt. Einzelne Vertreter der ausgesprochen vielgestaltigen Gattung wurden immer einmal wieder anderen Familien zugeordnet. Die alpinen Arten wachsen gedrungen und buschig, sie haben weißfilzig behaarte Blätter,

während die höheren in der Regel Horste bilden. Die aromatischen, wechselständigen Grundblätter sind meist farnartig gefiedert, einige Arten besitzen ungeteiltes Laub. Endständig an aufrechten oder kriechenden, zuweilen beblätterten Stängeln stehen einzeln oder in Schirmrispen die Körbchenblüten mit weißen, gelben oder rosa Strahlenblüten. Manche wachsen knopfförmig und tragen dann keine Strahlenblüten. Kontakt mit den Pflanzen kann Allergien auslösen. ⚠

KULTUR Unterschiedlich. Manche bevorzugen leichten Boden und volle Sonne, andere brauchen nährstoffreichere Erde und Halbschatten, einige sind vollkommen anspruchslos.

VERMEHRUNG Durch Teilung oder Aussaat im Frühjahr. Von den verholzenden Arten im Frühjahr oder Spätsommer Stecklinge schneiden.

PROBLEME In der Regel keine.

T. balsamita syn. *Balsamita major, Chrysanthemum balsamita* (Frauenminze, Balsamkraut) Aromatisch duftend. Breitet sich durch Rhizome aus. Aufrechte Stängel mit länglich ovalen bis eiförmigen, am Ansatz herzförmigen Blättern, wobei die grundständigen Blätter gestielt und bis 30 cm lang, die Stängelblätter nur 20 cm lang und ungestielt sowie zum Teil am Ansatz gelappt sind. 1–2 cm große Körbchen mit gelben Scheibenblüten und, sofern vorhanden, kurzen, weißen Strahlenblüten stehen von August bis Oktober in dichten endständigen Doldenrispen. Benötigt einen sonnigen Platz und ist wegen der aromatischen Blätter auch in Kräutergärten beliebt (sie wurden vor der Verwendung von Hopfen beim Bierbrauen eingesetzt). Kommt auf Wiesen und Weiden von Europa bis Südwest-Asien vor. ↕30 cm. Z6 **subsp. balsamita** Körbchen ohne Strahlenblüten. **subsp. balsamitoides** Körbchen mit Strahlenblüten.

T. coccineum syn. *Chrysanthemum coccineum, Pyrethrum coccineum* (Bunte Wucherblume) Wächst horstig. Die überwiegend grundständigen Blätter sind 12 cm lang, länglich-oval bis eiförmig, farnartig gefiedert, mit 6–10 linealischen, scharf gezähnten Fiederblättchen. An langen, meist unverzweigten Stängeln mit kleineren Blättern öffnen sich im Juni-Juli einzeln stehende, bis 7 cm breite Körbchen mit gelber Mitte. Die Wildart hat unscheinbar blassrosa Strahlenblüten, während Sorten dunkelrosa getönt oder auch weiß gefärbt und sogar halbgefüllt oder gefüllt sind. Mit ihrer hochgewölbten Mitte aus Röhrenblüten in derselben Farbe wie die Strahlenblüten erinnern die gefüllten Sorten an Anemonen. In der Regel gute Schnittblumen. Braucht viel Sonne und Licht und bevorzugt durchlässige, nährstoffarme Böden. In schwerer Erde kurzlebig und für Mehltau anfällig. Für Schnecken ein gefundenes Fressen. Herkunft: Gebirgswiesen im Kaukasus und Südwest-Asien. ↕30–80 cm. Z5 **'Aphrodite'** Gefüllt, weiß. ↕60–75 cm. **'Beauty of Stapleford'** Einfach, Strahlenblüten rosa. Blühfreudig. ↕60–75 cm. **'Brenda'** Einfach, Strahlenblüten tiefrosa. ↕60–75 cm. **'Duro'** Einfache große Blüten mit rotvioletten Strahlenblüten an langen Stängeln. Samensorte. ↕80 cm. **'Eileen May Robinson'** ♀ Einfach, Strahlenblüten rosa. ↕60–75 cm. **'Evenglow'** Einfach, Strahlenblüten lachsrosa. ↕60–75 cm. **'H.M. Pike'** Einfach, Strahlenblüten leuchtend rot. ↕60–75 cm. **'James Kelway'** ♀ Einfach, Strahlenblüten tief-scharlachrot. ↕60–75 cm. **'Madeleine'** Gefüllt, kleine, blassrosa Pompons. ↕50–75 cm. **'Robinson's Giant'** Einfach, Samenmischung mit Strahlenblüten in Rosa- und Rottönen. ↕90 cm. **'Robinson's Pink'** Einfach, Strahlenblüten rosa. ↕60–75 cm. **'Robinson's Red'** Einfach, Strahlenblüten rot. ↕60–75 cm. **'Super Duplex'** Einfach und halbgefüllt. Samenmischung mit Strahlenblüten

WUCHERBLUMEN IN DER KULTUR

Die Sorten von *Tanacetum coccineum* sind anspruchslos und blühfreudig. Früher wurden sie unter *Pyrethrum* beziehungsweise *Chrysanthemum* geführt. Am besten gedeihen sie in einer sonnigen Rabatte in gut durchlässiger, nährstoffarmer Erde. Zu gut gedüngt, ist ihre Lebensdauer nur kurz. Radikaler Rückschnitt nach der Blüte fördert nicht nur den Austrieb frischer Blätter und manchmal den Ansatz einer zweiten Blüte, sondern auch die allgemeine Wuchskraft. Aus dem gleichen Grund sollte man die Pflanzen alle drei Jahre teilen. Das gilt vor allem für die weniger robusten gefüllt blühenden und weißen Sorten. Schön wirken Wucherblumen, wenn sie dicht gepflanzt und mit Ruten gestützt werden.

Man kann die Pflanzen auch im Juli teilen, sofern man sie danach gut wässert. Auf diese Weise wird die Blütezeit nicht unterbrochen und die gut eingewachsenen Pflanzen blühen im folgenden Jahr erneut in Fülle. Nehmen Sie nur junge Triebe mit faserigen Wurzeln ab, die Sie in Töpfe oder in ein gut vorbereitetes Frühbeet pflanzen. Füllen Sie Lücken in der Pflanzung mit spät gesäten Einjährigen und setzen Sie die Margeriten im kommenden Frühjahr wieder nach draußen.

Manche aus Samen gezogenen Sorten sind recht variabel. Auch durch Teilung oder Stecklinge vermehrte Sorten können im Erscheinungsbild abweichen, da auch sie ursprünglich ausgesät wurden.

WUCHERBLUMEN UND KONSORTEN

DAS GOLDBLÄTTRIGE MUTTERKRAUT (*Tanacetum parthenium* 'Aureum') eignet sich bestens für eine sommerliche Kombination. Die Pflanze mit kurzer Wachstumszeit lässt sich gut mit ähnlich kurzlebigen Gewächsen kombinieren. Anschließend wagt man mit einer anderen Pflanzengruppe einen frischen Start. Als überraschend guter Begleiter empfiehlt sich der lachsfarbene Salbei. Hübsch wirkt zunächst das rötliche, geschlitzte Laub des Ruprechtskrauts (*Geranium robertianum*), doch später stimmen seine rosafarbenen, sternförmigen Blüten in den Farbenreigen mit ein. Hin und wieder setzt eine blaue Glockenblume einen reizvollen Kontrast.

OBEN **1** *Tanacetum balsamita*
2 *T. coccineum* 'Eileen May Robinson'
3 *T. parthenium* 'Aureum'
4 *T. vulgare* 'Silver Lace'

in Weiß sowie Rosa- und Rottönen.
‡80 cm. **'Snow Cloud'** Einfach, Strahlenblüten weiß. ‡60–75 cm. **'Vanessa'** Gefüllt, Strahlenblüten karminrot, Mitte orange. ‡60–75 cm.

T. macrophyllum (Großblättrige Wucherblume) Aus kriechenden, kompakten Rhizomen wachsen unverzweigte Stängel, die auf der gesamten Länge eiförmige bis ovale, 20 cm lange, gefiederte Blätter tragen. Sie teilen sich in 5–6 Fiederpaare aus lanzettlichen, unterseits drüsig behaarten Blättchen mit gesägtem Rand. Die zahlreichen, 13 mm großen Blütenkörbchen aus gelben Röhren- und wollweißen Strahlenblüten stehen zu 40–100 in Schirmrispen. *T. macrophyllum* fühlt sich in Sonne und Schatten gleichermaßen wohl und verträgt jeden Boden. Wird manchmal mit *Achillea grandifolia* verwechselt, die jedoch zwischen den Röhrenblüten Schuppen hat. Heimisch in Wäldern und Hochstaudenfluren in Südost-Europa, dem Kaukasus sowie Südwest-Asien. ‡1–1,5 m. Z6

T. niveum syn. *Pyrethrum niveum* (Silber-Rainfarn) In Horsten wachsende Zwei- oder Mehrjährige, deren graugrüne Laubkuppel mit kleinen weißen Blumen übersät ist. Die eiförmigen bis ovalen, graugrünen, 5 cm großen Blätter sind gefiedert und bestehen aus 3–5 Fiederpaaren; Blättchen lanzettlich mit gesägtem Rand. Von Juli bis September bedecken 2,5 cm große Blütenkörbchen mit gelber Mitte und weißen Strahlen die Pflanze. Kurzlebig, wird daher als Sommerblume oder Topfpflanze gezogen. Rückschnitt nach der Blüte verlängert die Lebensdauer. Blüht bei Aussaat im Februar noch im ersten Jahr. Auf offenen, felsigen Stellen in Westasien und dem Kaukasus zu finden. ‡50–90 cm. Z7 **'Jackpot'** Die meisten Sorten werden unter diesem Namen angeboten, obwohl strittig ist, ob sie sich überhaupt von der Art unterscheiden.

T. parthenium syn. *Chrysanthemum parthenium, Matricaria parthenium, Pyrethrum parthenium* (Mutterkraut) Angenehm aromatisch duftende, immergrüne, meist kurzlebige, am Grund verholzende Staude mit verzweigten Stängeln. Die eiförmigen, gelbgrünen, 8 cm großen Blätter sind einfach oder doppelt gefiedert und aus 3–5 Paaren linealischer bis keilförmiger, ganzrandiger oder gekerbter Blättchen zusammengesetzt. Von Juli bis Oktober erscheinen dichte Doldenrispen aus bis zu 30 1,5–2,5 cm großen Körbchen mit gelber Mitte und weißen Strahlen. Macht sich gut im Vordergrund einer Rabatte und verträgt Halbschatten. Im Herbst ausgesäte junge Exemplare sind wintergrün. Gefüllte Sorten sehen in Kultur etwas zerrupft aus, die beiden unten vorgestellten gefüllt blühenden Exemplare präsentieren sich hingegen mit hochgewölbter Mitte und regelmäßigen Strahlenkränzen. Aus Samen gezogen und daher variabel. Herkunft: offene Lebensräume von Südost-Europa bis zum Kaukasus. ‡30–90 cm. Z6 **'Aureum'** Blätter gelblich grün und lange haltend. Blumen einfach mit gelblichen Strahlenblüten. Junge Pflanzen eignen sich als Einfassung, für formale Sommerblumenbeete oder als Formschnittstauden. ‡30 cm. **'Rowallane'** Gefüllte reinweiße Blütenkörbchen mit weißer Mitte. Stängel dunkelbraun und ungewöhnlich hoch. ‡90 cm. **'White Bonnet'** Gefüllte Blumen, gelten als nicht so reinweiß wie die von 'Rowallane'. Stängel grün. ‡60 cm.

T. serotinum siehe *Leucanthemella serotina*

T. vulgare syn. *Chrysanthemum vulgare* (Rainfarn, Wurmkraut) Wüchsige, würzig duftende, sommergrüne Staude mit stark verzweigten Rhizomen. An steifen, aufrechten Stängeln stehen längliche, sattgrüne, farnwedelartige Blätter. Sie sind bis 15 cm lang und in 7–10 Paare länglicher, schrotsägerandiger Fiederblättchen unterteilt. Gelbe, knopfförmige, 1 cm breite Blütenköpfchen ohne Zungenblüten am Rand stehen in dichten Doldenrispen. Die Körbchen setzen sich aus bis zu 70 Einzelblüten zusammen. Blüht von Juli bis September. Die sich stark ausbreitende Pflanze setzt sich in Naturgärten gut gegen wüchsige Gräser durch. Wenn man keine Blüten haben will, schneidet man buntlaubige Sorten im Juli zurück, um frischen Austrieb zu erhalten. Anfällig für Blattläuse. Wächst auf Grasflächen und an Uferstreifen in Europa, Nordafrika und den gemäßigten Gebieten Asiens. ‡1–1,5 m. Z4 **var. crispum** Größer, noch feiner geteilte Blätter, ähnlich Petersilienlaub. Blüht in kühlen Sommern nur spärlich. **'Isla Gold'** Gelbes Laub, das die Farbe den ganzen Sommer über behält. **'Silver Lace'** Blätter im Frühjahr weiß gesprenkelt, Flecken verblassen während des Sommers.

TELEKIA
Telekie
ASTERACEAE

Zwar wirkt die imposante Wildstaude etwas plump, doch sie besticht durch ihre gelben Korbblüten und große, formschöne Blätter.

In feuchten Waldgebieten, an Uferrändern und in alpinen Zonen von Mitteleuropa bis zum Kaukasus findet man 2 sommergrüne Arten, doch wird nur eine kultiviert. Die Stauden bilden Horste und tragen wechselständige, ei- bis herzförmige Blätter, von denen die unteren lang gestielt sind und die oberen stängelumfassend. Die großen gelben Körbchenblüten besitzen gelbe, sich braun verfärbende Scheibenblüten und am Rand schmale gelbe Zungenblüten. Sie stehen einzeln oder zu mehreren auf einem unverzweigten oder verzweigten Stängel. Wenn man die Pflanzen nicht teilt, wachsen sie zu beeindruckenden Horsten heran und setzen in naturnahen Sommergärten als Solitäre Akzente. Sie unterscheiden sich vom Alant (*Inula*) durch die Spreublätter zwischen den Röhrenblüten.

KULTUR Bevorzugt tiefgründige, Wasser speichernde Böden und absonnige oder halbschattige Standorte. Vor Wind und direkter Sonne schützen.

VERMEHRUNG Durch Teilung oder Aussaat.

PROBLEME Schnecken.

T. speciosa syn. *Buphthalmum speciosum* (Große Telekie) Sommergrüne, aromatisch duftende Staude mit kurzen Rhizomen und aufrechten, behaarten Stängeln, die sich zur Spitze hin verzweigen. Blätter grundständig, bis 30 cm groß, gestielt, herzförmig, am Rand grob

RECHTS *Telekia speciosa*

gesägt und unten weich behaart. Stängelblätter sitzend. Von Juni bis August tragen die Stängel 5–8 cm große Körbchen mit braungelben Scheiben- und sattgelben, 1–2,5 cm langen Strahlenblüten. Effektvoll in naturhaften Bereichen oder einzeln stehend in einer Wiese; schön auch an einem geschützten Gewässerrand. Herkunft: feuchte Wälder und Uferränder von Mittel- und Südost-Europa bis zur Türkei und zum Kaukasus. ‡ 1,5–2 m. Z6

TELESONIX siehe BOYKINIA

TELLIMA
Falsche Alraunenwurzel
SAXIFRAGACEAE

Trockene Standorte unter Gehölzen sind für die hübsche, anspruchslose Schattenblume kein Problem.

Zur Gattung zählt nur eine winterharte, halbimmergrüne Art, die aus kühlen, feuchten Waldgebieten im westlichen Nordamerika stammt. Sie breitet sich beständig durch Ausläufer aus, bildet Rosetten aus meist grundständigen, variablen Blättern und hat aufrechte Stängel, an denen winzige, blassgrüne Blüten stehen. Die Sorten weisen attraktive Laubfarben auf. Ein idealer Bodendecker für Waldgärten oder Strauchrabatten.

KULTUR Bevorzugt Halbschatten und feuchte, humose Erde, gedeiht aber auch in trockenem Boden im Schatten.

VERMEHRUNG Durch Teilung im Frühjahr. Arten, nicht jedoch Sorten, kann man gleich nach der Samenreife in einen Kasten aussäen.

PROBLEME Manchmal Schneckenfraß.

UNTEN *Tellima grandiflora*

T. grandiflora (Falsche Alraunenwurzel) Blätter variabel, 5–10 cm lang, behaart, herz- oder nierenförmig, zuweilen dreieckig, mit 5–7 Lappen mit gezähntem oder gekerbtem Rand. Aufrechte, behaarte Stängel. Von Mai bis Juni erscheinen in der oberen Hälfte 8 mm lange, 5-zipfelige, fransige Glockenblüten. Diese sind weiß mit grüner Tönung, wirken aber blassgrün. Die trockenheitsverträgliche Art und ihre Sorten verkraften volle Sonne und trockenen Boden. Reingrüne Triebe an buntlaubigen Pflanzen müssen entfernt werden. Wird durch Selbstaussaat manchmal lästig. ‡ 80 cm. Z6 **'Delphine'** Laub cremegelb und hellgrün panaschiert. Rot gesäumte, grüne Blüten. ‡ 30 cm. **'Forest Frost'** Silbrige, im Winter rot getönte Blätter. Blüten grün und rosa. ‡ 60 cm. **Odorata-Gruppe** Rot überlaufene Blätter. Duftende grüne Blüten. Etwas variabel. ‡ 50 cm. **'Purpurea'** siehe Rubra-Gruppe. **'Purpurteppich'** Laub im Sommer weinrot. Grüne Blüten mit rosa Rand. ‡ 60 cm. **Rubra-Gruppe** syn. 'Purpurea' Dunkelgrüne Blätter mit bronzefarbener Tönung. Grüne Blüten mit rosa Rand. Ziemlich variabel. ‡ 60 cm.

TETRAGONOLOBUS siehe LOTUS

THALICTRUM
Wiesenraute
RANUNCULACEAE

Elegantes, gefiedertes Laub und zahlreiche duftige Blütenrispen setzen zarte bis kräftige Akzente.

Die Gattung umfasst etwa 130 Arten von feuchten, schattigen Lagen, Wiesen und Uferbereichen in der Alten und Neuen Welt – mit vielen guten Kandidaten für den Garten. Bewährte Rabattenpflanzen gehören ebenso dazu wie 4 m hohe Riesen oder winzige Bodendecker, die keine 15 cm hoch werden.

Aus faserigen oder knolligen Wurzeln bzw. Rhizomen wachsen schlanke, biegsame Stängel, deren blaugrüne Blätter handförmig geteilt oder doppelt gefiedert sind und gegenständige, gelappte oder gezähnte Fiederblättchen besitzen. Die Blüten der meisten Arten stehen in großen Rispen, deren Fernwirkung auf den büscheligen Staubblättern beruht. Die Blütenblätter der Einzelblüten fallen ab. Bei vielen Arten sind die gefärbten Staubblätter keulig verdickt, sodass sie oft für Blütenblätter gehalten werden. Manche Arten sind zweihäusig mit getrennten männlichen und weiblichen Pflanzen. Die Palette der Blütenfarben reicht von Reinweiß über Gelb, Rosa und Lilarosa bis Violett, wobei die Blüten von Ende April bis Mitte September erscheinen.

Expeditionen nach China und insbesondere Korea haben die Zahl der verfügbaren Arten in letzter Zeit vergrößert. Auch die Variabilität mancher Arten wird zunehmend geschätzt.

KULTUR Alle bereiten keine Probleme. Die höheren Arten und

BLÜTEN DER WIESENRAUTE

Für die Fernwirkung der Wiesenrauten sind die Staub- und die Kelchblätter zuständig. Die Blüten besitzen keine Kronblätter, sondern sie haben (wie viele andere Hahnenfußgewächse) umgewandelte, farbige Kelchblätter. Darüber hinaus sind manche Arten zweihäusig, das heißt, männliche und weibliche Blüten stehen an getrennten Pflanzen. In diesen Fällen, etwa bei *T. aquilegiifolium*, fallen die Kelchblätter beim Öffnen der Blüte ab.

Thalictrum delavayi 'Album'

Hybriden platziert man am besten in der Mitte oder im Hintergrund einer sonnigen Rabatte. In nährstoffreicher Erde brauchen sie eventuell eine Stütze. Pflanzen nach der Blüte nicht bis zum Boden zurückschneiden, da neuer Wuchs sich erst spät im Frühjahr zeigt. Um übermäßige Selbstaussaat zu vermeiden, welke Blüten entfernen.

VERMEHRUNG Im Herbst ausgesäte Samen keimen im folgenden Frühjahr, bringen aber recht variable Pflanzen hervor. Der verholzte Wurzelstock höherer Arten lässt sich nur schwer teilen. Niedrigere Exemplare haben stärker verzweigte Wurzeln, die man zu Beginn der neuen Wachstumsperiode leicht teilen kann.

PROBLEME In der Regel keine.

T. aquilegiifolium (Akeleiblättrige Wiesenraute, Amstelraute) Über blaugrünen Laubbüscheln aus 2- bis 3-fach gefiederten Blättern mit stumpf gezähnten Fiedern erscheinen von Mai bis Anfang Juli dichte, duftige Wolken aus rosa bis lila Blüten, deren Blütenblätter gleich abfallen, sodass nur die Staubblätter schmücken. Eine beliebte, anspruchslose und langlebige Staude für sonnige oder halbschattige Rabatten. Herkunft: Europa bis China, Japan und Kora. ‡ 1,2 m. Z4 **var. album** Hübsche reinweiße Blüten, vor dem Aufblühen rosa überlaufen. **'Purpureum'** Blüten dunkel-rosarot. Samensorte, daher variabel. **'Thundercloud'** Auffällige, lila-violette Blüten. ‡ 1,1 m.

T. decorum siehe *T. delavayi* var. *decorum*

T. delavayi (Himalaya-Wiesenraute) Variable Art mit 40 cm großen, mehrfach gefiederten Blättern und rundlichen Fiedern. Die 3 cm großen, zweifarbigen Blüten mit lila Blütenblättern und gelben Staubblättern präsentieren sich von Juli bis September in eleganten, lockeren Rispen an manchmal

dunklen Stängeln. Varietäten wurden zwar beschrieben, sind aber selten. Ein herrlicher Spätblüher und begehrter Schmuck für sonnige Rabatten im Hoch- und Spätsommer. Oft fälschlicherweise als T. dipterocarpum im Handel. Herkunft Westchina. ‡ 1,5 m. Z5 **'Album'** Reinweiße Blüten und lindgrünes Laub. **var. decorum** syn. *T. decorum* Große Blüten an straff aufrechten Stängeln mit hübschem blaugrünem Laub. Sehr empfehlenswert. Aus Yunnan in Südwest-China. **'Hewitt's Double'** Einzigartige, sterile, gefüllte Form mit feinem Blattwerk und duftigen Rispen aus winzigen, rosenähnlichen, lila Blüten mit langer Blütezeit im Hochsommer und Herbst. Wächst nur langsam an, doch lohnt sich das Warten. Muss meist gestützt werden.

T. diffusiflorum Entwickelt eine der größten Blüten der Gattung. Die drahtigen, oft stark verzweigten Stängel tragen 15 cm große, blaugrüne, mehrfach gefiederte Blätter. Die zweifarbigen lila-gelben Blüten sind 4 cm breit und stehen in manchmal spärlichen Rispen. Wächst schwer an, doch der Aufwand lohnt sich. Braucht Halbschatten und gleichmäßig feuchten, durchlässigen Boden. Stützen wird empfohlen. Herkunft: Tibet. ‡ 75 cm. Z5

T. dipterocarpum siehe *T. delavayi*

T. **'Elin'** Hübsches, graublaues Laub steht entlang ungewöhnlich hoher und gleichzeitig fester Stängel, über die sich von Hoch- bis Spätsommer ein Schleier aus gelb-lilafarbenen Blüten legt. Kommt ohne Stütze aus. Eine bezaubernde schwedische Hybride zwischen *T. flavum* subsp. *glaucum* und *T. rochebrunianum*. ‡ 2,5 m. Z4

T. flavum (Gelbe Wiesenraute) Aus verzweigten Rhizomen schieben sich robuste Stängel empor, die manchmal am Grund selber Wurzeln bilden. Die blaugrünen, 2- bis 3-fach gefiederten Blätter setzen sich aus länglichen Fie-

LINKS 1 *Thalictrum aquilegiifolium*
2 *T. delavayi* 'Hewitt's Double'
3 *T. flavum* subsp. *glaucum*

derblättchen zusammen. Duftende, pastellgelbe Blüten öffnen sich in dichten Rispen im Juni-Juli. ↕ 1,8 m. Z5 **subsp. glaucum** Hübsches blaugraues Laub und sattgelbe Blüten. Variabel. **'Illuminator'** Laub beim Austrieb grünlich gelb, verblasst später zu Blaugrün. Reizend in Verbindung mit Frühlingsblumen.

T. isopyroides Zwergige Art für sonnige Standorte. Auffälliges, mehrfach gefiedertes, zierliches Laub aus 4,5 cm großen, graublauen, sehr dekorativen Blättchen. Blüten grünlich braun und relativ unscheinbar. Schöner Blattschmuck. Bevorzugt Sonne und stark durchlässigen Boden. Aus Zentral- und Südwest-Asien. ↕ 40 cm. Z6

T. kiusianum Niedriger Bodendecker. Bildet aus hübsch gefiedertem Laub, ähnlich dem des Frauenhaarfarns, einen dichten Teppich aus Blattrosetten. Daraus wachsen drahtige Stängel, über denen vom späten Frühjahr bis Spätsommer Wolken aus winzigen lilarosa Blüten schweben. Breitet sich in feucht-kühlem, gut durchlässigem Boden beständig aus. Herkunft: feuchte moosbewachsene Hänge in Japan und Korea. ↕ 16 cm. Z5

T. lucidum (Glänzende Wiesenraute) Büschelige Pflanze mit mehrfach gefiederten Blättern. Fiederblättchen schlank, glänzend, tiefgrün, manchmal bläulich schimmernd. Als Blattschmuckstaude geeignet. Im Hochsommer cremeweiße Blüten in dichten Blütenständen. Für gleichmäßig feuchte Plätze in der Sonne. Herkunft: Osteuropa über Türkei bis Zentralasien. ↕ 1,2 m. Z4

T. minus (Kleine Wiesenraute) Variable Art mit einem kompakten, breitwüchsigen Wurzelsystem und mehrfach dreigeteiltem, grünem, manchmal hübsch blau getöntem Laub. Die kleinen Blüten sind grün, gelblich oder violett getönt und stehen zunächst nickend, dann aufrecht in dichten oder lockeren Rispen. Wie geschaffen für eine Feuchtwiese oder eine Wildblumenrabatte. Herkunft: Europa und Asien. ↕ 90 cm. Z4 **'Adiantifolium'** Besonders fein gefiedertes, bläuliches Laub und gelbe Blüten. Aus Samen herangezogen, daher variabel und nicht immer klar von der Art abgegrenzt.

T. polygamum siehe *T. pubescens*

T. pubescens syn. *T. polygamum* Kräftige, aufrechte Stängel mit mehrfach und variabel geteilten, blass- bis dunkelgrünen Blättern. Aus gelben Knospen öffnen sich im Juni-Juli Blüten mit weißen oder violett überhauchten Blüten- und Staubblättern. Es wurden viele Varietäten beschrieben, die heute allerdings nicht als eigenständige, deutlich unterscheidbare Formen gelten. Liebt volle Sonne sowie mäßig feuchte Erde und passt in eine Wiese oder einen Wildblumensaum. Aus den östlichen USA und Kanada. ↕ 1,2 m. Z4

T. rochebruneanum Sehr robuste Art und die wohl höchste von allen. Hat große, mittelgrüne, mehrfach gefiederte Blätter mit etwa 2−3 cm langen Fiedern. An den Stängelspitzen öffnen sich fedrige Rispen aus zweifarbigen, lila-gelben Blüten, ähnlich *T. delavayi*, nur kleiner. Faszinierende Pflanze. In nährstoffreichen Böden abstützen. Aus Japan. ↕ 1,5−4 m. Z5

T. thalictroides siehe *Anemonella thalictroides*

T. tuberosum (Knollen-Wiesenraute) Reizende, niedrige Knollenpflanze mit breit rundlichem Wuchs, meist grundständigen, 2- bis 3-fach gefiederten Blättern und aufrechten Stängeln, an denen sich im Frühsommer 3 cm große Blüten mit breiten, cremeweißen Blütenblättern öffnen. Für Sonne oder lichten Schatten im Vordergrund einer Rabatte. Herkunft: Spanien und Südwest-Frankreich. ↕ 60 cm. Z6

THELYPTERIS
Lappenfarn
THELYPTERIDACEAE

Für feuchte Stellen oder zur Bepflanzung von Teichufern eignen sich diese wüchsigen Farne.

Zur Gattung gehören etwa 17 sommergrüne Arten, die meist aus den Tropen stammen. Sie besitzen 2-fach gefiederte oder fiederteilige Wedel, die einzeln den schlanken, kriechenden Rhizomen entspringen. Die einzelnen Fiedern sind länglich und stumpf zugespitzt, während die Sporenbehälter (Sori) ihren nierenförmigen Schleier bald abwerfen und offen daliegen. Bis vor Kurzem umfasste der Name *Thelypteris* eine sehr umfangreiche, vielgestaltige Gattung. Diese wurde inzwischen in zahlreiche, wesentlich kleinere Gattungen aufgeteilt, darunter *Phegopteris*.

KULTUR In zuverlässig feuchtem, humushaltigem Boden in der Sonne oder im lichten Schatten. Gedeiht sogar im Sumpf oder stehendem Wasser.

VERMEHRUNG Durch Teilung oder Sporen.

PROBLEME In der Regel keine.

T. decursive-pinnata siehe *Phegopteris decursivepinnata*

T. palustris (Sumpffarn) Sommergrüner Farn mit langem, kriechendem Rhizom und weit auseinander stehenden, aufrechten, lanzettlichen Wedeln, die 2-fach gefiedert sind. Die fertilen Wedel werden höher und tragen schmalere Fiedern. An ihrer Unterseite sitzen verstreut die Sori. Humusreichen Boden vorausgesetzt, gedeiht der Sumpffarn auch in einer schattigen Rabatte, an feuchteren Plätzen wird er höher und breitet sich schneller aus. Stammt aus Sumpfgebieten in Europa, Nordafrika, Asien und dem östlichen Nordamerika. ↕ 1 m. Z4

T. phegopteris siehe *Phegopteris connectilis*

THERMOPSIS
Fuchsbohne
FABACEAE

Schlanke Blütentrauben öffnen sich an diesen imposanten, lupinenähnlichen Stauden im späten Frühjahr.

Die Gattung besteht aus rund 20 Arten sommergrüner Stauden mit fleischigem, zuweilen wucherndem Wurzelwerk. Sie stammen aus Nord- und Südamerika, Asien einschließlich Sibirien und Indien. Die 3-teiligen Blätter haben lanzettliche Blättchen, ähnlich denen der

RECHTS 1 *Thelypteris palustris*
2 *Thermopsis lanceolata*

verwandten Gattung *Baptisia*. Allerdings sind sie sattgrün und nicht blaugrün, und die Samenhülsen sind flach und nicht aufgeblasen. Manche der wüchsigeren Arten passen gut in Naturgärten, wo sie Bienen und Schmetterlinge massenhaft anlocken.

KULTUR In gut durchlässigem Boden in der Sonne.

VERMEHRUNG Aussaat. Eingewachsene Exemplare nicht durch Teilung stören.

PROBLEME Echter Mehltau, Blattfleckenkrankheiten.

T. caroliniana siehe *T. villosa*

T. fabacea siehe *T. lupinoides*

T. lanceolata An aufrechten, meist unverzweigten Stängeln stehen schmale, gestielte, 3-teilige Blätter mit lanzettlichen, bis 7 cm langen Blättchen. Die 2,5 cm langen, gelben Blüten öffnen sich im späten Frühjahr in dichten Trauben, die das Laub überragen. Wird in Angebotslisten oft mit der kürzeren *T. lupinoides* verwechselt. Im Norden Japans sowie in Korea und Sibirien beheimatet. ↕ 1 m. Z2.

T. lupinoides syn. *T. fabacea* (Fuchsbohne) Aufrechte, meist unverzweigte Stängel mit ungestielten, eher zarten Blättern. Sie sind breiter als die der höher wachsenden *T. lanceolata* und tragen nur 4 cm lange Blättchen. Manche Botaniker fassen beide Arten zusammen. Im Frühsommer erscheinen 5 cm große, gelbe Blüten. Herkunft: Alaska und Sibirien. ↕ 30–45 cm. Z2.

T. montana siehe *T. rhombifolia* var. *montana*

T. rhombifolia var. **montana** syn. *T. montana* Breitet sich langsam durch unterirdische Triebe aus, aus denen aufrechte Stängel sprießen. Sie tragen gestielte Blätter mit 2–8 cm langen, ovalen Blättchen. Im Frühjahr und Frühsommer zeigen sich auffällige, aufrechte Trauben aus 2,5 cm großen leuchtend gelben Blüten. Breitet sich in nährstoffreichem Boden manchmal unbändig aus, bereichert aber Naturgärten. Heimat: Gebirge in Colorado und New Mexico in den USA. ↕ 90 cm. Z4

T. villosa syn. *T. caroliniana* Ein praktisch unverzweigter Horst aus leicht behaarten Stängeln und 3-teiligen, blassgrünen Blättern mit elliptischen, 9 cm langen, unterseits seidig behaarten Blättchen. In hohen Ständen öffnen sich im späten Frühjahr 2 cm große, behaarte, gelbe Blüten. Eine gute Gartenpflanze, die nicht wuchert. Herkunft: USA, von North Carolina bis Georgia. ↕ 90 cm. Z4

TIARELLA
Schaumblüte
SAXIFRAGACEAE

Duftig wirken diese Waldpflanzen zur Blütezeit. Der Zierwert für den Garten steigt beträchtlich durch die neuerdings eingeführten amerikanischen Züchtungen.

Weltweit gibt es 3–5 Arten der auffällig variablen, kleinen, immergrünen Pflanzen, die aus Wäldern in Nordamerika und Ostasien stammen. Herzförmige, schwach behaarte, 3–12 cm breite Blätter überziehen mit ihren gleichmäßigen hübschen Horsten oder breitwüchsigen Teppichen bald größere Flächen. Im Frühjahr und Frühsommer tragen schlanke, aufrechte, 30–50 cm hohe Stängel Trauben aus kleinen, sternförmigen, weißen oder rosa Blüten, die sich aus dunkleren Knospen öffnen und manchmal würzig duften.

Im östlichen Nordamerika ist es derzeit üblich, alle Formen unter *T. cordifolia* zu führen, während man im Gartenbau die Teppich bildenden Formen als *T. cordifolia* bezeichnet, die Horst bildenden aber *T. wherryi* zuordnet. Das Laub ist tief gelappt und oft kräftig rotbraun gezeichnet – entweder mit einem Mittelfleck oder mit Streifen bzw. Punkten entlang der Adern. Die Laubzeichnung variiert im Jahreslauf und ist im Frühjahr am intensivsten, wenn sich die im Herbst vorgebildeten Knospen öffnen. Die Sommerblätter sind meist heller als der Frühjahrsaustrieb. Die Blüten unterscheiden sich hinsichtlich Menge, Dichte und Qualität beträchtlich.

An der nordamerikanischen Pazifikküste werden alle Sorten der selten gezogenen *T. trifoliata* zugeordnet. Ihre kleinen weißen Blüten stehen in lockeren, verzweigten Trauben und öffnen sich im Sommer. Die

RECHTS **1** *Tiarella cordifolia*
2 *T.* 'Pink Brushes' **3** *T.* 'Pink Pearls'
3 *T. wherryi*

verschiedenen Merkmale der 3 nordamerikanischen Arten wurden mehrfach miteinander gekreuzt. Dabei entstanden neue Gartenhybriden, die vornehmlich von der Primrose Path Nursery sowie von den Terra Nova Nurseries stammen (siehe Kasten *Tiarella-Züchtung*).

Bei den Größenangaben gibt die erste Zahl die Breite und die zweite die Höhe der Horste an. Die Höhenangabe am Ende der Beschreibungen bezieht sich auf die Blütenstände.

KULTUR In feuchtem, humosem Boden im Schatten. Die Teppich bildenden Arten geben einen ausgesprochen schönen, wenn auch manchmal lückigen Bodendecker ab. Die horstig wachsenden Formen eignen sich als Saumbepflanzung, etwa entlang von Waldwegen. Alle liefern gute Schnittblumen.

VERMEHRUNG Durch Teilung.

PROBLEME Dickmaulrüssler (siehe Kasten S. 255), manchmal Blattälchen, die man am besten durch Entfernen des befallenen Laubs bekämpft.

T. 'Black Snowflake' Tief fiederschnittige, glänzende Blätter mit 7 schmalen Lappen und intensiv rotbrauner Zeichnung. Sie sind rund 8 cm breit und bilden 30 × 20 cm große Horste mit rosa Blüten in dichten Trauben. Eine Züchtung der Terra Nova Nurseries. ↕ 30 cm. Z4

T. 'Black Velvet' Tief eingeschnittene, breitlappige, samtige Blätter mit rotbraunem Muster. Die 10 cm langen Blätter stehen in 35 × 25 cm großen Horsten mit weißen Blüten in langen Trauben. Terra Nova. ↕ 45 cm. Z4

T. 'Butterfly Wings' Etwa 7 cm breite Blätter, bestehend aus 7 einzelnen, auffallend rotbraun gezeichneten Blättchen, die in zwei Ebenen angeordnet sind. 30 × 15 cm große Horste. Blüten blassrosa. Primrose Path Nursery. ↕ 35 cm. Z4

T. cordifolia ♀ (Wald-Schaumkraut, Herzblättrige Schaumblüte) Kriechende immergrüne Staude. Herzförmige, 6–8 cm große, frischgrüne Blätter mit je 3–5 flachen Lappen und zarten bis kräftigen, scharlachroten bis rotbraunen Strichen, Streifen oder Punkten. Manchmal ist das Laub einfarbig grün. Unter günstigen Bedingungen überzieht das Wald-Schaumkraut größere Flächen mit einem 15 cm hohen Teppich, über dem im Frühjahr weiße bis blassrosa Blüten in aufrechten Trauben schweben. Bevorzugt feuchte, schattige Plätze. Vermehrung durch Abtrennen bewurzelter Ausläufer im Spätsommer. Herkunft: üppige Wälder und feuchte Uferränder im Osten Nordamerikas, von Quebec bis zu den südlichen Appalachen. ↕ 20 cm. Z3 **var. collina** siehe *T. wherryi*. **'Glossy'** Große, glänzende, einfarbig grüne Blätter und weiße Blüten.

T. 'Cygnet' Blätter 7 cm breit, mit rotbraunem Mittelfleck, tief eingeschnitten, mit schmalen, ganzrandigen Abschnitten, wobei der mittlere dem gestreckten Hals eines fliegenden Schwans ähneln soll. Hellrosa Blüten über 30 × 15 cm großen Polstern. Ähnlich 'Ninja', Abschnitte aber dünner und ungelappt. Terra Nova. ↕ 40 cm. Z4

T. 'Elizabeth Oliver' Tief gelappte, leicht gerillte, rund 7 cm breite Blätter mit rotbraunem Mittelfleck. Duftende rosa Blüten erheben sich über einem 40 × 15 cm großen Laubhügel, der sich durch 8–12 cm lange Ausläufer ausbreitet. Primrose Path. ↕ 40 cm. Z4

T. 'Inkblot' Ungeteilte, etwa 8 cm große, herzförmige Blätter mit einem großen, verschwommenen, rotbraunen Mittelfleck in einem 30 × 20 cm großen Polster. Darüber stehen rosa Blütenstände. Ähnelt 'Tiger Stripe', doch ist die braune Zeichnung mehr zentriert und weniger scharf konturiert. Terra Nova. ↕ 40 cm. Z4

T. 'Iron Butterfly' Blätter etwa 7 cm breit und kräftig rotbraun gemasert, tief eingeschnitten, mit schmalen Abschnitten, Horst 30 × 15 cm. Blüten blassrosa. Blattform ähnelt der von 'Cygnet' und 'Ninja', doch ist der braune Fleck größer. Terra Nova. ↕ 40 cm. Z4

T. 'Jeepers Creepers' Tief gelappte, rund 8 cm breite Blätter. Die breiten Lappen berühren sich und haben entlang der Adern zahlreiche rotbraune Streifen. Weiße Blüten in langen Trauben. Bildet Ausläufer und breitet sich zu einem 20 cm hohen Teppich aus. Terra Nova. ↕ 40 cm. Z4

T. 'Martha Oliver' Tief gelappte, 8 cm breite Blätter. Auf jedem Lappen entlang der Mittelader eine helle, rotbraune Zeichnung. Blätter sind stärker behaart als die anderer Sorten und bilden einen 30 × 15 cm großen Horst unter langen weißen Blütentrauben. Die älteste Hybride aus Kreuzungen mit *T. trifoliata*, mittlerweile durch kontrastreicher gefärbte Nachkommen verdrängt. Schöne dunkelrote Herbstfärbung. Primrose Path. ↕ 40 cm. Z4

T. 'Mint Chocolate' Etwa 7 cm breite, tief gelappte Blätter mit schmal fingerförmigen Abschnitten, die je einen rotbraunen Mittelstreifen aufweisen, mittleres Segment verlängert. Das Laub bildet einen 30 × 15 cm großen Busch, überragt von cremeweißen Blütentrauben. Blattform regelmäßiger und weniger tief eingeschnitten bei den ähnlichen Formen 'Cygnet' und 'Iron Butterfly'. Terra Nova. ↕ 35 cm. Z4

T. 'Neon Lights' Rund 10 cm breite, tief eingeschnittene Blätter mit breiten, unregelmäßigen Lappen und einem rotbraunen Mittelfleck, der fast die ganze Blattspreite bedeckt. 40 × 20 cm große Blattbüsche. Weiße Blüten in langen Trauben. Terra Nova. ↕ 40 cm. Z4

T. 'Ninja' 7 cm breite, in der Mitte rotbraun gezeichnete, tief fingerförmig eingeschnittene Blätter mit schmalen Lappen, von denen der mittlere länger und noch einmal gelappt ist. Die Blattform erinnert an einen springenden Menschen. Über den 30 × 15 cm großen Laubhorsten öffnen sich blassrosa Blütentrauben. Ähnelt 'Cygnet', hat aber breitere, leicht gelappte Segmente. Terra Nova. ↕ 40 cm. Z4

T. 'Pink Bouquet' Blätter etwa 7 cm breit, in der Mitte mit rotbrauner Zeichnung, tief fingerförmig gelappt, der mittlere Finger verlängert, in hübschen 25 × 15 cm großen Horsten unter kurzen rosa Blütentrauben. Ähnelt 'Mint Chocolate', Blätter aber weniger stark gezeichnet und Blütenfarbe Rosa. Terra Nova. ↕ 30 cm. Z4

T. 'Pink Brushes' Gelappte, ahornartige, 10 cm breite, matte, tief geaderte Blätter mit rotbraunem Mittelfleck. 35 × 20 cm große Polster, über denen lang haltende rosa Blüten in dichten Ähren stehen. Wuchskräftig. Primrose Path. ↕ 40 cm. Z4

T. 'Pink Pearls' Viereckige, ungelappte, einfarbig grüne, 10 cm breite Blätter bilden einen 35 × 20 cm großen Horst. An gespreizten Stängeln öffnen sich weiße Blüten aus rosa Knospen. Blüht später als andere Sorten vom späten Frühjahr bis in den Sommer. Hybride zwischen *T. wherryi* und *T. trifoliata* var. *unifoliata*. Primrose Path. ↕ 40 cm. Z5

T. 'Pinwheel' Blätter etwa 7 cm breit, tief eingeschnitten, mit breiten, unregelmäßigen Lappen, die je einen rotbraunen Mittelstreifen aufweisen. Über 25 × 15 cm großen Blattpolstern stehen kurze Trauben mit weißen Blüten. Ähnelt anderen breit gelappten Sorten und wird von Formen mit kräftigerer Zeichnung ersetzt, etwa 'Sea Foam'. Terra Nova. ↕ 30 cm. Z4

T. polyphylla Horst bildende Art mit behaartem Laub in 25 × 15 cm großen Horsten. Blätter rundlich bis herzförmig, gelappt, gelegentlich leicht gezähnt, einfarbig grün, etwa 7 cm breit. Über den Horsten stehen rosa Blütentrauben. Dieser Schattenliebhaber bevorzugt feuchte Erde und wird aus Samen gezogen oder durch Teilung vermehrt. Herkunft: feuchte Laubwälder in Ostasien. ↕ 30 cm. Z7

T. 'Spanish Cross' Etwa 7 cm große Blätter, tief eingeschnitten, mit unregelmäßigen Lappen und ausgeprägter rotbrauner Zeichnung entlang der Blattadern. Sie stehen in 30 × 20 cm großen Polstern unter kurzen hellrosa Blütentrauben. Abschnitte breiter als bei 'Ninja' und 'Iron Butterfly', aber schmaler als bei 'Neon Lights', 'Pinwheel' und 'Sea Foam'. Terra Nova. ↕ 30 cm. Z4

T. 'Spring Symphony' Gelappte, handförmig geteilte, etwa 8 cm breite Blätter mit dunkler Zeichnung entlang der Mittelrippen stehen in einem 25 × 15 cm großen Horst unter kurzen Stängeln mit rosa Blüten. Ähnelt 'Pink Brushes', bleibt aber insgesamt kleiner und hat lockerere Blütentrauben. Terra Nova. ↕ 25 cm. Z4

T. 'Tiger Stripe' Ganzrandige, bis 10 cm breite Blätter im Frühjahr mit rotbraunen Streifen entlang der Adern bilden 35 × 20 cm große Polster. Darüber stehen hellrosa Blüten. Primrose Path. ↕ 40 cm. Z4

T. wherryi ♀ syn. *T. cordifolia* subsp. *collina* Bildet einen hübschen, 30 × 20 cm großen Horst aus herzförmigen, bis 8 cm großen Blättern, die oft rotbraun gemasert und manchmal tief gelappt sind. Im Frühjahr öffnen sich an aufrechten Stängeln weiße bis rosa Blüten. Gedeiht an absonnigen bis halbschattigen Standorten und lässt sich leicht teilen. Aus artenreichen, hochgelegenen Laubwäldern im Südosten der USA. ↕ 35–45 cm. Z4 **'Bronze Beauty'** Junge Blätter gelappt, bronzefarben, färben sich bronzegrün. Blüten weiß, Knospen rosa. **'Heronswood Mist'** Grünes Laub mit weißen Flecken. Weiße Blüten. Ähnelt 'Skid's Variegated'. **'Oakleaf'** Blätter eichenblättrig 5-lappig, im Herbst rötlich. Blüten rosa. An der University of Delaware, USA, ausgelesen. **'Skid's Variegated'** Grüne Blätter mit weißen Flecken. Weiße Blüten. Ähnelt 'Heronswood Mist'.

TOLMIEA

SAXIFRAGACEAE

Wegen ihres schön gelappten Laubs ist diese niedrige, aber sehr breitwüchsige Schattenstaude als Ampelpflanze sehr beliebt.

Die Gattung besteht aus nur einer immergrünen oder halbimmergrünen Art, die mit *Heuchera* und *Tiarella* verwandt ist und aus feuchten Nadelwäldern im westlichen Nordamerika stammt. Sie breitet sich mit ihren Rhizomen rasch aus und gibt in Waldgärten oder Strauchrabatten einen guten Bodendecker ab. Am Stielansatz der weichen behaarten

UNTEN *Tolmiea menziesii* 'Taff's Gold'

Blätter bilden sich Kindel, die man bewurzeln lassen kann. Kleine unscheinbare Blüten stehen in Trauben und öffnen sich im späten Frühjahr und Sommer. Die Pflanze wird jedoch vorwiegend wegen ihres ansprechenden Laubs gezogen.

KULTUR Liebt kühle Standorte im Halb- oder Vollschatten und in feuchtem, humosem Boden. Das Laub verbrennt im vollen Sonnenlicht, die Pflanzen brauchen im Sommer Schatten. *Tolmiea* wird häufig als Zimmerpflanze oder im Wintergarten gezogen, in Deutschland ist sie im Freien ausreichend frosthart.

VERMEHRUNG Durch Teilung im Frühjahr oder über die Kindel das ganze Jahr über. Blätter am Boden mit Steinen beschweren und nach ein paar Monaten die Blattstiele abschneiden, die eingewurzelten Pflänzchen ausgraben und verpflanzen.

PROBLEME In der Regel keine.

T. menziesii (Henne und Küken) Die behaarte, horstige Staude ist ein guter Bodendecker. Blätter lang gestielt, rundlich, 5–7-lappig, bis 12 cm lang, am Rand gezähnt und blass- bis lindgrün gefärbt. Vom späten Frühjahr bis Frühsommer öffnen sich kleine, schalenförmige, 1 cm lange, grüne und violettbraune Blüten an Trauben, die hoch über dem Laub stehen. Herkunft: westliches Nordamerika. ‡30–60 cm. Z6 **'Taff's Gold'** ♀ syn. 'Goldsplash', 'Maculata', 'Variegata' Hellgrüne Blätter, blassgolden und cremegelb gefleckt und gesprenkelt. Einfarbig grüne Blätter entfernen.

TOVARA siehe PERSICARIA

TRACHYSTEMON
BORAGINACEAE

Derber, aber wirkungsvoller Bodendecker für große, schattige Flächen, der sich sogar für karge Böden eignet.

Die 1–2 Arten dieser Gattung aus behaarten, zähen, kräftigen Stauden besiedeln schattige Lebensräume im Kaukasus, in der Türkei, Griechenland und Bulgarien. Aus weit kriechenden Rhizomen wachsen große, ovale, dunkle, lang gestielte Grundblätter und kleinere, ovale bis lanzettliche, ungestielte Stängelblätter. Die wenig verzweigten Stängel tragen blauviolette, sternförmige Blüten in beblätterten Büscheln. Breitet sich aus und kann wuchern.

KULTUR Gedeiht in der Sonne oder im Schatten in jedem nicht staunassen Boden. Breitet sich auf trockenen, schattigen Flächen schneller aus als jeder andere Bodendecker.

VERMEHRUNG Durch Teilung.

LINKS **1** *Trachystemon orientalis*
Tradescantia Andersoniana-Gruppe:
2 'Concorde Grape' **3** 'Isis'

PROBLEME In der Regel keine.

T. orientalis (Rauling) Interessante, rau behaarte, sommergrüne Staude, die sich rasch ausbreitet. Aus bis zu 5 cm dicken, fleischigen Rhizomen wachsen ovale bis herzförmige, 10–50 cm große Blätter auf 10–25 cm langen Stielen, außerdem ungestielte, stängelumfassende Blätter. Im Frühjahr erscheinen verzweigte Büschel aus 5–15 blauvioletten Blüten, die denen von Borretsch ähneln. Hervorragender Bodendecker, der mit fast allen Bedingungen zurechtkommt. Im Kaukasus, der Türkei und in Bulgarien beheimatet. ‡20–60 cm. Z5

TRADESCANTIA
Dreimasterblume
COMMELINACEAE

Einige sehr beliebte Kübelpflanzen, die im Sommer und Herbst blühen, zählen zu dieser Staudengattung.

Die etwa 65 mehrjährigen Arten aus Nord- und Südamerika wurden nach John Tradescant dem Jüngeren benannt, einem berühmten Naturforscher und Gärtner des 17. Jahrhunderts. Viele sind frostempfindlich, doch die härteren unter ihnen werden meist wegen ihrer auffälligen, 3-zähligen Blüten kultiviert. Sie gehen auf Arten wie *T. virginiana* zurück und stammen aus dem Osten der USA, wo sie in Wäldern, in Gebüsch und auf Wiesen vorkommen. Als effektvolle und genügsame Sommerblumen kommen sie oft in Landhausgärten zum Einsatz.

Die horstigen Pflanzen bilden Büschel recht dicker, aufrechter Stängel, die einem fleischigen Wurzelstock entspringen. Die lanzettlichen oder ovalen Blätter sind wechselständig und meist mittelgrün, manchmal aber auch goldgelb oder bläulich. Kurzlebige Blüten aus drei Kronblättern stehen umgeben von zwei kahnförmigen, grünen Hochblättern zu mehreren an der Sprossspitze.

Die in Kultur am häufigsten anzutreffenden Pflanzen werden in der *T. Andersoniana*-Gruppe zusammengefasst. Es handelt sich um Hybriden komplexer Herkunft. Die meisten sehen sich sehr ähnlich und unterscheiden sich hauptsächlich durch ihre Blütenfarbe. Allerdings sind kürzlich kompaktere, buntlaubige Auslesen eingeführt worden, die sich besser für den Garten eignen. Sie sind selbststeril, somit bildet eine einzelne Pflanze keine Samen. Stehen allerdings mehrere Pflanzen zusammen, säen sie sich bereitwillig und manchmal übermäßig aus. Tradeskantien gehören nicht gerade zu den Prachtstauden, sie wirken zuweilen etwas zerzaust. Aber sie sind augenfällig, tragen ihre Blüten in angenehmer Höhe und erfreuen den Gartenbesitzer mit einer langen Blühdauer bis zum ersten Frost.

KULTUR Im Allgemeinen einfach zu ziehen. Bevorzugt feuchten Boden und gedeiht oft besser im Schatten als an zeitweise trockenen, sonnigen Stellen. Man setzt sie am besten an

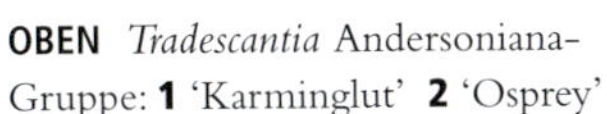

OBEN *Tradescantia* Andersoniana-Gruppe: **1** 'Karminglut' **2** 'Osprey'

Gewässerränder oder in Sumpfgärten. Verblühte Triebe müssen nicht unbedingt entfernt werden, doch brauchen höhere Sorten eine Stütze. Stehen mehrere Sorten zusammen, sollte man minderwertige Sämlinge sofort herausziehen, damit sie die ursprüngliche Sorte nicht verdrängen.

VERMEHRUNG Im Herbst nach der Blüte oder im Frühjahr teilen.

PROBLEME Schnecken.

T. Andersoniana-Gruppe Horst bildende Pflanzen mit aufrechten, verzweigten Stängeln und langen, lanzettlichen, meist mittelgrünen Blättern. Die 3-zähligen violetten – manchmal auch blau, rosa oder weiß gefärbten – Blüten sind 3 cm groß und tragen auffällige Staubblätter. Sie erscheinen vom Sommer bis in den Herbst hinein in Büscheln an den Triebspitzen und halten nur einen Tag. Man setzt sie am besten in eine sonnige Staudenrabatte, in feuchte, nährstoffreiche Erde. Zur Andersoniana-Gruppe gehören Kreuzungen zwischen *T. virginiana* und vielen anderen Arten, die von den Prärien und Feuchtwiesen der mittleren und östlichen USA stammen. ↕ 40 cm. Z4 **'Bilberry Ice'** Aus violett überlaufenen Knospen öffnen sich weiße Blüten mit blauer Tönung. Jedes Blütenblatt ziert ein auffälliger violetter Mittelstreifen. Kompakter, rundlicher Wuchs. Z4 **'Blue and Gold'** syn. 'Sweet Kate' Auffälliges, glänzendes, goldgelbes Laub bildet einen effektvollen Kontrast zu den sattblauen Blüten. Braucht feuchten, nährstoffreichen Boden. ↕ 35 cm. **'Blue Stone'** Kräftig, wüchsig und blühfreudig, mit 3 cm großen lilablauen Blüten, die im Sommer lange blühen. Recht hoch. ↕ 60 cm. **'Charlotte'** Rötlich violette Blüten. Recht hoch. ↕ 60 cm. **'Chedglow'** Goldgelbes Laub, allerdings nicht sattgelb, sondern grünlich angehaucht. Intensiv violette Blüten. **'Concorde Grape'** Niedrig. Leuchtend violette Blüten und auffälliges, hübsches, bläulich violettes Laub. ↕ 35 cm. **'Danielle'** Besonders große, reinweiße, 5 cm breite Blüten.

↕ 45 cm. **'Innocence'** Weiße Blüten mit gelblicher Mitte, blüht im Sommer lange. ↕ 50 cm. **'Iris Prichard'** Charakteristische weiße Blüten mit blassblauer Schattierung über grünem Laub. **'Isis'** ♀ 4 cm große, dunkelblaue Blüten vom späten Frühjahr bis zum Frühsommer. Sehr blühfreudig. **'J. C Weguelin'** ♀ Ansprechende, 4 cm große Blüten in zartem Blassblau. **'Karminglut'** Karminrote Blüten. ↕ 60 cm. **'Leonora'** Goldgelbgrünes Laub. Violette Blüten. **'Little Doll'** Niedrig und blühfreudig. Im Sommer überragen hellblaue Blüten das grasgrüne Laub. ↕ 25 cm. **'Little White Doll'** Niedrig und blühfreudig. Weiße Blüten über grasgrünem Laub. ↕ 25 cm. **'Osprey'** ♀ Viele große weiße Blüten mit attraktiven Staubgefäßen. Blüht reich vom späten Frühjahr bis zum Herbst. ↕ 50 cm. **'Pauline'** Große, samtviolett leuchtende, 2,5 cm große Blüten. **'Purewell Giant'** Zarte, rotviolette Blüten über leuchtend grünem Laub an großen rundlichen Pflanzen. ↕ 45 cm. **'Purple Dome'** Große, intensiv violette Blüten erscheinen vom Frühsommer bis zum Herbst. **'Red Grape'** Über grasgrünem Laub öffnen sich den gesamten Sommer über bis zum Herbst auffällige, leuchtend karminrote Blüten. ↕ 45 cm. **'Rubra'** Dunkles, rot getöntes, grasartiges Laub. Darüber 4 cm große, rote Blüten vom Sommer bis zum Herbst. **'Sweet Kate'** siehe 'Blue and Gold'. **'Sylvana'** Kompakt. Leuchtend rote Blüten vom Frühjahr bis zum Spätsommer. **'Zwanenburg Blue'** Ungewöhnlich große, 5 cm breite, sattblaue Blüten. ↕ 50 cm.

T. brevicaulis siehe *T. virginiana* 'Brevicaulis'

T. virginiana (Virginische Dreimasterblume) Aufrechte, verzweigte, fleischige Stängel mit spiralig angeordneten, schmalen, zugespitzten, leicht sukkulenten, grünen Blättern, jeweils bis 35 cm lang und 2,5 cm breit. Im Sommer erscheinen Büschel aus lila, blauen oder violetten, gelegentlich rosa oder weißen, 2 cm großen Blüten. Wirkt im Lauf des Sommers zunehmend schlaksig. Eine Elternart der Andersoniana-Gruppe. Herkunft:

östliche USA. ↕ 50 cm. Z4 **'Brevicaulis'** syn. *T. brevicaulis* Lange, grüne, grasartige Blätter und zahlreiche leuchtend rosaviolette Blüten. Wird manchmal als eigene Art betrachtet. **'Caerulea Plena'** Gefüllte, dunkel-blauviolette Blüten in Büscheln.

TRICYRTIS
Krötenlilie
UVULARIACEAE

Anspruchsvoll und eigenwillig geben sich diese Schattenstauden, die im Herbst auffällig blühen.

Rund 20 Arten dieser Waldbewohner aus Asien werden wegen ihrer farbenprächtig gemusterten Blüten und wegen ihres dekorativen Laubs gepflanzt. Schon lange sind sie in Japan in Kultur, wo man sie als Hototogisu oder Cuckoo kennt. Sie breiten sich beständig aus, sind wüchsig und bilden Horste aus relativ fleischigen, aufrechten oder überhängenden Stängeln mit wechselständigen, länglich-eiförmigen bis lanzettlichen, am Grund oft stängelumfassenden Blättern. Wie kleine Orchideen wirken die eleganten Blüten, die in lockeren Trugdolden bzw. Trauben in den Blattachseln stehen. Sie haben 6 Blütenblätter. Auffällig sind die im Schlund zusammengewachsenen Staub- und Fruchtblätter, wobei die Narbenlappen weit hervorstehen. Die Blütenfarbe reicht von Reinweiß und Buttergelb über Rosa und Lila bis zu tiefem Violett, wobei die Blüten innen oft schön gemustert und gefleckt sind. *Tricyrtis* blühen in der Regel vom Spätsommer bis in den Herbst hinein, manche öffnen sich erst in der zweiten Oktoberhälfte. Als Herbstblüher sind sie ein nicht alltäglicher Schmuck für Gehölzränder, der Farbe ins Spiel bringt, wenn die meisten anderen Waldblumen längst verblüht sind.

RECHTS *Tricyrtis formosana*

Aus Japan stammende Hybriden und Sorten halten zunehmend Einzug in westliche Gärten, darunter auch buntlaubige. Sie sind nicht ganz billig, doch die Anschaffung lohnt sich.

KULTUR Krötenlilien gedeihen im Halbschatten oder Schatten. Der Boden muss sehr humusreich und verlässlich feucht sein. Wenn die Erde im Sommer austrocknet, verwelkt das Laub, was später, zur Blütezeit, das Gesamtbild beeinträchtigt. Eine Mulchschicht hält den Boden kühl und verringert die Verdunstung. In freier Natur wachsen einige Arten an Wasserfällen. Sie können auch im Garten am feuchten Wasserrand stehen. Achtung: Manche breiten sich zu stark aus!

VERMEHRUNG Durch Stecklinge im Sommer vor der Blüte oder Teilung im Frühjahr vor dem Neuaustrieb. Auch frische Samen keimen nach der Stratifikation (Kältebehandlung) bereitwillig.

PROBLEME Schneckenfraß. Viruskrankheiten treten häufig auf, sie werden durch Insekten, vor allem Blattläuse, übertragen. Anzeichen dafür sind dunkelviolette Flecken auf den Blütenblättern. Infizierte Pflanzen müssen entsorgt werden.

T. **'Adbane'** Horste aus glänzend grünem Laub breiten sich stark aus. Im August-September erscheinen Büschel aus sternförmigen, lila Blüten mit dunkelvioletten Punkten. Japanische Hybride. ↕ 75 cm. Z4

T. affinis (Gebirgs-Krötenlilie) An überhängenden, borstig behaarten Stängeln stehen ovale, zugespitzte, behaarte, silbergrüne, manchmal gepunktete, bis 10 cm große Blätter. Aus den Blattachseln erscheinen von Ende August bis September kleine Büschel aus hübschen, nach oben zeigenden, 2,5 cm großen weißen Blüten mit violetten Punkten. Aus Japan. ↕ 1 m. Z4 **'Key Lime Pie'** Blätter mit grünem Mittelstreifen.

T. bakeri siehe *T. latifolia*

T. dilitata siehe *T. macropoda*

T. **'Empress'** Besonders große, weiße Blüten mit schmalen, von violetten Punkten übersäten Blütenblättern öffnen sich im September-Oktober in endständigen Trugdolden. Breitet sich stark aus. Eine Hybride von *T. formosana.* ↕ 1 m. Z4

T. flava subsp. *ohsumiensis* siehe *T. ohsumiensis*

T. formosana (Formosa-Krötenlilie) Breitwüchsige Horste. Stängel aufrecht, am Grund bräunlich gefärbt, nach oben zu ins Grüne übergehend. Leicht behaart und mit glänzend grünen, herzförmigen, bis 5 cm langen Blättern besetzt, die insbesondere weiter oben den Stängel umfassen. Endständige, vielblütige Trugdolden aus meist lila Blüten mit karminroten Flecken öffnen sich im Herbst. Die Blütenfarbe variiert bei dieser Art stark. Nur in mildem Klima mit langem, frostfreiem Herbst blüht diese Pflanze verlässlich. Aus Taiwan. ↕ 1 m. Z7 **'Dark Beauty'** Dunkelviolette Blüten und dunkelgrünes Laub. **'Gilt Edge'** Blätter mit goldgelbem Rand. Die violetten, weiß gepunkteten Blüten öffnen sich etwas früher. Auslese aus Japan. ↕ 30 cm. **'Gilty Pleasure'** Goldgelbes Laub. Eine Mutation von 'Gilt Edge' mit lila, violett gepunkteten Blüten im September. **'Samurai'** Blätter mit unregelmäßigem, cremeweißem Rand. Violette, dunkler gepunktete Blüten im September. ↕ 5,5 m. **'Shelley's'** Reinweiße Blüten mit auffälligen dunkelvioletten Punkten. **Stolonifera-Gruppe** Wuchert stark. Violettrosa Blüten mit dunkleren Punkten öffnen sich zwischen Ende Juli und September, sind also nicht von frühem Frost bedroht. Vermutlich eine Hybride zwischen *T. hirta* und *T. formosana.* ↕ 1,1 m. **'Variegata'** Blätter mit schmalem gelbem Rand. Blüten violettrosa.

T. hirta (Borstige Krötenlilie, Tigerstern) Aus einem kompakten Wurzelstock wachsen dicht behaarte Stängel mit dunkelgrünen, herzförmigen, behaarten, 2–5 cm großen, komplett stängelumfassenden Blättern. Die nach oben gerichteten weißen Blüten sind violett gepunktet und öffnen sich im Spätsommer an den Stängelspitzen und in den oberen Blattachseln. *T. macropoda* wird manchmal unter diesem Namen angeboten. Aus Japan. ↕ 90 cm. Z4

'Alba' Reinweiße Blüten an etwas gebogenen Stängeln von August bis Oktober. **'Albomarginata'** Blätter mit schmalem, cremeweißem Rand. Weiße, tiefviolett gepunktete Blüten. **'Golden Gleam'** Goldgelbes Laub im Frühjahr. Weiße Blüten mit lila Tupfen. **'Miyazaki'** Bildet Bestände aus leicht überhängenden Stängeln mit einer Fülle hell-lilarosa Blüten. Sonnenverträglicher als die meisten Formen. ↕ 75 cm. **'Variegata'** Blätter mit schmalem weißem Rand. Im August hübsche lilarosa Blüten mit violetten Punkten.

T. **'Hototogisu'** Dichte, niedrige, breitwüchsige Staude mit überhängenden Stängeln und herrlich lilablauen Blüten, deren Farbe bei kühleren Temperaturen im August und September noch intensiver wird. *Hototogisu* ist der japanische Name für alle *Tricyrtis*-Arten. Vermutlich eine Hybride von *T. hirta.* Aus Japan. ↕ 60 cm. Z5

T. ishiiana Die dicht stehenden Stängel tragen breite, dunkelgrüne, bis 10 cm lange Blätter und relativ große, buttergelbe, fast röhrenförmige Blüten, die im Schlund rostrot gepunktet sind. Sie öffnen sich im August und September in Trauben an den Triebspitzen und in den Blattachseln. Eine Augenweide, die allerdings vollen Schatten und nährstoffreichen, sauren und feuchten, aber gut durchlässigen Boden braucht. Breitet sich kräftig aus. Leider ein Leckerbissen für Schnecken. Aus Japan. ↕ 60 cm. Z6

T. **'Kohaku'** Büschel aus weißgelben Blüten mit auffälligen weinroten Punkten stehen von Juli bis September in den Blattachseln. Breitet sich aus. Eine hübsche, neue japanische Hybride. ↕ 75 cm. Z6

T. latifolia syn. *T. bakeri* (Breitblättrige Krötenlilie) Die am frühesten blühende Art ist gleichzeitig die anspruchsloseste und eine typische Vertreterin ihrer Gattung. An aufrechten, behaarten Stängeln stehen breit ovale, an der Basis herzförmige, 8 cm lange, sitzende Blätter. An ihrer Spitze öffnen sich von Ende Juni bis August die Trugdolden mit nach oben gerichteten, senfgelben Blüten mit braunen Punkten. Aus Japan und China. ↕ 75 cm. Z4

T. **'Lemon Lime'** Hübsch goldgelbes, leicht grün gesprenkeltes Laub und Büschel aus intensiv tiefviolett gepunkteten lila Blüten, die einen schönen Kontrast zu den Blättern bilden. ↕ 60 cm. Z5

T. **'Lightening Strike'** Große ovale grüne Blätter mit gelben Streifen. Lila Blüten mit violetten Punkten von Juli bis Oktober. Breitet sich aus. Eine Staude für vollen Schatten und gleichmäßig feuchten Boden. Aus Japan. ↕ 75 cm. Z4

T. **'Lilac Towers'** Straff aufrechte, leicht filzige Stängel mit behaarten, dezent gesprenkelten Blättern und Büschel aus weißen, violett gepunkteten Blüten, die im Hochsommer an den Triebspitzen und Blattachseln erscheinen. Oft als *T. hirta* im Handel. Wohl eine Kreuzung zwischen *T. hirta* und *T. affinis.* ↕ 1 m. Z5

T. macrantha Eine auffällige Art mit manchmal bis zum Boden übergeneigten, von braunen Borsten bedeckten Stängeln. Blätter sitzend, oval bis lanzettlich oder linealisch und glänzend dunkelgrün. In den Blattachseln öffnen sich von August bis Oktober 3–4 cm große, röhrenförmige Blüten mit braun gepunktetem Schlund. Herkunft: Feuchtgebiete im Süden Japans. ↕ 90 cm. Z6 **subsp. macranthopsis** Glatte Stängel und an der Basis stärker eingeschnittene Blätter. Gelbe röhrenförmige Blüten mit braunvioletten Punkten. **subsp. macranthopsis 'Juro'** Gefüllte zitronengelbe Blüten.

T. macropoda syn. *T. dilitata* (Kleinblütige Krötenlilie) Winterhart und hübsch. Ovale, leuchtend grüne, 10−12 cm lange Blätter mit wachsartiger Textur stehen entlang aufrechter, schlanker Stängel. Aus den oberen Blattachseln erscheinen cremeweiße, 1,5−2 cm große Blüten mit violetten Punkten. Blütezeit Juli bis September. Der Name wird fälschlicherweise für eine Reihe verschiedener Pflanzen verwendet. Stammt aus Japan und Korea. ↕ 90 cm. Z4

T. **'Moonlight Treasure'** Große buttergelbe Blüten stehen im August und

September zu 2–5 in den Blattachseln vor einer Kulisse aus rauen, ledrigen, silbrig glänzenden und gefleckten Blättern. Verträgt Trockenheit. Stammt wahrscheinlich von *T. ishiiana* ab. ↕ 25 cm. Z6

T. ohsumiensis syn. *T. flava* subsp. *ohsumiensis* Die auffällige und empfindliche Art bildet dichte Horste aus steifen, aufrechten Stängeln. Breite, 5–20 cm lange, ovale bis länglich-ovale Blätter, die Grundblätter stängelumfassend. 3 cm große, buttergelbe, nach oben gerichtete Blüten öffnen sich im Spätsommer und Herbst. Der Neuaustrieb im zeitigen Frühjahr lockt Schnecken an. Aus Südjapan. ↕ 10 cm. Z7

T. 'Shimone' Aufrechte, breitwüchsige Stängel tragen von August bis September endständige oder in den Blattachseln stehende Büschel aus stark duftenden, weißen, mit rotvioletten Punkten übersäten Blüten. Ist vermutlich identisch mit 'Sinonome' und eine in Japan ausgelesene Hybride von *T. hirta*. ↕ 90 cm. Z5

T. 'Tojen' An elegant überhängenden Stängeln wachsen große, glänzende, dunkelgrüne Blätter und hell-lilaviolette, orchideenartige Blüten mit gelbem Schlund, die im August und September zu Weiß verblassen. Eine wüchsige, beliebte Hybride. Gut für den Vasenschnitt. ↕ 75 cm. Z6

T. 'White Towers' Kurze, aufrechte, eher langsam wachsende Pflanze mit behaarten Stängeln und Blättern sowie hübschen weißen Blüten mit violetten Staubgefäßen, die dicht gedrängt in den Blattachseln stehen. Ähnelt 'Lilac Towers' und ist vermutlich eine Hybride zwischen *T. hirta* und *T. affinis*. Wird oft mit *T. latifolia* 'Alba' verwechselt, die jedoch früher und in endständigen Trugdolden blüht. ↕ 30–45 cm. Z5

TRIFOLIUM
Klee
PAPILIONACEAE

Einige überraschend farbenfrohe Klee-Arten eignen sich für die Staudenrabatte oder für naturhafte Wildstauden-Pflanzungen.

Die über 200 ein-, zwei- oder mehrjährigen Arten stammen aus den gemäßigten und subtropischen Breiten der Erde mit Ausnahme Australasiens. An aufrechten bis niederliegenden Stängeln stehen stets wechselständig die meist 3-teiligen Kleeblätter, obwohl es auch Sorten mit 4, 5 und 7 Blättchen gibt. Die Blütenstände erscheinen entweder endständig oder in den Blattachseln. Sie setzen sich aus unzähligen winzigen Schmetterlingsblüten zusammen, die dicht gedrängt in Köpfchen stehen. Viele Arten sind als Unkraut gefürchtet, einige allerdings werden wegen ihres Laubs oder der Blüten zunehmend als Zierpflanzen geschätzt. Eine Bereicherung sind sie für Gehölzsäume und Blumenwiesen, wo sie durch ihr Nektarangebot Bienen und andere Insekten anlocken.

KULTUR Klee braucht Sonne und bevorzugt nährstoffreichen, feuchten, aber gut durchlässigen Boden.

VERMEHRUNG Sorten durch Teilung, ansonsten durch Aussaat.

PROBLEME Erbsen- und Speisebohnenkäfer.

T. ochroleucon (Blassgelber Klee) Aufrechte, behaarte Staude. Blätter 3-geteilt in bis 3 cm lange und etwa 1 cm breite, länglich-ovale bis lanzettliche Blättchen. Die blass gelblich weißen Blüten stehen in runden oder länglichen Köpfchen, die an kurzen Stielen oder auch ungestielt an den Triebspitzen sitzen. Breitet sich oft aggressiv aus. Herkunft: schattige oder feuchte Stellen in Europa und Asien. ↕ 30–50 cm. Z6

T. pannonicum (Ungarischer Klee) Buschige, aufrechte Staude, etwa so breit wie hoch. Blättchen am Grund verkehrt eiförmig, oben eher lanzettlich. An den Triebspitzen sitzen bis 10 cm lange Blütenköpfe aus hübschen cremegelben Blüten. Wegen ihrer Höhe braucht die Pflanze eine Stütze. Gut für den Schnitt. Herkunft: Wiesen und lichtes Gebüsch in Südost-Europa. ↕ 1 m. Z5

T. pratense (Wiesen-Klee, Rot-Klee) Aufrechte bis ausladende Staude mit verkehrt eiförmigen bis fast runden, unterseits feinhaarigen Blättchen. Die meist ungestielten Blütenköpfe sind etwa 2 cm breit und bestehen aus dicht gedrängten, winzigen rosa, weiß oder cremegelb gefärbten Blüten. Bevorzugt neutrale, etwas feuchte Böden, kommt aber auch mit anderem Erdreich zurecht. Wiesen-Klee wird in der Fruchtfolge als Gründüngung eingesät, weil er über die Wurzeln Luftstickstoff bindet und dem Boden zuführt. Er ist in ganz Europa beheimatet und in Nordamerika verwildert. ↕ 20–60 cm. Z6 **'Nina'** Gelbe Blätter. Eher schwachwüchsig. **'Susan Smith'** syn. 'Dolly North', 'Gold Net' Panaschiert, Blattadern der sonst grünen Blätter leuchtend gelb.

T. repens (Weiß-Klee) Kriechende, 20–50 cm lange, an den Knoten wurzelnde Stängel, die meist 3-teilige Blätter mit verkehrt ei- oder herzförmigen Blättchen tragen. Diese besitzen oft eine weißliche, zackige Zeichnung. In den Blattachseln stehen im Frühjahr, Sommer und Herbst kurz gestielte Blütenköpfchen aus kleinen weißen, manchmal rot überlaufenen Blüten. In der Regel werden nur Sorten als Zierpflanzen verwendet. Sie entstehen oft als Nebenprodukte bei groß angelegten Zuchtlinien, mit denen man die Eigenschaften des Klees als Nutzpflanze verbessern will. Weiß-Klee bevorzugt gut durchlässigen, kalkhaltigen Boden und wird als Gründüngung eingesät, obwohl er stark wuchern kann. Im Zusammenspiel mit *Heuchera* sieht diese Klee-Art gut aus, doch können Rüsselkäfer das Erscheinungsbild stark beeinträchtigen. In Nordamerika ausgewildert, aber in Europa beheimatet. ↕ 20 cm. Z4 **'Atropurpureum'** siehe

'Purpurascens'. **'Dragon's Blood'** Weiß und grün panaschierte Blätter mit roten Flecken. **'Good Luck'** 4- und mehrteilige Blätter mit dunkelrotem Fleck am Ansatz. **'Green Ice'** syn. 'Ice Cool' Blättchen mit silbriger Mitte. **'Harlequin'** Silbrige Blättchen mit spitzwinkliger, grüner Zeichnung am Ansatz und fedriger roter Markierung an der Spitze. Dadurch bekommt das gefiederte Blatt eine ausgeprägt dreieckige Mitte. **'Pentaphyllum'** siehe 'Quinquefolium'. **'Purpurascens'** syn. 'Atropurpureum' Braunviolette Blätter mit grünem Rand. **'Purpurascens Quadrifolium'** syn. 'Tetraphyllum Purpureum' Braunviolette, 4-teilige Blätter. Weiße Blüten **'Quinquefolium'** syn. 'Pentaphyllum' Braunviolette 5-teilige Blätter. Blüten gelb. **'Tetraphyllum Purpureum'** siehe 'Purpurascens Quadrifolium'. **'Wheatfen'** Violette Blätter und tiefrote Blüten. **'William'** Grüne Blättchen, zur Hälfte bis zu zwei Dritteln rot oder rosa getönt.

T. rubens (Purpur-Klee) Diese dekorative, buschige, aufrecht wachsende Staude hat blaugrüne, lanzettliche Blättchen mit fein gezähntem Rand und silbrig-samtiger Behaarung. Die spitz zulaufenden Blütenstände sind bis 8 × 2,5 cm groß und zunächst silbrig, bevor sich von unten nach oben tiefrote Blüten öffnen und beeindruckende karminrote Zapfen mit silbriger Spitze entstehen. Diese stehen einzeln oder auch paarweise an den Sprossspitzen. Dient als Gründüngung, liefert aber auch hübsche Schnittblumen. Herkunft: Mittel- und Osteuropa. ↕ 30–60 cm. Z6 **'Peach Pink'** Blassrosa Blüten.

TRILLIUM
Dreiblatt, Dreizipfellilie
TRILLIACEAE

Für diese im Frühjahr blühenden Waldpflanzen begeistern sich viele Gartenfreunde. Die Pflege ist jedoch nicht ganz einfach.

Die beliebten Pflanzen für Wald- oder Schattengärten umfassen fast 50 Arten und stammen aus dem Osten und Westen Nordamerikas sowie aus Ostasien. Die sommergrünen, langlebigen Stauden besitzen einen knollenartigen, unterirdischen Spross, das Rhizom, das mit trockenen Spreuschuppen bedeckt ist. Aus dessen Triebspitze wächst der gesamte oberirdische Teil der Pflanze mit ein oder zwei, selten auch mehreren Stängeln.

Bei den meisten Arten wirkt das andere Rhizomende wie »abgetrennt«, da der letztjährige Teil abstirbt und verrottet. Entlang des Rhizoms befinden sich unter den Schuppen schlafende Knospen, aus denen je nach Art und Wachstumsbedingungen neue Pflänzchen entstehen können.

Mit einsetzendem Wachstum treibt aus der Rhizomspitze der Blütenstandsstiel, Pedunculus genannt, aus.

An den Stängelspitzen bilden alle eingewachsenen Trillium-Arten 3 in etwa gleich große, grob rauten- bzw. eiförmige oder länglich ovale, spitz zulaufende Blätter aus. Im Gegensatz zu anderen verwandten Liliengewächsen sind die Blätter netzartig geadert.

Die Blüten bestehen aus 3 Kronblättern und 3 versetzt dazu angeordneten Kelchblättern. Man teilt die Pflanzen in zwei Gruppen ein: Bei den gestielten Arten stehen die Einzelblüten an kurzen Stielen über einheitlich grünen Blättern, die Blütenblätter sind eher abgespreizt. Bei den ungestielten Arten dagegen sitzen die Blüten unmittelbar auf den Blättern auf und das Laub ist mehr oder weniger stark hell- bis dunkelgrün oder bronzefarben gezeichnet. Die Blütenblätter stehen relativ aufrecht und eng beieinander.

Die Farbpalette der Blüten reicht von Weiß über dunkles Rotbraun bis zu Braunviolett. Die Kronblätter können einfarbig sein oder Maserungen in einer anderen Farbe aufweisen. Unter den rotbraun oder violett blühenden Arten gibt es Mutanten, denen die rote Farbe fehlt, sodass gelbe oder grüne Hintergrundtöne zum Vorschein kommen. Als Frucht entwickelt sich eine fleischige, beerenartige Kapsel mit Samen, die ein ölhaltiges Anhängsel besitzen. Dieses Elaiosom lockt Ameisen an, die dann die Samen forttragen. Alle Pflanzenteile sind für den Menschen giftig. Beim Rotwild hingegen wurden keinerlei Vergiftungserscheinungen beobachtet.

Nicht alle Arten eignen sich gleichermaßen für den Garten. Manche, insbesondere die ungestielten, ähneln sich zu sehr, während andere einfach nicht hübsch genug sind. Im Allgemeinen sind die gestielten farbenprächtiger und oft auffälliger. In letzter Zeit wurde die Gattung Trillium intensiv untersucht, umfangreiche Sammlungen mit vielen seltenen Varianten wurden zusammengetragen. Spezialisten

PARTNER FÜR DEN SCHATTEN

DER AUFRECHTE HORST der Dreizipfellilie erhält einen effektvollen Vordergrund durch die zierliche Schaumblüte, die sich reizvoll zwischen die höheren Stängel schiebt. *Trillium chloropetalum* gehört zu den robusteren Arten ihrer Gattung und blüht eindrucksvoll im Frühjahr, sofern sie vor Spätfrösten verschont bleibt. *Tiarella cordifolia* (hier die seltene Sorte 'Slick Rock') bildet mit ihrem grazilen Laub und den duftigen weißen Blütentrauben einen hübschen Kontrast zu den breiten *Trillium*-Blättern. Unerwünschte Tochterpflanzen kann man problemlos auszupfen.

kultivieren wesentlich mehr Arten als die hier genannten, doch sind sie oft nur selten erhältlich oder schwer zu ziehen. Leider stammen viele der zum Verkauf angebotenen Exemplare aus freier Natur. Man sollte derartige vermeintlich günstige Angebote meiden und bei Gärtnereien kaufen, die ihre Pflanzen selbst vermehren. ⚠

KULTUR Die meisten Trillium-Arten fühlen sich im Schatten von Laubbäumen wohl, vertragen im Garten aber fast volle Sonne. Sie bevorzugen normale, tiefgründige Gartenböden, die schwach sauer, neutral oder schwach basisch sein dürfen. Gut verrotteter Laubkompost tut ihnen gut, nicht jedoch Torf, denn darin faulen die Rhizome. Vor dem Blattaustrieb kann man leicht düngen. Viele Arten vertragen im Sommer Trockenheit und sind sehr genügsam, leiden jedoch unter Spätfrösten. Ungestielte Arten aus dem östlichen Nordamerika kommen mit den Bedingungen in Mitteleuropa weniger gut zurecht als ungestielte Arten aus dem Westen.

VERMEHRUNG Durch Teilung oder Aussaat. Die Anzucht aus Samen ist langwieriger und die Pflanzen blühen erst nach vier bis sieben Jahren. Empfehlenswerter ist die Teilung des Rhizoms nach der Blüte (siehe Kasten nächste Seite).

PROBLEME Blattläuse, Schnecken. In freier Natur dezimiert Rotwild die *Trillium*-Bestände.

T. albidum (Ungestielt) Eine robuste, Horst bildende Staude mit bis zu 20 × 15 cm großen ei- bis rautenförmigen, überlappenden Blättern, die mehr oder minder ausgeprägt dunkel gefleckt sind, wobei die Punkte gegen Ende der Saison verblassen. Die großen, auffälligen, rautenförmigen, bis 8 × 3 cm großen Kronblätter sind weiß, cremegelb oder rosa gefärbt und stehen leicht gespreizt über den 3 Kelch- und 3 Laubblättern. Eine der prächtigsten und anpassungsfähigsten Arten, die sich in jedem nährstoffreichen, relativ neutralen Boden wohlfühlt. Wächst in Küstenwäldern, Dickichten und auf Wiesen von Kalifornien bis nördlich des Columbia River in Oregon (USA). ↕ 25–60 cm. Z5

T. catesbaei (Gestielt) Schlanke Pflanzen mit hängenden Blüten, die manchmal von den ovalen bis eiförmigen, 15 × 8 cm großen Blättern verdeckt werden. Bei den meisten Exemplaren stehen die schmalen Blätter allerdings so hoch, dass die Blüten gut sichtbar sind. Grüne Kelchblätter auffallend zurückgebogen. Sie strecken sich nach der Blüte. Die 5 × 2 cm großen Kronblätter sind stark zurückgebogen, zur Spitze hin gewellt und weiß, rosa oder dunkelrosa gefärbt; sie dunkeln mit der Zeit nach. Leuchtend gelbe Staubgefäße. Gedeiht am besten in sauren Böden im lichten Schatten, reagiert manchmal empfindlich und bildet keine großen Horste. Wächst in freier Natur in sauren Böden unter immergrünen Sträuchern im Südosten der USA. ↕ 20–40 cm. Z5

T. chloropetalum (Ungestielt) Eine große, robuste, höchst variable Art mit schwach bis stark gesprenkelten, breit eiförmigen, etwa 7–17 cm langen und genauso breiten, an der Spitze etwas abgerundeten Blättern. Blütenblätter ebenfalls insgesamt variabel, zwischen 4,5–9 cm lang und 1,5–2,5 cm breit, wobei die Kronblätter am Ansatz keilförmig und an der Spitze abgerundet, spitz oder auch wie abgeschnitten aussehen können. Die Farbe variiert zwischen Cremeweiß, Weiß, Gelb, Grün, dunklem Rotbraun, Violett oder Naturbraun,

OBEN 1 *Trillium erectum*
2 *T. grandiflorum*

wobei Rotbraun im Garten am häufigsten vertreten ist. Wird öfter mit *T. sessile* verwechselt, ist aber größer und auffälliger. Herkunft: Kalifornien (USA). ↕ 20–60 cm. Z5 **var. *chloropetalum*** Blütenblätter nie weiß, sondern immer mit gelbem Grundton, der oft durch rotviolette oder naturbraune Schattierungen überdeckt wird. ↕ 20–40 cm. **var. *giganteum*** ♀ Blütenfarbe von Weiß bis Dunkelgranatrot, aber nie mit gelbem Grundton. ↕ 40–60 cm.

T. cuneatum (Ungestielt) Wüchsig, entwickelt stattliche Horste. Blätter eiförmig, bis zu 18 × 13 cm groß und während der Blüte stark gesprenkelt, gegen Ende der Wachstumszeit verblassen die Flecken. Die meist 6 × 3 cm breiten Blütenblätter sind dunkelrotbraun bis braunviolett, selten grün, gelb oder zweifarbig und am Ansatz am dunkelsten. Benötigt im Winter gleichmäßige Kälte. Wächst am besten auf Kalkböden, verträgt aber auch saure Bedingungen. Herkunft: Südosten der USA. ↕ 16–45 cm. Z5

T. erectum (Gestielt) Früh blühende, Horst bildende Art mit rautenförmigen Blättern, die 5–20 cm lang und breit werden und spitz zulaufen. Die Blüten sind beim Aufblühen normalerweise dunkel-rotbraun und verblassen dann zu einem matten Violett, können aber auch cremeweiß, gelb, weiß oder rosa gefärbt sein. Kronblätter 5 × 3 cm groß, lanzettlich mit schlanker Spitze oder eiförmig. Bei manchen Arten stehen die Blüten aufrecht an den Stielen, bei anderen hängen sie knapp über oder sogar unter den Blättern. In feuchtem, gut durchlässigem, schwach saurem bis neutralem Waldboden ist die Kultur der frostharten Art problemlos. Lässt sich leicht teilen. Kreuzt sich in freier Natur mit einer ganzen Reihe anderer Arten. Herkunft: Laubwälder im Osten Kanadas sowie im Süden und Südosten der USA. ↕ 10–60 cm. Z5 **fo. *albiflorum*** Weiße Blüten. **'Beige'** Beigefarbene Blüten. **fo. *luteum*** Blüten gelb, manchmal dunkel geadert.

T. flexipes (Gestielt) Hohe, auffällige, robuste, sehr variable Art. Die rautenförmigen Blätter sind 7–25 cm lang und genauso breit und bei manchen Sorten fast überlappend. Die Blattstiele stehen bei guten Gartenformen steif aufrecht, können aber auch schräg oder hängend sein. Die Spitze des Blütenstiels ist gebogen wie ein gebeugtes Knie, sodass die Blüten nach außen zeigen.

Eiförmige oder verkehrt eiförmige, weiße oder cremeweiße, bis zu 5 × 4 cm große Kronblätter mit auffälliger Nervatur. Die Blüten halten lange und duften zuweilen sogar. Aus ihnen entwickeln sich große, wildapfelähnliche Früchte. Kreuzungen mit *T. erectum* ergeben zum Teil hübsche Hybriden. Bevorzugt neutralen Boden, verträgt aber auch andere, ausgenommen stark saure Böden. Aus den östlichen USA. ↕ 20–50 cm. Z5

T. grandiflorum (Gestielt) Eine der prächtigsten *Trillium*-Arten mit den größten Blüten. Sie bildet Horste und hat dunkelgrüne, bis 20 × 15 cm große, eiförmige, anfangs manchmal dunkelrotbraun getönte Blätter. Die großen, trichterförmigen Blüten sind reinweiß und verfärben sich mit der Zeit mattviolett. Ihre relativ dünnen, bis 7,5 × 4 cm großen Kronblätter überlappen sich. Die bezaubernde Schattenpflanze zieht neutrale bis schwach saure, mit Laubmull angereicherte Böden vor, ist aber anfällig für Grauschimmel. Herkunft: Quebec (Kanada) und südlich bis in die östliche USA. ↕ 10–30 cm. Z5 **'Flore Pleno'** Gefüllte Blüten. In freier Natur und Gärten findet man verschiedene Formen mit gefüllter Blüte. **fo. *roseum*** Rosa, der Farbton hängt von Boden und Witterung ab. **'Snowbunting'** Wunderbare, gefüllte, weiße, gardenienartige Blüten.

TRILLIUM-HORSTE TEILEN

In aller Regel haben Dreizipfellilien einen sehr langsamen Zuwachs. Horst bildende Arten entfalten die schönste Wirkung, wenn man sie ungestört wachsen lässt. Erscheint eine Teilung notwendig, sollte man so vorsichtig wie möglich vorgehen. Graben Sie die Pflanze nach der Blüte aus und schneiden Sie die Endknospe zusammen mit einem 2–3 cm langen Rhizomstück ab. Die Knospe produziert nämlich einen Hemmstoff, der verhindert, dass Knospen weiter unten am Rhizom austreiben. Die abgetrockneten Schnittflächen bestäubt man mit Medizinalkohle oder einem Fungizid.

Das Rhizom sollte rasch wieder in Erde gesetzt werden. (Aber pflanzen Sie das abgetrennte Stück mit der Knospe zur Sicherheit ebenfalls ein.) Nachdem nun die Knospe fehlt, die das Wachstum der schlafenden Knospen unterdrückt hat, müssten sich im folgenden Jahr kleine Pflänzchen bilden. Man kann sie am Rhizom lassen, sodass ein mehrstängeliger Horst entsteht, oder sie in ruhendem Zustand entfernen und getrennt pflanzen. Sie erreichen das blühfähige Alter schneller als Sämlinge.

TRILLIUM-BLÜTEN

Zwei Gruppen werden unterschieden: Bei gestielten Arten wie *T. ovatum* sitzen die Blüten über den drei Blättern an 1–6 cm langen Stielen und spreizen die Kronblätter weit auseinander. Bei ungestielten Arten wie *T. chloropetalum* dagegen sitzen die Blüten direkt auf den Blättern und recken ihre Kronblätter mehr oder weniger aufrecht nach oben.

Trillium chloropetalum

Trillium ovatum

T. kurabayashii (Ungestielt) Große, wüchsige, Horste bildende Staude mit eiförmigen, 22 × 17 cm großen, grünen, dunkel marmorierten, etwas hängenden Blättern, die im Unterschied zu der ähnlichen *T. cuneatum* nicht ins Bläuliche gehen. Kronblätter aufrecht, spreizend, bis 10 × 3,5 cm groß, spatelförmig und dunkel-rotbraun oder rotviolett, selten auch blassgelb oder grünlich. Manchmal falsch als *T. sessile californicum* ausgewiesen und früher *T. chloropetalum* zugeordnet. Fühlt sich in nährstoffreichem Lehmboden wohl und belohnt Düngergaben mit hohem, kräftigem Aufwuchs, ist allerdings in manchen Gegenden frostanfällig. An der Nordküste Kaliforniens, in Südwest-Oregon und den nördlichen Gebirgsketten in den USA beheimatet. ↕ 20–60 cm. Z5

T. luteum ♀ (Ungestielt) Robuste Pflanze, die manchmal horstig wächst. Sie hat stark gesprenkelte, eiförmige bis fast runde, 17 × 10 cm große Blätter. Die lange haltenden, intensiv nach Zitrone duftenden Blüten tragen ovale, etwa 6 × 2 cm große Kronblätter. Sie sind zitronengelb, gelegentlich auch grünlich gelb gefärbt. Gedeiht gut in neutralen bis schwach alkalischen Böden, verträgt aber keine stark humosen oder saure Böden. Stammt aus den östlichen USA, wo es in der Nähe des Great Smoky Mountains National Park große Populationen gibt. ↕ 10–40 cm. Z5

T. ovatum (Gestielt) Wirkt wie *T. grandiflorum* im Kleinformat und ist nur schwer von dieser Art zu unterscheiden. Blätter ei- bis rautenförmig, bis 20 × 12 cm groß, mit auffälligen Hauptadern, mittel- bis dunkelgrün. Manche Blätter in der Jugend mit dunkel-rotbraunem Grundton. Die weißen, 7 × 4 cm großen Kronblätter nehmen mit der Zeit eine rosarote Farbe an und sind entlang der Hauptadern dunkler.

Sie überlappen sich nur selten und sind meist schmaler und weniger gewellt als die von *T. grandiflorum*. Im Allgemeinen unproblematisch, leidet jedoch unter Spätfrösten. Herkunft: von Kalifornien bis British Columbia (Kanada) im Norden sowie im Westen der USA. Isolierte Populationen gibt es ferner im Süden von Wyoming und Norden Colorados. ↕ 15–70 cm. Z5 **fo. ibbersonii** Zwergig, oft blassrosa. Endemisch auf Vancouver Island in Kanada. ↕ 5–25 cm.

T. recurvatum (Ungestielt) Eine auffällige, wenn auch nicht besonders schöne Art ist diese hohe Pflanze mit sprödem, auf dem Boden liegendem, nur fingerdickem Rhizom. Blätter eiförmig bis oval, bis 18 × 6 cm groß, dunkel gefleckt und deutlich gestielt. Kelchblätter auffällig zurückgeschlagen. Die Höhe der Pflanze wird zusätzlich betont durch eiförmige, zugespitzte, aufrechte, bis 5 × 2 cm große Kronblätter mit dunkel-rotbrauner Färbung. Gedeiht bestens in schwerer Lehmerde, kommt aber mit anderen Böden zurecht, nur nicht mit sauren Torfböden. Freut sich über Düngergaben. Herkunft: Ostteil der USA. ↕ 15–50 cm. Z5

T. rivale syn. *Pseudotrillium rivale* ♀ (Gestielt) Eine kleine, während der Blüte nur 3–5 cm hohe Art, die oft in Horsten wächst und sich während der Blüte sowie einige Zeit danach ausbreitet. Die glänzend grünen, bis 8 × 6 cm großen Blätter haben einen bläulichen Schimmer und präsentieren sich entweder gleichmäßig einfarbig oder mit hell-silbergrüner Aderung, was die Pflanze noch attraktiver macht. Sie stehen auf 1–3 cm hohen Stielen. Eiförmige bis fast runde, bis 3 × 2,5 cm große, weiße Kronblätter, abrupt in einer kurzen, warzenartigen Spitze auslaufend, mit rötlichen Flecken am Grund. Manche Exemplare sind so stark gefleckt, dass sie fast violett erscheinen.

Nach der Bestäubung beugen sich die Blüten bis unter die Blätter, wo sich die Samen entwickeln. Diese kleine Pflanze ist eine der bezauberndsten Waldlilien überhaupt und sollte ein schönes Fleckchen zugewiesen bekommen. In kühleren Gegenden tief pflanzen. Herkunft: Norden Kaliforniens und Oregon (USA). ↕ 10–15 cm. Z5

T. sessile (Ungestielt) Eine eher unauffällige, Horst bildende Art mit breitem Blattansatz und ovalen bis fast runden, bis 10 × 8 cm großen Blättern. Sie sind gefleckt, doch verblassen die Flecken nach der Blüte. Kronblätter oval, am Ansatz manchmal breiter, bis 3,5 × 2 cm groß und meist rotbraun mit bräunlichem Grundton. Sie färben sich zunehmend braun und werden dadurch unansehnlicher. Sorten mit gelber Blüte wirken oft strohgelb oder schmutzig. Sie blühen aber früh und lange und machen sich, auch wenn sie weniger prächtig sind, in einer größeren Gruppe ganz gut. Oft gibt es Verwechslungen mit anderen, insbesondere dunkleren Arten, etwa *T. chloropetalum* und *T. cuneatum*. Im östlichen Teil Nordamerikas verbreitet. ↕ 8–25 cm. Z5

T. sulcatum (Gestielt) Sehr große und hübsche Pflanze mit überlappenden, rauten- bis verkehrt eiförmigen, bis 20 × 22 cm großen Blättern. Die Blüten stehen an 6–11 cm hohen, steif aufrechten, oben gekrümmten Stielen, sodass die dunkel-rotbraunen, breit eiförmigen, 5 × 3 cm großen Kronblätter hervorragend zur Geltung kommen. Es gibt auch weiße, cremegelbe, graue, gelb gerandete, rosa oder zweifarbige Blüten, doch handelt es sich dabei wohl um Hybriden. Die Kronblätter sind nach vorne gerichtet oder etwas zurückgebogen. Ähnelt *T. erectum*, ist jedoch auffälliger und die Blüten stehen seitlich. Stammt aus dem Osten der USA. ↕ 30–70 cm . Z5

T. undulatum (Gestielt) Auffällige, farbenprächtige Art mit Stängeln, die direkt aus dem Boden wachsen, wobei die Blütenknospen schon leicht geöffnet sind, sodass man bereits ihre Farbe erkennt. Anfangs ist die ganze Pflanze dunkel-grünbraun oder weinrot gefärbt. Diese dunkle Färbung beginnt während der Blüte nach Dunkelgrün zu verblassen. Blätter eiförmig, bis 28 × 11 cm groß, deutlich gestielt. Kronblätter bis 5 × 2 cm groß, zu einem flachen Teller spreizend, äußere Hälfte etwas gewellt. Weiß, am Grund mit einem umgekehrten, dunkelroten V-Mal, von dem einige wenige dunkelrote Adern ausgehen. Wenige Stunden nach der Bestäubung verblassen die Blüten zu einem durchscheinendem Weiß. Früchte rund, leuchtend scharlachrot, ebenfalls sehr dekorativ, werden aber rasch von Vögeln verspeist. Die Art ist in Gärten sehr schwierig zu ziehen. Im Handel erhältliche Bestände stammen in der Regel aus freier Natur. Gedeiht am besten in tiefgründigen, humosen, sauren, kühlen Böden. Herkunft: von Quebec und den meernahen kanadischen Provinzen bis in die östlichen USA. ↕ 20–60 cm. Z5

T. vaseyi (Gestielt) Die imposante Pflanze ist die größte ihrer Gruppe und sie besitzt die größten Blüten. Die rautenförmigen, 10–20 cm langen und ebenso breiten Blätter bedecken die Blüte an einem 4–8 cm langen Stiel wie einen Schirm, ohne sie jedoch vor den Blicken zu verbergen. Sie entfaltet an wüchsigen Exemplaren wegen ihrer Größe eine verblüffende Wirkung. Kronblätter meist tief-karminrot, etwa 7 × 6 cm groß. Die Art gedeiht gut in humusreicher Walderde, sie sollte einen wenigstens halbschattigen Platz und Windschutz haben. Herkunft: tiefer gelegene Hänge und Talsohlen

---

UNTEN **1** *Trillium luteum* **2** *T. sessile*

PHYTOPLASMA-INFEKTIONEN

Bei Wildpopulationen von *Trillium grandiflorum* kommen grün gestreifte, gebänderte bzw. geflammte Blüten oder vergrößerte Kronblätter vor. Manche Pflanzen verändern ihr Aussehen völlig und bilden Blattbüschel sowie ungewöhnlich lange Blütenstiele. Hervorgerufen werden diese Veränderungen durch Phytoplasmen, das sind einfach gebaute Bakterien, deren Zellen keine Zellwand besitzen. Bei manchen Exemplaren stabilisiert sich der Zustand, sodass die Pflanze jahrelang mit den Veränderungen blüht und gedeiht. Andere hingegen werden hinfällig und gehen ein.

Die erkrankten Gewächse können durchaus dekorativ sein, Unsicherheit besteht noch über das Ausmaß der Schädigung durch die Infektion. Manche Gärtner vernichten eine Pflanze beim ersten Anzeichen eines Befalls, da es keine wirkungsvolle Gegenmaßnahme gibt. Andere behandeln sie als wertvolle Bereicherung ihrer Sammlung. Zwar sind viele grün gestreifte oder gemusterte Formen unzweifelhaft hübsch anzusehen und bekamen von frühen Botanikern sogar Namen verliehen, doch erscheint eine Vernichtung alles in allem doch ratsamer.

Die Krankheitserreger werden vermutlich von Zikaden und anderen saugenden Insekten übertragen. Sie befallen auch *T. erectum* und *T. undulatum*.

in den Bergen der südöstlichen USA. ↕ 30–60 cm. Z5

TROLLIUS
Trollblume
RANUNCULACEAE

Prächtig wirken die Trollblumen in feuchten Rabatten oder am sonnigen Teichrand.

Man unterscheidet etwa 30 Arten sommergrüner Stauden. Sie wachsen in Feuchtwiesen, an Flussufern und neben Gebirgsbächen in Europa, Nordasien und Nordamerika. Ihre kompakten Horste setzen sich aus hübsch gelappten oder finger- bzw. handförmig geteilten Blättern mit gelappten oder fiederschnittigen Abschnitten zusammen. Sie bilden aufrechte Stängel mit wechselständigen Blättern, die dem grundständigen Laub ähneln. An den Sprossspitzen öffnen sich im Frühsommer einzeln stehende, schalen- oder kelchförmige Blüten. Sie setzen sich aus 15 äußeren, kronblattähnlichen Kelchblättern und in etwa genauso vielen, schmalen, zu Nektar- bzw. Honigblättern umgewandelten Kronblättern zusammen. Auf sie folgen vielsamige Balgfrüchte.

KULTUR An vollsonnigen bis halbschattigen Standorten in feuchten Böden an einem Teich- oder Bachufer, auch in Rabatten, sofern das Erdreich gleichbleibend feucht ist.

VERMEHRUNG Durch Teilung (vor allem bei Sorten) oder Aussaat.

PROBLEME Echter Mehltau.

T. chinensis (Chinesische Trollblume) Kompakte, Horst bildende Pflanze. Grundblätter dunkelgrün, 6–12 cm lang, handförmig geteilt, mit 5 lanzettlichen, gelappten und gezähnten Abschnitten. Aufrechte, belaubte Stängel mit 3–7 Blättern und einzeln stehenden, endständigen, flach schalenförmigen, gelben Blüten mit aufrechten, orangegelben, stachelig wirkenden Honigblättern. Herkunft: feuchtes Grasland in Nordost-China. ↕ 60–90 cm. Z5 **'Golden Queen'** ♀ Bildet einen kompakten Horst aus dunkelgrünen, handförmig geteilten Grundblättern. Im Mai und Juni öffnen sich hoch über dem Laub schalenförmige, kräftig orangefarbene, 5 cm breite Blüten mit herausragenden, orangefarbenen Nektarblättern. ↕ 60 cm. Z5

T. × cultorum Horst bildende Art mit dekorativ geteilten, dunkelgrünen Blättern und zahlreichen, einzeln stehenden, kugeligen oder schalenförmigen, 4–7 cm breiten Blüten in verschiedenen Gelbtönen. An den komplexen Gartenhybriden sind *T. europaeus*, *T. chinensis* und die seltene *T. asiaticus* beteiligt. Von der Art gibt es viele Sorten, die meist kompakt wachsen und im Mai und Juni blühen. Lässt sich in feuchten Böden an sonnigen Standorten problemlos kultivieren. ↕ 60–90 cm. Z5 **'Alabaster'** Kugelige, blass-cremegelbe Blüten im Mai und Juni. Nicht sehr wüchsig. ↕ 60 cm. **'Canary Bird'** Rundliche, klarzitronengelbe Blüten. ↕ 75 cm. **'Cheddar'** Schalenförmige, halbgefüllte, cremegelbe, 5 cm breite Blüten. ↕ 45–60 cm. **'Commander-in-Chief'** Robuste Sorte mit großen, leuchtend orangegelben Blüten. ↕ 75 cm. **'Earliest of All'** Hellgelbe Blüten im April und Mai. ↕ 50 cm **'Etna'** Blüten in tiefem Orange. **'Feuertroll'** Tief-orangegelbe Blüten mit dunkleren orangefarbenen Nektarblättern. ↕ 65 cm. **'Goldquelle'** ♀ Leuchtend gelbe, 7 cm breite Blüten im Juni. ↕ 75 cm. **'Helios'** Robust, mit klargelben Blüten. ↕ 90 cm. **'Lemon Queen'** Blass-zitronengelbe, 7 cm breite Blüten im Mai und Juni. ↕ 60 cm. **'New Hybrids'** Samenmischung in Orange- und Gelbtönen. ↕ 60 cm. **'Orange Crest'** Orangegelbe Blüten mit auffällig herausragenden Nektarblättern in tiefem Orange. **'Orange Globe'** Kugelige, orange-goldgelbe Blüten. ↕ 60 cm. **'Orange Princess'** ♀ Wüchsig, mit Blüten in tiefem Orangegelb. ↕ 90 cm. **'Prichard's Giant'** Hoch, mit kräftig orangegelben Blüten. ↕ 90 cm. **'Superbus'** ♀ Goldgelbe Blüten, von Mai bis Juli, gelegentlich noch später. ↕ 50 cm.

T. europaeus (Trollblume) Variable Art mit kompakten Horsten aus mittelgrünen, bis 12 cm breiten, handförmig in 3–5 keilförmige, gelappte oder gesägte Abschnitte geteilten Blättern. Stängelblätter ganz ähnlich wie die Grundblätter geformt, aber kleiner. Von

RECHTS **1** *Trollius chinensis* 'Golden Queen' **2** *T. × cultorum* 'Alabaster' **3** *T. × cultorum* 'Earliest of All'

Mai bis August erscheinen endständige, kugelige, zitronengelbe, 3–5 cm breite Blüten mit einwärts gebogenen, kronblattartigen Kelchblättern. Herkunft: Feuchtwiesen in Europa, Nordamerika und Westasien. ↕60–80 cm. Z5

T. hondoensis Schlanke Art mit einem kompakten Horst aus geteilten, bis 12 cm großen Grundblättern. Die aufrechten Stängel tragen einige wenige kleinere Blätter und einzelne, dotterblumenähnliche, 3–4 cm breite Blüten. Die kronblattartigen Kelchblätter sind tiefgelb gefärbt und bilden einen spreizenden Kragen unterhalb der Krone aus schmalen Nektarblättern. Von Flussufern und feuchten Bergwiesen in Zentraljapan. ↕40–80 cm. Z6

T. papavereus siehe *T. stenopetalus*

T. pumilus Langsam wachsende Art mit glänzenden, 5-lappigen, 4–6 cm breiten Blättern, die ein schön geformtes Büschel bilden. Im Mai und Juni erscheinen leuchtend gelbe, weit geöffnete, an große Butterblumen erinnernde, 2,5–3,5 cm breite Blüten mit außen rötlich gefärbten Kelchblättern. Stängel aufrecht, meist unbeblättert. Herkunft: Alpenwiesen in Westchina, Tibet und dem östlichen Himalaja. ↕20–30 cm. Z5

T. stenopetalus syn. *T. papavereus* Lang gestielte, bis 8 cm breite, aus 3 gelappten Abschnitten zusammengesetzte Blätter. Aufrechte Stängel mit etwas kleineren Blättern und einer endständigen, schalenförmigen, gelben, bis 4 cm breiten Blüte, die im Mai oder Juni erscheint. Ähnelt *T. pumilus*, wird aber höher. Aus dem Bergland in Nordmyanmar und Westchina. ↕25–40 cm. Z6

T. yunnanensis Bildet einen schön geformten Horst aus glänzenden, 3- bis 5-fach handförmig geteilten, relativ variablen, bis 10 cm breiten Blättern. Abschnitte mehr oder weniger eiförmig und gelappt. Im Juni und Juli öffnen sich an den spärlich belaubten, aufrechten Stängeln einzeln stehende, schalenförmige, orangegelbe, 2–4 cm breite Blüten. Von Bergwiesen in Westchina. ↕50–70 cm. Z5

Tropaeolum
Kapuzinerkresse
TROPAEOLACEAE

Wesentlich mehr Reiz als ihre bekannten einjährigen Verwandten bieten die hübschen mehrjährigen *Tropaeolum*-Arten.

Zur Gattung werden 80 bis 90 unbehaarte, kletternde oder kriechende Ein- und Mehrjährige gezählt. Viele bilden knollige Wurzeln und stammen aus kühlen Gebirgsgegenden in Mittel- und Südamerika. Einige wenige mehrjährige Arten eignen sich für die Kultur im Freiland. Ihre wechselständigen, rundlichen, mitunter gelappten oder gezähnten Blätter stehen an langen Blattstielen, die sich oft um Zweige oder andere Stützen winden. Die mehr oder weniger trichterförmigen, gespornten, meist lang gestielten, orangefarbenen, roten oder gelben (gelegentlich sogar blauen oder violetten) Blüten stehen einzeln in den Blattachseln. Sie tragen in der Regel 5, manchmal auch weniger Kronblätter, die bisweilen gefranst oder deutlich gelappt sind. Die oberen beiden unterscheiden sich von den oft kleineren unteren 3 Kronblättern. Die Abstände zwischen den Blättern – und damit auch den achselständigen Blüten – werden nach oben zu immer geringer, sodass die Blüten an der Spitze der Stängel recht dicht gedrängt wirken.

KULTUR Die meisten Arten bevorzugen feuchte, durchlässige, nährstoffreiche Böden in voller Sonne bis Halbschatten. Kletternde Formen benötigen eine Stütze. Reichlich wässern und düngen.

VERMEHRUNG Durch Teilung der Knollen, manchmal auch über Stecklinge im Frühjahr.

PROBLEME Schmetterlingsraupen, Erdflöhe, Schnecken und Blattläuse.

T. pentaphyllum Eine grazile, aber nichtsdestotrotz wuchernde Art mit kletterndem Wuchs, die Brutknollen bildet. Violette Stängel und Blattstiele. Blätter 4 cm lang, Blättchen 5-fach handförmig geteilt. Zartrote, 2–3 cm lange Blüten mit langem rosa Sporn und grüner, rot gefleckter Innenseite. Große Bündel dunkel-blauschwarzer Beeren. Blüht im späten Frühjahr und Frühsommer und zieht dann ein. Ideal für sonnige Standorte und durchlässige Böden. Überwintert nur in sehr milden Gegenden im Freien, besser man nimmt vor dem Winter die Knollen auf und lagert sie vor Frost geschützt. Aus Chile. ↕3 m. Z9

T. polyphyllum Die sehr auffällige Zierpflanze wächst eher niederliegend und kriechend. Sie bildet eine bis 1 m breite Matte. Aus einer langen, schmalen, sehr tief reichenden Knolle treiben meist niederliegende Stängel aus. Das hübsche, lang gestielte, silbrig graue, tief gelappte, bis 8 cm lange Laub dient als reizvolle Kulisse für das Meer aus tiefgelben, gelegentlich orange- oder ockerfarbenen, lang gespornten, 4 cm langen Blüten, die im Sommer erscheinen. Relativ winterhart, weil die Rhizome bis 1 m tief in die Erde reichen (aber deswegen schwer zu teilen). Man lässt diese Kapuzinerkresse am besten an einem sonnigen Platz in durchlässigem Boden ungestört wachsen. ↕10 cm. Z8

T. speciosum ♀ Zarte, kletternde Staude für kühlere Klimazonen. Aus tief wurzelnden, dünnen weißen Rhizomen entwickeln sich schlanke Stängel mit grünen, behaarten, 4 cm breiten, handförmigen Blättern, die aus bis zu 7 gekerbten, keilförmigen Abschnitten zusammengesetzt sind. Die lang gespornten, 3 cm großen Blüten sind leuchtend scharlachrot. Auf sie

LINKS **1** *Tropaeolum polyphyllum*
2 *T. speciosum* **3** *T. tuberosum* var.
lineamaculatum 'Ken Aslet'

folgen blauschwarze runde Beeren.
Die Art zieht kühle, feuchte, durchlässige Böden vor und braucht einen
beschatteten Wurzelraum, aber Sonne
für die Triebe – Bedingungen also, wie
sie etwa unter einem Rhododendron
herrschen. Man lässt sie manchmal an
Eibenhecken hochklettern. ↕ 4 m. Z8

T. tuberosum Rot oder violett getönte
Stängel wachsen aus großen, violett
gefleckten, gelben, kartoffelähnlichen,
essbaren Knollen. 3- bis 6-fach gelappte,
bläulich grüne Blätter, deren lange Stiele
sich um Stützen winden. In den Blattachseln erscheinen von August bis zu den
ersten Frösten an rot getönten Stielen
3–4 cm breite, scharlachrote und gelbe
Becherblüten mit hochrotem Sporn. Die
frostempfindlichen Knollen müssen vor
dem Winter aufgenommen und frostfrei
überwintert werden. Wird in Südamerika wegen der essbaren Knollen als
Nutzpflanze gezogen und als »Mashua«
bezeichnet. Dort gibt es sogar eine große
Zahl lokaler Sorten. Aus Kolumbien,
Ecuador, Peru und Bolivien. ↕ 1,2–1,8 m.
Z8 var. *lineamaculatum* 'Ken Aslet' ⚥
Hübsche zweifarbige Blüten in Orange und Rot an tiefroten Stielen. Blüht
früher als die Art. Hübsches, rundliches,
blaugrünes Laub. ↕ 8 m. var. *piliferum*
'Sidney' Orangefarbene, 2–3 cm lange
Blüten. Sehr schlanke Knollen.

TULBAGHIA
ALLIACEAE

Auffällige Dolden aus sternförmigen Blüten tragen diese
Zwiebelgewächse mit unverkenn-
barem Geruch im Sommer.

Ungefähr 25 Arten werden zu
dieser Gattung gezählt. Sie sind
allesamt im mittleren und südlichen
Afrika beheimatet. In den Gärten
gemäßigter Zonen werden nur
wenige als Zierpflanzen kultiviert.
Aus den Zwiebeln oder Rhizomen
entwickeln sich dichte Horste aus
riemenförmigen, immergrünen,
unbehaarten, grünen oder graugrünen Blättern. Den ganzen Sommer
über trägt die Pflanze an aufrechten
Schäften hübsche Dolden aus etwa
10 zarten, sternförmigen, meist
lila, rosa oder weißen Blüten. Die
6 Kronblätter sind unten zu einer
schmalen Röhre verwachsen, die
Zipfel besitzen zum Teil eine haken-
artige Spitze. Die Kronblattzipfel
öffnen sich im rechten Winkel zur
Röhre und bilden einen flachen
Blütenteller. Am Schlund sind kleine Erhebungen zu erkennen, die
Corona genannt werden. Dadurch
bekommen manche Blüten ein
narzissenähnliches Aussehen. Meist
bleiben sie aber stark reduziert und
sehen wie eine Reihe kleiner Zähne
aus. Die Blüten mancher Arten duften, vor allem nachts.

KULTUR Am besten an vollsonnigen
Standorten in durchlässigen, mäßig
nährstoffreichen Böden. Gut für Kiesgärten, Pflasterfugen und sonnenex-
ponierte Plätze vor Mauern geeignet.
In weniger begünstigten Regionen
kommt eine Topfkultur mit frostfreier
Überwinterung in Frage.

VERMEHRUNG Durch Teilung oder
Aussaat. Sämlinge blühen im zweiten oder dritten Jahr.

PROBLEME Blattläuse.

T. 'Fairy Star' Dolden aus etwa 10 blassrosa Blüten mit dunklerem Auge. Blüht
im Sommer und Frühherbst sehr reich.
Niedrig. Eine Hybride von *T. violacea* und
der seltenen Art *T. cominsii*. ↕ 30 cm. Z8

T. 'John May's Special' Große violette
Blüten mit abgerundeten Zipfeln. Die
3 inneren Kronblattzipfel sind an der
Basis blasser. Weiße Corona. Die beste
der winterhärteren Sorten. ↕ 80 cm. Z8

T. violacea (Zimmerknoblauch) Bildet
dichte Horste aus schmalen, graugrünen, 30 × 1 cm großen Blättern.
Unbelaubte, etwas abgeflachte, violette
Schäfte mit sternförmigen, leicht duftenden, 2 cm breiten Blüten. Kronblätter mit dunklerem Mittelstreifen. Etwa
10–15 Blüten pro Dolde. Blütezeit
Hochsommer bis Frühherbst. Wird
am besten in Töpfen mit Gartenerde
in einem sonnigen Innenhof oder in
einem warmen Kräuterbeet gezogen.
Blüht sehr lange. Die seltene Varietät
var. *robustior* wurde wegen ihrer besseren Wüchsigkeit und Größe als Elternpflanze für die besten Sorten verwendet.
Aus Südafrika. ↕ 45 cm. Z8 'Alba' Weiße Blüten aus blassrosa Knospen. 'Pallida' Weiße Blüten aus rosa Knospen.
Corona rosa. Z9 'Silver Lace' Etwas
größere Blüten und graugrüne, weiß
gestreifte Blätter. Außerhalb der Blütezeit wertvoll als Blattschmuckstaude. Z9

TUNICA siehe PETRORHAGIA

RECHTS *Tulbaghia violacea* 'Silver Lace'

U

UNCINIA
CYPERACEAE

Alle Seggen-Arten tragen farbenprächtiges Laub und glänzende Samen mit auffälligen Anhängseln.

Von Australien und Neuseeland bis Neuguinea sowie von Mexiko über die Karibik bis zum argentinischen Teil von Feuerland an der Südspitze Südamerikas findet man an kühlen, feuchten, exponierten Standorten rund 35 *Uncinia*-Arten. Sie bilden lockere, immergrüne Büschel aus schmalen, flachen, an der Basis gekielten, am Rand rauen Blättern und bilden faserige Wurzeln aus, die sich manchmal durch kurze Ausläufer verbreiten. Insbesondere die in Australien und Neuseeland beheimateten Arten zeichnen sich durch prächtiges rotes bis mahagonifarbenes Laub aus. Die schlanken, geraden Halme sind in der Regel dreikantig. Sie tragen unscheinbare Ährchen, in denen die männlichen Blüten an der Spitze stehen. Die darunter angeordneten weiblichen Blüten reifen zu glänzenden, dreikantigen, nussartigen Früchten heran, die sich mit den kleinen gekrümmten Fortsätzen an Pelz oder Stoff festhaken und so für die Verbreitung sorgen.

Am schönsten färbt sich das Laub zwischen Herbst und Frühjahr, bei Hitze ziehen die Pflanzen ein, sie wachsen eher während der kühleren Jahreszeiten. Wunderbare Kombinationen ergeben sich zusammen mit anderen Feuchtigkeit und Kühle liebenden Gräsern sowie mit früh blühenden Zwiebelblumen. Allerdings sind sich bei den Neuseeländischen Seggen sogar Botaniker uneins über die Unterscheidung und Benennung der verschiedenen Arten.

KULTUR Braucht gut durchlässige, Wasser speichernde Böden und volle Sonne. Der Wurzelbereich muss kühl bleiben und sollte daher von Kieseln, Steinen oder organischem Mulch bedeckt sein. In Gebieten mit heißen Sommern für Schatten sorgen.

VERMEHRUNG Aussaat oder Teilung.

PROBLEME In der Regel keine.

U. egmontiana Dichte, durchscheinende Büschel aus flachen, schmalen, 1,5 mm breiten Blättern. Sie sind stumpfrot bis grün gefärbt und tragen orangefarbene Streifen und Flecken, die im Herbst und Winter breiter werden. An schlanken Trieben stehen bis zu 9 cm lange Ährchen mit rötlich-grünen Blüten, die zu glänzend schwarzen, nussartigen Früchten heranreifen. Wirkt am schönsten in Gruppen an geschützten Standorten entlang von feuchten Zonen oder in Sumpfbeeten. Herkunft: Tussock-Grasland, Busch und Sümpfe in Gebirgsregionen Neuseelands. ↕ 40 cm. Z8.

U. rubra (siehe auch *U. uncinata rubra*) Wächst in lockeren Büscheln aus extrem dünnen, flachen, dunkel- bis grünlichroten Blättern. Hat lange Halme mit schmalen, steifen, bis 6 cm langen Ährchen aus roten bis rotbraunen Blüten, aus denen sich ein kleiner gelbbrauner, nussartiger Samen mit doppelt so großem Anhängsel entwickelt. Wächst feuchte Stellen im Garten gern zu und macht sich gut neben kontrastreichen blauen oder panaschierten Seggen. Verbreitung: Vorwiegend Gebirgsregionen und Moorgebiete in Neuseeland. ↕ 30 cm. Z8.

U. uncinata Dichte, immergrüne Büschel aus leicht überhängenden, glänzenden, 4–5 mm breiten Blättern, die unterschiedlich getönt sind. Im Juli-August erscheinen schlanke Halme, die unterhalb der schmalen, zusammengedrückten, bis 20 cm langen Ährchen leicht behaart sind. Blütenfarbe gelb bis hellbraun, nussartige Früchte glänzend gelbbraun. Fühlt sich unter trockeneren Bedingungen wohler, als man aus dem Herkunftsgebiet schließen könnte, und bevorzugt Sonne oder Halbschatten. Wächst vom Meeresspiegel bis in Mittelgebirgslagen in feuchten Spalten, Wäldern und Gebüsch in Neuseeland. ↕ 45 cm. Z8. *rubra* Bezeichnung für *U. rubra* und manchmal für besonders schön gefärbte Sorten von *U. uncinata*. Zudem variiert die Blattfärbung je nach Wetter und Umgebung.

UNIOLA siehe CHASMANTHIUM

UROSPERMUM
Schwefelkörbchen
ASTERACEAE

Die Blüten ähneln einem großen, behaarten, ausgesprochen blassblütigen Löwenzahn.

Auf trockenem Kulturland wachsen die beiden aus dem Mittelmeerraum stammenden Arten – die eine einjährig, die andere mehrjährig, und nur die Staude trifft man in Gärten an. Die Blätter sind länglichoval bis leierförmig, ungeteilt oder geteilt und am Stängel wechselständig angeordnet. Bei der mehrjährigen Art bilden die Grundblätter eine Rosette. Die Pflanze sondert einen milchigen Saft ab. An aufrechten Stängeln stehen ein oder mehrere gelbe Blütenkörbchen, die ähnlich dem Löwenzahn vollständig aus Zungenblüten bestehen. Sie reifen zu flaumigen Samenständen heran, der Wind trägt die Samen mit ihrem »Fallschirm« aus fedrigen Borsten, dem Pappus, davon.

Der hübsche Bewohner mediterraner Gärten eignet sich für den Vordergrund sonniger Rabatten.

KULTUR Wächst in jedem guten, durchlässigen Boden in der Sonne.

VERMEHRUNG Durch Samen oder Teilung im Frühjahr.

PROBLEME In der Regel keine, allerdings sehr kurzlebig.

U. dalechampii (Weichhaariges Schwefelkörbchen) Die Rosette besteht aus weich behaarten, schrotsägeförmig gesägten, verkehrt-eiförmigen, 5–19 cm langen Blättern, deren Lappen einzeln nach unten eingerollt sind. Aufrechte Stängel tragen kleinere, weniger stark eingeschnittene, wechselständig angeordnete Blätter. Die 5 cm großen Blumen stehen einzeln bzw. zu 2–3 an den Trieben und sind meist blassgelb, manchmal nach außen hin an der Unterseite rot, blassviolett oder braun gefärbt. Die einzelnen Blütenblätter sind an der Spitze 5-fach gezähnt, wobei die Ränder der einzelnen Zähne einen zarten dunklen Rand aufweisen. Aus den Blumen entwickeln sich hübsche Samenstände mit flaumigen Samen, die der Wind verweht. Die Pflanze kommt auf Feldern und in Olivenhainen von Spanien bis Serbien-Montenegro vor. ↕ 40 cm. Z6

UVULARIA
Trauerglocke, Goldglocke
CONVALLARIACEAE

Eine elegante Erscheinung sind diese dauerhaften Waldstauden an schattigen Stellen.

UNTEN 1 *Uncinia uncinata* **2** *U. rubra*
3 *Urospermum dalechampii*

Zu dieser Staudengattung rechnet man 5 Arten, die allesamt aus Wäldern im Osten Nordamerikas stammen. Aus kriechenden Rhizomen bilden sich Horste oder ganze Gruppen aus drahtigen, aufrechten Stängeln, die an der Spitze überhängen und sich nach oben hin gabelig verzweigen. Ganzrandige, ungestielte, elliptische Blätter verlaufen in zwei Reihen wechselständig entlang der Stängel. Aus den oberen Blattachseln sprießen nickende, 6-zipfelige, schmal glockenförmige, bis zu 5 cm lange gelbe Blüten.

KULTUR In feuchtem, aber gut durchlässigem, mit Humus angereichertem Boden im Halbschatten.

VERMEHRUNG Durch Teilung oder Aussaat

PROBLEME Schneckenfraß.

U. grandiflora ♀ (Hänge-Goldglocke) Die Art mit den größten Blüten bildet mit ihren fleischigen Wurzeln langsam große Gruppen. 6–13 cm lange, länglich ovale bis lanzettliche, flaumige Blättchen, die auf der Unterseite weiß behaart sind, stehen an unverzweigten Stängeln und sind im oberen Bereich durchwachsen. Im späten Frühjahr trägt jeder Trieb bis zu 4 sattgelbe, bis 5 cm lange Blüten. Kommt fast überall im Osten der USA vor, gilt in manchen Staaten aber als gefährdet. ↕ 30–65 cm. Z5 **var. *pallida*** Blassgelbe Blüten.

U. perfoliata (Kleine Goldglocke) Bildet mit ihren fleischigen Wurzeln dichte Gruppen. Ovale, am Blattansatz grau überhauchte, 4–11 cm lange Blätter umfassen die Stängel. Im späten Frühjahr und Frühsommer bildet sich pro Stängel je eine blassgelbe, glockenförmige Blüte, die selten länger als 3 cm wird. Bevorzugt sauren Boden. Stammt aus dem Osten und Süden der USA. ↕ 25–50 cm. Z4

U. sessilifolia syn. *Oaksiella sessilifolia* (Aufrechte Goldglocke) Die kleinste Art hat 7–9 cm lange, länglich ovale bis lanzettliche, oberseits kräftig grüne, unterseits grau getönte Blätter. Zwischen spätem Frühjahr und Frühsommer öffnen sich an meist verzweigten Stängeln einzelne blass- oder strohgelbe, 1,5–2,5 cm große Blüten. Im Osten der USA bis in den Süden Floridas verbreitet. ↕ 20–35 cm. Z4

GELBTÖNE

DIE SCHLANKEN, NARZISSENGELBEN BLÜTEN VON *Uvularia grandiflora* leuchten zwischen dem frischgrünen Laub hervor, während sich der Horst langsam ausdehnt. Denselben Farbton schlägt die Trollblume (*Trollius europaeus*) an, die im Hintergrund des Sumpfbeets wächst. Auch sie bildet Horste und wird sich gemeinsam mit ihrer Nachbarin Jahr um Jahr ein bisschen mehr ausbreiten, sofern man ihnen im Frühjahr eine reiche Kompostauflage gönnt. Eine attraktive Begleiterin findet sich in der extrem spät blühenden Narzisse *Narcissus poeticus* var. *recurvus*, deren rot gerandete, gelbe Krone das i-Tüpfelchen zur Kombination beiträgt.

V

VALERIANA
Baldrian
VALERIANACEAE

Mit seinem dekorativen Laub und den duftigen Blütenständen schafft Baldrian ein naturnahes Ambiente im Garten.

Die Gattung ist mit rund 200 Arten auf feuchten Wiesen, in Wäldern und im Gebirge überall auf der Welt mit Ausnahme von Australien verbreitet. Sie besteht aus sommergrünen, manchmal verholzenden Stauden, Sträuchern und Einjährigen mit Rhizomen oder Pfahlwurzeln. Die Blätter sind gegenständig und vielgestaltig, wobei die Stauden oft eine grundständige Rosette und paarig gefiederte Stängelblätter besitzen. Ihr aromatischer Duft ist nicht immer angenehm. Im Sommer öffnen sich in endständigen, schirmförmigen Trugdolden kleine, schmale Röhrenblüten in Rosa-, Weiß- oder Gelbtönen.

Baldrian eignet sich als Zierpflanze für gemischte Rabatten, naturnahe Pflanzungen sowie Bauern- und Landgärten.

KULTUR Fühlt sich in der Sonne oder im Halbschatten in jedem feuchtigkeitsspeichernden Boden wohl. Gebirgsarten bevorzugen einen sonnigen Standort und gut durchlässigen Boden. Hochstängelige Exemplare mit Ruten stützen.

UNTEN **1** *Valeriana officinalis*
2 *V. phu* 'Aurea' **3** *Vancouveria hexandra*

VERMEHRUNG Durch Teilung, Aussaat oder grundständige Stecklinge im Frühjahr.

PROBLEME In der Regel keine.

V. officinalis (Echter Baldrian) Aufrechte, Horste bildende, sommergrüne Pflanze mit fleischigen, verzweigten Trieben. Die 20 cm großen, aromatisch duftenden Blätter setzen sich aus bis zu 25 hellgrünen, schwertförmigen Fiederblättchen zusammen. Von Juni bis August erscheinen duftige, schirmförmige Trugdolden aus 5 mm langen, rosa oder weißen Röhrenblüten. Baldrian wird als Heilkraut in der Pharmazie, als Duftstofflieferant in der Parfümherstellung und als Gewürz für Speisen und Getränke genutzt. Aus Europa, einschließlich der Britischen Inseln, sowie Westasien. ‡ 1,2–2 m. Z8 **subsp.** *sambucifolia* (Holunderblättriger Baldrian) Dekorative Blätter aus bis zu 9 Fiederblättchen mit gezähntem Rand.

V. phu 'Aurea' Horste bildende, sommergrüne Pflanze, die sich durch Rhizome ausbreitet und mit ihrem dekorativen, duftenden Laub gemischte oder krautige Rabatten bereichert. Die grundständige, im Frühjahr zartgelbe Blattrosette färbt sich im Sommer lind- bis mittelgrün. Die unteren Blätter sind einfach oder fiederspaltig, oval und etwa 20 cm lang. Im Juni öffnen sich flache Trugdolden aus weißen, etwa 4 mm langen Röhrenblüten. ‡ 1,5 m. Z8

V. pyrenaica (Pyrenäen-Baldrian) Stattliche, Horste bildende, sommergrüne Pflanze, die große, eiförmige bis runde, dunkelgrüne, bis 20 cm lange Blätter mit tief gezähntem Rand trägt. Schirmförmige Blütenstände aus hellrosa, 5–6 mm langen Röhrenblüten öffnen sich im Mai und Juni an braun getönten Stängeln. Aus den Pyrenäen, aber in Europa weiträumig ausgewildert. ‡ 90 cm. Z7

VANCOUVERIA
Vancouverie
BERBERIDACEAE

Die Pflanzen der Gattung sind hinreißende Waldbewohner aus den USA, eher zart und zierlich als aufdringlich und dominant.

Zur Gattung gehören 3 aus den Wäldern Kaliforniens, Oregons und Washingtons stammende immergrüne oder sommergrüne Arten, die sich langsam zu lockeren Kolonien ausbreiten. Sie sind sich sehr ähnlich: Schlanke, drahtige Stängel tragen mehrfach gefiederte Blätter mit 3–9 leicht gewellten, oft dreiteiligen Fiederblättchen. Im Frühsommer zeigen sich über dem Laub duftige Blütenstände aus kleinen, weißen oder gelben, nickenden Blüten mit 6 zurückgebogenen, kronblattähnlichen Kelchblättern. Die Gattung ist das amerikanische Pendant zu den aus Asien stammenden *Epimedium*-Arten mit 4 Kelchblättern, hat aber im Gegensatz zu diesen 6 Kelchblätter.

KULTUR Gedeiht im Halbschatten in feuchtem, gut durchlässigem Boden.

VERMEHRUNG Durch Aussaat oder Teilung.

PROBLEME In der Regel keine.

V. chrysantha Sich langsam ausbreitende Kolonien mit ledrigen, eiförmigen oder ovalen, bis 4 × 4 cm großen, oberseits dunkelgrünen, unterseits grau getönten und behaarten Blättchen. Im Frühsommer öffnen sich 1–1,3 cm große Blüten. Sie stehen in lockeren Büscheln oder Trauben von bis zu 15 zusammen. Ähnelt *V. hexandra*, ist jedoch immergrün und hat gelbe Blüten. Gedeiht am besten in Humusböden. Aus Oregon (USA). ‡ 20–30 cm. Z7

V. hexandra (Rüsselsternchen) Bildet kleine, allmählich in die Breite wachsende Kolonien. Die sommergrünen, gefiederten Blätter sind zunächst weiß und behaart, spärer dann oberseits hellgrün, unterseits grau getönt. Sie bestehen aus dünnen, ovalen, 5–8 cm langen Blättchen. Vom späten Frühjahr bis zum Sommer hängen 10–13 mm breite, weiße Blüten an fadenartigen Stielen in lockeren Rispen aus bis zu 45 Blüten. Die beliebteste *Vancouveria*-Art. Von Washington bis Kalifornien (USA) verbreitet. ‡ 20–35 cm. Z5

VERATRUM
Germer
MELANTHIACEAE

Der Germer ist ein winterharter, Schatten liebender, eleganter Sommerblüher mit gefälteten Blättern.

Zur Gattung gehören etwa 20 sommergrüne Arten, die auf der Nordhalbkugel verbreitet sind. Sie wachsen auf Feuchtwiesen und in lichten Waldgebieten und breiten sich durch kräftige, schwarze Rhizome aus. Ihre großen, wechselständigen, mittel- bis dunkelgrünen, ei- bis schwertförmigen Blätter sind längs gefaltet. Im Sommer zeigen sich an gedrungenen, hohlen, beblätterten, aufrechten Blütenstängeln endständige Rispen. Sie tragen zahlreiche winzige, sternförmige, grün, weiß, rotbraun oder fast schwarz gefärbte Blüten, aus denen sich Kapselfrüchte in dekorativen, bis 2,5 cm großen Fruchtständen entwickeln.

Früh blühende Arten treten im Sommer nach dem Samenansatz in eine Ruheperiode. Germer eignet sich hervorragend für Gehölzbereiche oder andere naturnahe Gartenpartien. Auch zwischen Sträuchern oder in einer formbetonten Rabatte macht

OBEN **1** *Veratrum album* **2** *V. nigrum*

er sich gut. Alle Pflanzenteile sind bei Verzehr giftig. Kontakt mit Blättern oder Saft kann Hautreizungen hervorrufen. ⚠

KULTUR In feuchtem, jedoch durchlässigem Humusboden im Halbschatten. Auch volle Sonne wird vertragen, vorausgesetzt, der Boden trocknet nicht aus. Vor kalten, austrocknenden Winden schützen.

VERMEHRUNG Aussaat oder Teilung im zeitigen Frühjahr bzw. Herbst.

PROBLEME Schneckenfraß.

V. album (Weißer Germer) Hohe, beeindruckende und recht variable, Horste bildende Art mit filzigen Stängeln, an denen in Bodennähe 10–12 breit ovale bis schwertförmige, 30 cm lange und 15 cm breite Blätter stehen. Im Juni und Juli erscheinen zahlreiche, 1–2 cm große, grünweiße oder weiße, sternförmige, kurz gestielte Blüten in breit verzweigten, traubigen Rispen an filzigen Stängeln. Aus Europa, Nordafrika und Nordasien. ↕ 2 m. Z5

V. nigrum (Schwarzer Germer) ♀ Kompakte, Horste bildende Pflanze mit großen, breit elliptischen, 35 cm langen und 20 cm breiten, zur Stängelspitze hin etwas kleineren Blättern. Trägt im Juli und August 1,5 cm große, rotbraune bis fast schwarze, unterseits grün gestreifte Blüten in Rispen, die unangenehm riechen. Aus Südeuropa und Asien. ↕ 60–120 cm. Z6

V. viride (Grüner Germer, Amerikanische Nieswurz) Kompakte, horstförmig wachsende Pflanze mit eiförmigen bis ovalen, 30 cm langen und 15 cm breiten, zur Stängelspitze hin etwas kleineren Blättern. Im Juni und Juli erscheinen grüne bis gelbgrüne, 2 cm große Blüten an mehrfach verzweigten, eleganten Stängeln. Verträgt nasse Böden. Aus Nordamerika. ↕ 2 m. Z3

VERBASCUM
Königskerze, Wollkraut
SCROPHULARIACEAE

Zunehmender Beliebtheit erfreut sich die prächtige Königskerze, deren Farbenspektrum immer umfangreicher wird.

Die rund 300 Arten dieser Gattung wachsen vorwiegend in Europa und der Türkei auf kargen, trockenen Böden oder in aufgebrochener Erde, wo ihnen kaum eine andere Pflanze den Lebensraum streitig macht. Sie sind überwiegend zweijährig, aber auch kurzlebige Stauden, Einjährige und ein paar niedrige Sträucher gehören zur Gattung.

Ihre Höhe variiert zwischen 20 cm und 2 m. Meist bilden sie eine grundständige, mitunter recht hübsche Rosette aus oft grau filzig behaarten, wechselständigen Blättern. Diese sind einfach bis tief gelappt und ganzrandig oder gezähnt. Die fünfzähligen Blüten sind meist gelb gefärbt, doch findet man auch Varianten in Weiß, Violett oder verschiedenen Rottönen. Sie stehen in aufrechten Trauben oder trugdoldigen Knäueln und entwickeln sich zu runden Kapseln mit zahlreichen, langlebigen Samen. Mehr als die Hälfte der Arten kommt in freier Natur äußerst selten vor und wird in der Roten Liste der IUCN (International Union for Conservation of Nature and Natural Resources) aufgeführt. Viele in Kultur befindliche Arten tragen ungültige oder falsche Namen und sind vermutlich Kreuzungen.

Königskerzen wurden früher vielfältig genutzt. Man tauchte etwa die Blütenstängel in Wachs und verwendete sie als Kerzen, die filzigen Blätter dienten als Schuheinlage, und mit den Samen betäubte man Fische, damit sie schneller ins Netz gingen.

In letzter Zeit sind viele (manche meinen: zu viele) neue Hybriden in immer neuen Farben in den Handel gekommen. Sie machen sich zwar in einer Staudenrabatte recht hübsch, doch sind die meisten extrem kurzlebig und treiben schon im zweiten Jahr nicht wieder aus, was dem allgemeinen Ruf von *Verbascum* etwas geschadet hat. Manche Hybriden weisen abenteuerliche, schwer zu definierende Farbmischungen auf. Zudem werden heute viele Sorten künstlich vermehrt und sind recht variabel. So unterscheiden sich die meisten als 'Helen Johnson' verkauften Pflanzen erheblich vom Original. Beim Kauf nichtsamenechter Sorten sollte man daher nach Exemplaren fragen, die aus Wurzelstecklingen gezogen wurden. Zweijährige Arten wie *V. bombyciferum* und *V. densiflorum* werden hier nicht beschrieben.

KULTUR In gut durchlässigen Böden in voller Sonne. Ideal für heißes Klima, allerdings leiden die Blüten mancher Arten in der prallen Sonne. Winternasse Böden verkürzen die ohnehin kurze Lebensdauer zusätzlich. Königskerzen gelten als Idealbepflanzung für Stauden- sowie gemischte Rabatten und insbesondere trockene Kiesgärten, doch werden sie gern von Nachbarpflanzen verdrängt. Schneidet man die Blütenstängel bald nach dem Abblühen tief zurück, wird zuweilen der Neuaustrieb angeregt. Zum Jahresende verblühte Stängel entfernen und Blattrosetten säubern. Königskerzen neigen zur Selbstaussaat und brauchen viel Platz. Sie sind für kleine Töpfe ungeeignet und stellen das Wachstum ein, sobald die Wurzeln die verfügbare Topferde ausfüllen.

VERMEHRUNG Arten vermehrt man am besten durch Aussaat. Auch manche Sorten lassen sich aus Samen ziehen. Da sie sich aber sehr leicht untereinander kreuzen, kommt es oft zu unvorhersehbaren Hybriden. Züchtungen vermehrt man daher am besten durch Wurzelstecklinge oder vorsichtiges Abtrennen von Nebenrosetten.

PROBLEME Brauner Mönch (siehe Kasten S. 471), Rote Spinne und Echter Mehltau.

V. 'Annie May' (Breckland-*Verbascum*) Dunkel-violettrosa Blüten, die kaum verblassen. Blütezeit: Mai bis September. Auch Blätter und Stängel sind violett getönt. ↕ 90 cm. Z5

V. 'Apricot Sunset' (Breckland-*Verbascum*) Apricotfarbene Blüten, die zu Altrosa verblassen, Knospen dunkler. ↕ 1 m. Z5

V. 'Banana Custard' siehe *V.* × *hybridum* 'Banana Custard'

V. 'Blushing Bride' An schlanken Stängeln stehen lila oder rosa Blüten, die nachdunkeln. Sterile Sorte, blüht also sehr lange. Gut auch als Schnittblume. ↕ 45 cm. Z5

V. Breckland Verbascums Von Patricia Cooper (England) gezüchtete Serie. Alle Sorten sind steril und zeichnen sich durch lange Blühdauer aus. Sie verströmen frühmorgens einen zarten, aber dennoch merklichen Duft. Siehe *V.* 'Annie May', *V.* 'Apricot Sunset' und *V.* 'Norfolk Dawn'.

V. 'Caribbean Crush' An ein- und demselben Schaft stehen Blüten in Apricot-, Gold-, Gelb-, Pfirsich-, Rosa- und Kupfertönen. ↕ 1,2 m. Z4

VERBASCUM-BLÜTE

Königskerzen sind vom Blütenaufbau her relativ unspektakulär. Die 5 Kronblätter haben in etwa dieselbe Größe und Form. Der männliche Teil der Blüte besteht aus 5 gespreizten Staubblättern. Sie setzen sich aus dem Staubfaden und dem aufsitzenden Staubbeutel zusammen, in dem sich der Pollen entwickelt. Die Staubblätter sind manchmal mit langen gelben, weißen oder violetten Härchen bedeckt, die den Anschein eines farbigen Auges erwecken. Im Inneren der Blüte befindet sich der weibliche Teil: der Stempel. Er umfasst Fruchtknoten, Griffel und Narbe. Über die Narbe und den Griffel gelangt der Pollen in den Fruchtknoten, der sich zu einer Kapsel mit winzigen Samen entwickelt. Im Gegensatz zum Fingerhut sind die Blüten von Königskerzen symmetrisch.

Verbascum 'Caribbean Crush'

NEUE ZÜCHTUNGEN

In den letzten Jahren haben, angefangen mit 'Helen Johnson', eine ganze Reihe neuer *Verbascum*-Züchtungen den Markt überschwemmt. Manche sind von aufmerksamen Gärtnern entdeckte Zufallsprodukte, andere das Ergebnis sorgfältiger züchterischer Arbeit. Die Zahl der Neulinge ist so hoch, dass immer mehr Gartenfreunde eine Übersättigung befürchten. Allerdings wurden durch manche Züchtungen alte Sorten bedeutend verbessert: Sie sind langlebiger, bieten ein breiteres Farbenspektrum oder tragen sterile Blüten, was nicht nur eine längere Blühdauer gewährleistet, sondern auch ungewollte Kreuzungen durch Selbstaussaat verhindert.

Die Neulinge stammen hauptsächlich aus vier Quellen in Großbritannien und Nordamerika. In der Forschungsgärtnerei von Thompson & Morgan Seeds im englischen Suffolk wurden samenechte Sorten entwickelt, darunter 'Banana Custard', 'Copper Rose' und 'Snow Maiden'.

Von Patricia Cooper stammen die Breckland-Hybriden. Sie züchtete sie in der Gärtnerei Magpies Nursery, England, in einem ungewöhnlich sandigen Gebiet, das als Breckland bekannt ist. Diese Hybriden sind alle steril, haben eine lange Blühdauer und duften frühmorgens. Zu ihnen gehören 'Annie May', 'Apricot Sunset' und 'Norfolk Dawn'.

In Hampshire (England) brachten Vic Johnstone und Claire Wilson am Ufer des Flusses Test die brandneue Riverside-Gruppe hervor. Zu den empfehlenswerten Sorten zählen 'Aurora', 'Aztec Gold', 'Charlotte', 'Cherokee', 'Clementine', 'High Noon', 'Kalypso', 'Moonshadow' und 'Virginia'. Manche preisen ihre Langlebigkeit, andere sind enttäuscht von ihnen.

Auch die für ihre *Heuchera*-Züchtungen bekannten Terra Nova Nurseries in Oregon (USA) haben sterile, reich blühende und zugleich verlässliche mehrjährige Sorten in Umlauf gebracht, etwa 'Blushing Bride', 'Dark Eyes', 'Honey Dijon', 'Plum Smokey', 'Sierra Sunset', 'Sugar Plum' und 'Sunshine Spires'.

Eine Empfehlung für die besten Newcomer lässt sich nur schwer geben, zumal einige sehr kurzlebig sind. Wählen Sie beim Kauf am besten solche, die bereits Auszeichnungen erhalten haben oder hier mit einem Pokal gekennzeichnet sind.

V. chaixii (Österreichische Königskerze) Wüchsige, kurzlebige Staude oder Zweijährige mit großer Basalrosette. Die eiförmigen bis länglichen, graugrünen Blätter sind 14–30 cm lang, dicht grau filzig behaart und haben einen gekerbten Rand sowie einen abgerundeten oder stumpf abgeschnittenen Blattgrund. Der Blattstiel ist 5–25 mm lang. Blassgelbe bis weiße Blüten mit 5–25 mm Durchmesser stehen in langen Rispen. Die Staubgefäße sind purpurn behaart. In trockenem, durchlässigem Boden eine verlässliche Staude. Sie lässt sich aus Samen oder Wurzelschnittlingen vermehren. Die sehr beliebte Art kreuzt sich leicht mit *V. phoeniceum*, wobei Stauden mit pastellfarbenen Blüten entstehen. Eine ganze Reihe solcher Hybriden werden fälschlicherweise unter diesem Namen angeboten und sind hier getrennt aufgeführt. Aus Süd- und Mitteleuropa sowie Russland. ↕ 1 m. Z5 **'Album'** Etwas kleiner, mit hübschen weißen Blüten und kontrastierenden purpurfarbenen Staubgefäßen. Meist samenecht. ↕ 90 cm.

'Sixteen Candles' Ungwöhnlich schön verzweigte gelbe Rispen.

V. **'Cherry Helen'** Aus silbrigen Knospen öffnen sich von Juli bis September gedeckt kirschrote Blüten. ↕ 1,2 m. Z5

V. **'Cotswold Beauty'** (Cotswold-Hybride) ♀ Blass-bronzefarbene Blüten mit violettem Auge, Knospen dunkler. Blütezeit: Juni und Juli. Graugrüne Blätter. Wie 'Helen Johnson', aber etwas blasser und mit violettem Auge. Manchmal fälschlicherweise als *V. chaixii* bezeichnet. ↕ 1,2 m. Z5

V. **Cotswold-Hybriden** siehe *V.* 'Cotswold Beauty', *V.* 'Cotswold Queen', *V.* 'Gainsborough', *V.* 'Mont Blanc', *V.* 'Pink Domino', und *V.* 'Royal Highland' aber nicht *V.* 'Cotswold King' (siehe *Die Cotswold-Hybriden*, S. 472).

V. **'Cotswold Queen'** (Cotswold-Hybride) ♀ Bernsteinfarbene Blüten mit violetten Staubblättern, Kronblätter am Ansatz violett. Blütezeit: Juni bis Mitte August. ↕ 1,2 m. Z5

V. **'Cotswold King'** Große gelbe bis cremefarbene, zart duftende Blüten mit schöner roter Zeichnung in der Mitte. Bei isolierter Zucht angeblich samenecht, allerdings oft nur zweijährig. Vermutlich eine robuste Form von *V. creticum*. ↕ 1,5 m. Z7

V. **'Dark Eyes'** Aus Rosetten mit ungewöhnlich gedrungenen, breiten, grauen Blättern schieben sich kurze Stängel, an denen sich große pfirsichgelbe Blüten mit tiefrotem Auge und violetten Staubblättern entfalten. Schöne Kübelpflanze. ↕ 30 cm. Z5

V. **'Domino'** siehe *V.* 'Pink Domino'

V. epixanthinum Die kurzlebige Staude oder auch Zweijährige ist dicht filzig behaart und wird als Blüten- und Blattschmuck gezogen. Ihre grundständigen Blätter variieren zwischen länglich-oval und eiförmig. Sie sind gezähnt oder ganzrandig und beidseitig dicht gelb oder weiß wollig behaart bzw. oberseits grün und unterseits filzig. Die Blattstiele haben eine Länge von 2–12 cm. Ähnlich geformt, aber kleiner sind die sitzenden Stängelblätter. Von Juni bis August entfalten sich an weichen, unverzweigten oder nur wenig verzweigten Stängeln 2,5–3,5 cm große gelbe Blüten mit violetten Staubblättern. Eher ein riesiges Alpingewächs aus dem Mittelmeerraum als für eine Staudenrabatte geeignet. 1999 aus Griechenland eingeführt. ↕ 25–150 cm. Z7

V. **'Gainsborough'** (Cotswold-Hybride) ♀ Große schwefelgelbe Blüten und graugrünes Laub. Gute Staude und zweifellos eine der besten Königskerzen-Hybriden. Ist steril, weshalb welke Blüten nur der Ästhetik wegen entfernt werden müssen. ↕ 1,5 m. Z5

V. **'Helen Johnson'** Äußerst hübsche, aber leider kurzlebige Staude mit graugrünen Blättern und rosabraunen Blüten. Stirbt nach der Blüte oft ab. Unter diesem Namen sind auch ähnliche, allerdings weniger schöne, kleinblumige Pflanzen im Handel. Wahrscheinlich eine Kreuzung zwischen *V. bombyciferum* und *V. phoeniceum*. ↕ 60–90 cm. Z5

V. **'Honey Dijon'** Leicht becherförmige, kräftig pfirsichgelbe Blüten mit

UNTEN **1** *Verbascum chaixii* 'Album'
2 *V.* 'Cotswold Queen'
3 *V.* 'Gainsborough'

pflaumenblauem Auge über filzig behaartem Laub. ↕ 45 cm. Z5

V. × hybridum Diese Bezeichnung sollte eigentlich den seltenen Kreuzungen zwischen *V. pulverulentum* und *V. sinuatum* vorbehalten bleiben, wird aber gerne für alle Königskerzen-Hybriden verwendet. Die 3 hier beschriebenen Sorten werden aus Samen gezogen und stammen von Thompson & Morgan Seeds, England. ↕ 1,2–1,8 m. Z5 **'Banana Custard'** Ungewöhnlich große und prächtige Blüten in 2 Gelbtönen. Hohe, dichte Blütenstände. ↕ 1,5–1,8 m. **'Copper Rose'** Blüten in mehreren Pastellfarben, darunter Kupferorange, Beige, Rosa und Apricot. Eine sterile F1-Hybride. ↕ 1,5 m. **'Snow Maiden'** Wüchsig, mit reinweißen Blüten in verzweigten Blütenständen und graugrünem Laub. ↕ 1,2–1,5 m.

V. 'Jackie' Kurzlebige Staude oder Zweijährige mit dunkelgrüner Blattrosette und blass-apricotfarbenen Blüten an kurzen Stängeln. Braucht sonnige Lagen und stark durchlässigen Boden. Geht in kälteren Regionen durch Winternässe ein. Eine kompakte Hybride zwischen *V. dumulosum* und *V. phoeniceum*, die oft wie eine Beetpflanze behandelt wird und sich gut für Gefäße eignet. ↕ 60 cm. Z5

V. 'Jackie in Pink' Die kurzlebige Pflanze mutet wie eine reinrosa Ausgabe von 'Jackie' an. Rosa Blüten mit violettem Auge in kurzen, schön verzweigten Rispen über grünen Blattrosetten. Für eine reiche Blüte welken Flor entfernen. ↕ 45 cm. Z5

V. 'Jolly Eyes' Blüten weiß, zartrosa getönt, mit dunklerem Auge und violetten Staubblättern. Knospen rosa überlaufen. ↕ 60–90 cm. Z5

V. 'Lavender Lass' Aus gekräuseltem Laub wächst ein Bündel schlanker Stängel mit Blüten in 2 Lilatönen. Steril, daher lange Blühdauer. Von den Terra Nova Nurseries, USA. ↕ 60 cm. Z5

V. 'Megan's Mauve' Vor graugrünem Laub heben sich tief-rosaviolette Blüten ab. Farbe verblasst in der Sonne, besser leicht schattigen Standort wählen. Sport von 'Helen Johnson'. ↕ 1,2 m. Z5

V. 'Monster' Wüchsige Pflanze mit mittelgrünen, bis 60 cm langen Blättern. An reich verzweigten Stängeln öffnen sich blassgelbe Blüten mit roten Staubblättern. Ursprünglicher Name: 'Primrose Skies'. ↕ 2,4 m. Z5

V. 'Mont Blanc' (Cotswold-Hybride) Reinweiße Blüten über immergrünem, graugrün gefärbtem Laub. Auge dunkler als bei den meisten anderen Königskerzen-Hybriden. ↕ 90–110 cm. Z5

V. 'Moonlight' Verzweigte Stängel tragen große, blassgelb angehauchte Blüten mit lila Staubblättern. Eine Züchtung der Terra Nova Nurseries, USA. ↕ 45 cm. Z5

V. 'Norfolk Dawn' (Breckland-Verbascum) Große Blüten in Braungelb- und Gelbschattierungen öffnen sich in mehreren Schüben von unten nach oben und

Der Braune Mönch (*Cucullia verbasci*), auch Königskerzen-Mönch genannt, ist Schädling und Nützling. Seine Larven gehören zu den farbenfrohesten Raupen überhaupt – leider machen sie den Pflanzen oft völlig den Garaus, wenn sie sich in großer Zahl über ihre Blütenknospen und Blätter hermachen.

Die 5 cm langen, grauen Raupen mit schwarzen und gelben Flecken können eine Pflanze in kurzer Zeit entlauben. Sie befallen die Königskerzen von Mai bis Juli. Anschließend verpuppen sie sich im Boden und schlüpfen im darauf folgenden Frühjahr als recht unauffällige adulte Falter.

Die zweijährige Kleinblütige Königskerze (*Verbascum thapsus*) gelangte aus Europa nach Nordamerika und breitete sich dort auf Wiesen und Waldlichtungen mit beängstigender Geschwindigkeit aus, da sie sich sehr stark aussät und ihre Samen im Boden lange überdauern. Um sie an einer weiteren Ausbreitung zu hindern, führte man den Braunen Mönch ein. Bedenken über das Schicksal des nordamerikanischen Bestands an Königskerzen sind unbegründet, da die 14 auf dem Kontinent vorkommenden Arten allesamt eingeschleppt sind. Allerdings gelang es dem Schmetterling nur zum Teil, die Kleinblütige Königskerze einzudämmen. Als wesentlich wirkungsvollere Biowaffe erwies sich da schon der europäische Rüsselkäfer: Er reduziert mittlerweile die *Verbascum-thapsus*-Samen drastisch.

nicht kontinuierlich den ganzen Stängel entlang. Die wüchsigste und auffälligste *Verbascum*-Züchtung. ↕ 80–150 cm. Z5

V. nigrum (Schwarze Königskerze) Eine sehr wüchsige, unempfindliche Staude mit großer grundständiger Blattrosette aus eiförmigen bis länglich-ovalen, lang gestielten und leicht gezähnten, filzig behaarten, am Ansatz abgerundeten Blättern. Stängel nur leicht behaart und mit kleineren, ungestielten, eiförmigen Blättern. An ihnen öffnen sich im Juli und August dunkelgelbe, 18–25 mm große Blüten mit violetten Staubblättern. Die anspruchslose Pflanze lässt sich leicht aus Samen ziehen, braucht jedoch viel Platz. Von Skandinavien bis Spanien und Norditalien und im Osten bis Sibirien. ↕ 1,2 m. Z5 **var. album** Weiße Blüten mit violetten Staubblättern.

V. olympicum (Kandelaber-Königskerze, Riesen-Königskerze) Imposante, kurzlebige Staude oder zweijährige Pflanze mit bis zu 1 m breiter, grundständiger Blattrosette aus graugrünen, filzig weiß behaarten, lanzettförmigen, 15–70 cm langen, deutlich spitz zulaufenden Blättern. Kurz oberhalb der Blattrosette verzweigt sich der weiß filzig behaarte Stängel kandelaberförmig zu hohen Rispen aus leuchtend goldgelben, 2–3 cm großen Blüten mit weißen oder gelblichen Staubblättern. Die in warmen Klimazonen robuste Staude zieht in kälteren Regionen nach der Blüte oft ein. Benötigt viel Platz und macht sich am besten in Gruppen von 4 oder 5 Exemplaren,

FARVERBÜNDETE

DIE ALTE MOOSROSE 'William Lobb' mit ihren leicht grau getönten, purpurroten, in der Mitte helleren Blüten ist wuchsschwach und neigt zum Umfallen, weshalb man sie stützen sollte. Einen starken Kontrapunkt dazu setzen die leuchtenden weißen, straff aufrechten Kerzen von *Verbascum chaixii* var. *album*. Dennoch harmonieren die beiden gegensätzlichen Pflanzen bestens, denn die Blüten der Österreichischen Königskerze greifen die Farbe der Rosenmitte auf, während ihr dunkles Auge eine Verbindung zu den purpurfarbenen Blütenblättern ihrer Nachbarin schafft.

wobei sie nicht mit anderen Arten konkurrieren sollte. Wird die Pflanze nach der Blüte zurückgeschnitten, blüht sie im Herbst noch einmal. Im Garten wächst sie oft höher als in freier Natur, wo sie nur 1–1,5 m erreicht. Aus Griechenland und der Türkei. ↕ 1,8–2,4 m. Z6

V. 'Patricia' Blüten in Braungelb und Rosa. ↕ 1 m. Z5

V. phoeniceum (Purpur-Königskerze) Kurzlebige Staude oder Zweijährige mit grundständiger Blattrosette aus dunkelgrünen, eiförmigen bis länglichovalen, glatten oder weich behaarten, leicht gebuchteten Blättern. Von Mai bis August erscheinen verzweigte Blütenstände aus purpurfarbenen Blüten. In Gärten sieht man auch violette oder rote, selten sogar weiße, rosa oder lila Blüten. Sät sich bereitwillig selbst aus und hybridisiert mit anderen Arten, ist also eine beliebte Zuchtart.

Anscheinend ungewöhnlich anfällig für die Rote Spinne. Aus Südeuropa und Nordasien. ↕ 90–120 cm. Z6 **'Album'** Weiße Blüten. **'Flush of White'** Kompakte Samensorte mit großen weißen Blüten. ↕ 75 cm. Hybriden mit pastellfarbenen Blüten, die durch Kreuzung mit anderen Arten entstanden sind, werden in der Regel unter diesem Begriff zusammengefasst. **'Violetta'** Spitze, lange Kerzen mit dunkel-purpurvioletten Blüten. Blütezeit: Mai bis August, bei regelmäßigem Entfernen welker Blüten oft remontierend. Samensorte von Jelitto Staudensamen. ↕ 90 cm.

V. 'Pink Domino' (Cotswold-Hybride) ♀ syn. *V.* 'Domino' Gerüschte, himbeerrosa Blüten mit dunklerer Mitte. Schlanke Blütenstände. Blütezeit: Juni und Juli. ↕ 1,2 m. Z5

V. 'Pink Petticoats' Hübsch gekräuselte, in pfirsichfarbenen Tönen

DIE COTSWOLD-HYBRIDEN

Zu den Cotswold-Hybriden, bisweilen auch Cotswold-Gruppe genannt, zählen viele bekannte Königskerzen. Manche tragen die Bezeichnung »Cotswold« im Namen, wie z.B. 'Cotswold Beauty' und 'Cotswold Queen', bei anderen ist die Zugehörigkeit nicht offensichtlich, etwa bei 'Gainsborough'. Woher die um 1920 eingeführten Formen stammen oder wer ihr Züchter war, weiß man nicht. Überhaupt handelt es sich um eine recht sonderbare Mischung nicht unbedingt verwandter Sorten.

In der Regel sind sie sehr wüchsig und weisen eine breite Palette von Blütenfarben auf. Am häufigsten trifft man Weiß und Gelb an, doch findet man auch Brauntöne und verschiedene Rosaschattierungen. Einige Formen sind verloren gegangen, andere aber werden nach wie vor kultiviert und kommen sogar wieder in Mode.

Als man die Cotswold-Gruppe in Großbritannien näher untersuchte, stellte sich heraus, dass 'Cotswold Beauty' und die seltene Sorte 'Cotswold Gem' verwandt sind. 'Gainsborough' und 'Mont Blanc' gehören ebenso zusammen wie 'Pink Domino' und 'White Domino'. Keines dieser Paare allerdings steht in irgendeiner Beziehung zueinander, zu 'Cotswold Queen' oder gar zur neueren Züchtung 'Cotswold King'. Möglicherweise haben sie nur den Herkunftsort gemein.

überlaufene, rosa Blüten. Reich blühend. ↕ 1,2 m. Z5

V. **'Plum Smokey'** Silbrig grüne Rosetten mit einem dichten Bündel schlanker Kerzen, die monatelang große, altrosa Blüten tragen. ↕ 45 cm. Z5

V. **'Primrose Skies'** siehe 'Monster'

V. **'Raspberry Ripple'** Cremerosa Blüten mit himbeerrosa Einschlag in der Mitte. Bei Rückschnitt zweite Blüte. ↕ 60 cm. Z4

V. **Riverside-Hybriden** Eine beachtliche Palette neuer Hybriden, die von den renommierten Züchtern Vic Johnstone und Claire Wilson in England entwickelt wurden. Angeblich verlässlich mehrjährige Formen (obwohl einige Gärtner andere Erfahrungen gemacht haben). Verzweigte Stängel und leuchtende Farben (siehe Neue Züchtungen, S. 470).

V. **'Royal Highland'** (Cotswold-Hybride) Apricotgelbe Blüten. ↕ 1,2 m. Z5

V. **'Sierra Sunset'** Große gerüschte Blüten in verschiedenen Orangetönen mit tiefrotem Auge. Samtig grünes Laub. ↕ 45 cm. Z5

V. **'Southern Charm'** Nicht sonderlich große, 2,5 cm breite Blüten in verschiedensten Pastellfarben von Cremeweiß über Blassrosa bis hin zu Helllila und Gelbbraun. Violette Staubblätter. Blütezeit: Juni bis September.

Blüht bei Aufzucht aus Samen schon im ersten Jahr, falls die Aussaat früh erfolgt. Durch Kreuzung von *V. chaixii* und *V. phoeniceum* entstanden, wird aber gelegentlich unter *V. × hybridum* geführt. ↕ 60–120 cm. Z5

V. **'Sugar Plum'** Pflaumenblaue Blüten mit cremefarbenen Staubblättern in dichten Kerzen an zwergigen Pflanzen. Blüht über Monate hinweg. ↕ 45 cm. Z5

V. **'Summer Sorbet'** Blüten in dunklem Magentapurpur mit dunklerer Mitte. ↕ 1,2 m. Z5

V. **'Sunshine Spires'** Große gerüschte Blüten in Gold- und Gelbtönen mit violettem Auge. Verzweigte Blütenstände über grau filzigem Laub. ↕ 1,5 m. Z5

VERBENA
Eisenkraut, Verbene
VERBENACEAE

Die mehrjährigen Arten dieser bekannten Gattung sehen zwar recht ansprechend aus, stehen aber trotzdem im Schatten ihrer oft in Gefäßen gezogenen einjährigen Verwandten.

Zur Gattung gehören insgesamt 250 Einjährige und Stauden mit zum Teil verholzender Basis. Sie sind im tropischen und subtropischen Amerika beheimatet und wachsen niederliegend, leicht überhängend oder straff aufrecht. Ihre Blüten sind in endständigen, gelegentlich auch achselständigen, ährigen, traubigen, trugdoldigen oder doldigen Blütenständen angeordnet. Sie bestehen aus einer langen Röhre mit fünflippiger Öffnung. Meist entwickeln sich an einer einzigen Pflanze mehrere Blütenstände. Wird der welke Flor regelmäßig entfernt, bilden sich immer neue Blüten. Verbenen werden gern von Schmetterlingen angeflogen. Sie blühen ab dem späten Frühjahr verlässlich und lange – oft sogar bis weit in die Frostperiode hinein. Ihr Laub bleibt nicht selten einen Großteil des Winters grün.

Manche Arten, wie z.B. *V. rigida*, werden häufig als einjährige Beetgewächse eingesetzt, überdauern aber in klimamilden Gegenden durchaus die kalte Jahreszeit, wenn man sie gut mulcht. Einige hochgezüchtete Beetsorten überstehen sogar in Zone 9 oder noch kälteren Zonen den Winter.

KULTUR Am besten an vollsonnigen Standorten mit guter Dränage.

VERMEHRUNG Durch Aussaat oder Stecklinge.

PROBLEME Echter Mehltau.

V. **bonariensis** ♀ Hohe, schlanke, aber kräftige, straff aufrecht wachsende Stängel mit weit auseinander stehenden Paaren ungestielter, 13 cm langer, mehr oder weniger lanzettlicher, zur Spitze hin gezähnter Blätter. Von Juli an bis zu den ersten Frösten erscheinen winzige, 6 mm große, sternförmige, violette Blüten in großen, bis 5 cm breiten Dolden oder Trugdolden. Die Art setzt farbenfrohe Akzente, besonders wertvoll aber macht sie ihr offener Wuchs: Dank der spärlich belaubten Stängel kann man durch sie hindurchsehen, sodass die Pflanzen dahinter kaum verdeckt werden. Muss nicht gestützt werden. Unter einer isolierenden Schneedecke eventuell härter als hier angegeben. Sät sich in der Regel sehr leicht selbst aus und erscheint oft auch dann, wenn die Mutterpflanze erfroren ist. An vollsonnigen Standorten ausgesprochen pflegeleicht und eine verlässliche Schmetterlingsweide. Benannt nach Buenos Aires, wo sie erstmals gesammelt wurde. Aus Südamerika. ↕ 90–200 cm. Z8

V. **corymbosa** Ausladende, dicht belaubte Art mit sehr dekorativen, samtigen, 2,5–6 cm großen, gezähnten, grünen, leicht silbrig bereift wirkenden Blättern. Trägt den ganzen Sommer über unzählige sternförmige, sattlila, 1 cm lange Blüten über dunkelvioletten Hochblättern. Lässt sich problemlos kultivieren, blüht rasch und verzweigt sich auch ohne Ausputzen welker Blüten besser als die meisten Verbenen. Ist möglicherweise weniger anfällig für Echten Mehltau als andere Arten. Aus Südamerika, insbesondere Südchile und Argentinien. ↕ 90–150 cm. Z9

V. **hastata** (Lanzen-Verbene) Straff aufrechte, verzweigte oder unverzweigte Art mit 15 cm langen und 4 cm breiten, schlanken, lanzettlichen Blättern. Schwer von *V. bonariensis* zu unterscheiden, doch werden reife Pflanzen doppelt so breit und haben kürzere Stängel. An langen, kerzenartigen Ähren stehen 5 mm große Blüten, die sich aufsteigend entlang des Stängels öffnen, wobei sich immer nur wenige gleichzeitig entfalten. ↕ 1,5 m. Z3 **'Alba'** Reinweiß. **'Rosea'** Lebhaftes Rosa.

V. **macdougalii** Aufrechte, relativ schwach verzweigte Stängel mit gegenständigen, 8 cm langen und 4 mm breit lanzettlichen, tief texturierten, grob gezähnten, apfelgrünen Blättern. Blasslavendellila Blüten an bis zu 25 cm hohen Ähren mit wenigen Seitenähren. Braucht viel Wasser. Laub kann Hautreizungen verursachen. Aus hohem, trockenem Grasland im Südwesten der USA. ↕ 60–90 cm. Z8 ⚠

V. **peruviana** Matten bildende Art, die den Boden mit schlanken Stängeln bedeckt. Sie trägt 2 cm lange, breit lanzettliche, gekerbte, tiefgrüne, filzig behaarte Blätter und auffällige,

UNTEN **1** *Verbena bonariensis* **2** *V. hastata* 'Rosea'

kirschrote Blüten mit weißer Mitte in dichten Blütenständen über dem Laub. Blütezeit: Juli bis September. Gedeiht gut an trockenen Standorten, kommt jedoch auch mit feuchteren Bedingungen zurecht. Aus Argentinien und Südbrasilien. ‡ 5 cm. Z9

V. rigida ♀ (Steife Verbene) Aus kleinen Knollen wachsen steife, mehr oder weniger aufrechte, leicht behaarte Stängel mit gegenständigen, ungestielten, sehr derben, 7,5 cm langen, länglichen, gezähnten, tiefgrünen, leicht stängelumfassenden Blättern, die an diejenigen von *V. bonariensis* erinnern. Endständige Schirmrispen aus violetten Blüten. Sät sich in feuchten Klimazonen so stark aus, dass sie lästig werden kann. Mulchen verbessert die Winterhärte. Im Südosten der USA eingebürgert, stammt aber aus Südbrasilien und Argentinien. ‡ 30–60 cm. Z8 **'Polaris'** Exquisit silberblaue Blüten.

VERNONIA

Scheinaster, Vernonie
ASTERACEAE

Mit ihren Blüten in Sonnenuntergangsfarben bereichern diese prachtvollen Stauden sowohl Sommer- als auch Herbstrabatten.

Die sehr große, vielfältige Gattung mit 500–1000 Arten von Ein- und Mehrjährigen, Kletterern, Halbsträuchern, Sträuchern und Bäumen aus Nord-, Mittel- und Südamerika umfasst nur wenige Stauden, die als Gartenpflanzen kultiviert werden. Die meisten besitzen eine holzige Basis mit Faserwurzeln und tragen hohe steife Stängel, die dicht mit dunkelgrünen lanzettlichen Blättern belaubt sind. Ihre endständigen flachen Blütenköpfe setzen sich aus röhrenförmigen Blüten in Rosa, Violett oder Weiß zusammen. Sie sind wie geschaffen, um im sommerlichen und herbstlichen Garten die Aufmerksamkeit auf sich zu ziehen. Man pflanzt sie in die Mitte oder in den Hintergrund von Rabatten mit spät blühenden Stauden oder in Naturgärten und Wiesen.

KULTUR Die pflegeleichten Pflanzen kommen mit vielerlei Bedingungen zurecht, gedeihen aber in nährstoffreicher, gleichmäßig feuchter Erde an sonnigen bis absonnigen Standorten am besten. Die Horste werden mit der Zeit sehr groß, müssen aber nur selten geteilt werden.

VERMEHRUNG Durch Stecklinge oder Aussaat. Sät sich meist selbst aus, wenn die welken Blüten nicht entfernt werden.

PROBLEME Blattminierer.

V. arkansana syn *V. crinita* (Arkansas-Scheinaster) Große, grob texturierte Staude mit kräftigen, wächsernen Stängeln, die dicht mit 18–20 cm langen, ovalen, unterseits weißen Blättern besetzt sind. Größe recht variabel, was aber eher auf Umwelteinflüsse als auf genetische Disposition zurückzuführen

sein dürfte. Kleine violette Blütenköpfchen, die sich im Spätsommer in schirmförmigen Doldentrauben öffnen. Trockenheitsverträglicher als die meisten anderen Arten. Aus Nordamerika von Quebec und Ontario nach Süden bis Arkansas und Oklahoma. ‡ 0,9–2,4 m. Z4 **'Mammuth'** Dichte Büschel aus großen Blütenkörbchen an kräftigen, standfesten Stängeln. Von Piet Oudolf in den Niederlanden gezüchtet. ‡ 1,8 m.

V. crinita siehe *V. arkansana*

V. fasciculata Glatte aufrechte Stängel mit 15 cm langen, lanzettlichen, dunkelgrünen, gezähnten, in gleichen Abständen stehenden Blättern und dichten, aufrechten Blütenkörbchen aus purpurroten Blüten. Blütenkörbchen mit weniger Blüten als bei den meisten anderen Arten. Blütezeit: Hoch- bis Spätsommer. Aus feuchten Prärien, Sümpfen und Gräben in Nordamerika von Ohio und Saskatchewan nach Süden bis Missouri und Oklahoma. ‡ 90–120 cm. Z3

V. noveboracensis (New-York-Scheinaster) Steife hohe Stängel mit 15–20 cm langen, überwiegend ungezähnten, lanzettlichen Blättern und endständigen, breiten, auffälligen Blütenständen aus 2,5 cm großen, rotvioletten, gelegentlich auch weißen Blütenkörbchen, die vom Spätsommer bis in die Herbstmitte hinein erscheinen. Die Blütenstände reifer Exemplare können eine Breite von 60 cm erreichen. Gedeiht am besten in nährstoffreicher, gleichmäßig feuchter Erde an vollsonnigen bis halbschattigen Standorten. Aus Niederwiesen, Auen, Teichrändern und Quellen in den USA von Massachusetts und Ohio südlich bis Florida und Mississippi. ‡ bis 1,9 m. Z4

VERONICA

Ehrenpreis
SCROPHULARIACEAE

Die unkomplizierten Sonnenanbeter mit dekorativem Laub und schlanken Blütenkerzen eignen sich gleichermaßen als Rabattenpflanzen und Schnittblumen.

Etwa 250 ein- und mehrjährige Arten mit zum Teil recht stark verholzender Basis zählt man zur Gattung *Veronica*. Sie wachsen in den unterschiedlichsten Lebensräumen von sumpfigen Uferbereichen an Seen bis zu Geröllhalden im Gebirge. Ihre Heimat ist überwiegend Europa, doch findet man sie auch in anderen gemäßigten Regionen der nördlichen Hemisphäre. Die Grundblätter sind gegenständig, während die Stängelblätter meist wechselständig angeordnet sind. Ihre Form reicht von breit lanzettlich bis fast rund. Sie können ganzrandig oder gezähnt, gestielt oder ungestielt sein. Die Blüten bestehen aus einem vier- bis fünfzählig geteilten Kelch und einer vierspaltigen bis zweilippigen Krone. Sie wachsen in teils kurzen und lockeren, teils höheren, dichteren Trauben.

Veronica bilden eine vielfältige Gruppe, zu der anspruchsvolle Alpingewächse ebenso gehören wie Ufer-

pflanzen und pflegeleichte Stauden. Die höheren Stauden wie z.B. die Mischung *V. spicata* 'Sightseeing' werden immer häufiger als Schnittblumen eingesetzt. Sie sollten geschnitten werden, wenn ein Drittel bis die Hälfte der Blüten an der Traube geöffnet ist. Anschließend stellt man sie sofort in Wasser mit einer Nährlösung.

KULTUR Die meisten Ehrenpreis-Arten bevorzugen einen sonnigen Standort und durchlässige Erde. Einige wenige brauchen einen aquatischen Lebensraum und werden hier nicht behandelt. Aufrechte Arten wie *V. longifolia* sollten im Herbst bis zum Boden zurückgeschnitten werden, während man bei ihren Matten bildenden Verwandten lediglich die Blüten entfernt. Viele verlieren zum Sommerende hin ihr Laub und werden recht unansehnlich. Man schneidet sie dann bis zur Basis zurück.

VERMEHRUNG Im Frühjahr oder Herbst. Arten durch Aussaat, eingetragene Sorten durch Teilung oder Stecklinge.

PROBLEME Mehltau.

V. austriaca (Österreichischer Ehrenpreis) Horste bildende Staude mit aufrechten Stängeln und lanzettlichen oder runden, grob gezähnten Blättern. Leuchtend blaue, 10–13 mm große Blüten in paarigen, achselständigen Trauben. Hervorragend für den Vordergrund einer Staudenrabatte geeignet. Braucht volle Sonne und durchlässige Böden. Aus Kiefernwäldern, Gestrüpp und steinigen Hängen Mittel- bis Osteuropas, der Türkei und des Kaukasus. ‡ 50 cm. Z4. **'Ionian Skies'** Himmelblaue Blüten. ‡ 30 cm. **subsp.** *teucrium* Höher, mit tiefer gezähnten, eiförmigen bis länglichen, behaarten, graugrünen Blättern und Trauben aus leuchtend blauen Blüten im Sommer. Anpassungsfähiger. ‡ 90 cm. **subsp.** *teucrium* **'Crater Lake Blue'** ♀ Kompakt, mit kurzen Trauben aus intensiv enzianblauen Blüten. ‡ 30 cm. Z4 **subsp.** *teucrium* **'Kapitän'** ♀ Enzianblaue Blüten. **subsp.** *teucrium* **'Royal Blue'** ♀ Dunkelblaue Blüten. ‡ 30 cm. **'Shirley Blue'** siehe *V.* 'Shirley Blue'.

V. chamaedrys (Gamander-Ehrenpreis) Wüchsige, Matten bildende Staude mit niederliegenden Stängeln, die 2 Längsreihen langer Haare tragen. Leicht behaarte, kurz gestielte, 1–2,5 cm lange, lanzettliche bis dreieckig-eiförmige, gekerbte, kräftig grüne Blätter. Leuchtend blaue Blüten mit weißem Auge in achselständigen, paarigen 8–15 cm langen Trauben. Ideal für Blumenwiesen oder Gehölzbereiche, kann allerdings wuchern. An vollsonnigen bis halbschattigen Standorten unkompliziert zu ziehen. Im Spätsommer zurückschneiden. Panaschierte Formen sind nicht so wüchsig. In Nordamerika eingebürgert, häufige Graslandpflanze in Westeuropa. ‡ 25 cm. Z3 **'Pam'** Trägt blaue Blüten mit weißer Mitte und cremeweiße Blätter mit grüner Zeichnung in der Mitte der Spreite. ‡ 20 cm. Z5

RECHTS 1 *Veronica austriaca* subsp. *teucrium* 'Crater Lake Blue' **2** *V. gentianoides*

'Darwin's Blue' Horste bildende Form mit dunkelgrünen, gezähnten, lanzettlichen Blättern und zahlreichen senkrechten Trauben aus dicht stehenden, sattvioletten Blüten hoch über dem Laub. ‡ 40 cm. Z4

V. **'Eveline'** Bildet einen dichten Horst aus ungewöhnlich dunkelgrünen, 11 cm langen, lanzettlichen Blättern. Zahlreiche senkrechte Trauben mit kleinen, rotvioletten Blüten erscheinen von Juni bis August. Hybride von *V. longifolia*. ‡ 50 cm. Z4

V. gentianoides ♥ Hübsche, Matten oder Horste bildende Staude. Die einzelnen Exemplare bestehen aus Rosetten von glänzenden, ovalen bis lanzettlichen Blättern, die sich oft zu einem niedrigen, rundlichen Busch verbinden. Im Hochsommer erscheinen aufrechte Stängel mit endständigen Trauben aus blassblauen oder weißen, seltener auch tiefblauen, becherförmigen, 1,6 cm breiten, leicht blau geaderten Blüten. Ideal für feuchte, durchlässige Böden, die im Sommer nicht austrocknen. Sorten im Frühjahr oder Herbst teilen. Aus feuchtem Grasland und offenen Wälder im Kaukasus, in der Ukraine und der Türkei. ↕ 45 cm. Z4 **'Alba'** Etwas größere, sehr blass blaue Blüten. **'Barbara Sherwood'** Wüchsiger, mit Blüten in dunklerem Blau und auffälligeren Adern auf den Blütenblättern. ↕ 40 cm. **'Pallida'** Extrem blass blaue Blüten. ↕ 45 cm. **'Robusta'** Wüchsige, robuste Form mit langen Trauben aus hellblauen Blüten. ↕ 60 cm. **'Tissington White'** Weiße, mit feinen blassblauen Linien gezeichnete Blüten. Nicht so wüchsig wie die Art.

↕ 30 cm. **'Variegata'** Nicht sehr wüchsige Form mit cremefarben und grün panaschierten Blättern und blassblauen Blüten. ↕ 50 cm.

V. **'Goodness Grows'** Buschige, kompakte, niedrige, mattenähnliche Horste bildende Sorte mit lanzettlichen bis linealischen, relativ stark behaarten, 5 cm langen Blättern. Aufrechte, 15 cm hohe Trauben aus tiefblauen Blüten, die von Mai bis Juli erscheinen. Bei Entfernen welker Blüten remontierend. Hybride zwischen *V. alpina* 'Alba' und *V. spicata*. ↕ 30–40 cm. Z3

V. grandis Mehr oder weniger aufrechte Stängel mit paarigen, gegenständigen, länglichen, gezähnten Blättern. Von Juni bis Ende September erscheinen 15 cm lange Trauben aus porzellanblauen Blüten. Ähnelt *V. longifolia*, hat aber kleinere, an der Basis herzförmigere Blätter. Aus Sibirien. ↕ 90 cm. Z5

V. longifolia (Langblättriger Blauweiderich) Relativ variable Art. Aufrechte Stängel mit paarigen, manchmal in Büscheln stehenden, 12 cm langen, lanzettlichen oder linealischen, gezähnten, lang zugespitzten, mittelgrünen Blättern. Endständige, bis 25 cm lange, gelegentlich paarige Trauben mit unzähligen lilablauen Blüten, die von Juni bis September erscheinen. Ideal für die Mitte einer Staudenrabatte, obwohl eingewachsene Exemplare bis zu 1,2 m breit werden können. Muss in der Regel gestützt werden. Von Flussufern und feuchten Standorten in Europa und Asien; im Nordosten der USA eingebürgert. ↕ 90 cm. Z4 **'Alba'** Schmale, spitz zulaufende Trauben aus weißen Blüten. **'Blauer Sommer'** Leuchtend blaue Blüten. ↕ 80 cm. **'Blauriesin'** syn. 'Foerster's Blue' Lange Trauben aus tieflilablauen Blüten. Gute Schnittblume. ↕ 60 cm. **'Joseph's Coat'** Cremefarben, grün und goldgelb gezeichnete Blätter. Blassblaue Blüten im Juli und August. **'Lilac Fantasy'** Blassblaue Blüten mit dunkleren Staubblättern. **'Rose Tone'** Blass-rosarote Blüten. Samenecht. ↕ 80 cm. **'Rosea'** Rosarote Blüten, ver-

zweigte Stängel. **'Schneeriesin'** Schmale Trauben aus reinweißen Blüten.

V. montana **'Corinne Tremaine'** Matten bildende Form. Weich behaarte, eiförmige, gezähnte, langstielige Blätter mit zunächst cremegrünem, später weißem Rand. Von Juli bis September öffnen sich blass-lilablaue, dunkler geaderte Blüten an kurzen Trauben. Blüht relativ zurückhaltend. Braucht vollsonnige Standorte und durchlässige Böden. Stecklinge im Juni oder Juli abnehmen. Die rein grünlaubige Art *V. montana* (Berg-Ehrenpreis) stammt aus Wäldern im Kaukasus, in Europa und in Nordafrika und wird nur selten kultiviert. ↕ 30 cm. Z3

V. pectinata Matten bildende, an der Basis recht stark verholzende Staude. Etwa 2,5 cm lange, tief gezähnte oder geteilte, lanzettliche, immergrüne, dicht weiß behaarte Blätter. Achselständige Trauben aus tellerförmigen, violettblauen oder blauen Blüten mit weißem Auge. Blütezeit: Sommer. Ideal für sonnige, relativ trockene Standorte. Aus trockenen, felsigen Stellen, Eichenwäldern und Olivenhainen des östlichen Balkan und der Türkei. ↕ 10 cm. Z3 **'Rosea'** Rosarote Blüten. Wird wesentlich häufiger kultiviert als die Art.

V. peduncularis Matten bildende Staude mit verzweigten Rhizomen. Niederliegende, an der Spitze aufrechte Stängel mit lanzettlichen, eiförmigen oder runden, bis 2,5 cm langen grünen oder bronzegrünen, tief gezähnten und leicht daunig behaarten oder unbehaarten und glänzenden Blättern. Im Mai und Juni erscheinen in den Blattachseln 7,5 cm hohe Trauben aus tiefblauen, gelegentlich rosa oder lila Blüten mit weißem Auge, die bis weit in den Sommer hinein blühen. Braucht volle Sonne und durchlässige Böden. Aus Alpenwiesen, Grasland, Gestrüpp und felsigen Stellen des Kaukasus, der Türkei und der Ukraine. ↕ 10 cm. Z5 **'Alba'** Weiße Blüten. **'Georgia Blue'** syn. 'Oxford Blue' Reich blühende, buschige Form. Blätter im Austrieb violett und tiefblau überlaufen. Blüten mit weißem Auge. Möglicherweise eine Form der seltenen *V. umbrosa*. ↕ 30 cm.

V. **'Pink Damask'** Aufrechte, Horste bildende Pflanze mit gezähnten, 6–7,5 cm langen, lanzettlichen, an der Basis gegenständigen, weiter oben am Stängel in Büscheln stehenden Blättern. Lange Trauben aus dicht stehenden, pastellrosa Blüten, die ab Juli über einen langen Zeitraum hinweg erscheinen. Gedeiht am besten an einem sonnigen Standort in feuchter, durchlässiger Erde. Gut auch als Schnittblume. Welke Blüten abschneiden. ↕ 60 cm. Z4

V. prostrata ♥ syn. *V. rupestris* (Liegender Ehrenpreis). Wüchsige, Matten bildende Staude. Niederliegende, manchmal aufsteigende Stängel mit dunkelgrünen, relativ behaarten, schmal länglichen oder eiförmigen, 1,2–2,5 cm langen, gelegentlich gezähnten Blättern. Etwa 4 cm lange Trauben aus Blüten in verschiedenen Blauschattierungen, die sich im Juni öffnen. An vollsonnige bis halbschattige Standorte in feuchte, durchlässige Böden

GLEICHKLANG IN LILAROSA

Diese Kombination hätte sich leicht als Fehlschlag erweisen können. Zum Glück sind die hier gruppierten Formen von Ehrenpreis und Veilchen ähnlich gefärbt, sodass – nicht zuletzt auch dank der unterschiedlichen Gestalt der beteiligten Pflanzen – ein rundum gelungenes Arrangement entstanden ist. Weil viele *Veronica*-Formen in blaueren Tönungen blühen, die hier nicht gepasst hätten, brauchte man allerdings eine ganz bestimmte Sorte als Gesellschafterin für *Viola* 'Nellie Britton', nämlich 'Heidekind'. Keine andere Farbe hätte so gut harmoniert. Neben den beiden drängt sich *Ajania pacifica* mit am Rand silbrig behaarten Blättern ins Blickfeld.

pflanzen. Aus Europa. ‡ 15 cm. Z5 **'Aztec Gold'** syn. 'Buttercup' Goldgelbes Laub und lilablaue Blüten. Die Blätter bewahren ihre Farbe einen Großteil der Saison über. **'Blue Sheen'** Lilablaue Blüten. **'Buttercup'** siehe 'Aztec Gold'. **'Golden Halo'** Leuchtend grüne Blätter mit unregelmäßiger, aber auffälliger goldgelber Zeichnung. Klarblaue Blüten. **'Loddon Blue'** Leuchtend blaue Blüten. **'Mrs Holt'** Nicht so wüchsig. Zartrosa Blüten. **'Nana'** Zwergige Form mit blauen Blüten. ‡ 8 cm. **'Spode Blue'** ♀ Königsblaue Blüten. **'Trehane'** Reich blühend. Mit leuchtend blauen Blüten und gelbgrünem Laub. Mitunter remontierend. ‡ 20 cm.

V. repens Wüchsige, Matten bildende Pflanze, deren Stängel einwurzeln. Sie tragen winzige, 4–8 mm lange, eiförmige, ovale oder runde, leuchtend grüne Blätter und bis zu 6 kurze Trauben in den Blattachseln mit rosa, selten weißen oder blassblauen Blüten. Wird am besten an vollsonnigen Standorten mit feuchter, aber durchlässiger Erde gezogen. Aus feuchten Bereichen in Spanien und in den Bergen Korsikas. ‡ 10 cm. Z5 **'Sunshine'** syn. 'Pine Knot Sunshine' Goldgelbes Laub und leuchtend blaue Blüten in Büscheln.

V. rupestris siehe *V. prostrata*

***V.* 'Shirley Blue'** ♀ Aufrechte, 6–10 cm hohe Trauben aus intensiv blauen Blüten, die sich von Juni bis August aus dunklen Knospen öffnen. Ansehnliche Büsche aus tief gezähnten, blass-graugrünen Blättern. Kann variabel ausfallen. ‡ 20–40 cm. Z3

V. spicata (Ähriger Blauweiderich) Horste bildende Pflanze mit zahlreichen, kurzen, wurzelnden Stängeln. Silbrig behaarte, gezähnte, lanzettliche, bis 8 cm lange Blätter. Dichte, spitz zulaufende Trauben aus kleinen, klarblauen Blüten, die den Sommer über reichlich erscheinen. Braucht viel Sonne. Welke Blüten entfernen. Aus trockenem Grasland und steinigen Lagen in Europa, der Türkei sowie Zentral- und Ostasien. ‡ 60 cm. Z3 **'Alba'** Graugrüne Blätter und weiße Blüten. ‡ 45 cm. **'Blaufuchs'** syn. 'Blue Fox' Lilablaue Blüten. **'Erika'** Zwergig. Rosa Blüten. ‡ 30 cm. **'Glory'** syn. 'Royal Candles' Spitze Trauben aus tief-violettblauen Blüten. Hybride von *V.* 'Sunny Border Blue'. ‡ 30 cm. Z5 **'Heidekind'** Tiefrosa Blüten und graue Blätter. ‡ 25 cm. Z4 **'Icicle'** syn. *V.* 'White Icicle' Graugrünes Laub und weiße Blüten. Sehr lange Blütezeit. **subsp. *incana*** Dicht mit silbrig grauen Haaren bedeckt. Violettblaue, sternförmige Blüten. Verträgt keine nassen Böden. Ost- und Mitteleuropa. Z3 **subsp. *incana* 'Silver Carpet'** Silbrig grüne Blätter und dunkelblaue Blüten. **'Nana Blauteppich'** Sehr niedrig. Leuchtend blaue Blüten. ‡ 5 cm. **'Noah Williams'** Cremeweiße Blüten und weiß gerandete Blätter. **'Romiley Purple'** Ungewöhnlich buschig, mit dunkel-violettblauen Blüten. **'Rosenrot'** In einer langen Spitze endende Trauben aus rosaroten Blüten. **'Rotfuchs'** Tiefrosarote Blüten und glänzend dunkelgrüne Blätter. ‡ 30 cm. **'Royal Candles'** siehe 'Glory'. **'Sightseeing'** Wüchsige, aus Samen gezogene Pflanzen mit sattrosa, weißen oder blauen Blüten. ‡ 45 cm.

***V.* 'Sunny Border Blue'** Wüchsige Form mit dunkel-violettblauen Blüten über sattgrünem Laub. Blütezeit: von Juni bis zu den ersten Frösten. Vermutlich eine Hybride von *V. longifolia* und *V. spicata*. ‡ 60 cm. Z6

***V.* 'White Icicle'** siehe *V. spicata* 'Icicle'

***V.* 'White Jolanda'** Wüchsige, Horste bildende Form mit gezähnten grünen Blättern und dichten Trauben aus weißen Blüten. Treibt aus den Blattachseln unterhalb des Hauptblütenstands eine zweite Traube aus. ‡ 45–60 cm. Z4

VERONICASTRUM
Arzneiehrenpreis
SCROPHULARIACEAE

Die hohen, dicht mit Blüten bestandenen »Kerzen« dieser Gattung verleihen Sommergärten eine ganz eigene, elegante, Aura.
Die rund 20 *Veronicastrum*-Arten sind in Nordamerika und Eurasien beheimatet. Nur wenige werden als Gartenpflanzen kultiviert. Sie bilden dichte Wurzelballen aus Faserwurzeln und breiten sich gelegentlich durch Rhizome aus. In der Regel treiben sie aufrechte Stängel aus, die bei einigen Arten allerdings auch übergeneigt wachsen und an der Spitze einwurzeln. Ihre gezähnten, lanzettlichen Blätter stehen wechselständig oder etagenförmig in Quirlen von bis zu 7 entlang der Stängel. Die kleinen, flachen, vierzähligen, weißen, rosa oder violetten Blüten wachsen in dichten, endständigen Trauben oder verlängerten Ähren, gelegentlich auch kandelaberartig. Die überwiegend hohen, eleganten Gewächse eignen sich besonders für den Hintergrund von Sommerrabatten. Einige Botaniker fassen

die vielen Unterarten zu 2 Arten zusammen.

KULTUR Am besten in nährstoffreicher, feuchter Erde an vollsonnigen bis halbschattigen Standorten. Hohe Arten müssen im Schatten möglicherweise gestützt werden.

VERMEHRUNG Lässt sich problemlos teilen, sollte aber ungeteilt bleiben, um große Horste zu entwickeln.

PROBLEME Echter Mehltau.

V. sibiricum Unbehaarte oder schwach behaarte Art mit festem Wurzelstock und Rhizomen. Aufrechte Stängel mit lanzettlichen oder länglichen, fein gezähnten, bis 15 × 4,5 cm großen Blättern, die zu 4–6 in etagenförmig angeordneten Quirlen stehen. Endständige, lange, schlanke, kompakte, aufrechte oder leicht schwanenhalsartig gebogene Blütenstände aus violetten oder blauen, gelegentlich rot getönten, duftenden Blüten. Als Schnittblume zu empfehlen. Lässt sich problemlos durch Aussaat kultivieren. Aus Russland, China, Japan und Korea. ‡ 1,2–1,8 m. Z4

V. villosulum Untypische, kletternde oder kriechende Art. Die biegsamen Stängel wurzeln an der Spitze ein, sobald diese den Boden berührt. Etwa 10–15 cm lange, breit lanzettliche Blätter. Dichte, achselständige Büschel aus blauen Blüten. Blütezeit: Sommer. Aus

Wäldern und Dickichten in Japan und China. ↕ 90–180 cm. Z4

V. virginicum (Arzneiehrenpreis) Kräftige Stängel mit lanzettlichen, scharf gesägten, 15–20 cm langen Blättern, die in Quirlen zu 3–6 den Stängel entlang bis knapp unter die verzweigten Blütenstände angeordnet sind. Zunächst erscheint eine einzelne, aufrechte, cremeweiße Traube, der jedoch bald eine zweite folgt, sodass ein zusammengesetzter Blütenstand mit 2–3 etagenförmig angeordneten Trauben um eine größere mittlere Traube entsteht. Sie bereichern die Mitte oder den Hintergrund einer Rabatte durch ein markantes vertikales Element. Die getrockneten Fruchtstände sehen im Garten oder auch in Schnittblumen-Arrangements ausgesprochen dekorativ aus. Aus offenen Wäldern, nassen oder schlammigen Wiesen und Prärien in Nordamerika von Ontario und Manitoba nach Süden bis Georgia und Louisiana. ↕ 90–180 cm. Z3 **'Alboroseum'** Blassrosa. **'Album'** Zweifelhafte Bezeichnung für weißblütige Pflanzen – im Grund also für die meisten *V. virginicum*. **'Apollo'** Aufrechte lilablaue Blütenstände. **'Diane'** Robuste, weißblütige Form. **'Fascination'** Aufrechte bis überhängende, lilablaue Trauben. **'Lavendelturm'** Verzweigte lila Trauben. **fo. roseum** Rosa Blüten. **fo. roseum 'Pink Glow'** Kompakte Pflanze mit blassrosa Blüten. ↕ 1,5 m. **'Spring Dew'** Ausgezeichnete, reinweiße Blüten. **'Temptation'** Blauviolette Blüten, die im Juni und Juli erscheinen.

VINCA
Immergrün
APOCYNACEAE

Diese Frühlingsblüher geben hübsche Bodendecker für sonnige wie halbschattige Standorte ab und zeichnen sich durch eine breite Palette dekorativer Laubformen aus.

Die 7 immer- und sommergrünen, zumeist Matten bildenden Arten der Gattung kommen in den Wäldern Europas, Zentralasiens und Nordafrikas vor. Von ihnen sind 3 als Zierpflanzen verbreitet. Sie bilden Horste oder Matten aus schlanken, wurzelnden Trieben mit kreuzgegenständig angeordneten, ovalen Blättern und unverwechselbaren sternförmigen, blauen, violetten oder weißen Blüten mit 5 hängenden Kronblättern, die im Winter, Frühjahr oder Sommer einzeln über dem Laub stehen. Die meisten vertragen recht viel Schatten. Einige Arten, allen voran *V. minor*, können wuchern und bilden in Wäldern weitläufige Teppiche, die die einheimische Flora verdrängen. Deshalb sollte man Gartengewächse nicht einfach in freier Natur wegwerfen.

KULTUR In allen nicht zu trockenen Böden an sonnigen bis schattigen Standorten.

VERMEHRUNG Durch Teilung oder durch Abtrennen eingewurzelter Triebe.

PROBLEME In der Regel keine.

V. difformis ☼ Breitwüchsige immergrüne Art mit glänzenden, dunkelgrünen, lanzettlichen Blättern. Die charakteristischen, 3–4 cm breiten Blüten sind ungewöhnlich milchig blau gefärbt und stehen von März bis Mai an aufrechten, beblätterten Trieben. Nicht so hart wie andere Arten der Gattung. Von Nordafrika bis Südwest-Europa verbreitet. ↕ 30–45 cm. Z8 **Greystone-Form** Große, weiße Blüten über dunklem Laub. **'Jenny Pym'** Rosarote, zur Mitte hin zu Weiß verblassende Blüten.

V. major (Großes Immergrün) Wüchsige immergrüne Art mit aufrechten, belaubten Trieben. Sie tragen blauviolette, 5 cm große Blüten mit breiten Kronblättern. Blütezeit: März, mehrere Nachblüten während des Sommers. Lange, kriechende Triebe mit ovalen, dunkelgrünen Blättern entwickeln sich im Sommer. Sie treiben an den Achseln Wurzeln und bilden so neue Horste. Die Triebe können im Winter oder zeitigen Frühjahr gestutzt werden. Vielerorts eingebürgert, stammt aber ursprünglich aus offenem Strauchland im westlichen und mittleren Mittelmeerraum. ↕ 45 cm. Z7 **'Aureomaculata'** siehe 'Maculata'. **'Elegantissima'** siehe 'Variegata'. **'Maculata'** syn. 'Aureomaculata' Blätter mit grünlich gelbem Mittelfleck; leuchtendste Färbung in der Sonne. **var. oxyloba** syn. *V. minor* 'Dartington Star' Tiefviolette Blüten mit sehr schmalen Kronblättern. **'Reticulata'** Blätter mit cremegelben Adern. **'Variegata'** ☼ syn. 'Elegantissima' Blätter kräftig cremeweiß gerandet. **'Wojo's Jem'** Dunkelgrüne Blätter mit kräftigem, cremegelbem, grün geflecktem Mal in der Mitte.

V. minor (Kleines Immergrün) Niederliegende immergrüne Art, die eine Matte aus langen, wurzelnden Trieben mit hübschen, oft dunkelgrünen, ovalen Blättern bildet. Im April und Mai, gelegentlich auch im Sommer, erscheinen purpurviolette, 2,5 cm breite Blüten an kurzen, aufrechten Trieben. Verträgt viel Schatten. Aus Wäldern in vielen Teilen Mittel- und Osteuropas und Zentralasiens. ↕ 15–20 cm. Z5 **fo. alba** ☼ Weiße Blüten aus rosa oder weißen Knospen. **fo. alba 'Gertrude Jekyll'** ☼ Kompakte Pflanze mit kleinen dunkelgrünen Blättern und reinweißen Blüten. ↕ 10 cm. **'Alba Variegata'** Weiße Blüten mit schmalem gelbem Rand, der später zu Cremegelb verblasst. **'Argenteovariegata'** ☼ Hellviolette Blüten über Blättern mit schmalem cremefarbenem Rand. **'Atropurpurea'** ☼ syn. 'Purpurea', 'Rubra' Tiefpurpurrote Blüten. **'Aureovariegata'** syn. 'Variegata', 'Variegata Aurea' Junge Blätter mit leuchtend gelbem Rand, der im Sommer blasser wird. **'Azurea Flore Pleno'** ☼ syn. 'Caerulea Plena', 'Plena' Hell-blauviolette, gefüllte Blüten. **'Blue and Gold'** Blätter mit schmalem, leuchtend gelbem Rand. Blüten blauviolett. **'Blue Drift'** Blass-blauviolette Blüten über dunkelgrünen Blättern. **'Bowles Blue'** siehe 'La Grave'. **'Bowles Variety'** siehe 'La Grave'. **'Burgundy'** Blüten in

LINKS 1 *Vinca difformis*
2 *V. major* 'Maculata' **3** *V. minor*
'Argentovariegata' **4** *V. minor* 'La Grave'

tiefem Weinrot. Ähnelt 'Atropurpurea'. **'Caerulea Plena'** siehe 'Azurea Flore Pleno'. **'Dartington Star'** siehe *V. major* var. *oxyloba*. **'Double Burgundy'** siehe 'Multiplex'. **'Illumination'** Tiefgrüne Blätter mit großem, auffälligem, cremegelbem Mittelfleck. Blauviolette Blüten. **'La Grave'** ♀ syn.'Bowles Blue', 'Bowles Variety' Rötliche, 3 cm große Blüten mit breiten Kronblättern. **'Maculata'** Dunkelgrüne Blätter mit grünlich gelbem Mittelfleck. **'Multiplex'** syn.'Double Burgundy' Purpurrote, unregelmäßig gefüllte Blüten. **'Plena'** siehe 'Azurea Flore Pleno'. **'Purpurea'** siehe 'Atropurpurea'. **'Ralph Shugert'** Blätter fein cremeweiß gerandet. Blüten blauviolett. **'Rubra'** siehe 'Atropurpurea'. **'Sabinka'** Kompakte, niedrige Form mit kleineren Blättern und blauvioletten Blüten. ↕ 10–15 cm. **'Silver Service'** Gefüllte, blauviolette Blüten über weiß gerandeten Blättern. **'Sterling Silver'** Hellblauviolette Blüten über schmal weiß gerandeten Blättern. **'Variegata'** siehe 'Aureovariegata'. **'Variegata Aurea'** siehe 'Aureovariegata'. **'White Gold'** Blätter gelb gezeichnet. Blüten blauviolett.

VIOLA
Stiefmütterchen, Veilchen
VIOLACEAE

Die kleinen Blüher sind in den unterschiedlichsten Farben, Zeichnungen und Laubformen und für jede Jahreszeit erhältlich.

Zu dieser Gattung rechnet man rund 500 Arten sommer- und immergrüner, zum Teil an der Basis verholzender Mehr- und Einjähriger. Sie kommen überwiegend in kühl- bis warm-gemäßigten Klimazonen auf der ganzen Welt vor. Man findet sie auf Meeresniveau ebenso wie im Gebirge. Veilchen bilden zwar eine ausgesprochen vielgestaltige Gruppe, doch tragen sie allesamt die für

ihre Gattung typischen Blüten. Ihr Lebensraum sind Wälder, Wiesen, Geröll, Sümpfe, stabilisierte Sanddünen und Halbwüsten. Schon mindestens seit dem Mittelalter finden sie in der Kräutermedizin Verwendung.

Sie wachsen aus faserigen oder fleischigen Wurzeln bzw. Rhizomen. Die meisten Arten bilden zwei Blütengenerationen aus: Die üblichen farbenfrohen, im Frühjahr erscheinenden Blüten bestehen aus 5 Kronblättern, von denen das unterste gesport ist. Sie setzen meist keine Samen an. Man nennt sie chasmogam (= »offenehig«). Im Sommer werden dann kronblattlose, selbstfertile Blüten ausgebildet, deren Knospen sich nie öffnen, die aber reichlich Samen entwickeln, die sortenreine Nachkommen liefern. Man nennt sie kleistogam (= »verschlossenehig«). Duft- und Hornveilchen sowie Stiefmütterchen öffnen nur Blüten mit

Kronblättern, die sich problemlos fremdbestäuben lassen und variablen Nachwuchs hervorbringen (siehe *Kategorien von Veilchen*).

Veilchenblätter sind herzförmig, länglich oder geteilt. Die Blätter der Stiefmütterchen haben eine ovale Form. Alle Arten tragen Blätter mit rudimentärem Laub an der Basis, »Stipeln« oder »Nebenblätter« genannt. Bei Veilchen sind sie klein und gezähnt, bei Stiefmütterchen und ähnlichen Formen geteilt und etwas auffälliger. Die charakteristischen Kapselfrüchte von Veilchen bleiben entweder im Boden und öffnen sich langsam, wobei die Samen oft von Ameisen verbreitet werden, oder stehen – wie bei Stiefmütterchen – an aufrechten Stielen und schleudern ihre Samen fort.

Zu den führenden »Veilchennationen« gehören Großbritannien, Frankreich und Deutschland. Hier wurden in den letzten 200 Jahren zahlreiche Hybriden und Sorten aus dem Wohlriechenden Veilchen (*V. odorata*) gezüchtet. So entstand die Kategorie der Duftveilchen. Auch ähnliche Arten wie das seltene Parmaveilchen (*V. suavis*) haben mittlerweile Hunderte von Formen hervorgebracht. Duft- und Parmaveilchen wurden bis zur ersten Hälfte des 20. Jahrhunderts besonders in England, Frankreich, Italien und der USA gewerblich als Schnittblumen und zur Ölgewinnung gezüchtet. Durch Kreuzung von Stiefmütterchen mit vielstängeligen staudigen Arten, allen voran *V. cornuta*, sind buschige Stiefmütterchen entstanden, die meist als Hornveilchen bezeichnet werden. Diese kompakten Stauden tragen zahlreiche, oft duftende Blüten.

Dank züchterischer Bemühungen entstanden außerdem die so genannten Violettas, die kleinere Blüten ohne Strahlen (die dunklen, vom Schlund ausgehenden Linien) tragen, sich durch einen kompakteren Wuchs auszeichnen und in der Regel einen angenehmen Duft

verströmen. Der britische Züchter Richard Cawthorne führte eine Reihe ausgezeichneter Formen ein.

KULTUR Die meisten Arten gedeihen in nährstoffreichen, neutralen bis leicht alkalischen Böden mit etwas Humusanteil, doch kommen Veilchen in so vielen verschiedenen Lebensräumen und Klimazonen vor, dass kaum generelle Kulturempfehlungen möglich sind. In stickstoffreicher Erde muss man mit übermäßigem Laubwuchs und schlechter Blüte rechnen. Waldarten vertragen im Sommer Schatten, ansonsten bevorzugen Veilchen aber viel Licht. Gut eingewachsene Hornveilchen vertragen sogar vollsonnige Standorte. Man pflanzt sie am besten, solange sie noch klein sind. Das Entfernen welker Blüten verlängert die Blühsaison, bei Duftveilchen indes zeigt diese Maßnahme wenig Wirkung.

Hornveilchen, Violettas und viele Duftveilchen können jahrelang an ein und demselben Standort bleiben, solange sie nicht zu wenig Nährstoffe bekommen, von Krankheiten befallen werden oder zu dicht stehen. Ihre Winterhärte reicht je nach Herkunft von Z1 bis Z9. Einige wenige tropische oder subtropische Arten, z.B. aus Hawaii und Südostasien, können sogar in Z11 wachsen (sie werden hier allerdings nicht behandelt).

Die Blütenstängel von Veilchen tragen ein Paar kleiner Hochblätter und sind am Ende übergebogen. Die Beugung wird zum Teil von den Anhängseln der 5 Kelchblätter verdeckt, die in der Regel kürzer als die 5 Kronblätter sind. Das unterste Kronblatt geht nach hinten in einen Sporn über, in dem sich die Nektarien befinden.

RECHTS 1 *Viola alba* **2** *V.* 'Bowles' Black'

KATEGORIEN VON VEILCHEN

Viele Arten und Sorten lassen sich einer der folgenden drei Hauptkategorien zuordnen, die weiter untergliedert werden können.

Duftveilchen Unter dieser Bezeichnung fasst man die eigentlichen Duftveilchen (*V. odorata* und ihre Hybriden mit *V. suavis* sowie anderen Arten) und die Parmaveilchen (siehe auch Kasten S. 482) zusammen.

DVei Ungefüllte Formen; Hybriden von *V. odorata*.

gDVei Gefüllte Formen; Hybriden von *V. odorata*, oft mit vielen Kronblättern.

PVei Ungefüllte Parmaveilchen.

gPVei Gefüllte Parmaveilchen.

Gartenstiefmütterchen Dazu zählen Formen von *V.* × *wittrockiana* (Hybriden von *V. altaica*, *V. lutea*, *V. tricolor* und anderen Arten). Es handelt sich überwiegend um Ein- und Zweijährige, die aus Samen gezogen werden.

AusS Ausstellungsstiefmütterchen. Die Blüten eignen sich nicht für Rabatten und werden hier nicht behandelt.

BS Beetstiefmütterchen. Vielblütiger und oft robuster als die Ausstellungsformen. Blüte von Herbst bis zum Früh-

sommer. Für Beete und Gefäße geeignet. Auf sie wird hier nicht eingegangen.

TS Dreifarbige Stiefmütterchen. Kleinere Blüten, die eher denen wilder *V. tricolor* ähneln. Für Beete und Gefäße geeignet.

Hornveilchen Alle Formen von *V.* × *williamsii* (Hybriden von *V. cornuta* und Kulturstiefmütterchen) und anderen von *V. cornuta* abgeleiteten Pflanzen. Überwiegend Stauden, die aus Stecklingen vermehrt werden. Alle außer AusHVei eignen sich für Beete, Steingärten, sonnige, durchlässige Rabatten und Gefäße.

AusHVei Ausstellungsveilchen. Blüten entsprechend den Ausstellungsregeln. Sie sind nicht für Rabatten geeignet und daher nicht Gegenstand dieses Kapitels.

BHVei Beetveilchen. Kompakte, im Sommer monatelang reich blühende Formen, viele duften.

Vtta Violetta. Durch Zucht verfeinerte Beetveilchen. Kompakter und ohne Strahlen auf den Blütenblättern.

HVeiS Sorten und Hybriden von *V. cornuta*. Auslesen und Kreuzungen, die in Blüten-, Laub- und Wuchsform Ähnlichkeit mit *V. cornuta* haben.

LÜCKENFÜLLER

WÄHREND DER BLÜTE verlieren viele Mitglieder aus der Familie der Doldengewächse (*Apiaceae*) ihre unteren Blätter. Dadurch werden die Stängel sichtbar, was vom übrigen Laub und vor allem von den Blüten ablenkt. Deshalb pflanzt man vor sie am besten einen niedrigen Blüher, der seine Triebe zwischen die Stängel schickt, um sie einerseits zu verdecken und andererseits durch sein Laub und seine Blüten zu ergänzen. Hier eine Bärwurz (*Meum athamanticum*), die leider viel zu wenig kultiviert wird. Man hat ihr die zarte kleine Viola 'Belmont Blue' vorangestellt, die die Lücken schön ausfüllt und sich sogar mit einigen wenigen langen Stängeln nach oben zwischen die feingliedrigen weißen Dolden ihrer hohen Nachbarin schiebt.

VERMEHRUNG Je nach Art durch Aussaat, Stecklinge, Teilung oder Absenken (siehe *Vermehrung*, S. 480).

PROBLEME Spinnmilben (siehe Kasten S. 483), Blattläuse (u.a. *Neotoxoptera violae*), Schnecken, Veilchen-Gallmücke, Grauschimmel, Echter und Falscher Mehltau, Stängelgrundfäule, Blattfleckenkrankheit und Veilchenrost. Trotz dieser langen Liste sind sie ausgesprochen leicht zu kultivieren.

V. alba alba (Weißes Veilchen) Immergrüne Rosette aus herzförmigen Blättern, die im Frühjahr austreiben und bis zum Sommer immer größer werden, sodass die Pflanze schließlich eine Breite von 15 cm erreicht. Bildet Ausläufer, die gleichzeitig die duftenden, 2 cm breiten, weißen oder violettblauen Blüten tragen. Ähnelt *V. odorata*, doch wurzeln bei *V. odorata* die Ausläufer bereitwilliger ein und treiben auch Blüten aus den Rosetten aus, die am Ende der Ausläufer aus den letzten Jahren stehen. Eine der Unterarten ist möglicherweise eine Vorfahrin des Parmaveilchens. Für durchlässige, nährstoffreiche Böden mit Humusanteil an sonnigen bis halbschattigen Standorten. Aus Mittel-, Ost- und Südeuropa. ↕15 cm. Z6

V. 'Alice Witter' siehe *V. sororia* 'Alice Witter'

V. 'Ardross Gem' (BHVei) Langstielige, ansprechend dunkelblaue, bis 3 cm breite Blüten mit goldenem Fleck auf dem unteren Kronblatt. Blütezeit: spätes Frühjahr bis weit in den Herbst hinein. Kompakt und vielblütig. Verträgt ungünstige Witterung problemlos. Ein reizendes Pflänzchen. ↕5 cm. Z5

V. arenaria siehe *V. rupestris*

V. 'Aspasia' ♥ (BHVei) Intensiv duftende, 2 cm breite Blüten, von oben nach unten von Cremefarben allmählich in Gelb übergehend. Bildet einen großen, reich blühenden Busch. Eine Züchtung von Richard Cawthorne, Großbritannien. ↕15 cm. Z5

V. banksii siehe *V. hederacea*

V. 'Belmont Blue' syn. *V.* 'Boughton Blue' (HVeiS) Blass-himmelblaue, 2,5 cm breite Blüten mit leichtem Lilaton und gelbem Auge. Blütezeit: Mai bis August. ↕10 cm. Z7

V. 'Beshlie' ♥ (BHVei) Blassgelbe, stark duftende, langstielige, 2,5 cm breite Blüten, die in großer Zahl erscheinen. Obere Kronblätter in kühleren Gegenden mitunter mit blauen Schattierungen. Eine Züchtung von Richard Cawthorne, Großbritannien. ↕20 cm. Z5

V. biflora (Zweiblütiges Veilchen) Sommergrünes Bergveilchen mit schlanken, kriechenden Rhizomen, die im Frühjahr einige wenige Triebe und nieren-förmige, bis 4 cm lange Blätter bilden. Von Mai bis Juni erscheinen nichtduftende, gelbe, 1,5 cm breite Blüten mit bräunlichen Streifen. Die Blüten stehen nicht paarig, auch wenn es auf den ersten Blick so aussieht. Bevorzugt feuchte Böden und verträgt etwas Schatten. Aus Japan, dem Himalaja, den Alpen, den Pyrenäen und Skandinavien, in Nordamerika selten. ↕8–15 cm. Z4

V. 'Blue Moonlight' (HVeiS) Blasscremegelbe, 3 cm breite Blüten, deren obere Kronblätter blassblau überlaufen sind. Größere und vollere Blüten als bei anderen *V.-cornuta*-Formen, aber trotzdem wüchsig und mehrjährig. ↕12 cm. Z7

V. 'Boughton Blue' siehe *V.* 'Belmont Blue'

V. 'Bowles' Black' (TS) Fast schwarze Blüten mit kleiner gelber Mitte. Kurzlebige Staude mit relativ lockerem Wuchs, der auf *V. tricolor* als Elternart hindeutet (siehe *Schwarze Veilchen*). Die dunkelsten Formen durch Stecklinge vermehren. Sie sind zwar oft fast samenecht, doch kann die Farbe ins Purpurne spielen. ↕10 cm. Z5

V. 'Buttercup' (Vtta) Zahlreiche tiefgelbe, stark duftende, 2,5 cm breite Blüten über dekorativem, kompaktem Laub. Die Sorte hieß ursprünglich 'Rock Orange', als sie um 1890 von D. B. Crane eingeführt wurde. ↕15 cm. Z5

V. 'Clementina' ♥ (BHVei) Große, langstielige, sattviolette, 5 cm breite Blüten, die einen großen prächtigen Horst bilden. ↕20 cm. Z5

V. 'Clive Groves' (DVei) Wüchsige Form mit großen, sehr stark duftenden, purpurroten Blüten, die sich vom Winter bis zum zeitigen Frühjahr öffnen. Eine Variante, die 1980 unweit eines Exemplars von *V.* 'The Czar' in Clive Groves' in einer Gärtnerei in der englischen Grafschaft Dorset zufällig entdeckt wurde. ↕20 cm. Z5

V. 'Coeur d'Alsace' (DVei) Lachsrosa Blüten, die vom Winter bis zum zeitigen Frühjahr erscheinen. 1916 von Armand Millet in Frankreich gezüchtet, ursprünglich aber als ausgeprägter purpurrot beschrieben. ↕20 cm. Z5

V. 'Columbine' (BHVei) Rundliche, weiße oder blasslila, 3 cm breite, violett gezeichnete Blüten mit gelbem Auge über kompaktem Laub. Blütezeit: April bis September. Wüchsig, aber nicht-duftend. Ähnelt 'Elaine Quin', ist aber blasser. Nicht mit dem Duftveilchen gleichen Namens zu verwechseln. ↕15 cm. Z5

V. coreana siehe *V. grypoceras*

V. cornuta ♥ (Horn-Veilchen, Pyrenäen-Stiefmütterchen) Breitwüchsiges, immergrünes Wildveilchen mit 5 cm langen, eiförmigen Blättern und gekerbten statt geteilten Stipeln. Die zahlreichen Stängel bilden an hellen Standorten kompakte Büsche, können jedoch bei Konkurrenzdruck durch Nachbarn ins Kraut schießen und sich zwischen andere Pflanzen schieben. Zahlreiche schwach duftende, violette bis lilablaue, 2,5 cm breite Blüten, die sich von Mai bis Oktober öffnen. Ihren Namen verdankt die Art dem langen, schmalen, hornartigen Sporn. Die lang blühende, vielstängelige Staude wird in der Zucht gern verwendet und hat entsprechend viele, oft duftende Sorten hervorgebracht. Sie braucht viel Licht, um kompakt zu bleiben, und Böden mit hohem Humusanteil. Man pflanzt sie häufig auch als Bodendecker in lichten Schatten. Sie verträgt mehr Wärme und Trockenheit als Stiefmütterchen. Die Vermehrung erfolgt durch Stecklinge oder Teilung im zeitigen Frühjahr. Sorten sind selten samenecht. Aus den Pyrenäen. ↕15 cm. Z7 **Alba-Gruppe** ♥ Weiße Blüten. Blütezeit: Mai bis August. Kann sich sogar im Schatten ausbreiten und selbst aussäen. **(Alba-Gruppe) 'Alba Minor'** Weiße Blüten. Kompakter. ↕10 cm. **Lilacina-Gruppe** Lila Blüten. **'Minor'** ♥ Kompakt. Etwas kleinere, 2 cm breite, blass-lilarosa Blüten. ↕10 cm. **Purpurea-Gruppe** Dunkel-blauviolette bis violette Blüten. **'Victoria's Blush'** Blassrosa Blüten mit magentaroten Linien und Mittelfleck sowie blass-magentarotem äußerem Rand.

V. corsica Schmalblättrige Wildart. Nichtduftende, längliche, violette, bis 3,5 cm breite Blüten mit gelbem oder weißem Schlund und dunklen Linien auf dem unteren Kronblatt. Blüht recht zahlreich vom zeitigen Frühjahr bis

V. **'Irish Molly'** (BHVei) Ungewöhnliche Blüten mit 4 cm Durchmesser, die von April bis September erscheinen. Obere Kronblätter kastanienbraun, untere khaki-grüngelb mit dunklem, von Linien akzentuiertem Fleck. Auge und Mitte des unteren Kronblatts gelb. Wegen der ungewöhnlichen Farbe beliebt. Elternpflanze vieler hübscher, auffallend gefärbter, aus Samen gezogener Beetveilchen. Einen Hinweis auf die Abstammung von Stiefmütterchen gibt der kleine dunkle Fleck auf den Kronblättern und die Neigung, im Spätsommer zu verblassen, weshalb Stecklinge eher im Frühjahr als im Herbst abgenommen werden sollten. ⌀ 20 cm. Z6

V. **'Ivory Queen'** (BHVei) Üppige, duftende, längliche, cremefarben-zitronengelbe, 4 cm breite Blüten an langen Stängeln. Unteres Kronblatt blass-zitronengelb. Blütezeit: Mai bis Oktober. ⌀ 20 cm. Z5

V. **'Jackanapes'** ♀ (BHVei) Auffallende, duftlose, 3–3,5 cm breite Blüten mit karminbraunen oberen und gelben unteren Kronblättern sowie dunklen Strahlen in der Nähe des Schlunds. Blütezeit: April bis September. Wüchsig, aber kurzlebig, was auf eine Abstammung von *V. tricolor* hindeutet. Von Gertrude Jekyll selektiert und angeblich nach ihrem zahmen Affen benannt, weil die Blüte seinem Gesicht ähnelte. ⌀ 15 cm. Z5

V. **'Jeannie Bellew'** (BHVei) Zahlreiche duftende, cremefarbene, 2,5 cm breite Blüten, deren Rand bis weit in die Saison hinein lavendellila getönt ist. ⌀ 15 cm. Z5

V. **'Julian'** (BHVei) Eine vielblütige, stämmige Sorte mit kurzen Stängeln und mittelblauen, 3 cm großen, zum Rand hin dunkleren, leicht gerüschten Blüten mit gelbem Auge. Kompaktes, schön geformtes Laub. ⌀ 15 cm. Z5

V. **'Königin Charlotte'** (**Queen Charlotte, Reine Charlotte**) (DVei) Sehr stark duftende, blaue Blüten, die von August bis April in großer Zahl erscheinen und – für Veilchen ungewöhnlich – nach oben gedreht sind. 1900 in Deutschland eingeführt und vermutlich eine Hybride von *V. odorata*. ⌀ 20 cm. Z5

V. koreana siehe *V. variegata*

V. labradorica (Labrador-Veilchen) Horste bildendes, sommergrünes Veilchen mit holzigem Wurzelstock. Niederliegende Triebe und fein gezähnte, herz- bis nierenförmige Blätter. Im April und Mai erscheinen nichtduftende, violettblaue, 2 cm breite Blüten. Die eigentliche *V. labradorica* findet man in Kultur nur selten, meist handelt es sich bei den unter diesem Namen auftretenden Exemplaren um *V. riviniana* der Purpurea-Gruppe. ⌀ 15 cm. Z3

V. **'Letitia'** (BHVei) Altrosa Blüten mit 2,5–3 cm Durchmesser, kastanienbraunvioletten Linien und orangegelbem Auge. Blütezeit: April bis September. 'Vita' sieht ähnlich, hat aber größere Blüten in dunklerem Rosa. Gezüchtet von Richard Cawthorne, Großbritannien. ⌀ 20 cm. Z5

V. **'Little David'** ♀ (Vtta) Leicht gerüschte, cremefarbene, 2,5 cm breite Blüten hoch über dem Laub. Obere Kronblätter mit einer Andeutung von Blau und violettem Rand. Wüchsig, kompakt und langlebig. Manche erinnert ihr Duft an den von Freesien. ⌀ 15 cm. Z5

V. lutea (Gelbes Stiefmütterchen) Aus einem kriechenden, faserigen Wurzelsystem treiben viele, größtenteils unverzweigte Sprosse aus. Dadurch entsteht der büschelige Wuchs, aufgrund dessen die Art in der Entwicklung von Beetveilchen eine so große Rolle gespielt hat. Immergrüne ovale Blätter und geteilte Stipeln mit breiterem Lappen am Ende. Nichtduftende, gelbe oder violette, 2–3 cm breite Blüten mit 3–6 mm langem Sporn. Blütezeit: Mai bis August, manchmal auch noch später. Eine der Elternpflanzen des Garten-Stiefmütterchens. Unterscheidet sich von *V. tricolor* vorwiegend durch den ein- oder zweijährigen Wuchs und die einzeln stehenden Stängel. Bevorzugt nährstoffreiche Böden in kühlem Klima und kommt in durchlässiger Erde gut mit starken Niederschlägen zurecht. Wertvoller Bodendecker. Aus höher gelegenen Bereichen in West- und Mitteleuropa. ⌀ 15 cm. Z5

V. **'Maggie Mott'** ♀ (BHVei) Intensiv duftende, silbrig lilarosa Blüten von 5 cm Durchmesser mit gelbem Auge. Blütezeit: April bis Juli. Blüte wird zum unteren Kronblatt hin immer heller. Eine traditionelle, gern gepflanzte Sorte. ⌀ 12 cm. Z5

V. **'Magic'** (BHVei) Blüht früh und spät. Frühe Blüten 2,5 cm breit, blassviolett. Hauptblüte weiß mit leicht violetten Linien. Unter dieser Bezeichnung werden verschiedene Pflanzen angeboten, die sich leicht in der Färbung unterscheiden. ⌀ 15 cm. Z5

V. mandshurica Entwickelt binnen weniger Jahre einen Laubhorst mit schmalen sommergrünen Blättern, die noch vor den violetten, nichtduftenden, 3 cm breiten Blüten erscheinen. Blütezeit: Frühjahr und Frühsommer. Blütenfarbe Weiß und Rosa. Pflanzen gelegentlich gefüllt blühend und braunlaubig. Gedeiht am besten in feuchten Böden und an hellen bis absonnigen Standorten. Aus China, Japan, Korea, dem russischen Fernen Osten und Taiwan. ⌀ 20 cm. Z8 **'Fuji Dawn'** Unregelmäßig elfenbeinfarben, rosa und grün panaschierte Blätter, die im Lauf des Frühjahrs immer grüner werden.

V. **'Mars'** (BHVei) Flache, sattviolette, 3 cm breite Blüten mit hellem Auge. Nicht zu verwechseln mit der Duftveilchen-Hybride gleichen Namens. Eine Hybride zweier griechischer Arten. ⌀ 20 cm. Z5

V. **'Mars'** (DVei) Aus kriechenden Rhizomen treiben Büschel herzförmiger, 4 cm breiter Blätter mit violetter Mitte aus. Das Violett zieht sich die Adern entlang, was der Pflanze ihr charakteristisches Aussehen verleiht. Lavendelblaue Blüten, die sich in der Frühlingsmitte zögerlich öffnen. Nicht mit dem Hornveilchen gleichen Namens zu verwechseln. In nährstoffreiche Humusböden

an absonnigen Standorten pflanzen. Eine japanische Hybride der selteneren *V. hirtipes* fo. *rhodovenia* und *V. japonica*. ⌀ 18 cm. Z6

V. **'Martin'** ♀ (BHVei) Zahlreiche, langstielige, blauviolette, 3 cm breite Blüten mit gelbem Auge. Blüht früh und lange. ⌀ 15 cm. Z5

V. **'Molly Sanderson'** ♀ (BHVei) Kompakte Sorte, die mattschwarze, 3 cm breite Blüten mit gelbem Auge trägt (siehe *Schwarze Veilchen*, S. 479). Im lichten Schatten kultivieren, um ein Erschlaffen zu vermeiden. Vom gleichnamigen irischen Gärtner gezüchtet. ⌀ 15 cm. Z5

V. **'Moonlight'** ♀ (BHVei) Duftende, cremegelbe, langstielige Blüten von 2,5 cm Durchmesser mit schwachen Linien. Verlässlich. ⌀ 20 cm. Z5

V. **'Mrs Lancaster'** (BHVei) Kompakte Pflanze. Intensiv duftende, reinweiße, 3 cm breite Blüten mit leichter Linienzeichnung. Verträgt Schatten, aber keine Trockenheit. ⌀ 15 cm. Z5

V. **'Myfawnny'** (BHVei) Stark duftende, fein marmorierte, lilarosa und lila, 3 cm

breite Blüten mit dunkleren Linien. Blütezeit: April bis September. Sehr reich blühend, kompakt und robust. ⌀ 12 cm. Z5

V. **'Nellie Britton'** ♀ (BHVei) Zartrosa, 2 cm breite Blüten mit schwachen violetten Linien. Blütezeit: vom Frühjahrsende bis zum Spätsommer. Früher 'Haslemere' genannt. Die Sorte wurde von Thompson & Morgan (England) gezüchtet und war fast völlig in Vergessenheit geraten, bis die Gärtnerin Nellie Britton sie rettete und verbreitete, weshalb sie heute unter ihrem Namen bekannt ist. ⌀ 12 cm. Z5

V. obliqua siehe *V. cucullata*

V. odorata (März-Veilchen, Wohlriechendes Veilchen) Halbimmergrüne Staude, die ein kurzes Rhizom mit Faserwurzeln und eine Rosette aus rundlichen bis herzförmigen Blättern bildet. Sie treibt vom Spätwinter bis zum zeitigen Frühjahr schlanke, wurzelnde Ausläufer und duftende, bis

OBEN **1** *Viola lutea* **2** *V. mandschurica* **3** *V.* **'Nellie Britton'**

2,5 cm breite Blüten aus. Blütenfarbe in der Regel Violett oder Weiß, doch gibt es Sorten in den verschiedensten Zwischenfarben und auch in Rosa oder Gelbbraun. Alle Blüten tragen einen stumpfen, violetten, 6 mm langen Sporn. *V. odorata* ist das bekannteste Veilchen überhaupt. Von ihm wurden unzählige Sorten gezüchtet, die zum Teil unter dem Begriff Semperflorens oder Quatre Saison zusammengefasst werden. Sie öffnen ihre Blüten bisweilen schon im August. Gelbblütige Sorten siehe *V.* 'Sulfurea'. Nicht immer ist klar, ob es sich bei den Formen um echte Sorten oder um Hybriden handelt. Man kultiviert sie am besten in nährstoffreicher, durchlässiger, humoser Erde an hellen bis halbschattigen Standorten. Sie eignen sich gut zum Auswildern in

offenen Gehölzbereichen und säen sich bereitwillig selbst aus (Nachkommen aus Samen von kleistogamen Blüten sind wesentlich verlässlicher sortenecht). Aus Europa, von den afrikanischen Atlantikinseln, Inseln im Mittelmeer, aus Randgebieten des Mittelmeerraums und aus Westasien. ↕ 20 cm. Z4 **'Alba'** Diese Bezeichnung wird leider für eine ganze Palette weißblütiger Formen verwendet, die oft ihre eigenen Namen haben. **Rosea-Gruppe** Unter diesem Namen werden mehrere rosablütige Züchtungen angeboten, die sich nur schwer unterscheiden lassen, bisweilen aber eine feste Bezeichnung tragen.

V. palustris (Sumpf-Veilchen) Sommergrünes Veilchen mit schlanken, kriechenden Wurzeln und Ausläufern, an denen glatte, nierenförmige Blätter stehen. Blasslila, gelegentlich fast weiße, nichtduftende, bis 1,5 cm breite Blüten mit 2 mm langem Sporn. Blütezeit: April bis Juli. Möglichst an kühlen Standorten in feuchter, torfiger Erde, auf Moos oder in feuchtem Rasen in sonniger bis halbschattiger Lage kultivieren. Aus Europa, dem Norden der USA, Kanada und Nordasien. ↕ 15 cm. Z1

V. papilionacea siehe *V. sororia*

V. **'Pat Kavanagh'** (HVeiS) Gelbe, 3–4 cm breite Blüten mit schwach ausgeprägten, dunklen Linien. Mit der Zeit entwickelt sich am Rand eine lila Tönung. ↕ 10 cm. Z7

V. pedata Stängellose, Horste bildende, halbimmergrüne Art mit kurzem, kräftigem Rhizom, aus dem sich Seitenwurzeln entwickeln, die wiederum neue Kronen austreiben. Fast bis zur Basis geteilte Blätter mit mindestens 5 Segmenten. Nichtduftende, 3 cm breite Blüten, die sich von April bis Juni oder noch später öffnen. Sie sind blassviolett gefärbt und tragen auffällige orangefarbene Staubblätter in der Mitte. Es gibt von dieser Art viele Formen, unter anderem solche, bei denen die beiden oberen Kronblätter tiefviolett sind, alle Kronblätter eine weiße Farbe haben oder die Blätter eine feinere Teilung aufweisen. Treibt im Gegensatz zu der ähnlichen *V. pedatifida* keine kleistogamen Blüten aus und hat auch auffälligere Staubblätter als diese Art. Braucht viel Licht und einen sauren, feuchten, durchlässigen, kiesigen und torfigen Boden ohne winterliche Staunässe. Aus Nordamerika. ↕ 15 cm. Z4

V. pedatifida Horste bildende, halbimmergrüne bis sommergrüne Veilchen mit geteilten Blättern aus 5–11 Abschnitten, die an der Spitze noch einmal geteilt sind. Nichtduftende, blauviolette, 2 cm breite Blüten mit dichtem weißem Bart an den 3 unteren Kronblättern. Blütezeit: April bis Juni. Eine anpassungsfähige Art, die feuchte Bedingungen verträgt und sich sehr stark selbst aussät. Ähnelt *V. pedata*, ist aber noch härter und treibt kleistogame Blüten aus. Verbreitungsgebiet: Nordamerika. ↕ 12 cm. Z2

V. priceana siehe *V. sororia* fo. *priceana*

V. **'Princesse de Galles'** (Princess of Wales) (DVei) Große, lilablaue Blüten, die sich im Winter öffnen. Das am häufigsten kultivierte Duftveilchen, allerdings werden oft andere Sorten unter dieser Bezeichnung verkauft. 1889 von Armand Millet in Frankreich gezüchtet und vermutlich eine Hybride von *V. odorata*. ↕ 30 cm. Z5

V. Queen Charlotte siehe *V.* 'Königin Charlotte'

V. **'Raven'** (BHVei) Samtig tiefviolette, 2,5 cm breite Blüten mit gelbem Auge (siehe *Schwarze Veilchen*, S. 479). Alle paar Jahre teilen, um die Wüchsigkeit zu erhalten. ↕ 15 cm. Z5

V. **'Rebecca'** (Vtta) Intensiv duftende Blüten in blassestem Cremegelb. Ihre Ränder sind leicht gerüscht und unregelmäßig violett gezeichnet. Blütezeit: April bis September. ↕ 15 cm. Z5

V. Reine Charlotte siehe *V.* 'Königin Charlotte'

V. riviniana (Hain-Veilchen) Halbimmergrüne Art mit Faserwurzeln. Aus einer Blattrosette schieben sich niedrige Stängel mit duftlosen, blauvioletten, gelegentlich weißen, bis 2,5 cm breiten Blüten mit hellem, stumpfem, 5 mm langem, am Ende meist gekerbtem Sporn nach oben. Blütezeit: April und Mai. Gedeiht in nährstoffreichen, humosen Böden an hellen bis halbschattigen Standorten, verträgt im Sommer aber auch tieferen Schatten. Ideal zum Auswildern in Gehölzbereichen oder kurz geschnittenen Rasenflächen. Starke Selbstaussaat. Aus Europa, von den afrikanischen Atlantikinseln, einigen Mittelmeerinseln und aus mittleren und nördlichen Regionen im europäischen Teil Russlands. ↕ 20 cm. Z4 **'Ed's Variegated'** Stark cremefarben gefleckte Blätter. **Purpurea-Gruppe** Violettlaubig, an sonnigen Standorten intensivere Färbung. Wird mitunter als *V. labradorica* und *V. labradorica purpurea* verkauft. **fo. *rosea*** Rosa Blüten. Im Handel oft als *V. rupestris rosea* oder *V. arenaria rosea* erhältlich.

V. **'Roscastle Black'** (BHVei) Samtig violettschwarze, 3 cm breite Blüten hoch über dem Laub. Blütezeit: April bis Juli und oft noch später. Eine stämmige, verlässliche Sorte, die große Horste bildet (siehe *Schwarze Veilchen*, S. 479). ↕ 20 cm. Z5

V. rupestris syn. *V. arenaria* (Sand-Veilchen) Halbimmergrüne Art, die eine Blattrosette und niedrige Stängel mit duftlosen, blauvioletten, bis 1,5 cm breiten Blüten bildet. Diese tragen einen kurzen, ungekerbten Sporn. Blüht im Frühjahr und Frühsommer. Ähnelt *V. riviniana*, die Blatt- und Blütenstiele sind jedoch mit kurzen Haaren besetzt. Verträgt allerlei Böden und kommt gut mit vollsonnigen bis halbschattigen Standorten zurecht. Verbreitet vom westlichen Mittel- und Nordeuropa über Asien bis nach Sibirien und China. ↕10 cm. Z2 *rosea* siehe *V. riviniana* fo. *rosea*.

V. **'Saint Helena'** (DVei) Blasslila Blüten, die vom Spätwinter bis zum Frühjahr erscheinen. Nicht so wüchsig wie die meisten Sorten, aber eine der am stärksten duftenden Gartenveilchen mit einem sehr süßen Wohlgeruch. Vermutlich eine Hybride von *V. odorata*. ↕15 cm. Z7

V. selkirkii Aus einem schlanken Rhizom treiben kleine, sommergrüne, gezähnte, herzförmige Blätter aus. Von März bis Mai erscheinen nichtduftende, 2 cm breite Blüten mit schmalen oder breiten Kronblättern in blassem Violett, selten auch Weiß, mit weißem Schlund und auffälligem, 4–8 mm langem Sporn. Oft kurzlebig, vermehrt sich allerdings durch Selbstaussaat. Anpassungsfähig und hart, bevorzugt aber kühle, feuchte Böden in Humuserde und an offenen bis halbschattigen Standorten. 1820 benannt nach Alexander Selkirk, der Daniel Defoe als Vorbild für Robinson Crusoe diente. In Grönland, Skandinavien, Nordasien, Japan, Kanada und dem Norden der USA verbreitet. ↕10 cm. Z1 **fo.** *variegata* Zarter, mit auffälliger silbriger Panaschierung entlang der Blattadern. Unterscheidet sich von *V. variegata* durch spitz zulaufende Blätter. Samenecht. ↕7 cm. Z4

V. septentrionalis siehe *V. sororia*

V. sororia syn. *V. papilionacea*, *V. septentrionalis* (Pfingst-Veilchen) Aus grünlichen, oberflächennah kriechenden, manchmal verzweigten Rhizomen wachsen sommergrüne, herzförmige, bis 10 cm lange Blätter und duftlose, violettblaue, 2 cm breite Blüten mit kurzem Sporn. Blütezeit: März bis Mai. Ähnelt *V. cucullata*, trägt aber Früchte aus kleistogamen Blüten knapp über dem Boden und manchmal auch in der Erde. Viele Farbvarianten sind im Umlauf, manche davon haben panaschierte Blätter oder Blüten. Kommt mit allerlei Böden zurecht, solange sie etwas Humus enthalten, und verträgt feuchte, helle bis halbschattige Standorte. Aus dem östlichen Nordamerika. ↕15 cm. Z4 **'Albiflora'** ♀ Weiße Blüten. Mitunter als *V. cucullata* 'Alba' oder *V. cucullata* 'Albiflora' angeboten, wobei es sich bei Letzterer eher um eine andere Form handelt. Man findet sie bisweilen auch mit Bezeichnungen wie 'Snow Princess', 'White Sails', 'Immaculata' und 'White Ladies', bei denen es sich jedoch nicht

immer um 'Albiflora' handelt. **'Alice Witter'** Weiße Blüten mit rosa oder purpurrotem Mal um den Schlund. Die Größe der dunklen Färbung variiert von Pflanze zu Pflanze. **'Freckles'** Weiße, violett gesprenkelte Blüten. **fo.** *priceana* syn. *V. priceana* Weiße Blüten mit blaugrauem Mal zur Mitte hin. Die dunkel gezeichnete Fläche kann unterschiedlich groß sein. **'Red Giant'** Purpurrote Blüten. ↕20 cm. **'Speckles'** siehe 'Freckles'.

V. **'Sulfurea'** (DVei) Variabel. Manche Exemplare tragen cremefarbene Blüten mit apricotfarbenem Schlund, bei anderen sind sie leicht hellbraun und bei wieder anderen schwach zitronengelb. Nur selten duftend. Blüht vom Spätwinter bis zum zeitigen Frühjahr. Um 1896 in Frankreich von einem Postboten an einem Waldrand entdeckt. ↕20 cm. Z5

V. **'Sylettas'** (DVei) siehe *V. variegata* 'Sylettas'.

V. **'The Czar'** (DVei) Intensiv duftende, tiefviolette Blüten, die im Frühjahr in großer Zahl erscheinen. Wegen der langen Stängel eignen sie sich als Schnittblumen. Unter dieser Bezeichnung werden viele Formen gehandelt, die mit 'The Czar' nichts zu tun haben. Die Sorte ist vermutlich eine Hybride von *V. odorata* und von historischer Bedeutung, da sie viele weitere schöne Formen hervorgebracht hat. ↕30 cm. Z5

V. **'Tiger Eye'** (BHVei) Auffällige, duftende, tief-goldgelbe, 2,5 cm breite Blüten mit schwarzen Strahlen, die sich von einem kleinen Mittelfleck entlang der Adern zum Rand ziehen. Eine Sorte der Angel-Serie, die von Floranova in englischen Norfolk gezüchtet und 2001 eingeführt wurde, aber nicht verlässlich mehrjährig wächst. Nachfolgerin der seltenen, sterilen Form 'Eye of the Tiger' mit schmaleren Blüten. ↕15 cm. Z5

V. **'Tony Venison'** (HVeiS) Gelb und grün gestreiftes Laub, das im Sommer leicht verblasst. Blassblaue, 2,5 cm breite Blüten. ↕10 cm. Z7

V. variegata Aus einem kurzen, schlanken Rhizom treiben kleine Horste sommergrüner, rundlicher, mehr oder weniger herzförmiger, unterseits violetter, jeweils bis 5 cm breiter Blätter mit leichter Panaschierung entlang der Aderung aus. Die nichtduftenden, meist purpurroten, 2 cm breiten Blüten tragen einen unübersehbaren Sporn. Blütezeit: April und Mai. Wird gelegentlich nur wegen des dekorativen Laubs gezogen, ist allerdings relativ kurzlebig. Gedeiht in kiesigem, humosem Boden im lichten Schatten. Sät sich verlässlich selbst aus. Samenecht aus kleistogamen Blüten. Ähnelt *V. selkirkii* fo. *variegata*, hat jedoch nicht so spitz zulaufende Blätter. Im Handel oft fälschlicherweise als *V. grypoceras* fo. *variegata*, *V. grypoceras* var. *exilis*, *V. koreana* oder *V. coreana* angeboten. Aus Korea, Japan, China und Russland. ↕2 cm. Z5 **'Sylettas'** syn. *V.* 'Sylettas'.

V. velutina siehe *V. gracilis*.

V. **'Victoria Cawthorne'** (HVeiS) Eine beliebte, reich blühende Sorte. Stern-

förmige, magentarosa, 3 cm breite, hoch über dem Laub stehende Blüten mit Strahlen auf den unteren 3 Kronblättern. Zäh. ↕10 cm. Z7

V. **'Vita'** (BHVei) Altrosa, 2,5 cm breite Blüten mit gelbem Auge. Auf Sissinghurst Castle entstanden, dem ehemaligen Wohnsitz von Vita Sackville-West. ↕20 cm. Z5

V. **'White Pearl'** (BHVei) Intensiv duftende, perlweiße, 2,5 cm breite Blüten mit orangegelbem Auge. Wüchsig. ↕20 cm. Z5

V. × *williamsii* Kollektivbezeichnung für eine ausgesprochen variable Gruppe, die aus Hybriden zwischen *V. cornuta* und den Garten-Stiefmütterchen (*V.* × *wittrockiana*) zusammengesetzt ist.

V. **'Winona Cawthorne'** (HVeiS) Lila Blüten von 3,5 cm Durchmesser mit zitronengelbem bis weißem unterem Kronblatt und gelbem Auge. ↕10 cm. Z7

V. × *wittrockiana* Zusammenfassende Bezeichnung für die meist aus Samen gezogenen Garten-Stiefmütterchen, eine äußerst variable Gruppe aus Hybriden zwischen *V. tricolor*, *V. lutea*, *V. altaica* und anderen Arten.

V. **'Woodlands Cream'** (BHVei) Cremefarbene, 4 cm breite Blüten mit orangefarbenem Auge. ↕20 cm. Z5

VISCARIA siehe LYCHNIS

SPINNMILBEN

Spinnmilben können vor allem in unter Glas gezogenen Duftveilchen-Beständen verheerende Schäden anrichten. Mit der Klimaerwärmung allerdings geraten nun auch Freilandpflanzen in Gefahr.

Die Schädlinge sind zwar mit dem bloßen Auge kaum zu erkennen, doch können sie sich schlagartig vermehren und die infizierten Pflanzen stark schädigen. Ein Befall äußert sich in gefleckten, gelblichen bis weißlichen Blättern, außerdem ist ein spinnennetzartiges Geflecht erkennbar. Am wirksamsten lassen sich Spinnmilben mit Pestiziden auf der Basis pflanzlicher Öle bekämpfen, doch müssen diese gezielt und häufig angewendet werden, weil sie nicht systemisch wirken. Auch Raubmilben dezimieren Spinnmilben, wobei *Phytoseiulus persimilis* gegen die Gemeine Spinnmilbe (*Tetranychus urticae*) empfohlen wird, allerdings nicht im Freiland angewendet werden kann.

Die Gemeine Spinnmilbe und andere Milbenschädlinge sind kälteunempfindlicher als räuberische Parasiten. Sie überwintern im Boden und in abgefallenem Laub, weshalb man welke Blätter aufsammeln sollte. Manchmal müssen von stark befallenen Pflanzen sogar lebende Teile entfernt werden, um eine Ausbreitung einzudämmen. Das gesamte befallene Material muss verbrannt werden. Relativ gering ist das Befallsrisiko in kühler, feuchter Atmosphäre. Pflanzen Sie Ihre Veilchen nicht an trockene, sonnige Standorte, wo sie sowieso nie gut gedeihen.

W

WAHLENBERGIA
CAMPANULACEAE

Die niedrigen Sommerblüher ähneln Glockenblumen. Sie gedeihen nur in milden Regionen.

Die Gattung umfasst etwa 150 Arten von Einjährigen und meist kurzlebigen, sommergrünen Stauden aus Gebirgsregionen in Europa, Südafrika, Australien und Asien. Sie tragen wechselständige, in der Regel schwertförmige bis ovale Blätter und blaue, violette oder weiße Blüten, die stern-, glocken- oder schalenförmig sind. Im Sommer erscheinen sie in Massen einzeln oder in lockeren Ständen an langen Stängeln. Sie unterscheiden sich von *Campanula* in der Art, wie die Samenkapseln die Samen freigeben. Sie eignen sich besonders gut für Spalten in Pflasterflächen.

KULTUR In leichtem, sandigem, durchlässigem Boden mit viel Humus. Bevorzugt Halbschatten. Vor kalten, austrocknenden Winden schützen.

VERMEHRUNG Durch Aussaat, Teilung oder grundständige Stecklinge im Frühjahr.

PROBLEME Schnecken.

W. albomarginata Kurzlebig, büschelig, mit Rhizomen. Ovale, schwert- oder spatelförmige, ledrige, behaarte, mittelgrüne, unterseits oft rötliche, 2 cm lange Blätter in grundständigen Rosetten. Ein schöner Hintergrund für die blass-

UNTEN **1** *Wahlenbergia albomarginata* **2** *W. gloriosa*

OBEN **1** *Waldsteinia geoides* **2** *W. ternata*

blauen oder weißen, glockenförmigen, 2–3 cm breiten Blüten, die sich ab Juni der Sonne entgegenrecken. Aus Neuseeland. ↕ 5–20 cm. Z7

W. gloriosa Büschelig, breitet sich durch Rhizome aus. Dicke, lanzettliche, dunkelgrüne, 2–3 cm lange Blätter mit welligen, gezähnten Rändern. Ab Juni erscheinen zahlreiche nach oben geöffnete, sternförmige, 2 cm breite, dunkel-blauviolette Blüten. Eine der vielen Pflanzen, die man Blauglöckchen nennt (siehe S.329). Herkunft: Australien. ↕ 5 cm. Z9

W. undulata Büschelige, aufrecht wachsende Pflanze mit mittelgrünem Laub, das den Hintergrund für zahlreiche große, hellblaue, sternförmige, ab Juni an langen, dünnen Stängeln erscheinende Blüten bildet. Von den Drakensbergen in Südafrika. ↕ 30–60 cm. Z9

'Melton Bluebird' Blüten beim Öffnen kräftig himmelblau, mit der Zeit verblassend. Als bedingt winterharte Einjährige ziehen. ↕ 35 cm.

WALDSTEINIA
Waldsteinie
ROSACEAE

Der anpassungsfähige, niedrige Bodendecker für trockene, schattige Standorte trägt hübsches Laub und blüht reich im Frühjahr.

Die 6 Arten halbimmergrüner Pflanzen stammen von Bergwäldern und Lichtungen und sind in der nördlichen gemäßigten Zone weit verbreitet. Der Name der Gattung geht auf den österreichischen Botaniker Franz Adam Waldstein-Wartenburg zurück, der im späten 18. Jh. wirkte. Die 3 in Kultur bekannten Arten ähneln der Erdbeere und unterscheiden sich untereinander nur durch die Größe ihrer Blüten und die Blattform. Sie breiten sich durch unterirdisch kriechende Rhizome aus und bilden dicke Teppiche aus glänzenden, tief gelappten oder geteilten Blättern mit gekerbtem Rand, die im Winter manchmal

rötlich getönt sind. Von April bis Juni erscheinen leuchtend gelbe, schalenförmige Blüten. Der lockere Blütenstand trägt 2–5 Blüten über dem Laub. Daraus entwickeln sich ungenießbare Nüsschen, die eher an Nelkenwurz *(Geum)* erinnern als an Erdbeeren.

KULTUR In der Sonne oder im lichten Schatten, vorzugsweise in durchlässigem Boden. Verträgt im Schatten auch Trockenheit. Als Bodendecker an Hängen, unter Sträuchern oder zur Beeteinfassung geeignet.

VERMEHRUNG Durch Teilung oder Aussaat.

PROBLEME In der Regel keine.

W. fragarioides (Golderdbeere) Breitet sich durch Ausläufer und Rhizome aus. Der dichte Laubteppich besteht aus 3-zähligen Blättern mit ungestielten, herzförmigen, bis 5 cm langen Blättchen. Im späten Frühjahr erscheinen über dem Laub gelbe, 1,5–2 cm große Blüten mit eiförmigen bis runden Blütenblättern. Diese wenig bekannte Art aus Amerika ist ähnlich der in Europa verbreiteten *W. ternata*, hat aber größere Blättchen. Stammt aus den Appalachen im Osten Nordamerikas. ‡ 10–20 cm. Z4

W. geoides (Ungarwurz) Bildet aus kurzen Rhizomen allmählich breiter werdende Horste. Wächst gedrungen mit grundständigen, herz- bis nierenförmigen, 5–7-teiligen, tief gezähnten Blättern. Blütenstängel mit laubartigen Hochblättern und endständigen lockeren Büscheln aus kleinen 1–1,5 cm großen, lang gestielten, gelben Blüten mit umgekehrt eiförmigen Blütenblättern. Herkunft: Östliches Mitteleuropa bis Ukraine. ‡ 15–25 cm. Z4

W. ternata syn. *W. trifolia, W. sibirica* (Dreiblättrige Waldsteinie) Der wüchsige Bodendecker breitet sich durch Rhizome und Ausläufer aus. Blätter 3-teilig, mit grob gesägten, ungestielten,

3 cm langen Blättchen. Über dem Laub erheben sich 1,5–2 cm breite Blüten mit rundlichen Blütenblättern in lockeren Ständen. Diese am meisten verbreitete Art wird zur Begrünung großer Flächen in Anzuchtplatten angeboten. Herkunft: Östliches Mittel- und Südeuropa bis Sibirien und Japan. ‡ 10–15 cm. Z4 **'Mozaick'** syn. *C.* 'Variegata' Blätter mit gelben Flecken.

W. trifolia siehe *W. ternata*

W. sibirica siehe *W. ternata*

WOODSIA
Wimperfarn
WOODSIACEAE

Die hübschen, anspruchslosen Kleinfarne gedeihen selbst an exponierten Plätzen.

Die rund 25 Arten sind in der nördlichen Hemisphäre und in Südamerika weit verbreitet, 2 kommen in Südafrika vor. Die kleinen, in der Regel immergrünen Farne wachsen meist in Felsspalten und auf Geröll. Aus einem kurzen Rhizom wächst ein Büschel länglicher bis schwertförmiger, gefiederter Wedel, wobei die Fiedern ihrerseits fiederteilig sein können. Die Sporenhaufen an den Blattunterseiten sind von Schleiern mit typischen haarartigen Fransen bedeckt. Junge Wedel erscheinen zeitiger im Frühjahr als bei anderen Farnen. Ihr Stiel entspringt abgeknickt an der Basis, sodass die alten Blätter im Herbst einfach abfallen. *Woodsia*-Farne werden leicht von größeren Nachbarn verdeckt.

KULTUR In feuchtem, humusreichem, aber durchlässigem Boden in offener, halbschattiger Lage.

VERMEHRUNG Durch Sporenaussaat oder Teilung.

PROBLEME In der Regel keine.

W. obtusa (Großer Wimperfarn) Der sommergrüne Farn bildet lockere Büschel aus schmal schwertförmigen, hell-graugrünen, 10–35 cm langen, 2-fach gefiederten Wedeln mit gegenständigen, dreieckigen Fiedern, die wiederum aus länglichen Segmenten mit gekerbtem Rand bestehen. Anspruchslos und am schönsten als Gruppe. Wächst in Felsspalten und auf schattigen Steinmauern im östlichen Nordamerika von Kanada bis Georgia und Texas. ‡ 10–30 cm. Z3

W. polystichoides (Fernost-Wimperfarn) Kompakter Horst aus hellgrünen, schmal länglichen, 10–25 cm langen, am Grund gelappten Wedeln mit gegenständigen, schmalen, leicht sichelförmigen Fiedern. Die Wedel wirken durch ihre feine Behaarung weich und graugrün. Ähnelt einigen kleineren Arten des Schildfarns *(Polystichum)*, was schon der Name andeutet. Der aparte Kleinfarn verdient mehr Aufmerksamkeit. Leider wird er von großen Nachbarpflanzen leicht erdrückt. Wächst auf Geröll und Klippen in exponierter Lage oder im lichten Schatten. Herkunft: Nordost-Asien, von der Mandschurei bis China, Japan und Taiwan. ‡ 5–15 cm. Z5

WOODWARDIA
Kettenfarn
BLECHNACEAE

Viel zu selten werden diese stattlichen Farne mit ihren fein gegliederten Wedeln gepflanzt.

Die Gattung besteht aus etwa 14 Arten, die in feuchten Waldgebieten in Europa, Nordamerika und Asien beheimatet sind. Alle haben große, 2–3-fach gefiederte Wedel. Ihre Sporenbehälter reihen sich kettenartig beidseitig der äußersten Fieder-Mittelrippen auf, daher der Name. Die Wedel einiger Arten bilden an der Spitze oder überall oberseits Brutknopsen, so etwa die frostempfindliche *W. orientalis*. Die

Brutknospen tragenden Arten haben überhängende Wedel, die übrigen wachsen mehr aufrecht.

KULTUR In sauren, feuchten, aber nicht staunassen Böden.

VERMEHRUNG Durch Sporen oder Brutpflanzen.

PROBLEME In der Regel keine.

W. fimbriata (Großer Kettenfarn) Hoher, immergrüner Farn mit aufrechten, schwertförmigen, dunkelgrünen, 2-fach gefiederten Wedeln ohne Brutknospen. Bevorzugt einen geschützten Standort mit neutralem bis saurem Boden. Eine der seltenen großen immergrünen Pflanzen für feuchte Stellen. Aus Mexiko, der westlichen USA und Südwest-Kanada. ‡ 1 m, in freier Natur bis 1,8 m. Z8

W. radicans ♀ (Europäischer Kettenfarn) Immergrüner Farn mit überhängenden, schwertförmigen, mittelgrünen, bis 1,5 m langen Wedeln. Sie sind 2-fach gefiedert und tragen zur Spitze hin unterseits eine oder mehrere große Brutknospen. Diese wurzeln bei Bodenkontakt und bilden schließlich Bestände. An einem feuchten Platz in einem geschützten Stadtgarten ziehen, da nicht verlässlich winterhart. Herkunft: SW-Europa und atlantische Inseln. ‡ 70 cm. Z9

W. unigemmata Weit überhängende, bis 2 m lange, schwertförmige, 2-fach gefiederte Wedel. Sie sind im Austrieb dunkelrot, färben sich mit der Zeit grün und bilden Brutknospen. Unterscheidet sich von der weniger harten *W. radicans* durch die rote Färbung der jungen Wedel. Für feuchte, geschützte Plätze. Weit verbreitet in Asien, vom Himalaja bis zu den Philippinen sowie in China, Taiwan und Japan. ‡ 70 cm. Z8

UNTEN 1 *Woodwardia fimbriata* **2** *W. radicans* **3** *W. unigemmata*

Z

ZALUZIANSKYA
Sternbalsam
SCROPHULARIACEAE

Die hübsche Sonnenanbeterin zeigt lange ihre ganz typischen, duftenden Blüten. Für die ganzjährige Kultur im Freiland reicht die Winterhärte nicht aus. Man zieht sie besser als kleine Topfpflanze.

Die Gattung umfasst rund 35 Arten von Einjährigen oder immergrünen Stauden und Halbsträuchern. Sie stammen von felsigen Hängen und Steppen in Süd- und Ostafrika. Die länglichen, oft gezähnten Blätter wachsen im unteren Bereich der Pflanze gegenständig und weiter oben wechselständig. Ins Auge fallen die weißen, unterseits rot gefärbten Blüten mit 5 abgespreizten, waagrechten Kronblättern, die bei manchen Arten tief geschlitzt sind. Sie verbreiten ihren Duft am Abend.

KULTUR In feuchtem, aber durchlässigem Humusboden an einem sonnigen Standort. Kräftiger Rückschnitt gleich nach der Blüte fördert buschigen Wuchs.

VERMEHRUNG Die kurzlebigen Pflanzen müssen regelmäßig durch Sommerstecklinge oder Frühjahrsaussaat vermehrt werden.

PROBLEME Blattläuse.

Z. ovata Horst bildende, immergrüne Staude mit klebrigen, graugrünen, eiförmigen, etwa 4 cm langen, gezähnten Blättern. Weiße, unterseits weinrote, 2–3cm breite und an der Spitze tief geschlitzte Blüten. Blüht ab Juni über einen langen Zeitraum. Aus Südafrika.
↕ 25 cm. Z9

UNTEN *Zaluzianskya ovata*

Z. 'Semonkong' Matten aus tiefgrünen, etwa 4 cm langen Blättern mit gezähntem Rand, die etwas weicher sind als die von *Z. ovata*. Stark duftende weiße Blüten mit weinroter Unterseite. 2–3 cm breit, an der Spitze tief geschlitzt, erscheinen über einen langen Zeitraum ab Juni.
↕ 25 cm. Z9

ZANTEDESCHIA
Kalla
ARACEAE

Diese Rhizomstaude mit eleganten, auffälligen Blüten eignet sich besonders für feuchte oder nasse Standorte.

Die Gattung umfasst 8 mittelgroße bis große Stauden mit verzweigten, dicken, fleischigen Rhizomen, die in Sümpfen und an Seeufern in Südafrika vorkommen. Sie besitzen große, elegante, immer- oder sommergrüne, gelegentlich weiß gepunktete Blätter mit dreieckigem, herzförmigem oder schwertförmigem Umriss. Die Blütenstände überragen oft das Laub, wobei die Blütenscheide (Spatha) weiß, gelb, rosa oder violett leuchtet – am schönsten im Hochsommer. Ständig kommen neue Auslesen auf den Markt. Auch wenn viele sich als Gartenstauden erst bewähren müssen, gelten manche als gute Topfpflanzen (für drinnen und draußen) und haltbare Schnittblumen. Alle Pflanzenteile sind giftig. Kontakt mit dem Saft kann Hautreizungen hervorrufen. ⚠

KULTUR In humosem Boden oder großen Gefäßen. Feucht halten. Der Nährstoffbedarf liegt hoch, günstig sind organische Düngemittel oder Kompost. Am besten in voller Sonne, verträgt aber auch lichten Schatten.

VERMEHRUNG Im Frühjahr vor dem Neuaustrieb teilen.

PROBLEME Blattläuse, Blattfleckenkrankheit.

Z. aethiopica (Kalla) Eine der größten, in milden Regionen immergrünen Arten mit bis zu 45 cm langen und 20 cm breiten Blättern an noch längeren Stängeln. Im Sommer erscheinen 25 cm lange reinweiße Blütenscheiden mit außen grünlicher Spitze. Aus den 9 cm langen blassgelben Blütenkolben entwickeln sich orangefarbene Beeren. Wächst in seichtem Wasser oder an nassen Standorten, kommt in großen Kübeln hervorragend zur Geltung. Aus Südafrika. ↕ 40 cm. Z8 **'Apple Court Babe'** Gedrungener. ↕ 60 cm. **'Crowborough'** ♀ Größere Hüllblätter, härter als die Art. Verträgt auch Trockenheit. Z7 **'Green Goddess'** Grün und weiß gestreifte Spatha, ziemlich winterhart. Z7 (siehe *Aronstabgewächse*, S.73)

RECHTS **1** *Zantedeschia* 'Black Eyed Beauty' **2** *Z.* 'Cameo' **3** *Z. elliottiana* **4** *Z.* 'Mango' **5** *Z.* 'Pink Persuasion'

'Mr Martin' Große weiße Spatha, größer als 'Crowborough'. Robust und anpassungsfähig. **'Pershore Fantasia'** Cremegelb gesprenkelte Blätter. **'White Sail'** Sehr apart, 10 cm lange reinweiße Spatha.

Z. albomaculata (Gefleckte Kalla) Schmale, sommergrüne, pfeilförmige, grüne Blätter, bis 40 cm lang und 20 cm breit, meist mit durchscheinenden weißen Punkten. An langen, manchmal violett gepunkteten Stängeln. Blütenstände hoch über dem Laub. Die weißen, cremefarbenen, blassgelben oder zuweilen rosa Blütenscheiden werden bis zu 13 cm lang. Aus Südafrika und dem tropischen Ostafrika. ↕ 45 cm. Z5

Z. 'Black Eyed Beauty' Blätter auffallend weiß gepunktet. Spatha blass cremegelb mit auffälligem schwarzem Fleck im Schlund. *Elliottiana*-Hybride. Z7

Z. 'Cameo' Intensiv geflecktes Laub. Blass creme-pfirsichfarbene Spatha, die sich im Lauf einer langen Sommerblüte kräftig orange färbt. In auffälligem Kontrast dazu der fast schwarze Schlund. Z7

Z. elliottiana ♀ (Goldene Kalla) Sommergrün. Blätter rundlich, an der Basis herzförmig, etwa 28 cm lang und 25 cm breit, grün und mit durchscheinenden Punkten übersät. Blattstiele länger als die Spreiten. Die gelbe, 15 cm lange Spatha umschließt einen 7 cm langen gelben Blütenkolben. Ähnelt *Z. albomaculata*, aber mit runderen Blättern und leuchtend goldgelben Kolben. In freier Natur unbekannt, womöglich eine Hybride. Z7

Z. 'Kiwi Blush' Weiß, mit hübschem blassrosa Schlund, der sich mit der Zeit dunkler färbt. ↕ 5 cm. Z8

Z. 'Mango' Blätter silberweiß gesprenkelt. Spatha kräftig orangefarben, wird allmählich dunkler und färbt sich hellrot. Blüht oft nur schwach. Z7

Z. 'Pink Persuasion' Blätter leicht gesprenkelt. Hüllblatt pinkfarben mit apricotfarbenen Schattierungen, wird zunehmend dunkler. Z7

Z. rehmannii (Rosafarbene Kalla) Auffallend schmale, ungesprenkelte Blätter, 15–40 cm lang, 2–7 cm breit, an bis zu 20 cm langen Stielen. Zwischen Spätfrühling und Sommer erscheinen 12 cm lange Spathen in Weiß, Rosa oder Rosaviolett mit dunklem Fleck im Schlund. Zwar ist auch die Art selbst recht hübsch, doch wird sie oft für Kreuzungen verwendet. Aus Südafrika und Swaziland. ↕ 60–90 cm. Z6

ZAUSCHNERIA
Kolibritrompete
ONAGRACEAE

Die Blüten locken in freier Natur Kolibris an. Auch Gärtner schätzen ihren auffallenden Flor.

Die Gattung umfasst 4 Arten von Stauden und Halbsträuchern aus trockenen, offenen Gebieten im westlichen Nordamerika. Sie wachsen oft in dichten Beständen. Ihre aufrechten oder verzweigten Triebe über einer dichten, Ausläufer treibenden Krone sind bedeckt mit halbimmergrünen, lanzen- bis schmal eiförmigen, seidig oder wollig behaarten Blättern. Die leuchtend scharlachroten Röhrenblüten haben 4 zurückgebogene, gekerbte Blütenblätter und hervorstehende Staubblätter. Eine aufgeblähte Hülle mit 4 Lappen umgibt die Röhre und erweckt den Anschein von 8 Blütenblättern. Die Blüten erscheinen vom Hochsommer bis zu den ersten Frösten und werden von Kolibris bestäubt, daher setzen sie in unseren Breiten keine Samen an. Ihre Samen sind seidig behaart. Obwohl in Trockengebieten beheimatet, gedeiht die Kolibritrompete am besten entlang von Flüssen, wo die Wurzeln nach Wasser suchen. Sie eignet sich als Wandbegrünung, für Trockengärten und Kiesbeete, wo sie monatelang für Farbe sorgt. Eingewachsene Exemplare vertragen Trockenheit, allerdings blühen sie bei gleichmäßiger Wasserzufuhr reicher und zuverlässiger. Wuchert gern.

Die Gattung *Zauschneria* wird manchmal zu *Epilobium* gerechnet und taucht unter diesem Namen in Pflanzenkatalogen auf. Aufgrund ihrer andersartigen Blüten und der verholzten Basis erscheint sie hier als eigenständige Gattung.

KULTUR Junge Pflanzen mit gut entwickelten Wurzeln in durchschnittliche bis nährstoffreiche, gut durchlässige Erde setzen. Sonne oder lichter Schatten.

VERMEHRUNG Aussaat, Stecklinge oder Ausläufer abnehmen.

PROBLEME In der Regel keine.

Z. arizonica siehe *Z. californica* subsp. *cana*

Z. californica syn. *Epilobium canum* Die bekannteste Art. Treibt Ausläufer. Seidig behaarte, halbimmergrüne, lanzettliche bis linealische, 2–3 cm lange Blätter hüllen die überhängenden Triebe dieser am Grund verholzenden Pflanze ein. Die Triebspitzen tragen den ganzen Sommer über 2,5–4 cm große hellrote Blüten. Gedeiht gut in relativ nährstoffreicher, durchlässiger Erde in der Sonne oder im Halbschatten. Breitet sich in magerem Boden nicht so rasch aus. Von Grasflächen, Busch und felsigen Uferbereichen in Kalifornien und Baja California (Mexiko). ↕ 60–90 cm. Z8 **'Albiflora'** Weiße Blüten. **subsp. *cana*** syn. *Epilobium canum* subsp. *canum* Wollig behaarte Blätter an gedrungenen Stängeln, äußerst trockenheitsverträglich. ↕ 60 cm. **subsp. *cana* 'Sir Cedric Morris'** Wollig behaartes Laub an 45 cm großen Büschen. **'Dublin'** syn. 'Glasnevin' Ausbreitungsfreudig und kompakt.

Orangerote Blüten und grünes Laub an waagrechten Stängeln. ↕ 25 cm. **subsp. *latifolia*** syn. *Epilobium canum* subsp. *latifolium* Die schönste Sorte. Verholzt nicht. Breitere, grüne Blätter, kräftiger Wuchs und größere Blüten an kompakten Pflanzen. Stammt aus feuchteren Gebieten und höheren Lagen. ↕ 30–60 cm. **'Olbrich Silver'** Hellrote Blüten und wollig behaartes, silbriges Laub. ↕ 40–50 cm. **'Sierra Salmon'** Einzigartige lachsrosa Blüten. **'Solidarity Pink'** Blassrosa Blüten. **'Western Hills'** Blüten rötlich orange, graugrüne Blätter. ↕ 40 cm.

ZINGIBER
Ingwer
ZINGIBERACEAE

Nicht nur die Gewürzpflanze, sondern ebenso einige ungewöhnliche Zierstauden zählen zu dieser Gattung.

Sie umfasst etwa 100 Staudenarten aus Wäldern von Süd- und Südost-Asien bis Ostasien und im tropischen Australien. Sie zeichnen sich durch verzweigte, aromatisch duftende Rhizome aus. Bekannt ist vor allem der Ingwer (*Z. officinale*), dessen Rhizome als Küchengewürz Verwendung finden. Schmale, oft aromatisch riechende, schwertförmige Blätter stehen beidseitig an schilfartigen Halmen. Die Einzelblüten sind unscheinbar, doch haben die farbenprächtigen, wachsartigen Hochblätter einen hohen Zierwert. Die Blütentriebe wachsen direkt aus dem Boden und tragen keine normalen Blätter. Bei manchen Arten sind sie kräftig gefärbt und zapfenähnlich geformt. Sie werden zunehmend für die Floristik kultiviert. Die einzelnen Blüten öffnen sich nur sehr kurz, der gesamte Blütenstand hingegen ist recht langlebig. Insgesamt lassen sich Ingwer-Arten leicht ziehen und sind im geeigneten Klima recht wüchsig.

KULTUR In feuchter, nährstoffreicher Humuserde in der Sonne oder im Halbschatten. In kälteren Gegenden

OBEN **1** *Zauschneria californica* 'Dublin'
2 *Zingiber zerumbet*

im Winter mit einer Mulchschicht bedecken oder im Haus aufstellen.

VERMEHRUNG Durch Teilung.

PROBLEME In der Regel keine.

Z. clarkei Hohe Stängel mit bis zu 40 cm langen und 9 cm breiten Blättern tragen unüblicherweise an den Spitzen Blüten. Diese erscheinen zu 2–3 zwischen grünen Hochblättern und sind orangegelb gefärbt mit bräunlich roter Tönung. Man zieht sie besser im Kübel, wo sie jedoch nur halb so hoch wie im Freiland werden. Im Winter unbedingt auf frostfreie Aufstellung achten. Aus subtropischen Wäldern in Buthan und NO-Indien. ↕ 2 m. Z10

Z. mioga (Japanischer Ingwer) Relativ robuste Art mit gelblichen Rhizomen, aus denen Stängel mit schmalen, grünen, bis zu 30 cm langen Blättern wachsen. Die Art trägt von Juli bis September ununterbrochen schwefelgelbe Blüten. Sie werden bis zu 10 cm lang und erscheinen zwischen grünen zapfenförmigen Hochblättern, die direkt dem Rhizom entspringen. Braucht sonnige Lagen. Die Blüten sind essbar und werden als Tempura (ein traditionelles japanisches Gericht) frittiert und verspeist. Die jungen Triebe dienen als Garnierung. Aus Japan. ↕ 60 cm. Z7 **'Variegata'** syn. 'Dancing Crane' Schmale spitze Blätter mit weißer Zeichnung.

Z. zerumbet Die hohe Pflanze hat bis zu 35 cm lange, schmale Blätter, die gegenständig angeordnet und unterseits behaart sind. Zwischen Hoch- und Spätsommer erscheinen 5 cm hohe Stängel einzeln aus dem Boden. Sie tragen kiefernzapfenähnliche Ähren mit grünen, später roten Hochblättern, zwischen denen kleine, cremegelbe Blüten erscheinen. Hervorragend auch als Schnittblume geeignet. Ursprünglich aus Südost-Asien, teilweise verwildert. ↕ 2 m. Z8 **'Darceyi'** Blätter cremegelb gestreift. ↕ 1,2 m.

REGISTER DEUTSCHER PFLANZENNAMEN

Deutsche Bezeichnungen für Pflanzen variieren regional oft sehr stark. Daher sind sie nur begrenzt zur genauen Identifizierung geeignet, zumal ein deutscher Name z.B. auch auf mehrere Arten angewendet werden kann. Nachfolgend werden in alphabetischer Reihenfolge die im Buch verwendeten deutschen Pflanzennamen aufgeführt.

A

Absinth siehe *Artemisia*
Acker-Glockenblume siehe *Campanula rapunculoides*
Adonisröschen siehe *Adonis*
Affenblume siehe *Mimulus*
Affodill siehe *Asphodelus*
Afghanistan-Steppenkerze siehe *Eremurus stenophyllus*
Afrikanisches Federborstengras siehe *Pennisetum macrourum*
Afrikanisches Löwenohr siehe *Leonotis leonurus*
Ahornblatt siehe *Mukdenia rossii*
Ährige Minze siehe *Mentha spicata*
Ähriger Blauweiderich siehe *Veronica spicata*
Ähriger Schmetterlingsingwer siehe *Hedychium spicatum*
Akanthus siehe *Acanthus*
Akelei siehe *Aquilegia*
Akeleiblättrige Wiesenraute siehe *Thalictrum aquilegiifolium*
Alant siehe *Inula*
Alaska-Lupine siehe *Lupinus nootkatensis*
Alpen-Akelei siehe *Aquilegia alpina*
Alpen-Aurikel siehe *Primula auricula*
Alpen-Heilglöckchen siehe *Cortusa matthioli*
Alpen-Mannstreu siehe *Eryngium alpinum*
Alpen-Pestwurz siehe *Petasites paradoxus*
Alpen-Raugras siehe *Stipa calamagrostis*
Alpen-Sockenblume siehe *Epimedium alpinum*
Alpen-Vergissmeinnicht siehe *Myosotis alpestris*
Amerikanische Nieswurz siehe *Veratrum viride*
Amerikanischer Angelikabaum siehe *Aralia racemosa*
Amerikanischer Storchschnabel siehe *Geranium maculatum*
Amerikanisches Veilchen siehe *Viola cucullata*
Amethyst-Mannstreu siehe *Eryngium amethystinum*
Amethyst-Schwingel siehe *Festuca amethystina*
Amorpfeil siehe *Catananche caerulea*
Ampfer siehe *Rumex*
Amstelraute siehe *Thalictrum aquilegiifolium*
Amur-Adonisröschen siehe *Adonis amurensis*
Amurschilf siehe *Miscanthus sacchariflorus*
Andeniris siehe *Libertia*
Andorn siehe *Marrubium*
Angelikabaum siehe *Aralia*
Anis-Ysop siehe *Agastache foeniculum*
Apenninen-Windröschen siehe *Anemone apennina*
Arkansas-Scheinaster siehe *Vernonia arkansana*
Armenischer Storchschnabel siehe *Geranium psilostemon*
Aronstab siehe *Arum*
Artischocke siehe *Cynara*
Arzneiehrenpreis siehe *Veronica virginicum*
Arzneiehrenpreis siehe *Veronicastrum*
Asiatische Sumpf-Iris siehe *Iris laevigata*
Ästige Graslilie siehe *Anthericum ramosum*
Astlose Graslilie siehe *Anthericum liliago*
Atlas-Schwingel siehe *mairei*
Auen-Weißwurz siehe *Polygonatum hirtum*
Aufrechte Goldglocke siehe *Uvularia sessilifolia*
Aufrechte Waldrebe siehe *Clematis recta*
Aufrechtes Fingerkraut siehe *Potentilla erecta*
August-Silberkerze siehe *Actaea dahurica*
Ausdauernder Lein siehe *Linum perenne*
Ausdauerndes Sandglöckchen siehe *Jasione laevis*
Ausdauerndes Silberblatt siehe *Lunaria rediviva*
Austernpflanze siehe *Mertensia maritima*
Australisches Veilchen siehe *Viola hederacea*

B

Bach-Kratzdistel siehe *Cirsium rivulare*
Bach-Nelkenwurz siehe *Geum rivale*
Bach-Windröschen siehe *Anemone rivularis*
»Bahnwärter-Taglilie« siehe *Hemerocallis fulva*
Baldrian siehe *Valeriana*
Baldriangesicht siehe *Phuopsis stylosa*
Balearen-Nieswurz siehe *Helleborus lividus*
Balearen-Pfingstrose siehe *Paeonia cambessedesii*
Ballonblume siehe *Platycodon*
Balsamine siehe *Impatiens*
Balsamkraut siehe *Tanacetum balsamita*
Bambushirse siehe *Panicum claudestium*
Banane siehe *Musa*
Banater Kugeldistel siehe *Echinops bannaticus*
Bärenfellgras siehe *Festuca gautieri*
Bartfaden siehe *Penstemon*
Bartgras siehe *Bothriochloa*
Bart-Iris siehe *Iris germanica, Iris lutescens, Iris pallida, Iris suaveolens, Iris variegata*
Bartlose Iris siehe *Iris foetidissima, Iris lazica, Iris milesii, Iris setosa, Iris unguicularis*
Bart-Nelke siehe *Dianthus barbatus*
Bastard-Flügelknöterich siehe *Fallopia × bohemica*
Bauern-Pfingstrose siehe *Paeonia officinalis*
Bayerische Sterndolde siehe *Astrantia bavarica*
Becherpflanze siehe *Silphium*
Behaarter Frauenschuh siehe *Cypripedium var. pubescens*
Beifuß siehe *Artemisia*
Beinwell siehe *Symphytum*
Berg-Aster siehe *Aster amellus*
Berg-Blauglöckchen siehe *Mertensia ciliata*
Berg-Ehrenpreis siehe *Veronica montana*
Bergfenchel siehe *Seseli*
Berg-Flockenblume siehe *Centaurea montana*
Berg-Funkie siehe *Hosta montana*
Berg-Hahnenfuß siehe *Ranunculus montanus*
Berghähnlein siehe *Anemone narcissiflora*
Berg-Lauch siehe *Allium senescens*
Bergminze siehe *Calamintha*
Berg-Wohlverleih siehe *Arnica montana*
Bertram siehe *Anacyclus*
Berufkraut siehe *Erigeron*
Besenried siehe *Molinia*
Bewimperter Felberich siehe *Lysimachia ciliata*
Bibernelle siehe *Pimpinella*
Binse siehe *Juncus*
Binsenlilie siehe *Sisyrinchium*
Bischofskappe siehe *Mitella*
Bittere Schafgarbe siehe *Achillea clavennae*
Blassblütiger Storchschnabel siehe *Geranium rivulare*
Blasse Schlauchpflanze siehe *Sarracenia alata*
Blassgelber Klee siehe *Trifolium ochroleucon*
Blaublatt-Funkie siehe *Hosta sieboldiana*
Blaue Färberhülse siehe *Baptisia australis*
Blaue Flachslilie siehe *Dianella caerulea*
Blaue Glocken-Funkie siehe *Hosta ventricosa*
Blaue Himmelsleiter siehe *Polemonium caeruleum*
Blaue Kardinals-Lobelie siehe *Lobelia siphilitica*
Blaue Rasselblume siehe *Catananche caerulea*
Blaue Scheinhortensie siehe *Deinanthe caerulea*
Blaue Wald-Aster siehe *Aster cordifolius*
Blauer Eisenhut siehe *Aconitum napellus*
Blauer Himalaya-Lerchensporn siehe *Corydalis cashmeriana*
Blauer Phlox siehe *Phlox divaricata*
Blauer Salbei siehe *Salvia azurea*
Blaues Herbst-Helmkraut siehe *Scutellaria incana*
Blaues Pfeifengras siehe *Molinia caerulea*
Blauglöckchen siehe *Mertensia*

(Spalte B/C Fortsetzung)

Blaugras siehe *Sesleria*
Blaugraue Goldrute siehe *Solidago caesia*
Blaugrüne Binse siehe *Juncus inflexus*
Blaugrüne Segge siehe *Carex flacca*
Blaugrünes Schillergras siehe *Koeleria glauca*
Blaugrünes Stachelnüsschen siehe *Acaena buchananii*
Blauminze siehe *Nepeta × faassenii*
Blauroter Steinsame siehe *Buglossoides purpurocaerulea*
Blau-Schwingel siehe *Festuca glauca*
Blaustrahlhafer siehe *Helictotrichon sempervirens*
Bleiche Iris siehe *Iris pallida*
Blumenrohr siehe *Canna*
Blut-Ampfer siehe *Rumex sanguineus var. sanguineus*
Blutroter Storchschnabel siehe *Geranium sanguineum*
Blut-Weiderich siehe *Lythrum salicaria*
Blutwurzel siehe *Sanguinaria*
Boretsch siehe *Borago*
Borstige Iris siehe *Iris setosa*
Borstige Krötenlilie siehe *Tricyrtis hirta*
Brandkraut siehe *Phlomis*
Braunblättriges Stachelnüsschen siehe *Acaena microphylla*
Braunblütige Waldrebe siehe *Clematis viorna*
Braunelle siehe *Prunella*
Brauner Storchschnabel siehe *Geranium phaeum*
Braunrote Schlauchpflanze siehe *Sarracenia purpurea*
Braun-Segge siehe *Carex nigra*
Braunwurz siehe *Scrophularia*
Brautkranz siehe *Francoa*
Breitblättrige Goldrute siehe *Solidago flexicaulis*
Breitblättrige Krötenlilie siehe *Tricyrtis latifolia*
Breitblättrige Platterbse siehe *Lathyrus latifolius*
Breitblättriger Dornfarn siehe *Dryopteris dilatata*
Breitblättriger Steppenschleier siehe *Limonium platyphyllum*
Breitblättriger Wurmfarn siehe *Dryopteris dilatata*
Breit-Wegerich siehe *Plantago major*
Brennende Liebe siehe *Lychnis chalcedonica*
Brennender Busch siehe *Dictamnus*
Bronzeblatt siehe *Galax*
Bronzeblatt siehe *Rodgersia*
Buchenfarn siehe *Phegopteris*
Bulgarische Hundskamille siehe *Anthemis sancti-johannis*
Bulleys Etagen-Primel siehe *Primula bulleyana*
Bulleys Schellenblume siehe *Adenophora bulleyana*
Bunte Kronwicke siehe *Coronilla varia*
Bunte Schwertlilie siehe *Iris variegata*
Bunte Wolfsmilch siehe *Euphorbia polychroma*
Bunte Wucherblume siehe *Tanacetum coccineum*
Buschmalve siehe *Lavatera*
Busch-Windröschen siehe *Anemone nemorosa*

C

Chile-Erdbeere siehe *Fragaria chiloensis*
China-Astilbe siehe *Astilbe chinensis*
Chinafingerhut siehe *Rehmannia*
Chinaschilf siehe *Miscanthus*
Chinesische Nieswurz siehe *Helleborus thibetanus*
Chinesische Pfingstrose siehe *Paeonia lactiflora*
Chinesische Trollblume siehe *Trollius chinensis*
Chinesischer Eisenhut siehe *Aconitum carmichaelii*
Chinesischer Feuerkolben siehe *Arisaema consanguineum*
Chinesischer Maiapfel siehe *Podophyllum pleianthum*
Chinesisches Helmkraut siehe *Scutellaria baicalensis*
Christrose siehe *Helleborus niger*

D

Dalmatiner Glockenblume siehe *Campanula portenschlagiana*
Dalmatiner Leinkraut siehe *Linaria dalmatica*
Deckblatt-Fetthenne siehe *Sedum aizoon*
Deutsche Schwertlilie siehe *Iris germanica*
Diamant-Reitgras siehe *Calamagrostis brachytricha*
Dickblatt-Phlox siehe *Phlox carolina*
Diptam siehe *Dictamnus*
Dolchfarn siehe *Polystichum acrostichoides*
Doppelhörnchen siehe *Diascia*
Doppelmalve siehe *Sidalcea*
Dornfarn siehe *Dryopteris*
Dorniger Schildfarn siehe *Polystichum aculeatum*
Dorniger Wurmfarn siehe *Dryopteris carthusiana*
Dost siehe *Origanum*
Dotterblume siehe *Caltha*
Douglas-Iris siehe *Iris douglasiana*
Drachen-Feuerkolben siehe *Arisaema dracontium*
Drachenkopf siehe *Dracocephalum*
Drachenwurz siehe *Dracunculus*
Draht-Schmiele siehe *Deschampsia flexuosa*
Drehwurz siehe *Spiranthes*
Dreiblatt siehe *Trillium*
Dreiblättrige Waldsteinie siehe *Waldsteinia ternata*
Dreiblättrige Zahnwurz siehe *Cardamine trifolia*
Dreiblättriger Feuerkolben siehe *Arisaema triphyllum*
Dreiblättriges Windröschen siehe *Anemone trifolia*
Dreiblattspiere siehe *Gillenia*
Dreimasterblume siehe *Tradescantia*
Dreizipfellilie siehe *Trillium*
Drüsige Bergminze siehe *Calamintha nepeta*
Drüsige Kugeldistel siehe *Echinops sphaerocephalus*
Duftnessel siehe *Agastache*
Duftnessel siehe *Agastache foeniculum*
Dumortiers Taglilie siehe *Hemerocallis dumortierii*
Dunkelrote Nieswurz siehe *Helleborus atrorubens*
Durchwachsener Wasserdost siehe *Eupatorium perfoliatum*
Durchwachsenes Hasenohr siehe *Bupleurum rotundifolium*

E

Eberraute siehe *Artemisia*
Eberwurz siehe *Carlina*
Echte Arnika siehe *Arnica montana*
Echte Geißraute siehe *Galega officinalis* 
Echte Nelkenwurz siehe *Geum urbanum*
Echte Schlüsselblume siehe *Primula veris*
Echter Alant siehe *Inula helenium*
Echter Baldrian siehe *Valeriana officinalis*
Echter Eibisch siehe *Althaea officinalis*
Echter Schaf-Schwingel siehe *Festuca ovina*
Echter Wermut siehe *Artemisia absinthium*
Echter Ziest siehe *Stachys officinalis*
Echtes Federgras siehe *Stipa pennata*
Echtes Herzgespann siehe *Leonurus cardiaca*
Echtes Lungenkraut siehe *Pulmonaria officinalis*
Echtes Mädesüß siehe *Filipendula ulmaria*
Echtes Salomonssiegel siehe *Polygonatum odoratum*
Echtes Seifenkraut siehe *Saponaria officinalis*
Edeldistel siehe *Eryngium*
Edel-Minze siehe *Mentha × gracilis*
Edle Schafgarbe siehe *Achillea nobilis*
Ehrenpreis siehe *Veronica*
Eibisch siehe *Althaea*
Eichenfarn siehe *Gymnocarpium*
Eidechsenwurz siehe *Sauromatum*
Einbeere siehe *Paris*
Einblättriger Lauch siehe *Allium unifolium*
Einblütiges Perlgras siehe *Melica uniflora*
Einjähriges Lampenputzergras siehe *Pennisetum setaceum*
Eisenhut siehe *Aconitum*
Eisenhutblättriger Hahnenfuß siehe *Ranunculus aconitifolius*
Eisenkraut siehe *Verbena*
Eisenkraut-Salbei siehe *Salvia verbenaca*

Elefantenkartoffel siehe *Amorphophallus
paeoniifolius*
Elfenblume siehe *Epimedium*
Elfensporn siehe *Diascia*
Engelsüß siehe *Polypodium vulgare*
Entenfuß siehe *Podophyllum peltatum*
Entenschnabel-Felberich siehe *Lysimachia
clethroides*
Enzian siehe *Gentiana*
Enzian-Lauch siehe *Allium cyaneum*
Erdbeere siehe *Fragaria*
Erdmandel siehe *Cyperus esculentus*
Erika-Aster siehe *Aster ericoides*
Espartogras siehe *Stipa*
Essbares Blumenrohr siehe *Canna indica*
Europäischer Kettenfarn siehe *Woodwardia
radicans*

F

Fackellilie siehe *Kniphofia*
Fackel-Lobelie siehe *Lobelia laxiflora*
Faden-Binse siehe *Juncus filiformis*
Fallsamengras siehe *Sporobolus*
Falsche Alraunenwurzel siehe *Tellima*
Falsche Brennnessel siehe *Agastache urticifolia*
Färberhülse siehe *Baptisia*
Färber-Hundskamille siehe *Anthemis tinctoria*
Färberkamille siehe *Anthemis*
Färber-Meier siehe *Asperula tinctoria*
Federborstengras siehe *Pennisetum*
Federgras siehe *Stipa*
Federmohn siehe *Macleaya*
Feder-Nelke siehe *Dianthus plumarius*
Feenglöckchen siehe *Disporum*
Feinstrahl siehe *Erigeron*
Felberich siehe *Lysimachia*
Feld-Mannstreu siehe *Eryngium campestre*
Felsen-Fetthenne siehe *Sedum rupestre*
Felsen-Fingerkraut siehe *Potentilla rupestris*
Felsenlilie siehe *Arthropodium*
Felsennelke siehe *Petrorhagia*
Felsen-Storchschnabel siehe *Geranium
macrorrhizum*
Felsen-Windröschen siehe *Anemone rupicola*
Fenchel siehe *Foeniculum*
Fendlers Kugelmalve siehe *Sphaeralcea fendleri*
Fernost-Wimperfarn siehe *Woodsia polystichoides*
Fetthenne siehe *Sedum*
Feuerkolben siehe *Arisaema*
Fieder-Zahnwurz siehe *Cardamine heptaphylla*
Fingerhut siehe *Digitalis*
Fingerkraut siehe *Potentilla*
Finger-Zahnwurz siehe *Cardamine pentaphyllos*
Flachblättriger Mannstreu siehe *Eryngium
planum*
Flachs siehe *Linum*
Flachslilie siehe *Dianella*
Flaschenbürstengras siehe *Hystrix*
Flatter-Binse siehe *Juncus effusus*
Flattergras siehe *Milium*
Flockenblume siehe *Centaurea*
Flügelknöterich siehe *Fallopia*
Flügelkopf siehe *Pterocephalus*
Fluss-Ampfer siehe *Rumex hydrolapathum*
Formosa-Krötenlilie siehe *Tricyrtis formosana*
Frauenfarn siehe *Athyrium*
Frauenflachs siehe *Linaria vulgaris*
Frauenhaarfarn siehe *Adiantum*
Frauenmantel siehe *Alchemilla*
Frauenminze siehe *Tanacetum balsamita*
Frauenschuh siehe *Cypripedium*
Freilandgloxinie siehe *Incarvillea*
Frikarts Aster siehe *Aster × frikartii*
Frischgrünes Zypergras siehe *Cyperus eragrostis*
Frühe Sibirische Iris siehe *Iris sanguinea*
Frühlings-Adonisröschen siehe *Adonis vernalis*
Frühlings-Nabelnüsschen siehe *Omphalodes
verna*
Frühlings-Platterbse siehe *Lathyrus vernus*
Frühlingsschelle siehe *Synthyris*
Fuchsbohne siehe *Thermopsis*

Fuchs' Knabenkraut siehe *Dactylorhiza fuchsii*
Fuchsrote Segge siehe *Carex buchananii*
Fuchsschwanzgras siehe *Alopecurus*
Funkie siehe *Hosta*
Funkien-Felsenlilie siehe *Arthropodium cirrhatum*
Futter-Beinwell siehe *Symphytum × uplandicum*

G

Galpins Fackellilie siehe *Kniphofia galpinii*
Gamander-Ehrenpreis siehe *Veronica chamaedrys*
Gambagras siehe *Andropogon*
Gämswurz siehe *Doronicum*
Gänseblümchen siehe *Bellis perennis*
Gänse-Fingerkraut siehe *Potentilla anseriana*
Ganzblättrige Waldrebe siehe *Clematis
integrifolia*
Garbe siehe *Achillea*
Garten-Aurikel siehe *Primula × pubescens*
Garten-Eisenhut siehe *Aconitum × cammarum*
Garten-Erdbeere siehe *Fragaria × ananassa*
Garten-Margerite siehe *Leucanthemella ×
superbum*
Garten-Montbretie siehe *Crocosmia ×
crocosmiiflora*
Gauklerblume siehe *Mimulus*
Gebirgs-Krötenlilie siehe *Tricyrtis affinis*
Gebirgs-Wurmfarn siehe *Dryopteris wallichiana*
Gedenkemein siehe *Omphalodes*
Gefiederte Sockenblume siehe *Epimedium
pinnatum*
Gefingerter Lerchensporn siehe *Corydalis solida*
Gefleckte Kalla siehe *Zantedeschia albomaculata*
Gefleckte Taubnessel siehe *Lamium maculatum*
Gefleckter Aronstab siehe *Arum maculatum*
Geflecktes Knabenkraut siehe *Dactylorhiza
maculata*
Geflügeltes Johanniskraut siehe *Hypericum
tetrapterum*
Gefranste Iris siehe *Iris japonica*
Gefurchter Steinbrech siehe *Saxifraga exarata*
Geißbart siehe *Aruncus*
Geißfuß siehe *Aegopodium*
Geißraute siehe *Galega*
Gelbe Gauklerblume siehe *Mimulus luteus*
Gelbe Kaukasus-Pfingstrose siehe *Paeonia
mlokosewitschii*
Gelbe Scheinkalla siehe *Lysichiton americanus*
Gelbe Schlauchpflanze siehe *Sarracenia flava*
Gelbe Taglilie siehe *Hemerocallis lilioasphodelus*
Gelbe Wiesenraute siehe *Thalictrum flavum*
Gelber Eisenhut siehe *Aconitum lycoctonum*
Gelber Enzian siehe *Gentiana lutea*
Gelber Feuerkolben siehe *Arisaema griffithii*
Gelber Fingerhut siehe *Digitalis lutea*
Gelber Frauenschuh siehe *Cypripedium calceolus*
Gelber Lein siehe *Linum flavum*
Gelber Lerchensporn siehe *Corydalis lutea*
Gelber Rittersporn siehe *Delphinium
semibarbatum*
Gelbes Stiefmütterchen siehe *Viola lutea*
Gelbes Windröschen siehe *Anemone ranunculoides*
Gelbschneidiges Federgras siehe *Stipa
pulcherrima*
Gelenkblume siehe *Physostegia*
Genfer Günsel siehe *Ajuga genevensis*
Georgine siehe *Dahlia*
Germer siehe *Veratrum*
Gesägter Tüpfelfarn siehe *Polypodium interjectum*
Geschwänzte Haselwurz siehe *Asarum caudatum*
Gestreifte China-Orchidee siehe *Bletilla striata*
Gestreiftes Grasschwertel siehe *Sisyrinchium
striatum*
Gestreiftes Leinkraut siehe *Linaria repens*
Geweih-Iris siehe *Iris bucharica*
Gezähnte Götterblume siehe *Dodecatheon
dentatum*
Giersch siehe *Aegopodium*
Gilbweiderich siehe *Lysimachia*
Gipskraut siehe *Gypsophila*
Glänzende Skabiose siehe *Scabiosa lucida*
Glänzende Wiesenraute siehe *Thalictrum lucidum*

Glänzendes Raugras siehe *Stipa splendens*
Glanzgras siehe *Phalaris*
Glattblatt-Aster siehe *Aster novi-belgii*
Glatte Aster siehe *Aster laevis*
Glatthafer siehe *Arrhenatherum*
Glockenblume siehe *Campanula*
Glockenwinde siehe *Codonopsis*
Gold-Akelei siehe *Aquilegia chrysantha*
Goldbaldrian siehe *Patrinia*
Goldbandrute siehe *Solidago caesia*
Goldene Kalla siehe *Zantedeschia elliottiana*
Golderdbeere siehe *Waldsteinia fragarioides*
Gold-Garbe siehe *Achillea filipendulina*
Goldglocke siehe *Uvularia*
Goldkolben siehe *Ligularia*
Goldkörbchen siehe *Chrysogonum*
Goldmelisse siehe *Monarda didyma*
Gold-Pippau siehe *Crepis aurea*
Goldquirl-Garbe siehe *Achillea clypeolata*
Goldrute siehe *Solidago*
Goldrutenaster siehe *× Solidaster*
Goldtröpfchen siehe *Chiastophyllum oppositifolium*
Götterblume siehe *Dodecatheon*
Gottvergess siehe *Ballota*
Grasblättrige Schwertlilie siehe *Iris graminea*
Grasblättrige Skabiose siehe *Scabiosa graminifolia*
Grasblättriger Hahnenfuß siehe *Ranunculus
gramineus*
Gras-Felsenlilie siehe *Arthropodium candidum*
Graslilie siehe *Anthericum*
Grasschwertel siehe *Sisyrinchium*
Graubartgras siehe *Spodiopogon*
Graublatt-Funkie siehe *Hosta fortunei*
Graublaues Stachelnüsschen siehe *Acaena
caesiiglauca*
Graue Aster siehe *Aster sedifolius*
Graugrüne Quecke siehe *Elymus hispidus*
Greiskraut siehe *Senecio*
Griechische Nieswurz siehe *Helleborus
cyclophyllus*
Grindkraut siehe *Scabiosa*
Großblättrige Schafgarbe siehe *Achillea
macrophylla*
Großblättrige Waldrebe siehe *Clematis
heracleifolia*
Großblättrige Wucherblume siehe *Tanacetum
macrophyllum*
Großblättriger Knöterich siehe *Persicaria
macrophylla*
Großblättriges Kaukasusvergissmeinnicht
siehe *Brunnera macrophylla*
Großblättriges Löwenohr siehe *Leonotis
leonurus*
Großblättriges Scheinschaumkraut siehe
Pachyphragma macrophyllum
Großblumige Kokardenblume siehe *Gaillardia
× grandiflora*
Großblumige Wicke siehe *Lathyrus grandiflorus*
Großblumiges Mädchenauge siehe *Coreopsis
grandiflora*
Großblütige Bergminze siehe *Calamintha
grandiflora*
Großblütige Braunelle siehe *Prunella grandiflora*
Großblütige Katzenminze siehe *Nepeta
grandiflora*
Großblütige Sockenblume siehe *Epimedium
grandiflorum*
Großblütige Taubnessel siehe *Lamium orvala*
Großblütiger Fingerhut siehe *Digitalis grandiflora*
Großblütiger Frauenschuh siehe *Cypripedium
macranthos*
Große Bibernelle siehe *Pimpinella major*
Große Sterndolde siehe *Astrantia major*
Große Telekie siehe *Telekia speciosa*
Großer Alant siehe *Inula magnifica*
Großer Kettenfarn siehe *Woodwardia fimbriata*
Großer Schuppenkopf siehe *Cephalaria gigantea*
Großer Wiesenknopf siehe *Sanguisorba officinalis*
Großer Wimperfarn siehe *Woodsia obtusa*
Großes Federgras siehe *Stipa pulcherrima*
Großes Immergrün siehe *Vinca major*
Großes Windröschen siehe *Anemone sylvestris*
Großgeflecktes Lungenkraut siehe *Pulmonaria
saccharata*

Großköpfiges Wollblatt siehe *Eriophyllum
lanatum*
Grüne Minze siehe *Mentha spicata*
Grüner Germer siehe *Veratrum viride*
Grünes Kopfgras siehe *Sesleria heufleriana*
Grünliche Iris siehe *Iris lutescens*
Guaven-Salbei siehe *Salvia darcyi*
Gundelrebe siehe *Glechoma*
Gundermann siehe *Glechoma*
Günsel siehe *Ajuga*

H

Haar-Federgras siehe *Stipa capillata*
Haargerste siehe *Elymus*
Haar-Pfriemengras siehe *Stipa capillata*
Haarstrang siehe *Peucedanum*
Habichtskraut siehe *Hieracium*
Hahnenfuß siehe *Ranunculus*
Hain-Ampfer siehe *Rumex sanguineus* var.
sanguineus
Hain-Minze siehe *Mentha × villosa* var.
alopecuroides
Hainsimse siehe *Luzula*
Hain-Veilchen siehe *Viola riviniana*
Handlappiger Rhabarber siehe *Rheum palmatum*
Hanfblättriger Eibisch siehe *Althaea cannabina*
Hänge-Goldglocke siehe *Uvularia grandiflora*
Hängepolster-Glockenblume siehe *Campanula
poscharskyana*
Hänge-Segge siehe *Carex pendula*
Hartwegs Haselwurz siehe *Asarum hartwegii*
Haselwurz siehe *Asarum*
Hasenohr siehe *Bupleurum*
Heidegünsel siehe *Ajuga genevensis*
Heide-Nelke siehe *Dianthus deltoides*
Heilglöckchen siehe *Cortusa*
Heil-Ziest siehe *Stachys officinalis*
Helmkraut siehe *Scutellaria*
Hendersons Götterblume siehe *Dodecatheon
hendersonii*
Henne und Küken siehe *Tolmiea menziesii*
Herbst-Anemone siehe *Anemone hupehensis*
Herbst-Blaugras siehe *Sesleria autumnalis*
Herbst-Funkie siehe *Hosta tardiflora*
Herbstmargerite siehe *Leucanthemella*
Herbst-Sonnenbraut siehe *Helenium autumnale*
Herzblättrige Aster siehe *Aster macrophyllus*
Herzblättrige Gämswurz siehe *Doronicum
columnae*
Herzblättrige Schaumblüte siehe *Tiarella
cordifolia*
Herzblättriger Storchschnabel siehe *Geranium
ibericum*
Herzblume siehe *Dicentra*
Herzförmiger Angelikabaum siehe *Aralia
cordata*
Herzgespann siehe *Leonurus*
Heuduftender Schüsselfarn siehe *Dennstaedtia
punctilobula*
Himalaja-Alant siehe *Inula hookeri*
Himalaja-Bergknöterich siehe *Persicaria wallichii*
Himalaja-Storchschnabel siehe *Geranium
himalayense*
Himalaya-Rhabarber siehe *Rheum australe*
Himalaya-Steppenkerze siehe *Eremurus
himalaicus*
Himalaya-Wiesenraute siehe *Thalictrum delavayi*
Hirschzungenfarn siehe *Asplenium scolopendrium*
Hirse-Segge siehe *Carex panicea*
Hohe Götterblume siehe *Dodecatheon jeffreyi*
Hohe Schlüsselblume siehe *Primula elatior*
Hohe Taglilie siehe *Hemerocallis altissima*
Hoher Chinafingerhut siehe *Rehmannia elata*
Hoher Rittersporn siehe *Delphinium elatum*
Hohes Fingerkraut siehe *Potentilla recta*
Hohes Helmkraut siehe *Scutellaria altissima*
Hohes Mädchenauge siehe *Coreopsis tripteris*
Hohes Perlgras siehe *Melica altissima*
Hohes Veilchen siehe *Viola elatior*
Hohler Lerchensporn siehe *Corydalis cava*
Honiggras siehe *Holcus*
Honigstrauch siehe *Melianthus*

Hoopes Sonnenbraut siehe *Helenium hoopesii*
Hopfen siehe *Humulus*
Hornklee siehe *Lotus*
Hornnarbe siehe *Ceratostigma*
Horn-Veilchen siehe *Viola cornuta*
Hundskamille siehe *Anthemis*
Hundszunge siehe *Cynoglossum*
Hybrid-Salbei siehe *Salvia × sylvestris*

I

Idaho-Grasschwertel siehe *Sisyrinchium idahoense*
Igelkopf siehe *Echinacea*
Illyrische Zahnwurz siehe *Cardamine waldsteinii*
Immenblatt siehe *Melittis*
Immergrün siehe *Vinca*
Immergrüner Frauenhaarfarn siehe *Adiantum venustum*
Immergrüner Phlox siehe *Phlox adsurgens*
Indianernessel siehe *Monarda*
Indianer-Tabak siehe *Lobelia inflata*
Indianerwiege siehe *Caulophyllum*
Indianische Blaubeere siehe *Caulophyllum thalictroides*
Indigolupine siehe *Baptisia australis*
Indische Erdbeere siehe *Duchesnea*
Ingwer siehe *Zingiber*
Ingwerorchidee siehe *Roscoea*
Inkalilie siehe *Alstroemeria*
Isabellen-Steppenkerze siehe *Eremurus × isabellinus*
Italienische Ochsenzunge siehe *Anchusa azurea*
Italienischer Aronstab siehe *Arum italicum*

J

Jakobsleiter siehe *Polemonium*
Japan-Begonie siehe *Begonia grandis* subsp. *evansiana*
Japanische Astilbe siehe *Astilbe japonica*
Japanische Etagen-Primel siehe *Primula japonica*
Japanische Herbst-Anemone siehe *Anemone* var. *japonica*
Japanische Kratzdistel siehe *Cirsium japonicum*
Japanische Sumpf-Iris siehe *Iris ensata*
Japanische Waldrebe siehe *Clematis stans*
Japanischer Flügelknöterich siehe *Fallopia japonica*
Japanischer Glanz-Schildfarn siehe *Polystichum polyblepharum*
Japanischer Goldkolben siehe *Ligularia dentata*
Japanischer Ingwer siehe *Zingiber mioga*
Japanischer Schlangenbart siehe *Ophiopogon japonicus*
Japanischer Waldmohn siehe *Hylomecon japonicum*
Japanisches Mädesüß siehe *Filipendula purpurea*
Japan-Segge siehe *Carex morrowii*
Johanniskraut siehe *Hypericum*
Judenbart siehe *Saxifraga stolonifera*
Junkerlilie siehe *Asphodeline*
Jupiter-Lichtnelke siehe *Lychnis flos-jovis*

K

Kaffernlilie siehe *Schizostylis*
Kahili-Ingwer siehe *Hedychium gardnerianum*
Kahle Aster siehe *Aster laevis*
Kahle Katzenminze siehe *Nepeta nuda*
Kälberkropf siehe *Chaerophyllum*
Kalifornische Schmuckmalve siehe *Sidalcea malviflora*
Kalifornischer Angelikabaum siehe *Aralia californica*
Kalifornischer Baummohn siehe *Romneya*
Kalifornisches Grasschwertel siehe *Sisyrinchium californicum*
Kalk-Aster siehe *Aster amellus*
Kalla siehe *Zantedeschia*
Kalmus siehe *Acorus*
Kammfarn siehe *Dryopteris cristata*
Kamm-Iris siehe *Iris confusa*, *Iris cristata*, *Iris japonica*, *Iris lacustris*, *Iris milesii*

Kamm-Schlickgras siehe *Spartina pectinata*
Kamm-Wurmfarn siehe *Dryopteris cristata*
Kampfer-Wermut siehe *Artemisia alba*
Kamtschatka-Mädesüß siehe *Filipendula camtschatica*
Kanada-Quecke siehe *Elymus canadensis*
Kanadische Goldrute siehe *Solidago canadensis*
Kanadische Haselwurz siehe *Asarum canadense*
Kanadische Herzblume siehe *Dicentra canadensis*
Kanadische Orangenwurzel siehe *Hydrastis canadensis*
Kanadischer Wiesenknopf siehe *Sanguisorba canadensis*
Kanadisches Windröschen siehe *Anemone canadensis*
Kandelaber-Königskerze siehe *Verbascum olympicum*
Kapuzen-Herzblume siehe *Dicentra cucullaria*
Kapuzinerkresse siehe *Tropaeolum*
Kardendistel siehe *Morina*
Kardinals-Lobelie siehe *Lobelia cardinalis*
Kardy siehe *Cynara cardunculus*
Karpaten-Glockenblume siehe *Campanula carpatica*
Karthäuser-Nelke siehe *Dianthus carthusianorum*
Karwinskis Berufkraut siehe *Erigeron karvinskianus*
Kastanienbraunes Zypergras siehe *Cyperus longus*
Kattun-Aster siehe *Aster lateriflorus*
Katzenminze siehe *Nepeta*
Kaukasus-Beinwell siehe *Symphytum caucasicum*
Kaukasus-Fetthenne siehe *Sedum spurium*
Kaukasus-Gämswurz siehe *Doronicum orientale*
Kaukasus-Gedenkemein siehe *Omphalodes cappadocica*
Kaukasus-Pfingstrose siehe *Paeonia wittmanniana*
Kaukasus-Storchschnabel siehe *Geranium renardii*
Kaukasusvergissmeinnicht siehe *Brunnera*
Kaukasus-Wallwurz siehe *Symphytum caucasicum*
Keilblättriger Steinbrech siehe *Saxifraga cuneifolia*
Kerzen-Knöterich siehe *Persicaria amplexicaulis*
Kettenfarn siehe *Woodwardia*
Kissen-Primel siehe *Primula vulgaris*
Kitaibels Zahnwurz siehe *Cardamine kitaibelii*
Klebrige Gauklerblume siehe *Mimulus lewisii*
Klebrige Pfingstrose siehe *Paeonia peregrina*
Klebriger Chinafingerhut siehe *Rehmannia glutinosa*
Klebriger Salbei siehe *Salvia glutinosa*
Klee siehe *Trifolium*
Kleinblütige Krötenlilie siehe *Tricyrtis macropoda*
Kleinblütiger Frauenschuh siehe *Cypripedium* var. *parviflorum*
Kleine Astilbe siehe *Astilbe simplicifolia*
Kleine Goldglocke siehe *Uvularia perfoliata*
Kleine Sterndolde siehe *Astrantia minor*
Kleine Taglilie siehe *Hemerocallis minor*
Kleine Wiesenraute siehe *Thalictrum minus*
Kleiner Geißbart siehe *Aruncus aethusifolius*
Kleiner Odermennig siehe *Agrimonia eupatoria*
Kleines Immergrün siehe *Vinca minor*
Kleines Präriegras siehe *Schizachyrium scoparium*
Kleines Tränendes Herz siehe *Dicentra formosa*
Kleopatranadel siehe *Eremurus*
Klettergloxinie siehe *Lophospermum erubescens*
Klippen-Leimkraut siehe *Silene uniflora*
Knabenkraut siehe *Dactylorhiza*
Knäuel-Glockenblume siehe *Campanula glomerata*
Knäuelgras siehe *Dactylis*
Knoblauchrauken-Glockenblume siehe *Campanula alliariifolia*
Knöllchen-Steinbrech siehe *Saxifraga granulata*
Knollen-Brandkraut siehe *Phlomis tuberosa*
Knollen-Platterbse siehe *Lathyrus tuberosus*
Knollen-Wiesenraute siehe *Thalictrum tuberosum*
Knollen-Ziest siehe *Stachys affinis*
Knollige Seidenpflanze siehe *Asclepias tuberosa*
Knollige Tagblume siehe *Commelina tuberosa*
Knolliger Hahnenfuß siehe *Ranunculus bulbosus*
Knolliges Zypergras siehe *Cyperus rotundus*
Knöterich siehe *Polygonum*
Knotiger Storchschnabel siehe *Geranium nodosum*

Kokardenblume siehe *Gaillardia*
Kolibritrompete siehe *Epilobium*, *Zauschneria*
Komfrey siehe *Symphytum asperum*
Kompasspflanze siehe *Silphium*
Königin-Frauenschuh siehe *Cypripedium reginae*
Königsfarn siehe *Osmunda regalis*
Königskerze siehe *Verbascum*
Königs-Rhabarber siehe *Rheum alexandrae*
Konjak siehe *Amorphophallus konjac*
Kopfgras siehe *Sesleria*
Kopfried siehe *Schoenus*
Korallen-Pfingstrose siehe *Paeonia mascula*
Korea-Glockenblume siehe *Campanula takesimana*
Kornblume siehe *Centaurea*
Kornblumenaster siehe *Stokesia*
Korsische Nieswurz siehe *Helleborus argutifolius*
Kosmee siehe *Cosmos*
Krainer Sterndolde siehe *Astrantia carniolica*
Kranzblume siehe *Hedychium*
Kratzdistel siehe *Cirsium*
Krause Waldrebe siehe *Clematis crispa*
Kreisblume siehe *Anacyclus*
Kreuzkraut siehe *Senecio*
Kriechende Gämswurz siehe *Doronicum pardalianches*
Kriechende Hornnarbe siehe *Ceratostigma plumbaginoides*
Kriechende Winde siehe *Convolvulus sabatius*
Kriechender Günsel siehe *Ajuga reptans*
Kriechender Phlox siehe *Phlox stolonifera*
Kronenfarn siehe *Osmunda claytoniana*
Kronen-Lichtnelke siehe *Lychnis coronaria*
Kronen-Süßklee siehe *Hedysarum coronarium*
Kronwicke siehe *Coronilla*
Krötenlilie siehe *Tricyrtis*
Krugpflanze siehe *Sarracenia*
Küchenschelle siehe *Pulsatilla*
Kuckucks-Lichtnelke siehe *Lychnis flos-cuculi*
Kugeldistel siehe *Echinops*
Kugelmalve siehe *Sphaeralcea*
Kugel-Primel siehe *Primula denticulata*
Kuhschelle siehe *Pulsatilla*
Kultur-Erdbeere siehe *Fragaria × ananassa*
Kunigundenkraut siehe *Eupatorium*
Kurilen-Akelei siehe *Aquilegia flabellata*
Küsten-Meerkohl siehe *Crambe maritima*

L

Labrador-Veilchen siehe *Viola labradorica*
Lakritze siehe *Glycyrrhiza*
Lakritz-Kalmus siehe *Acorus gramineus*
Lampenputzergras siehe *Pennisetum alopecuroides*
Lampionblume siehe *Physalis*
Land-Reitgras siehe *Calamagrostis epigejos*
Langblättriger Blauweiderich siehe *Veronica longifolia*
Langblättriges Hasenohr siehe *Bupleurum longifolium*
Lanzen-Funkie siehe *Hosta lancifolia*
Lanzen-Silberkerze siehe *Actaea racemosa*
Lanzen-Verbene siehe *Verbena hastata*
Lanzettblättriges Mädchenauge siehe *Coreopsis lanceolata*
Lappenfarn siehe *Thelypteris*
Lauch siehe *Allium*
Lauchblättrige Glockenblume siehe *Campanula alliariifolia*
Leberblümchen siehe *Hepatica*
Leimkraut siehe *Silene*
Lein siehe *Linum*
Leinkraut siehe *Linaria*
Lenzrose siehe *Helleborus*
Leopardenpflanze siehe *Farfugium japonicum*
Lerchensporn siehe *Corydalis*
Leuchtender Sonnenhut siehe *Rudbeckia fulgida*
Lichtnelke siehe *Lychnis*, *Silene*
Liebesblume siehe *Agapanthus*
Liebesgras siehe *Eragrostis*
Liegender Ehrenpreis siehe *Veronica prostrata*
Lilienblättrige Schellenblume siehe *Adenophora liliifolia*
Lilien-Funkie siehe *Hosta plantaginea*
Lilienschweif siehe *Eremurus*
Lilientraube siehe *Liriope*

Limonen-Ysop siehe *Agastache mexicana*
Löffelblatt-Funkie siehe *Hosta tokudama*
Löwenohr siehe *Leonotis*
Löwenzahn siehe *Leontodon*
Lungenkraut siehe *Pulmonaria*

M

Mädchenauge siehe *Coreopsis*
Mädchenhaargras siehe *Stipa pennata*
Mädesüß siehe *Filipendula*
Magerwiesen-Margerite siehe *Leucanthemella vulgare*
Maiapfel siehe *Podophyllum*
Maiglöckchen siehe *Convallaria*
Majoran siehe *Origanum*
Mammutblatt siehe *Gunnera*
Mandelblättrige Wolfsmilch siehe *Euphorbia amygdaloides*
Mannstreu siehe *Eryngium*
Marbel siehe *Luzula*
Mariengras siehe *Hierochloe*
Marokko-Bertram siehe *Anacyclus* var. *depressus*
März-Veilchen siehe *Viola odorata*
Maßliebchen siehe *Bellis*
Mauerpfeffer siehe *Sedum*
Mäuseschwanz siehe *Arisarum*
Mausohr-Habichtskraut siehe *Pilosella*
Meads Götterblume siehe *Dodecatheon meadia*
Meerkohl siehe *Crambe*
Meerlavendel siehe *Limonium*
Mehliger Salbei siehe *Salvia farinacea*
Meier siehe *Asperula*
Meister siehe *Asperula*
Meisterwurz siehe *Peucedanum ostruthium*
Metzgerpalme siehe *Reineckea*
Mexikanischer Salbei siehe *Salvia patens*
Middendorffs Taglilie siehe *Hemerocallis middendorffii*
Miesmäulchen siehe *Chelone obliqua*
Milzkraut siehe *Chrysosplenium*
Minze siehe *Mentha*
Missouri-Nachtkerze siehe *Oenothera macrocarpa*
Mittlerer Wegerich siehe *Plantago media*
Mittleres Zittergras siehe *Briza media*
Mohn siehe *Papaver*
Mohnmalve siehe *Callirhoe*
Mondsichelfarn siehe *Cyrtomium falcatum*
Mongolische Schönaster siehe *Kalimeris mongolica*
Monroes Kugelmalve siehe *Sphaeralcea munroana*
Montbretie siehe *Crocosmia*
Monte-Baldo-Windröschen siehe *Anemone baldensis*
Moor-Blaugras siehe *Sesleria caerulea*
Moor-Reitgras siehe *Calamagrostis × acutiflora*
Morgenstern-Segge siehe *Carex grayi*
Moschus-Malve siehe *Malva moschata*
Moskitogras siehe *Bouteloua gracilis*
Moskitopflanze siehe *Agastache cana*
Muschelblümchen siehe *Isopyrum*
Mutterkraut siehe *Tanacetum parthenium*
Myrten-Aster siehe *Aster ericoides*

N

Nachtkerze siehe *Oenothera*
Nachtviole siehe *Hesperis*
Narzissenblütiges Windröschen siehe *Anemone narcissiflora*
Narzissen-Lauch siehe *Allium narcissiflorum*
Nelke siehe *Dianthus*
Nelkenwurz siehe *Geum*
Nepal-Kardendistel siehe *Morina longifolia*
Nesselblättrige Glockenblume siehe *Campanula trachelium*
Netzblatt-Pfingstrose siehe *Paeonia tenuifolia*
Netzblattstern siehe *Coreopsis verticillata*
Neubelgien-Aster siehe *Aster novi-belgii*
Neuengland-Aster siehe *Aster ovae-angliae*
Neuseeländer Flachs siehe *Phormium*
Neuseelandiris siehe *Libertia grandiflora*
New-York-Scheinaster siehe *Vernonia noveboracensis*
Nickendes Leimkraut siehe *Silene nutans*

Nickendes Perlgras siehe *Melica nutans*
Nieren-Steinbrech siehe *Saxifraga hirsuta*
Nieswurz siehe *Helleborus*
Nizza-Wolfsmilch siehe *Euphorbia nicaeensis*
Nordischer Drachenkopf siehe *Dracocephalum ruyschianum*
Nördliche Dreiblattspiere siehe *Gillenia trifoliata*

O

Ochsenauge siehe *Buphthalmum*
Ochsenzunge siehe *Anchusa*
Ockerfarbiger Federmohn siehe *Macleaya microcarpa*
Odermennig siehe *Agrimonia*
Oktober-Silberkerze siehe *Actaea simplex*
Orangefarbene Fackellilie siehe *Kniphofia triangularis*
Orangefarbenes Berufkraut siehe *Erigeron aurantiacus*
Orangenwurzel siehe *Hydrastis*
Orangerotes Habichtskraut siehe *Pilosella aurantiaca*
Orchideen-Primel siehe *Primula vialii*
Oregon-Iris siehe *Iris tenax*
Orient-Alant siehe *Inula orientalis*
Orientalische Iris siehe *Iris orientalis*
Orientalische Nieswurz siehe *Helleborus orientalis*
Orientalischer Mohn siehe *Papaver orientale*
Osterluzei siehe *Aristolochia*
Österreichische Königskerze siehe *Verbascum chaixii*
Österreichischer Ehrenpreis siehe *Veronica austriaca*

P

Pampasgras siehe *Cortaderia*
Paradieslilie siehe *Paradisea*
Pazifisches Windröschen siehe *Anemone multifida*
Pechnelke siehe *Silene*
Perlfarn siehe *Onoclea*
Perlgras siehe *Melica*
Perlkörbchen siehe *Anaphalis*
Persische Kardendistel siehe *Morina persica*
Pestwurz siehe *Petasites*
Pfauenradfarn siehe *Adiantum pedatum*
Pfeffer-Minze siehe *Mentha × piperita*
Pfeifengras siehe *Molinia*
Pfeifenwinde siehe *Aristolochia*
Pfennig-Gilbweiderich siehe *Lysimachia nummularia*
Pfingst-Nelke siehe *Dianthus gratianopolitanus*
Pfingstrose siehe *Paeonia*
Pfingst-Veilchen siehe *Viola sororia*
Pfirsichblättrige Glockenblume siehe *Campanula persicifolia*
Pflaumenduft-Iris siehe *Iris graminea*
Pfriemengras siehe *Stipa*
Phrygische Flockenblume siehe *Centaurea phrygia*
Pillen-Segge siehe *Carex pilulifera*
Pippau siehe *Crepis*
Piripiri-Stachelnüsschen siehe *Acaena novae-zelandiae*
Plattährengras siehe *Chasmanthium latifolium*
Platterbse siehe *Lathyrus*
Polei-Minze siehe *Mentha pulegium*
Polster-Segge siehe *Carex firma*
Polyanthus-Primel siehe *Primula × polyantha*
Pontischer Beifuß siehe *Artemisia pontica*
Porzellanblümchen siehe *Saxifraga umbrosa*
Potanins Schellenblume siehe *Adenophora potaninii*
Pracht-Akanthus siehe *Acanthus mollis*
Prächtiger Feuerkolben siehe *Arisaema speciosum*
Pracht-Nelke siehe *Dianthus superbus*
Prachtscharte siehe *Liatris*
Prachtspiere siehe *Astilbe*
Pracht-Storchschnabel siehe *Geranium × magnificum*
Präriegras siehe *Schizachyrium*
Präriemalve siehe *Sidalcea*

Prärie-Nelkenwurz siehe *Geum triflorum*
Primel siehe *Primula*
Prophetenblume siehe *Arnebia*
Punktierte Glockenblume siehe *Campanula punctata*
Punktierter Gilbweiderich siehe *Lysimachia punctata*
Pupurblauer Steinsame siehe *Buglossoides purpurocaerulea*
Purpur-Fetthenne siehe *Sedum telephium*
Purpurglöckchen siehe *Heuchera*
Purpur-Klee siehe *Trifolium rubens*
Purpur-Königskerze siehe *Verbascum phoeniceum*
Purpur-Leinkraut siehe *Linaria purpurea*
Purpurne Mohnmalve siehe *Callirhoe involucrata*
Purpurnes Knabenkraut siehe *Dactylorhiza purpurella*
Purpur-Nieswurz siehe *Helleborus purpurascens*
Purpur-Wasserdost siehe *Eupatorium purpureum*
Pyramiden-Günsel siehe *Ajuga pyramidalis*
Pyrenäen-Aster siehe *Aster pyrenaeus*
Pyrenäen-Baldrian siehe *Valeriana pyrenaica*
Pyrenäendistel siehe *Eryngium bourgatii*
Pyrenäen-Margerite siehe *Leucanthemella maximum*
Pyrenäen-Reiherschnabel siehe *Erodium manescavii*
Pyrenäen-Stiefmütterchen siehe *Viola cornuta*
Pyrenäen-Storchschnabel siehe *Geranium pyrenaicum*

Q

Quecke siehe *Elymus*
Quirlblättrige Weißwurz siehe *Polygonatum verticillatum*
Quirlblättriges Mädchenauge siehe *Coreopsis verticillata*
Quirlblütiger Salbei siehe *Salvia verticillata*
Quirl-Zahnwurz siehe *Cardamine enneaphyllos*

R

Rainfarn siehe *Tanacetum vulgare*
Ranunkel siehe *Ranunculus*
Rasen-Schmiele siehe *Deschampsia cespitosa*
Rasselblume siehe *Catananche*
Raublatt-Aster siehe *Aster ovae-angliae*
Räucher-Salbei siehe *Salvia repens*
Raue Goldrute siehe *Solidago rugosa*
Rauer Beinwell siehe *Symphytum asperum*
Raugras siehe *Stipa*
Rauling siehe *Trachystemon orientalis*
Rautenanemone siehe *Anemone thalictroides*
Rautenanemone siehe *Anemonella*
Reiher-Federgras siehe *Stipa barbata*
Reiherschnabel siehe *Erodium*
Reitgras siehe *Calamagrostis*
Rhabarber siehe *Rheum*
Riesen-Dolden-Glockenblume siehe *Campanula lactiflora*
Riesenfenchel siehe *Ferula*
Riesen-Goldkolben siehe *Ligularia × hessei*
Riesen-Haarstrang siehe *Peucedanum verticillare*
Riesen-Königskerze siehe *Verbascum olympicum*
Riesen-Segge siehe *Carex pendula*
Riesen-Süßgras siehe *Glyceria maxima*
Riesen-Weißrand-Funkie siehe *Hosta crispula*
Riesen-Wurmfarn siehe *Dryopteris goldieana*
Rindsauge siehe *Buphthalmum salicifolium*
Ringblume siehe *Anacyclus*
Rippenfarn siehe *Blechnum*
Rispenfarn siehe *Osmunda*
Rispengras siehe *Poa*
Rispenhirse siehe *Panicum*
Rittersporn siehe *Delphinium*
Rocky-Mountains-Akelei siehe *Aquilegia caerulea*
Rohr-Glanzgras siehe *Phalaris arundinacea*
Römische Kamille siehe *Chamaemelum nobile*
Römischer Ampfer siehe *Rumex scutatus*
Römischer Bertram siehe *Anacyclus pyrethrum*
Rosa Mädchenauge siehe *Coreopsis rosea*
Rosa Storchschnabel siehe *Geranium endressii*
Rosafarbene Kalla siehe *Zantedeschia rehmannii*
Rosen-Malve siehe *Malva alcea*

Rosen-Primel siehe *Primula rosea*
Rosenscharte siehe *Liatris*
Rosenwurz siehe *Rhodiola*
Ross-Minze siehe *Mentha longifolia*
Rostiger Fingerhut siehe *Digitalis ferruginea*
Rote Akelei siehe *Aquilegia canadensis*
Rote Lichtnelke siehe *Silene dioica*
Rote Nelkenwurz siehe *Geum coccineum*
Rote Pestwurz siehe *Petasites hybridus*
Rote Schlauchpflanze siehe *Sarracenia rubra*
Rote Seidenpflanze siehe *Asclepias incarnata*
Rote Spornblume siehe *Centranthus ruber*
Roter Rittersporn siehe *Delphinium cardinale*
Roter Scheinsonnenhut siehe *Echinacea purpurea*
Rotfrüchtiges Christophskraut siehe *Actaea rubra*
Rot-Klee siehe *Trifolium pratense*
Rotschleier-Wurmfarn siehe *Dryopteris erythrosora*
Rotstängelige Nachtkerze siehe *Oenothera fruticosa*
Ruchgras siehe *Anthoxanthum*
Rundblättrige Glockenblume siehe *Campanula rotundifolia*
Rundblättrige Minze siehe *Mentha suaveolens*
Rundblättriges Hasenohr siehe *Bupleurum rotundifolium*
Russels Brandkraut siehe *Phlomis russeliana*
Rüsselsternchen siehe *Vancouveria hexandra*
Rutenhirse siehe *Panicum virgatum*
Ruten-Weiderich siehe *Lythrum virgatum*
Ruten-Wolfsmilch siehe *Euphorbia virgata*
Ruthenische Kugeldistel siehe *Echinops bannaticus*

S

Sachalin-Flügelknöterich siehe *Fallopia sachalinensis*
Salbei siehe *Salvia*
Salomonssiegel siehe *Polygonatum*
Samt-Skabiose siehe *Scabiosa atropurpurea*
Sandglöckchen siehe *Jasione*
Sand-Nelke siehe *Dianthus arenarius*
Sand-Veilchen siehe *Viola rupestris*
Sauerampfer siehe *Rumex*
Schachtelhalm siehe *Equisetum*
Schafgarbe siehe *Achillea*
Schaftdolde siehe *Hacquetia*
Scharbockskraut siehe *Ranunculus*
Scharfer Hahnenfuß siehe *Ranunculus acris*
Scharlach-Monarde siehe *Monarda didyma*
Schattenblume siehe *Maianthemum*
Schattenliebender Steinbrech siehe *Saxifraga umbrosa*
Schatten-Steinbrech siehe *Saxifraga hirsuta*
Schaumblüte siehe *Tiarella*
Schaumkraut siehe *Cardamine*
Scheinakelei siehe *Semiaquilegia*
Scheinanemone siehe *Anemonopsis*
Scheinaster siehe *Vernonia*
Scheinerdbeere siehe *Duchesnea*
Scheinhanf siehe *Datisca*
Scheinhortensie siehe *Deinanthe*
Scheinkalla siehe *Lysichiton*
Scheinmalve siehe *Malvastrum*
Scheinmohn siehe *Meconopsis*
Scheinorchis siehe *Roscoea*
Scheinschaumkraut siehe *Pachyphragma*
Scheinsonnenhut siehe *Echinacea*
Scheinzypergras-Segge siehe *Carex pseudocyperus*
Schellenblume siehe *Adenophora*
Schildblatt siehe *Darmera*
Schildblume siehe *Chelone*
Schildfarn siehe *Cyrtomium*
Schildfarn siehe *Polystichum*
Schild-Sauerampfer siehe *Rumex scutatus*
Schilf siehe *Phragmites*
Schillergras siehe *Koeleria*
Schirm-Aster siehe *Aster umbellatus*
Schirmblatt siehe *Diphylleia*
Schlangenbart siehe *Ophiopogon*
Schlangenkopf siehe *Chelone*
Schlangen-Wiesenknöterich siehe *Persicaria bistorta*

Schlangenwurz siehe *Dracunculus vulgaris*
Schlauchpflanze siehe *Sarracenia*
Schleierkraut siehe *Gypsophila*
Schlickgras siehe *Spartina*
Schlitzblättriger Sonnenhut siehe *Rudbeckia laciniata*
Schmalblättriger Scheinsonnenhut siehe *Echinacea angustifolia*
Schmalblättriges Lungenkraut siehe *Pulmonaria angustifolia*
Schmalblättriges Weidenröschen siehe *Chamerion angustifolium*
Schmiele siehe *Deschampsia*
Schmuckkörbchen siehe *Cosmos*
Schmucklilie siehe *Agapanthus*
Schmuckmalve siehe *Sidalcea*
Schneemohn siehe *Eomecon*
Schneerose siehe *Helleborus niger*
Schneeweiße Hainsimse siehe *Luzula nivea*
Schnitt-Knoblauch siehe *Allium tuberosum*
Schnitt-Lauch siehe *Allium schoenoprasum*
Schöllkraut siehe *Chelidonium*
Schöllkrautmohn siehe *Stylophorum*
Schönaster siehe *Kalimeris*
Schöne Akelei siehe *Aquilegia formosa*
Schöne Fetthenne siehe *Sedum spectabile*
Schöne Götterblume siehe *Dodecatheon pulchellum*
Schöngesicht siehe *Coreopsis*
Schönorchis siehe *Calanthe*
Schopf-Fackellilie siehe *Kniphofia uvaria*
Schrebers Aster siehe *Aster schreberi*
Schuppenkopf siehe *Cephalaria*
Schüsselfarn siehe *Dennstaedtia*
Schwachgekrümmtes Liebesgras siehe *Eragrostis curvula*
Schwalbenwurz-Enzian siehe *Gentiana asclepiadea*
Schwarzaugen-Sonnenblume siehe *Helianthus atrorubens*
Schwarze Königskerze siehe *Verbascum nigrum*
Schwarze Segge siehe *Carex atrata*
Schwarzer Germer siehe *Veratrum nigrum*
Schwarzer Schlangenbart siehe *Ophiopogon planiscapus*
Schwarzes Schmuckkörbchen siehe *Cosmos atrosanguineus*
Schwarzfrüchtiges Christophskraut siehe *Actaea spicata*
Schwarznessel siehe *Ballota nigra*
Schwarzviolette Akelei siehe *Aquilegia atrata*
Schwarzwerdende Platterbse siehe *Lathyrus niger*
Schwefelkörbchen siehe *Urospermum*
Schwefel-Nelke siehe *Dianthus knappii*
Schwertblättrige Binse siehe *Juncus ensifolius*
Schwertblättriger Alant siehe *Inula ensifolia*
Schwertelglocke siehe *Libertia*
Schwertfarn siehe *Polystichum munitum*
Schwertlilie siehe *Iris*
Schwingel siehe *Festuca*
Seebinse siehe *Schoenoplectus*
See-Mannstreu siehe *Eryngium maritimum*
Segge siehe *Carex*
Seidenpflanze siehe *Asclepias*
Seifenkraut siehe *Saponaria*
Serbische Nieswurz siehe *Helleborus torquatus*
Serbischer Salbei siehe *Salvia jurisicii*
Sibirische Katzenminze siehe *Nepeta sibirica*
Sibirische Schafgarbe siehe *Achillea sibirica*
Sibirischer Goldkolben siehe *Ligularia sibirica*
Sibirisches Lampenputzergras siehe *Pennisetum flaccidum*
Sichelblättriges Hasenohr siehe *Bupleurum falcatum*
Siebenbürger Leberblümchen siehe *Hepatica transsylvanica*
Siebenbürger Perlgras siehe *Melica transsilvanica*
Siebolds Primel siehe *Primula sieboldii*
Silber-Ährengras siehe *Stipa calamagrostis*
Silberblatt siehe *Lunaria*
Silberdistel siehe *Carlina*
Silber-Fingerkraut siehe *Potentilla argentea*
Silber-Flockenblume siehe *Centaurea pulcherrima*
Silbergras siehe *Corynephorus*
Silberimmortelle siehe *Anaphalis*
Silber-Rainfarn siehe *Tanacetum niveum*

Silber-Wermut siehe *Artemisia stelleriana*
Silge siehe *Selinum*
Silikatliebender Brauner Streifenfarn siehe *Asplenium trichomanes*
Sockenblume siehe *Epimedium*
Sommer-Enzian siehe *Gentiana septemfida*
Songarische Waldrebe siehe *Clematis songarica*
Sonnenauge siehe *Heliopsis*
Sonnenblume siehe *Helianthus*
Sonnenbraut siehe *Helenium*
Sonnenhut siehe *Rudbeckia*
Spaltgriffel siehe *Schizostylis*
Spanische Ochsenzunge siehe *Pentaglottis sempervirens*
Spanischer Mannstreu siehe *Eryngium bourgatii*
Spanischer Mohn siehe *Papaver rupifragum*
Spanisches Gänseblümchen siehe *Erigeron karvinskianus*
Spanisches Süßholz siehe *Glycyrrhiza glabra*
Spätherbst-Salbei siehe *Salvia azurea*
Spätherbst-Silberkerze siehe *Actaea japonica*
Sperrige Schellenblume siehe *Adenophora divaricata*
Sperrkraut siehe *Polemonium*
Spießblättriges Helmkraut siehe *Scutellaria hastifolia*
Spitz-Wegerich siehe *Plantago lanceolata*
Spornblume siehe *Centranthus*
Spornlose Akelei siehe *Aquilegia var. stellata*
Spornlose Scheinakelei siehe *Semiaquilegia ecalcarata*
Spreuschuppiger Wurmfarn siehe *Dryopteris affinis*
Springkraut siehe *Impatiens*
Stachelnüsschen siehe *Acaena*
Stachlige Seidenpflanze siehe *Asclepias speciosa*
Stachliger Akanthus siehe *Acanthus spinosus*
Ständelwurz siehe *Epipactis*
Stauden-Clematis siehe *Clematis × jouiniana*
Staudenhafer siehe *Helictotrichon*
Stauden-Phlox siehe *Phlox paniculata*
Staudenwicke siehe *Lathyrus latifolius*
Steckenkraut siehe *Ferula communis*
Steife Goldrute siehe *Solidago rigida*
Steife Segge siehe *Carex elata*
Steife Verbene siehe *Verbena rigida*
Steinbrech siehe *Saxifraga*
Steinbrech-Felsennelke siehe *Petrorhagia saxifraga*
Steinsame siehe *Buglossoides*
Stendelwurz siehe *Epipactis*
Steppen-Iris siehe *Iris spuria*
Steppenkerze siehe *Eremurus*
Steppen-Salbei siehe *Salvia nemorosa*
Steppen-Wolfsmilch siehe *Euphorbia seguieriana*
Sternbalsam siehe *Zaluzianskya*
Sterndolde siehe *Astrantia*
Stiefmütterchen siehe *Viola*
Stinkandorn siehe *Ballota nigra*
Stinkende Nieswurz siehe *Helleborus foetidus*
Stockmalve siehe *Althaea*
Storchschnabel siehe *Geranium*
Strahlensame siehe *Silene*
Strand-Berufkraut siehe *Erigeron glaucus*
Stranddistel siehe *Eryngium maritimum*
Strandflieder siehe *Limonium*
Strandroggen siehe *Leymus*
Strauchiger Salbei siehe *Salvia leucantha*
Strauchpappel siehe *Lavatera*
Straußblütiger Gilbweiderich siehe *Lysimachia thyrsiflora*
Straußenfarn siehe *Matteuccia*
Strauß-Glockenblume siehe *Campanula takesimana*
Straußgras siehe *Agrostis*
Streichkraut siehe *Datisca*
Streifenfarn siehe *Asplenium*
Strohblume siehe *Helichrysum*
Südfranzösischer Lein siehe *Linum narbonense*
Südliche Dreiblattspiere siehe *Gillenia stipulata*
Südlicher Tüpfelfarn siehe *Polypodium cambricum*
Sumpf-Dotterblume siehe *Caltha palustris*
Sumpffarn siehe *Thelypteris palustris*
Sumpf-Helmkraut siehe *Scutellaria galericulata*
Sumpf-Schafgarbe siehe *Achillea ptarmica*
Sumpf-Schwertlilie siehe *Iris pseudacorus*
Sumpf-Ständelwurz siehe *Epipactis palustris*

Sumpf-Storchschnabel siehe *Geranium palustre*
Sumpf-Straußgras siehe *Agrostis canina*
Sumpf-Veilchen siehe *Viola palustris*
Sumpf-Vergissmeinnicht siehe *Myosotis scorpioides*
Sumpf-Wolfsmilch siehe *Euphorbia palustris*
Sumpfwurz siehe *Epipactis*
Süßdolde siehe *Myrrhis*
Süße Schafgarbe siehe *Achillea ageratum*
Süße Wolfsmilch siehe *Euphorbia dulcis*
Süßholz siehe *Glycyrrhiza*
Süßklee siehe *Hedysarum*
Szetschuan-Aster siehe *Aster tongolensis*
Szetschuan-Primel siehe *Primula pulverulenta*

T

Tafelblatt siehe *Astilboides*
Tagblume siehe *Commelina*
Taglilie siehe *Hemerocallis*
Taro siehe *Colocasia esculenta*
Tauben-Skabiose siehe *Scabiosa columbaria*
Taubnessel siehe *Lamium*
Tausendfüßer-Farn siehe *Phegopteris decursivepinnata*
Teffgras siehe *Eragrostis*
Teichsimse siehe *Schoenoplectus*
Teppich-Primel siehe *Primula juliae*
Terrakotta-Schwertlilie siehe *Iris fulva*
Teufelsabbiss siehe *Succisa*
Teufelsauge siehe *Adonis*
Teufels-Tabak siehe *Lobelia tupa*
Thunberg's Astilbe siehe *Astilbe thunbergii*
Thunbergs Taglilie siehe *Hemerocallis thunbergii*
Thüringer Strauchpappel siehe *Lavatera thuringiaca*
Tibet-Primel siehe *Primula florindae*
Tibet-Scheinmohn siehe *Meconopsis betonicifolia*
Tigerglocke siehe *Codonopsis clematidea*
Tigerstern siehe *Tricyrtis hirta*
Tiroler Windröschen siehe *Anemone baldensis*
Titanenwurz siehe *Amorphophallus*
Tradescants Aster siehe *Aster tradescantii*
Tränendes Herz siehe *Dicentra*
Trauben-Katzenminze siehe *Nepeta racemosa*
Trauerglocke siehe *Uvularia*
Trespe siehe *Bromus*
Trichterfarn siehe *Matteuccia*
Trichterschwertel siehe *Dierama*
Trollblume siehe *Trollius*
Tüpfelfarn siehe *Polypodium*
Tüpfel-Hartheu siehe *Hypericum perforatum*
Türken-Mohn siehe *Papaver orientale*
Turkestan-Steppenkerze siehe *Eremurus robustus*
Turkestan-Strohblume siehe *Helichrysum thianschanicum*

U

Übelriechende Iris siehe *Iris foetidissima*
Übersehenes Knabenkraut siehe *Dactylorhiza praetermissa*
Ufer-Segge siehe *Carex riparia*
Unbegrannte Trespe siehe *Bromus inermis*
Ungarischer Akanthus siehe *Acanthus hungaricus*
Ungarischer Klee siehe *Trifolium pannonicum*
Ungarwurz siehe *Waldsteinia geoides*
Vanilleblatt siehe *Achlys*
Vanillen-Pestwurz siehe *Petasites fragrans*
Veilchen siehe *Viola*
Venushaar siehe *Adiantum capillus-veneris*
Vergissmeinnicht siehe *Myosotis*
Verkannte Schellenblume siehe *Adenophora confusa*
Verkümmerte Aster siehe *Aster lateriflorus*
Verschiedenblättrige Kratzdistel siehe *Cirsium heterophyllum*
Verschiedenfarbige Iris siehe *Iris versicolor*
Vexiernelke siehe *Lychnis coronaria*
Vielblättrige Lupine siehe *Lupinus polyphyllus*
Vielblütige Taglilie siehe *Hemerocallis multiflora*
Vielblütige Weißwurz siehe *Polygonatum multiflorum*
Vielfarbige Wolfsmilch siehe *Euphorbia polychroma*

Vielspaltige Nieswurz siehe *Helleborus multifidus*
Vierblättrige Einbeere siehe *Paris quadrifolia*
Vilfagras siehe *Sporobolus*
Virginische Dreimasterblume siehe *Tradescantia virginiana*
Virginische Gelenkblume siehe *Physostegia virginiana*
Virginisches Blauglöckchen siehe *Mertensia virginica*
Vogelfuß-Segge siehe *Carex ornithopoda*

W

Wachsglocke siehe *Kirengeshoma*
Walddickblatt siehe *Chiastophyllum*
Wald-Flattergras siehe *Milium effusum*
Wald-Frauenfarn siehe *Athyrium filix-femina*
Wald-Geißbart siehe *Aruncus dioicus*
Wald-Hainsimse siehe *Luzula sylvatica*
Waldmohn siehe *Hylomecon*
Wald-Phlox siehe *Phlox divaricata*
Wald-Platterbse siehe *Lathyrus sylvestris*
Waldrebe siehe *Clematis*
Wald-Reitgras siehe *Calamagrostis arundinacea*
Wald-Rispengras siehe *Poa chaixii*
Wald-Schaumkraut siehe *Tiarella cordifolia*
Wald-Scheinmohn siehe *Meconopsis cambrica*
Wald-Segge siehe *Carex sylvatica*
Wald-Storchschnabel siehe *Geranium sylvaticum*
Wald-Zaunwinde siehe *Calystegia silvatica*
Wald-Ziest siehe *Stachys sylvatica*
Walliser Schaf-Schwingel siehe *Festuca valesiaca*
Walliser Wermut siehe *Artemisia vallesiaca*
Walzen-Wolfsmilch siehe *Euphorbia myrsinites*
Wanzenblume siehe *Coreopsis*
Wasser-Braunwurz siehe *Scrophularia auriculata*
Wasserdost siehe *Eupatorium*
Wasserfenchel siehe *Oenanthe*
Wasserschwaden siehe *Glyceria*
Wegerich siehe *Plantago*
Wegwarte siehe *Cichorium*
Weicher Frauenmantel siehe *Alchemilla mollis*
Weicher Schildfarn siehe *Polystichum setiferum*
Weiches Lungenkraut siehe *Pulmonaria mollis*
Weichhaarige Aster siehe *Aster pilosus*
Weichhaariges Schwefelkörbchen siehe *Urospermum dalechampii*
Weidenblättrige Schafgarbe siehe *Achillea salicifolia*
Weidenblättrige Sonnenblume siehe *Helianthus salicifolius*
Weidenblättriges Ochsenauge siehe *Buphthalmum salicifolium*
Weidenröschen siehe *Epilobium*
Weiderich siehe *Lythrum*
Weißblatt-Funkie siehe *Hosta undulata*
Weiße Nachtkerze siehe *Oenothera speciosa*
Weiße Pestwurz siehe *Petasites albus*
Weiße Scheinkalla siehe *Lysichiton camtschatcensis*
Weiße Schlauchpflanze siehe *Sarracenia leucophylla*
Weiße Schmuckmalve siehe *Sidalcea candida*
Weiße Segge siehe *Carex alba*
Weiße Taubnessel siehe *Lamium album*
Weiße Wald-Aster siehe *Aster divaricatus*
Weißer Beinwell siehe *Symphytum orientale*
Weißer China-Beifuß siehe *Artemisia lactiflora*
Weißer Federmohn siehe *Macleaya cordata*
Weißer Germer siehe *Veratrum album*
Weißer Hahnenfuß siehe *Ranunculus amplexicaulis*
Weißer Schlangenbart siehe *Ophiopogon jaburan*
Weißer Schmetterlingsingwer siehe *Hedychium coronarium*
Weißes Fingerkraut siehe *Potentilla alba*
Weißes Lampenputzergras siehe *Pennisetum villosum*
Weißes Veilchen siehe *Viola alba*
Weißfrüchtiges Christophskraut siehe *Actaea pachypoda*
Weiß-Klee siehe *Trifolium repens*
Weißliche Hainsimse siehe *Luzula luzuloides*
Weißrand-Funkie siehe *Hosta sieboldii*
Weißwurz siehe *Polygonatum*
Wendelähre siehe *Spiranthes*
Wermut siehe *Artemisia*

Wetterdistel siehe *Carlina*
Widerstoß siehe *Limonium*
Wiesen-Flockenblume siehe *Centaurea jacea*
Wiesen-Fuchsschwanzgras siehe *Alopecurus pratensis*
Wiesen-Iris siehe *Iris sibirica*
Wiesen-Klee siehe *Trifolium pratense*
Wiesenknopf siehe *Sanguisorba*
Wiesen-Phlox siehe *Phlox maculata*
Wiesenraute siehe *Thalictrum*
Wiesen-Salbei siehe *Salvia pratensis*
Wiesen-Schaumkraut siehe *Cardamine pratensis*
Wiesen-Segge siehe *Carex nigra*
Wiesen-Storchschnabel siehe *Geranium pratense*
Wiesen-Witwenblume siehe *Knautia arvensis*
Wilde Artischocke siehe *Cynara cardunculus*
Wilde Blasenkirsche siehe *Physalis alkekengi*
Wilde Malve siehe *Malva sylvestris*
Willmotts Hornnarbe siehe *Ceratostigma willmottianum*
Wimperfarn siehe *Woodsia*
Wimper-Perlgras siehe *Melica ciliata*
Winde siehe *Convolvulus*
Windröschen siehe *Anemone*
Winteraster siehe *Chrysanthemum*
Winter-Iris siehe *Iris unguicularis*
Winter-Schachtelhalm siehe *Equisetum hyemale*
Wirbeldost siehe *Clinopodium*
Witwenblume siehe *Knautia*
Wohlriechende Nieswurz siehe *Helleborus odorus*
Wohlriechendes Veilchen siehe *Viola odorata*
Wohlverleih siehe *Arnica*
Wolfsauge siehe *Anchusa*
Wolfsmilch siehe *Euphorbia*
Wollblatt siehe *Eriophyllum*
Wollfilziges Habichtskraut siehe *Hieracium lanatum*
Wolliger Fingerhut siehe *Digitalis lanata*
Wollkraut siehe *Verbascum*
Woll-Ziest siehe *Stachys byzantina*
Wucherblume siehe *Tanacetum*
Wunderblume siehe *Mirabilis*
Wurmfarn siehe *Dryopteris*
Wurmkraut siehe *Tanacetum vulgare*

Y, Z

Ysander siehe *Pachysandra*
Yuccablättriger Mannstreu siehe *Eryngium yuccifolium*
Zähes Federgras siehe *Stipa tenacissima*
Zahnwurz siehe *Cardamine*
Zapfenblume siehe *Strobilanthes*
Zarter Schildfarn siehe *Polystichum braunii*
Zaunwinde siehe *Calystegia*
Zehrwurz siehe *Colocasia*
Zehrwurzel siehe *Colocasia esculenta*
Ziegelrotes Lungenkraut siehe *Pulmonaria rubra*
Zierbanane siehe *Ensete*
Zieringwer siehe *Hedychium*
Zierliche Silber-Flockenblume siehe *Centaurea bella*
Zierliches Schillergras siehe *Koeleria macrantha*
Ziest siehe *Stachys*
Zimmerknoblauch siehe *Tulbaghia violacea*
Zimtfarn siehe *Osmunda cinnamomea*
Zitronen-Melisse siehe *Melissa officinalis*
Zitronen-Taglilie siehe *Hemerocallis citrina*
Zittergras siehe *Briza*
Zottige Wolfsmilch siehe *Euphorbia villosa*
Zurückgebogener Storchschnabel siehe *Geranium reflexum*
Zweiblättrige Schattenblume siehe *Maianthemum bifolium*
Zweiblütige Weißwurz siehe *Polygonatum biflorum*
Zweiblütiges Veilchen siehe *Viola biflora*
Zweidrüsen-Wolfsmilch siehe *Euphorbia rigida*
Zwerg-Binse siehe *Juncus ensifolius*
Zwerg-Herzblume siehe *Dicentra eximia*
Zwerg-Schachtelhalm siehe *Equisetum scirpoides*
Zwillingsblatt siehe *Jeffersonia diphylla*
Zypergras siehe *Cyperus*
Zypressen-Wolfsmilch siehe *Euphorbia cyparissias*

WEITERFÜHRENDE INFORMATIONEN

Insgesamt 42 anerkannte Fachleute waren an der Erstellung dieses Buchs beteiligt. Die darin enthaltenen Informationen stammen überwiegend von ihnen. Ihre Hauptstütze war der RHS Plant Finder, der international nicht nur als Verzeichnis von Bezugsquellen, sondern als aktuelles Nachschlagewerk für die korrekte Benennung von Gartenpflanzen gilt. Zudem stützten sich die Autoren auf das enorme Fachwissen der Botaniker von der Royal Horticultural Society (RHS) und weiterer Experten.

Weitere Informationen sind auf internationaler Ebene auf folgenden Webseiten abrufbar:

www.rhs.org.uk –	die Hauptseite der Royal Horticultural Society
plants.usda.gov –	die Pflanzen-Datenbank des US-Landwirtschaftsministeriums
www.efloras.org –	eine Seite über die Flora von Nordamerika, Nepal und China
www.bsbi.org.uk –	eine Webseite der Botanical Society of the British Isles
www.isu-perennials.org –	die Internationale Staudenunion (ISU) informiert unter anderem über Änderungen bei den wissenschaftlichen Pflanzennamen

Auch im deutschsprachigen Raum gibt es staatliche Einrichtungen, Vereinigungen und Pflanzengesellschaften, die wertvolle Informationen liefern:

INTERESSANTE INTERNET-ADRESSEN

www.jki.bund.de – Das Julius-Kühn-Institut ist das Bundesforschungsinstitut für Kulturpflanzen in Deutschland.

www.bildungsstaette-gartenbau.de – Die Bildungsstätte Gartenbau bietet auch für Hobbygärtner Seminare zur Anlage von Staudenpflanzungen oder zur Staudenpflege an.

www.galabau.de – Der Bundesverband Garten-, Landschafts- und Sportplatzbau informiert über die Branche und führt in seinem Adressenverzeichnis kompetente Garten- und Landschaftsbetriebe auf.

www.gds-Staudenfreunde.de – Wer mehr über Pflanzen, ihre natürlichen Wachstumsgemeinschaften oder zur Gestaltung mit Pflanzen erfahren möchte, findet Gleichgesinnte bei der Gesellschaft der Staudenfreunde. Informationen zu Stauden und deren Verwendung im Garten sind auf der Homepage nachzulesen.

www.jelitto.com – Die Jelitto Staudensamen GmbH in Schwarmstedt bietet ein reichhaltiges Sortiment. Die Homepage informiert über Neuheiten im Staudensortiment. Staudensaatgut kann direkt bestellt werden.

www.perenne.de – Der Verein für Staudenzüchtung und Sortimentsentwicklung, PERENNE, ist ein Zusammenschluss von Staudenfachleuten aus verschiedenen Bereichen mit dem Ziel, das Wissen über Stauden zu mehren und deren sachgemäße Verwendung, die Züchtung neuer Sorten sowie die Erhaltung reichhaltiger Sortimente zu fördern.

www.bund-deutscher-staudengaertner.de – Diese Homepage gehört zum Bund deutscher Staudengärtner (BdS), einem Zusammenschluss von 130 Staudengärtnern, die intensiven fachlichen Austausch pflegen. Mit dem »Qualitätszeichen« werden führende Betriebe ausgezeichnet, die sich durch ein umfangreiches Sortiment sowie einen tadellosen Bestand auszeichnen. Die Sortenechtheit der Pflanzen ist geprüft.

www.staudenfreunde.ch – Die Gesellschaft Schweizer Staudenfreunde hat sich zum Ziel gesetzt, wissenschaftliche Erkenntnisse in die gärtnerische Praxis umsetzen. Die Gesellschaft will den Erfahrungsaustausch unter ihren Mitgliedern fördern und Informationen über Stauden und ihre richtige Verwendung weitergeben.

www.staudenring.com – Diese Seite informiert über gut sortierte Staudenbetriebe in Deutschland, Österreich und der Schweiz.

Fortbildungsveranstaltungen für Hobbygärtner führen die Gartenakademien einiger Bundesländer durch, außerdem bieten die Lehr- und Versuchsanstalten Kurse für Hobby- wie Erwerbsgärtner zu speziellen Themen an.

STAUDENSICHTUNGSGÄRTEN

Um Pflanzen besser kennen zu lernen, lohnen sich Besuche in botanischen Gärten. Außerdem bieten die Fördervereine der botanischen Gärten Veranstaltungen für interessierte Laien an. Zudem gibt es in Deutschland und in der Schweiz spezielle Sichtungsgärten, in denen das Verhalten von Züchtungen bei unterschiedlichen Standortbedingungen von Fachleuten beobachtet und verglichen wird. Die Sichtungsergebnisse geben wertvolle Hinweise auf die Garteneignung von Sorten. Nähere Informationen finden sich unter **www.staudensichtung.de**

Die öffentlich zugänglichen Sichtungsgärten befinden sich an folgenden Standorten (sortiert nach Postleitzahlen):

Hochschule Anhalt (FH), Landespflege, Strenzfelder Allee 28, 06406 Bernburg

Lehr- und Versuchsanstalt für Gartenbau und Technik, Feldmark rechts der Bode, 06484 Quedlinburg

Bundessortenamt, Prüfstelle Marquardt, Hauptstraße 36, 14476 Potsdam

Berggarten Hannover, Herrenhäuser Straße 4, 30419 Hannover

Hochschule Ostwestfalen-Lippe, Fachbereich 7, An der Wilhelmshöhe 44, 37671 Höxter

Botanischer Garten der Heinrich-Heine-Universität, Universitätsstraße 1, 40225 Düsseldorf

Hochschule Osnabrück, Fachbereich Landschaftsarchitektur, Am Krümpel 31, 49090 Osnabrück H

Lehr- und Versuchsanstalt für Gartenbau Heidelberg, Diebsweg 2, 69123 Heidelberg

Schau- und Sichtungsgarten Hermannshof e.V., Babostraße 5, 69469 Weinheim

Universität Hohenheim, Staatsschule für Gartenbau, Schloss Westhof-Nord, 70593 Stuttgart

Lehr- und Versuchsgärten Landschaftarchitektur, Schelmenwasen 6, 72622 Nürtingen

POTENZIELL GEFÄHRLICHE STAUDEN

Alle hier aufgelisteten Stauden können Sie als Ziergewächse getrost in Ihren Garten pflanzen – sofern Sie mit der gegebenen Sorgfalt damit umgehen. Hier wird je nach Gefährdungsgrad unterschieden zwischen Hautreizungen, die durch äußerlichen Kontakt verursacht werden, Reizung der Schleimhäute (z.B. Augen) und Vergiftung durch Verzehr. Als »giftig« bezeichnete Pflanzen können je nach Giftgehalt nur ein leichtes Unwohlsein bewirken, aber auch ernsthafte Vergiftungserscheinungen hervorrufen. Man darf keine Pflanzenteile dieser Arten, egal in welcher Form, zu sich nehmen und sollte dafür sorgen, dass sie außerhalb der Reichweite von Kindern und Haustieren wachsen oder lagern.

Aconitum	giftig; hautreizend
Actaea	giftig; hautreizend
Alstroemeria	hautreizend
Anchusa	giftig
Arisaema	giftig; haut- und schleimhautreizend
Arnica	giftig; hautreizend
Arum	giftig; haut- und schleimhautreizend
Asclepias	hautreizend
Caltha	giftig
Caulophyllum	giftig
Chamaemelum	hautreizend
Chelidonium majus	giftig; haut- und schleimhautreizend
Chelone	hautreizend
Chrysanthemum	hautreizend
Cichorium	hautreizend
Colocasia esculenta	giftig; haut- und schleimhautreizend
Convallaria majalis	giftig
Cryptotaenia	hautreizend
Cypripedium	giftig
Delphinium	giftig
Dicentra	giftig
Dictamnus	hautreizend
Digitalis	giftig
Dracunculus	giftig; haut- und schleimhautreizend
Euphorbia	giftig; haut- und schleimhautreizend
Gillenia	giftig
Helenium	giftig; hautreizend
Helianthus	hautreizend
Helleborus	giftig; hautreizend
Hypericum perforatum	giftig
Iris	giftig; hautreizend
Lobelia	giftig; haut- und schleimhautreizend
Lupinus	giftig
Lysichiton	giftig; haut- und schleimhautreizend
Mirabilis	giftig; haut- und schleimhautreizend
Persicaria	hautreizend
Physalis alkekengi	giftig; hautreizend
Podophyllum	giftig
Polygonatum	giftig
Primula	haut- und schleimhautreizend
Ranunculus	giftig
Symphytum	giftig
Tanacetum	hautreizend
Veratrum	giftig
Verbena macdougalii	giftig; hautreizend
Zantedeschia	giftig; haut- und schleimhautreizend

Institut für Gartenbau, Am Staudengarten 7, 85350 Freising

Fachhochschule, Fachbereich Gartenbau, Leipziger Straße 77, 99085 Erfurt

Kantonale Gartenbauschule Oeschberg, Bern-Zürich-Straße 14, CH-3425 Koppigen

Hochschule Wädenswil, Abt. Umwelt und natürliche Ressourcen, Lehr- und Versuchsbetrieb Grüntal, Postfach 335, CH-8820 Wädenswil

BEZUG VON STAUDEN

Viele der in diesem Buch beschriebenen Pflanzen gehören zum Standardsortiment der Staudengärtnereien oder Gartencenter.

Liebhabergesellschaften und die örtlichen Gartenbauvereine organisieren oft Pflanzenbörsen und bieten so die Möglichkeit, seltenere Pflanzen oder Saatgut mit anderen Pflanzenfreunden zu tauschen.

BILDNACHWEIS

Dorling Kindersley dankt der gesamten Belegschaft der Royal Horticultural Society, insbesondere Susannah Charlton und Simon Maughan. Ein weiterer Dank geht an Cooling Brown Book Publishing für die Entwicklungsarbeit in den ersten Phasen des Projekts und an Liz Boyd für ihre Hilfe bei der Bildrecherche. Der Verlag dankt ferner allen Privatpersonen und Angestellten der nachfolgend aufgeführten Institutionen, Organisationen und Gärten für ihre Unterstützung bei der Zusammenstellung des Bildmaterials für diese Enzyklopädie. Sie befinden sich ausnahmslos in Großbritannien.

Birmingham Botanical Gardens and Greenhouses Ltd.; Blackmore and Langdon; The Botanic Nursery; Bowden Hostas; Bridgemere Nurseries; Chris Searle; Claire Austin Hardy Plants; Claire Wilson and Vic Johnstone; The Crown Estate (Saville Garden); Duffryn Garden (mardiff City Council); Hart Canna; Hillview Hardy Plants; Kingston Maurward College; Knoll Gardens; Leeds City Council; Long Acre Plants; New World Plants; Osborne House; Park Green Nursery; Pershore College; The Plantsman's Preference; Pollie's Perennials and Daylily Nursery; Rickards' Hardy Ferns; Royal Botanic Garden, Kew; Royal Horticultural Society; University of Cambridge Botanic Garden; Ventor Botanic Garden; Water Meadow Nursery; Winchester Bulb Growers.

FOTONACHWEIS

Dorling Kindersley dankt allen nachfolgend Genannten für die freundliche Genehmigung zum Abdruck des bereitgestellten Fotomaterials:

(Schlüssel: o = oben; u = unten; m = Mitte; g = ganz; l = links; r = rechts; t = ganz oben)

1 Andrew Lawson; 2 Marianne Majerus Photography: Designer: Piet Oudolf; 3 Picturesmiths Ltd: Roger Smith/ Killerton; 4–5 Andrew Lawson: Hadspen Gardens, Somerset; 6–7 John Glover; 8–9 Marianne Majerus Photography: Cherry Tree Lodge Nursery, Lancs.; 10–11 Andrew Lawson: Pensthorpe Waterfowl Park, Norfolk; 12–13 Jonathan Buckley: Designer: Christopher Lloyd, Great Dixter; 13 Bloompictures: (tl), Garden World Images: G Harland (t), judywhite/GardenPhotos.com (tm); 14 Picturesmiths Ltd: Roger Smith/ Manor Farm Cottage (ul) Science Photo Library: Annie Haycock (tr); 14–15 Bloompictures; 15 Andrew Lawson: (tr) (ur), Marianne Majerus Photography: (mr); 16 FLPA: (t); 16–17 naturepl.com: Georgette Douwma; 17 Alamy Images: Konrad Zelazowski (tm), Graham Rice/GardenPhotos.com (tr); 18–19 Bloompictures; 19 Jonathan Buckley: Designers: Alan Gray and Graham Robeson, East Ruston Old Vicarage, Norfolk (ur), GAP Photos Ltd: John Glover (tl); 20 Courtesy of Arley Hall, Cheshire: (u), John Glover: East Lambrook Manor, Somerset (tr), The Manor House, Upton Grey, Hampshire (tm); 21 Charles Mann: Dianne and Berry Cash (u), Diane L. Mattis: Designer: David Culp (t); 22 Jonathan Buckley: Designer: Christopher Lloyd, Great Dixter (l); 22–23 Andrew Lawson: Designer: Piet Oudolf, RHS Garden Wisley (u); 23 Jonathan Buckley: Designer: Maurice Green, Landor Road, Warwickshire (t); 26 Chris F. Burrows: (ml) (ul), The Garden Collection: Jonathan Buckley/ Waterperry Gardens, Oxon (mr), Marianne Majerus Photography: Tanglefoot, Hampshire (tr); 27 GAP Photos Ltd: John Glover (u); 28 Marianne Majerus Photography: Designer: Piet Oudolf; 29 Alamy Images: Ron Sutherland/GPL; 30–31 Marianne Majerus Photography: Hermannshof; 32 John Fielding: (ul); 33 Andrew Lawson: (ul); 34 Picturesmiths Ltd: Roger Smith/Cotswold Wildlife Park & Gardens (ur); 36 DK Images: Roger Smith (ur); 37 Garden World Images: P. Lane (ur); 41 Garden World Images: G. Harland (ul); 43 Picturesmiths Ltd: Roger Smith/ Hazel Court (ml), Roger Smith/ Pine Cottage Plants (mr) (ur); 44 Picturesmiths Ltd: Roger Smith/ Holbrook Garden (tl), Roger Smith/ Pine Cottage Plants (ul), Roger Smith/ Bicton College (ml); 45 Garden Picture Library: J S Sira (tr), Picturesmiths Ltd: Roger Smith/ Manor Farm Cottage (tl); 48 Garden World Images: W. Halliday (tr); 49 Garden World Images: (ul); 51 Garden World Images: (um), R. Coates (gtr) (tr) (gcr), Garden Picture Library: Sunniva Harte (ur), Howard Rice (mr), J S Sira (gcl) (gtl) (tl), Science Photo Library: Adrian Thomas (ml); 52 Picturesmiths Ltd: Roger Smith/Cotswold Wildlife Park & Gardens (tl); 53 Garden World Images: D. Gould (u); 54 David Constantine/www.kobakoba.co.uk: (ul); 57 Chris F. Burrows: (u); 60 Garden World Images: E. Gabriel (m), P. Harcourt-Davies (tm), P. Harcourt-Davies (mr); 61 Picturesmiths Ltd: Roger Smith/ Manor Farm Cottage (ur); 62 Graham Rice/GardenPhotos.com: (ul); 64 Garden World Images: A. Baggett (ml) (m), L. Cole (ul); 65 Clive Nichols: Hadspen Gardens, Somerset; 66 Garden World Images: G. Harper (tl); 67 GAP Photos Ltd: Visions (ur), Garden World Images: (um); 69 Garden Picture Library: John Glover; 73 Garden World Images: D. Sams (ml); 74 Garden World Images: G. Harland (ul), Garden and Wildlife Matters: Steffie Shields (ur); 78 Andrew Lawson: Waterperry Gardens, Oxon (ur); 79 Garden World Images: (t); 85 Picturesmiths Ltd: Roger Smith/ Marwood Hill Gardens (tl), Roger Smith/ Rushfields of Ledbury (tr); 86 Graham Rice/GardenPhotos.com: (tr); 88 Harpur Garden Library/Marcus Harpur: Designers: Piet Oudolf and Arne Maynard, RHS Chelsea 2000 (ur); 89 DK Images: Roger Smith (tr) (ml) (ul), Photos Horticultural: (tl); 90 DK Images: Roger Smith (tl) (ml); 91 Seven Publishing Ltd: Sarah Cuttle (tr); 94 Graham Rice/GardenPhotos.com: (tl); 95 Picturesmiths Ltd: Roger Smith/Cotswold Garden Flowers (ur); 99 Garden World Images: (tl); judywhite/GardenPhotos.com: (ur); 100 Andrew Lawson: Hadspen Gardens, Somerset (tl); 103 Garden World Images: (m); F. Davis (u), Garden and Wildlife Matters: John Feltwell (tl); 104 Garden World Images: (ul), Harpur Garden Library: (gur), Marianne Majerus Photography: (ur); 105 Harpur Garden Library/Marcus Harpur (tl), Andrew Lawson: (tr); 106 Picturesmiths Ltd: Roger Smith/ Warren Hills Cottage (ml); 110 DK Images: Roger Smith (tr) (mr); 112 DK Images: Roger Smith (tl); 113 James Young: (m); 114 John Glover: (ul); 115 Jonathan Buckley: (tr), Science Photo Library: Adrian Thomas (mr); 118 Picturesmiths Ltd: Roger Smith/ Tinpenny Farm (ul); 124 GAP Photos Ltd: Richard Bloom (tr), Garden World Images: (mlo) (mu) (u), G Harper (mro), T. Jennings (tm); 125 Eric Crichton Photos: (tr); 127 Harpur Garden Library/Jerry Harpur (tl), Photos Horticultural: (ur); 128 Picturesmiths Ltd: Roger Smith/ White Windows (mr); 130 Andrew Lawson: (tr); 131 John Fielding: Blackthorn Nursery (tr), Harpur Garden Library/Jerry Harpur: Designer: Tom Hobbs (ur), Plant Images/C. Grey-Wilson (ml) (mr), Garden World Images: (ul); 132 Garden World Images: (ul); 133 Andrew Lawson: (tr); 134 GAP Photos Ltd: Richard Bloom (mr), Garden World Images: (ul), Garden Picture Library: Linda Burgess (t), Andrew Lawson: (tr); 135 Garden World Images: A. Baggett; 136 Harpur Garden Library/Jerry Harpur: Designer: Linda Cochran, USA (tr), RHS Hyde Hall, Essex UK (ur); 137 John Glover: RHS Wisley, Surrey (ul); 138 Photos Horticultural: (ul); 139 Garden World Images: (tl), Andrew Lawson/ Torie Chugg (m), Picturesmiths Ltd: Roger Smith/ Tinpenny Farm (ml); 140 Garden World Images: (tl), Picturesmiths Ltd: Roger Smith/ Ivycroft Plants (ur); 142 Andrew Lawson: Bosvigo House, Cornwall (tl); 143 Picturesmiths Ltd: Roger Smith/ Ivycroft Plants (ul), Roger Smith/ Killerton (ur); 144 GAP Photos Ltd: Neil Holmes (m), Garden World Images: L. Thomas (ur); 146 Garden World Images: K. Howchin (ml); 148 Picturesmiths Ltd: Roger Smith/ Cotswold Garden Flowers (tl), Roger Smith/ Kestrel Cottage (tm); 149 Justyn Willsmore: (ul) (tr); 150 Dr David W. Bassett: (u); 152 John Glover: Great Dixter (ur); 154 Dr David W Bassett; 156 Jerry Pavia Photography Inc: (tl); 158 DK Images: Roger Smith (ur); 159 DK Images: Roger Smith (mr); 160 Andrew Lawson: (ul); 161 DK Images: Roger Smith (ul) (ur) (tr), Picturesmiths Ltd: Roger Smith/ Penhow Nurseries (mo); 162 DK Images: Roger Smith (ul); 163 Garden World Images: D Gould (mu); 164 Andrew Lawson: (ul); 169 Clive Nichols: Hadspen Garden, Somerset (l), Picturesmiths Ltd: Roger Smith/Tinpenny Farm (tr); 170 Picturesmiths Ltd: Roger Smith/ Tinpenny Farm (ul); 171 Picturesmiths Ltd: Roger Smith/ Warren Hills Cottage (ur); 174 Harpur Garden Library/Marcus Harpur: Harvey's Garden Plants, Bradfield, Suffolk (ul); 179 Andrew Lawson: (u); 180 Garden World Images: R Ditchfield (tr), G Harland (tl), G Harper (ml), A Shilling (ur), C Wheeler (mr); 182 Garden World Images: (tl); 183 Garden World Images: Dr Alan Beaumont (tl); 184 John Glover: (ul), Andrew Lawson: (ml) (ur); 187 Andrew Lawson: (ur); 190 Andrew Lawson: Designer Piet Oudolf, Humme (u); 191 Timothy Walker: (u); 192 Garden World Images: R Coates (ul); 194 DK Images: John Fielding (ml), Andrew Lawson: (tr); 195 Andrew Lawson: (u); Garden World Images: D. Gould (u); 197 Garden Picture Library: J S Sira (mo); 198 Picturesmiths Ltd: Roger Smith/ Rushfields of Ledbury (ur); 199 DK Images: Roger Smith (ml) (mr) (u); 200 DK Images: Roger Smith (tr), Andrew Lawson: Hadspen Garden, Somerset (um), Andrew Lawson (tr), Roger Smith (ur); 203 DK Images: Roger Smith (um); 204 DK Images: Roger Smith (ur), Kim Taylor & Jane Burton (t); 205 Jerry Pavia Photography Inc: (mr); 206 DK Images: Roger Smith (ur), GAP Photos Ltd: Richard Bloom (ul) (t); 207 DK Images: Roger Smith (ur); 208 DK Images: Roger Smith (ul) (um); 209 Photos Horticultural: (tr); 210 DK Images: Roger Smith (ul), GAP Photos Ltd: Visions (um); 212 Eric Crichton Photos: (tr); 213 DK Images: Roger Smith (tl) (mru) (t), Garden Picture Library: Howard Rice (ml), Andrew Lawson/ Torie Chugg (ul), Science Photo Library: Anthony Sweeting (mr); 214 DK Images: Roger Smith (tr); 215 DK Images: Roger Smith (ul); 216 DK Images: Roger Smith (ul) (um) (ur), Garden World Images: Jacqui Dracup (tm) (mro), L. Thomas (tr), John Swithinbank (mlo); 218 DK Images: Roger Smith (um), Garden World Images: B Stojanovic (tr); 220 DK Images: Roger Smith (ur) (tl); 221 DK Images: Roger Smith (ur) (um); 222 DK Images: Roger Smith (ul), Garden Picture Library: Chris Burrows (ur), Garden World Images: D. Gould (um), 223 Garden World Images: G Harper (tl), L. Thomas (tm); 224 Garden World Images: (tr), Harpur Garden Library/Marcus Harpur: Harvey's Garden Plants, Bradfield, Suffolk (ul), Andrew Lawson: (ur), Clive Nichols: (tl); 225 John Glover: (u); 228 DK Images: Roger Smith (u); 229 Garden World Images: A. Baggett (ur); 230 DK Images: Roger Smith (tm) (tr), judywhite/GardenPhotos.com: (ul); 231 DK Images: Roger Smith (tr); 233 Andrew Lawson: (u); 234 DK Images: Roger Smith (tr), Mike Grant: (mr); 235 DK Images: Roger Smith (tr); 236 Graham Rice/GardenPhotos.com: (mu) (mr) (tl) (ur); 237 DK Images: Roger Smith (tm); 238 Graham Rice/GardenPhotos.com: (t) (u) (mo) (mu); 239 Graham Rice/GardenPhotos.com: (mo); 240 Graham Rice/

GardenPhotos.com: (ul); 241 John P Peat: (mro), Ted Petit: (tr); 242 DK Images: Roger Smith (ml) (ul); 243 DK Images: Roger Smith (ur), Photos Horticultural: Glen Chantry Garden (t); 244 DK Images: Roger Smith (tm) (ml); 245 DK Images: Roger Smith; 247 DK Images: Roger Smith (tm) (mr); 248 DK Images: Roger Smith (ur); 251 DK Images: Roger Smith (tr), Charles Oliver: (mlu) (ul) (um) (ur); 252 Charles Oliver: (tl) (ml); 253 Eric Crichton Photos: (u), Charles Oliver: (tr); 254 Charles Oliver: (tl) (ml) (ul) (ur); 255 Charles Oliver: (tr) (m); 256 DK Images: Roger Smith (ur); 259 Garden World Images: G. Kidd (u); 260 DK Images: Roger Smith (tr); 261 DK Images: Roger Smith (mro); 262 Jerry Pavia Photography Inc: (ur); 265 DK Images: Roger Smith (mlu); 266 DK Images: Roger Smith (ur); 268 DK Images: Roger Smith (tl); 269 DK Images: Roger Smith (ur); 270 Andrew Lawson: (u); 271 Chris F. Burrows: (tr), Picturesmiths Ltd: Roger Smith/ Manor Farm Cottage (u), Plant Images/C. Grey-Wilson: (tl); 274 DK Images: Roger Smith (u); GAP Photos Ltd: Richard Bloom (tm); 276 Claire Austin: (ul) (ur) (mlu), GAP Photos Ltd: Richard Bloom (mru), Neil Holmes (tl) (mro), Garden World Images: (mlo), D. Gould (tr); 277 DK Images: Roger Smith (m) (u), GAP Photos Ltd: Neil Homes (t);
278 Garden World Images: Jackie Knight (tl); 280 Claire Austin: (ur), Picturesmiths Ltd: Roger Smith/ Rushfields of Ledbury (mr); 281 DK Images: Roger Smith (t) (u);
282 Andrew Lawson: Designer Tim Reese (tl); 283 Claire Austin: (ur), DK Images: Roger Smith (tl) (tr); 284 Picturesmiths Ltd: Roger Smith/ Manor Farm Cottage (tr), Roger Smith/ Tinpenny Farm (tl); 285 Picturesmiths Ltd: Roger Smith/ Manor Farm Cottage (um); 286 Picturesmiths Ltd: Roger Smith/ Tinpenny Farm (tl); 287 Claire Austin: (mr), DK Images: Roger Smith (ml) (ul) (ur), Picturesmiths Ltd: Roger Smith/ Tinpenny Farm (tr), Roger Smith/ RNRS (tl); 288 DK Images: Roger Smith (tl), Picturesmiths Ltd: Roger Smith/ Manor Farm Cottage (tr); 290 Garden World Images: (mr), Garden and Wildlife Matters: Martin P. Land (tr), John Glover: (ur); 291 Garden World Images: F. Davis (mr), Garden Picture Library: Lynn Keddie (mro), Holt Studios International: M. Szadzuik/R. Zink/FLPA (ml); 292 Science Photo Library: Adrian Thomas (tm); 293 Garden World Images: K. Howchin (t), L. Thomas (u); 295 Harpur Garden Library/Jerry Harpur: Great Dixter (ur); 297 Holt Studios International: Peter Wilson/FLPA (u); 299 Andrew Lawson: (tl); 302 The Garden Collection: Liz Eddison (m) (ur), Picturesmiths Ltd: Roger Smith/ Manor Farm Cottage (mr); 304 Clive Nichols: Butterstream, Eire (ur); 306 DK Images: Deni Bown (tr); 308 Picturesmiths Ltd: Roger Smith/ Cotswold Garden Flowers (tl); 310 GAP Photos Ltd: John Glover (ul), Andrew Lawson: (tr); 311 DK

Images: Bob Rundle (tm), Andrew Lawson: (r); 314 Andrew Lawson: Sticky Wicket, Dorset (ul); 315 Garden World Images: (ml) (m) (ul) (um) (ur), A. Graham (mr), C. Hawes (gtl) (tm); 316 DK Images: Jerry Harpur (tl), Andrew Lawson: (tr), Picturesmiths Ltd: Roger Smith (ur); 320 Jerry Pavia Photography Inc: (tm); 321 Picturesmiths Ltd: Roger Smith/ Manor Farm Cottage (ur), Roger Smith/ Tinpenny Farm (mlu); 322 GAP Photos Ltd: Visions (gul) (ul), Picturesmiths Ltd: Roger Smith/ Manor Farm Cottage (mru); 323 Garden World Images: Tony Cooper (tr); 325 Graham Rice/GardenPhotos.com:(tr) (mr), Plant Images/C. Grey-Wilson: (ml);
326 Andrew Lawson: (m), Marianne Majerus Photography: (r); 327 Garden World Images: L. Cole (m); 328 Garden World Images: (ur); 329 Chris F. Burrows: (ur), GAP Photos Ltd: Neil Holmes (m), Garden World Images: Dr A. Beaumont (um), L. Cole (tr); 331 Graham Rice/GardenPhotos.com: (ur); 332 DK Images: Roger Smith (ul), Garden Picture Library: Sunniva Harte (um); 333 DK Images: Roger Smith (mr); 334 Garden World Images: R. Coates (ur), D. Warner (um); 335 Andrew Lawson: Hadspen Garden, Somerset (tr); 336 DK Images: Roger Smith (ul); 337 Garden World Images: (tm); 338 Derek St Romaine: (tl); 339 GAP Photos Ltd: John Glover (ul); 341 DK Images: Picturesmiths Ltd: Harlow Carr (tl), Roger Smith (tr); 343 John Fielding: (ur); 345 judywhite/GardenPhotos.com: (tr); 347 Garden World Images: (tl) (um); 350 DK Images: Roger Smith (ml); 351 DK Images: Roger Smith (mlu), Garden World Images: G. Thompson (um); 352 Clive Nichols: Mottisfont Abbey, Hampshire (ul); 354 Jerry Pavia Photography Inc: (tl); 355 DK Images: Roger Smith (tl) (mlo) (mlu) (mru) (ul) (ur); 356 DK Images: Roger Smith (ul); 357 Garden World Images: G. Harland (tm); 358 Garden World Images: C. Hawes (ul), Jerry Pavia Photography Inc: (tr); 361 DK Images: Roger Smith (mlu); 362 DK Images: Roger Smith (tl); 363 Andrew Lawson: Eastgrove Cottage, Hereford (ur); 367 Andrew Lawson: (tm) (tr);
368 Photos Horticultural: (um); 371 Andrew Lawson: (ur); 372 DK Images: Roger Smith (tr); 373 Garden World Images: G. Kidd (um), L. Thomas (ur); 375 Mike Grant: (tr); 377 Ray Cox: (tr); 378 Andrew Lawson: (ur); 379 DK Images: Roger Smith (mr), Picturesmiths Ltd: Roger Smith/ Brook Cottage Garden (ur); 382 DK Images: Roger Smith (mr); 383 Andrew Lawson: Designer: Wendy Lauderdale (tl); 386 DK Images: Roger Smith (ml); 387 Andrew Lawson: RHS Rosemoor, Devon (tr); 388 GAP Photos Ltd: Visions (um); 390 Bob Brown/Cotswold Garden Flowers: (ur), GAP Photos Ltd: John Glover (m), Garden Picture Library: Juliette Wade (ur), Graham Rice/GardenPhotos.com: cr); 391 DK Images: Roger Smith (tm); 397 Andrew Lawson: (tr); 398 Graham Rice/Gar-

denPhotos.com: (ur); 400 DK Images: Roger Smith (ul); 402 Chris F. Burrows: (m); 403 Garden Picture Library: Sunniva Harte (ul), Howard Rice/ Monksilver Nursery (mr) (gmr) (gbr); 404 Clive Nichols: Designer: Mark Brown (ur); 408 Photos Horticultural: (tl); 410 judywhite/GardenPhotos.com: (tr); 411 Garden Picture Library: Didier Willery (ur), Andrew Lawson: (tr), Lady Farm, Somerset (tl); 413 judywhite/GardenPhotos.com: (tr); 417 Garden World Images: B Stojanovic (ul); 419 Garden World Images: D. Gould (u); 420 Garden World Images: B.Mathews (u), G.Stokoe (mr); 422 GAP Photos Ltd: Richard Bloom (m), John Glover (mr), Neil Holmes (tm), Garden World Images: (u), L. Thomas (tr), S. Pearson (ml); 423 Garden World Images: (t) (mr) (u), L. Thomas (ml); 424 Garden World Images: L. Thomas (tm), Picturesmiths Ltd: Roger Smith/ Manor Farm Cottage (tl); 425 Garden World Images: (ur); 427 Garden World Images: D. Gould (tl); 428 GAP Photos Ltd: Richard Bloom (tl), Marcus Harpur (mr), Neil Holmes (ur), Garden World Images: R. Coates (tr); 431 GAP Photos Ltd: Richard Bloom (ul), Visions (um) (mr) (ur); 432 Garden World Images: Tyrone (um), Harpur Garden Library/Jerry Harpur: Beth Chatto (tr); 434 Clive Nichols: Strybing Arboretum, California (ul); 435 Andrew Lawson: (ur); 436 GAP Photos Ltd: Marcus Harpur (ul), Neil Holmes (ur), Picturesmiths Ltd: Roger Smith/ Tinpenny Farm (tl); 437 GAP Photos Ltd: Jerry Harpur (mo), Garden World Images: (mu) (ur), Picturesmiths Ltd:Roger Smith/ Manor Farm Cottage (ul); 438 Garden World Images: (ul); 439 Picturesmiths Ltd: Roger Smith/ Tinpenny Farm (mr); 440 Garden World Images: B.Mathews (tr); 441 GAP Photos Ltd: Neil Holmes (um), Photos Horticultural: (ul); 443 Clive Nichols: Cotswold Wildlife Park, Oxfordshire (ur); 444 Garden World Images: C. Fairweather (ul), Clive Nichols: (tr), Designer: Jenny Jowett (ur), Designers: Pam Schwert/ S.Kreutzberger (tl); 445 Garden World Images: (ml), John Glover: Los Gatos, California. Designer: Chris Jacobsen (tl), Clive Nichols: Designer: Mark Laurence (tr); 446 Chris F. Burrows: (ur), Garden World Images: (tm) (tr), V. Ingr (tl), L. Thomas (ml), Picturesmiths Ltd: Roger Smith/Cotswold Garden Flowers (mu), Plant Images/C. Grey-Wilson: (mr); 447 Andrew Lawson: (ur); 448 GAP Photos Ltd: Neil Holmes (t), Garden World Images: R. Coates (u), G. Kidd (m); 449 GAP Photos Ltd: Neil Holmes (um), Visions (tl), Garden World Images: Dr A. Beaumont (ur); 450 John Fielding: (tr); 453 Martin Rickard: (um); 454 Charles Oliver: (mr); 456 Garden World Images: T. Sims (t); 458 Carole Drake: (tr) (mro), GAP Photos Ltd: Visions (gtl), Photos Horticultural: (tl); 459 Garden World Images: L. Cole (m), Andrew Lawson: (t) (u); 460 Graham Rice/GardenPhotos.com: (tr), Andrew Lawson: (ul); 461 Garden World Images: L. Cole (um); 464 Garden World Images: L.

Thomas (m), Harpur Garden Library/ Marcus Harpur (um); 465 Picturesmiths Ltd: Roger Smith/Cotswold Garden Flowers (ur); 466 Garden World Images: A. Baggett (ur), Photos Horticultural: (ul); 467 Eric Crichton Photos: (mr), Garden Picture Library: John Glover (tm), Sunniva Harte (ur), Andrew Lawson: (ul), Derek St Romaine: (tr); 471 Eric Crichton Photos: Sticky Wicket, Dorset (ul); 477 Mike Hardman: (tr) (mr) (tl); 478 Andrew Lawson: (tl); 479 Garden World Images: (u), Mike Hardman: (tr) (m) (mr); 480 Mike Hardman: (t); 481 Mike Hardman: (tm) (tr); 482 Mike Hardman: (t) (ml) (ul) (um); 483 Mike Hardman: (t) (mlu) (u); 484 GAP Photos Ltd: Friedrich Strauss (tl), Rob Suisted/Nature's Pic Images: (ul); 485 GAP Photos Ltd: A. Jones (um), Garden World Images: C. Hawes (ul), Jerry Pavia Photography Inc: (ur); 486 GAP Photos Ltd: Visions (tr) (ur), Garden Picture Library: John Glover (mr), Andrew Lawson: (ul); 487 Garden Picture Library: (tr)

Alle weiteren Abbildungen:
© DK Images
Weitere Informationen siehe unter
www.dkimages.com

DANK DES HERAUSGEBERS

Zunächst möchte ich allen Mitautoren für ihre Entschlossenheit danken, dieses Buch so informativ wie möglich zu gestalten. Viele haben wertvollen Rat zu Pflanzen beigesteuert, zu denen sie keinen Text geschrieben haben. Linda Jones und ihr engagiertes Team vom Wisley Trials Office waren regelmäßig eine wichtige Hilfe für mich und andere Autoren, ebenso die MitarbeiterInnen der Bibliotheken der RHS und der Royal Botanic Gardens in Kew. Das Know-how der Mitglieder des RHS Herbaceous Plant Committee und vor allem der Jurymitglieder von Staudenshows und Wettbewerben war über die Jahre hinweg von großem Nutzen. Profitiert hat dieses Buch ferner vom Wissensschatz der Mitglieder des National Council for the Conservation of Plants and Gardens, der Hardy Plant Society in Großbritannien und der Betreuer der Nationalen Pflanzensammlungen.

Darüber hinaus haben viele weitere Einzelpersonen ihren Beitrag geleistet und die Autoren unterstützt: James Armitage, Claire Austin, Judy Barker, Paul Beardsley, Toby Bradshaw, Chris Brickell, Gene Bush, John Carter, Nathalie Casbas, Alan Cook, Roy Coombs, Tom Cope, Pat Edwards, Fergus Garrett, Liz Gilbert, Clive Groves, Russell Graham, Keith Hammett, Ian Hodgson, Masashi Igari, Vic Johnston, Paddy Kitchen, Christopher Lloyd, John Metcalf, Clare Morton, Andrew Norton, Rob Peace, Mark Roberts, Keith Sangster, Joe Sharman, John Snocken, Jane Sterndale-Bennett, Elizabeth Strangman, David Ward, Claire Wilson und Trevor Wood. Speziell danken möchte ich unserem Mitautor Peter Barnes für seine unschätzbare Hilfe bei der Klärung einer Reihe botanischer, gärtnerischer und verlegerischer Fragen.

Die Wissenschaftler der RHS sind uns bei den verschiedensten Problemen zur Seite gestanden. Als besonders wertvoll erwies sich der Rat der Mitglieder des RHS Advisory Panel on Nomenclature and Taxonomy (APONAT) unter dem Vorsitz von Alan Leslie. Einzeln oder im Team klärten sie viele heikle Fragen. Tony Lord, der Beratende Herausgeber des *RHS Plant Finder*, und alle weitere Mitarbeiter der *Plant-Finder*-Redaktion haben sich den Dank von Hobbygärtnern und Wissenschaftlern gleichermaßen verdient, denn sie legen mit ihrem Standardwerk über die Namen von Gartenpflanzen alljährlich die maßgebliche Referenzquelle vor.

Ein herzlicher Dank geht an meine Freunde vom Dorling Kindersley Verlag, weil sie es geschafft haben, aus einer einfachen Idee ein habhaftes Buch zu machen. Es sind David Lamb, Mary-Clare Jerram, Anna Kruger, Linda Martin und die emsigen Teams der Text- und Bildredakteure, Fotografen und Buchhersteller. Pam Brown und anschließend Pippa Rubinstein, Jo Doran und Katie Dock haben die tagtäglichen Arbeiten zu diesem Buch routiniert und stets gut gelaunt bewerkstelligt. Ohne sie wäre dieses Werk wesentlich unspektakulärer geworden – und vielleicht sogar noch nicht einmal fertig. Danken möchte ich ferner Julie Goldsmith, Susannah Charlton und Simon Maughan von RHS Publications für ihre Unterstützung. Wie immer hat meine Agentin Vivien Green das Geschäftliche mit gewohnter Effizienz erledigt.

Zu Dank bin ich außerdem all den mit mir befreundeten Fachkollegen zu beiden Seiten des Atlantiks verpflichtet, weil sie ihre Erfahrungen und ihr Wissen so bereitwillig mit mir teilten. Insbesondere danke ich Brian Halliwell und Alan Cook dafür, dass sie – jeder auf seine ganz eigene Art und Weise – mein keimendes Interesse für Stauden in Kew gefördert haben, aber auch Elizabeth Strangman, Graham Gough und Christopher Lloyd, die mir gezeigt haben, wie viel Spaß die Pflanzenkunde machen kann.

Schließlich danke ich meiner Frau Judy. Wofür? Um das alles zu erwähnen, bräuchte ich ein Buch noch größer als das vorliegende.